Wissen für die Praxis

WALHALLA

Effertz · Bach-Terhorst

TVöD Kommunen Kommentar 2025

Jahrbuch mit allen wichtigen Tariftexten und der Entgeltordnung (VKA)

Bibliografische Information der Deutschen Nationalbibliothek
Die Deutsche Nationalbibliothek verzeichnet diese Publikation in der Deutschen Nationalbibliografie; detaillierte bibliografische Daten sind im Internet über www.dnb.de abrufbar.

Zitiervorschlag:

Effertz/Bach-Terhorst, TVöD Kommunen Kommentar 2025
Walhalla Fachverlag, Regensburg 2025

Hinweis: Unsere Werke sind stets bemüht, Sie nach bestem Wissen zu informieren. Alle Angaben in diesem Buch sind sorgfältig zusammengetragen und geprüft. Durch Neuerungen in der Gesetzgebung, Rechtsprechung sowie durch den Zeitablauf ergeben sich zwangsläufig Änderungen. Bitte haben Sie deshalb Verständnis dafür, dass wir für die Vollständigkeit und Richtigkeit des Inhalts keine Haftung übernehmen.
Bearbeitungsstand: 1. Mai 2025

Satz: Walhalla Datenbank
Produktion: Walhalla Fachverlag, 93042 Regensburg
Printed in Germany
ISBN 978-3-8029-7907-1

ROE-CPI-0625-22858-0

Das aktuelle Tarifrecht der Kommunen 2025

Dieser Jahrbuch-Kommentar berücksichtigt den Tarifabschluss der Lohnrunde 2025, dessen Eckpunkte und Zahlen in diese Ausgabe eingeflossen sind, sowie das Ergebnis der Tarifrunde 2024/2025 für Ärztinnen und Ärzte des Marburger Bundes an kommunalen Krankenhäusern.

1. Tarifrunde 2025

In den Tarifverhandlungen für den öffentlichen Dienst von Bund und Kommunen haben sich die Tarifvertragsparteien am 6. April 2025 auf ein Eckpunktepapier verständigt, das neben einer Erhöhung der Entgelte zahlreiche Neuregelungen zur Arbeitszeit vorsieht.

– **Erhöhung der Entgelte**

  Die Tabellenentgelte erhöhen sich zum 1. April 2025 um 3,0 Prozent, mindestens jedoch um 110 Euro. Zum 1. Mai 2026 erfolgt eine weitere Anhebung um 2,8 Prozent.

  Tarifliche Zulagen, für welche die Dynamisierung über die allgemeine Entgeltanpassung vereinbart worden ist, werden zum 1. April 2025 um 3,11 Prozent sowie zum 1. Mai 2026 um weitere 2,8 Prozent angehoben.

  Sämtliche Ausbildungs- und Studienentgelte werden zum 1. April 2025 und zum 1. Mai 2026 jeweils um einen Festbetrag von 75 Euro erhöht.

– **Neuregelungen zur Arbeitszeit**

  Ab dem 1. Januar 2026 können Tarifbeschäftigte und Arbeitgeber beiderseits freiwillig und befristet die Erhöhung der regelmäßigen Arbeitszeit auf bis zu durchschnittlich 42 Stunden wöchentlich (ausschließlich der Pausen) vereinbaren. Gleichzeitig erhöhen sich die Entgelte und sonstige Entgeltbestandteile; zusätzlich wird ein Erhöhungszuschlag von 25 Prozent für Entgeltgruppen 1 bis 9b und 10 Prozent für die Entgeltgruppen 9c bis 15 des auf die Stunde entfallenden Anteils des Tabellenentgelts der Stufe 3 der jeweiligen Entgeltgruppe geleistet.

  Die Jahressonderzahlungen (außer im Bereich BT-B und BT-K) werden ab dem Kalenderjahr 2026 vereinheitlicht und auf 85 Prozent erhöht. Im Bereich TVöD-BT-K und TVöD-BT-B werden die Jahressonderzahlungen zeitgleich für die Entgeltgruppen 1 bis 8 auf 90 Prozent festgelegt und für die Entgeltgruppen 9a bis 15 auf 85 Prozent. Zudem wird ein „Zeit-statt-Geld"-Wahlmodell eingeführt, bei dem die Beschäftigten einen Teil der Jahressonderzahlung im Wert von bis zu drei freien Tagen umtauschen können.

Die Tarifvertragsparteien haben zudem vereinbart, dass auf betrieblicher Ebene Langzeitkonten eingerichtet werden können. Diese Wertguthabenkonten können gemäß § 7c SGB IV für vollständige oder teilweise Freistellungen von der Arbeitsleistung genutzt werden.

Ein Sonderbeitrag beinhaltet eine ausführliche Darstellung der **Tarifrunde 2025**.

2. Tarifrunde 2024/2025 zum TV-Ärzte/VKA

Nach mehreren Verhandlungsrunden konnten sich am 13. Januar 2025 die Ärztegewerkschaft Marburger Bund und die Vereinigung der kommunalen Arbeitgeberverbände auf ein Sondierungsergebnis einigen, das nach Durchführung einer Urabstimmung von den Gewerkschaftsmitgliedern angenommen wurde.

Ärztinnen und Ärzte an kommunalen Krankenhäusern erhalten rückwirkend zum 1. Juli 2024 eine Erhöhung des Tabellenentgelts um 4 Prozent. Weitere Anhebungen sind zum 1. August 2025 um 2 Prozent sowie zum 1. Juni 2026 um nochmalige 2 Prozent vorgesehen.

Zum 1. Juli 2025 erfolgt neben einer überproportionalen Erhöhung der entsprechenden Zulagen eine Novellierung des Schicht- und Wechselschichtdienstes, indem die Unterscheidung zwischen ständiger und nicht ständiger Arbeit in (Wechsel-)Schichtdienst entfällt.

Hingewiesen wird auf die **„TVöD Trends 2025"**, die einen schnellen Überblick über die jüngsten Entwicklungen und die aktuelle Rechtsprechung vermitteln.

Eine zusätzliche Arbeitshilfe stellen die ergänzend abgedruckten **gesetzlichen Regelungen** dar, wie etwa das Arbeitszeitgesetz, das Teilzeit- und Befristungsgesetz und das Kündigungsschutzgesetz. Sie erleichtern das Arbeiten mit dem von den Tarifpartnern bewusst schlank gehaltenen Tarifrecht, das in Teilbereichen auf eigene Regelungen verzichtet, sodass gesetzliche Bestimmungen zur Anwendung gelangen.

Kompakt und handlich enthält dieses Jahrbuch die folgenden Tarifvorschriften:

- TVöD (VKA) mit fachlicher Kommentierung
- TVöD Besonderer Teil Verwaltung mit Erläuterungen sowie die Tariftexte der Besonderen Teile Sparkassen, Entsorgung, Krankenhäuser, Pflege- und Betreuungseinrichtungen sowie Flughäfen
- TVÜ-VKA (Tarifvertrag zur Überleitung der Beschäftigten der kommunalen Arbeitgeber in den TVöD und zur Regelung des Übergangsrechts) mit Hinweisen zur praktischen Umsetzung der Vorschriften
- Entgeltordnung (VKA) mit ausführlicher Einführung zu den Hintergründen, Struktur und Technik der Entgeltordnung
- Tarifverträge für Auszubildende des öffentlichen Dienstes (TVAöD, TVAöD – BBiG, TVAöD – Pflege)
- Tarifvertrag für Studierende in ausbildungsintegrierten dualen Studiengängen im öffentlichen Dienst (TVSöD)
- Tarifvertrag für Studierende in einem dualen Hebammenstudium im öffentlichen Dienst (TVHöD)
- Tarifvertrag für Praktikanten des öffentlichen Dienstes (TVPöD) und die VKA-Praktikums-Richtlinie
- Tarifvertrag zur Entgeltumwandlung für Arbeitnehmer im kommunalen öffentlichen Dienst (TV-EUmw/VKA)
- Tarifvertrag zur Entgeltumwandlung zum Zwecke des Leasings von Fahrrädern im kommunalen öffentlichen Dienst (TV-Fahrradleasing)
- Tarifvertrag über die zusätzliche Altersvorsorge der Beschäftigten des öffentlichen Dienstes (ATV-K)
- Tarifvertrag zu flexiblen Arbeitszeitregelungen für ältere Beschäftigte (TV FlexAZ)

Darüber hinaus wird auf die wesentlichen Tarifverträge des **Marburger Bundes** mit der Vereinigung der kommunalen Arbeitgeberverbände eingegangen. Kommentiert werden der TV-Ärzte/VKA und der TVÜ-Ärzte/VKA.

Wir wünschen ein zuverlässiges und erfolgreiches Arbeiten.

Bearbeiter und Verlag

Schnellübersicht

	Seite	
Aktuelles Tarifrecht	17	I
Tarifvertrag für den öffentlichen Dienst und Überleitungstarifvertrag	93	II
Tarifrecht der Auszubildenden, Praktikanten, Schüler und Studierenden	945	III
Eingruppierung	1025	IV
Tarifrecht VKA – Marburger Bund	1207	V
Zulagen	1353	VI
Weiteres Tarifrecht der Kommunen	1367	VII
Altersversorgung und Altersteilzeit	1379	VIII
Stichwortverzeichnis	1439	Findex

Aktuelle Schwerpunkte

120	Die Tarifeinigung der Tarifrunde 2025 für die Beschäftigten des Bundes und der Kommunen	41
150	Einigung in der Tarifverhandlung für die Beschäftigten des öffentlichen Dienstes von Bund und Kommunen vom 6. April 2025	58

Abschnitt I
Aktuelles Tarifrecht

110 TVöD Trends 2025 19

120 Die Tarifeinigung der Tarifrunde 2025 für die Beschäftigten des Bundes und der Kommunen 41

150 Einigung in der Tarifverhandlung für die Beschäftigten des öffentlichen Dienstes von Bund und Kommunen vom 6. April 2025 58

Abschnitt II
Tarifvertrag für den öffentlichen Dienst und Überleitungstarifvertrag

210 Tarifvertrag für den öffentlichen Dienst (TVöD) 95

215 Tarifvertrag für den öffentlichen Dienst – Besonderer Teil Verwaltung – (TVöD BT-V) 555

220 Tarifvertrag für den öffentlichen Dienst – Besonderer Teil Sparkassen – (TVöD BT-S) 603

225 Tarifvertrag für den öffentlichen Dienst – Besonderer Teil Entsorgung – (TVöD BT-E) 613

230 Tarifvertrag für den öffentlichen Dienst – Besonderer Teil Krankenhäuser – (TVöD BT-K) 619

235 Tarifvertrag für den öffentlichen Dienst – Besonderer Teil Pflege- und Betreuungseinrichtungen – (TVöD BT-B) 643

240 Tarifvertrag für den öffentlichen Dienst – Besonderer Teil Flughäfen – (TVöD BT-F) 675

255 Musterverträge und -vorlagen (VKA) 684

280 Tarifvertrag zur Überleitung der Beschäftigten der kommunalen Arbeitgeber in den TVöD und zur Regelung des Übergangsrechts (TVÜ-VKA) 746

Abschnitt III
Tarifrecht der Auszubildenden, Praktikanten, Schüler und Studierenden

305 Tarifvertrag für Auszubildende des öffentlichen Dienstes – Allgemeiner Teil – (TVAöD) 947

312 Tarifvertrag für Auszubildende des öffentlichen Dienstes – Besonderer Teil BBiG – (TVAöD – BBiG) 962

318 Tarifvertrag für Auszubildende des öffentlichen Dienstes – Besonderer Teil Pflege – (TVAöD – Pflege) ... 970

324 Tarifvertrag für Studierende in ausbildungsintegrierten dualen Studiengängen im öffentlichen Dienst (TVSöD) . 977

327 Tarifvertrag für Studierende in einem dualen Hebammenstudium im öffentlichen Dienst (TVHöD) 997

335 Tarifvertrag für Praktikantinnen/Praktikanten des öffentlichen Dienstes (TVPöD) 1011

375 VKA-Praktikums-Richtlinie (Praktikums-Richtlinie) 1020

Abschnitt IV
Eingruppierung

450 Einführung in die Entgeltordnung für die Beschäftigten der Kommunen 1027

460 Entgeltordnung (VKA) 1070

Grundsätzliche Eingruppierungsregelungen (Vorbemerkungen) 1074

Teil A Allgemeiner Teil

I. Allgemeine Tätigkeitsmerkmale 1081

II. Spezielle Tätigkeitsmerkmale 1087

Teil B Besonderer Teil

I. Apothekerinnen und Apotheker 1097

II. Ärztinnen und Ärzte sowie Zahnärztinnen und Zahnärzte 1098

III. Beschäftigte in Bäderbetrieben 1099

IV.	Baustellenaufseherinnen und Baustellenaufseher	1101
V.	Beschäftigte in Bibliotheken, Büchereien, Archiven, Museen und anderen wissenschaftlichen Anstalten	1102
VI.	Beschäftigte im Fernmeldebetriebsdienst	1103
VII.	Beschäftigte in der Fleischuntersuchung	1105
VIII.	Fotografinnen und Fotografen	1106
IX.	Beschäftigte im Fremdsprachendienst	1108
X.	Gartenbau-, landwirtschafts- und weinbautechnische Beschäftigte	1109
XI.	Beschäftigte in Gesundheitsberufen	1110
XII.	Beschäftigte in Häfen und Fährbetrieben	1130
XIII.	Beschäftigte im Kassen- und Rechnungswesen	1131
XIV.	Beschäftigte im kommunalen feuerwehrtechnischen Dienst	1134
XV.	Beschäftigte in der Konservierung, Restaurierung, Präparierung und Grabungstechnik	1137
XVI.	Laborantinnen und Laboranten	1155
XVII.	Leiterinnen und Leiter von Registraturen	1156
XVIII.	Beschäftigte in Leitstellen	1158
XIX.	Beschäftigte in Magazinen und Lagern	1160
XX.	Musikschullehrerinnen und Musikschullehrer	1161
XXI.	Reproduktionstechnische Beschäftigte	1165
XXII.	Beschäftigte im Rettungsdienst	1166
XXIII.	Schulhausmeisterinnen und Schulhausmeister	1168
XXIV.	Beschäftigte im Sozial- und Erziehungsdienst	1170
XXV.	Beschäftigte in Sparkassen	1181
XXVI.	Technische Assistentinnen und Assistenten sowie Chemotechnikerinnen und -techniker	1188

XXVII. Beschäftigte an Theatern und Bühnen 1189

XXVIII. Tierärztinnen und Tierärzte 1196

XXIX. Vermessungsingenieurinnen und Vermessungsingenieure 1197

XXX. Vermessungstechnikerinnen und -techniker sowie Geomatikerinnen und Geomatiker 1199

XXXI. Vorsteherinnen und Vorsteher von Kanzleien 1201

XXXII. Zeichnerinnen und Zeichner 1202

Anhang Regelungskompetenzen 1203

Abschnitt V
Tarifrecht VKA – Marburger Bund

505 Eckpunkte der Tarifeinigung für die Ärztinnen und Ärzte an kommunalen Krankenhäusern im Rahmen der Tarifrunde 2024/2025 zum TV-Ärzte/VKA vom 13. Januar 2025 1209

510 Tarifvertrag für Ärztinnen und Ärzte an kommunalen Krankenhäusern im Bereich der Vereinigung der kommunalen Arbeitgeberverbände (TV-Ärzte/VKA) .. 1214

520 Tarifvertrag zur Überleitung der Ärztinnen und Ärzte an kommunalen Krankenhäusern in den TV-Ärzte/VKA und zur Regelung des Übergangsrechts (TVÜ-Ärzte/VKA) 1324

Abschnitt VI
Zulagen

610 Tarifvertrag zur Anhebung des Bemessungssatzes für den Bereich der Vereinigung der kommunalen Arbeitgeberverbände (VKA) – Tarifbereich Ost – 1355

620 Tarifvertrag über die Gewährung von Zulagen gem. § 33 Abs. 1 Buchst. c BAT 1357

630 Tarifvertrag über Zulagen an Angestellte (VKA) 1361

Abschnitt VII
Weiteres Tarifrecht der Kommunen

730 Tarifvertrag über die Bewertung der Personalunterkünfte für Angestellte (TdL/VKA) 1369

740 Tarifvertrag zur Entgeltumwandlung für Arbeitnehmer im kommunalen öffentlichen Dienst (TV-EUmw/VKA) 1373

748 Tarifvertrag zur Entgeltumwandlung zum Zwecke des Leasings von Fahrrädern im kommunalen öffentlichen Dienst (TV-Fahrradleasing) 1376

Abschnitt VIII
Altersversorgung und Altersteilzeit

810 Tarifvertrag über die zusätzliche Altersvorsorge der Beschäftigten des öffentlichen Dienstes (Altersvorsorge-TV-Kommunal – ATV-K) 1381

820 Tarifvertrag zu flexiblen Arbeitszeitregelungen für ältere Beschäftigte (TV FlexAZ) 1431

Abschnitt I
Aktuelles Tarifrecht

TVöD Trends

110 TVöD Trends 2025 19

Schwerpunktbeitrag

120 Die Tarifeinigung der Tarifrunde 2025 für die Beschäftigten des Bundes und der Kommunen 41

Tarifeinigung und aktuelle Tarifverträge

150 Einigung in der Tarifverhandlung für die Beschäftigten des öffentlichen Dienstes von Bund und Kommunen vom 6. April 2025 58

TVöD Trends 2025

Von Jörg Effertz und Andreas Bach-Terhorst

Im folgenden Abschnitt „TVöD Trends 2025" werden die Auswirkungen der höchstrichterlichen Rechtsprechung des Bundesarbeitsgerichts (BAG) auf das Tarifrecht im öffentlichen Dienst sowie damit im Zusammenhang stehende Änderungen in den einschlägigen Tarifwerken – insbesondere dem Tarifvertrag für den öffentlichen Dienst (TVöD) – dargestellt. Die Entscheidungen des BAG können teilweise erhebliche Konsequenzen für die Anwendbarkeit der tariflichen Vorschriften und die Rechte der Beschäftigten in diesem Sektor haben. Orientiert am Aufbau und der Struktur des TVöD wird aufgezeigt, welche jüngeren Urteile tarifliche Regelungen bestätigen, welche die Anwendung tariflicher Regelungen beeinflussen oder welche Anpassungen in den Tarifwerken notwendig werden, um den rechtlichen Anforderungen gerecht zu werden.

Digitales Zugangsrecht einer Gewerkschaft zum Betrieb

Das BAG hat mit Urteil vom 28. Januar 2025 – 1 AZR 33/24 – entschieden, dass ein Arbeitgeber nicht verpflichtet ist, einer Gewerkschaft die dienstlichen E-Mail-Adressen seiner Arbeitnehmer für Mitgliederwerbung zu übermitteln. Die Gewerkschaft hatte argumentiert, dass ihr Zugang zu den betrieblichen Kommunikationssystemen gewährt werden müsse, um die Arbeitnehmer digital zu erreichen. Die Beklagte, ein weltweit tätiger Sportartikelhersteller, lehnte dies ab.

Das Gericht bestätigte, dass Art. 9 Abs. 3 GG der Gewerkschaft grundsätzlich die Nutzung betrieblicher E-Mail-Adressen für Werbung und Information gewährleistet. Allerdings müssen auch die Grundrechte des Arbeitgebers (Art. 14 und Art. 12 Abs. 1 GG) und der Arbeitnehmer (Art. 2 Abs. 1 i. V. m. Art. 1 Abs. 1 GG) hinreichend berücksichtigt werden. Eine bloße Übermittlung der E-Mail-Adressen ohne weitergehende Regelungen sei nicht ausreichend, um die kollidierenden Verfassungswerte auszugleichen.

Die Gewerkschaft kann jedoch die Arbeitnehmer vor Ort nach ihren betrieblichen E-Mail-Adressen fragen, was als schonender Ausgleich gilt. Auch die Nutzung des konzernweiten Netzwerks wurde abgelehnt, da die Beeinträchtigungen für den Arbeitgeber überwiegen.

Das Urteil betont die Notwendigkeit, die Grundrechte aller Beteiligten in Einklang zu bringen und schafft keine generelle Pflicht für Arbeitgeber, Gewerkschaften Zugang zu betrieblichen Kommunikationssystemen zu gewähren.

Änderungen des Nachweisgesetzes (§ 2 TVöD)

Mit dem im Gesetz zur Umsetzung der Richtlinie (EU) 2019/1152 des Europäischen Parlaments und des Rates vom 20. Juni 2019 über transparente und vorhersehbare Arbeitsbedingungen in der Europäischen Union im Bereich des Zivilrechts und zur Übertragung von Aufgaben an die Sozialversicherung für Landwirtschaft, Forsten und Gartenbau vom 20. Juli 2022 (BGBl. I S. 1174) wurde u. a. das Gesetz über den Nachweis der für ein Arbeitsverhältnis geltenden wesentlichen Bedingungen (Nachweisgesetz – NachwG) geändert. Daneben enthält dieses Gesetz Änderungen im BBiG (im Wesentlichen erweiterte Dokumentationspflichten in Bezug auf die geltenden Ausbildungsbedingungen). Die Niederschrift nach dem NachwG[1]) ist an die geänderten Rahmenbedingungen angepasst worden.

Durch das am 26. September 2024 vom Bundestag verabschiedete „Vierte Bürokratieentlastungsgesetz (BEG IV)" wurde das NachwG noch einmal punktuell geändert. Nach § 2 Abs. 1 Satz 1 NachwG waren Arbeitgeber bislang verpflichtet, die wesentlichen Bedingungen eines Arbeitsvertrages schriftlich niederzulegen. Die europäische Richtlinie über transparente und vorhersehbare Arbeitsbedingungen (RL 2019/1152) fordert jedoch nicht die Einhaltung der Schriftform, sondern lässt auch den Nachweis der Arbeitsbedingungen in elektronischer Form zu. Die Bundesregierung hat sich im Rahmen des Vierten Bürokratieentlastungsgesetzes darauf verständigt, die Schriftform im Nachweisgesetz durch die Textform (§ 126b BGB) zu ersetzen. Zumindest für den Arbeitsvertrag als solchen gilt jedoch unverändert das tarifvertragliche Schriftformerfordernis nach § 2 Abs. 1 TVöD.

Kopftuchverbot in der Verwaltung (§ 3 TVöD)

In vorangegangenen Ausgaben wurde an dieser Stelle die jüngste Rechtsprechung des BAG im Zusammenhang mit einer arbeitgeberseitigen Untersagung des Tragens eines Kopftuches im Kindergarten thematisiert. Der EuGH hat mit Urteil vom 28. November 2023 – C-148/22 – seine bisherige Rechtsprechung zum Tragen sichtbarer Zeichen weltanschaulicher/religiöser Überzeugungen am Arbeitsplatz bestätigt und auf den „Bereich der Verwaltung" erstreckt. Danach dürfen Behörden Mitarbeiterinnen grundsätzlich das Tragen eines Kopftuches verbieten, auch wenn die Mitarbeiterinnen selbst gar keinen „Publikumskontakt" haben. Ein solches Verbot ist nach Auffassung

---

[1]) Muster hierzu abgedruckt als Anhang 14 unter **255** Musterverträge (VKA)

des EuGH allerdings nur solange nicht diskriminierend, wie religiöse Zeichen in der betreffenden Verwaltung **allgemein** verboten sind.

Personalgestellung (§ 4 Abs. 3 TVöD)

Eine Personalgestellung gem. § 4 Abs. 3 TVöD fällt nicht in den Anwendungsbereich der Europäischen Richtlinie über Leiharbeit (2008/104/EG). Das hat der Europäische Gerichtshof (EuGH) am 22. Juni 2023 – C-427/21 – entschieden. Es bleibt folglich dabei, dass die Bereichsausnahme des § 1 Abs. 3 Nr. 2b Arbeitnehmerüberlassungsgesetz greift und öffentliche Arbeitgeber eine Personalgestellung auf Grundlage von § 4 Abs. 3 TVöD vornehmen können. Das BAG hat zwischenzeitlich in einem Anwendungsfall des § 4 Abs. 3 TVöD entsprechend der vorgenannten Entscheidung des EuGH vom 22. Juni 2023 geurteilt (Urteil des BAG vom 25. Januar 2024 – 6 AZR 390/20). Damit setzt das BAG – für die Praxis höchst relevant – einen Schlusspunkt hinter die lang umstrittene Frage. Die Bereichsausnahme des § 1 Abs. 3 Nr. 2b AÜG stellt nach Auffassung des BAG insbesondere keinen Verstoß gegen den von Art. 3 Abs. 1 GG geschützten Gleichheitssatz dar, weil es bei der Personalgestellung nämlich nicht darum gehe, mit einer dauerhaften Verleihung des Beschäftigten das Verbot von Ketteneinsätzen zu umgehen, sondern dem Beschäftigten vielmehr dauerhaft die Sicherheit seines an sich verlorenen Arbeitsplatzes im öffentlichen Dienst zu erhalten.

Rückzahlungsvereinbarungen (§ 5 TVöD)

Rückzahlungsvereinbarungen sind nicht untersagt und damit grundsätzlich zulässig, soweit die Qualifizierungsmaßnahme selbst einer Rückzahlungsvereinbarung zugänglich ist (BAG-Urteil vom 1. März 2022 – 9 AZR 260/21). Eine Regelung, nach der sich der Arbeitnehmer an den Kosten einer Ausbildungsmaßnahme zu beteiligen hat, stellt nach der Rechtsprechung des BAG keine generelle unangemessene Benachteiligung dar. Gesetzlich sind Form, Inhalt und Gestaltung von Rückzahlungsvereinbarungen jedoch nicht geregelt. Das BAG musste sich in 2023 erneut mit dem Inhalt einer Rückzahlungsvereinbarung auseinandersetzen und kam in seinem Urteil vom 25. April 2023 – 9 AZR 187/22 – zu dem Schluss, dass im Urteilsfall die Rückzahlungsklausel eine unangemessene Benachteiligung der Arbeitnehmerin im Sinne des § 307 Abs. 1 Satz 1 BGB darstelle, da in der Vereinbarung nicht danach differenziert werde, aus welchen Gründen die Arbeitnehmerin nicht an der maßgeblichen Prüfung teilgenommen hat. Die Linie, wonach in Rückzahlungsklauseln in Aus- oder Weiterbildungsverträgen deutlich nach der Sphäre der Verursachung des Rückzahlungsgrundes zu differenzieren ist, verfestigt sich immer mehr. So hat das BAG mit Urteil vom 9. Juli 2024 – 9 AZR 227/23 – entschieden, dass eine Regelung, die den Beschäftigten mit den Kosten der Fort- oder Ausbildungsmaßnahme belastet, wenn „er das Arbeitsverhältnis kündigt, ohne dass ein wichtiger Grund vorliegt", ihn entgegen den Geboten von Treu und Glauben unangemessen benachteilige (§ 307 Abs. 1 Satz 1 BGB). Ohne eine konkrete Regelung zur Sphäre der Kündigung sei insbesondere der nicht fernliegende Fall, dass die Beendigung des Vertragsverhältnisses durch ein vertragswidriges Verhalten des Arbeitgebers veranlasst wurde, welches zwar nicht die Schwere eines wichtigen Grundes erreicht, dem Beschäftigten aber das Festhalten am Vertrag unzumutbar macht, nicht abgedeckt.

Der TVöD enthält (anders als der BAT als Vorgängerregelung) keine diesbezügliche tarifvertragliche Regelung. Im Umkehrschluss steht § 5 TVöD der Vereinbarung einer solchen Rückzahlungsklausel in der Qualifizierungsvereinbarung nach § 5 Abs. 5 TVöD bzw. einer individuellen Vereinbarung grundsätzlich auch nicht entgegen. Es ist davon auszugehen, dass sich die Gerichte in den kommenden Jahren immer wieder mit den verschiedensten Fallgestaltungen von Rückzahlungsvereinbarungen befassen werden. Vor diesem Hintergrund sind Arbeitgeber gut beraten, wenn sie sich im Vorfeld des Abschlusses einer Rückzahlungsvereinbarung erneut mit der einschlägigen Rechtsprechung vertraut machen. Denn durch eine nichtige Rückzahlungsvereinbarung hat der Arbeitgeber nichts gewonnen.

Arbeitszeiterfassung (§ 6 TVöD)

Das BAG hat mit seinem Beschluss vom 13. September 2022 – 1 ABR 22/21 – für großes Aufsehen gesorgt. Mit der Entscheidung, dass Arbeitgeber bereits nach derzeit geltendem Recht (§ 3 Abs. 2 Nr. 1 Arbeitsschutzgesetz) verpflichtet sind, Arbeitszeiterfassungssysteme einzuführen, hat das BAG eine weitreichende Grundsatzentscheidung getroffen. Allerdings lässt das BAG auch nach Vorliegen der Entscheidungsgründe viele Detailfragen offen und überlässt es dem Gesetzgeber, an dieser Stelle Licht ins Dunkel zu bringen. Hoffnung brachte da die Ankündigung des Bundesministeriums für Arbeit und Soziales (BMAS), im Jahr 2023 einen praxistauglichen Vorschlag für die Ausgestaltung der Arbeitszeiterfassung im Arbeitszeitgesetz (ArbZG) vorzulegen.

Mit der Entscheidung des BAG stand insbesondere fest, dass Arbeitgeber Beginn, Dauer und Ende der Arbeitszeit (inkl. Überstunden und Pausenzeiten) erfassen und aufzeichnen müssen. Das System müsse entsprechend den Vorgaben des EuGH objektiv, verlässlich und zugänglich sein. Eine elektronische Zeiterfassung sei nach dem Urteil des BAG nicht zwingend geboten. Auch eine Delegation der Aufzeichnung an die Beschäftigten sei grundsätzlich zulässig.

Der TVöD enthält in den einschlägigen Vorschriften zur Arbeitszeit (§§ 6 ff.) keine eigenständigen Bestimmungen zur Erfassung ebendieser.

Das BMAS hat mit Datum 18. April 2023 den Referentenentwurf für ein Gesetz zur Änderung des Arbeitszeitgesetzes und anderer Vorschriften veröffentlicht. Nach § 16 Abs. 2 Satz 1 ArbZG in der Entwurfsfassung ist der Arbeitgeber verpflichtet, Beginn, Ende und Dauer der täglichen Arbeitszeit der Arbeitnehmer jeweils am Tag der Arbeitsleistung elektronisch aufzuzeichnen. Mit der elektronischen Aufzeichnung geht der Gesetzentwurf wesentlich über das Urteil des BAG hinaus. Nach § 16 Abs. 7 Nr. 1 ArbZG in der Entwurfsfassung soll jedoch von der elektronischen Aufzeichnung in einem Tarifvertrag oder aufgrund eines Tarifvertrages in einer Betriebs- oder Dienstvereinbarung abgewichen werden können. Für kleine und mittlere Unternehmen sollen diesbezüglich Übergangsregelungen gelten (§ 16 Abs. 8 ArbZG in der Entwurfsfassung). § 16 Abs. 7 Nr. 3 ArbZG in der Entwurfsfassung sieht zudem vor, dass in einem Tarifvertrag oder aufgrund eines Tarifvertrages in einer Betriebs- oder Dienstvereinbarung zugelassen werden kann, dass die Pflicht zur Aufzeichnung (§ 16 Abs. 2 Satz 1 ArbZG in der Entwurfsfassung) nicht bei Arbeitnehmern gilt, bei denen die gesamte Arbeitszeit wegen der besonderen Merkmale der ausgeübten Tätigkeit nicht gemessen oder nicht im Voraus festgelegt wird oder von den Arbeitnehmern selbst festgelegt werden kann. Die Voraussetzungen für die Anwendung der Regelung können nach der Gesetzesbegründung etwa bei Führungskräften, herausgehobenen Experten oder Wissenschaftlern gegeben sein, die nicht verpflichtet sind, zu festgesetzten Zeiten am Arbeitsplatz anwesend zu sein, sondern über den Umfang und die Einteilung ihrer Arbeitszeit selbst entscheiden können. Aufgrund ihrer Sachnähe können die Tarifvertragsparteien oder aufgrund eines Tarifvertrages die Betriebspartner festlegen, für welche Arbeitnehmerinnen und Arbeitnehmer die Voraussetzungen zutreffen.

Zunächst bleibt die weitere Entwicklung im Gesetzgebungsverfahren abzuwarten. Sollten die vorgenannten Entwürfe in einen Gesetzestext umgesetzt werden, wird es den Tarifvertragsparteien vorbehalten bleiben, ggf. Ausnahmeregelungen auf Grundlage von § 16 Abs. 7 ArbZG in der Entwurfsfassung zu vereinbaren. Jedenfalls konnte die gescheiterte „Ampel-Regierung" das Vorhaben nicht mehr rechtzeitig verabschieden, sodass mit Spannung abzuwarten bleibt, ob sich die neue Bundesregierung dessen annehmen wird.

I

Mehrarbeitsvergütung für Teilzeitbeschäftigte (§ 7 Abs. 6 TVöD)

Mit der Regelung in Absatz 6 greifen die Tarifpartner den Sachverhalt auf, dass Teilzeitbeschäftigte über das mit ihnen individuell vereinbarte Arbeitspensum hinaus zusätzliche Arbeit leisten. Diese Mehrarbeit führt – solange nicht die Regelarbeitszeit eines vollbeschäftigten Arbeitnehmers erreicht bzw. überschritten wird – nicht zu mit Zuschlägen zu vergütenden Überstunden, sondern zu gemäß § 8 Abs. 2 TVöD lediglich mit der anteiligen Vergütung zu bezahlender Mehrarbeit. Erst beim Überschreiten der Regelarbeitszeit eines Vollbeschäftigten entstehen auch bei teilzeitbeschäftigten Arbeitnehmern Überstunden.

Die Rechtmäßigkeit dieser Verfahrensweise war über Jahrzehnte hinweg höchstrichterlich mehrfach bestätigt worden (siehe BAG-Urteil vom 25. Juli 1996 – 6 AZR 138/94 – und vom 26. April 2017 – 10 AZR 589/15). Sie hielt demnach auch einer kritischen Betrachtung im Hinblick auf das nach dem Teilzeit- und Befristungsgesetz (TzBfG)[1] zu beachtende Nachteilsverbot Teilzeitbeschäftigter und vergleichbare europarechtliche Grenzen stand; denn auch Vollbeschäftigte erhalten Überstundenzuschläge erst, wenn die durchschnittliche regelmäßige wöchentliche Arbeitszeit überschritten ist. Diese Auffassung wurde durch das zum Manteltarifvertrag Systemgastronomie ergangene gegenteilige Urteil des BAG vom 19. Dezember 2018 – 10 AZR 231/18 – zwar vorübergehend erschüttert. Mit Urteil vom 15. Oktober 2021 – 6 AZR 253/19 – hat das BAG dann aber erneut entschieden, dass Teilzeitbeschäftigte für Mehrarbeitsstunden, die nicht die regelmäßige Arbeitszeit von Vollbeschäftigten überschreiten, keinen Anspruch auf Überstundenentgelt haben und die zwischenzeitliche Rechtsunsicherheit zunächst beseitigt.

Dem Anschein nach kehrte mit dieser 2021er Entscheidung des BAG etwas Ruhe in die Rechtsproblematik. In einer anderen diesbezüglich zu entscheidenden Sache hat das BAG jedoch beschlossen, das Verfahren zunächst auszusetzen und dem EuGH entsprechende Fragen zur Vorabentscheidung vorzulegen. Der EuGH hat mit Urteil vom 19. Oktober 2023 – C-660/20 – hierzu entschieden, dass Teilzeitbeschäftigte nicht schlechter behandelt werden dürfen, wenn es darum geht, eine erhöhte Vergütung wegen Überschreitung einer bestimmten Zahl an Arbeitsstunden zu erhalten. Bemerkenswert an dem Urteil des EuGH ist, dass dieser die einzelnen Entgeltbestandteile isoliert voneinander betrachtet. Dies mit der Folge, dass Arbeitnehmer in

[1]) abgedruckt als Anhang 1 unter **210** § 30 TVöD

Teilzeit bei Überschreiten der vereinbarten (Teilzeit-)Arbeitszeit bei einem gleichen Arbeitsumfang wie vergleichbare Vollzeitarbeitnehmer durch Überstundenzuschläge regelmäßig eine höhere Vergütung als Arbeitnehmer in Vollzeit erreichen.

Am 29. Juli 2024 hat der EuGH (C-184/22 und C-185/22) in einem ebenfalls vom BAG vorgelegten Fall an seiner Entscheidung aus Oktober 2023 festgehalten und präzisiert, dass ein Tarifvertrag, der die Zahlung von Überstundenzuschlägen an Teilzeitbeschäftigte nur für Arbeitsstunden vorsieht, die über die regelmäßige Arbeitszeit eines vergleichbaren Vollzeitbeschäftigten hinaus gearbeitet werden, zum einen eine Schlechterbehandlung von Teilzeitbeschäftigten und zum anderen eine mittelbare Diskriminierung aufgrund des Geschlechts darstellen kann. Das BAG hat am 5. Dezember 2024 entsprechend der vorgenannten Auslegung des EuGH geurteilt (BAG-Urteil vom 5. Dezember 2024 – 8 AZR 370/20) und damit bundesweit für Aufsehen gesorgt. Die dem Urteilsfall zugrundeliegende Mehrarbeitsvergütungsregelung ähnelt zwar auf den ersten Blick der Regelung in § 8 Abs. 1 Satz 2 Buchst. a) i. V. m. § 7 Abs. 7 und 8 TVöD („Überstundenzuschläge erst ab Überschreiten der Arbeitszeit von Vollzeitbeschäftigten"), weicht aber zugleich in wesentlichen Details hiervon ab. Beispielsweise differenziert der dem Urteil zugrundeliegende Manteltarifvertrag gar nicht zwischen „Mehrarbeit" und „Überstunden", wie es im TVöD der Fall ist. Denn nach dem Manteltarifvertrag sind auch die Arbeitsstunden, die ein Teilzeitbeschäftigter über seine vereinbarte Arbeitszeit hinaus leistet, Überstunden. Diese Überstunden sind nur nicht zuschlagspflichtig, da Überstunden erst ab dem Überschreiten der Arbeitszeit eines vergleichbaren Vollzeitbeschäftigten zuschlagspflichtig werden. Das BAG hat diesbezüglich offengelassen, ob eine entsprechende Differenzierung im Tarifvertrag zwischen Mehrarbeit einerseits und Überstunden andererseits, wie sie der TVöD vorsieht, einen sachlichen Grund darstellen könnte, der eine Ungleichbehandlung rechtfertigen würde. Eine rechtssichere Übertragung des BAG-Urteils auf die Regelungen im TVöD und TV-L ist aus Sicht des Verfassers nicht möglich. Gewerkschaftsseitig wurde eine entsprechende tarifvertragliche Regelung in der Tarifrunde 2025 gefordert. Ein einigungsfähiger Kompromiss schien an dieser Stelle nicht möglich gewesen zu sein.

Darlegungs- und Beweislast bei Überstunden (§ 7 Abs. 7 TVöD)

Das BAG hat in seinem Urteil vom 4. Mai 2022 – 5 AZR 359/21 – klarstellend entschieden, dass die auf Unionsrecht beruhende Pflicht zur Einführung eines Systems zur Messung der vom Arbeitnehmer geleisteten täglichen Arbeitszeit die vielfach bestätigten Grundsätze zur Verteilung der Darlegungs- und Beweislast im Fall von Überstunden nicht ändert. Nach Auffassung des BAG haben Arbeitnehmer zur Begründung einer Klage auf Vergütung geleisteter Überstunden weiterhin darzulegen, dass sie Arbeit in einem die Normalarbeitszeit übersteigenden Umfang geleistet haben, und vorzutragen, dass der Arbeitgeber die geleisteten Überstunden ausdrücklich oder konkludent angeordnet, geduldet oder nachträglich gebilligt hat. Die auf Unionsrecht beruhende Pflicht zur Einführung eines Systems zur Messung der vom Arbeitnehmer geleisteten täglichen Arbeitszeit ändere die vom BAG entwickelten Grundsätze zur Verteilung der Darlegungs- und Beweislast nicht.

Maßgeblicher Ort für einen Anspruch auf Feiertagszuschlag (§ 8 Abs. 1 TVöD)

In einem Verfahren vor dem BAG stritten sich zwei Parteien über einen Anspruch auf tariflichen Feiertagszuschlag nach § 8 Absatz 1 Satz 2 Buchst. d) TVöD i. d. F. des § 43 Nr. 5 Absatz 1 Unterabsatz 1 Satz 2 Buchst. d) TV-L. Die Regelung im TV-L gleicht der Regelung in § 8 Absatz 1 TVöD. Der Kläger ist in Nordrhein-Westfalen in einem Klinikum beschäftigt und nahm in der Zeit vom 1. November 2021 bis 5. Dezember 2021 an einem Lehrgang in Hessen teil. „Allerheiligen" am 1. November eines jeden Jahres ist in Nordrhein-Westfalen ein gesetzlicher Feiertag, in Hessen jedoch nicht. Die Anreise am 1. November 2021 wurde seitens der Beklagten als Dienstreise behandelt und der Kläger leistete an diesem Tag für seinen Arbeitgeber zehn Stunden Arbeit. Der Kläger verlangte für diesen Tag jedoch nicht nur die Gutschrift von zehn Stunden auf sein Arbeitszeitkonto, sondern forderte darüber hinaus einen Feiertagszuschlag. Nach Auffassung des Klägers seien für die Berücksichtigung des tariflichen Feiertagszuschlags die rechtlichen und tatsächlichen Verhältnisse am gewöhnlichen Arbeitsort (hier: Nordrhein-Westfalen) entscheidend. Das beklagte Klinikum meinte hingegen, dass ein Anspruch auf Zahlung des Feiertagszuschlags die tatsächliche Erbringung von Arbeitsleistung an einem Arbeitsort voraussetze, für den ein gesetzlicher Feiertag festgelegt sei. Das BAG entschied letztlich mit Urteil vom 1. August 2024 – 6 AZR 38/24 –, dass sich der Anspruch auf Feiertagszuschläge danach richtet, ob am **regelmäßigen** Beschäftigungsort (hier: Nordrhein-Westfalen) ein gesetzlicher Feiertag ist. Vorsicht ist bei dieser Feststellung des BAG insbesondere vor dem Hintergrund geboten, dass es nach Kenntnis des Verfassers z. B. bei der steuerrechtlichen Beurteilung nach § 3b EStG auf die Verhältnisse am tatsächlichen Tätigkeitsort (hier: Hessen) ankommt.

Zulagen für ständige und unständige (Wechsel-)Schichtarbeit (§ 8 Abs. 5 und 6 TVöD)

Das BAG hat mit Urteil vom 22. Februar 2023 – 10 AZR 332/20 – entschieden, dass eine Regelung in einem Tarifvertrag, die für unregelmäßige Nachtarbeit einen höheren Zuschlag vorsieht als für regelmäßige Nachtarbeit, dann nicht gegen den allgemeinen Gleichheitssatz des Art. 3 Abs. 1 Grundgesetz verstößt, wenn ein sachlicher Grund für die Ungleichbehandlung gegeben ist. Ein solcher könne beispielsweise darin liegen, dass mit dem höheren Zuschlag neben den spezifischen Belastungen durch die Nachtarbeit auch die Belastungen durch die geringere Planbarkeit eines Arbeitseinsatzes in unregelmäßiger Nachtarbeit ausgeglichen werden sollen. Der sachliche Grund müsse aus dem Tarifvertrag erkennbar sein. Damit blieb die Klage der Beschäftigten in diesem Fall ohne Erfolg. Abhängig von den tariflichen Regelungen variierte die Einschätzung des BAG in weiteren Verfahren, denn in anderen Fällen konnte das BAG aus den Bestimmungen der Tarifverträge keinen sachlichen Grund für die Ungleichbehandlung ableiten und entschied daher, dass die Zuschläge für regelmäßige Nachtarbeit erhöht werden müssen. Das Bundesverfassungsgericht (BVerfG) gab zwischenzeitlich zwei Arbeitgebern Recht, die gegen diese Urteile des BAG Verfassungsbeschwerde eingelegt haben, weil das BAG die Tarifautonomie nicht ausreichend berücksichtigt hätte. Das BVerfG stellte klar, dass Gerichte bei der Überprüfung tariflicher Regelungen auf eine Willkürkontrolle beschränkt sind, und kritisierte die vom BAG in dem Urteil geforderte Anpassung der Zuschläge nach oben. Selbst im Falle einer Verletzung des Gleichheitsgrundsatzes sei es zunächst Sache der Tarifvertragsparteien, eine neue Regelung zu finden. Das BVerfG hat die Urteile aufgehoben und an das BAG zurückverwiesen. Das BAG wird die zurückgewiesenen Urteile anpassen müssen.

Im TVöD wird zwar nicht bei den Nachtzuschlägen zwischen regelmäßiger und unregelmäßiger Nachtarbeit unterschieden. Der TVöD sieht allerdings bei der (Wechsel-)Schichtzulage eine vergleichbare Differenzierung zwischen ständiger und nicht ständiger (Wechsel-)Schichtarbeit vor – siehe § 8 Abs. 5 und 6 TVöD. Für eine rechtmäßige Unterscheidung zwischen ständiger und nicht ständiger (Wechsel-)Schichtarbeit könnte man vor dem Hintergrund der BAG-Entscheidung annehmen, dass es für die Rechtmäßigkeit auch hier auf einen sachlichen Grund für die Ungleichbehandlung ankommt. Augenscheinlich haben die Tarifpartner des TV-Ärzte/VKA in ihrer Tarifeinigung vom 13. Januar 2025[1]) bereits vorsorglich auf die Rechtsunsicherheit

---

[1]) abgedruckt unter **505**

reagiert. Denn in diesem Tarifvertrag entfällt die Unterscheidung zwischen ständiger und nicht ständiger (Wechsel-)Schichtarbeit ab dem 1. Juli 2025.

Hemmung der Stufenlaufzeit während Elternzeit (§ 17 Abs. 3 Satz 2 TVöD)

Nach § 17 Abs. 3 Satz 2 TVöD wird die Zeit der Elternzeit nicht auf die Stufenlaufzeit angerechnet, die Fortschreibung der Stufenlaufzeit wird ausgesetzt. Das BAG hat nun noch einmal bekräftigt, dass diese Hemmung der Stufenlaufzeit während der Inanspruchnahme von Elternzeit nicht gegen höherrangiges Recht verstößt. Sie führt nach Auffassung des BAG insbesondere nicht zu einer Diskriminierung wegen des Geschlechts oder zu einer unzulässigen Benachteiligung von Arbeitnehmern in Elternzeit. Dies entschied das BAG mit Urteil vom 22. Februar 2024 – 6 AZR 126/23. Der Entscheidung lag der Fall einer Beschäftigten im Geltungsbereich des TVöD zugrunde, welche in der Zeit von 2013 bis 2021 verschiedene Elternzeiten in Anspruch nahm. Während dieser Zeiten kam es zu Stufenlaufzeithemmungen gem. § 17 Abs. 3 Satz 2 TVöD, welche dafür ursächlich waren, dass die Beschäftigte im Vorfeld einer Höhergruppierung die reguläre Stufenlaufzeit der Stufe 4 nicht mehr absolvieren konnte und es dadurch im Zeitpunkt der Höhergruppierung zum Wegfall der bereits absolvierten Stufenlaufzeit in Stufe 4 kam (die Stufenlaufzeit in der höheren Entgeltgruppe beginnt nach § 17 Abs. 4 Satz 2 TVöD mit dem Tag der Höhergruppierung – die Berücksichtigung von vor der Höhergruppierung in der vorherigen Stufe erreichten „Restzeiten" sieht der Tarifvertrag nicht vor). Die elternzeitbedingten Hemmungen der Stufenlaufzeit führten daher dazu, dass die Beschäftigte die Stufe 5 erst 5 Jahre und 2 Monate später erreichte. Die Beschäftigte vertrat die Auffassung, dass die tarifliche Regelung gegen höherrangiges Recht verstoße. Das BAG hingegen hat mit seinem Urteil die Rechtmäßigkeit der tariflichen Regelung bestätigt. Das Gericht argumentiert unter anderem damit, dass die Tarifvertragsparteien nicht für einen Ausgleich der Nachteile sorgen müssen, die sich für Beschäftigte daraus ergeben, dass nach der gesetzlichen Ausgestaltung das Arbeitsverhältnis in der Zeit des Erziehungsurlaubs ruht.

Stufenlaufzeit bei Korrektur der Eingruppierung (§ 17 Abs. 4 TVöD)

Das BAG hat mit Urteil vom 8. Dezember 2022 – 6 AZR 459/21 – entschieden, dass die Korrektur einer seit Beginn der Tätigkeit zu niedrigen Eingruppierung keine Höhergruppierung im Sinne des § 17 Abs. 4 TVöD ist. Bei der Korrektur einer fehlerhaften Eingruppierung ist nach

Auffassung des BAG zwischen den zwei nachfolgenden Fallgestaltungen zu differenzieren:

Keine Höhergruppierung im Tarifsinne liegt danach vor, wenn ein Beschäftigter seit der Einstellung aufgrund einer falschen Bewertung der unverändert auszuübenden Tätigkeit irrtümlich nach einer niedrigeren Entgeltgruppe vergütet worden ist und dieser Fehler nunmehr korrigiert werden soll. Aufgrund der Tarifautomatik bei der Eingruppierung (§ 12 TVöD) hat sich der Beschäftigte in diesem Fall eingruppierungsrechtlich schon seit dem Zeitpunkt, in dem die tariflichen Eingruppierungsmerkmale der höheren Entgeltgruppe erfüllt gewesen sind, in der höheren Entgeltgruppe befunden und hat daher seit diesem Zeitpunkt ununterbrochen Berufserfahrung erworben. In dieser Konstellation sei der Beschäftigte nach der Korrektur der Eingruppierung derjenigen Stufe zuzuordnen, die der Zeit in dieser Tätigkeit entspreche. Die Stufenzuordnung ist folglich nach § 16 TVöD in der höheren Entgeltgruppe neu vorzunehmen und nach der Stufenfindung die Stufenlaufzeit nachzuzeichnen. § 17 Abs. 4 TVöD kommt nicht zur Anwendung.

Von dieser Fallgestaltung ist nach Auffassung des BAG eine nach der Einstellung, d. h. im Laufe des Arbeitsverhältnisses aufgrund einer Tätigkeits- oder Regelungsveränderung eingetretene Höhergruppierung, die zunächst nur nicht umgesetzt worden ist, zu unterscheiden. Wird der Tarifautomatik später im Wege der sog. „korrigierenden Höhergruppierung" Rechnung getragen, handele es sich unverändert um eine Höhergruppierung im Sinne des § 17 Abs. 4 TVöD. Die Tarifautomatik bewirke in diesem Fall, dass die Korrektur auf das Datum der Übertragung der Tätigkeit bzw. der Erfüllung des Tätigkeitsmerkmals zurückwirke. Dementsprechend beginnt in diesem Fall auch die Stufenlaufzeit rückwirkend ab dem Zeitpunkt der Höhergruppierung.

Anspruch auf tarifliche Jahressonderzahlung nach § 20 TVöD (VKA) in der Freistellungsphase bei Altersteilzeit

Ein Anspruch auf die tarifliche Jahressonderzahlung nach § 20 TVöD (VKA) besteht nach Auffassung des BAG auch dann, wenn sich der Beschäftigte im Zeitpunkt der jeweiligen Stichtagsregelung bereits in der Freistellungsphase einer Altersteilzeitbeschäftigung befindet. Dem Urteil des BAG vom 25. Juli 2023 – 9 AZR 332/22 – lag der Sachverhalt zugrunde, dass sich die Streitparteien in einem „Vertrag für Altersteilzeitarbeit nach dem TV FlexAZ" darauf verständigten, das Arbeitsverhältnis vom 1. November 2018 bis zum 31. August 2022 als Altersteilzeitarbeitsverhältnis im Blockmodell mit einer „Arbeitsphase" vom 1. November 2018 bis zum 30. September 2020 und einer „Freizeitphase" vom 1. Oktober 2020 bis zum 31. August 2022 fortzuführen. Unabhängig von der Verteilung der Arbeitszeit sollte das Arbeitsentgelt fortlaufend nach Maßgabe des § 7 Abs. 2 TV FlexAZ gezahlt werden. Die Jahre 2018 und 2019, in der die Beklagte jeweils mit der Vergütung für den Monat November die tarifvertragliche Jahressonderzahlung in Höhe der Hälfte des einer Vollzeitkraft geschuldeten Betrags leistete, waren unstrittig. Für das Jahr 2020 lehnte die Beklagte jedoch die Jahressonderzahlung ab. Das BAG entschied wie folgt:

Gemäß § 20 Abs. 1 TVöD (VKA) haben Beschäftigte, die am 1. Dezember im Arbeitsverhältnis stehen, Anspruch auf eine Jahressonderzahlung. Die Jahressonderzahlung habe eine Art Vergütungscharakter und stelle daher eine Gegenleistung für die vom Arbeitnehmer erbrachte Arbeitsleistung dar. Nach § 7 Abs. 2 Satz 1 TV FlexAZ fließen in den Teilzeitquotienten der Freistellungsphase ausnahmslos alle in der Aktivphase verdienten Entgeltbestandteile einschließlich derjenigen ein, die den Beschäftigten während der Aktivphase als Einmalzahlungen zustehen. Sowohl der Wechsel der Klägerin vom Vollzeitarbeitsverhältnis in das Altersteilzeitarbeitsverhältnis als auch der Eintritt in die Freistellungsphase der Altersteilzeit stellen Einschnitte dar, die nach Auffassung des BAG eine Berechnung der Jahressonderzahlung nach Zeitabschnitten erforderlich machen:

- Die bis zum Beginn der Aktivphase der Altersteilzeit zurückgelegten Kalendermonate seien unstrittig bei der Berechnung der Altersteilzeitvergütung nicht zu berücksichtigen. Die Regelung in § 7 Abs. 2 Satz 1 TV FlexAZ bestimme ausschließlich die Auszahlungsmodalitäten des in der Aktivphase der Altersteilzeit erarbeiteten Arbeitsentgelts; sie erfasse nicht frühere Zeiträume.
- Von dem auf die Kalendermonate nach Beginn der Altersteilzeit entfallenden Wert sei gemäß § 7 Abs. 2Satz 1 TV FlexAZ die eine Hälfte mit der Jahressonderzahlung für das laufende Kalenderjahr auszuzahlen und die andere Hälfte in das Wertguthaben einzustellen. Für den Zeitraum, in dem sich der Altersteilzeitarbeitnehmer noch in der Aktivphase seiner Altersteilzeit befand, stehe ihm die (halbe) Jahressonderzahlung gemäß § 7 Abs. 2 Satz 1 TV FlexAZ anteilig zu. Für die Entstehung des Anspruchs sei es ohne rechtliche Bedeutung, wenn sich der Arbeitnehmer zu dem in § 20 Abs. 5 Satz 1 TVöD (VKA) bestimmten Fälligkeitstermin (mit dem Tabellenentgelt für November) bereits in der Freistellungsphase befinde. Das dem Arbeitgeber in § 20 Abs. 5 Satz 2 TVöD (VKA) eingeräumte Ermessen, einen Teilbetrag der Jahressonderzahlung zu

einem früheren Zeitpunkt auszahlen zu können, sei deshalb nach der gebotenen gesetzeskonformen, mit § 4 Abs. 1 Satz 2 TzBfG im Einklang stehenden Auslegung des § 7 Abs. 2 Satz 1 TV FlexAZ eingeschränkt. Die Hälfte der Jahressonderzahlung ist danach bereits mit der Altersteilzeitvergütung des letzten Monats der Aktivphase anteilig zu zahlen.

Beweiswert einer Arbeitsunfähigkeitsbescheinigung (§ 22 TVöD)

Die Tarifpartner haben im TVöD auf eine eigenständige Regelung zu den Nachweispflichten im Krankheitsfall verzichtet. Es greifen daher die gesetzlichen Regelungen in § 5 Entgeltfortzahlungsgesetz. Der hohe Beweiswert von Arbeitsunfähigkeitsbescheinigungen ist jüngst Gegenstand zahlreicher Verfahren vor dem BAG gewesen. Hierbei hat das BAG die diesbezügliche Rechtsprechung entscheidend zugunsten der Arbeitgeber fortentwickelt. So kann beispielsweise der Beweiswert von (Folge-)Arbeitsunfähigkeitsbescheinigungen nach Auffassung des BAG dann erschüttert sein, wenn ein arbeitsunfähiger Arbeitnehmer nach Zugang der Kündigung eine oder mehrere Folgebescheinigungen vorlegt, die passgenau die Dauer der Kündigungsfrist umfassen, und er unmittelbar nach Beendigung des Arbeitsverhältnisses eine neue Beschäftigung aufnimmt (BAG-Urteil vom 13. Dezember 2023 – 5 AZR 137/23). Gleiches gilt, wenn der Arbeitnehmer am Tag nach seiner Eigenkündigung eine Arbeitsunfähigkeitsbescheinigung vorlegt (BAG-Urteil vom 18. September 2024 – 5 AZR 29/24). Dass es hinsichtlich des Beweiswertes einer Arbeitsunfähigkeitsbescheinigung immer auf eine Gesamtbetrachtung des Sachverhaltes ankommt, hat das BAG zuletzt mit Urteil vom 15. Januar 2025 – 5 AZR 284/24 – betreffend des Beweiswerts einer im Nicht-EU-Ausland ausgestellten Arbeitsunfähigkeitsbescheinigung noch einmal verdeutlicht. Insgesamt lässt sich aus der Rechtsprechung ableiten, dass es Arbeitgebern heute zunehmend leichter fällt, eine Erschütterung des Beweiswertes erfolgreich zu begründen. Die Rechtsprechung präzisiert immer mehr die relevanten Umstände, die hierfür herangezogen werden können.

Beweislast bei Vorliegen einer Wiederholungserkrankung (§ 22 TVöD)

Die Darlegungs- und Beweislast für das Vorliegen einer „Wiederholungserkrankung" im Sinne des § 22 Abs. 1 Satz 2 TVöD liegt grundsätzlich beim Arbeitgeber. Wenn der Arbeitgeber das Vorliegen einer Wiederholungserkrankung jedoch bestreitet, muss zunächst der Arbeitnehmer auf Verlangen des Arbeitgebers darlegen, dass seine Arbeitsunfähigkeit nicht auf einer Wiederholungserkrankung beruht.

Dies hat das BAG mit Urteil vom 18. Januar 2023 – 5 AZR 93/22 – entschieden.

Kürzung des Urlaubsanspruchs bei Freistellung von der Arbeitsleistung wegen Impfverweigerung (§ 26 TVöD)

Das BAG musste sich in den vergangenen Jahren mit zahlreichen rechtlichen Fragestellungen im Zusammenhang mit der Corona-Pandemie auseinandersetzen. Auch zum Erholungsurlaub gab es dabei eine interessante Entscheidung. Im Fall einer Freistellung von der Arbeitsleistung infolge der Verweigerung der Corona-Impfung in einer Einrichtung mit einrichtungsbezogenen Impfpflichten kann der Anspruch auf Urlaub für die Freistellungszeit anteilig gekürzt werden (Urteil des BAG vom 19. Juni 2024 – 5 AZR 167/23). Das BAG stützt sich in seiner Entscheidung insbesondere darauf, dass nach nationalen und europäischen rechtlichen Wertungen der Arbeitnehmer tatsächlich gearbeitet haben müsse, um einen bezahlten Anspruch auf Erholungsurlaub zu erwerben.

Urlaubserinnerungsmanagement (§ 26 TVöD)

Das BAG hat am 20. Dezember 2022 gleich mit zwei Entscheidungen die Mitwirkungs- bzw. Hinweisobliegenheiten für Arbeitgeber im Zusammenhang mit den Urlaubsansprüchen der Beschäftigten erneut verschärft.

Das erste Urteil des BAG vom 20. Dezember 2022 – 9 AZR 245/19 – betrifft den Verfall von Urlaubsansprüchen bei längerer Krankheit des Arbeitnehmers. Das Gericht entschied, dass der Anspruch auf den gesetzlichen Mindesturlaub aus einem Urlaubsjahr, in dem der Arbeitnehmer tatsächlich gearbeitet hat, bevor er aus gesundheitlichen Gründen an der Inanspruchnahme seines Urlaubs gehindert war, regelmäßig nur dann nach Ablauf eines Übertragungszeitraums von 15 Monaten erlischt, wenn der Arbeitgeber ihn rechtzeitig in die Lage versetzt hat, seinen Urlaub in Anspruch zu nehmen. Dies folge aus einer richtlinienkonformen Auslegung des § 7 Abs. 1 und Abs. 3 BUrlG. Das BAG hat dies mit der Entscheidung vom 28. März 2023 – 9 AZR 488/21 – bestätigt. Nicht von den Gerichten geklärt war in diesem Zusammenhang der Fall, in dem der Arbeitnehmer bereits in den ersten Tagen des Urlaubsjahres erkrankt und der Arbeitgeber seinen Hinweisobliegenheiten zu diesem Zeitpunkt noch nicht nachgekommen ist. Das BAG entschied mit Urteil vom 31. Januar 2023 – 9 AZR 107/20, dass in diesem Fall nur solche Urlaubstage nicht verfallen, die bis zum Eintritt der Arbeitsunfähigkeit auch in natura tatsächlich hätten erfüllt werden können.

In einer weiteren Entscheidung vom 20. Dezember 2022 – 9 AZR 266/20 – bestätigte das BAG, dass der gesetzliche Anspruch eines Arbeitnehmers auf bezahlten Jahresurlaub zwar der gesetzlichen Verjährung unterliege. Allerdings beginne die dreijährige Verjährungsfrist erst am Ende des Kalenderjahres, in dem der Arbeitgeber den Arbeitnehmer über seinen konkreten Urlaubsanspruch und die Verfallfristen belehrt und der Arbeitnehmer den Urlaub dennoch aus freien Stücken nicht genommen hat.

Die Rechtsprechung zu den Hinweisobliegenheiten gilt gleichermaßen für den gesetzlichen sowie für den tariflichen Urlaubsanspruch. Das BAG hat dies zur Regelung in § 26 TVöD entschieden. Die Tarifvertragsparteien des TVöD haben nach Auffassung des BAG die Mitwirkungsobliegenheiten des Arbeitgebers bei der Gewährung und Inanspruchnahme von tariflichem Mehrurlaub nicht abweichend von den gesetzlichen Vorgaben geregelt. Abweichungen bestünden lediglich zur Dauer des Übertragungszeitraums, nicht jedoch hinsichtlich der Voraussetzungen, unter denen das Fristenregime aktiviert wird. Dies mit der Folge, dass von einem Gleichlauf des gesetzlichen Urlaubsanspruchs und des Anspruchs auf tariflichen Mehrurlaub auszugehen ist (z. B. Urteil des BAG vom 20. Dezember 2022 – 9 AZR 245/19, Rn. 46 ff.).

Im Lichte der jüngsten Rechtsprechung sind Arbeitgeber gut beraten, wenn sie ihrer Hinweisobliegenheit im Rahmen des Urlaubserinnerungsmanagements möglichst frühzeitig im Kalenderjahr nachkommen und dabei jeden Beschäftigten individuell und konkret

- über die Anzahl der im Kalenderjahr und ggf. noch aus vorherigen Kalenderjahren zustehenden Urlaubstage informieren,
- zur rechtzeitigen Urlaubsinanspruchnahme auffordern,
- über die einschlägigen Verfallfristen informieren sowie
- auf den Verfall der nicht rechtzeitig in Anspruch genommenen Urlaubstage hinweisen.

Nur Arbeitgeber, die ihren Hinweisobliegenheiten hinreichend nachkommen, können sich auf die Verjährung bzw. den Verfall von Urlaubsansprüchen berufen.

Kürzung Erholungsurlaub bei Elternzeit (§ 26 TVöD)

Nach § 26 Abs. 2 Buchst. c) TVöD vermindert sich der Anspruch des Beschäftigten auf Erholungsurlaub für jeden vollen Kalendermonat, in dem das Arbeitsverhältnis ruht, z. B. aufgrund von Elternzeit. Im Fall der Elternzeit entstehen jedoch zunächst dem Grunde nach Urlaubsansprüche (siehe Urteil des BAG vom 16. April 2024 – 9 AZR 165/23), welche dann wiederum auf tarifvertraglicher Basis zu kürzen sind. Grundlage für die tarifvertraglich vereinbarte Kürzung des Erholungsurlaubs ist eine entsprechende „Kann-Regelung" in § 17 Abs. 1 Satz 1 BEEG.

Betreffend das Kürzungsrecht des Arbeitgebers nach § 17 Abs. 1 Satz 1 BEEG hat das BAG in seinem Urteil vom 16. April 2024 – 9 AZR 165/23 – entschieden, dass dieses nur den bezahlten Erholungsurlaub betrifft und nicht die eventuelle Urlaubsabgeltung. Für eine wirksame Ausübung des Kürzungsrechts sei es nach Auffassung des BAG erforderlich, dass dem Arbeitnehmer die rechtsgeschäftliche Erklärung zur Ausübung des Kürzungsrechts während des noch laufenden Arbeitsverhältnisses zugestellt wird. Erfolgt dies nicht, stehe dem Arbeitnehmer die vollständige Urlaubsabgeltung zu, was im Einzelfall zu erheblichen finanziellen Belastungen für den Arbeitgeber führen kann.

Im bestehenden Arbeitsverhältnis kann der Arbeitgeber sein Kürzungsrecht vor, während und nach dem Ende der Elternzeit ausüben, nicht jedoch vor der Erklärung des Arbeitnehmers, Elternzeit in Anspruch zu nehmen. Die Kürzung des Urlaubs nach § 17 Abs. 1 Satz 1 BEEG erfordert eine hierauf gerichtete rechtsgeschäftliche Erklärung, die dem Arbeitnehmer zugehen muss. Die Kürzungserklärung kann ausdrücklich oder stillschweigend abgegeben werden. Dazu ist es ausreichend, dass dem Arbeitnehmer – abweichend von seinem Urlaubsverlangen – nur der gekürzte Urlaub gewährt wird oder für ihn aufgrund sonstiger Umstände erkennbar ist, dass der Arbeitgeber sein Kürzungsrecht ausüben will (Urteil des BAG vom 19. März 2019 – 9 AZR 362/18).

Mit Blick auf das vorgenannte Urteil des BAG vom 16. April 2024 und eine evtl. unmittelbar an die Elternzeit anschließende Beendigung des Arbeitsverhältnisses empfiehlt sich zur Erfüllung der tariflichen Kürzungsregelung jedoch eine schriftliche Erklärung vor Beginn der Elternzeit.

Hinweis:

Gemäß § 17 Abs. 1 Satz 2 BEEG darf eine Kürzung nicht stattfinden, wenn der oder die Beschäftigte während der Elternzeit Teilzeitarbeit leistet und damit das Arbeitsverhältnis nur teilweise ruht. Die tarifliche Kürzungsregelung betrifft ausschließlich volle Kalendermonate, in denen das Arbeitsverhältnis vollständig ruht.

Verweigerung der Wiedereinstellung eines wegen Erreichens einer tarifvertraglichen Altersgrenze ausgeschiedenen Arbeitnehmers kann zugunsten eines jüngeren Bewerbers zulässig sein (§ 33 TVöD)

Das BAG hatte über eine Klage auf Entschädigung wegen Altersdiskriminierung i. H. v. 30.000 Euro zu entscheiden. Der Kläger (eine ehemalige Lehrkraft bei dem beklagten Land), der sich wegen Erreichens der Regelaltersgrenze in der gesetzlichen Rentenversicherung seit Anfang des Jahres 2018 im Ruhestand befindet, war seitdem immer mal wieder im Rahmen befristeter Arbeitsverhältnisse als Lehrkraft für das beklagte Land tätig. Auch Ende 2021 bewarb sich der Kläger erneut als Vertretungslehrkraft an einem Gymnasium des beklagten Landes. Auf die ausgeschriebene Vertretungsstelle bewarb sich zudem eine deutlich jüngere Lehrkraft. Anfang 2022 schlug die Schulleitung den im Ruhestand befindlichen Kläger zur Einstellung vor. Die zuständige Bezirksregierung wies die Schulleitung diesbezüglich darauf hin, dass bei einer beabsichtigten Einstellung eines Bewerbers, der die Regelaltersgrenze überschritten hat, zu bestätigen sei, „dass sich sonst niemand mit einer Lehramtsbefähigung beworben habe oder ... sehr detailliert und nachvollziehbar dargelegt und begründet [werden müsse], warum ggf. vorhandene Mitbewerber/-innen trotz einer vorhandenen Lehramtsbefähigung für die Übernahme der Vertretungsstelle weniger bzw. nicht ausreichend qualifiziert sind“. Die Schulleitung teilte der Bezirksregierung daraufhin mit, dass sie den Kläger zwar für besser qualifiziert halte, gleichwohl aber die Besetzung der Vertretungsstelle mit dem jüngeren Mitbewerber beantrage. Die Stelle wurde schließlich mit dem jüngeren Mitbewerber besetzt. Der Kläger verlangte eine Entschädigung wegen Altersdiskriminierung. Schließlich sei er allein wegen seines Alters nicht eingestellt worden – dies sei nicht zu rechtfertigen. Die Altersgrenze des insoweit mit § 33 Abs. 1 Buchst. a) TVöD vergleichbaren § 33 Abs. 1 Buchst. a) TV-L beziehe sich nur auf die Beendigung des Arbeitsverhältnisses.

Das Gericht lehnte die Entschädigungsforderung ab. Zwar geht auch das Gericht zunächst davon aus, dass der Kläger wegen seines Alters unmittelbar benachteiligt wurde, doch ist die unterschiedliche Behandlung des Klägers nach Auffassung des Gerichts im vorliegenden Fall nach § 10 Satz 1 und Satz 2 AGG zulässig. Sie sei durch ein legitimes Ziel (hier: ausgewogene Beschäftigungsverteilung zwischen den Generationen) gerechtfertigt. Die einschlägigen Regelungen im TV-L entsprächen dieser Zielsetzung. Insbesondere sehe der TV-L keine generelle Höchstaltersgrenze für die Begründung von Arbeitsverhältnissen vor. § 33 Abs. 1 Buchst. a) TV-L ordne nur die Beendigung des Arbeitsverhältnisses mit Ablauf des Monats an, in dem die/der

Beschäftigte das gesetzlich festgelegte Alter zum Erreichen der Regelaltersrente vollendet hat. Dies sei der im Allgemeininteresse liegende Grundsatz. Allerdings komme nach § 33 Abs. 5 Satz 1 TV-L die Weiterbeschäftigung des nach § 33 Abs. 1 Buchst. a) TV-L ausgeschiedenen Beschäftigten in Betracht. Die Möglichkeit der Wiedereinstellung nach Erreichen der Altersgrenze solle nach dem BAG-Urteil aber nur einer vorübergehenden Weiterbeschäftigung bei besonderem Bedarf und Fehlen jüngerer qualifizierter Bewerber dienen.

Tatbestände einer außerordentlichen Kündigung (§ 34 TVöD)

Das BAG muss immer wieder über verschiedene Gründe einer außerordentlichen Kündigung urteilen und erweitert damit stetig die Bandbreite der höchstrichterlich bestätigten „Beispielsfälle". Zu den jüngsten Entscheidungen gehören beispielsweise die nachstehenden Urteilsfälle:

Mit Urteil vom 14. Dezember 2023 – 2 AZR 55/23 – entschied das BAG, dass ein in der Patientenversorgung eingesetzter Arbeitnehmer, der im Geltungsbereich von § 20a IfSG i. d. F. vom 10. Dezember 2021 wahrheitswidrig behauptet, dass aufgrund einer ärztlichen Untersuchung festgestellt worden sei, dass er vorläufig nicht gegen das Coronavirus Sars-CoV-2 geimpft werden könne, in erheblicher Weise eine arbeitsvertragliche Nebenpflicht verletzt. Das BAG führt zudem aus, dass das vertragsnotwendige Vertrauen des Arbeitgebers in den Arbeitnehmer auch durch den untauglichen Versuch einer Täuschung über eine aufgrund ärztlicher Untersuchung festgestellte (vorläufige) Impfunfähigkeit irreparabel zerstört sein kann.

Einem weiteren Urteilsfall lag eine ernstliche Drohung des Arbeitnehmers mit Gefahren für Leib oder Leben von Vorgesetzten oder Arbeitskollegen und/oder deren Verwandten zugrunde. Das BAG hat in seinem Urteil vom 28. Februar 2023 – 2 AZR 194/22 – entschieden, dass – sofern kein allgemeiner Rechtfertigungsgrund eingreift – die ernstliche Drohung „an sich" als wichtiger Grund im Sinne von § 626 Abs. 1 BGB in Betracht kommt und eine außerordentliche Kündigung rechtfertigen kann.

Einem Urteilsfall lag eine beleidigende und menschenverachtende Äußerung über Vorgesetzte und Kollegen in einer privaten Chatgruppe zugrunde. Der fristlos gekündigte Arbeitnehmer, der sich zuvor in einer privaten Chatgruppe in beleidigender, rassistischer, sexistischer und zu Gewalt aufstachelnder Weise über Vorgesetzte und Arbeitskollegen äußerte, wehrte sich gegen die Kündigung mit einer Kündigungsschutzklage. Er war der Ansicht, der Inhalt des Chat-Verlaufs dürfe vom Arbeitgeber nicht verwendet werden und dürfe auch im Rechtsstreit aufgrund der Vertraulichkeit der privaten Äußerung nicht verwertet werden. Das BAG entschied im Urteil vom 24. August 2023 – 2 AZR 17/23, dass sich Arbeitnehmer in solchen außerordentlichen Kündigungsfällen nur im Ausnahmefall auf eine berechtigte Vertraulichkeitserwartung berufen können, und bestätigte damit die außerordentliche Kündigung im zugrundeliegenden Urteilsfall.

Maßregelungsverbot und Arbeitszeugnis (§ 35 TVöD)

Das Maßregelungsverbot in § 612a BGB verbietet es Arbeitgebern, Arbeitnehmer, die ihre Rechte in zulässiger Weise ausüben, zu benachteiligen. Dies gilt nach Auslegung des BAG auch über die Beendigung des Arbeitsverhältnisses hinaus.

Eine ehemalige Assistentin der Geschäftsführung verlangte dreimal hintereinander die Korrektur eines vom Arbeitgeber ausgestellten Arbeitszeugnisses. Während in den ersten beiden Fassungen das Zeugnis mit einer Wunsch- und Dankesformel abschloss, enthielt die dritte Fassung die entsprechende Formel nicht mehr. Diese „erzieherische Maßnahme" der ehemaligen Arbeitgeberin hat das BAG mit Urteil vom 6. Juni 2023 – 9 AZR 272/22 – als Verstoß gegen das Maßregelungsverbot für unzulässig erklärt. Das berechtigte Verlangen der Zeugniskorrektur dürfe nicht zur Verschlechterung des Zeugnisses führen. Zwar stelle die Wunsch- und Dankesformel kein notwendiges Element eines qualifizierten Zeugnisses nach § 109 Abs. 1 GewO dar, dennoch sei die ehemalige Beschäftigte dadurch, dass die Formel in den ersten beiden Entwürfen enthalten war, durch die Herausnahme der Klausel unrechtmäßig benachteiligt worden.

Arbeitgeberzuschuss zur Entgeltumwandlung nach § 1a Abs. 1a BetrAVG im öffentlichen Dienst (TV-EntgeltU-B/L sowie TV-EUmw/VKA)

§ 1a Abs. 1a des Betriebsrentengesetzes (BetrAVG) ist durch Artikel 1 des Betriebsrentenstärkungsgesetzes vom 17. August 2017 mit Wirkung vom 1. Januar 2019 in das BetrAVG eingefügt worden. Danach haben Arbeitnehmer, die eine Entgeltumwandlung zum Zwecke der betrieblichen Altersversorgung durchführen, gegen ihre Arbeitgeber grundsätzlich einen Anspruch auf einen Arbeitgeberzuschuss i. H. v. bis zu 15 % des umgewandelten Betrags. Die Höhe des Arbeitgeberzuschusses ist begrenzt auf die Höhe der tatsächlich ersparten Arbeitgeberaufwendungen zur Sozialversicherung.

Das Gesetz sieht vor, dass der Arbeitgeberzuschuss (ganz oder teilweise) durch eine tarifliche Regelung abbedungen werden kann. Von der gesetzlichen Verpflichtung kann in Tarifverträgen abgewichen werden. Die für die Beschäftigten der Länder, der Kommunen und des Bundes geltenden Tarifverträge zur Entgeltumwandlung sind jeweils vor dem Inkrafttreten des Gesetzes abgeschlossen worden, beinhalten aber bis heute (trotz zahlreicher Anläufe in verschiedenen Tarifverhandlungen) keine Aussagen zu einem solchen Zuschuss des Arbeitgebers. Strittig war seit dem Inkrafttreten des Gesetzes daher, ob darin eine (stillschweigende) Abbedingung im Sinne dieses Gesetzes gesehen werden kann. Trotz arbeitgeberseitiger Überzeugung, dass der Arbeitgeberzuschuss wirksam „durch Nichtregelung" in diesen Tarifverträgen abbedungen wurde, wurde teilweise vorsorglich eine übertarifliche Zuschussgewährung ermöglicht (z. B. Rundschreiben des BMI vom 30. März 2022 – D 5-31004/11#14).

Zwischenzeitlich waren mehrere Verfahren zu dieser Frage sowohl aus dem öffentlichen Dienst als auch aus der Privatwirtschaft anhängig. Bereits mit Urteil vom 20. August 2024 – 3 AZR 286/23 – hat das BAG höchstrichterlich entschieden, dass die Auslegung des § 19 Abs. 1 BetrAVG ergibt, dass von den gesetzlichen Regelungen zur Entgeltumwandlung (§ 1a BetrAVG) auch in Tarifverträgen abgewichen werden kann, die bereits vor Inkrafttreten des Ersten Betriebsrentenstärkungsgesetzes am 1. Januar 2018 geschlossen wurden. Die Tariföffnungsklausel erfasst entgegen der Auffassung des Klägers auch bereits vor dem 1. Januar 2018 geschlossene Tarifverträge. Die Entscheidung erging zum Tarifvertrag zur Altersversorgung zwischen dem Landesverband Niedersachsen und Bremen der holz- und kunststoffverarbeitenden Industrie e. V. und der IG Metall vom 9. Dezember 2008. Nach dem Tarifvertrag steht den Beschäftigten kein Anspruch auf einen Arbeitgeberzuschuss wie nach § 1a Abs. 1a BetrAVG zu. Während diese Entscheidung schon ein erstes Indiz zur Bestätigung der Auslegung der öffentlichen Arbeitgeber darstellte, gab es am 11. März 2025 eine gleichlautende Entscheidung des BAG in einem Fall betreffend den TV-EUmw/VKA (BAG-Urteil vom 11. März 2025 – 3 AZR 53/24). Die Urteilsgründe lagen bei Redaktionsschluss noch nicht vor. Laut der Pressemitteilung des BAG liegt mit dem TV-EUmw/VKA eine solche von § 1a BetrAVG abweichende Regelung im Sinne des § 19 Abs. 1 BetrAVG vor. Es bedarf weder einer konkreten oder ausdrücklichen Abbedingung des Zulagenanspruchs aus § 1a Abs. 1a BetrAVG im Tarifvertrag noch einer hierauf bezogenen oder sonstigen Kompensation.

Corona-Sonderzahlung während einer Teilzeittätigkeit in Elternzeit (TV Corona-Sonderzahlung)

Das BAG musste sich in den vergangenen Jahren mit den verschiedensten Auslegungsfragen zum Tarifvertrag über eine einmalige

Corona-Sonderzahlung vom 29. November 2021 (TV Corona-Sonderzahlung) befassen. Aus verschiedensten Gesichtspunkten ist die Entscheidung des BAG vom 4. Juli 2024 – 6 AZR 206/23 – zur Gewährung einer Corona-Sonderzahlung während einer Teilzeittätigkeit in Elternzeit besonders bemerkenswert. Eine Beschäftigte in Teilzeittätigkeit während Elternzeit klagte gegenüber dem Land, bei dem sie seit Februar 2021 beschäftigt ist, auf Gewährung der vollen Corona-Sonderzahlung. Das Land gewährte der Beschäftigten vor dem Hintergrund, dass sie sich vom 15. August 2021 bis zum 18. Juni 2022 in Elternzeit befand und zum maßgeblichen Stichtag (29. November 2021) einer Teilzeittätigkeit in Elternzeit von 15 Wochenstunden nachging, die Corona-Sonderzahlung lediglich im Umfang ihres Teilzeitanteils. Das Land stützte sich dabei auf § 2 Abs. 2 Satz 2 TV Corona-Sonderzahlung, wonach Teilzeitarbeit zu einem Anspruch „pro-rata-temporis" in entsprechender Anwendung von § 24 Abs. 2 TV-L führt. Für die Höhe der Sonderzahlung sei aus Sicht der Klägerin jedoch maßgeblich, dass sie vor der Elternzeit in Vollzeit gearbeitet habe. Sie dürfe aufgrund der Teilzeittätigkeit in der Elternzeit nicht schlechter gestellt werden als Beschäftigte, die sich ohne Teilzeittätigkeit in Elternzeit befinden und für die die Verhältnisse am Tag vor dem Beginn der Elternzeit (ggf. Vollzeit) maßgeblich sind (§ 2 Abs. 2 Satz 4 TV Corona-Sonderzahlung).

Das BAG bestätigte in seinem Urteil weitgehend das vorinstanzliche Urteil des LAG Mecklenburg-Vorpommern vom 13. Juli 2023 – 5 Sa 163/22 –, welches entschieden hatte, dass Beschäftigte, die während der Elternzeit bei ihrem Arbeitgeber in Teilzeit arbeiten, nach dem TV Corona-Sonderzahlung einen Anspruch auf eine Sonderzahlung in voller Höhe hätten, wenn sie vor Beginn der Elternzeit in Vollzeit tätig waren. Das BAG sieht den Knackpunkt darin, dass das Arbeitsverhältnis während der Elternzeit (teilweise) ruht. Die Arbeitsvertragsparteien vereinbaren bei der Inanspruchnahme von Elternzeit keine wöchentliche Arbeitszeit mit dem Faktor „null", sondern die Hauptleistungspflichten ruhen während der Elternzeit kraft Gesetzes (§§ 15 ff. BEEG). Das (teilweise) Ruhen des Arbeitsverhältnisses führe dazu, dass die Spezialregelung des § 2 Abs. 2 Satz 4 TV Corona-Sonderzahlung die allgemeine Teilzeitregelung des § 2 Abs. 2 Satz 2 TV Corona-Sonderzahlung verdränge.

Es mag ggf. zweifelhaft sein, ob das BAG die Intention bzw. den Willen der Tarifvertragsparteien bei seiner Entscheidung hinreichend berücksichtigt hat. Andererseits scheint der Vortrag der Klägerin mit Blick auf vergleichbare Beschäftigte in Elternzeit ohne Teilzeit überzeugend. Zwar liegt der TV Corona-Sonderzahlung bereits einige Zeit zurück, dennoch enthält der Tarifvertrag über Sonderzahlungen zur Abmilderung der gestiegenen Verbraucherpreise (TV Inflationsausgleich) vom 9. Dezember 2023 eine inhaltsgleiche Formulierung, sodass mit Spannung abzuwarten bleibt, ob das BAG die zuvor geschilderte Rechtsauffassung diesbezüglich verfestigen wird.

Corona-Sonderzahlung in der Ansparphase einer Teilzeittätigkeit im Blockmodell (TV Corona-Sonderzahlung)

In einem weiteren Verfahren hatte das BAG über die Höhe des Anspruchs auf eine Corona-Sonderzahlung während der Ansparphase einer Teilzeittätigkeit im Blockmodell zu entscheiden. Zum maßgeblichen Stichtag der Berechnung der Höhe des Anspruchs nach dem Tarifvertrag über eine einmalige Corona-Sonderzahlung vom 29. November 2021 (TV Corona-Sonderzahlung) befand sich die Klägerin, die bei dem beklagten Land als Grundschullehrerin tätig ist, in der Ansparphase einer Teilzeit im Blockmodell. Während der Ansparphase arbeitete sie tatsächlich im Umfang von 23/28 Wochenstunden. Für das Blockmodell wurde insgesamt ein Teilzeitumfang von 11,5/28 Wochenstunden vereinbart. Letzteren Schlüssel legte das beklagte Land bei der Berechnung der Höhe der Corona-Sonderzahlung zugrunde. Die Klägerin hingegen begehrte, dass die Höhe entsprechend ihrer tatsächlichen Arbeitszeit in der Ansparphase von 23/28 Wochenstunden berechnet wird. Das BAG entschied in seinem Urteil vom 4. Juli 2024 – 6 AZR 3/24 – (abweichend von den beiden vorausgegangenen Instanzen) zugunsten des beklagten Landes, dass zur Bestimmung der Höhe der Corona-Sonderzahlung nach § 2 Abs. 2 TV Corona-Sonderzahlung im Fall einer Teilzeitbeschäftigung im Blockmodell der Anteil der individuell vereinbarten durchschnittlichen Arbeitszeit an der regelmäßigen Arbeitszeit vergleichbarer Vollzeitbeschäftigter zugrunde zu legen ist. Dabei gilt für die gesamte Zeit im Blockmodell eine einheitliche Teilzeitquote (hier: 11,5/28), auch wenn die Arbeitszeit in der Anspar- und der Freistellungsphase ungleichmäßig verteilt ist.

Auch in dieser Frage bleibt zum Zeitpunkt des Redaktionsschlusses abzuwarten, ob das BAG die vorgenannte Rechtsauffassung in diesbezüglich anhängigen Verfahren zum Tarifvertrag über Sonderzahlungen zur Abmilderung der gestiegenen Verbraucherpreise (TV Inflationsausgleich) vom 22. April 2022 verfestigen wird. Zum Zeitpunkt des Redaktionsschlusses wurde bereits Revision gegen ein entsprechendes Urteil des Landesarbeitsgerichts Hamm vom 31. Oktober 2024 – 15 SLa 603/24 – beim BAG eingelegt (Aktenzeichen dort 9 AZR 1/25 – noch nicht terminiert).

Die Tarifeinigung der Tarifrunde 2025 für die Beschäftigten des Bundes und der Kommunen

Von Andreas Bach-Terhorst

I. Rückblickende Anmerkung zu den Tarifverhandlungen

Die Tarifrunden 2020 und 2023 von Bund und Kommunen waren in vielerlei Hinsicht durch ihre außergewöhnlichen Umstände geprägt. Im Jahr 2020 waren es die pandemischen Rahmenbedingungen, die nicht nur für eine kurzfristige Verlagerung der Forderungsschwerpunkte sorgten, sondern die Verhandlungen auch in organisatorischer Hinsicht erschwerten. Die 2023er-Tarifrunde stand dann ganz im Lichte der historischen Teuerungsraten. Erst im Schlichtungsverfahren konnte hier ein tragfähiger Gesamtkompromiss zwischen den Tarifvertragsparteien mit linearen Tabellenerhöhungen sowie den sozialen Komponenten von Sockel- und Mindestbeträgen herbeigeführt werden. Redaktioneller Anpassungsbedarf, der in den „großen Tarifrunden" keinen Platz gefunden hat, wurde von den Tarifpartnern in gesonderten Redaktionsgesprächen abgeräumt (betreffend die Kommunen im Jahr 2022 und betreffend den Bund im Jahr 2024).

Im Laufe des Jahres 2024 haben sich die Inflationsraten allmählich wieder einem Normalniveau angenähert, sodass schon vor der Bekanntgabe der Forderungen der Gewerkschaften zu erwarten war, dass sich die 2025er-Tarifrunde nicht mehr allein um eine möglichst hohe monetäre Erhöhung drehen wird, sondern die Gewerkschaften weitere strukturelle Themen aufgreifen werden, für die die Tarifrunden 2020 und 2023 aufgrund ihrer besonderen Umstände keinen Platz gelassen haben. Und welches Thema würde den gegenwärtigen Zeitgeist mehr treffen als das „ausgewogene Verhältnis zwischen beruflichen Anforderungen einerseits und privaten Bedürfnissen andererseits". Am 9. Oktober 2024 enthüllten die Gewerkschaften ihre Forderungen für die rund dreieinhalb Monate später, am 24. Januar 2025 beginnende Tarifrunde. Die nachstehenden Kernforderungen bestätigten die vorherigen Erwartungen:

- Einkommenserhöhungen im Volumen von acht Prozent, mindestens aber 350 Euro monatlich; Auszubildende, dual Studierende und Praktikanten sollen monatlich 200 Euro erhalten (zu diesem „Volumen" zählen nicht nur die linearen Erhöhungen, sondern beispielsweise auch die Anhebung von Zulagen und Zuschlägen)
- Drei zusätzliche freie Tage, um die zunehmende Arbeitsbelastung auszugleichen

- Ein „Meine-Zeit-Konto" soll für mehr Zeitsouveränität und Flexibilität sorgen
- Ein zusätzlicher freier Tag für Gewerkschaftsmitglieder
- Neuabschluss eines Tarifvertrages zur Altersteilzeit mit bevorzugtem Zugang für Beschäftigte in besonders belasteten Berufen

Mit über drei Monaten Vorlaufzeit gaben die Gewerkschaften der Arbeitgeberseite eine verhältnismäßig lange Vorlaufzeit, sich mit den „neuartigen Forderungen" betreffend die Arbeitszeit auseinanderzusetzen. Für die öffentlichen Arbeitgeber bedeuten Tarifverhandlungen immer einen Zwiespalt zwischen einer qualitativ hochwertigen Zukunftssicherung des öffentlichen Dienstes auf der einen Seite und einer gesellschaftspolitischen Gesamtverantwortung auf der anderen Seite. Dabei spielten in der diesjährigen Tarifrunde insbesondere die nachstehenden Punkte eine besondere Bedeutung:

1. **Hohe Forderungen der Gewerkschaften:** Die Gewerkschaften stellten vorab hohe Anforderungen an die Entgelte und Arbeitsbedingungen (siehe oben). Sie forderten starke Entgelterhöhungen sowie zusätzlich Freizeit und Verbesserungen in anderen Bereichen. Diese Forderungen wurden von den Arbeitgebern als ambitioniert und als schlichtweg nicht leistbar angesehen.
2. **Finanzielle Engpässe:** Sowohl die Kommunen als auch der Bund stehen vor erheblichen finanziellen Herausforderungen. Die Kommunen sind stark verschuldet und auch der Bund hat derzeit mit Haushaltsproblemen zu kämpfen. Diese Situation hat es wesentlich erschwert, den Forderungen der Gewerkschaften nachzukommen.
3. **Wirtschaftliche Unsicherheit:** Die aktuelle wirtschaftliche Situation mit moderater Inflation und stagnierendem Wachstum machten es den Arbeitgebern schwierig, die Forderungen der Gewerkschaften zu erfüllen. Die Arbeitgeber haben im Gesamtkompromiss auch die „wirtschaftlichen Realitäten" hinreichend zu berücksichtigen.
4. **Personalmangel und Überlastung:** Der öffentliche Dienst leidet bekanntermaßen seit Jahren unter einem erheblichen Personalmangel, was zu einer übermäßigen Arbeitsbelastung für die Beschäftigten führt. Die Gewerkschaften drängten in den Verhandlungen auf nachhaltige Lösungen, um diese Probleme zu beheben und die Arbeitsbedingungen zu verbessern.
5. **Komplexität der Verhandlungen:** Die Tarifverhandlungen umfassten nicht nur Entgelterhöhungen, sondern auch andere komplexe Themen wie flexible Arbeitszeiten, Zuschläge für besonders belastende Tätigkeiten und die Einführung neuer Arbeitszeitmodelle.

Diese Vielfalt an Themen erschweren die Verhandlungen jedes Mal erneut.

6. **Große Anzahl der Betroffenen:** Da über 2,6 Millionen Beschäftigte direkt oder indirekt von den Verhandlungen betroffen sind, war der Druck auf beide Seiten besonders hoch. Es gilt die Interessen der Arbeitnehmer mit den finanziellen Möglichkeiten der öffentlichen Arbeitgeber in Einklang zu bringen, was immer wieder eine große Herausforderung darstellt. Kleinste Entgelterhöhungen haben bei dieser beachtlichen Zahl von Betroffenen enorme finanzielle Auswirkungen.

Der Auftakt der Tarifrunde 2025 fand am 24. Januar 2025 in Potsdam statt. Wie üblich erfolgte an dieser Stelle noch kein Angebot von Arbeitgeberseite. Vielmehr nutzten die Tarifpartner den Termin, um sich über die Forderungen und die Ausgangslage intensiv auszutauschen.

Anders als in der 2023er-Tarifrunde legte die Arbeitgeberseite auch in der zweiten Verhandlungsrunde am 17. und 18. Februar 2025 kein konkretes Angebot vor. Öffentlichen Quellen war zu diesem Zeitpunkt nicht zu entnehmen, wie weit die Verhandlungsparteien in ihren vertraulichen Gesprächen tatsächlich noch voneinander entfernt liegen.

Vom 14. März bis zum 17. März 2025 fand dann in Potsdam die dritte Verhandlungsrunde statt. Trotz einer eintägigen Verlängerung und zwischenzeitlichen Signalen über eine Annäherung beider Seiten hat die Arbeitgeberseite am Abend des 17. März die Verhandlungen für gescheitert erklärt und wie bereits 2023 die Einleitung eines Schlichtungsverfahrens im Anschluss an die dritte Verhandlungsrunde veranlasst. Knackpunkte blieben dem Vernehmen nach bis zum Schluss die geforderten freien Tage und die Laufzeit der Einigung.

Am 28. März 2025 lag bereits die Einigungsempfehlung der Schlichterkommission vor. Die Einigungsempfehlung war die zentrale Grundlage der weiteren Tarifverhandlungen, die am 5. April 2025 in Potsdam fortgesetzt wurden. Bis dahin galt entsprechend der Schlichtungsvereinbarung eine Friedenspflicht. Die Inhalte der Einigungsempfehlung wurden nur geringfügig modifiziert in die nachstehende Tarifeinigung vom 6. April 2025 übernommen.

II. Die Tarifeinigung

Die Tarifeinigung vom 6. April 2025[1]), mit der die Tarifrunde ihren (vorläufigen) Abschluss gefunden hatte, überrascht vor dem Hinter-

[1]) abgedruckt unter **150**

grund der Forderungsschwerpunkte der Gewerkschaften kaum. Wie zu erwarten war, liegt der Schwerpunkt der Tarifeinigung neben den Entgelterhöhungen auf zahlreichen Neuregelungen zur Arbeitszeit.

Die Kernpunkte der Tarifeinigung werden in den folgenden Abschnitten näher dargestellt und erläutert:

1. Entgelterhöhungen für die Beschäftigten und Auszubildenden
2. Arbeitszeit
3. Sonstige Vereinbarungen bei VKA (3.1) und Bund (3.2)
4. Auszubildende, Studierende und Praktikantinnen und Praktikanten
5. Laufzeit

1. Entgelterhöhungen für die Beschäftigten und Auszubildenden

Hinsichtlich der Erhöhung der Entgelte unterscheiden die Tarifpartner zwischen der Erhöhung der Tabellenentgelte (1.1) und der Erhöhung der dynamischen Zulagen (1.2). In beiden Bereichen erfolgt die Erhöhung jeweils in zwei Schritten zum 1. April 2025 und 1. Mai 2026. Zur Überbrückung der drei „Leermonate" wurden keine Sonder- bzw. Einmalzahlungen vereinbart.

1.1 Erhöhung der Tabellenentgelte

Die vorgesehene lineare Erhöhung der Tabellenwerte wird wie folgt vorgenommen:

1. zum **1. April 2025** Erhöhung der Tabellenentgelte um **3,0 Prozent,** mindestens jedoch monatlich 110 Euro (das betrifft die Entgeltgruppen 1 bis 5 und bestimmte Stufen in den höheren Entgeltgruppen bis hin zur Entgeltgruppe 9b Stufe 1)
2. zum **1. Mai 2026** Erhöhung der Tabellenentgelte um weitere **2,8 Prozent** (ohne Mindestbetrag)

Entsprechendes gilt nach der Tarifeinigung auch für die Beträge aus individuellen Zwischen- und Endstufen sowie für die Tabellenwerte der Entgeltgruppen 2Ü und 15Ü.

Im Bereich der VKA wurden die Entgelttabellen zum TV-V (Versorgungsbetriebe) grundlegend neu gefasst. Die zu den abweichenden Stichtagen in Kraft tretenden Entgelttabellen (Anlage 2 zu § 6 TV-V) ab dem **1. Juni 2025** und ab dem **1. Juni 2026** sind den Anhängen 1 und 2 der Tarifeinigung zu entnehmen; siehe Teil C Nr. 6 Buchst. a) der Tarifeinigung.

Im Bereich des Bundes wird das Tabellenentgelt der Entgeltgruppe 1 Stufe 2 ab dem **1. Mai 2026** auf den Betrag von 2 543,55 Euro festgesetzt (siehe Teil B Nr. 1 der Tarifeinigung).

1.2 Erhöhung tariflicher Zulagen

Für die Erhöhung der tariflichen Zulagen, soweit für diese die Dynamisierung über allgemeine Entgeltanpassungen im Tarifvertrag vereinbart ist, haben sich die Tarifpartner zur angemessenen Berücksichtigung des Mindestbetrages zum 1. April 2025 auf eine Steigerung um 3,11 Prozent verständigt. Zum 1. Mai 2026 erfolgt die Erhöhung der Zulagen wie bei den Tabellenentgelten um 2,8 Prozent.

Die Erhöhungssätze finden nach Teil C Nr. 1 der Tarifeinigung auch auf die Stundenentgelte und weitere Entgeltbestandteile im TV-Fleischuntersuchung Anwendung.

Die Zulage für ständige Wechselschichtarbeit gemäß § 8 Abs. 5 Satz 1 TVöD wird von derzeit 105 Euro ab dem 1. Juli 2025 auf 200 Euro monatlich angehoben. Die Stundensätze gemäß § 8 Abs. 5 Satz 2 TVöD für nicht ständige Wechselschichtarbeit werden zu demselben Zeitpunkt von derzeit 0,63 Euro auf 1,18 Euro pro Stunde erhöht; siehe Teil A Nr. 3 Buchst. a) der Tarifeinigung.

Für den Bereich der Krankenhäuser, Pflege- und Betreuungseinrichtungen wird die Zulage für ständige Wechselschichtarbeit gemäß § 50 Abs. 2 Satz 1 TVöD BT-K bzw. § 49a Abs. 2 Satz 1 TVöD BT-B von derzeit 155 Euro ab dem 1. Juli 2025 auf 250 Euro monatlich angehoben. Die Stundensätze gemäß § 50 Abs. 2 Satz 2 TVöD-BT-K werden zu demselben Zeitpunkt von derzeit 0,93 Euro auf 1,49 Euro pro Stunde erhöht. Die Stundensätze gemäß § 49a Abs. 2 Satz 2 TVöD BT-B werden zu demselben Zeitpunkt von derzeit 0,93 Euro auf 1,47 Euro pro Stunde erhöht.

Die Zulage für ständige Schichtarbeit gemäß § 8 Abs. 6 Satz 1 TVöD wird von derzeit 40 Euro ab dem 1. Juli 2025 einheitlich auf 100 Euro monatlich angehoben. Die Stundensätze gemäß § 8 Abs. 6 Satz 2 TVöD für nicht ständige Schichtarbeit werden zu demselben Zeitpunkt von derzeit 0,24 Euro auf 0,59 Euro pro Stunde erhöht.

Die erhöhten Zulagen für Wechselschicht- und Schichtarbeit werden bei allgemeinen Entgeltanpassungen nach dem 31. Dezember 2026 jeweils um den von den Tarifvertragsparteien festgelegten Vomhundertsatz erhöht.

Im Bereich der VKA wurden für dynamisierte Zulagen und Zuschläge im TV-V aufgrund der Neustrukturierung der entsprechenden Entgelttabelle (siehe unter 1.1) abweichende Erhöhungswerte und Zeitpunkte festgelegt. Ab dem 1. Juni 2025 erfolgt eine Erhöhung um 5,1 Prozent und ab dem 1. Juni 2026 um weitere 1,25 Prozent.

I

1.3 Von der Erhöhung erfasste Entgeltbestandteile

Die vereinbarten Erhöhungen zum 1. April 2025 und 1. Mai 2026 wirken sich unmittelbar bzw. mittelbar nicht nur auf die Tabellenwerte als solche, sondern darüber hinaus auf eine Vielzahl von weiteren tarifvertraglich vereinbarten Beträgen aus. So ergeben sich – vorbehaltlich abweichender Regelungen der Tarifpartner in den noch abzustimmenden Tariftexten – auf der Grundlage der Tarifeinigung Änderungen insbesondere in den nachstehenden Bereichen:

- die individuellen Zwischenstufen bzw. die individuellen Endstufen (z. B. § 6 TVÜ-Bund/VKA, § 8 TVÜ-Bund/VKA, § 28a TVÜ-VKA),
- die Funktionszulage für Ärzte (§ 51 Abs. 3 bis 5 TVöD BT-B sowie § 51 Abs. 3 und 4 TVöD BT-K),
- die Einsatzzuschläge für Ärzte (§ 42 Abs. 2 TVöD BT-K sowie § 42 Abs. 2 TVöD BT-B),
- die Pflegezulage nach § 52 Abs. 6 TVöD BT-K und § 52 Abs. 5 TVöD BT-B,
- die Garantiebeträge nach § 52 Abs. 4 TVöD BT-B bzw. § 1 Abs. 4 der Anlage zu § 56 (VKA) TVöD BT-V,
- die Werte der Anlage B (Bund) – Auslandsentgelte, Anlage C (Bund) – Bereitschaftsdienstentgelte, Anlage D (Bund) – (Ärzte) und Anlage E (Bund) – Pflegedienst,
- die Tabellenwerte für die Entgeltgruppen 2Ü und 15Ü im Sinne des § 6 TVÜ-VKA,
- die Besitzstandszulage für Vergütungsgruppenzulagen gemäß § 9 TVÜ-Bund/VKA,
- die Besitzstandszulage für kinderbezogene Entgeltbestandteile nach § 11 TVÜ-Bund/VKA,
- die Vorarbeiterzulage nach § 17 Abs. 9 TVÜ-VKA,
- die Garantiebeträge nach §§ 28a und 28b, § 29a Abs. 4, § 30 Abs. 2 und § 32 Abs. 2 TVÜ-VKA,
- die Zulagen nach §§ 15 bis 18 TV EntgO Bund (Zulage für Vorarbeiterinnen und Vorarbeiter sowie Vorhandwerkerinnen und Vorhandwerker, Ausbildungszulage, Entgeltgruppenzulagen, Zulagen für Beschäftigte im Pflegedienst),
- die Pauschalentgelte für unter den KraftfahrerTV Bund fallende Personenkraftwagenfahrer.

Nicht von dieser Erhöhung betroffen sind insbesondere

- die Wechselschicht-/Schichtzulagen nach § 8 Absatz 5 und 6 TVöD (hierzu haben die Tarifpartner gesonderte Erhöhungsbeträge vorgesehen, siehe unter 1.2.; ab 2027 sind diese Zulagen ebenfalls dynamisch ausgestaltet),

- die Strukturausgleiche gem. § 12 TVÜ-Bund/VKA oder
- statische Zulagen, die sich aus der jeweiligen Entgeltordnung ergeben.

1.4 Anhebung der Jahressonderzahlung

Die Jahressonderzahlungen werden ab dem Kalenderjahr 2026 für den Bereich des Bundes

- für die Entgeltgruppen 1 bis 8 auf 95 Prozent,
- für die Entgeltgruppen 9a bis 12 auf 90 Prozent und
- für die Entgeltgruppen 13 bis 15 auf 75 Prozent

erhöht.

Für den Bereich der VKA erfolgt grundsätzlich eine Abkehr von der nach Entgeltgruppen gestaffelten Jahressonderzahlung und eine Erhöhung auf einheitlich 85 Prozent. Dies gilt auch für Beschäftigte, die nach der P-Tabelle sowie der S-Tabelle eingruppiert sind (außer im Bereich TVöD BT-B und TVöD BT-K). Die Jahressonderzahlung im Geltungsbereich des TVöD BT-K und TVöD BT-B wird davon abweichend für die Entgeltgruppen 1 bis 8 auf 90 Prozent festgelegt.

Hinsichtlich der Neuerung, dass für einen Großteil der Beschäftigten die Möglichkeit eingeführt werden soll, einen Teil der Jahressonderzahlung in Freizeit umzuwandeln, siehe unter 2.1.

1.5 Anhebung der Entgelte für Auszubildende, Studierende sowie Praktikantinnen und Praktikanten

Sämtliche Ausbildungs- und Studienentgelte werden zum 1. April 2025 und zum 1. Mai 2026 jeweils um einen Festbetrag von 75 Euro erhöht. Dies betrifft die Ausbildungsentgelte nach dem TVAöD, die Praktikantenentgelte nach dem TVPöD, die monatlichen Entgelte nach § 8 Absatz 1 Satz 2 TVSöD sowie das monatliche Studienentgelt nach § 8 Absatz 2 TVSöD (Teil A Nr. 2 der Tarifeinigung). Auch das Studienentgelt gemäß § 9 TVHöD wird ab dem 1. April 2025 sowie 1. Mai 2026 jeweils um 75 Euro angehoben (Teil C Nr. 2 der Tarifeinigung).

Im Durchschnitt führen die Erhöhungen jeweils zu einer Steigerung von rund 5 Prozent.

2. Arbeitszeit

Im Rahmen der 2025er-Tarifeinigung haben sich die Tarifpartner neben den unter 1. dargestellten monetären Verbesserungen auf zahlreiche Punkte zum Thema Arbeitszeit bzw. Work-Life-Balance verständigt.

2.1 „Zeit-statt-Geld-Wahlmodell" für die Jahressonderzahlung

Eine zentrale Neuerung im Tarifabschluss ist die Einführung eines „Zeit-statt-Geld-Wahlmodells", bei dem Beschäftigte einen Teil der Jahressonderzahlung im Wert von bis zu drei freien Tagen in Freizeit umwandeln können (Teil B Nr. 3 sowie Teil C Nr. 3 der Tarifeinigung). Der Wortlaut der Tarifeinigung sieht im Bereich des Bundes keine Einschränkungen für den Geltungsbereich vor. Im Bereich der VKA soll sich die Möglichkeit allerdings auf Beschäftigte in den Bereichen TVöD BT-V, TVöD BT-S, TVöD BT-F und TVöD BT-E beschränken. Die Bereiche des TVöD BT-K und TVöD BT-B sind hiervon ausgenommen.

Die Berechnung für den Wert der freien Tage erfolgt auf Stundenbasis in Anwendung der Regelung des § 24 Abs. 3 Satz 3 TVöD.

Klarstellend haben die Tarifpartner einen Passus aufgenommen, wonach im Falle einer unverzüglich angezeigten und durch ärztliches Attest nachgewiesenen Arbeitsunfähigkeit für den gewährten freien Tag sowie im Falle der Geltendmachung von dringenden betrieblichen/dienstlichen Gründen durch den Arbeitgeber für den gewährten freien Tag für diesen Tag keine Minderung der Jahressonderzahlung eintritt.

2.2 Erholungsurlaub

Der tarifliche Erholungsurlaub nach § 26 TVöD erhöht sich ab dem Kalenderjahr 2027 von jährlich 30 Tagen auf 31 Tage. Der zusätzliche Tag Urlaub wird gleichermaßen auch für die Auszubildenden, dual Studierenden sowie Praktikantinnen und Praktikanten nach dem TVPöD eingeführt (Teil A Nr. 3 der Tarifeinigung).

2.3 Freiwillige Erhöhung der wöchentlichen Arbeitszeit

Ein weiterer Kernbestandteil der Tarifeinigung ist die Neuregelung zur freiwilligen Erhöhung der individuellen Wochenarbeitszeit ab dem 1. Januar 2026; vgl. Teil A Nr. 3 Buchst. b) der Tarifeinigung. Nach Ablauf der Probezeit können Arbeitnehmer und Arbeitgeber freiwillig vereinbaren, die individuelle regelmäßige wöchentliche Arbeitszeit (ohne Pausen) befristet auf durchschnittlich bis zu 42 Stunden zu erhöhen. Diese Erhöhung muss befristet sein und kann für bis zu

18 Monate vereinbart werden. Verlängerungen sind möglich, wenn beide Parteien zustimmen, und müssen ebenfalls befristet sein. Jede Verlängerung kann ebenfalls bis zu 18 Monate betragen. Wenn tarifvertraglich auf die regelmäßige durchschnittliche wöchentliche Arbeitszeit von Vollzeitbeschäftigten Bezug genommen wird, gilt in diesem Fall die individuell erhöhte regelmäßige wöchentliche Arbeitszeit. Die Vereinbarung kann aus wichtigem Grund mit einer Frist von vier Wochen zum Monatsende in Textform gekündigt werden. Weitere Details können durch Betriebs- oder einvernehmliche Dienstvereinbarungen geregelt werden.

Arbeitnehmer mit einer auf dieser Grundlage erhöhten Arbeitszeit erhalten das Tabellenentgelt und sonstige Entgeltbestandteile entsprechend dem Anteil der individuell vereinbarten durchschnittlichen Arbeitszeit im Verhältnis zur regelmäßigen Arbeitszeit gemäß § 6 Abs. 1 Satz 1 TVöD, sofern tarifvertraglich nichts anderes geregelt ist. Für Arbeitsstunden, die über die durchschnittliche regelmäßige wöchentliche Arbeitszeit von Vollzeitbeschäftigten hinausgehen (Erhöhungsstunden), erhalten Arbeitnehmer einen Zuschlag. Dieser beträgt

- 25 Prozent für die Entgeltgruppen 1 bis 9b und
- 10 Prozent für die Entgeltgruppen 9c bis 15

des auf die Stunde entfallenden Anteils des Tabellenentgelts der Stufe 3 der jeweiligen Entgeltgruppe. Erhöhungsstunden gelten nicht als Überstunden im Sinne von § 7 Abs. 7 und Abs. 8 TVöD.

Mit diesem Instrument wird den Beschäftigten die Möglichkeit gegeben, freiwillig einen kleinen Beitrag gegen den Fachkräftemangel im öffentlichen Dienst zu leisten. Der Arbeitgeberseite ist diese Mehrarbeit einen entsprechenden Zeitzuschlag wert.

2.4 Gleitzeit

Die bestehende Protokollerklärung zu § 6 TVöD wird zum 1. Juli 2025 modifiziert und ergänzt. Im Kern soll in gemeinsamer Verantwortung von Arbeitgebern und Beschäftigten darauf hingewirkt werden, dass Gleitzeitkonten regelmäßig durch Zeitausgleich ausgeglichen werden und es so beispielsweise zum Ende eines Ausgleichszeitraums nicht zu einer Kappung von Stunden oberhalb der geregelten Saldogrenzen kommt. Hierzu gehört zudem, dass im Einzelfall auch frühzeitig von der Möglichkeit der Anordnung von Überstunden (§ 7 Abs. 7 und Abs. 8 TVöD) Gebrauch gemacht wird. Zudem ermöglicht die Protokollerklärung, dass bei gleichzeitiger Einrichtung eines Kontos gemäß § 10 TVöD auch die Übertragung von Plusstunden auf dieses erfolgen

I

kann. In den Gleitzeitregelungen können nach der Protokollerklärung weitere Einzelheiten, insbesondere zur Anwendung dieser Möglichkeiten, geregelt werden.

2.5 Langzeitkonten

Auf Grundlage eines neuen Absatzes 7 zu § 10 TVöD kann ab 1. Juli 2025 auf betrieblicher Ebene die Einrichtung von Langzeitkonten vereinbart werden. Da es sich um eine neue Regelung im Tarifvertrag handelt, ist eine Kontenführung nach den einschlägigen Regelungen im Sozialversicherungsrecht lediglich als „Wertguthaben" zulässig. Das bedeutet, Entgeltbestandteile können nur in Arbeitsentgelt eingebracht und angespart werden. Es handelt sich nicht um ein Zeitkonto, auf dem Entgeltbestandteile in Zeit faktorisiert gutgeschrieben werden. Für die Möglichkeiten zur Verwendung des Wertguthabens wird auf § 7c SGB IV verwiesen. Dieser hat folgenden Wortlaut:

§ 7c SGB IV – Verwendung von Wertguthaben

(1) Das Wertguthaben auf Grund einer Vereinbarung nach § 7b kann in Anspruch genommen werden

1. für gesetzlich geregelte vollständige oder teilweise Freistellungen von der Arbeitsleistung oder gesetzlich geregelte Verringerungen der Arbeitszeit, insbesondere für Zeiten,
   a) in denen der Beschäftigte eine Freistellung nach § 3 des Pflegezeitgesetzes oder nach § 2 des Familienpflegezeitgesetzes verlangen kann,
   b) in denen der Beschäftigte nach § 15 des Bundeselterngeld- und Elternzeitgesetzes ein Kind selbst betreut und erzieht,
   c) für die der Beschäftigte eine Verringerung seiner vertraglich vereinbarten Arbeitszeit nach § 8 oder § 9a des Teilzeit- und Befristungsgesetzes verlangen kann; § 8 des Teilzeit- und Befristungsgesetzes gilt mit der Maßgabe, dass die Verringerung der Arbeitszeit auf die Dauer der Entnahme aus dem Wertguthaben befristet werden kann,
2. für vertraglich vereinbarte vollständige oder teilweise Freistellungen von der Arbeitsleistung oder vertraglich vereinbarte Verringerungen der Arbeitszeit, insbesondere für Zeiten,
   a) die unmittelbar vor dem Zeitpunkt liegen, zu dem der Beschäftigte eine Rente wegen Alters nach dem Sechsten Buch bezieht oder beziehen könnte oder
   b) in denen der Beschäftigte an beruflichen Qualifizierungsmaßnahmen teilnimmt.

(2) Die Vertragsparteien können die Zwecke, für die das Wertguthaben in Anspruch genommen werden kann, in der Vereinbarung nach § 7b abweichend von Absatz 1 auf bestimmte Zwecke beschränken.

Im Detail bleibt die Ausgestaltung den Betriebs- bzw. Dienstvereinbarungen vorbehalten. Welche Inhalte die Betriebs- bzw. Dienstvereinbarungen insbesondere regeln sollten, geht aus der neuen Vorschrift hervor. Dazu gehören:

- Verfahren zur Einbringungsmöglichkeit, insbesondere die Einzahlung von Entgeltbestandteilen (darunter dürfte insbesondere fallen, welche Entgeltbestandteile gutgeschrieben werden können – z. B. ob die Neuregelungen zur Arbeitszeit [Gleitzeitstunden, freiwillige Erhöhung der Wochenarbeitszeit etc.] einbezogen werden können),
- Regelung von Störfällen und die Übertragung des Wertguthabens, insbesondere bei Beendigung des Arbeitsverhältnisses, Berufsunfähigkeit, Tod,
- Rahmen der Ansparvereinbarung, insbesondere hinsichtlich der Grenzen der Ansparung,
- Regelungen zur Freistellungsphase, insbesondere zu Mindestzeiten, Beginn und Dauer, Ankündigungsfristen,
- Entgelt in der Freistellungsphase,
- Insolvenzsicherung im Falle der Insolvenzfähigkeit des Arbeitgebers.

Hintergrund der vorgenannten (Mindest-)Regelungsinhalte sind vielfach die entsprechenden sozialversicherungsrechtlichen Rahmenbedingungen, welche im Übrigen bei der konkreten Ausgestaltung dringend beachtet werden sollten.

3. Sonstige Vereinbarungen

3.1 VKA

3.1.1 Beschäftigte im Rettungsdienst

Bereits in der Tarifeinigung 2023 haben sich die Tarifpartner darauf verständigt, nach Abschluss der Tarifrunde Verhandlungen zur Arbeitszeit der Beschäftigten im Rettungsdienst aufzunehmen. Dieser Vereinbarung sind die Tarifpartner in der Tarifrunde 2025 nachgekommen (siehe Teil C Nr. 4 der Tarifeinigung). Im Einzelnen soll Folgendes in Teil B des Anhangs zu § 9 TVöD vereinbart werden:

Für Beschäftigte im Rettungsdienst, deren Tätigkeit regelmäßig und in erheblichem Umfang Bereitschaftszeiten umfasst, darf

1) die Summe aus den faktorisieren Bereitschaftszeiten (zur Faktorisierung siehe unten) und der Vollarbeitszeit die Arbeitszeit nach § 6 Abs. 1 TVöD nicht überschreiten,

I

2) die durchschnittliche wöchentliche Summe aus Vollarbeits- und Bereitschaftszeiten folgende Grenzen nicht überschreiten:
   - bis zum 31. Dezember 2025: 48 Stunden
   - ab dem 1. Januar 2026: 46 Stunden
   - ab dem 1. Januar 2027: 44 Stunden

   Die Bereitschaftszeiten werden bis zum 31. Dezember 2025 zu 50 Prozent und abweichend zu § 9
   - ab dem 1. Januar 2026 zu 56,25 Prozent und
   - ab dem 1. Januar 2027 zu 64,29 Prozent

   als tarifliche Arbeitszeit gewertet (faktorisiert).

Ab dem 1. Januar 2026 soll zudem durch Betriebs-/Dienstvereinbarung eine tägliche Höchstarbeitszeit unter Einrechnung der vorgeschriebenen Pausen von bis zu 24 Stunden eingeführt werden können, wenn die Vollarbeitszeit innerhalb der Gesamtdauer der täglichen Arbeitszeit neun Stunden regelmäßig nicht überschreitet und durch besondere Maßnahmen (insb. Sicherstellung ausreichender Ruhephasen und Bereitstellung gesonderter Ruheräume, doppelte Freiwilligkeit) vor Einführung sichergestellt wird, dass die Gesundheit der Beschäftigten nicht gefährdet wird. Die Tarifvertragsparteien haben sich dem Vernehmen nach darauf verständigt, hierzu abgestimmte Durchführungshinweise zu erstellen.

3.1.2 Hebammen

Hebammen und Entbindungspfleger mit abgeschlossener Hochschulbildung werden in eine neue Entgeltgruppe P 11 eingruppiert. Ausgebildete Hebammen und Entbindungspfleger können ebenfalls, wenn sie aufgrund gleichwertiger Fähigkeiten und ihrer Erfahrungen entsprechende Tätigkeiten ausüben, in die Entgeltgruppe P 11 eingruppiert werden (siehe Teil C Nr. 5 der Tarifeinigung). Die konkrete Ausgestaltung in der Entgeltordnung bleibt abzuwarten. Bislang sind Hebammen nach Teil B Abschnitt XI der Entgeltordnung zum TVöD (VKA) in Entgeltgruppe P 8 Fallgruppe 3 eingruppiert.

3.1.3 Weitere Verbesserungen im TV-V

Wie unter 1.1 und 1.2 dargestellt, erfolgen abweichende Erhöhungsschritte und Zeitpunkte hinsichtlich der monetären Erhöhungen im Bereich des TV-V. Darüber hinaus wird unter Teil C Nr. 6 der Tarifeinigung mit dem neuen § 6a TV-V erstmalig eine Öffnungsklausel für „Alternative Anreize“ (z. B. Zuschüsse für Fitnessstudios oder Fahrtkostenzuschüsse für ÖPNV-Tickets) auf Grundlage einer Betriebs- bzw. Dienstvereinbarung eingefügt.

Nach Abschluss der Tarifrunde 2025 sollen zudem Verhandlungen über Eingruppierungsmerkmale im TV-V geführt werden.

Auch die unter 2.1 und 2.3 dargestellten Modelle zur Umwandlungsmöglichkeit von Teilen der Jahressonderzahlung in Freizeit sowie zur freiwilligen Erhöhung der Wochenarbeitszeit sollen ab 2026 sinngemäß auf den TV-V übertragen werden.

Einen weiteren Urlaubstag soll es ab dem Kalenderjahr 2027 ebenfalls geben.

3.1.4 Sparkassen

Die Tarifvertragsparteien haben im Rahmen der Tarifverhandlungen auch die besondere Situation der Sparkassen erörtert. Sie waren sich einig, dass für die größte Finanzgruppe in Deutschland während der Tariflaufzeit und zwischen den Verhandlungen ein regelmäßiger Austausch zwischen den Tarifparteien erfolgt. Einigkeit besteht ebenfalls darüber, dass bei künftigen Tarifverhandlungen die besondere Situation der Sparkassen sowie sparkassenspezifische Angelegenheiten besprochen werden (siehe Teil C Nr. 7 der Tarifeinigung).

3.1.5 Nahverkehr

Die Umsetzung im angekoppelten Nahverkehr erfolgt nach den jeweiligen landesbezirklichen Regelungen (siehe Teil C Nr. 8 der Tarifeinigung).

3.2 Bund

3.2.1 Erschwerniszuschläge

Für die Dynamisierung der Zuschläge findet das in § 5 LohnzuschlagsTV i. V. m. der Niederschriftserklärung zu § 19 Abs. 5 Satz 2 TVöD beschriebene Verfahren Anwendung. Der für die Erhöhung der Zuschläge maßgebliche Vomhundertsatz in Höhe von 12 Prozent beträgt ab dem 1. April 2025 3 Prozent und ab dem 1. Mai 2026 2,8 Prozent. Der überschießende Vomhundertsatz für die Ermittlung der nächsten 12 Prozent für die Erhöhung der Zuschläge gemäß § 5 LohnzuschlagsTV beträgt für die Zeit nach dem 1. Mai 2026 0,99 Prozent (siehe Teil B Nr. 2 der Tarifeinigung).

3.2.2 Angleichung der Arbeitsbedingungen Ost an West

Für den Bereich des Bundes wird eine weitere Angleichung der Arbeitsbedingungen zwischen den Beschäftigten in den Tarifgebieten Ost und West vorgesehen (siehe Teil B Nr. 4 der Tarifeinigung). Dies betrifft sowohl die Regelung in § 30 Abs. 2 bis 5 TVöD zu befristeten Arbeitsverträgen als auch die Regelungen zur ordentlichen Unkündbarkeit gemäß § 34 Abs. 2 TVöD.

4. Auszubildende, Studierende und Praktikantinnen und Praktikanten

4.1 Entgelte

Zum 1. April 2025 sowie zum 1. Mai 2026 erfolgt jeweils eine Erhöhung der Studien-, Praktikanten- und Ausbildungsentgelte um 75 Euro, siehe hierzu Teil A Nr. 2 der Tarifeinigung.

4.2 Übernahme-„Garantie"

Die in § 16a TVAöD enthaltene und für den Bereich BBiG und Pflege geltende Übernahme-„Garantie" war am 31. Dezember 2024 ausgelaufen. Sie wurde zwar grundsätzlich erneut bis zum 31. März 2027 verlängert (siehe Teil A Nr. 8 der Tarifeinigung), jedoch wurde zeitgleich eine neue, ebenfalls bis zum 31. März 2027 befristete Regelung aufgenommen, wonach Auszubildende nach dem TVAöD und dual Studierende nach dem TVSöD und dem TVHöD, die ihre Abschlussprüfung mit mindestens der Gesamtnote „Befriedigend" abgeschlossen haben, bei dienstlichem bzw. betrieblichem Bedarf im Anschluss an die Ausbildung bzw. das Studium in ein unbefristetes Arbeitsverhältnis übernommen werden, sofern eine freie und besetzbare Stelle bzw. ein freier und zu besetzender Arbeitsplatz vorhanden ist, die/der eine ausbildungsadäquate Beschäftigung auf Dauer ermöglicht. Voraussetzung für die Übernahme ist, dass keine personen-, verhaltens-, betriebsbedingten oder gesetzlichen Gründe entgegenstehen. Bereits in der Tarifeinigung 2023 zum TV-L wurde eine vergleichbare Regelung geschlossen. Im Ergebnis greift die bisherige Regelung in § 16a TVAöD (befristete Übernahme) fortan nur dann, wenn nicht bereits die Neuregelung zur unbefristeten Übernahme greift.

Voraussetzung sowohl für die unbefristete als auch für die befristete Übernahme ist, dass keine personen-, verhaltens-, betriebsbedingten oder gesetzlichen Gründe entgegenstehen und dass sich die Auszubildenden und Studierenden, die bei Ausbildern beschäftigt sind, in deren Aufgabenbereichen auch hoheitliche Tätigkeiten wahrgenommen werden, sich durch ihr gesamtes Verhalten zur freiheitlich demokratischen Grundordnung im Sinne des Grundgesetzes bekennen.

4.3 Erstattung von Zuschlägen bei Familienheimfahrten im Bereich Pflege

Für Familienheimfahrten bei Entfernungen von mehr als 300 km können Auszubildenden im Bereich TVAöD – Besonderer Teil Pflege – Zuschläge bzw. besondere Fahrpreise (z. B. für ICE) im Bahnverkehr wie nach TVAöD – Besonderer Teil BBiG – erstattet werden. Die Regelung tritt zum 1. Juli 2025 in Kraft (siehe Teil A Nr. 6 der Tarifeinigung). Die Maßnahme hebt damit eine weitgehend als unbegründet angesehene Ungleichbehandlung der Auszubildenden auf.

4.4 Verpflegungszuschuss bei auswärtigen Bildungsmaßnahmen

Auszubildenden nach dem TVAöD sowie dual Studierenden nach dem TVSöD und nach dem TVHöD wird bei notwendiger Unterbringung am auswärtigen Ausbildungsort der Verpflegungszuschuss nach Bundesreisekostengesetz (Bund) bzw. landesrechtlichen Reisekostenregelungen (VKA) gewährt. Die Regelung tritt ebenfalls zum 1. Juli 2025 in Kraft (siehe Teil A Nr. 7 der Tarifeinigung).

4.5 Praxisintegrierte duale Studiengänge

Die Arbeitgeber sagen auf Grundlage der bestehenden Verhandlungszusage zu, bei Vorliegen der notwendigen rechtlichen Grundlagen (Tarifkompetenz) umgehend Tarifverhandlungen zu praxisintegrierten dualen Studiengängen aufzunehmen (siehe Teil A Nr. 8 der Tarifeinigung). Hintergrund dieser Absprache ist, dass die Tarifkompetenz für diese Berufsvorbereitung seit Jahren strittig ist. Daher gibt es in diesem Bereich bislang lediglich arbeitgeberseitige Richtlinien.

5. Laufzeit

Für die in der Tarifeinigung vereinbarten Erhöhungen sowie die Anhebung der Vergütungen für Auszubildende, Studierende und Praktikantinnen und Praktikanten sowie die Übernahmegarantie für Auszubildende wurde eine Mindestlaufzeit bis zum **31. März 2027** (27 Monate) vereinbart (Teil E Nr. 2 der Tarifeinigung).

Die Regelungen der freiwilligen Erhöhung der regelmäßigen Arbeitszeit auf bis zu 42 Stunden, zum weiteren Urlaubstag, zur Umwandlung der Jahressonderzahlung in freie Tage sowie die Kompensation bei den kommunalen Krankenhäusern und Pflege- und Betreuungseinrichtungen (TVöD BT-K, TVöD BT-B) können gesondert und nur insgesamt gekündigt werden. Die Sonderkündigung ist schriftlich mit Frist von sechs Monaten zum **31. Dezember 2029** möglich. Die laufenden individuellen Vereinbarungen bleiben unberührt. Die Nachwirkung ist ausgeschlossen. Die genannten Regelungen sollen Anfang 2029 evaluiert werden.

Für den TV-V gilt: Die Regelungen der freiwilligen Erhöhung der regelmäßigen Arbeitszeit auf bis zu 42 Stunden, zum weiteren Urlaubstag sowie zur Umwandlung der Jahressonderzahlung in freie Tage können gesondert und nur insgesamt gekündigt werden. Die Sonderkündigung ist schriftlich mit Frist von sechs Monaten zum 31. Dezember 2029 möglich. Die laufenden individuellen Vereinbarungen bleiben unberührt. Die Nachwirkung ist ausgeschlossen. Die genannten Regelungen sollen Anfang 2029 evaluiert werden.

III. Fazit und Ausblick

Der Abschluss zum TVöD hat weitreichende Auswirkungen auf eine beachtliche Anzahl von Beschäftigten im öffentlichen Dienst. Nach Aussagen der Tarifpartner sind insgesamt mehr als 2,6 Millionen Menschen direkt oder indirekt von dem Abschluss betroffen. Diese Zahl setzt sich wie folgt zusammen:

1. Über 1,7 Millionen Arbeitnehmende und Auszubildende, darunter:
   - Mehr als 156.000 Beschäftigte des Bundes
   - Über 1,5 Millionen Angestellte der Kommunen
2. Zusätzlich wirkt sich der TVöD auf weitere Bereiche aus, wodurch die Gesamtzahl der Betroffenen auf über 2,6 Millionen ansteigt.

Diese Zahlen verdeutlichen die enorme Bedeutung des TVöD für den deutschen Arbeitsmarkt und insbesondere für den öffentlichen Sektor.

Tarifeinigungen selbst begründen noch keinerlei Ansprüche der Beschäftigten gegenüber dem Arbeitgeber. Diese können sich erst aus den im Nachgang noch abzuschließenden (Änderungs-)Tarifverträgen ergeben. Tarifeinigungen sind eher als eine Art „Abrede der Tarifpartner" zu verstehen, die bestehenden Tarifverträge im Sinne der getroffenen Abrede zu ändern. Die Ausarbeitung der (Änderungs-)Tarifvertragstexte im Nachgang zur Tarifeinigung wird als Redaktionsverhandlung bezeichnet.

Die Vielzahl von strukturellen Verbesserungen für die Beschäftigten aus dem Tarifergebnis 2025 lassen erwarten, dass die Umsetzung der Eckpunkte in förmlichen Tariftext noch eine Menge „handwerklicher" Arbeit nach sich ziehen wird. Zwar enthalten bereits einige Einigungspunkte die konkrete Ausformulierung der entsprechenden Tarifvertragstexte, jedoch sind andere Eckpunkte zunächst recht global formuliert. Die Laufzeit von 27 Monaten verschafft den Tarifpartnern für die Ausarbeitung und den Abschluss der förmlichen (Änderungs-)

Tarifvertragstexte und zur Umsetzung der vereinbarten Verhandlungszusagen genügend Zeit. Die nächste Tarifrunde ist im Frühjahr 2027 zu erwarten.

Einigung in der Tarifverhandlung für die Beschäftigten des öffentlichen Dienstes von Bund und Kommunen

Vom 6. April 2025

Teil A
Gemeinsame Regelungen für Bund und VKA

1. Entgelt

Die Tabellenentgelte einschließlich der Beträge aus individuellen Zwischen- und Endstufen sowie die Tabellenwerte der Entgeltgruppen 2Ü und 15Ü werden

- ab dem 1. April 2025 um 3,0 Prozent, mindestens jedoch 110 Euro monatlich, und
- ab dem 1. Mai 2026 um weitere 2,8 Prozent erhöht.

Tarifliche Zulagen, für die die Dynamisierung über die allgemeine Entgeltanpassung vereinbart ist, werden

- ab dem 1. April 2025 um 3,11 Prozent und
- ab dem 1. Mai 2026 um weitere 2,8 Prozent erhöht.

2. Entgelte der Auszubildenden, Studierenden und Praktikantinnen und Praktikanten

Die Ausbildungsentgelte nach dem TVAöD, die Praktikantenentgelte nach dem TVPöD sowie die Entgelte nach § 8 Abs. 1 Satz 2 TVSöD und das Studienentgelt nach § 8 Abs. 2 Satz 2 TVSöD werden

- ab dem 1. April 2025 um 75 Euro monatlich und
- ab dem 1. Mai 2026 um weitere 75 Euro monatlich erhöht.

3. Regelungen zur Arbeitszeit

a) Zulagen für Wechselschicht- und Schichtarbeit

Die Zulage für ständige Wechselschichtarbeit gemäß § 8 Abs. 5 Satz 1 TVöD wird ab dem 1. Juli 2025 auf 200 Euro monatlich angehoben. Die Stundensätze gemäß § 8 Abs. 5 Satz 2 TVöD werden zu demselben Zeitpunkt auf 1,18 Euro pro Stunde erhöht.

Für den Bereich der Krankenhäuser, Pflege- und Betreuungseinrichtungen wird die Zulage für ständige Wechselschichtarbeit gemäß § 50 Abs. 2 Satz 1 TVöD-BT-K bzw. § 49a Abs. 2 Satz 1 TVöD-BT-B ab dem 1. Juli 2025 auf 250 Euro monatlich angehoben. Die Stundensätze gemäß § 50 Abs. 2 Satz 2 TVöD-BT-K werden zu demselben Zeitpunkt auf 1,49 Euro pro Stunde erhöht. Die Stundensätze gemäß § 49a Abs. 2

Satz 2 TVöD-BT-B werden zu demselben Zeitpunkt auf 1,47 Euro pro Stunde erhöht.

Die Zulage für ständige Schichtarbeit gemäß § 8 Abs. 6 Satz 1 TVöD wird ab dem 1. Juli 2025 einheitlich auf 100 Euro monatlich angehoben. Die Stundensätze gemäß § 8 Abs. 6 Satz 2 TVöD werden zu demselben Zeitpunkt auf 0,59 Euro pro Stunde erhöht.

Die vorgenannten Zulagen für Wechselschicht- und Schichtarbeit werden bei allgemeinen Entgeltanpassungen nach dem 31. Dezember 2026 jeweils um den von den Tarifvertragsparteien festgelegten Vomhundertsatz erhöht.

Die Erhöhung hat im Bereich der VKA im TVöD ein Volumen von 0,25 Prozent.

b) Freiwillige Erhöhung der wöchentlichen Arbeitszeit

Beschäftigte und Arbeitgeber können nach Ende der Probezeit beiderseits freiwillig befristet die Erhöhung der regelmäßigen Arbeitszeit auf bis zu durchschnittlich 42 Stunden wöchentlich (ausschließlich der Pausen) vereinbaren. Die Erhöhung ist zu befristen und kann bis zu 18 Monate betragen. Verlängerungen sind einvernehmlich möglich und zu befristen. Die Verlängerung kann jeweils bis zu 18 Monate betragen. Soweit tarifvertraglich auf die regelmäßige durchschnittliche wöchentliche Arbeitszeit von Vollzeitbeschäftigten Bezug genommen wird, gilt in diesem Fall die individuell erhöhte regelmäßige wöchentliche Arbeitszeit nach Satz 1. Die Vereinbarung kann aus wichtigem Grund in Textform mit einer Frist von vier Wochen zum Monatsende gekündigt werden. Näheres kann durch Betriebs- oder einvernehmliche Dienstvereinbarungen geregelt werden.

Beschäftigte mit einer erhöhten Arbeitszeit erhalten das Tabellenentgelt und sonstige Entgeltbestandteile in dem Umfang, der dem Anteil der individuell vereinbarten durchschnittlichen Arbeitszeit im Verhältnis zur regelmäßigen Arbeitszeit gemäß § 6 Abs. 1 Satz 1 TVöD entspricht, soweit tarifvertraglich nicht ausdrücklich etwas anderes geregelt ist. Für Arbeitsstunden, die über die durchschnittliche regelmäßige wöchentliche Arbeitszeit von Vollbeschäftigten hinausgehen (Erhöhungsstunden), erhalten Beschäftigte einen Zuschlag

in den Entgeltgruppen 1 bis 9b	in Höhe von 25 Prozent und
in den Entgeltgruppen 9c bis 15	in Höhe von 10 Prozent

des auf die Stunde entfallenden Anteils des Tabellenentgelts der Stufe 3 der jeweiligen Entgeltgruppe.

Erhöhungsstunden sind keine Überstunden im Sinne von § 7 Abs. 7 und Abs. 8 TVöD.

Die Regelung tritt zum 1. Januar 2026 in Kraft.

I

c) Gleitzeit

Die Tarifvertragsparteien werden die Protokollerklärung zu § 6 TVöD zum 1. Juli 2025 wie folgt fassen:

Gleitzeitregelungen sind unter Wahrung der jeweils geltenden Mitbestimmungsrechte unabhängig von den Vorgaben zu Arbeitszeitkorridor und Rahmenzeit (Absätze 6 und 7) möglich. Sie dürfen keine Regelungen nach Absatz 4 enthalten. In gemeinsamer Verantwortung von Arbeitgeber und Beschäftigten soll darauf hingewirkt werden, dass Gleitzeitkonten durch Zeitausgleich zum Ende des Ausgleichszeitraums keine Minus- oder Plusstunden ausweisen, welche die geregelten Saldogrenzen überschreiten. Hierzu gehört auch, dass im Einzelfall frühzeitig auch von der Möglichkeit der Anordnung von Überstunden (§ 7 Abs. 7 und Abs. 8) Gebrauch gemacht wird. Soweit ein Konto gemäß § 10 eingerichtet ist, kann auch die Übertragung von Plusstunden auf dieses erfolgen. In den Gleitzeitregelungen können weitere Einzelheiten, insbesondere zur Anwendung der vorgenannten Möglichkeiten, geregelt werden.

d) Langzeitkonten

Die Tarifvertragsparteien vereinbaren, dass auf betrieblicher Ebene die Einrichtung von Langzeitkonten vereinbart werden kann. Das Langzeitkonto (Wertguthabenkonto) kann gemäß § 7c SGB IV genutzt werden. Hierfür wird zum 1. Juli 2025 ein neuer § 10 Abs. 7 TVöD angefügt:

Auf betrieblicher Ebene kann die Einrichtung eines Langzeitkontos für die Beschäftigten vereinbart werden. Ein in das Langzeitkonto eingebrachtes Wertguthaben kann gemäß § 7c SGB IV (insbesondere für ein Sabbatical, für eine Verringerung der Arbeitszeit, die der Beschäftigte nach § 8 oder § 9a TzBfG verlangen kann, Freistellung wegen Kinderbetreuungszeiten und Pflegezeit) verwendet werden. Die Ausgestaltung geschieht durch Betriebsvereinbarung oder einvernehmliche Dienstvereinbarung, in der insbesondere geregelt werden:

- Verfahren zur Einbringungsmöglichkeit, insbesondere die Einzahlung von Entgeltbestandteilen,
- Regelung von Störfällen und die Übertragung des Wertguthabens, insbesondere bei Beendigung des Arbeitsverhältnisses, Berufsunfähigkeit, Tod,
- Rahmen der Ansparvereinbarung, insbesondere hinsichtlich der Grenzen der Ansparung,
- Regelungen zur Freistellungsphase, insbesondere zu Mindestzeiten, Beginn und Dauer, Ankündigungsfristen,

- Entgelt in der Freistellungsphase,
- Insolvenzsicherung im Falle der Insolvenzfähigkeit des Arbeitgebers.

4. Erholungsurlaub (§ 26 TVöD)

Ab dem Kalenderjahr 2027 erhalten die Beschäftigten einschließlich der Auszubildenden, dual Studierenden sowie Praktikantinnen und Praktikanten nach dem TVPöD einen zusätzlichen Tag Erholungsurlaub.

5. Übernahme von Auszubildenden und dual Studierenden

Auszubildende nach dem TVAöD und dual Studierende nach dem TVSöD und dem TVHöD, die ihre Abschlussprüfung mit mindestens der Gesamtnote „Befriedigend" abgeschlossen haben, werden bei dienstlichem bzw. betrieblichem Bedarf im Anschluss an die Ausbildung bzw. das Studium in ein unbefristetes Arbeitsverhältnis übernommen, sofern eine freie und besetzbare Stelle bzw. ein freier und zu besetzender Arbeitsplatz vorhanden ist, die/der eine ausbildungsadäquate Beschäftigung auf Dauer ermöglicht. Voraussetzung für die Übernahme ist, dass keine personen-, verhaltens-, betriebsbedingten oder gesetzlichen Gründe entgegenstehen.

Im Übrigen wird die bisherige Regelung des § 16a TVAöD wieder in Kraft gesetzt.

Voraussetzung für die Übernahme ist, dass Auszubildende und dual Studierende des Bundes und anderer Arbeitgeber, in deren Aufgabenbereichen auch hoheitliche Tätigkeiten wahrgenommen werden, sich durch ihr gesamtes Verhalten zur freiheitlich demokratischen Grundordnung im Sinne des Grundgesetzes bekennen.

Die Regelungen werden auf die Dauer der Laufzeit der Tarifeinigung befristet.

Die erhöhte Arbeitszeit nach Teil A Nummer 3 Buchstabe b) darf nicht bereits mit Beginn des Arbeitsverhältnisses vereinbart werden.

6. Erstattung von Zuschlägen bei Familienheimfahrten im Bereich Pflege

Für Familienheimfahrten bei Entfernungen von mehr als 300 km können Auszubildenden im Bereich TVAöD – Besonderer Teil Pflege Zuschläge bzw. besondere Fahrpreise (z. B. für ICE) im Bahnverkehr wie nach TVAöD – Besonderer Teil BBiG erstattet werden. Die Regelung tritt zum 1. Juli 2025 in Kraft.

7. Verpflegungszuschuss bei auswärtigen Bildungsmaßnahmen

Auszubildenden nach dem TVAöD sowie dual Studierenden nach dem TVSöD sowie nach dem TVHöD wird bei notwendiger Unterbringung am auswärtigen Ausbildungsort der Verpflegungszuschuss nach Bundesreisekostengesetz (Bund) bzw. landesrechtlichen Reisekostenregelungen (VKA) gewährt. Die Regelung tritt zum 1. Juli 2025 in Kraft.

8. Praxisintegrierte duale Studiengänge

Die Arbeitgeber sagen auf Grundlage der bestehenden Verhandlungszusage zu, bei Vorliegen der notwendigen rechtlichen Grundlagen (Tarifkompetenz) umgehend Tarifverhandlungen zu praxisintegrierten dualen Studiengängen aufzunehmen. Sie sagen zu, sich bei den zuständigen Ressorts für das Anliegen einzusetzen.

Teil B
Besondere Regelungen für den Bund

1. Entgelt der Entgeltgruppe 1 Stufe 2

Das Tabellenentgelt der Entgeltgruppe 1 Stufe 2 wird ab dem 1. Mai 2026 auf den Betrag von 2543,55 Euro festgesetzt.

2. Erschwerniszuschläge

Für die Dynamisierung der Zuschläge findet das in § 5 LohnzuschlagsTV i. V. m. der Niederschriftserklärung zu § 19 Abs. 5 Satz 2 TVöD beschriebene Verfahren Anwendung. Der für die Erhöhung der Zuschläge maßgebliche Vomhundertsatz in Höhe von 12 Prozent beträgt ab dem 1. April 2025 3 Prozent und ab dem 1. Mai 2026 2,8 Prozent. Der überschießende Vomhundertsatz für die Ermittlung der nächsten 12 Prozent für die Erhöhung der Zuschläge gemäß § 5 LohnzuschlagsTV beträgt für die Zeit nach dem 1. Mai 2026 0,99 Prozent.

3. Zeit-statt-Geld-Wahlmodell (Bund)

Die Jahressonderzahlungen werden ab dem Kalenderjahr 2026 für den Bereich des Bundes

- für die Entgeltgruppen 1 bis 8 auf 95 Prozent,
- für die Entgeltgruppen 9a bis 12 auf 90 Prozent und
- für die Entgeltgruppen 13 bis 15 auf 75 Prozent

erhöht. Es wird ein Zeit-statt-Geld-Wahlmodell eingeführt, bei dem Beschäftigte einen Teil der Jahressonderzahlung im Wert von bis zu drei freien Tagen umtauschen können. Die Berechnung für den Wert der freien Tage erfolgt auf Stundenbasis (§ 24 Abs. 3 Satz 3 TVöD).

Im Falle einer unverzüglich angezeigten und durch ärztliches Attest nachgewiesenen Arbeitsunfähigkeit für den gewährten freien Tag sowie im Falle der Geltendmachung von dringenden betrieblichen/dienstlichen Gründen durch den Arbeitgeber für den gewährten freien Tag tritt für diesen Tag keine Minderung der Jahressonderzahlung ein.

4. Angleichung der Arbeitsbedingungen Ost an West

Bisher unterschiedliche Arbeitsbedingungen zwischen Beschäftigten in den Tarifgebieten Ost und West werden wie folgt angeglichen:

a) Angleichung der Arbeitsbedingungen bei befristeten Arbeitsverträgen

Die Regelungen des § 30 Abs. 2 bis 5 TVöD gelten künftig unabhängig vom Tarifgebiet und für alle Beschäftigten; ausgenommen bleiben Beschäftigte mit Arbeitsverhältnissen, für die §§ 57a ff. HRG, das Gesetz über befristete Arbeitsverträge in der Wissenschaft (Wissenschaftszeitvertragsgesetz) oder gesetzliche Nachfolgeregelungen unmittelbar oder entsprechend gelten.

b) Angleichung der Voraussetzungen für die ordentliche Unkündbarkeit

Die Regelung zur ordentlichen Unkündbarkeit gemäß § 34 Abs. 2 TVöD wird gleichermaßen auf alle Beschäftigten im Geltungsbereich des TVöD und unabhängig vom Tarifgebiet angewandt.

Teil C
Besondere Regelungen für die VKA

1. Entgelt TV-Fleischuntersuchung

Die Stundenentgelte nach § 7 Abs. 2 Satz 1 Buchstabe a bis d TV-Fleischuntersuchung werden

- ab dem 1. April 2025 um 3,11 Prozent und
- ab dem 1. Mai 2026 um weitere 2,8 Prozent erhöht.

Die Entgeltbestandteile nach § 8 Abs. 1 Satz 1, 1. Halbsatz, § 8 Abs. 2 Satz 1, § 8 Abs. 5 Satz 2 Buchstabe a bis d, § 8 Abs. 10 Satz 1 und § 9 Satz 2 Buchstabe a bis d TV-Fleischuntersuchung sowie die Begrenzung der Entgeltsummen nach § 8 Abs. 7 Buchstabe a bis c TV-Fleischuntersuchung werden zu denselben Zeitpunkten wirkungsgleich erhöht.

2. Entgelt TVHöD

Das monatliche Studienentgelt nach § 9 Abs. 1 TVHöD wird

- ab dem 1. April 2025 um 75 Euro und
- ab dem 1. Mai 2026 um weitere 75 Euro erhöht.

3. Jahressonderzahlung und Umwandlung in freie Tage

Die Jahressonderzahlungen werden ab dem Kalenderjahr 2026 für den Bereich der VKA vereinheitlicht und auf 85 Prozent erhöht. Dies gilt auch für Beschäftigte, die nach der P-Tabelle sowie der S-Tabelle eingruppiert sind (außer im Bereich BT-B und BT-K). Es wird für Teil- und Vollzeitbeschäftigte der Bereiche TVöD-BT-V, TVöD-BT-S, TVöD-BT-F und TVöD-BT-E eine Regelung zur Umwandlung in freie Tage eingeführt, bei dem Beschäftigte einen Teil der Jahressonderzahlung bzw. Sparkassensonderzahlung in bis zu drei zusätzliche freie Tage umwandeln können. Die Berechnung für den Wert der freien Tage erfolgt auf Stundenbasis (§ 24 Abs. 3 Satz 3 TVöD).

Im Falle einer unverzüglich angezeigten und durch ärztliches Attest nachgewiesenen Arbeitsunfähigkeit für den gewährten freien Tag sowie im Falle der Geltendmachung von dringenden betrieblichen/dienstlichen Gründen durch den Arbeitgeber für den gewährten freien Tag tritt für diesen Tag keine Minderung der Jahressonderzahlung ein.

Die Jahressonderzahlung im Geltungsbereich von TVöD-BT-K und TVöD-BT-B wird ab dem Kalenderjahr 2026 für die Entgeltgruppen 1 bis 8 (einschließlich Entsprechungen) auf 90 Prozent festgelegt. Für die Entgeltgruppen 9a bis 15 (einschließlich Entsprechungen) wird die Jahressonderzahlung auf 85 Prozent erhöht.

4. Regelungen für Beschäftigte im Rettungsdienst

Teil B des Anhangs zu § 9 TVöD wird wie folgt geändert:

a) In Absatz 1 Satz 1 werden die Wörter „im Rettungsdienst und" gestrichen.

b) Nach Absatz 1 wird folgender Absatz 1a eingefügt:

„(1a) [1]Für Beschäftigte im Rettungsdienst, in deren Tätigkeit regelmäßig und in nicht unerheblichem Umfang Bereitschaftszeiten fallen, gelten folgende besondere Regelungen zu § 6 Abs. 1 Satz 1 TVöD:

[2]Die Summe aus den faktorisierten Bereitschaftszeiten und der Vollarbeitszeit darf die Arbeitszeit nach § 6 Abs. 1 nicht über-

schreiten. [3]Die Summe aus Vollarbeits- und Bereitschaftszeiten darf durchschnittlich

- bis zum 31. Dezember 2025 48 Stunden,
- ab dem 1. Januar 2026 46 Stunden und
- ab dem 1. Januar 2027 44 Stunden

wöchentlich nicht überschreiten. [4]Bereitschaftszeiten sind die Zeiten, in denen sich die/der Beschäftigte am Arbeitsplatz oder einer anderen vom Arbeitgeber bestimmten Stelle zur Verfügung halten muss, um im Bedarfsfall die Arbeit selbständig, ggf. auch auf Anordnung, aufzunehmen und in denen die Zeiten ohne Arbeitsleistung überwiegen. [5]Bereitschaftszeiten werden bis zum 31. Dezember 2025 zu 50 Prozent und abweichend zu § 9

- ab dem 1. Januar 2026 zu 56,25 Prozent und
- ab dem 1. Januar 2027 zu 64,29 Prozent

als tarifliche Arbeitszeit gewertet (faktorisiert). [6]Zur Berechnung eventuell anfallender Zeitzuschläge und der durchschnittlichen Summe aus Vollarbeits- und Bereitschaftszeiten gemäß Satz 3 werden die Stunden eines Dienstes in vollem Umfang herangezogen. [7]Bereitschaftszeiten werden innerhalb von Beginn und Ende der regelmäßigen täglichen Arbeitszeit nicht gesondert ausgewiesen."

c) Absatz 2 wird wie folgt gefasst:

„[1]Die zulässige tägliche Höchstarbeitszeit beträgt zwölf Stunden zuzüglich der gesetzlichen Pausen. [2]Gemäß § 7 ArbZG kann durch Betriebs- oder einvernehmliche Dienstvereinbarung eine tägliche Höchstarbeitszeit unter Einrechnung der gesetzlich vorgeschriebenen Pausen von bis zu 24 Stunden eingeführt werden, wenn die Vollarbeitszeit innerhalb der Gesamtdauer der täglichen Arbeitszeit neun Stunden regelmäßig nicht überschreitet und durch besondere Maßnahmen (insb. Sicherstellung ausreichender Ruhephasen und Bereitstellung gesonderter Ruheräume) vor Einführung sichergestellt wird, dass die Gesundheit der Beschäftigten nicht gefährdet wird. [3]Die Betriebs- oder einvernehmliche Dienstvereinbarung hat Regelungen zur näheren Ausgestaltung der Arbeitszeit sowie zum Arbeits- und Gesundheitsschutz, insbesondere durch eine jährlich durchzuführende Beurteilung der Arbeitsbedingungen gem. § 5 ArbSchG zu enthalten. [4]Der Arbeitgeber hat vor Einführung einer über Satz 1 hinausgehenden täglichen Höchstarbeitszeit durch eine Beurteilung der Arbeitsbedingungen gem. § 5 ArbSchG (einschließlich arbeitsmedizinischer Aspekte) die für die Beschäftigten mit ihrer Arbeit verbundene Gefährdung und etwaige Maßnahmen des Arbeitsschutzes zu ermitteln. [5]Die Vereinbarung einer über Satz 1 hinausgehenden täglichen Höchstarbeitszeit bedarf der Einwilligung der/des Beschäftigten in Textform. [6]Der/die Beschäftigte kann die Einwilligung in Textform mit einer Frist von sechs Monaten, in dringenden Fällen mit einer Frist von zwei Wochen, widerrufen. [7]Eine Maßregelung für den Fall, dass die/der Beschäftigte ihre/seine Einwilligung nicht erklärt oder diese widerruft, ist ausgeschlossen."

5. Hebammen

Hebammen und Entbindungspfleger mit abgeschlossener Hochschulbildung werden in eine neue Entgeltgruppe P 11 eingruppiert. Ausgebildete Hebammen und Entbindungspfleger können ebenfalls, wenn sie aufgrund gleichwertiger Fähigkeiten und ihrer Erfahrungen entsprechende Tätigkeiten ausüben, in die Entgeltgruppe P 11 eingruppiert werden.

6. TV-V

a) Entgelttabelle

Die Anlage 2 zu § 6 TV-V wird

- ab dem 1. Juni 2025 wie aus Anhang 1 und
- ab dem 1. Juni 2026 wie aus Anhang 2 ersichtlich gefasst.

b) Die dynamisierten Zulagen und Zuschläge werden

- ab dem 1. Juni 2025 um 5,1 Prozent und
- ab dem 1. Juni 2026 um weitere 1,25 Prozent erhöht.

c) Alternative Anreize

a. Nach § 6 TV-V wird der folgende § 6a eingefügt:

„§ 6a Alternative Anreize

(1) Durch Betriebs- oder einvernehmliche Dienstvereinbarung kann geregelt werden, dass arbeitgeberfinanzierte Maßnahmen zur Verbesserung der Arbeitsplatzattraktivität, der Gesundheitsförderung oder der Nachhaltigkeit (alternative Anreize) getroffen werden (z. B. Zuschüsse für Fitnessstudios, Fahrkostenzuschüsse für ÖPNV/Job-Ticket, Sachbezüge und Kita-Zuschüsse).

(2) In der Betriebs- oder Dienstvereinbarung nach Absatz 1 sind die Kriterien für die alternativen Anreize und das Verfahren festzulegen."

b. In § 16 Absatz 1 Satz 2 2. Halbsatz wird nach der Angabe „Leistungsprämien (§ 6 Abs. 6)" die Angabe „, alternative Anreize (§ 6a)" eingefügt.

c. Im Inhaltsverzeichnis wird nach § 6 eingefügt:

„§ 6a Alternative Anreize"

d) Verhandlungsverpflichtung

Die VKA verpflichtet sich, nach der Tarifrunde 2025 Verhandlungen über Eingruppierungsmerkmale im TV-V mit den Gewerkschaften zu führen.

e) Sonstige Regelungen

Die Möglichkeit der Umwandlung von Teilen der Jahressonderzahlung in bis zu drei freie Tage wird ab 2026 auf den TV-V übertragen. Die Berechnung für den Wert der freien Tage erfolgt auf Stundenbasis (§ 6 Abs. 4 TV-V).

Beschäftigte erhalten ab dem Kalenderjahr 2027 einen weiteren Erholungsurlaubstag.

Die doppelt freiwillige befristete Erhöhung der regelmäßigen durchschnittlichen Wochenarbeitszeit auf bis zu 42 Stunden wird ab 2026 sinngemäß auf den TV-V übertragen.

7. Sparkassen

Die Tarifvertragsparteien haben im Rahmen der Tarifverhandlungen auch die besondere Situation der Sparkassen erörtert. Sie waren sich einig, dass für die größte Finanzgruppe in Deutschland während der Tariflaufzeit und zwischen den Verhandlungen ein regelmäßiger Austausch zwischen den Tarifparteien erfolgt. Einigkeit besteht ebenfalls darüber, dass bei künftigen Tarifverhandlungen die besondere Situation der Sparkassen sowie sparkassenspezifische Angelegenheiten besprochen werden.

8. Nahverkehr

Die Umsetzung im angekoppelten Nahverkehr erfolgt nach den jeweiligen landesbezirklichen Regelungen.

9. Weitere Regelungen

a) Durchgeschriebene Fassungen

Die Tarifvertragsparteien sind sich einig, dass die durchgeschriebenen Fassungen zum 1. Januar 2026 außer Kraft treten und ab diesem Zeitpunkt nur noch der Allgemeine Teil und die Besonderen Teile des TVöD gelten.

b) Weitere Aussetzung des Akkreditierungserfordernisses

In der Protokollerklärung zu Satz 5 der Vorbemerkung Nr. 3 zu Anlage 1 – Entgeltordnung (VKA) wird die Zahl „2024" durch die Zahl „2029" ersetzt.

Teil D
Erklärung zur Niederschrift

Die Tarifvertragsparteien erklären, dass sie keine Veranlassung sehen, von der geübten Praxis bezüglich der Tarifverhandlungen und der Tarifvertragsanwendung für Ärztinnen und Ärzte abzuweichen.

Teil E
Schlussbestimmungen

1. Wiederinkraftsetzen zum 1. Januar 2025

Die betroffenen Tarifverträge nebst Anlagen werden, soweit nicht vorstehend ein abweichender Zeitpunkt genannt ist, mit Wirkung zum 1. Januar 2025 nach Maßgabe der vorstehenden Regelungen wieder in Kraft gesetzt.

2. Laufzeit

Der vorstehende Teil A Nummer 1 und Nummer 2, Teil B Nummer 1 sowie Teil C Nummer 1 und Nummer 2 laufen, soweit nichts anderes vereinbart ist, mindestens bis zum 31. März 2027.

Die Regelungen der freiwilligen Erhöhung der regelmäßigen Arbeitszeit auf bis zu 42 Stunden, zum weiteren Urlaubstag, zum Zeit-statt-Geld-Wahlmodell/zur Umwandlung der Jahressonderzahlung in freie Tage sowie die Kompensation bei den kommunalen Krankenhäusern und Pflege- und Betreuungseinrichtungen (TVöD-BT-K, TVöD-BT-B) können gesondert und nur insgesamt gekündigt werden. Die Sonderkündigung ist schriftlich mit Frist von sechs Monaten zum 31. Dezember 2029 möglich. Die laufenden individuellen Vereinbarungen bleiben unberührt. Die Nachwirkung ist ausgeschlossen. Die genannten Regelungen sollen Anfang 2029 evaluiert werden.

Für den TV-V gilt: Die Regelungen der freiwilligen Erhöhung der regelmäßigen Arbeitszeit auf bis zu 42 Stunden, zum weiteren Urlaubstag sowie zur Umwandlung der Jahressonderzahlung in freie Tage können gesondert und nur insgesamt gekündigt werden. Die Sonderkündigung ist schriftlich mit Frist von sechs Monaten zum 31. Dezember 2029 möglich. Die laufenden individuellen Vereinbarungen bleiben unberührt. Die Nachwirkung ist ausgeschlossen. Die genannten Regelungen sollen Anfang 2029 evaluiert werden.

Die Arbeitgebervertreter erklären, dass von Maßregelungen (Abmahnungen, Entlassungen o. ä.) aus Anlass gewerkschaftlicher Arbeitskampfmaßnahmen, die bis einschließlich 6. April 2025, durchgeführt wurden, abgesehen wird, wenn sich die Teilnahme an diesen Arbeitskampfmaßnahmen im Rahmen der Regelungen für rechtmäßige Arbeitskämpfe gehalten hat.

Die Erklärungsfrist zum Widerruf der Tarifeinigung endet mit Ablauf des 14. Mai 2025.

I

Anlage Bund

Entgelttabellen Bund[1])
Anlage A (Bund) TVöD
gültig vom 1. April 2025 bis 30. April 2026
(monatlich in Euro)

Entgelt-gruppe	Grundentgelt		Entwicklungsstufen			
	Stufe 1	Stufe 2	Stufe 3	Stufe 4	Stufe 5	Stufe 6
15	5 669,12	6 039,84	6 453,36	7 017,89	7 598,61	7 980,65
14	5 153,96	5 489,64	5 928,03	6 414,51	6 956,78	7 346,09
13	4 767,62	5 135,53	5 554,35	6 009,06	6 544,14	6 834,50
12	4 295,43	4 718,78	5 213,52	5 762,47	6 406,61	6 712,24
11	4 153,35	4 542,72	4 908,59	5 305,54	5 848,79	6 154,45
10	4 012,19	4 317,28	4 664,10	5 040,24	5 459,10	5 596,64
9c	3 869,93	4 134,21	4 464,10	4 823,53	5 213,22	5 338,33
9b	3 729,09	3 848,41	4 150,81	4 482,62	4 847,83	5 153,45
9a	3 590,97	3 810,67	3 872,64	4 082,05	4 465,76	4 617,59
8	3 391,44	3 596,59	3 738,68	3 883,66	4 040,37	4 115,73
7	3 205,23	3 441,58	3 582,38	3 724,47	3 860,94	3 935,06
6	3 152,04	3 346,55	3 482,94	3 617,92	3 750,49	3 819,26
5	3 038,99	3 227,67	3 355,11	3 490,06	3 615,47	3 680,28
4	2 912,62	3 103,55	3 263,75	3 363,48	3 463,20	3 521,60
3	2 872,69	3 078,02	3 127,99	3 242,21	3 327,92	3 406,43
2	2 692,16	2 894,28	2 944,67	3 016,58	3 174,63	3 339,97
1		2 465,52	2 498,86	2 540,55	2 579,42	2 679,47

Entgelt-gruppe	Stufe 1	Stufe 2	Stufe 3	Stufe 4	Stufe 5	Stufe 6
15 Ü	6 870,54	7 601,27	8 293,50	8 755,01	8 862,70	
2 Ü	2 711,60	2 945,82	3 031,62	3 146,03	3 224,63	3 283,31

1) Redaktionelle Anlagenbezeichnung. Die hier abgedruckten Entgelttabellen sind kein förmlicher Bestandteil des Einigungspapiers. Sie beruhen auf Informationen der Tarifvertragsparteien und stehen noch unter dem Vorbehalt der endgültigen Tarifierung nach Abschluss der Redaktionsverhandlungen.

Anlage A (Bund) TVöD
gültig ab 1. Mai 2026
(monatlich in Euro)

Entgelt-gruppe	Grundentgelt		Entwicklungsstufen			
	Stufe 1	Stufe 2	Stufe 3	Stufe 4	Stufe 5	Stufe 6
15	5 827,86	6 208,96	6 634,05	7 214,39	7 811,37	8 204,11
14	5 298,27	5 643,35	6 094,01	6 594,12	7 151,57	7 551,78
13	4 901,11	5 279,32	5 709,87	6 177,31	6 727,38	7 025,87
12	4 415,70	4 850,91	5 359,50	5 923,82	6 586,00	6 900,18
11	4 269,64	4 669,92	5 046,03	5 454,10	6 012,56	6 326,77
10	4 124,53	4 438,16	4 794,69	5 181,37	5 611,95	5 753,35
9c	3 978,29	4 249,97	4 589,09	4 958,59	5 359,19	5 487,80
9b	3 833,50	3 956,17	4 267,03	4 608,13	4 983,57	5 297,75
9a	3 691,52	3 917,37	3 981,07	4 196,35	4 590,80	4 746,88
8	3 486,40	3 697,29	3 843,36	3 992,40	4 153,50	4 230,97
7	3 294,98	3 537,94	3 682,69	3 828,76	3 969,05	4 045,24
6	3 240,30	3 440,25	3 580,46	3 719,22	3 855,50	3 926,20
5	3 124,08	3 318,04	3 449,05	3 587,78	3 716,70	3 783,33
4	2 994,17	3 190,45	3 355,14	3 457,66	3 560,17	3 620,20
3	2 953,13	3 164,20	3 215,57	3 332,99	3 421,10	3 501,81
2	2 767,54	2 975,32	3 027,12	3 101,04	3 263,52	3 433,49
1		2 543,55	2 568,83	2 611,69	2 651,64	2 754,50

Entgelt-gruppe	Stufe 1	Stufe 2	Stufe 3	Stufe 4	Stufe 5	Stufe 6
15 Ü	7 062,92	7 814,11	8 525,72	9 000,15	9 110,86	
2 Ü	2 787,52	3 028,30	3 116,51	3 234,12	3 314,92	3 375,24

Entgelttabelle für Ärztinnen und Ärzte
gemäß § 46 (Bund) Nr. 21a Abs. 1 TVöD BT-V zu § 51 TVöD BT-K
gültig vom 1. April 2025 bis 30. April 2026
(monatlich in Euro)

Entgelt-gruppe	Grundentgelt	Entwicklungsstufen			
	Stufe 1	Stufe 2	Stufe 3	Stufe 4	Stufe 5
II	6 907,88	7 600,01	8 215,24	8 907,36	
I	5 523,61	5 938,91	6 215,77	6 446,48	6 600,28

Entgelttabelle für Ärztinnen und Ärzte
gemäß § 46 (Bund) Nr. 21a Abs. 1 TVöD BT-V zu § 51 TVöD BT-K
gültig ab 1. Mai 2026
(monatlich in Euro)

Entgelt-gruppe	Grundentgelt	Entwicklungsstufen			
	Stufe 1	Stufe 2	Stufe 3	Stufe 4	Stufe 5
II	7 101,30	7 812,81	8 445,27	9 156,77	
I	5 678,27	6 105,20	6 389,81	6 626,98	6 785,09

Beschäftigte im Pflegedienst
gemäß § 46 (Bund) Nr. 22 Abs. 1 Satz 1 TVöD BT-V zu § 52 TVöD-BT-K
gültig vom 1. April 2025 bis 30. April 2026
(monatlich in Euro)

Entgelt-gruppe	Grundentgelt		Entwicklungsstufen			
	Stufe 1	Stufe 2	Stufe 3	Stufe 4	Stufe 5	Stufe 6
P 16		5 097,32	5 268,39	5 820,78	6 464,70	6 748,74
P 15		4 992,50	5 149,06	5 540,47	6 008,91	6 187,80
P 14		4 876,97	5 029,76	5 411,69	5 930,62	6 025,31
P 13		4 761,46	4 910,45	5 282,90	5 551,83	5 621,28
P 12		4 530,37	4 671,80	5 025,33	5 242,50	5 343,51
P 11		4 299,33	4 433,17	4 767,77	4 989,97	5 090,99
P 10		4 070,43	4 194,92	4 548,07	4 718,51	4 825,84
P 9		3 883,65	4 070,43	4 194,92	4 434,43	4 535,43
P 8		3 600,40	3 757,59	3 964,57	4 132,22	4 366,71
P 7		3 414,69	3 600,40	3 889,43	4 036,57	4 188,13
P 6	2 930,44	3 100,59	3 271,86	3 636,14	3 729,00	3 904,10
P 5	2 828,00	3 060,63	3 129,01	3 243,28	3 329,01	3 530,40

I

Beschäftigte im Pflegedienst
gemäß § 46 (Bund) Nr. 22 Abs. 1 Satz 1 TVöD BT-V zu § 52 TVöD-BT-K
gültig ab 1. Mai 2026
(monatlich in Euro)

Entgelt-gruppe	Grundentgelt		Entwicklungsstufen			
	Stufe 1	Stufe 2	Stufe 3	Stufe 4	Stufe 5	Stufe 6
P 16		5 240,04	5 415,90	5 983,76	6 645,71	6 937,70
P 15		5 132,29	5 293,23	5 695,60	6 177,16	6 361,06
P 14		5 013,53	5 170,59	5 563,22	6 096,68	6 194,02
P 13		4 894,78	5 047,94	5 430,82	5 707,28	5 778,68
P 12		4 657,22	4 802,61	5 166,04	5 389,29	5 493,13
P 11		4 419,71	4 557,30	4 901,27	5 129,69	5 233,54
P 10		4 184,40	4 312,38	4 675,42	4 850,63	4 960,96
P 9		3 992,39	4 184,40	4 312,38	4 558,59	4 662,42
P 8		3 701,21	3 862,80	4 075,58	4 247,92	4 488,98
P 7		3 510,30	3 701,21	3 998,33	4 149,59	4 305,40
P 6	3 012,49	3 187,41	3 363,47	3 737,95	3 833,41	4 013,41
P 5	2 907,18	3 146,33	3 216,62	3 334,09	3 422,22	3 629,25

Pauschalentgelt für ab dem 1. Oktober 2005 neu eingestellte Kraftfahrer/Kraftfahrerinnen nach Anlage 1 KraftfahrerTV Bund

gültig vom 1. April 2025 bis 30. April 2026

(monatlich in Euro)

	Stufen	E 4	E 5
Pauschalgruppe I Monatliche Arbeitszeit ab 185 bis 196 Stunden	1.–10. Jahr	3 532,11	3 660,80
	11.–15. Jahr	3 749,47	3 895,94
	ab 16. Jahr	3 844,39	3 996,13
Pauschalgruppe II Monatliche Arbeitszeit über 196 bis 221 Stunden	**Stufen**	**E 4**	**E 5**
	1.–10. Jahr	3 834,07	3 966,25
	11.–15. Jahr	4 068,26	4 227,75
	ab 16. Jahr	4 164,00	4 332,34
Pauschalgruppe III Monatliche Arbeitszeit über 221 bis 244 Stunden	**Stufen**	**E 4**	**E 5**
	1.–10. Jahr	4 172,85	4 324,63
	11.–15. Jahr	4 433,85	4 616,91
	ab 16. Jahr	4 533,88	4 720,00
Pauschalgruppe IV Monatliche Arbeitszeit über 244 bis 268 Stunden	**Stufen**	**E 4**	**E 5**
	1.–10. Jahr	4 647,80	4 816,90
	11.–15. Jahr	4 923,06	5 126,09
	ab 16. Jahr	5 023,03	5 230,71
Chefkraftfahrer Monatliche Arbeitszeit bis 288 Stunden	**Stufen**	**E 4**	**E 5**
	1.–10. Jahr	5 247,61	5 463,02
	11.–15. Jahr	5 550,68	5 781,42
	ab 16. Jahr	5 650,69	5 886,04

I

Pauschalentgelt für ab dem 1. Oktober 2005 neu eingestellte Kraftfahrer/Kraftfahrerinnen nach Anlage 1 KraftfahrerTV Bund

gültig ab 1. Mai 2026
(monatlich in Euro)

	Stufen	E 4	E 5
Pauschalgruppe I Monatliche Arbeitszeit ab 185 bis 196 Stunden	1.–10. Jahr	3 632,01	3 763,30
	11.–15. Jahr	3 853,46	4 005,03
	ab 16. Jahr	3 952,03	4 108,02
Pauschalgruppe II Monatliche Arbeitszeit über 196 bis 221 Stunden	**Stufen**	**E 4**	**E 5**
	1.–10. Jahr	3 941,42	4 077,72
	11.–15. Jahr	4 182,17	4 346,13
	ab 16. Jahr	4 280,59	4 453,65
Pauschalgruppe III Monatliche Arbeitszeit über 221 bis 244 Stunden	**Stufen**	**E 4**	**E 5**
	1.–10. Jahr	4 289,69	4 445,72
	11.–15. Jahr	4 558,00	4 746,18
	ab 16. Jahr	4 660,83	4 852,16
Pauschalgruppe IV Monatliche Arbeitszeit über 244 bis 268 Stunden	**Stufen**	**E 4**	**E 5**
	1.–10. Jahr	4 777,84	4 951,77
	11.–15. Jahr	5 060,91	5 269,62
	ab 16. Jahr	5 163,67	5 377,17
Chefkraftfahrer Monatliche Arbeitszeit bis 288 Stunden	**Stufen**	**E 4**	**E 5**
	1.–10. Jahr	5 394,54	5 615,98
	11.–15. Jahr	5 706,10	5 943,30
	ab 16. Jahr	5 808,91	6 050,85

I

Pauschalentgelt für am 1. Oktober 2005 vorhandene Kraftfahrer/ Kraftfahrerinnen[1]) nach Anlage 3 KraftfahrerTV Bund

gültig vom 1. April 2025 bis 30. April 2026

(monatlich in Euro)

	Stufen	E 4	E 5
Pauschalgruppe I Monatliche Arbeitszeit ab 170 bis 196 Stunden	1.–4. Jahr	3 597,90	3 733,71
	5.–8. Jahr	3 659,39	3 798,74
	9.–12. Jahr	3 749,47	3 895,94
	ab 13. Jahr	3 844,39	3 996,13
	Stufen	**E 4**	**E 5**
Pauschalgruppe II Monatliche Arbeitszeit über 196 bis 221 Stunden	1.–4. Jahr	3 912,16	4 065,32
	5.–8. Jahr	3 975,48	4 131,58
	9.–12. Jahr	4 068,26	4 227,75
	ab 13. Jahr	4 164,00	4 332,34
	Stufen	**E 4**	**E 5**
Pauschalgruppe III Monatliche Arbeitszeit über 221 bis 244 Stunden	1.–4. Jahr	4 270,80	4 446,17
	5.–8. Jahr	4 336,95	4 515,41
	9.–12. Jahr	4 433,85	4 616,91
	ab 13. Jahr	4 533,88	4 720,00
	Stufen	**E 4**	**E 5**
Pauschalgruppe IV Monatliche Arbeitszeit über 244 bis 268 Stunden	1.–4. Jahr	4 759,97	4 955,34
	5.–8. Jahr	4 826,13	5 024,59
	9.–12. Jahr	4 923,06	5 126,09
	ab 13. Jahr	5 023,03	5 230,71
	Stufen	**E 4**	**E 5**
Chefkraftfahrer Monatliche Arbeitszeit bis 288 Stunden	1.–4. Jahr	5 387,62	5 610,68
	5.–8. Jahr	5 453,79	5 679,90
	9.–12. Jahr	5 550,68	5 781,42
	ab 13. Jahr	5 650,69	5 886,04

[1]) Für die am 30. September 2005 vorhandenen Kraftfahrer/Kraftfahrerinnen, deren Arbeitsverhältnis zum Bund über den 30. September 2005 hinaus fortbesteht und die am 1. Oktober 2005 unter den Geltungsbereich des TVöD fallen.

I

Pauschalentgelt für am 1. Oktober 2005 vorhandene Kraftfahrer/ Kraftfahrerinnen[1]) nach Anlage 3 KraftfahrerTV Bund

gültig ab 1. Mai 2026
(monatlich in Euro)

	Stufen	E 4	E 5
Pauschalgruppe I Monatliche Arbeitszeit ab 170 bis 196 Stunden	1.–4. Jahr	3 698,64	3 838,25
	5.–8. Jahr	3 761,85	3 905,10
	9.–12. Jahr	3 854,46	4 005,03
	ab 13. Jahr	3 952,03	4 108,02
	Stufen	**E 4**	**E 5**
Pauschalgruppe II Monatliche Arbeitszeit über 196 bis 221 Stunden	1.–4. Jahr	4 021,70	4 179,15
	5.–8. Jahr	4 086,79	4 247,24
	9.–12. Jahr	4 182,17	4 346,13
	ab 13. Jahr	4 280,59	4 453,65
	Stufen	**E 4**	**E 5**
Pauschalgruppe III Monatliche Arbeitszeit über 221 bis 244 Stunden	1.–4. Jahr	4 390,38	4 570,66
	5.–8. Jahr	4 458,38	4 641,84
	9.–12. Jahr	4 558,00	4 746,18
	ab 13. Jahr	4 660,83	4 852,16
	Stufen	**E 4**	**E 5**
Pauschalgruppe IV Monatliche Arbeitszeit über 244 bis 268 Stunden	1.–4. Jahr	4 893,25	5 094,09
	5.–8. Jahr	4 961,26	5 165,28
	9.–12. Jahr	5 060,91	5 269,62
	ab 13. Jahr	5 163,67	5 377,17
	Stufen	**E 4**	**E 5**
Chefkraftfahrer Monatliche Arbeitszeit bis 288 Stunden	1.–4. Jahr	5 538,47	5 767,78
	5.–8. Jahr	5 606,50	5 838,94
	9.–12. Jahr	5 706,10	5 943,30
	ab 13. Jahr	5 808,91	6 050,85

1) Für die am 30. September 2005 vorhandenen Kraftfahrer/Kraftfahrerinnen, deren Arbeitsverhältnis zum Bund über den 30. September 2005 hinaus fortbesteht und die am 1. Oktober 2005 unter den Geltungsbereich des TVöD fallen.

Anlage VKA

I

Entgelttabellen VKA[1])
Anlage A (VKA) TVöD
gültig vom 1. April 2025 bis 30. April 2026
(monatlich in Euro)

Entgelt-gruppe	Grundentgelt		Entwicklungsstufen			
	Stufe 1	Stufe 2	Stufe 3	Stufe 4	Stufe 5	Stufe 6
15	5 669,12	6 039,84	6 453,36	7 017,89	7 598,61	7 980,65
14	5 153,96	5 489,64	5 928,03	6 414,51	6 956,78	7 346,09
13	4 767,62	5 135,53	5 554,35	6 009,06	6 544,14	6 834,50
12	4 295,43	4 718,78	5 213,52	5 762,47	6 406,61	6 712,24
11	4 153,35	4 542,72	4 908,59	5 305,54	5 848,79	6 154,45
10	4 012,19	4 317,28	4 664,10	5 040,24	5 459,10	5 596,64
9c	3 901,48	4 173,64	4 469,61	4 788,53	5 131,37	5 377,14
9b	3 676,89	3 929,00	4 089,07	4 562,79	4 843,49	5 168,65
9a	3 558,96	3 772,32	3 986,06	4 461,84	4 569,48	4 844,33
8	3 391,44	3 596,59	3 738,68	3 883,66	4 040,37	4 115,73
7	3 205,23	3 441,58	3 582,38	3 724,47	3 860,94	3 935,06
6	3 152,04	3 346,55	3 482,94	3 617,92	3 750,49	3 819,26
5	3 038,99	3 227,67	3 355,11	3 490,06	3 615,47	3 680,28
4	2 912,62	3 103,55	3 263,75	3 363,48	3 463,20	3 521,60
3	2 872,69	3 078,02	3 127,99	3 242,21	3 327,92	3 406,43
2	2 692,16	2 894,28	2 944,67	3 016,58	3 174,63	3 339,97
1		2 465,52	2 498,86	2 540,55	2 579,42	2 679,47

Entgelt-gruppe	Stufe 1	Stufe 2	Stufe 3	Stufe 4	Stufe 5	Stufe 6
15 Ü		6 955,18	7 685,88	8 378,11	8 839,65	8 947,29
2 Ü	2 711,60	2 945,82	3 031,62	3 146,03	3 224,63	3 339,97

[1]) Redaktionelle Anlagenbezeichnung. Die hier abgedruckten Entgelttabellen sind kein förmlicher Bestandteil des Einigungspapiers. Sie beruhen auf Informationen der Tarifvertragsparteien und stehen noch unter dem Vorbehalt der endgültigen Tarifierung nach Abschluss der Redaktionsverhandlungen.

I

Anlage A (VKA) TVöD
gültig ab 1. Mai 2026
(monatlich in Euro)

Entgelt-gruppe	Grundentgelt		Entwicklungsstufen			
	Stufe 1	Stufe 2	Stufe 3	Stufe 4	Stufe 5	Stufe 6
15	5 827,86	6 208,96	6 634,05	7 214,39	7 811,37	8 204,11
14	5 298,27	5 643,35	6 094,01	6 594,12	7 151,57	7 551,78
13	4 901,11	5 279,32	5 709,87	6 177,31	6 727,38	7 025,87
12	4 415,70	4 850,91	5 359,50	5 923,82	6 586,00	6 900,18
11	4 269,64	4 669,92	5 046,03	5 454,10	6 012,56	6 326,77
10	4 124,53	4 438,16	4 794,69	5 181,37	5 611,95	5 753,35
9c	4 010,72	4 290,50	4 594,76	4 922,61	5 275,05	5 527,70
9b	3 779,84	4 039,01	4 203,56	4 690,55	4 979,11	5 313,37
9a	3 658,61	3 877,94	4 097,67	4 586,77	4 697,43	4 979,97
8	3 486,40	3 697,29	3 843,36	3 992,40	4 153,50	4 230,97
7	3 294,98	3 537,94	3 682,69	3 828,76	3 969,05	4 045,24
6	3 240,30	3 440,25	3 580,46	3 719,22	3 855,50	3 926,20
5	3 124,08	3 318,04	3 449,05	3 587,78	3 716,70	3 783,33
4	2 994,17	3 190,45	3 355,14	3 457,66	3 560,17	3 620,20
3	2 953,13	3 164,20	3 215,57	3 332,99	3 421,10	3 501,81
2	2 767,54	2 975,32	3 027,12	3 101,04	3 263,52	3 433,49
1		2 534,55	2 568,83	2 611,69	2 651,64	2 754,50

Entgelt-gruppe	Stufe 1	Stufe 2	Stufe 3	Stufe 4	Stufe 5	Stufe 6
15 Ü		7 149,93	7 901,08	8 612,70	9 087,16	9 197,81
2 Ü	2 787,52	3 028,30	3 116,51	3 234,12	3 314,92	3 433,49

I

Sozial- und Erziehungsdienst
Anlage C zum TVöD BT-V und TVöD BT-B
gültig vom 1. April 2025 bis 30. April 2026
(monatlich in Euro)

Entgelt-gruppe	Grundentgelt		Entwicklungsstufen			
	Stufe 1	Stufe 2	Stufe 3	Stufe 4	Stufe 5	Stufe 6
S 18	4 591,95	4 708,94	5 288,55	5 723,21	6 375,22	6 773,65
S 17	4 233,84	4 527,84	4 998,73	5 288,55	5 868,09	6 208,58
S 16	4 147,17	4 433,68	4 752,42	5 143,62	5 578,29	5 839,11
S 15	4 000,66	4 274,25	4 564,08	4 897,32	5 433,43	5 665,23
S 14	3 962,44	4 232,66	4 554,71	4 882,30	5 244,56	5 498,11
S 13	3 869,68	4 132,98	4 491,62	4 781,38	5 143,62	5 324,74
S 12	3 859,50	4 122,07	4 465,71	4 769,97	5 146,70	5 306,08
S 11b	3 808,48	4 067,31	4 249,15	4 712,82	5 075,04	5 292,38
S 11a	3 741,49	3 994,28	4 174,59	4 636,51	4 998,73	5 216,07
S 10	(nicht besetzt)					
S 9	3 549,30	3 781,54	4 053,20	4 455,27	4 835,59	5 128,99
S 8b	3 481,39	3 708,79	3 980,49	4 380,82	4 759,33	5 049,51
S 8a	3 413,85	3 636,31	3 868,50	4 092,49	4 311,44	4 541,67
S 7	3 333,59	3 550,19	3 765,70	3 987,31	4 153,80	4 404,69
S 6	(nicht besetzt)					
S 5	(nicht besetzt)					
S 4	3 201,81	3 408,76	3 597,33	3 725,30	3 848,61	4 043,12
S 3	3 034,89	3 229,62	3 410,78	3 577,12	3 653,23	3 744,14
S 2	2 829,14	2 948,41	3 036,64	3 132,45	3 240,19	3 347,95

Entgelt-gruppe	Stufe 1	Stufe 2	Stufe 3	Stufe 4	Stufe 5	Stufe 6
S 16 Ü			4 918,96	5 433,32	5 752,09	
S 13 Ü	3 928,46	4 191,36	4 552,58	4 842,37	5 204,58	5 385,68
S 10	3 504,81	3 829,79	3 996,37	4 494,03	4 899,97	5 233,39

I

Sozial- und Erziehungsdienst
Anlage C zum TVöD BT-V und TVöD BT-B

gültig ab 1. Mai 2026
(monatlich in Euro)

Entgelt-gruppe	Grundentgelt		Entwicklungsstufen			
	Stufe 1	Stufe 2	Stufe 3	Stufe 4	Stufe 5	Stufe 6
S 18	4 720,52	4 840,79	5 436,63	5 883,46	6 553,73	6 963,31
S 17	4 352,39	4 654,62	5 138,69	5 436,63	6 032,40	6 382,42
S 16	4 263,29	4 557,82	4 885,49	5 287,64	5 734,48	6 002,61
S 15	4 112,68	4 393,93	4 691,87	5 034,44	5 585,57	5 823,86
S 14	4 073,39	4 351,17	4 682,24	5 019,00	5 391,41	5 652,06
S 13	3 978,03	4 248,70	4 617,39	4 915,26	5 287,64	5 473,83
S 12	3 967,57	4 237,49	4 590,75	4 903,53	5 290,81	5 454,65
S 11b	3 915,12	4 181,19	4 368,13	4 844,78	5 217,14	5 440,57
S 11a	3 846,25	4 106,12	4 291,48	4 766,33	5 138,69	5 362,12
S 10	(nicht besetzt)					
S 9	3 648,68	3 887,42	4 166,69	4 580,02	4 970,99	5 272,60
S 8b	3 578,87	3 812,64	4 091,94	4 503,48	4 892,59	5 190,90
S 8a	3 509,44	3 738,13	3 976,82	4 207,08	4 432,16	4 668,84
S 7	3 426,93	3 649,60	3 871,14	4 098,95	4 270,11	4 528,02
S 6	(nicht besetzt)					
S 5	(nicht besetzt)					
S 4	3 291,46	3 504,21	3 698,06	3 829,61	3 956,37	4 156,33
S 3	3 119,87	3 320,05	3 506,28	3 677,28	3 755,52	3 848,98
S 2	2 908,36	3 030,97	3 121,67	3 220,16	3 330,92	3 441,69

Entgelt-gruppe	Stufe 1	Stufe 2	Stufe 3	Stufe 4	Stufe 5	Stufe 6
S 16 Ü			5 056,69	5 585,45	5 913,15	
S 13 Ü	4 038,46	4 308,72	4 680,05	4 977,96	5 350,31	5 536,48
S 10	3 602,94	3 937,02	4 108,27	4 619,86	5 037,17	5 379,92

Pflegedienst
Anlage E zum TVöD BT-B und TVöD BT-K
gültig vom 1. April 2025 bis 30. April 2026
(monatlich in Euro)

Entgelt-	Grundentgelt		Entwicklungsstufen			
gruppe	Stufe 1	Stufe 2	Stufe 3	Stufe 4	Stufe 5	Stufe 6
P 16		5 097,32	5 268,39	5 820,78	6 464,70	6 748,74
P 15		4 992,50	5 149,06	5 540,47	6 008,91	6 187,80
P 14		4 876,97	5 029,76	5 411,69	5 930,62	6 025,31
P 13		4 761,46	4 910,45	5 282,90	5 551,83	5 621,28
P 12		4 530,37	4 671,80	5 025,33	5 242,50	5 343,51
P 11		4 299,33	4 433,17	4 767,77	4 989,97	5 090,99
P 10		4 070,43	4 194,92	4 548,07	4 718,51	4 825,84
P 9		3 883,65	4 070,43	4 194,92	4 434,43	4 535,43
P 8		3 600,40	3 757,59	3 964,57	4 132,22	4 366,71
P 7		3 414,69	3 600,40	3 889,43	4 036,57	4 188,13
P 6	2 930,44	3 100,59	3 271,86	3 636,14	3 729,00	3 904,10
P 5	2 828,00	3 060,63	3 129,01	3 243,28	3 329,01	3 530,40

I

Pflegedienst
Anlage E zum TVöD BT-B und TVöD BT-K
gültig ab 1. Mai 2026
(monatlich in Euro)

Entgelt-gruppe	Grundentgelt		Entwicklungsstufen			
	Stufe 1	Stufe 2	Stufe 3	Stufe 4	Stufe 5	Stufe 6
P 16		5 240,04	5 415,90	5 983,76	6 645,71	6 937,70
P 15		5 132,29	5 293,23	5 695,60	6 177,16	6 361,06
P 14		5 013,53	5 170,59	5 563,22	6 096,68	6 194,02
P 13		4 894,78	5 047,94	5 430,82	5 707,28	5 778,68
P 12		4 657,22	4 802,61	5 166,04	5 389,29	5 493,13
P 11		4 419,71	4 557,30	4 901,27	5 129,69	5 233,54
P 10		4 184,40	4 312,38	4 675,42	4 850,63	4 960,96
P 9		3 992,39	4 184,40	4 312,38	4 558,59	4 662,42
P 8		3 701,21	3 862,80	4 075,58	4 247,92	4 488,98
P 7		3 510,30	3 701,21	3 998,33	4 149,59	4 305,40
P 6	3 012,49	3 187,41	3 363,47	3 737,95	3 833,41	4 013,41
P 5	2 907,18	3 146,33	3 216,62	3 334,09	3 422,22	3 629,25

Entgelttabelle für Ärztinnen und Ärzte
Anlage C zum TVöD BT-K
gültig vom 1. April 2025 bis 30. April 2026
(monatlich in Euro)

Entgelt-gruppe	Grundentgelt	Entwicklungsstufen			
	Stufe 1	Stufe 2	Stufe 3	Stufe 4	Stufe 5
II	6 907,88	7 600,01	8 215,24	8 907,36	
I	5 523,61	5 938,91	6 215,77	6 446,48	6 600,28

Entgelttabelle für Ärztinnen und Ärzte
Anlage C zum TVöD BT-K
gültig ab 1. Mai 2026
(monatlich in Euro)

Entgelt-gruppe	Grundentgelt	Entwicklungsstufen			
	Stufe 1	Stufe 2	Stufe 3	Stufe 4	Stufe 5
II	7 101,30	7 812,81	8 445,27	9 156,77	
I	5 678,27	6 105,20	6 389,81	6 626,98	6 785,09

I

Anlage Nachwuchskräfte

Entgelte für Nachwuchskräfte von Bund und Kommunen[1])
Ausbildungsentgelte

nach TVAöD – BBiG

	vom 1. April 2025 bis 30. April 2026	ab 1. Mai 2026
im ersten Ausbildungsjahr	1 293,26	1 368,26
im zweiten Ausbildungsjahr	1 343,20	1 418,20
im dritten Ausbildungsjahr	1 389,02	1 464,02
im vierten Ausbildungsjahr	1 452,59	1 527,59

nach TVAöD – Pflege (Auszubildende nach § 1 Abs. 1 Buchst. b) TVAöD)

	vom 1. April 2025 bis 30. April 2026	ab 1. Mai 2026
im ersten Ausbildungsjahr	1 415,69	1 490,69
im zweiten Ausbildungsjahr	1 477,07	1 552,07
im dritten Ausbildungsjahr	1 578,38	1 653,38

nach TVAöD – Pflege (Auszubildende nach § 1 Abs. 1 Buchst. c) TVAöD)

	vom 1. April 2025 bis 30. April 2026	ab 1. Mai 2026
im ersten Ausbildungsjahr	1 290,24	1 365,24
im zweiten Ausbildungsjahr	1 350,30	1 425,30
im dritten Ausbildungsjahr	1 447,03	1 522,03

1) Redaktionelle Anlagenbezeichnung. Die hier abgedruckten Entgelttabellen sind kein förmlicher Bestandteil des Einigungspapiers. Sie beruhen auf Informationen der Tarifvertragsparteien und stehen noch unter dem Vorbehalt der endgültigen Tarifierung nach Abschluss der Redaktionsverhandlungen.

I

Studierendenentgelte

für Studierende nach § 8 Abs. 1 Buchst. a) TVSöD

	vom 1. April 2025 bis 30. April 2026	**ab 1. Mai 2026**
im ersten Ausbildungsjahr	1 293,26	1 368,26
im zweiten Ausbildungsjahr	1 343,20	1 418,20
im dritten Ausbildungsjahr	1 389,02	1 464,02
im vierten Ausbildungsjahr	1 452,59	1 527,59

für Studierende nach § 8 Abs. 1 Buchst. b) TVSöD

	vom 1. April 2025 bis 30. April 2026	**ab 1. Mai 2026**
im ersten Ausbildungsjahr	1 415,69	1 490,69
im zweiten Ausbildungsjahr	1 477,07	1 552,07
im dritten Ausbildungsjahr	1 578,38	1 653,38

für Studierende nach § 8 Abs. 1 Buchst. c) TVSöD

	vom 1. April 2025 bis 30. April 2026	**ab 1. Mai 2026**
im ersten Ausbildungsjahr	1 290,24	1 365,24
im zweiten Ausbildungsjahr	1 350,30	1 425,30
im dritten Ausbildungsjahr	1 447,03	1 522,03

für Studierende nach § 8 Abs. 2 TVSöD

	vom 1. April 2025 bis 30. April 2026	ab 1. Mai 2026
bei einem ausbildungsintegrierten dualen Studiengang mit einem Ausbildungsteil nach § 1 Abs. 1 Buchst. a), d) oder e) TVAöD – Allgemeiner Teil –	1 550,00	1 625,00
bei einem ausbildungsintegrierten dualen Studiengang mit einem Ausbildungsteil nach § 1 Abs. 1 Buchst. b) TVAöD – Allgemeiner Teil –	1 740,00	1 815,00
bei einem ausbildungsintegrierten dualen Studiengang mit einem Ausbildungsteil nach § 1 Abs. 1 Buchst. c) TVAöD – Allgemeiner Teil –	1 610,00	1 685,00

für Studierende nach § 9 TVHöD

vom 1. April 2025 bis 30. April 2026	ab 1. Mai 2026
1 740,00	1 815,00

Entgelte für Praktikantinnen/Praktikanten

für den Beruf	vom 1. April 2025 bis 30. April 2026	ab 1. Mai 2026
der Sozialarbeiterin/des Sozialarbeiters, der Sozialpädagogin/des Sozialpädagogen, der Heilpädagogin/des Heilpädagogen	2 101,21	2 176,21
der pharmazeutisch-technischen Assistentin/des pharmazeutisch-technischen Assistenten, der Erzieherin/des Erziehers	1 877,02	1 952,02
der Kinderpflegerin/des Kinderpflegers, der Masseurin und medizinischen Bademeisterin/des Masseurs und medizinischen Bademeisters, der Rettungsassistentin/des Rettungsassistenten	1 820,36	1 895,36

I

Anhang 1

TV-V
Anlage 2
gültig vom 1. Juni 2025 bis 31. Mai 2026
(monatlich in Euro)

EG	Stufe 1	Stufe 2	Stufe 3	Stufe 4	Stufe 5	Stufe 6
15	6 729,11	7 451,50	8 145,00	8 773,41	9 286,50	9 799,59
14	6 295,70	6 912,13	7 509,30	8 071,27	8 539,37	9 007,47
13	5 910,41	6 488,35	7 046,96	7 495,12	7 819,22	8 143,33
12	5 525,13	6 035,65	6 522,96	6 919,04	7 197,91	7 478,63
11	5 187,98	5 659,97	6 009,89	6 288,89	6 534,16	6 777,35
10	4 850,89	5 293,98	5 622,74	5 842,02	6 038,44	6 178,70
9	4 561,91	4 947,21	5 217,69	5 421,18	5 514,71	5 655,00
8	4 227,47	4 425,52	4 614,59	4 803,60	4 990,94	5 131,25
7	3 939,41	4 128,47	4 289,48	4 429,75	4 523,30	4 616,84
6	3 696,36	3 876,41	4 027,59	4 158,52	4 233,36	4 298,84
5	3 462,31	3 624,38	3 765,73	3 887,29	3 962,12	4 083,70
4	3 273,30	3 426,30	3 559,93	3 672,17	3 777,38	3 948,41
3	3 057,25	3 176,48	3 298,04	3 400,96	3 471,30	3 606,69
2	2 886,19	3 021,25	3 139,07	3 241,96	3 307,42	3 344,82
1	2 572,36					

Die Entgelte aus den individuellen Zwischenstufen werden entsprechend verändert.

Anhang 2

I

TV-V

Anlage 2

gültig ab 1. Juni 2026

(monatlich in Euro)

EG	Stufe 1	Stufe 2	Stufe 3	Stufe 4	Stufe 5	Stufe 6
15	6 813,22	7 544,64	8 246,81	8 883,08	9 402,58	9 922,08
14	6 374,40	6 998,53	7 603,17	8 172,16	8 646,11	9 120,06
13	5 984,29	6 569,45	7 135,05	7 588,81	7 916,96	8 245,12
12	5 594,19	6 111,10	6 604,50	7 005,53	7 287,88	7 572,11
11	5 252,83	5 730,72	6 085,01	6 367,50	6 615,84	6 862,07
10	4 911,53	5 360,15	5 693,02	5 915,05	6 113,92	6 255,93
9	4 618,93	5 009,05	5 282,91	5 488,94	5 583,64	5 725,69
8	4 280,31	4 480,84	4 672,27	4 863,65	5 053,33	5 195,39
7	3 988,65	4 180,08	4 343,10	4 485,12	4 579,84	4 674,55
6	3 742,56	3 924,87	4 077,93	4 210,50	4 286,28	4 352,58
5	3 505,59	3 669,68	3 812,80	3 935,88	4 011,65	4 134,75
4	3 314,22	3 469,13	3 604,43	3 718,07	3 824,60	3 997,77
3	3 095,47	3 216,19	3 339,27	3 443,47	3 514,69	3 651,77
2	2 922,27	3 059,02	3 178,31	3 282,48	3 348,76	3 386,63
1	2 604,51					

Die Entgelte aus den individuellen Zwischenstufen werden entsprechend verändert.

I

Abschnitt II
Tarifvertrag für den öffentlichen Dienst und Überleitungstarifvertrag

210 Tarifvertrag für den öffentlichen Dienst (TVöD) 95

215 Tarifvertrag für den öffentlichen Dienst – Besonderer Teil Verwaltung – (TVöD BT-V) 555

220 Tarifvertrag für den öffentlichen Dienst – Besonderer Teil Sparkassen – (TVöD BT-S) 603

225 Tarifvertrag für den öffentlichen Dienst – Besonderer Teil Entsorgung – (TVöD BT-E) 613

230 Tarifvertrag für den öffentlichen Dienst – Besonderer Teil Krankenhäuser – (TVöD BT-K) 619

235 Tarifvertrag für den öffentlichen Dienst – Besonderer Teil Pflege- und Betreuungseinrichtungen – (TVöD BT-B) 643

240 Tarifvertrag für den öffentlichen Dienst – Besonderer Teil Flughäfen – (TVöD BT-F) 675

255 Musterverträge und -vorlagen (VKA) 684

280 Tarifvertrag zur Überleitung der Beschäftigten der kommunalen Arbeitgeber in den TVöD und zur Regelung des Übergangsrechts (TVÜ-VKA) 746

II

Tarifvertrag für den öffentlichen Dienst (TVöD)

Vom 13. September 2005 (GMBl. 2006 S. 459)

Zuletzt geändert durch
Änderungstarifvertrag Nr. 21 vom 22. April 2023 und
Tarifeinigung vom 6. April 2025[1])

Tarifvertragstext mit Erläuterungen

Inhaltsverzeichnis

A. Allgemeiner Teil

Abschnitt I
Allgemeine Vorschriften

§ 1 Geltungsbereich
§ 2 Arbeitsvertrag, Nebenabreden, Probezeit
Anhang 1: Nachweisgesetz (NachwG)
§ 3 Allgemeine Arbeitsbedingungen
Anhang 1: Arbeitsstättenverordnung (Auszug zur Bildschirmarbeit)
§ 4 Versetzung, Abordnung, Zuweisung, Personalgestellung
§ 5 Qualifizierung

Abschnitt II
Arbeitszeit

§ 6 Regelmäßige Arbeitszeit
Anhang zu § 6 (VKA): Arbeitszeit von Cheffahrerinnen und Cheffahrern
Anhang 1: Arbeitszeitgesetz (ArbZG)
§ 7 Sonderformen der Arbeit
§ 8 Ausgleich für Sonderformen der Arbeit
§ 9 Bereitschaftszeiten
Anhang zu § 9
§ 10 Arbeitszeitkonto
§ 11 Teilzeitbeschäftigung
Anhang 1: Familienpflegezeitgesetz (FPfZG)

Abschnitt III
Eingruppierung, Entgelt und sonstige Leistungen

§ 12 (VKA) Eingruppierung
§ 13 (VKA) Eingruppierung in besonderen Fällen
§ 14 Vorübergehende Übertragung einer höherwertigen Tätigkeit
§ 15 Tabellenentgelt
§ 16 (VKA) Stufen der Entgelttabelle
Anhang zu § 16 (VKA)
§ 17 Allgemeine Regelungen zu den Stufen
§ 18 (VKA) Leistungsentgelt
§ 18a (VKA) Alternatives Entgeltanreiz-System
§ 19 Erschwerniszuschläge
§ 20 (VKA) Jahressonderzahlung

---

1) Wegen der im Zuge der Tarifrunde 2025 vereinbarten Änderungen siehe die unter **150** abgedruckte Tarifeinigung.

§ 21 Bemessungsgrundlage für die Entgeltfortzahlung
Anhang 1: Durchführungsrundschreiben zu § 21 TVöD
§ 22 Entgelt im Krankheitsfall
Anhang 1: Entgeltfortzahlungsgesetz
Anhang 2: Arbeitsunfähigkeits-Richtlinie
§ 23 Besondere Zahlungen
§ 24 Berechnung und Auszahlung des Entgelts
Anhang 1: Rückforderung des zu viel gezahlten Entgelts
§ 25 Betriebliche Altersversorgung

Abschnitt IV
Urlaub und Arbeitsbefreiung
§ 26 Erholungsurlaub
Anhang 1: Bundesurlaubsgesetz
Anhang 2: Urlaubs- und Urlaubsabgeltungsansprüche bei krankheitsbedingter Arbeitsunfähigkeit
Anhang 3: Urlaubsanspruch bei Änderung des Beschäftigungsumfangs/-modells im Laufe des Urlaubsjahres
Anhang 4: Verfall und Verjährung von Urlaubsansprüchen und entsprechende Mitwirkungsobliegenheiten des Arbeitgebers
§ 27 Zusatzurlaub
§ 28 Sonderurlaub
§ 29 Arbeitsbefreiung
Anhang 1: Pflegezeitgesetz (PflegeZG)

Abschnitt V
Befristung und Beendigung des Arbeitsverhältnisses
§ 30 Befristete Arbeitsverträge
Anhang 1: Teilzeit- und Befristungsgesetz (TzBfG)
Anhang 2: Wissenschaftszeitvertragsgesetz (WissZeitVG)
Anhang 3: Bundeselterngeld- und Elternteilzeitgesetz (BEEG) – Auszug –
§ 31 Führung auf Probe
§ 32 Führung auf Zeit
§ 33 Beendigung des Arbeitsverhältnisses ohne Kündigung
§ 34 Kündigung des Arbeitsverhältnisses
Anhang 1: Kündigungsschutzgesetz (KSchG)
§ 35 Zeugnis

Abschnitt VI
Übergangs- und Schlussvorschriften
§ 36 (VKA) Anwendung weiterer Tarifverträge
§ 37 Ausschlussfrist
§ 38 Begriffsbestimmungen
§ 38a (VKA) Übergangsvorschriften
§ 39 In-Kraft-Treten, Laufzeit

Anlagen
Anlage A
Tabellenentgelt (VKA)
Anlage 1
Entgeltordnung (VKA)[1]

[1]) abgedruckt unter **460**

A.
Allgemeiner Teil
Abschnitt I
Allgemeine Vorschriften

§ 1 Geltungsbereich

(1) Dieser Tarifvertrag gilt für Arbeitnehmerinnen und Arbeitnehmer – nachfolgend Beschäftigte genannt –, die in einem Arbeitsverhältnis zum Bund oder zu einem Arbeitgeber stehen, der Mitglied eines Mitgliedverbandes der Vereinigung der kommunalen Arbeitgeberverbände (VKA) ist.

(2) Dieser Tarifvertrag gilt nicht für

a) Beschäftigte als leitende Angestellte im Sinne des § 5 Abs. 3 BetrVG, wenn ihre Arbeitsbedingungen einzelvertraglich besonders vereinbart sind, sowie Chefärztinnen/Chefärzte,

b) Beschäftigte, die ein über das Tabellenentgelt der Entgeltgruppe 15 hinausgehendes regelmäßiges Entgelt erhalten,

Niederschriftserklärung zu § 1 Abs. 2 Buchst. b:

Bei der Bestimmung des regelmäßigen Entgelts werden Leistungsentgelt, Zulagen und Zuschläge nicht berücksichtigt.

c) bei deutschen Dienststellen im Ausland eingestellte Ortskräfte,

d) Arbeitnehmerinnen/Arbeitnehmer, für die der TV-V oder der TV-WW/NW gilt, sowie für Arbeitnehmerinnen/Arbeitnehmer, die in rechtlich selbstständigen, dem Betriebsverfassungsgesetz unterliegenden und dem fachlichen Geltungsbereich des TV-V oder des TV-WW/NW zuzuordnenden Betrieben mit in der Regel mehr als 20 zum Betriebsrat wahlberechtigten Arbeitnehmerinnen/Arbeitnehmern beschäftigt sind und Tätigkeiten auszuüben haben, welche dem fachlichen Geltungsbereich des TV-V oder des TV-WW/NW zuzuordnen sind,

Protokollerklärung zu Absatz 2 Buchst. d:

[1]Im Bereich des Kommunalen Arbeitgeberverbandes Nordrhein-Westfalen (KAV NW) sind auch die rechtlich selbstständigen Betriebe oder sondergesetzlichen Verbände, die kraft Gesetzes dem Landespersonalvertretungsgesetz des Landes Nordrhein-Westfalen unterliegen, von der Geltung des TVöD ausgenommen, wenn die Voraussetzungen des § 1 Abs. 2 Buchst. d im Übrigen gegeben sind. [2]§ 1 Abs. 3 bleibt unberührt.

e) Arbeitnehmerinnen/Arbeitnehmer, für die ein TV-N gilt, sowie für Arbeitnehmerinnen/Arbeitnehmer in rechtlich selbstständigen Nahverkehrsbetrieben, die in der Regel mehr als 50 zum Betriebs- oder Personalrat wahlberechtigte Arbeitnehmerinnen/Arbeitnehmer beschäftigen,

f) Beschäftigte, für die der TV-Fleischuntersuchung gilt,

g) Beschäftigte, für die ein Tarifvertrag für Waldarbeiter tarifrechtlich oder einzelarbeitsvertraglich zur Anwendung kommt, sowie die Waldarbeiter im Bereich des Kommunalen Arbeitgeberverbandes Bayern,

h) Auszubildende, Schülerinnen/Schüler in der Gesundheits- und Krankenpflege, Gesundheits- und Kinderkrankenpflege, Entbindungspflege und

Altenpflege, sowie Volontärinnen/Volontäre und Praktikantinnen/Praktikanten,

i) Beschäftigte, für die Eingliederungsleistungen gewährt werden,

k) (weggefallen)

l) Leiharbeitnehmerinnen/Leiharbeitnehmer von Personal-Service-Agenturen, sofern deren Rechtsverhältnisse durch Tarifvertrag geregelt sind,

II

m) geringfügig Beschäftigte im Sinne von § 8 Abs. 1 Nr. 2 SGB IV,

n) künstlerisches Theaterpersonal, Orchestermusikerinnen/Orchestermusiker sowie technisches Leitungspersonal und technisches Theaterpersonal nach Maßgabe der nachfolgenden Protokollerklärungen,

Protokollerklärungen zu Absatz 2 Buchst. n:

1. [1]Technisches Leitungspersonal umfasst technische Direktorinnen/Direktoren, Leiterinnen/Leiter der Ausstattungswerkstätten, des Beleuchtungswesens, der Bühnenplastikerwerkstatt, des Kostümwesens/der Kostümabteilung, des Malsaals, der Tontechnik sowie Chefmaskenbildnerinnen/Chefmaskenbildner. [2]Für die benannten Funktionen kann in den Theatern je künstlerischer Sparte jeweils nur eine Beschäftigte/ein Beschäftigter bestellt werden.
2. Unter den TVöD fallen Bühnenarbeiterinnen/Bühnenarbeiter sowie Kosmetikerinnen/Kosmetiker, Rüstmeisterinnen/Rüstmeister, Schlosserinnen/Schlosser, Schneiderinnen/Schneider, Schuhmacherinnen/Schuhmacher, Tapeziererinnen/Tapezierer, Tischlerinnen/Tischler einschließlich jeweils der Meisterinnen/Meister in diesen Berufen, Orchesterwartinnen/Orchesterwarte, technische Zeichnerinnen/Zeichner und Waffenmeisterinnen/Waffenmeister.
3. In der Regel unter den TVöD fallen Beleuchterinnen/Beleuchter, Beleuchtungsmeisterinnen/Beleuchtungsmeister, Bühnenmeisterinnen/Bühnenmeister, Garderobieren/Garderobiers bzw. Ankleiderinnen/Ankleider, Gewandmeisterinnen/Gewandmeister, Requisitenmeisterinnen/Requisitenmeister, Requisiteurinnen/Requisiteure, Seitenmeisterinnen/Seitenmeister, Tonmeisterinnen/Tonmeister, Tontechnikerinnen/Tontechniker und Veranstaltungstechnikerinnen/Veranstaltungstechniker.
4. In der Regel nicht unter den TVöD fallen Inspektorinnen/Inspektoren, Kostümmalerinnen/Kostümmaler, Maskenbildnerinnen/Maskenbildner, Oberinspektorinnen/Oberinspektoren, Theatermalerinnen/Theatermaler und Theaterplastikerinnen/Theaterplastiker.

o) Seelsorgerinnen/Seelsorger bei der Bundespolizei,

p) Beschäftigte als Hauswarte und/oder Liegenschaftswarte bei der Bundesanstalt für Immobilienaufgaben, die aufgrund eines Geschäftsbesorgungsvertrages tätig sind,

q) Beschäftigte im Bereich der VKA, die ausschließlich in Erwerbszwecken dienenden landwirtschaftlichen Verwaltungen und Betrieben, Weinbaubetrieben, Gartenbau- und Obstbaubetrieben und deren Nebenbetrieben tätig sind; dies gilt nicht für Beschäftigte in Gärtnereien, gemeindlichen Anlagen und Parks sowie in anlagenmäßig oder parkartig bewirtschafteten Gemeindewäldern,

r) Beschäftigte in Bergbaubetrieben, Brauereien, Formsteinwerken, Gaststätten, Hotels, Porzellanmanufakturen, Salinen, Steinbrüchen, Steinbruchbetrieben und Ziegeleien,

s) **Hochschullehrerinnen/Hochschullehrer, wissenschaftliche und studentische Hilfskräfte und Lehrbeauftragte an Hochschulen, Akademien und wissenschaftlichen Forschungsinstituten sowie künstlerische Lehrkräfte an Kunsthochschulen, Musikhochschulen und Fachhochschulen für Musik,**

Protokollerklärung zu Absatz 2 Buchst. s:

Ausgenommen sind auch wissenschaftliche Assistentinnen/Assistenten, Verwalterinnen/Verwalter von Stellen wissenschaftlicher Assistentinnen/Assistenten und Lektorinnen/Lektoren, soweit und solange entsprechende Arbeitsverhältnisse am 1. Oktober 2005 bestehen oder innerhalb der Umsetzungsfrist des § 72 Abs. 1 Satz 7 HRG begründet werden (gilt auch für Forschungseinrichtungen); dies gilt auch für nachfolgende Verlängerungen solcher Arbeitsverhältnisse.

Niederschriftserklärung zu § 1 Abs. 2 Buchst. s:

Die Tarifvertragsparteien gehen davon aus, dass studentische Hilfskräfte Beschäftigte sind, zu deren Aufgabe es gehört, das hauptberufliche wissenschaftliche Personal in Forschung und Lehre sowie bei außeruniversitären Forschungseinrichtungen zu unterstützen.

t) **Beschäftigte des Bundeseisenbahnvermögens.**

(3) [1]Durch landesbezirklichen Tarifvertrag ist es in begründeten Einzelfällen möglich, Betriebe, die dem fachlichen Geltungsbereich des TV-V oder des TV-WW/NW entsprechen, teilweise oder ganz in den Geltungsbereich des TVöD einzubeziehen. [2]Durch landesbezirklichen Tarifvertrag ist es in begründeten Einzelfällen (z. B. für Bereiche außerhalb des Kerngeschäfts) möglich, Betriebsteile, die dem Geltungsbereich eines TV-N entsprechen, in den Geltungsbereich

a) **des TV-V einzubeziehen, wenn für diesen Betriebsteil ein TV-N anwendbar ist und der Betriebsteil in der Regel nicht mehr als 50 zum Betriebs- oder Personalrat wahlberechtigte Arbeitnehmerinnen/Arbeitnehmer beschäftigt, oder**

b) **des TVöD einzubeziehen.**

Erläuterungen

§ 1 TVöD trifft Regelungen zum Geltungsbereich des TVöD und zu den Ausnahmen vom Geltungsbereich. Diese Themenbereiche waren im BAT in den §§ 1, 1a und 3 geregelt.

Auf die abweichenden Sonderregelungen in § 41 des Besonderen Teils Krankenhäuser[1]) wird hingewiesen.

Unmittelbarer Geltungsbereich (Abs. 1)

Der TVöD gilt zunächst für die Arbeitnehmer und Arbeitnehmerinnen (im TVöD nachfolgend „Beschäftigte") des Bundes und der Arbeitgeber, die Mitglied eines Mitgliedverbandes der Vereinigung der kommunalen Arbeitgeberverbände (VKA) sind.

---

[1]) abgedruckt unter **230**

Der TVöD gilt nicht im Bereich der Länder; dort löste mit Wirkung vom 1. November 2006 der Tarifvertrag für den öffentlichen Dienst der Länder (TV-L) den BAT ab.

Für die vom Marburger Bund vertretenen Ärzte wurde ein eigenständiger Tarifvertrag vereinbart – TV-Ärzte/VKA[1]).

II

Entgegen den bisherigen, nach Angestellten (BAT) und Arbeitern (MTArb, BMT-G) differenzierenden Manteltarifverträgen des öffentlichen Dienstes gibt der TVöD diese Unterscheidung auf und gilt einheitlich für Arbeiter und Angestellte.

Ebenfalls aufgegeben wurde die Trennung in Tarifverträge für das Gebiet der alten Bundesrepublik („Tarifgebiet West") und das Beitrittsgebiet („Tarifgebiet Ost"). Der TVöD enthält aber in einigen Bereichen unterschiedliche Regelungen für das Tarifgebiet West und Ost.

Unter den Begriff „Bund" fällt nur der unmittelbare Bundesdienst, nicht aber vom Bund beherrschte Einrichtungen, Zuwendungsempfänger, etc. Bei den kommunalen Arbeitgebern reicht zwar nach dem Wortlaut die Mitgliedschaft in einem entsprechenden Arbeitgeberverband aus; eine sogenannte Gastmitgliedschaft, die die Einhaltung der satzungsgemäßen Pflichten (eines Vollmitgliedes) nicht verlangt, wird aber nicht genügen.

Nach allgemeinen tarifrechtlichen Grundsätzen werden vom Geltungsbereich nur diejenigen Beschäftigten erfasst, die entweder einer der am TVöD unmittelbar beteiligten Gewerkschaften angehören, oder die Mitglied einer sonstigen Gewerkschaft sind, die (künftig) durch einen Anschlusstarifvertrag in den Geltungsbereich des TVöD einbezogen wird. Der TVöD ist nicht allgemeinverbindlich im Sinne des § 5 des Tarifvertragsgesetzes. Für die tarifgebundenen Beschäftigten sind die Normen des TVöD Mindestbedingungen, die nicht zu Ungunsten der Beschäftigten abgedungen werden dürfen (siehe § 4 Abs. 3 Tarifvertragsgesetz). Übertarifliche Zahlungen sind tarifrechtlich ohne weiteres möglich, werden aber durch die haushaltsrechtlichen Vorschriften der öffentlichen Arbeitgeber meist untersagt bzw. streng reglementiert.

Mit den nicht tarifgebundenen Beschäftigten vereinbaren die Arbeitgeber des öffentlichen Dienstes in der Regel im Arbeitsvertrag die Anwendung des TVöD auf das Arbeitsverhältnis. Die Vorschriften des TVöD finden dann nicht kraft normativer Wirkung des Tarifvertrages, sondern kraft (arbeits-)vertraglicher Vereinbarung Anwendung.

---

[1]) abgedruckt unter **510**

Auf diese Weise werden im öffentlichen Dienst einerseits einheitliche Arbeitsbedingungen erreicht und wird andererseits dem Umstand Rechnung getragen, dass eine mögliche Gewerkschaftsmitgliedschaft seitens des Arbeitgebers nicht erfragt werden darf.

Ausnahmen vom persönlichen Geltungsbereich (Abs. 2)

Absatz 2 enthält in seinen Buchstaben a bis t eine Reihe von Beschäftigtengruppen, die von der Geltung des TVöD ausgenommen sind. Es ist denkbar, dass Beschäftigte von mehreren Ausnahmetatbeständen gleichzeitig erfasst werden. Im Einzelnen handelt es sich um die folgenden Ausschlussgründe:

Buchstabe a)

Hiernach unterliegen leitende Angestellte nicht den Regelungen des TVöD, wenn ihre Arbeitsbedingungen besonders vereinbart sind. Ferner sind Chefärzte vom TVöD ausgenommen.

Die „besondere Vereinbarung" kann beispielsweise die Vereinbarung beamtenrechtlicher Versorgung oder eine Umsatz- oder Ergebnisbeteiligung sein.

Für die nähere Bestimmung, was „leitende Angestellte" sind, wird auf die Regelung des § 5 Abs. 3 Betriebsverfassungsgesetz Bezug genommen. Diese Vorschrift hat folgenden Wortlaut:

§ 5 Abs. 3 und 4 Betriebsverfassungsgesetz

(3) Dieses Gesetz findet, soweit in ihm nicht ausdrücklich etwas anderes bestimmt ist, keine Anwendung auf leitende Angestellte. Leitender Angestellter ist, wer nach Arbeitsvertrag und Stellung im Unternehmen oder im Betrieb

1. zur selbständigen Einstellung und Entlassung von im Betrieb oder in der Betriebsabteilung beschäftigten Arbeitnehmern berechtigt ist oder
2. Generalvollmacht oder Prokura hat und die Prokura auch im Verhältnis zum Arbeitgeber nicht unbedeutend ist oder
3. regelmäßig sonstige Aufgaben wahrnimmt, die für den Bestand und die Entwicklung des Unternehmens oder eines Betriebs von Bedeutung sind und deren Erfüllung besondere Erfahrungen und Kenntnisse voraussetzt, wenn er dabei entweder die Entscheidungen im Wesentlichen frei von Weisungen trifft oder sie maßgeblich beeinflusst; dies kann auch bei Vorgaben insbesondere aufgrund von Rechtsvorschriften, Plänen oder Richtlinien sowie bei Zusammenarbeit mit anderen leitenden Angestellten gegeben sein.

II

Für die in Absatz 1 Satz 3 genannten Beamten und Soldaten gelten die Sätze 1 und 2 entsprechend.

(4) Leitender Angestellter nach Absatz 3 Nr. 3 ist im Zweifel, wer

1. aus Anlass der letzten Wahl des Betriebsrats, des Sprecherausschusses oder von Aufsichtsratsmitgliedern der Arbeitnehmer oder durch rechtskräftige gerichtliche Entscheidung den leitenden Angestellten zugeordnet worden ist oder
2. einer Leitungsebene angehört, auf der in dem Unternehmen überwiegend leitende Angestellte vertreten sind, oder
3. ein regelmäßiges Jahresarbeitsentgelt erhält, das für leitende Angestellte in dem Unternehmen üblich ist, oder,
4. falls auch bei der Anwendung der Nummer 3 noch Zweifel bleiben, ein regelmäßiges Jahresarbeitsentgelt erhält, das das Dreifache der Bezugsgröße nach § 18 des Vierten Buches Sozialgesetzbuch überschreitet.

Chefärzte im Sinne dieser Vorschrift sind die ärztlichen Direktoren der Krankenhäuser und die Chefärzte der Abteilungen (z. B. Chirurgie, Urologie) und Kliniken (z. B. Chirurgische Klinik, Kinderklinik).

Buchstabe b)

Nach dieser Vorschrift sind alle Beschäftigten, die ein über die höchste Entgeltgruppe des TVöD hinaus gehendes Entgelt erhalten, von der Geltung des TVöD ausgenommen. Dabei spielt es keine Rolle, ob die Vergütung frei oder in Anlehnung beispielsweise an B- oder C-Besoldungsgruppen vereinbart ist.

Während in einer ergänzenden Protokollnotiz zu der entsprechenden Vorschrift des BAT (§ 3 Buchst. h) definiert war, dass unter der höchsten Vergütung die Monatsvergütung i. S. d. § 26 BAT (also nur Grundvergütung und Ortszuschlag) zu verstehen war, enthält die Formulierung des TVöD keinerlei Einschränkungen. Die Tarifpartner haben aber in einer Niederschriftserklärung verdeutlicht, dass zur Bestimmung des regelmäßigen Entgelts Leistungsentgelt, Zulagen und Zuschläge nicht berücksichtigt werden. Ab dem 1. Oktober 2005 kann auch das Niveau der ehemaligen Vergütungsgruppe I BAT nur außertariflich erreicht werden (siehe § 17 Abs. 2 zweiter Spiegelstrich TVÜ-Bund bzw. TVÜ-VKA[1])). Die entsprechenden Beschäftigten unterliegen nicht dem TVöD. Diejenigen Beschäftigten, die aus der Vergütungsgruppe I BAT in den TVöD übergeleitet worden sind, unterliegen weiterhin dem TVöD; für sie wurde die Entgeltgruppe 15 Ü geschaffen (siehe § 19 Abs. 2 TVÜ-Bund bzw. TVÜ-VKA).

---

[1]) abgedruckt unter **280**

Gemäß § 41 des Besonderen Teils Krankenhäuser[1]) fallen bestimmte Ärzte nicht unter die Vorschrift des § 1 Abs. 2 Buchst. b; sie unterliegen somit grundsätzlich dem Geltungsbereich des TVöD.

Buchstabe c)

Nach dieser Vorschrift sind die bei deutschen Dienststellen im Ausland eingestellten Ortskräfte von der Geltung des TVöD ausgenommen – und zwar unabhängig von ihrer Staatsangehörigkeit. Für diesen Personenkreis gilt der „Tarifvertrag zur Regelung der Arbeitsbedingungen der bei Auslandsvertretungen der Bundesrepublik Deutschland beschäftigten deutschen nicht entsandten Beschäftigten vom 1. November 2006".

Zur Situation der unter den TVöD fallenden Beschäftigten des Bundes, die zu Auslandsdienststellen des Bundes entsandt sind → Abschnitt VIII § 45 des Besonderen Teils Verwaltung. Für die Beschäftigten des Bundes, die zur Dienstleistung im Ausland eingesetzt werden und die aufnehmende Stelle keine Auslandsdienststelle des Bundes i. S. des § 45 Nr. 1 TVöD BT-V ist, können für die Dauer des Auslandseinsatzes grundsätzlich nach den Maßgaben der Tarifnorm des § 45 TVöD BT-V zu dem Tabellenentgelt nach § 15 Abs. 1 TVöD übertariflich Auslandsbezüge in entsprechender Anwendung der §§ 15 und 52 bis 55 des BBesG gezahlt werden (siehe BMI-Rundschreiben vom 23. 6. 2023 – D5.31006/1#21).

Buchstabe d)

Diese Vorschrift nimmt die unter den Geltungsbereich spezieller, kommunaler Tarifverträge – nämlich des TV-V (Tarifvertrag Versorgungsbetriebe) bzw. TV-WW/NW (Tarifvertrag für die Arbeitnehmer/innen der Wasserwirtschaft in Nordrhein-Westfalen) – fallenden Beschäftigten von der Geltung des TVöD aus.

Ebenfalls ausgenommen sind die Beschäftigten von rechtlich selbstständigen, dem Betriebsverfassungsgesetz unterliegenden Betrieben mit in der Regel mehr als 20 zum Betriebsrat wahlberechtigten Arbeitnehmern, wenn diese Beschäftigten Tätigkeiten ausüben, die unter den fachlichen Geltungsbereich der unter Ziffer 1 genannten Tarifverträge fallen.

---

[1]) abgedruckt unter **230**

II

Buchstabe e)

Nach dieser Vorschrift ausgenommen sind die unter einen TV-N (Tarifvertrag Nahverkehr) fallenden Beschäftigten.

Ebenfalls ausgenommen sind die Beschäftigten von rechtlich selbstständigen (also nicht mehr unmittelbar zum öffentlichen Dienst zählenden) Nahverkehrsbetrieben, wenn dort in der Regel mehr als 50 zum Betriebs- oder Personalrat wahlberechtigte Arbeitnehmer beschäftigt sind.

Buchstabe f)

Diese Vorschrift nimmt diejenigen Beschäftigten vom Geltungsbereich des TVöD aus, die bei Schlachtungen im Inland in der Schlachttier-, Fleisch- und Trichinenuntersuchung sowie in der Hygieneüberwachung in Schlacht-, Zerlege-, Be- oder Verarbeitungsbetrieben oder in Kühlhäusern tätig sind und unter die speziellen Regelungen des TV-Fleischuntersuchung fallen.

Buchstabe g)

Nach dieser Vorschrift ausgenommen sind Waldarbeiter. Für sie gelten die eigenständigen Regelungen z. B. des TV-Wald-Bund.

Buchstabe h)

Ausgenommen vom Geltungsbereich des TVöD sind nach dieser Vorschrift die Auszubildenden, Schülerinnen/Schüler in der Gesundheits- und Krankenpflege, Gesundheits- und Kinderkrankenpflege, Entbindungspflege und Altenpflege sowie Praktikanten. Für diesen Personenkreis haben die Tarifpartner eigenständige tarifvertragliche Regelungen vereinbart. Im Einzelnen handelt es sich dabei um die folgenden Tarifverträge:

- Tarifvertrag für Auszubildende des öffentlichen Dienstes (TVAöD) sowie die diesen ergänzenden Besonderen Teile Pflege und BBiG vom 13. September 2005[1]).
- Tarifvertrag für Praktikantinnen/Praktikanten des öffentlichen Dienstes (TVPöD)[2]). Für nicht unter den Geltungsbereich des TV Prakt fallende Praktikanten ergeben sich Regelungen aus den Prak-

[1]) abgedruckt unter **305, 312** und **318**

[2]) abgedruckt unter **335**

tikanten-Richtlinien des Bundes und der Vereinigung der kommunalen Arbeitgeberverbände.[1])

Ebenfalls nicht unter den TVöD fallen Volontäre. Dies sind – in Anlehnung an § 82a HGB – nach Definition des Bundesarbeitsgerichtes (siehe BAG-Urteil vom 1. 12. 2004 – 7 AZR 129/04 –) Personen, die – ohne Auszubildende zu sein – zum Zwecke ihrer Ausbildung unentgeltlich oder gegen geringe Vergütung im Dienst eines anderen beschäftigt werden.

Buchstabe i) und k)

Nach dem Wortlaut des Buchstaben i sind die Beschäftigten vom Geltungsbereich des TVöD ausdrücklich ausgenommen, deren Beschäftigung durch Eingliederungsleistungen gefördert wird. Diesen Ausnahmetatbestand haben die Tarifpartner mit Änderungstarifvertrag Nr. 20 zum TVöD vom 14. Juli 2022 neu gefasst und nunmehr abstrakter auf den Begriff der Eingliederungsleistungen beschränkt; der bisherige Buchstabe k ist in diesem Zuge ersatzlos gestrichen worden. In der bis zu diesem Zeitpunkt geltenden Fassung des § 1 Abs. 2 Buchst. i und k TVöD galt der TVöD nicht für Beschäftigte, für die Eingliederungszuschüsse nach den §§ 217 ff. SGB III gewährt wurden (Buchst. i) bzw. die Arbeiten nach den §§ 260 ff. SGB III verrichteten (Buchst. k).

Unter Eingliederungszuschüsse sind grundsätzlich Zuschüsse zum Arbeitsentgelt zu verstehen, die Arbeitgeber für die Einstellung von förderungsbedürftigen Beschäftigten erhalten können. Die Zuschüsse sollen dabei regelmäßig dem Ausgleich von Minderleistungen dienen, die z. B. aufgrund langfristiger Arbeitslosigkeit, einer Behinderung, einer geringen Qualifikation oder des Alters zu erwarten sind. Einen ausdrücklichen Hinweis, dass es sich bei der Neufassung des Buchstaben i um Eingliederungsleistungen im Sinne des SGB II bzw. SGB III handelt, haben die Tarifpartner (anders als in der bisherigen Formulierung des Buchstaben i) nicht aufgenommen. Nähere Informationen zu den Eingliederungsleistungen können der *„Gemeinsamen Erklärung des Bundesministeriums für Arbeit und Soziales (BMAS) und der für die Grundsicherung für Arbeitsuchende zuständigen Ministerien der Länder als aufsichtführende Stellen nach §§ 47, 48 SGB II zu den Leistungen zur Eingliederung in Arbeit im SGB II nach § 16 SGB II i. V. m. §§ 44, 45 SGB III und nach §§ 16e, 16f und 16i SGB II"* in der jeweils geltenden Fassung entnommen werden.

---

[1]) abgedruckt unter **375**

Zu nennen sind als derzeit geltende Förderinstrumente insbesondere § 88 ff. SGB III (Eingliederungszuschüsse; ggf. i. V. m. § 16 Abs. 1 SGB II) sowie § 16d (Arbeitsgelegenheiten) und § 16e (Förderung von Arbeitsverhältnissen) SGB II. Die VKA hat sich in der Vergangenheit aber dafür ausgesprochen, Beschäftigte, für die die Förderinstrumente nach § 16e SGB II (Eingliederung von Langzeitarbeitslosen) sowie § 16i SGB II (Teilhabe am Arbeitsmarkt) i. d. F. des Teilhabechancengesetzes vom 17. Dezember 2018 (BGBl. I S. 2583) genutzt werden, in den TVöD einzubeziehen.

II

Nach gefestigter Rechtsprechung des BAG zu der vergleichbaren Vorgängervorschrift des § 3 Buchst. d BAT verstößt die Herausnahme dieses Personenkreises aus dem BAT und die Vereinbarung einer hinter dem Tariflohn zurückbleibenden Vergütung nicht gegen den Gleichbehandlungsgrundsatz (siehe Urteil vom 18. 6. 1997 – 5 AZR 259/96; AP Nr. 2 zu § 3d BAT).

Buchstabe l)

Nach dem Wortlaut dieser Vorschrift gilt der TVöD nicht für Leiharbeitnehmer von Personal-Service-Agenturen, soweit deren Rechtsverhältnisse durch Tarifverträge geregelt sind.

Da Leiharbeitnehmer – sofern es sich um eine rechtmäßige Arbeitnehmerüberlassung handelt – ohnehin kein Arbeitsverhältnis zu dem ausleihenden, sondern nur zu dem verleihenden Unternehmen begründen, dürfte diese Vorschrift ins Leere laufen.

Buchstabe m)

Diese Vorschrift nimmt geringfügig beschäftigte Arbeitnehmer i. S. v. § 8 Abs. 1 Nr. 2 SGB IV (das sind sogenannte kurzfristige Beschäftigungsverhältnisse) vom Geltungsbereich des TVöD aus. Die sozialversicherungsrechtliche Vorschrift hat folgenden Wortlaut:

§ 8 SGB IV Geringfügige Beschäftigung und geringfügige selbständige Tätigkeit; Geringfügigkeitsgrenze

(1) Eine geringfügige Beschäftigung liegt vor, wenn

1. das Arbeitsentgelt aus dieser Beschäftigung regelmäßig die Geringfügigkeitsgrenze nicht übersteigt,
2. die Beschäftigung innerhalb eines Kalenderjahres auf längstens drei Monate oder 70 Arbeitstage nach ihrer Eigenart begrenzt zu sein pflegt oder im Voraus vertraglich begrenzt ist, es sei denn, dass die Beschäftigung berufsmäßig ausgeübt wird und die Geringfügigkeitsgrenze übersteigt.

(1a) [1]Die Geringfügigkeitsgrenze im Sinne des Sozialgesetzbuchs bezeichnet das monatliche Arbeitsentgelt, das bei einer Arbeitszeit von zehn Wochenstunden zum Mindestlohn nach § 1 Absatz 2 Satz 1 des Mindestlohngesetzes in Verbindung mit der auf der Grundlage des § 11 Absatz 1 Satz 1 des Mindestlohngesetzes jeweils erlassenen Verordnung erzielt wird. [2]Sie wird berechnet, indem der Mindestlohn mit 130 vervielfacht, durch drei geteilt und auf volle Euro aufgerundet wird. [3]Die Geringfügigkeitsgrenze wird jeweils vom Bundesministerium für Arbeit und Soziales im Bundesanzeiger bekannt gegeben.

(1b) Ein unvorhersehbares Überschreiten der Geringfügigkeitsgrenze steht dem Fortbestand einer geringfügigen Beschäftigung nach Absatz 1 Nummer 1 nicht entgegen, wenn die Geringfügigkeitsgrenze innerhalb des für den jeweiligen Entgeltabrechnungszeitraum zu bildenden Zeitjahres in nicht mehr als zwei Kalendermonaten um jeweils einen Betrag bis zur Höhe der Geringfügigkeitsgrenze überschritten wird.

(2) [1]Bei der Anwendung des Absatzes 1 sind mehrere geringfügige Beschäftigungen nach Nummer 1 oder Nummer 2 sowie geringfügige Beschäftigungen nach Nummer 1 mit Ausnahme einer geringfügigen Beschäftigung nach Nummer 1 und nicht geringfügige Beschäftigungen zusammenzurechnen. [2]Eine geringfügige Beschäftigung liegt nicht mehr vor, sobald die Voraussetzungen des Absatzes 1 entfallen. [3]Wird beim Zusammenrechnen nach Satz 1 festgestellt, dass die Voraussetzungen einer geringfügigen Beschäftigung nicht mehr vorliegen, tritt die Versicherungspflicht erst mit dem Tag ein, an dem die Entscheidung über die Versicherungspflicht nach § 37 des Zehnten Buches durch die Einzugsstelle nach § 28i Satz 5 oder einen anderen Träger der Rentenversicherung bekannt gegeben wird. [4]Dies gilt nicht, wenn der Arbeitgeber vorsätzlich oder grob fahrlässig versäumt hat, den Sachverhalt für die versicherungsrechtliche Beurteilung der Beschäftigung aufzuklären.

(2a) Absatz 1 Nummer 2 gilt nicht für aufgrund der Beschäftigungsverordnung zugelassene kontingentierte kurzzeitige Beschäftigungen.

(3) [1]Die Absätze 1, 1a und 2 gelten entsprechend, soweit anstelle einer Beschäftigung eine selbständige Tätigkeit ausgeübt wird. [2]Dies gilt nicht für das Recht der Arbeitsförderung.

Geringfügige Beschäftigungen nach Nummer 1 der Vorschrift (in 2025 „556-Euro-Jobs“) sind nicht von der Geltung des TVöD ausgenommen. § 1 Abs. 3 des jeweiligen Überleitungs-Tarifvertrages (TVÜ-Bund, TVÜ-VKA[1])) enthält eine Übergangsregelung, nach der für geringfügig Beschäftigte i. S. v. § 8 Abs. 1 Nr. 2 SGB IV, die am 30. September 2005 unter den Geltungsbereich der Manteltarifverträge des öffentlichen Dienstes fallen, die bisher jeweils einschlägigen tarifvertraglichen Regelungen für die Dauer ihres ununterbrochen fortbestehenden

---

[1]) abgedruckt unter **280**

Arbeitsverhältnisses weiterhin Anwendung finden. Im Hinblick auf die geringe Höchstdauer der kurzfristigen Beschäftigungsverhältnisse dürften die Auswirkungen der Übergangsvorschriften eher gering sein.

II

Buchstabe n)

Nach dieser Vorschrift sind Orchestermusiker und das überwiegend künstlerische Theaterpersonal von der Geltung des TVöD ausgenommen worden. Für diesen Personenkreis existieren spezielle Tarifverträge (z. B. der „Normalvertrag Bühne" oder der „Tarifvertrag für Musiker in Kulturorchestern"). Das nicht überwiegend künstlerisch tätige Theaterpersonal unterliegt dem TVöD. Durch den 8. Änderungstarifvertrag zum TVöD vom 26. Februar 2013 wurde die Abgrenzung zwischen künstlerischem (nicht vom TVöD erfassten) Theaterpersonal und nicht-künstlerischem (vom TVöD erfassten) Theaterpersonal neu gefasst. Betroffen von der neu definierten Abgrenzung ist insbesondere das technische Theaterpersonal und das technische Leitungspersonal. Zu der Vorschrift des Buchstaben n haben die Tarifpartner nun insgesamt vier Protokollerklärungen vereinbart. In Protokollerklärung Nr. 1 haben sie definiert, was sie unter „technischem Leitungspersonal" verstehen. In den weiteren Protokollerklärungen haben sie dann festgelegt bzw. aufgezählt, welche technischen Berufe unter den TVöD fallen (Protokollerklärung Nr. 2), „in der Regel" unter den TVöD fallen (Protokollerklärung Nr. 3) bzw. „in der Regel" nicht unter den TVöD fallen (Protokollerklärung Nr. 4). Die Änderungen des 8. Änderungstarifvertrages sind am 1. Juni 2013 in Kraft getreten und gelten im Ergebnis nur für neue Arbeitsverhältnisse. Für über den 1. Juni 2013 ununterbrochen fortbestehende Arbeitsverhältnisse gilt das alte Recht fort (siehe § 38a Abs. 3 TVöD VKA).

Buchstabe o)

Diese Regelung nimmt Seelsorger bei der Bundespolizei vom Geltungsbereich des TVöD aus. Die Arbeitsbedingungen für diese Beschäftigten werden auf der Grundlage entsprechender Vereinbarungen zwischen dem Bund und den Kirchen vertraglich geregelt.

Buchstabe p)

Diese Vorschrift betrifft ausschließlich die Hauswarte und Liegenschaftswarte bei der Bundesanstalt für Immobilienaufgaben und nimmt diesen Personenkreis von der Geltung des TVöD aus.

Buchstabe q)

Nach dieser Vorschrift sind Arbeitnehmer im Bereich der Vereinigung der kommunalen Arbeitgeberverbände, die ausschließlich in Erwerbszwecken dienenden landwirtschaftlichen Verwaltungen und Betrieben, Weinbaubetrieben, Gartenbau- und Obstbaubetrieben und deren Nebenbetrieben beschäftigt sind, von der Geltung des TVöD ausgenommen worden.

Hingegen unterliegen Arbeitnehmer in Gärtnereien, gemeindlichen Anlagen und Parks sowie in anlagenmäßig und parkartig bewirtschafteten Gemeindewäldern den Regelungen des TVöD.

Buchstabe r)

Diese Vorschrift betrifft die Arbeitnehmer in Bergbaubetrieben, Brauereien, Formsteinwerken, Gaststätten, Hotels, Porzellanmanufakturen, Salinen, Steinbrüchen, Steinbruchbetrieben und Ziegeleien und nimmt diese Beschäftigten von der Geltung des TVöD aus.

Arbeitnehmer in Kantinen sind – wie zuvor schon in § 3 Buchst. a BAT – nicht erwähnt und unterliegen somit den Regelungen des TVöD.

Buchstabe s)

Nach dieser Vorschrift sind Hochschullehrer, wissenschaftliche und studentische Hilfskräfte und Lehrbeauftragte an Hochschulen, Akademien und wissenschaftlichen Forschungsinstituten sowie künstlerische Lehrkräfte an Kunst- und Musikhochschulen und an Fachhochschulen für Musik von der Geltung des TVöD ausgenommen.

Die Aufzählung ist abschließend. Für am 1. Oktober 2005 vorhandene Beschäftigte wird sie jedoch insoweit durch eine Protokollerklärung ergänzt, als dass auch wissenschaftliche Assistenten, Verwalter von Stellen wissenschaftlicher Assistenten und Lektoren vom TVöD weiter ausgenommen bleiben.

Wer zu den aufgezählten Beschäftigtengruppen zählt, bestimmt sich nach den jeweils einschlägigen Hochschulgesetzen.

In einer Niederschriftserklärung haben die Tarifpartner dokumentiert, dass sie davon ausgehen, dass studentische Hilfskräfte Beschäftigte sind, zu deren Aufgabe es gehört, das hauptberufliche wissenschaftliche Personal in Forschung und Lehre sowie bei außeruniversitären Forschungseinrichtungen zu unterstützen.

Buchstabe t)

Hier ist klargestellt, dass Beschäftigte des Bundeseisenbahnvermögens nicht unter den Geltungsbereich des TVöD fallen.

II

Freiwilliger Geltungsbereich (Abs. 3)

Absatz 3 Satz 1 eröffnet die Möglichkeit, Betriebe, die dem fachlichen Geltungsbereich des TV-V oder des TV-WW/NW entsprechen (und nach Absatz 2 Buchst. d nicht dem TVöD unterliegen), durch landesbezirklichen Tarifvertrag in den Geltungsbereich des TVöD einzubeziehen.

Absatz 3 Satz 2 ermöglicht es, durch landesbezirklichen Tarifvertrag Betriebsteile, die dem Geltungsbereich eines TV-N entsprechen (und nach Absatz 2 Buchst. e nicht dem TVöD unterliegen) in den Geltungsbereich des TVöD oder des TV-V einzubeziehen. Die Einbeziehung in den TV-V setzt aber voraus, dass in diesem Betriebsteil in der Regel nicht mehr als 50 zum Betriebs- oder Personalrat wahlberechtigte Arbeitnehmer beschäftigt sind.

§ 2 Arbeitsvertrag, Nebenabreden, Probezeit

(1) Der Arbeitsvertrag wird schriftlich abgeschlossen.

(2) [1]Mehrere Arbeitsverhältnisse zu demselben Arbeitgeber dürfen nur begründet werden, wenn die jeweils übertragenen Tätigkeiten nicht in einem unmittelbaren Sachzusammenhang stehen. [2]Andernfalls gelten sie als ein Arbeitsverhältnis.

(3) [1]Nebenabreden sind nur wirksam, wenn sie schriftlich vereinbart werden. [2]Sie können gesondert gekündigt werden, soweit dies einzelvertraglich vereinbart ist.

(4) [1]Die ersten sechs Monate der Beschäftigung gelten als Probezeit, soweit nicht eine kürzere Zeit vereinbart ist. [2]Bei Übernahme von Auszubildenden im unmittelbaren Anschluss an das Ausbildungsverhältnis in ein Arbeitsverhältnis entfällt die Probezeit.

Erläuterungen

§ 2 TVöD trifft Regelungen über den Arbeitsvertrag, über Nebenabreden zum Arbeitsvertrag und zur Probezeit. Diese Themenbereiche waren im BAT in den §§ 4 und 5 geregelt.

Auf die abweichenden Sonderregelungen in § 55 (VKA) des Besonderen Teils Verwaltung[1]) wird hingewiesen.

Arbeitsvertrag (Abs. 1)

Auch das Arbeitsverhältnis zwischen dem Arbeitgeber des öffentlichen Dienstes und seinen Arbeitnehmern ist ein ausschließlich privatrechtliches Arbeitsverhältnis, für das die Regeln des Zivilrechtes (insbesondere § 611 BGB – Dienstvertrag) gelten.

Die in Absatz 1 getroffene Bestimmung, dass der Arbeitsvertrag schriftlich geschlossen wird, trägt dem Interesse der eindeutigen Vereinbarung der für das Arbeitsverhältnis maßgebenden Bedingungen und ihres Nachweises (z. B. bei Streitigkeiten vor den Arbeitsgerichten) Rechnung. Das tarifliche Schriftformerfordernis umfasst auch spätere Änderungen des Arbeitsvertrages.

Gemäß § 12 Abs. 3 TVöD Bund/VKA ist die Vergütungsgruppe des Beschäftigten im Arbeitsvertrag anzugeben.

Neben dem Schriftformerfordernis des Absatzes 1 sind die Dokumentationspflichten des Nachweisgesetzes[2]) zu beachten. Danach ist der Arbeitgeber verpflichtet, spätestens einen Monat nach dem vereinbarten Beginn des Arbeitsverhältnisses die wesentlichen Vertragsbe-

---

[1]) abgedruckt unter **215**

[2]) abgedruckt als **Anhang 1**

dingungen in eine Niederschrift aufzunehmen.[1]) Teilweise reicht die Angabe der anwendbaren Tarifverträge – siehe § 2 Abs. 4 NachwG. Die Niederschrift ist am ersten Tag der Arbeitsleistung auszuhändigen – siehe § 2 Abs. 1 Satz 4 NachwG. Nach § 3 NachwG n. F. ist jede Änderung der wesentlichen Vertragsbedingungen dem Arbeitnehmer spätestens an dem Tag, an dem sie wirksam wird, schriftlich mitzuteilen. Diese Mitteilungspflicht gilt nicht bei einer Änderung der auf das Arbeitsverhältnis anwendbaren gesetzlichen Vorschriften, Tarifverträge sowie Betriebs- oder Dienstvereinbarungen.

Nach § 2 Abs. 1 Satz 2 Nr. 4 NachwG ist in die Niederschrift der Arbeitsort oder, falls der Arbeitnehmer nicht nur an einem bestimmten Arbeitsort tätig sein soll, ein Hinweis darauf aufzunehmen, dass der Angestellte an verschiedenen Orten beschäftigt werden kann. Als Arbeitsort ist in der Regel die politische Gemeinde anzugeben, in der die Beschäftigungsdienststelle ihren Sitz hat. Wird der Beschäftigte an einem anderen Ort als dem Sitz der Beschäftigungsdienststelle eingesetzt (z. B. in einer Außenstelle, an einem von mehreren Betriebshöfen), ist dieser Ort als Arbeitsort anzugeben. Wenn der Beschäftigte an verschiedenen Orten beschäftigt werden soll, ist in der Niederschrift darauf hinzuweisen.

Nach § 2 Abs. 1 Satz 2 Nr. 5 NachwG ist in der Niederschrift auch eine kurze Charakterisierung oder Beschreibung der von dem Beschäftigten zu leistenden Tätigkeit aufzunehmen. Nach der Gesetzesbegründung erfordert diese Kennzeichnung der von dem Beschäftigten zu erbringenden Tätigkeit keine detaillierten Ausführungen. Es reicht z. B. eine Umschreibung der zu leistenden Tätigkeit oder die Angabe eines der Tätigkeit entsprechenden charakteristischen Berufsbildes aus (z. B. „Angestellter im allgemeinen Verwaltungsdienst", „Technischer Angestellter", „Angestellter im Sparkassendienst").

Die oben dargestellten gesetzlichen Verpflichtungen muss der Arbeitgeber nicht nur bei neu eingestellten Arbeitnehmern erfüllen, sondern auf deren Verlangen auch bei Arbeitnehmern, deren Arbeitsverhältnis bereits bei Inkrafttreten der Änderungen des NachwG am 1. August 2022 bestanden hat (siehe § 5 NachwG).

Die Niederschrift wird kein Bestandteil des Arbeitsvertrages; sie ist allein vom Arbeitgeber zu unterzeichnen (§ 2 Abs. 1 Satz 1 NachwG).

Dem Beschäftigten ist ein Exemplar der Niederschrift auszuhändigen (§ 2 Abs. 1 Satz 1 NachwG).

---

[1]) Arbeitsvertragsmuster und Mustervorlagen für die Niederschrift nach dem Nachweisgesetz abgedruckt unter **255** (VKA)

Bei der Einstellung von Beschäftigten und bei einer Vielzahl von Vertragsänderungen sind die Mitwirkungsrechte der Personalvertretungen zu beachten, die sich aus den folgenden Vorschriften ergeben:

Personalvertretungsgesetze

- Bund: Bundespersonalvertretungsgesetz vom 9. 6. 2021 (BGBl. I S. 1614)
- Baden-Württemberg: Landespersonalvertretungsgesetz i. d. F. der Bekanntmachung vom 12. 3. 2015 (GBl. S. 221)
- Bayern: Bayerisches Personalvertretungsgesetz i. d. F. der Bekanntmachung vom 11. 11. 1986 (GVBl. S. 349)
- Berlin: Personalvertretungsgesetz i. d. F. der Bekanntmachung vom 14. 7. 1994 (GVBl. S. 337)
- Brandenburg: Landespersonalvertretungsgesetz vom 14. 5. 2024 (GVBl. I Nr. 18)
- Bremen: Bremisches Personalvertretungsgesetz vom 5. 3. 1974 (Brem. GBl. S. 131)
- Hamburg: Hamburgisches Personalvertretungsgesetz vom 8. 7. 2014 (HmbGVBl. S. 299)
- Hessen: Hessisches Personalvertretungsgesetz vom 28. 3. 2023 (GVBl. S. 183)
- Mecklenburg-Vorpommern: Personalvertretungsgesetz vom 24. 2. 1993 (GVOBl. M-V S. 125)
- Niedersachsen: Niedersächsisches Personalvertretungsgesetz i. d. F. der Bekanntmachung vom 9. 2. 2016 (Nds. GVBl. S. 2)
- Nordrhein-Westfalen: Landespersonalvertretungsgesetz vom 3. 12. 1974 (GV. NRW. S. 1514)
- Rheinland-Pfalz: Personalvertretungsgesetz i. d. F. der Bekanntmachung vom 24. 11. 2000 (GVBl. S. 530)
- Saarland: Saarländisches Personalvertretungsgesetz vom 13. 11. 2024 (Amtsbl. I S. 1042)
- Sachsen: Sächsisches Personalvertretungsgesetz i. d. F. der Bekanntmachung vom 29. August 2018 (SächsGVBl. S. 570, 2021 S. 658)
- Sachsen-Anhalt: Landespersonalvertretungsgesetz Sachsen-Anhalt i. d. F. der Bekanntmachung vom 16. 3. 2004 (GVBl. LSA S. 205, S. 491)
- Schleswig-Holstein: Mitbestimmungsgesetz Schleswig-Holstein vom 11. 12. 1990 (GVOBl. Schl.-H. S. 577)
- Thüringen: Thüringer Personalvertretungsgesetz i. d. F. der Bekanntmachung vom 23. 1. 2020 (GVBl. S. 1, S. 111)

Auch aus den Gleichstellungsgesetzen des Bundes und der Länder können sich Mitwirkungsrechte (der Frauenbeauftragten) ergeben.

Gleichstellungsgesetze

- Bund: Bundesgleichstellungsgesetz vom 24. 4. 2015 (BGBl. I S. 642)
- Baden-Württemberg: Chancengleichheitsgesetz vom 23. 2. 2016 (GBl. S. 108)
- Bayern: Bayerisches Gleichstellungsgesetz vom 24. 5. 1996 (GVBl. S. 186)
- Berlin: Landesgleichstellungsgesetz i. d. F. der Bekanntmachung vom 6. 9. 2002 (GVBl. S. 280)
- Brandenburg: Landesgleichstellungsgesetz vom 4. 7. 1994 (GVBl. S. 254)
- Bremen: Landesgleichstellungsgesetz vom 20. 11. 1990 (GBl. S. 433)
- Hamburg: Gleichstellungsgesetz vom 2. 12. 2014 (GVBl. S. 495)
- Hessen: Hessisches Gleichberechtigungsgesetz vom 20. 12. 2015 (GVBl. S. 637)
- Mecklenburg-Vorpommern: Gleichstellungsgesetz i. d. F. der Bekanntmachung vom 11. 7. 2016 (GVOBl. M-V S. 550)
- Niedersachsen: Niedersächsisches Gleichberechtigungsgesetz vom 9. 10. 2010 (NdS. GVBl. S. 558)
- Nordrhein-Westfalen: Landesgleichstellungsgesetz vom 9. 11. 1999 (GV. NRW. S. 590)
- Rheinland-Pfalz: Landesgleichstellungsgesetz vom 22. 12. 2015 (GVBl. S. 505)
- Saarland: Landesgleichstellungsgesetz vom 24. 4. 1996 (Amtsbl. S. 623)
- Sachsen: Sächsisches Gleichstellungsgesetz vom 19. 10. 2023 (SächsGVBl. S. 850)
- Sachsen-Anhalt: Frauenfördergesetz vom 27. 5. 1997 (GVBl. LSA S. 516)
- Schleswig-Holstein: Gleichstellungsgesetz vom 13. 12. 1994 (GVOBl. Schl.-H. S. 562)
- Thüringen: Thüringer Gleichstellungsgesetz vom 6. 3. 2013 (GVBl. S. 49)

Einheitlicher Arbeitsvertrag (Abs. 2)

Wie bislang § 4 Abs. 1 Unterabs. 2 BAT schränkt § 2 Abs. 2 TVöD die Begründung mehrerer Arbeitsverhältnisse zu demselben Arbeitgeber ein. Sie sind nur dann zulässig, wenn sie in keinem unmittelbaren Sachzusammenhang miteinander stehen (z. B. bei Tätigkeit in zwei unterschiedlichen Dienststellen). Besteht ein unmittelbarer Sachzusammenhang, gelten die Beschäftigungen als **ein** Arbeitsverhältnis; die Eingruppierung ist auf der Grundlage der gesamten Tätigkeit zu bestimmen.

Wenn der Ausnahmetatbestand aber zu bejahen und somit von **mehreren** Arbeitsverhältnissen auszugehen ist, sind die Arbeitsverhältnisse mit allen Konsequenzen getrennt zu beurteilen und abzurechnen. Dies hat in der Regel in erster Linie Auswirkung auf die Eingruppierung, weil die Tätigkeiten separat zu beurteilen sind und dann auch Tätigkeiten eine Bedeutung erlangen können, die bei einer Gesamtbewertung keinen eingruppierungsrelevanten Umfang erreichen. Weitere Auswirkungen ergeben sich bei der Beurteilung von Stichtagen (z. B. bei der Jahressonderzahlung, bei Einmalzahlungen etc.). Auch hier kann – z. B. wenn eine der Tätigkeiten nicht ganzjährig bestand – eine getrennte Beurteilung zu anderen Ergebnissen führen wie eine Gesamtbetrachtung. Zwar sind abweichend von dem Grundsatz der isolierten Betrachtung aus arbeitszeitrechtlicher Sicht die Arbeits-/Einsatzzeiten beider Arbeitsverhältnisse bei der Prüfung der gesetzlichen Arbeitszeitgrenzen zusammenzurechnen (§ 2 Abs. 1 Satz 1 zweiter Halbsatz der Arbeitszeitgesetzes). Dies ist aber eine reine Frage des möglichen Höchsteinsatzes, der auch mit dritten Arbeitgebern abzustimmen wäre. Die Bezahlung der tatsächlichen Einsatzzeiten ist von der arbeitszeitrechtlichen Frage des rechtlich möglichen Einsatzes zu trennen. Sie ist für beide Tätigkeiten getrennt nach den Regeln des TVöD zu prüfen – und zwar ohne Querblick auf das zweite Arbeitsverhältnis. Da es sich bei den getrennten Arbeitsverhältnissen jeweils um eine Teilzeitbeschäftigung handelt, stellt die dort über das vertraglich vereinbarte Arbeitszeitmaß hinaus erbrachte Arbeitsleistung bis zum Erreichen der Regelarbeitszeit eines vergleichbar Vollbeschäftigten lediglich Mehrarbeit im Sinne des § 7 Abs. 6 TVöD dar und ist mit der individuellen Stundenvergütung zu entlohnen (§ 8 Abs. 2 TVöD). Erst wenn innerhalb des jeweiligen Arbeitsverhältnisses die Vollzeitgrenze überschritten werden sollte, können Überstunden im Sinne des § 7 Abs. 7 TVöD anfallen, die dann entsprechend zu vergüten wären und einen Anspruch auf Zeitzuschläge auslösten (§ 8 Abs. 1 TVöD).

Nebenabreden (Abs. 3)

Satz 1 der Vorschrift bestimmt, dass Nebenabreden nur wirksam sind, wenn sie schriftlich vereinbart worden sind. Fehlt die Schriftform, sind sie gemäß § 125 Satz 2 BGB nichtig.

Typische Gegenstände einer Nebenabrede sind beispielsweise

- die Vereinbarung, Ausbildungskosten zurückzuzahlen, wenn das Beschäftigungsverhältnis nach Abschluss der Ausbildung nicht eine bestimmte Zeit fortgesetzt wird,
- die Verkürzung der Probezeit,

- die Genehmigung bestimmter Nebentätigkeiten,
- die Möglichkeit der ordentlichen Kündigung bei befristeten Arbeitsverhältnissen.

Weitere Abmachungen jedweder Art sind möglich, soweit sie nicht gegen zwingende gesetzliche oder tarifvertragliche Vorschriften verstoßen. Der Vereinbarung einer geringeren als der tarifvertraglich vorgesehenen Vergütung stünde z. B. das Tarifvertragsgesetz (§ 4 Abs. 4) entgegen.

In Satz 2 der Vorschrift ist festgelegt, dass Nebenabreden nur dann gesondert gekündigt werden können, wenn dies einzelvertraglich vereinbart ist. Fehlt diese ausdrückliche Festlegung im Arbeitsvertrag, können sich die Vertragspartner – ebenso wie vom übrigen Inhalt des Arbeitsvertrages – nur einvernehmlich durch einen Änderungsvertrag oder einseitig durch eine Änderungskündigung lösen. Für diese Kündigung gelten dann die Regeln und Fristen, die für die Kündigung des gesamten Arbeitsvertrages maßgebend sind. Wenn zwar die Kündigungsmöglichkeit der Nebenabrede ausdrücklich vereinbart worden ist, jedoch keine Festlegung einer besonderen Kündigungsfrist (z. B. 14 Tage) erfolgt ist, sind die allgemeinen Kündigungsfristen des TVöD zu beachten.

Probezeit (Abs. 4)

Nach Satz 1 der Vorschrift gelten die ersten sechs Monate der Beschäftigung als Probezeit, ohne dass es einer besonderen Vereinbarung dazu bedarf. Durch eine Nebenabrede zum Arbeitsvertrag (→ Erläuterungen zu Absatz 2) kann aber eine kürzere Probezeit vereinbart werden.

Nach Satz 2 entfällt die Probezeit, wenn Auszubildende im unmittelbaren Anschluss an das Ausbildungsverhältnis in ein Arbeitsverhältnis übernommen werden. Dabei wird davon auszugehen sein, dass es sich um ein Rechtsverhältnis zu demselben Arbeitgeber handeln muss.

Die in § 5 BAT vereinbarte Verlängerung der Probezeit um eine zehn Arbeitstage übersteigende Unterbrechungszeit ist in § 2 Abs. 4 nicht mehr enthalten. Auf die Probezeit werden jedoch aufgrund gesetzlicher Bestimmungen nicht angerechnet:

- Zeiten der Teilnahme an einer Eignungsübung (§ 8 Satz 3 der VO zum Eignungsübungsgesetz)
- Wehrdienstzeiten als Soldat auf Zeit und Zeiten einer Fachausbildung (§ 8 Abs. 5 des Soldatenversorgungsgesetzes).

Die rechtliche Bedeutung einer Probezeit darf nicht überschätzt werden. Auch während der Probezeit unterliegt das Beschäftigungsverhältnis uneingeschränkt den Vorschriften des TVöD. Die Probezeit ist daher z. B. Beschäftigungszeit i. S. v. § 34 Abs. 3. Die Probezeit zählt außerdem als Wartezeit im urlaubsrechtlichen Sinn (siehe § 4 BUrlG i. V. m. § 26 TVöD) und ist bei der Sechsmonatsfrist des § 1 Abs. 1 des Kündigungsschutzgesetzes zu berücksichtigen. Auch steuerlich, sozialversicherungsrechtlich und im Sinne der Zusatzversorgung gelten keine Besonderheiten.

Das Arbeitsverhältnis ist auch während der Probezeit unbefristet. Stellt der Arbeitgeber während der Probezeit fest, dass der Beschäftigte für die Tätigkeit nicht geeignet ist, muss er das Arbeitsverhältnis kündigen.

Die Kündigungsfrist nach § 34 beträgt unabhängig von der Probezeit nach § 2 Abs. 4 zwei Wochen zum Monatsschluss, das Kündigungsschutzgesetz gilt während der ersten sechs Monate nicht.

Die Möglichkeit, ein befristetes Arbeitsverhältnis zur Erprobung zu schließen, bleibt unberührt. Die Befristung zur Erprobung ist in § 14 Abs. 1 Satz 2 Nr. 5 TzBfG[1]) ausdrücklich als Sachgrund genannt.

---

[1]) abgedruckt als Anhang 1 unter **210** § 30 TVöD

II

Anhang 1

Gesetz über den Nachweis der für ein Arbeitsverhältnis geltenden wesentlichen Bedingungen (Nachweisgesetz – NachwG)

Vom 20. Juli 1995 (BGBl. I S. 946)

Zuletzt geändert durch
Viertes Bürokratieentlastungsgesetz
vom 23. Oktober 2024 (BGBl. I Nr. 323)

§ 1 Anwendungsbereich

Dieses Gesetz gilt für alle Arbeitnehmer. Praktikanten, die gemäß § 22 Absatz 1 des Mindestlohngesetzes als Arbeitnehmer gelten, sind Arbeitnehmer im Sinne dieses Gesetzes.

§ 2 Nachweispflicht

(1) Der Arbeitgeber hat die wesentlichen Vertragsbedingungen des Arbeitsverhältnisses innerhalb der Fristen des Satzes 9 schriftlich niederzulegen, die Niederschrift zu unterzeichnen und dem Arbeitnehmer auszuhändigen. Die Niederschrift nach Satz 1 kann in Textform (§ 126b des Bürgerlichen Gesetzbuchs) abgefasst und elektronisch übermittelt werden, sofern das Dokument für den Arbeitnehmer zugänglich ist, gespeichert und ausgedruckt werden kann und der Arbeitgeber den Arbeitnehmer mit der Übermittlung auffordert, einen Empfangsnachweis zu erteilen. Im Fall des Satzes 2 hat der Arbeitgeber auf Verlangen des Arbeitnehmers die Niederschrift unter Hinweis auf den Geltungsbeginn der wesentlichen Vertragsbedingungen unverzüglich in der Form der Sätze 1 und 8 zu erteilen. Satz 3 gilt entsprechend, wenn die wesentlichen Vertragsbedingungen nicht nachgewiesen wurden. Die Verjährung des Anspruchs nach den Sätzen 3 und 4 beginnt mit dem Schluss des Jahres, in dem das Arbeitsverhältnis endet. Die Sätze 2 bis 5 finden keine Anwendung auf Arbeitnehmer, die in einem Wirtschaftsbereich oder Wirtschaftszweig nach § 2a Absatz 1 des Schwarzarbeitsbekämpfungsgesetzes tätig sind. In die Niederschrift sind mindestens aufzunehmen:

1. der Name und die Anschrift der Vertragsparteien,
2. der Zeitpunkt des Beginns des Arbeitsverhältnisses,
3. bei befristeten Arbeitsverhältnissen: das Enddatum oder die vorhersehbare Dauer des Arbeitsverhältnisses,

4. der Arbeitsort oder, falls der Arbeitnehmer nicht nur an einem bestimmten Arbeitsort tätig sein soll, ein Hinweis darauf, daß der Arbeitnehmer an verschiedenen Orten beschäftigt werden oder seinen Arbeitsort frei wählen kann,
5. eine kurze Charakterisierung oder Beschreibung der vom Arbeitnehmer zu leistenden Tätigkeit,
6. sofern vereinbart, die Dauer der Probezeit,
7. die Zusammensetzung und die Höhe des Arbeitsentgelts einschließlich der Vergütung von Überstunden, der Zuschläge, der Zulagen, Prämien und Sonderzahlungen sowie anderer Bestandteile des Arbeitsentgelts, die jeweils getrennt anzugeben sind, und deren Fälligkeit sowie die Art der Auszahlung,
8. die vereinbarte Arbeitszeit, vereinbarte Ruhepausen und Ruhezeiten sowie bei vereinbarter Schichtarbeit das Schichtsystem, der Schichtrhythmus und Voraussetzungen für Schichtänderungen,
9. bei Arbeit auf Abruf nach § 12 des Teilzeit- und Befristungsgesetzes:
   a) die Vereinbarung, dass der Arbeitnehmer seine Arbeitsleistung entsprechend dem Arbeitsanfall zu erbringen hat,
   b) die Zahl der mindestens zu vergütenden Stunden,
   c) der Zeitrahmen, bestimmt durch Referenztage und Referenzstunden, der für die Erbringung der Arbeitsleistung festgelegt ist, und
   d) die Frist, innerhalb derer der Arbeitgeber die Lage der Arbeitszeit im Voraus mitzuteilen hat,
10. sofern vereinbart, die Möglichkeit der Anordnung von Überstunden und deren Voraussetzungen,
11. die Dauer des jährlichen Erholungsurlaubs,
12. ein etwaiger Anspruch auf vom Arbeitgeber bereitgestellte Fortbildung,
13. wenn der Arbeitgeber dem Arbeitnehmer eine betriebliche Altersversorgung über einen Versorgungsträger zusagt, der Name und die Anschrift dieses Versorgungsträgers; die Nachweispflicht entfällt, wenn der Versorgungsträger zu dieser Information verpflichtet ist,
14. das bei der Kündigung des Arbeitsverhältnisses von Arbeitgeber und Arbeitnehmer einzuhaltende Verfahren, mindestens das Schriftformerfordernis und die Fristen für die Kündigung des Arbeitsverhältnisses, sowie die Frist zur Erhebung einer Kündigungsschutzklage; § 7 des Kündigungsschutzgesetzes ist auch bei

einem nicht ordnungsgemäßen Nachweis der Frist zur Erhebung einer Kündigungsschutzklage anzuwenden,

15. ein in allgemeiner Form gehaltener Hinweis auf die auf das Arbeitsverhältnis anwendbaren Tarifverträge, Betriebs- oder Dienstvereinbarungen sowie Regelungen paritätisch besetzter Kommissionen, die auf der Grundlage kirchlichen Rechts Arbeitsbedingungen für den Bereich kirchlicher Arbeitgeber festlegen.

Der Nachweis der wesentlichen Vertragsbedingungen nach Satz 1 in elektronischer Form ist ausgeschlossen. Dem Arbeitnehmer ist die Niederschrift mit den Angaben nach Satz 7 Nummer 1, 7 und 8 spätestens am ersten Tag der Arbeitsleistung, die Niederschrift mit den Angaben nach Satz 7 Nummer 2 bis 6, 9 und 10 spätestens am siebten Kalendertag nach dem vereinbarten Beginn des Arbeitsverhältnisses und die Niederschrift mit den übrigen Angaben nach Satz 7 spätestens einen Monat nach dem vereinbarten Beginn des Arbeitsverhältnisses auszuhändigen.

(1a) Wer einen Praktikanten einstellt, hat unverzüglich nach Abschluss des Praktikumsvertrages, spätestens vor Aufnahme der Praktikantentätigkeit, die wesentlichen Vertragsbedingungen schriftlich niederzulegen, die Niederschrift zu unterzeichnen und dem Praktikanten auszuhändigen. In die Niederschrift sind mindestens aufzunehmen:

1. der Name und die Anschrift der Vertragsparteien,
2. die mit dem Praktikum verfolgten Lern- und Ausbildungsziele,
3. Beginn und Dauer des Praktikums,
4. Dauer der regelmäßigen täglichen Praktikumszeit,
5. Zahlung und Höhe der Vergütung,
6. Dauer des Urlaubs,
7. ein in allgemeiner Form gehaltener Hinweis auf die Tarifverträge, Betriebs- oder Dienstvereinbarungen, die auf das Praktikumsverhältnis anzuwenden sind.

Absatz 1 Satz 8 gilt entsprechend.

(2) Hat der Arbeitnehmer seine Arbeitsleistung länger als vier aufeinanderfolgende Wochen außerhalb der Bundesrepublik Deutschland zu erbringen, so hat der Arbeitgeber dem Arbeitnehmer vor dessen Abreise die Niederschrift nach Absatz 1 Satz 1 mit allen wesentlichen Angaben nach Absatz 1 Satz 7 und folgenden zusätzlichen Angaben auszuhändigen:

1. das Land oder die Länder, in dem oder in denen die Arbeit im Ausland geleistet werden soll, und die geplante Dauer der Arbeit,
2. die Währung, in der die Entlohnung erfolgt,

3. sofern vereinbart, mit dem Auslandsaufenthalt verbundene Geld- oder Sachleistungen, insbesondere Entsendezulagen und zu erstattende Reise-, Verpflegungs- und Unterbringungskosten,
4. die Angabe, ob eine Rückkehr des Arbeitnehmers vorgesehen ist, und gegebenenfalls die Bedingungen der Rückkehr.

Auf die Verpflichtung nach Satz 1 finden folgende Regelungen entsprechende Anwendung:

1. Absatz 1 Satz 2, 5 und 6 sowie
2. Absatz 1 Satz 3 und 4.

(3) Fällt ein Auslandsaufenthalt nach Absatz 2 in den Anwendungsbereich der Richtlinie 96/71/EG des Europäischen Parlaments und des Rates vom 16. Dezember 1996 über die Entsendung von Arbeitnehmern im Rahmen der Erbringung von Dienstleistungen (ABl. L 18 vom 21. 1. 1997, S. 1), die durch die Richtlinie (EU) 2018/957 (ABl. L 173 vom 9. 7. 2018, S. 16) geändert worden ist, muss die Niederschrift nach Absatz 1 Satz 1 neben den Angaben nach Absatz 2 auch folgende zusätzliche Angaben enthalten:

1. die Entlohnung, auf die der Arbeitnehmer nach dem Recht des Mitgliedstaats oder der Mitgliedstaaten, in dem oder in denen der Arbeitnehmer seine Arbeit leisten soll, Anspruch hat,
2. den Link zu der einzigen offiziellen nationalen Website, die der Mitgliedstaat, in dem der Arbeitnehmer seine Arbeit leisten soll, betreibt nach Artikel 5 Absatz 2 Buchstabe a der Richtlinie 2014/67/EU des Europäischen Parlaments und des Rates vom 15. Mai 2014 zur Durchsetzung der Richtlinie 96/71/EG über die Entsendung von Arbeitnehmern im Rahmen der Erbringung von Dienstleistungen und zur Änderung der Verordnung (EU) Nr. 1024/2012 über die Verwaltungszusammenarbeit mit Hilfe des Binnenmarkt-Informationssystems – („IMI-Verordnung") (ABl. L 159 vom 28. 5. 2014, S. 11).

Auf die Verpflichtung nach Satz 1 finden folgende Regelungen entsprechende Anwendung:

1. Absatz 1 Satz 2, 5 und 6 sowie
2. Absatz 1 Satz 3 und 4.

(4) Die Angaben nach Absatz 1 Satz 7 Nummer 6 bis 8 und 10 bis 14 können ersetzt werden durch einen Hinweis auf die auf das Arbeitsverhältnis anwendbaren Tarifverträge, Betriebs- oder Dienstvereinbarungen sowie Regelungen paritätisch besetzter Kommissionen, die auf der Grundlage kirchlichen Rechts Arbeitsbedingungen für den Bereich kirchlicher Arbeitgeber festlegen. Ist in den Fällen des Absatzes 1 Satz 7 Nummer 11 und 14 die jeweilige gesetzliche Regelung

maßgebend, so kann hierauf verwiesen werden. Die Angaben nach Absatz 2 Satz 1 Nummer 2 und Absatz 3 Satz 1 Nummer 1 können ersetzt werden durch einen Hinweis auf konkrete Bestimmungen der einschlägigen Rechts- und Verwaltungsvorschriften und Satzungen oder Tarifverträge, Betriebs- oder Dienstvereinbarungen sowie Regelungen paritätisch besetzter Kommissionen, die auf der Grundlage kirchlichen Rechts Arbeitsbedingungen für den Bereich kirchlicher Arbeitgeber festlegen.

(5) Wenn dem Arbeitnehmer ein schriftlicher Arbeitsvertrag ausgehändigt worden ist, entfällt die Verpflichtung nach den Absätzen 1, 2 und 3, soweit der Vertrag die in den Absätzen 1 bis 4 geforderten Angaben enthält. Ist dem Arbeitnehmer ein Arbeitsvertrag in Textform nach Maßgabe des Absatzes 1 Satz 2 übermittelt worden, entfällt die Verpflichtung nach Absatz 1 Satz 1 und 2 und den Absätzen 2 und 3, soweit der Vertrag die in den Absätzen 1 bis 4 geforderten Angaben enthält; unberührt bleibt der Anspruch nach Absatz 1 Satz 3, auch in Verbindung mit Absatz 2 Satz 2 Nummer 2 oder Absatz 3 Satz 2 Nummer 2. Satz 2 gilt nicht in den Fällen des Absatzes 1 Satz 6.

§ 3 Änderung der Angaben

(1) Eine Änderung der wesentlichen Vertragsbedingungen oder der in § 2 Absatz 2 und 3 genannten Angaben ist dem Arbeitnehmer spätestens an dem Tag, an dem sie wirksam wird, schriftlich mitzuteilen. Auf die Verpflichtung nach Satz 1 finden folgende Regelungen entsprechende Anwendung:

1. § 2 Absatz 1 Satz 2, 5 und 6 sowie
2. § 2 Absatz 1 Satz 3 und 4.

Satz 1 gilt nicht bei einer Änderung der auf das Arbeitsverhältnis anwendbaren gesetzlichen Vorschriften, Tarifverträge, Betriebs- oder Dienstvereinbarungen sowie Regelungen paritätisch besetzter Kommissionen, die auf der Grundlage kirchlichen Rechts Arbeitsbedingungen für den Bereich kirchlicher Arbeitgeber festlegen.

(2) Die Verpflichtung nach Absatz 1 Satz 1 entfällt, sofern dem Arbeitnehmer hinsichtlich der Änderung ein schriftlicher Änderungsvertrag ausgehändigt worden ist. Das Gleiche gilt, wenn dem Arbeitnehmer hinsichtlich der Änderung ein Änderungsvertrag in Textform nach Maßgabe des § 2 Absatz 1 Satz 2 übermittelt worden ist; unberührt bleibt der Anspruch nach § 2 Absatz 1 Satz 3. Satz 2 gilt nicht in den Fällen des § 2 Absatz 1 Satz 6.

§ 4 Bußgeldvorschriften

(1) Ordnungswidrig handelt, wer

1. entgegen § 2 Absatz 1 Satz 1 eine in § 2 Absatz 1 Satz 7 genannte wesentliche Vertragsbedingung nicht, nicht richtig, nicht vollständig, nicht in der vorgeschriebenen Weise oder nicht rechtzeitig aushändigt,
2. entgegen § 2 Absatz 1 Satz 3, auch in Verbindung mit Satz 4, jeweils auch in Verbindung mit § 2 Absatz 2 Satz 2 Nummer 2, Absatz 3 Satz 2 Nummer 2 oder § 3 Absatz 1 Satz 2 Nummer 2, eine dort genannte Niederschrift nicht, nicht richtig, nicht vollständig oder nicht rechtzeitig erteilt,
3. entgegen § 2 Absatz 2 Satz 1, auch in Verbindung mit Absatz 3 Satz 1, eine dort genannte Niederschrift nicht, nicht richtig, nicht vollständig oder nicht rechtzeitig aushändigt oder
4. entgegen § 3 Absatz 1 Satz 1 eine Mitteilung nicht, nicht richtig, nicht vollständig, nicht in der vorgeschriebenen Weise oder nicht rechtzeitig macht.

(2) Die Ordnungswidrigkeit kann mit einer Geldbuße bis zu zweitausend Euro geahndet werden.

§ 5 Übergangsvorschrift

Hat das Arbeitsverhältnis bereits vor dem 1. August 2022 bestanden, so ist dem Arbeitnehmer auf sein Verlangen spätestens am siebten Tag nach Zugang der Aufforderung beim Arbeitgeber die Niederschrift mit den Angaben nach § 2 Absatz 1 Satz 7 Nummer 1 bis 10 auszuhändigen; die Niederschrift mit den übrigen Angaben nach § 2 Absatz 1 Satz 7 ist spätestens einen Monat nach Zugang der Aufforderung auszuhändigen. Soweit eine früher ausgestellte Niederschrift oder ein schriftlicher Arbeitsvertrag die nach diesem Gesetz erforderlichen Angaben enthält, entfällt diese Verpflichtung.

§ 6 Unabdingbarkeit

Von den Vorschriften dieses Gesetzes kann nicht zuungunsten des Arbeitnehmers abgewichen werden.

II

§ 3 Allgemeine Arbeitsbedingungen

(1) Die Beschäftigten haben über Angelegenheiten, deren Geheimhaltung durch gesetzliche Vorschriften vorgesehen oder vom Arbeitgeber angeordnet ist, Verschwiegenheit zu wahren; dies gilt auch über die Beendigung des Arbeitsverhältnisses hinaus.

(2) [1]Die Beschäftigten dürfen von Dritten Belohnungen, Geschenke, Provisionen oder sonstige Vergünstigungen in Bezug auf ihre Tätigkeit nicht annehmen. [2]Ausnahmen sind nur mit Zustimmung des Arbeitgebers möglich. [3]Werden den Beschäftigten derartige Vergünstigungen angeboten, haben sie dies dem Arbeitgeber unverzüglich anzuzeigen.

(3) [1]Nebentätigkeiten gegen Entgelt haben die Beschäftigten ihrem Arbeitgeber rechtzeitig vorher schriftlich anzuzeigen. [2]Der Arbeitgeber kann die Nebentätigkeit untersagen oder mit Auflagen versehen, wenn diese geeignet ist, die Erfüllung der arbeitsvertraglichen Pflichten der Beschäftigten oder berechtigte Interessen des Arbeitgebers zu beeinträchtigen. [3]Für Nebentätigkeiten bei demselben Arbeitgeber oder im übrigen öffentlichen Dienst (§ 34 Abs. 3 Satz 3 und 4) kann eine Ablieferungspflicht zur Auflage gemacht werden; für die Beschäftigten des Bundes sind dabei die für die Beamtinnen und Beamten des Bundes geltenden Bestimmungen maßgeblich.

(4) [1]Der Arbeitgeber ist bei begründeter Veranlassung berechtigt, die/den Beschäftigte/n zu verpflichten, durch ärztliche Bescheinigung nachzuweisen, dass sie/er zur Leistung der arbeitsvertraglich geschuldeten Tätigkeit in der Lage ist. [2]Bei der beauftragten Ärztin/dem beauftragten Arzt kann es sich um eine Betriebsärztin/einen Betriebsarzt, eine Personalärztin/einen Personalarzt oder eine Amtsärztin/einen Amtsarzt handeln, soweit sich die Betriebsparteien nicht auf eine andere Ärztin/einen anderen Arzt geeinigt haben. [3]Die Kosten dieser Untersuchung trägt der Arbeitgeber.

(5) [1]Die Beschäftigten haben ein Recht auf Einsicht in ihre vollständigen Personalakten. [2]Sie können das Recht auf Einsicht auch durch eine/n hierzu schriftlich Bevollmächtigte/n ausüben lassen. [3]Sie können Auszüge oder Kopien aus ihren Personalakten erhalten.

(6) Die Schadenshaftung der Beschäftigten, die in einem Arbeitsverhältnis zu einem Arbeitgeber stehen, der Mitglied eines Mitgliedverbandes der VKA ist, ist bei dienstlich oder betrieblich veranlassten Tätigkeiten auf Vorsatz und grobe Fahrlässigkeit beschränkt.

(7) Für die Schadenshaftung der Beschäftigten des Bundes finden die Bestimmungen, die für die Beamtinnen und Beamten des Bundes gelten, entsprechende Anwendung.

Erläuterungen

§ 3 TVöD regelt die Bereiche Schweigepflicht (Absatz 1), Belohnungen/ Geschenke (Absatz 2), Nebentätigkeiten (Absatz 3), ärztliche Untersuchung (Absatz 4) und Personalakten (Absatz 5). Diese Themenbereiche waren im BAT in den §§ 7 (ärztliche Untersuchung), 9 (Schweigepflicht), 10 (Belohnungen/Geschenke), 11 (Nebentätigkeit) und 13 (Personalakten) geregelt.

Auf die abweichenden Sonderregelungen in § 43 des Besonderen Teils Pflege- und Betreuungseinrichtungen[1]) bzw. § 42 des Besonderen Teils Krankenhäuser (Nebentätigkeit)[2]) wird hingewiesen.

Zur Ausgestaltung der mobilen Arbeitsformen für den Bereich des Bundes siehe die Tarifeinigung über mobile Arbeitsformen und den Digitalisierungstarifvertrag vom 10. Juni 2021.

Schweigepflicht (Abs. 1)

Nach dieser Vorschrift ist der Beschäftigte verpflichtet, über die Angelegenheiten, deren Geheimhaltung entweder durch Gesetz oder durch Anordnung des Arbeitgebers vorgeschrieben ist, Verschwiegenheit zu wahren.

Die Palette der in Betracht kommenden gesetzlichen Vorschriften ist vor dem Hintergrund der Bandbreite der Betätigungsfelder des öffentlichen Dienstes und der dabei anzutreffenden Berufsbilder sehr groß. Nachfolgend ist daher nur eine Auswahl der wichtigsten Gesetzesvorschriften aufgezählt. Dazu zählen

- die Datenschutzgesetze des Bundes und der Länder,
- die Abgabenordnung (§ 30: Steuergeheimnis),
- die Sozialgesetze (§ 35 SGB I: Sozialgeheimnis; § 213 SGB IX: für Beschäftigte der Integrationsämter etc.),
- § 9 des Bundesarchivgesetzes für die Beschäftigten, die mit der Bearbeitung der Bundesstatistiken beschäftigt werden,
- das Strafgesetzbuch (§§ 93 bis 101a: Landesverrat und Gefährdung der äußeren Sicherheit, § 203: Verletzung der Schweigepflicht, § 353b: Verletzung eines Dienstgeheimnisses, § 353c: unbefugte Weitergabe geheimer Gegenstände oder Nachrichten).

Es ist ausdrücklich bestimmt, dass die Verschwiegenheitspflicht auch über die Beendigung des Arbeitsverhältnisses hinaus fortbesteht.

Ein Verstoß gegen die Pflicht zur Verschwiegenheit stellt eine erhebliche Beeinträchtigung für das Arbeitsverhältnis dar und berechtigt den Arbeitgeber zur ordentlichen oder – je nach Schwere des Einzelfalles – sogar zur fristlosen Kündigung. Dazu hat das BAG im Urteil vom 18. 6. 1970 – 2 AZR 369/69; AP Nr. 82 zu § 1 KSchG – festgestellt, dass der Angestellte des öffentlichen Dienstes keine Kündigung zu befürchten

---

1) abgedruckt unter **235**

2) abgedruckt unter **230**

braucht, wenn er von seinem Petitionsrecht (Art. 17 GG) Gebrauch macht und dabei auf gewisse Missstände in seinem Amt aufmerksam macht. Mit seinem Urteil vom 3. 7. 2003 – 2 AZR 235/02; AP Nr. 45 zu § 1 KSchG 1969 Verhaltensbedingte Kündigung – hat sich das BAG ausführlich mit der Frage auseinander gesetzt, ob ein Arbeitnehmer wegen einer von ihm veranlassten Strafanzeige gegen seinen Vorgesetzten (sog. „whistleblower") verhaltensbedingt gekündigt werden kann. Dies hat das BAG, das das Verfahren zur weiteren Entscheidung an die Vorinstanz zurückgewiesen hatte, für den Fall bejaht, dass der Arbeitnehmer in einer Strafanzeige gegen seinen Arbeitgeber oder dessen Repräsentanten wissentlich oder leichtfertig falsche Angaben gemacht hat. Auch die vorherige innerbetriebliche Meldung und Klärung des zur Anzeige gebrachten Missstandes sei dem Arbeitnehmer in gewissen Fällen zuzumuten.

Unabhängig von der im Einzelfall zu prüfenden Kündigungsmöglichkeit besteht bei Gesetzesverstößen (z. B. gegen die unter 2. genannten gesetzlichen Vorschriften) die Möglichkeit der strafrechtlichen Verfolgung.

Soweit die Pflicht zur Verschwiegenheit besteht, bedarf der Beschäftigte für die Aussage vor Gericht der vorherigen Genehmigung durch den Arbeitgeber (§ 376 ZPO, § 54 StPO, § 46 Abs. 2 ArbGG).

Auf die Regelungen des zum 2. Juli 2023 in Kraft getretenen Hinweisgeberschutzgesetzes wird in diesem Zusammenhang hingewiesen. Hierin wird der Schutz natürlicher Personen, die im Rahmen ihrer beruflichen Tätigkeit Informationen über Verstöße erlangt haben und diese an die internen oder externen Meldestellen weitergeben („hinweisgebende Personen"), geregelt. Die Arbeitgeber sind zur Einrichtung ebendieser Meldestellen (intern oder extern) verpflichtet.

Belohnungen/Geschenke (Abs. 2)

Nach dieser Vorschrift ist es den Beschäftigten untersagt, von Dritten Belohnungen, Geschenke, Provisionen oder sonstige Vergünstigungen ohne Zustimmung des Arbeitgebers anzunehmen. Sie haben entsprechende Angebote unverzüglich ihrem Arbeitgeber anzuzeigen.

Auch wenn die Vorschrift praktisch unverändert aus dem BAT übernommen worden ist, so ist sie vor dem Hintergrund der in der Öffentlichkeit, aber auch innerhalb des öffentlichen Dienstes gesteigerten Sensibilität gegenüber der Korruption sicher deutlich enger auszulegen als bei Inkrafttreten des BAT. Die beispielsweise in der damaligen Zeit dem Vernehmen nach nicht unübliche, von den Amtsleitungen gebilligte oder zumindest stillschweigend tolerierte Praxis manches ortsansässigen Steuerberaters, in der Vorweihnachtszeit kleinere Präsente (meist in Flaschenform) in den Finanzämtern abzugeben, wird heute in einem anderen Licht zu beurteilen sein.

Ein Verstoß gegen das Verbot, Geschenke und dergleichen anzunehmen, stellt einen Grund für eine ordentliche oder – je nach Schwere des Einzelfalles – sogar zur fristlosen Kündigung dar. Der Beschäftigte macht sich unter Umständen schadensersatzpflichtig und muss die erlangten Vorteile herausgeben.

Daneben besteht die Möglichkeit der strafrechtlichen Verfolgung (wegen Bestechlichkeit bzw. Vorteilsannahme – §§ 331 bzw. 332 StGB).

Das Verbot der Annahme von Geschenken etc. gilt formal nur für den Zeitraum des Bestehens des Arbeitsverhältnisses; eine Nachwirkensklausel wie etwa bei der Verschwiegenheit (s. o.) ist nicht ausdrücklich vereinbart. Unter das Verbot fiele in diesem Fall – wenn und soweit nachweisbar – allenfalls das Sich-Versprechen-Lassen von Vorteilen.

Nebentätigkeiten (Abs. 3)

Während im Bereich des damaligen BAT hinsichtlich der Nebentätigkeit von Angestellten die für die Beamten des Arbeitgebers geltenden Vorschriften (z. B. die Bundesnebentätigkeitsverordnung) sinngemäß Anwendung fanden, enthält der TVöD eigenständige, im Wesentlichen an das zuvor für Arbeiter geltende Recht (siehe § 13 MTArb) angelehnte Bestimmungen. Es bestanden schnell Zweifel, ob diese Regelungen den Bedürfnissen der Praxis gerecht werden; denn gerade im Bereich der Angestellten höherer Vergütungsgruppen enthielt das beamtenrechtliche Nebentätigkeitsrecht viele sinnvolle Bestimmungen, die mit Inkrafttreten des TVöD (nächst) fortgefallen sind (z. B. Limitierung der Höhe bestimmter Nebeneinkünfte; Abführungspflichten). Dieser Kritik haben die Tarifpartner im Zuge des 2. Änderungstarifvertrages vom 31. März 2008 Rechnung getragen und mit Wirkung vom 1. Juli 2008 Satz 3 der Vorschrift eingefügt. Zu den Folgen s. u.

Nach Satz 1 der Vorschrift hat der Beschäftigte Nebentätigkeiten gegen Entgelt seinem Arbeitgeber vorher – also vor deren Aufnahme – schriftlich anzuzeigen. Das BMI hat sich mit Rundschreiben vom 14. November 2023 hinsichtlich des Schriftformerfordernisses in § 3 Abs. 3 Satz 1 TVöD damit einverstanden erklärt, dass die Textform nach § 126b Satz 1 BGB ausreiche. Dabei ist der Begriff des Entgeltes weit zu fassen und schließt auch geldwerte Vorteile, aber nicht den Ersatz von Auslagen ein. Unentgeltliche Nebentätigkeiten (z. B. Ehrenämter) sind daher anzeigefrei.

Satz 2 der Vorschrift zählt abschließend auf, in welchen Fällen der Arbeitgeber berechtigt ist, die Nebentätigkeit zu untersagen oder mit Auflagen zu versehen. Dies ist der Fall, wenn die Nebentätigkeiten geeignet sind, entweder die Erfüllung der arbeitsvertraglichen Pflichten oder berechtigte Interessen des Arbeitgebers zu beeinträchtigen. Dabei reicht es aus, dass die Nebentätigkeit lediglich von ihrer Art her „geeignet" sein muss, Beeinträchtigungen hervorzurufen. Eine tatsächliche Beeinträchtigung im konkreten Einzelfall ist nicht Voraussetzung für das Verbot durch den Arbeitgeber. Das hat das BAG mit Urteil vom 19. Dezember 2019 – 6 AZR 23/19 – bestätigt.

Von einer (ein Verbot rechtfertigenden) Beeinträchtigung der Erfüllung arbeitsvertraglicher Pflichten wird man davon ausgehen können, wenn die Tätigkeit zu einer zeitlichen oder physischen Überbeanspruchung des Beschäftigten führt. Bei Teilzeitbeschäftigten scheidet eine zeitliche Überbeanspruchung so lange aus, wie Haupt- und Nebenbeschäftigung das Maß der regelmäßigen Arbeitszeit eines Vollbeschäftigten nicht überschreiten.

Ein zur Untersagung der Nebentätigkeit führender Interessenkonflikt ist bei Überschneidung von dienstlichen und nebenberuflichen Tätigkeiten anzunehmen (z. B. wenn ein im Bauamt für die Bewilligung von Bauvoranfragen etc. zuständiger Beschäftigter nebenbei für ein Architekturbüro arbeitet und Bauvoranfragen etc. erstellt). Entsprechendes gilt nach dem Urteil des BAG vom 28. 2. 2002 – 6 AZR 357/01 –, wenn die Tätigkeit in der öffentlichen Wahrnehmung zu Irritationen führen kann (im Urteilsfall war ein Krankenpfleger in der Nebentätigkeit als Leichenbestatter tätig).

Der Arbeitgeber kann seine Zustimmung auch von Auflagen abhängig machen (z. B. einer zeitlichen Obergrenze).

Der Verstoß gegen die Pflicht, Nebentätigkeiten anzuzeigen, und die Ausübung untersagter Nebentätigkeiten können arbeitsrechtliche Sanktionen (je nach Schwere des Einzelfalles von der Abmahnung bis zur fristlosen Kündigung) nach sich ziehen.

Satz 3 ist mit Wirkung vom 1. Juli 2008 angefügt worden. Die neue Regelung ermöglicht es, die im BAT automatisch durch Inbezugnahme des Nebentätigkeitsrechts für Beamte geltenden Abführungspflichten bei Nebentätigkeiten beim selben Arbeitgeber oder im öffentlichen Dienst (im Sinne der Vorschrift des § 34 Abs. 3 Satz 3 und 4) zur Auflage zu machen und einzelvertraglich zu vereinbaren. Bei den Beschäftigten des Bundes soll dies durch Inbezugnahme der für die Bundesbeamten geltenden Vorschriften des Nebentätigkeitsrechts geschehen. Bei Beschäftigten der Kommunen sind die Regeln im Arbeitsvertrag zu benennen; es dürften auch hier keine Bedenken bestehen, wenn insoweit das Nebentätigkeitsrecht des Bundes (oder ggf. eines Landes) einzelvertraglich in Bezug genommen wird.

Ärztliche Untersuchungen (Abs. 4)

Die Vorschrift des Absatzes 4 regelt das Recht des Arbeitgebers, den Arbeitnehmer „... bei begründeter Veranlassung ... zu verpflichten, durch ärztliche Bescheinigung nachzuweisen, ob er zur Leistung der arbeitsvertraglich geschuldeten Arbeit in der Lage ist".

Was unter einem „begründeten Anlass" zu verstehen ist, ist nicht festgelegt. Darunter werden aber die Einstellungsuntersuchung vor Beginn des Beschäftigungsverhältnisses und eine Untersuchung bei Zweifeln an einer behaupteten Arbeitsfähigkeit bzw. behaupteten Arbeitsunfähigkeit gehören. Ein „begründeter Anlass" bedarf in jedem Fall hinreichend objektiver Umstände bzw. tatsächlicher Anhaltspunkte, die aus Sicht des Arbeitgebers Zweifel daran begründen, dass der Beschäftigte zu der vertraglich geschuldeten Arbeitsleistung gesundheitlich in der Lage ist; Routineuntersuchungen oder willkürliche Untersuchungen sind im Umkehrschluss nicht zulässig. Auch das alleinige Vorliegen von Minder- oder Schlechterleistungen wird ohne konkreten Gesundheitsbezug in der Regel nicht dazu ausreichen, „berechtigte Zweifel" im Sinne dieser Vorschrift zu begründen. Die Weigerung des Arbeitnehmers, bei gegebener Veranlassung auf Wunsch des Arbeitgebers an einer ärztlichen Untersuchung zur Feststellung der Arbeits(un)fähigkeit mitzuwirken, kann je nach den Umständen des Einzelfalles geeignet sein, eine Kündigung zu rechtfertigen (s. BAG vom 27. September 2012 – 2 AZR 811/11).

Bestehende gesetzliche Regelungen zur ärztlichen Untersuchung von Arbeitnehmern bleiben durch die Tarifvorschrift unberührt. Dabei kommen insbesondere die folgenden Gesetze in Betracht:

- das Infektionsschutzgesetz
- das Arbeitssicherheitsgesetz
- die Biostoffverordnung
- das Jugendarbeitsschutzgesetz
- die Gefahrstoffverordnung
- die Strahlenschutzverordnung

- die Unfallverhütungsvorschriften der Berufsgenossenschaften und
- die Bildschirmarbeitsplätze betreffenden Regelungen der Arbeitsstättenverordnung[1])

II

Satz 3 der Vorschrift bestimmt, dass der Arbeitgeber die Kosten der ärztlichen Untersuchung (Untersuchungskosten, Laborkosten, Fahrtkosten, bezahlte Freistellung von der Arbeitsleistung etc.) zu tragen hat.

Der mit der Untersuchung zu beauftragende Arzt ist von Arbeitgeber und Betriebs- bzw. Personalrat (in keinem Fall durch den Beschäftigten allein) gemeinsam festzulegen; er ist – wenn eine Einigung erfolgt – letztlich beliebig. Die Einschaltung eines Amts-, Betriebs- oder Personalarztes, die in Satz 2 vorgeschlagen wird, ist nicht verbindlich, sondern zeigt nur denkbare Möglichkeiten auf. Dabei ist z. B. eine betriebsärztliche Untersuchung kein milderes Mittel gegenüber einer amtsärztlichen Untersuchung (BAG vom 25. Januar 2018 – 2 AZR 382/17).

Personalakten (Abs. 5)

Die Vorschrift enthält keine Bestimmung darüber, ob, in welcher Weise und in welchem Umfang Personalakten für den Beschäftigten geführt werden. § 3 Abs. 5 TVöD setzt das Vorhandensein von Personalakten voraus.

Satz 1 begründet das Recht zur Einsichtnahme in die vollständigen Personalakten, schließt also die Einsichtnahme in Bei-, Hilfs- oder Nebenakten ein. Ein besonderer Anlass muss für den Wunsch der Einsichtnahme nicht genannt werden; der Beschäftigte hat jederzeit ein Recht auf Akteneinsicht.

Der Arbeitnehmer hat auch nach Beendigung des Arbeitsverhältnisses ein berechtigtes Interesse daran, den Inhalt seiner fortgeführten Personalakte auf ihren Wahrheitsgehalt zu überprüfen. Das Recht auf Einsichtnahme in die Personalakte erlischt daher nicht mit dem Ende des Beschäftigungsverhältnisses (so auch BAG, Urteil vom 16. November 2010 – 9 AZR 573/09).

Nach Satz 2 kann der Beschäftigte das Recht der Akteneinsicht auch durch einen von ihm dazu schriftlich Bevollmächtigten ausüben lassen. Besondere Anforderungen an eine etwaige Qualifikation (z. B. Rechtsanwalt) oder Funktion (z. B. Personalratsmitglied) stellt die Vorschrift nicht. Es kommt also jede bevollmächtigte Person in Betracht. Ent-

[1]) abgedruckt als **Anhang 1**

gegen der Regelung in § 13 Abs. 1 Satz 4 BAT wird dem Arbeitgeber keine besondere Berechtigung eingeräumt, einen Bevollmächtigten aus dienstlichen oder betrieblichen Gründen zurückzuweisen.

Nach Satz 3 können die Beschäftigten Auszüge oder Kopien aus ihren Personalakten erhalten. In der Praxis dürften Ablichtungen das geeignete Mittel sein. Satz 3 enthält keine Regelung über die Tragung der dadurch entstehenden Kosten. Sie gehen, da die Kopie im Interesse und für den Beschäftigten gefertigt wird, zu Lasten des Beschäftigten, wenn und soweit der Arbeitgeber nicht von der Geltendmachung der Kosten absieht.

Schadenshaftung (Abs. 6 bzw. 7)

Die Absätze 6 und 7 sind im Zuge des 2. Änderungstarifvertrages vom 31. März 2008 mit Wirkung vom 1. Juli 2008 angefügt worden.

Sie treffen – getrennt nach Kommunen (Absatz 6) und Bund (Absatz 7) – Regelungen dazu, ob und in welchem Umfang die Beschäftigten im Schadensfall haften, und grenzen das gesetzliche Haftungsrisiko ein. Für die Beschäftigten der Kommunen ist dies in Absatz 6 durch die Beschränkung der Haftung auf Fälle des Vorsatzes und der groben Fahrlässigkeit geschehen. Die Wirkung dieser Vorschrift ist nicht zu unterschätzen. Sie begrenzt die Haftung der Beschäftigten der Kommunen auf Fälle des Vorsatzes und der groben Fahrlässigkeit. Somit haften die Beschäftigten im Falle normaler Fahrlässigkeit, für den nach der Rechtsprechung des Großen Senats des Bundesarbeitsgerichts – Beschluss vom 27. September 1994 – GS 1/89 (A) – eine Aufteilung des Schadens zwischen Arbeitgeber und Arbeitnehmer vorzunehmen wäre, nicht. Fälle leichter Fahrlässigkeit würden nach dieser BAG-Rechtsprechung ohnehin zu Lasten des Arbeitgebers gehen.

Für die Beschäftigten des Bundes ist in Absatz 7 vereinbart, dass für sie die für Bundesbeamte geltenden Bestimmungen zur Schadenshaftung Anwendung finden. Die Regelung entspricht im Ergebnis § 14 BAT und stellt eine Angleichung an die vergleichbare Regelung in § 3 Abs. 7 TV-L dar.

II

Anhang 1

Verordnung über Arbeitsstätten (Arbeitsstättenverordnung – ArbStättV)

Vom 12. August 2004 (BGBl. I S. 2179)

– Auszug –

Zuletzt geändert durch
Cannabisgesetz
vom 27. März 2024 (BGBl. I Nr. 109)

6. Maßnahmen zur Gestaltung von Bildschirmarbeitsplätzen

6.1 Allgemeine Anforderungen an Bildschirmarbeitsplätze

(1) Bildschirmarbeitsplätze sind so einzurichten und zu betreiben, dass die Sicherheit und der Schutz der Gesundheit der Beschäftigten gewährleistet sind. Die Grundsätze der Ergonomie sind auf die Bildschirmarbeitsplätze und die erforderlichen Arbeitsmittel sowie die für die Informationsverarbeitung durch die Beschäftigten erforderlichen Bildschirmgeräte entsprechend anzuwenden.

(2) Der Arbeitgeber hat dafür zu sorgen, dass die Tätigkeiten der Beschäftigten an Bildschirmgeräten insbesondere durch andere Tätigkeiten oder regelmäßige Erholungszeiten unterbrochen werden.

(3) Für die Beschäftigten ist ausreichend Raum für wechselnde Arbeitshaltungen und -bewegungen vorzusehen.

(4) Die Bildschirmgeräte sind so aufzustellen und zu betreiben, dass die Oberflächen frei von störenden Reflexionen und Blendungen sind.

(5) Die Arbeitstische oder Arbeitsflächen müssen eine reflexionsarme Oberfläche haben und so aufgestellt werden, dass die Oberflächen bei der Arbeit frei von störenden Reflexionen und Blendungen sind.

(6) Die Arbeitsflächen sind entsprechend der Arbeitsaufgabe so zu bemessen, dass alle Eingabemittel auf der Arbeitsfläche variabel angeordnet werden können und eine flexible Anordnung des Bildschirms, des Schriftguts und der sonstigen Arbeitsmittel möglich ist. Die Arbeitsfläche vor der Tastatur muss ein Auflegen der Handballen ermöglichen.

(7) Auf Wunsch der Beschäftigten hat der Arbeitgeber eine Fußstütze und einen Manuskripthalter zur Verfügung zu stellen, wenn eine ergonomisch günstige Arbeitshaltung auf andere Art und Weise nicht erreicht werden kann.

(8) Die Beleuchtung muss der Art der Arbeitsaufgabe entsprechen und an das Sehvermögen der Beschäftigten angepasst sein; ein angemessener Kontrast zwischen Bildschirm und Arbeitsumgebung ist zu gewährleisten. Durch die Gestaltung des Bildschirmarbeitsplatzes sowie der Auslegung und der Anordnung der Beleuchtung sind störende Blendungen, Reflexionen oder Spiegelungen auf dem Bildschirm und den sonstigen Arbeitsmitteln zu vermeiden.

(9) Werden an einem Arbeitsplatz mehrere Bildschirmgeräte oder Bildschirme betrieben, müssen diese ergonomisch angeordnet sein. Die Eingabegeräte müssen sich eindeutig dem jeweiligen Bildschirmgerät zuordnen lassen.

(10) Die Arbeitsmittel dürfen nicht zu einer erhöhten, gesundheitlich unzuträglichen Wärmebelastung am Arbeitsplatz führen.

6.2 Allgemeine Anforderungen an Bildschirme und Bildschirmgeräte

(1) Die Text- und Grafikdarstellungen auf dem Bildschirm müssen entsprechend der Arbeitsaufgabe und dem Sehabstand scharf und deutlich sowie ausreichend groß sein. Der Zeichen- und der Zeilenabstand müssen angemessen sein. Die Zeichengröße und der Zeilenabstand müssen auf dem Bildschirm individuell eingestellt werden können.

(2) Das auf dem Bildschirm dargestellte Bild muss flimmerfrei sein. Das Bild darf keine Verzerrungen aufweisen.

(3) Die Helligkeit der Bildschirmanzeige und der Kontrast der Text- und Grafikdarstellungen auf dem Bildschirm müssen von den Beschäftigten einfach eingestellt werden können. Sie müssen den Verhältnissen der Arbeitsumgebung individuell angepasst werden können.

(4) Die Bildschirmgröße und -form müssen der Arbeitsaufgabe angemessen sein.

(5) Die von den Bildschirmgeräten ausgehende elektromagnetische Strahlung muss so niedrig gehalten werden, dass die Sicherheit und die Gesundheit der Beschäftigten nicht gefährdet werden.

6.3 Anforderungen an Bildschirmgeräte und Arbeitsmittel für die ortsgebundene Verwendung an Arbeitsplätzen

(1) Bildschirme müssen frei und leicht dreh- und neigbar sein sowie über reflexionsarme Oberflächen verfügen. Bildschirme, die über reflektierende Oberflächen verfügen, dürfen nur dann betrieben

werden, wenn dies aus zwingenden aufgabenbezogenen Gründen erforderlich ist.

(2) Tastaturen müssen die folgenden Eigenschaften aufweisen:

1. sie müssen vom Bildschirm getrennte Einheiten sein,
2. sie müssen neigbar sein,
3. die Oberflächen müssen reflexionsarm sein,
4. die Form und der Anschlag der Tasten müssen den Arbeitsaufgaben angemessen sein und eine ergonomische Bedienung ermöglichen,
5. die Beschriftung der Tasten muss sich vom Untergrund deutlich abheben und bei normaler Arbeitshaltung gut lesbar sein.

(3) Alternative Eingabemittel (zum Beispiel Eingabe über den Bildschirm, Spracheingabe, Scanner) dürfen nur eingesetzt werden, wenn dadurch die Arbeitsaufgaben leichter ausgeführt werden können und keine zusätzlichen Belastungen für die Beschäftigten entstehen.

6.4 Anforderungen an tragbare Bildschirmgeräte für die ortsveränderliche Verwendung an Arbeitsplätzen

(1) Größe, Form und Gewicht tragbarer Bildschirmgeräte müssen der Arbeitsaufgabe entsprechend angemessen sein.

(2) Tragbare Bildschirmgeräte müssen

1. über Bildschirme mit reflexionsarmen Oberflächen verfügen und
2. so betrieben werden, dass der Bildschirm frei von störenden Reflexionen und Blendungen ist.

(3) Tragbare Bildschirmgeräte ohne Trennung zwischen Bildschirm und externem Eingabemittel (insbesondere Geräte ohne Tastatur) dürfen nur an Arbeitsplätzen betrieben werden, an denen die Geräte nur kurzzeitig verwendet werden oder an denen die Arbeitsaufgaben mit keinen anderen Bildschirmgeräten ausgeführt werden können.

(4) Tragbare Bildschirmgeräte mit alternativen Eingabemitteln sind den Arbeitsaufgaben angemessen und mit dem Ziel einer optimalen Entlastung der Beschäftigten zu betreiben.

(5) Werden tragbare Bildschirmgeräte ortsgebunden an Arbeitsplätzen verwendet, gelten zusätzlich die Anforderungen nach Nummer 6.1.

6.5 Anforderungen an die Benutzerfreundlichkeit von Bildschirmarbeitsplätzen

(1) Beim Betreiben der Bildschirmarbeitsplätze hat der Arbeitgeber dafür zu sorgen, dass der Arbeitsplatz den Arbeitsaufgaben angemessen gestaltet ist. Er hat insbesondere geeignete Softwaresysteme bereitzustellen.

(2) Die Bildschirmgeräte und die Software müssen entsprechend den Kenntnissen und Erfahrungen der Beschäftigten im Hinblick auf die jeweilige Arbeitsaufgabe angepasst werden können.

(3) Das Softwaresystem muss den Beschäftigten Angaben über die jeweiligen Dialogabläufe machen.

(4) Die Bildschirmgeräte und die Software müssen es den Beschäftigten ermöglichen, die Dialogabläufe zu beeinflussen. Sie müssen eventuelle Fehler bei der Handhabung beschreiben und eine Fehlerbeseitigung mit begrenztem Arbeitsaufwand erlauben.

(5) Eine Kontrolle der Arbeit hinsichtlich der qualitativen oder quantitativen Ergebnisse darf ohne Wissen der Beschäftigten nicht durchgeführt werden.

II

§ 4 Versetzung, Abordnung, Zuweisung, Personalgestellung

(1) [1]Beschäftigte können aus dienstlichen oder betrieblichen Gründen versetzt oder abgeordnet werden. [2]Sollen Beschäftigte an eine Dienststelle oder einen Betrieb außerhalb des bisherigen Arbeitsortes versetzt oder voraussichtlich länger als drei Monate abgeordnet werden, so sind sie vorher zu hören.

Protokollerklärungen zu Absatz 1:

1. Abordnung ist die Zuweisung einer vorübergehenden Beschäftigung bei einer anderen Dienststelle oder einem anderen Betrieb desselben oder eines anderen Arbeitgebers unter Fortsetzung des bestehenden Arbeitsverhältnisses.
2. Versetzung ist die Zuweisung einer auf Dauer bestimmten Beschäftigung bei einer anderen Dienststelle oder einem anderen Betrieb desselben Arbeitgebers unter Fortsetzung des bestehenden Arbeitsverhältnisses.

Niederschriftserklärung zu § 4 Abs. 1:

Der Begriff „Arbeitsort" ist ein generalisierter Oberbegriff; die Bedeutung unterscheidet sich nicht von dem bisherigen Begriff „Dienstort".

(2) [1]Beschäftigten kann im dienstlichen/betrieblichen oder öffentlichen Interesse mit ihrer Zustimmung vorübergehend eine mindestens gleich vergütete Tätigkeit bei einem Dritten zugewiesen werden. [2]Die Zustimmung kann nur aus wichtigem Grund verweigert werden. [3]Die Rechtsstellung der Beschäftigten bleibt unberührt. [4]Bezüge aus der Verwendung nach Satz 1 werden auf das Entgelt angerechnet.

Protokollerklärung zu Absatz 2:

Zuweisung ist – unter Fortsetzung des bestehenden Arbeitsverhältnisses – die vorübergehende Beschäftigung bei einem Dritten im In- und Ausland, bei dem der Allgemeine Teil des TVöD nicht zur Anwendung kommt.

(3) [1]Werden Aufgaben der Beschäftigten zu einem Dritten verlagert, ist auf Verlangen des Arbeitgebers bei weiter bestehendem Arbeitsverhältnis die arbeitsvertraglich geschuldete Arbeitsleistung bei dem Dritten zu erbringen (Personalgestellung). [2]§ 613a BGB sowie gesetzliche Kündigungsrechte bleiben unberührt.

Protokollerklärung zu Absatz 3:

[1]Personalgestellung ist – unter Fortsetzung des bestehenden Arbeitsverhältnisses – die auf Dauer angelegte Beschäftigung bei einem Dritten. [2]Die Modalitäten der Personalgestellung werden zwischen dem Arbeitgeber und dem Dritten vertraglich geregelt.

Erläuterungen

§ 4 TVöD regelt die Bereiche Versetzung und Abordnung (Absatz 1), Zuweisung (Absatz 2) und Personalgestellung (Absatz 3). Diese Themenbereiche waren bislang weitgehend in § 12 BAT geregelt. Auf die abweichenden Sonderregelungen in § 45 (Bund) des Besonderen Teils Verwaltung wird hingewiesen.

Die Vorschrift des § 4 konkretisiert bzw. erweitert die sich schon aus dem allgemeinen Direktionsrecht des Arbeitgebers ergebenden Möglichkeiten des flexiblen Personaleinsatzes. Dabei handelt es sich um einseitige Maßnahmen des Arbeitgebers, von denen er stets nur nach pflichtgemäßem Ermessen – also nicht willkürlich – Gebrauch machen darf. Das in Absatz 1 und 2 der tariflichen Regelung verlangte Erfordernis dienstlicher oder betrieblicher Gründe für die Umsetzung ist zu beachten. Es dürfte bei Umorganisationen aber ebenso zu bejahen sein wie bei kurzfristiger Umsetzung Beschäftigter als Ersatz für Personalausfälle.

Das Arbeitsverhältnis zwischen den Vertragspartnern besteht fort; Rechtsverhältnisse bestehen somit auch im Fall der Zuweisung und der Personalgestellung nur zwischen dem Arbeitnehmer und dem „alten" Arbeitgeber.

Auch in den Fällen, in denen eine Abordnung oder Versetzung grundsätzlich möglich ist, sind Grenzen zu beachten. So kann zwar der Arbeitgeber im Rahmen und in den Grenzen der Tarifvorschrift den Einsatzort des Beschäftigten einseitig verändern. Die übrigen Arbeitsbedingungen – insbesondere die Vergütung – bleiben dadurch aber unberührt und können nur durch eine einvernehmliche Änderung des Arbeitsvertrages oder im Rahmen einer Änderungskündigung modifiziert werden. Der Einsatz auf einem geringer bewerteten Einsatzplatz ist selbst dann ausgeschlossen, wenn der Arbeitgeber die bisherige Vergütung fortzahlt (siehe BAG-Urteile vom 8. 10. 1962 – 2 AZR 550/61 – und vom 14. 7. 1965 – 4 AZR 347/63 – AP Nr. 18 bzw. Nr. 19 zu § 611 BGB Direktionsrecht).

Bei Abordnung und Versetzung sind nach dem Bundespersonalvertretungsgesetz bzw. den Personalvertretungsgesetzen der Länder Mitbestimmungsrechte der Personalvertretung zu beachten. Eine Liste der in Frage kommenden Gesetze ist bei den Erläuterungen zu § 2 Abs. 1 abgedruckt. Entsprechendes gilt im Geltungsbereich des Betriebsverfassungsgesetzes.

Versetzung, Abordnung (Abs. 1)

Die Vorschrift des Absatzes 1, in der die Möglichkeiten der Abordnung und Versetzung bestimmt sind, entspricht der Regelung des § 12 Abs. 1 BAT. Beschäftigte können demnach aus dienstlichen oder betrieblichen Gründen versetzt oder abgeordnet werden (Satz 1). Sollen sie an eine Dienststelle oder einen Betrieb außerhalb ihres bisherigen Arbeitsortes versetzt oder für voraussichtlich mehr als drei Monate abgeordnet werden, sind sie vorher zu hören (Satz 2).

In zwei Protokollerklärungen zu Absatz 1 haben die Tarifpartner – im Gegensatz zur Regelung des § 12 BAT, die auf eine eigene Begriffsbestimmung verzichtete – definiert, was sie unter den Begriffen „Abordnung" bzw. „Versetzung" verstehen. Abordnung ist demnach (siehe Protokollerklärung Nr. 1) die vorübergehende, Versetzung (siehe Protokollerklärung Nr. 2) die auf Dauer angelegte Beschäftigung bei einer anderen Dienststelle oder einem anderen Betrieb desselben Arbeitgebers. In beiden Fällen besteht das Arbeitsverhältnis fort.

II

Die Versetzung zu einem anderen Arbeitgeber ist somit nicht möglich, und zwar auch dann nicht, wenn der Beschäftigte einer solchen Maßnahme zustimmen würde. Wenn kein Fall des Absatzes 2 oder 3 vorliegt, muss das bisherige Arbeitsverhältnis in solchen Fällen beendet und mit dem neuen Arbeitgeber ein neues Arbeitsverhältnis begründet werden.

Nicht unter den Begriff der Abordnung bzw. Versetzung fällt der Wechsel des Arbeitsplatzes innerhalb derselben Dienststelle oder desselben Betriebs; hierbei handelt es sich um eine Umsetzung, die nach den Regeln des allgemeinen Direktionsrechtes zu beurteilen ist.

Der Beschäftigte ist in den Fällen des Satzes 2 (s. o.) vor der Abordnung bzw. Versetzung zu hören. Ihm ist somit die Gelegenheit zu geben, sich zu der beabsichtigten Maßnahme zu äußern, damit seine Interessen bei der Ermessensentscheidung des Arbeitgebers hinreichend berücksichtigt werden können. Eine Zustimmung des Beschäftigten ist aber nicht erforderlich.

In einer Niederschriftserklärung zu § 4 Abs. 1 haben die Tarifpartner klargestellt, dass der in Absatz 1 der Vorschrift verwendete Begriff des „Arbeitsortes" ein Oberbegriff sein soll, dessen Bedeutung sich nicht von dem bislang verwendeten Begriff des „Dienstortes" unterscheidet.

Zuweisung (Abs. 2)

In Absatz 2 ist das Verfahren der Zuweisung geregelt. Dem Beschäftigten kann demnach im dienstlichen/betrieblichen oder im öffentlichen Interesse vorübergehend eine Tätigkeit bei einem Dritten zugewiesen werden, die Tätigkeit muss mindestens gleich vergütet werden und die Zuweisung bedarf der Zustimmung des Beschäftigten (Satz 1). Er darf sie aber nur aus wichtigem Grund verweigern (Satz 2). Die Rechtsstellung des Beschäftigten bleibt – ebenso wie das Arbeitsverhältnis – unberührt (Satz 3). In Satz 4 ist vereinbart, dass die (von dem Dritten gezahlten) Bezüge auf das Entgelt (aus dem fortbestehenden Arbeitsverhältnis) angerechnet werden. Im Ergebnis führt diese Formulierung dazu, dass der Beschäftigte mindestens sein bisheriges Entgelt erhält und darüber hinausgehende Zahlungen behalten darf. Wäre gewollt gewesen, dass der Beschäftigte nur sein bisheriges Vergütungsniveau behält, hätten die Tarifpartner an Stelle des Begriffes „anrechnen" den Begriff „abführen" verwenden müssen.

In einer Protokollerklärung zu Absatz 2 ist bestimmt, was unter dem Begriff der „Zuweisung" zu verstehen ist. Zuweisung ist demnach die vorübergehende Beschäftigung bei einem Dritten im In- oder Ausland, bei dem der allgemeine Teil des TVöD nicht zur Anwendung kommt. Eine Zuweisung von der Verwaltung einer Kommune zur Verwaltung einer anderen Kommune oder zum Bund ist daher nicht vom Begriff der Zuweisung erfasst. Wie bei der Abordnung und Versetzung besteht das Arbeitsverhältnis fort.

Personalgestellung (Abs. 3)

Absatz 3 regelt den (Sonder-)Fall der Personalgestellung und bestimmt, dass Beschäftigte auf Verlangen des Arbeitgebers bei einer Verlagerung von Aufgaben auf Dritte ihre vertraglich geschuldete Arbeitsleistung bei diesem Dritten erbringen müssen (Satz 1). Satz 2 der Vorschrift stellt klar, dass § 613a BGB und gesetzliche Kündigungsrechte unberührt bleiben.

§ 613a BGB Rechte und Pflichten bei Betriebsübergang

(1) Geht ein Betrieb oder ein Betriebsteil durch Rechtsgeschäft auf einen anderen Inhaber über, so tritt dieser in die Rechte und Pflichten aus den im Zeitpunkt des Übergangs bestehenden Arbeitsverhältnissen ein. Sind diese Rechte und Pflichten durch Rechtsnormen eines Tarifvertrags oder durch eine Betriebsvereinbarung geregelt, so werden sie Inhalt des Arbeitsverhältnisses zwischen dem neuen Inhaber und dem Arbeitnehmer und dürfen nicht vor Ablauf eines Jahres nach dem Zeitpunkt des Übergangs zum Nachteil des Arbeitnehmers geändert werden. Satz 2 gilt nicht, wenn die Rechte und Pflichten bei dem neuen Inhaber durch Rechtsnormen eines anderen Tarifvertrags oder durch eine andere Betriebsvereinbarung geregelt werden. Vor Ablauf der Frist nach Satz 2 können die Rechte und Pflichten geändert werden, wenn der Tarifvertrag oder die Betriebsvereinbarung nicht mehr gilt oder bei fehlender beiderseitiger Tarifgebundenheit im Geltungsbereich eines anderen Tarifvertrags dessen Anwendung zwischen dem neuen Inhaber und dem Arbeitnehmer vereinbart wird.

(2) Der bisherige Arbeitgeber haftet neben dem neuen Inhaber für Verpflichtungen nach Absatz 1, soweit sie vor dem Zeitpunkt des Übergangs entstanden sind und vor Ablauf von einem Jahr nach diesem Zeitpunkt fällig werden, als Gesamtschuldner. Werden solche Verpflichtungen nach dem Zeitpunkt des Übergangs fällig, so haftet der bisherige Arbeitgeber für sie jedoch nur in dem Umfang der dem im Zeitpunkt des Übergangs abgelaufenen Teil ihres Bemessungszeitraums entspricht.

(3) Absatz 2 gilt nicht, wenn eine juristische Person oder eine Personenhandelsgesellschaft durch Umwandlung erlischt.

II

(4) Die Kündigung des Arbeitsverhältnisses eines Arbeitnehmers durch den bisherigen Arbeitgeber oder durch den neuen Inhaber wegen des Übergangs eines Betriebs oder eines Betriebsteils ist unwirksam. Das Recht zur Kündigung des Arbeitsverhältnisses aus anderen Gründen bleibt unberührt.

(5) Der bisherige Arbeitgeber oder der neue Inhaber hat die von einem Übergang betroffenen Arbeitnehmer vor dem Übergang in Textform zu unterrichten über:

1. den Zeitpunkt oder den geplanten Zeitpunkt des Übergangs,
2. den Grund für den Übergang,
3. die rechtlichen, wirtschaftlichen und sozialen Folgen des Übergangs für die Arbeitnehmer und
4. die hinsichtlich der Arbeitnehmer in Aussicht genommenen Maßnahmen.

(6) Der Arbeitnehmer kann dem Übergang des Arbeitsverhältnisses innerhalb eines Monats nach Zugang der Unterrichtung nach Absatz 5 schriftlich widersprechen. Der Widerspruch kann gegenüber dem bisherigen Arbeitgeber oder dem neuen Inhaber erklärt werden.

In einer Protokollerklärung haben die Tarifpartner den Begriff der Personalgestellung als die auf Dauer angelegte Beschäftigung bei einem Dritten definiert. Das Arbeitsverhältnis zum bisherigen Arbeitgeber besteht auch im Fall der Personalgestellung zu den bisherigen Bedingungen fort. Die Einzelheiten der Personalgestellung werden „auf Arbeitgeberebene" zwischen dem ausleihenden alten Arbeitgeber und dem Dritten vereinbart.

Die tarifvertraglich mögliche Personalgestellung stößt unter Umständen rechtlich an die inzwischen recht engen Grenzen des Arbeitnehmerüberlassungsgesetz (AÜG). Die Änderungen durch das „Erste Gesetz zur Änderung des Arbeitnehmerüberlassungsgesetzes – Verhinderung von Missbrauch der Arbeitnehmerüberlassung" vom 28. April 2011 (BGBl. I S. 642) sowie durch Artikel 1 des Gesetzes zur Änderung des Arbeitnehmerüberlassungsgesetzes und des Schwarzarbeitbekämpfungsgesetzes vom 20. Juli 2011 (BGBl. I S. 1506) schränken die Möglichkeiten einer Personalüberlassung nämlich deutlich ein.

Bis dahin war eine Arbeitnehmerüberlassung erlaubnisfrei, soweit sie nicht gewerbsmäßig war. Künftig ist eine Arbeitnehmerüberlassung, soweit keine der Ausnahmen des § 1 Abs. 3 AÜG vorliegt, nur noch dann erlaubnisfrei, wenn sie nicht im Rahmen der wirtschaftlichen Tätigkeit des Arbeitgebers erfolgt, wobei der Begriff der wirtschaftlichen Tätigkeit weit auszulegen sein wird. Es ist zu empfehlen, im Einzelfall frühzeitig zu prüfen, ob und inwieweit die beabsichtigte Personalmaßnahme durch das AÜG berührt wird.

Eine Personalgestellung gem. § 4 Abs. 3 TVöD fällt nicht in den Anwendungsbereich der Europäischen Richtlinie über Leiharbeit (2008/104/EG). Das hat der Europäische Gerichtshof (EuGH) am 22. Juni 2023 – C-427/21 – entschieden. Es bleibt folglich dabei, dass die Bereichsausnahme des § 1 Abs. 3 Nr. 2b AÜG greift und öffentliche Arbeitgeber eine Personalgestellung auf Grundlage von § 4 Abs. 3 TVöD vornehmen können. Dies hat das BAG mit Urteil vom 25. Januar 2024 – 6 AZR 390/20 – bestätigt.

Die denkbaren Anwendungsfälle der Tarifvorschrift sind im Wesentlichen in drei Fallgruppen zu suchen.

Da § 613a BGB in Absatz 1 vorsieht, dass das Arbeitsverhältnis bei einem rechtsgeschäftlichen (also vertraglichen) Übergang eines Betriebs/Betriebsteils ebenfalls auf den Erwerber übergeht, bleibt in diesem Fall kein Raum für eine Personalgestellung. Dies wird auch in Satz 2 des § 4 Abs. 3 deutlich, wonach die Vorschrift des § 613a BGB unberührt bleibt. Bei grundsätzlich zu bejahender Anwendbarkeit des § 613a BGB können nur die Fälle von § 4 Abs. 3 TVöD erfasst werden, in denen der Beschäftigte nach § 613a Abs. 6 BGB dem Übergang seines Arbeitsverhältnisses widersprochen hat und deshalb beim alten Arbeitgeber verbleibt. Daneben sind Fälle des Aufgabenübergangs auf Dritte denkbar, die nicht von § 613a BGB erfasst werden, weil der Übergang eines Betriebs/Betriebsteils auf Dritte nicht vertraglich, sondern gesetzlich geregelt ist, oder weil der Aufgabenübergang auf Dritte nicht mit dem Übergang eines Betriebs/Betriebsteils einhergeht.

Wenn – wie oben dargestellt – die Voraussetzungen gegeben sind, dass zwar Aufgaben auf Dritte übergehen, der mit den Aufgaben betraute Beschäftigte aber beim alten Arbeitgeber bleibt, kann der alte Arbeitgeber den Beschäftigten an den Dritten ausleihen und die Einzelheiten dazu mit dem anderen Arbeitgeber vertraglich regeln.

Neben organisatorischen und finanziellen Fragen wird die Frage sein, inwieweit das Direktionsrecht auf den Dritten übertragen wird.

Der „Entleiher" kann nur insoweit ein Direktionsrecht ausüben, als nicht in die unverändert bestehenden Vertragsbeziehungen zwischen Arbeitnehmer und Arbeitgeber eingegriffen wird. Arbeitsvertragliche Beziehungen bestehen nämlich weiterhin nur zwischen dem Arbeitgeber und dem Arbeitnehmer, nicht jedoch zwischen dem Dritten und dem Arbeitnehmer. Diese Rechtsbeziehungen werden durch die Personalgestellung im Sinne des § 4 Abs. 3 TVöD nicht berührt – im Gegenteil: der Fortbestand des Arbeitsverhältnisses zum ursprünglichen Arbeitgeber wird von den Tarifpartnern in der Protokollerklärung zu § 4 Abs. 3 ausdrücklich bekräftigt. Es entspricht allgemeinen arbeits- und zivilrechtlichen Grundsätzen, ist aber an sich auch eine Selbstverständlichkeit, dass die Berechtigung zu in den Arbeitsvertrag eingreifenden Maßnahmen nicht auf den Dritten übertragen werden kann. Diese bleiben – wenn es sich um einseitige Maßnahmen wie z. B. Kündigungen, Abmahnungen etc. handelt – dem Arbeitgeber vorbehalten bzw. sind als zweiseitige Maßnahmen (Vertragsänderungen jeder Art; z. B. Änderungen der Wochenarbeitszeit) nur zwischen Arbeitgeber und Arbeitnehmer wirksam möglich. So hätte z. B. eine vom „Entleiher" ausgesprochene Abmahnung vor Gericht keinen Bestand, weil sie ein Arbeitsverhältnis mit ihm voraussetzte. Der „Entleiher" müsste in diesem Fall den Arbeitgeber rechtzeitig und umfassend von einem abmahnungswürdigen Verhalten des entliehenen Arbeitnehmers in Kenntnis setzen, damit dieser dann die Abmahnung aussprechen könnte.

Soweit die vertraglichen Beziehungen zwischen Arbeitnehmer und Arbeitgeber nicht betroffen sind, kann der die Arbeitskraft des Beschäftigten entgegen nehmende Dritte das Direktionsrecht ausüben und z. B. im Rahmen der allgemeinen gesetzlichen und tarifvertraglichen Grenzen Zeit und Ort der Arbeit bestimmen, fachliche Weisungen erteilen, Dienstreisen anordnen und Erholungsurlaub, Arbeitsbefreiung erteilen.

Übertragbar ist somit im Ergebnis lediglich die „Regie des Tagesgeschäftes", die nun durch den „Entleiher" bestimmt werden kann; insoweit kann er das Direktionsrecht übernehmen.

Die Möglichkeit, dem im eigenen Betrieb u. U. wegen des Fortfalls seines Aufgabenbereiches nicht mehr benötigten Beschäftigten bei Vorliegen aller übrigen Anforderungen an eine Kündigung betriebsbedingt zu kündigen, bleibt dem Arbeitgeber – wie in Satz 2 der Vorschrift verdeutlicht – unbenommen.

Hinweis auf ein wichtiges BVerfG-Urteil zu Personalüberleitung im öffentlichen Dienst

Die Anwendung der Regelungen des § 613a BGB im Bereich des öffentlichen Dienstes ist ebenso wenig unproblematisch wie die nicht selten gewählte Variante der Personalüberleitung durch Gesetz oder Verordnung. Das zeigt zuletzt die Entscheidung des Bundesverfassungsgerichts (BVerfG) vom 25. Januar 2011 – 1 BvR 1741/09. Das BVerfG hat in dieser Entscheidung den gesetzlich geregelten Personalübergang im Rahmen der Privatisierung der Hessener Universitätskliniken gerügt. Dies geschah vor allen Dingen mit Blick auf die Identität von Gesetzgeber und Arbeitgeber (jeweils Land Hessen), die dazu führt, dass der Arbeitgeber sich wegen seiner gleichzeitigen Funktion als Gesetzgeber Vorteile verschaffen kann. Das BVerfG hat darin einen Eingriff in die grundgesetzlich (Art. 12 Abs. 1 GG) geschützte Freiheit der Berufswahl, zu der auch die Freiheit der Wahl des Vertragspartners gehört, gesehen.

Da das Urteil auf die besondere „Privatisierungsgeschichte" der Hessener Universitätskliniken bezogen ist, sind Zweifel an seiner uneingeschränkten Anwendbarkeit in anderen Privatisierungsfällen angebracht. Das Urteil sollte bei anstehenden Privatisierungen gleichwohl mit Blick auf mögliche Parallelen geprüft werden, da zumindest die Hürden dafür höher geworden sind.

II

§ 5 Qualifizierung

(1) [1]Ein hohes Qualifikationsniveau und lebenslanges Lernen liegen im gemeinsamen Interesse von Beschäftigten und Arbeitgebern. [2]Qualifizierung dient der Steigerung von Effektivität und Effizienz des öffentlichen Dienstes, der Nachwuchsförderung und der Steigerung von beschäftigungsbezogenen Kompetenzen. [3]Die Tarifvertragsparteien verstehen Qualifizierung auch als Teil der Personalentwicklung.

(2) [1]Vor diesem Hintergrund stellt Qualifizierung nach diesem Tarifvertrag ein Angebot dar, aus dem für die Beschäftigten kein individueller Anspruch außer nach Absatz 4 abgeleitet, aber das durch freiwillige Betriebsvereinbarung wahrgenommen und näher ausgestaltet werden kann. [2]Entsprechendes gilt für Dienstvereinbarungen im Rahmen der personalvertretungsrechtlichen Möglichkeiten. [3]Weitergehende Mitbestimmungsrechte werden dadurch nicht berührt.

(3) [1]Qualifizierungsmaßnahmen sind

a) die Fortentwicklung der fachlichen, methodischen und sozialen Kompetenzen für die übertragenen Tätigkeiten (Erhaltungsqualifizierung),

b) der Erwerb zusätzlicher Qualifikationen (Fort- und Weiterbildung),

c) die Qualifizierung zur Arbeitsplatzsicherung (Qualifizierung für eine andere Tätigkeit; Umschulung) und

d) die Einarbeitung bei oder nach längerer Abwesenheit (Wiedereinstiegsqualifizierung).

[2]Die Teilnahme an einer Qualifizierungsmaßnahme wird dokumentiert und den Beschäftigten schriftlich bestätigt.

(4) [1]Beschäftigte haben – auch in den Fällen des Abatzes 3 Satz 1 Buchst. d – Anspruch auf ein regelmäßiges Gespräch mit der jeweiligen Führungskraft, in dem festgestellt wird, ob und welcher Qualifizierungsbedarf besteht. [2]Dieses Gespräch kann auch als Gruppengespräch geführt werden. [3]Wird nichts anderes geregelt, ist das Gespräch jährlich zu führen.

(5) [1]Die Kosten einer vom Arbeitgeber veranlassten Qualifizierungsmaßnahme – einschließlich Reisekosten – werden, soweit sie nicht von Dritten übernommen werden, grundsätzlich vom Arbeitgeber getragen. [2]Ein möglicher Eigenbetrag wird durch eine Qualifizierungsvereinbarung geregelt. [3]Die Betriebsparteien sind gehalten, die Grundsätze einer fairen Kostenverteilung unter Berücksichtigung des betrieblichen und individuellen Nutzens zu regeln. [4]Ein Eigenbeitrag der Beschäftigten kann in Geld und/oder Zeit erfolgen.

(6) Zeiten von vereinbarten Qualifizierungsmaßnahmen gelten als Arbeitszeit.

(7) Gesetzliche Förderungsmöglichkeiten können in die Qualifizierungsplanung einbezogen werden.

(8) Für Beschäftigte mit individuellen Arbeitszeiten sollen Qualifizierungsmaßnahmen so angeboten werden, dass ihnen eine gleichberechtigte Teilnahme ermöglicht wird.

Erläuterungen

In § 5 TVöD haben die Tarifvertragsparteien im Wesentlichen den besonderen Wert, den Qualifizierungsmaßnahmen nach ihrer Auffassung haben, dokumentiert, die verschiedenen Arten von entsprechenden Maßnahmen aufgeführt und Öffnungsklauseln für weitergehende Betriebs- oder Dienstvereinbarungen vereinbart. Abgesehen von dem Anspruch auf regelmäßige Mitarbeitergespräche zum Thema Qualifizierungsbedarf können die Beschäftigten aber keine Ansprüche – insbesondere keinen Anspruch auf individuelle Qualifizierung – ableiten. Eine vergleichbare Vorschrift enthielt der BAT nicht, gleichwohl waren Qualifizierungsmaßnahmen natürlich auch in der Vergangenheit möglich und üblich. Die Zukunft wird zeigen, ob die Vorschrift des § 5 in Bezug auf Qualifikation Änderungen in der alltäglichen Praxis bewirken kann.

II

Auf die abweichenden Sonderregelungen in § 44 des Besonderen Teils Pflege- und Betreuungseinrichtungen[1]) bzw. § 43 des Besonderen Teils Krankenhäuser[2]) wird hingewiesen.

Wegen der Qualifizierung bei Rationalisierungsmaßnahmen bzw. im Zuge der Digitalisierung siehe die im Tarifvertrag über den Rationalisierungsschutz bzw. für den Bereich des Bundes im Digitalisierungstarifvertrag getroffenen Vereinbarungen.

„Präambel" (Abs. 1)

Absatz 1 enthält keine konkrete Regelung, sondern beschreibt – fast im Stil einer Präambel – das gemeinsame Interesse von Arbeitgebern und Beschäftigten an einem hohen Qualifikationsniveau und den hohen Nutzen der Qualifizierung.

Rechtscharakter der Vorschrift (Abs. 2)

In Absatz 2 beschreiben die Tarifpartner, dass Qualifizierung als Angebot zu verstehen ist, ohne dass die Beschäftigten daraus einen individuellen Anspruch auf Qualifizierung herleiten können. Die Vorschrift lässt Raum, das Angebot durch freiwillige Betriebsvereinbarungen näher zu konkretisieren.

---

1) abgedruckt unter **235**

2) abgedruckt unter **230**

II

Definition der Qualifizierungsmaßnahmen (Abs. 3)

Satz 1 der Vorschrift enthält eine Aufzählung der unterschiedlichen Arten von Qualifizierungsmaßnahmen, nämlich die Erhaltungsqualifizierung (Buchst. a), die Fort- und Weiterbildung (Buchst. b), die Umschulung bzw. Qualifizierung für eine andere Tätigkeit (Buchst. c) und die Wiedereinstiegsqualifizierung (Buchst. d). Die Grenzen zwischen diesen Gruppen dürften teilweise fließend sein.

In Satz 2 ist bestimmt, dass die Teilnahme an Qualifizierungsmaßnahmen zu dokumentieren und den Beschäftigten schriftlich zu bestätigen ist.

Regelmäßiges Gespräch (Abs. 4)

Die Regelung des Absatzes 4 räumt den Beschäftigten einen Anspruch auf regelmäßige Mitarbeitergespräche mit der jeweiligen Führungskraft zum Thema Qualifizierungsbedarf ein. Es soll – wenn keine anderen Vereinbarungen getroffen werden – jährlich erfolgen und darf auch in der Form eines Gruppengespräches stattfinden.

Kosten/Eigenbeitrag (Abs. 5)

Nach Satz 1 der Vorschrift sollen die Kosten einer Qualifizierungsmaßnahme grundsätzlich vom Arbeitgeber getragen werden, soweit es nicht einen Dritten als Kostenträger gibt. Dies gilt auch für eventuelle Reisekosten.

Die Sätze 2 bis 4 höhlen diesen Grundsatz insoweit aus, als dass dort auch ein Eigenbetrag des Beschäftigten – sei es in Form von Geld oder in Form von „geopferter" Zeit – zugelassen wird. Dies ist durch eine Qualifizierungsvereinbarung zu regeln, wobei Satz 3 einen Appell an die Betriebsparteien enthält, eine faire Kostenverteilung unter Abwägung des beiderseitigen Nutzens vorzunehmen.

Die Vorschrift enthält keine – z. B. der Nr. 7 der SR 2a zum BAT entsprechende – Regelung, wonach der Beschäftigte bei auf Veranlassung und im Interesse des Arbeitgebers durchgeführten Weiterbildungsmaßnahmen die entstandenen Kosten bzw. Teile davon zurückzahlen muss, wenn er sein Arbeitsverhältnis kurz darauf beendet. Es dürften aber keine Bedenken bestehen, solche Regelungen in Qualifizierungsvereinbarungen oder individuell zu vereinbaren; dabei sind natürlich die von der gefestigten Rechtsprechung des BAG zur Zulässigkeit und zu den Grenzen von Rückzahlungsvereinbarungen aufgestellten Grundsätze zu beachten (siehe z. B. Urteil vom 6. 11. 1996 – 5 AZR 498/95 – NZA 1997, S. 663).

Qualifizierungsmaßnahmen als Arbeitszeit (Abs. 6)

In Absatz 6 ist bestimmt, dass die Zeiten einer vereinbarten Qualifizierungsmaßnahme als Arbeitszeit gelten. Dies steht nicht im Widerspruch zur in Absatz 5 beschriebenen Möglichkeit, dass der Beschäftigte einen Eigenbeitrag in Zeit leisten kann; denn der Verzicht auf (die Bezahlung von) Zeit setzt ja gerade voraus, dass diese eingesetzte Zeit grundsätzlich als Arbeitszeit zählt und zu vergüten ist.

Gesetzliche Regelungen (Abs. 7)

Nach dieser Vorschrift können gesetzliche Förderungsmöglichkeiten in die Qualifizierungsplanung einbezogen werden. Die Ansprüche des Beschäftigten, die sich u. a. aus den Weiterbildungs- bzw. Bildungsfreistellungsgesetzen einiger Länder (→ Erläuterungen zu § 29), aus dem Personalvertretungsrecht und anderen gesetzlichen Vorschriften ergeben können, bleiben von der Regelung des § 5 TVöD ohnehin unberührt.

Beschäftigte mit individuellen Arbeitszeiten (Abs. 8)

Die Regelung des Absatzes 8 legt – wohl in erster Linie den Arbeitgebern – nahe, Beschäftigte mit individuellen Arbeitszeiten in die Qualifizierungsmaßnahmen einzubeziehen und ihnen eine gleichberechtigte Teilnahme zu ermöglichen. Im Hinblick auf die Bandbreite der im öffentlichen Dienst möglichen und praktizierten Teilzeitvarianten (Beschäftigung nur an bestimmten Wochentagen, Wechsel zwischen Vormittags- und Nachmittagstätigkeit, Arbeitsplatzteilung, rotierende Systeme etc.) wird die Umsetzung dieser Vorschrift eine Herausforderung an die Praxis sein.

Abschnitt II
Arbeitszeit

§ 6 Regelmäßige Arbeitszeit

(1)[1] [1]Die regelmäßige Arbeitszeit beträgt ausschließlich der Pausen durchschnittlich 39 Stunden wöchentlich. [2]Bei Wechselschichtarbeit werden die gesetzlich vorgeschriebenen Pausen in die Arbeitszeit eingerechnet. [3]Die regelmäßige Arbeitszeit kann auf fünf Tage, aus notwendigen betrieblichen/dienstlichen Gründen auch auf sechs Tage verteilt werden.

(2) [1]Für die Berechnung des Durchschnitts der regelmäßigen wöchentlichen Arbeitszeit ist ein Zeitraum von bis zu einem Jahr zugrunde zu legen. [2]Abweichend von Satz 1 kann bei Beschäftigten, die ständig Wechselschicht- oder Schichtarbeit zu leisten haben, ein längerer Zeitraum zugrunde gelegt werden.

(3) [1]Soweit es die betrieblichen/dienstlichen Verhältnisse zulassen, wird die/der Beschäftigte am 24. Dezember und am 31. Dezember unter Fortzahlung des Entgelts nach § 21 von der Arbeit freigestellt. [2]Kann die Freistellung nach Satz 1 aus betrieblichen/dienstlichen Gründen nicht erfolgen, ist entsprechender Freizeitausgleich innerhalb von drei Monaten zu gewähren. [3]Die regelmäßige Arbeitszeit vermindert sich für jeden gesetzlichen Feiertag, sowie für den 24. Dezember und 31. Dezember, sofern sie auf einen Werktag fallen, um die dienstplanmäßig ausgefallenen Stunden.

Protokollerklärung zu Absatz 3 Satz 3:

Die Verminderung der regelmäßigen Arbeitszeit betrifft die Beschäftigten, die wegen des Dienstplans am Feiertag frei haben und deshalb ohne diese Regelung nacharbeiten müssten.

(4) Aus dringenden betrieblichen/dienstlichen Gründen kann auf der Grundlage einer Betriebs-/Dienstvereinbarung im Rahmen des § 7 Abs. 1, 2 und des § 12 ArbZG von den Vorschriften des Arbeitszeitgesetzes abgewichen werden.

Protokollerklärung zu Absatz 4:

In vollkontinuierlichen Schichtbetrieben kann an Sonn- und Feiertagen die tägliche Arbeitszeit auf bis zu zwölf Stunden verlängert werden, wenn dadurch zusätzliche freie Schichten an Sonn- und Feiertagen erreicht werden.

(5) Die Beschäftigten sind im Rahmen begründeter betrieblicher/dienstlicher Notwendigkeiten zur Leistung von Sonntags-, Feiertags-, Nacht-, Wechselschicht-, Schichtarbeit sowie – bei Teilzeitbeschäftigung aufgrund arbeitsvertraglicher Regelung oder mit ihrer Zustimmung – zu Bereitschaftsdienst, Rufbereitschaft, Überstunden und Mehrarbeit verpflichtet.

(6) [1]Durch Betriebs-/Dienstvereinbarung kann ein wöchentlicher Arbeitszeitkorridor von bis zu 45 Stunden eingerichtet werden. [2]Die innerhalb eines Arbeitszeitkorridors geleisteten zusätzlichen Arbeitsstunden werden im Rahmen des nach Absatz 2 Satz 1 festgelegten Zeitraums ausgeglichen.

---

[1]) Ab dem 1. Januar 2026 ist eine freiwillige befristete Erhöhung der individuellen wöchentlichen Arbeitszeit auf bis zu 42 Stunden möglich, siehe Teil A Nr. 3 Buchst. b) der unter **150** abgedruckten Tarifeinigung.

(7) [1]Durch Betriebs-/Dienstvereinbarung kann in der Zeit von 6 bis 20 Uhr eine tägliche Rahmenzeit von bis zu zwölf Stunden eingeführt werden. [2]Die innerhalb der täglichen Rahmenzeit geleisteten zusätzlichen Arbeitsstunden werden im Rahmen des nach Absatz 2 Satz 1 festgelegten Zeitraums ausgeglichen.

(8) Die Absätze 6 und 7 gelten nur alternativ und nicht bei Wechselschicht- und Schichtarbeit.

II

(9) Für einen Betrieb/eine Verwaltung, in dem/der ein Personalvertretungsgesetz Anwendung findet, kann eine Regelung nach den Absätzen 4, 6 und 7 in einem landesbezirklichen Tarifvertrag – für den Bund in einem Tarifvertrag auf Bundesebene – getroffen werden, wenn eine Dienstvereinbarung nicht einvernehmlich zustande kommt und der Arbeitgeber ein Letztentscheidungsrecht hat.

Protokollerklärung zu § 6:[1])

Gleitzeitregelungen sind unter Wahrung der jeweils geltenden Mitbestimmungsrechte unabhängig von den Vorgaben zu Arbeitszeitkorridor und Rahmenzeit (Absätze 6 und 7) möglich. Sie dürfen keine Regelungen nach Absatz 4 enthalten.

Erläuterungen

§ 6 TVöD trifft Regelungen zur regelmäßigen Arbeitszeit. Der Regelungsinhalt gehört zu den Kernbereichen des TVöD, um ihn haben die Tarifpartner in den Verhandlungen zum TVöD heftig gerungen. Letztlich war nur eine hinsichtlich der regelmäßigen wöchentlichen Arbeitszeit unterschiedliche Lösung für den Bund einerseits und die Kommunen andererseits kompromissfähig.

Die regelmäßige Arbeitszeit war bislang in § 15 BAT geregelt.

Auf die abweichenden Sonderregelungen in nahezu allen Bereichen der Abschnitte VIII (Bund) bzw. VIII (VKA) des § 42 (Saisonaler Ausgleich) des Besonderen Teils Verwaltung[2]) und in den Besonderen Teilen Pflege- und Betreuungseinrichtungen[3]) bzw. Krankenhäuser[4]) wird hingewiesen.

---

[1]) **Die Protokollerklärung zu § 6 gilt entsprechend Teil A Nr. 3 Buchst. c) der unter 150 abgedruckten Tarifeinigung ab dem 1. Juli 2025 in der folgenden Fassung:**
„Gleitzeitregelungen sind unter Wahrung der jeweils geltenden Mitbestimmungsrechte unabhängig von den Vorgaben zu Arbeitszeitkorridor und Rahmenzeit (Absätze 6 und 7) möglich. Sie dürfen keine Regelungen nach Absatz 4 enthalten. In gemeinsamer Verantwortung von Arbeitgeber und Beschäftigten soll darauf hingewirkt werden, dass Gleitzeitkonten durch Zeitausgleich zum Ende des Ausgleichszeitraums keine Minus- oder Plusstunden ausweisen, welche die geregelten Saldogrenzen überschreiten. Hierzu gehört auch, dass im Einzelfall frühzeitig auch von der Möglichkeit der Anordnung von Überstunden (§ 7 Abs. 7 und Abs. 8) Gebrauch gemacht wird. Soweit ein Konto gemäß § 10 eingerichtet ist, kann auch die Übertragung von Plusstunden auf dieses erfolgen. In den Gleitzeitregelungen können weitere Einzelheiten, insbesondere zur Anwendung der vorgenannten Möglichkeiten, geregelt werden."

[2]) abgedruckt unter **215**

[3]) abgedruckt unter **235**

[4]) abgedruckt unter **230**

Regelmäßige wöchentliche Arbeitszeit (Abs. 1)

Die regelmäßige wöchentliche Arbeitszeit beträgt im Bereich des Bundes mit In-Kraft-Treten des TVöD einheitlich für das Tarifgebiet West und das Tarifgebiet Ost 39 Stunden (Absatz 1 Satz 1 Buchst. a).

II

Im Bereich der Kommunen betrug die regelmäßige wöchentliche Arbeitszeit bei Inkrafttreten des TVöD zunächst unverändert im Tarifgebiet West 38,5 Stunden und im Tarifgebiet Ost 40 Stunden. Es bestand aber die Möglichkeit, sie durch landesbezirkliche Regelungen auch im Tarifgebiet West auf bis zu 40 Stunden zu verlängern (Absatz 1 Satz 1 Buchstabe b alte Fassung). Zur Durchsetzung entsprechender Vorstellungen wurde den Mitgliedsverbänden der VKA in § 39 Abs. 3 a. F. die Möglichkeit eingeräumt, die Arbeitszeitregelung auf landesbezirklicher Ebene mit einer Frist von einem Monat zum Monatsende zu kündigen.

Von der Verlängerungsmöglichkeit war in den Ländern Baden-Württemberg, Hessen und Niedersachsen Gebrauch gemacht worden.

Im Zuge des Änderungstarifvertrages Nr. 2 vom 31. März 2008 wurde die Vorschrift des Absatzes 1 Satz 1 Buchstabe b neu gefasst und die Arbeitszeit in den Kommunen des Tarifgebietes West mit Wirkung vom 1. Juli 2008 auf 39 Stunden erhöht. Die Option, die Arbeitszeit auf landesbezirklicher Ebene zu verlängern, wurde ebenso gestrichen wie das Sonderkündigungsrecht in § 39 Abs. 3. § 38a (VKA) enthielt Übergangsvorschriften zur Einführung der geänderten Arbeitszeit und Bestimmungen zur Fortgeltung bzw. Aufhebung der landesbezirklichen Regelungen, die aber – inzwischen bedeutungslos – im Zuge des Änderungstarifvertrages Nr. 7 vom 31. März 2012 wieder gestrichen worden sind.

Im Bereich des Tarifgebiets Ost blieb es für die Beschäftigten der Kommunen zunächst unverändert bei einer Arbeitszeit von 40 Stunden.

Erst im Zuge der Tarifrunde 2020 wurde eine stufenweise Absenkung bzw. Angleichung der Arbeitszeit des Tarifgebietes Ost an die des Tarifgebietes West vereinbart. Sie beträgt ab dem 1. Januar 2022 39,5 Stunden und ab dem 1. Januar 2023 39 Stunden. Wegen der abweichenden Angleichungsregelungen im Bereich der Krankenhäuser siehe § 44 BT-K.[1])

Pausen zählen nach Absatz 1 Satz 1 grundsätzlich nicht zur regelmäßigen Arbeitszeit; nach Satz 2 werden aber bei Wechselschichtarbeit (→ § 7 Abs. 1) die gesetzlich vorgeschriebenen Pausen in die Arbeitszeit eingerechnet.

---

[1]) abgedruckt unter **230**

Als Ruhepause können dabei nur Zeiten der völligen Freistellung von der Arbeit gelten. Zeiten der Ruf- oder Arbeitsbereitschaft sind keine Pausenzeit (siehe BAG-Urteil vom 27. 2. 1992 – 6 AZR 478/90, AP Nr. 5 zu § 3 AZO Kr.).

Die Mindestdauer der Pausen ist gesetzlich geregelt. Gemäß § 4 des Arbeitszeitgesetzes[1]) muss die Arbeit durch im Voraus festgelegte Ruhepausen von mindestens 30 (bei einer täglichen Arbeitszeit von mehr als sechs Stunden) bzw. 45 Minuten (bei einer Arbeitszeit von mehr als neun Stunden) unterbrochen werden. Die Ruhepausen dürfen in mehrere Zeitabschnitte von jeweils mindestens 15 Minuten aufgeteilt werden.

Bei jugendlichen Beschäftigten ist § 11 Abs. 1 des Jugendarbeitsschutzgesetzes zu beachten. Nach dieser Vorschrift sind Jugendlichen Ruhepausen von 30 (bei einer täglichen Arbeitszeit von mehr als viereinhalb Stunden) bzw. 60 Minuten (bei einer Arbeitszeit von mehr als sechs Stunden) zu gewähren.

Neben weiteren gesetzlichen Vorschriften (z. B. für Kraftfahrer oder für stillende Mütter) sind tarifliche Bestimmungen über Pausenregelungen (z. B. in den Tarifverträgen über die Arbeitsbedingungen an Bildschirmarbeitsplätzen) zu beachten.

Die regelmäßige Arbeitszeit ist grundsätzlich auf fünf, sie kann aus notwendigen betrieblichen/dienstlichen Gründen auch auf sechs Tage verteilt werden (Absatz 1 Satz 3).

Der TVöD enthält – anders als z. B. § 15 Abs. 7 BAT, wonach die Arbeitszeit an der Arbeitsstelle beginnt und endet – keine Regelung über Beginn und Ende der Arbeitszeit. Streitigkeiten über die Berücksichtigung von Wegezeiten innerhalb des Betriebes sowie um Umkleidezeiten waren damit vorprogrammiert. In seinem Urteil vom 19. September 2012 – 5 AZR 678/11 – hat das BAG zur vergleichbaren Vorschrift des § 6 TV-L entschieden, dass das Umkleiden für die Arbeit dann zur Arbeitszeit gehört, wenn der Arbeitgeber das Tragen einer bestimmten Kleidung vorschreibt und das Umkleiden im Betrieb erfolgen muss. In diesem Fall gehören nach Auffassung des BAG auch die innerbetrieblichen Wege von einer vom Arbeitsplatz getrennten Umkleidestelle zum Arbeitsplatz zur Arbeitszeit. Diese Rechtsprechung hat das BAG danach mehrfach bestätigt, z. B. im Urteil vom 6. September 2017 – 5 AZR 382/16 – im Fall auffälliger Dienstkleidung.

---

[1]) abgedruckt als **Anhang 1**

II

Durchschnitt der regelmäßigen wöchentlichen Arbeitszeit (Abs. 2)

Nach Absatz 2 Satz 1 ist für die Berechnung der regelmäßigen wöchentlichen Arbeitszeit ein Zeitraum von bis zu einem Jahr zugrunde zu legen. Die Regelung ist erheblich flexibler als der im BAT geltende Ausgleichszeitraum, der durch die Kündigung des § 15 Abs. 1 Satz 2 BAT seit dem 1. März 1998 26 Wochen beträgt. Der Jahreszeitraum des TVöD ermöglicht eine flexiblere Arbeitszeitgestaltung und hilft, jahreszeitliche Belastungsspitzen abzufangen. Nach Satz 2 der Vorschrift kann in den Fällen ständiger (Wechsel-)Schichtarbeit ein „längerer" von den Tarifpartnern nicht nach oben begrenzter Zeitraum zugrunde gelegt werden.

Heiligabend, Silvester, Feiertage (Abs. 3)

Nach Satz 1 der Vorschrift wird der Beschäftigte am Heiligabend und an Silvester unter Fortzahlung des Entgelts von der Arbeit freigestellt, wenn die betrieblichen/dienstlichen Verhältnisse dies zulassen. Wenn die Freistellung aus betrieblichen/dienstlichen Gründen nicht erfolgen kann, ist innerhalb von drei Monaten ein Freizeitausgleich zu gewähren (Satz 2). Auch nach Ablauf der Dreimonatsfrist wandelt sich der Freizeitanspruch nicht in einen Bezahlungsanspruch um, sondern bleibt weiter als Freizeitanspruch bestehen. Unabhängig von dem Anspruch auf Freizeitausgleich wird für die Arbeit am 24. und 31. 12. nach 6 Uhr ein Zuschlag in Höhe von 35 % (§ 8 Absatz 1 Satz 2 Buchst. e) gezahlt.

Nach Satz 3 der Vorschrift vermindert sich die regelmäßige Arbeitszeit für jeden gesetzlichen Feiertag und für den 24. und 31. 12., sofern diese Tage auf einen Werktag fallen, um die dienstplanmäßig ausgefallenen Stunden. Dies gilt nach der Protokollerklärung zu Absatz 3 Satz 3 aber nur für die Beschäftigten, die wegen des Dienstplanes an dem Feiertag ohnehin frei haben und deshalb ohne die Regelung des Satzes 3 die ausgefallene Zeit nacharbeiten müssten (so auch das BAG in seinem Urteil vom 8. Dezember 2010 – 5 AZR 667/09). Beschäftigte, bei denen die Arbeitszeit wegen des Feiertages ausfällt (die also an sich an dem Tag hätten arbeiten müssen), brauchen die Zeit nicht nacharbeiten und haben Anspruch auf Entgeltfortzahlung gemäß § 2 Abs. 1 des Entgeltfortzahlungsgesetzes. Beschäftigte, die an einem Feiertag arbeiten, erhalten neben ihrem Entgelt einen Feiertagszuschlag in Höhe von 35 % bzw. 135 % (mit/ohne Freizeitausgleich) (§ 8 Abs. 1 Satz 2 Buchst. d).

Die gesetzlichen Feiertage ergeben sich aus den folgenden Ländergesetzen:

- Baden-Württemberg: Gesetz über die Sonntage und Feiertage in der Fassung vom 8. 5. 1995 (GBl. S. 450), zuletzt geändert durch Gesetz vom 1. 12. 2015 (GBl. S. 1034),
- Bayern: Gesetz über den Schutz der Sonn- und Feiertage (Feiertagsgesetz – FTG) vom 21. 5. 1980 (GVBl. S. 215), zuletzt geändert durch VO vom 26. 3. 2019 (GVBl. S. 98),
- Berlin: Gesetz über die Sonn- und Feiertage vom 28. 10. 1954 (GVBl. S. 615), zuletzt geändert durch das Gesetz vom 10. 7. 2024 (GVBl. S. 460),
- Brandenburg: Gesetz über die Sonn- und Feiertage (Feiertagsgesetz – FTG) vom 21. 3. 1991 (GVBl. S. 44), zuletzt geändert durch Gesetz vom 30. 4. 2015 (GVBl. I Nr. 13),
- Bremen: Gesetz über die Sonn- und Feiertage vom 12. 11. 1954 (GBl. S. 115), zuletzt geändert durch Gesetz vom 3. 3. 2020 (Brem. GBl. S. 52),
- Hamburg: Gesetz über Sonntage, Feiertage, Gedenktage und Trauertage (Feiertagsgesetz) vom 16. 10. 1953 (HmbGVBl. S. 289), zuletzt geändert durch Gesetz vom 17. 2. 2021 (HmbGVBl. S. 75, S. 346),
- Hessen: Hessisches Feiertagsgesetz (HFeiertagsG) i. d. F. der Bekanntmachung 29. 12. 1971 (GVBl. I S. 344), zuletzt geändert durch Gesetz vom 16. 10. 2013 (GVBl. I S. 566),
- Mecklenburg-Vorpommern: Gesetz über Sonn- und Feiertage (Feiertagsgesetz Mecklenburg-Vorpommern – FTG-MV) i. d. F. der Bekanntmachung vom 8. 3. 2002 (GVOBl. M-V S. 145), geändert durch Gesetz vom 7. 7. 2022 (GVOBl. M-V S. 427),
- Niedersachsen: Niedersächsisches Gesetz über die Feiertage i. d. F. der Bekanntmachung vom 7. 3. 1995 (Nds. GVBl. S. 50), zuletzt geändert durch Gesetz vom 22. 6. 2018 (Nds. GVBl. S. 123),
- Nordrhein-Westfalen: Gesetz über Sonn- und Feiertage (Feiertagsgesetz NRW) i. d. F. der Bekanntmachung vom 23. April 1989 (GV. NRW. 1989 S. 222), zuletzt geändert durch Gesetz vom 20. Dezember 1994 (GV. NRW. S. 1114),
- Rheinland-Pfalz: Landesgesetz über den Schutz der Sonn- und Feiertage (Feiertagsgesetz – LFtG –) vom 15. 7. 1970 (GVBl. S. 225), zuletzt geändert durch Gesetz vom 27. 10. 2009 (GVBl. S. 358),
- Saarland: Gesetz Nr. 1040 über die Sonn- und Feiertage (Feiertagsgesetz – SFG) vom 18. 2. 1976 (ABl. S. 213), zuletzt geändert durch Gesetz vom 13. 10. 2015 (ABl. S. 790),
- Sachsen: Gesetz über Sonn- und Feiertage im Freistaat Sachsen (SächsSFG) vom 10. 11. 1992 (GVBl. S. 536), zuletzt geändert durch Gesetz vom 30. 1. 2013 (GVBl. S. 2),

- Sachsen-Anhalt: Gesetz über die Sonn- und Feiertage (FeiertG LSA) i. d. F. der Bekanntmachung vom 25. 8. 2004 (GVBl. S. 538), zuletzt geändert durch Gesetz vom 22. 11. 2006 (GVBl. S. 528),
- Schleswig-Holstein: Gesetz über Sonn- und Feiertage i. d. F. vom 28. 6. 2004 (GVOBl. S. 213), zuletzt geändert durch Gesetz vom 21. 3. 2018 (GVOBl. S. 69),
- Thüringen: Thüringer Feier- und Gedenktagsgesetz (ThürFtG) vom 21. 12. 1994 (GVBl. S. 1221), zuletzt geändert durch Gesetz vom 19. 3. 2019 (GVBl. S. 22).

Für alle Länder gilt außerdem Artikel 2 Abs. 2 des Einigungsvertrages vom 31. August 1990 (BGBl. II S. 885), der den 3. Oktober (Tag der Deutschen Einheit) als Feiertag bestimmt.

Arbeitszeitgesetz, abweichende Regelungen (Abs. 4 und 9)

Das Arbeitszeitgesetz[1]) enthält in seinen §§ 7 und 12 verschiedene Öffnungsklauseln für von den gesetzlichen Vorschriften abweichende tarifvertragliche Regelungen (hinsichtlich der Höchstarbeitszeit und Sonn- und Feiertagsarbeit). Die Vorschrift des Absatzes 4 schöpft die gesetzlich vorgesehene Möglichkeit aus, dass die abweichenden Regelungen durch einen Tarifvertrag einer Betriebs-/Dienstvereinbarung überlassen – also „nach unten" delegiert – werden kann. Für die Abweichung von den gesetzlichen Bestimmungen müssen dringende betriebliche/dienstliche Gründe vorliegen.

Absatz 9 sieht für den Fall, dass eine solche Betriebs-/Dienstvereinbarung nicht „einvernehmlich" (→ dazu § 38 Abs. 3) zustande kommt, eine Regelung durch landesbezirklichen Tarifvertrag (Kommunen) bzw. Tarifvertrag auf Bundesebene (Bund) vor. Dies gilt aber nur in den Betrieben/Verwaltungen, in denen ein Personalvertretungsgesetz Anwendung findet, und ist darauf beschränkt, dass der Arbeitgeber ein Letztentscheidungsrecht hat.

Nach der Protokollerklärung zu Absatz 4 ist die Möglichkeit gegeben, in vollkontinuierlichen Schichtbetrieben die tägliche Arbeitszeit an Sonn- und Feiertagen auf bis zu zwölf Stunden zu verlängern, wenn dadurch zusätzliche freie Schichten an Sonn- und Feiertagen erreicht werden.

---

[1]) abgedruckt als **Anhang 1**

Verpflichtung zu Sonderformen der Arbeit (Abs. 5)

Nach dieser Vorschrift, mit der die sich aus dem allgemeinen Direktionsrecht des Arbeitgebers ergebenden Rechte bzw. Pflichten konkretisiert werden, ist der Beschäftigte verpflichtet, verschiedene Sonderformen der Arbeit im Rahmen begründeter betrieblicher/dienstlicher Notwendigkeiten auszuüben. Für Teilzeitbeschäftigte ergibt sich die Verpflichtung zu Bereitschaftsdienst, Rufbereitschaft, Überstunden und Mehrarbeit nach dem Willen der Tarifpartner nur, wenn dies im Arbeitsvertrag vereinbart ist oder die Betroffenen zustimmen. Wegen der Definition der besonderen Arbeitsformen siehe §§ 7 und 9.

Arbeitszeitkorridor (Abs. 6, 8 und 9)

Für Verwaltungen und Verwaltungsteile, die nicht in Schicht oder Wechselschicht arbeiten, kann nach Absatz 6 ein Arbeitszeitkorridor eingerichtet werden. Dieser ermöglicht die Anordnung von bis zu 45 Arbeitsstunden pro Woche, ohne dass dafür ein Überstundenzuschlag gezahlt werden müsste. Andere anfallende Zeitzuschläge, z. B. für Nachtarbeit, müssen bezahlt werden. Die durchschnittliche Wochenarbeitszeit muss im einjährigen Ausgleichszeitraum erreicht werden (→ auch zu Absatz 2). Können die angeordneten Mehrstunden bis zum Ablauf des Ausgleichszeitraums nicht ausgeglichen werden, sind sie mit 100 % des individuellen Entgelts abzugelten zzgl. etwaiger Zeitzuschläge.

Die Einführung des Arbeitszeitkorridors setzt eine entsprechende Dienst- bzw. Betriebsvereinbarung und die Einrichtung eines Arbeitszeitkontos (→ § 10 Abs. 1 Satz 3) voraus. Die Regelung des Absatzes 9 (→ Erläuterungen zu Absatz 4) ist zu beachten.

Rahmenzeit (Abs. 7, 8 und 9)

Für Verwaltungen und Verwaltungsteile, die nicht in Schicht oder Wechselschicht arbeiten, kann eine bis zu zwölfstündige Rahmenzeit zwischen 6 und 20 Uhr eingerichtet werden. Innerhalb dieser Rahmenzeit bleibt eine angeordnete Mehrarbeit zuschlagsfrei. Andere anfallende Zeitzuschläge, z. B. für Samstagsarbeit, müssen bezahlt werden. Die durchschnittliche Wochenarbeitszeit muss im einjährigen Ausgleichszeitraum erreicht werden (→ auch zu Absatz 2). Können die angeordneten Mehrstunden bis zum Ablauf des Ausgleichszeitraums nicht ausgeglichen werden, sind sie mit 100 % des individuellen Entgelts abzugelten zzgl. etwaiger Zeitzuschläge.

Auch die Einführung der Rahmenzeit setzt eine entsprechende Dienst- bzw. Betriebsvereinbarung und die Einrichtung eines Arbeitszeitkontos voraus (s. o.). Arbeitszeitkorridor und Rahmenzeit können nur alternativ, nicht nebeneinander vereinbart werden.

Die Regelung des Absatzes 9 (→ Erläuterungen zu Absatz 4) ist zu beachten.

II

Gleitzeit (Protokollerklärung)

Gleitzeitregelungen (bestehende und neu vereinbarte) sind unabhängig von den Vorgaben zu Arbeitszeitkorridor, Arbeitszeitkonto und Rahmenzeit unter Wahrung der jeweiligen Mitbestimmungsrechte der Personalvertretung möglich. Sie dürfen aber keine die gesetzlichen Vorschriften abdingende Regelungen (→ Absatz 4) enthalten.

Anhang zu § 6 (VKA)

Gewerkschaften und kommunale Arbeitgeber haben im Zuge des Änderungstarifvertrages Nr. 2 vom 31. März 2008 mit Wirkung vom 1. Juli 2008 den Anhang zu § 6 vereinbart.

Die Regelungen gelten nur für die Cheffahrer im Bereich der Kommunen. Die Tarifpartner haben die Öffnungsklauseln des Arbeitszeitgesetzes genutzt und im Interesse eines möglichst flexiblen Einsatzes der Cheffahrer vom Arbeitszeitgesetz abweichende Arbeitszeiten vereinbart. Die besonderen Arbeitszeiten bedürfen zu ihrer Wirksamkeit im Einzelfall noch einer Zustimmung des jeweiligen Beschäftigten (so genannte „Opt-out"-Erklärung), zu der er nicht gezwungen werden kann.

Für den Bereich des Bundes sind vergleichbare Regelungen im Kraftfahrer-TV vereinbart worden.

Anhang zu § 6 (VKA)

Arbeitszeit von Cheffahrerinnen und Cheffahrern

(1) Cheffahrerinnen und Cheffahrer sind die persönlichen Fahrer von Oberbürgermeisterinnen/Oberbürgermeistern, Bürgermeisterinnen/Bürgermeistern, Landrätinnen/Landräten, Beigeordneten/Dezernentinnen/Dezernenten, Geschäftsführerinnen/Geschäftsführern, Vorstandsmitgliedern und vergleichbaren Leitungskräften.

(2) [1]Abweichend von § 3 Satz 1 ArbZG kann die tägliche Arbeitszeit im Hinblick auf die in ihr enthaltenen Wartezeiten auf bis zu 15 Stunden täglich ohne Ausgleich verlängert werden (§ 7 Abs. 2a ArbZG). [2]Die höchstzulässige Arbeitszeit soll 288 Stunden im Kalendermonat ohne Freizeitausgleich nicht übersteigen.

(3) Die tägliche Ruhezeit kann auf bis zu neun Stunden verkürzt werden, wenn spätestens bis zum Ablauf der nächsten Woche ein Zeitausgleich erfolgt.

(4) Eine Verlängerung der Arbeitszeit nach Absatz 2 und die Verkürzung der Ruhezeit nach Absatz 3 sind nur zulässig, wenn

1. geeignete Maßnahmen zur Gewährleistung des Gesundheitsschutzes getroffen sind, wie insbesondere das Recht der Cheffahrerin/des Cheffahrers auf eine jährliche, für die Beschäftigten kostenfreie arbeitsmedizinische Untersuchung bei einem Betriebsarzt oder bei einem Arzt mit entsprechender arbeitsmedizinischer Fachkunde, auf den sich die Betriebsparteien geeinigt haben, und/oder die Gewährung eines Freizeitausgleichs möglichst durch ganze Tage oder durch zusammenhängende arbeitsfreie Tage zur Regenerationsförderung,
2. die Cheffahrerin/der Cheffahrer gemäß § 7 Abs. 7 ArbZG schriftlich in die Arbeitszeitverlängerung eingewilligt hat.

(5) § 9 TVöD bleibt unberührt.

Anhang 1

Arbeitszeitgesetz (ArbZG)

II

Vom 6. Juni 1994 (BGBl. I S. 1170)

Zuletzt geändert durch
Viertes Bürokratieentlastungsgesetz
vom 23. Oktober 2024 (BGBl. I Nr. 323)

Erster Abschnitt
Allgemeine Vorschriften

§ 1 Zweck des Gesetzes

Zweck des Gesetzes ist es,

1. die Sicherheit und den Gesundheitsschutz der Arbeitnehmer in der Bundesrepublik Deutschland und in der ausschließlichen Wirtschaftszone bei der Arbeitszeitgestaltung zu gewährleisten und die Rahmenbedingungen für flexible Arbeitszeiten zu verbessern sowie
2. den Sonntag und die staatlich anerkannten Feiertage als Tage der Arbeitsruhe und der seelischen Erhebung der Arbeitnehmer zu schützen.

§ 2 Begriffsbestimmungen

(1) Arbeitszeit im Sinne dieses Gesetzes ist die Zeit vom Beginn bis zum Ende der Arbeit ohne die Ruhepausen; Arbeitszeiten bei mehreren Arbeitgebern sind zusammenzurechnen. Im Bergbau unter Tage zählen die Ruhepausen zur Arbeitszeit.

(2) Arbeitnehmer im Sinne dieses Gesetzes sind Arbeiter und Angestellte sowie die zu ihrer Berufsbildung Beschäftigten.

(3) Nachtzeit im Sinne dieses Gesetzes ist die Zeit von 23 bis 6 Uhr, in Bäckereien und Konditoreien die Zeit von 22 bis 5 Uhr.

(4) Nachtarbeit im Sinne dieses Gesetzes ist jede Arbeit, die mehr als zwei Stunden der Nachtzeit umfaßt.

(5) Nachtarbeitnehmer im Sinne dieses Gesetzes sind Arbeitnehmer, die

1. auf Grund ihrer Arbeitszeitgestaltung normalerweise Nachtarbeit in Wechselschicht zu leisten haben oder
2. Nachtarbeit an mindestens 48 Tagen im Kalenderjahr leisten.

Zweiter Abschnitt
Werktägliche Arbeitszeit und arbeitsfreie Zeiten

§ 3 Arbeitszeit der Arbeitnehmer

Die werktägliche Arbeitszeit der Arbeitnehmer darf acht Stunden nicht überschreiten. Sie kann auf bis zu zehn Stunden nur verlängert werden, wenn innerhalb von sechs Kalendermonaten oder innerhalb von 24 Wochen im Durchschnitt acht Stunden werktäglich nicht überschritten werden.

§ 4 Ruhepausen

Die Arbeit ist durch im voraus feststehende Ruhepausen von mindestens 30 Minuten bei einer Arbeitszeit von mehr als sechs bis zu neun Stunden und 45 Minuten bei einer Arbeitszeit von mehr als neun Stunden insgesamt zu unterbrechen. Die Ruhepausen nach Satz 1 können in Zeitabschnitte von jeweils mindestens 15 Minuten aufgeteilt werden. Länger als sechs Stunden hintereinander dürfen Arbeitnehmer nicht ohne Ruhepause beschäftigt werden.

§ 5 Ruhezeit

(1) Die Arbeitnehmer müssen nach Beendigung der täglichen Arbeitszeit eine ununterbrochene Ruhezeit von mindestens elf Stunden haben.

(2) Die Dauer der Ruhezeit des Absatzes 1 kann in Krankenhäusern und anderen Einrichtungen zur Behandlung, Pflege und Betreuung von Personen, in Gaststätten und anderen Einrichtungen zur Bewirtung und Beherbergung, in Verkehrsbetrieben, beim Rundfunk sowie in der Landwirtschaft und in der Tierhaltung um bis zu eine Stunde verkürzt werden, wenn jede Verkürzung der Ruhezeit innerhalb eines Kalendermonats oder innerhalb von vier Wochen durch Verlängerung einer anderen Ruhezeit auf mindestens zwölf Stunden ausgeglichen wird.

(3) Abweichend von Absatz 1 können in Krankenhäusern und anderen Einrichtungen zur Behandlung, Pflege und Betreuung von Personen Kürzungen der Ruhezeit durch Inanspruchnahme während der Rufbereitschaft, die nicht mehr als die Hälfte der Ruhezeit betragen, zu anderen Zeiten ausgeglichen werden.

§ 6 Nacht- und Schichtarbeit

(1) Die Arbeitszeit der Nacht- und Schichtarbeitnehmer ist nach den gesicherten arbeitswissenschaftlichen Erkenntnissen über die menschengerechte Gestaltung der Arbeit festzulegen.

II

(2) Die werktägliche Arbeitszeit der Nachtarbeitnehmer darf acht Stunden nicht überschreiten. Sie kann auf bis zu zehn Stunden nur verlängert werden, wenn abweichend von § 3 innerhalb von einem Kalendermonat oder innerhalb von vier Wochen im Durchschnitt acht Stunden werktäglich nicht überschritten werden. Für Zeiträume, in denen Nachtarbeitnehmer im Sinne des § 2 Abs. 5 Nr. 2 nicht zur Nachtarbeit herangezogen werden, findet § 3 Satz 2 Anwendung.

(3) Nachtarbeitnehmer sind berechtigt, sich vor Beginn der Beschäftigung und danach in regelmäßigen Zeitabständen von nicht weniger als drei Jahren arbeitsmedizinisch untersuchen zu lassen. Nach Vollendung des 50. Lebensjahres steht Nachtarbeitnehmern dieses Recht in Zeitabständen von einem Jahr zu. Die Kosten der Untersuchungen hat der Arbeitgeber zu tragen, sofern er die Untersuchungen den Nachtarbeitnehmern nicht kostenlos durch einen Betriebsarzt oder einen überbetrieblichen Dienst von Betriebsärzten anbietet.

(4) Der Arbeitgeber hat den Nachtarbeitnehmer auf dessen Verlangen auf einen für ihn geeigneten Tagesarbeitsplatz umzusetzen, wenn

a) nach arbeitsmedizinischer Feststellung die weitere Verrichtung von Nachtarbeit den Arbeitnehmer in seiner Gesundheit gefährdet oder
b) im Haushalt des Arbeitnehmers ein Kind unter zwölf Jahren lebt, das nicht von einer anderen im Haushalt lebenden Person betreut werden kann, oder
c) der Arbeitnehmer einen schwerpflegebedürftigen Angehörigen zu versorgen hat, der nicht von einem anderen im Haushalt lebenden Angehörigen versorgt werden kann,

sofern dem nicht dringende betriebliche Erfordernisse entgegenstehen. Stehen der Umsetzung des Nachtarbeitnehmers auf einen für ihn geeigneten Tagesarbeitsplatz nach Auffassung des Arbeitgebers dringende betriebliche Erfordernisse entgegen, so ist der Betriebs- oder Personalrat zu hören. Der Betriebs- oder Personalrat kann dem Arbeitgeber Vorschläge für eine Umsetzung unterbreiten.

(5) Soweit keine tarifvertraglichen Ausgleichsregelungen bestehen, hat der Arbeitgeber dem Nachtarbeitnehmer für die während der Nachtzeit geleisteten Arbeitsstunden eine angemessene Zahl bezahlter freier Tage oder einen angemessenen Zuschlag auf das ihm hierfür zustehende Bruttoarbeitsentgelt zu gewähren.

(6) Es ist sicherzustellen, daß Nachtarbeitnehmer den gleichen Zugang zur betrieblichen Weiterbildung und zu aufstiegsfördernden Maßnahmen haben wie die übrigen Arbeitnehmer.

§ 7 Abweichende Regelungen

(1) In einem Tarifvertrag oder auf Grund eines Tarifvertrags in einer Betriebs- oder Dienstvereinbarung kann zugelassen werden,

1. abweichend von § 3
   a) die Arbeitszeit über zehn Stunden werktäglich zu verlängern, wenn in die Arbeitszeit regelmäßig und in erheblichem Umfang Arbeitsbereitschaft oder Bereitschaftsdienst fällt,
   b) einen anderen Ausgleichszeitraum festzulegen,
2. abweichend von § 4 Satz 2 die Gesamtdauer der Ruhepausen in Schichtbetrieben und Verkehrsbetrieben auf Kurzpausen von angemessener Dauer aufzuteilen,
3. abweichend von § 5 Abs. 1 die Ruhezeit um bis zu zwei Stunden zu kürzen, wenn die Art der Arbeit dies erfordert und die Kürzung der Ruhezeit innerhalb eines festzulegenden Ausgleichszeitraums ausgeglichen wird,
4. abweichend von § 6 Abs. 2
   a) die Arbeitszeit über zehn Stunden werktäglich hinaus zu verlängern, wenn in die Arbeitszeit regelmäßig und in erheblichem Umfang Arbeitsbereitschaft oder Bereitschaftsdienst fällt,
   b) einen anderen Ausgleichszeitraum festzulegen,
5. den Beginn des siebenstündigen Nachtzeitraums des § 2 Abs. 3 auf die Zeit zwischen 22 und 24 Uhr festzulegen.

(2) Sofern der Gesundheitsschutz der Arbeitnehmer durch einen entsprechenden Zeitausgleich gewährleistet wird, kann in einem Tarifvertrag oder auf Grund eines Tarifvertrags in einer Betriebs- oder Dienstvereinbarung ferner zugelassen werden,

1. abweichend von § 5 Abs. 1 die Ruhezeiten bei Rufbereitschaft den Besonderheiten dieses Dienstes anzupassen, insbesondere Kürzungen der Ruhezeit infolge von Inanspruchnahmen während dieses Dienstes zu anderen Zeiten auszugleichen,
2. die Regelungen der §§ 3, 5 Abs. 1 und § 6 Abs. 2 in der Landwirtschaft der Bestellungs- und Erntezeit sowie den Witterungseinflüssen anzupassen,
3. die Regelungen der §§ 3, 4, 5 Abs. 1 und § 6 Abs. 2 bei der Behandlung, Pflege und Betreuung von Personen der Eigenart dieser Tätigkeit und dem Wohl dieser Personen entsprechend anzupassen,
4. die Regelungen der §§ 3, 4, 5 Abs. 1 und § 6 Abs. 2 bei Verwaltungen und Betrieben des Bundes, der Länder, der Gemeinden und sonstigen Körperschaften, Anstalten und Stiftungen des öffentlichen Rechts sowie bei anderen Arbeitgebern, die der Tarifbindung eines für den öffentlichen Dienst geltenden oder eines im wesentlichen

inhaltsgleichen Tarifvertrags unterliegen, der Eigenart der Tätigkeit bei diesen Stellen anzupassen.

(2a) In einem Tarifvertrag oder auf Grund eines Tarifvertrags in einer Betriebs- oder Dienstvereinbarung kann abweichend von den §§ 3, 5 Abs. 1 und § 6 Abs. 2 auch zugelassen werden, die werktägliche Arbeitszeit auch ohne Ausgleich über acht Stunden zu verlängern, wenn in die Arbeitszeit regelmäßig und in erheblichem Umfang Arbeitsbereitschaft oder Bereitschaftsdienst fällt und durch besondere Regelungen sichergestellt wird, dass die Gesundheit der Arbeitnehmer nicht gefährdet wird.

(3) Im Geltungsbereich eines Tarifvertrags nach Absatz 1, 2 oder 2a können abweichende tarifvertragliche Regelungen im Betrieb eines nicht tarifgebundenen Arbeitgebers durch Betriebs- oder Dienstvereinbarung oder, wenn ein Betriebs- oder Personalrat nicht besteht, durch schriftliche Vereinbarung zwischen dem Arbeitgeber und dem Arbeitnehmer übernommen werden. Können auf Grund eines solchen Tarifvertrags abweichende Regelungen in einer Betriebs- oder Dienstvereinbarung getroffen werden, kann auch in Betrieben eines nicht tarifgebundenen Arbeitgebers davon Gebrauch gemacht werden. Eine nach Absatz 2 Nr. 4 getroffene abweichende tarifvertragliche Regelung hat zwischen nicht tarifgebundenen Arbeitgebern und Arbeitnehmern Geltung, wenn zwischen ihnen die Anwendung der für den öffentlichen Dienst geltenden tarifvertraglichen Bestimmungen vereinbart ist und die Arbeitgeber die Kosten des Betriebs überwiegend mit Zuwendungen im Sinne des Haushaltsrechts decken.

(4) Die Kirchen und die öffentlich-rechtlichen Religionsgesellschaften können die in Absatz 1, 2 oder 2a genannten Abweichungen in ihren Regelungen vorsehen.

(5) In einem Bereich, in dem Regelungen durch Tarifvertrag üblicherweise nicht getroffen werden, können Ausnahmen im Rahmen des Absatzes 1, 2 oder 2a durch die Aufsichtsbehörde bewilligt werden, wenn dies aus betrieblichen Gründen erforderlich ist und die Gesundheit der Arbeitnehmer nicht gefährdet wird.

(6) Die Bundesregierung kann durch Rechtsverordnung mit Zustimmung des Bundesrates Ausnahmen im Rahmen des Absatzes 1 oder 2 zulassen, sofern dies aus betrieblichen Gründen erforderlich ist und die Gesundheit der Arbeitnehmer nicht gefährdet wird.

(7) Auf Grund einer Regelung nach Absatz 2a oder den Absätzen 3 bis 5 jeweils in Verbindung mit Absatz 2a darf die Arbeitszeit nur verlängert werden, wenn der Arbeitnehmer schriftlich eingewilligt hat. Der Arbeitnehmer kann die Einwilligung mit einer Frist von sechs

Monaten schriftlich widerrufen. Der Arbeitgeber darf einen Arbeitnehmer nicht benachteiligen, wenn dieser die Einwilligung zur Verlängerung der Arbeitszeit nicht erklärt oder die Einwilligung widerrufen hat.

(8) Werden Regelungen nach Absatz 1 Nr. 1 und 4, Absatz 2 Nr. 2 bis 4 oder solche Regelungen auf Grund der Absätze 3 und 4 zugelassen, darf die Arbeitszeit 48 Stunden wöchentlich im Durchschnitt von zwölf Kalendermonaten nicht überschreiten. Erfolgt die Zulassung auf Grund des Absatzes 5, darf die Arbeitszeit 48 Stunden wöchentlich im Durchschnitt von sechs Kalendermonaten oder 24 Wochen nicht überschreiten.

(9) Wird die werktägliche Arbeitszeit über zwölf Stunden hinaus verlängert, muss im unmittelbaren Anschluss an die Beendigung der Arbeitszeit eine Ruhezeit von mindestens elf Stunden gewährt werden.

§ 8 Gefährliche Arbeiten

Die Bundesregierung kann durch Rechtsverordnung mit Zustimmung des Bundesrates für einzelne Beschäftigungsbereiche, für bestimmte Arbeiten oder für bestimmte Arbeitnehmergruppen, bei denen besondere Gefahren für die Gesundheit der Arbeitnehmer zu erwarten sind, die Arbeitszeit über § 3 hinaus beschränken, die Ruhepausen und Ruhezeiten über die §§ 4 und 5 hinaus ausdehnen, die Regelungen zum Schutz der Nacht- und Schichtarbeitnehmer in § 6 erweitern und die Abweichungsmöglichkeiten nach § 7 beschränken, soweit dies zum Schutz der Gesundheit der Arbeitnehmer erforderlich ist. Satz 1 gilt nicht für Beschäftigungsbereiche und Arbeiten in Betrieben, die der Bergaufsicht unterliegen.

Dritter Abschnitt
Sonn- und Feiertagsruhe

§ 9 Sonn- und Feiertagsruhe

(1) Arbeitnehmer dürfen an Sonn- und gesetzlichen Feiertagen von 0 bis 24 Uhr nicht beschäftigt werden.

(2) In mehrschichtigen Betrieben mit regelmäßiger Tag- und Nachtschicht kann Beginn oder Ende der Sonn- und Feiertagsruhe um bis zu sechs Stunden vor- oder zurückverlegt werden, wenn für die auf den Beginn der Ruhezeit folgenden 24 Stunden der Betrieb ruht.

(3) Für Kraftfahrer und Beifahrer kann der Beginn der 24-stündigen Sonn- und Feiertagsruhe um bis zu zwei Stunden vorverlegt werden.

§ 10 Sonn- und Feiertagsbeschäftigung

(1) Sofern die Arbeiten nicht an Werktagen vorgenommen werden können, dürfen Arbeitnehmer an Sonn- und Feiertagen abweichend von § 9 beschäftigt werden

1. in Not- und Rettungsdiensten sowie bei der Feuerwehr,
2. zur Aufrechterhaltung der öffentlichen Sicherheit und Ordnung sowie der Funktionsfähigkeit von Gerichten und Behörden und für Zwecke der Verteidigung,
3. in Krankenhäusern und anderen Einrichtungen zur Behandlung, Pflege und Betreuung von Personen,
4. in Gaststätten und anderen Einrichtungen zur Bewirtung und Beherbergung sowie im Haushalt,
5. bei Musikaufführungen, Theatervorstellungen, Filmvorführungen, Schaustellungen, Darbietungen und anderen ähnlichen Veranstaltungen,
6. bei nichtgewerblichen Aktionen und Veranstaltungen der Kirchen, Religionsgesellschaften, Verbände, Vereine, Parteien und anderer ähnlicher Vereinigungen,
7. beim Sport und in Freizeit-, Erholungs- und Vergnügungseinrichtungen, beim Fremdenverkehr sowie in Museen und wissenschaftlichen Präsenzbibliotheken,
8. beim Rundfunk, bei der Tages- und Sportpresse, bei Nachrichtenagenturen sowie bei den der Tagesaktualität dienenden Tätigkeiten für andere Presseerzeugnisse einschließlich des Austragens, bei der Herstellung von Satz, Filmen und Druckformen für tagesaktuelle Nachrichten und Bilder, bei tagesaktuellen Aufnahmen auf Ton- und Bildträger sowie beim Transport und Kommissionieren von Presseerzeugnissen, deren Ersterscheinungstag am Montag oder am Tag nach einem Feiertag liegt,
9. bei Messen, Ausstellungen und Märkten im Sinne des Titels IV der Gewerbeordnung sowie bei Volksfesten,
10. in Verkehrsbetrieben sowie beim Transport und Kommissionieren von leichtverderblichen Waren im Sinne des § 30 Abs. 3 Nr. 2 der Straßenverkehrsordnung,
11. in den Energie- und Wasserversorgungsbetrieben sowie in Abfall- und Abwasserentsorgungsbetrieben,
12. in der Landwirtschaft und in der Tierhaltung sowie in Einrichtungen zur Behandlung und Pflege von Tieren,
13. im Bewachungsgewerbe und bei der Bewachung von Betriebsanlagen,

14. bei der Reinigung und Instandhaltung von Betriebseinrichtungen, soweit hierdurch der regelmäßige Fortgang des eigenen oder eines fremden Betriebs bedingt ist, bei der Vorbereitung der Wiederaufnahme des vollen werktägigen Betriebs sowie bei der Aufrechterhaltung der Funktionsfähigkeit von Datennetzen und Rechnersystemen,
15. zur Verhütung des Verderbens von Naturerzeugnissen oder Rohstoffen oder des Mißlingens von Arbeitsergebnissen sowie bei kontinuierlich durchzuführenden Forschungsarbeiten,
16. zur Vermeidung einer Zerstörung oder erheblichen Beschädigung der Produktionseinrichtungen.

(2) Abweichend von § 9 dürfen Arbeitnehmer an Sonn- und Feiertagen mit den Produktionsarbeiten beschäftigt werden, wenn die infolge der Unterbrechung der Produktion nach Absatz 1 Nr. 14 zulässigen Arbeiten den Einsatz von mehr Arbeitnehmern als bei durchgehender Produktion erfordern.

(3) Abweichend von § 9 dürfen Arbeitnehmer an Sonn- und Feiertagen in Bäckereien und Konditoreien für bis zu drei Stunden mit der Herstellung und dem Austragen oder Ausfahren von Konditorwaren und an diesem Tag zum Verkauf kommenden Bäckerwaren beschäftigt werden.

(4) Sofern die Arbeiten nicht an Werktagen vorgenommen werden können, dürfen Arbeitnehmer zur Durchführung des Eil- und Großbetragszahlungsverkehrs und des Geld-, Devisen-, Wertpapier- und Derivatehandels abweichend von § 9 Abs. 1 an den auf einen Werktag fallenden Feiertagen beschäftigt werden, die nicht in allen Mitgliedstaaten der Europäischen Union Feiertage sind.

§ 11 Ausgleich für Sonn- und Feiertagsbeschäftigung

(1) Mindestens 15 Sonntage im Jahr müssen beschäftigungsfrei bleiben.

(2) Für die Beschäftigung an Sonn- und Feiertagen gelten die §§ 3 bis 8 entsprechend, jedoch dürfen durch die Arbeitszeit an Sonn- und Feiertagen die in den §§ 3, 6 Abs. 2, §§ 7 und 21a Abs. 4 bestimmten Höchstarbeitszeiten und Ausgleichszeiträume nicht überschritten werden.

(3) Werden Arbeitnehmer an einem Sonntag beschäftigt, müssen sie einen Ersatzruhetag haben, der innerhalb eines den Beschäftigungstag einschließenden Zeitraums von zwei Wochen zu gewähren ist. Werden Arbeitnehmer an einem auf einen Werktag fallenden Feiertag beschäftigt, müssen sie einen Ersatzruhetag haben, der innerhalb

eines den Beschäftigungstag einschließenden Zeitraums von acht Wochen zu gewähren ist.

(4) Die Sonn- oder Feiertagsruhe des § 9 oder der Ersatzruhetag des Absatzes 3 ist den Arbeitnehmern unmittelbar in Verbindung mit einer Ruhezeit nach § 5 zu gewähren, soweit dem technische oder arbeitsorganisatorische Gründe nicht entgegenstehen.

§ 12 Abweichende Regelungen

In einem Tarifvertrag oder auf Grund eines Tarifvertrags in einer Betriebs- oder Dienstvereinbarung kann zugelassen werden,

1. abweichend von § 11 Abs. 1 die Anzahl der beschäftigungsfreien Sonntage in den Einrichtungen des § 10 Abs. 1 Nr. 2, 3, 4 und 10 auf mindestens zehn Sonntage, im Rundfunk, in Theaterbetrieben, Orchestern sowie bei Schaustellungen auf mindestens acht Sonntage, in Filmtheatern und in der Tierhaltung auf mindestens sechs Sonntage im Jahr zu verringern,
2. abweichend von § 11 Abs. 3 den Wegfall von Ersatzruhetagen für auf Werktage fallende Feiertage zu vereinbaren oder Arbeitnehmer innerhalb eines festzulegenden Ausgleichszeitraums beschäftigungsfrei zu stellen,
3. abweichend von § 11 Abs. 1 bis 3 in der Seeschiffahrt die den Arbeitnehmern nach diesen Vorschriften zustehenden freien Tage zusammenhängend zu geben,
4. abweichend von § 11 Abs. 2 die Arbeitszeit in vollkontinuierlichen Schichtbetrieben an Sonn- und Feiertagen auf bis zu zwölf Stunden zu verlängern, wenn dadurch zusätzliche freie Schichten an Sonn- und Feiertagen erreicht werden.

§ 7 Abs. 3 bis 6 findet Anwendung.

§ 13 Ermächtigung, Anordnung, Bewilligung

(1) Die Bundesregierung kann durch Rechtsverordnung mit Zustimmung des Bundesrates zur Vermeidung erheblicher Schäden unter Berücksichtigung des Schutzes der Arbeitnehmer und der Sonn- und Feiertagsruhe

1. die Bereiche mit Sonn- und Feiertagsbeschäftigung nach § 10 sowie die dort zugelassenen Arbeiten näher bestimmen,
2. über die Ausnahmen nach § 10 hinaus weitere Ausnahmen abweichend von § 9
   a) für Betriebe, in denen die Beschäftigung von Arbeitnehmern an Sonn- oder Feiertagen zur Befriedigung täglicher oder an diesen

Tagen besonders hervortretender Bedürfnisse der Bevölkerung erforderlich ist,

b) für Betriebe, in denen Arbeiten vorkommen, deren Unterbrechung oder Aufschub

aa) nach dem Stand der Technik ihrer Art nach nicht oder nur mit erheblichen Schwierigkeiten möglich ist,

bb) besondere Gefahren für Leben oder Gesundheit der Arbeitnehmer zur Folge hätte,

cc) zu erheblichen Belastungen der Umwelt oder der Energie- oder Wasserversorgung führen würde,

c) aus Gründen des Gemeinwohls, insbesondere auch zur Sicherung der Beschäftigung,

zulassen und die zum Schutz der Arbeitnehmer und der Sonn- und Feiertagsruhe notwendigen Bedingungen bestimmen.

(2) Soweit die Bundesregierung von der Ermächtigung des Absatzes 1 Nr. 2 Buchstabe a keinen Gebrauch gemacht hat, können die Landesregierungen durch Rechtsverordnung entsprechende Bestimmungen erlassen. Die Landesregierungen können diese Ermächtigung durch Rechtsverordnung auf oberste Landesbehörden übertragen.

(3) Die Aufsichtsbehörde kann

1. feststellen, ob eine Beschäftigung nach § 10 zulässig ist,
2. abweichend von § 9 bewilligen, Arbeitnehmer zu beschäftigen

a) im Handelsgewerbe an bis zu zehn Sonn- und Feiertagen im Jahr, an denen besondere Verhältnisse einen erweiterten Geschäftsverkehr erforderlich machen,

b) an bis zu fünf Sonn- und Feiertagen im Jahr, wenn besondere Verhältnisse zur Verhütung eines unverhältnismäßigen Schadens dies erfordern,

c) an einem Sonntag im Jahr zur Durchführung einer gesetzlich vorgeschriebenen Inventur,

und Anordnungen über die Beschäftigungszeit unter Berücksichtigung der für den öffentlichen Gottesdienst bestimmten Zeit treffen.

(4) Die Aufsichtsbehörde soll abweichend von § 9 bewilligen, daß Arbeitnehmer an Sonn- und Feiertagen mit Arbeiten beschäftigt werden, die aus chemischen, biologischen, technischen oder physikalischen Gründen einen ununterbrochenen Fortgang auch an Sonn- und Feiertagen erfordern.

(5) Die Aufsichtsbehörde hat abweichend von § 9 die Beschäftigung von Arbeitnehmern an Sonn- und Feiertagen zu bewilligen, wenn bei einer weitgehenden Ausnutzung der gesetzlich zulässigen wöchent-

lichen Betriebszeiten und bei längeren Betriebszeiten im Ausland die Konkurrenzfähigkeit unzumutbar beeinträchtigt ist und durch die Genehmigung von Sonn- und Feiertagsarbeit die Beschäftigung gesichert werden kann.

II

Vierter Abschnitt
Ausnahmen in besonderen Fällen

§ 14 Außergewöhnliche Fälle

(1) Von den §§ 3 bis 5, 6 Abs. 2, §§ 7, 9 bis 11 darf abgewichen werden bei vorübergehenden Arbeiten in Notfällen und in außergewöhnlichen Fällen, die unabhängig vom Willen der Betroffenen eintreten und deren Folgen nicht auf andere Weise zu beseitigen sind, besonders wenn Rohstoffe oder Lebensmittel zu verderben oder Arbeitsergebnisse zu mißlingen drohen.

(2) Von den §§ 3 bis 5, 6 Abs. 2, §§ 7, 11 Abs. 1 bis 3 und § 12 darf ferner abgewichen werden,

1. wenn eine verhältnismäßig geringe Zahl von Arbeitnehmern vorübergehend mit Arbeiten beschäftigt wird, deren Nichterledigung das Ergebnis der Arbeiten gefährden oder einen unverhältnismäßigen Schaden zur Folge haben würden,
2. bei Forschung und Lehre, bei unaufschiebbaren Vor- und Abschlußarbeiten sowie bei unaufschiebbaren Arbeiten zur Behandlung, Pflege und Betreuung von Personen oder zur Behandlung und Pflege von Tieren an einzelnen Tagen,

wenn dem Arbeitgeber andere Vorkehrungen nicht zugemutet werden können.

(3) Wird von den Befugnissen nach Absatz 1 oder 2 Gebrauch gemacht, darf die Arbeitszeit 48 Stunden wöchentlich im Durchschnitt von sechs Kalendermonaten oder 24 Wochen nicht überschreiten.

§ 15 Bewilligung, Ermächtigung

(1) Die Aufsichtsbehörde kann

1. eine von den §§ 3, 6 Abs. 2 und § 11 Abs. 2 abweichende längere tägliche Arbeitszeit bewilligen
   a) für kontinuierliche Schichtbetriebe zur Erreichung zusätzlicher Freischichten,
   b) für Bau- und Montagestellen,
2. eine von den §§ 3, 6 Abs. 2 und § 11 Abs. 2 abweichende längere tägliche Arbeitszeit für Saison- und Kampagnebetriebe für die Zeit der Saison oder Kampagne bewilligen, wenn die Verlängerung

der Arbeitszeit über acht Stunden werktäglich durch eine entsprechende Verkürzung der Arbeitszeit zu anderen Zeiten ausgeglichen wird,

3. eine von den §§ 5 und 11 Abs. 2 abweichende Dauer und Lage der Ruhezeit bei Arbeitsbereitschaft, Bereitschaftsdienst und Rufbereitschaft den Besonderheiten dieser Inanspruchnahmen im öffentlichen Dienst entsprechend bewilligen,

4. eine von den §§ 5 und 11 Abs. 2 abweichende Ruhezeit zur Herbeiführung eines regelmäßigen wöchentlichen Schichtwechsels zweimal innerhalb eines Zeitraums von drei Wochen bewilligen.

(2) Die Aufsichtsbehörde kann über die in diesem Gesetz vorgesehenen Ausnahmen hinaus weitergehende Ausnahmen zulassen, soweit sie im öffentlichen Interesse dringend nötig werden.

(2a) Die Bundesregierung kann durch Rechtsverordnung mit Zustimmung des Bundesrates

1. Ausnahmen von den §§ 3, 4, 5 und 6 Absatz 2 sowie von den §§ 9 und 11 für Arbeitnehmer, die besondere Tätigkeiten zur Errichtung, zur Änderung oder zum Betrieb von Bauwerken, künstlichen Inseln oder sonstigen Anlagen auf See (Offshore-Tätigkeiten) durchführen, zulassen und

2. die zum Schutz der in Nummer 1 genannten Arbeitnehmer sowie der Sonn- und Feiertagsruhe notwendigen Bedingungen bestimmen.

(3) Das Bundesministerium der Verteidigung kann in seinem Geschäftsbereich durch Rechtsverordnung mit Zustimmung des Bundesministeriums für Arbeit und Soziales aus zwingenden Gründen der Verteidigung Arbeitnehmer verpflichten, über die in diesem Gesetz und in den auf Grund dieses Gesetzes erlassenen Rechtsverordnungen und Tarifverträgen festgelegten Arbeitszeitgrenzen und -beschränkungen hinaus Arbeit zu leisten.

(3a) Das Bundesministerium der Verteidigung kann in seinem Geschäftsbereich durch Rechtsverordnung im Einvernehmen mit dem Bundesministerium für Arbeit und Soziales für besondere Tätigkeiten der Arbeitnehmer bei den Streitkräften Abweichungen von in diesem Gesetz sowie von in den auf Grund dieses Gesetzes erlassenen Rechtsverordnungen bestimmten Arbeitszeitgrenzen und -beschränkungen zulassen, soweit die Abweichungen aus zwingenden Gründen erforderlich sind und die größtmögliche Sicherheit und der bestmögliche Gesundheitsschutz der Arbeitnehmer gewährleistet werden.

(4) Werden Ausnahmen nach Absatz 1 oder 2 zugelassen, darf die Arbeitszeit 48 Stunden wöchentlich im Durchschnitt von sechs Kalendermonaten oder 24 Wochen nicht überschreiten.

Fünfter Abschnitt Durchführung des Gesetzes

§ 16 Aushang und Arbeitszeitnachweise

(1) Der Arbeitgeber ist verpflichtet, eine Kopie dieses Gesetzes, der auf Grund dieses Gesetzes erlassenen, für den Betrieb geltenden Rechtsverordnungen und der für den Betrieb geltenden Tarifverträge und Betriebs- oder Dienstvereinbarungen im Sinne des § 7 Absatz 1 bis 3 und der §§ 12 und 21a Absatz 6 den Arbeitnehmern über die im Betrieb oder in der Dienststelle übliche Informations- und Kommunikationstechnik zur Verfügung zu stellen oder an geeigneter Stelle im Betrieb oder in der Dienststelle zur Einsichtnahme auszulegen oder auszuhängen.

(2) Der Arbeitgeber ist verpflichtet, die über die werktägliche Arbeitszeit des § 3 Satz 1 hinausgehende Arbeitszeit der Arbeitnehmer aufzuzeichnen und ein Verzeichnis der Arbeitnehmer zu führen, die in eine Verlängerung der Arbeitszeit gemäß § 7 Abs. 7 eingewilligt haben. Die Nachweise sind mindestens zwei Jahre aufzubewahren.

§ 17 Aufsichtsbehörde

(1) Die Einhaltung dieses Gesetzes und der auf Grund dieses Gesetzes erlassenen Rechtsverordnungen wird von den nach Landesrecht zuständigen Behörden (Aufsichtsbehörden) überwacht.

(2) Die Aufsichtsbehörde kann die erforderlichen Maßnahmen anordnen, die der Arbeitgeber zur Erfüllung der sich aus diesem Gesetz und den auf Grund dieses Gesetzes erlassenen Rechtsverordnungen ergebenden Pflichten zu treffen hat.

(3) Für den öffentlichen Dienst des Bundes sowie für die bundesunmittelbaren Körperschaften, Anstalten und Stiftungen des öffentlichen Rechts werden die Aufgaben und Befugnisse der Aufsichtsbehörde vom zuständigen Bundesministerium oder den von ihm bestimmten Stellen wahrgenommen; das gleiche gilt für die Befugnisse nach § 15 Abs. 1 und 2.

(4) Die Aufsichtsbehörde kann vom Arbeitgeber die für die Durchführung dieses Gesetzes und der auf Grund dieses Gesetzes erlassenen Rechtsverordnungen erforderlichen Auskünfte verlangen. Sie kann ferner vom Arbeitgeber verlangen, die Arbeitszeitnachweise und Tarifverträge oder Betriebs- oder Dienstvereinbarungen im Sinne des

§ 7 Abs. 1 bis 3, §§ 12 und 21a Abs. 6 sowie andere Arbeitszeitnachweise oder Geschäftsunterlagen, die mittelbar oder unmittelbar Auskunft über die Einhaltung des Arbeitszeitgesetzes geben, vorzulegen oder zur Einsicht einzusenden.

(5) Die Beauftragten der Aufsichtsbehörde sind berechtigt, die Arbeitsstätten während der Betriebs- und Arbeitszeit zu betreten und zu besichtigen; außerhalb dieser Zeit oder wenn sich die Arbeitsstätten in einer Wohnung befinden, dürfen sie ohne Einverständnis des Inhabers nur zur Verhütung von dringenden Gefahren für die öffentliche Sicherheit und Ordnung betreten und besichtigt werden. Der Arbeitgeber hat das Betreten und Besichtigen der Arbeitsstätten zu gestatten. Das Grundrecht der Unverletzlichkeit der Wohnung (Artikel 13 des Grundgesetzes) wird insoweit eingeschränkt.

(6) Der zur Auskunft Verpflichtete kann die Auskunft auf solche Fragen verweigern, deren Beantwortung ihn selbst oder einen der in § 383 Abs. 1 Nr. 1 bis 3 der Zivilprozeßordnung bezeichneten Angehörigen der Gefahr strafgerichtlicher Verfolgung oder eines Verfahrens nach dem Gesetz über Ordnungswidrigkeiten aussetzen würde.

Sechster Abschnitt
Sonderregelungen

§ 18 Nichtanwendung des Gesetzes

(1) Dieses Gesetz ist nicht anzuwenden auf

1. leitende Angestellte im Sinne des § 5 Abs. 3 des Betriebsverfassungsgesetzes sowie Chefärzte,
2. Leiter von öffentlichen Dienststellen und deren Vertreter sowie Arbeitnehmer im öffentlichen Dienst, die zu selbständigen Entscheidungen in Personalangelegenheiten befugt sind,
3. Arbeitnehmer, die in häuslicher Gemeinschaft mit den ihnen anvertrauten Personen zusammenleben und sie eigenverantwortlich erziehen, pflegen oder betreuen,
4. den liturgischen Bereich der Kirchen und der Religionsgemeinschaften.

(2) Für die Beschäftigung von Personen unter 18 Jahren gilt anstelle dieses Gesetzes das Jugendarbeitsschutzgesetz.

(3) Für die Beschäftigung von Arbeitnehmern als Besatzungsmitglieder auf Kauffahrteischiffen im Sinne des § 3 des Seearbeitsgesetzes gilt anstelle dieses Gesetzes das Seearbeitsgesetz.

§ 19 Beschäftigung im öffentlichen Dienst

Bei der Wahrnehmung hoheitlicher Aufgaben im öffentlichen Dienst können, soweit keine tarifvertragliche Regelung besteht, durch die zuständige Dienstbehörde die für Beamte geltenden Bestimmungen über die Arbeitszeit auf die Arbeitnehmer übertragen werden; insoweit finden die §§ 3 bis 13 keine Anwendung.

§ 20 Beschäftigung in der Luftfahrt

Für die Beschäftigung von Arbeitnehmern als Besatzungsmitglieder von Luftfahrzeugen gelten anstelle der Vorschriften dieses Gesetzes über Arbeits- und Ruhezeiten die Vorschriften über Flug-, Flugdienst- und Ruhezeiten der Zweiten Durchführungsverordnung zur Betriebsordnung für Luftfahrtgerät in der jeweils geltenden Fassung.

§ 21 Beschäftigung in der Binnenschiffahrt

(1) Die Bundesregierung kann durch Rechtsverordnung mit Zustimmung des Bundesrates, auch zur Umsetzung zwischenstaatlicher Vereinbarungen oder Rechtsakten der Europäischen Union, abweichend von den Vorschriften dieses Gesetzes die Bedingungen für die Arbeitszeitgestaltung von Arbeitnehmern, die als Mitglied der Besatzung oder des Bordpersonals an Bord eines Fahrzeugs in der Binnenschifffahrt beschäftigt sind, regeln, soweit dies erforderlich ist, um den besonderen Bedingungen an Bord von Binnenschiffen Rechnung zu tragen. Insbesondere können in diesen Rechtsverordnungen die notwendigen Bedingungen für die Sicherheit und den Gesundheitsschutz im Sinne des § 1, einschließlich gesundheitlicher Untersuchungen hinsichtlich der Auswirkungen der Arbeitszeitbedingungen auf einem Schiff in der Binnenschifffahrt, sowie die notwendigen Bedingungen für den Schutz der Sonn- und Feiertagsruhe bestimmt werden. In Rechtsverordnungen nach Satz 1 kann ferner bestimmt werden, dass von den Vorschriften der Rechtsverordnung durch Tarifvertrag abgewichen werden kann.

(2) Soweit die Bundesregierung von der Ermächtigung des Absatzes 1 keinen Gebrauch macht, gelten die Vorschriften dieses Gesetzes für das Fahrpersonal auf Binnenschiffen, es sei denn, binnenschifffahrtsrechtliche Vorschriften über Ruhezeiten stehen dem entgegen. Bei Anwendung des Satzes 1 kann durch Tarifvertrag von den Vorschriften dieses Gesetzes abgewichen werden, um der Eigenart der Binnenschifffahrt Rechnung zu tragen.

§ 21a Beschäftigung im Straßentransport

(1) Für die Beschäftigung von Arbeitnehmern als Fahrer oder Beifahrer bei Straßenverkehrstätigkeiten im Sinne der Verordnung (EG) Nr.

561/2006 des Europäischen Parlaments und des Rates vom 15. März 2006 zur Harmonisierung bestimmter Sozialvorschriften im Straßenverkehr und zur Änderung der Verordnungen (EWG) Nr. 3821/85 und (EG) Nr. 2135/98 des Rates sowie zur Aufhebung der Verordnung (EWG) Nr. 3820/85 des Rates (ABl. EG Nr. L 102 S. 1) oder des Europäischen Übereinkommens über die Arbeit des im internationalen Straßenverkehr beschäftigten Fahrpersonals (AETR) vom 1. Juli 1970 (BGBl. II 1974 S. 1473) in ihren jeweiligen Fassungen gelten die Vorschriften dieses Gesetzes, soweit nicht die folgenden Absätze abweichende Regelungen enthalten. Die Vorschriften der Verordnung (EG) Nr. 561/2006 und des AETR bleiben unberührt.

(2) Eine Woche im Sinne dieser Vorschriften ist der Zeitraum von Montag 0 Uhr bis Sonntag 24 Uhr.

(3) Abweichend von § 2 Abs. 1 ist keine Arbeitszeit:

1. die Zeit, während derer sich ein Arbeitnehmer am Arbeitsplatz bereithalten muss, um seine Tätigkeit aufzunehmen,
2. die Zeit, während derer sich ein Arbeitnehmer bereithalten muss, um seine Tätigkeit auf Anweisung aufnehmen zu können, ohne sich an seinem Arbeitsplatz aufhalten zu müssen,
3. für Arbeitnehmer, die sich beim Fahren abwechseln, die während der Fahrt neben dem Fahrer oder in einer Schlafkabine verbrachte Zeit.

Für die Zeiten nach Satz 1 Nr. 1 und 2 gilt dies nur, wenn der Zeitraum und dessen voraussichtliche Dauer im Voraus, spätestens unmittelbar vor Beginn des betreffenden Zeitraums bekannt ist. Die in Satz 1 genannten Zeiten sind keine Ruhezeiten. Die in Satz 1 Nr. 1 und 2 genannten Zeiten sind keine Ruhepausen.

(4) Die Arbeitszeit darf 48 Stunden wöchentlich nicht überschreiten. Sie kann auf bis zu 60 Stunden verlängert werden, wenn innerhalb von vier Kalendermonaten oder 16 Wochen im Durchschnitt 48 Stunden wöchentlich nicht überschritten werden.

(5) Die Ruhezeiten bestimmen sich nach den Vorschriften der Europäischen Gemeinschaften für Kraftfahrer und Beifahrer sowie nach dem AETR. Dies gilt auch für Auszubildende und Praktikanten.

(6) In einem Tarifvertrag oder auf Grund eines Tarifvertrags in einer Betriebs- oder Dienstvereinbarung kann zugelassen werden,

1. nähere Einzelheiten zu den in Absatz 3 Satz 1 Nr. 1, 2 und Satz 2 genannten Voraussetzungen zu regeln,
2. abweichend von Absatz 4 sowie den §§ 3 und 6 Abs. 2 die Arbeitszeit festzulegen, wenn objektive, technische oder arbeitszeitorga-

nisatorische Gründe vorliegen. Dabei darf die Arbeitszeit 48 Stunden wöchentlich im Durchschnitt von sechs Kalendermonaten nicht überschreiten.

§ 7 Abs. 1 Nr. 2 und Abs. 2a gilt nicht. § 7 Abs. 3 gilt entsprechend.

(7) Der Arbeitgeber ist verpflichtet, die Arbeitszeit der Arbeitnehmer aufzuzeichnen. Die Aufzeichnungen sind mindestens zwei Jahre aufzubewahren. Der Arbeitgeber hat dem Arbeitnehmer auf Verlangen eine Kopie der Aufzeichnungen seiner Arbeitszeit auszuhändigen.

(8) Zur Berechnung der Arbeitszeit fordert der Arbeitgeber den Arbeitnehmer schriftlich auf, ihm eine Aufstellung der bei einem anderen Arbeitgeber geleisteten Arbeitszeit vorzulegen. Der Arbeitnehmer legt diese Angaben schriftlich vor.

Siebter Abschnitt
Straf- und Bußgeldvorschriften

§ 22 Bußgeldvorschriften

(1) Ordnungswidrig handelt, wer als Arbeitgeber vorsätzlich oder fahrlässig

1. entgegen §§ 3, 6 Abs. 2 oder § 21a Abs. 4, jeweils auch in Verbindung mit § 11 Abs. 2, einen Arbeitnehmer über die Grenzen der Arbeitszeit hinaus beschäftigt,
2. entgegen § 4 Ruhepausen nicht, nicht mit der vorgeschriebenen Mindestdauer oder nicht rechtzeitig gewährt,
3. entgegen § 5 Abs. 1 die Mindestruhezeit nicht gewährt oder entgegen § 5 Abs. 2 die Verkürzung der Ruhezeit durch Verlängerung einer anderen Ruhezeit nicht oder nicht rechtzeitig ausgleicht,
4. einer Rechtsverordnung nach § 8 Satz 1, § 13 Abs. 1 oder 2, § 15 Absatz 2a Nummer 2, § 21 Absatz 1 oder § 24 zuwiderhandelt, soweit sie für einen bestimmten Tatbestand auf diese Bußgeldvorschrift verweist,
5. entgegen § 9 Abs. 1 einen Arbeitnehmer an Sonn- oder Feiertagen beschäftigt,
6. entgegen § 11 Abs. 1 einen Arbeitnehmer an allen Sonntagen beschäftigt oder entgegen § 11 Abs. 3 einen Ersatzruhetag nicht oder nicht rechtzeitig gewährt,
7. einer vollziehbaren Anordnung nach § 13 Abs. 3 Nr. 2 zuwiderhandelt,
8. entgegen § 16 Abs. 1 die dort bezeichnete Auslage oder den dort bezeichneten Aushang nicht vornimmt,

9. entgegen § 16 Abs. 2 oder § 21a Abs. 7 Aufzeichnungen nicht oder nicht richtig erstellt oder nicht für die vorgeschriebene Dauer aufbewahrt oder
10. entgegen § 17 Abs. 4 eine Auskunft nicht, nicht richtig oder nicht vollständig erteilt, Unterlagen nicht oder nicht vollständig vorlegt oder nicht einsendet oder entgegen § 17 Abs. 5 Satz 2 eine Maßnahme nicht gestattet.

(2) Die Ordnungswidrigkeit kann in den Fällen des Absatzes 1 Nr. 1 bis 7, 9 und 10 mit einer Geldbuße bis zu dreißigtausend Euro, in den Fällen des Absatzes 1 Nr. 8 mit einer Geldbuße bis zu fünftausend Euro geahndet werden.

§ 23 Strafvorschriften

(1) Wer eine der in § 22 Abs. 1 Nr. 1 bis 3, 5 bis 7 bezeichneten Handlungen
1. vorsätzlich begeht und dadurch Gesundheit oder Arbeitskraft eines Arbeitnehmers gefährdet oder
2. beharrlich wiederholt,

wird mit Freiheitsstrafe bis zu einem Jahr oder mit Geldstrafe bestraft.

(2) Wer in den Fällen des Absatzes 1 Nr. 1 die Gefahr fahrlässig verursacht, wird mit Freiheitsstrafe bis zu sechs Monaten oder mit Geldstrafe bis zu 180 Tagessätzen bestraft.

Achter Abschnitt
Schlußvorschriften

§ 24 Umsetzung von zwischenstaatlichen Vereinbarungen und Rechtsakten der EG

Die Bundesregierung kann mit Zustimmung des Bundesrates zur Erfüllung von Verpflichtungen aus zwischenstaatlichen Vereinbarungen oder zur Umsetzung von Rechtsakten des Rates oder der Kommission der Europäischen Gemeinschaften, die Sachbereiche dieses Gesetzes betreffen, Rechtsverordnungen nach diesem Gesetz erlassen.

§ 25 Übergangsregelung für Tarifverträge

Enthält ein am 1. Januar 2004 bestehender oder nachwirkender Tarifvertrag abweichende Regelungen nach § 7 Abs. 1 oder 2 oder § 12 Satz 1, die den in diesen Vorschriften festgelegten Höchstrahmen überschreiten, bleiben diese tarifvertraglichen Bestimmungen bis zum 31. Dezember 2006 unberührt. Tarifverträgen nach Satz 1 stehen durch Tarifvertrag zugelassene Betriebsvereinbarungen sowie Regelungen nach § 7 Abs. 4 gleich.

II

§ 7 Sonderformen der Arbeit

(1) [1]Wechselschichtarbeit ist die Arbeit nach einem Schichtplan, der einen regelmäßigen Wechsel der täglichen Arbeitszeit in Wechselschichten vorsieht, bei denen Beschäftigte durchschnittlich längstens nach Ablauf eines Monats erneut zur Nachtschicht herangezogen werden. [2]Wechselschichten sind wechselnde Arbeitsschichten, in denen ununterbrochen bei Tag und Nacht, werktags, sonntags und feiertags gearbeitet wird. [3]Nachtschichten sind Arbeitsschichten, die mindestens zwei Stunden Nachtarbeit umfassen.

(2) Schichtarbeit ist die Arbeit nach einem Schichtplan, der einen regelmäßigen Wechsel des Beginns der täglichen Arbeitszeit um mindestens zwei Stunden in Zeitabschnitten von längstens einem Monat vorsieht, und die innerhalb einer Zeitspanne von mindestens 13 Stunden geleistet wird.

(3) Bereitschaftsdienst leisten Beschäftigte, die sich auf Anordnung des Arbeitgebers außerhalb der regelmäßigen Arbeitszeit an einer vom Arbeitgeber bestimmten Stelle aufhalten, um im Bedarfsfall die Arbeit aufzunehmen.

(4) [1]Rufbereitschaft leisten Beschäftigte, die sich auf Anordnung des Arbeitgebers außerhalb der regelmäßigen Arbeitszeit an einer dem Arbeitgeber anzuzeigenden Stelle aufhalten, um auf Abruf die Arbeit aufzunehmen. [2]Rufbereitschaft wird nicht dadurch ausgeschlossen, dass Beschäftigte vom Arbeitgeber mit einem Mobiltelefon oder einem vergleichbaren technischen Hilfsmittel ausgestattet sind.

(5) Nachtarbeit ist die Arbeit zwischen 21 Uhr und 6 Uhr.

(6) Mehrarbeit sind die Arbeitsstunden, die Teilzeitbeschäftigte über die vereinbarte regelmäßige Arbeitszeit hinaus bis zur regelmäßigen wöchentlichen Arbeitszeit von Vollbeschäftigten (§ 6 Abs. 1 Satz 1) leisten.

(7) Überstunden sind die auf Anordnung des Arbeitgebers geleisteten Arbeitsstunden, die über die im Rahmen der regelmäßigen Arbeitszeit von Vollbeschäftigten (§ 6 Abs. 1 Satz 1) für die Woche dienstplanmäßig bzw. betriebsüblich festgesetzten Arbeitsstunden hinausgehen und nicht bis zum Ende der folgenden Kalenderwoche ausgeglichen werden.

(8) Abweichend von Absatz 7 sind nur die Arbeitsstunden Überstunden, die

a) im Falle der Festlegung eines Arbeitszeitkorridors nach § 6 Abs. 6 über 45 Stunden oder über die vereinbarte Obergrenze hinaus,

b) im Falle der Einführung einer täglichen Rahmenzeit nach § 6 Abs. 7 außerhalb der Rahmenzeit,

c) im Falle von Wechselschicht- oder Schichtarbeit über die im Schichtplan festgelegten täglichen Arbeitsstunden einschließlich der im Schichtplan vorgesehenen Arbeitsstunden, die bezogen auf die regelmäßige wöchentliche Arbeitszeit im Schichtplanturnus nicht ausgeglichen werden,

angeordnet worden sind.

Erläuterungen

§ 7 TVöD definiert die Begriffe für Sonderformen der Arbeit und korrespondiert mit § 8 TVöD, in dem der (finanzielle) Ausgleich für diese besonderen Formen der Arbeit bestimmt ist, und hinsichtlich des Zusatzurlaubs für (Wechsel-)Schichtarbeit mit § 27 TVöD. Die Begriffsbestimmungen waren früher in den §§ 15 (Absätze 6a, 6b und 8) und in § 17 BAT enthalten; der Zusatzurlaub ergab sich aus § 48a BAT.

Anders als im Geltungsbereich des BAT trifft die Vorschrift des TVöD lediglich Begriffsbestimmungen, enthält aber keine Verpflichtung des Arbeitnehmers, bestimmte Sonderformen der Arbeit (z. B. Rufbereitschaft, Bereitschaftsdienst oder Überstunden) auszuüben. Diese Verpflichtung ergibt sich jedoch aus § 6 Abs. 5 TVöD. Unabhängig davon besteht die Möglichkeit, Sonderformen der Arbeit anzuordnen, bereits auf der Grundlage des allgemeinen Direktionsrechtes des Arbeitgebers.

Auf die abweichenden Sonderregelungen in §§ 46 und 48 (Bund) bzw. §§ 46, 47 und 48 (VKA) des Besonderen Teils Verwaltung[1]), die abweichenden Sonderregelungen in §§ 45, 46 des Besonderen Teils Pflege- und Betreuungseinrichtungen[2]), der §§ 44 ff. des Besonderen Teils Krankenhäuser[3]) sowie die Regelung des § 43 (Überstunden) des Besonderen Teils Verwaltung wird hingewiesen.

Wechselschicht/Nachtschicht (Abs. 1)

Die in Satz 1 und Satz 2 der Vorschrift getroffene Definition der Begriffe Wechselschichtarbeit und Wechselschicht entspricht der bisherigen Begriffsbestimmung in § 15 Abs. 8 BAT. Wechselschichtarbeit liegt vor, wenn die Arbeit nach einem Schichtplan ausgeführt wird, der den regelmäßigen Wechsel des Beginns der regelmäßigen Arbeitszeit vorsieht und den Beschäftigten durchschnittlich spätestens nach Ablauf eines Monats erneut zur Nachtschicht heranzieht. Die gelegentliche Heranziehung zur Nachtschicht reicht somit zur Annahme von Wechselschichtarbeit nicht aus. Wechselschichten setzen den ununterbrochenen Betrieb bei Tag und Nacht sowie an Sonn- und Feiertagen (also einen „Rund-um-die-Uhr-Betrieb") voraus.

Satz 3 bestimmt, dass Nachtschicht (im Sinne des Satzes 1) die Arbeitsschichten sind, die mindestens zwei Stunden Nachtarbeit umfassen.

---

[1]) abgedruckt unter **215**

[2]) abgedruckt unter **235**

[3]) abgedruckt unter **230**

Der Begriff der Nachtarbeit ist in Absatz 5 der Vorschrift definiert; darunter ist die Arbeit zwischen 21 Uhr und 6 Uhr zu verstehen.

In seinem Urteil vom 24. März 2010 – 10 AZR 58/09 – hat sich das BAG mit der Frage befasst, welche Auswirkungen Urlaub oder Krankheit auf den Anspruch auf Wechselschichtzulage nach den Regelungen des TVöD haben. In dem entschiedenen Fall hatte der Kläger von Mitte August bis Mitte September Erholungsurlaub. Er hat deswegen erst nach mehr als einem Monat wieder in Nachtschichten gearbeitet. Ohne urlaubsbedingte Freistellung wäre er spätestens nach Ablauf eines Monats erneut zu mindestens zwei Nachtschichten herangezogen worden. Die Arbeitgeberin hatte dem Kläger für den Monat September nur die Zulage für ständige Schichtarbeit, nicht aber die für ständige Wechselschichtarbeit gezahlt. Das BAG hat – anders als die Vorinstanzen – der Klage stattgegeben. Fällt eine tariflich für den Zulagenanspruch geforderte Schicht nur deshalb aus, weil der Beschäftigte wegen der Gewährung von Erholungsurlaub oder aus anderen in § 21 TVöD genannten Gründen (z. B. Arbeitsunfähigkeit während des Entgeltfortzahlungszeitraums) von der Verpflichtung zur Erbringung der Arbeitsleistung frei ist, so steht dies nach Auffassung des BAG dem Anspruch auf die Zulage für ständige Wechselschichtarbeit nicht entgegen. Entscheidend ist, ob der Beschäftigte ohne die Arbeitsbefreiung die geforderten Schichten geleistet hätte.

Schichtarbeit (Abs. 2)

Die Definition der Schichtarbeit lehnt sich an die bisherigen Regelungen des § 15 Abs. 8 bzw. § 33a Abs. 2 Unterabs. 1 Buchst. b Doppelbuchst. bb BAT an. Die Voraussetzungen für das Vorliegen von Schichtarbeit im tariflichen Sinne entsprechen weitgehend denen der Wechselschichtarbeit, bleiben aber insgesamt hinter den dort geforderten Mindestbedingungen zurück. Schichtarbeit liegt vor, wenn die Arbeit nach einem Schichtplan ausgeführt wird, der den regelmäßigen Wechsel des Beginns der regelmäßigen Arbeitszeit vorsieht. Individuell wechselnde Arbeitszeiten des Arbeitnehmers sind nicht ausreichend (siehe BAG-Urteil vom 23. Juni 2010 – 10 AZR 548/09). Weitere Voraussetzung für das Vorliegen von Schichtarbeit im Sinne des TVöD ist, dass

- der Wechsel des Beginns der täglichen Arbeitszeit in Zeitabschnitten von höchstens einem Monat erfolgt (der Wechsel von sechs Wochen Frühschicht mit sechs Wochen Spätschicht ist folglich keine Schichtarbeit),

- die Schichten um mindestens zwei Stunden zueinander verschoben sind (der Wechsel zwischen einer um 7 Uhr beginnenden Frühschicht und einer um 8 Uhr beginnenden Spätschicht führt also auch nicht zu Schichtarbeit),
- und dass die Arbeit innerhalb einer Zeitspanne von mindestens 13 Stunden, bezogen auf den Beginn der frühesten und das Ende der spätesten Schicht geleistet wird (bei einer üblichen Frühschicht von 6 bis 16 Uhr und einer regelmäßigen Spätschicht von 9 bis 18 Uhr liegt somit keine Schichtarbeit vor). Die 13-Stundenfrist muss dabei nach den BAG-Urteilen vom 21. Oktober 2009 – 10 AZR 70/09 und 10 AZR 807/08 – nicht am selben Wochentag erreicht werden. Nach Auffassung des BAG ist es ausreichend, wenn die Mindestzeitspanne von 13 Stunden zwischen dem Beginn der frühesten und dem Ende der spätesten Schicht des jeweils zu beurteilenden Monats erreicht wird.

Bereitschaftsdienst (Abs. 3)

Die Vorschrift definiert – wie § 15 Abs. 6a BAT – Bereitschaftsdienst als die Zeit, in der sich der Arbeitnehmer auf Weisung des Arbeitgebers außerhalb der regelmäßigen Arbeitszeit an einer vom Arbeitgeber bestimmten Stelle (in der Regel dürfte dies die Arbeitsstelle sein) aufhält, um im Bedarfsfall die Arbeit aufzunehmen. Die in § 15 Abs. 6a BAT enthaltene Einschränkung, dass der Arbeitgeber Bereitschaftsdienst nur anordnen darf, wenn zwar zu erwarten ist, dass Arbeit anfällt, die Zeit ohne Arbeit aber erfahrungsgemäß überwiegt, ist nicht in den TVöD übernommen worden.

Eine Regelung des Begriffes der Bereitschaftszeiten (im Sinne der Arbeitsbereitschaft in den bisherigen Arbeitertarifverträgen) bzw. der Voraussetzungen und Folgen haben die Tarifpartner in § 9 getroffen.

Wegen der Auswirkungen der gesetzlichen Arbeitszeitregelungen → Erläuterungen zu § 9.

Rufbereitschaft (Abs. 4)

Satz 1 der Vorschrift definiert – wie § 15 Abs. 6b BAT – Rufbereitschaft als die Zeit, in der sich der Arbeitnehmer auf Anordnung des Arbeitgebers außerhalb der regelmäßigen Arbeitszeit an einer dem Arbeitgeber anzuzeigenden (nicht vom Arbeitgeber bestimmten; in der Regel dürfte dies die Wohnung sein) Stelle aufhält, um auf Abruf die Arbeit aufzunehmen. Die in § 15 Abs. 6b BAT enthaltene Einschränkung, dass der Arbeitgeber Rufbereitschaft nur anordnen darf, wenn erfahrungsgemäß nur in Ausnahmefällen Arbeit anfällt, ist nicht in den TVöD übernommen worden.

II

In Satz 2 der Vorschrift ist – abweichend von der bislang dazu im Schrifttum vertretenen Meinung – ausdrücklich bestimmt, dass die Ausstattung des Arbeitnehmers mit einem Mobiltelefon oder einem vergleichbaren technischen Hilfsmittel Rufbereitschaft nicht ausschließt.

Zeiten der Rufbereitschaft sind auch unter Zugrundelegung der EuGH-Rechtsprechung zum gesetzlichen Arbeitszeitrecht (→ § 9 Erläuterungen) keine Arbeitszeit; lediglich die Zeiten der tatsächlichen Inanspruchnahme während der Rufbereitschaft stellen Arbeitszeit im arbeitszeitrechtlichen Sinne dar.

Nachtarbeit (Abs. 5)

Nachtarbeit ist nach dieser Definition die Zeit zwischen 21 Uhr und 6 Uhr. Die Festlegung der Tarifpartner weicht damit von der bisherigen Regelung in § 15 Abs. 8 BAT (20 Uhr bis 6 Uhr) und der Definition des § 2 Abs. 3 des Arbeitszeitgesetzes (23 Uhr bis 6 Uhr) ab.

Mehrarbeit (Abs. 6)

Mit der Regelung in Absatz 6 greifen die Tarifpartner den bisher (teilweise) in § 34 Abs. 1 Unterabs. 1 Satz 2 BAT geregelten Sachverhalt auf, dass Teilzeitbeschäftigte über das mit ihnen individuell vereinbarte Arbeitspensum hinaus zusätzliche Arbeit leisten. Diese Mehrarbeit führt – so lange nicht die Regelarbeitszeit eines vollbeschäftigten Arbeitnehmers erreicht bzw. überschritten wird – nicht zu mit Zuschlägen vergütenden Überstunden, sondern zu lediglich mit der anteiligen Vergütung zu bezahlender Mehrarbeit (→ § 8 Abs. 2). Erst beim Überschreiten der Regelarbeitszeit eines Vollbeschäftigten entstehen auch bei teilzeitbeschäftigten Arbeitnehmern Überstunden.

Beispiele:

Individuelle vertragliche Arbeitszeit 30 Stunden, tatsächliche Arbeitszeit 35 Stunden: Die fünf überplanmäßigen Stunden sind mit der anteiligen Vergütung zu entlohnen.

Individuelle vertragliche Arbeitszeit 30 Stunden, tatsächliche Arbeitszeit 40 Stunden: Auf der Grundlage der Regelarbeitszeit für Arbeitnehmer des Bundes (39 Stunden) sind 9 Stunden mit der anteiligen Vergütung und eine Stunde mit der Überstundenvergütung zu entlohnen.

Die Rechtmäßigkeit dieser Verfahrensweise war höchstrichterlich mehrfach bestätigt worden (siehe BAG-Urteil vom 25. 7. 1996 – 6 AZR 138/94 – und vom 26. 4. 2017 – 10 AZR 589/15). Sie hielt dennoch auch einer kritischen Betrachtung im Hinblick auf das nach dem Teilzeit- und Befristungsgesetz (TzBfG) zu beachtenden Nachteilsverbot Teilzeitbeschäftigter und vergleichbare europarechtliche Grenzen stand; denn auch Vollbeschäftigte erhalten Überstundenzuschläge erst, wenn die durchschnittliche regelmäßige wöchentliche Arbeitszeit überschritten ist. Diese Auffassung wurde durch das zum Manteltarifvertrag Systemgastronomie ergangene gegenteilige Urteil des BAG vom 19. Dezember 2018 – 10 AZR 231/18 – zwar vorübergehend erschüttert. Nach Kenntnis des Verfassers wurden im Bereich der VKA mit Blick auf zum TVöD anhängige Verfahren aus dem BAG-Urteil vom 19. Dezember 2018 zunächst keine Konsequenzen gezogen. Mit Urteil vom 15. Oktober 2021 – 6 AZR 253/19 – hat das BAG dann erneut entschieden, dass Teilzeitbeschäftigte für Mehrarbeitsstunden, die nicht die regelmäßige Arbeitszeit von Vollbeschäftigten überschreiten, keinen Anspruch auf Überstundenentgelt haben und die zwischenzeitliche Rechtsunsicherheit zunächst beseitigt. Zwei weitere Verfahren zu vergleichbaren Regelungen in der Privatwirtschaft hat das BAG jedoch zunächst ausgesetzt und den EuGH zur Vorabentscheidung eingebunden. In beiden Fällen entschied der EuGH (Urteile vom 19. Oktober 2023 – C-660/20 – und vom 29. Juli 2024 – C-184/22 und C-185/22 –), dass ein Tarifvertrag, der die Zahlung von Überstundenzuschlägen an Teilzeitbeschäftigte nur für Arbeitsstunden vorsieht, die über die regelmäßige Arbeitszeit eines vergleichbaren Vollzeitbeschäftigten hinaus gearbeitet werden, zum einen eine Schlechterbehandlung von Teilzeitbeschäftigten und zum anderen eine mittelbare Diskriminierung aufgrund des Geschlechts darstellt. Das BAG hat mit Urteil vom 4. Dezember 2024 – 8 AZR 370/20 – entsprechend entschieden. Der Umgang der Tarifpartner mit der Rechtsprechung bleibt abzuwarten.

Vor dem Hintergrund des Nachteilsverbotes kann den Betroffenen die anteilige Zahlung von in Monatsbeträgen festgelegten Zulagen/Zuschlägen, die auch ein Vollbeschäftigter erhält und die bei dem Teilzeitbeschäftigten zuvor gemäß § 24 TVöD auf den Umfang der vertraglichen Teilzeit reduziert worden sind, nach Auffassung des Verfassers jedoch nicht verweigert werden.

Beispiel:

Die Wechselschichtzulage, die auf ein angenommenes vertragliches Arbeitszeitvolumen von 50 % reduziert wurde, ist – wenn der Betroffene Mehrarbeit leistet und damit auf 75 % der Arbeitszeit kommt – ebenfalls auf 75 % aufzustocken.

Zuschläge für z. B. Feiertags- oder Nachtarbeit und andere unständige Bezügebestandteile werden ohnehin „spitz" nach der geleisteten

Arbeit berechnet und sind deshalb auch für Mehrarbeitsstunden zu zahlen.

Überstunden (Abs. 7)

II

Die Definition der Überstunden entspricht weitgehend der bisherigen Regelung in § 17 Abs. 1 BAT. Sie ist aber im Hinblick auf die neu aufgenommene, spezielle Vorschrift für Mehrarbeit Teilzeitbeschäftigter (→ Absatz 6) auf Vollbeschäftigte beschränkt. Ferner gelten Mehrarbeitszeiten nur dann als Überstunden im tariflichen Sinne, wenn sie nicht bis zum Ende der folgenden Kalenderwoche ausgeglichen werden. Im Ergebnis ist der Ausgleichszeitraum im Vergleich zum BAT damit von maximal einer auf maximal zwei Wochen angehoben worden.

Überstunden sind nach der Tarifvorschrift die auf Anordnung des Arbeitgebers geleisteten, über den Rahmen der für die Woche dienstplanmäßig bzw. betriebsüblich festgesetzten Arbeitszeit hinausgehenden Arbeitsstunden. Es gilt die wöchentliche Überstundenberechnung; somit führen Überschreitungen der täglichen dienstplanmäßigen bzw. betriebsüblichen Arbeitszeit, die innerhalb derselben Woche ausgeglichen werden, nicht zu Überstunden. Weitere Voraussetzung ist, dass kein Ausgleich bis zum Ende der folgenden (also der zweiten) Woche erfolgt (s. o.).

Entgegen der bisherigen Regelung in § 17 BAT enthält die Vorschrift des TVöD keine Bestimmungen, ob und ggf. mit welchen Einschränkungen Überstunden angeordnet werden können. Es ist somit nach den allgemeinen Grundsätzen des Direktionsrechts zu verfahren.

Überstunden in besonderen Fällen (Abs. 8)

Bei dieser Bestimmung handelt es sich um eine Ausnahmeregelung zu Absatz 7. Abweichend von den dort vereinbarten Grundsätzen sollen Überstunden in bestimmten Fällen unter anderen Voraussetzungen – insbesondere in Bezug auf Ausgleichszeiträume – entstehen.

Nach Satz 1 Buchst. a entstehen Überstunden im Falle der Festlegung eines wöchentlichen Arbeitszeitkorridors (→ § 6 Abs. 6) erst bei Überschreiten der in diesem Zusammenhang durch Betriebs-/Dienstvereinbarung festgelegten Obergrenze des Zeitkorridors (max. 45 Stunden).

Nach Satz 1 Buchst. b können im Fall der Einführung einer täglichen Rahmenzeit (→ § 6 Abs. 7) Überstunden erst bei Überschreiten des durch Dienst- oder Betriebsvereinbarung festgelegten Rahmens entstehen.

Nach dem Wortlaut des Satzes 1 Buchst. c entstehen im Fall der Wechselschicht-/Schichtarbeit Überstunden nur unter besonderen Voraussetzungen. Diese hatte das BAG in seinen Urteilen vom 25. April 2013 – 6 AZR 800/11 – und vom 23. März 2017 – 6 AZR 161/16 – ausgelegt und detailliert dargestellt. Nach der in diesen (durch neuere Rechtsprechung – siehe unten – überholten) Urteilen vom BAG vertretenen Rechtsauffassung gilt die Tarifvorschrift für zwei unterschiedliche Sachverhaltsalternativen. Die erste Alternative betreffe den Sachverhalt, in dem zu den im Schichtplan festgesetzten „täglichen" Arbeitsstunden zusätzliche nicht im Schichtplan ausgewiesene Stunden angeordnet werden, es also zu einer Überschreitung der täglichen Arbeitszeit aus akutem Anlass komme. Solchen „ungeplanten" Überstunden stünden die Fälle der zweiten Alternative gegenüber, in denen die regelmäßige wöchentliche Arbeitszeit (von Vollbeschäftigten) bereits durch die im Schichtplan angeordneten Stunden überschritten werde (sog. „eingeplante" Überstunden). Der Unterschied zwischen den beiden Alternativen besteht nach Auffassung des BAG darin, dass bei den sog. ungeplanten Überstunden (erste Alternative), die über die tägliche Arbeitszeit hinaus abweichend vom bestehenden Schichtplan kurzfristig angeordnet werden, keine Möglichkeit des Freizeitausgleichs besteht. Das BAG ging im Ergebnis davon aus, dass diese ungeplanten Mehr-Stunden als Überstunden anzusehen sind und bei im Schichtplan beschäftigten Teilzeitbeschäftigten auch vor Erreichen des Arbeitszeitvolumens eines Vollzeitbeschäftigten Überstundenzuschläge auslösen können. Demgegenüber kann im Fall sog. eingeplanter Überstunden (zweite Alternative) noch ein Ausgleich der Stunden im Rahmen des Dienstplanturnus und dadurch das Entstehen von Überstunden vermieden werden.

Diese Rechtsauslegung hat das BAG mit seinem Urteil vom 15. Oktober 2021 – 6 AZR 253/19 – aufgegeben. Das BAG hat die Vorschrift des § 7 Abs. 8 Buchst. c TVöD insgesamt für unwirksam erklärt, weil sie nach Auffassung des Gerichts gegen das Gebot der Normenklarheit verstößt. Folge ist, dass die Frage des Entstehens von Überstunden allein auf der Grundlage der allgemeinen Vorschrift des § 7 Abs. 7 TVöD zu beurteilen ist. Maßgeblich für die Entstehung von Überstunden sowohl für Vollzeit- als auch für Teilzeitbeschäftigte ist aufgrund des eindeutigen Wortlautes des § 7 Abs. 7 TVöD, dass über die dienstplanmäßig bzw. betriebsüblich festgesetzten Arbeitsstunden hinaus Arbeit zu leisten ist. Somit kann es nur noch ungeplante Überstunden geben. Geplante Überstunden – wie bisher auf der Grundlage der o. g. früheren Rechtsprechung im Rahmen von § 7 Abs. 8 Buchst. c TVöD – sind damit ausgeschlossen. Sollte die Sollarbeitszeit überplant werden, kommt es zum Ausgleich gemäß § 8 Abs. 2 TVöD, wobei der gemäß § 6 Abs. 2 TVöD festzulegende Ausgleichszeitraum maßgeblich ist. Gelingt der Ausgleich von geplanten Arbeitsstunden in dem Ausgleichszeitraum nicht, werden die verbleibenden Stunden nicht zu Überstunden, sondern gemäß § 8 Abs. 2 TVöD je Stunde mit 100 v. H. des auf eine Stunde entfallenden Anteils des Tabellenentgelts der jeweiligen Entgeltgruppe und Stufe ausbezahlt. Überstundenzuschläge fallen dabei nicht an. Für Teilzeitbeschäftigte – sowohl innerhalb als auch außerhalb von Schicht- und Wechselschichtarbeit – ist nach Auffassung des BAG uneingeschränkt die Regelung zur Mehrarbeit in § 7 Abs. 6 TVöD (siehe dort) maßgeblich. Danach sind Arbeitsstunden, die Teilzeitbeschäftigte über die vereinbarte regelmäßige Arbeitszeit hinaus bis zur regelmäßigen wöchentlichen Arbeitszeit von Vollbeschäftigten leisten, Mehrarbeit und ohne Überstundenzuschläge mit dem Stundenentgelt zu vergüten.

II

§ 8 Ausgleich für Sonderformen der Arbeit

(1) [1]Der/Die Beschäftigte erhält neben dem Entgelt für die tatsächliche Arbeitsleistung Zeitzuschläge. [2]Die Zeitzuschläge betragen – auch bei Teilzeitbeschäftigten – je Stunde

a)	**für Überstunden**	
	in den Entgeltgruppen 1 bis 9b	**30 v. H.,**
	in den Entgeltgruppen 9c bis 15	**15 v. H.,**
b)	**für Nachtarbeit**	**20 v. H.,**
c)	**für Sonntagsarbeit**	**25 v. H.,**
d)	**bei Feiertagsarbeit**	
	– ohne Freizeitausgleich	**135 v. H.,**
	– mit Freizeitausgleich	**35 v. H.,**
e)	**für Arbeit am 24. Dezember und am 31. Dezember jeweils ab 6 Uhr**	**35 v. H.,**
f)	**für Arbeit an Samstagen von 13 bis 21 Uhr, soweit diese nicht im Rahmen von Wechselschicht- oder Schichtarbeit anfällt**	**20 v. H.**

des auf eine Stunde entfallenden Anteils des Tabellenentgelts der Stufe 3 der jeweiligen Entgeltgruppe. [3]Beim Zusammentreffen von Zeitzuschlägen nach Satz 2 Buchstabe c bis f wird nur der höchste Zeitzuschlag gezahlt. [4]Auf Wunsch der/des Beschäftigten können, soweit ein Arbeitszeitkonto (§ 10) eingerichtet ist und die betrieblichen/dienstlichen Verhältnisse es zulassen, die nach Satz 2 zu zahlenden Zeitzuschläge entsprechend dem jeweiligen Vomhundertsatz einer Stunde in Zeit umgewandelt und ausgeglichen werden. [5]Dies gilt entsprechend für Überstunden als solche.

Protokollerklärung zu Absatz 1 Satz 1:

Bei Überstunden richtet sich das Entgelt für die tatsächliche Arbeitsleistung nach der jeweiligen Entgeltgruppe und der individuellen Stufe, höchstens jedoch nach der Stufe 4.

Protokollerklärung zu Absatz 1 Satz 2 Buchst. d:

[1]Der Freizeitausgleich muss im Dienstplan besonders ausgewiesen und bezeichnet werden. [2]Falls kein Freizeitausgleich gewährt wird, werden als Entgelt einschließlich des Zeitzuschlags und des auf den Feiertag entfallenden Tabellenentgelts höchstens 235 v. H. gezahlt.

(2) Für Arbeitsstunden, die keine Überstunden sind und die aus betrieblichen/dienstlichen Gründen nicht innerhalb des nach § 6 Abs. 2 Satz 1 oder 2 festgelegten Zeitraums mit Freizeit ausgeglichen werden, erhält die/der Beschäftigte je Stunde 100 v. H. des auf eine Stunde entfallenden Anteils des Tabellenentgelts der jeweiligen Entgeltgruppe und Stufe.

Protokollerklärung zu Absatz 2:

Mit dem Begriff „Arbeitsstunden" sind nicht die Stunden gemeint, die im Rahmen von Gleitzeitregelungen im Sinne der Protokollerklärung zu § 6 anfallen, es sei denn, sie sind angeordnet worden.

(3) [1]Für die Rufbereitschaft wird eine tägliche Pauschale je Entgeltgruppe bezahlt. [2]Sie beträgt für die Tage Montag bis Freitag das Zweifache, für Samstag, Sonntag sowie für Feiertage das Vierfache des tariflichen Stundenentgelts nach Maßgabe der Entgelttabelle. [3]Maßgebend für die Bemessung der Pauschale nach Satz 2 ist der Tag, an dem die Rufbereitschaft beginnt. [4]Für die Arbeitsleistung innerhalb der Rufbereitschaft außerhalb des Aufenthaltsortes im Sinne des § 7 Abs. 4 wird die Zeit jeder einzelnen Inanspruchnahme einschließlich der hierfür erforderlichen Wegezeiten jeweils auf eine volle Stunde gerundet und mit dem Entgelt für Überstunden sowie mit etwaigen Zeitzuschlägen nach Absatz 1 bezahlt. [5]Wird die Arbeitsleistung innerhalb der Rufbereitschaft am Aufenthaltsort im Sinne des § 7 Abs. 4 telefonisch (z. B. in Form einer Auskunft) oder mittels technischer Einrichtungen erbracht, wird abweichend von Satz 4 die Summe dieser Arbeitsleistungen auf die nächste volle Stunde gerundet und mit dem Entgelt für Überstunden sowie mit etwaigen Zeitzuschlägen nach Absatz 1 bezahlt. [6]Absatz 1 Satz 4 gilt entsprechend, soweit die Buchung auf das Arbeitszeitkonto nach § 10 Abs. 3 Satz 2 zulässig ist. [7]Satz 1 gilt nicht im Falle einer stundenweisen Rufbereitschaft. [8]Eine Rufbereitschaft im Sinne von Satz 7 liegt bei einer ununterbrochenen Rufbereitschaft von weniger als zwölf Stunden vor. [9]In diesem Fall wird abweichend von den Sätzen 2 und 3 für jede Stunde der Rufbereitschaft 12,5 v. H. des tariflichen Stundenentgelts nach Maßgabe der Entgelttabelle gezahlt.

Protokollerklärung zu Absatz 3:

Zur Ermittlung der Tage einer Rufbereitschaft, für die eine Pauschale gezahlt wird, ist auf den Tag des Beginns der Rufbereitschaft abzustellen.

Niederschriftserklärung zu § 8 Abs. 3:

Zur Erläuterung von § 8 Abs. 3 und der dazugehörigen Protokollerklärung sind sich die Tarifvertragsparteien über folgendes Beispiel einig: „Beginnt eine Wochenendrufbereitschaft am Freitag um 15 Uhr und endet am Montag um 7 Uhr, so erhalten Beschäftigte folgende Pauschalen: Zwei Stunden für Freitag, je vier Stunden für Samstag und Sonntag, keine Pauschale für Montag. Sie erhalten somit zehn Stundenentgelte."

(4) [1]Das Entgelt für Bereitschaftsdienst wird landesbezirklich – für den Bund in einem Tarifvertrag auf Bundesebene – geregelt. [2]Bis zum In-Kraft-Treten einer Regelung nach Satz 1 gelten die in dem jeweiligen Betrieb/der jeweiligen Verwaltung/Dienststelle am 30. September 2005 jeweils geltenden Bestimmungen fort.

(5)[1]) [1]Beschäftigte, die ständig Wechselschichtarbeit leisten, erhalten eine Wechselschichtzulage von 105 Euro monatlich. [2]Beschäftigte, die nicht ständig Wechselschichtarbeit leisten, erhalten eine Wechselschichtzulage von 0,63 Euro pro Stunde.

---

1) Die Zulage für ständige Wechselschichtarbeit gemäß Absatz 5 Satz 1 wird ab dem 1. Juli 2025 auf 200 Euro monatlich angehoben. Die Stundensätze gemäß Absatz 5 Satz 2 werden zu demselben Zeitpunkt auf 1,18 Euro pro Stunde erhöht, siehe Teil A Nr. 3 Buchst. a) der unter **150** abgedruckten Tarifeinigung. Im Übrigen werden die Wechselschichtzulagen ab dem 31. Dezember 2026 dynamisch ausgestaltet.

(6)[1] [1]Beschäftigte, die ständig Schichtarbeit leisten, erhalten eine Schichtzulage von 40 Euro monatlich. [2]Beschäftigte, die nicht ständig Schichtarbeit leisten, erhalten eine Schichtzulage von 0,24 Euro pro Stunde.

Erläuterungen

§ 8 TVöD regelt den finanziellen Ausgleich für Sonderformen der Arbeit und ergänzt insoweit die in §§ 7 und 9 TVöD getroffene Definition der einzelnen Arten besonderer Arbeitsformen. Dieser Themenbereich war bislang in den §§ 33a (Wechselschicht- und Schichtzulagen) und 35 BAT (Zeitzuschläge, Überstundenvergütung) geregelt. Die Möglichkeit der Pauschalierung von Zeitzuschlägen entsprechend § 35 Abs. 4 BAT findet sich nun in § 24 (Berechnung und Auszahlung des Entgelts) Abs. 6 TVöD.

Auf die abweichenden Sonderregelungen in vielen Bereichen des Besonderen Teils Verwaltung[2]) (z. B. §§ 45, 46 und 47 des Abschnitts VIII Bund, auf die §§ 45, 46 und 48 bis 50 des Besonderen Teils Krankenhäuser[3]) sowie die Regelung des § 43 (Überstunden) des Besonderen Teils Verwaltung[2]) wird hingewiesen.

Wegen der Umschlüsselung der besonderen Entgeltgruppen der Beschäftigten des Sozial- und Erziehungsdienstes in die für die Höhe der Überstundenzuschläge nach § 8 Abs. 1 Satz 2 Buchst. a) maßgebenden Entgeltgruppen siehe § 1 Abs. 3 der Anlage zu § 56 (VKA)[2]) bzw. § 52 Abs. 3 BT-B[4]).

Zeitzuschläge (Abs. 1)

In dieser Vorschrift sind die Zeitzuschläge festgelegt, die neben dem Entgelt für die Arbeitsleistung zu zahlen sind.

Die Zuschläge betragen

- für Überstunden (→ § 7 Abs. 7 und 8) 30 v. H. in den Entgeltgruppen 1 bis 9b und 15 v. H. in den Entgeltgruppen 9c bis 15. Wegen der Ausnahmen für bestimmte Beschäftigte der obersten Bundesbehörden → § 43 Abs. 2 des Besonderen Teils Verwaltung wird hingewiesen,

---

[1]) Die Zulage für ständige Schichtarbeit gemäß Absatz 6 Satz 1 wird ab dem 1. Juli 2025 einheitlich auf 100 Euro monatlich angehoben. Die Stundensätze gemäß Absatz 6 Satz 2 werden zu demselben Zeitpunkt auf 0,59 Euro pro Stunde erhöht, siehe Teil A Nr. 3 Buchst. a) der unter **150** abgedruckten Tarifeinigung. Im Übrigen werden die Schichtzulagen ab dem 31. Dezember 2026 dynamisch ausgestaltet.

[2]) abgedruckt unter **215**

[3]) abgedruckt unter **230**

[4]) abgedruckt unter **235**

- für Nachtarbeit (→ § 7 Abs. 5) 20 v. H.,
- für Sonntagsarbeit 25 v. H. Sonntagsarbeit ist die Zeit an einem Sonntag in der Zeit zwischen 0 Uhr und 24 Uhr,
- für Feiertagsarbeit ohne Freizeitausgleich 135 v. H., mit Freizeitausgleich 35 v. H. Nach Maßgabe der Protokollerklärung hierzu muss der Freizeitausgleich im Dienstplan besonders ausgewiesen und bezeichnet werden. Falls kein Freizeitausgleich gewährt wird, werden als Ausgleich für Feiertagsentgelt und Zeitzuschlag höchstens 235 v. H. gezahlt. Feiertage i. S. dieser Vorschrift sind die gesetzlichen Feiertage (→ dazu Erläuterungen zu § 6 Abs. 3). Der Oster- und Pfingstsonntag sind nach den meisten Feiertagsgesetzen keine **gesetzlichen**, sondern **kirchliche** Feiertage. Für diese Tage ist somit abweichend vom alten Recht des BAT/BMT-G nur der Sonntagszuschlag des § 8 Absatz 1 Satz 2 Buchstabe c TVöD und nicht der höhere Feiertagszuschlag nach Buchstabe d der Vorschrift zu zahlen. Dies hat das Bundesarbeitsgericht mit Urteil vom 17. März 2010 – 5 AZR 317/09 – für den Ostersonntag und mit Urteil vom 17. August 2011 – 10 AZR 347/10 für den Oster- und Pfingstsonntag inzwischen ausdrücklich bestätigt. Diese Tage werden im neuen Tarifrecht im Ergebnis wie alle anderen Sonntage behandelt. Nur wenn sie (wie z. B. im brandenburgischen Feiertagsgesetz) ausdrücklich zu gesetzlichen Feiertagen erhoben werden, kommen Feiertagszuschläge in Betracht. In gleicher Weise ist auch die frühere Sonderstellung für Ostersamstag und Pfingstsamstag entfallen. Das BAG entschied am 1. August 2024 – 6 AZR 38/24 –, dass sich der Anspruch auf tarifliche Feiertagszuschläge danach richtet, ob am regelmäßigen Beschäftigungsort ein gesetzlicher Feiertag ist,
- für Arbeit am Heiligabend und an Silvester jeweils ab 6 Uhr 35 v. H. Besondere Zuschläge für an diesen Tagen in der Zeit vor 6 Uhr anfallende Arbeit sind nicht vorgesehen,
- für Arbeit an Samstagen in der Zeit von 13 Uhr bis 21 Uhr 20 v. H. Außerhalb dieses Zeitrahmens liegende Arbeitszeiten bleiben zuschlagsfrei. Ebenfalls ausgeschlossen sind Zuschläge, wenn die Samstagsarbeit im Rahmen von Wechselschicht- oder Schichtarbeit (→ § 7 Abs. 1 und 2) anfällt.

Bemessungsgrundlage ist gemäß Satz 2 der Vorschrift das Stundenentgelt der Stufe 3 der jeweiligen Entgeltgruppe (→ Entgelttabelle zum TVöD)[1]), und zwar auch dann, wenn der Beschäftigte tatsächlich nach einer anderen Stufe vergütet wird. Wegen der abweichenden

---

[1]) abgedruckt unter **210** Anlagen TVöD

Regelungen für die im Zuge der Entgeltordnung des Bundes in die Entgeltgruppe 9a übergeleiteten Beschäftigten s. § 27 Abs. 3 Satz 5 TVÜ-Bund. Die tatsächliche Arbeitsleistung wird bei Überstunden nach der individuellen Stufe der jeweiligen Entgeltgruppe, höchstens aber nach Stufe 4, vergütet (Protokollerklärung zu Absatz 1 Satz 1). Wegen der abweichenden Regelungen für die im Zuge der Entgeltordnung des Bundes in die Entgeltgruppe 9a übergeleiteten Beschäftigten s. § 27 Abs. 3 Satz 5 TVÜ-Bund. Die Tarifpartner haben keine ausdrückliche Regelung dazu getroffen, ob Zeitzuschläge auch für Stundenbruchteile zu zahlen sind. Der Wortlaut der Tarifvorschrift, wonach die Zeitzuschläge „je Stunde" (→ § 8 Abs. 1 Satz 2) gezahlt werden, ist nicht eindeutig. Er lässt sowohl die Auslegung zu, dass Zeitzuschläge auch für Bruchteile von Stunden abzugelten sind, als auch die Auffassung, dass Zeitzuschläge nur für volle Stunden zustehen. Bei der vergleichbaren Vorschrift des § 35 Abs. 1 BAT hat sich zwar in der Literatur und in der Praxis die Meinung durchgesetzt, Zuschläge seien auch zeitanteilig für Stundenbruchteile zu gewähren. Zur Regelung des § 10 des Tarifvertrages Versorgungsbetriebe, der unmittelbares Vorbild für die Vorschrift des TVöD war, finden sich aber auch Meinungsäußerungen, nach denen die Zeitzuschläge nur für volle Stunden zu zahlen sind. Der Bund hat sich in ersten Hinweisen zur Anwendung des TVöD für eine zeitanteilige Gewährung der Zuschläge entschlossen. Es bleibt abzuwarten, ob sich die Kommunen dieser Auslegung anschließen oder Zeitzuschläge nur für volle Stunden gewähren.

Beim Zusammentreffen der Zeitzuschläge nach den Buchstaben c bis f (also für Sonntags- und Feiertagsarbeit sowie für Arbeit an Samstagen bzw. Heiligabend und Silvester) wird gemäß Satz 3 jeweils nur der höchste Zeitzuschlag gezahlt. Folglich wird für Arbeit an auf einen Sonntag fallenden Feiertagen der höhere Feiertagszuschlag gezahlt, der geringere Sonntagszuschlag geht unter. Zuschläge für Überstunden (Buchst. a) und Nachtarbeit (Buchst. b) hingegen können nebeneinander und auch neben den Zuschlägen nach den Buchstaben c bis f gezahlt werden.

Nach den Sätzen 4 und 5 der Vorschrift können auf Wunsch des Arbeitnehmers die entsprechend dem jeweiligen Vomhundertsatz (also 6 Minuten für 10 v. H. Zuschlag) in Arbeitszeit umgerechneten Zuschläge (Satz 4) und die Überstunden als solche (Satz 5) einem Arbeitszeitkonto gutgeschrieben werden, wenn die betrieblichen/dienstlichen Verhältnisse dies zulassen. Voraussetzung dafür ist, dass ein Arbeitszeitkonto (→ § 10) durch Betriebs-/Dienstvereinbarung eingerichtet worden ist und dass der betroffene Arbeitnehmer unter diese Regelung fällt.

Bestimmte Zuschläge können steuerfrei gezahlt werden. Die Steuerfreiheit der Zuschläge für Sonntags-, Feiertags- und Nachtarbeit ist durch das Steuerreformgesetz 1990 mit Wirkung ab 1. 1. 1990 neu geregelt und ist durch das Steueränderungsgesetz 2003 geändert worden. § 3b des Einkommensteuergesetzes in der aktuellen Fassung lautet wie folgt:

II

§ 3b EStG Steuerfreiheit von Zuschlägen für Sonntags-, Feiertags- oder Nachtarbeit

(1) Steuerfrei sind Zuschläge, die für tatsächlich geleistete Sonntags-, Feiertags- oder Nachtarbeit neben dem Grundlohn gezahlt werden, soweit sie

1. für Nachtarbeit 25 Prozent,
2. vorbehaltlich der Nummern 3 und 4 für Sonntagsarbeit 50 Prozent,
3. vorbehaltlich der Nummer 4 für Arbeit am 31. Dezember ab 14 Uhr und an den gesetzlichen Feiertagen 125 Prozent,
4. für Arbeit am 24. Dezember ab 14 Uhr, am 25. und 26. Dezember sowie am 1. Mai 150 Prozent

des Grundlohns nicht übersteigen.

(2) [1]Grundlohn ist der laufende Arbeitslohn, der dem Arbeitnehmer bei der für ihn maßgebenden regelmäßigen Arbeitszeit für den jeweiligen Lohnzahlungszeitraum zusteht; er ist in einen Stundenlohn umzurechnen und mit höchstens 50 Euro anzusetzen. [2]Nachtarbeit ist die Arbeit in der Zeit von 20 Uhr bis 6 Uhr. [3]Sonntagsarbeit und Feiertagsarbeit ist die Arbeit in der Zeit von 0 Uhr bis 24 Uhr des jeweiligen Tages. [4]Die gesetzlichen Feiertage werden durch die am Ort der Arbeitsstätte geltenden Vorschriften bestimmt.

(3) Wenn die Nachtarbeit vor 0 Uhr aufgenommen wird, gilt abweichend von den Absätzen 1 und 2 Folgendes:

1. Für Nachtarbeit in der Zeit von 0 Uhr bis 4 Uhr erhöht sich der Zuschlagssatz auf 40 Prozent,
2. als Sonntagsarbeit und Feiertagsarbeit gilt auch die Arbeit in der Zeit von 0 Uhr bis 4 Uhr des auf den Sonntag oder Feiertag folgenden Tages.

Mehrarbeitsvergütung (Abs. 2)

Für nicht durch Freizeit ausgeglichene (Mehr-)Arbeitsstunden, die keine Überstunden im tariflichen Sinne darstellen, erhält der Beschäftigte je Stunde 100 v. H. des auf seine Entgeltgruppe und -stufe entfallenden Stundenentgelts. Die in Absatz 1 vereinbarte Pauschalierung auf das Stundenentgelt der Stufe 3 findet nicht statt. Einziger erkennbarer Anwendungsfall sind die Mehrarbeitsstunden Teilzeitbeschäftigter (→ § 7 Abs. 6 und die dortigen Erläuterungen).

Durch Protokollerklärung ist klargestellt, dass im Rahmen von Gleitzeitregelungen anfallende Stundenguthaben nicht unter die auszugleichende Mehrarbeit fallen. Diese Zeitguthaben sind unter Beachtung der Gleitzeitvereinbarung nur durch Freizeit auszugleichen.

Vergütung der Rufbereitschaft (Abs. 3)

In Absatz 3 haben die Tarifpartner geregelt, wie die Rufbereitschaft (Sätze 1 bis 3) bzw. die tatsächliche Arbeitsleistung innerhalb der Rufbereitschaft (Satz 4) zu vergüten sind. Die Sätze 7 bis 9 treffen besondere Regelungen für die Fälle stundenweiser Rufbereitschaft. Die Definition des Begriffes der Rufbereitschaft ergibt sich aus § 7 Abs. 4.

Das Entgelt für die Rufbereitschaft ist – unabhängig von der tatsächlich anfallenden, gesondert zu vergütenden Arbeitsleistung – als Tagespauschale mit einem Vielfachen des Stundenentgelts der Entgelttabelle zum TVöD bestimmt worden. Für die Tage Montag bis Freitag beträgt das Entgelt für die Rufbereitschaft das Zweifache, für Samstage, Sonn- und Feiertage das Vierfache des maßgebenden Stundenentgelts. Für die Bemessung der Pauschale (also die Frage, ob das Zwei- oder Vierfache des Stundenentgelts zu zahlen ist) ist der Tag des Beginns der Rufbereitschaft maßgebend. In einer Niederschriftserklärung haben die Tarifpartner mit einem Beispiel verdeutlicht, wie die Stundenpauschale zu berechnen ist. Bei einer Wochenendrufbereitschaft von Freitag 15 Uhr bis Montag 7 Uhr erhält der Beschäftigte demnach folgende Stundenpauschalen: für Freitag zwei Stunden, für Samstag und Sonntag je vier Stunden, für Montag keine Pauschale; ergibt zehn Stundenpauschalen für die Rufbereitschaft (zzgl. ggf. ein Entgelt für die tatsächlich angefallene Arbeitsleistung).

In den Fällen stundenweiser Rufbereitschaft (diese liegt nach Satz 8 bei einer ununterbrochenen Rufbereitschaft von weniger als zwölf Stunden vor) wird nach Satz 9 an Stelle der Tagespauschale ein Stundensatz von 12,5 % des tariflichen Stundenentgeltes gezahlt. Dies gilt nach dem Urteil des BAG vom 5. Februar 2009 – 6 AZR 114/08 – auch, wenn der Arbeitgeber an einem Kalendertag oder binnen 24 Stunden an zwei aufeinanderfolgenden Kalendertagen mehrere jeweils weniger als zwölf Stunden andauernde Rufbereitschaften anordnet, zwischen denen der Arbeitnehmer frei hat oder die normale Arbeitsleistung zu erbringen hat. Auch diese Rufbereitschaften sind stundenweise mit 12,5 % des tariflichen Stundenentgelts je angeordnete Stunde zu vergüten. Die Voraussetzungen für den Anspruch auf die tägliche Pauschale werden nach Auffassung des BAG nicht erfüllt. Die Regelung enthält keine Rundungsvorschrift; Stundenbruchteile sind daher nicht zu vergüten.

II

Die tatsächliche Arbeitszeit während der Rufbereitschaft sowie die damit verbundenen Wegezeiten sind mit dem Entgelt für Überstunden sowie etwaiger Zeitzuschläge (z. B. für Sonntagsarbeit) zu vergüten und zwar neben dem Entgelt für die Rufbereitschaft, das auch während der tatsächlichen Inanspruchnahme zusteht. In seinem zur vergleichbaren Vorschrift des § 11 Abs. 3 Satz 4 TV-Ärzte/VKA ergangenen Urteil vom 20. August 2014 – 10 AZR 937/13 – hat das BAG ausdrücklich klargestellt, dass auch die Wegezeiten Zeitzuschläge auslösen können. Bei Einsätzen außerhalb des Aufenthaltsortes im Sinne des § 7 Abs. 4 ist gemäß § 8 Abs. 5 Satz 4 die Zeit jeder Inanspruchnahme einschließlich der erforderlichen Wegezeiten auf volle Stunden aufzurunden.

Beispiel:

Während der Rufbereitschaft fallen drei Einsätze von jeweils (einschließlich Wegezeit) 45 Minuten an. Die Einsätze sind für die Vergütung einzeln auf drei mal eine Stunde – somit auf insgesamt drei Stunden aufzurunden.

Wenn die Arbeitsleistung ohne Verlassen des Aufenthaltsortes (z. B. telefonisch) erbracht wird, wird die Arbeitsleistung nach § 8 Abs. 5 Satz 5 erst am Ende der Rufbereitschaft auf die nächste volle Stunde aufgerundet.

Beispiel:

Wie Beispiel oben, aber Einsatz jeweils nur per Telefon ohne Verlassen des Aufenthaltsortes. Die Einsätze von insgesamt 135 Minuten (2 Stunden und 15 Minuten) sind für die Vergütung zunächst zu addieren und erst am Ende der Rufbereitschaft auf drei Stunden aufzurunden.

Die Zeitzuschläge während der Inanspruchnahme aus der Rufbereitschaft sind nach Auffassung des BAG (Urteil vom 24. September 2008 – 6 AZR 259/08) „spitz" für die tatsächliche Arbeitsleistung zu zahlen; eine Rundung kommt nicht in Betracht.

In Satz 6 der Vorschrift haben die Tarifpartner bestimmt, dass Absatz 1 Satz 4 entsprechend gilt, so dass bei Vorhandensein eines auf der Grundlage von Bezirks-/Dienstvereinbarungen eingerichteten Arbeitszeitkontos die Rufbereitschaft und die tatsächliche Arbeitszeit auch in Form einer Zeitgutschrift abgegolten werden kann, soweit dies nach der jeweiligen Bezirks-/Dienstvereinbarung möglich ist.

Vergütung des Bereitschaftsdienstes (Abs. 4)

Hinsichtlich der Bereitschaftsdienstvergütung (zur Definition des Bereitschaftsdienstes → § 7 Abs. 3 und § 9) trifft der TVöD keine eigenständige Regelung, sondern überlässt dies landesbezirklichen Tarifverträgen (Kommunen) bzw. einem entsprechenden Tarifvertrag für den

Bund. Bis zum In-Kraft-Treten entsprechender – noch auszuhandelnder – Tarifverträge soll es nach dem Willen der Tarifpartner bei den am 30. September 2005 in der jeweiligen Verwaltung bzw. dem jeweiligen Betrieb geltenden Regelungen bleiben. Dies sind in der Regel die Vorschriften des § 15 Abs. 6a BAT und der Sonderregelungen (z. B. in den SR 2a, 2b und 2c) dazu.

Wechselschichtzulage/Schichtzulage (Abs. 5 und 6)

In Absatz 5 bzw. 6 ist geregelt, dass der Arbeitnehmer, der ständig Wechselschichtarbeit/Schichtarbeit leistet, eine monatliche Zulage von 105 Euro (Wechselschichtarbeit/Abs. 5) bzw. 40 Euro (Schichtarbeit/Abs. 6) erhält. Das BAG hat mit Urteilen vom 24. September 2008 – 10 AZR 634/07 – und 25. September 2013 – 10 AZR 4/12 – die Kürzung der Wechselschicht- und Schichtzulagen bei Teilzeitbeschäftigten auf deren Arbeitszeitanteil als rechtmäßig beurteilt und damit die Auffassung der öffentlichen Arbeitgeber bestätigt. In der Kürzung liegt nach Auffassung des BAG keine Diskriminierung von Teilzeitbeschäftigten. Wegen der Definition der Begriffe Wechselschichtarbeit/Schichtarbeit → § 7 Abs. 1 bzw. 2.

Wer nicht ständig Wechselschichtarbeit/Schichtarbeit leistet, erhält eine Schichtzulage von 0,63 Euro (Wechselschichtarbeit) bzw. 0,24 Euro (Schichtarbeit) pro Stunde. Für unter den BT-K und BT-B fallende Beschäftigte gelten seit dem 1. März 2021 abweichende Beträge – siehe § 50 Abs. 2 TVöD BT-K[1]) bzw. § 49a Abs. 2 TVöD BT-B.[2])

Was unter „ständiger" Wechselschichtarbeit/Schichtarbeit zu verstehen ist, ist in der Tarifvorschrift nicht näher definiert worden. Nach dem allgemeinen Sprachgebrauch wird man davon ausgehen können, dass „ständig" nicht im Sinne von „ausschließlich" zu verstehen ist, dass aber eine lediglich gelegentliche Heranziehung zur (Wechsel-) Schichtarbeit – beispielsweise im Rahmen der Vertretung – nicht ausreicht, um entsprechende Ansprüche zu begründen. Die Ausübung arbeitszeitlich wechselnder (Wechsel-)Schichtarbeit muss zum normalen Dienstablauf des Arbeitnehmers gehören – siehe dazu auch BAG vom 13. Juni 2012 – 10 AZR 351/11.

---

1) abgedruckt unter **230**

2) abgedruckt unter **235**

II

§ 9 Bereitschaftszeiten

(1) [1]Bereitschaftszeiten sind die Zeiten, in denen sich die/der Beschäftigte am Arbeitsplatz oder einer anderen vom Arbeitgeber bestimmten Stelle zur Verfügung halten muss, um im Bedarfsfall die Arbeit selbständig, ggf. auch auf Anordnung, aufzunehmen und in denen die Zeiten ohne Arbeitsleistung überwiegen. [2]Für Beschäftigte, in deren Tätigkeit regelmäßig und in nicht unerheblichem Umfang Bereitschaftszeiten fallen, gelten folgende Regelungen:

a) Bereitschaftszeiten werden zur Hälfte als tarifliche Arbeitszeit gewertet (faktorisiert).

b) Sie werden innerhalb von Beginn und Ende der regelmäßigen täglichen Arbeitszeit nicht gesondert ausgewiesen.

c) Die Summe aus den faktorisierten Bereitschaftszeiten und der Vollarbeitszeit darf die Arbeitszeit nach § 6 Abs. 1 nicht überschreiten.

d) Die Summe aus Vollarbeits- und Bereitschaftszeiten darf durchschnittlich 48 Stunden wöchentlich nicht überschreiten.

[3]Ferner ist Voraussetzung, dass eine nicht nur vorübergehend angelegte Organisationsmaßnahme besteht, bei der regelmäßig und in nicht unerheblichem Umfang Bereitschaftszeiten anfallen.

(2) [1]Im Bereich der VKA bedarf die Anwendung des Absatzes 1 im Geltungsbereich eines Personalvertretungsgesetzes einer einvernehmlichen Dienstvereinbarung. [2]§ 6 Abs. 9 gilt entsprechend. [3]Im Geltungsbereich des Betriebsverfassungsgesetzes unterliegt die Anwendung dieser Vorschrift der Mitbestimmung im Sinne des § 87 Abs. 1 Nr. 2 BetrVG.

(3) Im Bereich des Bundes gilt Absatz 1 für Beschäftigte im Sinne des Satzes 2, wenn betrieblich Beginn und Ende der täglichen Arbeitszeit unter Einschluss der Bereitschaftszeiten für diese Beschäftigtengruppen festgelegt werden.

Protokollerklärung zu § 9:

Diese Regelung gilt nicht für Wechselschicht- und Schichtarbeit.

Erläuterungen

In § 9 TVöD haben die Tarifvertragsparteien den Begriff der Bereitschaftszeiten definiert und Regeln für diese besondere Form der Arbeitszeitgestaltung bestimmt. Sie folgen damit den Regelungen zur „Arbeitsbereitschaft", die bislang in erster Linie im bisherigen Recht der Arbeiter (z. B. § 18 MTArb) zu finden waren. Die Rechtsprechung zu den bisherigen Vorschriften zur Arbeitsbereitschaft hat diese besondere Form der Arbeit treffend als „Zeit wacher Achtsamkeit im Zustand der Entspannung" bezeichnet.

Auf die abweichenden Sonderregelungen in §§ 45, 46 des Besonderen Teils Krankenhäuser[1]) wird hingewiesen.

---

[1]) abgedruckt unter **230**

Begriffsbestimmung; Bewertung (Abs. 1)

Nach der Definition in Satz 1 der Vorschrift sind Bereitschaftszeiten Zeiten, in denen der Beschäftigte sich bereithalten muss, um im Bedarfsfall die Arbeit aufzunehmen. Den Aufenthaltsort bestimmt der Arbeitgeber; es kann der Arbeitsplatz oder ein anderer Ort sein. Grundvoraussetzung für die Annahme von Bereitschaftszeiten ist, dass die Zeiten ohne Arbeitsleistung überwiegen.

Für Beschäftigte, in deren Tätigkeit regelmäßig und in nicht unerheblichem Umfang Bereitschaftszeiten fallen, und die in entsprechenden organisierten Bereichen arbeiten, gelten die Regelungen des Satzes 2 Buchst. a bis d. Demnach werden Bereitschaftszeiten

- abweichend von den Vorschriften des Arbeitszeitgesetzes zur Hälfte als Arbeitszeit gewertet (Buchst. a),
- innerhalb der regelmäßigen Arbeitszeit nicht gesondert ausgewiesen (Buchst. b),
- zusammen mit der Vollarbeitszeit auf die Regelarbeitszeit des § 6 Abs. 1 begrenzt (Buchst. c; dabei ist die Summe aus der Vollarbeitszeit und der faktorisierten, d. h. halbierten Bereitschaftszeit maßgebend),
- zusammen mit der Vollarbeitszeit auf 48 Wochenstunden begrenzt (Buchst. d); dabei ist die Summe aus Vollarbeitszeit und tatsächlichen Bereitschaftszeiten nicht halbiert, sondern 1 : 1 zu bilden.

Maßgaben im Bereich der VKA (Abs. 2)

Die Vorschrift des Absatzes 2 schränkt die Anwendung des Absatzes 1 im Bereich der Kommunen ein.

Die Anwendung setzt im Geltungsbereich eines Personalvertretungsgesetzes[1]) eine „einvernehmliche" Dienstvereinbarung voraus. Was darunter zu verstehen ist, haben die Tarifpartner in § 38 Abs. 3 definiert. § 6 Abs. 9 gilt entsprechend, somit kann die Dienstvereinbarung auch durch einen landesbezirklichen Tarifvertrag ersetzt werden.

Im Bereich des Betriebsverfassungsgesetzes unterliegt die Anwendung des Absatzes 1 der Mitbestimmung.

Maßgaben im Bereich des Bundes (Abs. 3)

Im Bereich des Bundes setzt die Anwendung des Absatzes 1 lediglich die betriebliche Festlegung des Beginns und des Endes der täglichen Arbeitszeit unter Einschluss der Bereitschaftszeiten voraus.

---

1) Liste der Personalvertretungsgesetze abgedruckt in der Erläuterung zu **210** § 2 Abs. 1 TVöD

Protokollerklärung

In einer Protokollerklärung haben die Tarifpartner vereinbart, dass die Regelungen des § 9 über Bereitschaftszeiten nicht für Wechselschicht- und Schichtarbeit gelten.

II

Sonderregelungen

In einem **Anhang zu § 9** haben die Tarifpartner spezielle Regelungen zu den Bereitschaftszeiten von Hausmeistern (Abschnitt A) und von Beschäftigten im Rettungsdienst und in Leitstellen getroffen (Abschnitt B). § 22 TVÜ-Bund bzw. § 24 TVÜ-VKA[1]) bestimmen, dass die Nr. 3 (regelmäßige Arbeitszeit) der Sonderregelungen SR 2r des BAT und entsprechende Regelungen fortgelten. Sie sind jedoch an die Bestimmungen des Anhangs anzupassen.

Daneben enthalten die Besonderen Teile Krankenhäuser (BT-K)[2]) und Pflege- und Betreuungseinrichtungen (BT-B)[3]) des TVöD für die Beschäftigten seines Geltungsbereichs spezielle Regelungen des Bereitschaftsdienstes etc.

---

1) abgedruckt unter **280**

2) abgedruckt unter **230**

3) abgedruckt unter **235**

Anhang zu § 9

A. Bereitschaftszeiten Hausmeisterinnen/Hausmeister

[1]Für Hausmeisterinnen/Hausmeister, in deren Tätigkeit regelmäßig und in nicht unerheblichem Umfang Bereitschaftszeiten fallen, gelten folgende besondere Regelungen zu § 6 Abs. 1 Satz 1 TVöD:

II

[2]Die Summe aus den faktorisierten Bereitschaftszeiten und der Vollarbeitszeit darf die Arbeitszeit nach § 6 Abs. 1 nicht überschreiten. [3]Die Summe aus Vollarbeits- und Bereitschaftszeiten darf durchschnittlich 48 Stunden wöchentlich nicht überschreiten. [4]Bereitschaftszeiten sind die Zeiten, in denen sich die Hausmeisterin/der Hausmeister am Arbeitsplatz oder einer anderen vom Arbeitgeber bestimmten Stelle zur Verfügung halten muss, um im Bedarfsfall die Arbeit selbständig, ggf. auch auf Anordnung, aufzunehmen und in denen die Zeiten ohne Arbeitsleistung überwiegen. [5]Bereitschaftszeiten werden zur Hälfte als Arbeitszeit gewertet (faktorisiert). [6]Bereitschaftszeiten werden innerhalb von Beginn und Ende der regelmäßigen täglichen Arbeitszeit nicht gesondert ausgewiesen.

B. Bereitschaftszeiten im Rettungsdienst und in Leitstellen[1)]

(1) [1]Für Beschäftigte im Rettungsdienst und in den Leitstellen, in deren Tätigkeit regelmäßig und in nicht unerheblichem Umfang Bereitschaftszeiten fallen, gelten folgende besondere Regelungen zu § 6 Abs. 1 Satz 1 TVöD: [2]Die Summe aus den faktorisierten Bereitschaftszeiten und der Vollarbeitszeit darf die Arbeitszeit nach § 6 Abs. 1 nicht überschreiten. [3]Die Summe aus Vollarbeits- und Bereitschaftszeiten darf durchschnittlich 48 Stunden wöchentlich nicht überschreiten. [4]Bereitschaftszeiten sind die Zeiten, in denen sich die/der Beschäftigte am Arbeitsplatz oder einer anderen vom Arbeitgeber bestimmten Stelle zur Verfügung halten muss, um im Bedarfsfall die Arbeit selbständig, ggf. auch auf Anordnung, aufzunehmen und in denen die Zeiten ohne Arbeitsleistung überwiegen. [5]Bereitschaftszeiten werden zur Hälfte als tarifliche Arbeitszeit gewertet (faktorisiert). [6]Bereitschaftszeiten werden innerhalb von Beginn und Ende der regelmäßigen täglichen Arbeitszeit nicht gesondert ausgewiesen.

---

1) Die Tarifpartner haben sich im Rahmen der Tarifrunde 2025 auf neue Regelungen für Beschäftigte im Rettungsdienst verständigt – siehe Teil C Nr. 4 der unter **150** abgedruckten Tarifeinigung, die in einem neuen Absatz 1a unter anderem eine Absenkung der Wochenarbeitszeit von 48 auf 46 Stunden ab dem 1. Januar 2026 und auf 44 Stunden ab dem 1. Januar 2027 sowie in einer Neufassung des Absatzes 2 die Möglichkeit von 24-Stunden-Diensten mit maximal neun Stunden Vollarbeit vorsehen.

(2) Die zulässige tägliche Höchstarbeitszeit beträgt zwölf Stunden zuzüglich der gesetzlichen Pausen.

(3) Die allgemeinen Regelungen des TVöD zur Arbeitszeit bleiben im Übrigen unberührt.

(4) Für Beschäftigte, die unter die Sonderregelungen für den kommunalen feuerwehrtechnischen Dienst fallen, gilt § 46 Nr. 2 Abs. 1 BT-V (VKA), auch soweit sie in Leitstellen tätig sind.

§ 10 Arbeitszeitkonto[1])

(1) [1]Durch Betriebs-/Dienstvereinbarung kann ein Arbeitszeitkonto eingerichtet werden. [2]Für einen Betrieb/eine Verwaltung, in dem/der ein Personalvertretungsgesetz Anwendung findet, kann eine Regelung nach Satz 1 auch in einem landesbezirklichen Tarifvertrag – für den Bund in einem Tarifvertrag auf Bundesebene – getroffen werden, wenn eine Dienstvereinbarung nicht einvernehmlich zustande kommt und der Arbeitgeber ein Letztentscheidungsrecht hat. [3]Soweit ein Arbeitszeitkorridor (§ 6 Abs. 6) oder eine Rahmenzeit (§ 6 Abs. 7) vereinbart wird, ist ein Arbeitszeitkonto einzurichten.

(2) [1]In der Betriebs-/Dienstvereinbarung wird festgelegt, ob das Arbeitszeitkonto im ganzen Betrieb/in der ganzen Verwaltung oder Teilen davon eingerichtet wird. [2]Alle Beschäftigten der Betriebs-/Verwaltungsteile, für die ein Arbeitszeitkonto eingerichtet wird, werden von den Regelungen des Arbeitszeitkontos erfasst.

(3) [1]Auf das Arbeitszeitkonto können Zeiten, die bei Anwendung des nach § 6 Abs. 2 festgelegten Zeitraums als Zeitguthaben oder als Zeitschuld bestehen bleiben, nicht durch Freizeit ausgeglichene Zeiten nach § 8 Abs. 1 Satz 5 und Abs. 2 sowie in Zeit umgewandelte Zuschläge nach § 8 Abs. 1 Satz 4 gebucht werden. [2]Weitere Kontingente (z. B. Rufbereitschafts-/Bereitschaftsdienstentgelte) können durch Betriebs-/Dienstvereinbarung zur Buchung freigegeben werden. [3]Die/Der Beschäftigte entscheidet für einen in der Betriebs-/Dienstvereinbarung festgelegten Zeitraum, welche der in Satz 1 genannten Zeiten auf das Arbeitszeitkonto gebucht werden.

(4) Im Falle einer unverzüglich angezeigten und durch ärztliches Attest nachgewiesenen Arbeitsunfähigkeit während eines Zeitausgleichs vom Arbeitszeitkonto (Zeiten nach Absatz 3 Satz 1 und 2) tritt eine Minderung des Zeitguthabens nicht ein.

---

1) Entsprechend Teil A Nr. 3 Buchst. c) der unter **150** abgedruckten Tarifeinigung wird § 10 zum 1. Juli 2025 um einen neuen Absatz 7 ergänzt, wonach auf betrieblicher Ebene die Einrichtung von Langzeitkonten vereinbart werden kann. § 10 Absatz 7 gilt in der folgenden Fassung:
„(7) Auf betrieblicher Ebene kann die Einrichtung eines Langzeitkontos für die Beschäftigten vereinbart werden. Ein in das Langzeitkonto eingebrachtes Wertguthaben kann gemäß § 7c SGB IV (insbesondere für ein Sabbatical, für eine Verringerung der Arbeitszeit, die der Beschäftigte nach § 8 oder § 9a TzBfG verlangen kann, Freistellung wegen Kinderbetreuungszeiten und Pflegezeit) verwendet werden. Die Ausgestaltung geschieht durch Betriebsvereinbarung oder einvernehmliche Dienstvereinbarung, in der insbesondere geregelt werden:
- Verfahren zur Einbringungsmöglichkeit, insbesondere die Einzahlung von Entgeltbestandteilen,
- Regelung von Störfällen und die Übertragung des Wertguthabens, insbesondere bei Beendigung des Arbeitsverhältnisses, Berufsunfähigkeit, Tod,
- Rahmen der Ansparvereinbarung, insbesondere hinsichtlich der Grenzen der Ansparung,
- Regelungen zur Freistellungsphase, insbesondere zu Mindestzeiten, Beginn und Dauer, Ankündigungsfristen,
- Entgelt in der Freistellungsphase,
- Insolvenzsicherung im Falle der Insolvenzfähigkeit des Arbeitgebers."

II

Niederschriftserklärung zu § 10 Abs. 4:

Durch diese Regelung werden aus dem Urlaubsrecht entlehnte Ansprüche nicht begründet.

(5) In der Betriebs-/Dienstvereinbarung sind insbesondere folgende Regelungen zu treffen:

a) Die höchstmögliche Zeitschuld (bis zu 40 Stunden) und das höchstzulässige Zeitguthaben (bis zu einem Vielfachen von 40 Stunden), die innerhalb eines bestimmten Zeitraums anfallen dürfen;

b) nach dem Umfang des beantragten Freizeitausgleichs gestaffelte Fristen für das Abbuchen von Zeitguthaben oder für den Abbau von Zeitschulden durch die/den Beschäftigten;

c) die Berechtigung, das Abbuchen von Zeitguthaben zu bestimmten Zeiten (z. B. an sogenannten Brückentagen) vorzusehen;

d) die Folgen, wenn der Arbeitgeber einen bereits genehmigten Freizeitausgleich kurzfristig widerruft.

(6) [1]Der Arbeitgeber kann mit der/dem Beschäftigten die Einrichtung eines Langzeitkontos vereinbaren. [2]In diesem Fall ist der Betriebs-/Personalrat zu beteiligen und – bei Insolvenzfähigkeit des Arbeitgebers – eine Regelung zur Insolvenzsicherung zu treffen.

Erläuterungen

§ 10 TVöD trifft erstmalig Regelungen zur Einrichtung und zum Inhalt eines Arbeitszeitkontos. Der BAT enthielt bislang keine vergleichbare Regelung.

Auf die abweichenden Sonderregelungen in § 48 (Bund) des Besonderen Teils Verwaltung wird hingewiesen.

Arbeitszeitkonten sind wichtige Hilfsmittel, um die Arbeitszeit flexibler zu gestalten. Während in der Privatwirtschaft schon seit geraumer Zeit die unterschiedlichsten Modelle von Arbeitszeitkonten existieren, enthielten der BAT und die übrigen Manteltarifverträge des öffentlichen Dienstes keine Regelungen zur Einrichtung und Führung von Arbeitszeitkonten.

Die in der Privatwirtschaft anzutreffenden Modelle eines Arbeitszeitkontos lassen sich im Wesentlichen zwei verschiedenen Hauptarten zuordnen, nämlich dem Kurzzeitkonto und dem Langzeitkonto.

Das Kurzzeitkonto lässt sich als eine Art „Girokonto" definieren, auf dem kurzfristige Bewegungen (hier: von Zeitbuchungen) abgewickelt werden. Hauptziel ist es dabei, einerseits Ausgleichsmöglichkeiten für Beschäftigungsschwankungen innerhalb eines bestimmten Zeitrahmens (häufig ein Jahr) zu schaffen, andererseits den Beschäftigten zu ermöglichen, innerhalb näher bestimmter Grenzen die individuelle Arbeitszeitgestaltung selbst zu bestimmen und so beispielsweise auch erwirtschaftete Zeitguthaben in zusätzliche freie Stunden/Tage umzusetzen.

Das Langzeitkonto lässt sich – um bei den Begrifflichkeiten des Bankwesens, die eine bildhafte Darstellung ermöglichen, zu bleiben – als eine Art „Sparbuch“ oder „Sparplan“ charakterisieren. Hierbei geht es um den langfristigen Aufbau von Arbeitszeitguthaben, die dann einen zeitweiligen (Sabbatjahr, Langzeiturlaub) Ausstieg aus dem Berufsleben, oder – wenn sie ans Ende der Berufszeit gelegt werden – faktisch einen vorzeitigen Ausstieg aus dem Berufsleben ermöglichen.

Einrichtung des Arbeitszeitkontos (Abs. 1)

Hierbei handelt es sich grundsätzlich um eine **Kann**-Vorschrift, die die Einrichtung eines Arbeitszeitkontos durch Betriebs-/Dienstvereinbarung zulässt (Satz 1). Soweit in Betrieben/Verwaltungen ein Arbeitszeitkorridor (§ 6 Abs. 6) oder eine Rahmenzeit (§ 6 Abs. 7) vereinbart ist, **muss** ein Arbeitszeitkonto eingerichtet werden (Satz 3).

Satz 2 sieht – wie § 6 Abs. 9 für den Fall, dass eine solche Betriebs-/Dienstvereinbarung nicht einvernehmlich zustande kommt – eine Regelung durch landesbezirklichen Tarifvertrag (Kommunen) bzw. Tarifvertrag auf Bundesebene (Bund) vor. Dies gilt aber nur in den Betrieben/Verwaltungen, in denen ein Personalvertretungsgesetz Anwendung findet und ist auf die Situation beschränkt, dass der Arbeitgeber ein Letztentscheidungsrecht hat.

Was unter einer „einvernehmlichen“ Dienstvereinbarung zu verstehen ist, haben die Tarifpartner in § 38 Abs. 3 definiert.

Geltungsbereich des Arbeitszeitkontos (Abs. 2)

Die Betriebsparteien legen in der Betriebs-/Dienstvereinbarung fest, ob das Arbeitszeitkonto im gesamten Betrieb/der gesamten Verwaltung, oder nur in Teilen davon eingerichtet wird (Satz 1). Der exakten Abgrenzung wird dabei in der Praxis große Bedeutung zukommen; denn nach Satz 2 der Vorschrift gilt das Arbeitszeitkonto für alle Beschäftigten in diesen festgelegten Bereichen.

In das Arbeitszeitkonto einfließende Zeiten (Abs. 3)

In Satz 1 der Vorschrift ist bestimmt, welche Zeiten zur Auffüllung des Arbeitszeitkontos zur Verfügung stehen. Hierbei handelt es sich um

- das nach der Durchschnittsberechnung der regelmäßigen Arbeitszeit innerhalb des festgelegten Ausgleichszeitraums (§ 6 Abs. 2) verbleibende Zeitguthaben (ggf. auch Zeitschuld),
- nicht bereits durch Freizeit ausgeglichene Überstunden (§ 8 Abs. 1 Satz 5),
- nicht bereits durch Freizeit ausgeglichene Mehrarbeit (§ 8 Abs. 2),
- auf Wunsch des Arbeitnehmers in Zeit umgerechnete Zeitzuschläge (§ 8 Abs. 1 Satz 4).

Die Freigabe weiterer Zeiten, die (ggf. nach Umrechnung von Geld in Zeit) in das Arbeitszeitkonto einfließen können, kann gemäß Satz 2 nur durch Betriebs- oder Dienstvereinbarung – also eine kollektive Regelung – und nicht etwa auf Wunsch einzelner Arbeitnehmer erfolgen. Die in der Vorschrift genannten Beispiele (Entgelt für Bereitschaftsdienste/Rufbereitschaft) sind nicht abschließend.

Buchungen ohne eine vorherige konkrete Vereinbarung dürften mit Blick auf das BAG-Urteil vom 21. März 2012 – 5 AZR 676/11 ausgeschlossen sein. In diesem Verfahren hatte das BAG Minusbuchungen des Arbeitgebers im Zusammenhang mit einer tariflich geänderten Gewährung von Erholungszeiten abgelehnt.

Die Entscheidung darüber, welche der zulässigen Zeiten letzten Endes auf dem Arbeitszeitkonto gebucht werden, liegt gemäß Satz 3 der Vorschrift beim Arbeitnehmer. Im Interesse der Planungssicherheit und Praktikabilität muss dazu die Betriebs-/Dienstvereinbarung eine Bestimmung enthalten, für welchen Zeitraum der Arbeitnehmer an seine Entscheidung gebunden sein soll. Eine unterschiedliche Handhabung „von Fall zu Fall" wird dadurch ausgeschlossen.

Folgen einer Erkrankung (Abs. 4)

Absatz 4 regelt den Fall, dass eine beantragte/genehmigte Inanspruchnahme von Zeitguthaben an einer Erkrankung des Beschäftigten scheitert. Sofern der Beschäftigte seine Arbeitsunfähigkeit unverzüglich anzeigt und durch ein ärztliches Attest nachweist, tritt eine Minderung des Zeitguthabens nicht ein.

Mit der Niederschriftserklärung zu § 10 Abs. 4 TVöD haben die Tarifpartner klargestellt, dass mit dieser dem Urlaubsrecht entlehnten Regelung (wie Erkrankung während des Erholungsurlaubs) keine weitergehenden Ansprüche aus dem Urlaubsrecht wie z. B. Abgeltung, Übertragung und dergleichen begründet werden können.

In der Betriebs- oder Dienstvereinbarung zu regelnde Kernpunkte (Abs. 5)

Die Vorschrift gibt Rahmenbedingungen vor, die bei Betriebs-/Dienstvereinbarungen zu beachten sind.

- Nach Buchstabe a) muss die Betriebs-/Dienstvereinbarung Regelungen über die höchstmögliche Zeitschuld (bis zu 40 Stunden) und das höchstzulässige Zeitguthaben (bis zu einem Vielfachen von 40 Stunden) innerhalb eines bestimmten Zeitraumes enthalten,
- gemäß Buchstabe b) muss die Betriebs-/Dienstvereinbarung Fristen für das Abbuchen von Zeitguthaben vorsehen, die nach dem Umfang des beantragten Freizeitausgleiches zu staffeln sind. Dabei versteht es sich von selbst, dass die „Vorlaufzeit" bei Inanspruchnahme einiger freier Stunden bedeutend geringer sein kann, als bei

längerfristigen Abwesenheiten aufgrund eines Freizeitausgleichs. Die nähere Ausgestaltung wird den Betriebsparteien vor Ort überlassen. Buchstabe b) legt den Betriebspartnern auch auf, die Fristen für den Abbau von Zeitschulden zu bestimmen,

- Buchstabe c) enthält die in Betriebs-/Dienstvereinbarungen zu konkretisierende Berechtigung des Arbeitgebers, zu bestimmten Zeiten (z. B. an Brückentagen) das Abbuchen von Zeitguthaben vorzusehen,
- in Buchstabe d) wird den Betriebspartnern auferlegt, in der Betriebs-/Dienstvereinbarung auch Regelungen über die Folgen eines Widerrufs bereits genehmigter Freizeitausgleiche durch den Arbeitgeber zu regeln. Hier wäre denkbar, dass der Arbeitgeber einen „Strafzuschlag" entrichten muss und somit die auf seine Veranlassung nicht abgerufenen Zeiten nicht nur im Verhältnis 1 : 1, sondern mit einem höheren Wert dem Konto weiterhin gutschreibt.

Langzeitkonto (Abs. 6)

Während es sich bei dem Arbeitszeitkonto auf der Grundlage des § 10 im Regelfall um ein Kurzzeitkonto handelt, schafft Absatz 6 die Möglichkeit, auch ein Langzeitkonto einzurichten. Entgegen den üblichen Grundsätzen setzt dies keine Betriebs-/Dienstvereinbarung, sondern – unter Beteiligung des Betriebs-/Personalrates – eine individuelle Vereinbarung zwischen Arbeitgeber und Arbeitnehmer voraus. Rahmenbedingungen dafür werden tarifvertraglich nicht vorgegeben. Lediglich für den Fall, dass der Arbeitgeber insolvenzfähig ist, schreibt Satz 2 der Vorschrift eine Regelung zur Insolvenzsicherung vor. Diese Verpflichtung (und weitere Details zur sozialversicherungsrechtlichen Abwicklung von Langzeitkonten) ergeben sich inzwischen bereits aus den §§ 7 bis 7g des SGB IV i. d. F. des Gesetzes zur Verbesserung der Rahmenbedingungen für die Absicherung flexibler Arbeitsbedingungen – „FlexiG II" vom 21. Dezember 2008 (BGBl. I S. 2940).

Gleitzeitregelungen (Protokollnotiz zu Abschnitt II)

Nach der Protokollnotiz zu Abschnitt II bleiben bei In-Kraft-Treten des TVöD bestehende Gleitzeitregelungen unberührt, brauchen also insbesondere nicht an die Vorgaben des Absatzes 5 angepasst zu werden.

§ 11 Teilzeitbeschäftigung

II

(1) [1]Mit Beschäftigten soll auf Antrag eine geringere als die vertraglich festgelegte Arbeitszeit vereinbart werden, wenn sie

a) mindestens ein Kind unter 18 Jahren oder

b) einen nach ärztlichem Gutachten pflegebedürftigen sonstigen Angehörigen

tatsächlich betreuen oder pflegen und dringende dienstliche bzw. betriebliche Belange nicht entgegenstehen. [2]Die Teilzeitbeschäftigung nach Satz 1 ist auf Antrag bis zu fünf Jahre zu befristen. [3]Sie kann verlängert werden; der Antrag ist spätestens sechs Monate vor Ablauf der vereinbarten Teilzeitbeschäftigung zu stellen. [4]Bei der Gestaltung der Arbeitszeit hat der Arbeitgeber im Rahmen der dienstlichen bzw. betrieblichen Möglichkeiten der besonderen persönlichen Situation der/des Beschäftigten nach Satz 1 Rechnung zu tragen.

(2) Beschäftigte, die in anderen als den in Absatz 1 genannten Fällen eine Teilzeitbeschäftigung vereinbaren wollen, können von ihrem Arbeitgeber verlangen, dass er mit ihnen die Möglichkeit einer Teilzeitbeschäftigung mit dem Ziel erörtert, zu einer entsprechenden Vereinbarung zu gelangen.

Protokollerklärung zu Abschnitt II:

Bei In-Kraft-Treten dieses Tarifvertrages bestehende Gleitzeitregelungen bleiben unberührt.

Erläuterungen

§ 11 TVöD trifft Regelungen zum Anspruch auf Teilzeitbeschäftigung. Die Vorschrift entspricht – von redaktionellen Änderungen abgesehen – dem früheren § 15b BAT.

Die Regelung des § 11 TVöD stellt nicht die alleinige Grundlage für einen Anspruch auf Teilzeitbeschäftigung dar. Neben den in den Gleichstellungs- bzw. Frauenfördergesetzen des Bundes und der Länder (→ dazu Erläuterung Nr. 6 zu § 2 Abs. 1) enthaltenen Regeln zur Förderung der Teilzeitbeschäftigung, den Teilzeitanspruch nach § 3 des Pflegezeitgesetzes[1]), sowie den besonderen Teilzeitmöglichkeiten des Familienpflegezeitgesetzes[2]) ist insbesondere das Teilzeit- und Befristungsgesetz (TzBfG)[3]) zu beachten. Es enthält in § 8 Abs. 1 einen allgemeinen Anspruch auf Teilzeitarbeit, der über die tariflichen Ansprüche hinausgeht. Da – von wenigen Ausnahmen abgesehen – von den Regelungen des TzBfG weder durch Tarif- noch durch

---

[1]) abgedruckt als Anhang 1 unter **210** § 29 TVöD

[2]) abgedruckt als **Anhang 1**

[3]) abgedruckt als Anhang 1 unter **210** § 30 TVöD

Arbeitsvertrag zuungunsten der Beschäftigten abgewichen werden darf (→ § 22 TzBfG), wird häufig auch dann ein Anspruch auf Reduzierung der Arbeitszeit zu bejahen sein, wenn die Voraussetzungen des § 11 TVöD nicht vorliegen. Auch die Fälle, in denen nach dem TzBfG ein Anspruch auf zeitliche Befristung der Teilzeit besteht, gehen über die Möglichkeiten des § 11 TVöD hinaus (sog. „Brückenteilzeit" – s. § 9a TzBfG i. d. F. des Gesetzes zur Weiterentwicklung des Teilzeitrechts vom 11. Dezember 2018, BGBl. I S. 2384). Nach dem so genannten Günstigkeitsprinzip finden die Tarifvorschriften uneingeschränkt Anwendung, wenn sie günstiger als die Gesetzesnorm sind. Dies ist insbesondere während der ersten neun Monate des Arbeitsverhältnisses der Fall; denn das TzBfG verlangt im Gegensatz zur tariflichen Anspruchsgrundlage eine Wartezeit von sechs Monaten und eine nach Ablauf der Wartezeit beginnende Frist von drei Monaten zur Geltendmachung des Anspruches.

Teilzeitbeschäftigung aus familiären Gründen (Abs. 1)

Nach Satz 1 der Vorschrift soll mit Beschäftigten, die mindestens ein Kind unter 18 Jahren (Buchst. a) oder einen nach ärztlichem Gutachten pflegebedürftigen sonstigen Angehörigen (Buchst. b) tatsächlich betreuen oder pflegen, eine geringere als die vertraglich festgelegte Arbeitszeit vereinbart werden. Zwar handelt es sich um eine „Soll-Vorschrift", die vom Wortlaut keinen unbedingten, sondern einen „weichen" Rechtsanspruch schafft. Gleichwohl kann bei Soll-Bestimmungen generell das Begehren nicht nach dem beliebigen Ermessen des Arbeitgebers, sondern nur bei Vorliegen wichtiger Gründe abgelehnt werden. Hinzu kommt bei § 11 TVöD, dass die Vorschrift selbst aufführt, dass (nur) **dringende** dienstliche bzw. betriebliche Belange der Bewilligung entgegenstehen können. Daran sind sehr strenge Maßstäbe anzulegen. Eine Ablehnung wird in der Praxis allenfalls in sehr kleinen Verwaltungen/Betrieben möglich sein können, wenn dort der Beschäftigte für eine begrenzte Übergangszeit unverzichtbar ist. In der Regel ist jeder Arbeitsausfall (hier: durch die Reduzierung der Arbeitszeit) durch organisatorische Maßnahmen aufzufangen.

Die Tarifvorschrift gilt – entgegen § 15b BAT – nicht nur für vollbeschäftigte, sondern auch für ohnehin nichtvollbeschäftigte Arbeitnehmer, die folglich einen Anspruch auf weitere Reduzierung ihrer individuellen Arbeitszeit haben. Damit haben die Tarifpartner die Konsequenzen aus der Rechtsprechung des BAG gezogen, das in seinem Urteil vom 18. 3. 2003 – 9 AZR 126/02, AP Nr. 3 zu § 8 TzBfG – in dem Ausschluss Teilzeitbeschäftigter eine rechtlich unwirksame Benachteiligung Teilzeitbeschäftigter gesehen hat.

Die Tarifpartner haben auf eine eigene Festlegung, was unter den Begriffen „Kind", „Angehöriger" und „pflegebedürftig" zu verstehen ist, verzichtet. Insoweit muss auf allgemein gültige Definitionen zurückgegriffen werden.

Zur Frage, wer als **Kind** im Sinne des Absatzes 1 Satz 1 Buchst. a anzusehen ist, kann auf die kindergeldrechtlichen Begriffsbestimmungen (§ 63 i. V. m. § 32 Abs. 1 Einkommensteuergesetz, § 2 Abs. 1 Bundeskindergeldgesetz) zurückgegriffen werden. Diese Vorschriften haben folgenden Wortlaut:

§

§ 63 EStG Kinder

(1) [1]Als Kinder werden berücksichtigt

1. Kinder im Sinne des § 32 Absatz 1,
2. vom Berechtigten in seinen Haushalt aufgenommene Kinder seines Ehegatten,
3. vom Berechtigten in seinen Haushalt aufgenommene Enkel.

[2]§ 32 Absatz 3 bis 5 gilt entsprechend. [3]Voraussetzung für die Berücksichtigung ist die Identifizierung des Kindes durch die an dieses Kind vergebene Identifikationsnummer (§ 139b der Abgabenordnung). [4]Ist das Kind nicht nach einem Steuergesetz steuerpflichtig (§ 139a Absatz 2 der Abgabenordnung), ist es in anderer geeigneter Weise zu identifizieren. [5]Die nachträgliche Identifizierung oder nachträgliche Vergabe der Identifikationsnummer wirkt auf Monate zurück, in denen die Voraussetzungen der Sätze 1 bis 4 vorliegen. [6]Kinder, die weder einen Wohnsitz noch ihren gewöhnlichen Aufenthalt im Inland, in einem Mitgliedstaat der Europäischen Union oder in einem Staat, auf den das Abkommen über den Europäischen Wirtschaftsraum Anwendung findet, haben, werden nicht berücksichtigt, es sei denn, sie leben im Haushalt eines Berechtigten im Sinne des § 62 Absatz 1 Satz 1 Nummer 2 Buchstabe a. [7]Kinder im Sinne von § 2 Absatz 4 Satz 2 des Bundeskindergeldgesetzes werden nicht berücksichtigt.

(2) Die Bundesregierung wird ermächtigt, durch Rechtsverordnung, die nicht der Zustimmung des Bundesrates bedarf, zu bestimmen, dass einem Berechtigten, der im Inland erwerbstätig ist oder sonst seine hauptsächlichen Einkünfte erzielt, für seine in Absatz 1 Satz 3 erster Halbsatz bezeichneten Kinder Kindergeld ganz oder teilweise zu leisten ist, soweit dies mit Rücksicht auf die durchschnittlichen Lebenshaltungskosten für Kinder in deren Wohnsitzstaat und auf die dort gewährten dem Kindergeld vergleichbaren Leistungen geboten ist.

§ 32 EStG Kinder, Freibeträge für Kinder

(1) Kinder sind

1. im ersten Grad mit dem Steuerpflichtigen verwandte Kinder,
2. Pflegekinder (Personen, mit denen der Steuerpflichtige durch ein familienähnliches, auf längere Dauer berechnetes Band verbunden ist, sofern er sie nicht zu Erwerbszwecken in seinen Haushalt aufgenommen hat und das Obhuts- und Pflegeverhältnis zu den Eltern nicht mehr besteht).

...

§ 2 BKGG Kinder

(1) Als Kinder werden auch berücksichtigt

1. vom Berechtigten in seinen Haushalt aufgenommene Kinder seines Ehegatten oder Lebenspartners,
2. Pflegekinder (Personen, mit denen der Berechtigte durch ein familienähnliches, auf Dauer berechnetes Band verbunden ist, sofern er sie nicht zu Erwerbszwecken in seinen Haushalt aufgenommen hat und das Obhuts- und Pflegeverhältnis zu den Eltern nicht mehr besteht),
3. vom Berechtigten in seinen Haushalt aufgenommene Enkel.

...

Es ist aber nicht Voraussetzung, dass der Angestellte auch das Kindergeld erhält.

Bezüglich des in Absatz 1 Satz 1 Buchst. b verwendeten Begriffs **„Angehörigen"** kann die Legaldefinition des § 20 Abs. 5 Verwaltungsverfahrensgesetz herangezogen werden. Diese Vorschrift hat folgenden Wortlaut:

§ 20 VwVfG Ausgeschlossene Personen

...

(5) Angehörige im Sinne des Absatzes 1 Nr. 2 und 4 sind:

1. der Verlobte,
2. der Ehegatte,

2a. der Lebenspartner,

3. Verwandte und Verschwägerte gerader Linie,
4. Geschwister,
5. Kinder der Geschwister,
6. Ehegatten der Geschwister und Geschwister der Ehegatten,

6a. Lebenspartner der Geschwister und Geschwister der Lebenspartner,

7. Geschwister der Eltern,
8. Personen, die durch ein auf längere Dauer angelegtes Pflegeverhältnis mit häuslicher Gemeinschaft wie Eltern und Kind miteinander verbunden sind (Pflegeeltern und Pflegekinder).

Angehörige sind die in Satz 1 aufgeführten Personen auch dann, wenn

II

1. in den Fällen der Nummern 2, 3 und 6 die die Beziehung begründende Ehe nicht mehr besteht;

1a. in den Fällen der Nummern 2a, 3 und 6a die die Beziehung begründende Lebenspartnerschaft nicht mehr besteht;

2. in den Fällen der Nummern 3 bis 7 die Verwandtschaft oder Schwägerschaft durch Annahme als Kind erloschen ist;
3. im Falle der Nummer 8 die häusliche Gemeinschaft nicht mehr besteht, sofern die Personen weiterhin wie Eltern und Kind miteinander verbunden sind.

Partner einer eingetragenen Lebenspartnerschaft gelten gem. § 11 Abs. 1 Lebenspartnerschaftsgesetz als Familienangehöriger des anderen Lebenspartners.

„Pflegebedürftigkeit" ist anzunehmen, wenn die betroffene Person infolge ihrer körperlichen, seelischen und/oder geistigen Behinderung zu den Verrichtungen des täglichen Lebens aus eigener Kraft nicht imstande ist, so dass für ihre Pflege die Arbeitskraft einer anderen Person in Anspruch genommen werden muss. Vergleiche auch § 14 SGB XI:

§ 14 SGB XI Begriff der Pflegebedürftigkeit

(1) Pflegebedürftig im Sinne dieses Buches sind Personen, die gesundheitlich bedingte Beeinträchtigungen der Selbständigkeit oder der Fähigkeiten aufweisen und deshalb der Hilfe durch andere bedürfen. Es muss sich um Personen handeln, die körperliche, kognitive oder psychische Beeinträchtigungen oder gesundheitlich bedingte Belastungen oder Anforderungen nicht selbständig kompensieren oder bewältigen können. Die Pflegebedürftigkeit muss auf Dauer, voraussichtlich für mindestens sechs Monate, und mit mindestens der in § 15 festgelegten Schwere bestehen.

(2) Maßgeblich für das Vorliegen von gesundheitlich bedingten Beeinträchtigungen der Selbständigkeit oder der Fähigkeiten sind die in den folgenden sechs Bereichen genannten pflegefachlich begründeten Kriterien:

1. Mobilität: Positionswechsel im Bett, Halten einer stabilen Sitzposition, Umsetzen, Fortbewegen innerhalb des Wohnbereichs, Treppensteigen;
2. kognitive und kommunikative Fähigkeiten: Erkennen von Personen aus dem näheren Umfeld, örtliche Orientierung, zeitliche Orientierung, Erinnern an wesentliche Ereignisse oder Beobachtungen, Steuern von mehrschrittigen Alltagshandlungen, Treffen von Ent-

scheidungen im Alltagsleben, Verstehen von Sachverhalten und Informationen, Erkennen von Risiken und Gefahren, Mitteilen von elementaren Bedürfnissen, Verstehen von Aufforderungen, Beteiligen an einem Gespräch;

3. Verhaltensweisen und psychische Problemlagen: motorisch geprägte Verhaltensauffälligkeiten, nächtliche Unruhe, selbstschädigendes und autoaggressives Verhalten, Beschädigen von Gegenständen, physisch aggressives Verhalten gegenüber anderen Personen, verbale Aggression, andere pflegerelevante vokale Auffälligkeiten, Abwehr pflegerischer und anderer unterstützender Maßnahmen, Wahnvorstellungen, Ängste, Antriebslosigkeit bei depressiver Stimmungslage, sozial inadäquate Verhaltensweisen, sonstige pflegerelevante inadäquate Handlungen;
4. Selbstversorgung: Waschen des vorderen Oberkörpers, Körperpflege im Bereich des Kopfes, Waschen des Intimbereichs, Duschen und Baden einschließlich Waschen der Haare, An- und Auskleiden des Oberkörpers, An- und Auskleiden des Unterkörpers, mundgerechtes Zubereiten der Nahrung und Eingießen von Getränken, Essen, Trinken, Benutzen einer Toilette oder eines Toilettenstuhls, Bewältigen der Folgen einer Harninkontinenz und Umgang mit Dauerkatheter und Urostoma, Bewältigen der Folgen einer Stuhlinkontinenz und Umgang mit Stoma, Ernährung parenteral oder über Sonde, Bestehen gravierender Probleme bei der Nahrungsaufnahme bei Kindern bis zu 18 Monaten, die einen außergewöhnlich pflegeintensiven Hilfebedarf auslösen;
5. Bewältigung von und selbständiger Umgang mit krankheits- oder therapiebedingten Anforderungen und Belastungen:
   a) in Bezug auf Medikation, Injektionen, Versorgung intravenöser Zugänge, Absaugen und Sauerstoffgabe, Einreibungen sowie Kälte- und Wärmeanwendungen, Messung und Deutung von Körperzuständen, körpernahe Hilfsmittel,
   b) in Bezug auf Verbandswechsel und Wundversorgung, Versorgung mit Stoma, regelmäßige Einmalkatheterisierung und Nutzung von Abführmethoden, Therapiemaßnahmen in häuslicher Umgebung,
   c) in Bezug auf zeit- und technikintensive Maßnahmen in häuslicher Umgebung, Arztbesuche, Besuche anderer medizinischer oder therapeutischer Einrichtungen, zeitlich ausgedehnte Besuche medizinischer oder therapeutischer Einrichtungen, Besuch von Einrichtungen zur Frühförderung bei Kindern sowie
   d) in Bezug auf das Einhalten einer Diät oder anderer krankheits- oder therapiebedingter Verhaltensvorschriften;
6. Gestaltung des Alltagslebens und sozialer Kontakte: Gestaltung des Tagesablaufs und Anpassung an Veränderungen, Ruhen und Schlafen, Sichbeschäftigen, Vornehmen von in die Zukunft gerichteten

Planungen, Interaktion mit Personen im direkten Kontakt, Kontaktpflege zu Personen außerhalb des direkten Umfelds.

(3) Beeinträchtigungen der Selbständigkeit oder der Fähigkeiten, die dazu führen, dass die Haushaltsführung nicht mehr ohne Hilfe bewältigt werden kann, werden bei den Kriterien der in Absatz 2 genannten Bereiche berücksichtigt.

Das Vorliegen der Voraussetzungen ist vom Angestellten durch ein ärztliches Gutachten nachzuweisen; ein amtsärztliches Gutachten ist in der Regel nicht erforderlich.

Die im Falle des Absatzes 1 Satz 1 Buchst. a bzw. b geforderte **tatsächliche Betreuung oder Pflege** erfordert nicht, dass die Betreuung oder Pflege durch den Angestellten zwingend geboten ist, d. h. keine andere Person hierfür zur Verfügung steht.

Die Teilzeitbeschäftigung ist auf Antrag des Beschäftigten auf bis zu fünf Jahre zu befristen. Wird kein entsprechender Antrag gestellt, ist die Teilzeitbeschäftigung unbefristet. Bei rechtzeitiger Antragstellung (spätestens sechs Monate vor Ablauf der Befristung) kann die Teilzeitbeschäftigung über den ursprünglichen Zeitpunkt hinaus verlängert werden. Die Verlängerung ist vom Zeitrahmen beliebig, sie unterliegt – anders als die erstmalige Befristung – keinen zeitlichen Begrenzungen, solange die Anspruchsvoraussetzungen (z. B. an das Höchstalter des betreuten Kindes) noch vorliegen.

Fallen nach der Bewilligung der Teilzeitbeschäftigung die Voraussetzungen des Absatzes 1 Satz 1 Buchst. a oder b weg, z. B. weil das Kind den Haushalt verlassen hat oder der Pflegebedürftige verstorben ist, bleibt die vereinbarte Ermäßigung der Arbeitszeit bestehen. Dies gilt auch, wenn es sich um eine zeitlich befristete Verkürzung der wöchentlichen Arbeitszeit gehandelt hat (z. B. für die Dauer von fünf Jahren). Die Voraussetzungen müssen lediglich zum Zeitpunkt der Vereinbarung nach Absatz 1 vorgelegen haben. Auf Wunsch der Beschäftigten sollte in solchen Fällen jedoch geprüft werden, ob im Rahmen der jeweiligen dienstlichen oder betrieblichen Möglichkeiten eine Änderung der Vereinbarung erfolgen kann.

Satz 4 legt dar, dass der Arbeitgeber bei der Gestaltung der Arbeitszeit den Belangen der Kinder oder sonstige pflegebedürftige betreuenden/pflegenden Beschäftigten im Rahmen der dienstlichen/betrieblichen Möglichkeiten Rechnung tragen soll. Hieraus resultiert jedoch kein Anspruch des Beschäftigten auf eine Änderung des Arbeitsvertrages bezüglich der Lage der Arbeitszeit. Die Ausgestaltung der verringerten Arbeitszeit bleibt Teil des Direktionsrechts des Arbeitgebers (s. BAG vom 16. Dezember 2014 – 9 AZR 915/13).

Teilzeitbeschäftigung aus anderen Gründen (Abs. 2)

Die Regelung in Absatz 2 eröffnet die Möglichkeit einer Teilzeitbeschäftigung auch aus anderen als familiären Gründen. Der Beschäftigte kann – falls dies notwendig sein sollte – von seinem Arbeitgeber verlangen, dass er mit ihm die Möglichkeit einer Teilzeitbeschäftigung mit dem Ziel erörtert, zu einer entsprechenden Vereinbarung zu gelangen. In jedem Einzelfall ist das persönliche Interesse des Angestellten an der Vereinbarung einer Teilzeitbeschäftigung mit den dienstlichen Belangen abzuwägen. Personalwirtschaftliche und organisatorische Gesichtspunkte sind zu berücksichtigen; die Berufung auf organisatorische Schwierigkeiten kann für sich allein jedoch nicht als Grund angesehen werden, den Antrag eines Angestellten auf Teilzeitbeschäftigung abzulehnen.

Rückkehr zur Vollbeschäftigung (bis 31. 10. 2022 Abs. 3)

Bis zum 31. Oktober 2022 enthielt § 11 TVöD mit Absatz 3 eine Bemühensklausel, wonach der Arbeitgeber auf der Grundlage des § 11 Abs. 1 oder 2 TVöD teilzeitbeschäftigte Beschäftigte im Rahmen der dienstlichen bzw. betrieblichen Möglichkeiten bei der Besetzung eines Vollzeitarbeitsplatzes bevorzugt berücksichtigen soll. Die Regelung stellte jedoch nur auf ehemalige bzw. frühere Vollzeitbeschäftigte ab. Dagegen kann nach der weitergehenden Formulierung des § 9 TzBfG[1]) jede teilzeitbeschäftigte Person den Wunsch zur Verlängerung der Arbeitszeit anzeigen. Dieser Wunsch ist unter den dort genannten Voraussetzungen zu berücksichtigen. Die Tarifvertragsparteien haben den Absatz 3 vor diesem Hintergrund zum 1. 11. 2022 aufgehoben.

Mit Urteil vom 13. 11. 2001 – 9 AZR 442/00, AP Nr. 1 zu § 15b BAT – hat das BAG zur inhaltsgleichen Vorschrift des § 15b Abs. 3 BAT entschieden, dass eine Angestellte, deren Arbeitszeit wegen der Betreuung ihres Kindes antragsgemäß und ohne zeitliche Begrenzung auf die Hälfte der regelmäßigen tariflichen Wochenarbeitszeit verkürzt worden war, später nicht einseitig die Erhöhung ihrer Arbeitszeit verlangen kann – und zwar auch dann nicht, wenn der Arbeitgeber die Angestellte vor der Verringerung der Arbeitszeit nicht auf die Möglichkeit hingewiesen hatte, die Herabsetzung der Arbeitszeit zeitlich zu befristen.

---

[1]) abgedruckt als Anhang 1 unter **210** § 30 TVöD

II

Auswirkungen einer Teilzeitbeschäftigung

Nachfolgend sind die Auswirkungen einer Arbeitszeitreduzierung auf das Arbeitsverhältnis bzw. Leistungsansprüche dargestellt.

Beschäftigungszeit: Zeiten der Teilzeitbeschäftigung zählen uneingeschränkt zur Beschäftigungszeit i. S. d. § 34 Abs. 3.

Entgelt: Der teilzeitbeschäftigte Beschäftigte erhält den Teil des Entgelts, der dem Maß der mit ihm vereinbarten Arbeitszeit entspricht (→ § 24 Abs. 2).

Jubiläumsgeld: Der nicht vollbeschäftigte Beschäftigte erhält das Jubiläumsgeld in voller Höhe (→ § 23 Abs. 2 Satz 2). Zeiten einer Teilzeitbeschäftigung werden im vollen Umfang bei der Festsetzung der dem Jubiläumsgeld zugrunde liegenden Beschäftigungszeit berücksichtigt.

Jahressonderzahlung: Ist die regelmäßige Arbeitszeit in mindestens einem der Monate Juli, August und September herabgesetzt, ergibt sich über die Ermäßigung des für die Jahressonderzahlung maßgeblichen Durchschnittsentgelts eine Verringerung des Grundbetrages der jährlichen Zuwendung (→ § 24 Abs. 2 i. V. m. § 20 Abs. 2).

Vermögenswirksame Leistungen: Nicht Vollbeschäftigte erhalten von der vermögenswirksamen Leistung für Vollbeschäftigte den Teil, der dem Maß der mit ihnen vereinbarten regelmäßigen wöchentlichen Arbeitszeit entspricht (→ § 23 Abs. 1 Satz 2 i. V. m. § 24 Abs. 2).

Zusatzversorgung: Seit der Neuregelung des Rechts der Zusatzversorgung durch den Tarifvertrag Altersversorgung (ATV/ATV-K)[1] sind teilzeitbeschäftigte Arbeitnehmer nicht mehr von der Pflicht zur Versicherung bei der VBL ausgenommen.

Eine Minderung der Zusatzrente im Vergleich zur Zusatzversorgung eines Vollbeschäftigten ergibt sich in Folge des im Vergleich zur Vollbeschäftigung geringeren Entgelts und der entsprechend niedrigeren Einzahlungen bei der VBL.

---

[1]) ATV-K abgedruckt unter **810**

Anhang 1

Gesetz über die Familienpflegezeit (Familienpflegezeitgesetz – FPfZG)

Vom 6. Dezember 2011 (BGBl. I S. 2564)

Zuletzt geändert durch
Viertes Bürokratieentlastungsgesetz
vom 23. Oktober 2024 (BGBl. I Nr. 323)

§ 1 Ziel des Gesetzes

Durch die Einführung der Familienpflegezeit werden die Möglichkeiten zur Vereinbarkeit von Beruf und familiärer Pflege verbessert.

§ 2 Familienpflegezeit

(1) Beschäftigte sind von der Arbeitsleistung für längstens 24 Monate (Höchstdauer) teilweise freizustellen, wenn sie einen pflegebedürftigen nahen Angehörigen in häuslicher Umgebung pflegen (Familienpflegezeit). Während der Familienpflegezeit muss die verringerte Arbeitszeit wöchentlich mindestens 15 Stunden betragen. Bei unterschiedlichen wöchentlichen Arbeitszeiten oder einer unterschiedlichen Verteilung der wöchentlichen Arbeitszeit darf die wöchentliche Arbeitszeit im Durchschnitt eines Zeitraums von bis zu einem Jahr 15 Stunden nicht unterschreiten (Mindestarbeitszeit). Der Anspruch nach Satz 1 besteht nicht gegenüber Arbeitgebern mit in der Regel 25 oder weniger Beschäftigten ausschließlich der zu ihrer Berufsbildung Beschäftigten.

(2) Pflegezeit und Familienpflegezeit dürfen gemeinsam 24 Monate je pflegebedürftigem nahen Angehörigen nicht überschreiten (Gesamtdauer).

(3) Die §§ 5 bis 8 des Pflegezeitgesetzes gelten entsprechend.

(4) Die Familienpflegezeit wird auf Berufsbildungszeiten nicht angerechnet.

(5) Beschäftigte sind von der Arbeitsleistung für längstens 24 Monate (Höchstdauer) teilweise freizustellen, wenn sie einen minderjährigen pflegebedürftigen nahen Angehörigen in häuslicher oder außerhäuslicher Umgebung betreuen. Die Inanspruchnahme dieser Freistellung ist jederzeit im Wechsel mit der Freistellung nach Absatz 1 im Rahmen der Gesamtdauer nach Absatz 2 möglich. Absatz 1 Satz 2 bis 4 und die Absätze 2 bis 4 gelten entsprechend. Beschäftigte können diesen

Anspruch wahlweise statt des Anspruchs auf Familienpflegezeit nach Absatz 1 geltend machen.

§ 2a Inanspruchnahme der Familienpflegezeit

(1) Wer Familienpflegezeit nach § 2 beanspruchen will, muss dies dem Arbeitgeber spätestens acht Wochen vor dem gewünschten Beginn in Textform ankündigen und gleichzeitig erklären, für welchen Zeitraum und in welchem Umfang innerhalb der Gesamtdauer nach § 2 Absatz 2 die Freistellung von der Arbeitsleistung in Anspruch genommen werden soll. Dabei ist auch die gewünschte Verteilung der Arbeitszeit anzugeben. Enthält die Ankündigung keine eindeutige Festlegung, ob die oder der Beschäftigte Pflegezeit nach § 3 des Pflegezeitgesetzes oder Familienpflegezeit in Anspruch nehmen will, und liegen die Voraussetzungen beider Freistellungsansprüche vor, gilt die Erklärung als Ankündigung von Pflegezeit. Wird die Familienpflegezeit nach einer Freistellung nach § 3 Absatz 1 oder Absatz 5 des Pflegezeitgesetzes zur Pflege oder Betreuung desselben pflegebedürftigen Angehörigen in Anspruch genommen, muss sich die Familienpflegezeit unmittelbar an die Freistellung nach § 3 Absatz 1 oder Absatz 5 des Pflegezeitgesetzes anschließen. In diesem Fall soll die oder der Beschäftigte möglichst frühzeitig erklären, ob sie oder er Familienpflegezeit in Anspruch nehmen wird; abweichend von Satz 1 muss die Ankündigung spätestens drei Monate vor Beginn der Familienpflegezeit erfolgen. Wird eine Freistellung nach § 3 Absatz 1 oder Absatz 5 des Pflegezeitgesetzes nach einer Familienpflegezeit in Anspruch genommen, ist diese in unmittelbarem Anschluss an die Familienpflegezeit zu beanspruchen; sie ist dem Arbeitgeber spätestens acht Wochen vor Beginn in Textform anzukündigen.

(2) Arbeitgeber und Beschäftigte haben über die Verringerung und Verteilung der Arbeitszeit eine schriftliche Vereinbarung zu treffen. Hierbei hat der Arbeitgeber den Wünschen der Beschäftigten zu entsprechen, es sei denn, dass dringende betriebliche Gründe entgegenstehen.

(3) Für einen kürzeren Zeitraum in Anspruch genommene Familienpflegezeit kann bis zur Gesamtdauer nach § 2 Absatz 2 verlängert werden, wenn der Arbeitgeber zustimmt. Eine Verlängerung bis zur Gesamtdauer kann verlangt werden, wenn ein vorgesehener Wechsel in der Person der oder des Pflegenden aus einem wichtigen Grund nicht erfolgen kann.

(4) Die Beschäftigten haben die Pflegebedürftigkeit der oder des nahen Angehörigen durch Vorlage einer Bescheinigung der Pflegekasse oder des Medizinischen Dienstes der Krankenversicherung nach-

zuweisen. Bei in der privaten Pflege-Pflichtversicherung versicherten Pflegebedürftigen ist ein entsprechender Nachweis zu erbringen.

(5) Ist die oder der nahe Angehörige nicht mehr pflegebedürftig oder die häusliche Pflege der oder des nahen Angehörigen unmöglich oder unzumutbar, endet die Familienpflegezeit vier Wochen nach Eintritt der veränderten Umstände. Der Arbeitgeber ist hierüber unverzüglich zu unterrichten. Im Übrigen kann die Familienpflegezeit nur vorzeitig beendet werden, wenn der Arbeitgeber zustimmt.

(5a) Beschäftigte von Arbeitgebern mit in der Regel 25 oder weniger Beschäftigten ausschließlich der zu ihrer Berufsbildung Beschäftigten können bei ihrem Arbeitgeber den Abschluss einer Vereinbarung über eine Familienpflegezeit nach § 2 Absatz 1 Satz 1 bis 3 oder eine Freistellung nach § 2 Absatz 5 Satz 1 beantragen. Der Arbeitgeber hat den Antrag nach Satz 1 innerhalb von vier Wochen nach Zugang zu beantworten. Eine Ablehnung des Antrags ist zu begründen. Wird eine Freistellung nach Satz 1 vereinbart, gelten § 2 Absatz 2 bis 4 sowie § 2a Absatz 1 Satz 4 und 6 erster Halbsatz, Absatz 2 Satz 1, Absatz 3 Satz 1, Absatz 4 und 5 entsprechend.

(6) Die Absätze 1 bis 5 gelten entsprechend für die Freistellung von der Arbeitsleistung nach § 2 Absatz 5.

§ 2b Erneute Familienpflegezeit nach Inanspruchnahme einer Freistellung auf Grundlage der Sonderregelungen aus Anlass der COVID-19-Pandemie

(1) Abweichend von § 2a Absatz 3 können Beschäftigte einmalig nach einer beendeten Familienpflegezeit zur Pflege und Betreuung desselben pflegebedürftigen Angehörigen Familienpflegezeit erneut, jedoch insgesamt nur bis zur Höchstdauer nach § 2 Absatz 1 in Anspruch nehmen, wenn die Gesamtdauer von 24 Monaten nach § 2 Absatz 2 nicht überschritten wird und die Inanspruchnahme der beendeten Familienpflegezeit auf der Grundlage der Sonderregelungen aus Anlass der COVID-19-Pandemie erfolgte.

(2) Abweichend von § 2a Absatz 1 Satz 4 muss sich die Familienpflegezeit nicht unmittelbar an die Freistellung nach § 3 Absatz 1 oder Absatz 5 des Pflegezeitgesetzes anschließen, wenn die Freistellung aufgrund der Sonderregelungen aus Anlass der COVID-19-Pandemie in Anspruch genommen wurde und die Gesamtdauer nach § 2 Absatz 2 von 24 Monaten nicht überschritten wird.

(3) Abweichend von § 2a Absatz 1 Satz 6 muss sich die Freistellung nach § 3 Absatz 1 oder Absatz 5 des Pflegezeitgesetzes nicht unmittelbar an die Familienpflegezeit anschließen, wenn die Inanspruchnahme

der Familienpflegezeit aufgrund der Sonderregelungen aus Anlass der COVID-19-Pandemie erfolgte und die Gesamtdauer nach § 2 Absatz 2 von 24 Monaten ab Beginn der ersten Freistellung nicht überschritten wird.

II

§ 3 Förderung der pflegebedingten Freistellung von der Arbeitsleistung

(1) Für die Dauer der Freistellungen nach § 2 dieses Gesetzes oder nach § 3 des Pflegezeitgesetzes gewährt das Bundesamt für Familie und zivilgesellschaftliche Aufgaben Beschäftigten auf Antrag ein in monatlichen Raten zu zahlendes zinsloses Darlehen nach Maßgabe der Absätze 2 bis 5. Der Anspruch gilt auch für Vereinbarungen über Freistellungen von der Arbeitsleistung nach § 2a Absatz 5a dieses Gesetzes.

(2) Die monatlichen Darlehensraten werden in Höhe der Hälfte der Differenz zwischen den pauschalierten monatlichen Nettoentgelten vor und während der Freistellung nach Absatz 1 gewährt.

(3) Das pauschalierte monatliche Nettoentgelt vor der Freistellung nach Absatz 1 wird berechnet auf der Grundlage des regelmäßigen durchschnittlichen monatlichen Bruttoarbeitsentgelts ausschließlich der Sachbezüge der letzten zwölf Kalendermonate vor Beginn der Freistellung. Das pauschalierte monatliche Nettoentgelt während der Freistellung wird berechnet auf der Grundlage des Bruttoarbeitsentgelts, das sich aus dem Produkt aus der vereinbarten durchschnittlichen monatlichen Stundenzahl während der Freistellung und dem durchschnittlichen Entgelt je Arbeitsstunde ergibt. Durchschnittliches Entgelt je Arbeitsstunde ist das Verhältnis des regelmäßigen gesamten Bruttoarbeitsentgelts ausschließlich der Sachbezüge der letzten zwölf Kalendermonate vor Beginn der Freistellung zur arbeitsvertraglichen Gesamtstundenzahl der letzten zwölf Kalendermonate vor Beginn der Freistellung. Die Berechnung der pauschalierten Nettoentgelte erfolgt entsprechend der Berechnung der pauschalierten Nettoentgelte gemäß § 106 Absatz 1 Satz 5 bis 7 des Dritten Buches Sozialgesetzbuch. Bei einem weniger als zwölf Monate vor Beginn der Freistellung bestehenden Beschäftigungsverhältnis verkürzt sich der der Berechnung zugrunde zu legende Zeitraum entsprechend. Für die Berechnung des durchschnittlichen Entgelts je Arbeitsstunde bleiben Mutterschutzfristen, Freistellungen nach § 2, kurzzeitige Arbeitsverhinderungen nach § 2 des Pflegezeitgesetzes, Freistellungen nach § 3 des Pflegezeitgesetzes sowie die Einbringung von Arbeitsentgelt in und die Entnahme von Arbeitsentgelt aus Wertguthaben nach § 7b des Vierten Buches Sozialgesetzbuch außer Betracht. Abweichend von

Satz 6 bleiben auf Antrag für die Berechnung des durchschnittlichen Arbeitsentgelts je Arbeitsstunde in der Zeit vom 1. März 2020 bis zum Ablauf des 30. April 2023 auch Kalendermonate mit einem aufgrund der COVID-19-Pandemie geringeren Entgelt unberücksichtigt.

(4) In den Fällen der Freistellung nach § 3 des Pflegezeitgesetzes ist die monatliche Darlehensrate auf den Betrag begrenzt, der bei einer durchschnittlichen Arbeitszeit während der Familienpflegezeit von 15 Wochenstunden zu gewähren ist.

(5) Abweichend von Absatz 2 können Beschäftigte auch einen geringeren Darlehensbetrag in Anspruch nehmen, wobei die monatliche Darlehensrate mindestens 50 Euro betragen muss.

(6) Das Darlehen ist in der in Absatz 2 genannten Höhe, in den Fällen der Pflegezeit in der in Absatz 4 genannten Höhe, vorrangig vor dem Bezug von bedürftigkeitsabhängigen Sozialleistungen in Anspruch zu nehmen und von den Beschäftigten zu beantragen; Absatz 5 ist insoweit nicht anzuwenden. Bei der Berechnung von Sozialleistungen nach Satz 1 sind die Zuflüsse aus dem Darlehen als Einkommen zu berücksichtigen.

§ 4 Mitwirkungspflicht des Arbeitgebers

Der Arbeitgeber hat dem Bundesamt für Familie und zivilgesellschaftliche Aufgaben für bei ihm Beschäftigte den Arbeitsumfang sowie das Arbeitsentgelt vor der Freistellung nach § 3 Absatz 1 zu bescheinigen, soweit dies zum Nachweis des Einkommens aus Erwerbstätigkeit oder der wöchentlichen Arbeitszeit der die Förderung beantragenden Beschäftigten erforderlich ist. Für die in Heimarbeit Beschäftigten und die ihnen Gleichgestellten tritt an die Stelle des Arbeitgebers der Auftraggeber oder Zwischenmeister.

§ 5 Ende der Förderfähigkeit

(1) Die Förderfähigkeit endet mit dem Ende der Freistellung nach § 3 Absatz 1. Die Förderfähigkeit endet auch dann, wenn die oder der Beschäftigte während der Freistellung nach § 2 den Mindestumfang der wöchentlichen Arbeitszeit aufgrund gesetzlicher oder kollektivvertraglicher Bestimmungen oder aufgrund von Bestimmungen, die in Arbeitsrechtsregelungen der Kirchen enthalten sind, unterschreitet. Die Unterschreitung der Mindestarbeitszeit aufgrund von Kurzarbeit oder eines Beschäftigungsverbotes lässt die Förderfähigkeit unberührt.

(2) Die Darlehensnehmerin oder der Darlehensnehmer hat dem Bundesamt für Familie und zivilgesellschaftliche Aufgaben unverzüglich

jede Änderung in den Verhältnissen, die für den Anspruch nach § 3 Absatz 1 erheblich sind, mitzuteilen, insbesondere die Beendigung der häuslichen Pflege der oder des nahen Angehörigen, die Beendigung der Betreuung nach § 2 Absatz 5 dieses Gesetzes oder § 3 Absatz 5 des Pflegezeitgesetzes, die Beendigung der Freistellung nach § 3 Absatz 6 des Pflegezeitgesetzes, die vorzeitige Beendigung der Freistellung nach § 3 Absatz 1 sowie die Unterschreitung des Mindestumfangs der wöchentlichen Arbeitszeit während der Freistellung nach § 2 aus anderen als den in Absatz 1 Satz 2 genannten Gründen.

§ 6 Rückzahlung des Darlehens

(1) Im Anschluss an die Freistellung nach § 3 Absatz 1 ist die Darlehensnehmerin oder der Darlehensnehmer verpflichtet, das Darlehen innerhalb von 48 Monaten nach Beginn der Freistellung nach § 3 Absatz 1 zurückzuzahlen. Die Rückzahlung erfolgt in möglichst gleichbleibenden monatlichen Raten in Höhe des im Bescheid nach § 9 festgesetzten monatlichen Betrags jeweils spätestens zum letzten Bankarbeitstag des laufenden Monats. Für die Rückzahlung gelten alle nach § 3 an die Darlehensnehmerin oder den Darlehensnehmer geleisteten Darlehensbeträge als ein Darlehen.

(2) Die Rückzahlung beginnt in dem Monat, der auf das Ende der Förderung der Freistellung nach § 3 Absatz 1 folgt. Das Bundesamt für Familie und zivilgesellschaftliche Aufgaben kann auf Antrag der Darlehensnehmerin oder des Darlehensnehmers den Beginn der Rückzahlung auf einen späteren Zeitpunkt, spätestens jedoch auf den 25. Monat nach Beginn der Förderung festsetzen, wenn die übrigen Voraussetzungen für den Anspruch nach den §§ 2 und 3 weiterhin vorliegen. Befindet sich die Darlehensnehmerin oder der Darlehensnehmer während des Rückzahlungszeitraums in einer Freistellung nach § 3 Absatz 1, setzt das Bundesamt für Familie und zivilgesellschaftliche Aufgaben auf Antrag der oder des Beschäftigten die monatlichen Rückzahlungsraten bis zur Beendigung der Freistellung von der Arbeitsleistung aus. Der Rückzahlungszeitraum verlängert sich um den Zeitraum der Aussetzung.

§ 7 Härtefallregelung

(1) Zur Vermeidung einer besonderen Härte stundet das Bundesamt für Familie und zivilgesellschaftliche Aufgaben der Darlehensnehmerin oder dem Darlehensnehmer auf Antrag die Rückzahlung des Darlehens, ohne dass hierfür Zinsen anfallen. Als besondere Härte gelten insbesondere der Bezug von Entgeltersatzleistungen nach dem Dritten und dem Fünften Buch Sozialgesetzbuch, Leistungen zur

Sicherung des Lebensunterhalts nach dem Zweiten Buch Sozialgesetzbuch und Leistungen nach dem Dritten und Vierten Kapitel des Zwölften Buches Sozialgesetzbuch oder eine mehr als 180 Tage ununterbrochene Arbeitsunfähigkeit. Eine besondere Härte liegt auch vor, wenn sich die Darlehensnehmerin oder der Darlehensnehmer wegen unverschuldeter finanzieller Belastungen vorübergehend in ernsthaften Zahlungsschwierigkeiten befindet oder zu erwarten ist, dass sie oder er durch die Rückzahlung des Darlehens in der vorgesehenen Form in solche Schwierigkeiten gerät.

(2) Für den über die Gesamtdauer der Freistellungen nach § 2 dieses Gesetzes oder nach § 3 Absatz 1 oder 5 des Pflegezeitgesetzes hinausgehenden Zeitraum, in dem die Pflegebedürftigkeit desselben nahen Angehörigen fortbesteht, die Pflege durch die oder den Beschäftigten in häuslicher Umgebung andauert und die Freistellung von der Arbeitsleistung fortgeführt wird, sind auf Antrag die fälligen Rückzahlungsraten zu einem Viertel zu erlassen (Teildarlehenserlass) und die restliche Darlehensschuld für diesen Zeitraum bis zur Beendigung der häuslichen Pflege auf Antrag zu stunden, ohne dass hierfür Zinsen anfallen, sofern eine besondere Härte im Sinne von Absatz 1 Satz 3 vorliegt.

(3) Die Darlehensschuld erlischt, soweit sie noch nicht fällig ist, wenn die Darlehensnehmerin oder der Darlehensnehmer

1. Leistungen nach dem Dritten und Vierten Kapitel des Zwölften Buches Sozialgesetzbuch oder Leistungen zur Sicherung des Lebensunterhalts nach dem Zweiten Buch Sozialgesetzbuch ununterbrochen seit mindestens zwei Jahren nach dem Ende der Freistellung bezieht oder
2. verstirbt.

(4) Der Abschluss von Vergleichen sowie die Stundung, Niederschlagung und der Erlass von Ansprüchen richten sich, sofern in diesem Gesetz nicht abweichende Regelungen getroffen werden, nach den §§ 58 und 59 der Bundeshaushaltsordnung.

§ 8 Antrag auf Förderung

(1) Das Bundesamt für Familie und zivilgesellschaftliche Aufgaben entscheidet auf schriftlichen Antrag über das Darlehen nach § 3 und dessen Rückzahlung nach § 6.

(2) Der Antrag wirkt vom Zeitpunkt des Vorliegens der Anspruchsvoraussetzungen, wenn er innerhalb von drei Monaten nach deren Vorliegen gestellt wird, andernfalls wirkt er vom Beginn des Monats der Antragstellung.

(3) Der Antrag muss enthalten:

1. Name und Anschrift der oder des das Darlehen beantragenden Beschäftigten,
2. Name, Anschrift und Angehörigenstatus der gepflegten Person,
3. Bescheinigung über die Pflegebedürftigkeit oder im Fall des § 3 Absatz 6 des Pflegezeitgesetzes das dort genannte ärztliche Zeugnis über die Erkrankung des oder der nahen Angehörigen,
4. Dauer der Freistellung nach § 3 Absatz 1 sowie Mitteilung, ob zuvor eine Freistellung nach § 3 Absatz 1 in Anspruch genommen wurde, sowie
5. Höhe, Dauer und Angabe der Zeitabschnitte des beantragten Darlehens.

(4) Dem Antrag sind beizufügen:

1. Entgeltbescheinigungen mit Angabe der arbeitsvertraglichen Wochenstunden der letzten zwölf Monate vor Beginn der Freistellung nach § 3 Absatz 1,
2. in den Fällen der vollständigen Freistellung nach § 3 des Pflegezeitgesetzes eine Bescheinigung des Arbeitgebers über die Freistellung und in den Fällen der teilweisen Freistellung die hierüber getroffene schriftliche Vereinbarung zwischen dem Arbeitgeber und der oder dem Beschäftigten.

§ 9 Darlehensbescheid und Zahlweise

(1) In dem Bescheid nach § 8 Absatz 1 sind anzugeben:

1. Höhe des Darlehens,
2. Höhe der monatlichen Darlehensraten sowie Dauer der Leistung der Darlehensraten,
3. Höhe und Dauer der Rückzahlungsraten und
4. Fälligkeit der ersten Rückzahlungsrate.

Wurde dem Antragsteller für eine vor dem Antrag liegende Freistellung nach § 3 Absatz 1 ein Darlehen gewährt, sind für die Ermittlung der Beträge nach Satz 1 Nummer 3 und 4 das zurückliegende und das aktuell gewährte Darlehen wie ein Darlehen zu behandeln. Der das erste Darlehen betreffende Bescheid nach Satz 1 wird hinsichtlich Höhe, Dauer und Fälligkeit der Rückzahlungsraten geändert.

(2) Die Höhe der Darlehensraten wird zu Beginn der Leistungsgewährung in monatlichen Festbeträgen für die gesamte Förderdauer festgelegt.

(3) Die Darlehensraten werden unbar zu Beginn jeweils für den Kalendermonat ausgezahlt, in dem die Anspruchsvoraussetzungen vorlie-

gen. Monatliche Förderungsbeträge, die nicht volle Euro ergeben, sind bei Restbeträgen bis zu 0,49 Euro abzurunden und von 0,50 Euro an aufzurunden.

§ 10 Antrag und Nachweis in weiteren Fällen

(1) Das Bundesamt für Familie und zivilgesellschaftliche Aufgaben entscheidet auch in den Fällen des § 7 auf schriftlichen oder elektronischen Antrag, der Name und Anschrift der Darlehensnehmerin oder des Darlehensnehmers enthalten muss.

(2) Die Voraussetzungen des § 7 sind nachzuweisen

1. in den Fällen des Absatzes 1 durch Glaubhaftmachung der dort genannten Voraussetzungen, insbesondere durch Darlegung der persönlichen wirtschaftlichen Verhältnisse oder bei Arbeitsunfähigkeit durch Vorlage einer Arbeitsunfähigkeitsbescheinigung der Darlehensnehmerin oder des Darlehensnehmers,
2. in den Fällen des Absatzes 2 durch Vorlage einer Bescheinigung über die fortbestehende Pflegebedürftigkeit der oder des nahen Angehörigen und die Fortdauer der Freistellung von der Arbeitsleistung sowie Glaubhaftmachung der dort genannten Voraussetzungen, insbesondere durch Darlegung der persönlichen wirtschaftlichen Verhältnisse,
3. in den Fällen des Absatzes 3 durch Vorlage der entsprechenden Leistungsbescheide der Darlehensnehmerin oder des Darlehensnehmers oder durch Vorlage einer Sterbeurkunde durch die Rechtsnachfolger.

(3) Anträge auf Teildarlehenserlass nach § 7 Absatz 2 sind bis spätestens 48 Monate nach Beginn der Freistellungen nach § 2 dieses Gesetzes oder nach § 3 Absatz 1 oder 5 des Pflegezeitgesetzes zu stellen.

§ 11 Allgemeine Verwaltungsvorschriften

Zur Durchführung des Verfahrens nach den §§ 8 und 10 kann das Bundesministerium für Familie, Senioren, Frauen und Jugend allgemeine Verwaltungsvorschriften erlassen.

§ 12 Bußgeldvorschriften

(1) Ordnungswidrig handelt, wer vorsätzlich oder fahrlässig

1. entgegen § 4 Satz 1 eine dort genannte Bescheinigung nicht, nicht richtig, nicht vollständig oder nicht rechtzeitig erstellt,
2. entgegen § 5 Absatz 2 eine Mitteilung nicht, nicht richtig, nicht vollständig oder nicht rechtzeitig macht oder
3. entgegen § 8 Absatz 3 Nummer 4 eine Mitteilung nicht, nicht richtig, nicht vollständig oder nicht rechtzeitig macht.

(2) Verwaltungsbehörde im Sinne des § 36 Absatz 1 Nummer 1 des Gesetzes über Ordnungswidrigkeiten ist das Bundesamt für Familie und zivilgesellschaftliche Aufgaben.

II

(3) Die Ordnungswidrigkeit kann in den Fällen des Absatzes 1 Nummer 1 mit einer Geldbuße bis zu fünftausend Euro und in den Fällen des Absatzes 1 Nummer 2 mit einer Geldbuße bis zu tausend Euro geahndet werden.

(4) Die Geldbußen fließen in die Kasse des Bundesamtes für Familie und zivilgesellschaftliche Aufgaben. Diese trägt abweichend von § 105 Absatz 2 des Gesetzes über Ordnungswidrigkeiten die notwendigen Auslagen. Sie ist auch ersatzpflichtig im Sinne des § 110 Absatz 4 des Gesetzes über Ordnungswidrigkeiten.

§ 13 Aufbringung der Mittel

Die für die Ausführung dieses Gesetzes erforderlichen Mittel trägt der Bund.

§ 14 Beirat

(1) Das Bundesministerium für Familie, Senioren, Frauen und Jugend setzt einen unabhängigen Beirat für die Vereinbarkeit von Pflege und Beruf ein.

(2) Der Beirat befasst sich mit Fragen zur Vereinbarkeit von Pflege und Beruf, er begleitet die Umsetzung der einschlägigen gesetzlichen Regelungen und berät über deren Auswirkungen. Das Bundesministerium für Familie, Senioren, Frauen und Jugend kann dem Beirat Themenstellungen zur Beratung vorgeben.

(3) Der Beirat legt dem Bundesministerium für Familie, Senioren, Frauen und Jugend alle vier Jahre, erstmals zum 1. Juni 2019, einen Bericht vor und kann hierin Handlungsempfehlungen aussprechen.

(4) Der Beirat besteht aus einundzwanzig Mitgliedern, die vom Bundesministerium für Familie, Senioren, Frauen und Jugend im Einvernehmen mit dem Bundesministerium für Arbeit und Soziales und dem Bundesministerium für Gesundheit berufen werden. Stellvertretung ist zulässig. Die oder der Vorsitzende und die oder der stellvertretende Vorsitzende werden vom Bundesministerium für Familie, Senioren, Frauen und Jugend ernannt. Der Beirat setzt sich zusammen aus sechs Vertreterinnen oder Vertretern von fachlich betroffenen Interessenverbänden, je zwei Vertreterinnen oder Vertretern der Gewerkschaften, der Arbeitgeber, der Wohlfahrtsverbände und der Seniorenorganisationen sowie aus je einer Vertreterin oder einem Vertreter der sozialen und der privaten Pflege-Pflichtversicherung. Des Weiteren

gehören dem Beirat zwei Wissenschaftlerinnen oder Wissenschaftler mit Schwerpunkt in der Forschung der Vereinbarkeit von Pflege und Beruf sowie je eine Vertreterin oder ein Vertreter der Konferenz der Ministerinnen und Minister, Senatorinnen und Senatoren für Jugend und Familie, der Konferenz der Ministerinnen und Minister, Senatorinnen und Senatoren für Arbeit und Soziales sowie der kommunalen Spitzenverbände an. Die Besetzung des Beirats muss geschlechterparitätisch erfolgen.

(5) Die Amtszeit der Mitglieder des Beirats und ihrer Stellvertreterinnen oder Stellvertreter beträgt fünf Jahre und kann einmalig um fünf Jahre verlängert werden. Scheidet ein Mitglied oder dessen Stellvertreterin oder Stellvertreter vorzeitig aus, wird für den Rest der Amtszeit eine Nachfolgerin oder ein Nachfolger berufen.

(6) Die Mitglieder des Beirats sind ehrenamtlich tätig. Sie haben Anspruch auf Erstattung ihrer notwendigen Auslagen.

(7) Der Beirat arbeitet auf der Grundlage einer durch das Bundesministerium für Familie, Senioren, Frauen und Jugend zu erlassenden Geschäftsordnung.

§ 15 Übergangsvorschrift

Die Vorschriften des Familienpflegezeitgesetzes in der Fassung vom 6. Dezember 2011 gelten in den Fällen fort, in denen die Voraussetzungen für die Gewährung eines Darlehens nach § 3 Absatz 1 in Verbindung mit § 12 Absatz 1 Satz 1 bis einschließlich 31. Dezember 2014 vorlagen.

II

Abschnitt III
Eingruppierung, Entgelt und sonstige Leistungen

§ 12 (VKA) Eingruppierung

(1) [1]Die Eingruppierung der/des Beschäftigten richtet sich nach den Tätigkeitsmerkmalen der Anlage 1 – Entgeltordnung (VKA). [2]Die/Der Beschäftigte erhält Entgelt nach der Entgeltgruppe, in der sie/er eingruppiert ist.

(2) [1]Die/Der Beschäftigte ist in der Entgeltgruppe eingruppiert, deren Tätigkeitsmerkmalen die gesamte von ihr/ihm nicht nur vorübergehend auszuübende Tätigkeit entspricht. [2]Die gesamte auszuübende Tätigkeit entspricht den Tätigkeitsmerkmalen einer Entgeltgruppe, wenn zeitlich mindestens zur Hälfte Arbeitsvorgänge anfallen, die für sich genommen die Anforderungen eines Tätigkeitsmerkmals oder mehrerer Tätigkeitsmerkmale dieser Entgeltgruppe erfüllen. [3]Kann die Erfüllung einer Anforderung in der Regel erst bei der Betrachtung mehrerer Arbeitsvorgänge festgestellt werden (z. B. vielseitige Fachkenntnisse), sind diese Arbeitsvorgänge für die Feststellung, ob diese Anforderung erfüllt ist, insoweit zusammen zu beurteilen. [4]Werden in einem Tätigkeitsmerkmal mehrere Anforderungen gestellt, gilt das in Satz 2 bestimmte Maß, ebenfalls bezogen auf die gesamte auszuübende Tätigkeit, für jede Anforderung. [5]Ist in einem Tätigkeitsmerkmal ein von den Sätzen 2 bis 4 abweichendes zeitliches Maß bestimmt, gilt dieses. [6]Ist in einem Tätigkeitsmerkmal als Anforderung eine Voraussetzung in der Person der/des Beschäftigten bestimmt, muss auch diese Anforderung erfüllt sein.

Protokollerklärung zu Absatz 2:

[1]Arbeitsvorgänge sind Arbeitsleistungen (einschließlich Zusammenhangsarbeiten), die, bezogen auf den Aufgabenkreis der/des Beschäftigten, zu einem bei natürlicher Betrachtung abgrenzbaren Arbeitsergebnis führen (z. B. unterschriftsreife Bearbeitung eines Aktenvorgangs, eines Widerspruchs oder eines Antrags, Erstellung eines EKG, Fertigung einer Bauzeichnung, Konstruktion einer Brücke oder eines Brückenteils, Bearbeitung eines Antrags auf eine Sozialleistung, Betreuung einer Person oder Personengruppe, Durchführung einer Unterhaltungs- oder Instandsetzungsarbeit). [2]Jeder einzelne Arbeitsvorgang ist als solcher zu bewerten und darf dabei hinsichtlich der Anforderungen zeitlich nicht aufgespalten werden. [3]Eine Anforderung im Sinne der Sätze 2 und 3 ist auch das in einem Tätigkeitsmerkmal geforderte Herausheben der Tätigkeit aus einer niedrigeren Entgeltgruppe.

(3) Die Entgeltgruppe der/des Beschäftigten ist im Arbeitsvertrag anzugeben.

Protokollerklärung zu §§ 12 (VKA), 13 (VKA):

Die Grundsätze der korrigierenden Rückgruppierung bleiben unberührt.

Erläuterungen

Bei den §§ 12, 13 TVöD (VKA) handelt es sich um die zentralen Eingruppierungsvorschriften des TVöD, die für die VKA mit Wirkung vom 1. Januar 2017 durch den Änderungs-Tarifvertrag Nr. 12 zum TVöD eingefügt worden sind. In Verbindung mit der Entgeltordnung für die Beschäftigten der VKA[1]) bestimmen sie die Grundsätze der Eingruppierung der Beschäftigten der Kommunen. Eine ausführliche Darstellung dazu finden Sie im Schwerpunktbeitrag „Einführung in die Entgeltordnung für die Beschäftigten der Kommunen".[2])

II

---

[1]) abgedruckt unter **460**

[2]) abgedruckt unter **450**

II

§ 13 (VKA) Eingruppierung in besonderen Fällen

(1) [1]Ist der/dem Beschäftigten eine andere, höherwertige Tätigkeit nicht übertragen worden, hat sich aber die ihr/ihm übertragene Tätigkeit (§ 12 [VKA] Abs. 2 Satz 1) nicht nur vorübergehend derart geändert, dass sie den Tätigkeitsmerkmalen einer höheren als ihrer/seiner bisherigen Entgeltgruppe entspricht (§ 12 [VKA] Abs. 2 Sätze 2 bis 6), und hat die/der Beschäftigte die höherwertige Tätigkeit ununterbrochen sechs Monate lang ausgeübt, ist sie/er mit Beginn des darauffolgenden Kalendermonats in der höheren Entgeltgruppe eingruppiert. [2]Für die zurückliegenden sechs Kalendermonate gilt § 14 Abs. 1 sinngemäß.

(2) [1]Ist die Zeit der Ausübung der höherwertigen Tätigkeit durch Urlaub, Arbeitsbefreiung, Arbeitsunfähigkeit, Kur- oder Heilverfahren oder Vorbereitung auf eine Fachprüfung für die Dauer von insgesamt nicht mehr als sechs Wochen unterbrochen worden, wird die Unterbrechungszeit in die Frist von sechs Monaten eingerechnet. [2]Bei einer längeren Unterbrechung oder bei einer Unterbrechung aus anderen Gründen beginnt die Frist nach der Beendigung der Unterbrechung von neuem.

(3) Wird der/dem Beschäftigten vor Ablauf der sechs Monate wieder eine Tätigkeit zugewiesen, die den Tätigkeitsmerkmalen ihrer/seiner bisherigen Entgeltgruppe entspricht, gilt § 14 Abs. 1 sinngemäß.

Protokollerklärung zu §§ 12 (VKA), 13 (VKA):
Die Grundsätze der korrigierenden Rückgruppierung bleiben unberührt.

Erläuterungen

Bei den §§ 12, 13 TVöD (VKA) handelt es sich um die zentralen Eingruppierungsvorschriften des TVöD, die für die VKA mit Wirkung vom 1. Januar 2017 durch den Änderungs-Tarifvertrag Nr. 12 zum TVöD eingefügt worden sind. In Verbindung mit der Entgeltordnung für die Beschäftigten der VKA[1]) bestimmen sie die Grundsätze der Eingruppierung der Beschäftigten der Kommunen. Eine ausführliche Darstellung dazu finden Sie im Schwerpunktbeitrag „Einführung in die Entgeltordnung für die Beschäftigten der Kommunen".[2])

---

1) abgedruckt unter **460**

2) abgedruckt unter **450**

§ 14 Vorübergehende Übertragung einer höherwertigen Tätigkeit

(1) Wird der/dem Beschäftigten vorübergehend eine andere Tätigkeit übertragen, die den Tätigkeitsmerkmalen einer höheren als ihrer/seiner Eingruppierung entspricht, und hat sie/er diese mindestens einen Monat ausgeübt, erhält sie/er für die Dauer der Ausübung eine persönliche Zulage rückwirkend ab dem ersten Tag der Übertragung der Tätigkeit.

Niederschriftserklärung zu § 14 Abs. 1:

1. Ob die vorübergehend übertragene höherwertige Tätigkeit einer höheren Entgeltgruppe entspricht, bestimmt sich im Bereich der VKA für nach einem gemäß § 2 Abs. 2 TVÜ-VKA weitergeltenden Lohngruppenverzeichnis eingruppierte Beschäftigte nach der Anlage 3 zum TVÜ-VKA.
2. Die Tarifvertragsparteien stellen klar, dass die vertretungsweise Übertragung einer höherwertigen Tätigkeit ein Unterfall der vorübergehenden Übertragung einer höherwertigen Tätigkeit ist.

(2) Durch landesbezirklichen Tarifvertrag – für den Bund durch einen Tarifvertrag auf Bundesebene – wird im Rahmen eines Kataloges, der die hierfür in Frage kommenden Tätigkeiten aufführt, bestimmt, dass die Voraussetzung für die Zahlung einer persönlichen Zulage bereits erfüllt ist, wenn die vorübergehend übertragene Tätigkeit mindestens drei Arbeitstage angedauert hat und die/der Beschäftigte ab dem ersten Tag der Vertretung in Anspruch genommen worden ist.

(3) Die persönliche Zulage bemisst sich nach dem jeweiligen Unterschiedsbetrag zu dem Tabellenentgelt, das sich bei dauerhafter Übertragung nach § 17 Abs. 4 Satz 1 für Beschäftigte im Bereich der VKA und nach § 17 Abs. 5 Satz 1 für Beschäftigte des Bundes ergeben hätte.

Erläuterungen

§ 14 bestimmt, dass ein Beschäftigter, der vorübergehend im Vergleich zu seiner arbeitsvertraglich bestimmten Tätigkeit höherwertige Aufgaben erledigt, für die Dauer der anspruchsvolleren Tätigkeit eine Zulage erhält. In einer Niederschriftserklärung ist klargestellt, dass die vertretungsweise Übertragung höherwertiger Tätigkeiten eine „vorübergehende" Übertragung im tarifvertraglichen Sinne ist. Dieser Sachverhalt war früher in § 24 BAT geregelt.

Auf die abweichenden Sonderregelungen in § 45 (Bund) des Besonderen Teils Verwaltung wird hingewiesen.

Die Vorschrift des § 14 korrespondiert mit den Regelungen zur Eingruppierung – bis zum In-Kraft-Treten eines neuen Eingruppierungssystems also mit den Eingruppierungsvorschriften des BAT bzw. des MTArb/BMT-G. § 14 trifft Regelungen für die Fälle, in denen der Beschäftigte auf Veranlassung des Arbeitgebers vorübergehend eine höherwertige Tätigkeit ausübt.

Die Interessenlage von Arbeitgeber und Beschäftigten dürfte in der Regel so sein, dass der Beschäftigte natürlich an einer dauerhaft höheren Eingruppierung interessiert ist, während der Arbeitgeber im Interesse eines flexiblen Personaleinsatzes eher eine vorübergehende, ohne besondere (Änderungs-)Kündigung rückgängig zu machende Maßnahme bevorzugt.

Wegen der unterschiedlichen Interessenlage sind Meinungsverschiedenheiten und gerichtliche Auseinandersetzungen über die Zulässigkeit einer nur vorübergehenden Übertragung und Zahlung einer Zulage (in Konkurrenz zur stabilen Höhergruppierung) vorprogrammiert. Das BAG hat sich folglich in langjähriger Rechtsprechung zu der im Kern vergleichbaren Regelung des § 24 BAT mit dieser Frage auseinandergesetzt und über lange Zeit zunächst die Auffassung vertreten, die vorübergehende – an Stelle einer dauerhaften – Übertragung einer höherwertigen Tätigkeit bedürfe – ähnlich wie im Fall befristeter Arbeitsverhältnisse – eines Sachgrundes. Diese Linie hat das BAG in seinem Urt. vom 17. 4. 2002 – 4 AZR 174/01 –, AP Nr. 23 zu § 24 BAT – verlassen, weil nach seiner (neuen) Auffassung an die Voraussetzungen einer vorübergehenden Übertragung höherwertiger Tätigkeiten im Rahmen des dem Arbeitgeber nach § 315 BGB grundsätzlich zustehenden Direktionsrechts nicht die gleichen strengen Maßstäbe anzulegen sind wie in den Fällen befristeter Arbeitsverhältnisse, wo es im Ergebnis um die Frage der Umgehung des gesetzlichen Kündigungsschutzes gehe. Nach der jetzigen Rechtsmeinung des BAG (z. B. Urteil vom 4. 7. 2012 – 4 AZR 759/10 – und vom 27. 1. 2016 – 4 AZR 468/14) muss im Wege einer sogenannten „doppelten Billigkeitsprüfung" erstens geprüft werden, ob die eigentliche Übertragung der höherwertigen Tätigkeit billigem Ermessen entspricht, und zweitens, ob es auch billigem Ermessen entspricht, die Tätigkeit nur vorübergehend (und nicht auf Dauer) zu übertragen.

An die zweite Stufe der Ermessensprüfung – also an die Beurteilung der Frage, ob es gerechtfertigt ist, die Tätigkeit nicht auf Dauer sondern nur vorübergehend zu übertragen – werden in den Fällen längerfristiger oder aufeinander folgender vorübergehender Übertragungen strenge Maßstäbe anzulegen sein. Eine generelle Höchstdauer für den Begriff der „vorübergehenden" Übertragung gibt es aber weder in der Tarifvorschrift, noch lässt sie sich aus der langjährigen arbeitsrechtlichen Rechtsprechung dazu entnehmen.

Bei der Billigkeitsprüfung handelt es sich stets um eine Einzelfallprüfung, bei der der Arbeitgeber als Ausübender des Direktionsrechtes die Beweislast dafür zu tragen hat, dass sowohl die Übertragung der Tätigkeit als auch deren vorübergehender Charakter billigem Ermessen entspricht. Trotz der unentbehrlichen Einzelfallprüfung kann in den folgenden typischen Beispielsfällen jedoch von einer in der Regel zulässigerweise nur vorübergehenden Übertragung höherwertiger Tätigkeiten ausgegangen werden:

– Erprobung: Eine vorübergehende Übertragung zur Erprobung des Beschäftigten ist zulässig; allein der Begriff der Erprobung beinhaltet jedoch, dass hier enge zeitliche Grenzen gesetzt sind.
– Übertragung von Führungspositionen auf Probe oder auf Zeit: Es wird davon auszugehen sein, dass die in der Natur der Tätigkeit liegende Instabilität ausreicht, um an Stelle einer dauerhaften Höhergruppierung die Zahlung einer Zulage für die Zeit der Führungstätigkeit zu rechtfertigen (→ § 31 Abs. 3 und § 32 Abs. 3).
– Organisationsentscheidungen, wie beispielsweise die Entscheidung, die Stelle nur vorübergehend mit dem Beschäftigten zu besetzen, um nach Ablauf einiger Zeit (nach Abschluss der Laufbahnprüfung) dort einen Beamtenanwärter oder einen besser qualifizierten Beschäftigten einzusetzen. Entsprechendes gilt während des Laufs einer Stellenausschreibung oder für die Zeit im Vorfeld einer geplanten Neuorganisation der Arbeitsbereiche.

Ebenfalls schon unter den Begriff der vorübergehenden Tätigkeit lassen sich Vertretungssituationen fassen. Gleichwohl sind sie in der Tarifnorm bzw. der Niederschriftserklärung dazu besonders erwähnt. Bei der Vertretung ist zu beachten, dass es sich bei der Vertretungstätigkeit um eine „andere" als die eigentlich vom Beschäftigten auszuübende Tätigkeit handeln muss. Es kommt also nicht nur auf den reinen Zeitfaktor („mindestens ein Monat"), sondern auch auf die rechtlichen und organisatorischen Rahmenbedingungen an. Nach gefestigter Rechtsprechung des BAG zu der zumindest im Kern vergleichbaren Vorschrift des § 24 BAT werden Abwesenheitsvertretungen (z. B. wegen Urlaub oder Krankheit), die einem Beschäftigten auf Dauer (z. B. durch Geschäftsverteilungsplan) übertragen wurden, zum Inhalt des Arbeitsvertrages und sind in die tarifliche Bewertung seiner Tätigkeit einzubeziehen. Ob sie sich dort im Hinblick auf die relativ geringe Quantität tatsächlich auswirken, spielt keine Rolle. Sie können in diesem Fall keine Zulage mehr auslösen (siehe z. B. BAG, Urt. vom 5. 9. 1973 – 4 AZR 549/72; vom 29. 9. 1982 – 4 AZR 1161/79 und vom 24. 3. 1993 – 10 AZR 416/91). Diese Linie hat das BAG mit Urteil vom 16. April 2015 – 6 AZR 242/14 – inzwischen für den Bereich des TVöD/TV-L bestätigt.

Sollte der Sachverhalt hingegen so sein, dass einem nicht geschäftsplanmäßig damit betrauten Beschäftigten eine höherwertige Tätigkeit für eine mehr als einmonatige Urlaubsvertretung förmlich übertragen wird, so kann in diesem (Ausnahme-)Fall sicher eine Zulage in Betracht kommen.

II

Vergleichbar ist die Situation bei der Tätigkeit des sogenannten ständigen Vertreters, bei dem die Vertretungstätigkeit Gegenstand seiner arbeitsvertraglichen Beschäftigung ist und sich in der Regel schon in der Eingruppierung niedergeschlagen hat (zumindest wenn ein eingruppierungsrelevanter Umfang erreicht wird bzw. ein Eingruppierungsmerkmal für ständige Vertreter vorgesehen ist). Die von dem Arbeitgeberkreis der BAT-Kommission in seiner Sitzung vom 8. Oktober 1996 zu § 24 BAT vertretene Auffassung, dass auch in den Fällen der ständigen Vertretung keine Bedenken gegen eine Zulage für diese Tätigkeit bestehen, wenn es sich um eine langfristige Vertretung handelt (z. B. bei Vertretung während der Elternzeit) wird im Lichte der Entscheidung des BAG vom 21. 10. 1998 – 10 AZR 224/98, ZTR 1999 S. 177 – kritisch zu beurteilen sein. Jedenfalls ist bei der Zahlung einer Zulage an ständige Vertreter ein strenger Maßstab anzulegen.

Die persönliche Zulage fällt weg, wenn die höherwertige Tätigkeit endet. Einer Änderungskündigung bedarf es nicht.

Voraussetzungen zur Gewährung einer Zulage (Abs. 1)

Wenn die oben erläuterten Billigkeitsprüfungen zu dem Ergebnis kommen, dass die befristete Übertragung einer höherwertigen Tätigkeit rechtlich möglich ist, stellt sich die Frage, ob die höherwertige Tätigkeit, die ja – wegen des vorübergehenden Charakters – nicht zu einer Höhergruppierung führt, eine Zulage nach sich zieht. Dies ist nach der Niederschriftserklärung zu Absatz 1 in ihrer ab dem 1. Januar 2017 geltenden Fassung für bestimmte Arbeiter des kommunalen Bereichs weiterhin nach altem Recht – nämlich dem weitergeltenden Lohngruppenverzeichnis i. V. m. Anlage 3 zum TVÜ-VKA – zu prüfen. Es muss also für einen Vergleich der vertraglichen mit der ausgeübten Tätigkeit eine detaillierte Bewertung der vorübergehenden Tätigkeit erfolgen. Der Beschäftigte muss alle Voraussetzungen der höheren Entgeltgruppe (also auch die persönlichen Qualifikationsmerkmale) erfüllen. Die bloße Ausübung der Tätigkeit genügt nicht, es sei denn, das in Frage kommende Eingruppierungsmerkmal ist auch offen für die sogenannten „sonstigen Beschäftigten".

Der bis zur Aufteilung der Entgeltgruppe 9 in die Entgeltgruppen 9a–9c in der Praxis häufig auftretende Fall, dass ein Beschäftigter der „kleinen Entgeltgruppe 9" (verlängerte Stufenlaufzeit, gesperrte Endstufe) vorübergehend Tätigkeiten ausübt, die bei dauerhafter Übertragung zur Eingruppierung in die reguläre Entgeltgruppe 9 führten, löste keine Zulage aus. Zwar handelte es sich um eine höherwertige Tätigkeit, sie führte aber nicht zu einer höheren Eingruppierung, so dass die Voraussetzungen des Absatzes 1 Satz 1 nicht erfüllt waren.

Die höherwertige Tätigkeit muss mindestens einen Monat lang ausgeübt worden sein. Ist diese Voraussetzung erfüllt, wird die Zulage rückwirkend ab Beginn der höherwertigen Tätigkeit gezahlt. Höherwertige Tätigkeiten von weniger als einem Monat Dauer werden, wenn es keine landesbezirkliche Vereinbarung bzw. einen entsprechenden Tarifvertrag des Bundes im Sinne des Absatzes 2 gibt, nicht honoriert.

Öffnungsklausel für landesbezirkliche Tarifverträge (Abs. 2)

Absatz 2 enthält eine Öffnungsklausel, nach der für von den Tarifpartnern genau zu bestimmende Tätigkeiten nach näherer Maßgabe eines landesbezirklichen Tarifvertrages (Kommunen) bzw. Bundestarifvertrag (Bund) an die Stelle der Monatsfrist des Absatzes 1 eine Frist von drei Arbeitstagen treten kann.

Die Niederschriftserklärung zu § 18 des TVÜ-Bund bzw. TVÜ-VKA enthält den Auftrag an die Tarifpartner, durch einen spätestens zum 1. Juli 2007 in Kraft tretenden Tarifvertrag zu bestimmen, in welchen zu katalogisierenden Tätigkeiten eine Zulage bereits nach einer Frist von drei Tagen (statt einem Monat) gezahlt wird.

Es bleibt abzuwarten, ob und in welcher Form die Tarifpartner von dieser Öffnungsklausel Gebrauch machen werden.

Höhe der Zulage (Abs. 3)

Wenn die oben beschriebenen Voraussetzungen erfüllt sind, erhielt zunächst (bis 28. Februar 2018) nur der Beschäftigte der Entgeltgruppen 9 bis 14 (Bund) bzw. 9a bis 14 (VKA) eine Zulage in Höhe des Unterschiedsbetrages zwischen seinem jetzigen Tabellenentgelt und dem Tabellenentgelt, das dem Beschäftigten zustehen würde, wenn ihm die vorübergehende Tätigkeit auf Dauer übertragen worden wäre. Das Verfahren, wie das Tabellenentgelt bei Höhergruppierungen ermittelt wird, ist in § 17 Abs. 4 Satz 1 bis 3 (VKA) bzw. § 17 Abs. 5 Satz 1 (Bund) geregelt. § 17 Abs. 4 Satz 3 wurde erst im Zuge des 6. Änderungs-Tarifvertrages zum TVöD vom 8. Dezember 2010 ausdrücklich einbezogen. Die Tarifpartner stellen damit redaktionell klar, dass bei einer Höhergruppierung über mehr als eine Entgeltgruppe das besondere Verfahren des § 17 Abs. 2 Satz 3 zur Anwendung gelangen soll. Dies war bei Einführung des Satzes 3 mit dem Änderungs-Tarifvertrag Nr. 2 vom 31. März 2008 augenscheinlich versäumt worden.

Beschäftigte der Entgeltgruppen 1 bis 8 erhielten bis zum 28. Februar 2018 als Zulage für die vorübergehend oder vertretungsweise ausgeübte höherwertige Tätigkeit 4,5 v. H. ihres individuellen Tabellenentgelts. Ab dem 1. März 2018 gilt auch für sie das oben beschriebene Verfahren, das bis dahin nur für die Beschäftigten der oberen Entgeltgruppen galt.

Wegen der Auswirkungen einer vorübergehenden Übertragung höherwertiger Tätigkeiten auf die Stufenzuordnung bei einer unmittelbar ausschließenden dauerhaften Übertragung siehe Protokollerklärung zu § 17 Abs. 4, 4a und 5.

Wegen der Umschlüsselung der besonderen Entgeltgruppen der Beschäftigten des Sozial- und Erziehungsdienstes sowie in der Krankenpflege in die für die Berechnung der Zulage maßgebenden Entgeltgruppen siehe § 1 Abs. 3 der Anlage zu § 56 (VKA)[1]) bzw. § 51a Abs. 1 und § 52 Abs. 3 BT-B[2]) sowie § 52 Abs. 1 BT-K[3]).

Aus der Bestimmung des § 24 Abs. 3 i. V. m. Abs. 5 ergibt sich, dass die Zulage, wenn sie nur für Teile eines Monates zusteht, taggenau anteilig gewährt wird.

Die Zulage ist Entgelt im sozialversicherungsrechtlichen Sinn, sie ist steuerpflichtig. Für die Zulage sind daher auch Umlagen an die VBL zu entrichten.

Die Zulage wird ggf. auf den Strukturausgleich angerechnet (siehe § 12 Abs. 4 Satz 2 TVÜ-VKA).

Übergangsregelungen

Die §§ 10 bzw. 18 der Überleitungstarifverträge[4]) enthalten Übergangsregelungen für Beschäftigte, die im Zeitpunkt der Überleitung in den TVöD bereits eine Zulage für höherwertige Tätigkeiten bekamen und die entsprechende Tätigkeit fortführen (§ 10, bzw. übergeleitete Beschäftigte, denen zwischen dem Überleitungsstichtag (30. September 2005) und dem 30. September 2007 erstmals eine höherwertige Tätigkeit übertragen wird (§ 18).

---

1) abgedruckt unter **215**

2) abgedruckt unter **235**

3) abgedruckt unter **230**

4) TVÜ-VKA abgedruckt unter **280**

II

§ 15 Tabellenentgelt

(1) [1]Die/Der Beschäftigte erhält monatlich ein Tabellenentgelt. [2]Die Höhe bestimmt sich nach der Entgeltgruppe, in die sie/er eingruppiert ist, und nach der für sie/ihn geltenden Stufe.

(2) [1]Alle Beschäftigten des Bundes erhalten Entgelt nach Anlage A (Bund). [2]Die Beschäftigten der Mitglieder eines Mitgliedverbandes der VKA erhalten Entgelt nach der Anlage A (VKA).

(3) [1]Im Rahmen von landesbezirklichen bzw. für den Bund in bundesweiten tarifvertraglichen Regelungen können für an- und ungelernte Tätigkeiten in von Outsourcing und/oder Privatisierung bedrohten Bereichen in den Entgeltgruppen 1 bis 4 Abweichungen von der Entgelttabelle bis zu einer dort vereinbarten Untergrenze vorgenommen werden. [2]Die Untergrenze muss im Rahmen der Spannbreite des Entgelts der Entgeltgruppe 1 liegen. [3]Die Umsetzung erfolgt durch Anwendungsvereinbarung, für den Bund durch Bundestarifvertrag.

Erläuterungen

§ 15 TVöD bestimmt das sogenannte Tabellenentgelt als Grundlage der Leistungen an den Beschäftigten. Die Entgelttabellen – getrennt für Bund und Kommunen – sind Bestandteil des TVöD. Sie sind ohne Einhaltung einer Frist, jedoch frühestens zum 31. März 2027 (siehe Tarifeinigung vom 6. April 2025)[1]), gesondert kündbar (§ 39 Abs. 4 Buchst. c).

Die vor In-Kraft-Treten des TVöD übliche Verfahrensweise, die Vergütung in eigenständigen Vergütungstarifverträgen zu regeln, wurde aufgegeben.

Auf die abweichenden Sonderregelungen in §§ 45 und 46 (Bund) des Besonderen Teils Verwaltung wird hingewiesen.

Begriffsbestimmung (Abs. 1)

Die Höhe des Tabellenentgelts bestimmt sich nach der für den Beschäftigten maßgebenden Entgeltgruppe und seiner individuellen Entgeltstufe und kann dann aus der jeweiligen Tabelle der Anlage A bzw. Anlage B abgelesen werden. Vorläufig sind zur Ermittlung der Entgeltgruppe und -stufe die Vorschriften der Überleitungs-Tarifverträge zu beachten.

Bemessungssätze Ost (frühere Protokollerklärungen zu Abs. 1)

In den Protokollerklärungen zu § 15 Absatz 1 war bestimmt, wie hoch der Bemessungssatz für Entgelte an Beschäftigte im Tarifgebiet Ost

---

[1]) abgedruckt unter **150**

war. Wegen der Abgrenzung der Tarifgebiete West und Ost → § 38 Abs. 1.

Für den Bereich des Bundes ist bzw. war die Protokollerklärung Nr. 1 maßgebend. Bei Inkrafttreten des TVöD sah sie einen Bemessungssatz von 92,5 v. H. vor. Im Zuge der Entgeltrunde 2008 bzw. des darauf zurückgehenden Änderungstarifvertrages Nr. 2 vom 31. März 2008 wurde der Bemessungssatz für die Beschäftigten des Bundes auf 100 v. H. angehoben; für die Beschäftigten in den Entgeltgruppen 1 bis 9 trat die Angleichung an die West-Beträge am 1. Januar 2008, für die übrigen Beschäftigten am 1. April 2008 in Kraft. Die Protokollerklärung Nr. 1 ist daher zum 1. April 2008 gegenstandslos geworden und durch den Änderungstarifvertrag Nr. 2 aufgehoben worden.

Für die Beschäftigten der Kommunen betrug der Bemessungssatz bei Inkrafttreten des TVöD am 1. Oktober 2005 zunächst 94 v. H.; er erhöhte sich zum 1. Juli 2006 auf 95,5 v. H. und am 1. Juli 2007 auf 97 v. H. Durch den Änderungstarifvertrag Nr. 2 wurde er für die Beschäftigten der Entgeltgruppen 1 bis 9 zum 1. Januar 2008 auf 100 v. H. angehoben. Für die Beschäftigten der Entgeltgruppen 10 und höher blieb es zunächst bei dem Satz von 97 v. H.; eine Anpassung an das West-Niveau erfolgte für diese Beschäftigten erst zum 1. Januar 2010. Die Protokollerklärung Nr. 2 ist daher zum 1. Januar 2010 aufgehoben worden.

Nach der ebenfalls zum 1. Januar 2010 aufgehobenen Protokollerklärung Nr. 3 erhielten Beschäftigte im Tarifgebiet Ost – abweichend von den Grundsätzen der Protokollerklärungen Nr. 1 und 2 – bei vermögenswirksamen Leistungen (→ § 23 Abs. 1) und beim Jubiläumsgeld (→ § 23 Abs. 2) die vollen Beträge.

Benennung der maßgebenden Tabellen (Abs. 2)

Absatz 2 verweist auf die Entgelttabellen, die als Anlage A – getrennt nach Bund und Kommunen – bezeichnet und im Anschluss an den TVöD abgedruckt sind. Die Werte der Entgeltgruppen 2Ü und 15Ü finden sich in § 19 des jeweiligen Überleitungstarifvertrages (TVÜ-Bund, TVÜ-VKA).

Öffnungsklausel (Abs. 3)

Absatz 3 enthält eine Öffnungsklausel, die es in von Outsourcing (Auslagerung auf andere Dienstleister) und/oder Privatisierung bedrohten Bereichen ermöglicht, durch landesbezirkliche (Kommunen) bzw. durch bundesweite (Bund) tarifvertragliche Regelungen von der Entgelttabelle (nach unten) abweichende Entgelte für un- oder angelernte Tätigkeiten zu vereinbaren. Untergrenze dafür ist die Spannbreite der Entgeltgruppe 1. Es bleibt abzuwarten, ob und in welchem

Umfang die Tarifpartner von dieser Öffnungsmöglichkeit Gebrauch machen werden.

Wegen der Umschlüsselung der besonderen Entgeltgruppen der Beschäftigten des Sozial- und Erziehungsdienstes in die für abweichende Vereinbarungen in Frage kommenden Entgeltgruppen siehe § 1 Abs. 3 der Anlage zu § 56 (VKA)[1]) bzw. § 52 Abs. 3 BT-B[2]).

[1]) abgedruckt unter **215**

[2]) abgedruckt unter **235**

II

§ 16 (VKA) Stufen der Entgelttabelle

(1) Die Entgeltgruppen 2 bis 15 umfassen sechs Stufen.

(2) [1]Bei Einstellung werden die Beschäftigten der Stufe 1 zugeordnet, sofern keine einschlägige Berufserfahrung vorliegt. [2]Verfügt die/der Beschäftigte über eine einschlägige Berufserfahrung von mindestens einem Jahr, erfolgt die Einstellung in die Stufe 2; verfügt sie/er über eine einschlägige Berufserfahrung von mindestens drei Jahren, erfolgt in der Regel eine Zuordnung zur Stufe 3. [3]Unabhängig davon kann der Arbeitgeber bei Neueinstellungen zur Deckung des Personalbedarfs Zeiten einer vorherigen beruflichen Tätigkeit ganz oder teilweise für die Stufenzuordnung berücksichtigen, wenn diese Tätigkeit für die vorgesehene Tätigkeit förderlich ist.

Protokollerklärung zu Absatz 2:

Ein Berufspraktikum nach dem Tarifvertrag für Praktikantinnen/Praktikanten des öffentlichen Dienstes (TVPöD) vom 27. Oktober 2009 gilt grundsätzlich als Erwerb einschlägiger Berufserfahrung.

Niederschriftserklärung zu § 16 (VKA) Abs. 2 Satz 2:

Die Tarifvertragsparteien sind sich darüber einig, dass stichtagsbezogene Verwerfungen zwischen übergeleiteten Beschäftigten und Neueinstellungen entstehen können.

(2a) Bei Einstellung von Beschäftigten in unmittelbarem Anschluss an ein Arbeitsverhältnis im öffentlichen Dienst (§ 34 Abs. 3 Satz 3 und 4) oder zu einem Arbeitgeber, der einen dem TVöD vergleichbaren Tarifvertrag anwendet, kann die in dem vorhergehenden Arbeitsverhältnis erworbene Stufe bei der Stufenzuordnung ganz oder teilweise berücksichtigt werden; Absatz 2 Satz 3 bleibt unberührt.

Niederschriftserklärung zu § 16 (VKA) Abs. 2a:

Die Tarifvertragsparteien sind sich darüber einig, dass die erworbene Stufe im Sinne des § 16 (VKA) Abs. 2a auch eine individuelle Endstufe im Sinne des § 6 Abs. 4 Satz 1, § 7 Abs. 2 1. Alternative oder § 8 Abs. 3 Satz 2 TVÜ-VKA oder eine individuelle Zwischenstufe im Sinne des § 7 Abs. 3 Satz 1 oder § 8 Abs. 3 Satz 2 TVÜ-VKA sein kann.

(3) Die Beschäftigten erreichen die jeweils nächste Stufe – von Stufe 3 an in Abhängigkeit von ihrer Leistung gemäß § 17 Abs. 2 – nach folgenden Zeiten einer ununterbrochenen Tätigkeit innerhalb derselben Entgeltgruppe bei ihrem Arbeitgeber (Stufenlaufzeit):

- **Stufe 2 nach einem Jahr in Stufe 1,**
- **Stufe 3 nach zwei Jahren in Stufe 2,**
- **Stufe 4 nach drei Jahren in Stufe 3,**
- **Stufe 5 nach vier Jahren in Stufe 4 und**
- **Stufe 6 nach fünf Jahren in Stufe 5.**

(4) [1]Die Entgeltgruppe 1 umfasst fünf Stufen. [2]Einstellungen erfolgen in der Stufe 2 (Eingangsstufe). [3]Die jeweils nächste Stufe wird nach vier Jahren in der vorangegangenen Stufe erreicht; § 17 Abs. 2 bleibt unberührt.

II

Erläuterungen

§ 16 TVöD regelt – in zwei getrennten Vorschriften für den Bund bzw. die Kommunen – die Grundsätze der Zuweisung zu den Entgeltstufen bei Einstellung sowie den späteren Aufstieg in den Stufen. In zwei Anhängen zu der jeweiligen Vorschrift des § 16 sind (ebenfalls getrennt nach Bund und Kommunen) abweichende Regelungen zu den Grundsätzen des § 16 vereinbart worden. Die Anlagen sind im Anschluss an die jeweilige Tarifvorschrift abgedruckt.

Die Zuweisung der (Lebens-)Altersstufen war – soweit das Entgeltsystem des BAT überhaupt mit dem des TVöD vergleichbar ist – zuvor in § 27 BAT geregelt.

Auf die ergänzenden Regelungen zur Vorweggewährung von Stufen in § 53 Abs. 2 BT-K[1]) bzw. § 50 Abs. 2 BT-B[2]) sowie die unter den Erläuterungen zu Absatz 2 aufgegriffene Fachkräftezulage der VKA wird hingewiesen.

Hinweis auf Übergangsregelungen

Bei den Beschäftigten, die zum 1. Oktober 2005 aus dem Geltungsbereich eines der bisherigen Tarifverträge (BAT, MTArb, BMT-G und die entsprechenden Tarifverträge des Tarifgebietes Ost) in den TVöD übergeleitet worden sind, sind bei der Stufenzuweisung die besonderen Vorschriften der Überleitungs-Tarifverträge zu beachten.

Verkürzt dargestellt erfolgt die Überleitung der ehemaligen Angestellten in der Regel in der Weise, dass sie betragsgenau in eine individuelle Zwischenstufe ihrer neuen Entgeltgruppe übergeleitet werden und von dort zum 1. Oktober 2007 in die nächst höhere Stufe aufsteigen. Wegen Einzelheiten → § 6 TVÜ-VKA.[3])

Arbeiter werden in der Regel der Stufe zugeordnet, die sie erreicht hätten, wenn der TVöD bereits seit Beginn ihrer Beschäftigungszeit für sie gegolten hätte. Wegen Einzelheiten → § 7 TVÜ-VKA.

Stufen der Entgeltgruppen (Abs. 1)

Die Entgeltgruppen 2 bis 15 umfassen sechs Stufen. Die bis zum 28. Februar 2018 geltenden Ausnahmen (§ 16 Abs. 1 Satz 2 a. F. sowie Anhang zu § 16) wurden im Zuge der Tarifrunde 2018/2019 mit Wirkung vom 1. März 2018 aufgehoben.

---

1) abgedruckt unter **230**
2) abgedruckt unter **235**
3) abgedruckt unter **280**

Einstellungsstufe; Entgeltgruppen 2 bis 15 (Abs. 2)

II

Die Beschäftigten der Entgeltgruppen 2 bis 15 werden bei ihrer Einstellung grundsätzlich der Stufe 1 zugeordnet (Satz 1). Nach Satz 2 erfolgt die Einstellung in Stufe 2, wenn der Beschäftigte mindestens eine einjährige einschlägige Berufserfahrung mitbringt.

Nach Satz 2 2. Halbsatz erfolgt bei Beschäftigten, die über eine einschlägige Berufserfahrung von mindestens drei Jahren (unabhängig davon, wo sie erworben worden ist) verfügen, die Einstufung in Stufe 3.

In seinem beachtenswerten Urteil vom 6. September 2016 – 6 AZR 836/16 – hat sich das BAG mit der Stufenzuordnung im TVöD (VKA) unter Berücksichtigung früherer befristeter Arbeitsverhältnisse zum selben Arbeitgeber auseinandergesetzt und entschieden, dass bei der Stufenzuordnung Zeiten einschlägiger Berufserfahrung aus vorherigen befristeten Arbeitsverhältnissen mit demselben Arbeitgeber zu berücksichtigen sind, wenn die Wiedereinstellung für eine gleichwertige oder gleichartige Tätigkeit erfolgt („horizontale“ Wiedereinstellung) und es zu keiner längeren als einer sechsmonatigen rechtlichen Unterbrechung zwischen den Arbeitsverhältnissen gekommen ist. Die Begrenzung auf Stufe 3 gelte in diesem Fall nicht. Die Klägerin war im Zeitraum vom 5. August 1996 bis 31. Juli 2008 mit kurzen Unterbrechungen aufgrund mehrerer befristeter Arbeitsverhältnisse bei der beklagten Stadt als Erzieherin in einer Kindertagesstätte beschäftigt. Als solche ist die Klägerin auch in dem seit dem 4. August 2008 bestehenden, unbefristeten Arbeitsverhältnis bei der Beklagten tätig. Die nach ihrer Wiedereinstellung zum 4. August 2008 nach § 16 TVöD (VKA) vorzunehmenden Stufenzuordnung erfolgte ohne vollständige Berücksichtigung der in den vorangegangenen Arbeitsverhältnissen mit der Beklagten erworbenen einschlägigen Berufserfahrung. Das hielt die Klägerin für fehlerhaft. Sie meinte, sie sei ab dem 1. März 2015 der Stufe 6 ihrer Entgeltgruppe zuzuordnen und entsprechend zu vergüten. Die Klägerin hatte mit ihrem Anliegen vor dem BAG Erfolg. Die Begründung des Arbeitsverhältnisses am 4. August 2008 ist nach Auffassung des BAG eine Einstellung i. S. d. § 16 TVöD (VKA). Bei der nach der Einstellung vorzunehmenden Zuordnung der Klägerin zu einer Stufe ihrer Entgeltgruppe seien unter Berücksichtigung des Benachteiligungsverbots des § 4 Abs. 2 Satz 3 TzBfG alle Zeiten einschlägiger Berufserfahrung als Erzieherin aus den vorherigen befristeten Arbeitsverhältnissen mit der Beklagten zu berücksichtigen. Dem stünden die rechtlichen Unterbrechungen zwischen den einzelnen Befristungen nicht entgegen. Solche seien jedenfalls dann unschädlich, wenn sei wie im Fall der Klägerin jeweils nicht länger als sechs Monate dauern.

Das BAG stellte mit Urteil vom 29. Juni 2022 – 6 AZR 475/21 – zur einschlägigen Berufserfahrung im Sinne der vergleichbaren Regelung des § 16 Abs. 2 TV-L klar, dass diese bei Aufbaufallgruppen auch in einer niedrigeren Entgeltgruppe erlangt werden kann. Dies setze allerdings voraus, dass die höhere Bewertung der Tätigkeit bei Wiedereinstellung allein aus der Erhöhung des Zeitanteils des maßgeblichen Arbeitsvorgangs resultiert und dass der Beschäftigte unmittelbar nach der Einstellung seine neue Tätigkeit vollumfänglich ohne nennenswerte Einarbeitungszeit aufnehmen könne.

In einer Protokollerklärung zu Absatz 2 haben die Tarifpartner festgelegt, dass auch ein Berufspraktikum nach dem TVPöD[1]) als Erwerb einschlägiger Berufserfahrung gilt.

Satz 3 enthält eine im Kern mit § 27 Abschn. C BAT vergleichbare Regelung, nach der der Arbeitgeber zur Deckung des Personalbedarfs förderliche Zeiten beruflicher Tätigkeit ganz oder teilweise bei der Stufenzuordnung berücksichtigen kann.

Nach Kenntnis des Verfassers hat die VKA 2023 eine bis zum 31. Dezember 2028 befristete „Richtlinie der VKA zur Gewinnung und zur Bindung von Fachkräften" beschlossen. Gegenstand dieser Richtlinie ist sowohl die Ermöglichung einer übertariflichen Zulage zur Deckung des Personalbedarfs und der Bindung von Fachkräften (sog. „Fachkräftezulage") als auch die Vornahme einer Stufenvorweggewährung für die Beschäftigten der tarifgebundenen Mitglieder der Mitgliedsverbände der VKA. Die maximale Höhe der Fachkräftezulage ist nach Entgeltgruppen gestaffelt und beträgt bei Erfüllung der Voraussetzungen für die Entgeltgruppen 5 und 6 bis zu 500 Euro, für die Entgeltgruppen 7 und 8 bis zu 1.000 Euro und für die Entgeltgruppen 9a bis 15 bis zu 1.500 Euro. Teilzeitbeschäftigte können die zusatzversorgungspflichtige Fachkräftezulage nur anteilig erhalten. Losgelöst davon besteht nach der Fachkräfte-Richtlinie die Möglichkeit einer von § 16 Abs. 2 TVöD abweichenden Vorweggewährung von Stufen. In

---

[1]) abgedruckt unter **335**

den Entgeltgruppen 5 bis 15 können demnach neu eingestellte Fachkräfte ohne Berufserfahrung auch der Stufe 2 oder 3 (in besonderen Fällen sogar der Stufe 4) zugeordnet werden. Entsprechend kann auch zur Bindung von Fachkräften verfahren werden. Die Fachkräftezulage und die Vorweggewährung von Stufen können nach der Richtlinie nebeneinander angewandt werden.

Zur Niederschriftserklärung

In einer Niederschriftserklärung zu Absatz 2 Satz 2 haben die Tarifpartner zum Ausdruck gebracht, dass sie stichtagsbezogene Unterschiede zwischen übergeleiteten und neu eingestellten Beschäftigten erkannt, aber augenscheinlich für unvermeidbar gehalten haben.

Wechsel innerhalb des öffentlichen Dienstes (Abs. 2a)

Die Vorschrift des Absatzes 2a ist mit dem Änderungstarifvertrag Nr. 2 vom 31. März 2008 mit Wirkung vom 1. Januar 2008 eingefügt worden. Die Tarifpartner haben mit dieser Regelung auf die Erfahrungen der Praxis reagiert, die gezeigt hatten, dass das bisher geltende Prinzip der Stufenzuordnung den gewünschten Wechsel zwischen Arbeitgebern des öffentlichen Dienstes häufig hemmt, weil Vorzeiten nicht bzw. nicht vollständig berücksichtigt werden konnten bzw. weil sich selbst unter Berücksichtigung von Vorzeiten die im Zuge der Überleitung in den TVöD „mitgebrachte" Entgeltstufe nicht erreichen ließ.

Die Regelung im neuen Absatz 2a ermöglicht es dem Arbeitgeber nun, den im unmittelbaren Anschluss an ein Arbeitsverhältnis zu einem anderen Arbeitgeber des öffentlichen Dienstes eingestellten Beschäftigten weiterhin der Stufe zuzuordnen, die er dort bereits erlangt hatte. In einer ergänzenden Niederschriftserklärung haben die Tarifpartner festgehalten, dass sie auch eine individuelle Zwischen- oder Endstufe als Stufe im Sinne dieser Vorschrift ansehen. Wenn die Voraussetzungen des Absatzes 2a dem Grunde nach vorliegen, ist auch eine teilweise Berücksichtigung der beim vorangehenden Arbeitgeber erlangten Stufe denkbar.

> **Beispiel:**
>
> Eine Kommune stellt einen Beschäftigten im unmittelbaren Anschluss an ein Beschäftigungsverhältnis im Landesdienst ein. Die Vorzeiten führen nach Maßgabe des Absatzes 2 zur Zuordnung zu Stufe 2, der Beschäftigte war beim Land in der gleichen Entgeltgruppe der Stufe 4 zugeordnet. Die aufnehmende Kommune kann den Beschäftigten entweder der Stufe 2 (nach Absatz 2) oder nach Absatz 2a entweder der Stufe 3 oder 4 zuordnen.

Als Arbeitgeber des öffentlichen Dienstes sind die unter die Regelung des § 34 Abs. 3 Sätze 3 und 4 fallenden Arbeitgeber anzusehen – also im wesentlichen Bund, Kommunen und Länder. Die Regelung des Absatzes 2a bezieht aber zusätzlich auch solche Arbeitgeber ein, die einem dem TVöD vergleichbaren Tarifvertrag anwenden. Dies sind beispielsweise Einrichtungen, die den TVöD durch Haustarifverträge in Bezug nehmen. Nach Auffassung des Verfassers dürften keine Bedenken bestehen, Einrichtungen dazu zu rechnen, die den TV-L anwenden; denn auch dieser Tarifvertrag ist mit dem TVöD in seiner Grundsystematik und vor allen Dingen den Regelungen zur Stufenzuordnung vergleichbar.

Die Regelung ist zusätzlich zu der Vorschrift des Absatzes 2 Satz 3 aufgenommen worden, nach der – das Vorliegen entsprechender förderlicher Zeiten vorausgesetzt – zur Deckung des Personalbedarfs schon bisher eine höhere Stufenzuordnung möglich war. Durch den Schlusshalbsatz, dass „Absatz 2 Satz 3 unberührt (bleibt)" haben die Tarifpartner verdeutlicht, dass die Anrechnung förderlicher Zeiten über die Vorschrift des Absatzes 2a hinaus erfolgen kann.

> **Beispiel:**
> Grundbeispiel wie oben. Sofern es zur Deckung des Personalbedarfs erforderlich ist und der Beschäftigte über förderliche Zeiten verfügt, kann auch eine darüber noch hinausgehende Zuordnung nach Maßgabe des Absatzes 2 Satz 3 in Betracht kommen (also bis zur Endstufe). Dies ist insbesondere dann denkbar, wenn der bisherige Arbeitgeber entsprechende Zeiten nicht berücksichtigt hatte.

Die Tarifpartner haben Absatz 2a als „Kann-Vorschrift" ausgestaltet und ihre Anwendung in das Ermessen des Arbeitgebers gestellt. Sie ermöglicht es dem Arbeitgeber also, flexibel (und bedarfsgerecht) von ihr Gebrauch zu machen. Nach der Rechtsprechung des Bundesverwaltungsgerichts zur Mitbestimmung bei der Stufenzuordnung (Urteil bzw. Beschluss vom 27. August 2008 – 6 P 11.07 bzw. 6 P 3.08) wird jedoch ein Mitbestimmungsrecht der Personalvertretung zu bejahen sein.

Die Regelung korrespondiert mit der Vorschrift des § 17 Absatz 7 Satz 2 n. F. TVÜ-VKA, wonach auch die „mitgebrachte" Entgeltgruppe in gewissen Fällen beibehalten werden kann.

Stufenaufstieg (Abs. 3)

In Satz 1 sind die Fristen für den Stufenaufstieg geregelt, wobei ab dem Aufstieg von Stufe 3 nach Stufe 4 auch leistungsbezogene Verkürzungen/Verlängerungen der Fristen möglich sind (→ § 17 Abs. 2). Die Zeiten sind bei demselben Arbeitgeber zu absolvieren; sie dürfen – abgesehen von den Ausnahmen des § 17 Abs. 3 – nicht unterbrochen sein.

Nach näherer Maßgabe des Anhangs zu § 16, der in Satz 2 in Bezug genommen wird, gelten für bestimmte Tätigkeiten der Entgeltgruppe

(EG) 9 abweichende (längere) Stufenlaufzeiten sowie eine geringere Endstufe. Dies gilt insbesondere für Tätigkeiten der ehemaligen Vergütungsgruppe Vb BAT, wohingegen sich bei Tätigkeiten der ehemaligen Vergütungsgruppe IVb BAT keine Einschränkungen ergeben.

II

Es stellt sich die Frage, wie hinsichtlich der Stufenzuordnung zu verfahren ist, wenn Beschäftigte innerhalb der EG 9 aus einer Tätigkeit mit längeren Stufenlaufzeiten bzw. einer Stufenbegrenzung in eine Tätigkeit ohne diese Einschränkungen wechseln. Nach Auffassung des Verfassers ist nicht davon auszugehen, dass im Zeitpunkt der Übertragung der neuen (höherwertigen) Tätigkeit bezüglich der „Qualität" der zurückgelegten Zeiten differenziert werden muss. Es ist daher geboten, die bei der Tätigkeitsänderung zurückgelegte Zeit ohne qualitative Einschränkung zu berücksichtigen. Restzeiten können allerdings nicht fortgeführt und bei der Laufzeit für die nächste Stufe berücksichtigt werden. Diese Rechtsfolge ergibt sich aus dem Wortlaut des § 16 Abs. 3 Satz 1, wonach die Stufenlaufzeit in der jeweils davor liegenden Stufe zurückgelegt sein muss (Beispiel: Stufe 4 nach drei Jahren in Stufe 3).

Beispiel 1:

Ein Beschäftigter übt zunächst Tätigkeiten der VergGr. Vb BAT ohne Aufstieg nach VergGr. IVb aus (= EG 9 TVöD mit „Deckel/Bremse"). Ihm werden später Tätigkeiten der VergGr. Vb BAT mit Aufstieg in VergGr. IVb BAT (= EG 9 ohne „Deckel/Bremse") übertragen. Zu diesem Zeitpunkt hat er bereits fünf Jahre in der Stufe 4 zurückgelegt. Da der Beschäftigte bereits fünf Jahre in der Stufe 4 verbracht hat und die Stufenlaufzeit bei EG 9 ohne „Bremse" vier Jahre (statt „gebremst" neun Jahre) beträgt, kann er in Folge des Tätigkeitswechsels direkt in die Stufe 5 verbracht werden. Die fünfjährige Laufzeit für die Stufe 6 beginnt mit dem Tätigkeitswechsel.

Beispiel 2:

Wie oben, aber der Beschäftigte ist im Zeitpunkt der Übertragung der höherwertigen Tätigkeit bereits seit mehr als fünf Jahren in (End-)Stufe 5 oder ggf. einer individuellen Endstufe (5+). Der Tätigkeitswechsel führt direkt in die neue Endstufe 6. Sollte der Beschäftigte aufgrund seines Vergleichsentgelts Entgelt aus einer individuellen Endstufe erhalten, die sogar über dem Betrag der Stufe 6 liegt, würde er dieses Vergleichsentgelt als individuelle Endstufe 6+ behalten.

Entgeltgruppe 1 (Abs. 4)

Absatz 4 enthält nur die Entgeltgruppe 1 betreffende Regelungen. Nach Satz 1 hat diese Entgeltgruppe fünf Stufen; Einstellungen erfolgen zwingend in Stufe 2 (Satz 2). Die folgenden Stufen werden grundsätzlich nach vier Jahren erreicht, wobei auch hier Verkürzungen/Verlängerungen der Fristen auf der Grundlage des § 17 Abs. 2 möglich sind.

Anhang
zu § 16 (VKA)

Besondere Stufenregelungen bei der Anlage A (VKA) für vorhandene und neu eingestellte Beschäftigte (VKA)

II

(1) Abweichend von § 16 (VKA) Abs. 1 Satz 1 ist Endstufe

a) in der Entgeltgruppe 2 die Stufe 5 bei Tätigkeiten entsprechend Teil A Abschnitt I Ziffer 2 (handwerkliche Tätigkeiten) der Anlage 1 – Entgeltordnung (VKA),

b) in der Entgeltgruppe 9a die Stufe 4 bei Tätigkeiten entsprechend Teil A Abschnitt I Ziffer 2 (handwerkliche Tätigkeiten) der Anlage 1 – Entgeltordnung (VKA).

(2) [1]Abweichend von § 16 (VKA) Abs. 3 Satz 1 wird in der Entgeltgruppe 9a entsprechend Teil A Abschnitt I Ziffer 2 (handwerkliche Tätigkeiten) der Anlage 1 – Entgeltordnung (VKA) die Stufe 4 nach sieben Jahren in Stufe 3 erreicht. [2]Die Stufe 2 der Entgeltgruppe 9a entsprechend Teil A Abschnitt I Ziffer 2 (handwerkliche Tätigkeiten) der Anlage 1 – Entgeltordnung (VKA) hat den Betrag der Stufe 2 der Entgeltgruppe 9b.

Der **Anhang** wurde im Zuge der Tarifeinigung 2018/2019 **mit Wirkung vom 1. März 2018 aufgehoben**. § 2 des Änderungstarifvertrages Nr. 16 enthält dazu folgende Überleitungsregelung:

„§ 2
Überleitungsregelungen zur Aufhebung des Anhangs zu § 16 (VKA) und zur Änderung der Anlage 3 zum TVÜ-VKA am 1. März 2018

(1) [1]Für am 28. Februar 2018 vorhandene Beschäftigte der Entgeltgruppe 2 mit Tätigkeiten entsprechend Teil A Abschnitt I Ziffer 2 (handwerkliche Tätigkeiten) der Anlage 1 – Entgeltordnung (VKA) wird die bis zum 28. Februar 2018 in Stufe 5 bzw. in der individuellen Endstufe zurückgelegte Zeit auf die Stufenlaufzeit der Stufe 5 angerechnet. [2]Ist das Tabellenentgelt der Stufe 6 niedriger als der bisherige Betrag der individuellen Endstufe, werden die Beschäftigten erneut einer individuellen Endstufe unter Beibehaltung der bisherigen Entgelthöhe zugeordnet; § 6 Absatz 4 Sätze 2 bis 6 TVÜ-VKA gelten entsprechend.

(2) [1]Für am 28. Februar 2018 vorhandene Beschäftigte der Entgeltgruppe 9a mit Tätigkeiten entsprechend Teil A Abschnitt I Ziffer 2 (handwerkliche Tätigkeiten) der Anlage 1 – Entgeltordnung (VKA) wird die bis zum 28. Februar 2018 in Stufe 4 bzw. in der individuellen Endstufe zurückgelegte Zeit auf die Stufenlaufzeit der Stufe 4 angerechnet. [2]Ist das Tabellenentgelt der Stufe 5 niedriger als der bisherige Betrag der individuellen Endstufe, werden die Beschäftigten in der Stufe 5 einer individuellen Zwischenstufe bzw. erneut einer individuellen Endstufe unter Beibehaltung der bisherigen Entgelthöhe zugeordnet; § 6 Absatz 4 Sätze 2 bis 6 TVÜ-VKA gelten entsprechend.

(3) Für am 28. Februar 2018 vorhandene Beschäftigte in Stufe 3 der Entgeltgruppe 9a mit Tätigkeiten entsprechend Teil A Abschnitt I Ziffer 2 (handwerkliche Tätigkeiten) der Anlage 1 – Entgeltordnung (VKA) wird die bis zum 28. Februar 2018 in Stufe 3 zurückgelegte Zeit auf die Stufenlaufzeit der Stufe 3 angerechnet."

II

§ 17 Allgemeine Regelungen zu den Stufen

(1) Die Beschäftigten erhalten vom Beginn des Monats an, in dem die nächste Stufe erreicht wird, das Tabellenentgelt nach der neuen Stufe.

(2) [1]Bei Leistungen der/des Beschäftigten, die erheblich über dem Durchschnitt liegen, kann die erforderliche Zeit für das Erreichen der Stufen 4 bis 6 jeweils verkürzt werden. [2]Bei Leistungen, die erheblich unter dem Durchschnitt liegen, kann die erforderliche Zeit für das Erreichen der Stufen 4 bis 6 jeweils verlängert werden. [3]Bei einer Verlängerung der Stufenlaufzeit hat der Arbeitgeber jährlich zu prüfen, ob die Voraussetzungen für die Verlängerung noch vorliegen. [4]Für die Beratung von schriftlich begründeten Beschwerden von Beschäftigten gegen eine Verlängerung nach Satz 2 bzw. 3 ist eine betriebliche Kommission zuständig. [5]Die Mitglieder der betrieblichen Kommission werden je zur Hälfte vom Arbeitgeber und vom Betriebs-/Personalrat benannt; sie müssen dem Betrieb/der Dienststelle angehören. [6]Der Arbeitgeber entscheidet auf Vorschlag der Kommission darüber, ob und in welchem Umfang der Beschwerde abgeholfen werden soll.

Protokollerklärung zu Absatz 2:

[1]Die Instrumente der materiellen Leistungsanreize (§ 18) und der leistungsbezogene Stufenaufstieg bestehen unabhängig voneinander und dienen unterschiedlichen Zielen. [2]Leistungsbezogene Stufenaufstiege unterstützen insbesondere die Anliegen der Personalentwicklung.

Protokollerklärung zu Absatz 2 Satz 2:

Bei Leistungsminderungen, die auf einem anerkannten Arbeitsunfall oder einer Berufskrankheit gemäß §§ 8 und 9 SGB VII beruhen, ist diese Ursache in geeigneter Weise zu berücksichtigen.

Protokollerklärung zu Absatz 2 Satz 6:

Die Mitwirkung der Kommission erfasst nicht die Entscheidung über die leistungsbezogene Stufenzuordnung.

(3) [1]Den Zeiten einer ununterbrochenen Tätigkeit im Sinne des § 16 (Bund) Abs. 4 und des § 16 (VKA) Abs. 3 stehen gleich:

a) Zeiten von Beschäftigungsverboten nach dem Mutterschutzgesetz,

b) Zeiten einer Arbeitsunfähigkeit nach § 22 bis zu 39 Wochen,

c) Zeiten eines bezahlten Urlaubs,

d) Zeiten eines Sonderurlaubs, bei denen der Arbeitgeber vor dem Antritt schriftlich ein dienstliches bzw. betriebliches Interesse anerkannt hat,

e) Zeiten einer sonstigen Unterbrechung von weniger als einem Monat im Kalenderjahr,

f) Zeiten der vorübergehenden Übertragung einer höherwertigen Tätigkeit.

[2]Zeiten der Unterbrechung bis zu einer Dauer von jeweils drei Jahren, die nicht von Satz 1 erfasst werden, und Elternzeit bis zu jeweils fünf Jahren sind unschädlich, werden aber nicht auf die Stufenlaufzeit angerechnet. [3]Bei einer Unterbrechung von mehr als drei Jahren, bei Elternzeit von mehr als fünf Jahren, erfolgt eine Zuordnung zu der Stufe, die der vor der Unterbrechung erreichten Stufe vorangeht, jedoch nicht niedriger als bei einer Neueinstellung; die Stufenlaufzeit beginnt mit dem Tag der Arbeitsaufnahme. [4]Zeiten,

in denen Beschäftigte mit einer kürzeren als der regelmäßigen wöchentlichen Arbeitszeit eines entsprechenden Vollbeschäftigten beschäftigt waren, werden voll angerechnet.

(4) [1]Bei Eingruppierung in eine höhere Entgeltgruppe aus den Entgeltgruppen 2 bis 14 der Anlage A (VKA) werden die Beschäftigten im Bereich der VKA der gleichen Stufe zugeordnet, die sie in der niedrigeren Entgeltgruppe erreicht haben, mindestens jedoch der Stufe 2. [2]Die Stufenlaufzeit in der höheren Entgeltgruppe beginnt mit dem Tag der Höhergruppierung. [3]Bei einer Eingruppierung in eine niedrigere Entgeltgruppe ist die/der Beschäftigte der in der höheren Entgeltgruppe erreichten Stufe zuzuordnen; die in der bisherigen Stufe zurückgelegte Stufenlaufzeit wird auf die Stufenlaufzeit in der niedrigeren Entgeltgruppe angerechnet. [4]Die/Der Beschäftigte erhält vom Beginn des Monats an, in dem die Veränderung wirksam wird, das entsprechende Tabellenentgelt aus der in Satz 1 und Satz 3 festgelegten Stufe der betreffenden Entgeltgruppe.

(4a) [1]Bei Eingruppierung in eine höhere Entgeltgruppe aus der Entgeltgruppe 1 werden die Beschäftigten im Bereich der VKA derjenigen Stufe zugeordnet, in der sie mindestens ihr bisheriges Tabellenentgelt erhalten, mindestens jedoch der Stufe 2. [2]Wird die/der Beschäftigte nicht in die nächsthöhere, sondern in eine darüber liegende Entgeltgruppe höhergruppiert, ist das Tabellenentgelt für jede dazwischen liegende Entgeltgruppe nach Satz 1 zu berechnen. [3]Die Stufenlaufzeit in der höheren Entgeltgruppe beginnt mit dem Tag der Höhergruppierung. [4]Die/Der Beschäftigte erhält vom Beginn des Monats an, in dem die Veränderung wirksam wird, das entsprechende Tabellenentgelt aus der in Satz 1 festgelegten Stufe der betreffenden Entgeltgruppe.

(5) [1]Bei Eingruppierung in eine höhere Entgeltgruppe werden die Beschäftigten des Bundes der gleichen Stufe zugeordnet, die sie in der niedrigeren Entgeltgruppe erreicht haben, mindestens jedoch der Stufe 2. [2]Die Stufenlaufzeit in der höheren Entgeltgruppe beginnt mit dem Tag der Höhergruppierung. [3]Bei einer Eingruppierung in eine niedrigere Entgeltgruppe ist die/der Beschäftigte der in der höheren Entgeltgruppe erreichten Stufe zuzuordnen; die in der bisherigen Stufe zurückgelegte Stufenlaufzeit wird auf die Stufenlaufzeit in der niedrigeren Entgeltgruppe angerechnet. [4]Die/Der Beschäftigte erhält das entsprechende Tabellenentgelt vom Beginn des Monats an, in dem die Veränderung wirksam wird.

Protokollerklärungen zu den Absätzen 4, 4a und 5:

1. [1]Ist Beschäftigten nach § 14 Abs. 1 vorübergehend eine höherwertige Tätigkeit übertragen worden, und wird ihnen im unmittelbaren Anschluss daran eine Tätigkeit derselben höheren Entgeltgruppe dauerhaft übertragen, werden sie hinsichtlich der Stufenzuordnung so gestellt, als sei die Höhergruppierung ab dem ersten Tag der vorübergehenden Übertragung der höherwertigen Tätigkeit erfolgt. [2]Unterschreitet bei Höhergruppierungen nach Satz 1 das Tabellenentgelt nach den Sätzen 4 des § 17 Abs. 4, 4a bzw. 5 die Summe aus dem Tabellenentgelt und dem Zulagenbetrag nach § 14 Abs. 3, die die/der Beschäftigte am Tag vor der Höhergruppierung erhalten hat, erhält die/der Beschäftigte dieses Entgelt solange, bis das Tabellenentgelt nach den Sätzen 4 des § 17 Abs. 4, 4a bzw. 5 dieses Entgelt erreicht oder übersteigt.

2. Bei Eingruppierung in eine Entgeltgruppe, die einer anderen als der bisherigen Entgelttabelle zugeordnet ist (Tabellenwechsel), werden die Beschäftigten der gleichen Stufe zugeordnet, die sie in der bisherigen Entgeltgruppe erreicht haben.

Erläuterungen

In § 17 TVöD haben die Tarifvertragsparteien allgemeine Regeln für den Stufenaufstieg (Absätze 1 und 2), die Berücksichtigung bestimmter Zeiten bei der Stufenzuordnung (Absatz 3) und das Verfahren bei Höher-/Herabgruppierungen (Absätze 4, 4a und 5) geregelt. Die Vorschrift gilt – anders als die für Bund und Kommunen teilweise abweichende Regelung der Stufenzuordnung im jeweiligen § 16 – sowohl im Bereich des Bundes als auch der Kommunen. Die Vorschrift des § 17 setzt den Kerngedanken der Tarifreform um und regelt den Stufenaufstieg erstmalig nicht nur zeit-, sondern auch leistungsabhängig. Sie stellt damit hohe Anforderungen an die Praxis, da zukünftig nicht nur die Beamten, sondern auch die Tarifbeschäftigten einer Leistungsbeurteilung unterzogen werden müssen und betriebliche Kommissionen zur Beratung über Beschwerden gegen (wegen unterdurchschnittlicher Leistung) verzögerte Stufenaufstiege einzurichten sind.

Auf die Sonderregelungen zur Vorweggewährung von Stufen bzw. zur Gewährung eines höheren Entgelts in § 53 Abs. 2 BT-K[1]) bzw. § 50 Abs. 2 BT-B[2]) wird hingewiesen.

Übergangsrecht

Bei der Stufenzuweisung und beim Stufenaufstieg der von den bisherigen Vorschriften in den TVöD übergeleiteten Beschäftigten sind die besonderen Regelungen der §§ 6 und 7 der Überleitungs-Tarifverträge[3]) zu beachten. Demnach erfolgt bei ehemaligen Angestellten – unabhängig davon, in welche individuelle Zwischenstufe sie betragsgenau übergeleitet worden sind – der erste Stufenaufstieg grundsätzlich zum 1. Oktober 2007 (§ 6 TVÜ-Bund, § 6 TVÜ-VKA). Bei ehemaligen Arbeitern erfolgt der Stufenaufstieg zwar nach näherer Maßgabe des § 7 TVÜ-Bund bzw. § 7 TVÜ-VKA grundsätzlich bereits nach den Regeln des TVöD, die Arbeiter werden aber so gestellt, als habe der TVöD bereits zu Beginn ihrer Beschäftigungszeit Anwendung gefunden.

Grundsatz (Abs. 1)

In Absatz 1 ist der Grundsatz festgelegt, dass das entsprechende Tabellenentgelt bereits von dem Beginn des Monats an gezahlt wird, in dem

[1]) abgedruckt unter **230**

[2]) abgedruckt unter **235**

[3]) TVÜ-VKA abgedruckt unter **280**

die neue Stufe erreicht wird. Dies gilt für alle Stufenveränderungen – also sowohl für die zeit- als auch für die leistungsabhängigen.

Leistungsabhängiger Stufenaufstieg (Abs. 2)

Mit dieser Vorschrift haben die Tarifpartner erstmals eine Leistungskomponente beim Stufenaufstieg eingeführt. Sie gilt für den Aufstieg in die Stufen 4 bis 6; die Stufen 2 und 3 werden weiterhin nach Zeitablauf erreicht.

In einer Protokollerklärung zu Absatz 2 haben die Tarifvertragsparteien klargestellt, dass der leistungsbezogene Stufenaufstieg unabhängig von den materiellen Leistungsanreizen des § 18 zu sehen ist.

Nach den Sätzen 1 bzw. 2 und 3 der Vorschrift kann die notwendige Zeit für das Erreichen der Stufen 4 bis 6 (also für das Aufrücken aus den Stufen 3 bis 5) bei überdurchschnittlicher Leistung verkürzt (Satz 1) und bei unterdurchschnittlicher Leistung verlängert (Satz 2) werden. Im Fall der Verlängerung ist nach Satz 3 jährlich zu prüfen, ob die Voraussetzungen für die Verlängerung (also die Leistungsschwäche) weiterhin gegeben sind.

Bei Leistungsminderungen, die infolge eines Berufsunfalls oder einer Berufskrankheit auftreten, soll die Ursache in geeigneter Weise berücksichtigt werden. Es ist augenscheinlich der Wille der Tarifpartner, dass in diesen Fällen keine oder deutlich mildere Konsequenzen aus der – unverschuldeten – Leistungsminderung gezogen werden (Protokollerklärung zu Absatz 2 Satz 2).

Grenzen der Verkürzung oder Verlängerung enthält die Vorschrift über den leistungsbezogenen Stufenaufstieg nicht; es sind somit leistungsstarke „Überflieger", die nur ganz kurz auf den nächsten Stufenaufstieg warten müssen, ebenso möglich, wie leistungsschwächere Beschäftigte, die über eine bestimmte Entgeltstufe nicht mehr hinauskommen.

Bei der Nutzung der Vorschrift des § 17 Abs. 2 TVöD darf nicht außer Acht gelassen werden, dass es sich zwar um eine weitgehend in das Ermessen des Arbeitgebers gestellte „Kann-Vorschrift" handelt, die keine unmittelbaren Ansprüche der Beschäftigten beinhaltet (s. BAG vom 9. Juni 2016 – 6 AZR 321/15). Wie bei allen Ermessensvorschriften darf der Arbeitgeber aber auch bei der Anwendung des § 17 Abs. 2 TVöD nicht willkürlich („nach Gutsherrenart") verfahren. Es muss also nachvollziehbar sein, warum ein bestimmter Beschäftigter durch einen verkürzten Stufenaufstieg belohnt wird und warum andere (u. U. vergleichbare) Beschäftigte nicht bedacht werden. Neben einer Transparenz im Umgang mit der Vorschrift wird dazu ein regelmäßiges Beurteilungsverfahren der Beschäftigten notwendig sein, um die Auswahlkriterien und die Arbeitgeberentscheidung (ggf. auch vor den Arbeitsgerichten) in überprüfbarer Weise darlegen zu können.

Die Sätze 4 bis 6 regeln den Umgang mit schriftlich begründeten Beschwerden gegen eine Verlängerung der Stufenlaufzeit gemäß Satz 2 bzw. die Bestätigung der Verlängerung im Rahmen der jährlichen Prüfung im Sinne des Satzes 3. Für die Beratung über die Beschwerden ist eine betriebliche Kommission einzurichten, deren Mitglieder je zur Hälfte vom Arbeitgeber und vom Betriebs-/Personalrat benannt werden. Die in die Kommission entsandten Mitglieder müssen der Dienststelle angehören – es reicht also nicht, wenn sie lediglich bei dem gleichen Arbeitgeber beschäftigt sind. Die Kommission kann dem Arbeitgeber zwar Lösungsvorschläge darüber unterbreiten, ob und in welchem Umfang der Beschwerde abgeholfen werden sollte. Die Entscheidung darüber obliegt aber allein dem Arbeitgeber (Satz 6). In einer Protokollerklärung zu Absatz 2 Satz 6 ist ausdrücklich vereinbart worden, dass die Kommission nicht über die leistungsbezogene Stufenzuordnung entscheidet; es handelt sich um eine reine Beschwerdekommission. In der Niederschriftserklärung Nr. 2 zu § 18 (VKA) Abs. 7 haben die Verhandlungsführer der kommunalen Arbeitgeber und die Gewerkschaften erklärt, dass die nach § 17 Abs. 2 und nach § 18 Abs. 7 gebildeten Kommissionen identisch sind.

Nach dem Wortlaut des § 6 Abs. 1 Satz 3 der Überleitungstarifverträge („Der **weitere** Stufenaufstieg richtet sich nach den Regelungen des TVöD.") kam die Anwendung der Vorschrift für in eine individuelle Zwischenstufe übergeleitete Beschäftigte vor dem 1. 10. 2007 nicht in Betracht.

Berücksichtigungsfähige Zeiten/Unterbrechungen (Abs. 3)

Nach § 16 (Bund) Abs. 4 bzw. § 16 (VKA) Abs. 3 müssen Tätigkeitszeiten ununterbrochen zurückgelegt worden sein, um bei den (Regel-) Zeiten für Stufenaufstiege berücksichtigt zu werden. § 17 Abs. 3 enthält für eine Reihe von Fällen von diesem Grundsatz abweichende Regelungen.

In den Buchstaben a) bis f) des Satzes 1 ist abschließend aufgezählt, welche Unterbrechungszeiten die Tarifpartner als unschädlich ansehen. In den in diesem Katalog erwähnten Fällen werden auch die Unterbrechungszeiten (z. B. wegen Beschäftigungsverboten nach dem Mutterschutzgesetz, Krankheit, bezahltem Urlaub) mit der „ununterbrochenen Tätigkeit" gleichgestellt. Sie zählen also bei den Zeiten des Stufenaufstiegs in vollem Umfang mit.

Entsprechendes muss nach Auffassung des Verfassers auch für Zeiten des Grundwehr- und Zivildienstes gelten. Auch diese Zeiten unterbrechen die Stufenlaufzeit nicht und können auf die Stufenlaufzeit angerechnet werden. Eine andere Verfahrensweise wäre kaum mit dem Rechtsgedanken des § 6 Abs. 1 bzw. Abs. 4 des Arbeitsplatzschutzgesetzes – ggf. i. V. m. § 78 des Zivildienstgesetzes – in Einklang zu bringen.

Für von der Aufzählung des Satzes 1 nicht erfasste Unterbrechungszeiten bestimmt Satz 2 der Vorschrift, dass sie bis zur Dauer von drei bzw. bei Elternzeit bis zur Dauer von fünf Jahren unschädlich sind. Die davor liegenden Zeiten bleiben folglich als Stufenlaufzeit erhalten; die Unterbrechung selbst zählt aber nicht dazu. Dies hat das Bundesarbeitsgericht mit Urteil vom 27. 1. 2011 – 6 AZR 526/09 – für die Unterbrechung durch Elternzeit ausdrücklich bestätigt. Die Hemmung der Stufenlaufzeit bis zu einer Dauer von jeweils fünf Jahren durch die Inanspruchnahme von Elternzeit ist nach Auffassung des BAG mit dem Recht der Europäischen Union und dem Grundgesetz vereinbar und führt insbesondere nicht zu einer Geschlechtsdiskriminierung. Während der Elternzeit ruhe das Arbeitsverhältnis unter Suspendierung der wechselseitigen Hauptpflichten. In dieser Zeit werde keine Berufserfahrung gewonnen. Der Stufenaufstieg im Entgeltsystem des TVöD solle aber gerade die durch größere Erfahrung eintretende Verbesserung der Arbeitsleistung honorieren. Der TVöD stelle damit auf ein objektives Kriterium ab, das keinen Bezug zu einer Diskriminierung aufgrund des Geschlechts hat.

Unterbrechungszeiten von mehr als drei bzw. fünf Jahren führen bei der Wiederaufnahme der Arbeit dazu, dass der Beschäftigte der Stufe unterhalb der vor der Unterbrechung erreichten Stufe zugeordnet wird. Dabei darf das Ergebnis jedoch nicht geringer sein als bei einer Neueinstellung. Die Stufenlaufzeit beginnt mit dem Wiederaufnahmetag der Arbeit erneut zu laufen (Satz 3).

In Satz 4 haben die Tarifpartner klargestellt, dass die Zeiten einer Teilzeitbeschäftigung voll berücksichtigt werden. Mit dieser Vorschrift tragen die Tarifpartner dem Diskriminierungsverbot des § 4 Abs. 1 des Teilzeit- und Befristungsgesetzes Rechnung.

Höhergruppierungen, Herabgruppierungen VKA (Abs. 4 in der bis zum 28. Februar 2017 geltenden Fassung)

Absatz 4 gilt ab 1. März 2014 nur noch im Bereich der VKA und regelt die Stufenzuordnung bei Veränderungen der Entgeltgruppe.

Im Falle der Höhergruppierung wird der Beschäftigte der Stufe zugeordnet, deren Tabellenentgelt mindestens dem bisherigen Tabellenentgelt des Angestellten entspricht (Satz 1), mindestens aber der Stufe 2. Ein Beschäftigter der Stufe 1 rückt im Falle der Höhergrup-

II

pierung somit unmittelbar in die Stufe 2 der höheren Entgeltgruppe auf. Für bestimmte Höhergruppierungen im Tarifgebiet Ost ab dem 1. Januar 2008 (→ § 38a Abs. 7) garantiert Satz 2 der Vorschrift dem Beschäftigten einen „Mindest-Beförderungsgewinn" ab 1. Januar 2008 von 30 Euro (Entgeltgruppen 1 bis 8) bzw. 60 Euro (Entgeltgruppen 9 bis 15; dabei wird auch der Aufstieg von Entgeltgruppe 8 nach 9 bereits diesen höheren Garantiebetrag auslösen). Wegen der Umschlüsselung der besonderen Entgeltgruppen der Beschäftigten des Sozial- und Erziehungsdienstes in die für die Höhe des Garantiebetrages maßgebende Entgeltgruppe siehe § 1 Abs. 3 der Anlage zu § 56 VKA[1]) bzw. § 52 Abs. 3 BT-B[2]). Unterschreitet der Unterschiedsbetrag zwischen dem derzeitigen und dem künftigen Tabellenentgelt diese Grenzen, so erhält der Beschäftigte neben seinem bisherigen Entgelt anstelle des Unterschiedsbetrages den Garantiebetrag. Nach der Protokollerklärung zu Absatz 2 Satz 2 nehmen die Garantiebeträge an den allgemeinen Entgeltanpassungen teil.

Aufgrund der Lohnrunde 2008 ergaben sich im Bereich des Bundes die folgenden Garantiebeträge:

Geltungsbereich	bis 31.12.2007	ab 1.1.2008	ab 1.4.2008
West	25 € (bis EG 8) 50 € (ab EG 9)	30 € (bis EG 8) 60 € (ab EG 9)	
Ost		30 € (bis EG 8) 60 € (EG 9) 58,20 € (ab EG 10 97 %)	30 € (bis EG 8) 60 € (ab EG 9) (alle Beträge wie West)

Im Bereich VKA galten folgende Garantiebeträge:

Geltungsbereich	bis 31.12.2007	ab 1.1.2008
West	25 € (bis EG 8) 50 € (ab EG 9)	30 € (bis EG 8) 60 € (ab EG 9)
Ost	23,13 € (bis EG 8) 46,25 € (ab EG 9)	30 € (bis EG 8) 60 € (EG 9) 55,50 € (ab EG 10 92,5 %)

Eine weitere Erhöhung zum 1. Januar 2009 ist im Rahmen der Tarifrunde 2008 nicht vereinbart worden; die beiden Erhöhungsschritte (zum 1. Januar 2008 bzw. 1. Januar 2009) sind beim Garantiebetrag in einem Erhöhungsschritt zum 1. Januar 2008 zusammengefasst worden.

---

1) abgedruckt unter **215**

2) abgedruckt unter **235**

Im Zuge der Lohnrunde 2010 wurden die Garantiebeträge mit Wirkung vom 1. Januar 2010 auf 50 € (bis EG 8) bzw. 80 € (ab EG 9) erhöht. Diese Beträge gelten einheitlich für Bund und Kommunen und in den Tarifgebieten West und Ost. Durch einen mit dem Änderungstarifvertrag Nr. 6 vom 8. Dezember 2010 angefügten und im Zuge des Änderungstarifvertrages Nr. 7 vom 31. März 2012 wieder entfernten Halbsatz der Protokollerklärung zu § 17 Abs. 4 Satz 2 wurde klargestellt, dass eine weitere Erhöhung zum 1. Januar bzw. 1. August 2011 (das sind die Schritte 2 und 3 der Tariferhöhungen der Lohnrunde 2010) nicht erfolgt.

Aufgrund der Lohnrunde 2012 erhöhte sich der Betrag von 50 € zum 1. März 2012 auf 51,75 €, zum 1. Januar 2013 auf 52,47 € und zum 1. August 2013 auf 53,20 €. Der Betrag von 80 € stieg zum 1. März 2012 auf 82,80 €, zum 1. Januar 2013 auf 83,96 € und zum 1. August 2013 auf 85,14 €.

Wegen der im Zuge der Tarifrunde 2014 vereinbarten Änderungen erhöhten sich die Garantiebeträge zum 1. März 2014 auf 54,96 bzw. 87,95 Euro und zum 1. März 2015 auf 56,28 bzw. 90,06 Euro. Im Rahmen der Tarifrunde 2016 sowie der Einführung der Entgeltordnung wurde eine letztmalige Erhöhung ab dem 1. März 2016 auf 57,63 Euro bzw. 92,22 Euro und ab dem 1. Februar 2017 auf 58,98 Euro bzw. 94,39 Euro vereinbart. Im Zusammenhang mit der Einführung der Entgeltordnung für die Beschäftigten der Kommunen wurde zum 1. März 2017 eine stufengleiche Höhergruppierung eingeführt. Garantiebeträge sind seitdem bei Höhergruppierungen nicht mehr notwendig. Soweit aufgrund von Höhergruppierungen vor dem 1. März 2018 noch Garantiebeträge zustehen, werden diese statisch weitergezahlt; eine Dynamisierung erfolgt nicht mehr.

Nach Satz 3 der Vorschrift wird ein Aufstieg über zwei oder mehr Entgeltgruppen in mehrere Einzelschritte unterteilt; dies führt für die Beschäftigten zu günstigeren Ergebnissen. Der Garantiebetrag wird jedoch nach Satz 3 zweiter Halbsatz ggf. nur einmal – nämlich am Schluss beim Vergleich zwischen der ursprünglichen Ausgangsentgeltgruppe und der neuen Zielentgeltgruppe – gewährt. Nach der Protokollerklärung zu Absatz 4 gilt Satz 3 bis zum Inkrafttreten einer neuen Entgeltordnung nicht für den Aufstieg ehemaliger Angestellter von Entgeltgruppe 3 nach 5 sowie 6 nach 8. Damit tragen die Tarifpartner dem Umstand Rechnung, dass es die Entgeltgruppen 4 bzw. 7 für ehemalige Angestellte nicht gibt und nach bisherigem Recht die neue Tätigkeit u. U. nur um eine Vergütungsgruppe höher bewertet war (z. B. war die Vergütungsgruppe VIb BAT nur eine Vergütungsgruppe niedriger als Vc BAT; die entsprechenden Entgeltgruppen 6 und 8 liegen aber zwei Gruppen auseinander).

Die Stufenlaufzeit in der höheren Entgeltgruppe beginnt gemäß Satz 4 mit dem Tag der Höhergruppierung. Dies gilt nach Auffassung des BAG (Urteil vom 3. Juli 2014 – 6 AZR 1067/12) dann, wenn dieselbe Tätigkeit bereits vorübergehend ausgeübt und mit einer persönlichen Zulage gemäß § 14 TVöD vergütet wurde.

Im Falle einer Herabgruppierung wird die in der bisherigen Entgeltgruppe erreichte Stufe in der niedrigeren Entgeltgruppe behalten (Satz 5) – und zwar in Ermangelung einer gegenteiligen Regelung unter Mitnahme der in der höheren Entgeltgruppe bereits zurückgelegten Stufenlaufzeit. Herabgruppierungen ab dem 1. Oktober 2007 bewirken bei Beschäftigten, die sich in einer individuellen Endstufe ihrer Entgeltgruppe befanden, in der neuen Entgeltgruppe eine Zuordnung zur jeweiligen Endstufe. Die besondere Berechnung nach § 6 Abs. 2 Satz 3 TVÜ ist auf Herabgruppierungen vor dem 1. Oktober 2007 begrenzt. Dies hat das BAG mit Urteil vom 3. Juli 2014 – 6 AZR 753/12 – bestätigt.

Für den Bereich des Bundes hat sich das BMI im Einvernehmen mit dem BMF in seinem RdSchr. v. 22. Juli 2010 mit der folgenden übertariflichen Regelung einverstanden erklärt: „Bei Herabgruppierung im Einvernehmen mit dem Beschäftigten aus einer individuellen Endstufe wird übertariflich eine persönliche, abbaubare Besitzstandszulage in Höhe der Differenz zwischen der individuellen Endstufe der bisherigen Entgeltgruppe und der regulären Endstufe der neuen niedrigeren Entgeltgruppe gewährt. Sie vermindert sich bei jeder allgemeinen Entgelterhöhung um ein Drittel des Erhöhungsbetrages. Entgelterhöhungen durch Eingruppierung in eine höhere Entgeltgruppe werden in vollem Umfang auf die persönliche Zulage angerechnet. Der Anspruch auf die persönliche Besitzstandszulage entfällt, wenn die Übernahme einer höherwertigen Tätigkeit ohne triftigen Grund abgelehnt wird."

Die Veränderungen werden nach Satz 6 jeweils bereits zum Monatsanfang wirksam. Dies gilt auch in den Fällen, in denen die Veränderungen erst im Laufe oder zum Ende eines Monats eintreten.

Höhergruppierungen, Herabgruppierungen im Bereich der Kommunen ab dem 1. März 2017 (Abs. 4 und 4a)

Die Vorschrift wurde im Zusammenhang mit der Einführung der Entgeltordnung für die Beschäftigten der Kommunen im Zuge des 12. Änderungstarifvertrages zum TVöD vereinbart. Sie betrifft nur die Beschäftigten der Kommunen, die ab dem 1. März 2017 höher- oder herabgruppiert werden. Für die Beschäftigten der Kommunen, die vor dem 1. März 2017 höher- oder herabgruppiert wurden, gelten die in § 17 Abs. 4 vereinbarten Regelungen; für die Beschäftigten des Bundes gilt Absatz 5. Das BAG hat mit Urteil vom 19. Dezember 2019 – 6 AZR 59/19 – entschieden, dass die Beschränkung der stufengleichen Höhergruppierung auf Höhergruppierungen, die ab dem 1. März 2017 erfolgt sind, verfassungskonform ist. **Achtung**: Die Regelungen der Absätze 4 und 4a gelten ebenfalls **nicht** für die Beschäftigten der Kommunen, die im Zusammenhang mit der Einführung der neuen Entgeltordnung von ihrem Antragsrecht auf Höhergruppierung Gebrauch machen. Für diese Höhergruppierungen gelten weiterhin die Vorschriften des § 17 Abs. 4 in der bis zum 28. Februar 2017 geltenden Fassung (siehe § 29b Abs. 2 TVÜ-VKA).

Abweichend von den früheren, bis zum 28. Februar 2017 geltenden Regelungen des Absatzes 4 haben die Tarifpartner in der Neufassung des Absatzes 4 vereinbart, dass Höhergruppierungen stufengleich erfolgen. Die betroffenen Beschäftigten können bei Höhergruppierungen also nicht mehr in den Stufen zurückfallen. Neben diesem Grundsatz enthält Satz 1 der Vorschrift weiterhin die in Absatz 4 Satz 1 a. F. enthaltene Vereinbarung, dass bei Höhergruppierungen mindestens die Stufe 2 erreicht wird. Diese Regelung betrifft letztlich nur den (eher seltenen) Fall, dass Beschäftigte im ersten Jahr ihrer Tätigkeit aus Stufe 1 heraus höhergruppiert werden. Bei der Höhergruppierung beginnt die Stufenlaufzeit in der höheren Entgeltgruppe mit dem Tag der Höhergruppierung neu zu laufen (Satz 2 a. a. O.). Herabgruppierungen erfolgen nach Satz 4 a. a. O. stufengleich. Mit Urteil vom 1. Juni 2017 – 6 AZR 741/15 – hat das BAG entschieden, dass die Stufenlaufzeit auch bei einer einvernehmlichen Herabgruppierung mit dem Tag der Herabgruppierung neu zu laufen beginnt. Die Klägerin war zunächst in der Entgeltgruppe S 14, Stufe 3 des TVöD/VKA eingruppiert. Dort begann die Stufenlaufzeit der Stufe 3 am 1. Mai 2010, der nächste Stufenaufstieg wäre bei unveränderter Tätigkeit am 1. Mai 2014 erfolgt. Zum 15. April 2013 wurde die Klägerin einvernehmlich versetzt; ihre neue Stelle wurde mit der EG S 12 vergütet. Die Beklagte berechnete die Laufzeit der Stufe 3 ab dem 15. April 2013. Die Klägerin vertrat die Ansicht, dass sie zum 1. Mai 2014 der Stufe 4 der EG S 12 zuzuordnen sei. Sie begründete dies unter anderem damit, dass die in der höheren Entgeltgruppe erworbene Berufserfahrung auch in der niedrigeren Entgeltgruppe berücksichtigt werden müsse. Zudem sehe der TVöD-Bund in § 17 Abs. 5 Satz 3 eine entsprechende Anrechnungsregel vor, daher müsse dies auch im Bereich des TVöD/VKA gelten. Dieser Argumentation der Klägerin ist das BAG nicht gefolgt. Im Zuge des

17. Änderungstarifvertrages zum TVöD vom 30. August 2019 haben die Tarifpartner mit Wirkung vom 1. Januar 2020 vereinbart, dass bei einer Herabgruppierung die in der bisherigen Stufe der höheren Entgeltgruppe zurückgelegte Stufenlaufzeit auf die Stufenlaufzeit in der niedrigeren Entgeltgruppe angerechnet wird. Satz 5 der Vorschrift greift den bisherigen, auch in Absatz 4 verankerten Grundsatz auf, dass das geänderte Tabellenentgelt auch bei einer erst im Laufe des Monats eintretenden Höher- oder Herabgruppierung bereits ab dem Monatsbeginn gezahlt wird.

Absatz 4a regelt den Sonderfall der Höhergruppierung aus der Entgeltgruppe 1. Die Zuweisung erfolgt in diesem Fall in die Entgeltgruppe, die das bisherige Tabellenentgelt sichert, mindestens aber zur Stufe 2. Bei Höhergruppierungen über mehr als eine Entgeltgruppe ist Schritt für Schritt von Entgeltgruppe zu Entgeltgruppe vorzugehen.

Höhergruppierungen, Herabgruppierungen im Bereich des Bundes ab 1. März 2014 (Abs. 5)

Die Vorschrift wurde im Zusammenhang mit der Einführung der Entgeltordnung für die Beschäftigten des Bundes im Zuge des 9. Änderungstarifvertrages zum TVöD vereinbart. Sie betrifft nur die Beschäftigten des Bundes, die ab 1. März 2014 höher- oder herabgruppiert werden. Für die Beschäftigten des Bundes, die vor dem 1. März 2014 höher- oder herabgruppiert wurden, sowie für die Beschäftigten der Kommunen gelten die in § 17 Abs. 4 vereinbarten Regelungen. **Achtung:** Die Regelungen des Absatzes 5 gelten ebenfalls nicht für die Beschäftigten des Bundes, die im Zusammenhang mit der Einführung der neuen Entgeltordnung von ihrem Antragsrecht auf Höhergruppierung Gebrauch machen. Für diese Höhergruppierungen gelten weiterhin die Vorschriften des § 17 Abs. 4 (siehe § 26 Abs. 2 TVÜ-Bund).

Abweichend von den Regelungen des Absatzes 4 haben die Tarifpartner in Absatz 5 vereinbart, dass Höhergruppierungen stufengleich erfolgen. Die betroffenen Beschäftigten können bei Höhergruppierungen also nicht mehr in den Stufen zurückfallen. Neben diesem Grundsatz enthält Satz 1 der Vorschrift die auch in Absatz 4 Satz 1 enthaltene Vereinbarung, dass bei Höhergruppierungen mindestens die Stufe 2 erreicht wird. Diese Regelung betrifft letztlich nur den (eher seltenen) Fall, dass Beschäftigte im ersten Jahr ihrer Tätigkeit aus Stufe 1 heraus höhergruppiert werden. Herabgruppierungen erfolgen nach Satz 3 a. a. O. stufengleich, dabei ist die in der höheren Entgeltgruppe absolvierte Stufenlaufzeit in der niedrigeren Entgeltgruppe voll anzurechnen. Bei der Höhergruppierung beginnt die Stufenlaufzeit in der höheren Entgeltgruppe jedoch mit dem Tag der Höhergruppierung neu zu laufen (Satz 2 a. a. O.). Satz 4 der Vorschrift greift den bisherigen, auch in Absatz 4 verankerten Grundsatz auf, dass das geänderte Tabellenentgelt auch bei einer erst im Laufe des Monats eintretenden Höher- oder Herabgruppierung bereits ab dem Monatsbeginn gezahlt wird.

Zu den Protokollerklärungen zu den Absätzen 4, 4a und 5:

Zu Protokollerklärung Nr. 1:

Die Protokollerklärung wurde im Zuge des 17. Änderungstarifvertrages zum TVöD vom 30. August 2019 mit Wirkung vom 1. Januar 2020 eingefügt. Sie regelt den Fall, dass eine vorübergehende Übertragung höherwertiger Tätigkeiten einer anschließenden dauerhaften Übertragung dieser Tätigkeiten unmittelbar vorgeschaltet ist. Die Tarifpartner haben für diesen Fall bestimmt, dass die betroffenen Beschäftigten hinsichtlich der Stufenzuordnung so gestellt werden, als sei die Höhergruppierung bereits ab dem Tag der vorübergehenden Übertragung erfolgt (Satz 1). Da dadurch auch negative Folgen für die Beschäftigten entstehen können, weil eine später (erst bei der endgültigen Übertragung) erfolgende Stufenzuordnung zu einem höheren Ergebnis führen könnte, sichert Satz 2 die Fortzahlung des während der vorübergehenden Übertragung zustehenden Entgelts (Tabellenentgelt zzgl. Zulage gem. § 14 Abs. 3) solange zu, bis es von dem nach Satz 1 ermittelten Betrag mindestens erreicht wird.

Mit Rundschreiben vom 17. Juni 2021 hat das BMI übertariflich zugelassen, dass das Entgelt, das die Beschäftigten nach Satz 2 der Protokollerklärung erhalten, dynamisch ist und (erstmalig am 1. April 2021) an allgemeinen Entgelterhöhungen teilnimmt.

Zu Protokollerklärung Nr. 2:

Die Protokollerklärung Nr. 2 wurde im Rahmen des Änderungstarifvertrages Nr. 20 zum TVöD vom 14. Juli 2022 neu aufgenommen. Die Tarifvertragsparteien stellen mit der Protokollerklärung klar, dass bei ab dem 1. November 2022 stattfindenden Eingruppierungen in eine Entgeltgruppe, die einer anderen als der bisherigen Entgelttabelle zuzuordnen ist (sog. Tabellenwechsel), die Beschäftigten der gleichen Stufe zugeordnet werden, die sie in der bisherigen Entgeltgruppe erreicht haben. Es kommt in diesen Fällen damit zu einer stufengleichen Umgruppierung.

Hinsichtlich der Stufenzuordnung und Stufenlaufzeit gehen die Tarifvertragsparteien davon aus, dass die allgemeinen Regelungen zur Höhergruppierung und Herabgruppierung Anwendung finden.

II

Dies mit der Folge, dass beispielsweise bei einem Tabellenwechsel mit einer gleichzeitigen Eingruppierung in eine höhere Entgeltgruppe der neuen Entgelttabelle der Beschäftigte der gleichen Stufe zugeordnet wird, die er in der niedrigeren Entgeltgruppe der anderen Tabelle bereits erreicht hatte. Die Stufenlaufzeit in der höheren Entgeltgruppe beginnt mit dem Tag der Höhergruppierung neu zu laufen. Für die Frage, ob es sich bei dem Tabellenwechsel um eine Höher- oder Herabgruppierung handelt, sind die Zuordnungsregelungen der §§ 51a Abs. 1, 52 Abs. 3 TVöD BT-B,[1]) des § 52 Abs. 1 TVöD BT-K[2]) und des § 1 Abs. 3 der Anlage zu § 56 (VKA) TVöD BT-V[3]) heranzuziehen.

Durch die Aufnahme dieser bislang nicht vom Tarifrecht berücksichtigten Fallkonstellation (stufengleiche Umgruppierung bei einem sog. Tabellenwechsel) kann im Bereich des Bundes und der VKA nur noch begrenzt auf die zuvor zu einem vergleichbaren Fall im Geltungsbereich des TV-L ergangene Rechtsprechung des BAG (BAG-Urteil vom 18. 2. 2021 – 6 AZR 702/19 –) Bezug genommen werden. Das BAG hatte in dem Fall zum vergleichbaren TV-L wie folgt entschieden:

1. Hat der Wechsel der Tätigkeit eines Beschäftigten zur Folge, dass er künftig aus einer anderen Entgelttabelle als bisher zu vergüten ist (Tabellenwechsel), ist er in der neuen Entgeltgruppe grundsätzlich der Stufe 1 zuzuordnen. Das BAG hielt den ersten Tätigkeitswechsel des zugrundeliegenden Sachverhaltes für eine Umgruppierung in eine wesentlich andere Tätigkeit, die nach einer anderen Entgelttabelle zu vergüten sei. Einschlägige Berufserfahrung könne dann nicht vorliegen und es komme zur Zuordnung zur Stufe 1.
2. Ist der Beschäftigte nach einem erneuten Tabellenwechsel wieder in seine alte Entgeltgruppe eingruppiert, erfolge grundsätzlich eine Besitzstandssicherung gemäß § 17 Abs. 3 Satz 2 und Satz 3 i. V. m. § 16 Abs. 2 Satz 2 TV-L. Es komme damit auf die Dauer der Unterbrechung an.

---

[1]) abgedruckt unter **235**

[2]) abgedruckt unter **230**

[3]) abgedruckt unter **215**

§ 18 (VKA) Leistungsentgelt

(1) [1]Die leistungs- und/oder erfolgsorientierte Bezahlung soll dazu beitragen, die öffentlichen Dienstleistungen zu verbessern. [2]Zugleich sollen Motivation, Eigenverantwortung und Führungskompetenz gestärkt werden.

(2) Das Leistungsentgelt ist eine variable und leistungsorientierte Bezahlung zusätzlich zum Tabellenentgelt.

(3) [1]Ausgehend von einer vereinbarten Zielgröße von 8 v. H. entspricht bis zu einer Vereinbarung eines höheren Vomhundertsatzes das für das Leistungsentgelt zur Verfügung stehende Gesamtvolumen 2,00 v. H. der ständigen Monatsentgelte des Vorjahres aller unter den Geltungsbereich des TVöD fallenden Beschäftigten des jeweiligen Arbeitgebers. [2]Das für das Leistungsentgelt zur Verfügung stehende Gesamtvolumen ist zweckentsprechend zu verwenden; es besteht die Verpflichtung zu jährlicher Auszahlung der Leistungsentgelte.

Protokollerklärung zu Absatz 3 Satz 1:

[1]Ständige Monatsentgelte sind insbesondere das Tabellenentgelt (ohne Sozialversicherungsbeiträge des Arbeitgebers und dessen Kosten für die betriebliche Altersvorsorge), die in Monatsbeträgen festgelegten Zulagen einschließlich Besitzstandszulagen sowie Entgelt im Krankheitsfall (§ 22) und bei Urlaub, soweit diese Entgelte in dem betreffenden Kalenderjahr ausgezahlt worden sind; nicht einbezogen sind dagegen insbesondere Abfindungen, Aufwandsentschädigungen, Einmalzahlungen, Jahressonderzahlungen, Leistungsentgelte, Strukturausgleiche, unständige Entgeltbestandteile und Entgelte der außertariflichen Beschäftigten. [2]Unständige Entgeltbestandteile können betrieblich einbezogen werden.

Niederschriftserklärung zu § 18 (VKA) Abs. 3:

Das als Zielgröße zu erreichende Gesamtvolumen von 8 v. H. wird wie folgt finanziert

- Anteil aus auslaufenden Besitzständen in pauschalierter Form,
- im Rahmen zukünftiger Tarifrunden.

Die Tarifvertragsparteien führen erstmals Mitte 2008 Gespräche über den Anteil aus auslaufenden Besitzständen und über eine mögliche Berücksichtigung von Effizienzgewinnen.

(4) [1]Das Leistungsentgelt wird zusätzlich zum Tabellenentgelt als Leistungsprämie, Erfolgsprämie oder Leistungszulage gewährt; das Verbinden verschiedener Formen des Leistungsentgelts ist zulässig. [2]Die Leistungsprämie ist in der Regel eine einmalige Zahlung, die im Allgemeinen auf der Grundlage einer Zielvereinbarung erfolgt; sie kann auch in zeitlicher Abfolge gezahlt werden. [3]Die Erfolgsprämie kann in Abhängigkeit von einem bestimmten wirtschaftlichen Erfolg neben dem gemäß Absatz 3 vereinbarten Startvolumen gezahlt werden. [4]Die Leistungszulage ist eine zeitlich befristete, widerrufliche, in der Regel monatlich wiederkehrende Zahlung. [5]Leistungsentgelte können auch an Gruppen von Beschäftigten gewährt werden. [6]Leistungsentgelt muss grundsätzlich allen Beschäftigten zugänglich sein. [7]Für Teilzeitbeschäftigte kann von § 24 Abs. 2 abgewichen werden.

Protokollerklärungen zu Absatz 4:

1. [1]Die Tarifvertragsparteien sind sich darüber einig, dass die zeitgerechte Einführung des Leistungsentgelts sinnvoll, notwendig und deshalb beiderseits gewollt ist. [2]Sie fordern deshalb die Betriebsparteien dazu auf, rechtzeitig vor dem

II

1. Januar 2007 die betrieblichen Systeme zu vereinbaren. [3]Kommt bis zum 30. September 2007 keine betriebliche Regelung zustande, erhalten die Beschäftigten mit dem Tabellenentgelt des Monats Dezember 2008 6 v. H. des für den Monat September jeweils zustehenden Tabellenentgelts. [4]Das Leistungsentgelt erhöht sich im Folgejahr um den Restbetrag des Gesamtvolumens. [5]Solange auch in den Folgejahren keine Einigung entsprechend Satz 2 zustande kommt, gelten die Sätze 3 und 4 ebenfalls. [6]Für das Jahr 2007 erhalten die Beschäftigten mit dem Tabellengehalt des Monats Dezember 2007 12 v. H. des für den Monat September 2007 jeweils zustehenden Tabellenentgelts ausgezahlt, insgesamt jedoch nicht mehr als das Gesamtvolumen gemäß Absatz 3 Satz 1, wenn bis zum 31. Juli 2007 keine Einigung nach Satz 3 zustande gekommen ist.
2. Die Tarifvertragsparteien bekennen sich zur weiteren Stärkung der Leistungsorientierung im öffentlichen Dienst.

Protokollerklärung zu Absatz 4 Satz 3:
1. [1]Die wirtschaftlichen Unternehmensziele legt die Verwaltungs-/Unternehmensführung zu Beginn des Wirtschaftsjahres fest. [2]Der wirtschaftliche Erfolg wird auf der Gesamtebene der Verwaltung/des Betriebes festgestellt.
2. [1]Soweit Beschäftigte im Sinne von § 38 Abs. 5 Satz 1 eine Tätigkeit ausüben, bei der Beamte im Vollstreckungsdienst eine Vollstreckungsdienstzulage nach der Vollstreckungsvergütungsverordnung vom 6. Januar 2003 (BGBl. I S. 8) in der jeweils gültigen Fassung beanspruchen können, erhalten sie eine entsprechende Leistung als Erfolgsprämie, die neben dem im Übrigen nach § 18 zustehenden Leistungsentgelt zu zahlen ist. [2]Erhalten Beamte im Vollstreckungsdienst eine entsprechende Zulage aufgrund einer landesrechtlichen Regelung, bestimmt sich die Höhe der Erfolgsprämie nach Satz 1 nach dieser landesrechtlichen Regelung. [3]Dies gilt auch, wenn ein System der leistungsbezogenen Bezahlung betrieblich nicht vereinbart ist. [4]Bei der Bemessung für die Entgeltfortzahlung (§ 21) wird die Erfolgsprämie nur berücksichtigt, wenn und soweit sie bei den entsprechenden Bezügen der Beamten berücksichtigt wird. [5]Darüber hinaus bleibt die Zahlung höherer Erfolgsprämien bei Überschreiten vereinbarter Ziele möglich.

(5) [1]Die Feststellung oder Bewertung von Leistungen geschieht durch das Vergleichen von Zielerreichungen mit den in der Zielvereinbarung angestrebten Zielen oder über eine systematische Leistungsbewertung. [2]Zielvereinbarung ist eine freiwillige Abrede zwischen der Führungskraft und einzelnen Beschäftigten oder Beschäftigtengruppen über objektivierbare Leistungsziele und die Bedingungen ihrer Erfüllung. [3]Leistungsbewertung ist die auf einem betrieblich vereinbarten System beruhende Feststellung der erbrachten Leistung nach möglichst messbaren oder anderweitig objektivierbaren Kriterien oder durch aufgabenbezogene Bewertung.

Niederschriftserklärung zu § 18 (VKA) Abs. 5 Satz 2:

[1]Die Tarifvertragsparteien stimmen darin überein, dass aus Motivationsgründen die Vereinbarung von Zielen freiwillig geschieht. [2]Eine freiwillige Zielvereinbarung kann auch die Verständigung auf zum Teil vorgegebene oder übergeordnete Ziele sein, z. B. bei der Umsetzung gesetzlicher oder haushaltsrechtlicher Vorgaben, Grundsatzentscheidungen der Verwaltungs-/Unternehmensführung.

Niederschriftserklärung zu § 18 (VKA) Abs. 5 Satz 3:

Die systematische Leistungsbewertung entspricht nicht der Regelbeurteilung.

(6) [1]Das jeweilige System der leistungsbezogenen Bezahlung wird betrieblich vereinbart. [2]Die individuellen Leistungsziele von Beschäftigten bzw. Beschäftigtengruppen müssen beeinflussbar und in der regelmäßigen Arbeitszeit

erreichbar sein. ³Die Ausgestaltung geschieht durch Betriebsvereinbarung oder einvernehmliche Dienstvereinbarung, in der insbesondere geregelt werden:

- **Verfahren der Einführung von leistungs- und/oder erfolgsorientierten Entgelten,**
- **zulässige Kriterien für Zielvereinbarungen,**
- **Ziele zur Sicherung und Verbesserung der Effektivität und Effizienz, insbesondere für Mehrwertsteigerungen (z. B. Verbesserung der Wirtschaftlichkeit, – der Dienstleistungsqualität, – der Kunden-/Bürgerorientierung),**
- **Auswahl der Formen von Leistungsentgelten, der Methoden sowie Kriterien der systematischen Leistungsbewertung und der aufgabenbezogenen Bewertung (messbar, zählbar oder anderweitig objektivierbar), ggf. differenziert nach Arbeitsbereichen, u. U. Zielerreichungsgrade,**
- **Anpassung von Zielvereinbarungen bei wesentlichen Änderungen von Geschäftsgrundlagen,**
- **Vereinbarung von Verteilungsgrundsätzen,**
- **Überprüfung und Verteilung des zur Verfügung stehenden Finanzvolumens, ggf. Begrenzung individueller Leistungsentgelte aus umgewidmetem Entgelt,**
- **Dokumentation und Umgang mit Auswertungen über Leistungsbewertungen.**

Protokollerklärung zu Absatz 6:

1. Besteht in einer Dienststelle/in einem Unternehmen kein Personal- oder Betriebsrat, hat der Dienststellenleiter/Arbeitgeber die jährliche Ausschüttung der Leistungsentgelte im Umfang des Vomhundertsatzes der Protokollerklärung Nr. 1 zu Absatz 4 sicherzustellen, solange eine Kommission im Sinne des Absatzes 7 nicht besteht.
2. ¹Zwischen 2007 und dem 25. Oktober 2020 bereits vereinbarte Betriebs- und Dienstvereinbarungen mit pauschaler oder undifferenzierter Verteilung gelten als vereinbar mit der Zielsetzung des Absatzes 1. ²Für die betriebliche Praxis von Arbeitgebern, in deren Betrieb/in deren Dienststelle keine Betriebs- oder Dienstvereinbarung besteht, gilt Satz 1 entsprechend.

(7) ¹Bei der Entwicklung und beim ständigen Controlling des betrieblichen Systems wirkt eine betriebliche Kommission mit, deren Mitglieder je zur Hälfte vom Arbeitgeber und vom Betriebs-/Personalrat aus dem Betrieb benannt werden. ²Die betriebliche Kommission ist auch für die Beratung von schriftlich begründeten Beschwerden zuständig, die sich auf Mängel des Systems bzw. seiner Anwendung beziehen. ³Der Arbeitgeber entscheidet auf Vorschlag der betrieblichen Kommission, ob und in welchem Umfang der Beschwerde im Einzelfall abgeholfen wird. ⁴Folgt der Arbeitgeber dem Vorschlag nicht, hat er seine Gründe darzulegen. ⁵Notwendige Korrekturen des Systems bzw. von Systembestandteilen empfiehlt die betriebliche Kommission. ⁶Die Rechte der betrieblichen Mitbestimmung bleiben unberührt.

Niederschriftserklärung zu § 18 (VKA) Abs. 7:

1. Die Mitwirkung der Kommission erfasst nicht die Vergabeentscheidung über Leistungsentgelte im Einzelfall.
2. Die nach Abs. 7 und die für Leistungsstufen nach § 17 Abs. 2 gebildeten betrieblichen Kommissionen sind identisch.

(8) Die ausgezahlten Leistungsentgelte sind zusatzversorgungspflichtiges Entgelt.

Niederschriftserklärung zu § 18 (VKA) Abs. 8:

Die Tarifvertragsparteien wirken darauf hin, dass der ATV, der ATV-K sowie die Satzungen der VBL und der kommunalen Zusatzversorgungskassen bis spätestens 31. Dezember 2006 entsprechend angepasst werden.

II

Protokollerklärungen zu § 18:

1. [1]Eine Nichterfüllung der Voraussetzungen für die Gewährung eines Leistungsentgelts darf für sich genommen keine arbeitsrechtlichen Maßnahmen auslösen. [2]Umgekehrt sind arbeitsrechtliche Maßnahmen nicht durch Teilnahme an einer Zielvereinbarung bzw. durch Gewährung eines Leistungsentgelts ausgeschlossen.
2. [1]Leistungsgeminderte dürfen nicht grundsätzlich aus Leistungsentgelten ausgenommen werden. [2]Ihre jeweiligen Leistungsminderungen sollen angemessen berücksichtigt werden.
3. Die Vorschriften des § 18 sind sowohl für die Parteien der betrieblichen Systeme als auch für die Arbeitgeber und Beschäftigten unmittelbar geltende Regelungen.
4. Die Beschäftigten in Sparkassen sind ausgenommen.
5. Die landesbezirklichen Regelungen in Baden-Württemberg, in Nordrhein-Westfalen und im Saarland zu Leistungszuschlägen zu § 20 BMT-G bleiben unberührt.

Niederschriftserklärung zu § 18 (VKA):

Die Tarifvertragsparteien gehen davon aus, dass Leistungsentgelte Bezüge im Sinne des § 4 TV ATZ sind.

Erläuterungen

§ 18 TVöD regelt – in zwei getrennten Vorschriften für den Bund bzw. die Kommunen – die Grundsätze der zum 1. Januar 2007 vorgesehenen Einführung eines Leistungsentgelts. Die Vorschrift des § 18 setzt damit den Kerngedanken der Tarifreform um, die Einführung leistungsbezogener Zahlungen. § 18 enthält noch keine konkreten Regelungen für Zahlungen an die Beschäftigten, sondern legt insbesondere den Berechnungsrahmen für das ausschüttungsfähige Gesamtvolumen fest. Daneben enthält die Vorschrift die Rahmenbedingungen für die noch in Betriebs- oder Dienstvereinbarungen zu regelnden Details.

Wegen des im Rahmen der Tarifrunde 2020 mit Wirkung vom 1. September 2020 vereinbarten Alternativen Entgeltanreiz-Systems siehe § 18a (VKA) TVöD.

Zweck des Leistungsentgelts (Abs. 1)

Nach Auffassung der Tarifpartner erfüllen Leistungsentgelte im kommunalen Bereich einen äußeren und einen inneren Zweck. Sie erwarten zum einen, dass die leistungsbezogene Bezahlung zur Verbesserung der öffentlichen Dienstleistungen beiträgt. Zum anderen sollen dadurch Motivation, Eigenverantwortung und Führungskompetenz gestärkt werden.

Einführung des Leistungsentgelts (Abs. 2)

In dieser Vorschrift haben die Tarifpartner die Einführung eines Leistungsentgeltes ab dem 1. Januar 2007 vereinbart und dabei klargestellt, dass das Leistungsentgelt als variable und leistungsbezogene Bezahlung zusätzlich zum Tabellenentgelt erfolgt. Eine konkrete Festlegung auf bestimmte denkbare Formen eines Leistungsentgelts (z. B. Zulage, Leistungs- oder Erfolgsprämie) ist nicht erfolgt.

Volumen des Leistungsentgelts (Abs. 3)

In Absatz 3 Satz 1 ist festgelegt, dass das Gesamtvolumen der für das Leistungsentgelt zur Verfügung zu stellenden Mittel zunächst 1 v. H. und zzt. (ab 1. Januar 2013) 2 v. H. der ständigen Monatsentgelte des Vorjahres aller unter den TVöD fallenden Beschäftigten ist. Angestrebt wird zu einem späteren, nicht näher bestimmten Zeitpunkt ein Gesamtvolumen von 8 v. H. In einer Protokollerklärung zu Absatz 2 Satz 1 haben die Tarifpartner detailliert geregelt, welche Bestandteile des Entgelts in das „Ständige Monatsentgelt" einfließen bzw. nicht einfließen.

Die Regelung in Absatz 3 Satz 2 verpflichtet die jeweiligen Arbeitgeber, das zur Verfügung stehende Gesamtvolumen nur zweckentsprechend zu verwenden und die Leistungsentgelte jährlich auszuzahlen. Die entsprechenden Gelder dürfen daher nicht zur Haushaltssanierung verwendet werden.

In einer Niederschriftserklärung zu Absatz 3 haben die Tarifpartner dargelegt, dass die Aufstockung der leistungsbezogenen Entgelte von 1 v. H. auf die Zielgröße von 8 v. H. durch Verwendung von Mitteln, die durch auslaufende Besitzstände (z. B. für Kinderanteile im Ortszuschlag) frei werden, und im Rahmen zukünftiger Lohnrunden finanziert werden soll. Zu diesem Zweck sollen erstmals Mitte 2008 Gespräche zwischen den Tarifpartnern geführt werden.

Während die Lohnrunde 2008 keine Veränderung des Gesamtvolumens gebracht hat, ist im Rahmen Lohnrunde 2010 eine schrittweise Erhöhung des Gesamtvolumens auf insgesamt 2 v. H. zum 1. Januar 2013 vereinbart worden.

Wegen des im Rahmen der Tarifrunde 2020 mit Wirkung vom 1. September 2020 vereinbarten Alternativen Entgeltanreiz-Systems siehe § 18a (VKA) TVöD.

Arten und Grundsätze des Leistungsentgelts (Abs. 4)

Satz 1 bestimmt, dass das Leistungsentgelt zusätzlich zum Tabellenentgelt zu zahlen ist und als Leistungsprämie, Erfolgsprämie oder

Leistungszulage (oder als Verbindung dieser Arten) erbracht werden kann. Die einzelnen Begriffe sind in den Sätzen 2 bis 4 erläutert worden.

II

Leistungsprämie ist demnach eine Einmalzahlung auf der Grundlage einer Zielvereinbarung (Satz 2).

Die Erfolgsprämie kann nach Satz 3 in Abhängigkeit eines bestimmten wirtschaftlichen Erfolges gezahlt werden; sie ist neben dem Startvolumen (1 v. H. → Absatz 3) möglich. In der Protokollerklärung Nr. 1 dazu haben die Tarifpartner ergänzend bestimmt, dass die wirtschaftlichen Ziele zu Beginn des Jahres von der Verwaltungs-/Unternehmensführung festgelegt werden. Der wirtschaftliche Erfolg ist auf der Gesamtebene des Betriebs/der Verwaltung festzustellen. Protokollerklärung Nr. 2 enthält eine besondere Regelung für ehemalige Angestellte, die nach altem Recht Anspruch auf eine Vollstreckungsdienstzulage gehabt hätten. Demnach erhalten sie die Vollstreckungsdienstzulage nun als Erfolgsprämie. Die übrigen Leistungen nach § 18 (z. B. Leistungszulagen) können noch zusätzlich gezahlt werden. Die Protokollerklärung ist durch den Änderungstarifvertrag Nr. 2 vom 31. März 2008 mit Wirkung vom 1. Juli 2008 angefügt und im Rahmen des 12. Änderungstarifvertrages vom 29. April 2016 redaktionell überarbeitet worden.

Die Leistungszulage ist nach Satz 4 im Gegensatz zur Leistungsprämie keine einmalige, sondern eine (in der Regel monatlich) wiederkehrende Zahlung. Sie ist widerruflich.

Satz 5 lässt es zu, Leistungsentgelte auch an Gruppen von Beschäftigten zu zahlen.

Nach Satz 6 sollen Leistungsentgelte grundsätzlich allen Beschäftigten zugänglich sein – ggf. sind die Anforderungen im Einzelfall herabzusetzen. Wegen des Falls der leistungsgeminderten Mitarbeiter siehe auch Protokollerklärung Nr. 2 (→ Erläuterungen dazu am Schluss dieses Beitrags).

Satz 7 lässt es zu, bei Teilzeitbeschäftigten von dem in § 24 Abs. 2 vereinbarten Grundsatz, dass Teilzeitbeschäftigte tarifvertragliche Leistungen nur anteilig erhalten, abzuweichen.

In zwei Protokollerklärungen zu Absatz 4 haben die Tarifpartner festgelegt, wie zu verfahren ist, wenn die Betriebsparteien nicht rechtzeitig betriebliche Systeme zum Leistungsentgelt vereinbaren. In diesen Fällen soll nach näherer Maßgabe der Protokollerklärung Nr. 1 mit dem Dezemberentgelt ein bestimmter Prozentsatz (6 % bzw. 12 % – siehe Satz 3 bzw. 6 aaO) des für den Monat September zustehenden Tabellenentgelts als „undifferenziertes Leistungsentgelt" ausgekehrt werden. Das BAG hat mit Urteil vom 16. Mai 2012 – 10 AZR 202/11 – zur Protokollerklärung Nr. 1 zu § 18 Abs. 4 TVöD entschieden, dass die vollständige Verteilung des für das Leistungsentgelt zur Verfügung stehenden Gesamtvolumens die Existenz einer Dienst- oder Betriebsvereinbarung voraussetzt. Solange eine solche Einigung in Betrieb oder Dienststelle nicht zustande komme, bestehe kein Anspruch auf eine höhere Zahlung als 6 % des Tabellenentgelts. Der im Vorjahr wegen der Begrenzung auf 6 % faktisch nicht ausgeschüttete Betrag sei entgegen der Auffassung des Klägers nicht im Folgejahr auszuschütten. Nach Auffassung des BAG (Urteil vom 23. September 2010 – 6 AZR 338/09) hängt der Anspruch auf das undifferenzierte Leistungsentgelt nicht vom tatsächlichen Bestehen eines Entgeltanspruchs oder eines Entgeltersatzanspruchs (z. B. wg. Krankheit) ab. Eine derartige Stichtagsregelung stünde nach Auffassung des Gerichts in keinerlei Beziehung zum Zweck der Zahlung des undifferenzierten Leistungsentgelts, würde sich damit nicht am gegebenen Sachverhalt orientieren und würde deshalb den allgemeinen Gleichheitssatz des Art. 3 Abs. 1 des Grundgesetzes verletzen.

Leistungsbewertung (Abs. 5)

In Absatz 5 Satz 1 zeigen die Tarifpartner zwei mögliche Wege zur Feststellung und Bewertung von Leistungen auf.

Die erste Alternative ist der Vergleich zwischen Zielvereinbarung und tatsächlich erreichtem Ziel, wobei nach Satz 2 eine Zielvereinbarung eine freiwillige Abrede zwischen Beschäftigten (Gruppen) und ihrer Führungskraft über objektivierbare Leistungsziele ist. Das Prinzip der Freiwilligkeit haben die Tarifpartner in einer Niederschriftserklärung zu Absatz 5 Satz 2 ausdrücklich bestätigt und daneben auch die Verständigung auf vorgegebene Ziele (z. B. bei der Umsetzung von Vorgaben) als mögliche Zielvereinbarung zugelassen.

Die zweite, in Satz 3 vereinbarte Alternative ist die Leistungsbewertung auf der Grundlage eines betrieblich vereinbarten Systems. In einer Niederschriftserklärung dazu haben die Tarifvertragsparteien einvernehmlich erklärt, dass die systematische Leistungsbeurteilung nicht der Regelbeurteilung entspricht – sie muss also zusätzlich erfolgen.

Betriebliche Vereinbarungen (Abs. 6)

Gemäß der Bestimmung des Absatzes 6 wird das System der leistungsbezogenen Bezahlung betrieblich vereinbart (Satz 1), und zwar nach Satz 3 durch Betriebsvereinbarung oder einvernehmliche Dienstvereinbarung. Was unter einer „einvernehmlichen" Dienstvereinbarung zu verstehen ist, ist in § 38 Abs. 3 erläutert worden.

II

Die Vereinigung der kommunalen Arbeitgeberverbände (VKA) und der kommunalen Arbeitgeberverband Nordrhein-Westfalen (KAV NW) haben mit dem Rundschreiben „R 144/06" vom 10. Mai 2006 bzw. „M 05/2006" vom 11. Mai 2006 ausführliche Hinweise zur Leistungsbezahlung im Kommunalen Bereich gegeben. Das Rundschreiben der VKA „R 164/2007" vom 16. August 2007 enthält dazu ergänzende Hinweise.

Satz 2 enthält den allgemeinen Grundsatz, dass die Leistungsziele in der regelmäßigen Arbeitszeit erreichbar sein und von den Beschäftigten beeinflussbar sein müssen.

Satz 3 enthält eine Reihe von Vorgaben für die Ausgestaltung von Betriebs- oder Dienstvereinbarungen, die die Betriebsparteien „vor Ort" beachten müssen.

Das BAG hat mit Urteil vom 12. Oktober 2022 – 10 AZR 496/21 – klargestellt, dass den Parteien einer Betriebs- oder Dienstvereinbarung nach § 18 Abs. 6 TVöD/VKA die nähere Ausgestaltung des Leistungsentgeltes überlassen bleibt. Dabei haben die Parteien unter Beachtung des Zwecks der Tarifnorm auch hinsichtlich der Festlegung von Ausschluss- und Kürzungstatbeständen einen Regelungsspielraum. Haben die Parteien in der Betriebs- oder Dienstvereinbarung jedoch eine abschließende Regelung dazu getroffen, in welchen Fällen eine Leistungsprämie zu kürzen ist, scheidet ein Rückgriff auf den Grundsatz „ohne Arbeit kein Lohn" in anderen als den abschließend geregelten Fällen aus.

In der Protokollerklärung Nr. 1 zu Absatz 6 ist der Fall geregelt, dass es in einer Dienststelle bzw. einem Unternehmen keinen Personal- bzw. Betriebsrat gibt. In diesem Fall hat der Dienststellenleiter/Arbeitgeber die jährliche Ausschüttung der Leistungsentgelte sicherzustellen. Dies gilt aber nicht, wenn dort eine betriebliche Kommission im Sinne des Absatzes 7 eingerichtet ist, die diese Aufgabe übernimmt.

Mit der im Zuge der Tarifeinigung 2020 zum 1. September 2020 angefügten Protokollerklärung Nr. 2 zu Absatz 6 billigen die Tarifpartner im Nachhinein eine ggf. pauschal oder undifferenziert erfolgte Verteilung des für Leistungsentgelte zur Verfügung stehenden Volumens.

Betriebliche Kommissionen (Abs. 7)

Absatz 7 schreibt die Gründung von betrieblichen Kommissionen vor, die beim ständigen Controlling des betrieblichen Systems mitwirken

(Satz 1). Sie sind daneben für die Beratung über schriftlich begründete Beschwerden über Mängel des Systems bzw. seiner Anwendung zuständig (Satz 2). Die Mitglieder der betrieblichen Kommission werden je zur Hälfte vom Arbeitgeber und vom Betriebs-/Personalrat benannt (Satz 1). Die in die Kommission entsandten Mitglieder müssen der Dienststelle angehören – es reicht also nicht, wenn sie lediglich bei dem gleichen Arbeitgeber beschäftigt sind. Die Kommission kann dem Arbeitgeber zwar Lösungsvorschläge darüber unterbreiten, ob und in welchem Umfang der Beschwerde abgeholfen werden sollte (Satz 3), und notwendige Korrekturen des Systems empfehlen (Satz 5). Die Entscheidung darüber obliegt allein dem Arbeitgeber (Satz 3); ggf. muss er aber darlegen, warum er der Kommissionsempfehlung nicht folgt (Satz 4).

In der Niederschriftserklärung Nr. 1 zu Absatz 7 ist ausdrücklich erklärt worden, dass die Kommission nicht bei der Vergabeentscheidung über die Leistungsentgelte entscheidet.

In der Niederschriftserklärung Nr. 2 zu § 18 Abs. 7 haben die Verhandlungsführer der kommunalen Arbeitgeber und die Gewerkschaften erklärt, dass die nach § 17 Abs. 2 (→ Erläuterung dort) und nach § 18 Abs. 7 gebildeten Kommissionen identisch sind. Die Bildung einer Kommission reicht also aus.

Zusatzversorgung (Abs. 8)

In Absatz 8 ist ausdrücklich vereinbart worden, dass die Leistungsentgelte zusatzversorgungspflichtiges Entgelt darstellen. In einer Niederschriftserklärung dazu hatten sich die Tarifpartner verpflichtet, auf eine entsprechende Änderung der Tarifverträge zur Altersversorgung (ATV und ATV-K)[1]), der Satzung der Versorgungsanstalt des Bundes und der Länder (VBL) und der kommunalen Zusatzversorgungskassen spätestens bis zum 31. Dezember 2006 hinzuwirken. Dies ist zwar bislang noch nicht geschehen. Aufgrund der eindeutigen Regelung in Absatz 8 können aber keine Zweifel an der Zusatzversorgungspflicht bestehen.

Zu den Protokollerklärungen zu § 18

Neben den oben bereits dargestellten Protokollerklärungen haben die Tarifpartner fünf weitere Protokollerklärungen zu § 18 vereinbart.

In der Protokollerklärung Nr. 1 ist klargestellt, dass die Gewährung bzw. Nichtgewährung von Leistungsentgelten allein weder arbeits-

---

[1]) ATV-K abgedruckt unter **810**

rechtliche Maßnahmen verhindern noch auslösen kann. Die Feststellung, dass ein Beschäftigter die Voraussetzungen für ein Leistungsentgelt nicht erfüllt, rechtfertigt somit für sich allein betrachtet keine Abmahnung wegen Schlechtleistung (Satz 1). Umgekehrt schließt die Gewährung eines Leistungsentgeltes arbeitsrechtliche Maßnahmen nicht aus (Satz 2).

Protokollerklärung 2 legt fest, dass leistungsgeminderte Beschäftigte nicht generell von Leistungsentgelten ausgeschlossen werden dürfen. Ihre Leistungsminderung ist angemessen zu berücksichtigen; d. h. auch ihr Bemühen und ihr Einsatz werden zu würdigen sein.

In Protokollerklärung Nr. 3 ist bestimmt worden, dass es sich bei den Regelungen des § 18 um für alle Beteiligten unmittelbar geltendes Recht handelt. Gleichwohl müssen viele Punkte erst noch durch betriebliche Vereinbarungen mit Leben gefüllt werden.

Die Protokollerklärung Nr. 4 nimmt die Beschäftigten der Sparkassen von der Regelung des § 18 aus.

Nach Protokollerklärung Nr. 5 bleiben bestimmte landesbezirkliche Regelungen zu Leistungszuschlägen zu § 20 BMT-G unberührt – sie gelten also weiter.

Weitere Niederschriftserklärung zu § 18

Neben den oben erwähnten Niederschriftserklärungen wurde in einer weiteren Niederschriftserklärung dokumentiert, dass die Tarifpartner davon ausgehen, dass die Leistungsbezüge Entgelte i. S. v. § 4 (Bezüge) des Tarifvertrages zur Regelung der Altersteilzeitarbeit sind, sie also ggf. auch aufgestockt werden.

§ 18a (VKA) Alternatives Entgeltanreiz-System

(1) [1]Alternativ zum System von Leistungszulage und Leistungsprämie (§ 18 (VKA) Abs. 4 Satz 1) kann das in § 18 (VKA) Abs. 3 geregelte Gesamtvolumen durch Betriebs- oder einvernehmliche Dienstvereinbarung, in der insbesondere die Aufteilung des sich daraus ergebenden Budgets auf einzelne Maßnahmen geregelt wird, ganz oder teilweise für das in Absatz 2 dargestellte alternative Entgeltanreiz-System verwendet werden. [2]Die Regelungen zur Erfolgsprämie nach § 18 (VKA) Abs. 4 Sätze 1 und 3 bleiben unberührt.

(2) Das Budget kann für Maßnahmen zur Verbesserung der Arbeitsplatzattraktivität, der Gesundheitsförderung oder der Nachhaltigkeit eingesetzt werden (z. B. für Zuschüsse für Fitnessstudios, Sonderzahlungen, Fahrkostenzuschüsse für ÖPNV/Job-Ticket, Sachbezüge, Kita-Zuschüsse oder Wertgutscheine).

Protokollerklärung zu Absatz 2:

1. Sofern Teile des in der Betriebs- oder einvernehmlichen Dienstvereinbarung vereinbarten Budgets nicht gemäß Absatz 2 verbraucht werden, erhöht sich hierdurch das Gesamtvolumen nach § 18 (VKA) Abs. 3 im Folgejahr um diesen Restbetrag.
2. Besteht in einer Dienststelle/in einem Betrieb kein Personal- oder Betriebsrat, hat der Dienststellenleiter/Arbeitgeber die Verwendung des Budgets gemäß Absatz 2 sicherzustellen. Nummer 1 gilt entsprechend.

(3) Die aus dem alternativen Entgeltanreiz-System gewährten Leistungen sind zusatzversorgungspflichtig, soweit es sich dabei um steuerpflichtige Einnahmen der/des Beschäftigten handelt.

Erläuterungen

Die Vorschrift des § 18a wurde im Zuge der Tarifrunde 2020 durch den Änderungstarifvertrag Nr. 18 mit Wirkung vom 1. September 2020 eingefügt. Sie dient der Steigerung der Attraktivität des öffentlichen Dienstes und ergänzt die ebenfalls neu geschaffene Möglichkeit der Entgeltumwandlung für das Fahrrad-Leasing (siehe TV-Fahrradleasing)[1]) und die Möglichkeit, höhere Beträge als die in § 23 Abs. 1 TVöD Genannten als vermögenswirksame Leistungen zu zahlen.

Im Einzelnen ist auf Folgendes hinzuweisen:

Zu Absatz 1

Durch diese Vorschrift wird ein System eingeführt, mit dem das in § 18 Abs. 3 TVöD vereinbarte Budget alternativ zur Leistungszulage und zur Leistungsprämie (§ 18 Abs. 4 Satz 1 TVöD) durch Betriebs- oder einvernehmliche Dienstvereinbarung ganz oder teilweise für alternative Entgeltanreize verwendet werden kann. Was sie unter „alternativen

---

1) abgedruckt unter **748**

Entgeltanreizen" verstehen, haben die Tarifpartner in Absatz 2 der Vorschrift konkreter vereinbart.

Zu Absatz 2

Nach näherer Maßgabe der in diesem Absatz getroffenen Regelungen kann das Budget des § 18 Abs. 3 TVöD für Maßnahmen zur Verbesserung der Arbeitsplatzattraktivität, der Gesundheitsförderung und der Nachhaltigkeit eingesetzt werden. Als Beispiele dafür nennen die Tarifpartner Zuschüsse für Fitnessstudios, Sonderzahlungen, Fahrkostenzuschüsse für ÖPNV/Job-Ticket, Sachbezüge, Kita-Zuschüsse oder Wertgutscheine. Die Aufzählung ist nicht abschließend; sie lässt Raum für vergleichbare Maßnahmen. Durch die Protokollerklärung zu Absatz 2 haben die Tarifpartner sichergestellt, dass nicht ausgeschöpfte Teile des zur Verfügung stehenden Budgets nicht verloren gehen, sondern in das Folgejahr übertragen werden.

Zu Absatz 3

Die auf der Grundlage der Vorschrift des § 18a geleisteten Zahlungen sind (nur) soweit zusatzversorgungspflichtig, als sie auch der Steuerpflicht unterliegen.

§ 19 Erschwerniszuschläge

(1) [1]Erschwerniszuschläge werden für Arbeiten gezahlt, die außergewöhnliche Erschwernisse beinhalten. [2]Dies gilt nicht für Erschwernisse, die mit dem der Eingruppierung zugrunde liegenden Berufs- oder Tätigkeitsbild verbunden sind.

(2) Außergewöhnliche Erschwernisse im Sinne des Absatzes 1 ergeben sich grundsätzlich nur bei Arbeiten

a) mit besonderer Gefährdung,

b) mit extremer nicht klimabedingter Hitzeeinwirkung,

c) mit besonders starker Schmutz- oder Staubbelastung,

d) mit besonders starker Strahlenexposition oder

e) unter sonstigen vergleichbar erschwerten Umständen.

(3) Zuschläge nach Absatz 1 werden nicht gewährt, soweit der außergewöhnlichen Erschwernis durch geeignete Vorkehrungen, insbesondere zum Arbeitsschutz, ausreichend Rechnung getragen wird.

(4) [1]Die Zuschläge betragen in der Regel 5 bis 15 v. H. – in besonderen Fällen auch abweichend – des auf eine Stunde entfallenden Anteils des monatlichen Tabellenentgelts der Stufe 2 der Entgeltgruppe 2. [2]Teilzeitbeschäftigte erhalten Erschwerniszuschläge, die nach Stunden bemessen werden, in voller Höhe; sofern sie pauschaliert gezahlt werden, gilt dagegen § 24 Abs. 2.

(5) [1]Die zuschlagspflichtigen Arbeiten und die Höhe der Zuschläge werden im Bereich der VKA landesbezirklich – für den Bund durch einen Tarifvertrag auf Bundesebene – vereinbart. [2]Für den Bund gelten bis zum In-Kraft-Treten eines entsprechenden Tarifvertrages die bisherigen tarifvertraglichen Regelungen des Bundes fort.

Niederschriftserklärung zu § 19 (Bund) Abs. 5 Satz 2:[1])

[1]Zwischen den Tarifvertragsparteien besteht Einigkeit, dass im Bereich des Bundes für die Ermittlung des für die Erhöhung der Zuschläge gemäß § 5 LohnzuschlagsTV i. V. m. Nrn. 21, 22 und 23 der Anlage 1 Teil B TVÜ-Bund maßgeblichen Vomhundertsatzes in Höhe von 12 v. H. ab 1. März 2024 11,50 v. H. anzurechnen sind. [2]Die Summe der für eine Erhöhung der Zuschläge gemäß § 5 LohnzuschlagsTV zu berücksichtigenden Vomhundertsätze beträgt nach dem 1. März 2024 7,19 v. H.

Erläuterungen

§ 19 TVöD legt in den Abs. 1 bis 4 die Rahmenbedingungen für die Bezahlung von Erschwerniszuschlägen fest. Einzelheiten dazu bleiben gem. Abs. 5 ausfüllenden Tarifverträgen überlassen. Der Themenbereich war früher § 33 Abs. 1 Buchst. c) BAT, § 23 BMT-G und § 29

[1]) Wegen der im Zuge der Tarifrunde 2025 vereinbarten Änderungen siehe Teil B Nr. 2 der unter **150** abgedruckten Tarifeinigung. Der für die Erhöhung der Zuschläge maßgebliche Vomhundertsatz beträgt danach ab dem 1. April 2025 3,0 Prozent und ab dem 1. Mai 2026 2,8 Prozent. Der überschießende Vomhundertsatz für die Ermittlung der nächsten 12 Prozent für die Erhöhung der Zuschläge gemäß § 5 LohnzuschlagsTV beträgt für die Zeit nach dem 1. Mai 2026 0,99 Prozent.

MTArb sowie in den diese Vorschriften ergänzenden Tarifverträgen (Tarifvertrag über die Gewährung von Zulagen gemäß § 33 Abs. 1 Buchst. c) BAT vom 11. Januar 1962[1]), Tarifvertrag über die Lohnzuschläge gemäß § 29 MTL vom 9. Oktober 1963 und die bezirklichen Tarifverträge zu § 23 Abs. 3 BMT-G) geregelt. Diese Tarifverträge gelten übergangsweise fort (Absatz 5 Satz 2).

Das BAG hat mit Urteil vom 21. April 2010 – 10 AZR 303/09 – entschieden, dass ein Anspruch auf die sogenannte Baustellenzulage (§ 33 Abs. 2 BAT) mit In-Kraft-Treten des TV-L nicht mehr besteht. Da die Vorschriften des TVöD in diesem Punkt denen des TV-L entsprechen, besteht auch für unter den TVöD fallende Beschäftigte kein tarifvertraglicher Anspruch auf Zahlung der Baustellenzulage. Übertarifliche Regelungen (z. B. des Bundes) bleiben davon allerdings unberührt.

Auf die abweichenden Sonderregelungen in §§ 46 und 47 (Bund) und 46 (VKA) des Besonderen Teils Verwaltung wird hingewiesen.

Grundsätze für Erschwerniszuschläge (Abs. 1)

Die Vorschrift legt fest, dass grundsätzlich Erschwerniszuschläge für Arbeiten mit besonderen Erschwernissen zu zahlen sind. Ausgenommen davon sind aber nach Satz 2 solche Erschwernisse, die mit dem Berufs- oder Tätigkeitsbild verbunden sind und daher schon in die Eingruppierung eingeflossen sind.

Außergewöhnliche Erschwernisse (Abs. 2)

In den Buchstaben a) bis e) ist abschließend aufgezählt, bei welchen Arbeiten „außergewöhnliche Erschwernisse" vorliegen, die einen Anspruch auf Erschwerniszuschläge begründen können.

Ausschluss der Erschwerniszuschläge durch besondere Vorkehrungen (Abs. 3)

Absatz 3 schließt die Zahlung von Erschwerniszuschlägen in den Fällen aus, in denen den Erschwernissen durch besondere Vorkehrungen – insbesondere hinsichtlich des Arbeitsschutzes – Rechnung getragen wird.

Betragsmäßiger Rahmen der Erschwerniszuschläge (Abs. 4)

Absatz 4 gibt den Tarifpartnern den Rahmen für Erschwerniszuschläge vor. Diese sollen in der Regel – je nach Grad der Erschwernis – zwischen

---

[1]) abgedruckt unter **620**

5 und 15 v. H. des auf eine Stunde entfallenden Anteils des monatlichen Tabellenentgelts der Stufe 2 der Entgeltgruppe 2 betragen. In besonderen Fällen kann davon (nach oben oder unten) abgewichen werden. Der im Zuge des Änderungstarifvertrages Nr. 2 vom 31. März 2008 mit Wirkung vom 1. Juli 2008 eingefügte Satz 2 bewirkt im Ergebnis, dass Teilzeitbeschäftigte – bezogen auf die einzelne Arbeitsstunde – die gleichen Erschwerniszuschläge erhalten wie Vollbeschäftigte. Damit tragen die Tarifpartner den Erfordernissen des Teilzeit- und Befristungsgesetzes[1]) Rechnung, dessen § 4 Absatz 1 eine Diskriminierung Teilzeitbeschäftigter verbietet.

Tarifvertrag (Abs. 5)

Absatz 5 bestimmt, dass die zuschlagspflichtigen Arbeiten und die Höhe der Zuschläge durch landesbezirkliche Tarifverträge (für die Kommunen) bzw. durch einen Bundestarifvertrag (für den Bund) festzulegen sind. Entsprechende Tarifverträge sind bislang noch nicht vereinbart worden. Übergangsweise gelten somit die bisherigen Tarifverträge fort. Rechtsgrundlage dafür ist § 19 Abs. 5 Satz 2 TVöD, für die Kommunen § 23 TVÜ-VKA[2]) (s. u.). Für den Bereich des Bundes sind in einer Niederschriftserklärung die Auswirkungen der Entgelterhöhungen im Zuge der Tarifrunde 2020 festgehalten worden.

Übergangsrecht gemäß § 23 TVÜ-VKA

Die Vorschrift des § 23 des Tarifvertrages zur Überleitung der Beschäftigten der kommunalen Arbeitgeber in den TVöD und zur Regelung des Übergangsrechts (TVÜ-VKA) bestimmt, dass die bislang im Bereich der Kommunen einschlägigen tarifvertraglichen Vorschriften über Erschwerniszuschläge (s. o.) bis zur (Neu-)Regelung durch einen landesbezirklichen Tarifvertrag fortgelten. Sofern die entsprechenden Verhandlungen nicht bis zum 31. Dezember 2007 abgeschlossen sein sollten, gelten bei Weitergeltung der landesbezirklichen Regelungen im Übrigen die Grenzen und Bemessungsgrundlagen des § 19 Abs. 4 TVöD.

Für den Bund ergibt sich die übergangsweise Weitergeltung des bisherigen Rechts aus § 19 Abs. 5 Satz 2.

---

[1]) abgedruckt als Anhang 1 unter **210** § 30 TVöD

[2]) abgedruckt unter **280**

II

§ 20 (VKA) Jahressonderzahlung

(1) Beschäftigte, die am 1. Dezember im Arbeitsverhältnis stehen, haben Anspruch auf eine Jahressonderzahlung.

(2)[1] [1]Die Jahressonderzahlung beträgt

in den Entgeltgruppen 1 bis 8	**bis einschließlich Kalenderjahr 2021**	**79,51 Prozent**
	ab dem Kalenderjahr 2022	**84,51 Prozent**
in den Entgeltgruppen 9a bis 12		**70,28 Prozent**
in den Entgeltgruppen 13 bis 15		**51,78 Prozent**

des der/dem Beschäftigten in den Kalendermonaten Juli, August und September durchschnittlich gezahlten monatlichen Entgelts; unberücksichtigt bleiben hierbei das zusätzlich für Überstunden und Mehrarbeit gezahlte Entgelt (mit Ausnahme der im Dienstplan vorgesehenen Überstunden und Mehrarbeit), Leistungszulagen, Leistungs- und Erfolgsprämien. [2]Der Bemessungssatz bestimmt sich nach der Entgeltgruppe am 1. September. [3]Bei Beschäftigten, deren Arbeitsverhältnis nach dem 30. September begonnen hat, tritt an die Stelle des Bemessungszeitraums der erste volle Kalendermonat des Arbeitsverhältnisses. [4]In den Fällen, in denen im Kalenderjahr der Geburt des Kindes während des Bemessungszeitraums eine elterngeldunschädliche Teilzeitbeschäftigung ausgeübt wird, bemisst sich die Jahressonderzahlung nach dem Beschäftigungsumfang am Tag vor dem Beginn der Elternzeit.

Protokollerklärung zu Absatz 2:

[1]Bei der Berechnung des durchschnittlich gezahlten monatlichen Entgelts werden die gezahlten Entgelte der drei Monate addiert und durch drei geteilt; dies gilt auch bei einer Änderung des Beschäftigungsumfangs. [2]Ist im Bemessungszeitraum nicht für alle Kalendertage Entgelt gezahlt worden, werden die gezahlten Entgelte der drei Monate addiert, durch die Zahl der Kalendertage mit Entgelt geteilt und sodann mit 30,67 multipliziert. [3]Zeiträume, für die Krankengeldzuschuss gezahlt worden ist, bleiben hierbei unberücksichtigt. [4]Besteht während des Bemessungszeitraums an weniger als 30 Kalendertagen Anspruch auf Entgelt, ist der letzte Kalendermonat, in dem für alle Kalendertage Anspruch auf Entgelt bestand, maßgeblich.

Niederschriftserklärung zu § 20 (Bund) Abs. 2 und § 20 (VKA) Abs. 2 Satz 1:

Die Tarifvertragsparteien stimmen überein, dass die Beschäftigten der Entgeltgruppe 2Ü zu den Entgeltgruppen 1 bis 8 und die Beschäftigten der Entgeltgruppe 15Ü zu den Entgeltgruppen 13 bis 15 gehören.

(3) (weggefallen)

(4) [1]Der Anspruch nach den Absätzen 1 bis 3 vermindert sich um ein Zwölftel für jeden Kalendermonat, in dem Beschäftigte keinen Anspruch auf Entgelt

---

[1]) Die Jahressonderzahlungen werden ab dem Kalenderjahr 2026 für den Bereich der VKA vereinheitlicht und auf 85 Prozent erhöht. Es wird für Teil- und Vollzeitbeschäftigte der Bereiche TVöD BT-V, TVöD BT-S, TVöD BT-F und TVöD BT-E eine Regelung zur Umwandlung in freie Tage eingeführt, bei dem Beschäftigte einen Teil der Jahressonderzahlung bzw. Sparkassensonderzahlung in bis zu drei zusätzliche freie Tage umwandeln können, siehe Teil C Nr. 3 der unter **150** abgedruckten Tarifeinigung.

oder Fortzahlung des Entgelts nach § 21 haben. ²Die Verminderung unterbleibt für Kalendermonate,

1. **für die Beschäftigte kein Tabellenentgelt erhalten haben wegen**
   a) **Ableistung von Grundwehrdienst oder Zivildienst, wenn sie diesen vor dem 1. Dezember beendet und die Beschäftigung unverzüglich wieder aufgenommen haben,**
   b) **Beschäftigungsverboten nach dem Mutterschutzgesetz,**
   c) **Inanspruchnahme der Elternzeit nach dem Bundeselterngeld- und Elternzeitgesetz bis zum Ende des Kalenderjahres, in dem das Kind geboren ist, wenn am Tag vor Antritt der Elternzeit Entgeltanspruch bestanden hat;**
2. **in denen Beschäftigten Krankengeldzuschuss gezahlt wurde oder nur wegen der Höhe des zustehenden Krankengelds ein Krankengeldzuschuss nicht gezahlt worden ist.**

Niederschriftserklärung zu § 20 (Bund) Abs. 4 Satz 2 Nr. 1 Buchst. c und § 20 (VKA) Abs. 4 Satz 2 Nr. 1 Buchst. c:

Dem Entgeltanspruch steht der Anspruch auf Zuschuss zum Mutterschaftsgeld gleich.

(5) ¹Die Jahressonderzahlung wird mit dem Tabellenentgelt für November ausgezahlt. ²Ein Teilbetrag der Jahressonderzahlung kann zu einem früheren Zeitpunkt ausgezahlt werden.

Erläuterungen

Im Geltungsbereich des TVöD ist das bisherige Urlaubsgeld und die bisherige Zuwendung (Weihnachtsgeld) in einer Sonderzahlung zusammengefasst worden. Während die Anspruchsgrundlagen und Verfahrensgrundsätze bislang in eigenständigen Tarifverträgen (z. B. Tarifvertrag über ein Urlaubsgeld für Angestellte vom 16. März 1977 und Tarifvertrag über eine Zuwendung für Angestellte vom 12. Oktober 1973) geregelt waren, ist die Vorschrift über eine Sonderzahlung nun in den TVöD einbezogen worden. Im Zuge des 11. Änderungstarifvertrages vom 29. April 2016 wurden wegen der in der Tarifrunde 2016 vereinbarten abweichenden Prozentsätze der Jahressonderzahlung eigenständige Regelungen für den Bund bzw. die Kommunen eingeführt.

Auf die besondere Regelung in § 44 des Besonderen Teils Sparkassen[1]) wird hingewiesen.

Übergangsrecht

Die Regelungen des § 20 gelten erst seit dem Kalenderjahr 2007. Für die Jahre 2005 und 2006 enthält § 20 TVÜ-VKA[2]) eigene Regelungen.

---

[1]) abgedruckt unter **220**

[2]) abgedruckt unter **280**

Auf die Darstellung dieses mittlerweile **nicht** mehr bedeutsamen Übergangsrechts wird an dieser Stelle verzichtet.

Anspruchsvoraussetzung (Abs. 1)

Im Gegensatz zu den bisherigen Regelungen der Zuwendungstarifverträge verzichtet der TVöD auf weitreichende Anspruchsvoraussetzungen und verlangt nur, dass der Beschäftigte am 1. Dezember in einem Arbeitsverhältnis steht. Eine Mindestzeit der Beschäftigung wird nicht vorausgesetzt. Eine Beurlaubung ohne Bezüge im Dezember ist ebenso unschädlich wie das Ausscheiden aus dem Arbeitsverhältnis zu Beginn des Folgejahres. Mit Urteil vom 12. Dezember 2012 – 10 AZR 718/11 – hat das BAG festgestellt, dass die Regelung, wonach der Anspruch auf eine Sonderzahlung vom Bestand des Arbeitsverhältnisses am 1. Dezember des Jahres abhängt, nicht altersdiskriminierend ist. In dem Urteilsfall hatte ein Beschäftigter, der am 31. Oktober aufgrund Erreichens des gesetzlichen Rentenalters aus dem Arbeitsverhältnis ausgeschieden war, sich gegen die Nichtzahlung der Jahressonderzahlung gewandt.

Höhe der Sonderzahlung (Abs. 2)

Die Zuwendung und das Urlaubsgeld wurden ab dem Jahr 2007 in einer dynamischen Jahressonderzahlung zusammengefasst. Die Höhe der Jahressonderzahlung wird (seit dem 1. Januar 2023) einheitlich für die Tarifgebiete Ost und West anhand der in Absatz 2 aufgeführten Vomhundertsätze ermittelt.

Im Tarifgebiet West bemaß sich die Jahressonderzahlung bis zum Jahr 2016 nach folgenden gestaffelten Prozentsätzen:

- 90 % für die Entgeltgruppen 1 bis 8
- 80 % für die Entgeltgruppen 9 bis 12
- 60 % für die Entgeltgruppen 13 bis 15

Ab dem Kalenderjahr 2017 wurden die Sätze um je 4 Prozentpunkte abgesenkt und zudem auf dem materiellen Niveau des Jahres 2015 eingefroren. Dies diente der Teilkompensation der aus der Entgeltordnung resultierenden Kosten. Die letztlich maßgeblichen Prozentsätze ergaben sich zunächst aus der mittlerweile wieder aufgehobenen Protokollerklärung Nr. 2 zu Absatz 2 und danach unmittelbar aus der im Zuge der Tarifrunde 2018/2019 vereinbarten Fassung des Abs. 2 Satz 1.

Im Zuge der Tarifrunde 2020 wurde vereinbart, die Jahressonderzahlung für die Entgeltgruppen 1 bis 8 im Tarifgebiet West ab dem Jahr 2022 auf 84,51 Prozent anzuheben.

Im Tarifgebiet Ost wurde die Jahressonderzahlung für die Entgeltgruppen 1 bis 8 für das Jahr 2022 auf 81,51 Prozent und ab dem Jahr 2023 auf 84,51 Prozent angehoben. Dies wurde mit dem 18. Änderungstarifvertrag zum TVöD in § 20 Abs. 2 Satz 1 bzw. Abs. 3 umgesetzt.

Wegen der Umschlüsselung der besonderen Entgeltgruppen der Beschäftigten des Sozial- und Erziehungsdienstes sowie in der Krankenpflege in die für die Höhe der Jahressonderzahlung maßgebende Entgeltgruppe sowie wegen des besonderen Prozentsatzes siehe § 1 Abs. 3 der Anlage zu § 56 (VKA)[1]) bzw. § 51a Abs. 1, § 52 Abs. 3 und § 52a BT-B[2]) sowie § 52 Abs. 1 und § 54 Abs. 3 BT-K[3]).

Maßgebend ist die Entgeltgruppe am 1. September (bzw. dem ersten Beschäftigungsmonat, wenn das Arbeitsverhältnis später begonnen hat).

Im Tarifgebiet Ost betrug die Jahressonderzahlung gemäß dem zum 1. Januar 2023 weggefallenen Absatz 3 75 v. H. der Vomhundertsätze im Tarifgebiet West. In der Tarifeinigung 2018/2019 wurde die Angleichung der Vomhundertsätze an die des Tarifgebietes West vereinbart. Die Bemessungssätze betrugen im Jahr 2019 82 v. H., im Jahr 2020 88 v. H., im Jahr 2021 94 v. H. und ab dem Jahr 2022 grundsätzlich 100 v. H. der Bemessungssätze des Tarifgebietes West.

Für die Entgeltgruppen 1 bis 8 betrug der Angleichungssatz im Jahr 2022 entsprechend der Vereinbarung der Tarifrunde 2020 jedoch abweichend davon 96,45 v. H., sodass die Jahressonderzahlung Ost 2022 in diesen Entgeltgruppen 81,51 v. H. (96,45 v. H. des „West-Prozentsatzes" von 84,51 v. H.) betrug. In einer Protokollerklärung zu Absatz 3 haben die Tarifpartner klargestellt, dass für den Bereich des KAV Berlin weiterhin die in § 30 Abs. 6 TVÜ-VKA[4]) vereinbarten (abweichenden) Angleichungsschritte gelten. Absatz 3 wurde nach erfolgter Angleichung Ost-West zum 1. Januar 2023 aufgehoben.

Bemessungsgrundlage ist grundsätzlich das in den Monaten Juli, August und September gezahlte monatliche Entgelt, jedoch ohne das Entgelt für nicht dienstplanmäßige Überstunden, nicht dienstplanmäßige Mehrarbeit, Leistungszulagen/-prämien und Ertrags- und Erfolgsprämien. Satz 3 und die Protokollerklärung zu Absatz 2 treffen Sonderregelungen für den Fall, dass das Arbeitsverhältnis erst nach

---

[1]) abgedruckt unter **215**

[2]) abgedruckt unter **235**

[3]) abgedruckt unter **230**

[4]) abgedruckt unter **280**

dem 30. September begonnen hat (dann wird der erste volle Beschäftigungsmonat als Bemessungsgrundlage herangezogen) bzw. für den Fall, dass nicht für alle Kalendertage des Bemessungszeitraumes Entgelt gezahlt wird (dann wird grundsätzlich „spitz" nach Tagen gerechnet bzw. hochgerechnet).

Nach dem BAG-Urteil vom 22. März 2017 – 10 AZR 623/15 – ist bei der Bemessung der Jahressonderzahlung und der Frage, ob nach § 20 Abs. 2 Satz 1 und 2 TVöD (Referenzmonate) bzw. nach Satz 3 a. a. O. (erster voller Monat) zu verfahren ist, ausschließlich auf das am 1. Dezember bestehende (und damit anspruchsbegründende) Arbeitsverhältnis abzustellen. In diesem Punkt unterscheidet sich die Betrachtungsweise von der bei der Frage der Zwölftelung maßgebenden, bei der Vorbeschäftigungen im laufenden Jahr mit einzubeziehen sind. Ausgehend von der BAG-Auffassung, dass allein das am 1. Dezember bestehende Arbeitsverhältnis maßgebend ist, ergeben sich die folgenden beiden Varianten:

- 1. Einstellung nach dem 30. September: Gem. § 20 Abs. 2 Satz 3 TVöD ist der erste volle Monat zur Bemessung der Jahressonderzahlung heranzuziehen.
- 2. Einstellung vor dem 30. September: Nach § 20 Abs. 2 Satz 1 und 2 TVöD, ggfs. unter Berücksichtigung der Protokollerklärung, zählt der (ggfs. verkürzte) Referenzzeitraum.

Nach Absatz 2 Satz 4 bemisst sich die Sonderzahlung in den Fällen, in denen eine elterngeldunschädliche Teilzeitbeschäftigung (i. S. d. § 15 Abs. 4 BEEG) ausgeübt wird, abweichend von dem Beschäftigungsumfang im Bemessungsmonat nach dem Beschäftigungsumfang am Tage vor dem Beginn der Elternzeit. Dies gilt aber nur für das Kalenderjahr der Geburt des Kindes; im Folgejahr gelten dann die allgemeinen Grundsätze zur Bemessung der Jahressonderzahlung.

In einer Niederschriftserklärung zu Absatz 2 Satz 1 haben die Tarifpartner festgelegt, dass die Beschäftigten der Entgeltgruppe 2 Ü zu den Beschäftigten der Entgeltgruppen 1 bis 8 gehören (und folglich eine 90%ige Sonderzahlung erhalten) und die Beschäftigten der Entgeltgruppe 15 Ü zu den Beschäftigten der Entgeltgruppe 13 bis 15 gehören (und somit eine 60%ige Sonderzahlung erhalten).

Zwölftelung (Abs. 4)

Nach dem in Satz 1 der Vorschrift aufgestellten Grundsatz vermindert sich die Jahressonderzahlung um ein Zwölftel für jeden Kalendermonat, in dem der Beschäftigte keinen Anspruch auf Entgelt, Urlaubsentgelt oder Entgeltfortzahlung hat. Die Kürzung kommt dabei nur in Betracht, wenn für den vollen Monat kein Entgelt o. Ä. gezahlt wird; erhält der Beschäftigte auch nur für einen Tag Entgelt, muss die Kürzung unterbleiben.

Satz 2 der Vorschrift enthält eine abschließende Aufzählung von Ausnahmen, in denen eine Kürzung der Sonderzahlung unterbleibt, obwohl der Beschäftigte kein Entgelt erhalten hat.

Dies sind zunächst die Fälle, in denen die Entgeltzahlung wegen Grundwehr- oder Zivildienst (Voraussetzung ist aber, dass der Beschäftigte am 1. Dezember die Beschäftigung wieder ausübt), Beschäftigungsverboten nach dem Mutterschutzgesetz (sechs Wochen vor und grundsätzlich acht Wochen nach der Entbindung) und Inanspruchnahme von Elternzeit nach dem BEEG (aber nur in dem Geburtsjahr des Kindes und nur, wenn vor Antritt der Elternzeit Entgeltanspruch oder Anspruch auf Zuschuss zum Mutterschaftsgeld bestand) unterblieben ist.

Ferner unterbleibt die Kürzung, wenn den Beschäftigten Krankengeldzuschuss gezahlt oder nur wegen der Höhe des Krankengeldes kein Krankengeldzuschuss gezahlt wurde.

In seiner Entscheidung vom 11. Juli 2012 – 10 AZR 488/11 – hat das BAG (bezogen auf die in diesem Punkt identische Vorschrift des § 20 TV-L) klargestellt, dass die Jahressonderzahlung um je ein Zwölftel für jeden Monat zu kürzen ist, in dem der Beschäftigte nicht bei dem Arbeitgeber beschäftigt war, zu dem am 1. Dezember ein Arbeitsverhältnis bestand. Beschäftigungszeiten bei anderen Arbeitgebern ändern nach Auffassung des BAG an der Anspruchskürzung nach § 20 Abs. 4 TV-L auch dann nichts, wenn es sich um Arbeitgeber des öffentlichen Dienstes handelt. (Im Urteilsfall ging es um einen unterjährigen Wechsel von einem zu einem anderen „TV-L-Arbeitgeber"; die Jahressonderzahlung wurde nur auf der Grundlage des Arbeitsverhältnisses mit dem letzten Arbeitgeber zuerkannt.) Zur Abgrenzung davon hat das BAG in seinem Urteil vom 12. Dezember 2012 – 10 AZR 922/11 – entschieden, dass für die Höhe des Anspruchs auf eine Jahressonderzahlung alle Arbeitsverhältnisse zu berücksichtigen sind, die im Kalenderjahr mit demselben Arbeitgeber bestanden haben – unabhängig davon, ob sie sich nahtlos aneinandergereiht haben oder unterbrochen waren. Eine Kürzung (Zwölftelung) kann in diesen Fällen somit nur für Monate erfolgen, in denen keinerlei Entgelt gezahlt wurde.

Fälligkeit der Zahlung (Abs. 5)

Die Sonderzahlung ist – wie bisher die Zuwendung – mit dem Entgelt für den Monat November zu zahlen (Satz 1). Ein Teilbetrag der Sonderzahlung kann nach Satz 2 der Vorschrift zu einem früheren Zeitpunkt ausgezahlt werden. Einzelheiten zu dieser Vorschusszahlung haben die Tarifpartner nicht vereinbart.

Besonderheit bei Altersteilzeitarbeit (Abs. 6)

Die Regelungen des TVöD zur Jahressonderzahlung sehen – im Gegensatz zur Vorschrift des § 1 Abs. 2 der früheren Zuwendungstarifverträge – keine Teilzahlung bei unterjährigem Ausscheiden aus dem Beschäftigungsverhältnis beispielsweise wegen Erreichens der Altersgrenze, Erwerbsunfähigkeit oder im Anschluss an Altersteilzeitarbeit vor.

(Nur) für den Fall der Altersteilzeitarbeit enthielt Absatz 6 eine Besitzstandsregelung. Demnach erhielten Beschäftigte, die bis zum 31. März 2005 ein Altersteilzeitarbeitsverhältnis vereinbart hatten, die Jahressonderzahlung auch dann, wenn sie vor dem 1. Dezember (also dem anspruchsbegründenden Zeitpunkt) wegen Rentenbezuges aus dem Arbeitsverhältnis ausschieden. Bemessungsgrundlage für die Sonderzahlung waren dann die letzten drei Kalendermonate vor Beendigung des Arbeitsverhältnisses. Die Regelung ist mittlerweile durch Zeitablauf überholt und wurde daher zum 1. Januar 2020 aufgehoben.

§ 21 Bemessungsgrundlage für die Entgeltfortzahlung

[1]In den Fällen der Entgeltfortzahlung nach § 6 Abs. 3 Satz 1, § 22 Abs. 1, § 26, § 27 und § 29 werden das Tabellenentgelt sowie die sonstigen in Monatsbeträgen festgelegten Entgeltbestandteile weitergezahlt. [2]Die nicht in Monatsbeträgen festgelegten Entgeltbestandteile werden als Durchschnitt auf Basis der dem maßgebenden Ereignis für die Entgeltfortzahlung vorhergehenden letzten drei vollen Kalendermonate (Berechnungszeitraum) gezahlt. [3]Ausgenommen hiervon sind das zusätzlich für Überstunden und Mehrarbeit gezahlte Entgelt (mit Ausnahme der im Dienstplan vorgesehenen Überstunden und Mehrarbeit), Leistungsentgelte, Jahressonderzahlungen sowie besondere Zahlungen nach § 23 Abs. 2 und 3.

Protokollerklärungen zu den Sätzen 2 und 3:

1. [1]Volle Kalendermonate im Sinne der Durchschnittsberechnung nach Satz 2 sind Kalendermonate, in denen an allen Kalendertagen das Arbeitsverhältnis bestanden hat. [2]Hat das Arbeitsverhältnis weniger als drei Kalendermonate bestanden, sind die vollen Kalendermonate, in denen das Arbeitsverhältnis bestanden hat, zugrunde zu legen. [3]Bei Änderungen der individuellen Arbeitszeit werden die nach der Arbeitszeitänderung liegenden vollen Kalendermonate zugrunde gelegt.
2. [1]Der Tagesdurchschnitt nach Satz 2 beträgt bei einer durchschnittlichen Verteilung der regelmäßigen wöchentlichen Arbeitszeit auf fünf Tage 1/65 aus der Summe der zu berücksichtigenden Entgeltbestandteile, die für den Berechnungszeitraum zugestanden haben. [2]Maßgebend ist die Verteilung der Arbeitszeit zu Beginn des Berechnungszeitraums. [3]Bei einer abweichenden Verteilung der Arbeitszeit ist der Tagesdurchschnitt entsprechend Satz 1 und 2 zu ermitteln.
3. [1]Liegt zwischen der Begründung des Arbeitsverhältnisses oder der Änderung der individuellen Arbeitszeit und dem maßgeblichen Ereignis für die Entgeltfortzahlung kein voller Kalendermonat, ist der Tagesdurchschnitt anhand der konkreten individuellen Daten zu ermitteln. [2]Dazu ist die Summe der zu berücksichtigenden Entgeltbestandteile, die für diesen Zeitraum zugestanden haben, durch die Zahl der tatsächlich in diesem Zeitraum erbrachten Arbeitstage zu teilen.
4. Tritt die Fortzahlung des Entgelts nach einer allgemeinen Entgeltanpassung ein, ist die/der Beschäftigte so zu stellen, als sei die Entgeltanpassung bereits mit Beginn des Berechnungszeitraums eingetreten.[1])

Erläuterungen

In § 21 TVöD haben die Tarifvertragsparteien die Höhe der Entgeltfortzahlung geregelt. Die Rechtsgrundlage für eine Entgeltfortzahlung ergibt sich nicht aus § 21, sondern aus verschiedenen, in der Tarifvorschrift näher benannten Vorschriften des TVöD.

Im Bereich des BAT wurde bislang als Entgeltfortzahlung weitgehend die in § 47 Abs. 2 BAT näher bestimmte Urlaubsvergütung gewährt.

---

[1]) Entsprechend der unter **150** abgedruckten Tarifeinigung 2025 erfolgen allgemeine Entgeltanpassungen sowohl zum 1. April 2025 als auch zum 1. Mai 2026.

II

Durchführung der Entgeltfortzahlung

Die Tarifvorschrift regelt nicht den Anspruch auf Entgeltfortzahlung, sondern bestimmt in den abschließend aufgezählten Fällen dessen Höhe. Rechtsgrundlage für eine Entgeltfortzahlung i. S. d. § 21 sind die Vorschriften des § 6 Abs. 3 Satz 1 (Lohnfortzahlung wegen Freistellung am 24. und 31. Dezember), § 22 Abs. 1 (Lohnfortzahlung im Krankheitsfall), § 26 (Lohnfortzahlung bei Erholungsurlaub), § 27 Lohnfortzahlung bei Zusatzurlaub) und § 29 (Lohnfortzahlung bei Arbeitsbefreiung).

In den in Satz 1 der Vorschrift abschließend genannten Fällen werden als Entgeltfortzahlung das Tabellenentgelt und die in Monatsbeträgen festgelegten Entgeltbestandteile weitergezahlt. In Monatsbeträgen werden beispielsweise die Zulage nach § 14 (vorübergehende Ausübung einer höherwertigen Tätigkeit) und Zulagen nach den Überleitungs-Tarifverträgen (Besitzstandszulagen, Strukturausgleiche) gezahlt. Für nicht in Monatsbeträgen festgelegte Entgeltbestandteile sieht Satz 2 der Vorschrift eine Durchschnittsberechnung auf der Grundlage der letzten drei Monate vor. Die Auszahlung des Tagesdurchschnitts erfolgt gemäß der Fälligkeitsregelung in § 24 Abs. 1 Satz 3 TVöD erst am Zahltag des zweiten Monats, der auf ihre Entstehung folgt. Zu den nicht in Monatsbeträgen festgelegten Entgeltbestandteilen zählen insbesondere die in § 8 (Ausgleich für Sonderformen der Arbeit) genannten Stundenzuschläge und -pauschalen. Ausdrücklich ausgenommen von der Durchschnittsberechnung und somit von der Berücksichtigung im Rahmen der Entgeltfortzahlung sind nach Satz 3 das Überstundenentgelt (mit Ausnahme des Entgelts für im Dienstplan vorgesehene Überstunden und Mehrarbeit, das in die Berechnungsgrundlage einfließt), Leistungsentgelte (§ 18), Jahressonderzahlungen (§ 20) und die besonderen Zahlungen nach § 23 Abs. 2 und 3 (Jubiläumsgeld und Sterbegeld).

Ergänzende Vereinbarungen zur Durchschnittsberechnung

Die Tarifpartner haben in drei Protokollerklärungen ergänzende Vereinbarungen zur Durchschnittsberechnung für nicht in Monatsbeträgen festgelegte Entgeltbestandteile vereinbart.

Die Protokollerklärung Nr. 1 befasst sich mit der Frage, welche Monate in bestimmten Sonderfällen bei der Durchschnittsberechnung zugrunde zu legen sind. Satz 2 der Tarifvorschrift bestimmt, dass der Entgeltdurchschnitt der letzten drei vollen Kalendermonate zu ermitteln ist. Nach Satz 1 der Protokollerklärung sind „volle" Kalendermonate solche Monate, in denen das Arbeitsverhältnis an allen Kalendertagen bestanden hat. Satz 2 der Protokollerklärung legt fest, dass in den Fällen, in denen das Arbeitsverhältnis weniger als drei Kalendermonate bestanden hat, nur die vollen Kalendermonate zugrunde zu legen sind. Satz 3 löst den Fall der Veränderung der individuellen Arbeitszeit während des Berechnungszeitraums und bestimmt, dass dann nur die nach der Änderung der Arbeitszeit liegenden vollen Kalendermonate maßgebend sind.

Protokollerklärung Nr. 2 regelt die Berechnung des Tagesdurchschnitts der nicht in Monatsbeträgen festgelegten Entgeltbestandteile. Dieser beträgt nach Satz 1 der Protokollerklärung $^1/_{65}$ der im dreimonatigen Berechnungszeitraum zu berücksichtigenden Entgeltbestandteile. Der Divisor 65 berücksichtigt dabei die durchschnittliche Anzahl der Arbeitstage in drei Monaten – bezogen auf eine Fünf-Tage-Woche. Er ist bei einer abweichenden Verteilung der Arbeitszeit (z. B. auf vier oder sechs Tage in der Woche) anzupassen (Satz 3). Entsprechendes wird gelten müssen, wenn nicht drei, sondern weniger Monate der Durchschnittsberechnung zugrunde liegen. Maßgebend bei der Verteilung der Arbeitszeit sind die Verhältnisse zu Beginn des Berechnungszeitraums (Satz 2).

Die Protokollerklärung Nr. 3 wurde im Zuge des Änderungstarifvertrages Nr. 14 mit Wirkung vom 1. April 2017 eingefügt. Sie regelt den Fall, dass zwischen der Begründung des Arbeitsverhältnisses bzw. der Änderung der individuellen Arbeitszeit und dem Entgeltfortzahlungsereignis kein voller Monat liegt, so dass weder nach § 21 Satz 2 noch nach der Protokollerklärung Nr. 1 eine Berechnungsmethode verbindlich vorgegeben ist. In diesem Fall ist nach der Protokollerklärung Nr. 3 Tag genau auf der Grundlage der Arbeitstage zu rechnen. Die Tarifpartner haben mit der Protokollerklärung Nr. 3 auf das Urteil des BAG vom 20. Januar 2010 – 5 AZR 53/09 – reagiert. In diesem Urteil hatte das BAG für Fälle, in denen zwischen Begründung des Arbeitsverhältnisses bzw. Änderung der individuellen Arbeitszeit und dem Entgeltfortzahlungsereignis kein voller Monat liegt, in den bisherigen Regelungen keine wirksame Abweichung vom Entgeltausfallprinzip des Entgeltfortzahlungsgesetzes gesehen.

Protokollerklärung Nr. 4 stellt sicher, dass vor einer Entgeltfortzahlung eingetretene allgemeine Entgeltanpassungen (z. B. aufgrund von Lohnrunden) bei der Fortzahlung des Entgelts in vollem Umfang berücksichtigt werden.

Rundschreiben des Bundes

Das BMI hat das Verfahren der Entgeltfortzahlung i. S. d. § 21 TVöD in seinem Rundschreiben vom 18. Juni 2020[1]) dargestellt.

---

[1]) abgedruckt als **Anhang 1**

Anhang 1

Durchführungsrundschreiben zu § 21 TVöD

hier: Bemessungsgrundlage für die Entgeltfortzahlung

BMI-Rundschreiben vom 18. Juni 2020
– D 5 – 31002/33#10 – (GMBl. S. 474)

Mit dem vorliegenden Rundschreiben werden die Durchführungshinweise zur Bestimmung und Berechnung der Bemessungsgrundlage für die Entgeltfortzahlung nach § 21 TVöD aktualisiert. Das Rundschreiben vom 30. April 2019 – D5-31002/33#7 wird aufgehoben und durch nachfolgende aktualisierte Neufassung ersetzt.

Im Rahmen der Tarifverhandlungen zur Weiterentwicklung des Tarifrechts (Tarifpflege) haben sich die Tarifvertragsparteien auf den Änderungstarifvertrag Nr. 17 zum TVöD verständigt. Die zum 1. Januar 2020 in Kraft getretenen Änderungen wurden mit dem Rundschreiben vom 16. April 2020 – D5-31000/55#3 bekannt gegeben. Die den § 21 TVöD betreffenden Neuerungen werden nun in diesem Rundschreiben erläutert.

Die Regelung des § 21 TVöD wurde deutlich vereinfacht. In Nummer 2 der Protokollerklärungen zu § 21 Sätze 2 und 3 wurde Satz 4 aufgehoben. Hierdurch ist die Regelung „Kein Durchschnitt vom Durchschnitt" weggefallen. Siehe dazu im Einzelnen die neu gefassten Hinweise unter Ziffer 3.1.3. Zudem wurde für Fälle einer unverschuldeten Arbeitsversäumnis ohne Anspruch auf Entgelt ein neuer Hinweis aufgenommen (siehe Ziffer 3.1.4).

Hinsichtlich der Berechnung des Urlaubsentgelts in Fällen eines Wechsels des Arbeitszeitmodells im Laufe des Kalenderjahres bitte ich um Beachtung dazu gesondert ergangener Durchführungshinweise.

In diesem Rundschreiben zitierte Paragraphen ohne Tarifvertragsangabe sind solche des TVöD.

1. Allgemeines

§ 21 fand seine Vorgängerregelungen in den Regelungen über die Urlaubsvergütung nach § 47 Abs. 2 BAT/BAT-O bzw. den Urlaubslohn nach § 48 Abs. 2 MTArb/MTArb O. Die Vorschrift begründet (wie bereits die Vorgängerregelungen) selbst keinen Entgeltfortzahlungsanspruch, sondern setzt diesen voraus. § 21 regelt einheitlich für alle Beschäftigten die Höhe des trotz Nichtleistung der Arbeit fortzuzahlenden Entgelts in den nachstehend abschließend aufgezählten Fällen:

- Arbeitsbefreiung am 24./31. Dezember (§ 6 Abs. 3 Satz 1),
- Entgeltfortzahlung im Krankheitsfall (§ 22 Abs. 1),

- Erholungsurlaub (§ 26),
- Zusatzurlaub (§ 27) und
- Arbeitsbefreiung (§ 29).

Die in § 21 geregelte Bemessungsgrundlage für die Entgeltfortzahlung stellt eine Kombination aus dem Lohnausfall- und dem Referenzprinzip dar. Dabei wird nach der Art der Entgeltbestandteile differenziert:

- Die **in Monatsbeträgen festgelegten Entgeltbestandteile** werden nach dem Lohnausfallprinzip weitergezahlt (§ 21 Satz 1); dabei handelt es sich um das Tabellenentgelt (§ 15) und die sonstigen in Monatsbeträgen festgelegten Entgeltbestandteile wie z. B. Zulagen.
- Die **nicht in Monatsbeträgen festgelegten Entgeltbestandteile** (z. B. Zeitzuschläge in Stundensätzen oder Erschwerniszuschläge in Tagessätzen) werden nach dem Referenzprinzip in Form eines arbeitstäglichen Tagesdurchschnitts, der sich auf einen Berechnungszeitraum von drei vollen Kalendermonaten bezieht, gezahlt (§ 21 Sätze 2 und 3).

2. Weiterzahlung nach dem Lohnausfallprinzip (§ 21 Satz 1)

Das Tabellenentgelt (§ 15) und die sonstigen in Monatsbeträgen festgelegten Entgeltbestandteile, also die sog. **ständigen Entgeltbestandteile**, werden nach dem Lohnausfallprinzip weitergezahlt. Die Auszahlung erfolgt an dem allgemein bestimmten Zahltag des laufenden Monats (§ 24 Abs. 1 Satz 2 und 3 ggf. in Verbindung mit Protokollerklärung Nr. 2 zu § 24 Abs. 1); im unmittelbaren Bundesbereich also grundsätzlich jeweils am letzten Tag des Monats, in dem das maßgebende Ereignis für die Entgeltfortzahlung liegt.

3. Tagesdurchschnitt nach dem Referenzprinzip (§ 21 Satz 2)

Die nicht in Monatsbeträgen festgelegten Entgeltbestandteile, also die nach Stunden oder Tagessätzen bemessenen sog. **unständigen Entgeltbestandteile**, werden hingegen nach dem Referenzprinzip für jeden Tag der Entgeltfortzahlung als Durchschnitt aus einem bestimmten Referenzzeitraum berechnet und gezahlt. Die Berechnung des Tagesdurchschnitts erfolgt dabei auf arbeitstäglicher Basis, da derartige Entgeltbestandteile nur an Tagen mit Arbeitsleistung anfallen können. In Anlehnung an die gesetzliche Regelung nach § 11 BUrlG erfolgt die Berechnung des Tagesdurchschnitts pauschaliert (dazu siehe Ziffer 3.1.1.2).

In die Durchschnittsberechnung gehen sowohl tarifliche als auch über- bzw. außertariflich gewährte unständige Entgeltbestandteile ein. Sofern unständige Entgeltbestandteile als Monatspauschalen gezahlt werden, bleiben sie bei der Durchschnittsberechnung unberücksichtigt; sie werden wie ständige Entgeltbestandteile nach Ziffer 2 weitergezahlt. Die Auszahlung des Tagesdurchschnitts erfolgt gemäß der Fälligkeitsregelung in § 24 Abs. 1 Satz 4 zeitversetzt erst am Zahltag des zweiten Kalendermonats, der auf ihre Entstehung folgt.

3.1 Berechnung gemäß § 21 Satz 2

Die Berechnung des Durchschnitts nach § 21 Satz 2 erfolgt in zwei Berechnungsschritten.

3.1.1 Regelfall

3.1.1.1 Erster Berechnungsschritt

Zunächst werden alle zu berücksichtigenden unständigen Entgeltbestandteile, die während des Berechnungszeitraums erzielt wurden, zusammengerechnet. Welche Entgeltbestandteile bei der Ermittlung des Tagesdurchschnitts nicht zu berücksichtigen sind, regelt § 21 Satz 3 (siehe Ziffer 4 dieses Rundschreibens).

Gemäß der Protokollerklärung Nr. 2 Satz 1 zu den Sätzen 2 und 3 des § 21 wird der Tagesdurchschnitt auf Basis „der Summe der zu berücksichtigenden Entgeltbestandteile, die für den Berechnungszeitraum zugestanden haben", ermittelt. Bezugspunkt sind die innerhalb des Berechnungszeitraums liegenden vollen Kalendermonate, in denen die Arbeitsleistung erbracht wurde. Maßgeblich sind also diejenigen unständigen Entgeltbestandteile, die in den entsprechenden Monaten des Bemessungszeitraumes erarbeitet wurden.[1]) Auf die im Berechnungszeitraum fälligen Entgeltbestandteile kommt es mithin nicht an, siehe Protokollerklärung Nr. 2 Satz 1 zu § 21 Sätze 2 und 3. Gemäß der Fälligkeitsregelung nach § 24 Abs. 1 Satz 4 werden die unständigen Entgeltbestandteile am Zahltag des zweiten Kalendermonats, der auf ihre Entstehung folgt, fällig. Auch die Auszahlung des so ermittelten Tagesdurchschnitts erfolgt erst zeitversetzt nach diesem sog. Vorvormonatsprinzip.

Berechnungszeitraum sind dabei im Regelfall die dem maßgebenden Ereignis für die Entgeltfortzahlung vorhergehenden letzten drei vollen Kalendermonate (§ 21 Satz 2). Dabei ist auf den Beginn des maßgebenden Ereignisses abzustellen (vgl. § 11 Abs. 1 Satz 1 BUrlG). Sofern der Anlass für die Entgeltfortzahlung mehr als einen Kalendermonat

1) Entsprechend dem sozialversicherungsrechtlichen Entstehungsprinzip nach § 23 Abs. 1 Satz 2 SGB IV.

betrifft, erfolgt aus diesem Grund daher keine Neuberechnung des Tagesdurchschnitts.

> **Beispiel:**
> Eine Beschäftigte hat vom 27. Januar 2020 bis 7. Februar 2020 Erholungsurlaub. Der Tagesdurchschnitt ist auf Basis der vollen Kalendermonate Oktober 2019 bis Dezember 2019 zu berechnen. Eine Neuberechnung des Tagesdurchschnitts für die Urlaubstage im Februar 2020 erfolgt nicht, da der Beginn des Urlaubs maßgeblich ist.

Bei der Durchschnittsberechnung nach § 21 Satz 2 sind gemäß Protokollerklärung Nr. 1 Satz 1 zu § 21 Sätze 2 und 3 nur Kalendermonate, an denen das Arbeitsverhältnis an allen Kalendertagen bestanden hat, zu berücksichtigten.

3.1.1.2 Zweiter Berechnungsschritt

a) Berechnung eines Tagesdurchschnitts

Die Berechnung des Tagesdurchschnitts erfolgt in Anlehnung an die gesetzliche Regelung nach § 11 BUrlG in typisierend-pauschalisierender Betrachtungsweise des durchschnittlichen Arbeitsverdienstes der letzten dreizehn Wochen vor dem Beginn des maßgeblichen Ereignisses auf arbeitstäglicher Basis. Bei einer durchschnittlichen Verteilung der regelmäßigen wöchentlichen Arbeitszeit auf fünf Tage in der Woche ist deshalb der Faktor 1/65 anzusetzen (vgl. Protokollerklärung Nr. 2 Satz 1 zu § 21 Sätze 2 und 3). Dies entspricht in der Fünftagewoche pauschaliert den Arbeitstagen im Bemessungszeitraum von drei Monaten nach § 21 Satz 2 (= 13 Wochen × 5 Arbeitstage).

Bei der Fünftagewoche wird der Tagesdurchschnitt also berechnet, indem die nach Ziffer 3.1.1.1 ermittelte Summe der unständigen Entgeltbestandteile, die in den dem maßgebenden Ereignis für die Entgeltfortzahlung vorhergehenden letzten drei vollen Kalendermonaten erarbeitet wurden, pauschal mit 1/65 multipliziert wird. Bei einer abweichenden Verteilung der Arbeitszeit ist der Tagesdurchschnitt entsprechend zu ermitteln (Protokollerklärung Nr. 2 Satz 3 zu § 21 Sätze 2 und 3). Bei der Sechstagewoche ist beispielsweise pauschal 1/78 (= 13 Wochen × 6 Arbeitstage) anzusetzen. Bei der Ermittlung des Faktors können sich auch Brüche mit Dezimalstellen ergeben (vgl. BAG vom 23. Februar 2010 – 9 AZR 52/09 [Juris-Rz. 20, 32]). In der 3,5-Tage-Woche (z. B. bei Arbeit im wochenweisen Wechsel an 3 und 4 Arbeitstagen) ist pauschal 1/45,5 (= 13 Wochen × 3,5 Arbeitstage) anzusetzen.

Maßgebend für den anzuwendenden Faktor ist die Verteilung der Arbeitszeit zu Beginn des Berechnungszeitraums (Protokollerklärung Nr. 2 Satz 2 zu § 21 Sätze 2 und 3). Da insoweit auf die durchschnittliche regelmäßige wöchentliche Arbeitszeit im Sinne des § 6 Abs. 1 abzustellen ist, geht es also um die generell geltende Verteilung der Arbeitszeit auf die Tage der Woche. Bei einer wochenweise wechselnden Verteilung der Arbeitszeit ist daher der sich für den gesamten Planungszeitraum nach § 6 Abs. 2 (z. B. mehrmonatiger Schichtplanturnus) ergebende Durchschnitt der Wochenarbeitstage maßgeblich. Ohne Belang ist hingegen die sich zufällig ergebende Anzahl und Verteilung der Arbeitstage innerhalb der ersten Woche des Berechnungszeitraums, z. B. aufgrund der kalendarischen Verteilung der Dienste in einem Schichtplan oder der konkreten Anzahl von Wochen, die der betreffende Kalendermonat umfasst.

Den Ausgangspunkt für die Ermittlung des Faktors, der im Rahmen der Entgeltfortzahlung bei der Berechnung des Tagesdurchschnitts anzusetzen ist, bildet also die nach § 6 Abs. 1 Satz 3 festgestellte Verteilung der regelmäßigen Arbeitszeit auf die Wochentage. Bei Vollzeitbeschäftigten dürfte die Fünftagewoche und somit der Faktor 1/65 den Regelfall darstellen.

Beispiel 1:
Ein Beschäftigter, der in der Fünftagewoche (Montag bis Freitag) arbeitet, erzielt in den Kalendermonaten Februar bis April 2020 auf Grund seiner jeweiligen Arbeitsleistung unständige Entgeltbestandteile in Höhe von insgesamt 150 €. Im Mai 2020 nimmt er 10 Arbeitstage Erholungsurlaub. Die Summe des dafür zustehenden Tagesdurchschnitts beträgt insgesamt 23,10 € (= 150,00 € × 1/65 [pauschal] = 2,31 €; 2,31 € × 10). Auf die tatsächliche Anzahl der Arbeitstage im Berechnungszeitraum kommt es hier nach Protokollerklärung Nr. 2 Satz 1 zu § 21 Sätze 2 und 3 nicht an. Die Anzahl der tatsächlichen Arbeitstage im Berechnungszeitraum Februar bis April 2020 beläuft sich auf 64 Arbeitstage[1]); davon entfallen 20 auf Februar, 22 auf März und 22 auf April (einschließlich der gesetzlichen Feiertage Karfreitag und Ostermontag, für die hier Anspruch auf Entgeltfortzahlung nach § 2 Abs. 1 Entgeltfortzahlungsgesetz besteht).

Beispiel 2:
Mit einer Teilzeitbeschäftigten wurde in einer Nebenabrede vereinbart, dass sie ihre arbeitsvertraglich vereinbarte verringerte regelmäßige Arbeitszeit (Teilzeitquotient 50 v. H.) in einem Zeitraum von zwei Wochen erbringt. Die Arbeitsleistung wird abwechselnd in einer Woche an zwei Arbeitstagen und in der folgenden Woche an drei Arbeitstagen erbracht. Die regelmäßige Arbeitszeit in dem Teilzeitmodell wird somit im Durchschnitt der Doppelwoche erreicht. Die Verteilung der regelmäßigen Arbeitszeit in der Doppelwo-

1) In vorliegendem Rundschreiben werden aus Vereinfachungsgründen nur die bundeseinheitlichen gesetzlichen Feiertage berücksichtigt. Bei nicht bundeseinheitlichen gesetzlichen Feiertagen ist jedoch ebenso zu verfahren wie bei bundeseinheitlichen gesetzlichen Feiertagen.

che beträgt daher 2,5 Arbeitstage. Die so festgestellte 2,5-Tage-Woche bildet zugleich die Grundlage für die Ermittlung des Faktors zur Berechnung des Tagesdurchschnitts der unständigen Entgeltbestandteile. Der Faktor beträgt hier 1/32,5 (= 13 Wochen × 2,5 Arbeitstage). Ob in der ersten Woche des dreimonatigen (Regel-)Bemessungszeitraums an zwei oder drei Arbeitstagen gearbeitet wurde, ist unerheblich, weil insoweit auf die durchschnittliche regelmäßige wöchentliche Arbeitszeit im Sinne des § 6 Abs. 1 abzustellen ist. Auch auf die tatsächliche Anzahl der Arbeitstage innerhalb des Bemessungszeitraums kommt es wegen des typisierend pauschalisierenden Ansatzes der Protokollerklärung Nr. 2 Satz 3 zu § 21 Sätze 2 und 3 nicht an.

II

b) Berechnung eines Stundendurchschnitts

In Fällen der stundenweisen Entgeltfortzahlung (z. B. in Fällen des § 29 Abs. 1 Satz 1 Buchst. f) bestehen keine Bedenken, die Summe der während des Berechnungszeitraums von drei Kalendermonaten erzielten, berücksichtigungsfähigen unständigen Entgeltbestandteile auf einen Kalendermonat umzurechnen und durch das 4,348-fache der individuellen wöchentlichen Arbeitszeit zu teilen. Es wird also die allgemeine Formel für die Berechnung des Stundenentgelts nach § 24 Abs. 3 angewandt.

Beispiel 1:

Ein Vollzeitbeschäftigter erhält für eine Stunde Entgeltfortzahlung. Im Berechnungszeitraum von drei Kalendermonaten haben unständige Entgeltbestandteile in Höhe von 600 € zugestanden.
600 € : 3 Kalendermonate = 200 €/Kalendermonat;
200 € : 169,57 Stunden [= 39 Stunden × 4,348] = 1,18 €/Stunde.

Beispiel 2:

Ein Teilzeitbeschäftigter mit 50 v. H. der regelmäßigen wöchentlichen Arbeitszeit (= 19,5 Stunden) erhält für eine Stunde Entgeltfortzahlung. Im Berechnungszeitraum von drei Kalendermonaten haben unständige Entgeltbestandteile in Höhe von 300 € zugestanden.
300 € : 3 Kalendermonate = 100 €/Kalendermonat;
100 € : 84,79 Stunden [= 19,5 Stunden × 4,348] = 1,18 €/Stunde.

3.1.2 Ausnahmefälle (Ersatzberechnungszeiträume)

Abweichend vom Regelfall nach Ziffer 3.1.1 findet ein Ersatzberechnungszeitraum Anwendung, wenn vor dem maßgebenden Ereignis für die Entgeltfortzahlung noch kein Bemessungszeitraum von drei vollen Kalendermonaten zur Verfügung steht. Diese Ausnahmefälle betreffen Neueinstellungen oder Änderungen der individuellen Arbeitszeit (Protokollerklärung Nr. 1 Sätze 2 und 3 zu § 21 Sätze 2 und 3).

Dabei ist danach zu differenzieren, ob zwischen der Begründung des Arbeitsverhältnisses oder der Änderung der individuellen Arbeitszeit und dem maßgebenden Ereignis für die Entgeltfortzahlung für die Berechnung des Tagesdurchschnitts nach § 21 Satz 2 mindestens ein voller Kalendermonat zur Verfügung steht oder nicht.

3.1.2.1 Kein voller Kalendermonat

Anhand der konkreten individuellen Daten ist der Tagesdurchschnitt nach § 21 Satz 2 zu ermitteln, solange für dessen Berechnung nicht mindestens ein voller Kalendermonat zur Verfügung steht. Dazu ist die Summe der zu berücksichtigenden, nicht in Monatsbeträgen festgelegten Entgeltbestandteile, die für diesen Ersatzberechnungszeitraum zugestanden haben, durch die Zahl der tatsächlich in diesem Zeitraum erbrachten Arbeitstage zu teilen (siehe die mit Wirkung zum 1. April 2017 eingefügte Protokollerklärung Nr. 3 zu § 21 Sätze 2 und 3).

> **Beispiel:**
>
> Eine Beschäftigte, die zum 15. Januar 2020 eingestellt wurde und in der Fünftagewoche arbeitet, ist durch Arbeitsunfähigkeit infolge Krankheit an der Arbeitsleistung verhindert.
>
> Tritt die Arbeitsunfähigkeit im Januar oder Februar 2020 ein, steht vor dem für die Entgeltfortzahlung maßgebenden Ereignis als Bemessungszeitraum noch kein voller Kalendermonat zur Verfügung.

3.1.2.2 Nur ein oder zwei volle Kalendermonate

Hat das Arbeitsverhältnis mindestens einen vollen Kalendermonat bestanden oder ist seit der Änderung der individuellen Arbeitszeit mindestens ein voller Kalendermonat vergangen, sind für die Berechnung des Tagesdurchschnitts nach § 21 Satz 2 die innerhalb des Bemessungszeitraums liegenden vollen Kalendermonate maßgebend. Siehe Protokollerklärung Nr. 1 Satz 2 zu § 21 Sätze 2 und 3.

Um zusätzlichen Aufwand im Rahmen der Bezügeabrechnung zu vermeiden, bestehen keine Bedenken, den Tagesdurchschnitt hier bei der Fünftagewoche wie folgt zu ermitteln: Zunächst wird die Summe der im Ersatzberechnungszeitraum erarbeiteten berücksichtigungsfähigen unständigen Entgeltbestandteile ermittelt. Diese Summe wird bei einem Ersatzberechnungszeitraum

- von einem vollen Kalendermonat mit 1/22 (= 65 Arbeitstage × 1/3) und
- von zwei vollen Kalendermonaten mit 1/43 (= 65 Arbeitstage × 2/3)

multipliziert. Bei einer abweichenden Verteilung der regelmäßigen wöchentlichen Arbeitszeit auf die Tage der Woche (siehe oben Ziffer 3.1.1.2 Buchst. a) ist der Tagesdurchschnitt entsprechend zu ermitteln.

Beispiele:

Eine Beschäftigte, die zum 15. Januar 2020 eingestellt wurde und in der Fünftagewoche (Montag bis Freitag) arbeitet, ist durch Arbeitsunfähigkeit infolge Krankheit an der Arbeitsleistung verhindert. Das Arbeitsverhältnis hat bei Beginn des für die Entgeltfortzahlung maßgeblichen Ereignisses mehr als einen, aber weniger als drei volle Kalendermonate bestanden, sodass ein Fall der Protokollerklärung Nr. 1 Satz 2 zu § 21 Sätze 2 und 3 vorliegt.

a) Tritt die Arbeitsunfähigkeit im März 2020 ein, ist Ersatzberechnungszeitraum der volle Kalendermonat Februar 2020. Auf die individuell nur 20 Arbeitstage, an denen tatsächlich gearbeitet wurde (hier arbeitsfrei: 5 Samstage, 4 Sonntage), kommt es nicht an. Der Tagesdurchschnitt für die Entgeltfortzahlung im Krankheitsfall im März 2020 ergibt sich folglich, indem die Summe der zu berücksichtigenden unständigen Entgeltbestandteile, die im Kalendermonat Februar 2020 erzielt wurden, pauschal mit 1/22 multipliziert wird.

b) Tritt die Arbeitsunfähigkeit im April 2020 ein, bilden die Kalendermonate Februar 2020 und März 2020 den Ersatzberechnungszeitraum (hier 42 tatsächliche Arbeitstage, die auf die Wochentage Montag bis Freitag entfallen). Der Tagesdurchschnitt für die Entgeltfortzahlung im Krankheitsfall im April 2020 ergibt sich folglich, indem die Summe der zu berücksichtigenden unständigen Entgeltbestandteile, die in den Kalendermonaten Februar und März 2020 erzielt wurden, pauschal mit 1/43 multipliziert wird.

3.1.3 Neue Berechnungsweise bei Fortzahlungstatbeständen, die bereits innerhalb des Berechnungszeitraums vorlagen (Aufhebung des Satzes 4 in Nr. 2 der Protokollerklärungen zu § 21 Sätze 2 und 3)

Mit Wirkung vom 1. Januar 2020 wurde in Nr. 2 der Protokollerklärungen zu § 21 Sätze 2 und 3 der Satz 4 aufgehoben (Änderungstarifvertrag Nr. 17 zum TVöD vom 30. August 2019). Damit ist die sog. Regelung „kein Durchschnitt von Durchschnitt" entfallen. Danach blieben bei der Berechnung des nach § 21 Satz 2 zu bestimmenden Durchschnittswerts der nicht in Monatsbeträgen festgelegten Entgeltbestandteile frühere Fortzahlungstatbestände nach der abschließenden Aufzählung in § 21 Satz 1 (s. o. Ziffer 1) unberücksichtigt, soweit diese bereits innerhalb des Berechnungszeitraums vorlagen. Der gezahlte Tagesdurchschnitt selbst blieb somit von der Bemessungsgrundlage für den fiktiven Tagesdurchschnitt ausgenommen.

II

Die Berechnung des Tagesdurchschnitts wird durch diese Neuregelung wesentlich vereinfacht. Dadurch entfällt die Notwendigkeit einer Korrektur des Geld- und Zeitfaktors. Die arbeitsaufwändige Ermittlung eines fiktiven Tagesdurchschnitts auf Basis der Hochrechnung der Werte eines bereinigten Teilmonats ist somit nicht mehr erforderlich.

Zur Bemessungsgrundlage für den Tagesdurchschnitt gehören also

a) neuerdings auch die Entgeltfortzahlung, die in den Fällen der o. a. abschließenden Aufzählung in § 21 Satz 1 TVöD geleistet wird sowie
b) weiterhin die in § 2 Abs. 1 des Entgeltfortzahlungsgesetzes[1]) geregelte Entgeltfortzahlung für Arbeitszeit, die infolge eines gesetzlichen Feiertags ausfällt.

Anmerkung:

Arbeitnehmer, die am letzten Arbeitstag vor oder am ersten Arbeitstag nach Feiertagen unentschuldigt der Arbeit fernbleiben, haben gem. § 2 Abs. 3 Entgeltfortzahlungsgesetz keinen Anspruch auf Bezahlung für diese Feiertage.

Neben den gesetzlichen Vorgaben nach § 2 Abs. 1 Entgeltfortzahlungsgesetz sind im Rahmen der Zeitwirtschaft bei feiertags- oder vorfeiertagsunabhängiger planmäßiger Freistellung die tariflichen Vorgaben des § 6 Abs. 3 Satz 3 zu beachten. Danach ist für die dienstplanmäßig ausgefallenen Stunden, die ansonsten vor- oder nachgearbeitet werden müssten, das für den vollen Vergütungsanspruch maßgebliche Arbeitszeitsoll herabzusetzen.

Im Ergebnis gehört damit zur Bemessungsgrundlage sowohl die Summe der erarbeiteten, berücksichtigungsfähigen nicht in Monatsbeträgen festgelegten Entgeltbestandteile, deren Entgeltfortzahlung sich nach der abschließenden Aufzählung in § 21 Satz 1 TVöD sowie aus § 2 Abs. 1 Entgeltfortzahlungsgesetz ergibt (Geldfaktor), als auch die jeweiligen Tage, für die diese Entgeltfortzahlung erfolgt (Zeitfaktor).

Die Berechnung des Tagesdurchschnitts, wenn innerhalb des Berechnungszeitraums bereits Entgeltfortzahlungstatbestände vorlagen, veranschaulichen die folgenden beiden Beispiele.

Beispiel 1:

Ein Beschäftigter, der in der Fünftagewoche arbeitet, erhält – entsprechende Arbeitsleistung vorausgesetzt – einen Erschwerniszuschlag, der als Tagessatz in Höhe von 2,50 € je Arbeitstag* gezahlt wird. Für die Kalendermonate Januar bis März 2020 werden die folgenden unständigen Entgeltbestandteile erarbeitet:

[1]) In vorliegendem Rundschreiben werden aus Vereinfachungsgründen nur die bundeseinheitlichen gesetzlichen Feiertage berücksichtigt. Bei nicht bundeseinheitlichen gesetzlichen Feiertagen ist jedoch ebenso zu verfahren wie bei bundeseinheitlichen gesetzlichen Feiertagen.

Kalendermonate	Arbeitstage	Erarbeitete unständige Entgeltbestandteile	
Jan. 2020*	**23**	57,50 €	Nebenrechnung: 55,00 € für 22 Arbeitstage 2,50 € für gesetzlichen Feiertag
Feb. 2020*	**20**	50,00 €	
Mär. 2020*	**22**	55,00 €	
insgesamt	**65**	**162,50 €**	

* Für den gesetzlichen Feiertag Neujahr erhält der Beschäftigte die 2,50 € im Rahmen der Entgeltfortzahlung nach § 2 Abs. 1 Entgeltfortzahlungsgesetz. Die Entgeltanpassung i. H. v. 1,06 % gemäß Protokollerklärung Nr. 4 Satz 2 zu § 21 Sätze 2 und 3 ist im Tagessatz i. H. v. 2,50 € bereits berücksichtigt.

Der Tagesdurchschnitt für acht Arbeitstage Erholungsurlaub vom 6. bis 17. April 2020 (Woche vor und nach Ostern) beträgt somit 2,50 €/Arbeitstag (= 162,50 € × 1/65 [pauschal]). Für den Urlaub insgesamt stehen also 20,00 € (2,50 € × 8) zu, die nach § 24 Abs. 1 Satz 4 mit dem Entgelt für den Monat Juni 2020 ausgezahlt werden.

Die in der Fünftagewoche pauschal anzusetzenden 65 Arbeitstage stimmen hier also zufällig mit der Anzahl der tatsächlichen Arbeitstage des Berechnungszeitraums Januar bis März 2020 überein (einschließlich der Summe der gesetzlichen Wochenfeiertage).

Beispiel 1a

Der Beschäftigte aus dem vorstehenden Beispiel 1 wird im Juli 2020 krankheitsbedingt arbeitsunfähig. Für die Berechnung des Tagesdurchschnitts sind die vor dem Beginn der Arbeitsunfähigkeit liegenden vollen Kalendermonate April, Mai und Juni 2020 zu berücksichtigen.

Kalendermonate	Arbeitstage	Erarbeitete unständige Entgeltbestandteile	
Apr. 2020*	**22**	55,00 €	Nebenrechnung: 30,00 € für 12 Arbeitstage 5,00 € für 2 gesetzliche Feiertage 20,00 € für 8 Arbeitstage Urlaub (s. o.)
Mai 2020*	**21**	52,50 €	47,50 € für 19 Arbeitstage 5,00 € für 2 gesetzliche Feiertage
Jun. 2020*	**22**	55,00 €	52,50 für 21 Arbeitstage 2,50 € für gesetzlichen Feiertag
insgesamt	**65**	**162,50 €**	

* Einschließlich der gesetzlichen Feiertage Karfreitag (10.4.), Ostermontag (13.4.), Tag der Arbeit (1.5.), Christi Himmelfahrt (21.5.) und Pfingstmontag (1.6.) sowie der Entgeltfortzahlung dafür nach § 2 Abs. 1 Entgeltfortzahlungsgesetz.

Für die 8 Arbeitstage Urlaub standen dem Beschäftigten 20,00 € zu. Dieser Betrag und die 8 urlaubsbedingten Ausfalltage sind in die Bemessungsgrundlage des neuen Tagesdurchschnitts für die Krankheit im Juli einzubeziehen. Das gilt auch für den Gesamtbetrag von 12,50 € für die Entgeltfortzahlung nach § 2 Abs. 1 Entgeltfortzahlungsgesetz und die feiertagsbedingten 5 Ausfalltage.

II

Der Tagesdurchschnitt für die Entgeltfortzahlung im Juli 2020 beträgt somit arbeitstäglich 2,50 € (162,50 € × 1/65 [pauschal]). Die in der Fünftagewoche pauschal anzusetzenden 65 Arbeitstage stimmen hier also zufällig mit der Anzahl der tatsächlichen Arbeitstage des Bemessungszeitraums April bis Juni 2020 überein (einschließlich der Summe der gesetzlichen Wochenfeiertage).

3.1.4 Zeiten unverschuldeter Arbeitsversäumnisse ohne Anspruch auf Entgelt

Verdienstkürzungen, die im Berechnungszeitraum infolge unverschuldeter Arbeitsversäumnisse eintreten, bleiben bei der Berechnung des Urlaubsentgelts außer Betracht (§ 11 Satz 3 BUrlG). Die gesetzliche Regelung betrifft somit Fälle, in denen innerhalb des Berechnungszeitraums für den Tagesdurchschnitt nach § 21 Satz 2 TVöD Zeiten ohne Anspruch auf Entgelt vorhanden sind. Unverschuldete Arbeitsversäumnisse sind dabei z. B. Zeiten einer Arbeitsunfähigkeit nach Ablauf des Entgeltfortzahlungszeitraums oder einer unbezahlten Arbeitsbefreiung. Damit das Nichterbringen der Arbeitsleistung sich in derartigen Fällen auf die Entgeltfortzahlung nicht nachteilig auswirkt, ist bei der Berechnung des Tagesdurchschnitts die Zahl der Sollarbeitstage entsprechend zu reduzieren. Der pauschale Divisor ist dazu um die Zahl der unverschuldeten Fehltage ohne Anspruch auf Entgelt zu verringern, soweit diese im Berechnungszeitraum für den Tagesdurchschnitt liegen.

Beispiel:

Ein gesetzlich krankenversicherter Beschäftigter, der in der Fünftagewoche arbeitet, nutzt im März 2020 (22 Sollarbeitstage) an sechs Arbeitstagen zur Pflege seines erkrankten Kindes seinen gesetzlichen Anspruch auf unbezahlte Freistellung von der Arbeitsleistung nach § 45 Abs. 3 SGB V; sämtliche dort normierte Tatbestandsvoraussetzungen sind erfüllt. Zwar handelt es sich bei dieser Freistellung zur Kinderpflege um eine unverschuldete Arbeitsversäumnis, der Arbeitgeber muss währenddessen jedoch kein Entgelt zahlen. Die Voraussetzungen für eine Arbeitsbefreiung unter Fortzahlung des Entgelts nach der Tarifnorm des § 29 Abs. 1 Satz 1 Buchst. e Doppelbuchst. bb TVöD sind nicht erfüllt. Die Beschäftigte erhält für die sechs Freistellungstage zur Kinderpflege jedoch von ihrer Krankenkasse sog. Kinderpflegekrankengeld nach § 45 Abs. 1 und 2 SGB V.

Bei Inanspruchnahme von Urlaub im Mai 2020 lägen die sechs unbezahlten Freistellungstage zur Kinderpflege somit innerhalb des dreimonatigen Berechnungszeitraums für den Tagesdurchschnitt nach § 21 Satz 2 (hier: Februar, März, April 2020). Um sicherzustellen, dass die entsprechende

Verdienstkürzung bei der Berechnung des Urlaubsentgelts außer Betracht bleibt, ist wie folgt zu verfahren.

Um den Geldfaktor zu ermitteln, sind die unständigen Bezüge, die im Bemessungszeitraum Februar bis April 2020 erarbeitet wurden, aufzuaddieren (einschließlich der Entgeltfortzahlung nach § 2 Abs. 1 Entgeltfortzahlungsgesetz für die beiden gesetzlichen Feiertage Karfreitag am 10. April 2020 sowie Ostermontag am 13. April 2020). Für die Zeit der Kinderpflege ist dabei kein Betrag zu berücksichtigen, da es sich um sechs unbezahlte Freistellungstage handelt.

Der Zeitfaktor ist ebenfalls um die sechs unbezahlten Freistellungstage zur Kinderpflege zu bereinigen. Dazu ist der in der Fünf-Tage-Woche geltende pauschale Divisor von 65 Arbeitstagen um die 6 Arbeitstage ohne Entgelt zu verringern. Die Summe der unständigen Bezüge ist somit durch 59 Arbeitstage (= 65 – 6) zu dividieren.

Verschuldete Arbeitsversäumnisse (z. B. unentschuldigte Fehltage) hingegen führen zu einer Verringerung des Tagesdurchschnitts. Bei der Anzahl der Tage, durch die die im Berechnungszeitraum erworbenen unständigen Bezüge zu teilen sind, zählen derartige Fehlzeiten ohne Entgeltanspruch mit. D. h., der pauschale Divisor bleibt dann unverändert.

3.2 Dynamisierung

Der Tagesdurchschnitt nimmt an allgemeinen Entgeltanpassungen, die während des Berechnungszeitraums oder während des Ereignisses der Entgeltfortzahlung eintreten, in vollem Umfang teil. Tritt die Entgeltfortzahlung (z. B. Entgeltfortzahlung im Krankheitsfall oder Urlaubsentgelt) nach einer allgemeinen Entgeltanpassung ein, sind die Beschäftigten in Bezug auf die nicht in Monatsbeträgen festgelegten Entgeltbestandteile bei der in § 21 geregelten Bemessungsgrundlage für die Entgeltfortzahlung „so zu stellen, als sei die Entgeltanpassung bereits mit Beginn des Berechnungszeitraums eingetreten" (Protokollerklärung Nr. 4 zu § 21 Sätze 2 und 3). Bei der Berechnung des Tagesdurchschnitts ist deshalb für den gesamten Berechnungszeitraum bzw. Ersatzbemessungszeitraum fiktiv von dem erhöhten Entgelt auszugehen. Diese tarifliche Regelung entspricht § 11 Abs. 1 Satz 2 BUrlG.

Der mit Wirkung vom 1. März 2018 an die Protokollerklärung Nr. 4 zu § 21 Sätze 2 und 3 neu angefügte Satz 2 enthält eine Klarstellung zu den im Rahmen des Tarifabschlusses 2018 maßgebenden Erhöhungssätzen. Danach beträgt der Erhöhungssatz

- 3,19 % für vor dem 1. März 2018,
- 3,09 % für vor dem 1. April 2019 und
- 1,06 % für vor dem 1. März 2020

im Berechnungszeitraum zustehende unständige Entgeltbestandteile.

II

4. Ausgenommene Bezüge (§ 21 Satz 3)

Ausgenommen von der Bemessungsgrundlage für die Entgeltfortzahlung sind:

- Das zusätzlich für **Überstunden** und **Mehrarbeit** gezahlte Entgelt (Stundenentgelt für Überstunden und Zeitzuschläge für Überstunden). Das gilt auch für Überstundenentgelte in Form von Monatspauschalen.
- **Leistungsentgelte.** Ausgenommen von der Bemessungsgrundlage für den Tagesdurchschnitt sind sowohl die monatlich gezahlten Leistungszulagen als auch die einmalig gezahlten Leistungsprämien. Dabei ist unerheblich, ob es sich um ein außertarifliches oder tarifliches Leistungsentgelt handelt.

  Anmerkung:
  In Monatsbeträgen festgesetzte Leistungszulagen fallen hingegen unter § 21 Satz 1 (s. o. Ziffer 2) und werden daher nach dem Lohnausfallprinzip weitergezahlt.
- **Jahressonderzahlungen nach § 20 (Bund).**
- **Besondere Zahlungen nach § 23:**
  - Jubiläumsgeld (§ 23 Abs. 2) und
  - Sterbegeld (§ 23 Abs. 3).

Anmerkung: Folgende Entgeltbestandteile werden nicht von der Ausnahme erfasst und fließen daher in die Bemessungsgrundlage für die Entgeltfortzahlung ein:

- Entgelt für Überstunden und Mehrarbeit, die im Dienstplan vorgesehen sind.
- Pauschalen für Rufbereitschaft nach § 8 Abs. 3 Satz 1 bis 3. Dies gilt unabhängig davon, ob in dieser Zeit tatsächlich eine Arbeitsleistung erbracht wurde.
- Entgelt für die tatsächliche Arbeitsleistung während der Rufbereitschaft[1]) (§ 8 Abs. 3 Satz 4).

[1]) BAG, Urteil vom 6. September 2017 – 5 AZR 429/16.

§ 22 Entgelt im Krankheitsfall

(1) [1]Werden Beschäftigte durch Arbeitsunfähigkeit infolge Krankheit an der Arbeitsleistung verhindert, ohne dass sie ein Verschulden trifft, erhalten sie bis zur Dauer von sechs Wochen das Entgelt nach § 21. [2]Bei erneuter Arbeitsunfähigkeit infolge derselben Krankheit sowie bei Beendigung des Arbeitsverhältnisses gelten die gesetzlichen Bestimmungen. [3]Als unverschuldete Arbeitsunfähigkeit im Sinne der Sätze 1 und 2 gilt auch die Arbeitsverhinderung in Folge einer Maßnahme der medizinischen Vorsorge und Rehabilitation im Sinne von § 9 EFZG.

II

Protokollerklärung zu Absatz 1 Satz 1:

Ein Verschulden liegt nur dann vor, wenn die Arbeitsunfähigkeit vorsätzlich oder grob fahrlässig herbeigeführt wurde.

(2) [1]Nach Ablauf des Zeitraums gemäß Absatz 1 erhalten die Beschäftigten für die Zeit, für die ihnen Krankengeld oder entsprechende gesetzliche Leistungen gezahlt werden, einen Krankengeldzuschuss in Höhe des Unterschiedsbetrags zwischen den tatsächlichen Barleistungen des Sozialleistungsträgers und dem Nettoentgelt. [2]Nettoentgelt ist das um die gesetzlichen Abzüge verminderte Entgelt im Sinne des § 21 (mit Ausnahme der Leistungen nach § 23 Abs. 1); bei freiwillig in der gesetzlichen Krankenversicherung versicherten Beschäftigten ist dabei deren Gesamtkranken- und Pflegeversicherungsbeitrag abzüglich Arbeitgeberzuschuss zu berücksichtigen. [3]Für Beschäftigte, die nicht der Versicherungspflicht in der gesetzlichen Krankenversicherung unterliegen und bei einem privaten Krankenversicherungsunternehmen versichert sind, ist bei der Berechnung des Krankengeldzuschusses der Krankengeldhöchstsatz, der bei Pflichtversicherung in der gesetzlichen Krankenversicherung zustünde, zugrunde zu legen. [4]Bei Teilzeitbeschäftigten ist das nach Satz 3 bestimmte fiktive Krankengeld entsprechend § 24 Abs. 2 zeitanteilig umzurechnen.

(3) [1]Der Krankengeldzuschuss wird bei einer Beschäftigungszeit (§ 34 Abs. 3)

von mehr als einem Jahr längstens bis zum Ende der 13. Woche und

von mehr als drei Jahren längstens bis zum Ende der 39. Woche

seit dem Beginn der Arbeitsunfähigkeit infolge derselben Krankheit gezahlt. [2]Maßgeblich für die Berechnung der Fristen nach Satz 1 ist die Beschäftigungszeit, die im Laufe der krankheitsbedingten Arbeitsunfähigkeit vollendet wird.

(4) [1]Entgelt im Krankheitsfall wird nicht über das Ende des Arbeitsverhältnisses hinaus gezahlt; § 8 EFZG bleibt unberührt. [2]Krankengeldzuschuss wird zudem nicht über den Zeitpunkt hinaus gezahlt, von dem an Beschäftigte eine Rente oder eine vergleichbare Leistung auf Grund eigener Versicherung aus der gesetzlichen Rentenversicherung, aus einer zusätzlichen Alters- und Hinterbliebenenversorgung oder aus einer sonstigen Versorgungseinrichtung erhalten, die nicht allein aus Mitteln der Beschäftigten finanziert ist. [3]Innerhalb eines Kalenderjahres kann das Entgelt im Krankheitsfall nach Absatz 1 und 2 insgesamt längstens bis zum Ende der in Absatz 3 Satz 1 genannten Fristen bezogen werden; bei jeder neuen Arbeitsunfähigkeit besteht jedoch mindestens der sich aus Absatz 1 ergebende Anspruch. [4]Überzahlter Krankengeldzuschuss und sonstige Überzahlungen gelten als Vorschuss auf die

in demselben Zeitraum zustehenden Leistungen nach Satz 2; soweit es sich nicht um öffentlich-rechtliche Sozialversicherungsansprüche auf Rente handelt, gehen die Ansprüche der Beschäftigten insoweit auf den Arbeitgeber über. [5]Der Arbeitgeber kann von der Rückforderung des Teils des überzahlten Betrags, der nicht durch die für den Zeitraum der Überzahlung zustehenden Bezüge im Sinne des Satzes 2 ausgeglichen worden ist, absehen, es sei denn, die/der Beschäftigte hat dem Arbeitgeber die Zustellung des Rentenbescheids schuldhaft verspätet mitgeteilt.

II

Erläuterungen

In § 22 TVöD haben die Tarifvertragsparteien die Entgeltfortzahlung im Krankheitsfall geregelt. Dabei haben sie in vielen Bereichen auf eigenständige Regelungen verzichtet – insoweit gelten die Vorschriften des Entgeltfortzahlungsgesetzes (EFZG)[1]). Der Tatbestand der Entgeltfortzahlung im Krankheitsfall war bislang in § 37 (Krankenbezüge) und § 71 BAT (Übergangsregelung für die Zahlung von Krankenbezügen) geregelt. Die Vorschriften der §§ 37a (Anzeige- und Nachweispflichten) und 38 (Forderungsübergang bei Dritthaftung) enthielten Regelungen zu Randfragen der Entgeltfortzahlung, die sich nun nach den gesetzlichen Vorschriften des EFZG bestimmen.

Auf die Sonderregelungen für bestimmte Bereiche in § 45 des Besonderen Teils Verwaltung (BT-V)[2]) wird hingewiesen.

Übergangsrecht

Vor einer Betrachtung der aktuellen Vorschrift des § 22 TVöD ist zunächst auf die Übergangsregelungen des jeweiligen § 13 der Überleitungstarifverträge des Bundes bzw. der Kommunen (TVÜ-Bund bzw. TVÜ-VKA)[3]) hinzuweisen.

Diese Übergangsvorschriften enthalten besondere Regelungen für die zum Zeitpunkt der Überleitung in den TVöD (30. September 2005) von § 71 BAT erfassten Beschäftigten und gelten nur für danach ohne Unterbrechung fortgesetzte Arbeitsverhältnisse. Schon § 71 BAT war eine Übergangsvorschrift, die nur für die Angestellten galt, die sich bereits vor dem 1. Juli 1994 in einem Arbeitsverhältnis befunden hatten, das seitdem ununterbrochen fortbestanden hat. Sie ist im Rahmen der Systemumstellung der Entgeltfortzahlung im Krankheitsfall mit dem 69. Änderungs-Tarifvertrag zum BAT vom 25. April 1994 vereinbart worden und bewirkte, dass der davon erfasste Personenkreis

---

1) abgedruckt als **Anhang 1**

2) abgedruckt unter **215**

3) TVÜ-VKA abgedruckt unter **280**

auch nach dem In-Kraft-Treten der Änderungen am 1. Juli 1994 nicht wie die übrigen Angestellten im Krankheitsfall eine sechswöchige Entgeltfortzahlung und anschließend (nur noch) einen Zuschuss zum Krankengeld der Krankenkassen, sondern weiterhin eine Lohnfortzahlung von bis zu sechs Monaten Dauer erhielt. So gesehen handelt es sich nun bei der Vorschrift des § 13 TVÜ um eine Übergangsvorschrift für bereits von einer älteren Übergangsvorschrift geschützte Beschäftigte.

Die jetzige Vorschrift führt zum einen zwar dazu, dass die ursprünglich von § 71 BAT erfassten Beschäftigten im Falle einer Krankheit nun – wie zuvor die übrigen, nicht von § 71 BAT erfassten Angestellten und die übrigen, unter den TVöD fallenden Beschäftigten – auch nur noch sechs Wochen Entgeltfortzahlung bekommen und anschließend einen Krankengeldzuschuss erhalten. Dieser ist aber nach der Regelung des § 13 Abs. 1 TVÜ insoweit höher als der Krankengeldzuschuss nach § 22 TVöD, als dass in diesen Fällen die Differenz zwischen dem **Netto**krankengeld (das ist das um Beiträge des Beschäftigten zur Renten- und Arbeitslosenversicherung bereinigte „Bruttokrankengeld", das von den Tarifpartnern in Anlehnung an die gesetzlichen Vorschriften mit „tatsächliche Barleistung des Sozialversicherungsträgers" bezeichnet wird) und dem Nettoentgelt ausgeglichen wird. Der Beschäftigte erhält somit im Ergebnis weitgehend sein bisheriges Nettoentgelt weiter; die einzige Einbuße besteht für ihn darin, dass bei der Berechnung des „Nettoentgelts" nur die gesetzlichen, nicht aber tarifvertragliche Abzüge (z. B. Arbeitnehmerbeitrag zur VBL) berücksichtigt werden. Nach den Vorschriften des TVöD würde (nur) die Differenz zwischen den „tatsächlichen Barleistungen" (= **Brutto**krankengeld) und dem Nettoentgelt ausgeglichen – der Beschäftigte bliebe also zusätzlich durch seine Beitragsanteile zur Renten- und Arbeitslosenversicherung belastet.

In § 13 Abs. 2 Satz 1 TVÜ ist über die oben dargestellte Besitzstandsregelung hinaus geregelt, dass diejenigen unter § 71 BAT fallenden Beschäftigten, die zum Zeitpunkt der Überleitung arbeitsunfähig erkrankt sind (und deshalb bereits Entgeltfortzahlung erhalten), für die Dauer dieser Krankheit auch nach In-Kraft-Treten des TVöD bis zu insgesamt höchstens 26 Wochen Entgeltfortzahlung erhalten. Faktisch gilt insoweit also das alte Recht weiter. Sollten die Betroffenen nach dem 1. Oktober 2005 wegen derselben Krankheit erneut arbeitsunfähig werden, gilt § 22 TVöD (in Verbindung mit § 13 Abs. 1 TVÜ). In diesem Fall wird gemäß § 13 Abs. 2 Satz 2 TVÜ der Entgeltfortzahlungszeitraum nach Absatz 2 Satz 1 auf die Fristen der

Entgeltfortzahlung bzw. des Krankengeldzuschusses des § 22 TVöD angerechnet.

Entgeltfortzahlung (Abs. 1)

II

Grundsätze

Satz 1 der Vorschrift trifft eine dem EFZG entsprechende Regelung zur Entgeltfortzahlung im Krankheitsfall und wiederholt die gesetzlichen Bestimmungen. Der Spielraum der Tarifpartner ist in diesem Bereich sehr gering; denn die Vorschriften des EFZG sind – abgesehen von der Höhe der Entgeltfortzahlung – nicht abdingbar. Günstigere, über die Mindestanforderungen des EFZG hinausgehende tarifvertragliche Regelungen sind natürlich zulässig, so dass die Tarifpartner in § 22 von einer der Vorschrift des § 3 Abs. 3 EFZG (dort ist ein mindestens vierwöchiger Bestand des Arbeitsverhältnisses als Anspruchsvoraussetzung für die Entgeltfortzahlung im Krankheitsfall festgelegt) entsprechenden Wartezeit absehen konnten.

Grundvoraussetzung für die sechswöchige Entgeltfortzahlung ist sowohl nach § 3 Abs. 1 EFZG als auch nach § 22 Abs. 1 Satz 1 die unverschuldete Arbeitsunfähigkeit infolge Krankheit.

Der Begriff der Krankheit ist weder durch den Gesetzgeber im Rahmen des EFZG noch durch die Tarifpartner näher bestimmt worden. Nach dem allgemeinen und dem medizinischen Sprachgebrauch wird man davon ausgehen können, dass „Krankheit" jeder regelwidrige körperliche oder geistige Zustand ist – unabhängig von den Ursachen, die dazu geführt haben. Krankheit allein reicht als Auslöser des Entgeltfortzahlungsanspruchs aber nicht aus, sie muss grundsätzlich auch zur Arbeitsunfähigkeit führen. Arbeitsunfähigkeit ist auch dann gegeben, wenn die geschuldete Arbeitsleistung nicht voll, sondern nur zum Teil erbracht werden kann. Maßnahmen einer medizinischen Vorsorge oder Rehabilitation sind gemäß § 9 EFZG bzw. § 22 Abs. 1 Satz 3 als unverschuldete Arbeitsunfähigkeit im Sinne des Entgeltfortzahlungsrechtes anzusehen. Nach § 3 Abs. 2 EFZG gilt Entsprechendes für die nicht rechtswidrige Sterilisation und den nicht rechtswidrigen Schwangerschaftsabbruch. Besondere Beachtung verdient in diesem Zusammenhang die mit dem Gesetz zur Änderung des Transplantationsgesetzes vom 21. Juli 2012 (BGBl. I S. 1601) in das Entgeltfortzahlungsgesetz eingefügte Vorschrift des § 3a EFZG. Absatz 1 dieser neuen Vorschrift verschafft dem Organspender gegenüber seinem Arbeitgeber einen Anspruch auf Entgeltfortzahlung. Absatz 2 regelt die Refinanzierungsansprüche des Arbeitgebers gegenüber der Krankenkasse bzw. dem Beihilfeträger des Organempfängers. Durch

Artikel 7 des GKV-Versorgungsstärkungsgesetzes vom 16. Juli 2015 (BGBl. I S. 1211) ist die Regelung in § 3a EFZG mit Wirkung vom 23. Juli 2015 um den Anspruch auf Entgeltfortzahlung bei Spende von Blut zur Separation von Blutstammzellen und anderen Blutbestandteilen erweitert worden. Dadurch haben auch diejenigen Beschäftigten einen Anspruch auf Entgeltfortzahlung durch den Arbeitgeber für die Zeit der Abreitunfähigkeit bis zur Dauer von sechs Wochen, die durch Arbeitsunfähigkeit infolge einer Blutspende zur Separation von Blutstammzellen oder anderen Blutbestandteilen im Sinne von § 9 des Transfusionsgesetzes an ihrer Arbeitsleistung verhindert sind. Entsprechend sind die Refinanzierungsmöglichkeiten des Arbeitgebers erweitert worden (§ 3a Abs. 2 EFZG).

Auch der Begriff der Arbeitsunfähigkeit ist in der Tarifvorschrift und im EFZG nicht näher definiert. Hilfen zur Begriffsbestimmung liefern aber die „Richtlinien des Gemeinsamen Bundesausschusses (der Ärzte und Krankenkassen) über die Beurteilung der Arbeitsunfähigkeit und die Maßnahmen zur stufenweisen Wiedereingliederung (Arbeitsunfähigkeits-Richtlinien) nach § 92 Abs. 1 Satz 2 Nr. 7 SGB V"[1]).

Wiederholungserkrankungen

In diesem Fall gelten gemäß Satz 2 der Vorschrift die gesetzlichen Bestimmungen. Sie ergeben sich aus § 3 Abs. 1 Satz 2 EFZG. Dabei ist zunächst der Grundsatz zu beachten, dass für jede Krankheit grundsätzlich nur einmal ein sechswöchiger Entgeltfortzahlungsanspruch besteht. Wird der Beschäftigte wegen derselben Krankheit erneut arbeitsunfähig, so kann er zwar ggf. noch nicht ausgeschöpfte Zeiten des Sechswochenzeitraums in Anspruch nehmen; ein erneuter Anspruch entsteht jedoch grundsätzlich nicht. Etwas anderes gilt gemäß § 3 Abs. 1 Satz 2 Ziffer 1 bzw. 2 nur, wenn der Beschäftigte vor Beginn der Wiederholungserkrankung sechs Monate nicht infolge dieser Krankheit arbeitsunfähig war, oder seit dem Beginn der ersten Arbeitsunfähigkeit wegen dieser Krankheit eine Frist von zwölf Monaten abgelaufen ist.

Beispiel:

Der Beschäftigte ist an Rheuma erkrankt und fällt deshalb ab dem 15. März für die Dauer von vier Wochen aus. Ende September des gleichen Jahres fällt er für weitere drei Wochen wegen der gleichen Krankheit aus. Da das halbe Jahr (siehe § 3 Abs. 1 Satz 2 Nr. 1 EFZG) seit Ende der ersten Erkrankung noch nicht abgelaufen ist und somit kein erneuter Anspruch entstanden ist, hat er nur noch Anspruch auf zwei Wochen Entgeltfortzahlung; für die übrige Zeit

---

[1]) abgedruckt als **Anhang 2**

II

hat er nur Anspruch auf Krankengeldzuschuss. Ende März des Folgejahres schließt sich die dritte Erkrankung wegen der gleichen Ursache an. Obwohl seit dem Ende der letzten Arbeitsunfähigkeit keine sechs Monate vergangen sind, entsteht nach § 3 Abs. 1 Satz 2 Nr. 2 EFZG ein neuer sechswöchiger Anspruch auf Entgeltfortzahlung, weil seit dem Beginn der ersten Arbeitsunfähigkeit (15. März des Vorjahres) mehr als zwölf Monate vergangen sind.

Die Darlegungs- und Beweislast für das Vorliegen einer Wiederholungserkrankung liegt grundsätzlich beim Arbeitgeber. Wenn der Arbeitgeber das Vorliegen einer Wiederholungserkrankung jedoch bestreitet, muss zunächst der Arbeitnehmer auf Verlangen des Arbeitgebers darlegen, dass seine Arbeitsunfähigkeit nicht auf einer Wiederholungserkrankung beruht (BAG-Urteil v. 18. 1. 2023 – 5 AZR 93/22).

Beendigung des Arbeitsverhältnisses während er Arbeitsunfähigkeit

Auch in diesem Fall gelten gemäß Satz 2 der Vorschrift die gesetzlichen Bestimmungen. Sie ergeben sich aus § 8 EFZG.

Das EFZG unterscheidet zwei Fallgruppen. Zum einen sind es die Fälle, dass der Arbeitgeber das Arbeitsverhältnis während der Arbeitsunfähigkeit krankheitsbedingt kündigt oder sich so verhält (z. B. durch Zahlungsverweigerung), dass der Arbeitnehmer das Arbeitsverhältnis fristlos kündigt. Zum anderen handelt es sich um jene Fallgestaltungen, dass das Arbeitsverhältnis während der Arbeitsunfähigkeit durch Kündigung aus anderen Gründen oder ohne dass es einer Kündigung bedarf (z. B. Fristablauf bei befristeten Arbeitsverträgen) endet. In der ersten Fallgruppe ist der Arbeitgeber verpflichtet, die Entgeltfortzahlung auch über das Ende der (durch diese Vorschrift nicht berührten) Kündigung hinaus zu zahlen, höchstens natürlich bis zum Ende der Sechswochenfrist. Die zweite Fallgruppe führt zum Erlöschen des Entgeltfortzahlungsanspruchs zum Zeitpunkt der Beendigung des Arbeitsverhältnisses.

Aus Anlass der Krankheit auf Veranlassung des Arbeitgebers geschlossene Auflösungsverträge sind nach Auffassung des BAG (Urteil vom 20. 8. 1980 – 5 AZR 227/79 – AP Nr. 14 zu § 6 LohnFG) der ersten Fallgruppe zuzuordnen, führen also nicht zum Erlöschen des Entgeltfortzahlungsanspruchs.

Verschulden

Nur eine „unverschuldete" Arbeitsunfähigkeit löst den Anspruch auf Entgeltfortzahlung aus. Die Tarifpartner haben jedoch – wie zuvor in § 37 BAT – in einer Protokollerklärung zu Absatz 1 Satz 1 vereinbart, dass ein den Anspruch zunichte machendes „Verschulden" i. S. des Absatzes 1 Satz 1 nur vorliegt, wenn der Beschäftigte die Arbeitsunfähigkeit durch Vorsatz oder grobe Fahrlässigkeit herbeigeführt hat. Dies ist nach der Rechtsprechung zu den bisherigen Entgeltfortzahlungsregeln, die weiterhin herangezogen werden kann, jedoch nur in Ausnahmefällen zu vermuten und jeweils im Einzelfall zu prüfen. So kann beispielsweise davon ausgegangen werden, dass selbst ein Selbstmordversuch in der Regel nicht schuldhaft ist (weil der Betroffene krankheitsbedingt in seiner Willensbildung eingeschränkt und daher „schuldunfähig" ist) – siehe BAG vom 28. 2. 1979 – 5 AZR 611/77 – AP Nr. 44 zu § 1 LohnFG. Auch bei einem alkoholabhängigen Arbeitnehmer fehlt es nach Auffassung des BAG in seinem Urteil vom 18. März 2015 – 10 AZR 99/14 – suchtbedingt auch im Fall eines Rückfalls nach einer Therapie regelmäßig an einem solchen, die Entgeltfortzahlung ausschließendem Verschulden. Wird ein Arbeitnehmer infolge seiner Alkoholabhängigkeit arbeitsunfähig krank, könne nach dem derzeitigen Stand der medizinischen Erkenntnisse nicht von einem Verschulden im Sinne des Entgeltfortzahlungsrechts ausgegangen werden. Die Entstehung der Alkoholsucht sei vielmehr multikausal, wobei sich die unterschiedlichen Ursachen wechselseitig bedingen würden. Dies gelte im Grundsatz auch bei einem Rückfall nach einer durchgeführten Therapie. Im Hinblick auf eine Abstinenzrate von 40 bis 50 % je nach Studie und Art der Behandlung könne nach einer durchgeführten Rehabilitationsmaßnahme jedoch ein Verschulden des Arbeitnehmers an einem Rückfall nicht generell ausgeschlossen werden. Der Arbeitgeber könne deshalb in diesem Fall das fehlende Verschulden (und damit seine Pflicht zur Entgeltfortzahlung) bestreiten. Das Arbeitsgericht habe dann ein medizinisches Sachverständigengutachten zu der Frage einzuholen, ob der Arbeitnehmer den Rückfall schuldhaft i. S. d. § 3 Abs. 1 EFZG herbeigeführt habe. Ließe sich dies nicht eindeutig feststellen, weil ein Ursachenbündel hierfür vorliegt, gehe dies zulasten des Arbeitgebers. Das im Urteilsfall eingeholte sozialmedizinische Gutachten hatte ein Verschulden des Arbeitnehmers unter Hinweis auf die langjährige und chronische Alkoholabhängigkeit und den daraus folgenden „Suchtdruck" ausgeschlossen.

Hingegen können die vermeidbaren Unfallfolgen, die infolge der Verletzung der Anschnallpflicht entstanden sind, ebenso als selbst verschuldet angesehen werden (BAG vom 7. 10. 1981 – 5 AZR 1113/79 – AP Nr. 46 zu § 1 LohnFG) wie die Verletzungen infolge eines Unfalls wegen grober Verstöße gegen die Verkehrsregeln (BAG vom 23. 11. 1971 – 1 AZR 388/70 – AP Nr. 8 zu § 1 LohnFG).

Krankengeldzuschuss (Abs. 2)

Im Anschluss an die sechswöchige Entgeltfortzahlung nach Absatz 1 der Vorschrift erhalten die Beschäftigten für die Zeit, für die ihnen Krankengeld oder entsprechende gesetzliche Leistungen zustehen, einen Krankengeldzuschuss (Satz 1). Wegen der Höchstdauer siehe aber Absatz 3. „Entsprechende gesetzliche Leistungen" im Sinne des Satzes 1 sind das Übergangsgeld nach § 20 SGB VI bei stationären Rehabilitationsmaßnahmen und entsprechende Zahlungen von Unfallversicherungsträgern oder nach dem Bundesversorgungsgesetz.

Beschäftigte, die nicht in der gesetzlichen Krankenversicherung, sondern privat versichert sind, werden nach Satz 3 mit den Empfängern von Krankengeld gleichgestellt. Bei ihnen ist für die Berechnung des Krankengeldzuschusses der Krankengeldhöchstsatz, der bei unterstellter Pflichtversicherung in der gesetzlichen Krankenversicherung zustünde, zugrunde zu legen. Der Betrag ist nach Satz 4 der Vorschrift bei Teilzeitbeschäftigten zeitanteilig umzurechnen.

Die Höhe des Krankengeldzuschusses bestimmt sich, soweit nicht die Übergangsvorschrift des § 13 Abs. 1 TVÜ zu beachten ist, nach Satz 1 in Verbindung mit Satz 2 der Vorschrift. Die Berechnung des Krankengeldzuschusses nach den Grundsätzen des TVöD einerseits und dem Übergangsrecht andererseits ist oben im Zusammenhang mit der Erläuterung des Übergangsrechts dargestellt. Ergänzend ist auf die Berechnung des Nettoentgelts bei freiwillig in der gesetzlichen Krankenversicherung versicherten Beschäftigten hinzuweisen. Bei diesen Beschäftigten ist nach Absatz 2 Satz 2 zweiter Halbsatz anstelle der (bei ihnen nicht anfallenden) gesetzlichen Abzüge für Kranken- und Pflegeversicherung der gesamte Kranken- und Pflegeversicherungsbeitrag abzüglich des entsprechenden Arbeitgeberzuschusses als „gesetzlicher Abzug" zu berücksichtigen.

Der Krankengeldzuschuss ist nach § 2 Abs. 2 Nr. 5 LStDV steuerpflichtiger Arbeitslohn. Soweit die Summe von Krankengeld und Krankengeldzuschuss das Nettoarbeitsentgelt um nicht mehr als 50 Euro monatlich überschreitet (was ein absoluter Ausnahmefall sein dürfte), gehört der Krankengeldzuschuss nicht zum sozialversicherungsrechtlichen Entgelt (§ 23c Abs. 1 SGB IV). Wird die Freigrenze überschritten, so wird der Krankengeldzuschuss in dem Umfang beitragspflichtig, in dem er das Vergleichs-Netto überschreitet. Gemäß § 15 Abs. 2 ATV/ATV-K[1]) in Verbindung mit Anlage 3 Satz 1 Nr. 8 zum ATV/ATV-K gehört der Krankengeldzuschuss nicht zum zusatzversorgungspflichtigen Entgelt.

Dauer des Krankengeldzuschusses (Abs. 3)

Die Regelung des Absatzes 3 begrenzt die Dauer der Bezugsfristen des Krankengeldzuschusses in Abhängigkeit von der Beschäftigungszeit (→ dazu § 34 Abs. 3). Bei einer Beschäftigungszeit von mehr als

---

1) ATV-K abgedruckt unter **810**

einem Jahr wird der Krankengeldzuschuss längstens bis zum Ende der 13. Woche, bei einer Beschäftigungszeit von mehr als drei Jahren längstens bis zum Ende der 39. Woche seit Beginn der Arbeitsunfähigkeit infolge derselben Krankheit gezahlt. Bei einer Beschäftigungszeit bis zu einem Jahr besteht somit kein Anspruch auf Krankengeldzuschuss. Maßgebend ist nach Satz 2 der Vorschrift die im Laufe der Arbeitsunfähigkeit vollendete Beschäftigungszeit.

Zu beachten ist bei der Berechnung der Bezugsdauer des Krankengeldzuschusses, dass sich die Frist von Beginn der Arbeitsunfähigkeit berechnet, so dass der Zeitraum der sechswöchigen Entgeltfortzahlung nach Absatz 1 mitgezählt wird. Der Zeitraum, für den ein Krankengeldzuschuss gezahlt wird, beträgt somit höchstens 7 bzw. 33 Wochen.

Wegen der Begrenzung der Gesamtdauer der Krankenbezüge siehe Absatz 4 Satz 3 und die Erläuterungen dazu.

Da auch die Bezugsfristen des Krankengeldzuschusses krankheitsbezogen sind, gelten hier ebenfalls die Grundsätze für Wiederholungserkrankungen (s. o.). Dem Beschäftigten steht der Krankengeldzuschuss deshalb bei einer Wiederholungserkrankung nur einmal für höchstens 39 Wochen zu. Auch der Anspruch auf Krankengeldzuschuss lebt wieder auf, wenn die Entgeltfortzahlungsfrist erneut beginnt.

Krankengeld und -zuschuss bei Beendigung des Arbeitsverhältnisses (Abs. 4)

Nach Satz 1 der Vorschrift wird das Entgelt im Krankheitsfall (unter diesen Oberbegriff fallen sowohl die Entgeltfortzahlung als auch der Krankengeldzuschuss) nicht über das Ende des Arbeitsverhältnisses hinaus gezahlt. Zwar bleibt nach dem zweiten Halbsatz des Satzes 1 „§ 8 EFZG unberührt". Diese gesetzliche Vorschrift betrifft aber nur die reine Entgeltfortzahlung, nicht jedoch den Krankengeldzuschuss. Während somit ein Anspruch auf Entgeltfortzahlung unter den Voraussetzungen des § 8 EFZG auch nach dem Ende des Arbeitsverhältnisses besteht (→ dazu Erläuterungen Nr. 3 zu Absatz 1), erlischt der Anspruch auf Krankengeldzuschuss ausnahmslos mit dem Ende des Arbeitsverhältnisses.

Satz 2 der Vorschrift bestimmt darüber hinaus, dass der Krankengeldzuschuss nicht über den Zeitpunkt hinaus gezahlt wird, von dem an der Beschäftigte Anspruch auf eine Rente aus der gesetzlichen Rentenversicherung, aus der zusätzlichen Alters- und Hinterbliebenenversorgung oder aus einer sonstigen Versorgungseinrichtung (z. B.

berufsständische Versorgungseinrichtung der Ärzte oder Apotheker) erhält, zu der auch der Arbeitgeber Beiträge erbracht hat.

II

Der im Zuge des Änderungstarifvertrages Nr. 2 vom 31. März 2008 mit Wirkung vom 1. Juli 2008 eingefügte Satz 3 des Absatzes 4 begrenzt die Bezugsfristen für das Entgelt im Krankheitsfall (also sowohl für die Entgeltfortzahlung als auch für den Krankengeldzuschuss) auf 13 bzw. 39 Wochen innerhalb eines Kalenderjahres. Bei jeder neuen Erkrankung besteht jedoch mindestens Anspruch auf die sechswöchige Entgeltfortzahlung nach Absatz 1.

Nach Satz 4 gelten die über den Rentenbeginn hinaus gezahlten Krankengeldzuschüsse oder sonstigen Zahlungen als Vorschuss auf die entsprechende Rente; die Rentenansprüche des Beschäftigten gehen insoweit auf den Arbeitgeber über (Satz 4 zweiter Halbsatz). Klassischer Anwendungsfall ist die (in der Regel rückwirkende) Gewährung von Erwerbsunfähigkeitsrenten. In diesem Fall entfällt rückwirkend der Anspruch auf Krankengeldzuschuss; bereits geleistete Zahlungen sind mit den für den gleichen Zeitraum zustehenden Rentenansprüchen (die auf den Arbeitgeber übergehen) zu verrechnen. Für den Fall, dass es sich um gesetzliche Rentenansprüche der Beschäftigten handelt, hat das Bundessozialgericht (BSG) mit Urteil vom 29. Januar 2014 – B 5 R 36/12 R – jedoch im Ergebnis entschieden, dass der tarifvertraglich geregelte Forderungsübergang aus § 22 Abs. 4 Satz 4, 2. Halbsatz TVöD für gesetzliche Rentenansprüche von Beschäftigten unzulässig und damit rechtsunwirksam ist. Nach der Entscheidung des BSG ist die Übertragbarkeit von Ansprüchen auf Sozialleistungen abschließend in § 53 des Ersten Buches Sozialgesetzbuch (SGB I) geregelt. Einen Forderungsübergang für gesetzliche Rentenansprüche auf den Arbeitgeber sieht § 53 SGB I nicht vor. Die Tarifvertragsparteien sind in ihrer Normsetzungsbefugnis auf das privatrechtliche Arbeitsverhältnis beschränkt. Sie sind daher nach der Entscheidung des BSG nicht ermächtigt, tarifvertraglich die Abtretung gesetzlicher Rentenansprüche zu regeln.

In der Praxis führt das Urteil dazu, dass überzahlter Krankengeldzuschuss nicht mehr von der Deutschen Rentenversicherung Bund, sondern nur noch von der Versorgungsanstalt des Bundes und der Länder (VBL) bzw. anderen Zusatzversorgungseinrichtungen sowie von den Beschäftigten eingefordert werden kann. Die Rückforderung gegenüber den Beschäftigten ist innerhalb von sechs Monaten nach Fälligkeit des Anspruchs schriftlich geltend zu machen (§ 37 Abs. 1 Satz 1 TVöD). Der Anspruch ist dem Zeitpunkt fällig, in dem der Arbeitgeber Kenntnis über die rückwirkende Rentengewährung samt Leistungszeitraum und Leistungshöhe erlangt. Erst dann kann der Arbeitgeber die Höhe seines Anspruchs beziffern. Die Tarifpartner haben aus der Rechtsprechung Konsequenzen gezogen und die Vorschrift im Rahmen des 14. Änderungstarifvertrages vom 7. Februar 2017 zum TVöD angepasst.

Kommt es dabei zu Überzahlungen (weil der Rentenanspruch hinter den für denselben Zeitraum geleisteten Zahlungen des Arbeitgebers zurückbleibt), so kann der Arbeitgeber nach Satz 5 von der Rückforderung des nicht gedeckten Betrages absehen. Voraussetzung für den Verzicht ist aber, dass der Beschäftigte nicht die Zustellung des Rentenbescheides schuldhaft verspätet mitgeteilt (und dadurch selbst die Ursache für die Überzahlung gesetzt) hat. Die Regelung des Satzes 5 entspricht der früheren Vorschrift des § 37 Abs. 7 Unterabs. 3 BAT.

Nachweispflichten

Die Tarifpartner haben auf eine eigenständige Regelung – wie z. B. im damaligen § 37a BAT – verzichtet. Die Nachweispflichten (für eine Krankheit/Arbeitsunfähigkeit) ergeben sich stattdessen aus § 5 EZFG. Wesentliche materielle Änderungen zum Rechtszustand zu BAT-Zeiten ergeben sich dadurch nicht; denn § 37a BAT entsprach im Kern der gesetzlichen Regelung. Der in der Vergangenheit teilweise anzutreffenden Praxis (insbesondere privater Arbeitgeber), Arbeitnehmer im Falle des Verdachts einer vorgetäuschten Krankheit durch einen Detektiv überwachen zu lassen, hat das BAG mit Urteil vom 19. Februar 2015 – 8 AZR 1007/13 enge Grenzen gesetzt. Nach Auffassung des Gerichts handelt ein Arbeitgeber, der wegen des Verdachts einer vorgetäuschten Arbeitsunfähigkeit einem Detektiv die Überwachung eines Arbeitnehmers überträgt, rechtswidrig, wenn sein Verdacht nicht auf konkreten Tatsachen beruht. Für dabei heimlich hergestellte Abbildungen gilt dasselbe. Eine solche rechtswidrige Verletzung des allgemeinen Persönlichkeitsrechts kann nach Meinung des BAG einen Geldentschädigungsanspruch („Schmerzensgeld") begründen. In einem anderen Fall hat das BAG entschieden, dass der Beweiswert von (Folge-)Arbeitsunfähigkeitsbescheinigungen erschüttert sein kann, wenn ein arbeitsunfähiger Arbeitnehmer nach Zugang der Kündigung eine oder mehrere Folgebescheinigungen vorlegt, die passgenau die Dauer der Kündigungsfrist umfassen, und er unmittelbar nach Beendigung des Arbeitsverhältnisses eine neue Beschäftigung aufnimmt (BAG vom 13. 12. 2023 – 5 AZR 137/23).

Forderungsübergang bei Dritthaftung

Ebenfalls verzichtet haben die Tarifpartner auf eine § 38 BAT entsprechende Vorschrift zum Forderungsübergang bei Dritthaftung. Eine entsprechende Schutzvorschrift für die Beschäftigten (darum handelte es sich, weil der Arbeitgeber hinsichtlich der Lohnfortzahlung zunächst in Vorlage ging, auf diese Weise den Lebensunterhalt des Beschäftigten sicherstellte und sich das Geld erst anschließend von dem zum Schadenersatz Verpflichteten erstatten ließ) ist im Hinblick auf die entsprechenden Regelungen der §§ 6 und 7 EFZG weitgehend entbehrlich. Materielle Änderungen zum bisherigen Recht ergeben sich aber in Bezug auf den Forderungsübergang beim Krankengeldzuschuss, der von der gesetzlichen Vorschrift nicht erfasst wird. Soweit gewollt (zweckmäßig wäre es), muss der Arbeitgeber den Forderungsübergang mit dem Beschäftigten einzelvertraglich vereinbaren.

Anhang 1

Gesetz über die Zahlung des Arbeitsentgelts an Feiertagen und im Krankheitsfall (Entgeltfortzahlungsgesetz)

Vom 26. Mai 1994 (BGBl. I S. 1014)

Zuletzt geändert durch
Drittes Bürokratieentlastungsgesetz
vom 22. November 2019 (BGBl. I S. 1746, 2021 S. 154, 2022 S. 482)

II

§ 1 Anwendungsbereich

(1) Dieses Gesetz regelt die Zahlung des Arbeitsentgelts an gesetzlichen Feiertagen und die Fortzahlung des Arbeitsentgelts im Krankheitsfall an Arbeitnehmer sowie die wirtschaftliche Sicherung im Bereich der Heimarbeit für gesetzliche Feiertage und im Krankheitsfall.

(2) Arbeitnehmer im Sinne dieses Gesetzes sind Arbeiter und Angestellte sowie die zu ihrer Berufsbildung Beschäftigten.

§ 2 Entgeltzahlung an Feiertagen

(1) Für Arbeitszeit, die infolge eines gesetzlichen Feiertages ausfällt, hat der Arbeitgeber dem Arbeitnehmer das Arbeitsentgelt zu zahlen, das er ohne den Arbeitsausfall erhalten hätte.

(2) Die Arbeitszeit, die an einem gesetzlichen Feiertag gleichzeitig infolge von Kurzarbeit ausfällt und für die an anderen Tagen als an gesetzlichen Feiertagen Kurzarbeitergeld geleistet wird, gilt als infolge eines gesetzlichen Feiertages nach Absatz 1 ausgefallen.

(3) Arbeitnehmer, die am letzten Arbeitstag vor oder am ersten Arbeitstag nach Feiertagen unentschuldigt der Arbeit fernbleiben, haben keinen Anspruch auf Bezahlung für diese Feiertage.

§ 3 Anspruch auf Entgeltfortzahlung im Krankheitsfall

(1) Wird ein Arbeitnehmer durch Arbeitsunfähigkeit infolge Krankheit an seiner Arbeitsleistung verhindert, ohne daß ihn ein Verschulden trifft, so hat er Anspruch auf Entgeltfortzahlung im Krankheitsfall durch den Arbeitgeber für die Zeit der Arbeitsunfähigkeit bis zur Dauer von sechs Wochen. Wird der Arbeitnehmer infolge derselben Krankheit erneut arbeitsunfähig, so verliert er wegen der erneuten Arbeitsunfähigkeit den Anspruch nach Satz 1 für einen weiteren Zeitraum von höchstens sechs Wochen nicht, wenn

1. er vor der erneuten Arbeitsunfähigkeit mindestens sechs Monate nicht infolge derselben Krankheit arbeitsunfähig war oder
2. seit Beginn der ersten Arbeitsunfähigkeit infolge derselben Krankheit eine Frist von zwölf Monaten abgelaufen ist.

II

(2) Als unverschuldete Arbeitsunfähigkeit im Sinne des Absatzes 1 gilt auch eine Arbeitsverhinderung, die infolge einer nicht rechtswidrigen Sterilisation oder eines nicht rechtswidrigen Abbruchs der Schwangerschaft eintritt. Dasselbe gilt für einen Abbruch der Schwangerschaft, wenn die Schwangerschaft innerhalb von zwölf Wochen nach der Empfängnis durch einen Arzt abgebrochen wird, die schwangere Frau den Abbruch verlangt und dem Arzt durch eine Bescheinigung nachgewiesen hat, daß sie sich mindestens drei Tage vor dem Eingriff von einer anerkannten Beratungsstelle hat beraten lassen.

(3) Der Anspruch nach Absatz 1 entsteht nach vierwöchiger ununterbrochener Dauer des Arbeitsverhältnisses.

§ 3a Anspruch auf Entgeltfortzahlung bei Spende von Organen, Geweben oder Blut zur Separation von Blutstammzellen oder anderen Blutbestandteilen

(1) Ist ein Arbeitnehmer durch Arbeitsunfähigkeit infolge der Spende von Organen oder Geweben, die nach den §§ 8 und 8a des Transplantationsgesetzes erfolgt, oder einer Blutspende zur Separation von Blutstammzellen oder anderen Blutbestandteilen im Sinne von § 9 des Transfusionsgesetzes an seiner Arbeitsleistung verhindert, hat er Anspruch auf Entgeltfortzahlung durch den Arbeitgeber für die Zeit der Arbeitsunfähigkeit bis zur Dauer von sechs Wochen. § 3 Absatz 1 Satz 2 gilt entsprechend.

(2) Dem Arbeitgeber sind von der gesetzlichen Krankenkasse des Empfängers von Organen, Geweben oder Blut zur Separation von Blutstammzellen oder anderen Blutbestandteilen das an den Arbeitnehmer nach Absatz 1 fortgezahlte Arbeitsentgelt sowie die hierauf entfallenden vom Arbeitgeber zu tragenden Beiträge zur Sozialversicherung und zur betrieblichen Alters- und Hinterbliebenenversorgung auf Antrag zu erstatten. Ist der Empfänger von Organen, Geweben oder Blut zur Separation von Blutstammzellen oder anderen Blutbestandteilen gemäß § 193 Absatz 3 des Versicherungsvertragsgesetzes bei einem privaten Krankenversicherungsunternehmen versichert, erstattet dieses dem Arbeitgeber auf Antrag die Kosten nach Satz 1 in Höhe des tariflichen Erstattungssatzes. Ist der Empfänger von Organen, Geweben oder Blut zur Separation von Blutstammzellen oder anderen Blutbestandteilen bei einem Beihilfeträger des Bundes bei-

hilfeberechtigt oder berücksichtigungsfähiger Angehöriger, erstattet der zuständige Beihilfeträger dem Arbeitgeber auf Antrag die Kosten nach Satz 1 zum jeweiligen Bemessungssatz des Empfängers von Organen, Geweben oder Blut zur Separation von Blutstammzellen oder anderen Blutbestandteilen; dies gilt entsprechend für sonstige öffentlich-rechtliche Träger von Kosten in Krankheitsfällen auf Bundesebene. Unterliegt der Empfänger von Organen, Geweben oder Blut zur Separation von Blutstammzellen oder anderen Blutbestandteilen der Heilfürsorge im Bereich des Bundes oder der truppenärztlichen Versorgung, erstatten die zuständigen Träger auf Antrag die Kosten nach Satz 1. Mehrere Erstattungspflichtige haben die Kosten nach Satz 1 anteilig zu tragen. Der Arbeitnehmer hat dem Arbeitgeber unverzüglich die zur Geltendmachung des Erstattungsanspruches erforderlichen Angaben zu machen.

II

§ 4 Höhe des fortzuzahlenden Arbeitsentgelts

(1) Für den in § 3 Abs. 1 oder in § 3a Absatz 1 bezeichneten Zeitraum ist dem Arbeitnehmer das ihm bei der für ihn maßgebenden regelmäßigen Arbeitszeit zustehende Arbeitsentgelt fortzuzahlen.

(1a) Zum Arbeitsentgelt nach Absatz 1 gehören nicht das zusätzlich für Überstunden gezahlte Arbeitsentgelt und Leistungen für Aufwendungen des Arbeitnehmers, soweit der Anspruch auf sie im Falle der Arbeitsfähigkeit davon abhängig ist, daß dem Arbeitnehmer entsprechende Aufwendungen tatsächlich entstanden sind, und dem Arbeitnehmer solche Aufwendungen während der Arbeitsunfähigkeit nicht entstehen. Erhält der Arbeitnehmer eine auf das Ergebnis der Arbeit abgestellte Vergütung, so ist der von dem Arbeitnehmer in der für ihn maßgebenden regelmäßigen Arbeitszeit erzielbare Durchschnittsverdienst der Berechnung zugrunde zu legen.

(2) Ist der Arbeitgeber für Arbeitszeit, die gleichzeitig infolge eines gesetzlichen Feiertages ausgefallen ist, zur Fortzahlung des Arbeitsentgelts nach § 3 oder nach § 3a Absatz 1 verpflichtet, bemißt sich die Höhe des fortzuzahlenden Arbeitsentgelts für diesen Feiertag nach § 2.

(3) Wird in dem Betrieb verkürzt gearbeitet und würde deshalb das Arbeitsentgelt des Arbeitnehmers im Falle seiner Arbeitsfähigkeit gemindert, so ist die verkürzte Arbeitszeit für ihre Dauer als die für den Arbeitnehmer maßgebende regelmäßige Arbeitszeit im Sinne des Absatzes 1 anzusehen. Dies gilt nicht im Falle des § 2 Abs. 2.

(4) Durch Tarifvertrag kann eine von den Absätzen 1, 1a und 3 abweichende Bemessungsgrundlage des fortzuzahlenden Arbeitsentgelts

festgelegt werden. Im Geltungsbereich eines solchen Tarifvertrages kann zwischen nichttarifgebundenen Arbeitgebern und Arbeitnehmern die Anwendung der tarifvertraglichen Regelung über die Fortzahlung des Arbeitsentgelts im Krankheitsfalle vereinbart werden.

II

§ 4a Kürzung von Sondervergütungen

Eine Vereinbarung über die Kürzung von Leistungen, die der Arbeitgeber zusätzlich zum laufenden Arbeitsentgelt erbringt (Sondervergütungen), ist auch für Zeiten der Arbeitsunfähigkeit infolge Krankheit zulässig. Die Kürzung darf für jeden Tag der Arbeitsunfähigkeit infolge Krankheit ein Viertel des Arbeitsentgelts, das im Jahresdurchschnitt auf einen Arbeitstag entfällt, nicht überschreiten.

§ 5 Anzeige- und Nachweispflichten

(1) Der Arbeitnehmer ist verpflichtet, dem Arbeitgeber die Arbeitsunfähigkeit und deren voraussichtliche Dauer unverzüglich mitzuteilen. Dauert die Arbeitsunfähigkeit länger als drei Kalendertage, hat der Arbeitnehmer eine ärztliche Bescheinigung über das Bestehen der Arbeitsunfähigkeit sowie deren voraussichtliche Dauer spätestens an dem darauffolgenden Arbeitstag vorzulegen. Der Arbeitgeber ist berechtigt, die Vorlage der ärztlichen Bescheinigung früher zu verlangen. Dauert die Arbeitsunfähigkeit länger als in der Bescheinigung angegeben, ist der Arbeitnehmer verpflichtet, eine neue ärztliche Bescheinigung vorzulegen. Ist der Arbeitnehmer Mitglied einer gesetzlichen Krankenkasse, muß die ärztliche Bescheinigung einen Vermerk des behandelnden Arztes darüber enthalten, daß der Krankenkasse unverzüglich eine Bescheinigung über die Arbeitsunfähigkeit mit Angaben über den Befund und die voraussichtliche Dauer der Arbeitsunfähigkeit übersandt wird.

(1a) Absatz 1 Satz 2 bis 5 gilt nicht für Arbeitnehmer, die Versicherte einer gesetzlichen Krankenkasse sind. Diese sind verpflichtet, zu den in Absatz 1 Satz 2 bis 4 genannten Zeitpunkten das Bestehen einer Arbeitsunfähigkeit sowie deren voraussichtliche Dauer feststellen und sich eine ärztliche Bescheinigung nach Absatz 1 Satz 2 oder 4 aushändigen zu lassen. Die Sätze 1 und 2 gelten nicht

1. für Personen, die eine geringfügige Beschäftigung in Privathaushalten ausüben (§ 8a des Vierten Buches Sozialgesetzbuch), und
2. in Fällen der Feststellung der Arbeitsunfähigkeit durch einen Arzt, der nicht an der vertragsärztlichen Versorgung teilnimmt.

(2) Hält sich der Arbeitnehmer bei Beginn der Arbeitsunfähigkeit im Ausland auf, so ist er verpflichtet, dem Arbeitgeber die Arbeitsunfähigkeit, deren voraussichtliche Dauer und die Adresse am Aufent-

haltsort in der schnellstmöglichen Art der Übermittlung mitzuteilen. Die durch die Mitteilung entstehenden Kosten hat der Arbeitgeber zu tragen. Darüber hinaus ist der Arbeitnehmer, wenn er Mitglied einer gesetzlichen Krankenkasse ist, verpflichtet, auch dieser die Arbeitsunfähigkeit und deren voraussichtliche Dauer unverzüglich anzuzeigen. Dauert die Arbeitsunfähigkeit länger als angezeigt, so ist der Arbeitnehmer verpflichtet, der gesetzlichen Krankenkasse die voraussichtliche Fortdauer der Arbeitsunfähigkeit mitzuteilen. Die gesetzlichen Krankenkassen können festlegen, daß der Arbeitnehmer Anzeige- und Mitteilungspflichten nach den Sätzen 3 und 4 auch gegenüber einem ausländischen Sozialversicherungsträger erfüllen kann. Absatz 1 Satz 5 gilt nicht. Kehrt ein arbeitsunfähig erkrankter Arbeitnehmer in das Inland zurück, so ist er verpflichtet, dem Arbeitgeber und der Krankenkasse seine Rückkehr unverzüglich anzuzeigen.

§ 6 Forderungsübergang bei Dritthaftung

(1) Kann der Arbeitnehmer auf Grund gesetzlicher Vorschriften von einem Dritten Schadensersatz wegen des Verdienstausfalls beanspruchen, der ihm durch die Arbeitsunfähigkeit entstanden ist, so geht dieser Anspruch insoweit auf den Arbeitgeber über, als dieser dem Arbeitnehmer nach diesem Gesetz Arbeitsentgelt fortgezahlt und darauf entfallende vom Arbeitgeber zu tragende Beiträge zur Bundesagentur für Arbeit, Arbeitgeberanteile an Beiträgen zur Sozialversicherung und zur Pflegeversicherung sowie zu Einrichtungen der zusätzlichen Alters- und Hinterbliebenenversorgung abgeführt hat.

(2) Der Arbeitnehmer hat dem Arbeitgeber unverzüglich die zur Geltendmachung des Schadensersatzanspruchs erforderlichen Angaben zu machen.

(3) Der Forderungsübergang nach Absatz 1 kann nicht zum Nachteil des Arbeitnehmers geltend gemacht werden.

§ 7 Leistungsverweigerungsrecht des Arbeitgebers

(1) Der Arbeitgeber ist berechtigt, die Fortzahlung des Arbeitsentgelts zu verweigern,

1. solange der Arbeitnehmer die von ihm nach § 5 Abs. 1 vorzulegende ärztliche Bescheinigung nicht vorlegt oder den ihm nach § 5 Abs. 2 obliegenden Verpflichtungen nicht nachkommt;
2. wenn der Arbeitnehmer den Übergang eines Schadensersatzanspruchs gegen einen Dritten auf den Arbeitgeber (§ 6) verhindert.

(2) Absatz 1 gilt nicht, wenn der Arbeitnehmer die Verletzung dieser ihm obliegenden Verpflichtungen nicht zu vertreten hat.

II

§ 8 Beendigung des Arbeitsverhältnisses

(1) Der Anspruch auf Fortzahlung des Arbeitsentgelts wird nicht dadurch berührt, daß der Arbeitgeber das Arbeitsverhältnis aus Anlaß der Arbeitsunfähigkeit kündigt. Das gleiche gilt, wenn der Arbeitnehmer das Arbeitsverhältnis aus einem vom Arbeitgeber zu vertretenden Grunde kündigt, der den Arbeitnehmer zur Kündigung aus wichtigem Grund ohne Einhaltung einer Kündigungsfrist berechtigt.

(2) Endet das Arbeitsverhältnis vor Ablauf der in § 3 Abs. 1 oder in § 3a Absatz 1 bezeichneten Zeit nach dem Beginn der Arbeitsunfähigkeit, ohne daß es einer Kündigung bedarf, oder infolge einer Kündigung aus anderen als den in Absatz 1 bezeichneten Gründen, so endet der Anspruch mit dem Ende des Arbeitsverhältnisses.

§ 9 Maßnahmen der medizinischen Vorsorge und Rehabilitation

(1) Die Vorschriften der §§ 3 bis 4a und 6 bis 8 gelten entsprechend für die Arbeitsverhinderung infolge einer Maßnahme der medizinischen Vorsorge oder Rehabilitation, die ein Träger der gesetzlichen Renten-, Kranken- oder Unfallversicherung, eine Verwaltungsbehörde der Kriegsopferversorgung oder ein sonstiger Sozialleistungsträger bewilligt hat und die in einer Einrichtung der medizinischen Vorsorge oder Rehabilitation durchgeführt wird. Ist der Arbeitnehmer nicht Mitglied einer gesetzlichen Krankenkasse oder nicht in der gesetzlichen Rentenversicherung versichert, gelten die §§ 3 bis 4a und 6 bis 8 entsprechend, wenn eine Maßnahme der medizinischen Vorsorge oder Rehabilitation ärztlich verordnet worden ist und in einer Einrichtung der medizinischen Vorsorge oder Rehabilitation oder einer vergleichbaren Einrichtung durchgeführt wird.

(2) Der Arbeitnehmer ist verpflichtet, dem Arbeitgeber den Zeitpunkt des Antritts der Maßnahme, die voraussichtliche Dauer und die Verlängerung der Maßnahme im Sinne des Absatzes 1 unverzüglich mitzuteilen und ihm

a) eine Bescheinigung über die Bewilligung der Maßnahme durch einen Sozialleistungsträger nach Absatz 1 Satz 1 oder

b) eine ärztliche Bescheinigung über die Erforderlichkeit der Maßnahme im Sinne des Absatzes 1 Satz 2

unverzüglich vorzulegen.

§ 10 Wirtschaftliche Sicherung für den Krankheitsfall im Bereich der Heimarbeit

(1) In Heimarbeit Beschäftigte (§ 1 Abs. 1 des Heimarbeitsgesetzes) und ihnen nach § 1 Abs. 2 Buchstabe a bis c des Heimarbeitsgesetzes

Gleichgestellte haben gegen ihren Auftraggeber oder, falls sie von einem Zwischenmeister beschäftigt werden, gegen diesen Anspruch auf Zahlung eines Zuschlags zum Arbeitsentgelt. Der Zuschlag beträgt

1. für Heimarbeiter, für Hausgewerbetreibende ohne fremde Hilfskräfte und die nach § 1 Abs. 2 Buchstabe a des Heimarbeitsgesetzes Gleichgestellten 3,4 vom Hundert,
2. für Hausgewerbetreibende mit nicht mehr als zwei fremden Hilfskräften und die nach § 1 Abs. 2 Buchstabe b und c des Heimarbeitsgesetzes Gleichgestellten 6,4 vom Hundert

des Arbeitsentgelts vor Abzug der Steuern, des Beitrags zur Bundesagentur für Arbeit und der Sozialversicherungsbeiträge ohne Unkostenzuschlag und ohne die für den Lohnausfall an gesetzlichen Feiertagen, den Urlaub und den Arbeitsausfall infolge Krankheit zu leistenden Zahlungen. Der Zuschlag für die unter Nummer 2 aufgeführten Personen dient zugleich zur Sicherung der Ansprüche der von ihnen Beschäftigten.

(2) Zwischenmeister, die den in Heimarbeit Beschäftigten nach § 1 Abs. 2 Buchstabe d des Heimarbeitsgesetzes gleichgestellt sind, haben gegen ihren Auftraggeber Anspruch auf Vergütung der von ihnen nach Absatz 1 nachweislich zu zahlenden Zuschläge.

(3) Die nach den Absätzen 1 und 2 in Betracht kommenden Zuschläge sind gesondert in den Entgeltbeleg einzutragen.

(4) Für Heimarbeiter (§ 1 Abs. 1 Buchstabe a des Heimarbeitsgesetzes) kann durch Tarifvertrag bestimmt werden, daß sie statt der in Absatz 1 Satz 2 Nr. 1 bezeichneten Leistungen die den Arbeitnehmern im Falle ihrer Arbeitsunfähigkeit nach diesem Gesetz zustehenden Leistungen erhalten. Bei der Bemessung des Anspruchs auf Arbeitsentgelt bleibt der Unkostenzuschlag außer Betracht.

(5) Auf die in den Absätzen 1 und 2 vorgesehenen Zuschläge sind die §§ 23 bis 25, 27 und 28 des Heimarbeitsgesetzes, auf die in Absatz 1 dem Zwischenmeister gegenüber vorgesehenen Zuschläge außerdem § 21 Abs. 2 des Heimarbeitsgesetzes entsprechend anzuwenden. Auf die Ansprüche der fremden Hilfskräfte der in Absatz 1 unter Nummer 2 genannten Personen auf Entgeltfortzahlung im Krankheitsfall ist § 26 des Heimarbeitsgesetzes entsprechend anzuwenden.

§ 11 Feiertagsbezahlung der in Heimarbeit Beschäftigten

(1) Die in Heimarbeit Beschäftigten (§ 1 Abs. 1 des Heimarbeitsgesetzes) haben gegen den Auftraggeber oder Zwischenmeister Anspruch auf Feiertagsbezahlung nach Maßgabe der Absätze 2 bis 5. Den gleichen Anspruch haben die in § 1 Abs. 2 Buchstabe a bis d des Heim-

II

arbeitsgesetzes bezeichneten Personen, wenn sie hinsichtlich der Feiertagsbezahlung gleichgestellt werden; die Vorschriften des § 1 Abs. 3 Satz 3 und Abs. 4 und 5 des Heimarbeitsgesetzes finden Anwendung. Eine Gleichstellung, die sich auf die Entgeltregelung erstreckt, gilt auch für die Feiertagsbezahlung, wenn diese nicht ausdrücklich von der Gleichstellung ausgenommen ist.

(2) Das Feiertagsgeld beträgt für jeden Feiertag im Sinne des § 2 Abs. 1 0,72 vom Hundert des in einem Zeitraum von sechs Monaten ausgezahlten reinen Arbeitsentgelts ohne Unkostenzuschläge. Bei der Berechnung des Feiertagsgeldes ist für die Feiertage, die in den Zeitraum von 1. Mai bis 31. Oktober fallen, der vorhergehende Zeitraum vom 1. November bis 30. April und für die Feiertage, die in den Zeitraum vom 1. November bis 30. April fallen, der vorhergehende Zeitraum vom 1. Mai bis 31. Oktober zugrunde zu legen. Der Anspruch auf Feiertagsgeld ist unabhängig davon, ob im laufenden Halbjahreszeitraum noch eine Beschäftigung in Heimarbeit für den Auftraggeber stattfindet.

(3) Das Feiertagsgeld ist jeweils bei der Entgeltzahlung vor dem Feiertag zu zahlen. Ist die Beschäftigung vor dem Feiertag unterbrochen worden, so ist das Feiertagsgeld spätestens drei Tage vor dem Feiertag auszuzahlen. Besteht bei der Einstellung der Ausgabe von Heimarbeit zwischen den Beteiligten Einvernehmen, das Heimarbeitsverhältnis nicht wieder fortzusetzen, so ist dem Berechtigten bei der letzten Entgeltzahlung das Feiertagsgeld für die noch übrigen Feiertage des laufenden sowie für die Feiertage des folgenden Halbjahreszeitraumes zu zahlen. Das Feiertagsgeld ist jeweils bei der Auszahlung in die Entgeltbelege (§ 9 des Heimarbeitsgesetzes) einzutragen.

(4) Übersteigt das Feiertagsgeld, das der nach Absatz 1 anspruchsberechtigte Hausgewerbetreibende oder im Lohnauftrag arbeitende Gewerbetreibende (Anspruchsberechtigte) für einen Feiertag auf Grund des § 2 seinen fremden Hilfskräften (§ 2 Abs. 6 des Heimarbeitsgesetzes) gezahlt hat, den Betrag, den er auf Grund der Absätze 2 und 3 für diesen Feiertag erhalten hat, so haben ihm auf Verlangen seine Auftraggeber oder Zwischenmeister den Mehrbetrag anteilig zu erstatten. Ist der Anspruchsberechtigte gleichzeitig Zwischenmeister, so bleibt hierbei das für die Heimarbeiter oder Hausgewerbetreibenden empfangene und weiter gezahlte Feiertagsgeld außer Ansatz. Nimmt ein Anspruchsberechtigter eine Erstattung nach Satz 1 in Anspruch, so können ihm bei Einstellung der Ausgabe von Heimarbeit die erstatteten Beträge auf das Feiertagsgeld angerechnet werden, das ihm auf Grund des Absatzes 2 und des Absatzes 3 Satz 3 für die

dann noch übrigen Feiertage des laufenden sowie für die Feiertage des folgenden Halbjahreszeitraumes zu zahlen ist.

(5) Das Feiertagsgeld gilt als Entgelt im Sinne der Vorschriften des Heimarbeitsgesetzes über Mithaftung des Auftraggebers (§ 21 Abs. 2), über Entgeltschutz (§§ 23 bis 27) und über Auskunftspflicht über Entgelte (§ 28); hierbei finden die §§ 24 bis 26 des Heimarbeitsgesetzes Anwendung, wenn ein Feiertagsgeld gezahlt ist, das niedriger ist als das in diesem Gesetz festgesetzte.

§ 12 Unabdingbarkeit

Abgesehen von § 4 Abs. 4 kann von den Vorschriften dieses Gesetzes nicht zuungunsten des Arbeitnehmers oder der nach § 10 berechtigten Personen abgewichen werden.

§ 13 Übergangsvorschrift

Ist der Arbeitnehmer von einem Tag nach dem 9. Dezember 1998 bis zum 1. Januar 1999 oder darüber hinaus durch Arbeitsunfähigkeit infolge Krankheit oder infolge einer Maßnahme der medizinischen Vorsorge oder Rehabilitation an seiner Arbeitsleistung verhindert, sind für diesen Zeitraum die seit dem 1. Januar 1999 geltenden Vorschriften maßgebend, es sei denn, daß diese für den Arbeitnehmer ungünstiger sind.

II

Anhang 2

Richtlinie des Gemeinsamen Bundesausschusses über die Beurteilung der Arbeitsunfähigkeit und die Maßnahmen zur stufenweisen Wiedereingliederung nach § 92 Abs. 1 Satz 2 Nr. 7 SGB V (Arbeitsunfähigkeits-Richtlinie)

Vom 14. November 2013 (BAnz. AT 27.01.2014 B4)

Zuletzt geändert durch
Bekanntmachung vom 7. Dezember 2023 (BAnz. AT 20.02.2024 B1)

§ 1 Präambel

(1) Die Feststellung der Arbeitsunfähigkeit und die Bescheinigung über ihre voraussichtliche Dauer erfordern – ebenso wie die ärztliche Beurteilung zur stufenweisen Wiedereingliederung – wegen ihrer Tragweite für Versicherte und ihrer arbeits- und sozialversicherungsrechtlichen sowie wirtschaftlichen Bedeutung besondere Sorgfalt.

(2) Diese Richtlinie hat zum Ziel, ein qualitativ hochwertiges, bundesweit standardisiertes Verfahren für die Praxis zu etablieren, das den Informationsaustausch und die Zusammenarbeit zwischen Vertragsärztin oder Vertragsarzt, Krankenkasse und Medizinischem Dienst verbessert.

§ 2 Definition und Bewertungsmaßstäbe

(1) [1]Arbeitsunfähigkeit liegt vor, wenn Versicherte auf Grund von Krankheit ihre zuletzt vor der Arbeitsunfähigkeit ausgeübte Tätigkeit nicht mehr oder nur unter der Gefahr der Verschlimmerung der Erkrankung ausführen können. [2]Bei der Beurteilung ist darauf abzustellen, welche Bedingungen die bisherige Tätigkeit konkret geprägt haben. [3]Arbeitsunfähigkeit liegt auch vor, wenn auf Grund eines bestimmten Krankheitszustandes, der für sich allein noch keine Arbeitsunfähigkeit bedingt, absehbar ist, dass aus der Ausübung der Tätigkeit für die Gesundheit oder die Gesundung abträgliche Folgen erwachsen, die Arbeitsunfähigkeit unmittelbar hervorrufen.

(2) [1]Arbeitsunfähigkeit besteht auch während einer stufenweisen Wiederaufnahme der Arbeit fort, durch die Versicherten die dauerhafte Wiedereingliederung in das Erwerbsleben durch eine schrittweise Heranführung an die volle Arbeitsbelastung ermöglicht werden soll. [2]Ebenso gilt die befristete Eingliederung arbeitsunfähiger Versicherter in eine Werkstatt für behinderte Menschen nicht als Wiederaufnahme

der beruflichen Tätigkeit. [3]Arbeitsunfähigkeit kann auch während einer Belastungserprobung und einer Arbeitstherapie bestehen.

(3) [1]Versicherte, die arbeitslos sind, ausgenommen Arbeitslose bzw. erwerbsfähige Leistungsberechtigte nach Absatz 3a, sind arbeitsunfähig, wenn sie krankheitsbedingt nicht mehr in der Lage sind, leichte Arbeiten in einem zeitlichen Umfang zu verrichten, für den sie sich bei der Agentur für Arbeit zur Verfügung gestellt haben. [2]Dabei ist es unerheblich, welcher Tätigkeit die oder der Versicherte vor der Arbeitslosigkeit nachging. [3]Arbeitsunfähigkeit liegt bei Schwangeren nach Satz 1 vor, wenn sie ohne Gefährdung für sich oder das ungeborene Kind nicht in der Lage sind, leichte Arbeiten in einem zeitlichen Umfang von mindestens 15 Stunden wöchentlich auszuüben.

(3a) Erwerbsfähige Leistungsberechtigte, die Leistungen zur Sicherung des Lebensunterhalts nach dem SGB II (Grundsicherung für Arbeitsuchende – „Hartz IV") beantragt haben oder beziehen, sind arbeitsunfähig, wenn sie krankheitsbedingt nicht in der Lage sind, mindestens drei Stunden täglich zu arbeiten oder an einer Eingliederungsmaßnahme teilzunehmen.

(4) [1]Versicherte, bei denen nach Eintritt der Arbeitsunfähigkeit das Beschäftigungsverhältnis endet und die aktuell keinen anerkannten Ausbildungsberuf ausgeübt haben (An- oder Ungelernte), sind nur dann arbeitsunfähig, wenn sie die letzte oder eine ähnliche Tätigkeit nicht mehr oder nur unter der Gefahr der Verschlimmerung der Erkrankung ausüben können. [2]Die Krankenkasse informiert die Vertragsärztin oder den Vertragsarzt über das Ende der Beschäftigung und darüber, dass die Arbeitnehmerin oder der Arbeitnehmer an- oder ungelernt ist, und nennt ähnlich geartete Tätigkeiten. [3]Beginnt während der Arbeitsunfähigkeit ein neues Beschäftigungsverhältnis, so beurteilt sich die Arbeitsunfähigkeit ab diesem Zeitpunkt nach dem Anforderungsprofil des neuen Arbeitsplatzes.

(5) [1]Die Beurteilung der Arbeitsunfähigkeit setzt die Befragung der oder des Versicherten durch die Vertragsärztin oder den Vertragsarzt zur aktuell ausgeübten Tätigkeit und den damit verbundenen Anforderungen und Belastungen voraus. [2]Das Ergebnis der Befragung ist bei der Beurteilung von Grund und Dauer der Arbeitsunfähigkeit zu berücksichtigen. [3]Zwischen der Krankheit und der dadurch bedingten Unfähigkeit zur Fortsetzung der ausgeübten Tätigkeit muss ein kausaler Zusammenhang erkennbar sein. [4]Bei Arbeitslosen bezieht sich die Befragung auch auf den zeitlichen Umfang, für den die oder der Versicherte sich der Agentur für Arbeit zur Vermittlung zur Verfügung gestellt hat.

(6) Rentnerinnen und Rentner können, wenn sie eine Erwerbstätigkeit ausüben, arbeitsunfähig nach Maßgabe dieser Richtlinien sein.

(7) Für körperlich, geistig oder seelisch behinderte Menschen, die in Werkstätten für behinderte Menschen oder in Blindenwerkstätten beschäftigt werden, gelten diese Richtlinien entsprechend.

II

(8) Diese Richtlinie gilt entsprechend für die Feststellung der Arbeitsunfähigkeit versicherter sowie nicht gesetzlich krankenversicherter Personen aufgrund einer im Rahmen des Transplantationsgesetzes erfolgenden Spende von Organen und Gewerben oder einer im Rahmen des Transfusionsgesetzes erfolgenden Spende von Blutstammzellen.

(9) [1]Für die Feststellung der Arbeitsunfähigkeit bei Durchführung medizinischer Maßnahmen zur Herbeiführung einer Schwangerschaft gilt diese Richtlinie entsprechend. [2]Sie gilt auch bei einer durch Krankheit erforderlichen Sterilisation oder einem unter den Voraussetzungen des § 218a Absatz 1 StGB vorgenommenem Abbruch der Schwangerschaft (Beratungsregelung).

(10) [1]Ist eine Dialysebehandlung lediglich während der vereinbarten Arbeitszeit möglich, besteht für deren Dauer, die Zeit der Anfahrt zur Dialyseeinrichtung und für die nach der Dialyse erforderliche Ruhezeit Arbeitsunfähigkeit. [2]Dasselbe gilt für andere extrakorporale Aphereseverfahren. [3]Die Bescheinigung für im Voraus feststehende Termine soll in Absprache mit der oder dem Versicherten in einer für deren oder dessen Belange zweckmäßigen Form erfolgen.

(11) Ist ein für die Ausübung der Tätigkeit oder das Erreichen des Arbeitsplatzes erforderliches Hilfsmittel (z. B. Körperersatzstück) defekt, besteht Arbeitsunfähigkeit so lange, bis die Reparatur des Hilfsmittels beendet oder ein Ersatz des defekten Hilfsmittels erfolgt ist.

§ 3 Ausnahmetatbestände

(1) Arbeitsunfähigkeit besteht nicht, wenn andere Gründe als die in § 2 genannten Gründe Ursache für die Arbeitsverhinderung der oder des Versicherten sind.

(2) Arbeitsunfähigkeit liegt insbesondere nicht vor

- bei Beaufsichtigung, Betreuung oder Pflege eines erkrankten Kindes. Die Bescheinigung hierfür hat auf dem vereinbarten Vordruck (Muster Nummer 21) zu erfolgen, der der Arbeitgeberin oder dem Arbeitgeber vorzulegen ist und zur Vorlage bei der Krankenkasse zum Bezug von Krankengeld ohne bestehende Arbeitsunfähigkeit der oder des Versicherten berechtigt,

- für Zeiten, in denen ärztliche Behandlungen zu diagnostischen oder therapeutischen Zwecken (z. B. im Rahmen von Früherkennungsuntersuchungen) stattfinden; dies gilt nicht, wenn die ärztliche Behandlung selbst zu einer Arbeitsunfähigkeit führt,
- bei Inanspruchnahme von Heilmitteln (z. B. physikalisch-medizinische Therapie),
- bei Teilnahme an ergänzenden Leistungen zur Rehabilitation oder rehabilitativen Leistungen anderer Art (Koronarsportgruppen u. a.),
- bei Durchführung von ambulanten und stationären Vorsorge- und Rehabilitationsleistungen, es sei denn, vor Beginn der Leistung bestand bereits Arbeitsunfähigkeit und diese besteht fort oder die Arbeitsunfähigkeit wird durch eine interkurrente Erkrankung ausgelöst,
- wenn Beschäftigungsverbote nach dem Infektionsschutzgesetz oder dem Mutterschutzgesetz (Zeugnis nach § 16 Absatz 1 MuSchG) ausgesprochen wurden; dies gilt nicht bei Vorliegen der Voraussetzungen nach § 2 Absatz 3 Satz 3 der Richtlinie,
- bei kosmetischen und anderen Operationen ohne krankheitsbedingten Hintergrund und ohne Komplikationen,
- bei einer nicht durch Krankheit bedingten Sterilisation (Verweis auf § 5 Absatz 6 der Richtlinie) oder
- wenn Beschäftigte kurzzeitig der Arbeit fernbleiben, weil dies erforderlich ist, um für einen pflegebedürftigen nahen Angehörigen in einer akut aufgetretenen Pflegesituation eine bedarfsgerechte Pflege zu organisieren oder eine pflegerische Versorgung in dieser Zeit sicherzustellen (kurzzeitige Arbeitsverhinderung gemäß § 2 PflegeZG).

§ 4 Verfahren zur Feststellung der Arbeitsunfähigkeit

(1) Bei der Feststellung der Arbeitsunfähigkeit sind körperlicher, geistiger und seelischer Gesundheitszustand der oder des Versicherten gleichermaßen zu berücksichtigen.

(2) Die ärztlich festgestellte Arbeitsunfähigkeit ist Voraussetzung für den Anspruch auf Entgeltfortzahlung und für den Anspruch auf Krankengeld.

(3) [1]Die Vertragsärztin oder der Vertragsarzt teilt der Krankenkasse auf Anforderung in der Regel innerhalb von drei Werktagen weitere Informationen auf den vereinbarten Vordrucken mit. [2]Derartige Anfragen seitens der Krankenkasse sind in der Regel frühestens nach einer kumulativen Zeitdauer der Arbeitsunfähigkeit von 21 Tagen

II

zulässig. [3]Soweit erforderlich dürfen dabei folgende Angaben erhoben werden:

1. die die Arbeitsunfähigkeit auslösenden Diagnosen, insbesondere durch Nennung der ICD-10-Codes,
2. Art und Umfang der Berufstätigkeit, die bis zum Beginn der Arbeitsunfähigkeit ausgeübt wurde,
3. bei Empfängern von Leistungen nach dem Dritten Buch Sozialgesetzbuch der zeitliche Umfang, für den die oder der Versicherte unter Berücksichtigung der Regelung nach § 2 Absatz 3 zur Arbeitsvermittlung zur Verfügung steht und
4. die weiteren diagnostischen, therapeutischen und rehabilitativen Maßnahmen, die in Bezug auf die die Arbeitsunfähigkeit auslösenden Diagnosen vorgesehen oder bereits eingeleitet sind; hierzu zählt auch die Angabe, ob eine Überweisung zur fachärztlichen Mitbehandlung ausgestellt wurde und wenn ja, zu welcher Fachrichtung.

(4) Sofern – abweichend von der Feststellung im Entlassungsbericht der Rehabilitationseinrichtung – weiterhin Arbeitsunfähigkeit attestiert wird, ist dies zu begründen.

(5) [1]Die Feststellung der Arbeitsunfähigkeit darf nur auf Grund einer ärztlichen Untersuchung erfolgen. [2]Diese erfolgt unmittelbar persönlich oder mittelbar persönlich im Rahmen einer Videosprechstunde oder nach telefonischer Anamnese nach Maßgabe von Absatz 5a. [3]Eine Feststellung der Arbeitsunfähigkeit auf Grund einer mittelbar persönlichen Untersuchung im Rahmen einer Videosprechstunde kann nur erfolgen, wenn die Erkrankung dies nicht ausschließt. [4]Im Fall einer Videosprechstunde soll die erstmalige Feststellung der Arbeitsunfähigkeit für Versicherte, die der Vertragsärztin oder dem Vertragsarzt oder einer anderen Vertragsärztin oder einem anderen Vertragsarzt derselben Berufsausübungsgemeinschaft aufgrund früherer Behandlung nicht unmittelbar persönlich bekannt sind, über einen Zeitraum von bis zu drei Kalendertagen nicht hinausgehen. [5]Sind Versicherte der Vertragsärztin oder dem Vertragsarzt oder einer anderen Vertragsärztin oder einem anderen Vertragsarzt derselben Berufsausübungsgemeinschaft aufgrund früherer Behandlung hingegen unmittelbar persönlich bekannt, kann eine erstmalige Feststellung der Arbeitsunfähigkeit im Rahmen einer Videosprechstunde für einen Zeitraum von bis zu sieben Kalendertagen erfolgen. [6]Die Feststellung des Fortbestehens der Arbeitsunfähigkeit im Rahmen der Videosprechstunde soll nur erfolgen, wenn bei der oder dem Versicherten bereits zuvor aufgrund unmittelbar persönlicher Untersuchung durch die Vertrags-

ärztin oder den Vertragsarzt Arbeitsunfähigkeit wegen derselben Krankheit festgestellt worden ist. [7]Sofern der Vertragsärztin oder dem Vertragsarzt eine hinreichend sichere Beurteilung der Arbeitsunfähigkeit im Rahmen der Videosprechstunde nicht möglich ist, ist von einer Feststellung der Arbeitsunfähigkeit im Rahmen der Videosprechstunde abzusehen und auf die Erforderlichkeit einer unmittelbar persönlichen Untersuchung durch eine Vertragsärztin oder einen Vertragsarzt zu verweisen. [8]Die oder der Versicherte ist im Vorfeld der Videosprechstunde über die eingeschränkten Möglichkeiten der Befunderhebung zum Zweck der Feststellung der Arbeitsunfähigkeit im Rahmen der Videosprechstunde aufzuklären. [9]Ein Anspruch auf die Feststellung der Arbeitsunfähigkeit im Rahmen der Videosprechstunde besteht nicht. [10]Die Vertragsärztin oder der Vertragsarzt hat dabei die Authentifizierung der oder des Versicherten sicherzustellen.

(5a) [1]Sofern die Feststellung der Arbeitsunfähigkeit im Rahmen einer Videosprechstunde nicht möglich ist, kann diese bei Versicherten mit Erkrankungen, die keine schwere Symptomatik vorweisen, entsprechend der Vorgaben nach Absatz 5 auch nach telefonischer Anamnese mit der Maßgabe erfolgen, dass die erstmalige Feststellung der Arbeitsunfähigkeit über einen Zeitraum von bis zu fünf Kalendertagen nicht hinausgehen soll. [2]Dies gilt nicht für Versicherte nach Absatz 5 Satz 4.

(6) Unterliegen Beschäftigte einer öffentlich-rechtlichen Pflicht zur Absonderung oder besteht eine öffentlichrechtliche Empfehlung zur Absonderung, gilt Absatz 5 mit der Maßgabe, dass sowohl die erstmalige Feststellung als auch die Feststellung des Fortbestehens der Arbeitsunfähigkeit auf Grundlage einer eingehenden telefonischen Befragung jeweils für Zeiträume von bis zu sieben Kalendertagen erfolgen kann, längstens jedoch bis zum Ablauf des Zeitraums der öffentlich-rechtlichen Pflicht oder Empfehlung zur Absonderung.

§ 4a Feststellung der Arbeitsunfähigkeit im Rahmen des Entlassmanagements

[1]Soweit es für die Versorgung der oder des Versicherten unmittelbar nach der Entlassung aus dem Krankenhaus erforderlich ist, kann das Krankenhaus (die Krankenhausärztin oder der Krankenhausarzt) im Rahmen des Entlassmanagements wie eine Vertragsärztin oder ein Vertragsarzt Arbeitsunfähigkeit für einen Zeitraum von bis zu sieben Kalendertagen nach der Entlassung entsprechend dieser Richtlinie feststellen. [2]Die Krankenhausärztin oder der Krankenhausarzt hat in geeigneter Weise im Rahmen des Entlassmanagements rechtzeitig die weiterbehandelnde Vertragsärztin oder den weiterbehandelnden

Vertragsarzt über die Feststellung der Arbeitsunfähigkeit zu informieren. [3]§ 11 Absatz 4 SGB V bleibt unberührt. [4]Die Regelungen der Sätze 1 bis 3 gelten entsprechend für die stationsäquivalente psychiatrische Behandlung sowie für Ärztinnen und Ärzte in Einrichtungen der medizinischen Rehabilitation bei Leistungen nach den §§ 40 Absatz 2 und 41 SGB V.

§ 5 Bescheinigung der Arbeitsunfähigkeit

(1) [1]Die Attestierung der Arbeitsunfähigkeit erfolgt auf dem dafür vorgesehenen Vordruck (Arbeitsunfähigkeitsbescheinigung). [2]Die Übermittlung der Ausfertigung für die Krankenkassen erfolgt ab dem 1. Januar 2021 durch ein elektronisches Verfahren. [3]Die Attestierung einer Arbeitsunfähigkeit (Erst- und Folgebescheinigung) darf nur von Vertragsärztinnen und Vertragsärzten oder deren persönlicher Vertretung vorgenommen werden sowie in den Fällen des § 4a auch von Krankenhausärztinnen und Krankenhausärzten oder Ärztinnen und Ärzten in Einrichtungen der medizinischen Rehabilitation. [4]Auf der Arbeitsunfähigkeitsbescheinigung sind alle die Diagnosen anzugeben, die aktuell vorliegen und die attestierte Dauer der Arbeitsunfähigkeit begründen (§ 295 SGB V). [5]Symptome (z. B. Fieber, Übelkeit) sind nach spätestens sieben Tagen durch eine Diagnose oder Verdachtsdiagnose auszutauschen. [6]Die Arbeitsunfähigkeitsbescheinigung muss erkennen lassen, ob es sich um eine Erst- oder Folgebescheinigung handelt. [7]Eine Erstbescheinigung ist auszustellen, wenn die Arbeitsunfähigkeit erstmalig festgestellt wird.

(2) [1]Dauert die Arbeitsunfähigkeit länger als in der Erstbescheinigung angegeben, ist nach Prüfung der aktuellen Verhältnisse eine Folgebescheinigung auszustellen. [2]Folgen zwei getrennte Arbeitsunfähigkeitszeiten mit unterschiedlichen Diagnosen unmittelbar aufeinander, dann ist für die zweite Arbeitsunfähigkeit eine Erstbescheinigung auszustellen. [3]Hat nach dem Ende einer Arbeitsunfähigkeit Arbeitsfähigkeit bestanden, wenn auch nur kurzfristig, ist eine Erstbescheinigung auszustellen. [4]Dies gilt auch dann, wenn eine neue Arbeitsunfähigkeit am Tag nach dem Ende der vorherigen Arbeitsunfähigkeit beginnt.

(3) [1]Die Arbeitsunfähigkeit soll für eine vor der ersten ärztlichen Inanspruchnahme liegende Zeit grundsätzlich nicht bescheinigt werden. [2]Eine Rückdatierung des Beginns der Arbeitsunfähigkeit auf einen vor dem Behandlungsbeginn liegenden Tag ist ebenso wie eine rückwirkende Bescheinigung über das Fortbestehen der Arbeitsunfähigkeit nur ausnahmsweise und nur nach gewissenhafter Prüfung und in der Regel nur bis zu drei Tagen zulässig. [3]Erscheinen Versicherte entgegen ärztlicher Aufforderung ohne triftigen Grund nicht zum vereinbarten

Folgetermin oder nehmen einen Termin für eine erneute Videosprechstunde nicht wie vereinbart wahr, kann eine rückwirkende Bescheinigung der Arbeitsunfähigkeit versagt werden. [4]In diesem Fall ist von einer erneuten Arbeitsunfähigkeit auszugehen, die durch eine Erstbescheinigung zu attestieren ist. [5]Die Voraussetzung für das Fortbestehen einer lückenlosen Arbeitsunfähigkeit für die Beurteilung eines Anspruchs auf Krankengeld ist, dass die ärztliche Feststellung der weiteren Arbeitsunfähigkeit wegen derselben Krankheit spätestens am nächsten Werktag nach dem zuletzt bescheinigten Ende der Arbeitsunfähigkeit erfolgt; Samstage gelten insoweit nicht als Werktage.

(4) [1]Die voraussichtliche Dauer der Arbeitsunfähigkeit soll nicht für einen mehr als zwei Wochen im Voraus liegenden Zeitraum bescheinigt werden. [2]Ist es auf Grund der Erkrankung oder eines besonderen Krankheitsverlaufs sachgerecht, kann die Arbeitsunfähigkeit bis zur voraussichtlichen Dauer von einem Monat bescheinigt werden. [3]Kann zum Zeitpunkt der Bescheinigung der Arbeitsunfähigkeit bereits eingeschätzt werden, dass die Arbeitsunfähigkeit mit Ablauf des bescheinigten Zeitraums enden wird oder tatsächlich geendet hat, ist die Arbeitsunfähigkeitsbescheinigung als Endbescheinigung zu kennzeichnen.

(5) Besteht an arbeitsfreien Tagen Arbeitsunfähigkeit, z. B. an Samstagen, Sonntagen, Feiertagen, Urlaubstagen oder an arbeitsfreien Tagen auf Grund einer flexiblen Arbeitszeitregelung (sogenannte „Brückentage"), ist sie auch für diese Tage zu bescheinigen.

(6) Bei einer nicht durch Krankheit erforderlichen Sterilisation ist eine Arbeitsunfähigkeitsbescheinigung ausschließlich für Zwecke der Entgeltfortzahlung erforderlich.

(7) [1]Liegen ärztlicherseits Hinweise auf (z. B. arbeitsplatzbezogene) Schwierigkeiten für die weitere Beschäftigung der oder des Versicherten vor, sind diese der Krankenkasse in der Arbeitsunfähigkeitsbescheinigung mitzuteilen (Verweis auf § 6 Absatz 4 der Richtlinie). [2]Bei Feststellung oder Verdacht des Vorliegens eines Versicherungsfalles nach § 7 SGB VII (Arbeitsunfall, Berufskrankheit oder Gesundheitsschaden z. B. im Zusammenhang mit der Spende von Organen oder Geweben im Sinne von § 12a SGB VII), eines Versorgungsleidens, eines sonstigen Unfalls oder bei Vorliegen von Hinweisen auf Gewaltanwendung oder dritt verursachte Gesundheitsschäden ist gemäß § 294a SGB V auf der Arbeitsunfähigkeitsbescheinigung ein entsprechender Vermerk anzubringen.

II

§ 6 Zusammenwirken mit anderen Einrichtungen

(1) [1]Die Vertragsärztin oder der Vertragsarzt übermittelt dem Medizinischen Dienst auf Anfrage in der Regel innerhalb von drei Werktagen die Auskünfte und krankheitsspezifischen Unterlagen, die dieser im Zusammenhang mit der Arbeitsunfähigkeit zur Durchführung seiner gesetzlichen Aufgaben benötigt. [2]Sofern vertraglich für diese Auskunftserteilung Vordrucke vereinbart worden sind, sind diese zu verwenden.

(2) [1]Das Gutachten des Medizinischen Dienstes ist grundsätzlich verbindlich. [2]Bestehen zwischen der Vertragsärztin oder dem Vertragsarzt und dem Medizinischen Dienst Meinungsverschiedenheiten, kann die Vertragsärztin oder der Vertragsarzt unter schriftlicher Darlegung von Gründen bei der Krankenkasse eine erneute Entscheidung auf der Basis eines Zweitgutachtens beantragen. [3]Sofern von dieser Möglichkeit Gebrauch gemacht wird, ist dieser Antrag unverzüglich nach Kenntnisnahme der abweichenden Beurteilung des Medizinischen Dienstes zu stellen.

(3) Bei Feststellung oder Verdacht des Vorliegens eines Arbeitsunfalls ist der Versicherte unverzüglich einer Ärztin oder einem Arzt mit Zulassung zur berufsgenossenschaftlichen Heilbehandlung vorzustellen.

(4) Können Versicherte nach ärztlicher Beurteilung die ausgeübte Tätigkeit nicht mehr ohne nachteilige Folgen für ihre Gesundheit oder den Gesundungsprozess verrichten, kann die Krankenkasse mit Zustimmung der oder des Versicherten beim Arbeitgeber die Prüfung anregen, ob eine für den Gesundheitszustand der oder des Versicherten unbedenkliche Tätigkeit bei demselben Arbeitgeber möglich ist.

§ 7 Stufenweise Wiedereingliederung

(1) [1]Bei der Feststellung, ob eine stufenweise Wiedereingliederung gemäß § 74 SGB V und § 44 SGB IX empfohlen werden kann, sind körperlicher, geistiger und seelischer Gesundheitszustand der oder des Versicherten gleichermaßen zu berücksichtigen. [2]Deshalb darf diese Feststellung nur aufgrund ärztlicher Untersuchung erfolgen. [3]Die Empfehlungen zur Umsetzung der stufenweisen Wiedereingliederung in der Anlage dieser Richtlinie sind zu beachten.

(2) Die Feststellung nach Absatz 1 hat spätestens ab einer Dauer der Arbeitsunfähigkeit von sechs Wochen im Zusammenhang mit jeder Bescheinigung der Arbeitsunfähigkeit gemäß § 5 zu erfolgen.

(3) [1]Von einer Feststellung nach Absatz 1 ist abzusehen, sofern durch die Teilnahme an einer Maßnahme der stufenweisen Wiedereinglie-

derung für den Genesungsprozess der oder des Versicherten nachteilige gesundheitliche Folgen erwachsen können. [2]Gleiches gilt, sofern Versicherte eine stufenweise Wiederaufnahme ihrer Tätigkeit ablehnen.

(4) Eine Feststellung nach Absatz 1 erfolgt nicht im Rahmen des Entlassmanagements nach § 4a.

II

II

Anlage

Empfehlungen zur Umsetzung der stufenweisen Wiedereingliederung

1. Bei Arbeitsunfähigkeit kann eine Rückkehr an den Arbeitsplatz auch bei weiterhin notwendiger Behandlung sowohl betrieblich möglich als auch aus therapeutischen Gründen angezeigt sein. Über den Weg der stufenweisen Wiedereingliederung werden Arbeitnehmerinnen und Arbeitnehmer individuell, d. h. je nach Krankheit und bisheriger Arbeitsunfähigkeitsdauer schonend, aber kontinuierlich bei fortbestehender Arbeitsunfähigkeit an die Belastungen ihres Arbeitsplatzes herangeführt. Die Arbeitnehmerinnen und Arbeitnehmer erhalten damit die Möglichkeit, ihre Belastbarkeit entsprechend dem Stand der wiedererreichten körperlichen, geistigen und seelischen Leistungsfähigkeit zu steigern. Dabei sollte die Wiedereingliederungsphase in der Regel einen Zeitraum von sechs Monaten nicht überschreiten.

2. Die stufenweise Wiedereingliederung erfordert eine vertrauensvolle Zusammenarbeit zwischen der oder dem Versicherten, der behandelnden Vertragsärztin oder dem behandelnden Vertragsarzt, der Arbeitgeberin oder dem Arbeitgeber, der Arbeitnehmervertretung, der Betriebsärztin oder dem Betriebsarzt, der Krankenkasse sowie ggf. dem Medizinischen Dienst und dem Rehabilitationsträger auf der Basis der von der behandelnden Vertragsärztin oder vom behandelnden Vertragsarzt unter Beachtung der Schweigepflicht gegebenen Empfehlungen zur vorübergehenden Einschränkung der quantitativen oder qualitativen Belastung der oder des Versicherten durch die in der Wiedereingliederungsphase ausgeübte berufliche Tätigkeit. Eine standardisierte Betrachtungsweise ist nicht möglich, sodass der zwischen allen Beteiligten einvernehmlich zu findenden Lösung unter angemessener Berücksichtigung der Umstände im Einzelfall maßgebliche Bedeutung zukommt. Die Vertragsärztin oder der Vertragsarzt kann – mit Zustimmung der oder des Versicherten – von der Betriebsärztin oder vom Betriebsarzt, vom Betrieb oder über die Krankenkasse eine Beschreibung über die Anforderungen der Tätigkeit der oder des Versicherten anfordern.

3. Die infolge der krankheitsbedingten Einschränkung der Leistungsfähigkeit zu vermeidenden arbeitsbedingten Belastungen sind von der behandelnden Vertragsärztin oder vom behandelnden Vertragsarzt zu definieren. Die Vertragsärztin oder der Vertragsarzt kann der Krankenkasse einen Vorschlag unterbreiten, der die

quantitativen und qualitativen Anforderungen einer Tätigkeit beschreibt, die aufgrund der krankheitsbedingten Leistungseinschränkung noch möglich sind. Ist die Begrenzung der Belastung der oder des Versicherten durch vorübergehende Verkürzung der täglichen Arbeitszeit medizinisch angezeigt, kann auch dies eine geeignete Maßnahme zur stufenweisen Wiedereingliederung sein.

4. Eine stufenweise Wiedereingliederung an Arbeitsplätzen, für welche die Verordnung zur arbeitsmedizinischen Vorsorge (ArbMedVV) in der Fassung vom 23. Oktober 2013 Anwendung findet, kann grundsätzlich nur mit Zustimmung der Betriebsärztin oder des Betriebsarztes erfolgen. Ausgenommen davon bleiben die Fälle, bei denen feststeht, dass die am Arbeitsplatz vorliegende spezifische Belastung keine nachteiligen Auswirkungen auf den Gesundungsprozess des Betroffenen selbst oder Unfall- oder Gesundheitsgefahren für ihn selbst oder Dritte mit sich bringen kann.
5. Während der Phase der stufenweisen Wiedereingliederung sind Versicherte in regelmäßigen Abständen von der behandelnden Vertragsärztin oder vom behandelnden Vertragsarzt auf die gesundheitlichen Auswirkungen zu untersuchen. Ergeben die regelmäßigen Untersuchungen eine Steigerung der Belastbarkeit, ist eine Anpassung der stufenweisen Wiedereingliederung vorzunehmen. Stellt sich während der Phase der Wiedereingliederung heraus, dass für die Versicherten nachteilige gesundheitliche Folgen erwachsen können, ist eine Anpassung an die Belastungseinschränkungen vorzunehmen oder die Wiedereingliederung abzubrechen. Ergibt sich während der stufenweisen Wiedereingliederung, dass die bisherige Tätigkeit auf Dauer krankheitsbedingt nicht mehr in dem Umfang wie vor der Arbeitsunfähigkeit aufgenommen werden kann, so ist hierüber die Krankenkasse unverzüglich schriftlich zu informieren.
6. Erklärt die Arbeitgeberin oder der Arbeitgeber, dass es nicht möglich ist, die Versicherte oder den Versicherten zu beschäftigen, ist die stufenweise Wiedereingliederung nicht durchführbar.
7. Alle Änderungen des vereinbarten Ablaufs der Wiedereingliederung sind den Beteiligten unverzüglich mitzuteilen.
8. Voraussetzung für die stufenweise Wiedereingliederung ist die Einverständniserklärung der oder des Versicherten auf dem vereinbarten Vordruck. Auf diesem hat die Vertragsärztin oder der Vertragsarzt die tägliche Arbeitszeit und diejenigen Tätigkeiten anzugeben, die die oder der Versicherte während der Phase der

Wiedereingliederung ausüben kann bzw. denen sie oder er nicht ausgesetzt werden darf. Die Arbeitgeberin oder der Arbeitgeber soll eine ablehnende Stellungnahme nach Nummer 6 der Anlage dieser Richtlinie ebenfalls auf dem Vordruck bescheinigen.

II

§ 23 Besondere Zahlungen

(1) [1]Nach Maßgabe des Vermögensbildungsgesetzes in seiner jeweiligen Fassung haben Beschäftigte, deren Arbeitsverhältnis voraussichtlich mindestens sechs Monate dauert, einen Anspruch auf vermögenswirksame Leistungen. [2]Für Vollbeschäftigte beträgt die vermögenswirksame Leistung für jeden vollen Kalendermonat 6,65 Euro. [3]Der Anspruch entsteht frühestens für den Kalendermonat, in dem die/der Beschäftigte dem Arbeitgeber die erforderlichen Angaben schriftlich mitteilt, und für die beiden vorangegangenen Monate desselben Kalenderjahres; die Fälligkeit tritt nicht vor acht Wochen nach Zugang der Mitteilung beim Arbeitgeber ein. [4]Die vermögenswirksame Leistung wird nur für Kalendermonate gewährt, für die den Beschäftigten Tabellenentgelt, Entgeltfortzahlung oder Krankengeldzuschuss zusteht. [5]Für Zeiten, für die Krankengeldzuschuss zusteht, ist die vermögenswirksame Leistung Teil des Krankengeldzuschusses. [6]Die vermögenswirksame Leistung ist kein zusatzversorgungspflichtiges Entgelt.

Protokollerklärung zu Absatz 1 Satz 2:
Im Bereich der VKA beträgt die vermögenswirksame Leistung für Vollbeschäftigte für jeden vollen Kalendermonat mindestens 6,65 Euro.

(2) [1]Beschäftigte erhalten ein Jubiläumsgeld bei Vollendung einer Beschäftigungszeit (§ 34 Abs. 3)

a) von 25 Jahren in Höhe von 350 Euro,

b) von 40 Jahren in Höhe von 500 Euro.

[2]Teilzeitbeschäftigte erhalten das Jubiläumsgeld in voller Höhe. [3]Im Bereich der VKA können durch Betriebs-/Dienstvereinbarung günstigere Regelungen getroffen werden.

(3) [1]Beim Tod von Beschäftigten, deren Arbeitsverhältnis nicht geruht hat, wird der Ehegattin/dem Ehegatten oder der Lebenspartnerin/dem Lebenspartner im Sinne des Lebenspartnerschaftsgesetzes oder den Kindern ein Sterbegeld gewährt. [2]Als Sterbegeld wird für die restlichen Tage des Sterbemonats und – in einer Summe – für zwei weitere Monate das Tabellenentgelt der/des Verstorbenen gezahlt. [3]Die Zahlung des Sterbegeldes an einen der Berechtigten bringt den Anspruch der Übrigen gegenüber dem Arbeitgeber zum Erlöschen; die Zahlung auf das Gehaltskonto hat befreiende Wirkung. [4]Für den Bereich der VKA können betrieblich eigene Regelungen getroffen werden.

Erläuterungen

§ 23 TVöD trifft Regelungen über „Besondere Zahlungen". Dies sind vermögenswirksame Leistungen (Absatz 1), Jubiläumsgeld (Absatz 2) und Sterbegeld (Absatz 3). Diese Tatbestände waren bislang in § 39 (Jubiläumsgeld), § 41 (Sterbegeld) BAT bzw. den vergleichbaren Vorschriften der Manteltarifverträge für Arbeiter geregelt. Die Anspruchsgrundlagen und Verfahrensgrundsätze zur Zahlung vermögenswirksamer Leistungen waren bislang in eigenständigen, in ihrem Kern an das

Fünfte Vermögensbildungsgesetz angelehnten Tarifverträgen (z. B. Tarifvertrag über vermögenswirksame Leistungen an Angestellte vom 17. Dezember 1970) geregelt worden und sind nun in den TVöD einbezogen worden.

Auf die abweichenden Sonderregelungen in § 45 (Bund) des Besonderen Teils Verwaltung wird hingewiesen.

Vermögenswirksame Leistungen (Abs. 1)

Wie in der Einleitung bereits dargestellt, sind die Vorschriften über vermögenswirksame Leistungen nun in den TVöD einbezogen worden.

Da die Regelung recht kurz gehalten ist, richten sich Einzelheiten weitgehend nach dem Fünften Vermögensbildungsgesetz (s. o.). An den bisherigen Grundsätzen ändert sich aber im Wesentlichen nichts. Wie bisher beträgt die Leistung des Arbeitgebers 6,65 Euro monatlich für Vollbeschäftigte. Im Zuge der Tarifrunde 2020 wurde mit Wirkung vom 1. September 2020 für den Bereich der VKA vereinbart, dass es sich bei dem Monatsbetrag von 6,65 Euro um einen Mindestbetrag handelt. Im kommunalen Bereich darf somit auch mehr gezahlt werden. Dieser Betrag reduziert sich bei Teilzeitkräften entsprechend dem Verhältnis ihrer Arbeitszeit zur Arbeitszeit eines Vollbeschäftigten (→ § 23 Abs. 1 Satz 2 i. V. m. § 24 Abs. 2). Die vermögenswirksame Leistung ist weiterhin kein zusatzversorgungspflichtiges Entgelt (§ 23 Abs. 1 Satz 6).

Wegen der abweichenden Vereinbarung für Beschäftigte und Auszubildende der Sparkassen → § 49 des Besonderen Teils Sparkassen[1]).

Jubiläumsgeld (Abs. 2)

Absatz 2 bestimmt, dass der Beschäftigte nach langjähriger (nämlich 25-jähriger und 40-jähriger Beschäftigungszeit) ein Jubiläumsgeld von 350 bzw. 500 Euro erhält. Ein Jubiläumsgeld nach 50-jähriger Beschäftigungszeit ist tarifvertraglich nicht mehr vorgesehen.

Der Begriff der Beschäftigungszeit ist in § 34 Abs. 3 definiert. Hinsichtlich der im „alten Recht" absolvierten Zeiten ist aber § 14 Abs. 2 TVÜ-Bund/TVÜ-VKA[2]) zu beachten. Dort ist bestimmt, dass für die Festsetzung des Jubiläumsgeldes nach den Vorschriften des TVöD nach altem Recht anerkannte Dienst- (BAT), Beschäftigungs- (BAT-O und MTArb-O) bzw. Jubiläumszeiten (MTArb) berücksichtigt werden.

---

[1]) abgedruckt unter **220**

[2]) TVÜ-VKA abgedruckt unter **280**

Die vereinbarten Beträge gelten ungekürzt auch für Nichtvollbeschäftigte (Satz 2). Die Tarifpartner haben in diesem Punkt der zu § 39 BAT ergangenen Rechtsprechung Rechnung getragen (siehe Urteil des BAG vom 22. Mai 1996 – 10 AZR 618/95, AP Nr. 1 zu § 39 BAT).

II

Das Jubiläumsgeld ist steuer- und sozialversicherungspflichtiger Arbeitslohn. Es ist jedoch gemäß Nr. 9 der Anlage 3 zum ATV bzw. Buchstabe f der Anlage 3 zum ATV-K[1]) kein zusatzversorgungspflichtiges Entgelt.

Sterbegeld (Abs. 3)

Die Vorschrift entspricht in ihrem Kern § 41 BAT und sieht vor, dass der hinterbliebene Ehegatte, der Lebenspartner nach dem Lebenspartnerschaftsgesetz bzw. die Kinder des verstorbenen, in einem nicht ruhenden Arbeitsverhältnis tätigen Beschäftigten ein Sterbegeld erhalten.

Ob ein Arbeitsverhältnis im Sinne der Vorschrift „ruht", hängt nicht davon ab, ob Entgelt gezahlt wird, sondern davon, ob es aufgrund von tarifvertraglichen oder gesetzlichen Regelungen förmlich zum Ruhen gebracht wurde. Während einer Erkrankung (auch nach Ablauf der Bezugsfristen für die Entgeltfortzahlung bzw. den Krankengeldzuschuss) oder der Beschäftigungsverbote nach dem Mutterschutzgesetz ruht das Arbeitsverhältnis ebenso wenig wie in Zeiten des Erholungsurlaubs, des „Abfeierns" von Überstunden, Gleitzeitguthaben o. ä. Hingegen bringen Sonderurlaub (z. B. zur Kinderbetreuung), Elternzeit nach dem BEEG oder eine befristete Rente i. S. d. § 33 Abs. 2 Satz 5 und 6 TVöD das Arbeitsverhältnis zum Ruhen.

Das Sterbegeld besteht aus dem restlichen Entgelt für den Sterbemonat und zwei weiteren Monatsentgelten des Verstorbenen. Bemessungsgrundlage für das Sterbegeld ist das Tabellenentgelt des § 15 TVöD, das nach Auffassung des Verfassers auch das Entgelt aus der individuellen Zwischen- bzw. Endstufe umfasst. In Fällen, in denen – ohne dass das Arbeitsverhältnis ruht – im Sterbemonat keine Entgeltzahlung erfolgte (z. B. wegen Ablauf der Bezugsfristen für die Entgeltfortzahlung bzw. den Krankengeldzuschuss) ist das Tabellenentgelt maßgebend, das bei Arbeitsleistung im Sterbemonat zugestanden hätte. Nicht in die Bemessungsgrundlage des Sterbegeldes gehören die sonstigen Entgeltbestandteile – insbesondere nicht die sogenannten unständigen Entgeltbestandteile für Überstunden, Bereitschaftsdienst, Wechselschichtzulagen etc.

---

[1]) ATV-K abgedruckt unter **810**

Auch nach dem In-Kraft-Treten des TVöD gibt es einige Zulagen, die ihre Rechtsgrundlage nicht im TVöD sondern in anderen noch geltenden Tarifverträgen haben. Diese Tarifverträge beinhalten zum Teil die ausdrückliche Einbeziehung der Zulagen in das Sterbegeld. Besonders zu nennen sind die Zulage nach dem RatSchTV (die nach § 6 Abs. 6 Unterabs. 2 in die Bemessungsgrundlage des Sterbegeldes gehört), die Ministerialzulage (sie gehört gem. § 3 TV über Zulagen an Angestellte bei obersten Bundesbehörden oder bei obersten Landesbehörden in die Bemessungsgrundlage) und die Sicherheitszulage (sie gehört nach § 4 des TV über Zulagen an Angestellte bei den Sicherheitsdiensten des Bundes in die Bemessungsgrundlage). Dass die alten Tariftexte noch § 41 BAT (statt § 23 Abs. 3 TVöD) zitieren, ist unschädlich – siehe § 2 Abs. 4 TVÜ-Bund. Im Bereich der Kommunen ist dieser Grundsatz nicht ausdrücklich im TVÜ-VKA vereinbart; nach Auffassung des Autors wird aber entsprechend zu verfahren sein.

Daneben gibt es noch weitere Zulagen aus der Vergütungsordnung zum BAT, die nach ihrem Wortlaut ebenfalls in die Bemessungsgrundlage für das Sterbegeld gehören. Siehe dazu zum Beispiel:

- bis 31. 12. 2013 Vorbemerkung Nr. 10 zu allen Vergütungsgruppen (Bund)
- bis 31. 12. 2013 Fußnote 1 des Teils II Abschn. P Unterabschn. II (Fernmeldebetriebsdienst/Bund)
- bis 31. 12. 2013 Protokollnotiz 1 des Teils II Abschn. G (Sozial- und Erziehungsdienst/Bund)
- Vorbemerkung Nr. 1 zu Teil III Abschn. A Unterabschn. V (Fremdsprachenassistenten/Bund); ab 1. 1. 2014 Vorbemerkung Nr. 1 zu Teile III Abschn. 16.1 der EntgO Bund
- ab 1. 1. 2014 Vorbemerkung Nr. 2 Abs. 2 zu Teil IV Abschn. 25.1 EntgO Bund
- ab 1. 1. 2014 Vorbemerkung zu Teil IV Abschn. 2.6 EntgO Bund
- Zulage nach den Protokollerklärungen Nr. 1 und 2 für Angestellte im Fernmeldedienst (VKA – Teil B Nr. VI der EntgO)
- Zulage nach der Protokollerklärung für Angestellte als Rettungsassistenten, Rettungssanitäter (VKA – Teil B Br. XIV 1. der EntgO).

Die Zahlung an einen der in Frage kommenden Angehörigen bringt den Anspruch weiterer Berechtigter ebenso zum Erlöschen wie die Zahlung auf das Gehaltskonto des Verstorbenen.

Im Bereich der VKA können eigene (abweichende) betriebliche Regelungen getroffen werden (Satz 4).

Wie bisher wird der allgemeine Rechtsgrundsatz, dass derjenige, der den Tod des Beschäftigten vorsätzlich herbeigeführt hat, keinen Anspruch auf Sterbegeld hat, zu beachten sein.

II

II

§ 24 Berechnung und Auszahlung des Entgelts

(1) [1]Bemessungszeitraum für das Tabellenentgelt und die sonstigen Entgeltbestandteile ist der Kalendermonat, soweit tarifvertraglich nicht ausdrücklich etwas Abweichendes geregelt ist. [2]Die Zahlung erfolgt am letzten Tag des Monats (Zahltag) für den laufenden Kalendermonat auf ein von der/dem Beschäftigten benanntes Konto innerhalb eines Mitgliedstaats der Europäischen Union. [3]Fällt der Zahltag auf einen Samstag, einen Wochenfeiertag oder den 31. Dezember, gilt der vorhergehende Werktag, fällt er auf einen Sonntag, gilt der zweite vorhergehende Werktag als Zahltag. [4]Entgeltbestandteile, die nicht in Monatsbeträgen festgelegt sind, sowie der Tagesdurchschnitt nach § 21 sind am Zahltag des zweiten Kalendermonats, der auf ihre Entstehung folgt, fällig.

Protokollerklärungen zu Absatz 1:

1. Teilen Beschäftigte ihrem Arbeitgeber die für eine kostenfreie bzw. kostengünstigere Überweisung in einen anderen Mitgliedstaat der Europäischen Union erforderlichen Angaben nicht rechtzeitig mit, so tragen sie die dadurch entstehenden zusätzlichen Überweisungskosten.
2. Soweit Arbeitgeber die Bezüge am 15. eines jeden Monats für den laufenden Monat zahlen, können sie jeweils im Dezember eines Kalenderjahres den Zahltag vom 15. auf den letzten Tag des Monats gemäß Absatz 1 Satz 1 verschieben.

(2) Soweit tarifvertraglich nicht ausdrücklich etwas anderes geregelt ist, erhalten Teilzeitbeschäftigte das Tabellenentgelt (§ 15) und alle sonstigen Entgeltbestandteile in dem Umfang, der dem Anteil ihrer individuell vereinbarten durchschnittlichen Arbeitszeit an der regelmäßigen Arbeitszeit vergleichbarer Vollzeitbeschäftigter entspricht.

(3) [1]Besteht der Anspruch auf das Tabellenentgelt oder die sonstigen Entgeltbestandteile nicht für alle Tage eines Kalendermonats, wird nur der Teil gezahlt, der auf den Anspruchszeitraum entfällt. [2]Besteht nur für einen Teil eines Kalendertags Anspruch auf Entgelt, wird für jede geleistete dienstplanmäßige oder betriebsübliche Arbeitsstunde der auf eine Stunde entfallende Anteil des Tabellenentgelts sowie der sonstigen in Monatsbeträgen festgelegten Entgeltbestandteile gezahlt. [3]Zur Ermittlung des auf eine Stunde entfallenden Anteils sind die in Monatsbeträgen festgelegten Entgeltbestandteile durch das 4,348-fache der regelmäßigen wöchentlichen Arbeitszeit (§ 6 Abs. 1 und entsprechende Sonderregelungen) zu teilen.

(4) [1]Ergibt sich bei der Berechnung von Beträgen ein Bruchteil eines Cents von mindestens 0,5, ist er aufzurunden; ein Bruchteil von weniger als 0,5 ist abzurunden. [2]Zwischenrechnungen werden jeweils auf zwei Dezimalstellen durchgeführt. [3]Jeder Entgeltbestandteil ist einzeln zu runden.

(5) Entfallen die Voraussetzungen für eine Zulage im Laufe eines Kalendermonats, gilt Absatz 3 entsprechend.

(6) Einzelvertraglich können neben dem Tabellenentgelt zustehende Entgeltbestandteile (z. B. Zeitzuschläge, Erschwerniszuschläge) pauschaliert werden.

Erläuterungen

§ 24 TVöD trifft Regelungen zur Berechnung und Auszahlung des Entgelts. Dies war bislang in den §§ 34 und 36 BAT bzw. den vergleichbaren Bestimmungen für Arbeiter geregelt.

Bemessungszeitraum, Zahlungstermin (Abs. 1)

Bemessungszeitraum für das Tabellenentgelt und die sonstigen Entgeltbestandteile ist nach Satz 1 der Vorschrift grundsätzlich der Kalendermonat, soweit nicht tarifvertraglich etwas Abweichendes bestimmt ist. Abweichende Regelungen enthalten beispielsweise § 8 (Ausgleich für Sonderformen der Arbeit) oder § 19 Abs. 4 (Erschwerniszuschläge), wonach Zuschläge stundenbezogen berechnet werden.
Zahltag ist grundsätzlich der letzte Tag des Monats (Satz 2). Entgeltbestandteile, die nicht in Monatsbeträgen festgelegt sind (z. B. die o. g. Zuschläge) und bestimmte, nach einem Tagesdurchschnitt fortzuzahlende Entgeltbestandteile (→ § 21 Abs. 1 Satz 2) sind jedoch erst am letzten des zweiten auf ihre Entstehung folgenden Kalendermonats fällig (Satz 3).

§ 24 Abs. 1 enthielt zunächst – im Gegensatz zu § 36 Abs. 1 Satz 3 BAT – keine Regelung darüber, wie zu verfahren ist, wenn der Zahltag auf einen Sonn-, Feier- oder Samstag fällt. Erst im Zuge des Änderungstarifvertrages Nr. 2 vom 31. März 2008 haben die Tarifpartner mit Wirkung vom 1. Juli 2008 mit Satz 3 n. F. wieder eine verbindliche Regelung getroffen, wonach in den Fällen in denen der Zahltag auf einen Samstag, den 31. Dezember oder einen Sonn- oder Feiertag fällt, der letzte bzw. im Falle des Sonntags der vorletzte davor liegende Werktag zum Zahltag wird. Da die Arbeitgeber in weiten Bereichen zuvor schon auf freiwilliger Basis so verfahren sind, dient diese neue Regelung weitgehend der Klarstellung bzw. der rechtlichen Absicherung der entsprechenden Verfahrensweise.
Nach der Protokollerklärung Nr. 2 zu Absatz 1 bleibt für Arbeitgeber, die noch nicht von der im Rahmen der Lohnrunde 2003 vereinbarten Verschiebung des Zahlungstermins vom 15. auf den letzten des Monats Gebrauch gemacht haben, diese Möglichkeit weiterhin erhalten. Von ihr kann jedoch nur im Monat Dezember Gebrauch gemacht werden. Der Bund hat den Zahlungstermin im Dezember 2006 umgestellt (RdSchr. d. BMI v. 15. August 2006, GMBl. S. 1151).

Die Zahlung hat unbar auf ein vom Beschäftigten benanntes Konto innerhalb der Europäischen Union zu erfolgen (Satz 2). Nach der Protokollerklärung Nr. 1 muss der Beschäftigte, der seinem Arbeitgeber nicht rechtzeitig die notwendigen Angaben für eine kostenfreie bzw. kostengünstige Überweisung in einen anderen EU-Staat mitteilt, die zusätzlichen Überweisungskosten tragen.

II

Zur Frage der Rückforderung überzahlten Entgelts wird auf das Rundschreiben des Bundesministerium des Innern vom 4. August 2021 hingewiesen[1]).

Vergütung Teilzeitbeschäftigter (Abs. 2)

Nach Absatz 2 erhalten Teilzeitbeschäftigte das Tabellenentgelt und die übrigen Entgeltbestandteile grundsätzlich nur anteilig – d. h. in dem Verhältnis ihrer individuell vereinbarten Arbeitszeit zur regelmäßigen Arbeitszeit eines vergleichbaren Vollbeschäftigten. Ausnahmen von diesem Grundsatz gelten nur, wenn tarifvertraglich etwas anderes vereinbart ist. Dies ist z. B. beim Jubiläumsgeld der Fall; denn in § 23 Abs. 2 Satz 2 haben die Tarifpartner ausdrücklich bestimmt, dass auch Teilzeitbeschäftigte ein volles Jubiläumsgeld erhalten.

Vergütung für Bruchteile eines Monats (Abs. 3)

Satz 1 der Vorschrift regelt die Fälle, in denen nicht für alle Tage des Kalendermonats Anspruch auf das Tabellenentgelt und die sonstigen Entgeltbestandteile bestand (z. B. weil das Arbeitsverhältnis im Laufe des Monats beginnt oder endet). In diesen Fällen ist das Entgelt nur für den Anspruchszeitraum zu zahlen. Zur Berechnung sind dabei die Tage mit Entgeltanspruch in Relation zur Gesamtzahl der (Kalender-)Tage des Monats zu setzen. Je nach Monat stehen somit für den einzelnen Tag $^1/_{28}$, $^1/_{29}$, $^1/_{30}$ oder $^1/_{31}$ zu.

In Satz 2 und 3 ist geregelt, wie zu verfahren ist, wenn nicht für den gesamten Tag, sondern nur für einen Teil des Tages Anspruch auf Entgelt bestand (z. B. wegen Teilnahme an einem Streik). In diesem Fall ist nur das Entgelt für den Anspruchszeitraum des Tages zu zahlen. Mangels Rundungsvorschrift sind die Zeitanteile dabei bis auf Minuten zu ermitteln. Zur Ermittlung des auf eine Stunde entfallenden Entgeltanteils sind die in Monatsbeträgen festgelegten Entgeltbestandteile – insbesondere der Tabellenlohn – durch das 4,348-fache der regelmäßigen wöchentlichen Arbeitszeit zu teilen. Der Faktor 4,348 drückt dabei die durchschnittliche Wochenzahl eines Monats aus (7 Tage × 4,348 = 30,436 Tage).

[1]) abgedruckt als **Anhang 1**

Beispiel:
Ein Beschäftigter des Bundes (39 Stunden Wochenarbeitszeit) arbeitet nur sechs von acht Stunden. Das Monatsentgelt (Tabellenentgelt sowie sonstige Entgeltbestandteile) von angenommen 2000 Euro entspricht einem Stundenentgelt von 11,79 Euro (4,348 × 39 = 169,572; 2000 ÷ 169,572 = 11,79).

Rundung (Abs. 4)

In Absatz 4 haben die Tarifpartner Vereinbarungen zur Rundung von Entgelt und Entgeltbestandteilen getroffen.

- Die Beträge sind gemeinüblich zu runden (also ab 0,5 Cent nach oben, sonst nach unten – Satz 1).
- Zwischenrechnungen sind auf zwei Dezimalstellen durchzuführen (Satz 2).
- Jeder Entgeltbestandteil ist einzeln zu runden.

Zulagen für Bruchteile eines Monats (Abs. 5)

Absatz 5 bestimmt, dass in dem Fall, in dem die Voraussetzungen für eine Zulage im Laufe eines Monats entfallen, das Berechnungsverfahren nach Absatz 3 Anwendung findet.

Pauschalierung (Abs. 6)

Absatz 6 lässt – wie zuvor z. B. § 35 Abs. 4 BAT – die einzelvertragliche Pauschalierung von Entgeltbestandteilen (z. B. Zeitzuschlägen, Erschwerniszuschlägen) zu. Die Aufzählung ist nicht abschließend, so dass davon ausgegangen werden kann, dass auch eine Pauschalierung von Überstunden möglich ist. Die Vereinbarung dient der Vereinfachung und erscheint dort sinnvoll, wo aus stets wiederkehrendem Anlass Zuschläge in etwa gleichem Umfang anfallen.

II

Anhang 1

Rückforderung des zu viel gezahlten Entgelts bei Tarifbeschäftigten

BMI-Rundschreiben vom 4. August 2021
– D 5-31002/28#10 –

Dieses Rundschreiben ersetzt das Rundschreiben vom 27. Juli 2006 (Az.: D II 2 – 220 210 2/0), das hiermit aufgehoben wird.

Im Falle der Überzahlung von Entgelt bitte ich im Einvernehmen mit dem Bundesministerium der Finanzen um die Beachtung der folgenden Grundsätze:

1. Rückzahlungsverpflichtung nach Bereicherungsrecht

Zu viel gezahltes Entgelt ist grundsätzlich nach den Vorschriften des Bürgerlichen Gesetzbuchs (BGB) über die Verpflichtung zur Herausgabe einer ungerechtfertigten Bereicherung (§§ 812 ff. BGB) zurückzufordern. Entgelt ist „zu viel gezahlt", soweit es ohne rechtlichen Grund gezahlt wurde, wobei unerheblich ist, ob der rechtliche Grund von Anfang an nicht bestanden hat oder erst später weggefallen ist. Entgelt im Sinne dieses Rundschreibens sind alle Geldleistungen, die der Arbeitgeber erbracht hat (z. B. Tabellenentgelt, Zulagen, Zuschläge, Entgeltfortzahlung, Krankengeldzuschuss, Einmalzahlungen, Trennungsgeld, Reise- und Umzugskostenvergütung).

Eine Rückforderung des zu viel gezahlten Entgelts ist ausgeschlossen, soweit die/der Beschäftigte nicht mehr bereichert ist (§ 818 Abs. 3 BGB). Dies ist nur dann der Fall, wenn das Erlangte ersatzlos weggefallen ist und kein Überschuss zwischen dem vorhandenen Vermögen und dem Vermögen mehr besteht, das ohne den bereichernden Vorgang vorhanden wäre. Ein Wegfall der Bereicherung ist daher anzunehmen, wenn die/der Beschäftigte die rechtsgrundlose Leistung ersatzlos für Ausgaben verwendet hat, die sie/er sonst nicht gemacht hätte.

Von dem Fortbestehen einer Bereicherung ist hingegen in Konstellationen auszugehen, wenn die/der Beschäftigte mit der Ausgabe des Erlangten anderweitige Aufwendungen erspart hat. Ebenso besteht die Bereicherung in Höhe der Befreiung von einer Verbindlichkeit fort, soweit die/der Beschäftigte mit dem Erlangten bestehende Schulden tilgt.

II

Bei geringen Überzahlungen des laufenden Arbeitsentgelts[1]) spricht ein Beweis des ersten Anscheins dafür, dass das überzahlte Entgelt für den laufenden Lebensunterhalt verbraucht wird. Wird von der/dem Beschäftigten gegen einen Rückforderungsanspruch der Wegfall der Bereicherung eingewendet, kann dieser daher ohne nähere Prüfung unterstellt werden, wenn das im jeweiligen Monat zu viel gezahlte Entgelt 10 v. H. des insgesamt zustehenden Bruttobetrages, höchstens aber 250 Euro brutto, nicht übersteigt.

Dies gilt nicht, sofern die Voraussetzungen des § 818 Abs. 4 BGB oder des § 819 BGB vorliegen. Wenn die/der Beschäftigte den Mangel des rechtlichen Grundes für zu viel gezahltes Entgelt kennt oder erfährt ihn später (positive Kenntnis), kann dem Rückforderungsanspruch des Arbeitgebers die Einrede des Wegfalls der Bereicherung nicht entgegengesetzt werden (§ 818 Abs. 3 i. V. m. § 819 Abs. 1 BGB).

Die im Tarifbereich im Unterschied zum Besoldungsbereich bestehende Geltendmachungspflicht der Einrede des Wegfalls der Bereicherung ist eine Konsequenz der unterschiedlichen rechtlichen Rahmenbedingungen; zur verschärften Haftung im Besoldungsbereich siehe § 12 Abs. 2 BBesG.

2. Tarifvertragliche Ausschlussfrist

Die tarifvertragliche Ausschlussfrist nach § 37 TVöD ist zu beachten. Die Ansprüche aus dem Arbeitsverhältnis verfallen, wenn sie nicht innerhalb von sechs Monaten nach ihrer Fälligkeit in Textform geltend gemacht werden. Bei Ansprüchen auf Rückforderung zu viel gezahlter Entgelte wird der Anspruch grundsätzlich im Zeitpunkt der Überzahlung fällig. Der Zahltag wird nach § 24 Abs. 1 TVöD bestimmt. Auf eine Kenntnis des Arbeitgebers, dass er überzahlt hat, kommt es nicht an[2]).

Auf die Ausschlussfrist nach § 37 TVöD kann sich die/der Beschäftigte jedoch nicht berufen, wenn sie/er es pflichtwidrig unterlassen hat, dem Arbeitgeber Umstände mitzuteilen, die die Erhebung des Rückzahlungsanspruchs innerhalb der Ausschlussfrist ermöglicht hätten. Zu einer solchen Mitteilung ist die/der Beschäftigte verpflichtet, wenn sie/er bemerkt hat, dass sie/er eine gegenüber sonst ungewöhnlich hohe Zahlung erhalten hat, deren Grund sie/er nicht klären kann.[3]) Die/Der Beschäftigte kann sich auch nicht auf die Ausschlussfrist berufen,

---

1) Gilt nicht für Einmalzahlungen, vgl. BAG-Urteil vom 24. 10. 2000 – 9 AZR 610/99.

2) BAG, Urteil vom 19. 02. 2004 – 6 AZR 664/02.

3) BAG, Urteil vom 01. 06. 1995 – 6 AZR 912/94.

wenn eine Überzahlung allein darauf beruht, dass die/der Beschäftigte für die Entgeltzahlung maßgebliche Tatsachen verschweigt[1]).

Die Geltendmachung muss den jeweiligen Rückzahlungsanspruch dem Grunde und der Höhe nach und Rückzahlungsmodalitäten hinreichend deutlich bezeichnen, insbesondere ist der Anspruchszeitraum mit der für die/den Beschäftigte/n notwendigen Deutlichkeit ersichtlich zu machen[2]). Die/Der Beschäftigte muss aus der Geltendmachung erkennen können, aus welchem Sachverhalt und in welcher Größenordnung sie/er in Anspruch genommen werden soll. Die/Der Beschäftigte ist darüber zu unterrichten, in welcher Form die Rückzahlung erfolgen soll. Die Beschäftigte/den Beschäftigten ist auf die Möglichkeit hinzuweisen, sich auf den Wegfall der Bereicherung zu berufen.

Der Rückzahlungsanspruch muss mindestens in Textform gemäß § 126b BGB geltend gemacht werden, so dass eine lesbare Erklärung, in der die Person des Erklärenden genannt ist, auf einem dauerhaften Datenträger abgegeben wird (vgl. Rundschreiben vom 16. April 2020, Az.: DS-31000/55#3, Ziffer 4). Für die Einhaltung der Textform nach § 126b BGB ist beispielsweise eine E-Mail, die den Namen und die Adresse des Absenders enthält und den Abschluss der Erklärung durch eine Grußformel und die Wiederholung des Namens eindeutig kenntlich macht, ausreichend. Textnachrichten, wie SMS oder WhatsApp, entsprechen diesen Vorgaben regelmäßig nicht.

§ 59 BHO und die dazu bestehenden Verwaltungsvorschriften bleiben unberührt.

---

1) BAG, Urteil vom 19. 02. 2004 – 6 AZR 664/02.

2) BAG, Urteil vom 13. 11. 1986 – 6 AZR 529/83.

§ 25 Betriebliche Altersversorgung

Die Beschäftigten haben Anspruch auf Versicherung unter eigener Beteiligung zum Zwecke einer zusätzlichen Alters- und Hinterbliebenenversorgung nach Maßgabe des Tarifvertrages über die betriebliche Altersversorgung der Beschäftigten des öffentlichen Dienstes (Tarifvertrag Altersversorgung – ATV) bzw. des Tarifvertrages über die zusätzliche Altersvorsorge der Beschäftigten des öffentlichen Dienstes – Altersvorsorge-TV-Kommunal – (ATV-K) in ihrer jeweils geltenden Fassung.

Erläuterungen

Die Regelungen des § 25 zur betrieblichen Altersversorgung entsprechen in ihrer Struktur den bisherigen Bestimmungen – z. B. in § 46 BAT.

Wie bisher wird den Beschäftigten kein tarifvertraglicher Anspruch auf betriebliche Altersversorgung eingeräumt, sondern nur ein Anspruch auf Versicherung zum Zwecke einer zusätzlichen Alters- und Hinterbliebenenversorgung nach näherer Maßgabe des Tarifvertrages Altersversorgung (ATV) bzw. des Altersvorsorge-TV-Kommunal (ATV-K)[1]). Weitere Vorschriften zur Durchführung der zusätzlichen Alters- und Hinterbliebenenversorgung ergeben sich aus der Satzung der Versorgungskassen – z. B. der Satzung für die Versorgungsanstalt des Bundes und der Länder (VBL).

Wegen der in ihren Grundzügen vergleichbaren Regelung kann das in den letzten Jahr(zehnt)en gewachsene Recht bzw. die dazu ergangene Rechtsprechung weiterhin zu Rate gezogen werden. Besonders zu beachten sind dabei die folgenden Grundsätze:

Anspruch auf Versicherung

Die tarifliche Regelung verpflichtet den Arbeitgeber, die unter den BAT/TVöD fallenden Beschäftigten zum Zwecke einer zusätzlichen Alters- und Hinterbliebenenversorgung zu versichern. Die Versicherung ist so auszugestalten, dass der pflichtversicherte Arbeitnehmer für sich und seine Hinterbliebenen eine Anwartschaft auf eine neben der gesetzlichen Rente zustehende Rente erwerben kann. Die tarifliche Regelung begründet keinen Anspruch auf zusätzliche Alters- und Hinterbliebenenversorgung unmittelbar gegenüber dem Arbeitgeber. Der Anspruch richtet sich lediglich auf Versicherung zum Zwecke der zusätzlichen Alters- und Hinterbliebenenversorgung. Unterlässt der Arbeitgeber es schuldhaft, den Beschäftigten (überhaupt oder rechtzeitig) entsprechend den tariflichen Vorschriften zu versichern, so haftet er dem Beschäftigten für die diesem daraus entstehenden

---

[1]) ATV-K abgedruckt unter **810**

Nachteile (Urteil des BAG vom 26. 11. 1964 – 5 AZR 48/64, AP Nr. 20 zu § 10 AOGÖ – und vom 9. 9. 1966 – 1 AZR 259/65, AP Nr. 76 zu § 611 BGB Fürsorgepflicht). Lehnt ein Beschäftigter die Anwendung des BAT auf sein Arbeitsverhältnis ab, weil er eine höhere als die tarifliche Vergütung behalten möchte, so hat er nach dem Urteil des BAG vom 25. Februar 1999 – 3 AZR 113/97 – (BB 1999 S. 1388) keinen Anspruch darauf, dass der Arbeitgeber ihm aus Gründen der Gleichbehandlung mit BAT-Kräften die tariflich geregelte Zusatzversorgung verschafft. Arbeitgeber, die an der Versorgungsanstalt des Bundes und der Länder (VBL) beteiligt sind, müssen jedem ihrer Beschäftigten die Satzung der Versorgungseinrichtung aushändigen. Eine schuldhafte Verletzung dieser Pflicht kann zu Schadenersatzansprüchen führen, wenn Beschäftigte aus Unkenntnis sinnvolle Versicherungsanträge nicht stellen und dadurch einen Versorgungsschaden erleiden (Urteil des BAG v. 15. 10. 1985 – 3 AZR 612/83 – NZA Heft 11/1986 S. 360). Ebenso können Schadenersatzansprüche des Beschäftigten entstehen, wenn es der Arbeitgeber schuldhaft unterlässt, den Beschäftigten auf die zu dessen Gunsten bestehenden Versorgungsmöglichkeiten hinzuweisen (Urteil des BAG vom 22. 11. 1963 – 1 AZR 17/63, AP Nr. 6 zu § 611 BGB Öffentlicher Dienst). Auskünfte, die der Arbeitgeber dem Beschäftigten hinsichtlich seiner Zusatzversicherung erteilt, müssen richtig und vollständig sein (auch anlässlich der Beendigung des Arbeitsverhältnisses); wenn ein Personalsachbearbeiter Zweifel hat, ob er nach seiner Kenntnis über die Satzung der Zusatzversorgungskasse ein Auskunftsersuchen zutreffend beantworten kann, so muss er sich bei der Kasse unterrichten oder die Anfrage des Beschäftigten dorthin zur Beantwortung weitergeben. Nimmt er diese Möglichkeit nicht wahr und gibt von sich aus eine falsche Auskunft, handelt er schuldhaft. Ein Beschäftigter des öffentlichen Dienstes handelt dagegen nicht schuldhaft, wenn er sich auf eine von dem Personalsachbearbeiter erteilte Auskunft verlässt, die nach den Umständen klar und vollständig erscheint (Urteil des BAG vom 24. 5. 1974 – 3 AZR 422/73, AP Nr. 6 zu § 242 BGB Ruhegehalt VBL).

Eigenbeteiligung

Nach dem Wortlaut des Tarifvertrages hat sich der Beschäftigte an den Aufwendungen für die Versicherung zu beteiligen. Diese Voraussetzung war mit der (stufenweisen) Übernahme des Arbeitnehmeranteils am Versicherungsbeitrag durch den Arbeitgeber praktisch entfallen. Seit dem 1. 7. 1973 trug der Arbeitgeber die Aufwendungen für die Zusatzversicherung nämlich zunächst allein.

Die grundsätzliche Beteiligung der Beschäftigten an den Kosten der Zusatzversorgung war seit dem 1. 1. 1999 aber durch den 24. Änd-TV zum Versorgungs-TV v. 20. 5. 1998, den 22. Änd-TV zum VersTV-Saar v. 20. 5. 1998 und den 32. Änd-TV zum VersTV-G v. 22. 6. 1998 wieder eingeführt worden. Dort war festgelegt worden, dass die Arbeitnehmer bei künftigen Erhöhungen des Umlagesatzes den Erhöhungsbetrag zur Hälfte tragen mussten, sobald der Umlagesatz ihrer Zusatzversorgungseinrichtung 5,2 v. H. des zusatzversorgungspflichtigen Entgelts übersteigt. Während viele bei kommunalen Zusatzversorgungskassen (z. B. rheinische ZVK) versicherte Angestellte weiterhin von einem Eigenanteil verschont blieben, weil der Umlagesatz ihrer Kasse weiterhin die Grenze von 5,2 v. H. nicht überstieg, wurden die bei der VBL Versicherten ab dem 1. 1. 1999 wieder zu einem Arbeitnehmeranteil herangezogen. Da seit dem 1. 1. 1999 der Umlagesatz zur VBL 7,7 v. H. betrug, mussten sich die Arbeitnehmer daran mit 1,25 v. H. [(7,7 – 5,2) ÷ 2] beteiligen; der Arbeitgeber trug den Rest, somit 6,45 v. H. Der Umlagesatz wurde durch die 31. Änderung der VBL-Satzung mit Wirkung vom 1. 1. 2023 auf 5,49 v. H. festgelegt.

Im Zusammenhang mit dem Umstieg auf das neue, im ATV verankerte Zusatzversorgungssystem wurde der Arbeitnehmerbeitrag zur VBL ab dem 1. 1. 2002 auf 1,41 v. H. festgelegt. Der Arbeitnehmerbeitrag erhöht sich für die Beschäftigten des Bundes und der bei der VBL versicherten Beschäftigten Kommunen in drei Schritten (ab 1. 7. 2016 um 0,2 v. H., ab 1. 7. 2017 um 0,3 v. H. und ab 1. 7. 2019 um 0,4 v. H.) auf 1,81 v. H. Der Arbeitnehmerbeitrag der übrigen Beschäftigten der Kommunen erhöht sich ebenfalls in drei Schritten (ab 1. 7. 2016 um 0,2 v. H., ab 1. 7. 2017 um 0,3 v. H. und ab 1. 7. 2018 um 0,4 v. H.).[1]) Wegen der Arbeitnehmerbeiträge im Tarifgebiet Ost vgl. § 37a ATV bzw. § 66a der VBL-Satzung (dort ist der Einstieg ins Kapitaldeckungsverfahren geregelt).

Versicherungsleistungen

Die Tarifpartner haben in der Lohnrunde 2000 – vor allem vor dem Hintergrund sich abzeichnender Deckungslücken bei der VBL – vereinbart, Verhandlungen mit dem Ziel zu führen, die Zusatzversorgung auf eine dauerhaft finanzierbare Grundlage zu stellen. Ergebnis der Verhandlungen war der Altersvorsorgeplan 2001, der mit dem ATV bzw. ATV-K umgesetzt worden ist.

Kernpunkt des neuen Rechts, das die zusätzliche Alters- und Hinterbliebenenversorgung auf eine völlig neue Grundlage stellt, ist die Abkehr vom zuvor geltenden System der Gesamtversorgung. Dieses System wurde rückwirkend zum 31. 12. 2000 geschlossen und durch ein Betriebsrentensystem in Form eines versicherungsmathemati-

---

1) s. dazu § 15a ATV-K, abgedruckt unter **810**

schen Punktemodells, das die Leistungen unabhängig von dritten Bezugssystemen (Rentenversicherung, Beamtenversorgung, Steuerrecht) definiert, ersetzt.

Nach dem neuen Recht tritt eine nach Entgeltpunkten bemessene Zusatzversorgungsrente additiv zu der Grundversorgung der gesetzlichen Rente hinzu. Die Versorgungspunkte ergeben sich aus dem Produkt von Beiträgen und einem Altersfaktor. Das Verfahren ähnelt dem aus der gesetzlichen Rentenversicherung bekannten Verfahren der Ermittlung von Entgeltpunkten. Es spiegelt im Ergebnis die gesamte Lebensarbeitsleistung wider.

In das neue Betriebsrentensystem werden alle aktiv Beschäftigten übergeleitet. Für die rentennahen Jahrgänge (dies sind Beschäftigte, die am 1. Januar 2002 das 55. Lebensjahr vollendet haben) werden die zu übertragenden Anwartschaften unter weiterer Berücksichtigung des alten Systems, bei den übrigen Arbeitnehmern in Anlehnung an das BetrAVG ermittelt.

Mit dem Umstieg vom Gesamtversorgungssystem auf das neue Punktemodell wird der Arbeitnehmerbeitrag zur VBL-West auf 1,41 v. H. (statt 1,25 v. H. bis 31. 12. 2001) festgeschrieben. Wegen der Arbeitnehmerbeiträge im Tarifgebiet Ost vgl. § 37a ATV bzw. § 66a der VBL-Satzung (dort ist der Einstieg ins Kapitaldeckungsverfahren geregelt). Den Beschäftigten wird indessen eine spätere Rentenleistung garantiert, die sich bei einem kapitalgedeckten (und damit gesicherten) System aus einer Beitragsleistung von 4 v. H. ergibt.

Durch den Systemwechsel erhalten die Beschäftigten nunmehr auch die Möglichkeit, darüber hinaus eine private Altersvorsorge mit der so genannten Riesterförderung zu betreiben, da der in § 10a Abs. 1 Satz 4 EStG normierte Ausschluss der bei einer Zusatzversorgungskasse des öffentlichen Dienstes Pflichtversicherten mit Anspruch auf eine beamtenähnliche Gesamtversorgung nicht mehr greift. Die Beschäftigten des öffentlichen Dienstes gehören nunmehr ab 2002 zum Kreis der nach § 10a EStG begünstigten Personen. Sie haben damit die Möglichkeit, ab 1. Januar 2002 aus ihrem individuell versteuerten und verbeitragten Nettoeinkommen – neben der neuen Betriebsrente – eine zusätzliche kapitalgedeckte Altersversorgung freiwillig und unter Inanspruchnahme der steuerlichen Förderung aufzubauen. Klarstellend sei darauf hingewiesen, dass der Arbeitnehmerbeitrag zur Umlage (Abrechnungsverband West) steuerlich nicht förderfähig ist.

Die Möglichkeit der Entgeltumwandlung im kommunalen Bereich ist im TV Entgeltumwandlung[1]) geregelt.

---

[1]) abgedruckt unter **740**

Abschnitt IV
Urlaub und Arbeitsbefreiung

§ 26 Erholungsurlaub

(1)[1] [1]Beschäftigte haben in jedem Kalenderjahr Anspruch auf Erholungsurlaub unter Fortzahlung des Entgelts (§ 21). [2]Bei Verteilung der wöchentlichen Arbeitszeit auf fünf Tage in der Kalenderwoche beträgt der Urlaubsanspruch in jedem Kalenderjahr 30 Arbeitstage. [3]Bei einer anderen Verteilung der wöchentlichen Arbeitszeit als auf fünf Tage in der Woche erhöht oder vermindert sich der Urlaubsanspruch entsprechend. [4]Verbleibt bei der Berechnung des Urlaubs ein Bruchteil, der mindestens einen halben Urlaubstag ergibt, wird er auf einen vollen Urlaubstag aufgerundet; Bruchteile von weniger als einem halben Urlaubstag bleiben unberücksichtigt. [5]Der Erholungsurlaub muss im laufenden Kalenderjahr gewährt und kann auch in Teilen genommen werden.

Protokollerklärung zu Absatz 1 Satz 5:
Der Urlaub soll grundsätzlich zusammenhängend gewährt werden; dabei soll ein Urlaubsteil von zwei Wochen Dauer angestrebt werden.

(2) Im Übrigen gilt das Bundesurlaubsgesetz mit folgenden Maßgaben:

a) Im Falle der Übertragung muss der Erholungsurlaub in den ersten drei Monaten des folgenden Kalenderjahres angetreten werden. Kann der Erholungsurlaub wegen Arbeitsunfähigkeit oder aus betrieblichen/dienstlichen Gründen nicht bis zum 31. März angetreten werden, ist er bis zum 31. Mai anzutreten.

b) Beginnt oder endet das Arbeitsverhältnis im Laufe eines Jahres, erhält die/der Beschäftigte als Erholungsurlaub für jeden vollen Monat des Arbeitsverhältnisses ein Zwölftel des Urlaubsanspruchs nach Absatz 1; § 5 BUrlG bleibt unberührt.

c) Ruht das Arbeitsverhältnis, so vermindert sich die Dauer des Erholungsurlaubs einschließlich eines etwaigen Zusatzurlaubs für jeden vollen Kalendermonat um ein Zwölftel.

d) Das nach Absatz 1 Satz 1 fortzuzahlende Entgelt wird zu dem in § 24 genannten Zeitpunkt gezahlt.

Erläuterungen

§ 26 TVöD umfasst die Regelungen zum Anspruch auf Erholungsurlaub und konkretisiert damit wesentlich die gesetzlichen Vorschriften des Bundesurlaubsgesetzes (BUrlG)[2]. Im Gegensatz zum früheren BAT bzw. der vergleichbaren Regelungen für die Arbeiter haben die Tarifpartner in dieser Vorschrift weitgehend auf eigenständige Regelungen zum Erholungsurlaub verzichtet und vermehrt (z. B. für

---

[1]) Ab dem Kalenderjahr 2027 erhöht sich der Erholungsurlaub um einen weiteren Tag, siehe Teil A Nr. 4 der unter **150** abgedruckten Tarifeinigung

[2]) abgedruckt als **Anhang 1**

die Urlaubsabgeltung) das BUrlG in Bezug genommen. Wie der vollständige Name des BUrlG („Mindesturlaubsgesetz für Arbeitnehmer") schon besagt, regelt das Gesetz insbesondere, in welchem Umfang Arbeitgeber Arbeitnehmern in Deutschland mindestens bezahlten Erholungsurlaub zu gewähren haben.

Während Absatz 1 der Vorschrift den eigentlichen Urlaubsanspruch, die Berechnung ebendieses Anspruches sowie die Gewährung des Urlaubes regelt, enthält Absatz 2 Maßgaben, mit denen die Regelungen des BUrlG im Geltungsbereich des TVöD anzuwenden sind. Ergänzende Hinweise des Bundesministeriums des Innern (BMI) sind in den Anhängen 2–5 beigefügt.

Auf die teilweise abweichenden Sonderregelungen in §§ 45 und 46 (Bund) und §§ 51 und 52 (VKA) des Besonderen Teils Verwaltung[1]) sowie § 52 des Besonderen Teils Pflege- und Betreuungseinrichtungen[2]) wird hingewiesen.

Grundsätzlich ist zu beachten, dass die Rechtsprechung im Bereich des Erholungsurlaubes sowohl auf EU-Ebene als auch auf Bundesebene seit vielen Jahren im Fluss ist und stetig fortentwickelt wird.

Anspruch auf Erholungsurlaub (Abs. 1)

In dieser Vorschrift sind die Urlaubsdauer und die Berechnung des Anspruchs auf Erholungsurlaub geregelt.

Die Tarifpartner hatten bei In-Kraft-Treten des TVöD in § 26 Abs. 1 Satz 2 TVöD zunächst eine altersabhängige Urlaubsstaffel vereinbart. Diese sah vor, dass der Urlaub bis zum vollendeten 30. Lebensjahr 26 Arbeitstage, bis zum vollendeten 40. Lebensjahr 29 Arbeitstage und danach 30 Arbeitstage betrug. Das BAG hatte mit Urteil vom 20. März 2012 – 9 AZR 529/10 – entschieden, dass diese altersabhängige Urlaubsstaffel einen Verstoß gegen das Allgemeine Gleichbehandlungsgesetz (AGG) darstelle. Der Verstoß könne in dem anhängigen Fall nur beseitigt werden, indem die Dauer des Urlaubs der Betroffenen so weit „nach oben" angepasst wird, dass der Urlaubsanspruch in jedem Kalenderjahr einheitlich für alle Altersgruppen 30 Arbeitstage beträgt. Im Rahmen der Tarifrunde 2014 wurde dann im Gesamtpaket der Tarifeinigung die Urlaubsstaffel aufgegeben und ein einheitlicher Urlaubsanspruch von 30 Arbeitstagen für alle Beschäftigten vereinbart.

---

1) abgedruckt unter **215**

2) abgedruckt unter **235**

Der Urlaubsanspruch nach dem BUrlG entsteht

- erstmalig nach sechsmonatigem Bestehen des Arbeitsverhältnisses (Wartezeit im Sinne des § 4 BUrlG)
- nach einmal erfüllter Wartezeit jeweils mit dem Beginn eines Kalenderjahres (§ 1 BUrlG).

Nähere Ausführungen zur Entstehung des Urlaubsanspruchs enthalten darüber hinaus die Durchführungshinweise im Anhang 2.

Berechnung des Urlaubsanspruchs

Die tarifliche Urlaubsdauer von 30 Tagen ist auf der Grundlage einer Fünf-Tage-Woche festgelegt worden (Satz 2); bei einer anderen Verteilung der wöchentlichen Arbeitszeit ist der Urlaubsanspruch entsprechend umzurechnen (Satz 3). Ein bestimmtes Verfahren zur Umrechnung haben die Tarifpartner im TVöD nicht festgelegt. Es dürften somit keine Bedenken bestehen, nach allgemeinen mathematischen Grundsätzen zu verfahren, sodass der Urlaubsanspruch jeweils durch fünf (wegen der zugrundeliegenden Fünf-Tage-Woche) zu teilen und anschließend mit den tatsächlichen wöchentlichen Arbeitstagen zu multiplizieren ist.

> **Beispiel:**
> Ein Beschäftigter arbeitet in einer Sechs-Tage-Woche. Der Urlaubsanspruch von 30 Tagen ist durch fünf zu teilen und mit sechs zu multiplizieren. Der Urlaubsanspruch ist somit auf 36 Tage zu erhöhen. Bei im Laufe des Jahres wechselnder Arbeitsverteilung ist der Urlaubsanspruch ggf. getrennt für jeden Zeitraum zu ermitteln.

Nach Satz 4 der Vorschrift sind Bruchteile von Urlaubstagen (die sich z. B. bei der Berechnung nach Satz 3 ergeben) auf einen vollen Tag aufzurunden, wenn der Bruchteil mindestens einen halben Tag beträgt. Darunterliegende Bruchteile bleiben unberücksichtigt; sie verfallen somit.

Hinsichtlich der Berechnung des Urlaubsanspruchs bei Änderung des Beschäftigungsumfangs/Beschäftigungsmodells im Laufe des Urlaubsjahres hat das BMI mit Rundschreiben vom 20. Dezember 2019 gesonderte Durchführungshinweise erlassen[1]). Erforderlich wurden diese Hinweise insbesondere dadurch, dass das BAG im Jahr 2015 seine bisherige Rechtsprechung zur Berechnung des Urlaubsanspruchs in Folge von unionsrechtlichen Vorgaben durch den Europäischen Gerichtshof (EuGH) grundsätzlich aufgegeben hat (mehr dazu unten). Die Durchführungshinweise stellen die Folgerungen der neuen BAG-Rechtspre-

---

[1]) abgedruckt als **Anhang 3**

chung getrennt für die Urlaubsdauer (Ziffer 2.1 der Hinweise) und für das Urlaubsentgelt (Ziffer 2.2 der Hinweise) dar. Während bei den Folgerungen für die Urlaubsdauer besonders zwischen der Änderung des Beschäftigungsumfangs bei unveränderter Anzahl der Arbeitstage in der Kalenderwoche (Ziffer 2.1.1 der Hinweise) und der Änderung der Anzahl der Arbeitstage in der Kalenderwoche (Ziffer 2.1.2 der Hinweise) zu unterscheiden ist, ergeben sich hinsichtlich der Folgerungen für das Urlaubsentgelt unterschiedliche Rechtsfolgen dahingehend, ob es sich um eine Verringerung der Arbeitszeit (Ziffer 2.2.1 der Hinweise) oder um eine Erhöhung der Arbeitszeit (Ziffer 2.2.2 der Hinweise) handelt.

Hintergrund dieser Durchführungshinweise und der diesen Hinweisen zugrundeliegenden geänderten BAG-Rechtsprechung war im Kern die nachstehende Entwicklung unionsrechtlicher Vorgaben des EuGH:

Der EuGH hat mit seiner sogenannten „Tirol-Entscheidung" (Urteil vom 22. 4. 2010 – C-486/08) festgestellt, dass das Unionsrecht dahingehend auszulegen sei, dass die Inanspruchnahme des Jahresurlaubs zu einer späteren Zeit als dem Bezugszeitraum in keiner Beziehung zu der in dieser späteren Zeit vom Arbeitnehmer erbrachten Arbeitszeit stehe. Folglich darf durch eine Veränderung, insbesondere Verringerung der Arbeitszeit beim Übergang von einer Vollzeit- zu einer Teilzeitbeschäftigung, der Anspruch auf Jahresurlaub, den der Arbeitnehmer in der Zeit der Vollbeschäftigung erworben hat, nicht gemindert werden.

Der Urlaubsanspruch in Deutschland wurde jedoch zu diesem Zeitpunkt bereits bei einem Wechsel auf Teilzeit nicht reduziert, sondern ausschließlich beim Wechsel der Anzahl der Wochenarbeitstage „technisch umgerechnet". Wer vor dem Wechsel auf Teilzeit x Wochen Resturlaub hatte, behält diese Wochenanzahl auch nach Umrechnung (aus 15 Tagen = drei Wochen bei einer Fünf-Tage-Woche bleiben bei einer Drei-Tage-Woche 3/5 = 9 Tage = drei Wochen). Wenn jemand trotz Teilzeit weiterhin in einer Fünf-Tage-Woche arbeitet, erfolgt in Deutschland keine Minderung/Umrechnung. Umgekehrt erfolgt bei einer Vollzeitkraft die Umrechnung der Urlaubstage bei einem Wechsel der Wochenarbeitstage, so dass keine Teilzeitdiskriminierung vorliegt. Eine Änderung im Lichte der EuGH-Entscheidung war daher in diesem Punkt nicht erforderlich.

Etwas anders sah es bei der Berechnung des Urlaubs**entgelts** aus. Denn die Berechnung des Urlaubsentgelts richtete sich bis zu diesem Zeitpunkt nach dem Lohnausfallprinzip. Danach war das Entgelt für den Urlaubszeitraum fortzuzahlen, welches der Beschäftigte erhalten hätte, wenn er weitergearbeitet hätte. Mit Blick auf die EuGH-Rechtsprechung konnte bei Resturlaubsansprüchen, die vor einer Arbeitszeitverkürzung erworben wurden und tatsächlich bis zum Wechsel des Arbeitszeitmodells nicht in Anspruch genommen werden konnten, an dem bisherigen Berechnungsprinzip für das Urlaubsentgelt nicht weiter festgehalten werden. In den Fällen, in denen der Arbeitnehmer konkret gehindert war, den Resturlaub noch in der Phase vor Umstellung seiner Arbeitszeit zu nehmen, ist das Urlaubsentgelt noch auf der Grundlage des vor der Arbeitszeitreduzierung erzielten Entgelts zu zahlen. Dies gilt zumindest in Bezug auf den Mindesturlaub nach dem Bundesurlaubsgesetz.

Anknüpfend an diese „Tirol-Entscheidung" hat der EuGH mit seiner Entscheidung vom 13. Juni 2013 – C-415/12 (Brandes) – auf Veranlassung eines Vorlagebeschlusses des Arbeitsgerichtes Nienburg (beklagt war das Land Niedersachsen) die Aussagen seines Tirol-Beschlusses für das deutsche Urlaubsrecht im Kern bestätigt und ausgeführt, dass eine zeitanteilige Kürzung des Urlaubs wegen Teilzeitbeschäftigung nicht in Betracht kommt, wenn der Urlaub

1. in einer Zeit der Vollzeitbeschäftigung erworben wurde, und
2. der Arbeitnehmer tatsächlich nicht die Möglichkeit hatte, diesen Anspruch auszuüben.

In Folge der sogenannten „Greenfield-Entscheidung" des EuGH (Urteil vom 11. 11. 2015 – C-219/14), worin dieser seine unionsrechtlichen Vorgaben zur Berechnung von Urlaubsansprüchen in einem Fall der Erhöhung der Arbeitszeit präzisiert hat, hat das BMI am 20. Dezember 2019 die als Anhang 3 abgedruckten Durchführungshinweise mit dem Ziel einer möglichst praktikablen Umsetzung und einer weitgehenden Reduzierung des Verwaltungsaufwandes unter Beachtung der zwischenzeitlich ergangenen BAG-Rechtsprechung veröffentlicht.

Geltendmachung und Gewährung von Urlaub

Satz 5 der Vorschrift bestimmt, dass der Erholungsurlaub im laufenden Kalenderjahr gewährt werden muss und auch in Teilen genommen werden kann. Die Protokollerklärung dazu legt ergänzend fest, dass der Urlaub grundsätzlich zusammenhängend genommen werden muss und ein Urlaubsteil dabei die Dauer von mindestens zwei Wochen erreichen soll. Mit dieser Regelung wird dem Erholungszweck des Urlaubs Rechnung getragen.

Arbeitnehmer sollten den Urlaubsanspruch in geeigneter Form geltend machen. Obwohl der Arbeitgeber den Urlaub auch ohne Geltendmachung des Arbeitnehmers gewähren kann (siehe z. B. BAG

II

vom 22. 9. 1992 – 9 AZR 483/91), besteht insoweit keine „Bringschuld" des Arbeitgebers, sodass ansonsten u. U. der Verfall nicht genommenen Urlaubs droht. Mit Blick auf die Entwicklung der Rechtsprechung (u. a. BAG-Urteil vom 19. 2. 2019 – 9 AZR 541/15 – und die Vorabentscheidung des EuGH vom 6. 11. 2018 – C-684/16 –) wird jedoch bereits an dieser Stelle auf die Hinweisobliegenheiten des Arbeitgebers hingewiesen. Das BAG hat im Laufe der vergangenen Jahre immer wieder bekräftigt, dass Resturlaubsansprüche über viele Jahre hinweg fortbestehen und angesammelt werden können, wenn Arbeitgeber ihren Hinweisobliegenheiten nicht ordnungsgemäß nachkommen. Die Beweislast für die Erfüllung der Hinweisobliegenheiten trägt der Arbeitgeber. Ausbessern lassen sich dahingehende Versäumnisse im Nachhinein kaum. Grundvoraussetzung für den Verfall nicht in Anspruch genommener Urlaubsansprüche ist also die pflichtgemäße Erfüllung der Aufforderungs- und Hinweisobliegenheiten des Arbeitgebers (BAG-Urteil vom 20. 12. 2022 – 9 AZR 266/20 –). Hinsichtlich des Sonderfalls Verfall von Urlaubsansprüchen bei einer dauerhaften Erkrankung siehe BAG-Urteil vom 20. 12. 2022 – 9 AZR 245/19 –. Arbeitgeber sind im Lichte der vorgenannten Rechtsprechung des EuGH und des BAG gut beraten, möglichst frühzeitig im Jahr ein entsprechendes „Erinnerungs-Management" schriftlich bzw. elektronisch zu vollziehen (ggf. Wiederholung bei grundlegenden Änderungen im Arbeitsverhältnis). Dabei sollte weder die Anzahl der Urlaubstage noch eine Aufforderung, die Urlaubstage so rechtzeitig zu beantragen, dass sie im Urlaubsjahr genommen werden können, sowie eine Belehrung über den Verfall nicht genommener Urlaubstage fehlen (siehe dazu das aktualisierte BMI-Rundschreiben vom 9. August 2023)[1]. Nach den Entwicklungen in den vergangenen Jahren ist zu erwarten, dass sowohl der EuGH als auch das BAG die Rechtsprechung zu den Hinweisobliegenheiten und zum Urlaubsrecht auch in den kommenden Jahren weiter verschärfen werden.

Das Verfahren zur Geltendmachung („Beantragung") und Gewährung des Urlaubs ist in der Tarifvorschrift gar nicht und im Bundesurlaubsgesetz (BUrlG) nur im Ansatz geregelt.

§ 7 Abs. 1 BUrlG beschränkt sich auf die Aussage, dass bei der zeitlichen Festlegung des Urlaubs die Urlaubswünsche des Arbeitnehmers zu berücksichtigen sind, wenn dem keine dringenden betrieblichen Belange oder Urlaubswünsche anderer Arbeitnehmer, die unter sozialen Gesichtspunkten den Vorrang verdienen, entgegenstehen.

---

1) abgedruckt als **Anhang 4**

Ausgehend von dieser eher vagen rechtlichen Basis hat sich in der Vergangenheit im Bereich der Verwaltung bzw. des öffentlichen Dienstes (und auch in der Privatwirtschaft) das in der Vielzahl der Fälle funktionierende System entwickelt, dass der Arbeitnehmer seinen Urlaubsanspruch (bzw. den Urlaubswunsch) mit Hilfe eines förmlichen, von der Vertretung abgezeichneten Urlaubsantrags schriftlich bzw. elektronisch geltend macht, den der Arbeitgeber dann im Regelfall genehmigt. Zum Teil erfolgt eine Vorfestlegung des Urlaubs in Urlaubslisten o. Ä., in denen die Beschäftigten einer größer oder kleiner geschnittenen Arbeitseinheit ihre Urlaubswünsche frühzeitig kundtun. Letztlich dient dieses Verfahren der Umsetzung der Zielvorgaben des § 7 Abs. 1 BUrlG, dass einerseits die Beschäftigten den Urlaubszeitrahmen im Rahmen der Möglichkeiten selbst bestimmen können, dass aber andererseits erstens die Interessen der anderen Beschäftigten unter Berücksichtigung sozialer Gesichtspunkte (z. B. Ferienabhängigkeit wegen schulpflichtiger Kinder) berücksichtigt werden und zweitens die Aufrechterhaltung des Dienstbetriebes gewährleistet ist. Die schriftliche bzw. mittlerweile elektronische Geltendmachung erleichtert zudem aus Verwaltungsgesichtspunkten die Führung der Urlaubskartei und ermöglicht es – nicht nur im Streitfall – die genommenen und noch zustehenden Urlaubsansprüche zu ermitteln. Vor dem Hintergrund der dazu ergangenen Rechtsprechung dürfte es dem Arbeitgeber verwehrt sein, einen bereits genehmigten Urlaub einseitig zu widerrufen oder gar Beschäftigte gegen deren Willen aus dem Urlaub zurückzurufen (siehe z. B. BAG vom 20. 6. 2000 – 9 AZR 405/99 und vom 14. 3. 2006 – 9 AZR 11/05). Die Möglichkeit, in besonderen Bedarfslagen den noch nicht angetretenen Urlaub einvernehmlich zu verschieben, besteht natürlich trotzdem. Entsprechendes gilt für die freiwillige Rückkehr des Beschäftigten aus dem bereits angetretenen Urlaub. In diesem Fall sollte aber vorab die Übernahme eventueller Kosten (z. B. Stornogebühren, zusätzliche Reisekosten) eindeutig festgelegt werden.

Maßgaben bei Anwendung des Bundesurlaubsgesetzes (Abs. 2)

In Absatz 2 haben die Tarifpartner im Eingangssatz zunächst vereinbart, dass „im Übrigen" (also soweit Absatz 1 keine Regelungen enthält) grundsätzlich das BUrlG gilt. In den Buchstaben a bis d des Absatzes 2 wurden jedoch „Maßgaben" (bzw. abweichende Regeln) für die Anwendung des BUrlG vereinbart.

Zu Buchst. a)

In dieser Vorschrift ist die Urlaubsübertragung in das dem Urlaubsjahr folgende Kalenderjahr teilweise abweichend von § 7 Abs. 3 BUrlG geregelt. In Ermangelung einer eigenen Regelung im TVöD gilt hinsichtlich der Übertragung zunächst der Grundsatz des BUrlG, nach dem die Übertragungsmöglichkeit auf betriebliche oder in der Person des Beschäftigten liegende Gründe beschränkt ist. Die Gründe müssen aber im Gegensatz zur Regelung im BUrlG nicht „dringend" sein. Ebenfalls abweichend von den Vorschriften des BUrlG kann – anstelle der im BUrlG vorgesehenen maximalen Übertragungsdauer bis zum 31. März des Folgejahres – der Urlaub bis zum 31. Mai des Folgejahres **angetreten** werden, wenn er in Folge von Arbeitsunfähigkeit oder betrieblichen/dienstlichen Gründen nicht bis zum 31. März genommen werden konnte. Im Ergebnis kann der Beschäftigte, der seinen Urlaub bis zum 31. März aus den genannten Gründen nicht antreten konnte, den Urlaub bis weit in den Juni hineinziehen; er muss ihn nur bis zum 31. Mai angetreten (im Sinne von begonnen) haben.

Das Bundesministerium des Innern hat im Einvernehmen mit dem Bundesministerium der Finanzen für den Bereich des Bundes in langjähriger Praxis übertariflich zugelassen, dass hinsichtlich der Übertragung von Urlaubsansprüchen in das Folgejahr entsprechend der für die Beamten des Bundes geltenden Vorschriften verfahren werden kann (siehe BMI-Rundschreiben vom 23. 5. 2022). Das bedeutet, dass der Urlaub bis zum 31. Dezember des Folgejahres genommen (nicht angetreten!) werden muss (§ 7 Abs. 2 Erholungsurlaubsverordnung). In dem Rundschreiben hat das Bundesministerium des Innern ausdrücklich darauf hingewiesen, dass sich für den gesetzlichen Mindesturlaub in Fällen fortdauernder Arbeitsunfähigkeit der erforderliche Mindestumfang des Übertragungszeitraums von 15 Monaten im Wege der unionsrechtskonformen Auslegung mittlerweile unmittelbar aus § 7 Abs. 3 BUrlG (BAG vom 7. 8. 2012 – 9 AZR 353/10) ergibt.

Auf die Hinweisobliegenheiten des Arbeitgebers hinsichtlich des Verfalls von nicht in Anspruch genommenen Urlaubstagen (vgl. oben) wird in diesem Zusammenhang noch einmal hingewiesen.

Zu Buchst. b) und c)

Diese Regelungen konkretisieren die Vorschrift des § 5 BUrlG zur anteiligen Urlaubsgewährung und bestimmen, dass der Urlaubsanspruch zu zwölfteln ist, wenn das Arbeitsverhältnis nicht das ganze Jahr besteht (Buchst. b) bzw. wenn es ruht (Buchst. c). Der Beschäftigte erhält somit bei einem nur in Teilen des Jahres bestehenden Beschäftigungsverhältnis für jeden vollen Monat ein Zwölftel des tariflichen Urlaubsanspruches.

Dabei ist jedoch zu beachten, dass zu Ungunsten des Beschäftigten nicht von den Vorschriften des BUrlG abgewichen werden darf. Dies ist in erster Linie beim Ausscheiden des Beschäftigten im zweiten Kalenderhalbjahr der Fall. In diesem Fall kann der tarifvertragliche Urlaubsanspruch hinter dem gesetzlichen Anspruch auf Mindesturlaub mit der Folge zurückbleiben, dass der vorrangige gesetzliche Anspruch erfüllt werden muss (siehe BAG vom 9. 8. 2016 – 9 AZR 51/16).

II

> **Beispiel:**
>
> Ein Beschäftigter scheidet zum 1. August aus dem Beschäftigungsverhältnis aus. Er hat einen tarifvertraglichen Anspruch auf $^7/_{12}$ des tariflichen Jahresurlaubs von 30 Tagen; das sind 17,5, aufgerundet 18 Tage. Der gesetzliche Urlaubsanspruch beträgt, da die Kürzungsvorschrift des § 5 Abs. 1 Buchst. c BUrlG beim Ausscheiden in der zweiten Jahreshälfte nicht greift und somit der Urlaubsanspruch in voller Höhe besteht, 24 Werktage, umgerechnet von der dem BUrlG zugrunde liegenden Sechs- auf eine Fünf-Tage-Woche somit 20 Tage. Der gesetzliche Anspruch ist zu erfüllen, dem Beschäftigten stehen 20 Tage Erholungsurlaub zu.

Einen Sonderfall bei der Zwölftelung von Urlaubsansprüchen hat das BMI in seinem Rundschreiben vom 11. Juli 2016 aufgegriffen. Es geht dabei um den Fall, dass ein Ausbildungs- oder Praktikantenverhältnis im Sinne des TVAöD bzw. TVPöD im Laufe eines Monats ohne Unterbrechung in ein Arbeitsverhältnis bei demselben Arbeitgeber übergeht. Wegen der Zwölftelungsregelung, die ein Zwölftel des Urlaubsanspruchs für jeden vollen Monat zuerkennt, in dem das Arbeits- bzw. Ausbildungs-/Praktikantenverhältnis bestand, würde der Teilmonat des Übergangs letztlich unberücksichtigt bleiben. Das BMI hat im Einvernehmen mit dem Bundesministerium der Finanzen zugestanden, diesen Teilmonat dem Arbeitsverhältnis zuzurechnen und anschließend die Urlaubsansprüche aus dem Ausbildungs-/Praktikantenverhältnis einerseits und dem Arbeitsverhältnis andererseits „spitz" auszurechnen, zu addieren und dann zu runden. Der Urlaubsanspruch beträgt bei dieser Rechenweise bei einem nahtlosen Wechsel vom Ausbildungs- in ein Arbeitsverhältnis im Laufe der Monate

- Januar bis Juli 30 Urlaubstage und
- August bis Dezember 29 Urlaubstage.

Für Auszubildende im Bereich des TVAöD – Besonderer Teil Pflege –, die im Schichtdienst arbeiten und denen deshalb im zweiten und dritten Ausbildungsjahr nach § 9 Abs. 1 Satz 2 TVAöD – Besonderer Teil Pflege – pauschal ein weiterer Tag Zusatzurlaub zusteht, beträgt der Gesamtjahresurlaubsanspruch bei einem nahtlosen Wechsel in ein Arbeitsverhältnis einheitlich 30 Urlaubstage.

Nach dem Rundschreiben kann im Bereich des TVPöD entsprechend verfahren werden.

Zu Buchst. d)

II

In Buchstabe d) ist bestimmt, dass das Entgelt zum üblichen Zahlungszeitpunkt (siehe dazu § 24) und nicht – wie in § 11 Abs. 2 BUrlG vorgesehen – vor Antritt des Urlaubs auszuzahlen ist.

Urlaubsabgeltung

Der TVöD enthält im Gegensatz zum Vorgängerrecht keine Vereinbarungen zur Abgeltung von Urlaubsansprüchen. Die gesetzliche Vorschrift hierfür ist § 7 Abs. 4 BUrlG, wonach Urlaubsansprüche, die wegen der Beendigung des Arbeitsverhältnisses nicht gewährt werden konnten, abzugelten sind. Grundvoraussetzung für die Urlaubsabgeltung ist somit, dass zum Zeitpunkt der Beendigung des Arbeitsverhältnisses ein offener Urlaubsanspruch besteht, der wegen der Beendigung des Arbeitsverhältnisses ganz oder teilweise nicht mehr gewährt werden kann (BAG vom 19. 2. 2019 – 9 AZR 541/15 –). Während des laufenden Arbeitsverhältnisses ist die Urlaubsabgeltung generell unzulässig.

Hinsichtlich der Höhe der Urlaubsabgeltung enthalten weder der TVöD noch das BUrlG eine Bestimmung. Anhaltspunkt bietet hierbei jedoch das BAG-Urteil vom 15. Januar 2013 – 9 AZR 465/11. Danach ist die Urlaubsabgeltung in der Weise zu berechnen, dass der Arbeitnehmer so gestellt wird, als hätte er den Urlaubsanspruch während der Dauer seines Arbeitsverhältnisses ausgeübt.

Der Urlaubsabgeltungsanspruch entsteht mit Beendigung des Arbeitsverhältnisses (BAG vom 21. 2. 2012 – 9 AZR 486/10). Er wird mit der Beendigung sofort fällig.

Im Anschluss an das Urteil des EuGH vom 20. Januar 2009 – C-350/06 und C-520/06 – hat das BAG seine langjährige gegenteilige Rechtsprechung, nach der die Regelungen des § 7 Abs. 3 und 4 BUrlG so ausgelegt wurden, dass der Urlaubsabgeltungsanspruch erlischt, wenn der Urlaubsanspruch aufgrund von krankheitsbedingter Arbeitsunfähigkeit des Arbeitnehmers bis zum Ende des Übertragungszeitraums nicht erfüllt werden kann, aufgegeben (Urteil vom 24. 3. 2009 – 9 AZR 983/07). Somit kommt eine Abgeltung des gesetzlichen Urlaubs (nicht des i. d. R. höheren tarifvertraglichen Urlaubsanspruchs) auch in Betracht, wenn Beschäftigte nach langjähriger Krankheit (z. B. wegen Frühverrentung) aus dem Arbeitsverhältnis ausscheiden. Das BAG hat diese Auslegung mit Urteil vom 20. 12. 2022 – 9 AZR 245/19 – noch einmal konkretisiert. Danach gilt bei langjähriger Erkrankung, dass der Urlaubsanspruch für die Kalenderjahre nach Ablauf des Übertragungszeitraums entfällt, in denen der Arbeitnehmer ganzjährig erkrankt ist. Anders verhält es sich jedoch, wenn der Arbeitnehmer im Urlaubsjahr tatsächlich noch gearbeitet hat, bevor er voll erwerbsgemindert oder krankheitsbedingt arbeitsunfähig geworden ist. In dieser Fallkonstellation setzt die Befristung des Urlaubsanspruchs regelmäßig voraus, dass der Arbeitgeber den Arbeitnehmer rechtzeitig vor Eintritt der Arbeitsunfähigkeit in die Lage versetzt hat, seinen Urlaub auch tatsächlich zu nehmen.

Als Reaktion auf den aus damaliger Sicht durchaus als radikal zu bezeichnenden Bruch mit der bis dahin gefestigten Rechtsprechung zum Urlaubsrecht haben die öffentlichen Arbeitgeber Hinweise zum Umgang mit der neuen rechtlichen Situation gegeben; vgl. hierzu das BMI-Rundschreiben vom 13. März 2013.[1])

Geht ein Arbeitnehmer nach einer rechtswidrigen Kündigung einer anderen Beschäftigung nach, entstehen für den Zeitraum der zeitlichen Überschneidung beider Arbeitsverhältnisse ungeminderte Urlaubsansprüche sowohl gegenüber dem alten als auch gegenüber dem neuen Arbeitgeber. In einem solchen Fall ist jedoch zur Vermeidung doppelter Urlaubsansprüche der Urlaub, den der Arbeitnehmer vom neuen Arbeitgeber erhalten hat, auf den Urlaubs- bzw. Urlaubsabgeltungsanspruch gegen seinen alten Arbeitgeber anzurechnen (siehe BAG vom 5. 12. 2023 – 9 AZR 230/22).

Urlaubsabgeltung bei Tod des Beschäftigten

Nach langjähriger gefestigter Rechtsprechung des BAG (z. B. im Urteil vom 20. 9. 2011 – 9 AZR 416/10) erlosch mit dem Tod des Beschäftigten nicht nur das Arbeitsverhältnis, sondern auch ein eventueller Urlaubsabgeltungsanspruch. Abweichend davon hat der EuGH – zurückgehend auf einen Vorlagebeschluss des Landesarbeitsgerichtes Hamm in seinem Urteil vom 12. 6. 2014 – C-118/13 – die Auffassung vertreten, dass das Unionsrecht einzelstaatlichen Rechtsvorschriften oder Gepflogenheiten entgegensteht, „wonach der Anspruch auf bezahlten Jahresurlaub ohne Begründung eines Abgeltungsanspruchs für nicht genommenen Urlaub untergeht, wenn das Arbeitsverhältnis durch den Tod des Arbeitnehmers endet". Im Ergebnis hat der EuGH den Erben eines Beschäftigten, der im laufenden Arbeitsverhältnis verstorben war, einen Anspruch auf Urlaubsabgeltung zugesprochen. Dieser

[1]) abgedruckt als **Anhang 2**

von seiner bisherigen Rechtsprechung abweichenden Auffassung hat sich das BAG angeschlossen (Urteil vom 22. 9. 2015 – 9 AZR 170/14, bestätigt durch Urteil vom 22. 1. 2019 – 9 AZR 45/16).

Zusatzurlaub nach § 208 SGB IX

Wegen der Besonderheiten der Berechnung des (Zusatz-)Urlaubs nach § 208 SGB IX siehe § 27 TVöD.

Anhang 1

Mindesturlaubsgesetz für Arbeitnehmer (Bundesurlaubsgesetz)

Vom 8. Januar 1963 (BGBl. I S. 2)

Zuletzt geändert durch
Gesetz zur Umsetzung des Seearbeitsübereinkommens 2006
der Internationalen Arbeitsorganisation
vom 20. April 2013 (BGBl. I S. 868)

§ 1 Urlaubsanspruch

Jeder Arbeitnehmer hat in jedem Kalenderjahr Anspruch auf bezahlten Erholungsurlaub.

§ 2 Geltungsbereich

Arbeitnehmer im Sinne des Gesetzes sind Arbeiter und Angestellte sowie die zu ihrer Berufsausbildung Beschäftigten. Als Arbeitnehmer gelten auch Personen, die wegen ihrer wirtschaftlichen Unselbständigkeit als arbeitnehmerähnliche Personen anzusehen sind; für den Bereich der Heimarbeit gilt § 12.

§ 3 Dauer des Urlaubs

(1) Der Urlaub beträgt jährlich mindestens 24 Werktage.

(2) Als Werktage gelten alle Kalendertage, die nicht Sonn- oder gesetzliche Feiertage sind.

§ 4 Wartezeit

Der volle Urlaubsanspruch wird erstmalig nach sechsmonatigem Bestehen des Arbeitsverhältnisses erworben.

§ 5 Teilurlaub

(1) Anspruch auf ein Zwölftel des Jahresurlaubs für jeden vollen Monat des Bestehens des Arbeitsverhältnisses hat der Arbeitnehmer

a) für Zeiten eines Kalenderjahres, für die er wegen Nichterfüllung der Wartezeit in diesem Kalenderjahr keinen vollen Urlaubsanspruch erwirbt;

b) wenn er vor erfüllter Wartezeit aus dem Arbeitsverhältnis ausscheidet;

c) wenn er nach erfüllter Wartezeit in der ersten Hälfte eines Kalenderjahres aus dem Arbeitsverhältnis ausscheidet.

(2) Bruchteile von Urlaubstagen, die mindestens einen halben Tag ergeben, sind auf volle Urlaubstage aufzurunden.

(3) Hat der Arbeitnehmer im Falle des Absatzes 1 Buchstabe c bereits Urlaub über den ihm zustehenden Umfang hinaus erhalten, so kann das dafür gezahlte Urlaubsentgelt nicht zurückgefordert werden.

§ 6 Ausschluß von Doppelansprüchen

(1) Der Anspruch auf Urlaub besteht nicht, soweit dem Arbeitnehmer für das laufende Kalenderjahr bereits von einem früheren Arbeitgeber Urlaub gewährt worden ist.

(2) Der Arbeitgeber ist verpflichtet, bei Beendigung des Arbeitsverhältnisses dem Arbeitnehmer eine Bescheinigung über den im laufenden Kalenderjahr gewährten oder abgegoltenen Urlaub auszuhändigen.

§ 7 Zeitpunkt, Übertragbarkeit und Abgeltung des Urlaubs

(1) Bei der zeitlichen Festlegung des Urlaubs sind die Urlaubswünsche des Arbeitnehmers zu berücksichtigen, es sei denn, daß ihrer Berücksichtigung dringende betriebliche Belange oder Urlaubswünsche anderer Arbeitnehmer, die unter sozialen Gesichtspunkten den Vorrang verdienen, entgegenstehen. Der Urlaub ist zu gewähren, wenn der Arbeitnehmer dies im Anschluß an eine Maßnahme der medizinischen Vorsorge oder Rehabilitation verlangt.

(2) Der Urlaub ist zusammenhängend zu gewähren, es sei denn, daß dringende betriebliche oder in der Person des Arbeitnehmers liegende Gründe eine Teilung des Urlaubs erforderlich machen. Kann der Urlaub aus diesen Gründen nicht zusammenhängend gewährt werden, und hat der Arbeitnehmer Anspruch auf Urlaub von mehr als zwölf Werktagen, so muß einer der Urlaubsteile mindestens zwölf aufeinanderfolgende Werktage umfassen.

(3) Der Urlaub muß im laufenden Kalenderjahr gewährt und genommen werden. Eine Übertragung des Urlaubs auf das nächste Kalenderjahr ist nur statthaft, wenn dringende betriebliche oder in der Person des Arbeitnehmers liegende Gründe dies rechtfertigen. Im Fall der Übertragung muß der Urlaub in den ersten drei Monaten des folgenden Kalenderjahres gewährt und genommen werden. Auf Verlangen des Arbeitnehmers ist ein nach § 5 Abs. 1 Buchstabe a entstehender Teilurlaub jedoch auf das nächste Kalenderjahr zu übertragen.

(4) Kann der Urlaub wegen Beendigung des Arbeitsverhältnisses ganz oder teilweise nicht mehr gewährt werden, so ist er abzugelten.

§ 8 Erwerbstätigkeit während des Urlaubs

Während des Urlaubs darf der Arbeitnehmer keine dem Urlaubszweck widersprechende Erwerbstätigkeit leisten.

§ 9 Erkrankung während des Urlaubs

Erkrankt ein Arbeitnehmer während des Urlaubs, so werden die durch ärztliches Zeugnis nachgewiesenen Tage der Arbeitsunfähigkeit auf den Jahresurlaub nicht angerechnet.

§ 10 Maßnahmen der medizinischen Vorsorge oder Rehabilitation

Maßnahmen der medizinischen Vorsorge oder Rehabilitation dürfen nicht auf den Urlaub angerechnet werden, soweit ein Anspruch auf Fortzahlung des Arbeitsentgelts nach den gesetzlichen Vorschriften über die Entgeltfortzahlung im Krankheitsfall besteht.

§ 11 Urlaubsentgelt

(1) Das Urlaubsentgelt bemißt sich nach dem durchschnittlichen Arbeitsverdienst, das der Arbeitnehmer in den letzten dreizehn Wochen vor dem Beginn des Urlaubs erhalten hat, mit Ausnahme des zusätzlich für Überstunden gezahlten Arbeitsverdienstes. Bei Verdiensterhöhungen nicht nur vorübergehender Natur, die während des Berechnungszeitraums oder des Urlaubs eintreten, ist von dem erhöhten Verdienst auszugehen. Verdienstkürzungen, die im Berechnungszeitraum infolge von Kurzarbeit, Arbeitsausfällen oder unverschuldeter Arbeitsversäumnis eintreten, bleiben für die Berechnung des Urlaubsentgelts außer Betracht. Zum Arbeitsentgelt gehörende Sachbezüge, die während des Urlaubs nicht weitergewährt werden, sind für die Dauer des Urlaubs angemessen in bar abzugelten.

(2) Das Urlaubsentgelt ist vor Antritt des Urlaubs auszuzahlen.

§ 12 Urlaub im Bereich der Heimarbeit

Für die in Heimarbeit Beschäftigten und die ihnen nach § 1 Abs. 2 Buchstaben a bis c des Heimarbeitsgesetzes Gleichgestellten, für die die Urlaubsregelung nicht ausdrücklich von der Gleichstellung ausgenommen ist, gelten die vorstehenden Bestimmungen mit Ausnahme der §§ 4 bis 6, 7 Abs. 3 und 4 und § 11 nach Maßgabe der folgenden Bestimmungen:

1. Heimarbeiter (§ 1 Abs. 1 Buchstabe a des Heimarbeitsgesetzes) und nach § 1 Abs. 2 Buchstabe a des Heimarbeitsgesetzes Gleichgestellte erhalten von ihrem Auftraggeber, oder falls sie von einem Zwischenmeister beschäftigt werden, von diesem bei einem Anspruch auf 24 Werktage ein Urlaubsentgelt von 9,1 vom Hundert des in

der Zeit vom 1. Mai bis zum 30. April des folgenden Jahres oder bis zur Beendigung des Beschäftigungsverhältnisses verdienten Arbeitsentgelts vor Abzug der Steuern und Sozialversicherungsbeiträge ohne Unkostenzuschlag und ohne die für den Lohnausfall an Feiertagen, den Arbeitsausfall infolge Krankheit und den Urlaub zu leistenden Zahlungen.

2. War der Anspruchsberechtigte im Berechnungszeitraum nicht ständig beschäftigt, so brauchen unbeschadet des Anspruches auf Urlaubsentgelt nach Nummer 1 nur so viele Urlaubstage gegeben zu werden, wie durchschnittliche Tagesverdienste, die er in der Regel erzielt hat, in dem Urlaubsentgelt nach Nummer 1 enthalten sind.

3. Das Urlaubsentgelt für die in Nummer 1 bezeichneten Personen soll erst bei der letzten Entgeltzahlung vor Antritt des Urlaubs ausgezahlt werden.

4. Hausgewerbetreibende (§ 1 Abs. 1 Buchstabe b des Heimarbeitsgesetzes) und nach § 1 Abs. 2 Buchstaben b und c des Heimarbeitsgesetzes Gleichgestellte erhalten von ihrem Auftraggeber oder, falls sie von einem Zwischenmeister beschäftigt werden, von diesem als eigenes Urlaubsentgelt und zur Sicherung der Urlaubsansprüche der von ihnen Beschäftigten einen Betrag von 9,1 vom Hundert des an sie ausgezahlten Arbeitsentgelts vor Abzug der Steuern und Sozialversicherungsbeiträge ohne Unkostenzuschlag und ohne die für den Lohnausfall an Feiertagen, den Arbeitsausfall infolge Krankheit und den Urlaub zu leistenden Zahlungen.

5. Zwischenmeister, die den in Heimarbeit Beschäftigten nach § 1 Abs. 2 Buchstabe d des Heimarbeitsgesetzes gleichgestellt sind, haben gegen ihren Auftraggeber Anspruch auf die von ihnen nach den Nummern 1 und 4 nachweislich zu zahlenden Beträge.

6. Die Beträge nach den Nummern 1, 4 und 5 sind gesondert im Entgeltbeleg auszuweisen.

7. Durch Tarifvertrag kann bestimmt werden, daß Heimarbeiter (§ 1 Abs. 1 Buchstabe a des Heimarbeitsgesetzes), die nur für einen Auftraggeber tätig sind und tariflich allgemein wie Betriebsarbeiter behandelt werden, Urlaub nach den allgemeinen Urlaubsbestimmungen erhalten.

8. Auf die in den Nummern 1, 4 und 5 vorgesehenen Beträge finden die §§ 23 bis 25, 27 und 28 und auf die in den Nummern 1 und 4 vorgesehenen Beträge außerdem § 21 Abs. 2 des Heimarbeitsgesetzes entsprechende Anwendung. Für die Urlaubsansprüche der

fremden Hilfskräfte der in Nummer 4 genannten Personen gilt § 26 des Heimarbeitsgesetzes entsprechend.

§ 13 Unabdingbarkeit

(1) Von den vorstehenden Vorschriften mit Ausnahme der §§ 1, 2 und 3 Abs. 1 kann in Tarifverträgen abgewichen werden. Die abweichenden Bestimmungen haben zwischen nichttarifgebundenen Arbeitgebern und Arbeitnehmern Geltung, wenn zwischen diesen die Anwendung der einschlägigen tariflichen Urlaubsregelung vereinbart ist. Im übrigen kann, abgesehen von § 7 Abs. 2 Satz 2, von den Bestimmungen dieses Gesetzes nicht zuungunsten des Arbeitnehmers abgewichen werden.

(2) Für das Baugewerbe oder sonstige Wirtschaftszweige, in denen als Folge häufigen Ortswechsels der von den Betrieben zu leistenden Arbeit Arbeitsverhältnisse von kürzerer Dauer als einem Jahr in erheblichem Umfange üblich sind, kann durch Tarifvertrag von den vorstehenden Vorschriften über die in Absatz 1 Satz 1 vorgesehene Grenze hinaus abgewichen werden, soweit dies zur Sicherung eines zusammenhängenden Jahresurlaubs für alle Arbeitnehmer erforderlich ist. Absatz 1 Satz 2 findet entsprechende Anwendung.

(3) Für den Bereich der Deutsche Bahn Aktiengesellschaft sowie einer gemäß § 2 Abs. 1 und § 3 Abs. 3 des Deutsche Bahn Gründungsgesetzes vom 27. Dezember 1993 (BGBl. I S. 2378, 2386) ausgegliederten Gesellschaft und für den Bereich der Nachfolgeunternehmen der Deutschen Bundespost kann von der Vorschrift über das Kalenderjahr als Urlaubsjahr (§ 1) in Tarifverträgen abgewichen werden.

§ 14 (gegenstandslos)

§ 15 Änderung und Aufhebung von Gesetzen

(1) Unberührt bleiben die urlaubsrechtlichen Bestimmungen des Arbeitsplatzschutzgesetzes vom 30. März 1957 (Bundesgesetzbl. I S. 293), geändert durch Gesetz vom 22. März 1962 (Bundesgesetzbl. I S. 169), des Neunten Buches Sozialgesetzbuch, des Jugendarbeitsschutzgesetzes vom 9. August 1960 (Bundesgesetzbl. I S. 665), geändert durch Gesetz vom 20. Juli 1962 (Bundesgesetzbl. I S. 449), und des Seearbeitsgesetzes vom 20. April 2013 (BGBl. I S. 868), jedoch wird

a) in § 19 Abs. 6 Satz 2 des Jugendarbeitsschutzgesetzes der Punkt hinter dem letzten Wort durch ein Komma ersetzt und folgender Satzteil angefügt: „und in diesen Fällen eine grobe Verletzung der Treuepflicht aus dem Beschäftigungsverhältnis vorliegt.";

b) § 53 Abs. 2 des Seemannsgesetzes durch folgende Bestimmungen ersetzt: „Das Bundesurlaubsgesetz vom 8. Januar 1963 (Bundesgesetzbl. I S. 2) findet auf den Urlaubsanspruch des Besatzungsmitglieds nur insoweit Anwendung, als es Vorschriften über die Mindestdauer des Urlaubs enthält."

(2) Mit dem Inkrafttreten dieses Gesetzes treten die landesrechtlichen Vorschriften über den Erholungsurlaub außer Kraft. In Kraft bleiben jedoch die landesrechtlichen Bestimmungen über den Urlaub für Opfer des Nationalsozialismus und für solche Arbeitnehmer, die geistig oder körperlich in ihrer Erwerbsfähigkeit behindert sind.

§ 15a Übergangsvorschrift

Befindet sich der Arbeitnehmer von einem Tag nach dem 9. Dezember 1998 bis zum 1. Januar 1999 oder darüber hinaus in einer Maßnahme der medizinischen Vorsorge oder Rehabilitation, sind für diesen Zeitraum die seit dem 1. Januar 1999 geltenden Vorschriften maßgebend, es sei denn, daß diese für den Arbeitnehmer ungünstiger sind.

§ 16 Inkrafttreten

Dieses Gesetz tritt mit Wirkung vom 1. Januar 1963 in Kraft.

Anhang 2

Rundschreiben des Bundesministeriums des Innern zum Tarifvertrag für den öffentlichen Dienst (TVöD), § 26 Erholungsurlaub, Urlaubs- und Urlaubsabgeltungsansprüche bei krankheitsbedingter Arbeitsunfähigkeit

RdSchr. d. BMI vom 13. März 2013

A
Vorbemerkung

Mit Bezugsrundschreiben wurden Durchführungshinweise gegeben, wie in Fällen fortdauernder krankheitsbedingter Arbeitsunfähigkeit nach der neuen Rechtsprechung des Bundesarbeitsgerichts (BAG), die im Anschluss an die Grundsatzentscheidungen des Gerichtshofs der Europäischen Union (EuGH) in den Rechtssachen „Schultz-Hoff" und „KHS" zur Umsetzung der unionsrechtlichen Vorgaben ergangen ist, urlaubsrechtlich zu verfahren ist. In der Zwischenzeit hat das BAG seine neue Rechtsprechung zur Übertragung und Abgeltung von Urlaubsansprüchen in einer Vielzahl weiterer grundlegender Entscheidungen weiterentwickelt und präzisiert. Das Bezugsrundschreiben vom 31. Mai 2012 ist in Teilaspekten deshalb bereits wieder überholt und wird aufgehoben. Das vorliegende Rundschreiben verfolgt das Ziel, die aktuelle Rechtslage im Urlaubsrecht zusammenfassend darzustellen. Die neue Rechtsprechung des BAG ist eingearbeitet und die Durchführungshinweise sind entsprechend ergänzt bzw. berichtigt worden. Die aktualisierte Neufassung ersetzt somit das Bezugsrundschreiben vollständig. Dabei gilt unverändert, dass im Urlaubsrecht mit weiteren Änderungen zu rechnen ist. Auch zum jetzigen Zeitpunkt liegt noch nicht zu allen Folgefragen, die sich aufgrund der verbindlichen Auslegung der unionsrechtlichen Vorgaben durch den EuGH ergeben, höchstrichterliche Rechtsprechung vor. Es ist somit absehbar, dass die Entwicklung des seit der Schultz-Hoff-Entscheidung in Bewegung geratenen deutschen Urlaubsrechts noch nicht abgeschlossen ist.

Die Weiterentwicklung der urlaubsrechtlichen Rechtsprechung, die sich seit der letzten Aktualisierung der Durchführungshinweise vollzogen hat, betrifft im Wesentlichen die Regelungen zur Abgeltung und zum Verfall von tariflichen Mehrurlaubsansprüchen sowie die Höchstbegrenzung des Übertragungszeitraumes für den gesetzlichen Mindesturlaub. Hervorzuheben sind insbesondere folgende Entschei-

II

dungen des BAG, die in den Abschnitten D und E genauer erläutert werden:

- **Abgeltung tariflicher Mehrurlaubsansprüche** richtet sich auch nach der gesetzlichen Regelung des § 7 Abs. 4 BUrlG (BAG vom 22. Mai 2012 – 9 AZR 618/10 –). Der Anspruch auf Abgeltung des tariflichen Mehrurlaubs ist nicht davon anhängig, ob der Arbeitnehmer bei Beendigung des Arbeitsverhältnisses arbeitsfähig ist oder seine Arbeitsfähigkeit bis zum Ende des tariflichen Übertragungszeitraums wieder erlangt.
- **Urlaubsabgeltung** entsteht auch bei Arbeitsfähigkeit des Arbeitnehmers als reiner Geldanspruch bei Beendigung des Arbeitsverhältnisses – **vollständige Aufgabe der Surrogatstheorie** (BAG vom 19. Juni 2012 – 9 AZR 652/10 –). Der Anspruch auf Abgeltung des Urlaubsanspruchs setzt nicht mehr die Erfüllbarkeit des Freistellungsanspruchs in einem fiktiv fortbestehenden Arbeitsverhältnis voraus.
- **Verfall gesetzlicher Mindesturlaubsansprüche bei fortdauernder krankheitsbedingter Arbeitsunfähigkeit nach Ablauf eines verlängerten Übertragungszeitraums von längstens fünfzehn Monaten.** § 7 Abs. 3 BUrlG wird im Anschluss an die KHS-Entscheidung des EuGH nunmehr im Wege der unionsrechtskonformen Auslegung unmittelbar ausgelegt (BAG vom 7. August 2012 – 9 AZR 353/10 –).
- **Urlaubsansprüche im ruhenden Arbeitsverhältnis** aufgrund des Bezugs einer zeitlich befristeten Erwerbsminderungsrente, der eine Erkrankung zugrunde liegt (ebenfalls BAG vom 7. August 2012 – 9 AZR 353/10 –). Die Kürzungsvorschrift des § 26 Abs. 2 Buchst. c TVöD findet in diesen Fällen nur auf den tariflichen Mehrurlaub Anwendung.
- **Anspruchskonkurrenz zwischen gesetzlichem Mindesturlaub und tariflichem Mehrurlaub.** Unterscheidet eine Regelung in Bezug auf den Umfang des Urlaubsanspruchs nicht zwischen gesetzlichem Mindesturlaub und tariflichem Mehrurlaub, werden mit der Freistellung des Arbeitnehmers auch ohne Tilgungsbestimmung beide Ansprüche ganz oder teilweise erfüllt (BAG vom 7. August 2012 – 9 AZR 760/10 –).

B
Vorabentscheidungen des EuGH zum Erhalt des nach Art. 7 der Arbeitszeitrichtlinie unionsrechtlich gewährleisteten Anspruchs auf bezahlten Mindesturlaub in Fällen einer fortdauernden krankheitsbedingten Arbeitsunfähigkeit

Die Vorabentscheidung des **EuGH vom 20. Januar 2009 in den verbundenen Rechtssachen – C-350/06 – (Schultz-Hoff) und C-520/06 (Stringer)** – *(im Folgenden: „Schultz-Hoff")* hatte tiefgreifende Folgen für das deutsche Urlaubsrecht. Der EuGH hat darin u. a. auf Grundlage der ihm vom LAG Düsseldorf vorgelegten Auslegungsfragen die Bestimmungen des Unionsrechts zum bezahlten Mindestjahresurlaub von vier Wochen nach Art. 7 der Richtlinie 2003/88/EG des Europäischen Parlaments und des Rates vom 4. November 2003 über bestimmte Aspekte der Arbeitszeitgestaltung (ABl. L 299, S. 9) – *(im Folgenden: „Arbeitszeitrichtlinie")* – anhand von abstrakten Rechtssätzen präzisiert. Die Fragen betrafen dabei den Ausnahmefall einer fortdauernden krankheitsbedingten Arbeitsunfähigkeit. Also einen Sachverhalt, in dem Arbeitnehmer aus von ihnen unabhängigen Gründen nicht die Möglichkeit hatten, ihren Urlaubsanspruch zu verwirklichen. In den jeweiligen Ausgangsverfahren der im Rahmen der Vorabentscheidung verbundenen Rechtssachen konnten die Arbeitnehmer ihren unionsrechtlich gewährleisteten Anspruch auf bezahlten Jahresurlaub nicht ausüben, weil sie während des gesamten Bezugszeitraums und/oder Übertragungszeitraums oder eines Teils davon ordnungsgemäß krankgeschrieben waren.

Für das deutsche Urlaubsrecht von Bedeutung sind die folgenden vom EuGH aufgestellten vier Rechtssätze:

- Der von Art. 7 Abs. 1 der Arbeitszeitrichtlinie gewährleistete Anspruch auf bezahlten Mindestjahresurlaub von vier Wochen kann bei ordnungsgemäß krankgeschriebenen Arbeitnehmern nicht von einer tatsächlichen Mindestarbeitsleistung abhängig gemacht werden; er entsteht daher auch, wenn Arbeitnehmer im gesamten Bezugszeitraum oder in Teilen arbeitsunfähig krank sind [Rz. 41 a. a. O., bestätigt mit EuGH-Urteil vom 24. Januar 2012 – C-282/10 (Rechtssache Dominguez)].
- Art. 7 Abs. 1 der Arbeitszeitrichtlinie steht grundsätzlich einer nationalen Regelung nicht entgegen, die für die Ausübung des mit der Arbeitszeitrichtlinie ausdrücklich verliehenen Anspruchs auf bezahlten Jahresurlaub Modalitäten vorsieht. Diese kann sogar den Verlust dieses Anspruchs am Ende eines Bezugszeitraums *(= Kalen-*

II

derjahr) oder eines Übertragungszeitraums umfassen (Rz. 43, 49 a. a. O.).

- Der nach der Arbeitszeitrichtlinie verliehene Urlaubsanspruch erlischt jedoch nur, wenn der Arbeitnehmer tatsächlich die Möglichkeit hatte, ihn auszuüben. Art. 7 Abs. 1 der Arbeitszeitrichtlinie steht deswegen einzelstaatlichen Rechtsvorschriften entgegen, nach denen der Anspruch auf bezahlten Mindestjahresurlaub bei Ablauf des Bezugszeitraums oder eines Übertragungszeitraums auch dann erlischt, wenn der Arbeitnehmer während des gesamten Bezugszeitraums und/oder Übertragungszeitraums oder eines Teils davon krankgeschrieben war (Tenor 2 a. a. O.).
- Das Gleiche gilt für die Urlaubsabgeltung. Insoweit steht Art. 7 Abs. 2 der Arbeitszeitrichtlinie einzelstaatlichen Rechtsvorschriften entgegen, nach denen für nicht genommenen Mindestjahresurlaub bei krankheitsbedingter Arbeitsunfähigkeit am Ende des Arbeitsverhältnisses keine finanzielle Vergütung gezahlt wird. Maßgebend für die Berechnung der Urlaubsabgeltung ist das gewöhnliche Arbeitsentgelt, das während des bezahlten Jahresurlaub zu zahlen gewesen wäre (Tenor 3 a. a. O.).

Der **EuGH** hat die darauf folgende **Vorabentscheidung vom 24. November 2011 – C-214/10 (Rechtssache KHS)** – *(im Folgenden „KHS")* genutzt, um seine in der Schultz-Hoff-Entscheidung getroffene Schlussfolgerung ausdrücklich zu „nuancieren". Auf Vorlage des LAG Hamm hat er ergänzend festgestellt, dass es grundsätzlich zulässig ist, das Ansammeln von Ansprüchen auf bezahlten Jahresurlaub zu begrenzen, wenn ein Arbeitnehmer über mehrere Bezugszeiträume in Folge arbeitsunfähig ist. Ein Recht auf ein unbegrenztes Ansammeln von Ansprüchen auf bezahlten Jahresurlaub, würde dann nicht mehr dem Zweck des Anspruchs auf bezahlten Jahresurlaub entsprechen. Das nationale Recht könne daher einen Übertragungszeitraum vorsehen, nach dessen Ende der Anspruch auf bezahlten Jahresurlaub erlischt, der während eines Zeitraums der Arbeitsunfähigkeit angesammelt wurde. Allerdings müsse ein solcher Übertragungszeitraum die Dauer des Bezugszeitraums, für den der Urlaub gewährt wird, deutlich überschreiten. Ausdrücklich als unionsrechtskonform anerkannt hat der EuGH bei lang andauernder Arbeitsunfähigkeit eine zeitliche Begrenzung der Ansammlung von Urlaubsansprüchen durch einen **verlängerten (Höchst-)Übertragungszeitraum von fünfzehn Monaten,** nach dessen Ablauf der Anspruch auf bezahlten Urlaub erlischt. Bei Überschreitung dieses Zeitraums könne davon ausgegangen werden, dass der bezahlte Jahresurlaub für den Arbeitnehmer keine positive Wirkung als Erholungszeit mehr habe (Rz. 30 ff. a. a. O.).

In seiner **Vorabentscheidung vom 24. Januar 2012 – C-282/10 (Rechtssache Dominguez)** hat der EuGH klargestellt, dass die unionsrechtlichen Vorgaben ausschließlich den nach Art. 7 der Arbeitszeitrichtlinie gewährleisteten Mindestjahresurlaub von vier Wochen betreffen. Die Mitgliedstaaten können die Bedingungen für die Inanspruchnahme und Gewährung des diesen übersteigenden Mehrurlaubs frei regeln. Diese Befugnis schließt die Befristung des Mehrurlaubs ein (Rz. 47 a. a. O.).

C
Grundlegende Entscheidungen des Bundesarbeitsgerichts

Für Fälle krankheitsbedingter Arbeitsunfähigkeit, die bis zum Ende des Urlaubsjahres und/oder des Übertragungszeitraums andauerten, widersprach die vom BAG in ständiger Rechtsprechung vertretene Auslegung des § 7 Abs. 3 und 4 BurlG den beschriebenen Vorabentscheidungen. Nach den Vorgaben der richtlinienkonformen Grundsätze durch den EuGH in seiner **Schultz-Hoff-Entscheidung** hat das BAG seine entgegenstehende Rechtsprechung mit Urteil vom 24. März 2009 – 9 AZR 983/07 – unter Beachtung dieser Vorgaben aufgegeben. Die Schultz-Hoff-Entscheidung beinhaltete jedoch keine Aussagen zur Zulässigkeit einer Begrenzung des Ansammelns von Urlaubsansprüchen in Fällen fortdauernder Arbeitsunfähigkeit. Das BAG hat im Wege einer Rechtsfortbildung deswegen – zunächst ohne weitere zeitliche Einschränkung – angenommen, der gesetzliche Mindesturlaubsanspruch sei im Falle fortdauernder Arbeitsunfähigkeit des Arbeitnehmers entgegen der Regelung in § 7 Abs. 3 Satz 3 BUrlG nicht bis zum 31. März des Folgejahres befristet [vgl. BAG vom 24. März 2009 – 9 AZR 983/07 – (Juris-Rz. 47 ff.)]. Nachdem der EuGH zwischenzeitlich seine Rechtsprechung in der **KHS-Entscheidung** „nuanciert" hat und grundsätzlich eine Begrenzung des Übertragungszeitraums für zulässig erklärte, ist nach Feststellung des BAG auch eine modifizierte unionsrechtskonforme Auslegung unmittelbar aus § 7 Abs. 3 Satz 3 BUrlG geboten (vgl. BAG vom 7. August 2012 – 9 AZR 353/10 –; nähere Einzelheiten hierzu siehe Abschnitt D). Für den tariflichen Mehrurlaub gelten jedoch auch bei langfristiger krankheitsbedingter Arbeitsunfähigkeit für die Befristung und den Verfall die Bestimmungen des § 26 Abs. 2 Buchst. a TVöD bzw. die übertarifliche Regelung, wonach analog zu der für die Beamten und Beamtinnen des Bundes in § 7 Erholungsurlaubsverordnung (EUrlV) geltenden Regelung der Urlaubsanspruch verfällt, wenn er nicht innerhalb von zwölf Monaten nach dem Ende des Urlaubsjahres in dem er entstanden ist, in Anspruch genommen wurde (s. Abschnitt E, Ziffer 1.1.4).

Es folgten weitere Grundsatzentscheidungen, deren Kernaussagen im Folgenden kurz erläutert werden:

- Der Urlaubsabgeltungsanspruch wird in Folge der Aufgabe der Surrogatstheorie, die die Erfüllbarkeit des Freistellungsanspruchs in einem fiktiv fortbestehenden Arbeitsverhältnis voraussetzte, nun am Ende des Arbeitsverhältnisses als reiner Geldanspruch fällig, und zwar auch im Falle einer zu diesem Zeitpunkt vorliegenden Arbeitsunfähigkeit (vgl. BAG v. 9. August 2011 – 9 AZR 365/10 –).
- Der Abgeltungsanspruch unterscheidet sich nicht von den sonstigen Entgeltansprüchen aus dem Arbeitsverhältnis und unterliegt dadurch auch den tariflichen Ausschlussfristen und kann verfallen (vgl. BAG v. 9. August 2011 – 9 AZR 352/10 –).
- Die Tarifvertragsparteien haben mit den Regelungen des § 26 Abs. 2 TVöD zur Übertragung und zum Verfall des Urlaubsanspruchs ein eigenständiges Fristregime, losgelöst von den gesetzlichen Bestimmungen des § 7 Abs. 3 BurlG, geschaffen (vgl. zuletzt BAG v. 22. Mai 2012 – 9 AZR 575/10 –). Folglich können tarifliche Mehrurlaubsansprüche weiterhin entsprechend vereinbarter tariflicher Fristen auch bei langandauernder Erkrankung verfallen.
- Urlaubsabgeltungsansprüche sowohl für den gesetzlichen Mindesturlaub als auch für den tariflichen Mehrurlaub richten sich einheitlich nach § 7 Abs. 4 BUrlG (vgl. BAG v. 22. Mai 2012 – 9 AZR 618/10 –). Die Tarifvertragsparteien haben keine eigenständigen Regelungen für Urlaubsabgeltungsansprüche vereinbart. Die Verweisung auf die gesetzlichen Bestimmungen hat den „Gleichlauf" der Ansprüche zur Folge. Urlaubsabgeltungsansprüche werden, soweit sie nicht verfallen sind, bei Beendigung des Arbeitsverhältnisses sofort fällig.
- Die Tarifvertragsparteien haben mit der Regelung des § 26 Abs. 2 Buchst. a TVöD hinsichtlich der Befristung und Übertragung und damit mittelbar auch zugleich bezüglich des Verfalls des Urlaubs ein eigenständiges Fristenregime vereinbart und damit eine von § 7 Abs. 3 BUrlG abweichende eigenständige Regelung getroffen [vgl. BAG v. 22. Mai 2012 – 9 AZR 575/10 – siehe (Juris-Rz. 10, 11 a. a. O.)]. Diese hinreichend deutliche Differenzierung zu den gesetzlichen Bestimmungen lässt erkennen, dass im Tarifvertrag ein sogenannter „Gleichlauf" zum Mindesturlaub nach dem BUrlG nicht beabsichtigt ist. Einem von den Tarifvertragsparteien angeordneten Verfall des übergesetzlichen Urlaubsanspruchs steht nach klarem Richtlinienrecht und der gesicherten Rechtsprechung des EuGH kein Unionsrecht entgegen [BAG vom 24. März 2009 – 9 AZR

983/07 – (Juris-Rz. 81) sowie vom 7. August 2012 – 9 AZR 760/10 – (Juris-Rz. 20)].

D
Kurzdarstellung der neuesten Entscheidungen des Bundesarbeitsgerichts

1. Abgeltung tarifvertraglicher Mehrurlaubsansprüche, BAG-Entscheidungen vom 22. Mai 2012 – 9 AZR 618/10 – und vom 19. Juni 2012 – 9 AZR 652/10 –

Nach den aktuellen BAG-Entscheidungen kann die bisher vertretene Rechtsauffassung, wonach der tarifliche Mehrurlaubsanspruch bei Beendigung des Arbeitsverhältnisses weiterhin seine Erfüllbarkeit bei gedachter Fortdauer des Arbeitsverhältnisses voraussetzt, nicht mehr aufrecht erhalten werden.

Der Neunte Senat hat wiederholt entschieden, dass der Anspruch auf Abgeltung des Urlaubs aufgrund lang andauernder Arbeitsunfähigkeit nach § 7 Abs. 4 BUrlG ein reiner Geldanspruch ist (BAG vom 24. März 2009 – 9 AZR 983/07 –, fortgeführt mit Urteil vom 4. Mai 2010 – 9 AZR 183/09 –). Mit seiner Entscheidung vom 19. Juni 2012 – 9 AZR 652/10 – hat das BAG die Surrogatstheorie nun ausdrücklich insgesamt aufgegeben, also auch für den Fall, dass die/der ausscheidende Beschäftigte arbeitsfähig ist **(= vollständige Aufgabe der Surrogatstheorie)**. Der Abgeltungsanspruch sei nach § 7 Abs. 4 BUrlG in seiner Rechtsqualität ein einheitlicher Anspruch. Die Vorschrift differenziere nicht zwischen arbeitsunfähigen und arbeitsfähigen Arbeitnehmern. Das verbiete es, die Surrogatstheorie nur für Abgeltungsansprüche fortdauernd arbeitsunfähig erkrankter Arbeitnehmer aufzugeben (Juris-Rz. 18 a. a. O.).

Das BAG hat die richtlinienkonforme Rechtsauslegung hinsichtlich der Rechtmäßigkeit zur freien Vereinbarung der **Verfallsregeln für den tarifvertraglichen Mehrurlaub** durch die Tarifvertragsparteien bestätigt und mit seiner aktuellen Rechtsprechung weiter ausgeführt. Mit Urteil vom 22. Mai 2012 – 9 AZR 618/10 – hat der Senat über die **Abgeltung des tariflichen Mehrurlaubs** im Geltungsbereich des Tarifvertrages für den öffentlichen Dienst der Länder (TV-L) entschieden. Der TV-L in der jetzt gültigen Fassung enthält zum Fristenregime sowie zur Verweisung auf Bestimmungen des Bundesurlaubsgesetzes inhaltsgleiche Bestimmungen wie der TVöD; insoweit findet die vorgenannte Rechtsprechung auch für die Beschäftigten des Bundes im Geltungsbereich des TVöD Anwendung. In seinen Entscheidungsgründen weist der Senat erneut darauf hin, dass für den Regelungswillen der Tarif-

II

vertragsparteien, zwischen Ansprüchen auf Abgeltung von Mindest- und Mehrurlaub differenzieren zu wollen, deutliche Anhaltspunkte bestehen müssen. Ob ein Gleichlauf von gesetzlichem Mindesturlaub und tariflichen Mehrurlaub vorliege, müsse nach Ansicht des Gerichts anhand der einschlägigen tariflichen Bestimmungen zu den jeweiligen Regelungsgegenständen (Fristenregime und Abgeltungsanspruch) gesondert untersucht werden; dabei erfolgt die Beurteilung jeweils unabhängig voneinander. Das Gericht kommt zu dem Schluss, dass diese Unterscheidung im Tarifvertrag für die Urlaubsabgeltung nicht getroffen wurde. Die Tarifvertragsparteien hätten keine eigenständigen Regelungen zur Abgeltung von Urlaubsansprüchen getroffen, sondern lediglich auf die Bestimmungen zum gesetzlichen Mindesturlaub Bezug genommen. Damit richten sich alle Urlaubsabgeltungsansprüche einheitlich nach § 7 Abs. 4 BUrlG, und zwar unabhängig davon, ob die/der Beschäftigte zu diesem Zeitpunkt arbeitsfähig oder arbeitsunfähig ist. Der sich daraus ergebende **Gleichlauf bei der Abgeltung von Urlaubsansprüchen** lässt nach vollständiger Aufgabe der Surrogatstheorie auch den tariflich noch nicht verfallenen Mehrurlaub als reinen Geldanspruch aus dem Arbeitsverhältnis bei dessen Beendigung entstehen.

2. Urlaubsanspruch im langjährig ruhenden Arbeitsverhältnis, BAG-Entscheidung vom 7. August 2012 – 9 AZR 353/10 –

Nach Feststellung des BAG im Urteil vom 7. August 2012 – 9 AZR 353/10 – ist aus Anlass der Entscheidung des EuGH vom 22. November 2011 – C-214/10 (Rechtssache KHS) § 7 Abs. 3 Satz 3 BUrlG unionskonform so auszulegen, dass **gesetzliche Urlaubsansprüche fünfzehn Monate nach Ablauf des Urlaubsjahres verfallen**, wenn der Arbeitnehmer aus gesundheitlichen Gründen an seiner Arbeitsleistung gehindert war. Sie gehen also spätestens mit Ablauf des 31. März des zweiten Folgejahres unter. Dies gilt auch bei fortdauernder Arbeitsunfähigkeit (Juris-Rz. 32 a. a. O.). Der aufgrund der fünfzehnmonatigen Verfallsfrist in das vom Urlaubsjahr aus betrachtet – übernächste Kalenderjahr übertragene Urlaubsanspruch tritt zum Urlaubsanspruch für das laufende Kalenderjahr hinzu, so dass der gesetzliche Mindesturlaubsanspruch auf kumulierende Weise anwächst. Allerdings besteht die Besonderheit, dass der auf diese Weise übertragene Anteil des Mindesturlaubsanspruchs, der vor dem laufenden Urlaubsjahr entstanden ist, vor Ablauf der fünfzehnmonatigen Verfallsfrist gewährt und genommen werden muss (Juris-Rz. 34 a. a. O.). Besteht die Arbeitsunfähigkeit auch am 31. März des zweiten auf das Urlaubsjahr folgenden Jahres fort, so verfällt der dem Fristenregime des § 7 Abs. 3 Satz 3

BUrlG unterliegende Urlaubsanspruch. Eine erneute Privilegierung des bereits einmal übertragenen Urlaubs ist europarechtlich nicht geboten (Juris-Rz. 40 a. a. O.).

Der Senat hat mit dieser Grundsatzentscheidung ebenfalls seine Rechtsprechung zum neuen Urlaubsrecht bei langjährigem krankheitsbedingten Ruhen des Arbeitsverhältnisses weiter fortgeführt und nationales Recht unionsrechtskonform ausgelegt. Dabei hat er – unter Beachtung der Grundsätze des Unionsrechts – neben dem Verfall des gesetzlichen Mindesturlaubs bei krankheitsbedingtem Arbeitsausfall auch über die **Entstehung und Kürzung von gesetzlichen Urlaubsansprüchen während des Bezuges einer zeitlich befristeten Erwerbsminderungsrente** zu entscheiden gehabt (nähere Einzelheiten siehe Teil E Ziffer 1.1.2). Dabei ist darauf hinzuweisen, dass die Erwerbsminderungsrente in dem entschiedenen Rechtsstreit im kausalen Zusammenhang mit einer andauernden Erkrankung gewährt wurde; nämlich einer schwerbehinderten Arbeitnehmerin, die aus gesundheitlichen Gründen nicht die ihr nach dem Arbeitsvertrag obliegende Arbeitsleistung erbrachte.

E
Folgen der neuen Rechtsprechung für die Praxis in der Bundesverwaltung

Der gesetzliche Mindesturlaubsanspruch ist auch nach Ablauf des Urlaubsjahres bzw. des bisherigen übertariflichen Übertragungszeitraums von zwölf Monaten zu gewähren, wenn die oder der Beschäftigte diesen Urlaub wegen Arbeitsunfähigkeit nicht nehmen konnte. Endet das Arbeitsverhältnis während der Arbeitsunfähigkeit, ist der noch zustehende, nicht genommene und noch nicht verfallene **Urlaub** insgesamt abzugelten (Gesamturlaubsanspruch aus gesetzlichem Mindesturlaub und tariflichem Mehrurlaub). Um dem Rechnung zu tragen, ist § 7 Abs. 3 BUrlG unionsrechtskonform dahin gehend auszulegen, dass gesetzliche Mindesturlaubsansprüche vor Ablauf eines Zeitraums von fünfzehn Monaten nach dem Ende des Urlaubsjahres nicht erlöschen, wenn der oder die Beschäftigte aus gesundheitlichen Gründen an seiner/ihrer Arbeitsleistung gehindert war. Sie gehen jedoch spätestens mit Ablauf des 31. März des zweiten Folgejahres unter.

Die Urteile des EuGH und des BAG bezogen sich ausdrücklich nur auf den gesetzlichen Mindesturlaubsanspruch (vgl. zuletzt BAG vom 22. Mai 2012 – 9 AZR 575/10 –). Der darüber hinausgehende tarifliche Mehrurlaubsanspruch unterfällt nicht den Bestimmungen der Arbeitszeitrichtlinie. Die Tarifvertragsparteien sind deshalb grundsätzlich frei, für diesen Anspruch eigene Verfallsregelungen mit einem eigenständigen Fristenregime zu treffen. Allerdings verlangt das BAG deutliche Anhaltspunkte für den Willen der Tarifvertragsparteien, zwischen gesetzlichen und übergesetzlichen tarifvertraglichen Ansprüchen zu unterscheiden. Mit der o. g. BAG-Entscheidung bestätigte der Urlaubssenat, dass § 26 Abs. 2 Buchst. a TVöD mit den Regelungen zur Übertragung und zum Verfall von Urlaubsansprüchen ein eigenständiges Fristenregime, losgelöst von § 7 Abs 3 BUrlG, darstellt. In der Praxis gelten für die tariflichen Mehrurlaubsansprüche die tarifvertraglich bzw. übertariflich vereinbarten Übertragungs- und Verfallsfristen; und zwar auch dann, wenn der Urlaub aufgrund von langfristiger Erkrankung nicht in Anspruch genommen werden konnte.

1. Mindesturlaub nach dem BUrlG

1.1 Urlaubsanspruch

§ 3 BUrlG regelt die Höhe des gesetzlichen Mindesturlaubsanspruchs. Danach beträgt der jährliche Vollurlaub bei einer Fünf-Tage-Woche 20 Arbeitstage; etwaige Teilurlaubsansprüche hingegen regelt § 5 BUrlG. Dieser Mindesturlaubsanspruch bleibt den Beschäftigten zunächst erhalten, auch wenn sie ihn wegen Arbeitsunfähigkeit im laufenden Kalenderjahr und in dem sich anschließenden übertariflichen Übertragungszeitraum von zwölf Monaten nicht verwirklichen konnten. Hinsichtlich der in Fällen fortdauernder Arbeitsunfähigkeit nach unionsrechtlichen Vorgaben erforderlichen Mindestlänge des Übertragungszeitraums ist jedoch zwischen dem gesetzlichen Mindesturlaub und dem tariflichen Mehrurlaub zu unterscheiden (siehe Ziffer 1.1.4).

1.1.1 Inanspruchnahme (bei rechtzeitiger Rückkehr aus der Arbeitsunfähigkeit)

Geht der übertragene Urlaubsanspruch wegen andauernder Arbeitsunfähigkeit trotz Ablauf des übertariflichen Übertragungszeitraums nicht unter, verfällt er gleichwohl, wenn der Arbeitnehmer im Kalenderjahr oder im Übertragungszeitraum so rechtzeitig gesund und arbeitsfähig wird, dass er in der verbleibenden Zeit den Urlaub hätte nehmen können (BAG vom 9. August 2011 – 9 AZR 425/10 –). Zu den Einzelheiten siehe Ziffer 1.1.4 Buchstabe b sowie dortiges Beispiel.

1.1.2 Rente auf Zeit im Anschluss an die Arbeitsunfähigkeit

Das BAG hat in seiner Entscheidung vom 7. August 2012 – 9 AZR 353/10 – unter Hinweis auf die Rechtsprechung des EuGH [u. a. Urteil vom 24. Januar 2012 – C 282/10 (Rechtssache Dominguez)] festgestellt, dass der gesetzliche Erholungsurlaub nach §§ 1, 3 Abs. 1 BUrlG und der Zusatzurlaub für schwerbehinderte Menschen nach § 125 Abs. 1 SGB IX keine Arbeitsleistung des Arbeitnehmers im Urlaubsjahr voraussetzen. Voraussetzung für das **Entstehen des Urlaubsanspruchs** ist nach dem Bundesurlaubsgesetz allein das Bestehen des Arbeitsverhältnisses (Juris-Rz. 8, 12 a. a. O.). Das in § 33 Abs. 2 Satz 6 TVöD angeordnete Ruhen des Arbeitsverhältnisses während des Bezugs einer Rente auf Zeit (z. B. befristete Rente wegen Erwerbsminderung) hindert somit nicht das Entstehen von Urlaubsansprüchen in diesen Jahren (vgl. Juris-Rz. 7, 8, 15 a. a. O.).

Sowohl der gesetzliche Mindesturlaub als auch der Zusatzurlaub nach § 125 Abs. 1 SGB IX stehen aufgrund ihrer Unabdingbarkeit nach § 13 Abs. 1 Satz 1 BUrlG nicht zur Disposition der Tarifvertragsparteien. Das BAG hat in seiner Entscheidung darauf erkannt, dass eine Tarifvorschrift wie **§ 26 Abs. 2 Buchst. c TVöD**, die die Verminderung der Urlaubsansprüche an das Ruhen des Arbeitsverhältnisses anknüpft, und somit gemäß § 33 Abs. 2 Satz 6 TVöD an den Bezug Rente auf Zeit, insoweit unwirksam ist, als sie auch die Verminderung gesetzlicher Urlaubsansprüche von Arbeitnehmern erfasst, die aus gesundheitlichen Gründen an der Arbeitsleistung gehindert sind. Im Fall des Bezugs einer zeitlich befristeten Erwerbsminderungsrente wirkt sich die Tarifvorschrift des § 26 Abs. 2 Buchst. c TVöD, nach der sich die Dauer des Erholungsurlaubs einschließlich eines etwaigen (tariflichen) Zusatzurlaubs für jeden vollen Kalendermonat um ein Zwölftel vermindert, wenn das Arbeitsverhältnis ruht, daher – wie schon die Vorgängervorschrift des § 48 Abs. 3 Satz 1 BAT – im Ergebnis **nur für den tariflichen Mehrurlaub** aus (vgl. Juris-Rz. 9 a. a. O.).

Soweit die vor und während des Ruhenszeitraums entstandenen Urlaubsansprüche noch nicht verfallen sind, werden diese – wie oben unter Ziffer 1.1.1 für den Fall der Rückkehr nach Beendigung der Arbeitsunfähigkeit ausgeführt – bei Wiederaufnahme der Tätigkeit grundsätzlich dem Urlaub des dann laufenden Kalenderjahres hinzugefügt. Dabei sind die Höchstübertragungsdauer von fünfzehn Monaten für den gesetzlichen Mindesturlaub (siehe oben Abschnitt E) und die übertarifliche Übertragungsfrist von zwölf Monaten für den tariflichen Mehrurlaub (siehe unten Ziffer 1.1.4) zu beachten.

1.1.3 Tarifliche Ausschlussfrist gemäß § 37 TVöD

Nach der bisherigen Rechtsprechung des BAG gilt eine tarifliche Ausschlussfrist nicht für gesetzliche Mindesturlaubsansprüche nach §§ 1 und 3 Abs. 1 BUrlG, die gemäß § 13 BUrlG unabdingbar sind. Dieser Grundsatz ist auch auf Urlaubsansprüche, die wegen krankheitsbedingter Arbeitsunfähigkeit nicht genommen werden konnten, anzuwenden. § 37 TVöD gilt daher auch insoweit nicht, und zwar weder für den gesetzlichen Mindesturlaubsanspruch noch für den tariflichen Mehrurlaub (zum Abgeltungsanspruch siehe aber unten Ziffer 1.2.2).

1.1.4 Befristung, Übertragung und Verfall; unionsrechtskonforme Auslegung des § 7 Abs. 3 BUrlG

Die unionsrechtskonforme Auslegung des § 7 Abs. 3 BUrlG zum erforderlichen Mindestumfang des Übertragungszeitraums in Fällen fortdauernder Arbeitsunfähigkeit betrifft nur den nach Art. 7 Abs. 1 der Arbeitszeitrichtlinie gewährleisteten und von §§ 1 und 3 Abs. 1 BUrlG begründeten vierwöchigen Mindesturlaub (siehe oben Einleitung zu Abschnitt E). Deshalb findet für den tariflichen Mehrurlaub anstelle der Tarifvorschrift des § 26 Abs. 2 Buchstabe a TVöD übertariflich die jeweils für die Beamtinnen und Beamten des Bundes geltende Regelung (§ 7 EUrlV) Anwendung. Danach verfällt Urlaub, der nicht innerhalb von zwölf Monaten nach dem Ende des Urlaubsjahres genommen worden ist. Bis zum Erreichen dieser übertariflichen Begrenzung, also bis zum 31. Dezember des Folgejahres gilt somit für den gesetzlichen Mindesturlaub und den tariflichen Mehrurlaub eine einheitliche Verfallsfrist. Eine Unterscheidung zwischen dem gesetzlichen Mindesturlaub und dem tariflichen Mehrurlaub ist aber in Fällen der fortdauernden Arbeitsunfähigkeit geboten, denn aufgrund der unionsrechtlichen Vorgaben gilt für diese Fälle für den gesetzlichen Mindesturlaub ein Höchstübertragungszeitraum von fünfzehn Monaten. Gesetzlicher Mindesturlaub verfällt also auch bei fortdauernder Arbeitsunfähigkeit spätestens nach Ablauf dieser verlängerten Befristung am 31. März des zweiten auf das Entstehungsjahr des Urlaubs folgenden Jahres.

Beispiel:

Ein Beschäftigter mit einem jährlichen Gesamturlaubsanspruch von 30 Arbeitstagen nach § 26 Abs. 1 TVöD wird im Januar 2010 krankheitsbedingt arbeitsunfähig und kann seine Tätigkeit erst im Januar 2012 wieder aufnehmen. Hatte er von seinem Urlaub für 2010 noch nichts verbraucht, sind hiervon die 10 Arbeitstage tariflicher Mehrurlaub mit Ablauf des 31. Dezember 2011 verfallen. Der gesetzliche Mindestanspruch von 20 Arbeitstagen bleibt hingegen trotz Ablaufs dieser übertariflichen Frist zunächst erhalten (s. o. 1.1).

Die Gliederung der folgenden Hinweise zur Befristung und Übertragung – und damit mittelbar auch zum Verfall – von Urlaubsansprüchen in Fällen fortdauernder Arbeitsunfähigkeit trägt dieser Zweiteilung Rechnung:

a) Einheitliches Fristenregime bis zum Ablauf der übertariflichen Verfallsfrist:

Der Urlaubsanspruch ist grundsätzlich auf das Urlaubsjahr befristet und endet mit dem 31. Dezember des Jahres, in dem er entstanden ist. Dies gilt gleichermaßen für den gesetzlichen Mindesturlaub (§§ 1, 3 Abs. 1 Satz 1 BUrlG) wie für den tariflichen Mehrurlaub (§ 26 Abs. 1 Satz 1 TVöD). Die tarifliche Übertragungsfrist nach § 26 Abs. 2 Buchst. a TVöD kommt aufgrund der übertariflichen Anwendung der beamtenrechtlichen Regelung des § 7 EUrlV sowohl für den gesetzlichen als auch für den tariflichen Urlaub nicht zum Tragen; stattdessen wird die Befristung auf das Folgejahr erweitert und der Urlaub verfällt erst, wenn er bis zum Ende des Folgejahres (= Ablauf des Urlaubsjahres + zwölf Monate) nicht genommen worden ist. Während dieser neuen Befristung ist der Urlaub zu verwirklichen, anderenfalls verfällt er.

Übertragen i. S. von § 7 Abs. 3 Satz 2 BUrlG bedeutet, dass der (Rest-) Urlaub des Vorjahres bis zum Ablauf des Übertragungszeitraums dem Urlaub des nachfolgenden Jahres hinzugerechnet wird. Beide zusammen bilden einen einheitlichen Urlaubsanspruch, d. h. übertragener und zum 1. Januar des laufenden Urlaubsjahres neu erworbener Urlaub unterscheiden sich (im Übertragungszeitraum) nicht voneinander. Zum Urlaubsanspruch gehört somit nicht nur der jeweils neueste, am 1. Januar eines jeden Kalenderjahres entstehende Anspruch, sondern auch der infolge der Übertragung hinzutretende, noch zu erfüllende Anspruch aus dem Vorjahr. Auf diese kumulierende Weise wächst der Urlaubsanspruch an. Besonderheiten gelten allerdings hinsichtlich der Befristung: Der Teil des Urlaubsanspruchs, der zu Beginn des laufenden Urlaubsjahres entstanden ist, ist wiederum an das Urlaubsjahr gebunden (vgl. § 26 Abs. 1 Satz 1 TVöD, §§ 1, 3 Abs. 1 Satz 1 BUrlG). Der aus dem Vorjahr übertragene Teil des Urlaubsanspruchs hingegen unterliegt tarifvertraglich dem besonderen Zeitregime nach § 26 Abs. 2 Buchst. a TVöD. Im Bereich des Bundes fällt das Ende beider Befristungen wegen der übertariflichen Übertragungsfrist entsprechend § 7 EUrlV zusammen (31. Dezember des Folgejahres und Ende des laufenden Urlaubsjahres).

b) Getrenntes Fristenregime nach Ablauf der übertariflichen Verfallsfrist:

Dauert das krankheitsbedingte Hindernis für die Inanspruchnahme an oder tritt ein neues in § 7 Abs. 3 Satz 2 BUrlG geregeltes Hindernis (dringende betriebliche oder personenbedingte Gründe) an dessen Stelle, so bleibt lediglich der gesetzliche Mindesturlaubsanspruch durch weitere Übertragung bis zum Erreichen der nach Unionsrecht gebotenen Höchstübertragungsdauer erhalten (siehe oben Einleitung im Abschnitt E). Der so über die tariflichen bzw. übertariflichen Fristenregelungen hinaus aufrecht erhaltene gesetzliche Mindesturlaub verfällt entsprechend unionsrechtskonformer Auslegung des § 7 Abs. 3 Satz 3 BUrlG am 31. März des zweiten auf das Urlaubsjahr folgenden Jahres, mithin fünfzehn Monate nach dem Ende des Kalenderjahres der Entstehung. Eine erneute Privilegierung des bereits einmal übertragenen Urlaubs ist unionsrechtlich nicht geboten (vgl. BAG vom 7. August 2012 – 9 AZR 353/10 – im Anschluss an die KHS-Entscheidung des EuGH).

Beispiel:

Ein Beschäftigter ist von Juli 2010 bis zum 15. Januar 2012 arbeitsunfähig erkrankt. Nach seiner Rückkehr ist ihm der gesetzliche Mindesturlaub aus dem Jahr 2010, den er wegen der langwierigen krankheitsbedingten Arbeitsunfähigkeit in den Jahren 2010 und 2011 nicht nehmen konnte, noch zu gewähren. Sofern die offenen Mindesturlaubsansprüche aus dem Jahr 2010 im verbleibenden Zeitraum bis zum Erreichen der nach Unionsrecht gebotenen Höchstübertragungsdauer – hier vom 16. Januar bis 31. März 2012 (= Ablauf Urlaubsjahr 2010 + 15 Monate) – nicht gewährt und genommen werden, verfallen sie.

Der Urlaub ist also während dieser verlängerten Befristung, die nach unionsrechtlichen Vorgaben geboten ist, zu verwirklichen, anderenfalls verfällt er. Der gesetzliche Mindesturlaubsanspruch verfällt somit gemäß § 7 Abs. 3 Satz 3 BUrlG auch unter Berücksichtigung der unionsrechtskonformen Auslegung, wenn die Arbeitsunfähigkeit bis zum 31. März des zweiten auf das Urlaubsjahr folgenden Jahres oder darüber hinaus fortbesteht.

Beispiel:

Ein Beschäftigter wird im August 2010 arbeitsunfähig und hat zu diesem Zeitpunkt noch gesetzliche Mindesturlaubsansprüche aus den Jahren 2009 und 2010. Er kann seine Tätigkeit erst im Januar 2013 wieder aufnehmen. Dann steht ihm der für die Jahre 2012 und 2013 voll entstandene jährliche Gesamturlaubsanspruch aus gesetzlichem Mindesturlaub und tariflichen Mehrurlaub zu. Für das Jahr 2011 ist der tarifliche Mehrurlaub bereits mit Ablauf des übertariflichen Übertragungszeitraums am 31. Dezember 2012 verfallen, der gesetzliche Mindesturlaub für das Jahr 2011 hingegen bleibt wegen der besonderen Übertragungsfrist von fünfzehn Monaten bis längstens 31. März 2013 erhalten. Die Gesamturlaubsansprüche für 2009 und 2010 sind verfallen.

Variante:

Sofern der Beschäftigte hingegen erst nach dem 31. Mai 2013 wieder arbeitsfähig würde, könnte er auch für das Jahr 2011 keinen Urlaub mehr beanspruchen.

Soweit der gesetzliche Mindesturlaub infolge eines krankheitsbedingten Hindernisses über die tariflichen bzw. übertariflichen Verfallsfristen hinaus fortbesteht, ist er nicht dauerhaft aus dem Fristenregime des § 7 Abs. 3 BUrlG herausgenommen. Der wegen der mangelnden Möglichkeit der Inanspruchnahme infolge krankheitsbedingter Arbeitsunfähigkeit fortbestehende Urlaubsanspruch unterfällt, sobald die Arbeitsunfähigkeit als Erfüllungshindernis wegfällt, erneut dem Fristenregime. Der Urlaub kann deshalb trotz lang andauernder krankheitsbedingter Arbeitsunfähigkeit bereits vor Eingreifen der aus unionsrechtskonformer Auslegung bzw. Rechtsfortbildung abzuleitenden Begrenzung der Höchstübertragungsdauer auf fünfzehn Monate erlöschen, sofern Beschäftigte im Kalenderjahr so rechtzeitig gesund und arbeitsfähig werden, dass sie ihren Urlaub im aktuellen Urlaubsjahr oder spätestens während des Übertragungszeitraums nehmen können (vgl. BAG vom 12. April 2011 – 9 AZR 80/10 –, 9. August 2011 – 9 AZR 425/10 – und 10. Juli 2012 – 9 AZR 11/11 –).

Beispiel 1:

Ein Beschäftigter, der in der Fünf-Tage-Woche arbeitet, hat einen jährlichen Gesamturlaubsanspruch von 30 Arbeitstagen. In der Zeit vom 10. Februar 2012 bis zum 11. Dezember 2012 ist er arbeitsunfähig erkrankt, ohne dass er für das Kalenderjahr 2012 Urlaub in Anspruch genommen hat. Unmittelbar nach seiner Genesung nimmt der Beschäftigte 10 Arbeitstage Erholungsurlaub in Anspruch (Zeitraum vom 12. Dezember 2012 bis 31. Dezember 2012). Da sich die gesetzlichen und tariflichen Urlaubsansprüche insoweit decken, hat der Arbeitgeber mit der Freistellung gleichzeitig sowohl die ersten 10 Arbeitstage des gesetzlichen Mindesturlaubs (verbliebener Restanspruch beträgt 10 Arbeitstage) als auch des tariflichen Erholungsurlaubs (verbliebener Restanspruch beträgt 20 Arbeitstage und schließt den gesetzlichen Mindesturlaub mit ein) erfüllt und zum Erlöschen gebracht (zur Tilgungsreihenfolge im Einzelnen s. u. Ziffer 3). Somit verbleibt am Jahresende ein Gesamtanspruch in Höhe von 20 Arbeitstagen (davon 10 Arbeitstage deckungsgleich und 10 Arbeitstage nur tariflicher Mehrurlaub). Dieser Anspruch wird in das nächste Kalenderjahr 2013 übertragen und verfällt aufgrund der übertariflichen Regelung nach einer weiteren Befristung von zwölf Monaten grundsätzlich mit Ablauf des 31. Dezember 2013. Zusammen mit dem neuen jährlichen Gesamturlaub für 2013 in Höhe von 30 Arbeitstagen verfügt der Beschäftigte am 1. Januar 2013 insgesamt über 50 Arbeitstage Erholungsurlaub.

Hinweis:

Der vorstehende Sachverhalt hat soweit auch Gültigkeit für das Beispiel 2.

Er erkrankt erneut vom 15. Februar 2013 bis zum 10. Januar 2014. Die aus dem Kalenderjahr 2012 übertragenen 10 Arbeitstage tariflicher Mehrurlaub verfallen mit Ablauf der übertariflichen Übertragungsfrist am 31. Dezember 2013. Dabei ist unerheblich, ob der Beschäftigte tatsächlich in der Lage war, diesen tariflichen Mehrurlaub in Anspruch zu nehmen. Anderes gilt für den gesetzlichen Min-

II

desturlaub. Die unionsrechtskonforme Auslegung des § 7 Abs. 3 Satz 3 BUrlG, wonach Urlaubsansprüche bei Arbeitnehmern, die aus gesundheitlichen Gründen an ihrer Arbeitsleistung gehindert sind, erst fünfzehn Monate nach Ablauf des Urlaubsjahres verfallen, gilt in Folge des eigenständigen Fristenregimes nach § 26 Abs. 2 Buchst. a TVöD, nur für den gesetzlichen Mindesturlaub (BAG vom 7. August 2012 – 9 AZR 353/10, im Anschluss an EuGH vom 22. November 2011 – C 214/10 – KHS). Die 10 Arbeitstage gesetzlicher Mindesturlaub aus dem Jahr 2012 verfallen spätestens mit Ablauf der nach unionsrechtlichen Vorgaben auf einen Höchstübertragungszeitraum von fünfzehn Monaten verlängerten Befristung am 31. März 2014 (= 31. März des zweiten auf das Urlaubsjahr folgenden Jahres). Der zu Beginn des Kalenderjahres 2013 entstandene neue jährliche Gesamturlaubsanspruch in Höhe von 30 Arbeitstagen wird in das nächste Kalenderjahr 2014 übertragen und verfällt aufgrund der übertariflichen Regelung nach einer weiteren Befristung von zwölf Monaten grundsätzlich mit Ablauf des 31. Dezember 2014. Am 1. Januar 2014 hat der Beschäftigte daher insgesamt einen Anspruch auf Erholungsurlaub von 70 Arbeitstagen (10 Arbeitstage gesetzlicher Mindesturlaub aus 2012, 30 Arbeitstage Gesamturlaub aus 2013 und 30 Arbeitstage neuen Gesamturlaub für 2014). Infolge des Verfalls der 10 Arbeitstage des gesetzlichen Mindesturlaubs aus 2012 zum 31. März 2014 (s. o.), verfügt der Beschäftigte am 1. April 2014 noch immer über 60 Arbeitstage Erholungsurlaubsanspruch (jeweils 30 Arbeitstage Gesamtanspruch aus 2013 und 2014). Sofern im Kalenderjahr 2014 eine Inanspruchnahme des aus 2013 übertragenen Gesamturlaubsanspruchs nicht durch eine fortdauernde oder eine erneute Arbeitsunfähigkeit unmöglich wird, erlöschen diese 30 Arbeitstage mit Ablauf der übertariflichen Übertragungsfrist am 31. Dezember 2014.

Beispiel 2:

Sachverhalt wie erster Absatz im Beispiel 1. Die zweite krankheitsbedingte Arbeitsunfähigkeit endet jedoch bereits im laufenden Kalenderjahr 2013 (hier Arbeitsunfähigkeit vom 15. Februar 2013 bis 20. Dezember 2013).

Auch hier besteht zu Beginn des Kalenderjahrs 2013 zunächst ein Anspruch auf Erholungsurlaub von insgesamt 50 Arbeitstagen. Konsequenz der Befristungsregelungen ist, dass der gesetzliche Mindesturlaubsanspruch trotz langwieriger krankheitsbedingter Arbeitsunfähigkeit erlischt, wenn der Arbeitnehmer im Kalenderjahr oder im Übertragungszeitraum so rechtzeitig gesund und arbeitsfähig wird, dass er in der verbleibenden Zeit seinen Urlaub nehmen kann (BAG vom 9. August 2011 – 9 AZR 425/10). Am 31. Dezember 2013 verfällt daher der aus 2012 übertragene tarifliche Mehrurlaub vollständig (10 Arbeitstage), während der aus 2012 übertragene gesetzliche Mindesturlaub aus 2012 lediglich teilweise erlischt, und zwar in Höhe von 3 Arbeitstagen. Vom Ende des Jahres 2013 gerechnet, war der Anspruch auf Urlaub im Umfang von 3 Arbeitstage erfüllbar, da der Gewährung keine Hindernisse entgegen standen. Der Teil des Urlaubsanspruchs von 7 Arbeitstagen, der krankheitsbedingt nicht mehr erfüllt werden konnte, wird auf das nächste Kalenderjahr 2014 übertragen. Von dem ursprünglich aus 2012 übertragenen gesetzlichen Mindesturlaubs von 10 Arbeitstagen verbleibt somit ein offener Restanspruch in Höhe von 7 Arbeitstagen, der spätestens am 31. März 2014 verfällt (= 31. März des zweiten auf das Urlaubsjahr folgenden Jahres). Am 1. Januar 2014 hat der Beschäftigte daher insgesamt einen Anspruch auf Erholungsurlaub in Höhe von 67 Arbeitstagen (restliche 7 Arbeitstage gesetzlicher Mindesturlaub aus 2012, 30 Arbeitstage Gesamturlaub aus 2013 und 30 Arbeitstage neuer Gesamturlaub für 2014). Hinsichtlich der Urlaubsansprüche aus den Jahren 2013 und 2014 gelten die Hinweise im Beispiel 1.

Variante:

Würde die zweite krankheitsbedingte Arbeitsunfähigkeit vom 15. Februar 2013 bereits am 4. Oktober 2013 enden und bis zum Jahresende keine erneutes krankheitsbedingtes Hindernis hinzutreten, verfiele der übertragene Resturlaub aus 2012 am 31. Dezember 2013 vollständig. Vom Ende des Jahres 2013 gerechnet, wäre der Anspruch unter Berücksichtigung der arbeitsfreien Tage (hier aufgrund der Verteilung der wöchentlichen Arbeitszeit auf fünf Arbeitstage in der Kalenderwoche die Wochenenden und Wochenfeiertage) in vollem Umfang erfüllbar gewesen.

siehe Grafik hierzu (Anlage)

1.1.5 Verjährung

Nach den §§ 195, 199 BGB verjährt ein Anspruch drei Jahre nach Beendigung des Jahres, in dem er entstanden ist. Danach würde ein Urlaubsanspruch drei Jahre nach Ende des Urlaubsjahres verjähren. In der Praxis wird die Frage der Verjährung in der Regel dahinstehen können, da zuvor jeweils die Übertragungsfristen greifen (siehe Ziffer 1.1.4). Art. 7 der Arbeitszeitrichtlinie steht Befristungs- und Verjährungsregelungen nicht entgegen, weil der EuGH ausdrücklich das Recht der Mitgliedstaaten anerkennt, Modalitäten vorzusehen, die zum Verlust des Urlaubsanspruchs am Ende eines Bezugszeitraums oder eines Übertragungszeitraums führen, solange der Arbeitnehmer tatsächlich die Möglichkeit hatte, den Anspruch auszuüben (siehe Rechtssache Schultz-Hoff, Rn. 43). Höchstrichterliche nationale Rechtsprechung zur Verjährung von Urlaubsansprüchen liegt noch nicht vor. Sollte es in Einzelfällen relevant werden, ist vorsorglich die Einrede der Verjährung zu erheben.

1.2 Urlaubsabgeltungsanspruch

1.2.1 Fälligkeit des Anspruchs

§ 7 Abs. 4 BUrlG regelt den Urlaubsabgeltungsanspruch als Ersatz für den wegen Beendigung des Arbeitsverhältnisses nicht mehr zu realisierenden Urlaubsanspruch. Entgegen dem früheren Recht ist nunmehr der Urlaub insgesamt (Gesamturlaubsanspruch aus gesetzlichem Mindesturlaub und tariflichem Mehrurlaub) auch dann abzugelten, wenn er wegen Arbeitsunfähigkeit im Urlaubsjahr und/oder im Übertragungszeitraum nicht genommen werden konnte. Nach der neuen Rechtsprechung steht die beim Ausscheiden aus dem Arbeitsverhältnis und darüber hinaus bestehende Arbeitsunfähigkeit der Erfüllung des Abgeltungsanspruchs nicht entgegen. Folglich ist die Urlaubsab-

II

geltung bereits ab Beendigung des Arbeitsverhältnisses fällig. Wenngleich die Urlaubsabgeltung selbst als reiner Geldanspruch nicht dem Fristenregime unterliegt, so gilt jedoch unverändert, dass ein Urlaubsabgeltungsanspruch nach § 7 Abs. 4 BUrlG am Ende des Arbeitsverhältnisses nur für solche Urlaubsansprüche entstehen kann, die bei Ende des Arbeitsverhältnisses noch bestanden und nicht schon verfallen waren [BAG vom 15. September 2011 – 8 AZR 846/09 – (Juris-Rz. 62)].

Bei Beendigung des Arbeitsverhältnisses durch den Tod des Arbeitnehmers geht der Urlaubsanspruch unter. Er kann sich nicht mehr in einen Abgeltungsanspruch nach § 7 Abs. 4 BUrlG umwandeln, den Erben steht kein nach § 1922 BGB übergegangener Anspruch zu (BAG vom 20. September 2011 – 9 AZR 416/16 –).

1.2.2 Tarifliche Ausschlussfrist/Verjährung

Die tarifliche Ausschlussfrist ist nicht auf die gesetzlichen Mindesturlaubsansprüche nach §§ 1 und 3 Abs. 1 BUrlG anzuwenden (siehe Ziffer 1.1.3). Anderes gilt jedoch nach der neuen Rechtsprechung (BAG vom 9. August 2011 – 9 AZR 365/10 –, vom 22. Mai 2012 – 9 AZR 618/10 – und vom 19. Juni 2012 – 9 AZR 652/10 –) für den Abgeltungsanspruch. Dieser ist nicht mehr als Surrogat des Urlaubsanspruchs, sondern als reiner Geldanspruch anzusehen. Er unterliegt deshalb wie alle übrigen Zahlungsansprüche dem tariflichen Verfall. Als Anspruch aus dem Arbeitsverhältnis verfällt der Abgeltungsanspruch nach § 7 Abs. 4 BUrlG für den gesetzlichen Mindestanspruch **und den tariflichen Mehrurlaub** somit nach § 37 TVöD, wenn er nicht innerhalb von sechs Monaten nach Beendigung des Arbeitsverhältnisses schriftlich geltend gemacht wird.

Die unionsrechtliche Vorgabe in der KHS-Entscheidung des EuGH, dass der Übertragungszeitraum deutlich länger sein müsse als der Bezugszeitraum, ist nicht auf den Urlaubsabgeltungsanspruch von dauerhaft erkrankten Arbeitnehmern übertragbar. Die Vorgabe gilt nur für den Urlaubsanspruch selbst, den dauerhaft erkrankte Arbeitnehmer im bestehenden Arbeitsverhältnis nicht in Anspruch nehmen können. Die Länge einer tariflichen Ausschlussfrist, nach der der Urlaubsabgeltungsanspruch als reiner Geldanspruch dem Verfall unterliegt, kann daher deutlich kürzer als zwölf Monate sein [BAG vom 13. Dezember 2011 – 9 AZR 399/10 – (Juris-Rz. 31)].

Beispiel:

Ein Beschäftigter erkrankt am 15. November 2011. Die Arbeitsunfähigkeit infolge Krankheit besteht durchgehend und das Arbeitsverhältnis endet zum 31. August 2013 noch während der fortbestehenden Arbeitsunfähigkeit. Zum Zeitpunkt der Beendigung des Arbeitsverhältnisses bestehen noch folgende Urlaubsansprüche:

- Ansprüche aus dem Kalenderjahr 2011
  Etwaige noch offene Urlaubsansprüche aus dem Kalenderjahr 2011 sind bereits erloschen. Der gesetzliche Mindesturlaub aus dem Jahr 2011 verfällt in Anwendung der unionsrechtskonformen Grundsätze fünfzehn Monate nach dem Ende des Urlaubsjahres, demnach am 31. März 2013. Der tarifliche Mehrurlaub aus dem Jahr 2011 verfällt unter Berücksichtigung der übertariflichen Übertragungsfrist bereits am 31. Dezember 2012.
- Ansprüche aus dem Kalenderjahr 2012
  30 Arbeitstage Gesamturlaubsanspruch. Die 20 Arbeitstage gesetzlicher Mindesturlaub verfallen in Anwendung der unionsrechtskonformen Grundsätze fünfzehn Monate nach dem Ende des Urlaubsjahres 2012, demnach am 31. März 2014. Die 10 Arbeitstage tariflicher Mehrurlaub aus dem Jahr 2011 verfallen unter Berücksichtigung der übertariflichen Übertragungsfrist bereits am 31. Dezember 2013.
- Ansprüche aus dem Kalenderjahr 2013
  20 Arbeitstage Teilurlaub gemäß § 26 Abs. 2 Buchst. b TVöD für die acht vollen Monate im Zeitraum vom 1. Januar bis 31. August 2013 (= 8/12 von 30 Arbeitstagen).

Der zum Zeitpunkt der Beendigung des Arbeitsverhältnisses noch bestehende **Gesamturlaubsanspruch** von insgesamt 50 Arbeitstagen (30 Arbeitstage Vollurlaub aus dem Jahr 2012 und 20 Arbeitstage Teilurlaub aus dem Jahr 2013) wandelt sich nach § 7 Abs. 4 BUrlG in einen Anspruch auf Urlaubsabgeltung um. Dieser entsteht mit der Beendigung des Arbeitsverhältnisses als reiner Geldanspruch und wird nach § 271 Abs. 1 BGB sofort fällig. Als Anspruch aus dem Arbeitsverhältnis unterliegt die Urlaubsabgeltung – wie andere Entgeltansprüche auch – der tariflichen Ausschlussfrist des § 37 TVöD. Sofern die schriftliche Geltendmachung erst nach Ablauf der sechsmonatigen tariflichen Ausschlussfrist am 28. Februar 2014 erfolgt, ist sie verspätet und der Urlaubsabgeltungsanspruch verfallen.

Es ist zudem davon auszugehen, dass die Urlaubsabgeltung nach Aufgabe der Surrogatstheorie als reiner Geldanspruch nunmehr der dreijährigen Verjährung nach § 195 BGB unterliegt, die wegen § 37 TVöD aber keine praktische Relevanz haben wird.

2. Zusatzurlaub nach § 125 SGB IX

Da der Zusatzurlaub für schwerbehinderte Menschen gemäß § 125 SGB IX nach der Rechtsprechung des BAG ein unabdingbarer gesetzlicher Mindesturlaub ist, sind die Ausführungen unter Ziffer 1 zum Mindesturlaub auch für diesen Urlaubsanspruch und seine Abgeltung zu Grunde zu legen.

3. Erholungsurlaub nach § 26 TVöD, Anspruchskonkurrenz bei Urlaubsgewährung

II

Der Urlaubsanspruch aus § 26 Abs. 1 Satz 1 und 2 TVöD, wonach Beschäftigte in der Fünf-Tage-Woche in jedem Kalenderjahr Anspruch auf bezahlten Erholungsurlaub von 29 Arbeitstagen und nach dem vollendeten 55. Lebensjahr von 30 Arbeitstagen haben, schließt den gesetzlichen Mindesturlaub von 20 Arbeitstagen nach §§ 1, 3 Abs. 1 BUrlG mit ein, damit differenziert die tarifvertragliche Regelung hinsichtlich des Umfangs des Urlaubsanspruchs nicht zwischen dem gesetzlichen Mindesturlaub und dem tarifvertraglichen Mehrurlaub.

3.1 Urlaubsgewährung innerhalb des Urlaubsjahres

Soweit sich beide Ansprüche decken – in der Fünf-Tage-Woche also in der Regel für die ersten zwanzig Urlaubstage – liegt deshalb nach aktueller Rechtsprechung des Bundesarbeitsgerichts bei der Urlaubsgewährung im Kalenderjahr der Entstehung eine Anspruchskonkurrenz vor. Insoweit handelt es sich nach Feststellung des Neunten Senats um einen einheitlichen Anspruch auf Erholungsurlaub, der auf verschiedenen Anspruchsgrundlagen beruht (BAG vom 7. August 2012 – 9 AZR 760/10 –). Dies hat zur Folge, dass mit der urlaubsrechtlichen Freistellung von der Verpflichtung zur Arbeitsleistung auch ohne ausdrückliche Tilgungsbestimmung sowohl der gesetzliche als auch der tarifliche Urlaubsanspruch – soweit beide Ansprüche deckungsgleich sind – ganz oder teilweise erfüllt und gemäß § 362 Abs. 1 BGB zum Erlöschen gebracht werden. Nach ausdrücklichem Hinweis des Senats steht der Annahme, dass es in diesem Fall **keiner Tilgungsbestimmung des Arbeitgebers bedarf**, nicht entgegen, dass ein arbeits- oder tarifvertraglicher Mehrurlaub bezüglich seiner Entstehungsvoraussetzungen, seiner Übertragung, seiner Kürzung bei Vorliegen bestimmter Voraussetzungen, seines Verfalls oder seiner Abgeltung eigenen Regeln unterliegen kann.

Beispiel:

Der Gesamturlaubsanspruch eines Beschäftigten beträgt 30 Arbeitstage im Kalenderjahr. Die tariflichen Urlaubsregelungen bestimmen lediglich den Gesamtumfang des Anspruchs, sie unterscheiden nicht zwischen gesetzlichem Mindesturlaub und tariflichem Erholungsurlaub. Der Beschäftigte ist in der Fünf-Tage-Woche beschäftigt. Im laufenden Urlaubsjahr nimmt er 15 Urlaubstage in Anspruch, die vom Umfang des Gesamturlaubsanspruchs in Abzug zu bringen sind. Der tariflich vereinbarte Urlaubsanspruch in Höhe von insgesamt 30 Arbeitstagen steht im Umfang der ersten 20 Arbeitstage in Anspruchskonkurrenz mit dem gesetzlichen Mindesturlaub, da beide Ansprüche für diesen Zeitraum deckungsgleich sind. Der tarifliche Erholungsurlaub wird nicht zusätzlich zum gesetzlichen Mindesturlaub gewährt, sondern schließt diesen mit ein. Die Urlaubsgewährung der ersten 15 Urlaubstage erfüllt deshalb nach aktueller Rechtsprechung in dem vorliegen Sachverhalt sowohl den tariflichen als auch des gesetzlichen Urlaubsanspruch. Von den darüber hinaus noch offenen 15 Arbeitstagen des verbliebenen Gesamtanspruchs besteht noch für 5 Arbeitstage eine Anspruchskonkurrenz zwischen gesetzlichem Mindesturlaub und tariflichem Erholungsurlaub. Der nach Inanspruchnahme dieser weiteren 5 Arbeitstage verbleibende Restanspruch in Höhe von 10 Arbeitstagen ist dann mangels Anspruchskonkurrenz dem tariflichen Mehrurlaub zuzuordnen (= 21. bis 30. Arbeitstag), da die 20 Arbeitstage gesetzlicher Mindesturlaub bereits verbraucht wurden.

II

3.2 Urlaubsgewährung im Übertragungszeitraum

Das Bundesarbeitsgericht hat in dem oben unter Ziffer 3.1 genannten Urteil nur über die Anspruchskonkurrenz beim Zusammentreffen von gesetzlichen und tariflichen Urlaubsansprüchen aus ein und demselben Kalenderjahr entschieden. Nicht geäußert hat sich der Senat hingegen zu der Frage, wie zu verfahren ist, wenn sich der Gesamturlaubsanspruch aus den kumulierten Ansprüchen **mehrerer Kalenderjahre** zusammensetzt. Nach hiesiger Rechtsauffassung handelt es sich dabei dann jeweils um selbstständige Urlaubsansprüche, die sich aufgrund ihres Entstehungszeitpunkts und ihrer Verfallsfristen unterscheiden. Insoweit bleibt die Auslegungsregel des § 366 Abs. 2 BGB bei der Urlaubsgewährung weiterhin analog anzuwenden. Bei Ansprüchen, die in unterschiedlichen Kalenderjahren entstanden sind, wird danach im Ergebnis vorrangig auf den „ältesten" noch zustehenden Urlaubsanspruch geleistet, weil dieser wegen der Befristung die geringste Sicherheit bietet.

3.2.1 Innerhalb des übertariflichen Übertragungszeitraums (= erste zwölf Monate nach Ende des Urlaubsjahres)

Die in entsprechender Anwendung der beamtenrechtlichen Regelung des § 7 EUrlV übertariflich bis zum Ende des Folgejahres erweiterte Befristung gilt gleichermaßen für den gesetzlichen Mindesturlaub wie tariflichen Erholungsurlaub. Innerhalb der aus dem Vorjahr übertragenen Urlaubstage gelten beim Zusammentreffen von gesetzlichen und tarifvertraglichen Ansprüchen die Hinweise in Ziffer 3.1 entsprechend. Im Verhältnis zu den mit Beginn des Kalenderjahres neu entstandenen Urlaubsansprüchen hingegen sind die aus dem Vorjahr übertragenen Urlaubstage als selbstständige Urlaubsansprüche vorrangig zu tilgen, da sie zu einem früheren Zeitpunkt entstanden sind und vor dem neu entstanden Ansprüchen verfallen. Innerhalb der neuen Urlaubsansprüche für das laufende Urlaubsjahr wiederum gelten die Hinweise in Ziffer 3.1 entsprechend.

Beispiel:

Sachverhalt wie im Beispiel unter Ziffer 3.1. Die noch offenen 15 Arbeitstage des verbliebenen Gesamtanspruchs werden auf das folgende Kalenderjahr 2013 übertragen und treten zu dem mit Beginn des Kalenderjahres neu entstanden Gesamturlaubsanspruch von 30 Arbeitstagen für 2013 hinzu. Während der Dauer des übertariflichen Übertragungszeitraums vom 1. Januar 2013 bis 31. Dezember 2013 besteht somit insgesamt ein Anspruch auf 45 Arbeitstagen Erholungsurlaub. Sofern nicht infolge fortdauernder Arbeitsunfähigkeit der Ausnahmefall des unionsrechtlich gebotenen Höchstübertragungszeitraums von fünfzehn Monaten zum Tragen kommt, verfällt der aus 2012 übertragene Urlaubsanspruch von 15 Arbeitstagen mit Ablauf der übertariflichen Befristung am 31. Dezember 2013. Der neu entstandene Urlaubsanspruch des laufenden Urlaubsjahres 2013 hingegen kann aufgrund der übertariflichen Befristung noch innerhalb von zwölf Monaten nach Ende des laufenden Urlaubsjahres 2013 genommen werden; er muss also spätestens bis zum 31. Dezember 2014 abgewickelt sein.

Wird einer Beschäftigten in 2013 ein vierwöchiger Urlaub (20 Arbeitstage) gewährt, ergibt sich im Hinblick auf die noch zustehenden 45 Arbeitstage Erholungsurlaub folgende Tilgungsreihenfolge:

- Vorrangig zu leisten ist zunächst auf den aus dem Vorjahr **übertragenen Erholungsurlaub aus 2012** als dem älteren selbstständigen Urlaubsanspruch. Die ersten 15 Arbeitstage des vierwöchigen Urlaubs werden also auf den aus 2012 übertragenen Urlaub angerechnet.
  - Dabei besteht für die ersten 5 Arbeitstage eine Anspruchskonkurrenz zwischen gesetzlichem Mindesturlaub und tariflichem Erholungsurlaub. Da beide Ansprüche insoweit deckungsgleich sind, werden insoweit sowohl der gesetzliche als auch der tarifliche Urlaubsanspruch erfüllt.
  - Die weiteren 10 Arbeitstage (= 6. bis 15. Arbeitstag) sind dem tariflichen Mehrurlaub zuzuordnen und bringen den aus 2012 übertragenen Resturlaub vollständig zum Erlöschen.
- Die letzten 5 Arbeitstage des vierwöchigen Urlaubs (= 16. bis 20. Arbeitstag) werden auf den **neuen Gesamturlaubsanspruch für 2013** von 30 Arbeitstagen angerechnet. Auch bezüglich dieser 5 Arbeitstage besteht wiederum eine Anspruchskonkurrenz zwischen gesetzlichem Mindesturlaub und tariflichem Erholungsurlaub, so dass diese gleichermaßen auf beide Ansprüche angerechnet werden. Nach Inanspruchnahme des vierwöchigen Urlaubs verbleibt in 2013 somit noch ein Resturlaubsanspruch von 25 Arbeitstagen; davon sind 15 Arbeitstage deckungsgleich und 10 Arbeitstage entfallen nur auf den tariflichen Mehrurlaub.

3.2.2 Innerhalb des unionsrechtlich gebotenen Höchstübertragungszeitraums (= verlängerte Befristung vom 13. bis 15. Monat nach Ende des Urlaubsjahres)

In Fällen einer fortdauernden krankheitsbedingten Arbeitsunfähigkeit gilt Folgendes. Nach Ablauf der übertariflichen Befristung, die eine Abwicklung übertragener Ansprüche innerhalb von zwölf Monaten nach Ende des Urlaubsjahres vorsieht, ist der gesetzliche Mindesturlaubsanspruch, der durch weitere Übertragung (in das übernächste Kalenderjahr nach seiner Entstehung) längstens bis zum Erreichen der nach Unionsrecht gebotenen Höchstübertragungsdauer von fünfzehn Monaten weiter erhalten bleibt, vorrangig zu tilgen. Dies betrifft den Zeitraum vom 13. bis 15. Monat nach Ende des Urlaubsjahres.

Beispiel:

Im Beispiel 1 unter Ziffer 1.1.4 Buchst. b betrifft dies den gesetzlichen Mindesturlaub von 10 Arbeitstagen aus dem Kalenderjahr 2012, der spätestens zum 31. März 2014 verfällt (= Ablauf des Urlaubsjahres + fünfzehn Monate). Im Kalenderjahr 2014 ist dieser aufgrund unionsrechtlicher Vorgaben weiter übertragene Urlaubsanspruch für den Fall einer rechtzeitigen Genesung im Zeitraum vom 1. Januar 2014 bis 31. März 2014 vorrangig zu erfüllen. Vorrangig bedeutet vor dem aus dem Urlaubsjahr 2013 übertragenen Gesamturlaubsanspruch von 30 Arbeitstagen und dem für das Urlaubsjahr 2014 neu entstandenen Gesamturlaubsanspruch von 30 Arbeitstagen.

Anlage

Urlaubsanspruch bei fortdauernder krankheitsbedingter Arbeitsunfähigkeit

(in Arbeitstagen)

Zu Beispiel 1 (Ziffer 1.1.4 Buchst. b)

Urlaubsanspruch am 1.1. und 31.12.2012	Urlaubsanspruch am 1.1. und 31.12.2013	Urlaubsanspruch am 1.1. und 1.4.2014
Jan Feb Mär Apr Mai Jun Jul Aug Sep Okt Nov Dez	Jan Feb Mär Apr Mai Jun Jul Aug Sep Okt Nov Dez	Jan Feb Mär Apr Mai Jun Jul Aug Sep Okt Nov Dez
10.02.2012 bis 11.12.2012: 1. Erkrankung	15.02.2013 bis 10.01.2014: 2. Erkrankung	
20 gesetzl./tarifl. Urlaub (deckungsgleich, Anspruchskonkurrenz)	10 übertragen aus 2012 (deckungsgleich gesetzl./tarifl. Urlaub)	10 übertragener gesetzl. Mindesturlaub aus 2012
10 tarifl. Mehrurlaub	10 übertragen aus 2012 (tarifl. Mehrurlaub.)	30 übertragener Gesamturlaubsanspruch aus 2013 (gesetzl./tarifl.)
	30 neuer Gesamturlaubsanspruch für 2013 (gesetzl./tarifl.)	30 neuer Gesamturlaubsanspruch für 2014 (gesetzl./tarifl.)
30 Gesamturlaubsanspruch für 2012 (gesetzl./tarifl.)	**50 insgesamt** (zwei Urlaubsjahre kumuliert)	**70 insgesamt** (drei Urlaubsjahre kumuliert)
	tarifl. Mehrurlaub 2012 verfällt am 31.12.2013 (vollständig) -10	unionskonform: 15 Monate max. Befristung
Inanspruchnahme gesetzl. Mindesturlaub 12.12. bis 31.12.2012 -10		-10 **gesetzl. Mindesturlaub 2012 verfällt am 31.3.2014**
Resturlaub am 31.12.2012 (davon 10 Arbeitstage tarifl. Mehrurlaub) 20	**Resturlaub am 31.12.2013** (davon 10 Arbeitstage ges. Mindesturlaub 2012) 40	60 **insgesamt** (kumuliert ab 1.4.2014)

Zu Beispiel 2 (Ziffer 1.1.4 Buchst. b)

Urlaubsanspruch am 1.1. und 31.12.2012	Urlaubsanspruch am 1.1. und 31.12.2013	Urlaubsanspruch am 1.1. und 1.4.2014
Jan Feb Mär Apr Mai Jun Jul Aug Sep Okt Nov Dez	Jan Feb Mär Apr Mai Jun Jul Aug Sep Okt Nov Dez	Jan Feb Mär Apr Mai Jun Jul Aug Sep Okt Nov Dez
10.02.2012 bis 11.12.2012: 1. Erkrankung	15.02.2013 bis 20.12.2013: 2. Erkrankung	
20 gesetzl./tarifl. Urlaub (deckungsgleich, Anspruchskonkurrenz)	10 übertragen aus 2012 (deckungsgleich gesetzl./tarifl. Urlaub)	7 übertragener gesetzl. Mindesturlaub aus 2012
10 tarifl. Mehrurlaub	10 übertragen aus 2012 (tarifl. Mehrurlaub.)	30 übertragener Gesamturlaubsanspruch aus 2013 (gesetzl./tarifl.)
	30 neuer Gesamturlaubsanspruch für 2013 (gesetzl./tarifl.)	30 neuer Gesamturlaubsanspruch für 2014 (gesetzl./tarifl.)
30 Gesamturlaubsanspruch für 2012	**50 insgesamt** (zwei Urlaubsjahre kumuliert)	**67 insgesamt** (drei Urlaubsjahre kumuliert)
	am 31.12.2013 verfallen:	
	tarifl. Mehrurlaub 2012 (vollständig) -10	unionskonform: 15 Monate max. Befristung
Inanspruchnahme gesetzl. Mindesturlaub 12.12. bis 31.12.2012 -10	**gesetzl. Mindesturlaub 2012** (teilweise) -3	-7 **gesetzl. Mindesturlaub 2012 verfällt am 31.3.2014**
Resturlaub am 31.12.2012 (davon 10 Arbeitstage tarifl. Mehrurlaub) 20	**Resturlaub am 31.12.2013** (davon 10 Arbeitstage ges. Mindesturlaub 2012) 37	60 **insgesamt** (kumuliert ab 1.4.2014)

Anhang 3

Urlaubsanspruch der Tarifbeschäftigten bei Änderung des Beschäftigungsumfangs/ Beschäftigungsmodells im Laufe des Urlaubsjahres

BMI-Rundschreiben vom 20. Dezember 2019
– D 5 – 31001/3#8 –

hier: Folgerungen aus der Rechtsprechung des BAG vom 20. 03. 2018 – 9 AZR 486/17, vom 18. 09. 2018 – 9 AZR 159/18, vom 20. 11. 2018 – 9 AZR 349/18, vom 19. 03. 2019 – 9 AZR 315/17 und 9 AZR 406/17 – und vom 21. 05. 2019 – 9 AZR 259/18 sowie aus der Rechtsprechung des EuGH vom 11. 11. 2015 – C-219/14 („Greenfield")

Bezug: Rundschreiben vom 22. Januar 2016 – D 5 – 31001/3#8 –

1. Einleitung

In Folge der unionsrechtlichen Vorgaben des Europäischen Gerichtshofes (EuGH) in den Urteilen vom 22. April 2010 – C-486/08 („Tirol"-Entscheidung) und vom 13. Juni 2013 – C-415/12 („Brandes"-Entscheidung) gab das Bundesarbeitsgericht (BAG) mit der o. g. Entscheidung vom 10. Februar 2015 – 9 AZR 53/14 (F) – seine bisherige Rechtsprechung auf. Danach war der Urlaubsanspruch bei einer anderen Verteilung der wöchentlichen Arbeitszeit als auf fünf Tage in der Woche grundsätzlich umzurechnen; der Senat hatte eine Diskriminierung von Teilzeitkräften durch die Umrechnung verneint (vgl. BAG vom 28. April 1998 – 9 AZR 314/97 – [Juris-Rz. 38]).

Der bis dahin vertretenen Rechtsauffassung, die das BAG seitdem aufgegeben hat, lag der Gedanke zu Grunde, dass sich der Gesamturlaubsanspruch nicht nach den bereits erbrachten Arbeitsleistungen richtet, sondern nach der bei Inanspruchnahme des Urlaubs maßgebenden Arbeitszeitverteilung (s. Juris-Rz. 30 a. a. O.). Der für das Urlaubsrecht zuständige Neunte Senat des BAG passte in seiner Entscheidung vom 10. Februar 2015 – 9 AZR 53/14 (F) – seine Rechtsprechung den unionsrechtlichen Vorgaben des EuGH an. Danach steht *„die Inanspruchnahme des Jahresurlaubs zu einer späteren Zeit als dem Bezugszeitraum in keiner Beziehung zu der in dieser späteren Zeit vom Arbeitnehmer erbrachten Arbeitszeit"*. Folglich dürfe *„durch eine Veränderung, insbesondere eine Verringerung der Arbeitszeit beim Übergang von einer Vollzeit- zu einer Teilzeitbeschäftigung*

II

der Anspruch auf Jahresurlaub, den der Arbeitnehmer in der Zeit der Vollzeitbeschäftigung erworben hat, nicht gemindert werden" (s. „Brandes" Rz. 30). Der EuGH nimmt bei Änderungen des Arbeitszeitmodells im Laufe des Kalenderjahres eine dem jeweiligen Beschäftigungsmodell entsprechende abschnittsbezogene Betrachtung vor. Abweichend vom deutschen Urlaubsrecht ordnet der EuGH dabei die Entstehung des gesetzlichen Urlaubsanspruchs anteilig jeweils „fiktiven" Abschnitten vor und nach dem Änderungsstichtag zu.

Der EuGH hatte in einem weiteren Urteil vom 11. November 2015 – C-219/14 (Rechtssache „Greenfield") – seine unionsrechtlichen Vorgaben zur Berechnung der Urlaubsansprüche in einem Fall der Erhöhung der Arbeitszeit dann weiter präzisiert (dazu s. u. Ziffer 1.2) und zur Berechnung des nach Art. 7 der (EU-Arbeitszeit-)Richtlinie 2003/88 gewährleisteten Anspruchs auf bezahlten Jahresurlaub Folgendes klargestellt: Ansprüche auf bezahlten Jahresurlaub werden im Hinblick auf den im Arbeitsvertrag vorgesehenen Arbeitsrhythmus erworben und sind dementsprechend zu berechnen (Rz. 29, 33 a. a. O.). Der EuGH schlussfolgert daraus, dass die Zeiträume, in denen der Arbeitnehmer nach verschiedenen Arbeitsrhythmen arbeitet, für die Berechnung des Urlaubsanspruchs voneinander zu unterscheiden und die Urlaubsansprüche für jeden Zeitraum getrennt zu berechnen sind (Rz. 35 a. a. O.). Im Ergebnis ordnet der EuGH damit also dem Urlaubsanspruch die Wertigkeit zu, die sich aus dem jeweiligen Zeitraum vor und nach der Änderung des Beschäftigungsmodells ergibt (d. h. rechnerisch müssen vor und nach dem betreffenden Änderungsstichtag „fiktive" Abschnitte gebildet werden).

Zwischenzeitlich liegen mehrere Entscheidungen des BAG dazu vor, wie die vorstehenden unionsrechtlichen Vorgaben im deutschen Urlaubsrecht umzusetzen sind. Die Rechtsprechung des BAG ist hierbei stetig im Fluss:

– In Bezug auf den **Umfang des Urlaubsanspruchs bzw. die Urlaubsdauer** ergeben sich aus der neueren BAG-Rechtsprechung keine Änderungen gegenüber den schon im Bezugsrundschreiben dargelegten Berechnungen. Auch der mit BAG-Entscheidung vom 10. Februar 2015 – 9 AZR 53/14 (F) festgestellte Grundsatz, dass § 26 Abs. 1 Satz 3 (n. F.) TVöD keine Obliegenheit der Beschäftigten begründet, ihren erworbenen Urlaubsanspruch vor dem Wechsel des Arbeitszeitmodells in Anspruch zu nehmen, hat weiterhin Bestand. Nach den jüngsten Urteilen des BAG (vom 19. März 2019 – 9 AZR 315/17 und 9 AZR 406/17 sowie vom 21. Mai 2019 – 9 AZR 259/18) bleibt die bereits im Bezugsrundschreiben zugrunde gelegte abschnittsweise Betrachtung von Urlaubsansprüchen vor und nach dem Änderungsstichtag auch für das deutsche Urlaubsrecht zulässig (näher s. u. Ziffer 2).

– Änderungen ergeben sich insoweit jedoch im Hinblick auf die **Berechnung des Urlaubsentgelts**; und zwar infolge der zwischenzeitlich ergangenen Urteile des BAG vom 20. März 2018 – 9 AZR 486/17, vom 18. September 2018 – 9 AZR 159/18, vom 20. November 2018 – 9 AZR 349/18, vom 19. März 2019 – 9 AZR 315/17 und 9 AZR 406/17 – sowie vom 21. Mai 2019 – 9 AZR 259/18. Dies betrifft insbesondere die aus der „Greenfield"-Entscheidung zu ziehenden Folgerungen für Fälle einer Erhöhung der individuellen Arbeitszeit (nähere Erläuterungen dazu enthält der Hinweis in Ziffer 2.2).

Das Bezugsrundschreiben vom 22. Januar 2016 wird daher aufgehoben und im Einvernehmen mit dem Bundesministerium der Finanzen durch die vorliegende Neufassung der Durchführungshinweise ersetzt.

Mit der vorliegenden Neufassung der Durchführungshinweise werden zur Vermeidung eines übermäßigen Verwaltungsaufwands im Wege einer pauschalisierenden und typisierenden Betrachtungsweise folgende Vereinfachungen vorgenommen:

– **Einführung einer Rundungsregelung** bei der Berechnung des Urlaubsanspruchs zwecks Vermeidung einer stundenweisen Gewährung von Bruchteilen eines Urlaubstages, die rechnerisch im Rahmen der „fiktiven" abschnittsweisen Betrachtung entstehen können (s. u. Ziffer 2.1.2). Folgeänderungen ergeben sich dadurch bei der Berechnung des Urlaubsentgelts.

– **Umstellung auf eine modifizierte, rein gegenwartsbezogene Betrachtung** in Bezug auf die Berechnung des Urlaubsentgelts. Im Ergebnis kommt damit nur noch der Lösungsansatz zum Tragen, der im Bezugsrundschreiben als zweiter Berechnungsschritt dargestellt wurde. Die bisherige Günstigerprüfung wird dadurch entbehrlich, d. h. es entfallen sowohl der bisher vorgeschaltete vergangenheitsbezogene Berechnungsschritt als auch der abschließende Vergleich.

Die Durchführungshinweise gelten im Übrigen weiterhin entsprechend für den Zusatzurlaub für schwerbehinderte Menschen nach § 208 SGB IX.

2. Folgerungen für die Urlaubsdauer und das Urlaubsentgelt

Im Einvernehmen mit dem Bundesministerium der Finanzen bitte ich entsprechend der folgenden Hinweise zu verfahren.

Zu unterscheiden ist zwischen den Konsequenzen der Rechtsprechung für die Berechnung der Urlaubsdauer (s. u. Ziffer 2.1) sowie für die Berechnung des Urlaubsentgelts (s. u. Ziffer 2.2).

2.1 Urlaubsdauer

Aus der neueren BAG-Rechtsprechung ergeben sich für die Berechnung der Urlaubsdauer keine Neuerungen gegenüber den bisherigen Durchführungshinweisen vom 22. Januar 2016. Mit der Neufassung der Durchführungshinweise wird allerdings aus Gründen der Verwaltungsvereinfachung im Wege einer übertariflichen Maßnahme die Rundung auf ganze Urlaubstage zugelassen (s. u. Ziffer 2.1.2).

Der in § 26 Abs. 1 Satz 3 TVöD angelegte Grundsatz der zeitratierlichen Berechnung bei einer von der Fünftagewoche abweichenden Verteilung der wöchentlichen Arbeitszeit ist anzuwenden. Der EuGH hat ausdrücklich darauf hingewiesen, dass für diese Zeit die Minderung des Anspruchs auf Jahresurlaub gegenüber dem bei Vollzeitbeschäftigung bestehenden Anspruch aus sachlichen Gründen gerechtfertigt ist. Abgelehnt hat er dabei lediglich die Umrechnung des bis zum Wechsel des Arbeitszeitmodells bereits erworbenen Urlaubsanspruchs (vgl. „Tirol" Rz. 33, „Brandes" Rz. 31). Im Rahmen der Umsetzung dieser unionsrechtlichen Vorgaben hat der Urlaubssenat des BAG deshalb auch nur eine Teilnichtigkeit der tarifvertraglichen Regelung zur Umrechnung des Urlaubsanspruchs bei einer von der Fünftagewoche abweichenden Verteilung der Arbeitszeit festgestellt. § 26 Abs. 1 Satz 3 TVöD ist danach unwirksam, soweit dadurch die Anzahl der noch vor der neuen Arbeitszeitverteilung erworbenen Urlaubstage gemindert wird (BAG vom 10. Februar 2015 – 9 AZR 53/14 (F) – [Juris-Rz. 15]). Die Tarifnorm findet im Übrigen weiter Anwendung, d. h. bei einer die Zahl der wöchentlichen Arbeitstage betreffenden Änderung der Arbeitszeitverteilung im Laufe des Urlaubsjahres ist für den Zeitraum nach Beginn der neuen Arbeitszeitverteilung die Urlaubsdauer nach Maßgabe des § 26 Abs. 1 Satz 3 TVöD im Sinne einer abschnittsweisen Betrachtung neu zu bestimmen (näher noch unter Ziffer 2.1.2).

Im Mittelpunkt der folgenden Ausführungen stehen die Fälle eines sog. unterjährigen Wechsels des Arbeitszeitmodells. Denn die unionsrechtlichen Vorgaben betreffen insbesondere Änderungen des Arbeitszeitmodells, die im Laufe des Urlaubsjahres wirksam werden. Eine Neuberechnung des Urlaubsanspruchs wird aber nicht nur erforderlich, wenn der Wechsel des Beschäftigungsmodells im laufenden Jahr erfolgt, sondern auch, wenn Resturlaubsansprüche aus vorangegangenen Kalenderjahren bestehen, die in einem abweichenden Arbeitszeitmodell erworben wurden.

II

2.1.1 Änderung des Beschäftigungsumfangs in der Fünftagewoche

Auf die Urlaubsdauer wirkt sich eine Änderung des Beschäftigungsmodells nur aus, wenn sich dadurch zugleich die Anzahl der wöchentlichen Arbeitstage in der Kalenderwoche ändert (dazu s. u. Ziffer 2.1.2).

Ohne eine Veränderung der Verteilung der wöchentlichen Arbeitszeit auf die Anzahl der Wochentage haben Änderungen der individuellen regelmäßigen Wochenarbeitszeit keinen Einfluss auf die Anzahl der zustehenden Urlaubstage (vgl. BAG vom 20. November 2018 – 9 AZR 349/18 – [Juris-Rz. 23]). Denn wegen des im deutschen Urlaubsrecht geltenden Tagesprinzips ist es für die Anzahl der Urlaubstage unerheblich, wie viele Arbeitsstunden der jeweilige Arbeitstag hat. Maßgebend für die Anrechnung auf den Urlaubsanspruch ist allein, ob an dem betreffenden Urlaubstag aufgrund der individuellen Verteilung der Arbeitszeit an sich eine Arbeitspflicht bestünde. Da sich der Jahresurlaubsanspruch von 30 Arbeitstagen auf die Fünftagewoche bezieht (§ 26 Abs. 1 Satz 2 TVöD), haben Teilzeitbeschäftigte, deren vertraglich verringerte wöchentliche Arbeitszeit auf fünf Arbeitstage in der Kalenderwoche verteilt ist, denselben Urlaubsanspruch wie ebenfalls in der Fünftagewoche tätige Vollzeitbeschäftigte. In allen Fällen einer Veränderung der individuellen, vertraglich festgelegten Arbeitszeit ohne Veränderung der Anzahl der Wochenarbeitstage ergeben sich für die Dauer des Urlaubsanspruchs keine Folgen. Anders stellt sich die Rechtslage bei der Bemessung des Urlaubsentgelts dar (s. u. Ziffer 2.2).

2.1.2 Änderung der Anzahl der Arbeitstage in der Kalenderwoche

Sobald die Anzahl der Arbeitstage in der Kalenderwoche im laufenden Urlaubsjahr geändert wird, ist nach der Rechtsprechung des Urlaubssenats des BAG der noch bestehende Urlaubsanspruch abschnittsbezogen neu zu berechnen. Bei einem unterjährigen Wechsel der Anzahl der Arbeitstage in der Kalenderwoche ist der Gesamtjahresurlaubsanspruch für das betreffende Kalenderjahr unter Berücksichtigung der einzelnen Zeiträume der Beschäftigung und der auf sie entfallenen Wochentage mit Arbeitspflicht umzurechnen (BAG vom 19. März 2019 – 9 AZR 315/17 [Juris-Rz. 17]). Unter Umständen muss die Urlaubsdauer mehrfach berechnet werden [Juris-Rz. 22 a. a. O.].

II

Hinweis:

Die Entscheidung des BAG vom 14. März 2017 – 9 AZR 7/16 – [Juris-Rz. 17]), wonach im Falle eines unterjährigen Wechsels der Arbeitszeitverteilung der kalenderjährig bestimmte Urlaubsanspruch nicht in Zeitabschnitte unterteilt werden könne, ist bereits wieder überholt. Der Urlaubssenat hält daran nicht mehr fest (BAG vom 19. März 2019 – 9 AZR 406/17 Rn. 20 sowie 9 AZR 315/17 Rn. 17). Daher ist der Anspruch auf den gesetzlichen Mindesturlaub nicht nach der zum Zeitpunkt der Urlaubsgewährung geltenden Arbeitszeitregelung zu bemessen (so noch die o. g. überholte Senatsentscheidung vom 14. März 2017), sondern grundsätzlich bezogen auf das gesamte Urlaubsjahr anhand der arbeitsvertraglichen Verteilung der Arbeitszeit auf die Wochentage zu berechnen (BAG vom 19. März 2019 – 9 AZR 406/17 Rn. 20).

Auf den TVöD angewandt bedeutet dies Folgendes: Die Zahl der Urlaubstage, die auf die „fiktiven" Abschnitte vor und nach dem Änderungsstichtag entfallen, bemisst sich nach der für den jeweiligen Abschnitt vereinbarten Anzahl der Wochenarbeitstage (Verteilung der wöchentlichen Arbeitszeit i. S. des § 26 Abs. 1 Satz 2 und 3 TVöD). Diese dem jeweiligen Beschäftigungsmodell entsprechende abschnittsbezogene Betrachtung gilt unabhängig davon, ob das Arbeitszeitvolumen vermindert, beibehalten oder aber erhöht wird. Eine Neuberechnung der Urlaubsdauer ist demnach nur erforderlich, wenn sich die Anzahl der Arbeitstage in der Woche ändert. Vor dem Änderungsstichtag bereits gewährter Urlaub ist in Abzug zu bringen; jedoch scheidet eine vorgriffsweise Anrechnung auf erst in folgenden Urlaubsjahren entstehende Urlaubsansprüche mangels entsprechender nationaler Rechtsgrundlage aus.

Beispiel:

Im laufenden Urlaubsjahr erfolgt zum 1. September ein Wechsel des Beschäftigungsmodells von der Fünftagewoche zu einer Viertagewoche. Der „fiktive" Abschnitt für die während der Fünftagewoche erworbenen Urlaubstage umfasst somit 8 Kalendermonate und der „fiktive" Abschnitt nach dem Änderungsstichtag für die in der Viertagewoche erworbenen Urlaubstage 4 Kalendermonate.

Ergeben sich infolge der veränderten Anzahl der wöchentlichen Arbeitstage in der Kalenderwoche aufgrund der „fiktiven" abschnittsbezogenen Berechnung des Urlaubs Bruchteile, kann die Rundungsregelung des § 26 Abs. 1 Satz 4 TVöD an sich keine Anwendung finden, da es sich wegen des ununterbrochenen Arbeitsverhältnisses weiterhin um Vollurlaubsansprüche handelt. Im Interesse der Verwaltungsvereinfachung erkläre ich mich jedoch damit einverstanden, dass die beiden jeweils „fiktiv" abschnittsbezogen berechneten Urlaubsansprüche gleichwohl nur als ganze Arbeitstage gewährt werden (Anwendung des Tagesprinzips). Zugunsten der Beschäftigten bitte ich dazu wie folgt zu verfahren:

a) Ergeben sich **Bruchteile für** beide **Bezugszeiträume,** sind diese bei dem Bezugszeitraum mit der höheren regelmäßigen wöchentlichen Arbeitszeit aufzurunden; und zwar auch, wenn der Bruchteil weniger als einen halben Urlaubstag beträgt. Im Gegenzug sind die Bruchteile bei dem Bezugszeitraum mit der niedrigeren regelmäßigen wöchentlichen Arbeitszeit abzurunden. Bleibt die regelmäßige wöchentliche Arbeitszeit gleich und ändert sich nur die Anzahl der Wochenarbeitstage, ist bei dem Bezugszeitraum mit der höheren Anzahl an Wochenarbeitstagen aufzurunden, und zwar auch, wenn der Bruchteil weniger als einen halben Urlaubstag beträgt. Im Gegenzug sind Bruchteile bei dem Bezugszeitraum mit der niedrigeren Anzahl an Wochenarbeitstagen abzurunden.

Beispiel 1 (Verringerung der Wochenarbeitstage)

Ein an fünf Arbeitstagen Teilzeitbeschäftigter ändert im Laufe des Monats September die Verteilung seiner wöchentlichen Arbeitszeit auf drei Arbeitstage; die verringerte regelmäßige wöchentliche Arbeitszeit (Teilzeitquote) wird unverändert beibehalten. Der Urlaubsanspruch berechnet sich wie folgt:

Erster Berechnungsschritt (Spitzberechnung)

- 22,5 Urlaubstage stehen für Januar bis September unter Berücksichtigung der Teilzeitbeschäftigung in der Fünftagewoche zu. Im Rahmen der Zwölftelung wird der September, in dessen Verlauf der Wechsel stattfindet, bei dem Bezugszeitraum mit der höheren Anzahl an Wochenarbeitstagen als voller Monat berücksichtigt.

  = 9/12 von 30 Urlaubstagen, d. h. $30 \times \frac{9 \text{ Monate}}{12 \text{ Monate}}$

- 4,5 Urlaubstage stehen für Oktober bis Dezember unter Berücksichtigung der Teilzeitbeschäftigung in der Dreitagewoche zu.

  = 3/12 von 18 Urlaubstagen [30/5 × 3], d. h. $18 \times \frac{3 \text{ Monate}}{12 \text{ Monate}}$

Ohne Zwischenrundung der beiden Bruchteile betrüge der Jahresurlaubsanspruch insgesamt 27 Arbeitstage (22,5 + 4,5), wobei auf beide Bezugszeiträume rechnerisch jeweils ein halber Arbeitstag entfiele.

Zweiter Berechnungsschritt (Rundung)

Im Rahmen der „fiktiven" abschnittsweisen Berechnung des Urlaubs haben sich für beide Bezugszeiträume Bruchteile ergeben. Da es sich bei dem ersten Bezugszeitraum von Januar bis September um den Bezugszeitraum mit der höheren Anzahl an Wochenarbeitstagen bei gleichbleibender Wochenarbeitszeit handelt, wird der Urlaubsanspruch von

22,5 Arbeitstagen auf 23 Arbeitstage aufgerundet. Im Gegenzug werden die 4,5 Urlaubstage für den zweiten Bezugszeitraum von Oktober bis Dezember auf 4 Urlaubstage abgerundet. In der Summe verbleibt es somit bei einem Jahresurlaubsanspruch von insgesamt 27 Arbeitstagen (23 + 4). Durch die Rundung wird eine stundenweise Berechnung des Urlaubsentgelts für zwei halbe Urlaubstage entbehrlich.

b) Ergeben sich **Bruchteile** für nur einen **Bezugszeitraum**, so ist die tarifliche Rundungsregelung nach § 26 Abs. 1 Satz 4 TVöD entsprechend anzuwenden.

Beispiel 2 (Verringerung der Wochenarbeitstage)

Eine Teilzeitbeschäftigte, die in der Viertagewoche arbeitet, verteilt ihre wöchentliche Arbeitszeit im Laufe des Monats März auf nur noch drei Arbeitstage; die verringerte regelmäßige wöchentliche Arbeitszeit wird unverändert beibehalten. Der Urlaubsanspruch berechnet sich wie folgt:

Erster Berechnungsschritt (Spitzberechnung)

- 6 Urlaubstage stehen für Januar bis März unter Berücksichtigung der Teilzeitbeschäftigung in der Viertagewoche zu. Im Rahmen der Zwölftelung wird der März, in dessen Verlauf der Wechsel stattfindet, bei dem Bezugszeitraum mit der höheren Anzahl an Wochenarbeitstagen als voller Monat berücksichtigt.

  = 3/12 von 24 Urlaubstagen [30/5 × 4], d. h. 24 × $\frac{\text{3 Monate}}{\text{12 Monate}}$

- 13,5 Urlaubstage stehen für Oktober bis Dezember unter Berücksichtigung der Teilzeitbeschäftigung in der Dreitagewoche zu.

  = 9/12 von 18 Urlaubstagen [30/5 × 3], d. h. 18 × $\frac{\text{9 Monate}}{\text{12 Monate}}$

Ohne Rundung des Bruchteils betrüge der Jahresurlaubsanspruch insgesamt 19,5 Arbeitstage (6 + 13,5), wobei nur auf den zweiten Bezugszeitraum rechnerisch ein halber Arbeitstag entfiele.

Zweiter Berechnungsschritt (Rundung)

Im Rahmen der „fiktiven" abschnittsweisen Berechnung des Urlaubs hat sich lediglich für einen der beiden Bezugszeiträume ein Bruchteil ergeben. Im Beispielsfall ist dies der zweite Bezugszeitraum, der nach dem Wechsel liegt. Somit ist die tarifliche Rundungsregel des § 26 Abs. 1 Satz 4 TVöD, nach der Bruchteile von mindestens einem halben Urlaubstag aufzurunden sind und Bruchteile von weniger als einem halben Urlaubstag unberücksichtigt bleiben, entsprechend anzuwenden. Der Bruchteil beträgt 0,5 Arbeitstage und ist daher aufzurunden. D. h. der Urlaubsanspruch von 13,5 Arbeitstagen wird auf 14 Arbeitstage aufgerundet. In der Summe ergibt sich somit ein Jahresurlaubsanspruch von insgesamt 20 Arbeitstagen (6 + 14). Durch die Rundung wird die stundenweise Berechnung des Urlaubsentgelts für einen halben Urlaubstag entbehrlich.

Beispiel 3 (Erhöhung der Wochenarbeitstage und der regelmäßigen wöchentlichen Arbeitszeit)

Ein an vier Arbeitstagen Teilzeitbeschäftigter kehrt im Laufe des Monats April zur Vollzeitbeschäftigung zurück und ändert dabei zeitgleich die Verteilung seiner wöchentlichen Arbeitszeit auf fünf Arbeitstage. Der Urlaubsanspruch berechnet sich wie folgt:

Erster Berechnungsschritt (Spitzberechnung)

- 6 Urlaubstage stehen für Januar bis März unter Berücksichtigung der Teilzeitbeschäftigung in der Viertagewoche zu.

  $$= 3/12 \text{ von 24 Urlaubstagen, } [30/5 \times 4], \text{ d. h. } 24 \times \frac{3 \text{ Monate}}{12 \text{ Monate}}$$

- 22,5 Urlaubstage stehen für April bis Dezember unter Berücksichtigung der Vollzeitbeschäftigung in der Fünftagewoche zu. Im Rahmen der Zwölftelung wird der April, in dessen Verlauf der Wechsel stattfindet, beim zweiten Bezugszeitraum als voller Monat berücksichtigt, weil dieser mit der Vollzeitbeschäftigung die höhere regelmäßige wöchentliche Arbeitszeit aufweist.

  $$= 9/12 \text{ von 30 Urlaubstagen, d. h. } 30 \times \frac{9 \text{ Monate}}{12 \text{ Monate}}$$

Ohne Rundung des Bruchteils betrüge der Jahresurlaubsanspruch insgesamt 28,5 Arbeitstage (6 + 22,5), wobei nur auf den zweiten Bezugszeitraum rechnerisch ein halber Arbeitstag entfiele.

Zweiter Berechnungsschritt (Rundung)

Im Rahmen der „fiktiven" abschnittsweisen Berechnung des Urlaubs hat sich lediglich für einen der beiden Bezugszeiträume ein Bruchteil ergeben. Im Beispielsfall ist dies der zweite Bezugszeitraum, der nach dem Wechsel liegt. Somit ist die tarifliche Rundungsregel des § 26 Abs. 1 Satz 4 TVöD, nach der Bruchteile von mindestens einem halben Urlaubstag aufzurunden sind und Bruchteile von weniger als einem halben Urlaubstag unberücksichtigt bleiben, entsprechend anzuwenden. Der Bruchteil beträgt 0,5 Arbeitstage und ist daher aufzurunden. D. h. der Urlaubsanspruch von 22,5 Arbeitstagen wird auf 23 Arbeitstage aufgerundet. In der Summe ergibt sich somit ein Jahresurlaubsanspruch von insgesamt 29 Arbeitstagen (6 + 23). Durch die Rundung wird die stundenweise Berechnung des Urlaubsentgelts für einen halben Urlaubstag entbehrlich.

Hinweis:

In Fällen einer Erhöhung der individuellen Arbeitszeit sind als Urlaubsentgelt u. a. das Tabellenentgelt und die sonstigen in Monatsbeträgen festgelegten Entgeltbestandteile in der zum Zeitpunkt der Inanspruchnahme des Urlaubs maßgebenden Höhe weiterzuzahlen (s. dazu unter Ziffer 2.2.2).

II

2.1.3 Inkrafttreten der Änderungen

Die unter Ziffer 2.1.2 beschriebene übertarifliche Rundungsregelung zugunsten der Beschäftigten bitte ich ab sofort, also ab Veröffentlichung des Rundschreibens, auf **Neufälle** anzuwenden. Maßgebend ist insoweit der Änderungsstichtag für die Änderung des Beschäftigungsumfangs.

In **Altfällen** kann die neue übertarifliche Rundungsregelung hingegen nur dann Anwendung finden, wenn der Urlaubsanspruch aus sonstigen Gründen ohnehin neu festgesetzt werden muss (z. B. in Fällen der Neuberechnung bei Erhöhung der Arbeitszeit bis einschließlich 2018 (s. u. Ziffer 2.2.3)) oder ein nach Maßgabe des Rundschreibens vom 22. Januar 2016 spitz auf Stundenbasis errechneter anteiliger (Rest-) Urlaubstag noch nicht angetreten wurde.

2.2 Urlaubsentgelt

Zwischenzeitlich liegen auch BAG-Entscheidungen vor, in denen explizit die Berechnung des Urlaubsentgelts bei Beschäftigten des öffentlichen Dienstes der Streitgegenstand war. Zwar ergingen die Urteile zum Tarifrecht der Länder (TV-L) sowie dem der Bundesagentur für Arbeit (TV-BA). Der Regelungsgehalt der dortigen Tarifnormen zum Erholungsurlaub wurde aber weitestgehend inhaltsgleich zum TVöD vereinbart. Deshalb können aus den beiden Entscheidungen auch für die Berechnung des Urlaubsentgelts nach § 26 Abs. 1 Satz 1 i. V. m. § 21 TVöD allgemeine Folgerungen gezogen werden.

Der Urlaubssenat des BAG befasste sich dabei sowohl mit den Folgen einer unterjährigen Verringerung der Arbeitszeit als auch mit denen einer Erhöhung im Laufe des Urlaubsjahres:

- Zum TV-L: Urteil vom 20. März 2018 – 9 AZR 486/17 – Verringerung der Teilzeitquote von 87,5 % [35/40] auf 50 % [20/20] unter Beibehaltung der Fünftagewoche.
- Zum TV-BA: Urteil vom 20. November 2018 – 9 AZR 349/18 – Rückkehr zur Vollzeit [39 Wochenstunden] durch Erhöhung der Teilzeitquote von 84,61 % [33/39], ebenfalls unter Beibehaltung der Fünftagewoche.

Beide vorgenannten Entscheidungen des BAG betrafen die Weiterzahlung des Tabellenentgelts sowie der sonstigen in Monatsbeträgen festgelegten Entgeltbestandteile (im TVöD: § 26 Abs. 1 Satz 1 und § 21 Satz 1). Zur Berechnung des Tagesdurchschnitts der nicht in Monatsbeträgen festgelegten Entgeltbestandteile nach dem Referenzprinzip (§ 21 Satz 2 und 3 TVöD) liegt für Fälle einer unterjährigen Veränderung des Beschäftigungsumfangs bislang noch keine höchstrichterliche Rechtsprechung vor.

Bei der Berechnung des Urlaubsentgelts bitte ich im Fall einer Änderung des Beschäftigungsumfangs im Laufe des Urlaubsjahres wie folgt zu verfahren:

2.2.1 Verringerung der Arbeitszeit

Aus der nunmehr vorliegenden BAG-Rechtsprechung zur Berechnung des Urlaubsentgelts bei einer im Laufe des Urlaubsjahres erfolgten Verringerung des Beschäftigungsumfangs wurde Folgendes deutlich: Eine richtlinienkonforme Umsetzung des nach der Auslegung des EuGH im unionsrechtlichen Urlaubsrecht angelegten Gedankens eines erarbeiteten (vergangenheitsbezogenen) „Wertguthabens" lässt sich auch mit der im deutschen Urlaubsrecht normierten Systematik einer gegenwartsbezogenen Betrachtung realisieren. Dazu reicht es aus, die in § 21 TVöD angelegte zweigeteilte Berechnungsweise des Urlaubsentgelts lediglich punktuell zu modifizieren. Die im Bezugsrundschreiben 2016 noch vorgesehene Günstigerprüfung mit einem weiteren vergangenheitsbezogenen Berechnungsschritt sowie einem abschließenden Vergleich kann daher entfallen.

Nach Auffassung des BAG kommt im Falle einer Arbeitszeitverringerung eine richtlinienkonforme Auslegung der Tarifnormen zur Berechnung des Urlaubsentgelts nicht in Betracht. In einer zum Bereich der Tarifgemeinschaft deutscher Länder (TdL) ergangenen Entscheidung hat der Urlaubssenat deshalb eine Teilnichtigkeit der betreffenden Tarifnormen des TV-L festgestellt. Die Entscheidungsgründe sind auf die insoweit vergleichbaren Bestimmungen des TVöD übertragbar. Demzufolge sind die Regelungen in § 26 Abs. 1 Satz 1 und § 21 Satz 1 TVöD wegen Verstoßes gegen das Verbot der Diskriminierung von Teilzeitkräften (§ 4 Abs. 1 TzBfG) gemäß § 134 BGB unwirksam, soweit sie für die Berechnung des Urlaubsentgelts auf das von den Beschäftigten zu beanspruchende Entgelt auch in den Fällen abstellen, in denen die Beschäftigten nach Verringerung ihrer wöchentlichen Regelarbeitszeit Urlaub nehmen, der aus der Zeit vor der Arbeitszeitreduzierung stammt (zum TV-L vgl. BAG vom 20. März 2018 – 9 AZR 486/17 – [Juris-Rz. 11]).

Der Urlaubssenat führt in seinen Entscheidungsgründen dazu weiter aus, dass in diesen Fällen das Urlaubsentgelt nicht auf der Grundlage der während des jeweiligen Urlaubszeitraums geltenden Teilzeitquote zu gewähren ist, sondern auf der Grundlage der vor der Reduzierung der Regelarbeitszeit geltenden Parameter [Juris-Rz. 10

II

a. a. O.]. Daher wirkt sich im Fall einer individuellen Verringerung der regelmäßigen Arbeitszeit – abweichend vom Wortlaut der gesetzlichen und tariflichen Normen – die oben unter Ziffer 2.1 bei der Urlaubsdauer beschriebene „fiktive" abschnittsbezogene Betrachtung auch bei der Berechnung des Urlaubsentgelts aus. Bei der Berechnung des Urlaubsentgelts wird dem durch einen Rückgriff auf die vor dem Änderungsstichtag geltenden Berechnungsparameter – d. h. Vollzeitbeschäftigung bzw. höhere Teilzeitquote – Rechnung getragen (s. u. zum insoweit modifizierten „Zeitfaktor").

Wegen der Anknüpfung am Verbot der Diskriminierung von Teilzeitkräften gelten die Rechtsfolgen für den Gesamturlaubsanspruch und sind nicht nur auf den gesetzlichen Mindesturlaub beschränkt.

2.2.1.1 Urlaubsentgelt für vor der Verringerung erworbene Urlaubstage

In Fällen einer unterjährigen Verringerung des Beschäftigungsumfangs ergeben sich für die Berechnung des Urlaubsentgelts für vor der Verringerung erworbene Urlaubstage daraus folgende Schlussfolgerungen:

a) Damit Beschäftigte für ihre nicht verbrauchten Urlaubstage, die rechnerisch dem „fiktiven" Abschnitt vor dem Änderungsstichtag zuzuordnen sind (rechnerische Zuordnung), mindestens das Äquivalent des Urlaubsentgelts erhalten, das sie im Falle einer Urlaubsgewährung vor dem Änderungsstichtag erhalten hätten, kann auf die Verhältnisse zum Zeitpunkt der Urlaubsgewährung abgestellt werden, so wie in der Tarifnorm zur Berechnung des Urlaubsentgelts vorgesehen.

b) Dadurch ist sichergestellt, dass zwischenzeitlich eingetretene Verdiensterhöhungen nicht nur vorübergehender Natur (allgemeine Tariferhöhungen, Höhergruppierungen und Stufensteigerungen) berücksichtigt werden. Die **Notwendigkeit einer Dynamisierung** folgt nicht aus den unionsrechtlichen Vorgaben des EuGH, sondern ergibt sich aus den innerstaatlichen Regelungen des deutschen Urlaubsrechts. Nach Feststellung des Urlaubssenats ist die Tarifregelung insoweit wirksam (vgl. zum TV-L: BAG vom 20. März 2018 – 9 AZR 486/17 – [Juris-Rz. 25]).

c) Folgende Modifikation ist jedoch erforderlich, um den unionsrechtlichen Vorgaben gerecht zu werden: **Der auf der Grundlage des neuen Arbeitszeitvolumens**, das während des Urlaubs ausgefallen ist, **ermittelte Betrag (Geldfaktor) muss** anschließend **mittels eines modifizierten Zeitfaktors korrigiert werden**. Dazu sind die beiden Teilbeträge für sog. ständige und unständige Bezüge, die unter Anwendung der geltenden Tarifbestimmungen ermittelt wurden, per Dreisatz hochzurechnen; und zwar auf den höheren Beschäftigungsumfang, der im „fiktiven" Abschnitt vor dem Änderungsstichtag maßgeblich war. Notwendig ist diese Umrechnung also sowohl für den Teilbetrag aus dem Tabellenentgelt und den sonstigen in Monatsbeträgen festgelegten Entgeltbestandteilen nach § 21 Satz 1 TVöD als auch für den Teilbetrag aus den nicht in Monatsbeträgen festgelegten Entgeltbestandteilen nach § 21 Satz 2 und 3 TVöD (zu den sog. ständigen Bezügen nach § 21 Abs. 1 Satz 1 TV-L: BAG vom 20. März 2018 – 9 AZR 486/17 – [Juris-Rz. 22]).

Da es um die Bemessung des Urlaubsentgelts für vor dem Änderungsstichtag erworbene Urlaubstage geht, muss stets **ein für den einzelnen Urlaubstag maßgeblicher Tagesdurchschnitt** ermittelt werden. Das gilt auch für den Fall, dass Beschäftigte ausschließlich Anspruch auf ständige Bezüge im Sinne des § 21 Satz 1 TVöD haben. Sofern daneben auch Anspruch auf sog. unständige Bezüge im Sinne des § 21 Satz 2 und 3 TVöD besteht, ergibt sich der für den einzelnen Urlaubstag maßgebliche Tagesdurchschnitt erst aus der Addition von zwei Teilbeträgen. Dabei ist Folgendes zu beachten:

- Für die Berechnung des Teilbetrags aus den nicht in Monatsbeträgen festgesetzten Entgeltbestandteilen (sog. **unständige Bezüge**) kann hier auf die in § 21 Satz 2 und 3 TVöD festgelegte Berechnungsmethode zurückgegriffen werden. Dabei handelt es sich um einen pauschalisierend berechneten Tagesdurchschnitt auf **arbeitstäglicher Basis**. In Abhängigkeit vom Zeitpunkt der Inanspruchnahme des Urlaubs nach dem Änderungsstichtag ist ggf. der für Änderungen der individuellen Arbeitszeit geltende Ersatzberechnungszeitraum nach Nr. 1 Satz 3 der Protokollerklärungen zu § 21 Sätze 2 und 3 TVöD zu berücksichtigen.
- Für die Berechnung des Teilbetrags aus dem Tabellenentgelt und den sonstigen in Monatsbeträgen festgelegten Entgeltbestandteilen nach § 21 Satz 1 TVöD (sog. **ständige Bezüge**), die nur hier im Rahmen der „fiktiven" abschnittsweisen Berechnung notwendig ist, findet hingegen die Regelung des § 24 Abs. 3 Satz 1 TVöD Anwendung. Die auf die einzelnen Urlaubstage entfallenden Beträge sind danach auf **kalendertäglicher Basis** zu berechnen; maßgeblich ist die Anzahl der Kalendertage des Monats, in dem der Urlaub gewährt wird.

Das Zusammenspiel der vorstehenden Maßgaben soll das nachstehende Beispiel verdeutlichen.

II

Beispiel (Verringerung der Arbeitszeit)

Ein Vollzeitbeschäftigter, der in der Fünftagewoche arbeitet (regelmäßige Arbeitszeit von 39 Stunden wöchentlich), wechselt im Laufe des Monats September in Teilzeit. Die infolge der Halbtagsbeschäftigung verringerte regelmäßige wöchentliche Arbeitszeit von 19,5 Stunden wöchentlich ist weiterhin auf fünf Tage in der Woche verteilt. Infolge des bei der Urlaubsgewährung geltenden Tagesprinzips beträgt der Jahresurlaubsanspruch unverändert 30 Arbeitstage im Kalenderjahr, da trotz Teilzeitbeschäftigung weiterhin in der Fünftagewoche gearbeitet wird. Neben dem Tabellenentgelt (unterstellt 3000 Euro) besteht Anspruch auf Zeit- und Erschwerniszuschläge (= nicht in Monatsbeträgen festgelegte Entgeltbestandteile i. S. des § 21 Sätze 2 und 3 TVöD).

Unter Berücksichtigung des neuen vereinfachten Berechnungsverfahrens entfallen im Rahmen der „fiktiven" abschnittsweisen Betrachtung rechnerisch anteilig 23 Urlaubstage auf den Bezugszeitraum vor dem Änderungsstichtag; diese sind mit einem Urlaubsentgelt, das sich gemäß der vor dem Änderungsstichtag ausgeübten Vollzeitbeschäftigung bemisst, zu bezahlen. Auf den „fiktiven" Abschnitt nach dem Änderungsstichtag entfallen 7 Urlaubstage; diese sind mit einem Urlaubsentgelt entsprechend dem zeitratierlich bemessenen Teilzeitentgelt gemäß § 24 Abs. 2 i. V. m. § 26 Abs. 1 Satz 1 und § 21 TVöD zu bezahlen. Von dem Urlaubsanspruch von 23 Arbeitstagen, der rechnerisch noch während der Vollzeit erworben wurde, sind nur noch 5 Arbeitstage offen; bis zum Änderungsstichtag (Wechsel in die Teilzeitbeschäftigung) wurden bereits 18 Arbeitstage in Anspruch genommen. Seine noch nicht verbrauchten 5 (Vollzeit-)Urlaubstage nimmt der Beschäftigte erst nach der Verringerung seiner Arbeitszeit im Laufe des Monats Dezember, also während der Teilzeitbeschäftigung.

a) Ermittlung der Anzahl der Urlaubstage

Zur Ermittlung der Anzahl der Urlaubstage, die bei der Bemessung des Urlaubsentgelts mit Vollzeit- oder Teilzeitentgelt zugrunde zu legen sind, findet die oben unter Ziffer 2.1.2 beschriebene „fiktive" abschnittsbezogene Betrachtung Anwendung. Für die Ermittlung der rechnerisch anteilig vor und nach dem Änderungsstichtag erworbenen Urlaubstage gilt somit ebenfalls die neue vereinfachte Berechnungsmethode.

Erster Berechnungsschritt (Spitzberechnung)

– 22,5 Urlaubstage stehen für Januar bis September unter Berücksichtigung der Fünftagewoche zu (hier Vollzeitbeschäftigung). Im Rahmen der Zwölftelung wird der September, in dessen Verlauf der Wechsel stattfindet, bei dem Bezugszeitraum mit der höheren regelmäßigen wöchentlichen Arbeitszeit als voller Monat berücksichtigt.

= 9/12 von 30 Urlaubstagen, d. h. 30 $\times \frac{\text{9 Monate}}{\text{12 Monate}}$

– 7,5 Urlaubstage stehen für Oktober bis Dezember unter Berücksichtigung der Fünftagewoche zu (hier Teilzeitbeschäftigung).

$$= 3/12 \text{ von 30 Urlaubstagen, d. h. } 30 \times \frac{3 \text{ Monate}}{12 \text{ Monate}}$$

Ohne Zwischenrundung der beiden Bruchteile betrüge der Jahresurlaubsanspruch insgesamt 30 Arbeitstage (22,5 + 7,5), wobei allerdings auf beide Bezugszeiträume rechnerisch jeweils ein halber Arbeitstag entfiele.

Zweiter Berechnungsschritt (Rundung)

b) Im Rahmen der „fiktiven" abschnittsweisen Berechnung des Urlaubsanspruchs haben sich für beide Bezugszeiträume Bruchteile ergeben. Da es sich bei dem ersten Bezugszeitraum von Januar bis September um den Bezugszeitraum mit der höheren regelmäßigen wöchentlichen Arbeitszeit handelt (Vollzeit), wird der Urlaubsanspruch von 22,5 Arbeitstagen auf 23 Arbeitstage aufgerundet. Im Gegenzug werden die 7,5 Urlaubstage für den zweiten Bezugszeitraum der Teilzeitbeschäftigung von Oktober bis Dezember auf 7 Urlaubstage abgerundet. Bei der **gegenwartsbezogenen Betrachtung** ist zur Ermittlung des Tagesdurchschnitts des Urlaubsentgelts auf die tatsächlichen Verhältnisse zum Zeitpunkt der Inanspruchnahme des Urlaubs abzustellen.

Die Berechnung des auf den einzelnen Urlaubstag entfallenden Urlaubsentgelts erfolgt entsprechend § 21 TVöD wiederum in **zwei Teilbeträgen**, die zu addieren sind:

- Für den ersten Teilbetrag aus dem Tabellenentgelt und den sonstigen in Monatsbeträgen festgelegten Entgeltbestandteilen ist der Kalendermonat Dezember mit 31 Kalendertagen maßgeblich. Der kalendertägliche Tagesdurchschnitt nach § 24 Abs. 3 Satz 1 TVöD ist somit mit dem Divisor 31 zu berechnen. Auf der Grundlage des Teilzeitentgelts von 1500 Euro für die Halbtagsbeschäftigung (Teilzeitquote 50 % des Tabellenentgelts von 3000 Euro) ergibt sich unter Berücksichtigung des § 24 Abs. 4 TVöD zunächst ein Tagesdurchschnitt i. H. von 48,39 Euro (= 1500 Euro / 31 Kalendertage). Dieser Betrag ist per Dreisatz auf den im „fiktiven" Abschnitt vor dem Änderungsstichtag maßgeblichen Beschäftigungsumfang umzurechnen. Als Teilbetrag für die ständigen Bezüge ist somit ein **auf Vollzeitbasis hochgerechneter Tagesdurchschnitt i. H. von 96,78 Euro** anzusetzen

  $$(= 48{,}39 \text{ Euro} \times \frac{39 \text{ Wochenstunden}}{19{,}5 \text{ Wochenstunden}}).$$

- Berechnungszeitraum für den **zweiten Teilbetrag** aus den nicht in Monatsbeträgen festgelegten Entgeltbestandteilen nach § 21 Satz 2 TVöD sind hier die letzten zwei vollen Kalendermonate, die dem maßgebenden Ereignis vorausgehen (= Urlaubsbeginn im Laufe des Dezembers). Der Regelberechnungszeitraum nach § 21 Satz 2 TVöD kommt nicht zum Tragen, da zwischen der Änderung der individuellen Arbeitszeit und dem Urlaubsantritt als dem maßgeblichen Ereignis für die Entgeltfortzahlung keine vollen drei Kalendermonate liegen. Maßgeblich ist daher der Ersatzberechnungszeitraum nach Nr. 1 Satz 3 der Protokollerklärungen zu § 21 Sätze 2 und 3 TVöD. Danach sind für die Berechnung des Tagesdurchschnitts die nach der Arbeitszeitänderung liegenden vollen Kalendermonate zugrunde gelegt. Da der Wechsel des Arbeitszeitmodells im Laufe des Septembers erfolgt und der Urlaub im Laufe des Dezembers angetreten wird, sind für die Berechnung des Tagesdurchschnitts daher die beiden volle Kalendermonate Oktober und November zugrunde zu legen.

Unterstellt, die Summe der zu berücksichtigenden Entgeltbestandteile in dem zweimonatigen Ersatzberechnungszeitraum hätte sich entsprechend des auf 50 % reduzierten Beschäftigungsumfangs auf 60 Euro halbiert, dann ergäbe sich nach § 21 Satz 2 i. V. m. Nr. 2 der Protokollerklärungen zu § 21 Sätze 2 und 3 TVöD für die Zeit- und Erschwerniszuschläge auf Teilzeitbasis wegen der Fünftagewoche zunächst ein arbeitstäglicher Tagesdurchschnitt i. H. von 1,40 Euro (= 60 Euro x Faktor 1/43 [= 65 Arbeitstage x 2/3]).

Um dabei rechnerisch sicherzustellen, dass der Beschäftigte das Äquivalent des arbeitstäglichen Tagesdurchschnitts in der Höhe erhält, die seinem Arbeitszeitmodell vor dem Änderungsstichtag entspricht (hier Vollzeitbeschäftigung in der Fünftagewoche), müssen rechnerisch folgende zwei Korrekturen vorgenommen werden:

- Zum einen muss der für den Bezugszeitraum vor dem Änderungsstichtag geltende Berechnungsfaktor angewandt werden. Hier wäre dies der für die Fünftagewoche geltende Faktor, der im Falle des dreimonatigen Regelbemessungszeitraums 1/65 beträgt (s. Protokollerklärung Nr. 2 zu § 21 Sätze 2 und 3 TVöD). Infolge des verkürzten zweimonatigen Ersatzberechnungszeitraums gilt hier in der Fünftagewoche der Faktor 1/43 (= 65 Arbeitstage x 2/3) – dazu siehe Ziffer 3.1.2.2 des Durchführungsrundschreibens zu § 21 TVöD vom 30. April 2019 – D5-31002/33#7). Im vorliegenden Beispielsfall ergibt sich insoweit kein Änderungsbedarf, weil in beiden Bezugszeiträumen jeweils in der Fünftagewoche gearbeitet wird.
- Zum anderen ist die Summe der zu berücksichtigenden Entgeltbestandteile per Dreisatz auf die vor dem Änderungsstichtag geltende Arbeitszeit hoch-zurechnen. Wegen der früheren Vollzeitbeschäftigung ergibt sich hier somit ein auf Vollzeitbasis hochgerechneter arbeitstäglicher Tagesdurchschnitt i. H. von 2,80 Euro

  $$= 1{,}40 \text{ Euro} \times \frac{39 \text{ Wochenstunden}}{19{,}5 \text{ Wochenstunden}}).$$

Das tägliche Urlaubsentgelt für die nicht verbrauchten 5 Urlaubstage, die während der Vollzeitbeschäftigung erworben wurden, **beträgt nach Addition der beiden Teilbeträge somit 99,58 Euro** (= 96,78 + 2,80).

2.2.1.2 Urlaubsentgelt für nach dem Änderungsstichtag erworbene Urlaubstage

Für die Urlaubstage, die nach der „fiktiven" abschnittsbezogenen Betrachtung rechnerisch anteilig erst nach dem Änderungsstichtag erworben werden (rechnerische Zuordnung), findet der Grundsatz der zeitratierlichen Entgeltberechnung nach § 24 Abs. 2 TVöD weiterhin

Anwendung *(Hinweis: Der EuGH verwendet den lateinischen Begriff „pro-rata-temporis", das BAG spricht von „Quotierung" oder „verhältnismäßiger Kürzung")*. Die tariflichen Regelungen zur Berechnung des Urlaubsentgelts sind also wirksam. Somit ist das Urlaubsentgelt nach Maßgabe des § 26 Abs. 1 Satz 1 i. V. m. § 21 TVöD zu ermitteln, ggf. auf Grundlage des Ersatzberechnungszeitraums gemäß Nr. 2 Satz 2 und 3 der Protokollerklärung zu § 21 Sätze 2 und 3 TVöD.

Die im TVöD angelegte zweigeteilte Berechnungsweise des Urlaubsentgelts ist zu beachten. Wegen der näheren Einzelheiten wird auf die **Neufassung der Durchführungshinweise zu § 21 TVöD** – Bemessungsgrundlage für die Entgeltfortzahlung verwiesen (Rundschreiben vom 30. April 2019 – D5-31002/33#7).

2.2.2 Erhöhung der Arbeitszeit

In Fällen einer Erhöhung der individuellen Arbeitszeit – gleich ob durch die Rückkehr zur Vollzeitbeschäftigung oder eine Erhöhung der Teilzeitquote – sind die tariflichen Regelungen zur Berechnung des Urlaubsentgelts wirksam. Maßgeblich für die Berechnung des Urlaubsentgelts ist danach der Zeitpunkt der Inanspruchnahme des Urlaubs.

Hinweis:

An der bislang vertretenen Auffassung, dass infolge der unionsrechtlichen Vorgaben in konsequenter Umsetzung der „Greenfield"-Entscheidung und zur Vermeidung von Ungleichbehandlungen abweichend vom Normwortlaut eine richtlinienkonforme Auslegung der Tarifnormen geboten sei (im Bezugsrundschreiben s. in Ziffer 2, fünfter Absatz), wird infolge der zwischenzeitlich vom Urlaubssenat des BAG getroffenen Feststellungen nicht mehr festgehalten. Nach der aktuellen BAG-Rechtsprechung ist es unzulässig, in Fällen einer Erhöhung des individuellen Beschäftigungsumfangs im Laufe des Urlaubsjahres abweichend von der tariflichen Regelung durch die rechnerische Bildung „fiktiver" Abschnitte vor und nach dem Änderungsstichtag eine abschnittsbezogene Zuordnung von Urlaubstagen vorzunehmen.

Somit ist die im TVöD angelegte zweigeteilte Berechnungsweise des Urlaubsentgelts zu beachten. Wegen der näheren Einzelheiten wird auf die **Neufassung der Durchführungshinweise zu § 21 TVöD** – Bemessungsgrundlage für die Entgeltfortzahlung verwiesen (Rundschreiben vom 30. April 2019 – D5-31002/33#7).

- **Sogenannte ständige Bezüge**

  Für die **Weiterzahlung des Tabellenentgelts (§ 15 TVöD) und der sonstigen in Monatsbeträgen festgelegten Entgeltbestandteile**

(z. B. Zulagen) gilt nach § 26 Abs. 1 Satz 1 i. V. m. § 21 Satz 1 TVöD das *[gegenwartsbezogene]* Lohnausfallprinzip. Dieses bezieht sich auf das Entgelt, auf das die/der Beschäftigte unter Berücksichtigung des aktuellen Beschäftigungsumfangs Anspruch hat. Die Regelungen zur Berechnung des Urlaubsentgelts knüpfen dabei nicht unmittelbar an die Dauer der Arbeitszeit an. Anknüpfungspunkt ist vielmehr das Entgelt, das zustände, wenn die/der Beschäftigte ihre/seine Arbeitsleistung erbracht hätte. Maßgeblich ist daher der höhere Beschäftigungsumfang während des Urlaubszeitraums (BAG vom 20. März 2018 – 9 AZR 486/17 – [Juris-Rz. 15, 19]).

Berechnete man das Urlaubsentgelt hingegen auf der Grundlage einer im Vergleich dazu geringeren *[vergangenheitsbezogenen]* Beschäftigungsquote, würde dadurch nach Feststellung des Urlaubssenats das Entgelt für den Urlaubszeitraum gemindert. Ein Rückgriff auf Entgeltansprüche aus vergangenen Zeiträumen stünde jedoch dem in der Tarifnorm angelegten Verstetigungszweck entgegen (vgl. BAG vom 20. November 2018 – 9 AZR 349/18 – [Juris-Rz. 26 bis 28]).

– **Sogenannte unständige Bezüge**

  Die nicht **in Monatsbeträgen festgelegten Entgeltbestandteile** (z. B. Zeitzuschläge in Stundensätzen oder Erschwerniszuschläge in Tagessätzen) werden nach dem Referenzprinzip in Form eines arbeitstäglichen Tagesdurchschnitts auf der Grundlage eines tarifvertraglich bestimmten Berechnungszeitraums gezahlt; Basis sind grundsätzlich die letzten drei vollen Kalendermonate vor dem Urlaubsbeginn (§ 26 Abs. 1 Satz 1 i. V. m. § 21 Satz 2 und 3 TVöD). In Abhängigkeit vom Zeitpunkt der Inanspruchnahme des Urlaubs nach dem Änderungsstichtag ist ggf. der für Änderungen der individuellen Arbeitszeit geltende Ersatzberechnungszeitraum nach Nr. 1 Satz 3 der Protokollerklärungen zu § 21 Sätze 2 und 3 TVöD zu berücksichtigen.

2.2.3 Inkrafttreten der Änderungen

In Fällen der **Verminderung der Arbeitszeit** (s. o. Ziffer 2.2.1.1) bitte ich, das vereinfachte Verfahren bei der Berechnung des *Urlaubsentgelts für* vor *der Verringerung erworbene Urlaubstage* nur in **Neufällen** anzuwenden. Maßgebend ist insoweit der Antritt des Urlaubs als das für die Entgeltfortzahlung maßgebende Ereignis im Sinne des § 21 TVöD. Neufälle liegen somit auch vor, wenn Urlaubstage, die rechnerisch anteilig auf den „fiktiven" Abschnitt vor dem Änderungsstichtag entfallen, erst nach der Bekanntgabe der vorliegenden Neufassung der Durchführungshinweise in Anspruch genommen werden. Sollte der Wechsel des Arbeitszeitmodells selbst bereits zu einem früheren Zeitpunkt erfolgt sein, so ist dies unschädlich. In **Altfällen** kann das neue vereinfachte Berechnungsverfahren hingegen nur dann Anwendung finden, wenn das Urlaubsentgelt aus sonstigen Gründen ohnehin neu festgesetzt werden muss.

In Fällen der **Erhöhung der Arbeitszeit** bitte ich, die Neufestsetzung des Urlaubsentgelts nach Maßgabe der vorstehenden Ziffer 2.2.2 rückwirkend ab dem Kalenderjahr 2018 vorzunehmen. Eine Neufestsetzung von Ansprüchen für davorliegende Kalenderjahre ist nur möglich, soweit diese rechtzeitig nach § 37 TVöD geltend gemacht wurden und noch nicht verjährt sind (dreijährige Verjährungsfrist gemäß §§ 195, 199 BGB).

3. Hinweise zum Anwendungsbereich

Ich weise darauf hin, dass die vorstehenden Ausführungen nur für die in den entschiedenen Rechtsstreitigkeiten zugrundeliegenden Fallgestaltungen eines Wechsels des Arbeitszeitmodells im Laufe des Urlaubsjahres Anwendung finden. Für flexibilisierte Arbeitszeitsysteme, in denen die individuelle Arbeitszeit nicht mehr gleichmäßig auf eine bestimmte Anzahl von Arbeitstagen in der Woche verteilt ist (z. B. Freischichtsysteme), sodass die Gesamtjahresarbeitszeit als Berechnungsgrundlage für den Urlaubsanspruch herangezogen wird, ist dieses Rundschreiben hingegen nicht einschlägig.

Auch auf Urlaubsansprüche, die aus der Zeit eines Altersteilzeitarbeitsverhältnisses im Blockmodell stammen, finden die Hinweise keine Anwendung. Altersteilzeitbeschäftigte treten in der Arbeitsphase mit ihrer höheren Arbeitsleistung im Hinblick auf die sich anschließende Freistellungsphase in Vorleistung. Ein Teil des so erarbeiteten Arbeitsentgelts wird nicht im Monat der Arbeitsleistung, sondern erst in der Freistellungsphase ausgezahlt. Dies gilt sowohl für Zeiten der Arbeitsleistung als auch für Zeiten des Urlaubs, in denen der Arbeitgeber das Entgelt zu zahlen hat, obwohl die/der Beschäftigte nicht gearbeitet hat. Die Stundung des betreffenden Anteils des Urlaubsentgelts führt lediglich dazu, dass ein Teil des Urlaubsentgelts nicht im Urlaubszeitraum zur Verfügung steht (zum Sabbatjahrmodell: BAG vom 18. September 2018 – 9 AZR 159/18 – [Juris-Rz. 24 ff.]). Im Jahr des Übergangs von der Arbeits- zur Freistellungsphase findet für die zeitanteilige Kürzung des Urlaubsanspruchs die Zwölftelungsregelung nach § 10 Satz 2 des Tarifvertrages zur Regelung flexibler Arbeitszeiten für ältere Beschäftigte Anwendung.

Lediglich für „Alturlaub“, der in der Zeit vor Beginn des Altersteilzeitarbeitsverhältnisses erworben wurde und erst nach Beginn des Altersteilzeitverhältnisses gewährt wird, sind die Hinweise in diesem Rundschreiben maßgeblich. Das heißt, das Urlaubsentgelt ist insoweit nicht auf der Grundlage der während der Altersteilzeit maßgeblichen Teilzeitquote zu ermitteln, sondern auf der Grundlage der vor Beginn der Altersteilzeit geltenden Regelarbeitszeit (zum Sabbatjahrmodell: BAG vom 18. September 2018 – 9 AZR 159/18 – [Juris-Rz. 16]). Der daraus resultierende Unterschiedsbetrag ist nicht aufzustocken. Bemessungsgrundlage für die Aufstockungsleistungen ist nur das Arbeitsentgelt, das der Arbeitgeber im Rahmen des Altersteilzeitarbeitsverhältnisses regelmäßig zu erbringen hat.

Anhang 4

II

Rechtsprechung des EuGH und des BAG im Hinblick auf Verfall und Verjährung von Urlaubsansprüchen und entsprechende Mitwirkungsobliegenheiten des Arbeitgebers

BMI-Rundschreiben vom 9. August 2023
– D5.31001/3#16, D2.20202/1#43 –

Dieses Rundschreiben gibt einen Überblick über die aktuellen Entwicklungen der Rechtsprechung des Europäischen Gerichtshofs (EuGH) und des Bundesarbeitsgerichts (BAG) im Hinblick auf Verfall und Verjährung von Urlaubsansprüchen sowie praktische Hinweise zu den bestehenden Mitwirkungsobliegenheiten des Arbeitgebers. Das Rundschreiben gilt sowohl für den Tarif- als auch den Beamtenbereich und ersetzt das Rundschreiben vom 3. September 2019 (Az.: D5-31001/3#16, D2-20202/1#43). Das o. g. Bezugsrundschreiben vom 7. März 2022 (Az.: D2-30106/1#12) für den Bereich der Beamtinnen und Beamten gilt fort.

Inhalt

1 Zusammenfassung der Rechtsprechung
1.1 Kein Verfall von Urlaubsansprüchen bei fehlender Antragstellung von Beschäftigten, Mitwirkungsobliegenheiten des Arbeitgebers
1.1.1 EuGH-Rechtsprechung
1.1.2 BAG-Rechtsprechung
1.2 Verfall von Urlaubsansprüchen bei Langzeiterkrankung
1.2.1 EuGH-Rechtsprechung
1.2.2 BAG-Rechtsprechung
1.3 Verjährung von Urlaubs- und Urlaubsabgeltungsansprüchen
1.3.1 EuGH-Rechtsprechung
1.3.2 BAG-Rechtsprechung
2 Umsetzungshinweise für die Praxis
2.1 Praxishinweise zur Erfüllung der Mitwirkungsobliegenheiten
2.2 Praxishinweise zur Erfüllung der Mitwirkungsobliegenheiten bei Langzeiterkrankung
2.2.1 Fallgestaltungen nach dem BAG
2.2.2 Hinweis zum Bestehen der Mitwirkungsobliegenheiten ggü. Langzeiterkrankten
2.3 Praxishinweise zur Verjährung und tariflichen Ausschlussfrist

2.3.1 Verjährung von Urlaubsansprüchen, Ausschlussfrist
2.3.2 Verjährung von Ansprüchen auf Urlaubsabgeltung, Ausschlussfrist
3 Auswirkung auf die übertariflich geregelte Übertragungsfrist
(Rundschreiben v. 23. Mai 2022, Az.: D5-31001/3#4)

II

1. Zusammenfassung der Rechtsprechung

1.1 Kein Verfall von Urlaubsansprüchen bei fehlender Antragstellung von Beschäftigten, Mitwirkungsobliegenheiten des Arbeitgebers

1.1.1 EuGH-Rechtsprechung

Der Europäische Gerichtshof (EuGH) hat mit Urteil vom 6. November 2018 (C-684/16, „Max-Planck") auf Vorlage des Bundesarbeitsgerichts (BAG) Folgendes entschieden: Das Unionsrecht lässt es nicht zu, dass eine Arbeitnehmerin/ein Arbeitnehmer die ihr/ihm im Bezugszeitraum zustehenden Urlaubstage automatisch am Ende des betreffenden Bezugszeitraums schon allein deshalb verliert, weil sie/er keinen Urlaub beantragt hat. Laut EuGH gilt dies im Fall der Beendigung des Arbeitsverhältnisses entsprechend für den Anspruch auf eine finanzielle Vergütung für den nicht genommenen Urlaub (Urlaubsabgeltung). Darüber hinaus hat der Gerichtshof festgestellt, dass Urlaubsansprüche nur untergehen können, wenn Arbeitnehmerinnen/Arbeitnehmer vom Arbeitgeber, z. B. durch angemessene Aufklärung, tatsächlich in die Lage versetzt wurden, die fraglichen Urlaubstage rechtzeitig zu nehmen.

Der Arbeitgeber habe konkret und in völliger Transparenz dafür zu sorgen, dass die Arbeitnehmerin/der Arbeitnehmer tatsächlich in der Lage ist, ihren/seinen bezahlten Jahresurlaub zu nehmen, indem er sie/ihn – erforderlichenfalls förmlich – auffordert, dies zu tun. Damit sichergestellt ist, dass der Urlaub noch die Erholung und Entspannung bieten kann, zu denen er beitragen soll, verlangt der EuGH vom Arbeitgeber, dass er seinen Arbeitnehmern klar und rechtzeitig mitteilt, dass der nichtgenommene Urlaub am Ende des Bezugszeitraums oder eines zulässigen Übertragungszeitraums verfallen wird. Die Beweislast trifft insoweit den Arbeitgeber.

1.1.2 BAG-Rechtsprechung

Das BAG hat die vorstehende Entscheidung des EuGH in seinen Urteilen vom 19. Februar 2019 (9 AZR 423/16, 9 AZR 541/15 und 9 AZR 321/16) ins deutsche Recht übertragen und die Grundsätze mit Urteil vom 7. September 2021 (9 AZR 3/21) noch einmal bestätigt. In richtlinienkonformer Auslegung des § 7 Bundesurlaubsgesetz (BUrlG) erlischt der nicht erfüllte Anspruch auf bezahlten Jahresurlaub danach in der Regel folglich nur dann am Ende des Kalenderjahres (bzw. des Übertragungszeitraums), wenn der Arbeitgeber die Arbeitnehmerin/den Arbeitnehmer zuvor in die Lage versetzt hat, ihren/seinen Urlaubsanspruch wahrzunehmen, und die Arbeitnehmerin/der Arbeitnehmer den Urlaub dennoch aus freien Stücken nicht genommen hat (BAG v. 19. Februar 2019 – 9 AZR 541/15, Rn. 27 sowie 9 AZR 423/16, Rn. 22).

Der Arbeitgeber ist grundsätzlich in der Wahl des Mittels zur Erfüllung der Mitwirkungsobliegenheit frei; das Mittel muss jedoch zweckentsprechend sein (BAG v. 19. Februar 2019 – 9 AZR 541/15, Rn. 42 sowie 9 AZR 423/16, Rn. 40).

Nach der Rechtsprechung des BAG erfordert die Mitwirkungsobliegenheit des Arbeitgebers, dass die Arbeitnehmerin/der Arbeitnehmer eine Information in Textform über den konkreten Umfang der jeweiligen Urlaubsansprüche einschließlich der ggf. unterschiedlichen Verfallsfristen der jeweiligen Urlaubsansprüche erhält. Allgemein gefasste Hinweise, wie z. B. generelle Verweise oder Aushänge, die auf die einschlägigen gesetzlichen und tariflichen Urlaubsregelungen hinweisen, sind nicht ausreichend (BAG v. 19. Februar 2019 – 9 AZR 541/15, Rn. 43 f. sowie 9 AZR 423/16, Rn. 41 f.).

Darüber hinaus bedarf es der zeitgerechten Aufforderung – zu Beginn des Jahres –, die bestehenden Urlaubsansprüche vor Ablauf der jeweils einschlägigen Frist so rechtzeitig zu beantragen, dass der Urlaub noch innerhalb des jeweiligen Kalenderjahres (bzw. des Übertragungszeitraums) genommen werden kann sowie eines Hinweises auf die konkret eintretenden Rechtsfolgen (BAG v. 19. Februar 2019 – 9 AZR 541/15, Rn. 43 sowie 9 AZR 423/16, Rn. 41).

Eine erneute Information kann notwendig werden, wenn im Einzelfall ein Urlaubsantrag aus anderen als den in § 7 Abs. 1 Satz 1 BUrlG genannten Gründen abgelehnt wird oder der Arbeitgeber anderweitig eine Situation erzeugt, die geeignet ist, die Arbeitnehmerin/den Arbeitnehmer davon abzuhalten, ihren/seinen Urlaub zu beantragen (BAG v. 19. Februar 2019 – 9 AZR 541/15, Rn. 44 sowie 9 AZR 423/16, Rn. 42).

Sind die erforderlichen Mitwirkungsobliegenheiten nicht oder unvollständig erfüllt, tritt der dadurch nicht verfallene (entfristete) Urlaubsanspruch zu dem im Folgejahr entstehenden Urlaubsanspruch hinzu. Die Mitwirkungsobliegenheiten gelten sowohl für den gesetzlichen Mindesturlaub von vier Wochen (§§ 1, 3 Abs. 1 BUrlG) als auch für den tariflichen Mehrurlaub nach TVöD, sofern keine deutlichen Anhaltspunkte für einen abweichenden Regelungswillen hinsichtlich des Mehrurlaubs erkennbar sind (BAG v. 19. Februar 2019 – 9 AZR 541/15, Rn. 36 ff.; zuletzt auch BAG v. 20. Dezember 2022 – 9 AZR 245/19, Rn. 46 ff.). Abweichungen zwischen gesetzlichem Mindesturlaub und tariflichem Mehrurlaub bestünden lediglich hinsichtlich der Dauer des Übertragungszeitraums, nicht jedoch hinsichtlich der Voraussetzungen, unter denen das Fristenregime aktiviert wird, d. h. in Bezug auf die geltenden Mitwirkungsobliegenheiten.

1.2 Verfall von Urlaubsansprüchen bei Langzeiterkrankung

1.2.1 EuGH-Rechtsprechung

Nach dem Urteil des EuGH vom 22. September 2022 (C-518/20 und C-727/20, „Fraport" und „St. Vincenz-Krankenhaus") verfällt der Urlaubsanspruch des Jahres, in dem eine Arbeitnehmerin/ein Arbeitnehmer voll erwerbsgemindert/arbeitsunfähig wird, nicht nach Ablauf von 15 Monaten, wenn der Arbeitgeber es versäumt hat, seinen Mitwirkungsobliegenheiten rechtzeitig nachzukommen, sofern die Arbeitnehmerin/der Arbeitnehmer im Verlauf des Jahres tatsächlich gearbeitet hat. Die Arbeitnehmerin/der Arbeitnehmer behält diesen Urlaubsanspruch, während der Urlaubsanspruch für die Folgejahre wegen fortdauernder Erkrankung nach Ablauf der 15-Monatsfrist verfällt.

1.2.2 BAG-Rechtsprechung

Mit den Urteilen vom 20. Dezember 2022 (9 AZR 245/19 sowie 9 AZR 401/19) hat das BAG die o. g. EuGH-Rechtsprechung umgesetzt und seine Rechtsprechung damit weiterentwickelt.

Danach erlischt ein Anspruch auf gesetzlichen Mindesturlaub aus einem Urlaubsjahr, **in dem die Arbeitnehmerin/der Arbeitnehmer tatsächlich gearbeitet hat**, bevor sie/er aus gesundheitlichen Gründen an der Inanspruchnahme ihres/seines Urlaubs gehindert war, regelmäßig nur dann nach Ablauf eines Übertragungszeitraums von 15 Monaten, wenn der Arbeitgeber sie/ihn rechtzeitig in die Lage versetzt hat, ihren/seinen Urlaub in Anspruch zu nehmen und die Arbeitnehmerin/der Arbeitnehmer den Urlaub dennoch aus freien Stücken nicht genommen hat. Dies folge aus einer richtlinienkonformen Auslegung des § 7 Abs. 1 und Abs. 3 BUrlG. Diese Grundsätze gelten auch für den tarifvertraglichen Mehrurlaub (BAG v. 20. Dezember 2022 – 9 AZR 245/19, Rn. 34, 46 sowie 9 AZR 401/19, Rn. 19, 22 f.). Etwas anderes gilt nur, sofern deutliche Anhaltspunkte für einen Regelungswillen der Arbeitsvertragsparteien vorliegen, dem zufolge der vertragliche Mehrurlaub mit Ablauf des Kalenderjahres oder am Ende des Übertragungszeitraums unabhängig davon verfallen soll, ob der Arbeitgeber seinen Mitwirkungsobliegenheiten entsprochen hat. Allein der Umstand, dass die Vertragsparteien gegenüber dem BUrlG eigenständige Regelungen zur Befristung und Übertragung bzw. zum Verfall des Anspruchs auf Mehrurlaub getroffen haben, lässt noch nicht darauf schließen, dass auch die gesetzlichen Mitwirkungsobliegenheiten abweichend geregelt werden sollten (BAG v. 20. Dezember 2022 – 9 AZR 401/19, Rn. 24, siehe auch Ziffer 1.1.2).

Nach der Rechtsprechung ist eine Zeitspanne von einer (Urlaubs-) Woche für den Arbeitgeber zur Vorbereitung und Durchführung der Belehrung zu Beginn des neuen Urlaubsjahres ausreichend, wenn keine besonderen Umstände vorliegen (wie z. B. Betriebsferien zu Jahresbeginn). Erfüllt er seine Mitwirkungsobliegenheiten also erst später als eine Woche nach Urlaubsentstehung, handelt er nicht mehr unverzüglich i. S. v. § 121 Abs. 1 Satz 1 BGB. Urlaubstage, die noch bis zum Eintritt der Erkrankung hätten tatsächlich in Anspruch genommen werden können, verfallen ab diesem Zeitpunkt grundsätzlich nicht (BAG v. 31. Januar 2023 – 9 AZR 107/20, Rn. 19 ff.).

Der Urlaubsanspruch verfällt aber weiterhin mit Ablauf der 15-Monatsfrist, wenn die Arbeitnehmerin/der Arbeitnehmer **seit Beginn des Urlaubsjahres durchgehend** bis zum 31. März des zweiten auf das Urlaubsjahr folgenden Kalenderjahres (d. h. insgesamt 27 Monate) aus gesundheitlichen Gründen daran gehindert war, ihren/seinen Urlaub anzutreten. Für diesen Fall komme es nicht darauf an, ob der Arbeitgeber seinen Mitwirkungsobliegenheiten nachgekommen ist, weil diese nicht zur Inanspruchnahme des Urlaubs hätten beitragen können (BAG v. 20. Dezember 2022 – 9 AZR 245/19, Rn. 43 sowie 9 AZR 401/19, Rn. 21).

1.3 Verjährung von Urlaubs- und Urlaubsabgeltungsansprüchen

1.3.1 EuGH-Rechtsprechung

Mit der Entscheidung des EuGH vom 22. September 2022 (C-120/21) hat der Gerichtshof an seine bisherige Rechtsprechung (EuGH v. 6. November 2018 – C-619/16, „Kreuziger", sowie EuGH v. 6. November 2018 – C-684/16, „Max-Planck") angeknüpft. Danach steht es dem Unionsrecht entgegen, wenn der Anspruch auf bezahlten Jahresurlaub, den eine Arbeitnehmerin/ein Arbeitnehmer für einen Bezugszeitraum erworben hat, nach Ablauf einer Frist von drei Jahren (§§ 195 ff. BGB) verjährt, wenn der Arbeitgeber die Arbeitnehmerin/den Arbeitnehmer nicht tatsächlich in die Lage versetzt hat, diesen Anspruch wahrzunehmen.

Der Arbeitgeber könne die Rechtssicherheit in einer solchen Situation gewährleisten, indem er seinen Obliegenheiten gegenüber der

Arbeitnehmerin/dem Arbeitnehmer nachkommt, d. h. diese erforderlichenfalls später nachholt.

II

1.3.2 BAG-Rechtsprechung

Das BAG hat in seiner Entscheidung vom 20. Dezember 2022 (9 AZR 266/20) die Vorgaben des EuGH umgesetzt, wonach die dreijährige Verjährungsfrist nach § 195 BGB in richtlinienkonformer Auslegung des § 199 Abs. 1 BGB nicht zwangsläufig mit dem Schluss des Jahres, in dem der Urlaubsanspruch entstanden ist und die Arbeitnehmerin/der Arbeitnehmer davon Kenntnis hat, beginnt. Zusätzlich ist erforderlich, dass der Arbeitgeber die Arbeitnehmerin/den Arbeitnehmer in die Lage versetzt hat, ihren/seinen Urlaubsanspruch wahrzunehmen, also sie/ihn über den konkreten Urlaubsanspruch und die Verfallfristen belehrt hat (BAG v. 20. Dezember 2022 – 9 AZR 266/20, Rn. 38).

2 Umsetzungshinweise für die Praxis

Vor dem Hintergrund dieser Rechtsprechung werden die folgenden Umsetzungshinweise für die Praxis gegeben. Da die Urteile des BAG ausschließlich Arbeitnehmerinnen und Arbeitnehmer betreffen, handelt es sich bei den Umsetzungshinweisen für Beamtinnen und Beamte grundsätzlich um Empfehlungen. Es ist beabsichtigt, die für Beamtinnen und Beamten maßgeblichen Vorschriften der EUrlV zeitnah anzupassen.

2.1 Praxishinweise zur Erfüllung der Mitwirkungsobliegenheiten

Nach unionsrechtskonformer Auslegung obliegt dem Arbeitgeber/Dienstherrn die Initiativlast für die Verwirklichung des Urlaubsanspruchs. Erst die Erfüllung dieser Mitwirkungsobliegenheiten führt zu einer wirksamen Befristung des Urlaubs; d. h. sie ist grundsätzlich **Voraussetzung für das Aktivieren des urlaubsrechtlichen Fristenregimes**. Nicht erfüllte Urlaubsansprüche erlöschen danach in der Regel nur noch dann am Ende des Kalenderjahres bzw. des Übertragungszeitraums, wenn der Arbeitgeber/Dienstherr die Beschäftigten zuvor in die Lage versetzt hat, ihren Urlaubsanspruch wahrzunehmen und die Beschäftigten in Kenntnis aller relevanten Umstände ihren Urlaub aus freien Stücken dennoch nicht genommen haben.

Die Dienststelle muss zur Erfüllung ihrer Mitwirkungsobliegenheiten deshalb konkret und in völliger Transparenz dafür Sorge tragen, dass die Beschäftigten tatsächlich in der Lage sind, ihren Urlaub zu nehmen und ihnen hierfür klar und rechtzeitig mitteilen, dass der Urlaub verfällt, wenn sie ihn nicht nehmen.

Dazu ist Folgendes zu veranlassen:

a) Allen Beschäftigten ist – mindestens einmal – zu Beginn des Kalenderjahres in Textform *(z. B. per E-Mail)* ein **individueller Hinweis** mit folgendem Inhalt zu übersenden; wenn keine besonderen Gründe vorliegen (z. B. Betriebsferien zu Jahresbeginn), muss der Hinweis innerhalb der ersten (Urlaubs-)Woche des Kalenderjahres erfolgen:

   – Eine Auflistung der konkreten Anzahl der Urlaubstage, die im betreffenden Kalenderjahr zustehen, und zwar gesondert nach den Kalenderjahren ihrer Entstehung und unter Angabe der jeweiligen, ggf. unterschiedlichen Verfallsfristen:

      – Für **Tarifbeschäftigte** (unter Berücksichtigung der übertariflichen Regelung zur Urlaubsübertragung gemäß BMI-Rundschreiben vom 23. Mai 2022, Az.: D5–31001/3#4) der Gesamturlaubsanspruch nach dem TVöD (vgl. Ziff. 1.1.2), der den gesetzlichen Mindesturlaub nach dem BUrlG einschließt, der Zusatzurlaub nach § 27 TVöD und der Zusatzurlaub für schwerbehinderte Menschen nach § 208 SGB IX.

      – Für **Beamtinnen und Beamte** der Erholungsurlaub nach § 5 Erholungsurlaubsverordnung (EUrlV), der angesparte Urlaub nach § 7a EUrlV, der Zusatzurlaub nach § 12 EUrlV und der Zusatzurlaub für schwerbehinderte Menschen nach § 208 SGB IX.

   – Eine Aufforderung, den Urlaub zu beantragen (inklusive etwaig bestehender Resturlaubsansprüche); und zwar so rechtzeitig, dass der Urlaub innerhalb des jeweils maßgeblichen Bezugs- oder Übertragungszeitraums in vollem Umfang in Anspruch genommen werden kann.

   – Eine Belehrung über die Konsequenzen, die eintreten, wenn der Urlaub nicht entsprechend der Aufforderung beantragt wird, obwohl die/der Beschäftigte dazu in der Lage war.

   Beachte: Abstrakte Angaben allein – wie etwa im Arbeitsvertrag, in einem Merkblatt oder in einer Kollektivvereinbarung sowie der Verweis auf ein geltendes Rundschreiben – werden den Anforderungen an eine konkrete und transparente Unterrichtung in der Regel nicht genügen.

b) Die Erteilung einer weiteren Mitteilung mit dem o. g. Inhalt ist in folgenden Fallgestaltungen erforderlich: Bei Beschäftigten, deren Urlaubsansprüche erst im Laufe des Kalenderjahres entstehen oder sich im Laufe des Kalenderjahres in der Höhe verändern, z. B. wegen einer Änderung der Zahl der wöchentlichen Arbeitstage.

<u>*Anmerkung:*</u>
Nicht notwendig ist eine ständige Aktualisierung der erfolgten Mitteilung bei jeder Änderung des Urlaubsanspruchs infolge der Inanspruchnahme von Urlaubstagen.

II

c) Die Beweislast für das Erfüllen der Mitwirkungsobliegenheiten liegt beim Arbeitgeber/Dienstherrn. Sie muss deshalb durch eine hinreichende Dokumentation nachgewiesen werden können.

Beachte:
Werden die erforderlichen Mitwirkungsobliegenheiten nicht rechtzeitig erfüllt, verfällt der Urlaubsanspruch (gesetzlicher Mindesturlaub sowie tariflicher Mehrurlaub) nicht, sondern tritt nach der Rechtsprechung des BAG **im Tarifbereich** zu dem am 1. Januar des Folgejahres entstehenden Urlaubsanspruch hinzu. Das Folgejahr meint nicht das Jahr, das auf das Ende des (übertariflichen) Übertragungszeitraums folgt, sondern das unmittelbar auf das laufende Urlaubsjahr folgende Kalenderjahr; der übertarifliche Übertragungszeitraum kommt hier nicht zum Tragen. Sofern die Erteilung des individuellen Hinweises zu Beginn des Kalenderjahres versäumt wurde, wäre es im Hinblick auf den Erholungsurlaub, der im laufenden Urlaubsjahr entstanden ist und erst mit Ablauf des 31.12. des folgenden Jahres verfällt, (hilfsweise) noch rechtzeitig, wenn die Dienststelle die Information bis zum Beginn des Folgejahres nachholt. **Für Beamtinnen/Beamte** wird eine zeitnahe Anpassung der maßgeblichen Vorschriften der EUrlV die Rechtsfolge der Nichteinhaltung der Mitwirkungsobliegenheiten vorgeben. Dabei ist beabsichtigt, die in der EUrlV geltende Unterscheidung zwischen unionsrechtlich gewährleistetem Mindesturlaub und dem national für Beamtinnen/Beamte gewährten Mehrurlaub beizubehalten. Danach ist nur der Verfall des unionsrechtlich gewährleisteten Mindesturlaubs von der Erfüllung der Mitwirkungsobliegenheiten abhängig.

Die Dienststelle kann das uneingeschränkte Kumulieren von Urlaubsansprüchen aus mehreren Jahren dadurch vermeiden, dass sie ihre Mitwirkungsobliegenheiten nachholt. Nimmt die/der Beschäftigte in einem solchen Fall den kumulierten Urlaubsanspruch nicht wahr, obwohl es ihr/ihm möglich gewesen wäre, verfällt der Urlaub am Ende des Kalenderjahres bzw. eines einschlägigen Übertragungszeitraums.

2.2 Praxishinweise zur Erfüllung der Mitwirkungsobliegenheiten bei Langzeiterkrankung

2.2.1 Fallgestaltungen nach dem BAG

Für den Tarifbereich sind folgende besondere Fallgestaltungen, bei denen sich Verstöße gegen die Mitwirkungsobliegenheiten nicht oder nicht im vollen Umfang auswirken, entschieden worden:

a) Besteht die Arbeitsunfähigkeit bzw. die volle Erwerbsminderung **seit Beginn des Urlaubsjahres durchgehend bis zum 31. März des zweiten auf das Urlaubsjahr folgenden Kalenderjahres,** verfällt der Urlaubsanspruch unabhängig davon, ob der Arbeitgeber seinen Mitwirkungsobliegenheiten nachgekommen ist, nach Ablauf eines Übertragungszeitraums von 15 Monaten.

b) **Urlaubsansprüche aus einem Bezugszeitraum, in dessen Verlauf die Arbeitnehmerin oder der Arbeitnehmer tatsächlich gearbeitet hat,** bevor sie/er aufgrund einer seitdem fortbestehenden Langzeiterkrankung arbeitsunfähig geworden ist, erlöschen nur dann nach Ablauf des unionsrechtlich gebotenen Übertragungszeitraums von 15 Monaten, wenn der Arbeitgeber die Arbeitnehmerin/den Arbeitnehmer durch Erfüllung seiner Mitwirkungsobliegenheiten rechtzeitig in die Lage versetzt hat, diesen Urlaubsanspruch auszuüben.

c) Eine besondere Konstellation, in der die unionsrechtlich gebotene 15-Monatsfrist ausnahmsweise zu laufen beginnt, ohne dass der Arbeitgeber seinen Mitwirkungsobliegenheiten nachgekommen ist, **besteht bei einer so früh im Urlaubsjahr eintretenden krankheitsbedingten Arbeitsunfähigkeit,** dass es dem Arbeitgeber tatsächlich nicht möglich war, zuvor seine Mitwirkungsobliegenheiten zu erfüllen. Die Rechtsprechung stellt unter normalen Umständen insoweit auf eine Zeitspanne von einer (Urlaubs-)Woche zu Jahresbeginn ab. In diesem (Sonder-)Fall verfällt der Urlaubsanspruch bei fortdauernder Erkrankung mit Ablauf des unionsrechtlich gebotenen Übertragungszeitraums von 15 Monaten nach Ende des Urlaubsjahres.

d) Eine weitere besondere Konstellation liegt vor, wenn die krankheitsbedingte Arbeitsunfähigkeit zwar **nicht innerhalb der ersten (Urlaubs-)Woche eintritt, aber doch so früh,** dass die Arbeitnehmerin/der Arbeitnehmer nicht mehr alle Urlaubstage bis zum Eintritt der krankheitsbedingten Arbeitsunfähigkeit hätte in Anspruch nehmen können. In diesem Fall bleiben unabhängig von der Erfüllung der Mitwirkungsobliegenheiten die Urlaubstage nur in dem Umfang erhalten, in dem die Arbeitnehmerin/der Arbeitnehmer sie bis zum Eintritt der krankheitsbedingten Arbeitsunfähigkeit hätte tatsächlich in Anspruch nehmen können, abzüglich der (Urlaubs-) Tage, die der Arbeitgeber zur Erfüllung der Mitwirkungsobliegenheiten Zeit hat (in der Regel eine (Urlaubs-)Woche, also fünf (Urlaubs-)Tage).

Diese Rechtsprechung gilt **im Tarifbereich** – weil sich aus der tarifvertraglichen Regelung des § 26 TVöD kein abweichender, spezifisch die Mitwirkungsobliegenheiten des Arbeitgebers betreffender Regelungswille ergibt – sowohl für den gesetzlichen Mindesturlaub (einschließlich eines etwaigen (anteiligen) gesetzlichen Zusatzurlaubs für schwerbehinderte Menschen nach § 208 SGB IX) als auch für den tarifvertraglichen Mehrurlaub.

II

Dass für Erholungsurlaubsansprüche, einschließlich des tarifvertraglichen Mehrurlaubs, ein eigenständiges Fristenregime gilt (vgl. Rundschreiben vom 23. Mai 2022, Az.: D5-31001/3#4), genügt für die Annahme eines abweichenden Regelungswillens nicht. Die Abweichungen betreffen allein die Fristenregelung, nicht aber die Mitwirkungsobliegenheiten des Arbeitgebers, deren Erfüllungen Voraussetzung für die Aktivierung des spezifischen Fristenregimes ist.

Kürzere Verfallsfristen für den tariflichen Mehrurlaub aufgrund des eigenständigen tariflichen Fristenregimes kommen damit nur dann zum Tragen, wenn der Arbeitgeber seine Mitwirkungsobliegenheiten erfüllt hat oder in den vorstehend in Buchst. a bis d beschriebenen Ausnahmefällen, in denen es mangels Kausalität auf das Erfüllen der Mitwirkungsobliegenheiten nicht ankommt.

Anmerkung:
Das Rundschreiben vom 13. März 2013 (Az: D5-220 210-2/26#1) berücksichtigt zwangsläufig nicht die jüngere Rechtsprechung. Es kann in Fällen einer Nichterfüllung der Mitwirkungsobliegenheiten des Arbeitgebers daher nur noch eingeschränkt Anwendung finden; dies ist nach den Umständen des Einzelfalls zu beurteilen.

Beispiel für den Tarifbereich:

Eine Tarifbeschäftigte arbeitet in der Woche fünf Tage in Vollzeit. Der ihr nach § 26 Abs. 1 Satz 2 TVöD auf die Fünftagewoche bezogene zustehende Jahresurlaub beträgt 30 Arbeitstage. Die Tarifbeschäftigte erkrankt am 1. April 2023. Bis zu diesem Zeitpunkt hat sie bereits fünf Urlaubstage aus dem Bezugszeitraum (hier 2023) in Anspruch genommen. Die Arbeitsunfähigkeit besteht seither fort.

Variante 1

Der Arbeitgeber ist seinen Hinweispflichten rechtzeitig zu Beginn des Urlaubsjahres 2023 nachgekommen. In diesem Fall kommt das tarifliche Fristenregime und somit das Rundschreiben vom 13. März 2013 (Az: D5-220 210-2/26#1) weiterhin zum Tragen. Bei den Verfallsfristen ist somit zwischen dem gesetzlichen Mindesturlaub und dem tariflichen Mehrurlaub zu unterscheiden. Angenommen, die Beschäftigte ist über das Jahr 2025 hinaus erkrankt, verfällt der Anspruch auf bezahlten Jahresurlaub aufgrund der seit dem 1. April 2023 andauernden Arbeitsunfähigkeit deshalb wie folgt: Im Umfang der im Bezugszeitraum bisher nicht in Anspruch genommenen 15 Resturlaubstage des gesetzlichen Mindesturlaubs (= 20 – 5) verfällt dieser in europarechtskonformer Auslegung des § 7 Abs. 3 BUrlG 15 Monate nach Ablauf des Urlaubsjahres, folglich am 31. März 2025. Der tarifliche Mehrurlaub von 10 Arbeitstagen hingegen verfällt mit Ablauf des 31. Dezember 2024, also nach Maßgabe der außertariflichen Regelung, die eine Urlaubsübertragung bis zum Ende des Folgejahres (12 Monate) vorsieht.

Variante 2

Der Arbeitgeber ist seinen Hinweispflichten nicht im erforderlichen Umfang nachgekommen. Infolgedessen wird das tarifliche Fristenregime nicht aktiviert, sodass hinsichtlich des Verfalls gesetzlicher Mindesturlaub und tariflicher Mehrurlaub einheitlich zu betrachten sind. Die bisher nicht verbrauchten 25 Resturlaubstage (= 30 – 5) aus dem Bezugszeitraum verfallen daher bei andauernder Krankheit nicht nach Ablauf der gemäß § 7 Abs. 3 BUrlG in europarechtskonformer Auslegung einzuhaltenden 15 Monatsfrist nach Ablauf des Urlaubsjahres, in dem die Tarifbeschäftigte den Anspruch erworben hat. Die betreffenden Urlaubtage können wegen ihrer „Entfristung" infolge der Nichterfüllung der Mitwirkungsobliegenheiten des Arbeitgebers in diesem Fall auch nach Ablauf des 31. März 2025 noch in Anspruch genommen werden. Der Arbeitgeber kann seine Mitwirkungsobliegenheiten jedoch nachholen, um dadurch zumindest für die Zukunft ein weiteres Übertragen der Resturlaubsansprüche zu verhindern.

Für Beamtinnen/Beamte gelten die oben dargestellte Rechtsprechung sowie das Beispiel nur für unionsrechtlich gewährleistete Urlaubstage. Der Mehrurlaub verfällt immer nach Ablauf des Übertragungszeitraums von 12 Monaten nach dem Ende des Urlaubsjahres. Dies soll zeitnah durch eine Änderung der EUrlV auf Verordnungsebene nachvollzogen werden.

2.2.2 Hinweis zum Bestehen der Mitwirkungsobliegenheiten ggü. Langzeiterkrankten

Nach Auffassung des BAG bestehen die Aufforderungs- und Hinweisobliegenheiten des Arbeitgebers auch, wenn und solange die Arbeitnehmerin/der Arbeitnehmer arbeitsunfähig ist (BAG v. 7. September 2021 – 9 AZR 3/21 (A), Rn. 27 f.).

Allerdings ist die Befristung des Urlaubsanspruchs bei richtlinienkonformen Verständnis des § 7 Abs. 3 BUrlG nicht von der Erfüllung der Aufforderungs- und Hinweisobliegenheiten abhängig, wenn es – was allerdings erst im Nachhinein feststellbar ist – objektiv unmöglich gewesen wäre, die Arbeitnehmerin/den Arbeitnehmer durch Mitwirkung des Arbeitgebers in die Lage zu versetzen, den Urlaubsanspruch zu realisieren. In diesem Fall fehlt es an der Kausalität der unterbliebenen Information für die Nichtinanspruchnahme des Urlaubs.

Das BVerwG hat die Frage, ob die Mitwirkungsobliegenheiten auch in Fällen der durchgehenden Erkrankung bestehen, bislang nicht entschieden. In der verwaltungsgerichtlichen Rechtsprechung finden sich jedoch Anhaltspunkte dafür, dass im Einzelfall bereits das Bestehen der Mitwirkungsobliegenheiten abgelehnt wird (vgl. Oberverwaltungsgericht für das Land Nordrhein-Westfalen, Beschluss v. 6. Juni 2023 – 6 A 2059/21, Rn. 44).

II

Mit dem Ziel eines Gleichlaufs **im Tarif- und Beamtenbereich** gilt vor diesem Hintergrund, dass die Mitwirkungsobliegenheiten auch ggü. Langzeiterkrankten in aller Regel erfüllt werden müssen. Dies erfordert die Übersendung der erforderlichen Informationen in der Form, dass die/der langfristig Erkrankte davon unter normalen Umständen Kenntnis erlangen kann. Dabei können aber andere Maßstäbe an Nachweisbarkeit sowie Dokumentation der Erfüllung angelegt werden als bei der Information nicht erkrankter Beschäftigter.

2.3 Praxishinweise zur Verjährung und tariflichen Ausschlussfrist

2.3.1 Verjährung von Urlaubsansprüchen, Ausschlussfrist

Der Urlaubsanspruch der Beschäftigten (d. h. in natura) unterliegt der regulären dreijährigen Verjährungsfrist der §§ 194, 195, 199 BGB. Der Fristlauf beginnt allerdings nur dann mit dem Schluss des Jahres, in dem der Urlaubsanspruch entstanden ist, wenn die Dienststelle ihre Mitwirkungsobliegenheiten erfüllt und die Beschäftigten damit in die Lage versetzt hat, ihren Urlaubsanspruch tatsächlich wahrzunehmen.

Kommt die Dienststelle ihren Mitwirkungsobliegenheiten hingegen nicht oder unvollständig nach, beginnt die Verjährungsfrist erst mit dem Schluss des Jahres, in dem der Arbeitgeber die Beschäftigte/den Beschäftigten über ihren/seinen konkreten Urlaubsanspruch und die Verfallsfristen belehrt hat und sie/er den Urlaub dennoch aus freien Stücken nicht genommen hat.

Für den Tarifbereich gilt, dass der Urlaubsanspruch als Anspruch auf bezahlte Freistellung von der Arbeitsleistung nicht der tariflichen Ausschlussfrist nach § 37 TVöD unterliegt. **Für den Beamtenbereich** existiert schon keine vergleichbare Ausschlussfrist.

2.3.2 Verjährung von Ansprüchen auf Urlaubsabgeltung, Ausschlussfrist

Kann der Urlaub wegen Beendigung des Arbeits- bzw. des Beamtenverhältnisses ganz oder teilweise nicht mehr gewährt werden, so ist er sowohl im Tarif- als auch im Beamtenbereich (finanziell) abzugelten. Dies gilt anders als im Tarifbereich im Beamtenbereich nur für den unionsrechtlich gewährleisteten Mindesturlaub von vier Wochen (siehe dazu für den Beamtenbereich das D2-Rundschreiben vom 7. März 2022, Az.: D2-30106/1#12).

Als reiner Geldanspruch unterliegt dieser der dreijährigen Verjährungsfrist nach den §§ 194, 195, 199 BGB. Die Verjährungsfrist beginnt im Regelfall mit dem Schluss des Jahres, in dem das Arbeits- bzw. Beamtenverhältnis rechtlich beendet worden ist. Das gilt unabhängig davon, ob der Arbeitgeber/Dienstherr seiner Mitwirkungsobliegenheit nachgekommen ist.

Als reiner Geldanspruch unterliegen Ansprüche auf Urlaubsabgeltung im Tarifbereich der **tariflichen Ausschlussfrist**. Für Tarifbeschäftigte ist somit **§ 37 TVöD** zu beachten, mit der Folge, dass der Urlaubsabgeltungsanspruch untergeht, wenn er nach Eintritt der Fälligkeit nicht innerhalb der sechsmonatigen Ausschlussfrist in Textform geltend gemacht wurde. Soweit es der/dem Tarifbeschäftigten im Hinblick auf die vormalige Rechtsprechung des Urlaubssenats des BAG zum Verfall von Urlaubsansprüchen im laufenden Arbeitsverhältnis nicht zumutbar war, Ansprüche auf Abgeltung gegenüber dem Arbeitgeber geltend zu machen, ergibt die gesetzeskonforme Auslegung, dass die tarifliche Ausschlussfrist erst nach dem Tag der Verkündung der EuGH-Entscheidung vom 6. November 2018 – C-684/16 („Max-Planck") zu laufen begann.

Für Beamtinnen/Beamte regelt § 10 EUrlV die Abgeltung von Urlaubsansprüchen. Eine finanzielle Abgeltung von Erholungsurlaub in Höhe des unionsrechtlich gewährleisteten Mindesturlaubsanspruchs allein wegen vorübergehender Dienstunfähigkeit der Beamtin/des Beamten, wie es § 10 Abs. 1 EUrlV aktuell regelt, ist mit Blick auf die Rechtsprechung des EuGH nicht mehr zulässig. Bis zur entsprechenden Änderung der EUrlV, die zeitnah erfolgen soll, gelten die Vorgriffsregelungen aus dem D2-Rundschreiben vom 7. März 2022, Az.: D2-30106/1#12.

3 Auswirkung auf die übertariflich geregelte Übertragungsfrist (Rundschreiben v. 23. Mai 2022, Az.: D5-31001/3#4)

Mit dem Rundschreiben vom 23. Mai 2022 (Az.: D5-31001/3#4) wurde für den Tarifbereich übertariflich geregelt, dass für die Übertragung von Erholungsurlaubsansprüchen der Tarifbeschäftigten in das Folgejahr die für die Beamtinnen und Beamten des Bundes aktuell gemäß § 7 Abs. 1 und 2 der EUrlV geltende Regelung Anwendung findet. Hiermit wird klargestellt, dass die Übertragungsregelung erhalten bleibt, der Verfall der Urlaubsansprüche im Zusammenhang mit den Mitwirkungsobliegenheiten sich im Ergebnis jedoch nach den oben beschriebenen Ausführungen richtet. Hinsichtlich des Verfalls von Urlaubsansprüchen sind also die Ausführungen des EuGH und des BAG maßgeblich.

II

§ 27 Zusatzurlaub

(1) Beschäftigte, die ständig Wechselschichtarbeit nach § 7 Abs. 1 oder ständig Schichtarbeit nach § 7 Abs. 2 leisten und denen die Zulage nach § 8 Abs. 5 Satz 1 oder Abs. 6 Satz 1 zusteht, erhalten

a) bei Wechselschichtarbeit für je zwei zusammenhängende Monate und

b) bei Schichtarbeit für je vier zusammenhängende Monate

einen Arbeitstag Zusatzurlaub.

(2) Im Falle nicht ständiger Wechselschicht- oder Schichtarbeit (z. B. ständige Vertreter) erhalten Beschäftigte des Bundes, denen die Zulage nach § 8 Abs. 5 Satz 2 oder Abs. 6 Satz 2 zusteht, einen Arbeitstag Zusatzurlaub für

a) je drei Monate im Jahr, in denen sie überwiegend Wechselschichtarbeit geleistet haben, und

b) je fünf Monate im Jahr, in denen sie überwiegend Schichtarbeit geleistet haben.

Protokollerklärung zu den Absätzen 1 und 2:

[1]Der Anspruch auf Zusatzurlaub bemisst sich nach der abgeleisteten Schicht- oder Wechselschichtarbeit und entsteht im laufenden Jahr, sobald die Voraussetzungen nach Absatz 1 oder 2 erfüllt sind. [2]Für die Feststellung, ob ständige Wechselschichtarbeit oder ständige Schichtarbeit vorliegt, ist eine Unterbrechung durch Arbeitsbefreiung, Freizeitausgleich, bezahlten Urlaub oder Arbeitsunfähigkeit in den Grenzen des § 22 unschädlich.

(3) Im Falle nicht ständiger Wechselschichtarbeit und nicht ständiger Schichtarbeit im Bereich der VKA soll bei annähernd gleicher Belastung die Gewährung zusätzlicher Urlaubstage durch Betriebs-/Dienstvereinbarung geregelt werden.

(4) [1]Zusatzurlaub nach diesem Tarifvertrag und sonstigen Bestimmungen mit Ausnahme des gesetzlichen zusätzlichen Urlaubs für schwerbehinderte Menschen wird nur bis zu insgesamt sechs Arbeitstagen im Kalenderjahr gewährt. [2]Erholungsurlaub und Zusatzurlaub (Gesamturlaub) dürfen im Kalenderjahr zusammen 35 Arbeitstage nicht überschreiten. [3]Satz 2 ist für Zusatzurlaub nach den Absätzen 1 und 2 hierzu nicht anzuwenden. [4]Bei Beschäftigten, die das 50. Lebensjahr vollendet haben, gilt abweichend von Satz 2 eine Höchstgrenze von 36 Arbeitstagen; maßgebend für die Berechnung der Urlaubsdauer ist das Lebensjahr, das im Laufe des Kalenderjahres vollendet wird.

(5) Im Übrigen gilt § 26 mit Ausnahme von Absatz 2 Buchst. b entsprechend.

Erläuterungen

§ 27 TVöD trifft Regelungen zum Anspruch auf Zusatzurlaub. Dieser Themenbereich war früher in den §§ 48a, 49 BAT bzw. den vergleichbaren Bestimmungen für Arbeiter geregelt. Gesetzliche Bestimmungen (insbesondere § 208 SGB IX, bis zum 31.12.2017 § 125 SGB IX) bleiben unberührt.

Auf die abweichenden Sonderregelungen in §§ 46 und 47 (Bund) des Besonderen Teils Verwaltung sowie den Besonderen Teilen Pflege- und Betreuungseinrichtungen[1]) bzw. Krankenhäuser[2]) wird hingewiesen.

II

Zusatzurlaub bei ständiger (Wechsel-)Schichtarbeit (Abs. 1)

In Absatz 1 ist festgelegt, dass die Beschäftigten, die ständig Wechselschichtarbeit bzw. ständig Schichtarbeit leisten und deshalb eine Zulage nach § 8 Abs. 5 Satz 1 bzw. § 8 Abs. 6 Satz 1 erhalten, Anspruch auf einen Arbeitstag Zusatzurlaub für je zwei bzw. vier zusammenhängende Monate erhalten (Buchst. a – Wechselschichtarbeit bzw. Buchst. b – Schichtarbeit).

Wegen der Begriffsdefinition → § 7 Abs. 1 und 2.

In einer Protokollerklärung zu den Absätzen 1 und 2 haben die Tarifpartner vereinbart, dass sich der Anspruch auf Zusatzurlaub nach den abgeleisteten Schichten bemisst und im laufenden Jahr entsteht, sobald die Voraussetzungen der Absätze 1 und 2 (also z. B. zwei zusammenhängende Monate Wechselschichtarbeit) erfüllt sind. Nach Satz 2 der Protokollnotiz sind Unterbrechungen der (Wechsel-)Schichtarbeit wegen Arbeitsbefreiung, Freizeitausgleich, bezahlten Urlaub oder Arbeitsunfähigkeit in den Grenzen des § 22 unschädlich.

Die Wirkung des Satzes 2 der Protokollerklärung zu § 27 Abs. 1 und 2 TVöD darf nicht überschätzt werden. Diese Vorschrift bestimmt nämlich (nur), dass für die Feststellung, ob ständige Wechselschicht- bzw. Schichtarbeit vorliegt, eine Unterbrechung durch Arbeitsbefreiung, Urlaub, Freizeitausgleich oder Arbeitsunfähigkeit in den Grenzen des § 22 TVöD (max. 39 Wochen) unschädlich ist. Dies bedeutet jedoch nicht, dass die dort genannten Unterbrechungszeiten neben den tatsächlich abgeleisteten Schichten ebenfalls Grundlage für den Anspruch auf Zusatzurlaub sind. Die genannte Vorschrift soll lediglich vermeiden, dass die Unterbrechung der ständigen Wechselschicht- bzw. Schichtarbeit zum Wegfall des Anspruchs auf Zusatzurlaub führen. Sie entbindet nicht von der Voraussetzung, eine bestimmte Anzahl von Schichten als Anspruchsgrundlage für den Zusatzurlaub tatsächlich abzuleisten.

Zusatzurlaub bei nicht ständiger (Wechsel-)Schichtarbeit (Abs. 2)

In Absatz 2 ist bestimmt, dass die Beschäftigten des Bundes, die nicht ständig Wechselschichtarbeit bzw. nicht ständig Schichtarbeit leisten

---

[1]) abgedruckt unter **235**

[2]) abgedruckt unter **230**

und deshalb eine Zulage nach § 8 Abs. 5 Satz 2 bzw. § 8 Abs. 6 Satz 2 erhalten, Anspruch auf einen Arbeitstag Zusatzurlaub für je drei bzw. fünf Monate haben, in denen sie im Kalenderjahr überwiegend Wechselschicht- (Buchst. a) bzw. Schichtarbeit (Buchst. b) geleistet haben.

II

Wegen der Begriffsdefinitionen und der Abgrenzung von ständiger zu nicht ständiger (Wechsel-)Schichtarbeit → § 7 Abs. 1 und 2 und die dortigen Erläuterungen.

Zur Protokollerklärung → bei Absatz 1.

Regelung durch Bezirks-/Dienstvereinbarung (Abs. 3)

Absatz 3 ist ein Appell an die Tarifpartner, im Bereich der Kommunen bei annähernd gleicher Belastung den Anspruch auf Zusatzurlaub in den Fällen nicht ständiger (Wechsel-)Schichtarbeit durch Betriebs- oder Dienstvereinbarung zu regeln. Solange entsprechende Vereinbarungen nicht zustande kommen, bleibt es bei der Regelung des Absatzes 2.

Höchstgrenze (Abs. 4)

Diese Vorschrift beschränkt den Anspruch auf Zusatzurlaub in doppelter Hinsicht.

Satz 1 begrenzt den Zusatzurlaub nach dem TVöD und sonstigen Bestimmungen (darunter fallen insbesondere die Überleitungs-Tarifverträge und bezirkliche Regelungen) auf sechs Arbeitstage im Kalenderjahr.

In den Sätzen 2 bis 4 ist eine Obergrenze für die Summe von Erholungs- und Zusatzurlaubstagen festgelegt worden. Sie darf 35 Arbeitstage (bei Beschäftigten, die das 50. Lebensjahr vollendet haben, 36 Arbeitstage) im Kalenderjahr nicht überschreiten. Für die Altersberechnung ist nach Satz 4 2. Halbsatz das Lebensjahr maßgebend, das im Laufe des Kalenderjahres vollendet wird. Die Begrenzung des Satzes 2 für die Summe von Erholungs- und Zusatzurlaub gilt nach Satz 4 nicht für den Zusatzurlaub nach den Absätzen 1 und 2 (für Wechselschicht- bzw. Schichtarbeit) – insoweit kann also die Höchstgrenze von 35 bzw. 36 Arbeitstagen überschritten werden.

Übrige Bestimmungen (Abs. 5)

Gemäß Absatz 5 gelten – mit Ausnahme der Zwölftelungsvorschrift des § 26 Abs. 2 Buchst. b (Beginn oder Ende des Arbeitsverhältnisses im Laufe des Jahres) – im Übrigen die Vorschriften des § 26. Dieser Verweis auf die übrigen urlaubsrechtlichen Vorschriften hat insbesondere Bedeutung hinsichtlich der Urlaubsübertragung in das Folgejahr sowie – so das BAG im Urteil vom 19. 2. 2014 (10 AZR 539/13) – bei der Umrechnung des Urlaubsanspruchs bei einer von der Fünftagewoche abweichenden Verteilung der Arbeitszeit.

Zusatzurlaub nach § 208 SGB IX

Die Regelungen des § 208 SGB IX über die Gewährung von Zusatzurlaub für schwerbehinderte Beschäftigte bleiben von der Tarifvorschrift unberührt. Insbesondere die Zwölftelungsvorschriften des Tarifvertrages gelten nicht. § 208 SGB IX hat folgenden Wortlaut:

§ 208 SGB IX Zusatzurlaub

(1) Schwerbehinderte Menschen haben Anspruch auf einen bezahlten zusätzlichen Urlaub von fünf Arbeitstagen im Urlaubsjahr; verteilt sich die regelmäßige Arbeitszeit des schwerbehinderten Menschen auf mehr oder weniger als fünf Arbeitstage in der Kalenderwoche, erhöht oder vermindert sich der Zusatzurlaub entsprechend. Soweit tarifliche, betriebliche oder sonstige Urlaubsregelungen für schwerbehinderte Menschen einen längeren Zusatzurlaub vorsehen, bleiben sie unberührt.

(2) Besteht die Schwerbehinderteneigenschaft nicht während des gesamten Kalenderjahres, so hat der schwerbehinderte Mensch für jeden vollen Monat der im Beschäftigungsverhältnis vorliegenden Schwerbehinderteneigenschaft einen Anspruch auf ein Zwölftel des Zusatzurlaubs nach Absatz 1 Satz 1. Bruchteile von Urlaubstagen, die mindestens einen halben Tag ergeben, sind auf volle Urlaubstage aufzurunden. Der so ermittelte Zusatzurlaub ist dem Erholungsurlaub hinzuzurechnen und kann bei einem nicht im ganzen Kalenderjahr bestehenden Beschäftigungsverhältnis nicht erneut gemindert werden.

(3) Wird die Eigenschaft als schwerbehinderter Mensch nach § 152 Abs. 1 und 2 rückwirkend festgestellt, finden auch für die Übertragbarkeit des Zusatzurlaubs in das nächste Kalenderjahr die dem Beschäftigungsverhältnis zugrunde liegenden urlaubsrechtlichen Regelungen Anwendung.

Nach der Rechtsprechung des Bundesarbeitsgerichts (BAG) bestand in der Vergangenheit ein Anspruch auf den vollen Zusatzurlaub auch dann, wenn die Schwerbehinderteneigenschaft erst im Laufe des Jahres entstand oder anerkannt wurde (s. Urteile des BAG vom 8. 3. 1994 – 9 AZR 49/93 – und vom 21. 2. 1995 – 9 AZR 166/94 – AP Nrn. 5 und 7 zu § 47 SchwbG 1986).

II

Diese Rechtsprechung ist überholt, seit (mit Wirkung vom 1. 5. 2004) durch das „Gesetz zur Förderung der Ausbildung und Beschäftigung schwerbehinderter Menschen" vom 23. 4. 2004 (BGBl. I S. 606) in § 125 SGB IX eigenständige Vorschriften zur Zwölftelung des Zusatzurlaubs für schwerbehinderte Arbeitnehmer aufgenommen worden sind. Besteht die Schwerbehinderteneigenschaft nicht das ganze Jahr, hat der schwerbehinderte Arbeitnehmer gemäß § 125 Abs. 2 SGB IX für jeden vollen Monat der im Beschäftigungsverhältnis vorliegenden Schwerbehinderteneigenschaft einen Anspruch auf ein Zwölftel des Zusatzurlaubs. Bruchteile von Urlaubstagen, die mindestens einen halben Tag ergeben, sind auf volle Urlaubstage aufzurunden. Der Umgang mit Bruchteilen von Urlaubstagen, die weniger als einen halben Tag ergeben, ist nicht gesetzlich geregelt. Es wird davon auszugehen sein, dass diese nicht abzurunden, sondern in dem geringeren Umfang zu gewähren sind. Bei rückwirkender Feststellung der Schwerbehinderteneigenschaft finden nach der – ebenfalls neu angefügten – Vorschrift des § 125 Abs. 3 SGB IX für die Übertragbarkeit des Zusatzurlaubs in das nächste Kalenderjahr die „dem Beschäftigungsverhältnis zugrunde liegenden urlaubsrechtlichen Regelungen" (also § 26 Abs. 2 Buchstabe a TVöD) Anwendung. Bei länger andauernden Feststellungsverfahren wird der Zusatzurlaub für zurückliegende Kalenderjahre daher trotz rückwirkender Anerkennung der Schwerbehinderteneigenschaft in der Regel verfallen sein.

Während die oben aufgeführte Rechtsprechung des BAG in den Fällen, in denen die Schwerbehinderteneigenschaft erst im Laufe des Jahres eintritt, überholt ist, ist die Zwölftelung nach den Grundsätzen des BAG weiterhin nicht zulässig, wenn der Beschäftigte

- in der ersten Hälfte des Kalenderjahres in das Arbeitsverhältnis eintritt oder
- in der zweiten Hälfte des Kalenderjahres nach erfüllter Wartezeit (§ 4 BUrlG) aus dem Arbeitsverhältnis ausscheidet.

In diesen Fällen steht dem Angestellten der ungekürzte Zusatzurlaub zu.

Übergangsvorschriften

In den Überleitungstarifverträgen (TVÜ-Bund, TVÜ-VKA)[1]) haben die Tarifpartner im jeweiligen § 15 Übergangsbestimmungen getroffen. Auf die Erläuterungen dazu wird Bezug genommen.

1) TVÜ-VKA abgedruckt unter **280**

II

§ 28 Sonderurlaub

Beschäftigte können bei Vorliegen eines wichtigen Grundes unter Verzicht auf die Fortzahlung des Entgelts Sonderurlaub erhalten.

Erläuterungen

Die Möglichkeit, Sonderurlaub unter Verzicht auf die Fortzahlung des Entgelts zu gewähren, war bislang in § 50 BAT bzw. den vergleichbaren Vorschriften für Arbeiter geregelt. Die Vorschrift wird in der Praxis nur dann von Bedeutung sein, wenn keine gesetzlichen Freistellungsansprüche (→ dazu Erläuterungen zu § 29) bestehen.

Voraussetzungen der Urlaubsgewährung

Die Tarifpartner haben hinsichtlich der Gewährung von unbezahltem Sonderurlaub eine denkbar „offene" Formulierung gewählt, nach der ein (aus Sicht des Beschäftigten) „wichtiger Grund" Anlass genug für die Möglichkeit der Beurlaubung ist. Es handelt sich um eine Kann-Vorschrift, bei deren Anwendung dem Arbeitgeber ein Ermessen bleibt, das er aber nach einheitlichen Kriterien ausüben muss.

Tarifliche Folgen der Urlaubsgewährung

Die Folgen der Beurlaubung sollten nicht unterschätzt werden. Zur Vermeidung von Missverständnissen und eventueller Forderungen wegen unterlassener Hinweise auf die Folgen sollten die Beschäftigten bei Beantragung des Sonderurlaubs auf die Auswirkungen auf das Arbeitsverhältnis und auf die sozialversicherungsrechtlichen Folgen hingewiesen werden.

Durch die Beurlaubung ruht das Arbeitsverhältnis mit allen seinen Rechten und Pflichten. Es bestehen keine Ansprüche auf Entgelt, Krankenbezüge etc., die Sonderzahlung wird für jeden Monat um ein Zwölftel gekürzt.

Die Zeit des Sonderurlaubs gilt gemäß § 34 Abs. 3 grundsätzlich nicht als Beschäftigungszeit. Ein Sonderurlaub kann somit Auswirkungen auf alle von der Beschäftigungszeit abhängenden tarifvertraglichen Leistungen (insbesondere Bezugsdauer des Krankengeldzuschusses, Kündigungsfristen) haben. Nur wenn der Arbeitgeber vor Antritt des Sonderurlaubs schriftlich ein dienstliches oder betriebliches Interesse an der Beurlaubung anerkannt hat, wird die Zeit der Beurlaubung als Beschäftigungszeit berücksichtigt (→ § 34 Abs. 3 Satz 2). Entsprechendes gilt für die Berücksichtigung des Sonderurlaubs bei der Stufenzuweisung der Entgeltgruppen (→ § 17 Abs. 3 Satz 1 Buchst. d).

Weitere Folgen ergeben sich bei der Anwendung der Vorschriften des § 9 (Vergütungsgruppenzulagen) bzw. § 11 (kinderbezogene Entgeltbestandteile) der Überleitungstarifverträge[1]). Auch dort ist ein Sonderurlaub anspruchsvernichtend.

II

Versicherungsrechtliche Folgen der Urlaubsgewährung

Mit dem Beginn der Beurlaubung endet die Versicherungs- und Beitragspflicht zu den Zweigen der Sozialversicherung.

In der gesetzlichen Krankenversicherung besteht ggf. Anspruch auf Leistungen für einen Monat nach dem Ende der Mitgliedschaft (§ 19 Abs. 2 SGB V). Der Beschäftigte kann sich – soweit kein Anspruch auf Familienversicherung (§ 10 SGB V) besteht – für die Zeit des unbezahlten Sonderurlaubs in der gesetzlichen Krankenversicherung freiwillig versichern. Dieses Recht besteht nur für Personen, die als Mitglieder aus der Versicherungspflicht ausgeschieden sind und in den letzten 5 Jahren vor dem Ausscheiden mindestens 24 Monate oder unmittelbar vor dem Ausscheiden ununterbrochen mindestens 12 Monate versichert waren (vgl. § 9 Abs. 1 Nr. 1 SGB V). Einzelheiten über den Beginn dieser freiwilligen Versicherung und über die Höhe der zu entrichtenden Beiträge ergeben sich aus § 188 SGB V bzw. § 240 SGB V und den Regelungen der einzelnen Krankenkassen. Für eine solche Versicherung während eines unbezahlten Sonderurlaubs trägt der Arbeitgeber weder einen Arbeitgeberbeitragsanteil zu dieser Versicherung noch einen Zuschuss zu einer privaten oder freiwilligen Krankenversicherung.

Der Beschäftigte kann sich für die Zeit des unbezahlten Sonderurlaubs auch in der gesetzlichen Rentenversicherung freiwillig versichern (§ 7 Abs. 1 SGB VI). Auch für solche Versicherungen werden keine Arbeitgeberbeitragsanteile oder Zuschüsse gewährt. Die Beiträge hat die/der Versicherte selbst zu tragen (§ 171 SGB VI). Hinsichtlich eines Anspruchs auf Renten wegen verminderter Erwerbsfähigkeit (§ 43 SGB V) wird darauf hingewiesen, dass die Zeit einer Beurlaubung ohne Bezüge zu einem Wegfall der Anspruchsvoraussetzungen zum Bezug der genannten Renten führen kann, da Versicherte grundsätzlich nur dann einen Anspruch auf diese Renten haben, wenn sie die Wartezeit erfüllen und in den letzten 5 Jahren vor Eintritt der Minderung der Erwerbsfähigkeit drei Jahre Pflichtbeiträge entrichtet haben (vgl. § 43 Abs. 1 bzw. Abs. 2 SGB VI). Die gesetzlichen Bestimmungen sehen unter bestimmten Voraussetzungen (§ 43 Abs. 4 SGB VI) die Verlän-

---

1) TVÜ-VKA abgedruckt unter **280**

gerung des Zeitraums von fünf Jahren vor. Hinsichtlich der Frage, ob diese Bestimmungen im Einzelfall Anwendung finden, können allein die zuständigen Rentenversicherungsträger Auskunft erteilen.

Während der Zeit der Beurlaubung nach § 28 TVöD bleibt die Pflichtversicherung bei der VBL bestehen (§ 2 Abs. 1 Tarifvertrag Altersversorgung – ATV/ATV-K)[1]). Da während der Zeit der Beurlaubung ohne Bezüge kein laufendes zusatzversorgungspflichtiges Entgelt gezahlt wird, ist in dieser Zeit auch keine Umlage zur VBL zu entrichten (vgl. §§ 15, 16 ATV/ATV-K).

Der Beschäftigte verliert grundsätzlich nicht wegen der Beurlaubung einen etwaigen Anspruch auf eine Zusatzversorgung. Während der Zeit der Beurlaubung wächst jedoch die Zusatzversorgung grundsätzlich nicht weiter an, sofern sich aus § 9 ATV (soziale Komponenten) oder Satz 5 und 6 der Anlage 3 zum ATV keine Besonderheiten ergeben.

Eine Anwartschaft auf Zusatzversorgung bleibt auch dann erhalten, wenn eine bis zum Eintritt des Versicherungsfalles dauernde Beurlaubung (sog. Altersurlaub) ausgesprochen wird. Es bestehen daher aus dieser Sicht keine Bedenken, einen Altersurlaub zu bewilligen.

[1]) ATV-K abgedruckt unter **810**

§ 29 Arbeitsbefreiung

(1) [1]Als Fälle nach § 616 BGB, in denen Beschäftigte unter Fortzahlung des Entgelts nach § 21 im nachstehend genannten Ausmaß von der Arbeit freigestellt werden, gelten nur die folgenden Anlässe:

a) Niederkunft der Ehefrau, Lebenspartnerin im Sinne des Lebenspartnerschaftsgesetzes oder der in ehe- oder lebenspartnerschaftsähnlicher Gemeinschaft lebenden Lebensgefährtin	ein Arbeitstag,
b) Tod der Ehegattin/des Ehegatten, der Lebenspartnerin/des Lebenspartners im Sinne des Lebenspartnerschaftsgesetzes oder der/des in ehe- oder lebenspartnerschaftsähnlicher Gemeinschaft lebenden Lebensgefährtin/Lebensgefährten, eines Kindes oder Elternteils	zwei Arbeitstage,
c) Umzug aus dienstlichem oder betrieblichem Grund an einen anderen Ort	ein Arbeitstag,
d) 25- und 40-jähriges Arbeitsjubiläum	ein Arbeitstag,
e) schwere Erkrankung	
aa) einer/eines Angehörigen, soweit sie/er in demselben Haushalt lebt,	ein Arbeitstag im Kalenderjahr,
bb) eines Kindes, das das 12. Lebensjahr noch nicht vollendet hat, wenn im laufenden Kalenderjahr kein Anspruch nach § 45 SGB V besteht oder bestanden hat,	bis zu vier Arbeitstage im Kalenderjahr,
cc) einer Betreuungsperson, wenn Beschäftigte deshalb die Betreuung ihres Kindes, das das 8. Lebensjahr noch nicht vollendet hat oder wegen körperlicher, geistiger oder seelischer Behinderung dauernd pflegebedürftig ist, übernehmen müssen,	bis zu vier Arbeitstage im Kalenderjahr,
f) Ärztliche Behandlung von Beschäftigten, wenn diese während der Arbeitszeit erfolgen muss,	erforderliche nachgewiesene Abwesenheitszeit einschließlich erforderlicher Wegezeiten.

[2]Eine Freistellung nach Satz 1 Buchstabe e erfolgt nur, soweit eine andere Person zur Pflege oder Betreuung nicht sofort zur Verfügung steht und die Ärztin/der Arzt in den Fällen des Doppelbuchstaben aa und bb die Notwendigkeit der Anwesenheit der/des Beschäftigten zur vorläufigen Pflege bescheinigt. [3]Die Freistellung nach Satz 1 Buchstabe e darf insgesamt fünf Arbeitstage im Kalenderjahr nicht überschreiten.

Niederschriftserklärung zu § 29 Abs. 1 Buchst. f:
Die ärztliche Behandlung erfasst auch die ärztliche Untersuchung und die ärztlich verordnete Behandlung.

(2) [1]Bei Erfüllung allgemeiner staatsbürgerlicher Pflichten nach deutschem Recht, soweit Arbeitsbefreiung gesetzlich vorgeschrieben ist und soweit die Pflichten nicht außerhalb der Arbeitszeit, gegebenenfalls nach ihrer Verlegung, wahrgenommen werden können, besteht der Anspruch auf Fortzahlung des Entgelts nach § 21 nur insoweit, als Beschäftigte nicht Ansprüche aus Ersatz des Entgelts geltend machen können. [2]Das fortgezahlte Entgelt gilt in Höhe des Ersatzanspruchs als Vorschuss auf die Leistungen der Kostenträger. [3]Die Beschäftigten haben den Ersatzanspruch geltend zu machen und die erhaltenen Beträge an den Arbeitgeber abzuführen.

(3) [1]Der Arbeitgeber kann in sonstigen dringenden Fällen Arbeitsbefreiung unter Fortzahlung des Entgelts nach § 21 bis zu drei Arbeitstagen gewähren. [2]In begründeten Fällen kann bei Verzicht auf das Entgelt kurzfristige Arbeitsbefreiung gewährt werden, wenn die dienstlichen oder betrieblichen Verhältnisse es gestatten.

Protokollerklärung zu Absatz 3 Satz 2:
Zu den „begründeten Fällen" können auch solche Anlässe gehören, für die nach Absatz 1 kein Anspruch auf Arbeitsbefreiung besteht (z. B. Umzug aus persönlichen Gründen).

(4) [1]Zur Teilnahme an Tagungen kann den gewählten Vertreterinnen/Vertretern der Bezirksvorstände, der Landesbezirksvorstände, der Landesbezirksfachbereichsvorstände, der Bundesfachbereichsvorstände, der Bundesfachgruppenvorstände sowie des Gewerkschaftsrates bzw. entsprechender Gremien anderer vertragsschließender Gewerkschaften auf Anfordern der Gewerkschaften Arbeitsbefreiung bis zu acht Werktagen im Jahr unter Fortzahlung des Entgelts nach § 21 erteilt werden, sofern nicht dringende dienstliche oder betriebliche Interessen entgegenstehen. [2]Zur Teilnahme an Tarifverhandlungen mit dem Bund und der VKA oder ihrer Mitgliedverbände kann auf Anfordern einer der vertragsschließenden Gewerkschaften Arbeitsbefreiung unter Fortzahlung des Entgelts nach § 21 ohne zeitliche Begrenzung erteilt werden.

(5) Zur Teilnahme an Sitzungen von Prüfungs- und von Berufsbildungsausschüssen nach dem Berufsbildungsgesetz sowie für eine Tätigkeit in Organen von Sozialversicherungsträgern kann den Mitgliedern Arbeitsbefreiung unter Fortzahlung des Entgelts nach § 21 gewährt werden, sofern nicht dringende dienstliche oder betriebliche Interessen entgegenstehen.

(6) Zur Ausübung von Lehr- und Prüfungstätigkeiten an den kommunalen Studieninstituten und Verwaltungsschulen kann Beschäftigten auf Antrag Arbeitsbefreiung unter Fortzahlung des Entgelts nach § 21 gewährt werden.

Niederschriftserklärung zu § 29 Abs. 6:
Die Tarifvertragsparteien stimmen darin überein, dass vom Begriff der kommunalen Studieninstitute und Verwaltungsschulen Einrichtungen umfasst sind, die im Auftrag einer oder mehrerer Kommunalverwaltungen Beschäftigte für Aufgaben im Bereich der Allgemeinen Verwaltung aus-, weiter- und fortbilden und

deren Kernaufgabe die Berufsausbildung insbesondere zum/r Verwaltungsfachangestellten und die Aufstiegsfortbildung zum/r Verwaltungsfachwirt/in oder die Abschlüsse nach Angestelltenlehrgang I und II sind.

Erläuterungen

§ 29 TVöD trifft Regelungen zum Anspruch auf Arbeitsbefreiung aus bestimmten persönlichen Anlässen. Die Vorschrift entspricht im Kern § 52 BAT bzw. den entsprechenden Vorschriften für Arbeiter.

Die tarifliche Vorschrift regelt die Fälle der Arbeitsbefreiung unter Wegfall bzw. unter Weiterzahlung des Entgelts (Entgelt im vorstehenden Sinne ist das Entgelt nach § 21 TVöD).

Sie greift dabei teilweise in den Regelungsbereich des bürgerlichen Gesetzbuches ein. Nach § 616 Satz 1 BGB „wird der zur Dienstleistung Verpflichtete des Anspruchs auf die Vergütung nicht dadurch verlustig, dass er für eine verhältnismäßig nicht erhebliche Zeit durch einen in seiner Person liegenden Grund ohne sein Verschulden an der Dienstleistung verhindert wird". Diese Vorschrift, die für Fälle gilt, „in denen der Angestellte aus bestimmten persönlichen Gründen an der Arbeitsleistung verhindert wird", ist tarifvertraglich abdingbar (siehe dazu Urteil des BAG vom 24. 11. 1988 – 6 AZR 423/86 – AP Nr. 4 zu § 52 BAT). Von dieser Möglichkeit haben die Tarifvertragsparteien mit § 29 TVöD Gebrauch gemacht.

Freistellung aus persönlichen Gründen (Abs. 1)

Die tarifliche Regelung legt fest, welche Anlässe aus dem persönlichen Bereich des Beschäftigten als Freistellungsfälle i. S. d. § 616 BGB anzusehen sind. Bezahlte Freistellung aus persönlichen Gründen ist nur für die Dauer der in Absatz 1 festgelegten Tage zu gewähren; über die tariflich vorgesehenen Freistellungen hinaus bestehen keine weiteren Ansprüche nach § 616 BGB. Reichen diese Tage nicht aus, ist eine darüber hinausgehende Freistellung nur im Wege der Inanspruchnahme von Erholungsurlaub, ggf. Freistellungen im Rahmen von Gleitzeitregelungen oder der Beantragung unbezahlter Arbeitsbefreiung nach Absatz 3 Satz 2 möglich.

Fällt der Anlass für die Freistellung auf einen für den Beschäftigten arbeitsfreien Tag, ist eine Arbeitsbefreiung an einem anderen Tag nicht ausgeschlossen. In der Vorschrift ist nämlich nicht bestimmt, dass die Arbeitsbefreiung genau an dem Tag erfolgen muss, auf den das jeweilige Ereignis fällt. Gleichwohl jedoch ist bei der Arbeitsbefreiung aus persönlichen Gründen ein enger zeitlicher Zusammenhang zwischen dem Anlass der Freistellung und der Freistellung selbst unverzichtbar.

Die Freistellung erfolgt (mit Ausnahme des Buchstaben f dieser Regelung) für volle Arbeitstage. Bricht der Beschäftigte aus einem der aufgeführten Anlässe seine Arbeit im Verlaufe eines Arbeitstages ab, zählt dieser Tag als Freistellungstag bzw. als erster Freistellungstag. Zu den einzelnen Freistellungstatbeständen ist Folgendes anzumerken:

Zu Buchstabe a

Bei Niederkunft der Ehefrau, der Lebenspartnerin im Sinne des Lebenspartnerschaftsgesetzes oder der in ehe- oder lebenspartnerschaftsähnlicher Gemeinschaft lebenden Lebensgefährtin besteht ein Freistellungsanspruch für einen Arbeitstag. Während die Regelung bislang nur für verheiratete Paare bzw. diesen gleichgestellte Lebenspartnerschaften galt, haben die Tarifvertragsparteien mit Änderungstarifvertrag Nr. 20 zum TVöD vom 14. Juli 2022 den Freistellungsanspruch auf nicht verheiratete Paare erweitert. Der Ursprung des Freistellungstatbestandes für verheiratete Paare bzw. eingetragene Lebenspartnerschaften ist auf die normierten Fürsorge- und Unterstützungspflichten bzw. die rechtliche Pflicht zum Beistand des Ehepartners bei der Niederkunft der Ehepartnerin zurückzuführen. Zwar besteht eine solche rechtliche Verpflichtung für nicht verheiratete Paare nicht, die Tarifvertragsparteien bringen mit der Erweiterung des Personenkreises jedoch zum Ausdruck, dass auch diese Paare neben der Erledigung notwendiger Behördengänge sich moralisch und gesellschaftlich zum Beistand verpflichtet fühlen.

Ein Freistellungsanspruch besteht auch, wenn das Kind nicht lebend geboren wird. Bei Mehrlingsgeburten ist der Freistellungsanspruch auf einen Arbeitstag begrenzt.

Zu Buchstabe b

Die Freistellung im Todesfall ist auf den Tod des Ehegatten, des eingetragenen Lebenspartners nach dem Lebenspartnerschaftsgesetz, des in ehe- oder lebenspartnerschaftsähnlicher Gemeinschaft lebenden Lebensgefährten, eines Kindes oder Elternteils begrenzt. Unter „Elternteil" sind nur die leiblichen Eltern zu verstehen. Adoptiveltern haben die Rechtsstellung leiblicher Eltern, wobei das familienrechtliche Verhältnis zu den leiblichen Eltern mit der Adoption jedoch erloschen ist.

Der Freistellungsanspruch ist nicht davon abhängig, dass die Verstorbenen in häuslicher Gemeinschaft mit dem Beschäftigten gelebt haben. Beim Tod eines geschiedenen Ehegatten besteht jedoch kein Freistellungsanspruch. Mit Änderungstarifvertrag Nr. 20 zum TVöD vom 14. Juli 2022 haben die Tarifvertragsparteien den Freistellungstatbestand um die in ehe- oder lebenspartnerschaftsähnlichen Gemeinschaften lebenden Partner erweitert. Nicht erfasst sind Schwiegereltern, Großeltern, Stiefeltern und Pflegeeltern. Nach dem Wortlaut der Vorschrift auch nicht erfasst sind Enkel-, Pflege-, Stief- und Schwiegerkinder. Dass die hinsichtlich von Stief- und Pflegekindern gegenteilige Aussage der Tarifpartner anlässlich der Tarifverhandlungen zur vergleichbaren Vorschrift des § 52 BAT am 16./17. 10. 1956 noch Bestand hat, muss bezweifelt werden.

Die beiden Tage der Freistellung müssen nicht zusammenhängend in Anspruch genommen werden. Eine Aufteilung z. B. in der Weise, dass der erste Tag unmittelbar in zeitlichem Zusammenhang mit dem Todesfall und der zweite Tag anlässlich der Beisetzung gewährt wird, ist zulässig.

Zu Buchstabe c

Die Regelung gilt nur für einen Umzug aus dienstlichen oder betrieblichen Gründen an einen anderen Ort. Was sie unter „dienstlichem oder betrieblichem Grund" verstehen, haben die Tarifpartner nicht erläutert – weder in § 29 TVöD, noch in der vergleichbaren Vorschrift des § 52 BAT. Man muss also Gesamtbild bemühen, um ein Verständnis dessen zu gewinnen, was die Tarifpartner meinten. Schaut man sich den § 52 BAT in einer älteren (bis zum 30. Juni 1996 geltenden) Fassung an, dann gab es dort „Beim Umzug ... mit eigenem Hausstand anlässlich der Versetzung oder Abordnung an einen anderen Ort aus dienstlichen oder betrieblichen Gründen" 3 freie Tage. Die Absenkung der möglichen Freistellungstage zum 1. Juli 1996 auf einen Tag korrespondierte mit der gleichzeitigen Minderung der Anspruchsvoraussetzungen; weder ein eigener Hausstand, noch eine förmliche Versetzung/Abordnung wurden seit dem 1. Juli 1996 noch gefordert.

Vor diesem Hintergrund kann nach Meinung des Verfassers den Begriff der dienstlichen oder betrieblichen Gründe nun insgesamt recht weit gefasst werden. Mindestens die Fälle der Abordnung/Versetzung/Zuweisung an einen anderen Ort, aber auch den Fall des Umzugs an einen anderen Ort aus Anlass der Begründung des Arbeitsverhältnisses sollte dazu gezählt werden. Die Entfernung des anderen vom bisherigen Ort spielt keine Rolle, wenn der dienstliche/betriebliche Grund für den Umzug zu bejahen ist. Auch für einen Umzug über eine große Entfernung besteht ein Freistellungsanspruch lediglich für einen Arbeitstag.

Für private Umzüge, für dienstliche/betriebliche Umzüge am gleichen Ort und auch für zusätzliche (den einen tariflich zugestandenen Tag übersteigende) Freistellungstage für dienstlich/betrieblich begründete Umzüge kommt gem. § 29 Abs. 3 Satz 2 i. V. m. der dazu vereinbarten Protokollerklärung unabhängig davon nur eine unbezahlte Freistellung in Betracht.

Zu Buchstabe d

Der Zeitpunkt des Jubiläumstages ergibt sich aus der Berechnung im Rahmen des § 23 Abs. 2. Der Anspruch auf Freistellung besteht auch dann, wenn der Jubiläumstag auf einen arbeitsfreien Tag fällt. Es muss aber ein zeitlicher Zusammenhang zwischen dem Anlass (Arbeitsjubiläum) und der Freistellung gewahrt bleiben. Anspruch auf Freistellung aus Anlass des 50-jährigen Arbeitsjubiläums besteht danach nicht; der Arbeitgeber kann aber eine Freistellung nach Absatz 3 Satz 1 bewilligen.

Zu Buchstabe e

Die Regelung erfasst alle Fälle einer schweren Erkrankung Dritter, aufgrund derer dem Beschäftigten Arbeitsbefreiung unter Fortzahlung der Bezüge gewährt werden kann. Die Dauer der Freistellung ist je nach Anlass unterschiedlich und darf insgesamt fünf Arbeitstage im Kalenderjahr nicht überschreiten. Die Freistellung dient nur der unvorhersehbaren, kurzfristig eintretenden, vorübergehenden Übernahme der notwendigen Pflege oder Betreuung und der Organisation der weiteren Pflege des Erkrankten oder der Betreuung seines Kindes durch den Beschäftigten. Die Freistellung ist daher nur möglich, wenn eine andere Person zur Übernahme dieser Aufgabe nicht sofort zur Verfügung steht und – in den Fällen der Doppelbuchstaben aa und bb – eine ärztliche Bescheinigung vorliegt, welche die Notwendigkeit der Anwesenheit des Beschäftigten (bzw. einer anderen Person) zur vorläufigen Pflege bestätigt; in dem Fall des Doppelbuchstaben cc ist diese Notwendigkeit wegen des Alters oder wegen der Behinderung des Kindes des Beschäftigten unterstellt. Dass eine andere Person nicht sofort zur Übernahme der Pflege oder Betreuung zur Verfügung steht, hat der Beschäftigte in allen Fällen der Doppelbuchstaben aa bis cc darzulegen.

Für den Bereich des Bundes ist das RdSchr. d. BMI vom 25. August 2008 (GMBl. S 1003) zu beachten. Damit hat das BMI im Einvernehmen mit dem BMF u. a. zugelassen, dass die Arbeitsbefreiung nach § 29 Abs. 1 Buchstabe e) auch in halben Tagen gewährt werden kann.

Auch § 2 des Pflegezeitgesetzes[1]) ermöglicht eine kurzfristige Freistellung bis zur Dauer von 10 Arbeitstagen zur Pflege bzw. Organisation der Pflege naher Angehöriger (Definition → § 7 des Gesetzes).

---

1) abgedruckt als **Anhang 1**

Ein Anspruch auf Entgeltfortzahlung gegenüber dem Arbeitgeber besteht nicht.

II

Neben dieser kurzfristigen Arbeitsbefreiung ermöglicht das Pflegezeitgesetz eine bis zu sechsmonatige vollständige oder teilweise (also Teilzeit) Freistellung zur Betreuung naher Angehöriger (Pflegezeit → §§ 3 und 4 des Gesetzes). Auch für die Pflegezeit besteht kein Anspruch auf Entgeltfortzahlung. Die Verpflichtung zur Freistellung besteht nicht bei Arbeitgebern mit in der Regel 15 oder weniger Beschäftigten. Auch das Familienpflegezeitgesetz[1]) ermöglicht eine Arbeitszeitreduzierung; es gilt nur bei Arbeitgebern mit mehr als 25 Beschäftigten.

Zu Doppelbuchstabe aa

Bei schwerer Erkrankung eines Angehörigen des Beschäftigten kann für einen Arbeitstag im Kalenderjahr Arbeitsbefreiung gewährt werden. Ein solcher Anlass kann daher nur einmal im Kalenderjahr zur Freistellung führen. Voraussetzung ist, dass der erkrankte Angehörige mit dem Angestellten in demselben Haushalt lebt. Zum Kreis der Angehörigen in diesem Sinne können die in § 20 Abs. 5 Verwaltungsverfahrensgesetz (VwVfG, → Erläuterung zu § 11) genannten Personen gezählt werden. Partner einer eingetragenen Lebenspartnerschaft gelten gem. § 11 Abs. 1 Lebenspartnerschaftsgesetz ebenfalls als Familienangehöriger des anderen Partners. Für die Pflege eines schwer erkrankten Kindes, das das 12. Lebensjahr noch nicht vollendet hat, wird, obwohl es zu dem Personenkreis i. S. d. § 20 Abs. 5 VwVfG rechnet, nicht Freistellung nach Doppelbuchstabe aa, sondern nach der speziellen Regelung des Doppelbuchstaben bb gewährt.

Zu Doppelbuchstabe bb

Bezüglich der Pflege erkrankter Kinder ist zunächst zu beachten, dass – bei Vorliegen der gesetzlichen Voraussetzungen – vorrangig ein Freistellungsanspruch nach § 45 SGB V besteht. Die Vorschrift hat folgenden Wortlaut:

§ 45 SGB V Krankengeld bei Erkrankung des Kindes

(1) [1]Versicherte haben Anspruch auf Krankengeld, wenn es nach ärztlichem Zeugnis erforderlich ist, daß sie zur Beaufsichtigung, Betreuung oder Pflege ihres erkrankten und versicherten Kindes der Arbeit fernbleiben, eine andere in ihrem Haushalt lebende Person das Kind nicht beaufsichtigen, betreuen oder pflegen kann und das Kind das zwölfte Lebensjahr noch nicht vollendet hat oder behindert und auf Hilfe angewiesen ist. [2]§ 10 Abs. 4 und § 44 Absatz 2 gelten für den Anspruch nach Satz 1

[1]) abgedruckt als Anhang 1 zu **210** § 11 TVöD

entsprechend.

(1a) [1]Ein Anspruch auf Krankengeld besteht auch für Versicherte, die nach § 11 Absatz 3 bei stationärer Behandlung ihres versicherten Kindes aus medizinischen Gründen als Begleitperson mitaufgenommen werden, sofern das Kind das zwölfte Lebensjahr noch nicht vollendet hat oder behindert und auf Hilfe angewiesen ist. [2]Das Vorliegen der in Satz 1 genannten medizinischen Gründe, die eine Mitaufnahme notwendig machen, sowie die Dauer der notwendigen Mitaufnahme sind von der stationären Einrichtung gegenüber der Begleitperson des versicherten Kindes zu bescheinigen; im Fall des § 11 Absatz 3 Satz 2 ist die Bescheinigung auf die Dauer der in Satz 1 genannten Mitaufnahme zu beschränken. [3]Der Anspruch nach Satz 1 besteht nur für einen Elternteil. [4]§ 10 Absatz 4 und § 44 Absatz 2 gelten für den Anspruch nach Satz 1 entsprechend. [5]Der Anspruch auf Krankengeld nach Absatz 1 bleibt unberührt. [6]Kein Anspruch auf Krankengeld nach Satz 1 besteht, wenn Krankengeld nach Absatz 4 oder nach § 44b in Anspruch genommen wird.

(2) [1]Anspruch auf Krankengeld nach Absatz 1 besteht in jedem Kalenderjahr für jedes Kind längstens für 10 Arbeitstage, für alleinerziehende Versicherte längstens für 20 Arbeitstage. [2]Der Anspruch nach Satz 1 besteht für Versicherte für nicht mehr als 25 Arbeitstage, für alleinerziehende Versicherte für nicht mehr als 50 Arbeitstage je Kalenderjahr. [3]Das Krankengeld nach Absatz 1 oder Absatz 1a beträgt 90 Prozent des ausgefallenen Nettoarbeitsentgelts aus beitragspflichtigem Arbeitsentgelt der Versicherten, bei Bezug von beitragspflichtigem einmalig gezahltem Arbeitsentgelt (§ 23a des Vierten Buches) in den der Freistellung von Arbeitsleistung nach Absatz 3 vorangegangenen zwölf Kalendermonaten 100 Prozent des ausgefallenen Nettoarbeitsentgelts aus beitragspflichtigem Arbeitsentgelt; es darf 70 Prozent der Beitragsbemessungsgrenze nach § 223 Absatz 3 nicht überschreiten. [4]Erfolgt die Berechnung des Krankengeldes nach Absatz 1 oder Absatz 1a aus Arbeitseinkommen, beträgt dies 70 Prozent des erzielten regelmäßigen Arbeitseinkommens, soweit es der Beitragsberechnung unterliegt. [5]§ 47 Absatz 1 Satz 6 bis 8, Absatz 4 Satz 3 bis 5 und § 47b gelten entsprechend.

(2a) [1]Abweichend von Absatz 2 Satz 1 besteht der Anspruch auf Krankengeld nach Absatz 1 jeweils in dem Kalenderjahr 2024 und in dem Kalenderjahr 2025 für jedes Kind längstens für 15 Arbeitstage, für alleinerziehende Versicherte längstens für 30 Arbeitstage. [2]Der Anspruch nach Satz 1 besteht für Versicherte für nicht mehr als 35 Arbeitstage, für alleinerziehende Versicherte für nicht mehr als 70 Arbeitstage.

(3) [1]Versicherte mit Anspruch auf Krankengeld nach Absatz 1 oder Absatz 1a haben für die Dauer dieses Anspruchs gegen ihren Arbeitgeber Anspruch auf unbezahlte Freistellung von der Arbeitsleistung, soweit nicht aus dem gleichen Grund Anspruch auf bezahlte Freistellung besteht. [2]Wird der Freistellungsanspruch nach Satz 1 geltend gemacht, bevor die Krankenkasse ihre Leistungsverpflichtung nach Absatz 1 oder Absatz 1a anerkannt hat, und sind die Voraussetzungen dafür nicht erfüllt, ist der

II

Arbeitgeber berechtigt, die gewährte Freistellung von der Arbeitsleistung auf einen späteren Freistellungsanspruch zur Beaufsichtigung, Betreuung oder Pflege eines erkrankten Kindes anzurechnen. [3]Der Freistellungsanspruch nach Satz 1 kann nicht durch Vertrag ausgeschlossen oder beschränkt werden.

(4) [1]Versicherte haben ferner Anspruch auf Krankengeld, wenn sie zur Beaufsichtigung, Betreuung oder Pflege ihres erkrankten und versicherten Kindes der Arbeit fernbleiben, sofern das Kind das zwölfte Lebensjahr noch nicht vollendet hat oder behindert und auf Hilfe angewiesen ist und nach ärztlichem Zeugnis an einer Erkrankung leidet,

a) die progredient verläuft und bereits ein weit fortgeschrittenes Stadium erreicht hat,
b) bei der eine Heilung ausgeschlossen und eine palliativ-medizinische Behandlung notwendig oder von einem Elternteil erwünscht ist und
c) die lediglich eine begrenzte Lebenserwartung von Wochen oder wenigen Monaten erwarten lässt.

[2]Der Anspruch besteht nur für ein Elternteil. [3]Absatz 1 Satz 2, Absatz 3 und die §§ 47 und 47b gelten entsprechend.

(5) Anspruch auf unbezahlte Freistellung nach den Absätzen 3 und 4 haben auch Arbeitnehmer, die nicht Versicherte mit Anspruch auf Krankengeld nach Absatz 1 oder Absatz 1a sind.

Gemäß § 45 Abs. 1 SGB V besteht ein Anspruch auf Krankengeld für die Betreuung eines erkrankten Kindes, das das zwölfte Lebensjahr noch nicht vollendet hat. Der Anspruch besteht in jedem Kalenderjahr für jedes Kind längstens für 10 Arbeitstage, für allein erziehende Versicherte längstens 20 Arbeitstage. Insgesamt steht der Anspruch im Kalenderjahr für nicht mehr als 25 Arbeitstage bzw. bei Alleinerziehenden für nicht mehr als 50 Arbeitstage zu (§ 45 Abs. 2 SGB V).

Für die Beaufsichtigung, Betreuung und Pflege **schwerstkranker** Kinder, die das zwölfte Lebensjahr noch nicht vollendet haben oder behindert und auf Pflege angewiesen sind, besteht ein zeitlich unbegrenzter Freistellungsanspruch (§ 45 Abs. 4 SGB V).

Für eine Freistellung auf der Grundlage dieser gesetzlichen Vorschrift ist keine Vergütung zu zahlen; es besteht vielmehr grundsätzlich ein Anspruch auf Krankengeld gegenüber der zuständigen Krankenkasse.

Voraussetzung für die Anwendung der tariflichen Vorschrift und somit für eine vom Arbeitgeber bezahlte Freistellung ist, dass im laufenden Kalenderjahr kein Anspruch nach § 45 SGB V besteht oder bestanden hat. Die Vorschrift kann daher in der Regel nur bei solchen Angestellten in Betracht kommen, die entweder selbst nicht in der gesetzlichen Krankenversicherung (GKV) versichert sind oder deren Kind aufgrund des Ausschlusses von der Familienversicherung (§ 10 Abs. 3 SGB V) nicht in der GKV versichert sind.

Zwar sieht § 45 Abs. 5 SGB V mittlerweile selbst in diesen Fällen einen Anspruch auf unbezahlte Freistellung vor, der bei einer streng am Wortlaut orientierten Auslegung der Tarifvorschrift die tariflichen Ansprüche auf bezahlte Freistellung zunichte machte. Zur inhaltsgleichen Vorschrift des § 52 BAT haben die öffentlichen Arbeitgeber jedoch die Auffassung vertreten, dass der gesetzliche Anspruch auf unbezahlte Freistellung den tariflichen Anspruch auf bezahlte Freistellung nicht vernichtet.

Die Arbeitsbefreiung beträgt höchstens vier Arbeitstage im Kalenderjahr. Nach Auffassung des BAG (Urteil vom 5. August 2014 – 9 AZR 878/12) gilt die in der Vorschrift festgelegte Höchstdauer von vier Arbeitstagen im Kalenderjahr für **jedes** schwer erkrankte Kind unter zwölf Jahren. Bei schwerer Erkrankung eines anderen Kinderes unter zwölf Jahren ist aber die in § 29 Abs. 1 Satz 3 TVöD vereinbarte Obergrenze von insgesamt fünf Arbeitstagen im Kalenderjahr zu beachten, in die auch Freistellungen nach den anderen Tatbeständen des Buchstabens e – Betreuung von anderen Angehörigen, Erkrankten einer Betreuungsperson – einzubeziehen sind.

Zu Doppelbuchstabe cc

Die Vorschrift regelt den Fall der schweren Erkrankung einer Betreuungsperson, die dazu führt, dass der Beschäftigte selbst die Betreuung seines Kindes, das das achte Lebensjahr noch nicht vollendet hat oder wegen körperlicher, geistiger oder seelischer Behinderung dauernd pflegebedürftig ist, selbst übernehmen muss. Die Arbeitsbefreiung beträgt höchstens vier Arbeitstage im Kalenderjahr, wobei zusätzlich die Höchstbegrenzung (auf maximal fünf Arbeitstage im Kalenderjahr) nach Satz 3 für den Fall des Zusammentreffens mit Tatbeständen nach den Doppelbuchstaben aa und bb zu beachten ist.

Zu Buchstabe f

Die Freistellung zur ärztlichen Behandlung ist ohne Beschränkung auf bestimmte Gruppen von Ärzten geregelt. Es kann sich um einen Kassen- oder einen Privatarzt, aber auch um einen Amts-, Betriebs-, Versorgungs- oder Vertrauensarzt handeln. Der Begriff der ärztlichen Behandlung erfasst – wie die Tarifpartner in einer Niederschriftserklärung ausdrücklich klargestellt haben – auch die ärztliche Untersuchung und die ärztlich verordnete Behandlung. Die Behandlung braucht nicht von einem Arzt durchgeführt zu werden. Erfasst werden deshalb z. B. auch medizinische Massagen, wenn sie von einem Arzt verordnet worden sind. Dies gilt ebenso für ambulant durchgeführte Rehabilitationsmaßnahmen, soweit sie ärztlich verordnet sind.

Der Anspruch auf Freistellung unter Fortzahlung der Vergütung besteht nur dann, wenn die ärztliche Behandlung während der Arbeitszeit erfolgen muss. Der Beschäftigte muss sich deshalb bemühen, einen Untersuchungs- oder Behandlungstermin außerhalb seiner Arbeitszeit zu vereinbaren. Wenn ein Termin außerhalb der Arbeitszeit möglich und zumutbar ist, darf die Behandlung nicht während der Arbeitszeit erfolgen. Der Beschäftigte muss hierzu auch die Möglichkeiten seiner Gleitzeitgestaltung nutzen.

Die Dauer der Freistellung ist auf die erforderliche, d. h. die unumgänglich notwendige, nachgewiesene Abwesenheit von der Arbeit beschränkt. Die „nachgewiesene Abwesenheitszeit" ist zwar nicht dahingehend auszulegen, dass bei jedem Arztbesuch ein besonderer Nachweis, etwa in Form einer ärztlichen Bescheinigung über die erforderliche Zeit der Abwesenheit erbracht werden muss, doch kann bei jedem Arztbesuch ein entsprechender Nachweis verlangt werden. Die Art und Weise des Nachweises ist nicht spezifiziert. Das bedeutet, dass jede Form des Nachweises möglich ist. Entscheidend ist, dass die Erforderlichkeit der Abwesenheit schlüssig dargelegt und auch plausibel ist.

Im Allgemeinen dürfte es ausreichen, wenn der Beschäftigte glaubhaft erklärt, dass die ärztliche Behandlung nur während der Arbeitszeit durchgeführt werden kann. Hält der Arbeitgeber diese Aussage (z. B. im Falle häufiger Wiederholungen) nicht für ausreichend, kann er einen darüber hinausgehenden Nachweis verlangen. Dieser ist insbesondere in der Vorlage einer Bescheinigung der Arztpraxis oder des Instituts zu sehen. Weigert sich der Beschäftigte, eine solche Bescheinigung beizubringen, entfällt der Freistellungsanspruch unter Fortzahlung der Bezüge.

Die Freistellung schließt auch unvermeidbare Wartezeiten beim Arzt und die erforderlichen Wegezeiten zu und von der ärztlichen Behandlung ein.

Freistellung zur Erfüllung staatsbürgerlicher Pflichten (Abs. 2)

Die tarifliche Regelung setzt voraus, dass für die Erfüllung allgemeiner staatsbürgerlicher Pflichten eine Arbeitsbefreiung bereits gesetzlich vorgeschrieben ist. Die Tarifvorschrift regelt lediglich die Bezahlung der Zeit des Arbeitsausfalls.

Allgemeine staatsbürgerliche Pflichten sind solche, die sich aus der Rechtsstellung des Einzelnen als Staatsbürger ergeben, die also grundsätzlich jeden Bürger ohne weiteres treffen können. Spezielle oder besondere Pflichten, die von der Zugehörigkeit zu einer bestimmten gesellschaftlichen Gruppe, einem Berufsstand o. a. abhängen, fallen nicht hierunter. Durch die Einschränkung auf Pflichten nach deutschem Recht wird klargestellt, dass Ansprüche aus Absatz 2 nicht entstehen, wenn es sich um die staatsbürgerliche Pflicht gegenüber einem anderen Staat handelt (z. B. gesetzliche Wahlpflicht in einem ausländischen Staat).

Nicht zu den allgemeinen staatsbürgerlichen Pflichten rechnen danach z. B. die folgenden Tatbestände:

Ausübung des Wahl- und Stimmrechts nach den Wahlgesetzen für die Wahl zum Europäischen Parlament, zum Deutschen Bundestag, zum Landtag und zu den Kommunalparlamenten, da es sich insoweit nicht um die Erfüllung einer rechtlichen Pflicht handelt; im Übrigen bleibt dem Angestellten die Möglichkeit der Briefwahl.

Ausübung folgender öffentlicher Ehrenämter:

- Mitgliedschaft in den Selbstverwaltungsorganen der Sozialversicherungsträger,
- Tätigkeit in den Wahlorganen zur Durchführung der Sozialversicherungswahlen,
- Tätigkeit der Versichertenältesten und der Vertrauensmänner,
- Mitgliedschaft in Prüfungsausschüssen nach dem Berufsbildungsgesetz,
- Mitgliedschaft in den Organen der Bundesagentur für Arbeit,
- Tätigkeit in den Organen und Ausschüssen der als öffentlich-rechtliche Körperschaften ausgestatteten Berufskammern,
- Tätigkeit im Prüfungsausschuss in einer Industrie- und Handelskammer,
- Aufgaben in einem Beirat für Landschaftspflege.

Wegen der Freistellung für die Teilnahme an Sitzungen von Prüfungs- und Berufsbildungsausschüssen nach dem Berufsbildungsgesetz sowie für eine Tätigkeit in Organen von Sozialversicherungsträgern → aber Absatz 5.

Teilnahme an Wahlen der Organe der gesetzlichen Sozialversicherung und anderer öffentlicher Einrichtungen.

Wahrnehmung amtlicher, insbesondere gerichtlicher oder polizeilicher Termine, auch wenn sie nicht durch private Angelegenheiten des Angestellten veranlasst sind; eine Ausnahme gilt jedoch dann, wenn der Angestellte in Angelegenheiten Dritter als Zeuge oder Sachverständiger geladen ist.

Beteiligung an Notfalldiensten, es sei denn, die Heranziehung erfolgt auf der Grundlage landesrechtlicher Gesetze (z. B. aufgrund des nordrhein-westfälischen Gesetzes über den Brandschutz, die Hilfeleistung und den Katastrophenschutz vom 17. Dezember 2015 – GV. NRW. S. 886).

II

Für die öffentlichen Ehrenämter des Schöffen oder des ehrenamtlichen Richters ergibt sich ein Freistellungsanspruch mittelbar aus dem Gesetz: für die Wahl und Heranziehung der Schöffen aus §§ 31 bis 56 des Gerichtsverfassungsgesetzes; für die ehrenamtlichen Richter in der Arbeits-, Sozial- und Verwaltungsgerichtsbarkeit aus den §§ 16, 20 ff., 35, 43 des Arbeitsgerichtsgesetzes, den §§ 9, 30, 38 des Sozialgerichtsgesetzes und den § 19 ff. der Verwaltungsgerichtsordnung; in diesen Vorschriften wird die Arbeitsbefreiung für die Heranziehung als ehrenamtlicher Richter vorausgesetzt. Ungeachtet bestehender Unterschiede in den einzelnen Zweigen der Gerichtsbarkeit kann daher für jede Heranziehung als Schöffe oder ehrenamtlicher Richter Arbeitsbefreiung nach Absatz 2 gewährt werden.

Hinsichtlich der Tätigkeit in Wahlausschüssen und Wahlvorständen nach dem Bundeswahlgesetz, dem Europawahlgesetz und den Landes- bzw. Kommunalwahlgesetzen besteht eine Verpflichtung zur Übernahme dieses Ehrenamtes und eine gesetzliche Anwesenheitspflicht. Dies steht einer ausdrücklichen Verpflichtung des Arbeitgebers gleich, Arbeitsbefreiung zu gewähren. In diesen Fällen sind die Bezüge entsprechend der Regelung in Absatz 2 fortzuzahlen.

Der Anspruch auf Fortzahlung des Entgelts setzt voraus, dass die gesetzlich vorgeschriebene Arbeitsbefreiung für die Erfüllung allgemeiner staatsbürgerlicher Pflichten nach deutschem Recht in die Arbeitszeit des Beschäftigten fällt. Dazu hat das BAG mit Urteil vom 22. Januar 2009 – 6 AZR 78/08 – entschieden, dass ein ehrenamtlicher Richter, auf dessen Arbeitsverhältnis ein flexibles Arbeitszeitmodell mit Kern- und Gleitzeit Anwendung findet, keine Zeitgutschrift für die in die Gleitzeit fallende Richtertätigkeit verlangen kann. Der Bund hat aber mit Rundschreiben vom 9. September 2022 übertariflich zugelassen, dass in diesen Fällen sowie in Fällen, in denen keine Kernarbeitszeiten festgelegt worden sind, für den notwendigen Umfang der Zeitgutschrift auf die festgelegte regelmäßige tägliche Arbeitszeit abgestellt wird. In Nordrhein-Westfalen ist eine Besonderheit aufgrund des Gesetzes zur Stärkung des kommunalen Ehrenamtes und zur Änderung weiterer kommunalverfassungsrechtlicher Vorschriften vom 18. September 2012 (GV.NRW. S. 436) zu beachten. Das Gesetz sieht nämlich vor, dass bei flexiblen Arbeitszeiten für die Mandatswahrnehmung während der Gleitzeit, die nicht zur Kernarbeitszeit gehört, ein Freistellungsanspruch für die Mandatsträger von 50 % der aufgewendeten Zeit durch Zeitgutschrift auf dem Gleitzeitkonto gewährt wird. Der Anspruch auf Verdienstausfall gegenüber der Kommune, dem Kreis usw. ist in diesem Fall auf 50 % begrenzt. Bei Vorliegen aller Voraussetzungen hat der Arbeitgeber daher das Entgelt für die versäumte Arbeitszeit fortzuzahlen. Steht dem Beschäftigten ein Ersatzanspruch zu, gilt das vom Arbeitgeber fortgezahlte Entgelt in Höhe des Ersatzanspruchs als Vorschuss auf diese Leistungen. Der Beschäftigte hat den Ersatzanspruch geltend zu machen und die erhaltenen Beträge an den Arbeitgeber abzuführen. Die Höhe des Ersatzanspruchs richtet sich nach den gesetzlichen Vorschriften, die der Heranziehung des Beschäftigten zugrunde liegen. Soweit der Erstattungsanspruch hinter dem fortgezahlten Entgelt zurückbleibt, bleibt der Arbeitgeber belastet. Das gilt bei einer Erstattung selbst der Bruttovergütung immer noch für die Arbeitgeberanteile zur Sozialversicherung und die Umlage zur Zusatzversorgung.

Führt der Beschäftigte die erlangten Ersatzleistungen nicht an den Arbeitgeber ab, hat dieser gegen den Beschäftigten einen Anspruch auf Rückzahlung des Vorschusses. Der Arbeitgeber hat keinen Anspruch gegen den Kostenträger, es sei denn, der Beschäftigte habe ihm den Erstattungsanspruch abgetreten.

Aufwandsentschädigungen (z. B. für Fahrtkosten nach § 5 des Justizvergütungs- und -entschädigungsgesetzes) muss der Beschäftigte nicht abführen.

Für den Bereich des Bundes ist das RdSchr. d. BMI vom 29. Januar 2008 (GMBl. S. 263) zu beachten. Damit hat das BMI im Einvernehmen mit dem BMF zugelassen, dass abweichend von § 29 Abs. 2 TVöD bei Tätigkeiten als ehrenamtliche Richter oder bei Inanspruchnahme als Zeugen außertariflich das Entgelt fortgezahlt wird (und zwar in vollem Umfang, und nicht nur hinsichtlich desjenigen Teils, der den Ersatzanspruch des Beschäftigten übersteigt).

Für die Vertreter in den Organen der Versorgungsanstalt des Bundes und der Länder und der kommunalen Zusatzversorgungseinrichtungen ist die Teilnahme an den Sitzungen der Organe Dienst. Einer Arbeitsbefreiung nach § 29 bedarf es nicht.

Arbeitsbefreiung in sonstigen dringenden Fällen (Abs. 3)

Die Vorschrift überlässt es dem Ermessen des Arbeitgebers, bei Verhinderungen anderer Art in Einzelfällen unter Fortzahlung (Satz 1) bzw. unter Wegfall (Satz 2) des Entgelts Arbeitsbefreiung zu gewähren.

Bei der Regelung des Fernbleibens von der Arbeit unter Fortzahlung der Vergütung nach Satz 1 ist zu berücksichtigen, dass es sich nach der umfassenden Regelung in den Absätzen 1 und 2 nur um Ausnahmefälle handeln kann. Die Freistellung ist auf drei Arbeitstage (pro Anlass, nicht je Kalenderjahr) begrenzt.

Zu den „begründeten Fällen" der Freistellung ohne Entgelt i. S. d. Satzes 2 nennt die zu dieser Regelung vereinbarte Protokollerklärung

z. B. einen „Umzug aus persönlichen Gründen", für die die tarifliche Regelung in Absatz 1 keine Freistellungsmöglichkeit enthält. Ebenfalls darunter fallen dürften nicht von Buchst. b erfasste Todesfälle sowie das 50-jährige Dienstjubiläum. Eine Definition der „kurzfristigen" Arbeitsbefreiung enthält die tarifliche Vorschrift nicht, gegen eine Freistellung von maximal zwei Wochen dürften jedoch keine Bedenken bestehen. Längerfristige Freistellungen unterliegen den Vorschriften über Sonderurlaub (→ § 28).

Der Bund hat mit Rdschr. d. BMI vom 29. November 2010 zugelassen, dass bei akuten Hochwasserkatastrophen zur Sicherung des eigenen, unmittelbar durch Hochwasser bedrohten Eigentums und „in anderen Fällen der hochwasserbedingten vorübergehenden Verhinderung" (z. B. Betreuung von Kindern unter zwölf Jahren und pflegebedürftigen Angehörigen) eine Freistellung unter Entgeltfortzahlung von bis zu 5 Arbeitstagen bewilligt werden kann.

Sonstige Grundlagen für Arbeitsbefreiung

Gesetzliche Grundlagen

Während durch § 29 Abs. 1 die Regelung des § 616 BGB abgedungen wurde, bleibt eine Vielzahl gesetzlicher Regelungen unberührt und hat Vorrang vor der Tarifvorschrift. Die wichtigsten gesetzlichen Freistellungsmöglichkeiten sind nachfolgend aufgelistet.

Abgeordnetengesetze

- Europäisches Parlament: Europaabgeordnetengesetz vom 6. 4. 1979 (BGBl. I S. 413)
- Bundestag: Gesetz über die Rechtsverhältnisse der Mitglieder des deutschen Bundestages i. d. F. der Bekanntmachung vom 21. 2. 1996 (BGBl. I S. 326)
- Baden-Württemberg: Abgeordnetengesetz vom 12. 9. 1978 (GBl. S. 473)
- Bayern: Bayerisches Abgeordnetengesetz i. d. F. der Bekanntmachung vom 6. 3. 1996 (GVBl. S. 82)
- Berlin: Landesabgeordnetengesetz vom 9. 10. 2019 (GVBl. S. 674)
- Brandenburg: Abgeordnetengesetz in der Fassung der Bekanntmachung vom 2. 12. 2019 (GVBl. I Nr. 55)
- Bremen: Bremisches Abgeordnetengesetz vom 16. 10. 1978 (Brem. GBl. S. 209)
- Hamburg: Hamburgisches Abgeordnetengesetz vom 21. 6. 1996 (GVBl. S. 141)
- Hessen: Hessisches Abgeordnetengesetz vom 18. 10. 1989 (GVBl. I S. 261)

- Mecklenburg-Vorpommern: Abgeordnetengesetz i. d. F. der Bekanntmachung vom 1. 2. 2007 (GVOBl. M-V S. 54)
- Niedersachsen: Niedersächsisches Abgeordnetengesetz i. d. F. der Bekanntmachung vom 20. 6. 2000 (Nds. GVBl. S. 129)
- Nordrhein-Westfalen: Abgeordnetengesetz vom 5. 4. 2005 (GV. NRW. S. 252)
- Rheinland-Pfalz: Abgeordnetengesetz Rheinland-Pfalz vom 21. 7. 1978 (GVBl. S. 587)
- Saarland: Abgeordnetengesetz i. d. F. der Bekanntmachung vom 27. 2. 1991 (Amtsbl. S. 430)
- Sachsen: Abgeordnetengesetz i. d. F. der Bekanntmachung vom 4. 7. 2000 (SächsGVBl. S. 326)
- Sachsen-Anhalt: Abgeordnetengesetz Sachsen-Anhalt i. d. F. der Bekanntmachung vom 14. 6. 2002 (GVBl. LSA S. 270)
- Schleswig-Holstein: Schleswig-Holsteinisches Abgeordnetengesetz i. d. F. der Bekanntmachung vom 13. 2. 1991 (GVOBl. Schl.-H. S. 100)
- Thüringen: Thüringer Abgeordnetengesetz i. d. F. der Bekanntmachung vom 9. 3. 1995 (GVBl. S. 121)

sowie die jeweiligen Kommunalwahl- und Kommunalverfassungsgesetze.

Bildungsurlaubs-, Bildungsfreistellungs- und Weiterbildungsgesetze der Länder

- Baden-Württemberg: Bildungszeitgesetz vom 17. 3. 2015 (GBl. S. 161)
- Berlin: Bildungszeitgesetz vom 5. 7. 2021 (GVBl. S. 849)
- Brandenburg: Weiterbildungsgesetz vom 15. 12. 1993 (GVBl. I S. 498)
- Bremen: Bildungszeitgesetz vom 18. 12. 1974 (BremGBl. S. 348)
- Hamburg: Bildungsurlaubsgesetz vom 21. 1. 1974 (Hamburgisches GVBl. S. 6)
- Hessen: Bildungsurlaubsgesetz vom 28. 7. 1998 (GVBl. S. 294, ber. 348)
- Mecklenburg-Vorpommern: Bildungsfreistellungsgesetz vom 13. 12. 2013 (GVOBl. M-V S. 691)
- Niedersachsen: Bildungsurlaubsgesetz vom 25. 1. 1991 (Nds. GVBl. S. 29)
- Nordrhein-Westfalen: Arbeitnehmerweiterbildungsgesetz vom 6. 11. 1984 (GV. NRW. S. 678)
- Rheinland-Pfalz: Bildungsfreistellungsgesetz vom 30. 3. 1993 (GVBl. S. 157)

- Saarland: Bildungsfreistellungsgesetz vom 10. 2. 2010 (Amtsbl. S. 28)
- Sachsen: Weiterbildungsgesetz vom 29. 6. 1998 (SächsGVBl. S. 270)
- Sachsen-Anhalt: Bildungsfreistellungsgesetz vom 4. 3. 1998 (GVBl. LSA S. 92)
- Schleswig-Holstein: Weiterbildungsgesetz vom 6. 3. 2012 (GVOBl. Schl.-H. S. 282)
- Thüringen: Bildungsfreistellungsgesetz vom 15. 7. 2015 (GVBl. S. 114)

Weitere gesetzliche Freistellungsmöglichkeiten

- § 14 des Arbeitsplatzschutzgesetzes i. d. F. der Bekanntmachung vom 16. 7. 2009 (BGBl. I S. 2055)
- § 2 bzw. § 5 des Gesetzes über Betriebsärzte, Sicherheitsingenieure und andere Fachkräfte für Arbeitssicherheit vom 12. 12. 1973 (BGBl. I S. 1885)
- § 37 des Betriebsverfassungsgesetzes i. d. F. der Bekanntmachung vom 25. 9. 2001 (BGBl. I S. 2518)
- Freizeit zur Stellungssuche: § 626 BGB
- Freistellung zur Arbeitsplatzsuche: § 2 Abs. 2 Satz 2 SGB III
- Frauenförder-/Gleichstellungsgesetze: siehe dazu die Erläuterungen zu § 2 Abs. 1
- Personalvertretungsgesetze: siehe dazu die Erläuterungen zu § 2 Abs. 1
- §§ 2 und 3 des Pflegezeitgesetzes vom 28. 5. 2008 (BGBl. I S. 874)[1])
- Mutterschutzgesetz i. d. F. der Bekanntmachung vom 23. 5. 2017 (BGBl. I S. 1228)
- Freistellung der Vertrauensperson schwerbehinderter Menschen gem. § 179 SGB IX

Außer-/übertarifliche Regelungen

Neben den tarifvertraglichen bzw. gesetzlichen Regelungen haben die öffentlichen Arbeitgeber in der Vergangenheit vielfach zugelassen, dass den Beschäftigten in Anlehnung an die jeweilige beamtenrechtliche Sonderurlaubsverordnung außer- bzw. übertariflich Arbeitsbefreiung gewährt wird.

Es bleibt abzuwarten, ob die Arbeitgeber diese Praxis fortsetzen werden. Dem könnte vor allen Dingen die Intention der Tarifpartner, mit

[1]) abgedruckt als **Anhang 1**

dem TVöD ein eigenständiges, vom Beamtenrecht gelöstes Tarifrecht zu schaffen, entgegenstehen.

Das Bundesministerium des Innern (BMI) hatte sich bereits mit Rundschreiben vom 8. Januar 2007 (GMBl. S. 281) im Einvernehmen mit dem Bundesministerium der Finanzen damit einverstanden erklärt, dass aus bestimmten Anlässen außertarifliche Arbeitsbefreiung unter Fortzahlung des Entgelts in entsprechender Anwendung der Sonderurlaubsverordnung für Bundesbeamtinnen und Bundesbeamte sowie für Richterinnen und Richter des Bundes (Sonderurlaubsverordnung) gewährt werden kann. Aus Anlass der Neufassung der Sonderurlaubsverordnung vom 1. Juni 2016 (BGBl. I S. 1284) hat das BMI das Rundschreiben aktualisiert. Nun gilt die Fassung vom 20. Juli 2016; sie sieht folgende außertarifliche Freistellungsmöglichkeiten vor:

- § 9 SUrlV – Aus- oder Fortbildung –, insgesamt jedoch mit folgenden Maßgaben:
  - Abs. 1 Nr. 3 und Nr. 4 unter Anrechnung der Tage der Arbeitsbefreiung, die nach landesrechtlichen Vorschriften als Sonderurlaub für Jugendleiterinnen und Jugendleiter/Jugendgruppenleiterinnen und Jugendgruppenleiter gewährt werden, jedoch kann für diese Tage das Entgelt im Rahmen des Abschnitts C fortgezahlt werden,
  - Abs. 2, sofern kein Freistellungsanspruch nach einem Bildungsurlaubsgesetz eines Landes besteht,
- § 10 SUrlV – fremdsprachliche Aus- oder Fortbildung im Ausland – mit schriftlicher Vereinbarung einer Rückzahlungsverpflichtung des gezahlten Entgelts bei vorzeitiger Beendigung des Arbeitsverhältnisses (bis zu zwei Jahren nach Ausbildungsende) aus einem von der oder dem Beschäftigten zu vertretenden Grund,
- § 11 Abs. 1 und 2 SUrlV – Zwecke der militärischen und zivilen Verteidigung –, soweit nicht bereits nach gesetzlichen Vorschriften eine entsprechende Arbeitsbefreiung gewährt werden kann,
- § 12 SUrlV – vereinspolitische Zwecke –,
- § 14 SUrlV – Ausbildung als Schwesternhelferin oder zum Pflegediensthelfer –,
- § 15 SUrlV – gewerkschaftliche Zwecke –, soweit diese Vorschrift über die in § 29 Abs. 4 TVöD getroffene Regelung hinausgeht. Der Begriff „Sitzungen" in § 15 SUrlV entspricht dem Begriff „Tagungen" in § 29 Abs. 4 TVöD,
- § 16 SUrlV – kirchliche Zwecke –,
- § 17 SUrlV – sportliche Zwecke –,
- § 18 SUrlV – Familienheimfahrten –,

- § 19 Abs. 1 Nr. 2 SUrlV – Umzug in das oder aus dem Ausland aus dienstlichem Anlass –,
- § 24 SUrlV – Widerruf –,
- § 25 Abs. 1 Nr. 1, Abs. 2 SUrlV – Ersatz von Mehraufwendungen –,
- § 26 Abs. 2 SUrlV – Zuwendungen von anderer Seite –.

Das Bundesministerium der Finanzen hat außerdem zugelassen, dass – soweit mit dienstlichen Belangen vereinbar – zur Förderung der Arbeit der Sozialwerke:

- den ehrenamtlichen Mitarbeiterinnen und Mitarbeitern gestattet werden kann, ihre Tätigkeit in den Diensträumen als Nebentätigkeit während der regelmäßigen Arbeit wahrzunehmen,
- den Beschäftigten die erforderliche Dienstbefreiung unter Fortzahlung des Entgelts außertariflich gewährt werden kann und
- in angemessenem Rahmen Schreibkräfte in Anspruch genommen werden dürfen und Büroeinrichtungen benutzt werden können.

Die Ausnahmeregelung setzt voraus, dass daneben keine weiteren Kosten aus dem Bundeshaushalt übernommen werden.

Freistellung für gewerkschaftliche Zwecke (Abs. 4)

Absatz 4 eröffnet die Möglichkeit, Vertreter der vertragsschließenden Gewerkschaften zur Teilnahme an Tagungen (Satz 1) und zur Teilnahme an Tarifverhandlungen (Satz 2) unter Fortzahlung der Bezüge freizustellen.

Die Aufzählung der gewerkschaftlichen Gremien und Organe in Satz 1 berücksichtigt im Wesentlichen die Organisationsstrukturen der Gewerkschaft ver.di und ist bei den übrigen vertragsschließenden Gewerkschaften (insbesondere dbb tarifunion) entsprechend anzuwenden.

Nur die gewählten Funktionsträger, nicht aber einfache Mitglieder haben einen Freistellungsanspruch.

Lehrgänge, Schulungen etc. fallen nicht unter den Begriff der Tagung.

Die Freistellung setzt eine Anforderung durch die jeweilige Gewerkschaft voraus. In der Praxis wird ein entsprechendes Einladungsschreiben ausreichen.

Der Freistellungsanspruch nach Satz 1 ist auf acht Werktage im Jahr begrenzt – in § 52 BAT waren für diese Zwecke höchstens sechs Freistellungstage vereinbart.

Die Freistellung kann seitens des Arbeitgebers abgelehnt werden, wenn dringende dienstliche oder betriebliche Interessen dem entgegenstehen.

Zur Teilnahme an den Tarifverhandlungen gehört nicht die Teilnahme an vorbereitenden Sitzungen oder an Sitzungen der Großen Tarifkommission. Reisezeiten zum und vom Verhandlungsort können jedoch berücksichtigt werden.

Auch für die Freistellung nach Satz 2 wird die Anforderung durch die jeweilige Gewerkschaft gefordert.

Der Freistellungsanspruch nach Satz 2 ist zeitlich nicht begrenzt.

Freistellung für Tätigkeiten in Ausschüssen nach dem Berufsbildungsgesetz und in Organen der Sozialversicherungsträger (Abs. 5)

Absatz 5 ermöglicht es, für die Teilnahme an Sitzungen von Prüfungs- und von Berufsbildungsausschüssen nach dem Berufsbildungsgesetz sowie für eine Tätigkeit in Organen von Sozialversicherungsträgern den Mitgliedern bezahlte Arbeitsbefreiung zu gewähren, sofern nicht dringende dienstliche oder betriebliche Interessen entgegenstehen.

Freistellung für Lehr- und Prüfungstätigkeiten (Abs. 6)

Die Lehr- und Prüfungstätigkeiten an kommunalen Studieninstituten und Verwaltungsschulen dienen insbesondere der Sicherung der Leistungsfähigkeit der kommunalen Verwaltung. Im Rahmen der Tarifrunde 2023 haben die Tarifpartner daher Absatz 6 als weiteren Tatbestand zur Arbeitsbefreiung aufgenommen. Erforderlich für die Gewährung einer entsprechenden Arbeitsbefreiung ist, dass der Beschäftigte einen Antrag auf Arbeitsbefreiung stellt, sich dieser Antrag auf Lehr- und/oder Prüfungstätigkeiten an einem kommunalen Studieninstitut oder einer Verwaltungsschule bezieht und die Lehr- und/oder Prüfungstätigkeiten während der Arbeitszeit wahrgenommen werden. Sind die Voraussetzungen erfüllt, kann der Arbeitgeber (in seinem Ermessen) eine Arbeitsbefreiung unter Fortzahlung des Entgeltes in entsprechender Anwendung des § 21 TVöD gewähren.

II

Anhang 1

Gesetz über die Pflegezeit (Pflegezeitgesetz – PflegeZG)

Vom 28. Mai 2008 (BGBl. I S. 874)

Zuletzt geändert durch
Viertes Bürokratieentlastungsgesetz
vom 23. Oktober 2024 (BGBl. I Nr. 323)

§ 1 Ziel des Gesetzes

Ziel des Gesetzes ist, Beschäftigten die Möglichkeit zu eröffnen, pflegebedürftige nahe Angehörige in häuslicher Umgebung zu pflegen und damit die Vereinbarkeit von Beruf und familiärer Pflege zu verbessern.

§ 2 Kurzzeitige Arbeitsverhinderung

(1) Beschäftigte haben das Recht, bis zu zehn Arbeitstage der Arbeit fernzubleiben, wenn dies erforderlich ist, um für einen pflegebedürftigen nahen Angehörigen in einer akut aufgetretenen Pflegesituation eine bedarfsgerechte Pflege zu organisieren oder eine pflegerische Versorgung in dieser Zeit sicherzustellen.

(2) Beschäftigte sind verpflichtet, dem Arbeitgeber ihre Verhinderung an der Arbeitsleistung und deren voraussichtliche Dauer unverzüglich mitzuteilen. Dem Arbeitgeber ist auf Verlangen eine ärztliche Bescheinigung über die Pflegebedürftigkeit des nahen Angehörigen und die Erforderlichkeit der in Absatz 1 genannten Maßnahmen vorzulegen.

(3) Der Arbeitgeber ist zur Fortzahlung der Vergütung nur verpflichtet, soweit sich eine solche Verpflichtung aus anderen gesetzlichen Vorschriften oder aufgrund Vereinbarung ergibt. Ein Anspruch der Beschäftigten auf Zahlung von Pflegeunterstützungsgeld richtet sich nach § 44a Absatz 3 des Elften Buches Sozialgesetzbuch.

§ 3 Pflegezeit und sonstige Freistellungen

(1) Beschäftigte sind von der Arbeitsleistung vollständig oder teilweise freizustellen, wenn sie einen pflegebedürftigen nahen Angehörigen in häuslicher Umgebung pflegen (Pflegezeit). Der Anspruch nach Satz 1 besteht nicht gegenüber Arbeitgebern mit in der Regel 15 oder weniger Beschäftigten.

(2) Die Beschäftigten haben die Pflegebedürftigkeit des nahen Angehörigen durch Vorlage einer Bescheinigung der Pflegekasse oder des

Medizinischen Dienstes der Krankenversicherung nachzuweisen. Bei in der privaten Pflege-Pflichtversicherung versicherten Pflegebedürftigen ist ein entsprechender Nachweis zu erbringen.

(3) Wer Pflegezeit beanspruchen will, muss dies dem Arbeitgeber spätestens zehn Arbeitstage vor Beginn in Textform ankündigen und gleichzeitig erklären, für welchen Zeitraum und in welchem Umfang die Freistellung von der Arbeitsleistung in Anspruch genommen werden soll. Wenn nur teilweise Freistellung in Anspruch genommen wird, ist auch die gewünschte Verteilung der Arbeitszeit anzugeben. Enthält die Ankündigung keine eindeutige Festlegung, ob die oder der Beschäftigte Pflegezeit oder Familienpflegezeit nach § 2 des Familienpflegezeitgesetzes in Anspruch nehmen will, und liegen die Voraussetzungen beider Freistellungsansprüche vor, gilt die Erklärung als Ankündigung von Pflegezeit. Beansprucht die oder der Beschäftigte nach der Pflegezeit Familienpflegezeit oder eine Freistellung nach § 2 Absatz 5 des Familienpflegezeitgesetzes zur Pflege oder Betreuung desselben pflegebedürftigen Angehörigen, muss sich die Familienpflegezeit oder die Freistellung nach § 2 Absatz 5 des Familienpflegezeitgesetzes unmittelbar an die Pflegezeit anschließen. In diesem Fall soll die oder der Beschäftigte möglichst frühzeitig erklären, ob sie oder er Familienpflegezeit oder eine Freistellung nach § 2 Absatz 5 des Familienpflegezeitgesetzes in Anspruch nehmen wird; abweichend von § 2a Absatz 1 Satz 1 des Familienpflegezeitgesetzes muss die Ankündigung spätestens drei Monate vor Beginn der Familienpflegezeit erfolgen. Wird Pflegezeit nach einer Familienpflegezeit oder einer Freistellung nach § 2 Absatz 5 des Familienpflegezeitgesetzes in Anspruch genommen, ist die Pflegezeit in unmittelbarem Anschluss an die Familienpflegezeit oder die Freistellung nach § 2 Absatz 5 des Familienpflegezeitgesetzes zu beanspruchen; sie ist abweichend von Satz 1 dem Arbeitgeber spätestens acht Wochen vor Beginn in Textform anzukündigen.

(4) Wenn nur teilweise Freistellung in Anspruch genommen wird, haben Arbeitgeber und Beschäftigte über die Verringerung und die Verteilung der Arbeitszeit eine schriftliche Vereinbarung zu treffen. Hierbei hat der Arbeitgeber den Wünschen der Beschäftigten zu entsprechen, es sei denn, dass dringende betriebliche Gründe entgegenstehen.

(5) Beschäftigte sind von der Arbeitsleistung vollständig oder teilweise freizustellen, wenn sie einen minderjährigen pflegebedürftigen nahen Angehörigen in häuslicher oder außerhäuslicher Umgebung betreuen.

Die Inanspruchnahme dieser Freistellung ist jederzeit im Wechsel mit der Freistellung nach Absatz 1 im Rahmen der Gesamtdauer nach § 4 Absatz 1 Satz 4 möglich. Absatz 1 Satz 2 und die Absätze 2 bis 4 gelten entsprechend. Beschäftigte können diesen Anspruch wahlweise statt des Anspruchs auf Pflegezeit nach Absatz 1 geltend machen.

(6) Beschäftigte sind zur Begleitung eines nahen Angehörigen von der Arbeitsleistung vollständig oder teilweise freizustellen, wenn dieser an einer Erkrankung leidet, die progredient verläuft und bereits ein weit fortgeschrittenes Stadium erreicht hat, bei der eine Heilung ausgeschlossen und eine palliativmedizinische Behandlung notwendig ist und die lediglich eine begrenzte Lebenserwartung von Wochen oder wenigen Monaten erwarten lässt. Beschäftigte haben diese gegenüber dem Arbeitgeber durch ein ärztliches Zeugnis nachzuweisen. Absatz 1 Satz 2, Absatz 3 Satz 1 und 2 und Absatz 4 gelten entsprechend. § 45 des Fünften Buches Sozialgesetzbuch bleibt unberührt.

(6a) Beschäftigte von Arbeitgebern mit in der Regel 15 oder weniger Beschäftigten können bei ihrem Arbeitgeber den Abschluss einer Vereinbarung über eine Pflegezeit nach Absatz 1 Satz 1 oder eine sonstige Freistellung nach Absatz 5 Satz 1 oder Absatz 6 Satz 1 beantragen. Der Arbeitgeber hat den Antrag innerhalb von vier Wochen nach Zugang zu beantworten. Eine Ablehnung des Antrags ist zu begründen. Wird eine Pflegezeit oder sonstige Freistellung nach Satz 1 vereinbart, gelten die Absätze 2, 3 Satz 4 und 6 erster Halbsatz, Absatz 4 Satz 1 sowie Absatz 6 Satz 2 und 4 entsprechend.

(7) Ein Anspruch auf Förderung richtet sich nach den §§ 3, 4, 5 Absatz 1 Satz 1 und Absatz 2 sowie den §§ 6 bis 10 des Familienpflegezeitgesetzes.

§ 4 Dauer der Inanspruchnahme

(1) Die Pflegezeit nach § 3 beträgt für jeden pflegebedürftigen nahen Angehörigen längstens sechs Monate (Höchstdauer). Für einen kürzeren Zeitraum in Anspruch genommene Pflegezeit kann bis zur Höchstdauer verlängert werden, wenn der Arbeitgeber zustimmt. Eine Verlängerung bis zur Höchstdauer kann verlangt werden, wenn ein vorgesehener Wechsel in der Person des Pflegenden aus einem wichtigen Grund nicht erfolgen kann; dies gilt nicht für Fälle des § 3 Absatz 6a. Pflegezeit und Familienpflegezeit nach § 2 des Familienpflegezeitgesetzes dürfen gemeinsam die Gesamtdauer von 24 Monaten je pflegebedürftigem nahen Angehörigen nicht überschreiten. Die Pflegezeit wird auf Berufsbildungszeiten nicht angerechnet.

(2) Ist der nahe Angehörige nicht mehr pflegebedürftig oder die häusliche Pflege des nahen Angehörigen unmöglich oder unzumutbar, endet die Pflegezeit vier Wochen nach Eintritt der veränderten Umstände. Der Arbeitgeber ist über die veränderten Umstände unverzüglich zu unterrichten. Im Übrigen kann die Pflegezeit nur vorzeitig beendet werden, wenn der Arbeitgeber zustimmt.

(3) Für die Betreuung nach § 3 Absatz 5 gelten die Absätze 1 und 2 entsprechend. Für die Freistellung nach § 3 Absatz 6 gilt eine Höchstdauer von drei Monaten je nahem Angehörigen. Für die Freistellung nach § 3 Absatz 6 gelten Absatz 1 Satz 2, 3 und 5 sowie Absatz 2 entsprechend; bei zusätzlicher Inanspruchnahme von Pflegezeit oder einer Freistellung nach § 3 Absatz 5 oder Familienpflegezeit oder einer Freistellung nach § 2 Absatz 5 des Familienpflegezeitgesetzes dürfen die Freistellungen insgesamt 24 Monate je nahem Angehörigen nicht überschreiten.

(4) Der Arbeitgeber kann den Erholungsurlaub, der der oder dem Beschäftigten für das Urlaubsjahr zusteht, für jeden vollen Kalendermonat der vollständigen Freistellung von der Arbeitsleistung um ein Zwölftel kürzen.

§ 4a Erneute Pflegezeit nach Inanspruchnahme einer Freistellung auf Grundlage der Sonderregelungen aus Anlass der COVID-19-Pandemie

(1) Abweichend von § 4 Absatz 1 Satz 2 und 3 können Beschäftigte einmalig nach einer beendeten Pflegezeit zur Pflege oder Betreuung desselben pflegebedürftigen Angehörigen Pflegezeit erneut, jedoch insgesamt nur bis zur Höchstdauer nach § 4 Absatz 1 Satz 1 in Anspruch nehmen, wenn die Gesamtdauer nach § 4 Absatz 1 Satz 4 nicht überschritten wird und die Inanspruchnahme der beendeten Pflegezeit auf der Grundlage der Sonderregelungen aus Anlass der COVID-19-Pandemie erfolgte.

(2) Abweichend von § 3 Absatz 3 Satz 4 muss sich die Familienpflegezeit oder eine Freistellung nach § 2 Absatz 5 des Familienpflegezeitgesetzes nicht unmittelbar an die Pflegezeit anschließen, wenn die Pflegezeit auf Grund der Sonderregelungen aus Anlass der COVID-19-Pandemie in Anspruch genommen wurde und die Gesamtdauer nach § 4 Absatz 1 Satz 4 nicht überschritten wird.

(3) Abweichend von § 3 Absatz 3 Satz 6 muss sich die Pflegezeit nicht unmittelbar an die Familienpflegezeit oder an die Freistellung nach § 2 Absatz 5 des Familienpflegezeitgesetzes anschließen, wenn die Familienpflegezeit oder Freistellung auf Grund der Sonderregelun-

gen aus Anlass der COVID-19-Pandemie erfolgte und die Gesamtdauer nach § 4 Absatz 1 Satz 4 nicht überschritten wird.

§ 5 Kündigungsschutz

II

(1) Der Arbeitgeber darf das Beschäftigungsverhältnis von der Ankündigung, höchstens jedoch zwölf Wochen vor dem angekündigten Beginn, bis zur Beendigung der kurzzeitigen Arbeitsverhinderung nach § 2 oder der Freistellung nach § 3 nicht kündigen. Im Fall einer Vereinbarung über eine Freistellung nach § 3 Absatz 6a dieses Gesetzes oder nach § 2a Absatz 5a des Familienpflegezeitgesetzes beginnt der Kündigungsschutz mit dem Beginn der Freistellung.

(2) In besonderen Fällen kann eine Kündigung von der für den Arbeitsschutz zuständigen obersten Landesbehörde oder der von ihr bestimmten Stelle ausnahmsweise für zulässig erklärt werden. Die Bundesregierung kann hierzu mit Zustimmung des Bundesrates allgemeine Verwaltungsvorschriften erlassen.

§ 6 Befristete Verträge

(1) Wenn zur Vertretung einer Beschäftigten oder eines Beschäftigten für die Dauer der kurzzeitigen Arbeitsverhinderung nach § 2 oder der Freistellung nach § 3 eine Arbeitnehmerin oder ein Arbeitnehmer eingestellt wird, liegt hierin ein sachlicher Grund für die Befristung des Arbeitsverhältnisses. Über die Dauer der Vertretung nach Satz 1 hinaus ist die Befristung für notwendige Zeiten einer Einarbeitung zulässig.

(2) Die Dauer der Befristung des Arbeitsvertrages muss kalendermäßig bestimmt oder bestimmbar sein oder den in Absatz 1 genannten Zwecken zu entnehmen sein.

(3) Der Arbeitgeber kann den befristeten Arbeitsvertrag unter Einhaltung einer Frist von zwei Wochen kündigen, wenn die Freistellung nach § 4 Abs. 2 Satz 1 vorzeitig endet. Das Kündigungsschutzgesetz ist in diesen Fällen nicht anzuwenden. Satz 1 gilt nicht, soweit seine Anwendung vertraglich ausgeschlossen ist.

(4) Wird im Rahmen arbeitsrechtlicher Gesetze oder Verordnungen auf die Zahl der beschäftigten Arbeitnehmerinnen und Arbeitnehmer abgestellt, sind bei der Ermittlung dieser Zahl Arbeitnehmerinnen und Arbeitnehmer, die nach § 2 kurzzeitig an der Arbeitsleistung verhindert oder nach § 3 freigestellt sind, nicht mitzuzählen, solange für sie auf Grund von Absatz 1 eine Vertreterin oder ein Vertreter eingestellt ist. Dies gilt nicht, wenn die Vertreterin oder der Vertreter nicht mitzuzählen ist. Die Sätze 1 und 2 gelten entsprechend, wenn im Rah-

men arbeitsrechtlicher Gesetze oder Verordnungen auf die Zahl der Arbeitsplätze abgestellt wird.

§ 7 Begriffsbestimmungen

(1) Beschäftigte im Sinne dieses Gesetzes sind

1. Arbeitnehmerinnen und Arbeitnehmer,
2. die zu ihrer Berufsbildung Beschäftigten,
3. Personen, die wegen ihrer wirtschaftlichen Unselbständigkeit als arbeitnehmerähnliche Personen anzusehen sind; zu diesen gehören auch die in Heimarbeit Beschäftigten und die ihnen Gleichgestellten.

(2) Arbeitgeber im Sinne dieses Gesetzes sind natürliche und juristische Personen sowie rechtsfähige Personengesellschaften, die Personen nach Absatz 1 beschäftigen. Für die arbeitnehmerähnlichen Personen, insbesondere für die in Heimarbeit Beschäftigten und die ihnen Gleichgestellten, tritt an die Stelle des Arbeitgebers der Auftraggeber oder Zwischenmeister.

(3) Nahe Angehörige im Sinne dieses Gesetzes sind

1. Großeltern, Eltern, Schwiegereltern, Stiefeltern,
2. Ehegatten, Lebenspartner, Partner einer eheähnlichen oder lebenspartnerschaftsähnlichen Gemeinschaft, Geschwister, Ehegatten der Geschwister und Geschwister der Ehegatten, Lebenspartner der Geschwister und Geschwister der Lebenspartner,
3. Kinder, Adoptiv- oder Pflegekinder, die Kinder, Adoptiv- oder Pflegekinder des Ehegatten oder Lebenspartners, Schwiegerkinder und Enkelkinder.

(4) Pflegebedürftig im Sinne dieses Gesetzes sind Personen, die die Voraussetzungen nach den §§ 14 und 15 des Elften Buches Sozialgesetzbuch erfüllen. Pflegebedürftig im Sinne von § 2 sind auch Personen, die die Voraussetzungen nach den §§ 14 und 15 des Elften Buches Sozialgesetzbuch voraussichtlich erfüllen.

§ 8 Unabdingbarkeit

Von den Vorschriften dieses Gesetzes kann nicht zuungunsten der Beschäftigten abgewichen werden.

II

Abschnitt V
Befristung und Beendigung des Arbeitsverhältnisses

§ 30 Befristete Arbeitsverträge[1])

(1) [1]Befristete Arbeitsverträge sind nach Maßgabe des Teilzeit- und Befristungsgesetzes sowie anderer gesetzlicher Vorschriften über die Befristung von Arbeitsverträgen zulässig. [2]Für Beschäftigte, auf die die Regelungen des Tarifgebiets West Anwendung finden und deren Tätigkeit vor dem 1. Januar 2005 der Rentenversicherung der Angestellten unterlegen hätte, gelten die in den Absätzen 2 bis 5 geregelten Besonderheiten; dies gilt nicht für Arbeitsverhältnisse, für die die §§ 57a ff. HRG, das Gesetz über befristete Arbeitsverträge in der Wissenschaft (Wissenschaftszeitvertragsgesetz) oder gesetzliche Nachfolgeregelungen unmittelbar oder entsprechend gelten.

(2) [1]Kalendermäßig befristete Arbeitsverträge mit sachlichem Grund sind nur zulässig, wenn die Dauer des einzelnen Vertrages fünf Jahre nicht übersteigt; weitergehende Regelungen im Sinne von § 23 TzBfG bleiben unberührt. [2]Beschäftigte mit einem Arbeitsvertrag nach Satz 1 sind bei der Besetzung von Dauerarbeitsplätzen bevorzugt zu berücksichtigen, wenn die sachlichen und persönlichen Voraussetzungen erfüllt sind.

(3) [1]Ein befristeter Arbeitsvertrag ohne sachlichen Grund soll in der Regel zwölf Monate nicht unterschreiten; die Vertragsdauer muss mindestens sechs Monate betragen. [2]Vor Ablauf des Arbeitsvertrages hat der Arbeitgeber zu prüfen, ob eine unbefristete oder befristete Weiterbeschäftigung möglich ist.

(4) [1]Bei befristeten Arbeitsverträgen ohne sachlichen Grund gelten die ersten sechs Wochen und bei befristeten Arbeitsverträgen mit sachlichem Grund die ersten sechs Monate als Probezeit. [2]Innerhalb der Probezeit kann der Arbeitsvertrag mit einer Frist von zwei Wochen zum Monatsschluss gekündigt werden.

(5) [1]Eine ordentliche Kündigung nach Ablauf der Probezeit ist nur zulässig, wenn die Vertragsdauer mindestens zwölf Monate beträgt. [2]Nach Ablauf der Probezeit beträgt die Kündigungsfrist in einem oder mehreren aneinander gereihten Arbeitsverhältnissen bei demselben Arbeitgeber

von insgesamt mehr als sechs Monaten	**vier Wochen,**
von insgesamt mehr als einem Jahr	**sechs Wochen**

zum Schluss eines Kalendermonats,

von insgesamt mehr als zwei Jahren	**drei Monate,**
von insgesamt mehr als drei Jahren	**vier Monate**

zum Schluss eines Kalendervierteljahres.

---

[1]) Die Regelungen Absätze 2 bis 5 gelten künftig unabhängig vom Tarifgebiet und für alle Beschäftigten; ausgenommen bleiben Beschäftigte mit Arbeitsverhältnissen, für die §§ 57a ff. HRG, das Gesetz über befristete Arbeitsverträge in der Wissenschaft (Wissenschaftszeitvertragsgesetz) oder gesetzliche Nachfolgeregelungen unmittelbar oder entsprechend gelten, siehe Teil B Nr. 4 Buchst. a) der unter **150** abgedruckten Tarifeinigung.

[3]Eine Unterbrechung bis zu drei Monaten ist unschädlich, es sei denn, dass das Ausscheiden von der/dem Beschäftigten verschuldet oder veranlasst war. [4]Die Unterbrechungszeit bleibt unberücksichtigt.

Protokollerklärung zu Absatz 5:

Bei mehreren aneinander gereihten Arbeitsverhältnissen führen weitere vereinbarte Probezeiten nicht zu einer Verkürzung der Kündigungsfrist.

(6) Die §§ 31, 32 bleiben von den Regelungen der Absätze 3 bis 5 unberührt.

Erläuterungen

In § 30 TVöD haben die Tarifvertragsparteien Regelungen über befristete Arbeitsverhältnisse getroffen, die für die Angestellten des Tarifgebietes West aus den bisherigen Regelungen der SR 2y BAT abgeleitet worden sind. Für die übrigen Beschäftigten ist die Befristung nach gesetzlichen Vorschriften zugelassen worden.

Grundzüge des Teilzeit- und Befristungsgesetzes

Die Möglichkeiten und Grenzen der Befristung von Arbeitsverträgen sind weitgehend durch das Gesetz über Teilzeitarbeit und befristete Arbeitsverträge (Teilzeit- und Befristungsgesetz – TzBfG)[1]) gesetzlich vorgegeben worden. Da das TzBfG nur zum Teil Öffnungsklauseln für abweichende tarifvertragliche Regelungen enthält, ist der Spielraum für die Tarifvertragsparteien begrenzt. Gibt es keine Öffnungsklausel, können sie wirksam nur dann vom Gesetz abweichende Regelungen vereinbaren, wenn diese günstiger als das Gesetz sind (§ 22 TzBfG). Da es sich beim TzBfG um eine Vorschrift zum Schutze des Arbeitnehmers handelt, die eine Schlechterstellung des befristeten im Vergleich zum dauerhaft Beschäftigten und die Umgehung des Kündigungsschutzes verhindern soll, sind in diesem Fall „günstigere" Regelungen solche, die eine Befristung erschweren bzw. einschränken.

An dieser Stelle sei kurz auf die wichtigsten Kernvorschriften des TzBfG – soweit die im öffentlichen Dienst typischen Fallgestaltungen berührt werden dürften – hingewiesen:

§ 4 Abs. 2 (Diskriminierungsverbot)

Nach dieser Vorschrift darf ein befristet Beschäftigter ohne sachlichen Grund nicht schlechter gestellt werden als vergleichbare unbefristete Arbeitnehmer. Er muss insbesondere die gleiche Vergütung erhalten (einschließlich eventueller Stufenaufstiege bei längerer Befristung) und die gleichen, von der Dauer der Beschäftigung abhängenden

---

1) abgedruckt als **Anhang 1**

Rechte erwerben (z. B. Hineinwachsen in längere Bezugsfristen zum Krankengeldzuschuss).

§ 14 Abs. 1, 2 und 3 (Zulässigkeit der Befristung)

Die Zulässigkeit der Befristung ist nach Absatz 1 grundsätzlich vom Vorliegen eines Sachgrundes abhängig. Der in Absatz 1 Satz 2 enthaltene Katalog von Sachgründen ist nicht abschließend, er bietet aber einen guten Anhaltspunkt für Prüfung der Frage, ob sachliche Gründe die Befristung des Arbeitsverhältnisses rechtfertigen.

In seinen beachtenswerten Urteilen vom 18. Juli 2012 – 7 AZR 443/09 und 7 AZR 783/10 – hat das BAG im Fall sogenannter Kettenarbeitsverträge Aussagen dazu getroffen, ob bzw. wann trotz eines Sachgrundes (hier: Vertretung) eine Befristung ausnahmsweise rechtsmissbräuchlich und daher unwirksam sein kann. Bei einer Gesamtdauer von mehr als elf Jahren mit insgesamt 13 Befristungen hat das BAG Indizien dafür gesehen, dass der beklagte Arbeitgeber die an sich eröffnete Möglichkeit der Vertretungsbefristung rechtsmissbräuchlich ausgenutzt hat. Eine Befristung über sieben Jahre und neun Monate bei insgesamt vier Verträgen hat das BAG hingegen als unbedenklich eingestuft.

Mit seiner Entscheidung vom 26. 10. 2016 – 7 AZR 135/15 – hat das BAG diese Grundsätze bestätigt und noch weitere Details dazu herausgestellt. Das BAG hat in dem Urteilsfall (16 aufeinanderfolgende befristete Arbeitsverträge in einem Zeitraum von sechs Jahren und fast vier Monaten) letztlich entschieden, dass die Klage unbegründet ist. In seinen Entscheidungsgründen hat das BAG Grenzen zur Frage der Kontrolle bzw. Überprüfung des institutionellen Rechtsmissbrauchs in Bezug auf die Gesamtdauer der befristeten Arbeitsverhältnisse und auf die Gesamtzahl der Verlängerungen herausgearbeitet. Der Senat knüpfte dabei zur Bestimmung der Schwelle einer rechtsmissbräuchlichen Gestaltung von Sachgrundbefristungen an die gesetzlichen Kriterien in § 14 Abs. 2 Satz 1 TzBfG an. Diese Regelung sieht eine kalendermäßige Befristung eines Arbeitsvertrages ohne Vorliegen eines sachlichen Grundes bis zur Dauer von zwei Jahren bei maximal dreimaliger Verlängerungsmöglichkeit vor. Übertragen auf die Sachgrundbefristung nach § 14 Abs. 1 TzBfG lässt aus BAG-Sicht das erhebliche (mehrfache) Überschreiten dieser Grenzwerte den Schluss auf eine missbräuchliche Gestaltung zu. Es sei daher eine umfassende Missbrauchskontrolle geboten, wenn einer der Werte des § 14 Abs. 2 Satz 1 TzBfG mehr als das Vierfache beträgt oder beide Werte das Dreifache übersteigen. Konkret führt das BAG dazu aus: Überschreitet die Gesamtdauer des befristeten Arbeitsverhältnisses acht Jahre oder wurden mehr als zwölf Verlängerungen des befristeten Arbeitsvertrags vereinbart, hängt es von den weiteren, zunächst vom Kläger vorzutragenden (und im Streitfall nicht vorgetragenen) Umständen ab, ob ein Rechtsmissbrauch anzunehmen ist. Gleiches gilt, wenn die Gesamtdauer des befristeten Arbeitsverhältnisses sechs Jahre überschreitet und mehr als neun Vertragsverlängerungen vereinbart wurden. Werden aus Sicht des BAG die vorgenannten Grenzwerte alternativ oder kumulativ in besonders gravierendem Ausmaß überschritten, kann eine missbräuchliche Ausnutzung der an sich eröffneten Möglichkeit zur Sachgrundbefristung indiziert sein. Das Gericht geht i. d. R. von einem indizierten Rechtsmissbrauch aus, wenn durch die befristeten Verträge einer der Werte des § 14 Abs. 2 Satz 1 TzBfG um mehr als das Fünffache überschritten wird oder beide Werte mehr als das jeweils Vierfache betragen. Konkret bedeutet dies, dass ein Rechtsmissbrauch indiziert ist, wenn die Gesamtdauer des Arbeitsverhältnisses zehn Jahre überschreitet oder mehr als 15 Vertragsverlängerungen vereinbart wurden oder wenn mehr als zwölf Vertragsverlängerungen bei einer Gesamtdauer von mehr als acht Jahren vorliegen. Insoweit billigt das BAG allerdings dem Arbeitgeber die Möglichkeit zu, die Annahme des indizierten Gestaltungsmissbrauchs durch den Vortrag besonderer Umstände zu entkräften.

Mit Urteil vom 8. Juni 2016 – 7 AZR 259/14 – hat das BAG die für Kettenbefristungen auf der Grundlage des TzBfG aufgestellten Grundsätze auch im Fall einer Befristung nach dem Wissenschaftszeitvertragsgesetz (WissZeitVG) angewendet. Die Klägerin war vom 1. September 1989 bis zum 31. Oktober 2011 durchgehend an einer Hochschule beschäftigt, zunächst bis Februar 1996 auf der Grundlage von vier befristeten Arbeitsverträgen, die auch dem Abschluss der Promotion und dem Erwerb der Habilitation dienten. Anschließend war die Klägerin in dem Zeitraum vom 1. März 1996 bis zum 24. April 2007 als wissenschaftliche Assistentin im Rahmen eines Beamtenverhältnisses auf Zeit tätig. Danach schlossen sich für die Zeit vom 25. April 2007 bis zum 31. Oktober 2011 zwei auf den Sachgrund der Drittmittelfinanzierung gestützte befristete Arbeitsverträge an. Das BAG hat seine bisherige Aussage erneuert, dass die Befristung eines Arbeitsvertrags trotz Vorliegens eines Sachgrunds für die Befristung aufgrund der besonderen Umstände des Einzelfalls nach den Grundsätzen des institutionellen Rechtsmissbrauchs unwirksam sein kann. Dies gelte auch für Befristungen im Hochschulbereich, die auf den Sachgrund der Drittmittelfinanzierung nach § 2 Abs. 2 des WissZeitVG gestützt werden. Im Urteilsfall hatte das BAG die letzte Befristung nicht als rechtsmissbräuchlich angesehen, da ein erheblicher Zeitraum der befristeten Beschäftigung der wissenschaftlichen Qualifizierung der Klägerin diente. Das Verfahren ist zur weiteren Sachverhaltsaufklärung an das LAG zurückverwiesen worden.

II

Nach Absatz 2 ist bei der erstmaligen Begründung eines Arbeitsverhältnisses zu dem Arbeitgeber auch eine sachgrundlose Befristung bis zur Gesamtdauer von höchstens zwei Jahren zulässig. Nach Absatz 2 Satz 2 ist diese Befristung nicht statthaft, wenn mit demselben Arbeitgeber bereits zuvor ein befristetes oder unbefristetes Arbeitsverhältnis bestanden hat.

Eine „Zuvor-Beschäftigung" im Sinne dieser Vorschrift liegt nach Auffassung des BAG (Urteil vom 6. April 2011 – 7 AZR 716/09) nicht vor, wenn ein früheres Arbeitsverhältnis mehr als drei Jahre zurückliegt. Das ergibt nach der Begründung des BAG die an ihrem Sinn und Zweck orientierte, verfassungskonforme Auslegung der gesetzlichen Regelung. Diese solle zum einen Arbeitgebern ermöglichen, auf schwankende Auftragslagen und wechselnde Marktbedingungen durch befristete Einstellungen zu reagieren, und für Arbeitnehmer eine Brücke zur Dauerbeschäftigung schaffen. Zum anderen sollen durch das Verbot der „Zuvor-Beschäftigung" Befristungsketten und der Missbrauch befristeter Arbeitsverträge verhindert werden. Das Verbot könne allerdings auch zu einem Einstellungshindernis werden. Seine Anwendung ist daher nach Meinung des BAG nur insoweit gerechtfertigt, als dies zur Verhinderung von Befristungsketten erforderlich ist. Das sei bei lange Zeit zurückliegenden früheren Beschäftigungen typischerweise nicht mehr der Fall. Hier rechtfertige der Gesetzeszweck die Beschränkung der Vertragsfreiheit der Arbeitsvertragsparteien und die damit verbundene Einschränkung der Berufswahlfreiheit des Arbeitnehmers nicht. Die Gefahr missbräuchlicher Befristungsketten bestehe regelmäßig nicht mehr, wenn zwischen dem Ende des früheren Arbeitsverhältnisses und dem sachgrundlos befristeten neuen Arbeitsvertrag mehr als drei Jahre liegen. Dieser Zeitraum entspreche auch der gesetzgeberischen Wertung, die in der regelmäßigen zivilrechtlichen Verjährungsfrist zum Ausdruck komme. Diese Rechtsprechung hat das BAG mit Urteil vom 21. September 2011 – 7 AZR 375/10 – bestätigt. Es hat darüber hinaus entschieden, dass ein Berufsausbildungsverhältnis kein Arbeitsverhältnis im Sinne des Vorbeschäftigungsverbots für eine sachgrundlose Befristung ist. Ein zuvor mit demselben Arbeitgeber bestehendes Ausbildungsverhältnis ist demzufolge kein befristetes Arbeitsverhältnis i. S. v. § 14 Abs. 2 Satz 2 TzBfG. Entsprechendes gilt für ein vorangegangenes Beamtenverhältnis (BAG v. 24. Februar 2016 – 7 AZR 712/13) und für eine vorangegangene Heimarbeit (BAG v. 24. August 2016 – 7 AZR 342/14).

Das BVerfG hat mit Beschluss vom 6. Juni 2018 – 1 BvL 7/14, 1 BvR 1375/14 – die seitens des BAG vorgenommene Rechtsauslegung für unzulässig erklärt, da sie die Grenzen vertretbarer Auslegung gesetzlicher Vorgaben und zulässiger richterlicher Rechtsfortbildung durch Verletzung des in Art. 2 Abs. 1 und 20 Abs. 3 GG verankerten Rechtsstaatsprinzips überschreitet. Nach Auffassung des BVerfG ginge die bisherige Auslegung des BAG nicht mit dem Willen des Gesetzgebers einher. Die vom BVerfG genannten Einschränkungsmöglichkeiten des § 14 Abs. 2 Satz 2 TzBfG (z. B. sieht das BVerfG bestimmte geringfügige Nebenbeschäftigungen während der Schul- und Studien- oder Familienzeit sowie die Tätigkeit von Werkstudierenden, studentischen Mitarbeitern im Rahmen ihrer Berufsqualifizierung nicht als einer Befristung entgegenstehende Vorbeschäftigungen an) sind noch nicht abschließend durch eine fachgerichtliche Rechtsprechung weiter ausgelegt. Eine acht Jahre sowie eine 15 Jahre zurückliegende Vorbeschäftigung hat das BAG aber mit Urteil vom 23. Januar 2019 – 7 AZR 733/16 – bzw. vom 17. April 2019 – 7 AZR 323/17 – als befristungsschädlich und eine 22 Jahre zurückliegende Vorbeschäftigung mit Urteil vom 21. August 2019 – 7 AZR 452/17 – als befristungsunschädlich angesehen. In seiner Entscheidung vom 15. Dezember 2021 – 7 AZR 530/20 – hat das BAG auch eine länger zurückliegende Vorbeschäftigung von kurzer Dauer (im Urteilsfall ein 13 Jahre zurückliegendes, achtwöchiges Beschäftigungsverhältnis) als befristungsunschädlich eingestuft.

Wenn die Voraussetzungen für eine Einstellungsbefristung vorliegen, muss der Höchstrahmen von zwei Jahren nicht mit einem Arbeitsvertrag ausgeschöpft werden; es ist auch eine dreimalige Verlängerung – also die Aufteilung in vier Verträge – möglich. Die Verlängerungsverträge dürfen aber keine Abweichungen der Arbeitsbedingungen enthalten.

Das BAG hat mit Urteil vom 16. Januar 2008 – 7 AZR 603/06 – entschieden, dass auch eine zusammen mit der Verlängerung vereinbarte Erhöhung der Wochenarbeitszeit (im Urteilsfall von bisher 20 auf 30 Stunden) einer weiteren sachgrundlosen Befristung entgegensteht. In Fortsetzung dazu hat das BAG mit Urteil vom 20. Februar 2008 – 7 AZR 786/06 – entschieden, dass sogar dann keine bloße Verlängerung, sondern die Begründung eines neuen Arbeitsverhältnisses gegeben ist, wenn in dem Verlängerungsvertrag lediglich auf ein im ursprünglichen Vertrag enthaltenes Kündigungsrecht i. S. d. § 15 Abs. 3 TzBfG verzichtet wurde. Vor dem Hintergrund dieser gefestigten Rechtsprechung ist ein vorsichtiger Umgang mit der Vorschrift angezeigt, weil ansonsten ein hohes Risiko besteht, ungewollt unbefristete Arbeitsverhältnisse zu begründen.

Absatz 3 in der Fassung des Gesetzes zur Verbesserung der Beschäftigungschancen älterer Menschen vom 19. April 2007 (BGBl. I S. 538) behandelt den Sonderfall der Einstellung älterer Arbeitnehmer (nach Vollendung des 52. Lebensjahres). Die gesetzliche Vorschrift gilt nur in den Fällen, in denen der Arbeitnehmer unmittelbar zuvor mindestens vier Monate beschäftigungslos im Sinne des § 119 Abs. 1 Nr. 1 SGB III („arbeitslos") gewesen ist, Transferarbeitslosengeld bezogen oder an einer öffentlich geförderten Beschäftigungsmaßnahme nach dem SGB II oder III teilgenommen hat. Die Neufassung dieser Vorschrift trägt der Rechtsprechung des EUGH Rechnung, der die bis dahin geltende Regelung für eine verbotene Diskriminierung älterer Arbeitnehmer gehalten hatte (Urteil vom 22. 11. 2005 – C 144/04).

Die Befristung ist bis zur Gesamtdauer von höchstens fünf Jahren zulässig. Der Zeitraum muss nicht mit einem Arbeitsvertrag ausgeschöpft werden; es ist auch eine mehrfache Verlängerung – also die Aufteilung in mehrere Verträge – möglich.

§ 14 Abs. 5 (Schriftform)

Die Befristung bedarf der Schriftform. Diese Vorschrift kann sich in der Praxis als Fußangel erweisen, weil ihre Missachtung zur Begründung eines unbefristeten Arbeitsverhältnisses führt, das frühestens zum vereinbarten Ende der gescheiterten Befristung ordentlich (d. h. nur bei Vorliegen eines Kündigungsgrundes im Sinne des Kündigungsschutzgesetzes und unter Beachtung der Kündigungsfristen) gekündigt werden kann (→ § 16 TzBfG). Für den nicht selten anzutreffenden Fall, dass ein befristeter Arbeitsvertrag erst nach Aufnahme der Beschäftigung schriftlich fixiert wird, bedeutet dies, dass zwar ein Arbeitsverhältnis bereits mit Arbeitsaufnahme zustande gekommen ist, die Befristung aber wegen Missachtung der Schriftform nicht wirksam ist. Das Arbeitsverhältnis ist somit ein Arbeitsverhältnis auf unbestimmte Zeit (unbefristetes Arbeitsverhältnis); die nachträgliche schriftliche Vereinbarung der zuvor mündlich getroffenen Befristungsvereinbarung ändert daran nichts (vgl. BAG-Urteil vom 1. 12. 2004 – 7 AZR 198/04, ZTR 2005, S. 428, 429).

Das Schriftformerfordernis gilt nur für die Befristungsabrede, nicht jedoch für den Sachgrund (vgl. BAG-Urteil vom 23. 6. 2004 – 7 AZR 636/03, AP Nr. 12 zu § 14 TzBfG).

§ 15 Abs. 1 und 2 (Ende des befristeten Arbeitsvertrages)

Ein kalendermäßig bestimmter (Zeit-)Arbeitsvertrag endet mit Fristablauf, ohne dass es besonderer Hinweise oder sonstiger Schritte des Arbeitgebers bedarf (Absatz 1).

Ein zweckbefristeter Arbeitsvertrag endet zwar grundsätzlich mit Erreichen des Zwecks, frühestens aber zwei Wochen nach Zugang der schriftlichen Unterrichtung des Arbeitgebers über den Zeitpunkt der Zweckerreichung beim Arbeitnehmer (Absatz 2).

§ 15 Abs. 3 und 4 (Kündigung des befristeten Arbeitsverhältnisses)

Ein befristetes Arbeitsverhältnis ist gemäß Absatz 3 nur dann ordentlich kündbar, wenn dies im Arbeitsvertrag oder tarifvertraglich vereinbart ist. Die Möglichkeit der außerordentlichen (fristlosen) Kündigung i. S. d. § 626 BGB ist bei Vorliegen entsprechender Gründe auch ohne ausdrückliche Vereinbarung möglich. Absatz 4 enthält eine besondere Kündigungsfrist für befristete Arbeitsverhältnisse, die auf mehr als fünf Jahre oder für die Lebenszeit einer Person eingegangen worden sind.

II

§ 15 Abs. 5 (Verlängerung auf unbestimmte Zeit)

Nach dieser Vorschrift gilt ein befristetes Arbeitsverhältnis als auf unbestimmte Zeit fortgesetzt, wenn es nach Fristablauf oder nach Erreichen des Zwecks mit Wissen des Arbeitgebers fortgesetzt wird. Zur Vermeidung muss der Arbeitgeber der Fortsetzung unverzüglich widersprechen bzw. dem Arbeitgeber unverzüglich die Erreichung des Zwecks mitteilen.

§ 16 (Folgen unwirksamer Befristung)

Ist eine Befristung unwirksam (z. B. wegen Nichtbeachtung der Schriftform oder weil der angegebene Sachgrund nicht trägt), so gilt das Arbeitsverhältnis als auf unbestimmte Zeit abgeschlossen (→ zu § 14 Abs. 5 TzBfG).

§ 17 (Anrufung des Arbeitsgerichts)

Nach dieser Vorschrift muss der Arbeitnehmer, der die Unwirksamkeit einer Befristungsabrede gerichtlich geltend machen möchte, spätestens drei Wochen nach dem vereinbarten Ende des befristeten Arbeitsvertrages Klage beim zuständigen Arbeitsgericht erheben.

Geltungsbereich der Vorschrift (Abs. 1)

Mit dieser Vorschrift teilen die Tarifvertragspartner die Beschäftigten in zwei Gruppen ein, für die unterschiedliche Regelungen hinsichtlich der Befristung von Arbeitsverhältnissen gelten.

Zunächst wird in Satz 1 der Vorschrift klargestellt, dass befristete Arbeitsverträge nach dem TzBfG und anderen gesetzlichen Vorschriften zur Befristung von Arbeitsverträgen zulässig sind.

Zu den „anderen gesetzlichen Regelungen" zählen zum Beispiel

- § 21 Bundeselterngeld- und Elternzeitgesetz[1]) (Befristung zur Vertretung während Mutterschutz- und Erziehungsurlaubszeiten),
- das Gesetz über befristete Arbeitsverträge mit Ärzten in der Weiterbildung,

[1]) abgedruckt als **Anhang 3**

- § 6 des Pflegezeitgesetzes[1]),
- das Wissenschaftszeitvertragsgesetz.[2])

Mit Blick auf das Urteil des BAG vom 1. Juni 2011 – 7 AZR 827/09 – zum Geltungsbereich des WissZeitVG sollte die Heranziehung des WissZeitVG zu Befristungen von Arbeitsverträgen jedoch genau geprüft werden. Das BAG hat nämlich in diesem Urteil die Auffassung vertreten, dass zum „wissenschaftlichen Personal" nach § 1 Abs. 1 Satz 1 WissZeitVG nur derjenige Arbeitnehmer gehört, der wissenschaftliche Dienstleistungen erbringt. Es komme nicht auf die formelle Bezeichnung des Arbeitnehmers an, sondern auf den wissenschaftlichen Zuschnitt der von ihm auszuführenden Tätigkeit. Bei Mischtätigkeiten sei erforderlich, dass die wissenschaftlichen Dienstleistungen zeitlich überwiegen oder zumindest das Arbeitsverhältnis prägen. Dadurch wurde der in Frage kommende Personenkreis deutlich eingeschränkt.

In Satz 2 haben die Tarifpartner anschließend bestimmt, dass für die zum Tarifgebiet West gehörenden Beschäftigten, die nach altem Rentenrecht Angestellte gewesen wären (zur Begriffsbestimmung → auch § 38 Abs. 5), bestimmte, in den Absätzen 2 bis 5 genannte Besonderheiten gelten. Dabei handelt es sich im Verhältnis zur gesetzlichen Regelung um „günstigere" Bestimmungen. Sie sollen nicht in den Befristungsfällen des Wissenschaftszeitvertragsgesetzes zur Anwendung kommen.

Maßgaben für Befristungen mit Sachgrund (Abs. 2)

Nach dem Willen der Tarifpartner sind kalendermäßig befristete Arbeitsverträge (Zeitverträge) mit Sachgrund für den in Absatz 1 Satz 2 genannten Personenkreis nur zulässig, wenn die Dauer des einzelnen Vertrages fünf Jahre nicht übersteigt (Satz 1). Die Aneinanderreihung mehrerer Zeitverträge über die Dauer von mehr als fünf Jahren ist aber möglich, wenn und solange entsprechende Sachgründe gegeben sind. Andere Arten nicht kalendermäßig befristeter Arbeitsverträge (z. B. Zweckbefristung) sind von der Einschränkung nicht berührt.

Nach Satz 1 zweiter Halbsatz bleiben auch weitergehende gesetzliche Befristungsmöglichkeiten i. S. d. § 23 TzBfG unberührt.

Nach Satz 2 der Vorschrift sind mit Zeitvertrag beschäftigte Angestellte bei der Besetzung von Dauerarbeitsplätzen bevorzugt zu berücksichtigen, wenn sie die sachlichen und persönlichen Voraussetzungen erfüllen. Das Auswahlermessen des Arbeitgebers bei der Stellenbesetzung

[1]) abgedruckt als Anhang 1 unter **210** § 29 TVöD

[2]) abgedruckt als **Anhang 2**

wird durch diese Vorschrift eingeschränkt – zumindest in den Fällen, in denen der bislang befristet Beschäftigte in Eignung, Befähigung und fachlicher Leistung mit den übrigen Bewerbern gleichrangig ist.

Maßgaben für Befristungen ohne Sachgrund (Abs. 3)

Eine sachgrundlose Befristung (→ § 14 Abs. 2 und 3 TzBfG) soll zwölf und darf sechs Monate nicht unterschreiten. Das BAG hat mit Urteil vom 4. Dezember 2013 – 7 AZR 468/12 – zur wortgleichen Vorschrift des § 33 Abs. 3 Satz 1 Halbsatz 2 des Tarifvertrages für die Arbeitnehmerinnen und Arbeitnehmer der Bundesagentur für Arbeit vom 28. März 2006 (TV-BA) entschieden, dass die Vorschrift nur eine Mindestdauer des ersten sachgrundlos befristeten Vertrages verlangt, nicht aber auf Vertragsverlägerungen anzuwenden ist. Diese dürfen somit auch wesentlich kürzer als sechs Monate sein. Der Arbeitgeber hat vor Ablauf des Arbeitsverhältnisses zu prüfen, ob eine unbefristete oder befristete Weiterarbeit möglich ist. Abgesehen von der Untergrenze von sechs Monaten handelt es sich um eine Bemühensklausel, die keine verbindlichen Rechtsansprüche begründet. Die Vorschrift gilt nur für den in Absatz 1 Satz 2 genannten Personenkreis.

Probezeit (Abs. 4)

In dieser Vorschrift sind die Dauer der Probezeit für mit (sechs Monate) und ohne (sechs Wochen) sachlichen Grund befristete Arbeitsverträge sowie die Kündigungsmöglichkeit und Frist (zwei Wochen zum Monatsende) festgelegt worden. Die Regelungen gelten nur für den in Absatz 1 Satz 2 genannten Personenkreis.

Kündigung (Abs. 5)

In Absatz 5 haben die Tarifpartner die in § 15 Abs. 3 TzBfG genannte Möglichkeit genutzt, die ordentliche Kündigung befristeter Arbeitsverhältnisse tarifvertraglich zuzulassen. Die Regelung gilt gemäß § 22 Abs. 2 TzBfG auch für nicht tarifgebundene Arbeitnehmer.

Die Kündigung setzt eine Mindestvertragsdauer von zwölf Monaten voraus und sieht nach der Beschäftigungsdauer gestaffelte Kündigungsfristen vor. Arbeitsverhältnisse von weniger als zwölf Monaten Dauer können außerhalb der Probezeit nicht ordentlich gekündigt werden.

Die Regelungen des Absatzes 5 gelten nur für den in Absatz 1 Satz 2 genannten Personenkreis.

Ausnahmen vom Geltungsbereich (Abs. 6)

In Absatz 6 ist vereinbart worden, dass die besonderen Vorschriften für befristete Arbeitsverträge für Führungspositionen auf Probe (§ 31) bzw. auf Zeit (§ 32) nicht von den Regelungen/Einschränkungen der Absätze 3 bis 5 erfasst werden.

Anhang 1

Gesetz über Teilzeitarbeit und befristete Arbeitsverträge (Teilzeit- und Befristungsgesetz – TzBfG)

Vom 21. Dezember 2000 (BGBl. I S. 1966)

Zuletzt geändert durch
Gesetz zur Umsetzung der Richtlinie (EU) 2019/1152 des Europäischen Parlaments und des Rates vom 20. Juni 2019 über transparente und vorhersehbare Arbeitsbedingungen in der Europäischen Union im Bereich des Zivilrechts und zur Übertragung von Aufgaben an die Sozialversicherung für Landwirtschaft, Forsten und Gartenbau
vom 20. Juli 2022 (BGBl. I S. 1174)

Erster Abschnitt
Allgemeine Vorschriften

§ 1 Zielsetzung

Ziel des Gesetzes ist, Teilzeitarbeit zu fördern, die Voraussetzungen für die Zulässigkeit befristeter Arbeitsverträge festzulegen und die Diskriminierung von teilzeitbeschäftigten und befristet beschäftigten Arbeitnehmern zu verhindern.

§ 2 Begriff des teilzeitbeschäftigten Arbeitnehmers

(1) [1]Teilzeitbeschäftigt ist ein Arbeitnehmer, dessen regelmäßige Wochenarbeitszeit kürzer ist als die eines vergleichbaren vollzeitbeschäftigten Arbeitnehmers. [2]Ist eine regelmäßige Wochenarbeitszeit nicht vereinbart, so ist ein Arbeitnehmer teilzeitbeschäftigt, wenn seine regelmäßige Arbeitszeit im Durchschnitt eines bis zu einem Jahr reichenden Beschäftigungszeitraums unter der eines vergleichbaren vollzeitbeschäftigten Arbeitnehmers liegt. [3]Vergleichbar ist ein vollzeitbeschäftigter Arbeitnehmer des Betriebes mit derselben Art des Arbeitsverhältnisses und der gleichen oder einer ähnlichen Tätigkeit. [4]Gibt es im Betrieb keinen vergleichbaren vollzeitbeschäftigten Arbeitnehmer, so ist der vergleichbare vollzeitbeschäftigte Arbeitnehmer auf Grund des anwendbaren Tarifvertrages zu bestimmen; in allen anderen Fällen ist darauf abzustellen, wer im jeweiligen Wirtschaftszweig üblicherweise als vergleichbarer vollzeitbeschäftigter Arbeitnehmer anzusehen ist.

(2) Teilzeitbeschäftigt ist auch ein Arbeitnehmer, der eine geringfügige Beschäftigung nach § 8 Abs. 1 Nr. 1 des Vierten Buches Sozialgesetzbuch ausübt.

II

§ 3 Begriff des befristet beschäftigten Arbeitnehmers

(1) [1]Befristet beschäftigt ist ein Arbeitnehmer mit einem auf bestimmte Zeit geschlossenen Arbeitsvertrag. [2]Ein auf bestimmte Zeit geschlossener Arbeitsvertrag (befristeter Arbeitsvertrag) liegt vor, wenn seine Dauer kalendermäßig bestimmt ist (kalendermäßig befristeter Arbeitsvertrag) oder sich aus Art, Zweck oder Beschaffenheit der Arbeitsleistung ergibt (zweckbefristeter Arbeitsvertrag).

(2) [1]Vergleichbar ist ein unbefristet beschäftigter Arbeitnehmer des Betriebes mit der gleichen oder einer ähnlichen Tätigkeit. [2]Gibt es im Betrieb keinen vergleichbaren unbefristet beschäftigten Arbeitnehmer, so ist der vergleichbare unbefristet beschäftigte Arbeitnehmer auf Grund des anwendbaren Tarifvertrages zu bestimmen; in allen anderen Fällen ist darauf abzustellen, wer im jeweiligen Wirtschaftszweig üblicherweise als vergleichbarer unbefristet beschäftigter Arbeitnehmer anzusehen ist.

§ 4 Verbot der Diskriminierung

(1) [1]Ein teilzeitbeschäftigter Arbeitnehmer darf wegen der Teilzeitarbeit nicht schlechter behandelt werden als ein vergleichbarer vollzeitbeschäftigter Arbeitnehmer, es sei denn, dass sachliche Gründe eine unterschiedliche Behandlung rechtfertigen. [2]Einem teilzeitbeschäftigten Arbeitnehmer ist Arbeitsentgelt oder eine andere teilbare geldwerte Leistung mindestens in dem Umfang zu gewähren, der dem Anteil seiner Arbeitszeit an der Arbeitszeit eines vergleichbaren vollzeitbeschäftigten Arbeitnehmers entspricht.

(2) [1]Ein befristet beschäftigter Arbeitnehmer darf wegen der Befristung des Arbeitsvertrages nicht schlechter behandelt werden als ein vergleichbarer unbefristet beschäftigter Arbeitnehmer, es sei denn, dass sachliche Gründe eine unterschiedliche Behandlung rechtfertigen. [2]Einem befristet beschäftigten Arbeitnehmer ist Arbeitsentgelt oder eine andere teilbare geldwerte Leistung, die für einen bestimmten Bemessungszeitraum gewährt wird, mindestens in dem Umfang zu gewähren, der dem Anteil seiner Beschäftigungsdauer am Bemessungszeitraum entspricht. [3]Sind bestimmte Beschäftigungsbedingungen von der Dauer des Bestehens des Arbeitsverhältnisses in demselben Betrieb oder Unternehmen abhängig, so sind für befristet beschäftigte Arbeitnehmer dieselben Zeiten zu berücksichtigen wie für unbefristet beschäftigte Arbeitnehmer, es sei denn, dass eine

unterschiedliche Berücksichtigung aus sachlichen Gründen gerechtfertigt ist.

§ 5 Benachteiligungsverbot

Der Arbeitgeber darf einen Arbeitnehmer nicht wegen der Inanspruchnahme von Rechten nach diesem Gesetz benachteiligen.

Zweiter Abschnitt
Teilzeitarbeit

§ 6 Förderung von Teilzeitarbeit

Der Arbeitgeber hat den Arbeitnehmern, auch in leitenden Positionen, Teilzeitarbeit nach Maßgabe dieses Gesetzes zu ermöglichen.

§ 7 Ausschreibung; Erörterung; Information über freie Arbeitsplätze

(1) Der Arbeitgeber hat einen Arbeitsplatz, den er öffentlich oder innerhalb des Betriebes ausschreibt, auch als Teilzeitarbeitsplatz auszuschreiben, wenn sich der Arbeitsplatz hierfür eignet.

(2) [1]Der Arbeitgeber hat mit dem Arbeitnehmer dessen Wunsch nach Veränderung von Dauer oder Lage oder von Dauer und Lage seiner vertraglich vereinbarten Arbeitszeit zu erörtern und den Arbeitnehmer über entsprechende Arbeitsplätze zu informieren, die im Betrieb oder Unternehmen besetzt werden sollen. [2]Dies gilt unabhängig vom Umfang der Arbeitszeit. [3]Der Arbeitnehmer kann ein Mitglied der Arbeitnehmervertretung zur Unterstützung oder Vermittlung hinzuziehen.

(3) [1]Der Arbeitgeber hat einem Arbeitnehmer, dessen Arbeitsverhältnis länger als sechs Monate bestanden und der ihm in Textform den Wunsch nach Absatz 2 Satz 1 angezeigt hat, innerhalb eines Monats nach Zugang der Anzeige eine begründete Antwort in Textform mitzuteilen. [2]Hat der Arbeitgeber in den letzten zwölf Monaten vor Zugang der Anzeige bereits einmal einen in Textform geäußerten Wunsch nach Absatz 2 Satz 1 in Textform begründet beantwortet, ist eine mündliche Erörterung nach Absatz 2 ausreichend.

(4) [1]Der Arbeitgeber hat die Arbeitnehmervertretung über angezeigte Arbeitszeitwünsche nach Absatz 2 sowie über Teilzeitarbeit im Betrieb und Unternehmen zu informieren, insbesondere über vorhandene oder geplante Teilzeitarbeitsplätze und über die Umwandlung von Teilzeitarbeitsplätzen in Vollzeitarbeitsplätze oder umgekehrt. [2]Der Arbeitnehmervertretung sind auf Verlangen die erforderlichen Unter-

lagen zur Verfügung zu stellen; § 92 des Betriebsverfassungsgesetzes bleibt unberührt.

§ 8 Zeitlich nicht begrenzte Verringerung der Arbeitszeit

II

(1) Ein Arbeitnehmer, dessen Arbeitsverhältnis länger als sechs Monate bestanden hat, kann verlangen, dass seine vertraglich vereinbarte Arbeitszeit verringert wird.

(2) [1]Der Arbeitnehmer muss die Verringerung seiner Arbeitszeit und den Umfang der Verringerung spätestens drei Monate vor deren Beginn in Textform geltend machen. [2]Er soll dabei die gewünschte Verteilung der Arbeitszeit angeben.

(3) [1]Der Arbeitgeber hat mit dem Arbeitnehmer die gewünschte Verringerung der Arbeitszeit mit dem Ziel zu erörtern, zu einer Vereinbarung zu gelangen. [2]Er hat mit dem Arbeitnehmer Einvernehmen über die von ihm festzulegende Verteilung der Arbeitszeit zu erzielen.

(4) [1]Der Arbeitgeber hat der Verringerung der Arbeitszeit zuzustimmen und ihre Verteilung entsprechend den Wünschen des Arbeitnehmers festzulegen, soweit betriebliche Gründe nicht entgegenstehen. [2]Ein betrieblicher Grund liegt insbesondere vor, wenn die Verringerung der Arbeitszeit die Organisation, den Arbeitsablauf oder die Sicherheit im Betrieb wesentlich beeinträchtigt oder unverhältnismäßige Kosten verursacht. [3]Die Ablehnungsgründe können durch Tarifvertrag festgelegt werden. [4]Im Geltungsbereich eines solchen Tarifvertrages können nicht tarifgebundene Arbeitgeber und Arbeitnehmer die Anwendung der tariflichen Regelungen über die Ablehnungsgründe vereinbaren.

(5) [1]Die Entscheidung über die Verringerung der Arbeitszeit und ihre Verteilung hat der Arbeitgeber dem Arbeitnehmer spätestens einen Monat vor dem gewünschten Beginn der Verringerung in Textform mitzuteilen. [2]Haben sich Arbeitgeber und Arbeitnehmer nicht nach Absatz 3 Satz 1 über die Verringerung der Arbeitszeit geeinigt und hat der Arbeitgeber die Arbeitszeitverringerung nicht spätestens einen Monat vor deren gewünschtem Beginn in Textform abgelehnt, verringert sich die Arbeitszeit in dem vom Arbeitnehmer gewünschten Umfang. [3]Haben Arbeitgeber und Arbeitnehmer über die Verteilung der Arbeitszeit kein Einvernehmen nach Absatz 3 Satz 2 erzielt und hat der Arbeitgeber nicht spätestens einen Monat vor dem gewünschten Beginn der Arbeitszeitverringerung die gewünschte Verteilung der Arbeitszeit in Textform abgelehnt, gilt die Verteilung der Arbeitszeit entsprechend den Wünschen des Arbeitnehmers als festgelegt. [4]Der Arbeitgeber kann die nach Satz 3 oder Absatz 3 Satz 2 festgelegte Verteilung der Arbeitszeit wieder ändern, wenn das betriebliche Interesse

daran das Interesse des Arbeitnehmers an der Beibehaltung erheblich überwiegt und der Arbeitgeber die Änderung spätestens einen Monat vorher angekündigt hat.

(6) Der Arbeitnehmer kann eine erneute Verringerung der Arbeitszeit frühestens nach Ablauf von zwei Jahren verlangen, nachdem der Arbeitgeber einer Verringerung zugestimmt oder sie berechtigt abgelehnt hat.

(7) Für den Anspruch auf Verringerung der Arbeitszeit gilt die Voraussetzung, dass der Arbeitgeber, unabhängig von der Anzahl der Personen in Berufsbildung, in der Regel mehr als 15 Arbeitnehmer beschäftigt.

§ 9 Verlängerung der Arbeitszeit

Der Arbeitgeber hat einen teilzeitbeschäftigten Arbeitnehmer, der ihm in Textform den Wunsch nach einer Verlängerung seiner vertraglich vereinbarten Arbeitszeit angezeigt hat, bei der Besetzung eines Arbeitsplatzes bevorzugt zu berücksichtigen, es sei denn, dass

1. es sich dabei nicht um einen entsprechenden freien Arbeitsplatz handelt oder
2. der teilzeitbeschäftigte Arbeitnehmer nicht mindestens gleich geeignet ist wie ein anderer vom Arbeitgeber bevorzugter Bewerber oder
3. Arbeitszeitwünsche anderer teilzeitbeschäftigter Arbeitnehmer oder
4. dringende betriebliche Gründe entgegenstehen.

Ein freier zu besetzender Arbeitsplatz liegt vor, wenn der Arbeitgeber die Organisationsentscheidung getroffen hat, diesen zu schaffen oder einen unbesetzten Arbeitsplatz neu zu besetzen.

§ 9a Zeitlich begrenzte Verringerung der Arbeitszeit

(1) [1]Ein Arbeitnehmer, dessen Arbeitsverhältnis länger als sechs Monate bestanden hat, kann verlangen, dass seine vertraglich vereinbarte Arbeitszeit für einen im Voraus zu bestimmenden Zeitraum verringert wird. [2]Der begehrte Zeitraum muss mindestens ein Jahr und darf höchstens fünf Jahre betragen. [3]Der Arbeitnehmer hat nur dann einen Anspruch auf zeitlich begrenzte Verringerung der Arbeitszeit, wenn der Arbeitgeber in der Regel mehr als 45 Arbeitnehmer beschäftigt.

(2) [1]Der Arbeitgeber kann das Verlangen des Arbeitnehmers nach Verringerung der Arbeitszeit ablehnen, soweit betriebliche Gründe entgegenstehen; § 8 Absatz 4 gilt entsprechend. [2]Ein Arbeitgeber,

der in der Regel mehr als 45, aber nicht mehr als 200 Arbeitnehmer beschäftigt, kann das Verlangen eines Arbeitnehmers auch ablehnen, wenn zum Zeitpunkt des begehrten Beginns der verringerten Arbeitszeit bei einer Arbeitnehmerzahl von in der Regel

1. mehr als 45 bis 60 bereits mindestens vier,
2. mehr als 60 bis 75 bereits mindestens fünf,
3. mehr als 75 bis 90 bereits mindestens sechs,
4. mehr als 90 bis 105 bereits mindestens sieben,
5. mehr als 105 bis 120 bereits mindestens acht,
6. mehr als 120 bis 135 bereits mindestens neun,
7. mehr als 135 bis 150 bereits mindestens zehn,
8. mehr als 150 bis 165 bereits mindestens elf,
9. mehr als 165 bis 180 bereits mindestens zwölf,
10. mehr als 180 bis 195 bereits mindestens 13,
11. mehr als 195 bis 200 bereits mindestens 14

andere Arbeitnehmer ihre Arbeitszeit nach Absatz 1 verringert haben.

(3) [1]Im Übrigen gilt für den Umfang der Verringerung der Arbeitszeit und für die gewünschte Verteilung der Arbeitszeit § 8 Absatz 2 bis 5. [2]Für den begehrten Zeitraum der Verringerung der Arbeitszeit sind § 8 Absatz 2 Satz 1, Absatz 3 Satz 1, Absatz 4 sowie Absatz 5 Satz 1 und 2 entsprechend anzuwenden.

(4) Während der Dauer der zeitlich begrenzten Verringerung der Arbeitszeit kann der Arbeitnehmer keine weitere Verringerung und keine Verlängerung seiner Arbeitszeit nach diesem Gesetz verlangen; § 9 findet keine Anwendung.

(5) [1]Ein Arbeitnehmer, der nach einer zeitlich begrenzten Verringerung der Arbeitszeit nach Absatz 1 zu seiner ursprünglichen vertraglich vereinbarten Arbeitszeit zurückgekehrt ist, kann eine erneute Verringerung der Arbeitszeit nach diesem Gesetz frühestens ein Jahr nach der Rückkehr zur ursprünglichen Arbeitszeit verlangen. [2]Für einen erneuten Antrag auf Verringerung der Arbeitszeit nach berechtigter Ablehnung auf Grund entgegenstehender betrieblicher Gründe nach Absatz 2 Satz 1 gilt § 8 Absatz 6 entsprechend. [3]Nach berechtigter Ablehnung auf Grund der Zumutbarkeitsregelung nach Absatz 2 Satz 2 kann der Arbeitnehmer frühestens nach Ablauf von einem Jahr nach der Ablehnung erneut eine Verringerung der Arbeitszeit verlangen.

(6) Durch Tarifvertrag kann der Rahmen für den Zeitraum der Arbeitszeitverringerung abweichend von Absatz 1 Satz 2 auch zuungunsten des Arbeitnehmers festgelegt werden.

(7) Bei der Anzahl der Arbeitnehmer nach Absatz 1 Satz 3 und Absatz 2 sind Personen in Berufsbildung nicht zu berücksichtigen.

§ 10 Aus- und Weiterbildung

Der Arbeitgeber hat Sorge zu tragen, dass auch teilzeitbeschäftigte Arbeitnehmer an Aus- und Weiterbildungsmaßnahmen zur Förderung der beruflichen Entwicklung und Mobilität teilnehmen können, es sei denn, dass dringende betriebliche Gründe oder Aus- und Weiterbildungswünsche anderer teilzeit- oder vollzeitbeschäftigter Arbeitnehmer entgegenstehen.

§ 11 Kündigungsverbot

[1]Die Kündigung eines Arbeitsverhältnisses wegen der Weigerung eines Arbeitnehmers, von einem Vollzeit- in ein Teilzeitarbeitsverhältnis oder umgekehrt zu wechseln, ist unwirksam. [2]Das Recht zur Kündigung des Arbeitsverhältnisses aus anderen Gründen bleibt unberührt.

§ 12 Arbeit auf Abruf

(1) [1]Arbeitgeber und Arbeitnehmer können vereinbaren, dass der Arbeitnehmer seine Arbeitsleistung entsprechend dem Arbeitsanfall zu erbringen hat (Arbeit auf Abruf). [2]Die Vereinbarung muss eine bestimmte Dauer der wöchentlichen und täglichen Arbeitszeit festlegen. [3]Wenn die Dauer der wöchentlichen Arbeitszeit nicht festgelegt ist, gilt eine Arbeitszeit von 20 Stunden als vereinbart. [4]Wenn die Dauer der täglichen Arbeitszeit nicht festgelegt ist, hat der Arbeitgeber die Arbeitsleistung des Arbeitnehmers jeweils für mindestens drei aufeinander folgende Stunden in Anspruch zu nehmen.

(2) Ist für die Dauer der wöchentlichen Arbeitszeit nach Absatz 1 Satz 2 eine Mindestarbeitszeit vereinbart, darf der Arbeitgeber nur bis zu 25 Prozent der wöchentlichen Arbeitszeit zusätzlich abrufen. Ist für die Dauer der wöchentlichen Arbeitszeit nach Absatz 1 Satz 2 eine Höchstarbeitszeit vereinbart, darf der Arbeitgeber nur bis zu 20 Prozent der wöchentlichen Arbeitszeit weniger abrufen.

(3) [1]Der Arbeitgeber ist verpflichtet, den Zeitrahmen, bestimmt durch Referenzstunden und Referenztage, festzulegen, in dem auf seine Aufforderung hin Arbeit stattfinden kann. [2]Der Arbeitnehmer ist nur zur Arbeitsleistung verpflichtet, wenn der Arbeitgeber ihm die Lage seiner Arbeitszeit jeweils mindestens vier Tage im Voraus mitteilt und die Arbeitsleistung im Zeitrahmen nach Satz 1 zu erfolgen hat.

(4) [1]Zur Berechnung der Entgeltfortzahlung im Krankheitsfall ist die maßgebende regelmäßige Arbeitszeit im Sinne von § 4 Absatz 1 des Entgeltfortzahlungsgesetzes die durchschnittliche Arbeitszeit der

II

letzten drei Monate vor Beginn der Arbeitsunfähigkeit (Referenzzeitraum). [2]Hat das Arbeitsverhältnis bei Beginn der Arbeitsunfähigkeit keine drei Monate bestanden, ist der Berechnung des Entgeltfortzahlungsanspruchs die durchschnittliche Arbeitszeit dieses kürzeren Zeitraums zugrunde zu legen. [3]Zeiten von Kurzarbeit, unverschuldeter Arbeitsversäumnis, Arbeitsausfällen und Urlaub im Referenzzeitraum bleiben außer Betracht. [4]Für den Arbeitnehmer günstigere Regelungen zur Berechnung der Entgeltfortzahlung im Krankheitsfall finden Anwendung.

(5) Für die Berechnung der Entgeltzahlung an Feiertagen nach § 2 Absatz 1 des Entgeltfortzahlungsgesetzes gilt Absatz 4 entsprechend.

(6) [1]Durch Tarifvertrag kann von Absatz 1 und von der Vorankündigungsfrist nach Absatz 3 Satz 2 auch zuungunsten des Arbeitnehmers abgewichen werden, wenn der Tarifvertrag Regelungen über die tägliche und wöchentliche Arbeitszeit und die Vorankündigungsfrist vorsieht. [2]Im Geltungsbereich eines solchen Tarifvertrages können nicht tarifgebundene Arbeitgeber und Arbeitnehmer die Anwendung der tariflichen Regelungen über die Arbeit auf Abruf vereinbaren.

§ 13 Arbeitsplatzteilung

(1) [1]Arbeitgeber und Arbeitnehmer können vereinbaren, dass mehrere Arbeitnehmer sich die Arbeitszeit an einem Arbeitsplatz teilen (Arbeitsplatzteilung). [2]Ist einer dieser Arbeitnehmer an der Arbeitsleistung verhindert, sind die anderen Arbeitnehmer zur Vertretung verpflichtet, wenn sie der Vertretung im Einzelfall zugestimmt haben. [3]Eine Pflicht zur Vertretung besteht auch, wenn der Arbeitsvertrag bei Vorliegen dringender betrieblicher Gründe eine Vertretung vorsieht und diese im Einzelfall zumutbar ist.

(2) [1]Scheidet ein Arbeitnehmer aus der Arbeitsplatzteilung aus, so ist die darauf gestützte Kündigung des Arbeitsverhältnisses eines anderen in die Arbeitsplatzteilung einbezogenen Arbeitnehmers durch den Arbeitgeber unwirksam. [2]Das Recht zur Änderungskündigung aus diesem Anlass und zur Kündigung des Arbeitsverhältnisses aus anderen Gründen bleibt unberührt.

(3) Die Absätze 1 und 2 sind entsprechend anzuwenden, wenn sich Gruppen von Arbeitnehmern auf bestimmten Arbeitsplätzen in festgelegten Zeitabschnitten abwechseln, ohne dass eine Arbeitsplatzteilung im Sinne des Absatzes 1 vorliegt.

(4) [1]Durch Tarifvertrag kann von den Absätzen 1 und 3 auch zuungunsten des Arbeitnehmers abgewichen werden, wenn der Tarifvertrag Regelungen über die Vertretung der Arbeitnehmer enthält. [2]Im

Geltungsbereich eines solchen Tarifvertrages können nicht tarifgebundene Arbeitgeber und Arbeitnehmer die Anwendung der tariflichen Regelungen über die Arbeitsplatzteilung vereinbaren.

Dritter Abschnitt
Befristete Arbeitsverträge

§ 14 Zulässigkeit der Befristung

(1) [1]Die Befristung eines Arbeitsvertrages ist zulässig, wenn sie durch einen sachlichen Grund gerechtfertigt ist. [2]Ein sachlicher Grund liegt insbesondere vor, wenn

1. der betriebliche Bedarf an der Arbeitsleistung nur vorübergehend besteht,
2. die Befristung im Anschluss an eine Ausbildung oder ein Studium erfolgt, um den Übergang des Arbeitnehmers in eine Anschlussbeschäftigung zu erleichtern,
3. der Arbeitnehmer zur Vertretung eines anderen Arbeitnehmers beschäftigt wird,
4. die Eigenart der Arbeitsleistung die Befristung rechtfertigt,
5. die Befristung zur Erprobung erfolgt,
6. in der Person des Arbeitnehmers liegende Gründe die Befristung rechtfertigen,
7. der Arbeitnehmer aus Haushaltsmitteln vergütet wird, die haushaltsrechtlich für eine befristete Beschäftigung bestimmt sind, und er entsprechend beschäftigt wird oder
8. die Befristung auf einem gerichtlichen Vergleich beruht.

(2) [1]Die kalendermäßige Befristung eines Arbeitsvertrages ohne Vorliegen eines sachlichen Grundes ist bis zur Dauer von zwei Jahren zulässig; bis zu dieser Gesamtdauer von zwei Jahren ist auch die höchstens dreimalige Verlängerung eines kalendermäßig befristeten Arbeitsvertrages zulässig. [2]Eine Befristung nach Satz 1 ist nicht zulässig, wenn mit demselben Arbeitgeber bereits zuvor ein befristetes oder unbefristetes Arbeitsverhältnis bestanden hat. [3]Durch Tarifvertrag kann die Anzahl der Verlängerungen oder die Höchstdauer der Befristung abweichend von Satz 1 festgelegt werden. [4]Im Geltungsbereich eines solchen Tarifvertrages können nicht tarifgebundene Arbeitgeber und Arbeitnehmer die Anwendung der tariflichen Regelungen vereinbaren.

(2a) [1]In den ersten vier Jahren nach der Gründung eines Unternehmens ist die kalendermäßige Befristung eines Arbeitsvertrages ohne Vorliegen eines sachlichen Grundes bis zur Dauer von vier Jahren

II

zulässig; bis zu dieser Gesamtdauer von vier Jahren ist auch die mehrfache Verlängerung eines kalendermäßig befristeten Arbeitsvertrages zulässig. [2]Dies gilt nicht für Neugründungen im Zusammenhang mit der rechtlichen Umstrukturierung von Unternehmen und Konzernen. [3]Maßgebend für den Zeitpunkt der Gründung des Unternehmens ist die Aufnahme einer Erwerbstätigkeit, die nach § 138 der Abgabenordnung der Gemeinde oder dem Finanzamt mitzuteilen ist. [4]Auf die Befristung eines Arbeitsvertrages nach Satz 1 findet Absatz 2 Satz 2 bis 4 entsprechende Anwendung.

(3) [1]Die kalendermäßige Befristung eines Arbeitsvertrages ohne Vorliegen eines sachlichen Grundes ist bis zu einer Dauer von fünf Jahren zulässig, wenn der Arbeitnehmer bei Beginn des befristeten Arbeitsverhältnisses das 52. Lebensjahr vollendet hat und unmittelbar vor Beginn des befristeten Arbeitsverhältnisses mindestens vier Monate beschäftigungslos im Sinne des § 138 Absatz 1 Nummer 1 des Dritten Buches Sozialgesetzbuch gewesen ist, Transferkurzarbeitergeld bezogen oder an einer öffentlich geförderten Beschäftigungsmaßnahme nach dem Zweiten oder Dritten Buch Sozialgesetzbuch teilgenommen hat. [2]Bis zu der Gesamtdauer von fünf Jahren ist auch die mehrfache Verlängerung des Arbeitsvertrages zulässig.

(4) Die Befristung eines Arbeitsvertrages bedarf zu ihrer Wirksamkeit der Schriftform.

Entscheidung des Bundesverfassungsgerichts
vom 6. Juni 2018 (BGBl. I S. 882)

Aus dem Beschluss des Bundesverfassungsgerichts vom 6. Juni 2018 – 1 BvL 7/14, 1 BvR 1375/14 – wird die folgende Entscheidungsformel veröffentlicht:

§ 14 Absatz 2 Satz 2 des Gesetzes über Teilzeitarbeit und befristete Arbeitsverträge (TzBfG) vom 21. Dezember 2000 (Bundesgesetzblatt I Seite 1966), zuletzt geändert durch Gesetz vom 20. Dezember 2011 (Bundesgesetzblatt I S. 2854), ist nach Maßgabe der Gründe mit dem Grundgesetz vereinbar.

Die vorstehende Entscheidungsformel hat gemäß § 31 Absatz 2 des Bundesverfassungsgerichtsgesetzes Gesetzeskraft.

§ 15 Ende des befristeten Arbeitsvertrages

(1) Ein kalendermäßig befristeter Arbeitsvertrag endet mit Ablauf der vereinbarten Zeit.

(2) Ein zweckbefristeter Arbeitsvertrag endet mit Erreichen des Zwecks, frühestens jedoch zwei Wochen nach Zugang der schriftlichen Unterrichtung des Arbeitnehmers durch den Arbeitgeber über den Zeitpunkt der Zweckerreichung.

(3) Wird für ein befristetes Arbeitsverhältnis eine Probezeit vereinbart, so muss diese im Verhältnis zu der erwarteten Dauer der Befristung und der Art der Tätigkeit stehen.

(4) Ein befristetes Arbeitsverhältnis unterliegt nur dann der ordentlichen Kündigung, wenn dies einzelvertraglich oder im anwendbaren Tarifvertrag vereinbart ist.

(5) [1]Ist das Arbeitsverhältnis für die Lebenszeit einer Person oder für längere Zeit als fünf Jahre eingegangen, so kann es von dem Arbeitnehmer nach Ablauf von fünf Jahren gekündigt werden. [2]Die Kündigungsfrist beträgt sechs Monate.

(6) Wird das Arbeitsverhältnis nach Ablauf der Zeit, für die es eingegangen ist, oder nach Zweckerreichung mit Wissen des Arbeitgebers fortgesetzt, so gilt es als auf unbestimmte Zeit verlängert, wenn der Arbeitgeber nicht unverzüglich widerspricht oder dem Arbeitnehmer die Zweckerreichung nicht unverzüglich mitteilt.

§ 16 Folgen unwirksamer Befristung

[1]Ist die Befristung rechtsunwirksam, so gilt der befristete Arbeitsvertrag als auf unbestimmte Zeit geschlossen; er kann vom Arbeitgeber frühestens zum vereinbarten Ende ordentlich gekündigt werden, sofern nicht nach § 15 Absatz 4 die ordentliche Kündigung zu einem früheren Zeitpunkt möglich ist. [2]Ist die Befristung nur wegen des Mangels der Schriftform unwirksam, kann der Arbeitsvertrag auch vor dem vereinbarten Ende ordentlich gekündigt werden.

§ 17 Anrufung des Arbeitsgerichts

[1]Will der Arbeitnehmer geltend machen, dass die Befristung eines Arbeitsvertrages rechtsunwirksam ist, so muss er innerhalb von drei Wochen nach dem vereinbarten Ende des befristeten Arbeitsvertrages Klage beim Arbeitsgericht auf Feststellung erheben, dass das Arbeitsverhältnis auf Grund der Befristung nicht beendet ist. [2]Die §§ 5 bis 7 des Kündigungsschutzgesetzes gelten entsprechend. [3]Wird das Arbeitsverhältnis nach dem vereinbarten Ende fortgesetzt, so beginnt die Frist nach Satz 1 mit dem Zugang der schriftlichen Erklärung des Arbeitgebers, dass das Arbeitsverhältnis auf Grund der Befristung beendet sei.

§ 18 Information über unbefristete Arbeitsplätze

(1) [1]Der Arbeitgeber hat die befristet beschäftigten Arbeitnehmer über entsprechende unbefristete Arbeitsplätze zu informieren, die besetzt werden sollen. [2]Die Information kann durch allgemeine

II

Bekanntgabe an geeigneter, den Arbeitnehmern zugänglicher Stelle im Betrieb und Unternehmen erfolgen.

(2) [1]Der Arbeitgeber hat einem Arbeitnehmer, dessen Arbeitsverhältnis länger als sechs Monate bestanden und der ihm in Textform den Wunsch nach einem auf unbestimmte Zeit geschlossenen Arbeitsvertrag angezeigt hat, innerhalb eines Monats nach Zugang der Anzeige eine begründete Antwort in Textform mitzuteilen. [2]Satz 1 gilt nicht, sofern der Arbeitnehmer dem Arbeitgeber diesen Wunsch in den letzten zwölf Monaten vor Zugang der Anzeige bereits einmal angezeigt hat.

§ 19 Aus- und Weiterbildung

Der Arbeitgeber hat Sorge zu tragen, dass auch befristet beschäftigte Arbeitnehmer an angemessenen Aus- und Weiterbildungsmaßnahmen zur Förderung der beruflichen Entwicklung und Mobilität teilnehmen können, es sei denn, dass dringende betriebliche Gründe oder Aus- und Weiterbildungswünsche anderer Arbeitnehmer entgegenstehen.

§ 20 Information der Arbeitnehmervertretung

Der Arbeitgeber hat die Arbeitnehmervertretung über die Anzahl der befristetet beschäftigten Arbeitnehmer und ihren Anteil an der Gesamtbelegschaft des Betriebes und des Unternehmens zu informieren.

§ 21 Auflösend bedingte Arbeitsverträge

Wird der Arbeitsvertrag unter einer auflösenden Bedingung geschlossen, gelten § 4 Absatz 2, § 5, § 14 Absatz 1 und 4, § 15 Absatz 2, 4 und 6 sowie die §§ 16 bis 20 entsprechend.

Vierter Abschnitt
Gemeinsame Vorschriften

§ 22 Abweichende Vereinbarungen

(1) Außer in den Fällen des § 9a Absatz 6, § 12 Absatz 6, § 13 Absatz 4 und § 14 Absatz 2 Satz 3 und 4 kann von den Vorschriften dieses Gesetzes nicht zuungunsten des Arbeitnehmers abgewichen werden.

(2) Enthält ein Tarifvertrag für den öffentlichen Dienst Bestimmungen im Sinne des § 8 Absatz 4 Satz 3 und 4, auch in Verbindung mit § 9a Absatz 2, des § 9a Absatz 6, § 12 Absatz 6, § 13 Absatz 4, § 14 Absatz 2 Satz 3 und 4 oder § 15 Absatz 4, so gelten diese Bestimmungen auch zwischen nicht tarifgebundenen Arbeitgebern und Arbeitnehmern

außerhalb des öffentlichen Dienstes, wenn die Anwendung der für den öffentlichen Dienst geltenden tarifvertraglichen Bestimmungen zwischen ihnen vereinbart ist und die Arbeitgeber die Kosten des Betriebes überwiegend mit Zuwendungen im Sinne des Haushaltsrechts decken.

II

§ 23 Besondere gesetzliche Regelungen

Besondere Regelungen über Teilzeitarbeit und über die Befristung von Arbeitsverträgen nach anderen gesetzlichen Vorschriften bleiben unberührt.

Anhang 2

II

Gesetz über befristete Arbeitsverträge in der Wissenschaft (Wissenschaftszeitvertragsgesetz – WissZeitVG)[1]

Vom 12. April 2007 (BGBl. I S. 506)

Zuletzt geändert durch
Wissenschafts- und Studierendenunterstützungsgesetz
vom 25. Mai 2020 (BGBl. I S. 1073)

§ 1 Befristung von Arbeitsverträgen

(1) Für den Abschluss von Arbeitsverträgen für eine bestimmte Zeit (befristete Arbeitsverträge) mit wissenschaftlichem und künstlerischem Personal mit Ausnahme der Hochschullehrerinnen und Hochschullehrer an Einrichtungen des Bildungswesens, die nach Landesrecht staatliche Hochschulen sind, gelten die §§ 2, 3 und 6. Von diesen Vorschriften kann durch Vereinbarung nicht abgewichen werden. Durch Tarifvertrag kann für bestimmte Fachrichtungen und Forschungsbereiche von den in § 2 Abs. 1 vorgesehenen Fristen abgewichen und die Anzahl der zulässigen Verlängerungen befristeter Arbeitsverträge festgelegt werden. Im Geltungsbereich eines solchen Tarifvertrages können nicht tarifgebundene Vertragsparteien die Anwendung der tariflichen Regelungen vereinbaren. Die arbeitsrechtlichen Vorschriften und Grundsätze über befristete Arbeitsverträge und deren Kündigung sind anzuwenden, soweit sie den Vorschriften der §§ 2 bis 6 nicht widersprechen.

(2) Unberührt bleibt das Recht der Hochschulen, das in Absatz 1 Satz 1 bezeichnete Personal auch in unbefristeten oder nach Maßgabe des Teilzeit- und Befristungsgesetzes befristeten Arbeitsverhältnissen zu beschäftigen.

§ 2 Befristungsdauer; Befristung wegen Drittmittelfinanzierung

(1) Die Befristung von Arbeitsverträgen des in § 1 Absatz 1 Satz 1 genannten Personals, das nicht promoviert ist, ist bis zu einer Dauer von sechs Jahren zulässig, wenn die befristete Beschäftigung zur För-

---

[1]) **Hinweis des Bearbeiters:**
Das Wissenschaftszeitvertragsgesetz, das als Artikel 1 des Gesetzes zur Änderung arbeitsrechtlicher Vorschriften in der Wissenschaft bekannt gegeben worden ist, trifft eigenständige Regelungen über die Befristung von Arbeitsverhältnissen im Hochschulbereich. Die bisherigen Regelungen in den §§ 57a bis 57f des Hochschulrahmengesetzes sind zeitgleich aufgehoben worden.

derung der eigenen wissenschaftlichen oder künstlerischen Qualifizierung erfolgt. Nach abgeschlossener Promotion ist eine Befristung bis zu einer Dauer von sechs Jahren, im Bereich der Medizin bis zu einer Dauer von neun Jahren, zulässig, wenn die befristete Beschäftigung zur Förderung der eigenen wissenschaftlichen oder künstlerischen Qualifizierung erfolgt; die zulässige Befristungsdauer verlängert sich in dem Umfang, in dem Zeiten einer befristeten Beschäftigung nach Satz 1 und Promotionszeiten ohne Beschäftigung nach Satz 1 zusammen weniger als sechs Jahre betragen haben. Die vereinbarte Befristungsdauer ist jeweils so zu bemessen, dass sie der angestrebten Qualifizierung angemessen ist. Die nach den Sätzen 1 und 2 insgesamt zulässige Befristungsdauer verlängert sich bei Betreuung eines oder mehrerer Kinder unter 18 Jahren um zwei Jahre je Kind. Satz 4 gilt auch, wenn hinsichtlich des Kindes die Voraussetzungen des § 15 Absatz 1 Satz 1 des Bundeselterngeld- und Elternzeitgesetzes vorliegen. Die nach den Sätzen 1 und 2 insgesamt zulässige Befristungsdauer verlängert sich bei Vorliegen einer Behinderung nach § 2 Absatz 1 des Neunten Buches Sozialgesetzbuch oder einer schwerwiegenden chronischen Erkrankung um zwei Jahre. Innerhalb der jeweils zulässigen Befristungsdauer sind auch Verlängerungen eines befristeten Arbeitsvertrages möglich.

(2) Die Befristung von Arbeitsverträgen des in § 1 Abs. 1 Satz 1 genannten Personals ist auch zulässig, wenn die Beschäftigung überwiegend aus Mitteln Dritter finanziert wird, die Finanzierung für eine bestimmte Aufgabe und Zeitdauer bewilligt ist und die Mitarbeiterin oder der Mitarbeiter überwiegend der Zweckbestimmung dieser Mittel entsprechend beschäftigt wird; die vereinbarte Befristungsdauer soll dem bewilligten Projektzeitraum entsprechen.

(3) Auf die in Absatz 1 geregelte zulässige Befristungsdauer sind alle befristeten Arbeitsverhältnisse mit mehr als einem Viertel der regelmäßigen Arbeitszeit, die mit einer deutschen Hochschule oder einer Forschungseinrichtung im Sinne des § 5 abgeschlossen wurden, sowie entsprechende Beamtenverhältnisse auf Zeit und Privatdienstverträge nach § 3 anzurechnen. Angerechnet werden auch befristete Arbeitsverhältnisse, die nach anderen Rechtsvorschriften abgeschlossen wurden. Die Sätze 1 und 2 gelten nicht für Arbeitsverhältnisse nach § 6 sowie vergleichbare studienbegleitende Beschäftigungen, die auf anderen Rechtsvorschriften beruhen.

(4) Im Arbeitsvertrag ist anzugeben, ob die Befristung auf den Vorschriften dieses Gesetzes beruht. Fehlt diese Angabe, kann die Befristung nicht auf Vorschriften dieses Gesetzes gestützt werden. Die

Dauer der Befristung muss bei Arbeitsverträgen nach Absatz 1 kalendermäßig bestimmt oder bestimmbar sein.

(5) Die jeweilige Dauer eines befristeten Arbeitsvertrages nach Absatz 1 verlängert sich im Einverständnis mit der Mitarbeiterin oder dem Mitarbeiter um

1. Zeiten einer Beurlaubung oder einer Ermäßigung der Arbeitszeit um mindestens ein Fünftel der regelmäßigen Arbeitszeit, die für die Betreuung oder Pflege eines oder mehrerer Kinder unter 18 Jahren, auch wenn hinsichtlich des Kindes die Voraussetzungen des § 15 Absatz 1 Satz 1 des Bundeselterngeld- und Elternzeitgesetzes vorliegen, oder pflegebedürftiger sonstiger Angehöriger gewährt worden sind,
2. Zeiten einer Beurlaubung für eine wissenschaftliche oder künstlerische Tätigkeit oder eine außerhalb des Hochschulbereichs oder im Ausland durchgeführte wissenschaftliche, künstlerische oder berufliche Aus-, Fort- oder Weiterbildung,
3. Zeiten einer Inanspruchnahme von Elternzeit nach dem Bundeselterngeld- und Elternzeitgesetz und Zeiten eines Beschäftigungsverbots nach den §§ 3 bis 6, 10 Absatz 3, § 13 Absatz 1 Nummer 3 und § 16 des Mutterschutzgesetzes in dem Umfang, in dem eine Erwerbstätigkeit nicht erfolgt ist,
4. Zeiten des Grundwehr- und Zivildienstes,
5. Zeiten einer Freistellung im Umfang von mindestens einem Fünftel der regelmäßigen Arbeitszeit zur Wahrnehmung von Aufgaben in einer Personal- oder Schwerbehindertenvertretung, von Aufgaben eines oder einer Frauen- oder Gleichstellungsbeauftragten oder zur Ausübung eines mit dem Arbeitsverhältnis zu vereinbarenden Mandats und
6. Zeiten einer krankheitsbedingten Arbeitsunfähigkeit, in denen ein gesetzlicher oder tarifvertraglicher Anspruch auf Entgeltfortzahlung nicht besteht.

In den Fällen des Satzes 1 Nummer 1, 2 und 5 soll die Verlängerung die Dauer von jeweils zwei Jahren nicht überschreiten. Zeiten nach Satz 1 Nummer 1 bis 6 werden in dem Umfang, in dem sie zu einer Verlängerung eines befristeten Arbeitsvertrages führen können, nicht auf die nach Absatz 1 zulässige Befristungsdauer angerechnet.

§ 3 Privatdienstvertrag

Für einen befristeten Arbeitsvertrag, den ein Mitglied einer Hochschule, das Aufgaben seiner Hochschule selbständig wahrnimmt, zur Unterstützung bei der Erfüllung dieser Aufgaben mit überwiegend aus Mitteln Dritter vergütetem Personal im Sinne von § 1 Abs. 1 Satz 1 abschließt, gelten die Vorschriften der §§ 1, 2 und 6 entsprechend.

§ 4 Wissenschaftliches Personal an staatlich anerkannten Hochschulen

Für den Abschluss befristeter Arbeitsverträge mit wissenschaftlichem und künstlerischem Personal an nach Landesrecht staatlich anerkannten Hochschulen gelten die Vorschriften der §§ 1 bis 3 und 6 entsprechend.

§ 5 Wissenschaftliches Personal an Forschungseinrichtungen

Für den Abschluss befristeter Arbeitsverträge mit wissenschaftlichem Personal an staatlichen Forschungseinrichtungen sowie an überwiegend staatlich, an institutionell überwiegend staatlich oder auf der Grundlage von Artikel 91b des Grundgesetzes finanzierten Forschungseinrichtungen gelten die Vorschriften der §§ 1 bis 3 und 6 entsprechend.

§ 6 Wissenschaftliche und künstlerische Hilfstätigkeiten

Befristete Arbeitsverträge zur Erbringung wissenschaftlicher oder künstlerischer Hilfstätigkeiten mit Studierenden, die an einer deutschen Hochschule für ein Studium, das zu einem ersten oder einem weiteren berufsqualifizierenden Abschluss führt, eingeschrieben sind, sind bis zur Dauer von insgesamt sechs Jahren zulässig. Innerhalb der zulässigen Befristungsdauer sind auch Verlängerungen eines befristeten Arbeitsvertrages möglich.

§ 7 Rechtsgrundlage für bereits abgeschlossene Verträge; Übergangsregelung; Verordnungsermächtigung

(1) Für die seit dem 23. Februar 2002 bis zum 17. April 2007 an staatlichen und staatlich anerkannten Hochschulen sowie an Forschungseinrichtungen im Sinne des § 5 abgeschlossenen Arbeitsverträge gelten die §§ 57a bis 57f des Hochschulrahmengesetzes in der ab 31. Dezember 2004 geltenden Fassung fort. Für vor dem 23. Februar 2002 an staatlichen und staatlich anerkannten Hochschulen sowie an Forschungseinrichtungen im Sinne des § 5 abgeschlossene Arbeitsverträge gelten die §§ 57a bis 57e des Hochschulrahmengesetzes in der vor dem 23. Februar 2002 geltenden Fassung fort. Satz 2 gilt entsprechend für Arbeitsverträge, die zwischen dem 27. Juli 2004 und dem 31. Dezember 2004 abgeschlossen wurden.

(2) Der Abschluss befristeter Arbeitsverträge nach § 2 Abs. 1 Satz 1 und 2 mit Personen, die bereits vor dem 23. Februar 2002 in einem

befristeten Arbeitsverhältnis zu einer Hochschule, einem Hochschulmitglied im Sinne von § 3 oder einer Forschungseinrichtung im Sinne von § 5 standen, ist auch nach Ablauf der in § 2 Abs. 1 Satz 1 und 2 geregelten jeweils zulässigen Befristungsdauer mit einer Laufzeit bis zum 29. Februar 2008 zulässig. Satz 1 gilt entsprechend für Personen, die vor dem 23. Februar 2002 in einem Dienstverhältnis als wissenschaftlicher oder künstlerischer Assistent standen. § 2 Abs. 5 gilt entsprechend.

(3) Die nach § 2 Absatz 1 Satz 1 und 2 insgesamt zulässige Befristungsdauer verlängert sich um sechs Monate, wenn ein Arbeitsverhältnis nach § 2 Absatz 1 zwischen dem 1. März 2020 und dem 30. September 2020 besteht. Das Bundesministerium für Bildung und Forschung wird ermächtigt, durch Rechtsverordnung mit Zustimmung des Bundesrates die zulässige Befristungsdauer höchstens um weitere sechs Monate zu verlängern, soweit dies aufgrund fortbestehender Auswirkungen der COVID-19-Pandemie in der Bundesrepublik Deutschland geboten erscheint; die Verlängerung ist auch auf Arbeitsverhältnisse zu erstrecken, die nach dem 30. September 2020 und vor Ablauf des in der Rechtsverordnung genannten Verlängerungszeitraums begründet werden.

Die nach § 2 Absatz 1 Satz 1 und 2 insgesamt zulässige Befristungsdauer verlängert sich über die in § 7 Absatz 3 Satz 1 genannte Verlängerung hinaus um weitere sechs Monate. Für Arbeitsverhältnisse nach § 2 Absatz 1, die zwischen dem 1. Oktober 2020 und dem 31. März 2021 begründet werden, verlängert sich die nach § 2 Absatz 1 Satz 1 und 2 insgesamt zulässige Befristungsdauer um sechs Monate. Siehe dazu die WissZeitVG-Befristungsdauer-Verlängerungs-Verordnung vom 3. September 2020 (BGBl. I S. 2039).

§ 8 Evaluation

Die Auswirkungen dieses Gesetzes werden im Jahr 2020 evaluiert.

Anhang 3

II

Gesetz zum Elterngeld und zur Elternzeit (Bundeselterngeld- und Elternzeitgesetz – BEEG)

in der Fassung der Bekanntmachung vom 27. Januar 2015 (BGBl. I S. 33)

– Auszug –

Zuletzt geändert durch
Jahressteuergesetz 2024
vom 2. Dezember 2024 (BGBl. I Nr. 387)

§ 20 Zur Berufsbildung Beschäftigte, in Heimarbeit Beschäftigte

(1) [1]Die zu ihrer Berufsbildung Beschäftigten gelten als Arbeitnehmer und Arbeitnehmerinnen im Sinne dieses Gesetzes. [2]Die Elternzeit wird auf die Dauer einer Berufsausbildung nicht angerechnet, es sei denn, dass während der Elternzeit die Berufsausbildung nach § 7a des Berufsbildungsgesetzes oder § 27b der Handwerksordnung in Teilzeit durchgeführt wird. [3]§ 15 Absatz 4 Satz 1 bleibt unberührt.

(2) [1]Anspruch auf Elternzeit haben auch die in Heimarbeit Beschäftigten und die ihnen Gleichgestellten (§ 1 Absatz 1 und 2 des Heimarbeitsgesetzes), soweit sie am Stück mitarbeiten. [2]Für sie tritt an die Stelle des Arbeitgebers der Auftraggeber oder Zwischenmeister und an die Stelle des Arbeitsverhältnisses das Beschäftigungsverhältnis.

§ 21 Befristete Arbeitsverträge

(1) Ein sachlicher Grund, der die Befristung eines Arbeitsverhältnisses rechtfertigt, liegt vor, wenn ein Arbeitnehmer oder eine Arbeitnehmerin zur Vertretung eines anderen Arbeitnehmers oder einer anderen Arbeitnehmerin für die Dauer eines Beschäftigungsverbotes nach dem Mutterschutzgesetz, einer Elternzeit, einer auf Tarifvertrag, Betriebsvereinbarung oder einzelvertraglichen Vereinbarung beruhenden Arbeitsfreistellung zur Betreuung eines Kindes oder für diese Zeiten zusammen oder für Teile davon eingestellt wird.

(2) Über die Dauer der Vertretung nach Absatz 1 hinaus ist die Befristung für notwendige Zeiten einer Einarbeitung zulässig.

(3) Die Dauer der Befristung des Arbeitsvertrags muss kalendermäßig bestimmt oder bestimmbar oder den in den Absätzen 1 und 2 genannten Zwecken zu entnehmen sein.

(4) [1]Der Arbeitgeber kann den befristeten Arbeitsvertrag unter Einhaltung einer Frist von mindestens drei Wochen, jedoch frühestens zum

Ende der Elternzeit, kündigen, wenn die Elternzeit ohne Zustimmung des Arbeitgebers vorzeitig endet und der Arbeitnehmer oder die Arbeitnehmerin die vorzeitige Beendigung der Elternzeit mitgeteilt hat. [2]Satz 1 gilt entsprechend, wenn der Arbeitgeber die vorzeitige Beendigung der Elternzeit in den Fällen des § 16 Absatz 3 Satz 2 nicht ablehnen darf.

(5) Das Kündigungsschutzgesetz ist im Falle des Absatzes 4 nicht anzuwenden.

(6) Absatz 4 gilt nicht, soweit seine Anwendung vertraglich ausgeschlossen ist.

(7) [1]Wird im Rahmen arbeitsrechtlicher Gesetze oder Verordnungen auf die Zahl der beschäftigten Arbeitnehmer und Arbeitnehmerinnen abgestellt, so sind bei der Ermittlung dieser Zahl Arbeitnehmer und Arbeitnehmerinnen, die sich in der Elternzeit befinden oder zur Betreuung eines Kindes freigestellt sind, nicht mitzuzählen, solange für sie aufgrund von Absatz 1 ein Vertreter oder eine Vertreterin eingestellt ist. [2]Dies gilt nicht, wenn der Vertreter oder die Vertreterin nicht mitzuzählen ist. [3]Die Sätze 1 und 2 gelten entsprechend, wenn im Rahmen arbeitsrechtlicher Gesetze oder Verordnungen auf die Zahl der Arbeitsplätze abgestellt wird.

§ 31 Führung auf Probe

(1) [1]Führungspositionen können als befristetes Arbeitsverhältnis bis zur Gesamtdauer von zwei Jahren vereinbart werden. [2]Innerhalb dieser Gesamtdauer ist eine höchstens zweimalige Verlängerung des Arbeitsvertrages zulässig. [3]Die beiderseitigen Kündigungsrechte bleiben unberührt.

(2) Führungspositionen sind die ab Entgeltgruppe 10 zugewiesenen Tätigkeiten mit Weisungsbefugnis, die vor Übertragung vom Arbeitgeber ausdrücklich als Führungspositionen auf Probe bezeichnet worden sind.

(3) [1]Besteht bereits ein Arbeitsverhältnis mit demselben Arbeitgeber, kann der/dem Beschäftigten vorübergehend eine Führungsposition bis zu der in Absatz 1 genannten Gesamtdauer übertragen werden. [2]Der/Dem Beschäftigten wird für die Dauer der Übertragung eine Zulage in Höhe des Unterschiedsbetrags zwischen den Tabellenentgelten nach der bisherigen Entgeltgruppe und dem sich bei Höhergruppierung nach § 17 Abs. 4 Satz 1 im Bereich der VKA und nach § 17 Abs. 5 Satz 1 im Bereich des Bundes ergebenden Tabellenentgelt gewährt. [3]Nach Fristablauf endet die Erprobung. [4]Bei Bewährung wird die Führungsfunktion auf Dauer übertragen; ansonsten erhält die/der Beschäftigte eine der bisherigen Eingruppierung entsprechende Tätigkeit.

Erläuterungen

§ 31 eröffnet die Möglichkeit, Führungspositionen befristet auf Probe zu vergeben und folgt damit den heutigen Üblichkeiten im Beamtenbereich. Das Instrument der „Führung auf Probe" soll in erster Linie der Personalentwicklung und Verbesserung der Führungsqualität dienen. Um dies zu erreichen, können Führungspositionen bis zur Dauer von zwei Jahren befristet übertragen werden. Ziel hierbei ist die Übertragung der Führungsfunktion auf Dauer.

Wegen der ebenfalls neu geschaffenen Möglichkeit, Führungspositionen auf Zeit zu vergeben → § 32.

Führungsposition als befristetes Arbeitsverhältnis (Abs. 1)

Absatz 1 regelt den Fall des „von außen" in eine Führungsposition neu eingestellten Beschäftigten. Das entsprechende Arbeitsverhältnis kann befristet werden. Die Befristungshöchstdauer beträgt insgesamt zwei Jahre. Der Zweijahreszeitraum braucht nicht schon zu Beginn des Arbeitsverhältnisses voll ausgeschöpft zu werden, er kann auch in insgesamt drei Zeiträume aufgeteilt werden (Satz 2). Der Beschäftigte erhält während dieser Zeit das Entgelt, das der Führungsaufgabe – wäre sie auf Dauer vergeben – zugeordnet ist.

Nach Satz 3 der Vorschrift bleiben „die beiderseitigen Kündigungsrechte" unberührt. Damit dürfte den Erfordernissen des § 14 Abs. 3

Teilzeit- und Befristungsgesetz (→ Erläuterung bei § 30) hinreichend Rechnung getragen sein, so dass trotz der Befristung des Arbeitsverhältnisses auch eine ordentliche Kündigung möglich ist. Die besonderen Regelungen des § 30 Abs. 3 bis 5 gelten bei der befristeten Vergabe von Führungspositionen nicht (→ § 30 Abs. 6).

Begriffsbestimmung (Abs. 2)

Nach der Definition des Absatzes 2 sind Führungspositionen Tätigkeiten mit Weisungsbefugnis ab der Entgeltgruppe 10. Wegen der Umschlüsselung der besonderen Entgeltgruppen der Beschäftigten des Sozial- und Erziehungsdienstes in die für diese Vorschrift maßgebende Entgeltgruppe siehe § 1 Abs. 3 der Anlage zu § 56 (VKA)[1]) bzw. § 52 Abs. 3 BT-B[2]). Im Zuge des Änderungstarifvertrages Nr. 2 vom 31. März 2008 haben die Tarifpartner mit Wirkung vom 1. Juli 2008 den Zusatz aufgenommen, dass die zugewiesenen Tätigkeiten vom Arbeitgeber ausdrücklich als Führungsposition auf Probe bezeichnet werden müssen. Damit wird der bereits in Absatz 1 Satz 1 bestimmte Charakter der Vorschrift als „Kann-Vorschrift" gestärkt und verhindert, dass (letztlich gegen den Willen des Arbeitgebers) bestimmte Führungspositionen automatisch in ein befristetes Arbeitsverhältnis (Absatz 1) bzw. eine befristete Zulagensituation (Absatz 3) führen.

Beide Voraussetzungen müssen nebeneinander erfüllt sein; d. h. Tätigkeiten einer niedrigeren Entgeltgruppe sind trotz Weisungsbefugnis ebenso wenig Führungsposition im tariflichen Sinne wie Tätigkeiten der Entgeltgruppe 10 und aufwärts ohne Weisungsbefugnis.

Zulage für Führungspositionen (Abs. 3)

Absatz 3 regelt den Fall, dass einem „von innen" kommenden Beschäftigten aus einem bestehenden Arbeitsverhältnis heraus eine Führungsposition übertragen wird. Auch in diesem Fall kann die Führungstätigkeit befristet werden; insoweit gelten die in Absatz 1 vereinbarten Fristen. Der Beschäftigte erhält für die Dauer der Tätigkeit eine Zulage in Höhe des Unterschiedsbetrages zwischen dem Tabellenentgelt nach der bisherigen Entgeltgruppe und dem Tabellenentgelt, das er bei Höhergruppierung in die Entgeltgruppe, die der übertragenen Funktion entspricht, erhielte. Die Zulage wird ggf. auf den Strukturausgleich angerechnet (s. § 12 Abs. 4 Satz 3 TVÜ-VKA). Nach erfolgreichem Ende der Bewährung wird die Führungsfunktion

---

[1]) abgedruckt unter **215**

[2]) abgedruckt unter **235**

auf Dauer übertragen und der Beschäftigte wird entsprechend eingruppiert. Ansonsten wird ihm die Führungsposition entzogen und er erhält wieder das seiner bisherigen Eingruppierung entsprechende Entgelt.

§ 32 Führung auf Zeit

(1) [1]Führungspositionen können als befristetes Arbeitsverhältnis bis zur Dauer von vier Jahren vereinbart werden. [2]Folgende Verlängerungen des Arbeitsvertrages sind zulässig:

a) in den Entgeltgruppen 10 bis 12 eine höchstens zweimalige Verlängerung bis zu einer Gesamtdauer von acht Jahren,

b) ab Entgeltgruppe 13 eine höchstens dreimalige Verlängerung bis zu einer Gesamtdauer von zwölf Jahren.

[3]Zeiten in einer Führungsposition nach Buchstabe a bei demselben Arbeitgeber können auf die Gesamtdauer nach Buchstabe b zur Hälfte angerechnet werden. [4]Die allgemeinen Vorschriften über die Probezeit (§ 2 Abs. 4) und die beiderseitigen Kündigungsrechte bleiben unberührt.

(2) Führungspositionen sind die ab Entgeltgruppe 10 zugewiesenen Tätigkeiten mit Weisungsbefugnis, die vor Übertragung vom Arbeitgeber ausdrücklich als Führungspositionen auf Zeit bezeichnet worden sind.

(3) [1]Besteht bereits ein Arbeitsverhältnis mit demselben Arbeitgeber, kann der/dem Beschäftigten vorübergehend eine Führungsposition bis zu den in Absatz 1 genannten Fristen übertragen werden. [2]Der/Dem Beschäftigten wird für die Dauer der Übertragung eine Zulage gewährt in Höhe des Unterschiedsbetrags zwischen den Tabellenentgelten nach der bisherigen Entgeltgruppe und dem sich bei Höhergruppierung nach § 17 Abs. 4 Satz 1 im Bereich der VKA und nach § 17 Abs. 5 Satz 1 im Bereich des Bundes ergebenden Tabellenentgelt, zuzüglich eines Zuschlags von 75 v. H. des Unterschiedsbetrags zwischen den Tabellenentgelten der Entgeltgruppe, die der übertragenen Funktion entspricht, zur nächsthöheren Entgeltgruppe nach § 17 Abs. 4 Satz 1 im Bereich der VKA und nach § 17 Abs. 5 Satz 1 im Bereich des Bundes. [3]Nach Fristablauf erhält die/der Beschäftigte eine der bisherigen Eingruppierung entsprechende Tätigkeit; der Zuschlag entfällt.

Erläuterungen

§ 32 eröffnet die Möglichkeit, Führungspositionen lediglich befristet zu vergeben und folgt damit den heutigen Üblichkeiten im Beamtenbereich. Im Gegensatz zur „Führung auf Probe" (→ § 31) ist das Instrument der „Führung auf Zeit" nicht auf eine dauerhafte Übertragung der Führungsposition gerichtet.

Führungsposition als befristetes Arbeitsverhältnis (Abs. 1)

Absatz 1 regelt den Fall des „von außen" in eine Führungsposition neu eingestellten Beschäftigten. Das entsprechende Arbeitsverhältnis kann befristet werden. Von der Entgeltgruppe 10 bis 12 können die Aufgaben bis zu einer Dauer von (bei Ausschöpfung aller Verlängerungsmöglichkeiten) insgesamt 8 Jahren, ab der Entgeltgruppe 13 bis zu insgesamt 12 Jahren befristet übertragen werden. Der höchstmögliche Befristungszeitraum braucht nicht schon zu Beginn des Arbeitsverhältnisses voll ausgeschöpft werden, er kann auch in insgesamt drei (bis Entgeltgruppe 12) bzw. vier (ab Entgeltgruppe 13) Zeiträume aufgeteilt werden. Der Beschäftigte erhält während dieser Zeit das Entgelt, das der Führungsaufgabe – wäre sie auf Dauer vergeben – zugeordnet ist.

Satz 3 der Vorschrift sieht vor, dass Zeiten einer Führungsposition in den Entgeltgruppen 10 bis 12 auf die Gesamtdauer der Führungspositionen in Entgeltgruppe 13 zur Hälfte angerechnet werden können, wenn sie bei demselben Arbeitgeber zurückgelegt worden sind.

Nach Satz 4 der Vorschrift bleiben die Vorschriften über die Probezeit (→ § 2 Abs. 4) und „die beiderseitigen Kündigungsrechte" unberührt. Damit dürfte den Erfordernissen des § 14 Abs. 3 Teilzeit- und Befristungsgesetz (→ Erläuterungen bei § 30) hinreichend Rechnung getragen sein, so dass trotz der Befristung des Arbeitsverhältnisses auch eine ordentliche Kündigung möglich ist. Die besonderen Regelungen des § 30 Abs. 3 bis 5 gelten bei der befristeten Vergabe von Führungspositionen nicht (→ § 30 Abs. 6).

Begriffsbestimmung (Abs. 2)

Nach der Definition des Absatzes 2 sind Führungspositionen Tätigkeiten mit Weisungsbefugnis ab der Entgeltgruppe 10. Im Zuge des Änderungstarifvertrages Nr. 2 vom 31. März 2008 haben die Tarifpartner mit Wirkung vom 1. Juli 2008 den Zusatz aufgenommen, dass die zugewiesenen Tätigkeiten vom Arbeitgeber ausdrücklich als Führungsposition auf Zeit bezeichnet werden müssen. Damit wird der bereits in Absatz 1 Satz 1 bestimmte Charakter der Vorschrift als „Kann-Vorschrift" gestärkt und verhindert, dass (letztlich gegen den Willen des Arbeitgebers) bestimmte Führungspositionen automatisch in ein befristetes Arbeitsverhältnis (Absatz 1) bzw. eine befristete Zulagensituation (Absatz 3) führen.

Beide Voraussetzungen müssen nebeneinander erfüllt sein; d. h. Tätigkeiten einer niedrigeren Entgeltgruppe sind trotz Weisungsbefugnis ebenso wenig Führungsposition im tariflichen Sinne wie Tätigkeiten der Entgeltgruppe 10 und aufwärts ohne Weisungsbefugnis.

Wegen der Umschlüsselung der besonderen Entgeltgruppen der Beschäftigten des Sozial- und Erziehungsdienstes in die für diese Vorschrift maßgebende Entgeltgruppe siehe § 1 Abs. 3 der Anlage zu § 56 (VKA)[1]) bzw. § 52 Abs. 3 BT-B[2]).

Zulage für Führungspositionen (Abs. 3)

II

Absatz 3 regelt den Fall, dass einem „von innen" kommenden Beschäftigten aus einem bestehenden Arbeitsverhältnis heraus eine Führungsposition übertragen wird. Auch in diesem Fall kann die Führungstätigkeit befristet werden; insoweit gelten die in Absatz 1 vereinbarten Fristen. Neben dem Tabellenentgelt für die befristete Führungsaufgabe (als Differenz zwischen der Entgeltgruppe der Führungsaufgabe zur bisherigen Entgeltgruppe) wird eine Zulage in Höhe von 75 % des Unterschiedsbetrages zwischen den Tabellenentgelten der Entgeltgruppe, die der übertragenen Funktion entspricht, zur nächsthöheren Entgeltgruppe gezahlt.

Beispiel:
Beschäftigter, Entgeltgruppe 11, übt auf Zeit eine Führungsposition der Entgeltgruppe 12 aus. Somit erhält er neben seiner bisherigen Vergütung den Differenzbetrag zur Entgeltgruppe 12 zuzüglich 75 % des Differenzbetrages zwischen den Entgeltgruppen 12 und 13 – jeweils so, als hätte eine Höhergruppierung stattgefunden.

Die Zulage wird ggf. auf den Strukturausgleich angerechnet (s. § 12 Abs. 4 Satz 3 TVÜ-VKA).

Nach Ablauf der Befristung erhält der Beschäftigte wieder das seiner bisherigen Eingruppierung entsprechende Entgelt.

---

1) abgedruckt unter **215**

2) abgedruckt unter **235**

§ 33 Beendigung des Arbeitsverhältnisses ohne Kündigung

(1) Das Arbeitsverhältnis endet, ohne dass es einer Kündigung bedarf,

a) mit Ablauf des Monats, in dem die/der Beschäftigte das gesetzlich festgelegte Alter zum Erreichen der Regelaltersrente vollendet hat, es sei denn, zwischen dem Arbeitgeber und dem/der Beschäftigten ist während des Arbeitsverhältnisses vereinbart worden, den Beendigungszeitpunkt nach § 41 Satz 3 SGB VI hinauszuschieben,

b) jederzeit im gegenseitigen Einvernehmen (Auflösungsvertrag).

(2) [1]Das Arbeitsverhältnis endet ferner, sofern der/dem Beschäftigten der Bescheid eines Rentenversicherungsträgers (Rentenbescheid) zugestellt wird, wonach die/der Beschäftigte eine Rente auf unbestimmte Dauer wegen voller oder teilweiser Erwerbsminderung erhält. [2]Die/Der Beschäftigte hat den Arbeitgeber von der Zustellung des Rentenbescheids unverzüglich zu unterrichten. [3]Das Arbeitsverhältnis endet mit Ablauf des dem Rentenbeginn vorangehenden Tages; frühestens jedoch zwei Wochen nach Zugang der schriftlichen Mitteilung des Arbeitgebers über den Zeitpunkt des Eintritts der auflösenden Bedingung. [4]Liegt im Zeitpunkt der Beendigung des Arbeitsverhältnisses eine nach § 175 SGB IX erforderliche Zustimmung des Integrationsamtes noch nicht vor, endet das Arbeitsverhältnis mit Ablauf des Tages der Zustellung des Zustimmungsbescheids des Integrationsamtes; jedoch auch hier frühestens zwei Wochen nach Zugang der schriftlichen Mitteilung im Sinne von Satz 3. [5]Das Arbeitsverhältnis endet nicht, wenn nach dem Bescheid des Rentenversicherungsträgers eine Rente auf Zeit gewährt wird. [6]In diesem Fall ruht das Arbeitsverhältnis für den Zeitraum, für den eine Rente auf Zeit gewährt wird; für den Beginn des Ruhens des Arbeitsverhältnisses gilt Satz 3 entsprechend.

(3) Im Falle teilweiser Erwerbsminderung endet bzw. ruht das Arbeitsverhältnis nicht, wenn die/der Beschäftigte nach ihrem/seinem vom Rentenversicherungsträger festgestellten Leistungsvermögen auf ihrem/seinem bisherigen oder einem anderen geeigneten und freien Arbeitsplatz weiterbeschäftigt werden könnte, soweit dringende dienstliche bzw. betriebliche Gründe nicht entgegenstehen, und die/der Beschäftigte innerhalb von zwei Wochen nach Zugang des Rentenbescheids ihre/seine Weiterbeschäftigung schriftlich beantragt.

(4) [1]Verzögert die/der Beschäftigte schuldhaft den Rentenantrag oder bezieht sie/er Altersrente nach § 236 oder § 236a SGB VI oder ist sie/er nicht in der gesetzlichen Rentenversicherung versichert, so tritt an die Stelle des Rentenbescheids das Gutachten einer Amtsärztin/eines Amtsarztes oder einer/eines nach § 3 Abs. 4 Satz 2 bestimmten Ärztin/Arztes. [2]Das Arbeitsverhältnis endet in diesem Fall mit Ablauf des Monats, in dem der/dem Beschäftigten das Gutachten bekannt gegeben worden ist; frühestens jedoch zwei Wochen nach Zugang der schriftlichen Mitteilung des Arbeitgebers über den Zeitpunkt des Eintritts der auflösenden Bedingung.

(5) [1]Soll die/der Beschäftigte, deren/dessen Arbeitsverhältnis nach Absatz 1 Buchst. a geendet hat, weiterbeschäftigt werden, ist ein neuer schriftlicher Arbeitsvertrag abzuschließen. [2]Das Arbeitsverhältnis kann jederzeit mit einer Frist von vier Wochen zum Monatsende gekündigt werden, wenn im Arbeitsvertrag nichts anderes vereinbart ist.

II

Erläuterungen

§ 33 legt die Fälle fest, in denen das Arbeitsverhältnis ohne besondere Kündigung endet. Diese Sachverhalte waren bislang in § 60 (Beendigung durch Erreichen der Altersgrenze), § 58 (Auflösungsvertrag) und § 59 BAT (Beendigung wegen verminderter Erwerbsfähigkeit) bzw. den vergleichbaren Regelungen für Arbeiter geregelt.

Auf die abweichenden Sonderregelungen in § 45 (Bund) und § 51 (VKA) des Besonderen Teils Verwaltung[1]) wird hingewiesen.

Beendigung wegen Alters/Auflösungsvertrag (Abs. 1)

In Absatz 1 sind zwei verschiedene Beendigungsgründe zusammengefasst, nämlich die Beendigung wegen Erreichens der Altersgrenze (Buchstabe a) und die Beendigung durch Auflösungsvertrag (Buchstabe b).

Zu Buchstabe a

Nach dieser Vorschrift endet das Arbeitsverhältnis automatisch mit Vollendung des Monats, in dem der Beschäftigte das gesetzliche Alter zum Erreichen einer Regelaltersrente vollendet – und zwar unabhängig davon, ob er Anspruch auf eine Rente und/oder Zusatzversorgung hat.

Die jetzige Formulierung ist im Zuge des Änderungstarifvertrages Nr. 2 vom 31. März 2008 mit Wirkung vom 1. Juli 2008 vereinbart und durch den 17. Änderungstarifvertrag vom 30. August 2019 um den Ausnahmetatbestand des § 41 Satz 3 SGB VI ergänzt worden. Zuvor war die Beendigung des Arbeitsverhältnisses mit der Vollendung des 65. Lebensjahres verknüpft worden. Mit der jetzigen Regelung tragen die Tarifpartner dem gesetzlich hinausgeschobenen Renteneintrittsalter Rechnung. Die Vereinbarung von Beendigungsklauseln zum Rentenermittlungsalter hat der Gesetzgeber in § 10 Nr. 5 des Allgemeinen Gleichbehandlungsgesetzes vom 14. August 2006 (BGBl. I S. 1897) ausdrücklich gestattet. Auch das BAG (Urteil vom 8. Dezember 2010 – 7 AZR 438/09) und der EuGH (Urteil vom 12. Oktober 2010 – C-45/09) setzen sie als rechtmäßig an.

Wegen der Möglichkeit, den Beschäftigten über diesen Zeitpunkt hinaus zu beschäftigen, → Absatz 5.

Die mit dem Gesetz über Leistungsverbesserungen in der gesetzlichen Rentenversicherung (RV-Leistungsverbesserungsgesetz) vom

1) abgedruckt unter **215**

23. Juni 2014 (BGBl. I S. 787) eingeführte abschlagsfreie Rente mit dem 63. Lebensjahr für besonders langjährig Versicherte (§ 236b SGB VI) führt nicht zu einer automatischen Beendigung des Arbeitsverhältnisses. Es handelt sich nicht um die Regelaltersgrenze. Diese wird – ggf. unter Berücksichtigung der Übergangsregelung des § 235 Abs. 2 SGB VI – mit Vollendung des 67. Lebensjahres erreicht. Die Beendigung des Arbeitsverhältnissess kann in diesen Fällen durch einen Auflösungsvertrag (s. Abs. 1 Buchst. b) beendet werden.

Zu Buchstabe b

In Buchstabe b haben die Tarifpartner bestimmt, dass die Beendigung des Arbeitsverhältnisses durch Auflösungsvertrag im gegenseitigen Einvernehmen jederzeit (ohne Bindung an Fristen) möglich ist.

Die Beendigung von Arbeitsverhältnissen durch Kündigung oder Auflösungsvertrag bedarf zu ihrer Wirksamkeit gemäß § 623 BGB der Schriftform; die elektronische Form ist ausgeschlossen.

Beendigung wegen Erwerbsminderung (Abs. 2)

Absatz 2 regelt – weitgehend in Anlehnung an das bisherige Recht – die Grundsätze der Beendigung des Arbeitsverhältnisses bei verminderter Erwerbsfähigkeit. Ihre jetzige Fassung hat die Tarifvorschrift im Zuge des 17. Änderungstarifvertrages vom 30. August 2019 erhalten.

Die Definition des Begriffs der verminderten Erwerbsfähigkeit ergibt sich aus dem Recht der gesetzlichen Rentenversicherung, und zwar im Wesentlichen aus § 43 SGB VI.

Voll erwerbsgemindert sind Versicherte, die wegen Krankheit oder Behinderung auf nicht absehbare Zeit außerstande sind, unter den üblichen Bedingungen des allgemeinen Arbeitsmarktes mindestens drei Stunden täglich erwerbstätig zu sein (§ 43 Abs. 2 Satz 2 SGB VI);

Teilweise erwerbsgemindert sind Versicherte, die wegen Krankheit oder Behinderung auf nicht absehbare Zeit außerstande sind, unter den üblichen Bedingungen des allgemeinen Arbeitsmarktes mindestens sechs Stunden täglich erwerbstätig zu sein (§ 43 Abs. 1 Satz 2 SGB VI). Dabei wird auf die konkrete Situation des (Teilzeit-)Arbeitsmarktes abgestellt, so dass Versicherte, die das verbliebene Restleistungsvermögen wegen Arbeitslosigkeit nicht in Erwerbseinkommen umsetzen können, anstelle der halben die volle Erwerbsminderungsrente erhalten (vgl. BT-Drs. 14/230, Seiten 23, 25);

Keine Erwerbsminderungsrente: Ein Restleistungsvermögen auf dem allgemeinen Arbeitsmarkt von sechs Stunden und mehr schließt den

Anspruch auf Erwerbsminderungsrente aus; dabei ist die jeweilige Arbeitsmarktlage nicht zu berücksichtigen (§ 43 Abs. 3 SGB VI).

Übergangsweise können nach § 240 SGB VI diejenigen Versicherten, die vor dem 2. Januar 1961 geboren sind und in ihrem bisherigen Beruf nicht mindestens sechs Stunden täglich arbeiten können, eine halbe Erwerbsminderungsrente unabhängig von den Verhältnissen des Arbeitsmarktes erhalten. Der Begriff der Berufsunfähigkeit ist in § 240 Abs. 2 SGB VI definiert.

Nach Satz 1 der Vorschrift endet das Arbeitsverhältnis grundsätzlich auch, sofern dem Beschäftigten ein Rentenbescheid zugestellt wird, wonach der Beschäftigte eine unbefristete Rente wegen voller oder teilweiser Erwerbsminderung erhält.

Satz 2 verpflichtet den Beschäftigten, den Arbeitgeber unverzüglich von der Zustellung des Rentenbescheides zu unterrichten.

Satz 3 bestimmt, dass das Arbeitsverhältnis mit Ablauf des dem Rentenbeginn vorangehenden Tages endet, frühestens aber zwei Wochen nach Zugang der schriftlichen Mitteilung des Arbeitgebers an den beschäftigten über den Zeitpunkt des Eintritts der auflösenden Bedingung (Rente). Das Erfordernis der Arbeitgeber-Mitteilung wurde im Rahmen des 17. Änderungstarifvertrages vom 30. August 2019 klarstellend aufgenommen. Es geht zurück auf die nachstehend dargestellte, langjährige Rechtsprechung des BAG zu § 59 BAT, der materiell vergleichbaren früheren Vorschrift zur Beendigung des Arbeitsverhältnisses bei verminderter Erwerbsfähigkeit.

– Mit Urteil vom 23. 6. 2004 – 7 AZR 440/03 – hat das BAG eine bedeutsame Entscheidung zum Beendigungszeitpunkt des Arbeitsverhältnisses in den Fällen der Erwerbsminderung getroffen. Das BAG zieht in der Entscheidung erstmals die seit 1. Januar 2001 geltende Vorschrift des § 15 Abs. 2 des Teilzeit- und Befristungsgesetzes (TzBfG), die bei auflösend bedingten Arbeitsverhältnissen entsprechend gilt (§ 21 TzBfG), heran, so dass auch in den Fällen des § 59 BAT/§ 62 MTArb (auflösende Bedingung ist hier der Eintritt der Erwerbsminderung) das Arbeitsverhältnis frühestens zwei Wochen nach Zugang der schriftlichen Unterrichtung des Arbeitnehmers durch den Arbeitgeber über den Zeitpunkt des Eintritts der auflösenden Bedingung endet. Nach Auffassung des BAG ist § 59 Abs. 1 BAT ergänzend gesetzeskonform dahin auszulegen, dass nicht schon der Rentenbescheid, sondern erst ein darauf Bezug nehmendes Schreiben des Arbeitgebers das Arbeitsverhältnis unter Beachtung der gesetzlichen Auslauffrist beenden soll. Erhält der Arbeitgeber Kenntnis von der Zuerkennung einer Erwerbsminderungsrente, muss er den Arbeitnehmer schriftlich auf die Beendigung oder das Ruhen des Arbeitsverhältnisses hinweisen. Die Rechtswirkungen des § 59 BAT treten frühestens zwei Wochen nach Zugang dieser schriftlichen Mitteilung ein.

II

– Zu der Frage, welche weitreichenden Folgen sich ergeben (können), wenn ein Angestellter trotz der Beendigung des Arbeitsverhältnisses nach § 59 Abs. 1 BAT seine bisherige Tätigkeit fortsetzt, ohne seinen Arbeitgeber von der Zustellung des Rentenbescheides zu unterrichten, wird auf das Urteil des BAG vom 30. 4. 1997 – 7 AZR 122/96 – hingewiesen. Nach Auffassung des BAG erfolgt die Rückabwicklung der rechtsgrundlos erbrachten Arbeitgeberleistungen nach Bereicherungsrecht; die Grundsätze des faktischen Arbeitsverhältnisses finden keine Anwendung. Nach dem der Entscheidung zugrundeliegenden Sachverhalt war der Rentenbescheid im Monat März 1993 zugestellt worden, der Angestellte unterrichtete den Arbeitgeber hierüber aber erst ein Jahr später am 12. April 1994. Der Arbeitgeber verlangte daraufhin die Rückzahlung des Urlaubsgeldes, der Urlaubsvergütung, der geleisteten Krankenbezüge, der Zuschüsse zum Krankenversicherungsbeitrag und der vermögenswirksamen Leistungen sowie der für den Monat April 1994 überzahlten Vergütung. Das BAG hat den Rückzahlungsanspruch des Arbeitgebers weitgehend für berechtigt angesehen. Es stellt zunächst fest, dass zwischen den Arbeitsvertragsparteien seit dem 1. April 1993 kein Arbeitsverhältnis mehr bestand. Die nach diesem Zeitpunkt vom Arbeitgeber erbrachten Zahlungen hat der Angestellte nach den Bestimmungen über die ungerechtfertigte Bereicherung herauszugeben, wobei er für die tatsächlich erbrachte Arbeitsleistung Wertersatz in Höhe der monatlichen Vergütung verlangen kann. Zur Rückzahlung des Urlaubsentgelts sowie des Urlaubsgeldes ist er jedoch verpflichtet, da nach der Rechtsprechung des BAG der Urlaub keine Gegenleistung des Arbeitgebers für erbrachte oder noch zu erbringende Arbeitsleistungen darstellt. Der Rückzahlungsanspruch besteht auch hinsichtlich der geleisteten Krankenbezüge und der während der Arbeitsunfähigkeit geleisteten Zuschüsse zur Krankenversicherung, weil der Arbeitgeber während der Arbeitsunfähigkeit keine wertersetzende Gegenleistung erhalten hat. Das BAG hat den Angestellten auch zur Rückzahlung der anteiligen Sonderzuwendung verurteilt, weil auch die Zuwendung nicht reines Arbeitsentgelt für die erbrachte Arbeitsleistung darstellt, sondern auch der Belohnung vergangener und künftiger Treue zum öffentlichen Dienst dient. Lediglich die vermögenswirksamen Leistungen konnte der Arbeitgeber nicht zurückverlangen, weil diese als Bestandteil der Vergütung für geleistete Arbeit anzusehen sind.

- Das Arbeitsverhältnis eines Angestellten endet nicht nach § 59 Abs. 1 Unterabs. 1 BAT mit Ablauf des Monats, in dem ihm ein Bescheid eines Rentenversicherungsträgers über die Feststellung einer Berufs- oder Erwerbsunfähigkeit zugestellt wird, wenn der Angestellte den Rentenantrag bis zum Ablauf der Widerspruchsfrist des § 84 SGG zurücknimmt (vgl. BAG-Urteil vom 11. 3. 1998 – 7 AZR 101/97). Hingegen hat das BAG mit Urteil vom 3. 9. 2003 – 7 AZR 661/02 – entschieden, dass ein Arbeitsverhältnis, das aufgrund § 59 BAT wegen der Gewährung einer unbefristeten Erwerbsunfähigkeitsrente geendet hatte, nicht wiederauflebt, wenn der schon formell bestandskräftig gewordene Rentenbescheid später wieder aufgehoben wird. In diesem Fall bleibt es bei der bereits eingetretenen Beendigung des Arbeitsverhältnisses. Die Vorschrift des § 59 BAT, die dem beim Ausscheiden bereits unkündbaren Angestellten im Fall der Wiederherstellung der Berufsfähigkeit einen Wiedereinstellungsanspruch (Sollregelung) verschafft, bleibt aber unberührt.

Satz 4 enthält eine weitere Ausnahme zum Beendigungszeitpunkt des Arbeitsverhältnisses. Sofern bei schwerbehinderten Beschäftigten die nach § 175 SGB IX erforderliche Zustimmung des Integrationsamtes bei Zustellung des Rentenbescheides noch nicht vorlag, endet das Arbeitsverhältnis mit schwerbehinderten Beschäftigten erst mit Ablauf des Tages vor der Zustellung des Zustimmungsbescheides des Integrationsamtes.

Im Zuge des 18. Änderungstarifvertrages wurde mit Wirkung vom 1. September 2020 ein Halbsatz in Satz 4 eingefügt, der klarstellt, dass auch in den Fällen des Satzes 4 eine Beendigungswirkung von einer Arbeitgeber-Mitteilung abhängt. Zu den rechtlichen Hintergründen siehe die Erläuterungen zu Absatz 3.

Nach den Sätzen 5 und 6 endet das Arbeitsverhältnis nicht, wenn nach dem Bescheid des Trägers der Rentenversicherung (nur) eine Rente auf Zeit bewilligt wird. In diesem Fall ruht das Arbeitsverhältnis für den Zeitraum der Rente auf Zeit. Für den Beginn des Ruhens sind die Regelungen des Satzes 3 (s.o.) maßgebend; es bedarf also insbesondere auch der Mitteilung an den Beschäftigten

Weiterbeschäftigung bei teilweiser Erwerbsminderung (Abs. 3)

Die Regelung in Absatz 3 entspricht § 59 Abs. 3 BAT.

Nach dieser Vorschrift kommt es nicht zur Beendigung oder zum Ruhen des Arbeitsverhältnisses, wenn der Beschäftigte eine Weiterbeschäftigung schriftlich beantragt und eine solche auch möglich ist. Antragsberechtigt sind nur Beschäftigte, bei denen eine teilweise Erwerbsminderung, nicht aber eine volle Erwerbsminderung festgestellt ist. Eine Weiterbeschäftigung kommt aber nur in Betracht, wenn im Umfang des vom Rentenversicherungsträger festgestellten Restleistungsvermögens eine Tätigkeit auf dem bisherigen oder auf einem anderen geeigneten und freien Arbeitsplatz noch möglich ist und dringende dienstliche bzw. betriebliche Gründe nicht entgegenstehen. Der Arbeitgeber ist aber nicht verpflichtet, durch Umorganisation einen neuen Arbeitsplatz zu schaffen, auf dem der Arbeitnehmer trotz seiner Beeinträchtigung beschäftigt werden könnte (vgl. Urteil des BAG vom 9. 8. 2000 – 7 AZR 749/98 – n. v. – sowie Urteil des LAG Niedersachsen vom 1. 12. 2000 – 12 Sa 1849/95 – ZTR 2001, S. 523). Der Beschäftigte, der weiterbeschäftigt werden möchte, muss seine Weiterbeschäftigung nach dem Wortlaut der Vorschrift innerhalb von zwei Wochen nach Zugang des Rentenbescheides schriftlich beantragen (Ausschlussfrist). Sowohl das Schriftformerfordernis als auch die relativ kurze Zweiwochenfrist sind vom BAG in seinen Urteilen vom 1. 12. 2004 – 7 AZR 135/04 – und vom 17. 3. 2016 – 6 AZR 221/15 – ausdrücklich bestätigt worden. Das BAG hat in seinem Urteil vom 23. 7. 2014 – 7 AZR 771/12 die entsprechende Regelung des § 33 Abs. 3 TV-L als im Kern verfassungskonform bestätigt. Die Zwei-Wochen-Frist beginne aber entgegen dem Wortlaut der Vorschrift erst mit der Beendigungsmitteilung durch den Arbeitgeber. Die Beendigungsmitteilung des Arbeitgebers ist demnach unabdingbar.

Endet der Monat, in dem die Beendigungsmitteilung zugestellt worden ist, noch vor Ablauf der 2-Wochen-Frist und hat der Beschäftigte den Antrag auf Weiterbeschäftigung bis zum Monatsschluss noch nicht gestellt, endet bzw. ruht das Arbeitsverhältnis mit Ablauf dieses Monats gemäß der Regelung in Absatz 1. Stellt der Beschäftigte den Antrag auf Weiterbeschäftigung sodann im Folgemonat, aber noch innerhalb der 2-Wochen-Frist, und ist eine Weiterbeschäftigung auch möglich, so fällt die Wirkung des Absatzes 1 nachträglich wieder weg.

Ist eine Weiterbeschäftigung nur mit geringerer Wochenstundenzahl möglich, muss der Arbeitsvertrag entsprechend geändert werden.

Eine Weiterbeschäftigung des Beschäftigten schließt die Anwendung des § 22 Abs. 4 Satz 2 nicht aus, so dass ab dem Zeitpunkt, von dem ab die Erwerbsminderungsrente zusteht, Krankenbezüge höchstens für den gesetzlichen Entgeltfortzahlungszeitraum von sechs Wochen gezahlt werden.

II

Sonderfälle (Abs. 4)

Absatz 4 regelt die Fälle, in denen nicht zeitgerecht ein Rentenbescheid vorliegt, weil der Beschäftigte den entsprechenden Rentenantrag (auf Rente wegen Erwerbsminderung) schuldhaft verzögert, er Altersrente für langjährig Versicherte (§ 236 SGB VI) oder für schwerbehinderte Menschen (§ 236a SGB VI) erhält, oder er nicht in der gesetzlichen Rentenversicherung versichert ist. In diesen Fällen tritt an die Stelle des Rentenbescheides das Gutachten eines Amtsarztes oder eines sonstigen nach § 3 Abs. 4 bestimmten Arztes. Das Arbeitsverhältnis endet somit mit Ablauf des Monats, in dem das entsprechende Gutachten dem Beschäftigten bekannt gegeben worden ist, frühestens aber zwei Wochen nach Zugang der schriftlichen Mitteilung des Arbeitgebers (siehe Erläuterungen zu Abs. 2 Satz 3).

Weiterbeschäftigung (Abs. 5)

Absatz 5 regelt den Fall, dass Beschäftigte über das Ende des Monats hinaus weiterbeschäftigt werden sollen in dem sie das Alter zum Bezug einer abschlagsfreien Regelaltersrente vollendet haben. Dies kann nach der Bestimmung in Satz 1 nur auf der Grundlage eines neuen schriftlichen Arbeitsvertrages erfolgen. Dieser unterliegt den Regeln des TVöD; lediglich hinsichtlich der Kündigungsmöglichkeiten gelten abweichende Fristen. In Satz 2 ist bestimmt, dass das Arbeitsverhältnis jederzeit mit einer Frist von vier Wochen zum Monatsende gekündigt werden kann; abweichende Vereinbarungen sind möglich. Das BAG hat mit Urteil vom 27. Januar 2011 – 6 AZR 382/09 – entschieden, dass die Stufenzuordnung eines unter den TVöD-VKA fallenden Beschäftigten, der nach der Beendigung seines Arbeitsverhältnisses wegen Erreichens der Altersgrenze aufgrund eines (sich unmittelbar anschließenden) neuen Arbeitsvertrages gemäß § 33 Abs. 5 TVöD weiterbeschäftigt wird, ebenso nach § 16 Abs. 2 TVöD-VKA zu erfolgen hat wie die eines Beschäftigten, der erstmals ein Arbeitsverhältnis mit dem Arbeitgeber begründet. Der Beschäftigte wird somit nach näherer Maßgabe des § 16 Abs. 2 TVöD-VKA höchstens der Stufe 3 zugewiesen, sofern der Arbeitgeber nicht nach § 16 Abs. 2 Satz 3 TVöD-VKA „förderliche Zeiten" anrechnet. Entsprechendes gilt nach der vergleichbaren Vorschrift des § 16 Abs. 3 TVöD-Bund für Beschäftigte der Entgeltgruppen 2 bis 8 des Bundes. Für die Beschäftigten der Entgeltgruppe 9 bis 15 des Bundes ist das Urteil im Ergebnis ohne Bedeutung; denn nach § 16 Abs. 2 TVöD-Bund sind Zeiten eines vorherigen Arbeitsverhältnisses zum Bund bei der Stufenzuordnung zu berücksichtigen.

Mit Wirkung vom 1. Juli 2014 ist eine gravierende Änderung eingetreten: Im Zuge des Gesetzes über Leistungsverbesserungen in der gesetzlichen Rentenversicherung (RV-Leistungsverbesserungsgesetz) vom 23. Juni 2014 (BGBl. I S. 787) wurde § 41 SGB VI um einen neuen Satz 3 ergänzt. Demnach können die Arbeitsvertragsparteien den tarifvertraglich vereinbarten Beendigungszeitpunkt (Regelaltersgrenze nach Abs. 1 Buchst. a einvernehmlich hinausschieben und das Arbeitsverhältnis zu unveränderten Bedingungen fortführen – ggf. auch mehrfach. Ein neuer Arbeitsvertrag ist dazu – anders als in Absatz 5 vorgesehen – nicht notwendig. Da es sich nicht um den Abschluss eines (neuen) befristeten Arbeitsverhältnisses handelt, bedarf es für das Hinausschieben des Beendigungszeitpunktes keines sachlichen Grundes; das Teilzeit- und Befristungsgesetz[1]) greift nicht. Dies hat das BAG mit Urteil vom 19. Dezember 2018 – 7 AZR 70/17 – im Kern bestätigt. Die Regelung in § 41 Satz 3 SGB VI genüge den verfassungsrechtlichen Vorgaben und sei nach der Entscheidung des Gerichtshofes der Europäischen Union vom 28. Februar 2018 (– C 46/17 – [John]) mit Unionsrecht vereinbar.

Im Zuge des 17. Änderungstarifvertrages vom 30. August 2019 haben die Tarifpartner § 33 Abs. 1 Buchst. a entsprechend klarstellend ergänzt, so dass sich bereits aus dieser Vorschrift der Fortbestand des Arbeitsverhältnisses in den Fällen des § 41 Satz 3 SGB VI ergibt.

Im Jahr 2024 hatte das BAG in einem Verfahren darüber zu entscheiden, ob die Verweigerung der Wiedereinstellung eine Diskriminierung aufgrund des Alters darstellen kann. Mit Urteil vom 25. April 2024 – 8 AZR 140/23 – entschied das BAG, dass die Ablehnung der Wiedereinstellung eines wegen Erreichens einer tarifvertraglichen Altersgrenze ausgeschiedenen Arbeitnehmers zugunsten eines jüngeren Bewerbers durchaus zulässig sein kann.

Informationspflichten des Arbeitgebers

Wegen der besonderen Informationspflichten des Arbeitgebers bei Kündigungen, Aufhebungsverträgen und Befristungen nach § 2 Abs. 2 Satz 2 Nr. 3 SGB III → Erläuterung zu § 34.

---

1) abgedruckt als Anhang 1 zu **210** § 30 TVöD

II

§ 34 Kündigung des Arbeitsverhältnisses

(1) [1]Bis zum Ende des sechsten Monats seit Beginn des Arbeitsverhältnisses beträgt die Kündigungsfrist zwei Wochen zum Monatsschluss. [2]Im Übrigen beträgt die Kündigungsfrist bei einer Beschäftigungszeit (Absatz 3 Satz 1 und 2)

bis zu einem Jahr	**ein Monat zum Monatsschluss,**
von mehr als einem Jahr	**6 Wochen,**
von mindestens 5 Jahren	**3 Monate,**
von mindestens 8 Jahren	**4 Monate,**
von mindestens 10 Jahren	**5 Monate,**
von mindestens 12 Jahren	**6 Monate**

zum Schluss eines Kalendervierteljahres.

(2)[1]) [1]Arbeitsverhältnisse von Beschäftigten, die das 40. Lebensjahr vollendet haben und für die die Regelungen des Tarifgebiets West Anwendung finden, können nach einer Beschäftigungszeit (Absatz 3 Satz 1 und 2) von mehr als 15 Jahren durch den Arbeitgeber nur aus einem wichtigen Grund gekündigt werden. [2]Soweit Beschäftigte nach den bis zum 30. September 2005 geltenden Tarifregelungen unkündbar waren, verbleibt es dabei.

(3) [1]Beschäftigungszeit ist die bei demselben Arbeitgeber im Arbeitsverhältnis zurückgelegte Zeit, auch wenn sie unterbrochen ist. [2]Unberücksichtigt bleibt die Zeit eines Sonderurlaubs gemäß § 28, es sei denn, der Arbeitgeber hat vor Antritt des Sonderurlaubs schriftlich ein dienstliches oder betriebliches Interesse anerkannt. [3]Wechseln Beschäftigte zwischen Arbeitgebern, die vom Geltungsbereich dieses Tarifvertrages erfasst werden, werden die Zeiten bei dem anderen Arbeitgeber als Beschäftigungszeit anerkannt. [4]Satz 3 gilt entsprechend bei einem Wechsel von einem anderen öffentlich-rechtlichen Arbeitgeber.

Erläuterungen

Auch wenn die Überschrift des § 34 TVöD etwas anderes vermuten lässt, so handelt es sich bei dieser Vorschrift letztlich nur um eine tarifvertragliche Regelung der Kündigungsfristen und der sogenannten Unkündbarkeit für bestimmte Beschäftigte. Diese Bereiche waren früher in den §§ 53, 55 BAT bzw. den entsprechenden Vorschriften für Arbeiter geregelt.

Im Übrigen ist hinsichtlich der Kündigung weiterhin das allgemeine Arbeitsrecht (des BGB und des Kündigungsschutzgesetzes) und die in den letzten Jahr(zehnt)en dazu gewachsene Rechtsprechung zu beachten.

§ 34 Abs. 3 enthält eine – im Vergleich zum bisherigen Recht weiter gefasste – Definition des Begriffes der Beschäftigungszeit. Die war bis-

---

[1]) Die Regelung zur ordentlichen Unkündbarkeit gemäß Absatz 2 wird gleichermaßen auf alle Beschäftigten im Geltungsbereich des TVöD und unabhängig vom Tarifgebiet angewandt, siehe Teil B Nr. 4 Buchst. b) der unter **150** abgedruckten Tarifeinigung.

lang in § 19 (und § 50 Abs. 3) BAT bzw. den vergleichbaren Regelungen für Arbeiter geregelt.

1. Allgemeines zur Kündigung

Die ordentliche Kündigung

Unter der ordentlichen Kündigung versteht man eine Maßnahme, ein auf unbestimmte Zeit abgeschlossenes (also unbefristetes) Arbeitsverhältnis unter Einhaltung bestimmter (gesetzlicher, tarifvertraglicher oder arbeitsvertraglicher) Fristen zu beenden.

Berechtigt zur Kündigung sind der Arbeitgeber und der Arbeitnehmer. Die Kündigung ist eine einseitige, grundsätzlich bedingungsfeindliche, empfangsbedürftige und unwiderrufliche Willenserklärung. Der Kündigende kann daher die Kündigung nicht einseitig widerrufen oder zurücknehmen. Selbstverständlich können sich die Vertragspartner aber einvernehmlich darauf verständigen, dass eine Kündigung nicht vollzogen und das Arbeitsverhältnis fortgesetzt wird.

Die Änderungskündigung

Die sogenannte Änderungskündigung ist eine Variante der „normalen" Kündigung – es handelt sich folglich um eine echte Kündigung. Abweichend von der Beendigungskündigung hat der Beschäftigte im Fall der Änderungskündigung aber die Wahl, ob er das Arbeitsverhältnis zu den vom Arbeitgeber für die Zukunft angebotenen (in der Regel verschlechterten) Arbeitsbedingungen fortsetzen möchte, oder ob er das Angebot ablehnt. Lehnt er das Angebot ab, endet das Arbeitsverhältnis fristgemäß. Der Beschäftigte kann das Angebot auch unter Vorbehalt annehmen und die soziale Rechtfertigung der Änderungskündigung durch die Arbeitsgerichte im Rahmen eines Kündigungsschutzprozesses nachprüfen lassen.

Die außerordentliche Kündigung

Die Regeln der außerordentlichen Kündigung ergeben sich aus § 626 BGB. Demnach kann das Dienstverhältnis von jedem Vertragsteil aus wichtigem Grund ohne Einhaltung einer Kündigungsfrist gekündigt werden, wenn Tatsachen vorliegen, auf Grund derer dem Kündigenden unter Berücksichtigung aller Umstände des Einzelfalles und unter Abwägung der Interessen beider Vertragsteile die Fortsetzung des Dienstverhältnisses bis zum Ablauf der Kündigungsfrist oder bis zu der vereinbarten Beendigung des Dienstverhältnisses nicht zugemutet werden kann.

Wichtige Gründe i. S. dieser Vorschrift können beispielsweise sein:

- Androhung einer Krankheit für den Fall, dass der Arbeitgeber Urlaub nicht bewilligt bzw. nicht verlängert (BAG v. 5. 11. 1992 – 2 AZR 147/92 – AP Nr. 4 zu § 626 BGB Krankheit),
- beharrliche Arbeitsverweigerung (BAG v. 21. 11. 1996 – 2 AZR 357/95 – AP Nr. 130 zu § 626 BGB),

- Diebstahl, grundsätzlich auch von Sachen von geringem Wert (Die recht strengen Grundsätze des sogenannten Bienenstich-Urteils des BAG v. 17. 5. 1984 – 2 AZR 3/83, NZA 1985, 91 – hat das BAG im sogenannten Emmely-Urteil vom 10. 6. 2010 – 2 AZR 5541/09 – ein wenig aufgeweicht. Zwar hat das BAG in diesem Verfahren weiterhin auch dann eine fristlose Kündigung für grundsätzlich möglich gehalten, wenn der Vermögensschaden des Arbeitgebers gering ist. Es sieht darin aber keinen „absoluten Kündigungsgrund" mehr. Vielmehr müsse „unter Berücksichtigung aller Umstände des Einzelfalls und unter Abwägung der Interessen beider Vertragsteile" beurteilt werden, ob ein wichtiger Grund im Sinne des § 626 Abs. 1 BGB vorliege. Unter Umständen könne im Einzelfall [wie im Fall Emmely, wo ein Vermögensschaden von 1,30 Euro einem seit mehr als 30 Jahren ungestörten Arbeitsverhältnis gegenüberstand] auch eine Abmahnung in Betracht kommen.),
- Gleitzeitbetrug
  (BAG v. 27. 1. 1977 – 2 AZR 77/76 – AP Nr. 7 zu § 103 BetrVG 1972, BAG v. 9. 6. 2011 – 2 AZR 381/10 und vom 26. 9. 2013 – 2 AZR 682/12),
- Schmiergeldannahme
  (BAG v. 17. 8. 1972 – 2 AZR 425/71 – AP Nr. 65 zu § 626 BGB),
- schwere Straftaten (außerhalb des Dienstes)
  (BAG v. 6. 8. 2000 – 2 AZR 638/99 – AP Nr. 163 zu § 626 BAG),
- Stalking (im Urteilsfall gegenüber einer Kollegin)
  (BAG v. 19. 4. 2012 – 2 AZR 258/11),
- unerlaubte Selbstbeurlaubung
  (BAG v. 20. 5. 2021 – 2 AZR 457/20),
- ggf. ernstliche Drohung des Arbeitnehmers mit Gefahren für Leib oder Leben von Vorgesetzten oder Arbeitskollegen und/oder deren Verwandten
  (BAG v. 28. 2. 2023 – 2 AZR 194/22).

Die Kündigung kann nur innerhalb von zwei Wochen erfolgen. Die Frist beginnt aber erst mit dem Zeitpunkt, in dem der Kündigungsberechtigte von den für die Kündigung maßgebenden Tatsachen Kenntnis erlangt.

Der Kündigende muss dem anderen Teil auf Verlangen den Kündigungsgrund unverzüglich schriftlich mitteilen.

Es ist durchaus zulässig, neben einer außerordentlichen Kündigung hilfsweise ordentlich zu kündigen. Eine Umdeutung der außerordentlichen in eine ordentliche Kündigung ist aber nur möglich, wenn aus der Kündigung oder sonst eindeutig erkennbar ist, dass das Arbeitsverhältnis in jedem Fall, d. h. auch wenn die Kündigungsgründe für eine außerordentliche Kündigung nicht ausreichen sollten, beendet werden soll.

Schriftform

Die Beendigung des Arbeitsverhältnisses durch Kündigung (oder Auflösungsvertrag) bedarf zu ihrer Wirksamkeit gemäß § 623 BGB ausnahmslos der Schriftform; die elektronische Form (also Kündigung durch E-Mail, SMS etc.) ist ausdrücklich ausgeschlossen. Einer besonderen tariflichen Regelung (wie z. B. in § 57 BAT) bedurfte es nicht. Die Außerachtlassung der Schriftform hat die Nichtigkeit der Kündigung zur Folge (siehe z. B. Urteil des BAG vom 9. 2. 1972 – 4 AZR 149/71 – AP Nr. 1 zu § 4 BAT).

2. Die gesetzlichen Grenzen durch das Kündigungsschutzgesetz und andere Gesetze

Das Kündigungsrecht des Arbeitgebers ist durch verschiedene gesetzliche Regelungen eingeschränkt worden. Das Kündigungsrecht des Arbeitnehmers wird dadurch nicht begrenzt.

Kündigungsschutzgesetz[1])

Geltungsbereich: Das Kündigungsschutzgesetz (KSchG) gilt nur in Verwaltungen und Betrieben mit mindestens fünf Arbeitnehmern (ohne Auszubildende). In Verwaltungen mit weniger als zehn Arbeitnehmern gilt der Kündigungsschutz nicht für nach dem 31. Dezember 2003 eingestellte Arbeitnehmer (§ 23 Abs. 1 KSchG). Bei der Feststellung der durchschnittlichen Arbeitnehmerzahl werden Teilzeitbeschäftigte mit einer regelmäßigen wöchentlichen Arbeitszeit von bis zu 20 Stunden mit 0,5, bei bis zu 30 Stunden mit 0,75 berücksichtigt (§ 23 Abs. 1 Satz 4 KSchG).

Geschützter Personenkreis: Der Schutz des Kündigungsschutzgesetzes tritt ein für Arbeitnehmer, deren Arbeitsverhältnis ohne Unterbrechung mehr als sechs Monate bestanden hat.

Folgen des Kündigungsschutzes: Wenn das Kündigungsschutzgesetz Anwendung findet, ist eine Kündigung nur wirksam, wenn sie nicht sozial ungerechtfertigt ist. Nach der Definition in § 1 Abs. 2 Satz 1 KSchG gibt es nur drei Fallgruppen von Gründen, die zur sozialen Rechtfertigung einer Kündigung führen, und zwar

- personenbedingte,
- verhaltensbedingte und
- betriebsbedingte Gründe.

---

[1]) abgedruckt als **Anhang 1**

Personenbedingte Kündigung

Als personenbedingter Kündigungsgrund kommt – neben z. B. den Fällen fehlender Arbeits- oder Berufserlaubnis – insbesondere die Beeinträchtigung des Arbeitsverhältnisses durch Krankheit des Beschäftigten in Betracht. Dazu ist nach der gefestigten Rechtsprechung der Arbeitsgerichtsbarkeit in einem dreistufigen Prüfverfahren (ggf. unter Beteiligung von Ärzten) zunächst zu prüfen, ob in der Vergangenheit krankheitsbedingte Fehlzeiten zu erheblichen Beeinträchtigungen des Arbeitsverhältnisses (z. B. durch Kosten, Produktionsausfälle, Vertretungsbedarf, etc.) geführt haben.

Danach ist in einem zweiten Schritt eine Prognose über die zukünftige Arbeitsunfähigkeit des Beschäftigten zu stellen. Während z. B. eine ausgestandene Bruchverletzung – auch wenn sie in der zurückliegenden Zeit erhebliche Fehlzeiten verursacht hat – für die Zukunft keine weiteren Ausfallzeiten erwarten lässt, wird bei chronischen Rückenleiden häufig von weiteren Fehlzeiten auszugehen sein. In einem dritten Schritt sind die Interessen der Vertragspartner gegeneinander abzuwägen; insbesondere ist zu prüfen, ob dem Arbeitgeber die Weiterbeschäftigung zuzumuten ist. Dies wird bei einem älteren Arbeitnehmer nach einem langjährigen ungestörten Arbeitsverhältnis anders zu beurteilen sein als bei einem, erst kurze Zeit Beschäftigten, der ständig krankheitsbedingt ausgefallen ist.

Von der Tendenz stellt die Rechtsprechung im Fall der krankheitsbedingten Kündigung strenge Anforderungen an die soziale Rechtfertigung einer Kündigung (vgl. BAG vom 12. 3. 1968 – 1 AZR 413/67, AP Nr. 1 zu § 1 KSchG 1951 Krankheit, sowie BAG vom 25. 11. 1982 – 2 AZR 140/81, AP Nr. 7 zu § 1 KSchG 1969 Krankheit –). Häufige, nicht nur kurzfristige Krankheiten können eine Kündigung sozial rechtfertigen (BAG vom 19. 8. 1976 – 3 AZR 512/75, AP Nr. 2 zu § 1 KSchG 1969 Krankheit –). Dies gilt insbesondere auch dann, wenn im Augenblick der Kündigung weiterhin mit sich wiederholenden Erkrankungen zu rechnen ist, die sich belastend auf den Betrieb auswirken. Entsprechendes gilt nach dem Urteil des BAG v. 21. 5. 1992 – 2 AZR 399/91, AP Nr. 30 zu § 1 KSchG 1969 Krankheit – in den Fällen, in denen der Arbeitnehmer bereits längere Zeit (hier 1,5 Jahre) krank und im Zeitpunkt der Kündigung die Wiederherstellung der Arbeitsfähigkeit noch völlig ungewiss war. Diese Ungewissheit kann wie eine feststehende dauernde Arbeitsunfähigkeit zu einer erheblichen Beeinträchtigung betrieblicher Interessen führen. Nach gefestigter Rechtsprechung des BAG – siehe z. B. Urteil vom 5. 7. 1990 – 2 AZR 154/90, AP Nr. 26 zu § 1 KSchG 1969 Krankheit – kann eine Kündigung auch bei häufigen Kurzerkrankungen sozial gerechtfertigt sein.

Ist ein Arbeitnehmer auf Dauer krankheitsbedingt nicht mehr in der Lage, die geschuldete Arbeit auf seinem bisherigen Arbeitsplatz zu leisten, so ist er nach dem Urteil des BAG vom 29. 1. 1997 – 2 AZR 9/96 – (NZA 13/1997 S. 709) zur Vermeidung einer Kündigung auf einem leidensgerechten Arbeitsplatz im Betrieb oder Unternehmen weiter zu beschäftigen, falls ein solch gleichwertiger oder jedenfalls zumutbarer Arbeitsplatz frei und der Arbeitnehmer für die dort zu leistende Arbeit geeignet ist. Gegebenenfalls hat der Arbeitgeber einen solchen Arbeitsplatz durch Ausübung seines Direktionsrechts frei zu machen und sich – falls erforderlich – auch um die eventuell erforderliche Zustimmung der Personalvertretung zu bemühen. Zu einer weitergehenden Umorganisation ist der Arbeitgeber dagegen nicht verpflichtet.

Die Frage, ob eine Krankheit auf betriebliche Ursachen zurückzuführen ist, ist nach dem Urteil des BAG v. 6. 9. 1989 – 2 AZR 118/89 – (RdA 1990 S. 61) im Rahmen der Interessenabwägung von erheblicher Bedeutung. In solchen Fällen trägt der Arbeitgeber die Darlegungs- und Beweislast dafür, dass ein solcher vom Arbeitnehmer behaupteter ursächlicher Zusammenhang **nicht** besteht.

Die Beurteilung einer Kündigung wegen Alkoholismus richtet sich nach der gefestigten Rechtsprechung des BAG (s. z. B. Urteile vom 22. 12. 2012 – 2 AZR 32/11 und vom 20. 3. 2014 – 2 AZR 565/12) nach den Grundsätzen über die personenbedingte Kündigung. Aus den Besonderheiten der Trunksucht kann sich aber die Notwendigkeit ergeben, an die Prognose im Hinblick auf die weitere Entwicklung der Alkoholabhängigkeit geringere Anforderungen zu stellen. Ist der Arbeitnehmer im Zeitpunkt der Kündigung nicht therapiebereit, kann davon ausgegangen werden, dass er von dieser Krankheit in absehbarer Zeit nicht geheilt wird. Eine von ihm nach Ausspruch der Kündigung durchgeführte Therapie und ihr Ergebnis können daher nicht zur Korrektur der Prognose herangezogen werden (BAG vom 9. 4. 1987 – 2 AZR 210/86 – Betriebs-Berater 1987 S. 1815 –).

Nach der Entscheidung des BAG vom 12. 12. 1984 – 7 AZR 418/83 – AP Nr. 21 zu Art. 140 GG – kann bei einem in einem katholischen Krankenhaus beschäftigten Assistenzarzt der Austritt aus der katholischen Kirche einen personenbedingten Grund für eine ordentliche Kündigung darstellen.

Nach dem Urteil des BAG vom 24. 3. 2011 – 2 AZR 790/09 – ist die Verbüßung einer mehrjährigen Freiheitsstrafe grundsätzlich geeignet, die ordentliche Kündigung des Arbeitsverhältnisses zu rechtfertigen. Haben die der strafgerichtlichen Verurteilung zugrunde liegenden

Taten keinen Bezug zum Arbeitsverhältnis, kommt regelmäßig nur eine personenbedingte Kündigung in Betracht. Sowohl bei den Anforderungen an den Kündigungsgrund als auch bei der einzelfallbezogenen Interessenabwägung ist nach Meinung des BAG zu berücksichtigen, dass der Arbeitnehmer seine Leistungsunmöglichkeit und die damit einhergehende Störung des Arbeitsverhältnisses selbst zu vertreten hat. Dem Arbeitgeber sind deshalb zur Überbrückung der Fehlzeit typischerweise geringere Anstrengungen und Belastungen zuzumuten als bei einer Verhinderung des Arbeitnehmers etwa wegen Krankheit. Zudem ist auf die voraussichtliche Dauer der Leistungsunmöglichkeit Bedacht zu nehmen. Jedenfalls dann, wenn gegen den Arbeitnehmer rechtskräftig eine Freiheitsstrafe von mehr als zwei Jahren verhängt worden ist, kann der Arbeitgeber den Arbeitsplatz nach Auffassung des BAG in der Regel dauerhaft neu besetzen. Die Kündigung des inhaftierten Beschäftigten ist aus einem in der Person des Klägers liegenden Grund gerechtfertigt. Dies hat das BAG mit Urteil vom 23. 3. 2013 – 2 AZR 120/12 – bestätigt.

Verhaltensbedingte Kündigung

Die Gründe für eine verhaltensbedingte Kündigung sind mit denen einer außerordentlichen Kündigung vergleichbar. Hauptunterschied ist aber, dass die Gründe hinsichtlich ihrer Schwere und ihrer Auswirkungen geringer einzustufen sind und es dem Arbeitgeber zuzumuten ist, den Beschäftigten bis zum Ende der ordentlichen Kündigungsfrist weiter zu beschäftigen. In der Regel ist auch eine vorherige Abmahnung erforderlich, damit der Beschäftigte sein Fehlverhalten abstellen kann. Erst wenn er es nicht tut, ist die Kündigung möglich.

Während das BAG die Arbeitsverhinderung aufgrund einer längeren Haftstrafe als Sachgrund für eine personenbedingte Kündigung angesehen hat (s. o.), dürfte eine verhaltensbedingte Kündigung zumindest in den Fällen ausscheiden, in denen die Haftgründe in außerdienstlichem Fehlverhalten zu suchen sind. In § 41 TVöD BT-V wurde die Regelung des § 8 Abs. 1 Satz 1 BAT („Der Angestellte hat sich so zu verhalten, wie es von Angehörigen des ö. D. erwartet wird.") nicht übernommen. Das BAG hat daraus in zwei bemerkenswerten Urteilen (vom 10. 9. 2009 – 2 AZR 257/08 und 28. 10. 2010 – 2 AZR 293/09) geschlossen, dass an das nebenberufliche Verhalten der nicht hoheitlich tätigen Beschäftigten keine erhöhten Ansprüche gestellt werden dürfen. Selbst kriminelle Handlungen bzw. entsprechende Strafen mit außerdienstlichem Hintergrund rechtfertigen nach Auffassung des BAG grundsätzlich nicht die Kündigung des Beschäftigten, aus verhaltensbedingten Gründen. Im Einzelfall hält das BAG allerdings eine personenbedingte Kündigung für möglich, weil auch außerdienstliche Straftaten Eignungsmängel des Beschäftigten darstellen können (s. Urteil vom 10. April 2014 – 2 AZR 684/13; im Urteil ging es um den Handel mit Betäubungsmitteln).

Wegen der Kündigungsmöglichkeiten im Falle der Missachtung politischer Treuepflichten siehe bei § 41 TVöD.

Betriebsbedingte Kündigung

Gründe für eine betriebsbedingte Kündigung sind gegeben, wenn aufgrund von Aufgabenfortfall (z. B. durch geänderte Rahmenbedingungen wie deutlich zurückgehende Zahlen von Asylbewerbern oder Spätaussiedlern) oder durch Rationalisierungsmaßnahmen ein Arbeitsmangel eintritt. Ein betriebliches Erfordernis im Sinne des Kündigungsschutzgesetzes liegt im öffentlichen Dienst auch dann vor, wenn durch den Haushaltsplan bestimmte, nach sachlichen Merkmalen bezeichnete Stellen gestrichen werden. Allgemeine Sparmaßnahmen reichen nicht aus.

Als Besonderheit ist bei betriebsbedingten Kündigungen im öffentlichen Dienst die Vorschrift des § 1 Abs. 2 Satz 2 Nr. 2 Buchst. b KSchG zu beachten. Der dortige Grundsatz, dass eine Versetzung der Kündigung vorzuziehen und die Kündigung nur als letzte denkbare Maßnahme in Betracht kommt („Umsetzung geht vor Freisetzung") schränkt die Kündigungsmöglichkeiten des öffentlichen Arbeitgebers erheblich ein.

Als weitere Besonderheit ist innerhalb des Geltungsbereiches der – auch nach Inkrafttreten des TVöD weiter geltenden – Rationalisierungsschutztarifverträge die darin vereinbarte weitere Einschränkung der Kündigungsmöglichkeiten und die soziale Abfederung eventueller Kündigungen zu beachten.

Weitere gesetzliche Grenzen

Neben dem oben dargestellten allgemeinen Kündigungsschutz nach dem Kündigungsschutzgesetz ist z. B. in folgenden Fällen aufgrund besonderer gesetzlicher Regelungen i. d. R. eine Kündigung nicht möglich:

- § 17 MuSchG: Kündigung ab 280 Tagen vor dem voraussichtlichen Entbindungstermin (so BAG-Urteil vom 24. 11. 2022 – 2 AZR 11/22) und bis zum Ablauf von vier Monaten nach der Entbindung
- § 18 BEEG: Kündigungsschutz vor der Elternzeit und während der Elternzeit

- § 5 Pflegezeitgesetz: Kündigungsschutz während der Pflegezeit[1])
- § 2 Abs. 3 Familienpflegezeitgesetz[2]): Entsprechende Anwendung des § 5 PflegeZG während der Familienpflegezeit
- § 168 SGB IX: Kündigung eines schwerbehinderten Menschen bedarf der Zustimmung des Integrationsamtes
- § 2 ArbPlSchG: Kündigung während einer Wehrübung
- § 15 Abs. 2 KSchG: Kündigung eines Mitgliedes einer Personalvertretung
- § 179 Abs. 3 SGB IX: Kündigung der Vertrauenspersonen schwerbehinderter Menschen
- § 2 Abs. 3 Abgeordnetengesetz: Kündigung wegen Annahme oder Ausübung eines Bundestagsmandates

3. Beteiligung der Personalvertretung

Nach dem Bundespersonalvertretungsgesetz bzw. den Personalvertretungsgesetzen der Länder – ggf. bei ausgegliederten Gesellschaften „am Rande des öffentlichen Dienstes" auch aus dem Betriebsverfassungsgesetz – ergeben sich Beteiligungsrechte der Personalvertretung im Falle der Kündigung. Zur Liste der Personalvertretungsgesetze → Erläuterung 5 zu § 2 Abs. 1.

Eine nicht ordnungsgemäß erfolgte Beteiligung der Personalvertretung führt zur Unwirksamkeit der Kündigung.

Zu beachten ist, dass nur die Kündigungsgründe zum Tragen kommen können, die der Personalvertretung genannt worden sind.

Soll im Falle der außerordentlichen Kündigung hilfsweise eine ordentliche Kündigung ausgesprochen werden, oder geht es um die Umdeutung einer außerordentlichen in eine ordentliche Kündigung, so setzt dies die entsprechende Information/Beteiligung/Anhörung der Personalvertretung voraus.

4. Informationspflichten des Arbeitgebers

Nach § 2 Abs. 2 Satz 2 Nr. 3 SGB III soll der Arbeitgeber den Arbeitnehmer vor der Beendigung des Arbeitsverhältnisses frühzeitig über die Notwendigkeit eigener Aktivitäten bei der Suche nach einer anderen Beschäftigung sowie über die Verpflichtung unverzüglicher Meldung bei der Agentur für Arbeit informieren, ihn hierzu freistellen und die

---

[1]) abgedruckt als Anhang 1 unter **210** § 29 TVöD

[2]) abgedruckt als Anhang 1 unter **210** § 11 TVöD

Teilnahme an erforderlichen Qualifizierungsmaßnahmen ermöglichen.

Im Zusammenhang hiermit steht der seit dem 1. Juli 2003 geltende § 37b SGB III (ab 1. Januar 2009 § 38 SGB III), der eine Person, deren Arbeitsverhältnis endet, verpflichtet, sich spätestens drei Monate vor dessen Beendigung persönlich bei der Agentur für Arbeit arbeitsuchend zu melden. Die Pflicht zur Meldung besteht unabhängig davon, ob der Fortbestand des Arbeitsverhältnisses gerichtlich geltend gemacht wird. Für Auszubildende in betrieblicher Ausbildung gilt die Verpflichtung zur frühzeitigen Meldung grundsätzlich nicht, da über die weitere berufliche Situation meist erst unmittelbar nach der Abschlussprüfung entschieden werden kann.

Hat sich der Arbeitslose entgegen § 38 SGB III nicht unverzüglich arbeitsuchend gemeldet, droht nach § 159 SGB III eine Sperrzeit.

Um der gesetzlichen Informationspflicht des Arbeitgebers zu genügen, ist zu empfehlen, im Falle der Kündigung oder Aufhebung eines Arbeitsvertrages (z. B. 58er-Regelung, goldener Handschlag), sowie bei Abschluss befristeter Arbeitsverträge wie folgt vorzugehen:

a) **Kündigung/Aufhebung eines Arbeitsvertrages**

In das Kündigungsschreiben oder in den Aufhebungsvertrag sollte folgender Mustertext aufgenommen werden:

„Zur Aufrechterhaltung ungekürzter Ansprüche auf Arbeitslosengeld sind Sie verpflichtet, sich spätestens drei Monate vor Ablauf des Beschäftigungsverhältnisses persönlich bei der Agentur für Arbeit arbeitsuchend zu melden. Weiterhin sind Sie verpflichtet, aktiv nach einer Beschäftigung zu suchen."

b) **Abschluss eines befristeten Arbeitsvertrages**

Bereits bei Abschluss des befristeten Arbeitsvertrages sollte folgender Mustertext aufgenommen werden:

„Zur Aufrechterhaltung ungekürzter Ansprüche auf Arbeitslosengeld sind Sie verpflichtet, sich spätestens drei Monate vor Ablauf des Vertragsverhältnisses persönlich bei der Agentur für Arbeit arbeitsuchend zu melden. Sofern dieses Arbeitsverhältnis für eine kürzere Dauer als drei Monate befristet ist, besteht diese Verpflichtung innerhalb von drei Tagen nach Abschluss des Vertrages. Weiterhin sind Sie verpflichtet, aktiv nach einer Beschäftigung zu suchen."

Zur ergänzenden Information veröffentlicht und aktualisiert die Bundesagentur für Arbeit regelmäßig den „Leitfaden zur frühzeitigen Arbeitsuchendmeldung (§ 38 Abs. 1 SGB III) und Durchführung von Berufsberatung (§ 38 Abs. 2 SGB III)" und hält darüber hinaus eine

Vielzahl von Merkblättern und Informationsmaterial für Beschäftigte bzw. Arbeitslose sowie Arbeitgeber bereit.

Es wird empfohlen, den betroffenen Beschäftigten das Merkblatt bei Beendigung des Arbeitsverhältnisses auszuhändigen. Die Unterlassung der Informationspflicht durch den Arbeitgeber führt nicht zu Schadensersatzpflichten (Urteil des BAG vom 29. 9. 2005 – 8 AZR 571/04).

5. Die Tarifvorschrift (§ 34)

Kündigungsfristen (Abs. 1)

Die Vorschrift des Absatzes 1 ist als abweichende Regelung i. S. d. § 622 Abs. 4 BGB zu sehen; sie ersetzt die Kündigungsfristen des BGB (§ 622 Abs. 1 bis 3 BGB). Dies gilt auch für nicht tarifgebundene Arbeitgeber und Arbeitnehmer, wenn die Anwendung des § 34 TVöD zwischen ihnen vereinbart worden ist (§ 622 Abs. 4 Satz 2 BGB). Nach Betriebszugehörigkeit gestaffelte Kündigungsfristen verletzen nach der zur vergleichbaren Vorschrift des § 622 Abs. 2 Satz 1 BGB ergangenen Entscheidung des BAG vom 18. September 2014 – 6 AZR 636/13 – das Verbot der mittelbaren Altersdiskriminierung des Allgemeinen Gleichbehandlungsgesetzes nicht.

Zwar führe die Differenzierung der Kündigungsfrist nach der Dauer der Betriebszugehörigkeit zu einer mittelbaren Benachteiligung jüngerer Arbeitnehmer. Die Verlängerung der Kündigungsfristen durch § 622 Abs. 2 Satz 1 BGB verfolge jedoch das rechtmäßige Ziel, länger beschäftigten und damit betriebstreuen, typischerweise älteren Arbeitnehmern durch längere Kündigungsfristen einen verbesserten Kündigungsschutz zu gewähren. Zur Erreichung dieses Ziels sei die Verlängerung auch in ihrer konkreten Staffelung angemessen und erforderlich. Darum liege keine mittelbare Diskriminierung wegen des Alters vor.

Die Kündigungsfristen gelten sowohl für den Arbeitgeber als auch den Beschäftigten. Kommt der Beschäftigte während der auch von ihm einzuhaltenden Kündigungsfrist seiner Arbeitsverpflichtung nicht mehr nach, kann er sich schadensersatzpflichtig machen (siehe BAG-Urteil v. 20. 12. 1990 – 2 AZR 412/90 – AP Nr. 3 zu § 53 BAT).

Unkündbare Beschäftigte (Abs. 2)

Bei Beschäftigten des Tarifgebietes West, die das 40. Lebensjahr vollendet haben, tritt nach Satz 1 der Vorschrift weiterhin nach einer Beschäftigungszeit (→ zu Absatz 3) von 15 Jahren ein erweiterter Kündigungsschutz ein. Entsprechendes gilt gemäß Satz 2 für Beschäftigte, die nach bisherigem Recht unkündbar waren. Die Betroffenen sind nur noch aus in ihrer Person oder ihrem Verhalten liegendem wichtigem Grund (also außerordentlich – s. o.) kündbar. Andere wichtige Gründe, insbesondere dringende betriebliche Erfordernisse, berechtigen nicht zur fristlosen Beendigung des Arbeitsverhältnisses. Die Anknüpfung an ein Mindestalter legt den Verdacht eines möglichen Verstoßes gegen das Diskriminierungsverbot (der jüngeren Beschäftigten) des Allgemeinen Gleichbehandlungsgesetzes (AGG) nahe. Zwar hat das BAG nach Kenntnis des Verfassers bislang zu dieser Tarifregelung noch keine Entscheidung getroffen. Die Entscheidungen vom 20. Juni 2013 – 2 AZR 295/12 sowie vom 7. Juli 2011 – 2 AZR 355/10 (dort Rn. 26 f.) – lassen aber vermuten, dass das BAG einen etwaigen Verstoß gegen das Diskriminierungsverbot als durch ein legitimes Ziel i. S. d. § 10 AGG gerechtfertigt und die Regelung daher als rechtswirksam ansehen würde.

Kommt ausnahmsweise eine außerordentliche Kündigung wegen krankheitsbedingter Fehlzeiten in Betracht, ist grundsätzlich eine der ordentlichen Kündigungsfrist (also sechs Monate zum Schluss des Kalendervierteljahres) entsprechende Auslauffrist einzuhalten (siehe BAG-Urteil v. 18. 10. 2000 – 2 AZR 627/99 – DB 2001 S. 388).

Beschäftigungszeit (Abs. 3)

In Absatz 3 haben die Tarifparteien definiert, was sie unter dem Begriff der Beschäftigungszeit, der für den Eintritt der Unkündbarkeit, aber z. B. auch für die Dauer der Bezugsfristen des Krankengeldzuschusses von Bedeutung ist, verstehen.

Beschäftigungszeit ist demnach die bei demselben Arbeitgeber (→ aber Satz 3 und 4!) im Arbeitsverhältnis (also nicht als Beamter – so BAG v. 29. 6. 2017 – 6 AZR 364/16 –, Auszubildender, Praktikant etc.) zurückgelegte Zeit. Unterbrechungen sind unschädlich. Dies gilt auch für Unterbrechungen in Folge von Sonderurlaub i. S. v. § 28 TVöD. Die Zeit der Beurlaubung zählt aber nur dann als Beschäftigungszeit, wenn der Arbeitgeber vor Antritt des Sonderurlaubs ein dienstliches oder betriebliches Interesse an der Beurlaubung anerkannt hat. Satz 3 und 4 bestimmen – als Ausnahme von Satz 1, dass auch frühere Zeiten bei einem anderen Arbeitgeber, der unter den Geltungsbereich des TVöD fällt, und Zeiten bei einem anderen öffentlich-rechtlichen Arbeitgeber (der u. U. unter den TV-L fällt) als Beschäftigungszeit anerkannt werden. Voraussetzung dafür ist aber ein „Wechsel" von dem anderen zum jetzigen Arbeitgeber. Liegen andere Zeiten (z. B.

in der Privatwirtschaft oder als Beamter) dazwischen, scheidet die Anrechnung aus – s. BAG v. 29. 6. 2017 – 6 AZR 364/16. In seinem Urteil vom 19. 11. 2020 – 6 AZR 417/19 – hat das BAG klargestellt, dass nur die Beschäftigungszeit beim unmittelbar vorangegangenen Arbeitgeber berücksichtigt werden kann.

Für den Bereich des Bundes hat das BMI mit Rundschreiben vom 12. 5. 2021 übertariflich zugelassen, dass abweichend vom Urteil des Bundesarbeitsgerichts vom 19. 11. 2020 bei der Festsetzung der Beschäftigungszeit alle vorherigen Zeiten bei einem Arbeitgeber nach § 34 Absatz 3 Satz 3 und 4 als Beschäftigungszeit für die Berechnung der Dauer des Krankengeldzuschusses (§ 22 Absatz 3 TVöD) und das Jubiläumsgeld (§ 23 Absatz 2 TVöD) anerkannt werden können.

Bei der Berechnung der Kündigungsfristen nach § 34 Absatz 1 und der Unkündbarkeit nach Absatz 2 wird nur die Beschäftigungszeit nach „Absatz 3 Satz 1 und 2" berücksichtigt (so auch BAG v. 22. 2. 2018 – 6 AZR 137/17). Die bei anderen Arbeitgebern des öffentlichen Dienstes zurückgelegten Zeiten wirken sich somit nur auf die Jubiläumszeit (§ 23 Absatz 2) und die Bezugsdauer des Krankengeldzuschusses (§ 22 Absatz 3) aus.

Die Berücksichtigung bestimmter Zeiten als Beschäftigungszeit kann sich auch aus gesetzlichen Bestimmungen, deren Voraussetzungen und Auswirkungen im Einzelfall zu prüfen sind, ergeben. Hierzu gehören z. B. Zeiten

- im Soldatenverhältnis bei der Bundeswehr nach dem Soldatenversorgungsgesetz,
- des Grundwehrdienstes und der Wehrübungen nach dem Arbeitsplatzschutzgesetz,
- der Teilnahme an Eignungsübungen i. S. d. Eignungsübungsgesetz bzw. der Verordnung zum Eignungsübungsgesetzes,
- im Polizeivollzugs- oder Grenzschutzdienst des Bundes nach dem Bundespolizeigesetz,
- im Zivilschutz nach dem Zivilschutzgesetz,
- im Dienst als THW-Helfer nach dem THW-Helferrechtsgesetz,
- im Katastrophenschutz nach den Katastrophenschutzgesetzen,
- im Bergbau unter Tage nach den Gesetzen über den Bergmannsversorgungsschein des Landes Nordrhein-Westfalen und des Saarlandes.

Übergangsvorschriften

Für die vom bisherigen Recht in den TVöD übergeleiteten Beschäftigten enthalten § 14 TVÜ-Bund bzw. § 14 TVÜ-VKA[1]) Übergangsbestimmungen, die im Wesentlichen den Fortbestand der bis zum 30. September 2005 erreichten Beschäftigungszeiten sichern.

Eine Neuberechnung der vor dem 1. Oktober 2005 zurückgelegten Zeit ist nicht vorgesehen. Insbesondere werden nicht die alten Zeiten unter Berücksichtigung der neuen Rechtslage des § 34 Abs. 3 TVöD neu bewertet.

In der Überleitungs-Vorschrift des Bundes ist dabei klargestellt, dass für den Eintritt der Unkündbarkeit vor der Wiedervereinigung im Osten zurückgelegte Zeiten unberücksichtigt bleiben.

Die Überleitungs-Vorschrift im TVÜ-VKA bestimmt in Absatz 3 ergänzend zur Regelung der Unkündbarkeit in § 34 Abs. 2 TVöD, dass aus dem Geltungsbereich des BMT-G übergeleitete Beschäftigte, die am 30. September 2005 eine Beschäftigungszeit (§ 6 BMT-G ohne die nach § 68a BMT-G berücksichtigten Ost-Zeiten) von mindestens zehn Jahren zurückgelegt haben, abweichend von § 34 Abs. 2 Satz 1 TVöD den besonderen Kündigungsschutz „nach Maßgabe des § 52 Abs. 1 BMT-G" (also nach 15 Jahren Beschäftigungszeit ohne Mindestalter) noch erlangen.

---

[1]) TVÜ-VKA abgedruckt unter **280**

II

Anhang 1

Kündigungsschutzgesetz (KSchG)

in der Fassung der Bekanntmachung vom 25. August 1969 (BGBl. I S. 1317)

Zuletzt geändert durch Betriebsrätemodernisierungsgesetz vom 14. Juni 2021 (BGBl. I S. 1762)

Erster Abschnitt Allgemeiner Kündigungsschutz

§ 1 Sozial ungerechtfertigte Kündigungen

(1) Die Kündigung des Arbeitsverhältnisses gegenüber einem Arbeitnehmer, dessen Arbeitsverhältnis in demselben Betrieb oder Unternehmen ohne Unterbrechung länger als sechs Monate bestanden hat, ist rechtsunwirksam, wenn sie sozial ungerechtfertigt ist.

(2) [1]Sozial ungerechtfertigt ist die Kündigung, wenn sie nicht durch Gründe, die in der Person oder in dem Verhalten des Arbeitnehmers liegen, oder durch dringende betriebliche Erfordernisse, die einer Weiterbeschäftigung des Arbeitnehmers in diesem Betrieb entgegenstehen, bedingt ist. [2]Die Kündigung ist auch sozial ungerechtfertigt, wenn

1. in Betrieben des privaten Rechts
   a) die Kündigung gegen eine Richtlinie nach § 95 des Betriebsverfassungsgesetzes verstößt,
   b) der Arbeitnehmer an einem anderen Arbeitsplatz in demselben Betrieb oder in einem anderen Betrieb des Unternehmens weiterbeschäftigt werden kann

   und der Betriebsrat oder eine andere nach dem Betriebsverfassungsgesetz insoweit zuständige Vertretung der Arbeitnehmer aus einem dieser Gründe der Kündigung innerhalb der Frist des § 102 Abs. 2 Satz 1 des Betriebsverfassungsgesetzes schriftlich widersprochen hat,
2. in Betrieben und Verwaltungen des öffentlichen Rechts
   a) die Kündigung gegen eine Richtlinie über die personelle Auswahl bei Kündigungen verstößt,
   b) der Arbeitnehmer an einem anderen Arbeitsplatz in derselben Dienststelle oder in einer anderen Dienststelle desselben Verwaltungszweiges an demselben Dienstort einschließlich seines Einzugsgebietes weiterbeschäftigt werden kann

und die zuständige Personalvertretung aus einem dieser Gründe fristgerecht gegen die Kündigung Einwendungen erhoben hat, es sei denn, daß die Stufenvertretung in der Verhandlung mit der übergeordneten Dienststelle die Einwendungen nicht aufrechterhalten hat.

[3]Satz 2 gilt entsprechend, wenn die Weiterbeschäftigung des Arbeitnehmers nach zumutbaren Umschulungs- oder Fortbildungsmaßnahmen oder eine Weiterbeschäftigung des Arbeitnehmers unter geänderten Arbeitsbedingungen möglich ist und der Arbeitnehmer sein Einverständnis hiermit erklärt hat. [4]Der Arbeitgeber hat die Tatsachen zu beweisen, die die Kündigung bedingen.

(3) [1]Ist einem Arbeitnehmer aus dringenden betrieblichen Erfordernissen im Sinne des Absatzes 2 gekündigt worden, so ist die Kündigung trotzdem sozial ungerechtfertigt, wenn der Arbeitgeber bei der Auswahl des Arbeitnehmers die Dauer der Betriebszugehörigkeit, das Lebensalter, die Unterhaltspflichten und die Schwerbehinderung des Arbeitnehmers nicht oder nicht ausreichend berücksichtigt hat; auf Verlangen des Arbeitnehmers hat der Arbeitgeber dem Arbeitnehmer die Gründe anzugeben, die zu der getroffenen sozialen Auswahl geführt haben. [2]In die soziale Auswahl nach Satz 1 sind Arbeitnehmer nicht einzubeziehen, deren Weiterbeschäftigung, insbesondere wegen ihrer Kenntnisse, Fähigkeiten und Leistungen oder zur Sicherung einer ausgewogenen Personalstruktur des Betriebes, im berechtigten betrieblichen Interesse liegt. [3]Der Arbeitnehmer hat die Tatsachen zu beweisen, die die Kündigung als sozial ungerechtfertigt im Sinne des Satzes 1 erscheinen lassen.

(4) Ist in einem Tarifvertrag, in einer Betriebsvereinbarung nach § 95 des Betriebsverfassungsgesetzes oder in einer entsprechenden Richtlinie nach den Personalvertretungsgesetzen festgelegt, wie die sozialen Gesichtspunkte nach Absatz 3 Satz 1 im Verhältnis zueinander zu bewerten sind, so kann die Bewertung nur auf grobe Fehlerhaftigkeit überprüft werden.

(5) [1]Sind bei einer Kündigung auf Grund einer Betriebsänderung nach § 111 des Betriebsverfassungsgesetzes die Arbeitnehmer, denen gekündigt werden soll, in einem Interessenausgleich zwischen Arbeitgeber und Betriebsrat namentlich bezeichnet, so wird vermutet, dass die Kündigung durch dringende betriebliche Erfordernisse im Sinne des Absatzes 2 bedingt ist. [2]Die soziale Auswahl der Arbeitnehmer kann nur auf grobe Fehlerhaftigkeit überprüft werden. [3]Die Sätze 1 und 2 gelten nicht, soweit sich die Sachlage nach Zustandekommen des Interessenausgleichs wesentlich geändert hat. [4]Der Interessenaus-

gleich nach Satz 1 ersetzt die Stellungnahme des Betriebsrates nach § 17 Abs. 3 Satz 2.

§ 1a Abfindungsanspruch bei betriebsbedingter Kündigung

(1) [1]Kündigt der Arbeitgeber wegen dringender betrieblicher Erfordernisse nach § 1 Abs. 2 Satz 1 und erhebt der Arbeitnehmer bis zum Ablauf der Frist des § 4 Satz 1 keine Klage auf Feststellung, dass das Arbeitsverhältnis durch die Kündigung nicht aufgelöst ist, hat der Arbeitnehmer mit dem Ablauf der Kündigungsfrist Anspruch auf eine Abfindung. [2]Der Anspruch setzt den Hinweis des Arbeitgebers in der Kündigungserklärung voraus, dass die Kündigung auf dringende betriebliche Erfordernisse gestützt ist und der Arbeitnehmer bei Verstreichenlassen der Klagefrist die Abfindung beanspruchen kann.

(2) [1]Die Höhe der Abfindung beträgt 0,5 Monatsverdienste für jedes Jahr des Bestehens des Arbeitsverhältnisses. [2]§ 10 Abs. 3 gilt entsprechend. [3]Bei der Ermittlung der Dauer des Arbeitsverhältnisses ist ein Zeitraum von mehr als sechs Monaten auf ein volles Jahr aufzurunden.

§ 2 Änderungskündigung

[1]Kündigt der Arbeitgeber das Arbeitsverhältnis und bietet er dem Arbeitnehmer im Zusammenhang mit der Kündigung die Fortsetzung des Arbeitsverhältnisses zu geänderten Arbeitsbedingungen an, so kann der Arbeitnehmer dieses Angebot unter dem Vorbehalt annehmen, daß die Änderung der Arbeitsbedingungen nicht sozial ungerechtfertigt ist (§ 1 Abs. 2 Satz 1 bis 3, Abs. 3 Satz 1 und 2). [2]Diesen Vorbehalt muß der Arbeitnehmer dem Arbeitgeber innerhalb der Kündigungsfrist, spätestens jedoch innerhalb von drei Wochen nach Zugang der Kündigung erklären.

§ 3 Kündigungseinspruch

[1]Hält der Arbeitnehmer eine Kündigung für sozial ungerechtfertigt, so kann er binnen einer Woche nach der Kündigung Einspruch beim Betriebsrat einlegen. [2]Erachtet der Betriebsrat den Einspruch für begründet, so hat er zu versuchen, eine Verständigung mit dem Arbeitgeber herbeizuführen. [3]Er hat seine Stellungnahme zu dem Einspruch dem Arbeitnehmer und dem Arbeitgeber auf Verlangen schriftlich mitzuteilen.

§ 4 Anrufung des Arbeitsgerichts

[1]Will ein Arbeitnehmer geltend machen, dass eine Kündigung sozial ungerechtfertigt oder aus anderen Gründen rechtsunwirksam ist, so muss er innerhalb von drei Wochen nach Zugang der schriftlichen Kün-

II

digung Klage beim Arbeitsgericht auf Feststellung erheben, dass das Arbeitsverhältnis durch die Kündigung nicht aufgelöst ist. [2]Im Falle des § 2 ist die Klage auf Feststellung zu erheben, daß die Änderung der Arbeitsbedingungen sozial ungerechtfertigt oder aus anderen Gründen rechtsunwirksam ist. [3]Hat der Arbeitnehmer Einspruch beim Betriebsrat eingelegt (§ 3), so soll er der Klage die Stellungnahme des Betriebsrates beifügen. [4]Soweit die Kündigung der Zustimmung einer Behörde bedarf, läuft die Frist zur Anrufung des Arbeitsgerichtes erst von der Bekanntgabe der Entscheidung der Behörde an den Arbeitnehmer ab.

§ 5 Zulassung verspäteter Klagen

(1) [1]War ein Arbeitnehmer nach erfolgter Kündigung trotz Anwendung aller ihm nach Lage der Umstände zuzumutenden Sorgfalt verhindert, die Klage innerhalb von drei Wochen nach Zugang der schriftlichen Kündigung zu erheben, so ist auf seinen Antrag die Klage nachträglich zuzulassen. [2]Gleiches gilt, wenn eine Frau von ihrer Schwangerschaft aus einem von ihr nicht zu vertretenden Grund erst nach Ablauf der Frist des § 4 Satz 1 Kenntnis erlangt hat.

(2) [1]Mit dem Antrag ist die Klageerhebung zu verbinden; ist die Klage bereits eingereicht, so ist auf sie im Antrag Bezug zu nehmen. [2]Der Antrag muß ferner die Angabe der die nachträgliche Zulassung begründenden Tatsachen und der Mittel für deren Glaubhaftmachung enthalten.

(3) [1]Der Antrag ist nur innerhalb von zwei Wochen nach Behebung des Hindernisses zulässig. [2]Nach Ablauf von sechs Monaten, vom Ende der versäumten Frist an gerechnet, kann der Antrag nicht mehr gestellt werden.

(4) [1]Das Verfahren über den Antrag auf nachträgliche Zulassung ist mit dem Verfahren über die Klage zu verbinden. [2]Das Arbeitsgericht kann das Verfahren zunächst auf die Verhandlung und Entscheidung über den Antrag beschränken. [3]In diesem Fall ergeht die Entscheidung durch Zwischenurteil, das wie ein Endurteil angefochten werden kann.

(5) [1]Hat das Arbeitsgericht über einen Antrag auf nachträgliche Klagezulassung nicht entschieden oder wird ein solcher Antrag erstmals vor dem Landesarbeitsgericht gestellt, entscheidet hierüber die Kammer des Landesarbeitsgerichts. [2]Absatz 4 gilt entsprechend.

§ 6 Verlängerte Anrufungsfrist

[1]Hat ein Arbeitnehmer innerhalb von drei Wochen nach Zugang der schriftlichen Kündigung im Klagewege geltend gemacht, dass eine

rechtswirksame Kündigung nicht vorliege, so kann er sich in diesem Verfahren bis zum Schluss der mündlichen Verhandlung erster Instanz zur Begründung der Unwirksamkeit der Kündigung auch auf innerhalb der Klagefrist nicht geltend gemachte Gründe berufen. [2]Das Arbeitsgericht soll ihn hierauf hinweisen.

II

§ 7 Wirksamwerden der Kündigung

Wird die Rechtsunwirksamkeit einer Kündigung nicht rechtzeitig geltend gemacht (§ 4 Satz 1, §§ 5 und 6), so gilt die Kündigung als von Anfang an rechtswirksam; ein vom Arbeitnehmer nach § 2 erklärter Vorbehalt erlischt.

§ 8 Wiederherstellung der früheren Arbeitsbedingungen

Stellt das Gericht im Falle des § 2 fest, daß die Änderung der Arbeitsbedingungen sozial ungerechtfertigt ist, so gilt die Änderungskündigung als von Anfang an rechtsunwirksam.

§ 9 Auflösung des Arbeitsverhältnisses durch Urteil des Gerichts; Abfindung des Arbeitnehmers

(1) [1]Stellt das Gericht fest, daß das Arbeitsverhältnis durch die Kündigung nicht aufgelöst ist, ist jedoch dem Arbeitnehmer die Fortsetzung des Arbeitsverhältnisses nicht zuzumuten, so hat das Gericht auf Antrag des Arbeitnehmers das Arbeitsverhältnis aufzulösen und den Arbeitgeber zur Zahlung einer angemessenen Abfindung zu verurteilen. [2]Die gleiche Entscheidung hat das Gericht auf Antrag des Arbeitgebers zu treffen, wenn Gründe vorliegen, die eine den Betriebszwecken dienliche weitere Zusammenarbeit zwischen Arbeitgeber und Arbeitnehmer nicht erwarten lassen. [3]Arbeitnehmer und Arbeitgeber können den Antrag auf Auflösung des Arbeitsverhältnisses bis zum Schluß der letzten mündlichen Verhandlung in der Berufungsinstanz stellen.

(2) Das Gericht hat für die Auflösung des Arbeitsverhältnisses den Zeitpunkt festzusetzen, an dem es bei sozial gerechtfertigter Kündigung geendet hätte.

§ 10 Höhe der Abfindung

(1) Als Abfindung ist ein Betrag bis zu zwölf Monatsverdiensten festzusetzen.

(2) [1]Hat der Arbeitnehmer das fünfzigste Lebensjahr vollendet und hat das Arbeitsverhältnis mindestens fünfzehn Jahre bestanden, so ist ein Betrag bis zu fünfzehn Monatsverdiensten, hat der Arbeitnehmer das fünfundfünfzigste Lebensjahr vollendet und hat das Arbeitsver-

hältnis mindestens zwanzig Jahre bestanden, so ist ein Betrag bis zu achtzehn Monatsverdiensten festzusetzen. [2]Dies gilt nicht, wenn der Arbeitnehmer in dem Zeitpunkt, den das Gericht nach § 9 Abs. 2 für die Auflösung des Arbeitsverhältnisses festsetzt, das in der Vorschrift des Sechsten Buches Sozialgesetzbuch über die Regelaltersrente bezeichnete Lebensalter erreicht hat.

(3) Als Monatsverdienst gilt, was dem Arbeitnehmer bei der für ihn maßgebenden regelmäßigen Arbeitszeit in dem Monat, in dem das Arbeitsverhältnis endet (§ 9 Abs. 2), an Geld- und Sachbezügen zusteht.

§ 11 Anrechnung auf entgangenen Zwischenverdienst

Besteht nach der Entscheidung des Gerichts das Arbeitsverhältnis fort, so muß sich der Arbeitnehmer auf das Arbeitsentgelt, das ihm der Arbeitgeber für die Zeit nach der Entlassung schuldet, anrechnen lassen,

1. was er durch anderweitige Arbeit verdient hat,
2. was er hätte verdienen können, wenn er es nicht böswillig unterlassen hätte, eine ihm zumutbare Arbeit anzunehmen,
3. was ihm an öffentlich-rechtlichen Leistungen infolge Arbeitslosigkeit aus der Sozialversicherung, der Arbeitslosenversicherung, der Sicherung des Lebensunterhalts nach dem Zweiten Buch Sozialgesetzbuch oder der Sozialhilfe für die Zwischenzeit gezahlt worden ist. Diese Beträge hat der Arbeitgeber der Stelle zu erstatten, die sie geleistet hat.

§ 12 Neues Arbeitsverhältnis des Arbeitnehmers; Auflösung des alten Arbeitsverhältnisses

[1]Besteht nach der Entscheidung des Gerichts das Arbeitsverhältnis fort, ist jedoch der Arbeitnehmer inzwischen ein neues Arbeitsverhältnis eingegangen, so kann er binnen einer Woche nach der Rechtskraft des Urteils durch Erklärung gegenüber dem alten Arbeitgeber die Fortsetzung des Arbeitsverhältnisses bei diesem verweigern. [2]Die Frist wird auch durch eine vor ihrem Ablauf zur Post gegebene schriftliche Erklärung gewahrt. [3]Mit dem Zugang der Erklärung erlischt das Arbeitsverhältnis. [4]Macht der Arbeitnehmer von seinem Verweigerungsrecht Gebrauch, so ist ihm entgangener Verdienst nur für die Zeit zwischen der Entlassung und dem Tage des Eintritts in das neue Arbeitsverhältnis zu gewähren. [5]§ 11 findet entsprechende Anwendung.

§ 13 Außerordentliche, sittenwidrige und sonstige Kündigungen

(1) [1]Die Vorschriften über das Recht zur außerordentlichen Kündigung eines Arbeitsverhältnisses werden durch das vorliegende Gesetz nicht

II

berührt. [2]Die Rechtsunwirksamkeit einer außerordentlichen Kündigung kann jedoch nur nach Maßgabe des § 4 Satz 1 und der §§ 5 bis 7 geltend gemacht werden. [3]Stellt das Gericht fest, dass die außerordentliche Kündigung unbegründet ist, ist jedoch dem Arbeitnehmer die Fortsetzung des Arbeitsverhältnisses nicht zuzumuten, so hat auf seinen Antrag das Gericht das Arbeitsverhältnis aufzulösen und den Arbeitgeber zur Zahlung einer angemessenen Abfindung zu verurteilen. [4]Das Gericht hat für die Auflösung des Arbeitsverhältnisses den Zeitpunkt festzulegen, zu dem die außerordentliche Kündigung ausgesprochen wurde. [5]Die Vorschriften der §§ 10 bis 12 gelten entsprechend.

(2) Verstößt eine Kündigung gegen die guten Sitten, so finden die Vorschriften des § 9 Abs. 1 Satz 1 und Abs. 2 und der §§ 10 bis 12 entsprechende Anwendung.

(3) Im Übrigen finden die Vorschriften dieses Abschnitts mit Ausnahme der §§ 4 bis 7 auf eine Kündigung, die bereits aus anderen als den in § 1 Abs. 2 und 3 bezeichneten Gründen rechtsunwirksam ist, keine Anwendung.

§ 14 Angestellte in leitender Stellung

(1) Die Vorschriften dieses Abschnitts gelten nicht

1. in Betrieben einer juristischen Person für die Mitglieder des Organs, das zur gesetzlichen Vertretung der juristischen Person berufen ist,
2. in Betrieben einer Personengesamtheit für die durch Gesetz, Satzung oder Gesellschaftsvertrag zur Vertretung der Personengesamtheit berufenen Personen.

(2) [1]Auf Geschäftsführer, Betriebsleiter und ähnliche leitende Angestellte, soweit diese zur selbständigen Einstellung oder Entlassung von Arbeitnehmern berechtigt sind, finden die Vorschriften dieses Abschnitts mit Ausnahme des § 3 Anwendung. [2]§ 9 Abs. 1 Satz 2 findet mit der Maßgabe Anwendung, daß der Antrag des Arbeitgebers auf Auflösung des Arbeitsverhältnisses keiner Begründung bedarf.

Zweiter Abschnitt
Kündigungsschutz im Rahmen der Betriebsverfassung und Personalvertretung

§ 15 Unzulässigkeit der Kündigung

(1) [1]Die Kündigung eines Mitglieds eines Betriebsrats, einer Jugend- und Auszubildendenvertretung, einer Bordvertretung oder eines Seebetriebsrats ist unzulässig, es sei denn, daß Tatsachen vorliegen, die den Arbeitgeber zur Kündigung aus wichtigem Grund ohne Einhal-

tung einer Kündigungsfrist berechtigen, und daß die nach § 103 des Betriebsverfassungsgesetzes erforderliche Zustimmung vorliegt oder durch gerichtliche Entscheidung ersetzt ist. [2]Nach Beendigung der Amtszeit ist die Kündigung eines Mitglieds eines Betriebsrats, einer Jugend- und Auszubildendenvertretung oder eines Seebetriebsrats innerhalb eines Jahres, die Kündigung eines Mitglieds einer Bordvertretung innerhalb von sechs Monaten, jeweils vom Zeitpunkt der Beendigung der Amtszeit an gerechnet, unzulässig, es sei denn, daß Tatsachen vorliegen, die den Arbeitgeber zur Kündigung aus wichtigem Grund ohne Einhaltung einer Kündigungsfrist berechtigen; dies gilt nicht, wenn die Beendigung der Mitgliedschaft auf einer gerichtlichen Entscheidung beruht.

(2) [1]Die Kündigung eines Mitglieds einer Personalvertretung, einer Jugend- und Auszubildendenvertretung oder einer Jugendvertretung ist unzulässig, es sei denn, daß Tatsachen vorliegen, die den Arbeitgeber zur Kündigung aus wichtigem Grund ohne Einhaltung einer Kündigungsfrist berechtigen, und daß die nach dem Personalvertretungsrecht erforderliche Zustimmung vorliegt oder durch gerichtliche Entscheidung ersetzt ist. [2]Nach Beendigung der Amtszeit der in Satz 1 genannten Personen ist ihre Kündigung innerhalb eines Jahres, vom Zeitpunkt der Beendigung der Amtszeit an gerechnet, unzulässig, es sei denn, daß Tatsachen vorliegen, die den Arbeitgeber zur Kündigung aus wichtigem Grund ohne Einhaltung einer Kündigungsfrist berechtigen; dies gilt nicht, wenn die Beendigung der Mitgliedschaft auf einer gerichtlichen Entscheidung beruht.

(3) [1]Die Kündigung eines Mitglieds eines Wahlvorstands ist vom Zeitpunkt seiner Bestellung an, die Kündigung eines Wahlbewerbers vom Zeitpunkt der Aufstellung des Wahlvorschlags an, jeweils bis zur Bekanntgabe des Wahlergebnisses unzulässig, es sei denn, daß Tatsachen vorliegen, die den Arbeitgeber zur Kündigung aus wichtigem Grund ohne Einhaltung einer Kündigungsfrist berechtigen, und daß die nach § 103 des Betriebsverfassungsgesetzes oder nach dem Personalvertretungsrecht erforderliche Zustimmung vorliegt oder durch eine gerichtliche Entscheidung ersetzt ist. [2]Innerhalb von sechs Monaten nach Bekanntgabe des Wahlergebnisses ist die Kündigung unzulässig, es sei denn, daß Tatsachen vorliegen, die den Arbeitgeber zur Kündigung aus wichtigem Grund ohne Einhaltung einer Kündigungsfrist berechtigen; dies gilt nicht für Mitglieder des Wahlvorstands, wenn dieser durch gerichtliche Entscheidung durch einen anderen Wahlvorstand ersetzt worden ist.

(3a) [1]Die Kündigung eines Arbeitnehmers, der zu einer Betriebs-, Wahl- oder Bordversammlung nach § 17 Abs. 3, § 17a Nr. 3 Satz 2,

§ 115 Abs. 2 Nr. 8 Satz 1 des Betriebsverfassungsgesetzes einlädt oder die Bestellung eines Wahlvorstands nach § 16 Abs. 2 Satz 1, § 17 Abs. 4, § 17a Nr. 4, § 63 Abs. 3, § 115 Abs. 2 Nr. 8 Satz 2 oder § 116 Abs. 2 Nr. 7 Satz 5 des Betriebsverfassungsgesetzes beantragt, ist vom Zeitpunkt der Einladung oder Antragstellung an bis zur Bekanntgabe des Wahlergebnisses unzulässig, es sei denn, dass Tatsachen vorliegen, die den Arbeitgeber zur Kündigung aus wichtigem Grund ohne Einhaltung einer Kündigungsfrist berechtigen; der Kündigungsschutz gilt für die ersten sechs in der Einladung oder die ersten drei in der Antragstellung aufgeführten Arbeitnehmer. [2]Wird ein Betriebsrat, eine Jugend- und Auszubildendenvertretung, eine Bordvertretung oder ein Seebetriebsrat nicht gewählt, besteht der Kündigungsschutz nach Satz 1 vom Zeitpunkt der Einladung oder Antragstellung an drei Monate.

(3b) [1]Die Kündigung eines Arbeitnehmers, der Vorbereitungshandlungen zur Errichtung eines Betriebsrats oder einer Bordvertretung unternimmt und eine öffentlich beglaubigte Erklärung mit dem Inhalt abgegeben hat, dass er die Absicht hat, einen Betriebsrat oder eine Bordvertretung zu errichten, ist unzulässig, soweit sie aus Gründen erfolgt, die in der Person oder in dem Verhalten des Arbeitnehmers liegen, es sei denn, dass Tatsachen vorliegen, die den Arbeitgeber zur Kündigung aus wichtigem Grund ohne Einhaltung einer Kündigungsfrist berechtigen. [2]Der Kündigungsschutz gilt von der Abgabe der Erklärung nach Satz 1 bis zum Zeitpunkt der Einladung zu einer Betriebs-, Wahl- oder Bordversammlung nach § 17 Absatz 3, § 17a Nummer 3 Satz 2, § 115 Absatz 2 Nummer 8 Satz 1 des Betriebsverfassungsgesetzes, längstens jedoch für drei Monate.

(4) Wird der Betrieb stillgelegt, so ist die Kündigung der in den Absätzen 1 bis 3a genannten Personen frühestens zum Zeitpunkt der Stilllegung zulässig, es sei denn, daß ihre Kündigung zu einem früheren Zeitpunkt durch zwingende betriebliche Erfordernisse bedingt ist.

(5) [1]Wird eine der in den Absätzen 1 bis 3a genannten Personen in einer Betriebsabteilung beschäftigt, die stillgelegt wird, so ist sie in eine andere Betriebsabteilung zu übernehmen. [2]Ist dies aus betrieblichen Gründen nicht möglich, so findet auf ihre Kündigung die Vorschrift des Absatzes 4 über die Kündigung bei Stillegung des Betriebs sinngemäß Anwendung.

§ 16 Neues Arbeitsverhältnis; Auflösung des alten Arbeitsverhältnisses

[1]Stellt das Gericht die Unwirksamkeit der Kündigung einer der in § 15 Absatz 1 bis 3b genannten Personen fest, so kann diese Person, falls sie inzwischen ein neues Arbeitsverhältnis eingegangen ist, binnen einer

Woche nach Rechtskraft des Urteils durch Erklärung gegenüber dem alten Arbeitgeber die Weiterbeschäftigung bei diesem verweigern. [2]Im übrigen finden die Vorschriften des § 11 und des § 12 Satz 2 bis 4 entsprechende Anwendung.

Dritter Abschnitt
Anzeigepflichtige Entlassungen

§ 17 Anzeigepflicht

(1) [1]Der Arbeitgeber ist verpflichtet, der Agentur für Arbeit Anzeige zu erstatten, bevor er

1. in Betrieben mit in der Regel mehr als 20 und weniger als 60 Arbeitnehmern mehr als 5 Arbeitnehmer,
2. in Betrieben mit in der Regel mindestens 60 und weniger als 500 Arbeitnehmern 10 vom Hundert der im Betrieb regelmäßig beschäftigten Arbeitnehmer oder aber mehr als 25 Arbeitnehmer,
3. in Betrieben mit in der Regel mindestens 500 Arbeitnehmern mindestens 30 Arbeitnehmer

innerhalb von 30 Kalendertagen entläßt. [2]Den Entlassungen stehen andere Beendigungen des Arbeitsverhältnisses gleich, die vom Arbeitgeber veranlaßt werden.

(2) [1]Beabsichtigt der Arbeitgeber, nach Absatz 1 anzeigepflichtige Entlassungen vorzunehmen, hat er dem Betriebsrat rechtzeitig die zweckdienlichen Auskünfte zu erteilen und ihn schriftlich insbesondere zu unterrichten über

1. die Gründe für die geplanten Entlassungen,
2. die Zahl und die Berufsgruppen der zu entlassenden Arbeitnehmer,
3. die Zahl und die Berufsgruppen der in der Regel beschäftigten Arbeitnehmer,
4. den Zeitraum, in dem die Entlassungen vorgenommen werden sollen,
5. die vorgesehenen Kriterien für die Auswahl der zu entlassenden Arbeitnehmer,
6. die für die Berechnung etwaiger Abfindungen vorgesehenen Kriterien.

[2]Arbeitgeber und Betriebsrat haben insbesondere die Möglichkeiten zu beraten, Entlassungen zu vermeiden oder einzuschränken und ihre Folgen zu mildern.

(3) [1]Der Arbeitgeber hat gleichzeitig der Agentur für Arbeit eine Abschrift der Mitteilung an den Betriebsrat zuzuleiten; sie muß zumindest die in Absatz 2 Satz 1 Nr. 1 bis 5 vorgeschriebenen Angaben enthalten. [2]Die Anzeige nach Absatz 1 ist schriftlich unter Beifügung

II

der Stellungnahme des Betriebsrates zu den Entlassungen zu erstatten. [3]Liegt eine Stellungnahme des Betriebsrates nicht vor, so ist die Anzeige wirksam, wenn der Arbeitgeber glaubhaft macht, daß er den Betriebsrat mindestens zwei Wochen vor Erstattung der Anzeige nach Absatz 2 Satz 1 unterrichtet hat, und er den Stand der Beratungen darlegt. [4]Die Anzeige muß Angaben über den Namen des Arbeitgebers, den Sitz und die Art des Betriebes enthalten, ferner die Gründe für die geplanten Entlassungen, die Zahl und die Berufsgruppen der zu entlassenden und der in der Regel beschäftigten Arbeitnehmer, den Zeitraum, in dem die Entlassungen vorgenommen werden sollen und die vorgesehenen Kriterien für die Auswahl der zu entlassenden Arbeitnehmer. [5]In der Anzeige sollen ferner im Einvernehmen mit dem Betriebsrat für die Arbeitsvermittlung Angaben über Geschlecht, Alter, Beruf und Staatsangehörigkeit der zu entlassenden Arbeitnehmer gemacht werden. [6]Der Arbeitgeber hat dem Betriebsrat eine Abschrift der Anzeige zuzuleiten. [7]Der Betriebsrat kann gegenüber der Agentur für Arbeit weitere Stellungnahmen abgeben. [8]Er hat dem Arbeitgeber eine Abschrift der Stellungnahme zuzuleiten.

(3a) [1]Die Auskunfts-, Beratungs- und Anzeigepflichten nach den Absätzen 1 bis 3 gelten auch dann, wenn die Entscheidung über die Entlassungen von einem den Arbeitgeber beherrschenden Unternehmen getroffen wurde. [2]Der Arbeitgeber kann sich nicht darauf berufen, daß das für die Entlassungen verantwortliche Unternehmen die notwendigen Auskünfte nicht übermittelt hat.

(4) [1]Das Recht zur fristlosen Entlassung bleibt unberührt. [2]Fristlose Entlassungen werden bei Berechnung der Mindestzahl der Entlassungen nach Absatz 1 nicht mitgerechnet.

(5) Als Arbeitnehmer im Sinne dieser Vorschrift gelten nicht

1. in Betrieben einer juristischen Person die Mitglieder des Organs, das zur gesetzlichen Vertretung der juristischen Person berufen ist,
2. in Betrieben einer Personengesamtheit die durch Gesetz, Satzung oder Gesellschaftsvertrag zur Vertretung der Personengesamtheit berufenen Personen,
3. Geschäftsführer, Betriebsleiter und ähnliche leitende Personen, soweit diese zur selbständigen Einstellung oder Entlassung von Arbeitnehmern berechtigt sind.

§ 18 Entlassungssperre

(1) Entlassungen, die nach § 17 anzuzeigen sind, werden vor Ablauf eines Monats nach Eingang der Anzeige bei der Agentur für Arbeit nur mit deren Zustimmung wirksam; die Zustimmung kann auch rückwirkend bis zum Tage der Antragstellung erteilt werden.

(2) Die Agentur für Arbeit kann im Einzelfall bestimmen, daß die Entlassungen nicht vor Ablauf von längstens zwei Monaten nach Eingang der Anzeige bei der Agentur für Arbeit wirksam werden.

(3) (weggefallen)

(4) Soweit die Entlassungen nicht innerhalb von 90 Tagen nach dem Zeitpunkt, zu dem sie nach den Absätzen 1 und 2 zulässig sind, durchgeführt werden, bedarf es unter den Voraussetzungen des § 17 Abs. 1 einer erneuten Anzeige.

§ 19 Zulässigkeit von Kurzarbeit

(1) Ist der Arbeitgeber nicht in der Lage, die Arbeitnehmer bis zu dem in § 18 Abs. 1 und 2 bezeichneten Zeitpunkt voll zu beschäftigen, so kann die Bundesagentur für Arbeit zulassen, daß der Arbeitgeber für die Zwischenzeit Kurzarbeit einführt.

(2) Der Arbeitgeber ist im Falle der Kurzarbeit berechtigt, Lohn oder Gehalt der mit verkürzter Arbeitszeit beschäftigten Arbeitnehmer entsprechend zu kürzen; die Kürzung des Arbeitsentgelts wird jedoch erst von dem Zeitpunkt an wirksam, an dem das Arbeitsverhältnis nach den allgemeinen gesetzlichen oder den vereinbarten Bestimmungen enden würde.

(3) Tarifvertragliche Bestimmungen über die Einführung, das Ausmaß und die Bezahlung von Kurzarbeit werden durch die Absätze 1 und 2 nicht berührt.

§ 20 Entscheidungen der Agentur für Arbeit

(1) [1]Die Entscheidungen der Agentur für Arbeit nach § 18 Abs. 1 und 2 trifft deren Geschäftsführung oder ein Ausschuß (Entscheidungsträger). [2]Die Geschäftsführung darf nur dann entscheiden, wenn die Zahl der Entlassungen weniger als 50 beträgt.

(2) [1]Der Ausschuß setzt sich aus dem Geschäftsführer, der Geschäftsführerin oder dem oder der Vorsitzenden der Geschäftsführung der Agentur für Arbeit oder einem von ihm oder ihr beauftragten Angehörigen der Agentur für Arbeit als Vorsitzenden und je zwei Vertretern der Arbeitnehmer, der Arbeitgeber und der öffentlichen Körperschaften zusammen, die von dem Verwaltungsausschuss der Agentur für Arbeit benannt werden. [2]Er trifft seine Entscheidungen mit Stimmenmehrheit.

(3) [1]Der Entscheidungsträger hat vor seiner Entscheidung den Arbeitgeber und den Betriebsrat anzuhören. [2]Dem Entscheidungsträger sind, insbesondere vom Arbeitgeber und Betriebsrat, die von ihm für die Beurteilung des Falles erforderlich gehaltenen Auskünfte zu erteilen.

II

(4) Der Entscheidungsträger hat sowohl das Interesse des Arbeitgebers als auch das der zu entlassenden Arbeitnehmer, das öffentliche Interesse und die Lage des gesamten Arbeitsmarktes unter besonderer Beachtung des Wirtschaftszweiges, dem der Betrieb angehört, zu berücksichtigen.

§ 21 Entscheidungen der Zentrale der Bundesagentur für Arbeit

[1]Für Betriebe, die zum Geschäftsbereich des Bundesministers für Verkehr oder des Bundesministers für Post- und Telekommunikation gehören, trifft, wenn mehr als 500 Arbeitnehmer entlassen werden sollen, ein gemäß § 20 Abs. 1 bei der Zentrale der Bundesagentur für Arbeit zu bildender Ausschuß die Entscheidungen nach § 18 Abs. 1 und 2. [2]Der zuständige Bundesminister kann zwei Vertreter mit beratender Stimme in den Ausschuß entsenden. [3]Die Anzeigen nach § 17 sind in diesem Falle an die Zentrale der Bundesagentur für Arbeit zu erstatten. [4]Im übrigen gilt § 20 Abs. 1 bis 3 entsprechend.

§ 22 Ausnahmebetriebe

(1) Auf Saisonbetriebe und Kampagne-Betriebe finden die Vorschriften dieses Abschnittes bei Entlassungen, die durch diese Eigenart der Betriebe bedingt sind, keine Anwendung.

(2) [1]Keine Saisonbetriebe oder Kampagne-Betriebe sind Betriebe des Baugewerbes, in denen die ganzjährige Beschäftigung nach dem Dritten Buch Sozialgesetzbuch gefördert wird. [2]Das Bundesministerium für Arbeit und Soziales wird ermächtigt, durch Rechtsverordnung Vorschriften zu erlassen, welche Betriebe als Saisonbetriebe oder Kampagne-Betriebe im Sinne des Absatzes 1 gelten.

Vierter Abschnitt
Schlußbestimmungen

§ 23 Geltungsbereich

(1) [1]Die Vorschriften des Ersten und Zweiten Abschnitts gelten für Betriebe und Verwaltungen des privaten und des öffentlichen Rechts, vorbehaltlich der Vorschriften des § 24 für die Seeschiffahrts-, Binnenschiffahrts- und Luftverkehrsbetriebe. [2]Die Vorschriften des Ersten Abschnitts gelten mit Ausnahme der §§ 4 bis 7 und des § 13 Abs. 1 Satz 1 und 2 nicht für Betriebe und Verwaltungen, in denen in der Regel fünf oder weniger Arbeitnehmer ausschließlich der zu ihrer Berufsbildung Beschäftigten beschäftigt werden. [3]In Betrieben und Verwaltungen, in denen in der Regel zehn oder weniger Arbeitnehmer ausschließlich der zu ihrer Berufsbildung Beschäftigten beschäftigt werden,

gelten die Vorschriften des Ersten Abschnitts mit Ausnahme der §§ 4 bis 7 und des § 13 Abs. 1 Satz 1 und 2 nicht für Arbeitnehmer, deren Arbeitsverhältnis nach dem 31. Dezember 2003 begonnen hat; diese Arbeitnehmer sind bei der Feststellung der Zahl der beschäftigten Arbeitnehmer nach Satz 2 bis zur Beschäftigung von in der Regel zehn Arbeitnehmern nicht zu berücksichtigen. [4]Bei der Feststellung der Zahl der beschäftigten Arbeitnehmer nach den Sätzen 2 und 3 sind teilzeitbeschäftigte Arbeitnehmer mit einer regelmäßigen wöchentlichen Arbeitszeit von nicht mehr als 20 Stunden mit 0,5 und nicht mehr als 30 Stunden mit 0,75 zu berücksichtigen.

(2) Die Vorschriften des Dritten Abschnitts gelten für Betriebe und Verwaltungen des privaten Rechts sowie für Betriebe, die von einer öffentlichen Verwaltung geführt werden, soweit sie wirtschaftliche Zwecke verfolgen.

§ 24 Anwendung des Gesetzes auf Betriebe der Schifffahrt und des Luftverkehrs

(1) Die Vorschriften des Ersten und Zweiten Abschnitts finden nach Maßgabe der Absätze 2 bis 4 auf Arbeitsverhältnisse der Besatzung von Seeschiffen, Binnenschiffen und Luftfahrzeugen Anwendung.

(2) Als Betrieb im Sinne dieses Gesetzes gilt jeweils die Gesamtheit der Seeschiffe oder der Binnenschiffe eines Schifffahrtsbetriebs oder der Luftfahrzeuge eines Luftverkehrsbetriebs.

(3) Dauert die erste Reise eines Besatzungsmitglieds eines Seeschiffes oder eines Binnenschiffes länger als sechs Monate, so verlängert sich die Sechsmonatsfrist des § 1 Absatz 1 bis drei Tage nach Beendigung dieser Reise.

(4) [1]Die Klage nach § 4 ist binnen drei Wochen zu erheben, nachdem die Kündigung dem Besatzungsmitglied an Land zugegangen ist. [2]Geht dem Besatzungsmitglied eines Seeschiffes oder eines Binnenschiffes die Kündigung während der Fahrt des Schiffes zu, ist die Klage innerhalb von sechs Wochen nach dem Dienstende an Bord zu erheben. [3]Geht dem Besatzungsmitglied eines Seeschiffes die Kündigung während einer Gefangenschaft aufgrund von seeräuberischen Handlungen oder bewaffneten Raubüberfällen auf Schiffe im Sinne von § 2 Nummer 11 oder 12 des Seearbeitsgesetzes zu oder gerät das Besatzungsmitglied während des Laufs der Frist nach Satz 1 oder 2 in eine solche Gefangenschaft, ist die Klage innerhalb von sechs Wochen nach der Freilassung des Besatzungsmitglieds zu erheben; nimmt das Besatzungsmitglied nach der Freilassung den Dienst an Bord wieder auf, beginnt die Frist mit dem Dienstende an Bord. [4]An die Stelle der

Dreiwochenfrist in § 5 Absatz 1 und § 6 treten die in den Sätzen 1 bis 3 genannten Fristen.

(5) [1]Die Vorschriften des Dritten Abschnitts finden nach Maßgabe der folgenden Sätze Anwendung auf die Besatzungen von Seeschiffen. [2]Bei Schiffen nach § 114 Absatz 4 Satz 1 des Betriebsverfassungsgesetzes tritt, soweit sie nicht als Teil des Landbetriebs gelten, an die Stelle des Betriebsrats der Seebetriebsrat. [3]Betrifft eine anzeigepflichtige Entlassung die Besatzung eines Seeschiffes, welches unter der Flagge eines anderen Mitgliedstaates der Europäischen Union fährt, so ist die Anzeige an die Behörde des Staates zu richten, unter dessen Flagge das Schiff fährt.

§ 25 Kündigung in Arbeitskämpfen

Die Vorschriften dieses Gesetzes finden keine Anwendung auf Kündigungen und Entlassungen, die lediglich als Maßnahmen in wirtschaftlichen Kämpfen zwischen Arbeitgebern und Arbeitnehmern vorgenommen werden.

§ 25a (gegenstandslos)

§ 26 Inkrafttreten

Dieses Gesetz tritt am Tage nach seiner Verkündung in Kraft.

§ 35 Zeugnis

(1) Bei Beendigung des Arbeitsverhältnisses haben die Beschäftigten Anspruch auf ein schriftliches Zeugnis über Art und Dauer ihrer Tätigkeit, das sich auch auf Führung und Leistung erstrecken muss (Endzeugnis).

(2) Aus triftigen Gründen können Beschäftigte auch während des Arbeitsverhältnisses ein Zeugnis verlangen (Zwischenzeugnis).

(3) Bei bevorstehender Beendigung des Arbeitsverhältnisses können die Beschäftigten ein Zeugnis über Art und Dauer ihrer Tätigkeit verlangen (vorläufiges Zeugnis).

(4) Die Zeugnisse gemäß den Absätzen 1 bis 3 sind unverzüglich auszustellen.

Erläuterungen

§ 35 TVöD trifft Regelungen zur Zeugniserteilung und konkretisiert damit die gesetzlichen Vorschriften des § 630 BGB und § 109 Gewerbeordnung (GewO). Dieser Themenbereich war bis zum In-Kraft-Treten des TVöD in § 61 BAT geregelt.

Die Formulierung des Zeugnisses ist Sache des Arbeitgebers. Er ist hier grundsätzlich frei bei seiner Entscheidung, welche Eigenschaften des Beschäftigten er mehr hervorheben oder eher zurücktreten lassen möchte. Der Inhalt des Zeugnisses muss jedoch der Wahrheit verpflichtet sein und darf daher weder falsche noch in wesentlichen Punkten unvollständige Angaben enthalten bzw. wichtige Dinge verschweigen. Das Zeugnis soll zudem das Fortkommen des Beschäftigten nicht erschweren und soll daher – natürlich nur im Rahmen der Wahrheit – auch wohlwollend formuliert sein.

Die Kosten für die Ausstellung des Zeugnisses trägt der Arbeitgeber; er hat jedoch keine Übersendungs- oder Nachsendepflicht. Seine Arbeitspapiere, zu denen auch das Zeugnis gehört, muss der Beschäftigte nach dem Urteil des BAG vom 8. 3. 1995 – 5 AZR 848/93, AP Nr. 21 zu § 630 BGB – beim Arbeitgeber abholen. Nach § 242 BGB (Treu und Glauben) kann der Arbeitgeber allerdings im Einzelfall gehalten sein, das Arbeitszeugnis nachzuschicken. Dabei ist sicher auch abzuwägen, dass der Aufwand für den Arbeitgeber, ein Zeugnis zu kuvertieren und gegen geringes Entgelt zu verschicken, bedeutend geringer ist als der Aufwand des Beschäftigten, von einem u. U. recht weit entfernten Wohnort anzureisen und das Zeugnis abzuholen.

Die Erteilung des Zeugnisses in elektronischer Form ist ausgeschlossen; dies ergibt sich sowohl aus § 35 Abs. 1 TVöD („schriftliches Zeugnis"), als auch aus den in der Vorbemerkung genannten gesetzlichen Grundlagen.

II

Endzeugnis (Abs. 1)

Die Beschäftigten haben nach Absatz 1 der Vorschrift bei Beendigung des Arbeitsverhältnisses einen Anspruch auf ein Zeugnis über Art und Dauer der Beschäftigung, das sich auch auf Führung und Leistung erstrecken muss (sogenanntes qualifiziertes, erweitertes Zeugnis). Entgegen der Vorgängerregelung in § 61 BAT oder der gesetzlichen Regelung in § 109 Abs. 1 GewO, wonach ein qualifiziertes Zeugnis von einem entsprechenden Antrag des ehemaligen Beschäftigten abhängt und ansonsten ein auf Art und Dauer der Beschäftigung beschränktes (sogenanntes einfaches) Zeugnis zu erteilen ist, besteht nach der Regelung des TVöD stets ein Anspruch auf ein qualifiziertes Zeugnis.

Während das einfache Zeugnis durch die Angabe von Art des Arbeitsverhältnisses (genaue und vollständige Dokumentation der Tätigkeiten) und dessen Dauer (Bestand des Arbeitsverhältnisses abzgl. ggf. erheblicher Ausfallzeiten) eine reine Tatsachendarstellung umfasst, enthält das qualifizierte Zeugnis mit der persönlichen Leistung des Beschäftigten und dessen Verhalten im Arbeitsverhältnis ein vielmehr wertendes Urteil. Das qualifizierte Arbeitszeugnis ist ein individuell auf den einzelnen Arbeitnehmer zugeschnittenes Arbeitspapier, das dessen persönliche Leistung und sein Verhalten im Arbeitsverhältnis dokumentieren soll. Es stellt mithin eine individuell an den einzelnen Arbeitnehmer angepasste Beurteilung dar. Diesen Anforderungen wird regelmäßig nur ein individuell abgefasster Text gerecht. Die Leistungs- und Verhaltensbeurteilung muss sich dabei auf das Anforderungsprofil der vom Arbeitnehmer wahrgenommenen Aufgaben beziehen und steht damit in einem inneren Zusammenhang mit der Tätigkeitsbeschreibung (siehe BAG-Urteil vom 27. 4. 2021 – 9 AZR 262/20).

Der Grund für die Beendigung des Arbeitsverhältnisses (z. B. Kündigung durch den Arbeitgeber oder Beschäftigten, Auflösungsvertrag) ist für den Anspruch auf ein Zeugnis ohne Bedeutung.

Zwischenzeugnis (Abs. 2)

Nach Absatz 2 der Vorschrift können die Beschäftigten aus triftigen Gründen auch während des Arbeitsverhältnisses ein (Zwischen-)Zeugnis verlangen. An den Begriff der „triftigen Gründe" werden keine sehr hohen Ansprüche gestellt werden können. Hierzu zählen beispielsweise die Suche nach einem anderen Arbeitsplatz, eine vom Arbeitgeber ins Auge gefasste Kündigung, zur Vorlage bei Behörden, für einen Kreditantrag etc. In seinem Urteil vom 1. 10. 1998 – 6 AZR 176/97, AP Nr. 2 zu § 61 BAT – hat das BAG selbst das Ausscheiden eines langjährigen Vorgesetzten als triftigen Grund für die Erteilung eines Zwischenzeugnisses angesehen. Nach dem Urteil des BAG vom 21. 1. 1993 – 6 AZR 171/92, AP Nr. 1 zu § 61 BAT – liegt ein triftiger Grund für die Erteilung eines Zwischenzeugnisses aber nicht vor, wenn der Arbeitnehmer das Zeugnis allein deshalb verlangt, weil er es in einem Eingruppierungsrechtsstreit als Beweismittel verwenden möchte. Absatz 2 enthält keine ausdrücklichen Bestimmungen zu Form und Inhalt des Zwischenzeugnisses. Nach Auffassung der Autoren müssen hierzu dieselben Normen herangezogen werden wie für das Endzeugnis, so dass auch das Zwischenzeugnis als qualifiziertes Zeugnis auszufertigen ist. Der Anspruch auf ein Zwischenzeugnis ist gesetzlich nicht geregelt.

Vorläufiges Zeugnis (Abs. 3)

Nach Absatz 3 der Vorschrift können Beschäftigte bei bevorstehender Beendigung ihres Arbeitsverhältnisses ein vorläufiges Zeugnis verlangen. Von dieser Vorschrift sind die Fälle erfasst, in denen das Ende des Arbeitsverhältnisses zwar absehbar ist, es aber noch besteht. Dies ist beispielsweise während des Laufs der Kündigungsfrist sowie bei dem absehbaren Ende eines befristeten Arbeitsverhältnisses der Fall. Der Beschäftigte kann nur ein vorläufiges Zeugnis über Art und Dauer der Beschäftigung, also ein einfaches Zeugnis, verlangen.

Zeitrahmen (Abs. 4)

Die Zeugnisse sind nach Absatz 4 der Vorschrift jeweils „unverzüglich" auszustellen. „Unverzüglich" bedeutet dabei im rechtlichen Sinne nach § 121 Abs. 1 Satz 1 BGB „ohne schuldhaftes Zögern".

Sowohl der Anspruch auf Erteilung als auch der Anspruch auf Berichtigung eines Zeugnisses unterliegen der Ausschlussfrist des § 37 TVöD. Dies hat das BAG in seinen Entscheidungen vom 23. 2. 1983 – 5 AZR 515/80, AP Nr. 10 zu § 70 BAT – bzw. 11. 6. 1980 – 4 AZR 443/78, AP Nr. 7 zu § 70 BAT – zur Ausschlussfrist des § 70 BAT ausdrücklich bestätigt.

Der Anspruch auf Erteilung eines qualifizierten Zeugnisses unterliegt der dreijährigen Verjährungsfrist des § 195 BGB, beginnend mit dem Schluss des Kalenderjahres, in dem der Anspruch entstanden ist.

Auch eine Verwirkung des Anspruchs ist denkbar, wenn der Beschäftigte sich nur sehr schleppend um die Angelegenheit kümmert und beim Arbeitgeber der Eindruck entstehen muss, der Beschäftigte verfolge die Angelegenheit nicht weiter – siehe BAG, Urteil vom 17. 2. 1988 – 5 AZR 638/86, AP Nr. 17 zu § 630 BGB.

II

Weitere Arbeitspapiere

Neben dem Zeugnis sind dem Beschäftigten bei Beendigung des Arbeitsverhältnisses aufgrund von gesetzlichen Vorschriften verschiedene Unterlagen bzw. Bescheinigungen auszuhändigen. Im Einzelnen handelt es sich hierbei um

- die (Jahres-)Lohnsteuerbescheinigung (Ausdruck aus ELStAM – Elektronische **L**ohn**S**teuer**A**bzugs**M**erkmale),
- eine Entgeltbescheinigung (§ 108 Gewerbeordnung i. V. m. der Entgeltbescheinigungsverordnung),
- die schriftliche Mitteilung über den Inhalt der Meldung an die Einzugsstelle für den Gesamtsozialversicherungsbeitrag (§ 28a Abs. 5 SGB IV),
- eine Arbeitsbescheinigung nach § 312 SGB III,
- den Versicherungsnachweis der Zusatzversorgung nach § 21 ATV/ATV-K[1]) über die bisher insgesamt erworbene Anwartschaft auf Betriebsrente,
- auf Verlangen die Vorausbescheinigung über Arbeitsentgelt in der gesetzlichen Rentenversicherung nach § 194 SGB VI,
- eine Bescheinigung über den im laufenden Urlaubsjahr gewährten oder abgegoltenen Urlaub (§ 6 Abs. 2 BUrlG),[2])
- bei jugendlichen Beschäftigten die nach § 32 ff. JArbSchG ausgestellten ärztlichen Bescheinigungen (§ 41 Abs. 2 JArbSchG).

Bei pflichtwidriger Unterlassung bzw. schuldhaft verspäteter Erfüllung der Herausgabepflicht hat der Arbeitgeber (sofern dem ehemaligen Beschäftigten hierdurch ein kausaler Schaden entstanden ist) damit zu rechnen, dass er zum Ersatz des Verzugsschadens verpflichtet wird.

---

1) ATV-K abgedruckt unter **810**

2) abgedruckt als Anhang 1 unter **210** § 26 TVöD

II

Abschnitt VI
Übergangs- und Schlussvorschriften

§ 36 (VKA) Anwendung weiterer Tarifverträge

(1) Neben diesem Tarifvertrag sind die nachfolgend aufgeführten Tarifverträge in ihrer jeweils geltenden Fassung anzuwenden:

a) Tarifverträge über die Bewertung der Personalunterkünfte vom 16. März 1974,

b) Tarifverträge über den Rationalisierungsschutz vom 9. Januar 1987,

c) Tarifvertrag zur sozialen Absicherung (TVsA) vom 13. September 2005,

d) Tarifvertrag zur Regelung der Altersteilzeitarbeit (TV ATZ) vom 5. Mai 1998,

e) Tarifvertrag zu flexiblen Arbeitszeitregelungen für ältere Beschäftigte – TV FlexAZ – vom 27. Februar 2010,

f) Tarifvertrag zur Regelung des Übergangs in den Ruhestand für Angestellte im Flugverkehrskontrolldienst durch Altersteilzeitarbeit vom 26. März 1999,

g) Tarifvertrag zur Entgeltumwandlung für Arbeitnehmer/-innen im kommunalen öffentlichen Dienst (TV-EUmw/VKA) vom 18. Februar 2003,

h) Rahmentarifvertrag zur Regelung der Arbeitszeit der Beschäftigten des Feuerwehr- und Sanitätspersonals an Flughäfen vom 8. September 2004.

(2) Auf Beschäftigte im Sozial- und Erziehungsdienst finden die Regelungen des § 1 der Anlage zu Abschnitt VIII Sonderregelungen (VKA) § 56 BT-V auch dann Anwendung, wenn sie außerhalb des Geltungsbereichs des BT-V oder des BT-B tätig sind.

Erläuterungen

Entwicklung der Tarifvorschrift

§ 36 TVöD, der nur im Bereich der Kommunen gilt, enthielt zunächst keinen Text, sondern bestand nur aus einer Protokollerklärung der Tarifpartner.

Darin wurde klargestellt, dass die Tarifvertragsparteien bis zum 30. Juni 2006 regeln werden, welche bislang den BAT/BAT-O/BAT-Ostdeutsche Sparkassen, BMT-G und BMT-G-O ergänzenden Tarifverträge im Geltungsbereich des TVöD weiter gelten werden (Satz 1). Bis dahin sollten nach Satz 2 der Protokollerklärung alle ergänzenden Tarifverträge in ihrem bisherigen Bereich (z. B. Ost/West, Arbeiter/Angestellte) weiter Anwendung finden.

Erst durch Vereinbarung der Tarifpartner vom 7. Februar 2006 hat die Tarifvorschrift ihre heutige Form – die kataloghafte Aufzählung der neben dem TVöD weiterhin anzuwendenden Tarifverträge – erhalten. Satz 2 der Protokollerklärung (s. o. – generelle Weitergeltung aller ergänzenden Tarifverträge) ist gestrichen worden; Satz 1 wurde zunächst redaktionell angepasst und durch den Änderungstarifvertrag Nr. 2 vom 31. März 2008 mit Wirkung vom 1. Januar 2008 gestrichen.

Absatz 2 wurde durch den 15. Änderungstarifvertrag mit Wirkung vom 1. Januar 2017 angefügt.

Hintergrund/Zweck der Vorschrift des Absatzes 1

Die Vorschrift des Absatzes 1 stellt eine notwendige Ergänzung zu § 2 Abs. 1 TVÜ-VKA[1]) dar. Dort ist nämlich geregelt, dass im Bereich der Kommunen auch die die bisherigen Manteltarifverträge ergänzenden Tarifverträge außer Kraft treten, soweit nicht im TVÜ-VKA oder im TVöD ausdrücklich etwas anderes bestimmt ist.

Ohne die Regelung des § 36 wären – da nicht an anderer Stelle „geschützt" – beispielsweise die unverzichtbaren Tarifverträge über Altersteilzeitarbeit oder über Rationalisierungsschutz mit Inkrafttreten des TVöD untergegangen. Dies haben die Tarifpartner mit der hier getroffenen Regelung verhindert.

Geltung der Regelungen des Sozial- und Erziehungsdienstes (Abs. 2)

Nach dieser, durch den Änderungstarifvertrag Nr. 15 angefügten Vereinbarung gelten die speziellen Regelungen des Sozial- und Erziehungsdienstes auch für Beschäftigte, die außerhalb des Geltungsbereiches des BT-B bzw. BT-V tätig sind.

---

[1]) TVÜ-VKA abgedruckt unter **280**

II

§ 37 Ausschlussfrist

(1) [1]Ansprüche aus dem Arbeitsverhältnis verfallen, wenn sie nicht innerhalb einer Ausschlussfrist von sechs Monaten nach Fälligkeit von der/dem Beschäftigten oder vom Arbeitgeber in Textform geltend gemacht werden. [2]Für denselben Sachverhalt reicht die einmalige Geltendmachung des Anspruchs auch für später fällige Leistungen aus.

(2) Absatz 1 gilt nicht für Ansprüche aus einem Sozialplan sowie für Ansprüche, soweit sie kraft Gesetzes einer Ausschlussfrist entzogen sind.

Erläuterungen

§ 37 TVöD legt fest, dass Ansprüche aus dem Arbeitsverhältnis verfallen, wenn sie nicht innerhalb von sechs Monaten nach ihrer Fälligkeit schriftlich geltend gemacht werden. Die Regelung entspricht § 70 BAT; auf die Erfahrungen mit dieser Vorschrift und die dazu ergangene Rechtsprechung kann somit zurückgegriffen werden.

Die in § 70 BAT enthaltene Formulierung, dass die Ausschlussfrist sechs Monate beträgt, „soweit tarifvertraglich nichts anderes bestimmt ist", wurde nicht in den TVöD übernommen. Da der TVöD (im Gegensatz z. B. zu § 21 BAT) keine „anderen Bestimmungen" zur Dauer der Ausschlussfrist enthält, liefe sie ohnehin ins Leere.

Neu aufgenommen wurde die Vereinbarung des Absatzes 2, dass Ansprüche aus dem Sozialplan und kraft Gesetzes nicht einer Ausschlussfrist unterliegen (z. B. auf Mindestlohn).

Auf die abweichenden Sonderregelungen in § 45 (Bund) des Besonderen Teils Verwaltung wird hingewiesen.

Die nachfolgenden Hinweise basieren auf der gefestigten Rechtsprechung zu den bisherigen Vorschriften über Ausschlussfristen in den Manteltarifverträgen des öffentlichen Dienstes.

Zweck/Allgemeines

Die Ausschlussfrist hat den Zweck, die Parteien des Arbeitsvertrages zur alsbaldigen Geltendmachung und Klärung ihrer Ansprüche zu veranlassen.

Für den Lauf der Ausschlussfrist ist das Kennen oder Kennen müssen des Anspruchs im Allgemeinen ohne Bedeutung. Besteht Unsicherheit, ob ein Anspruch auf eine bestimmte Leistung gegen das Land besteht, muss der Beschäftigte eine Klärung innerhalb der Ausschlussfrist herbeiführen oder den Anspruch schriftlich geltend machen. Eine ungeklärte Rechtsfrage steht der Anwendung der Ausschlussfrist jedenfalls nicht entgegen (BAG vom 1. 8. 1966 – 3 AZR 60/66, AP Nr. 34 zu § 4 TVG Ausschlussfristen).

Die Ausschlussfrist gilt grundsätzlich sowohl für Arbeitnehmer- als auch für Arbeitgeberansprüche.

Es reicht nicht aus, wenn ein Anspruch von einem Dritten geltend gemacht wird, es sei denn, dieser hat erkennbar in Vollmacht des Anspruchsberechtigten gehandelt.

Die Ausschlussfrist gilt auch für nicht tarifgebundene Beschäftigte, wenn mit diesen im Arbeitsvertrag die Anwendung des TVöD vereinbart ist. Ansprüche, die nicht innerhalb der Ausschlussfrist geltend gemacht werden, erlöschen, wobei es auf die Kenntnis der Ausschlussfrist nicht ankommt.

Die Gerichte für Arbeitssachen haben die Ausschlussfrist von Amts wegen zu beachten (vgl. Urteile des BAG vom 13. 5. 1970 – 1 AZR 336/69, AP Nr. 56 zu § 611 BGB Haftung des Arbeitnehmers und vom 3. 5. 1972 – 4 AZR 259/71, AP Nr. 3 zu §§ 22, 23 BAT Krankenkassen).

Die Ansprüche waren nach der Tarifvorschrift in ihrer ursprünglichen Fassung „schriftlich" geltend zu machen. Zur Wahrung der Ausschlussfrist und des Schriftlichkeitsgebots nach § 70 Satz 1 BAT (ist identisch mit § 37 TV-L/TVöD) bedarf es nach dem Urteil des BAG vom 7. Juli 2010 – 4 AZR 549/08 – jedoch nicht der Schriftform (mit eigenhändiger Unterschrift) nach § 126 Abs. 1 BGB. Es genügt die Einhaltung der Textform des § 126b BGB. Eine E-Mail, die den Namen und die Adresse des Ausstellers enthält und den Abschluss der Erklärung durch eine Grußformel und die Wiederholung des Namens eindeutig kenntlich macht, genügt nach der Auffassung des BAG den Erfordernissen des § 126b BGB. Dieser Auffassung folgend haben die Tarifpartner im Zuge des 17. Änderungstarifvertrages das Wort „schriftlich" durch die Wörter „in Textform" ersetzt.

Auch durch eine Klageerhebung kann eine Geltendmachung im Sinne der Tarifvorschrift gesehen werden. Nach gefestigter Rechtsprechung des Bundesarbeitsgerichtes (z. B. Urteile vom 8. 3. 1975 – 5 AZR 361/75, vom 22. 2. 2001 – 6 AZR 603/99 und vom 16. 3. 2016 – 4 AZR 421/15) kommt es aber für die Fristwahrung nicht auf den Zeitpunkt der Klageerhebung, sondern auf den Zeitpunkt der Zustellung der Klage beim Anspruchsgegner an. Zeitverzögerungen gehen zu Lasten des Antragstellers.

Erfasste Ansprüche

Von der Ausschlussfrist wird grundsätzlich jeder Anspruch aus dem Arbeitsverhältnis erfasst, d. h. nicht nur arbeitsvertragliche, sondern auch auf Gesetz beruhende, mit dem Arbeitsverhältnis in sachlichem Zusammenhang stehende Ansprüche. So verfällt neben einem Schadensersatzanspruch des Arbeitgebers wegen schuldhafter Verletzung einer arbeitsvertraglichen Pflicht auch ein aus demselben Vorfall entstandener Anspruch des Arbeitgebers gegen den Beschäftigten aus unerlaubter Handlung. Ein Anspruch, der nur mittelbar mit dem Arbeitsverhältnis zusammenhängt, z. B. der Schadensersatzanspruch aus einem Kraftfahrzeugunfall, den der Arbeitnehmer mit dem ihm zugewiesenen Dienstkraftwagen während der dienstfreien Zeit verursacht, fällt dagegen nicht unter die Ausschlussfrist.

Als weitere Beispiele unter die Ausschlussfrist fallender Ansprüche sind zu nennen

- Ansprüche des Beschäftigten auf Fürsorgeverletzung des Arbeitgebers,
- Lohnerstattungsansprüche des Arbeitgebers (bei Überzahlungen),
- Anspruch auf Zeugniserteilung,
- gesetzliche Ansprüche eines Arbeitnehmers gegen den Arbeitgeber, nicht genommenen Urlaub nach Beendigung des Arbeitsverhältnisses als reinen Geldanspruch abzugelten (Urteil des BAG vom 31. 1. 2023 – 9 AZR 244/20).

Nicht unter die Ausschlussfrist fallen hingegen beispielsweise

- Ansprüche des Arbeitnehmers auf Verletzung des Persönlichkeitsrechts,
- Ansprüche des Arbeitnehmers auf Verschaffung einer Zusatzversorgung und eventuelle Schadensersatzansprüche gegen den Arbeitgeber wegen der Verletzung der Verschaffungspflicht,
- Anspruch auf Kindergeld nach dem EStG bzw. dem BKGG,
- Anspruch des Arbeitnehmers auf den Arbeitgeberzuschuss zur Krankenversicherung nach § 257 SGB V; dieser verjährt in vier Jahren nach Ablauf des Kalenderjahres, in dem er fällig geworden ist. Ist ein Beitragszuschuss für Zeiträume gezahlt worden, in denen die Voraussetzungen des § 257 SGB V nicht vorlagen, unterliegt der Erstattungsanspruch des Arbeitgebers gegenüber dem Arbeitnehmer allerdings der sechsmonatigen Ausschlussfrist.

Besonderheit beim Mindestlohn

Das Bundesarbeitsgericht hat mit Urteilen vom 20. Juni 2018 – 5 AZR 377/17 – sowie vom 18. September 2018 – 9 AZR 162/18 – entschieden, dass der Anspruch auf den gesetzlichen Mindestlohn nicht durch Verfallsfristen ausgeschlossen werden kann. Dem stünde § 3 Satz 1 des Mindestlohngesetzes entgegen. Die Urteile betrafen Beschäftigte aus dem Bereich der gewerblichen Wirtschaft, wo der

Mindestlohn – im Gegensatz zum unmittelbaren öffentlichen Dienst – eine bedeutsamere Rolle spielt. Dass der Anspruch auf Vergütung wegen Annahmeverzugs in Höhe des gesetzlichen Mindestlohns einer Ausschlussfrist nicht unterworfen werden kann, hat das BAG zwischenzeitlich mehrfach bestätigt, beispielsweise mit Urteil vom 13. Juli 2022 – 5 AZR 498/21.

Besonderheit bei der Sozialversicherung

Nach der Rechtsprechung des Bundessozialgerichtes (z. B. Urteile vom 22. 6. 1994 – 10 RAr 3/93 – und vom 30. 8. 1994 – 12 RK 59/92) können die Einzugsstellen vom Arbeitgeber Beiträge auch auf Arbeitsentgelt fordern, das der Arbeitnehmer vom Arbeitgeber wegen einer tariflichen Ausschlussklausel nicht mehr verlangen kann.

Fälligkeit als Beginn der Ausschlussfrist

Die Ausschlussfrist beginnt mit der Fälligkeit des Anspruchs, d. h. regelmäßig schon mit seiner Entstehung (vgl. § 271 Abs. 1 BGB; Regeltatbestand der sofortigen Fälligkeit) zu laufen. Auf die Kenntnis des Anspruchsberechtigten kommt es grundsätzlich nicht an. Es gilt z. B. für die nachstehenden Ansprüche des Arbeitgebers hinsichtlich der Fälligkeit Folgendes:

- Bei Ansprüchen auf Rückforderung zu viel gezahlter Bezüge wird der Anspruch grundsätzlich im Zeitpunkt der Überzahlung fällig. Auf die hier dargestellten Sonderfälle wird hingewiesen.
- Bei Schadensersatzansprüchen aufgrund unmittelbarer Schädigung des Arbeitgebers tritt die Fälligkeit im Zeitpunkt der Schadensentstehung ein.

  Ist der Arbeitgeber z. B. durch eine Überzahlung von Bezügen geschädigt worden, so beginnt die Ausschlussfrist für den Schadensersatzanspruch gegen den für die Überzahlung Verantwortlichen entsprechend der Rechtsprechung des Bundesarbeitsgerichts dann zu laufen, wenn der Arbeitgeber die Möglichkeit hat, die ihm gegenüber dem Beschäftigten zustehenden Schadenersatzansprüche wenigstens in etwa zu beziffern. Voraussetzung hierfür ist, dass der Arbeitgeber vom Schadensereignis Kenntnis erlangt oder bei Beachtung der gebotenen Sorgfalt Kenntnis erlangt hätte.

  Entsteht der Schaden dem Arbeitgeber nicht unmittelbar, sondern einem Dritten, der seinerseits den Arbeitgeber haftbar macht, so wird die Regressforderung des Arbeitgebers gegen den Beschäftigten nicht vor dem Zeitpunkt fällig, in dem der Dritte bei dem Arbeitgeber Ansprüche auf Schadenersatz geltend macht oder in dem der Arbeitgeber in sonstiger Weise von einer drohenden Schadenersatzforderung erfährt (vgl. Urteil des BAG vom 16. 3. 1966 – 1 AZR 411/65, AP Nr. 32 zu § 4 TVG Ausschlussfristen).

– Der „normale" Fälligkeitszeitpunkt verändert sich, wenn der Anspruchsgegner durch sein Verhalten bewirkt, dass der Anspruchsinhaber seine Berechtigung nicht erkennen kann.

  In einem solchen Fall wird der Beginn der Ausschlussfrist bis zu dem Zeitpunkt hinausgeschoben, in dem das Hindernis für die Geltendmachung (etwa die falsche Darstellung eines Unfallhergangs durch den Arbeitnehmer) entfallen ist. Sobald der Anspruchsberechtigte jedoch aufgrund der ihm neu bekannt werdenden Tatsachen mit einigermaßen sicherer Aussicht auf Erfolg Klage erheben kann – sei es auch nur eine Feststellungsklage –, ist mit dieser Kenntnismöglichkeit zugleich der Zeitpunkt der Fälligkeit im Sinne der tariflichen Ausschlussregelung gegeben. Um den Beginn der Ausschlussfrist in Lauf zu setzen, genügt also die objektive Möglichkeit, etwaige Ansprüche geltend zu machen; endgültige Kenntnis ist nicht erforderlich (BAG v. 10. 8. 1967 – 3 AZR 221/66, AP Nr. 37 zu § 4 TVG Ausschlussfristen).

– In seinem Urteil vom 19. Februar 2004 – 6 AZR 664/02, AP Nr. 3 zu § 70 BAT-O – hat sich das Bundesarbeitsgericht (BAG) erneut mit der Frage befasst, wann ein Rückzahlungsanspruch fällig wird, wenn ein Beschäftigter die allein ihm bekannten tatbestandlichen Voraussetzungen eines Vergütungsbestandteils – hier: Wegfall der Berechtigung zum Bezug des Ortszuschlags der Stufe 2 – pflichtwidrig nicht mitteilt. Das BAG hat seine bisher dazu vertretene Auffassung bestätigt und ist zu dem Schluss gekommen, dass in diesen Fällen die Fälligkeit (und damit der Beginn der Ausschlussfrist) erst eintreten, wenn der Arbeitgeber erstmals von dem vergütungsrelevanten Tatbestand Kenntnis erlangt.

Beginn der Ausschlussfrist bei neuen Tarifverträgen

Zu der Frage des Beginns des Laufs von Ausschlussfristen bei neuen Regelungen bestand nach der Niederschrift über das Termingespräch vom 19. 6. 1991 zwischen den Tarifvertragsparteien Einvernehmen, dass die Ausschlussfrist für Ansprüche aus neuen Tarifregelungen frühestens beginnt mit dem Erscheinungsdatum der amtlichen Veröffentlichung (z. B. Ministerialblatt, Amtsblatt) bzw. (im VKA-Bereich) mit dem Eingang des Rundschreibens des kommunalen Arbeitgeberverbandes (KAV) mit dem endgültigen Tariftext beim Arbeitgeber.

Wiederkehrende Leistungen

Durch die Regelung in Satz 2 soll vermieden werden, bestimmte Ansprüche allmonatlich geltend machen zu müssen (z. B. auf einen monatlichen Zuschlag). Zu der wortgleichen Vorschrift des § 63 Satz 2 BMT-G II hat das BAG mit Urteil vom 11. 12. 2003 – 6 AZR 539/02 (AP Nr. 1 zu § 63 BMT-G II) entschieden, dass bei sogenannten unständigen Bezügebestandteilen eine einmalige Geltendmachung nicht ausreicht, um die Ausschlussfrist auch für später fällig werdende Leistungen unwirksam zu machen. Sogenannte unständige Bezügebestandteile, die nicht monatlich wiederkehrend oder in unterschiedlicher Höhe anfallen, würden nicht denselben Sachverhalt im Sinne dieser Tarifvorschrift betreffen und seien deshalb nicht von ihr erfasst.

Treu und Glauben

In Ausnahmefällen kann der Berufung auf den Ablauf der Ausschlussfrist der Einwand der unzulässigen Rechtsausübung entgegenstehen (§ 242 BGB), z. B. wenn der Schuldner den Anspruch vor Ablauf der Ausschlussfrist anerkannt hat oder durch sein Verhalten den Gläubiger von der rechtzeitigen Geltendmachung abgehalten hat. Nach dem Urteil des BAG vom 8. Dezember 2011 – 6 AZR 397/10 – stellt die Berufung eines Arbeitgebers auf die tarifliche Ausschlussfrist aber dann keine unzulässige Rechtsausübung dar, wenn eine unrichtige Auskunft nicht von ihm selbst oder der von ihm bestimmten zuständigen Person oder Einrichtung erteilt worden ist, sondern der Arbeitnehmer der unrichtigen Auskunft einer für verbindliche Auskünfte nicht zuständigen Person geglaubt und es deshalb unterlassen hat, seinen Anspruch rechtzeitig und formgerecht geltend zu machen. Nach dem Urteil des BAG vom 27. 10. 1970 – 1 AZR 216/70, AP Nr. 44 zu § 4 TVG Ausschlussfristen – kann sich der Beschäftigte nicht auf den Ablauf der Ausschlussfrist berufen, wenn er die Kenntnisnahme des Arbeitgebers von den Mängeln der Arbeit arglistig verhindert hat.

Verjährung

Von den Ausschlussfristen zu unterscheiden sind die Verjährungsfristen nach dem BGB. Nach § 195 BGB beträgt die regelmäßige Verjährungsfrist drei Jahre, die nach § 199 Abs. 1 BGB mit dem Schluss des Jahres, in dem der Anspruch entstanden ist, zu laufen beginnt. Nur ausnahmsweise kann die Einrede der Verjährung gegen Treu und Glauben verstoßen und eine unzulässige Rechtsausübung darstellen.

Verwirkung

Unabhängig von Ausschlussfrist und Verjährung können Ansprüche aus dem Beschäftigungsverhältnis auch durch Verwirkung untergehen. Verwirkung als Sonderfall der unzulässigen Rechtsausübung tritt dadurch ein, dass sich der Gläubiger in bestimmter Weise verhält und der Schuldner sich auf dieses Verhalten des Gläubigers einrichtet (vgl. dazu z. B. Urteil des BAG v. 23. 12. 1957 – 1 AZR 565/56). Zur Verwirkung hat das BAG in seinem Urteil vom 25. April 2001 – 5 AZR 497/99 erneut grundsätzlich Stellung bezogen und ausgeführt, dass der Eintritt der Verwirkung nicht nur vom Zeit- sondern auch vom Umstandsmoment abhängt. Es reicht nicht, dass der Anspruchsgrund längere Zeit zurückliegt, sondern es müssen darüber hinaus besondere Umstände vorliegen, die die späte Geltendmachung eines Anspruchs treuwidrig erscheinen lassen. Der Erfüllung des Umstandsmoments steht demnach beispielsweise die Unkenntnis einer bestimmten Forderung regelmäßig entgegen, weil in diesem Fall kein Vertrauen geschaffen werden kann, dass sie nicht erhoben werden wird.

Wegfall der Bereicherung

→ dazu das bei der Erläuterung zu § 24 Abs. 1 abgedruckte Rundschreiben des BMI.

§ 38 Begriffsbestimmungen

(1) Sofern auf die Tarifgebiete Ost und West Bezug genommen wird, gilt Folgendes:

II

a) Die Regelungen für das Tarifgebiet Ost gelten für die Beschäftigten, deren Arbeitsverhältnis in dem in Art. 3 des Einigungsvertrages genannten Gebiet begründet worden ist und bei denen der Bezug des Arbeitsverhältnisses zu diesem Gebiet fortbesteht.

b) Für die übrigen Beschäftigten gelten die Regelungen für das Tarifgebiet West.

(2) Sofern auf die Begriffe „Betrieb", „betrieblich" oder „Betriebspartei" Bezug genommen wird, gilt die Regelung für Verwaltungen sowie für Parteien nach dem Personalvertretungsrecht entsprechend, es sei denn, es ist etwas anderes bestimmt.

(3) Eine einvernehmliche Dienstvereinbarung liegt nur ohne Entscheidung der Einigungsstelle vor.

(4) Leistungsgeminderte Beschäftigte sind Beschäftigte, die ausweislich einer Bescheinigung des beauftragten Arztes (§ 3 Abs. 4) nicht mehr in der Lage sind, auf Dauer die vertraglich geschuldete Arbeitsleistung in vollem Umfang zu erbringen, ohne deswegen zugleich teilweise oder in vollem Umfang erwerbsgemindert im Sinne des SGB VI zu sein.

Protokollerklärung zu Absatz 4:

Die auf leistungsgeminderte Beschäftigte anzuwendenden Regelungen zur Entgeltsicherung bestimmen sich im Bereich des Bundes nach § 16a TVÜ-Bund und im Bereich der VKA nach § 16a TVÜ-VKA.

(5) [1]Die Regelungen für Angestellte finden Anwendung auf Beschäftigte, deren Tätigkeit vor dem 1. Januar 2005 der Rentenversicherung der Angestellten unterlegen hätte. [2]Die Regelungen für Arbeiterinnen und Arbeiter finden Anwendung auf Beschäftigte, deren Tätigkeit vor dem 1. Januar 2005 der Rentenversicherung der Arbeiter unterlegen hätte.

Erläuterungen

§ 38 TVöD definiert die Tarifgebiete Ost und West (Absatz 1) und den Anwendungsbereich der Begriffe „Betrieb", „betrieblich", „Betriebspartei" (Absatz 2), beschreibt, was die Tarifpartner unter einer „einvernehmlichen Dienstvereinbarung" (Absatz 3) und „Leistungsgeminderten Beschäftigten" (Absatz 4) verstehen und grenzt die Begriffe Arbeiter und Angestellte ab (Absatz 5). Die Abgrenzung Angestellte/Arbeiter ist im BAT in § 1 vorgenommen worden. Die Abgrenzung der Tarifgebiete Ost/West ergab sich aus dem Tarifvertrag über den Geltungsbereich der für den öffentlichen Dienst in der Bundesrepublik Deutschland bestehenden Tarifverträge vom 1. August 1990 (danach fanden die bis dahin geschlossenen Tarifverträge im Gebiet der ehemaligen DDR auch nach deren Beitritt keine Anwendung) und aus § 1 BAT-O.

Abgrenzung der Tarifgebiete (Abs. 1)

Der TVöD gilt zwar auch für die Beschäftigten im Tarifgebiet Ost. Da jedoch die Entgelte und die Jahressonderzahlung in den beiden Tarifgebieten bis zur vollständigen Angleichung des Bemessungssatzes noch voneinander abweichen bzw. abwichen (→ z. B. Protokollerklärungen zu § 15 Abs. 1 und § 20 Abs. 3) und der TVöD zudem Regelungen enthält, die sich nur auf das Tarifgebiet West beziehen (→ z. B. bei § 30 oder § 34 Abs. 2), ist die Abgrenzung der Tarifgebiete weiterhin vorzunehmen.

Gemäß Absatz 1 Buchst. a) gelten die Regelungen für das Tarifgebiet Ost für die Beschäftigten, deren Arbeitsverhältnis in dem in Art. 3 Einigungsvertrages genannten Gebiet begründet worden ist und bei denen der Bezug des Arbeitsverhältnisses zu diesem Gebiet fortbesteht. Für die übrigen Beschäftigten gelten gem. Buchstabe b) die Regelungen für das Tarifgebiet West. Diese Festlegung folgt der bisherigen Abgrenzung der Tarifgebiete. Sie trägt der mittlerweile gefestigten Rechtsprechung zur Abgrenzung der Tarifgebiete Rechnung, indem im Rahmen der Vorschrift zur Anwendung des Tarifrechts Ost nicht nur die Begründung des Arbeitsverhältnisses im Beitrittsgebiet, sondern auch der fortdauernde Bezug zu diesem Gebiet gefordert wird. Das BAG hat in seinem Urteil vom 20. 3. 1997 – 6 AZR 10/96, AP Nr. 8 zu § 1 BAT-O – Klarheit zu den Rechtsfolgen eines vorübergehenden Einsatzes eines Beschäftigten im Tarifgebiet West geschaffen, dessen Arbeitsverhältnis im Tarifgebiet Ost begründet worden ist. Danach beurteilt sich die Frage, ob für die vorübergehende Tätigkeit im Tarifgebiet West das Ost- oder das Westtarifrecht gilt, vorrangig nach dem Zweck der Tätigkeit. Auf die Dauer der Tätigkeit kommt es nur insoweit an, als sie noch durch den Zweck gerechtfertigt sein muss. Wird ein Beschäftigter, dessen Arbeitsverhältnis im Tarifgebiet Ost begründet worden ist, zu einer Dienststelle im Tarifgebiet West entsandt, um – sei es auch nur befristet oder auf kurze Dauer – Aufgaben dieser Dienststelle wahrzunehmen, ist nach der o. g. Entscheidung des BAG für die Dauer der Entsendung das Westtarifrecht anzuwenden. Die Fortgeltung des Osttarifrechts während einer Tätigkeit im Tarifgebiet West kommt nach Aussage des BAG nur in Betracht, wenn

- der Beschäftigte durch die Arbeit im Tarifgebiet West Aufgaben seiner im Tarifgebiet Ost liegenden Dienststelle wie ein „verlängerter Arm“ wahrnimmt (das BAG nennt in seiner Entscheidung die Beispiele einer Montage, einer Kundenberatung oder die Einarbeitung neuer Ortskräfte) oder

- die Tätigkeit auch im Interesse der im Tarifgebiet Ost liegenden Dienststelle ist (z. B. bei einer Fortbildung).

Dabei muss nach Auffassung des BAG allerdings die Dauer der Tätigkeit im Tarifgebiet West von vornherein vom Arbeitgeber festgelegt werden und im Hinblick auf den Zweck sachgerecht – also nicht unangemessen lang – sein.

Übertragung der Begriffe „Betrieb" etc. auf andere Bereiche (Abs. 2)

Mit der Regelung in Absatz 2 stellen die Tarifpartner klar, dass Tarifvorschriften, die die dem Sprachgebrauch des Betriebsverfassungsgesetzes entnommenen Begriffe „Betrieb", „betrieblich" und „Betriebspartei" verwenden, grundsätzlich auch in den einem Personalvertretungsgesetz unterliegenden Bereichen anzuwenden sind.

Einvernehmliche Dienstvereinbarung (Abs. 3)

In dieser Vorschrift ist bestimmt, dass eine „einvernehmliche" Dienstvereinbarung (z. B. i. S. v. § 6 Abs. 9, § 9 Abs. 2 oder § 10 Abs. 1) nur vorliegt, wenn sie ohne Entscheidung der Einigungsstelle zustande gekommen ist.

Leistungsgeminderte Beschäftigte (Abs. 4)

Nach der Definition sind leistungsgeminderte Beschäftigte solche Beschäftigte, die nach ärztlichen Feststellungen nicht mehr in der Lage sind, auf Dauer die vertraglich geschuldete Leistung zu erbringen, ohne dass sie erwerbsgemindert im Sinne des SGB VI sind (→ dazu die Erläuterungen zu § 33 Abs. 2).

Die leistungsgeminderten Beschäftigten sind im Jahr 2005 zunächst nicht in den TVöD übergeleitet worden. In einer nach § 16 – also am Ende des dritten Abschnitts des jeweiligen TVÜ – abgedruckten Protokollnotiz haben die Tarifvertragsparteien die Verhandlungen zur Überleitung der Entgeltsicherung bei Leistungsminderung einvernehmlich zurückgestellt. Bei Beschäftigten, die eine Zahlung auf der Grundlage der §§ 25, 37 MTArb/MTArb-O bzw. § 56 BAT/BAT-O erhielten, werden die bisherigen Bezüge bis zu einer entsprechenden Regelung als später zu verrechnender Abschlag gezahlt.

Erst im Zuge der Tarifrunde 2014 wurde die Überleitung nachgeholt. Das Verfahren dazu ist in § 16a TVÜ-Bund bzw. § 16a TVÜ-VKA[1])

---

[1]) TVÜ-VKA abgedruckt unter **280**

geregelt. Darauf verweist die neue Protokollerklärung zu § 38 Abs. 4 TVöD.

Abgrenzung Arbeiter/Angestellte (Abs. 5)

Im TVöD ist die im bisherigen Tarifrecht vorgenommene Trennung von Arbeitern und Angestellten zwar aufgehoben worden. Für die Überleitung und die Anwendung von Sonderregelungen ist die Abgrenzung der Statusgruppen jedoch weiterhin vorzunehmen.

Die bislang in § 1 BAT getroffene Zuordnung in Anlehnung an das Recht der Rentenversicherung (Arbeitnehmer in einer der Rentenversicherung der Angestellten unterliegenden Beschäftigung galten als Angestellte, die in einer der Rentenversicherung der Arbeiter unterliegenden Beschäftigung galten als Arbeiter) läuft ins Leere, seitdem durch das im Wesentlichen zum 1. Januar 2005 in Kraft getretene Gesetz zur Organisationsreform in der gesetzlichen Rentenversicherung vom 9. Dezember 2004 (BGBl. I S. 3242) die bislang getrennten Rentenversicherungszweige für Arbeiter und Angestellte in der Deutschen Rentenversicherung Bund vereinheitlicht worden sind. Die Tarifpartner haben die Zuordnung zur Gruppe der Arbeiter bzw. Angestellten daher davon abhängig gemacht, ob die Tätigkeit des jeweiligen Beschäftigten vor dem 1. Januar 2005 der Rentenversicherung der Arbeiter bzw. Angestellten unterlegen hätte.

II

§ 38a (VKA) Übergangsvorschriften

(1) Für Beschäftigte, die sich in einem Altersteilzeitarbeitsverhältnis befinden oder deren Altersteilzeitarbeitsverhältnis spätestens am 1. Juli 2008 beginnt, gilt § 6 Abs. 1 Satz 1 Buchst. b 1. Halbsatz in der bis zum 30. Juni 2008 geltenden Fassung bei der Berechnung des Tabellenentgelts und von in Monatsbeträgen zustehenden Zulagen.

Protokollerklärung zu Absatz 1:

Dem Tabellenentgelt stehen individuelle Zwischen- und Endstufen gleich.

(2) [1]Auf technisches Theaterpersonal mit überwiegend künstlerischer Tätigkeit, mit dem am 31. Mai 2013 arbeitsvertraglich eine überwiegend künstlerische Tätigkeit vereinbart ist, findet § 1 Abs. 2 Buchst. n in der bis zum 31. Mai 2013 geltenden Fassung für die Dauer des ununterbrochen fortbestehenden Arbeitsverhältnisses weiter Anwendung. [2]Auf technisches Theaterpersonal, mit dem am 31. Mai 2013 arbeitsvertraglich die Anwendung des TVöD vereinbart ist, findet der TVöD unabhängig von § 1 Abs. 2 Buchst. n in der ab dem 1. Juni 2013 geltenden Fassung für die Dauer des ununterbrochen fortbestehenden Arbeitsverhältnisses weiter Anwendung. [3]Als ununterbrochen fortbestehend gilt das Arbeitsverhältnis auch, wenn im beiderseitigen Einvernehmen an ein befristetes Arbeitsverhältnis ohne Unterbrechung ein neues Arbeitsverhältnis zu demselben Arbeitgeber abgeschlossen wird.

Erläuterungen

Die zunächst in § 38a vereinbarten Übergangsvorschriften wurden im Zuge des Änderungstarifvertrages Nr. 2 vom 31. März 2008 mit Wirkung vom 1. Juli 2008 vereinbart. Sie standen im Zusammenhang mit der Erhöhung der durchschnittlichen regelmäßigen wöchentlichen Arbeitszeit im Bereich der Kommunen und galten daher nur für die Beschäftigten der Kommunen, nicht jedoch für die Beschäftigten des Bundes. Sie wurden – mit Ausnahme des jetzigen Absatzes 1 – durch den Änderungstarifvertrag Nr. 7 vom 31. März 2012 aufgehoben, da sie inzwischen bedeutungslos geworden sind.

Altersteilzeit (Abs. 1)

Beschäftigte, die sich spätestens am 1. Juli 2008 in einem Altersteilzeitarbeitsverhältnis befinden, werden von der Arbeitszeiterhöhung ausgenommen. Damit tragen die Tarifpartner dem Umstand Rechnung, dass Beschäftigte in Altersteilzeit die Arbeitszeit nicht unbeschadet anpassen können. Dies widerspräche § 2 Abs. 1 Nr. 2 des Altersteilzeitgesetzes und würde das Altersteilzeitverhältnis zunichte machen. Die Regelung verhindert im Ergebnis somit, dass den Beschäftigten Einbußen durch die Arbeitszeiterhöhung entstehen, die sie nicht durch eine Erhöhung der Arbeitszeit auffangen können.

Technisches Theaterpersonal (Abs. 2)

Absatz 2 der Vorschrift wurde durch den 8. Änderungstarifvertrag vom 26. Februar 2013 mit Wirkung vom 1. Juni 2013 angefügt. Die Regelung stellt eine Übergangsregelung zu § 1 Abs. 2 Buchst. n dar. Sie bewirkt, dass die zum 1. Juni 2013 in Kraft getretene Neuabgrenzung des Geltungsbereichs des TVöD) für das technische Theaterpersonal im Ergebnis nicht für entsprechende Beschäftigte gilt, die sich über den 1. Juni 2013 hinaus in einem ununterbrochenen Arbeitsverhältnis befanden und entweder aufgrund der bis dahin geltenden Fassung des § 1 Abs. 2 Buchst. n (siehe unten) oder aufgrund einzelvertraglicher Vereinbarung vom TVöD erfasst wurden. Für diese Beschäftigten gilt somit weiterhin der TVöD.

Die bis zum 31. Mai 2013 geltende Fassung des § 1 Abs. 2 Buchst. n hatte folgenden Wortlaut:

„2) Dieser Tarifvertrag gilt nicht für

...

n) künstlerisches Theaterpersonal, technisches Theaterpersonal mit überwiegend künstlerischer Tätigkeit und Orchestermusikerinnen/Orchestermusiker,

..."

§ 39 In-Kraft-Treten, Laufzeit

(1) [1]Dieser Tarifvertrag tritt am 1. Oktober 2005 in Kraft. [2]Abweichend von Satz 1 treten

a) § 20 am 1. Januar 2007,

b) § 26 Abs. 1 und Abs. 2 Buchst. b und c sowie § 27 am 1. Januar 2006

II

in Kraft.

(2) Dieser Tarifvertrag kann von jeder Tarifvertragspartei mit einer Frist von drei Monaten zum Schluss eines Kalenderhalbjahres schriftlich gekündigt werden.

(3) (weggefallen)

(4)[1]) Abweichend von Absatz 2 können schriftlich gekündigt werden

a) die Vorschriften des Abschnitts II einschließlich des Anhangs zu § 9 mit einer Frist von einem Monat zum Schluss eines Kalendermonats;

b) unabhängig von Buchst. a § 8 Abs. 1 mit einer Frist von drei Monaten zum Schluss eines Kalendervierteljahres;

c) die jeweiligen Anlagen A (Bund bzw. VKA) zu § 15 ohne Einhaltung einer Frist, frühestens jedoch zum 31. Dezember 2024;[2])

d) der jeweilige § 20 (Bund bzw. VKA) zum 31. Dezember eines jeden Jahres;

e) § 23 Abs. 1 mit einer Frist von einem Monat zum Schluss eines Kalendermonats;

f) § 26 Abs. 1 mit einer Frist von drei Monaten zum Schluss eines Kalenderjahres;

g) § 12 (Bund) und § 13 (Bund) jederzeit ohne Einhaltung einer Frist, jedoch nur insgesamt, frühestens zum 31. Dezember 2016; die Nachwirkung dieser Vorschriften wird ausgeschlossen;

h) § 12 (VKA) und § 13 (VKA) mit einer Frist von sechs Monaten zum Schluss eines Kalenderjahres, jedoch nur insgesamt, frühestens zum 31. Dezember 2020; die Nachwirkung dieser Vorschriften wird ausgeschlossen;

i) die Anlage 1 – Entgeltordnung (VKA) mit einer Frist von sechs Monaten zum Schluss eines Kalenderjahres, jedoch nur insgesamt, frühestens zum 31. Dezember 2020; die Nachwirkung wird ausgeschlossen.

Protokollerklärung zum Buchstaben i:

Abweichend von dem Buchstaben i kann Teil B Abschnitt XXIV der Anlage 1 – Entgeltordnung (VKA) mit einer Frist von drei Monaten zum Schluss eines Kalendervierteljahres, frühestens jedoch zum 31. Dezember 2026, schriftlich gekündigt werden.

---

[1]) Die Regelungen der freiwilligen Erhöhung der regelmäßigen Arbeitszeit auf bis zu 42 Stunden, zum weiteren Urlaubstag, zur Umwandlung der Jahressonderzahlung in freie Tage sowie die Kompensation bei den kommunalen Krankenhäusern und Pflege- und Betreuungseinrichtungen (TVöD BT-K, TVöD BT-B) können gesondert und nur insgesamt gekündigt werden. Die Sonderkündigung ist schriftlich mit Frist von sechs Monaten zum 31. Dezember 2029 möglich. Die genannten Regelungen sollen Anfang 2029 evaluiert werden, siehe Teil E Nr. 2 der unter **150** abgedruckten Tarifeinigung.

[2]) Wegen der im Zuge der Tarifrunde 2025 vereinbarten Änderungen siehe die unter **150** abgedruckte Tarifeinigung. Die Tabellen sind nun frühestens wieder zum 31. März 2027 kündbar.

II

Erläuterungen

In § 39 TVöD haben die Tarifpartner Regelungen zum In-Kraft-Treten und zu den Kündigungsmöglichkeiten des TVöD vereinbart. Hinsichtlich des Inkrafttretens sind daneben die besonderen Vorschriften der Überleitungs-Tarifverträge (TVÜ-Bund, TVÜ-VKA)[1]) zu beachten.

Inkrafttreten (Abs. 1)

Der TVöD ist grundsätzlich am 1. Oktober 2005 in Kraft getreten. Ausnahmen davon gelten hinsichtlich der Sonderzahlung (§ 20, Inkrafttreten 1. Januar 2007; → dazu auch die §§ 20 der Überleitungstarifverträge) und bestimmter Urlaubs-/Zusatzurlaubsregelungen (§§ 26, 27, Inkrafttreten 1. Januar 2006; → dazu die §§ 15 der Überleitungstarifverträge).

Generell empfiehlt sich vor der Anwendung der Tarifvorschriften ein Blick in die Überleitungstarifverträge, weil häufig für die übergeleiteten Beschäftigten Besonderheiten (z. B. bei der Entgeltfortzahlung im Krankheitsfall, Beschäftigungszeit) zu beachten sind.

Kündigungsfrist; Grundsatz (Abs. 2)

Der Tarifvertrag kann grundsätzlich mit einer Frist von drei Monaten zum Halbjahresende gekündigt werden. Die Kündigung bedarf der Schriftform.

Kündigungsfrist; Ausnahme Wochenarbeitszeit/Kommunen (Abs. 3)

Absatz 3 in der bis zum 30. Juni 2008 geltenden Fassung räumte den landesbezirklichen Arbeitgeberverbänden der Kommunen ein Sonderkündigungsrecht der in § 6 Absatz 1 Satz 1 Buchstabe b vereinbarten regelmäßigen wöchentlichen Arbeitszeit ein. Damit sollte die Umsetzung der in § 6 Absatz 1 Satz 1 Buchstabe b a. F. enthaltenen Möglichkeit der Erhöhung der Regelarbeitszeit auf landesbezirklicher Ebene auf bis zu 40 Stunden unterstützt werden.

Da im Zuge des Änderungstarifvertrages Nr. 2 vom 31. März 2008 mit Wirkung vom 1. Juli 2008 eine allgemeine Arbeitszeiterhöhung vereinbart worden ist, wurden sowohl die Möglichkeit einer Arbeitszeitverlängerung auf landesbezirklicher Ebene als auch das damit im Zusammenhang stehende Kündigungsrecht aufgehoben.

---

[1]) TVÜ-VKA abgedruckt unter **280**

Kündigungsfrist; weitere Ausnahmen (Abs. 4)

Absatz 4 enthält eine abschließende Aufzählung von weiteren abweichenden Kündigungsmöglichkeiten. Hierbei handelt es sich im Einzelnen um die folgenden Vereinbarungen:

II

Zu Buchstabe a)

Hiernach können die Vorschriften des Abschnitts II (§§ 6 bis 11 – Arbeitszeit) einschließlich des Anhangs zu § 9 (Bereitschaftszeiten für Hausmeister und im Rettungsdienst) mit einer Frist von einem Monat zum Monatsende gekündigt werden.

Zu Buchstabe b)

Diese Vorschrift beinhaltet ein Sonderkündigungsrecht für § 8 Abs. 1 (Zeitzuschläge für Sonderformen der Arbeit), das unabhängig von der Kündigungsmöglichkeit des Buchst. a ausgeübt werden kann. Die Kündigungsfrist beträgt drei Monate zum Quartalsende.

Zu Buchstabe c)

Nach dieser Vorschrift können die Entgelttabellen ohne Einhaltung einer Frist, die in der Entgeltrunde 2025 vereinbarten Tabellen frühestens jedoch zum 31. März 2027, gekündigt werden.

Zu Buchstabe d)

Hiernach können die Regelungen über Sonderzahlungen ohne besondere Frist zum Jahresende gekündigt werden.

Zu Buchstabe e)

Diese Vorschrift ermöglicht es, die Vorschriften über vermögenswirksame Leistungen mit einer Frist von einem Monat zum Monatsende zu kündigen.

Zu Buchstabe f)

Nach dieser Vorschrift kann die Regelung der Dauer des Erholungsurlaubs mit einer Frist von drei Monaten zum Jahresende gekündigt werden.

Auch die Kündigung nach den abweichenden Kündigungsvorschriften des Absatzes 4 bedarf generell der Schriftform.

Zu Buchstabe g)

Demnach können die Eingruppierungsvorschriften des Bundes (§§ 12, 13 TVöD Bund) ohne Einhaltung einer Frist, frühestens jedoch zum

31. Dezember 2016 gekündigt werden. Die an sich im Tarifvertragsgesetz vorgesehene Nachwirkung ist ausgeschlossen. Die Kündigungsvorschrift korrespondiert mit der entsprechenden Kündigungsvorschrift der Entgeltordnung – siehe § 20 Abs. 2 des TV EntgO Bund.

Zu Buchstabe h)

Demnach können die Eingruppierungsvorschriften der VKA (§§ 12, 13 VKA) nur insgesamt – nicht getrennt – mit einer Frist von sechs Monaten zum Ende des Kalenderjahres, frühestens jedoch zum 31. Dezember 2020 gekündigt werden. Die an sich im Tarifvertragsgesetz vorgesehene Nachwirkung ist ausgeschlossen. Die Kündigungsvorschrift korrespondiert mit der entsprechenden Kündigungsvorschrift der Entgeltordnung (siehe Buchstabe i).

Zu Buchstabe i)

Demnach kann die Entgeltordnung der VKA (Anlage) mit einer Frist von sechs Monaten zum Ende des Kalenderjahres, frühestens jedoch zum 31. Dezember 2020 gekündigt werden. Die an sich im Tarifvertragsgesetz vorgesehene Nachwirkung ist ausgeschlossen. Wegen der abweichenden (drei Monate zum Quartalsende, frühestens zum 31. Dezember 2026; Nachwirkung nicht ausgeschlossen) Kündigungsmöglichkeiten der Eingruppierungsvorschriften für Beschäftigte im Sozial- und Erziehungsdienst siehe die Protokollerklärung zum Buchstaben i.

II

Anlage A (VKA)

Tabelle TVöD VKA

gültig vom 1. März 2024 bis 31. März 2025[1])

(monatlich in Euro)

Entgelt-gruppe	Grundentgelt		Entwicklungsstufen			
	Stufe 1	Stufe 2	Stufe 3	Stufe 4	Stufe 5	Stufe 6
15	5 504,00	5 863,92	6 265,40	6 813,49	7 377,29	7 748,20
14	5 003,84	5 329,75	5 755,37	6 227,68	6 754,16	7 132,13
13	4 628,76	4 985,95	5 392,57	5 834,04	6 353,53	6 635,44
12	4 170,32	4 581,34	5 061,67	5 594,63	6 220,01	6 516,74
11	4 032,38	4 410,41	4 765,62	5 151,01	5 678,44	5 975,19
10	3 895,33	4 191,53	4 528,25	4 893,44	5 300,10	5 433,63
9c	3 787,84	4 052,08	4 339,43	4 649,06	4 981,91	5 220,52
9b	3 566,89	3 814,56	3 969,97	4 429,89	4 702,42	5 018,11
9a	3 448,96	3 662,32	3 869,96	4 331,88	4 436,39	4 703,23
8	3 281,44	3 486,59	3 628,68	3 770,54	3 922,69	3 995,85
7	3 095,23	3 331,58	3 472,38	3 614,47	3 748,49	3 820,45
6	3 042,04	3 236,55	3 372,94	3 507,92	3 640,49	3 708,02
5	2 928,99	3 117,67	3 245,11	3 380,06	3 505,47	3 570,28
4	2 802,62	2 993,55	3 153,75	3 253,48	3 353,20	3 411,60
3	2 762,69	2 968,02	3 017,99	3 132,21	3 217,92	3 296,43
2	2 582,16	2 784,28	2 834,67	2 906,58	3 064,63	3 229,97
1		2 355,52	2 388,86	2 430,55	2 469,42	2 569,47

[1]) Enddatum entsprechend der Tarifeinigung vom 6. April 2025

II

Anlage A (VKA)

Tabelle TVöD VKA[1])
gültig vom 1. April 2025 bis 30. April 2026
(monatlich in Euro)

Entgelt-gruppe	Grundentgelt		Entwicklungsstufen			
	Stufe 1	Stufe 2	Stufe 3	Stufe 4	Stufe 5	Stufe 6
15	5 669,12	6 039,84	6 453,36	7 017,89	7 598,61	7 980,65
14	5 153,96	5 489,64	5 928,03	6 414,51	6 956,78	7 346,09
13	4 767,62	5 135,53	5 554,35	6 009,06	6 544,14	6 834,50
12	4 295,43	4 718,78	5 213,52	5 762,47	6 406,61	6 712,24
11	4 153,35	4 542,72	4 908,59	5 305,54	5 848,79	6 154,45
10	4 012,19	4 317,28	4 664,10	5 040,24	5 459,10	5 596,64
9c	3 901,48	4 173,64	4 469,61	4 788,53	5 131,37	5 377,14
9b	3 676,89	3 929,00	4 089,07	4 562,79	4 843,49	5 168,65
9a	3 558,96	3 772,32	3 986,06	4 461,84	4 569,48	4 844,33
8	3 391,44	3 596,59	3 738,68	3 883,66	4 040,37	4 115,73
7	3 205,23	3 441,58	3 582,38	3 724,47	3 860,94	3 935,06
6	3 152,04	3 346,55	3 482,94	3 617,92	3 750,49	3 819,26
5	3 038,99	3 227,67	3 355,11	3 490,06	3 615,47	3 680,28
4	2 912,62	3 103,55	3 263,75	3 363,48	3 463,20	3 521,60
3	2 872,69	3 078,02	3 127,99	3 242,21	3 327,92	3 406,43
2	2 692,16	2 894,28	2 944,67	3 016,58	3 174,63	3 339,97
1		2 465,52	2 498,86	2 540,55	2 579,42	2 679,47

[1]) Abgedruckt sind die auf der Tarifeinigung vom 6. April 2025 ermittelten Tabellenwerte, die noch unter dem Vorbehalt der endgültigen Tarifierung nach Abschluss der Redaktionsverhandlungen stehen.

II

Anlage A (VKA)

Tabelle TVöD VKA[1])
gültig ab 1. Mai 2026
(monatlich in Euro)

Entgelt-gruppe	Grundentgelt		Entwicklungsstufen			
	Stufe 1	Stufe 2	Stufe 3	Stufe 4	Stufe 5	Stufe 6
15	5 827,86	6 208,96	6 634,05	7 214,39	7 811,37	8 204,11
14	5 298,27	5 643,35	6 094,01	6 594,12	7 151,57	7 551,78
13	4 901,11	5 279,32	5 709,87	6 177,31	6 727,38	7 025,87
12	4 415,70	4 850,91	5 359,50	5 923,82	6 586,00	6 900,18
11	4 269,64	4 669,92	5 046,03	5 454,10	6 012,56	6 326,77
10	4 124,53	4 438,16	4 794,69	5 181,37	5 611,95	5 753,35
9c	4 010,72	4 290,50	4 594,76	4 922,61	5 275,05	5 527,70
9b	3 779,84	4 039,01	4 203,56	4 690,55	4 979,11	5 313,37
9a	3 658,61	3 877,94	4 097,67	4 586,77	4 697,43	4 979,97
8	3 486,40	3 697,29	3 843,36	3 992,40	4 153,50	4 230,97
7	3 294,98	3 537,94	3 682,69	3 828,76	3 969,05	4 045,24
6	3 240,30	3 440,25	3 580,46	3 719,22	3 855,50	3 926,20
5	3 124,08	3 318,04	3 449,05	3 587,78	3 716,70	3 783,33
4	2 994,17	3 190,45	3 355,14	3 457,66	3 560,17	3 620,20
3	2 953,13	3 164,20	3 215,57	3 332,99	3 421,10	3 501,81
2	2 767,54	2 975,32	3 027,12	3 101,04	3 263,52	3 433,49
1		2 534,55	2 568,83	2 611,69	2 651,64	2 754,50

1) Abgedruckt sind die auf der Tarifeinigung vom 6. April 2025 ermittelten Tabellenwerte, die noch unter dem Vorbehalt der endgültigen Tarifierung nach Abschluss der Redaktionsverhandlungen stehen.

Tarifvertrag für den öffentlichen Dienst – Besonderer Teil Verwaltung – (TVöD BT-V)

Vom 13. September 2005 (GMBl. 2006 S. 487)

Zuletzt geändert durch
Änderungstarifvertrag Nr. 31 vom 24. Oktober 2024 und
Tarifeinigung vom 6. April 2025[1])

Hinweise des Bearbeiters:

Der besondere Teil Verwaltung schließt sich an den Allgemeinen Teil des TVöD an und bildet zusammen mit diesem den Tarifvertrag für die Sparte Verwaltung. Der BT-V bildet die Abschnitte VII bis IX dieses Spartentarifvertrages; die Abschnitte I bis VI sind im allgemeinen Teil des TVöD enthalten.

Der Abschnitt VII enthält allgemeine Vorschriften, die alle unter den Spartentarifvertrag fallende Beschäftigte betreffen.

Die Abschnitte VIII und IX enthalten – getrennt für Bund einerseits und Kommunen andererseits – an die Stelle bestimmter Vorschriften des TVöD tretende Sonderregelungen für Beschäftigte in bestimmten Bereichen (in Auslandsdienststellen, im Bundesministerium der Verteidigung, im Bundesministerium für Digitales und Verkehr, im forstlichen Außendienst, bei nichtbundeseigenen Eisenbahnen, im kommunalen Feuerwehrdienst, in Kernforschungseinrichtungen, in Hafenbetrieben, in der Landwirtschaft, für Lehrkräfte, für Schulhausmeister, im Straßenbau, bei Theatern und Bahnen) und Schlussvorschriften (In-Kraft-Treten, Laufzeit).

Von Erläuterungen der nur für bestimmte Bereiche bedeutsamen Sonderregelungen wurde zunächst abgesehen.

---

1) Wegen der im Zuge der Tarifrunde 2025 vereinbarten Änderungen siehe die unter **150** abgedruckte Tarifeinigung.

II

Inhaltsübersicht

B. Besonderer Teil Verwaltung (BT-V)

Abschnitt VII
Allgemeine Vorschriften

§ 40 Geltungsbereich
§ 41 Allgemeine Pflichten
§ 42 Saisonaler Ausgleich
§ 43 Überstunden
§ 44 Reise- und Umzugskosten, Trennungsgeld

Abschnitt VIII
Sonderregelungen (VKA)

§ 45 (VKA) Beschäftigte im Betriebs- und Verkehrsdienst von nichtbundeseigenen Eisenbahnen und deren Nebenbetrieben
§ 46 (VKA) Beschäftigte im kommunalen feuerwehrtechnischen Dienst
§ 47 (VKA) Beschäftigte in Forschungseinrichtungen mit kerntechnischen Forschungsanlagen
§ 48 (VKA) Beschäftigte im forstlichen Außendienst
§ 49 (VKA) Beschäftigte in Hafenbetrieben, Hafenbahnbetrieben und deren Nebenbetrieben
§ 50 (VKA) Beschäftigte in landwirtschaftlichen Verwaltungen und Betrieben, Weinbau- und Obstanbaubetrieben
§ 51 (VKA) Beschäftigte als Lehrkräfte
§ 52 (VKA) Beschäftigte als Lehrkräfte an Musikschulen
§ 53 (VKA) Beschäftigte als Schulhausmeister
§ 54 (VKA) Beschäftigte beim Bau und Unterhaltung von Straßen
§ 55 (VKA) Beschäftigte an Theatern und Bühnen
§ 56 (VKA) Besondere Regelungen für Beschäftigte im Sozial- und Erziehungsdienst
§ 57 (VKA) Besondere Regelungen für Ärztinnen und Ärzte
§ 58 (VKA) Besondere Regelungen für Notfallsanitäterinnen und Notfallsanitäter

Abschnitt IX
Übergangs- und Schlussvorschriften (VKA)

§ 59 (VKA) Inkrafttreten, Laufzeit

Anlage zu § 56 (VKA)
Anlage C (VKA)
Entgelttabelle Sozial- und Erziehungsdienst

§ 40 Geltungsbereich

(1) [1]Dieser Tarifvertrag gilt für alle Beschäftigten, die unter § 1 des Tarifvertrages für den öffentlichen Dienst (TVöD) fallen, soweit sie nicht von anderen Besonderen Teilen des TVöD erfasst sind. [2]Der Tarifvertrag für den öffentlichen Dienst (TVöD) – Besonderer Teil Verwaltung (BT-V) bildet im Zusammenhang mit dem Tarifvertrag für den öffentlichen Dienst – Allgemeiner Teil – den Tarifvertrag für die Sparte Verwaltung.

(2) Soweit in den nachfolgenden Bestimmungen auf die §§ 1 bis 39 verwiesen wird, handelt es sich um die Regelungen des TVöD – Allgemeiner Teil –.

II

Erläuterungen

In der Vorschrift des § 40 haben die Tarifpartner den Geltungsbereich des BT-V geregelt und bestimmt, dass er für alle unter den TVöD fallenden Beschäftigten gilt, soweit sie nicht von einem anderen Besonderen Teil (Krankenhäuser, Flughäfen, Entsorgung, Sparkassen) erfasst werden.

In Absatz 1 Satz 2 wird klargestellt, dass der BT-V in Verbindung mit dem Allgemeinen Teil des TVöD den Tarifvertrag für die Sparte Verwaltung bildet.

§ 41 Allgemeine Pflichten

[1]Die im Rahmen des Arbeitsvertrages geschuldete Leistung ist gewissenhaft und ordnungsgemäß auszuführen. [2]Beschäftigte des Bundes und anderer Arbeitgeber, in deren Aufgabenbereichen auch hoheitliche Tätigkeiten wahrgenommen werden, müssen sich durch ihr gesamtes Verhalten zur freiheitlich demokratischen Grundordnung im Sinne des Grundgesetzes bekennen.

II

Erläuterungen

In § 41 weisen die Tarifpartner auf die allgemeinen Pflichten hin und bestimmen zudem (in Satz 2 der Vorschrift), dass in hoheitlichen Bereichen Beschäftigte sich zur freiheitlich demokratischen Grundordnung der Bundesrepublik bekennen müssen. Die Regelung in Satz 2 entspricht weitgehend der Bestimmung des § 8 Abs. 1 Satz 2 BAT.

Gewissenhafte Aufgabenerledigung (Satz 1)

Bei der Bestimmung des Satzes 1, dass der Beschäftigte die im Rahmen des Arbeitsvertrages geschuldete Leistung gewissenhaft und ordnungsgemäß durchzuführen hat, handelt es sich eigentlich um eine Selbstverständlichkeit. Schon das allgemeine Arbeitsrecht beinhaltet den Grundsatz, dass der Arbeitnehmer die vertraglich geschuldete Leistung erbringen muss. Bei Nicht- oder Schlechterfüllung des Arbeitsvertrages sind die üblichen arbeitsrechtlichen Instrumente (Abmahnung, Kündigung → § 34) gegeben. In § 41 TVöD BT-V wurde die Regelung des § 8 Abs. 1 Satz 1 BAT („Der Angestellte hat sich so zu verhalten, wie es von Angehörigen des ö. D. erwartet wird.") nicht übernommen. Das BAG hat daraus in zwei bemerkenswerten Urteilen (vom 10. 9. 2009 – 2 AZR 257/08 – und 28. 10. 2010 – 2 AZR 293/09) geschlossen, dass an das nebenberufliche Verhalten der nicht hoheitlich tätigen Beschäftigten keine erhöhten Ansprüche gestellt werden dürfen. Selbst kriminelle Handlungen bzw. entsprechende Strafen rechtfertigen nach Auffassung des BAG grundsätzlich nicht die Kündigung des Beschäftigten.

Die Frage, ob und in welchem Umfang Beschäftigte berechtigt sind, die Arbeit zur Erreichung kollektiver Ziele niederzulegen oder zu streiken, stellt sich regelmäßig insbesondere in Zeiten einer Lohnrunde. Die öffentlichen Arbeitgeber haben die rechtlichen Möglichkeiten, deren Grenzen und die aus Arbeitgebersicht notwendigen Maßnahmen (z. B. Dokumentationen, Entgeltkürzung) und die Folgen eines Streiks auf tarifvertraglichen Leistungen sowie die Sozialversicherung in so genannten Arbeitskampfrichtlinien zusammengefasst.

II

Politische Treuepflicht (Satz 2)

Satz 2 entspricht dem Kern der Vorschrift des § 8 Abs. 1 Satz 2 BAT, beschränkt die Pflicht, sich zur freiheitlich demokratischen Grundordnung im Sinne des Grundgesetzes zu bekennen, aber auf Beschäftigte des Bundes und von Arbeitgebern, in deren Aufgabenbereichen auch hoheitliche Aufgaben wahrgenommen werden. Auch der Beschäftigte, der selbst nicht hoheitlich tätig wird und ggf. nicht einmal in den hoheitlichen Bereichen des Arbeitgebers beschäftigt ist, kann unter diese Vorschrift fallen. Es reicht aus, dass der jeweilige Arbeitgeber auch hoheitlich tätig wird. Dies wird für die meisten Kommunen, nicht aber für deren ausgelagerte Wirtschaftsbetriebe zutreffen.

Über das Verfahren zur Überprüfung der Verfassungstreue bei der Einstellung von Beschäftigten bestehen keine gesetzlichen und auch keine tariflichen Vorschriften. Zur Frage der sogenannten politischen Treuepflicht der Beschäftigten des öffentlichen Dienstes wird auf nachstehende Rechtsprechung verwiesen:

- Beschluss des Bundesverfassungsgerichts vom 22. 5. 1975 – 2 BvL 13/73 – (BVerfGE 39, 334):

  „Auch die Angestellten des öffentlichen Dienstes schulden dem Arbeitgeber Loyalität und die gewissenhafte Erfüllung ihrer dienstlichen Verpflichtungen; auch sie dürfen den Staat, in dessen Dienst sie stehen, und seine Verfassungsordnung nicht angreifen; auch sie können wegen grober Verletzung dieser Dienstpflichten fristlos entlassen werden; und auch ihre Einstellung kann abgelehnt werden, wenn damit zu rechnen ist, daß sie ihre mit der Einstellung verbundenen Pflichten nicht werden erfüllen können oder wollen."
- Urteil des BAG vom 31. 3. 1976 – 5 AZR 104/74 (AP Nr. 2 zu Art. 33 Abs. 2 GG):

  „Nicht allen Angestellten und Arbeitern des öffentlichen Dienstes ist das gleiche Maß an politischer Treue abzuverlangen wie den Beamten. Bei Angestellten und Arbeitern müssen sich die in politischer Hinsicht zu stellenden Anforderungen aus dem jeweiligen Amt ergeben. Ein Lehrer und Erzieher muss (insoweit) gesteigerten Anforderungen genügen."
- Urteil des BAG vom 20. 7. 1977 – 4 AZR 142/76 (AP Nr. 3 zu Art. 33 Abs. 2 GG):

  „aa) Art. 12 Abs. 1 GG steht der Kündigung eines Lehrers während der schulpraktischen Ausbildung nach dem Berliner Lehrerbildungsgesetz nicht entgegen.

  bb) Art. 33 Abs. 2 GG kann zur Unwirksamkeit einer Kündigung des Arbeitsverhältnisses führen, wenn der Arbeitnehmer einen unmittelbaren Wiedereinstellungsanspruch haben würde. Das setzt jedoch voraus, dass entsprechende Eignung, Befähigung und fachliche Leistung i. S. von Art. 33 Abs. 2 GG vorliegen.

II

cc) Eignung i. S. von Art. 33 Abs. 2 GG umfaßt auch die Bereitschaft, der dem Amt entsprechenden politischen Treuepflicht zu genügen; das gilt insbesondere für Lehrer, die Schulunterricht halten. Deshalb kann einem Lehrer wegen aktiver Mitgliedschaft in einer verfassungswidrigen Organisation und entsprechender Betätigung auch während der schulpraktischen Ausbildung gekündigt werden."

- Urteil des BAG vom 6. 6. 1984 – 7 AZR 456/82 – (AP Nr. 11 zu § 1 KSchG Verhaltensbedingte Kündigung):

  „Eine ordentliche Kündigung aus verhaltensbedingten Gründen setzt voraus, daß das Arbeitsverhältnis durch die im außerdienstlichen Bereich entfaltete politische Betätigung konkret beeinträchtigt wird, sei es im Leistungsbereich, im Bereich der Verbundenheit aller bei der Dienststelle beschäftigten Mitarbeiter, im personalen Vertrauensbereich oder im behördlichen Aufgabenbereich." (Dies hat das BAG im Falle eines im Bereich der Bundesanstalt für Arbeit beschäftigten Hauptvermittlers verneint.)

- Urteil des BAG vom 12. Mai 2011 – 2 AZR 479/09:

  „Aktives Eintreten für eine verfassungsfeindliche Partei oder deren Jugendorganisation kann die personenbedingte Kündigung eines im öffentlichen Dienst beschäftigten Arbeitnehmers begründen. Das gilt auch dann, wenn die Partei nicht durch das Bundesverfassungsgericht für verfassungswidrig erklärt worden ist. Hat allerdings der Arbeitgeber den Arbeitnehmer wegen politischer Betätigung abgemahnt, gibt er damit grundsätzlich zu erkennen, dass er die Fortsetzung des Arbeitsverhältnisses für zumutbar erachtet, wenn zukünftig verfassungsfeindliche Aktivitäten unterbleiben. Er kann eine spätere Kündigung deshalb nicht ausschließlich auf Verhalten stützen, das schon seiner Abmahnung zugrunde lag. Die Anfechtung des Arbeitsvertrags wegen verfassungsfeindlicher Betätigung setzt voraus, dass der Arbeitnehmer eine ihm bei seiner Einstellung in den öffentlichen Dienst zulässigerweise gestellte Frage nach seiner Verfassungstreue bewusst falsch beantwortet oder relevante Umstände trotz bestehender Offenbarungspflicht verschwiegen hat."

  (Im Urteilsfall ging es um außerdienstliche Aktivitäten für die NPD und deren Jugendorganisation (JN). Der Kläger, der Mitglied der NPD ist, war seit 2003 beim beklagten Land tätig. Vor Begründung des Arbeitsverhältnisses hatte er sich in einer Erklärung zu den

Grundsätzen der freiheitlichen demokratischen Grundordnung im Sinne des Grundgesetzes bekannt und angegeben, er sei nicht Mitglied einer Organisation, die diese Grundordnung bekämpfe. Nachdem das beklagte Land ihn im Oktober 2007 wegen verschiedener parteipolitischer Aktivitäten abgemahnt hatte, kündigte es das Arbeitsverhältnis im Mai 2008 mit der Begründung, der Kläger habe durch Teilnahme an einer von der NPD abgehaltenen Gedenkveranstaltung erneut seine politische Treuepflicht verletzt. Zudem focht es den Arbeitsvertrag wegen arglistiger Täuschung an. Nach Auffassung des BAG sind Anfechtung des Arbeitsvertrages und Kündigung nicht berechtigt. Der entscheidende Senat ist aufgrund bindender Feststellungen des Landesarbeitsgerichts davon ausgegangen, dass sich der Kläger bei Abgabe seiner Erklärung zur Verfassungstreue eines Eignungsmangels nicht bewusst war. Der Kläger hat nach seiner Abmahnung bis zum Zugang der Kündigung kein Verhalten gezeigt, das als aktives Bekämpfen der freiheitlichen demokratischen Grundordnung des Grundgesetzes angesehen werden kann. Ob die NPD und ihre Jugendorganisation als verfassungsfeindlich einzustufen sind und ob das abgemahnte Verhalten deutlich gemacht hat, dass der Kläger mögliche verfassungsfeindliche Ziele der NPD aktiv unterstützt, brauchte das BAG in dem Urteilsfall nicht zu entscheiden.)

- Urteil des BAG vom 6. September 2012 – 2 AZR 372/11:

  Auch in diesem Urteilsfall ging es um außerdienstliche Aktivitäten für die NPD und deren Jugendorganisation (JN). Der Kläger war Mitglied der NPD und hatte Aufrufe zu Demonstrationen weitergeleitet, in denen die Verfasser für einen gewaltsamen Umsturz eingetreten waren. Das BAG sah darin – auch wenn die NPD nicht verboten ist und die Weiterleitung des Demonstrationsaufrufs nicht strafbar sei – einen Loyalitätsbruch, der eine Kündigung rechtfertige.

§ 42 Saisonaler Ausgleich

In Verwaltungen und Betrieben, in denen auf Grund spezieller Aufgaben (z. B. Ausgrabungen, Expeditionen, Schifffahrt) oder saisonbedingt erheblich verstärkte Tätigkeiten anfallen, kann für diese Tätigkeiten die regelmäßige Arbeitszeit auf bis zu 60 Stunden in einem Zeitraum von bis zu sieben Tagen verlängert werden, wenn durch Verkürzung der regelmäßigen wöchentlichen Arbeitszeit bis zum Ende des Ausgleichszeitraums nach § 6 Abs. 2 Satz 1 ein entsprechender Zeitausgleich durchgeführt wird.

II

Erläuterungen

In § 42 haben die Tarifpartner in bestimmten Verwaltungen und Betrieben unter gewissen Voraussetzungen die Verlängerung der Arbeitszeit auf bis zu 60 Stunden in der Woche zugelassen. Die Regelung entspricht weitgehend der Bestimmung des § 15 Abs. 4 Satz 2 BAT.

Zur Tarifvorschrift

§ 42 regelt den so genannten Jahreszeitenausgleich für diejenigen Verwaltungen und Betriebe, in denen auf Grund spezieller Aufgaben oder saisonaler Schwankungen Zeiten mit erheblich verstärkten Tätigkeiten anfallen. Für diese Bereiche haben die Tarifpartner – abweichend von der grundsätzlichen Regelung in § 6 Abs. 1 – eine Verlängerung der Arbeitszeit auf bis zu 60 Stunden in einem Siebentagezeitraum (der nicht der Kalenderwoche entsprechen muss) zugelassen. Voraussetzung ist allerdings, dass innerhalb des jährlichen Ausgleichszeitraumes des § 6 Abs. 2 Satz 1 ein Zeitausgleich erreicht wird. Im Ergebnis muss also – auf ein Jahr bezogen – wieder eine durchschnittliche Wochenarbeitszeit von 39 (Bund und Kommunen/West) bzw. 40 Stunden (Kommunen/Ost) erreicht werden. Die Ausdehnung des Ausgleichszeitraums auf ein Jahr ist durch § 7 Abs. 1 Nr. 1 Buchst. b des Arbeitszeitgesetzes (→ § 6) gedeckt.

§ 43 Überstunden

[1]Überstunden sind grundsätzlich durch entsprechende Freizeit auszugleichen. [2]Sofern kein Arbeitszeitkonto nach § 10 eingerichtet ist, oder wenn ein solches besteht, die/der Beschäftigte jedoch keine Faktorisierung nach § 8 Abs. 1 geltend macht, erhält die/der Beschäftigte für Überstunden (§ 7 Abs. 7), die nicht bis zum Ende des dritten Kalendermonats – möglichst aber schon bis zum Ende des nächsten Kalendermonats – nach deren Entstehen mit Freizeit ausgeglichen worden sind, je Stunde 100 v. H. des auf die Stunde entfallenden Anteils des Tabellenentgelts der jeweiligen Entgeltgruppe und Stufe, höchstens jedoch nach der Stufe 4. [3]Der Anspruch auf den Zeitzuschlag für Überstunden nach § 8 Abs. 1 besteht unabhängig von einem Freizeitausgleich.

II

Erläuterungen

In § 43 haben die Tarifpartner den Ausgleich für Überstunden geregelt und insoweit die Vorschriften des § 7 Abs. 7 und § 8 Abs. 1 TVöD ergänzt. Bis zum 31. Oktober 2022 enthielt § 43 einen Absatz 2. Hierin hatten die Tarifpartner besondere Vereinbarungen für bestimmte Beschäftigte in obersten Bundesbehörden und für Leiter von Dienststellen getroffen. Die Tarifpartner haben die Sonderregelung des ehemaligen Absatzes 2, die ein Konkurrenzverhältnis aufgrund abweichender beamtenrechtlicher Regelungen vermeiden sollte, im Rahmen des Änderungstarifvertrages Nr. 29 vom 14. Juli 2022 aufgehoben. Hintergrund für das Aufheben des Absatzes 2 war, dass im Beamtenbereich nunmehr neben der Gewährung der Ministerialzulage auch Mehrarbeitsvergütung gewährt werden kann und damit das zugrundeliegende Konkurrenzverhältnis entfallen ist.

Satz 1 der Vorschrift enthält den Grundsatz, dass Überstunden durch Freizeit auszugleichen sind; und zwar möglichst bis zum Ende des nächsten Kalendermonats nach ihrem Entstehen (Satz 2).

Satz 2 bestimmt, dass Überstunden, die nicht bis zum Ende des dritten Kalendermonats nach ihrem Entstehen durch Freizeit ausgeglichen werden, mit dem auf eine Stunde entfallenden Anteil des Tabellenentgelts der individuellen Entgeltgruppe und -stufe (höchstens aber Stufe 4) zu vergüten sind. Dies gilt jedoch nicht, wenn die Überstunden einem Arbeitszeitkonto im Sinne des § 10 gutgeschrieben werden.

Der Anspruch auf Überstundenzuschlag gemäß § 8 Abs. 1 besteht unabhängig davon, ob ein Zeitausgleich oder eine Bezahlung der Überstunden erfolgt (Satz 3).

§ 44 Reise- und Umzugskosten, Trennungsgeld

(1) Für die Erstattung von Reise- und Umzugskosten sowie Trennungsgeld finden die für die Beamtinnen und Beamten jeweils geltenden Bestimmungen entsprechende Anwendung.

II

(2) [1]Bei Dienstreisen gilt nur die Zeit der dienstlichen Inanspruchnahme am auswärtigen Geschäftsort als Arbeitszeit. [2]Für jeden Tag einschließlich der Reisetage wird jedoch mindestens die auf ihn entfallende regelmäßige, durchschnittliche oder dienstplanmäßige Arbeitszeit berücksichtigt, wenn diese bei Nichtberücksichtigung der Reisezeit nicht erreicht würde. [3]Überschreiten nicht anrechenbare Reisezeiten insgesamt 15 Stunden im Monat, so werden auf Antrag 25 v. H. dieser überschreitenden Zeiten bei fester Arbeitszeit als Freizeitausgleich gewährt und bei gleitender Arbeitszeit im Rahmen der jeweils geltenden Vorschriften auf die Arbeitszeit angerechnet. [4]Der besonderen Situation von Teilzeitbeschäftigten ist Rechnung zu tragen.

(3) Soweit Einrichtungen in privater Rechtsform oder andere Arbeitgeber nach eigenen Grundsätzen verfahren, sind diese abweichend von den Absätzen 1 und 2 maßgebend.

Erläuterungen

In § 44 Abs. 1 haben die Tarifpartner hinsichtlich der Erstattung von Reise- und Umzugskosten sowie Trennungsgeld die für Beamte jeweils geltenden Vorschriften in Bezug genommen. In Absatz 2 ist die Berücksichtigung von Reisezeiten im Rahmen von Dienstreisen als Arbeitszeit geregelt. Absatz 3 lässt für bestimmte Arbeitgeber von den Grundsätzen der Absätze 1 und 2 abweichende Regelungen zu.

Die Tatbestände waren bislang in den §§ 42, 44 und § 17 Abs. 2 BAT geregelt.

Auf die abweichenden Sonderregelungen in den §§ 45 und 47 (Bund) bzw. §§ 54 und 55 (VKA) des Besonderen Teils Verwaltung wird hingewiesen.

Anwendung beamtenrechtlicher Bestimmungen (Abs. 1)

In Absatz 1 ist bestimmt, dass für die Erstattung von Reise- und Umzugskosten sowie Trennungsgeld die für Beamte jeweils geltenden Vorschriften entsprechende – also sinngleiche – Anwendung finden sollen. Die Tarifpartner haben insoweit auf eine eigene Regelung verzichtet und nehmen die – bewährten – Regelungen für Beamte in Bezug.

Die wichtigsten Bestimmungen im Sinne dieser Vorschrift für Beamte sind:

Reisekostengesetze/-verordnungen:

- Baden-Württemberg: Gesetz zur Neufassung des Landesreisekostengesetzes vom 4. 2. 2021 (GBl. S. 111)
- Bayern: Bayerisches Reisekostengesetz i. d. F. der Bekanntmachung vom 24. 4. 2001 (GVBl. S. 133)
- Berlin: Nach § 77 des Landesbeamtengesetzes für Berlin gilt das Bundesreisekostengesetz i. d. F. der Bekanntmachung vom 26. 5. 2005 (BGBl. I S. 1418) mit Maßgaben
- Brandenburg: Nach § 63 des Beamtengesetzes für das Land Brandenburg gilt das Bundesreisekostengesetz i. d. F. der Bekanntmachung vom 26. 5. 2005 (BGBl. I S. 1418)
- Bremen: Bremisches Reisekostengesetz i. d. F. der Bekanntmachung vom 24. 2. 2009 (Brem. GBl. S. 48)
- Hamburg: Hamburgisches Reisekostengesetz i. d. F. der Bekanntmachung vom 14. 1. 2025 (HmbGVBl. S. 153)
- Hessen: Hessisches Reisekostengesetz i. d. F. der Bekanntmachung vom 9. 10. 2009 (GVBl. I S. 397)
- Mecklenburg-Vorpommern: Landesreisekostengesetz vom 3. 6. 1998 (GVOBl. M-V S. 554)
- Niedersachsen: Niedersächsische Reisekostenverordnung vom 10. 1. 2017 (Nds. GVBl. S. 2)
- Nordrhein-Westfalen: Landesreisekostengesetz vom 1. 12. 2021 (GV. NRW. S. 1367)
- Rheinland-Pfalz: Landesreisekostengesetz i. d. F. der Bekanntmachung vom 24. 3. 1999 (GVBl. S. 89)
- Saarland: Saarländisches Reisekostengesetz i. d. F. der Bekanntmachung vom 13. 8. 1976 (Amtsbl. S. 857)
- Sachsen: Sächsisches Reisekostengesetz i. d. F. der Bekanntmachung vom 12. 12. 2008 (SächsGVBl. S. 866, 876)
- Sachsen-Anhalt: gemäß § 4 des Gesetzes zur Neuregelung des Besoldungsrechts des Landes Sachsen-Anhalt vom 8. 2. 2011 (GVBl. LSA S. 68) gilt das Bundesreisekostengesetz i. d. F. der Bekanntmachung vom 26. 5. 2005 (BGBl. I S. 1418) mit Maßgaben
- Schleswig-Holstein: Nach § 84 des Beamtengesetzes für das Land Schleswig-Holstein gilt das Bundesreisekostengesetz i. d. F. der Bekanntmachung vom 26. 5. 2005 (BGBl. I S. 1418) mit Maßgaben
- Thüringen: Thüringer Reisekostengesetz vom 23. 12. 2005 (GVBl. S. 446)

II

Umzugskostengesetze

- Baden-Württemberg: Landesumzugskostengesetz i. d. F. der Bekanntmachung vom 12. 2. 1996 (GBl. S. 127)
- Bayern: Bayerisches Umzugskostengesetz vom 27. 7. 2009 (GVBl. S. 400)
- Berlin: Nach § 77 des Landesbeamtengesetzes für Berlin gilt das Bundesumzugskostengesetz
- Brandenburg: Nach § 63 des Beamtengesetzes für das Land Brandenburg gilt das Bundesumzugskostengesetz
- Bremen: Bremisches Umzugskostengesetz i. d. F. der Bekanntmachung vom 28. 3. 2003 (Brem. GBl. S. 191)
- Hamburg: Nach § 84 Abs. 2 des Hamburgischen Landesbeamtengesetzes gilt das Bundesumzugskostengesetz in der am 31. 12. 2010 geltenden Fassung
- Hessen: Hessisches Umzugskostengesetz vom 26. 10. 1993 (GVBl. I S. 464)
- Mecklenburg-Vorpommern: Landesumzugskostengesetz vom 3. 6. 1998 (GVOBl. M-V S. 559)
- Niedersachsen: Nach § 98 des Niedersächsischen Beamtengesetzes gilt weitgehend das Bundesumzugskostengesetz
- Nordrhein-Westfalen: Landesumzugskostengesetz vom 6. 7. 1993 (GVBl. S. 464)
- Rheinland-Pfalz: Landesumzugskostengesetz vom 22. 12. 1992 (GVBl. S. 377)
- Saarland: Saarländisches Umzugskostengesetz i. d. F. der Bekanntmachung vom 13. 8. 1976 (Amtsbl. S. 863)
- Sachsen: Sächsisches Umzugskostengesetz vom 23. 11. 1993 (SächsGVBl. S. 1070)
- Sachsen-Anhalt: gemäß § 4 des Gesetzes zur Neuregelung des Besoldungsrechts des Landes Sachsen-Anhalt vom 8. 2. 2011 (GVBl. LSA S. 68) gilt weitgehend das Bundesumzugskostengesetz
- Schleswig-Holstein: Nach § 87 des Beamtengesetzes für das Land Schleswig-Holstein gilt weitgehend das Bundesumzugskostengesetz
- Thüringen: Thüringer Umzugskostengesetz vom 2. 5. 2005 (GVBl. S. 446)

Berücksichtigung von Reisezeiten (Abs. 2)

In Absatz 2 haben die Tarifpartner geregelt, inwieweit Dienstreisezeiten als Arbeitszeit berücksichtigt werden. Nach Satz 1 der Vorschrift gilt grundsätzlich nur die Zeit des reinen Dienstgeschäftes als Arbeitszeit. In jedem Fall wird aber mindestens die auf den Dienstreisetag entfallende regelmäßige, durchschnittliche oder dienstplanmäßige Arbeitszeit berücksichtigt (Satz 2). Satz 3 legt fest, dass in den Fällen, in denen nicht anrechenbare Reisezeiten von mehr als 15 Stunden im Monat angefallen sind, 25 v. H. auf Antrag als Arbeitszeit gewertet und durch Freizeit ausgeglichen bzw. dem Gleitzeitkonto gutgeschrieben werden können. Der Bund hat mit Rundschreiben vom 19. Februar 2021 übertariflich zugelassen, dass nach den Regelungen der Arbeitszeitverordnung (AZV) verfahren wird. In Satz 4 ist bestimmt, dass der besonderen Situation von Teilzeitbeschäftigten besonders Rechnung getragen wird. Dies kann in der Praxis nur so aussehen, dass eine während Dienstreisen ggf. erfolgte – bezogen auf die individuelle Arbeitszeit – überproportionale Inanspruchnahme durch Freizeit ausgeglichen wird.

Beschäftigte anderer Arbeitgeber (Abs. 3)

Soweit Einrichtungen in privater Rechtsform oder andere Arbeitgeber eigene Grundsätze zur Erstattung von Reise- und Umzugskosten sowie zur Erstattung von Trennungsgeld und zur Berücksichtigung von Reisezeiten als Arbeitszeit haben, sind diese Grundsätze maßgebend – die beamtenrechtlichen Bestimmungen finden dann keine Anwendung.

II

Abschnitt VIII
Sonderregelungen (VKA)

§ 45 (VKA) Beschäftigte im Betriebs- und Verkehrsdienst von nichtbundeseigenen Eisenbahnen und deren Nebenbetrieben

Für Beschäftigte im Betriebs- und Verkehrsdienst von nichtbundeseigenen Eisenbahnen und deren Nebenbetrieben können landesbezirklich besondere Vereinbarungen abgeschlossen werden.

§ 46 (VKA) Beschäftigte im kommunalen feuerwehrtechnischen Dienst

Zu Abschnitt I
Allgemeine Vorschriften

Nr. 1 Zu § 1 Abs. 1 – Geltungsbereich –

Diese Sonderregelungen gelten für Beschäftigte, die hauptamtlich im kommunalen feuerwehrtechnischen Dienst beschäftigt sind.

Zu Abschnitt II
Arbeitszeit
und zu Abschnitt III
Eingruppierung, Entgelt und sonstige Leistungen

Nr. 2

(1) [1]Die §§ 6 bis 9 und 19 finden keine Anwendung. [2]Es gelten die Bestimmungen für die entsprechenden Beamten. [3]§ 27 findet unbeschadet der Sätze 1 und 2 Anwendung.

(2) Beschäftigte im Einsatzdienst erhalten eine monatliche Zulage (Feuerwehrzulage) in Höhe von

- 63,69 Euro nach einem Jahr Beschäftigungszeit und
- 127,38 Euro nach zwei Jahren Beschäftigungszeit.

(3) [1]Die Feuerwehrzulage wird nur für Zeiträume gezahlt, für die Entgelt, Urlaubsentgelt oder Entgelt im Krankheitsfall zusteht. [2]Sie ist bei der Bemessung des Sterbegeldes (§ 23 Abs. 3) zu berücksichtigen. [3]Die Feuerwehrzulage ist kein zusatzversorgungspflichtiges Entgelt.

Zu Abschnitt V
Befristung und Beendigung des Arbeitsverhältnisses

Nr. 3 – Feuerwehrdienstuntauglichkeit –[1])

Nr. 4 – Übergangsversorgung für Beschäftigte im Einsatzdienst –

1. Anspruch auf Übergangsversorgung im Einsatzdienst

   [1]Beschäftigte im feuerwehrtechnischen Einsatzdienst mit einer Tätigkeit von mindestens 35 Jahren bei demselben Arbeitgeber im feuerwehrtechnischen Einsatzdienst werden auf schriftliches Verlangen vor Vollendung des gesetzlich festgelegten Alters zum Erreichen der Regelaltersrente frühestens zu dem Zeitpunkt, zu dem vergleichbare Beamtinnen und Beamte im Einsatzdienst der

---

[1]) derzeit nicht belegt

Berufsfeuerwehr in den gesetzlichen Ruhestand treten, für einen Zeitraum von 36 Monaten unwiderruflich von der Arbeitsleistung unter Fortbestand des Arbeitsverhältnisses nach Maßgabe der nachfolgenden Regelungen freigestellt. [2]§§ 33, 34 TVöD bleiben unberührt. [3]Das während der Freistellung zu zahlende Entgelt wird anteilig vom Arbeitgeber und von der/dem Beschäftigten erbracht. [4]Hierzu wird ein Wertguthaben nach Maßgabe der Ziffer 3 aufgebaut. [5]Beschäftigte, die keine 35 Jahre im feuerwehrtechnischen Einsatzdienst erreichen, können einen höheren Beitrag nach Ziffer 3 Satz 3 bis 5 in das Wertguthaben einbringen. [6]Erfolgt dies nicht, erfolgt eine ratierliche kürzere Freistellung von der Arbeitsleistung nach Maßgabe der Ziffer 4 Satz 3.

Protokollerklärung zu Ziffer 1 Satz 5

Zeiten einer Arbeitsunfähigkeit, einer Elternzeit, einer Familien-/Pflegezeit oder eines Sonderurlaubs im dienstlichen Interesse mindern nicht den Anspruch nach Satz 1.

2. Entgeltanspruch während der Freistellungsphase

[1]Die/Der Beschäftigte erhält während der Zeit der Freistellung als monatliches Entgelt 70 Prozent des monatlichen Durchschnitts des in den vor dem Beginn der Freistellung bezogenen rentenversicherungspflichtigen Entgelts der letzten zwölf Monate unter Aufzehrung des Wertguthabens nach Ziffer 3. [2]Kalendermonate, die nicht für jeden Tag mit Entgelt oder Entgeltfortzahlung nach § 22 Abs. 1 TVöD belegt sind, bleiben bei der Ermittlung des monatlichen Durchschnittsentgelts außer Betracht. [3]Das Entgelt nach Satz 1 verändert sich bei allgemeinen Entgeltanpassungen in dem für die jeweilige Entgeltgruppe und Stufe geltenden Umfang. [4]Voraussetzung für den Entgeltanspruch ist, dass das Arbeitsverhältnis im Anschluss an die Freistellung endet.

3. Aufbau des Wertguthabens

[1]Zur Finanzierung der Aufwendungen für die Zeit der Freistellung nach Ziffer 1 mindert sich das für den Kalendermonat zustehende Entgelt der/des Beschäftigten um 2,75 Prozent; die Minderung des Entgelts unterbleibt, sobald der Beschäftigte seinen Finanzierungsanteil 35 Jahre lang erbracht hat. [2]Dieses Entgelt wird einschließlich des darauf anfallenden Arbeitgeberanteils am Gesamtsozialversicherungsbeitrag einem Wertguthaben (§ 7d SGB IV) zugeführt. [3]Sofern Beschäftigte gerechnet von ihrer Einstellung an absehbar 35 Jahre im feuerwehrtechnischen Einsatzdienst nicht erreichen können, kann die/der Beschäftigte die für eine Freistellung von 36 Monaten fehlenden Monate durch eine entsprechend höhere

Beteiligung der/des Beschäftigten am Wertguthaben aufbauen, aus dem insoweit der Entgeltanspruch nach Ziffer 2 erfüllt wird. [4]An ein entsprechendes Verlangen gegenüber dem Arbeitgeber ist sie/er mindestens für den Zeitraum von zwölf Monaten gebunden. [5]Der zusätzliche Beitrag der/des Beschäftigten darf dabei 2,75 Prozent ihres/seines Entgelts nicht übersteigen und nicht zu einer geringfügig entlohnten Beschäftigung führen. [6]Als angemessener Ertrag erhöht sich das Wertguthaben bei allgemeinen Tariferhöhungen in der von den Tarifvertragsparteien jeweils festzulegenden Höhe.

II

Protokollerklärung zu Ziffer 3 Satz 6:[1])

Das Wertguthaben erhöht sich am 1. März 2024 um 11,50 v. H.

4. Verwendung des Wertguthabens

[1]Der Abbau des Wertguthabens erfolgt ausschließlich zur anteiligen monatlichen Finanzierung der in Ziffer 1 genannten Freistellungsphase. [2]Für jeden Monat der Freistellung werden dem Wertguthaben 1/36 entnommen. [3]Soweit Beschäftigte im Einsatzdienst zum Zeitpunkt des Verlangens nach Ziffer 1 keine 35 Jahre im feuerwehrtechnischen Einsatzdienst aufweisen, erfolgt abweichend von Ziffer 1 für je zwölf Kalendermonate, in denen die/der Beschäftigte durch Einbringen ihres/seines Anteils das Wertguthaben nach Ziffer 3 aufgebaut hat, eine Freistellung von einem Kalendermonat. [4]Die Entnahme aus dem Wertguthaben erfolgt monatlich ratierlich mit Beginn der Freistellung. [5]Hinzu kommt die Freistellung infolge einer entsprechend höheren Beteiligung am Aufbau des Wertguthabens nach Ziffer 3 Satz 3. [6]Scheidet die/der Beschäftigte aus dem feuerwehrtechnischen Einsatzdienst aus oder endet das Arbeitsverhältnis vorzeitig (Störfall), hat er/sie Anspruch auf das Wertguthaben, ausgenommen des darin enthaltenen Arbeitgeberanteils am Gesamtsozialversicherungsbeitrag. [7]Bei Tod der/des Beschäftigten steht dieser Anspruch den Erben zu.

5. Arbeitgeberwechsel

[1]Wechselt eine Beschäftigte/ein Beschäftigter unter Verbleib im feuerwehrtechnischen Einsatzdienst zu einem anderen Arbeitgeber, der einem Mitgliedverband der VKA angehört, wird die bei dem vorherigen Arbeitgeber im feuerwehrtechnischen Einsatzdienst zurückgelegte Zeit auf die Zeit des nach Ziffer 1 Satz 1 geforderten feuerwehrtechnischen Einsatzdienstes angerechnet, wenn

---

1) Aufgrund der Tarifeinigung 2025 (abgedruckt unter **150**) ist mit einer Erhöhung zum 1. April 2025 sowie zum 1. Mai 2026 zu rechnen. Bei Redaktionsschluss ist nicht eindeutig erkennbar gewesen, ob zum 1. April 2025 der lineare Erhöhungssatz von 3,0 Prozent oder der modifizierte Erhöhungssatz für dynamische Zulagen von 3,11 Prozent greift. Zum 1. Mai 2026 wird der Erhöhungssatz voraussichtlich 2,8 Prozent betragen.

die/der Beschäftigte gemäß § 7f Abs. 1 Satz 1 Nr. 1 SGB IV durch schriftliche Erklärung gegenüber dem bisherigen Arbeitgeber die Übertragung des Wertguthabens verlangt und der neue Arbeitgeber der Übertragung zugestimmt hat.

6. Keine Notwendigkeit des Insolvenzschutzes

   [1]Die Tarifvertragsparteien gehen gem. § 7e Abs. 9 SGB IV davon aus, dass es einer Regelung zum Insolvenzschutz nicht bedarf.

7. Urlaub während der Freistellungsphase

   [1]Die Freistellung erfolgt unter Anrechnung von für in der Freistellungsphase ggf. zustehenden Urlaubsansprüchen der/des Beschäftigten. [2]Einer ausdrücklichen Urlaubsgewährung durch den Arbeitgeber bedarf es nicht.

8. Nebentätigkeiten

   [1]Beschäftigte dürfen während der Freistellungsphase nach Ziffer 1 Satz 1 keine Beschäftigungen oder selbständigen Tätigkeiten ausüben, die die Geringfügigkeitsgrenze des § 8 SGB IV überschreiten, es sei denn, diese Beschäftigungen oder selbständigen Tätigkeiten sind bereits innerhalb der letzten fünf Jahre vor Beginn der Freistellungsphase ausgeübt worden. [2]Bestehende tarifliche Regelungen über Nebentätigkeiten bleiben unberührt.

9. Sonderregelungen für die am 30. Juni 2015 schon und am 1. Juli 2015 noch im feuerwehrtechnischen Einsatzdienst tätigen Beschäftigten

   9.1 [1]Einem Antrag auf Vereinbarung von Altersteilzeitarbeit nach dem Tarifvertrag zu flexiblen Arbeitszeitregelungen für ältere Beschäftigte (TV FlexAZ) soll bei Beschäftigten, die bereits am 30. September 2005 (Tarifgebiet West) bzw. am 31. Dezember 2009 (Tarifgebiet Ost) schon und am 1. Juli 2015 noch im feuerwehrtechnischen Einsatzdienst beschäftigt sind, vorrangig entsprochen werden. [2]§ 12 TV FlexAZ bleibt unberührt.

   9.2 [1]Bei Beschäftigten im feuerwehrtechnischen Einsatzdienst bei einem Arbeitgeber, der Mitglied eines Mitgliedverbandes der Vereinigung der kommunalen Arbeitgeberverbände (VKA) ist, deren Tätigkeit im Einsatzdienst über den 30. Juni 2015 fortbesteht, tritt an die Stelle der Freistellung nach Ziffer 1 Satz 1 eine Freistellung nach Maßgabe der Sätze 2 bis 6.

   [2]Der der/dem Beschäftigten bei einer Tätigkeit von mindestens 35 Jahren im feuerwehrtechnischen Einsatzdienst als Leistung nach Abschnitt VIII Sonderregelungen (VKA) § 46 Nr. 4 Abs. 2 oder Abs. 4 Satz 1 BT-V nach der in der bis zum 30. Juni 2015 geltenden Fassung zustehende Betrag, berechnet nach dem Stand vom

[3]Angefangene Jahre werden kaufmännisch gerundet. [4]Der nach Satz 2 ermittelte Betrag ist durch den monatlichen Arbeitgeberaufwand zu dividieren. [5]Der monatliche Arbeitgeberaufwand setzt sich zusammen aus 70 Prozent des der/dem Beschäftigten zustehenden Tabellenentgelts, der Feuerwehrzulage und der auf den Kalendermonat umgerechneten anteiligen Jahressonderzahlung zuzüglich 30 Prozent hierauf als pauschaler Arbeitgeberaufwand am Gesamtsozialversicherungsbeitrag und den Aufwendungen für die betriebliche Altersversorgung. [6]Das kaufmännisch gerundete Ergebnis, das der Arbeitgeber dem Beschäftigten mitteilt, zuzüglich die für die Tätigkeit im feuerwehrtechnischen Einsatzdienst ab dem 1. Juli 2015 in entsprechender Anwendung der Ziffer 4 Satz 3 erworbenen Freistellungsansprüche bilden den Gesamtfreistellungsanspruch der/des Beschäftigten.

Niederschriftserklärung

[1]Zur Erläuterung von Abschnitt VIII Sonderregelungen (VKA) § 46 Nr. 4 Ziffer 9.2 TVöD – BT-V in der ab 1. Juli 2015 geltenden Fassung sind sich die Tarifvertragsparteien über folgendes Beispiel einig:

[2]Beispiel: Ein am 30. Juni 2015 50-jähriger Beschäftigter im Tarifgebiet West der Entgeltgruppe 8 Stufe 6 hätte nach Abschnitt VIII Sonderregelungen (VKA) § 46 Nr. 4 Abs. 4 Satz 1 Buchst. d BT-V bei mindestens 35 Jahren im Einsatzdienst Anspruch auf eine Übergangszahlung in Höhe von 77,5 Prozent des 26,3-fachen des monatlichen Tabellenentgelts der Entgeltgruppe 6 Stufe 6 in Höhe von 58 120,09 Euro. [3]Dieser Betrag dividiert durch 35 und multipliziert mit am 30. Juni 2015 im feuerwehrtechnischen Einsatzdienst zurückgelegten 19 Jahren, 8 Monaten und fünf Tagen, kaufmännisch gerundet 20 Jahre, ergibt einen Wert in Höhe von 33 211,48 Euro. [4]Das zu berücksichtigende Entgelt beläuft sich auf 3466,49 Euro (Tabellenentgelt in Höhe von 3097,26 Euro zuzüglich Feuerwehrzulage in Höhe von 127,38 Euro und anteiliger Jahressonderzahlung in Höhe von 241,85 Euro). [5]Reduziert auf 70 Prozent und erhöht um 30 Prozent pauschaler Arbeitgeberaufwand ergibt dies einen Arbeitgeberaufwand in Höhe von 3154,50 Euro monatlich. [6]Die Übergangszahlung in Höhe von 33 211,48 Euro dividiert durch den monatlichen Arbeitgeberaufwand in Höhe von 3154,50 Euro ergibt 10,53, kaufmännisch gerundet 11 Freistellungsmonate.

[7]Hinzu kommen die vom 1. Juli 2015 an in entsprechender Anwendung der Nr. 4 Satz 3 erworbenen Freistellungsansprüche (je zwölf Monate Einsatzdienst ein Monat Freistellung).

§ 47 (VKA) Beschäftigte in Forschungseinrichtungen mit kerntechnischen Forschungsanlagen

Zu Abschnitt I
Allgemeine Vorschriften

Nr. 1 Zu § 1 Abs. 1 – Geltungsbereich –

Diese Sonderregelungen gelten für Beschäftigte in Forschungseinrichtungen mit kerntechnischen Forschungsanlagen, wie Reaktoren sowie Hochenergiebeschleuniger- und Plasmaforschungsanlagen und ihre hiermit räumlich oder funktionell verbundenen Institute und Einrichtungen.

Protokollerklärung:

[1]Hochenergiebeschleunigeranlagen im Sinne dieser Sonderregelungen sind solche, deren Endenergie bei der Beschleunigung von Elektronen 100 Mill. Elektronenvolt (MeV), bei Protonen, Deuteronen und sonstigen schweren Teilchen 20 MeV überschreitet. [2]Plasmaforschungsanlagen i. S. dieser Sonderregelungen sind solche Anlagen, deren Energiespeicher mindestens 1 Million Joule aufnimmt und mindestens 1 Million VA als Impulsleistung abgibt oder die für länger als 1 msec mit Magnetfeldern von mindestens 50 000 Gauss arbeiten und in denen eine kontrollierte Kernfusion angestrebt wird.

Nr. 2 Zu § 3 – Allgemeine Arbeitsbedingungen –

(1) Der Beschäftigte hat sich auch – unbeschadet seiner Verpflichtung, sich einer aufgrund von Strahlenschutzvorschriften behördlich angeordneten Untersuchung zu unterziehen – auf Verlangen des Arbeitgebers im Rahmen von Vorschriften des Strahlenschutzrechts ärztlich untersuchen zu lassen.

(2) Der Beschäftigte ist verpflichtet, die zum Schutz Einzelner oder der Allgemeinheit vor Strahlenschäden an Leben, Gesundheit und Sachgütern getroffenen Anordnungen zu befolgen.

(3) Zur Vermeidung oder Beseitigung einer erheblichen Störung des Betriebsablaufs oder einer Gefährdung von Personen hat der Beschäftigte vorübergehend jede ihm aufgetragene Arbeit zu verrichten, auch wenn sie nicht in sein Arbeitsgebiet fällt; er hat sich – innerhalb der regelmäßigen Arbeitszeit unter Fortzahlung des Entgelts, außerhalb der regelmäßigen Arbeitszeit unter Zahlung von Überstundenentgelt – einer seinen Kräften und Fähigkeiten entsprechenden Ausbildung in der Hilfeleistung und Schadensbekämpfung zu unterziehen.

(4) [1]Ist nach den Strahlenschutzvorschriften eine Weiterbeschäftigung des Beschäftigten, durch die er ionisierenden Strahlen oder der Gefahr einer Aufnahme radioaktiver Stoffe in den Körper ausgesetzt wäre, nicht zulässig, so kann er auch dann zu anderen Aufgaben herange-

zogen werden, wenn der Arbeitsvertrag nur eine bestimmte Beschäftigung vorsieht. [2]Dem Beschäftigten dürfen jedoch keine Arbeiten übertragen werden, die mit Rücksicht auf seine bisherige Tätigkeit ihm nicht zugemutet werden können.

Zu Abschnitt II
Arbeitszeit

Nr. 3 Zu §§ 7, 8 – Sonderformen der Arbeit und Ausgleich für Sonderformen der Arbeit –

(1) Die Zeit des Bereitschaftsdienstes einschließlich der geleisteten Arbeit wird bei der Bemessung des Entgelts mit 50 v. H. als Arbeitszeit gewertet.

(2) Rufbereitschaft darf bis zu höchstens zwölf Tagen im Monat, in Ausnahmefällen bis zu höchstens 30 Tagen im Vierteljahr angeordnet werden.

(3) Die Arbeitszeitdauer des Feuerwehrpersonals beträgt, wenn in erheblichem Umfang Bereitschaftsdienst vorliegt, 24 Stunden je Dienst, sofern der Gesundheitsschutz der Beschäftigten durch Gewährung gleichwertiger Ausgleichsruhezeiten in unmittelbarem Anschluss an die verlängerten Arbeitszeiten gewährleistet wird.

(4) Unter Beachtung des allgemeinen Gesundheitsschutzes kann die Arbeitszeit des Feuerwehrpersonals, sofern in die Arbeitszeit regelmäßig und in erheblichem Umfang Bereitschaftsdienst fällt, auf bis zu 65 Stunden im Siebentagezeitraum ohne Ausgleich verlängert werden, wenn dienstliche Gründe bestehen und die/der Beschäftigte schriftlich eingewilligt hat.

(5) [1]Beschäftigten, die die Einwilligung zur Verlängerung der Arbeitszeit nicht erklären oder die Einwilligung widerrufen, dürfen daraus keine Nachteile entstehen. [2]Die Einwilligung kann mit einer Frist von sechs Monaten schriftlich widerrufen werden. [3]Die Beschäftigten sind auf die Widerrufsmöglichkeit schriftlich hinzuweisen.

(6) Beschäftigte im Feuerwehrdienst erhalten eine monatliche zusatzversorgungspflichtige Zulage (Feuerwehrzulage) in Höhe von 80 Euro.

Zu Abschnitt III
Eingruppierung, Entgelt und sonstige Leistungen

Nr. 4

(1) [1]Beschäftigten, die in Absatz 2 aufgeführt sind, kann im Einzelfall zum jeweiligen Entgelt eine jederzeit widerrufliche Zulage bis

zu höchstens 14 v. H. in den Entgeltgruppen 3 bis 8 und 16 v. H. in den Entgeltgruppen 9 bis 15 des Betrages der Stufe 2 der Anlage A der Entgelttabelle zu § 15 Abs. 2 gewährt werden; die jeweils tariflich zustehende letzte Entwicklungsstufe der Entgelttabelle darf hierdurch nicht überschritten werden. [2]Die Zulage vermindert sich jeweils um den Betrag, um den sich bei einer Stufensteigerung das Entgelt erhöht, es sei denn, dass der Arbeitgeber die Zulage zu diesem Zeitpunkt anderweitig festsetzt. [3]Der Widerruf wird mit Ablauf des zweiten auf den Zugang folgenden Kalendermonats wirksam, es sei denn, die Zulage wird deswegen widerrufen, weil der Beschäftigte in eine andere Entgeltgruppe eingruppiert wird oder eine Zulage nach § 14 erhält.

(2) [1]Im Einzelfall kann eine jederzeit widerrufliche Zulage außerhalb des Absatz 1

a) an Beschäftigte mit abgeschlossener naturwissenschaftlicher, technischer oder medizinischer Hochschulbildung sowie sonstige Beschäftigte der Entgeltgruppen 13 bis 15, die aufgrund gleichwertiger Fähigkeiten und Erfahrungen entsprechende Tätigkeiten wie Beschäftigte mit abgeschlossener naturwissenschaftlicher, technischer oder medizinischer Hochschulbildung ausüben,
b) an technische Beschäftigte der Entgeltgruppen 3 bis 12, Beschäftigte im Dokumentationsdienst, im Programmierdienst, Übersetzerinnen und Übersetzer sowie Laborantinnen und Laboranten gewährt werden,

wenn sie Forschungsaufgaben vorbereiten, durchführen oder auswerten.

[2]Die Zulage darf in den Entgeltgruppen 3 bis 8 14 v. H., in den Entgeltgruppen 9 bis 15 16 v. H. des Betrages der Stufe 2 der Anlage A zu § 15 Abs. 2 nicht übersteigen. [3]Der Widerruf wird mit Ablauf des zweiten auf den Zugang des Widerrufs folgenden Kalendermonats wirksam, es sei denn, die Zulage wird deswegen widerrufen, weil Beschäftigte in eine andere Entgeltgruppe eingruppiert werden oder eine Zulage nach § 14 erhalten.

(3) [1]Die Zulagen einschließlich der Abgeltung nach Nr. 3 können durch Nebenabreden zum Arbeitsvertrag ganz oder teilweise pauschaliert werden. [2]Die Nebenabrede ist mit einer Frist von zwei Wochen zum Monatsende kündbar.

§ 48 (VKA) Beschäftigte im forstlichen Außendienst

Zu Abschnitt I
Allgemeine Vorschriften

Nr. 1 Zu § 1 – Geltungsbereich –

Diese Sonderregelungen gelten für Beschäftigte im forstlichen Außendienst, die nicht von § 1 Abs. 2 Buchst. g erfasst werden.

Zu Abschnitt II
Arbeitsbereich

Nr. 2

(1) [1]Der tarifliche wöchentliche Arbeitszeitkorridor beträgt 48 Stunden. [2]Abweichend von § 7 Abs. 7 sind nur die Arbeitsstunden Überstunden, die über den Arbeitszeitkorridor nach Satz 1 hinaus auf Anordnung geleistet worden sind. [3]§ 10 Abs. 1 Satz 3 findet keine Anwendung; auf Antrag können Beschäftigte ein Arbeitszeitkonto in vereinfachter Form durch Selbstaufschreibung führen.

(2) Absatz 1 gilt nicht, wenn Dienstvereinbarungen zur Gleitzeit bestehen oder vereinbart werden.

§ 49 (VKA) Beschäftigte in Hafenbetrieben, Hafenbahnbetrieben und deren Nebenbetrieben

II

Für Beschäftigte in Hafenbetrieben, Hafenbahnbetrieben und deren Nebenbetrieben können landesbezirklich besondere Vereinbarungen abgeschlossen werden.

§ 50 (VKA) Beschäftigte in landwirtschaftlichen Verwaltungen und Betrieben, Weinbau- und Obstanbaubetrieben

Zu Abschnitt I
Allgemeine Vorschriften

Nr. 1 Zu § 1 Abs. 1 – Geltungsbereich –

Diese Sonderregelungen gelten für Beschäftigte in landwirtschaftlichen Verwaltungen und Betrieben, Weinbau- und Obstanbaubetrieben.

Nr. 2 Zu § 6 – Regelmäßige Arbeitszeit –

[1]Die regelmäßige Arbeitszeit kann in vier Monaten bis auf 50 und weiteren vier Monaten des Jahres auf bis zu 56 Stunden festgesetzt werden. [2]Sie darf aber 2214 Stunden im Jahr nicht übersteigen. [3]Dies gilt nicht für Beschäftigte im Sinne des § 38 Abs. 5 Satz 1, denen Arbeiten übertragen sind, deren Erfüllung zeitlich nicht von der Eigenart der Verwaltung oder des Betriebes abhängig ist.

§ 51 (VKA) Beschäftigte als Lehrkräfte

Zu Abschnitt I
Allgemeine Vorschriften

II

Nr. 1 Zu § 1 Abs. 1 – Geltungsbereich –

[1]Diese Sonderregelungen gelten für Beschäftigte als Lehrkräfte an allgemeinbildenden Schulen und berufsbildenden Schulen (Berufs-, Berufsfach- und Fachschulen). [2]Sie gelten nicht für Lehrkräfte an Schulen und Einrichtungen der Verwaltung, die der Ausbildung oder Fortbildung von Angehörigen des öffentlichen Dienstes dienen, sowie an Krankenpflegeschulen und ähnlichen der Ausbildung dienenden Einrichtungen.

Protokollerklärung:

Lehrkräfte im Sinne dieser Sonderregelungen sind Personen, bei denen die Vermittlung von Kenntnissen und Fertigkeiten im Rahmen eines Schulbetriebes der Tätigkeit das Gepräge gibt.

Zu Abschnitt II
Arbeitszeit

Nr. 2

[1]Die §§ 6 bis 10 finden keine Anwendung. [2]Es gelten die Bestimmungen für die entsprechenden Beamten. [3]Sind entsprechende Beamte nicht vorhanden, so ist die Arbeitszeit im Arbeitsvertrag zu regeln.

Zu Abschnitt III
Eingruppierung, Entgelt und sonstige Leistungen

Nr. 2a

Bei Anwendung des § 16 Abs. 4 Satz 1 gilt:

Für ab 1. Januar 2011 neu begründete Arbeitsverhältnisse von Lehrkräften wird die zur Vorbereitung auf den Lehrerberuf abgeleistete Zeit des Referendariats oder des Vorbereitungsdienstes im Umfang von sechs Monaten auf die Stufenlaufzeit der Stufe 1 angerechnet.

Niederschriftserklärung zu Nr. 2a:

Die Tarifvertragsparteien sind sich einig, dass der Vorbereitungsdienst/das Referendariat der Lehrkräfte wegen des dortigen Ausmaßes der eigenverantwortlichen Tätigkeit (im Vollbild der Berufstätigkeit) eine teilweise Anrechnung auf die Stufenlaufzeit der Stufe 1 rechtfertigt und deshalb mit Ausbildungsgängen anderer Berufe nicht vergleichbar ist.

Zu Abschnitt IV
Urlaub und Arbeitsbefreiung

Nr. 3

(1) [1]Der Urlaub ist in den Schulferien zu nehmen. [2]Wird die Lehrkraft während der Schulferien durch Unfall oder Krankheit arbeitsunfähig, so hat sie dies unverzüglich anzuzeigen. [3]Die Lehrkraft hat sich nach Ende der Schulferien oder, wenn die Krankheit länger dauert, nach Wiederherstellung der Arbeitsfähigkeit zur Arbeitsleistung zur Verfügung zu stellen.

(2) [1]Für eine Inanspruchnahme der Lehrkraft während der den Urlaub in den Schulferien übersteigenden Zeit gelten die Bestimmungen für die entsprechenden Beamten. [2]Sind entsprechende Beamte nicht vorhanden, regeln dies die Betriebsparteien.

Zu Abschnitt V
Befristung und Beendigung des Arbeitsverhältnisses

Nr. 4

Das Arbeitsverhältnis endet, ohne dass es einer Kündigung bedarf, mit Ablauf des Schulhalbjahres (31. Januar bzw. 31. Juli), in dem die Lehrkraft das gesetzlich festgelegte Alter zum Erreichen der Regelaltersrente vollendet hat.

§ 52 (VKA) Beschäftigte als Lehrkräfte an Musikschulen

Zu Abschnitt I
Allgemeine Vorschriften

II

Nr. 1 Zu § 1 – Geltungsbereich –

[1]Diese Sonderregelungen gelten für Beschäftigte als Musikschullehrerinnen und Musikschullehrer an Musikschulen. [2]Musikschulen sind Bildungseinrichtungen, die die Aufgabe haben, ihre Schüler an die Musik heranzuführen, ihre Begabungen frühzeitig zu erkennen, sie individuell zu fördern und bei entsprechender Begabung ihnen gegebenenfalls eine studienvorbereitende Ausbildung zu erteilen.

Zu Abschnitt II
Arbeitszeit

Nr. 2 Zu § 6 – Regelmäßige Arbeitszeit –

(1) [1]Vollbeschäftigt sind Musikschullehrerinnen und Musikschullehrer, wenn die arbeitsvertraglich vereinbarte durchschnittliche regelmäßige wöchentliche Arbeitszeit 30 Unterrichtsstunden zu je 45 Minuten (= 1350 Unterrichtsminuten) beträgt. [2]Ist die Dauer einer Unterrichtsstunde auf mehr oder weniger als 45 Minuten festgesetzt, tritt an die Stelle der 30 Unterrichtsstunden die entsprechende Zahl von Unterrichtsstunden.

Protokollerklärung zu Absatz 1:

[1]Bei der Festlegung der Zahl der Unterrichtsstunden ist berücksichtigt worden, dass Musikschullehrer neben der Erteilung von Unterricht insbesondere folgende Aufgaben zu erledigen haben:

a) Vor- und Nachbereitung des Unterrichts (Vorbereitungszeiten),
b) Abhaltung von Sprechstunden,
c) Teilnahme an Schulkonferenzen und Elternabenden,
d) Teilnahme am Vorspiel der Schülerinnen und Schüler, soweit dieses außerhalb des Unterrichts stattfindet,
e) Mitwirkung an Veranstaltungen der Musikschule sowie Mitwirkung im Rahmen der Beteiligung der Musikschule an musikalischen Veranstaltungen (z. B. Orchesteraufführungen, Musikwochen und ähnliche Veranstaltungen), die der Arbeitgeber, einer seiner wirtschaftlichen Träger oder ein Dritter, dessen wirtschaftlicher Träger der Arbeitgeber ist, durchführt,
f) Mitwirkung an Musikwettbewerben und ähnlichen Veranstaltungen,
g) Teilnahme an Musikschulfreizeiten an Wochenenden und in den Ferien.

[2]Durch Nebenabrede kann vereinbart werden, dass Musikschullehrerinnen und Musikschullehrern Aufgaben übertragen werden, die nicht durch diese Protokollerklärung erfasst sind. [3]In der Vereinbarung kann ein Zeitausgleich durch Reduzierung der arbeitsvertraglich geschuldeten Unterrichtszeiten getroffen werden. [4]Satz 3 gilt entsprechend für Unterricht in den Grundfächern (z. B. musikalische Früherziehung, musikalische Grundausbildung, Singklassen). [5]Die Nebenabrede ist mit einer Frist von 14 Tagen zum Monatsende kündbar.

(2) Für die unter Nr. 1 fallenden Beschäftigten, die seit dem 28. Februar 1987 in einem Arbeitsverhältnis zu demselben Arbeitgeber stehen, wird eine günstigere einzelvertragliche Regelung zur Arbeitszeit durch das In-Kraft-Treten dieser Regelung nicht berührt.

Zu Abschnitt IV
Urlaub und Arbeitsbefreiung

Nr. 3 Zu § 26 – Erholungsurlaub –
Musikschullehrerinnen und Musikschullehrer sind verpflichtet, den Urlaub während der unterrichtsfreien Zeit zu nehmen; außerhalb des Urlaubs können sie während der unterrichtsfreien Zeit zur Arbeit herangezogen werden.

§ 53 (VKA) Beschäftigte als Schulhausmeister

Zu Abschnitt I Allgemeine Vorschriften

II

Nr. 1 Zu § 1 – Geltungsbereich –

Diese Sonderregelungen gelten für Beschäftigte als Schulhausmeister.

Nr. 2

Durch landesbezirklichen Tarifvertrag können nähere Regelungen über die den Schulhausmeistern obliegenden Aufgaben unter Anwendung des Abschnitts A des Anhangs zu § 9 getroffen werden.

Protokollerklärung:

Landesbezirkliche Regelungen weitergehenden Inhalts bleiben, ungeachtet § 24 TVÜ-VKA, unberührt.

Zu Abschnitt III Eingruppierung, Entgelt und sonstige Leistungen

Nr. 3

(1) Durch landesbezirklichen Tarifvertrag können abweichend von § 24 Abs. 6 Rahmenregelungen zur Pauschalierung getroffen werden.

(2) [1]Soweit sich die Arbeitszeit nicht nach dem Anhang zu § 9 bestimmt, kann durch landesbezirklichen Tarifvertrag für Arbeiten außerhalb der regelmäßigen Arbeitszeit (§ 6 Abs. 1) im Zusammenhang mit der Beanspruchung der Räumlichkeiten für nichtschulische Zwecke ein Entgelt vereinbart werden. [2]Solange ein landesbezirklicher Tarifvertrag nicht abgeschlossen ist, ist das Entgelt arbeitsvertraglich oder betrieblich zu regeln.

(3) Bei der Festsetzung der Pauschale nach Absatz 1 kann ein geldwerter Vorteil aus der Gestellung einer Werkdienstwohnung berücksichtigt werden.

§ 54 (VKA) Beschäftigte beim Bau und Unterhaltung von Straßen

Zu Abschnitt I
Allgemeine Vorschriften

Nr. 1 Zu § 1 – Geltungsbereich –

Diese Sonderregelungen gelten für Beschäftigte beim Bau und bei der Unterhaltung von Straßen der Landkreise und der Kommunalverbände höherer Ordnung.

Nr. 2 Zu § 44 – Reise- und Umzugskosten, Trennungsgeld –

Durch landesbezirklichen Tarifvertrag sind abweichend von § 44 nähere Regelungen zur Ausgestaltung zu treffen.

Protokollerklärung:
Landesbezirkliche Regelungen weitergehenden Inhalts bleiben unberührt.

§ 55 (VKA) Beschäftigte an Theatern und Bühnen

Zu Abschnitt I
Allgemeine Vorschriften

II

Nr. 1 Zu § 1 – Geltungsbereich –

Diese Sonderregelungen gelten für die Beschäftigten in Theatern und Bühnen.

Nr. 2 Zu § 2 – Arbeitsvertrag, Nebenabrede, Probezeit –

Im Arbeitsvertrag kann eine Probezeit bis zur Dauer einer Spielzeit vereinbart werden.

Nr. 3 Zu § 3 – Allgemeine Arbeitsbedingungen –

Beschäftigte sind verpflichtet, an Abstechern und Gastspielreisen teilzunehmen.

Protokollerklärung:

Bei Abstechern und Gastspielreisen ist die Zeit einer aus betrieblichen Gründen angeordneten Mitfahrt auf dem Wagen, der Geräte oder Kulissen befördert, als Arbeitszeit zu bewerten.

Zu Abschnitt II
Arbeitszeit

Nr. 4

(1) [1]Beschäftigte sind an Sonn- und Feiertagen ebenso zu Arbeitsleistungen verpflichtet wie an Werktagen. [2]Zum Ausgleich für die Arbeit an Sonntagen wird jede Woche ein ungeteilter freier Tag gewährt. [3]Dieser soll mindestens in jeder siebenten Woche auf einen Sonn- und Feiertag fallen.

(2) Die regelmäßige Arbeitszeit der Beschäftigten, die eine Theaterbetriebszulage (Absatz 5) erhalten, kann um sechs Stunden wöchentlich verlängert werden.

(3) Beschäftigte erhalten für jede Arbeitsstunde, um die die allgemeine regelmäßige Arbeitszeit (§ 6 Abs. 1) nach Absatz 2 verlängert worden ist, 100 v. H. des auf eine Stunde entfallenden Anteils des monatlichen Entgelts der jeweiligen Entgeltgruppe und Stufe nach Maßgabe der Entgelttabelle.

(4) [1]Überstunden dürfen nur angeordnet werden, wenn ein außerordentliches dringendes betriebliches Bedürfnis besteht oder die besonderen Verhältnisse des Theaterbetriebes es erfordern. [2]Für Überstunden ist neben dem Entgelt für die tatsächliche Arbeitsleistung der

Zeitzuschlag nach § 8 Abs. 1 Satz 2 Buchst. a zu zahlen. [3]Die Protokollerklärung zu § 8 Abs. 1 Satz 1 findet Anwendung.

(5) [1]§ 8 Abs. 1 und § 8 Abs. 5 und 6 gelten nicht für Beschäftigte, die eine Theaterbetriebszulage nach einem landesbezirklichen Tarifvertrag erhalten. [2]Landesbezirklich kann Abweichendes geregelt werden.

Nr. 5 Zu § 44 – Reise- und Umzugskosten, Trennungsgeld –

Die Abfindung bei Abstechern und Gastspielen kann im Rahmen des für die Beamten des Arbeitgebers jeweils geltenden Reisekostenrechts landesbezirklich vereinbart werden.

Zu Abschnitt IV
Urlaub und Arbeitsbefreiung

Nr. 6

Der Urlaub ist in der Regel während der Theaterferien zu gewähren und zu nehmen.

§ 56 (VKA) Besondere Regelungen für Beschäftigte im Sozial- und Erziehungsdienst

Für die Beschäftigten im Sozial- und Erziehungsdienst gelten die in der Anlage aufgeführten besonderen Regelungen.

§ 57 (VKA) Besondere Regelungen für Ärztinnen und Ärzte

Zu Abschnitt I
Allgemeine Vorschriften

II

Nr. 1 Zu § 1 – Geltungsbereich –

Diese Sonderregelungen gelten für Ärztinnen und Ärzte, soweit diese nicht unter den Geltungsbereich der Besonderen Teile Krankenhäuser (BT-K) oder Pflege- und Betreuungseinrichtungen (BT-B) fallen.

Zu Abschnitt III
Eingruppierung, Entgelt und sonstige Leistungen

Nr. 2

Abweichend von § 16 (VKA) Abs. 1 ist bei Tätigkeiten entsprechend Teil B Abschnitt XXVIII Entgeltgruppe 15 Fallgruppe 1 der Anlage 1 – Entgeltordnung (VKA) Endstufe in der Entgeltgruppe 15 die Stufe 5; bei Tätigkeiten entsprechend Teil B Abschnitt II Ziffer 1 Entgeltgruppe 15 Fallgruppe 1 der Anlage 1 – Entgeltordnung (VKA) gilt dies bis 31. Oktober 2020.

Protokollerklärung zu Nummer 2 Halbsatz 2:

[1]Beschäftigte, die am 1. November 2020 in der Stufe 5 bereits eine Stufenlaufzeit von mindestens fünf Jahren zurückgelegt haben, werden am 1. November 2020 der Stufe 6 zugeordnet. [2]Für Beschäftigte der Stufe 5, die zu diesem Zeitpunkt in der Stufe 5 noch keine fünf Jahre zurückgelegt haben, wird die bereits zurückgelegte Stufenlaufzeit zum Erreichen der Stufe 6 angerechnet. [3]Für Beschäftigte in einer individuellen Endstufe gilt:

- Ist der bisherige Betrag der individuellen Endstufe am 31. Oktober 2020 niedriger als das Tabellenentgelt der Stufe 6, werden die Beschäftigten zum 1. November 2020 der Stufe 6 zugeordnet;
- Ist das Tabellenentgelt der Stufe 6 am 31. Oktober 2020 niedriger als der bisherige Betrag der individuellen Endstufe, werden die Beschäftigten erneut einer individuellen Endstufe unter Beibehaltung der bisherigen Entgelthöhe zugeordnet.

Nr. 3[1])

Die in die Entgeltgruppe 15 eingruppierten Ärztinnen und Ärzte sowie Zahnärztinnen und Zahnärzte nach Teil B Abschnitt II Ziffer 1 der Anlage 1 – Entgeltordnung (VKA) erhalten eine monatliche Zulage in Höhe von 300,00 Euro.

---

1) § 57 (VKA) Nr. 3 TVöD BT-V ist am 1. März 2021 in Kraft getreten.

§ 58 (VKA) Besondere Regelungen für Notfallsanitäterinnen und Notfallsanitäter

Zu Abschnitt I
Allgemeine Vorschriften

Nr. 1 Zu § 1 – Geltungsbereich –

Diese Sonderregelungen gelten für Notfallsanitäterinnen und Notfallsanitäter.

Zu Abschnitt
III Eingruppierung, Entgelt und sonstige Leistungen

Nr. 2[1])

(1) [1]Abweichend von § 15 Abs. 2 gelten für diese Beschäftigten folgende Tabellenwerte der Entgeltgruppe N:

	Stufe 2	Stufe 3	Stufe 4	Stufe 5	Stufe 6
gültig bis 29. Februar 2024	3108,44	3257,43	3448,44	3602,71	3818,50
gültig ab 1. März 2024	3490,40	3647,59	3849,10	4011,86	4239,52

[2]Diese Tabellenwerte verändern sich bei allgemeinen Entgeltanpassungen um denselben Prozentsatz bzw. in demselben Umfang wie die Tabellenwerte der Entgeltgruppe P 8.

(2) Soweit im Allgemeinen Teil auf bestimmte Entgeltgruppen der Anlage A Bezug genommen wird, entspricht die Entgeltgruppe N der Entgeltgruppe 8.

Nr. 3

[1]Abweichend von § 16 (VKA) Abs. 1 umfasst die Entgeltgruppe N fünf Stufen; Eingangsstufe ist für Notfallsanitäterinnen und Notfallsanitätern in der Entgeltgruppe N die Stufe 2. [2]Abweichend von § 16 (VKA) Abs. 3 Satz 1 wird bei Notfallsanitäterinnen und Notfallsanitätern in der Entgeltgruppe N die Stufe 3 nach drei Jahren in Stufe 2 erreicht.

---

1) Die im Zuge der Tarifeinigung 2025 (abgedruckt unter **150**) vereinbarten Erhöhungen ab 1. April 2025 sowie ab 1. Mai 2026 wirken sich auch auf die Werte dieser Tabelle aus. Abgestimmte Zahlen lagen bei Redaktionsschluss noch nicht vor. Der Erhöhungssatz zum 1. April 2025 beträgt voraussichtlich 3,0 Prozent, mindestens jedoch 110 Euro, sowie zum 1. Mai 2026 2,8 Prozent.

Abschnitt IX
Übergangs- und Schlussvorschriften (VKA)

§ 59 (VKA) Inkrafttreten, Laufzeit

(1) [1]Dieser Tarifvertrag tritt am 1. Oktober 2005 in Kraft. [2]Er kann mit einer Frist von drei Monaten zum Schluss eines Kalenderhalbjahres schriftlich gekündigt werden.

(2) [1]Abweichend von Absatz 1 können schriftlich gekündigt werden

a) auf landesbezirklicher Ebene im Tarifgebiet West § 46 Nr. 2 Abs. 1, § 51 Nr. 2 und § 52 Nr. 2 Abs. 1 gesondert mit einer Frist von einem Monat zum Ende eines Kalendermonats,

b) die Anlage zu § 56 mit einer Frist von drei Monaten zum Schluss eines Kalendervierteljahres, frühestens jedoch zum 31. Dezember 2026.

[2]Für die Kündigung der Anlage C (VKA) zum TVöD gilt § 39 Abs. 4 Buchst. c entsprechend.

Anlage zu § 56 (VKA)

§ 1 Entgelt

(1) Beschäftigte, die nach dem Teil B Abschnitt XXIV der Anlage 1 – Entgeltordnung (VKA) eingruppiert sind, erhalten abweichend von § 15 Abs. 2 Satz 2 Entgelt nach der Anlage C (VKA).

(2) Anstelle des § 16 (VKA) gilt folgendes:

[1]Die Entgeltgruppen S 2 bis S 18 umfassen sechs Stufen. [2]Bei Einstellung werden die Beschäftigten der Stufe 1 zugeordnet, sofern keine einschlägige Berufserfahrung vorliegt. [3]Verfügt die/der Beschäftigte über eine einschlägige Berufserfahrung von mindestens einem Jahr, erfolgt die Einstellung in die Stufe 2; verfügt sie/er über eine einschlägige Berufserfahrung von mindestens drei Jahren, erfolgt in der Regel eine Zuordnung zur Stufe 3. [4]Unabhängig davon kann der Arbeitgeber bei Neueinstellungen zur Deckung des Personalbedarfs Zeiten einer vorherigen beruflichen Tätigkeit ganz oder teilweise für die Stufenzuordnung berücksichtigen, wenn diese Tätigkeit für die vorgesehene Tätigkeit förderlich ist. [5]Bei Einstellung von Beschäftigten in unmittelbarem Anschluss an ein Arbeitsverhältnis im öffentlichen Dienst (§ 34 Abs. 3 Satz 3 und 4) oder zu einem Arbeitgeber, der einen dem TVöD vergleichbaren Tarifvertrag anwendet, kann die in dem vorhergehenden Arbeitsverhältnis erworbene Stufe bei der Stufenzuordnung ganz oder teilweise berücksichtigt werden; Satz 4 bleibt unberührt.

Protokollerklärung zu Absatz 2 Satz 3:

[1]Ein Berufspraktikum nach dem Tarifvertrag für Praktikantinnen/Praktikanten des öffentlichen Dienstes (TVPöD) vom 27. Oktober 2009 gilt grundsätzlich als Erwerb einschlägiger Berufserfahrung. [2]Als Erwerb einer einjährigen einschlägigen Berufserfahrung gilt entsprechend auch die fachpraktische Ausbildung im Rahmen einer abgeschlossenen praxisintegrierten Ausbildung zur Erzieherin/zum Erzieher nach landesgesetzlichen Regelungen und im Rahmen einer abgeschlossenen praxisintegrierten Ausbildung zur Heilerziehungspflegerin/zum Heilerziehungspfleger nach landesgesetzlichen Regelungen.

(3) Soweit im Allgemeinen Teil auf bestimmte Entgeltgruppen Bezug genommen wird, entspricht

die Entgeltgruppe	der Entgeltgruppe
S 2	2
S 3	4
S 4	5
S 5	6
S 6 bis S 8b	8
S 9 bis S 11a	9a
S 11b bis S 13	9b
S 14	9c
S 15 und S 16	10
S 17	11
S 18	12.

(4)[1] [1]Bei Eingruppierung in eine höhere Entgeltgruppe der Anlage C werden die Beschäftigten der gleichen Stufe zugeordnet, die sie in der niedrigeren Entgeltgruppe erreicht haben. [2]Beträgt bei Höhergruppierungen innerhalb der Anlage C (VKA) der Unterschiedsbetrag zwischen dem derzeitigen Tabellenentgelt und dem Tabellenentgelt nach § 17 Abs. 4 Satz 1 in der höheren Entgeltgruppe

- in den Entgeltgruppen S 2 bis S 8b
  - bis 29. Februar 2024 weniger als 65,46 Euro und
  - ab 1. März 2024 weniger als 72,99 Euro,
- in den Entgeltgruppen S 9 bis S 18
  - bis 29. Februar 2024 weniger als 104,74 Euro und
  - ab 1. März 2024 weniger als 116,79 Euro,

so erhält die/der Beschäftigte während der betreffenden Stufenlaufzeit anstelle des Unterschiedsbetrages den vorgenannten jeweils zustehenden Garantiebetrag. [3]Die Stufenlaufzeit in der höheren Entgeltgruppe beginnt mit dem Tag der Höhergruppierung. [4]Bei einer Eingruppierung in eine niedrigere Entgeltgruppe ist die/der Beschäftigte der in der höheren Entgeltgruppe erreichten Stufe zuzuordnen; die in der bisherigen Stufe zurückgelegte Stufenlaufzeit wird auf die Stufenlaufzeit in der niedrigeren Entgeltgruppe angerechnet. [5]Die/Der Beschäftigte erhält vom Beginn des Monats an, in dem die Veränderung wirksam wird, das entsprechende Tabellenentgelt aus der in

[1]) Die im Zuge der Tarifeinigung 2025 (abgedruckt unter **150**) vereinbarten Entgelterhöhungen ab 1. April 2025 sowie ab 1. Mai 2026 wirken sich auch auf die Garantiebeträge aus. Abgestimmte Zahlen lagen bei Redaktionsschluss noch nicht vor.

Satz 1 oder Satz 4 festgelegten Stufe der betreffenden Entgeltgruppe. [6]§ 17 Abs. 4 findet keine Anwendung.

Protokollerklärung zu Absatz 4 Satz 2:
Die Garantiebeträge nehmen an allgemeinen Entgeltanpassungen teil.

Protokollerklärung zu Absatz 4:
[1]Ist Beschäftigten nach § 14 Abs. 1 vorübergehend eine höherwertige Tätigkeit übertragen worden, und wird ihnen im unmittelbaren Anschluss daran eine Tätigkeit derselben höheren Entgeltgruppe dauerhaft übertragen, werden sie hinsichtlich der Stufenzuordnung so gestellt, als sei die Höhergruppierung ab dem ersten Tag der vorübergehenden Übertragung der höherwertigen Tätigkeit erfolgt. [2]Unterschreitet bei Höhergruppierungen nach Satz 1 das Tabellenentgelt nach § 1 Abs. 4 Satz 5 die Summe aus dem Tabellenentgelt und dem Zulagenbetrag nach § 14 Abs. 3, die die/der Beschäftigte am Tag vor der Höhergruppierung erhalten hat, erhält die/der Beschäftigte dieses Entgelt solange, bis das Tabellenentgelt nach § 1 Abs. 4 Satz 5 dieses Entgelt erreicht oder übersteigt.

(5) Auf Beschäftigte der Entgeltgruppe S 9 findet der in § 20 Abs. 2 Satz 1 für die Entgeltgruppen 1 bis 8 ausgewiesene Prozentsatz Anwendung.

(6) [1]Beschäftigte, die nach Teil B Abschnitt XXIV der Anlage 1 – Entgeltordnung (VKA) in einer der Entgeltgruppen S 2 bis S 11a eingruppiert sind, erhalten eine monatliche SuE-Zulage in Höhe von 130,00 Euro. [2]Beschäftigte, die nach Teil B Abschnitt XXIV der Anlage 1 – Entgeltordnung (VKA) in einer der Entgeltgruppen S 11b bis S 12 sowie S 14 oder S 15 bei Tätigkeiten der Fallgruppe 6 eingruppiert sind, erhalten eine monatliche SuE-Zulage in Höhe von 180,00 Euro.

§ 2 Betrieblicher Gesundheitsschutz/Betriebliche Gesundheitsförderung

(1) Die nachfolgenden Regelungen gelten für die Beschäftigten des Sozial- und Erziehungsdienstes, soweit sie nach dem Teil B Abschnitt XXIV der Anlage 1 – Entgeltordnung (VKA) eingruppiert sind.

(2) [1]Betriebliche Gesundheitsförderung zielt darauf ab, die Arbeit und die Arbeitsbedingungen so zu organisieren, dass diese nicht Ursache von Erkrankungen oder Gesundheitsschädigungen sind. [2]Sie fördert die Erhaltung bzw. Herstellung gesundheitsgerechter Verhältnisse am Arbeitsplatz sowie gesundheitsbewusstes Verhalten. [3]Zugleich werden damit die Motivation der Beschäftigten und die Qualitätsstandards der Verwaltungen und Betriebe verbessert. [4]Die betriebliche Gesundheitsförderung basiert auf einem aktiv betriebenen Arbeits- und Gesundheitsschutz. [5]Dieser reduziert Arbeitsunfälle, Berufskrankheiten sowie arbeitsbedingte Gesundheitsgefahren und verbessert durch den Abbau von Fehlzeiten und die Vermeidung von Betriebsstörungen die Wettbewerbsfähigkeit der Verwaltungen und

Betriebe. [6]Der Arbeits- und Gesundheitsschutz sowie die betriebliche Gesundheitsförderung gehören zu einem zeitgemäßen Gesundheitsmanagement.

(3) [1]Die Beschäftigten haben einen individuellen Anspruch auf die Durchführung einer Gefährdungsbeurteilung. [2]Die Durchführung erfolgt nach Maßgabe des Gesetzes über die Durchführung von Maßnahmen des Arbeitsschutzes zur Verbesserung der Sicherheit und des Gesundheitsschutzes der Beschäftigten bei der Arbeit (Arbeitsschutzgesetz). [3]Die Beschäftigten sind in die Durchführung der Gefährdungsbeurteilung einzubeziehen. [4]Sie sind über das Ergebnis von Gefährdungsbeurteilungen zu unterrichten. [5]Vorgesehene Maßnahmen sind mit ihnen zu erörtern. [6]Widersprechen betroffene Beschäftigte den vorgesehenen Maßnahmen, ist die betriebliche Kommission zu befassen. [7]Die Beschäftigten können verlangen, dass eine erneute Gefährdungsbeurteilung durchgeführt wird, wenn sich die Umstände, unter denen die Tätigkeiten zu verrichten sind, wesentlich ändern, neu entstandene wesentliche Gefährdungen auftreten oder eine Gefährdung auf Grund veränderter arbeitswissenschaftlicher Erkenntnisse erkannt wird. [8]Die Wirksamkeit der Maßnahmen ist in angemessenen Abständen zu überprüfen.

(4) [1]Beim Arbeitgeber wird auf Antrag des Personalrats/Betriebsrats eine betriebliche Kommission gebildet, deren Mitglieder je zur Hälfte vom Arbeitgeber und vom Personal- bzw. Betriebsrat benannt werden. [2]Die Mitglieder müssen Beschäftigte des Arbeitgebers sein. [3]Soweit ein Arbeitsschutzausschuss gebildet ist, können Mitglieder dieses Ausschusses auch in der betrieblichen Kommission tätig werden. [4]Im Falle des Absatzes 3 Satz 6 berät die betriebliche Kommission über die erforderlichen Maßnahmen und kann Vorschläge zu den zu treffenden Maßnahmen machen. [5]Der Arbeitgeber führt die Maßnahmen durch, wenn die Mehrheit der vom Arbeitgeber benannten Mitglieder der betrieblichen Kommission im Einvernehmen mit dem Arbeitgeber dem Beschluss zugestimmt hat. [6]Gesetzliche Rechte der kommunalen Beschlussorgane bleiben unberührt. [7]Wird ein Vorschlag nur von den vom Personalrat/Betriebsrat benannten Mitgliedern gemacht und folgt der Arbeitgeber diesem Vorschlag nicht, sind die Gründe darzulegen. [8]Die betriebliche Kommission ist auch für die Beratung von schriftlich begründeten Beschwerden zuständig, wenn der Arbeitgeber eine erneute Gefährdungsbeurteilung ablehnt. [9]Der Arbeitgeber entscheidet auf Vorschlag des Arbeitsschutzausschusses bzw. der betrieblichen Kommission, ob und in welchem Umfang der Beschwerde im Einzelfall abgeholfen wird. [10]Wird dem Vorschlag nicht gefolgt, sind die Gründe darzulegen.

II

(5) [1]Die betriebliche Kommission kann zeitlich befristet Gesundheitszirkel zur Gesundheitsförderung einrichten, deren Aufgabe es ist, Belastungen am Arbeitsplatz und deren Ursachen zu analysieren und Lösungsansätze zur Verbesserung der Arbeitssituation zu erarbeiten. [2]Sie berät über Vorschläge der Gesundheitszirkel und unterbreitet, wenn ein Arbeitsschutzausschuss gebildet ist, diesem, ansonsten dem Arbeitgeber Vorschläge. [3]Die Ablehnung eines Vorschlags ist durch den Arbeitgeber zu begründen. [4]Näheres regelt die Geschäftsordnung der betrieblichen Kommission.

(6) [1]Zur Durchführung ihrer Aufgaben sind der betrieblichen Kommission die erforderlichen, zur Verfügung stehenden Unterlagen zugänglich zu machen. [2]Die betriebliche Kommission gibt sich eine Geschäftsordnung, in der auch Regelungen über die Beteiligung der Beschäftigten bei der Gefährdungsbeurteilung, deren Bekanntgabe und Erörterung sowie über die Qualifizierung der Mitglieder der betrieblichen Kommission und von Gesundheitszirkeln zu treffen sind.

(7) Gesetzliche Bestimmungen, günstigere betriebliche Regelungen und die Rechte des Personal- bzw. Betriebsrats bleiben unberührt.

Protokollerklärungen:

1. Sollte sich aufgrund gerichtlicher Entscheidungen erweisen, dass die über die Zusammensetzung der betrieblichen Kommission oder die Berufung ihrer Mitglieder getroffenen Regelungen mit geltendem Recht unvereinbar sind, werden die Tarifvertragsparteien Verhandlungen aufnehmen und eine ersetzende Regelung treffen, die mit geltendem Recht vereinbar ist und dem von den Tarifvertragsparteien Gewollten möglichst nahe kommt.
2. Die Tarifvertragsparteien stimmen darin überein, dass mit dieser Regelung außerhalb seines Geltungsbereichs der betriebliche Gesundheitsschutz/die betriebliche Gesundheitsförderung im BT-V und BT-B nicht abschließend tariflich geregelt sind und die übrigen Besonderen Teile des TVöD von der hier getroffenen Regelung unberührt bleiben.

§ 2a Regenerationstage/Umwandlungstage

(1) [1]Beschäftigte, die nach Teil B Abschnitt XXIV der Anlage 1 – Entgeltordnung (VKA) eingruppiert sind, haben im Kalenderjahr bei Verteilung der wöchentlichen Arbeitszeit auf fünf Tage in der Kalenderwoche Anspruch auf zwei Arbeitstage Arbeitsbefreiung unter Fortzahlung des Entgelts gemäß § 21 (Regenerationstage). [2]Wird die wöchentliche Arbeitszeit an weniger als fünf Tagen in der Woche erbracht, vermindert sich der Anspruch auf die Regenerationstage entsprechend. [3]Maßgeblich für die Verminderung nach Satz 2 sind die jeweiligen Verhältnisse zum Zeitpunkt der Antragstellung nach Abs. 2 Satz 2. [4]Verändert sich im Zeitraum zwischen der Antragstellung und dem gewährten Regenerationstag die Verteilung der wöchentlichen Arbeitszeit, erhöht oder vermindert sich der Anspruch auf die

Regenerationstage entsprechend. [5]Verbleibt bei den Berechnungen nach den Sätzen 2 oder 4 ein Bruchteil, der mindestens einen halben Regenerationstag ergibt, wird er auf einen vollen Regenerationstag aufgerundet; Bruchteile von weniger als einem halben Regenerationstag bleiben unberücksichtigt.

Protokollerklärung zu Absatz 1 Satz 1:

[1]Der Anspruch reduziert sich auf einen Regenerationstag, wenn in dem Kalenderjahr nicht für mindestens vier Kalendermonate Anspruch auf Entgelt bestanden hat. [2]Anspruch auf Entgelt im Sinne des Satz 1 sind auch der Anspruch auf Entgeltfortzahlung aus Anlass der in § 21 Satz 1 TVöD genannten Ereignisse und der Anspruch auf Krankengeldzuschuss (§ 22 Absatz 2 und 3 TVöD), auch wenn dieser wegen der Höhe der Barleistungen des Sozialversicherungsträgers nicht gezahlt wird. [3]Einem Anspruch auf Entgelt gleichgestellt ist der Bezug von Krankengeld nach § 45 SGB V oder entsprechender gesetzlicher Leistungen, Leistungen nach § 56 IfSG, Kurzarbeitergeld und Leistungen nach §§ 18 bis 20 MuSchG.

(2) [1]Bei der Festlegung der Lage der Regenerationstage sind die Wünsche der/des Beschäftigten zu berücksichtigen, sofern dem keine dringenden dienstlichen/betrieblichen Gründe entgegenstehen. [2]Der/Die Beschäftigte hat den/die Regenerationstag/e spätestens vier Wochen vor dem gewünschten Zeitpunkt der Gewährung in Textform gegenüber dem Arbeitgeber geltend zu machen. [3]Der Arbeitgeber entscheidet über die Gewährung der Regenerationstage bis spätestens zwei Wochen vor diesen und teilt dies der/dem Beschäftigten in Textform mit. [4]Im gegenseitigen Einvernehmen ist unter Berücksichtigung der aktuellen dienstlichen/betrieblichen Verhältnisse abweichend von den Sätzen 2 und 3 auch eine kurzfristige Gewährung von Regenerationstagen möglich. [5]Regenerationstage, für die im laufenden Kalenderjahr keine Arbeitsbefreiung nach Absatz 1 Satz 1 erfolgt ist, verfallen. [6]Abweichend von Satz 5 verfallen Regenerationstage, die wegen dringender betrieblicher/dienstlicher Gründe im laufenden Kalenderjahr nicht gewährt worden sind, spätestens am 30. September des Folgejahres.

(3) [1]Beschäftigte, die Anspruch auf eine monatliche SuE-Zulage gemäß § 1 Abs. 6 der Anlage zu § 56 haben, können bis zum 31. Oktober des laufenden Kalenderjahres in Textform geltend machen, statt der ihnen zustehenden SuE-Zulage im Folgejahr bis zu zwei Arbeitstage Arbeitsbefreiung unter Fortzahlung des Entgelts gemäß § 21 in Anspruch zu nehmen (Umwandlungstage). [2]Beschäftigte, die erstmalig einen Anspruch auf eine SuE-Zulage gemäß § 1 Abs. 6 der Anlage zu § 56 erwerben, können nach Ablauf von drei Kalendermonaten nach Aufnahme des Arbeitsverhältnisses (Neubegründung des Arbeitsverhältnisses oder Tätigkeitswechsel) die Geltendmachung der Umwandlungstage für das laufende Kalenderjahr erklären. [3]Die SuE-Zulage wird jeweils nach der erfolgten Arbeitsbefreiung gekürzt. [4]Der Kür-

zungsbetrag ergibt sich aus dem gemäß § 24 Abs. 3 Satz 3 ermittelten Stundenentgelt bezogen auf die an dem Umwandlungstag dienstplanmäßig bzw. betrieblich festgelegten Arbeitsstunden. [5]Besteht zum Zeitpunkt der Beantragung kein Dienstplan bzw. keine betrieblich festgelegte Arbeitszeit, so ist die an dem Umwandlungstag zu leistende Arbeitszeit dadurch zu ermitteln, dass die arbeitsvertraglich vereinbarte regelmäßige durchschnittliche wöchentliche Arbeitszeit durch die Anzahl der Arbeitstage zu teilen ist, die die/der Beschäftigte in der Woche zu leisten hat, in der der Umwandlungstag liegt. [6]Der/Die Beschäftigte hat den/die Umwandlungstag/e spätestens vier Wochen vor dem gewünschten Zeitpunkt der Gewährung in Textform gegenüber dem Arbeitgeber geltend zu machen. [7]Der Arbeitgeber entscheidet über die Gewährung der Umwandlungstage bis spätestens zwei Wochen vor diesen und teilt dies der/dem Beschäftigten in Textform mit. [8]Bei der Festlegung der Lage der Umwandlungstage sind die Wünsche der/des Beschäftigten zu berücksichtigen, sofern dem keine dringenden dienstlichen/betrieblichen Gründe entgegenstehen. [9]Im gegenseitigen Einvernehmen ist unter Berücksichtigung der aktuellen dienstlichen/betrieblichen Verhältnisse abweichend von den Sätzen 6 und 7 auch eine kurzfristige Gewährung von Umwandlungstagen möglich. [10]Eine im Vorjahr nach Satz 1 oder im laufenden Kalenderjahr nach Satz 2 beantragte Umwandlung der SuE-Zulage wirkt längstens bis zum Ende des laufenden Kalenderjahres.

Protokollerklärung zu Absatz 3 Satz 1:

Für das Kalenderjahr 2022 gilt statt des 31. Oktober der 30. November.

Protokollerklärung zu Absatz 3 Satz 2:

Satz 2 gilt nur für Geltendmachungen ab dem 1. Januar 2023.

Protokollerklärung zu § 2a:

Bei den Regenerations- und Umwandlungstagen handelt es sich nicht um Urlaubs-/Zusatzurlaubstage.

§ 3 Beschäftigte im Erziehungsdienst

[1]Bei Beschäftigten im Erziehungsdienst werden – soweit gesetzliche Regelungen bestehen, zusätzlich zu diesen gesetzlichen Regelungen – im Rahmen der regelmäßigen durchschnittlichen wöchentlichen Arbeitszeit im Kalenderjahr 30 Stunden für Zwecke der Vorbereitung und Qualifizierung verwendet; im Tarifgebiet Ost gilt, dass diese Zeiten zur Vorbereitung und Qualifizierung auch durch gesetzliche Regelungen erfüllt sein können. [2]Bei Teilzeitbeschäftigten gilt Satz 1 entsprechend mit der Maßgabe, dass sich die Stundenzahl nach Satz 1 in dem Umfang, der dem Verhältnis ihrer individuell vereinbarten durchschnittlichen Arbeitszeit zu der regelmäßigen Arbeitszeit vergleichbarer Vollzeitbeschäftigter entspricht, reduziert. [3]Im

Erziehungsdienst tätig sind insbesondere Beschäftigte als Kinderpflegerin/Kinderpfleger bzw. Sozialassistentin/Sozialassistent, Heilerziehungspflegehelferin/Heilerziehungspflegehelfer, Erzieherin/Erzieher, Heilerziehungspflegerin/Heilerziehungspfleger, im handwerklichen Erziehungsdienst, als Leiterinnen/Leiter oder ständige Vertreterinnen/Vertreter von Leiterinnen/Leiter von Kindertagesstätten oder Erziehungsheimen sowie andere Beschäftigte mit erzieherischer Tätigkeit in der Erziehungs- oder Eingliederungshilfe.

Protokollerklärung zu Satz 3:

Soweit Berufsbezeichnungen aufgeführt sind, werden auch Beschäftigte erfasst, die eine entsprechende Tätigkeit ohne staatliche Anerkennung oder staatliche Prüfung ausüben.

Niederschriftserklärung zu § 3 Satz 3 der Anlage zu Abschnitt VIII Sonderregelung (VKA) § 56:

Beschäftigte im handwerklichen Erziehungsdienst müssen in Einrichtungen tätig sein, in denen auch Kinder oder Jugendliche mit wesentlichen Erziehungsschwierigkeiten zum Zwecke der Erziehung, Ausbildung oder Pflege betreut werden, und für Kinder oder Jugendliche erzieherisch tätig sein.

II

Anlage C (VKA)

Tabelle TVöD VKA
Anlage C (Sozial- und Erziehungsdienst)
gültig vom 1. Oktober 2024 bis 31. März 2025[1])

(monatlich in Euro)

Entgelt-gruppe	Grundentgelt		Entwicklungsstufen			
	Stufe 1	Stufe 2	Stufe 3	Stufe 4	Stufe 5	Stufe 6
S 18	4 458,20	4 571,79	5 134,51	5 556,51	6 189,53	6 576,36
S 17	4 110,52	4 395,96	4 853,14	5 134,51	5 697,17	6 027,75
S 16	4 026,38	4 304,54	4 614,00	4 993,81	5 415,82	5 669,04
S 15	3 884,14	4 149,76	4 431,15	4 754,68	5 275,17	5 500,22
S 14	3 847,03	4 109,38	4 422,05	4 740,10	5 091,81	5 337,97
S 13	3 756,97	4 012,60	4 360,80	4 642,12	4 993,81	5 169,65
S 12	3 747,09	4 002,01	4 335,64	4 631,04	4 996,80	5 151,53
S 11b	3 697,55	3 948,84	4 125,39	4 575,55	4 927,22	5 138,23
S 11a	3 631,49	3 877,94	4 053,00	4 501,47	4 853,14	5 064,15
S 10	(nicht besetzt)					
S 9	3 439,30	3 671,40	3 935,15	4 325,50	4 694,75	4 979,60
S 8b	3 371,39	3 598,79	3 864,55	4 253,22	4 620,71	4 902,44
S 8a	3 303,85	3 526,31	3 755,83	3 973,29	4 185,86	4 409,39
S 7	3 223,59	3 440,19	3 655,70	3 871,17	4 032,82	4 276,40
S 6	(nicht besetzt)					
S 5	(nicht besetzt)					
S 4	3 091,81	3 298,76	3 487,33	3 615,30	3 736,51	3 925,36
S 3	2 924,89	3 119,62	3 300,78	3 467,12	3 543,23	3 634,14
S 2	2 719,14	2 838,41	2 926,64	3 022,45	3 130,19	3 237,95

1) Enddatum entsprechend Tarifeinigung vom 6. April 2025

Anlage C (VKA)

Tabelle TVöD VKA[1])
Anlage C (Sozial- und Erziehungsdienst)
gültig vom 1. April 2025 bis 30. April 2026
(monatlich in Euro)

Entgelt-gruppe	Grundentgelt		Entwicklungsstufen			
	Stufe 1	Stufe 2	Stufe 3	Stufe 4	Stufe 5	Stufe 6
S 18	4 591,95	4 708,94	5 288,55	5 723,21	6 375,22	6 773,65
S 17	4 233,84	4 527,84	4 998,73	5 288,55	5 868,09	6 208,58
S 16	4 147,17	4 433,68	4 752,42	5 143,62	5 578,29	5 839,11
S 15	4 000,66	4 274,25	4 564,08	4 897,32	5 433,43	5 665,23
S 14	3 962,44	4 232,66	4 554,71	4 882,30	5 244,56	5 498,11
S 13	3 869,68	4 132,98	4 491,62	4 781,38	5 143,62	5 324,74
S 12	3 859,50	4 122,07	4 465,71	4 769,97	5 146,70	5 306,08
S 11b	3 808,48	4 067,31	4 249,15	4 712,82	5 075,04	5 292,38
S 11a	3 741,49	3 994,28	4 174,59	4 636,51	4 998,73	5 216,07
S 10	(nicht besetzt)					
S 9	3 549,30	3 781,54	4 053,20	4 455,27	4 835,59	5 128,99
S 8b	3 481,39	3 708,79	3 980,49	4 380,82	4 759,33	5 049,51
S 8a	3 413,85	3 636,31	3 868,50	4 092,49	4 311,44	4 541,67
S 7	3 333,59	3 550,19	3 765,70	3 987,31	4 153,80	4 404,69
S 6	(nicht besetzt)					
S 5	(nicht besetzt)					
S 4	3 201,81	3 408,76	3 597,33	3 725,30	3 848,61	4 043,12
S 3	3 034,89	3 229,62	3 410,78	3 577,12	3 653,23	3 744,14
S 2	2 829,14	2 948,41	3 036,64	3 132,45	3 240,19	3 347,95

[1]) Abgedruckt sind die auf der Tarifeinigung vom 6. April 2025 ermittelten Tabellenwerte, die noch unter dem Vorbehalt der endgültigen Tarifierung nach Abschluss der Redaktionsverhandlungen stehen.

II

Anlage C (VKA)

Tabelle TVöD VKA[1])
Anlage C (Sozial- und Erziehungsdienst)
gültig ab 1. Mai 2026
(monatlich in Euro)

Entgelt-gruppe	Grundentgelt		Entwicklungsstufen			
	Stufe 1	Stufe 2	Stufe 3	Stufe 4	Stufe 5	Stufe 6
S 18	4 720,52	4 840,79	5 436,63	5 883,46	6 553,73	6 963,31
S 17	4 352,39	4 654,62	5 138,69	5 436,63	6 032,40	6 382,42
S 16	4 263,29	4 557,82	4 885,49	5 287,64	5 734,48	6 002,61
S 15	4 112,68	4 393,93	4 691,87	5 034,44	5 585,57	5 823,86
S 14	4 073,39	4 351,17	4 682,24	5 019,00	5 391,41	5 652,06
S 13	3 978,03	4 248,70	4 617,39	4 915,26	5 287,64	5 473,83
S 12	3 967,57	4 237,49	4 590,75	4 903,53	5 290,81	5 454,65
S 11b	3 915,12	4 181,19	4 368,13	4 844,78	5 217,14	5 440,57
S 11a	3 846,25	4 106,12	4 291,48	4 766,33	5 138,69	5 362,12
S 10	(nicht besetzt)					
S 9	3 648,68	3 887,42	4 166,69	4 580,02	4 970,99	5 272,60
S 8b	3 578,87	3 812,64	4 091,94	4 503,48	4 892,59	5 190,90
S 8a	3 509,44	3 738,13	3 976,82	4 207,08	4 432,16	4 668,84
S 7	3 426,93	3 649,60	3 871,14	4 098,95	4 270,11	4 528,02
S 6	(nicht besetzt)					
S 5	(nicht besetzt)					
S 4	3 291,46	3 504,21	3 698,06	3 829,61	3 956,37	4 156,33
S 3	3 119,87	3 320,05	3 506,28	3 677,28	3 755,52	3 848,98
S 2	2 908,36	3 030,97	3 121,67	3 220,16	3 330,92	3 441,69

1) Abgedruckt sind die auf der Tarifeinigung vom 6. April 2025 ermittelten Tabellenwerte, die noch unter dem Vorbehalt der endgültigen Tarifierung nach Abschluss der Redaktionsverhandlungen stehen.

II

Tarifvertrag für den öffentlichen Dienst – Besonderer Teil Sparkassen – (TVöD BT-S)

Vom 13. September 2005

Zuletzt geändert durch Änderungstarifvertrag Nr. 8 vom 22. April 2023 und Tarifeinigung vom 6. April 2025[1])

Inhaltsübersicht

§ 40 Geltungsbereich
§ 41 Grundsätze für leistungs- und erfolgsorientierte variable Entgelte
§ 42 Zielvereinbarung
§ 43 Systematische Leistungsbewertung
§ 44 Sparkassensonderzahlung
§ 45 Beschäftigte der Entgeltgruppe 15
§ 46 Bankgeheimnis, Schweigepflicht
§ 47 Qualifizierung
§ 48 Entgelt für Auszubildende
§ 49 Vermögenswirksame Leistungen
§ 50 Reise- und Umzugskosten
§ 50a Erholungsurlaub
§ 51 In-Kraft-Treten, Laufzeit

1) Wegen der im Zuge der Tarifrunde 2025 vereinbarten Änderungen siehe die unter **150** abgedruckte Tarifeinigung.

II

§ 40 Geltungsbereich

(1) [1]Dieser Tarifvertrag gilt für Beschäftigte der Sparkassen. [2]Er bildet im Zusammenhang mit dem Allgemeinen Teil des Tarifvertrages für den öffentlichen Dienst (TVöD) den Tarifvertrag für die Sparte Sparkassen.

(2) Soweit in den nachfolgenden Bestimmungen auf die §§ 1 bis 39 verwiesen wird, handelt es sich um die Regelungen des TVöD – Allgemeiner Teil –.

§ 41 Grundsätze für leistungs- und erfolgsorientierte variable Entgelte

(1) [1]Durch einvernehmliche Dienstvereinbarung (befristet, unter Ausschluss der Nachwirkung) können individuelle und/oder teambezogene leistungs- und/oder erfolgsorientierte Prämien und/oder Zulagen als betriebliche Systeme eingeführt werden. [2]Bemessungsmethoden sind die Zielvereinbarung (§ 42) und die systematische Leistungsbewertung (§ 43).

(2) Bei der Entwicklung, Einführung und dem Controlling der betrieblichen Systeme (Kriterien und Verfahren einschl. Weiterentwicklung/Plausibilitätsprüfung) nach Absatz 1 und § 44 wirkt ein Gemeinsamer Ausschuss mit, dessen Mitglieder je zur Hälfte vom Arbeitgeber und vom Personalrat aus dem Betrieb benannt werden.

(3) [1]Der Gemeinsame Ausschuss ist auch für die Beratung von schriftlich begründeten Beschwerden zuständig, die sich auf Mängel des Systems bzw. seiner Anwendung beziehen. [2]Der Arbeitgeber entscheidet auf Vorschlag des Gemeinsamen Ausschusses darüber, ob und in welchem Umfang der Beschwerde im Wege der Korrektur des Systems bzw. von Systembestandteilen oder auch von einzelnen konkreten Anwendungsfällen abgeholfen werden soll. [3]Die Rechte der betrieblichen Mitbestimmung bleiben unberührt.

§ 42 Zielvereinbarung

(1) [1]In Zielvereinbarungen legen Arbeitgeber und Beschäftigte gemeinsam für einen bestimmten Zeitraum die anzustrebenden Ergebnisse fest, welche insbesondere mit Leistungsprämien honoriert werden. [2]Pro Zielvereinbarungszeitraum sollten mehrere Ziele vereinbart werden. [3]Quantitative und qualitative Ziele sind möglich. [4]Sie können unterschiedlich gewichtet werden. [5]Für einzelne Ziele können Zielerreichungsstufen festgelegt werden. [6]Die Ziele und die Kriterien der Zielerreichung müssen sich auf den Arbeitsplatz/das Team und die

damit verbundenen Arbeitsaufgaben beziehen. [7]Die Erfüllung der Ziele muss in der vertraglich geschuldeten Arbeitszeit möglich sein.

(2) Im Ausnahmefall sind Korrekturen der Zielvereinbarung einvernehmlich dann möglich, wenn sich maßgebliche Rahmenbedingungen gravierend geändert haben.

(3) [1]Die jeweilige Zielerreichung wird auf der Grundlage eines Soll-Ist-Vergleichs festgestellt und auf Wunsch den Beschäftigten erläutert. [2]Die Feststellung, dass Ziele nicht erreicht wurden, darf für sich allein nicht zu arbeitsrechtlichen Maßnahmen führen. [3]Umgekehrt schließt die Teilnahme an einer Zielvereinbarung arbeitsrechtliche Maßnahmen nicht aus.

§ 43 Systematische Leistungsbewertung

(1) Die Leistungsbewertung knüpft im Rahmen eines Systems an konkrete Tatsachen und Verhaltensweisen an; sie begründet insbesondere Leistungszulagen.

(2) [1]Bewertungskriterien (z. B. Arbeitsquantität, Arbeitsqualität, Kundenorientierung, Teamfähigkeit, Führungsverhalten) sowie deren ggf. unterschiedlich gewichtete Abstufung werden in einer einvernehmlichen Dienstvereinbarung festgelegt. [2]Es können nur Kriterien herangezogen werden, die für den Arbeitsplatz relevant und von der/dem Beschäftigten beeinflussbar sind. [3]Die Leistungsbewertung nimmt die zuständige Führungskraft vor. [4]Der Bewertungsentwurf wird mit der/dem Beschäftigten besprochen, von der Führungskraft begründet und entschieden.

Niederschriftserklärung:
Regelbeurteilungen sind für die Feststellung von Leistungszulagen ausgeschlossen.

§ 44 Sparkassensonderzahlung[1])

(1) [1]Bankspezifisch Beschäftigte haben in jedem Kalenderjahr Anspruch auf eine Sparkassensonderzahlung (SSZ). [2]Sie besteht aus einem garantierten und einem variablen Anteil. [3]Der garantierte Anteil in Höhe eines Monatstabellenentgelts bis zum Kalenderjahr 2016 und in Höhe von 96 v. H. eines Monatstabellenentgelts ab dem Kalenderjahr 2017 steht jedem Beschäftigten zu. [4]Der variable Anteil ist individuell-leistungsbezogen und unternehmenserfolgsbezogen. [5]Er bestimmt sich nach den Absätzen 3 und 4.

---

[1]) Für Teil- und Vollzeitbeschäftigte wird im Bereich des TVöD BT-S eine Regelung zur Umwandlung in freie Tage eingeführt, bei dem Beschäftigte einen Teil der Sparkassensonderzahlung in bis zu drei zusätzliche freie Tage umwandeln können; siehe Teil C Nr. 3 der unter **150** abgedruckten Tarifeinigung.

[6]Alle ausgezahlten Anteile sind zusatzversorgungspflichtiges Entgelt.

[7]Voraussetzung für die SSZ ist, dass der Beschäftigte am 1. Dezember des jeweiligen Kalenderjahres im Arbeitsverhältnis steht.

II

[8]Die SSZ vermindert sich um ein Zwölftel für jeden Kalendermonat, in dem Beschäftigte keinen Anspruch auf Entgelt, Entgelt im Krankheitsfall (§ 22) oder Fortzahlung des Entgelts während des Erholungsurlaubs (§ 26) haben. [9]Die Verminderung unterbleibt für Kalendermonate,

1. für die Beschäftigte kein Entgelt erhalten haben wegen
   a) Ableistung von Grundwehrdienst oder Zivildienst, wenn sie diesen vor dem 1. Dezember beendet und die Beschäftigung unverzüglich wieder aufgenommen haben,
   b) Beschäftigungsverboten nach dem Mutterschutzgesetz,
   c) Inanspruchnahme der Elternzeit nach dem Bundeselterngeld- und Elternzeitgesetz bis zum Ende des Kalenderjahres, in dem das Kind geboren ist, wenn am Tag vor Antritt der Elternzeit Entgeltanspruch bestanden hat,
2. in denen Beschäftigten Krankengeldzuschuss gezahlt wurde oder nur wegen der Höhe des zustehenden Krankengeldes ein Krankengeldzuschuss nicht gezahlt worden ist.

Protokollerklärungen zu § 44 Abs. 1:

1. [1]Bankspezifisch Beschäftigte im Sinne von § 44 Abs. 1 Satz 1 sind Beschäftigte gemäß § 38 Abs. 5 Satz 1. [2]Die übrigen Beschäftigten haben Anspruch auf den garantierten Anteil der SSZ gemäß Absatz 1 Sätze 2 und 3; eigene leistungsdifferenzierende Systeme für diese Beschäftigten sind nicht ausgeschlossen.
2. Der variable Anteil der SSZ wird abhängig von der Ausweitung der Leistungsbezahlung im TVöD – Allgemeiner Teil – wie folgt wachsen (Grundlage: 14 Monatstabellenentgelte pro Jahr):
   a) Solange bis der Zuwachs der Variabilität in der SSZ 1,36 v. H. (= 8,5 v. H. insgesamt) nicht erreicht, wird dieser dem individuell-leistungsbezogenen Anteil der SSZ zugeschlagen.
   b) Hat der Zuwachs 1,36 v. H. erreicht, werden darüber hinaus gehende Zuwächse jeweils zur Hälfte dem garantierten Anteil und zur Hälfte dem variablen Anteil zugeordnet (¼ individuell-leistungsbezogen, ¼ unternehmenserfolgsbezogen).
   c) Eine ggf. andere Verteilung der Anteile bleibt späteren Tarifverhandlungen vorbehalten.
3. (weggefallen)
4. [1]Wegen der am 29. April 2016 vereinbarten Festschreibung des garantierten Anteils der Sparkassensonderzahlung beträgt abweichend von Satz 3 der Bemessungssatz für den garantierten Anteil der Sparkassensonderzahlung im Kalenderjahr 2016 97,66 v. H. und im Kalenderjahr 2017 91,60 v. H. [2]Der garantierte Anteil beträgt ab dem Kalenderjahr 2018 88,77 v. H., im Kalenderjahr 2021 81,77 v. H. und ab dem Kalenderjahr 2022 74,77 v. H.

(2) Das Monatstabellenentgelt gemäß Absatz 1 Satz 3 ist das Entgelt des Beschäftigten für den Monat Oktober, das sich aufgrund der individuell für diesen Monat vereinbarten durchschnittlichen regelmäßigen Arbeitszeit ergibt.

Protokollerklärung zu § 44 Abs. 2:

Das für die Berechnung des garantierten und der variablen Anteile der Sparkassensonderzahlung maßgebliche Monatstabellenentgelt beträgt im Kalenderjahr 2021 98,62 v. H., im Kalenderjahr 2022 97,64 v. H. und ab Kalenderjahr 2023 96,88 v. H. des Entgeltes der/des Beschäftigten für den Monat Oktober, das sich aufgrund der individuell für diesen Monat vereinbarten durchschnittlichen regelmäßigen Arbeitszeit ergibt.

(3) [1]Der individuell-leistungsbezogene Teil des variablen Anteils der SSZ bestimmt sich wie folgt:

[2]Für jeden Beschäftigten wird jährlich ein Betrag in Höhe von 64 v. H. eines Monatstabellenentgelts (Absatz 2) in ein Leistungsentgelt eingestellt. [3]Die jährliche Ausschüttung des Leistungsbudgets an die Beschäftigten erfolgt in Form von Leistungszulagen und/oder Leistungsprämien auf der Grundlage individueller und/oder teambezogener Leistungskriterien. [4]Bemessungsmethode für Leistungszulagen ist die systematische Leistungsbewertung (§ 43) und für Leistungsprämien die Zielvereinbarung (§ 42). [5]Es ist sicherzustellen, dass das jeweilige Auszahlungsvolumen den beteiligten Beschäftigten nach einem ratierlichen auf alle anzuwendenden Maßstab zugeordnet wird. [6]Bei teilweiser Zielerreichung können Teilzahlungen erfolgen, wenn es die Zielvereinbarung vorsieht. [7]Die vollständige Ausschüttung des Gesamtbudgets ist zu gewährleisten.

[8]Die weiteren Einzelheiten werden in einer einvernehmlichen Dienstvereinbarung geregelt. [9]Bis zu dem Abschluss und der Anwendung der Dienstvereinbarung werden 25 v. H. eines Monatstabellenentgelts gezahlt.

Niederschriftserklärungen zu § 44 Abs. 3:

1. [1]Wann immer praktizierbar und zweckmäßig, sind Zielvereinbarungen abzuschließen. [2]Ansonsten werden systematische Leistungsbewertungen durchgeführt. [3]Mischformen sind möglich.
2. Bei noch ausstehender Dienstvereinbarung werden die vorerst nicht auszuzahlenden 25 v. H. eines Monatstabellenentgelts gestundet.

(4) [1]Der unternehmenserfolgsbezogene Teil des variablen Anteils der SSZ bestimmt sich wie folgt:

[2]Für jeden Beschäftigten wird jährlich ein Betrag in Höhe eines halben Monatstabellenentgelts (Absatz 2) in ein Unternehmenserfolgsbudget eingestellt. [3]Die Höhe des Ausschüttungsvolumens bestimmt sich nach der Erreichung von institutsindividuellen Geschäftszielen der Sparkasse. [4]Die Definition der Geschäftsziele erfolgt vor Beginn

II

des Kalenderjahres durch den Arbeitgeber im Rahmen der Unternehmensplanung. [5]Die für den unternehmenserfolgsabhängigen Anteil relevanten Ziele müssen den definierten Geschäftszielen entsprechen. [6]Die weiteren Einzelheiten, insbesondere der/ein Katalog relevanter Ziele und Kriterien für die Geschäftszielerreichung und die Fälligkeit (in der Regel im Monat nach der Schlussbesprechung), werden in einer einvernehmlichen Dienstvereinbarung geregelt.

[7]Bei Zielerreichung ist jeder/m Beschäftigten das halbe Monatstabellenentgelt auszuzahlen. [8]Eine teilweise Zielerreichung kann nach den Maßgaben der Dienstvereinbarung zur anteiligen Ausschüttung führen. [9]Zielübererfüllungen können zu einer höheren Ausschüttung führen.

[10]Kommt bis zum Ende des zu bewertenden Kalenderjahres keine Einigung über die Dienstvereinbarung zustande, besteht abweichend von Satz 2 nur Anspruch auf 25 v. H. eines Monatstabellenentgelts; der restliche Anteil verfällt.

Niederschriftserklärung zu § 44 Abs. 4:

[1]Zeichnet sich ab, dass keine Dienstvereinbarung zu dem unternehmenserfolgsbezogenen Teil der SSZ zustande kommt, wird auf Antrag einer Betriebspartei der Gemeinsame Ausschuss um jeweils einen Vertreter der Landesbezirkstarifvertragsparteien ergänzt. [2]Der ergänzte Gemeinsame Ausschuss unterbreitet den für die Vereinbarung zuständigen Betriebsparteien einen Konsensvorschlag spätestens bis zum 30. Juni.

(5) Der garantierte Anteil der SSZ wird mit dem Entgelt des Monats November, der variable Anteil gemäß Absatz 3 wird spätestens mit dem Entgelt für den Monat April des folgenden Kalenderjahres ausgezahlt.

(6) Im Übergangsjahr – in der Regel im Jahr 2006 – ist sicherzustellen, dass durch Abschlagszahlung auf die nach Absatz 1 Sätze 2 bis 4 zustehenden Anteile der SSZ 1,75 Monatstabellenentgelte (= 87,5 v. H. der SSZ) zur Ausschüttung kommen; die Einzelheiten werden in der Dienstvereinbarung geregelt.

(7) Die Beschäftigten haben keinen tarifvertraglichen Anspruch auf weitere Jahressonder- bzw. mantelrechtliche Einmalzahlungen.

Niederschriftserklärungen zu § 44:

1. [1]Die Tarifvertragsparteien gehen davon aus, dass es aus Anlass der Einführung dieser neuen Regelungen nicht zu einer Verrechnung von bestehenden Hausregelungen kommt. [2]Sie erheben keine Bedenken gegen eine Volumen erhöhende Einbeziehung in die SSZ gemäß den Absätzen 3 und 4.
2. Die Vereinbarung der SSZ dient nicht zur Einsparung von Personalkosten.
3. Um insbesondere eine ausreichende Einführungs- oder Übergangsphase für die SSZ zu ermöglichen, können – das Einvernehmen der Betriebsparteien vorausgesetzt – die betrieblichen Systeme auch eine undifferenzierte Verteilung der variablen Entgeltbestandteile vorsehen.

§ 45 Beschäftigte der Entgeltgruppe 15

Mit Beschäftigten der Entgeltgruppe 15 können einzelarbeitsvertraglich vom Tarifrecht abweichende Regelungen zum Entgelt und zur Arbeitszeit getroffen werden.

§ 46 Bankgeheimnis, Schweigepflicht

[1]Die Beschäftigten haben über Angelegenheiten, deren Geheimhaltung durch gesetzliche Vorschriften vorgesehen oder vom Arbeitgeber angeordnet worden ist, Verschwiegenheit zu wahren; dies gilt auch über die Beendigung des Arbeitsverhältnisses hinaus. [2]Der Beschäftigte hat das Bankgeheimnis auch dann zu wahren, wenn dies nicht ausdrücklich vom Arbeitgeber angeordnet ist.

Niederschriftserklärung zu Beihilfen in Krankheitsfällen:

Der TVöD bzw. der TV-S greift in bei dem Arbeitgeber geltende Bestimmungen nicht ein, wenn Beschäftigte vor der Überleitung Beihilfe in Krankheitsfällen wie Beamte erhalten hätten.

§ 47 Qualifizierung

(1) [1]Ein hohes Qualifikationsniveau und lebenslanges Lernen liegen im gemeinsamen Interesse von Beschäftigten und Arbeitgebern. [2]Qualifizierung dient der Steigerung von Effektivität und Effizienz der Sparkassen, der Nachwuchsförderung und der Steigerung von beschäftigungsbezogenen Kompetenzen. [3]Die Tarifvertragsparteien verstehen Qualifizierung auch als Teil der Personalentwicklung.

(2) [1]Vor diesem Hintergrund stellt Qualifizierung nach diesem Tarifvertrag ein Angebot dar, aus dem für die Beschäftigten kein individueller Anspruch außer nach Absatz 4 abgeleitet werden kann. [2]Das Angebot kann durch einvernehmliche Dienstvereinbarung wahrgenommen und näher ausgestaltet werden. [3]Weitergehende Mitbestimmungsrechte werden dadurch nicht berührt.

(3) [1]Qualifizierungsmaßnahmen sind

a) die Fortentwicklung der fachlichen, methodischen und sozialen Kompetenzen für die übertragenen Tätigkeiten (Erhaltungsqualifizierung),

b) der Erwerb zusätzlicher Qualifikationen (Fort- und Weiterbildung),

c) die Qualifizierung zur Arbeitsplatzsicherung (Qualifizierung für eine andere Tätigkeit; Umschulung),

d) die Einarbeitung bei längerer Abwesenheit (Wiedereinstiegsqualifizierung).

[2]Die Teilnahme an einer Qualifizierungsmaßnahme wird dokumentiert und den Beschäftigten schriftlich bestätigt.

II

(4) [1]Beschäftigte haben – auch in den Fällen des Absatzes 3 Satz 1 Buchst. d – Anspruch auf ein regelmäßiges Gespräch mit der jeweiligen Führungskraft, in dem festgestellt wird, ob und welcher Qualifizierungsbedarf besteht. [2]Dieses Gespräch kann auch als Gruppengespräch geführt werden. [3]Wird nichts anderes geregelt, ist das Gespräch jährlich zu führen.

(5) [1]Die Kosten einer vom Arbeitgeber veranlassten Qualifizierungsmaßnahme – einschließlich Reisekosten – werden, soweit sie nicht von Dritten übernommen werden, grundsätzlich vom Arbeitgeber getragen. [2]Ein möglicher Eigenbeitrag und eventuelle Rückzahlungspflichten bei vorzeitigem Ausscheiden werden in einer Qualifizierungsvereinbarung geregelt. [3]Die Betriebsparteien sind gehalten, die Grundsätze einer fairen Kostenverteilung unter Berücksichtigung des betrieblichen und individuellen Nutzens zu regeln. [4]Ein Eigenbeitrag des/der Beschäftigten kann in Geld und/oder Zeit erfolgen.

(6) [1]Zeiten von vereinbarten Qualifizierungsmaßnahmen gelten als Arbeitszeit. [2]Absatz 5 Sätze 2 bis 4 bleiben unberührt.

(7) Gesetzliche Förderungsmöglichkeiten können in die Qualifizierungsplanung einbezogen werden.

(8) Für Beschäftigte mit individuellen Arbeitszeiten sollen Qualifizierungsmaßnahmen so angeboten werden, dass ihnen eine gleichberechtigte Teilnahme ermöglicht wird.

§ 48 Entgelt für Auszubildende

Die unter den Tarifvertrag für Auszubildende des öffentlichen Dienstes (TVAöD) vom 13. September 2005 fallenden Auszubildenden der Sparkassen erhalten im ersten, zweiten und dritten Ausbildungsjahr das nach dem TVAöD maßgebende Ausbildungsentgelt für das zweite, dritte bzw. vierte Ausbildungsjahr.

§ 49 Vermögenswirksame Leistungen

(1) [1]Nach Maßgabe des Vermögensbildungsgesetzes in seiner jeweiligen Fassung haben Beschäftigte, deren Arbeitsverhältnis voraussichtlich mindestens sechs Monate dauert, einen Anspruch auf vermögenswirksame Leistungen. [2]Für Vollbeschäftigte beträgt die vermögenswirksame Leistung für jeden vollen Kalendermonat 40 Euro. [3]Der Anspruch entsteht frühestens für den Kalendermonat, in dem Beschäftigte dem Arbeitgeber die erforderlichen Angaben schriftlich mitteilen, und für die beiden vorangegangenen Monate desselben Kalenderjahres; die Fälligkeit tritt nicht vor acht Wochen nach Zugang der Mitteilung beim Arbeitgeber ein. [4]Die vermögenswirksame Leis-

tung wird nur für Kalendermonate gewährt, für die den Beschäftigten Tabellenentgelt, Entgeltfortzahlung oder Krankengeldzuschuss zusteht. [5]Für Zeiten, für die Krankengeldzuschuss zusteht, ist die vermögenswirksame Leistung Teil des Krankengeldzuschusses. [6]Die vermögenswirksame Leistung ist kein zusatzversorgungspflichtiges Entgelt.

(2) Absatz 1 gilt auch für die Auszubildenden der Sparkassen.

§ 50 Reise- und Umzugskosten

(1) Die Erstattung von Reise- und Umzugskosten richtet sich nach den beim Arbeitgeber geltenden Grundsätzen.

(2) [1]Bei Dienstreisen gilt nur die Zeit der dienstlichen Inanspruchnahme am auswärtigen Geschäftsort als Arbeitszeit. [2]Für jeden Tag einschließlich der Reisetage wird jedoch mindestens die auf ihn entfallende regelmäßige, durchschnittliche oder dienstplanmäßige Arbeitszeit berücksichtigt, wenn diese bei Nichtberücksichtigung der Reisezeit nicht erreicht würde. [3]Überschreiten nicht anrechenbare Reisezeiten insgesamt 15 Stunden im Monat, so werden auf Antrag 25 v. H. dieser überschreitenden Zeiten bei fester Arbeitszeit als Freizeitausgleich gewährt und bei gleitender Arbeitszeit im Rahmen der jeweils geltenden Vorschriften auf die Arbeitszeit angerechnet. [4]Der besonderen Situation von Teilzeitbeschäftigten ist Rechnung zu tragen. [5]Soweit Einrichtungen in privater Rechtsform oder andere Arbeitgeber nach eigenen für die Beschäftigten günstigeren Grundsätzen oder Abmachungen verfahren, sind diese abweichend von den Sätzen 1 bis 4 maßgebend.

§ 50a Erholungsurlaub

(1) Unbeschadet der bestehenden tariflichen und gesetzlichen Regelungen zum Erholungsurlaub erhöht sich der tarifliche Urlaubsanspruch für Beschäftigte, die Anspruch auf eine Sparkassensonderzahlung nach § 44 haben, bei Verteilung der wöchentlichen Arbeitszeit auf fünf Tage

- ab dem Kalenderjahr 2021 um einen zusätzlichen Arbeitstag und
- ab dem Kalenderjahr 2022 um einen weiteren zusätzlichen Arbeitstag.

Protokollerklärung zu § 50a Abs. 1:

[1]Durch einvernehmliche Dienstvereinbarung kann der Urlaubsanspruch nach Absatz 1 ab dem Kalenderjahr 2021 erhöht werden, wobei für jeden zusätzlichen Urlaubstag eine Absenkung des garantierten Anteils der Sparkassensonderzahlung (§ 44 Abs. 1 Satz 3) um 7 Prozentpunkte erfolgt. [2]Die Summe der zusätzlichen Urlaubstage gemäß Absatz 1 und der durch die einvernehmliche Dienstvereinbarung vereinbarten zusätzlichen Urlaubstage darf (bei Verteilung der wöchentlichen

Arbeitszeit auf fünf Tage) maximal vier betragen. [3]Bestehende Dienstvereinbarungen bleiben davon unberührt.

(2) Die Werte des § 27 Abs. 4 Satz 2 bis 4 werden entsprechend erhöht.

§ 51 In-Kraft-Treten, Laufzeit

(1) [1]Dieser Tarifvertrag tritt am 1. Oktober 2005 in Kraft. [2]Er kann mit einer Frist von drei Monaten zum Schluss eines Kalenderhalbjahres schriftlich gekündigt werden.

(2) Abweichend von Absatz 1 kann § 49 mit einer Frist von einem Monat zum Schluss eines Kalendermonats schriftlich gekündigt werden.

Tarifvertrag für den öffentlichen Dienst – Besonderer Teil Entsorgung – (TVöD BT-E)

Vom 13. September 2005

Zuletzt geändert durch
Änderungstarifvertrag Nr. 3 vom 25. Oktober 2020

Inhaltsübersicht

§ 40 Geltungsbereich
§ 41 Tägliche Rahmenzeit
§ 42 Öffnungsregelung zu § 14 TzBfG
§ 43 Betrieblicher Gesundheits- und Arbeitsschutz
§ 44 Erfolgsbeteiligung
§ 45 Qualifizierung
§ 46 Reise- und Umzugskosten
§ 47 In-Kraft-Treten, Laufzeit

II

§ 40 Geltungsbereich

(1) [1]Dieser Tarifvertrag gilt für Beschäftigte der Entsorgungsbetriebe, unabhängig von deren Rechtsform. [2]Er bildet im Zusammenhang mit dem Allgemeinen Teil des Tarifvertrages für den öffentlichen Dienst (TVöD) den Tarifvertrag für die Sparte Entsorgung.

(2) Soweit in den nachfolgenden Bestimmungen auf die §§ 1 bis 39 verwiesen wird, handelt es sich um die Regelungen des TVöD – Allgemeiner Teil –.

§ 41 Tägliche Rahmenzeit

Die tägliche Rahmenzeit kann auf bis zu zwölf Stunden in der Zeitspanne von 6 bis 22 Uhr vereinbart werden.

§ 42 Öffnungsregelung zu § 14 TzBfG

(1) Die kalendermäßige Befristung eines Arbeitsvertrages ohne Vorliegen eines sachlichen Grundes ist nach Maßgabe der Absätze 2 bis 4 bis zur Dauer von vier Jahren zulässig; bis zu dieser Gesamtdauer ist auch die höchstens dreimalige Verlängerung eines kalendermäßig befristeten Arbeitsvertrages möglich.

(2) Die Befristung nach Absatz 1 über die Dauer von zwei Jahren hinaus bedarf der vorherigen Zustimmung des Personalrats/Betriebsrats.

(3) Die Befristung nach Absatz 1 über die Dauer von zwei Jahren hinaus ist unzulässig, wenn mit dem Abschluss des Arbeitsvertrages mehr als 40 v. H. der bei dem Arbeitgeber begründeten Arbeitsverhältnisse ohne Vorliegen eines sachlichen Grundes abgeschlossen wären.

(4) [1]Soweit von der Befristung nach Absatz 1 über die Dauer von zwei Jahren hinaus Gebrauch gemacht wird, ist die Beschäftigung von Leiharbeitnehmerinnen/Leiharbeitnehmern nicht zulässig. [2]In begründeten Einzelfällen kann mit Zustimmung des Personalrats/Betriebsrats von Satz 1 abgewichen werden.

(5) Beschäftigte, mit denen eine Befristung nach Absatz 1 über die Dauer von zwei Jahren hinaus vereinbart ist, sind nach Ablauf der vereinbarten Zeit in ein Arbeitsverhältnis auf unbestimmte Dauer zu übernehmen, sofern im Falle des Ausscheidens dieser Beschäftigten für den betreffenden Funktionsbereich ein befristetes Arbeitsverhältnis mit anderen Beschäftigten begründet würde.

(6) Beim Abschluss von nach Absatz 1 befristeten Arbeitsverträgen über die Dauer von zwei Jahren hinaus sind Auszubildende, die bei demselben Arbeitgeber ausgebildet worden sind, nach erfolgreich abgeschlossener Abschlussprüfung bei gleicher Eignung und Befähigung vorrangig zu berücksichtigen.

§ 43 Betrieblicher Gesundheits- und Arbeitsschutz

(1) Arbeiten in der Abfall- und Entsorgungswirtschaft verpflichten Arbeitgeber und Beschäftigte in besonders hohem Maße zur Einhaltung aller einschlägigen Arbeitsschutz- und Sicherheitsvorschriften.

(2) Es sind ein sicherheitsgerechter Arbeitsplatz und eine Arbeitsumgebung zur Verfügung zu stellen, die eine Gefährdung nach Möglichkeit ausschließen, wobei gesicherte arbeitswissenschaftliche Erkenntnisse über menschengerechte Arbeitsplatzgestaltung berücksichtigt werden.

(3) [1]Neben den allgemeinen Bestimmungen der gesetzlichen Unfallversicherungsträger, den Rechten und Pflichten, die sich aus dem Betriebsverfassungsgesetz und den Personalvertretungsgesetzen sowie dem Arbeitssicherheitsgesetz ergeben, hat der Arbeitgeber dafür Sorge zu tragen, dass

1. die Beschäftigten mindestens im Turnus von einem Jahr über die zu beachtenden Gesetze, Verordnungen und Unfallverhütungsvorschriften unterrichtet werden sowie bei Einführung neuer Arbeitsverfahren und neuer Arbeitsstoffe bzw. vor der Arbeitsaufnahme an einem neuen Arbeitsplatz. [2]Bei Bedarf sind Unterweisungen öfter durchzuführen. [3]Beschäftigte, die der deutschen Sprache nicht ausreichend mächtig sind, müssen in einer ihnen verständlichen Sprache unterwiesen werden. [4]Dieses kann auch in schriftlicher Form in der jeweiligen Landessprache erfolgen,
2. die für die Beschäftigten und die Ausführung der Arbeiten erforderlichen Schutzausrüstungen, Werkzeuge, Maschinen und Fahrzeuge im betriebssicheren Zustand zur Verfügung gestellt werden,
3. Arbeits- und Schutzkleidung den Witterungsbedingungen entsprechend zur Verfügung gestellt, gereinigt und instand gesetzt wird.

(4) [1]Die Beschäftigten sind verpflichtet, die sicherheitstechnischen Vorschriften und die turnusmäßigen betrieblichen Belehrungen zu beachten. [2]Sie sind ferner dazu verpflichtet, die ihnen vom Betrieb gestellten Schutzausrüstungen, Werkzeuge, Maschinen und Fahrzeuge zur Herstellung der Arbeitssicherheit zu verwenden und sich vor dem Einsatz von dem ordnungsgemäßen Zustand zu überzeugen. [3]Weitergehende Arbeitsschutzvorschriften der jeweiligen Arbeitgeber sind vorrangig einzuhalten.

(5) Beschäftigte, die sich über die Arbeitssicherheit zur Ausführung eines bestimmten Auftrages nicht ausreichend belehrt fühlen, haben das Recht und die Pflicht, dies dem betrieblich Verantwortlichen vor der Arbeitsaufnahme zu melden.

(6) In den Betriebsstätten und festen Baustellen haben die allgemeinen und für die jeweilige Arbeit speziellen Unfallverhütungsvorschriften der gesetzlichen Unfallversicherungsträger den Beschäftigten während der Arbeitszeit zugänglich zu sein.

II

(7) Näheres soll durch Betriebs-/Dienstvereinbarung zum betrieblichen Arbeits- und Gesundheitsschutz geregelt werden.

§ 44 Erfolgsbeteiligung

[1]Die Beschäftigten können an einem auf ihrer Mehrleistung beruhenden Betriebsergebnis im Abrechnungszeitraum beteiligt werden. [2]Qualität und Menge der erbrachten Mehrleistung sind nachzuweisen. [3]Die Kriterien für diese Erfolgsbeteiligung und das Verfahren werden in einem betrieblich zu vereinbarenden System festgelegt. [4]Die Erfolgsbeteiligung ist kein zusatzversorgungspflichtiges Entgelt.

§ 45 Qualifizierung

(1) [1]Ein hohes Qualifikationsniveau und lebenslanges Lernen liegen im gemeinsamen Interesse von Beschäftigten und Arbeitgebern. [2]Qualifizierung dient der Steigerung von Effektivität und Effizienz des Betriebes, der Nachwuchsförderung und der Steigerung von beschäftigungsbezogenen Kompetenzen. [3]Die Tarifvertragsparteien verstehen Qualifizierung auch als Teil der Personalentwicklung.

(2) [1]Vor diesem Hintergrund stellt Qualifizierung nach diesem Tarifvertrag ein Angebot dar, aus dem für die Beschäftigten kein individueller Anspruch außer nach Absatz 4 abgeleitet werden kann. [2]Das Angebot kann durch freiwillige Betriebsvereinbarung/Dienstvereinbarung wahrgenommen und näher ausgestaltet werden. [3]Weitergehende Mitbestimmungsrechte werden dadurch nicht berührt.

(3) [1]Qualifizierungsmaßnahmen sind

a) die Fortentwicklung der fachlichen, methodischen und sozialen Kompetenzen für die übertragenen Tätigkeiten (Erhaltungsqualifizierung),
b) der Erwerb zusätzlicher Qualifikationen (Fort- und Weiterbildung),
c) die Qualifizierung zur Arbeitsplatzsicherung (Qualifizierung für eine andere Tätigkeit; Umschulung),
d) die Einarbeitung bei längerer Abwesenheit (Wiedereinstiegsqualifizierung).

[2]Die Teilnahme an einer Qualifizierungsmaßnahme wird dokumentiert und den Beschäftigten schriftlich bestätigt.

(4) [1]Beschäftigte haben – auch in den Fällen des Absatzes 3 Satz 1 Buchst. d – Anspruch auf ein regelmäßiges Gespräch mit der jewei-

ligen Führungskraft, in dem festgestellt wird, ob und welcher Qualifizierungsbedarf besteht. [2]Dieses Gespräch kann auch als Gruppengespräch geführt werden. [3]Wird nichts anderes geregelt, ist das Gespräch jährlich zu führen.

(5) [1]Die Kosten einer vom Arbeitgeber veranlassten Qualifizierungsmaßnahme – einschließlich Reisekosten – werden, soweit sie nicht von Dritten übernommen werden, grundsätzlich vom Arbeitgeber getragen. [2]Ein möglicher Eigenbeitrag und eventuelle Rückzahlungspflichten bei vorzeitigem Ausscheiden werden in einer Qualifizierungsvereinbarung geregelt. [3]Die Betriebsparteien sind gehalten, die Grundsätze einer fairen Kostenverteilung unter Berücksichtigung des betrieblichen und individuellen Nutzens zu regeln. [4]Ein Eigenbeitrag des/der Beschäftigten kann in Geld und/oder Zeit erfolgen.

(6) [1]Zeiten von vereinbarten Qualifizierungsmaßnahmen gelten als Arbeitszeit. [2]Absatz 5 Sätze 2 bis 4 bleiben unberührt.

(7) Gesetzliche Förderungsmöglichkeiten können in die Qualifizierungsplanung einbezogen werden.

(8) Für Beschäftigte mit individuellen Arbeitszeiten sollen Qualifizierungsmaßnahmen so angeboten werden, dass ihnen eine gleichberechtigte Teilnahme ermöglicht werden kann.

§ 46 Reise- und Umzugskosten

(1) [1]Die Erstattung von Reise- und Umzugskosten richtet sich nach den beim Arbeitgeber geltenden Grundsätzen. [2]Für Arbeitgeber, die dem öffentlichen Haushaltsrecht unterliegen, finden, wenn diese nicht nach eigenen Grundsätzen verfahren, die für Beamtinnen und Beamten geltenden Bestimmungen Anwendung.

(2) [1]Bei Dienstreisen gilt nur die Zeit der dienstlichen Inanspruchnahme am auswärtigen Geschäftsort als Arbeitszeit. [2]Für jeden Tag einschließlich der Reisetage wird jedoch mindestens die auf ihn entfallende regelmäßige, durchschnittliche oder dienstplanmäßige Arbeitszeit berücksichtigt, wenn diese bei Nichtberücksichtigung der Reisezeit nicht erreicht würde. [3]Überschreiten nicht anrechenbare Reisezeiten insgesamt 15 Stunden im Monat, so werden auf Antrag 25 v. H. dieser überschreitenden Zeiten bei fester Arbeitszeit als Freizeitausgleich gewährt und bei gleitender Arbeitszeit im Rahmen der jeweils geltenden Vorschriften auf die Arbeitszeit angerechnet. [4]Der besonderen Situation von Teilzeitbeschäftigten ist Rechnung zu tragen. [5]Soweit Einrichtungen in privater Rechtsform oder andere Arbeitgeber nach eigenen für die Beschäftigten günstigeren Grundsätzen oder Abma-

chungen verfahren, sind diese abweichend von den Sätzen 1 bis 4 maßgebend.

§ 47 In-Kraft-Treten, Laufzeit

II

[1]Dieser Tarifvertrag tritt am 1. Oktober 2005 in Kraft. [2]Er kann mit einer Frist von drei Monaten zum Schluss eines Kalenderhalbjahres schriftlich gekündigt werden.

Tarifvertrag für den öffentlichen Dienst – Besonderer Teil Krankenhäuser – (TVöD BT-K)

Vom 1. August 2006 (GMBl. 2007 S. 588)

Zuletzt geändert durch
Änderungstarifvertrag Nr. 14 vom 22. April 2023 und
Tarifeinigung vom 6. April 2025[1])

Inhaltsübersicht

§ 40 Geltungsbereich
§ 41 Besondere Regelung zum Geltungsbereich TVöD
§ 42 Allgemeine Pflichten der Ärztinnen und Ärzte
§ 43 Zu § 5 Qualifizierung – Ärztinnen/Ärzte
§ 44 Zu § 6 Regelmäßige Arbeitszeit
§ 45 Bereitschaftsdienst und Rufbereitschaft
§ 46 Bereitschaftsdienstentgelt
§ 47 Sonderkündigungsrecht der Bereitschaftsdienst- und Rufbereitschaftsregelung
§ 48 Wechselschichtarbeit
§ 49 Arbeit an Sonn- und Feiertagen
§ 50 Ausgleich für Sonderformen der Arbeit
§ 51 Ärztinnen und Ärzte
§ 52 Zu § 15 – Tabellenentgelt
§ 53 Zu § 17 Allgemeine Regelungen zu den Stufen
§ 53a Zu § 18 (VKA) Leistungsentgelt
§ 54 Zu § 20 (VKA) Jahressonderzahlung
§ 55 Zusatzurlaub
§ 56 (weggefallen)
§ 57 Reise- und Umzugskosten
§ 58 In-Kraft-Treten, Laufzeit

Anlage A
(weggefallen)

Anlage B
(weggefallen)

Anlage C
Entgelttabelle für Ärztinnen und Ärzte

Anlage E
Entgelttabelle Pflegedienst

Anlage G
Bereitschaftsdienstentgelt

---

[1]) Wegen der im Zuge der Tarifrunde 2025 vereinbarten Änderungen siehe die unter **150** abgedruckte Tarifeinigung.

II

§ 40 Geltungsbereich

(1) Dieser Besondere Teil gilt für Beschäftigte, die in einem Arbeitsverhältnis zu einem Arbeitgeber stehen, der Mitglied eines Mitgliedverbandes der VKA ist, wenn sie in

a) Krankenhäusern, einschließlich psychiatrischen Fachkrankenhäusern,

b) medizinischen Instituten von Krankenhäusern oder

c) sonstigen Einrichtungen (z. B. Reha-Einrichtungen, Kureinrichtungen), in denen die betreuten Personen in ärztlicher Behandlung stehen, wenn die Behandlung durch in den Einrichtungen selbst beschäftigte Ärztinnen oder Ärzte stattfindet,

beschäftigt sind.

Protokollerklärung zu Absatz 1:

[1]Von dem Geltungsbereich werden auch Fachabteilungen (z. B. Pflege-, Altenpflege- und Betreuungseinrichtungen) in psychiatrischen Zentren bzw. Rehabilitations- oder Kureinrichtungen erfasst, soweit diese mit einem psychiatrischen Fachkrankenhaus bzw. einem Krankenhaus desselben Trägers einen Betrieb bilden. [2]Von Satz 1 erfasste Einrichtungen können durch landesbezirkliche Anwendungsvereinbarung aus dem Geltungsbereich ausgenommen werden. [3]Im Übrigen werden Altenpflegeeinrichtungen eines Krankenhauses von dem Geltungsbereich des BT-K nicht erfasst, auch soweit sie mit einem Krankenhaus desselben Trägers einen Betrieb bilden. [4]Vom Geltungsbereich des BT-B erfasste Einrichtungen können durch landesbezirkliche Anwendungsvereinbarung in diesen Tarifvertrag einbezogen werden.

Niederschriftserklärung zu Absatz 1:

Lehrkräfte an Krankenpflegeschulen und ähnlichen der Ausbildung dienenden Einrichtungen nach Absatz 1 fallen unter den BT-K.

(2) Soweit in den nachfolgenden Bestimmungen auf die §§ 1 bis 39 verwiesen wird, handelt es sich um die Regelungen des TVöD – Allgemeiner Teil –.

§ 41 Besondere Regelung zum Geltungsbereich TVöD

[1]§ 1 Abs. 2 Buchst. b findet auf Ärztinnen und Ärzte keine Anwendung. [2]Eine abweichende einzelvertragliche Regelung für Oberärztinnen und Oberärzte im Sinne des § 51 Abs. 3 und 4 ist zulässig.

Protokollerklärungen zu § 41:

1. Ärztinnen und Ärzte nach diesem Tarifvertrag sind auch Zahnärztinnen und Zahnärzte.
2. [1]Für Ärztinnen und Ärzte, die sich am 1. August 2006 in der Altersteilzeit befinden, verbleibt es bei der Anwendung des BT-K in der bis zum 31. Juli 2006 geltenden Fassung. [2]Mit Ärztinnen und Ärzten, die Altersteilzeit vor dem 1. August 2006 vereinbart, diese aber am 1. August 2006 noch nicht begonnen haben, ist auf Verlangen die Aufhebung der Altersteilzeitvereinbarung zu prüfen. [3]Satz 2 gilt entsprechend in den Fällen des Satzes 1,
   a) bei Altersteilzeit im Blockmodell, wenn am 1. August 2006 ein Zeitraum von nicht mehr als einem Drittel der Arbeitsphase,

b) bei Altersteilzeit im Teilzeitmodell, wenn am 1. August 2006 ein Zeitraum von nicht mehr als einem Drittel der Altersteilzeit

zurückgelegt ist.

§ 42 Allgemeine Pflichten der Ärztinnen und Ärzte

(1) [1]Zu den den Ärztinnen und Ärzten obliegenden ärztlichen Pflichten gehört es auch, ärztliche Bescheinigungen auszustellen. [2]Die Ärztinnen und Ärzte können vom Arbeitgeber auch verpflichtet werden, im Rahmen einer zugelassenen Nebentätigkeit von leitenden Ärztinnen und Ärzten oder für Belegärztinnen und Belegärzte innerhalb der Einrichtung ärztlich tätig zu werden.

(2)[1)] [1]Zu den aus der Haupttätigkeit obliegenden Pflichten der Ärztinnen und Ärzte gehört es ferner, am Rettungsdienst in Notarztwagen und Hubschraubern teilzunehmen. [2]Für jeden Einsatz in diesem Rettungsdienst erhalten Ärztinnen und Ärzte einen nicht zusatzversorgungspflichtigen Einsatzzuschlag bis 29. Februar 2024 in Höhe von 28,08 Euro und ab 1. März 2024 in Höhe von 30,59 Euro. [3]Dieser Betrag verändert sich zu demselben Zeitpunkt und in dem gleichen Ausmaß wie das Tabellenentgelt der Entgeltgruppe II Stufe 1 (Ärztinnen/Ärzte).

Protokollerklärung zu Absatz 2:

1. Eine Ärztin/ein Arzt, die/der nach der Approbation noch nicht mindestens ein Jahr klinisch tätig war, ist grundsätzlich nicht zum Einsatz im Rettungsdienst heranzuziehen.
2. Eine Ärztin/ein Arzt, der/dem aus persönlichen oder fachlichen Gründen (z. B. Vorliegen einer anerkannten Minderung der Erwerbsfähigkeit, die dem Einsatz im Rettungsdienst entgegensteht, Flugunverträglichkeit) die Teilnahme am Rettungsdienst nicht zumutbar ist, darf grundsätzlich nicht zum Einsatz im Rettungsdienst herangezogen werden.

(3) [1]Die Erstellung von Gutachten, gutachtlichen Äußerungen und wissenschaftlichen Ausarbeitungen, die nicht von einem Dritten angefordert und vergütet werden, gehört zu den den Ärztinnen und Ärzten obliegenden Pflichten aus der Haupttätigkeit.

(4) [1]Ärztinnen und Ärzte können vom Arbeitgeber verpflichtet werden, als Nebentätigkeit Unterricht zu erteilen sowie Gutachten, gutachtliche Äußerungen und wissenschaftliche Ausarbeitungen, die von einem Dritten angefordert und vergütet werden, zu erstellen, und zwar auch im Rahmen einer zugelassenen Nebentätigkeit der leitenden Ärztin/des leitenden Arztes. [2]Steht die Vergütung für das Gutachten, die gutachtliche Äußerung oder wissenschaftliche Ausarbeitung ausschließlich dem Arbeitgeber zu, haben Ärztinnen und

---

1) Die im Zuge der Tarifeinigung 2025 (abgedruckt unter **150**) vereinbarten Erhöhungen ab 1. April 2025 sowie ab 1. Mai 2026 wirken sich auch auf die Einsatzzuschläge aus. Abgestimmte Zahlen lagen bei Redaktionsschluss noch nicht vor. Der Erhöhungssatz zum 1. April 2025 beträgt voraussichtlich 3,0 Prozent und zum 1. Mai 2026 2,8 Prozent.

II

Ärzte nach Maßgabe ihrer Beteiligung einen Anspruch auf einen Teil dieser Vergütung. 3In allen anderen Fällen sind Ärztinnen und Ärzte berechtigt, für die Nebentätigkeit einen Anteil der von dem Dritten zu zahlenden Vergütung anzunehmen. 4Ärztinnen und Ärzte können die Übernahme der Nebentätigkeit verweigern, wenn die angebotene Vergütung offenbar nicht dem Maß ihrer Beteiligung entspricht; im Übrigen kann die Übernahme der Nebentätigkeit nur in besonders begründeten Ausnahmefällen verweigert werden.

§ 43 Zu § 5 Qualifizierung – Ärztinnen/Ärzte

(1) Für Beschäftigte, die sich in Facharzt-, Schwerpunktweiterbildung oder Zusatzausbildung nach dem Gesetz über befristete Arbeitsverträge mit Ärzten in der Weiterbildung befinden, ist ein Weiterbildungsplan aufzustellen, der unter Berücksichtigung des Standes der Weiterbildung die zu vermittelnden Ziele und Inhalte der Weiterbildungsabschnitte sachlich und zeitlich gegliedert festlegt.

(2) Die Weiterbildung ist vom Betrieb im Rahmen seines Versorgungsauftrags bei wirtschaftlicher Betriebsführung so zu organisieren, dass die/der Beschäftigte die festgelegten Weiterbildungsziele in der nach der jeweiligen Weiterbildungsordnung vorgesehenen Zeit erreichen kann.

(3) 1Können Weiterbildungsziele aus Gründen, die der Arbeitgeber zu vertreten hat, in der vereinbarten Dauer des Arbeitsverhältnisses nicht erreicht werden, so ist die Dauer des Arbeitsvertrages entsprechend zu verlängern. 2Die Regelungen des Gesetzes über befristete Arbeitsverträge mit Ärzten in der Weiterbildung bleiben hiervon unberührt und sind für den Fall lang andauernder Arbeitsunfähigkeit sinngemäß anzuwenden. 3Absatz 2 bleibt unberührt.

(4) 1Zur Teilnahme an Arztkongressen, Fachtagungen und ähnlichen Veranstaltungen ist der Ärztin/dem Arzt Arbeitsbefreiung bis zu drei Arbeitstagen im Kalenderjahr unter Fortzahlung des Entgelts zu gewähren. 2Die Arbeitsbefreiung wird auf einen Anspruch nach den Weiterbildungsgesetzen der Länder angerechnet. 3Bei Kostenerstattung durch Dritte kann eine Freistellung für bis zu fünf Arbeitstage erfolgen.

§ 44 Zu § 6 Regelmäßige Arbeitszeit

(1) 1Die regelmäßige Arbeitszeit beträgt für Beschäftigte der Mitglieder eines Mitgliedverbandes der VKA ausschließlich der Pausen abweichend von § 6 Abs. 1 Satz 1 Buchstabe b durchschnittlich 38,5 Stunden wöchentlich. 2Für Beschäftigte der Mitglieder des Kommunalen Arbeitgeberverbandes Baden-Württemberg beträgt die regelmäßige Arbeitszeit ausschließlich der Pausen abweichend von Satz 1 durch-

schnittlich 39 Stunden wöchentlich. [3]Satz 2 gilt nicht für Auszubildende, Schülerinnen/Schüler sowie Praktikantinnen/Praktikanten der Mitglieder des Kommunalen Arbeitgeberverbandes Baden-Württemberg; für sie beträgt die regelmäßige Arbeitszeit ausschließlich der Pausen durchschnittlich 38,5 Stunden wöchentlich.

(2) Für Ärztinnen und Ärzte beträgt die regelmäßige Arbeitszeit ausschließlich der Pausen durchschnittlich 40 Stunden wöchentlich.

(3) Die Arbeitszeiten der Ärztinnen und Ärzte sind durch elektronische Zeiterfassung oder auf andere Art und Weise zu dokumentieren.

(4) [1]Unter den Voraussetzungen des Arbeitszeitgesetzes und des Arbeitsschutzgesetzes, insbesondere des § 5 ArbSchG, kann die tägliche Arbeitszeit der Ärztinnen und Ärzte im Schichtdienst auf bis zu zwölf Stunden ausschließlich der Pausen ausgedehnt werden. [2]In unmittelbarer Folge dürfen nicht mehr als vier Zwölf-Stunden-Schichten und innerhalb von zwei Kalenderwochen nicht mehr als acht Zwölf-Stunden-Schichten geleistet werden. [3]Solche Schichten können nicht mit Bereitschaftsdienst kombiniert werden.

§ 45 Bereitschaftsdienst und Rufbereitschaft

(1) [1]Bereitschaftsdienst leisten die Beschäftigten, die sich auf Anordnung des Arbeitgebers außerhalb der regelmäßigen Arbeitszeit an einer vom Arbeitgeber bestimmten Stelle aufhalten, um im Bedarfsfall die Arbeit aufzunehmen. [2]Der Arbeitgeber darf Bereitschaftsdienst nur anordnen, wenn zu erwarten ist, dass zwar Arbeit anfällt, erfahrungsgemäß aber die Zeit ohne Arbeitsleistung überwiegt.

(2) Abweichend von den §§ 3, 5 und 6 Abs. 2 ArbZG kann im Rahmen des § 7 ArbZG die tägliche Arbeitszeit im Sinne des Arbeitszeitgesetzes über acht Stunden hinaus verlängert werden, wenn mindestens die acht Stunden überschreitende Zeit im Rahmen von Bereitschaftsdienst geleistet wird, und zwar wie folgt:

a) bei Bereitschaftsdiensten der Stufe I bis zu insgesamt maximal 16 Stunden täglich; die gesetzlich vorgeschriebene Pause verlängert diesen Zeitraum nicht,

b) bei Bereitschaftsdiensten der Stufen II und III bis zu insgesamt maximal 13 Stunden täglich; die gesetzlich vorgeschriebene Pause verlängert diesen Zeitraum nicht.

(3) [1]Im Rahmen des § 7 ArbZG kann unter den Voraussetzungen

a) einer Prüfung alternativer Arbeitszeitmodelle,

b) einer Belastungsanalyse gemäß § 5 ArbSchG und

c) ggf. daraus resultierender Maßnahmen zur Gewährleistung des Gesundheitsschutzes

II

aufgrund einer Betriebs-/Dienstvereinbarung von den Regelungen des Arbeitszeitgesetzes abgewichen werden. [2]Für einen Betrieb/eine Verwaltung, in dem/der ein Personalvertretungsgesetz Anwendung findet, kann eine Regelung nach Satz 1 in einem landesbezirklichen Tarifvertrag getroffen werden, wenn eine Dienstvereinbarung nicht einvernehmlich zustande kommt (§ 38 Abs. 3) und der Arbeitgeber ein Letztentscheidungsrecht hat. [3]Abweichend von den §§ 3, 5 und 6 Abs. 2 ArbZG kann die tägliche Arbeitszeit im Sinne des Arbeitszeitgesetzes über acht Stunden hinaus verlängert werden, wenn in die Arbeitszeit regelmäßig und in erheblichem Umfang Bereitschaftsdienst fällt. [4]Hierbei darf die tägliche Arbeitszeit ausschließlich der Pausen maximal 24 Stunden betragen.

(4) Unter den Voraussetzungen des Absatzes 3 Satz 1 und 2 kann die tägliche Arbeitszeit gemäß § 7 Abs. 2a ArbZG ohne Ausgleich verlängert werden, wobei

a) bei Bereitschaftsdiensten der Stufe I eine wöchentliche Arbeitszeit von bis zu maximal durchschnittlich 58 Stunden,

b) bei Bereitschaftsdiensten der Stufen II und III eine wöchentliche Arbeitszeit von bis zu maximal durchschnittlich 54 Stunden

zulässig ist.

(5) Für den Ausgleichszeitraum nach den Absätzen 2 bis 4 gilt § 6 Abs. 2 Satz 1.

(6) Bei Aufnahme von Verhandlungen über eine Betriebs-/Dienstvereinbarung nach den Absätzen 3 und 4 sind die Tarifvertragsparteien auf landesbezirklicher Ebene zu informieren.

(7) [1]In den Fällen, in denen Beschäftigte Teilzeitarbeit gemäß § 11 vereinbart haben, verringern sich die Höchstgrenzen der wöchentlichen Arbeitszeit nach den Absätzen 2 bis 4 in demselben Verhältnis wie die Arbeitszeit dieser Beschäftigten zu der regelmäßigen Arbeitszeit der Vollbeschäftigten. [2]Mit Zustimmung der/des Beschäftigten oder aufgrund von dringenden dienstlichen oder betrieblichen Belangen kann hiervon abgewichen werden.

(8) [1]Der Arbeitgeber darf Rufbereitschaft nur anordnen, wenn erfahrungsgemäß lediglich in Ausnahmefällen Arbeit anfällt. [2]Durch tatsächliche Arbeitsleistung innerhalb der Rufbereitschaft kann die tägliche Höchstarbeitszeit von zehn Stunden (§ 3 ArbZG) überschritten werden (§ 7 ArbZG).

(9) § 6 Abs. 4 bleibt im Übrigen unberührt.

(10) [1]Für Beschäftigte in Einrichtungen und Heimen, die der Förderung der Gesundheit, der Erziehung, Fürsorge oder Betreuung von Kindern und Jugendlichen, der Fürsorge und Betreuung von obdachlosen, alten, gebrechlichen, erwerbsbeschränkten oder sonstigen hilfs-

bedürftigen Personen dienen, auch wenn diese Einrichtungen nicht der ärztlichen Behandlung der betreuten Personen dienen, gelten die Absätze 1 bis 9 mit der Maßgabe, dass die Grenzen für die Stufe I einzuhalten sind. [2]Dazu gehören auch die Beschäftigten in Einrichtungen, in denen die betreuten Personen nicht regelmäßig ärztlich behandelt und beaufsichtigt werden (Erholungsheime).

§ 46 Bereitschaftsdienstentgelt

(1) Zum Zwecke der Entgeltberechnung wird nach dem Maß der während des Bereitschaftsdienstes erfahrungsgemäß durchschnittlich anfallenden Arbeitsleistungen die Zeit des Bereitschaftsdienstes einschließlich der geleisteten Arbeit wie folgt als Arbeitszeit gewertet:

Stufe	Arbeitsleistung innerhalb des Bereitschaftsdienstes	Bewertung als Arbeitszeit
I	bis zu 25 v. H.	60 v. H.
II	mehr als 25 bis 40 v. H.	75 v. H.
III	mehr als 40 bis 49 v. H.	90 v. H.

(2) [1]Die Zuweisung zu den einzelnen Stufen des Bereitschaftsdienstes erfolgt durch die Betriebsparteien. [2]Bei Ärztinnen und Ärzten erfolgt die Zuweisung zu den einzelnen Stufen des Bereitschaftsdienstes als Nebenabrede (§ 2 Abs. 3) zum Arbeitsvertrag. [3]Die Nebenabrede ist mit einer Frist von drei Monaten jeweils zum Ende eines Kalenderhalbjahres kündbar.

(3) Für die Beschäftigten gemäß § 45 Abs. 10 wird zum Zwecke der Entgeltabrechnung die Zeit des Bereitschaftsdienstes einschließlich der geleisteten Arbeit mit 28,5 v. H. als Arbeitszeit bewertet.

(4) [1]Das Entgelt für die nach den Absätzen 1 und 3 zum Zwecke der Entgeltabrechnung als Arbeitszeit gewertete Bereitschaftsdienstzeit bestimmt sich nach der Anlage G. [2]Die Beträge der Anlage G verändern sich ab dem 1. März 2012 bei allgemeinen Entgeltanpassungen um den von den Tarifvertragsparteien für die jeweilige Entgeltgruppe festgelegten Vomhundertsatz.

(5) [1]Die Beschäftigten erhalten zusätzlich zu dem Entgelt nach Absatz 4 für jede nach den Absätzen 1 und 3 als Arbeitszeit gewertete Stunde, die an einem Feiertag geleistet worden ist, einen Zeitzuschlag in Höhe von 25 v. H. des Stundenentgelts ihrer jeweiligen Entgeltgruppe nach der Anlage G. [2]Im Übrigen werden für die Zeit des Bereitschaftsdienstes einschließlich der geleisteten Arbeit und für die Zeit der Rufbereitschaft Zeitzuschläge nach § 8 nicht gezahlt.

(6) [1]Die Beschäftigten erhalten zusätzlich zu dem Entgelt nach Absatz 4 für die Zeit des Bereitschaftsdienstes in den Nachtstunden

(§ 7 Abs. 5) je Stunde einen Zeitzuschlag in Höhe von 15 v. H. des Entgelts nach Absatz 4. [2]Absatz 5 Satz 2 gilt entsprechend.

II

(7) [1]Anstelle der Auszahlung des Entgelts nach Absatz 4 für die nach den Absätzen 1 und 3 gewertete Arbeitszeit kann diese bei Ärztinnen und Ärzten bis zum Ende des dritten Kalendermonats auch durch entsprechende Freizeit abgegolten werden (Freizeitausgleich). [2]Die Möglichkeit zum Freizeitausgleich nach Satz 1 umfasst auch die den Zeitzuschlägen nach Absätzen 5 und 6 im Verhältnis 1:1 entsprechende Arbeitszeit. [3]Für die Zeit des Freizeitausgleichs werden das Entgelt (§ 15) und die in Monatsbeträgen festgelegten Zulagen fortgezahlt. [4]Nach Ablauf der drei Monate wird das Bereitschaftsdienstentgelt am Zahltag des folgenden Kalendermonats fällig.

(8) [1]An Beschäftigte, die nicht von Absatz 7 erfasst werden, wird das Bereitschaftsdienstentgelt gezahlt (§ 24 Abs. 1 Satz 3), es sei denn, dass ein Freizeitausgleich im Dienstplan vorgesehen ist, oder eine entsprechende Regelung in einer Betriebs- bzw. einvernehmlichen Dienstvereinbarung getroffen wird oder die/der Beschäftigte dem Freizeitausgleich zustimmt. [2]In diesem Fall gilt Absatz 7 entsprechend.

(9) [1]Das Bereitschaftsdienstentgelt nach den Absätzen 1, 3, 4, 5 und 6 kann im Falle der Faktorisierung nach § 10 Abs. 3 in Freizeit abgegolten werden. [2]Dabei entspricht eine Stunde Bereitschaftsdienst

a) nach Absatz 1	
aa) in der Stufe I	37 Minuten,
bb) in der Stufe II	46 Minuten und
cc) in der Stufe III	55 Minuten,
b) nach Absatz 3	17,5 Minuten,
c) bei Feiertagsarbeit nach Absatz 5 jeweils zuzüglich	15 Minuten und
d) bei Nachtarbeit nach Abatz 6 jeweils zuzüglich	9 Minuten.

§ 47 Sonderkündigungsrecht der Bereitschaftsdienst- und Rufbereitschaftsregelung

[1]Die §§ 45 und 46 können mit einer Frist von drei Monaten gekündigt werden, wenn infolge einer Änderung des Arbeitszeitgesetzes sich materiellrechtliche Auswirkungen ergeben oder weitere Regelungsmöglichkeiten für die Tarifvertragsparteien eröffnet werden. [2]Rein formelle Änderungen berechtigen nicht zu einer Ausübung des Sonderkündigungsrechts.

§ 48 Wechselschichtarbeit

(1) Abweichend von § 6 Abs. 1 Satz 2 werden die gesetzlichen Pausen bei Wechselschichtarbeit nicht in die Arbeitszeit eingerechnet.

(2) Abweichend von § 7 Abs. 1 Satz 1 ist Wechselschichtarbeit die Arbeit nach einem Schichtplan/Dienstplan, der einen regelmäßigen Wechsel der täglichen Arbeitszeit in Wechselschichten vorsieht, bei denen die/der Beschäftigte längstens nach Ablauf eines Monats erneut zu mindestens zwei Nachtschichten herangezogen wird.

Niederschriftserklärung zu § 48 Abs. 2:
Der Anspruch auf die Wechselschichtzulage ist auch erfüllt, wenn unter Einhaltung der Monatsfrist zwei Nachtdienste geleistet wurden, die nicht zwingend unmittelbar aufeinander folgen müssen.

§ 49 Arbeit an Sonn- und Feiertagen

Abweichend von § 6 Abs. 3 Satz 3 und in Ergänzung zu § 6 Abs. 5 gilt für Sonn- und Feiertage Folgendes:

(1) [1]Die Arbeitszeit an einem gesetzlichen Feiertag, der auf einen Werktag fällt, wird durch eine entsprechende Freistellung an einem anderen Werktag bis zum Ende des dritten Kalendermonats – möglichst aber schon bis zum Ende des nächsten Kalendermonats – ausgeglichen, wenn es die betrieblichen Verhältnisse zulassen. [2]Kann ein Freizeitausgleich nicht gewährt werden, erhält die/der Beschäftigte je Stunde 100 v. H. des auf eine Stunde entfallenden Anteils des monatlichen Entgelts der jeweiligen Entgeltgruppe und Stufe nach Maßgabe der Entgelttabelle. [3]Ist ein Arbeitszeitkonto eingerichtet, ist eine Buchung gemäß § 10 Abs. 3 zulässig. [4]§ 8 Abs. 1 Satz 2 Buchst. d bleibt unberührt.

(2) [1]Für Beschäftigte, die regelmäßig nach einem Dienstplan eingesetzt werden, der Wechselschicht- oder Schichtdienst an sieben Tagen in der Woche vorsieht, vermindert sich die regelmäßige Wochenarbeitszeit um ein Fünftel der arbeitsvertraglich vereinbarten durchschnittlichen Wochenarbeitszeit, wenn sie an einem gesetzlichen Feiertag, der auf einen Werktag fällt,

a) Arbeitsleistung zu erbringen haben oder
b) nicht wegen des Feiertags, sondern dienstplanmäßig nicht zur Arbeit eingeteilt sind und deswegen an anderen Tagen der Woche ihre regelmäßige Arbeitszeit erbringen müssen.

[2]Absatz 1 gilt in diesen Fällen nicht. [3]§ 8 Abs. 1 Satz 2 Buchst. d bleibt unberührt.

(3) [1]Beschäftigte, die regelmäßig an Sonn- und Feiertagen arbeiten müssen, erhalten innerhalb von zwei Wochen zwei arbeitsfreie Tage. [2]Hiervon soll ein freier Tag auf einen Sonntag fallen.

II

§ 50 Ausgleich für Sonderformen der Arbeit

(1) Abweichend von § 8 Abs. 1 Satz 2 Buchst. f beträgt der Zeitzuschlag für Arbeiten an Samstagen von 13 bis 21 Uhr – auch im Rahmen von Wechselschicht- und Schichtarbeit – für Beschäftigte nach § 38 Abs. 5 Satz 1 20 v. H. des auf eine Stunde entfallenden Anteils des Tabellenentgelts der Stufe 3 der jeweiligen Entgeltgruppe.

(2)[1)] [1]Beschäftigte, die ständig Wechselschichtarbeit leisten, erhalten abweichend von § 8 Abs. 5 Satz 1 eine Wechselschichtzulage von 155,00 Euro monatlich. [2]Beschäftigte, die nicht ständig Wechselschichtarbeit leisten, erhalten abweichend von § 8 Abs. 5 Satz 2 eine Wechselschichtzulage von 0,93 Euro pro Stunde.

(3) [1]Zugunsten der Beschäftigten können für Dienste, soweit diese zu Zeiten gemäß § 8 Abs. 1 Satz 2 Buchst. b bis f erbracht werden, die dort genannten Prozentbeträge durch Betriebs-/Dienstvereinbarung erhöht werden. [2]Durch Betriebs-/Dienstvereinbarungen können für die freiwillige Übernahme zusätzlich betrieblich veranlasster Dienste Zulagen oder Zuschläge zusätzlich zum ohnehin geschuldeten Entgelt vereinbart werden. [3]Das gesetzliche Mitbestimmungsrecht des Betriebs-/Personalrats ist zu beachten.

Niederschriftserklärung zu den §§ 6 bis 10 i. V. m. §§ 44 bis 50:

[1]Die Dokumentation der Arbeitszeit, der Mehrarbeit, der Überstunden, der Bereitschaftsdienste etc. ist nicht mit dem Arbeitszeitkonto gem. § 10 TVöD gleichzusetzen. [2]Arbeitszeitkonten könnten nur auf der Grundlage des § 10 TVöD durch Betriebs- bzw. einvernehmliche Dienstvereinbarungen eingerichtet und geführt werden.

§ 51 Ärztinnen und Ärzte

(1) [1]Für Ärztinnen und Ärzte, die nach dem Teil B Abschnitt II Ziffer 2 der Anlage 1 – Entgeltordnung (VKA) eingruppiert sind, gelten folgende besondere Stufenzuordnungen:

a) Entgeltgruppe I:

Stufe 1:	weniger als einjährige ärztliche Berufserfahrung,
Stufe 2:	nach einjähriger ärztlicher Berufserfahrung,
Stufe 3:	nach dreijähriger ärztlicher Berufserfahrung,
Stufe 4:	nach fünfjähriger ärztlicher Berufserfahrung,
Stufe 5:	nach neunjähriger ärztlicher Berufserfahrung;

---

1) Die Zulage für ständige Wechselschichtarbeit gemäß Absatz 2 Satz 1 wird ab dem 1. Juli 2025 auf 250 Euro monatlich angehoben. Die Stundensätze gemäß Absatz 2 Satz 2 werden zu demselben Zeitpunkt auf 1,49 Euro pro Stunde erhöht, siehe Teil A Nr. 3 Buchst. a) der unter **150** abgedruckten Tarifeinigung. Im Übrigen werden die Wechselschichtzulagen ab dem 31. Dezember 2026 dynamisch ausgestaltet.

b) Entgeltgruppe II:
Stufe 1: weniger als vierjährige fachärztliche Berufserfahrung,
Stufe 2: nach vierjähriger fachärztlicher Berufserfahrung,
Stufe 3: nach achtjähriger fachärztlicher Berufserfahrung,
Stufe 4: nach zwölfjähriger fachärztlicher Berufserfahrung.

[2]§§ 16 und 17 bleiben unberührt.

(2) [1]Bei Einstellung von Ärztinnen und Ärzten der Entgeltgruppe I werden Zeiten ärztlicher Berufserfahrung bei der Stufenzuordnung angerechnet. [2]Eine Tätigkeit als Arzt im Praktikum gilt als ärztliche Berufserfahrung. [3]Bei der Einstellung von Fachärztinnen und Fachärzten der Entgeltgruppe II werden Zeiten fachärztlicher Berufserfahrung in der Regel angerechnet. [4]Unabhängig davon kann der Arbeitgeber bei Neueinstellungen zur Deckung des Personalbedarfs Zeiten einer vorherigen beruflichen Tätigkeit ganz oder teilweise für die Stufenzuordnung berücksichtigen, wenn diese Tätigkeit für die vorgesehene Tätigkeit förderlich ist.

Protokollerklärungen zu Absatz 2:

Zeiten ärztlicher Tätigkeit sind nur solche, die von einem gemäß § 10 BÄO oder einer vergleichbaren Qualifikation eines EU-Mitgliedstaates approbierten Beschäftigten geleistet worden sind.

(3)[1]) Fachärztinnen und Fachärzte, die als ständige Vertreter der/des leitenden Ärztin/Arztes (Chefärztin/Chefarzt) durch ausdrückliche Anordnung bestellt sind (Leitende Oberärztin/Leitender Oberarzt), erhalten für die Dauer der Bestellung eine Funktionszulage bis 29. Februar 2024 in Höhe von monatlich 1068,55 Euro und ab 1. März 2024 in Höhe von monatlich 1191,43 Euro.

Protokollerklärungen zu Absatz 3:

[1]Leitende Oberärztin/leitender Oberarzt im Sinne des Tätigkeitsmerkmals ist nur die/der Ärztin/Arzt, der die/den leitende/n Ärztin/Arzt in der Gesamtheit seiner Dienstaufgaben vertritt. [2]Das Tätigkeitsmerkmal kann daher innerhalb einer Abteilung (Klinik) nur von einer/einem Ärztin/Arzt erfüllt werden.

(4)[1]) Ärztinnen und Ärzte, denen aufgrund ausdrücklicher Anordnung die medizinische Verantwortung für einen selbstständigen Funktionsbereich innerhalb einer Fachabteilung oder eines Fachbereichs seit dem 1. September 2006 übertragen worden ist, erhalten für die Dauer der Anordnung eine Funktionszulage bis 29. Februar 2024 in Höhe von

---

1) Die im Zuge der Tarifeinigung 2025 (abgedruckt unter **150**) vereinbarten Erhöhungen ab 1. April 2025 sowie ab 1. Mai 2026 wirken sich auch auf die Funktionszulage nach Abs. 3 und Abs. 4 aus. Abgestimmte Zahlen lagen bei Redaktionsschluss noch nicht vor. Der Erhöhungssatz zum 1. April 2025 beträgt voraussichtlich 3,11 Prozent und zum 1. Mai 2026 2,8 Prozent.

monatlich 714,60 Euro und ab 1. März 2024 in Höhe von monatlich 796,78 Euro.

Protokollerklärungen zu Absatz 4:

Funktionsbereiche sind wissenschaftlich anerkannte Spezialgebiete innerhalb eines ärztlichen Fachgebietes, z. B. Kardiologie, Unfallchirurgie, Neuroradiologie, Intensivmedizin, oder sonstige vom Arbeitgeber ausdrücklich definierte Funktionsbereiche.

II

(5) [1]Die Funktionszulagen nach den Absätzen 3 und 4 sind dynamisch und entfallen mit dem Wegfall der Funktion. [2]Sind die Voraussetzungen für mehr als eine Funktionszulage erfüllt, besteht nur Anspruch auf eine Funktionszulage. [3]Bei unterschiedlicher Höhe der Funktionszulagen wird die höhere gezahlt.

(6) Die Absätze 1 bis 5 finden auf Apothekerinnen/Apotheker und Tierärztinnen/Tierärzte keine Anwendung.

Niederschriftserklärung zu § 51 Abs. 6:

Für die in Absatz 6 genannten Beschäftigten gelten die Regelungen des Allgemeinen Teils sowie die entsprechenden Regelungen des TVÜ-VKA.

§ 52 Zu § 15 – Tabellenentgelt

(1) [1]Beschäftigte, die nach dem Teil B Abschnitt XI Ziffern 1 und 2 der Anlage 1 – Entgeltordnung (VKA) in eine der Entgeltgruppen P 5 bis P 16 eingruppiert sind, erhalten Entgelt nach der Anlage E (VKA). [2]Soweit im Allgemeinen Teil auf bestimmte Entgeltgruppen der Anlage A (VKA) Bezug genommen wird, entspricht

die Entgeltgruppe	der Entgeltgruppe
P 5	3
P 6	4
P 7	7
P 8	8
P 9, P 10	9a
P 11	9b
P 12	9c
P 13	10
P 14, P 15	11
P 16	12.

(2) Abweichend von § 16 (VKA) Abs. 1 Satz 1 ist für die Beschäftigten im Pflegedienst nach Teil B Abschnitt XI Ziffern 1 und 2 der Anlage 1 – Entgeltordnung (VKA) Eingangsstufe in den Entgeltgruppen P 7 bis P 16 die Stufe 2.

(3) Abweichend von § 16 (VKA) Abs. 3 Satz 1 wird von den Beschäftigten im Pflegedienst nach Teil B Abschnitt XI Ziffer 1 der Anlage 1

– Entgeltordnung (VKA) in den Entgeltgruppen P 7 und P 8 die Stufe 3 nach drei Jahren in Stufe 2 erreicht.

Protokollerklärung zu Absatz 3:

Absatz 3 findet keine Anwendung auf Beschäftigte, die mindestens zur Hälfte eine oder mehrere der folgenden Tätigkeiten auszuüben haben:

- Pflege Kranker sowie Bedienung und Überwachung der Geräte in Dialyseeinheiten,
- entsprechende Tätigkeiten in Blutzentralen,
- entsprechende Tätigkeiten in besonderen Behandlungs- und Untersuchungsräumen in mindestens zwei Teilgebieten der Endoskopie,
- entsprechende Tätigkeiten in Polikliniken (Ambulanzbereichen) oder Ambulanzen/Nothilfen,
- entsprechende Tätigkeiten im EEG-Dienst,
- Erfüllung von Pflegeaufgaben an Patienten von psychiatrischen oder neurologischen Krankenhäusern, die nicht in diesen Krankenhäusern untergebracht sind,
- Betreuung von psychisch kranken Patienten bei der Arbeitstherapie in psychiatrischen oder neurologischen Krankenhäusern,
- dem zentralen Sterilisationsdienst vorstehen,
- entsprechende Tätigkeiten im Operationsdienst als Operations- bzw. Anästhesiepflegekräfte,
- entsprechende Tätigkeiten mit Verantwortlichkeit für die fachgerechte Lagerung in der großen Chirurgie,
- vorbereiten der Herz-Lungen-Maschine und herangezogen werden zur Bedienung der Maschine während der Operation,
- entsprechende Tätigkeiten in Einheiten für Intensivmedizin,
- in erheblichem Umfange der Ärztin bzw. dem Arzt bei Herzkatheterisierungen, Dilatationen oder Angiographien unmittelbar assistieren.

(4 Ärztinnen und Ärzte erhalten Entgelt nach der Anlage C.

(5) Beschäftigte, die in eine der Entgeltgruppen 5 bis 15 bzw. P 5 bis P 16 eingruppiert sind, erhalten zuzüglich zu dem Tabellenentgelt gemäß § 15 Abs. 1 eine nicht dynamische Zulage ab 1. Juli 2008 in Höhe von monatlich 25,00 Euro.

(6)[1]) [1]Beschäftigte, die in eine der Entgeltgruppen P 5 bis P 16 eingruppiert sind, erhalten bis 29. Februar 2024 zuzüglich zu dem Tabellenentgelt gemäß § 15 Abs. 1 eine Pflegezulage in Höhe von monatlich 120,00 Euro. [2]Die Pflegezulage gemäß Satz 1 erhöht sich ab 1. März 2024 auf monatlich 133,80 Euro. [3]Ab dem 1. Januar 2025 verändert sich die Pflegezulage bei allgemeinen Entgeltanpassungen um den von den Tarifvertragsparteien vereinbarten Vomhundertsatz.

(7) [1]Beschäftigte, die in eine der Entgeltgruppen 1 bis 4 eingruppiert sind, erhalten zuzüglich zu dem Tabellenentgelt gemäß § 15 Abs. 1 einmalig im Kalenderjahr eine Einmalzahlung ab 1. Januar 2009 in Höhe von 8,4 v. H. der Stufe 2 ihrer jeweiligen Entgeltgruppe im Aus-

---

[1]) Die im Zuge der Tarifeinigung 2025 (abgedruckt unter **150**) vereinbarten Erhöhungen ab 1. April 2025 sowie ab 1. Mai 2026 wirken sich auch auf die Pflegezulage aus. Abgestimmte Zahlen lagen bei Redaktionsschluss noch nicht vor. Der Erhöhungssatz zum 1. April 2025 beträgt voraussichtlich 3,11 Prozent und zum 1. Mai 2026 2,8 Prozent.

zahlungsmonat. [2]Die Einmalzahlung nach Satz 1 wird mit dem Tabellenentgelt für den Monat Juli ausgezahlt.

Niederschriftserklärung zu § 52 Abs. 5:

Von § 52 Abs. 5 werden auch diejenigen Beschäftigten erfasst, die in Entgeltgruppe 2Ü eingruppiert sind.

II

Protokollerklärung zu den Absätzen 5 und 7:

Abweichend von den Absätzen 5 und 7 beträgt bei Beschäftigten der Mitglieder des Kommunalen Arbeitgeberverbandes Baden-Württemberg die Zulage nach Absatz 5 Satz 1 monatlich 35,00 Euro und die Einmalzahlung nach Absatz 7 Satz 1 12 v. H.

§ 53 Zu § 17 Allgemeine Regelungen zu den Stufen

(1) [1]Bei Eingruppierung in eine höhere Entgeltgruppe der Anlage E werden die Beschäftigten der gleichen Stufe zugeordnet, die sie in der niedrigeren Entgeltgruppe erreicht haben. [2]Die Stufenlaufzeit in der höheren Entgeltgruppe beginnt mit dem Tag der Höhergruppierung. [3]Bei einer Eingruppierung in eine niedrigere Entgeltgruppe ist die/der Beschäftigte der in der höheren Entgeltgruppe erreichten Stufe zuzuordnen; die in der bisherigen Stufe zurückgelegte Stufenlaufzeit wird auf die Stufenlaufzeit in der niedrigeren Entgeltgruppe angerechnet. [4]Die/Der Beschäftigte erhält vom Beginn des Monats an, in dem die Veränderung wirksam wird, das entsprechende Tabellenentgelt aus der in Satz 1 oder Satz 3 festgelegten Stufe der betreffenden Entgeltgruppe. [5]§ 17 Abs. 4 findet keine Anwendung.

Protokollerklärung zu Absatz 1:

[1]Ist Beschäftigten nach § 14 Abs. 1 vorübergehend eine höherwertige Tätigkeit übertragen worden, und wird ihnen im unmittelbaren Anschluss daran eine Tätigkeit derselben höheren Entgeltgruppe dauerhaft übertragen, werden sie hinsichtlich der Stufenzuordnung so gestellt, als sei die Höhergruppierung ab dem ersten Tag der vorübergehenden Übertragung der höherwertigen Tätigkeit erfolgt. [2]Unterschreitet bei Höhergruppierungen nach Satz 1 das Tabellenentgelt nach § 53 Abs. 1 Satz 4 die Summe aus dem Tabellenentgelt und dem Zulagenbetrag nach § 14 Abs. 3, die die/der Beschäftigte am Tag vor der Höhergruppierung erhalten hat, erhält die/der Beschäftigte dieses Entgelt solange, bis das Tabellenentgelt nach § 53 Abs. 1 Satz 4 dieses Entgelt erreicht oder übersteigt.

(2) [1]Soweit es zur regionalen Differenzierung, zur Deckung des Personalbedarfs oder zur Bindung von qualifizierten Fachkräften erforderlich ist, kann sowohl Gruppen von Beschäftigten als auch einzelnen Beschäftigten abweichend von dem sich aus der nach § 16 (VKA), § 17 Abs. 4 und 4a, § 51 Abs. 1 und 2 sowie § 53 Abs. 1 ergebenden Stufe ihrer jeweiligen Entgeltgruppe zustehenden Entgelt ein um bis zu zwei Stufen höheres Entgelt ganz oder teilweise vorweggewährt werden. [2]Haben Beschäftigte bereits die Stufe 5 oder die Endstufe ihrer jeweiligen Entgeltgruppe erreicht, kann ihnen unter den Voraussetzungen des Satzes 1 ein um bis zu 20 v. H. der Stufe 2 ihrer jeweiligen Entgeltgruppe höheres Entgelt gezahlt werden. [3]Die Gewährung eines höheren Entgelts nach den Sätzen 1 und 2 kann zeitlich befristet erfolgen; sie ist jederzeit widerruflich. [4]Im Übrigen bleibt § 17 unbe-

rührt. [5]Die gesetzlichen Mitbestimmungs- und Beteiligungsrechte der Betriebs- oder Personalräte bleiben unberührt.

§ 53a Zu § 18 (VKA) Leistungsentgelt

[1]Das für das Leistungsentgelt zur Verfügung stehende Gesamtvolumen nach § 18 Abs. 3 Satz 1 reduziert sich um einen Prozentpunkt. [2]Satz 1 gilt nicht für Ärztinnen und Ärzte und Beschäftigte der Mitglieder des Kommunalen Arbeitgeberverbandes Baden-Württemberg.

Protokollerklärung zu § 53a:

[1]Abweichend von Satz 1 beträgt das für das Leistungsentgelt zur Verfügung stehende Gesamtvolumen nach § 18 Abs. 3 Satz 1 im Kalenderjahr 2010 0,00 v. H. und im Kalenderjahr 2011 0,75 v. H. [2]Bestehende betriebliche Systeme bleiben unberührt.

§ 54 Zu § 20 (VKA) Jahressonderzahlung

(1) [1]Beschäftigte erhalten die Jahressonderzahlung auch dann, wenn ihr Arbeitsverhältnis vor dem 1. Dezember endet. [2]Bei Beschäftigten, deren Arbeitsverhältnis vor dem 1. Dezember geendet hat, tritt an die Stelle des Bemessungszeitraums nach § 20 (VKA) Abs. 2 der letzte volle Kalendermonat des Arbeitsverhältnisses mit der Maßgabe, dass Bemessungsgrundlage für die Jahressonderzahlung nur das Tabellenentgelt und die in Monatsbeträgen festgelegten Zulagen sind.

Niederschriftserklärung zu § 54 Abs. 1:

In § 54 Abs. 1 Satz 2 BT-K tritt bei Beschäftigten, die sich in einer individuellen Zwischen- bzw. Endstufe befinden, an die Stelle des Tabellenentgelts das sich aus der jeweiligen Zwischen- bzw. Endstufe ergebende Entgelt.

(2) § 20 (VKA) findet auf Ärztinnen und Ärzte keine Anwendung.

(3)[1]) Für Beschäftigte, die in eine der Entgeltgruppen P 5 bis P 16 eingruppiert sind, gilt § 20 (VKA) Abs. 2 Satz 1 in folgender Fassung:

„[1]Die Jahressonderzahlung beträgt bei Beschäftigten

in den Entgeltgruppen P 5 bis P 8	bis einschließlich Kalenderjahr 2021	79,74 Prozent
	ab dem Kalenderjahr 2022	84,74 Prozent
in den Entgeltgruppen P 9 bis P 16		70,48 Prozent

des der/dem Beschäftigten in den Kalendermonaten Juli, August und September durchschnittlich gezahlten monatlichen Entgelts; unbe-

[1]) Die Jahressonderzahlung im Geltungsbereich des TVöD BT-K wird ab dem Kalenderjahr 2026 für die Entgeltgruppen 1 bis 8 (einschließlich Entsprechungen) auf 90 Prozent festgelegt. Für die Entgeltgruppen 9a bis 15 (einschließlich Entsprechungen) wird die Jahressonderzahlung auf 85 Prozent erhöht (siehe Teil C Nr. 3 der unter **150** abgedruckten Tarifeinigung).

rücksichtigt bleiben hierbei das zusätzlich für Überstunden und Mehrarbeit gezahlte Entgelt (mit Ausnahme der im Dienstplan vorgesehenen Überstunden und Mehrarbeit), Leistungszulagen, Leistungs- und Erfolgsprämien."

II

§ 55 Zusatzurlaub

(1) [1]Beschäftigte erhalten bei einer Leistung im Kalenderjahr von mindestens

150 Nachtarbeitsstunden	1 Arbeitstag
300 Nachtarbeitsstunden	2 Arbeitstage
450 Nachtarbeitsstunden	3 Arbeitstage
600 Nachtarbeitsstunden	4 Arbeitstage

Zusatzurlaub im Kalenderjahr. [2]Nachtarbeitsstunden, die in Zeiträumen geleistet werden, für die Zusatzurlaub für Wechselschicht- oder Schichtarbeit zusteht, bleiben unberücksichtigt.

Protokollerklärung zu Absatz 1:
Der Anspruch auf Zusatzurlaub bemisst sich nach den abgeleisteten Nachtarbeitsstunden und entsteht im laufenden Jahr, sobald die Voraussetzungen nach Satz 1 erfüllt sind.

(2) Bei Anwendung des Absatzes 1 werden nur die im Rahmen der regelmäßigen Arbeitszeit (§ 6) in der Zeit zwischen 21 Uhr und 6 Uhr dienstplanmäßig bzw. betriebsüblich geleisteten Nachtarbeitsstunden berücksichtigt.

(3) [1]Bei Teilzeitbeschäftigten ist die Zahl der nach Absatz 1 geforderten Nachtarbeitsstunden entsprechend dem Verhältnis ihrer individuell vereinbarten durchschnittlichen regelmäßigen Arbeitszeit zur regelmäßigen Arbeitszeit vergleichbarer Vollzeitbeschäftigter zu kürzen. [2]Ist die vereinbarte Arbeitszeit im Durchschnitt des Urlaubsjahres auf weniger als fünf Arbeitstage in der Kalenderwoche verteilt, ist der Zusatzurlaub in entsprechender Anwendung des § 26 Abs. 1 Sätze 3 und 4 zu ermitteln.

(4) [1]Die Beschäftigten erhalten für die Zeit der Bereitschaftsdienste in den Nachtstunden (§ 7 Abs. 5) einen Zusatzurlaub in Höhe von zwei Arbeitstagen pro Kalenderjahr, sofern mindestens 288 Stunden der Bereitschaftsdienste kalenderjährlich in die Zeit zwischen 21.00 und 6.00 Uhr fallen. [2]Absatz 1 Satz 2 und Absatz 3 gelten entsprechend.

(5) [1]§ 27 Abs. 1 Buchst. a findet mit folgenden Maßgaben Anwendung:

[2]Besteht im Kalenderjahr 2019 Anspruch auf mindestens drei Tage Zusatzurlaub nach § 27 Abs. 1 Buchst. a, wird ein weiterer Tag Zusatzurlaub gewährt. [3]Im Kalenderjahr 2020 wird bei einem Anspruch auf mindestens drei Tage Zusatzurlaub nach § 27 Abs. 1 Buchst. a ein wei-

terer Tag Zusatzurlaub gewährt; besteht Anspruch auf mindestens vier Tage Zusatzurlaub nach § 27 Abs. 1 Buchst. a, wird ein zweiter zusätzlicher Tag Zusatzurlaub gewährt. [4]Ab dem Kalenderjahr 2021 wird je zwei Tage Zusatzurlaubsanspruch nach § 27 Abs. 1 Buchst. a ein zusätzlicher Tag Zusatzurlaub gewährt.

(6) [1]§ 27 Abs. 4 findet mit folgenden Maßgaben Anwendung:

[2]Der Zusatzurlaub wird nur bis zu insgesamt sieben Arbeitstagen im Kalenderjahr 2019, acht Arbeitstagen im Kalenderjahr 2020, neun Arbeitstagen im Kalenderjahr 2021 und zehn Arbeitstagen ab dem Kalenderjahr 2022 gewährt. [3]Der Erholungsurlaub und der Zusatzurlaub (Gesamturlaub) dürfen im Kalenderjahr 2019 zusammen 37 Arbeitstage, im Kalenderjahr 2020 zusammen 38 Arbeitstage, im Kalenderjahr 2021 zusammen 39 Arbeitstage und ab dem Kalenderjahr 2022 zusammen 40 Arbeitstage nicht überschreiten.

(7) § 27 Abs. 5 findet Anwendung.

§ 56 (weggefallen)

§ 57 Reise- und Umzugskosten

(1) [1]Die Erstattung von Reise- und ggf. Umzugskosten richtet sich nach den beim Arbeitgeber geltenden Grundsätzen. [2]Für Arbeitgeber, die öffentlichem Haushaltsrecht unterliegen, finden, wenn diese nicht nach eigenen Grundsätzen verfahren, die für Beamtinnen und Beamte geltenden Bestimmungen Anwendung.

(2) [1]Bei Dienstreisen gilt nur die Zeit der dienstlichen Inanspruchnahme am auswärtigen Geschäftsort als Arbeitszeit. [2]Für jeden Tag einschließlich der Reisetage wird jedoch mindestens die auf ihn entfallende regelmäßige, durchschnittliche oder dienstplanmäßige Arbeitszeit berücksichtigt, wenn diese bei Nichtberücksichtigung der Reisezeit nicht erreicht würde. [3]Überschreiten nicht anrechenbare Reisezeiten insgesamt 15 Stunden im Monat, so werden auf Antrag 25 v. H. dieser überschreitenden Zeiten bei fester Arbeitszeit als Freizeitausgleich gewährt und bei gleitender Arbeitszeit im Rahmen der jeweils geltenden Vorschriften auf die Arbeitszeit angerechnet. [4]Der besonderen Situation von Teilzeitbeschäftigten ist Rechnung zu tragen. [5]Soweit Einrichtungen in privater Rechtsform oder andere Arbeitgeber nach eigenen für die Beschäftigten günstigeren Grundsätzen oder Abmachungen verfahren, sind diese abweichend von den Sätzen 1 bis 4 maßgebend.

II

§ 58 In-Kraft-Treten, Laufzeit

(1) [1]Dieser Tarifvertrag tritt am 1. August 2006 in Kraft. [2]Er kann mit einer Frist von drei Monaten zum Schluss eines Kalenderhalbjahres schriftlich gekündigt werden. [3]§ 47 bleibt unberührt. [4]Abweichend von Satz 2 gilt für die Anlage C zu § 52 Abs. 4, für die Anlage E zu § 52 Abs. 1 Satz 1 sowie für die Anlage G zu § 46 Abs. 4 die Regelung in § 39 Abs. 4 Buchst. c entsprechend.

(2) [1]Bei abgeschlossenen Sanierungs- und Notlagentarifverträgen sowie Tarifverträgen zur Zukunftssicherung und anderweitigen Tarifverträgen zur Beschäftigungssicherung, einschließlich Tarifverträge nach dem TVsA, treten die Regelungen dieses Tarifvertrages erst mit Ablauf der zum Zeitpunkt des Abschlusses des jeweiligen Tarifvertrages geltenden Laufzeit bzw. im Falle einer Kündigung des jeweiligen Tarifvertrages mit Ablauf der Kündigungsfrist in Kraft. [2]Die Tarifvertragsparteien können durch landesbezirklichen Tarifvertrag ein früheres In-Kraft-Treten der Regelungen dieses Tarifvertrages ganz oder teilweise vereinbaren.

Anlage C

Tabelle TVöD VKA Ärztinnen und Ärzte gültig vom 1. März 2024 bis 31. März 2025[1])

(monatlich in Euro)

Entgelt-gruppe	Grund-entgelt	Entwicklungsstufen			
	Stufe 1	Stufe 2	Stufe 3	Stufe 4	Stufe 5
II	6 706,68	7 378,65	7 975,96	8 647,92	
I	5 362,73	5 765,93	6 034,73	6 258,72	6 408,04

Tabelle TVöD VKA[2]) Ärztinnen und Ärzte gültig vom 1. April 2025 bis 30. April 2026

(monatlich in Euro)

Entgelt-gruppe	Grund-entgelt	Entwicklungsstufen			
	Stufe 1	Stufe 2	Stufe 3	Stufe 4	Stufe 5
II	6 907,88	7 600,01	8 215,24	8 907,36	
I	5 523,61	5 938,91	6 215,77	6 446,48	6 600,28

Tabelle TVöD VKA[2]) Ärztinnen und Ärzte gültig ab 1. Mai 2026

(monatlich in Euro)

Entgelt-gruppe	Grund-entgelt	Entwicklungsstufen			
	Stufe 1	Stufe 2	Stufe 3	Stufe 4	Stufe 5
II	7 101,30	7 812,81	8 445,27	9 156,77	
I	5 678,27	6 105,20	6 389,81	6 626,98	6 785,09

[1]) Enddatum entsprechend der Tarifeinigung vom 6. April 2025

[2]) Abgedruckt sind die auf der Tarifeinigung vom 6. April 2025 ermittelten Tabellenwerte, die noch unter dem Vorbehalt der endgültigen Tarifierung nach Abschluss der Redaktionsverhandlungen stehen.

II

Anlage E

Tabelle TVöD VKA
Anlage E (Pflegedienst)
gültig vom 1. März 2024 bis 31. März 2025[1])
(monatlich in Euro)

Entgelt-gruppe	Grundentgelt		Entwicklungsstufen			
	Stufe 1	Stufe 2	Stufe 3	Stufe 4	Stufe 5	Stufe 6
P 16		4 948,85	5 114,94	5 651,24	6 276,41	6 552,17
P 15		4 847,09	4 999,09	5 379,10	5 833,89	6 007,57
P 14		4 734,92	4 883,26	5 254,07	5 757,88	5 849,82
P 13		4 622,78	4 767,43	5 129,03	5 390,13	5 457,55
P 12		4 398,42	4 535,73	4 878,96	5 089,81	5 187,87
P 11		4 174,11	4 304,05	4 628,90	4 844,63	4 942,71
P 10		3 951,87	4 072,74	4 415,60	4 581,08	4 685,28
P 9		3 770,53	3 951,87	4 072,74	4 305,27	4 403,33
P 8		3 490,40	3 647,59	3 849,10	4 011,86	4 239,52
P 7		3 304,69	3 490,40	3 776,15	3 919,00	4 066,15
P 6	2 820,44	2 990,59	3 161,86	3 526,14	3 619,00	3 790,39
P 5	2 718,00	2 950,63	3 019,01	3 133,28	3 219,01	3 420,40

[1]) Enddatum entsprechend Tarifeinigung vom 6. April 2025

Anlage E

Tabelle TVöD VKA[1])
Anlage E (Pflegedienst)
gültig vom 1. April 2025 bis 30. April 2026
(monatlich in Euro)

Entgelt-gruppe	Grundentgelt		Entwicklungsstufen			
	Stufe 1	Stufe 2	Stufe 3	Stufe 4	Stufe 5	Stufe 6
P 16		5 097,32	5 268,39	5 820,78	6 464,70	6 748,74
P 15		4 992,50	5 149,06	5 540,47	6 008,91	6 187,80
P 14		4 876,97	5 029,76	5 411,69	5 930,62	6 025,31
P 13		4 761,46	4 910,45	5 282,90	5 551,83	5 621,28
P 12		4 530,37	4 671,80	5 025,33	5 242,50	5 343,51
P 11		4 299,33	4 433,17	4 767,77	4 989,97	5 090,99
P 10		4 070,43	4 194,92	4 548,07	4 718,51	4 825,84
P 9		3 883,65	4 070,43	4 194,92	4 434,43	4 535,43
P 8		3 600,40	3 757,59	3 964,57	4 132,22	4 366,71
P 7		3 414,69	3 600,40	3 889,43	4 036,57	4 188,13
P 6	2 930,44	3 100,59	3 271,86	3 636,14	3 729,00	3 904,10
P 5	2 828,00	3 060,63	3 129,01	3 243,28	3 329,01	3 530,40

[1]) Abgedruckt sind die auf der Tarifeinigung vom 6. April 2025 ermittelten Tabellenwerte, die noch unter dem Vorbehalt der endgültigen Tarifierung nach Abschluss der Redaktionsverhandlungen stehen.

II

Anlage E

Tabelle TVöD VKA[1])
Anlage E (Pflegedienst)
gültig ab 1. Mai 2026
(monatlich in Euro)

Entgelt-gruppe	Grundentgelt		Entwicklungsstufen			
	Stufe 1	Stufe 2	Stufe 3	Stufe 4	Stufe 5	Stufe 6
P 16		5 240,04	5 415,90	5 983,76	6 645,71	6 937,70
P 15		5 132,29	5 293,23	5 695,60	6 177,16	6 361,06
P 14		5 013,53	5 170,59	5 563,22	6 096,68	6 194,02
P 13		4 894,78	5 047,94	5 430,82	5 707,28	5 778,68
P 12		4 657,22	4 802,61	5 166,04	5 389,29	5 493,13
P 11		4 419,71	4 557,30	4 901,27	5 129,69	5 233,54
P 10		4 184,40	4 312,38	4 675,42	4 850,63	4 960,96
P 9		3 992,39	4 184,40	4 312,38	4 558,59	4 662,42
P 8		3 701,21	3 862,80	4 075,58	4 247,92	4 488,98
P 7		3 510,30	3 701,21	3 998,33	4 149,59	4 305,40
P 6	3 012,49	3 187,41	3 363,47	3 737,95	3 833,41	4 013,41
P 5	2 907,18	3 146,33	3 216,62	3 334,09	3 422,22	3 629,25

[1]) Abgedruckt sind die auf der Tarifeinigung vom 6. April 2025 ermittelten Tabellenwerte, die noch unter dem Vorbehalt der endgültigen Tarifierung nach Abschluss der Redaktionsverhandlungen stehen.

Anlage G[1)]

I. Anlage A zum TVöD

Entgeltgruppe	Stundenentgelt gültig bis 29. Februar 2024 (in Euro)	Stundenentgelt gültig ab 1. März 2024 (in Euro)
15	31,52	35,14
14	29,06	32,40
13	27,80	31,00
12	26,29	29,31
11	24,05	26,82
10	22,15	24,70
9c	22,08	24,62
9b	20,93	23,34
9a	20,25	22,58
8	19,84	22,12
7	19,00	21,19
6	18,21	20,30
5	17,49	19,50
4	16,66	18,58
3	16,01	17,85
2Ü	15,37	17,14
2	15,06	16,79
1	12,50	13,94

1) Die im Zuge der Tarifeinigung 2025 (abgedruckt unter **150**) vereinbarten Entgelterhöhungen ab 1. April 2025 sowie ab 1. Mai 2026 wirken sich auch auf die Stundenentgelte aus. Abgestimmte Zahlen lagen bei Redaktionsschluss noch nicht vor.

II. Ärztinnen und Ärzte

Entgeltgruppe	Stundenentgelt gültig bis 29. Februar 2024 (in Euro)	Stundenentgelt gültig ab 1. März 2024 (in Euro)
Ärztinnen und Ärzte gem. § 51 Abs. 3 BT-K	42,72	47,63
Ärztinnen und Ärzte gem. § 51 Abs. 4 BT-K	40,06	44,67
II	36,21	40,37
I	29,80	33,23

III. Anlage E

Entgeltgruppe	Stundenentgelt gültig bis 29. Februar 2024 (in Euro)	Stundenentgelt gültig ab 1. März 2024 (in Euro)
P 16	28,57	31,86
P 15	26,68	29,75
P 14	25,22	28,12
P 13	23,63	26,35
P 12	22,75	25,37
P 11	21,94	24,46
P 10	20,94	23,35
P 9	20,62	22,99
P 8	19,71	21,98
P 7	18,88	21,05
P 6	17,49	19,50
P 5	16,24	18,11

II

Tarifvertrag für den öffentlichen Dienst – Besonderer Teil Pflege- und Betreuungseinrichtungen – (TVöD BT-B)

Vom 13. September 2005

Zuletzt geändert durch
Änderungstarifvertrag Nr. 18 vom 22. April 2023 und
Tarifeinigung vom 6. April 2025[1])

Inhaltsübersicht

§ 40 Geltungsbereich
§ 41 Besondere Regelung zum Geltungsbereich TVöD
§ 42 Allgemeine Pflichten der Ärztinnen und Ärzte
§ 43 Nebentätigkeit von Ärztinnen und Ärzten
§ 44 Zu § 5 Qualifizierung
§ 45 Bereitschaftsdienst und Rufbereitschaft
§ 46 Bereitschaftsdienstentgelt
§ 47 Sonderkündigungsrecht der Bereitschaftsdienst- und Rufbereitschaftsregelung
§ 48 Wechselschichtarbeit
§ 49 Arbeit an Sonn- und Feiertagen
§ 49a Ausgleich für Sonderformen der Arbeit
§ 50 Zu § 17 Allgemeine Regelungen zu den Stufen
§ 51 Ärztinnen und Ärzte
§ 51a Entgelt der Beschäftigten in der Pflege
§ 52 Entgelt der Beschäftigten im Sozial- und Erziehungsdienst
§ 52a Jahressonderzahlung im Bereich der Pflege
§ 53 Betrieblicher Gesundheitsschutz/Betriebliche Gesundheitsförderung der Beschäftigten im Sozial- und Erziehungsdienst
§ 53a Regenerationstage/Umwandlungstage
§ 54 Erholungsurlaub
§ 55 Zusatzurlaub
§ 56 Reise- und Umzugskosten
§ 57 Inkrafttreten, Laufzeit

[1]) Wegen der im Zuge der Tarifrunde 2025 vereinbarten Änderungen siehe die unter **150** abgedruckte Tarifeinigung.

Anlage C
Entgelttabelle Sozial- und Erziehungsdienst

Anlage E
Entgelttabelle Pflegedienst

Anlage G
Bereitschaftsdienstentgelte

II

§ 40 Geltungsbereich

(1) Dieser Besondere Teil gilt für Beschäftigte, die in einem Arbeitsverhältnis zu einem Arbeitgeber stehen, der Mitglied eines Mitgliedverbandes der VKA ist, wenn sie in

a) Heil-, Pflege- und Entbindungseinrichtungen,

b) medizinischen Instituten von Kranken-, Heil- und Pflegeeinrichtungen,

c) sonstigen Einrichtungen und Heimen, in denen die betreuten Personen in ärztlicher Behandlung stehen, wenn die Behandlung durch nicht in den Einrichtungen selbst beschäftigte Ärztinnen oder Ärzte stattfindet, oder in

d) Einrichtungen und Heimen, die der Förderung der Gesundheit, der Erziehung, Fürsorge oder Betreuung von Kindern und Jugendlichen, der Fürsorge oder Betreuung von obdachlosen, alten, gebrechlichen, erwerbsbeschränkten oder sonstigen hilfsbedürftigen Personen dienen, auch wenn diese Einrichtungen nicht der ärztlichen Behandlung der betreuten Personen dienen,

beschäftigt sind, soweit die Einrichtungen nicht vom Geltungsbereich des Besonderen Teils Krankenhäuser (BT-K) erfasst werden.

Protokollerklärung zu Absatz 1:

Auf Lehrkräfte findet § 51 Besonderer Teil Verwaltung (BT-V) Anwendung.

Niederschriftserklärung zu § 40 Abs. 1:

Unter Buchstabe c fallen auch Kureinrichtungen und Kurheime.

Niederschriftserklärung zur Protokollerklärung zu § 40 Abs. 1:

[1]Vom Geltungsbereich des BT-B nicht erfasst werden insbesondere Lehrkräfte an Heim- und Internatsschulen. [2]Für diese gelten die Sonderregelungen des § 51 BT-V. [3]Lehrkräfte an Krankenpflegeschulen und ähnlichen der Ausbildung dienenden Einrichtungen fallen unter den BT-B, soweit diese nicht unter den BT-K fallen.

(2) Soweit in den nachfolgenden Bestimmungen auf die §§ 1 bis 39 verwiesen wird, handelt es sich um die Regelungen des TVöD – Allgemeiner Teil –.

§ 41 Besondere Regelung zum Geltungsbereich TVöD

[1]§ 1 Abs. 2 Buchst. b findet auf

a) Ärztinnen und Ärzte als ständige Vertreterinnen/Vertreter der/des leitenden Ärztin/Arztes,

b) Ärztinnen und Ärzte, die einen selbständigen Funktionsbereich innerhalb einer Fachabteilung oder innerhalb eines Fachbereichs mit mindestens zehn Mitarbeiter/-innen leiten oder

c) Ärztinnen und Ärzte, denen mindestens fünf Ärzte unterstellt sind, sowie
d) ständige Vertreterinnen und Vertreter von leitenden Zahnärztinnen und Zahnärzten mit fünf unterstellten Zahnärztinnen und Zahnärzten

II

keine Anwendung. [2]Eine abweichende einzelvertragliche Regelung ist zulässig.

§ 42 Allgemeine Pflichten der Ärztinnen und Ärzte

(1) [1]Zu den den Ärztinnen und Ärzten obliegenden ärztlichen Pflichten gehört es auch, ärztliche Bescheinigungen auszustellen. [2]Die Ärztinnen und Ärzte können vom Arbeitgeber auch verpflichtet werden, im Rahmen einer zugelassenen Nebentätigkeit von leitenden Ärztinnen und Ärzten oder für Belegärztinnen und Belegärzte innerhalb der Einrichtung ärztlich tätig zu werden.

(2)[1)] [1]Zu den aus der Haupttätigkeit obliegenden Pflichten der Ärztinnen und Ärzte gehört es ferner, am Rettungsdienst in Notarztwagen und Hubschraubern teilzunehmen. [2]Für jeden Einsatz in diesem Rettungsdienst erhalten Ärztinnen und Ärzte einen nicht zusatzversorgungspflichtigen Einsatzzuschlag bis 29. Februar 2024 in Höhe von 22,15 Euro und ab 1. März 2024 in Höhe von 24,26 Euro. [3]Dieser Betrag verändert sich zu demselben Zeitpunkt und in dem gleichen Ausmaß wie das Tabellenentgelt der Entgeltgruppe 14 Stufe 3.

Protokollerklärungen zu Absatz 2:

1. Eine Ärztin/ein Arzt, die/der nach der Approbation noch nicht mindestens ein Jahr klinisch tätig war, ist grundsätzlich nicht zum Einsatz im Rettungsdienst heranzuziehen.
2. Eine Ärztin/ein Arzt, der/dem aus persönlichen oder fachlichen Gründen (z. B. Vorliegen einer anerkannten Minderung der Erwerbsfähigkeit, die dem Einsatz im Rettungsdienst entgegensteht, Flugunverträglichkeit, langjährige Tätigkeit als Bakteriologin) die Teilnahme am Rettungsdienst nicht zumutbar ist, darf grundsätzlich nicht zum Einsatz im Rettungsdienst herangezogen werden.
3. In Fällen, in denen kein grob fahrlässiges und kein vorsätzliches Handeln der Ärztin/des Arztes vorliegt, ist die Ärztin/der Arzt von etwaigen Haftungsansprüchen freizustellen.
4. [1]Der Einsatzzuschlag steht nicht zu, wenn der Ärztin/dem Arzt wegen der Teilnahme am Rettungsdienst außer den tariflichen Bezügen sonstige Leistungen vom Arbeitgeber oder von einem Dritten (z. B. private Unfallversicherung, für die der Arbeitgeber oder ein Träger des Rettungsdienstes die Beiträge ganz oder teilweise trägt, Liquidationsansprüche usw.) zustehen. [2]Die Ärztin/Der Arzt kann auf die sonstigen Leistungen verzichten.

---

1) Die im Zuge der Tarifeinigung 2025 (abgedruckt unter **150**) vereinbarten Erhöhungen ab 1. April 2025 sowie ab 1. Mai 2026 wirken sich auch auf den Einsatzzuschlag aus. Abgestimmte Zahlen lagen bei Redaktionsschluss noch nicht vor. Der Erhöhungssatz zum 1. April 2025 beträgt voraussichtlich 3,0 Prozent und zum 1. Mai 2026 2,8 Prozent.

(3) [1]Die Erstellung von Gutachten, gutachtlichen Äußerungen und wissenschaftlichen Ausarbeitungen, die nicht von einem Dritten angefordert und vergütet werden, gehört zu den den Ärztinnen und Ärzten obliegenden Pflichten aus der Haupttätigkeit.

§ 43 Nebentätigkeit von Ärztinnen und Ärzten

Ärztinnen und Ärzte können vom Arbeitgeber verpflichtet werden, als Nebentätigkeit Unterricht zu erteilen.

§ 44 Zu § 5 Qualifizierung

(1) Für Beschäftigte, die sich in Facharzt-, Schwerpunktweiterbildung oder Zusatzausbildung nach dem Gesetz über befristete Arbeitsverträge mit Ärzten in der Weiterbildung befinden, ist ein Weiterbildungsplan aufzustellen, der unter Berücksichtigung des Standes der Weiterbildung die zu vermittelnden Ziele und Inhalte der Weiterbildungsabschnitte sachlich und zeitlich gegliedert festlegt.

(2) Die Weiterbildung ist vom Betrieb im Rahmen seines Versorgungsauftrags bei wirtschaftlicher Betriebsführung so zu organisieren, dass die/der Beschäftigte die festgelegten Weiterbildungsziele in der nach der jeweiligen Weiterbildungsordnung vorgesehenen Zeit erreichen kann.

(3) [1]Können Weiterbildungsziele aus Gründen, die der Arbeitgeber zu vertreten hat, in der vereinbarten Dauer des Arbeitsverhältnisses nicht erreicht werden, so ist die Dauer des Arbeitsvertrages entsprechend zu verlängern. [2]Die Regelungen des Gesetzes über befristete Arbeitsverträge mit Ärzten in der Weiterbildung bleiben hiervon unberührt und sind für den Fall lang andauernder Arbeitsunfähigkeit sinngemäß anzuwenden. [3]Absatz 2 bleibt unberührt.

(4) [1]Bei Beschäftigten im Erziehungsdienst werden – soweit gesetzliche Regelungen bestehen, zusätzlich zu diesen gesetzlichen Regelungen – im Rahmen der regelmäßigen durchschnittlichen wöchentlichen Arbeitszeit im Kalenderjahr 30 Stunden für Zwecke der Vorbereitung und Qualifizierung verwendet; im Tarifgebiet Ost gilt, dass diese Zeiten zur Vorbereitung und Qualifizierung auch durch gesetzliche Regelungen erfüllt sein können. [2]Bei Teilzeitbeschäftigten gilt Satz 1 entsprechend mit der Maßgabe, dass sich die Stundenzahl nach Satz 1 in dem Umfang, der dem Verhältnis ihrer individuell vereinbarten durchschnittlichen Arbeitzeit zu der regelmäßigen Arbeitszeit vergleichbarer Vollzeitbeschäftigter entspricht, reduziert. [3]Im Erziehungsdienst tätig sind insbesondere Beschäftigte als Kinderpflegerin/Kinderpfleger bzw. Sozialassistentin/Sozialassistent, Heilerziehungspflegehelferin/Heilerziehungspflegehelfer, Erzieherin/Erzieher, Heilerziehungspfle-

gerin/Heilerziehungspfleger, im handwerklichen Erziehungsdienst, als Leiterinnen/Leiter oder ständige Vertreterinnen/Vertreter von Leiterinnen/Leiter von Kindertagesstätten oder Erziehungsheimen sowie andere Beschäftigte mit erzieherischer Tätigkeit in der Erziehungs- oder Eingliederungshilfe.

II

Protokollerklärung zu Absatz 4 Satz 3:

Soweit Berufsbezeichnungen aufgeführt sind, werden auch Beschäftigte erfasst, die eine entsprechende Tätigkeit ohne staatliche Anerkennung oder staatliche Prüfung ausüben.

Niederschriftserklärung zu § 44 Abs. 4 Satz 3:

Beschäftigte im handwerklichen Erziehungsdienst müssen in Einrichtungen tätig sein, in denen auch Kinder oder Jugendliche mit wesentlichen Erziehungsschwierigkeiten zum Zwecke der Erziehung, Ausbildung oder Pflege betreut werden, und für Kinder oder Jugendliche erzieherisch tätig sein.

§ 45 Bereitschaftsdienst und Rufbereitschaft

(1) [1]Bereitschaftsdienst leisten die Beschäftigten, die sich auf Anordnung des Arbeitgebers außerhalb der regelmäßigen Arbeitszeit an einer vom Arbeitgeber bestimmten Stelle aufhalten, um im Bedarfsfall die Arbeit aufzunehmen. [2]Der Arbeitgeber darf Bereitschaftsdienst nur anordnen, wenn zu erwarten ist, dass zwar Arbeit anfällt, erfahrungsgemäß aber die Zeit ohne Arbeitsleistung überwiegt.

(2) Abweichend von den §§ 3, 5 und 6 Abs. 2 ArbZG kann im Rahmen des § 7 ArbZG die tägliche Arbeitszeit im Sinne des Arbeitszeitgesetzes über acht Stunden hinaus verlängert werden, wenn mindestens die acht Stunden überschreitende Zeit im Rahmen von Bereitschaftsdienst geleistet wird, und zwar wie folgt:

a) bei Bereitschaftsdiensten der Stufen A und B bis zu insgesamt maximal 16 Stunden täglich; die gesetzlich vorgeschriebene Pause verlängert diesen Zeitraum nicht,
b) bei Bereitschaftsdiensten der Stufen C und D bis zu insgesamt maximal 13 Stunden täglich; die gesetzlich vorgeschriebene Pause verlängert diesen Zeitraum nicht.

(3) [1]Im Rahmen des § 7 ArbZG kann unter den Voraussetzungen

a) einer Prüfung alternativer Arbeitszeitmodelle,
b) einer Belastungsanalyse gemäß § 5 ArbSchG und
c) ggf. daraus resultierender Maßnahmen zur Gewährleistung des Gesundheitsschutzes

aufgrund einer Betriebs-/Dienstvereinbarung von den Regelungen des Arbeitszeitgesetzes abgewichen werden. [2]Für einen Betrieb/eine Verwaltung, in dem/der ein Personalvertretungsgesetz Anwendung findet, kann eine Regelung nach Satz 1 in einem landesbezirklichen

Tarifvertrag getroffen werden, wenn eine Dienstvereinbarung nicht einvernehmlich zustande kommt (§ 38 Abs. 3) und der Arbeitgeber ein Letztentscheidungsrecht hat. [3]Abweichend von den §§ 3, 5 und 6 Abs. 2 ArbZG kann die tägliche Arbeitszeit im Sinne des Arbeitszeitgesetzes über acht Stunden hinaus verlängert werden, wenn in die Arbeitszeit regelmäßig und in erheblichem Umfang Bereitschaftsdienst fällt. [4]Hierbei darf die tägliche Arbeitszeit ausschließlich der Pausen maximal 24 Stunden betragen.

(4) Unter den Voraussetzungen des Absatzes 3 Satz 1 und 2 kann die tägliche Arbeitszeit gemäß § 7 Abs. 2a ArbZG ohne Ausgleich verlängert werden, wobei

a) bei Bereitschaftsdiensten der Stufen A und B eine wöchentliche Arbeitszeit von bis zu maximal durchschnittlich 58 Stunden,
b) bei Bereitschaftsdiensten der Stufen C und D eine wöchentliche Arbeitszeit von bis zu maximal durchschnittlich 54 Stunden

zulässig ist.

(5) Für den Ausgleichszeitraum nach den Absätzen 2 bis 4 gilt § 6 Abs. 2 Satz 1.

(6) Bei Aufnahme von Verhandlungen über eine Betriebs-/Dienstvereinbarung nach den Absätzen 3 und 4 sind die Tarifvertragsparteien auf landesbezirklicher Ebene zu informieren.

(7) [1]In den Fällen, in denen Beschäftigte Teilzeitarbeit gemäß § 11 vereinbart haben, verringern sich die Höchstgrenzen der wöchentlichen Arbeitszeit nach den Absätzen 2 bis 4 in demselben Verhältnis wie die Arbeitszeit dieser Beschäftigten zu der regelmäßigen Arbeitszeit der Vollbeschäftigten. [2]Mit Zustimmung der/des Beschäftigten oder aufgrund von dringenden dienstlichen oder betrieblichen Belangen kann hiervon abgewichen werden.

(8) [1]Der Arbeitgeber darf Rufbereitschaft nur anordnen, wenn erfahrungsgemäß lediglich in Ausnahmefällen Arbeit anfällt. [2]Durch tatsächliche Arbeitsleistung innerhalb der Rufbereitschaft kann die tägliche Höchstarbeitszeit von zehn Stunden (§ 3 ArbZG) überschritten werden (§ 7 ArbZG).

(9) § 6 Abs. 4 bleibt im Übrigen unberührt.

(10) [1]Für Beschäftigte gemäß § 40 Abs. 1 Buchst. d gelten die Absätze 1 bis 9 mit der Maßgabe, dass die Grenzen für die Stufen A und B einzuhalten sind. [2]Dazu gehören auch die Beschäftigten in Einrichtungen, in denen die betreuten Personen nicht regelmäßig ärztlich behandelt und beaufsichtigt werden (Erholungsheime).

(11) Für die Ärztinnen und die Ärzte in Einrichtungen nach Absatz 10 gelten die Absätze 1 bis 9 ohne Einschränkungen.

§ 46 Bereitschaftsdienstentgelt

II

(1) Zum Zwecke der Entgeltberechnung wird die Zeit des Bereitschaftsdienstes einschließlich der geleisteten Arbeit wie folgt als Arbeitszeit gewertet:

a) Nach dem Maß der während des Bereitschaftsdienstes erfahrungsgemäß durchschnittlich anfallenden Arbeitsleistungen wird die Zeit des Bereitschaftsdienstes wie folgt als Arbeitszeit gewertet:

Stufe	Arbeitsleistung innerhalb des Bereitschaftsdienstes	Bewertung als Arbeitszeit
A	0 bis 10 v. H.	15 v. H.
B	mehr als 10 bis 25 v. H.	25 v. H.
C	mehr als 25 bis 40 v. H.	40 v. H.
D	mehr als 40 bis 49 v. H.	55 v. H.

Ein hiernach der Stufe A zugeordneter Bereitschaftsdienst wird der Stufe B zugeteilt, wenn der Beschäftigte während des Bereitschaftsdienstes in der Zeit von 22 bis 6 Uhr erfahrungsgemäß durchschnittlich mehr als dreimal dienstlich in Anspruch genommen wird.

b) Entsprechend der Zahl der vom Beschäftigten je Kalendermonat abgeleisteten Bereitschaftsdienste wird die Zeit eines jeden Bereitschaftsdienstes zusätzlich wie folgt als Arbeitszeit gewertet:

Zahl der Bereitschaftsdienste im Kalendermonat	Bewertung als Arbeitszeit
1. bis 8. Bereitschaftsdienst	25 v. H.
9. bis 12. Bereitschaftsdienst	35 v. H.
13. und folgende Bereitschaftsdienste	45 v. H.

(2) Die Zuweisung zu den einzelnen Stufen des Bereitschaftsdienstes erfolgt durch die Betriebsparteien.

(3) [1]Für die Beschäftigten gemäß § 45 Abs. 10 wird zum Zwecke der Entgeltberechnung die Zeit des Bereitschaftsdienstes einschließlich der geleisteten Arbeit mit 25 v. H. als Arbeitszeit bewertet. [2]Leistet die/der Beschäftigte in einem Kalendermonat mehr als acht Bereitschaftsdienste, wird die Zeit eines jeden über acht Bereitschaftsdienste hinausgehenden Bereitschaftsdienstes zusätzlich mit 15 v. H. als Arbeitszeit gewertet.

(4) [1]Das Entgelt für die nach den Absätzen 1 und 3 zum Zwecke der Entgeltberechnung als Arbeitszeit gewertete Bereitschaftsdienstzeit

bestimmt sich nach der Anlage G. 2Die Beträge der Anlage G verändern sich ab dem 1. März 2012 bei allgemeinen Entgeltanpassungen um den von den Tarifvertragsparteien für die jeweilige Entgeltgruppe festgelegten Vomhundertsatz. 3Für die Zeit des Bereitschaftsdienstes einschließlich der geleisteten Arbeit und für die Zeit der Rufbereitschaft werden Zeitzuschläge nach § 8 nicht gezahlt.

(5) 1Die Beschäftigten erhalten zusätzlich zu dem Entgelt nach Absatz 4 für die Zeit des Bereitschaftsdienstes in den Nachtstunden (§ 7 Abs. 5) je Stunde einen Zeitzuschlag in Höhe von 15 v. H. des Entgelts nach Absatz 4. 2Absatz 4 Satz 3 gilt entsprechend.

(6) An Beschäftigte wird das Bereitschaftsdienstentgelt gezahlt (§ 24 Abs. 1 Satz 3), es sei denn, dass ein Freizeitausgleich im Dienstplan vorgesehen ist, oder eine entsprechende Regelung in einer Betriebs- bzw. einvernehmlichen Dienstvereinbarung getroffen wird oder die/der Beschäftigte dem Freizeitausgleich zustimmt.

§ 47 Sonderkündigungsrecht der Bereitschaftsdienst- und Rufbereitschaftsregelung

1Die §§ 45 und 46 können mit einer Frist von drei Monaten gekündigt werden, wenn infolge einer Änderung des Arbeitszeitgesetzes sich materiellrechtliche Auswirkungen ergeben oder weitere Regelungsmöglichkeiten für die Tarifvertragsparteien eröffnet werden. 2Rein formelle Änderungen berechtigen nicht zu einer Ausübung des Sonderkündigungsrechts.

§ 48 Wechselschichtarbeit

(1) Abweichend von § 6 Abs. 1 Satz 2 werden die gesetzlichen Pausen bei Wechselschichtarbeit nicht in die Arbeitszeit eingerechnet.

(2) Abweichend von § 7 Abs. 1 Satz 1 ist Wechselschichtarbeit die Arbeit nach einem Schichtplan/Dienstplan, der einen regelmäßigen Wechsel der täglichen Arbeitszeit in Wechselschichten vorsieht, bei denen die/der Beschäftigte längstens nach Ablauf eines Monats erneut zu mindestens zwei Nachtschichten herangezogen wird.

Niederschriftserklärung zu § 48 Abs. 2:

Der Anspruch auf die Wechselschichtzulage ist auch erfüllt, wenn unter Einhaltung der Monatsfrist zwei Nachtdienste geleistet wurden, die nicht zwingend unmittelbar aufeinander folgen müssen.

§ 49 Arbeit an Sonn- und Feiertagen

Abweichend von § 6 Abs. 3 Satz 3 und in Ergänzung zu § 6 Abs. 5 gilt für Sonn- und Feiertage Folgendes:

II

(1) [1]Die Arbeitszeit an einem gesetzlichen Feiertag, der auf einen Werktag fällt, wird durch eine entsprechende Freistellung an einem anderen Werktag bis zum Ende des dritten Kalendermonats – möglichst aber schon bis zum Ende des nächsten Kalendermonats – ausgeglichen, wenn es die betrieblichen Verhältnisse zulassen. [2]Kann ein Freizeitausgleich nicht gewährt werden, erhält die/der Beschäftigte je Stunde 100 v. H. des auf eine Stunde entfallenden Anteils des monatlichen Entgelts der jeweiligen Entgeltgruppe und Stufe nach Maßgabe der Entgelttabelle. [3]Ist ein Arbeitszeitkonto eingerichtet, ist eine Buchung gemäß § 10 Abs. 3 zulässig. [4]§ 8 Abs. 1 Satz 2 Buchst. d bleibt unberührt.

(2) [1]Für Beschäftigte, die regelmäßig nach einem Dienstplan eingesetzt werden, der Wechselschicht- oder Schichtdienst an sieben Tagen in der Woche vorsieht, vermindert sich die regelmäßige Wochenarbeitszeit um ein Fünftel der arbeitsvertraglich vereinbarten durchschnittlichen Wochenarbeitszeit, wenn sie an einem gesetzlichen Feiertag, der auf einen Werktag fällt,

a) Arbeitsleistung zu erbringen haben oder
b) nicht wegen des Feiertags, sondern dienstplanmäßig nicht zur Arbeit eingeteilt sind und deswegen an anderen Tagen der Woche ihre regelmäßige Arbeitszeit erbringen müssen.

[2]Absatz 1 gilt in diesen Fällen nicht. [3]§ 8 Abs. 1 Satz 2 Buchst. d bleibt unberührt.

(3) [1]Beschäftigte, die regelmäßig an Sonn- und Feiertagen arbeiten müssen, erhalten innerhalb von zwei Wochen zwei arbeitsfreie Tage. [2]Hiervon soll ein freier Tag auf einen Sonntag fallen.

§ 49a Ausgleich für Sonderformen der Arbeit

(1) Abweichend von § 8 Abs. 1 Satz 2 Buchst. f beträgt der Zeitzuschlag für Arbeiten an Samstagen von 13 bis 21 Uhr – auch im Rahmen von Wechselschicht- und Schichtarbeit – für Beschäftigte nach § 38 Abs. 5 Satz 1 20 v. H. des auf eine Stunde entfallenden Anteils des Tabellenentgelts der Stufe 3 der jeweiligen Entgeltgruppe.

(2)[1)] [1]Beschäftigte, die ständig Wechselschichtarbeit leisten, erhalten abweichend von § 8 Abs. 5 Satz 1 eine Wechselschichtzulage von 155,00 Euro monatlich. [2]Beschäftigte, die nicht ständig Wechsel-

---

1) Die Zulage für ständige Wechselschichtarbeit gemäß Absatz 2 Satz 1 wird ab dem 1. Juli 2025 auf 250 Euro monatlich angehoben. Die Stundensätze gemäß Absatz 2 Satz 2 werden zu demselben Zeitpunkt auf 1,47 Euro pro Stunde erhöht, siehe Teil A Nr. 3 Buchst. a) der unter **150** abgedruckten Tarifeinigung. Im Übrigen werden die Wechselschichtzulagen ab dem 31. Dezember 2026 dynamisch ausgestaltet.

schichtarbeit leisten, erhalten abweichend von § 8 Abs. 5 Satz 2 eine Wechselschichtzulage von 0,93 Euro pro Stunde.

(3) [1]Zugunsten der Beschäftigten können für Dienste, soweit diese zu Zeiten gemäß § 8 Abs. 1 Satz 2 Buchst. b bis f erbracht werden, die dort genannten Prozentbeträge durch Betriebs-/Dienstvereinbarung erhöht werden. [2]Durch Betriebs-/Dienstvereinbarungen können für die freiwillige Übernahme zusätzlich betrieblich veranlasster Dienste Zulagen oder Zuschläge zusätzlich zum ohnehin geschuldeten Entgelt vereinbart werden. [3]Das gesetzliche Mitbestimmungsrecht des Betriebs-/Personalrats ist zu beachten.

§ 50 Zu § 17 Allgemeine Regelungen zu den Stufen

(1) [1]Bei Eingruppierung in eine höhere Entgeltgruppe der Anlage E werden die Beschäftigten der gleichen Stufe zugeordnet, die sie in der niedrigeren Entgeltgruppe erreicht haben. [2]Die Stufenlaufzeit in der höheren Entgeltgruppe beginnt mit dem Tag der Höhergruppierung. [3]Bei einer Eingruppierung in eine niedrigere Entgeltgruppe ist die/der Beschäftigte der in der höheren Entgeltgruppe erreichten Stufe zuzuordnen; die in der bisherigen Stufe zurückgelegte Stufenlaufzeit wird auf die Stufenlaufzeit in der niedrigeren Entgeltgruppe angerechnet. [4]Die/Der Beschäftigte erhält vom Beginn des Monats an, in dem die Veränderung wirksam wird, das entsprechende Tabellenentgelt aus der in Satz 1 oder Satz 3 festgelegten Stufe der betreffenden Entgeltgruppe. [5]§ 17 Abs. 4 findet keine Anwendung.

Protokollerklärung zu Absatz 1:

[1]Ist Beschäftigten nach § 14 Abs. 1 vorübergehend eine höherwertige Tätigkeit übertragen worden, und wird ihnen im unmittelbaren Anschluss daran eine Tätigkeit derselben höheren Entgeltgruppe dauerhaft übertragen, werden sie hinsichtlich der Stufenzuordnung so gestellt, als sei die Höhergruppierung ab dem ersten Tag der vorübergehenden Übertragung der höherwertigen Tätigkeit erfolgt. [2]Unterschreitet bei Höhergruppierungen nach Satz 1 das Tabellenentgelt nach § 50 Absatz 1 Satz 4 die Summe aus dem Tabellenentgelt und dem Zulagenbetrag nach § 14 Abs. 3, die die/der Beschäftigte am Tag vor der Höhergruppierung erhalten hat, erhält die/der Beschäftigte dieses Entgelt solange, bis das Tabellenentgelt nach § 50 Absatz 1 Satz 4 dieses Entgelt erreicht oder übersteigt.

(2) [1]Soweit es zur regionalen Differenzierung, zur Deckung des Personalbedarfs oder zur Bindung von qualifizierten Fachkräften erforderlich ist, kann sowohl Gruppen von Beschäftigten als auch einzelnen Beschäftigten abweichend von dem sich aus der nach § 16 (VKA), § 17 Abs. 4 und 4a, § 50 Abs. 1, § 51 Abs. 2, § 51a Abs. 2 und 3, sowie § 52 Abs. 2 und 4 ergebenden Stufe ihrer jeweiligen Entgeltgruppe zustehenden Entgelt ein um bis zu zwei Stufen höheres Entgelt ganz oder teilweise vorweggewährt werden. [2]Haben Beschäftigte bereits die Stufe 5 oder die Endstufe ihrer jeweiligen Entgeltgruppe erreicht,

kann ihnen unter den Voraussetzungen des Satzes 1 ein um bis zu 20 v. H. der Stufe 2 ihrer jeweiligen Entgeltgruppe höheres Entgelt gezahlt werden. [3]Die Gewährung eines höheren Entgelts nach den Sätzen 1 und 2 kann zeitlich befristet erfolgen; sie ist jederzeit widerruflich. [4]Im Übrigen bleibt § 17 unberührt. [5]Die gesetzlichen Mitbestimmungs- und Beteiligungsrechte der Betriebs- oder Personalräte bleiben unberührt.

§ 51 Ärztinnen und Ärzte

(1)[1] [1]Abweichend von § 15 Abs. 2 erhalten Ärztinnen und Ärzte in der Entgeltgruppe 15 folgende gesonderte Tabellenwerte:

	Stufe 4	Stufe 6
gültig bis 29. Februar 2024	6201,85	7242,50
gültig ab 1. März 2024	6753,95	7851,84

[2]Bei allgemeinen Entgeltanpassungen verändern sich diese Tabellenwerte um denselben Prozentsatz bzw. in demselben Umfang wie die Tabellenwerte der jeweiligen Stufe der Entgeltgruppe 15.

(2) [1]Für Ärztinnen und Ärzte gelten abweichend von § 16 (VKA) Abs. 3 folgende besondere Stufenzuordnungen:

a) in Entgeltgruppe 14:
- Stufe 1:
  Ärztinnen und Ärzte ohne Berufserfahrung,
- Stufe 2:
  Ärztinnen und Ärzte nach einjähriger Berufserfahrung;

b) in Entgeltgruppe 15:
- Stufe 3:
  Fachärztinnen und Fachärzte,
- Stufe 4:
  Fachärztinnen und Fachärzte nach fünfjähriger entsprechender Tätigkeit,
- Stufe 5:
  Fachärztinnen und Fachärzte nach neunjähriger entsprechender Tätigkeit.
- Stufe 6:
  Fachärztinnen und Fachärzte nach dreizehnjähriger entsprechender Tätigkeit.

[2]§§ 16 (VKA) und 17 bleiben im Übrigen unberührt.

---

[1]) Die im Zuge der Tarifeinigung 2025 (abgedruckt unter **150**) vereinbarten Erhöhungen ab 1. April 2025 sowie ab 1. Mai 2026 wirken sich auch auf den die Werte dieser Tabelle aus. Abgestimmte Zahlen lagen bei Redaktionsschluss noch nicht vor. Der Erhöhungssatz zum 1. April 2025 beträgt voraussichtlich 3,0 Prozent und zum 1. Mai 2026 2,8 Prozent.

(3)[1]) Ärztinnen und Ärzte, die als ständige Vertreter der/des leitenden Ärztin/Arztes durch ausdrückliche Anordnung bestellt sind, erhalten für die Dauer der Bestellung eine Funktionszulage bis 29. Februar 2024 von monatlich 494,22 Euro und ab 1. März 2024 von monatlich 551,06 Euro.

(4)[1]) Ärztinnen und Ärzte, die aufgrund ausdrücklicher Anordnung innerhalb einer Fachabteilung oder eines Fachbereichs einen selbständigen Funktionsbereich mit mindestens zehn Beschäftigten leiten, erhalten für die Dauer der Anordnung eine Funktionszulage bis 29. Februar 2024 von monatlich 353,95 Euro und ab 1. März 2024 von monatlich 394,65 Euro.

(5)[1]) Ärztinnen und Ärzte, denen aufgrund ausdrücklicher Anordnung mindestens fünf Ärzte unterstellt sind, erhalten für die Dauer der Anordnung eine Funktionszulage bis 29. Februar 2024 von monatlich 353,95 Euro und ab 1. März 2024 von monatlich 394,65 Euro.

(6) [1]Die Funktionszulagen nach den Absätzen 2 bis 4 sind dynamisch und entfallen mit dem Wegfall der Funktion. [2]Sind die Voraussetzungen für mehr als eine Funktionszulage erfüllt, besteht nur Anspruch auf eine Funktionszulage. [3]Bei unterschiedlicher Höhe der Funktionszulagen wird die höhere gezahlt.

(7) Die Absätze 1 bis 6 finden auf Zahnärztinnen/Zahnärzte, Apothekerinnen/Apotheker und Tierärztinnen/Tierärzte keine Anwendung.

Protokollerklärungen zu § 51:

1. [1]Ständige Vertreterinnen/Vertreter im Sinne des Tätigkeitsmerkmals ist nur die/der Ärztin/Arzt, der die/den leitende/n Ärztin/Arzt in der Gesamtheit seiner Dienstaufgaben vertritt. [2]Das Tätigkeitsmerkmal kann daher innerhalb einer Abteilung (Klinik) nur von einer/einem Ärztin/Arzt erfüllt werden.
2. Ist der Anspruch auf Zahlung der Funktionszulage nach den Absätzen 2 bis 5 von der Zahl der unterstellten Ärztinnen/Ärzte abhängig, gilt folgendes:
   a) Für den Anspruch auf Zahlung der Funktionszulage nach den Absätzen 2 bis 5 ist es unschädlich, wenn im Organisations- und Stellenplan zur Besetzung ausgewiesene Stellen nicht besetzt sind.
   b) Bei der Zahl der unterstellten Ärztinnen/Ärzte zählen nur diejenigen unterstellten Ärzte mit, die in einem Arbeits- oder Beamtenverhältnis zu demselben Arbeitgeber (Dienstherrn) stehen oder im Krankenhaus von einem sonstigen öffentlichen Arbeitgeber (Dienstherrn) zur Krankenversorgung eingesetzt werden.
   c) Teilbeschäftigte zählen entsprechend dem Verhältnis der mit ihnen im Arbeitsvertrag vereinbarten Arbeitszeit zur regelmäßigen Arbeitszeit eines Vollbeschäftigten.

---

[1]) Die im Zuge der Tarifeinigung 2025 (abgedruckt unter **150**) vereinbarten Erhöhungen ab 1. April 2025 sowie ab 1. Mai 2026 wirken sich auch auf die Funktionszulagen aus. Abgestimmte Zahlen lagen bei Redaktionsschluss noch nicht vor. Der Erhöhungssatz zum 1. April 2025 beträgt voraussichtlich 3,11 Prozent und zum 1. Mai 2026 2,8 Prozent.

3. Funktionsbereiche sind wissenschaftlich anerkannte Spezialgebiete innerhalb eines ärztlichen Fachgebietes, z. B. Nephrologie, Handchirurgie, Neuroradiologie, Elektroencephalographie, Herzkatheterisierung.

Niederschriftserklärung zu § 51 Abs. 6:
Für die in Absatz 6 genannten Beschäftigten gelten die Regelungen des Allgemeinen Teils sowie die entsprechenden Regelungen des TVÜ-VKA.

II

§ 51a Entgelt der Beschäftigten in der Pflege

(1) [1]Beschäftigte, die nach dem Teil B Abschnitt XI Ziffern 1 und 2 der Anlage 1 – Entgeltordnung (VKA) in eine der Entgeltgruppen P 5 bis P 16 eingruppiert sind, erhalten Entgelt nach der Anlage E. [2]Soweit im Allgemeinen Teil auf bestimmte Entgeltgruppen der Anlage A (VKA) Bezug genommen wird, entspricht

die Entgeltgruppe	der Entgeltgruppe
P 5	3
P 6	4
P 7	7
P 8	8
P 9, P 10	9a
P 11	9b
P 12	9c
P 13	10
P 14, P 15	11
P 16	12.

(2) Abweichend von § 16 (VKA) Abs. 1 Satz 1 ist für die Beschäftigten im Pflegedienst nach Teil B Abschnitt XI Ziffern 1 und 2 der Anlage 1 – Entgeltordnung (VKA) Eingangsstufe in den Entgeltgruppen P 7 bis P 16 die Stufe 2.

(3) Abweichend von § 16 (VKA) Abs. 3 Satz 1 wird von den Beschäftigten im Pflegedienst nach Teil B Abschnitt XI Ziffer 1 der Anlage 1 – Entgeltordnung (VKA) in den Entgeltgruppen P 7 und P 8 die Stufe 3 nach drei Jahren in Stufe 2 erreicht.

Protokollerklärung zu Absatz 3:
Absatz 3 findet keine Anwendung auf Beschäftigte, die mindestens zur Hälfte eine oder mehrere der folgenden Tätigkeiten auszuüben haben:
- Erfüllung von Pflegeaufgaben an Patienten von psychiatrischen oder neurologischen Krankenhäusern, die nicht in diesen Krankenhäusern untergebracht sind,
- dem zentralen Sterilisationsdienst vorstehen.

(4) [1]Beschäftigte, die in eine der Entgeltgruppen P 5 bis P 16 eingruppiert sind, erhalten ab dem 1. März 2021 zuzüglich zu dem Tabellenentgelt gemäß § 15 Abs. 1 eine nicht dynamische Zulage in Höhe von monatlich 25,00 Euro. [2]Bei Beschäftigten der Mitglieder des Kommu-

nalen Arbeitgeberverbandes Baden-Württemberg beträgt die Zulage monatlich 35,00 Euro.

(5)[1)] [1]Beschäftigte, die in eine der Entgeltgruppen P 5 bis P 16 eingruppiert sind, erhalten ab 1. März 2022 zuzüglich zu dem Tabellenentgelt gemäß § 15 Abs. 1 eine Pflegezulage in Höhe von monatlich 120,00 Euro. [2]Die Pflegezulage gemäß Satz 1 erhöht sich ab dem 1. März 2024 auf monatlich 133,80 Euro. [3]Ab dem 1. Januar 2025 verändert sich die Pflegezulage bei allgemeinen Entgeltanpassungen um den von den Tarifvertragsparteien vereinbarten Vomhundertsatz.

§ 52 Entgelt der Beschäftigten im Sozial- und Erziehungsdienst

(1) Beschäftigte, die nach dem Teil B Abschnitt XXIV der Anlage 1 – Entgeltordnung (VKA) eingruppiert sind, erhalten abweichend von § 15 Abs. 2 Satz 2 Entgelt nach der Anlage C (VKA).

(2) Anstelle des § 16 (VKA) gilt folgendes:

[1]Die Entgeltgruppen S 2 bis S 18 umfassen sechs Stufen. [2]Bei Einstellung werden die Beschäftigten der Stufe 1 zugeordnet, sofern keine einschlägige Berufserfahrung vorliegt. [3]Verfügt die/der Beschäftigte über eine einschlägige Berufserfahrung von mindestens einem Jahr, erfolgt die Einstellung in die Stufe 2; verfügt sie/er über eine einschlägige Berufserfahrung von mindestens drei Jahren, erfolgt in der Regel eine Zuordnung zur Stufe 3. [4]Unabhängig davon kann der Arbeitgeber bei Neueinstellungen zur Deckung des Personalbedarfs Zeiten einer vorherigen beruflichen Tätigkeit ganz oder teilweise für die Stufenzuordnung berücksichtigen, wenn diese Tätigkeit für die vorgesehene Tätigkeit förderlich ist. [5]Bei Einstellung von Beschäftigten in unmittelbarem Anschluss an ein Arbeitsverhältnis im öffentlichen Dienst (§ 34 Abs. 3 Satz 3 und 4) oder zu einem Arbeitgeber, der einen dem TVöD vergleichbaren Tarifvertrag anwendet, kann die in dem vorhergehenden Arbeitsverhältnis erworbene Stufe bei der Stufenzuordnung ganz oder teilweise berücksichtigt werden; Satz 4 bleibt unberührt.

Protokollerklärung zu Absatz 2 Satz 3:

[1]Ein Berufspraktikum nach dem Tarifvertrag für Praktikantinnen/Praktikanten des öffentlichen Dienstes (TVPöD) vom 27. Oktober 2009 gilt grundsätzlich als Erwerb einschlägiger Berufserfahrung. [2]Als Erwerb einer einjährigen einschlägigen Berufserfahrung gilt entsprechend auch die fachpraktische Ausbildung im Rahmen einer abgeschlossenen praxisintegrierten Ausbildung zur Erzieherin/zum Erzieher nach landesgesetzlichen Regelungen und im Rahmen einer abgeschlossenen praxisinte-

---

1) Die im Zuge der Tarifeinigung 2025 (abgedruckt unter **150**) vereinbarten Erhöhungen ab 1. April 2025 sowie ab 1. Mai 2026 wirken sich auch auf die Pflegezulage aus. Abgestimmte Zahlen lagen bei Redaktionsschluss noch nicht vor. Der Erhöhungssatz zum 1. April 2025 beträgt voraussichtlich 3,11 Prozent und zum 1. Mai 2026 2,8 Prozent.

grierten Ausbildung zur Heilerziehungspflegerin/zum Heilerziehungspfleger nach landesgesetzlichen Regelungen.

(3) Soweit im Allgemeinen Teil auf bestimmte Entgeltgruppen Bezug genommen wird, entspricht

die Entgeltgruppe	der Entgeltgruppe
S 2	2
S 3	4
S 4	5
S 5	6
S 6 bis S 8b	8
S 9 bis S 11a	9a
S 11b bis S 13	9b
S 14	9c
S 15 und S 16	10
S 17	11
S 18	12.

(4)[1)] [1]Bei Eingruppierung in eine höhere Entgeltgruppe der Anlage C werden die Beschäftigten der gleichen Stufe zugeordnet, die sie in der niedrigeren Entgeltgruppe erreicht haben. [2]Beträgt bei Höhergruppierungen innerhalb der Anlage C der Unterschiedsbetrag zwischen dem derzeitigen Tabellenentgelt und dem Tabellenentgelt nach Satz 1 in der höheren Entgeltgruppe

- in den Entgeltgruppen S 2 bis S 8b bis 29. Februar 2024 weniger als 65,46 Euro und ab 1. März 2024 weniger als 72,99 Euro,
- in den Entgeltgruppen S 9 bis S 18 bis 29. Februar 2024 weniger als 104,74 Euro und ab 1. März 2024 weniger als 116,79 Euro,

erhält die/der Beschäftigte während der betreffenden Stufenlaufzeit anstelle des Unterschiedsbetrages den vorgenannten jeweils zustehenden Garantiebetrag. [3]Die Stufenlaufzeit in der höheren Entgeltgruppe beginnt mit dem Tag der Höhergruppierung. [4]Bei einer Eingruppierung in eine niedrigere Entgeltgruppe ist die/der Beschäftige der in der höheren Entgeltgruppe erreichten Stufe zuzuordnen; die in der bisherigen Stufe zurückgelegte Stufenlaufzeit wird auf die Stufenlaufzeit in der niedrigeren Entgeltgruppe angerechnet. [5]Die/Der Beschäftigte erhält vom Beginn des Monats an, in dem die Veränderung wirksam wird, das entsprechende Tabellenentgelt aus der in

1) Die im Zuge der Tarifeinigung 2025 (abgedruckt unter **150**) vereinbarten Entgelterhöhungen ab 1. April 2025 sowie ab 1. Mai 2026 wirken sich auch auf die Garantiebeträge des Satzes 2 aus. Abgestimmte Zahlen lagen bei Redaktionsschluss noch nicht vor.

Satz 1 oder Satz 4 festgelegten Stufe der betreffenden Entgeltgruppe. [6]§ 17 Abs. 4 findet keine Anwendung.

Protokollerklärung zu Absatz 4 Satz 2:

Die Garantiebeträge nehmen an allgemeinen Entgeltanpassungen teil.

Protokollerklärung zu Absatz 4:

[1]Ist Beschäftigten nach § 14 Abs. 1 vorübergehend eine höherwertige Tätigkeit übertragen worden, und wird ihnen im unmittelbaren Anschluss daran eine Tätigkeit derselben höheren Entgeltgruppe dauerhaft übertragen, werden sie hinsichtlich der Stufenzuordnung so gestellt, als sei die Höhergruppierung ab dem ersten Tag der vorübergehenden Übertragung der höherwertigen Tätigkeit erfolgt. [2]Unterschreitet bei Höhergruppierungen nach Satz 1 das Tabellenentgelt nach § 52 Abs. 4 Satz 5 die Summe aus dem Tabellenentgelt und dem Zulagenbetrag nach § 14 Abs. 3, die die/der Beschäftigte am Tag vor der Höhergruppierung erhalten hat, erhält die/der Beschäftigte dieses Entgelt solange, bis das Tabellenentgelt nach § 52 Abs. 4 Satz 5 dieses Entgelt erreicht oder übersteigt.

(5) Auf Beschäftigte der Entgeltgruppe S 9 findet der in § 20 VKA Abs. 2 Satz 1 für die Entgeltgruppen 1 bis 8 ausgewiesene Prozentsatz Anwendung.

(6) [1]Beschäftigte, die nach Teil B Abschnitt XXIV der Anlage 1 – Entgeltordnung (VKA) in einer der Entgeltgruppen S 2 bis S 11a eingruppiert sind, erhalten eine monatliche SuE-Zulage in Höhe von 130,00 Euro. [2]Beschäftigte, die nach Teil B Abschnitt XXIV der Anlage 1 – Entgeltordnung (VKA) in einer der Entgeltgruppen S 11b bis S 12 sowie S 14 oder S 15 bei Tätigkeiten der Fallgruppe 6 eingruppiert sind, erhalten eine monatliche SuE-Zulage in Höhe von 180,00 Euro.

§ 52a Jahressonderzahlung im Bereich der Pflege[1)]

Für Beschäftigte, die in eine der Entgeltgruppen P 5 bis P 16 eingruppiert sind, gilt § 20 (VKA) Abs. 2 Satz 1 in folgender Fassung:

[1]Die Jahressonderzahlung beträgt bei Beschäftigten

in den Entgeltgruppen P5 bis P8	bis einschließlich Kalenderjahr 2021	79,74 Prozent
	ab dem Kalenderjahr 2022	84,74 Prozent
in den Entgeltgruppen P9 bis P16		70,48 Prozent

des der/dem Beschäftigten in den Kalendermonaten Juli, August und September durchschnittlich gezahlten monatlichen Entgelts; unberücksichtigt bleiben hierbei das zusätzlich für Überstunden und Mehr-

1) Die Jahressonderzahlung im Geltungsbereich von TVöD BT-B wird ab dem Kalenderjahr 2026 für die Entgeltgruppen 1 bis 8 (einschließlich Entsprechungen) auf 90 Prozent festgelegt. Für die Entgeltgruppen 9a bis 15 (einschließlich Entsprechungen) wird die Jahressonderzahlung auf 85 Prozent erhöht (siehe Teil C Nr. 3 der unter **150** abgedruckten Tarifeinigung).

arbeit gezahlte Entgelt (mit Ausnahme der im Dienstplan vorgesehenen Überstunden und Mehrarbeit), Leistungszulagen, Leistungs- und Erfolgsprämien.

II

§ 53 Betrieblicher Gesundheitsschutz/Betriebliche Gesundheitsförderung der Beschäftigten im Sozial- und Erziehungsdienst

(1) Die nachfolgenden Regelungen gelten für die Beschäftigten des Sozial- und Erziehungsdienstes, soweit sie nach dem Teil B Abschnitt XXIV der Anlage 1 – Entgeltordnung (VKA) eingruppiert sind.

(2) [1]Betriebliche Gesundheitsförderung zielt darauf ab, die Arbeit und die Arbeitsbedingungen so zu organisieren, dass diese nicht Ursache von Erkrankungen oder Gesundheitsschädigungen sind. [2]Sie fördert die Erhaltung bzw. Herstellung gesundheitsgerechter Verhältnisse am Arbeitsplatz sowie gesundheitsbewusstes Verhalten. [3]Zugleich werden damit die Motivation der Beschäftigten und die Qualitätsstandards der Verwaltungen und Betriebe verbessert. [4]Die betriebliche Gesundheitsförderung basiert auf einem aktiv betriebenen Arbeits- und Gesundheitsschutz. [5]Dieser reduziert Arbeitsunfälle, Berufskrankheiten sowie arbeitsbedingte Gesundheitsgefahren und verbessert durch den Abbau von Fehlzeiten und die Vermeidung von Betriebsstörungen die Wettbewerbsfähigkeit der Verwaltungen und Betriebe. [6]Der Arbeits- und Gesundheitsschutz sowie die betriebliche Gesundheitsförderung gehören zu einem zeitgemäßen Gesundheitsmanagement.

(3) [1]Die Beschäftigten haben einen individuellen Anspruch auf die Durchführung einer Gefährdungsbeurteilung. [2]Die Durchführung erfolgt nach Maßgabe des Gesetzes über die Durchführung von Maßnahmen des Arbeitsschutzes zur Verbesserung der Sicherheit und des Gesundheitsschutzes der Beschäftigten bei der Arbeit (Arbeitsschutzgesetz). [3]Die Beschäftigten sind in die Durchführung der Gefährdungsbeurteilung einzubeziehen. [4]Sie sind über das Ergebnis von Gefährdungsbeurteilungen zu unterrichten. [5]Vorgesehene Maßnahmen sind mit ihnen zu erörtern. [6]Widersprechen betroffene Beschäftigte den vorgesehenen Maßnahmen, ist die betriebliche Kommission zu befassen. [7]Die Beschäftigten können verlangen, dass eine erneute Gefährdungsbeurteilung durchgeführt wird, wenn sich die Umstände, unter denen die Tätigkeiten zu verrichten sind, wesentlich ändern, neu entstandene wesentliche Gefährdungen auftreten oder eine Gefährdung auf Grund veränderter arbeitswissenschaftlicher Erkenntnisse erkannt

wird. [8]Die Wirksamkeit der Maßnahmen ist in angemessenen Abständen zu überprüfen.

(4) [1]Beim Arbeitgeber wird auf Antrag des Personalrats/Betriebsrats eine betriebliche Kommission gebildet, deren Mitglieder je zur Hälfte vom Arbeitgeber und vom Personal- bzw. Betriebsrat benannt werden. [2]Die Mitglieder müssen Beschäftigte des Arbeitgebers sein. [3]Soweit ein Arbeitsschutzausschuss gebildet ist, können Mitglieder dieses Ausschusses auch in der betrieblichen Kommission tätig werden. [4]Im Falle des Absatzes 3 Satz 6 berät die betriebliche Kommission über die erforderlichen Maßnahmen und kann Vorschläge zu den zu treffenden Maßnahmen machen. [5]Der Arbeitgeber führt die Maßnahmen durch, wenn die Mehrheit der vom Arbeitgeber benannten Mitglieder der betrieblichen Kommission im Einvernehmen mit dem Arbeitgeber dem Beschluss zugestimmt hat. [6]Gesetzliche Rechte der kommunalen Beschlussorgane bleiben unberührt. [7]Wird ein Vorschlag nur von den vom Personalrat/Betriebsrat benannten Mitgliedern gemacht und folgt der Arbeitgeber diesem Vorschlag nicht, sind die Gründe darzulegen. [8]Die betriebliche Kommission ist auch für die Beratung von schriftlich begründeten Beschwerden zuständig, wenn der Arbeitgeber eine erneute Gefährdungsbeurteilung ablehnt. [9]Der Arbeitgeber entscheidet auf Vorschlag des Arbeitsschutzausschusses bzw. der betrieblichen Kommission, ob und in welchem Umfang der Beschwerde im Einzelfall abgeholfen wird. [10]Wird dem Vorschlag nicht gefolgt, sind die Gründe darzulegen.

(5) [1]Die betriebliche Kommission kann zeitlich befristet Gesundheitszirkel zur Gesundheitsförderung einrichten, deren Aufgabe es ist, Belastungen am Arbeitsplatz und deren Ursachen zu analysieren und Lösungsansätze zur Verbesserung der Arbeitssituation zu erarbeiten. [2]Sie berät über Vorschläge der Gesundheitszirkel und unterbreitet, wenn ein Arbeitsschutzausschuss gebildet ist, diesem, ansonsten dem Arbeitgeber Vorschläge. [3]Die Ablehnung eines Vorschlags ist durch den Arbeitgeber zu begründen. [4]Näheres regelt die Geschäftsordnung der betrieblichen Kommission.

(6) [1]Zur Durchführung ihrer Aufgaben sind der betrieblichen Kommission die erforderlichen, zur Verfügung stehenden Unterlagen zugänglich zu machen. [2]Die betriebliche Kommission gibt sich eine Geschäftsordnung, in der auch Regelungen über die Beteiligung der Beschäftigten bei der Gefährdungsbeurteilung, deren Bekanntgabe und Erörterung sowie über die Qualifizierung der Mitglieder der betrieblichen Kommission und von Gesundheitszirkeln zu treffen sind.

(7) Gesetzliche Bestimmungen, günstigere betriebliche Regelungen und die Rechte des Personal- bzw. Betriebsrats bleiben unberührt.

Protokollerklärungen:

1. Sollte sich aufgrund gerichtlicher Entscheidungen erweisen, dass die über die Zusammensetzung der betrieblichen Kommission oder die Berufung ihrer Mitglieder getroffenen Regelungen mit geltendem Recht unvereinbar sind, werden die Tarifvertragsparteien Verhandlungen aufnehmen und eine ersetzende Regelung treffen, die mit geltendem Recht vereinbar ist und dem von den Tarifvertragsparteien Gewollten möglichst nahe kommt.
2. Die Tarifvertragsparteien stimmen darin überein, dass mit dieser Regelung außerhalb seines Geltungsbereichs der betriebliche Gesundheitsschutz/die betriebliche Gesundheitsförderung im BT-V und BT-B nicht abschließend tariflich geregelt sind und die übrigen Besonderen Teile des TVöD von der hier getroffenen Regelung unberührt bleiben.

II

§ 53a Regenerationstage/Umwandlungstage

(1) [1]Beschäftigte, die nach Teil B Abschnitt XXIV der Anlage 1 – Entgeltordnung (VKA) eingruppiert sind, haben im Kalenderjahr bei Verteilung der wöchentlichen Arbeitszeit auf fünf Tage in der Kalenderwoche Anspruch auf zwei Arbeitstage Arbeitsbefreiung unter Fortzahlung des Entgelts gemäß § 21 (Regenerationstage). [2]Wird die wöchentliche Arbeitszeit an weniger als fünf Tagen in der Woche erbracht, vermindert sich der Anspruch auf die Regenerationstage entsprechend. [3]Maßgeblich für die Verminderung nach Satz 2 sind die jeweiligen Verhältnisse zum Zeitpunkt der Antragstellung nach Abs. 2 Satz 2. [4]Verändert sich im Zeitraum zwischen der Antragstellung und dem gewährten Regenerationstag die Verteilung der wöchentlichen Arbeitszeit, erhöht oder vermindert sich der Anspruch auf die Regenerationstage entsprechend. [5]Verbleibt bei den Berechnungen nach den Sätzen 2 oder 4 ein Bruchteil, der mindestens einen halben Regenerationstag ergibt, wird er auf einen vollen Regenerationstag aufgerundet; Bruchteile von weniger als einem halben Regenerationstag bleiben unberücksichtigt.

Protokollerklärung zu Absatz 1 Satz 1:

[1]Der Anspruch reduziert sich auf einen Regenerationstag, wenn in dem Kalenderjahr nicht für mindestens vier Kalendermonate Anspruch auf Entgelt bestanden hat. [2]Anspruch auf Entgelt im Sinne des Satz 1 sind auch der Anspruch auf Entgeltfortzahlung aus Anlass der in § 21 Satz 1 TVöD genannten Ereignisse und der Anspruch auf Krankengeldzuschuss (§ 22 Absatz 2 und 3 TVöD), auch wenn dieser wegen der Höhe der Barleistungen des Sozialversicherungsträgers nicht gezahlt wird. [3]Einem Anspruch auf Entgelt gleichgestellt ist der Bezug von Krankengeld nach § 45 SGB V oder entsprechender gesetzlicher Leistungen, Leistungen nach § 56 IfSG, Kurzarbeitergeld und der Bezug von Leistungen nach §§ 18 bis 20 MuSchG.

(2) [1]Bei der Festlegung der Lage der Regenerationstage sind die Wünsche der/des Beschäftigten zu berücksichtigen, sofern dem keine dringenden dienstlichen/betrieblichen Gründe entgegenstehen. [2]Der/Die Beschäftigte hat den/die Regenerationstag/e spätestens vier Wochen vor dem gewünschten Zeitpunkt der Gewährung in Textform gegen-

über dem Arbeitgeber geltend zu machen. [3]Der Arbeitgeber entscheidet über die Gewährung der Regenerationstage bis spätestens zwei Wochen vor diesen und teilt dies der/dem Beschäftigten in Textform mit. [4]Im gegenseitigen Einvernehmen ist unter Berücksichtigung der aktuellen dienstlichen/betrieblichen Verhältnisse abweichend von den Sätzen 2 und 3 auch eine kurzfristige Gewährung von Regenerationstagen möglich. [5]Regenerationstage, für die im laufenden Kalenderjahr keine Arbeitsbefreiung nach Absatz 1 Satz 1 erfolgt ist, verfallen. [6]Abweichend von Satz 5 verfallen Regenerationstage, die wegen dringender betrieblicher/dienstlicher Gründe im laufenden Kalenderjahr nicht gewährt worden sind, spätestens am 30. September des Folgejahres.

(3) [1]Beschäftigte, die Anspruch auf eine monatliche SuE-Zulage gemäß § 52 Abs. 6 haben, können bis zum 31. Oktober des laufenden Kalenderjahres in Textform geltend machen, statt der ihnen zustehenden SuE-Zulage im Folgejahr bis zu zwei Arbeitstage Arbeitsbefreiung unter Fortzahlung des Entgelts gemäß § 21 in Anspruch zu nehmen (Umwandlungstage). [2]Beschäftigte, die erstmalig einen Anspruch auf eine SuE-Zulage gemäß § 56 Abs. 6[1]) erwerben, können nach Ablauf von drei Kalendermonaten nach Aufnahme des Arbeitsverhältnisses (Neubegründung des Arbeitsverhältnisses oder Tätigkeitswechsel) die Geltendmachung der Umwandlungstage für das laufende Kalenderjahr erklären. [3]Die SuE-Zulage wird jeweils nach der erfolgten Arbeitsbefreiung gekürzt. [4]Der Kürzungsbetrag ergibt sich aus dem gemäß § 24 Abs. 3 Satz 3 ermittelten Stundenentgelt bezogen auf die an dem Umwandlungstag dienstplanmäßig bzw. betrieblich festgelegten Arbeitsstunden. [5]Besteht zum Zeitpunkt der Beantragung kein Dienstplan bzw. keine betrieblich festgelegte Arbeitszeit, so ist die an dem Umwandlungstag zu leistende Arbeitszeit dadurch zu ermitteln, dass die arbeitsvertraglich vereinbarte regelmäßige durchschnittliche wöchentliche Arbeitszeit durch die Anzahl der Arbeitstage zu teilen ist, die die/der Beschäftigte in der Woche zu leisten hat, in der der Umwandlungstag liegt. [6]Der/Die Beschäftigte hat den/die Umwandlungstag/e spätestens vier Wochen vor dem gewünschten Zeitpunkt der Gewährung in Textform gegenüber dem Arbeitgeber geltend zu machen. [7]Der Arbeitgeber entscheidet über die Gewährung der Umwandlungstage bis spätestens zwei Wochen vor diesen und teilt dies der/dem Beschäftigten in Textform mit. [8]Bei der Festlegung der Lage der Umwandlungstage sind die Wünsche der/des Beschäftigten zu berücksichtigen, sofern dem keine dringenden dienstlichen/

---

1) *Redaktionelle Anmerkung:* Gemeint ist wohl „§ 52 Abs. 6"

betrieblichen Gründe entgegenstehen. [9]Im gegenseitigen Einvernehmen ist unter Berücksichtigung der aktuellen dienstlichen/betrieblichen Verhältnisse abweichend von den Sätzen 6 und 7 auch eine kurzfristige Gewährung von Umwandlungstagen möglich. [10]Eine im Vorjahr nach Satz 1 oder im laufenden Kalenderjahr nach Satz 2 beantragte Umwandlung der SuE-Zulage wirkt längstens bis zum Ende des laufenden Kalenderjahres.

Protokollerklärung zu Absatz 3 Satz 1:

Für das Kalenderjahr 2022 gilt statt des 31. Oktober der 30. November.

Protokollerklärung zu Absatz 3 Satz 2:

Satz 2 gilt nur für Geltendmachungen ab dem 1. Januar 2023.

Protokollerklärung zu § 53a:

Bei den Regenerations- und Umwandlungstagen handelt es sich nicht um Urlaubs-/Zusatzurlaubstage.

§ 54 Erholungsurlaub

[1]Die Beschäftigten an Heimschulen und Internaten haben den Urlaub in der Regel während der Schulferien zu nehmen. [2]Die Sonderregelungen für Lehrkräfte bleiben unberührt.

§ 55 Zusatzurlaub

(1) [1]Beschäftigte erhalten bei einer Leistung im Kalenderjahr von mindestens

150 Nachtarbeitsstunden	1 Arbeitstag
300 Nachtarbeitsstunden	2 Arbeitstage
450 Nachtarbeitsstunden	3 Arbeitstage
600 Nachtarbeitsstunden	4 Arbeitstage

Zusatzurlaub im Kalenderjahr. [2]Nachtarbeitsstunden, die in Zeiträumen geleistet werden, für die Zusatzurlaub für Wechselschicht- oder Schichtarbeit zusteht, bleiben unberücksichtigt. [3]§ 27 Abs. 4 findet mit der Maßgabe Anwendung, dass Erholungsurlaub und Zusatzurlaub insgesamt im Kalenderjahr 35 Tage, bei Zusatzurlaub wegen Wechselschichtarbeit 36 Tage, nicht überschreiten. [4]§ 27 Abs. 5 findet Anwendung.

Protokollerklärung zu Absatz 1:

Der Anspruch auf Zusatzurlaub bemisst sich nach den abgeleisteten Nachtarbeitsstunden und entsteht im laufenden Jahr, sobald die Voraussetzungen nach Satz 1 erfüllt sind.

(2) Bei Anwendung des Absatzes 1 werden nur die im Rahmen der regelmäßigen Arbeitszeit (§ 6) in der Zeit zwischen 21 Uhr und 6 Uhr dienstplanmäßig bzw. betriebsüblich geleisteten Nachtarbeitsstunden berücksichtigt.

(3) [1]Bei Teilzeitbeschäftigten ist die Zahl der nach Absatz 1 geforderten Nachtarbeitsstunden entsprechend dem Verhältnis ihrer individuell vereinbarten durchschnittlichen regelmäßigen Arbeitszeit zur regelmäßigen Arbeitszeit vergleichbarer Vollzeitbeschäftigter zu kürzen. [2]Ist die vereinbarte Arbeitszeit im Durchschnitt des Urlaubsjahres auf weniger als fünf Arbeitstage in der Kalenderwoche verteilt, ist der Zusatzurlaub in entsprechender Anwendung des § 26 Abs. 1 Sätze 3 und 4 zu ermitteln.

(4) [1]Die Beschäftigten erhalten für die Zeit der Bereitschaftsdienste in den Nachtstunden (§ 7 Abs. 5) einen Zusatzurlaub in Höhe von zwei Arbeitstagen pro Kalenderjahr, sofern mindestens 288 Stunden der Bereitschaftsdienste kalenderjährlich in die Zeit zwischen 21.00 und 6.00 Uhr fallen. [2]Absatz 1 Sätze 2 bis 4 und Absatz 3 gelten entsprechend.

§ 56 Reise- und Umzugskosten

(1) Die Erstattung von Reise- und ggf. Umzugskosten richtet sich nach den beim Arbeitgeber geltenden Grundsätzen. Für Arbeitgeber, die öffentlichem Haushaltsrecht unterliegen, finden, wenn diese nicht nach eigenen Grundsätzen verfahren, die für Beamtinnen und Beamte geltenden Bestimmungen Anwendung.

(2) [1]Bei Dienstreisen gilt nur die Zeit der dienstlichen Inanspruchnahme am auswärtigen Geschäftsort als Arbeitszeit. [2]Für jeden Tag einschließlich der Reisetage wird jedoch mindestens die auf ihn entfallende regelmäßige, durchschnittliche oder dienstplanmäßige Arbeitszeit berücksichtigt, wenn diese bei Nichtberücksichtigung der Reisezeit nicht erreicht würde. [3]Überschreiten nicht anrechenbare Reisezeiten insgesamt 15 Stunden im Monat, so werden auf Antrag 25 v. H. dieser überschreitenden Zeiten bei fester Arbeitszeit als Freizeitausgleich gewährt und bei gleitender Arbeitszeit im Rahmen der jeweils geltenden Vorschriften auf die Arbeitszeit angerechnet. [4]Der besonderen Situation von Teilzeitbeschäftigten ist Rechnung zu tragen. [5]Soweit Einrichtungen in privater Rechtsform oder andere Arbeitgeber nach eigenen für die Beschäftigten günstigeren Grundsätzen oder Abmachungen verfahren, sind diese abweichend von den Sätzen 1 bis 4 maßgebend.

§ 57 Inkrafttreten, Laufzeit

[1]Dieser Tarifvertrag tritt am 1. Oktober 2005 in Kraft. [2]Die Bestimmungen dieses Tarifvertrages sind mit der Kündigung der entsprechenden Vorschriften des Besonderen Teils Krankenhäuser (BT-K) zum gleichen Zeitpunkt gekündigt. [3]Abweichend von Satz 2 können die § 44 Abs. 4,

§ 52, § 53 und § 53a mit einer Frist von drei Monaten zum Schluss eines Kalendervierteljahres, frühestens jedoch zum 31. Dezember 2026, schriftlich gekündigt werden. [4]Für die Kündigung der Anlage C (VKA) zum TVöD gilt § 39 Abs. 4 Buchst. c entsprechend.

Anlage C

Tabelle TVöD VKA
Anlage C (Sozial- und Erziehungsdienst)
gültig vom 1. Oktober 2024 bis 31. März 2025[1])
(monatlich in Euro)

Entgelt-gruppe	Grundentgelt		Entwicklungsstufen			
	Stufe 1	Stufe 2	Stufe 3	Stufe 4	Stufe 5	Stufe 6
S 18	4 458,20	4 571,79	5 134,51	5 556,51	6 189,53	6 576,36
S 17	4 110,52	4 395,96	4 853,14	5 134,51	5 697,17	6 027,75
S 16	4 026,38	4 304,54	4 614,00	4 993,81	5 415,82	5 669,04
S 15	3 884,14	4 149,76	4 431,15	4 754,68	5 275,17	5 500,22
S 14	3 847,03	4 109,38	4 422,05	4 740,10	5 091,81	5 337,97
S 13	3 756,97	4 012,60	4 360,80	4 642,12	4 993,81	5 169,65
S 12	3 747,09	4 002,01	4 335,64	4 631,04	4 996,80	5 151,53
S 11b	3 697,55	3 948,84	4 125,39	4 575,55	4 927,22	5 138,23
S 11a	3 631,49	3 877,94	4 053,00	4 501,47	4 853,14	5 064,15
S 10	(nicht besetzt)					
S 9	3 439,30	3 671,40	3 935,15	4 325,50	4 694,75	4 979,60
S 8b	3 371,39	3 598,79	3 864,55	4 253,22	4 620,71	4 902,44
S 8a	3 303,85	3 526,31	3 755,83	3 973,29	4 185,86	4 409,39
S 7	3 223,59	3 440,19	3 655,70	3 871,17	4 032,82	4 276,40
S 6	(nicht besetzt)					
S 5	(nicht besetzt)					
S 4	3 091,81	3 298,76	3 487,33	3 615,30	3 736,51	3 925,36
S 3	2 924,89	3 119,62	3 300,78	3 467,12	3 543,23	3 634,14
S 2	2 719,14	2 838,41	2 926,64	3 022,45	3 130,19	3 237,95

[1]) Enddatum entsprechend der Tarifeinigung vom 6. April 2025

Anlage C

Tabelle TVöD VKA[1])
Anlage C (Sozial- und Erziehungsdienst)
gültig vom 1. April 2025 bis 30. April 2026
(monatlich in Euro)

Entgelt-gruppe	Grundentgelt		Entwicklungsstufen			
	Stufe 1	Stufe 2	Stufe 3	Stufe 4	Stufe 5	Stufe 6
S 18	4 591,95	4 708,94	5 288,55	5 723,21	6 375,22	6 773,65
S 17	4 233,84	4 527,84	4 998,73	5 288,55	5 868,09	6 208,58
S 16	4 147,17	4 433,68	4 752,42	5 143,62	5 578,29	5 839,11
S 15	4 000,66	4 274,25	4 564,08	4 897,32	5 433,43	5 665,23
S 14	3 962,44	4 232,66	4 554,71	4 882,30	5 244,56	5 498,11
S 13	3 869,68	4 132,98	4 491,62	4 781,38	5 143,62	5 324,74
S 12	3 859,50	4 122,07	4 465,71	4 769,97	5 146,70	5 306,08
S 11b	3 808,48	4 067,31	4 249,15	4 712,82	5 075,04	5 292,38
S 11a	3 741,49	3 994,28	4 174,59	4 636,51	4 998,73	5 216,07
S 10	(nicht besetzt)					
S 9	3 549,30	3 781,54	4 053,20	4 455,27	4 835,59	5 128,99
S 8b	3 481,39	3 708,79	3 980,49	4 380,82	4 759,33	5 049,51
S 8a	3 413,85	3 636,31	3 868,50	4 092,49	4 311,44	4 541,67
S 7	3 333,59	3 550,19	3 765,70	3 987,31	4 153,80	4 404,69
S 6	(nicht besetzt)					
S 5	(nicht besetzt)					
S 4	3 201,81	3 408,76	3 597,33	3 725,30	3 848,61	4 043,12
S 3	3 034,89	3 229,62	3 410,78	3 577,12	3 653,23	3 744,14
S 2	2 829,14	2 948,41	3 036,64	3 132,45	3 240,19	3 347,95

[1]) Abgedruckt sind die auf der Tarifeinigung vom 6. April 2025 ermittelten Tabellenwerte, die noch unter dem Vorbehalt der endgültigen Tarifierung nach Abschluss der Redaktionsverhandlungen stehen.

Anlage C

II

Tabelle TVöD VKA[1])
Anlage C (Sozial- und Erziehungsdienst)
gültig ab 1. Mai 2026
(monatlich in Euro)

Entgeltgruppe	Grundentgelt		Entwicklungsstufen			
	Stufe 1	Stufe 2	Stufe 3	Stufe 4	Stufe 5	Stufe 6
S 18	4 720,52	4 840,79	5 436,63	5 883,46	6 553,73	6 963,31
S 17	4 352,39	4 654,62	5 138,69	5 436,63	6 032,40	6 382,42
S 16	4 263,29	4 557,82	4 885,49	5 287,64	5 734,48	6 002,61
S 15	4 112,68	4 393,93	4 691,87	5 034,44	5 585,57	5 823,86
S 14	4 073,39	4 351,17	4 682,24	5 019,00	5 391,41	5 652,06
S 13	3 978,03	4 248,70	4 617,39	4 915,26	5 287,64	5 473,83
S 12	3 967,57	4 237,49	4 590,75	4 903,53	5 290,81	5 454,65
S 11b	3 915,12	4 181,19	4 368,13	4 844,78	5 217,14	5 440,57
S 11a	3 846,25	4 106,12	4 291,48	4 766,33	5 138,69	5 362,12
S 10	(nicht besetzt)					
S 9	3 648,68	3 887,42	4 166,69	4 580,02	4 970,99	5 272,60
S 8b	3 578,87	3 812,64	4 091,94	4 503,48	4 892,59	5 190,90
S 8a	3 509,44	3 738,13	3 976,82	4 207,08	4 432,16	4 668,84
S 7	3 426,93	3 649,60	3 871,14	4 098,95	4 270,11	4 528,02
S 6	(nicht besetzt)					
S 5	(nicht besetzt)					
S 4	3 291,46	3 504,21	3 698,06	3 829,61	3 956,37	4 156,33
S 3	3 119,87	3 320,05	3 506,28	3 677,28	3 755,52	3 848,98
S 2	2 908,36	3 030,97	3 121,67	3 220,16	3 330,92	3 441,69

1) Abgedruckt sind die auf der Tarifeinigung vom 6. April 2025 ermittelten Tabellenwerte, die noch unter dem Vorbehalt der endgültigen Tarifierung nach Abschluss der Redaktionsverhandlungen stehen.

II

Anlage E

Tabelle TVöD VKA
Anlage E (Pflegedienst)
gültig vom 1. März 2024 bis 31. März 2025[1])
(monatlich in Euro)

Entgelt-gruppe	Grundentgelt		Entwicklungsstufen			
	Stufe 1	Stufe 2	Stufe 3	Stufe 4	Stufe 5	Stufe 6
P 16		4 948,85	5 114,94	5 651,24	6 276,41	6 552,17
P 15		4 847,09	4 999,09	5 379,10	5 833,89	6 007,57
P 14		4 734,92	4 883,26	5 254,07	5 757,88	5 849,82
P 13		4 622,78	4 767,43	5 129,03	5 390,13	5 457,55
P 12		4 398,42	4 535,73	4 878,96	5 089,81	5 187,87
P 11		4 174,11	4 304,05	4 628,90	4 844,63	4 942,71
P 10		3 951,87	4 072,74	4 415,60	4 581,08	4 685,28
P 9		3 770,53	3 951,87	4 072,74	4 305,27	4 403,33
P 8		3 490,40	3 647,59	3 849,10	4 011,86	4 239,52
P 7		3 304,69	3 490,40	3 776,15	3 919,00	4 066,15
P 6	2 820,44	2 990,59	3 161,86	3 526,14	3 619,00	3 790,39
P 5	2 718,00	2 950,63	3 019,01	3 133,28	3 219,01	3 420,40

1) Enddatum entsprechend Tarifeinigung vom 6. April 2025

Anlage E

Tabelle TVöD VKA[1])
Anlage E (Pflegedienst)
gültig vom 1. April 2025 bis 30. April 2026
(monatlich in Euro)

Entgelt-gruppe	Grundentgelt		Entwicklungsstufen			
	Stufe 1	Stufe 2	Stufe 3	Stufe 4	Stufe 5	Stufe 6
P 16		5 097,32	5 268,39	5 820,78	6 464,70	6 748,74
P 15		4 992,50	5 149,06	5 540,47	6 008,91	6 187,80
P 14		4 876,97	5 029,76	5 411,69	5 930,62	6 025,31
P 13		4 761,46	4 910,45	5 282,90	5 551,83	5 621,28
P 12		4 530,37	4 671,80	5 025,33	5 242,50	5 343,51
P 11		4 299,33	4 433,17	4 767,77	4 989,97	5 090,99
P 10		4 070,43	4 194,92	4 548,07	4 718,51	4 825,84
P 9		3 883,65	4 070,43	4 194,92	4 434,43	4 535,43
P 8		3 600,40	3 757,59	3 964,57	4 132,22	4 366,71
P 7		3 414,69	3 600,40	3 889,43	4 036,57	4 188,13
P 6	2 930,44	3 100,59	3 271,86	3 636,14	3 729,00	3 904,10
P 5	2 828,00	3 060,63	3 129,01	3 243,28	3 329,01	3 530,40

1) Abgedruckt sind die auf der Tarifeinigung vom 6. April 2025 ermittelten Tabellenwerte, die noch unter dem Vorbehalt der endgültigen Tarifierung nach Abschluss der Redaktionsverhandlungen stehen.

II

Anlage E

Tabelle TVöD VKA[1])
Anlage E (Pflegedienst)
gültig ab 1. Mai 2026
(monatlich in Euro)

Entgelt-gruppe	Grundentgelt		Entwicklungsstufen			
	Stufe 1	Stufe 2	Stufe 3	Stufe 4	Stufe 5	Stufe 6
P 16		5 240,04	5 415,90	5 983,76	6 645,71	6 937,70
P 15		5 132,29	5 293,23	5 695,60	6 177,16	6 361,06
P 14		5 013,53	5 170,59	5 563,22	6 096,68	6 194,02
P 13		4 894,78	5 047,94	5 430,82	5 707,28	5 778,68
P 12		4 657,22	4 802,61	5 166,04	5 389,29	5 493,13
P 11		4 419,71	4 557,30	4 901,27	5 129,69	5 233,54
P 10		4 184,40	4 312,38	4 675,42	4 850,63	4 960,96
P 9		3 992,39	4 184,40	4 312,38	4 558,59	4 662,42
P 8		3 701,21	3 862,80	4 075,58	4 247,92	4 488,98
P 7		3 510,30	3 701,21	3 998,33	4 149,59	4 305,40
P 6	3 012,49	3 187,41	3 363,47	3 737,95	3 833,41	4 013,41
P 5	2 907,18	3 146,33	3 216,62	3 334,09	3 422,22	3 629,25

[1]) Abgedruckt sind die auf der Tarifeinigung vom 6. April 2025 ermittelten Tabellenwerte, die noch unter dem Vorbehalt der endgültigen Tarifierung nach Abschluss der Redaktionsverhandlungen stehen.

Anlage G[1])

I. Beschäftigte, die Entgelt nach der Anlage A zum TVöD erhalten (ausgenommen Beschäftigte nach nachfolgender Ziffer III)

Entgeltgruppe	Stundenentgelt gültig bis 29. Februar 2024 (in Euro)	Stundenentgelt gültig ab 1. März 2024 (in Euro)
EG 15	36,80	41,03
EG 14	33,96	37,87
EG 13	31,14	34,72
EG 12	30,53	34,04
EG 11	30,13	33,59
EG 10	27,35	30,50
EG 9c	24,00	26,76
EG 9b	23,43	26,12
EG 9a	22,83	25,46
EG 8	21,79	24,30
EG 7	20,98	23,39
EG 6	20,26	22,59
EG 5	19,01	21,20
EG 4	18,41	20,53
EG 3	17,88	19,94
EG 2	17,34	19,33
EG 1	14,00	15,61

[1]) Die im Zuge der Tarifeinigung 2025 (abgedruckt unter **150**) vereinbarten Entgelterhöhungen ab 1. April 2025 sowie ab 1. Mai 2026 wirken sich auch auf die Stundenentgelte aus. Abgestimmte Zahlen lagen bei Redaktionsschluss noch nicht vor.

II. Anlage E

Entgeltgruppe	Stundenentgelt gültig bis 29. Februar 2024 (in Euro)	Stundenentgelt gültig ab 1. März 2024 (in Euro)
P 16	32,80	36,57
P 15	30,38	33,87
P 14	28,64	31,93
P 13	26,94	30,04
P 12	25,64	28,59
P 11	24,95	27,82
P 10	23,68	26,40
P 9	23,16	25,82
P 8	22,69	25,30
P 7	21,84	24,35
P 6	19,97	22,27
P 5	18,40	20,52

III. Beschäftigte, die nach dem Teil A Abschnitt I Ziffer 2 der Anlage 1 – Entgeltordnung (VKA) eingruppiert oder nach der Anlage 3 zum TVÜ-VKA den Entgeltgruppen der Anlage A zum TVöD zugeordnet sind

Entgeltgruppe	Stundenentgelt gültig bis 29. Februar 2024 (in Euro)	Stundenentgelt gültig ab 1. März 2024 (in Euro)
9a	23,40	26,09
8	22,56	25,15
7	21,55	24,03
6	20,72	23,10
5	19,81	22,09
4	18,90	21,07
3	18,15	20,24
2Ü	17,40	19,40
2	16,93	18,88

Tarifvertrag für den öffentlichen Dienst – Besonderer Teil Flughäfen – (TVöD BT-F)

Vom 13. September 2005

Zuletzt geändert durch Änderungstarifvertrag Nr. 4 vom 25. Oktober 2020

Inhaltsübersicht

§ 40 Geltungsbereich

§ 41 Wechselschichtarbeit

§ 42 Rampendienst

§ 43 Feuerwehr- und Sanitätspersonal

§ 44 Reise- und Umzugskosten

§ 45 In-Kraft-Treten, Laufzeit

Anlage G
Gesundheitsschutz der Beschäftigten von Flughafenfeuerwehren im Einsatzdienst

II

II

§ 40 Geltungsbereich

(1) [1]Dieser Tarifvertrag gilt für Beschäftigte der Verkehrsflughäfen. [2]Er bildet im Zusammenhang mit dem Allgemeinen Teil des Tarifvertrages für den öffentlichen Dienst (TVöD) den Tarifvertrag für die Sparte Flughäfen.

(2) Soweit in den nachfolgenden Bestimmungen auf die §§ 1 bis 39 verwiesen wird, handelt es sich um die Regelungen des TVöD – Allgemeiner Teil.

§ 41 Wechselschichtarbeit

Durch landesbezirklichen Tarifvertrag kann bestimmt werden, dass abweichend von

a) § 6 Abs. 1 Satz 2 die gesetzlichen Pausen bei Wechselschichtarbeit nicht in die Arbeitszeit einzurechnen sind und
b) § 7 Abs. 1 Satz 1 Wechselschichtarbeit erst dann vorliegt, wenn die/der Beschäftigte längstens nach Ablauf eines Monats erneut zu mindestens zwei Nachtschichten herangezogen wird.

§ 42 Rampendienst

(1) [1]Beschäftigten im Rampendienst wird für je sechs Arbeitstage ein freier Arbeitstag gewährt. [2]Im Jahresdurchschnitt soll mindestens jeder dritte freie Tag auf einen Sonntag fallen.

(2) [1]Als freier Tag gilt in der Regel eine arbeitsfreie Zeit von 36 Stunden. [2]Diese kann in Ausnahmefällen auf 32 Stunden verringert werden, wenn die Betriebsverhältnisse es erfordern. Werden zwei zusammenhängende freie Tage gewährt, gilt in der Regel eine arbeitsfreie Zeit von 60 Stunden, die in Ausnahmefällen auf 56 Stunden verringert werden kann, als zwei freie Tage. [3]Für weitere freie Tage erhöhen sich die Zeiten um jeweils 24 Stunden für einen Tag.

(3) Die Zeitzuschläge nach § 8 Abs. 1 werden pauschal mit einem Zuschlag von 12 v. H. des auf eine Stunde entfallenden Anteils des monatlichen Entgelts der Stufe 3 der jeweiligen Entgeltgruppe nach Maßgabe der Entgelttabelle abgegolten.

§ 43 Feuerwehr- und Sanitätspersonal

(1) Für das Feuerwehr- und Sanitätspersonal wird – unter Einbeziehung der Zeitzuschläge nach § 8 Abs. 1 – das monatliche Entgelt landesbezirklich oder betrieblich geregelt.

(2) Wenn das Feuerwehr- und Sanitätspersonal in Ausnahmefällen aus der zusammenhängenden Ruhezeit zur Arbeit gerufen wird, ist diese

– einschließlich etwaiger Zeitzuschläge – neben dem Tabellenentgelt besonders zu vergüten.

(3) [1]Für den Gesundheitsschutz der Beschäftigten von Flughafenfeuerwehren im Einsatzdienst gelten die in der Anlage G aufgeführten Regelungen. [2]Von den Vorschriften der Anlage G kann durch Tarifvertrag auf landesbezirklicher Ebene abgewichen werden.

§ 44 Reise- und Umzugskosten

(1) Die Erstattung von Reise- und Umzugskosten richtet sich nach den beim Arbeitgeber geltenden Grundsätzen.

(2) [1]Bei Dienstreisen gilt nur die Zeit der dienstlichen Inanspruchnahme am auswärtigen Geschäftsort als Arbeitszeit. [2]Für jeden Tag einschließlich der Reisetage wird jedoch mindestens die auf ihn entfallende regelmäßige, durchschnittliche oder dienstplanmäßige Arbeitszeit berücksichtigt, wenn diese bei Nichtberücksichtigung der Reisezeit nicht erreicht würde. [3]Überschreiten nicht anrechenbare Reisezeiten insgesamt 15 Stunden im Monat, so werden auf Antrag 25 v. H. dieser überschreitenden Zeiten bei fester Arbeitszeit als Freizeitausgleich gewährt und bei gleitender Arbeitszeit im Rahmen der jeweils geltenden Vorschriften auf die Arbeitszeit angerechnet. [4]Der besonderen Situation von Teilzeitbeschäftigten ist Rechnung zu tragen. [5]Soweit Einrichtungen in privater Rechtsform oder andere Arbeitgeber nach eigenen für die Beschäftigten günstigeren Grundsätzen oder Abmachungen verfahren, sind diese abweichend von den Sätzen 1 bis 4 maßgebend.

§ 45 In-Kraft-Treten, Laufzeit

[1]Dieser Tarifvertrag tritt am 1. Oktober 2005 in Kraft. [2]Er kann mit einer Frist von drei Monaten zum Schluss eines Kalenderhalbjahres schriftlich gekündigt werden.

Anlage G
zu § 43 Abs. 3 TVöD BT-F

Gesundheitsschutz der Beschäftigten von Flughafenfeuerwehren im Einsatzdienst

Präambel

[1]Die Tarifvertragsparteien sind sich darüber einig, dass dem Gesundheitsschutz der Beschäftigten von Flughafenfeuerwehren, die im Einsatzfall besonderen Risiken ausgesetzt sind, eine hohe Bedeutung zukommt. [2]Der Gesundheitsschutz hat die Erhaltung gesundheitsgerechter Verhältnisse am Arbeitsplatz sowie gesundheitsbewusstes Verhalten zu fördern. [3]Er basiert auf einem von den Unternehmen und den Beschäftigten aktiv betriebenen Gesundheitsschutz.

§ 1 Geltungsbereich

(1) Diese Anlage gilt für Beschäftigte bei Flughafenfeuerwehren, die im Einsatzdienst tätig sind.

(2) Sofern bei einem Flughafen aufgrund örtlichen Tarifvertrags Regelungen zu Regelungsgegenständen aus Abschnitt I (Sportangebot), aus Abschnitt II (Informations- und Vorsorgeangebot) oder aus Abschnitt III (Atemschutzuntauglichkeit) dieser Anlage bestehen, finden die Regelungen des jeweiligen Abschnitts keine Anwendung.

Protokollerklärung zu Absatz 2

Die Verdrängungswirkung der örtlichen Regelung gegenüber der Anlage G tritt immer dann ein, wenn die örtliche Regelung eine konkrete inhaltliche Festlegung zum jeweiligen Regelungsgegenstand beinhaltet, ohne dass diese deckungsgleich sein muss.

(3) Sind in einer Betriebsvereinbarung Arbeitsbedingungen geregelt, die Gegenstand dieses Tarifvertrags sind, ist für eine solche Betriebsvereinbarung die Verdrängungswirkung des Tarifvertrags gemäß § 77 Abs. 3 BetrVG bis zum 31. August 2019 ausgesetzt.

(4) Landesbezirklich können abweichende Tarifregelungen vereinbart werden.

Abschnitt I
Sportangebot

§ 2 Sportangebot

(1) Der Arbeitgeber hat vier Stunden je Kalenderwoche Sport, davon mindestens zwei Stunden während der Vollarbeitszeit, in geeigneten Räumlichkeiten und unter Anleitung durch eine ausreichend dafür qualifizierte Person anzubieten.

Protokollerklärung zu Absatz 1

[1]Die Räumlichkeiten sind geeignet, wenn die zuständige Unfallkasse der Nutzung zum Dienstsport zustimmt. [2]Ausreichend qualifiziert zur Anleitung von Beschäftigten während des Dienstsports sind Personen, die mindestens die Lizenz als Übungsleiter B „Sport in der Prävention" des DOSB besitzen.

(2) [1]Bei der Planung und Durchführung des Sports ist den Erfordernissen körperlicher Fitness zur Erhaltung der Einsatzfähigkeit bei der Flughafenfeuerwehr Rechnung zu tragen; die jederzeitige Einsatzbereitschaft der Teilnehmenden muss gewährleistet sein. [2]Hochverletzungsgefährdende Sportarten entsprechend den DGUV-Empfehlungen sollen ausgeschlossen werden. [3]Hinweise der Betriebsärztin/des Betriebsarztes sollen berücksichtigt werden. [4]Das betriebliche Gesundheitsmanagement ist einzubeziehen.

Abschnitt II
Informations- und Vorsorgeangebote

§ 3 Informationsangebote

(1) [1]Der Arbeitgeber hat als Bestandteil des betrieblichen Gesundheitsmanagements in der Bereitschaftszeit regelmäßig Informationsveranstaltungen zur Aufklärung über präventive, gesundheitserhaltende oder -fördernde Verhaltensweisen und Maßnahmen anzubieten. [2]Die Beschäftigten haben in ihrer eigenverantwortlichen Pflicht zur Erhaltung ihrer Gesundheit und Arbeitsfähigkeit an entsprechenden Veranstaltungen teilzunehmen.

(2) Die Informationsangebote sind so zu planen und durchzuführen, dass die jederzeitige Einsatzbereitschaft der Teilnehmenden gewährleistet ist.

(3) Die Informationsangebote nach Absatz 1 werden in regelmäßigen Abständen evaluiert und gegebenenfalls angepasst.

§ 4 Vorsorgeangebote

[1]Der Arbeitgeber hat die sich aus dem Anhang ergebenden Vorsorgeuntersuchungen sowie weitere Maßnahmen, deren Notwendigkeit sich aus einer Vorsorgeuntersuchung ergibt, anzubieten, soweit solche nicht von den Krankenkassen, der Deutschen Rentenversicherung, den Unfallversicherungsträgern oder anderen Stellen unter Übernahme der Kosten angeboten werden. [2]Die Inanspruchnahme solcher Vorsorgeuntersuchungen nach Satz 1 erfolgt in Abstimmung mit der Betriebsärztin/dem Betriebsarzt. [3]Die Untersuchungsergebnisse werden ausschließlich der/dem Beschäftigten und der beauftragten Ärztin/dem beauftragten Arzt (§ 3 Abs. 4 Satz 2 TVöD) zugänglich gemacht. [4]Der/die Beschäftigte kann der Weitergabe der Untersuchungsergebnisse

an die beauftragte Ärztin/den beauftragten Arzt (§ 3 Abs. 4 Satz 2 TVöD) widersprechen. [5]Die Untersuchungen finden während der Freizeit der Beschäftigten statt. [6]Die Kosten der Vorsorgeuntersuchungen trägt der Arbeitgeber, soweit kein anderer Kostenträger zuständig ist.

Abschnitt III
Atemschutzuntauglichkeit

§ 5 Zeitlich begrenzte Atemschutzuntauglichkeit

(1) [1]Bei einer zeitlich begrenzten Atemschutzuntauglichkeit (§ 7 Nr. 2) hat die Betriebsärztin/der Betriebsarzt ggf. in Zusammenwirken mit Fachärztinnen/Fachärzten zumutbare Maßnahmen zur Wiederherstellung der Atemschutztauglichkeit zu planen und zu veranlassen. [2]Die/Der Beschäftigte ist verpflichtet, bei diesen Maßnahmen aktiv mitzuwirken. [3]Die Kosten entsprechender Maßnahmen trägt der Arbeitgeber, soweit kein anderer Kostenträger zuständig ist.

(2) [1]Für die Dauer einer zeitlich begrenzten Atemschutzuntauglichkeit erhält die/der Beschäftigte, wenn sie/er an allen Maßnahmen, die zur Wiederherstellung der Atemschutztauglichkeit nach Absatz 1 ergriffen werden, aktiv mitwirkt, Entgeltsicherung nach Maßgabe des Absatzes 3, wenn

1. die/der Beschäftigte eine ununterbrochene Beschäftigungszeit bei der Flughafenfeuerwehr von mindestens 15 Jahren aufweist und nachweislich an mindestens 85 Prozent der angebotenen Sportstunden aktiv teilgenommen hat, oder
2. die Atemschutzuntauglichkeit auf einem nicht selbst verschuldeten Arbeitsunfall (§ 7 Nr. 1) oder auf einer Berufskrankheit (§ 7 Nr. 3) im bestehenden Arbeitsverhältnis beruht. [2]Als Verschulden gelten insoweit nur Vorsatz und grobe Fahrlässigkeit.

Protokollerklärung zu Absatz 2 Satz 1 Nr. 1

[1]Die Teilnahmequote bezieht sich auf die Zeit ab der betrieblichen Geltung des Abschnitts III. [2]Die aus dienstlichen Gründen, wegen Arbeitsunfähigkeit, Erholungsurlaubs, Sonderurlaubs oder Arbeitsbefreiung nicht mögliche Teilnahme ist als Teilnahme zu werten.

[3]Hat die/der Beschäftigte zuvor eine Nebentätigkeit ausgeübt, so entsteht der Anspruch auf Entgeltsicherung nach Satz 1 Nr. 1 nur, wenn die Nebentätigkeit innerhalb einer Woche nach Feststellung der Atemschutzuntauglichkeit beendet und dies dem Arbeitgeber nachgewiesen wird, es sei denn, die Ausübung der Nebentätigkeit steht der Wiederherstellung der Atemschutztauglichkeit nicht entgegen. [4]Der Anspruch auf Entgeltsicherung nach Satz 1 Nr. 1 bzw. Nr. 2 entfällt,

sobald während der zeitlich begrenzten Atemschutzuntauglichkeit eine schädliche Nebentätigkeit im Sinne von Satz 3 ausgeübt wird.

(3) [1]Die/Der Beschäftigte erhält, soweit keine Arbeitsunfähigkeit vorliegt, für die Dauer von vier Monaten nach Feststellung ihrer/seiner Atemschutzuntauglichkeit Entgelt wie bei einer Entgeltfortzahlung nach § 22 Abs. 1 Satz 1 TVöD. [2]Nach Ablauf der Frist nach Satz 1 erhält die/der Beschäftigte das ihr/ihm aus der vorübergehend übertragenen Tätigkeit zustehende Entgelt. [3]Liegt während der Atemschutzuntauglichkeit Arbeitsunfähigkeit vor, wird abweichend von § 22 Abs. 2 TVöD der Krankengeldzuschuss in Höhe des Unterschiedsbetrages zwischen dem festgesetzten Nettokrankengeld oder der entsprechenden gesetzlichen Nettoleistung und dem Nettoentgelt (§ 22 Abs. 2 Satz 2 und 3 TVöD) gezahlt. [4]Nettokrankengeld ist das um die Arbeitnehmeranteile zur Sozialversicherung reduzierte Krankengeld. [5]§ 22 Abs. 2 Satz 4 TVöD findet Anwendung.

§ 6 Dauerhafte Atemschutzuntauglichkeit

(1) [1]Bei einer dauerhaften Atemschutzuntauglichkeit (§ 7 Nr. 2) prüft der Arbeitgeber, ob die/der Beschäftigte auf einem anderen Arbeitsplatz weiterbeschäftigt werden kann, vorzugsweise im Bereich der Feuerwehr. [2]Für die Prüfung der Weiterbeschäftigungsmöglichkeiten gilt folgende Reihenfolge:

1. Weiterbeschäftigung im Einsatzdienst der Flughafenfeuerwehr,
2. Weiterbeschäftigung im Feuerwehrdienst der Flughafenfeuerwehr,
3. Weiterbeschäftigung beim Flughafen.

[3]Bei der Prüfung der Möglichkeiten zur Weiterbeschäftigung ist der Betriebsrat beratend einzubeziehen

(2) Die/Der Beschäftigte erhält, wenn sie/er an allen Maßnahmen, die zur Wiederherstellung der Atemschutztauglichkeit nach § 5 Abs. 1 ergriffen wurden, aktiv mitgewirkt hat, bei einer Weiterbeschäftigung auf einem anderen Arbeitsplatz Entgeltsicherung nach Maßgabe des Absatzes 3, wenn

1. die/der Beschäftigte eine ununterbrochene Beschäftigungszeit bei der Flughafenfeuerwehr von mindestens 18 Jahren aufweist und nachweislich an mindestens 90 Prozent der angebotenen Sportstunden aktiv teilgenommen hat, oder
2. die Atemschutzuntauglichkeit auf einem nicht selbst verschuldeten Arbeitsunfall (§ 7 Nr. 1) oder auf einer Berufskrankheit (§ 7 Nr. 3) im bestehenden Arbeitsverhältnis beruht. [2]Als Verschulden gelten insoweit nur Vorsatz und grobe Fahrlässigkeit.

Protokollerklärung zu Absatz 2 Satz 1 Nr. 1

[1]Die Teilnahmequote bezieht sich auf die Zeit ab der betrieblichen Geltung des Abschnitts III. [2]Die aus dienstlichen Gründen, wegen Arbeitsunfähigkeit, Erholungsurlaubs, Sonderurlaubs oder Arbeitsbefreiung nicht mögliche Teilnahme ist als Teilnahme zu werten.

II

(3) [1]Die/der Beschäftigte erhält neben ihrem/seinem Entgelt aus der neuen Tätigkeit eine monatliche Zulage in Höhe von 70 Prozent der Differenz zwischen dem in entsprechender Anwendung des § 5 Abs. 3 Satz 1 ermittelten Entgelt vor Eintritt der Atemschutzuntauglichkeit (Vergleichsentgelt) und dem Entgelt aus der neuen Tätigkeit. [2]Der Betrag der Zulage ist zum Zeitpunkt allgemeiner Entgelterhöhungen neu zu berechnen; dabei verändert sich das Vergleichsentgelt zu demselben Zeitpunkt und um denselben Prozentsatz wie die höchste Stufe der Entgeltgruppe vor Eintritt der Atemschutzuntauglichkeit. [3]Bei Veränderungen der individuellen regelmäßigen Arbeitszeit der/des Beschäftigten ändert sich die Zulage entsprechend.

§ 7 Begriffsbestimmungen

1. Arbeitsunfall:

Ein Arbeitsunfall ist ein im bestehenden Arbeitsverhältnis erlittener Arbeitsunfall gemäß § 8 SGB VII.

2. Atemschutzuntauglichkeit:

[1]Atemschutzuntauglichkeit liegt vor, sobald die jeweiligen Anforderungen an Atemschutzgeräteträger nach dem DGUV-Grundsatz G 26.3 nicht erfüllt werden; die Feststellungen hierzu trifft die beauftragte Ärztin/der beauftragte Arzt gemäß § 3 Abs. 4 Satz 2 TVöD. [2]Bis zum Ablauf der auf diese Feststellung der Ärztin/des Arztes folgenden sechs vollen Kalendermonate gilt sie als zeitlich begrenzte Atemschutzuntauglichkeit, sofern die Wiederherstellung der Atemschutztauglichkeit nach Beurteilung der Ärztin/des Arztes möglich erscheint.

3. Berufskrankheit:

Eine Berufskrankheit ist eine Berufskrankheit gemäß § 9 SGB VII, die die/der Beschäftigte sich im bestehenden Arbeitsverhältnis zugezogen hat.

Anhang zu § 4 der Anlage G:

Die Tarifvertragsparteien gehen davon aus, dass zum Beispiel folgende Untersuchungen bei der betriebsärztlichen Planung zu berücksichtigen sind:

a) Ultraschalluntersuchung des Bauchraumes zur Beurteilung der dort liegenden Organe,
b) Echokardiographie und Farbdoppleruntersuchung des Herzens zur Erkennung von Durchblutungsstörungen sowie Veränderungen des Herzmuskels, der Herzklappen und des Blutstromes innerhalb des Herzens,
c) Farbdoppleruntersuchung der Halsschlagadern zur Früherkennung von Ablagerungen,
d) Endoskopische Untersuchung des Dickdarmes zur Früherkennung von entzündlichen oder bösartigen Veränderungen,
e) Untersuchung von Prostata*) und Hoden*, Nieren und Blase,
f) Test zur Früherkennung von Blasenkrebs,
g) Bestimmung des PSA-Wertes (Prostatakrebs-Früherkennung)*),
h Hämoccult-Test (Darmkrebsfrüherkennung),
i) Untersuchung des Augenhintergrundes zur Beurteilung der Netzhaut und der Augengefäße,
j) Messung des Augeninnendruckes zur Früherkennung des grünen Stars (Glaukom).

*) Nur für Männer

II

Musterverträge und -vorlagen (VKA)

Anhang 1	Arbeitsvertragsmuster für Beschäftigte, auf die der TVöD Anwendung findet und die unbefristet eingestellt werden
Anhang 2	Arbeitsvertragsmuster für Beschäftigte, auf die der TVöD Anwendung findet, die befristet eingestellt werden und deren Tätigkeit vor dem 1. Januar 2005 der Rentenversicherung der Angestellten unterlegen hätte (nur Tarifgebiet West)
Anhang 3	Arbeitsvertragsmuster für Beschäftigte, auf die der TVöD Anwendung findet, die befristet eingestellt werden und deren Tätigkeit vor dem 1. Januar 2005 der Rentenversicherung der Arbeiter unterlegen hätte (nur Tarifgebiet West)
Anhang 4	Arbeitsvertragsmuster für befristete Beschäftigte, auf die der TVöD Anwendung findet (nur Tarifgebiet Ost)
Anhang 5	Muster eines Änderungsvertrags
Anhang 6	Arbeitsvertragsmuster für unbefristet beschäftigte Krankenhausärztinnen/-ärzte (TVöD-K)
Anhang 7	Arbeitsvertragsmuster für befristet beschäftigte Krankenhausärztinnen/-ärzte (TVöD-K/Tarifgebiet West)
Anhang 8	Arbeitsvertragsmuster für befristet beschäftigte Krankenhausärztinnen/-ärzte (TVöD-K/Tarifgebiet Ost)
Anhang 9	Arbeitsvertragsmuster für Krankenhausärztinnen/-ärzte nach dem Gesetz über befristete Arbeitsverträge mit Ärzten in der Weiterbildung (TVöD-K)
Anhang 10	Arbeitsvertragsmuster für Beschäftigte, auf die der TVöD Anwendung findet und die unbefristet auf Abruf eingestellt werden (Arbeit auf Abruf)
Anhang 11	Arbeitsvertragsmuster für geringfügig Beschäftigte im Sinne von § 8 Abs. 1 Nr. 1 SGB IV, auf die der TVöD Anwendung findet (556-Euro-Grenze)
Anhang 12	Arbeitsvertragsmuster für geringfügig auf Abruf Beschäftigte, auf die der TVöD Anwendung findet (556-Euro-Beschäftigte auf Abruf)
Anhang 13	Arbeitsvertragsmuster für befristet Beschäftigte, für die Eingliederungszuschüsse nach den §§ 217 ff. SGB III gewährt werden bzw. die Arbeiten nach den §§ 260 ff. SGB III verrichten
Anhang 14	Niederschrift nach dem Nachweisgesetz

Anhang 1

Arbeitsvertragsmuster
für Beschäftigte, auf die der TVöD Anwendung findet
und die unbefristet eingestellt werden[1)]

Zwischen

....

vertreten durch .... (Arbeitgeber)

und

Frau/Herrn ....

wohnhaft ....

geboren am: .... (Beschäftigte/r)

wird – vorbehaltlich[2)] ....

.... – folgender

Arbeitsvertrag

geschlossen:

§ 1

(1) Frau/Herr ....

wird ab ....

auf unbestimmte Zeit eingestellt

☐ als Vollbeschäftigte/r[3)]

☐ als Teilzeitbeschäftigte/r[3)]

- ☐ mit der Hälfte der durchschnittlichen regelmäßigen wöchentlichen Arbeitszeit einer/eines entsprechenden Vollbeschäftigten[3)]
- ☐ mit .... der durchschnittlichen regelmäßigen wöchentlichen Arbeitszeit einer/eines entsprechenden Vollbeschäftigten[3) 4)]
- ☐ mit einer durchschnittlichen regelmäßigen wöchentlichen Arbeitszeit von .... Stunden.[3) 5)]

(2) Die/Der Beschäftigte ist im Rahmen begründeter betrieblicher/dienstlicher Notwendigkeiten zur Leistung von Sonntags-, Feiertags-, Nacht-, Wechselschicht- und Schichtarbeit sowie Bereitschaftsdienst, Rufbereitschaft, Überstunden und Mehrarbeit verpflichtet.

II

§ 2

[1]Das Arbeitsverhältnis bestimmt sich nach der durchgeschriebenen Fassung des Tarifvertrages für den öffentlichen Dienst (TVöD) für den Dienstleistungsbereich

☐ Verwaltung (TVöD-V)[3)]

☐ Krankenhäuser (TVöD-K)[3)]

☐ Pflege- und Betreuungseinrichtungen (TVöD-B)[3)]

☐ Sparkassen (TVöD-S)[3) 6)]

☐ Flughäfen (TVöD-F)[3)]

☐ Entsorgung (TVöD-E)[3)]

und den ergänzenden, ändernden oder ersetzenden Tarifverträgen in der für den Bereich der Vereinigung der kommunalen Arbeitgeberverbände (VKA) jeweils geltenden Fassung einschließlich des Tarifvertrages zur Überleitung der Beschäftigten der kommunalen Arbeitgeber in den TVöD und zur Regelung des Übergangsrechts (§ 1 Abs. 2 TVÜ-VKA). [2]Außerdem finden die im Bereich des Arbeitgebers jeweils geltenden sonstigen einschlägigen Tarifverträge Anwendung.

[3]Beim Wechsel in einen anderen Dienstleistungsbereich desselben Arbeitgebers gilt die jeweilige durchgeschriebene Fassung für diesen Dienstleistungsbereich.

§ 3

Die Probezeit beträgt sechs Monate.[7)]

§ 4

Die/Der Beschäftigte ist in der Entgeltgruppe .... eingruppiert.

§ 5

Das Arbeitsverhältnis endet, ohne dass es einer Kündigung bedarf, mit Ablauf des Monats,

a) in dem die/der Beschäftigte das gesetzlich festgelegte Alter zum Erreichen einer abschlagsfreien Regelaltersrente vollendet hat, oder

b) unter den Voraussetzungen des § 33 Abs. 2 und 3 TVöD mit dem Ablauf des Monats, in dem der Bescheid eines Rentenversicherungsträgers (Rentenbescheid) zugestellt wird. Beginnt die Rente erst nach der Zustellung des Rentenbescheids, endet das Arbeitsverhältnis mit Ablauf des dem Rentenbeginn vorangehenden Tages. Liegt im Zeitpunkt der Beendigung des Arbeitsverhältnisses eine nach § 92 SGB IX erforderliche Zustimmung des Integrationsamtes noch nicht vor, endet das Arbeitsverhältnis mit Ablauf des Tages der Zustellung des Zustimmungsbescheids des Integrationsamtes.

§ 6

(1) Zu diesem Arbeitsvertrag wird folgende Nebenabrede vereinbart:

....

....

....

(2) Die Nebenabrede kann unabhängig von diesem Arbeitsvertrag mit einer Frist

☐ von zwei Wochen zum Monatsschluss[3)]

☐ von ....

zum .... [3)]

gesondert schriftlich gekündigt werden.

(3) Nebenabreden sind nur wirksam, wenn sie schriftlich vereinbart werden (§ 2 Abs. 3 Satz 1 TVöD).

....

(Ort, Datum)

....

(Arbeitgeber) (Beschäftigte/r)

Nur für den Arbeitgeber:

[1)] Dieses Muster ist nicht zu verwenden für Krankenhausärzte, für Musikschullehrer und für Lehrkräfte. Neben dem Abschluss dieses Arbeitsvertrages ist eine Niederschrift gemäß § 2 Abs. 1 des Nachweisgesetzes zu fertigen.

[2)] Auszufüllen, wenn die Wirksamkeit des Vertrages z. B. von dem Ergebnis einer Prüfung oder einer ärztlichen Untersuchung abhängig gemacht wird.

[3)] Zutreffendes bitte ankreuzen!

[4)] Auszufüllen, wenn ein anderer Anteil als die Hälfte der regelmäßigen Arbeitszeit (z. B. drei Viertel; 60 v. H.) vereinbart werden soll.

[5)] Nur auszufüllen, wenn die vereinbarte Stundenzahl auch bei einer allgemeinen tariflichen Änderung der regelmäßigen wöchentlichen Arbeitszeit unverändert bleiben soll.

II

[6]) Nach dem TVöD-S können mit Beschäftigten der Entgeltgruppe 15 einzelvertraglich vom Tarifrecht abweichende Regelungen zum Entgelt und zur Arbeitszeit getroffen werden.
Soll eine abweichende Regelung zum Entgelt getroffen werden, ist der Text des § 4 durch die abweichende Regelung zu ersetzen (z. B.: Die/Der Beschäftigte erhält ein Entgelt in Höhe von .... Euro monatlich.).
Soll eine abweichende Regelung zur Arbeitszeit getroffen werden, ist der Text des § 1 durch die abweichende Regelung zu ersetzen (z. B.: Die durchschnittliche regelmäßige wöchentliche Arbeitszeit beträgt .... Stunden.).

[7]) Nach § 2 Abs. 4 TVöD gelten die ersten sechs Monate der Beschäftigung als Probezeit, soweit nicht eine kürzere Zeit vereinbart ist.
Wird die/der Beschäftigte im unmittelbaren Anschluss an ein erfolgreich abgeschlossenes Ausbildungsverhältnis nach dem Tarifvertrag für Auszubildende im öffentlichen Dienst (TVAöD) bei derselben Dienststelle oder bei demselben Betrieb eingestellt, ist der Text des § 3 wie folgt zu fassen: „Eine Probezeit ist nicht vereinbart."

Anhang 2

Arbeitsvertragsmuster
für Beschäftigte, auf die der TVöD Anwendung findet,
die befristet eingestellt werden und deren Tätigkeit
vor dem 1. Januar 2005 der Rentenversicherung der Angestellten
unterlegen hätte[1] (nur Tarifgebiet West)

Zwischen

....

vertreten durch .... (Arbeitgeber)

und

Frau/Herrn
wohnhaft ....
geboren am: .... (Beschäftigte/r)
wird – vorbehaltlich[2] ....
.... – folgender

Arbeitsvertrag

geschlossen:

§ 1

(1) [1]Frau/Herr ....
wird ab ....
befristet eingestellt

☐ als Vollbeschäftigte/r[3]

☐ als Teilzeitbeschäftigte/r[3]

- ☐ mit der Hälfte der durchschnittlichen regelmäßigen wöchentlichen Arbeitszeit einer/eines entsprechenden Vollbeschäftigten[3]
- ☐ mit .... der durchschnittlichen regelmäßigen wöchentlichen Arbeitszeit einer/eines entsprechenden Vollbeschäftigten[3) 4]
- ☐ mit einer durchschnittlichen regelmäßigen wöchentlichen Arbeitszeit von ...... Stunden.[3) 5]

II

[2]Der Arbeitsvertrag ist

☐ wegen Vorliegens eines sachlichen Grundes nach § 14 Abs. 1 TzBfG

  ☐ kalendermäßig befristet bis zum ....[3) 6)]

  ☐ zweckbefristet für die Dauer ....

  ....

  längstens bis zum ....[3) 6)]

  ☐ befristet gemäß § 21 BEEG[7)] bis zum ....[3)]

  ☐ befristet gemäß § 6 PflegeZG[8)] bis zum ....[3)]

☐ ohne Vorliegen eines sachlichen Grundes nach § 14 Abs. 2 TzBfG

befristet bis zum ....[3) 6) 9)]

(2) Die/Der Beschäftigte ist im Rahmen begründeter betrieblicher/dienstlicher Notwendigkeiten zur Leistung von Sonntags-, Feiertags-, Nacht-, Wechselschicht- und Schichtarbeit sowie Bereitschaftsdienst, Rufbereitschaft, Überstunden und Mehrarbeit verpflichtet.

§ 2

[1]Das Arbeitsverhältnis bestimmt sich nach der durchgeschriebenen Fassung des Tarifvertrages für den öffentlichen Dienst (TVöD) für den Dienstleistungsbereich

☐ Verwaltung (TVöD-V)[3)]

☐ Krankenhäuser (TVöD-K)[3)]

☐ Pflege- und Betreuungseinrichtungen (TVöD-B)[3)]

☐ Sparkassen (TVöD-S)[3) 10)]

☐ Flughäfen (TVöD-F)[3)]

☐ Entsorgung (TVöD-E)[3)]

und den ergänzenden, ändernden oder ersetzenden Tarifverträgen in der für den Bereich der Vereinigung der kommunalen Arbeitgeberverbände (VKA) jeweils geltenden Fassung einschließlich des Tarifvertrages zur Überleitung der Beschäftigten der kommunalen Arbeitgeber in den TVöD und zur Regelung des Übergangsrechts (§ 1 Abs. 2 TVÜ-VKA). [2]Außerdem finden die im Bereich des Arbeitgebers jeweils geltenden sonstigen einschlägigen Tarifverträge Anwendung.

[3]Beim Wechsel in einen anderen Dienstleistungsbereich desselben Arbeitgebers gilt die jeweilige durchgeschriebene Fassung für diesen Dienstleistungsbereich.

II

§ 3[11)]

Die Probezeit beträgt

☐ sechs Monate,[12)]

☐ sechs Wochen.[13)]

§ 4

Die/Der Beschäftigte ist in der Entgeltgruppe .... eingruppiert.

§ 5

(1) Zu diesem Arbeitsvertrag wird folgende Nebenabrede vereinbart:

....

....

....

(2) Die Nebenabrede kann unabhängig von diesem Arbeitsvertrag mit einer Frist

☐ von zwei Wochen zum Monatsschluss[3)]

☐ von ....

zum ....[3)]

gesondert schriftlich gekündigt werden.

(3) Nebenabreden sind nur wirksam, wenn sie schriftlich vereinbart werden (§ 2 Abs. 3 Satz 1 (TVöD).

....

(Ort, Datum)

....

(Arbeitgeber) (Beschäftigte/r)

Nur für den Arbeitgeber:

1) Dieses Muster gilt für befristete Arbeitsverträge mit und ohne sachlichen Grund. Es ist nicht zu verwenden für Krankenhausärzte, für Musikschullehrer und für Lehrkräfte. Neben dem Abschluss dieses Arbeitsvertrages ist eine Niederschrift gemäß § 2 Abs. 1 des Nachweisgesetzes zu fertigen.

2) Auszufüllen, wenn die Wirksamkeit des Vertrages z. B. von dem Ergebnis einer Prüfung oder einer ärztlichen Untersuchung abhängig gemacht wird.

3) Zutreffendes bitte ankreuzen und ggf. ausfüllen!

4) Auszufüllen, wenn ein anderer Anteil als die Hälfte der regelmäßigen Arbeitszeit (z. B. drei Viertel; 60 v. H.) vereinbart werden soll.

5) Nur auszufüllen, wenn die vereinbarte Stundenzahl auch bei einer allgemeinen tariflichen Änderung der regelmäßigen wöchentlichen Arbeitszeit unverändert bleiben soll.

6) Befristete Arbeitsverhältnisse sind nach § 30 Abs. 1 Satz 1 TVöD nach Maßgabe des Teilzeit- und Befristungsgesetzes sowie anderer gesetzlicher Vorschriften über die Befristung von Arbeitsverträgen zulässig. Ergänzend gelten die in § 30 Abs. 2 bis 5 TVöD geregelten Besonderheiten.

7) § 21 Abs. 1 bis 4 des Gesetzes zum Elterngeld und zur Elternzeit (Bundeselterngeld- und Elternzeitgesetz – BEEG), das als Artikel 1 des Gesetzes zur Einführung des Elterngeldes vom 5. Dezember 2006 (BGBl. I S. 2748) am 1. Januar 2007 in Kraft getreten ist, hat folgenden Wortlaut (Stand: Juli 2007):

(1) Ein sachlicher Grund, der die Befristung eines Arbeitsverhältnisses rechtfertigt, liegt vor, wenn ein Arbeitnehmer oder eine Arbeitnehmerin zur Vertretung eines anderen Arbeitnehmers oder einer anderen Arbeitnehmerin für die Dauer eines Beschäftigungsverbotes nach dem Mutterschutzgesetz, einer Elternzeit, einer auf Tarifvertrag, Betriebsvereinbarung oder einzelvertraglicher Vereinbarung beruhenden Arbeitsfreistellung zur Betreuung eines Kindes oder für diese Zeiten zusammen oder für Teile davon eingestellt wird.

(2) Über die Dauer der Vertretung nach Absatz 1 hinaus ist die Befristung für notwendige Zeiten einer Einarbeitung zulässig.

(3) Die Dauer der Befristung des Arbeitsvertrags muss kalendermäßig bestimmt oder bestimmbar oder den in den Absätzen 1 und 2 genannten Zwecken zu entnehmen sein.

(4) Der Arbeitgeber kann den befristeten Arbeitsvertrag unter Einhaltung einer Frist von mindestens drei Wochen, jedoch frühestens zum Ende der Elternzeit, kündigen, wenn die Elternzeit ohne Zustimmung des Arbeitgebers vorzeitig endet und der Arbeitnehmer oder die Arbeitnehmerin die vorzeitige Beendigung der Elternzeit mitgeteilt hat. Satz 1 gilt entsprechend, wenn der Arbeitgeber die vorzeitige Beendigung der Elternzeit in den Fällen des § 16 Abs. 3 Satz 2 nicht ablehnen darf.

8) § 6 Abs. 1 bis 3 des Gesetzes über die Pflegezeit (Pflegezeitgesetz – PflegeZG), das als Artikel 3 des Gesetzes zur strukturellen Weiterentwicklung der Pflegeversicherung (Pflege-Weiterentwicklungsgesetz) vom 28. Mai 2008 (BGBl. I S. 874) am 1. Juli 2008 in Kraft getreten ist, hat folgenden Wortlaut (Stand: Juli 2008):

(1) Wenn zur Vertretung einer Beschäftigten oder eines Beschäftigten für die Dauer der kurzzeitigen Arbeitsverhinderung nach § 2 oder der Pflegezeit nach § 3 eine Arbeitnehmerin oder ein Arbeitnehmer eingestellt wird, liegt hierin ein sachlicher Grund für die Befristung des Arbeitsverhältnisses. Über die Dauer der Vertretung nach Satz 1 hinaus ist die Befristung für notwendige Zeiten einer Einarbeitung zulässig.

(2) Die Dauer der Befristung des Arbeitsvertrages muss kalendermäßig bestimmt oder bestimmbar sein oder den in Absatz 1 genannten Zwecken zu entnehmen sein.

(3) Der Arbeitgeber kann den befristeten Arbeitsvertrag unter Einhaltung einer Frist von zwei Wochen kündigen, wenn die Pflegezeit nach § 4 Abs. 2 Satz 1 vorzeitig endet. Das Kündigungsschutzgesetz ist in diesen Fällen nicht anzuwenden. Satz 1 gilt nicht, soweit seine Anwendung vertraglich ausgeschlossen ist.

9) Ein befristeter Arbeitsvertrag ohne sachlichen Grund soll in der Regel zwölf Monate nicht unterschreiten; die Vertragsdauer muss mindestens sechs Monate betragen. Vor Ablauf des Arbeitsvertrages hat der Arbeitgeber zu prüfen, ob eine unbefristete oder befristete Weiterbeschäftigung möglich ist (§ 30 Abs. 3 TVöD).

10) Nach dem TVöD-S können mit Beschäftigten der Entgeltgruppe 15 einzelvertraglich vom Tarifrecht abweichende Regelungen zum Entgelt und zur Arbeitszeit getroffen werden.
Soll eine abweichende Regelung zum Entgelt getroffen werden, ist der Text des § 4 durch die abweichende Regelung zu ersetzen (z. B.: Die/der Beschäftigte erhält ein Entgelt in Höhe von .... Euro monatlich.).
Soll eine abweichende Regelung zur Arbeitszeit getroffen werden, ist der Text des § 1 durch die abweichende Regelung zu ersetzen (z. B.: Die durchschnittliche regelmäßige wöchentliche Arbeitszeit beträgt .... Stunden.).

11) Wird die/der Beschäftigte im unmittelbaren Anschluss an ein erfolgreich abgeschlossenes Ausbildungsverhältnis nach dem Tarifvertrag für Auszubildende im öffentlichen Dienst (TVAöD) bei derselben Dienststelle oder bei demselben Betrieb eingestellt, ist der Text des § 3 wie folgt zu fassen: „Eine Probezeit ist nicht vereinbart."

12) Bei befristeten Arbeitsverträgen mit sachlichem Grund gelten die ersten sechs Monate als Probezeit (§ 30 Abs. 4 Satz 1 TVöD).

13) Bei befristeten Arbeitsverträgen ohne sachlichen Grund gelten die ersten sechs Wochen als Probezeit (§ 30 Abs. 4 Satz 1 TVöD).

Anhang 3

II

Arbeitsvertragsmuster
für Beschäftigte, auf die der TVöD Anwendung findet, die befristet eingestellt werden und deren Tätigkeit vor dem 1. Januar 2005 der Rentenversicherung der Arbeiter unterlegen hätte[1)]
(nur Tarifgebiet West)

Zwischen

....

vertreten durch .... (Arbeitgeber)

und

Frau/Herrn ....

wohnhaft ....

geboren am: .... (Beschäftigte/r)

wird – vorbehaltlich[2)] ....

.... – folgender

Arbeitsvertrag

geschlossen:

§ 1

(1) [1]Frau/Herr ....

wird ab ....

befristet eingestellt

☐ als Vollbeschäftigte/r[3)]

☐ als Teilzeitbeschäftigte/r[3)]

- ☐ mit der Hälfte der durchschnittlichen regelmäßigen wöchentlichen Arbeitszeit einer/eines entsprechenden Vollbeschäftigten[3)]
- ☐ mit .... der durchschnittlichen regelmäßigen wöchentlichen Arbeitszeit einer/eines entsprechenden Vollbeschäftigten[3) 4)]
- ☐ mit einer durchschnittlichen regelmäßigen wöchentlichen Arbeitszeit von .... Stunden.[3) 5)]

[2]Der Arbeitsvertrag ist

☐ wegen Vorliegens eines sachlichen Grundes nach § 14 Abs. 1 TzBfG

☐ kalendermäßig befristet bis zum .... [3) 6)]

☐ zweckbefristet für die Dauer ....

....,

längstens bis zum .... [3) 6)]

☐ befristet gemäß § 21 BEEG[7)] bis zum .... [3)]

☐ befristet gemäß § 6 PflegeZG[8)] bis zum .... [3)]

☐ ohne Vorliegen eines sachlichen Grundes nach § 14 Abs. 2 TzBfG

befristet bis zum.. [3) 6)]

(2) Die/Der Beschäftigte ist im Rahmen begründeter betrieblicher/ dienstlicher Notwendigkeiten zur Leistung von Sonntags-, Feiertags-, Nacht-, Wechselschicht- und Schichtarbeit sowie Bereitschaftsdienst, Rufbereitschaft, Überstunden und Mehrarbeit verpflichtet.

§ 2

[1]Das Arbeitsverhältnis bestimmt sich nach der durchgeschriebenen Fassung des Tarifvertrages für den öffentlichen Dienst (TVöD) für den Dienstleistungsbereich

☐ Verwaltung (TVöD-V)[3)]

☐ Krankenhäuser (TVöD-K)[3)]

☐ Pflege- und Betreuungseinrichtungen (TVöD-B)[3)]

☐ Sparkassen (TVöD-S)[3) 9)]

☐ Flughäfen (TVöD-F)[3)]

☐ Entsorgung (TVöD-E)[3)]

und den ergänzenden, ändernden oder ersetzenden Tarifverträgen in der für den Bereich der Vereinigung der kommunalen Arbeitgeberverbände (VKA) jeweils geltenden Fassung einschließlich des Tarifvertrages zur Überleitung der Beschäftigten der kommunalen Arbeitgeber in den TVöD und zur Regelung des Übergangsrechts (§ 1 Abs. 2 TVÜ-VKA). [2]Außerdem finden die im Bereich des Arbeitgebers jeweils geltenden sonstigen einschlägigen Tarifverträge Anwendung.

[3]Beim Wechsel in einen anderen Dienstleistungsbereich desselben Arbeitgebers gilt die jeweilige durchgeschriebene Fassung für diesen Dienstleistungsbereich.

§ 3

Die Probezeit beträgt sechs Monate.[10)]

§ 4

Die/Der Beschäftigte ist in der Entgeltgruppe .... eingruppiert.

§ 5

[1]Das Arbeitsverhältnis kann jederzeit vor dem in § 1 Abs. 1 vereinbarten Beendigungszeitpunkt gemäß § 34 Abs. 1 TVöD ordentlich gekündigt werden. [2]Das Recht zur außerordentlichen Kündigung (§ 626 BGB) bleibt unberührt.

§ 6

(1) Zu diesem Arbeitsvertrag wird folgende Nebenabrede vereinbart:

....

....

....

(2) Die Nebenabrede kann unabhängig von diesem Arbeitsvertrag mit einer Frist

☐ von zwei Wochen zum Monatsschluss[3)]

☐ von ....

zum ....[3)]

gesondert schriftlich gekündigt werden.

(3) Nebenabreden sind nur wirksam, wenn sie schriftlich vereinbart werden (§ 2 Abs. 3 Satz 1 (TVöD).

....

(Ort, Datum)

....

(Arbeitgeber) (Beschäftigte/r)

Nur für den Arbeitgeber:

1) Dieses Muster gilt nicht für Beschäftigte, für die die in § 30 Abs. 2 bis 5 TVöD geregelten Besonderheiten gelten. Neben dem Abschluss dieses Arbeitsvertrages ist eine Niederschrift gemäß § 2 Abs. 1 des Nachweisgesetzes zu fertigen.

[2]) Auszufüllen, wenn die Wirksamkeit des Vertrages z. B. von dem Ergebnis einer Prüfung oder einer ärztlichen Untersuchung abhängig gemacht wird.

[3]) Zutreffendes bittte ankreuzen und ggf. ausfüllen!

[4]) Auszufüllen, wenn ein anderer Anteil als die Hälfte der regelmäßigen Arbeitszeit (z. B. drei Viertel; 60 v. H.) vereinbart werden soll.

[5]) Nur auszufüllen, wenn die vereinbarte Stundenzahl auch bei einer allgemeinen tariflichen Änderung der regelmäßigen wöchentlichen Arbeitszeit unverändert bleiben soll.

[6]) Befristete Arbeitsverhältnisse sind nach § 30 Abs. 1 Satz 1 TVöD nach Maßgabe des Teilzeit- und Befristungsgesetzes sowie anderer gesetzlicher Vorschriften über die Befristung von Arbeitsverträgen zulässig.

[7]) § 21 Abs. 1 bis 4 des Gesetzes zum Elterngeld und zur Elternzeit (Bundeselterngeld- und Elternzeitgesetz – BEEG), das als Artikel 1 des Gesetzes zur Einführung des Elterngeldes vom 5. Dezember 2006 (BGBl. I S. 2748) am 1. Januar 2007 in Kraft getreten ist, hat folgenden Wortlaut (Stand: Juli 2007):

(1) Ein sachlicher Grund, der die Befristung eines Arbeitsverhältnisses rechtfertigt, liegt vor, wenn ein Arbeitnehmer oder eine Arbeitnehmerin zur Vertretung eines anderen Arbeitnehmers oder einer anderen Arbeitnehmerin für die Dauer eines Beschäftigungsverbotes nach dem Mutterschutzgesetz, einer Elternzeit, einer auf Tarifvertrag, Betriebsvereinbarung oder einzelvertraglicher Vereinbarung beruhenden Arbeitsfreistellung zur Betreuung eines Kindes oder für diese Zeiten zusammen oder für Teile davon eingestellt wird.

(2) Über die Dauer der Vertretung nach Absatz 1 hinaus ist die Befristung für notwendige Zeiten einer Einarbeitung zulässig.

(3) Die Dauer der Befristung des Arbeitsvertrags muss kalendermäßig bestimmt oder bestimmbar oder den in den Absätzen 1 und 2 genannten Zwecken zu entnehmen sein.

(4) Der Arbeitgeber kann den befristeten Arbeitsvertrag unter Einhaltung einer Frist von mindestens drei Wochen, jedoch frühestens zum Ende der Elternzeit, kündigen, wenn die Elternzeit ohne Zustimmung des Arbeitgebers vorzeitig endet und der Arbeitnehmer oder die Arbeitnehmerin die vorzeitige Beendigung der Elternzeit mitgeteilt hat. Satz 1 gilt entsprechend, wenn der Arbeitgeber die vorzeitige Beendigung der Elternzeit in den Fällen des § 16 Abs. 3 Satz 2 nicht ablehnen darf.

[8]) § 6 Abs. 1 bis 3 des Gesetzes über die Pflegezeit (Pflegezeitgesetz – PflegeZG), das als Artikel 3 des Gesetzes zur strukturellen Weiterentwicklung der Pflegeversicherung (Pflege-Weiterentwicklungsgesetz) vom 28. Mai 2008 (BGBl. I S. 874) am 1. Juli 2008 in Kraft getreten ist, hat folgenden Wortlaut (Stand: Juli 2008):

(1) Wenn zur Vertretung einer Beschäftigten oder eines Beschäftigten für die Dauer der kurzzeitigen Arbeitsverhinderung nach § 2 oder der Pflegezeit nach § 3 eine Arbeitnehmerin oder ein Arbeitnehmer eingestellt wird, liegt hierin ein sachlicher Grund für die Befristung des Arbeitsverhältnisses.

Über die Dauer der Vertretung nach Satz 1 hinaus ist die Befristung für notwendige Zeiten einer Einarbeitung zulässig.

(2) Die Dauer der Befristung des Arbeitsvertrages muss kalendermäßig bestimmt oder bestimmbar sein oder den in Absatz 1 genannten Zwecken zu entnehmen sein.

(3) Der Arbeitgeber kann den befristeten Arbeitsvertrag unter Einhaltung einer Frist von zwei Wochen kündigen, wenn die Pflegezeit nach § 4 Abs. 2 Satz 1 vorzeitig endet. Das Kündigungsschutzgesetz ist in diesen Fällen nicht anzuwenden. Satz 1 gilt nicht, soweit seine Anwendung vertraglich ausgeschlossen ist.

[9]) Nach dem TVöD-S können mit Beschäftigten der Entgeltgruppe 15 einzelvertraglich vom Tarifrecht abweichende Regelungen zum Entgelt und zur Arbeitszeit getroffen werden.

Soll eine abweichende Regelung zum Entgelt getroffen werden, ist der Text des § 4 durch die abweichende Regelung zu ersetzen (z. B.: Die/der Beschäftigte erhält ein Entgelt in Höhe von .... Euro monatlich.).

Soll eine abweichende Regelung zur Arbeitszeit getroffen werden, ist der Text des § 1 durch die abweichende Regelung zu ersetzen (z. B.: Die durchschnittliche regelmäßige wöchentliche Arbeitszeit beträgt .... Stunden.).

[10]) Nach § 2 Abs. 4 Satz 1 TVöD gelten die ersten sechs Monate der Beschäftigung als Probezeit, soweit nicht eine kürzere Zeit vereinbart ist. Wird die/der Beschäftigte im unmittelbaren Anschluss an ein erfolgreich abgeschlossenes Ausbildungsverhältnis nach dem Tarifvertrag für Auszubildende im öffentlichen Dienst (TVAöD) bei derselben Dienststelle oder bei demselben Betrieb eingestellt, ist der Text des § 3 wie folgt zu fassen: „Eine Probezeit ist nicht vereinbart."

Anhang 4

Arbeitsvertragsmuster
für befristete Beschäftigte, auf die der TVöD Anwendung findet[1)]
(nur Tarifgebiet Ost)

Zwischen

vertreten durch .... (Arbeitgeber)

und

Frau/Herrn ....
wohnhaft ....
geboren am: .... (Beschäftigte/r)
wird – vorbehaltlich[2)] ....
.... – folgender

Arbeitsvertrag

geschlossen:

§ 1

(1) [1]Frau/Herr ....
wird ab ....
befristet eingestellt

☐ als Vollbeschäftigte/r[3)]

☐ als Teilzeitbeschäftigte/r[3)]

☐ mit der Hälfte der durchschnittlichen regelmäßigen wöchentlichen Arbeitszeit einer/eines entsprechenden Vollbeschäftigten[3)]

☐ mit .... der durchschnittlichen regelmäßigen wöchentlichen Arbeitszeit einer/eines entsprechenden Vollbeschäftigten[3) 4)]

☐ mit einer durchschnittlichen regelmäßigen wöchentlichen Arbeitszeit von .... Stunden.[3) 5)]

[2]Der Arbeitsvertrag ist

☐ wegen Vorliegens eines sachlichen Grundes nach § 14 Abs. 1 TzBfG

☐ kalendermäßig befristet bis zum ....[3) 6)]

☐ zweckbefristet für die Dauer ....
....,
längstens bis zum ....[3) 6)]

☐ befristet gemäß § 21 BEEG[7] bis zum ....[3]

☐ befristet gemäß § 6 PflegeZG[8] bis zum ....[3]

☐ ohne Vorliegen eines sachlichen Grundes nach § 14 Abs. 2 TzBfG befristet bis zum ....[3] [6]

(2) Die/Der Beschäftigte ist im Rahmen begründeter betrieblicher/dienstlicher Notwendigkeiten zur Leistung von Sonntags-, Feiertags-, Nacht-, Wechselschicht- und Schichtarbeit sowie Bereitschaftsdienst, Rufbereitschaft, Überstunden und Mehrarbeit verpflichtet.

§ 2

[1]Das Arbeitsverhältnis bestimmt sich nach der durchgeschriebenen Fassung des Tarifvertrages für den öffentlichen Dienst (TVöD) für den Dienstleistungsbereich

☐ Verwaltung (TVöD-V)[3]

☐ Krankenhäuser (TVöD-K)[3]

☐ Pflege- und Betreuungseinrichtungen (TVöD-B)[3]

☐ Sparkassen (TVöD-S)[3] [9]

☐ Flughäfen (TVöD-F)[3]

☐ Entsorgung (TVöD-E)[3]

und den ergänzenden, ändernden oder ersetzenden Tarifverträgen in der für den Bereich der Vereinigung der kommunalen Arbeitgeberverbände (VKA) jeweils geltenden Fassung einschließlich des Tarifvertrages zur Überleitung der Beschäftigten der kommunalen Arbeitgeber in den TVöD und zur Regelung des Übergangsrechts (§ 1 Abs. 2 TVÜ-VKA). [2]Außerdem finden die im Bereich des Arbeitgebers jeweils geltenden sonstigen einschlägigen Tarifverträge Anwendung.
[3]Beim Wechsel in einen anderen Dienstleistungsbereich desselben Arbeitgebers gilt die jeweilige durchgeschriebene Fassung für diesen Dienstleistungsbereich.

§ 3

Die Probezeit beträgt sechs Monate.[10]

§ 4

Die/Der Beschäftigte ist in der Entgeltgruppe .... eingruppiert.

§ 5

[1]Das Arbeitsverhältnis kann jederzeit vor dem in § 1 Abs. 1 vereinbarten Beendigungszeitpunkt gemäß § 34 Abs. 1 TVöD ordentlich gekündigt werden. [2]Das Recht zur außerordentlichen Kündigung (§ 626 BGB) bleibt unberührt.

II

§ 6

(1) Zu diesem Arbeitsvertrag wird folgende Nebenabrede vereinbart:

(2) Die Nebenabrede kann unabhängig von diesem Arbeitsvertrag mit einer Frist

☐ von zwei Wochen zum Monatsschluss[3)]

☐ von ....

zum .... [3)]

gesondert schriftlich gekündigt werden.

(3) Nebenabreden sind nur wirksam, wenn sie schriftlich vereinbart werden (§ 2 Abs. 3 Satz 1 TVöD).

....

(Ort, Datum)

....

(Arbeitgeber) (Beschäftigte/r)

Nur für den Arbeitgeber:

1) Dieses Muster gilt nicht für Beschäftigte, für die die in § 30 Abs. 2 bis 5 TVöD geregelten Besonderheiten gelten. Neben dem Abschluss dieses Arbeitsvertrages ist eine Niederschrift gemäß § 2 Abs. 1 des Nachweisgesetzes zu fertigen.

2) Auszufüllen, wenn die Wirksamkeit des Vertrages z. B. von dem Ergebnis einer Prüfung oder einer ärztlichen Untersuchung abhängig gemacht wird.

3) Zutreffendes bitte ankreuzen und ggf. ausfüllen!

4) Auszufüllen, wenn ein anderer Anteil als die Hälfte der regelmäßigen Arbeitszeit (z. B. drei Viertel; 60 v. H.) vereinbart werden soll.

5) Nur auszufüllen, wenn die vereinbarte Stundenzahl auch bei einer allgemeinen tariflichen Änderung der regelmäßigen wöchentlichen Arbeitszeit unverändert bleiben soll.

6) Befristete Arbeitsverhältnisse sind nach § 30 Abs. 1 Satz 1 TVöD nach Maßgabe des Teilzeit- und Befristungsgesetzes sowie anderer gesetzlicher Vorschriften über die Befristung von Arbeitsverträgen zulässig.

7) § 21 Abs. 1 bis 4 des Gesetzes zum Elterngeld und zur Elternzeit (Bundeselterngeld- und Elternzeitgesetz – BEEG), das als Artikel 1 des Gesetzes zur Einführung des Elterngeldes vom 5. Dezember 2006 (BGBl. I S. 2748) am 1. Januar 2007 in Kraft getreten ist, hat folgenden Wortlaut (Stand: Juli 2007):

II

(1) Ein sachlicher Grund, der die Befristung eines Arbeitsverhältnisses rechtfertigt, liegt vor, wenn ein Arbeitnehmer oder eine Arbeitnehmerin zur Vertretung eines anderen Arbeitnehmers oder einer anderen Arbeitnehmerin für die Dauer eines Beschäftigungsverbotes nach dem Mutterschutzgesetz, einer Elternzeit, einer auf Tarifvertrag, Betriebsvereinbarung oder einzelvertraglicher Vereinbarung beruhenden Arbeitsfreistellung zur Betreuung eines Kindes oder für diese Zeiten zusammen oder für Teile davon eingestellt wird.

(2) Über die Dauer der Vertretung nach Absatz 1 hinaus ist die Befristung für notwendige Zeiten einer Einarbeitung zulässig.

(3) Die Dauer der Befristung des Arbeitsvertrags muss kalendermäßig bestimmt oder bestimmbar oder den in den Absätzen 1 und 2 genannten Zwecken zu entnehmen sein.

(4) Der Arbeitgeber kann den befristeten Arbeitsvertrag unter Einhaltung einer Frist von mindestens drei Wochen, jedoch frühestens zum Ende der Elternzeit, kündigen, wenn die Elternzeit ohne Zustimmung des Arbeitgebers vorzeitig endet und der Arbeitnehmer oder die Arbeitnehmerin die vorzeitige Beendigung der Elternzeit mitgeteilt hat. Satz 1 gilt entsprechend, wenn der Arbeitgeber die vorzeitige Beendigung der Elternzeit in den Fällen des § 16 Abs. 3 Satz 2 nicht ablehnen darf.

8) § 6 Abs. 1 bis 3 des Gesetzes über die Pflegezeit (Pflegezeitgesetz – PflegeZG), das als Artikel 3 des Gesetzes zur strukturellen Weiterentwicklung der Pflegeversicherung (Pflege-Weiterentwicklungsgesetz) vom 28. Mai 2008 (BGBl. I S. 874) am 1. Juli 2008 in Kraft getreten ist, hat folgenden Wortlaut (Stand: Juli 2008):

(1) Wenn zur Vertretung einer Beschäftigten oder eines Beschäftigten für die Dauer der kurzzeitigen Arbeitsverhinderung nach § 2 oder der Pflegezeit nach § 3 eine Arbeitnehmerin oder ein Arbeitnehmer eingestellt wird, liegt hierin ein sachlicher Grund für die Befristung des Arbeitsverhältnisses. Über die Dauer der Vertretung nach Satz 1 hinaus ist die Befristung für notwendige Zeiten einer Einarbeitung zulässig.

(2) Die Dauer der Befristung des Arbeitsvertrages muss kalendermäßig bestimmt oder bestimmbar sein oder den in Absatz 1 genannten Zwecken zu entnehmen sein.

(3) Der Arbeitgeber kann den befristeten Arbeitsvertrag unter Einhaltung einer Frist von zwei Wochen kündigen, wenn die Pflegezeit nach § 4 Abs. 2 Satz 1 vorzeitig endet. Das Kündigungsschutzgesetz ist in diesen Fällen nicht anzuwenden. Satz 1 gilt nicht, soweit seine Anwendung vertraglich ausgeschlossen ist.

9) Nach dem TVöD-S können mit Beschäftigten der Entgeltgruppe 15 einzelvertraglich vom Tarifrecht abweichende Regelungen zum Entgelt und zur Arbeitszeit getroffen werden.
Soll eine abweichende Regelung zum Entgelt getroffen werden, ist der Text des § 4 durch die abweichende Regelung zu ersetzen (z. B.: Die/der Beschäftigte erhält ein Entgelt in Höhe von .... Euro monatlich.).

Soll eine abweichende Regelung zur Arbeitszeit getroffen werden, ist der Text des § 1 durch die abweichende Regelung zu ersetzen (z. B.: Die durchschnittliche regelmäßige wöchentliche Arbeitszeit beträgt .... Stunden.).

10) Nach § 2 Abs. 4 Satz 1 TVöD gelten die ersten sechs Monate der Beschäftigung als Probezeit, soweit nicht eine kürzere Zeit vereinbart ist. Wird die/der Beschäftigte im unmittelbaren Anschluss an ein erfolgreich abgeschlossenes Ausbildungsverhältnis nach dem Tarifvertrag für Auszubildende im öffentlichen Dienst (TVAöD) bei derselben Dienststelle oder bei demselben Betrieb eingestellt, ist der Text des § 3 wie folgt zu fassen: „Eine Probezeit ist nicht vereinbart."

II

Anhang 5

Muster eines Änderungsvertrags

Zwischen

....

vertreten durch .... (Arbeitgeber)

und

Frau/Herrn .... (Beschäftigte/r)

wird folgender

Änderungsvertrag

geschlossen:

§ 1

[1]Der Arbeitsvertrag vom .... wird wie folgt geändert:

Beispiele:

a) Die/Der Beschäftigte ist in der Entgeltgruppe .... eingruppiert.

b) Die regelmäßige Arbeitszeit beträgt .... Stunden wöchentlich.

c) usw.

[2]Im Übrigen bleiben die Regelungen des Arbeitsvertrages vom .... unverändert.

§ 2

Dieser Änderungsvertrag tritt am .... in Kraft.

....

(Ort, Datum)

....

(Arbeitgeber) (Beschäftigte/r)

Anhang 6

Arbeitsvertragsmuster
für unbefristet beschäftigte Krankenhausärztinnen/-ärzte
(TVöD-K)

Zwischen

....
vertreten durch .... (Arbeitgeber)

und

Frau/Herrn ....
wohnhaft ....
geboren am: .... (Ärztin/Arzt)
wird – vorbehaltlich[1] ....
.... – folgender

Arbeitsvertrag

geschlossen:

§ 1

(1) Frau/Herr ....
wird ab ....
auf unbestimmte Zeit im Rahmen der jeweiligen Aufgaben des Krankenhauses/der Krankenhäuser [2] eingestellt

- ☐ als vollbeschäftigte/r Ärztin/Arzt.[3]
- ☐ als teilzeitbeschäftigte/r Ärztin/Arzt[3]
  - ☐ mit der Hälfte der durchschnittlichen regelmäßigen wöchentlichen Arbeitszeit einer/eines entsprechenden Vollbeschäftigten.[3]
  - ☐ mit .... der durchschnittlichen regelmäßigen wöchentlichen Arbeitszeit einer/eines entsprechenden Vollbeschäftigten.[3] [4]
  - ☐ mit einer durchschnittlichen regelmäßigen wöchentlichen Arbeitszeit von .... Stunden.[3] [5]

(2) Die Ärztin/Der Arzt ist im Rahmen begründeter betrieblicher/dienstlicher Notwendigkeiten zur Leistung von Sonntags-, Feiertags-, Nacht-, Wechselschicht- und Schichtarbeit sowie Bereitschaftsdienst, Rufbereitschaft, Überstunden und Mehrarbeit verpflichtet.

II

§ 2

[1]Das Arbeitsverhältnis bestimmt sich nach der durchgeschriebenen Fassung des Tarifvertrages für den öffentlichen Dienst (TVöD) für den Dienstleistungsbereich Krankenhäuser (TVöD-K) und den diesen ergänzenden, ändernden oder ersetzenden Tarifverträgen in der für den Bereich der Vereinigung der kommunalen Arbeitgeberverbände (VKA) jeweils geltenden Fassung einschließlich des Tarifvertrages zur Überleitung der Beschäftigten der kommunalen Arbeitgeber in den TVöD und zur Regelung des Übergangsrechts (§ 1 Abs. 2 TVÜ-VKA). [2]Außerdem finden die im Bereich des Arbeitgebers jeweils geltenden sonstigen einschlägigen Tarifverträge Anwendung.

§ 3

Die Probezeit beträgt sechs Monate.[6)]

§ 4

Die Ärztin/Der Arzt ist in der Entgeltgruppe .... eingruppiert (§ 12.1 Abs. 1 TVöD-K).

§ 5

(1) [1]Die Ärztin/Der Arzt ist verpflichtet, ihre/seine ganze Arbeitskraft in den Dienst des Krankenhauses zu stellen. [2]Der ihr/ihm obliegenden Arbeiten hat sie/er entsprechend den gesetzlichen Vorschriften sowie den allgemeinen und besonderen Weisungen des Arbeitgebers bzw. seiner Bevollmächtigten gewissenhaft und unter Beachtung der Unfallverhütungsvorschriften durchzuführen. [3]Sie/Er hat – im Rahmen der ausreichenden und zweckmäßigen Versorgung der Patienten – insbesondere auf Wirtschaftlichkeit zu achten.

(2) [1]Für die Inanspruchnahme von Räumen, Einrichtungen, Personal oder Material des Arbeitgebers im Rahmen einer Nebentätigkeit bedarf es der ausdrücklichen Erlaubnis des Arbeitgebers. [2]Die Ärztin/Der Arzt hat dem Arbeitgeber die Kosten hierfür zu erstatten, soweit sie nicht von anderer Seite zu erstatten sind.

§ 6

Das Arbeitsverhältnis endet, ohne dass es einer Kündigung bedarf, mit Ablauf des Monats,

a) in dem die/der Beschäftigte das gesetzlich festgelegte Alter zum Erreichen einer abschlagsfreien Regelaltersrente vollendet hat, oder

b) unter den Voraussetzungen des § 33 Abs. 2 und 3 TVöD mit dem Ablauf des Monats, in dem der Bescheid eines Rentenversicherungsträgers (Rentenbescheid) zugestellt wird. Beginnt die Rente erst nach der Zustellung des Rentenbescheids, endet das Arbeitsverhältnis mit Ablauf des dem Rentenbeginn vorangehenden Tages. Liegt im Zeitpunkt der Beendigung des Arbeitsverhältnisses eine nach § 92 SGB IX erforderliche Zustimmung des Integrationsamtes noch nicht vor, endet das Arbeitsverhältnis mit Ablauf des Tages der Zustellung des Zustimmungsbescheids des Integrationsamtes.

§ 7

(1) Zu diesem Arbeitsvertrag wird folgende Nebenabrede vereinbart:

....

(2) Die Nebenabrede kann unabhängig von diesem Arbeitsvertrag mit einer Frist

☐ von zwei Wochen zum Monatsschluss[3)]

☐ von ....

zum ....[3)]

gesondert schriftlich gekündigt werden.

(3) Nebenabreden sind nur wirksam, wenn sie schriftlich vereinbart werden (§ 2 Abs. 3 Satz 1 TVöD).

....
(Ort, Datum)

....
(Arbeitgeber) (Ärztin/Arzt)

Nur für den Arbeitgeber:

1) Auszufüllen, wenn die Wirksamkeit des Vertrages z. B. von dem Ergebnis einer Prüfung oder einer ärztlichen Untersuchung abhängig gemacht wird.

2) Nichtzutreffendes bitte streichen!

3) Zutreffendes bitte ankreuzen!

4) Auszufüllen, wenn ein anderer Anteil als die Hälfte der regelmäßigen Arbeitszeit (z. B. drei Viertel; 60 v. H.) vereinbart werden soll.

5) Nur auszufüllen, wenn die vereinbarte Stundenzahl auch bei einer allgemeinen tariflichen Änderung der regelmäßigen wöchentlichen Arbeitszeit unverändert bleiben soll.

6) Nach § 2 Abs. 4 TVöD gelten die ersten sechs Monate der Beschäftigung als Probezeit, soweit nicht eine kürzere Zeit vereinbart ist.

Anhang 7

Arbeitsvertragsmuster[1]
für befristet beschäftigte Krankenhausärztinnen/-ärzte
(TVöD-K/Tarifgebiet West)

Zwischen

....

vertreten durch .... (Arbeitgeber)

und

Frau/Herrn ....
wohnhaft ....
geboren am: (Ärztin/Arzt)
wird – vorbehaltlich[2] ....
.... – folgender

Arbeitsvertrag

geschlossen:

§ 1

(1) [1]Frau/Herr ....
wird ab ....
befristet im Rahmen der jeweiligen Aufgaben des Krankenhauses/der Krankenhäuser [3] eingestellt

☐ als vollbeschäftigte/r Ärztin/Arzt.[3] [4]

☐ als teilzeitbeschäftigte/r Ärztin/Arzt[3] [4]

 ☐ mit der Hälfte der durchschnittlichen regelmäßigen wöchentlichen Arbeitszeit einer/eines entsprechenden Vollbeschäftigten.[3] [4]

 ☐ mit .... der durchschnittlichen regelmäßigen wöchentlichen Arbeitszeit einer/eines entsprechenden Vollbeschäftigten.[3] [4] [5]

 ☐ mit einer durchschnittlichen regelmäßigen wöchentlichen Arbeitszeit von .... Stunden.[3] [4] [6]

II

[2]Der Arbeitsvertrag ist

☐ wegen Vorliegens eines sachlichen Grundes nach § 14 Abs. 1 TzBfG

☐ kalendermäßig befristet bis zum .... [4) 7)]

☐ zweckbefristet für die Dauer ....

....,

längstens bis zum .... [4) 7)]

☐ befristet gemäß § 21 BEEG[8)] bis zum .... [4)]

☐ befristet gemäß § 6 PflegeZG[9)] bis zum .... [4)]

☐ ohne Vorliegen eines sachlichen Grundes nach § 14 Abs. 2 TzBfG befristet bis zum .... [4) 10)]

(2) Die Ärztin/Der Arzt ist im Rahmen begründeter betrieblicher/dienstlicher Notwendigkeiten zur Leistung von Sonntags-, Feiertags-, Nacht-, Wechselschicht- und Schichtarbeit sowie Bereitschaftsdienst, Rufbereitschaft, Überstunden und Mehrarbeit verpflichtet.

§ 2

[1]Das Arbeitsverhältnis bestimmt sich nach der durchgeschriebenen Fassung des Tarifvertrages für den öffentlichen Dienst (TVöD) für den Dienstleistungsbereich Krankenhäuser (TVöD-K) und den diesen ergänzenden, ändernden oder ersetzenden Tarifverträgen in der für den Bereich der Vereinigung der kommunalen Arbeitgeberverbände (VKA) jeweils geltenden Fassung einschließlich des Tarifvertrages zur Überleitung der Beschäftigten der kommunalen Arbeitgeber in den TVöD und zur Regelung des Übergangsrechts (§ 1 Abs. 2 TVÜ-VKA). [2]Außerdem finden die im Bereich des Arbeitgebers jeweils geltenden sonstigen einschlägigen Tarifverträge Anwendung.

§ 3[11)]

Die Probezeit beträgt

☐ sechs Monate.[12)]

☐ sechs Wochen.[13)]

§ 4

Die Ärztin/Der Arzt ist in der Entgeltgruppe .... eingruppiert (§ 12.1 Abs. 1 TVöD-K).

§ 5

(1) [1]Die Ärztin/Der Arzt ist verpflichtet, ihre/seine ganze Arbeitskraft in den Dienst des Krankenhauses zu stellen. [2]Die ihr/ihm obliegenden Arbeiten hat sie/er entsprechend den gesetzlichen Vorschriften

sowie den allgemeinen und besonderen Weisungen des Arbeitgebers bzw. seiner Bevollmächtigten gewissenhaft und unter Beachtung der Unfallverhütungsvorschriften durchzuführen. [3]Sie/Er hat – im Rahmen der ausreichenden und zweckmäßigen Versorgung der Patienten – insbesondere auf Wirtschaftlichkeit zu achten.

(2) [1]Für die Inanspruchnahme von Räumen, Einrichtungen, Personal oder Material des Arbeitgebers im Rahmen einer Nebentätigkeit bedarf es der ausdrücklichen Erlaubnis des Arbeitgebers. [2]Die Ärztin/Der Arzt hat dem Arbeitgeber die Kosten hierfür zu erstatten, soweit sie nicht von anderer Seite zu erstatten sind.

§ 6

(1) Zu diesem Arbeitsvertrag wird folgende Nebenabrede vereinbart:

....

....

(2) Die Nebenabrede kann unabhängig von diesem Arbeitsvertrag mit einer Frist

☐ von zwei Wochen zum Monatsschluss[3)]

☐ von ....

zum ....[3)]

gesondert schriftlich gekündigt werden.

(3) Nebenabreden sind nur wirksam, wenn sie schriftlich vereinbart werden (§ 2 Abs. 3 Satz 1 (TVöD).

....

(Ort, Datum)

....

(Arbeitgeber) (Ärztin/Arzt)

Nur für den Arbeitgeber:

[1)] Dieses Arbeitsvertragsmuster gilt für befristete Arbeitsverträge mit und ohne sachlichen Grund. Es gilt nicht für Ärztinnen/Ärzte in der Weiterbildung; hierfür ist ein besonderes Arbeitsvertragsmuster zu verwenden.

[2)] Auszufüllen, wenn die Wirksamkeit des Vertrages z. B. von dem Ergebnis einer Prüfung oder einer ärztlichen Untersuchung abhängig gemacht wird.

[3)] Nichtzutreffendes bitte streichen!

[4)] Zutreffendes bitte ankreuzen!

II

[5]) Auszufüllen, wenn ein anderer Anteil als die Hälfte der regelmäßigen Arbeitszeit (z. B. drei Viertel; 60 v. H.) vereinbart werden soll.

[6]) Nur auszufüllen, wenn die vereinbarte Stundenzahl auch bei einer allgemeinen tariflichen Änderung der regelmäßigen wöchentlichen Arbeitszeit unverändert bleiben soll.

[7]) Befristete Arbeitsverhältnisse sind nach § 30 Abs. 1 TVöD-K nach Maßgabe des Teilzeit- und Befristungsgesetzes sowie anderer gesetzlicher Vorschriften über die Befristung von Arbeitsverträgen zulässig. Ergänzend gelten die in § 30 Abs. 2 bis 5 TVöD-K geregelten Besonderheiten.

[8]) § 21 Abs. 1 bis 4 des Gesetzes zum Elterngeld und zur Elternzeit (Bundeselterngeld- und Elternzeitgesetz – BEEG), das als Artikel 1 des Gesetzes zur Einführung des Elterngeldes vom 5. Dezember 2006 (BGBl. I S. 2748) am 1. Januar 2007 in Kraft getreten ist, hat folgenden Wortlaut (Stand: Juli 2007):

(1) Ein sachlicher Grund, der die Befristung eines Arbeitsverhältnisses rechtfertigt, liegt vor, wenn ein Arbeitnehmer oder eine Arbeitnehmerin zur Vertretung eines anderen Arbeitnehmers oder einer anderen Arbeitnehmerin für die Dauer eines Beschäftigungsverbotes nach dem Mutterschutzgesetz, einer Elternzeit, einer auf Tarifvertrag, Betriebsvereinbarung oder einzelvertraglicher Vereinbarung beruhenden Arbeitsfreistellung zur Betreuung eines Kindes oder für diese Zeiten zusammen oder für Teile davon eingestellt wird.

(2) Über die Dauer der Vertretung nach Absatz 1 hinaus ist die Befristung für notwendige Zeiten einer Einarbeitung zulässig.

(3) Die Dauer der Befristung des Arbeitsvertrags muss kalendermäßig bestimmt oder bestimmbar oder den in den Absätzen 1 und 2 genannten Zwecken zu entnehmen sein.

(4) Der Arbeitgeber kann den befristeten Arbeitsvertrag unter Einhaltung einer Frist von mindestens drei Wochen, jedoch frühestens zum Ende der Elternzeit, kündigen, wenn die Elternzeit ohne Zustimmung des Arbeitgebers vorzeitig endet und der Arbeitnehmer oder die Arbeitnehmerin die vorzeitige Beendigung der Elternzeit mitgeteilt hat. Satz 1 gilt entsprechend, wenn der Arbeitgeber die vorzeitige Beendigung der Elternzeit in den Fällen des § 16 Abs. 3 Satz 2 nicht ablehnen darf.

[9]) § 6 Abs. 1 bis 3 des Gesetzes über die Pflegezeit (Pflegezeitgesetz – PflegeZG), das als Artikel 3 des Gesetzes zur strukturellen Weiterentwicklung der Pflegeversicherung (Pflege-Weiterentwicklungsgesetz) vom 28. Mai 2008 (BGBl. I S. 874) am 1. Juli 2008 in Kraft getreten ist, hat folgenden Wortlaut (Stand: Juli 2008):

(1) Wenn zur Vertretung einer Beschäftigten oder eines Beschäftigten für die Dauer der kurzzeitigen Arbeitsverhinderung nach § 2 oder der Pflegezeit nach § 3 eine Arbeitnehmerin oder ein Arbeitnehmer eingestellt wird, liegt hierin ein sachlicher Grund für die Befristung des Arbeitsverhältnisses. Über die Dauer der Vertretung nach Satz 1 hinaus ist die Befristung für notwendige Zeiten einer Einarbeitung zulässig.

(2) Die Dauer der Befristung des Arbeitsvertrages muss kalendermäßig bestimmt oder bestimmbar sein oder den in Absatz 1 genannten Zwecken zu entnehmen sein.

(3) Der Arbeitgeber kann den befristeten Arbeitsvertrag unter Einhaltung einer Frist von zwei Wochen kündigen, wenn die Pflegezeit nach § 4 Abs. 2 Satz 1 vorzeitig endet. Das Kündigungsschutzgesetz ist in diesen Fällen nicht anzuwenden. Satz 1 gilt nicht, soweit seine Anwendung vertraglich ausgeschlossen ist.

10) Ein befristeter Arbeitsvertrag ohne sachlichen Grund soll in der Regel zwölf Monate nicht unterschreiten; die Vertragsdauer muss mindestens sechs Monate betragen. Vor Ablauf des Arbeitsvertrages hat der Arbeitgeber zu prüfen, ob eine unbefristete oder befristete Weiterbeschäftigung möglich ist (§ 30 Abs. 3 TVöD).

11) Nach § 2 Abs. 4 TVöD-K gelten die ersten sechs Monate der Beschäftigung als Probezeit, soweit nicht eine kürzere Zeit vereinbart ist.

12) Bei befristeten Arbeitsverträgen mit sachlichem Grund gelten die ersten sechs Monate als Probezeit (§ 30 Abs. 4 Satz 1 TVöD).

13) Bei befristeten Arbeitsverträgen ohne sachlichen Grund gelten die ersten sechs Wochen als Probezeit (§ 30 Abs. 4 Satz 1 TVöD).

Anhang 8

II

Arbeitsvertragsmuster[1)]
für befristet beschäftigte Krankenhausärztinnen/-ärzte
(TVöD-K/Tarifgebiet Ost)

Zwischen

....

vertreten durch .... (Arbeitgeber)

und

Frau/Herrn ....
wohnhaft ....
geboren am: .... (Ärztin/Arzt)
wird – vorbehaltlich[2)] ....
.... – folgender

Arbeitsvertrag

geschlossen:

§ 1

(1) [1]Frau/Herr
wird ab
befristet im Rahmen der jeweiligen Aufgaben des Krankenhauses/der Krankenhäuser [3)] eingestellt

☐ als vollbeschäftigte/r Ärztin/Arzt.[3) 4)]

☐ als teilzeitbeschäftigte/r Ärztin/Arzt[3) 4)]

  ☐ mit der Hälfte der durchschnittlichen regelmäßigen wöchentlichen Arbeitszeit einer/eines entsprechenden Vollbeschäftigten.[3) 4)]

  ☐ mit .... der durchschnittlichen regelmäßigen wöchentlichen Arbeitszeit einer/eines entsprechenden Vollbeschäftigten.[3) 4) 5)]

  ☐ mit einer durchschnittlichen regelmäßigen wöchentlichen Arbeitszeit von .... Stunden.[3) 4) 6)]

[2]Der Arbeitsvertrag ist

☐ wegen Vorliegens eines sachlichen Grundes nach § 14 Abs. 1 TzBfG

  ☐ kalendermäßig befristet bis zum ....[4) 7)]

  ☐ zweckbefristet für die Dauer ....

  ...., längstens bis zum ....[4) 7)]

☐ befristet gemäß § 21 BEEG[8)] bis zum ....[4)]

☐ befristet gemäß § 6 PflegeZG[9)] bis zum ....[4)]

☐ ohne Vorliegen eines sachlichen Grundes nach § 14 Abs. 2 TzBfG

befristet bis zum ....[4)]

(2) Die Ärztin/Der Arzt ist im Rahmen begründeter betrieblicher/dienstlicher Notwendigkeiten zur Leistung von Sonntags-, Feiertags-, Nacht-, Wechselschicht- und Schichtarbeit sowie Bereitschaftsdienst, Rufbereitschaft, Überstunden und Mehrarbeit verpflichtet.

II

§ 2

[1]Das Arbeitsverhältnis bestimmt sich nach der durchgeschriebenen Fassung des Tarifvertrages für den öffentlichen Dienst (TVöD) für den Dienstleistungsbereich Krankenhäuser (TVöD-K) und den diesen ergänzenden, ändernden oder ersetzenden Tarifverträgen in der für den Bereich der Vereinigung der kommunalen Arbeitgeberverbände (VKA) jeweils geltenden Fassung einschließlich des Tarifvertrages zur Überleitung der Beschäftigten der kommunalen Arbeitgeber in den TVöD und zur Regelung des Übergangsrechts (§ 1 Abs. 2 TVÜ-VKA). [2]Außerdem finden die im Bereich des Arbeitgebers jeweils geltenden sonstigen einschlägigen Tarifverträge Anwendung.

§ 3

Die Probezeit beträgt sechs Monate.[10)]

§ 4

Die Ärztin/Der Arzt ist in der Entgeltgruppe .... eingruppiert (§ 12.1 Abs. 1 TVöD-K).

§ 5

(1) [1]Die Ärztin/Der Arzt ist verpflichtet, ihre/seine ganze Arbeitskraft in den Dienst des Krankenhauses zu stellen. [2]Die ihr/ihm obliegenden Arbeiten hat sie/er entsprechend den gesetzlichen Vorschriften sowie den allgemeinen und besonderen Weisungen des Arbeitgebers bzw. seiner Bevollmächtigten gewissenhaft und unter Beachtung der Unfallverhütungsvorschriften durchzuführen. [3]Sie/Er hat – im Rahmen der ausreichenden und zweckmäßigen Versorgung der Patienten – insbesondere auf Wirtschaftlichkeit zu achten.

(2) [1]Für die Inanspruchnahme von Räumen, Einrichtungen, Personal oder Material des Arbeitgebers im Rahmen einer Nebentätigkeit bedarf es der ausdrücklichen Erlaubnis des Arbeitgebers. [2]Die Ärztin/

Der Arzt hat dem Arbeitgeber die Kosten hierfür zu erstatten, soweit sie nicht von anderer Seite zu erstatten sind.

§ 6

II

[1]Das Arbeitsverhältnis kann jederzeit vor dem in § 1 Abs. 1 vereinbarten Beendigungszeitpunkt gemäß § 34 Abs. 1 TVöD-K ordentlich gekündigt werden. [2]Das Recht zur außerordentlichen Kündigung (§ 626 BGB) bleibt unberührt.

§ 7

(1) Zu diesem Arbeitsvertrag wird folgende Nebenabrede vereinbart:

....

....

(2) Die Nebenabrede kann unabhängig von diesem Arbeitsvertrag mit einer Frist

☐ von zwei Wochen zum Monatsschluss[3)]

☐ von

zum[3)]

gesondert schriftlich gekündigt werden.

(3) Nebenabreden sind nur wirksam, wenn sie schriftlich vereinbart werden (§ 2 Abs. 3 Satz 1 (TVöD).

....

(Ort, Datum)

....

(Arbeitgeber) (Ärztin/Arzt)

Nur für den Arbeitgeber:

1) Dieses Arbeitsvertragsmuster gilt für befristete Arbeitsverträge mit und ohne sachlichen Grund. Es gilt nicht für Ärztinnen/Ärzte in der Weiterbildung; hierfür ist ein besonderes Arbeitsvertragsmuster zu verwenden.

2) Auszufüllen, wenn die Wirksamkeit des Vertrages z. B. von dem Ergebnis einer Prüfung oder einer ärztlichen Untersuchung abhängig gemacht wird.

3) Nichtzutreffendes bitte streichen!

4) Zutreffendes bitte ankreuzen!

5) Auszufüllen, wenn ein anderer Anteil als die Hälfte der regelmäßigen Arbeitszeit (z. B. drei Viertel; 60 v. H.) vereinbart werden soll.

[6]) Nur auszufüllen, wenn die vereinbarte Stundenzahl auch bei einer allgemeinen tariflichen Änderung der regelmäßigen wöchentlichen Arbeitszeit unverändert bleiben soll.

[7]) Befristete Arbeitsverhältnisse sind nach § 30 Abs. 1 TVöD-K nach Maßgabe des Teilzeit- und Befristungsgesetzes sowie anderer gesetzlicher Vorschriften über die Befristung von Arbeitsverträgen zulässig.

[8]) § 21 Abs. 1 bis 4 des Gesetzes zum Elterngeld und zur Elternzeit (Bundeselterngeld- und Elternzeitgesetz – BEEG), das als Artikel 1 des Gesetzes zur Einführung des Elterngeldes vom 5. Dezember 2006 (BGBl. I S. 2748) am 1. Januar 2007 in Kraft getreten ist, hat folgenden Wortlaut (Stand: Juli 2007):

(1) Ein sachlicher Grund, der die Befristung eines Arbeitsverhältnisses rechtfertigt, liegt vor, wenn ein Arbeitnehmer oder eine Arbeitnehmerin zur Vertretung eines anderen Arbeitnehmers oder einer anderen Arbeitnehmerin für die Dauer eines Beschäftigungsverbotes nach dem Mutterschutzgesetz, einer Elternzeit, einer auf Tarifvertrag, Betriebsvereinbarung oder einzelvertraglicher Vereinbarung beruhenden Arbeitsfreistellung zur Betreuung eines Kindes oder für diese Zeiten zusammen oder für Teile davon eingestellt wird.

(2) Über die Dauer der Vertretung nach Absatz 1 hinaus ist die Befristung für notwendige Zeiten einer Einarbeitung zulässig.

(3) Die Dauer der Befristung des Arbeitsvertrags muss kalendermäßig bestimmt oder bestimmbar oder den in den Absätzen 1 und 2 genannten Zwecken zu entnehmen sein.

(4) Der Arbeitgeber kann den befristeten Arbeitsvertrag unter Einhaltung einer Frist von mindestens drei Wochen, jedoch frühestens zum Ende der Elternzeit, kündigen, wenn die Elternzeit ohne Zustimmung des Arbeitgebers vorzeitig endet und der Arbeitnehmer oder die Arbeitnehmerin die vorzeitige Beendigung der Elternzeit mitgeteilt hat. Satz 1 gilt entsprechend, wenn der Arbeitgeber die vorzeitige Beendigung der Elternzeit in den Fällen des § 16 Abs. 3 Satz 2 nicht ablehnen darf.

[9]) § 6 Abs. 1 bis 3 des Gesetzes über die Pflegezeit (Pflegezeitgesetz – PflegeZG), das als Artikel 3 des Gesetzes zur strukturellen Weiterentwicklung der Pflegeversicherung (Pflege-Weiterentwicklungsgesetz) vom 28. Mai 2008 (BGBl. I S. 874) am 1. Juli 2008 in Kraft getreten ist, hat folgenden Wortlaut (Stand: Juli 2008):

(1) Wenn zur Vertretung einer Beschäftigten oder eines Beschäftigten für die Dauer der kurzzeitigen Arbeitsverhinderung nach § 2 oder der Pflegezeit nach § 3 eine Arbeitnehmerin oder ein Arbeitnehmer eingestellt wird, liegt hierin ein sachlicher Grund für die Befristung des Arbeitsverhältnisses. Über die Dauer der Vertretung nach Satz 1 hinaus ist die Befristung für notwendige Zeiten einer Einarbeitung zulässig.

(2) Die Dauer der Befristung des Arbeitsvertrages muss kalendermäßig bestimmt oder bestimmbar sein oder den in Absatz 1 genannten Zwecken zu entnehmen sein.

(3) Der Arbeitgeber kann den befristeten Arbeitsvertrag unter Einhaltung einer Frist von zwei Wochen kündigen, wenn die Pflegezeit nach § 4 Abs. 2 Satz 1 vorzeitig endet. Das Kündigungsschutzgesetz ist in diesen Fällen nicht anzuwenden. Satz 1 gilt nicht, soweit seine Anwendung vertraglich ausgeschlossen ist.

[10]) Nach § 2 Abs. 4 TVöD-K gelten die ersten sechs Monate der Beschäftigung als Probezeit, soweit nicht eine kürzere Zeit vereinbart ist.

II

Anhang 9

Arbeitsvertragsmuster
für Krankenhausärztinnen/-ärzte
nach dem Gesetz über befristete Arbeitsverträge
mit Ärzten in der Weiterbildung (TVöD-K)

Zwischen

....

vertreten durch .... (Arbeitgeber)

und

Frau/Herrn ....

wohnhaft ....

geboren am: .... (Ärztin/Arzt)

wird – vorbehaltlich[1] ....

.... – folgender

Arbeitsvertrag

geschlossen:

§ 1

(1) [1]Frau/Herr ....

wird ab ....

befristet im Rahmen der jeweiligen Aufgaben des Krankenhauses/der Krankenhäuser [2] eingestellt

☐ als vollbeschäftigte/r Ärztin/Arzt.[3]

☐ als teilzeitbeschäftigte/r Ärztin/Arzt[3]

- ☐ mit der Hälfte der durchschnittlichen regelmäßigen wöchentlichen Arbeitszeit einer/eines entsprechenden Vollbeschäftigten.[3]
- ☐ mit .... der durchschnittlichen regelmäßigen wöchentlichen Arbeitszeit einer/eines entsprechenden Vollbeschäftigten.[3] [4]
- ☐ mit einer durchschnittlichen regelmäßigen wöchentlichen Arbeitszeit von .... Stunden.[3] [5]

[2]Der Arbeitsvertrag ist befristet nach dem Gesetz über befristete Arbeitsverträge mit Ärzten in der Weiterbildung in der jeweiligen Fassung bis zum ....[6]

☐ zu ihrer/seiner zeitlich und inhaltlich strukturierten Weiterbildung zur Fachärztin/zum Facharzt.[3] [7]

☐ zum Erwerb einer Anerkennung für einen Schwerpunkt.[3) 7)]

☐ zum Erwerb einer Zusatzbezeichnung, eines Fachkundenachweises oder einer Bescheinigung über eine fakultative Weiterbildung.[3) 7)]

II

(2) Die Ärztin/Der Arzt ist im Rahmen begründeter betrieblicher/dienstlicher Notwendigkeiten zur Leistung von Sonntags-, Feiertags-, Nacht-, Wechselschicht- und Schichtarbeit sowie Bereitschaftsdienst, Rufbereitschaft, Überstunden und Mehrarbeit verpflichtet.

§ 2

[1]Das Arbeitsverhältnis bestimmt sich nach der durchgeschriebenen Fassung des Tarifvertrages für den öffentlichen Dienst (TVöD) für den Dienstleistungsbereich Krankenhäuser (TVöD-K) und den diesen ergänzenden, ändernden oder ersetzenden Tarifverträgen in der für den Bereich der Vereinigung der kommunalen Arbeitgeberverbände (VKA) jeweils geltenden Fassung einschließlich des Tarifvertrages zur Überleitung der Beschäftigten der kommunalen Arbeitgeber in den TVöD und zur Regelung des Übergangsrechts (§ 1 Abs. 2 TVÜ-VKA). [2]Außerdem finden die im Bereich des Arbeitgebers jeweils geltenden sonstigen einschlägigen Tarifverträge Anwendung.

§ 3

Die Probezeit beträgt sechs Monate.[8)]

§ 4

Die Ärztin/Der Arzt ist in der Entgeltgruppe .... eingruppiert (§ 12.1 Abs. 1 TVöD-K).

§ 5

(1) [1]Die Ärztin/Der Arzt ist verpflichtet, ihre/seine ganze Arbeitskraft in den Dienst des Krankenhauses zu stellen. [2]Die ihr/ihm obliegenden Arbeiten hat sie/er entsprechend den gesetzlichen Vorschriften sowie den allgemeinen und besonderen Weisungen des Arbeitgebers bzw. seiner Bevollmächtigten gewissenhaft und unter Beachtung der Unfallverhütungsvorschriften durchzuführen. [3]Sie/Er hat – im Rahmen der ausreichenden und zweckmäßigen Versorgung der Patienten – insbesondere auf Wirtschaftlichkeit zu achten.

(2) [1]Für die Inanspruchnahme von Räumen, Einrichtungen, Personal oder Material des Arbeitgebers im Rahmen einer Nebentätigkeit bedarf es der ausdrücklichen Erlaubnis des Arbeitgebers. [2]Die Ärztin/

Der Arzt hat dem Arbeitgeber die Kosten hierfür zu erstatten, soweit sie nicht von anderer Seite zu erstatten sind.

§ 6

(1) Zu diesem Arbeitsvertrag wird folgende Nebenabrede vereinbart:

....

....

(2) Die Nebenabrede kann unabhängig von diesem Arbeitsvertrag mit einer Frist

☐ von zwei Wochen zum Monatsschluss[3)]

☐ von ....

zum ....[3)]

gesondert schriftlich gekündigt werden.

(3) Nebenabreden sind nur wirksam, wenn sie schriftlich vereinbart werden (§ 2 Abs. 3 Satz 1 (TVöD).

....

(Ort, Datum)

....

(Arbeitgeber) (Ärztin/Arzt)

Nur für den Arbeitgeber:

[1)] Auszufüllen, wenn die Wirksamkeit des Vertrages z. B. von dem Ergebnis einer Prüfung oder einer ärztlichen Untersuchung abhängig gemacht wird.

[2)] Nichtzutreffendes bitte streichen!

[3)] Zutreffendes bitte ankreuzen!

[4)] Auszufüllen, wenn ein anderer Anteil als die Hälfte der regelmäßigen Arbeitszeit (z. B. drei Viertel; 60 v. H.) vereinbart werden soll.

[5)] Nur auszufüllen, wenn die vereinbarte Stundenzahl auch bei einer allgemeinen tariflichen Änderung der regelmäßigen wöchentlichen Arbeitszeit unverändert bleiben soll.

[6)] Die Dauer der Befristung muss kalendermäßig bestimmt oder bestimmbar sein. Es ist also ein bestimmtes Enddatum anzugeben oder das Befristungsende durch die Angabe einer bestimmten Zahl von Kalendermonaten der Dauer der Beschäftigung festzulegen. Auf § 1 Abs. 3 Sätze 5 und 6 des Gesetzes wird zusätzlich hingewiesen.

[7]) Gem. § 5.1 TVöD-K ist ein Weiterbildungsplan aufzustellen, der unter Berücksichtigung des Standes der Weiterbildung die zu vermittelnden Ziele und Inhalte der Weiterbildungsabschnitte sachlich und zeitlich gegliedert festlegt.

[8]) Nach § 2 Abs. 4 TVöD gelten die ersten sechs Monate der Beschäftigung als Probezeit, soweit nicht eine kürzere Zeit vereinbart ist.

Anhang 10

Arbeitsvertragsmuster
für Beschäftigte, auf die der TVöD Anwendung findet und die unbefristet auf Abruf eingestellt werden[1]
(Arbeit auf Abruf)

Zwischen

....

vertreten durch: ....

Anschrift: .... (Arbeitgeber/in)

und

Frau/Herrn ....

wohnhaft in: ....

geboren am: .... (Beschäftigte/r)

wird – vorbehaltlich[2] ....

.... – folgender

Arbeitsvertrag

geschlossen:

§ 1 Beginn und Dauer des Arbeitsverhältnisses, Arbeitszeit

(1) [1]Frau/Herr ....

wird ab ....

auf unbestimmte Zeit eingestellt und ist verpflichtet, ihre/seine Arbeitsleistung entsprechend dem Arbeitsanfall zu erbringen (Arbeit auf Abruf). [2]Der Arbeitgeber entscheidet darüber, wann und in welchem Umfang der Arbeitsanfall den Einsatz der/des Beschäftigten erforderlich macht. [3]Für die Erbringung der Arbeitsleistung ist folgender Zeitrahmen vorgesehen:

....[3]

(2) Die durchschnittliche wöchentliche, zu vergütende Arbeitszeit im Sinne von § 12 Abs. 1 Satz 2 TzBfG beträgt ..... Stunden.[4]

(3) Die tägliche Arbeitszeit im Sinne von § 12 Abs. 1 Satz 2 TzBfG beträgt bei Abruf mindestens ..... Stunden.[5]

(4) Die Verpflichtung zur Erbringung von Arbeitsleistungen besteht für die Beschäftigte/den Beschäftigten nur dann, wenn die Lage der Arbeitszeit innerhalb des in Abs. 1 Satz 3 genannten Zeitrahmens liegt und der Arbeitgeber der/dem Beschäftigten die Lage der Arbeitszeit mindestens vier Tage im Voraus mitgeteilt hat.[6]

(5) Der/Die Beschäftigte ist im Rahmen begründeter betrieblicher/dienstlicher Notwendigkeiten zur Leistung von Sonntags-, Feiertags-, Nacht-, Wechselschicht- und Schichtarbeit sowie Bereitschaftsdienst, Rufbereitschaft, Überstunden und Mehrarbeit verpflichtet.

§ 2 Anwendung von Tarifverträgen

[1]Das Arbeitsverhältnis bestimmt sich nach der durchgeschriebenen Fassung des Tarifvertrages für den öffentlichen Dienst (TVöD) für den Dienstleistungsbereich

☐ Verwaltung (TVöD-V)[7]

☐ Krankenhäuser (TVöD-K)[7]

☐ Pflege- und Betreuungseinrichtungen (TVöD-B)[7]

☐ Sparkassen (TVöD-S)[7]

☐ Flughäfen (TVöD-F)[7]

☐ Entsorgung (TVöD-E)[7]

und den ergänzenden, ändernden oder ersetzenden Tarifverträgen in der für den Bereich der Vereinigung der kommunalen Arbeitgeberverbände (VKA) jeweils geltenden Fassung einschließlich des Tarifvertrages zur Überleitung der Beschäftigten der kommunalen Arbeitgeber in den TVöD und zur Regelung des Übergangsrechts (§ 1 Abs. 2 TVÜ-VKA). [2]Außerdem finden die im Bereich des Arbeitgebers jeweils geltenden sonstigen einschlägigen Tarifverträge Anwendung. [3]Beim Wechsel in einen anderen Dienstleistungsbereich desselben Arbeitgebers gilt die jeweilige durchgeschriebene Fassung für diesen neuen Dienstleistungsbereich.

§ 3 Probezeit

Die Probezeit beträgt sechs Monate.[8]

§ 4 Eingruppierung

Die/Der Beschäftigte ist in der Entgeltgruppe .... eingruppiert.[9]

§ 5 Beendigung des Arbeitsverhältnisses

[1]Das Arbeitsverhältnis endet, ohne dass es einer Kündigung bedarf,

a) mit Ablauf des Monats, in dem die/der Beschäftigte das gesetzlich festgelegte Alter zum Erreichen einer abschlagsfreien Regelaltersrente vollendet hat

oder

b) unter den Voraussetzungen des § 33 Abs. 2 und 3 TVöD mit Ablauf des dem Rentenbeginn vorangehenden Tages, frühestens jedoch zwei Wochen nach Zugang der schriftlichen Mitteilung des Arbeitgebers über den Zeitpunkt des Eintritts der auflösenden Bedingung. [2]Liegt im Zeitpunkt der Beendigung des Arbeitsverhältnisses eine nach § 175 SBG IX erforderliche Zustimmung des Integrationsamtes noch nicht vor, endet das Arbeitsverhältnis mit Ablauf des Tages der Zustellung des Zustimmungsbescheids des Integrationsamtes, jedoch auch hier frühestens zwei Wochen nach Zugang der schriftlichen Mitteilung des Arbeitgebers über den Zeitpunkt des Eintritts der auflösenden Bedingung.

§ 6[10] Nebenabrede

(1) Zu diesem Arbeitsvertrag wird folgende Nebenabrede vereinbart:

....

....

(2) Die Nebenabrede kann unabhängig von diesem Arbeitsvertrag mit einer Frist

☐ von zwei Wochen zum Monatsschluss[7]

☐ von ....

zum ....[7]

gesondert in Textform (§ 126b BGB) gekündigt werden.

(3) Nebenabreden sind nur wirksam, wenn sie schriftlich vereinbart werden (§ 2 Abs. 3 Satz 1 TVöD).

....

(Ort, Datum)

....

(Arbeitgeber/in) (Beschäftigte/r)

II

Nur für den Arbeitgeber

Hinweisziffern für nachstehende Anmerkungen in der Vertragsausfertigung bitte entfernen.

Neben dem Abschluss dieses Arbeitsvertrages ist eine Niederschrift gemäß § 2 Abs. 1 des Nachweisgesetzes zu fertigen.

1 Dieses Muster ist nur zu verwenden, wenn Arbeit auf Abruf im Sinne von § 12 Abs. 1 TzBfG vorliegt. Soll die Abrufarbeit in Form einer geringfügigen Beschäftigung erfolgen, verwenden Sie bitte das Arbeitsvertragsmuster für geringfügig auf Abruf Beschäftigte (556,00-Euro-Beschäftigte auf Abruf).

2 Auszufüllen, wenn die Wirksamkeit des Vertrages z. B. von dem Ergebnis einer Prüfung oder einer ärztlichen Untersuchung abhängig gemacht wird.

3 An dieser Stelle sind die Referenztage (Montag bis Sonntag) sowie die Referenzstunden (Uhrzeit von ... bis ...) anzugeben, siehe § 2 Abs. 1 Satz 2 Nr. 9 NachwG.

4 Die Festlegung der Dauer der wöchentlichen Arbeitszeit ist wegen § 12 Abs. 1 Satz 3 TzBfG erforderlich. Trotz der Pflicht zur Festlegung der wöchentlichen Arbeitszeit muss der Beschäftigte nicht in jeder Woche so viele Stunden arbeiten, wie im Vertrag festgelegt sind.

Nach § 12 Abs. 2 TzBfG genügt für die Festlegung der Dauer der wöchentlichen Arbeitszeit auch die Festlegung einer Mindestarbeitszeit. Die Arbeitsvertragsparteien können demnach auch wirksam vereinbaren, dass die/der Beschäftigte verpflichtet ist, über diese Mindestarbeitszeit hinaus Abrufarbeit zu leisten, wenn die einseitig vom Arbeitgeber abrufbare Arbeit nicht mehr als 25 % der vereinbarten wöchentlichen Mindestarbeitszeit beträgt.

Soll eine derartige Regelung (d. h. eine 25%ige Erhöhungsoption) im Abruf-Arbeitsvertrag vereinbart werden, muss in diesem Vertragsmuster in § 1 im Absatz 2 das Wort „Arbeitszeit" durch das Wort „Mindestarbeitszeit" ersetzt werden. Darüber hinaus müssen nach Absatz 4 folgende Absätze ergänzt werden:

> *„(5) [1]Der Arbeitgeber ist wegen des wechselnden Arbeitsanfalls berechtigt, die Mindestarbeitszeit nach Absatz 2 einseitig je nach Bedarf um bis zu einem Viertel auf bis zu ... Wochenstunden (125 % der Mindestarbeitszeit nach Absatz 2) zu erhöhen. Der Arbeitgeber kann die Arbeitszeit in diesem Rahmen von ...* (Hier Mindestarbeitszeit nach § 1 Abs. 2 eintragen!) *bis ...* (Hier Obergrenze eintragen, d. h. Arbeitszeit nach § 1 Abs. 2 + 25 % = flexible Höchstarbeitszeit!), *Wochenstunden je nach Bedarf per Direktionsrecht anordnen, d. h. soweit erforderlich erhöhen oder reduzieren.*
>
> *(6) Eine Veränderung der Mindestarbeitszeit nach Absatz 2 kündigt der Arbeitgeber der/dem Beschäftigten mindestens vier Tage vor deren Beginn an."*

Der derzeitige Absatz 5 wird in diesem Fall zu Absatz 7. Die Vereinbarung dieser sog. 25%igen Erhöhungsoption ist nur zulässig, wenn tatsächlich ein schwankender Personalbedarf besteht.

5 Die Festlegung der Mindestdauer der täglichen Arbeitszeit ist im Hinblick auf § 12 Abs. 1 Satz 4 TzBfG erforderlich.

6 § 12 Abs. 3 TzBfG legt fest, dass der Arbeitnehmer nur dann zur Leistung verpflichtet wird, wenn die Lage der Arbeitszeit innerhalb dieses Zeitrahmens liegt und mindestens vier Tage im Voraus mitgeteilt wird; siehe insoweit auch die Änderung in § 1 Abs. 4 des Mustervertrages.

7 Zutreffendes bitte ankreuzen und ggf. ausfüllen.

8 Nach § 2 Abs. 4 TVöD gelten die ersten sechs Monate der Beschäftigung als Probezeit, soweit nicht eine kürzere Zeit vereinbart ist.

Wird die/der Beschäftigte im unmittelbaren Anschluss an ein erfolgreich abgeschlossenes Berufsausbildungsverhältnis nach dem Tarifvertrag für Auszubildende im öffentlichen Dienst (TVAöD) bei derselben Dienststelle oder bei demselben Betrieb eingestellt, ist der Text des § 3 wie folgt zu fassen: *„Eine Probezeit ist nicht vereinbart."* Im Fall einer nur befristeten Weiterbeschäftigung ist das Arbeitsvertragsmuster mit dem Muster für die befristete Weiterbeschäftigung im Anschluss an ein Berufsausbildungsverhältnis zu kombinieren.

9 Zu beachten ist, dass in jedem Kalendermonat für sich betrachtet für sämtliche in diesem Monat gearbeiteten Zeitstunden der gesetzliche Mindestlohn nach § 1 MiLoG zu zahlen ist. Der allgemeine gesetzliche Mindestlohn (§ 1 Abs. 2 Mindestlohngesetz) beträgt ab dem 1. Januar 2025 12,82 Euro.

10 Wird keine Nebenabrede vereinbart, ist dieser Paragraph zu streichen.

II

Anhang 11

Arbeitsvertragsmuster
für geringfügig Beschäftigte
im Sinne von § 8 Abs. 1 Nr. 1 SGB IV[1],
auf die der TVöD Anwendung findet (556-Euro-Grenze)

Zwischen

....

vertreten durch: ....

Anschrift: .... (Arbeitgeber/in)

und

Frau/Herrn ....

wohnhaft in: ....

geboren am: .... (Beschäftigte/r)

wird – vorbehaltlich[2] ....

.... – folgender

Arbeitsvertrag

geschlossen:

§ 1 Beginn und Dauer des Arbeitsverhältnisses, Arbeitszeit

(1) [1]Frau/Herr ....
wird ab ....

auf unbestimmte Zeit eingestellt. [2]Solange die Voraussetzungen des § 8 Abs. 1 Nr. 1 SGB IV vorliegen, wird das Arbeitsverhältnis im Rahmen einer geringfügig entlohnten Beschäftigung durchgeführt.

(2) Die regelmäßige Arbeitszeit beträgt ..... Stunden wöchentlich.[3]

(3) [1]Die/Der Beschäftigte versichert, derzeit keine weiteren Beschäftigungen auszuüben. [2]Sie/Er verpflichtet sich, jede Aufnahme einer weiteren Beschäftigung dem Arbeitgeber unverzüglich mitzuteilen. [3]Bei Verletzung der Mitteilungspflicht macht sich die/der Beschäftigte schadensersatzpflichtig.[4]

(4) Die/Der Beschäftigte ist im Rahmen begründeter betrieblicher/dienstlicher Notwendigkeiten zur Leistung von Sonntags-, Feiertags- und Nachtarbeit sowie Bereitschaftsdienst, Rufbereitschaft, Überstunden und Mehrarbeit verpflichtet.

§ 2 Anwendung von Tarifverträgen

[1]Das Arbeitsverhältnis bestimmt sich nach der durchgeschriebenen Fassung des Tarifvertrages für den öffentlichen Dienst (TVöD) für den Dienstleistungsbereich

☐ Verwaltung (TVöD-V)[5]

☐ Krankenhäuser (TVöD-K)[5]

☐ Pflege- und Betreuungseinrichtungen (TVöD-B)[5]

☐ Sparkassen (TVöD-S)[5]

☐ Flughäfen (TVöD-F)[5]

☐ Entsorgung (TVöD-E)[5]

und den ergänzenden, ändernden oder ersetzenden Tarifverträgen in der für den Bereich der Vereinigung der kommunalen Arbeitgeberverbände (VKA) jeweils geltenden Fassung einschließlich des Tarifvertrages zur Überleitung der Beschäftigten der kommunalen Arbeitgeber in den TVöD und zur Regelung des Übergangsrechts (§ 1 Abs. 2 TVÜ-VKA). [2]Außerdem finden die im Bereich des Arbeitgebers jeweils geltenden sonstigen einschlägigen Tarifverträge Anwendung.

[3]Beim Wechsel in einen anderen Dienstleistungsbereich desselben Arbeitgebers gilt die jeweilige durchgeschriebene Fassung für diesen neuen Dienstleistungsbereich.

§ 3 Probezeit

Die Probezeit beträgt sechs Monate.[6]

§ 4 Eingruppierung

Die/Der Beschäftigte ist in der Entgeltgruppe .... eingruppiert.[7]

§ 5[8] Befreiung von der Rentenversicherungspflicht

(1) [1]Die/Der Beschäftigte wird darauf hingewiesen, dass sie/er auf Antrag von der Versicherungspflicht in der Rentenversicherung befreit werden kann. [2]Der schriftliche Befreiungsantrag ist dem Arbeitgeber zu übergeben. [3]Der Antrag kann bei mehreren geringfügigen Beschäftigungen nur einheitlich gestellt werden und ist für die Dauer der Beschäftigungen bindend (§ 6 Abs. 1b SGB VI).

(2) Bevor sich die/der Beschäftigte für die Befreiung von der Rentenversicherungspflicht entscheidet, wird eine individuelle Beratung bezüglich der rentenrechtlichen Auswirkungen der Befreiung bei einer Auskunfts- und Beratungsstelle der Deutschen Rentenversicherung empfohlen.

II

§ 6 Beendigung des Arbeitsverhältnisses

[1]Das Arbeitsverhältnis endet, ohne dass es einer Kündigung bedarf, mit Ablauf des Monats,

a) in dem die/der Beschäftigte das gesetzlich festgelegte Alter zum Erreichen einer Regelaltersrente vollendet hat

oder

b) unter den Voraussetzungen des § 33 Abs. 2 und 3 TVöD mit Ablauf des dem Rentenbeginn vorangehenden Tages, frühestens jedoch zwei Wochen nach Zugang der schriftlichen Mitteilung des Arbeitgebers über den Zeitpunkt des Eintritts der auflösenden Bedingung. [2]Liegt im Zeitpunkt der Beendigung des Arbeitsverhältnisses eine nach § 175 SBG IX erforderliche Zustimmung des Integrationsamtes noch nicht vor, endet das Arbeitsverhältnis mit Ablauf des Tages der Zustellung des Zustimmungsbescheids des Integrationsamtes, jedoch auch hier frühestens zwei Wochen nach Zugang der schriftlichen Mitteilung des Arbeitgebers über den Zeitpunkt des Eintritts der auflösenden Bedingung.[9]

§ 7[10] Nebenabrede

(1) Zu diesem Arbeitsvertrag wird folgende Nebenabrede vereinbart:

....

....

(2) Die Nebenabrede kann unabhängig von diesem Arbeitsvertrag mit einer Frist

☐ von zwei Wochen zum Monatsschluss[5]

☐ von ....

zum ....[5]

gesondert in Textform (§ 126b BGB) gekündigt werden.

(3) Nebenabreden sind nur wirksam, wenn sie schriftlich vereinbart werden (§ 2 Abs. 3 Satz 1 TVöD).

....

(Ort, Datum)

....

(Arbeitgeber/in) (Beschäftigte/r)

Nur für den Arbeitgeber

Hinweisziffern für nachstehende Anmerkungen in der Vertragsausfertigung bitte entfernen.

Neben dem Abschluss dieses Arbeitsvertrages ist eine Niederschrift gemäß § 2 Abs. 1 des Nachweisgesetzes zu fertigen.

1 Dieses Muster ist nur für geringfügig Beschäftigte im Sinne von § 8 Abs. 1 **Nr. 1** SGB IV zu verwenden. Geringfügig Beschäftigte im Sinne von § 8 Abs. 1 Nr. 1 SGB IV fallen unter den Geltungsbereich des TVöD, TV-N, TV-V, TV-Ärzte-VKA, TV-Fleisch (vgl. z. B. § 1 Abs. 2 Buchst. m TVöD). Das Muster hier stellt auf den TVöD ab.

Für geringfügig Beschäftigte im Sinne von § 8 Abs. 1 **Nr. 2** SGB IV (sog. kurzfristig Beschäftigte) gilt dieses Vertragsmuster nicht, siehe hierzu das Vertragsmuster über kurzfristig Beschäftigte.

Bitte beachten Sie auch die Checkliste für Minijobs der Bundesvereinigung der Deutschen Arbeitgeberverbände (BDA), abrufbar unter minijob-zentrale.Checkliste_BDA_Personalfragebogen.

2 Auszufüllen, wenn die Wirksamkeit des Vertrages z. B. von dem Ergebnis einer Prüfung oder einer ärztlichen Untersuchung abhängig gemacht wird.

3 § 8 Abs. 1 Nr. 1 SGB IV enthält keine zeitliche Höchstgrenze für die Arbeitszeit. Bei der Festlegung der Arbeitszeit ist darauf zu achten, dass das regelmäßige monatliche Arbeitsentgelt unter Berücksichtigung der tarifvertraglich zustehenden Entgeltansprüche (z. B. Tabellenentgelt einschließlich Stufensteigerungen, Jahressonderzahlung, Zeitzuschläge, regelmäßig wiederkehrende Einmalzahlungen) im Durchschnitt einer Jahresbetrachtung (12 Monate) 556,00 Euro monatlich nicht übersteigt. Der Arbeitgeber hat bei Beschäftigungsbeginn bzw. bei jeder Veränderung in den Verhältnissen bzw. zu Beginn eines jeden Kalenderjahrs vorausschauend auf einen 12-Monats-Zeitraum zu prüfen, ob das regelmäßige monatliche Arbeitsentgelt (§ 14 Abs. 1 SGB IV) 6.672,00 Euro in 12 Monaten übersteigt. Steht bereits zu Beginn der Beschäftigung fest, dass diese nicht durchgehend für mindestens 12 Monate besteht, ist die zulässige Arbeitsentgeltgrenze für den Gesamtzeitraum entsprechend zu reduzieren.

Bei unvorhersehbarem Überschreiten bleibt die Geringfügigkeit erhalten, wenn die Geringfügigkeitsgrenze innerhalb des Jahres in nicht mehr als zwei Kalendermonaten um jeweils einen Betrag bis zur Höhe der Geringfügigkeitsgrenze überschritten wird (vgl. § 8 Abs. 1b SGB IV). Die gesetzliche Regelung sieht für Kalendermonate des unvorhersehbaren Überschreitens der Geringfügigkeitsgrenze maximal ein Arbeitsentgelt bis zum Doppelten der Geringfügigkeitsgrenze vor. Das entspricht ab 1. Januar 2025 einem Wert von 1.112,00 Euro. Eine Minijobberin oder ein Minijobber darf also grundsätzlich 6.672,00 Euro über 12 Monate und in begründetem Ausnahmefall höchstens 7.784,00 Euro im Jahr verdienen.

Gemäß § 17 Abs. 1 MiLoG ist der Arbeitgeber verpflichtet, Beginn, Ende und Dauer der täglichen Arbeitszeit von geringfügig Beschäftigten aufzuzeichnen. Die Aufzeichnung muss spätestens bis zum Ablauf des siebten auf den Tag der Arbeitsleistung folgenden Kalendertages erfolgen und ab diesem Zeitpunkt für mindestens zwei Jahre aufbewahrt werden.

4 Eine geringfügige Beschäftigung liegt nicht mehr vor, sobald die Voraussetzungen des § 8 Abs. 1 Nr. 1 SGB IV entfallen. Überschreitet das Arbeitsentgelt regelmäßig 556,00 Euro im Monat, liegt vom Tag des Überschreitens an keine geringfügige Beschäftigung mehr vor.

Wird bei der Zusammenrechnung mehrerer Beschäftigungen festgestellt, dass die Voraussetzungen einer geringfügigen Beschäftigung nicht mehr vorliegen, tritt die Versicherungspflicht erst mit dem Tag ein, an dem die Entscheidung über die Versicherungspflicht nach § 37 SGB X durch die Einzugsstelle nach § 28i Satz 5 SGB IV oder einen anderen Träger der Rentenversicherung bekannt gegeben wird. Dies gilt nicht, wenn der Arbeitgeber vorsätzlich oder grob fahrlässig versäumt hat, den Sachverhalt für die versicherungsrechtliche Beurteilung der Beschäftigung aufzuklären (§ 8 Abs. 2 Satz 2 und 3 SGB IV). In diesem Fall kann auch eine Versicherungspflicht für zurückliegende Zeiträume eintreten.

5 Zutreffendes bitte ankreuzen und ggf. ausfüllen.

6 Nach § 2 Abs. 4 TVöD gelten die ersten sechs Monate der Beschäftigung als Probezeit, soweit nicht eine kürzere Zeit vereinbart ist.

7 Trotz der tariflichen Eingruppierung ist darauf zu achten, dass der gesetzliche Mindestlohn nicht unterschritten wird. Der allgemeine gesetzliche Mindestlohn (§ 1 Abs. 2 MiLoG) beträgt ab dem 1. Januar 2025 12,82 Euro pro Stunde.

8 Der Arbeitgeber hat den Tag des Befreiungsantrages auf dem Befreiungsantrag zu dokumentieren und den Antrag zu den Entgeltunterlagen zu nehmen (§ 8 Abs. 2 Nr. 4a der Beitragsverfahrensverordnung). Der Zugang eines solchen Antrags ist gesondert zu kennzeichnen und der Minijob-Zentrale zu melden (§ 5 Abs. 12 der Datenerfassungs- und Übermittlungsverordnung). Der Arbeitgeber hat der Minijob-Zentrale den Befreiungsantrag mit der nächsten Entgeltabrechnung, spätestens innerhalb von sechs Wochen nach Eingang des Befreiungsantrags mit der Anmeldung zur Sozialversicherung anzuzeigen.

Die Wirkung der Befreiung von der Versicherungspflicht in der Rentenversicherung ist vom Zeitpunkt des Eingangs der Meldung des Arbeitgebers nach § 28a SGB IV bei der zuständigen Einzugsstelle abhängig:

Die Befreiung erfolgt bei Vorliegen der Befreiungsvoraussetzungen rückwirkend vom Beginn des Monats, in dem der Antrag des Beschäftigten dem Arbeitgeber zugegangen ist, wenn der Arbeitgeber den Befreiungsantrag der Einzugsstelle mit der ersten folgenden Entgeltabrechnung, spätestens aber innerhalb von sechs Wochen nach Zugang, gemeldet und die Einzugsstelle innerhalb eines Monats nach Eingang der Meldung des Arbeitgebers nicht widersprochen hat (§ 6 Abs. 4 Satz 2 SGB VI).

Erfolgt die Meldung des Arbeitgebers später, wirkt die Befreiung vom Beginn des auf den Ablauf der Widerspruchsfrist (§ 6 Abs. 3 SGB VI) folgenden Monats (§ 6 Abs. 4 Satz 3 SGB VI). Arbeitgeber sollten schon zur Vermeidung von etwaigen Schadenersatzpflichten die entsprechende Meldung rechtzeitig abgeben.

Der Antrag auf Befreiung von der Rentenversicherungspflicht ist bei minderjährigen Beschäftigten von den gesetzlichen Vertretern zu unterschreiben.

9 Im Falle des Eintritts einer Erwerbsminderung im laufenden Arbeitsverhältnis ist es für eine Beendigung des Arbeitsverhältnisses nach § 33 Abs. 2 TVöD (auflösende Bedingung) gemäß § 15 Abs. 2 i. V. m. § 21 TzBfG außerdem erforderlich, dass der Arbeitgeber den Arbeitnehmer schriftlich über den Zeitpunkt des Bedingungseintritts (d. h. den Beendigungszeitpunkt) unterrichtet. Ohne den Zugang einer schriftlichen Unterrichtung gemäß § 15 Abs. 2 i. V. m. § 21 TzBfG endet das Arbeitsverhältnis trotz Bedingungseintritts nicht.

10 Wird keine Nebenabrede vereinbart, ist dieser Paragraph zu streichen.

II

Anhang 12

**Arbeitsvertragsmuster
für geringfügig auf Abruf Beschäftigte,
auf die der TVöD Anwendung findet
(556-Euro-Beschäftigte auf Abruf)[1]**

Zwischen

....

vertreten durch: ....

Anschrift: .... (Arbeitgeber/in)

und

Frau/Herrn ....

wohnhaft in: ....

geboren am: .... (Beschäftigte/r)

wird – vorbehaltlich[2]

.... – folgender

Arbeitsvertrag

geschlossen:

§ 1 Beginn und Dauer des Arbeitsverhältnisses, Arbeitszeit

(1) [1]Frau/Herr ....

wird ab ....

auf unbestimmte Zeit eingestellt und ist verpflichtet, ihre/seine Arbeitsleistung entsprechend dem Arbeitsanfall zu erbringen (Arbeit auf Abruf). [2]Der Arbeitgeber entscheidet darüber, wann und in welchem Umfang der Arbeitsanfall den Einsatz der/des Beschäftigten erforderlich macht. [3]Solange die Voraussetzungen des § 8 Abs. 1 Nr. 1 SGB IV vorliegen, wird das Arbeitsverhältnis im Rahmen einer geringfügig entlohnten Beschäftigung durchgeführt. [4]Für die Erbringung der Arbeitsleistung ist folgender Zeitrahmen vorgesehen:

....[3]

(2) Die durchschnittliche wöchentliche, zu vergütende Arbeitszeit im Sinne von § 12 Abs. 1 Satz 2 TzBfG beträgt ..... Stunden.[4]

(3) Die tägliche Arbeitszeit im Sinne von § 12 Abs. 1 Satz 2 TzBfG beträgt bei Abruf mindestens ..... Stunden.[5]

(4) Die Verpflichtung zur Erbringung von Arbeitsleistungen besteht für die Beschäftigte/den Beschäftigten nur dann, wenn die Lage der

Arbeitszeit innerhalb des in Abs. 1 Satz 4 genannten Zeitrahmens liegt und der Arbeitgeber der/dem Beschäftigten die Lage der Arbeitszeit mindestens vier Tage im Voraus mitgeteilt hat.[6]

(5) [1]Die/Der Beschäftigte versichert, keine weiteren Beschäftigungen im Sinne des § 8 Abs. 1 Nr. 1 SGB IV auszuüben. [2]Sie/Er verpflichtet sich, jede Aufnahme einer weiteren Beschäftigung im Sinne des § 8 Abs. 1 Nr. 1 SGB IV dem Arbeitgeber unverzüglich mitzuteilen. [3]Bei Verletzung der Mitteilungspflicht macht sich die/der Beschäftigte schadensersatzpflichtig.[7]

(6) Die/Der Beschäftigte ist im Rahmen begründeter betrieblicher/dienstlicher Notwendigkeiten zur Leistung von Sonntags-, Feiertags-, Nacht-, Wechselschicht- und Schichtarbeit sowie Bereitschaftsdienst, Rufbereitschaft, Überstunden und Mehrarbeit verpflichtet.

§ 2 Anwendung von Tarifverträgen

[1]Das Arbeitsverhältnis bestimmt sich nach der durchgeschriebenen Fassung des Tarifvertrages für den öffentlichen Dienst (TVöD) für den Dienstleistungsbereich

☐ Verwaltung (TVöD-V)[8]

☐ Krankenhäuser (TVöD-K)[8]

☐ Pflege- und Betreuungseinrichtungen (TVöD-B)[8]

☐ Sparkassen (TVöD-S)[8]

☐ Flughäfen (TVöD-F)[8]

☐ Entsorgung (TVöD-E)[8]

und den ergänzenden, ändernden oder ersetzenden Tarifverträgen in der für den Bereich der Vereinigung der kommunalen Arbeitgeberverbände (VKA) jeweils geltenden Fassung einschließlich des Tarifvertrages zur Überleitung der Beschäftigten der kommunalen Arbeitgeber in den TVöD und zur Regelung des Übergangsrechts (§ 1 Abs. 2 TVÜ-VKA). [2]Außerdem finden die im Bereich des Arbeitgebers jeweils geltenden sonstigen einschlägigen Tarifverträge Anwendung. [3]Beim Wechsel in einen anderen Dienstleistungsbereich desselben Arbeitgebers gilt die jeweilige durchgeschriebene Fassung für diesen neuen Dienstleistungsbereich.

§ 3 Probezeit

Die Probezeit beträgt sechs Monate.[9]

§ 4 Eingruppierung

Die/Der Beschäftigte ist in der Entgeltgruppe .... eingruppiert.[10]

II

§ 5[11] Befreiung von der Rentenversicherungspflicht

(1) [1]Die/Der Beschäftigte wird darauf hingewiesen, dass sie/er auf Antrag von der Versicherungspflicht in der Rentenversicherung befreit werden kann. [2]Der schriftliche Befreiungsantrag ist dem Arbeitgeber zu übergeben. [3]Der Antrag kann bei mehreren geringfügigen Beschäftigungen nur einheitlich gestellt werden und ist für die Dauer der Beschäftigungen bindend (§ 6 Abs. 1b SGB VI).

(2) Bevor sich die/der Beschäftigte für die Befreiung von der Rentenversicherungspflicht entscheidet, wird eine individuelle Beratung bezüglich der rentenrechtlichen Auswirkungen der Befreiung bei einer Auskunfts- und Beratungsstelle der Deutschen Rentenversicherung empfohlen.

§ 6 Beendigung des Arbeitsverhältnisses

[1]Das Arbeitsverhältnis endet, ohne dass es einer Kündigung bedarf,

a) mit Ablauf des Monats, in dem die/der Beschäftigte das gesetzlich festgelegte Alter zum Erreichen einer Regelaltersrente vollendet hat

oder

b) unter den Voraussetzungen des § 33 Abs. 2 und 3 TVöD mit Ablauf des dem Rentenbeginn vorangehenden Tages, frühestens jedoch zwei Wochen nach Zugang der schriftlichen Mitteilung des Arbeitgebers über den Zeitpunkt des Eintritts der auflösenden Bedingung. [2]Liegt im Zeitpunkt der Beendigung des Arbeitsverhältnisses eine nach § 175 SGB IX erforderliche Zustimmung des Integrationsamtes noch nicht vor, endet das Arbeitsverhältnis mit Ablauf des Tages der Zustellung des Zustimmungsbescheids des Integrationsamtes, jedoch auch hier frühestens zwei Wochen nach Zugang der schriftlichen Mitteilung des Arbeitgebers über den Zeitpunkt des Eintritts der auflösenden Bedingung.

§ 7[12] Nebenabrede

(1) Zu diesem Arbeitsvertrag wird folgende Nebenabrede vereinbart:

....

....

(2) Die Nebenabrede kann unabhängig von diesem Arbeitsvertrag mit einer Frist

☐ von zwei Wochen zum Monatsschluss[8]

☐ von ....

zum ....[8]

gesondert in Textform (§ 126b BGB) gekündigt werden.

(3) Nebenabreden sind nur wirksam, wenn sie schriftlich vereinbart werden (§ 2 Abs. 3 Satz 1 TVöD).

....

(Ort, Datum)

....

(Arbeitgeber/in) (Beschäftigte/r)

Nur für den Arbeitgeber

Hinweisziffern für nachstehende Anmerkungen in den Vertragsausfertigungen bitte entfernen.

II

Neben dem Abschluss dieses Arbeitsvertrages ist eine Niederschrift gemäß § 2 Abs. 1 des Nachweisgesetzes zu fertigen.

1 Dieses Muster ist zu verwenden, wenn Arbeit auf Abruf im Sinne von § 12 TzBfG vorliegt und der/die Beschäftigte gleichzeitig als geringfügig Beschäftigte/r im Sinne des § 8 Abs. 1 Nr. 1 SGB IV (556,00 Euro-Grenze) beschäftigt werden soll. Es handelt sich insoweit um eine Kombination aus den Mustern Arbeit auf Abruf und dem Muster für geringfügig Beschäftigte auf 556,00 Euro-Basis.

Geringfügig Beschäftigte i. S. v. § 8 Abs. 1 **Nr. 1** SGB IV fallen unter den Geltungsbereich des TVöD, TV-N, TV-V, TV-Ärzte/VKA, TV-Fleisch (vgl. z. B. § 1 Abs. 2 Buchst. m TVöD). Das Muster hier stellt auf den TVöD ab.

Für geringfügig Beschäftigte im Sinne von § 8 Abs. 1 **Nr. 2** SGB IV (sog. kurzfristig Beschäftigte) gilt dieses Vertragsmuster nicht (vgl. hierzu das Muster für kurzfristig Beschäftigte).

Bitte beachten Sie auch die Checkliste für Minijobs, abrufbar unter minijob-zentrale.Checkliste_BDA_Personalfragebogen.

2 Auszufüllen, wenn die Wirksamkeit des Vertrages z. B. von dem Ergebnis einer Prüfung oder einer ärztlichen Untersuchung abhängig gemacht wird.

3 An dieser Stelle ist der Zeitrahmen, d. h. die Referenztage (Montag bis Sonntag) sowie die Referenzstunden (Uhrzeit von ... bis ...), innerhalb dessen die Arbeit abgerufen werden darf, anzugeben, § 2 Abs. 1 Satz 2 Nr. 9 NachwG.

4 Die Festlegung der Dauer der wöchentlichen Arbeitszeit ist wegen § 12 Abs. 1 Satz 3 TzBfG erforderlich. Trotz der Pflicht zur Festlegung der wöchentlichen Arbeitszeit muss der Beschäftigte nicht in jeder Woche genauso viele Stunden arbeiten, wie im Vertrag festgelegt sind. Ergänzt worden sind die Wörter „zu vergütende" Arbeitszeit entsprechend der Neufassung des § 2 Abs. 1 Satz 2 Nr. 9 NachwG.

§ 8 Abs. 1 Nr. 1 SGB IV enthält mit Blick auf die Geringfügigkeit keine zeitliche Höchstgrenze für die Arbeitszeit. Bei der Festlegung der Arbeitszeit und beim tatsächlichen Abruf ist allerdings darauf zu achten, dass das regelmäßige monatliche Arbeitsentgelt unter Berücksichtigung der tarifvertraglich zustehenden Entgeltansprüche (z. B. Tabellenentgelt einschließlich Stufensteigerungen, Jahressonderzahlung, Zeitzuschläge, regelmäßig wiederkehrende Einmalzahlungen) im Durchschnitt einer Jahresbetrachtung (12 Monate) 556,00 Euro monatlich nicht übersteigt. Der Arbeitgeber hat bei Beschäftigungsbeginn bzw. bei jeder Veränderung in den Verhältnissen bzw. zu Beginn eines jeden Kalenderjahrs vorausschauend auf einen 12-Monats-Zeitraum zu prüfen, ob das regelmäßige monatliche Arbeitsentgelt (§ 14 Abs. 1 SGB IV) 6.672,00 Euro in 12 Monaten übersteigt. Steht bereits zu Beginn der Beschäftigung fest, dass diese nicht durchgehend für mindestens 12 Monate besteht, ist die zulässige Arbeitsentgeltgrenze für den Gesamtzeitraum entsprechend zu reduzieren.

Bei unvorhersehbarem Überschreiten bleibt die Geringfügigkeit erhalten, wenn die Geringfügigkeitsgrenze innerhalb des Jahres in nicht mehr als zwei Kalendermonaten um jeweils einen Betrag bis zur Höhe der Geringfügigkeitsgrenze überschritten wird (vgl. § 8 Abs. 1b SGB IV). Die gesetzliche Regelung sieht für Kalendermonate des unvorhersehbaren Überschreitens der Geringfügigkeitsgrenze maximal ein Arbeitsentgelt bis zum Doppelten der Geringfügigkeitsgrenze vor. Das entspricht ab 1. Januar 2025 einem Wert von 1.112,00 Euro. Eine Minijobberin oder ein Minijobber darf also grundsätzlich 6.672,00 Euro über 12 Monate und in begründetem Ausnahmefall höchstens 7.784,00 Euro im Jahr verdienen.

Gemäß § 17 Abs. 1 MiLoG ist der Arbeitgeber verpflichtet, Beginn, Ende und Dauer der täglichen Arbeitszeit von geringfügig Beschäftigten aufzuzeichnen. Die Aufzeichnung muss spätestens bis zum Ablauf des siebten auf den Tag der Arbeitsleistung folgenden Kalendertages erfolgen und ab diesem Zeitpunkt für mindestens zwei Jahre aufbewahrt werden.

5 Die Festlegung der Mindestdauer der täglichen Arbeitszeit ist im Hinblick auf § 12 Abs. 1 Satz 4 TzBfG erforderlich.

6 § 12 Abs. 3 TzBfG legt fest, dass die Beschäftigte/der Beschäftigte nur dann zur Leistung verpflichtet wird, wenn die Lage der Arbeitszeit innerhalb dieses Zeitrahmens nach § 1 Abs. 1 Satz 4 des Mustervertrages liegt und mindestens vier Tage im Voraus mitgeteilt wird.

7 Eine geringfügige Beschäftigung liegt nicht mehr vor, sobald die Voraussetzungen des § 8 Abs. 1 Nr. 1 SGB IV entfallen. Überschreitet das Arbeitsentgelt regelmäßig 556 Euro im Monat, liegt vom Tag des Überschreitens an keine geringfügige Beschäftigung mehr vor.

Wird bei der Zusammenrechnung mehrerer Beschäftigungen festgestellt, dass die Voraussetzungen einer geringfügigen Beschäftigung nicht mehr vorliegen, tritt die Versicherungspflicht erst mit dem Tag ein, an dem die Entscheidung über die Versicherungspflicht nach § 37 SGB X durch die Einzugsstelle nach § 28i Satz 5 SGB IV oder einen anderen Träger der Rentenversicherung bekannt gegeben wird. Dies gilt nicht, wenn der Arbeitgeber vorsätzlich oder grob fahrlässig versäumt hat, den Sachverhalt für die versicherungsrechtliche Beurteilung der Beschäftigung aufzuklären (§ 8 Abs. 2 Satz 2 und 3 SGB IV). In diesem Fall kann auch eine Versicherungspflicht für zurückliegende Zeiträume eintreten.

8 Zutreffendes bitte ankreuzen und ggf. ausfüllen.

9 Nach § 2 Abs. 4 TVöD gelten die ersten sechs Monate der Beschäftigung als Probezeit, soweit nicht eine kürzere Zeit vereinbart ist.

10 Trotz der tariflichen Eingruppierung ist darauf zu achten, dass der gesetzliche Mindestlohn nicht unterschritten wird. Der allgemeine gesetzliche Mindestlohn (§ 1 Abs. 2 MiLoG) beträgt ab dem 1. Januar 2025 12,82 Euro pro Stunde.

11 Der Arbeitgeber hat den Tag des Befreiungsantrages auf dem Befreiungsantrag zu dokumentieren und den Antrag zu den Entgeltunterlagen zu nehmen [§ 8 Abs. 2 Nr. 4a der Beitragsverfahrensverordnung (BVV)]. Der Zugang eines solchen Antrags ist gesondert zu kennzeichnen und der Minijob-Zentrale zu melden (§ 5 Abs. 12 der Datenerfassungs- und Übermittlungsverordnung). Der Arbeitgeber hat der Minijob-Zentrale den Befreiungsantrag mit der nächsten Entgeltabrechnung, spätestens innerhalb von sechs Wochen (42 Kalendertagen) nach Eingang des Befreiungsantrags mit der Anmeldung zur Sozialversicherung anzuzeigen.

Die Wirkung der Befreiung von der Versicherungspflicht in der Rentenversicherung ist vom Zeitpunkt des Eingangs der Meldung des Arbeitgebers nach § 28a SGB IV bei der zuständigen Einzugsstelle abhängig:

Die Befreiung erfolgt bei Vorliegen der Befreiungsvoraussetzungen rückwirkend vom Beginn des Monats, in dem der Antrag des Beschäftigten dem Arbeitgeber zugegangen ist, wenn der Arbeitgeber den Befreiungsantrag der Einzugsstelle mit der ersten folgenden Entgeltabrechnung, spätestens aber innerhalb von sechs Wochen nach Zugang, gemeldet und die Einzugsstelle innerhalb eines Monats nach Eingang der Meldung des Arbeitgebers nicht widersprochen hat (§ 6 Abs. 4 Satz 2 SGB VI).

Erfolgt die Meldung des Arbeitgebers später, wirkt die Befreiung vom Beginn des auf den Ablauf der Widerspruchsfrist (§ 6 Abs. 3 SGB VI) folgenden Monats (§ 6 Abs. 4 Satz 3 SGB VI). Arbeitgeber sollten schon zur Vermeidung von etwaigen Schadenersatzpflichten die entsprechende Meldung rechtzeitig abgeben.

Der Antrag auf Befreiung von der Rentenversicherungspflicht ist bei minderjährigen Beschäftigten von den gesetzlichen Vertretern zu unterschreiben.

12 Wird keine Nebenabrede vereinbart, ist dieser Paragraph zu streichen.

Anhang 13

Arbeitsvertragsmuster
für befristet Beschäftigte, für die Eingliederungszuschüsse nach den §§ 217 ff. SGB III gewährt werden bzw. die Arbeiten nach den §§ 260 ff. SGB III verrichten

Zwischen

....

vertreten durch .... (Arbeitgeber)

und

Frau/Herrn ....

wohnhaft ....

geboren am: .... (Beschäftigte/r)

wird folgender

Arbeitsvertrag

geschlossen:

§ 1

Frau/Herr ....

wird ab ....

für die Zeit bis zum ....

☐ als Beschäftigte/r, für die/den Eingliederungszuschüsse nach den §§ 217 ff. SGB III gewährt werden,[1]) [2])

☐ als Beschäftigte/r, die/der Arbeiten nach §§ 260 ff. SGB III verrichtet,[1])

eingestellt.

Die durchschnittliche regelmäßige Arbeitszeit beträgt ... Stunden wöchentlich.

§ 2

[1]Nach § 1 Abs. 2 Buchst. i TVöD/§ 1 Abs. 2 Buchst. k TVöD[3]) gelten die Bestimmungen des Tarifvertrages für den öffentlichen Dienst (TVöD) vom 13. September 2005 nicht für dieses Arbeitsverhältnis. [2]Es gelten also die Vorschriften des allgemeinen Arbeitsrechts, soweit nachstehend nichts anderes vereinbart ist.

§ 3

Die/Der Beschäftigte erhält 80 v. H. des monatlichen Tabellenentgelts (§ 15 Abs. 1 TVöD) aus der Entgeltgruppe ...... Stufe ...... i. V. m. der Anlage A oder C (VKA).

§ 4[4])

Auf das Arbeitsverhältnis finden

§ 3	(Allgemeine Arbeitsbedingungen)
§ 4	(Versetzung, Abordnung, Zuweisung, Personalgestellung)
§ 7	(Sonderformen der Arbeit)
§ 8	(Ausgleich der Sonderformen der Arbeit)
§ 24 Abs. 1, 3 und 4	(Berechnung und Auszahlung des Entgelts)
§ 37	(Ausschlussfrist)

des TVöD entsprechende Anwendung mit der Maßgabe, dass auch für sonstige Entgelte der in § 3 vereinbarte Bemessungssatz maßgebend ist.

§ 5

[1]Das Arbeitsverhältnis kann jederzeit ordentlich gekündigt werden (§ 622 BGB). [2]Das Recht zur außerordentlichen Kündigung (§ 626 BGB) bleibt unberührt. [3]Die Regelungen des SGB III über die Beendigung des Arbeitsverhältnisses werden hierdurch nicht berührt.

....

(Ort, Datum)

....

(Arbeitgeber) (Beschäftigte/r)

Nur für den Arbeitgeber:

1) Zutreffendes bitte ankreuzen!

2) Die Gewährung eines Eingliederungszuschusses nach **§ 217 ff. SGB III** ist kein Sachgrund für die Befristung des Arbeitsvertrags mit dem geförderten Beschäftigten. Liegt kein Sachgrund nach § 14 Abs. 1 Satz 2 TzBfG vor, kann eine sachgrundlose Befristung vereinbart werden. Der Beschäftigte kann dann für eine maximale Dauer von zwei Jahren eingestellt werden. Bis zu dieser Gesamtdauer ist höchstens eine dreimalige Verlängerung des kalendermäßig befristeten Arbeitsvertrags zulässig. Die Befristung ist nicht zulässig, wenn mit demselben Arbeitgeber zuvor ein befristetes oder unbefristetes Arbeitsverhältnis bestanden hat.

3) Nichtzutreffendes streichen!

4) Es handelt sich hierbei lediglich um eine Empfehlung. Es können auch für anwendbar erklärte Vorschriften ausgeschlossen oder weitere Vorschriften aufgenommen werden.

Anhang 14

Niederschrift nach dem Nachweisgesetz[1] zu dem Arbeitsvertrag vom ....

Nach dem Gesetz über den Nachweis der für ein Arbeitsverhältnis geltenden wesentlichen Bedingungen (Artikel 1 des Gesetzes zur Anpassung arbeitsrechtlicher Bestimmungen an das EG-Recht vom 20. Juli 1995 – BGBl. I S. 946) in der jeweils geltenden Fassung wird Folgendes niedergelegt:

1. Art der Tätigkeit

Frau/Herr ...., geboren am ....,

wird als .... beschäftigt.[2]

Die Übertragung anderer Tätigkeiten bleibt vorbehalten.

2. Beschäftigungsort

Die Beschäftigung erfolgt

☐ in .... (Arbeitsort).

☐ an verschiedenen Orten.[3]

☐ Die/Der Beschäftigte kann ihren/seinen Arbeitsort frei wählen.

Die Möglichkeiten des mobilen Arbeitens bleiben hiervon unberührt.

3. Anwendung von Betriebs-/Dienstvereinbarungen

Auf das Beschäftigungsverhältnis finden die beim Arbeitgeber geltenden Betriebs-/Dienstvereinbarungen nach Maßgabe ihres jeweiligen Geltungsbereichs in der jeweils geltenden Fassung Anwendung.

4. Wechsel-/Schichtarbeit[4]

Die/Der Beschäftigte leistet Wechsel-/Schichtarbeit in folgendem Umfang und in folgendem System:

....

5. Betriebliche Altersversorgung

Der Versorgungsträger für eine betriebliche Alters- und Hinterbliebenenversorgung ist

....[5]

(Name und Anschrift des Versorgungsträgers)

II

6. Voraussetzungen der Kündigung, Möglichkeit und Frist der Kündigungsschutzklage

Die Voraussetzungen einer Kündigung sowie das bei der Kündigung zu beachtende Verfahren richten sich für den Arbeitgeber und die/den Beschäftigte/n nach den einschlägigen tariflichen und gesetzlichen Bestimmungen. Die Kündigung unterliegt der Schriftform nach § 623 BGB. Die Möglichkeit, gegen die Kündigung Klage zu erheben, richtet sich ebenfalls nach den gesetzlichen Bestimmungen. Die Frist zur Erhebung einer Kündigungsschutzklage beim Arbeitsgericht beträgt drei Wochen nach Zugang der Kündigung, § 4 KSchG.

7. Versetzung, Abordnung, Zuweisung, Personalgestellung, Direktionsrecht des Arbeitgebers

Die tariflichen Vorschriften über die Versetzung, Abordnung, Zuweisung und Personalgestellung bleiben ebenso wie das Direktionsrecht des Arbeitgebers gem. § 106 GewO unberührt.

....

(Ort, Datum)

....

(Arbeitgeber/in)

<u>**Nur für den Arbeitgeber**</u>

Hinweisziffern für nachstehende Anmerkungen in der Vertragsausfertigung bitte entfernen.

1 Zu den Neuerungen im Nachweisgesetz (NachwG) aufgrund der Umsetzung der Richtlinie (EU) 2019/1152 des Europäischen Parlaments und des Rates vom 20. Juni 2019 über transparente und vorhersehbare Arbeitsbedingungen in der Europäischen Union im Bereich des Zivilrechts, vgl. Newsletter 042/2022 vom 1. Juli 2022.

Das vorliegende Muster einer Niederschrift zum Nachweisgesetz berücksichtigt die nach § 2 Abs. 2 bis 4 NachwG erforderliche Dokumentation der wesentlichen Vertragsbedingungen, sofern diese nicht bereits in den übrigen Vertragsmustern für die einzelnen Beschäftigungsverhältnisse, insbesondere durch Inbezugnahme auf die jeweils geltenden Tarifverträge, geregelt sind.

Die Niederschrift ist **stets für alle Arbeitsverhältnisse** zu erstellen (unabhängig von der Dauer des Beschäftigungsverhältnisses).

§ 2 NachwG sieht für die Aushändigung der Niederschrift nach dem Nachweisgesetz **gestaffelte Fristen** vor.

Hinweis: Aus Gründen der Praktikabilität und zur Vermeidung eines Bußgeldes (§ 4 NachwG) empfehlen wir, die hier vorgeschlagene Niederschrift **spätestens am ersten Tag der Arbeitsleistung auszuhändigen**.

Die Niederschriftserklärung hat **schriftlich** zu erfolgen. Sie ist vom **Arbeitgeber zu unterschreiben** und muss der Beschäftigten/dem Beschäftigten **ausgehändigt** werden, § 2 Abs. 1 Satz 1 NachwG.

Die Neuregelungen betreffen unmittelbar nur **Arbeitsverhältnisse, die ab dem 1. August 2022 beginnen** (auch dann, wenn der Arbeitsvertrag bereits zu einem früheren Zeitpunkt geschlossen wurde).

Als **Übergangsregelung** gilt: Hat das Arbeitsverhältnis bereits vor dem 1. August 2022 bestanden, so ist **der Beschäftigten/dem Beschäftigten auf Verlangen** spätestens am siebten Tag nach Zugang der Aufforderung beim Arbeitgeber die Niederschrift mit den Angaben nach § 2 Abs. 1 Satz 2 Nr. 1 bis 10 NachwG auszuhändigen; die Niederschrift mit den übrigen Angaben nach § 2 Abs. 1 Satz 2 NachwG ist spätestens einen Monat nach Zugang der Aufforderung auszuhändigen.

2 Nach dem Nachweisgesetz ist eine kurze Charakterisierung der Tätigkeit anzugeben (z. B. Hausmeister, Beschäftigung im Pflegedienst).

3 Die Alternative kommt in Betracht, wenn sich das Gebiet des Arbeitgebers über den Ort seines Sitzes hinaus erstreckt (z. B. bei Landkreisen, Verbundunternehmen, Sparkassen).

4 Ziffer 4 entfällt, wenn keine Wechsel-/Schichtarbeit vorliegt bzw. bei Vorliegen einer entsprechenden Betriebs-/Dienstvereinbarung.

5 Hier ist die Zusatzversorgungseinrichtung, bei der die Beschäftigte/der Beschäftigte versichert ist, mit vollständigem Namen und Adresse einzutragen.

II

Tarifvertrag zur Überleitung der Beschäftigten der kommunalen Arbeitgeber in den TVöD und zur Regelung des Übergangsrechts (TVÜ-VKA)

Vom 13. September 2005

Zuletzt geändert durch
Änderungstarifvertrag Nr. 20 vom 22. April 2024 und
Tarifeinigung vom 6. April 2025[1])

Tarifvertragstext mit Erläuterungen

Inhaltsübersicht

Abschnitt I
Allgemeine Vorschriften

§ 1 Geltungsbereich
§ 2 Ersetzung bisheriger Tarifverträge durch den TVöD

Abschnitt II
Überleitungsregelungen

§ 3 Überleitung in den TVöD
§ 4 Zuordnung der Vergütungs- und Lohngruppen
§ 5 Vergleichsentgelt
§ 6 Stufenzuordnung der Angestellten
§ 7 Stufenzuordnung der Arbeiterinnen und Arbeiter

Abschnitt III
Besitzstandsregelungen

§ 8 Bewährungs- und Fallgruppenaufstiege
§ 9 Vergütungsgruppenzulagen
§ 10 Fortführung vorübergehend übertragener höherwertiger Tätigkeit
§ 11 Kinderbezogene Entgeltbestandteile
§ 12 Strukturausgleich
Anhang 1: Hinweise zum Strukturausgleich gemäß § 12 TVÜ-VKA
§ 13 Entgeltfortzahlung im Krankheitsfall
§ 14 Beschäftigungszeit
§ 15 Urlaub
§ 16 Abgeltung
§ 16a Leistungsgeminderte Beschäftigte
Anhang zu § 16a

---

1) Wegen der im Zuge der Tarifrunde 2025 vereinbarten Änderungen siehe die unter **150** abgedruckte Tarifeinigung.

Abschnitt IV
Sonstige vom TVöD abweichende oder ihn ergänzende Bestimmungen

§ 17 Eingruppierung
§ 18 Vorübergehende Übertragung einer höherwertigen Tätigkeit nach dem 30. September 2005
§ 19 Entgeltgruppen 2 Ü und 15 Ü
§ 20 (weggefallen)
§ 21 (weggefallen)
§ 22 Sonderregelungen für Beschäftigte im bisherigen Geltungsbereich der SR 2a, SR 2b und SR 2c zum BAT/BAT-O
§ 23 Erschwerniszuschläge
§ 24 Bereitschaftszeiten
§ 25 Übergangsregelung zur Zusatzversorgungspflicht der Feuerwehrzulage
§ 26 Angestellte als Lehrkräfte an Musikschulen
§ 27 Angestellte im Bibliotheksdienst
§ 28 (weggefallen)

Abschnitt IVa
Besondere Regelungen für Beschäftigte im Sozial- und Erziehungsdienst

§ 28a Überleitung der Beschäftigten in die Anlage C (VKA) zum TVöD und weitere Regelungen
§ 28b Besondere Regelungen für am 30. Juni 2015 nach dem Anhang zur Anlage C zum TVöD eingruppierte Beschäftigte und weitere Regelungen
§ 28c Überleitung in die Anlage C (VKA) zum TVöD zum 1. Januar 2023
§ 28d Höhergruppierung auf Antrag
§ 28e Besondere Regelungen hinsichtlich der Stufenlaufzeit für Beschäftigte, die unter § 1 der Anlage zu § 56 (VKA) BT-V oder § 52 BT-B fallen und weitere Regelungen

Abschnitt IVb
Überleitung in die Entgeltordnung zum TVöD für den Bereich der VKA

§ 29 Grundsatz
§ 29a Besitzstandregelungen
§ 29b Höhergruppierungen
§ 29c Besondere Überleitungsregelungen
§ 29d Überleitung in die Anlage E zum BT-K und zum BT-B

II

Abschnitt V
Besondere Regelungen für einzelne Mitgliedverbände der VKA

§ 30 KAV Berlin
§ 31 KAV Bremen
§ 32 AV Hamburg
§ 33 Gemeinsame Regelung

Abschnitt VI
Übergangs- und Schlussvorschriften

§ 34 In-Kraft-Treten, Laufzeit

Anlagen

Anlage 1 a. F.
Zuordnung der Vergütungs- und Lohngruppen zu den Entgeltgruppen für am 30. September/1. Oktober 2005 vorhandene Beschäftigte für die Überleitung (VKA)

Anlage 2
Strukturausgleiche für Angestellte (VKA)

I. Angestellte (einschl. Lehrkräfte) mit Ausnahme des Pflegepersonals im Sinne der Anlage 1b zum BAT/BAT-O
II. Angestellte, die aus der Anlage 1b zum BAT/BAT-O übergeleitet werden

Anlage 3
Zuordnung der Lohngruppen zu den Entgeltgruppen

Anlage 3 a. F.
Vorläufige Zuordnung der Vergütungs- und Lohngruppen zu den Entgeltgruppen für zwischen dem 1. Oktober 2005 und dem In-Kraft-Treten der neuen Entgeltordnung stattfindende Eingruppierungsvorgänge (VKA)

Anlage 4 a. F.
KR-Anwendungstabelle

1. Abschnitt
Allgemeine Vorschriften

§ 1 Geltungsbereich

(1) [1]Dieser Tarifvertrag gilt für Angestellte, Arbeiterinnen und Arbeiter, deren Arbeitsverhältnis zu einem tarifgebundenen Arbeitgeber, der Mitglied eines Mitgliedverbandes der Vereinigung der kommunalen Arbeitgeberverbände (VKA) ist, über den 30. September 2005 hinaus fortbesteht, und die am 1. Oktober 2005 unter den Geltungsbereich des Tarifvertrages für den öffentlichen Dienst (TVöD) fallen, für die Dauer des ununterbrochen fortbestehenden Arbeitsverhältnisses. [2]Dieser Tarifvertrag gilt ferner für die unter § 19 Abs. 2 fallenden Beschäftigten.

Protokollerklärung zu Absatz 1 Satz 1:

Unterbrechungen von bis zu einem Monat sind unschädlich.

Protokollerklärung zu Absatz 1:

Tritt ein Arbeitgeber erst nach dem 30. September 2005 einem der Mitgliedverbände der VKA als ordentliches Mitglied bei und hat derselbe Arbeitgeber vor dem 1. September 2002 einem Mitgliedverband der VKA als ordentliches Mitglied angehört, so ist Absatz 1 mit der Maßgabe anzuwenden, dass an die Stelle des 30. September 2005 das Datum tritt, welches dem Tag der Wiederbegründung der Verbandsmitgliedschaft vorausgeht, während das Datum des Wirksamwerdens der Verbandsmitgliedschaft den 1. Oktober 2005 ersetzt.

Niederschriftserklärung zu § 1 Abs. 1:

[1]Werden Beschäftigte nach dem 1. Oktober 2005 in den TVöD übergeleitet, wird der Stichtag „30. September 2005" durch das Datum des Tages vor der Überleitung und, soweit der 1. Oktober 2005 als Stichtag genannt ist, dieser durch das Datum des Tages der Überleitung ersetzt. [2]Beginn- und Endzeitpunkt von Fristen im TVÜ-VKA verschieben sich in diesen Fällen um den Zeitraum der späteren Überleitung in den TVöD.

(2) Nur soweit nachfolgend ausdrücklich bestimmt, gelten die Vorschriften dieses Tarifvertrages auch für Beschäftigte, deren Arbeitsverhältnis zu einem Arbeitgeber im Sinne des Absatzes 1 nach dem 30. September 2005 beginnt und die unter den Geltungsbereich des TVöD fallen.

(3) Die Bestimmungen des TVöD gelten, soweit dieser Tarifvertrag keine abweichenden Regelungen trifft.

Erläuterungen

Die Vorschrift entspricht – hier natürlich bezogen auf die Kommunen – weitestgehend der Regelung des § 1 TVÜ-Bund. Durch die im Vergleich zur Bundesregelung erweiterte Formulierung in Absatz 1 Satz 2 werden bestimmte Beschäftigte in Versorgungsbetrieben, in Nahverkehrsbetrieben und in der Wasserwirtschaft Nordrhein-Westfalen in den Kreis der Beschäftigten aufgenommen, die Einmalzahlungen erhalten.

Nach Maßgabe des § 1 gilt der TVÜ-VKA für die Beschäftigten, die am 30. September 2005 in einem Beschäftigungsverhältnis stehen, das über den 1. Oktober hinaus fortgesetzt wird (und deshalb dem TVöD unterliegt). Ferner gilt der TVöD für die in § 19 Abs. 2 TVÜ fallenden Beschäftigten. Dies sind die „Spitzenangestellten" (Angestellte der Vergütungsgruppe I BAT).

Von § 1 Abs. 1 TVÜ erfasst sind auch Beschäftigte, die im September 2005 – z. B. aufgrund Beurlaubung, Mutterschutz oder Elternzeit, Wehr- oder Zivildienst – keine oder nur für Teile des Monats September Bezüge erhalten. Maßgeblich ist allein, dass zum Überleitungsstichtag ein Arbeitsverhältnis besteht, welches über den 1. Oktober 2005 hinaus fortbesteht. Wegen der Berechnung des Vergleichsentgelt in diesen Fällen siehe § 5 Abs. 6 TVÜ.

Der Schutz durch den Überleitungs-TV ist grundsätzlich auf die Dauer des nach dem 1. Oktober 2005 ununterbrochen fortbestehenden Arbeitsverhältnisses begrenzt, wobei Unterbrechungen von bis zu einem Monat unschädlich sind. Die zunächst in der Protokollerklärung zu § 1 Abs. 1 Satz 1 vereinbarte Befristung (bis 30. September 2007) ist durch den Änderungs-TV Nr. 2 vom 31. März 2008 gestrichen worden.

Das BAG hat mit Urteil vom 27. November 2008 – 6 AZR 632/08 – entschieden, dass die weitere Anwendung des TVÜ-VKA ausscheidet, wenn das Arbeitsverhältnis mehr als einen Monat unterbrochen ist, und dass es hierbei alleine auf die Dauer der Unterbrechung ankommt. Ein möglicher sachlicher Zusammenhang zwischen den beiden Arbeitsverhältnissen ändere daran nichts.

Voraussetzung ist der Fortbestand des Arbeitsverhältnisses, das zum Überleitungsstichtag in den TVöD (1. 10. 2006) bestanden hat. Dabei kann für die Frage der Fortdauer des Arbeitsverhältnisses nicht nur formal auf den Bestand eines bestimmten Arbeitsvertrages abgestellt werden; auch die Verlängerung befristeter Arbeitsverträge zu gleichen oder nur geringfügig (z. B. in Bezug auf den Umfang der wöchentlichen Arbeitszeit) geänderten Bedingungen führt nach herrschender Meinung nicht zur Beendigung des Arbeitsverhältnisses. Davon abzugrenzen ist aber die Fortsetzung eines Arbeitsverhältnisses zu völlig geänderten Konditionen (z. B. bis zum 31. 3. 2007 befristetes Arbeitsverhältnis eines zunächst unterwertig eingesetzten Hochschulabsolventen in Entgeltgruppe 9, ab dem 1. 4. 2007 Weiterbeschäftigung bei demselben Arbeitgeber in anderer, der Entgeltgruppe 13 zuzurechnenden Tätigkeit); in diesen Fällen ist von einer im Hinblick auf § 1 TVÜ schädlichen Beendigung des übergeleiteten und Begründung eines neuen Arbeitsverhältnisses auszugehen. Folge ist, dass der TVÜ auf das neue Arbeitsverhältnis keine Anwendung findet.

Für Beschäftigte, deren Arbeitsverhältnis nach dem 30. September 2005 beginnt und die unter den Geltungsbereich des TVöD fallen, gelten die Regelungen des TVÜ nur, wenn es im TVÜ ausdrücklich bestimmt ist (z. B. § 11 Abs. 3 Buchst. b und § 17).

II

§ 2 Ablösung bisheriger Tarifverträge durch den TVöD

(1) [1]Der TVöD ersetzt in Verbindung mit diesem Tarifvertrag bei tarifgebundenen Arbeitgebern, die Mitglied eines Mitgliedverbandes der VKA sind, den

- **Bundes-Angestelltentarifvertrag (BAT) vom 23. Februar 1961**
- **Tarifvertrag zur Anpassung des Tarifrechts – Manteltarifliche Vorschriften – (BAT-O) vom 10. Dezember 1990**
- **Tarifvertrag zur Anpassung des Tarifrechts – Manteltarifliche Vorschriften – (BAT-Ostdeutsche Sparkassen) vom 21. Januar 1991**
- **Bundesmanteltarifvertrag für Arbeiter gemeindlicher Verwaltungen und Betriebe – BMT-G II – vom 31. Januar 1962**
- **Tarifvertrag zur Anpassung des Tarifrechts – Manteltarifliche Vorschriften für Arbeiter gemeindlicher Verwaltungen und Betriebe – (BMT-G-O) vom 10. Dezember 1990**
- **Tarifvertrag über die Anwendung von Tarifverträgen auf Arbeiter (TV Arbeiter-Ostdeutsche Sparkassen) vom 25. Oktober 1990**

sowie die diese Tarifverträge ergänzenden Tarifverträge der VKA, soweit in diesem Tarifvertrag oder im TVöD nicht ausdrücklich etwas anderes bestimmt ist. [2]Die Ersetzung erfolgt mit Wirkung vom 1. Oktober 2005, soweit kein abweichender Termin bestimmt ist.

Protokollerklärung zu Absatz 1:

Von der ersetzenden Wirkung werden von der VKA abgeschlossene ergänzende Tarifverträge nicht erfasst, soweit diese anstelle landesbezirklicher Regelungen vereinbart sind.

Niederschriftserklärung zur Protokollerklärung zu § 2 Abs. 1 (ver.di):

Landesbezirkliche Regelungen sind auch Regelungen, die vor der ver.di-Gründung im Tarifrecht als bezirkliche Regelungen bezeichnet sind.

Niederschriftserklärung zur Protokollerklärung zu § 2 Abs. 1 (dbb tarifunion):

Landesbezirkliche Regelungen sind auch Regelungen, die von der dbb tarifunion und ihren Mitgliedsgewerkschaften im Tarifrecht als bezirkliche Regelungen bezeichnet sind.

(2) [1]Die von den Mitgliedverbänden der VKA abgeschlossenen Tarifverträge sind durch die landesbezirklichen Tarifvertragsparteien hinsichtlich ihrer Weitergeltung zu prüfen und bei Bedarf bis zum 31. Dezember 2006 an den TVöD anzupassen; die landesbezirklichen Tarifvertragsparteien können diese Frist verlängern. [2]Das Recht zur Kündigung der in Satz 1 genannten Tarifverträge bleibt unberührt.

Protokollerklärung zu Absatz 2:

Entsprechendes gilt hinsichtlich der von der VKA abgeschlossenen Tarifverträge, soweit diese anstelle landesbezirklicher Regelungen vereinbart sind.

(3) [1]Sind in Tarifverträgen nach Absatz 2 Satz 1 Vereinbarungen zur Beschäftigungssicherung/Sanierung und/oder Steigerung der Wettbewerbsfähigkeit getroffen, findet ab dem 1. Oktober 2005 der TVöD unter Berücksichtigung der materiellen Wirkungsgleichheit dieser Tarifverträge Anwendung. [2]In diesen Fällen ist durch die landesbezirklichen Tarifvertragsparteien baldmöglichst die redaktionelle Anpassung der in Satz 1 genannten Tarifverträge vorzunehmen.

[3]Bis dahin wird auf der Grundlage der bis zum 30. September 2005 gültigen Tarifregelungen weiter gezahlt. [4]Die Überleitung in den TVöD erfolgt auf der Grundlage des Rechtsstandes vom 30. September 2005. [5]Familienbezogene Entgeltbestandteile richten sich ab 1. Oktober 2005 nach diesem Tarifvertrag.

Protokollerklärung zu Absatz 3:

[1]Der Rahmentarifvertrag vom 13. Oktober 1998 zur Erhaltung der Wettbewerbsfähigkeit der deutschen Verkehrsflughäfen und zur Sicherung der Arbeitsplätze (Fassung vom 28. November 2002) wird in seinen Wirkungen nicht verändert. [2]Er bleibt mit gleichem materiellen Inhalt und gleichen Laufzeiten als Rechtsgrundlage bestehen. [3]Beschäftigte in Unternehmen, für die Anwendungstarifverträge zum Rahmentarifvertrag nach Satz 1 vereinbart worden sind, werden zum 1. Oktober 2005 übergeleitet. [4]Die tatsächliche personalwirtschaftliche Überleitung – einschließlich individueller Nachberechnungen – erfolgt zu dem Zeitpunkt, zu dem die Verständigung über den angepassten Anwendungstarifvertrag erzielt ist.

(4) Absatz 1 gilt nicht für Beschäftigte in Versorgungsbetrieben, Nahverkehrsbetrieben und für Beschäftigte in Wasserwirtschaftsverbänden in Nordrhein-Westfalen, die gemäß § 1 Abs. 2 Buchst. d und e TVöD vom Geltungsbereich des TVöD ausgenommen sind, es sei denn, Betriebe oder Betriebsteile, die dem fachlichen Geltungsbereich des TV-V, eines TV-N oder des TV-WW/NW entsprechen, werden in begründeten Einzelfällen durch landesbezirklichen Tarifvertrag in den Geltungsbereich des TVöD und dieses Tarifvertrages einbezogen.

Protokollerklärung zu Absatz 4:

Die Möglichkeit, Betriebsteile, die dem Geltungsbereich eines TV-N entsprechen, in den Geltungsbereich eines anderen Spartentarifvertrages (TV-V, TV-WW/NW) einzubeziehen, bleibt unberührt.

Niederschriftserklärung zu § 2:

[1]Die Tarifvertragsparteien gehen davon aus, dass der TVöD und dieser Tarifvertrag bei tarifgebundenen Arbeitgebern das bisherige Tarifrecht auch dann ersetzen, wenn arbeitsvertragliche Bezugnahmen nicht ausdrücklich den Fall der ersetzenden Regelung beinhalten. [2]Die Geltungsbereichsregelungen des TV-V, der TV-N und des TV-WW/NW bleiben hiervon unberührt.

Erläuterungen

§ 2 bestimmt, welche Tarifverträge zum 1. Oktober 2005 durch den TVöD ersetzt werden. Absatz 1 enthält dazu eine Auflistung der fortfallenden Tarifverträge (BAT, BAT-O, BAT-Ostdeutsche Sparkassen, BMT-G-II, TV Arbeiter-Ostdeutsche Sparkassen). In § 36 TVöD haben die Tarifpartner vereinbart, welche der den BAT etc. ergänzenden Tarifverträge weiter anzuwenden sind.

In den Absätzen 2 bis 4 und in den dazu vereinbarten Protokoll- und Niederschriftserklärungen ist im Detail vereinbart, welches Schicksal landesbezirkliche Tarifverträge erfahren bzw. wie in den Bereichen Versorgungsbetriebe, Nahverkehrsbetriebe und Wasserwirtschaft Nordrhein-Westfalen zu verfahren ist. Teilweise besteht auf landesbezirklicher Ebene weiterer Anpassungs- bzw. Verhandlungsbedarf.

Der Umstand, dass ursprünglich vereinbarte Anpassungsfristen mittlerweile verstrichen sind, hat nach Auffassung des Verfassers keine unmittelbare Auswirkung auf den Fortbestand der Altregelungen.

Das BAG hat mit Urteil vom 24. Februar 2010 – 4 AZR 708/08 – ausdrücklich bestätigt, dass bezirkliche Tarifverträge (im Urteilsfall war es ein bezirklicher Tarifvertrag zu § 42 BMT-G aus dem Bereich des KAV Baden-Württemberg) nicht automatisch durch den TVöD/TVÜ abgelöst worden seien. Aus § 2 Abs. 2 i. V. m. § 2 Abs. 1 TVÜ-VKA folge, dass die Tarifvertragsparteien landesbezirkliche Tarifverträge jedenfalls soweit bewusst von der ablösenden Wirkung des TVÜ-VKA und des TVöD ausgenommen haben, als sie nicht im Widerspruch zum Regelungsgehalt des TVöD stehen.

Durch eine Niederschriftserklärung ist von den Tarifvertragsparteien klar gestellt worden, dass der TVöD das bisherige Tarifrecht auch dann ersetzen soll, wenn arbeitsvertragliche Bezugnahmen nicht ausdrücklich den Fall der ersetzenden Regelung beinhalten (so auch Urteil des BAG vom 19. Mai 2010 – 4 AZ R 796/08). Dies dürfte im Hinblick auf die in der Praxis verwendeten Musterarbeitsverträge, die regelmäßig vorsehen, dass das Arbeitsverhältnis sich „nach dem BAT und den diesen ergänzenden, ändernden und ersetzenden Tarifverträgen …" bestimmt, ohnehin die Ausnahme sein.

II

2. Abschnitt
Überleitungsregelungen

§ 3 Überleitung in den TVöD

Die von § 1 Abs. 1 erfassten Beschäftigten werden am 1. Oktober 2005 gemäß den nachfolgenden Regelungen in den TVöD übergeleitet.

Erläuterungen

§ 3 bestimmt, dass die Beschäftigten zum 1. Oktober 2005 unter Beachtung der Regelungen des TVÜ in den TVöD übergeleitet werden.

II

§ 4 Zuordnung der Vergütungs- und Lohngruppen

(1) [1]Bis zum Inkrafttreten der neuen Entgeltordnung verständigen sich die Tarifvertragsparteien zwecks besserer Übersichtlichkeit für die Zuordnung der Beschäftigten gemäß Anlage 1b zum BAT auf folgende Anwendungstabelle:

Anlage 4: Beschäftigte, die dem Geltungsbereich nach § 40 BT-K bzw. § 40 BT-B unterfallen;

dies gilt auch für Beschäftigte im Sinne des § 1 Abs. 2. [2]Die Tarifvertragsparteien sind sich einig, dass diese Anwendungstabelle – insbesondere die Bezeichnung der Entgeltgruppen – keinen Vorgriff auf die Verhandlungen zur neuen Entgeltordnung darstellt.

Niederschriftserklärung zu § 4 Abs. 1:

Lehrkräfte, die ihre Lehrbefähigung nach dem Recht der DDR erworben haben und zur Anerkennung als Lehrkräfte nach Abschnitt A der Lehrer-Richtlinien der VKA auf Grund beamtenrechtlicher Regelungen unterschiedlich lange Bewährungszeiten durchlaufen mussten bzw. müssen, gehören nicht zur Gruppe der Lehrkräfte nach Abschnitt B der Lehrer-Richtlinien der VKA.

(2) Beschäftigte, die im Oktober 2005 bei Fortgeltung des bisherigen Tarifrechts die Voraussetzungen für einen Bewährungs-, Fallgruppen- oder Tätigkeitsaufstieg erfüllt hätten, werden für die Überleitung so behandelt, als wären sie bereits im September 2005 höhergruppiert worden.

(3) Beschäftigte, die im Oktober 2005 bei Fortgeltung des bisherigen Tarifrechts in eine niedrigere Vergütungs- bzw. Lohngruppe eingruppiert worden wären, werden für die Überleitung so behandelt, als wären sie bereits im September 2005 herabgruppiert worden.

Erläuterungen

Bei dieser Vorschrift handelt es sich um eine der Kernvorschriften des TVÜ, ohne die die Tarifreform nicht denkbar gewesen wäre.

Die Regelungen haben aber nach der Überleitung der Beschäftigten in den TVöD zum 1. Oktober 2005, spätestens aber seit dem Inkrafttreten der Entgeltordnung für die Beschäftigten der Kommunen zum 1. Januar 2017 ihre Bedeutung verloren. Da die Erläuterungen weiterhin zum besseren Verständnis der von den Tarifpartnern zur Überleitung der Beschäftigten in den TVöD vereinbarten Verfahrensweise dienen, haben wir sie im Werk belassen.

Zu § 4 Abs. 1[1])

Für die Überleitung der Beschäftigten werden die bisherigen Vergütungs- bzw. Lohngruppen einer neuen Entgeltgruppe des TVöD zugeordnet, § 4 Abs. 1 TVÜ. Maßgeblich ist die Vergütungs- bzw.

[1]) An dieser Stelle beschrieben ist das ursprüngliche Verfahren zur Überleitung der Beschäftigten in den TVöD.

Lohngruppe am 30. September 2005. Die Zuordnung der Vergütungsgruppen der Anlage 1a zum BAT/BAT-O und der Lohngruppen des Lohngruppenverzeichnisses ist für die Überleitung in die neuen Entgeltgruppen in der Anlage 1 des TVÜ festgelegt.

Für Ärzte gelten – soweit sie nicht unter den Geltungsbereich des mit dem Marburger Bund vereinbarten TV-Ärzte/VKA[1]) fallen – die besonderen Eingruppierungsvorschriften des § 51 des Besonderen Teils Pflege- und Betreuungseinrichtungen (BT-B)[2]) bzw. § 51 des Besonderen Teils Krankenhäuser (BT-K)[3]).

Für das Pflegepersonal, das unter die Anlage 1b zum BAT/BAT-O fällt, ergibt sich die Zuordnung ihrer bisherigen Vergütungsgruppen zu den neuen Entgeltgruppen aus der sog. Kr.-Anwendungstabelle. Diese ist dem TVÜ-VKA als Anlage 4 beigefügt. Die Kr.-Anwendungstabelle ist auch für neue Eingruppierungsvorgänge ab 1. Oktober 2005 maßgebend. Bei der Bestimmung der maßgebenden Vergütungsgruppe ist dabei der Verlauf der Eingruppierung, nicht aber die aktuelle Position innerhalb dieses Verlaufs maßgebend.

Beispiele:

Eine Krankenschwester ist am 1. Oktober 2005 in der VergGr. Kr. VI Fallgruppe 19 eingruppiert, in die sie aus der VergGr. Kr. V Fallgruppe 14 nach sechsjähriger Bewährung aufgestiegen ist. Sie befindet sich also in diesem Falle in dem Verlauf „V mit Aufstieg nach VI" in der dritten Spalte von links der Kr.-Anwendungstabelle und wird daher der Entgeltgruppe Kr. 8a TVöD zugeordnet.

Eine Krankenschwester ist in der VergGr. Kr. VI Fallgruppe 6a eingruppiert, hat also keinen weiteren Aufstieg in die VergGr. Kr. VII. Sie befindet sich damit in dem Verlauf „VI ohne Aufstieg" und wird somit der Entgeltgruppe Kr. 9a zugeordnet.

Außerhalb des Bereichs der Pflegekräfte und der Ärzte i. S. d. § 51 BT-B bzw. § 51 BT-K ist für neue Eingruppierungsvorgänge ab 1. Oktober 2005 ausschließlich die Anlage 3 TVÜ maßgebend, § 17 Abs. 7 TVÜ.

Die Zuordnung erfolgt bei den bisherigen Statusgruppen nach unterschiedlichen Grundsätzen.

Arbeiter

Bei den Arbeitern erfolgt die Zuordnung anhand der Lohn- und Fallgruppe, die im September 2005 maßgeblich ist. Es kommt dabei allerdings nicht allein auf die zum Stichtag erreichte Lohngruppe an; die

---

1) abgedruckt unter **510**

2) abgedruckt unter **235**

3) abgedruckt unter **230**

Überleitung richtet sich vielmehr nach der Lohngruppenentwicklung, die der Tätigkeit zugeordnet ist. Anknüpfungspunkt ist daher die jeweils einschlägige „Aufstiegskette" aus Grundtätigkeit und Bewährungs- bzw. Tätigkeitsaufstiegen. Unerheblich ist, in welcher Stufe dieser Kette sich der Beschäftigte zum Stichtag befindet. Die verschiedenen Fallgestaltungen sind in Anlage 1 TVÜ einzeln aufgeführt.

II

Beispiele:

Ein Arbeiter erhält im September 2005 Lohn der Lohngruppe 4 Fallgruppe 1. Da ihm die zum Überleitungszeitpunkt ausgeübte Tätigkeit nach bisherigem Recht den Aufstieg in die Lohngruppen 5 und 5a eröffnet hätte, wird er gemäß Anlage 1 TVÜ der Entgeltgruppe 5 zugeordnet.

Dem Arbeiter aus Beispiel 1 ist eine Tätigkeit der Lohngruppe 4 Fallgruppe 3 übertragen, die nach bisherigem Recht zu einem Aufstieg in die Lohngruppe 4a geführt hätte. In diesem Fall erfolgt die Zuordnung zur Entgeltgruppe 4.

Einem Arbeiter ist eine Tätigkeit der Lohngruppe 1 Fallgruppe 1 übertragen, das bisherige Recht eröffnet den Aufstieg nach Lohngruppe 2 und 2a. Die Zuordnung erfolgt nach Anlage 1 TVÜ übergangsweise bis zum In-Kraft-Treten einer neuen Entgeltordnung in die Entgeltgruppe 2 Ü. Gleiches gilt für Arbeiter mit Tätigkeiten der Lohngruppe 2 mit Aufstieg nach Lohngruppe 2a.

Angestellte

Bei den Angestellten ergibt sich die Zuordnung der einzelnen Vergütungsgruppen zu den Entgeltgruppen ebenfalls aus Anlage 1 TVÜ. Dabei kann wie folgt unterschieden werden:

- Für die Entgeltgruppe 2 sowie die Entgeltgruppen 9 bis 15 richtet sich die Zuordnung ebenfalls nach der übertragenen Tätigkeit und der zugeordneten Vergütungsentwicklung. Bei Tätigkeitsmerkmalen ohne Bewährungs- oder Fallgruppenaufstieg wird demnach die zum Stichtag einschlägige Vergütungsgruppe zugrunde gelegt. Sieht die Vergütungsordnung dagegen für die einschlägige Fallgruppe Bewährungs- oder Fallgruppenaufstiege vor, wird in der Anlage 1 TVÜ vorgegeben, an welche „Aufstiegskette" anzuknüpfen ist und ob es darauf ankommt, ob der Beschäftigte zum Überleitungszeitpunkt Bewährungs- oder Fallgruppenaufstiege erreicht hat.
- Für die Zuordnung zu den Entgeltgruppen 3, 5, 6 und 8 ist allein die Vergütungsgruppe am 30. September 2005 entscheidend. Ob die einschlägige Fallgruppe weitere Bewährungs- oder Fallgruppenaufstiege vorsieht oder im Wege eines solchen Aufstiegs erreicht wurde, spielt für die Zuordnung keine Rolle.

Die vorstehenden Grundsätze lassen sich durch folgende Beispiele verdeutlichen:

Beispiele:
Eine Verwaltungsangestellte mit Tätigkeiten der Vergütungsgruppe BAT VIII Fallgruppe 1b ist am 1. April 2005 im Wege des Aufstiegs in die Vergütungsgruppe VII Fallgruppe 1c aufgerückt. Sie wird daher nach Anlage 1 TVÜ mit ihrer im September 2005 maßgeblichen Vergütungsgruppe BAT VII der Entgeltgruppe 5 zugeordnet.

Der Aufstieg der in Beispiel 1 genannten Verwaltungsangestellten steht erst am 1. April 2006 an, am 30. September 2005 ist sie (noch) in Vergütungsgruppe BAT VIII eingruppiert. Nach Anlage 1 TVÜ erfolgt die Zuordnung in dieser Konstellation zur Entgeltgruppe 3. Der „spätere Aufstieg" ist nach § 8 Abs. 1 TVÜ erst zum individuellen „Aufstiegszeitpunkt" zu berücksichtigen (hier 1. April 2006).

Eine Verwaltungsangestellte der Vergütungsgruppe BAT IVa Fallgruppe 1b ist am 1. April 2005 im Wege des Fallgruppenaufstieges in die Vergütungsgruppe BAT III Fallgruppe 1b aufgerückt. Entsprechend Anlage 1 TVÜ wird sie zum 1. Oktober 2005 der Entgeltgruppe 11 zugeordnet.

Abweichend von Beispiel 3 steht der Aufstieg der dort genannten Verwaltungsangestellten erst zum 1. April 2006 an. Anders als nach der Systematik in Beispiel 2 erfolgt die Zuordnung hier nicht zu der niedrigeren, sondern zu derselben Entgeltgruppe. Die Verwaltungsangestellte wird also ebenfalls der Entgeltgruppe 11 zugeordnet. Der „spätere Aufstieg" ist nach § 8 Abs. 2 TVÜ erst zum individuellen „Aufstiegszeitpunkt" (hier 1. April 2006) durch Neuberechnung des Vergleichsentgelts zu berücksichtigen.

Der Verwaltungsangestellten aus Beispiel 3 ist eine Tätigkeit der Vergütungsgruppe BAT IVa Fallgruppe 1a übertragen worden. Diese Tätigkeit eröffnet nicht den Aufstieg in die Vergütungsgruppe BAT III. In diesem Fall erfolgt die Zuordnung zur Entgeltgruppe 10.

Der TVÜ ordnet auf Grundlage der Eingruppierung/Einreihung bei Überleitung die Beschäftigten anhand der Anlage 1 TVÜ einer neuen Entgeltgruppe zu. Wird nachträglich festgestellt, dass die Eingruppierung unzutreffend gewesen ist, bleiben die allgemeinen arbeits- und tarifrechtlichen Regelungen – insbesondere die Regelungen der korrigierenden Rückgruppierung – unberührt.

Erhalten Beschäftigte am 30. September 2005 eine persönliche Zulage für die Ausübung einer höherwertigen Tätigkeit nach § 24 BAT/BAT-O bzw. den entsprechenden Regelungen für Arbeiterinnen und Arbeiter, ist für die Überleitung die Vergütungs- bzw. Lohngruppe maßgeblich, in die die Beschäftigten eingruppiert sind; sie erhalten aber ab dem 1. Oktober 2005 eine Besitzstandszulage nach Maßgabe des § 10 TVÜ.

Die bisherige Vergütungsgruppe I BAT/BAT-O ist in der Entgelttabelle des TVöD nicht mehr abgebildet. Die Beschäftigungsverhältnisse bei

Übertragung entsprechender Tätigkeiten sind ab dem 1. Oktober 2005 außertariflich zu regeln (§ 17 Abs. 2 TVÜ). Bei Überleitung vorhandene Angestellte der Vergütungsgruppe I BAT/BAT-O unterliegen dem TVöD und werden in eine besondere Entgeltgruppe 15 Ü übergeleitet; Stufen, Werte und regelmäßige Verweildauer sind in § 19 Abs. 2 TVÜ näher geregelt.

Außertarifliche Angestellte, für die der BAT nach dessen § 3 Buchst. h nicht galt, werden auch vom TVÜ nicht erfasst. Ihre außertarifliche Vergütung gilt fort. Nach den arbeitsvertraglichen Abreden bestimmt sich, inwieweit die Regelungen des TVöD und des diesen ergänzenden TVÜ ab dem 1. Oktober 2005 auch für diese Beschäftigten zur Anwendung kommen. Wird arbeitsvertraglich auf Regelungen des BAT/BAT-O verwiesen, treten an deren Stelle die entsprechenden Regelungen des TVöD, ggf. in Verbindung mit dem TVÜ.

Zur Niederschriftserklärung zu § 4 Abs. 1

In dieser Protokollerklärung haben die Tarifpartner klargestellt, dass die Lehrkräfte, die über eine Lehrbefähigung nach DDR-Recht verfügen, auch dann systematisch dem Bereich „Erfüller" (Abschnitt A der Lehrer-Richtlinien) zuzuordnen sind, wenn sie sich bis zur Anerkennung ihrer Lehrbefähigung einige Zeit bewähren mussten/müssen.

Zu § 4 Abs. 2 und 3

In Absatz 2 bzw. Absatz 3 der Vorschrift ist bestimmt, dass Bewährungs-, Fallgruppen- oder Tätigkeitsaufstiege sowie Herabgruppierungen, die bei Fortgeltung des bisherigen Rechts im Monat Oktober 2005 vollzogen worden wären, für die Überleitung so behandelt werden, als wären sie bereits im September 2005 vollzogen worden.

§ 5 Vergleichsentgelt

(1) Für die Zuordnung zu den Stufen der Entgelttabelle des TVöD wird für die Beschäftigten nach § 4 ein Vergleichsentgelt auf der Grundlage der im September 2005 erhaltenen Bezüge gemäß den Absätzen 2 bis 7 gebildet.

(2) [1]Bei Beschäftigten aus dem Geltungsbereich des BAT/BAT-O/BAT-Ostdeutsche Sparkassen setzt sich das Vergleichsentgelt aus der Grundvergütung, der allgemeinen Zulage und dem Ortszuschlag der Stufe 1 oder 2 zusammen. [2]Ist auch eine andere Person im Sinne von § 29 Abschn. B Abs. 5 BAT/BAT-O/BAT-Ostdeutsche Sparkassen ortszuschlagsberechtigt oder nach beamtenrechtlichen Grundsätzen familienzuschlagsberechtigt, wird nur die Stufe 1 zugrunde gelegt; findet der TVöD am 1. Oktober 2005 auch auf die andere Person Anwendung, geht der jeweils individuell zustehende Teil des Unterschiedsbetrages zwischen den Stufen 1 und 2 des Ortszuschlages in das Vergleichsentgelt ein. [3]Ferner fließen im September 2005 tarifvertraglich zustehende Funktionszulagen insoweit in das Vergleichsentgelt ein, als sie nach dem TVöD nicht mehr vorgesehen sind. [4]Erhalten Beschäftigte eine Gesamtvergütung (§ 30 BAT/BAT-O/BAT-Ostdeutsche Sparkassen), bildet diese das Vergleichsentgelt. [5]Bei Lehrkräften, die die Zulage nach Abschnitt A Unterabschnitt II der Lehrer-Richtlinien der VKA erhalten, wird diese Zulage und bei Lehrkräften, die am 30. September 2005 einen arbeitsvertraglichen Anspruch auf Zahlung einer allgemeinen Zulage wie die unter die Anlage 1a zum BAT/BAT-O fallenden Angestellten haben, wird dieser Betrag in das Vergleichsentgelt eingerechnet.

Protokollerklärung zu Absatz 2 Satz 2:

1. Findet der TVöD am 1. Oktober 2005 für beide Beschäftigte Anwendung und hat einer der beiden im September 2005 keine Bezüge erhalten wegen Elternzeit, Wehr- oder Zivildienstes, Sonderurlaubs, bei dem der Arbeitgeber vor Antritt ein dienstliches oder betriebliches Interesse an der Beurlaubung anerkannt hat, Bezuges einer Rente auf Zeit wegen verminderter Erwerbsfähigkeit oder wegen Ablaufs der Krankenbezugsfristen, erhält die/der andere Beschäftigte zusätzlich zu ihrem/seinem Entgelt den Differenzbetrag zwischen dem ihr/ihm im September 2005 individuell zustehenden Teil des Unterschiedsbetrages zwischen der Stufe 1 und 2 des Ortszuschlags und dem vollen Unterschiedsbetrag als Besitzstandszulage.
2. Hat die andere ortszuschlagsberechtigte oder nach beamtenrechtlichen Grundsätzen familienzuschlagsberechtigte Person im September 2005 aus den in Nr. 1 genannten Gründen keine Bezüge erhalten, erhält die/der in den TVöD übergeleitete Beschäftigte zusätzlich zu ihrem/seinem Entgelt den vollen Unterschiedsbetrag zwischen der Stufe 1 und der Stufe 2 des Ortszuschlags als Besitzstandszulage.
3. [1]Ist die andere ortszuschlagsberechtigte oder familienzuschlagsberechtigte Person im September 2005 aus dem öffentlichen Dienst ausgeschieden, ist das Tabellenentgelt neu zu ermitteln. [2]Basis ist dabei die Stufenzuordnung nach § 6 Abs. 1 Satz 2, die sich zum 1. Oktober 2007 ergeben hätte, wenn das Vergleichsentgelt unter Berücksichtigung der Stufe 2 des Ortszuschlags gebildet worden wäre.
4. [1]Die Besitzstandszulage nach den Nrn. 1 und 2 oder das neu ermittelte Tabellenentgelt nach Nr. 3 wird auf einen bis zum 30. September 2008 zu stellenden schriftlichen Antrag (Ausschlussfrist) vom 1. Juli 2008 an gezahlt. [2]Ist eine entsprechende

Leistung bis zum 31. März 2008 schriftlich geltend gemacht worden, erfolgt die Zahlung vom 1. Juni 2008 an.

5. [1]In den Fällen der Nrn. 1 und 2 wird bei Stufensteigerungen und Höhergruppierungen der Unterschiedsbetrag zum bisherigen Entgelt auf die Besitzstandszulage angerechnet. [2]Die/Der Beschäftigte hat das Vorliegen der Voraussetzungen der Nrn. 1 und 2 nachzuweisen und Änderungen anzuzeigen. [3]Die Besitzstandszulage nach den Nrn. 1 und 2 entfällt mit Ablauf des Monats, in dem die/der andere Beschäftigte die Arbeit wieder aufnimmt.

II

Protokollerklärung zu Absatz 2 Satz 3:

Vorhandene Beschäftigte erhalten bis zum 31. Dezember 2016 ihre Techniker-, Meister- und Programmiererzulage unter den bisherigen Voraussetzungen als persönliche Besitzstandszulage.

(3) [1]Bei Beschäftigten aus dem Geltungsbereich des BMT-G/BMT-G-O/TV Arbeiter-Ostdeutsche Sparkassen wird der Monatstabellenlohn als Vergleichsentgelt zugrunde gelegt. [2]Absatz 2 Satz 3 gilt entsprechend. [3]Erhalten Beschäftigte nicht den Volllohn (§ 21 Abs. 1 Buchst. a BMT-G/BMT-G-O), gilt Absatz 2 Satz 4 entsprechend.

(4) [1]Beschäftigte, die im Oktober 2005 bei Fortgeltung des bisherigen Rechts die Grundvergütung bzw. den Monatstabellenlohn der nächsthöheren Stufe erhalten hätten, werden für die Bemessung des Vergleichsentgelts so behandelt, als wäre der Stufenaufstieg bereits im September 2005 erfolgt. [2]§ 4 Abs. 2 und 3 gilt bei der Bemessung des Vergleichsentgelts entsprechend.

Protokollerklärung zu Absatz 4:

Fällt bei Beschäftigten aus dem Geltungsbereich des BAT/BAT-O/BAT-Ostdeutsche Sparkassen, bei denen sich bisher die Grundvergütung nach § 27 Abschn. A BAT/BAT-O/BAT-Ostdeutsche Sparkassen bestimmt, im Oktober 2005 eine Stufensteigerung mit einer Höhergruppierung zusammen, ist zunächst die Stufensteigerung in der bisherigen Vergütungsgruppe und danach die Höhergruppierung durchzuführen.

(5) [1]Bei Teilzeitbeschäftigten wird das Vergleichsentgelt auf der Grundlage eines vergleichbaren Vollzeitbeschäftigten bestimmt. [2]Satz 1 gilt für Beschäftigte, deren Arbeitszeit nach § 3 des Tarifvertrages zur sozialen Absicherung vom 6. Juli 1992 herabgesetzt ist, entsprechend.

Niederschriftserklärung zu Absatz 5:

[1]Lediglich das Vergleichsentgelt wird auf der Grundlage eines entsprechenden Vollzeitbeschäftigten ermittelt; sodann wird nach der Stufenzuordnung das zustehende Entgelt zeitratierlich berechnet. [2]Diese zeitratierliche Kürzung des auf den Ehegattenanteil im Ortszuschlag entfallenden Betrag unterbleibt nach Maßgabe des § 29 Abschn. B Abs. 5 Satz 2 BAT/BAT-O/BAT-Ostdeutsche Sparkassen. [3]Neue Ansprüche entstehen hierdurch nicht.

(6) Für Beschäftigte, die nicht für alle Tage im September 2005 oder für keinen Tag dieses Monats Bezüge erhalten, wird das Vergleichsentgelt so bestimmt, als hätten sie für alle Tage dieses Monats Bezüge erhalten; in den Fällen des § 27 Abschn. A Abs. 3 Unterabs. 6 und Abschn. B Abs. 3 Unterabs. 4 BAT/BAT-O/BAT-Ostdeutsche Sparkassen bzw. der entsprechenden Regelungen für Arbeiterinnen und Arbeiter werden die Beschäftigten für das Vergleichsentgelt so gestellt, als hätten sie am 1. September 2005 die Arbeit wieder aufgenommen.

(7) Abweichend von den Absätzen 2 bis 6 wird bei Beschäftigten, die gemäß § 27 Abschn. A Abs. 6 oder Abschn. B Abs. 7 BAT/BAT-O/BAT-Ostdeutsche Sparkassen bzw. den entsprechenden Regelungen für Arbeiterinnen und Arbeiter den Unterschiedsbetrag zwischen der Grundvergütung bzw. dem Monatstabellenlohn ihrer bisherigen zur nächsthöheren Stufe im September 2005 nur zur Hälfte erhalten, für die Bestimmung des Vergleichsentgelts die volle Grundvergütung bzw. der volle Monatstabellenlohn aus der nächsthöheren Stufe zugrunde gelegt.

Wichtiger Hinweis auf bedeutsame Rechtsprechung des EuGH und des BAG

Der EuGH hat sich in seinem Urteil vom 8. September 2011 (C-297/10 und C-298/10) mit folgenden, für die Überleitung der Beschäftigten aus dem BAT in den TVöD elementaren Fragen auseinandergesetzt:

- Verstießen die Lebensaltersstufen des BAT gegen das Verbot der Altersdiskriminierung?
- Setzt sich eine etwaige Diskriminierung in der Überleitung aus dem BAT in den TVöD durch den TVÜ-Bund (Stichwort: Vergleichsentgelt) fort?

Die gleiche Fragestellung ergibt sich analog auch für die Überleitung aus dem BAT in den TVöD auf der Grundlage des TVÜ-VKA und für die Überleitung in den TV-L durch den TVÜ-Länder. Die Regelungen sind identisch bzw. vergleichbar.

Zur ersten Frage hat der EuGH festgestellt, dass die Lebensaltersstufen des BAT eine unzulässige Diskriminierung wegen des Lebensalters dargestellt haben.

Zur zweiten Frage hat der EuGH entschieden, dass die Überleitung aus dem BAT in den TVöD zwar eine unmittelbare Diskriminierung darstellt, diese aber gerechtfertigt war, denn es sei ein legitimes Ziel (Wahrung der Besitzstände) verfolgt worden, das Mittel (Überleitung durch den TVÜ-Bund) sei erforderlich gewesen (individuelle Zwischenstufe als einzige Möglichkeit, das bisherige Niveau zu gewährleisten; Übergangscharakter durch schrittweises Auswachsen der Diskriminierung) und das Mittel sei angemessen gewesen (Sozialpartner haben keine sachwidrigen Übergangsregelungen getroffen, weiter Gestaltungsspielraum).

Im Ergebnis hat der EuGH also die Rechtmäßigkeit des von den Tarifpartnern in den §§ 5 und 6 vereinbarten Überleitungsverfahrens bestätigt. Das BAG hat sich dieser Auffassung in seinem Urteil vom 8. Dezember 2011 (6 AZR 319/09) angeschlossen.

Erläuterungen

Während in § 4 die Zuordnung zu den Entgeltgruppen festgelegt ist, bestimmen die §§ 5 bis 7 das Verfahren der Zuordnung zu den Entgeltstufen.

Zu § 5 Abs. 1

Hierzu ist zunächst ein Vergleichsentgelt zu ermitteln, und zwar grundsätzlich auf der Basis der Bezüge des Monats September 2005.

Besondere Beachtung verdient das Urteil des BAG vom 25. Juni 2009 – 6 AZR 384/08. Demnach kann ein fehlerhaft gebildetes Vergleichsentgelt für künftige Entgeltzahlungen jederzeit korrigiert werden. Die Ausschlussfrist des § 37 TVöD steht nach Auffassung des BAG nur einer unbegrenzten Rückforderung des in der Vergangenheit zu viel gezahlten Entgelts entgegen.

Zu § 5 Abs. 2

Im Vergleichsentgelt sind bei Angestellten gem. § 5 Abs. 2 zu berücksichtigen:

Grundvergütung und **Allgemeine Zulage**;

Funktionszulagen nur insoweit, als sie nach dem TVöD nicht mehr vorgesehen sind.

Die **Vergütungsgruppenzulage** fließt nicht in das Vergleichsentgelt ein; es ist aber eine Besitzstandsregelung vereinbart (siehe § 9 des TVÜ).

Bis zum Inkrafttreten der noch zu vereinbarenden neuen Entgeltordnung – also bis zum 31. Dezember 2016 – erhalten vorhandene Beschäftigte ihre **Meister-, Techniker- und Programmiererzulage** unter den bisherigen Voraussetzungen als Besitzstandszulage (siehe Protokollerklärung zu § 5 Abs. 2 Satz 3 TVÜ). Wegen der über den 31. Dezember 2016 hinaus möglichen Zahlung der Zulagen s. § 29a Abs. 3.

Familienbezogene Entgeltbestandteile – und damit auch der Verheiratetenzuschlag nach § 29 Abschn. B Abs. 2 BAT/BAT-O/BAT-Ostdeutsche Sparkassen – sind im TVöD nicht mehr vorgesehen. In das Vergleichsentgelt fließt zur Sicherung des bisherigen Gehaltsniveaus grundsätzlich der individuell nach § 29 Abschn. B Abs. 2 BAT/BAT-O/BAT-Ostdeutsche Sparkassen zustehende Ortszuschlag der Stufe 1 oder 2 ein. Ausschlaggebend sind die Bezüge im September 2005. Veränderungen im Familienstand (z. B. Eheschließung, Scheidung) ab Oktober 2005 wirken sich auf das Vergleichsentgelt nicht mehr aus. Es bleibt bei der Einbeziehung desjenigen Ortszuschlages in das Vergleichsentgelt, der im September 2005 zugestanden hat. Nach der Auffassung des BAG in seinem zur vergleichbaren Vorschrift des § 5 TVÜ-Länder ergangenen Urteil vom 22. April 2010 – 6 AZR 966/08 – muss für alleinerziehende Angestellte, deren Söhne im September 2005 Grundwehr- oder Zivildienst leisteten, das Vergleichsentgelt jedoch für die Zeit ab Beendigung dieses Dienstes neu berechnet werden, wenn ohne den Grundwehr- oder Zivildienst im September 2005 noch die tariflichen Voraussetzungen (des § 29 Abschn. B Abs. 2 Nr. 4 BAT) für den Ortszuschlag der Stufe 2 erfüllt gewesen wären. Die tarifliche Regelung benachteilige ohne sachliche Rechtfertigung alleinerziehende Angestellte, deren Söhne im für die Berechnung des Vergleichsentgelts maßgeblichen Monat September 2005 der allgemeinen staatsbürgerlichen Pflicht zum Wehr- oder Ersatzdienst nachkamen, gegenüber alleinerziehenden Elternteilen von Töchtern sowie von Söhnen, die nicht wehrtauglich waren oder tatsächlich nicht zum Wehrdienst bzw. Zivildienst herangezogen wurden.

Ist zum Überleitungszeitpunkt auch eine andere Person im Sinne des § 29 Abschn. B Abs. 5 BAT/BAT-O/BAT-Ostdeutsche Sparkassen ortszuschlagsberechtigt oder nach § 40 Abs. 4 BBesG familienzuschlagsberechtigt (Konkurrenzfall), gilt für die Ermittlung des Vergleichsentgelts eine gesonderte Regelung (§ 5 Abs. 2 Satz 2 TVÜ): Kann der Ehegatte des Angestellten – mit Rücksicht auf den Wegfall des Ortzuschlags im Geltungsbereich des TVöD – den vollen Ortszuschlag der Stufe 2 oder Familienzuschlag der Stufe 1 bei seinem Arbeitgeber oder Dienstherrn beanspruchen (z. B. wenn der Ehegatte Angestellter eines noch den BAT oder BAT-O anwendenden Arbeitgebers oder Beamter ist), wird für das Vergleichsentgelt lediglich die Stufe 1 des bisherigen Ortszuschlags zugrunde gelegt.

Werden beide Personen, im Regelfall also beide Ehepartner, am 1. Oktober 2005 in den TVöD übergeleitet, erfolgt die Überleitung jeweils mit dem Ortszuschlag der Stufe 1 zuzüglich des individuell zustehenden Teils des Unterschiedsbetrages zwischen den Stufen 1 und 2 des Ortszuschlags.

Für eingetragene Lebenspartnerschaften nach dem Lebenspartnerschaftsgesetz gilt Entsprechendes.

Das Familieneinkommen soll durch die Überleitung eines Berechtigten in den TVöD nicht erhöht werden. Hierzu dient die Einbeziehung nur des Ortzuschlags der Stufe 1 statt der Stufe 1½ bzw. des bislang individuell zustehenden Anteils am Ehegattenanteil in das Vergleichsentgelt bei Eingreifen der Konkurrenzregelung des § 29 Abschn. B Abs. 5

BAT/BAT-O/BAT-Ostdeutsche Sparkassen. Der Grund: Wird der andere Berechtigte nicht ebenfalls gleichzeitig in den TVöD übergeleitet, hat dieser wegen Wegfalls der Voraussetzungen für ein Eingreifen der Konkurrenzregelung ab dem 1. Oktober 2005 Anspruch auf den Ortzuschlag der Stufe 2 bzw. eine vergleichbare Leistung.

Der kinderbezogene Anteil des Ortszuschlags (Stufe 3 und weitere Stufen) wird nach § 11 TVÜ als dynamische Besitzstandszulage fortgezahlt und fließt nicht in das Vergleichsentgelt ein.

Unter Berücksichtigung dieser Grundsätze sind folgende Fallgestaltungen besonders zu erwähnen:

In den Konkurrenzfällen des § 29 Abschn. B Abs. 5 BAT/BAT-O/BAT-Ostdeutsche Sparkassen ist danach zu unterscheiden, ob die andere Person ebenfalls in den TVöD übergeleitet wird. In diesem Fall wird bei beiden Personen der bisher zustehende Ortszuschlag der Stufe 1 zuzüglich des halben Ehegattenanteils (Stufe 1½) in das Vergleichsentgelt einbezogen.

Wird die andere Person nicht in den TVöD übergeleitet, etwa weil sie Beamter, Versorgungsempfänger oder als Angestellter bei einem anderen, noch den BAT/BAT-O/BAT-Ostdeutsche Sparkassen anwendenden öffentlichen Arbeitgeber einschließlich der dem öffentlichen Dienst gleichgestellten Arbeitgeber im Sinne des § 29 Abschn. B Abs. 7 BAT/BAT-O/BAT-Ostdeutsche Sparkassen tätig ist, ist in das Vergleichsentgelt der Ortszuschlag der Stufe 1 einzubeziehen. Die andere Person hat vom 1. Oktober 2005 an Anspruch auf den Ortszuschlag der Stufe 2 bzw. eine entsprechende Leistung. Durch die Einbeziehung nur des Ortszuschlags der Stufe 1 in diesen Fällen wird eine überleitungsbedingte Erhöhung des Entgelts der beiden im öffentlichen Dienst beschäftigten Personen vermieden. Diese Verfahrensweise hat das BAG mit Urteil vom 30. Oktober 2008 – 6 AZR 682/07 – bestätigt. Etwaige Verluste, die dadurch eintreten können, dass der andere Ehegatte, z. B. als Beamter, wegen der unterschiedlichen Höhe von Familienzuschlag und Ortszuschlag keinen vollen Ausgleich erhält, werden nicht ausgeglichen.

Bestimmte Arbeitsvertragsrichtlinien und tarifvertragliche Regelungen von Arbeitgebern des öffentlichen Dienstes im Sinne des Ortszuschlagsrechts enthalten sog. Gegenkonkurrenzregelungen. Nach diesen wird der Ortszuschlag der Stufe 2 bzw. eine entsprechende Leistung nicht gezahlt, wenn dessen Ehepartner Anspruch auf den Ortszuschlag der Stufe 2 hat. Folge hiervon ist, dass die Konkurrenzregelung des § 29 Abschn. B Abs. 5 BAT/BAT-O/BAT-Ostdeutsche Sparkassen in diesen Fällen keine Anwendung findet, also bislang Ortszuschlag der Stufe 2 zu zahlen war. Da die sog. Gegenkonkurrenzregel mit der Überleitung des Angestellten in den TVöD nicht mehr greift, die andere Person also Anspruch auf den Ortszuschlag der Stufe 2 bzw. eine vergleichbare Leistung vom 1. Oktober 2005 an hat, ist in diesen Fällen der Ortszuschlag der Stufe 1 in das Vergleichsentgelt einzubeziehen. Dies hat das BAG mit Urteil vom 17. Juni 2008 – 6 AZR 635/07 – im Ergebnis bestätigt.

Hat der überzuleitende Angestellte im Monat September 2005 keine Bezüge erhalten, z. B. aufgrund Elternzeit oder Sonderurlaub, wird das Vergleichsentgelt gemäß § 5 Absatz 6 TVÜ so bestimmt, als hätte er für alle Tage dieses Monats Bezüge erhalten, wobei er in den Fällen des § 27 Abschnitt A Absatz 6, Absatz 7 BAT/BAT-O/BAT-Ostdeutsche Sparkassen und § 27 Abschnitt B Absatz 3 Unterabsatz 4 BAT/BAT-O/BAT-Ostdeutsche Sparkassen für das Vergleichsentgelt so gestellt wird, als wäre am 1. September 2005 die Arbeit wieder aufgenommen worden. Bezogen auf den Ortszuschlag bedeutet diese Regelung, dass zu prüfen ist, welche Stufe beim Ortszuschlag zugestanden hätte, wenn Anspruch auf Vergütung bestanden hätte. Hätte hiernach im September 2005 Ortszuschlag der Stufe 1 oder der Stufe 2 zugestanden, ist auch die Stufe 1 bzw. die Stufe 2 in das – fiktive – Vergleichsentgelt einzubeziehen und der Angestellte damit überzuleiten. Bei Eingreifen der Konkurrenzregelung, also der Beschäftigung einer anderen Person ebenfalls im öffentlichen Dienst, gilt die oben dargestellte Grundregel. Wird die andere ortszuschlagsberechtigte Person ebenfalls in den TVöD übergeleitet, ist hiernach der Ortszuschlag mit dem individuell zustehenden Anteil am Ehegattenanteil in das Vergleichsentgelt einzubeziehen, andernfalls der Ortszuschlag der Stufe 1.

Zur Protokollerkärung zu Absatz 2 Satz 2

Im Zuge des 2. Änderungstarifvertrages vom 31. März 2008 haben die Tarifpartner mit Wirkung vom 1. Juli 2008 eine neue Protokollerklärung vereinbart. Inhalt dieser Vorschrift sind Regelungen, die Härten aufgrund der (teilweisen) Nichtberücksichtigung des Ortszuschlages bei der Ermittlung des Vergleichsentgeltes ausgleichen sollen. Die Regelungen sollten an sich schon unmittelbar nach dem Inkrafttreten des TVöD/TVÜ vereinbart werden und waren in ihrem Kern schon lange Zeit ausgehandelt. Die Tarifpartner haben sie dann aber wegen übergeordneter Meinungsverschiedenheiten (z. B. in der Arbeitszeitfrage) „auf Eis gelegt" und erst im Rahmen der Entgeltrunde 2008 vereinbart.

Ausgeglichen werden Verluste beim Ortszuschlag (OZ), die eintreten in folgenden Fällen:

1. Beide OZ-Partner werden in den TVöD übergeleitet, der Verheiratetenanteil wird bei beiden grundsätzliche zur Hälfte im Vergleichsentgelt berücksichtigt (OZ 1½). Aus den in Ziffer 1 der Protokollerklärung abschließend genannten Gründen (z. B. Elternzeit, Wehrdienst, Ablauf der Krankenbezugsfristen) erhielt einer der OZ-Partner im September 2005 keine Bezüge; der hälftige OZ-Anteil geht also unter. Nach Ziffer 1 a. a. O. findet ein Ausgleich statt. Die Zahlung ist antraggebunden, der bis zum 30. September 2008 gestellt werden muss; Zahlungsaufnahme ist dann der 1. Juli 2008, bei bis zum 31. März 2008 gestellten Anträgen der 1. Juni 2008. Die entsprechende Zahlung ist bei Stufensteigerungen und Höhergruppierungen aufzehrbar, sie entfällt, sobald der andere OZ-Partner die Arbeit wieder aufnimmt (Ziffer 5 a. a. O.).
2. Sachverhalt wie 1; der andere OZ-Partner ist aber Beamter oder ansonsten OZ-berechtigt. In diesem Fall liegt ein Verlust in Höhe des vollen OZ vor, weil dieser ja an sich dem anderen Partner gezahlt werden musste, aber wegen des Ruhens der Bezüge nicht zusteht. Auch hier besteht Antragspflicht (Ziffer 4 a. a. O.), damit ein Ausgleich stattfindet. Aufzehrbarkeit bzw. Zahlungsende ergeben sich ebenfalls aus Ziffer 5 a. a. O..
3. Ziffer 3 a. a. O. regelt die „Septemberfälle". Das sind die Fälle, in denen der andere OZ-Partner bereits im September 2005 aus dem öffentlichen Dienst ausgeschieden war, so dass das Vergleichsentgelt im Ergebnis schon im Oktober 2005 falsch (zu niedrig) war. Auf Antrag (nach Ziffer 4 a. a. O. – s. o.) wird das Vergleichsentgelt zum 1. Oktober 2007 auf Grundlage des OZ Stufe 2 neu berechnet und der erhöhte Betrag ab 1. Juli 2008 gezahlt.

Die Aufzählung der Sonderfälle in der Protokollerklärung ist abschließend, weitere denkbare Sachverhalte werden nicht berücksichtigt.

Zu § 5 Abs. 3

Bei Arbeitern bildet der Monatstabellenlohn das Vergleichsentgelt. Hinsichtlich der Funktionszulagen gilt die Regelung für Angestellte entsprechend.

Zu § 5 Abs. 4

Stufenaufstiege (sowohl für Arbeiter als auch für Angestellte), die bei Fortgeltung des bisherigen Rechts im Monat Oktober 2005 vollzogen worden wären, werden für die Ermittlung des Vergleichsentgelts so behandelt, als wären sie bereits im September 2005 vollzogen worden.

Zu § 5 Abs. 5

Bei Teilzeitbeschäftigten wird zum Zweck der Stufenzuordnung das Vergleichsentgelt zunächst auf der Grundlage eines vergleichbaren Vollbeschäftigten berechnet und dann die maßgebende Stufe ermittelt.

In der Niederschriftserklärung zu dieser Vorschrift ist festgelegt, dass das monatliche Entgelt des Teilzeitbeschäftigten dann der seiner Arbeitszeit entsprechende Bruchteil des Tabellenwertes ist. Wegen Ausnahmen beim Ehegattenanteil im Ortszuschlag siehe Satz 2 der Protokollerklärung.

Zu § 5 Abs. 6

In Absatz 6 der Vorschrift ist bestimmt, dass die Beschäftigten, die für den Monat September 2005 entweder gar keine Bezüge oder nicht für alle Tage des Monats Bezüge erhalten, so gestellt werden, als hätten sie Bezüge für den vollen Monat September 2005 erhalten.

Zu § 5 Abs. 7

Absatz 7 befasst sich mit dem Sonderfall, dass Beschäftigte – wie in der Lohnrunde 2003 vereinbart und in § 27 Abschn. A Abs. 6 oder Abschn. B Abs. 7 BAT/BAT-O bzw. den entsprechenden Regelungen für Arbeiter im Detail festgelegt – nach bisherigem Recht den Unterschiedsbetrag zwischen zwei Stufen für die Dauer eines Jahres nur zur Hälfte erhalten. § 5 Abs. 7 TVÜ bestimmt dazu, dass zur Ermittlung des Vergleichsentgelts der ungekürzte Stufenbetrag zugrunde zu legen ist.

Im Hinblick darauf, dass diese Regelung nur bis zum 31. Dezember 2004 galt, die letzten Fälle somit Ende 2005 (Stufensteigerung und Kürzung auf die Hälfte im Dezember 2004, Dauer der Kürzung ein Jahr) auslaufen, ist die praktische Bedeutung dieser Vorschrift eher gering.

§ 6 Stufenzuordnung der Angestellten

II

(1) [1]Beschäftigte aus dem Geltungsbereich des BAT/BAT-O/BAT-Ostdeutsche Sparkassen werden einer ihrem Vergleichsentgelt entsprechenden individuellen Zwischenstufe der gemäß § 4 bestimmten Entgeltgruppe zugeordnet. [2]Zum 1. Oktober 2007 steigen diese Beschäftigten in die dem Betrag nach nächsthöhere reguläre Stufe ihrer Entgeltgruppe auf. [3]Der weitere Stufenaufstieg richtet sich nach den Regelungen des TVöD.

(2) [1]Werden Beschäftigte vor dem 1. Oktober 2007 höhergruppiert (nach § 8 Abs. 1 und 3 1. Alt., § 9 Abs. 3 Buchst. a oder aufgrund Übertragung einer mit einer höheren Entgeltgruppe bewerteten Tätigkeit), so erhalten sie in der höheren Entgeltgruppe Entgelt nach der regulären Stufe, deren Betrag mindestens der individuellen Zwischenstufe entspricht, jedoch nicht weniger als das Entgelt der Stufe 2; der weitere Stufenaufstieg richtet sich nach den Regelungen des TVöD. [2]In den Fällen des Satzes 1 gilt § 17 Abs. 4 Satz 2 TVöD entsprechend. [3]Werden Beschäftigte vor dem 1. Oktober 2007 herabgruppiert, werden sie in der niedrigeren Entgeltgruppe derjenigen individuellen Zwischenstufe zugeordnet, die sich bei Herabgruppierung im September 2005 ergeben hätte; der weitere Stufenaufstieg richtet sich nach Absatz 1 Satz 2 und 3.

(3) [1]Ist bei Beschäftigten, deren Eingruppierung sich nach der Vergütungsordnung für Angestellte im Pflegedienst (Anlage 1b zum BAT) richtet, das Vergleichsentgelt niedriger als das Entgelt der Stufe 3, entspricht es aber mindestens dem Mittelwert aus den Beträgen der Stufen 2 und 3 und ist die/der Beschäftigte am Stichtag mindestens drei Jahre in einem Arbeitsverhältnis bei dem selben Arbeitgeber beschäftigt, wird sie/er abweichend von Absatz 1 bereits zum 1. Oktober 2005 in die Stufe 3 übergeleitet. [2]Der weitere Stufenaufstieg richtet sich nach den Regelungen des TVöD.

(4) [1]Liegt das Vergleichsentgelt über der höchsten Stufe der gemäß § 4 bestimmten Entgeltgruppe, werden Beschäftigte abweichend von Absatz 1 einer dem Vergleichsentgelt entsprechenden individuellen Endstufe zugeordnet. [2]Das Entgelt aus der individuellen Endstufe gilt als Tabellenentgelt im Sinne des § 15 TVöD. [3]Bei einer Höhergruppierung aus einer individuellen Endstufe werden die Beschäftigten entsprechend § 17 Abs. 4 TVöD der Endstufe der höheren Entgeltgruppe zugeordnet. [4]Beträgt das Tabellenentgelt nach Satz 3 weniger als die Summe aus dem Entgelt der bisherigen individuellen Endstufe und 2 Prozent der Endstufe der höheren Entgeltgruppe, wird die/der Beschäftigte in der höheren Entgeltgruppe erneut einer individuellen Endstufe zugeordnet. [5]Das Entgelt der neuen individuellen Endstufe wird dabei festgesetzt auf die Summe aus dem Entgelt der bisherigen individuellen Endstufe und 2 Prozent des Tabellenentgelts der Endstufe der höheren Entgeltgruppe. [6]Der Betrag der individuellen Endstufe verändert sich um denselben Prozentsatz bzw. in demselben Umfang wie die höchste Stufe der jeweiligen Entgeltgruppe.

Protokollerklärung zu Absatz 4 Satz 6:

Die Beträge der individuellen Endstufen erhöhen sich ab dem 1. März 2024 um 200,00 Euro und anschließend um 5,5 Prozent, mindestens aber um 340,00 Euro.[1])

(5) [1]Beschäftigte, deren Vergleichsentgelt niedriger ist als das Entgelt in der Stufe 2, werden abweichend von Absatz 1 der Stufe 2 zugeordnet. [2]Der weitere Stufenaufstieg richtet sich nach den Regelungen des TVöD. [3]Abweichend von Satz 1 werden Beschäftigte, denen am 30. September 2005 eine in der Vergütungsordnung (Anlage 1a zum BAT) durch die Eingruppierung in Vergütungsgruppe Vb BAT/BAT-O/BAT-Ostdeutsche Sparkassen mit Aufstieg nach IVb und IVa abgebildete Tätigkeit übertragen ist, der Stufe 1 der Entgeltgruppe 10 zugeordnet.

II

(6) [1]Für Ärztinnen und Ärzte gelten die Absätze 1 bis 5, soweit nicht im Folgenden etwas Abweichendes geregelt ist. [2]Ärztinnen und Ärzte ohne Facharztanerkennung, die in der Entgeltgruppe 14 einer individuellen Zwischenstufe zwischen Stufe 1 und Stufe 2 zugeordnet werden, steigen nach einem Jahr in die Stufe 2 auf. [3]Ärztinnen und Ärzte ohne Facharztanerkennung, die in der Entgeltgruppe 14 einer individuellen Zwischenstufe zwischen Stufe 2 und Stufe 3 zugeordnet werden, steigen mit der Facharztanerkennung in die Stufe 3 auf. [4]Ärztinnen und Ärzte mit Facharztanerkennung am 30. September 2005 steigen zum 1. Oktober 2006 in die Stufe 3 auf, wenn sie in eine individuelle Zwischenstufe unterhalb der Stufe 3 übergeleitet worden sind. [5]Ärztinnen und Ärzte mit Facharztanerkennung am 30. September 2005, die in eine individuelle Zwischenstufe oberhalb der Stufe 3 übergeleitet worden sind, steigen in die nächsthöhere Stufe nach den Regelungen des § 51 BT-B auf, frühestens zum 1. Oktober 2006. [6]Die weiteren Stufenaufstiege richten sich jeweils nach dem § 51 BT-B. [7]Zeiten als Fachärztin oder Facharzt mit entsprechender Tätigkeit bei anderen Arbeitgebern werden abweichend von § 51 BT-B i. V. m. § 16 Abs. 3 Satz 1 TVöD auf den weiteren Stufenverlauf angerechnet.

Protokollerklärung zu Absatz 6:

[1]Die Überleitungsregelungen für Ärztinnen und Ärzte folgen den Regelungen in § 51 BT-K, wonach Ärztinnen und Ärzte bis zur Facharztanerkennung und der Übertragung entsprechender Tätigkeiten in der Stufe 2 verbleiben. [2]Übergeleitete Ärztinnen und Ärzte ohne Facharztanerkennung und mit einem Vergleichsentgelt oberhalb der Stufe 2 verbleiben in ihrer individuellen Zwischenstufe bis zur Facharztanerkennung und der Übertragung entsprechender Tätigkeiten.

(7) [1]Die Funktionszulagen gemäß § 51 Abs. 2 bis 5 BT-B stehen bei Erfüllung der Voraussetzungen auch übergeleiteten Ärztinnen und Ärzten zu und werden zusätzlich zu dem jeweiligen Vergleichsentgelt bzw. zum jeweiligen Tabellenentgelt gezahlt. [2]Der Zahlbetrag aus Vergleichsentgelt und Funktionszulage ist auf die Summe aus dem Tabellenentgelt der Entgeltgruppe 15 Stufe 6 und der jeweiligen Zulage nach § 51 Abs. 2 bis 5 BT-B begrenzt. [3]Übersteigt das Vergleichsentgelt die Summe aus dem Tabellenentgelt der Entgeltgruppe 15

---

[1]) Die im Zuge der Tarifeinigung 2025 (abgedruckt unter 150) vereinbarten Erhöhungen ab 1. April 2025 sowie ab 1. Mai 2026 wirken sich auch auf die individuellen Endstufen aus. Der Erhöhungssatz zum 1. April 2025 beträgt voraussichtlich 3,0 Prozent, mindestens jedoch 110 Euro, sowie zum 1. Mai 2026 2,8 Prozent.

Stufe 6 und der jeweiligen Zulage nach § 51 Abs. 2 bis 5 BT-B, werden auf den Differenzbetrag zukünftige allgemeine Entgelterhöhungen jeweils zur Hälfte angerechnet.

Protokollerklärungen zu §§ 4 und 6:

II

Für die Überleitung in die Entgeltgruppe 8a zum 1. Oktober 2005 gemäß Anlage 4 TVÜ-VKA gilt für übergeleitete Beschäftigte

- der Vergütungsgruppe Kr. V vier Jahre, Kr. Va zwei Jahre Kr. VI
- der Vergütungsgruppe Kr. Va drei Jahre Kr. VI
- der Vergütungsgruppe Kr. Va fünf Jahre Kr. VI
- der Vergütungsgruppe Kr. V sechs Jahre Kr. VI

mit Ortszuschlag der Stufe 2 folgendes:

1. Zunächst erfolgt die Überleitung nach den allgemeinen Grundsätzen.
2. Die Verweildauer in Stufe 3 wird von drei Jahren auf zwei Jahre verkürzt.
3. Der Tabellenwert der Stufe 4 wird nach der Überleitung um 100 Euro erhöht.

Erläuterungen

Zu § 6 Abs. 1

Am 1. Oktober 2005 werden die Angestellten mit dem zum Stichtag ermittelten Vergleichsentgelt in eine individuelle Zwischenstufe ihrer neuen Entgeltgruppe übergeleitet. Es erfolgt zum Stichtag also keine direkte Zuordnung der Angestellten zu einer bestimmten Grundentgelt- oder Entwicklungsstufe der neuen Tabelle, sie werden in der Übergangszeit zwischen der betragsmäßig nächstniedrigeren und der nächsthöheren Stufe ihrer neuen Entgeltgruppe geführt. Zum 1. Oktober 2007 steigen die der individuellen Zwischenstufe zugeordneten ehemaligen Angestellten in die nächsthöhere Stufe auf und erhalten das dort vorgesehene Entgelt. Der weitere Stufenaufstieg richtet sich dann nach den Regelungen des TVöD.

Beispiel:

Angestellter Tarifgebiet West, BAT VII ohne Aufstieg nach VIb, Stufe 3

Grundvergütung:	1295,27 Euro
Ortzuschlag Stufe 1	473,21 Euro
Allgemeine Zulage	107,44 Euro
Vergleichsentgelt	1875,92 Euro

Laut Anlage 1 zum TVÜ Überleitung in EG 5 zwischen Stufe 2 (1875) und Stufe 3 (1970); das Vergleichsentgelt von 1875,92 Euro wird bis zum 30. September 2007 gezahlt; zum 1. Oktober 2007 Aufrücken in Stufe 3; der weitere Stufenaufstieg richtet sich nach den Regeln des TVöD. Wäre der Angestellte bislang von der Regelung des § 27 Abschn. A Abs. 6 BAT erfasst worden und hätte den Unterschiedsbetrag zwischen der 27. und der 29. Lebensaltersstufe nur zur Hälfte erhalten, wäre das oben dargestellte Ergebnis wegen § 5 Abs. 7 TVÜ unverändert (siehe Erläuterungen dort).

Mit dem zum 1. Januar 2010 gestrichenen Satz 4 stellten die Tarifpartner den Effekt der Erhöhung des Bemessungssatzes der Kommunen im Tarifgebiet Ost zum 1. 7. 2006 und 2007 auch beim Vergleichsentgelt sicher.

Zu § 6 Abs. 2

Beschäftigte in einer individuellen Zwischenstufe, die vor dem 1. Oktober 2007 höhergruppiert werden, erhalten in der höheren Entgeltgruppe gemäß § 6 Abs. 2 Satz 1 Entgelt nach der regulären Stufe, deren Betrag mindestens das bisherige Vergleichsentgelt erreicht, mindestens aber das Entgelt der Stufe 2 der neuen Entgeltgruppe („doppelte Absicherung nach unten“). Der weitere Stufenaufstieg richtet sich gemäß Satz 3 „nach Absatz 1 Satz 2 und 3“. Das bedeutet, dass zum 1. Oktober 2007 der Aufstieg aus der individuellen Zwischenstufe in die darüber liegende Stufe erfolgt; spätere Stufenaufstiege erfolgen nach den Regeln des TVöD.

Herabgruppierungen in der Zeit vor dem 1. Oktober 2007 werden so gehandhabt, als sei die Herabgruppierung bereits im September erfolgt; die Stufenzuweisung und der weitere Stufenaufstieg richten sich nach den allgemeinen Grundsätzen.

Zu § 6 Abs. 3

Bei den unter die Anlage 1b zum BAT fallenden Angestellten im Pflegedienst erfolgt unter den höher beschriebenen Voraussetzungen die Überleitung nicht in eine individuelle Zwischenstufe, sondern in Stufe 3.

Zu § 6 Abs. 4

Die Tarifvertragsparteien haben sich darauf verständigt, dass niemand nach Überleitung in den TVöD weniger verdienen soll als vorher. Liegt das Vergleichsentgelt daher über der Endstufe der maßgeblichen Entgeltgruppe, werden diese Beschäftigten am 1. Oktober 2005 einer individuellen Endstufe jenseits der Tabellenendstufe zugeordnet. Die individuelle Endstufe ist dynamisch ausgestaltet; d. h., sie wird bei Lohnerhöhungen/-minderungen (z. B. aufgrund künftiger Lohnrunden) in dem gleichen Maß erhöht bzw. vermindert wie die höchste Stufe der jeweiligen Entgeltgruppe (Satz 6). Für die zweistufigen und einen Mindestbetrag beinhaltenden Tabellenerhöhungen der Tarifrunde 2020 haben die Tarifpartner die jeweiligen Steigerungssätze in einer Protokollerklärung zu Abs. 4 Satz 6 gesondert vereinbart. Auch nach einer Höhergruppierung bleibt mindestens der Betrag der individuellen Endstufe erhalten. In der bis zum 28. Februar 2017 geltenden Fassung (Satz 2 a. F.) war geregelt, dass Beschäftigte bei einer Höhergruppierung aus der individuellen Endstufe in der höheren Entgeltgruppe mindestens das Entgelt ihrer bisherigen individuellen Endstufe erhielten; ein Höhergruppierungsgewinn war damit u. U. nicht verbunden. Aus Anlass der Einführung der Entgeltordnung für die Beschäftigten der Kommunen und dem damit im Zusammenhang stehenden „stufengleichen Aufstieg" bei Höhergruppierungen (s. § 17 Abs. 4 TVöD) haben die Tarifpartner im Zuge des 11. Änderungstarifvertrages zum TVÜ-VKA vom 29. April 2016 zum 1. März 2017 ein neues Verfahren bei der Höhergruppierung aus der individuellen Endstufe vereinbart, das nicht nur den bisherigen Betrag garantiert, sondern darüber hinaus einen Höhergruppierungsgewinn sicherstellt (s. Sätze 3 bis 5 n. F.). Demnach wird der höhergruppierte Beschäftigte in der höheren Entgeltgruppe der Endstufe zugeordnet (Satz 3). Wenn der Betrag dieser Endstufe mindestens so hoch ist wie die Summe aus dem bisherigen individuellen Entgelt zuzüglich 2 v. H. der Endstufe der höheren Entgeltgruppe, dann erhält der Beschäftigte den Betrag der Endstufe der höheren Entgeltgruppe. Bleibt der Betrag dahinter zurück, dann erhält der Beschäftigte einen Mindestbetrag – nämlich das vor der Höhergruppierung zustehende individuelle Entgelt zzgl. 2 v. H. der Endstufe der höheren Entgeltgruppe (Sätze 4 und 5).

Zu § 6 Abs. 5

Absatz 5 garantiert, dass die Beschäftigten grundsätzlich mindestens der Stufe 2 zugeordnet werden, und zwar auch dann, wenn ihr Vergleichsentgelt unterhalb der Stufe 2 liegt. Da es sich bei der Zuweisung zu Stufe 2 nicht um die Zuweisung zu einer individuellen Zwischenstufe handelt, erfolgt der weitere Aufstieg in den Stufen nach den allgemeinen Regelungen des TVöD. Die Stufe 3 ist somit nach zwei Jahren erreichbar.

Eine Ausnahme gilt nach Satz 3 der Vorschrift für die Angestellten, denen am 30. September 2005 eine Tätigkeit der Vergütungsgruppe Vb BAT/BAT-O mit Aufstieg nach IVb und IVa BAT/BAT-O übertragen ist. Diese Beschäftigten sind der Stufe 1 der Entgeltgruppe 10 zugeordnet.

Zu § 6 Abs. 6 und 7

Die Absätze 6 und 7 sowie die Protokollerklärung zu Absatz 6 enthalten spezielle, zum Teil erheblich von den allgemeinen Grundsätzen abweichende Überleitungsvorschriften für Ärzte.

Zu der Protokollerklärung zu den §§ 4 und 6

Die Protokollerklärungen schaffen Sonderregelungen zur Überleitung bestimmter Beschäftigter des Krankenpflegepersonals (Verkürzung der Verweildauer in Stufe 3, Zulage).

II

§ 7 Stufenzuordnung der Arbeiterinnen und Arbeiter

(1) [1]Beschäftigte aus dem Geltungsbereich des BMT-G/BMT-G-O/TV Arbeiter-Ostdeutsche Sparkassen werden entsprechend ihrer Beschäftigungszeit nach § 6 BMT-G/BMT-G-O der Stufe der gemäß § 4 bestimmten Entgeltgruppe zugeordnet, die sie erreicht hätten, wenn die Entgelttabelle des TVöD bereits seit Beginn ihrer Beschäftigungszeit gegolten hätte; Stufe 1 ist hierbei ausnahmslos mit einem Jahr zu berücksichtigen. [2]Der weitere Stufenaufstieg richtet sich nach den Regelungen des TVöD.

(2) § 6 Abs. 4 und Abs. 5 Satz 1 und 2 gilt für Beschäftigte gemäß Absatz 1 entsprechend.

(3) [1]Ist das Entgelt nach Absatz 1 Satz 1 niedriger als das Vergleichsentgelt, werden Beschäftigte einer dem Vergleichsentgelt entsprechenden individuellen Zwischenstufe zugeordnet. [2]Der Aufstieg aus der individuellen Zwischenstufe in die dem Betrag nach nächsthöhere reguläre Stufe ihrer Entgeltgruppe findet zu dem Zeitpunkt statt, zu dem sie gemäß Absatz 1 Satz 1 die Voraussetzungen für diesen Stufenaufstieg aufgrund der Beschäftigungszeit erfüllt haben. [3]§ 6 Abs. 4 Satz 6 gilt entsprechend.

(4) [1]Werden Beschäftigte während ihrer Verweildauer in der individuellen Zwischenstufe höhergruppiert, erhalten sie in der höheren Entgeltgruppe Entgelt nach der regulären Stufe, deren Betrag mindestens der individuellen Zwischenstufe entspricht, jedoch nicht weniger als das Entgelt der Stufe 2; der weitere Stufenaufstieg richtet sich nach den Regelungen des TVöD. [2]§ 17 Abs. 4 Satz 2 TVöD gilt entsprechend. [3]Werden Beschäftigte während ihrer Verweildauer in der individuellen Zwischenstufe herabgruppiert, erfolgt die Stufenzuordnung in der niedrigeren Entgeltgruppe, als sei die niedrigere Eingruppierung bereits im September 2005 erfolgt; der weitere Stufenaufstieg richtet sich bei Zuordnung zu einer individuellen Zwischenstufe nach Absatz 3 Satz 2, sonst nach Absatz 1 Satz 2.

Erläuterungen

Zu § 7 Abs. 1

Arbeiter werden zum Stichtag 1. Oktober 2005 zunächst nach ihrer Beschäftigungszeit (§ 6 BMT-G/BMT-G-O) in die Entgeltstufe ihrer neuen Entgeltgruppe übergeleitet, die sie erreicht hätten, wenn die neue Entgelttabelle bereits seit dem Beginn ihrer Beschäftigungszeit gegolten hätte; dabei wird die Stufe 1 in jedem Fall mit einem Jahr berücksichtigt. Der weitere Stufenaufstieg erfolgt nach den Grundsätzen des TVöD, also nach den §§ 16, 17 TVöD.

Beispiel:

Überleitung eines Arbeiters der Lohngruppe 5a zum 1. November 2006, Beginn der Beschäftigungszeit am 1. September 1999 = 7 Jahre, Monatstabellenlohn der Lohnstufe 4: 2040,54 EUR, Tarifgebiet West

1. Schritt: Überleitung in Entgeltgruppe 5
2. Schritt: Stufenzuordnung nach Beschäftigungszeit
Aufgrund der Beschäftigungszeit von 7 Jahren erfolgt die Zuordnung zur Stufe 4 = 2065,00 EUR
Berechnung des Vergleichsentgelts:
Das Entgelt der Stufe 4 ist höher als das Vergleichsentgelt (entspricht Monatstabellenlohn). Der Arbeiter wird nach § 7 Abs. 1 Satz 1 TVÜ ab 1. November 2006 der Stufe 4 in der Entgeltgruppe 5 zugeordnet.

Weiterer Stufenaufstieg:

Der weitere Stufenaufstieg richtet sich nach den Regelungen des TVöD (§ 7 Abs. 1 Satz 2 TVÜ). Nach der Zuordnung zu der regulären Stufe der neuen Entgeltgruppe ist die bisher erreichte Beschäftigungszeit nicht mehr relevant (dies hat das BAG mit Urteil vom 13. August 2009 – 6 AZR 177/08 ausdrücklich bestätigt). Im neuen Entgeltsystem ist allein die jeweilige Stufenlaufzeit (§ 16 Abs. 3 TV-L) maßgeblich. Im vorstehenden Beispiel beginnt die Laufzeit für den nächsten Stufenaufstieg aus der Stufe 4 am 1. November 2006. Damit erfolgt der Aufstieg in die nächsthöhere Stufe 5 bei regelmäßiger Stufenlaufzeit (4 Jahre in Stufe 4) zum 1. November 2010.

Das BAG hat mit Urteil vom 26. 6. 2008 – 6 AZR 498/07 – entschieden, dass es bei der Überleitung von Arbeitern hinsichtlich der Stufenzuordnung nur auf die tatsächliche Beschäftigungszeit ankommt. Etwaige „förderliche Zeiten“, die im bisherigen Recht für die Lohnstufenzuordnung der Beschäftigungszeit hinzugerechnet werden konnten, bleiben nach Auffassung des BAG unberücksichtigt.

Zu § 7 Abs. 2

Gemäß § 7 Abs. 2 gelten § 6 Abs. 4 (individuelle Endstufe oberhalb der höchsten Stufe einer Entgeltgruppe) und Abs. 5 Satz 1 und 2 (Zuweisung mindestens zur Stufe 2) entsprechend. Einzelheiten dazu siehe unter Erläuterungen zu § 6 Abs. 4 und 5.

Zu § 7 Abs. 3

Absatz 3 bestimmt, dass auch den Arbeitern nach der Überführung in das neue Entgeltsystem mindestens das Vergleichsentgelt erhalten bleibt. Sofern es höher ist, als das nach Absatz 1 Satz 1 zustehende Entgelt, wird das Vergleichsentgelt – wie bei den Angestellten – als individuelle Zwischenstufe weiter gewährt (Satz 1).

Anders als bei ehemaligen Angestellten richtet sich die Verweildauer in der individuellen Zwischenstufe – ebenso wie die Verweildauer in einer „normalen“ neuen Entgeltstufe – nach der für das Erreichen der nächsten Stufe noch verbleibenden individuellen Beschäftigungszeit.

Ein genereller „Beförderungstag" (wie der 1. Oktober 2007 bei ehemaligen Angestellten) ist bei ehemaligen Arbeitern nicht vorgesehen.

II

Beispiel:

Überleitung eines Arbeiters der Lohngruppe 5a zum 1. Oktober 2005, Beginn der Beschäftigungszeit am 1. August 1996 = 9 Jahre, Monatstabellenlohn der Lohnstufe 5: 2.073,19 EUR, Tarifgebiet West

1. Schritt:	Überleitung in Entgeltgruppe 5
2. Schritt:	Stufenzuordnung nach Beschäftigungszeit

Aufgrund der Beschäftigungszeit von 9 Jahren erfolgt die Zuordnung zur Stufe 4 = 2.065,00 EUR

Berechnung des Vergleichsentgelts: Das Entgelt der Stufe 4 ist niedriger als das Vergleichsentgelt (entspricht Monatstabellenlohn). Der Arbeiter wird deshalb nach § 7 Abs. 3 Satz 1 TVÜ mit dem Betrag von 2.073,19 EUR in die individuelle Zwischenstufe 4+ übergeleitet.

Weiterer Stufenaufstieg:

Im Gegensatz zur Stufenzuordnung nach der Beschäftigungszeit bleibt in den Fällen, in denen die Überleitung in eine individuelle Zwischenstufe erfolgt, die bisher erreichte Beschäftigungszeit des Arbeiters für den Aufstieg in die nächsthöhere reguläre Stufe weiter relevant. Der Aufstieg in die reguläre Stufe 5 erfolgt somit am 1. August 2006, da die nächsthöhere reguläre Stufe 5 eine Beschäftigungszeit von 10 Jahren voraussetzt und diese am 1. August 2006 erfüllt ist.

Durch den im Zuge des Änderungstarifvertrages Nr. 2 vom 31. März 2008 mit Wirkung vom 1. Januar 2008 angefügten Satz 3 wird (durch Verweis auf die entsprechende Regelung in § 6 Abs. 4 Satz 6) sichergestellt, dass auch das individuelle Vergleichsentgelt bei allgemeinen Entgelterhöhungen angepasst wird.

Zu § 7 Abs. 4

Die Regelung des § 7 Abs. 4 in den Fällen der Höher- bzw. Herabgruppierung von ehemaligen Arbeitern während der Zeit der Verweildauer in einer individuellen Zwischenstufe entspricht im Kern der Regelung in § 6 Abs. 2 (siehe Erläuterung zu § 6 Abs. 2).

3. Abschnitt
Besitzstandsregelungen

§ 8 Bewährungs- und Fallgruppenaufstiege

(1) [1]Aus dem Geltungsbereich des BAT/BAT-O/BAT-Ostdeutsche Sparkassen in eine der Entgeltgruppen 3, 5, 6 oder 8 übergeleitete Beschäftigte, die am 1. Oktober 2005 bei Fortgeltung des bisherigen Tarifrechts die für eine Höhergruppierung erforderliche Zeit der Bewährung oder Tätigkeit zur Hälfte erfüllt haben, sind zu dem Zeitpunkt, zu dem sie nach bisherigem Recht höhergruppiert wären, in die nächsthöhere Entgeltgruppe des TVöD eingruppiert. [2]Abweichend von Satz 1 erfolgt die Höhergruppierung in die Entgeltgruppe 5, wenn die Beschäftigten aus der Vergütungsgruppe VIII BAT/BAT-O/BAT-Ostdeutsche Sparkassen mit ausstehendem Aufstieg nach Vergütungsgruppe VII BAT/BAT-O/BAT-Ostdeutsche Sparkassen übergeleitet worden sind; sie erfolgt in die Entgeltgruppe 8, wenn die Beschäftigten aus der Vergütungsgruppe VIb BAT/BAT-O/BAT-Ostdeutsche Sparkassen mit ausstehendem Aufstieg nach Vergütungsgruppe Vc BAT/BAT-O/BAT-Ostdeutsche Sparkassen übergeleitet worden sind. [3]Voraussetzung für die Höhergruppierung nach Satz 1 und 2 ist, dass

- zum individuellen Aufstiegszeitpunkt keine Anhaltspunkte vorliegen, die bei Fortgeltung des bisherigen Rechts einer Höhergruppierung entgegengestanden hätten, und
- bis zum individuellen Aufstiegszeitpunkt nach Satz 1 weiterhin eine Tätigkeit auszuüben ist, die diesen Aufstieg ermöglicht hätte.

[4]Die Sätze 1 bis 3 gelten nicht in den Fällen des § 4 Abs. 2. [5]Erfolgt die Höhergruppierung vor dem 1. Oktober 2007, gilt – gegebenenfalls unter Berücksichtigung des Satzes 2 – § 6 Abs. 2 Satz 1 und 2 entsprechend.

(2) [1]Aus dem Geltungsbereich des BAT/BAT-O/BAT-Ostdeutsche Sparkassen in eine der Entgeltgruppen 2 sowie 9 bis 15 übergeleitete Beschäftigte, die am 1. Oktober 2005 bei Fortgeltung des bisherigen Tarifrechts die für eine Höhergruppierung erforderliche Zeit der Bewährung oder Tätigkeit zur Hälfte erfüllt haben und in der Zeit zwischen dem 1. November 2005 und dem 30. September 2007 höhergruppiert wären, erhalten ab dem Zeitpunkt, zu dem sie nach bisherigem Recht höhergruppiert wären, in ihrer bisherigen Entgeltgruppe Entgelt nach derjenigen individuellen Zwischen- bzw. Endstufe, die sich ergeben hätte, wenn sich ihr Vergleichsentgelt (§ 5) nach der Vergütung aufgrund der Höhergruppierung bestimmt hätte. [2]Voraussetzung für diesen Stufenaufstieg ist, dass

- zum individuellen Aufstiegszeitpunkt keine Anhaltspunkte vorliegen, die bei Fortgeltung des bisherigen Rechts einer Höhergruppierung entgegengestanden hätten, und
- bis zum individuellen Aufstiegszeitpunkt nach Satz 1 weiterhin eine Tätigkeit auszuüben ist, die diesen Aufstieg ermöglicht hätte.

[3]Ein etwaiger Strukturausgleich wird ab dem individuellen Aufstiegszeitpunkt nicht mehr gezahlt. [4]Der weitere Stufenaufstieg richtet sich bei Zuordnung zu einer individuellen Zwischenstufe nach § 6 Abs. 1. [5]§ 4 Abs. 2 bleibt unbe-

II

rührt. [6]Zur Ermittlung einer neuen individuellen Zwischenstufe gemäß Satz 1 ist für Beschäftigte, für die die Regelungen des Tarifgebiets Ost Anwendung finden, das auf den Rechtsstand vom 30. September 2005 festgestellte neue Vergleichsentgelt um den Faktor 1,01596 zu erhöhen, wenn die Neuberechnung des Vergleichsentgelts in der Zeit vom 1. Juli 2006 bis 30. Juni 2007, und um den Faktor 1,03191, wenn die Neuberechnung des Vergleichsentgelts nach dem 30. Juni 2007 zu erfolgen hat.

Niederschriftserklärung zu § 8 Abs. 2:

Die Neuberechnung der Vergleichsentgelts führt nicht zu einem Wechsel der Entgeltgruppe.

(3) [1]Abweichend von Absatz 1 Satz 1 und Absatz 2 Satz 1 gelten die Absätze 1 bzw. 2 auf schriftlichen Antrag entsprechend für übergeleitete Beschäftigte, die bei Fortgeltung des BAT/BAT-O/BAT-Ostdeutsche Sparkassen bis spätestens zum 31. Dezember 2016 wegen Erfüllung der erforderlichen Zeit der Bewährung oder Tätigkeit höhergruppiert worden wären, unabhängig davon, ob die Hälfte der erforderlichen Bewährungs- oder Tätigkeitszeit am Stichtag erfüllt ist. [2]In den Fällen des Absatzes 2 Satz 1 erhalten Beschäftigte, die in der Zeit zwischen dem 1. Oktober 2007 und dem 31. Dezember 2016 bei Fortgeltung des BAT/BAT-O/BAT-Ostdeutsche Sparkassen höhergruppiert worden wären, in ihrer bisherigen Entgeltgruppe Entgelt nach derjenigen individuellen Zwischen- oder Endstufe, die sich aus der Summe des bisherigen Tabellenentgelts und dem nach Absatz 2 ermittelten Höhergruppierungsgewinn nach bisherigem Recht ergibt; die Stufenlaufzeit bleibt hiervon unberührt. [3]Bei Beschäftigten mit individueller Endstufe erhöht sich in diesen Fällen ihre individuelle Endstufe um den nach bisherigem Recht ermittelten Höhergruppierungsgewinn. [4]§ 6 Abs. 4 Satz 6 gilt entsprechend.

Protokollerklärungen zu Absatz 3:

1. Wäre die/der Beschäftigte bei Fortgeltung des BAT/BAT-O/BAT-Ostdeutsche Sparkassen in der Zeit vom 1. Oktober 2007 bis 31. Dezember 2007 wegen Erfüllung der Voraussetzungen des Absatzes 3 höhergruppiert worden, findet Absatz 3 auf schriftlichen Antrag vom 1. Januar 2008 an Anwendung.
2. Die Beträge der individuellen Zwischenstufe verändern sich bei allgemeinen Entgeltanpassungen um den von den Tarifvertragsparteien für die jeweilige Entgeltgruppe festgelegten Prozentsatz; sie erhöhen sich ab dem 1. März 2024 um 200,00 Euro und anschließend um 5,5 Prozent, mindestens aber um 340,00 Euro.[1])

(4) Die Absätze 1 bis 3 finden auf übergeleitete Beschäftigte, deren Eingruppierung sich nach der Vergütungsordnung für Angestellte im Pflegedienst (Anlage 1b zum BAT) richtet, und auf unter § 51 Abs. 1 bis 5 BT-B bzw. § 51 Abs. 1 bis 5 BT-K fallende Ärztinnen und Ärzte keine Anwendung.

(5) [1]Ist bei einer Lehrkraft, die gemäß Nr. 5 der Bemerkung zu allen Vergütungsgruppen nicht unter die Anlage 1a zum BAT fällt, eine Höhergruppierung nur vom Ablauf einer Bewährungszeit und von der Bewährung abhängig und

---

[1]) Die im Zuge der Tarifeinigung 2025 (abgedruckt unter **150**) vereinbarten Erhöhungen ab 1. April 2025 sowie ab 1. Mai 2026 wirken sich auch auf die individuellen Zwischenstufen aus. Der Erhöhungssatz zum 1. April 2025 beträgt voraussichtlich 3,0 Prozent, mindestens jedoch 110 Euro, sowie zum 1. Mai 2026 2,8 Prozent.

ist am Stichtag die Hälfte der Mindestzeitdauer für einen solchen Aufstieg erfüllt, erfolgt in den Fällen des Absatzes 1 unter den weiteren dort genannten Voraussetzungen zum individuellen Aufstiegszeitpunkt der Aufstieg in die nächsthöhere Entgeltgruppe. [2]Absatz 1 Satz 2 und Höhergruppierungsmöglichkeiten durch entsprechende Anwendung beamtenrechtlicher Regelungen bleiben unberührt. [3]Im Fall des Absatzes 2 gilt Satz 1 mit der Maßgabe, dass anstelle der Höhergruppierung eine Neuberechnung des Vergleichsentgelts nach Absatz 2 erfolgt.

Erläuterungen

Die Vorschrift bestimmt – unterschiedlich für die Beschäftigten der Entgeltgruppen 3, 5, 6 oder 8 (Absatz 1) einerseits und die Beschäftigten der Entgeltgruppen 2 sowie 9 bis 15 (Absatz 2) andererseits, inwieweit sich bei der Überleitung bereits zurückgelegte Bewährungs-/Tätigkeitszeiten in der neuen Entgeltordnung auswirken. Es handelt sich dabei im Ergebnis um eine Besitzstandsregelung für „abgeschnittene" Bewährungs-/Tätigkeitsaufstiege.

Die Vorschrift gilt ab dem 1. November 2009 nicht für die Beschäftigten des Sozial- und Erziehungsdienstes (siehe § 28a Abs. 10).

Zu § 8 Abs. 1

Für Angestellte, die in eine der Entgeltgruppen 3, 5, 6 oder 8 überführt werden und am Stichtag (1. Oktober 2005) die Hälfte der Zeitdauer für einen Aufstieg in die nächst höhere BAT-Vergütungsgruppe erfüllt haben, erfolgt zum individuellen Aufstiegszeitpunkt der „Aufstieg" in die nächsthöhere Entgeltgruppe entsprechend den Regelungen des TVöD über Höhergruppierungen, soweit der Beschäftigte zum Stichtag die persönlichen Voraussetzungen erfüllt hätte (Satz 1 und 3).

Beschäftigte der Vergütungsgruppe VIII BAT/BAT-O mit ausstehendem Aufstieg nach Vergütungsgruppe VII BAT/BAT-O werden (von Entgeltgruppe 3) in die Entgeltgruppe 5, Beschäftigte der Vergütungsgruppe VIb BAT/BAT-O mit ausstehendem Aufstieg nach Vergütungsgruppe Vc BAT/BAT-O werden (von Entgeltgruppe 6) in die Entgeltgruppe 8 höhergruppiert, denn die Entgeltgruppen 4 und 7 sind nur für ehemalige Arbeiter vorgesehen (Satz 2).

Die von § 4 Abs. 2 erfassten Beschäftigten (das sind die Höhergruppierungsfälle im Oktober 2005, die für die Ermittlung des Vergleichsentgelts ohnehin berücksichtigt werden – siehe Erläuterungen zu § 4 Abs. 2) sind von dem oben dargestellten Grundsatz ausgenommen (Satz 4).

Wenn die Höhergruppierung aufgrund dieser Vorschrift in der Zeit vor dem 1. Oktober 2007 erfolgt, sind die Grundsätze des § 6 Abs. 2 Satz 1 (siehe Erläuterung zu § 6 Abs. 2) zu beachten (Satz 5). Wegen der Besonderheiten in den Fällen, in denen im Anschluss an einen Aufstieg noch eine Vergütungsgruppenzulage vorgesehen ist, siehe Erläuterungen zu § 9 Abs. 3 Buchstabe a.

Zu § 8 Abs. 2

Angestellte, die in eine der Entgeltgruppen 2 sowie 9 bis 15 überführt werden und am Stichtag die Hälfte der Zeitdauer für einen Aufstieg in die nächsthöhere BAT-Vergütungsgruppe erfüllt haben, steigen zwar zum individuellen Aufstiegszeitpunkt nicht in die nächsthöhere Entgeltgruppe auf.

Bei Beschäftigten, die am 1. Oktober 2005 die Hälfte der Zeitdauer für einen Aufstieg in die nächsthöhere BAT-Vergütungsgruppe erfüllt haben, in der Zeit zwischen dem 1. November 2005 und dem 30. September 2007 höhergruppiert worden wären, und die zum Stichtag die persönlichen Voraussetzungen erfüllt hätten, wird aber zu dem individuellen Aufstiegszeitpunkt das für die Überleitung maßgebende Vergleichsentgelt (siehe Erläuterungen zu § 5) neu berechnet. Dabei wird anstelle der tatsächlichen Vergütungsgruppe die bei unterstellter Höhergruppierung erreichte Vergütungsgruppe zugrunde gelegt. Auf dieser Basis wird dann das zustehende Entgelt nach der individuellen Zwischenstufe (der durch die Überleitung erreichten Entgeltgruppe) bzw. ggf. der Endstufe nach den allgemeinen Grundsätzen (siehe Erläuterungen zu § 6) neu ermittelt (Satz 1 und 2). Ein Wechsel der Entgeltgruppe ist damit nicht verbunden (Niederschriftserklärung zu § 8 Abs. 2); Auswirkungen ergeben sich somit nur bei der Entgeltstufe. Das BAG hält diese Verfahrensweise für rechtmäßig (s. Urteile vom 19. Januar 2014 – 6 AZR 943/11 – und vom 16. Oktober 2014 – 6 AZR 661/12).

Etwaige Strukturausgleiche (siehe § 12) werden ab diesem Zeitpunkt nicht mehr gezahlt (Satz 3).

Ist im Wege des „fiktiven Aufstieges" die Zuordnung zu einer individuellen Zwischenstufe erfolgt, richtet sich der weitere Stufenaufstieg nach § 6 Abs. 1 – er erfolgt somit zum 1. Oktober 2007 (Satz 4; siehe auch Erläuterungen zu § 6 Abs. 1).

Nach Satz 5 der Vorschrift bleibt § 4 Abs. 2 unberührt – bei den darunter fallenden Beschäftigten (das sind die Höhergruppierungsfälle im Oktober 2005) wird die Höhergruppierung für die Ermittlung des Vergleichsentgelts ohnehin berücksichtigt (siehe Erläuterungen zu § 4).

Zu § 8 Abs. 3

Nach Absatz 3 a. F. erfolgte der Bewährungs-/Fallgruppenaufstieg nach Absatz 1 bzw. der „fiktive Bewährungs-/Fallgruppenaufstieg" nach Absatz 2 in den Fällen, in denen der tatsächliche Aufstieg bei Weitergeltung alten Rechts bis zum 30. September 2008 erfolgt wäre, auch dann, wenn die in den Absätzen 1 und 2 geforderte „Halbzeit" noch nicht erreicht war. Dass es in Einzelfällen zu einer Besserstellung dieser vom „fiktiven Aufstieg" profitierenden Beschäftigten gegenüber denjenigen Beschäftigten kommen kann, die den Bewährungsaufstieg nach BAT/BAT-O bereits vor dem 1. Oktober 2007 vollzogen haben, ist nach den Ausführungen des BAG unerheblich (s. Urteil vom 16. Oktober 2014 – 6 AZR 661/12).

Die praktische Bedeutung dieser Vorschrift war eher gering; sie konnte unter Berücksichtigung der Datenlage nur dann zur Anwendung kommen, wenn zwischen der Grund- und der Aufstiegsvergütungsgruppe nur eine relativ kurze Zeit lag.

Absatz 3 ist in einem ersten Schritt im Zuge des Änderungstarifvertrages Nr. 2 vom 31. März 2008 mit Wirkung vom 1. Januar 2008 erheblich geändert und hinsichtlich seiner Wirkung erweitert worden. Im Ergebnis fanden nach der Neufassung des Absatzes 3 auch die Aufstiege, die bei Fortgeltung des bisherigen (BAT-)Rechts in der Zeit vom 1. Januar 2008 bis zum 31. Dezember 2009 erfolgt wären, noch statt, wenn die Betroffenen dies beantragten. Im Eckpunktepapier zur Lohnrunde 2008 hatten die Tarifpartner schon festgelegt, dass über eine Verlängerung dieser Regelung im Rahmen der Lohnrunde 2010 beraten werden kann. Im Rahmen der Lohnrunde 2010 wurde dann die Verlängerung der Regelung bis zum 29. Februar 2012 vereinbart. Die Vereinbarung wurde mit dem Änderungstarifvertrag Nr. 5 vom 27. Februar 2010 umgesetzt. Eine weitere Verlängerung der Frist (nun bis zum 28. Februar 2014) wurde im Zuge des Änderungstarifvertrages Nr. 7 vom 31. März 2012 und im Zuge der Tarifeinigung 2014 (bis 29. Februar 2016) sowie der Tarifeinigung 2016 (bis zum 31. Dezember 2016) vereinbart. Da zum 1. Januar 2017 die Entgeltordnung für die Beschäftigten der Kommunen in Kraft tritt, entfallen dann die Voraussetzungen für eine nochmalige Verlängerung über den 31. Dezember 2016 hinaus. Bei der Antragstellung ist zu bedenken, dass sich durch einen Aufstieg gemäß § 8 Abs. 2 Satz 3 bzw. § 12 Abs. 4 Auswirkungen (Fortfall bzw. Minderung) auf einen ggf. zustehenden Strukturausgleich ergeben, die unter Umständen einen Höhergruppierungsgewinn zumindest vorübergehend übersteigen.

Im Fall der in die Entgeltgruppen 3, 5, 6 oder 8 übergeleiteten Beschäftigten erfolgt entsprechend der Regelung in Absatz 1 ein „echter" Aufstieg zum individuellen Aufstiegszeitpunkt (Satz 1). In den Fällen der in die Entgeltgruppen 2 und 9 bis 15 übergeleiteten ehemaligen Angestellten wird in Anlehnung an das Verfahren des Absatzes 2 der nach bisherigem Recht ermittelte Höhergruppierungsgewinn zusätzlich zum Tabellenentgelt hinzugerechnet und die Summe aus Tabellenentgelt und Höhergruppierungsgewinn dann als neue individuelle Zwischen- oder Endstufe der jeweiligen Entgeltgruppe gezahlt. Die Stufenzuweisung wird davon nicht berührt; die betroffenen Beschäftigten steigen somit erst zum regulär vorgesehenen Zeitpunkt in die nächst höhere Stufe auf (Satz 2 und 3).

Beispiel:

Eine Beschäftigte mit originärer Eingruppierung in die VergGr. Vb mit seinerzeit noch ausstehendem Aufstieg nach VergGr. IVb (nach 6 Jahren) ist mit ihrem Vergleichsentgelt gem. § 5 TVÜ-VKA (Stufe 6, Ortszuschlagsstufe 1) in Höhe von 2554,92 EUR in die Entgeltgruppe 9 und einer Zuordnung zu einer individuellen Zwischenstufe zwischen den Stufen 3 und 4 (Stufe 3+) übergeleitet worden. Am 1. Oktober 2007 rückte sie gem. § 6 Abs. 1 Satz 2 TVÜ-VKA in die reguläre Stufe 4 auf. Am 1. Januar 2008 erhöhte sich ihr monatliches Tabellenentgelt auf 2866,18 EUR und am 1. Januar 2009 auf 2946,43 EUR. Am 1. Juli 2009 erreicht sie den individuellen Zeitpunkt, zu dem sie nach bisherigem Recht in die VergGr. IVb höhergruppiert worden wäre.

Ab dem 1. Juli 2009 hat sie Anspruch auf ein erhöhtes Entgelt in ihrer Entgeltgruppe 9. Ihr Höhergruppierungsgewinn berechnet sich wie folgt:

Vergleichsentgelt VergGr Vb, Stufe 6, OZ 1	=	2554,92 EUR
Vergleichsentgelt VergGr IVb, Stufe 6, OZ 1	=	2776,71 EUR
Differenz (Höhergruppierungsgewinn)	=	221,79 EUR

Ab dem 1. Juli 2009 erhält sie daher zusätzlich zu ihrem Tabellenentgelt in Höhe von 2946,43 EUR den individuellen Höhergruppierungsgewinn in Höhe von 221,79 EUR monatlich; das ergibt in der Summe 3168,22 EUR als neues monatliches Entgelt.

Die Stufenlaufzeit nach Stufe 5 (vier Jahre nach Erreichen der Stufe 4, gerechnet ab 1. Oktober 2007) bleibt unberührt; die Stufe 5 wird somit zum 1. Oktober 2011 erreicht.

In der Protokollerklärung Nr. 1 zu Absatz 3 n. F. haben die Tarifpartner vereinbart, dass die Vorschrift auf Antrag auch für solche Aufstiege anzuwenden ist, die in der Zeit vom 1. Oktober 2007 (also nach dem Auslaufen der Regelung des Absatzes 3 a. F.) und dem Inkrafttreten der Neufassung (1. Januar 2008) stattgefunden hätten. Die erhöhten Beträge stehen dann ab dem 1. Januar 2008 zu.

Die Protokollerklärung Nr. 2 wurde durch den Änderungstarifvertrag Nr. 5 vom 27. Februar 2010 mit Wirkung vom 1. Januar 2010 hinzugefügt. Sie bewirkt, dass bei den Beschäftigten auch die individuelle Zwischenstufe dynamisch ausgestattet ist. Für Beschäftigte, die durch den zusätzlich gezahlten Höhergruppierungsgewinn eine individuelle Endstufe erreicht hatten, tritt dieser Effekt durch Satz 4 (Querverweis auf § 6 Abs. 4 Satz 6) ein.

Zu § 8 Abs. 4

In Absatz 4 ist die sinngleiche Übertragung der Grundsätze zur Sicherung von Bewährungs-/Fallgruppenaufstiegen auf (die nicht unter die Anlage 1a zum BAT fallenden) Lehrkräfte vereinbart worden.

Zur Niederschriftserklärung

In einer Niederschriftserklärung zu § 8 Abs. 1 Satz 2 und Abs. 2 Satz 2 sowie § 9 Abs. 2 bis 4 (abgedruckt am Ende des § 9) haben die Tarifvertragspartner bestimmt, dass eine missbräuchliche Entziehung der bisherigen Tätigkeit mit dem ausschließlichen Ziel, eine Höhergruppierung zu verhindern, nicht zulässig ist.

Dadurch wird das allgemeine Direktionsrecht des Arbeitgebers, nach dem er an sich berechtigt wäre, dem Arbeitnehmer anstelle einer zum Aufstieg führenden Tätigkeit die Tätigkeit der gleichen Vergütungsgruppe, aber einer nicht zum Aufstieg führenden Fallgruppe, zuzuweisen, eingeschränkt. Die Einschränkung gilt aber nur, wenn die Verhinderung des Aufstieges das ausschließliche Ziel der Entziehung der zum Aufstieg berechtigenden Tätigkeit ist. Die Zuweisung einer anderen, nicht zum Aufstieg berechtigenden Tätigkeit im Rahmen beispielsweise einer Neustrukturierung der Dienststelle wird durch die Niederschriftserklärung nicht blockiert.

§ 9 Vergütungsgruppenzulagen

(1) Aus dem Geltungsbereich des BAT/BAT-O/BAT-Ostdeutsche Sparkassen übergeleitete Beschäftigte, denen am 30. September 2005 nach der Vergütungsordnung zum BAT eine Vergütungsgruppenzulage zusteht, erhalten in der Entgeltgruppe, in die sie übergeleitet werden, eine Besitzstandszulage in Höhe ihrer bisherigen Vergütungsgruppenzulage.

(2) [1]Aus dem Geltungsbereich des BAT/BAT-O/BAT-Ostdeutsche Sparkassen übergeleitete Beschäftigte, die bei Fortgeltung des bisherigen Rechts nach dem 30. September 2005 eine Vergütungsgruppenzulage ohne vorausgehenden Bewährungs- oder Fallgruppenaufstieg erreicht hätten, erhalten ab dem Zeitpunkt, zu dem ihnen die Zulage nach bisherigem Recht zugestanden hätte, eine Besitzstandszulage. [2]Die Höhe der Besitzstandszulage bemisst sich nach dem Betrag, der als Vergütungsgruppenzulage zu zahlen gewesen wäre, wenn diese bereits am 30. September 2005 zugestanden hätte. [3]Voraussetzung ist, dass

- **am 1. Oktober 2005 die für die Vergütungsgruppenzulage erforderliche Zeit der Bewährung oder Tätigkeit nach Maßgabe des § 23b Abschn. B BAT/BAT-O/BAT-Ostdeutsche Sparkassen zur Hälfte erfüllt ist,**
- **zu diesem Zeitpunkt keine Anhaltspunkte vorliegen, die bei Fortgeltung des bisherigen Rechts der Vergütungsgruppenzulage entgegengestanden hätten und**
- **bis zum individuellen Zeitpunkt nach Satz 1 weiterhin eine Tätigkeit auszuüben ist, die zu der Vergütungsgruppenzulage geführt hätte.**

(2a) [1]Absatz 2 gilt auf schriftlichen Antrag entsprechend für übergeleitete Beschäftigte, die bei Fortgeltung des BAT/BAT-O/BAT-Ostdeutsche Sparkassen bis spätestens zum 31. Dezember 2016 wegen Erfüllung der erforderlichen Zeit der Bewährung oder Tätigkeit die Voraussetzungen der Vergütungsgruppenzulage erfüllt hätten, unabhängig davon, ob die Hälfte der erforderlichen Zeit der Bewährung oder Tätigkeit am Stichtag nicht erfüllt ist. [2]Die Protokollerklärung Nr. 1 zu § 8 Abs. 3 gilt entsprechend.

(3) Für aus dem Geltungsbereich des BAT/BAT-O/BAT-Ostdeutsche Sparkassen übergeleitete Beschäftigte, die bei Fortgeltung des bisherigen Rechts nach dem 30. September 2005 im Anschluss an einen Fallgruppenaufstieg eine Vergütungsgruppenzulage erreicht hätten, gilt Folgendes:

a) [1]In eine der Entgeltgruppen 3, 5, 6 oder 8 übergeleitete Beschäftigte, die den Fallgruppenaufstieg am 30. September 2005 noch nicht erreicht haben, sind zu dem Zeitpunkt, zu dem sie nach bisherigem Recht höhergruppiert worden wären, in die nächsthöhere Entgeltgruppe des TVöD eingruppiert; § 8 Abs. 1 Satz 2 bis 5 gilt entsprechend. [2]Eine Besitzstandszulage für eine Vergütungsgruppenzulage steht nicht zu.

b) [1]Ist ein der Vergütungsgruppenzulage vorausgehender Fallgruppenaufstieg am 30. September 2005 bereits erfolgt, gilt Absatz 2 mit der Maßgabe, dass am 1. Oktober 2005 die Hälfte der Gesamtzeit für den Anspruch auf die Vergütungsgruppenzulage einschließlich der Zeit für den vorausgehenden Aufstieg zurückgelegt sein muss oder die Vergütungsgruppenzulage bei Fortgeltung des bisherigen Rechts bis zum 31. Dezember 2016 erworben worden wäre. [2]Im Fall des Satzes 1 2. Alternative wird die Vergütungsgruppenzulage auf schriftlichen Antrag gewährt. [3]Die Protokollerklärung Nr. 1 zu § 8 Abs. 3 gilt entsprechend.

c) [1]Wäre im Fall des Buchstaben a nach bisherigem Recht der Fallgruppenaufstieg spätestens am 30. September 2007 erreicht worden, gilt Absatz 2 mit der Maßgabe, dass am 1. Oktober 2007 die Hälfte der Gesamtzeit für den Anspruch auf die Vergütungsgruppenzulage einschließlich der Zeit für den vorausgehenden Aufstieg erreicht worden sein muss und die Vergütungsgruppenzulage bei Fortgeltung des bisherigen Rechts bis zum 31. Dezember 2016 erworben worden wäre. [2]Die Protokollerklärung Nr. 1 zu § 8 Abs. 3 gilt entsprechend.

(4) [1]Die Besitzstandszulage nach den Absätzen 1, 2 und 3 Buchst. b wird so lange gezahlt, wie die anspruchsbegründende Tätigkeit ununterbrochen ausgeübt wird und die sonstigen Voraussetzungen für die Vergütungsgruppenzulage nach bisherigem Recht weiterhin bestehen. [2]Sie verändert sich bei allgemeinen Entgeltanpassungen um den von den Tarifvertragsparteien für die jeweilige Entgeltgruppe festgelegten Vomhundertsatz.

Protokollerklärungen zu Absatz 4 Sätze 1 und 2:

1. [1]Unterbrechungen wegen Elternzeit, Wehr- oder Zivildienstes, Sonderurlaubs, bei dem der Arbeitgeber vor Antritt ein dienstliches oder betriebliches Interesse an der Beurlaubung anerkannt hat, Bezuges einer Rente auf Zeit wegen verminderter Erwerbsfähigkeit oder wegen Ablaufs der Krankenbezugsfristen sowie wegen vorübergehender Übertragung einer höherwertigen Tätigkeit sind unschädlich. [2]In den Fällen, in denen eine Unterbrechung aus den in Satz 1 genannten Gründen nach dem 30. September 2005 und vor dem 1. Juli 2008 endet, wird eine Besitzstandszulage nach § 9 Abs. 1, 2 oder 3 Buchst. b oder c vom 1. Juli 2008 an gezahlt, wenn bis zum 30. September 2008 ein entsprechender schriftlicher Antrag (Ausschlussfrist) gestellt worden ist. [3]Ist eine entsprechende Leistung bis zum 31. März 2008 schriftlich geltend gemacht worden, erfolgt die Zahlung vom 1. Juni 2008 an.
2. Die Besitzstandszulage erhöht sich am 1. März 2024 um 11,5 Prozent.[1])

Niederschriftserklärung zu § 8 Abs. 1 Satz 3 und Abs. 2 Satz 2 sowie § 9 Abs. 2 bis 4:
Eine missbräuchliche Entziehung der Tätigkeit mit dem ausschließlichen Ziel, eine Höhergruppierung zu verhindern, ist nicht zulässig.

Erläuterungen

Die Vorschrift regelt, inwieweit Vergütungsgruppenzulagen bzw. „Anwartschaftszeiten" auf Vergütungsgruppenzulagen beim Wechsel in die neue Entgeltordnung berücksichtigt werden. Dabei sind unterschiedliche Regelungen vereinbart worden für aus dem BAT/BAT-O übergeleitete Beschäftigte, die am 30. September 2005 bereits eine Vergütungsgruppenzulage erhalten, für Beschäftigte, die nach altem Recht Anspruch auf eine Vergütungsgruppenzulage ohne vorausgehenden Fallgruppenaufstieg hatten, und für Beschäftigte, die nach altem Recht Anspruch auf eine Vergütungsgruppenzulage nach vorausgehenden Fallgruppenaufstieg hatten.

---

[1]) Die im Zuge der Tarifeinigung 2025 (abgedruckt unter 150) vereinbarten Erhöhungen ab 1. April 2025 sowie ab 1. Mai 2026 wirken sich auch auf die Besitzstandszulage aus. Der Erhöhungssatz zum 1. April 2025 beträgt voraussichtlich 3,11 Prozent und zum 1. Mai 2026 2,8 Prozent.

Die Vorschrift gilt ab dem 1. November 2009 nicht für die Beschäftigten des Sozial- und Erziehungsdienstes (siehe § 28a Abs. 10).

Zu § 9 Abs. 1 und 4

II

Beschäftigte, die am Stichtag bereits eine Vergütungsgruppenzulage erhalten, erhalten in der übergeleiteten Entgeltgruppe eine der bislang gezahlten Vergütungsgruppenzulage entsprechende Besitzstandszulage.

Sie wird nach Absatz 4 solange fortgezahlt, wie die anspruchsbegründende Tätigkeit ununterbrochen ausgeübt wird und die sonstigen Voraussetzungen für eine Vergütungsgruppenzulage weiterhin bestehen. Unterbrechungen aus den in der Protokollerklärung Nr. 1 zu Absatz 4 Satz 1 genannten Gründen (z. B. wegen Elternzeit, Wehrdienst) sind unschädlich. Die Protokollerklärung ist im Zuge der Entgeltrunde 2008 durch den Änderungstarifvertrag Nr. 2 vom 31. März mit Wirkung vom 1. Juli 2008 eingeführt worden. Für zurückliegende Zeiträume gilt diese Regelung nur auf Antrag, der bis zum 30. September 2008 gestellt werden muss. Die Zulage ist dynamisch gestaltet; d. h., sie wird bei Entgeltanpassungen um den gleichen Prozentsatz verändert wie das Entgelt der Entgeltgruppe, in die der Beschäftigte eingruppiert ist (Absatz 4 Satz 2). In der Protokollerklärung Nr. 2 haben die Tarifpartner die Erhöhungsschritte im Zuge der Tarifrunde 2023 festgelegt.

Zu § 9 Abs. 2

Beschäftigte, die nach altem Recht Anspruch auf eine Vergütungsgruppenzulage ohne vorausgehenden Fallgruppenaufstieg hatten, erhalten in der übergeleiteten Entgeltgruppe ab dem Zeitpunkt, in dem die Vergütungsgruppenpauschale nach altem Recht zugestanden hätte, eine Besitzstandszulage in Höhe dieser Vergütungsgruppenzulage (Satz 1 und 2), wenn sie am 1. Oktober 2005 die für die Vergütungsgruppenzulage erforderliche Bewährungszeit zur Hälfte zurückgelegt haben und die persönlichen Voraussetzungen für die Zulage erfüllen (Satz 3). Auch diese Zulage ist dynamisch und wird so lange gezahlt, wie die anspruchsbegründende Tätigkeit ununterbrochen ausgeübt wird und die sonstigen Voraussetzungen für eine Vergütungsgruppenzulage weiterhin bestehen (→ Erläuterungen zu Absatz 1).

Zu § 9 Abs. 2a

Absatz 2a ist in einem ersten Schritt im Zuge des Änderungstarifvertrages Nr. 2 vom 31. März 2008 mit Wirkung vom 1. Januar 2008 eingefügt worden. Die Vorschrift erweiterte den Geltungsbereich der Regelung des Absatzes 2 auch auf die Fälle, die am 1. Oktober 2005 noch nicht die nach Absatz 2 erforderliche „Halbzeit" für die Vergütungsgruppenzulage erfüllt hatten. Auch in diesen Fällen wurde nach der Neuregelung des Absatzes 2a eine Vergütungsgruppenzulage gezahlt, wenn bei Fortgeltung des bisherigen (BAT-)Rechts der Beginn der Zulagenzahlung in der Zeit vom 1. Januar 2008 bis zum 31. Dezember 2009 gelegen hätte. Die Zahlungsaufnahme setzt einen entsprechenden schriftlichen Antrag der Betroffenen voraus. Im Eckpunktepapier zur Lohnrunde 2008 haben die Tarifpartner schon festgelegt, dass über eine Verlängerung dieser Regelung im Rahmen der Lohnrunde 2010 beraten werden kann. Im Rahmen der Lohnrunde 2010 wurde dann die Verlängerung der Regelung bis zum 29. Februar 2012 vereinbart und mit dem Änderungstarifvertrag Nr. 5 vom 27. Februar 2010 umgesetzt. Eine weitere Verlängerung der Frist (nun bis zum 28. Februar 2014) wurde im Zuge des Änderungstarifvertrages Nr. 7 vom 31. März 2012 und im Zuge der Tarifrunde 2014 (bis 29. Februar 2016) sowie der Tarifeinigung 2016 (bis zum 31. Dezember 2016) vereinbart. Da zum 1. Januar 2017 die Entgeltordnung für die Beschäftigten der Kommunen in Kraft tritt, entfallen dann die Voraussetzungen für eine nochmalige Verlängerung über den 31. Dezember 2016 hinaus. Nach Satz 2 der Vorschrift gilt die Protokollerklärung Nr. 1 zu § 8 Absatz 3 entsprechend. Somit war die Vorschrift des Absatzes 2a auf schriftlichen Antrag auch für solche Vergütungsgruppenzulagen anzuwenden, die in der Zeit vom 1. Oktober 2007 und dem 1. Januar 2008 begonnen hätten. Die erhöhten Beträge stehen dann ab dem 1. Januar 2008 zu.

Zu § 9 Abs. 3

In eine der Entgeltgruppen 3, 5, 6 oder 8 übergeleitete Beschäftigte bei noch nicht erreichtem Fallgruppenaufstieg:

Diese Beschäftigten, für die nach bisherigem Recht zunächst ein Fallgruppenaufstieg und danach eine Vergütungsgruppenzulage vorgesehen war („doppelter Bewährungsaufstieg"), werden zu dem Zeitpunkt, zu dem sie nach bisherigem Recht höhergruppiert worden wären, in die nächsthöhere Entgeltgruppe eingruppiert (Absatz 3 Buchst. a). Dabei gilt die Vorschrift der Sätze 2 bis 5 des § 8 entsprechend (→ Erläuterungen zu § 8 Abs. 1).

Eine Besitzstandszulage für eine (verpasste) Vergütungsgruppenzulage steht in diesen Fällen nicht zu.

In andere Entgeltgruppen übergeleitete Beschäftigte bei noch nicht erreichtem Fallgruppenaufstieg:

Dieser Fall ist nicht geregelt. Sofern entsprechende Fallgestaltungen in der Praxis überhaupt auftreten können, wird dann weder – wie in den Fällen der Entgeltgruppen 3, 5, 6 oder 8 – eine Höhergruppierung vollzogen noch besteht Anspruch auf eine Besitzstandszulage. Die Besitzstandsregelungen des § 8 Abs. 2 sind aber ggf. zu beachten (→ Erläuterungen zu § 8 Abs. 2).

Besitzstandszulagen für Vergütungsgruppenzulagen bei bereits erreichtem Fallgruppenaufstieg:

In diesen Fällen gilt gemäß Absatz 3 Buchstabe b die Vorschrift des Absatzes 2 (→ Erläuterungen zu Absatz 2) mit der Maßgabe, dass am 1. Oktober 2005 die Hälfte der **Gesamtzeit** für den Anspruch auf die Vergütungsgruppenzulage einschließlich der Zeit für den vorausgegangenen Aufstieg zurückgelegt sein muss.

Auch diese Vorschrift ist im Zuge des Änderungstarifvertrages Nr. 2 vom 31. März 2008 mit Wirkung vom 1. Januar 2008 modifiziert worden. Nach näherer Maßgabe der neu in den Satz 1 aufgenommenen zweiten Alternative genügt es auch hier, dass der Anspruch auf Vergütungsgruppenzulage nach bisherigem Recht bis zum 31. Dezember 2009 erworben worden wäre (zur Verlängerung dieses Datums im Rahmen der Entgeltrunden 2010, 2012 und 2014 siehe bei den Erläuterungen zum Absatz 2a). Die Zahlungsaufnahme setzt einen entsprechenden schriftlichen Antrag der Betroffenen voraus. Nach Satz 2 der Vorschrift gilt die Protokollerklärung Nr. 1 zu § 8 Absatz 3 entsprechend. Somit war die Regelung auf schriftlichen Antrag auch für solche Vergütungsgruppenzulagen anzuwenden, die in der Zeit vom 1. Oktober 2007 und dem 1. Januar 2008 begonnen hätten. Die erhöhten Beträge stehen dann ab dem 1. Januar 2008 zu.

Auch diese Zulage ist dynamisch und wird so lange gezahlt, wie die anspruchsbegründende Tätigkeit ununterbrochen ausgeübt wird und die sonstigen Voraussetzungen für eine Vergütungsgruppenzulage weiterhin bestehen (→ Erläuterungen zu Absatz 1).

Der durch den Änderungstarifvertrag Nr. 2 eingefügte Buchstabe c des Absatzes 3 führt zu einer Ausweitung des für eine Besitzstandszulage in Frage kommenden Personenkreises. Bis dahin hatten die unter Absatz 3 Buchstabe a fallenden Beschäftigten unter den dort genannten Voraussetzungen nur einen Anspruch auf den Aufstieg, nicht aber auf eine sich daran anschließende Vergütungsgruppenzulage. Nach der Neureglung kommt eine Zulage (nach Aufstieg) auch in den Fällen noch in Betracht, in denen der Aufstieg nach bisherigem Recht spätestens am 30. September 2007 erfolgt wäre, am 1. Oktober 2007 die Gesamtzeit für den Aufstieg und den Anspruch auf Vergütungsgruppenzulage insgesamt zur Hälfte absolviert war und der Anspruch auf Zulage bis zum 31. Dezember 2009 erworben wird. Ist dies der Fall, so steigen die Beschäftigten nicht nur zum individuellen Zeitpunkt auf, sondern erhalten dann zu dem Zeitpunkt, an dem nach altem Recht der Anspruch auf eine Vergütungsgruppenzulage entstanden wäre, eine Besitzstandszulage. Weitere Voraussetzung ist ein schriftlicher Antrag der Betroffenen. Zur Verlängerung des Enddatums 31. Dezember 2009 im Rahmen der Entgeltrunde 2010, 2012 und 2014 siehe bei den Erläuterungen zum Absatz 2a. Nach Satz 3 der Vorschrift gilt die Protokollerklärung zu § 8 Absatz 3 entsprechend. Somit war die Regelung auf schriftlichen Antrag auch für solche Vergütungsgruppenzulagen anzuwenden, die in der Zeit vom 1. Oktober 2007 und dem 1. Januar 2008 begonnen hätten. Die erhöhten Beträge stehen dann ab dem 1. Januar 2008 zu.

Zur Niederschriftserklärung

→ hierzu Erläuterungen zu § 8.

II

§ 10 Fortführung vorübergehend übertragener höherwertiger Tätigkeit

(1) [1]Beschäftigte, denen am 30. September 2005 eine Zulage nach § 24 BAT/BAT-O/BAT-Ostdeutsche Sparkassen zusteht, erhalten nach Überleitung in den TVöD eine Besitzstandszulage in Höhe ihrer bisherigen Zulage, solange sie die anspruchsbegründende Tätigkeit weiterhin ausüben und die Zulage nach bisherigem Recht zu zahlen wäre. [2]Wird die anspruchsbegründende Tätigkeit über den 30. September 2007 hinaus beibehalten, finden mit Wirkung ab dem 1. Oktober 2007 die Regelungen des TVöD über die vorübergehende Übertragung einer höherwertigen Tätigkeit Anwendung. [3]Für eine vor dem 1. Oktober 2005 vorübergehend übertragene höherwertige Tätigkeit, für die am 30. September 2005 wegen der zeitlichen Voraussetzungen des § 24 Abs. 1 bzw. 2 BAT/BAT-O/BAT-Ostdeutsche Sparkassen noch keine Zulage gezahlt wird, gilt Satz 1 und 2 ab dem Zeitpunkt entsprechend, zu dem nach bisherigem Recht die Zulage zu zahlen gewesen wäre. [4]Sätze 1 bis 3 gelten für landesbezirkliche Regelungen gemäß § 9 Abs. 3 BMT-G und nach Abschnitt I. der Anlage 3 des Tarifvertrages zu § 20 Abs. 1 BMT-G-O (Lohngruppenverzeichnis) entsprechend. [5]Sätze 1 bis 4 gelten bei besonderen tarifvertraglichen Vorschriften über die vorübergehende Übertragung höherwertiger Tätigkeiten entsprechend. [6]Ist Beschäftigten, die eine Besitzstandszulage nach Satz 1 erhalten, die anspruchsbegründende Tätigkeit bis zum 30. September 2007 dauerhaft übertragen worden, erhalten sie eine persönliche Zulage. [7]Die Zulage nach Satz 6 wird für die Dauer der Wahrnehmung dieser Tätigkeit auf einen bis zum 30. September 2008 zu stellenden schriftlichen Antrag (Ausschlussfrist) der/des Beschäftigten vom 1. Juli 2008 an gezahlt. [8]Die Höhe der Zulage bemisst sich nach dem Unterschiedsbetrag zwischen dem am 1. Oktober 2005 nach § 6 oder § 7 zustehenden Tabellenentgelt oder Entgelt nach einer individuellen Zwischen- oder Endstufe einschließlich der Besitzstandszulage nach Satz 1 und dem Tabellenentgelt nach der Höhergruppierung. [9]Allgemeine Entgeltanpassungen, Erhöhungen des Entgelts durch Stufenaufstiege und Höhergruppierungen sowie Zulagen gemäß § 14 Abs. 3 TVöD und gemäß § 18 Abs. 4 Satz 1 sind auf die persönliche Zulage in voller Höhe anzurechnen.

(2) [1]Beschäftigte, denen am 30. September 2005 eine Zulage nach § 2 der Anlage 3 zum BAT zustand, erhalten eine Besitzstandszulage in Höhe ihrer bisherigen Zulage, solange sie die anspruchsbegründende Tätigkeit weiterhin ausüben und die Zulage nach bisherigem Recht zu zahlen wäre. [2]Soweit sich bei entsprechender Anwendung von Absatz 1 Satz 2 eine Zulage ergäbe, die höher ist als die Besitzstandszulage nach Satz 1, wird die höhere Zulage gezahlt. [3]Absatz 1 Satz 3 gilt entsprechend.

Niederschriftserklärung zu Absatz 1 und 2:

Die Tarifvertragsparteien stellen klar, dass die vertretungsweise Übertragung einer höherwertigen Tätigkeit ein Unterfall der vorübergehenden Übertragung einer höherwertigen Tätigkeit ist. Gleiches gilt für die Zulage nach § 2 der Anlage 3 zum BAT.

Erläuterungen

Diese Regelung bewirkt im Ergebnis, dass die Vorschriften des § 24 BAT/BAT-O bzw. § 9 BMT-G/BMT-G-O für die übergeleiteten Beschäftigten, denen am 30. September 2005 vorübergehend (oder vertretungsweise – siehe Niederschriftserklärung zu § 10) höherwertige Tätigkeiten übertragen waren, die sie auch nach dem 1. Oktober 2005 fortführen, bis zum 30. September 2007 weiter gelten. Danach sind die Vorschriften des TVöD anzuwenden.

Mit den im Zuge des 2. Änderungstarifvertrages vom 31. März 2008 mit Wirkung vom 1. Juli 2008 angefügten Sätzen 6 bis 9 haben die Tarifpartner eine besondere Regelung für den Fall getroffen, dass Beschäftigten in der Zeit bis zum 30. September 2007 die anspruchsbegründende Tätigkeit dauerhaft übertragen wird. Zum Ausgleich der in diesen Fällen denkbaren Gehaltsminderung, die daraus resultiert, dass das Vergleichsentgelt zuzüglich der nach bisherigem Recht berechneten Zulage höher ist als der „Beförderungsgewinn", haben die Tarifpartner eine Zulage vereinbart. Sie wird zunächst in Höhe des Differenzbetrages zwischen der Summe aus Vergleichsentgelt bei Überleitung in den TVöD und der nach bisherigem Recht (z. B. § 24 BAT) ermittelten Zulage einerseits und dem Tabellenentgelt nach Höhergruppierung andererseits gezahlt. Die Zulage wird grundsätzlich zwar für die Zeit der Wahrnehmung der dauerhaft übertragenen Tätigkeit gewährt. Sie ist aber aufzehrbar; Entgeltsteigerungen durch allgemeine Entgeltanpassungen, Stufenaufstiege und Höhergruppierungen, sowie Zulagen i. S. des § 14 Absatz 3 TVöD bzw. § 18 Absatz 4 Satz 1 TVÜ sind auf die Differenzzulage voll anzurechnen.

In § 28a Abs. 12 haben die Tarifpartner klargestellt, dass sie auch durch die Überleitung der Beschäftigten des Sozial- und Erziehungsdienstes in das neue Eingruppierungs- und Entgeltrecht der Anlage C (VKA) zum 1. November 2009 eintretende Entgeltsteigerungen als „allgemeine Entgeltanpassung" im Sinne des Satzes 9 ansehen.

Die Zulagenzahlung ist antragsgebunden und setzt einen schriftlichen Antrag bis zum 30. September 2008 voraus. Zahlungsbeginn ist bei rechtzeitiger Antragsstellung der 1. Juli 2008.

Zu § 10 Abs. 2

Absatz 2 erweitert die Regelung des Absatzes 1 insoweit, als dass die für Zulagen für vorübergehend ausgeübte höherwertige Tätigkeit geltenden Grundsätze (Absatz 1) auch in den Fällen des § 2 der Anlage 3 zum BAT (dort sind Zulagen an Angestellte im kommunalen Verwaltungs- und Kassendienst sowie im Sparkassendienst während Ausbildungs-/Prüfungszeiten geregelt) zu beachten sind.

II

§ 11 Kinderbezogene Entgeltbestandteile

(1) [1]Für im September 2005 zu berücksichtigende Kinder werden die kinderbezogenen Entgeltbestandteile des BAT/BAT-O/BAT-Ostdeutsche Sparkassen oder BMT-G/BMT-G-O in der für September 2005 zustehenden Höhe als Besitzstandszulage fortgezahlt, solange für diese Kinder Kindergeld nach dem Einkommensteuergesetz (EStG) oder nach dem Bundeskindergeldgesetz (BKGG) ununterbrochen gezahlt wird oder ohne Berücksichtigung des § 64 oder § 65 EStG oder des § 3 oder § 4 BKGG gezahlt würde. [2]Die Besitzstandszulage entfällt ab dem Zeitpunkt, zu dem einer anderen Person, die im öffentlichen Dienst steht oder auf Grund einer Tätigkeit im öffentlichen Dienst nach beamtenrechtlichen Grundsätzen oder nach einer Ruhelohnordnung versorgungsberechtigt ist, für ein Kind, für welches die Besitzstandszulage gewährt wird, das Kindergeld gezahlt wird; die Änderung der Kindergeldberechtigung hat die/der Beschäftigte dem Arbeitgeber unverzüglich schriftlich anzuzeigen. [3]Unterbrechungen wegen der Ableistung von Grundwehrdienst, Zivildienst oder Wehrübungen sowie die Ableistung eines freiwilligen sozialen oder ökologischen Jahres sind unschädlich; soweit die unschädliche Unterbrechung bereits im Monat September 2005 vorliegt, wird die Besitzstandszulage ab dem Zeitpunkt des Wiederauflebens der Kindergeldzahlung gewährt.

Protokollerklärungen zu Absatz 1:

1. [1]Die Unterbrechung der Entgeltzahlung im September 2005 wegen Elternzeit, Wehr- oder Zivildienstes, Sonderurlaubs, bei dem der Arbeitgeber vor Antritt ein dienstliches oder betriebliches Interesse an der Beurlaubung anerkannt hat, Bezuges einer Rente auf Zeit wegen verminderter Erwerbsfähigkeit oder wegen des Ablaufs der Krankenbezugsfristen ist für das Entstehen des Anspruchs auf die Besitzstandszulage unschädlich. [2]Für die Höhe der Besitzstandszulage nach Satz 1 gilt § 5 Abs. 6 entsprechend.
2. Ist die andere Person im September 2005 aus dem öffentlichen Dienst ausgeschieden und entfiel aus diesem Grund der kinderbezogene Entgeltbestandteil, entsteht der Anspruch auf die Besitzstandszulage bei dem in den TVöD übergeleiteten Beschäftigten.
3. [1]Beschäftigte mit mehr als zwei Kindern, die im September 2005 für das dritte und jedes weitere Kind keinen kinderbezogenen Entgeltanteil erhalten haben, weil sie nicht zum Kindergeldberechtigten bestimmt waren, haben Anspruch auf die Besitzstandszulage für das dritte und jedes weitere Kind, sofern und solange sie für diese Kinder Kindergeld erhalten, wenn sie bis zum 30. September 2008 einen Berechtigtenwechsel beim Kindergeld zu ihren Gunsten vornehmen und der Beschäftigungsumfang der kindergeldberechtigten anderen Person am 30. September 2005 30 Wochenstunden nicht überstieg. [3]Die Höhe der Besitzstandszulage ist so zu bemessen, als hätte die/der Beschäftigte bereits im September 2005 Anspruch auf Kindergeld gehabt.
4. [1]Bei Tod der/des Kindergeldberechtigten wird ein Anspruch nach Absatz 1 für den anderen in den TVöD übergeleiteten Beschäftigten auch nach dem 1. Oktober 2005 begründet. [2]Die Höhe der Besitzstandszulage ist so zu bemessen, als hätte sie/er bereits im September 2005 Anspruch auf Kindergeld gehabt.
5. [1]Endet eine Unterbrechung aus den in Nr. 1 Satz 1 genannten Gründen vor dem 1. Juli 2008, wird die Besitzstandszulage vom 1. Juli 2008 an gezahlt, wenn bis zum 30. September 2008 ein entsprechender schriftlicher Antrag (Ausschlussfrist) gestellt worden ist. [2]Wird die Arbeit nach dem 30. Juni 2008 wieder aufgenommen oder erfolgt die Unterbrechung aus den in Nr. 1 Satz 1 genannten Gründen

nach dem 30. Juni 2008, wird die Besitzstandszulage nach Wiederaufnahme der Arbeit auf schriftlichen Antrag gezahlt. [3]In den Fällen der Nrn. 2 und 3 wird die Besitzstandszulage auf einen bis zum 30. September 2008 zu stellenden schriftlichen Antrag (Ausschlussfrist) vom 1. Juli 2008 an gezahlt. [4]Ist eine den Nrn. 1 bis 3 entsprechende Leistung bis zum 31. März 2008 schriftlich geltend gemacht worden, erfolgt die Zahlung vom 1. Juni 2008 an. [5]In den Fällen der Nr. 4 wird die Besitzstandszulage auf schriftlichen Antrag ab dem ersten Tag des Monats, der dem Sterbemonat folgt, frühestens jedoch ab dem 1. Juli 2008, gezahlt. [6]Die/der Beschäftigte hat das Vorliegen der Voraussetzungen der Nrn. 1 bis 4 nachzuweisen und Änderungen anzuzeigen.

II

(2) [1](weggefallen) [2]Die Besitzstandszulage nach Absatz 1 Satz 1 verändert sich bei allgemeinen Entgeltanpassungen um den von den Tarifvertragsparteien für die jeweilige Entgeltgruppe festgelegten Vomhundertsatz. [3]Ansprüche nach Absatz 1 können für Kinder ab dem vollendeten 16. Lebensjahr durch Vereinbarung mit der/dem Beschäftigten abgefunden werden.

Protokollerklärung zu Absatz 2 Satz 1:[1])

Die tarifliche Arbeitszeitverlängerung zum 1. Juli 2008 führt nicht zu einer Veränderung der Besitzstandszulage, sofern als Besitzstandszulage die kinderbezogenen Entgeltbestandteile aufgrund vor dem 1. Oktober 2005 anzuwendender Konkurrenzregelungen (§ 29 Abschn. B Abs. 6 BAT/BAT-O/BAT-Ostdeutsche Sparkassen und entsprechende Arbeiterregelungen) in ungekürzter Höhe zustehen.

Protokollerklärung zu Absatz 2 Satz 2:

Die Besitzstandszulage erhöht sich am 1. März 2024 um 11,5 Prozent.[2])

(3) Die Absätze 1 und 2 gelten entsprechend für

a) zwischen dem 1. Oktober 2005 und dem 31. Dezember 2005 geborene Kinder der übergeleiteten Beschäftigten,

b) die Kinder von bis zum 31. Dezember 2005 in ein Arbeitsverhältnis übernommenen Auszubildenden, Schülerinnen/Schüler in der Gesundheits- und Krankenpflege, Gesundheits- und Kinderkrankenpflege und in der Entbindungspflege sowie Praktikantinnen und Praktikanten aus tarifvertraglich geregelten Beschäftigungsverhältnissen, soweit diese Kinder vor dem 1. Januar 2006 geboren sind.

Erläuterungen

Zu § 11 Abs. 1

Die Fortzahlung der bisherigen kinderbezogenen Entgeltbestandteile (§ 29 Abschn. B Abs. 3, 4 und 6 BAT/BAT-O/BAT-Ostdeutsche Sparkassen, § 33 BMT-G/BMT-G-O) als Besitzstandszulage ab 1. Oktober 2005 setzt grundsätzlich voraus, dass im September 2005 tatsächlich ent-

[1]) *Redaktionelle Anmerkung:* Der zugrundeliegende Satz 1 wurde im Rahmen des Änderungstarifvertrages Nr. 19 vom 14. Juli 2022 aufgehoben.

[2]) Die im Zuge der Tarifeinigung 2025 (abgedruckt unter 150) vereinbarten Erhöhungen ab 1. April 2025 sowie ab 1. Mai 2026 wirken sich auch auf die Besitzstandszulage aus. Der Erhöhungssatz zum 1. April 2025 beträgt voraussichtlich 3,11 Prozent und zum 1. Mai 2026 2,8 Prozent.

sprechende kinderbezogene Entgeltbestandteile zugestanden haben. Folgende Fallgestaltungen verdienen besondere Betrachtung:

Die Fortzahlung der tariflichen Besitzstandszulage ab dem 1. Oktober 2005 erfolgt nur, solange für die Kinder nach dem Einkommensteuergesetz (EStG) oder Bundeskindergeldgesetz (BKGG) ununterbrochen Kindergeld gezahlt wird oder ohne Berücksichtigung des § 64 oder § 65 EStG oder des § 3 oder § 4 BKGG gezahlt würde. Daher sind Unterbrechungen beim gesetzlichen Kindergeld grundsätzlich schädlich und haben den endgültigen Wegfall der Besitzstandszulage zur Folge. Das BAG hat diese Rechtsfolge in seinem Urteil vom 29. Juni 2022 – 6 AZR 465/21 – zum vergleichbaren § 11 TVÜ-Länder bestätigt.

Ein späteres Wiederaufleben der tariflichen Besitzstandszulage mit der Wiederaufnahme der Kindergeldzahlung im Anschluss an den Wegfall des Unterbrechungsgrundes erfolgt grundsätzlich nur in den abschließend genannten Ausnahmefällen: Also bei der Ableistung von Grundwehrdienst, Zivildienst oder Wehrübungen (§ 11 Abs. 1 Satz 3 TVÜ). Soweit eine solche Unterbrechung bereits im September 2005 vorgelegen hat, wird die Besitzstandszulage mit dem Wiederaufleben der Zahlung des gesetzlichen Kindergeldes gewährt. Durch Artikel 7 des Steuerumgehungsbekämpfungsgesetzes vom 23. Juni 2017 (BGBl. I S. 1682) wurde dem § 66 EStG mit Wirkung vom 1. Januar 2018 ein neuer Absatz 3 angefügt. Die neue Vorschrift bewirkt, dass das Kindergeld auch dann nur noch für maximal sechs Monate nachgezahlt werden kann, wenn ein Anspruch für davor liegende Zeiträume grundsätzlich besteht. Bei verspäteter Antragstellung des Kindergeldberechtigten (z. B., wenn zu spät auf die Einstellung der Kindergeldzahlung bei Vollendung des 18. Lebensjahres reagiert wird) kann es zu daher einer Unterbrechung der Kindergeldzahlung kommen. Diese würde nach dem Wortlaut der Tarifvorschrift zum Wegfall der Besitzstandszulage nach § 11 TVÜ-VKA führen. Da der Anspruch jedoch dem Grunde nach besteht, erscheint das Ergebnis unbillig. Es dürften daher keine Bedenken dagegen bestehen, die Zahlung der kinderbezogenen Besitzstandszulage in diesen Fällen auf Antrag mit der Zahlung des Kindergeldes (übertariflich) wieder aufzunehmen. Das Bundesministerium des Innern hat mit Blick auf das Wehrrechtsänderungsgesetz 2010 vom 31. Juli 2010 (BGBl. I S. 1052) im RdSchr. v. 21. Februar 2011 zur identischen Vorschrift des § 11 Abs. 1 Satz 3 TVÜ-Bund die Auffassung vertreten, dass

– der freiwillige, zusätzliche Wehrdienst im Anschluss an den Grundwehrdienst (§§ 4 Abs. 1 Nr. 4, 6b Wehrpflichtgesetz – WehrPflG) kein Grundwehrdienst im Sinne der Tarifvorschrift ist,

- der verlängerte Grundwehrdienst im Sinne der Übergangsvorschrift des § 53 WehrPflG Grundwehrdienst im Sinne des § 11 TVÜ-Bund ist,
- der nach näherer Maßgabe des § 41a oder § 81 Zivildienstgesetz geleistete freiwillige zusätzliche Zivildienst als Zivildienst im Sinne der Tarifvorschrift anzusehen ist.

Nach Einschätzung des Verfassers wird man bei der Anwendung der Vorschrift des § 11 Abs. 1 Satz 3 TVÜ-VKA zu einer entsprechenden Auffassung kommen müssen.

Erhält nach der Überleitung eine andere Person, die im öffentlichen Dienst tätig ist, Kindergeld für ein Kind, für das bisher die Besitzstandszulage nach § 11 TVÜ gewährt wird, so entfällt die Besitzstandszulage mit dem Wechsel der Kindergeldzahlung, § 11 Abs. 1 Satz 2 TVÜ. Die Besitzstandszulage entfällt auch, wenn die andere Person auf Grund einer Tätigkeit im öffentlichen Dienst nach beamtenrechtlichen Grundsätzen oder nach einer Ruhelohnordnung versorgungsberechtigt ist.

Ein Anwendungsfall des § 11 Abs. 1 Satz 2 TVÜ-Bund liegt nach Auffassung des BAG (Urteil vom 8. Dezember 2011 – 6 AZR 397/10) nur dann vor, wenn mit dem Kindergeldberechtigungswechsel zugleich ein Anspruch auf kinderbezogene Leistungen der anderen Person verbunden ist. Abweichend vom Wortlaut der Tarifvorschrift, der nur darauf abstellt, ob der anderen Person Kindergeld gezahlt wird, hält das BAG danach einen Wegfall der Besitzstandszulage für nicht gerechtfertigt, wenn sich das Arbeitsverhältnis der anderen Person z. B. nach dem TVöD oder nach dem TV-L richtet, die andere Person aber keinen Anspruch auf kinderbezogene Leistungen aus ihrer Tätigkeit im öffentlichen Dienst hat. Das Urteil hat auch Auswirkungen auf die wortgleiche Vorschrift des TVÜ-VKA.

Das BAG-Urteil verhindert in diesen Fällen lediglich trotz Kindergeldberechtigtenwechsel den Fortfall des Anspruchs auf Besitzstandszulage. Das erstmalige Entstehen von Ansprüchen nach dem 1. November 2006 ist damit nicht verbunden Ansonsten führen auch spätere Änderungen der Verhältnisse nicht dazu, dass erstmalig ein Anspruch auf die Besitzstandszulage entsteht. Dies hat das LAG Hamm mit Urteil vom 23. Februar 2012 – 11 Sa 1606/11 – festgestellt. Im dem Urteilsfall hatte zunächst der ebenfalls als Arbeitnehmer im öffentlichen Dienst beschäftigte kindergeldberechtigte Ehemann der Klägerin die Besitzstandszulage erhalten. Nach dessen Verrentung begehrte die Klägerin die Besitzstandszulage. Die Klage und die Berufung der Klägerin wurde zurückgewiesen. Das Urteil ist rechtskräftig; die gegen die Nichtzulassung der Revision gerichtete Beschwerde der Klägerin hat das BAG mit Beschluss vom 20. September 2012 – 6 AZN 1053/12 – zurückgewiesen.

II

Bei sog. Gegenkonkurrenzregelungen (diese gibt es z. B. in den Arbeitsvertragsrichtlinien der Caritas) wurden zu Zeiten des BAT kinderbezogene Entgeltbestandteile nicht gewährt, wenn der andere Anspruchsberechtigte im öffentlichen Dienst tätig war. Die öffentlichen Arbeitgeber haben die Auffassung vertreten, dass es für die Zahlung des Kinderbesitzstandes nach § 11 TVÜ auf den tatsächlichen Kindergeldbezug im Vormonat der Überleitung ankomme. Erhalte der andere Anspruchsberechtigte, für den bisher die Gegenkonkurrenzklausel gegolten hat, tatsächlich das Kindergeld, so stünde dem in den TVöD übergeleiteten Beschäftigten eine Besitzstandszulage nicht zu. Die sog. Gegenkonkurrenzklausel greife mit der Überleitung des Beschäftigten in den TVÖD nicht mehr; die andere Person habe Anspruch auf kinderbezogene Leistungen vom Überleitungsmonat an. Dieser Auffassung ist das BAG in seinem Urteil vom 13. August 2009 – 6 AZR 319/08 – nicht gefolgt. Nach Auffassung des BAG hat der bei dem öffentlichen Arbeitgeber beschäftigte Ehepartner selbst dann Anspruch auf eine Besitzstandszulage für den kinderbezogenen Ortszuschlag, wenn der im Geltungsbereich der AVR Caritas beschäftigte Ehepartner aufgrund einer Vereinbarung mit seinem Ehegatten für die gemeinsamen Kinder das Kindergeld bezieht. Ab dem Überleitungsmonat kann er nach Auffassung des BAG von seinem Arbeitgeber eine entsprechende Besitzstandszulage verlangen.

Waren die bisherigen Konkurrenzregelungen aus anderen Gründen, z. B. wegen Elternzeit der anderen Person, im September 2005 nicht einschlägig, leben sie aber nach dem 30. September 2005 wieder auf und erhält die andere Person für das Kind Kindergeld, fällt die Besitzstandszulage ebenfalls weg, § 11 Abs. 1 Satz 2 1. Halbsatz TVÜ. Die Änderung der Kindergeldberechtigung bzw. die Zahlungsaufnahme von kinderbezogenen Entgeltbestandteilen bei einer anderen für das Kind kindergeldberechtigten Person ist von dem Beschäftigten unverzüglich schriftlich anzuzeigen.

Zu den Protokollerklärungen zu Absatz 1

Im Zuge des 2. Änderungstarifvertrages vom 31. März 2008 haben die Tarifpartner mit Wirkung vom 1. Juli 2008 Protokollerklärungen zu Absatz 1 vereinbart. Inhalt dieser Vorschriften sind Regelungen, die Härten bei der Zahlung des Kinderbesitzstandes ausgleichen sollen. Die Regelungen sollten an sich schon unmittelbar nach dem Inkrafttreten des TVöD/TVÜ vereinbart werden und waren in ihrem Kern schon lange Zeit ausgehandelt. Die Tarifpartner haben sie dann aber wegen übergeordneter Meinungsverschiedenheiten (z. B. in der Arbeitszeitfrage) „auf Eis gelegt" und erst im Rahmen der Entgeltrunde 2008 vereinbart.

Die Protokollerklärungen regeln folgende Sonderfälle:

1. Die Entgeltzahlung des in den TVöD übergeleiteten Beschäftigten war im für den Kinderbesitzstand maßgebenden Monat September aus den in Protokollerklärung Nr. 1 genannten Gründen (z. B. Elternzeit, Wehrdienst, Ablauf der Krankenbezugsfristen) unterbrochen. Ein Anspruch auf die Besitzstandszahlung trat somit nicht ein. Nach Protokollerklärung Nr. 1 aaO wird die Besitzstandszulage grundsätzlich ab Wiederaufnahme der Entgeltzahlung gezahlt. Die Zahlung ist antragsgebunden, der Antrag muss bis zum 30. September 2008 gestellt werden. Zahlungsaufnahme ist dann der 1. Juli 2008, bei bis zum 31. März 2008 gestellten Anträgen der 1. Juni 2008 (siehe Protokollerklärung Nr. 5). Auch wenn die Entgeltzahlung aus den genannten Gründen zu einem späteren Zeitpunkt unterbrochen wird, ist dies unschädlich. Der Anspruch auf den Kinderbesitzstand lebt auch in diesem Fall bei Wiederaufnahme der Entgeltzahlung auf. Das BAG hat mit Urteil vom 18. Dezember 2008 – 6 AZR 890/07 – entschieden, dass auch die Unterbrechung wegen Sonderurlaubs zur Kinderbetreuung unschädlich ist.

2. Protokollerklärung Nr. 2 regelt die „Septemberfälle". Das sind die Fälle, in denen „die andere Person" im Sinne des § 11 Absatz 1 Satz 2 bereits im September 2005 aus dem öffentlichen Dienst ausgeschieden war. Die kinderbezogenen Entgeltbestandteile können somit bei der anderen Person wegen deren Ausscheiden aus dem öffentlichen Dienst nicht mehr realisiert werden und würden ohne Ausgleich entfallen. Auf Antrag (nach Protokollerklärung Nr. 5 – s. o.) wird der Kinderbesitzstand entgegen dem Wortlaut des Absatzes 1 Satz 2 doch noch gezahlt.

3. Protokollerklärung Nr. 3 räumt Beschäftigten mit mindestens drei Kindern ein, durch einen Wechsel der Kindergeldberechtigung doch noch in den Genuss des Kinderbesitzstandes zu gelangen, der bislang wegen der Kindergeldberechtigung der „anderen Person" nicht zustand. Voraussetzung ist jedoch, dass der Beschäftigungsumfang der anderen Person am 30. September 2005 30 Wochenstunden nicht überstieg. Der Wechsel ist bis zum 30. September 2008 vorzunehmen; die Zahlungsaufnahme ist antragsgebunden (nach Protokollerklärung Nr. 5 – s. o.).

4. Protokollerklärung Nr. 4 regelt den Härtefall, dass der Kindergeldberechtigte stirbt. Die Tarifpartner haben vereinbart, dass in diesem Fall der Beschäftigte auf Antrag ab dem 1. des auf den Sterbemonat

folgenden Monats (frühestens aber ab dem 1. Juli 2008) den Kinderbesitzstand erhalten kann.

5. Protokollerklärung Nr. 5 regelt die Antragsfristen und die frühesten Zahlungstermine für die Leistungen nach den Protokollerklärungen 1 bis 4 (s. o.).

II

Die Aufzählung der Sonderfälle in den Protokollerklärungen ist abschließend, weitere denkbare Sachverhalte werden nicht berücksichtigt.

Zu § 11 Abs. 2[1])

Ausgangsbetrag für die Besitzstandszulage ist der letztgültige Wert aus dem Vergütungstarifvertrag Nr. 35 zum BAT: 90,57 Euro. Dieser Betrag ist bei allgemeinen Entgeltanpassungen um den von den Tarifpartnern für die jeweilige Entgeltgruppe festgelegten Vomhundertsatz zu erhöhen und wird im Tarifgebiet Ost noch mit dem Bemessungssatz multipliziert.

Unter Berücksichtigung des Ergebnisses der Lohnrunden 2008, 2010, 2012, 2014, 2016, 2018, 2020 und 2023 (für den Erhöhungsschritt zum 1. März 2024 siehe die Protokollerklärung zu Absatz 2 Satz 2) ergeben sich die nachstehenden Beträge:

West	**ab 1. 1. 2008**		**ab 1. 1. 2009**		**ab 1. 1. 2010**	
Allgemein	93,38 €	+ 3,1 %	95,99 €	+ 2,8 %	97,14 €	+ 1,2 %
Kr.-Bereich	92,02 €	+ 1,6 %	95,95 €	+ 4,3 %	97,10 €	+ 1,2 %

West	**ab 1. 1. 2011**		**ab 1. 8. 2011**		**ab 1. 3. 2012**	
Allgemein	97,72 €	+ 0,6 %	98,21 €	+ 0,5 %	101,65 €	+ 3,5 %
Kr.-Bereich	97,68 €	+ 0,6 %	98,17 €	+ 0,5 %	101,61 €	+ 3,5 %

West	**ab 1. 1. 2013**		**ab 1. 8. 2013**		**ab 1. 3. 2014**	
Allgemein	103,07 €	+ 1,4 %	104,51 €	+ 1,4 %	107,65 €	+ 3,0 %
Kr.-Bereich	103,03 €	+ 1,4 %	104,47 €	+ 1,4 %	107,60 €	+ 3,0 %

West	**ab 1. 3. 2015**		**ab 1. 3. 2016**		**ab 1. 2. 2017**	
Allgemein	110,23 €	+ 2,4 %	112,88 €	+ 2,4 %	115,53 €	+ 2,35 %
Kr.-Bereich	110,18 €	+ 2,4 %	112,82 €	+ 2,4 %	115,47 €	+ 2,35 %

West	**ab 1. 3. 2018**		**ab 1. 4. 2019**		**ab 1. 3. 2020**	
Allgemein	119,22 €	+ 3,19 %	122,90 €	+ 3,09 %	124,20 €	+ 1,06 %
Kr.-Bereich	119,15 €	+ 3,19 %	122,83 €	+ 3,09 %	124,13 €	+ 1,06 %

[1]) Die im Zuge der Tarifeinigung 2025 (abgedruckt unter **150**) vereinbarten Erhöhungen ab 1. April 2025 sowie ab 1. Mai 2026 wirken sich auch auf die Besitzstandszulage aus. Der Erhöhungssatz zum 1. April 2025 beträgt voraussichtlich 3,11 Prozent und zum 1. Mai 2026 2,8 Prozent.

West	**ab 1. 4. 2021**		**ab 1. 4. 2022**	
Allgemein	125,94 €	+ 1,4 %	128,21 €	+ 1,8 %
Kr.-Bereich	125,87 €	+ 1,4 %	128,14 €	+ 1,8 %

West	**ab 1. 3. 2024**	
Allgemein	142,95 €	+ 11,5 %
Kr.-Bereich	142,88 €	+ 11,5 %

Abweichend davon werden die Beträge für Beschäftigte des Besonderen Teils Sparkassen wie folgt erhöht:

TVöD BT-S	**ab 1. 7. 2021**		**ab 1. 7. 2022**		**ab 1. 12. 2022**	
	125,87 €	+ 1,4 %	127,13 €	+ 1 %	128,14 €	+ 0,792 %

TVöD BT-S	**ab 1. 3. 2024**	
	142,88 €	+ 11,5 %

Ost	**ab 1. 1. 2008**	**ab 1. 4. 2008**		**ab 1. 1. 2009**		**ab 1. 1. 2010**
Allgemein	90,57 € (bis EG 9) 87,85 € (ab EG 10 97 %)	93,38 € (bis EG 9) 90,58 € (ab EG 10 97 %)	+ 3,1 %	95,99 € (bis EG 9) 93,11 € (ab EG 10 97 %)	+ 2,8 %	Es gelten generell die Beträge des Tarifgebietes West
Kr.-Bereich	90,57 € (bis EG 9) 87,85 € (ab EG 10 97 %)	92,02 € (bis EG 9) 89,26 € (ab EG 10 97 %)	+ 1,6 %	95,98 € (bis EG 9) 93,10 € (ab EG 10 97 %)	+ 4,3 %	

Hinzu kommen die sog. Kindererhöhungsbeträge, die bisherigen Angestellten der VergGrn. X bis VIII BAT/BAT-O und bisherigen Arbeitern der LoGrn. 1 bis 4 im September 2005 zustanden. Die Weiterzahlung der sog. Kindererhöhungsbeträge als Besitzstandszulage ist an den Kindergeldanspruch für dieses Kind, nicht aber an weitere Voraussetzungen geknüpft. Ein nach dem 30. September 2005 eintretender Wegfall bei der Anzahl der im Rahmen der Besitzstandszulage berücksichtigten Kinder führt demzufolge nicht zu einer Anpassung oder zum Wegfall des sog. Kindererhöhungsbetrages in der Besitzstandszulage für die weiter berücksichtigungsfähigen Kinder. Auch eine spätere Höhergruppierung des Beschäftigten hat auf die Höhe der Besitzstandzulage einschließlich etwaiger Kindererhöhungsbeträge keine Auswirkungen.

Die Kindererhöhungsbeträge ergeben sich aus der nachstehenden Tabelle für das Tarifgebiet West, die ab dem 1. 1. 2010 uneingeschränkt auch im Tarifgebiet Ost gilt:[1])

Zeitraum ab	**Kindererhöhungsbetrag**			
	VGr. X–VIII, Kr. I, II, LGr. 1–4	**VGr. X, IXb, Kr. I, LGr. 1, 1a, 2**	**VGr. IXa, Kr. II, LGr. 2a, 3, 3a**	**VGr. VIII, LGr. 4**
	1. Kind	**Jedes weitere zu berücksichtigende Kind**		
01. 10. 2005	5,11 €	25,56 €	20,45 €	15,34 €
01. 01. 2008				
– allgemein	5,27 €	26,35 €	21,08 €	15,82 €
– nur BT-K	*5,19 €*	*25,97 €*	*20,78 €*	*15,59 €*
01. 01. 2009	5,42 €	27,09 €	21,67 €	16,26 €
01. 01. 2010	5,49 €	27,42 €	21,93 €	16,46 €
01. 01. 2011	5,52 €	27,58 €	22,06 €	16,56 €
01. 08. 2011	5,55 €	27,72 €	22,17 €	16,64 €
01. 03. 2012	5,74 €	28,69 €	22,95 €	17,22 €
01. 01. 2013	5,82 €	29,09 €	23,27 €	17,46 €
01. 08. 2013	5,90 €	29,50 €	23,60 €	17,70 €
01. 03. 2014	6,08 €	30,39 €	24,31 €	18,23 €
01. 03. 2015	6,23 €	31,12 €	24,89 €	18,67 €
01. 03. 2016	6,38 €	31,87 €	25,49 €	19,12 €
01. 02. 2017	6,53 €	32,62 €	26,09 €	19,57 €
01. 03. 2018	6,74 €	33,66 €	26,92 €	20,19 €
01. 04. 2019	6,95 €	34,70 €	27,75 €	20,81 €
01. 03. 2020	7,02 €	35,07 €	28,04 €	21,03 €
01. 04. 2021	7,12 €	35,56 €	28,43 €	21,32 €
01. 04. 2022	7,25 €	36,20 €	28,94 €	21,70 €
01. 03. 2024	8,08 €	40,36 €	32,27 €	24,20 €

Teilzeitbeschäftigte erhalten die Besitzstandszulage dann in voller Höhe, wenn ihnen im September 2005 der kinderbezogene Entgeltbestandteil auch in voller Höhe zustand (z. B. aufgrund des § 29 Abschn. B Abs. 6 Satz 3 BAT/BAT-O/BAT-Ostdeutsche Sparkassen). Dies ergibt

---

[1]) Die im Zuge der Tarifeinigung 2025 (abgedruckt unter **150**) vereinbarten Erhöhungen ab 1. April 2025 sowie ab 1. Mai 2026 wirken sich auch auf die Kindererhöhungsbeträge aus. Der Erhöhungssatz zum 1. April 2025 beträgt voraussichtlich 3,11 Prozent und zum 1. Mai 2026 2,8 Prozent.

sich aus § 11 Abs. 1 Satz 1 TVÜ. In den übrigen Fällen erhalten Teilzeitbeschäftigte die Besitzstandszulage zeitanteilig.

Bei individuellen Arbeitszeitveränderungen nach dem 30. September 2005 ist die Besitzstandszulage neu zu berechnen. Hier gilt die allgemeine Regelung zur zeitanteiligen Bemessung des Entgelts von Teilzeitbeschäftigten nach § 24 Abs. 2 TVöD. Erhöht oder vermindert sich die Arbeitszeit, so verändert sich die Besitzstandszulage ebenfalls entsprechend § 24 Abs. 2 TVöD.

> **Beispiel:**
>
> Eine Beschäftigte war im September 2005 vollzeitbeschäftigt und hat den Kinderanteil für ein Kind bezogen, der ihr ab Oktober 2005 als Besitzstandszulage in voller Höhe zusteht. Ab März 2006 beträgt ihr Arbeitszeitumfang 50 v. H. und ab August 2006 wieder 100 v. H.
>
> Die Besitzstandszulage steht in den Monaten März bis Juli 2006 in Höhe von 50 v. H. zu und ab August 2006 wieder in Höhe von 100 v. H.

Eine Besonderheit ist in den Fällen zu beachten, in denen die kinderbezogene Besitzstandszulage aufgrund eines Konkurrenzfalls trotz einer Teilzeitbeschäftigung zunächst zu 100 % zustand. Das Bundesarbeitsgericht (BAG) hat für diesen Fall mit Urteil vom 15. November 2012 – 6 AZR 373/11 – im Wege einer einschränkenden Auslegung entschieden, dass bei späteren, unterhalb einer Vollzeitbeschäftigung bleibenden Arbeitszeiterhöhungen entgegen dem Wortlaut des § 11 Abs. 2 Satz 1 TVÜ-Länder i. V. m. § 24 Abs. 2 TV-L eine Verringerung der Besitzstandszulage nach Sinn und Zweck der Tarifnorm nicht eintritt. Das Urteil schlägt auch auf die identischen Vorschriften des Überleitungsrechts zum TVöD durch.

In der Protokollerklärung zu Absatz 2 Satz 1 haben die Tarifpartner klargestellt, dass die allgemeine tarifliche Arbeitszeitverlängerung von 38,5 auf 39 Stunden aufgrund der Entgeltrunde 2008 bzw. dem Änderungstarifvertrag Nr. 2 zum 1. Juli 2008 nicht zu einer Neuberechnung der Zulage führt, wenn die Zulage ursprünglich in voller Höhe zustand. Dieser Grundsatz gilt nach Auffassung des Bearbeiters auch in den Fällen, in denen Beschäftigte zu einem vertraglich vereinbarten prozentualen Anteil der Arbeitszeit arbeiten (also z. B. 75 % oder einem Drittel, einem Viertel usw.); auch in diesem Fall erhöht sich zwar die tatsächliche Arbeitszeit, nicht aber die Relation zur Vollzeitbeschäftigung. Anders dürfte der Fall zu beurteilen sein, wenn ein Beschäftigter vertraglich eine feste Stundenzahl (z. B. 20 Stunden) arbeitet und nicht von der bestehenden Möglichkeit des § 38a Absatz 5 TVöD Gebrauch macht, diese Stundenzahl an die neue Regelarbeitszeit anzupassen. In diesem Fall ändert sich der Entgeltanspruch und entsprechend der Anspruch auf den Kinderbesitzstand von 20/38,5 auf 20/39.

II

Standen im September 2005 die kinderbezogenen Entgeltbestandteile nur anteilig zu, weil das Arbeitsverhältnis erst im Laufe des Monats September 2005 begründet worden ist, gilt Folgendes: In diesen Fällen ist die Besitzstandszulage gleichwohl in der Höhe zu zahlen, die maßgebend gewesen wäre, wenn die kinderbezogenen Entgeltbestandteile im gesamten Monat September 2005 zugestanden hätten.

Die Besitzstandszulage verändert sich bei allgemeinen Entgeltanpassungen um den von den Tarifvertragsparteien für die jeweilige Entgeltgruppe des Beschäftigten festgelegten Vomhundertsatz. Die Änderungen des Bemessungssatzes Ost sind zu berücksichtigen.

Eine Nutzung der Möglichkeit zur Abfindung im Sinne des § 11 Abs. 2 Satz 3 TVÜ-VKA obliegt der Entscheidung des jeweiligen Arbeitgebers.

II

§ 12 Strukturausgleich

(1) [1]Aus dem Geltungsbereich des BAT/BAT-O/BAT-Ostdeutsche Sparkassen übergeleitete Beschäftigte erhalten ausschließlich in den in Anlage 2 aufgeführten Fällen zusätzlich zu ihrem monatlichen Entgelt einen nicht dynamischen Strukturausgleich. [2]Für alle Beschäftigten, auf die die Regelungen des Tarifgebiets Ost Anwendung finden, bestimmt sich der Strukturausgleich ab 1. Januar 2010 nach den für das Tarifgebiet West ausgewiesenen Beträgen. [3]Maßgeblicher Stichtag für die anspruchsbegründenden Voraussetzungen (Vergütungsgruppe, Stufe, Ortszuschlag, Aufstiegszeiten) ist der 1. Oktober 2005, sofern in Anlage 2 nicht ausdrücklich etwas anderes geregelt ist.

(2) Die Zahlung des Strukturausgleichs beginnt im Oktober 2007, sofern in Anlage 2 nicht etwas anderes bestimmt ist.

(3) Bei Teilzeitbeschäftigung steht der Strukturausgleich anteilig zu (§ 24 Abs. 2 TVöD).

Protokollerklärung zu Absatz 3:

Bei späteren Veränderungen der individuellen regelmäßigen Arbeitszeit der/des Beschäftigten ändert sich der Strukturausgleich entsprechend.

(4) [1]Bei Höhergruppierungen wird der Unterschiedsbetrag zum bisherigen Entgelt auf den Strukturausgleich angerechnet. [2]Für die Dauer der vorübergehenden Übertragung einer höherwertigen Tätigkeit wird die Zulage nach § 14 Abs. 3 TVöD auf den Strukturausgleich angerechnet. [3]Entsprechendes gilt für die Zulage in den Fällen der Übertragung einer Führungsposition auf Probe nach § 31 TVöD und auf Zeit nach § 32 TVöD.

(5) Einzelvertraglich kann der Strukturausgleich abgefunden werden.

(6) Die Absätze 1 bis 5 finden auf Ärztinnen und Ärzte, die unter § 51 BT-K bzw. § 51 BT-B fallen, keine Anwendung.

Niederschriftserklärung zu § 12:

[1]Die Tarifvertragsparteien sind sich angesichts der Fülle der denkbaren Fallgestaltungen bewusst, dass die Festlegung der Strukturausgleiche je nach individueller Fallgestaltung in Einzelfällen sowohl zu überproportional positiven Wirkungen als auch zu Härten führen kann. [2]Sie nehmen diese Verwerfungen im Interesse einer für eine Vielzahl von Fallgestaltungen angestrebten Abmilderung von Exspektanzverlusten hin.

Erläuterungen

Anders als der Besitzstand dient der Strukturausgleich nicht der Sicherung einer bestehenden Vergütungshöhe, sondern als Ausgleich für fiktive zukünftige Einkommenseinbußen. Grundsätzlich werden nicht mehr realisierte Erwerbsaussichten nach dem alten Recht im TVöD nicht geschützt. Nach Überführung in die neue Tabelle können sich aber bei einzelnen Gruppen von bisherigen Angestellten im Vergleich zu der Einkommensentwicklung, die sie nach BAT gehabt hätten, Differenzen ergeben, die die Tarifvertragsparteien unter Vertrauensschutzgesichtspunkten teilweise ausgleichen wollten.

Dabei sind sich die Tarifvertragsparteien bewusst, dass durch die Strukturausgleiche Verwerfungen entstehen können, weil im Einzelfall Härten oder überproportionale Begünstigungen eintreten können. Sie haben dies im Interesse einer für eine Vielzahl von Fallgestaltungen angestrebten Abmilderung von Expektanzverlusten in Kauf genommen (siehe Niederschriftserklärung zu § 12).

Zur Geltung der Vorschrift für die Beschäftigten des Sozial- und Erziehungsdienstes ab dem 1. November 2009 siehe § 28a Abs. 11.

Die VKA hat mit Rundschreiben 223/2007 vom 23. Juli 2007 umfassende Hinweise zur Anwendung der Vorschrift des § 12 TVÜ gegeben (abgedruckt als Anhang 1).

Hinweise zum Strukturausgleich gemäß § 12 TVÜ-VKA

Vom 23. Juli 2007 (RdSchr. 223/2007)

1. Vorbemerkungen

Einzelne Gruppen früherer Angestellter, die aus dem Geltungsbereich des BAT/BAT-O/BAT-Ostdeutsche Sparkassen in den TVöD übergeleitet worden sind, erhalten nach § 12 unter bestimmten Voraussetzungen zusätzlich zu ihrem monatlichen Entgelt einen Strukturausgleich, der je nach Fallgestaltung unterschiedlich hoch sein und für unterschiedlich lange Zeit bezogen werden kann.

Zum Hintergrund sei auf Folgendes hingewiesen:

Bei der Tabellengestaltung und den Tabellenwerten des TVöD ist das in den Bewährungs-, Fallgruppen- und Zeitaufstiegen enthaltene Finanzvolumen ebenso berücksichtigt worden wie das Volumen des bisherigen Verheiratetenanteils im Ortszuschlag der Angestellten. Zudem galt es, die Absicht der Tarifvertragsparteien zu verwirklichen, die Einkommensentwicklung für jüngere Beschäftigte attraktiver zu gestalten und im Gegenzug die bisherigen Tabellenwerte in den Endstufen vielfach etwas abzuflachen. Neben einer Angleichung der Werte von Bund und VKA wurde bei der Findung der neuen Entgelttabelle auch mitberücksichtigt, dass die früheren Stufen der Angestellten einvernehmlich durch tätigkeits- und leistungsbezogene Entwicklungsstufen ersetzt und dabei die bisherige Stufenzahl verringert werden sollte (bis zu zwölf Stufen der unter die Anlage 1a zum BAT fallenden Angestellten, neun Stufen bei den unter die Anlage 1b zum BAT fallenden Angestellten und acht Stufen bei den Arbeitern). Auf Grund dieser strukturellen Unterschiede ist ein individueller Vergleich der früheren Lohn- und Vergütungstabellen mit der Entgelttabelle des TVöD nicht möglich. Gleichwohl haben sich die Tarifvertragsparteien dazu entschlossen, flankierend für eine eng begrenzte Zahl von Fallgestaltungen sog. Strukturausgleiche einzuführen. Die Strukturausgleiche haben nicht die Funktion, Exspektanzen der Beschäftigten, die bei Fortgeltung des BAT/BAT-O/BAT-Ostdeutsche Sparkassen ggf. bestanden hätten, im Einzelfall zu sichern oder zu kompensieren. Die Tarifvertragsparteien haben insoweit

- keine einzelfallbezogene, sondern eine typisierte Betrachtung vorgenommen,
- sich auf einige, aus übereinstimmender Sicht regelungsbedürftige Fallgestaltungen beschränkt und
- keine volle Kompensation, sondern einen begrenzten Ausgleich bzw. eine Abmilderung veränderter Perspektiven angestrebt.

Keinen Strukturausgleich erhalten Ärztinnen und Ärzte, auf die der TVöD-K oder der TVöD-B Anwendung findet (§ 12 Abs. 6). Für Ärztinnen und Ärzte, die unter den TV-Ärzte/VKA fallen, sind Strukturausgleiche ebenfalls nicht vereinbart (§ 10 Abs. 1 TVÜ-Ärzte/VKA).

Ebenfalls von den Regelungen zum Strukturausgleich nicht erfasst sind ehemalige Arbeiterinnen und Arbeiter; auch bei diesen Beschäftigten bestehen im Regelfall keine vergleichbaren Exspektanzverluste.

Bei der Regelung des § 12 waren sich die Tarifvertragsparteien damit verbundener Härten und Verwerfungen bewusst. Sie haben deshalb in der Niederschriftserklärung Nr. 1 zu § 12 ausdrücklich Folgendes festgehalten:

„Die Tarifvertragsparteien sind sich angesichts der Fülle der denkbaren Fallgestaltungen bewusst, dass die Festlegung der Strukturausgleiche je nach individueller Fallgestaltung in Einzelfällen sowohl zu überproportional positiven Wirkungen als auch zu Härten führen kann. Sie nehmen diese Verwerfungen im Interesse einer für eine Vielzahl von Fallgestaltungen angestrebten Abmilderung von Exspektanzverlusten hin."

2. Aufbau der Regelung in § 12 und der Anlage 2 zum TVÜ-VKA

Anspruchsvoraussetzungen (dazu im Folgenden Ziff. 3) und Rechtsfolgen (dazu im Folgenden Ziff. 4) für den Erhalt eines Strukturausgleiches sind im Wesentlichen in § 12 Abs. 1 in Verbindung mit der Anlage 2 TVÜ-VKA und der dort aufgeführten Tabelle (nachfolgend kurz: Tabelle) geregelt. Die Tabelle gliedert sich in acht Spalten. Dabei nennen die Spalten 1 bis 4 die Anspruchsvoraussetzungen. In den Spalten 5 bis 8 sind die Rechtsfolgen genannt, also Zahlungsbeginn, Höhe und Dauer der Zahlung des Strukturausgleiches. Sind alle Voraussetzungen der Spalten 1 bis 4 einer Zeile der Tabelle erfüllt, ist der Anspruch für den in der jeweiligen Zeile der Tabelle genannten Strukturausgleich grundsätzlich von dem angegebenen Zeitpunkt in der dort genannten Höhe und Dauer gegeben.

Spalte 1	**Spalte 2**	**Spalte 3**	**Spalte 4**	**Spalte 5**	**Spalte 6**	**Spalte 7**	**Spalte 8**
EG	Vergütungsgruppe	OZ-Stufe ½	Überleitung aus Stufe	nach	für	Betrag Tarifgebiet West	Betrag Tarifgebiet Ost
Anspruchsvoraussetzungen				Rechtsfolge			

Hierbei beschreibt

- die Spalte 1 die Entgeltgruppe, in die die/der ehemalige Angestellte übergeleitet worden ist,
- die Spalte 2 die Vergütungsgruppe der/des Angestellten nach der Anlage 1a bzw. der Anlage 1b zum BAT, aus der die Überleitung nach Anlage 1 bzw. nach Anlage 4 oder 5 zum TVÜ-VKA erfolgt ist,
- die Spalte 3 die Ortszuschlagsstufe 1 bzw. 2 der/des Angestellten zum 1. Oktober 2005,
- die Spalte 4 die Stufe der Grundvergütung der Vergütungsgruppe, aus der die Überleitung erfolgt sein muss,
- die Spalte 5 den Beginn des Strukturausgleichs,
- die Spalte 6 die Dauer, für den der Strukturausgleich gezahlt wird,
- die Spalte 7 den Betrag des Strukturausgleichs im Tarifgebiet West und
- die Spalte 8 den Betrag des Strukturausgleichs im Tarifgebiet Ost.

Weitere Voraussetzungen und Rechtsfolgen finden sich außerdem in § 12 Abs. 2 bis 6 sowie in den Vorbemerkungen in Anlage 2 TVÜ-VKA (nachfolgend kurz: Vorbemerkungen).

Besteht ein Anspruch auf Strukturausgleich, handelt es sich um einen regelmäßigen, statischen und zusätzlichen Entgeltbestandteil. Strukturausgleiche werden zusätzlich zum monatlichen Entgelt gezahlt (§ 12 Abs. 1 Satz 1). Der Strukturausgleich ist nicht dynamisch (§ 12 Abs. 1 Satz 1), wird also bei linearen Einkommenssteigerungen nicht erhöht. Einkommenssteigerungen werden – mit Ausnahme bei Höhergruppierungen (§ 12 Abs. 4, siehe dazu unten Ziff. 4.3 und 4.4.1) – grundsätzlich nicht auf die Höhe des Strukturausgleiches angerechnet.

Im Einzelnen ist bei der Festsetzung von Strukturausgleichen wie folgt zu verfahren:

3. Anspruchsvoraussetzungen

Einen Anspruch auf Strukturausgleich haben

- aus dem Geltungsbereich von BAT/BAT-O/BAT-Ostdeutsche Sparkassen in den TVöD übergeleitete Beschäftigte im Sinne des § 1 Abs. 1 (Ziff. 3.1),
- die bei Inkrafttreten des TVÜ-VKA (Ziff. 3.2),
- in eine der in Spalte 1 genannten Entgeltgruppen übergeleitet wurden (Ziff. 3.3) und
- in einer der in Spalte 2 bezeichneten Vergütungsgruppen eingruppiert waren (Ziff. 3.4),

- Anspruch auf den in Spalte 3 ausgewiesenen Ortszuschlag (Ziff. 3.5) gehabt hätten und
- die in Spalte 4 ausgewiesene Stufe der Grundvergütung (Ziff. 3.6) erreicht hatten,
- sofern kein unter Ziff. 5 beschriebener Sonderfall wegen Eingreifens des Konkurrenzfalles im Ortszuschlag besteht.

Die Anspruchsvoraussetzungen richten sich also im Wesentlichen nach den ersten vier Spalten der Tabelle, die alle kumulativ erfüllt sein müssen.

3.1 Überleitung aus BAT/BAT-O/BAT-Ostdeutsche Sparkassen in den TVöD (§ 12 Abs. 1)

Ein Anspruch auf Strukturausgleich setzt voraus, dass es sich um übergeleitete ehemalige Angestellte im Sinne des § 1 Abs. 1 handelt.

3.2 Stichtag

Stichtag für das Vorliegen der Tatbestandsvoraussetzungen eines Strukturausgleichsanspruchs ist der 1. Oktober 2005 (§ 12 Abs. 1 Satz 2). Dies wirkt sich insbesondere für die Beurteilung von Tatbestandsmerkmalen aus, die sich auf Regelungen des BAT/BAT-O/BAT-Ostdeutsche Sparkassen beziehen. Da der BAT/BAT-O/BAT-Ostdeutsche Sparkassen mit Ablauf des 30. September 2005 auf in den TVöD übergeleitete Beschäftigte keine Anwendung mehr gefunden hat, ist bei Veränderungen nach dem 30. September 2005 zu prüfen, welche Rechtsfolgen sich bei fiktiver Weitergeltung von BAT/BAT-O/BAT-Ostdeutsche Sparkassen am 1. Oktober 2005 ergeben hätten.

Im Regelfall kommt es darauf an, auf Grund welcher Vergütungsmerkmale die/der Beschäftigte nach dem TVÜ-VKA in die Entgelttabelle des TVöD übergeleitet worden ist. Durch den Stichtag „1. Oktober 2005" können sich allerdings im Einzelfall – über § 4 Abs. 2 und 3 hinaus – Korrekturen ergeben, etwa bei Heirat am 1. Oktober 2005 oder in den sog. Konkurrenzfällen des § 5 Abs. 2 (siehe Ziff. 3.5). **Ein tatsächlicher Bezug von Entgelt am 1. Oktober 2005 ist nicht Voraussetzung.** Ebenso wenig erfolgt ein Abgleich mit der Höhe des Vergleichsentgelts bei der Überleitung i. S. v. § 5.

3.3 Spalte 1 – „Entgeltgruppe"

Für die weitere Prüfung des Anspruchs auf Strukturausgleich ist nach Spalte 1 der Tabelle die Entgeltgruppe maßgeblich, in welche die/der Beschäftigte nach § 4 Abs. 1 bis 3 i. V. m. der Anlage 1 bzw. der

Anlagen 4 und 5 TVÜ-VKA zum 1. Oktober 2005 übergeleitet worden ist. Soweit Beschäftigte bei der Überleitung übertariflich eingruppiert waren, bestehen keine Bedenken, wenn der Anspruch auf einen Strukturausgleich für die Dauer der übertariflichen Eingruppierung nach der übertariflichen Entgeltgruppe – sowie der (früheren) übertariflichen Vergütungsgruppe – bestimmt wird.

Entgeltgruppen, in die die/der Beschäftigte auf Grund von Höher- oder Herabgruppierungen nach der Überleitung – einschließlich solcher im Sinne des § 6 Abs. 2 – eingruppiert ist, begründen keine erstmaligen oder neuen Ansprüche aus § 12. Eine Höhergruppierung nach dem 1. Oktober 2005 – auch nach § 8 Abs. 1 und Abs. 3 1. Alternative – führt jedoch zu einer Anrechnung des Höhergruppierungsgewinns (siehe Ziff. 4.3). Bei einer Herabgruppierung entfällt der Anspruch (siehe Ziff. 4.4.2). Gleiches gilt in den Fällen der Neuberechnung des Vergleichsentgelts gemäß § 8 Abs. 2 und Abs. 3 2. Alternative (siehe Ziff. 4.4.1).

3.4 Spalte 2 „Vergütungsgruppe"

3.4.1 Allgemeines

Es ist auf die Vergütungsgruppe abzustellen, die bei Weitergeltung von BAT/BAT-O/BAT-Ostdeutsche Sparkassen am 1. Oktober 2005 maßgeblich gewesen wäre. Hierbei wird in der Tabelle unterschieden zwischen Fallgestaltungen,

- bei denen es ausschließlich auf die Vergütungsgruppe als solche ankommt, aus der die Überleitung nach § 4 i. V. m. der Anlage 1 bzw. der Anlage 4 oder 5 TVÜ-VKA erfolgt ist (vgl. Ziff. 3.4.2) und
- bei denen auch eine höhere Eingruppierung infolge von Bewährungs-, Fallgruppen- und Zeitaufstieg zu einem Anspruch auf Strukturausgleich nach der in der Tabelle ausgewiesenen originären Vergütungsgruppe führt (vgl. Ziff. 3.4.3).

Soweit Angestellten am 1. Oktober 2005 eine vorübergehend höherwertige Tätigkeit übertragen war und die/der Angestellte eine Zulage nach § 10 erhalten hat, bleibt gleichwohl die Vergütungsgruppe maßgeblich, in die die/der Angestellte am 1. Oktober 2005 eingruppiert gewesen wäre und nicht die Vergütungsgruppe, die der Berechnung der Zulage nach § 10 zu Grunde liegt.

3.4.2 Vergütungsgruppen ohne Zusatz

Soweit die in Spalte 2 ausgewiesene Vergütungsgruppe keinerlei Zusatz enthält, wie z. B. die zur Entgeltgruppe 6 zugeordnete

VergGr VIb, kommt es auf die tatsächliche Vergütungsgruppe bei der Überleitung an. Davon werden erfasst Angestellte,

- die in der entsprechenden Vergütungsgruppe originär ohne Möglichkeit eines Bewährungs-, Zeit- oder Tätigkeitsaufstiegs in die nächsthöhere Vergütungsgruppe eingruppiert waren,
- die im Wege des Bewährungs-, Zeit- oder Tätigkeitsaufstiegs in der entsprechenden Vergütungsgruppe eingruppiert waren, auch soweit aus der entsprechenden Vergütungsgruppe ein weiterer (am Stichtag noch nicht vollzogener) Bewährungs-, Zeit- oder Tätigkeitsaufstieg folgt,
- die in der entsprechenden Vergütungsgruppe originär mit der Möglichkeit eines (am Stichtag noch nicht vollzogenen) Bewährungs-, Zeit- oder Tätigkeitsaufstiegs in die nächsthöhere Vergütungsgruppe bei Fortgeltung des früheren Rechts eingruppiert waren,

soweit nicht bei den beiden letztgenannten Fallgestaltungen ein besonderer Strukturausgleich ausgewiesen ist (siehe hierzu nachfolgend Ziff. 3.4.3 und 3.4.4).

Beispiel 1:

Ein Angestellter war in VergGr VIb eingruppiert. Der Ortszuschlag bestimmte sich nach Stufe 2. Grundvergütung erhielt er nach Stufe 7. Die Überleitung erfolgte in die Entgeltgruppe 6.

Für die Prüfung der Anspruchsvoraussetzungen ist diejenige Zeile der Tabelle heranzuziehen, welche in Spalte 1 die Entgeltgruppe 6 und in Spalte 2 die VergGr VIb ausweist. Die Spalten 3 und 4 geben die erforderlichen persönlichen Daten des Beschäftigten wieder, die hier erfüllt sind. Somit besteht nach zwei Jahren, also vom 1. Oktober 2007 an, dauerhaft ein Anspruch auf Strukturausgleich in Höhe von 90 € bzw. 87 € monatlich:

EG	Vergütungsgruppe	Ortszuschlag Stufe ½	Überleitung aus Stufe	nach	für	Betrag Tarifgebiet West	Betrag Tarifgebiet Ost
6	VIb	OZ 2	7	2 Jahren	dauerhaft	90,- €	87,- €

Beispiel 2:

Ein Angestellter war in VergGr IVa eingruppiert, ohne dass seine Tätigkeit einen Bewährungs-, Zeit- oder Tätigkeitsaufstieg vorsah. Der Ortszuschlag bestimmte sich nach Stufe 2. Grundvergütung erhielt er nach Stufe 8. Die Überleitung erfolgte in die Entgeltgruppe 10.

Für die Prüfung der Anspruchsvoraussetzungen ist diejenige Zeile der Tabelle heranzuziehen, welche in Spalte 1 die Entgeltgruppe 10 und in Spalte 2 die VergGr IVa ausweist. Die Spalten 3 und 4 geben die erforderlichen persönlichen Daten des Beschäftigten wieder, die hier erfüllt sind. Somit besteht nach zwei Jahren, also vom 1. Oktober 2007 an, für fünf Jahre Anspruch auf Strukturausgleich in Höhe von 50 € bzw. 48 € monatlich, und danach, also vom 1. Oktober 2012 an, Anspruch auf dauerhaften Strukturausgleich in Höhe von 25 € bzw. 24 € monatlich:

EG	Vergütungsgruppe	Ortszuschlag Stufe ½	Überleitung aus Stufe	nach	für	Betrag Tarifgebiet West	Betrag Tarifgebiet Ost
10	IVa	OZ 2	8	2 Jahren	5 Jahre danach	50,- € 25,- €	48,- € 24,- €

Beispiel 3:

Ein Angestellter war in VergGr Kr. VII (ohne ausstehenden Aufstieg) eingruppiert. Der Ortszuschlag bestimmte sich nach Stufe 2. Grundvergütung erhielt er nach Stufe 6. Die Überleitung erfolgte in die Entgeltgruppe 9b nach der Kr.-Anwendungstabelle gem. Anlage 4 bzw. 5 zum TVÜ-VKA.

Für die Prüfung der Anspruchsvoraussetzungen ist diejenige Zeile der Tabelle heranzuziehen, welche in Spalte 1 die Entgeltgruppe 9b und in Spalte 2 die VergGr Kr. VII ausweist. Die Spalten 3 und 4 geben die erforderlichen persönlichen Daten des Beschäftigten wieder, die hier erfüllt sind. Somit besteht nach zwei Jahren für zwei Jahre, also vom 1. Oktober 2007 bis zum 30. September 2009, Anspruch auf Strukturausgleich in Höhe von 40 € bzw. 38 € monatlich und anschließend für drei Jahre, also vom 1. Oktober 2009 bis zum 30. September 2012, Anspruch auf Strukturausgleich in Höhe von 100 € bzw. 97 € monatlich:

EG	Vergütungsgruppe	Ortszuschlag Stufe ½	Überleitung aus Stufe	nach	für	Betrag Tarifgebiet West	Betrag Tarifgebiet Ost
9b	Kr. VII	OZ 2	6	2 Jahren	2 Jahre danach für 3 Jahre	40,- € 100,- €	38,- € 97,- €

II

3.4.3 Vergütungsgruppen mit ausgewiesenem Aufstieg

Ist in der Spalte 2 eine Vergütungsgruppe mit einem Bewährungs-, Zeit- oder Tätigkeitsaufstieg von bestimmter Dauer ausgewiesen, wie z. B. bei der der Entgeltgruppe 12 zugeordneten VergGr III mit fünfjährigem Aufstieg, werden hier erfasst ehemalige Angestellte, die bei der Überleitung

- in der entsprechenden Vergütungsgruppe originär eingruppiert waren und einen mit der angegebenen Anzahl von Jahren in der Vergütungsordnung ausgewiesenen Bewährungs-, Zeit- oder Tätigkeitsaufstieg in die nächsthöhere Vergütungsgruppe noch vor sich hatten und
- die aus der ausgewiesenen originären Vergütungsgruppe kommend im Wege des Bewährungs-, Zeit- oder Tätigkeitsaufstiegs mit der angegebenen Anzahl von Jahren bereits in der nächsthöheren Vergütungsgruppe eingruppiert waren, auch soweit aus der entsprechenden Vergütungsgruppe ein weiterer (am Stichtag noch nicht vollzogener) Bewährungs-, Zeit- oder Tätigkeitsaufstieg folgt.

Soweit eine Vergütungsgruppe einen Bewährungs-, Zeit- oder Tätigkeitsaufstieg von bestimmter Dauer ausweist, werden davon sämtliche sich aus der Vergütungsordnung (Anlage 1a und Anlage 1b zum BAT) ergebenden Aufstiege mit der angegebenen Anzahl von Jahren erfasst. Dabei ist für die Zuordnung zu Spalte 2 ohne Bedeutung, ob es sich um einen nach § 8 weiterlaufenden Aufstieg handelt oder nicht.

Beispiel 4:

Ein Angestellter war in VergGr III mit ausstehendem fünfjährigen Aufstieg in VergGr II eingruppiert. Der Ortszuschlag bestimmte sich nach Stufe 2. Grundvergütung erhielt er nach Stufe 7. Die Überleitung erfolgte in die Entgeltgruppe 12.

Für die Prüfung der Anspruchsvoraussetzungen ist diejenige Zeile der Tabelle heranzuziehen, welche in Spalte 1 die Entgeltgruppe 12 und in Spalte 2 die VergGr III/5 J. II ausweist. Die Spalten 3 und 4 geben die erforderlichen persönlichen Daten des Beschäftigten wieder, die hier erfüllt sind. Somit besteht nach vier Jahren, also vom 1. Oktober 2009 an, dauerhaft Anspruch auf Strukturausgleich in Höhe von 60 € bzw. 58 € monatlich:

EG	Vergütungsgruppe	Ortszuschlag Stufe ½	Überleitung aus Stufe	nach	für	Betrag Tarifgebiet West	Betrag Tarifgebiet Ost
12	III/5 J. II	OZ 2	7	4 Jahren	dauerhaft	60,- €	58,- €

Beispiel 5:

Der Angestellte im Beispiel 4 war im Wege des fünfjährigen Aufstiegs bereits in VergGr II eingruppiert und erhielt Grundvergütung nach Stufe 7.

Auch dieser Beschäftigte erhält nach vier Jahren, also ab 1. Oktober 2009, ebenfalls dauerhaft einen Strukturausgleich in Höhe von 60 € bzw. 58 € monatlich.

Beispiel 6:

Ein Angestellter war in VergGr Kr. VIII mit ausstehendem fünfjährigen Aufstieg nach VergGr Kr. IX eingruppiert. Der Ortszuschlag bestimmte sich nach Stufe 2. Grundvergütung erhielt er nach Stufe 5. Die Überleitung erfolgte in die Entgeltgruppe 9d nach der Kr.-Anwendungstabelle gem. Anlage 4 bzw. 5 zum TVÜ-VKA.

Für die Prüfung der Anspruchsvoraussetzungen ist diejenige Zeile der Tabelle heranzuziehen, welche in Spalte 1 die Entgeltgruppe 9d und in Spalte 2 die VergGr Kr. VIII 5 Jahre Kr. IX ausweist. Die Spalten 3 und 4 geben die erforderlichen persönlichen Daten des Beschäftigten wieder, die hier erfüllt sind. Somit besteht nach sechs Jahren, also vom 1. Oktober 2011 an, dauerhaft Anspruch auf Strukturausgleich in Höhe von 15 € bzw. 14 € monatlich:

EG	Vergütungsgruppe	Ortszuschlag Stufe ½	Überleitung aus Stufe	nach	für	Betrag Tarifgebiet West	Betrag Tarifgebiet Ost
9d	Kr. VIII 5 Jahre Kr. IX	OZ 2	5	6 Jahren	dauerhaft	15,- €	14,- €

Beispiel 7:

Der Angestellte im Beispiel 6 war im Wege des fünfjährigen Aufstiegs bereits in VergGr Kr. IX eingruppiert und erhielt Grundvergütung nach Stufe 5.

Auch dieser Beschäftigte erhält nach sechs Jahren, also ab 1. Oktober 2011, dauerhaft einen Strukturausgleich in Höhe von 15 € bzw. 14 € monatlich.

Beispiel 8:

Ein Angestellter war in VergGr Kr. V mit noch ausstehendem vierjährigen Aufstieg nach VergGr Kr. Va und weiterem Aufstieg nach zwei Jahren nach VergGr Kr. VI eingruppiert. Der Ortszuschlag bestimmte sich nach Stufe 2. Grundvergütung erhielt er nach Stufe 3. Die Über-

II

leitung erfolgte in die Entgeltgruppe 8a nach der Kr.-Anwendungstabelle gem. Anlage 4 bzw. 5 zum TVÜ-VKA.

Für die Prüfung der Anspruchsvoraussetzungen ist diejenige Zeile der Tabelle heranzuziehen, welche in Spalte 1 die Entgeltgruppe 8a und in Spalte 2 die VergGr Kr. V 4 Jahre, Kr. Va 2 Jahre, Kr. VI ausweist. Die Spalten 3 und 4 geben die erforderlichen persönlichen Daten des Beschäftigten wieder, die hier erfüllt sind. Somit besteht nach vier Jahren, also vom 1. Oktober 2009 an, für die Dauer von sieben Jahren Anspruch auf Strukturausgleich in Höhe von 60 € bzw. 58 € monatlich:

EG	Vergütungsgruppe	Ortszuschlag Stufe ½	Überleitung aus Stufe	nach	für	Betrag Tarifgebiet West	Betrag Tarifgebiet Ost
8a	Kr. V 4 Jahre, Kr. Va 2 Jahre, Kr. VI	OZ 2	3	4 Jahren	7 Jahre	60,- €	58,- €

Beispiel 9:

Der Angestellte im Beispiel 8 war im Wege des Aufstiegs bereits in VergGr Kr. Va mit noch ausstehendem Aufstieg nach VergGr Kr. VI eingruppiert und erhielt Grundvergütung nach Stufe 3.

Dieser Beschäftigte erhält nach vier Jahren, also vom 1. Oktober 2009 an, für die Dauer von sieben Jahren einen Strukturausgleich in Höhe von 60 € bzw. 58 € monatlich.

Der Strukturausgleich steht auch dann zu, wenn der Beschäftigte bei der Überleitung bereits in VergGr Kr. VI nach vorheriger vierjähriger Tätigkeit in Kr. V und weiterer zweijähriger Tätigkeit in VergGr Kr. Va eingruppiert war und Grundvergütung nach Stufe 3 erhielt.

3.4.4 Sonderregelung für die Entgeltgruppe 12

Der Grundsatz, dass auch diejenigen Angestellten den Strukturausgleich erhalten, die bei der Überleitung im Wege des Bewährungs-, Zeit- oder Tätigkeitsaufstiegs bereits in der höheren Vergütungsgruppe eingruppiert waren, gilt allerdings dann nicht, wenn in der Spalte „Überleitung aus Stufe" in einem Klammerzusatz ausdrücklich angeben ist, aus welcher Vergütungsgruppe die Überleitung erfolgt sein muss. Dies betrifft ausschließlich Fälle der Überleitung in die Entgeltgruppe 12.

Es handelt sich hierbei um folgende Fallgestaltungen:

EG	Vergütungsgruppe	Ortszuschlag Stufe ½	Überleitung aus Stufe	nach	für	Betrag Tarifgebiet West	Betrag Tarifgebiet Ost
12	III/ 5J. II	OZ 2	4 (aus III)	1 Jahr	2 Jahre	110,- €	106,- €
	III/ 5J. II	OZ 2	4 (aus II)	2 Jahren	4 Jahre	90,- €	87,- €
	III/ 6J. II	OZ 2	4 (aus III)	2 Jahren	5 Jahre	70,- €	67,- €
	III/ 6J. II	OZ 2	4 (aus II)	2 Jahren	4 Jahre	90,- €	87,- €
	III/ 8J. II	OZ 1	5 (aus III)	2 Jahren	5 Jahre	70,- €	67,- €
	III/ 8J. II	OZ 1	5 (aus II)	2 Jahren	4 Jahre	90,- €	87,- €
	III/ 8J. II	OZ 2	5 (aus III)	2 Jahren	4 Jahre	130,- €	126,- €
	III/ 10J. II	OZ 1	6 (aus III)	2 Jahren	4 Jahre	90.- €	87,- €
	III/ 10J. II	OZ 2	6 (aus III)	2 Jahren	4 Jahre danach	110,- € 60,- €	106,- € 58,- €
	III/ 10J. II	OZ 2	6 (aus II)	4 Jahren	dauerhaft	30,- €	29,- €

Soweit der Klammerzusatz „aus III" lautet, erhalten nur die Beschäftigten, die bei der Überleitung noch in VergGr III eingruppiert waren, in den ausgewiesenen Fällen den Strukturausgleich. Lautet der Klammerzusatz „aus II", erhalten nur die Beschäftigten in den ausgewiesenen Fällen den Strukturausgleich, die am Stichtag bereits im Wege des Bewährungs-, Zeit- oder Tätigkeitsaufstiegs in VergGr II eingruppiert waren.

3.4.5 Konkurrenzen

Soweit in einer Entgeltgruppe Strukturausgleiche sowohl für eine bestimmte Vergütungsgruppe mit einem Bewährungs-, Zeit- oder Tätigkeitsaufstieg von bestimmter Dauer wie auch für eine Vergütungsgruppe ohne weiteren Zusatz ausgewiesen sind, steht in den ausgewiesenen Aufstiegsfällen stets nur der für die Vergütungsgruppe mit Aufstieg ausgewiesene Strukturausgleich zu.

Beispiel 10:

Ein Angestellter war in VergGr IVa im Wege des fünfjährigen Aufstiegs aus VergGr IVb eingruppiert. Der Ortszuschlag bestimmte sich nach Stufe 2. Grundvergütung erhielt er nach Stufe 4. Die Überleitung erfolgte in die Entgeltgruppe 10.

Es kommen folgende Strukturausgleiche in Betracht:

EG	Vergütungsgruppe	Ortszuschlag Stufe ½	Überleitung aus Stufe	nach	für	Betrag Tarifgebiet West	Betrag Tarifgebiet Ost
10	IVa	OZ 2	4	2 Jahren	4 Jahre	30,- €	29,- €
	IVb/5J. IVa	OZ 2	4	1 Jahr	6 Jahre	90,- €	87,- €

Der Beschäftigte erhält den besonderen für Angestellte der VergGr IVb mit fünfjährigem Aufstieg nach VergGr IVa ausgewiesenen Strukturausgleich; mithin nach einem Jahr, also vom 1. Oktober 2006 an, einen Strukturausgleich für sechs Jahre in Höhe von 90 € bzw. 87 € monatlich.

II

Ist in solchen Fällen z. B. für eine bestimmte Stufe, aus der die Überleitung erfolgt ist, zwar in der Vergütungsgruppe ohne weiteren Zusatz, nicht aber in der Vergütungsgruppe mit Aufstieg ein Strukturausgleich ausgewiesen, steht ein Strukturausgleich nicht zu.

Beispiel 11:

In der Entgeltgruppe 10 sind für Angestellte mit der Ortszuschlagsstufe 1 folgende Zeilen enthalten:

EG	Vergütungsgruppe	Ortszuschlag Stufe ½	Überleitung aus Stufe	nach	für	Betrag Tarifgebiet West	Betrag Tarifgebiet Ost
10	IVb/5J. IVa	OZ 1	4	1 Jahr	8 Jahre	90,- €	87,- €
10	IVb/6J. IVa	OZ 1	4	2 Jahren	7 Jahre	90,- €	87,- €
10	IVb/8J. IVa	OZ 1	4	4 Jahren	5 Jahre	90,- €	87,- €
10	IVb/8J. IVa	OZ 1	5	2 Jahren	7 Jahre	180,- €	174,- €
9	IVb	OZ 1	5	2 Jahren	4 Jahre	50,- €	48,- €
9	IVb	OZ 1	8	2 Jahren	5 Jahre	50,- €	48,- €

Einem Angestellten der VergGr IVb mit z. B. ausstehendem achtjährigem Aufstieg nach VergGr IVa der Stufe 8 und Ortszuschlag der Stufe 1 steht kein Strukturausgleich zu. In den Fällen VergGr IVb mit achtjährigem Aufstieg erhalten mit der Ortszuschlagsstufe 1 übergeleitete Angestellte nur einen Strukturausgleich bei Überleitung aus der Stufe 4 oder 5 der VergGr IVb. Bei Überleitung aus einer anderen Stufe steht ein Strukturausgleich nicht zu.

3.4.6 Sonderregelungen für die Entgeltgruppe 7a (Hebammen, Altenpflegerinnen)

Für in Entgeltgruppe 7a nach der Kr.-Anwendungstabelle gem. Anlage 4 bzw. 5 zum TVÜ-VKA eingruppierte Hebammen und Altenpflegerinnen sieht die Strukturausgleichstabelle folgende Besonderheit vor:

EG	Vergütungsgruppe	Ortszuschlag Stufe ½	Überleitung aus Stufe	nach	für	Betrag Tarifgebiet West	Betrag Tarifgebiet Ost
7a	Kr. IV 2 Jahre (Hebammen 1 Jahr, Altenpflegerinnen 3 Jahre) Kr. V 4 Jahre Kr. Va	OZ 2	3	2 Jahren (Altenpflegerinnen nach 3 Jahren)	9 Jahre (Altenpflegerinnen für 8 Jahre)	50,- €	48,- €

II

Hier sind zusammengefasst dargestellt

- Krankenpflegekräfte der VerGr. Kr. IV mit zweijährigem Aufstieg nach VergGr Kr. V und weiterem vierjährigen Aufstieg nach VergGr Kr. Va,
- Hebammen der VerGr. Kr. IV mit einjährigem Aufstieg nach VergGr. Kr. V und weiterem vierjährigen Aufstieg nach VergGr. Kr. Va und
- Altenpflegerinnen der VerGr. Kr. IV mit dreijährigem Aufstieg nach VergGr. Kr. V und weiterem vierjährigen Aufstieg nach VergGr. Kr. Va.

Krankenpflegekräfte und Hebammen, die am Stichtag Ortszuschlag der Stufe 2 und Grundvergütung nach Stufe 3 erhalten haben, erhalten einen Strukturausgleich nach zwei Jahren, also vom 1. Oktober 2007 an, für neun Jahre in Höhe von 50 € bzw. 48 €. Altenpflegerinnen, die am Stichtag Ortszuschlag der Stufe 2 und Grundvergütung nach Stufe 3 erhalten haben, erhalten diesen Strukturausgleich nach drei Jahren, also vom 1. Oktober 2008 an, für acht Jahre.

3.5 Spalte 3 – „Ortszuschlag Stufe 1/2"

Maßgeblich ist nach § 12 Abs. 1 Satz 2 die Stufe des Ortszuschlags, welche die/der Beschäftigte am 1. Oktober 2005 bei Weitergeltung von BAT/BAT-O/BAT-Ostdeutsche Sparkassen erhalten hätte. Nicht entscheidend ist, welche Stufe des Ortszuschlags in das Vergleichsentgelt eingeflossen ist. Es kommt vielmehr auf die tatsächlichen Verhältnisse des Familienstandes am 1. Oktober 2005 an. Für Fälle, in denen § 29 Abschn. B Abs. 5 BAT/BAT-O/BAT-Ostdeutsche Sparkassen Anwendung finden würde (Konkurrenzregelung), gelten die unter Ziff. 5 dargestellten Besonderheiten.

II

Soweit also noch am 1. Oktober 2005 eine Änderung des Familienstandes eingetreten ist, die nach altem Recht im Monat Oktober 2005 zu einem Anspruch auf Ortszuschlag der Stufe 2 geführt hätte, ist dies beim Strukturausgleich zu berücksichtigen. Änderungen im Familienstand nach dem 1. Oktober 2005 wirken sich auf den Anspruch auf Strukturausgleich nicht mehr aus. § 29 Abschn. C Abs. 2 BAT/BAT-O/BAT-Ostdeutsche Sparkassen, wonach der Ortszuschlag einer höheren Stufe vom Ersten des Monats an gezahlt wird, in den das für die Erhöhung maßgebende Ereignis fällt, findet keine, auch keine entsprechende Anwendung.

Bei einer – bislang nicht bekannten – Änderung des Familienstandes im September 2005, die im Monat Oktober 2005 zu einem Anspruch auf Ortszuschlag der Stufe 1 statt der bisherigen Stufe 2, z. B. wegen rechtskräftiger Scheidung im September 2005, oder zu einem Anspruch auf Ortszuschlag der Stufe 2 statt der Stufe 1 geführt hätte, muss die/der Beschäftigte einen daraus folgenden Anspruch auf Strukturausgleich nachweisen. Im Übrigen bestehen keine Bedenken, bei der Feststellung, ob die Konkurrenzregelung des § 29 Abschn. B Abs. 5 BAT/BAT-O/Ostdeutsche Sparkassen eingreift (vgl. hierzu nachfolgend unter Ziff. 5), auf die bekannten Verhältnisse am 30. September 2005 abzustellen und nur auf Antrag der/des Beschäftigten den Wegfall der Konkurrenzregelung infolge Ausscheidens des Ehegatten aus dem öffentlichen Dienst spätestens mit Ablauf des 30. September 2005 zu berücksichtigen.

3.6 Spalte 4 – „Überleitung aus Stufe"

Die Spalte 4 „Überleitung aus Stufe" der Tabelle enthält die Stufe, die für die/den in den TVöD übergeleiteten Beschäftigten bei Fortgeltung des BAT/BAT-O/BAT-Ostdeutsche Sparkassen am 1. Oktober 2005 gegolten hätte. Bis zur Überleitung vorweggewährte Lebensaltersstufen (§ 27 Abschn. C BAT/BAT-O bzw. § 27 Abs. 7 BAT-Ostdeutsche Sparkassen) werden berücksichtigt. Da nach § 5 Abs. 4 eine im Oktober 2005 eine bei Fortgeltung des bisherigen Rechts eingetretene Stufensteigerung beim Vergleichsentgelt ohnehin berücksichtigt worden ist, ist stets die Stufe maßgebend, mit der die Beschäftigten in den TVöD übergeleitet worden sind. Soweit Angestellten gemäß § 27 Abschn. A Abs. 6 oder Abschn. B Abs. 7 BAT/BAT-O/BAT-Ostdeutsche Sparkassen der Unterschiedsbetrag zwischen der Grundvergütung ihrer bisherigen zur nächsthöheren Stufe im September 2005 nur zur Hälfte erhalten haben, ist für den Strukturausgleich die nächsthöhere Stufe zugrunde gelegt.

4. Rechtsfolgen

Liegen die unter Ziffer 2 näher bezeichneten Tatbestandsvoraussetzungen vor, besteht dem Grunde nach Anspruch auf Strukturausgleich. Der Inhalt des Anspruchs, insbesondere Beginn, Höhe und Zahlungsdauer, richtet sich nach den Spalten 5 bis 8 der Tabelle sowie § 12 Abs. 2 bis 5. Danach besteht der Anspruch auf Strukturausgleich

- in der Höhe gemäß Spalten 7 bzw. 8 der Tabelle (Ziff. 4.1),
- ab dem in § 12 Abs. 2 und Spalte 5 bestimmten Zeitpunkt (Ziff. 4.2.1),
- für die Dauer gemäß Spalte 6 der Tabelle (Ziff. 4.2.2 und 4.2.3) und
- in dem in § 12 Abs. 3 sowie in den Vorbemerkungen der Anlage 2 TVÜ-VKA bestimmten Umfang (Ziff. 4.2.3),
- sofern keine Anrechnung von Höhergruppierungsgewinnen erfolgt (Ziff. 4.3.1) oder der Anspruch wegfällt (Ziff. 4.4) und
- kein unter Ziff. 5 beschriebener Konkurrenzfall im Ortszuschlag besteht.

4.1 Höhe der Ausgleichszahlung

4.1.1 Allgemeines

Beschäftigte erhalten den Strukturausgleich zusätzlich zu ihrem monatlichen Entgelt (§ 12 Abs. 1 Satz 1). Die Zahlung eines Strukturausgleiches setzt daher die Zahlung von Entgelt an mindestens einem Tag des Kalendermonats voraus. Der Begriff des Entgelts umfasst neben dem Tabellenentgelt die sonstigen in Monatsbeträgen festgelegten Entgeltbestandteile sowie den Krankengeldzuschuss nach § 22 Abs. 2 TVöD, auch wenn er wegen der Höhe der Barleistungen des Sozialleistungsträgers nicht gezahlt wird.

Die Ausgleichsbeträge sind nicht dynamisch (§ 12 Abs. 1 Satz 1). Sie nehmen daher an allgemeinen Entgeltanpassungen nicht teil, sondern bleiben für die Dauer der Zahlung in der Höhe grundsätzlich unverändert. Andererseits sind allgemeine Entgeltanpassungen auch nicht auf den Strukturausgleich anzurechnen. Die Strukturausgleichsbeträge können sich aber bei einer Änderung der individuellen regelmäßigen Arbeitszeit (siehe Ziff. 4.1.2), bei der Anrechnung in Folge einer Höhergruppierung (siehe Ziff. 4.3.1) oder bei einer Herabgruppierung (siehe Ziff. 4.4.2) nachträglich ändern bzw. bei einer Neuberechnung des Vergleichsentgelts entfallen (siehe Ziff. 4.4.1).

Die Höhe des Ausgleichsbetrages ist – nach Tarifgebiet West und Ost getrennt – den Spalten 7 und 8 der Tabelle zu entnehmen. Die für das Tarifgebiet Ost ausgewiesenen Beträge sind bereits auf der Grundlage des Bemessungssatzes von 97 v.H. berechnet, wobei die Beträge abgerundet sind. Dafür steht der Strukturausgleich in der ausgewiesenen Höhe auch in den Fällen zu, in denen bereits seit Oktober 2006 ein Strukturausgleich zusteht (vgl. hierzu Ziff. 4.2.1). Die Strukturausgleichsbeträge sind zusatzversorgungspflichtiges Entgelt (§ 15 Abs. 2 Satz 1 ATV-K/ATV); sie fließen als sonstige in Monatsbeträgen festgelegte Entgeltbestandteile in die Bemessungsgrundlage für die Entgeltfortzahlung (§ 21 Satz 1 TVöD) ein. Beim Gesamtvolumen des Leistungsentgelts im Sinne von § 18 Abs. 3 TVöD werden die Strukturausgleiche nicht berücksichtigt (Satz 1 zweiter Teilsatz der Protokollerklärung zu § 18 Abs. 3 Satz 1 TVöD).

Besteht nicht für alle Tage eines Kalendermonats ein Anspruch auf Entgelt, wird ein Strukturausgleich nur anteilig für den Zeitraum gezahlt, für den ein Entgeltanspruch besteht (vgl. § 24 Abs. 3 Satz 1 TVöD). Dies gilt sinngemäß bei Änderungen des Teilzeitumfangs im Laufe eines Kalendermonats.

Steht ein Strukturausgleichsbetrag aufgrund von Teilzeitbeschäftigung nur anteilig zu, ist die Rundungsregelung des § 24 Abs. 4 TVöD zu berücksichtigen.

4.1.2 Teilzeitbeschäftigung

Teilzeitbeschäftigten steht der Strukturausgleich – mit Ausnahme der unter Ziff. 5.1 dargestellten Sonderfalls – zeitanteilig zu (§ 12 Abs. 3 Satz 1 i. V. m. § 24 Abs. 2 TVöD). Für Beschäftigte, deren Arbeitszeit nach § 3 des Tarifvertrages zur sozialen Absicherung vom 13. September 2005 herabgesetzt ist, gilt dies gem. § 12 Abs. 3 Satz 2 i. V. m. § 5 Abs. 5 Satz 2 TVÜ-VKA entsprechend.

Bei individuellen Veränderungen des Arbeitszeitumfangs (also Erhöhungen und Reduzierungen) ändert sich der Strukturausgleich entsprechend. Dies gilt sowohl für Arbeitszeitänderungen vor wie nach dem in Spalte 5 festgelegten Zahlungsbeginn (Protokollerklärung zu § 12 Abs. 3).

Beispiel 12:

Ein vollzeitbeschäftigter Angestellter war in VergGr IVa eingruppiert. Der Ortszuschlag bestimmte sich nach Stufe 2. Grundvergütung erhielt er nach Stufe 4. Die Überleitung erfolgte in die Entgeltgruppe 10.

Er erhält ab 1. Oktober 2007 für die Dauer von vier Jahren einen monatlichen Strukturausgleich in Höhe von 30 € bzw. 29 € aus folgender Zeile der Tabelle:

EG	Vergütungsgruppe	Ortszuschlag Stufe ½	Überleitung aus Stufe	nach	für	Betrag Tarifgebiet West	Betrag Tarifgebiet Ost
10	IVa	OZ 2	4	2 Jahren	4 Jahre	30,- €	29,- €

Ab 16. April 2008 reduziert er seine wöchentliche Arbeitszeit auf 75 v.H. eines Vollzeitbeschäftigten.

Für April 2008 beträgt der Strukturausgleich 26 € bzw. 25,38 € (15/30 aus 30 € bzw. 29 € und 15/30 aus 22 € bzw. 21,75 €), ab Mai 2008 erhält der Beschäftigte 75 v.H. des vollen Strukturausgleiches, somit 22 € bzw. 21,75 € monatlich.

Bei Veränderung des Arbeitszeitumfangs von Beschäftigten, deren Ortszuschlag sich nach § 29 Abschn. B Abs. 5 BAT/BAT-O (Konkurrenzregelung) bemisst, gelten auf Grund der insoweit vorgehenden besonderen Regelungen in der Vorbemerkung die unter Ziff. 5.4.2 dargestellten Besonderheiten.

4.2 Zahlungsbeginn und -dauer, Unterbrechungen

4.2.1 Zahlungsbeginn

Der Beginn der Zahlung des Strukturausgleichs ist der Monat Oktober 2007 (§ 24 Abs. 1 TVöD), sofern in Spalte 5 der Tabelle nicht etwas anderes bestimmt ist (§ 12 Abs. 2, vgl. auch Absatz 2 Satz 1 der Vorbemerkungen).

In einigen Fällen war Beginn der Zahlung bereits der Monat Oktober 2006:

– Angestellte, die aus der Anlage 1a zum BAT/BAT-O/BAT-Ostdeutsche Sparkassen übergeleitet wurden

EG	Vergütungsgruppe	Ortszuschlag Stufe ½	Überleitung aus Stufe	nach	für	Betrag Tarifgebiet West	Betrag Tarifgebiet Ost
14	II/ 5J. Ib	OZ 1	4	1 Jahr	8 Jahre	110,- €	106,- €
12	III/ 5J. II	OZ 2	4 (aus III)	1 Jahr	2 Jahre	110,- €	106,- €
10	IV b/ 5J. IVa	OZ 1	4	1 Jahr	8 Jahre	90,- €	87,- €

II

EG	Vergütungsgruppe	Ortszuschlag Stufe ½	Überleitung aus Stufe	nach	für	Betrag Tarifgebiet West	Betrag Tarifgebiet Ost
10	IV b/ 5J. IVa	OZ 2	4	1 Jahr	6 Jahre	90,- €	87,- €
9	Vb/ 5J. IVb	OZ 1	4	1 Jahr	2 Jahre	110,- €	106,- €
9	Vb/ 5J. IVb	OZ 2	4	1 Jahr	5 Jahre	80,- €	77,- €

– Angestellte, die aus der Anlage 1b zum BAT/BAT-O übergeleitet wurden

EG	Vergütungsgruppe	Ortszuschlag Stufe ½	Überleitung aus Stufe	nach	für	Betrag Tarifgebiet West	Betrag Tarifgebiet Ost
12	Kr. XII 5 Jahre Kr. XIII	OZ 2	6	1 Jahr	6 Jahre	90,- €	87,- €
11b	Kr. XI 5 Jahre Kr. XII	OZ 2	6	1 Jahr	6 Jahre	150,- €	145,- €
11b	Kr. XI 5 Jahre Kr. XII	OZ 1	6	1 Jahr	6 Jahre	90,- €	87,- €
11	Kr. X 5 Jahre Kr. XI	OZ 1	6	1 Jahr	6 Jahre	260,- €	252,- €
10a	Kr. IX 5 Jahre Kr. X	OZ 1	6	1 Jahr	4 Jahre	240,- €	232,- €
9d	Kr. VIII 5 Jahre Kr. IX	OZ 2	6	1 Jahr	3 Jahre, danach dauerhaft	140,- € 15,- €	135,- € 14,- €
9d	Kr. VIII 5 Jahre Kr. IX	OZ 1	6	1 Jahr	1 Jahr, danach für 2 Jahre	200,- € 60,- €	194,- € 58,- €
9c	Kr. VII 5 Jahre Kr. VIII	OZ 2	6	1 Jahr	6 Jahre	140,- €	135,- €
9c	Kr. VII 5 Jahre Kr. VIII	OZ 1	6	1 Jahr	9 Jahre	150,- €	145,- €

EG	Vergütungsgruppe	Ortszuschlag Stufe ½	Überleitung aus Stufe	nach	für	Betrag Tarifgebiet West	Betrag Tarifgebiet Ost
9b	Kr. VI 5 Jahre Kr. VII	OZ 2	6	1 Jahr	6 Jahre	90,- €	87,- €
9b	Kr. VI 5 Jahre Kr. VII	OZ 1	6	1 Jahr	1 Jahr	200,- €	194,- €
9b	Kr. VI 7 Jahre Kr. VII	OZ 2	7	1 Jahr	1 Jahr danach für 5 Jahre	200,- € 120,- €	194,- € 116,- €
9b	Kr. VI 7 Jahre Kr. VII	OZ 1	7	1 Jahr	1 Jahr danach für 5 Jahre	190,- € 20,- €	184,- € 19,- €
8	Kr. V 4 Jahre, Kr. Va 2 Jahre, Kr. VI	OZ 2	5	1 Jahr	2 Jahre, danach für 4 Jahre	25,- € 80,- €	24,- € 77,- €
8	Kr. V 4 Jahre, Kr. Va 2 Jahre,Kr. VI	OZ 2	7	1 Jahr	1 Jahr	40,- €	38,- €
8	Kr. V 4 Jahre, Kr. Va 2 Jahre, Kr. VI	OZ 2	8	1 Jahr	1 Jahr	40,- €	38,- €
3	Kr. I 3 Jahre Kr. II	OZ 2	2	1 Jahr	10 Jahre	55,- €	53,- €
3	Kr. I 3 Jahre Kr. II	OZ 1	2	1 Jahr	3 Jahre	30,- €	29,- €

In anderen Fällen ist ein späterer Zeitpunkt als der 1. Oktober 2007 bestimmt (z. B. nach 4 Jahren – also vom 1. Oktober 2009 an, nach 9 Jahren – also vom 1. Oktober 2014 an).

Unterbrechungen der Entgeltzahlung vor dem in Spalte 5 der Tabelle bestimmten Zeitpunkt führen nicht zu einer Verschiebung des Zahlungsbeginns (vgl. auch Ziff. 4.2.3). Dies ergibt sich aus Absatz 2 Satz 2 der Vorbemerkungen.

Beispiel 13:

Wird in Spalte 5 als Zahlungsbeginn „nach 4 Jahren" genannt, bedeutet dies einen Zahlungsbeginn nach 4 Jahren, gerechnet vom 1. Oktober 2005 an, also vom 1. Oktober 2009 an.

4.2.2 Zahlungsdauer

Die Dauer der Zahlung richtet sich nach den Angaben in Spalte 6 der Tabelle. In einer Mehrzahl der Fälle wird der Strukturausgleich dauerhaft zusätzlich zum monatlichen Entgelt gezahlt, d. h. für den gesamten Zeitraum des Arbeitsverhältnisses, sofern Entgelt geschuldet wird (vgl. § 12 Abs. 1 Satz 1 i. V. m. Absatz 2 Satz 3 der Vorbemerkungen). Teilweise ist die Bezugsdauer aber befristet; dabei bezieht sich diese Angabe auf konkrete Kalenderzeiträume, stets gerechnet ab dem in der Tabelle ausgewiesenen Zahlungsbeginn (vgl. Absatz 3 Satz 1 der Vorbemerkungen). Die Angabe z. B. „nach zwei Jahren für 3 Jahre" bedeutet einen Zahlungsanspruch von Oktober 2007 bis September 2010. Die Angabe z. B. „nach 4 Jahren für 7 Jahre" bedeutet Zahlungsbeginn am 1. Oktober 2009 und letzte Zahlung im September 2016. Zu Unterbrechungen vgl. Ziff. 4.2.3.

Bei der befristeten Zahlung des Strukturausgleichs ist hinsichtlich der Beendigung folgende – in Absatz 3 Satz 2 der Vorbemerkungen geregelte – Besonderheit zu beachten: Eine tarifvertragliche Ausnahme zu Gunsten der Beschäftigten besteht dann, wenn das Ende des Zahlungszeitraumes zeitlich nicht mit einem Stufenaufstieg in der jeweiligen Entgeltgruppe zusammenfällt; in diesen Fällen wird der Strukturausgleich bis zum nächsten, ggf. gemäß § 17 Abs. 2 Satz 1 TVöD verkürzten oder gemäß § 17 Abs. 2 Satz 2, § 17 Abs. 3 Satz 2 TVöD verlängerten Stufenaufstieg fortgezahlt. Da hierdurch bei Beschäftigten, welche die Endstufe noch nicht erreicht haben, eine Verringerung der monatlichen Bezüge vermieden werden soll, gilt diese Ausnahmeregelung nicht, wenn der Stufenaufstieg in die Endstufe erfolgt; in diesen Fällen bleibt es bei der festgelegten Dauer.

Beispiel 14:

Ein vollzeitbeschäftigter Angestellter war in VergGr Kr. V eingruppiert. Der Ortszuschlag bestimmte sich nach Stufe 2. Grundvergütung erhielt er nach Stufe 5. Die Überleitung erfolgte in eine individuelle Zwischenstufe zwischen die Stufen 3 und 4 (Stufe 3+) der Entgeltgruppe 7a der Kr.-Anwendungstabelle gemäß Anlage 4 bzw. 5 TVÜ-VKA. Der Beschäftigte hat nach folgender Zeile der Tabelle Anspruch auf einen

Strukturausgleich von 25 € bzw. von 24 € monatlich für die Dauer von 3 Jahren:

EG	Vergütungsgruppe	Ortszuschlag Stufe ½	Überleitung aus Stufe	nach	für	Betrag Tarifgebiet West	Betrag Tarifgebiet Ost
7a	Kr. V 4 Jahre	OZ 2	5	4 Jahren	3 Jahre	70,- €	67,- €

Am 1. Oktober 2007 rückt der Beschäftigte gemäß § 6 Abs. 1 Satz 2 in die nächsthöhere reguläre Stufe 4 auf. Bei durchschnittlicher Leistung rückt er nach vierjähriger Stufenlaufzeit am 1. Oktober 2011 in die Stufe 5 und am 1. Oktober 2016 in die Stufe 6 auf. Beginnend ab 1. Oktober 2009 erhält er erstmalig einen monatlichen Strukturausgleich in Höhe von 70 € bzw. 67 €. Aufgrund der Beschränkung auf 3 Jahre würde die letzte Zahlung im September 2012 erfolgen.

Weil die regelmäßige Stufenlaufzeit zum Erreichen der Stufe 6 – durchschnittliche Leistung wird unterstellt – fünf Jahre beträgt, steht dem Beschäftigten bis zum Erreichen der Stufe 6, also bis September 2016, der Strukturausgleich zu. Die Bezugsdauer des Strukturausgleiches verlängert sich also um vier Jahre.

Soweit die Tabelle ein Strukturausgleich für eine bestimmte Dauer vorsieht und im Anschluss daran einen zeitlich befristeten oder dauerhaften höheren oder niedrigeren Strukturausgleich als zuvor, gelten folgende Besonderheiten:

Ist der nach Ablauf der ersten Zahlbetrages zu gewährende Strukturausgleich höher als der Ursprungsbetrag, steht der neue Betrag unmittelbar nach Ablauf der Zahldauer des in der Tabelle ausgewiesenen ersten Zahlbetrages zu. Denn der Zweck der Ausnahmeregelung, durch Weiterzahlung des Strukturausgleichs bis zur nächsten Stufensteigerung möglichst finanzielle Einbußen der/des Beschäftigten zu vermeiden, greift hier nicht. Unberührt davon bleibt die Weiterzahlung eines befristeten weiteren Zahlbetrages über die in der Tabelle angegebene Zahldauer hinaus bis zu einem dann greifenden Stufenaufstieg.

Beispiel 15:

Ein vollzeitbeschäftigter Angestellter war in VergGr Kr. VII eingruppiert. Der Ortszuschlag bestimmte sich nach Stufe 2. Grundvergütung erhielt er nach Stufe 6. Die Überleitung erfolgte in die Entgeltgruppe 9b Stufe 3 der Kr.-Anwendungstabelle gemäß Anlage 4 bzw. 5 TVÜ-VKA. Der Beschäftigte hat nach folgender Zeile der Tabelle

Anspruch auf einen Strukturausgleich von 40 € bzw. von 38 € monatlich für die Dauer von 2 Jahren und danach von 110 € bzw. 106 € für die Dauer von 3 Jahren:

EG	Vergütungsgruppe	Ortszuschlag Stufe ½	Überleitung aus Stufe	nach	für	Betrag Tarifgebiet West	Betrag Tarifgebiet Ost
9b	Kr. VII	OZ 2	6	2 Jahren	2 Jahre, danach für 3 Jahre	40,- € 100,- €	38,- € 97,- €

Der Beschäftigte erhält nach zwei Jahren und damit vom 1. Oktober 2007 an einen Strukturausgleich in Höhe von 40 € bzw. 38 €. Danach, also vom 1. Oktober 2009 an, erhält der Beschäftigte einen Strukturausgleich in Höhe von 100 € bzw. 97 €, auch wenn der Aufstieg in die Stufe 4 nach der Kr.-Anwendungstabelle gemäß Anlage 4 bzw. 5 zum TVÜ-VKA erst nach fünf Jahren in Stufe 3 und damit – durchschnittliche Leistung unterstellt – zum 1. Oktober 2010 erfolgt. Der nächste Stufenaufstieg in die Stufe 5 erfolgt bei durchschnittlicher Leistung nach fünf Jahren in Stufe 4 und damit zum 1. Oktober 2015. Obwohl die dreijährige Bezugsdauer des Strukturausgleichs von 100 € bzw. 97 € zum 30. September 2012 endet, erhält der Beschäftigte den Strukturausgleich nach Absatz 3 Satz 2 der Vorbemerkungen bis zum Aufstieg in die Stufe 5 und damit bis zum 30. September 2015 weitergezahlt.

In den meisten solchermaßen ausgebrachten Fallgestaltungen ist der im Anschluss an eine zeitlich befristete Dauer zuzustehende Strukturausgleich allerdings niedriger als der ursprüngliche Zahlbetrag. Da die Ausnahmeregelung in Absatz 3 Satz 2 der Vorbemerkungen auf das Ende des Zahlungszeitraumes abstellt, insoweit also auf den gesamten Zeitraum abgestellt wird, für den ein Strukturausgleich zusteht, und nur für diesen Fall die Weiterzahlung bis zum nächsten Stufenaufstieg vorgesehen ist, steht der niedrigere Betrag auch hier unmittelbar nach Ablauf der Zahldauer des in der Tabelle ausgewiesenen höheren Zahlbetrages zu.

Beispiel 16:

Ein vollzeitbeschäftigter Angestellter war in VergGr Kr. VIII nach fünfjährigem Bewährungsaufstieg aus VergGr Kr. VII eingruppiert und ist in die Entgeltgruppe 9c gemäß der Kr.-Anwendungstabelle nach Anlage 4 bzw. 5 zum TVÜ-VKA Stufe 3+ übergeleitet worden. Der Ortszuschlag bestimmte sich nach Stufe 1. Grundvergütung erhielt er nach Stufe 5. Der Beschäftigte hat nach folgender Zeile der Tabelle Anspruch auf einen Strukturausgleich von 150 € bzw. von 145 € monatlich für die Dauer von 2 Jahren und danach von 60 € bzw. 58 € für die Dauer von 5 Jahren:

EG	Vergütungsgruppe	Ortszuschlag Stufe ½	Überleitung aus Stufe	nach	für	Betrag Tarifgebiet West	Betrag Tarifgebiet Ost
9c	Kr. VII 5 Jahre Kr. VIII	OZ 1	5	3 Jahren	2 Jahre, danach für 5 Jahre	150,- € 60,- €	145,- € 58,- €

Der Beschäftigte erhält nach drei Jahren und damit vom 1. Oktober 2008 an einen Strukturausgleich in Höhe von 150 € bzw. 145 € für 2 Jahre. Danach erhält der Beschäftigte einen Strukturausgleich in Höhe von 60 € bzw. 58 € für 5 Jahre. Am 1. Oktober 2007 steigt der Beschäftigte in die Stufe 4 auf. Der Strukturausgleich von 150 € bzw. 145 € steht 2 Jahre und damit bis zum 30. September 2010 zu. Vom 1. Oktober 2010 an hat die/der Beschäftigte für 5 Jahre Anspruch auf den Strukturausgleich von 60 € bzw. 58 €. Der Aufstieg in die hier gegebene Endstufe 5 nach der Kr.-Anwendungstabelle erfolgt – durchschnittliche Leistung unterstellt – nach 5 Jahren in der Stufe 4 und damit zum 1. Oktober 2012. Da die Stufe 5 vorliegend Endstufe ist, endet der Zahlungsanspruch auf Strukturausgleich am 30. September 2015.

4.2.3 Unterbrechung der Zahlung

Ruht vorübergehend der tarifliche Anspruch auf Entgelt z. B. wegen des Ablaufs der Krankenbezüge, wegen der Inanspruchnahme von Elternzeit oder wegen Sonderurlaubs (§ 28 TVöD) für zumindest einen vollen Kalendermonat, besteht für diesen Kalendermonat auch kein Anspruch auf Zahlung eines Strukturausgleiches (§ 12 Abs. 1 Satz 1). Ist in Spalte 6 der Tabelle eine zeitlich begrenzte Bezugsdauer angegeben, wird dieser Kalenderzeitraum nicht um Unterbrechungszeiten verlängert, sondern rechnet unverändert ab dem Monat des Beginns des Strukturausgleichs (vgl. Ziff. 4.2.1).

Beispiel 17:

Ein Beschäftigter hat ab 1. Oktober 2007 Anspruch auf Zahlung eines Strukturausgleiches für die Dauer von 3 Jahren bis 30. September 2010. Am 10. September 2009 endet seine sechswöchige Bezugsfrist für Entgelt im Krankheitsfall gemäß § 22 Abs. 1 TVöD. Vom 11. September 2009 bis 9. Juni 2010 hat er Anspruch auf Krankengeldzuschuss gemäß § 22 Abs. 2 TVöD. Seine Arbeit nimmt er am 15. Dezember 2010 wieder auf. In der Zeit vom 10. Juni bis 14. Dezember 2010 besteht kein Anspruch auf Entgelt.

II

Für die Dauer des Erhalts von Entgelt im Krankheitsfall gem. § 22 Abs. 1 TVöD besteht auch Anspruch auf Zahlung des Strukturausgleiches; also bis 10. September 2009 (für September 2009 nur anteilig). Für die Zeit des Anspruchs auf Krankengeldzuschuss gemäß § 22 Abs. 2 TVöD ist der Strukturausgleich in die Berechnung des Krankengeldzuschusses mit einzubeziehen. Ab 10. Juni 2010 und für die weiteren Kalendermonate ohne Entgeltanspruch besteht kein Anspruch auf Zahlung eines Strukturausgleiches. Im September 2010 endet ohnehin der auf einen Kalenderzeitraum von 3 Jahren befristete Strukturausgleich. Eine Verlängerung des im Oktober 2007 beginnenden Bezugszeitraums um Zeiten ohne Anspruch auf Zahlung des Strukturausgleiches, also der drei Monate Juli bis September 2010 ab der Wiederaufnahme der Arbeit im Dezember 2010, findet nicht statt.

4.3 Anrechnungen

Nach § 12 Abs. 4 wird bei Höhergruppierungen der Unterschiedsbetrag zum bisherigen Entgelt auf den Strukturausgleich angerechnet.

4.3.1 Anrechnung bei Höhergruppierung

Bei Höhergruppierungen nach § 17 Abs. 4 TVöD oder nach § 8 Abs. 1 und Abs. 3 1. Alternative wird der Unterschiedsbetrag zum bisherigen Entgelt nach § 12 Abs. 4 auf den Strukturausgleich angerechnet. Dies gilt für alle Höhergruppierungen gleich aus welchem Grund.

Angerechnet werden Höhergruppierungsgewinne infolge einer Höhergruppierung vor Beginn der Zahlung des Strukturausgleichs ebenso wie Höhergruppierunsgewinne nach Zahlungsaufnahme des Strukturausgleichs. Anzurechnen ist der Höhergruppierungsgewinn im Zeitpunkt der Höhergruppierung einschließlich eines etwaigen Garantiebetrages nach § 17 Abs. 4 Satz 2 TVöD sowie ggf. nachfolgende Stufensteigerungen (vgl. Ziff. 4.3.3.). Allgemeine Entgeltanpassungen, ausgenommen die Erhöhung des Bemessungssatzes im Tarifgebiet Ost (vgl. hierzu Ziff. 4.3.3), führen dagegen nicht zu weiterer Verrechnung.

4.3.2 Anrechnung bei vorübergehender Übertragung höherwertiger Tätigkeit

Entgeltsteigerungen wegen der vorübergehenden Übertragung einer höherwertigen Tätigkeit nach § 14 TVöD sind für die Dauer der Übertragung ebenfalls im Sinne des § 12 Abs. 4 auf den Strukturausgleich anzurechnen. Nach Wegfall der für die vorübergehende Übertragung einer höherwertigen Tätigkeit gewährten Zulage ist der Strukturausgleich in Spalte 7 bzw. 8 der Tabelle geregelten Höhe fortzuzahlen, sofern die Voraussetzungen hierfür noch vorliegen.

4.3.3 Höhe des Anrechnungsbetrages

Nach § 12 Abs. 4 wird bei einer Höhergruppierung der Unterschiedsbetrag zum bisherigen Entgelt auf den Strukturausgleich angerechnet. Unterschiedsbetrag ist die Differenz zwischen dem bisherigen Tabellenentgelt, das im Monat vor der Höhergruppierung gezahlt wurde, und dem sich auf Grund der Höhergruppierung ergebenden Entgelt ggf. einschließlich eines Garantiebetrages (vgl. § 17 Abs. 4 TVöD, § 6 Abs. 2 Satz 2).

Beispiel 18:

Eine Angestellte (Tarifgebiet West) ist mit einem fiktiven Vergleichsentgelt von 2.628,84 € in eine individuelle Zwischenstufe zwischen den Stufen 3 und 4 (Stufe 3+) der Entgeltgruppe 9 übergeleitet worden und hat nach folgender Zeile der Tabelle ab 1. Oktober 2007 Anspruch auf einen Strukturausgleich für 5 Jahre in Höhe von 50 € monatlich:

EG	Vergütungsgruppe	Ortszuschlag Stufe ½	Überleitung aus Stufe	nach	für	Betrag Tarifgebiet West	Betrag Tarifgebiet Ost
9	Vb/4J IVb	OZ 1	8	2 Jahren	5 Jahre	50,- €	48,- €

Am 1. Juli 2007 – drei Monate vor Beginn der Zahlung des Strukturausgleiches – wird sie in Entgeltgruppe 10 höhergruppiert und erhält nach § 6 Abs. 2 Satz 1 ein monatliches Tabellenentgelt in Höhe von 2.800 €.

Die Differenz zwischen dem bisherigen und dem neuen Tabellenentgelt beträgt 171,16 € monatlich. Diese Steigerung des Entgelts überschreitet den Ausgleichsbetrag von 50 € um 121,16 € und zehrt deshalb den Ausgleichsbetrag völlig auf. Der dem Grunde nach bestehende Anspruch auf Zahlung des Strukturausgleiches entfällt also auf Grund der Höhergruppierung.

Wird der Strukturausgleich durch die Höhergruppierung nicht vollständig aufgezehrt, erfolgt bei anschließenden Stufenaufstiegen eine weitere Anrechnung. Gleiches gilt bei erneuter Höhergruppierung.

II

Beispiel 19:

Ein vollzeitbeschäftigter Angestellter ist mit einem fiktiven Vergleichsentgelt von 1.870,68 € (Tarifgebiet West) in eine individuelle Zwischenstufe zwischen den Stufen 3 und 4 (Stufe 3+) der Entgeltgruppe 3 übergeleitet worden, und hat ab Oktober 2007 nach folgender Zeile der Tabelle Anspruch auf einen dauerhaften Strukturausgleich in Höhe von 50 € monatlich:

EG	Vergütungsgruppe	Ortszuschlag Stufe ½	Überleitung aus Stufe	nach	für	Betrag Tarifgebiet West	Betrag Tarifgebiet Ost
3	VIII	OZ 2	7	2 Jahren	dauerhaft	50,- €	48,- €

Am 1. Oktober 2007 rückt er gemäß § 6 Abs. 1 Satz 2 in die Stufe 4 der Entgeltgruppe 3 mit einem monatlichen Tabellenentgelt von 1.880 € auf. Am 1. Januar 2009 wird er in Entgeltgruppe 4 Stufe 3 höhergruppiert und erhält nach § 17 Abs. 4 Sätze 1 und 2 TVöD einen Garantiebetrag von 25 €; mithin ein neues Entgelt von 1.905 €.

Die Differenz zwischen dem bisherigen Tabellenentgelt (1.880 €) und dem neuen Entgelt (Tabellenentgelt plus Garantiebetrag) beträgt 25 € monatlich. Die Steigerung des Entgelts um 25 € verringert den Strukturausgleich von ursprünglich 50 € um 25 €. Ab dem 1. Januar 2009 (Höhergruppierung) beträgt die Höhe des Ausgleichsbetrages daher nur noch 25 €. Mit Erreichen der nächsthöheren Stufe 4 in der höheren Entgeltgruppe 4 (1.970 € im Tarifgebiet West) und einem Stufengewinn von 65 € – durchschnittliche Leistung vorausgesetzt – im Januar 2012 entfällt der noch verbliebene Strukturausgleich von 25 € gänzlich.

Im Tarifgebiet Ost wird die sich durch die Steigerung des Bemessungssatzes zum 1. Juli 2006 auf 95,5 v.H. und zum 1. Juli 2007 auf 97 v.H. erfolgte Erhöhung des Entgelts nach einer Höhergruppierung des Beschäftigten ebenfalls auf den Strukturausgleich angerechnet. Nur so wird vermieden, dass eine/ein Beschäftigter bei einer Höhergruppierung nach der Bemessungssatzerhöhung schlechter behandelt wird als vor der Bemessungssatzerhöhung.

Beispiel 20:

Ein verheirateter Angestellter (Tarifgebiet Ost) der VergGr Kr. II, Stufe 2 ist mit einem fiktiven Vergleichsentgelt von 1.772,77 € in eine individuelle Zwischenstufe zwischen den Stufen 4 und 5 (Stufe 4+) der Entgeltgruppe 3a nach der Kr.-Anwendungstabelle gemäß Anlage 5 zum TVÜ-VKA übergeleitet worden und hat ab 1. Oktober 2006 nach folgender Zeile der Tabelle Anspruch auf einen Strukturausgleich für die Dauer von 10 Jahren in Höhe von 53 € monatlich:

EG	Vergütungsgruppe	Ortszuschlag Stufe ½	Überleitung aus Stufe	nach	für	Betrag Tarifgebiet West	Betrag Tarifgebiet Ost
3a	Kr. I 3 Jahre Kr. II	OZ 2	2	1 Jahr	10 Jahre	55,- €	53,- €

Zum 1. Juli 2006 hat sich sein Vergleichsentgelt infolge der Bemessungssatzerhöhung auf 95,5 v.H. auf 1.801,06 € erhöht. Am 1. April 2007 wird der Beschäftigte in die Entgeltgruppe 4a, Stufe 3 nach der Kr.-Anwendungstabelle gem. Anlage 5 zum TVÜ-VKA mit einem Tabellenentgelt von 1.815 € höhergruppiert. Der Beschäftigte erhält daher nach § 17 Abs. 4 Sätze 1 und 2 TVöD den Garantiebetrag von 23,88 €; mithin ein neues monatliches Entgelt von 1.824,94 € (Tabellenentgelt und Garantiebetrag). Der seit dem 1. Oktober 2006 zustehende Strukturausgleich von 53 € verringert sich um den diesen Betrag und beträgt vom 1. April 2007 an 29,12 €.

Am 1. Juli 2007 erhöht sich der Bemessungssatz auf 97 v.H. Dadurch erhöht sich das Tabellenentgelt und der Garantiebetrag auf 1.853,10 €. Die Differenz zum bisherigen, ebenfalls aufgrund der Bemessungssteigerung erhöhten Entgelts beläuft sich auf nunmehr 23,75 €. Der Strukturausgleich verringert sich auf Grund der Bemessungssatzerhöhung damit vom 1. Juli 2007 an auf 29,25 €.

Am 1. April 2010 entfällt mit dem Erreichen der nächsthöheren Stufe 4 – durchschnittliche Leistung vorausgesetzt – der Strukturausgleich gänzlich.

4.4 Wegfall

4.4.1 Fallgestaltungen

Während die Einstellung der Entgeltzahlung lediglich eine Unterbrechung bewirkt (siehe Ziff. 4.2.3), entfällt der Anspruch auf Strukturausgleich

- bei Ablauf der festgelegten Dauer (siehe Ziff. 4.2.2),
- bei vollständiger Aufzehrung nach Höhergruppierung (siehe Ziff. 4.3.3)

- bei einer Neuberechnung des Vergleichsentgelts nach § 8 Abs. 2 und Abs. 3 2. Alternative (siehe Ziff. 4.4.1) sowie
- in den Fällen einer Herabgruppierung (siehe Ziff. 4.4.2).

II

4.4.2 Neuberechnung des Vergleichsentgelts nach § 8 Abs. 2

Ergibt sich bei den Entgeltgruppen 2, 9 bis 15 in der Zeit vom 1. Oktober 2005 bis zum 30. September 2007 nach § 8 Abs. 2 und Abs. 3 2. Alternative ein höheres Vergleichsentgelt, entfällt der Anspruch auf Strukturausgleich mit der Höhergruppierung vollständig (§ 8 Abs. 2 Satz 3). Dies gilt auch dann, wenn der Höhergruppierungsgewinn niedriger ist als der Strukturausgleichsbetrag.

4.4.3 Herabgruppierung

Für den Anspruch auf Strukturausgleich ist die sich nach BAT/BAT-O/BAT-Ostdeutsche Sparkassen ergebende Vergütungsgruppe am 1. Oktober 2005 maßgebend. Bei einer Herabgruppierung nach dem 1. Oktober 2005 entfällt daher die Grundlage für den Anspruch auf den Strukturausgleich. Die tariflichen Regelungen eröffnen keine Berücksichtigung eines neuen, fiktiven Exspektanzverlustes in der niedrigeren Entgeltgruppe. Ein Strukturausgleich aus der Entgeltgruppe, in die die/der Beschäftigte herabgruppiert worden ist, steht auch bei einer Herabgruppierung nach § 6 Abs. 2 Satz 3 vor dem 1. Oktober 2007 nicht zu. Hiernach ist der Beschäftigte zwar so zu stellen, als wenn die Herabgruppierung bereits zum 30. September 2005 erfolgt und die Überleitung aus der niedrigeren Vergütungsgruppe erfolgt wäre. Abgestellt wird aber in § 12 Abs. 1 allein darauf, wie der Beschäftigte am 1. Oktober 2005 bei Weitergeltung des bisherigen Tarifrechts eingruppiert gewesen wäre.

Der Strukturausgleich fällt bei einer Herabgruppierung sowohl vor Zahlungsaufnahme als auch nach Zahlungsaufnahme endgültig weg. Wird der Strukturausgleich bereits gezahlt, werden keine Bedenken erhoben, wenn im Einzelfall der Strukturausgleich ganz oder teilweise weitergezahlt wird, weil dies personalwirtschaftlich, etwa bei einer einvernehmlichen Herabgruppierung, geboten erscheint.

5. Konkurrenzfälle beim Ehegattenanteil im Ortszuschlag

Abweichungen von den unter Ziff. 3 dargestellten Tatbestandsvoraussetzungen wie auch von den unter Ziff. 4 dargestellten Rechtsfolgen ergeben sich in sogenannten Konkurrenzfällen des Ortszuschlags.

Der Anspruch auf den Strukturausgleich knüpft tatbestandlich an den Ortszuschlagsanspruch nach bisherigem Recht an. Dabei sind in Spalte 3 der Tabelle nur Fallgestaltungen des Ortszuschlags 1 und des Ortszuschlags 2 abgebildet. Für den besonderen Fall, dass sich der Ortszuschlag zum 1. Oktober 2005 nach § 29 Abschn. B Abs. 5 BAT/BAT-O/BAT-Ostdeutsche Sparkassen bemessen hätte, sind die Sonderregelungen gemäß Absatz 1 der Vorbemerkungen zu beachten.

5.1 Anwendungsbereich

Absatz 1 der Vorbemerkungen betrifft Fälle, in denen zum Überleitungsstichtag der Ehegatte einer/eines Beschäftigten als Angestellter, Beamter, Richter oder Soldat im öffentlichen Dienst steht oder auf Grund einer Tätigkeit im öffentlichen Dienst nach beamtenrechtlichen Grundsätzen versorgungsberechtigt ist und ihm ebenfalls der Familienzuschlag der Stufe 1 oder der Ortszuschlag der Stufe 2 oder eine entsprechende Leistung in Höhe von mindestens der Hälfte des Unterschiedsbetrages zwischen der Stufe 1 und der Stufe 2 des Ortszuschlages der höchsten Tarifklasse zustünde (vgl. § 29 Abschn. B Abs. 5 BAT/BAT-O/BAT-Ostdeutsche Sparkassen). Keine Anwendung findet die Sonderregelung auf andere nicht verheiratete Beschäftigte, die nach bisherigem Recht den Ortszuschlag der Stufe 2 erhalten haben, wie z. B. Witwen, Geschiedene mit Unterhaltsverpflichtung usw., da auf sie § 29 Abschn. B Abs. 5 BAT/BAT-O/BAT-Ostdeutsche Sparkassen keine Anwendung fand.

Maßgeblich ist, ob § 29 Abschn. B Abs. 5 BAT/BAT-O am Stichtag, also am 1. Oktober 2005, Anwendung finden würde (vgl. Ziff. 3.2). Die Regelung findet daher sowohl für Beschäftigte, deren Ehegatte am Stichtag weiterhin ortszuschlagsberechtigt war, als auch für Beschäftigte, deren Ehegatte zum Stichtag ebenfalls in den TVöD übergeleitet worden ist, Anwendung. Wegen der auf den Stichtag 1. Oktober 2005 bezogenen fiktiven Weitergeltung ist es unerheblich, welche Stufe des Ortszuschlags in das Vergleichsentgelt nach § 5 eingeflossen ist (§ 12 Abs. 1 Satz 2 verweist ausdrücklich nicht auf § 5). Auch wenn also bei einem verheirateten Angestellten in Konkurrenzfällen bei der Überleitung die Stufe 1 des Ortszuschlags z. B. wegen Verbleibs des Ehegatten im BAT/BAT-O zu Grunde gelegt wurde, gilt in diesen Fällen beim Strukturausgleich die Sonderregelung des Absatzes 1 der Vorbemerkungen.

Beispiel 21:

Ein verheirateter Angestellter der VergGr Vb BAT mit noch ausstehendem fünfjährigen Aufstieg nach VergGr IVb ist am 1. Oktober 2005

II

in die Entgeltgruppe 9 übergeleitet worden. Weil die Ehefrau des Beschäftigten bei einem öffentlichen Arbeitgeber beschäftigt war, welcher über den 30. September 2005 hinaus den BAT/BAT-O anwendete, ging bei Überleitung in den TVöD die Stufe 1 des Ortszuschlags in das Vergleichsentgelt des Beschäftigten ein (§ 5 Abs. 2 Satz 2).

Bei der Prüfung, ob dem Beschäftigten ein Strukturausgleich zusteht, und wenn ja, in welcher Höhe, ist Absatz 1 der Vorbemerkungen anzuwenden. Es sind daher die mit Ortszuschlag der Stufe 2 ausgewiesenen Strukturausgleiche maßgeblich.

Unerheblich ist, ob sich nach dem 1. Oktober 2005 die für den Ortszuschlag relevanten Verhältnisse ändern (siehe Ziff. 3.5).

Beispiel 22:

Heirat nach dem 1. Oktober 2005 oder Ausscheiden des Ehegatten aus dem öffentlichen Dienst nach dem 1. Oktober 2005.

5.2 Für Konkurrenzfälle maßgebliche Ortszuschlagsstufe

In den Fällen der Konkurrenzregelung des § 29 Abschn. B Abs. 5 BAT/BAT-O/BAT-Ostdeutsche Sparkassen sind ausschließlich die mit Ortszuschlag der Stufe 2 ausgewiesenen Strukturausgleiche maßgeblich (siehe Absatz 1 der Vorbemerkungen).

5.3 Höhe des Strukturausgleichs

Sofern die übrigen Tatbestandsvoraussetzungen vorliegen (siehe dazu oben Ziff. 3), steht als Strukturausgleich die Hälfte des Strukturausgleichsbetrages zu, welcher für Beschäftigte mit Ortszuschlag der Stufe 2 ausgewiesen ist, also die Hälfte des in Spalte 7 bzw. 8 genannten Betrages.

Beispiel 23:

Ein verheirateter vollzeitbeschäftigter Angestellter der VergGr III mit achtjährigem Aufstieg nach II, Stufe 7, ist am 1. Oktober 2005 in die Entgeltgruppe 12 übergeleitet worden. Die Ehefrau des Beschäftigten war zum Stichtag ebenfalls im öffentlichen Dienst tätig.

Der Strukturausgleich bestimmt sich grundsätzlich nach der Stufe 2 in Spalte 3 der Tabelle. Demnach ist folgende Zeile der Tabelle heranzuziehen:

EG	Vergütungsgruppe	Ortszuschlag Stufe ½	Überleitung aus Stufe	nach	für	Betrag Tarifgebiet West	Betrag Tarifgebiet Ost
12	III/8 J. II	OZ 2	7	4 Jahren	dauerhaft	60,- €	58,- €

Nach Absatz 1 der Vorbemerkungen steht dem Beschäftigten als Strukturausgleich die Hälfte des in Spalte 7 bzw. 8 ausgewiesenen Betrages, also dauerhaft 30 € bzw. 29 € monatlich zu.

5.4 Teilzeitarbeit

Nach § 29 Abschn. B Abs. 5 BAT/BAT-O/BAT-Ostdeutsche Sparkassen war die Höhe des Ortszuschlages bei Teilzeitarbeit in Konkurrenzfällen anders als in Fällen ohne Konkurrenz in bestimmten Fällen nicht zeitratierlich zu bemessen; § 34 Abs. 1 Unterabs. 1 Satz 1 BAT/BAT-O/Ostdeutsche Sparkassen fand auf Grund der Regelung in § 29 Abschn. B Abs. 5 BAT/BAT-O/BAT-Ostdeutsche Sparkassen in bestimmten Fällen der Konkurrenz im Ortszuschlag keine Anwendung (§ 29 Abschn. B Abs. 5 Satz 2 BAT/BAT-O/BAT-Ostdeutsche Sparkassen). Diese Besonderheiten sind durch die Inbezugnahme von § 29 Abschn. B Abs. 5 BAT/BAT-O/BAT-Ostdeutsche Sparkassen in Absatz 1 der Vorbemerkungen auch bei der Ermittlung der Höhe des Strukturausgleichs zu berücksichtigen, werden aber in dieser Vorbemerkung zugleich modifiziert. Dabei gibt Absatz 1 der Vorbemerkungen die Konkurrenzregelungen in § 29 Abschn. B Abs. 5 BAT/BAT-O/BAT-Ostdeutsche Sparkassen nur teilweise wieder. Daraus ergeben sich die folgenden Besonderheiten:

5.4.1 Teilzeitarbeit zum Stichtag

Auch Teilzeitbeschäftigte, deren Ortszuschlag sich zum Stichtag nach § 29 Abschn. B Abs. 5 BAT/BAT-O bemisst, gehören zu den ehemaligen Angestellten mit Anspruch auf Ortszuschlag der Stufe 2 und haben grundsätzlich Anspruch auf Strukturausgleich in Höhe der Hälfte des Strukturausgleichs für Verheiratete. Im Einzelnen gilt Folgendes:

- Beschäftigte, bei denen zum Stichtag mindestens ein Ehepartner vollzeitbeschäftigt ist oder beide Ehegatten mit jeweils mindestens der Hälfte der durchschnittlichen regelmäßigen wöchentlichen Arbeitszeit beschäftigt sind, hätten gem. § 29 Abschn. B Abs. 5 Satz 2 BAT/BAT-O/BAT-Ostdeutsche Sparkassen Anspruch auf Ortszuschlag in Höhe des hälftigen Unterschiedsbetrages zwischen Ortszuschlag der Stufe 1 und Ortszuschlag der Stufe 2. Nach Absatz 1 der Vorbemerkungen erhalten diese Beschäftigten „den

II

entsprechenden Anteil" des Strukturausgleichs, also die Hälfte des Strukturausgleichs für Verheiratete.

Beispiel 24:

Ein verheirateter, mit 60 v.H. teilzeitbeschäftigter Angestellter der VergGr Vc , Stufe 5, ist am 1. Oktober 2005 in die Entgeltgruppe 8 übergeleitet worden. Die Ehefrau des Beschäftigten war zu diesem Zeitpunkt ebenfalls im öffentlichen Dienst tätig und vollzeitbeschäftigt.

Der Strukturausgleich bestimmt sich grundsätzlich nach der Stufe 2 in Spalte 3 der Tabelle. Demnach ist folgende Zeile der Tabelle heranzuziehen:

EG	Vergütungsgruppe	Ortszuschlag Stufe ½	Überleitung aus Stufe	nach	für	Betrag Tarifgebiet West	Betrag Tarifgebiet Ost
8	Vc	OZ 2	5	2 Jahren	dauerhaft	120,- €	116,- €

Zusätzlich ist Absatz 1 der Vorbemerkungen zu beachten; diese Vorschrift findet auch Anwendung für Beschäftigte, bei denen zum Stichtag (1. Oktober 2005) mindestens ein Ehepartner vollzeitbeschäftigt ist oder beide Ehegatten mit jeweils mindestens der Hälfte der durchschnittlichen regelmäßigen wöchentlichen Arbeitszeit beschäftigt sind. Weil der Beschäftigte mit 60 v.H. teilzeitbeschäftigt ist, steht ihm als Strukturausgleich vom 1. Oktober 2007 an die Hälfte des Betrages nach Spalte 7 bzw. 8 der Tabelle zu, also dauerhaft 60 € bzw. 58 € monatlich.

- Anders verhält es sich, wenn mit beiden Ehegatten nicht mindestens die Hälfte der durchschnittlichen regelmäßigen wöchentlichen Arbeitszeit vergleichbarer Vollbeschäftigter vereinbart war. In diesem Fall stand der hälftige Ehegattenanteil jedem Ehegatten nur anteilig zu (§ 29 Abschn. B Abs. 5 BAT/BAT-O/BAT-Ostdeutsche Sparkassen i. V. m. § 34 Abs. 1 Unterabs. 1 Satz 1 BAT/BAT-O/Ostdeutsche Sparkassen). Von den Tarifvertragsparteien war nicht beabsichtigt, in diesen Fällen den Strukturausgleich ebenfalls zur Hälfte zu zahlen. Denn in diesen Fällen „bemisst" sich der Ortszuschlag gerade nicht nach der Ausnahmeregelung des § 29 Abschn. B Abs. 5 BAT/BAT-O/BAT-Ostdeutsche Sparkassen, sondern nach § 34 Abs. 1 Unterabs. 1 Satz 1 BAT/BAT-O/BAT-Ostdeutsche Sparkassen.

Beispiel 25:

Ein verheirateter, mit 40 v.H. teilzeitbeschäftigter Angestellter der VergGr Vb, Stufe 6, ist am 1. Oktober 2005 in die Entgeltgruppe 9 übergeleitet worden. Die Ehefrau des Beschäftigten war zu diesem Zeitpunkt ebenfalls im öffentlichen Dienst tätig und mit 50 v.H. teilzeitbeschäftigt. Der Angestellte erhielt auf Grund anzuwendender Konkurrenzregelung gem. § 34 Abs. 1 Unterabs. 1 Satz 1 BAT/BAT-O/BAT-Ostdeutsche Sparkassen 40 v.H. des hälftigen Ehegattenanteils.

Der Strukturausgleich bestimmt sich grundsätzlich nach der Stufe 2 in Spalte 3 der Tabelle. Demnach ist folgende Zeile der Tabelle heranzuziehen:

EG	Vergütungsgruppe	Ortszuschlag Stufe ½	Überleitung aus Stufe	nach	für	Betrag Tarifgebiet West	Betrag Tarifgebiet Ost
9	Vb	OZ 2	6	2 Jahren	9 Jahre	50,- €	48,- €

Der Beschäftigte erhält nach zwei Jahren, also vom 1. Oktober 2007 an, für die Dauer von 9 Jahren, 40 v.H. vom ausgewiesenen Strukturausgleich in Höhe von 50 € bzw. 48 €, mithin 20 € bzw. 19,20 € monatlich.

Beispiel 26:

Ein Angestellter war in VergGr Kr. Va nach vorhergehender vierjähriger Tätigkeit in VergGr Kr. V und davor zweijähriger Tätigkeit in VergGr Kr. IV, Stufe 8 eingruppiert. Die Überleitung erfolgte in die Entgeltgruppe 7a nach der Kr.-Anwendungstabelle gem. Anlage 4 bzw. 5 zum TVÜ-VKA. Seine Arbeitszeit betrug 40 v.H. der für Vollbeschäftigte geltenden Arbeitszeit. Der Ehegatte hat einen Beschäftigungsumfang ebenfalls im Umfang von 40 v.H. Der Angestellte erhielt auf Grund anzuwendender Konkurrenzregelung gem. § 34 Abs. 1 Unterabs. 1 Satz 1 BAT/BAT-O/BAT-Ostdeutsche Sparkassen 40 v.H. des hälftigen Ehegattenanteils.

Der Strukturausgleich bestimmt sich grundsätzlich nach der Stufe 2 in Spalte 3 der Tabelle. Demnach ist folgende Zeile der Tabelle heranzuziehen:

EG	Vergütungsgruppe	Ortszuschlag Stufe ½	Überleitung aus Stufe	nach	für	Betrag Tarifgebiet West	Betrag Tarifgebiet Ost
7a	Kr. IV 2 Jahre, Kr. V 4 Jahre, Kr. Va	OZ 2	8	2 Jahren	dauerhaft	20,- €	19,- €

Der Beschäftigte erhält nach zwei Jahren, also vom 1. Oktober 2007 an, dauerhaft 40 v.H. vom ausgewiesenen Strukturausgleich in Höhe von 20 € bzw. 19 €, mithin 8 € bzw. 7,60 € monatlich.

II

5.4.2 Spätere Veränderungen des Teilzeitumfangs

Da es auf die Verhältnisse am Stichtag ankommt, also am 1. Oktober 2005, spielt es für den Anspruch auf Strukturausgleich keine Rolle, wie sich das Beschäftigungsverhältnis des Ehegatten der/des Beschäftigten entwickelt. Die Verhältnisse am 1. Oktober 2005 bleiben für die gesamte Zahlungsdauer des Strukturausgleichs maßgeblich, selbst wenn der Ehegatte aus dem Arbeitsverhältnis ausscheidet. Die früheren Konkurrenzregelungen des Ortszuschlagsrechts sind für den weiteren Anspruch auf Strukturausgleich nicht maßgeblich und demzufolge auch nicht weiterzuführen. Änderungen im Umfang der Arbeitszeit wirken sich allerdings unterschiedlich danach aus, ob entsprechend der Vorbemerkungen der Strukturausgleich zur Hälfte aufgrund Vollbeschäftigung eines oder mindestens hälftiger Arbeitszeit beider Ehegatten zu zahlen ist oder ob sich der Ehegattenanteil im Ortszuschlag bei Eingreifen der Konkurrenzregelung des § 29 Abschn. B Abs. 5 BAT/BAT-O/BAT-Ostdeutsche Sparkassen nach § 34 Abs. 1 Unterabs. 1 Satz 1 BAT/BAT-O/Ostdeutsche Sparkassen) bemessen hat.

- In den Fällen, in denen die Konkurrenzregelung des § 29 Abschn. B Abs. 5 BAT/BAT-O/BAT-Ostdeutsche Sparkassen Anwendung fand und sich der Ehegattenanteil im Ortszuschlag nach § 29 Abschn. B Abs. 5 BAT/BAT-O/BAT-Ostdeutsche Sparkassen bemessen hat (siehe Beispiele 23 und 24), bleibt es beim bisherigen Zahlbetrag, auch wenn die Arbeitszeit weniger als die Hälfte der für Vollbeschäftigte geltenden Arbeitszeit beträgt. Auch bei einer Erhöhung der Arbeitszeit verbleibt es beim bisherigen Zahlbetrag.

  Beispiel 27:

  Der Beschäftigte in Beispiel 23 erhält vom 1. Oktober 2007 an die Hälfte des für Vollbeschäftigte ausgewiesenen Strukturausgleichs, also 30 € bzw. 29 € monatlich. Der Beschäftigte erhöht zum 1. November 2007 seine Arbeitszeit auf 75 v.H. wöchentlich. Der Strukturausgleich ist in bisheriger Höhe weiter zu zahlen.

  Beispiel 28:

  Der Beschäftigte in Beispiel 24 reduziert zum 1. Februar 2008 seine Arbeitszeit auf 12 Stunden wöchentlich. Der Strukturausgleich ist in bisheriger Höhe weiter zu zahlen.

- In den Fällen, in denen die Konkurrenzregelung des § 29 Abschn. B Abs. 5 BAT/BAT-O/BAT-Ostdeutsche Sparkassen Anwendung fand und sich der Ehegattenanteil im Ortszuschlag nach § 34 Abs. 1 Unterabs. 1 Satz 1 BAT/BAT-O/BAT-Ostdeutsche Sparkassen bestimmte (siehe Beispiele 25 und 26), bewirken Arbeitszeitänderungen auch eine Änderung des bisherigen Zahlbetrages, wobei höchstens die Hälfte des für verheiratete Vollbeschäftigte ausgewiesenen Strukturausgleichs zusteht.

Beispiel 29:

Der Beschäftigte in Beispiel 25 erhöht am 1. November 2007 seine Arbeitszeit auf 70 v.H. der für Vollbeschäftigte geltende Arbeitszeit. Er erhält ab diesem Zeitpunkt die Hälfte des für Vollbeschäftigte ausgewiesenen Strukturausgleichs, also 25 € bzw. 24 € monatlich.

Beispiel 30:

Der Beschäftigte in Beispiel 26 verringert am 1. November 2007 seine Arbeitszeit auf 20 v.H. der für Vollbeschäftigte geltende Arbeitszeit. Er erhält ab diesem Zeitpunkt 20 v.H. des für Vollbeschäftigte ausgewiesenen Strukturausgleichs, also 4 € bzw. 3,80 € monatlich.

6. Abfindung des Strukturausgleichs

Von der Möglichkeit der einmaligen Abfindung des Strukturausgleichs (§ 12 Abs. 5) kann im gegenseitigen Einvernehmen zwischen Arbeitgeber und Beschäftigten mitbestimmungsfrei Gebrauch gemacht werden. Die Abfindungsregelung eröffnet die Möglichkeit, den Anspruch auf Strukturausgleich durch einen oder mehrere Einmalbeträge abzufinden. Dazu, wie der Abfindungsbetrag zu ermitteln ist, haben die Tarifvertragsparteien keine Vorgaben gemacht. Ein Anspruch auf Abfindung besteht nicht.

II

§ 13 Entgeltfortzahlung im Krankheitsfall

[1]Bei Beschäftigten, für die bis zum 30. September 2005 § 71 BAT gegolten hat, wird abweichend von § 22 Abs. 2 TVöD für die Dauer des über den 30. September 2005 hinaus ununterbrochen fortbestehenden Arbeitsverhältnisses der Krankengeldzuschuss in Höhe des Unterschiedsbetrages zwischen dem festgesetzten Nettokrankengeld oder der entsprechenden gesetzlichen Nettoleistung und dem Nettoentgelt (§ 22 Abs. 2 Satz 2 und 3 TVöD) gezahlt. [2]Nettokrankengeld ist das um die Arbeitnehmeranteile zur Sozialversicherung reduzierte Krankengeld. [3]Für Beschäftigte, die nicht der Versicherungspflicht in der gesetzlichen Krankenversicherung unterliegen, ist bei der Berechnung des Krankengeldzuschusses der Höchstsatz des Nettokrankengeldes, der bei Pflichtversicherung in der gesetzlichen Krankenversicherung zustünde, zugrunde zu legen.

Protokollerklärung zu § 13:

Ansprüche aufgrund von beim Arbeitgeber am 30. September 2005 geltenden Regelungen für die Gewährung von Beihilfen an Arbeitnehmerinnen und Arbeitnehmer im Krankheitsfall bleiben für die von § 1 Abs. 1 erfassten Beschäftigten unberührt. Änderungen von Beihilfevorschriften für Beamte kommen zur Anwendung, soweit auf Landes- bzw. Bundesvorschriften Bezug genommen wird.

Erläuterungen

§ 13 ist eine Besitzstandsregelung für die bei Überleitung in den TVöD unter die Besitzstandsregelung des § 71 BAT fallenden Beschäftigten und sichert diesen weiterhin ein höheres als das an sich tarifvertraglich vorgesehene Entgelt im Krankheitsfall[1]). In der Protokollerklärung zu § 13 ist bestimmt, dass bestimmte Beschäftigte weiterhin Anspruch auf Beihilfe haben.

---

[1]) siehe dazu auch die Erläuterungen zu **210** § 22 TVöD

§ 14 Beschäftigungszeit

(1) Für die Dauer des über den 30. September 2005 hinaus fortbestehenden Arbeitsverhältnisses werden die vor dem 1. Oktober 2005 nach Maßgabe der jeweiligen tarifrechtlichen Vorschriften anerkannten Beschäftigungszeiten als Beschäftigungszeit im Sinne des § 34 Abs. 3 TVöD berücksichtigt.

(2) Für die Anwendung des § 23 Abs. 2 TVöD werden die bis zum 30. September 2005 zurückgelegten Zeiten, die nach Maßgabe

- **des BAT anerkannte Dienstzeit,**
- **des BAT-O/BAT-Ostdeutsche Sparkassen, BMT-G/BMT-G-O anerkannte Beschäftigungszeit**

sind, als Beschäftigungszeit im Sinne des § 34 Abs. 3 TVöD berücksichtigt.

(3) Aus dem Geltungsbereich des BMT-G übergeleitete Beschäftigte, die am 30. September 2005 eine Beschäftigungszeit (§ 6 BMT-G ohne die nach § 68a BMT-G berücksichtigten Zeiten) von mindestens zehn Jahren zurückgelegt haben, erwerben abweichend von § 34 Abs. 2 Satz 1 TVöD den besonderen Kündigungsschutz nach Maßgabe des § 52 Abs. 1 BMT-G.

Erläuterungen

Zu § 14 Abs. 1

In Absatz 1 der Vorschrift ist festgelegt, dass Vordienstzeiten als Beschäftigungszeit berücksichtigt werden. Eine Neuberechnung der vor dem 1. Oktober 2005 zurückgelegten Zeit ist nicht vorgesehen. Insbesondere werden nicht die alten Zeiten unter Berücksichtigung der neuen Rechtslage des § 34 Abs. 3 TVöD neu bewertet.

> **Beispiel:**
>
> Ein vom BAT in den TVöD wechselnder Arbeitnehmer hat am 1. Oktober 2005 eine Beschäftigungszeit von 10 Jahren absolviert. Weitere drei Jahre sind ihm in der Vergangenheit gestrichen worden, weil er auf eigenen Wunsch aus dem Beschäftigungsverhältnis ausgeschieden war (§ 19 Abs. 1 Unterabs. 2 BAT). Obwohl es eine mit § 19 Abs. 1 Unterabs. 2 BAT vergleichbare Regelung im § 34 Abs. 3 TVöD nicht gibt, bleibt es bei der Nichtberücksichtigung dieser drei Jahre.

Zu § 14 Abs. 2

In Absatz 2 ist bestimmt, dass für die Festsetzung des Jubiläumsgeldes nach den Vorschriften des TVöD nach altem Recht anerkannte Dienst- (BAT), Beschäftigungs- (BAT-O und MTArb-O) bzw. Jubiläumszeiten (MTArb) berücksichtigt werden. Diese Besitzstandsregelung gilt aber nur für die Dauer des fortbestehenden Arbeitsverhältnisses mit demselben Arbeitgeber; siehe BAG v. 19. 11. 2020 – 6 AZR 417/19.

Zu § 14 Abs. 3

In Absatz 3 haben die Tarifpartner den Erhalt des besonderen Kündigungsschutzes des § 52 Abs. 1 BMT-G für bestimmte Beschäftigte vereinbart, die aufgrund dieser Rechtsstandssicherung auch ohne Beachtung eines Mindestalters unkündbar werden.

§ 15 Urlaub

(1) [1]Aus dem Geltungsbereich des BAT/BAT-O/BAT-Ostdeutsche Sparkassen übergeleitete Beschäftigte der Vergütungsgruppen I und Ia, die für das Urlaubsjahr 2005 einen Anspruch auf 30 Arbeitstage Erholungsurlaub erworben haben, behalten bei einer Fünftagewoche diesen Anspruch für die Dauer des über den 30. September 2005 hinaus ununterbrochen fortbestehenden Arbeitsverhältnisses. [2]Die Urlaubsregelungen des TVöD bei abweichender Verteilung der Arbeitszeit gelten entsprechend.

(2) § 42 Abs. 1 BMT-G/BMT-G-O i. V. m. bezirklichen Tarifverträgen zu § 42 Abs. 2 BMT-G und der Tarifvertrag zu § 42 Abs. 2 BMT-G-O (Zusatzurlaub für Arbeiter) gelten bis zum In-Kraft-Treten entsprechender landesbezirklicher Tarifverträge fort; im Übrigen gilt Absatz 1 entsprechend.

Erläuterungen

Mit dieser Vorschrift hatten die Tarifvertragsparteien vom TVöD abweichende Regelungen für das Urlaubsjahr 2005 (und 2006) sowie für bestimmte Beschäftigte getroffen. Die Regelungen sind – mit Ausnahme der in den Abs. 1 und 2 getroffenen Vereinbarungen zur Fortgeltung alten Rechts – bedeutungslos und wurden im Zuge des 12. Änderungstarifvertrages vom 24. November 2016 aufgehoben.

Zu § 15 Abs. 1

Nach dieser Vorschrift erhalten die ehemaligen Angestellten der Vergütungsgruppen I und Ia BAT/BAT-O, die im Zeitpunkt der Überleitung einen Urlaubsanspruch von 30 Arbeitstagen hatten, diesen Anspruch für die Dauer des über den 30. September 2005 hinaus ununterbrochen fortbestehenden Arbeitsverhältnisses.

Zu § 15 Abs. 2

Absatz 2 bestimmt, dass die Regelungen des § 42 Abs. 1 BMT-G/BMT-G-O, die bezirklichen Tarifverträge zu § 42 Abs. 2 BMT-G sowie der Tarifvertrag zu § 42 Abs. 2 BMT-G-O über Zusatzurlaub für Arbeiter bis zum Inkrafttreten entsprechender (neuer) landesbezirklicher Tarifverträge fortgelten. Mit Urteil von 24. Februar 2010 – 4 AZR 708/08 – hat das BAG ausdrücklich bestätigt, dass bezirkliche Tarifverträge zu § 42 BMT-G (der Urteilsfall kam aus dem Bereich des KAV Baden-Württemberg) nicht automatisch durch den TVöD/TVÜ abgelöst worden sein. Aus § 2 Abs. 2 i. V. m. § 2 Abs. 1 TVÜ-VKA folge, dass die Tarifvertragsparteien landesbezirkliche Tarifverträge jedenfalls soweit bewusst von der ablösenden Wirkung des TVÜ-VKA und des TVöD ausgenommen haben, als sie nicht im Widerspruch zum Regelungsgehalt des TVöD stehen.

§ 16 Abgeltung

[1]Durch Vereinbarungen mit der/dem Beschäftigten können Entgeltbestandteile aus Besitzständen, ausgenommen für Vergütungsgruppenzulagen, pauschaliert bzw. abgefunden werden. [2]§ 11 Abs. 2 Satz 3 und § 12 Abs. 5 bleiben unberührt.

II

Erläuterungen

§ 16 eröffnet – neben den Abfindungsmöglichkeiten des § 11 Abs. 2 Satz 3 (siehe Erläuterungen zu § 11) und § 12 Abs. 6 (siehe Erläuterungen zu § 12 Abs. 6) die Möglichkeit, das Entgelt für bestimmte Besitzstände zu pauschalieren oder abzufinden. Ausdrücklich von dieser Möglichkeit ausgenommen sind lediglich Besitzstandszulagen für Vergütungsgruppenzulagen (siehe Erläuterungen zu § 9).

Zur Protokollerklärung zum 3. Abschnitt

In einer nach § 16 – also am Ende des dritten Abschnitts des TVÜ – abgedruckten Protokollerklärung hatten die Tarifvertragsparteien die Verhandlungen zur Überleitung der Entgeltsicherung bei Leistungsminderung einvernehmlich zurückgestellt. Bei Beschäftigten, die eine Zahlung auf der Grundlage der §§ 25, 37 MTArb/MTArb-O bzw. § 56 BAT/BAT-O erhielten, wurden die bisherigen Bezüge bis zu einer entsprechenden Regelung als später zu verrechnender Abschlag gezahlt. Sollte das Verhandlungsergebnis später hinter den vorläufigen Zahlungen zurückbleiben, wurde eine Rückforderung ausgeschlossen. Die Regelung des § 55 Abs. 2 Unterabs. 2 Satz 2 BAT (Ausschluss der Kündigung in bestimmten Fällen der Leistungsminderung) blieb bestehen.

Erst im Zuge der Tarifrunde 2014 haben die Tarifpartner sich auf Regelungen für die leistungsgeminderten Beschäftigten geeinigt und den vorhandenen Schwebezustand mit Wirkung vom 1. März 2014 beendet. Die „Neu-"Regelungen in § 38 Abs. 4 TVöD und § 16a Abs. 2 TVÜ-VKA führen letztlich zur Weitergeltung der in § 16a Abs. 2 TVÜ-VKA noch einmal besonders genannten Vorschriften des alten Rechts des BAT und BMT-G. Durch die Überleitungsvorschriften des § 16a Abs. 1 TVÜ-VKA ist sichergestellt, dass die Beschäftigten keine finanziellen Nachteile erleiden.

Parallel zur Einführung des § 16a TVÜ-VKA wurde die Protokollerklärung zum 3. Abschnitt des TVÜ-VKA gestrichen.

§ 16a Leistungsgeminderte Beschäftigte

(1) Die nach Satz 1 und 2 der Protokollerklärung zum 3. Abschnitt in der bis zum 28. Februar 2014 geltenden Fassung zurückgestellte Überleitung der Beschäftigten mit Anspruch auf Entgeltsicherung bei Leistungsminderung in das Entgeltsystem des TVöD erfolgt nach folgenden Regelungen:

II

1. [1]Beschäftigte, die am 30. September 2005 eine Zahlung nach §§ 28 Abs. 1 und 2, 28a BMT-G/BMT-G-O erhalten haben, werden rückwirkend zum 1. Oktober 2005 nach Maßgabe des § 4 i. V. m. der Anlage 1 in das Entgeltsystem des TVöD übergeleitet. [2]Maßgebend hierbei ist die Lohngruppe, in der die/der Beschäftigte vor Eintritt der Leistungsminderung eingruppiert war. [3]Die Stufenzuordnung bestimmt sich nach Maßgabe der §§ 5 und 7. [4]Der weitere Stufenaufstieg ist unter Anwendung des § 7 und der Regelungen des TVöD bis zum 28. Februar 2014 nachzuzeichnen. [5]Ab dem 1. März 2014 richtet sich der weitere Stufenaufstieg nach den Regelungen des TVöD.

   [6]Zur Ermittlung des der/dem Beschäftigten zustehenden Entgelts sind dem nach Satz 1 bis 5 zustehenden Tabellenentgelt zuzüglich der nach §§ 28 Abs. 1 und 2, 28a BMT-G/BMT-G-O gesicherten Lohnbestandteile das jeweilige Tabellenentgelt, das sich aus der aufgrund der Leistungsminderung zugewiesenen Tätigkeit ergeben würde, und die sonstigen §§ 28 Abs. 1 und 2, 28a BMT-G/BMT-G-O entsprechenden Entgeltbestandteile (Vorarbeiter- und andere Funktionszulagen, Erschwerniszuschläge und Schichtzulagen sowie etwaige Zeitzuschläge) monatlich gegenüberzustellen. [7]Das der Leistungsminderung entsprechende Tabellenentgelt ist in entsprechender Anwendung der Sätze 1 bis 4 nachzuzeichnen; Satz 5 gilt entsprechend. [8]Ist das der Leistungsminderung entsprechende Entgelt nach Satz 6 und 7 niedriger als das gesicherte Entgelt, ist ab 1. März 2014 an seiner Stelle das gesicherte Entgelt zu zahlen. [9]Für die Zeit davor verbleibt es bei den geleisteten Zahlungen, wenn diese die sich aus Satz 2 der Protokollerklärung zum 3. Abschnitt in der bis zum 28. Februar 2014 geltenden Fassung ergebenden Ansprüche nicht unterschreiten; § 37 TVöD bleibt unberührt.

   [10]Beschäftigte, die am 30. September 2005 Monatslohn nach § 25 Abs. 4 BMT-G/BMT-G-O erhalten haben, werden rückwirkend zum 1. Oktober 2005 in entsprechender Anwendung der Sätze 1, 3 und 4 in das Entgeltsystem des TVöD übergeleitet; Satz 5 gilt entsprechend.

2. [1]Beschäftigte, die am 30. September 2005 eine Ausgleichszulage nach § 56 BAT/BAT-O erhalten haben, werden rückwirkend zum 1. Oktober 2005 nach Maßgabe des § 4 in Verbindung mit der Anlage 1 in das Entgeltsystem des TVöD übergeleitet. [2]Maßgebend hierbei ist die Vergütungsgruppe, in der die/der Beschäftigte vor ihrem/seinem Unfall bzw. vor Feststellung einer Berufskrankheit eingruppiert war. [3]Die Stufenzuordnung bestimmt sich nach Maßgabe der §§ 5 und 6. [4]Der weitere Stufenaufstieg ist unter Anwendung des § 6 und der Regelungen des TVöD bis zum 28. Februar 2014 nachzuzeichnen.

   [5]Zur Ermittlung der der/dem Beschäftigten zustehenden Ausgleichszulage sind in entsprechender Anwendung der Sätze 1 bis 4 die Entgeltgruppe und

II

die Stufe festzustellen, in denen die/der Beschäftigte weiterbeschäftigt wird. [6]Der Unterschiedsbetrag zwischen beiden Entgeltgruppen und Stufen ist der ab dem 1. März 2014 zu zahlende Ausgleichsbetrag. [7]Für die Zeit davor verbleibt es bei den geleisteten Zahlungen, wenn diese die sich aus Satz 2 der Protokollerklärung zum 3. Abschnitt in der bis zum 28. Februar 2014 geltenden Fassung ergebenden Ansprüche nicht unterschreiten; § 37 TVöD bleibt unberührt.

3. [1]Soweit abweichend von Nummern 1 und 2 bereits vor dem 1. März 2014 die Überleitung in das Entgeltsystem des TVöD erfolgt ist, verbleibt es dabei auch für die Zeit nach dem 28. Februar 2014. [2]Der/Die Beschäftigte kann bis zum 31. August 2014 schriftlich die Anwendung von Nummer 1 oder 2 mit Wirkung ab dem 1. März 2014 beantragen.

(2) [1]§§ 25 Abs. 4, 28 Abs. 1 und 2, 28a BMT-G/BMT-G-O und § 56 BAT/BAT-O finden in ihrem jeweiligen Geltungsbereich weiterhin Anwendung, und zwar auch auf Beschäftigte im Sinne des § 1 Abs. 2. [2]§ 55 Abs. 2 Unterabs. 2 Satz 2 BAT, Nrn. 7 und 10 SR 2o BAT sowie Nr. 3 SR 2x BAT/BAT-O bleiben in ihrem bisherigen Geltungsbereich unberührt.

(3) Die in den Absätzen 1 und 2 genannten Regelungen des BMT-G/BMT-G-O und BAT/BAT-O ergeben sich aus dem Anhang zu § 16a.

Erläuterungen

Zum Hintergrund und zu den Wirkungen dieser im Zuge der Tarifrunde 2014 mit Wirkung vom 1. März 2014 eingefügten Vorschrift siehe die Erläuterzungen zu Protokollerklärung zum 3. Abschnitt des TVÜ-VKA (nach § 16).

Anhang zu § 16a

1. Die in § 16a in Bezug genommenen Tarifvorschriften lauten wie folgt:

§ 25 Abs. 4 BMT-G/BMT-G-O Lohn in besonderen Fällen

(4) Für minderleistungsfähige Arbeiter wird der Monatslohn nach der Leistungsfähigkeit für die ihnen übertragene Arbeit bemessen.

§ 28 Abs. 1 und 2 BMT-G/BMT-G-O Sicherung des Lohnstandes bei Leistungsminderung

(1) Ist der Arbeiter nach einjähriger Beschäftigungszeit*) infolge eines Arbeitsunfalles im Sinne des § 8 SGB VII oder nach zweijähriger Beschäftigungszeit infolge einer Berufskrankheit im Sinne des § 9 SGB VII nicht mehr voll leistungsfähig, behält er den jeweiligen Monatstabellenlohn seiner bisherigen Lohngruppe.

Lohnzulagen behält der Arbeiter in der zuletzt bezogenen Höhe, wenn er diese Zulagen bei Eintritt der Leistungsminderung für dieselbe Tätigkeit mindestens drei Jahre ununterbrochen bezogen hat. Wenn der Arbeiter bei Eintritt der Leistungsminderung mindestens fünf Jahre für mindestens drei Viertel der regelmäßigen Arbeitszeit einen oder mehrere Erschwerniszuschläge bezogen hat, behält er den auf die Arbeitsstunde bezogenen Durchschnitt der Erschwerniszuschläge der vorangegangenen zwölf Monate als Zuschlag.

Die gleiche Regelung gilt sinngemäß für einen Erschwerniszuschlag, der in einer Pauschale gemäß § 25 Abs. 5 enthalten ist. Lässt sich der Anteil des Erschwerniszuschlages nicht mehr ermitteln, kann er geschätzt und im Arbeitsvertrag vereinbart werden.

Vorstehende Regelung gilt auch dann, wenn dem Arbeiter wegen seiner verminderten Leistungsfähigkeit eine geringer bewertete Arbeit zugewiesen wird.

Lohnzulagen und Lohnzuschläge für die zugewiesene Arbeit werden insoweit gezahlt, als ihre Summe über die Summe der nach Unterabsatz 2 gesicherten Zulagen und der nach Unterabsatz 2 und § 28a gesicherten Zuschläge hinausgeht; der nach den Unterabsätzen 1 bis 3 und § 28a gesicherte Lohn darf jedoch nicht überschritten werden. Sind die Lohnzulagen und Lohnzuschläge für die zugewiesene Arbeit in Prozentsätzen des Monatstabellenlohnes oder Monatsgrundloh-

*) Im Bereich des BMT-G-O:
Beschäftigungszeit (§ 6 – ohne die nach Nr. 3 der Übergangsvorschriften zu § 6 berücksichtigten Zeiten).

nes vorgesehen, ist von dem Monatstabellenlohn bzw. Monatsgrundlohn auszugehen, der der zugewiesenen Arbeit entspricht.

Ist in einem Kalendermonat der der zugewiesenen Arbeit entsprechende Monatslohn höher als der nach den Unterabsätzen 1 bis 3 und § 28a gesicherte Lohn, finden die Vorschriften über die Sicherung des Lohnstandes bei Leistungsminderung für diesen Kalendermonat keine Anwendung.

Protokollerklärung zu Absatz 1 Unterabs. 2:

Ein Erschwerniszuschlag gilt auch dann als gewährt, wenn der Arbeiter den Erschwerniszuschlag vorübergehend wegen Krankheit, Urlaub oder Arbeitsbefreiung nicht erhalten hat.

(2) Das Gleiche gilt

a) für Arbeiter nach zehnjähriger Beschäftigungszeit, wenn die Leistungsminderung durch eine Gesundheitsschädigung hervorgerufen wurde, die durch fortwirkende schädliche Einflüsse der Arbeit eingetreten ist,

b) für mindestens 53 Jahre alte Arbeiter nach fünfzehnjähriger Beschäftigungszeit, wenn die Leistungsminderung durch Abnahme der körperlichen Kräfte und Fähigkeiten infolge langjähriger Arbeit verursacht ist,

c) für mindestens 50 Jahre alte Arbeiter nach zwanzigjähriger Beschäftigungszeit, wenn die Leistungsminderung durch Abnahme der körperlichen Kräfte und Fähigkeiten infolge langjähriger Arbeit verursacht ist,

d) für Arbeiter nach fünfundzwanzigjähriger Beschäftigungszeit, wenn die Leistungsminderung durch Abnahme der körperlichen Kräfte und Fähigkeiten infolge langjähriger Arbeit verursacht ist.

Wenn der Arbeiter erst in den letzten zwei Jahren vor Eintritt der Leistungsminderung in seine Lohngruppe aufgerückt war, erhält er den jeweiligen Monatstabellenlohn der Lohngruppe, in der er vorher war.

Protokollerklärung zu Absatz 2 Unterabs. 1:

Ist streitig, ob der erforderliche Ursachenzusammenhang vorliegt, soll auf Verlangen die Stellungnahme eines Arztes des beiderseitigen Vertrauens eingeholt werden. Ist kein anderer Kostenträger zuständig, trägt die Kosten der Arbeitgeber, wenn der Anspruch auf Lohnsicherung endgültig zuerkannt ist; andernfalls trägt sie der Arbeiter.

§ 28a BMT-G/BMT-G-O Sicherung des Schichtlohnzuschlages für Wechselschichtarbeit bei Leistungsminderung

(1) Kann der Arbeiter

a) infolge eines Arbeitsunfalles im Sinne des § 8 SGB VII, den er im bestehenden Arbeitsverhältnis erlitten hat, oder

b) infolge einer Berufskrankheit im Sinne des § 9 SGB VII, die er sich im bestehenden Arbeitsverhältnis zugezogen hat, keine Wechselschichtarbeit mehr leisten, behält er, wenn er für dieselbe Tätigkeit mindestens fünf Jahre ununterbrochen für die gesamte regelmäßige Arbeitszeit Schichtlohnzuschläge für Wechselschichtarbeit bezogen hat, die Hälfte dieser Zuschläge in der zuletzt bezogenen Höhe.

Protokollerklärung zu Absatz 1:

Der Schichtlohnzuschlag gilt auch dann als für die gesamte regelmäßige Arbeitszeit gewährt, wenn ihn der Arbeiter vorübergehend wegen Krankheit, Urlaubs- oder Arbeitsbefreiung nicht erhalten hat.

(2) Absatz 1 gilt entsprechend für den Arbeiter, der in demselben Arbeitsverhältnis

a) mindestens 20 Jahre ununterbrochen für die gesamte regelmäßige Arbeitszeit Schichtlohnzuschläge für Wechselschichtarbeit bezogen und der das 50. Lebensjahr vollendet hat, oder

b) mindestens 15 Jahre ununterbrochen für die gesamte regelmäßige Arbeitszeit Schichtlohnzuschläge für Wechselschichtarbeit bezogen und das 55. Lebensjahr vollendet hat,

wenn er wegen Leistungsminderung keine Wechselschichtarbeit mehr leisten kann.

§ 56 BAT/BAT-O Ausgleichszulage bei Arbeitsunfall und Berufskrankheit

Ist der Angestellte infolge eines Unfalls, den er nach mindestens einjähriger ununterbrochener Beschäftigung bei demselben Arbeitgeber in Ausübung oder infolge seiner Arbeit ohne Vorsatz oder grobe Fahrlässigkeit erlitten hat, in seiner bisherigen Vergütungsgruppe nicht mehr voll leistungsfähig und wird er deshalb in einer niedrigeren Vergütungsgruppe weiterbeschäftigt, so erhält er eine Ausgleichszulage in Höhe des Unterschiedsbetrages zwischen der ihm in der neuen Vergütungsgruppe jeweils zustehenden Grundvergütung zuzüglich der allgemeinen Zulage und der Grundvergütung zuzüglich der allgemeinen Zulage, die er in der verlassenen Vergütungsgruppe zuletzt bezogen hat. Das Gleiche gilt bei einer Berufskrankheit im Sinne des § 9 SGB VII nach mindestens dreijähriger ununterbrochener Beschäftigung.“

2. Für die in Nr. 1 genannten Tarifvorschriften des BMT-G/BMT-G-O gelten folgende Begriffsbestimmungen des § 67 BMT-G/BMT-G-O:

„24. Lohnzulagen
Lohnzulagen sind Vorarbeiter- und andere Funktionszulagen.

25. Lohnzuschläge
Lohnzuschläge sind Zeitzuschläge (§ 22), Erschwerniszuschläge (§ 23) sowie Schichtlohnzuschläge (§ 24).

26a Monatstabellenlohn
Monatstabellenlohn ist der in der tarifvertraglich vereinbarten Lohntabelle festgesetzte Lohn für Arbeiter, mit denen die in § 14 Abs. 1 Satz 1 festgesetzte regelmäßige wöchentliche Arbeitszeit vereinbart ist.

Für die Errechnung des auf die Arbeitsstunde entfallenden Teils des Monatstabellenlohnes ist der Monatstabellenlohn durch 167,40*) zu teilen.

26b Monatsgrundlohn
Monatsgrundlohn ist die Summe des Monatstabellenlohnes und der für alle Arbeitsstunden des Kalendermonats zustehenden Lohnzulagen. Für die Errechnung des auf die Arbeitsstunde entfallenden Teils des Monatsgrundlohnes ist der Monatsgrundlohn durch 167,40 zu teilen.

26c Monatslohn
Monatslohn ist die Summe des Monatstabellenlohnes, der Lohnzulagen und Lohnzuschläge."

---

*) Im Bereich des BMT-G-O: 174
Im Bereich des BMT-G ab dem 1. Juli 2008: 169,57. Abweichend hiervon beträgt der Divisor im Geltungsbereich des Besonderen Teils Krankenhäuser mit Ausnahme des Bereichs des KAV Baden-Württemberg weiterhin 167,4. Im Geltungsbereich des Besonderen Teils Krankenhäuser im Bereich des KAV Baden-Württemberg beträgt der Divisor 169,57. Ebenfalls abweichend beträgt der Divisor im Bereich des KAV Baden-Württemberg bereits ab dem 1. Mai 2006 und im Bereich des KAV Niedersachsen bereits ab dem 1. April 2006 169,57.

II

4. Abschnitt
Sonstige vom TVöD abweichende oder ihn ergänzende Bestimmungen

§ 17 Eingruppierung

(1) [1]An die Stelle des § 2 Abs. 2 des Rahmentarifvertrages zu § 20 BMT-G entsprechenden Vorschriften in den landesbezirklichen Lohngruppenverzeichnissen treten § 12 (VKA) TVöD und § 13 (VKA) TVöD. [2]Gleiches gilt hinsichtlich § 2 Abs. 3 des Tarifvertrages zu § 20 Abs. 1 BMT-G-O (Lohngruppenverzeichnis).

(2) bis (6) (weggefallen)

(7) [1]Die Lohngruppen der Lohngruppenverzeichnisse sind gemäß Anlage 3 den Entgeltgruppen des TVöD zugeordnet. [2]In den Fällen des § 16 (VKA) Abs. 2a TVöD kann die Eingruppierung in die in dem unmittelbar vorhergehenden Arbeitsverhältnis durch Zeit-, Tätigkeits- oder Bewährungsaufstieg erreichte Entgeltgruppe erfolgen, sofern das unmittelbar vorhergehende Arbeitsverhältnis vor dem 1. Oktober 2005 begründet worden ist.

(8) (weggefallen)

(9) Ist anlässlich der vorübergehenden Übertragung einer höherwertigen Tätigkeit im Sinne des § 14 TVöD zusätzlich eine Tätigkeit auszuüben, für die nach landesbezirklichen Regelungen oder den Regelungen in Anlage 3 Teil I des Tarifvertrages zu § 20 Abs. 1 BMT-G-O (Lohngruppenverzeichnis) ein Anspruch auf Zahlung einer Zulage für Vorarbeiter/-innen und Vorhandwerker/-innen, Fachvorarbeiter/-innen und vergleichbare Beschäftigte oder Lehrgesellen/-innen besteht, erhält die/der Beschäftigte abweichend von § 14 Abs. 3 TVöD anstelle der Zulage nach § 14 TVöD für die Dauer der Ausübung sowohl der höherwertigen als auch der zulagenberechtigenden Tätigkeit eine persönliche Zulage von 10 Prozent ihres/seines Tabellenentgelts.

Protokollerklärung zu Absatz 9:[1])

[1]Die Zulage für Vorarbeiter/innen und Vorhandwerker/innen, Fachvorarbeiter/innen und vergleichbare Beschäftigte oder Lehrgesellen/innen verändert sich bei allgemeinen Entgeltanpassungen nach dem 31. Dezember 2009 um den von den Tarifvertragsparteien für die jeweilige Entgeltgruppe festgelegten Vomhundertsatz. [2]Die Zulage nach Satz 1 erhöht sich am 1. März 2024 um 11,5 Prozent. [3]Abweichende Regelungen in landesbezirklichen Tarifverträgen bleiben unberührt.

Erläuterungen

Am 1. Januar 2017 ist für die Beschäftigten der Kommunen die Entgeltordnung zum TVöD in Kraft getreten. Wegen Einzelheiten dazu

---

1) Die im Zuge der Tarifeinigung 2025 (abgedruckt unter **150**) vereinbarten Erhöhungen ab 1. April 2025 und ab 1. Mai 2026 wirken sich auch auf die Zulage für Vorarbeiter/-innen und Vorhandwerker/-innen, Fachvorarbeiter/-innen und vergleichbare Beschäftigte oder Lehrgesellen/-innen aus.

wird auf den Beitrag „Einführung in die Entgeltordnung für die Beschäftigten der Kommunen"[1]) hingewiesen.

Die Entgeltordnung beendet für die Beschäftigten der Kommunen den seit In-Kraft-Treten des TVöD am 1. Oktober 2005 bekannten Zustand, dass zur Ermittlung der maßgebenden (vorläufigen) Entgeltgruppe zunächst die nach altem (BAT/BMT-G) Recht maßgebende Vergütungs-/Lohngruppe zu ermitteln und diese dann nach der Anlage 3 zum TVÜ-VKA umzuschlüsseln war.

Die entsprechenden Regelungen des § 17 TVÜ-VKA sind von den Tarifpartnern durch den 11. Änderungstarifvertrag zum TVÜ weitgehend zum 1. Januar 2017 aufgehoben worden. Lediglich die Regelungen des § 17 Absatz 7 zur Eingruppierung der von anderen Arbeitgebern des öffentlichen Dienstes übernommenen Beschäftigten und des Absatzes 9 zum Zusammentreffen einer Zulage nach § 14 Abs. 3 TVöD und einer Vorabeiter-/-handwerkerzulage wurden beibehalten.

Da der bisherige Tariftext und die Kommentierung für Zeiträume vor 2017 und zum besseren Verständnis der Eingruppierungstechnik der Zeit vom 1. Oktober 2005 bis zum 31. Dezember 2016 weiterhin hilfreich ist, haben wir die Texte in diesem Werk belassen und im Anschluss an den aktuellen Tariftext abgedruckt.

[1]) abgedruckt unter **450**

4. Abschnitt
Sonstige vom TVöD abweichende oder ihn ergänzende Bestimmungen

§ 17 Eingruppierung

(1) [1]Bis zum In-Kraft-Treten der Eingruppierungsvorschriften des TVöD (mit Entgeltordnung) gelten die §§ 22, 23, 25 BAT und Anlage 3 zum BAT, §§ 22, 23 BAT-O/BAT-Ostdeutsche Sparkassen einschließlich der Vergütungsordnung sowie die landesbezirklichen Lohngruppenverzeichnisse gemäß Rahmentarifvertrag zu § 20 BMT-G und des Tarifvertrages zu § 20 Abs. 1 BMT-G-O (Lohngruppenverzeichnis) über den 30. September 2005 hinaus fort. [2]In gleicher Weise gilt Nr. 2a SR 2x i. V. m. § 11 Satz 2 BAT/BAT-O fort. [3]Diese Regelungen finden auf übergeleitete und ab dem 1. Oktober 2005 neu eingestellte Beschäftigte im jeweiligen bisherigen Geltungsbereich nach Maßgabe dieses Tarifvertrages Anwendung. [4]An die Stelle der Begriffe Vergütung und Lohn tritt der Begriff Entgelt.

(2) Abweichend von Absatz 1

- **gelten Vergütungsordnungen und Lohngruppenverzeichnisse nicht für ab dem 1. Oktober 2005 in Entgeltgruppe 1 TVöD neu eingestellte Beschäftigte,**
- **gilt die Vergütungsgruppe I der Vergütungsordnung zum BAT/BAT-O/BAT-Ostdeutsche Sparkassen ab dem 1. Oktober 2005 nicht fort; die Ausgestaltung entsprechender Arbeitsverhältnisse erfolgt außertariflich,**
- **gilt die Vergütungsordnung nicht für Beschäftigte, die nach dem Anhang zu der Anlage C (VKA) zum TVöD eingruppiert sind,**
- **gilt die Entgeltordnung für Ärztinnen und Ärzte gemäß § 51 BT-K bzw. § 51 BT-B.**

(3) [1]Mit Ausnahme der Eingruppierung in die Entgeltgruppe 1 und der Eingruppierung der Ärztinnen und Ärzte sind alle zwischen dem 1. Oktober 2005 und dem In-Kraft-Treten der neuen Entgeltordnung stattfindenden Eingruppierungsvorgänge (Neueinstellungen und Umgruppierungen) vorläufig und begründen keinen Vertrauensschutz und keinen Besitzstand. [2]Dies gilt nicht für Aufstiege gemäß § 8 Abs. 1 Satz 1 und 2 und Abs. 3 1. Alternative.

(4) [1]Anpassungen der Eingruppierung aufgrund des Inkrafttretens der neuen Entgeltordnung erfolgen mit Wirkung für die Zukunft. [2]Bei Rückgruppierungen, die in diesem Zusammenhang erfolgen, sind finanzielle Nachteile im Wege einer nicht dynamischen Besitzstandszulage auszugleichen, solange die Tätigkeit ausgeübt wird. [3]Die Besitzstandszulage vermindert sich nach dem 30. September 2008 bei jedem Stufenaufstieg um die Hälfte des Unterschiedsbetrages zwischen der bisherigen und der neuen Stufe; bei Neueinstellungen (§ 1 Abs. 2) vermindert sich die Besitzstandszulage jeweils um den vollen Unterschiedsbetrag. [4]Die Grundsätze korrigierender Rückgruppierung bleiben unberührt.

Protokollerklärung zu Absatz 4:

Dies gilt auch im Hinblick auf die Problematik des § 2 Abs. 4 des Rahmentarifvertrages zu § 20 Abs. 1 BMT-G (Eckeingruppierung in Lohngruppe 5 Fallgruppe 1 im Bereich des Kommunalen Arbeitgeberverbandes Nordrhein-Westfalen) mit folgenden Maßgaben:

- Neueinstellungen werden anstelle der Entgeltgruppe 5 zunächst der Entgeltgruppe 6 zugeordnet.
- Über deren endgültige Zuordnung werden im Rahmen der Verhandlungen über die neue Entgeltordnung entschieden, die insoweit zunächst auf landesbezirklicher Ebene geführt werden.

(5) [1]Bewährungs-, Fallgruppen- und Tätigkeitsaufstiege gibt es ab dem 1. Oktober 2005 nicht mehr; §§ 8 und 9 bleiben unberührt. [2]Satz 1 gilt auch für Vergütungsgruppenzulagen, es sei denn, dem Tätigkeitsmerkmal einer Vergütungsgruppe der Vergütungsordnung (Anlage 1a zum BAT) ist eine Vergütungsgruppenzulage zugeordnet, die unmittelbar mit Übertragung der Tätigkeit zusteht; bei Übertragung einer entsprechenden Tätigkeit wird diese bis zum In-Kraft-Treten der neuen Entgeltordnung unter den Voraussetzungen des bisherigen Tarifrechts als Besitzstandszulage in der bisherigen Höhe gezahlt; § 9 Abs. 4 gilt entsprechend.

(6) In der Zeit zwischen dem 1. Oktober 2005 und dem In-Kraft-Treten der neuen Entgeltordnung erhalten Beschäftigte, denen ab dem 1. Oktober 2005 eine anspruchsbegründende Tätigkeit übertragen wird, eine persönliche Zulage, die sich betragsmäßig nach der entfallenen Techniker-, Meister- und Programmiererzulage bemisst, soweit die Anspruchsvoraussetzungen nach bisherigem Tarifrecht erfüllt sind.

(7) [1]Für Eingruppierungen zwischen dem 1. Oktober 2005 und dem In-Kraft-Treten der neuen Entgeltordnung werden die Vergütungsgruppen der Vergütungsordnung (Anlage 1a) und die Lohngruppen der Lohngruppenverzeichnisse gemäß Anlage 3 den Entgeltgruppen des TVöD zugeordnet. [2]In den Fällen des § 16 (VKA) Abs. 2a TVöD kann die Eingruppierung unter Anwendung der Anlage 1 in die in dem unmittelbar vorhergehenden Arbeitsverhältnis gemäß § 4 Abs. 1 i. V. m. Anlage 1 TVÜ-VKA, § 8 Abs. 1 und 3 oder durch vergleichbare Regelungen erworbene Entgeltgruppe erfolgen, sofern das unmittelbar vorhergehende Arbeitsverhältnis vor dem 1. Oktober 2005 begründet worden ist. [3]Absatz 1 Satz 2 bleibt unberührt.

Protokollerklärung zu Absatz 7 Satz 2:

Im vorhergehenden Arbeitsverhältnis noch nicht vollzogene Bewährungs-, Tätigkeits- oder Zeitaufstiege werden in dem neuen Arbeitsverhältnis nicht weitergeführt.

Protokollerklärung zu Absatz 7:

Die Protokollerklärung zu § 4 Abs. 1 gilt entsprechend für übergeleitete und ab dem 1. Oktober 2005 neu eingestellte Pflegekräfte.

(8) [1]Beschäftigte, die zwischen dem 1. Oktober 2005 und dem In-Kraft-Treten der neuen Entgeltordnung in Entgeltgruppe 13 eingruppiert werden und die nach der Vergütungsordnung (Anlage 1a) in Vergütungsgruppe II BAT/BAT-O/BAT-Ostdeutsche Sparkassen mit fünf- bzw. sechsjährigem Aufstieg nach Vergütungsgruppe Ib BAT/BAT-O/BAT-Ostdeutsche Sparkassen eingruppiert wären, erhalten bis zum In-Kraft-Treten der neuen Entgeltordnung eine

persönliche Zulage in Höhe des Unterschiedsbetrages zwischen dem Entgelt ihrer Stufe nach Entgeltgruppe 13 und der entsprechenden Stufe der Entgeltgruppe 14. [2]Von Satz 1 werden auch Fallgruppen der Vergütungsgruppe Ib BAT/BAT-O/BAT-Ostdeutsche Sparkassen erfasst, deren Tätigkeitsmerkmale eine bestimmte Tätigkeitsdauer voraussetzen. [3]Die Sätze 1 und 2 gelten auch für Beschäftigte im Sinne des § 1 Abs. 2.

Niederschriftserklärung zu § 17 Abs. 8:

Mit dieser Regelung ist keine Entscheidung über die Zuordnung und Fortbestand/ Besitzstand der Zulage im Rahmen der neuen Entgeltordnung verbunden.

(9) [1]Bis zum In-Kraft-Treten der Eingruppierungsvorschriften des TVöD gelten für Vorarbeiter/innen und Vorhandwerker/innen, Fachvorarbeiter/innen und vergleichbare Beschäftigte die bisherigen landesbezirklichen Regelungen und die Regelungen in Anlage 3 Teil I. des Tarifvertrages zu § 20 Abs. 1 BMT-G-O (Lohngruppenverzeichnis) im bisherigen Geltungsbereich fort; dies gilt auch für Beschäftigte im Sinne des § 1 Abs. 2. [2]Satz 1 gilt für Lehrgesellen/innen entsprechend, soweit hierfür besondere tarifliche Regelungen vereinbart sind. [3]Ist anlässlich der vorübergehenden Übertragung einer höherwertigen Tätigkeit im Sinne des § 14 TVöD zusätzlich eine Tätigkeit auszuüben, für die nach bisherigem Recht ein Anspruch auf Zahlung einer Zulage für Vorarbeiter/ innen und Vorhandwerker/innen, Fachvorarbeiter/innen und vergleichbare Beschäftigte oder Lehrgesellen/innen besteht, erhält die/der Beschäftigte abweichend von den Sätzen 1 und 2 sowie von § 14 Abs. 3 TVöD anstelle der Zulage nach § 14 TVöD für die Dauer der Ausübung sowohl der höherwertigen als auch der zulagenberechtigenden Tätigkeit eine persönliche Zulage in Höhe von 10 v. H. ihres/seines Tabellenentgelts.

Protokollerklärung zu Absatz 9 Satz 1 und 2:

[1]Die Zulage für Vorarbeiter/innen und Vorhandwerker/innen, Fachvorarbeiter/ innen und vergleichbare Beschäftigte oder Lehrgesellen/innen verändert sich bei allgemeinen Entgeltanpassungen nach dem 31. Dezember 2009 um den von den Tarifvertragsparteien für die jeweilige Entgeltgruppe festgelegten Vomhundertsatz. [2]Abweichende Regelungen in landesbezirklichen Tarifverträgen bleiben unberührt.

(10) Die Absätze 1 bis 9 gelten für besondere tarifvertragliche Vorschriften über die Eingruppierungen entsprechend.

Protokollerklärung zu § 17:

Die Tarifvertragsparteien sind sich darin einig, dass in der noch zu verhandelnden Entgeltordnung die bisherigen unterschiedlichen materiellen Wertigkeiten aus Fachhochschulabschlüssen (einschließlich Sozialpädagogen/innen und Ingenieuren/ innen) auf das Niveau der vereinbarten Entgeltwerte der Entgeltgruppe 9 ohne Mehrkosten (unter Berücksichtigung der Kosten für den Personenkreis, der nach der Übergangsphase nicht mehr in eine höhere bzw. niedrigere Entgeltgruppe eingruppiert ist) zusammengeführt werden; die Abbildung von Heraushebungsmerkmalen oberhalb der Entgeltgruppe 9 bleibt davon unberührt.

Erläuterungen

Mit den Regelungen des Vierten Abschnitts (das sind die §§ 17 bis 24) tragen die Tarifpartner dem Umstand Rechnung, dass der TVöD im

Wesentlichen zum 1. Oktober 2005 in Kraft tritt, die Überleitung des vorhandenen Personals zu diesem Zeitpunkt erfolgt, neu Eingestellte einer Entgeltgruppe zuzuordnen sind, aber die Eingruppierungsvorschriften des TVöD und eine neue Entgeltordnung noch nicht vereinbart worden sind. Die alte Fassung von § 17 VKA galt bis 31. Dezember 2016.

Zu § 17 Abs. 1

Nach Absatz 1 gelten die bisherigen Bestimmungen über die Eingruppierung der Angestellten und Einreihung der Arbeiter grundsätzlich fort.

Zu § 17 Abs. 2

Der in Absatz 1 vereinbarte Grundsatz der Weitergeltung des bisherigen Rechts gilt gemäß Absatz 2 der Vorschrift nicht für die ab dem 1. Oktober 2005 in die Entgeltgruppe 1 neu eingestellten Beschäftigten, die ehemaligen Angestellten der Vergütungsgruppe I BAT/BAT-O, die ab dem 1. Oktober 2005 zu außertariflichen Bedingungen weiterbeschäftigt werden, für die ab dem 1. November 2009 unter die Anlage C (VKA) fallenden Beschäftigten des Sozial- und Erziehungsdienstes sowie die unter § 51 BT-K bzw. § 51 BT-B fallenden Ärzte.

Zu § 17 Abs. 3

Abgesehen von den Einstellungen in die neue Entgeltgruppe 1 und von Ärzten erfolgen grundsätzlich alle zwischen dem 1. Oktober 2005 und dem Inkrafttreten einer neuen Entgeltordnung stattfindenden Eingruppierungs- und Einreihungsvorgänge – sei es im Wege der Umgruppierung als auch bei Neueinstellungen – vorläufig. Vertrauensschutz bzw. Besitzstände werden dadurch nicht begründet. Lediglich die Höhergruppierungen aufgrund besitzstandsweise vollzogener Bewährungsaufstieg im Sinne des § 8 Abs. 1 Satz 1 und 2 (siehe Erläuterungen zu § 8 Abs. 1) bzw. Abs. 3 erfolgen nicht vorläufig (Satz 2).

Zu § 17 Abs. 4

In Absatz 4 wird klargestellt, dass Anpassungen der Eingruppierung aufgrund einer neuen Entgeltordnung mit Wirkung für die Zukunft – also für den Zeitraum nach deren Inkrafttreten – erfolgen. Das bedeutet, dass Zahlungen für davor liegende Zeiträume nicht mehr aufgegriffen werden. Sofern Rückgruppierungen erfolgen, sind Nachteile durch eine nicht dynamische Besitzstandszulage für den Zeitraum der Ausübung der Tätigkeit abzufangen. Dabei wird unterschieden zwischen den übergeleiteten Beschäftigten (Abbau der Besitzstandszulage bei Stufenaufstiegen nach dem 30. September 2008 in Höhe der Hälfte des jeweiligen Steigerungsbetrages) und nach dem 1. Oktober 2005 neu Eingestellten (statt hälftiger Anrechnung der Stufensteigerung Vollanrechnung des jeweiligen Steigerungsbetrages). Nach Satz 4 der Vorschrift bleiben die Grundsätze korrigierender Rückgruppierung unberührt. Dieser Fall kann aber nur gegeben sein, wenn die vorläufige Zuordnung zu einer Entgeltgruppe bereits auf der Grundlage des in diesem Zeitpunkt geltenden Rechts fehlerhaft war (also Bearbeitungsfehler vorlagen).

Zu § 17 Abs. 5

Absatz 5 bestimmt, dass es – abgesehen von den in Folge der Besitzstandsregeln der §§ 8 und 9 erfolgten Aufstiege – ab dem 1. Oktober 2005 keine Aufstiege mehr gibt (Satz 1). Vergütungsgruppenzulagen kommen nach Satz 2 ebenfalls nicht mehr in Betracht – es sei denn, die Vergütungsgruppenzulage steht nach den Regeln der Vergütungsordnung bereits unmittelbar bei Übertragung der Tätigkeit (und nicht erst nach Bewährung) zu. In diesem Fall wird die Vergütungsgruppenzulage bis zum Inkrafttreten der neuen Entgeltordnung gezahlt. § 9 Abs. 4 gilt entsprechend; somit ist auch diese Zulage dynamisch und wird so lange gezahlt, wie die anspruchsbegründende Tätigkeit ununterbrochen ausgeübt wird und die sonstigen Voraussetzungen für eine Vergütungsgruppenzulage bestehen (siehe Erläuterungen zu § 9 Abs. 1).

Zu § 17 Abs. 6

Diese Vorschrift korrespondiert mit der Regelung in der Protokollerklärung zu § 5 Abs. 2 Satz 3 (siehe Erläuterungen zu § 5 Abs. 2) und bestimmt, dass auch Beschäftigten, denen nach dem 1. Oktober 2005 eine anspruchsberechtigende Tätigkeit übertragen wird, bis zum Inkrafttreten der neuen Entgeltordnung eine entsprechende Zulage gezahlt wird.

Zu § 17 Abs. 7

Für die Eingruppierungsvorgänge zwischen dem 1. Oktober 2005 und dem Inkrafttreten der neuen Entgeltordnung gilt gemäß Absatz 7 die eigenständige Zuordnungsregelung der Anlage 3 zum TVÜ. Wegen Ausgleichszahlungen an bestimmte Beschäftigte, die nach dem In-Kraft-Treten des TVöD auf der Grundlage der Anlage 3 TVÜ/VKA eingruppiert worden sind, siehe die Regelungen des Tarifvertrages über eine Pauschalzahlung vom 1. April 2014.

Die Vorschrift gilt ab dem 1. November 2009 nicht für die Beschäftigten des Sozial- und Erziehungsdienstes (siehe § 28a Abs. 10).

Mit dem im Zuge des 2. Änderungstarifvertrages vom 31. März 2008 eingefügten neuen Satz 2 haben die Tarifpartner bestimmt, dass in den Fällen des § 16 Abs. 2a TVöD die beim vorangegangenen Arbeitgeber im Wege der Überleitung ermittelte Entgeltgruppe beibehalten werden kann. § 16 Abs. 2a TVöD erfasst die Fälle, in denen Beschäftigte im unmittelbaren Anschluss an ein Beschäftigungsverhältnis im öffentlichen Dienst oder bei einem anderen den TVöD anwendenden Arbeitgeber eingestellt werden.

Im Gleichklang zur Regelung des § 16 Abs. 2a TVöD ist auch die Regelung des § 17 Abs. 7 Satz 2 TVÜ als „Kann-Regelung" ausgestaltet, die in das Ermessen des Arbeitgebers gestellt ist.

Zu § 17 Abs. 8

Absatz 8 bestimmt, dass Angestellte der Vergütungsgruppe II BAT/BAT-O mit fünf- oder sechsjährigem Aufstieg nach Vergütungsgruppe Ib BAT/BAT-O sowie Angestellte der Vergütungsgruppe Ib BAT/BAT-O, deren Tätigkeitsmerkmale eine bestimmte Tätigkeitsdauer voraussetzen, eine Zulage in Höhe des Unterschiedsbetrages zwischen den Entgeltgruppen 14 und 13 erhalten. Nach der Niederschriftserklärung dazu soll durch diese Regelung keine Entscheidung über die Eingruppierung im Rahmen der neuen Entgeltordnung verbunden sein.

Zu § 17 Abs. 9

Nach Maßgabe des Absatzes 9 gelten die bisherigen Regelungen für Vorarbeiter/Handwerker bis zum Inkrafttreten der neuen Entgeltordnung fort. Wurden vorübergehend höherwertige Tätigkeiten übertragen, die nach altem Recht einen Anspruch auf Zahlung einer Vorarbeiter-, Vorhandwerker- oder Lehrgesellenzulage auslösten, so erhält der Betroffene – abweichend von § 14 TVöD – eine Zulage in Höhe von 10 % seines Tabellenentgelts. Dadurch ist sowohl die höherwertige Tätigkeit als auch die Vorarbeitertätigkeit etc. abgegolten. Durch die Protokollerklärung haben die Tarifpartner eine Teilhabe der Vorarbeiter-/Handerkerzulage an Entgelterhöhungen sichergestellt.

Zu § 17 Abs. 10

Gemäß Absatz 10 gelten die Vorschriften der Absätze 1 bis 9 für „besondere tarifvertragliche Vorschriften über die Eingruppierung“ entsprechend. Was sie darunter verstehen, haben die Tarifpartner nicht näher beschrieben.

II

§ 18 Vorübergehende Übertragung einer höherwertigen Tätigkeit nach dem 30. September 2005

(1) (weggefallen)

(2) Wird aus dem Geltungsbereich des BMT-G/BMT-G-O übergeleiteten Beschäftigten nach dem 30. September 2005 erstmalig außerhalb von § 10 eine höherwertige Tätigkeit vorübergehend übertragen, gelten bis zum In-Kraft-Treten eines Tarifvertrages über eine persönliche Zulage die bisherigen bezirklichen Regelungen gemäß § 9 Abs. 3 BMT-G und nach Anlage 3 Teil I. des Tarifvertrages zu § 20 Abs. 1 BMT-G-O (Lohngruppenverzeichnis) im bisherigen Geltungsbereich mit der Maßgabe entsprechend, dass sich die Höhe der Zulage nach dem TVöD richtet, soweit sich aus § 17 Abs. 9 nichts anderes ergibt.

Niederschriftserklärungen zu § 18:

1. [1]Abweichend von der Grundsatzregelung des TVöD über eine persönliche Zulage bei vorübergehender Übertragung einer höherwertigen Tätigkeit ist durch einen landesbezirklichen Tarifvertrag im Rahmen eines Katalogs, der die hierfür in Frage kommenden Tätigkeiten aufführt, zu bestimmen, dass die Voraussetzung für die Zahlung einer persönlichen Zulage bereits erfüllt ist, wenn die vorübergehende übertragene Tätigkeit mindestens drei Arbeitstage angedauert hat und der/die Beschäftigte ab dem ersten Tag der Vertretung in Anspruch genommen ist. [2]Die landesbezirklichen Tarifverträge sollen spätestens am 1. Juli 2007 in Kraft treten.
2. Die Niederschriftserklärung zu § 10 Abs. 1 und 2 gilt entsprechend.

Erläuterungen

Diese Vorschrift ergänzt § 10 (siehe dort) und trifft Regelungen für die vorübergehende (oder vertretungsweise – siehe Ziffer 2 der Niederschriftserklärung) Übertragung höherwertiger Tätigkeiten nach dem 1. Oktober 2005 (§ 10 regelt die Fälle vorheriger Übertragung entsprechender Tätigkeiten).

Seine heutige Fassung hat § 18 TVÜ-VKA im Zusammenhang mit der Einführung der Entgeltordnung für die Beschäftigten der Kommunen durch den 11. Änderungstarifvertrag zum TVÜ-VKA vom 29. April 2016 erhalten. In diesem Zusammenhang wurden die Absätze 1, 3 und 4 zum 1. Januar 2017 aufgehoben.

Absatz 1 a. F. traf Regelungen für aus dem BAT/BAT-O in den TVöD übergeleitete Beschäftigte (Angestellte im alten Rechtssinn), denen in der Zeit vom 1. Oktober 2005 bis zum 30. September 2007 erstmalig höherwertige Tätigkeiten übertragen worden waren. Die Regelung lief mit Blick auf den Aspekt der „vorübergehenden" Aufgabenübertragung mittlerweile ins Leere und wurde von den Tarifpartnern aufgehoben.

Absatz 3 a. F. legte fest, dass bei der Prüfung der Frage, ob es sich um tariflich höherwertige Tätigkeiten handelte, bis zum Inkrafttreten der neuen Entgeltordnung die Regelungen des § 22 BAT/BAT-O bzw. die entsprechenden Regelungen für Arbeiter heranzuziehen waren. Diese Übergangsregelung war mit dem Inkrafttreten der Entgeltordnung hinfällig geworden und wurde daher aufgehoben.

Absatz 4 a. F. erweiterte die Regelungen der Absätze 1 und 3 für bestimmte Angestellte im kommunalen Verwaltungs- und Kassendienst sowie im Sparkassendienst während der Ausbildungs-/Prüfungszeiten. Die Regelung war ebenfalls entbehrlich und wurde daher aufgehoben.

Zu § 18 Abs. 2

Absatz 2 bestimmt, dass bei ehemaligen, zum 1. Oktober 2005 in den TVöD übergeleiteten Arbeitern, denen nach dem 1. Oktober 2005 erstmals eine höherwertige Tätigkeit übertragen wird, die bisherigen Regeln des BMT-G/BMT-G-O anzuwenden sind. Lediglich die Höhe der Zulage bestimmt sich nach den Regeln des TVöD.

Zur Niederschriftserklärung

Die Niederschriftserklärung Nr. 1 enthält den Auftrag, durch einen spätestens zum 1. Juli 2007 in Kraft tretenden Tarifvertrag zu bestimmen, in welchen zu katalogisierenden Tätigkeiten eine Zulage bereits nach einer Frist von drei Tagen (statt einem Monat) gezahlt wird. Dass die Tarifpartner den selbst gesetzten Auftrag bis heute nicht erfüllt haben, hat keine Konsequenzen.

II

§ 19 Entgeltgruppen 2 Ü und 15 Ü[1])

(1) Für Beschäftigte, die nach der Anlage 3 der Entgeltgruppe 2 Ü zugeordnet sind, gelten folgende Tabellenwerte:

	Stufe 1	Stufe 2	Stufe 3	Stufe 4	Stufe 5	Stufe 6
gültig bis 29. Februar 2024	2261,60	2487,98	2569,31	2677,75	2752,26	2861,58
gültig ab 1. März 2024	2601,60	2835,82	2921,62	3036,03	3114,63	3229,97

(2) [1]Übergeleitete Beschäftigte der Vergütungsgruppe I BAT/BAT-O/BAT-Ostdeutsche Sparkassen unterliegen dem TVöD. [2]Sie werden in die Entgeltgruppe 15 Ü übergeleitet. [3]Für sie gelten folgende Tabellenwerte:

	Stufe 2	Stufe 3	Stufe 4	Stufe 5	Stufe 6
gültig bis 29. Februar 2024	6200,57	6873,00	7510,04	7934,77	8033,83
gültig ab 1. März 2024	6752,60	7462,02	8134,09	8582,18	8686,69

[4]Die Verweildauer in den Stufen 2 bis 5 beträgt jeweils fünf Jahre.

1) Die im Zuge der Tarifeinigung 2025 (abgedruckt unter **150**) vereinbarten Erhöhungen zum 1. April 2025 und zum 1. Mai 2026 wirken sich auch auf die Entgeltgruppen 2 Ü und 15 Ü aus. Auf dieser Grundlage ergeben sich die nachstehenden, noch nicht endgültig abgestimmten Werte:

Entgeltgruppe 2 Ü:

	Stufe 1	Stufe 2	Stufe 3	Stufe 4	Stufe 5	Stufe 6
gültig vom 1. April 2025 bis 31. April 2026	2 711,60	2 945,82	3 031,62	3 146,03	3 224,63	3 339,97
gültig ab 1. Mai 2026	2 787,52	3 028,30	3 116,51	3 234,12	3 314,92	3 433,49

Entgeltgruppe 15 Ü:

	Stufe 2	Stufe 3	Stufe 4	Stufe 5	Stufe 6
vom 1. April 2025 bis 30. April 2026	6 955,18	7 685,88	8 378,11	8 839,65	8 947,29
ab 1. Mai 2026	7 149,93	7 901,08	8 612,70	9 087,16	9 197,81

Erläuterungen

Die Vorschrift legt die Tabellenwerte der in der Grundentgelttabelle zum TVöD noch nicht definierten Entgeltgruppen 2 Ü und 15 Ü fest. Für das Tarifgebiet Ost war gemäß Absatz 4 der jeweilige Bemessungsfaktor zu beachten. Im Hinblick auf die Angleichung der Tabellenwerte Ost/West zum 1. Januar 2010 ist Absatz 4 durch den Änderungstarifvertrag Nr. 4 vom 13. November 2009 mit Wirkung vom 1. Januar 2010 gestrichen worden.

Zu § 19 Abs. 1

Hierunter fallen die unmittelbar in Entgeltgruppe 2 Ü übergeleiteten Beschäftigten sowie die in Lohngruppe 1 mit Aufstieg nach 2 und 2a und Lohngruppe 2 mit Aufstieg nach 2a eingestellten Beschäftigten.

Zu § 19 Abs. 2

Hiervon werden die aus Vergütungsgruppe I BAT/BAT-O übergeleiteten Beschäftigten erfasst. Abweichend von den allgemeinen Grundsätzen beträgt die Verweildauer in den Stufen 2 bis 5 jeweils fünf Jahre. § 6 Abs. 4 (Mindeststufe) findet keine Anwendung.

Zu § 19 Abs. 3 (aufgehoben)

Mit der Regelung in Absatz 3 hatten die Tarifpartner die nicht von der Vergütungsordnung erfassten Lehrkräfte mit in die Tabelle des TVöD einbezogen. Soweit diese Lehrkräfte nur eine geringere allgemeine Zulage nach altem Recht (dem Tarifvertrag über Zulagen an Angestellte vom 17. Mai 1982) erhielten, mussten die Tabellenwerte nach unten korrigiert werden. Nach einer Niederschriftserklärung strebten Arbeitgeber und Gewerkschaften für die Zeit nach dem 31. Dezember 2007 eine Harmonisierung der Tabellenwerte an. In der Lohnrunde 2008 wurde vereinbart, dass die Minderungswerte von 64 bzw. 72 Euro bei jeder nach dem 31. Dezember 2008 wirksam werdenden allgemeinen Tabellenanpassung um 6,40 bzw. 7,20 Euro verringert werden. Damit wurde eine Angleichung der Tabellenwerte in zehn Stufen erreicht. Die nun entbehrliche Vorschrift wurde im Zuge des 12. Änderungstarifvertrages vom 24. November 2016 gestrichen.

§ 20 (weggefallen)

Erläuterungen

II

§ 20 enthielt Regelungen über die Jahressonderzahlungen 2005 und 2006 im Bereich der Kommunen. Die Regelung ist inzwischen bedeutungslos und wurde im Zuge des Änderungstarifvertrages Nr. 7 vom 31. März 2012 aufgehoben.

§ 21 (weggefallen)

Erläuterungen

§ 21 enthielt Regelungen über die Einmalzahlungen 2006 und 2007 im Bereich der Kommunen und ergänzte insoweit den auf das Jahr 2005 begrenzten Tarifvertrag. Die inzwischen bedeutungslose Regelung wurde im Zuge des Änderungstarifvertrages Nr. 7 vom 31. März 2012 aufgehoben.

§ 22 Sonderregelungen für Beschäftigte im bisherigen Geltungsbereich der SR 2a, SR 2b und SR 2c zum BAT/BAT-O

(1) (weggefallen)

(2) Nr. 7 SR 2a BAT/BAT-O gilt im bisherigen Geltungsbereich bis zum In-Kraft-Treten einer Neuregelung fort.

II

(3) Nr. 5 SR 2c BAT/BAT-O gilt für übergeleitete Ärztinnen und Ärzte bis zu einer arbeitsvertraglichen Neuregelung deren Nebentätigkeit fort.

(4) Bestehende Regelungen zur Anrechnung von Wege- und Umkleidezeiten auf die Arbeitszeit bleiben durch das In-Kraft-Treten des TVöD unberührt.

Erläuterungen

§ 22 trifft – speziell für den Bereich der Kommunen – Bestimmungen über die befristete Fortgeltung tariflicher Regeln der SR 2a, 2b und 2c (Kranken-, Heil-, Pflege- und Entbindungsanstalten, Heime). Die Vorschrift korrespondiert mit dem Besonderen Teil des TVöD für Krankenhäuser (BT-K)[1].

---

[1]) abgedruckt unter **230**

§ 23 Erschwerniszuschläge

(1) [1]Bis zur Regelung in einem landesbezirklichen Tarifvertrag gelten für die von § 1 Abs. 1 und 2 erfassten Beschäftigten im jeweiligen bisherigen Geltungsbereich

- **die jeweils geltenden bezirklichen Regelungen zu Erschwerniszuschlägen gemäß § 23 Abs. 3 BMT-G,**
- **der Tarifvertrag zu § 23 Abs. 3 BMT-G-O vom 14. Mai 1991,**
- **der Tarifvertrag über die Gewährung von Zulagen gemäß § 33 Abs. 1 Buchst. c BAT vom 11. Januar 1962 und**
- **der Tarifvertrag über die Gewährung von Zulagen gemäß § 33 Abs. 1 Buchst. c BAT-O vom 8. Mai 1991**

fort. [2]Dies gilt für die landesbezirklichen Tarifverträge mit der Maßgabe, dass die Grenzen und die Bemessungsgrundlagen des § 19 Abs. 4 TVöD zu beachten sind.

(2) [1]Für Beschäftigte gemäß § 1 Abs. 1, auf die bis zum 30. September 2005 der Tarifvertrag betreffend Wechselschicht- und Schichtzulagen für Angestellte vom 1. Juli 1981, der Tarifvertrag betreffend Wechselschicht- und Schichtzulagen für Angestellte (TV Schichtzulagen Ang-O) vom 8. Mai 1991, der Tarifvertrag zu § 24 BMT-G (Schichtlohnzuschlag) vom 1. Juli 1981 oder der Tarifvertrag zu § 24 Abs. 4 Unterabs. 1 BMT-G-O (TV Schichtlohnzuschlag Arb-O) vom 8. Mai 1991 Anwendung gefunden hat, gelten diese Tarifverträge einschließlich der bis zum 30. September 2005 zu ihrer Anwendung maßgebenden Begriffsbestimmungen des BAT/BAT-O/BMT-G/BMT-G-O weiter. [2]Für alle übrigen Beschäftigten gelten die Regelungen des § 8 Abs. 5 und 6 in Verbindung mit § 7 Abs. 1 und 2 TVöD. [3]Satz 1 gilt nicht für § 4 Nrn. 2, 3, 8 und 10 des Tarifvertrages zu § 24 BTM-G (Schichtlohnzuschlag) vom 1. Juli 1981; insoweit findet § 2 Abs. 2 Anwendung.

Erläuterungen

Die Vorschrift bestimmt im Absatz 1, dass die bislang im Bereich der Kommunen einschlägigen tarifvertraglichen Vorschriften über Erschwerniszuschläge bis zur (Neu-)Regelung durch einen landesbezirklichen Tarifvertrag fortgelten. Sofern die entsprechenden Verhandlungen nicht bis zum 31. Dezember 2007 abgeschlossen sein sollten, gelten bei Weitergeltung der landesbezirklichen Regelungen im Übrigen die Grenzen und Bemessungsgrundlagen des § 19 Abs. 4 TVöD.

Nach Absatz 2 der Vorschrift gelten für übergeleitete Beschäftigte die bisherigen tariflichen Regelungen zu Wechselschicht- und Schichtzulagen fort.

§ 24 Bereitschaftszeiten

II

[1]Die landesbezirklich für Hausmeister und Beschäftigtengruppen mit Bereitschaftszeiten innerhalb ihrer regelmäßigen Arbeitszeit getroffenen Tarifverträge und Tarifregelungen sowie Nr. 3 SR 2r BAT-O gelten fort. [2]Dem Anhang zu § 9 TVöD widersprechende Regelungen zur Arbeitszeit sind bis zum 31. Dezember 2005 entsprechend anzupassen.

Erläuterungen

Nach dieser Vorschrift gelten die Nr. 3 SR 2r BAT/BAT-O (Hausmeister) und entsprechende Tarifregelungen für Beschäftigtengruppen, in deren regelmäßige Arbeitszeit Bereitschaftszeiten fallen, fort. Die entsprechenden Arbeitszeitregelungen sind nach Satz 2 der Vorschrift aber an die Vereinbarungen zu § 9 TVöD anzupassen.

Der Umstand, dass die vereinbarte Anpassungsfrist mittlerweile verstrichen ist, hat keine Auswirkung auf den Fortbestand der Altregelungen

Die Vorschrift der Nr. 3 SR 2r BAT hatte zuletzt folgenden Wortlaut:

§

„Nr. 3
Zu § 15 – Regelmäßige Arbeitszeit –

(1) Die regelmäßige Arbeitszeit beträgt durchschnittlich 50 ½ Stunden wöchentlich.

(2) § 15 Abs. 2 und 4 findet keine Anwendung."

Mit Blick auf die Regelungen des Arbeitszeitgesetzes (abgedruckt als Anhang 1 zu § 6 TVöD) dürfte mittlerweile von einer Höchstgrenze von 48 Wochenstunden auszugehen sein (jüngst nochmals EuGH, Urt. v. 25. 11. 2010 – Rs C-429/09 sowie bereits auch das BAG im Urteil vom 14. Oktober 2004 – 6 AZR 564/03). Während das BAG noch die Auffassung vertreten hat, dass auch bei einer rechtswidrigen Arbeitszeit von mehr als 48 Wochenstunden kein Vergütungsanspruch für die übersteigende Zeit besteht, sieht der EuGH hierfür einen Schadensersatzanspruch vor. Der EuGH lässt aber ausdrücklich offen, in welcher Form (Geld, Freizeitausgleich?) und Höhe dieser Schadensersatz zu erbringen ist.

§ 25 Übergangsregelung zur Zusatzversorgungspflicht der Feuerwehrzulage

[1]Abweichend von der allgemeinen Regelung, dass die Feuerwehrzulage für Beschäftigte im feuerwehrtechnischen Dienst nicht zusatzversorgungspflichtig ist, ist diese Zulage bei Beschäftigten, die eine Zulage nach Nr. 2 Abs. 2 SR 2x BAT/BAT-O bereits vor dem 1. Januar 1999 erhalten haben und bis zum 30. September 2005 nach Vergütungsgruppen X bis Va/b eingruppiert waren (§ 4 Abs. 1 Satz 1 i. V. m. der Anlage 1), zusatzversorgungspflichtiges Entgelt nach Ablauf des Kalendermonats, in dem sie sieben Jahre lang bezogen worden ist, längstens jedoch bis zum 31. Dezember 2007. [2]Auf die Mindestzeit werden auch solche Zeiträume angerechnet, während derer die Feuerwehrzulage nur wegen Ablaufs der Krankenbezugsfristen nicht zugestanden hat. [3]Sätze 1 und 2 gelten nicht, wenn der Beschäftigte bis zum 31. Dezember 2007 bei Fortgeltung des BAT/BAT-O oberhalb der Vergütungsgruppe Va/b eingruppiert wäre.

Erläuterungen

Die Übergangsregelung des § 25 TVÜ-VKA stellt sicher, dass die Feuerwehrzulage bei bestimmten Beschäftigten weiterhin zusatzversorgungspflichtiges Entgelt darstellt. Die Voraussetzungen im Einzelnen ergeben sich aus dem Tariftext.

§ 26 Angestellte als Lehrkräfte an Musikschulen

Für die bis zum 30. September 2005 unter den Geltungsbereich der Nr. 1 SR 2 l II BAT fallenden Angestellten, die am 28. Februar 1987 in einem Arbeitsverhältnis standen, das am 1. März 1987 zu demselben Arbeitgeber bis zum 30. September 2005 fortbestanden hat, wird eine günstigere einzelarbeitsvertragliche Regelung zur Arbeitszeit durch das In-Kraft-Treten des TVöD nicht berührt.

II

Erläuterungen

Die Vorschrift sichert in Bezug auf die Arbeitszeit den Besitzstand übergeleiteter Musikschullehrer (Altfälle).

§ 27 Angestellte im Bibliotheksdienst

Regelungen gem. Nr. 2 SR 2 m BAT/BAT-O bleiben durch das In-Kraft-Treten des TVöD unberührt.

Erläuterungen

§ 27 gewährleistet weiterhin, dass bei Bibliothekaren, zu deren Aufgaben die Erarbeitung von Bücherkenntnissen und die Besprechung von Neuerscheinungen gehören, dafür Zeiten als Arbeitszeit berücksichtigt werden (Nr. 2 SR 2m).

Die fortgeltenden Sonderregelungen lauteten wie folgt:

„Sonderregelungen für Angestellte als Bibliothekare an öffentlichen Büchereien (Volksbüchereien) und an staatlichen Büchereistellen (SR 2m BAT)

Nr. 1
Zu §§ 1 und 2 – Geltungsbereich –

Diese Sonderregelungen gelten für Angestellte als Diplombibliothekare an öffentlichen Büchereien (Volksbüchereien) und an staatlichen Büchereistellen sowie für Angestellte, die auf Grund gleichwertiger Fähigkeiten und ihrer Erfahrungen an öffentlichen Büchereien (Volksbüchereien) die entsprechenden Tätigkeiten ausüben

Nr. 2
Zu §§ 15 und 17 – Arbeitszeit – Überstunden

Den Bibliothekaren, zu deren Aufgaben auch die Erarbeitung von Bücherkenntnissen und die Besprechung von Neuerscheinungen gehören, ist hierfür eine nach den besonderen Verhältnissen der einzelnen Bibliothek bemessene Zeit auf die regelmäßige Arbeitszeit anzurechnen. Aus der Überschreitung der zur Erarbeitung der Bücherkenntnisse und der Besprechung von Neuerscheinungen vorgesehenen Zeiten kann ein Recht auf Anerkennung dieser Zeiten als Überstunden nicht hergeleitet werden."

§ 28 (weggefallen)

Erläuterungen

II

Mit dieser Vorschrift haben die Tarifpartner bestimmt, dass die bis zum 30. September 2005 „verdienten" unständigen Bezügebestandteile zu diesem Zeitpunkt nach altem Recht in der Weise abgerechnet wurden, als hätte das Beschäftigungsverhältnis zu diesem Zeitpunkt geendet.

Die inzwischen bedeutungslose Regelung wurde im Zuge des Änderungstarifvertrages Nr. 7 vom 31. März 2012 aufgehoben.

Abschnitt IVa
Besondere Regelungen für Beschäftigte im Sozial- und Erziehungsdienst

§ 28a Überleitung der Beschäftigten in die Anlage C (VKA) zum TVöD und weitere Regelungen

(1) [1]Die unter den Anhang zu der Anlage C (VKA) zum TVöD fallenden Beschäftigten (§ 1 Abs. 1 und 2) werden am 1. November 2009 in die Entgeltgruppe, in der sie nach dem Anhang zu der Anlage C (VKA) zum TVöD eingruppiert sind, übergeleitet. [2]Die Stufenzuordnung in der neuen Entgeltgruppe bestimmt sich nach Absatz 2, das der/dem Beschäftigten in der neuen Entgeltgruppe und Stufe zustehende Entgelt nach den Absätzen 3 und 4. [3]Die Absätze 5 bis 10 bleiben unberührt.

(2) [1]Die Beschäftigten werden wie folgt einer Stufe und innerhalb dieser Stufe dem Jahr der Stufenlaufzeit ihrer Entgeltgruppe, in der sie gemäß der Anlage C (VKA) zum TVöD eingruppiert sind, zugeordnet:

bisherige Stufe und Jahr innerhalb der Stufe		neue Stufe und Jahr
1	→	1
2/1	→	2/1
2/2	→	2/2
3/1	→	2/3
3/2	→	3/1
3/3	→	3/2
4/1	→	3/3
4/2	→	3/4
4/3	→	4/1
4/4	→	4/2
5/1	→	4/3
5/2	→	4/4
5/3	→	5/1
5/4	→	5/2
5/5	→	5/3
6/1	→	5/4
6/2	→	5/5.

[2]Beschäftigte, die in ihrer bisherigen Entgeltgruppe in der Stufe 6 mindestens zwei Jahre zurückgelegt haben, werden der Stufe 6 zugeordnet. [3]§ 1 Abs. 2 Satz 7 der Anlage zu Abschnitt VIII Sonderregelungen (VKA) § 56 BT-V bzw.

II

§ 52 Abs. 2 S. 7 BT-B bleibt unberührt. [4]Für Beschäftigte der bisherigen Entgeltgruppe 8, die in der Entgeltgruppe S 8 eingruppiert sind, gilt Satz 1 mit der Maßgabe, dass die verlängerte Stufenlaufzeit in den Stufen 4 und 5 gemäß § 1 Abs. 2 Satz 8 der Anlage zu Abschnitt VIII Sonderregelungen (VKA) § 56 BT-V bzw. § 52 Abs. 2 Satz 8 BT-B bei der Stufenzuordnung zu berücksichtigen ist.

[5]Abweichend von Satz 1 werden Beschäftigte der bisherigen Entgeltgruppe 9, die in der Entgeltgruppe S 8 eingruppiert sind, wie folgt einer Stufe und innerhalb dieser Stufe dem Jahr der Stufenlaufzeit ihrer Entgeltgruppe zugeordnet:

bisherige Stufe und Jahr innerhalb der Stufe		neue Stufe und Jahr
1	→	1
2/1	→	2/1
2/2	→	2/2
3/1	→	2/3
3/2	→	3/1
3/3	→	3/2
4/1	→	3/3
4/2	→	3/4
4/3	→	4/1
4/4	→	4/2
4/5	→	4/3
4/6	→	4/4
4/7	→	4/5
4/8	→	4/6
4/9	→	4/7
5/1	→	4/8
5/2	→	5/1
5/3	→	5/2
5/4	→	5/3
5/5	→	5/4
5/6	→	5/5
5/7	→	5/6
5/8	→	5/7
5/9	→	5/8
5/10	→	5/9
5/11	→	5/10.

[6]Beschäftigte, die in ihrer bisherigen Entgeltgruppe in der Stufe 5 mindestens elf Jahre zurückgelegt haben, werden der Stufe 6 zugeordnet. [7]Für Beschäftigte der bisherigen Entgeltgruppe 9, die in der Entgeltgruppe S 9 eingruppiert sind, gilt Satz 4 mit der Maßgabe, dass die Stufenlaufzeiten gemäß § 1 Abs. 2 Satz 6 der Anlage zu Abschnitt VIII Sonderregelungen (VKA) § 56 BT-V bzw. § 52 Abs. 2 Satz 6 BT-B bei der Stufenzuordnung zu berücksichtigen ist.

II

[8]Maßgeblich sind dabei ausschließlich die in der bisherigen Entgeltgruppe erreichte Stufe und die in dieser Stufe zurückgelegte Laufzeit. [9]Innerhalb des nach Satz 1, Satz 3 oder Satz 4 zugeordneten Jahres der Stufenlaufzeit ist die in der bisherigen Stufe unterhalb eines vollen Jahres zurückgelegte Zeit für den Aufstieg in das nächste Jahr der Stufenlaufzeit bzw. in eine höhere Stufe zu berücksichtigen. [10]Der weitere Stufenaufstieg richtet sich nach § 1 Abs. 2 Satz 6 bis 8 der Anlage zu Abschnitt VIII (Sonderregelungen VKA) § 56 BT-V bzw. § 52 Abs. 2 Satz 6 bis 8 BT-B.

Niederschriftserklärung zu § 28a Abs. 2:

Zur Erläuterung von § 28a Abs. 2 Satz 1, Satz 3 und Satz 4 sind sich die Tarifvertragsparteien über folgende Beispiele einig:

a) Eine Beschäftigte, die am 31. Oktober 2009 in ihrer Entgeltgruppe der Stufe 3 zugeordnet ist und in dieser Stufe mit Ablauf des 31. Oktober 2009 zwei Jahre und einen Monat zurückgelegt hat, wird mit ihrer Überleitung in die Entgeltgruppe S, in der sie nach dem Anhang zu der Anlage C (VKA) zum TVöD eingruppiert ist, der Stufe 3 zweites Jahr mit einer zurückgelegten Stufenlaufzeit im zweiten Jahr von einem Monat zugeordnet. Bei Durchlaufen der Regelstufenlaufzeit steigt die Beschäftigte am 1. Oktober 2012 in die Stufe 4 auf.

b) Ein Beschäftigter, der im Wege des vorgezogenen Stufenaufstiegs (§ 17 Abs. 2 TVöD) am 1. Juli 2009 in seiner Entgeltgruppe in die Stufe 3 aufgestiegen ist und in dieser Stufe mit Ablauf des 31. Oktober 2009 vier Monate zurückgelegt hat, wird mit seiner Überleitung in der Entgeltgruppe S, in der er gemäß dem Anhang zu der Anlage C (VKA) zum TVöD eingruppiert ist, der Stufe 2 drittes Jahr mit einer zurückgelegten Stufenlaufzeit im dritten Jahr von vier Monaten zugeordnet. Bei Durchlaufen der Regelstufenlaufzeit steigt der Beschäftigte am 1. Juli 2010 in die Stufe 3 auf.

(3) [1]Es wird ein Vergleichsentgelt gebildet, das sich aus dem am 31. Oktober 2009 zustehenden Tabellenentgelt oder aus dem Entgelt einer individuellen Endstufe einschließlich eines nach § 17 Abs. 4 Satz 2 TVöD gegebenenfalls zustehenden Garantiebetrages sowie einer am 31. Oktober 2009 nach § 9 oder § 17 Abs. 5 Satz 2 zustehenden Besitzstandszulage zusammensetzt. [2]In den Fällen des § 8 Abs. 3 Satz 2 tritt an die Stelle des Tabellenentgelts das Entgelt aus der individuellen Zwischenstufe. [3]Bei Teilzeitbeschäftigten wird das Vergleichsentgelt auf der Grundlage eines vergleichbaren Vollzeitbeschäftigten bestimmt, anschließend wird das zustehende Entgelt nach § 24 Abs. 2 TVöD berechnet. [4]Satz 3 gilt für Beschäftigte, deren Arbeitszeit nach § 3 des Tarifvertrages zur sozialen Absicherung (TVsA) vom 13. September 2005 herabgesetzt ist, entsprechend. [5]Für Beschäftigte, die nicht für alle Tage im Oktober 2009 oder für keinen Tag dieses Monats Entgelt erhalten haben, wird das Vergleichsentgelt so bestimmt, als hätten sie für alle Tage dieses Monats Entgelt erhalten. [6]Beschäftigte, die im November 2009 in ihrer bisherigen Entgeltgruppe bei Fortgeltung des bisherigen Rechts einen Stufenaufstieg gehabt hätten, werden für die Bemessung des Vergleichsentgelts so behandelt, als wäre der Stufenaufstieg bereits im Oktober 2009 erfolgt. [7]Bei am 1. Oktober

2005 vom BAT/BAT-O in den TVöD übergeleiteten Beschäftigten, die aus den Stufen 2 bis 5 ihrer Entgeltgruppe, in der sie am 31. Oktober 2009 eingruppiert sind, übergeleitet werden, wird das Vergleichsentgelt um 2,65 v. H. erhöht. [8]Bei Beschäftigten, die am 1. Oktober 2005 vom BAT/BAT-O in den TVöD übergeleitet wurden und die nach der Anlage C (VKA) zum TVöD in Entgeltgruppe S 8 oder S 9 eingruppiert sind, erfolgt abweichend von Satz 7 eine Erhöhung des Vergleichsentgelts um 2,65 v. H., wenn sie aus den Stufen 2 bis 4 der Entgeltgruppe 9 übergeleitet werden. [9]Bei Beschäftigten, auf die die Regelungen des Tarifgebiets Ost Anwendung finden und die aus den Entgeltgruppen 10 bis 12 in die Anlage C (VKA) zum TVöD in die Entgeltgruppen S 15 bis S 18 übergeleitet sind, erhöht sich das Vergleichsentgelt am 1. Januar 2010 um den Faktor 1,03093.

(4) [1]Ist das Vergleichsentgelt niedriger als das Tabellenentgelt der sich nach Absatz 2 ergebenden Stufe der Entgeltgruppe, in der die/der Beschäftigte am 1. November 2009 eingruppiert ist, erhält die/der Beschäftigte das entsprechende Tabellenentgelt ihrer/seiner Entgeltgruppe. [2]Übersteigt das Vergleichsentgelt das Tabellenentgelt der sich nach Absatz 2 ergebenden Stufe, erhält die/der Beschäftigte so lange das Vergleichsentgelt, bis das Tabellenentgelt unter Berücksichtigung der Stufenlaufzeiten nach § 1 Abs. 2 Satz 6 bis 8 der Anlage zu Abschnitt VIII (Sonderregelungen VKA) § 56 BT-V bzw. § 52 Abs. 2 Satz 6 bis 8 BT-B das Vergleichsentgelt erreicht bzw. übersteigt. [3]Liegt das Vergleichsentgelt über der höchsten Stufe der Entgeltgruppe, in der die/der Beschäftigte nach dem Anhang zu der Anlage C (VKA) zum TVöD eingruppiert ist, wird die/der Beschäftigte einer dem Vergleichsentgelt entsprechenden individuellen Endstufe zugeordnet. [4]Erhält die/der Beschäftigte am 31. Oktober 2009 Entgelt nach einer individuellen Endstufe, wird sie/er in der Entgeltgruppe, in der sie/er nach dem Anhang zu der Anlage C (VKA) zum TVöD eingruppiert ist, derjenigen Stufe zugeordnet, deren Betrag mindestens der individuellen Endstufe entspricht. [5]Steht der/dem Beschäftigten am 31. Oktober 2009 eine Besitzstandszulage nach § 9 oder § 17 Abs. 5 Satz 2 zu, ist diese bei Anwendung des Satzes 4 dem Betrag der individuellen Endstufe hinzuzurechnen. [6]Liegt der Betrag der individuellen Endstufe – bei Anwendung des Satzes 5 erhöht um die Besitzstandszulage – über der höchsten Stufe, wird die/der Beschäftigte erneut einer dem Betrag der bisherigen individuellen Endstufe – bei Anwendung des Satzes 5 erhöht um die Besitzstandszulage – entsprechenden individuellen Endstufe zugeordnet. [7]Das Vergleichsentgelt verändert sich um denselben Vomhundertsatz bzw. in demselben Umfang wie die nächsthöhere Stufe; eine individuelle Endstufe nach Satz 3 und 6 verändert sich um denselben Vomhundertsatz bzw. in demselben Umfang wie die höchste Stufe der jeweiligen Entgeltgruppe. [8]Absatz 3 Satz 9 gilt entsprechend.

Protokollerklärung zu Absatz 4 Satz 7:

Die Vergleichsentgelte sowie die Beträge der individuellen Endstufen erhöhen sich am 1. März 2024 um 200,00 Euro und anschließend um 5,5 Prozent, mindestens aber um 340,00 Euro.[1)]

---

1) Die im Zuge der Tarifeinigung 2025 (abgedruckt unter **150**) vereinbarten Erhöhungen ab 1. April 2025 sowie ab 1. Mai 2026 wirken sich auch auf die Vergleichsentgelte aus. Der Erhöhungssatz zum 1. April 2025 beträgt voraussichtlich 3,0 Prozent, mindestens jedoch 110 Euro, sowie zum 1. Mai 2026 2,8 Prozent.

(5) [1]Werden Beschäftigte, die nach dem 31. Oktober 2009 das Vergleichsentgelt erhalten, höhergruppiert, erhalten sie in der höheren Entgeltgruppe Entgelt nach der regulären Stufe, deren Betrag mindestens dem Vergleichsentgelt entspricht, jedoch nicht weniger als das Entgelt der Stufe 2. [2]Werden Beschäftigte aus einer individuellen Endstufe höhergruppiert, erhalten sie in der höheren Entgeltgruppe mindestens den Betrag, der ihrer bisherigen individuellen Endstufe entspricht. [3]Werden Beschäftigte, die das Vergleichsentgelt oder Entgelt aus einer individuellen Endstufe erhalten, herabgruppiert, erhalten sie in der niedrigeren Entgeltgruppe Entgelt nach der regulären Stufe, deren Betrag unterhalb des Vergleichsentgelts bzw. der individuellen Endstufe liegt, jedoch nicht weniger als das Entgelt der Stufe 2. [4]In den Fällen von Satz 1 bis 3 gilt Absatz 2 Satz 10 und in den Fällen von Satz 1 und Satz 2 gilt § 1 Abs. 4 der Anlage zu Abschnitt VIII Sonderregelungen (VKA) § 56 BT-V bzw. § 52 Abs. 4 BT-B entsprechend.

(6) Das Vergleichsentgelt steht dem Tabellenentgelt im Sinne des § 15 Abs. 1 TVöD gleich.

(7) [1]Auf am 1. Oktober 2005 aus dem BAT/BAT-O in den TVöD übergeleitete Beschäftigte, die nach dem Anhang zu der Anlage C (VKA) zum TVöD in der Entgeltgruppe S 8 oder S 9 eingruppiert wären, finden mit Ausnahme der Beschäftigten in der Tätigkeit von Sozialarbeiterinnen/Sozialarbeitern bzw. Sozialpädagoginnen/Sozialpädagogen mit staatlicher Anerkennung die Absätze 1 bis 6 nur Anwendung, wenn sie bis zum 31. Dezember 2009 (Ausschlussfrist) ihre Eingruppierung nach dem Anhang zu der Anlage C (VKA) zum TVöD schriftlich geltend machen. [2]§ 2 der Anlage zu Abschnitt VIII Sonderregelungen (VKA) § 56 BT-V bzw. § 52 BT-B findet auch dann Anwendung, wenn keine Geltendmachung nach Satz 1 erfolgt.

(8)[1]) [1]Am 1. Oktober 2005 aus dem BAT/BAT-O übergeleitete Beschäftigte, denen am 31. Oktober 2009 eine Besitzstandszulage nach § 9 zustand und die

a) nach dem Anhang zu der Anlage C (VKA) zum TVöD in der Entgeltgruppe S 11b eingruppiert sind, erhalten für die Dauer der Zuordnung zur Stufe 6 zusätzlich zu dem Tabellenentgelt der Entgeltgruppe S 11b Stufe 6 eine Zulage
   - **bis zum 29. Februar 2024 in Höhe von 81,34 Euro monatlich und**
   - **ab 1. März 2024 in Höhe von 90,69 Euro monatlich.**

b) nach dem Anhang zu der Anlage C (VKA) zum TVöD in der Entgeltgruppe S 12 eingruppiert sind, erhalten für die Dauer der Zuordnung zur Stufe 6 zusätzlich zu dem Tabellenentgelt der Entgeltgruppe S 12 Stufe 6 eine Zulage
   - **bis zum 29. Februar 2024 in Höhe von 92,93 Euro monatlich und**
   - **ab 1. März 2024 in Höhe von 103,62 Euro monatlich.**

[2]Die jeweilige Zulage nach Satz 1 verändert sich bei allgemeinen Entgeltanpassungen um den von den Tarifvertragsgparteien für die Entgeltgruppe S 11b bzw. S 12 festgelegten Vomhundertsatz. [3]Die Sätze 1 und 2 gelten für Beschäftigte, die einer individuellen Endstufe zugeordnet sind, entsprechend.

---

1) Die im Zuge der Tarifeinigung 2025 (abgedruckt unter **150**) vereinbarten Erhöhungen ab dem 1. April 2025 sowie ab dem 1. Mai 2026 wirken sich auch auf die Besitzstandszulagen nach Satz 1 aus. Abgestimmte Zahlen lagen bei Redaktionsschluss noch nicht vor.

[4]Abweichend von § 15 Abs. 2 Satz 2 TVöD gelten für am 1. Oktober 2005 aus dem BAT/BAT-O übergeleitete Beschäftigte, denen am 31. Oktober 2009 eine Besitzstandszulage nach § 9 zustand und die nach dem Anhang zu der Anlage C (VKA) zum TVöD in der Entgeltgruppe S 13 eingruppiert sind, folgende Tabellenwerte der Entgeltgruppe S 13 Ü:[1])

II

	Stufe 1	Stufe 2	Stufe 3	Stufe 4	Stufe 5	Stufe 6
gültig bis 29. Februar 2024	3415,20	3657,14	3989,55	4256,24	4589,56	4756,23
gültig ab 1. März 2024	3814,04	4069,28	4419,98	4701,33	5052,99	5228,82

[5]Im Übrigen gelten die Regelungen der Absätze 1 bis 6 mit Ausnahme von Absatz 3 Satz 7 entsprechend.

(9) [1]Abweichend von § 15 Abs. 2 Satz 2 TVöD gelten für am 1. Oktober 2005 aus dem BAT/BAT-O übergeleitete Beschäftigte, denen am 31. Oktober 2009 eine Besitzstandszulage nach § 9 zusteht und die nach Absatz 2 aus den Stufen 3 oder 4 ihrer bisherigen Entgeltgruppe übergeleitet werden und nach dem Anhang zu der Anlage C (VKA) zum TVöD in der Entgeltgruppe S 16 eingruppiert sind, in den Stufen 3, 4 und 5 folgende Tabellenwerte der Entgeltgruppe S 16 Ü:[2])

	Stufe 3	Stufe 4	Stufe 5
gültig bis 29. Februar 2024	4326,72	4800,07	5093,41
gültig ab 1. März 2024	4775,69	5275,07	5584,55

---

1) Die im Zuge der Tarifeinigung 2025 (abgedruckt unter **150**) vereinbarten Erhöhungen wirken sich auch auf die Entgeltgruppe S 13 Ü aus. Auf dieser Grundlage ergeben sich zum 1. April 2025 sowie 1. Mai 2026 die nachstehenden, noch nicht endgültig abgestimmten Werte:

Entgeltgruppe S 13 Ü:

	Stufe 1	Stufe 2	Stufe 3	Stufe 4	Stufe 5	Stufe 6
vom 1. April 2025 bis 30. April 2026	3 928,46	4 191,36	4 552,58	4 842,37	5 204,58	5 385,68
ab 1. Mai 2026	4 038,46	4 308,72	4 680,05	4 977,96	5 350,31	5 536,48

2) Die im Zuge der Tarifeinigung 2025 (abgedruckt unter **150**) vereinbarten Erhöhungen wirken sich auch auf die Entgeltgruppe S 16 Ü aus. Auf dieser Grundlage ergeben sich zum 1. April 2025 sowie 1. Mai 2026 die nachstehenden, noch nicht endgültig abgestimmten Werte:

Entgeltgruppe S 16 Ü:

	Stufe 3	Stufe 4	Stufe 5
vom 1. April 2025 bis 30. April 2026	4 918,96	5 433,32	5 752,09
ab 1. Mai 2026	5 056,69	5 585,45	5 913,15

[2]Im Übrigen gelten die Regelungen der Absätze 1 bis 6 mit Ausnahme von Absatz 3 Satz 7 entsprechend. [3]Mit Erreichen der Stufe 6 gilt der Tabellenwert der Stufe 6.

(10) §§ 8, 9 und § 17 Abs. 7 sowie die Anlagen 1 und 3 finden auf Beschäftigte, die nach dem Anhang zu der Anlage C (VKA) zum TVöD eingruppiert sind, keine Anwendung.

(11) [1]Ein am 31. Oktober 2009 zustehender Strukturausgleich steht nach den Regelungen des § 12 auch nach der Überleitung in eine Entgeltgruppe nach dem Anhang zu der Anlage C zum TVöD zu; die Anrechnung des Unterschiedsbetrages bei Höhergruppierungen nach § 12 Abs. 4 bleibt unberührt. [2]Ein am 1. November 2009 noch nicht zustehender Strukturausgleich, der nach Überleitung aus dem BAT/BAT-O aus der Ortszuschlagsstufe 2 zu zahlen ist, wird um den Betrag gekürzt, der bei Überleitung aus dem BAT/BAT-O aus derselben Vergütungsgruppe und der derselben Stufe aus der Ortszuschlagsstufe 1 in der Anlage 2 ausgewiesen ist. [3]Die Kürzung erfolgt unabhängig davon, ab welchem Zeitpunkt und für welche Dauer der Strukturausgleich den aus Ortszuschlagsstufe 1 übergeleiteten Beschäftigten zusteht. [4]Am 1. November 2009 noch nicht zustehende Strukturausgleiche für aus Ortszuschlagsstufe 1 übergeleitete Beschäftigte entfallen.

(12) Die sich aus der Eingruppierung der Beschäftigten nach dem Anhang zu der Anlage C (VKA) zum TVöD bzw. nach Absatz 8 und 9 ergebenden Entgeltsteigerungen gelten als allgemeine Entgeltanpassung im Sinne von § 10 Abs. 1 Satz 9.

Erläuterungen

Die Vorschrift des § 28a TVÜ-VKA ist durch den Änderungstarifvertrag Nr. 3 vom 27. Juli 2009 mit Wirkung vom 1. November 2009 in den TVÜ-VKA eingefügt worden. In den insgesamt 12 Absätzen dieser neuen Vorschrift haben die Tarifpartner die notwendigen Vereinbarungen getroffen, um die Beschäftigten des Sozial- und Erziehungsdienstes zum 1. November 2009 aus dem bisherigen Bezahlungssystem in die neuen Eingruppierungs- und Entgeltregelungen des Abschnitts VIII Sonderregelungen (VKA) § 56 BT-V bzw. des § 52 BT-B überzuleiten.

Die Grundsystematik dieser neuen Vorschrift ist zwar an die allgemeinen Regelungen des TVÜ-VKA zur Überleitung der Beschäftigten in den TVöD angelehnt. Die Tarifpartner mussten aber – neben den aus dem neuen Bezahlungssystem herrührenden Besonderheiten – natürlich dem deutlich verschobenen Überleitungszeitpunkt ebenso Rechnung tragen wie dem Umstand, dass ein großer Teil der Betroffenen bereits zuvor aus dem BAT/BAT-O in den TVöD übergeleitet worden war und deren Bezahlung im Zeitpunkt der erneuten Überleitung u. U. bereits Besitzstände beinhaltete.

Die Vorschrift ist zum 1. November 2009 in Kraft getreten. Für davor liegende Zeiträume galten auch für die Beschäftigten des Sozial- und Erziehungsdienstes die allgemeinen Vorschriften – also bis zum 30. September 2005 die Regelungen des BAT/BAT-O und der ihn ergänzenden Tarifverträge und in der Zeit vom 1. Oktober 2005 bis zum 31. Oktober 2009 die Regelungen des TVöD und die allgemeinen Regeln des TVÜ-VKA – ohne die erst zum 1. November 2009 vereinbarten Sonderregelungen des § 28a TVÜ-VKA.

Zu § 28a Abs. 1

In Absatz 1 haben die Tarifpartner bestimmt, dass die Beschäftigten des Sozial- und Erziehungsdienstes zum 1. November 2009 in die neuen Entgeltgruppen des Anhangs zu der Anlage C (VKA) zum TVöD (siehe bei Abschnitt VIII Sonderregelungen/VKA § 56 BT-V bzw. § 52 BT-B) übergeleitet werden (Satz 1). In den Sätzen 2 und 3 stellen sie das weitere Verfahren vor; nämlich die Stufenzuordnung (Absatz 2), die Entgeltermittlung (Absätze 3 und 4) sowie weitere spezielle Anpassungsregeln (Absätze 5 bis 10).

Zu § 28a Abs. 2

In Absatz 2 haben die Tarifpartner eine sehr detaillierte Regelung getroffen, um die neue Entgeltstufe und innerhalb dieser neuen Entgeltstufe auch die dort bereits als absolviert geltende Stufenlaufzeit für die nächsthöhere Stufe zu bestimmen. Dieses Verfahren ermöglicht eine zweifelsfreie Festlegung der noch erforderlichen Stufenlaufzeit für den nächsten Stufenaufstieg nach der Überleitung in das neue Entgeltsystem, das vom Regelfall des § 16 TVöD (VKA) abweichende Stufenlaufzeiten beinhaltet. Während grundsätzlich die Tabelle des Satzes 1 anzuwenden ist, berücksichtigen die Sätze 4 und 5 den Sonderfall der in die Entgeltgruppe S 8 übergeleiteten Beschäftigten der ehemaligen Entgeltgruppe 8 (Satz 4) bzw. den Fall der in die Entgeltgruppe S 8 übergeleiteten Beschäftigten der ehemaligen Entgeltgruppe 9 (Satz 5). Für diese unter die Sätze 4 und 5 fallenden Beschäftigten bestehen insoweit systematische Besonderheiten, als entweder für sie auch im neuen Entgeltsystem besondere Stufenlaufzeiten gelten (Satz 4) oder aber bereits im alten Entgeltsystem verlängerte Stufenlaufzeiten und eine begrenzte Stufenzahl zu beachten waren, die sich nun in einer besonderen Tabelle niederschlagen (Satz 5).

Ausgangsgröße für die Ermittlung der im neuen Entgeltsystem maßgebenden Stufe und anrechenbaren Zeit ist die in der bisherigen Entgeltgruppe erreichte Stufe und die innerhalb dieser Stufe zurückgelegte Zeit (jeweils linke Spalte der Tabelle des Satzes 2 sowie 5); die

Bezeichnung 4/3 der Tabelle in Satz 2 bedeutet beispielsweise, dass ein Beschäftigter aus der Stufe 4 seiner Entgeltgruppe übergeleitet ist und dort bereits 3 volle Jahre in dieser Stufe absolviert hat. In der neuen Entgeltgruppe wird er mit der Überleitung der aus der rechten Spalte der Tabelle abzulesenden Stufe „4/1" zugeordnet; er hat also seine Stufe beibehalten, dort ist aber nur ein Jahr Stufenlaufzeit berücksichtigt. Bruchteile unterhalb eines vollen Jahres, die Beschäftigte in der nach altem Recht geltenden Stufe zurückgelegt haben, werden nach näherer Maßgabe des Satzes 9 der Vorschrift auf die neue Stufenlaufzeit übertragen. Wenn im obigen Beispiel also nach altem Recht bereits 3 Jahre und 3 Monate zurückgelegt worden wären, betrüge die anrechenbare Stufenlaufzeit im neuen System 1 Jahr und 3 Monate. Die Tarifpartner haben dazu in der Niederschriftserklärung zu § 28a Abs. 2 Beispiele abgestimmt. Mit dem Zeitpunkt der Überleitung richtet sich der weitere Aufstieg der Beschäftigten des Sozial- und Erziehungsdienstes gemäß Satz 10 nach den Vorschriften des Abschnitts VIII Sonderregelungen (VKA) § 56 BT-V bzw. § 52 BT-B.

Zu § 28a Abs. 3

Absatz 3 beinhaltet die Regelungen zur Ermittlung eines Vergleichsentgelts, das dann nach Absatz 4 – je nach seiner Höhe im Verhältnis zu dem neuen Entgelt – entweder als reine Vergleichsgröße dient oder unter Besitzstandsgesichtspunkten fortgezahlt wird. Das Verfahren zur Berechnung des Vergleichsentgelts wurde – soweit dies systematisch möglich war – an die aus § 5 TVÜ-VKA bekannten Grundsätze angelehnt.

Stichtag zur Festsetzung des Vergleichsentgelts ist der 31. Oktober 2009. Das Vergleichsentgelt besteht gemäß Satz 1 aus

- dem Tabellenentgelt bzw. dem ggf. auf der Grundlage des § 6 Absatz 4 TVÜ-VKA aus einer individuellen Endstufe gezahlten Entgelt ggfs. einschließlich dem Garantiebetrag des § 17 Abs. 4 Satz 2 TVöD
- sowie (soweit sie nach den §§ 9 bzw. 17 Abs. 5 Satz 2 TVÜ-VKA zustehen) den Vergütungsgruppenzulagen.
- An die Stelle des Tabellen- oder Endstufenentgelts tritt in den Fällen des § 8 Abs. 3 Satz 2 TVÜ-VKA (das sind die Fälle, in denen in den Entgeltgruppen 2 sowie 9 bis 15 die Summe eines nach altem BAT-Recht ermittelten Höhergruppierungsgewinns und des regulären Tabellenentgelts als individuelle Zwischenstufe gezahlt wird) die individuelle Endstufe.

Die Sätze 3 bis 6 der Vorschrift entsprechen weitgehend den Regelungen des § 5 Abs. 4 bis 6 TVÜ-VKA (siehe dort) und beinhalten beson-

II

dere Ermittlungsvorschriften des Vergleichsentgelts in den Fällen von Teilzeit (Sätze 3 und 4; entspricht § 5 Abs. 5 TVÜ-VKA), von nicht durchgehender Beschäftigung im Monat vor der Überleitung (Satz 5; entspricht den Grundsätzen des § 5 Abs. 6 TVÜ-VKA) sowie von Stufenaufstiegen im ersten Überleitungsmonat (Satz 6; entspricht den Grundsätzen des § 5 Abs. 4 TVÜ-VKA).

Nach den Sätzen 7 und 8 der Vorschrift ist das Vergleichsentgelt für dort näher benannte, bereits aus dem BAT in den TVöD übergeleitete Beschäftigte um 2,65 v. H. zu erhöhen. Satz 9 stellt die Erhöhung des Vergleichsentgelts aus Anlass der Anpassung der Tabellenwerte des Tarifgebietes Ost an die des Tarifgebietes West zum 1. Januar 2010 sicher.

Zu § 28a Abs. 4

Nachdem zuvor auf der Grundlage des Absatzes 3 ein Vergleichsentgelt ermittelt worden ist, kann nun nach den Regeln des Absatzes 4 das nach der Überleitung individuell zu zahlende Entgelt ermittelt werden. Dazu ist unter Zugrundelegung der nach der Überleitung maßgebenden Entgeltgruppe (siehe Anhang zur Anlage C/VKA) und der aus der Tabelle des Abs. 2 abgelesenen Stufe das sich nach neuem Recht ergebende Tabellenentgelt festzustellen und dem Vergleichsentgelt gegenüberzustellen. Je nach Relation dieser Beträge zueinander ist dann entweder das Vergleichsentgelt oder das nach neuem Recht ermittelte Tabellenentgelt zu zahlen.

Die Tarifpartner haben dazu verschiedene Fallgruppen gebildet, die nachstehend dargestellt werden:

- Das Vergleichsentgelt ist niedriger als das nach neuem Recht ermittelte Tabellenentgelt: Das neue Tabellenentgelt ist zu zahlen (Satz 1).
- Das neue Tabellenentgelt ist niedriger als das Vergleichsentgelt: Das Vergleichsentgelt ist so lange fortzuzahlen, bis es durch die Stufensteigerungen des neuen Tabellenentgelts erreicht oder überschritten wird (Satz 2).
- Liegt das Vergleichsentgelt sogar über der höchsten Stufe der neuen Entgeltgruppe, wird das Vergleichsentgelt als individuelle Endstufe (der neuen Entgeltgruppe) fortgezahlt.
- Kommt der Beschäftigte aus einer individuellen Endstufe (der alten Entgeltgruppe), wird er in der neuen Entgeltgruppe der Stufe zugeordnet, die mindestens seinem bisherigen Entgelt entspricht (Satz 4). Dabei sind (soweit nach den §§ 9 bzw. 17 Abs. 5 Satz 2 TVÜ-VKA zustehend) Vergütungsgruppenzulagen zuvor der alten individu-

ellen Endstufe hinzuzurechnen (Satz 5). Satz 5 wiederholt insoweit die bereits in Absatz 3 Satz 1 enthaltene Systematik. In der Praxis wird darauf zu achten sein, dass die Vergütungsgruppenzulagen nicht doppelt berücksichtigt werden. Liegt das Entgelt der „alten" individuellen Endstufe (ggf. einschließlich der Vergütungsgruppenzulagen) im neuen Recht oberhalb der höchsten Entgeltstufe, wird der Beschäftigte auch im neuen Recht einer individuellen Endstufe zugeordnet. Im Ergebnis erhält er dann weiterhin sein bisheriges Entgelt; und zwar einschließlich der Vergütungsgruppenzulagen nach den §§ 9 bzw. 17 Abs. 5 Satz 2 TVÜ-VKA.

In Satz 7 haben die Tarifpartner bestimmt, dass das Vergleichsentgelt dynamisch ausgestaltet ist, wenn es nach der Überleitung entweder als individuelle Zwischen- oder Endstufe fortgezahlt wird. Im ersten Fall (Zwischenstufe) ist es im gleichen Maß wie die darüberliegende reguläre Stufe der neuen Entgeltgruppe zu erhöhen. Im Fall der Fortzahlung als individuelle Endstufe ist es so zu erhöhen wie die höchste Stufe der neuen Entgeltgruppe. Für die Erhöhungsschritte zum 1. März 2018 ff. siehe die Protokollerklärung zu Abs. 4 Satz 7. Satz 8, der auf Absatz 3 Satz 9 verweist, stellt die Erhöhung des aus einer individuellen Endstufe gezahlten Entgelts aus Anlass der Anpassung der Tabellenwerte des Tarifgebietes Ost an die des Tarifgebietes West zum 1. Januar 2010 sicher.

Zu § 28a Abs. 5

Absatz 5 trifft Regelungen für die Fälle, dass übergeleitete Beschäftigte aus einer individuellen Zwischen- oder Endstufe höher- oder herabgruppiert werden.

Es sind folgende Fallgestaltungen zu unterscheiden:

- Höhergruppierung aus einer individuellen Zwischenstufe: Die Beschäftigten erhalten in der höheren Entgeltgruppe Entgelt aus der regulären Stufe, die mindestens dem bisherigen Zahlbetrag entspricht; mindestens aber Stufe 2 (Satz 1).
- Höhergruppierung aus einer individuellen Endstufe: Die Beschäftigten erhalten in der höheren Entgeltgruppe Entgelt aus der regulären Stufe, die mindestens dem bisherigen Zahlbetrag entspricht (Satz 2).
- Herabgruppierung aus einer individuellen Zwischen- oder Endstufe: Die Beschäftigten erhalten in der niedrigeren Entgeltgruppe Entgelt aus der regulären Stufe, die unterhalb des bisherigen Zahlbetrages liegt; mindestens aber Stufe 2 (Satz 3).

Der Verweis in Satz 4 der Vorschrift auf § 28a Abs. 2 Satz 8 bewirkt, dass sich der weitere Stufenaufstieg nach den Höher- bzw. Herabgruppierungsvorgängen dieses Absatzes nach den regulären Vorschriften des Abschnitts VIII Sonderregelungen (VKA) § 56 BT-V bzw. § 52 BT-B richtet und dass die Regelungen zum Garantiebetrag auch in den Fällen einer Höhergruppierung aus einer individuellen Zwischen- oder Endstufe Anwendung finden.

Zu § 28a Abs. 6

Die in diesem Absatz vereinbarte Gleichstellung des individuellen Vergleichsentgelts mit dem Tabellenentgelt des § 15 Abs. 1 TVöD bewirkt, dass – z. B. bei der Entgeltfortzahlung nach den §§ 21 und 22 TVöD – das Vergleichsentgelt (wie das Tabellenentgelt) als Bemessungsgrundlage herangezogen wird.

Zu § 28a Abs. 7

Nach näherer Maßgabe des Satzes 1 dieser Vorschrift findet die in den Absätzen 1 bis 6 geregelte Überleitung für bestimmte Beschäftigte der neuen Entgeltgruppen S 8 und S 9 nur dann statt, wenn sie die Eingruppierung nach dem neuen Recht innerhalb einer (tariflich nicht verlängerbaren) Ausschlussfrist bis zum 31. Dezember 2009 ausdrücklich schriftlich beantragen. Gemäß Satz 2 gelten die neu vereinbarten Regelungen zum Gesundheitsschutz unabhängig davon, ob die Betroffenen ihre Eingruppierung nach neuem Recht beantragen.

Wegen der zu späteren Zeitpunkten erneut vereinbarten Antragsmöglichkeiten siehe § 28b Abs. 5 sowie § 28c TVÜ-VKA sowie die dortigen Erläuterungen.

Zu § 28a Abs. 8 und 9

Die Absätze 8 und 9 beinhalten Sonderregelungen für die dort näher beschriebenen Beschäftigten der neuen Entgeltgruppen S 11b (Abs. 8 Satz 1 Buchst. a), S 12 (Abs. 8 Satz 1 Buchst. b), S 13 (Abs. 8 Satz 4) sowie S 16 (Abs. 9). Für diese Beschäftigten gelten die besonderen Tabellenwerte dieser Vorschriften. Das übrige Regelwerk der Absätze 1 bis 6 gilt – mit Ausnahme der in Absatz 3 Satz 7 für bestimmte Beschäftigte vorgesehenen Erhöhung des Vergleichsentgelts um 2,65 v. H. – ansonsten aber auch für diese Beschäftigten.

Die Vorschrift des Absatzes 8 ist im Zusammenhang mit den am 1. Juli 2015 in Kraft getretenen Neuregelungen der Eingruppierung und Entgelte für Beschäftigte des Sozial- und Erziehungsdienstes im Zuge des 9. Änderungstarifvertrages vom 30. September 2015 neu gefasst worden. Sie sichert nun noch bestimmten Beschäftigten der Entgeltgruppen S 11b, S 12 und S 13 Zulagen bzw. eigene Tabellenwerte.

Zu § 28a Abs. 10

In Absatz 10 haben die Tarifpartner klargestellt, dass die Vorschriften der §§ 8 (Übergangsrecht für Bewährungs- und Fallgruppenaufstiege), 9 (Übergangsrecht für Vergütungsgruppenzulagen) und 17 Abs. 7 TVÜ-VKA (Eingruppierung nach den Anlagen 1 und 3 für die Zeit bis zum In-Kraft-Treten einer neuen Entgeltordnung) nicht für die Beschäftigten des Sozial- und Erziehungsdienstes gelten. Auch diese Vorschrift ist – wie die gesamte Neuregelung für den Sozial- und Erziehungsdienst – am 1. November 2009 in Kraft getreten. Die Geltung der nun ausgeschlossenen Vorschriften im Zeitraum vom 1. Oktober 2005 bis zum 31. Oktober 2009 bleibt von der Neuregelung unberührt.

Zu § 28a Abs. 11

Absatz 11 trifft in Ergänzung zu § 12 TVÜ-VKA Aussagen zur Gewährung von Strukturausgleichen an die Beschäftigten des Sozial- und Erziehungsdienstes.

Die Tarifpartner unterscheiden dabei die nachstehenden Sachverhalte:

- Am Überleitungstag 31. Oktober 2009 bereits zustehende Strukturausgleiche stehen auch nach dem Wechsel in das neue Eingruppierungsrecht weiterhin zu (Satz 1 erster Halbsatz). Die Aussage in Satz 1, zweiter Halbsatz, dass die Anrechnung des Unterschiedsbetrages bei Höhergruppierungen nach § 12 Abs. 4 TVÜ-VKA unberührt bleibt, kann nach Auffassung des Verfassers nicht dazu führen, dass eventuelle Entgeltsteigerungen durch die Überleitung in das neue Recht zum 1. November 2009 zur Minderung eines bei Überleitung zustehenden Strukturausgleichs führen. Der Akt der Überleitung ist – auch wenn er für die Beschäftigten mit einem Gewinn verbunden sein sollte – nämlich keine Höhergruppierung im tariflichen Sinne. Erst spätere, nach der Überleitung im neuen System erfolgende Höhergruppierungen können Anrechnungseffekte im Sinne des § 12 Abs. 4 TVÜ-VKA nach sich ziehen.
- Erst nach dem 1. November zustehende Strukturausgleiche auf der Grundlage der Fallgestaltung „Überleitung aus Ortszuschlagsstufe 2 (OZ 2)“ der Anlage 2 zum TVÜ-VKA werden in verminderter Höhe gezahlt. Als Minderungsbetrag ist der Betrag der Anlage 2 zum TVÜ-VKA heranzuziehen, der bei Überleitung aus dem BAT aus derselben Entgeltgruppe und -stufe aus der Ortszuschlagsstufe 1 (OZ 1) ausgewiesen ist – und zwar unabhängig davon, ab welchem

Zeitpunkt und für welche Dauer der Strukturausgleich den aus der Ortszuschlagsstufe 1 übergeleiteten Beschäftigten zusteht (Satz 2 und 3).

Beispiel:

Überleitung aus Verg.Gr. VIb, Stufe 4, OZ 2, nach Anlage 2 nach 6 Jahren dauerhaft 90 Euro Strukturausgleich; Überleitung aus Verg.Gr. VIb, Stufe 4, OZ 1, nach Anlage 2 nach 7 Jahren dauerhaft 50 Euro Strukturausgleich. Der Beschäftigte erhält 6 Jahre nach In-Kraft-Treten des TVöD (somit zum 1. Oktober 2011) einen Strukturausgleich von 40 Euro (90 Euro bei OZ 2 abzgl. 50 Euro bei OZ 1). Dass unterschiedliche Startzeitpunkte in der Anlage 2 bei OZ 1 bzw. OZ 2 aufgeführt sind, ist unerheblich; es zählt allein die Identität von Verg.Gr. und Stufe – Absatz 11 Satz 3.

Steht einem nach OZ 2 zustehendem Strukturausgleich der Anlage 2 zum TVÜ-VKA kein nach Verg.Gr. und Stufe entsprechender Strukturausgleich nach OZ 1 gegenüber, besteht nach Meinung des Verfassers weder Anlass noch Rechtsgrundlage für eine Kürzung.

– Erst nach dem 1. November zustehende Strukturausgleiche auf der Grundlage der Fallgestaltung „Überleitung aus Ortszuschlagsstufe 1 (OZ 1)" der Anlage 2 zum TVÜ-VKA entfallen; die Zahlung wird nicht mehr aufgenommen (Satz 4).

Zu § 28a Abs. 12

Mit der Vorschrift des Absatzes 12 haben die Tarifpartner klargestellt, dass sie auch durch die Überleitung der Beschäftigten des Sozial- und Erziehungsdienstes in das neue Eingruppierungs- und Entgeltrecht der Anlage C (VKA) eintretende Entgeltsteigerungen bei der Besitzstandsregelung des § 10 Abs. 1 Satz 6 ff. als allgemeine Entgeltanpassung ansehen. Der Überleitungsgewinn kürzt somit ggfs. den alten Zulagenbetrag. Die praktische Bedeutung dieser Vorschrift dürfte eher gering sein. Die in Einzelfällen in Betracht kommende Zulage war bereits durch die zum 1. Januar 2008 und zum 1. Januar 2009 vereinbarten allgemeinen Entgelterhöhungen gemindert und oftmals bei In-Kraft-Treten der Neuregelungen für den Sozial- und Erziehungsdienst bereits vollständig aufgezehrt worden.

§ 28b Besondere Regelungen für am 30. Juni 2015 nach dem Anhang zur Anlage C zum TVöD eingruppierte Beschäftigte und weitere Regelungen

(1) Beschäftigte, die nach dem Anhang zur Anlage C zum TVöD am 30. Juni 2015 in einer der folgenden Entgeltgruppen eingruppiert sind und am 1. Juli 2015 in einer der folgenden Entgeltgruppen eingruppiert sind:

Entgeltgruppe am 30. Juni 2015	Entgeltgruppe am 1. Juli 2015
S 5 bei Tätigkeiten der Fallgruppe 1	S 7
S 6	S 8a
S 8 bei Tätigkeiten der Fallgruppen 1, 3 und 5	S 8b
S 7, S 8 bei Tätigkeiten der Fallgruppe 2	S 9
S 11	S 11b,

werden stufengleich und unter Beibehaltung der in ihrer Stufe zurückgelegten Stufenlaufzeit in die am 1. Juli 2015 maßgebliche Entgeltgruppe übergeleitet.

Protokollerklärungen zu Absatz 1:

1. [1]Die Zuordnung zu einer individuellen Zwischen- oder Endstufe bleibt unberührt. [2]§ 28a Abs. 4 Satz 7 findet Anwendung.
2. [1]Für in Entgeltgruppe S 8 eingruppierte Beschäftigte, die den Entgeltgruppen S 8b oder S 9 zugeordnet werden, gelten folgende abweichende Vorschriften:
   a) Bei Erfüllung einer Stufenlaufzeit von mindestens sechs Jahren in Stufe 4 erfolgt in der Entgeltgruppe S 8b die Zuordnung zu der Stufe 5.
   b) Bei Erfüllung einer Stufenlaufzeit von mindestens acht Jahren in Stufe 5 erfolgt in der Entgeltgruppe S 8b die Zuordnung zu der Stufe 6.
   c) Bei Erfüllung einer Stufenlaufzeit von mindestens vier Jahren in Stufe 4 erfolgt in der Entgeltgruppe S 9 die Zuordnung zu der Stufe 5.
   d) Bei Erfüllung einer Stufenlaufzeit von mindestens fünf Jahren in Stufe 5 erfolgt in der Entgeltgruppe S 9 die Zuordnung zu der Stufe 6.

   [2]Die Stufenlaufzeit beginnt nach der Zuordnung zu der höheren Stufe nach Satz 1 neu.

(2) [1]Beschäftigte, für die sich außerhalb von Absatz 1 am 1. Juli 2015 nach dem Anhang zur Anlage C zum TVöD eine Eingruppierung in einer höheren Entgeltgruppe als am 30. Juni 2015 ergibt, bleiben in ihrer bisherigen Entgeltgruppe eingruppiert, wenn sie nicht bis zum 30. Juni 2016 (Ausschlussfrist) ihre Höhergruppierung beantragen. [2]Der Antrag wirkt auf den 1. Juli 2015 zurück. [3]Ruht das Arbeitsverhältnis am 1. Juli 2015, beginnt die Frist von einem Jahr mit der Wiederaufnahme der Tätigkeit; Satz 2 findet Anwendung. [4]Für diese Höhergruppierungen finden § 17 Abs. 4 TVöD und § 28a Abs. 5 Satz 1 Anwendung. [5]Fallen am 1. Juli 2015 ein Stufenaufstieg und die Höhergruppierung zusammen, erfolgt erst der Stufenaufstieg und anschließend die Höhergruppierung.

II

Protokollerklärungen zu Absatz 2:

1. [1]Für Beschäftigte, die über den 30. Juni 2015 hinaus in der Entgeltgruppe S 10 eingruppiert sind, weil sie keinen Antrag nach Absatz 2 Satz 1 gestellt haben, gelten abweichend von § 15 Abs. 2 Satz 2 TVöD folgende Tabellenwerte:[1])

	Stufe 1	Stufe 2	Stufe 3	Stufe 4	Stufe 5	Stufe 6
gültig bis 29. Februar 2024	3017,83	3324,40	3477,70	3935,68	4309,24	4616,08
gültig ab 1. März 2024	3394,81	3718,24	3879,97	4363,14	4757,25	5080,96

[2]Diese Tabellenwerte verändern sich bei allgemeinen Entgeltanpassungen um den von den Tarifvertragsparteien für die Entgeltgruppe S 9 festgelegten Vomhundertsatz.

2. Bei Höhergruppierungen aus der Entgeltgruppe S 9 bei Tätigkeiten der Fallgruppe 2 nach der Fassung vom 30. Juni 2015 in die Entgeltgruppe S 11a gilt bei den Stufen 5 und 6 in entsprechender Anwendung von § 17 Abs. 4 Satz 3 TVöD die Entgeltgruppe S 10 mit ihren am 30. Juni 2015 gültigen Tabellenwerten als dazwischen liegende Entgeltgruppe.

(3) [1]Werden Beschäftigte zum 1. Juli 2015 aus einer individuellen Endstufe nach Absatz 1 einer höheren Entgeltgruppe zugeordnet oder nach Absatz 2 höhergruppiert, erhalten sie in der höheren Entgeltgruppe ein Entgelt, das dem Entgelt ihrer bisherigen individuellen Endstufe zuzüglich des Zuordnungs- bzw. Höhergruppierungsgewinns, den die Beschäftigten erhalten, die aus der Stufe 6 ihrer bisherigen Entgeltgruppe der höheren Entgeltgruppe zugeordnet oder in diese höhergruppiert werden, entspricht. [2]Soweit sich zum 1. Juli 2015 allein die Tabellenwerte der Entgeltgruppe der Anlage C (VKA) zum TVöD erhöhen, findet § 6 Abs. 4 Satz 4 entsprechende Anwendung.

(4) Für Beschäftigte der Entgeltgruppe S 9 bei Tätigkeiten der Fallgruppe 1, die am 30. Juni 2015 den Stufen 1 oder 2 zugeordnet sind, finden für die Dauer des Verbleibs in den Stufen 1 und 2 die Tabellenwerte der Stufen 1 und 2 nach dem Stand vom 30. Juni 2015 Anwendung.

(5) [1]Beschäftigte im Sinne des § 28a Abs. 7 Satz 1, die nicht innerhalb der Antragsfrist nach § 28a Abs. 7 Satz 1 ihre Eingruppierung nach dem Anhang zu der Anlage C (VKA) zum TVöD geltend gemacht haben und die weiterhin Entgelt nach der Anlage A (VKA) zum TVöD erhalten, können bis zum 29. Februar 2016 (Ausschlussfrist) ihre Eingruppierung nach dem Anhang zu der Anlage C (VKA) zum TVöD schriftlich beantragen. [2]Bei Beschäftigten, die von ihrem Antragsrecht nach Satz 1 Gebrauch machen, wird ein Vergleichsentgelt gebil-

---

1) Die im Zuge der Tarifeinigung 2025 (abgedruckt unter **150**) vereinbarten Erhöhungen wirken sich auch auf die Entgeltgruppe S 10 aus. Auf dieser Grundlage ergeben sich zum 1. April 2025 sowie 1. Mai 2026 die nachstehenden, noch nicht endgültig abgestimmten Werte:

Entgeltgruppe S 10:

	Stufe 1	Stufe 2	Stufe 3	Stufe 4	Stufe 5	Stufe 6
vom 1. April 2025 bis 30. April 2026	3 504,81	3 829,79	3 996,37	4 494,03	4 899,97	5 233,39
ab 1. Mai 2026	3 602,94	3 937,02	4 108,27	4 619,86	5 037,17	5 379,92

det, das aus dem diesen Beschäftigten am 30. Juni 2015 zustehenden Tabellenentgelt, gegebenenfalls zuzüglich eines am 30. Juni 2015 nach § 17 Abs. 4 Satz 2 TVöD zustehenden Garantiebetrages und einer am 30. Juni 2015 zustehenden Besitzstandszulage nach § 9, besteht. [3]Diese Beschäftigten werden einer ihrem Vergleichsentgelt entsprechenden individuellen Zwischenstufe der Entgeltgruppen S 8b, S 9 bzw. S 11a zugeordnet. [4]Zum 1 Juli 2017 steigen diese Beschäftigten in die dem Betrag nach nächsthöhere reguläre Stufe ihrer Entgeltgruppe auf. [5]Der weitere Stufenaufstieg richtet sich nach § 1 Abs. 2 der Anlage zu Abschnitt VIII Sonderreglungen (VKA) § 56 BT-V bzw. § 52 Abs. 2 BT-B. [6]Liegt das Vergleichsentgelt nach Satz 2 über der höchsten Stufe der Entgeltgruppe S 8b, S 9 bzw. S 11a, werden diese Beschäftigten einer dem Vergleichsentgelt entsprechenden individuellen Endstufe zugeordnet. [7]Werden Beschäftigte vor dem 1. Juli 2017 aus einer individuellen Zwischenstufe höhergruppiert, so erhalten sie in der höheren Entgeltgruppe Entgelt nach der regulären Stufe, deren Betrag mindestens der individuellen Zwischenstufe entspricht. [8]Werden Beschäftigte aus einer individuellen Endstufe höhergruppiert, so erhalten sie in der höheren Entgeltgruppe mindestens den Betrag, der ihrer bisherigen individuellen Endstufe entspricht. [9]Die individuelle Zwischen- bzw. Endstufe verändert sich bei allgemeinen Entgeltanpassungen um den von den Tarifvertragsparteien für die Entgeltgruppe S 8b, S 9 bzw. S 11a festgelegten Vomhundertsatz. [10]§ 28a Abs. 10 findet Anwendung. [11]§ 28a Abs. 11 gilt entsprechend mit der Maßgabe, dass an die Stelle des 31. Oktober 2009 der 30. Juni 2015 und an die Stelle des 1. November 2009 der 1. Juli 2015 tritt.

(6) [1]Ein am 30. Juni 2015 zustehender Strukturausgleich nach § 12 vermindert sich bei Höhergruppierung nach Absatz 2 um den sich daraus ergebenden Höhergruppierungsgewinn. [2]Dies gilt auch bei Höhergruppierungen aus einer individuellen Endstufe nach Absatz 3.

Erläuterungen

Die Vorschrift des § 28b TVÜ-VKA ist durch den Änderungstarifvertrag Nr. 9 vom 30. September 2015 mit Wirkung vom 1. Juli 2015 in den TVÜ-VKA eingefügt worden. Vorangegangen waren langwierige, von massiven Streikmaßnahmen begleitete Verhandlungen und ein Schlichtungsverfahren, dessen Ergebnis von den Arbeitnehmern/ Gewerkschaften nicht akzeptiert wurde, so dass es im Anschluss daran erneute Verhandlungen gab, die dann letzten Endes zu einer als Gesamtkompromiss zu verstehenden Einigung geführt haben.

Vereinfacht kann man das gefundene Ergebnis so beschreiben:

- bestimmte Tätigkeitsmerkmale werden einer höheren Entgeltgruppe zugeordnet,
- bestimmte (andere) Beschäftigte können auf Antrag in eine höhere Entgeltgruppe eingruppiert werden,
- es wurde eine neue Entgelttabelle (mit höheren Beträgen) vereinbart.

Die vereinbarten Änderungen wurden im Rahmen des 20. bzw. 9. Änderungstarifvertrages in den BT-V bzw. BT-B eingearbeitet; der 9. Änderungstarifvertrag zum TVÜ-VKA beinhaltet flankierende Regelungen, die im Wesentlichen der Überleitung des vorhandenen Personals in das neue Recht dienen.

II

Zu § 28b Abs. 1

In Absatz 1 haben die Tarifpartner festgelegt, dass die Beschäftigten bestimmter, in der Tarifvorschrift genannter Entgeltgruppen zum 1. Juli 2015 automatisch in höhere Entgeltgruppen wechseln; und zwar stufengleich und unter Mitnahme der bisherigen, in der bis zum 30. Juni 2015 maßgebenden Entgeltgruppe zurückgelegten Stufenlaufzeit. In zwei ergänzenden Protokollerklärungen haben die Tarifpartner zum einen vereinbart, dass die Zuordnung zu einer (dynamischen) Zwischen- oder Endstufe von dem Entgeltgruppenwechsel zum 1. Juli 2015 unberührt bleibt (Protokollerklärung Nr. 1). Zum anderen haben sie besondere Stufenlaufzeiten in bestimmten Entgeltgruppen festgelegt (Protokollerklärung Nr. 2). Besonderheit bei den besonderen Stufenlaufzeiten ist, dass im Gegensatz zur Regelung in Absatz 1 die Stufenlaufzeit nach der Zuordnung zur höheren Stufe neu beginnt (Satz 2 der Protokollerklärung Nr. 2); eventuelle Restzeiten gehen damit verloren.

Zu § 28b Abs. 2

In Absatz 2 haben die Tarifpartner geregelt, dass die Beschäftigten, die nicht von Absatz 1 erfasst werden, aber gleichwohl nach den neu vereinbarten Eingruppierungsvorschriften höher eingruppiert wären, ein Antragsrecht auf die höhere Eingruppierung haben. Das Antragsrecht muss bis zum 30. Juni 2016 schriftlich ausgeübt werden (Abs. 1 Satz 1) und wirkt auf den 1. Juli 2015 zurück (Satz 2), sodass in der Zeit vom 1. Juli 2015 bis zum 30. Juni 2016 eintretende Änderungen der Stufenzuordnung unberücksichtigt bleiben. Bei Beschäftigten, deren Arbeitsverhältnis am 1. Juli 2015 ruht (z. B. wegen Elternzeit, Sonderurlaub etc.) beginnt die Jahresfrist erst bei Rückkehr aus der Unterbrechungszeit; auch im Falle dieser verschobenen Antragsfrist wirkt ein Antrag aber auf den 1. Juli 2015 zurück (Satz 3). Eine auf Antrag erfolgte Höhergruppierung erfolgt nach den üblichen Regeln des § 17 Abs. 4 TVöD bzw. ggfs. § 28a Abs. 5 Satz 1 TVÜ-VKA (Satz 4). Fallen eine Stufensteigerung und eine Höhergruppierung zusammen, ist erst die Stufensteigerung vorzunehmen (Satz 5). In zwei Protokollerklärungen haben die Tarifpartner besondere Regelungen vereinbart, mit denen dem Umstand Rechnung getragen werden soll, dass die Entgeltgruppe

S 10 ab dem 1. Juli 2015 nicht mehr belegt ist. In der Protokollerklärung Nr. 1 werden für diejenigen Beschäftigten der Entgeltgruppe S 10, die keinen Höhergruppierungsantrag gestellt haben, eigene Tabellenwerte dieser Entgeltgruppe, für die es in der Entgelttabelle ab 1. Juli 2015 keine Werte mehr gibt, festgelegt. Protokollerklärung Nr. 2 trifft eine Regelung für den Fall, dass bestimmte Beschäftigte der Entgeltgruppe S 9 in die Entgeltgruppe S 11 höhergruppiert werden. Für die Anwendung des in § 17 Abs. 4 Satz 3 TVöD vereinbarten Verfahrens bei der Höhergruppierung über eine mehr als eine Entgeltgruppe gilt in diesem Fall die Entgeltgruppe S 10 mit den am 30. Juni 2015 geltenden Tabellenwerten als dazwischen liegende Entgeltgruppe.

Zu § 28b Abs. 3

Absatz 3 Satz 1 sichert auch denjenigen Beschäftigten, die automatisch nach Absatz 1 bzw. auf Antrag nach Absatz 2 höhergruppiert werden und sich bei Höhergruppierung in einer individuellen Endstufe befinden, einen Höhergruppierungsgewinn. Dieser Höhergruppierungsgewinn muss dem Betrag entsprechen, der sich bei einer Höhergruppierung aus der Stufe 6 der bisherigen Entgeltgruppe ergeben würde (Satz 1). Satz 2 stellt durch den Verweis auf § 6 Abs. 4 Satz 4 TVÜ-VKA die Dynamik der Beträge der individuellen Endstufe für diejenigen Beschäftigten sicher, die zwar nicht von einer Höhergruppierung erfasst werden, aber einer Entgeltgruppe mit erhöhten Tabellenwerten zugeordnet sind.

Zu § 28b Abs. 4

Die Vereinbarung in Absatz 4 betrifft nur die Beschäftigten der Entgeltgruppe S 9, Fallgruppe 1, die am 30. Juni 2015 der Stufe 1 oder 2 zugeordnet waren. Für sie finden die (im Vergleich zur ab dem 1. Juli 2015 geltenden Tabelle höheren) Tabellenwerte der bis zum 30. Juni 2015 geltenden Tabelle Anwendung, solange die Beschäftigten in der Stufe 1 bzw. 2 verbleiben.

Zu § 28b Abs. 5

Diese Regelung betrifft ausschließlich die in § 28a Abs. 7 TVÜ-VKA genannten Beschäftigten – also bestimmte Beschäftigte, die bei Anwendung des 1. November 2009 geltenden Rechts in die Entgeltgruppen S 8 (mit Ausnahme bei Tätigkeiten der Fallgruppe 5) oder S 9 eingruppiert gewesen wären und am 1. Oktober 2005 in den TVöD übergeleitet worden waren. § 28a Abs. 7 TVÜ-VKA räumte ihnen ein bis zum 31. Dezember 2009 befristetes Wahlrecht ein, ob sie nach dem

Anhang zu der Anlage C (VKA) zum TVöD eingruppiert und somit Entgelt nach der Anlage C (VKA) zum TVöD erhalten oder in ihrer bisherigen Entgeltgruppe verbleiben wollten.

Für die unter § 28a Abs. 7 TVÜ-VKA fallenden Beschäftigten, die sich im Jahr 2009 nicht für die Anwendung des neuen Rechts entschieden hatten, enthält § 28b Abs. 5 TVÜ-VKA erneut das Wahlrecht, zum 1. Juli 2015 in den Anhang zu der Anlage C zum TVöD zu wechseln. Das Antragsrecht muss nun bis zum 29. Februar 2016 ausgeübt werden. Auch ein Antrag auf der Grundlage des Absatzes 5 wirkt auf den 1. Juli 2015 zurück. Die Überleitung erfolgt nach der aus der Überleitung in den TVöD bekannten Grundsystematik – also durch Bildung eines Vergleichsentgelts und vorübergehender (bis 1. Juli 2017) Zuordnung zu einer dynamischen individuellen Zwischen- oder ggf. auch Endstufe. Ab 1. Juli 2017 erfolgt die Zuordnung zur nächsthöheren regulären Stufe; im Fall einer individuellen Endstufe bleibt diese weiterhin maßgebend. Die Tarifpartner haben die Details in den Sätzen 2 ff. der Tarifvorschrift in Anlehnung an die Vorschriften des TVÜ-VKA zur Überleitung der Beschäftigten in den TVöD ausführlich und abschließend geregelt.

Wegen des im Zuge des 18. Änderungstarifvertrages vom 18. Mai 2022 vereinbarten erneuten Antragsrechts (bis zum 30. Juni 2023 mit Rückwirkung zum 1. Januar 2023) siehe § 28c TVÜ-VKA und die dortigen Erläuterungen.

Zu § 28b Abs. 6

In Absatz 6 haben die Tarifpartner vereinbart, dass die sich bei Anwendung des Absatzes 2 oder Absatzes 3 ergebenden Höhergruppierungsgewinne auf eventuelle Strukturausgleiche gemäß § 12 TVÜ-VKA angerechnet werden.

§ 28c Überleitung in die Anlage C (VKA) zum TVöD zum 1. Januar 2023

(1) [1]Beschäftigte im Sinne des § 28b Abs. 5 Satz 1, die nicht innerhalb der Antragsfrist nach § 28b Abs. 5 Satz 1 ihre Eingruppierung nach dem Anhang zu der Anlage C (VKA) zum TVöD geltend gemacht haben und die weiterhin Entgelt nach der Anlage A (VKA) zum TVöD erhalten, können bis zum 30. Juni 2023 (Ausschlussfrist) ihre Eingruppierung nach dem Teil B Abschnitt XXIV der Anlage 1 zum TVöD – Entgeltordnung (VKA) schriftlich beantragen. [2]Der Antrag wirkt auf den 1. Januar 2023 zurück.

(2) [1]Beschäftigte, die von ihrem Antragsrecht nach Absatz 1 Gebrauch machen, erhalten ab dem 1. Januar 2023 Entgelt nach einer der Entgeltgruppen S 8b, S 9 bzw. S 11a, in die sie nach dem Teil B Abschnitt XXIV der Anlage 1 zum TVöD – Entgeltordnung (VKA) eingruppiert sind. [2]Bei Beschäftigten nach Satz 1, wird ein Vergleichsentgelt gebildet, das aus dem diesen Beschäftigten am 31. Dezember 2022 zustehenden Tabellenentgelt, einem am 31. Dezember 2022 ggf. zustehenden Garantiebetrag und einer am 31. Dezember 2022 zustehenden Besitzstandszulage nach § 9 besteht. [3]Diese Beschäftigten werden einer ihrem Vergleichsentgelt entsprechenden individuellen Zwischenstufe zugeordnet. [4]Zum 1. Januar 2027 steigen diese Beschäftigten in die dem Betrag nach nächsthöhere reguläre Stufe ihrer Entgeltgruppe auf; der weitere Stufenaufstieg richtet sich nach § 1 Abs. 2 der Anlage zu Abschnitt VIII Sonderreglungen (VKA) § 56 BT-V bzw. § 52 Abs. 2 BT-B. [5]Liegt das Vergleichsentgelt nach Satz 2 über der höchsten Stufe derjenigen Entgeltgruppe, in die sie nach Satz 1 eingruppiert sind, werden diese Beschäftigten einer dem Vergleichsentgelt entsprechenden individuellen Endstufe zugeordnet. [6]Werden Beschäftigte vor dem 1. Januar 2027 aus einer individuellen Zwischenstufe höhergruppiert, so erhalten sie in der höheren Entgeltgruppe Entgelt nach der regulären Stufe, deren Betrag mindestens ihrer bisherigen individuellen Zwischenstufe entspricht; § 1 Abs. 4 Satz 3 der Anlage zu § 56 BT-V findet Anwendung. [7]Werden Beschäftigte aus einer individuellen Endstufe höhergruppiert, so erhalten sie in der höheren Entgeltgruppe Entgelt nach der regulären Stufe bzw. einer erneuten individuellen Endstufe, die mindestens dem Betrag ihrer bisherigen individuellen Endstufe entspricht; § 1 Abs. 4 Satz 3 der Anlage zu § 56 BT-V findet Anwendung. [8]Die individuelle Zwischen- bzw. Endstufe verändert sich bei allgemeinen Entgeltanpassungen um den von den Tarifvertragsparteien für die jeweilige Entgeltgruppe festgelegten Vomhundertsatz.

Erläuterungen

Die Vorschriften der §§ 28c bis 28e TVÜ-VKA sind durch den Änderungstarifvertrag Nr. 18 vom 18. Mai 2022 mit Wirkung vom 1. Juli 2022 in den TVÜ-VKA eingefügt worden. Vorangegangen waren langwierige Verhandlungen, die im Wege eines Gesamtkompromisses in verschiedenen Bereichen zu Aufwertungen des Berufsbildes „SuE“ geführt haben.

Im Kern handelt es sich um folgende Verbesserungen für die Beschäftigten:

- Ab dem Kalenderjahr 2022 erhalten die Beschäftigten zwei „Regenerationstage". Dabei handelt es sich um eine bezahlte Freistellung, die unabhängig vom Urlaubsanspruch besteht. Diese Neuerungen haben die Tarifpartner mit § 2a der Anlage zu § 56 BT-V bzw. § 53a BT-B in das bestehende Regelungswerk eingefügt.
- Ab dem 1. Juli 2022 besteht für die nach Teil B Abschnitt XXIV der Entgeltordnung (VKA) eingruppierten Beschäftigten des Sozial- und Erziehungsdienstes Anspruch auf eine monatliche Zulage in Höhe von 130 Euro (Entgeltgruppen S 2 bis S 11a) bzw. 180 Euro (Entgeltgruppen S 11b bis S 12 sowie S 14 und S 15 bei Tätigkeiten der Fallgruppe 6). Als Besonderheit wurde vereinbart, dass die Zulage (teilweise) in Freizeit umgewandelt werden kann – so genannte „Umwandlungstage". Es können auf diesem Weg höchstens zwei zusätzliche freie Tage jährlich erreicht werden. Die Umwandlung erfolgt 1:1. D. h., dass der Monatszulage von 130/180 Euro der auf Basis der Stundenentgelte spitz ermittelte Wert der Arbeitsleistung der/des ausfallenden Tage/s gegenübergestellt wird. Diese Neuerungen haben die Tarifpartner mit § 1 Abs. 6 der Anlage zu § 56 in den BT-V bzw. mit § 52 Abs. 6 in den BT-B eingefügt.
- Die Zeit zur Vorbereitungszeit bzw. Qualifizierung wurde für beide Tarifgebiete Ost und West von 19,5 auf 30 Stunden erhöht, wobei vereinbart wurde, dass die zur Verfügung stehende Zeit auch durch landesgesetzliche Regelungen zu Zeiten der Vorbereitung und Qualifizierung erfüllt sein kann. Diese Neuerungen finden sich in § 3 der Anlage zu § 56 BT-V bzw. § 44 Abs. 4 Satz 1 BT-B.
- Bestimmte Tätigkeitsmerkmale des Teils B Abschnitt XXIV der Entgeltordnung (VKA) werden zum 1. Juli 2022 einer höheren Entgeltgruppe zugeordnet; zum Teil ist ein Antrag der Beschäftigten erforderlich (siehe § 28c und § 28d TVÜ-VKA).
- Zum 1. Oktober 2024 werden die Stufenlaufzeiten im Bereich des Sozial- und Erziehungsdienstes an die Stufenlaufzeiten der übrigen Beschäftigten angeglichen und die entsprechenden Regelungen des § 1 Abs. 2 der Anlage zu § 56 BT-V bzw. § 52 Abs. 2 BT-B angepasst. Das Verfahren zur Überführung in die neuen Stufen ist in § 28e TVÜ-VKA geregelt.

Die nachstehenden Erläuterungen beziehen sich auf die Regelung des § 28c TVÜ-VKA.

Zu § 28c Abs. 1

Diese Regelung betrifft ausschließlich die in § 28b Abs. 5 Satz 1 TVÜ-VKA und wegen des darin enthaltenen weiteren Verweises letztlich die in § 28a Abs. 7 TVÜ-VKA genannten Beschäftigten. Das sind bestimmte Beschäftigte, die bei Anwendung des 1. November 2009 geltenden Rechts in die Entgeltgruppen S 8 (mit Ausnahme bei Tätigkeiten der Fallgruppe 5) oder S 9 eingruppiert gewesen wären und am 1. Oktober 2005 in den TVöD übergeleitet worden waren. § 28a Abs. 7 TVÜ-VKA räumte ihnen ein bis zum 31. Dezember 2009 befristetes Wahlrecht ein, ob sie nach dem Anhang zu der Anlage C (VKA) zum TVöD eingruppiert und somit Entgelt nach der Anlage C (VKA) zum TVöD erhalten oder in ihrer bisherigen Entgeltgruppe verbleiben wollten.

Für die unter § 28a Abs. 7 TVÜ-VKA fallenden Beschäftigten, die sich im Jahr 2009 nicht für die Anwendung des neuen Rechts entschieden hatten, enthielt § 28b Abs. 5 TVÜ-VKA erneut das Wahlrecht, zum 1. Juli 2015 in den Anhang zu der Anlage C (VKA) zum TVöD zu wechseln. Das Antragsrecht musste dann bis zum 29. Februar 2016 ausgeübt werden, es wirkte auf den 1. Juli 2015 zurück.

Diese Beschäftigten können nach näherer Maßgabe des § 28c Abs. 1 TVÜ-VKA erneut (nun bis zum 30. Juni 2023) ihre Eingruppierung nach den SuE-Tätigkeitsmerkmalen (Teil B Abschnitt XXIV der Anlage 1 zum TVöD – Entgeltordnung (VKA)) schriftlich beantragen. Der Antrag wirkt auf den 1. Januar 2023 zurück.

Zu § 28c Abs. 2

Im Falle der Antragstellung erhalten die Beschäftigten nach Satz 1 der Vorschrift ab dem 1. Januar 2023 Entgelt nach einer der Entgeltgruppen S 8b, S 9 bzw. S 11a. Die Überleitung erfolgt nach der aus der Überleitung in den TVöD bekannten Grundsystematik – also durch Bildung eines Vergleichsentgelts und vorübergehender (bis 1. Januar 2027) Zuordnung zu einer individuellen Zwischen- oder ggf. auch Endstufe. Ab 1. Januar 2027 erfolgt die Zuordnung zur nächsthöheren regulären Stufe; im Fall einer individuellen Endstufe bleibt diese weiterhin maßgebend. Die Zwischen- und Endstufe ist dynamisch, nimmt also an allgemeinen Entgelterhöhungen teil. Die Tarifpartner haben die Details in den Sätzen 2 ff. der Tarifvorschrift in Anlehnung an die bewährte Systematik des TVÜ-VKA zur Überleitung der Beschäftigten ausführlich und abschließend geregelt.

II

§ 28d Höhergruppierung auf Antrag

[1]Ergibt sich für Beschäftigte, die am 30. Juni 2022 in die Entgeltgruppe S 11b eingruppiert waren, aufgrund der Änderungen ab 1. Juli 2022 im Teil B Abschnitt XXIV der Anlage 1 zum TVöD – Entgeltordnung (VKA) eine Eingruppierung in die Entgeltgruppe S 12, sind diese Beschäftigten nur auf Antrag gemäß § 12 (VKA) TVöD in diese Entgeltgruppe eingruppiert. [2]Ergibt sich für Beschäftigte, die am 30. Juni 2022 in die Entgeltgruppe S 12 eingruppiert waren, aufgrund der Änderungen ab 1. Juli 2022 im Teil B Abschnitt XXIV der Anlage 1 zum TVöD – Entgeltordnung (VKA) eine Eingruppierung in die Entgeltgruppe S 14, sind diese Beschäftigten nur auf Antrag gemäß § 12 (VKA) TVöD in diese Entgeltgruppe eingruppiert. [3]Der Antrag nach Satz 1 oder 2 kann nur bis zum 31. Juli 2023 gestellt werden (Ausschlussfrist) und wirkt jeweils auf den 1. Juli 2022 zurück. [4]Nach dem 1. Juli 2022 eingetretene Änderungen der Stufenzuordnung in der bisherigen Entgeltgruppe bleiben bei der Stufenzuordnung in der höheren Entgeltgruppe unberücksichtigt. [5]Werden Beschäftigte nach Satz 1 aus einer individuellen Endstufe höhergruppiert, so erhalten sie in der höheren Entgeltgruppe Entgelt, das mindestens dem Entgelt ihrer bisherigen individuellen Endstufe zuzüglich des Garantiebetrags nach § 1 Abs. 4 Satz 2 der Anlage zu § 56 BT-V bzw. § 52 Abs. 4 Satz 2 BT-B entspricht. [6]Werden Beschäftigte nach Satz 2 aus einer individuellen Endstufe höhergruppiert, so erhalten sie in der höheren Entgeltgruppe Entgelt, das mindestens dem Entgelt ihrer bisherigen individuellen Endstufe zuzüglich des Höhergruppierungsgewinns, den die Beschäftigten erhalten, die aus der Stufe 6 ihrer bisherigen Entgeltgruppe in die höhere Entgeltgruppe höhergruppiert werden, entspricht. [7]Die individuelle Endstufe verändert sich bei allgemeinen Entgeltanpassungen um den von den Tarifvertragsparteien für die jeweilige Entgeltgruppe festgelegten Vomhundertsatz.

Erläuterungen

Zum Hintergrund der in den §§ 28c bis 28e TVÜ-VKA vereinbarten Regelungen siehe die Einleitung der Erläuterungen zu § 28c TVÜ-VKA. Die nachstehenden Erläuterungen beziehen sich auf die Regelung des § 28d TVÜ-VKA.

Die Regelung des § 28d TVÜ-VKA betrifft ausschließlich die Beschäftigten, deren Eingruppierung aufgrund der Änderungen des Teils B Abschnitt XXIV der Entgeltordnung (VKA) zum 1. Juli 2022 von Entgeltgruppe S 11b in Entgeltgruppe S 12 (Satz 1) bzw. von der Entgeltgruppe S 12 in Entgeltgruppe S 14 (Satz 2) aufgewertet worden ist. Ihre Höhergruppierung erfolgt nur auf Antrag. Das Antragsrecht muss bis zum 31. Juli 2023 ausgeübt werden, der Antrag wirkt auf den 1. Juli 2022 zurück (Satz 3). Änderungen der Stufenzuordnung in der Zeit vom 1. Juli 2022 bis zur Antragstellung bleiben bei der Stufenzuordnung in der höheren Entgeltgruppe unberücksichtigt, so dass es sich nicht lohnt, die Antragstellung hinauszuzögern, bis in der Ausgangsentgeltgruppe ein Stufenaufstieg erfolgt ist (Satz 4). Die Sätze 5 bis 7 der Vorschrift betreffen diejenigen Beschäftigten, die aus einer individuellen Endstufe höhergruppiert werden – also Beschäftigte, deren Entgelt in der Ausgangsentgeltgruppe über der Endstufe dieser Entgeltgruppe liegt. Den Beschäftigten der Entgeltgruppe S 11b sichert die Regelung des Satzes 5 mindestens den Garantiebetrag des § 1 Abs. 4 Satz 2 der Anlage zu § 56 BT-V bzw. § 52 Abs. 4 Satz 2 BT-B zu. Die Beschäftigten der Entgeltgruppe S 12 erhalten nach der Regelung des Satzes 6 mindestens den Höhergruppierungsgewinn, den sie bekommen hätten, wenn sie aus der Stufe 6 (also der Endstufe) ihrer bisherigen Entgeltgruppe höhergruppiert worden wären. Die Regelungen der Sätze 5 und 6 führen dazu, dass die Beschäftigten weiterhin nach einer individuellen Endstufe bezahlt werden. Diese individuelle Endstufe ist dynamisch, nimmt also an allgemeinen Entgelterhöhungen teil (Satz 7).

II

§ 28e Besondere Regelungen hinsichtlich der Stufenlaufzeit für Beschäftigte, die unter § 1 der Anlage zu § 56 (VKA) BT-V oder § 52 BT-B fallen und weitere Regelungen

(1) [1]Beschäftigte, die nach dem Teil B Abschnitt XXIV der Anlage 1 zum TVöD – Entgeltordnung (VKA) eingruppiert sind und die am 1. Oktober 2024 in Stufe 2 eine Stufenlaufzeit von mehr als zwei Jahren absolviert haben, werden zum 1. Oktober 2024 der Stufe 3 zugeordnet. [2]Beschäftigte, die nach dem Teil B Abschnitt XXIV der Anlage 1 zum TVöD – Entgeltordnung (VKA) eingruppiert sind und die am 1. Oktober 2024 in Stufe 3 eine Stufenlaufzeit von mehr als drei Jahren absolviert haben, werden zum 1. Oktober 2024 der Stufe 4 zugeordnet.

(2) [1]Beschäftigte mit Eingruppierung in der Entgeltgruppe S 4 bei Tätigkeiten der Fallgruppe 3 und Beschäftigte mit Eingruppierung in der Entgeltgruppe S 8b bei Tätigkeiten in der Fallgruppe 3, die am 1. Oktober 2024 in Stufe 4 eine Stufenlaufzeit von mehr als vier Jahren absolviert haben, werden zum 1. Oktober 2024 der Stufe 5 zugeordnet. [2]Beschäftigte mit Eingruppierung in der Entgeltgruppe S 8b bei Tätigkeiten der Fallgruppen 1 oder 2, die am 1. Oktober 2024 in der Stufe 4 eine Stufenlaufzeit von mehr als vier Jahren absolviert haben, werden zum 1. Oktober 2024 der Stufe 5 zugeordnet. [3]Beschäftigte mit Eingruppierung in der Entgeltgruppe S 8b bei Tätigkeiten der Fallgruppen 1 oder 2, die am 1. Oktober 2024 in der Stufe 5 eine Stufenlaufzeit von mehr als fünf Jahren absolviert haben, werden zum 1. Oktober 2024 der Stufe 6 zugeordnet.

(3) Für die Stufenzuordnung gemäß den Absätzen 1 und 2 gilt, dass die ab dem 1. Oktober 2024 zugeordnete Stufe jeweils neu zu laufen beginnt.

Erläuterungen

Zum Hintergrund der in den §§ 28c bis 28e TVÜ-VKA vereinbarten Regelungen siehe die Einleitung der Erläuterungen zu § 28c TVÜ-VKA.

Die nachstehenden Erläuterungen beziehen sich auf die Regelung des § 28e TVÜ-VKA.

Vorbemerkung

Mit der Regelung des § 28e TVÜ-VKA werden die Stufenlaufzeiten im Bereich des Sozial- und Erziehungsdienstes zum 1. Oktober 2024 an die Stufenlaufzeiten der übrigen Beschäftigten angeglichen und die entsprechenden Regelungen des § 1 Abs. 2 der Anlage zu § 56 BT-V bzw. § 52 Abs. 2 BT-B angepasst. Das Verfahren zur Überführung in die neuen Stufen ist in § 28e TVÜ-VKA geregelt.

Zu § 28e Abs. 1 und 2

Die Tarifpartner haben in den Absätzen 1 und 2 detailliert und abschließend geregelt, wie die Beschäftigten aus dem System der besonderen

Stufenlaufzeiten in die regulären Stufen des TVöD überführt werden. Zusammengefasst ergeben sich folgende Auswirkungen:

Stufe zum 30. September 2024		**neue Stufe zum 1. Oktober 2024**
Beschäftigte in der Stufe 2	mit mehr als 2 Jahren Stufenlaufzeit	Zuordnung zu Stufe 3
Beschäftigte in der Stufe 3	mit mehr als 3 Jahren Stufenlaufzeit	Zuordnung zu Stufe 4
Beschäftigte in der Entgeltgruppe S 4 Fallgruppe 3 Stufe 4 bzw. Beschäftigte in der Entgeltgruppe S 8b Fallgruppe 3 Stufe 4	mit mehr als 4 Jahren Stufenlaufzeit	Zuordnung zu Stufe 5
Beschäftigte in der Entgeltgruppe S 8b Fallgruppen 1 oder 2 Stufe 4	mit mehr als 4 Jahren Stufenlaufzeit	Zuordnung zu Stufe 5
Beschäftigte in der Entgeltgruppe S 8b Fallgruppen 1 oder 2 Stufe 5	mit mehr als 5 Jahren Stufenlaufzeit	Zuordnung zu Stufe 6

Zu § 28e Abs. 3

Die Vorschrift des Absatzes 3 gilt für alle sich aus den Absätzen 1 und 2 ergebenden Stufenänderungen. Die Tarifpartner haben darin festgelegt, dass die Stufenlaufzeit in der ab dem 1. Oktober 2024 neuen Stufe jeweils neu zu laufen beginnt. Etwaige Restlaufzeiten gehen somit unter.

Zu § 28e Abs. 4 (aufgehoben)

In dem zwischenzeitlich wieder aufgehobenen Absatz 4 ging es um die Tabellenwerte der Entgeltgruppe S 9. Für diese Entgeltgruppe wurden mit Wirkung vom 1. Oktober 2024 neue Tabellenwerte vereinbart. Diese fließen erst zum 1. Oktober 2024 in die entsprechende Entgelttabelle (Anlage C zum TVöD, Sozial- und Erziehungsdienst) ein und wurden 2022 – quasi als Platzhalter – in § 28e Abs. 4 TVÜ-VKA aufgenommen. In Satz 2 der Vorschrift wurde vereinbart, dass sie sich bis zum 30. September 2024 noch um allgemeine Entgeltanpassungen erhöhen werden, und zwar um den Prozentsatz, der für die Entgeltgruppe S 9 in der bis zum 30. September 2024 geltenden Fassung vereinbart wurde. Da die Laufzeit des Tarifabschlusses 2023 über den

1. Oktober 2024 hinausgeht und damit die ab dem 1. Oktober 2024 geltenden Tabellenentgelte feststehen, haben die Tarifpartner den „Platzhalter" wieder aufgehoben und die Werte in die Entgelttabelle einfließen lassen.

II

Abschnitt IVb
Überleitung in die Entgeltordnung zum TVöD für den Bereich der VKA

§ 29 Grundsatz

(1) [1]Für die in den TVöD übergeleiteten Beschäftigten (§ 1 Abs. 1) sowie für die zwischen dem Inkrafttreten des TVöD und dem 31. Dezember 2016 neu eingestellten Beschäftigten (§ 1 Abs. 2), deren Arbeitsverhältnis über den 31. Dezember 2016 hinaus fortbesteht, gelten ab dem 1. Januar 2017 für Eingruppierungen § 12 (VKA) und § 13 (VKA) TVöD in Verbindung mit der Anlage 1 – Entgeltordnung (VKA) zum TVöD. [2]Diese Beschäftigten sind zum 1. Januar 2017 gemäß den nachfolgenden Regelungen in die Anlage 1 – Entgeltordnung (VKA) übergeleitet.

(2) [1]Mit dem Inkrafttreten des § 12 (VKA) und des § 13 (VKA) TVöD in Verbindung mit der Anlage 1 – Entgeltordnung (VKA) zum TVöD treten die allgemeinen Tätigkeitsmerkmale für Beschäftigte mit handwerklichen Tätigkeiten an die Stelle der bisherigen Oberbegriffe in den Lohngruppenverzeichnissen. [2]Soweit Tätigkeitsmerkmale in Lohngruppenverzeichnissen auf besondere körperliche Belastungen oder besondere Verantwortung abstellen, bleiben diese unberührt. [3]Spezielle Eingruppierungsregelungen in Lohngruppenverzeichnissen gelten bis zur Vereinbarung neuer Regelungen auf der Bundesebene bzw. auf Ebene eines kommunalen Arbeitgeberverbandes fort. [4]Die Lohngruppen der Lohngruppenverzeichnisse sind gemäß Anlage 3 den Entgeltgruppen des TVöD zugeordnet.

Protokollerklärung zu Absatz 2 Satz 3:

Satz 3 findet im Anwendungsbereich der Entgeltgruppe 1 (Teil A Abschnitt I Ziffer 1 der Anlage 1 zum TVöD – Entgeltordnung [VKA]) keine Anwendung.

Erläuterungen

Bei den §§ 29 bis 29d TVÜ-VKA handelt es sich um die zentralen Vorschriften zur Überleitung der Beschäftigten der Kommunen in die neue Entgeltordnung. Im Ergebnis wurde eine umfassende Besitzstandsregelung vereinbart, die für die am 31. Dezember 2016/1. Januar 2017 in der gleichen Tätigkeit beim selben Arbeitgeber Beschäftigten nur „nach oben" führen kann.

Wegen der umfassenden Darstellung der Überleitungstechnik bzw. der Regeln beim In-Kraft-Setzen der neuen Entgeltordnung wird auf den Beitrag unter der Leitziffer **450** hingewiesen.

Zusammengefasst lässt sich die Überleitung wie folgt darstellen:

- Die Entgeltordnung tritt am 1. Januar 2017 in Kraft; alle Eingruppierungsvorgänge unterliegen ab diesem Zeitpunkt der neuen Entgeltordnung (siehe § 29 Abs. 1 TVÜ-VKA).

- Zurückgelegte Zeiten werden uneingeschränkt berücksichtigt (siehe § 29a Abs. 2 TVÜ-VKA).
- Für über den 31. Dezember 2016 hinaus beim selben Arbeitgeber weiterhin ausgeübte Tätigkeiten bleibt es bei der bisherigen Eingruppierung; eine Überprüfung findet ebenso wenig statt wie eine Herabgruppierung; die nach Anlage 1 oder 3 zum TVÜ-VKA vorgenommene Eingruppierung gilt als zutreffend und hat weiterhin Bestand (siehe § 29a Abs. 1 TVÜ-VKA und die dazu vereinbarte Protokollerklärung).
- Beschäftigte, die nach der Entgeltordnung höher eingruppiert sind als nach der Anlage 1 oder 3 zum TVÜ-VKA, haben ein Antragsrecht, um die höhere Eingruppierung zu wählen (siehe § 29b Abs. 1 TVÜ-VKA).
- Der Antrag muss innerhalb des Jahres 2017 (bei ruhendem Arbeitsverhältnis innerhalb eines Jahres nach dem Ende des Ruhens) gestellt werden; er wirkt auf den 1. Januar 2017 zurück (siehe § 29b Abs. 1 TVÜ-VKA). Wird der Antrag nicht oder nicht fristgerecht gestellt, erlischt das Antragsrecht – siehe BAG-Urteil vom 18. September 2019 zur vergleichbaren Regelung des § 26 TVÜ-Bund – 4 AZR 42/19; Rn. 30.
- Im Falle eines Antrags findet eine „normale" Höhergruppierung nach den Regeln des § 17 Abs. 4 TVöD alter Fassung statt. Es gibt somit keinen stufengleichen Aufstieg nach § 17 Abs. 4 TVöD neuer Fassung! Eine Ausnahme gilt nur bei der Stufenzuordnung bei Beschäftigten in der Stufe 1 – siehe § 29b Abs. 2 TVÜ-VKA. Achtung: Auch die Anrechnung des Höhergruppierungsgewinns beim Strukturausgleich findet nach den üblichen Regeln statt (§ 12 Abs. 5 sowie § 29c Abs. 6 Satz 1 TVÜ-VKA).
- Beschäftigte der bisherigen Entgeltgruppe 13 mit Zulage nach § 17 Abs. 8 TVÜ-VKA/alt (13 + Z) werden stufengleich ohne besonderen Antrag in die Entgeltgruppe 14 überführt (siehe § 29c Abs. 1 TVÜ-VKA). Eine Anrechnung des Höhergruppierungsgewinns beim Strukturausgleich findet nicht statt (§ 29c Abs. 6 Satz 2 TVÜ-VKA).
- Die Beschäftigten der Entgeltgruppe 9 ohne besondere Stufenregelungen werden ohne besonderen Antrag stufengleich in die Entgeltgruppe 9b übergeleitet (siehe § 29c Abs. 2 TVÜ-VKA). Eine Anrechnung des Höhergruppierungsgewinns beim Strukturausgleich findet nicht statt (§ 29c Abs. 6 Satz 2 TVÜ-VKA).
- Die Eingruppierung in die Entgeltgruppe 9c setzt einen Antrag gem. § 29b Abs. 1 TVÜ-VKA voraus – siehe BAG-Urteil vom 25. März 2021 – 6 AZR 41/20.

- Die Beschäftigten der Entgeltgruppe 9 mit besonderen Stufenregelungen („kleine Entgeltgruppe 9") und Stufe 5 als Endstufe werden ohne besonderen Antrag betragsgleich (nicht: stufengleich!) in die Entgeltgruppe 9a übergeleitet. Für Beschäftigte, die am 31. Dezember 2016 der Stufe 2 oder 4 zugeordnet sind, gibt es besondere Regelungen hinsichtlich der Stufenzuordnung bzw. -laufzeit (siehe § 29c Abs. 3 TVÜ-Bund). Eine Anrechnung des Höhergruppierungsgewinns beim Strukturausgleich findet nicht statt (§ 29c Abs. 6 Satz 2 TVÜ-VKA).
- Die Beschäftigten der Entgeltgruppe 9 mit besonderen Stufenregelungen („kleine Entgeltgruppe 9") und Stufe 4 als Endstufe werden ohne besonderen Antrag stufengleich unter Mitnahme ihrer Stufenlaufzeit in die Entgeltgruppe 9a übergeleitet (siehe § 29c Abs. 4 TVÜ-VKA). Eine Anrechnung des Höhergruppierungsgewinns beim Strukturausgleich findet nicht statt (§ 29c Abs. 6 Satz 2 TVÜ-VKA).
- Die Absätze 3 bis 5 des § 29b TVÜ-VKA enthalten besondere Regelungen für die Höhergruppierung von Beschäftigten mit Besitzstandszulagen. Die Zulagen entfallen zwar, wirken sich aber bei der Berechnung des Höhergruppierungsgewinns aus bzw. haben Einfluss auf die Stufenzuordnung und die anzurechnenden Stufenlaufzeiten in der höheren Entgeltgruppe.
- Die bislang in „KR-Entgeltgruppen" eingruppierten Beschäftigten des Pflegepersonals werden zum 1. Januar 2017 in die neu geschaffenen „P-Entgeltgruppen" eingruppiert. Die Überleitung der vorhandenen Beschäftigten sowie Besonderheiten bei der Stufenzuordnung sind in § 29d Abs. 1 TVÜ-VKA geregelt. Für bestimmte Beschäftigte der neuen „P-Entgeltgruppen" sieht § 29d Abs. 2 TVÜ-VKA monatliche Zulagen vor.

§ 29a Besitzstandsregelungen

(1) [1]Die Überleitung erfolgt unter Beibehaltung der bisherigen Entgeltgruppe für die Dauer der unverändert auszuübenden Tätigkeit. [2]Eine Überprüfung und Neufeststellung der Eingruppierungen findet aufgrund der Überleitung in die Entgeltordnung für den Bereich der VKA nicht statt.

Protokollerklärung zu Absatz 1:

Die Zuordnung zu der Entgeltgruppe des TVöD nach der Anlage 1 oder 3 TVÜ-VKA in der bis zum 31. Dezember 2016 geltenden Fassung gilt als Eingruppierung.

(2) Hängt die Eingruppierung nach § 12 (VKA) und § 13 (VKA) TVöD in Verbindung mit der Anlage 1 – Entgeltordnung (VKA) zum TVöD von der Zeit einer Tätigkeit oder Berufsausübung ab, wird die vor dem 1. Januar 2017 zurückgelegte Zeit so berücksichtigt, wie sie zu berücksichtigen wäre, wenn § 12 (VKA) und § 13 (VKA) TVöD sowie die Anlage 1 – Entgeltordnung (VKA) zum TVöD bereits seit dem Beginn des Arbeitsverhältnisses gegolten hätten.

(3) Beschäftigte, denen am 31. Dezember 2016 eine persönliche Besitzstandszulage nach der Protokollerklärung zu § 5 Abs. 2 Satz 3 oder eine persönliche Zulage nach § 17 Abs. 6 in der bis zum 31. Dezember 2016 geltenden Fassung zugestanden hat, erhalten eine Besitzstandszulage in Höhe ihrer bisherigen Zulage, solange die anspruchsbegründende Tätigkeit unverändert auszuüben ist.

(4) [1]Soweit an die Tätigkeit in der bisherigen Entgeltgruppe über Absatz 3 hinaus besondere Entgeltbestandteile geknüpft waren und diese in der Anlage 1 – Entgeltordnung (VKA) zum TVöD nicht oder in geringerer Höhe entsprechend vereinbart sind, wird die hieraus am 1. Januar 2017 bestehende Differenz unter den bisherigen Voraussetzungen als Besitzstandszulage so lange gezahlt, wie die anspruchsbegründende Tätigkeit unverändert auszuüben ist und die Voraussetzungen für den besonderen Entgeltbestandteil nach bisherigem Recht weiterhin erfüllt sind. [2]Die Differenz verändert sich bei allgemeinen Entgeltanpassungen um den von den Tarifvertragsparteien für die jeweilige Entgeltgruppe festgelegten Prozentsatz.

Protokollerklärung zu Absatz 4:

1. Absatz 4 findet auf die Regelung in der Protokollerklärung Nr. 5 des Teils B Abschnitt XI Ziffer 1 der Anlage 1 – Entgeltordnung (VKA) sowie auf § 52 Abs. 4 BT-K in der bis zum 31. Dezember 2016 gültigen Fassung und die Protokollerklärungen Nr. 1 Abs. 2 der Abschnitte A und B der Anlage 1b zum BAT keine Anwendung.
2. Der Betrag der Differenz nach Satz 2 erhöht sich am 1. März 2024 um 11,5 Prozent.[1)]

(5) Abweichend von Absatz 4 bestimmt sich die Zahlung der Besitzstandszulage für eine Vergütungsgruppenzulage nach § 9.

(6) Bei Veränderungen der individuellen regelmäßigen Arbeitszeit der/des Beschäftigten ändert sich in den Fällen der Absätze 3 und 4 die Besitzstandszulage entsprechend.

---

1) Die im Zuge der Tarifeinigung 2025 (abgedruckt unter **150**) vereinbarten Entgelterhöhungen ab 1. April 2025 sowie ab 1. Mai 2026 wirken sich auch auf die Besitzstandszulage aus. Abgestimmte Zahlen lagen bei Redaktionsschluss noch nicht vor.

(7) Beschäftigte, die am 31. Dezember 2016 nach § 3 Absatz 1 Buchst. a der Anlage 3 zum BAT von der Ausbildungs- und Prüfungspflicht befreit sind, bleiben für die Dauer ihres über den 31. Dezember 2016 hinaus zu demselben Arbeitgeber fortbestehenden Arbeitsverhältnisses von der Ausbildungs- und Prüfungspflicht befreit.

Erläuterungen

Siehe dazu die Ausführungen bei § 29 TVÜ-VKA.

§ 29b Höhergruppierungen

II

(1) [1]Ergibt sich nach der Anlage 1 – Entgeltordnung (VKA) zum TVöD eine höhere Entgeltgruppe, sind die Beschäftigten auf Antrag in der Entgeltgruppe eingruppiert, die sich nach § 12 (VKA) TVöD ergibt. [2]Der Antrag kann nur bis zum 31. Dezember 2017 gestellt werden (Ausschlussfrist) und wirkt auf den 1. Januar 2017 zurück; nach dem Inkrafttreten der Anlage 1 – Entgeltordnung (VKA) zum TVöD eingetretene Änderungen der Stufenzuordnung in der bisherigen Entgeltgruppe bleiben bei der Stufenzuordnung nach den Absätzen 2 bis 5 unberücksichtigt. [3]Ruht das Arbeitsverhältnis am 1. Januar 2017, beginnt die Frist von einem Jahr nach Satz 1 mit der Wiederaufnahme der Tätigkeit; der Antrag wirkt auf den 1. Januar 2017 zurück.

(2) [1]Die Stufenzuordnung in der höheren Entgeltgruppe richtet sich nach den Regelungen für Höhergruppierungen (§ 17 Abs. 4 TVöD in der bis zum 28. Februar 2017 geltenden Fassung). [2]War die/der Beschäftigte in der bisherigen Entgeltgruppe der Stufe 1 zugeordnet, wird sie/er abweichend von Satz 1 der Stufe 1 der höheren Entgeltgruppe zugeordnet; die bisher in Stufe 1 verbrachte Zeit wird angerechnet.

(3) [1]Sind Beschäftigte, die eine Besitzstandszulage nach § 9 erhalten, auf Antrag nach Absatz 1 höhergruppiert, entfällt die Besitzstandszulage rückwirkend ab dem 1. Januar 2017. [2]Abweichend von Absatz 2 Satz 1 wird für die Anwendung des § 17 Abs. 4 Satz 1 und 2 TVöD in der bis zum 28. Februar 2017 geltenden Fassung zu dem jeweiligen bisherigen Tabellenentgelt die wegfallende Zulage hinzugerechnet und anschließend der Unterschiedsbetrag ermittelt.

Protokollerklärung zu Absatz 3:

Im Falle einer Höhergruppierung über mehr als eine Entgeltgruppe wird die Besitzstandszulage nach § 9 nur in der Ausgangsentgeltgruppe dem Tabellenentgelt hinzugerechnet.

(4) [1]Sind Beschäftigte, die eine Besitzstandszulage nach § 29a Abs. 3 erhalten, auf Antrag nach Absatz 1 höhergruppiert, entfällt die Besitzstandszulage rückwirkend ab dem 1. Januar 2017. [2]Ergibt sich durch die Höhergruppierung die Zuordnung zu einer niedrigeren Stufe als in der bisherigen Entgeltgruppe, wird abweichend von Absatz 2 Satz 1 die in der bisherigen Stufe zurückgelegte Stufenlaufzeit auf die Stufenlaufzeit in der höheren Entgeltgruppe angerechnet. [3]Ist dadurch am Tag der Höhergruppierung in der höheren Entgeltgruppe die Stufenlaufzeit zum Erreichen der nächsthöheren Stufe erfüllt, beginnt in dieser nächsthöheren Stufe die Stufenlaufzeit neu. [4]§ 29a Abs. 4 findet keine Anwendung.

(5) [1]Sind Beschäftigte, die eine Besitzstandszulage nach § 9 und eine Besitzstandszulage nach § 29a Abs. 3 erhalten, auf Antrag nach Absatz 1 höhergruppiert, entfallen beide Besitzstandszulagen rückwirkend ab dem 1. Januar 2017. [2]Abweichend von Absatz 2 Satz 1 werden für die Anwendung des § 17 Abs. 4 Satz 1 und 2 TVöD zu dem jeweiligen bisherigen Tabellenentgelt die beiden wegfallenden Besitzstandszulagen hinzugerechnet und anschließend der Unterschiedsbetrag ermittelt. [3]Ergibt sich durch die Höhergruppierung

die Zuordnung zu einer niedrigeren Stufe als in der bisherigen Entgeltgruppe, wird abweichend von Absatz 2 Satz 1 die in der bisherigen Stufe zurückgelegte Stufenlaufzeit auf die Stufenlaufzeit in der höheren Entgeltgruppe angerechnet. [4]Ist dadurch am Tag der Höhergruppierung in der höheren Entgeltgruppe die Stufenlaufzeit zum Erreichen der nächsthöheren Stufe erfüllt, beginnt in dieser nächsthöheren Stufe die Stufenlaufzeit neu. [5]§ 29a Abs. 4 findet keine Anwendung.

II

Protokollerklärung zu Absatz 5 Satz 2:

Im Falle einer Höhergruppierung über mehr als eine Entgeltgruppe werden die Besitzstandszulagen nach § 9 und nach § 29a Abs. 3 nur in der Ausgangsentgeltgruppe dem Tabellenentgelt hinzugerechnet.

Protokollerklärung zu den Absätzen 4 und 5:

Im Falle einer Höhergruppierung über mehr als eine Entgeltgruppe erfolgt die Mitnahme der Stufenlaufzeit nur bei der ersten dazwischenliegenden Entgeltgruppe nach § 17 Abs. 4 Satz 3 Halbsatz 1 TVöD.

Erläuterungen

Siehe dazu die Ausführungen bei § 29 TVÜ-VKA.

§ 29c Besondere Überleitungsregelungen

II

(1) Beschäftigte mit einem Anspruch auf die bisherige Zulage nach § 17 Abs. 8 in der bis zum 31. Dezember 2016 geltenden Fassung sind stufengleich und unter Mitnahme der in ihrer Stufe zurückgelegten Stufenlaufzeit in die Entgeltgruppe 14 übergeleitet.

(2) Beschäftigte der Entgeltgruppe 9, für die keine besonderen Stufenregelungen gelten, sind stufengleich und unter Mitnahme der in ihrer Stufe zurückgelegten Stufenlaufzeit in die Entgeltgruppe 9b übergeleitet.

(3) [1]Beschäftigte der Entgeltgruppe 9, für die gemäß des Anhangs zu § 16 (VKA) TVöD in der bis zum 31. Dezember 2016 geltenden Fassung die Stufe 5 Endstufe ist, sind unter Mitnahme der in ihrer Stufe zurückgelegten Stufenlaufzeit in die Stufe der Entgeltgruppe 9a übergeleitet, deren Betrag dem Betrag ihrer bisherigen Stufe entspricht. [2]Für Beschäftigte, die am 31. Dezember 2016 der Stufe 2 zugeordnet sind, finden bis zum 31. Januar 2017 die Tabellenwerte der Stufe 2 nach dem Stand vom 31. Dezember 2016 Anwendung. [3]Ist bei Beschäftigten, die am 31. Dezember 2016 der Stufe 4 zugeordnet sind, bei der Überleitung am 1. Januar 2017 in die Entgeltgruppe 9a die Stufenlaufzeit zum Erreichen der Stufe 5 erfüllt, werden sie der Stufe 5 zugeordnet. [4]Ist in der bisherigen Stufe 4 eine über vier Jahre hinausgehende Stufenlaufzeit zurückgelegt, wird die darüber hinaus zurückgelegte Stufenlaufzeit auf die Stufenlaufzeit in der Stufe 5 der Entgeltgruppe 9a angerechnet.

Protokollerklärung zu den Absätzen 2 und 3:

Die Zuordnung zu einer individuellen Zwischen- oder Endstufe bleibt unberührt.

(4) [1]Beschäftigte der Entgeltgruppe 9, für die gemäß des Anhangs zu § 16 (VKA) TVöD in der bis zum 31. Dezember 2016 geltenden Fassung die Stufe 4 Endstufe ist, sind stufengleich und unter Mitnahme der in ihrer Stufe zurückgelegten Stufenlaufzeit in die Entgeltgruppe 9a übergeleitet. [2]Absatz 1 Buchstabe b und Absatz 2 des Anhangs zu § 16 (VKA) bleiben unberührt.

(5) Fallen am 1. Januar 2017 ein Stufenaufstieg und die Höhergruppierung nach § 29b Abs. 1 zusammen, erfolgt erst der Stufenaufstieg und anschließend die Höhergruppierung.

(6) [1]Bei Höhergruppierungen nach § 29b Abs. 1 wird der Unterschiedsbetrag zum bisherigen Entgelt auf den Strukturausgleich nach § 12 angerechnet. [2]Dies gilt auch für Höhergruppierungen in die Entgeltgruppe 9c. [3]Eine Überleitung in die Entgeltgruppen 9a, 9b oder 14 nach den Absätzen 1 bis 4 gilt nicht als Höhergruppierung.

Erläuterungen

Siehe dazu die Ausführungen bei § 29 TVÜ-VKA.

§ 29d Überleitung in die Anlage E zum BT-K und zum BT-B

(1) [1]Die unter die Anlage 4 in der bis zum 31. Dezember 2016 gültigen Fassung (Kr-Anwendungstabelle) fallenden Beschäftigten sind stufengleich und unter Mitnahme der in ihrer Stufe zurückgelegten Stufenlaufzeit von der Entgeltgruppe der Anlage 4 in die Entgeltgruppe der Anlage E

KR 12a	**P 16**
KR 11b	**P 15**
KR 11a	**P 14**
KR 10a	**P 13**
KR 9d	**P 12**
KR 9c	**P 11**
KR 9b	**P 10**
KR 9a	**P 9**
KR 8a	**P 8**
KR 7a	**P 7**
KR 4a	**P 6**
KR 3a	**P 5**

übergeleitet.

[2]Aus der Stufe 1 der Entgeltgruppen KR 7a und KR 8a erfolgt die Überleitung in die Stufe 2 der Entgeltgruppe P 7 bzw. P 8 der Anlage E zum BT-K und zum BT-B unter Mitnahme der in der Stufe 1 zurückgelegten Stufenlaufzeit. [3]Erfolgt die Überleitung aus der Stufe 2 der Entgeltgruppen KR 7a oder KR 8a, wird die Stufenlaufzeit der Stufe 1 auf die Stufenlaufzeit der Stufe 2 der Entgeltgruppe P 7 bzw. P 8 der Anlage E zum BT-K und zum BT-B angerechnet. [4]Ist durch eine Verkürzung der Stufenlaufzeit in der Anlage E zum BT-K und zum BT-B am 1. Januar 2017 die Stufenlaufzeit zum Erreichen der nächsthöheren Stufe der jeweiligen Entgeltgruppe erfüllt, beginnt in dieser nächsthöheren Stufe die Stufenlaufzeit neu. [5]Haben am 31. Dezember 2016 einer der Entgeltgruppen KR 9a bis KR 11a der Anlage 4 in der bis zum 31. Dezember 2016 gültigen Fassung (Kr-Anwendungstabelle) zugeordnete Beschäftigte in der Stufe 5 ihrer Entgeltgruppe eine Stufenlaufzeit von mindestens fünf Jahren zurückgelegt, erfolgt die Zuordnung zu der Stufe 6 der Entgeltgruppe der Anlage E zum BT-K und zum BT-B, in die sie gemäß Satz 1 übergeleitet werden. [6]§ 29b Abs. 1 und 2 bleibt unberührt.

(2) [1]Beschäftigte, die nach § 29b Abs. 1 aus den Stufen 3, 4 oder 5 der Entgeltgruppe P 7 in die Entgeltgruppe P 8 höhergruppiert werden, erhalten zusätzlich zu ihrem Tabellenentgelt der Entgeltgruppe P 8

- **für die Dauer des Verbleibs in der Stufe 2 der Entgeltgruppe P 8 bei Höhergruppierung aus der Stufe 3 der Entgeltgruppe P 7,**
- **für die Dauer des Verbleibs in der Stufe 4 der Entgeltgruppe P 8 bei Höhergruppierung aus der Stufe 4 der Entgeltgruppe P 7,**
- **für die Dauer des Verbleibs in der Stufe 5 der Entgeltgruppe P 8 bei Höhergruppierung aus der Stufe 5 der Entgeltgruppe P 7**

eine monatliche Zulage in Höhe von 46,02 Euro,

sofern und solange sie nach den Protokollerklärungen Nr. 1 Abs. 1 Buchst. b der Abschnitte A und B zu der Anlage 1b zum BAT einen Anspruch auf eine

monatliche Zulage gehabt hätten. [2]Für die Dauer des Verbleibs in der Stufe 5 im Anschluss an die Stufenlaufzeit der Stufe 4 der Entgeltgruppe P 8 bei Höhergruppierung aus der Stufe 4 der Entgeltgruppe P 7 erhalten die Beschäftigten unter den sonstigen Voraussetzungen des Satzes 1 eine monatliche Zulage in Höhe von 23,01 Euro.

II

(3) Beschäftigte, die am 31. Dezember 2016 in der Entgeltgruppe KR 7a einer der Stufen 4 bis 6 oder einer individuellen Zwischen- oder Endstufe oberhalb der Stufe 4 der Anlage 4 zum TVÜ-VKA bzw. in der Entgeltgruppe KR 8a den Stufen 5 oder 6 oder einer individuellen Zwischen- oder Endstufe oberhalb der Stufe 5 der Anlage 4 zum TVÜ-VKA zugeordnet waren, erhalten solange ihr Bereitschaftsdienstentgelt nach dem Stand vom 31. Dezember 2016, bis das Bereitschaftsdienstentgelt nach der Anlage G zum BT-K dieses übersteigt.

Erläuterungen

Siehe dazu die Ausführungen bei § 29 TVÜ-VKA.

§ 30 KAV Berlin

(1) Auf Beschäftigte, die unter den Geltungsbereich des § 2 Abs. 1 bis 6 und 8 des Tarifvertrages über die Geltung des VKA-Tarifrechts für die Angestellten und angestelltenversicherungspflichtigen Auszubildenden der Mitglieder des Kommunalen Arbeitgeberverbandes Berlin (KAV Berlin) – Überleitungs-TV KAV Berlin – vom 9. Dezember 1999 in der jeweils geltenden Fassung fallen und auf deren Arbeitsverhältnis § 27 Abschnitt A BAT/BAT-O in der für den Bund und die Tarifgemeinschaft deutscher Länder geltenden Fassung sowie der Vergütungstarifvertrag für den Bereich des Bundes und der Länder Anwendung findet, findet der TVöD und dieser Tarifvertrag Anwendung, soweit nachfolgend nichts Besonderes bestimmt ist.

(2)[1] [1]Auf überzuleitende Beschäftigte aus dem Geltungsbereich des BAT/BAT-O finden anstelle der §§ 4 bis 6, §§ 12, 17 und 19 Abs. 2 und 3 sowie der Anlagen 1 bis 3 dieses Tarifvertrages die §§ 4 bis 6, §§ 12, 17 und 19 Abs. 2 und 3 sowie die Anlagen 2 bis 4 des Tarifvertrages zur Überleitung der Beschäftigten des Bundes in den TVöD und zur Regelung des Übergangsrechts (TVÜ-Bund) vom 13. September 2005 in der bis zum 31. Dezember 2013 geltenden Fassung Anwendung. [2]Abweichend von Anlage 2 TVÜ-Bund in der bis zum 31. Dezember 2013 geltenden Fassung und von § 16 (VKA) TVöD gelten ab der Entgeltgruppe 9a folgende besonderen Regelungen:

a) (weggefallen)

b) Ab der Entgeltgruppe 9b wird die Stufe 5a nach 5 Jahren in Stufe 5 und die Stufe 6 – frühestens ab 1. Oktober 2015 – nach fünf Jahren in Stufe 5a erreicht.

[3]Die Entgeltgruppe 15 Ü wird um die Stufe 6 mit einem Tabellenwert bis 29. Februar 2024 in Höhe von 8033,83 Euro und ab 1. März 2024 in Höhe von 8686,69 Euro erweitert. [4]Die Entgeltstufe 5a entspricht dem Tabellenwert der Stufe 5 zuzüglich des halben Differenzbetrages zwischen den Stufen 5 und 6, kaufmännisch auf volle Eurobeträge gerundet. [5]Bei Höhergruppierung aus der Stufe 6 einer der Entgeltgruppen 1 bis 8 in eine der Entgeltgruppen 9b bis 15 erfolgt die Zuordnung zur Stufe 5a. [6]Dies gilt nicht, wenn die/der Beschäftigte zum Zeitpunkt der Höhergruppierung mindestens zehn Jahre in der Stufe 6 zurückgelegt hat. [7]Mit Erreichen der Stufe 5a entfällt ein etwaiger Strukturausgleich. [8]Mit Erreichen der Stufe 6 findet uneingeschränkt das VKA-Tarifrecht Anwendung.

Niederschriftserklärung zu § 30 Abs. 2:

Der Tabellenwert von 5625 Euro verändert sich zu demselben Zeitpunkt und in derselben Höhe wie der Tabellenwert der Stufe 6 der Entgeltgruppe 15 Ü gemäß § 19 Abs. 2.

(3) (weggefallen)

(4) (weggefallen)

---

[1]) Die im Zuge der Tarifeinigung 2025 (abgedruckt unter **150**) vereinbarten Erhöhungen ab 1. April 2025 sowie ab 1. Mai 2026 wirken sich auch auf die Werte des Satzes 3 aus. Abgestimmte Zahlen lagen bei Redaktionsschluss noch nicht vor. Der Erhöhungssatz zum 1. April 2025 beträgt voraussichtlich 3,0 Prozent und zum 1. Mai 2026 2,8 Prozent.

(5) Der Tarifvertrag über die Fortgeltung des TdL-Tarifrechts für die Angestellten und angestelltenrentenversicherungspflichtigen Auszubildenden der NET-GE Kliniken Berlin GmbH (jetzt Vivantes Netzwerk für Gesundheit GmbH) vom 17. Januar 2001 gilt uneingeschränkt fort; die vorstehenden Absätze 1 bis 4 gelten nicht.

II

Niederschriftserklärung zu § 30 Abs. 5:

Die Entscheidung, ob und in welcher Höhe Arbeitern, auf die die Tarifregelungen des Tarifgebiets Ost Anwendung finden, eine Einmalzahlung erhalten, bleibt den Tarifvertragsparteien auf landesbezirklicher Ebene vorbehalten.

Niederschriftserklärung zu § 30:

Von den Tarifvertragsparteien auf der landesbezirklichen Ebene ist in Tarifverhandlungen über Hilfestellungen einzutreten, wenn die Überführung der Beschäftigten in die VKA-Entgelttabelle bei einzelnen Mitgliedern des KAV Berlin ab 1. Oktober 2010 zu finanziellen Problemen führt.

Erläuterungen

§ 30 enthält besondere Regelungen, die ausschließlich im Bereich des Kommunalen Arbeitgeberverbandes Berlin (KAV Berlin) gelten.

§ 31 KAV Bremen

(1) Der Tarifvertrag über die Geltung des VKA-Tarifrechts für die Beschäftigten der Mitglieder des KAV Bremen vom 17. Februar 1995 bleibt durch das In-Kraft-Treten des TVöD und dieses Tarifvertrages unberührt und gilt uneingeschränkt fort.

(2) Der Tarifvertrag über die Geltung des VKA-Tarifrechts für die Arbeiter und die arbeiterrentenversicherungspflichtigen Auszubildenden des Landes und der Stadtgemeinde Bremen sowie der Stadt Bremerhaven (Überleitungs-TV Bremen) vom 17. Februar 1995 in der Fassung des Änderungstarifvertrages Nr. 8 vom 31. Januar 2003 gilt mit folgenden Maßgaben weiter:

1. Der TVöD und dieser Tarifvertrag treten an die Stelle der in § 2 Abs. 2 vereinbarten Geltung des BMT-G II.
2. § 2 Abs. 3 und 8 treten mit Wirkung vom 1. Oktober 2005 außer Kraft.
3. In § 2 Abs. 4 bis 7 und 9 wird die Bezugnahme auf den BMT-G II ersetzt durch die Bezugnahme auf den TVöD.
4. In den Anlagen 3 bis 6 wird die Bezugnahme auf den BMT-G II ersetzt durch die inhaltliche Bezugnahme auf die entsprechenden Regelungen des TVöD. Diese Anlagen sind bis zum 31. Dezember 2006 an den TVöD und diesen Tarifvertrag anzupassen.

(3) In Ergänzung der Anlage 3 dieses Tarifvertrages werden der Entgeltgruppe 3 ferner folgende für den Bereich des KAV Bremen nach dem Rahmentarifvertrag zu § 20 Abs. 1 BMT-G II vorgesehene und im bremischen Lohngruppenverzeichnis vom 17. Februar 1995 vereinbarte Lohngruppen zugeordnet:

- Lgr. 2 mit Aufstieg nach 2a und 3
- Lgr. 2a mit Aufstieg nach 3 und 3a
- Lgr. 2a mit Aufstieg nach 3

(4) Der Tarifvertrag über die Geltung des VKA-Tarifrechts für die Angestellten und Arbeiter und die angestellten- und arbeiterrentenversicherungspflichtigen Auszubildenden der Entsorgung Nord GmbH Bremen, der Abfallbehandlung Nord GmbH Bremen, der Schadstoffentsorgung Nord GmbH Bremen, der Kompostierung Nord GmbH Bremen sowie der Abwasser Bremen GmbH vom 5. Juni 1998 gilt mit folgender Maßgabe fort:

Der TVöD und dieser Tarifvertrag treten mit folgenden Maßgaben an die Stelle der in § 2 Abs. 2 und 3 vereinbarten Geltung des BAT und BMT-G II:

1. Zu § 17 dieses Tarifvertrages: § 25 BAT findet keine Anwendung.
2. Eine nach § 2 Abs. 2 Nr. 3 Buchst. a bzw. Buchst. b des Tarifvertrages vom 5. Juni 1998 im September 2005 gezahlte Besitzstandszulage fließt in das Vergleichsentgelt gemäß § 5 Abs. 2 dieses Tarifvertrages ein.
3. Übergeleitete Beschäftigte, die am 1. Oktober 2005 bei Fortgeltung des bisherigen Tarifrechts gemäß § 2 Abs. 2 Nr. 3 Buchst. b des Tarifvertrages vom 5. Juni 1998 die für die Zahlung einer persönlichen Zulage erforderliche Zeit der Bewährung zur Hälfte erfüllt haben, erhalten zum Zeitpunkt, zu dem sie nach bisherigem Recht die persönliche Zulage erhalten würden, in ihrer Entgeltgruppe Entgelt nach derjenigen individuellen Zwischenstufe,

Stufe bzw. Endstufe, die sich ergeben hätte, wenn in das Vergleichsentgelt (§ 5 Abs. 2) die persönliche Zulage eingerechnet worden wäre. § 8 Abs. 2 Sätze 2 bis 5 gelten entsprechend.

4. Gegenüber den zum Zeitpunkt der Rechtsformänderung (Betriebsübergang) der Bremer Entsorgungsbetriebe auf die Gesellschaften übergegangenen und unbefristet beschäftigten kündbaren Beschäftigten sind betriebsbedingte Kündigungen ausgeschlossen.

Erläuterungen

In § 31 sind Regelungen getroffen worden, die ausschließlich für den Bereich des Kommunalen Arbeitgeberverbandes Bremen (KAV Bremen) gelten.

§ 32 AV Hamburg

(1) Der als Protokollerklärung bezeichnete Tarifvertrag aus Anlass des Beitritts der Arbeitsrechtlichen Vereinigung Hamburg e.V. (AV Hamburg) zur Vereinigung der kommunalen Arbeitgeberverbände (VKA) am 1. Juli 1955 vom 5. August 1955 bleibt durch das In-Kraft-Treten des TVöD und dieses Tarifvertrages unberührt und gilt uneingeschränkt fort.

Protokollerklärung zu Absatz 1:

An die Stelle des als Protokollerklärung bezeichneten Tarifvertrages aus Anlass des Beitritts der Arbeitsrechtlichen Vereinigung Hamburg e.V. (AV Hamburg) zur Vereinigung der kommunalen Arbeitgeberverbände (VKA) am 1. Juli 1955 vom 5. August 1955 tritt mit Wirkung vom 1. August 2018 der Tarifvertrag über die Tarifbindung der Mitglieder der Arbeitsrechtlichen Vereinigung Hamburg an das Tarifrecht der Vereinigung der kommunalen Arbeitgeberverbände vom 1. August 2018 (TV TB AVH).

(2)[1] [1]Auf überzuleitende Beschäftigte aus dem Geltungsbereich des BAT finden anstelle der §§ 4 bis 6, §§ 12, 17 und 19 Abs. 2 und 3 sowie der Anlagen 1 bis 3 dieses Tarifvertrages die §§ 4 bis 6, §§ 12, 17 und 19 Abs. 2 und 3 sowie die Anlagen 2 bis 4 des Tarifvertrages zur Überleitung der Beschäftigten des Bundes in den TVöD und zur Regelung des Übergangsrechts (TVÜ-Bund) vom 13. September 2005 in der bis zum 31. Dezember 2013 geltenden Fassung Anwendung. [2]Abweichend von Anlage 2 TVÜ-Bund in der bis zum 31. Dezember 2013 geltenden Fassung und von § 16 (VKA) TVöD gelten ab der Entgeltgruppe 9a folgende besonderen Regelungen:

a) (weggefallen)

b) Ab der Entgeltgruppe 9b wird die Stufe 5a nach 5 Jahren in Stufe 5 und die Stufe 6 – frühestens ab 1. Oktober 2015 – nach fünf Jahren in Stufe 5a erreicht.

[3]Die Entgeltgruppe 15 Ü wird um die Stufe 6 mit einem Tabellenwert bis 29. Februar 2024 in Höhe von 8033,83 Euro und ab 1. März 2024 in Höhe von 8686,69 Euro erweitert. [4]Die Entgeltstufe 5a entspricht dem Tabellenwert der Stufe 5 zuzüglich des halben Differenzbetrages zwischen den Stufen 5 und 6, kaufmännisch auf volle Eurobeträge gerundet. [5]Bei Höhergruppierung aus der Stufe 6 einer der Entgeltgruppen 1 bis 8 in eine der Entgeltgruppen 9b bis 15 erfolgt die Zuordnung zur Stufe 5a. [6]Dies gilt nicht, wenn die/der Beschäftigte zum Zeitpunkt der Höhergruppierung mindestens zehn Jahre in der Stufe 6 zurückgelegt hat. [7]Mit Erreichen der Stufe 5a entfällt ein etwaiger Strukturausgleich. [8]Mit Erreichen der Stufe 6 findet uneingeschränkt das VKA-Tarifrecht Anwendung.

(3) In Ergänzung der Anlagen 1 und 3 dieses Tarifvertrages werden der Entgeltgruppe 3 ferner folgende für die Flughafen Hamburg GmbH nach dem Tarifvertrag über die Einreihung der Arbeiter der Flughafen Hamburg GmbH in

---

[1]) Die im Zuge der Tarifeinigung 2025 (abgedruckt unter **150**) vereinbarten Erhöhungen ab 1. April 2025 sowie ab 1. Mai 2026 wirken sich auch auf die Werte des Satzes 3 aus. Abgestimmte Zahlen lagen bei Redaktionsschluss noch nicht vor. Der Erhöhungssatz zum 1. April 2025 beträgt voraussichtlich 3,0 Prozent und zum 1. Mai 2026 2,8 Prozent.

die Lohngruppen und über die Gewährung von Erschwerniszuschlägen (§ 23 BMT-G) vereinbarte Lohngruppen zugeordnet:

- **Lgr. 2 mit Aufstieg nach 2a und 3**
- **Lgr. 2a mit Aufstieg nach 3 und 3a**
- **Lgr. 2a mit Aufstieg nach 3**

II

(4) [1]Auf die Beschäftigten der Asklepios Kliniken Hamburg GmbH, der Universitätsklinikum Hamburg-Eppendorf KöR, der Universitäres Herzzentrum Hamburg GmbH und der Asklepios Westklinikum Hamburg GmbH als Mitglieder der Arbeitsrechtlichen Vereinigung Hamburg e.V. findet das Tarifrecht der VKA ab dem 1. August 2018 mit den Maßgaben des landesbezirklichen Tarifvertrages zur Überleitung der Beschäftigten der Hamburger Krankenhäuser in das Tarifrecht der VKA vom 1. August 2018 Anwendung. [2]Die Absätze 2 und 3 finden auf die in Satz 1 genannten Beschäftigten keine Anwendung.

Erläuterungen

§ 32 ist ausschließlich im Bereich der Arbeitsrechtlichen Vereinigung Hamburg e.V. (AV Hamburg) von Bedeutung.

§ 33 Gemeinsame Regelung

(1) [1]Soweit in (landes-)bezirklichen Lohngruppenverzeichnissen bei den Aufstiegen andere Verweildauern als drei Jahre bzw. – für die Eingruppierung in eine a-Gruppe – als vier Jahre vereinbart sind, haben die landesbezirklichen Tarifvertragsparteien die Zuordnung der Lohngruppen zu den Entgeltgruppen gemäß Anlage 1 nach den zu Grunde liegenden Grundsätzen bis zum 31. Dezember 2005 vorzunehmen. [2]Für Beschäftigte, die dem Gehaltstarifvertrag für Angestellte in Versorgungs- und Verkehrsbetrieben im Lande Hessen (HGTAV) unterfallen, werden die landesbezirklichen Tarifvertragsparteien über die Fortgeltung des HGTAV bzw. dessen Anpassung an den TVöD spätestens bis zum 30. Juni 2006 eine Regelung vereinbaren. [3]Soweit besondere Lohngruppen vereinbart sind, hat eine entsprechende Zuordnung zu den Entgeltgruppen landesbezirklich zu erfolgen. [4]Am 1. Oktober 2005 erfolgt die Fortzahlung der bisherigen Bezüge als zu verrechnender Abschlag auf das Entgelt, das den Beschäftigten nach der Überleitung zusteht.

(2) [1]Soweit auf das Arbeitsverhältnis von aus dem Geltungsbereich des BAT/BAT-O/BAT-Ostdeutsche Sparkassen überzuleitende Beschäftigten bei sonstigen Arbeitgebern von Mitgliedern der Mitgliedverbände der VKA nach § 27 Abschn. A BAT/BAT-O in der für den Bund und die Tarifgemeinschaft deutscher Länder geltenden Fassung sowie der Vergütungstarifvertrag für den Bereich des Bundes und der Länder Anwendung findet, haben die landesbezirklichen Tarifvertragsparteien die für die Überleitung notwendigen Regelungen zu vereinbaren. [2]Am 1. Oktober 2005 erfolgt die Fortzahlung der bisherigen Bezüge als zu verrechnender Abschlag auf das Entgelt, das diesen Beschäftigten nach der Überleitung zusteht. [3]Kommt auf landesbezirklicher Ebene bis zum 31. Dezember 2005 – ggf. nach einer einvernehmlichen Verlängerung – keine tarifliche Regelung zustande, treffen die Tarifvertragsparteien dieses Tarifvertrages die notwendigen Regelungen.

Erläuterungen

§ 33 enthält den Auftrag an die landesbezirklichen Tarifvertragsparteien, in Bezug auf Aufstiegszeiten bestehende (landesbezirkliche) Besonderheiten beim Lohngruppenverzeichnis (Abs. 1) sowie die Anwendung von altem Engruppierungs- Recht in der Bund/Länder-Fassung umgehend abzuschaffen.

II

§ 34 In-Kraft-Treten, Laufzeit

(1) Dieser Tarifvertrag tritt am 1. Oktober 2005 in Kraft.

(2) [1]Der Tarifvertrag kann ohne Einhaltung einer Frist jederzeit schriftlich gekündigt werden. [2]Abweichend von Satz 1 kann § 28a mit einer Frist von drei Monaten zum Schluss eines Kalendervierteljahres, frühestens jedoch zum 31. Dezember 2014, schriftlich gekündigt werden.

Niederschriftserklärung zu § 34 Abs. 1:
Im Hinblick auf die notwendigen personalwirtschaftlichen, organisatorischen und technischen Vorarbeiten für die Überleitung der vorhandenen Beschäftigten in den TVöD sehen die Tarifvertragsparteien die Problematik einer fristgerechten Umsetzung der neuen Tarifregelungen zum 1. Oktober 2005. Sie bitten die personalverwaltenden und bezügezahlenden Stellen, im Interesse der Beschäftigten gleichwohl eine zeitnahe Überleitung zu ermöglichen und die Zwischenzeit mit zu verrechnenden Abschlagszahlungen zu überbrücken.

Erläuterungen

Der Tarifvertrag tritt am 1. Oktober 2005 in Kraft (Absatz 1). Die Tarifpartner haben die vorprogrammierten Umsetzungsprobleme bei der Überleitung erkannt, bitten die dafür zuständigen Stellen aber gleichwohl um eine möglichst zügige Umsetzung und regen ggf. Abschlagszahlungen an (Niederschriftserklärung zu Absatz 1).

Frühestmöglicher Kündigungstermin ist nach näherer Maßgabe des Absatzes 2 der 28. Februar 2014; Kündigungsfristen wurden nicht vereinbart.

§ 28a (Überleitungsvorschrift für den Bereich Sozial- und Erziehungsdienst) ist mit einer Frist von drei Monaten zum Quartalsende frühestens zum 31. Dezember 2014 kündbar.

Anlage 1 a. F.

Hinweis zu den Anlagen 1 und 3

Am 1. Januar 2017 ist für die Beschäftigten der Kommunen die Entgeltordnung zum TVöD in Kraft getreten.

Die Entgeltordnung beendet für die Beschäftigten der Kommunen den seit In-Kraft-Treten des TVöD am 1. Oktober 2005 bekannten Zustand, dass zur Ermittlung der maßgebenden (vorläufigen) Entgeltgruppe zunächst die nach altem (BAT/BMT-G) Recht maßgebende Vergütungs-/Lohngruppe zu ermitteln und diese dann nach der Anlage 1 bzw. 3 zum TVÜ-VKA umzuschlüsseln war.

Die Anlage 1 zum TVÜ-VKA wurde im Zusammenhang mit der Einführung der neuen Entgeltordnung durch den 11. Änderungstarifvertrag zum TVÜ-VKA vom 29. April 2016 „unter Beibehaltung der Bezeichnung" aufgehoben, die Anlage 3 grundlegend geändert bzw. auf den Bereich der Arbeiter im alten Rechtssinn reduziert.

Da die Anlagen für Zeiträume vor 2017 und zum besseren Verständnis der Eingruppierungstechnik der Zeit bis zum 31. Dezember 2016 weiterhin hilfreich sind, haben wir den früheren Text in diesem Werk belassen.

Zuordnung der Vergütungs- und Lohngruppen zu den Entgeltgruppen für am 30. September/1. Oktober 2005 vorhandene Beschäftigte für die Überleitung(VKA)

Entgelt-gruppe	Vergütungsgruppe	Lohngruppe
15 Ü	I	–
15	Ia Ia nach Aufstieg aus Ib Ib mit ausstehendem Aufstieg nach Ia (keine Stufe 6)	–
14	Ib ohne Aufstieg nach Ia Ib nach Aufstieg aus II II mit ausstehendem Aufstieg nach Ib	–
13	II ohne Aufstieg nach Ib	–
12	II nach Aufstieg aus III III mit ausstehendem Aufstieg nach II	–

II

Entgelt-gruppe	Vergütungsgruppe	Lohngruppe
11	III ohne Aufstieg nach II III nach Aufstieg aus IVa IVa mit ausstehendem Aufstieg nach III	–
10	IVa ohne Aufstieg nach III IVa nach Aufstieg aus IVb IVb mit ausstehendem Aufstieg nach IVa Vb in den ersten sechs Monaten der Berufsausübung, wenn danach IVb mit Aufstieg nach IVa (Zuordnung zur Stufe 1)	–
9	IVb ohne Aufstieg nach IVa IVb nach Aufstieg Vb Vb mit ausstehendem Aufstieg nach IVb Vb ohne Aufstieg nach IVb (Stufe 5 nach 9 Jahren in Stufe 4, keine Stufe 6) Vb nach Aufstieg Vc (Stufe 5 nach 9 Jahren in Stufe 4, keine Stufe 6 Vb nach Aufstieg aus VIb (nur Lehrkräfte) (Stufe 5 nach 9 Jahren in Stufe 4, keine Stufe 6)	9 (Stufe 4 nach 7 Jahren in Stufe 3, keine Stufen 5 und 6)
8	Vc mit ausstehendem Aufstieg nach Vb Vc ohne Aufstieg nach Vb Vc nach Aufstieg aus VIb	8a 8 mit ausstehendem Aufstieg nach 8a 8 nach Aufstieg aus 7 7 mit ausstehendem Aufstieg nach 8 und 8a
7	–	7a 7 mit ausstehendem Aufstieg nach 7a 7 nach Aufstieg aus 6 6 mit ausstehendem Aufstieg nach 7 und 7a
6	VIb mit ausstehendem Aufstieg nach Vb (nur Lehrkräfte) VIb mit ausstehendem Aufstieg nach Vc VIb ohne Aufstieg nach Vc VIb nach Aufstieg aus VII	6a 6 mit ausstehendem Aufstieg nach 6a 6 nach Aufstieg aus 5 5 mit ausstehendem Aufstieg nach 6 und 6a

Entgelt-gruppe	Vergütungsgruppe	Lohngruppe
5	VII mit ausstehendem Aufstieg nach VIb VII ohne Aufstieg nach VIb VII nach Aufstieg aus VIII	5a 5 mit ausstehendem Aufstieg nach 5a 5 nach Aufstieg aus 4 4 mit ausstehendem Aufstieg nach 5 und 5a
4	–	4a 4 mit ausstehendem Aufstieg nach 4a 4 nach Aufstieg aus 3 3 mit ausstehendem Aufstieg nach 4 und 4a
3	VIII nach Aufstieg aus IXa VIII mit ausstehendem Aufstieg nach VII VIII ohne Aufstieg nach VII	3a 3 mit ausstehendem Aufstieg nach 3a 3 nach Aufstieg aus 2 2 mit ausstehendem Aufstieg nach 3 und 3a
2 Ü	–	2a 2 mit ausstehendem Aufstieg nach 2a 2 nach Aufstieg aus 1 1 mit ausstehendem Aufstieg nach 2 und 2a
2	IXa IX mit ausstehendem Aufstieg nach IX a oder VIII IX nach Aufstieg aus X (keine Stufe 6) X (keine Stufe 6)	1a (keine Stufe 6) 1 mit ausstehendem Aufstieg nach 1a (keine Stufe 6)
1	–	–

II

II

Anlage 2

Strukturausgleiche für Angestellte (VKA)

Angestellte, deren Ortszuschlag sich nach § 29 Abschnitt B Abs. 5 BAT / BAT-O/Ostdeutsche Sparkassen bemisst, erhalten den entsprechenden Anteil, in jedem Fall aber die Hälfte des Strukturausgleichs für Verheiratete.

Soweit nicht anders ausgewiesen, beginnt die Zahlung des Strukturausgleichs am 1. Oktober 2007. Die Angabe „nach . . . Jahren" bedeutet, dass die Zahlung nach den genannten Jahren ab dem In-Kraft-Treten des TVöD beginnt; so wird z. B. bei dem Merkmal „nach 4 Jahren" der Zahlungsbeginn auf den 1. Oktober 2009 festgelegt, wobei die Auszahlung eines Strukturausgleichs mit den jeweiligen Monatsbezügen erfolgt. Die Dauer der Zahlung ist ebenfalls angegeben; dabei bedeutet „dauerhaft" die Zahlung während der Zeit des Arbeitsverhältnisses.

Ist die Zahlung „für" eine bestimmte Zahl von Jahren angegeben, ist der Bezug auf diesen Zeitraum begrenzt (z. B. „für 5 Jahre" bedeutet Beginn der Zahlung im Oktober 2007 und Ende der Zahlung mit Ablauf September 2012). Eine Ausnahme besteht dann, wenn das Ende des Zahlungszeitraumes nicht mit einem Stufenaufstieg in der jeweiligen Entgeltgruppe zeitlich zusammenfällt; in diesen Fällen wird der Strukturausgleich bis zum nächsten Stufenaufstieg fortgezahlt. Diese Ausnahmeregelung gilt nicht, wenn der Stufenaufstieg in die Endstufe erfolgt; in diesen Fällen bleibt es bei der festgelegten Dauer.

Betrifft die Zahlung eines Strukturausgleichs eine Vergütungsgruppe (Fallgruppe) mit Bewährungs- bzw. Zeitaufstieg, wird dies ebenfalls angegeben. Soweit keine Aufstiegszeiten angegeben sind, gelten die Ausgleichsbeträge für alle Aufstiege.

I.
Angestellte (einschl. Lehrkräfte) mit Ausnahme des Pflegepersonals im Sinne der Anlage 1b zum BAT/BAT-O

EG	Vergütungsgruppe	Ortszuschlag Stufe 1/2	Überleitung aus Stufe	nach	für	Betrag Tarifgebiet West	Betrag Tarifgebiet Ost
15 Ü	I	OZ 1	9	2 Jahren	5 Jahre	130,- €	126,- €
	I	OZ 2	8	2 Jahren	dauerhaft	50,- €	48,- €
	I	OZ 2	10	2 Jahren	dauerhaft	50,- €	48,- €
	I	OZ 2	11	2 Jahren	dauerhaft	50,- €	48,- €
15	Ia	OZ 1	6	2 Jahren	4 Jahre	60,- €	58,- €
	Ia	OZ 1	8	4 Jahren	dauerhaft	30,- €	29,- €
	Ia	OZ 1	9	2 Jahren	für 5 Jahre danach	90,- € 30,- €	87,- € 29,- €
	Ia	OZ 1	10	4 Jahren	dauerhaft	30,- €	29,- €
	Ia	OZ 1	11	2 Jahren	dauerhaft	30,- €	29,- €
	Ia	OZ 2	6	2 Jahren	für 4 Jahre danach	110,- € 60,- €	106,- € 58,- €
	Ia	OZ 2	7	4 Jahren	dauerhaft	50,- €	48,- €
	Ia	OZ 2	8	2 Jahren	dauerhaft	80,- €	77,- €
	Ia	OZ 2	9	4 Jahren	dauerhaft	80,- €	77,- €
	Ia	OZ 2	10	2 Jahren	dauerhaft	80,- €	77,- €
14	Ib	OZ 1	5	2 Jahren	4 Jahre	50,- €	48,- €
	Ib	OZ 1	8	2 Jahren	5 Jahre	50,- €	48,- €
	Ib	OZ 2	5	2 Jahren	4 Jahre danach	130,- € 20,- €	126,- € 19,- €
	Ib	OZ 2	7	2 Jahren	5 Jahre danach	90,- € 40,- €	87,- € 38,- €
	Ib	OZ 2	8	2 Jahren	5 Jahre danach	110,- € 40,- €	106,- € 38,- €
	Ib	OZ 2	9	2 Jahren	dauerhaft	30,- €	29,- €
14	II/5J. Ib	OZ 1	4	1 Jahr	8 Jahre	110,- €	106,- €
	II/5J. Ib	OZ 1	5	2 Jahren	4 Jahre	50,- €	48,- €
	II/5J. Ib	OZ 1	8	2 Jahren	5 Jahre	50,- €	48,- €
	II/5J. Ib	OZ 2	4	2 Jahren	5 Jahre	90,- €	87,- €
	II/5J. Ib	OZ 2	5	2 Jahren	4 Jahre danach	130,- € 20,- €	126,- € 19,- €
	II/5J. Ib	OZ 2	7	4 Jahren	3 Jahre danach	90,- € 40,- €	87,- € 38,- €
	II/5J. Ib	OZ 2	8	2 Jahren	5 Jahre danach	110,- € 40,- €	106,- € 38,- €
	II/5J. Ib	OZ 2	9	2 Jahren	dauerhaft	30,- €	29,- €

EG	Vergütungsgruppe	Ortszuschlag Stufe 1/2	Überleitung aus Stufe	nach	für	Betrag Tarifgebiet West	Betrag Tarifgebiet Ost
14	II/6J. Ib	OZ 1	4	2 Jahren	7 Jahre	110,- €	106,- €
	II/6J. Ib	OZ 1	5	2 Jahren	4 Jahre	50,- €	48,- €
	II/6J. Ib	OZ 1	8	2 Jahren	5 Jahre	50,- €	48,- €
	II/6J. Ib	OZ 2	4	2 Jahren	5 Jahre	90,- €	87,- €
	II/6J. Ib	OZ 2	5	2 Jahren	4 Jahre danach	130,- € 20,- €	126,- € 19,- €
	II/6J. Ib	OZ 2	7	4 Jahren	3 Jahre danach	90,- € 40,- €	87,- € 38,- €
	II/6J. Ib	OZ 2	8	2 Jahren	5 Jahre danach	110,- € 40,- €	106,- € 38,- €
	II/6J. Ib	OZ 2	9	2 Jahren	dauerhaft	30,- €	29,- €
13	II	OZ 1	9	2 Jahren	5 Jahre	50,- €	48,- €
	II	OZ 2	8	2 Jahren	5 Jahre	80,- €	77,- €
12	III/5J. II	OZ 1	5	2 Jahren	4 Jahre	90,- €	87,- €
	III/5J. II	OZ 1	8	2 Jahren	5 Jahre	80,- €	77,- €
	III/5J. II	OZ 2	4 (aus III)	1 Jahr	2 Jahre	110,- €	106,- €
	III/5J. II	OZ 2	4 (aus II)	2 Jahren	4 Jahre	90,- €	87,- €
	III/5J. II	OZ 2	6	4 Jahren	dauerhaft	30,- €	29,- €
	III/5J. II	OZ 2	7	4 Jahren	dauerhaft	60,- €	58,- €
	III/5J. II	OZ 2	8	4 Jahren	dauerhaft	50,- €	48,- €
	III/5J. II	OZ 2	9	2 Jahren	dauerhaft	50,- €	48,- €
	III/5J. II	OZ 2	10	2 Jahren	dauerhaft	30,- €	29,- €
12	III/6J. II	OZ 1	5	2 Jahren	4 Jahre	90,- €	87,- €
	III/6J. II	OZ 1	8	2 Jahren	5 Jahre	70,- €	67,- €
	III/6J. II	OZ 2	4 (aus III)	2 Jahren	5 Jahre	70,- €	67,- €
	III/6J. II	OZ 2	4 (aus II)	2 Jahren	4 Jahre	90,- €	87,- €
	III/6J. II	OZ 2	6	4 Jahren	dauerhaft	30,- €	29,- €
	III/6J. II	OZ 2	7	4 Jahren	dauerhaft	60,- €	58,- €
	III/6J. II	OZ 2	8	4 Jahren	dauerhaft	50,- €	48,- €
	III/6J. II	OZ 2	9	2 Jahren	dauerhaft	50,- €	48,- €
	III/6J. II	OZ 2	10	2 Jahren	dauerhaft	30,- €	29,- €
12	III/8J. II	OZ 1	5 (aus III)	2 Jahren	5 Jahre	70,- €	67,- €
	III/8J. II	OZ 1	5 (aus II)	2 Jahren	4 Jahre	90,- €	87,- €
	III/8J. II	OZ 1	8	2 Jahren	5 Jahre	70,- €	67,- €
	III/8J. II	OZ 2	5 (aus III)	2 Jahren	4 Jahre	130,- €	126,- €
	III/8J. II	OZ 2	6	4 Jahren	dauerhaft	30,- €	29,- €
	III/8J. II	OZ 2	7	4 Jahren	dauerhaft	60,- €	58,- €
	III/8J. II	OZ 2	8	4 Jahren	dauerhaft	50,- €	48,- €
	III/8J. II	OZ 2	9	2 Jahren	dauerhaft	50,- €	48,- €
	III/8J. II	OZ 2	10	2 Jahren	dauerhaft	30,- €	29,- €

EG	Vergütungsgruppe	Ortszuschlag Stufe 1/2	Überleitung aus Stufe	nach	für	Betrag Tarifgebiet West	Betrag Tarifgebiet Ost
12	III/10J. II	OZ 1	6 (aus III)	2 Jahren	4 Jahre	90,- €	87,- €
	III/10J. II	OZ 1	8	2 Jahren	5 Jahre	70,- €	67,- €
	III/10J. II	OZ 2	6 (aus III)	2 Jahren	4 Jahre danach	110,- € 60,- €	106,- € 58,- €
	III/10J. II	OZ 2	6 (aus II)	4 Jahren	dauerhaft	30,- €	29,- €
	III/10J. II	OZ 2	7	4 Jahren	dauerhaft	60,- €	58,- €
	III/10J. II	OZ 2	8	4 Jahren	dauerhaft	50,- €	48,- €
	III/10J. II	OZ 2	9	2 Jahren	dauerhaft	50,- €	48,- €
	III/10J. II	OZ 2	10	2 Jahren	dauerhaft	30,- €	29,- €
11	III	OZ 1	5	2 Jahren	4 Jahre	90,- €	87,- €
	III	OZ 1	9	2 Jahren	5 Jahre	60,- €	58,- €
	III	OZ 2	4	2 Jahren	4 Jahre	90,- €	87,- €
	III	OZ 2	7	4 Jahren	3 Jahre	90,- €	87,- €
	III	OZ 2	8	2 Jahren	5 Jahre	90,- €	87,- €
11	IVa/4J. III	OZ 1	5	2 Jahren	4 Jahre	90,- €	87,- €
	IVa/4J. III	OZ 1	9	2 Jahren	5 Jahre	60,- €	58,- €
	IVa/4J. III	OZ 2	4	2 Jahren	4 Jahre	90,- €	87,- €
	IVa/4J. III	OZ 2	7	4 Jahren	3 Jahre	90,- €	87,- €
	IVa/4J. III	OZ 2	8	2 Jahren	5 Jahre	90,- €	87,- €
	IVa/6J. III	OZ 1	5	2 Jahren	4 Jahre	90,- €	87,- €
	IVa/6J. III	OZ 1	9	2 Jahren	5 Jahre	60,- €	58,- €
	IVa/6J. III	OZ 2	4	2 Jahren	4 Jahre	90,- €	87,- €
	IVa/6J. III	OZ 2	7	4 Jahren	3 Jahre	90,- €	87,- €
	IVa/6J. III	OZ 2	8	2 Jahren	5 Jahre	100,- €	97,- €
11	IVa/8J. III	OZ 1	5	2 Jahren	4 Jahre	90,- €	87,- €
	IVa/8J. III	OZ 1	9	2 Jahren	5 Jahre	60,- €	58,- €
	IVa/8J. III	OZ 2	5	2 Jahren	9 Jahre	110,- €	106,- €
	IVa/8J. III	OZ 2	7	4 Jahren	3 Jahre	90,- €	87,- €
	IVa/8J. III	OZ 2	8	2 Jahren	5 Jahre	90,- €	87,- €
10	IVa	OZ 2	4	2 Jahren	4 Jahre	30,- €	29,- €
	IVa	OZ 2	7	4 Jahren	dauerhaft	25,- €	24,- €
	IVa	OZ 2	8	2 Jahren	5 Jahre danach	50,- € 25,- €	48,- € 24,- €
	IVa	OZ 2	9	2 Jahren	dauerhaft	25,- €	24,- €
10	IVb/2J. IVa	OZ 2	4	2 Jahren	4 Jahre	30,- €	29,- €
	IVb/2J. IVa	OZ 2	7	4 Jahren	dauerhaft	25,- €	24,- €
	IVb/2J. IVa	OZ 2	8	2 Jahren	5 Jahre danach	50,- € 25,- €	48,- € 24,- €
	IVb/2J. IVa	OZ 2	9	2 Jahren	dauerhaft	25,- €	24,- €

EG	Vergütungsgruppe	Ortszuschlag Stufe 1/2	Überleitung aus Stufe	nach	für	Betrag Tarifgebiet West	Betrag Tarifgebiet Ost
10	IVb/4J. IVa	OZ 2	4	2 Jahren	4 Jahre	30,- €	29,- €
	IVb/4J. IVa	OZ 2	7	4 Jahren	dauerhaft	25,- €	24,- €
	IVb/4J. IVa	OZ 2	8	2 Jahren	5 Jahre danach	50,- € 25,- €	48,- € 24,- €
	IVb/4J. IVa	OZ 2	9	2 Jahren	dauerhaft	25,- €	24,- €
10	IVb/5J. IVa	OZ 1	4	1 Jahr	8 Jahre	90,- €	87,- €
	IVb/5J. IVa	OZ 2	4	1 Jahr	6 Jahre	90,- €	87,- €
	IVb/5J. IVa	OZ 2	7	4 Jahren	dauerhaft	25,- €	24,- €
	IVb/5J. IVa	OZ 2	8	2 Jahren	5 Jahre danach	50,- € 25,- €	48,- € 24,- €
	IVb/5J. IVa	OZ 2	9	2 Jahren	dauerhaft	25,- €	24,- €
10	IVb/6J. IVa	OZ 1	4	2 Jahren	7 Jahre	90,- €	87,- €
	IVb/6J. IVa	OZ 2	4	2 Jahren	5 Jahre	90,- €	87,- €
	IVb/6J. IVa	OZ 2	7	4 Jahren	dauerhaft	25,- €	24,- €
	IVb/6J. IVa	OZ 2	8	2 Jahren	5 Jahre danach	50,- € 25,- €	48,- € 24,- €
	IVb/6J. IVa	OZ 2	9	2 Jahren	dauerhaft	25,- €	24,- €
10	IVb/8J. IVa	OZ 1	4	4 Jahren	5 Jahre	90,- €	87,- €
	IVb/8J. IVa	OZ 1	5	2 Jahren	7 Jahre	180,- €	174,- €
	IVb/8J. IVa	OZ 2	5	2 Jahren	5 Jahre danach	115,- € 25,- €	111,- € 24,- €
	IVb/8J. IVa	OZ 2	7	4 Jahren	dauerhaft	25,- €	24,- €
	IVb/8J. IVa	OZ 2	8	2 Jahren	5 Jahre danach	50,- € 25,- €	48,- € 24,- €
	IVb/8J. IVa	OZ 2	9	2 Jahren	dauerhaft	25,- €	24,- €
9	IVb	OZ 1	5	2 Jahren	4 Jahre	50,- €	48,- €
	IVb	OZ 1	8	2 Jahren	5 Jahre	50,- €	48,- €
	IVb	OZ 2	4	2 Jahren	4 Jahre	80,- €	77,- €
	IVb	OZ 2	6	2 Jahren	5 Jahre	25,- €	24,- €
	IVb	OZ 2	7	2 Jahren	5 Jahre	90,- €	87,- €
9	Vb/2J. IVb	OZ 1	5	2 Jahren	4 Jahre	50,- €	48,- €
	Vb/2J. IVb	OZ 1	8	2 Jahren	5 Jahre	50,- €	48,- €
	Vb/2J. IVb	OZ 2	4	2 Jahren	4 Jahre	80,- €	77,- €
	Vb/2J. IVb	OZ 2	6	2 Jahren	5 Jahre	25,- €	24,- €
9	Vb/2J. IVb	OZ 2	7	2 Jahren	5 Jahre	90,- €	87,- €
	Vb/4J. IVb	OZ 1	5	2 Jahren	4 Jahre	50,- €	48,- €
	Vb/4J. IVb	OZ 1	8	2 Jahren	5 Jahre	50,- €	48,- €
	Vb/4J. IVb	OZ 2	4	2 Jahren	4 Jahre	80,- €	77,- €
	Vb/4J. IVb	OZ 2	6	2 Jahren	5 Jahre	25,- €	24,- €
	Vb/4J. IVb	OZ 2	7	2 Jahren	5 Jahre	90,- €	87,- €

EG	Vergütungsgruppe	Ortszuschlag Stufe 1/2	Überleitung aus Stufe	nach	für	Betrag Tarifgebiet West	Betrag Tarifgebiet Ost
9	Vb/ 5J. IVb	OZ 1	4	1 Jahr	2 Jahre	110,- €	106,- €
	Vb/5J. IVb	OZ 1	5	2 Jahren	4 Jahre	50,- €	48,- €
	Vb/5J. IVb	OZ 1	8	2 Jahren	5 Jahre	50,- €	48,- €
	Vb/5J. IVb	OZ 2	4	1 Jahr	5 Jahre	80,- €	77,- €
	Vb/5J. IVb	OZ 2	6	2 Jahren	5 Jahre	25,- €	24,- €
	Vb/5J. IVb	OZ 2	7	2 Jahren	5 Jahre	90,- €	87,- €
9	Vb/6J. IVb	OZ 1	5	2 Jahren	4 Jahre	50,- €	48,- €
	Vb/6J. IVb	OZ 1	8	2 Jahren	5 Jahre	50,- €	48,- €
	Vb/6J. IVb	OZ 2	4	2 Jahren	4 Jahre	80,- €	77,- €
	Vb/6J. IVb	OZ 2	6	2 Jahren	5 Jahre	25,- €	24,- €
	Vb/6J. IVb	OZ 2	7	2 Jahren	5 Jahre	90,- €	87,- €
9	Vb	OZ 2	6	2 Jahren	9 Jahre	50,- €	48,- €
8	Vc	OZ 1	2	9 Jahren	dauerhaft	55,- €	53,- €
	Vc	OZ 1	3	9 Jahren	dauerhaft	55,- €	53,- €
	Vc	OZ 1	4	7 Jahren	dauerhaft	55,- €	53,- €
	Vc	OZ 1	5	6 Jahren	dauerhaft	55,- €	53,- €
	Vc	OZ 1	6	2 Jahren	dauerhaft	55,- €	53,- €
	Vc	OZ 1	7	2 Jahren	dauerhaft	55,- €	53,- €
	Vc	OZ 1	8	2 Jahren	dauerhaft	55,- €	53,- €
	Vc	OZ 2	2	5 Jahren	dauerhaft	55,- €	53,- €
	Vc	OZ 2	3	3 Jahren	dauerhaft	120,- €	116,- €
	Vc	OZ 2	4	2 Jahren	dauerhaft	120,- €	116,- €
	Vc	OZ 2	5	2 Jahren	dauerhaft	120,- €	116,- €
	Vc	OZ 2	6	2 Jahren	dauerhaft	120,- €	116,- €
	Vc	OZ 2	7	2 Jahren	dauerhaft	120,- €	116,- €
	Vc	OZ 2	8	2 Jahren	dauerhaft	55,- €	53,- €
6	VIb	OZ 1	2	9 Jahren	dauerhaft	50,- €	48,- €
	VIb	OZ 1	3	9 Jahren	dauerhaft	50,- €	48,- €
	VIb	OZ 1	4	7 Jahren	dauerhaft	50,- €	48,- €
	VIb	OZ 1	5	6 Jahren	dauerhaft	50,- €	48,- €
	VIb	OZ 1	6	6 Jahren	dauerhaft	50,- €	48,- €
	VIb	OZ 1	7	2 Jahren	dauerhaft	50,- €	48,- €
	VIb	OZ 1	8	2 Jahren	dauerhaft	50,- €	48,- €
	VIb	OZ 1	9	2 Jahren	dauerhaft	50,- €	48,- €
	VIb	OZ 2	2	7 Jahren	dauerhaft	90,- €	87,- €
	VIb	OZ 2	3	6 Jahren	dauerhaft	90,- €	87,- €
	VIb	OZ 2	4	6 Jahren	dauerhaft	90,- €	87,- €
	VIb	OZ 2	5	2 Jahren	dauerhaft	90,- €	87,- €
	VIb	OZ 2	6	2 Jahren	dauerhaft	90,- €	87,- €
	VIb	OZ 2	7	2 Jahren	dauerhaft	90,- €	87,- €
	VIb	OZ 2	8	2 Jahren	dauerhaft	50,- €	48,- €
	VIb	OZ 2	9	2 Jahren	dauerhaft	50,- €	48,- €

EG	Vergütungsgruppe	Ortszuschlag Stufe 1/2	Überleitung aus Stufe	nach	für	Betrag Tarifgebiet West	Betrag Tarifgebiet Ost
5	VII	OZ 2	4	4 Jahren	dauerhaft	20,- €	19,- €
	VII	OZ 2	5	2 Jahren	dauerhaft	20,- €	19,- €
	VII	OZ 2	6	2 Jahren	dauerhaft	20,- €	19,- €
	VII	OZ 2	7	2 Jahren	dauerhaft	20,- €	19,- €
	VII	OZ 2	8	2 Jahren	dauerhaft	20,- €	19,- €
3	VIII	OZ 1	7	2 Jahren	4 Jahre	30,- €	29,- €
	VIII	OZ 1	9	2 Jahren	5 Jahre	20,- €	19,- €
	VIII	OZ 2	3	2 Jahren	9 Jahre	40,- €	38,- €
	VIII	OZ 2	4	4 Jahren	3 Jahre	25,- €	24,- €
	VIII	OZ 2	5	2 Jahren	dauerhaft	50,- €	48,- €
3	VIII	OZ 2	6	2 Jahren	dauerhaft	50,- €	48,- €
	VIII	OZ 2	7	2 Jahren	dauerhaft	50,- €	48,- €
	VIII	OZ 2	8	2 Jahren	dauerhaft	50,- €	48,- €
	VIII	OZ 2	9	2 Jahren	dauerhaft	35,- €	33,- €
	VIII	OZ 2	10	2 Jahren	dauerhaft	25,- €	24,- €
2	IX 2J. IXa	OZ 2	4	2 Jahren	5 Jahre	45,- €	43,- €
2	X 2J. IX	OZ 1	5	2 Jahren	4 Jahre	25,- €	24,- €
	X 2J. IX	OZ 2	3	4 Jahren	dauerhaft	40,- €	38,- €
	X 2J. IX	OZ 2	4	4 Jahren	dauerhaft	40,- €	38,- €
	X 2J. IX	OZ 2	5	2 Jahren	dauerhaft	40,- €	38,- €
	X 2J. IX	OZ 2	6	2 Jahren	dauerhaft	40,- €	38,- €
	X 2J. IX	OZ 2	7	2 Jahren	dauerhaft	25,- €	24,- €

II.
Angestellte, die aus der Anlage 1b zum BAT/BAT-O übergeleitet werden

EG	Vergütungsgruppe	Ortszuschlag Stuf 1/2	Überleitung aus Stufe	nach	für	Betrag Tarifgebiet West	Betrag Tarifgebiet Ost
12a	Kr. XII 5 Jahre Kr. XIII	OZ 2	6	1 Jahr	6 Jahre	90,- €	87,- €
11b	Kr. XI 5 Jahre Kr. XII	OZ 2	6	1 Jahr	6 Jahre	150,- €	145,- €
		OZ 1	6	1 Jahr	6 Jahre	90,- €	87,- €
			7	2 Jahren	5 Jahre	130,- €	126,- €
11a	Kr. X 5 Jahre Kr. XI	OZ 2	4	5 Jahren	2 Jahre	220,- €	213,- €
			5	3 Jahren	4 Jahre	300,- €	291,- €
		OZ 1	5	3 Jahren	4 Jahre	190,- €	184,- €
			6	1 Jahr	6 Jahre	260,- €	252,- €
10a	Kr. IX 5 Jahre Kr. X	OZ 2	5	3 Jahren	2 Jahre, danach dauerhaft	270,- € 20,- €	261,- € 19,- €
			6	4 Jahren	dauerhaft	35,- €	33,- €
			7	2 Jahren	dauerhaft	35,- €	33,- €
			8	2 Jahren	dauerhaft	35,- €	33,- €
		OZ 1	5	3 Jahren	2 Jahre	170,- €	164,- €
			6	1 Jahr	4 Jahre	240,- €	232,- €
9d	Kr. VIII 5 Jahre Kr. IX	OZ 2	5	6 Jahren	dauerhaft	15,- €	14,- €
			6	1 Jahr	3 Jahre, danach dauerhaft	140,- € 15,- €	135,- € 14,- €
			7	2 Jahren	dauerhaft	30,- €	29,- €
			8	2 Jahren	dauerhaft	20,- €	19,- €
		OZ 1	6	1 Jahr	1 Jahr, danach für 2 Jahre	200,- € 60,- €	194,- € 58,- €
9b	Kr. VII	OZ 2	5	4 Jahren	3 Jahre	45,- €	43,- €
			6	2 Jahren	2 Jahre, danach für 3 Jahre	40,- € 100,- €	38,- € 97,- €
			7	2 Jahren	dauerhaft	10,- €	9,- €
			8	2 Jahren	dauerhaft	10,- €	9,- €
		OZ 1	6	6 Jahren	1 Jahr	60,- €	58,- €
			7	4 Jahren	3 Jahre	60,- €	58,- €

II

EG	Vergütungsgruppe	Ortszuschlag Stuf 1/2	Überleitung aus Stufe	nach	für	Betrag Tarifgebiet West	Betrag Tarifgebiet Ost
9c	Kr. VII 5 Jahre Kr. VIII	OZ 2	4	4 Jahren	2 Jahre, danach für 4 Jahre	55,- € 110,- €	53,- € 106,- €
			5	4 Jahren	3 Jahre	80,- €	77,- €
			6	1 Jahr	6 Jahre	140,- €	135,- €
		OZ 1	5	3 Jahren	2 Jahre, danach für 5 Jahre	150,- € 60,- €	145,- € 58,- €
			6	1 Jahr	9 Jahre	150,- €	145,- €
			7	2 Jahren	5 Jahre	100,- €	97,- €
9b	Kr. VI 5 Jahre Kr. VII	OZ 2	6	1 Jahr	6 Jahre	90,- €	87,- €
			7	2 Jahren	dauerhaft	10,- €	9,- €
			8	2 Jahren	dauerhaft	10,- €	9,- €
		OZ 1	5	3 Jahren	2 Jahre	240,- €	232,- €
			6	1 Jahr	1 Jahr	200,- €	194,- €
			7	4 Jahren	3 Jahre	65,- €	63,- €
9b	Kr. VI 7 Jahre Kr. VII	OZ 2	6	4 Jahren	3 Jahre	90,- €	87,- €
			7	1 Jahr	1 Jahr danach für 5 Jahre	200,- € 120,- €	194,- € 116,- €
			8	2 Jahren	dauerhaft	10,- €	9,- €
		OZ 1	5	4 Jahren	4 Jahre	50,- €	48,- €
			7	1 Jahr	1 Jahr danach für 5 Jahre	190,- € 20,- €	184,- € 19,- €
9a	Kr VI	OZ 2	4	4 Jahren	3 Jahre	30,- €	29,- €
			5	2 Jahren	5 Jahre	75,- €	72,- €
		OZ 1	5	2 Jahren	8 Jahre	50,- €	48,- €
			6	4 Jahren	3 Jahre	40,- €	38,- €
			7	2 Jahren	5 Jahre	60,- €	58,- €
8a	Kr. Va 3 Jahre, Kr. VI	OZ 2	3	4 Jahren	7 Jahre	45,- €	43,- €
			5	2 Jahren	5 Jahre	60,- €	58,- €
		OZ 1	4	2 Jahren	9 Jahre	55,- €	53,- €
			7	2 Jahren	5 Jahre	60,- €	58,- €

EG	Vergütungsgruppe	Ortszuschlag Stuf 1/2	Überleitung aus Stufe	nach	für	Betrag Tarifgebiet West	Betrag Tarifgebiet Ost
8a	Kr. Va 5 Jahre Kr. VI	OZ 2	3	4 Jahren	7 Jahre	45,- €	43,- €
			5	2 Jahren	5 Jahre	60,- €	58,- €
		OZ 1	3	4 Jahren	3 Jahre	55,- €	53,- €
			4	2 Jahren	9 Jahre	55,- €	53,- €
			7	2 Jahren	5 Jahre	60,- €	58,- €
8a	Kr. V 6 Jahre Kr. VI	OZ 2	2	6 Jahren	7 Jahre	30,- €	29,- €
			3	4 Jahren	7 Jahre	35,- €	33,- €
			5	2 Jahren	5 Jahre	60,- €	58,- €
		OZ 1	3	2 Jahren	7 Jahre	120,- €	116,- €
			4	2 Jahren	9 Jahre	55,- €	53,- €
			7	2 Jahren	5 Jahre	60,- €	58,- €
8a	Kr. V 4 Jahre, Kr. Va 2 Jahre, Kr. VI	OZ 2	2	6 Jahren	7 Jahre	60,- €	58,- €
			3	4 Jahren	7 Jahre	60,- €	58,- €
			4	3 Jahren	4 Jahre	25,- €	24,- €
			5	1 Jahr	2 Jahre, danach für 4 Jahre	25,- € 80,- €	24,- € 77,- €
			7	1 Jahr	1 Jahr	40,- €	38,- €
			8	1 Jahr	1 Jahr	40,- €	38,- €
		OZ 1	3	2 Jahren	5 Jahre	55,- €	53,- €
			4	2 Jahren	4 Jahre, danach für 5 Jahre	70,- € 20,- €	67,- € 19,- €
			7	2 Jahren	5 Jahre	55,- €	53,- €
7a	Kr. V 4 Jahre Kr. Va	OZ 2	3	4 Jahren	7 Jahre	55,- €	53,- €
			5	4 Jahren	3 Jahre	70,- €	67,- €
			7	2 Jahren	dauerhaft	25,- €	24,- €
			8	2 Jahren	dauerhaft	20,- €	19,- €
		OZ 1	5	2 Jahren	9 Jahre	45,- €	43,- €
			7	2 Jahren	5 Jahre	40,- €	38,- €

II

EG	Vergütungsgruppe	Ortszuschlag Stuf 1/2	Überleitung aus Stufe	nach	für	Betrag Tarifgebiet West	Betrag Tarifgebiet Ost
7a	Kr. V 5 Jahre Kr. Va	OZ 2	3	4 Jahren	7 Jahre	45,- €	43,- €
			4	2 Jahren	9 Jahre	100,- €	97,- €
			5	4 Jahren	3 Jahre	90,- €	87,- €
			7	2 Jahren	dauerhaft	25,- €	24,- €
			8	2 Jahren	dauerhaft	20,- €	19,- €
		OZ 1	5	2 Jahren	9 Jahre	45,- €	43,- €
			7	2 Jahren	5 Jahre	40,- €	38,- €
7a	Kr. IV 2 Jahre (Hebammen 1 Jahr, Altenpflegerinnen 3 Jahre) Kr. V 4 Jahre Kr. Va	OZ 2	3	2 Jahren (Altenpflegerinnen nach 3 Jahren)	9 Jahre (Altenpflegerinnen für 8 Jahre)	50,- €	48,- €
			5	2 Jahren	5 Jahre	55,- €	53,- €
			7	2 Jahren	dauerhaft	25,- €	24,- €
			8	2 Jahren	dauerhaft	20,- €	19,- €
		OZ 1	4	4 Jahren	2 Jahre	20,- €	19,- €
			5	2 Jahren	9 Jahre	55,- €	53,- €
			6	4 Jahren	3 Jahre	10.- €	9,- €
			7	2 Jahren	5 Jahre	60,- €	58,- €
7a	Kr. IV 4 Jahre Kr. V	OZ 2	4	4 Jahren	dauerhaft	25,- €	24,- €
			5	6 Jahren	dauerhaft	25,- €	24,- €
			6	4 Jahren	dauerhaft	35,- €	33,- €
			7	2 Jahren	dauerhaft	65,- €	63,- €
			8	2 Jahren	dauerhaft	40,- €	38,- €
		OZ 1	3	2 Jahren	3 Jahre	100,- €	97,- €
			6	2 Jahren	4 Jahre	40,- €	38,- €
			7	2 Jahren	4 Jahre	90,- €	87,- €
4a	Kr. III 4 Jahre Kr. IV	OZ 2	3	2 Jahren	2 Jahre, danach für 7 Jahre	20,- € 60,- €	19,- € 58,- €
			4	4 Jahren	3 Jahre	40,- €	38,- €
			5	2 Jahren	5 Jahre	60,- €	58,- €
			7	2 Jahren	dauerhaft	25,- €	24,- €
			8	2 Jahren	dauerhaft	35,- €	33,- €
		OZ 1	5	2 Jahren	9 Jahre	55,- €	53,- €
			7	2 Jahren	5 Jahre	40,- €	38,- €

EG	Vergütungsgruppe	Ortszuschlag Stuf 1/2	Überleitung aus Stufe	nach	für	Betrag Tarifgebiet West	Betrag Tarifgebiet Ost
4a	Kr. II 2 Jahre Kr. III 4 Jahre Kr. IV	OZ 2	3	2 Jahren	9 Jahre	40,- €	38,- €
			4	4 Jahren	3 Jahre	40,- €	38,- €
			5	2 Jahren	5 Jahre	60,- €	58,- €
			7	2 Jahren	dauerhaft	25,- €	24,- €
			8	2 Jahren	dauerhaft	35,- €	33,- €
		OZ 1	5	2 Jahren	9 Jahre	55,- €	53,- €
			7	2 Jahren	5 Jahre	40,- €	38,- €
3a	Kr. I 3 Jahre Kr. II	OZ 2	2	1 Jahr	10 Jahre	55,- €	53,- €
			7	4 Jahren	dauerhaft	15,- €	14,- €
			8	2 Jahren	dauerhaft	25,- €	24,- €
		OZ 1	2	1 Jahr	3 Jahre	30,- €	29,- €
			4	2 Jahren	9 Jahre	35,- €	33,- €

II

Anlage 3

Zuordnung der Lohngruppen zu den Entgeltgruppen

Entgeltgruppe	Lohngruppe
9a	9
8	7 mit Aufstieg nach 8 und 8a
7	7 mit Aufstieg nach 7a 6 mit Aufstieg nach 7 und 7a
6	6 mit Aufstieg nach 6a 5 mit Aufstieg nach 6 und 6a
5	5 mit Aufstieg nach 5a 4 mit Aufstieg nach 5 und 5a
4	4 mit Aufstieg nach 4a 3 mit Aufstieg nach 4 und 4a
3	3 mit Aufstieg nach 3a 2 mit Aufstieg nach 3 und 3a
2 Ü	2 mit Aufstieg nach 2a 1 mit Aufstieg nach 2 und 2a
2	1 mit Aufstieg nach 1a

Jeweils in der Spalte Lohngruppe sind mit Wirkung vom 1. März 2018 in der Zeile zur Entgeltgruppe 9a die Wörter *„(zwingend Stufe 1, Stufe 4 nach 7 Jahren in Stufe 3, keine Stufen 5 und 6)"* und in der Zeile zur Entgeltgruppe 2 die Wörter *„(keine Stufe 6)"* gestrichen worden.

Vgl. hierzu die Überleitungsregelung gem. § 2 des Änderungstarifvertrages Nr. 16 zum Tarifvertrag für den öffentlichen Dienst (TVöD) vom 18. April 2018:

„§ 2
Überleitungsregelungen zur Aufhebung des Anhangs zu § 16 (VKA) und zur Änderung der Anlage 3 zum TVÜ-VKA am 1. März 2018

(1) [1]Für am 28. Februar 2018 vorhandene Beschäftigte der Entgeltgruppe 2 mit Tätigkeiten entsprechend Teil A Abschnitt I Ziffer 2 (handwerkliche Tätigkeiten) der Anlage 1 – Entgeltordnung (VKA) wird die bis zum 28. Februar 2018 in Stufe 5 bzw. in der individuellen Endstufe zurückgelegte Zeit auf die Stufenlaufzeit der Stufe 5 angerechnet. [2]Ist das Tabellenentgelt der Stufe 6 niedriger als der bisherige Betrag der individuellen Endstufe, werden die Beschäftigten erneut einer individuellen Endstufe unter Beibehaltung der bisherigen Entgelthöhe zugeordnet; § 6 Absatz 4 Sätze 2 bis 6 TVÜ-VKA gelten entsprechend.

(2) [1]Für am 28. Februar 2018 vorhandene Beschäftigte der Entgeltgruppe 9a mit Tätigkeiten entsprechend Teil A Abschnitt I Ziffer 2 (handwerkliche Tätigkeiten) der Anlage 1 – Entgeltordnung (VKA) wird die bis zum 28. Februar 2018 in Stufe 4 bzw. in der individuellen Endstufe zurückgelegte Zeit auf die Stufenlaufzeit der Stufe 4 angerechnet. [2]Ist das Tabellenentgelt der Stufe 5 niedriger als der bisherige Betrag der individuellen Endstufe, werden die Beschäftigten in der Stufe 5 einer individuellen Zwischenstufe bzw. erneut einer individuellen Endstufe unter

Beibehaltung der bisherigen Entgelthöhe zugeordnet; § 6 Absatz 4 Sätze 2 bis 6 TVÜ-VKA gelten entsprechend.

(3) Für am 28. Februar 2018 vorhandene Beschäftigte in Stufe 3 der Entgeltgruppe 9a mit Tätigkeiten entsprechend Teil A Abschnitt I Ziffer 2 (handwerkliche Tätigkeiten) der Anlage 1 – Entgeltordnung (VKA) wird die bis zum 28. Februar 2018 in Stufe 3 zurückgelegte Zeit auf die Stufenlaufzeit der Stufe 3 angerechnet."

II

Anlage 3 a. F.

II

Hinweis zu den Anlagen 1 und 3

Am 1. Januar 2017 ist für die Beschäftigten der Kommunen die Entgeltordnung zum TVöD in Kraft getreten.

Die Entgeltordnung beendet für die Beschäftigten der Kommunen den seit In-Kraft-Treten des TVöD am 1. Oktober 2005 bekannten Zustand, dass zur Ermittlung der maßgebenden (vorläufigen) Entgeltgruppe zunächst die nach altem (BAT/BMT-G) Recht maßgebende Vergütungs-/Lohngruppe zu ermitteln und diese dann nach der Anlage 1 bzw. 3 zum TVÜ-VKA umzuschlüsseln war.

Die Anlage 1 zum TVÜ-VKA wurde im Zusammenhang mit der Einführung der neuen Entgeltordnung durch den 11. Änderungstarifvertrag zum TVÜ-VKA vom 29. April 2016 „unter Beibehaltung der Bezeichnung" aufgehoben, die Anlage 3 grundlegend geändert bzw. auf den Bereich der Arbeiter im alten Rechtssinn reduziert.

Da die Anlagen für Zeiträume vor 2017 und zum besseren Verständnis der Eingruppierungstechnik der Zeit bis zum 31. Dezember 2016 weiterhin hilfreich sind, haben wir den früheren Text in diesem Werk belassen.

Vorläufige Zuordnung der Vergütungs- und Lohngruppen zu den Entgeltgruppen für zwischen dem 1. Oktober 2005 und dem In-Kraft-Treten der neuen Entgeltordnung stattfindende Eingruppierungsvorgänge (VKA)

Entgelt-gruppe	Vergütungsgruppe	Lohngruppe
15	Ia Ib mit Aufstieg nach Ia (zwingend Stufe 1, keine Stufe 6)	–
14	Ib ohne Aufstieg nach Ia	–

Entgelt-gruppe	Vergütungsgruppe	Lohngruppe
13	Beschäftigte mit Tätigkeiten, die eine abgeschlossene wissenschaftliche Hochschulausbildung voraussetzen (II mit und ohne Aufstieg nach Ib [ggf. mit Zulagenregelung nach § 17 Abs. 8 TVÜ-VKA]) und weitere Beschäftigte, die nach der Vergütungsordnung zum BAT/BAT-O/BAT-Ostdeutsche Sparkassen unmittelbar in Verg.Gr. II eingruppiert sind	–
12	III mit Aufstieg nach II	–
11	III ohne Aufstieg nach II IVa mit Aufstieg nach III	–
10	IVa ohne Aufstieg nach III IVb mit Aufstieg nach IVa Vb in den ersten sechs Monaten der Berufsausübung, wenn danach IVb mit Aufstieg nach IVa	–
9	IVb ohne Aufstieg nach IVa Vb mit Aufstieg nach IVb Vb ohne Aufstieg nach IVb (Stufe 5 nach 9 Jahren in Stufe 4, keine Stufe 6)	9 (zwingend Stufe 1, Stufe 4 nach 7 Jahren in Stufe 3, keine Stufen 5 und 6)
8	Vc mit Aufstieg nach Vb Vc ohne Aufstieg nach Vb	7 mit Aufstieg nach 8 und 8a
7	Keine	7 mit Aufstieg nach 7a 6 mit Aufstieg nach 7 und 7a
6	VIb mit Aufstieg nach Vc VIb ohne Aufstieg nach Vc	6 mit Aufstieg nach 6a 5 mit Aufstieg nach 6 und 6a
5	VII mit Aufstieg nach VIb VII ohne Aufstieg nach VIb	5 mit Aufstieg nach 5a 4 mit Aufstieg nach 5 und 5a

II

Entgelt-gruppe	Vergütungsgruppe	Lohngruppe
4	Keine	4 mit Aufstieg nach 4a 3 mit Aufstieg nach 4 und 4a
3	VIII mit Aufstieg nach VII VIII ohne Aufstieg nach VII	3 mit Aufstieg nach 3a 2 mit Aufstieg nach 3 und 3a
2 Ü	Keine	2 mit Aufstieg nach 2a 1 mit Aufstieg nach 2 und 2a
2	IXa mit Aufstieg nach VIII IX mit Aufstieg nach IXa oder VIII X (keine Stufe 6)	1 mit Aufstieg nach 1a (keine Stufe 6)
1	Beschäftigte mit einfachsten Tätigkeiten, zum Beispiel – Essens- und Getränkeausgeber/innen – Garderobenpersonal – Spülen und Gemüseputzen und sonstige Tätigkeiten im Haus- und Küchenbereich – Reiniger/innen in Außenbereichen wie Höfe, Wege, Grünanlagen, Parks – Wärter/innen von Bedürfnisanstalten – Servierer/innen – Hausarbeiter/innen – Hausgehilfe/Hausgehilfin – Bote/Botin (ohne Aufsichtsfunktion) Ergänzungen können durch landesbezirklichen Tarifvertrag geregelt werden. **Hinweis:** Diese Zuordnung gilt unabhängig von bisherigen tariflichen Zuordnungen zu Vergütungs-/Lohngruppen.	

Hinweis zu Anlage 4

Am 1. Januar 2017 ist für die Beschäftigten der Kommunen die Entgeltordnung zum TVöD in Kraft getreten. Dabei wurden auch neue Eingruppierungsvorschriften für die Beschäftigten im Bereich der Pflege vereinbart.

Die Anlage 4 zum TVÜ-VKA (sogenannte KR-Anwendungstabelle) wurde dadurch entbehrlich und durch den 11. Änderungstarifvertrag zum TVÜ-VKA vom 29. April 2016 aufgehoben.

Da die Anlage 4 für Zeiträume vor 2017 und zum besseren Verständnis der Eingruppierungstechnik der Zeit bis zum 31. Dezember 2016 weiterhin hilfreich ist, haben wir den früheren Text in diesem Werk belassen.

II

Anlage 4 a. F.

Kr-Anwendungstabelle

– (Geltungsbereich § 40 BT-K bzw. § 40 BT-B) –

Gültig ab 1. März 2016

(monatlich in Euro)

Werte aus Entgeltgruppe allg. Tabelle	Entgeltgruppe KR	Zuordnungen Vergütungsgruppen KR/KR-Verläufe	Grundentgelt		Entwicklungsstufen			
			Stufe 1	Stufe 2	Stufe 3	Stufe 4	Stufe 5	Stufe 6
EG 12	12a	XII mit Aufstieg nach XIII	–	–	4050,72	4486,96 nach 2 J. St. 3	5047,84 nach 3 J. St. 4	5297,11
EG 11	11b	XI mit Aufstieg nach XII	–	–	–	4050,72	4592,90	4842,18
	11a	X mit Aufstieg nach XI	–	–	3676,82	4050,72 nach 2 J. St. 3	4592,90 nach 5 J. St. 4	–
EG 10	10a	IX mit Aufstieg nach X	–	–	3552,17	3801,47 nach 2 J. St. 3	4275,08 nach 3 J. St. 4	–
EG 9, EG 9b	9d	VIII mit Aufstieg nach IX	–	–	3464,92	3776,53 nach 4 J. St. 3	4025,78 nach 2 J. St. 4	–
	9c	VII mit Aufstieg nach VIII	–	–	3365,23	3602,03 nach 5 J. St. 3	3826,37 nach 5 J. St. 4	–
	9b	VI mit Aufstieg nach VII VII ohne Aufstieg	–	–	3071,16	3464,92 nach 5 J. St. 3	3602,03 nach 5 J. St. 4	–
	9a	VI ohne Aufstieg	–	–	3071,16	3174,02 nach 5 J. St. 3	3365,23 nach 5 J. St. 4	–

Werte aus Entgeltgruppe allg. Tabelle	Entgeltgruppe KR	Zuordnungen Vergütungsgruppen KR/KR-Verläufe	Grundentgelt		Entwicklungsstufen			
			Stufe 1	Stufe 2	Stufe 3	Stufe 4	Stufe 5	Stufe 6
EG 7, EG 8, EG 9b	8a	Va mit Aufstieg nach VI	–	2732,33	2865,46	2974,36	3174,02	3365,23
		V mit Aufstieg nach Va und VI						
		V mit Aufstieg nach VI	2575,02					
EG 7, EG 8	7a	V mit Aufstieg nach Va	–	2575,02	2732,33	2974,36	3095,36	3220,01
		IV mit Aufstieg nach V und Va	2393,52					
		IV mit Aufstieg nach V						–
EG 4, EG 6	4a	II mit Aufstieg nach III und IV	2153,91	2308,81	2454,02	2762,59	2841,25	2986,43
		III mit Aufstieg nach IV						
EG 3, EG 4	3a	I mit Aufstieg nach II	2060,76	2272,49	2333,03	2429,82	2502,44	2673,03

II

II

Abschnitt III
Tarifrecht der Auszubildenden, Praktikanten, Schüler und Studierenden

305	Tarifvertrag für Auszubildende des öffentlichen Dienstes – Allgemeiner Teil – (TVAöD)	947
312	Tarifvertrag für Auszubildende des öffentlichen Dienstes – Besonderer Teil BBiG – (TVAöD – BBiG)	962
318	Tarifvertrag für Auszubildende des öffentlichen Dienstes – Besonderer Teil Pflege – (TVAöD – Pflege)	970
324	Tarifvertrag für Studierende in ausbildungsintegrierten dualen Studiengängen im öffentlichen Dienst (TVSöD)	977
327	Tarifvertrag für Studierende in einem dualen Hebammenstudium im öffentlichen Dienst (TVHöD)	997
335	Tarifvertrag für Praktikantinnen/Praktikanten des öffentlichen Dienstes (TVPöD)	1011
375	VKA-Praktikums-Richtlinie (Praktikums-Richtlinie)	1020

III

Tarifvertrag für Auszubildende des öffentlichen Dienstes – Allgemeiner Teil – (TVAöD)

Vom 13. September 2005

Zuletzt geändert durch Änderungstarifvertrag Nr. 13 vom 22. April 2023 und Tarifeinigung vom 6. April 2025[1])

III

Inhaltsübersicht

§ 1 Geltungsbereich
§ 1a Geltungsbereich des Besonderen Teils
§ 2 Ausbildungsvertrag, Nebenabreden
§ 3 Probezeit
§ 4 Ärztliche Untersuchungen
§ 5 Schweigepflicht, Nebentätigkeiten, Schadenshaftung
§ 6 Personalakten
§ 7 Wöchentliche und tägliche Ausbildungszeit
§ 8 Ausbildungsentgelt
§ 8a Unständige Entgeltbestandteile
§ 8b Sonstige Entgeltregelungen
§ 9 Urlaub
§ 10 Ausbildungsmaßnahmen außerhalb der Ausbildungsstätte
§ 10a Familienheimfahrten
§ 11 Schutzkleidung, Ausbildungsmittel
§ 12 Entgelt im Krankheitsfall
§ 12a Entgeltfortzahlung in anderen Fällen
§ 13 Vermögenswirksame Leistungen
§ 14 Jahressonderzahlung
§ 15 Zusätzliche Altersversorgung
§ 16 Beendigung des Ausbildungsverhältnisses
§ 16a Übernahme von Auszubildenden
§ 17 Abschlussprämie
§ 18 Zeugnis
§ 19 Ausschlussfrist

---

[1]) Wegen der im Zuge der Tarifrunde 2025 vereinbarten Änderungen siehe die unter **150** abgedruckte Tarifeinigung.

§ 20 In-Kraft-Treten, Laufzeit

§ 20a In-Kraft-Treten, Laufzeit des Besonderen Teils

Anlage 1 (VKA)
(Mit Wirkung vom 1. Januar 2008 weggefallen)

Anlage 3 (VKA)
(zu § 20 Abs. 5 – VKA)

Anlage 4 (VKA)
(Mit Wirkung vom 1. Januar 2008 weggefallen)

Anlage 5
Übergangsregelungen für Schülerinnen/Schüler in der Altenpflege

III

§ 1 Geltungsbereich

(1) Dieser Tarifvertrag gilt für

a) Personen, die in Verwaltungen und Betrieben, die unter den Geltungsbereich des TVöD fallen, in einem staatlich anerkannten oder als staatlich anerkannt geltenden Ausbildungsberuf ausgebildet werden,

b) Schülerinnen/Schüler
   - in der Gesundheits- und Krankenpflege, Gesundheits- und Kinderkrankenpflege, Entbindungspflege, Altenpflege,
   - in der Operationstechnischen Assistenz und der Anästhesietechnischen Assistenz, die unter das Gesetz über den Beruf der Anästhesietechnischen Assistentin und des Anästhesietechnischen Assistenten und über den Beruf der Operationstechnischen Assistentin und des Operationstechnischen Assistenten (Anästhesietechnische- und Operationstechnische-Assistenten-Gesetz – ATA-OTA-G) fallen,
   - nach dem Notfallsanitätergesetz,
   - in praxisintegrierten Ausbildungsgängen zur Erzieherin/zum Erzieher nach landesrechtlichen Regelungen,
   - für Auszubildende in der Pflege nach dem Gesetz über Pflegeberufe (Pflegeberufegesetz) und
   - in praxisintegrierten Ausbildungsgängen zur Heilerziehungspflegerin/zum Heilerziehungspfleger nach landesrechtlichen Regelungen,

   die in Verwaltungen und Betrieben, die unter den Geltungsbereich des TVöD fallen, ausgebildet werden,

Protokollerklärung zu Abs. 1 Buchst. b zweiter Spiegelstrich:

Für Schülerinnen/Schüler, die ihre Ausbildung in der Operationstechnischen Assistenz und der Anästhesietechnischen Assistenz vor dem 1. Januar 2022 begonnen haben, richtet sich diese jeweils nach der Empfehlung der Deutschen Krankenhausgesellschaft vom 17. September 2013.

c) Auszubildende in betrieblich-schulischen Gesundheitsberufen, die in Verwaltungen und Betrieben, die unter den Geltungsbereich des TVöD fallen, ausgebildet werden, nach folgenden Maßgaben:

III

		Berufsausbildung	Gesetzliche Vorschriften in der jeweils aktuellen Fassung
1.		Orthoptistinnen und Orthoptisten	Orthoptistengesetz vom 28. November 1989 (BGBl. I S. 2061) Ausbildungs- und Prüfungsverordnung für Orthoptistinnen und Orthoptisten vom 21. März 1990 (BGBl. I S. 563)
2.		Logopädinnen und Logopäden	Gesetz über den Beruf des Logopäden vom 7. Mai 1980 (BGBl. I S. 529) Ausbildungs- und Prüfungsordnung für Logopäden vom 1. Oktober 1980 (BGBl. I S. 1892)
3.	a)	Medizinisch-technische Laboratoriumsassistentinnen und Medizinisch-technische Laboratoriumsassistenten	MTA-Gesetz vom 2. August 1993 (BGBl. I S. 1402) Ausbildungs- und Prüfungsverordnung für technische Assistenten in der Medizin vom 25. April 1994 (BGBl. I S. 922)
	b)	Medizinisch-technische Radiologieassistentinnen und Medizinisch-technische Radiologieassistenten	
	c)	Medizinisch-technische Assistentinnen für Funktionsdiagnostik und Medizinisch-technische Assistenten für Funktionsdiagnostik	
4.		Ergotherapeutinnen und Ergotherapeuten	Ergotherapeutengesetz vom 25. Mai 1976 (BGBl. I S. 1246) Ergotherapeuten-Ausbildungs- und Prüfungsverordnung vom 2. August 1999 (BGBl. I S. 1731)
5.		Physiotherapeutinnen und Physiotherapeuten	Masseur- und Physiotherapeutengesetz vom 26. Mai 1994 (BGBl. I S. 1084) Ausbildungs- und Prüfungsverordnung für Physiotherapeuten vom 6. Dezember 1994 (BGBl. I S. 3786)

	Berufsausbildung	Gesetzliche Vorschriften in der jeweils aktuellen Fassung
6.	Diätassistentinnen und Diätassistenten	Diätassistentengesetz vom 8. März 1994 (BGBl. I S. 446) Ausbildungs- und Prüfungsverordnung für Diätassistentinnen und Diätassistenten vom 1. August 1994 (BGBl. I S. 2088),

d) Auszubildende in Betrieben oder Betriebsteilen, auf deren Arbeitnehmerinnen/Arbeitnehmer der TV-V oder der TV-WW/NW Anwendung findet,

e) Auszubildende in Betrieben oder Betriebsteilen, auf deren Arbeitnehmerinnen/Arbeitnehmer ein TV-N Anwendung findet, soweit und solange nicht eine anderweitige landesbezirkliche Regelung getroffen wurde (Auszubildende).

(2) Dieser Tarifvertrag gilt nicht für

a) Schülerinnen/Schüler in der Krankenpflegehilfe und Altenpflegehilfe,[1])

b) Praktikantinnen/Praktikanten und Volontärinnen/Volontäre,

c) Auszubildende, die in Ausbildungsberufen der Landwirtschaft, des Weinbaues oder der Forstwirtschaft ausgebildet werden, es sei denn, dass die Beschäftigten des Ausbildenden unter den Tarifvertrag für den öffentlichen Dienst (TVöD) fallen,

d) körperlich, geistig oder seelisch behinderte Personen, die aufgrund ihrer Behinderung in besonderen Ausbildungswerkstätten, Berufsförderungswerkstätten oder in Lebenshilfeeinrichtungen ausgebildet werden sowie

e) für Studierende in einem ausbildungsintegrierten dualen Studium, die vom Geltungsbereich des Tarifvertrages für Studierende in ausbildungsintegrierten dualen Studiengängen im öffentlichen Dienst (TVSöD) erfasst sind.

(3) Soweit in diesem Tarifvertrag nichts anderes geregelt ist, gelten die jeweils einschlägigen gesetzlichen Vorschriften.

Niederschriftserklärung zu § 1:

Ausbildender im Sinne dieses Tarifvertrages ist, wer andere Personen zur Ausbildung einstellt.

---

1) Die Tarifpartner haben im Zuge des Tarifergebnisses 2023 vereinbart, nach Abschluss der Tarifrunde 2023 Tarifverhandlungen zur Regelung der Ausbildungen zur Kranken- und Altenpflegehelferinnen und -helfer aufzunehmen.

§ 1a Geltungsbereich des Besonderen Teils

(In den Besonderen Teilen BBiG bzw. Pflege geregelt)

§ 2 Ausbildungsvertrag, Nebenabreden

(1) [1]Vor Beginn des Ausbildungsverhältnisses ist ein schriftlicher Ausbildungsvertrag zu schließen, der neben der Bezeichnung des Ausbildungsberufs mindestens Angaben enthält über

III

a) die maßgebliche Ausbildungs- und Prüfungsordnung in der jeweils geltenden Fassung sowie Art, sachliche und zeitliche Gliederung der Ausbildung,

b) Beginn und Dauer der Ausbildung,

c) Dauer der regelmäßigen täglichen oder wöchentlichen Ausbildungszeit,

d) Dauer der Probezeit,

e) Zahlung und Höhe des Ausbildungsentgelts,

f) Dauer des Urlaubs,

g) Voraussetzungen, unter denen der Ausbildungsvertrag gekündigt werden kann,

h) die Geltung des Tarifvertrages für Auszubildende im öffentlichen Dienst (TVAöD) sowie einen in allgemeiner Form gehaltenen Hinweis auf die auf das Ausbildungsverhältnis anzuwendenden Betriebs-/Dienstvereinbarungen.

[2]Bei Auszubildenden in der Pflege nach dem Pflegeberufegesetz muss der Ausbildungsvertrag darüber hinaus folgende Angaben enthalten:

a) den gewählten Vertiefungseinsatz einschließlich einer Ausrichtung nach § 7 Abs. 4 Satz 2 Pflegeberufegesetz,

b) Verpflichtung der Auszubildenden/des Auszubildenden zum Besuch der Ausbildungsveranstaltungen der Pflegeschule,

c) Umfang etwaiger Sachbezüge,

d) Hinweis auf die Rechte als Arbeitnehmerin/Arbeitnehmer im Sinne von § 5 des Betriebsverfassungsgesetzes oder von § 4 des Bundespersonalvertretungsgesetz des Trägers der praktischen Ausbildung.

(2) [1]Nebenabreden sind nur wirksam, wenn sie schriftlich vereinbart werden. [2]Sie können gesondert gekündigt werden, soweit dies einzelvertraglich vereinbart ist.

§ 3 Probezeit

(In den Besonderen Teilen BBiG bzw. Pflege geregelt)

§ 4 Ärztliche Untersuchungen

(1) [1]Auszubildende haben auf Verlangen des Ausbildenden vor ihrer Einstellung ihre gesundheitliche Eignung durch das Zeugnis einer Betriebsärztin/eines Betriebsarztes, einer Personalärztin/eines Personalarztes oder einer Amtsärztin/eines Amtsarztes nachzuweisen, soweit sich die Betriebsparteien nicht auf eine andere Ärztin/einen anderen Arzt geeinigt haben. [2]Für Auszubildende, die unter das Jugendarbeitsschutzgesetz fallen, ist ergänzend § 32 Abs. 1 JArbSchG zu beachten.

(2) [1]Der Ausbildende ist bei begründeter Veranlassung berechtigt, Auszubildende zu verpflichten, durch ärztliche Bescheinigung nachzuweisen, dass sie in der Lage sind, die nach dem Ausbildungsvertrag übernommenen Verpflichtungen zu erfüllen. [2]Bei der beauftragten Ärztin/dem beauftragten Arzt kann es sich um eine Betriebsärztin/einen Betriebsarzt, eine Personalärztin/einen Personalarzt oder eine Amtsärztin/einen Amtsarzt handeln, soweit sich die Betriebsparteien nicht auf eine andere Ärztin/einen anderen Arzt geeinigt haben. [3]Die Kosten dieser Untersuchung trägt der Ausbildende.

(3) Auszubildende, die besonderen Ansteckungsgefahren ausgesetzt, mit gesundheitsgefährdenden Tätigkeiten beschäftigt oder mit der Zubereitung von Speisen beauftragt sind, sind in regelmäßigen Zeitabständen oder auf ihren Antrag bei Beendigung des Ausbildungsverhältnisses ärztlich zu untersuchen.

§ 5 Schweigepflicht, Nebentätigkeiten, Schadenshaftung

(1) Auszubildende haben in demselben Umfang Verschwiegenheit zu wahren wie die Beschäftigten des Ausbildenden.

(2) [1]Nebentätigkeiten gegen Entgelt haben Auszubildende ihrem Ausbildenden rechtzeitig vorher schriftlich anzuzeigen. [2]Der Ausbildende kann die Nebentätigkeit untersagen oder mit Auflagen versehen, wenn diese geeignet ist, die nach dem Ausbildungsvertrag übernommenen Verpflichtungen der Auszubildenden oder berechtigte Interessen des Ausbildenden zu beeinträchtigen.

(3) Für die Schadenshaftung der Auszubildenden finden die für die Beschäftigten des Ausbildenden geltenden tariflichen Bestimmungen entsprechende Anwendung.

§ 6 Personalakten

(1) [1]Die Auszubildenden haben ein Recht auf Einsicht in ihre vollständigen Personalakten. [2]Sie können das Recht auf Einsicht durch einen

hierzu schriftlich Bevollmächtigten ausüben lassen. [3]Sie können Auszüge oder Kopien aus ihren Personalakten erhalten.

(2) [1]Beurteilungen sind Auszubildenden unverzüglich bekannt zu geben. [2]Die Bekanntgabe ist aktenkundig zu machen.

§ 7 Wöchentliche und tägliche Ausbildungszeit

(In den Besonderen Teilen BBiG bzw. Pflege geregelt)

III

§ 8 Ausbildungsentgelt

(In den Besonderen Teilen BBiG bzw. Pflege geregelt)

§ 8a Unständige Entgeltbestandteile

Für die Ausbildung an Samstagen, Sonntagen, Feiertagen und Vorfesttagen, für den Bereitschaftsdienst und die Rufbereitschaft, für die Überstunden und für die Zeitzuschläge gelten die für die Beschäftigten des Ausbildenden geltenden Regelungen sinngemäß.

§ 8b Sonstige Entgeltregelungen

(In den Besonderen Teilen BBiG bzw. Pflege geregelt)

§ 9 Urlaub

(In den Besonderen Teilen BBiG bzw. Pflege geregelt)

§ 10 Ausbildungsmaßnahmen außerhalb der Ausbildungsstätte

(In den Besonderen Teilen BBiG bzw. Pflege geregelt)

§ 10a Familienheimfahrten

(In den Besonderen Teilen BBiG bzw. Pflege geregelt)

§ 11 Schutzkleidung, Ausbildungsmittel

(In den Besonderen Teilen BBiG bzw. Pflege geregelt)

§ 12 Entgelt im Krankheitsfall

(1) Werden Auszubildende durch Arbeitsunfähigkeit infolge Krankheit ohne ihr Verschulden verhindert, ihre Verpflichtungen aus dem Ausbildungsvertrag zu erfüllen, erhalten sie für die Zeit der Arbeitsunfähigkeit für die Dauer von bis zu sechs Wochen sowie nach Maßgabe der gesetzlichen Bestimmungen bei Wiederholungserkrankungen das Ausbildungsentgelt (§ 8) in entsprechender Anwendung der für die Beschäftigten des Ausbildenden geltenden Regelungen fortgezahlt.

(2) Im Übrigen gilt das Entgeltfortzahlungsgesetz.

(3) Bei der jeweils ersten Arbeitsunfähigkeit, die durch einen bei dem Ausbildenden erlittenen Arbeitsunfall oder durch eine bei dem Ausbildenden zugezogene Berufskrankheit verursacht ist, erhalten Auszubildende nach Ablauf des nach Absatz 1 maßgebenden Zeitraums bis zum Ende der 26. Woche seit dem Beginn der Arbeitsunfähigkeit einen Krankengeldzuschuss in Höhe des Unterschiedsbetrages zwischen dem Bruttokrankengeld und dem sich nach Absatz 1 ergebenden Nettoausbildungsentgelt, wenn der zuständige Unfallversicherungsträger den Arbeitsunfall oder die Berufskrankheit anerkennt.

§ 12a Entgeltfortzahlung in anderen Fällen

(1) Auszubildenden ist das Ausbildungsentgelt (§ 8) für insgesamt fünf Ausbildungstage fortzuzahlen, um sich vor den in den Ausbildungsordnungen vorgeschriebenen Abschlussprüfungen ohne Bindung an die planmäßige Ausbildung auf die Prüfung vorbereiten zu können; bei der Sechstagewoche besteht dieser Anspruch für sechs Ausbildungstage.

(2) Der Freistellungsanspruch nach Absatz 1 verkürzt sich um die Zeit, für die Auszubildende zur Vorbereitung auf die Abschlussprüfung besonders zusammengefasst werden; es besteht jedoch mindestens ein Anspruch auf zwei Ausbildungstage.

(3) Im Übrigen gelten die für die Beschäftigten des Ausbildenden maßgebenden Regelungen zur Arbeitsbefreiung entsprechend.

§ 13 Vermögenswirksame Leistungen

(1) [1]Nach Maßgabe des Vermögensbildungsgesetzes in seiner jeweiligen Fassung erhalten Auszubildende eine vermögenswirksame Leistung in Höhe von 13,29 Euro monatlich. [2]Der Anspruch auf vermögenswirksame Leistungen entsteht frühestens für den Kalendermonat, in dem den Ausbildenden die erforderlichen Angaben mitgeteilt werden, und für die beiden vorangegangenen Monate desselben Kalenderjahres.

(2) Die vermögenswirksamen Leistungen sind kein zusatzversorgungspflichtiges Entgelt.

(3) Der in Absatz 1 Satz 1 genannte Betrag gilt nicht für die Auszubildenden der Sparkassen.

§ 14 Jahressonderzahlung

(In den Besonderen Teilen BBiG bzw. Pflege geregelt)

§ 15 Zusätzliche Altersversorgung

Die Versicherung zum Zwecke einer zusätzlichen Altersversorgung wird durch besonderen Tarifvertrag geregelt.

§ 16 Beendigung des Ausbildungsverhältnisses

III

(1) [1]Das Ausbildungsverhältnis endet mit Ablauf der Ausbildungszeit; abweichende gesetzliche Regelungen bleiben unberührt. [2]Im Falle des Nichtbestehens der Abschlussprüfung verlängert sich das Ausbildungsverhältnis auf Verlangen der Auszubildenden bis zur nächstmöglichen Wiederholungsprüfung, höchstens um ein Jahr.

(2) Können Auszubildende ohne eigenes Verschulden die Abschlussprüfung erst nach beendeter Ausbildungszeit ablegen, gilt Absatz 1 Satz 2 entsprechend.

(3) Beabsichtigt der Ausbildende keine Übernahme in ein befristetes oder unbefristetes Arbeitsverhältnis, hat er dies den Auszubildenden drei Monate vor dem voraussichtlichen Ende der Ausbildungszeit schriftlich mitzuteilen.

(4) Nach der Probezeit (§ 3) kann das Ausbildungsverhältnis unbeschadet der gesetzlichen Kündigungsgründe nur gekündigt werden

a) aus einem sonstigen wichtigen Grund ohne Einhalten einer Kündigungsfrist,

b) von Auszubildenden mit einer Kündigungsfrist von vier Wochen.

(5) Werden Auszubildende im Anschluss an das Ausbildungsverhältnis beschäftigt, ohne dass hierüber ausdrücklich etwas vereinbart worden ist, so gilt ein Arbeitsverhältnis auf unbestimmte Zeit als begründet.

§ 16a Übernahme von Auszubildenden[1)]

[1]Auszubildende werden nach erfolgreich bestandener Abschlussprüfung bei dienstlichem bzw. betrieblichem Bedarf im unmittelbaren Anschluss an das Ausbildungsverhältnis für die Dauer von zwölf Monaten in ein Arbeitsverhältnis übernommen, sofern nicht im Einzelfall personenbedingte, verhaltensbedingte, betriebsbedingte oder

---

1) Die Regelung ist zum 31. Dezember 2024 ausgelaufen. Sie wurde im Rahmen der Tarifrunde 2025 mit der nachstehenden unbefristeten Übernahmeregelung wieder für die Laufzeit des Tarifvertrages (31. März 2027) in Kraft gesetzt, siehe Teil A Nr. 5 der unter **150** abgedruckten Tarifeinigung:
„Auszubildende nach dem TVAöD und dual Studierende nach dem TVSöD und dem TVHöD, die ihre Abschlussprüfung mit mindestens der Gesamtnote ‚Befriedigend' abgeschlossen haben, werden bei dienstlichem bzw. betrieblichem Bedarf im Anschluss an die Ausbildung bzw. das Studium in ein unbefristetes Arbeitsverhältnis übernommen, sofern eine freie und besetzbare Stelle bzw. ein freier und zu besetzender Arbeitsplatz vorhanden ist, die/der eine ausbildungsadäquate Beschäftigung auf Dauer ermöglicht. Voraussetzung für die Übernahme ist, dass keine personen-, verhaltens-, betriebsbedingten oder gesetzlichen Gründe entgegenstehen."

gesetzliche Gründe entgegenstehen. [2]Im Anschluss daran werden diese Beschäftigten bei entsprechender Bewährung in ein unbefristetes Arbeitsverhältnis übernommen. [3]Der dienstliche bzw. betriebliche Bedarf muss zum Zeitpunkt der Beendigung der Ausbildung nach Satz 1 vorliegen und setzt zudem eine freie und besetzbare Stelle bzw. einen freien und zu besetzenden Arbeitsplatz voraus, die/der eine ausbildungsadäquate Beschäftigung auf Dauer ermöglicht. [4]Bei einer Auswahlentscheidung sind die Ergebnisse der Abschlussprüfung und die persönliche Eignung zu berücksichtigen. [5]Bestehende Mitbestimmungsrechte bleiben unberührt.

III

Protokollerklärung zu § 16a:

Besteht kein dienstlicher bzw. betrieblicher Bedarf für eine unbefristete Beschäftigung, ist eine befristete Beschäftigung außerhalb von § 16a möglich.

§ 17 Abschlussprämie

(1) [1]Bei Beendigung des Ausbildungsverhältnisses aufgrund erfolgreich abgeschlossener Abschlussprüfung bzw. staatlicher Prüfung erhalten Auszubildende eine Abschlussprämie als Einmalzahlung in Höhe von 400 Euro. [2]Die Abschlussprämie ist kein zusatzversorgungspflichtiges Entgelt. [3]Sie ist nach Bestehen der Abschlussprüfung bzw. der staatlichen Prüfung fällig.

(2) [1]Absatz 1 gilt nicht für Auszubildende, die ihre Ausbildung nach erfolgloser Prüfung aufgrund einer Wiederholungsprüfung abschließen. [2]Im Einzelfall kann der Ausbildende von Satz 1 abweichen.

§ 18 Zeugnis

(Im Besonderen Teil BBiG geregelt)

§ 19 Ausschlussfrist

Ansprüche aus dem Ausbildungsverhältnis verfallen, wenn sie nicht innerhalb einer Ausschlussfrist von sechs Monaten nach Fälligkeit von den Auszubildenden oder vom Ausbildenden schriftlich geltend gemacht werden.

§ 20 In-Kraft-Treten, Laufzeit

(1) [1]Dieser Tarifvertrag tritt am 1. Oktober 2005 in Kraft.

(2) Dieser Tarifvertrag kann mit einer Frist von drei Monaten zum Ende eines Kalenderhalbjahres schriftlich gekündigt werden.

(3) Abweichend von Absatz 2 kann § 17 gesondert zum 31. Dezember eines jeden Jahres schriftlich gekündigt werden.

(4) [1]Dieser Tarifvertrag ersetzt für den Bereich des Bundes die in Anlage 2 aufgeführten Tarifverträge. [2]Die Ersetzung erfolgt mit Wirkung vom 1. Oktober 2005, soweit in Anlage 2 kein abweichender Termin bestimmt ist.

(5) Mit In-Kraft-Treten dieses Tarifvertrages finden im Bereich der Mitgliedverbände der VKA die in Anlage 3 aufgeführten Tarifverträge auf die in § 1 Abs. 1 genannten Personen keine Anwendung mehr.

(6) § 16a tritt mit Ablauf des 31. Dezember 2024 außer Kraft.[1])

§ 20a In-Kraft-Treten, Laufzeit des Besonderen Teils

(In den Besonderen Teilen BBiG bzw. Pflege geregelt)

Anlage 1 (VKA)

(Mit Wirkung vom 1. Januar 2008 weggefallen)

[1]) Die Geltung wurde bis zum 31. März 2027 verlängert (siehe Teil E Nr. 2 der unter **150** abgedruckten Tarifeinigung 2025).

Anlage 3 (VKA)
(zu § 20 Abs. 5 – VKA)

1. Manteltarifvertrag für Auszubildende vom 6. Dezember 1974
2. Manteltarifvertrag für Auszubildende (Mantel-TV Azubi-O) vom 5. März 1991
3. Manteltarifvertrag für Auszubildende (Mantel-TV Azubi-Ostdeutsche Sparkassen) vom 16. Mai 1991
4. Ausbildungsvergütungstarifvertrag Nr. 22 für Auszubildende vom 31. Januar 2003
5. Ausbildungsvergütungstarifvertrag Nr. 7 für Auszubildende (Ost) vom 31. Januar 2003
6. Ausbildungsvergütungstarifvertrag Nr. 7 für Auszubildende der ostdeutschen Sparkassen vom 31. Januar 2003
7. Tarifvertrag über vermögenswirksame Leistungen an Auszubildende vom 17. Dezember 1970
8. Tarifvertrag über vermögenswirksame Leistungen an Auszubildende (TV VL Azubi-O) vom 8. Mai 1991
9. Tarifvertrag über ein Urlaubsgeld für Auszubildende vom 16. März 1977
10. Tarifvertrag über ein Urlaubsgeld für Auszubildende (TV Urlaubsgeld Azubi-O) vom 5. März 1991
11. Tarifvertrag über ein Urlaubsgeld für Auszubildende (TV Urlaubsgeld Azubi-Ostdeutsche Sparkassen) vom 25. Oktober 1990
12. Tarifvertrag zur Regelung der Rechtsverhältnisse der Schülerinnen/Schüler, die nach Maßgabe des Krankenpflegegesetzes oder des Hebammengesetzes ausgebildet werden, vom 28. Februar 1986
13. Tarifvertrag zur Regelung der Rechtsverhältnisse der Schülerinnen/Schüler, die nach Maßgabe des Krankenpflegegesetzes oder des Hebammengesetzes ausgebildet werden (Mantel-TV Schü-O), vom 5. März 1991
14. Ausbildungsvergütungstarifvertrag Nr. 12 für Schülerinnen/Schüler, die nach Maßgabe des Krankenpflegegesetzes oder des Hebammengesetzes ausgebildet werden, vom 31. Januar 2003
15. Ausbildungsvergütungstarifvertrag Nr. 7 für Schülerinnen/Schüler, die nach Maßgabe des Krankenpflegegesetzes oder des Hebammengesetzes ausgebildet werden (Ost), vom 31. Januar 2003
16. Tarifvertrag über ein Urlaubsgeld für Schülerinnen/Schüler, die nach Maßgabe des Krankenpflegegesetzes in der Krankenpflege

oder in der Kinderkrankenpflege oder nach Maßgabe des Hebammengesetzes ausgebildet werden, vom 21. April 1986

17. Tarifvertrag über ein Urlaubsgeld für Schülerinnen/Schüler, die nach Maßgabe des Krankenpflegegesetzes in der Krankenpflege oder in der Kinderkrankenpflege oder nach Maßgabe des Hebammengesetzes ausgebildet werden (TV Urlaubsgeld Schü-O), vom 5. März 1991

Anlage 4 (VKA)
(Mit Wirkung vom 1. Januar 2008 weggefallen)

Anlage 5

Übergangsregelungen für Schülerinnen/Schüler in der Altenpflege

1. Für Schülerinnen/Schüler in der Altenpflege, deren Ausbildungsverhältnis vor dem 1. Oktober 2005 begonnen hat, gelten die jeweils einzelvertraglich vereinbarten Ausbildungsentgelte bis zur Beendigung des Ausbildungsverhältnisses weiter, soweit einzelvertraglich nichts Abweichendes vereinbart wird.
2. Soweit Ausbildende von Schülerinnen/Schülern in der Altenpflege bis zum 30. September 2005 ein Ausbildungsentgelt gezahlt haben, das niedriger ist als die in § 8 Abs. 1 geregelten Ausbildungsentgelte, gelten für die Ausbildungsentgelte bei Ausbildungsverhältnissen, die nach dem 30. September 2005 beginnen, spätestens ab 1. Januar 2008 die in § 8 Abs. 1 geregelten Beträge.

Tarifvertrag für Auszubildende des öffentlichen Dienstes – Besonderer Teil BBiG – (TVAöD – BBiG)

Vom 13. September 2005 (GMBl. 2006 S. 541)

Zuletzt geändert durch
Änderungstarifvertrag Nr. 13 vom 22. April 2023 und
Tarifeinigung vom 6. April 2025[1])

III

Inhaltsübersicht

§ 1a Geltungsbereich des Besonderen Teils
§ 3 Probezeit
§ 7 Wöchentliche und tägliche Ausbildungszeit
§ 8 Ausbildungsentgelt
§ 8b Sonstige Entgeltregelungen
§ 9 Urlaub
§ 10 Ausbildungsmaßnahmen außerhalb der Ausbildungsstätte
§ 10a Familienheimfahrten
§ 11 Schutzkleidung, Ausbildungsmittel, Lernmittelzuschuss
§ 14 Jahressonderzahlung
§ 18 Zeugnis
§ 20a In-Kraft-Treten, Laufzeit des Besonderen Teils

[1]) Wegen der im Zuge der Tarifrunde 2025 vereinbarten Änderungen siehe die unter **150** abgedruckte Tarifeinigung.

§ 1a Geltungsbereich des Besonderen Teils

(1) [1]Dieser Tarifvertrag gilt nur für die in § 1 Abs. 1 des Tarifvertrages für Auszubildende des öffentlichen Dienstes (TVAöD) – Allgemeiner Teil unter Buchst. a, d und e aufgeführten Auszubildenden. [2]Er bildet im Zusammenhang mit dem Allgemeinen Teil des TVAöD den Tarifvertrag für die Auszubildenden des öffentlichen Dienstes nach BBiG (TVAöD – BBiG).

(2) Soweit in den nachfolgenden Bestimmungen auf die §§ 12 und 16 verwiesen wird, handelt es sich um die Regelungen des TVAöD – Allgemeiner Teil –.

III

§ 3 Probezeit

(1) Die Probezeit beträgt drei Monate.

(2) Während der Probezeit kann das Ausbildungsverhältnis von beiden Seiten jederzeit ohne Einhalten einer Kündigungsfrist gekündigt werden.

§ 7 Wöchentliche und tägliche Ausbildungszeit

(1) [1]Die regelmäßige durchschnittliche wöchentliche Ausbildungszeit und die tägliche Ausbildungszeit der Auszubildenden, die nicht unter das Jugendarbeitsschutzgesetz fallen, richten sich nach den für die Beschäftigten des Ausbildenden maßgebenden Vorschriften über die Arbeitszeit. [2]Für Auszubildende der Mitglieder des Kommunalen Arbeitgeberverbandes Baden-Württemberg im Geltungsbereich des BT-K ist eine abweichende Regelung vereinbart.

(2) Wird das Führen von Berichtsheften (Ausbildungsnachweisen) verlangt, ist den Auszubildenden dazu Gelegenheit während der Ausbildungszeit zu geben.

(3) An Tagen, an denen Auszubildende an einem theoretischen betrieblichen Unterricht von mindestens 270 tatsächlichen Unterrichtsminuten teilnehmen, dürfen sie nicht zur praktischen Ausbildung herangezogen werden.

(4) [1]Unterrichtszeiten einschließlich der Pausen gelten als Ausbildungszeit. [2]Dies gilt auch für die notwendige Wegezeit zwischen Unterrichtsort und Ausbildungsstätte, sofern die Ausbildung nach dem Unterricht fortgesetzt wird.

(5) Auszubildende dürfen an Sonn- und Wochenfeiertagen und in der Nacht zur Ausbildung nur herangezogen werden, wenn dies nach dem Ausbildungszweck erforderlich ist.

(6) [1]Auszubildende dürfen nicht über die nach Absatz 1 geregelte Ausbildungszeit hinaus zu Mehrarbeit herangezogen und nicht mit Akkordarbeit beschäftigt werden. [2]§§ 21, 23 JArbSchG und § 17 Abs. 7 BBiG bleiben unberührt.

§ 8 Ausbildungsentgelt

(1) Das monatliche Ausbildungsentgelt beträgt:[1])

	bis 29. Februar 2024	ab 1. März 2024
im ersten Ausbildungsjahr	1068,26 Euro	1218,26 Euro
im zweiten Ausbildungsjahr	1118,20 Euro	1268,20 Euro
im dritten Ausbildungsjahr	1164,02 Euro	1314,02 Euro
im vierten Ausbildungsjahr	1227,59 Euro	1377,59 Euro

(2) Das Ausbildungsentgelt ist zu demselben Zeitpunkt fällig wie das den Beschäftigten des Ausbildenden gezahlte Entgelt.

(3) Im Geltungsbereich des TVöD – Besonderer Teil Sparkassen wird eine von Absatz 1 abweichende Regelung getroffen.

(4) Ist wegen des Besuchs einer weiterführenden oder einer berufsbildenden Schule oder wegen einer Berufsausbildung in einer sonstigen Einrichtung die Ausbildungszeit verkürzt, gilt für die Höhe des Ausbildungsentgelts der Zeitraum, um den die Ausbildungszeit verkürzt wird, als abgeleistete Ausbildungszeit.

(5) Wird die Ausbildungszeit

a) gemäß § 16 Abs. 1 Satz 2 verlängert oder

b) auf Antrag der Auszubildenden nach § 8 Abs. 2 BBiG von der zuständigen Stelle oder nach § 27c Abs. 2 der Handwerksordnung von der Handwerkskammer verlängert, wenn die Verlängerung erforderlich ist, um das Ausbildungsziel zu erreichen,

wird während des Zeitraums der Verlängerung das Ausbildungsentgelt des letzten regelmäßigen Ausbildungsabschnitts gezahlt.

---

[1]) Wegen der im Zuge der Tarifeinigung 2025 vereinbarten Änderungen siehe Teil A Nr. 2 der unter **150** abgedruckten Tarifeinigung. Die Ausbildungsentgelte werden zum 1. April 2025 und zum 1. Mai 2026 jeweils um 75 Euro erhöht und betragen voraussichtlich:

	vom 1. April 2025 bis 30. April 2026	**ab 1. Mai 2026**
im ersten Ausbildungsjahr	1 293,26	1 368,26
im zweiten Ausbildungsjahr	1 343,20	1 418,20
im dritten Ausbildungsjahr	1 389,02	1 464,02
im vierten Ausbildungsjahr	1 452,59	1 527,59

(6) In den Fällen des § 16 Abs. 2 erhalten Auszubildende bis zur Ablegung der Abschlussprüfung das Ausbildungsentgelt des letzten regelmäßigen Ausbildungsabschnitts, bei Bestehen der Prüfung darüber hinaus rückwirkend von dem Zeitpunkt an, an dem das Ausbildungsverhältnis geendet hat, den Unterschiedsbetrag zwischen dem ihnen gezahlten Ausbildungsentgelt und dem für das vierte Ausbildungsjahr maßgebenden Ausbildungsentgelt.

§ 8b Sonstige Entgeltregelungen

(1a) Auszubildenden im Bereich des Bundes können bei Vorliegen der geforderten Voraussetzungen 50 v. H. der Zulagen gewährt werden, die für Beschäftigte im Sinne des § 38 Abs. 5 Satz 1 TVöD gemäß § 19 Abs. 5 TVöD in Verbindung mit § 33 Abs. 1 Buchst. c und Abs. 6 BAT/BAT-O jeweils vereinbart sind.

(1b) Auszubildenden, die in einem Ausbildungsverhältnis zu einem Ausbildenden stehen, der Mitglied eines Mitgliedverbandes der VKA ist, können bei Vorliegen der geforderten Voraussetzungen 50 v. H. der Zulagen gewährt werden, die für Beschäftigte im Sinne des § 38 Abs. 5 Satz 1 TVöD gemäß § 23 Abs. 1 Satz 1 dritter bzw. vierter Spiegelstrich TVÜ-VKA in Verbindung mit § 33 Abs. 1 Buchst. c und Abs. 6 BAT/BAT-O jeweils vereinbart sind.

(2a) Auszubildenden im Bereich des Bundes, die im Rahmen ihrer Ausbildung in erheblichem Umfang mit Arbeiten beschäftigt werden, für die Beschäftigten im Sinne des § 38 Abs. 5 Satz 2 TVöD nach Maßgabe des § 19 Abs. 5 TVöD Erschwerniszuschläge zustehen, kann im zweiten bis vierten Ausbildungsjahr ein monatlicher Pauschalzuschlag in Höhe von 10 Euro gezahlt werden.

(2b) Auszubildenden, die in einem Ausbildungsverhältnis zu einem Ausbildenden stehen, der Mitglied eines Mitgliedverbandes der VKA ist, und die im Rahmen ihrer Ausbildung in erheblichem Umfang mit Arbeiten beschäftigt werden, für die Beschäftigten im Sinne des § 38 Abs. 5 Satz 2 TVöD nach Maßgabe des § 23 Abs. 1 Satz 1 erster bzw. zweiter Spiegelstrich TVÜ-VKA Erschwerniszuschläge zustehen, kann im zweiten bis vierten Ausbildungsjahr ein monatlicher Pauschalzuschlag in Höhe von 10 Euro gezahlt werden.

Niederschriftserklärung zu § 8b TVAöD – Besonderer Teil BBiG:

[1]§ 8b Abs. 1a und 1b gelten für Auszubildende, die in Berufen ausgebildet werden, die vor dem 1. Januar 2005 der Rentenversicherung der Angestellten unterlegen hätten. [2]§ 8b Abs. 2a und 2b gelten für Auszubildende, die in Berufen ausgebildet werden, die vor dem 1. Januar 2005 der Rentenversicherung der Arbeiter unterlegen hätten.

§ 9 Urlaub

(1)[1]) Auszubildende erhalten Erholungsurlaub unter Fortzahlung ihres Ausbildungsentgelts (§ 8) in entsprechender Anwendung der für die Beschäftigten des Ausbildenden geltenden Regelungen mit der Maßgabe, dass der Urlaubsanspruch bei Verteilung der wöchentlichen Ausbildungszeit auf fünf Tage in der Kalenderwoche in jedem Kalenderjahr 30 Ausbildungstage beträgt.

III

(2) Auszubildende in Betrieben oder Betriebsteilen, auf deren Arbeitnehmer der TV-V oder ein TV-N Anwendung findet, erhalten abweichend von Absatz 1 Erholungsurlaub in entsprechender Anwendung der für die Arbeitnehmer des Ausbildenden geltenden Regelungen.

(3) Der Erholungsurlaub ist nach Möglichkeit zusammenhängend während der unterrichtsfreien Zeit zu erteilen und in Anspruch zu nehmen.

§ 10 Ausbildungsmaßnahmen außerhalb der Ausbildungsstätte

(1)[2]) Bei Dienstreisen und Reisen zur Ablegung der in den Ausbildungsordnungen vorgeschriebenen Prüfungen erhalten Auszubildende eine Entschädigung in entsprechender Anwendung der für die Beschäftigten des Ausbildenden geltenden Reisekostenbestimmungen in der jeweiligen Fassung.

(2) [1]Bei Reisen zur Teilnahme an überbetrieblichen Ausbildungsmaßnahmen im Sinne des § 5 Abs. 2 Satz 1 Nr. 6 BBiG außerhalb der politischen Gemeindegrenze der Ausbildungsstätte werden die entstandenen notwendigen Fahrtkosten bis zur Höhe der Kosten der Fahrkarte der jeweils niedrigsten Klasse des billigsten regelmäßig verkehrenden Beförderungsmittels (im Bahnverkehr ohne Zuschläge) erstattet; Möglichkeiten zur Erlangung von Fahrpreisermäßigungen (z. B. Schülerfahrkarten, Monatsfahrkarten, BahnCard) sind auszunutzen. [2]Beträgt die Entfernung zwischen den Ausbildungsstätten hierbei mehr als 100 km, werden im Bahnverkehr Zuschläge bzw. besondere Fahrpreise (z. B. für ICE) erstattet. [3]Die nachgewiesenen notwendigen Kosten einer Unterkunft am auswärtigen Ort werden, soweit nicht eine unentgeltliche Unterkunft zur Verfügung steht, erstattet. [4]Zu den Auslagen des bei notwendiger auswärtiger Unterbringung entstehenden Verpflegungsmehraufwands wird für volle Kalendertage der Anwesenheit am auswärtigen Ausbildungsort ein

---

[1]) Der Erholungsurlaub erhöht sich ab dem Kalenderjahr 2027 um einen weiteren Tag, siehe Teil A Nr. 4 der unter **150** abgedruckten Tarifeinigung.

[2]) Entsprechend Teil A Nr. 7 der unter **150** abgedruckten Tarifeinigung wird Auszubildenden nach dem TVAöD bei notwendiger Unterbringung am auswärtigen Ausbildungsort ab dem 1. Juli 2025 der Verpflegungszuschuss nach dem Bundesreisekostengesetz (Bund) bzw. den landesrechtlichen Reisekostenregelungen (VKA) gewährt.

Verpflegungszuschuss in Höhe der nach der Sozialversicherungsentgeltverordnung maßgebenden Sachbezugswerte für Frühstück, Mittagessen und Abendessen gewährt. [5]Bei unentgeltlicher Verpflegung wird der jeweilige Sachbezugswert einbehalten. [6]Bei einer über ein Wochenende oder einen Feiertag hinaus andauernden Ausbildungsmaßnahme werden die dadurch entstandenen Mehrkosten für Unterkunft und Verpflegungsmehraufwand nach Maßgabe der Sätze 3 bis 5 erstattet.

III

(3) [1]Für den Besuch einer auswärtigen Berufsschule werden die notwendigen Fahrtkosten nach Maßgabe von Absatz 2 Satz 1 erstattet, soweit sie monatlich 6 v. H. des Ausbildungsentgelts für das erste Ausbildungsjahr übersteigen. [2]Satz 1 gilt nicht, soweit die Fahrtkosten nach landesrechtlichen Vorschriften von einer Körperschaft des öffentlichen Rechts getragen werden. [3]Die notwendigen Auslagen für Unterkunft und Verpflegungsmehraufwand werden bei Besuch der regulären auswärtigen Berufsschule im Blockunterricht entsprechend Absatz 2 Sätze 3 bis 6 erstattet. [4]Leistungen Dritter sind anzurechnen.

(4) Bei Abordnungen und Zuweisungen werden die Kosten nach Maßgabe des Absatzes 2 erstattet.

§ 10a Familienheimfahrten

[1]Für Familienheimfahrten vom jeweiligen Ort der Ausbildungsstätte oder vom Ort der auswärtigen Berufsschule, deren Besuch vom Ausbildenden veranlasst wurde, zum Wohnort der Eltern, der Erziehungsberechtigten oder der Ehegattin/dem Ehegatten oder der Lebenspartnerin/des Lebenspartners werden den Auszubildenden monatlich einmal die im Bundesgebiet entstandenen notwendigen Fahrtkosten bis zur Höhe der Kosten der Fahrkarte der jeweils niedrigsten Klasse des billigsten regelmäßig verkehrenden Beförderungsmittels (im Bahnverkehr ohne Zuschläge) erstattet; Möglichkeiten zur Erlangung von Fahrpreisermäßigungen (z. B. Schülerfahrkarten, Monatsfahrkarten, BahnCard) sind auszunutzen. [2]Beträgt die Entfernung mehr als 300 km, können im Bahnverkehr Zuschläge bzw. besondere Fahrpreise (z. B. für ICE) erstattet werden. [3]Die Sätze 1 und 2 gelten nicht, wenn aufgrund geringer Entfernung eine tägliche Rückkehr möglich und zumutbar ist oder der Aufenthalt am jeweiligen Ort der Ausbildungsstätte oder der auswärtigen Berufsschule weniger als vier Wochen beträgt.

Niederschriftserklärung zu § 10a TVAöD – Besonderer Teil BBiG:

Die Fahrtkosten für Familienheimfahrten umfassen die Kosten für die Hin- und Rückfahrt.

§ 11 Schutzkleidung, Ausbildungsmittel, Lernmittelzuschuss

(1) Soweit das Tragen von Schutzkleidung gesetzlich vorgeschrieben oder angeordnet ist, wird sie unentgeltlich zur Verfügung gestellt und bleibt Eigentum des Ausbildenden.

(2) Der Ausbildende hat den Auszubildenden kostenlos die Ausbildungsmittel zur Verfügung zu stellen, die zur Berufsausbildung und zum Ablegen von Zwischen- und Abschlussprüfungen erforderlich sind.

III

(3) [1]In jedem Ausbildungsjahr erhalten die Auszubildenden einen Lernmittelzuschuss in Höhe von 50,00 Euro brutto. [2]Absatz 2 bleibt unberührt. [3]Der Lernmittelzuschuss ist möglichst mit dem Ausbildungsentgelt des ersten Monats des jeweiligen Ausbildungsjahres zu zahlen, er ist spätestens im Zahlungsmonat September des betreffenden Ausbildungsjahres fällig.

§ 14 Jahressonderzahlung

(1) [1]Auszubildende, die am 1. Dezember in einem Ausbildungsverhältnis stehen, haben Anspruch auf eine Jahressonderzahlung. [2]Die Jahressonderzahlung beträgt 90 v. H. des den Auszubildenden für November zustehenden Ausbildungsentgelts (§ 8).

(2) [1]Der Anspruch ermäßigt sich um ein Zwölftel für jeden Kalendermonat, in dem Auszubildende keinen Anspruch auf Ausbildungsentgelt (§ 8), Fortzahlung des Entgelts während des Erholungsurlaubs (§ 9) oder im Krankheitsfall (§ 12) haben. [2]Die Verminderung unterbleibt für Kalendermonate, für die Auszubildende wegen Beschäftigungsverboten nach dem Mutterschutzgesetz kein Ausbildungsentgelt erhalten haben. [3]Die Verminderung unterbleibt ferner für Kalendermonate der Inanspruchnahme der Elternzeit nach dem Bundeselterngeld- und Elternzeitgesetz bis zum Ende des Kalenderjahres, in dem das Kind geboren ist, wenn am Tag vor Antritt der Elternzeit Entgeltanspruch bestanden hat.

Niederschriftserklärung zu § 14 Abs. 2 Satz 1 TVAöD – Besonderer Teil BBiG:
Dem Entgeltanspruch steht der Anspruch auf Zuschuss zum Mutterschaftsgeld gleich.

(3) [1]Die Jahressonderzahlung wird mit dem für November zustehenden Ausbildungsentgelt ausgezahlt. [2]Ein Teilbetrag der Jahressonderzahlung kann zu einem früheren Zeitpunkt ausgezahlt werden.

(4) Auszubildende, die im unmittelbaren Anschluss an die Ausbildung von ihrem Ausbildenden in ein Arbeitsverhältnis übernommen werden und am 1. Dezember noch in diesem Arbeitsverhältnis stehen, erhalten zusammen mit der anteiligen Jahressonderzahlung aus dem

Arbeitsverhältnis eine anteilige Jahressonderzahlung aus dem Ausbildungsverhältnis.

§ 18 Zeugnis

[1]Der Ausbildende hat den Auszubildenden bei Beendigung des Berufsausbildungsverhältnisses ein Zeugnis auszustellen. [2]Das Zeugnis muss Angaben über Art, Dauer und Ziel der Berufsausbildung sowie über die erworbenen Fertigkeiten und Kenntnisse der Auszubildenden enthalten. [3]Auf deren Verlangen sind auch Angaben über Führung, Leistung und besondere fachliche Fähigkeiten aufzunehmen.

§ 20a In-Kraft-Treten, Laufzeit des Besonderen Teils

(1) Dieser Tarifvertrag tritt am 1. Oktober 2005 in Kraft.

(2) Er kann mit einer Frist von drei Monaten zum Ende eines Kalenderhalbjahres schriftlich gekündigt werden.

(3) Abweichend von Absatz 2 kann

a) § 8 Abs. 1 mit einer Frist von einem Monat zum Schluss eines Kalendermonats, frühestens jedoch zum 31. Dezember 2024,[1])

b) § 14 zum 31. Dezember eines jeden Jahres

gesondert schriftlich gekündigt werden.

---

1) Die Mindestlaufzeit wurde im Rahmen der Tarifeinigung 2025 (abgedruckt unter **150**) bis zum 31. März 2027 verlängert.

Tarifvertrag für Auszubildende des öffentlichen Dienstes – Besonderer Teil Pflege – (TVAöD – Pflege)

Vom 13. September 2005

Zuletzt geändert durch
Änderungstarifvertrag Nr. 17 vom 22. April 2023 und
Tarifeinigung vom 6. April 2025[1])

III

Inhaltsübersicht

§ 1a Geltungsbereich des Besonderen Teils
§ 3 Probezeit
§ 7 Wöchentliche und tägliche Ausbildungszeit
§ 8 Ausbildungsentgelt
§ 8b Sonstige Entgeltregelungen
§ 9 Urlaub
§ 10 Ausbildungsmaßnahmen außerhalb der Ausbildungsstätte
§ 10a Familienheimfahrten
§ 11 Schutzkleidung, Ausbildungsmittel
§ 14 Jahressonderzahlung
§ 20a In-Kraft-Treten, Laufzeit des Besonderen Teils

---

1) Wegen der im Zuge der Tarifrunde 2025 vereinbarten Änderungen siehe die unter **150** abgedruckte Tarifeinigung.

§ 1a Geltungsbereich des Besonderen Teils[1)]

(1) [1]Dieser Tarifvertrag gilt nur für die in § 1 Abs. 1 des Tarifvertrages für Auszubildende des öffentlichen Dienstes (TVAöD) – Allgemeiner Teil unter Buchst. b und c aufgeführten Auszubildenden. [2]Er bildet im Zusammenhang mit dem Allgemeinen Teil des TVAöD den Tarifvertrag für die Auszubildenden des öffentlichen Dienstes in Pflegeberufen (TVAöD – Pflege).

(2) Soweit in den nachfolgenden Bestimmungen auf die §§ 1, 8a und 12 verwiesen wird, handelt es sich um die Regelungen des TVAöD – Allgemeiner Teil –.

III

§ 3 Probezeit

(1) Die Probezeit beträgt sechs Monate.

(2) Während der Probezeit kann das Ausbildungsverhältnis von beiden Seiten jederzeit ohne Einhalten einer Kündigungsfrist gekündigt werden.

§ 7 Wöchentliche und tägliche Ausbildungszeit

(1) [1]Die regelmäßige durchschnittliche wöchentliche Ausbildungszeit und die tägliche Ausbildungszeit der Auszubildenden, die nicht unter das Jugendarbeitsschutzgesetz fallen, richten sich nach den für die Beschäftigten des Ausbildenden maßgebenden Vorschriften über die Arbeitszeit. [2]Für Auszubildende der Mitglieder des Kommunalen Arbeitgeberverbandes Baden-Württemberg im Geltungsbereich des BT-K ist eine abweichende Regelung vereinbart.

(2) Auszubildende dürfen im Rahmen des Ausbildungszwecks auch an Sonntagen und Wochenfeiertagen und in der Nacht ausgebildet werden.

(3) Eine über die durchschnittliche regelmäßige wöchentliche Ausbildungszeit hinausgehende Beschäftigung ist nur ausnahmsweise zulässig.

---

1) Die Tarifpartner haben im Zuge des Tarifergebnisses 2023 vereinbart, nach Abschluss der Tarifrunde 2023 Tarifverhandlungen zur Regelung der Ausbildungen zur/zum Kranken- und Altenpflegehelferin und -helfer aufzunehmen. Die Ausbildungen sind bislang nach § 1 Abs. 2 TVAöD – Allgemeiner Teil vom Geltungsbereich ausgenommen.

III

§ 8 Ausbildungsentgelt[1])

(1) Das monatliche Ausbildungsentgelt beträgt für Auszubildende nach § 1 Abs. 1 Buchst. b

	bis 29. Februar 2024	ab 1. März 2024
im ersten Ausbildungsjahr	1190,69 Euro	1340,69 Euro
im zweiten Ausbildungsjahr	1252,07 Euro	1402,07 Euro
im dritten Ausbildungsjahr	1353,38 Euro	1503,38 Euro

(2) Das monatliche Ausbildungsentgelt beträgt für Auszubildende nach § 1 Abs. 1 Buchst. c

	bis 29. Februar 2024	ab 1. März 2024
im ersten Ausbildungsjahr	1065,24 Euro	1215,24 Euro
im zweiten Ausbildungsjahr	1125,30 Euro	1275,30 Euro
im dritten Ausbildungsjahr	1222,03 Euro	1372,03 Euro

(3) Das Ausbildungsentgelt ist zu demselben Zeitpunkt fällig wie das den Beschäftigten des Ausbildenden gezahlte Entgelt.

(4) Ist wegen des Besuchs einer weiterführenden oder einer berufsbildenden Schule oder wegen einer Berufsausbildung in einer sonstigen Einrichtung die Ausbildungszeit verkürzt, gilt für die Höhe des Ausbildungsentgelts der Zeitraum, um den die Ausbildungszeit verkürzt wird, als abgeleistete Ausbildungszeit.

§ 8b Sonstige Entgeltregelungen

(1) [1]§ 8a[2]) findet mit der Maßgabe Anwendung, dass der Zeitzuschlag für Nachtarbeit mindestens 1,28 Euro pro Stunde beträgt. [2]Auszu-

---

1) Wegen der im Zuge der Tarifeinigung 2025 vereinbarten Änderungen siehe Teil A Nr. 2 der unter **150** abgedruckten Tarifeinigung. Die Ausbildungsentgelte werden zum 1. April 2025 und zum 1. Mai 2026 jeweils um 75 Euro erhöht.

Das monatliche Ausbildungsentgelt nach Absatz 1 beträgt dann voraussichtlich:

	vom 1. April 2025 bis 30. April 2026	ab 1. Mai 2026
im ersten Ausbildungsjahr	1 415,69	1 490,69
im zweiten Ausbildungsjahr	1 477,07	1 552,07
im dritten Ausbildungsjahr	1 578,38	1 653,38

Das monatliche Ausbildungsentgelt nach Absatz 2 beträgt dann voraussichtlich:

	vom 1. April 2025 bis 30. April 2026	ab 1. Mai 2026
im ersten Ausbildungsjahr	1 290,24	1 365,24
im zweiten Ausbildungsjahr	1 350,30	1 425,30
im dritten Ausbildungsjahr	1 447,03	1 522,03

2) Red. Anm.: Gemeint ist § 8a des Allgemeinen Teils.

bildende erhalten unter denselben Voraussetzungen wie die beim Ausbildenden Beschäftigten im Sinne des § 38 Abs. 5 Satz 1 TVöD 75 v. H. der Zulagenbeträge gemäß § 8 Abs. 5 und 6 TVöD.

Protokollerklärung zu Absatz 1 Satz 2:

Für den Anspruch der Auszubildenden auf eine Zulage nach Satz 2 ist es unbeachtlich, wenn den Beschäftigten des Ausbildenden aufgrund der Protokollerklärung Nr. 5 des Teil B Abschnitt XI Ziffer 1 (Beschäftigte in der Pflege) der Anlage 1 zum TVöD – Entgeltordnung (VKA), der Protokollerklärung zu § 29a Abs. 4 TVÜ-VKA oder § 29d Abs. 2 TVÜ-VKA keine Zulage oder eine Zulage in verminderter Höhe zusteht.

III

(2) [1]Soweit Beschäftigten des Bundes gemäß den Protokollerklärungen Nr. 1 bis 3 des Teils IV Abschnitt 25 Unterabschnitt 25.1 der Anlage 1 zum TV EntgO Bund oder gemäß § 19 Abs. 5 Satz 2 TVöD in Verbindung mit § 33 Abs. 1 Buchst. c und Abs. 6 BAT/BAT-O eine Zulage zusteht, erhalten Auszubildende des Bundes unter denselben Voraussetzungen 50 v. H. des entsprechenden Zulagenbetrages. [2]Soweit Beschäftigten im Sinne von § 38 Abs. 5 Satz 1 TVöD im Bereich der VKA gemäß der Protokollerklärung Nr. 1 zu Teil B Abschnitt XI Ziffer 1 der Anlage 1 – Entgeltordnung (VKA) zum TVöD oder gemäß § 19 Abs. 5 Satz 2 TVöD bzw. § 23 Abs. 1 TVÜ-VKA in Verbindung mit § 33 Abs. 1 Buchst. c und Abs. 6 BAT/BAT-O eine Zulage zusteht, erhalten Auszubildende im Bereich der VKA unter denselben Voraussetzungen 50 v. H. des entsprechenden Zulagenbetrages.

(3) [1]Falls im Bereich der Mitgliedverbände der VKA im Rahmen des Ausbildungsvertrages eine Vereinbarung über die Gewährung einer Personalunterkunft getroffen wird, ist dies in einer gesondert kündbaren Nebenabrede (§ 2 Abs. 2) festzulegen. [2]Der Wert der Personalunterkunft wird im Bereich der Mitgliedverbände der VKA im Tarifgebiet West nach dem Tarifvertrag über die Bewertung der Personalunterkünfte für Angestellte vom 16. März 1974 in der jeweils geltenden Fassung auf das Ausbildungsentgelt mit der Maßgabe angerechnet, dass der nach § 3 Abs. 1 Unterabs. 1 des genannten Tarifvertrages maßgebende Quadratmetersatz um 15 v. H. zu kürzen ist.

§ 9 Urlaub

(1)[1)] [1]Auszubildende erhalten Erholungsurlaub unter Fortzahlung ihres Ausbildungsentgelts (§ 8) in entsprechender Anwendung der für die Beschäftigten des Ausbildenden geltenden Regelungen mit der Maßgabe, dass der Urlaubsanspruch bei Verteilung der wöchentlichen Ausbildungszeit auf fünf Tage in der Kalenderwoche in jedem Kalenderjahr 30 Ausbildungstage beträgt. [2]Im zweiten und dritten

---

1) Der Erholungsurlaub erhöht sich ab dem Kalenderjahr 2027 um einen weiteren Tag, siehe Teil A Nr. 4 der unter **150** abgedruckten Tarifeinigung.

Ausbildungsjahr erhalten Auszubildende im Schichtdienst pauschal jeweils einen Tag Zusatzurlaub.

(2) Der Erholungsurlaub ist nach Möglichkeit zusammenhängend während der unterrichtsfreien Zeit zu erteilen und in Anspruch zu nehmen.

§ 10 Ausbildungsmaßnahmen außerhalb der Ausbildungsstätte

III

(1)[1]) Bei Dienstreisen erhalten die Auszubildenden eine Entschädigung in entsprechender Anwendung der für die Beschäftigten des Ausbildenden geltenden Reisekostenbestimmungen in der jeweiligen Fassung.

(2) Bei Reisen zur vorübergehenden Ausbildung an einer anderen Einrichtung außerhalb der politischen Gemeindegrenze der Ausbildungsstätte sowie zur Teilnahme an Vorträgen, an Arbeitsgemeinschaften oder an Übungen werden die entstandenen notwendigen Fahrtkosten bis zur Höhe der Kosten für die Fahrkarte der jeweils niedrigsten Klasse des billigsten regelmäßig verkehrenden Beförderungsmittels (im Bahnverkehr ohne Zuschläge) erstattet; Möglichkeiten zur Erlangung von Fahrpreisermäßigungen (z. B. Schülerfahrkarten, Monatsfahrkarten, BahnCard) sind auszunutzen.

§ 10a Familienheimfahrten[2])

[1]Für Familienheimfahrten vom jeweiligen Ort der Ausbildungsstätte zum Wohnort der Eltern, der Erziehungsberechtigten oder der Ehegattin/des Ehegatten oder der Lebenspartnerin/des Lebenspartners werden den Auszubildenden monatlich einmal die im Bundesgebiet entstandenen notwendigen Fahrtkosten bis zur Höhe der Kosten der Fahrkarte der jeweils niedrigsten Klasse des billigsten regelmäßig verkehrenden Beförderungsmittels (im Bahnverkehr ohne Zuschläge) erstattet; Möglichkeiten zur Erlangung von Fahrpreisermäßigungen (z. B. Schülerfahrkarten, Monatsfahrkarten, BahnCard) sind auszunutzen. [2]Satz 1 gilt nicht, wenn aufgrund geringer Entfernung eine tägliche Rückkehr möglich und zumutbar ist oder der Aufenthalt am jeweiligen Ort der Ausbildungsstätte weniger als vier Wochen beträgt.

---

[1]) Entsprechend Teil A Nr. 7 der unter **150** abgedruckten Tarifeinigung wird Auszubildenden nach dem TVAöD bei notwendiger Unterbringung am auswärtigen Ausbildungsort ab dem 1. Juli 2025 der Verpflegungszuschuss nach dem Bundesreisekostengesetz (Bund) bzw. den landesrechtlichen Reisekostenregelungen (VKA) gewährt.

[2]) Für Familienheimfahrten bei Entfernungen von mehr als 300 km können Auszubildenden im Bereich TVAöD – Besonderer Teil Pflege – ab dem 1. Juli 2025 Zuschläge bzw. besondere Fahrpreise (z. B. für ICE) im Bahnverkehr wie nach TVAöD – Besonderer Teil BBiG erstattet werden, siehe Teil A Nr. 6 der unter **150** abgedruckten Tarifeinigung.

Niederschriftserklärung zu § 10a TVAöD – Besonderer Teil Pflege:
Die Fahrtkosten für Familienheimfahrten umfassen die Kosten für die Hin- und Rückfahrt.

§ 11 Schutzkleidung, Ausbildungsmittel

(1) Für die Gewährung von Schutzkleidung gelten die für die in dem Beruf beim Ausbildenden tätigen Beschäftigten jeweils maßgebenden Bestimmungen, in dem die Auszubildenden ausgebildet werden.

(2) Der Ausbildende hat den Auszubildenden kostenlos die Ausbildungsmittel zur Verfügung zu stellen, die zur Ausbildung und zum Ablegen der staatlichen Prüfung erforderlich sind.

III

§ 14 Jahressonderzahlung

(1) [1]Auszubildende, die am 1. Dezember in einem Ausbildungsverhältnis stehen, haben Anspruch auf eine Jahressonderzahlung. [2]Im Bereich des Bundes beträgt diese 90 v. H. des den Auszubildenden in den Kalendermonaten August, September und Oktober durchschnittlich gezahlten Entgelts (Ausbildungsentgelt, in Monatsbeträgen gezahlte Zulagen und unständige Entgeltbestandteile gemäß § 8a und § 8b, soweit diese nicht gemäß § 20 (Bund) Abs. 3 Satz 1 TVöD von der Bemessung ausgenommen sind). [3]Im Bereich der VKA beträgt diese 90 v. H. des den Auszubildenden in den Kalendermonaten August, September und Oktober durchschnittlich gezahlten Entgelts (Ausbildungsentgelt, in Monatsbeträgen gezahlte Zulagen und unständige Entgeltbestandteile gemäß § 8a und § 8b, soweit diese nicht gemäß § 20 (VKA) Abs. 2 Satz 1 TVöD von der Bemessung ausgenommen sind). [4]Bei Auszubildenden, deren Ausbildungsverhältnis nach dem 31. Oktober begonnen hat, tritt an die Stelle des Bemessungszeitraums nach Satz 2 bzw. Satz 3 der erste volle Kalendermonat.

(2) [1]Der Anspruch ermäßigt sich um ein Zwölftel für jeden Kalendermonat, in dem Auszubildende keinen Anspruch auf Ausbildungsentgelt (§ 8), Fortzahlung des Entgelts während des Erholungsurlaubs (§ 9) oder im Krankheitsfall (§ 12) haben. [2]Die Verminderung unterbleibt für Kalendermonate, für die Auszubildende wegen Beschäftigungsverboten nach dem Mutterschutzgesetz kein Ausbildungsentgelt erhalten haben. [3]Die Verminderung unterbleibt ferner für Kalendermonate der Inanspruchnahme der Elternzeit nach dem Bundeselterngeld- und Elternzeitgesetz bis zum Ende des Kalenderjahres, in dem das Kind geboren ist, wenn am Tag vor Antritt der Elternzeit Entgeltanspruch bestanden hat.

Niederschriftserklärung zu § 14 Abs. 2 Satz 1 TVAöD – Besonderer Teil Pflege:
Dem Entgeltanspruch steht der Anspruch auf Zuschuss zum Mutterschaftsgeld gleich.

(3) [1]Die Jahressonderzahlung wird mit dem für November zustehenden Ausbildungsentgelt ausgezahlt. [2]Ein Teilbetrag der Jahressonderzahlung kann zu einem früheren Zeitpunkt ausgezahlt werden.

(4) Auszubildende, die im unmittelbaren Anschluss an die Ausbildung von ihrem Ausbildenden in ein Arbeitsverhältnis übernommen werden und am 1. Dezember noch in diesem Arbeitsverhältnis stehen, erhalten zusammen mit der anteiligen Jahressonderzahlung aus dem Arbeitsverhältnis eine anteilige Jahressonderzahlung aus dem Ausbildungsverhältnis.

III

§ 16a Übernahme von Auszubildenden wurde im Zuge des Änderungstarifvertrages Nr. 5 im Besonderen Teil Pflege gestrichen, es gilt jetzt aber § 16a TVAöD Allgemeiner Teil.

§ 20a In-Kraft-Treten, Laufzeit des Besonderen Teils

(1) Dieser Tarifvertrag tritt am 1. Oktober 2005 in Kraft.

(2) Er kann mit einer Frist von drei Monaten zum Ende eines Kalenderhalbjahres schriftlich gekündigt werden.

(3) Abweichend von Absatz 2 kann

a) § 8 Abs. 1 und Abs. 2 mit einer Frist von einem Monat zum Schluss eines Kalendermonats, frühestens jedoch zum 31. Dezember 2024,[1])

b) § 14 zum 31. Dezember eines jeden Jahres

gesondert schriftlich gekündigt werden.

---

[1]) Die Mindestlaufzeit wurde im Rahmen der Tarifeinigung 2025 (abgedruckt unter **150**) bis zum 31. März 2027 verlängert.

Tarifvertrag für Studierende in ausbildungsintegrierten dualen Studiengängen im öffentlichen Dienst (TVSöD)

Vom 29. Januar 2020

Zuletzt geändert durch
Änderungstarifvertrag Nr. 3 vom 22. April 2023 und
Tarifeinigung vom 6. April 2025[1])

III

Inhaltsübersicht

§ 1 Geltungsbereich, Begriffsbestimmungen
§ 2 Ausbildungs- und Studienvertrag, Nebenabreden
§ 3 Probezeit, Kündigung
§ 4 Ärztliche Untersuchungen
§ 5 Schweigepflicht, Nebentätigkeiten, Schadenshaftung
§ 6 Nachweispflichten, Akteneinsichtsrecht
§ 7 Wöchentliche und tägliche Ausbildungs- und Studienzeit
§ 8 Studienentgelt und Studiengebühren
§ 8a Unständige Entgeltbestandteile
§ 8b Sonstige Entgeltregelungen
§ 9 Urlaub
§ 10 Ausbildungs- und Studienmaßnahmen außerhalb der Ausbildungsstätte
§ 10a Familienheimfahrten
§ 11 Schutzkleidung, Ausbildungsmittel, Lernmittelzuschuss
§ 12 Entgelt im Krankheitsfall
§ 12a Entgeltfortzahlung in sonstigen Fällen
§ 13 Vermögenswirksame Leistungen
§ 14 Jahressonderzahlung
§ 15 Zusätzliche Altersversorgung

---

[1]) Wegen der im Zuge der Tarifrunde 2025 vereinbarten Änderungen siehe die unter **150** abgedruckte Tarifeinigung.
Besonders hingewiesen wird auf Teil A Nr. 5 der Tarifeinigung. Danach sind dual Studierende nach dem TVSöD, die ihre Abschlussprüfung mit mindestens der Gesamtnote „Befriedigend" abgeschlossen haben, bei dienstlichem bzw. betrieblichem Bedarf im Anschluss an die Ausbildung bzw. das Studium in ein unbefristetes Arbeitsverhältnis zu übernehmen, sofern eine freie und besetzbare Stelle bzw. ein freier und zu besetzender Arbeitsplatz vorhanden ist, die/der eine ausbildungsadäquate Beschäftigung auf Dauer ermöglicht. Voraussetzung für die Übernahme ist, dass keine personen-, verhaltens-, betriebsbedingten oder gesetzlichen Gründe entgegenstehen. Die Regelung ist auf die Laufzeit des Tarifergebnisses befristet.

§ 16 Beendigung, Verkürzung und Verlängerung des Vertragsverhältnisses
§ 17 Abschlussprämie
§ 18 Rückzahlungsgrundsätze
§ 19 Zeugnis
§ 20 Ausschlussfrist
§ 21 Inkrafttreten und Laufzeit

§ 1 Geltungsbereich, Begriffsbestimmungen

(1) [1]Dieser Tarifvertrag gilt für Personen, die mit Verwaltungen und Betrieben einen Vertrag für die Teilnahme an einem ausbildungsintegrierten dualen Studiengang schließen. [2]Die Personen werden nachfolgend Studierende genannt. [3]Voraussetzung dafür, dass dieser Tarifvertrag auf Studierende Anwendung findet, ist auch, dass die Studierenden in einem Beruf ausgebildet werden, der

a) für Studierende im Bereich des Bundes von
   - § 1 Abs. 1 Buchst. a),
   - § 1 Abs. 1 Buchst. b) oder
   - § 1 Abs. 1 Buchst. c)

und

b) für Studierende, die in einem Ausbildungsverhältnis zu einem Ausbildenden stehen, der Mitglied eines Mitgliedverbands der VKA ist, von
   - § 1 Abs. 1 Buchst. a),
   - § 1 Abs. 1 Buchst. b),
   - § 1 Abs. 1 Buchst. c),
   - § 1 Abs. 1 Buchst. d) oder
   - § 1 Abs. 1 Buchst. e)

des Tarifvertrages für Auszubildende des öffentlichen Dienstes – Allgemeiner Teil (TVAöD – Allgemeiner Teil –) erfasst wird.

(2) [1]Ausbildender ist, wer andere Personen zur Ausbildung einstellen darf. [2]Die Ausbildereigenschaft bestimmt sich nach dem Aufbau der Verwaltung.

(3) [1]Das ausbildungsintegrierte duale Studium verbindet auf der Grundlage eines schriftlichen Ausbildungs- und Studienvertrags eine betriebliche Ausbildung, die von Absatz 1 Satz 3 Buchstaben a) oder b) erfasst wird, mit einem Studium, das in einem vom Ausbildenden vorgegebenen Studiengang an einer Hochschule absolviert wird. [2]Das ausbildungsintegrierte duale Studium gliedert sich in einen Ausbildungsteil und einen Studienteil, die beide jeweils dem Erreichen der entsprechenden Abschlussqualifikation dienen. [3]Dabei beinhaltet der Studienteil des ausbildungsintegrierten dualen Studiums fachtheoretische Studienabschnitte an der Hochschule (Lehrveranstaltungen) und berufspraktische Studienabschnitte beim Ausbildenden oder einem von dem Ausbildenden zu bestimmenden Dritten.

III

§ 2 Ausbildungs- und Studienvertrag, Nebenabreden

(1) [1]Vor Beginn des Ausbildungs- und Studienverhältnisses ist ein schriftlicher Ausbildungs- und Studienvertrag zu schließen, der neben der Bezeichnung des beabsichtigten Studienabschlusses (Studienteil) und des integrierten Ausbildungsberufes (Ausbildungsteil) mindestens folgende Angaben enthält:

a) die maßgebliche Studien- und Prüfungsordnung in der jeweils geltenden Fassung, die kooperierende Hochschule, den Aufbau und die sachliche Gliederung des ausbildungsintegrierten dualen Studiums, die maßgebliche Ausbildungs- und Prüfungsordnung in der jeweils geltenden Fassung sowie Art, sachliche und zeitliche Gliederung des Ausbildungsteils,

b) Beginn, Dauer und Verteilung des Studienteils einschließlich berufspraktischer Studienabschnitte (Studienplan) und Festlegung der diesbezüglichen Teilnahmepflicht sowie Beginn, Dauer und Verteilung des Ausbildungsteils (Ausbildungsplan),

c) Dauer der regelmäßigen täglichen oder wöchentlichen Ausbildungs- und Studienzeit,

d) Dauer der Probezeit,

e) Zahlung und Höhe des Studienentgelts sowie Studiengebühren,

f) Dauer und Inanspruchnahme des Urlaubs,

g) Voraussetzungen, unter denen das Vertragsverhältnis gekündigt werden kann,

h) Bindungs- und Rückzahlungsbedingungen,

i) die Geltung dieses Tarifvertrages sowie einen in allgemeiner Form gehaltenen Hinweis auf die Betriebs- und Dienstvereinbarungen, die auf das Ausbildungs- und Studienverhältnis anzuwenden sind,

j) die Form des Ausbildungsnachweises nach dem Berufsbildungsgesetz (BBiG) für Studierende mit einem Ausbildungsteil nach § 1 Abs. 1 Buchst. a) TVAöD – Allgemeiner Teil –.

[2]Bei Studierenden mit einem Ausbildungsteil nach § 1 Abs. 1 Buchst. b) TVAöD – Allgemeiner Teil – mit einer integrierten Ausbildung nach dem Pflegeberufegesetz (PflBG) muss der Ausbildungs- und Studienvertrag darüber hinaus folgende Angaben enthalten:

a) den gewählten Vertiefungseinsatz einschließlich einer Ausrichtung nach § 7 Abs. 4 Satz 2 PflBG,

b) Verpflichtung der Studierenden zum Besuch der Ausbildungsveranstaltungen der Pflegeschule,

c) Umfang etwaiger Sachbezüge nach § 19 Abs. 2 PflBG,

d) Hinweis auf die Rechte als Arbeitnehmerin/Arbeitnehmer im Sinne von § 5 Betriebsverfassungsgesetz oder des für den Ausbilder jeweils geltenden Landespersonalvertretungsgesetzes.

(2) [1]Nebenabreden sind nur wirksam, wenn sie schriftlich vereinbart werden. [2]Sie können gesondert gekündigt werden, soweit dies einzelvertraglich vereinbart ist.

(3) [1]Falls im Bereich der Mitgliedverbände der VKA im Rahmen des Ausbildungs- und Studienvertrages eine Vereinbarung über die Gewährung einer Personalunterkunft getroffen wird, ist dies in einer gesondert kündbaren Nebenabrede festzulegen. [2]Der Wert der Personalunterkunft wird im Bereich der Mitgliedverbände der VKA im Tarifgebiet West nach dem Tarifvertrag über die Bewertung der Personalunterkünfte für Angestellte vom 16. März 1974 in der jeweils geltenden Fassung auf das Studienentgelt mit der Maßgabe angerechnet, dass der nach § 3 Abs. 1 Unterabs. 1 des genannten Tarifvertrages maßgebende Quadratmetersatz um 15 v. H. zu kürzen ist.

III

§ 3 Probezeit, Kündigung

(1) Die Probezeit beträgt

a) drei Monate für Studierende mit einem Ausbildungsteil nach § 1 Abs. 1 Buchst. a), d) oder e) TVAöD – Allgemeiner Teil – und
b) sechs Monate für Studierende mit einem Ausbildungsteil nach § 1 Abs. 1 Buchst. b) oder c) TVAöD – Allgemeiner Teil –.

(2) Während der Probezeit kann das Vertragsverhältnis von beiden Seiten jederzeit ohne Einhalten einer Kündigungsfrist gekündigt werden.

(3) Nach der Probezeit kann das Vertragsverhältnis unbeschadet der gesetzlichen Kündigungsgründe nur gekündigt werden

a) aus einem sonstigen wichtigen Grund ohne Einhalten einer Kündigungsfrist,
b) von den Studierenden mit einer Kündigungsfrist von vier Wochen.

§ 4 Ärztliche Untersuchungen

(1) [1]Studierende haben auf Verlangen des Ausbildenden vor ihrer Einstellung ihre gesundheitliche Eignung durch das Zeugnis einer Betriebsärztin/eines Betriebsarztes, einer Personalärztin/eines Personalarztes oder einer Amtsärztin/eines Amtsarztes nachzuweisen, soweit sich die Betriebsparteien nicht auf eine andere Ärztin/einen anderen Arzt geeinigt haben. [2]Für Studierende, die unter das Jugendarbeitsschutzgesetz (JArbSchG) fallen, ist ergänzend § 32 Abs. 1 JArbSchG zu beachten.

(2) [1]Der Ausbildende ist bei begründeter Veranlassung berechtigt, Studierende zu verpflichten, durch ärztliche Bescheinigung nachzuweisen, dass sie in der Lage sind, die nach dem Ausbildungs- und Studienvertrag übernommenen Verpflichtungen zu erfüllen. [2]Bei der beauftragten Ärztin/dem beauftragten Arzt kann es sich um eine Betriebsärztin/einen Betriebsarzt, eine Personalärztin/einen Personalarzt oder eine Amtsärztin/einen Amtsarzt handeln, soweit sich die Betriebsparteien nicht auf eine andere Ärztin/einen anderen Arzt geeinigt haben. [3]Die Kosten dieser Untersuchung trägt der Ausbildende.

(3) Studierende, die besonderen Ansteckungsgefahren ausgesetzt, mit gesundheitsgefährdenden Tätigkeiten beschäftigt oder mit der Zubereitung von Speisen beauftragt sind, sind in regelmäßigen Zeitabständen oder auf ihren Antrag bei Beendigung des Ausbildungs- und Studienverhältnisses ärztlich zu untersuchen.

§ 5 Schweigepflicht, Nebentätigkeiten, Schadenshaftung

(1) Studierende haben in demselben Umfang Verschwiegenheit zu wahren wie die Beschäftigten des Ausbildenden.

(2) [1]Nebentätigkeiten gegen Entgelt haben Studierende ihrem Ausbildenden rechtzeitig vorher schriftlich anzuzeigen. [2]Der Ausbildende kann die Nebentätigkeit untersagen oder mit Auflagen versehen, wenn diese geeignet ist, die nach dem Ausbildungs- und Studienvertrag übernommenen Verpflichtungen der Studierenden oder berechtigte Interessen des Ausbildenden zu beeinträchtigen.

(3) Für die Schadenshaftung der Studierenden finden die für die Beschäftigten des Ausbildenden geltenden tariflichen Bestimmungen entsprechende Anwendung.

§ 6 Nachweispflichten, Akteneinsichtsrecht

(1) [1]Die Leistungsnachweise aus dem Studienteil des ausbildungsintegrierten dualen Studiums sind Bestandteil der Personalakte der Studierenden. [2]Hierzu haben die Studierenden die von den Hochschulen auszustellenden Leistungsübersichten nach den jeweiligen Studien- und Prüfungsordnungen sowie eine Abschrift des Abschlusszeugnisses unverzüglich nach Aushändigung dem Ausbildenden vorzulegen.

(2) [1]Die Studierenden haben ein Recht auf Einsicht in ihre vollständigen Personalakten. [2]Sie können das Recht auf Einsicht durch einen hierzu schriftlich Bevollmächtigten ausüben lassen. [3]Sie können Auszüge oder Kopien aus ihren Personalakten erhalten.

(3) [1]Beurteilungen sind Studierenden unverzüglich bekannt zu geben. [2]Die Bekanntgabe ist aktenkundig zu machen.

§ 7 Wöchentliche und tägliche Ausbildungs- und Studienzeit

(1) [1]Die regelmäßige durchschnittliche wöchentliche Ausbildungs- und Studienzeit und tägliche Ausbildungs- und Studienzeit der Studierenden richten sich während der fachtheoretischen Abschnitte nach der jeweiligen Ausbildungs-, Studien- und Prüfungsordnung. [2]Die regelmäßige durchschnittliche wöchentliche Ausbildungs- und Studienzeit der Studierenden, die nicht unter das Jugendarbeitsschutzgesetz fallen, richtet sich während der berufspraktischen Abschnitte beim Ausbildenden nach den für die Beschäftigten des Ausbildenden maßgebenden Vorschriften über die Arbeitszeit. [3]Die Sätze 1 und 2 gelten auch bei der Durchführung von berufspraktischen Abschnitten einschließlich der praktischen Ausbildung des Ausbildungsteils bei einem Dritten. [4]In dem Ausbildungs- und Studienvertrag nach § 2 werden die berufspraktischen Abschnitte verbindlich in einem Ausbildungs- und Studienplan vereinbart.

(2) Wird das Führen von Berichtsheften (Ausbildungsnachweisen) verlangt, ist den Studierenden dazu während der Ausbildungs- und Studienzeit Gelegenheit zu geben.

(3) [1]An Tagen, an denen Studierende fachtheoretische Studienabschnitte an der Hochschule absolvieren, gilt die tägliche Ausbildungs- und Studienzeit als erfüllt. [2]Im Übrigen gelten für Studierende, die eine Ausbildung nach § 1 Abs. 1 Buchst. a), d) oder e) TVAöD – Allgemeiner Teil – absolvieren, Unterrichtszeiten einschließlich der Pausen als Ausbildungs- und Studienzeit. [3]Dies gilt auch für die notwendige Wegezeit zwischen Unterrichtsort und Ausbildungsstätte, sofern die praktische Ausbildung oder berufspraktische Studienabschnitte nach dem Unterricht fortgesetzt werden.

(4) Im Übrigen gilt für Studierende mit einem Ausbildungsteil nach § 1 Abs. 1 Buchst. a), d) oder e) TVAöD – Allgemeiner Teil –, dass sie an Tagen, an denen sie im Rahmen ihres Ausbildungsteils an einem theoretisch betrieblichen Unterricht von mindestens 270 tatsächlichen Unterrichtsminuten teilnehmen, nicht zur praktischen Ausbildung herangezogen werden dürfen.

(5) Studierende dürfen im Rahmen des Ausbildungs- und Studienzwecks auch an Sonntagen und Wochenfeiertagen und in der Nacht ausgebildet werden.

(6) [1]Eine Beschäftigung, die über die nach Absatz 1 geregelte Ausbildungs- und Studienzeit hinausgeht, ist nur ausnahmsweise zulässig. [2]§§ 21, 23 JArbSchG, § 17 Abs. 7 BBiG und § 19 Abs. 3 PflBG bleiben unberührt.

III

§ 8 Studienentgelt und Studiengebühren

(1)[1]) [1]Studierende erhalten bis zum Ablauf des Kalendermonats, in dem die Abschlussprüfung des Ausbildungsteils erfolgreich abgelegt wird, ein Studienentgelt, das sich aus einem monatlichen Entgelt und einer monatlichen Zulage zusammensetzt. [2]Das monatliche Entgelt beträgt

a) für Studierende nach § 1 Abs. 1 Buchst. a), d) oder e) TVAöD – Allgemeiner Teil –

	bis 29. Februar 2024	ab 1. März 2024
im ersten Ausbildungsjahr	1068,26 Euro	1218,26 Euro
im zweiten Ausbildungsjahr	1118,20 Euro	1268,20 Euro
im dritten Ausbildungsjahr	1164,02 Euro	1314,02 Euro
im vierten Ausbildungsjahr	1227,59 Euro	1377,59 Euro

b) für Studierende nach § 1 Abs. 1 Buchst. b) TVAöD – Allgemeiner Teil –

	bis 29. Februar 2024	ab 1. März 2024
im ersten Ausbildungsjahr	1190,69 Euro	1340,69 Euro
im zweiten Ausbildungsjahr	1252,07 Euro	1402,07 Euro
im dritten Ausbildungsjahr	1353,38 Euro	1503,38 Euro

---

1) Wegen der im Zuge der Tarifeinigung 2025 vereinbarten Änderungen siehe Teil A Nr. 2 der unter **150** abgedruckten Tarifeinigung. Die Studienentgelte werden zum 1. April 2025 und zum 1. Mai 2026 jeweils um 75 Euro erhöht.

Das monatliche Entgelt nach Buchst. a) beträgt dann voraussichtlich

	vom 1. April 2025 bis 30. April 2026	ab 1. Mai 2026
im ersten Ausbildungsjahr	1 293,26	1 368,26
im zweiten Ausbildungsjahr	1 343,20	1 418,20
im dritten Ausbildungsjahr	1 389,02	1 464,02
im vierten Ausbildungsjahr	1 452,59	1 527,59

Das monatliche Entgelt nach Buchst. b) beträgt dann voraussichtlich

	vom 1. April 2025 bis 30. April 2026	ab 1. Mai 2026
im ersten Ausbildungsjahr	1 415,69	1 490,69
im zweiten Ausbildungsjahr	1 477,07	1 552,07
im dritten Ausbildungsjahr	1 578,38	1 653,38

Das monatliche Entgelt nach Buchst. c) beträgt dann voraussichtlich

	vom 1. April 2025 bis 30. April 2026	ab 1. Mai 2026
im ersten Ausbildungsjahr	1 290,24	1 365,24
im zweiten Ausbildungsjahr	1 350,30	1 425,30
im dritten Ausbildungsjahr	1 447,03	1 522,03

c) für Studierende nach § 1 Abs. 1 Buchst. c) TVAöD – Allgemeiner Teil –

	bis 29. Februar 2024	ab 1. März 2024
im ersten Ausbildungsjahr	1065,24 Euro	1215,24 Euro
im zweiten Ausbildungsjahr	1125,30 Euro	1275,30 Euro
im dritten Ausbildungsjahr	1222,03 Euro	1372,03 Euro

[3]Die monatliche Zulage beträgt 150 Euro. [4]Die Zulage erfolgt als monatliche Pauschale und damit unabhängig von der zeitlichen Verteilung der Ausbildungs- und Studienteile.

III

(2)[1]) [1]Nach dem Ablauf des Kalendermonats, in dem die Abschlussprüfung des Ausbildungsteils erfolgreich abgelegt wurde, erhalten die Studierenden anstelle des Studienentgelts nach Absatz 1 bis zur Beendigung des ausbildungsintegrierten dualen Studiums ein monatliches Studienentgelt. [2]Das monatliche Studienentgelt nach Satz 1 beträgt

– bei einem ausbildungsintegrierten dualen Studiengang mit einem Ausbildungsteil nach § 1 Abs. 1 Buchst. a), d) oder e) TVAöD – Allgemeiner Teil –

bis 29. Februar 2024	ab 1. März 2024
1325,00 Euro	1475,00 Euro

– bei einem ausbildungsintegrierten dualen Studiengang mit einem Ausbildungsteil nach § 1 Abs. 1 Buchst. b) TVAöD – Allgemeiner Teil –

bis 29. Februar 2024	ab 1. März 2024
1515,00 Euro	1665,00 Euro

[1]) Wegen der im Zuge der Tarifeinigung 2025 vereinbarten Änderungen siehe Teil A Nr. 2 der unter 150 abgedruckten Tarifeinigung. Die Studienentgelte werden zum 1. April 2025 und zum 1. Mai 2026 jeweils um 75 Euro erhöht.
Das monatliche Entgelt nach Absatz 2 beträgt dann voraussichtlich

	vom 1. April 2025 bis 30. April 2026	ab 1. Mai 2026
bei einem ausbildungsintegrierten dualen Studiengang mit einem Ausbildungsteil nach § 1 Abs. 1 Buchst. a), d) oder e) TVAöD – Allgemeiner Teil –	1 550,00	1 625,00
bei einem ausbildungsintegrierten dualen Studiengang mit einem Ausbildungsteil nach § 1 Abs. 1 Buchst. b) TVAöD – Allgemeiner Teil –	1 740,00	1 815,00
bei einem ausbildungsintegrierten dualen Studiengang mit einem Ausbildungsteil nach § 1 Abs. 1 Buchst. c) TVAöD – Allgemeiner Teil –	1 610,00	1 685,00

– und bei einem ausbildungsintegrierten dualen Studiengang mit einem Ausbildungsteil nach § 1 Abs. 1 Buchst. c) TVAöD – Allgemeiner Teil –

bis 29. Februar 2024	**ab 1. März 2024**
1385,00 Euro	1535,00 Euro

(3) Das Studienentgelt ist zu demselben Zeitpunkt fällig wie das den Beschäftigten des Ausbildenden gezahlte Entgelt.

III

(4) Der Ausbildende übernimmt die notwendigen Studiengebühren.

(5) Ist wegen des Besuchs einer weiterführenden oder einer berufsbildenden Schule oder wegen einer Berufsausbildung in einer sonstigen Einrichtung die Ausbildungszeit des Ausbildungsteils verkürzt, gilt für die Höhe des Studienentgelts nach Absatz 1 der Zeitraum, um den die Ausbildungszeit des Ausbildungsteils verkürzt wird, als abgeleistete Ausbildungszeit.

(6) Wird bei einem ausbildungsintegrierten dualen Studiengang mit einem Ausbildungsteil nach Maßgabe des § 1 Abs. 1 Buchst. a), d) oder e) TVAöD – Allgemeiner Teil – die Ausbildungszeit des Ausbildungsteils

a) im Falle des Nichtbestehens der Abschlussprüfung auf Verlangen der Studierenden bis zur nächstmöglichen Wiederholungsprüfung, höchstens um ein Jahr, verlängert oder

b) auf Antrag der Studierenden nach § 8 Abs. 2 BBiG von der zuständigen Stelle oder nach § 27c Abs. 2 der Handwerksordnung (HwO) von der Handwerkskammer verlängert,

wird während des Zeitraums der Verlängerung das Studienentgelt nach Absatz 1 Satz 1 in Verbindung mit Satz 2 Buchst. a des letzten regelmäßigen Ausbildungsabschnitts des Ausbildungsteils gezahlt.

(7) [1]Können Studierende bei einem ausbildungsintegrierten dualen Studiengang mit einem Ausbildungsteil nach § 1 Abs. 1 Buchst. a), d) oder e) TVAöD – Allgemeiner Teil – ohne eigenes Verschulden die Abschlussprüfung des Ausbildungsteils erst nach beendeter Ausbildungszeit ablegen, erhalten die Studierenden bis zur Ablegung der Abschlussprüfung des Ausbildungsteils ein Studienentgelt nach Absatz 1 Satz 1 in Verbindung mit Satz 2 Buchst. a) für den letzten regelmäßigen Ausbildungsabschnitt. [2]Im Falle des Bestehens der Prüfung erhalten die Studierenden darüber hinaus rückwirkend von dem Zeitpunkt an, an dem der Ausbildungsteil geendet hat, den Unterschiedsbetrag zwischen dem ihnen gezahlten Studienentgelt nach Satz 1 und dem für das vierte Ausbildungsjahr maßgebenden Studienentgelt nach Absatz 1 Satz 1 in Verbindung mit Satz 2 Buchst. a).

§ 8a Unständige Entgeltbestandteile

(1) [1]Für Studierende, deren berufspraktische Abschnitte einschließlich der praktischen Ausbildung des Ausbildungsteils an Samstagen, Sonntagen, Feiertagen und Vorfesttagen stattfinden, gelten die für die Beschäftigten des Ausbildenden geltenden Regelungen sinngemäß. [2]Dies gilt auch für den Bereitschaftsdienst und die Rufbereitschaft, für die Überstunden und für die Zeitzuschläge.

(2) [1]Für Studierende mit einem Ausbildungsteil nach § 1 Abs. 1 Buchst. b) oder c) TVAöD – Allgemeiner Teil – beträgt der Zeitzuschlag für Nachtarbeit mindestens 1,28 Euro pro Stunde. [2]Studierende mit einem Ausbildungsteil nach § 1 Abs. 1 Buchst. b) oder c) TVAöD – Allgemeiner Teil – erhalten unter denselben Voraussetzungen wie die beim Ausbildenden Beschäftigten im Sinne des § 38 Abs. 5 Satz 1 Tarifvertrag für den öffentlichen Dienst (TVöD) 75 v. H. der Zulagenbeträge gemäß § 8 Abs. 5 und 6 TVöD.

III

§ 8b Sonstige Entgeltregelungen

(1) Studierenden im Bereich des Bundes mit einem Ausbildungsteil nach § 1 Abs. 1 Buchst. a) TVAöD – Allgemeiner Teil – können bei Vorliegen der geforderten Voraussetzungen 50 v. H. der Zulagen gewährt werden, die für Beschäftigte im Sinne des § 38 Abs. 5 Satz 1 TVöD gemäß § 19 Abs. 5 TVöD in Verbindung mit § 33 Abs. 1 Buchst. c) und Abs. 6 BAT/BAT-O jeweils vereinbart sind.

(2) Studierenden mit einem Ausbildungsteil nach § 1 Abs. 1 Buchst. a), d) oder e) TVAöD – Allgemeiner Teil –, die in einem Ausbildungsverhältnis zu einem Ausbildenden stehen, der Mitglied eines Mitgliedverbandes der VKA ist, können bei Vorliegen der geforderten Voraussetzungen 50 v. H. der Zulagen gewährt werden, die für Beschäftigte im Sinne des § 38 Abs. 5 Satz 1 TVöD gemäß § 23 Abs. 1 Satz 1 dritter bzw. vierter Spiegelstrich TVÜ-VKA in Verbindung mit § 33 Abs. 1 Buchst. c) und Abs. 6 BAT/BAT-O jeweils vereinbart sind.

(3) Studierenden im Bereich des Bundes mit einem Ausbildungsteil nach § 1 Abs. 1 Buchst. a) TVAöD – Allgemeiner Teil –, die in erheblichem Umfang mit Arbeiten beschäftigt werden, für die Beschäftigten im Sinne des § 38 Abs. 5 Satz 2 TVöD nach Maßgabe des § 19 Abs. 5 TVöD Erschwerniszuschläge zustehen, kann im zweiten bis vierten Ausbildungsjahr ein monatlicher Pauschalzuschlag in Höhe von 10 Euro gezahlt werden.

(4) Studierenden mit einem Ausbildungsteil nach § 1 Abs. 1 Buchst. a), d) oder e) TVAöD – Allgemeiner Teil –, die in einem Ausbildungsverhältnis zu einem Ausbildenden stehen, der Mitglied eines Mitgliedver-

bandes der VKA ist, und in erheblichem Umfang mit Arbeiten beschäftigt werden, für die Beschäftigten im Sinne des § 38 Abs. 5 Satz 2 TVöD nach Maßgabe des § 23 Abs. 1 Satz 1 erster bzw. zweiter Spiegelstrich TVÜ-VKA Erschwerniszuschläge zustehen, kann im zweiten bis vierten Ausbildungsjahr ein monatlicher Pauschalzuschlag in Höhe von 10 Euro gezahlt werden.

(5) Soweit Beschäftigten des Bundes gemäß den Protokollerklärungen Nr. 1 bis 3 des Teils IV Abschnitt 25 Unterabschnitt 25.1 der Anlage 1 zum TV EntgO Bund oder gemäß § 19 Abs. 5 Satz 2 TVöD in Verbindung mit § 33 Abs. 1 Buchst. c) und Abs. 6 BAT/BAT-O eine Zulage zusteht, erhalten Studierende im Bereich des Bundes mit einem Ausbildungsteil nach § 1 Abs. 1 Buchst. b) oder c) TVAöD – Allgemeiner Teil – unter denselben Voraussetzungen 50 v. H. des entsprechenden Zulagenbetrages.

(6) Soweit Beschäftigten im Sinne von § 38 Abs. 5 Satz 1 TVöD im Bereich der VKA gemäß der Protokollerklärung Nr. 1 zu Teil B Abschnitt XI Ziffer 1 der Anlage 1 Entgeltordnung (VKA) zum TVöD oder gemäß § 19 Abs. 5 Satz 2 TVöD bzw. § 23 Abs. 1 TVÜ-VKA in Verbindung mit § 33 Abs. 1 Buchst. c) und Abs. 6 BAT/BAT-O eine Zulage zusteht, erhalten Studierende mit einem Ausbildungsteil nach § 1 Abs. 1 Buchst. b) oder c) TVAöD – Allgemeiner Teil – im Bereich der VKA unter denselben Voraussetzungen 50 v. H. des entsprechenden Zulagenbetrages.

Protokollerklärung zu Absatz 6:

Für den Anspruch der Studierenden auf eine Zulage nach Absatz 6 ist es unbeachtlich, wenn den Beschäftigten des Ausbildenden aufgrund der Protokollerklärung Nr. 5 des Teil B Abschnitt XI Ziffer 1 (Beschäftigte in der Pflege) der Anlage 1 zum TVöD – Entgeltordnung (VKA), der Protokollerklärung zu § 29a Abs. 4 TVÜ-VKA oder § 29d Abs. 2 TVÜ-VKA keine Zulage oder eine Zulage in verminderter Höhe zusteht.

§ 9 Urlaub

(1)[1]) Studierende erhalten Erholungsurlaub unter Fortzahlung ihres Studienentgelts in entsprechender Anwendung der für die Beschäftigten des Ausbildenden geltenden Regelungen mit der Maßgabe, dass der Urlaubsanspruch bei Verteilung der wöchentlichen Ausbildungszeit auf fünf Tage in der Kalenderwoche in jedem Kalenderjahr 30 Ausbildungstage beträgt.

(2) Der Erholungsurlaub ist in der vorlesungs- und unterrichtsfreien Zeit in Anspruch zu nehmen.

---

[1]) Der Erholungsurlaub erhöht sich ab dem Kalenderjahr 2027 um einen weiteren Tag, siehe Teil A Nr. 4 der unter **150** abgedruckten Tarifeinigung.

(3) [1]Studierende mit einem Ausbildungsteil nach § 1 Abs. 1 Buchst. b) oder c) TVAöD – Allgemeiner Teil –, die im Ausbildungsteil im Schichtdienst eingesetzt werden, erhalten im zweiten und dritten Jahr des Ausbildungsteils entsprechend § 9 Abs. 1 Satz 2 TVAöD – Besonderer Teil Pflege – jeweils einen Tag Zusatzurlaub. [2]Absatz 2 gilt entsprechend.

§ 10 Ausbildungs- und Studienmaßnahmen außerhalb der Ausbildungsstätte[1])

(1) [1]Bei Dienstreisen, die im Rahmen des Ausbildungsteils oder der berufspraktischen Studienabschnitte erfolgen, erhalten die Studierenden eine Entschädigung in analoger Anwendung der Reisekostenbestimmungen, die für die Beschäftigten des Ausbildenden jeweils gelten. [2]Gleiches gilt bei Reisen zur Ablegung der in den Ausbildungsordnungen bzw. in den Studien- und Prüfungsordnungen vorgeschriebenen Prüfungen für Studierende mit einem Ausbildungsteil nach § 1 Abs. 1 Buchst. a), d) oder e) TVAöD – Allgemeiner Teil –.

(2) [1]Bei Reisen von Studierenden mit einem Ausbildungsteil nach § 1 Abs. 1 Buchst. a), d) oder e) TVAöD – Allgemeiner Teil – zur Teilnahme an überbetrieblichen Ausbildungsmaßnahmen im Sinne des § 5 Abs. 2 Satz 1 Nr. 6 BBiG außerhalb der politischen Gemeindegrenze der Ausbildungsstätte, werden die entstandenen notwendigen Fahrtkosten bis zur Höhe der Kosten der Fahrkarte der jeweils niedrigsten Klasse des billigsten regelmäßig verkehrenden Beförderungsmittels (im Bahnverkehr ohne Zuschläge) erstattet; Möglichkeiten zur Erlangung von Fahrpreisermäßigungen (z. B. Schülerfahrkarten, Monatsfahrkarten, BahnCard, Semesterticket) sind auszunutzen. [2]Beträgt die Entfernung zwischen den Ausbildungsstätten hierbei mehr als 100 km, werden im Bahnverkehr Zuschläge beziehungsweise besondere Fahrpreise (z. B. für ICE) erstattet. [3]Die nachgewiesenen notwendigen Kosten einer Unterkunft am auswärtigen Ort werden, soweit nicht eine unentgeltliche Unterkunft zur Verfügung steht, erstattet. [4]Zu den Auslagen des bei notwendiger auswärtiger Unterbringung entstehenden Verpflegungsmehraufwands wird für volle Kalendertage der Anwesenheit am auswärtigen Ausbildungsort ein Verpflegungszuschuss in Höhe der nach der Sozialversicherungsentgeltverordnung maßgebenden Sachbezugswerte für Frühstück, Mittagessen und Abendessen gewährt. [5]Bei unentgeltlicher Verpflegung wird der jeweilige Sachbezugswert

---

1) Entsprechend Teil A Nr. 7 der unter **150** abgedruckten Tarifeinigung wird Studierenden nach dem TVSöD bei notwendiger Unterbringung am auswärtigen Ausbildungsort ab dem 1. Juli 2025 der Verpflegungszuschuss nach dem Bundesreisekostengesetz (Bund) bzw. den landesrechtlichen Reisekostenregelungen (VKA) gewährt.

einbehalten. [6]Bei einer über ein Wochenende oder einen Feiertag hinaus andauernden Ausbildungsmaßnahme werden die dadurch entstandenen Mehrkosten für Unterkunft und Verpflegungsmehraufwand nach Maßgabe der Sätze 3 bis 5 erstattet. [7]Die Sätze 1 bis 6 gelten auch für Reisen im Rahmen der fachtheoretischen Studienabschnitte, die Bestandteil von Studien- und Prüfungsordnungen sind, wenn die Hochschule außerhalb der politischen Gemeindegrenze der Ausbildungsstätte liegt.

(3) Bei Reisen von Studierenden mit einem Ausbildungsteil nach § 1 Abs. 1 Buchst. b) oder c) TVAöD – Allgemeiner Teil – zur vorübergehenden Ausbildung an einer anderen Einrichtung außerhalb der politischen Gemeindegrenze der Ausbildungsstätte sowie zur Teilnahme an Vorträgen, an Arbeitsgemeinschaften oder an Übungen werden die entstandenen notwendigen Fahrtkosten bis zur Höhe der Kosten für die Fahrkarte der jeweils niedrigsten Klasse des billigsten regelmäßig verkehrenden Beförderungsmittels (im Bahnverkehr ohne Zuschläge) erstattet; Möglichkeiten zur Erlangung von Fahrpreisermäßigungen (z. B. Schülerfahrkarten, Monatsfahrkarten, BahnCard, Semesterticket) sind auszunutzen.

(4) [1]Bei Reisen von Studierenden mit einem Ausbildungsteil nach § 1 Abs. 1 Buchst. a), d) oder e) TVAöD – Allgemeiner Teil –, die im Rahmen des Ausbildungsteils für den Besuch einer auswärtigen Berufsschule erfolgen, werden die notwendigen Fahrtkosten erstattet, soweit sie monatlich 6 v. H. des Studienentgelts nach § 8 Abs. 1 für das erste Studienjahr übersteigen. [2]Satz 1 gilt nicht, soweit die Fahrtkosten nach landesrechtlichen Vorschriften von einer Körperschaft des öffentlichen Rechts getragen werden. [3]Die notwendigen Auslagen für Unterkunft und Verpflegungsmehraufwand werden bei Besuch der regulären auswärtigen Berufsschule im Blockunterricht entsprechend Absatz 2 Sätze 3 bis 6 erstattet. [4]Leistungen Dritter sind anzurechnen.

(5) Bei Abordnungen und Zuweisungen von Studierenden mit einem Ausbildungsteil nach § 1 Abs. 1 Buchst. a), d) oder e) TVAöD – Allgemeiner Teil –, die im Rahmen des Ausbildungsteils erfolgen, werden die Kosten nach Maßgabe des Absatzes 2 erstattet.

§ 10a Familienheimfahrten

[1]Für Familienheimfahrten vom jeweiligen Ort der Ausbildungsstätte oder vom Ort der auswärtigen Berufsschule/Hochschule, deren Besuch vom Ausbildenden veranlasst wurde, zum Wohnort der Eltern, der Erziehungsberechtigten oder der Ehegattin/des Ehegatten oder der Lebenspartnerin/des Lebenspartners werden den Studierenden

monatlich einmal die im Bundesgebiet entstandenen notwendigen Fahrtkosten bis zur Höhe der Kosten der Fahrkarte der jeweils niedrigsten Klasse des billigsten regelmäßig verkehrenden Beförderungsmittels (im Bahnverkehr ohne Zuschläge) erstattet; Möglichkeiten zur Erlangung von Fahrpreisermäßigungen (z. B. Schülerfahrkarten, Monatsfahrkarten, Semesterticket, BahnCard) sind auszunutzen. [2]Studierenden mit einem Ausbildungsteil nach § 1 Abs. 1 Buchst. a), d) oder e) TVAöD – Allgemeiner Teil – können Zuschläge im Bahnverkehr bzw. besondere Fahrpreise (z. B. für ICE) erstattet werden, wenn die Entfernung mehr als 300 km beträgt. [3]Die Sätze 1 und 2 gelten nicht, wenn aufgrund geringer Entfernung eine tägliche Rückkehr möglich und zumutbar ist oder der Aufenthalt am jeweiligen Ort der Ausbildungsstätte oder der auswärtigen Berufsschule/Hochschule weniger als vier Wochen beträgt.

§ 11 Schutzkleidung, Ausbildungsmittel, Lernmittelzuschuss

(1) [1]Studierende erhalten Schutzkleidung nach den Bestimmungen, die für die entsprechenden Beschäftigten des Ausbildenden maßgebend sind. [2]Diese wird unentgeltlich zur Verfügung gestellt, soweit das Tragen von Schutzkleidung gesetzlich vorgeschrieben oder angeordnet ist. [3]Die Schutzkleidung bleibt Eigentum des Ausbildenden.

(2) Der Ausbildende hat den Studierenden im Rahmen des Ausbildungsteils kostenlos die Ausbildungsmittel zur Verfügung zu stellen, die zur Berufsausbildung und zum Ablegen von Zwischen- und Abschlussprüfungen bzw. der staatlichen Prüfung erforderlich sind.

(3) [1]Studierende mit einem Ausbildungsteil nach § 1 Abs. 1 Buchst. a), d) oder e) TVAöD – Allgemeiner Teil – erhalten bis zum Abschluss des Ausbildungsteils einmal jährlich einen Lernmittelzuschuss in Höhe von 50 Euro brutto. [2]Absatz 2 bleibt unberührt. [3]Der Lernmittelzuschuss ist möglichst mit dem Ausbildungsentgelt des ersten Monats des jeweiligen Ausbildungsjahres zu zahlen, er ist spätestens im Zahlungsmonat September des betreffenden Ausbildungsjahres fällig.

§ 12 Entgelt im Krankheitsfall

(1) Werden Studierende durch Arbeitsunfähigkeit infolge Krankheit ohne ihr Verschulden verhindert, ihre Verpflichtungen aus dem Ausbildungs- und Studienvertrag zu erfüllen, erhalten sie für die Zeit der Arbeitsunfähigkeit für die Dauer von bis zu sechs Wochen sowie nach Maßgabe der gesetzlichen Bestimmungen bei Wiederholungserkrankungen das Studienentgelt (§ 8) in entsprechender Anwendung der für die Beschäftigten des Ausbildenden geltenden Regelungen fortgezahlt.

(2) Im Übrigen gilt das Entgeltfortzahlungsgesetz.

(3) Bei der jeweils ersten Arbeitsunfähigkeit, die durch einen bei dem Ausbildenden erlittenen Arbeitsunfall oder durch eine bei dem Ausbildenden zugezogene Berufskrankheit verursacht ist, erhalten Studierende nach Ablauf des nach Absatz 1 maßgebenden Zeitraums bis zum Ende der 26. Woche seit dem Beginn der Arbeitsunfähigkeit einen Krankengeldzuschuss in Höhe des Unterschiedsbetrages zwischen dem Bruttokrankengeld und dem sich nach Absatz 1 ergebenden Nettostudienentgelt, wenn der zuständige Unfallversicherungsträger den Arbeitsunfall oder die Berufskrankheit anerkennt.

§ 12a Entgeltfortzahlung in sonstigen Fällen

(1) Studierenden ist das Studienentgelt nach § 8 Abs. 1 für insgesamt fünf Tage fortzuzahlen, um sich vor den in den Ausbildungsordnungen für den Ausbildungsteil vorgeschriebenen Abschlussprüfungen ohne Bindung an die planmäßige Ausbildung auf die Prüfung vorbereiten zu können; bei der Sechstagewoche besteht dieser Anspruch für sechs Tage.

(2) Der Freistellungsanspruch nach Absatz 1 verkürzt sich um die Zeit, für die Studierende zur Vorbereitung auf die Abschlussprüfung besonders zusammengefasst werden; es besteht jedoch mindestens ein Anspruch auf zwei Ausbildungstage.

(3) Im Übrigen gelten die für die Beschäftigten des Ausbildenden maßgebenden Regelungen zur Arbeitsbefreiung entsprechend.

§ 13 Vermögenswirksame Leistungen

(1) [1]Nach Maßgabe des Vermögensbildungsgesetzes in seiner jeweiligen Fassung erhalten Studierende eine vermögenswirksame Leistung in Höhe von 13,29 Euro monatlich. [2]Der Anspruch auf vermögenswirksame Leistungen entsteht frühestens für den Kalendermonat, in welchem dem Ausbildenden die erforderlichen Angaben mitgeteilt werden, und für die beiden vorangegangenen Monate desselben Kalenderjahres.

(2) Die vermögenswirksamen Leistungen sind kein zusatzversorgungspflichtiges Entgelt.

§ 14 Jahressonderzahlung

(1) [1]Studierende, die am 1. Dezember in einem Ausbildungs- und Studienverhältnis stehen, haben Anspruch auf eine Jahressonderzahlung. [2]Die Jahressonderzahlung beträgt 90 v. H. des den Studierenden für November zustehenden Studienentgelts (§ 8 Abs. 1 und 2).

(2) [1]Der Anspruch ermäßigt sich um ein Zwölftel für jeden Kalendermonat, in dem Studierende keinen Anspruch auf Studienentgelt (§ 8), Fortzahlung des Entgelts während des Erholungsurlaubs (§ 9) oder im Krankheitsfall (§ 12) haben. [2]Die Verminderung unterbleibt für Kalendermonate, für die Studierende wegen Beschäftigungsverboten nach dem Mutterschutzgesetz kein Studienentgelt erhalten haben. [3]Die Verminderung unterbleibt ferner für Kalendermonate der Inanspruchnahme der Elternzeit nach dem Bundeselterngeld- und Elternzeitgesetz bis zum Ende des Kalenderjahres, in dem das Kind geboren ist, wenn am Tag vor Antritt der Elternzeit Entgeltanspruch bestanden hat.

(3) [1]Die Jahressonderzahlung wird mit dem für November zustehenden Studienentgelt ausgezahlt. [2]Ein Teilbetrag der Jahressonderzahlung kann zu einem früheren Zeitpunkt ausgezahlt werden.

(4) Studierende, die im unmittelbaren Anschluss an den ausbildungsintegrierten dualen Studiengang von ihrem Ausbildenden in ein Beschäftigungsverhältnis übernommen werden und Anspruch auf eine Jahressonderzahlung nach §§ 20, 21 TVöD haben, erhalten einmalig zusammen mit der anteiligen Jahressonderzahlung aus dem Beschäftigungsverhältnis die anteilige Jahressonderzahlung aus dem Ausbildungs- und Studienverhältnis.

§ 15 Zusätzliche Altersversorgung

[1]Die Studierenden haben Anspruch auf eine zusätzliche Alters- und Hinterbliebenenversorgung unter Eigenbeteiligung. [2]Einzelheiten bestimmen die Tarifverträge über die betriebliche Altersversorgung der Beschäftigten des öffentlichen Dienstes (Tarifvertrag Altersversorgung – ATV– und der Tarifvertrag Altersversorgung – ATV-K) in den jeweils geltenden Fassungen.

§ 16 Beendigung, Verkürzung und Verlängerung des Vertragsverhältnisses

(1) Das Ausbildungs- und Studienverhältnis endet mit dem Ablauf der im Ausbildungs- und Studienvertrag vereinbarten Vertragslaufzeit.

(2) Das Ausbildungs- und Studienverhältnis endet zudem:

a) bei wirksamer Kündigung (§ 3 Absätze 2 und 3) oder

b) bei Exmatrikulation durch die Hochschule nach der jeweiligen Studien- und Prüfungsordnung oder

c) bei endgültigem Nichtbestehen einer notwendigen Ausbildungsprüfung des Ausbildungsteils; dies gilt nicht, wenn sich im Falle des Nichtbestehens der Abschlussprüfung der Ausbildungsteil auf

Verlangen der Studierenden bis zur nächstmöglichen Wiederholungsprüfung, höchstens um ein Jahr, verlängert oder die Abschlussprüfung ohne eigenes Verschulden erst nach beendeter Ausbildungszeit des Ausbildungsteils abgelegt wird.

(3) [1]Eine Verkürzung des Studienteils (Regelstudienzeit) kann in Abstimmung mit dem Ausbildenden beantragt werden, sofern eine Verkürzung nach der Studien- und Prüfungsordnung für den ausbildungsintegrierten dualen Studiengang zulässig ist und die Vereinbarkeit mit dem gleichzeitig zu absolvierenden Ausbildungsteil gewährleistet ist. [2]Der Ausbildungs- und Studienvertrag ist entsprechend anzupassen.

(4) Beabsichtigt der Ausbildende keine Übernahme in ein Arbeitsverhältnis, hat er dies der Studierenden/dem Studierenden drei Monate vor dem voraussichtlichen Ende des Vertragsverhältnisses schriftlich mitzuteilen.

(5) Werden Studierende im Anschluss an das Ausbildungs- und Studienverhältnis beschäftigt, ohne dass hierüber ausdrücklich etwas vereinbart worden ist, so gilt ein Arbeitsverhältnis auf unbestimmte Zeit als begründet.

§ 17 Abschlussprämie

(1) [1]Bei Beendigung des Ausbildungsteils aufgrund erfolgreich abgeschlossener Abschlussprüfung bzw. staatlicher Prüfung erhalten Studierende eine Abschlussprämie als Einmalzahlung in Höhe von 400 Euro. [2]Die Abschlussprämie ist kein zusatzversorgungspflichtiges Entgelt. [3]Sie ist nach Bestehen der Abschlussprüfung bzw. der staatlichen Prüfung fällig.

(2) [1]Absatz 1 gilt nicht für Studierende, die den Ausbildungsteil des ausbildungsintegrierten dualen Studiums nach erfolgloser Prüfung aufgrund einer Wiederholungsprüfung abschließen. [2]Im Einzelfall kann der Ausbildende von Satz 1 abweichen.

§ 18 Rückzahlungsgrundsätze

(1) Werden die Studierenden oder die ehemals Studierenden beim Ausbildenden nach Beendigung ihres ausbildungsintegrierten dualen Studiums in ein Beschäftigungsverhältnis entsprechend ihrer erworbenen Abschlussqualifikation übernommen, sind sie verpflichtet, dort für die Dauer von fünf Jahren beruflich tätig zu sein.

(2) Der vom Ausbildenden bis zur Beendigung oder zum Abbruch des ausbildungsintegrierten dualen Studiums gezahlte Gesamtbetrag, bestehend aus der monatlichen Zulage nach § 8 Abs. 1 Satz 1 in Ver-

bindung mit Satz 3, dem Studienentgelt nach § 8 Abs. 2 und den Studiengebühren (§ 8 Abs. 4), ist von den Studierenden oder den ehemals Studierenden zurückzuerstatten:

a) bei endgültigem Nichtbestehen einer notwendigen Ausbildungs- oder Studienprüfung, wenn die Erfolglosigkeit in den Verantwortungsbereich der Studierenden fällt, weil sie es schuldhaft unterlassen haben, den erfolgreichen Abschluss des ausbildungsintegrierten dualen Studiums im Rahmen des ihnen Möglichen zielstrebig zu verfolgen,

b) bei Beendigung des ausbildungsintegrierten dualen Studiums durch Kündigung vom Ausbildenden aus einem von den Studierenden zu vertretenden Grund oder durch eine Eigenkündigung der Studierenden nach Ende der Probezeit, die nicht durch einen wichtigen Grund gemäß § 626 BGB gerechtfertigt ist,

c) bei Ablehnung des Angebots, beim Ausbildenden im Anschluss an das erfolgreich bestandene ausbildungsintegrierte duale Studium entsprechend der erworbenen Abschlussqualifikation ein Beschäftigungsverhältnis zu begründen,

d) soweit das Beschäftigungsverhältnis, das beim Ausbildenden im Anschluss an das erfolgreich bestandene ausbildungsintegrierte duale Studium entsprechend der erworbenen Abschlussqualifikation begründet wurde, aus einem von den ehemals Studierenden zu vertretenden Grund innerhalb der ersten fünf Jahre seines Bestehens endet.

(3) Sofern berufspraktische Studienabschnitte beim Ausbildenden absolviert wurden, verringert sich der Rückzahlungsbetrag auf 75 v. H. des Gesamtbetrages nach Absatz 2.

(4) Der zurückzuerstattende Gesamtbetrag nach Absatz 2 bzw. 3 wird für jeden vollen Monat, in dem nach Beendigung des ausbildungsintegrierten dualen Studiums ein Beschäftigungsverhältnis bestand, um 1/60 vermindert.

(5) [1]Die Rückzahlungspflicht in den Fällen des Absatzes 2 Buchstabe a) oder b) entfällt, wenn die Studierenden nach endgültigem Nichtbestehen der notwendigen Studienprüfung oder nach Kündigung infolge des Abbruchs des Studiums in ein Beschäftigungsverhältnis entsprechend der im Ausbildungsverhältnis erworbenen Qualifikation übernommen werden und dieses für die nach Satz 3 festgelegte Bindungsdauer fortbesteht. [2]Die Rückzahlungspflicht entfällt nicht, wenn das Beschäftigungsverhältnis innerhalb der Bindungsdauer gemäß Satz 3 aus einem vom Beschäftigten zu vertretenden Grund endet. [3]Abweichend zu Absatz 1 bemisst sich die Bindungsdauer nach der Dauer des

Ausbildungs- und Studienverhältnisses, wobei jeder volle Monat des Ausbildungs- und Studienverhältnisses einem Monat Bindungsdauer entspricht. [4]Zur Berechnung der Rückzahlungspflicht gilt Absatz 3; Absatz 4 ist sinngemäß anzuwenden.

(6) Auf die Rückzahlungspflicht kann ganz oder teilweise verzichtet werden, soweit sie für die Studierenden oder die ehemals Studierenden eine besondere Härte bedeuten würde.

§ 19 Zeugnis

[1]Der Ausbildende hat den Studierenden bei Beendigung des Ausbildungsteils nach § 1 Abs. 1 Buchst. a), d) oder e) TVAöD – Allgemeiner Teil – ein Zeugnis gemäß § 16 BBiG auszustellen. [2]Das Zeugnis muss Angaben über Art, Dauer und Ziel der Ausbildung sowie über die erworbenen Fertigkeiten und Kenntnisse der Studierenden enthalten. [3]Auf deren Verlangen sind auch Angaben über Führung, Leistung und besondere fachliche Fähigkeiten aufzunehmen.

§ 20 Ausschlussfrist

Ansprüche aus dem Ausbildungs- und Studienvertrag verfallen, wenn sie nicht innerhalb einer Ausschlussfrist von sechs Monaten nach Fälligkeit von den Studierenden oder vom Ausbildenden schriftlich geltend gemacht werden.

§ 21 Inkrafttreten und Laufzeit

(1) Dieser Tarifvertrag tritt mit Wirkung vom 1. August 2020 in Kraft.

(2) Dieser Tarifvertrag kann mit einer Frist von drei Monaten zum Ende eines Kalenderhalbjahres schriftlich gekündigt werden, frühestens jedoch zum 31. Dezember 2020.

(3) Abweichend von Absatz 2 können ferner

a) § 8 Abs. 1 Satz 2 und Abs. 2 mit einer Frist von einem Monat zum Ende eines Kalendermonats, frühestens jedoch zum 31. Dezember 2024;[1]) eine Kündigung nach Absatz 2 erfasst nicht den § 8 Absatz 1 Satz 2 und Absatz 2.

b) § 14 zum 31. Dezember eines jeden Jahres

gesondert schriftlich gekündigt werden.

---

1) Im Zuge der der Tarifeinigung 2025 (abgedruckt unter **150**) wurde eine Mindestlaufzeit bis zum 31. März 2027 vereinbart.

Tarifvertrag für Studierende in einem dualen Hebammenstudium im öffentlichen Dienst (TVHöD)[1]

Vom 11. Januar 2022

Zuletzt geändert durch
Änderungstarifvertrag Nr. 2 vom 22. April 2023 und
Tarifeinigung vom 6. April 2025[2])

III

Inhaltsübersicht

§ 1 Geltungsbereich
§ 2 Begriffsbestimmungen
§ 3 Studienvertrag, Nebenabreden
§ 4 Probezeit, Kündigung
§ 5 Ärztliche Untersuchungen
§ 6 Schweigepflicht, Nebentätigkeiten, Schadenshaftung
§ 7 Nachweispflichten, Akteneinsichtsrecht
§ 8 Wöchentliche und tägliche Studienzeit
§ 9 Studienentgelt, Studiengebühren
§ 10 Unständige Entgeltbestandteile
§ 11 Sonstige Entgeltregelungen

---

[1]) **Aus der Niederschrift über die Tarifverhandlungen zum TVHöD am 11. Januar 2022:**
„Die Tarifvertragsparteien sind sich darüber einig:
1. Regelungen zu den Rückzahlungsgrundsätzen in Anlehnung an die Richtlinie des Bundes und den TVSöD werden vor dem Hintergrund der Refinanzierungsregelungen für das Hebammenstudium (aktuell: § 17a KHG) – mit Ausnahme der Regelungen zu den Studiengebühren in § 22 – für den TVHöD nicht vereinbart.
2. Soweit sich die Refinanzierungsregelungen für das Hebammenstudium (aktuell: § 17a KHG) inhaltlich ändern, nehmen die Tarifvertragsparteien zeitnah Tarifverhandlungen auf.
3. Für einen etwaigen Tarifvertrag zu den praxisorientierten dualen Studiengängen für den Bereich des Bundes und den Besonderen Teil Verwaltung der VKA gilt weiterhin, dass die Verhandlungen in Anlehnung an die Richtlinie des Bundes für duale Studiengänge und Masterstudiengänge vom 1. September 2018 (einschließlich der Rückzahlungsgrundsätze) erfolgen.
4. Die Erklärungsfrist endet am 31.Januar 2022."

[2]) Wegen der im Zuge der Tarifrunde 2025 vereinbarten Änderungen siehe die unter **150** abgedruckte Tarifeinigung.
Besonders hingewiesen wird auf Teil A Nr. 5 der Tarifeinigung. Danach sind dual Studierende nach dem TVHöD, die ihre Abschlussprüfung mit mindestens der Gesamtnote „Befriedigend" abgeschlossen haben, bei dienstlichem bzw. betrieblichem Bedarf im Anschluss an die Ausbildung bzw. das Studium in ein unbefristetes Arbeitsverhältnis zu übernehmen, sofern eine freie und besetzbare Stelle bzw. ein freier und zu besetzender Arbeitsplatz vorhanden ist, die/der eine ausbildungsadäquate Beschäftigung auf Dauer ermöglicht. Voraussetzung für die Übernahme ist, dass keine personen-, verhaltens-, betriebsbedingten oder gesetzlichen Gründe entgegenstehen. Die Regelung ist auf die Laufzeit des Tarifergebnisses befristet.

§ 12 Urlaub
§ 13 Studienmaßnahmen außerhalb der verantwortlichen Praxiseinrichtung
§ 14 Familienheimfahrten
§ 15 Schutzkleidung, Arbeitsmittel
§ 16 Entgelt im Krankheitsfall
§ 17 Entgeltfortzahlung in sonstigen Fällen
§ 18 Vermögenswirksame Leistungen
§ 19 Jahressonderzahlung
§ 20 Zusätzliche Altersversorgung
§ 21 Beendigung und Verlängerung des dualen Hebammenstudiums
§ 22 Rückzahlungsgrundsätze
§ 23 Ausschlussfrist
§ 24 Inkrafttreten und Laufzeit

III

§ 1 Geltungsbereich

[1]Dieser Tarifvertrag gilt für Personen, die auf der Grundlage des Gesetzes über das Studium und den Beruf von Hebammen (Hebammengesetz – HebG) vom 22. November 2019 mit Krankenhäusern (§ 2 Abs. 4) einen Studienvertrag (§ 3) zur akademischen Hebammenausbildung für die Teilnahme an einem dualen Hebammenstudium schließen. [2]Bei dem Krankenhaus muss es sich um ein Krankenhaus handeln, das Mitglied eines Mitgliedverbandes der VKA ist und an den Tarifvertrag des öffentlichen Dienstes für den Bereich der kommunalen Krankenhäuser gebunden ist.

§ 2 Begriffsbestimmungen

(1) Die Personen, die ein duales Hebammenstudium (§ 1 Satz 1) absolvieren, werden nachfolgend als Studierende bezeichnet.

(2) Das duale Hebammenstudium verbindet auf der Grundlage eines schriftlichen Studienvertrages (§ 3) einen hochschulischen Studienteil, der sowohl praktische als auch theoretische Lehrveranstaltungen umfasst, mit einem berufspraktischen Studienteil bei einem Krankenhaus als verantwortlicher Praxiseinrichtung.

(3) [1]Der berufspraktische Studienteil umfasst Praxiseinsätze in einem Krankenhaus (§ 13 Abs. 1 Satz 1 Nr. 1 HebG) und bei freiberuflichen Hebammen oder in ambulanten hebammengeleiteten Einrichtungen (§ 13 Abs. 1 Satz 1 Nr. 2 HebG). [2]Praxiseinsätze bei freiberuflichen Hebammen und in ambulanten hebammengeleiteten Einrichtungen können auch in weiteren zur berufspraktischen Ausbildung von Hebammen geeigneten Einrichtungen (§ 13 Abs. 1 Satz 2 HebG) stattfinden. [3]Umfang und Inhalt der Praxiseinsätze ergeben sich aus der Studien- und Prüfungsverordnung für Hebammen (HebStPrV).

(4) [1]Verantwortlich für die Durchführung des berufspraktischen Studienteils gegenüber den Studierenden einschließlich deren Organisation und Koordination bei mehreren an der berufspraktischen Ausbildung beteiligten Einrichtungen und Hebammen kann nur ein Krankenhaus sein, das Hebammenstudierende berufspraktisch ausbildet und gemäß § 108 SGB V zur Versorgung zugelassen ist (§ 15 HebG). [2]Dieses Krankenhaus, das mit der/dem Studierenden den Studienvertrag (§ 3) abschließt, wird nachfolgend als verantwortliche Praxiseinrichtung bezeichnet.

(5) Das Studienentgelt und die sonstigen in diesem Tarifvertrag geregelten Entgeltbestandteile ergeben die Vergütung im Sinne des Hebammengesetzes.

III

§ 3 Studienvertrag, Nebenabreden

(1) Vor Beginn des dualen Hebammenstudiums ist ein schriftlicher Studienvertrag zwischen der/dem Studierenden und der verantwortlichen Praxiseinrichtung abzuschließen, der die Bezeichnung „duales Hebammenstudium" und mindestens folgende Angaben enthält:

a) den Beginn des Studiums,

b) den Praxisplan, der den Aufbau und die zeitliche und sachliche Gliederung der Praxiseinsätze enthält, auf dessen Grundlage der berufspraktische Teil des Studiums durchgeführt wird und der von der verantwortlichen Praxiseinrichtung für die/den Studierenden zu erstellen ist,

c) die Verpflichtung der/des Studierenden, an den anwesenheitspflichtigen hochschulischen Lehrveranstaltungen teilzunehmen,

d) die Dauer der regelmäßigen täglichen oder wöchentlichen berufspraktischen Ausbildungszeit,

e) die Zahlungsmodalitäten und die Höhe des Studienentgelts sowie, soweit sie von der verantwortlichen Praxiseinrichtung getragen werden, die Studiengebühren sowie den Umfang etwaiger Sachbezüge nach § 34 Abs. 2 HebG,

f) die dem Studium zugrundeliegende Studien- und Prüfungsverordnung, § 71 HebG in der jeweils geltenden Fassung sowie den Kooperationsvertrag mit der Hochschule,

g) die Dauer der Probezeit,

h) die Dauer und Inanspruchnahme des Urlaubs,

i) die Voraussetzungen, unter denen das Vertragsverhältnis gekündigt werden kann,

j) Bindungs- und Rückzahlungsbedingungen,

k) den Zeitpunkt, zu dem das Vertragsverhältnis endet,

l) den Hinweis auf die Möglichkeit der Vertragsverlängerung nach § 37 Abs. 2 HebG,

m) die Geltung dieses Tarifvertrages sowie einen in allgemeiner Form gehaltener Hinweis auf die dem Vertrag zugrundeliegenden tariflichen Bestimmungen, Betriebsvereinbarungen oder Dienstvereinbarungen, die auf das Studienverhältnis Anwendung finden,

n) ein in allgemeiner Form gehaltener Hinweis auf die Rechte als Arbeitnehmerin/Arbeitnehmer nach § 5 Betriebsverfassungsgesetz oder nach § 4 Bundespersonalvertretungsgesetz.

(2) Der Studienvertrag ist erst dann wirksam, wenn die/der Studierende der verantwortlichen Praxiseinrichtung eine Studienplatzzusage der

Hochschule, mit der die verantwortliche Praxiseinrichtung eine Kooperationsvereinbarung abgeschlossen hat, in Textform vorlegt.

(3) [1]Nebenabreden sind nur wirksam, wenn sie schriftlich vereinbart werden. [2]Sie können gesondert gekündigt werden, soweit dies einzelvertraglich vereinbart ist.

(4) [1]Falls im Rahmen des Studienvertrages eine Vereinbarung über die Gewährung einer Personalunterkunft getroffen wird, ist dies in einer gesondert kündbaren Nebenabrede festzulegen. [2]Der Wert der Personalunterkunft wird im Tarifgebiet West nach dem Tarifvertrag über die Bewertung der Personalunterkünfte für Angestellte vom 16. März 1974 in der jeweils geltenden Fassung auf das Studienentgelt mit der Maßgabe angerechnet, dass der nach § 3 Abs. 1 Unterabs. 1 des genannten Tarifvertrages maßgebende Quadratmetersatz um 15 v. H. zu kürzen ist.

§ 4 Probezeit, Kündigung

(1) Die Probezeit beträgt sechs Monate.

(2) Während der Probezeit kann das Vertragsverhältnis von beiden Seiten jederzeit ohne Einhalten einer Kündigungsfrist gekündigt werden.

(3) Nach der Probezeit kann das Vertragsverhältnis unbeschadet der gesetzlichen Kündigungsgründe nur gekündigt werden

a) aus einem sonstigen wichtigen Grund ohne Einhalten einer Kündigungsfrist,
b) von den Studierenden mit einer Kündigungsfrist von vier Wochen zum Monatsende.

§ 5 Ärztliche Untersuchungen

(1) [1]Studierende haben auf Verlangen der verantwortlichen Praxiseinrichtung vor ihrer Einstellung ihre gesundheitliche Eignung durch das Zeugnis einer Betriebsärztin/eines Betriebsarztes, einer Personalärztin/eines Personalarztes oder einer Amtsärztin/eines Amtsarztes nachzuweisen, soweit sich die Betriebsparteien nicht auf eine andere Ärztin/einen anderen Arzt geeinigt haben. [2]Für Studierende, die unter das Jugendarbeitsschutzgesetz (JArbSchG) fallen, ist ergänzend § 32 Abs. 1 JArbSchG zu beachten.

(2) [1]Die verantwortliche Praxiseinrichtung ist bei begründeter Veranlassung berechtigt, Studierende zu verpflichten, durch ärztliche Bescheinigung nachzuweisen, dass sie in der Lage sind, die nach dem Studienvertrag übernommenen Verpflichtungen zu erfüllen. [2]Bei der von der verantwortlichen Praxiseinrichtung beauftragten Ärztin/dem

beauftragten Arzt kann es sich um eine Betriebsärztin/einen Betriebsarzt, eine Personalärztin/einen Personalarzt oder eine Amtsärztin/einen Amtsarzt handeln, soweit sich die Betriebsparteien nicht auf eine andere Ärztin/einen anderen Arzt geeinigt haben. [3]Die Kosten dieser Untersuchung trägt die verantwortliche Praxiseinrichtung.

(3) Studierende, die besonderen Ansteckungsgefahren ausgesetzt oder mit gesundheitsgefährdenden Tätigkeiten beschäftigt sind, sind in regelmäßigen Zeitabständen zur ärztlichen Untersuchung verpflichtet.

§ 6 Schweigepflicht, Nebentätigkeiten, Schadenshaftung

(1) Studierende haben in demselben Umfang Verschwiegenheit zu wahren wie die Beschäftigten der verantwortlichen Praxiseinrichtung oder die Beschäftigten der weiteren Einrichtungen, bei denen Praxiseinsätze geleistet werden (§ 2 Abs. 3), und über Betriebsgeheimnisse Stillschweigen zu wahren.

(2) [1]Nebentätigkeiten gegen Entgelt haben Studierende ihrer verantwortlichen Praxiseinrichtung rechtzeitig vorher schriftlich anzuzeigen. [2]Die verantwortliche Praxiseinrichtung kann die Nebentätigkeit untersagen oder mit Auflagen versehen, wenn diese geeignet ist, die nach dem Studienvertrag übernommenen Verpflichtungen der Studierenden oder berechtigte Interessen der verantwortlichen Praxiseinrichtung zu beeinträchtigen.

(3) Für die Schadenshaftung der Studierenden finden die für die Beschäftigten der verantwortlichen Praxiseinrichtung geltenden tariflichen Bestimmungen entsprechende Anwendung.

§ 7 Nachweispflichten, Akteneinsichtsrecht

(1) [1]Die Leistungsnachweise des dualen Hebammenstudiums sind Bestandteil der Personalakte der Studierenden. [2]Hierzu haben die Studierenden die von den Hochschulen auszustellenden Leistungsübersichten nach den jeweiligen Studien- und Prüfungsordnungen sowie eine Abschrift des Abschlusszeugnisses unverzüglich nach Aushändigung der verantwortlichen Praxiseinrichtung vorzulegen.

(2) [1]Die Studierenden haben ein Recht auf Einsicht in ihre vollständigen Personalakten. [2]Sie können das Recht auf Einsicht durch einen hierzu schriftlich Bevollmächtigten ausüben lassen. [3]Sie können Auszüge oder Kopien aus ihren Personalakten erhalten.

(3) [1]Beurteilungen sind Studierenden unverzüglich bekannt zu geben. [2]Die Bekanntgabe ist aktenkundig zu machen.

§ 8 Wöchentliche und tägliche Studienzeit

(1) Die regelmäßige durchschnittliche wöchentliche Studienzeit und die tägliche Studienzeit der Studierenden während des hochschulischen Studienteils richten sich nach dem Studienplan sowie der jeweiligen Studien- und Prüfungsordnung.

(2) [1]Die vereinbarte regelmäßige tägliche oder wöchentliche Studienzeit (berufspraktische Ausbildungszeit im Sinne des Hebammengesetzes) der Studierenden, die nicht unter das JArbSchG fallen, während des berufspraktischen Studienteils bei der verantwortlichen Praxiseinrichtung richtet sich nach den für die Beschäftigten der verantwortlichen Praxiseinrichtung maßgebenden Vorschriften über die Arbeitszeit. [2]Gleiches gilt bei der Durchführung des berufspraktischen Studienteils bei einer anderen Einrichtung. [3]In dem Studienvertrag nach § 3 werden die berufspraktischen Studienteile (berufspraktische Ausbildungszeit im Sinne des Hebammengesetzes) verbindlich in einem Praxisplan vereinbart.

(3) An Tagen, an denen Studierende hochschulische Lehrveranstaltungen an der Hochschule absolvieren, gilt die berufspraktische Studienzeit (berufspraktische Ausbildungszeit im Sinne des Hebammengesetzes) als erfüllt.

(4) Studierende dürfen im Rahmen und zu Zwecken des dualen Hebammenstudiums während der berufspraktischen Studienteile auch an Sonntagen und Wochenfeiertagen und in der Nacht ausgebildet werden, sofern die hochschulrechtlichen Bestimmungen dies nicht ausschließen.

(5) [1]Eine Beschäftigung, die über die nach Absatz 2 geregelte Ausbildungszeit hinausgeht, ist nur ausnahmsweise zulässig. [2]§§ 21, 23 JArbSchG bleiben unberührt.

§ 9 Studienentgelt, Studiengebühren

(1)[1]) Die Studierenden erhalten für die Dauer des Studienvertragsverhältnisses ein monatliches Studienentgelt in Höhe von

bis zum 29. Februar 2024	ab dem 1. März 2024
1.515,00 Euro	1.665,00 Euro.

---

1) Wegen der im Zuge der Tarifeinigung 2025 vereinbarten Änderungen siehe Teil C Nr. 2 der unter **150** abgedruckten Tarifeinigung. Die Studienentgelte werden zum 1. April 2025 und zum 1. Mai 2026 jeweils um 75 Euro erhöht und betragen voraussichtlich

vom 1. April 2025 bis 30. April 2026	ab 1. Mai 2026
1 740,00	1 815,00

(2) Das Studienentgelt ist steuer-, sozialversicherungs- und zusatzversorgungspflichtiges Entgelt und wird bei seiner Berechnung und Auszahlung sowie der Bemessung anderer Entgeltleistungen wie Ausbildungsentgelt behandelt.

(3) Das Studienentgelt ist zu demselben Zeitpunkt fällig wie das den Beschäftigten der verantwortlichen Praxiseinrichtung gezahlte Entgelt.

(4) Die verantwortliche Praxiseinrichtung und die Studierenden können die Übernahme der Studiengebühren vereinbaren.

§ 10 Unständige Entgeltbestandteile

(1) [1]Für Studierende, deren berufspraktische Studienabschnitte an Samstagen, Sonntagen, Feiertagen und Vorfesttagen stattfinden, gelten die für die Beschäftigten der verantwortlichen Praxiseinrichtung geltenden Regelungen sinngemäß. [2]Dies gilt auch für den Bereitschaftsdienst und die Rufbereitschaft, für die Überstunden und für die Zeitzuschläge.

(2) [1]Der Zeitzuschlag für Nachtarbeit beträgt mindestens 1,28 Euro pro Stunde. [2]Die Studierenden erhalten unter denselben Voraussetzungen wie die bei der verantwortlichen Praxiseinrichtung Beschäftigten im Sinne des § 38 Abs. 5 Satz 1 Tarifvertrag für den öffentlichen Dienst (TVöD) 75 v. H. der Zulagenbeträge gemäß § 8 Abs. 5 und 6 TVöD.

§ 11 Sonstige Entgeltregelungen

Soweit Beschäftigten einer verantwortlichen Praxiseinrichtung im Sinne von § 38 Abs. 5 Satz 1 TVöD gemäß der Protokollerklärung Nr. 1 zu Teil B Abschnitt XI Ziffer 1 der Anlage 1 – Entgeltordnung (VKA) zum TVöD oder gemäß § 19 Abs. 5 Satz 2 TVöD bzw. § 23 Abs. 1 TVÜ-VKA in Verbindung mit § 33 Abs. 1 Buchst. c) und Abs. 6 BAT/BAT-O eine Zulage zusteht, erhalten Studierende unter denselben Voraussetzungen 50 v. H. des entsprechenden Zulagenbetrages.

Protokollerklärung:

Für den Anspruch der Studierenden auf eine Zulage ist es unbeachtlich, wenn den Beschäftigten der verantwortlichen Praxiseinrichtung aufgrund der Protokollerklärung Nr. 5 des Teil B Abschnitt XI Ziffer 1 (Beschäftigte in der Pflege) der Anlage 1 zum TVöD – Entgeltordnung (VKA), der Protokollerklärung zu § 29a Abs. 4 TVÜ-VKA oder § 29d Abs. 2 TVÜ-VKA keine Zulage oder eine Zulage in verminderter Höhe zusteht.

§ 12 Urlaub

(1)[1]) Studierende erhalten Erholungsurlaub unter Fortzahlung ihres Studienentgelts in entsprechender Anwendung der für die Beschäftigten der verantwortlichen Praxiseinrichtung geltenden Regelungen mit der Maßgabe, dass der Urlaubsanspruch bei Verteilung der wöchentlichen Ausbildungszeit auf fünf Tage in der Kalenderwoche in jedem Kalenderjahr 30 Ausbildungstage beträgt.

(2) Der Erholungsurlaub ist in der vorlesungs- und unterrichtsfreien Zeit in Anspruch zu nehmen.

(3) [1]Studierende, die im Schichtdienst eingesetzt werden, erhalten ab dem zweiten Jahr des Studiums jeweils einen Tag Zusatzurlaub. [2]Absatz 2 gilt entsprechend.

§ 13 Studienmaßnahmen außerhalb der verantwortlichen Praxiseinrichtung[2])

(1) Bei Dienstreisen, die im Rahmen des berufspraktischen Studienteils erfolgen, erhalten die Studierenden eine Entschädigung in analoger Anwendung der Reisekostenbestimmungen, die für die Beschäftigten der verantwortlichen Praxiseinrichtung jeweils gelten.

(2) Bei Reisen von Studierenden zur vorübergehenden Ausbildung an einer anderen Einrichtung außerhalb der politischen Gemeindegrenze der verantwortlichen Praxiseinrichtung sowie zur Teilnahme an Vorträgen, an Arbeitsgemeinschaften oder an Übungen werden die entstandenen notwendigen Fahrtkosten bis zur Höhe der Kosten für die Fahrkarte der jeweils niedrigsten Klasse des billigsten regelmäßig verkehrenden Beförderungsmittels (im Bahnverkehr ohne Zuschläge) erstattet; Möglichkeiten zur Erlangung von Fahrpreisermäßigungen (z. B. Monatsfahrkarten, BahnCard, Semesterticket) sind auszunutzen.

§ 14 Familienheimfahrten

(1) [1]Für Familienheimfahrten vom von der verantwortlichen Praxiseinrichtung veranlassten Einsatzort oder vom Ort der auswärtigen Hochschule, zum Wohnort der Eltern, der Erziehungsberechtigten oder der Ehegattin/des Ehegatten oder der Lebenspartnerin/des Lebenspartners werden den Studierenden monatlich einmal die im Bundesgebiet entstandenen notwendigen Fahrtkosten bis zur Höhe der Kosten

---

1) Der Erholungsurlaub erhöht sich ab dem Kalenderjahr 2027 um einen weiteren Tag, siehe Teil A Nr. 4 der unter **150** abgedruckten Tarifeinigung.

2) Entsprechend Teil A Nr. 7 der unter **150** abgedruckten Tarifeinigung wird Studierenden nach dem TVHöD bei notwendiger Unterbringung am auswärtigen Ausbildungsort ab dem 1. Juli 2025 der Verpflegungszuschuss nach Bundesreisekostengesetz (Bund) bzw. landesrechtlichen Reisekostenregelungen (VKA) gewährt.

der Fahrkarte der jeweils niedrigsten Klasse des billigsten regelmäßig verkehrenden Beförderungsmittels (im Bahnverkehr ohne Zuschläge) erstattet; Möglichkeiten zur Erlangung von Fahrpreisermäßigungen (z. B. Monatsfahrkarten, Semesterticket, BahnCard) sind auszunutzen. [2]Zuschläge im Bahnverkehr bzw. besondere Fahrpreise (z. B. für ICE) können erstattet werden, wenn die Entfernung mehr als 300 km beträgt. [3]Die Sätze 1 und 2 gelten nicht, wenn aufgrund geringer Entfernung eine tägliche Rückkehr möglich und zumutbar ist oder der Aufenthalt am jeweiligen Ort der Ausbildungsstätte oder der auswärtigen Hochschule weniger als vier Wochen beträgt.

(2) Soweit in der verantwortlichen Praxiseinrichtung günstigere Regelungen zur pauschalen Abgeltung etwaig entstehender Kosten für Familienheimfahrten gemäß Absatz 1 bestehen, gehen diese vor und schließen eine Erstattung nach Absatz 1 aus.

§ 15 Schutzkleidung, Arbeitsmittel

(1) [1]Studierende erhalten Schutzkleidung nach den Bestimmungen, die für die entsprechenden Beschäftigten der verantwortlichen Praxiseinrichtung maßgebend sind. [2]Diese wird unentgeltlich zur Verfügung gestellt, soweit das Tragen von Schutzkleidung gesetzlich vorgeschrieben oder angeordnet ist. [3]Die Schutzkleidung bleibt Eigentum der verantwortlichen Praxiseinrichtung.

(2) Die verantwortliche Praxiseinrichtung hat den Studierenden unentgeltlich Fachbücher, Instrumente und Apparate zur Verfügung zu stellen, die für die Absolvierung des berufspraktischen Teils des Studiums und für das Ablegen der staatlichen Prüfung erforderlich sind.

§ 16 Entgelt im Krankheitsfall

(1) Werden Studierende durch Arbeitsunfähigkeit infolge Krankheit ohne ihr Verschulden verhindert, ihre Verpflichtungen aus dem Studienvertrag zu erfüllen, erhalten sie für die Zeit der Arbeitsunfähigkeit für die Dauer von bis zu sechs Wochen sowie nach Maßgabe der gesetzlichen Bestimmungen bei Wiederholungserkrankungen das Studienentgelt (§ 9) in entsprechender Anwendung der für die Beschäftigten der verantwortlichen Praxiseinrichtung geltenden Regelungen fortgezahlt.

(2) Im Übrigen gilt das Entgeltfortzahlungsgesetz.

(3) Bei der jeweils ersten Arbeitsunfähigkeit, die durch einen bei der verantwortlichen Praxiseinrichtung oder einer Praxiseinrichtung, in der Praxiseinsätze stattfinden (§ 2 Abs. 3), erlittenen Arbeitsunfall oder durch eine bei den zuvor genannten Praxiseinrichtungen zugezogene

Berufskrankheit verursacht ist, erhalten Studierende nach Ablauf des nach Absatz 1 maßgebenden Zeitraums bis zum Ende der 26. Woche seit dem Beginn der Arbeitsunfähigkeit einen Krankengeldzuschuss in Höhe des Unterschiedsbetrages zwischen dem Bruttokrankengeld und dem sich nach Absatz 1 ergebenden Nettostudienentgelt, wenn der zuständige Unfallversicherungsträger den Arbeitsunfall oder die Berufskrankheit anerkennt.

§ 17 Entgeltfortzahlung in sonstigen Fällen

Die für die Beschäftigten der verantwortlichen Praxiseinrichtung maßgebenden Regelungen zur Arbeitsbefreiung gelten entsprechend.

§ 18 Vermögenswirksame Leistungen

(1) [1]Nach Maßgabe des Vermögensbildungsgesetzes in seiner jeweiligen Fassung erhalten Studierende eine vermögenswirksame Leistung in Höhe von 13,29 Euro monatlich. [2]Der Anspruch auf vermögenswirksame Leistungen entsteht frühestens für den Kalendermonat, in welchem der verantwortlichen Praxiseinrichtung die erforderlichen Angaben mitgeteilt werden, und für die beiden vorangegangenen Monate desselben Kalenderjahres.

(2) Die vermögenswirksamen Leistungen sind kein zusatzversorgungspflichtiges Entgelt.

§ 19 Jahressonderzahlung

(1) Studierende, die am 1. Dezember in einem Studienverhältnis stehen, haben Anspruch auf eine Jahressonderzahlung von 90 v. H. des den Studierenden für November zustehenden Studienentgelts (§ 9).

(2) [1]Der Anspruch ermäßigt sich um ein Zwölftel für jeden Kalendermonat, in dem Studierende keinen Anspruch auf Studienentgelt (§ 9), Fortzahlung des Entgelts während des Erholungsurlaubs (§ 12) oder im Krankheitsfall (§ 16) haben. [2]Die Verminderung unterbleibt für Kalendermonate, für die Studierende wegen Beschäftigungsverboten nach dem Mutterschutzgesetz kein Studienentgelt erhalten haben. [3]Die Verminderung unterbleibt ferner für Kalendermonate der Inanspruchnahme der Elternzeit nach dem Bundeselterngeld- und Elternzeitgesetz bis zum Ende des Kalenderjahres, in dem das Kind geboren ist, wenn am Tag vor Antritt der Elternzeit Entgeltanspruch bestanden hat.

(3) [1]Die Jahressonderzahlung wird mit dem für November zustehenden Studienentgelt ausgezahlt. [2]Ein Teilbetrag der Jahressonderzahlung kann zu einem früheren Zeitpunkt ausgezahlt werden.

(4) Studierende, die im unmittelbaren Anschluss an das duale Hebammenstudium von der verantwortlichen Praxiseinrichtung in ein Beschäftigungsverhältnis übernommen werden und Anspruch auf eine Jahressonderzahlung nach §§ 20, 21 TVöD haben, erhalten einmalig zusammen mit der anteiligen Jahressonderzahlung aus dem Beschäftigungsverhältnis die anteilige Jahressonderzahlung aus dem Studienverhältnis.

§ 20 Zusätzliche Altersversorgung

[1]Die Studierenden haben Anspruch auf eine zusätzliche Alters- und Hinterbliebenenversorgung unter Eigenbeteiligung. [2]Einzelheiten bestimmen die Tarifverträge über die betriebliche Altersversorgung der Beschäftigten des öffentlichen Dienstes (Tarifvertrag Altersversorgung – ATV – und der Altersvorsorge-TV-Kommunal – ATV-K) in den jeweils geltenden Fassungen.

§ 21 Beendigung und Verlängerung des dualen Hebammenstudiums

(1) [1]Das Vertragsverhältnis endet mit Ablauf des letzten im akkreditierten Konzept des Studiengangs festgelegten Semesters. [2]Der Zeitpunkt der Beendigung ist unabhängig vom Zeitpunkt der staatlichen Prüfung.

(2) Das Vertragsverhältnis endet zudem:

a) bei wirksamer Kündigung,
b) bei Exmatrikulation durch die Hochschule nach der jeweiligen Studien- und Prüfungsordnung.

(3) Besteht die/der Studierende die staatliche Prüfung nicht oder kann die staatliche Prüfung ohne eigenes Verschulden nicht vor Ablauf des letzten Studiensemesters abgelegt werden, so verlängert sich das Vertragsverhältnis auf schriftlichen Antrag gegenüber der verantwortlichen Praxiseinrichtung bis zur nächstmöglichen Wiederholungsprüfung, höchstens jedoch um ein Jahr.

§ 22 Rückzahlungsgrundsätze

(1) Werden die Studierenden von der verantwortlichen Praxiseinrichtung nach Beendigung ihres dualen Hebammenstudiums in ein Beschäftigungsverhältnis entsprechend ihrer erworbenen Abschlussqualifikation übernommen, sind die ehemals Studierenden, sofern ihre Studiengebühren aufgrund einer Vereinbarung gemäß § 9 Abs. 4 von der verantwortlichen Praxiseinrichtung übernommen wurden, verpflichtet, dort für die Dauer von zwölf Monaten beruflich tätig zu sein.

(2) Die von der verantwortlichen Praxiseinrichtung bis zur Beendigung oder Abbruch des Studiums aufgrund einer Vereinbarung gemäß § 9 Abs. 4 übernommenen Studiengebühren sind von den Studierenden oder den ehemals Studierenden zurückzuerstatten:

a) bei endgültigem Nichtbestehen einer notwendigen Studienprüfung, wenn die Erfolglosigkeit in den Verantwortungsbereich der Studierenden fällt, weil sie es schuldhaft unterlassen haben, den erfolgreichen Abschluss des Studiums im Rahmen des ihnen Möglichen zielstrebig zu verfolgen,

b) bei Beendigung des Vertragsverhältnisses durch Kündigung durch die verantwortliche Praxiseinrichtung aus einem von den Studierenden zu vertretenden Grund oder durch eine Eigenkündigung der Studierenden nach der Probezeit, die nicht durch einen wichtigen Grund gem. § 626 BGB gerechtfertigt ist,

c) bei Ablehnung des Angebots, bei der verantwortlichen Praxiseinrichtung im Anschluss an das erfolgreich bestandene duale Hebammenstudium entsprechend der erworbenen Abschlussqualifikation ein Beschäftigungsverhältnis zu begründen,

d) soweit das Beschäftigungsverhältnis, das bei der verantwortlichen Praxiseinrichtung im Anschluss an das erfolgreich bestandene duale Hebammenstudium entsprechend der erworbenen Abschlussqualifikation begründet wurde, aus einem von den ehemals Studierenden zu vertretenden Grund innerhalb der ersten zwölf Monate seines Bestehens endet.

(3) Sofern berufspraktische Studienabschnitte bei der verantwortlichen Praxiseinrichtung absolviert wurden, verringert sich der Rückzahlungsbetrag auf 75 v. H. des Gesamtbetrages nach Absatz 2.

(4) Der zurückzuerstattende Gesamtbetrag nach Absatz 3 wird für jeden vollen Monat, in dem nach Beendigung des dualen Hebammenstudiums ein Beschäftigungsverhältnis nach Absatz 1 bestand, um 1/12 vermindert.

(5) Von den Regelungen der Absätze 1 bis 4 kann einzelvertraglich ganz oder teilweise abgesehen werden.

§ 23 Ausschlussfrist

Ansprüche aus dem Studienvertrag verfallen, wenn sie nicht innerhalb einer Ausschlussfrist von sechs Monaten nach Fälligkeit von den Studierenden oder von der verantwortlichen Praxiseinrichtung in Textform geltend gemacht werden.

§ 24 Inkrafttreten und Laufzeit

(1) Dieser Tarifvertrag tritt mit Wirkung vom 1. Januar 2022 in Kraft.

(2) Dieser Tarifvertrag kann mit einer Frist von drei Monaten zum Ende eines Kalenderhalbjahres schriftlich gekündigt werden, frühestens jedoch zum 31. Dezember 2023.

(3) Abweichend von Absatz 2 können ferner

a) § 9 Abs. 1 mit einer Frist von einem Monat zum Ende eines Kalendermonats, frühestens jedoch zum 31. Dezember 2024;[1]) eine Kündigung nach Absatz 2 erfasst nicht den § 9 Abs. 1,

b) § 19 zum 31. Dezember eines jeden Jahres

gesondert schriftlich gekündigt werden.

[1]) Im Zuge der Tarifeinigung 2025 (abgedruckt unter **150**) wurde eine Mindestlaufzeit bis 31. März 2027 vereinbart.

Tarifvertrag für Praktikantinnen/Praktikanten des öffentlichen Dienstes (TVPöD)

Vom 27. Oktober 2009

Zuletzt geändert durch
Änderungstarifvertrag Nr. 10 vom 22. April 2023 und
Tarifeinigung vom 6. April 2025[1])

III

Inhaltsübersicht

§ 1 Geltungsbereich
§ 2 Praktikantenvertrag, Nebenabreden
§ 3 Probezeit
§ 4 Ärztliche Untersuchungen
§ 5 Schweigepflicht, Nebentätigkeiten, Haftung, Schutzkleidung
§ 6 Personalakten
§ 7 Wöchentliche und tägliche Arbeitszeit
§ 8 Entgelt
§ 9 Sonstige Entgeltregelungen
§ 10 Urlaub
§ 11 Entgelt im Krankheitsfall
§ 12 Entgeltfortzahlung in anderen Fällen
§ 13 Vermögenswirksame Leistungen
§ 14 Jahressonderzahlung
§ 15 Beendigung des Praktikantenverhältnisses
§ 16 Zeugnis
§ 17 Ausschlussfrist
§ 18 Inkrafttreten, Laufzeit
Anlage
(zu § 18 Abs. 4)

---

[1]) Wegen der im Zuge der Tarifrunde 2025 vereinbarten Änderungen siehe die unter **150** abgedruckte Tarifeinigung.

III

§ 1 Geltungsbereich

(1) Dieser Tarifvertrag gilt für Praktikantinnen/Praktikanten für den Beruf

a) der Sozialarbeiterin/des Sozialarbeiters, der Sozialpädagogin/des Sozialpädagogen und der Heilpädagogin/des Heilpädagogen während der praktischen Tätigkeit, die nach Abschluss des Fachhochschulstudiums der staatlichen Anerkennung als Sozialarbeiter/in, Sozialpädagogin/Sozialpädagoge oder Heilpädagogin/Heilpädagoge vorauszugehen hat,

b) der pharmazeutisch-technischen Assistentin/des pharmazeutisch-technischen Assistenten während der praktischen Tätigkeit nach § 6 des Gesetzes über den Beruf des pharmazeutisch-technischen Assistenten in der Neufassung vom 23. September 1997 (BGBl. I S. 2349),

c) der Erzieherin/des Erziehers und der Kinderpflegerin/des Kinderpflegers während der praktischen Tätigkeit, die nach den geltenden Ausbildungsordnungen der staatlichen Anerkennung als Erzieherin/Erzieher oder Kinderpflegerin/Kinderpfleger vorauszugehen hat,

d) der Masseurin und medizinischen Bademeisterin/des Masseurs und medizinischen Bademeisters während der praktischen Tätigkeit nach § 7 des Gesetzes über die Berufe in der Physiotherapie (Masseur- und Physiotherapeutengesetz) vom 26. Mai 1994 (BGBl. I S. 1084),

e) der Rettungsassistentin/des Rettungsassistenten während der praktischen Tätigkeit nach § 7 des Gesetzes über den Beruf der Rettungsassistentin und des Rettungsassistenten (Rettungsassistentengesetz) vom 10. Juli 1989 (BGBl. I S. 1384),

die in einem Praktikantenverhältnis zu einem Arbeitgeber stehen, dessen Beschäftigte unter den Geltungsbereich des TVöD fallen.

(2) Dieser Tarifvertrag gilt nicht für Praktikantinnen/Praktikanten, deren praktische Tätigkeit in die schulische Ausbildung oder die Hochschulausbildung integriert ist.

§ 2 Praktikantenvertrag, Nebenabreden

(1) Vor Beginn des Praktikantenverhältnisses ist ein schriftlicher Praktikantenvertrag zu schließen.

(2) [1]Nebenabreden sind nur wirksam, wenn sie schriftlich vereinbart werden. [2]Sie können gesondert gekündigt werden, soweit dies einzelvertraglich vereinbart ist.

§ 3 Probezeit

(1) Die Probezeit beträgt drei Monate.

(2) Während der Probezeit kann das Praktikantenverhältnis von beiden Seiten jederzeit ohne Einhalten einer Kündigungsfrist gekündigt werden.

§ 4 Ärztliche Untersuchungen

(1) [1]Der Arbeitgeber ist bei begründeter Veranlassung berechtigt, Praktikantinnen/Praktikanten zu verpflichten, durch ärztliche Bescheinigung nachzuweisen, dass sie in der Lage sind, die nach § 1 Abs. 1 erforderliche praktische Tätigkeit auszuüben. [2]Bei der beauftragten Ärztin/dem beauftragten Arzt kann es sich um eine Betriebsärztin/einen Betriebsarzt, eine Personalärztin/einen Personalarzt oder eine Amtsärztin/einen Amtsarzt handeln, soweit sich die Betriebsparteien nicht auf eine andere Ärztin/einen anderen Arzt geeinigt haben.

(2) Praktikantinnen/Praktikanten, die besonderen Ansteckungsgefahren ausgesetzt, mit gesundheitsgefährdenden Tätigkeiten beschäftigt oder mit der Zubereitung von Speisen beauftragt sind, sind auf ihren Antrag bei Beendigung des Praktikantenverhältnisses ärztlich zu untersuchen.

§ 5 Schweigepflicht, Nebentätigkeiten, Haftung, Schutzkleidung

(1) Praktikantinnen/Praktikanten haben in demselben Umfang Verschwiegenheit zu wahren wie die Beschäftigten des Arbeitgebers.

(2) [1]Nebentätigkeiten gegen Entgelt haben Praktikantinnen/Praktikanten ihrem Arbeitgeber rechtzeitig vorher schriftlich anzuzeigen. [2]Der Arbeitgeber kann die Nebentätigkeit untersagen oder mit Auflagen versehen, wenn diese geeignet ist, die nach § 1 Abs. 1 erforderliche praktische Tätigkeit der Praktikantinnen/Praktikanten oder berechtigte Interessen des Arbeitgebers zu beeinträchtigen.

(3) Für die Schadenshaftung der Praktikantinnen/Praktikanten finden die für die Beschäftigten des Arbeitgebers geltenden Bestimmungen des TVöD entsprechende Anwendung.

(4) Soweit das Tragen von Schutzkleidung gesetzlich vorgeschrieben oder angeordnet ist, wird sie unentgeltlich zur Verfügung gestellt und bleibt Eigentum des Arbeitgebers.

§ 6 Personalakten

[1]Die Praktikantinnen/Praktikanten haben ein Recht auf Einsicht in ihre vollständigen Personalakten. [2]Sie können das Recht auf Einsicht durch eine/n hierzu schriftlich Bevollmächtigte/n ausüben lassen. [3]Sie können Auszüge oder Kopien aus ihren Personalakten erhalten.

§ 7 Wöchentliche und tägliche Arbeitszeit

Die durchschnittliche regelmäßige wöchentliche Arbeitszeit und die tägliche Arbeitszeit der Praktikantinnen/Praktikanten richten sich nach den Bestimmungen, die für die Arbeitszeit der bei dem Arbeitgeber in dem künftigen Beruf der Praktikantinnen/Praktikanten Beschäftigten gelten; § 44 Abs. 1 Satz 3 BT-K bleibt unberührt.

§ 8 Entgelt

III

(1)[1]) Das monatliche Entgelt beträgt für Praktikantinnen/Praktikanten für den Beruf

der Sozialarbeiterin/des Sozialarbeiters, der Sozialpädagogin/des Sozialpädagogen, der Heilpädagogin/des Heilpädagogen

bis 29. Februar 2024	ab 1. März 2024
1876,21 Euro	2026,21 Euro

der pharmazeutisch-technischen Assistentin/des pharmazeutisch-technischen Assistenten, der Erzieherin/des Erziehers

bis 29. Februar 2024	ab 1. März 2024
1652,02 Euro	1802,02 Euro

der Kinderpflegerin/des Kinderpflegers, der Masseurin und medizinischen Bademeisterin/des Masseurs und medizinischen Bademeisters, der Rettungsassistentin/des Rettungsassistenten

bis 29. Februar 2024	ab 1. März 2024
1595,36 Euro	1745,36 Euro

(2) Das Entgelt nach Absatz 1 ist zu demselben Zeitpunkt fällig wie das den Beschäftigten des Arbeitgebers gezahlte Entgelt.

---

[1]) Wegen der im Zuge der Tarifeinigung 2025 vereinbarten Änderungen siehe Teil A Nr. 2 der unter **150** abgedruckten Tarifeinigung. Die Praktikantenentgelte werden zum 1. April 2025 und zum 1. Mai 2026 jeweils um 75 Euro erhöht und betragen voraussichtlich

für den Beruf	vom 1. April 2025 bis 30. April 2026	ab 1. Mai 2026
der Sozialarbeiterin/des Sozialarbeiters, der Sozialpädagogin/des Sozialpädagogen, der Heilpädagogin/des Heilpädagogen	2 101,21	2 176,21
der pharmazeutisch-technischen Assistentin/des pharmazeutisch-technischen Assistenten, der Erzieherin/des Erziehers	1 877,02	1 952,02
der Kinderpflegerin/des Kinderpflegers, der Masseurin und medizinischen Bademeisterin/des Masseurs und medizinischen Bademeisters, der Rettungsassistentin/des Rettungsassistenten	1 820,36	1 895,36

§ 9 Sonstige Entgeltregelungen

(1) [1]Für die praktische Tätigkeit an Samstagen, Sonntagen, Feiertagen und Vorfesttagen, für den Bereitschaftsdienst und die Rufbereitschaft, für die Überstunden und für die Zeitzuschläge gelten die für die Beschäftigten des Arbeitgebers geltenden Regelungen sinngemäß. [2]Der Zeitzuschlag für Nachtarbeit beträgt mindestens 1,28 Euro pro Stunde.

(2) Soweit Beschäftigten im Sinne von § 38 Abs. 5 Satz 1 TVöD gemäß § 19 Abs. 5 Satz 2 TVöD bzw. § 23 Abs. 1 TVÜ-VKA in Verbindung mit § 33 Abs. 1 Buchst. c und Abs. 6 BAT/BAT-O eine Zulage zusteht, erhalten Praktikantinnen und Praktikanten unter denselben Voraussetzungen die entsprechende Zulage in voller Höhe.

(3) Soweit Beschäftigten, die im Heimerziehungsdienst tätig sind, eine Zulage nach Teil B Abschnitt XXIV der Anlage 1 – Entgeltordnung (VKA) zum TVöD zusteht, erhalten Praktikantinnen und Praktikanten unter denselben Voraussetzungen die entsprechende Zulage in voller Höhe.

(4) Soweit Beschäftigten gemäß § 8 Abs. 5 bzw. 6 TVöD eine Wechselschicht- bzw. Schichtzulage zusteht, erhalten Praktikantinnen und Praktikanten unter denselben Voraussetzungen 75 v. H. des entsprechenden Zulagenbetrages.

(5) [1]Falls im Bereich der Mitgliedverbände der VKA im Rahmen des Praktikantenvertrages eine Vereinbarung über die Gewährung einer Personalunterkunft getroffen wird, ist dies in einer gesondert kündbaren Nebenabrede (§ 2 Abs. 2) festzulegen. [2]Der Wert der Personalunterkunft wird im Bereich der Mitgliedverbände der VKA im Tarifgebiet West nach dem Tarifvertrag über die Bewertung der Personalunterkünfte für Angestellte vom 16. März 1974 in der jeweils geltenden Fassung auf das Entgelt (§ 8) mit der Maßgabe angerechnet, dass der nach § 3 Abs. 1 Unterabs. 1 des genannten Tarifvertrages maßgebende Quadratmetersatz um 15 v. H. zu kürzen ist.

§ 10 Urlaub[1])

Praktikantinnen/Praktikanten erhalten Erholungsurlaub unter Fortzahlung ihres Entgelts (§ 8 Abs. 1) in entsprechender Anwendung der für die Beschäftigten des Arbeitgebers geltenden Regelungen mit der Maßgabe, dass der Urlaubsanspruch bei Verteilung der wöchentlichen

---

[1]) Der Erholungsurlaub erhöht sich ab dem Kalenderjahr 2027 um einen weiteren Tag, siehe Teil A Nr. 4 der unter 150 abgedruckten Tarifeinigung.

Arbeitszeit auf fünf Tage in der Kalenderwoche in jedem Kalenderjahr 30 Arbeitstage beträgt.

§ 11 Entgelt im Krankheitsfall

(1) Werden Praktikantinnen/Praktikanten durch Arbeitsunfähigkeit infolge Krankheit ohne ihr Verschulden verhindert, die nach § 1 Abs. 1 erforderliche praktische Tätigkeit auszuüben, erhalten sie für die Zeit der Arbeitsunfähigkeit für die Dauer von bis zu sechs Wochen sowie nach Maßgabe der gesetzlichen Bestimmungen bei Wiederholungserkrankungen das Entgelt (§ 8 Abs. 1) in entsprechender Anwendung der für die Beschäftigten des Arbeitgebers geltenden Regelungen fortgezahlt.

(2) Im Übrigen gilt das Entgeltfortzahlungsgesetz.

(3) Bei der jeweils ersten Arbeitsunfähigkeit, die durch einen bei dem Arbeitgeber erlittenen Arbeitsunfall oder durch eine bei dem Arbeitgeber zugezogene Berufskrankheit verursacht ist, erhält die Praktikantin/der Praktikant nach Ablauf des nach Absatz 1 maßgebenden Zeitraums bis zum Ende der 26. Woche seit dem Beginn der Arbeitsunfähigkeit einen Krankengeldzuschuss in Höhe des Unterschiedsbetrages zwischen dem Bruttokrankengeld und dem sich nach Absatz 1 ergebenden Nettoentgelt, wenn der zuständige Unfallversicherungsträger den Arbeitsunfall oder die Berufskrankheit anerkennt.

§ 12 Entgeltfortzahlung in anderen Fällen

Praktikantinnen/Praktikanten haben Anspruch auf Arbeitsbefreiung unter Fortzahlung ihres Entgelts (§ 8 Abs. 1) unter denselben Voraussetzungen wie die Beschäftigten des Arbeitgebers.

§ 13 Vermögenswirksame Leistungen

[1]Nach Maßgabe des Vermögensbildungsgesetzes in seiner jeweiligen Fassung erhalten Praktikantinnen/Praktikanten eine vermögenswirksame Leistung in Höhe von 13,29 Euro monatlich. [2]Der Anspruch auf vermögenswirksame Leistungen entsteht frühestens für den Kalendermonat, in dem dem Arbeitgeber die erforderlichen Angaben mitgeteilt werden, und für die beiden vorangegangenen Monate desselben Kalenderjahres.

§ 14 Jahressonderzahlung

(1) [1]Praktikantinnen/Praktikanten, die am 1. Dezember in einem Praktikantenverhältnis stehen, haben Anspruch auf eine Jahressonderzahlung. [2]Die Jahressonderzahlung beträgt 82,14 v. H. des den Prak-

tikantinnen und Praktikanten für November zustehenden Entgelts (§ 8 Abs. 1).

(2) [1]Der Anspruch ermäßigt sich um ein Zwölftel für jeden Kalendermonat, in dem Praktikantinnen/Praktikanten keinen Anspruch auf Entgelt (§ 8 Abs. 1), Fortzahlung des Entgelts während des Erholungsurlaubs (§ 10) oder im Krankheitsfall (§ 11) haben. [2]Die Verminderung unterbleibt für Kalendermonate, für die Praktikantinnen wegen Beschäftigungsverboten nach dem Mutterschutzgesetz kein Entgelt erhalten haben, sowie für Kalendermonate der Inanspruchnahme der Elternzeit nach dem Bundeselterngeld- und Elternzeitgesetz (BEEG) bis zum Ende des Kalenderjahres, in dem das Kind geboren ist, wenn am Tag vor Antritt der Elternzeit Entgeltanspruch bestanden hat.

(3) Die Jahressonderzahlung wird mit dem für November zustehenden Entgelt ausgezahlt.

(4) [1]Praktikantinnen/Praktikanten, die im unmittelbaren Anschluss an das Praktikantenverhältnis von ihrem Arbeitgeber in ein Arbeitsverhältnis übernommen werden und am 1. Dezember noch in diesem Arbeitsverhältnis stehen, erhalten zusammen mit der anteiligen Jahressonderzahlung aus dem Arbeitsverhältnis eine anteilige Jahressonderzahlung aus dem Praktikantenverhältnis. [2]Erfolgt die Übernahme im Laufe eines Kalendermonats, wird für diesen Monat nur die anteilige Jahressonderzahlung aus dem Arbeitsverhältnis gezahlt.

§ 15 Beendigung des Praktikantenverhältnisses

(1) Das Praktikantenverhältnis endet mit dem im Praktikantenvertrag vereinbarten Zeitpunkt, ohne dass es einer Kündigung bedarf.

(2) Nach der Probezeit (§ 3) kann das Praktikantenverhältnis unbeschadet der gesetzlichen Kündigungsgründe nur gekündigt werden

a) aus einem sonstigen wichtigen Grund ohne Einhalten einer Kündigungsfrist,

b) von der Praktikantin/dem Praktikanten mit einer Kündigungsfrist von vier Wochen.

§ 16 Zeugnis

[1]Der Arbeitgeber hat den Praktikantinnen/Praktikanten bei Beendigung des Praktikantenverhältnisses ein Zeugnis auszustellen. [2]Das Zeugnis muss Angaben über Art, Dauer und Ziel des Praktikums sowie über die erworbenen Fertigkeiten und Kenntnisse enthalten. [3]Auf Verlangen der Praktikantinnen/Praktikanten sind auch Angaben über Führung, Leistung und besondere fachliche Fähigkeiten aufzunehmen.

§ 17 Ausschlussfrist

Ansprüche aus dem Praktikantenverhältnis verfallen, wenn sie nicht innerhalb einer Ausschlussfrist von sechs Monaten nach Fälligkeit von der Praktikantin/dem Praktikanten oder vom Arbeitgeber schriftlich geltend gemacht werden.

§ 18 Inkrafttreten, Laufzeit

(1) Dieser Tarifvertrag tritt am 1. Dezember 2009 in Kraft.

(2) Dieser Tarifvertrag kann mit einer Frist von drei Monaten zum Ende eines Kalenderhalbjahres schriftlich gekündigt werden.

(3) Abweichend von Absatz 2 können

a) § 8 Abs. 1 mit einer Frist von einem Monat zum Schluss eines Kalendermonats, frühestens jedoch zum 31. Dezember 2024,[1])

b) § 14 zum 31. Dezember eines jeden Jahres,

schriftlich gekündigt werden.

(4) [1]Dieser Tarifvertrag ersetzt für den Bereich des Bundes mit Wirkung vom 1. Dezember 2009 die in der Anlage aufgeführten Tarifverträge. [2]Im Bereich der Mitgliedverbände der VKA finden die in der Anlage aufgeführten Tarifverträge mit dem Inkrafttreten dieses Tarifvertrages auf die in § 1 Abs. 1 genannten Personen keine Anwendung mehr.

---

1) Im Zuge der Tarifeinigung 2025 (abgedruckt unter **150**) wurde eine Mindestlaufzeit bis zum 31. März 2027 vereinbart.

Anlage
(zu § 18 Abs. 4)

1. Tarifvertrag über die vorläufige Weitergeltung der Regelungen für die Praktikantinnen/Praktikanten vom 13. September 2005 in der Fassung des Änderungstarifvertrages Nr. 1 vom 31. März 2008.
2. Tarifvertrag über die Regelung der Arbeitsbedingungen der Praktikantinnen/Praktikanten (TV Prakt) vom 22. März 1991.
3. Tarifvertrag über die Regelung der Arbeitsbedingungen der Praktikantinnen/Praktikanten (TV Prakt-O) vom 5. März 1991.
4. Tarifvertrag über eine Zuwendung für Praktikantinnen (Praktikanten) vom 12. Oktober 1973.
5. Tarifvertrag über eine Zuwendung für Praktikantinnen/Praktikanten (TV Zuwendung Prakt-O) vom 5. März 1991.
6. Tarifvertrag über vermögenswirksame Leistungen an Auszubildende vom 17. Dezember 1970.
7. Tarifvertrag über vermögenswirksame Leistungen an Auszubildende (TV VL Azubi-O) vom 8. Mai 1991.

III

VKA-Praktikums-Richtlinie (Praktikums-Richtlinie)

Beschluss der Mitgliederversammlung der VKA vom 30. Dezember 2024

Präambel

III

[1]Praktika dienen dazu, unter zielgerichteter Betreuung und fachlicher Anleitung praktische Kenntnisse und Arbeitsplatzerfahrungen zu vermitteln. [2]Praktikantinnen und Praktikanten sollen dabei auf den künftigen Beruf vorbereitet oder bei der Berufswahl unterstützt werden oder ihre Ausbildung durch Praxiserfahrungen vervollständigen können. [3]Erfolgreiche Praktika sind ein Grundstock für das gesamte Berufsleben eines jeden Menschen und sichern den Fachkräftebedarf der Zukunft. [4]Sie dienen dazu, Potentiale zu erschließen und leistungsstarke Menschen für eine Ausbildung und einen späteren Berufsweg im öffentlichen Dienst zu gewinnen.

1. Geltungsbereich

Diese Richtlinie gilt für Praktikantinnen/Praktikanten,

a) die ein Praktikum auf Grund einer schulrechtlichen Bestimmung, einer Ausbildungsordnung, einer hochschulrechtlichen Bestimmung oder im Rahmen einer Ausbildung an einer gesetzlich geregelten Berufsakademie leisten (Pflichtpraktikum) oder

b) die ein Praktikum von bis zu drei Monaten zur Orientierung für eine Berufsausbildung oder für die Aufnahme eines Studiums leisten (freiwilliges Praktikum) oder

c) die ein Praktikum von bis zu drei Monaten begleitend zu einer Berufs- oder Hochschulausbildung leisten, wenn nicht zuvor bereits ein solches Praktikumsverhältnis zwischen den Vertragsparteien dieses Praktikumsverhältnisses bestanden hat (freiwilliges Praktikum).

2. Aufwandsentschädigung/Vergütung

2.1 Höhe der Aufwandsentschädigung/Vergütung

(1) [1]Praktikantinnen/Praktikanten, die ein Pflichtpraktikum nach Ziffer 1 Buchstabe a absolvieren, kann auf der Grundlage einer vertraglichen Regelung zum Ausgleich einer bestehenden finanziellen Belastung eine steuerpflichtige Aufwandsentschädigung gezahlt werden. [2]Wird eine Aufwandsentschädigung gezahlt, kann diese bis zu 1000,00 Euro monatlich betragen. [3]In Teilzeit beschäftigte Praktikantinnen/Praktikanten erhalten die Aufwandsentschädigung in dem

Umfang, der dem Anteil ihrer individuell vereinbarten durchschnittlichen Tätigkeitszeit an der regelmäßigen Arbeitszeit vergleichbarer Vollzeitbeschäftigter entspricht.

(2) [1]Praktikantinnen/Praktikanten, die ein freiwilliges Praktikum nach Ziffer 1 Buchstabe b oder c absolvieren, haben Anspruch auf eine angemessene Vergütung entsprechend § 26 i. V. m. § 17 BBiG. [2]Die Vergütung bemisst sich nach Monaten. [3]Bei der Berechnung der Vergütung für einzelne Tage wird der Monat zu 30 Tagen gerechnet.

III

2.2 Fortzahlung der Vergütung/Aufwandsentschädigung

2.2.1 Fortzahlung der Vergütung im Krankheitsfall

[1]Praktikantinnen/Praktikanten, die ein freiwilliges Praktikum nach Ziffer 1 Buchstabe b oder c absolvieren, haben Anspruch auf Fortzahlung der Vergütung bis zur Dauer von sechs Wochen, wenn sie infolge einer unverschuldeten Krankheit das Praktikum nicht durchführen können. [2]Der Anspruch entsteht erst nach vierwöchiger ununterbrochener Dauer des Praktikumsverhältnisses. [3]Gleiches gilt für einen unverschuldeten Unfall, medizinische Vorsorgemaßnahmen und sonstige medizinisch notwendige Eingriffe. [4]Hinsichtlich der Anzeige- und Nachweispflichten der Arbeitsunfähigkeit gilt § 5 Entgeltfortzahlungsgesetz.

2.2.2 Fortzahlung der Vergütung in sonstigen Fällen

[1]Praktikantinnen/Praktikanten, die ein freiwilliges Praktikum nach Ziffer 1 Buchstabe b oder c absolvieren, haben entsprechend § 26 i. V. m. § 19 BBiG Anspruch auf Fortzahlung der Vergütung bis zur Dauer von sechs Wochen, wenn sich die Praktikantin/der Praktikant für das Praktikum bereithält, dieses aber ausfällt. [2]Ein Anspruch auf Fortzahlung der Vergütung bis zur Dauer von sechs Wochen besteht ebenfalls, wenn die Praktikantin/der Praktikant aus einem sonstigen, in ihrer/seiner Person liegendem Grund unverschuldet nicht an der Praktikantenausbildung teilnehmen kann.

2.2.3 Fortzahlung der Aufwandsentschädigung

Erhalten Praktikantinnen/Praktikanten, die ein Pflichtpraktikum nach Ziffer 1 Buchstabe a absolvieren, eine Aufwandsentschädigung, finden Ziffern 2.2.1 und 2.2.2 entsprechend Anwendung.

3. Reisekosten usw.

[1]Bei Dienstreisen können Praktikantinnen/Praktikanten eine Entschädigung in entsprechender Anwendung der für die Beschäftigten der Praktikumsstelle geltenden Reisekostenbestimmungen in der jeweiligen Fassung erhalten. [2]Für die erstmalige Anreise zu und die letzt-

malige Abreise von der Praktikumsstelle kann eine Aufwandsentschädigung entsprechend der in § 10 Absatz 2 Satz 1 TVAöD – Besonderer Teil BBiG – enthaltenen Regelungen gezahlt werden. [3]Für Familienheimfahrten kann in entsprechender Anwendung von § 10a TVAöD – Besonderer Teil BBiG – verfahren werden.

4. Erholungsurlaub

(1) Praktikantinnen/Praktikanten, die ein Pflichtpraktikum nach Ziffer 1 Buchstabe a absolvieren, haben keinen Urlaubsanspruch, hiervon kann im Einzelfall abgewichen werden.

(2) Praktikantinnen/Praktikanten, die ein freiwilliges Praktikum nach Ziffer 1 Buchstabe b oder c absolvieren, haben Anspruch auf Gewährung von Urlaub nach den Vorschriften des Bundesurlaubsgesetzes bzw. des Jugendarbeitsschutzgesetzes.

5. Steuerpflicht (Lohnsteuer, Solidaritätszuschlag, Kirchensteuer)

[1]Aufwandsentschädigung, Vergütung sowie Sachbezüge sind von den Praktikantinnen/Praktikanten nach Maßgabe der einschlägigen steuerlichen Bestimmungen gemäß den jeweiligen Lohnsteuerabzugsmerkmalen individuell zu versteuern. [2]Die Pauschalversteuerung von Geld- und Nebenbezügen (§ 37b, §§ 40 bis 40b Einkommensteuergesetz) ist unzulässig.

6. Sozialversicherungspflicht

Die Praktikumsstelle ist für die versicherungs- und beitragsrechtliche Beurteilung der Praktikantin/des Praktikanten verantwortlich.

7. Schweigepflicht, Schadenshaftung

(1) Praktikantinnen/Praktikanten sind verpflichtet, über Angelegenheiten, deren Geheimhaltung durch gesetzliche Vorschriften vorgesehen oder von der Praktikumsstelle angeordnet ist, Verschwiegenheit zu wahren, dies gilt auch über die Beendigung des Praktikumsverhältnisses hinaus.

(2) Für die Haftung von Schäden, die Praktikantinnen/Praktikanten während des Praktikums verursachen, finden die für die Beschäftigten der Praktikumsstelle geltenden tariflichen Bestimmungen entsprechende Anwendung.

8. Praktikumsvertrag, Zeugnis

8.1 Praktikumsvertrag

[1]Mit Praktikantinnen/Praktikanten ist ein schriftlicher Praktikumsvertrag zu schließen. [2]Der Praktikumsvertrag muss vor Beginn des Praktikums abgeschlossen werden und der Praktikantin/dem Praktikanten ausgehändigt werden. [3]In den Praktikumsvertrag sind mindestens aufzunehmen:

- Name und Anschrift der Vertragsparteien
- Art des Praktikums
- die mit dem Praktikum verfolgten Lern- und Ausbildungsziele
- Beginn und Dauer des Praktikums
- Dauer der regelmäßigen täglichen Praktikumszeit
- Zahlung und Höhe der Vergütung/Aufwandsentschädigung
- Dauer des Urlaubs
- ein in allgemeiner Form gehaltener Hinweis auf die Betriebs- oder Dienstvereinbarungen, die auf das Praktikumsverhältnis anzuwenden sind.

8.2 Praktikumsbescheinigung, Zeugnis

[1]Praktikantinnen/Praktikanten haben Anspruch auf Ausstellung eines Zeugnisses. [2]Dieses muss mindestens Angaben über Art und Dauer des Praktikums sowie über die erworbenen Fertigkeiten, Kenntnisse und Fähigkeiten enthalten. [3]Auf Wunsch der Praktikantin/des Praktikanten müssen darüber hinaus auch Angaben über Verhalten und Leistung aufgenommen werden.

9. Inkrafttreten/Außerkrafttreten

(1) Diese Richtlinie tritt am 1. Januar 2025 in Kraft.

(2) Gleichzeitig treten die Praktikanten-Richtlinien der VKA in der Fassung vom 21. November 2014 außer Kraft.

8 Praktikumsvertrag, Zeugnis

8.1 Praktikumsvertrag

Mit Praktikant[illegible] ist ein Praktikumsvertrag schriftlich [illegible] abzuschließen. Der Praktikumsvertrag muss vor Beginn des Praktikums abgeschlossen werden und der Praktikantin/dem Praktikanten ausgehändigt werden. In dem Praktikumsvertrag sind mindestens aufzunehmen:

- Name und Anschrift der Vertragsparteien
- Art des Praktikums
- die mit dem Praktikum verfolgten Lern- und Ausbildungsziele
- Beginn und Dauer des Praktikums
- Dauer der regelmäßigen täglichen Praktikumszeit
- Zahlung und Höhe der [illegible]
- Dauer des Urlaubs
- ein [illegible] Hinweis auf [illegible] Tarifverträge [illegible], die auf das [illegible] anzuwenden sind.

8.2 Praktikumsbescheinigung, Zeugnis

Praktikant[illegible] [illegible] Anspruch auf [illegible] Zeugnis[illegible]. Diese [illegible] Angaben über Art und Dauer des Praktikums sowie [illegible] Kenntnisse und Fähigkeiten [illegible]. Auf Wunsch der Praktikantin/des Praktikanten müssen darüber hinaus auch Angaben über Leistung und Verhalten aufgenommen werden.

9 Inkrafttreten, Geltungsdauer

(1) Diese Richtlinie tritt am 1. Januar 20[illegible] in Kraft.

(2) [illegible] Praktik[illegible] vom 2[illegible]. November [illegible] außer Kraft.

Abschnitt IV
Eingruppierung

450 Einführung in die Entgeltordnung für die Beschäftigten der Kommunen 1027

460 Entgeltordnung (VKA) 1070

Grundsätzliche Eingruppierungsregelungen (Vorbemerkungen) 1074

Teil A Allgemeiner Teil

I. Allgemeine Tätigkeitsmerkmale 1081

II. Spezielle Tätigkeitsmerkmale 1087

Teil B Besonderer Teil

I. Apothekerinnen und Apotheker 1097

II. Ärztinnen und Ärzte sowie Zahnärztinnen und Zahnärzte 1098

III. Beschäftigte in Bäderbetrieben 1099

IV. Baustellenaufseherinnen und Baustellenaufseher 1101

V. Beschäftigte in Bibliotheken, Büchereien, Archiven, Museen und anderen wissenschaftlichen Anstalten 1102

VI. Beschäftigte im Fernmeldebetriebsdienst 1103

VII. Beschäftigte in der Fleischuntersuchung 1105

VIII. Fotografinnen und Fotografen 1106

IX. Beschäftigte im Fremdsprachendienst 1108

X. Gartenbau-, landwirtschafts- und weinbautechnische Beschäftigte 1109

XI. Beschäftigte in Gesundheitsberufen 1110

XII. Beschäftigte in Häfen und Fährbetrieben 1130

XIII. Beschäftigte im Kassen- und Rechnungswesen 1131

XIV. Beschäftigte im kommunalen feuerwehrtechnischen Dienst 1134

IV

XV.	Beschäftigte in der Konservierung, Restaurierung, Präparierung und Grabungstechnik	1137
XVI.	Laborantinnen und Laboranten	1155
XVII.	Leiterinnen und Leiter von Registraturen	1156
XVIII.	Beschäftigte in Leitstellen	1158
XIX.	Beschäftigte in Magazinen und Lagern	1160
XX.	Musikschullehrerinnen und Musikschullehrer	1161
XXI.	Reproduktionstechnische Beschäftigte	1165
XXII.	Beschäftigte im Rettungsdienst	1166
XXIII.	Schulhausmeisterinnen und Schulhausmeister	1168
XXIV.	Beschäftigte im Sozial- und Erziehungsdienst	1170
XXV.	Beschäftigte in Sparkassen	1181
XXVI.	Technische Assistentinnen und Assistenten sowie Chemotechnikerinnen und -techniker	1188
XXVII.	Beschäftigte an Theatern und Bühnen	1189
XXVIII.	Tierärztinnen und Tierärzte	1196
XXIX.	Vermessungsingenieurinnen und Vermessungsingenieure	1197
XXX.	Vermessungstechnikerinnen und -techniker sowie Geomatikerinnen und Geomatiker	1199
XXXI.	Vorsteherinnen und Vorsteher von Kanzleien	1201
XXXII.	Zeichnerinnen und Zeichner	1202

Anhang Regelungskompetenzen 1203

Einführung in die Entgeltordnung für die Beschäftigten der Kommunen

Von Jörg Effertz und Andreas Bach-Terhorst

Hinweis:

Die unter dieser Leitziffer abgedruckten Hinweise wurden im Ursprung dazu verfasst, die am 1. Januar 2017 in Kraft getretene Entgeltordnung für die Beschäftigten der Kommunen, ihre Hintergründe und die Überleitung in das neue Recht zu erläutern. Diese Hinweise wurden fortlaufend aktualisiert und sind daher weiterhin ein wichtiger Ratgeber, um Hintergründe, Struktur und Technik der Entgeltordnung zu verstehen und sie leichter anwenden zu können.

I. Rückschau auf die Entstehungsgeschichte

1. Überblick

Nach sehr langen Verhandlungen mit mehreren Unterbrechungen und erneuten Ansätzen haben sich die Tarifpartner im Rahmen der Tarifrunde 2016/2017 am 29. April 2016 – und damit mehr als zehn Jahre nach Inkrafttreten des TVöD – auf eine Entgeltordnung für die Beschäftigten der Kommunen geeinigt, die am 1. Januar 2017 in Kraft getreten ist. Im Laufe der Jahre haben die Tarifpartner die Entgeltordnung durch eine Vielzahl von Änderungstarifverträgen präzisiert, um fortlaufend eine gerechte Entgeltstruktur zu gewährleisten und die unterschiedlichen Qualifikationen und Tätigkeiten der Beschäftigten immer besser abzubilden.

Die nachstehenden Ausführungen sollen auch viele Jahre nach dem Inkrafttreten der Entgeltordnung zum besseren Verständnis des von den Tarifpartnern gewählten Weges beitragen.

2. Ausgangslage nach Inkrafttreten des TVöD

Im Verlauf der Verhandlungen zum TVöD und zu dem damit einhergehenden Übergangs- bzw. Überleitungsrecht des TVÜ-Bund bzw. TVÜ-VKA[1]) hatten die Tarifpartner die Themen „zentrale Eingruppierungsvorschrift" und „Entgeltordnung" im Interesse einer zügigen Einführung eines modernen Tarifrechts zurückgestellt und letztlich den TVöD zunächst ohne Neuregelung dieser Themen vereinbart. Ein konkretes Datum für eine neue Entgeltordnung wurde bei den Ver-

[1]) abgedruckt unter **280**

handlungen zum TVöD nicht vereinbart. Bei etwas pragmatischerer Betrachtung muss man zugestehen, dass ohne die Entzerrung von allgemeinem Manteltarifrecht einerseits und Entgeltordnung andererseits der Wechsel vom BAT/MTArb/BMT-G in den TVöD – und damit die größte Tarifreform seit In-Kraft-Treten des BAT im Jahr 1961 – nicht zu schultern gewesen wäre.

Um die Zeit zwischen dem In-Kraft-Treten des TVöD am 1. Oktober 2005 und der Vereinbarung eines neuen Eingruppierungsrechts zu überbrücken und in dieser Zeit die Zuordnung von Beschäftigten zu den Entgeltgruppen des TVöD zu gewährleisten, hatten die Tarifpartner den vorübergehenden Fortbestand der alten zentralen Eingruppierungsvorschriften der §§ 22, 23 BAT bzw. der entsprechenden Regelungen für Arbeiter, der Vergütungsordnung zum BAT sowie des für Arbeiter jeweils geltenden Lohngruppenverzeichnisses mit bestimmten Maßgaben vereinbart (§ 17 Abs. 1 TVÜ-Bund bzw. TVÜ-VKA).

Grundsystematik der Übergangsregelungen zur Eingruppierung war, dass zunächst im alten Recht der Eingruppierung/Einreihung eine tarifgerechte Vergütungs-/Lohngruppe ermittelt und diese dann nach näherer Maßgabe der Anlage 4 zum TVÜ-Bund bzw. Anlage 3 zum TVÜ-VKA in die neue Entgeltgruppe „umgeschlüsselt" wurde. Ausnahmen bestanden nur für Randbereiche sowie für die zwischenzeitlich anderweitig tariflich geregelte Berufsgruppe der Ärzte an kommunalen Krankenhäusern. Den Tarifpartnern war bei Vereinbarung des neuen Rechts klar, dass der Umweg über das alte Recht keine Dauerlösung darstellen konnte. Und dies nicht nur wegen des durch den Umweg über das alte Eingruppierungsrecht verursachten Mehraufwandes, sondern auch wegen als ungerecht empfundener Eingruppierungsergebnisse. Insbesondere der Umstand, dass bei Neueinstellungen und Tätigkeitswechseln nach dem 1. Oktober 2005 für die Beschäftigten der ehemaligen Vergütungsgruppen BAT X bis Vc nach näherer Maßgabe der Anlage 4 zum TVÜ-Bund bzw. Anlage 3 zum TVÜ-VKA oft eine geringere Eingruppierung als für übergeleitete Beschäftigte vorgesehen war, führte in der Praxis zu Unverständnis und Unmut. Der Druck auf die Tarifvertragsparteien zur Einführung eines neuen Eingruppierungsrechts stieg zunehmend an.

3. Die neue Entgeltordnung der Länder

Den Tarifpartnern der Länder, die nach Inkrafttreten des Tarifvertrages für den öffentlichen Dienst der Länder (TV-L) zum 1. November 2006 vor einer vergleichbaren Situation standen, hatten in der Tarifrunde 2009 einen neuen Weg zur Schaffung eines Eingruppierungsrechts zum TV-L vereinbart, nachdem zuvor alle (zum Teil eher zaghaften)

Versuche zur Reform des Eingruppierungsrechts wegen weit auseinander liegender Vorstellungen und einer nicht einmal ansatzweise einzuhaltenden Kostenneutralität gescheitert waren. Wesentliche Neuerung zu allen vorangegangenen Verhandlungsansätzen war die von den Tarifpartnern verabredete redaktionelle Bereinigung und Überarbeitung des bestehenden Eingruppierungs-/Einreihungssystems. Es wurde also sowohl hinsichtlich der zentralen Eingruppierungsvorschriften als auch hinsichtlich der Tätigkeitsmerkmale auf Bewährtem aufgesetzt, das aber redaktionell bereinigt und „entschlackt" wurde. Die Umsetzung machte mehr als zwei Jahre intensive Verhandlungen notwendig und wich in einigen Details von dem rein redaktionellen Überarbeitungsansatz ab. Der Wechsel in die neue, am 1. Januar 2012 in Kraft getretene Entgeltordnung zum TV-L ist dann aber – auch wegen der von den Tarifpartnern mit viel Fingerspitzengefühl vereinbarten und mit einer langen Frist versehenen Überleitungsregelung – nahezu reibungslos erfolgt.

4. Die neue Entgeltordnung des Bundes

Die zum 1. Januar 2014 in Kraft getretene neue Entgeltordnung des Bundes baut zwar im Ansatz auf die Entgeltordnung der Länder auf, stellt aber insoweit eine Fortentwicklung dar, als dass die Überarbeitungstiefe erheblich größer war. Neben einer deutlich weiter gehenden Überarbeitung (Modernisierung) der einzelnen Tätigkeitsmerkmale ging dies auch mit einer konsequenteren Streichung des alten Überleitungsrechts des TVÜ-Bundes einher.

Anders als die Entgeltordnung der Länder, die als Anlage A an den TV-L angefügt wurde, haben die Tarifpartner im Bereich des Bundes einen eigenständigen Tarifvertrag, den Tarifvertrag über die Entgeltordnung des Bundes (TV EntgO Bund), vereinbart. Dieser Tarifvertrag enthält neben Aussagen zu seinem Geltungsbereich und seinem Inkrafttreten sowie den Kündigungsmöglichkeiten verschiedene Grundsatzregelungen, die im alten Eingruppierungsrecht „verstreut" in den einzelnen Tätigkeitsmerkmalen, in Vorbemerkungen oder Protokollerklärungen enthalten waren. Darin lag seinerzeit ein echter Komfortgewinn im Vergleich zu dem gewachsenen (bzw. teilweise verwachsenen) Alt-Recht. Die Entgeltordnung des Bundes ist die Anlage zum TV EntgO Bund.

5. Die Entgeltordnung der Kommunen

Die im Rahmen der Tarifrunde 2016/2017 vereinbarte Entgeltordnung für die Beschäftigten der Kommunen wich hinsichtlich der Überarbeitungstiefe und dem Änderungsumfang noch weiter von den alten Eingruppierungsregeln ab, als die neue Entgeltordnung der Länder oder des Bundes und führte insbesondere bei den Tätigkeitsmerkmalen für Beschäftigte in der allgemeinen Verwaltung und in den Pflegeberufen zu einer höheren Eingruppierung. Wie zuvor bereits in der Entgeltordnung für die Beschäftigten der Länder sowie der Entgeltordnung für die Beschäftigten des Bundes vereinbart, wurden die Beschäftigten nicht automatisch, sondern nur auf Antrag (Frist hier: 31. Dezember 2017) höhergruppiert (siehe unter V.). Nachstehend sind die wichtigsten Punkte der Entgeltordnung und der flankierenden Regelungen im TVöD sowie TVÜ-VKA dargestellt. Die Entgeltordnung der Kommunen ist im Zuge des 12. Änderungstarifvertrages als Anlage 1 in den TVöD (VKA) eingefügt worden.

II. Zentrale Eingruppierungsvorschriften

1. Neufassung §§ 12 (VKA) und 13 (VKA) TVöD

Die zentralen Eingruppierungsvorschriften sind mit Wirkung vom 1. Januar 2017 in den TVöD (VKA) eingefügt worden. Sie gelten nur für die Beschäftigten der Kommunen, nicht für die des Bundes, für die mit den §§ 12 (Bund), 13 (Bund) TVöD bereits seit dem 1. Januar 2014 vergleichbare Regelungen bestehen. Die Neufassung der §§ 12 (VKA), 13 (VKA) TVöD wurde aus den §§ 22, 23 BAT entwickelt; sie entspricht in ihrem Regelungsinhalt den §§ 12, 13 TV-L und §§ 12 (Bund), 13 (Bund) TVöD.

Die §§ 12 (VKA) und 13 (VKA) TVöD haben den folgenden Wortlaut:

§ 12 (VKA) TVöD – Eingruppierung

(1) [1]Die Eingruppierung der/des Beschäftigten richtet sich nach den Tätigkeitsmerkmalen der Anlage 1 – Entgeltordnung (VKA). [2]Die/Der Beschäftigte erhält Entgelt nach der Entgeltgruppe, in der sie/er eingruppiert ist.

(2) [1]Die/Der Beschäftigte ist in der Entgeltgruppe eingruppiert, deren Tätigkeitsmerkmalen die gesamte von ihr/ihm nicht nur vorübergehend auszuübende Tätigkeit entspricht. [2]Die gesamte auszuübende Tätigkeit entspricht den Tätigkeitsmerkmalen einer Entgeltgruppe, wenn zeitlich mindestens zur Hälfte Arbeitsvorgänge anfallen, die für sich genommen die Anforderungen eines Tätigkeitsmerkmals oder mehrerer Tätigkeitsmerkmale dieser Entgeltgruppe erfüllen. [3]Kann die Erfüllung einer Anforderung in der Regel erst bei der Betrachtung mehrerer Arbeitsvorgänge festgestellt werden (z. B. vielseitige Fachkenntnisse), sind diese Arbeitsvorgänge für die Feststellung, ob diese Anforderung erfüllt ist, insoweit zusammen zu beurteilen. [4]Werden in einem Tätigkeitsmerkmal mehrere Anforderungen gestellt, gilt das in Satz 2 bestimmte Maß, ebenfalls bezogen auf die gesamte auszuübende Tätigkeit, für jede Anforderung. [5]Ist in einem Tätigkeitsmerkmal ein von den Sätzen 2 bis 4 abweichendes zeit-

liches Maß bestimmt, gilt dieses. [6]Ist in einem Tätigkeitsmerkmal als Anforderung eine Voraussetzung in der Person der/des Beschäftigten bestimmt, muss auch diese Anforderung erfüllt sein.

Protokollerklärung zu Absatz 2:

[1]Arbeitsvorgänge sind Arbeitsleistungen (einschließlich Zusammenhangsarbeiten), die, bezogen auf den Aufgabenkreis der/des Beschäftigten, zu einem bei natürlicher Betrachtung abgrenzbaren Arbeitsergebnis führen (z. B. unterschriftsreife Bearbeitung eines Aktenvorgangs, eines Widerspruchs oder eines Antrags, Erstellung eines EKG, Fertigung einer Bauzeichnung, Konstruktion einer Brücke oder eines Brückenteils, Bearbeitung eines Antrags auf eine Sozialleistung, Betreuung einer Person oder Personengruppe, Durchführung einer Unterhaltungs- oder Instandsetzungsarbeit). [2]Jeder einzelne Arbeitsvorgang ist als solcher zu bewerten und darf dabei hinsichtlich der Anforderungen zeitlich nicht aufgespalten werden. [3]Eine Anforderung im Sinne der Sätze 2 und 3 ist auch das in einem Tätigkeitsmerkmal geforderte Herausheben der Tätigkeit aus einer niedrigeren Entgeltgruppe.

(3) Die Entgeltgruppe des/der Beschäftigten ist im Arbeitsvertrag anzugeben.

IV

§ 13 (VKA) TVöD – Eingruppierung in besonderen Fällen

(1) [1]Ist der/dem Beschäftigten eine andere, höherwertige Tätigkeit nicht übertragen worden, hat sich aber die ihr/ihm übertragene Tätigkeit (§ 12 (VKA) Abs. 2 Satz 1) nicht nur vorübergehend derart geändert, dass sie den Tätigkeitsmerkmalen einer höheren als ihrer/seiner bisherigen Entgeltgruppe entspricht (§ 12 (VKA) Abs. 2 Sätze 2 bis 6, und hat die/der Beschäftigte die höherwertige Tätigkeit ununterbrochen sechs Monate lang ausgeübt, ist sie/er mit Beginn des darauffolgenden Kalendermonats in der höheren Entgeltgruppe eingruppiert. [2]Für die zurückliegenden sechs Kalendermonate gilt § 14 Abs. 1 sinngemäß.

(2) [1]Ist die Zeit der Ausübung der höherwertigen Tätigkeit durch Urlaub, Arbeitsbefreiung, Arbeitsunfähigkeit, Kur- oder Heilverfahren oder Vorbereitung auf eine Fachprüfung für die Dauer von insgesamt nicht mehr als sechs Wochen unterbrochen worden, wird die Unterbrechungszeit in die Frist von sechs Monaten eingerechnet. [2]Bei einer längeren Unterbrechung oder bei einer Unterbrechung aus anderen Gründen beginnt die Frist nach der Beendigung der Unterbrechung von neuem.

(3) Wird der/dem Beschäftigten vor Ablauf der sechs Monate wieder eine Tätigkeit zugewiesen, die den Tätigkeitsmerkmalen ihrer/seiner bisherigen Entgeltgruppe entspricht, gilt § 14 Abs. 1 sinngemäß.

Protokollerklärung zu §§ 12 (VKA), 13 (VKA):

Die Grundsätze der korrigierenden Rückgruppierung bleiben unberührt.

2. Anmerkungen zu den zentralen Eingruppierungsvorschriften

Die zentralen Eingruppierungsvorschriften enthalten im Vergleich zum früheren Recht keine materiellen Veränderungen. Insbesondere die tragenden Gedanken der Tarifautomatik, die Anknüpfung an die auszuübende Tätigkeit, die Bildung von Arbeitsvorgängen, die Notwendigkeit eines eingruppierungsrelevanten Umfangs der Tätigkeit usw. entsprechen dem Vorgängerrecht, das sich über Jahrzehnte bewährt hat und für dessen Auslegung bis heute auf eine gewachsene Rechtsprechung zurückgegriffen werden kann. Im Einzelnen ist dazu Folgendes anzumerken:

3. Zu § 12 (VKA) TVöD: Eingruppierung

3.1 Arbeitsvertrag und auszuübende Tätigkeit

Die Eingruppierung der Beschäftigten richtet sich nach der Tätigkeit, die aufgrund des Arbeitsvertrages auf Dauer auszuüben ist. Entscheidend ist also die Gestaltung des Arbeitsvertrages. Die Vereinbarung im Arbeitsvertrag über die auszuübende Tätigkeit begründet einen Anspruch auf Beschäftigung mit entsprechenden Tätigkeiten und ist maßgebend für die Eingruppierung und damit auch für das Entgelt. Im Interesse der Klarheit ist die Entgeltgruppe im Arbeitsvertrag – ggf. als Änderung – anzugeben (§ 12 (VKA) Abs. 3 TVöD).

Einer der Kerngedanken der Eingruppierungsvorschriften ist, dass die Eingruppierung aufgrund der sog. Tarifautomatik erfolgt. Der Arbeitnehmer ist danach automatisch in die Entgeltgruppe eingruppiert, deren Tätigkeitsmerkmale die gesamte, von dem Beschäftigten nicht nur vorübergehend auszuübende Tätigkeit entspricht. Die Eingruppierung ist also eine zwingende Rechtsfolge, die sich aus dem Tarifvertrag ergibt, ohne dass es dazu eines formellen Eingruppierungsaktes des Arbeitgebers bedarf. Ein solcher hat allenfalls deklaratorische Wirkung.

3.2 Geltungsbereich und Kernaussagen des § 12 (VKA) TVöD

§ 12 (VKA) TVöD bestimmt,

- welche Tätigkeit für die Eingruppierung maßgebend ist, nämlich die gesamte auszuübende Tätigkeit, und
- in welchem zeitlichen Umfang die in den Tätigkeitsmerkmalen beschriebene Tätigkeit als Voraussetzung für die Eingruppierung ausgeübt werden muss (grundsätzlich mindestens zur Hälfte).
- Gegenstand der Bewertung ist jeder einzelne Arbeitsvorgang innerhalb der gesamten auszuübenden Tätigkeit.

§ 12 (VKA) TVöD gilt sowohl für die Eingruppierung bei Neueinstellungen als auch bei Übertragung einer anderen Tätigkeit. Nach § 12 (VKA) Abs. 2 Satz 1 TVöD sind Beschäftigte in der Entgeltgruppe eingruppiert, deren Tätigkeitsmerkmalen die gesamte von ihnen nicht nur vorübergehend auszuübende Tätigkeit entspricht.

Die Vorschrift enthält dabei gleich mehrere Aussagen:

- Die Worte „Die/Der Beschäftigte ist ... eingruppiert" machen deutlich, dass sich die Eingruppierung als zwingende rechtliche Folge der Tätigkeit ergibt. Damit kommt der Grundsatz der Tarifautomatik klar zum Ausdruck (siehe oben).
- Die gesamte Tätigkeit ist maßgebend. Es kommt also nicht auf die Feststellung und Unterscheidung von Teiltätigkeiten an und darauf, ob und welche Teiltätigkeit dabei überwiegt und ggf. der Bewertung zugrunde zu legen ist oder für die Bewertung außer Betracht zu bleiben hat. Die „gesamte auszuübende Tätigkeit" eines Beschäftigten setzt sich aus Arbeitsvorgängen zusammen, siehe dazu weiter unten.
- Es ist allein auf die auszuübende, d. h. auf die vom Arbeitgeber im Rahmen des Arbeitsvertrages ausdrücklich übertragene Tätigkeit abzustellen. Die mit den im Arbeitsumfeld tätigen Kollegen und gegebenenfalls auch mit dem unmittelbaren Fachvorgesetzten abgestimmte tatsächliche Ausübung einer höherwertigen Tätigkeit durch die Beschäftigten ohne (auch nur stillschweigende) diesbezügliche Zustimmung der für Personalangelegenheiten zuständigen Stelle des Arbeitgebers vermag keinen Anspruch der Beschäftigten auf Höhergruppierung zu begründen (Urteil des BAG vom 26. März 1997 – 4 AZR 489/95). Die an die auszuübende Tätigkeit anknüpfende Tarifautomatik gilt grundsätzlich auch während der Zeit der Einarbeitung auf einem Arbeitsplatz, sofern die Aufgaben des Arbeitsplatzes den Beschäftigten uneingeschränkt übertragen sind, obgleich sie in qualitativer und/oder quantitativer Hinsicht noch keine vollwertigen Arbeitsergebnisse zu erzielen vermögen. Dies gilt nicht, wenn der Beschäftigte zunächst lediglich Teil-Aufgaben (die einer niedrigeren Entgeltgruppe entsprechen) zu erfüllen hat.

3.3 Bewertung der Arbeitsvorgänge

Wann die nach § 12 (VKA) Abs. 2 Satz 1 TVöD maßgebende gesamte auszuübende Tätigkeit den Tätigkeitsmerkmalen einer Entgeltgruppe entspricht, ergibt sich aus Absatz 2 Sätze 2 ff. und der Protokollerklärung zu Absatz 2. Nach § 12 (VKA) Abs. 2 Satz 2 TVöD ist Grundlage der

Eingruppierung die Bewertung einzelner Arbeitsvorgänge (Sätze 1 und 2 der Protokollerklärung).

3.4 Ermittlung der Entgeltgruppe

Die gesamte auszuübende Tätigkeit eines Beschäftigten setzt sich aus Arbeitsvorgängen zusammen. Die einzelnen Arbeitsvorgänge sind die Elemente für die Bewertung der Tätigkeit. Für jeden Arbeitsvorgang ist das Tätigkeitsmerkmal zu ermitteln, dessen Anforderungen er erfüllt. Die für die einzelnen Arbeitsvorgänge, die derselben Entgeltgruppe zuzuordnen sind, **normalerweise** aufzuwendenden Zeiten sind zusammenzurechnen. Ergibt sich, dass zeitlich mindestens die Hälfte oder das ggf. im Tätigkeitsmerkmal festgelegte abweichende sonstige Maß (z. B. ein Drittel oder ein Fünftel) erreicht ist, folgt daraus, dass die gesamte Tätigkeit den Tätigkeitsmerkmalen dieser Entgeltgruppe entspricht und der Beschäftigte in dieser Entgeltgruppe eingruppiert ist.

Beispiel:

Von den im Monatsdurchschnitt insgesamt zu erledigenden Arbeitsvorgängen eines Beschäftigten sind

- der Anzahl nach 60 v. H. schwierige Tätigkeiten i. S. der Entgeltgruppe 4 Fallgruppe 2 der Allgemeinen Tätigkeitsmerkmale; sie nehmen 35 v. H. der gesamten Arbeitszeit in Anspruch,
- der Anzahl nach 40 v. H. solche Arbeitsvorgänge, die gründliche Fachkenntnisse im Sinne der Entgeltgruppe 5 a. a. O. erfordern; sie nehmen 65 v. H. der gesamten Arbeitszeit in Anspruch.

Der Beschäftigte ist in der Entgeltgruppe 5 eingruppiert.

Nach Satz 3 der Protokollerklärung ist das in einem Tätigkeitsmerkmal geforderte Herausheben der Tätigkeit aus einer niedrigeren Entgeltgruppe ebenfalls eine Anforderung im Sinne des § 12 (VKA) Abs. 2 Sätze 2 und 3 TVöD.

Beispiel:

Ein Beschäftigter hat Arbeitsvorgänge zu erledigen, von denen – dem zeitlichen Aufwand nach – 70 v. H. besonders verantwortungsvolle Tätigkeiten im Sinne der Entgeltgruppe 9c der Allgemeinen Tätigkeitsmerkmale darstellen. Ein Teil davon, der 25 v. H. der gesamten Arbeitszeit ausmacht, besteht aus Arbeitsvorgängen, deren Erledigung besonders schwierig und bedeutend i. S. der Entgeltgruppe 11 bzw. Entgeltgruppe 10 a. a. O. ist. Der Beschäftigte ist nicht in der Entgeltgruppe 11 eingruppiert, da der zeitliche Aufwand für die Erledigung der Arbeitsvorgänge, deren Erledigung besonders schwierig und bedeutend ist, nicht mindestens 50 v. H. beträgt. Er ist auch nicht in die Entgeltgruppe 10 a. a. O. eingruppiert, da auch das dort geforderte Maß der

Heraushebung (ein Drittel) ebenfalls nicht erreicht wird. Der Beschäftigte ist somit in Entgeltgruppe 9c a. a. O. eingruppiert.

3.5 Definition Arbeitsvorgang

Was ein Arbeitsvorgang ist, wird in Satz 1 der Protokollerklärung erläutert. Die Tarifvertragsparteien haben mit dem Begriff des Arbeitsvorgangs das Ziel verfolgt, die Bewertung der Tätigkeit anhand des kleinsten bei natürlicher und vernünftiger Betrachtungsweise abgrenzbaren Teils der gesamten Tätigkeit aufzubauen. Die Abgrenzung ergibt sich aus dem jeweiligen konkreten Arbeitsergebnis, zu dem der Arbeitsvorgang führt. Damit ist gewährleistet, dass z. B. sog. Zusammenhangsarbeiten, die als ein- und untergeordnete Teile einer Arbeitsleistung anzusehen sind, nicht gesondert gewertet werden dürfen (z. B. das für die Bearbeitung eines Aktenvorgangs erforderliche Heraussuchen eines Aktenstücks oder die Beiziehung anderer Vorgänge).

Das für die Abgrenzung des Arbeitsvorgangs maßgebende Arbeitsergebnis ist auf den Aufgabenkreis des Beschäftigten bezogen. Bei arbeitsteiliger Erledigung der Aufgaben ist z. B. nicht die Erstellung eines Bauplanes als Arbeitsvorgang anzusehen, sondern der konkrete Beitrag des Beschäftigten hierzu, soweit der Beitrag nicht seinerseits aus mehreren Arbeitsvorgängen besteht.

Der so gebildete einzelne Arbeitsvorgang ist methodisch gesehen der kleinste – selbstständige – Gegenstand der tariflichen Bewertung und darf hinsichtlich der Anforderungen zeitlich nicht weiter aufgespalten („atomisiert") werden (Satz 2 der Protokollerklärung). Daraus folgt: Ein Arbeitsvorgang ist als solcher entweder schwierig – oder er ist es nicht; er erfordert als solcher entweder eine selbstständige Leistung – oder er erfordert sie nicht. Dabei kommt es darauf an, ob innerhalb des Arbeitsvorgangs beispielsweise schwierige oder selbstständige Leistungen in einem rechtserheblichen Umfang anfallen. Ein Arbeitsvorgang, der nur zu einem Drittel schwierig wäre oder nur zu einem Fünftel selbstständige Leistungen erfordern würde, ist mit Blick auf die Definition des Arbeitsvorgangs nicht denkbar. Das Verbot der zeitlichen Aufspaltung bedeutet deshalb, dass der zeitliche Anteil, zu dem die tariflichen Tätigkeitsmerkmale einer bestimmten Fallgruppe erfüllt sein müssen, nicht innerhalb des Arbeitsvorgangs, sondern nach dem zeitlichen Anteil der entsprechenden Arbeitsvorgänge innerhalb der gesamten auszuübenden Tätigkeit festgestellt werden müssen. Innerhalb des einzelnen Arbeitsvorgangs sind nämlich die zu verzeichnenden Anforderungen stets jeweils voll oder gar nicht erfüllt.

Hinweis:

Das BAG neigt mittlerweile zur Bildung „großer" Arbeitsvorgänge; z. B. hat es in den Urteilen vom 28. Februar 2018 – 4 AZR 816/16 – sowie vom 9. September 2020 – 4 AZR 195/20 – die Tätigkeit von Geschäftsstellenverwaltern bzw. Beschäftigten in Serviceeinheiten bei Gerichten jeweils als einen einheitlichen Arbeitsvorgang angesehen. Sobald in dieser Tätigkeit in „rechtserheblichem Ausmaß" Tätigkeiten mit besonderer Heraushebung (z. B. Schwierigkeit) vorliegen, erfüllt der gesamte Arbeitsvorgang nach Auffassung des BAG diese Heraushebung. Folge ist eine tendenziell höhere Eingruppierung.

3.6 Betrachtung mehrerer Arbeitsvorgänge

Bestimmte Anforderungen, die in Tätigkeitsmerkmalen gestellt werden, können ihrer Natur nach vielfach nicht in einem einzigen Arbeitsvorgang erfüllt sein. So wird beispielsweise die Anforderung „vielseitige Fachkenntnisse" regelmäßig erst in der Bearbeitung mehrerer Arbeitsvorgänge auf verschiedenartigen Fach- oder Rechtsgebieten erfüllt werden können. Um dieser Besonderheit Rechnung zu tragen, ist in § 12 (VKA) Abs. 2 Satz 3 TVöD zugelassen, dass für die Prüfung, ob derartige Anforderungen erfüllt sind, entsprechende Arbeitsvorgänge **insoweit** zusammen betrachtet werden (= sog. „Anforderungsbetrachtung").

3.7 Ein Tätigkeitsmerkmal – mehrere Anforderungen

§ 12 (VKA) Abs. 2 Satz 4 TVöD regelt die Fälle, in denen in einem Tätigkeitsmerkmal mehrere Anforderungen gestellt werden (z. B. gründliche und vielseitige Fachkenntnisse einerseits, selbstständige Leistungen andererseits). In diesen Fällen muss jede dieser Anforderungen in dem für die Bewertung der gesamten Tätigkeit geforderten zeitlichen Ausmaß erfüllt sein. Dieses zeitliche Ausmaß beträgt nach § 12 (VKA) Abs. 2 Satz 2 TVöD grundsätzlich die Hälfte; ist in einem Tätigkeitsmerkmal selbst ein anderes zeitliches Maß bestimmt (z. B. „zu einem Drittel selbstständige Leistungen"), so gilt dieses Maß (Satz 5 a. a. O.).

3.8 Tätigkeitsmerkmale mehrerer Entgeltgruppen

Eine Besonderheit liegt in den Fällen vor, in denen dieselbe Anforderung in Tätigkeitsmerkmalen mehrerer Entgeltgruppen verwendet wird und lediglich das zeitliche Maß über die Eingruppierung entscheidet. Die eingruppierungsrelevante Zuordnung ergibt sich in diesen Fällen erst nach Feststellung der zeitlichen Inanspruchnahme mit Arbeitsvorgängen, die diese Anforderung erfüllen (= sog. „Gesamtbetrachtung").

Beispiel:

Ein Beschäftigter erledigt:

a) Arbeitsvorgänge, die schwierige Tätigkeiten i. S. der Entgeltgruppe 4 Fallgruppe 2 der Allgemeinen Tätigkeitsmerkmale darstellen (Arbeitsvorgänge A),

b) Arbeitsvorgänge, die gründliche und vielseitige Fachkenntnisse i. S. d. Entgeltgruppe 6 a. a. O. erfordern (Arbeitsvorgänge B),

c) Arbeitsvorgänge, die gründliche und vielseitige Fachkenntnisse sowie selbstständige Leistungen i. S. d. Entgeltgruppe 7, 8 bzw. 9a a. a. O. erfordern (Arbeitsvorgänge C).

Der Beschäftigte ist in der Entgeltgruppe 4 eingruppiert, wenn die Arbeitsvorgänge A zeitlich überwiegen.

Der Beschäftigte ist in Entgeltgruppe 6 eingruppiert, wenn die Arbeitsvorgänge B und C zusammen zeitlich mindestens 50 v. H. ausmachen.

Der Beschäftigte ist in der Entgeltgruppe 9a eingruppiert, wenn bei einem mindestens hälftigen Zeitanteil der Arbeitsvorgänge B und C die Arbeitsvorgänge C zeitlich mindestens die Hälfte ausmachen.

Der Beschäftigte ist in der Entgeltgruppe 8 eingruppiert, wenn bei einem mindestens hälftigen Zeitanteil der Arbeitsvorgänge B und C die Arbeitsvorgänge C zeitlich mindestens 33 1/3 v. H. aber weniger als 50 v. H. ausmachen.

Der Beschäftigte ist in der Entgeltgruppe 7 eingruppiert, wenn bei einem mindestens hälftigen Zeitanteil der Arbeitsvorgänge B und C die Arbeitsvorgänge C zeitlich mindestens 20 v. H., aber weniger als 33 1/3 v. H. ausmachen.

Der Beschäftigte ist in der Entgeltgruppe 4 eingruppiert, wenn die Arbeitsvorgänge C zeitlich zwar mehr als 20 v. H., die Arbeitsvorgänge B und C zusammen jedoch weniger als 50 v. H. ausmachen (siehe oben).

3.9 Mischarbeitsplätze

In diesem Zusammenhang stellt sich in der Praxis häufig die Frage, wie im Fall von sog. Mischarbeitsplätzen (Gesamtheit von selbstständig zu bewertenden Arbeitsvorgängen, die unterschiedlichen Tätigkeitsmerkmalen in unterschiedlichen Teilen, Abschnitten oder Unterabschnitten der Entgeltordnung zuzuordnen sind) zu verfahren ist. Hier ist zunächst nach den vorstehend genannten Grundsätzen innerhalb der jeweils einschlägigen Gliederungseinheit der Entgeltordnung eine Zuordnung der Arbeitsvorgänge zu den dort aufgeführten Entgeltgruppen vorzunehmen. Anschließend erfolgt ggf. eine sog. „Entgeltgruppenbetrachtung". Dies ergibt sich daraus, dass gemäß § 12 (VKA) Abs. 2 Satz 2 TVöD die gesamte auszuübende Tätigkeit den Tätigkeitsmerkmalen einer Entgeltgruppe entspricht, wenn zeitlich mindestens zur Hälfte Arbeitsvorgänge anfallen, die für sich genommen die Anforderungen eines Tätigkeitsmerkmals oder mehrerer Tätigkeitsmerkmale **dieser Entgeltgruppe** erfüllen.

Beispiel:

Die Tätigkeit eines Beschäftigten besteht aus vier Arbeitsvorgängen, wobei keiner für sich genommen ein zeitliches Maß von mindestens der Hälfte der Gesamttätigkeit erreicht. Diese Arbeitsvorgänge erfüllen die Anforderungen der folgenden Tätigkeitsmerkmale verschiedener Gliederungseinheiten der Entgeltordnung:

1. Bezügerechner mit einem Zeitanteil von **35 v. H.** (Teil A Abschnitt II Ziffer 1 der Entgeltordnung; Tätigkeit i. S. d. **EG 9a**)
2. Bürodienst mit Sachbearbeitung mit einem Zeitanteil von **20 v. H.** (Teil A Abschnitt I Ziffer 3 der Entgeltordnung; gründliche und vielseitige Fachkenntnisse und selbstständige Leistungen i. S. d. **EG 9a**)
3. Bürodienst mit Sachbearbeitung mit einem Zeitanteil von **20 v. H.** (Teil A Abschnitt I Ziffer 3 der Entgeltordnung; gründliche und vielseitige Fachkenntnisse i. S. d. **EG 6**)
4. Bürodienst mit einem Zeitanteil von **25 v. H.** (Teil A Abschnitt I Ziffer 3 der Entgeltordnung; schwierige Tätigkeiten i. S. d. **EG 4**)

Festzustellen ist zunächst, dass der Arbeitsvorgang 1 dem Teil A Abschnitt II Ziffer 1 der Entgeltordnung und die Arbeitsvorgänge 2 bis 4 dem Teil A Abschnitt I Ziffer 3 der Entgeltordnung zuzuordnen sind („eingruppierungsrechtlicher Spezialitätsgrundsatz" – d. h. spezielle Tätigkeitsmerkmale gehen den allgemeinen Tätigkeitsmerkmalen immer vor).

Schritt 1: Keiner der Arbeitsvorgänge 2 bis 4 erreicht für sich genommen das notwendige zeitliche Maß von 50 v. H. der Gesamtarbeitszeit.

Schritt 2: Anforderungsbetrachtung: Es sind keine Anhaltspunkte dafür ersichtlich, dass sich durch die zusammenfassende Beurteilung von Arbeitsvorgängen derselben Gliederungseinheit der Entgeltordnung (hier: Arbeitsvorgänge 2 bis 4) die Erfüllung einer höheren Anforderung ergeben könnte.

Schritt 3: Gesamtbetrachtung: Da die einschlägigen Tätigkeitsmerkmale in Teil A Abschnitt I Ziffer 3 aufeinander aufbauen und ein höheres Tätigkeitsmerkmal damit immer auch die darunter liegenden Tätigkeitsmerkmale erfüllt, liegt bei den Arbeitsvorgängen 2 und 3 jeweils auch die Anforderung der „schwierigen Tätigkeit" vor. Diese Arbeitsvorgänge können mit ihren Zeitanteilen dem Arbeitsvorgang 4 hinzugerechnet werden, sodass sich eine Eingruppierung in **Entgeltgruppe 4** ergäbe (mindestens zu 50 v. H. „schwierige Tätigkeiten"). Eine Hinzurechnung des Arbeitsvorgangs 3 zum Arbeitsvorgang 2 hingegen würde nicht für eine Eingruppierung in Entgeltgruppe 6 ausreichen, da zusammen nur zu 40 v. H. „gründliche und vielseitige" Fachkenntnisse vorlägen.

Schritt 4: Entgeltgruppenbetrachtung: In den Arbeitsvorgängen 1 und 2 werden Tätigkeitsmerkmale erfüllt, die jeweils der Entgeltgruppe 9a zugeordnet sind, ohne für sich allein genommen den erforderlichen Zeitanteil von mindestens 50 v. H. der Gesamttätigkeit zu erfüllen. Im Rahmen der

Entgeltgruppenbetrachtung sind die Zeitanteile von Arbeitsvorgängen der gleichen Entgeltgruppe (in diesem Fall Entgeltgruppe 9a aus den Arbeitsvorgängen 1 und 2) zu addieren, und zwar unabhängig von dem Teil bzw. der Gliederungseinheit der Entgeltordnung, in dem die jeweiligen Tätigkeitsmerkmale geregelt sind. Nach Addition der Zeitanteile aus Arbeitsvorgang 1 mit 35 v. H. und aus Arbeitsvorgang 2 mit 20 v. H. ergeben sich zu 55 v. H. Zeitanteile der Entgeltgruppe 9a. Hiermit ist das erforderliche zeitliche Maß von mindestens der Hälfte der Gesamttätigkeit des Beschäftigten für die Entgeltgruppe 9a erfüllt.

3.10 Zeitraum der Bewertung

Für die Bewertung der von dem Beschäftigten auszuübenden Tätigkeit ist ein angemessener Zeitraum zugrunde zu legen. Der Zeitraum ist angemessen, wenn gewährleistet ist, dass die in dem Aufgabenkreis des Beschäftigten auf Dauer regelmäßig anfallenden Arbeitsvorgänge sicher erfasst werden. Hierzu hat das Bundesarbeitsgericht mit Urteil vom 26. April 1966 – 1 AZR 458/64 – entschieden, dass, wenn die Tätigkeit des Beschäftigten in ihrem Schwierigkeitsgrad Schwankungen unterworfen ist, die Feststellung, ob der Beschäftigte überwiegend selbstständige Leistungen erbringt, über einen längeren (z. B. sechsmonatigen) Zeitraum zu erstrecken sind.

3.11 Anforderungen in der Person des Beschäftigten

Bei den nach § 12 (VKA) Abs. 2 Satz 6 TVöD geforderten Anforderungen in der Person des Beschäftigten kann es sich z. B. um eine geforderte Ausbildung, staatliche Anerkennung oder um die Erfüllung der Zeit einer Tätigkeit handeln.

3.12 Anforderungen in der Funktion des Beschäftigten

§ 12 (VKA) TVöD gilt auch für Tätigkeitsmerkmale, in denen eine bestimmte Funktion des Beschäftigten für die Eingruppierung maßgebend ist (z. B. Kassenleiter, ständiger Vertreter des ..., Beschäftigter ... mit x Unterstellten). In diesen Fällen bedarf es nicht der Bewertung der einzelnen Arbeitsvorgänge, da diese bereits im Tätigkeitsmerkmal selbst insgesamt pauschal bewertet sind. Übt ein Beschäftigter daneben eine Tätigkeit aus, die unter ein anderes Tätigkeitsmerkmal fällt, ist bei der Anwendung des § 12 Abs. 2 (VKA) TVöD die Funktionstätigkeit als Summe gleich zu bewertender Arbeitsvorgänge anzusehen. Es kommt also auf das zeitliche Ausmaß an, in dem die Funktion ausgeübt wird.

3.13 Nachweis Eingruppierung

Zum Nachweis der tarifgerechten Eingruppierung sind in der Regel die dem Beschäftigten übertragenen Tätigkeiten und deren Zuordnung zu den Tätigkeitsmerkmalen der Entgeltordnung in einer Arbeitsplatzbeschreibung vollständig und nachprüfbar darzustellen. Die Arbeitsplatzbeschreibung gliedert sich klassischerweise in zwei Teile: Tätigkeitsdarstellung und Tätigkeitsbewertung.

- Die Tätigkeitsdarstellung sollte möglichst klar und detailliert die Aufgaben (schon in den für die Tätigkeitsbewertung relevanten „Arbeitsvorgängen" gegliedert), die Verantwortlichkeiten, die Anforderungen und die betriebliche Eingliederung der Position des Beschäftigten darstellen. Sie sollte Haupttätigkeiten sowie spezielle Aufgaben umfassen und ggf. bereits auf Tätigkeitsmerkmale eingehen, die für die Tätigkeitsbewertung entscheidend sind (z. B. Funktionsmerkmale).
- In der Tätigkeitsbewertung werden die festgestellten Arbeitsvorgänge einschließlich der Zusammenhangstätigkeiten unter die einschlägigen Tätigkeitsmerkmale der Entgeltordnung subsumiert. Dabei ist jeder einzelne Arbeitsvorgang als solcher zu bewerten; er darf dabei nicht nach verschiedenen Anforderungen zeitlich aufgespalten („atomisiert") werden.

IV

3.14 Neu eingestellte Beschäftigte

Bei neu eingestellten Beschäftigten, die erst eingearbeitet oder erprobt werden, oder bei Beschäftigten, die auf einem anderen Arbeitsplatz eingearbeitet oder erprobt werden, genügt zunächst eine Tätigkeitsdarstellung und -bewertung mit den Angaben, die für die endgültige Übertragung der Tätigkeiten maßgebend sind. Für eine Abweichung hiervon müssten in einem Vermerk die Gründe festgehalten werden, die einer höheren Eingruppierung derzeit noch entgegenstehen (dass z. B. wegen der Einarbeitung oder Erprobung selbstständige Leistungen noch nicht zu erbringen sind oder eine besondere Verantwortung mit der Ausübung der Tätigkeit noch nicht verbunden ist).

3.15 Höherwertige Tätigkeit in Vertretung

Wird einem Beschäftigten vertretungsweise eine andere, höherwertige Tätigkeit übertragen (§ 14 Abs. 1 TVöD), kann von der Erstellung einer Tätigkeitsdarstellung und -bewertung abgesehen werden, wenn die Tätigkeitsdarstellung und -bewertung des Vertretenen ausreichenden Aufschluss über die vertretungsweise auszuübende Tätigkeit gibt.

Erst eine dauerhafte Übertragung einer höher bewerteten Tätigkeit führt zu einer verbesserten Eingruppierung nach § 12 (VKA) TVöD.

3.16 Tätigkeitsbereich/Vereinbarung Arbeitsvertrag

Falls keine spezielle Vereinbarung im Arbeitsvertrag getroffen worden ist, können dem Beschäftigten alle Tätigkeiten übertragen werden, die die Merkmale der für ihn maßgebenden Entgeltgruppe erfüllen (siehe die gefestigte Rechtsprechung des Bundesarbeitsgerichts, z. B. Urteil vom 26. Juni 2002 – 6 AZR 50/00). Die Zuweisung der einer niedrigeren Entgeltgruppe zuzurechnenden Tätigkeit scheidet aber selbst dann aus, wenn das bisher gezahlte Entgelt fortgezahlt wird (BAG-Urteil vom 8. Oktober 1962 – 2 AZR 550/61).

3.17 Fehlerhafte Entgeltgruppe

Nach dem Urteil des Bundesarbeitsgerichts vom 23. August 1995 – 4 AZR 352/94 – bedarf es zur Korrektur der Eingruppierung bei dem Beschäftigten nach unzutreffend mitgeteilter Entgeltgruppe – unbeschadet der erforderlichen Mitbestimmung der Personalvertretung – keiner Änderungskündigung, wenn die unzutreffend mitgeteilte Entgeltgruppe auf eine rechtsfehlerhafte Tarifanwendung zurückzuführen ist. Der Mitteilung der Entgeltgruppe durch den Arbeitgeber kommt nach Auffassung des BAG (siehe Urteil vom 16. Februar 2000 – 4 AZR 62/99) nur eine deklaratorische Bedeutung zu.

Hinsichtlich der Beweislast bei der Korrektur einer fehlerhaften Eingruppierung gilt grundsätzlich, dass Beschäftigte, wenn sie der Ansicht sind, sie seien zu niedrig eingruppiert, sie alle Tatsachen vortragen müssen, aus denen sich die behauptete höhere Eingruppierung ergibt. Umgekehrt sieht es hingegen bei korrigierenden Herabgruppierungen aus (Urteil des BAG vom 16. August 2023 – 4 AZR 339/22).

4. Zu § 13 (VKA) TVöD: Eingruppierung in besonderen Fällen

4.1 Änderung der einschlägigen Tätigkeitsmerkmale

§ 13 (VKA) TVöD regelt nur die Fälle, in denen dem Beschäftigten nicht eine höherwertige Tätigkeit vom Arbeitgeber übertragen wird, sondern sich die Tätigkeit des Beschäftigten aus sich heraus (z. B. durch Änderung von Gesetzen usw.) derart ändert, dass sie den Tätigkeitsmerkmalen einer höheren Entgeltgruppe entspricht. Eine solche Änderung „aus sich heraus" ist ein Sonderfall. Ein verständiger und fürsorglicher Arbeitgeber sollte von Zeit zu Zeit prüfen, ob der Zuschnitt des Arbeitsplatzes noch der Eingruppierungssituation entspricht; er kann dann durch Umverteilungen, Aufgabenverlagerungen etc. steuernd eingreifen.

4.2 Dauer der Tätigkeit

Der Beschäftigte ist automatisch in der höheren Entgeltgruppe eingruppiert, wenn er die höherwertige Tätigkeit sechs Monate lang ununterbrochen (wegen unschädlicher bzw. schädlicher Unterbrechungen siehe jedoch Absatz 2 der Vorschrift) ausgeübt hat und zwar mit dem Ersten des nach Ablauf der sechs Monate folgenden Kalendermonats. Dabei wird die Dauerhaftigkeit der Änderung vorausgesetzt; eine nur vorübergehende Änderung der Anforderungen berührt die Eingruppierung nicht. Für die zurückliegenden sechs Kalendermonate erhält der Beschäftigte eine Zulage nach § 14 Abs. 1 TVöD.

4.3 Entzug höherwertiger Tätigkeit

Nach Absatz 3 der Vorschrift gilt § 14 Abs. 1 TVöD auch sinngemäß bei Entzug der höherwertigen Tätigkeit.

III. Wesentliche Veränderungen in der Entgeltordnung

1. Grundsatz

Anders als die Tarifpartner im Bereich der Länder verfolgten die Tarifpartner der Kommunen bei der Schaffung der Entgeltordnung zum TVöD (VKA) nicht nur einen eher redaktionellen Ansatz. Schon im Länderbereich durfte der Gedanke der redaktionellen Überarbeitung zwar nicht so verstanden werden, dass die alten Tätigkeitsmerkmale für Arbeiter und Angestellte nur eher milde sprachlich überarbeitet wurden („Beschäftigte" statt „Arbeiter" und „Angestellte", „Entgeltgruppen 1 bis 15" statt „Lohngruppen 1 bis 9" und „Vergütungsgruppen X bis I" und Streichung unnötig gewordener Aufstiegsmerkmale). Zur redaktionellen Arbeit gehörte bereits im Länderbereich, dass z. B. auch veraltete Berufsbezeichnungen ersetzt oder gestrichen wurden. Unmittelbarer Ausdruck des eher redaktionellen Auftrags war aber, dass die Überarbeitung grundsätzlich nicht zu einer Verschiebung der in den alten Regelwerken sowie dem Überleitungsrecht des TVÜ-Länder vereinbarten Wertigkeiten der Tätigkeiten führen sollte. Diesen Auftrag hatten die Tarifpartner der Länder nicht aus dem Auge verloren, sodass die redaktionelle Überarbeitung letztlich nur in Teilbereichen zu materiellen Veränderungen geführt hat. Sowohl die redaktionelle Tiefe bei der Überarbeitung (ggf. auch Streichung) der Tätigkeitsmerkmale als auch die materiellen Eingriffe gingen bereits im Bereich des Bundes deutlich weiter als im Länderbereich. Im Bereich der Kommunen wurden dann noch umfassendere Änderungen vereinbart und das bisherige Tarifwerk noch nachhaltiger „entschlackt". Nachstehend sind in Kürze die aus Sicht der Verfasser wichtigsten materiellen Veränderungen im Vergleich zum früheren, übergangsweise fortgeltenden Eingruppierungs-/Einreihungsrecht der Kommunen sowie die Grundstrukturen der neuen Entgeltordnung dargestellt.

2. Wichtige materielle Änderungen

2.1 Neubewertungen in den unteren Entgeltgruppen

Insbesondere die Tätigkeitsmerkmale der Entgeltgruppen 3 bis 8 hatten die Tarifpartner der Kommunen neu bewertet und im Vergleich zum Niveau der Anlage 3 TVÜ-VKA einer höheren Entgeltgruppe zugewiesen. Dabei wurden letztlich die Effekte der im Zuge der Tarifreform 2005 gestrichenen Aufstiege in der Form wiederhergestellt, dass die Beschäftigten von Beginn an in der höheren Entgeltgruppe eingruppiert sind. Dabei wird – wie zuvor bei der Entgeltordnung der Länder und des Bundes – gerade bei kurzen Tätigkeits-/Bewährungszeiten die Überlegung eine Rolle gespielt haben, dass die früher erst nach gewisser Zeit erreichbare Vergütungsgruppe die eigentliche Wertigkeit der Tätigkeit widerspiegelt, während es sich bei der ersten, bezogen auf die durchschnittliche Verweildauer oder gar ein Berufsleben eher kurze Tätigkeitsphase faktisch um eine abgesenkte Eingruppierung gehandelt hat.

Die Aufstiegsmerkmale in den Entgeltgruppen 9 und höher konnten gestrichen werden. Die Anlage 3 TVÜ-VKA bildete in diesem Bereich nämlich Verläufe ab, die unabhängig vom Standort in diesem Verlauf jeweils in die gleiche Entgeltgruppe führten. Eine vergleichbare Regelung zur Wiederherstellung von Aufstiegseffekten wie in den unteren Entgeltgruppen war daher in den Entgeltgruppen 9 und höher nicht erforderlich.

2.2 Entgeltgruppen 4 und 7 für ehemalige Angestellte

Teilweise wurden in der Entgeltordnung ehemalige Angestelltentätigkeiten erstmalig der Entgeltgruppe 4 bzw. der Entgeltgruppe 7 zugeordnet. Dadurch ließ sich trotz der im Vergleich zum alten Eingruppierungssystem reduzierten Anzahl der Entgeltgruppen eine gewisse „Feineinstellung" erreichen, die mit Blick auf die eher geringen finanziellen Abstände der unteren Entgeltgruppen voneinander wünschenswert war. Die Belegung der Entgeltgruppe 7 im Allgemeinen Teil der Entgeltordnung stellte auch im Vergleich zum alten BAT-Recht eine echte Verbesserung dar.

2.3 Entgeltgruppe 13 + Zulage

Diejenigen Merkmale der früheren Vergütungsgruppe II BAT mit kürzeren Aufstiegen, die zuvor formal zur Eingruppierung in Entgeltgruppe 13 führten und nach näherer Maßgabe des § 17 Abs. 8 TVÜ-VKA eine Zulage in Höhe des Unterschiedsbetrages zwischen Entgeltgruppe 13 und Entgeltgruppe 14 beinhalteten, wurden unmittelbar der Entgeltgruppe 14 zugeordnet.

Beschäftigte mit einem Anspruch auf eine Zulage nach § 17 Abs. 8 TVÜ-VKA wurden stufengleich und unter Beibehaltung der in ihrer Stufe zurückgelegten Stufenlaufzeit in die Entgeltgruppe 14 übergeleitet (siehe § 29c Abs. 1 TVÜ-VKA). Neben einer höheren Stabilität (die Zulage entfiel zuvor bei Umsetzungen in andere, keine Zulage auslösende Tätigkeiten der Entgeltgruppe 14; die „echte" Eingruppierung in die Entgeltgruppe 14 konnte nur durch Änderungskündigung oder eine einvernehmliche Vertragsänderung beseitigt werden) ergaben sich dadurch in erster Linie bei Zeitzuschlägen des § 8 TVöD Auswirkungen, weil diese zuvor aus dem geringeren Tabellenentgelt der Entgeltgruppe 13 abgeleitet wurden und die Zulage des § 17 Abs. 8 TVÜ-VKA sich auf die Zuschläge nicht auswirkte.

2.4 Entgeltgruppen 9a, 9b und 9c

Die Tarifpartner der Kommunen haben die vorherige Unterteilung der Entgeltgruppe 9 in eine „kleine" Entgeltgruppe 9 (mit längeren Stufenlaufzeiten und fehlender Stufe 5 bzw. fehlenden Stufen 5 und 6) und eine uneingeschränkte Entgeltgruppe 9 abgeschafft. An die Stelle der „kleinen" Entgeltgruppe 9 ist die Entgeltgruppe 9a getreten. Dabei handelt es sich um eine eigenständige Entgeltgruppe mit regulären Stufenlaufzeiten. Die Beschäftigten der „kleinen" Entgeltgruppe 9 mit fehlender Stufe 6 wurden weitgehend in die Stufe der Entgeltgruppe 9a übergeleitet, deren Betrag ihrer bisherigen Stufe entsprach (siehe § 29c TVÜ-VKA). Die Beschäftigten der „kleinen" Entgeltgruppe 9 mit fehlenden Stufen 5 und 6 wurden stufengleich unter Mitnahme ihrer Stufenlaufzeit in die Entgeltgruppe 9a übergeleitet (siehe § 29c Abs. 4 TVÜ-VKA). Die uneingeschränkte Entgeltgruppe 9 wurde ohne betragsmäßige Veränderungen in Entgeltgruppe 9b umbenannt. Die vorherigen Tabellenwerte der Entgeltgruppe 9 finden sich dementsprechend unverändert in der Entgeltgruppe 9b wieder. Die Beschäftigten der Entgeltgruppe 9 ohne Einschränkungen wurden stufengleich unter Beibehaltung ihrer Stufenlaufzeit in die Entgeltgruppe 9b übergeleitet (siehe § 29c Abs. 2 TVÜ-VKA). Die Entgeltgruppe 9c wurde neu eingefügt und ist eine Heraushebung aus der Entgeltgruppe 9b. Sie wurde betragsmäßig zwischen die bisherigen Entgeltgruppen 9 und 10 geschoben. Für die Eingruppierung in die neue Entgeltgruppe 9c bedurfte es eines Antrags (siehe unten Abschnitt V); es erfolgte keine automatische Überleitung.

2.5 Bestimmte Beschäftigtengruppen

2.5.1 Technische Beschäftigte, Ingenieure, Meister

Die früheren Tätigkeitsmerkmale für technische, vermessungstechnische sowie landkartentechnische Beschäftigte (früher: Angestellte) sind weitreichend überarbeitet worden. Für die Ingenieure wurden insoweit strukturelle Verbesserungen vereinbart, als dass für eine Heraushebung aus Entgeltgruppe 10 (nach 11), Entgeltgruppe 11 (nach 12) und Entgeltgruppe 12 (nach 13) ein Drittel-Umfang der Heraushebung ausreicht (statt dem an sich erforderlichen Hälfte-Umfang – siehe Teil A Abschnitt II Nr. 3 der Entgeltordnung (VKA). Auch die Eingruppierung der Techniker wurde im Vergleich zur früheren Eingruppierung und der Entgeltordnung für die Beschäftigten der Länder angehoben (z. B. Eingangseingruppierung Entgeltgruppe 8 statt 7 – siehe Teil A Abschnitt II Nr. 5 der Entgeltordnung (VKA)). Dafür entfiel die Technikerzulage. Entsprechendes gilt für Meister und die Meisterzulage. Beschäftigte, die die Zulagen am 31. Dezember 2016 erhalten haben, behielten ihren Anspruch, solange sie die anspruchsbegründende Tätigkeit unverändert ausüben (siehe § 29a Abs. 3 TVÜ-VKA).

2.5.2 Beschäftigte im Pflegedienst

Die Tätigkeitsmerkmale für Pflegekräfte, die sich im alten Recht aus der Anlage 1b zum BAT und seit dem Inkrafttreten des TVöD aus der sog. KR-Anwendungstabelle (Anlage 4 zum TVÜ-VKA) ergaben, wurden grundlegend überarbeitet. Sie finden sich in der jetzigen Entgeltordnung im Teil B Abschnitt XI. Neben vielen Detailverbesserungen (z. B. für fachweitergebildete Pflegekräfte sowie Leitungskräfte) wurde auch der Akademisierung der Pflegeberufe eingruppierungswirksam Rechnung getragen. So werden Pflegekräfte mit abgeschlossener Hochschulbildung und der in einer Protokollerklärung detailliert festgelegten, der Hochschulausbildung entsprechenden Tätigkeiten in die Entgeltgruppen 9b bis 12 eingruppiert. Die entsprechenden Tätigkeitsmerkmale sind in Teil B Abschnitt XI Unterabschnitt 1 der Entgeltordnung ausgebracht. Sie gelten auch für die „sonstigen Beschäftigten" (siehe dazu Abschnitt IV Nr. 3 dieses Beitrags). Lehrkräfte in der Pflege werden ebenfalls nicht mehr nach der KR- bzw. P-Tabelle, sondern nach der Normaltabelle bezahlt – die Eingruppierung erfolgt in die Entgeltgruppen 10 bis 15 (siehe Teil B Abschnitt XI Unterabschnitt 3 der Entgeltordnung).

Zum 1. Januar 2017 wurde die sog. „P-Tabelle" als Anlage E zum Besonderen Teil Pflege- und Betreuungseinrichtungen (BT-B) sowie zum Besonderen Teil Krankenhäuser (BT-K) eingeführt, die vor allen Dingen in den höheren Entgeltgruppen zu Verbesserungen führte. Die Überleitung der Beschäftigten in die neue P-Tabelle ist in § 29d TVÜ-VKA geregelt. Sie erfolgte – abgesehen von besonderen Regelungen für bestimmte Fallkonstellationen – grundsätzlich stufengleich unter Mitnahme der Stufenlaufzeit.

2.5.3 Beschäftigte im Sozial- und Erziehungsdienst

Die früher in den Besonderen Teilen Verwaltung (BT-V) sowie Pflege und Betreuungseinrichtungen (BT-B) als „Anhang zu der Anlage C (VKA)" vereinbarten Tätigkeitsmerkmale für Beschäftigte im Sozial- und Erziehungsdienst wurden als Teil B Abschnitt XXIV in die Entgeltordnung integriert. Der Anhang zu der Anlage C (VKA) wurde im BT-V sowie BT-B aufgehoben.

IV. Gliederung der Entgeltordnung

Die als Anlage 1 zum TVöD (VKA) vereinbarte Entgeltordnung für die Beschäftigten der Kommunen ist wie folgt gegliedert:

Grundsätzliche Eingruppierungsregelungen (Vorbemerkungen)

1.	Vorrang spezieller Tätigkeitsmerkmale
2.	Tätigkeitsmerkmale mit Anforderungen in der Person
3.	Wissenschaftliche Hochschulbildung
4.	Hochschulbildung
5.	Anerkannte Ausbildungsberufe
6.	Übergangsregelungen zu in der DDR erworbenen Abschlüssen
7.	Ausbildungs- und Prüfungspflicht
8.	Geltungsausschluss für Lehrkräfte
9.	Unterstellungsverhältnisse
10.	Ständige Vertreterinnen und Vertreter
Teil A	**Allgemeiner Teil**
I.	**Allgemeine Tätigkeitsmerkmale**
1.	Entgeltgruppe 1 (einfachste Tätigkeiten)
2.	Entgeltgruppen 2 bis 9a (handwerkliche Tätigkeiten)

3.	Entgeltgruppen 2 bis 12 (Büro-, Buchhalterei-, sonstiger Innendienst und Außendienst)
4.	Entgeltgruppen 13 bis 15
II.	**Spezielle Tätigkeitsmerkmale**
1.	Bezügerechnerinnen und Bezügerechner
2.	Beschäftigte in der Informations- und Kommunikationstechnik
3.	Ingenieurinnen und Ingenieure
4.	Meisterinnen und Meister
5.	Technikerinnen und Techniker
6.	Vorlesekräfte für Blinde
Teil B	**Besonderer Teil**
I.	**Apothekerinnen und Apotheker**
II.	**Ärztinnen und Ärzte sowie Zahnärztinnen und Zahnärzte**
1.	Ärztinnen und Ärzte sowie Zahnärztinnen und Zahnärzte
2.	Ärztinnen und Ärzte sowie Zahnärztinnen und Zahnärzte im Geltungsbereich des Besonderen Teils Krankenhäuser (BT-K)
III.	**Beschäftigte in Bäderbetrieben**
IV.	**Baustellenaufseherinnen und Baustellenaufseher**
V.	**Beschäftigte in Bibliotheken, Büchereien, Archiven, Museen und anderen wissenschaftlichen Anstalten**
VI.	**Beschäftigte im Fernmeldebetriebsdienst**
VII.	**Beschäftigte in der Fleischuntersuchung**
VIII.	**Fotografinnen und Fotografen**
IX.	**Beschäftigte im Fremdsprachendienst**
X.	**Gartenbau-, landwirtschafts- und weinbautechnische Beschäftigte**
XI.	**Beschäftigte in Gesundheitsberufen**
1.	Beschäftigte in der Pflege
2.	Leitende Beschäftigte in der Pflege
3.	Lehrkräfte in der Pflege
4.	Kardiotechnikerinnen und Kardiotechniker
4a.	Alltagsbegleiterinnen und -begleiter, Betreuungskräfte sowie Präsenzkräfte
5.	Diätassistentinnen und Diätassistenten
6.	Ergotherapeutinnen und Ergotherapeuten
7.	HNO-Audiologie-Assistentinnen und -Assistenten
8.	Logopädinnen und Logopäden

IV

9. Masseurinnen und medizinische Bademeisterinnen sowie Masseure und medizinische Bademeister
10. Medizinisch-technische Assistentinnen und Assistenten
11. Medizinische Dokumentarinnen und Dokumentare
12. Medizinische und Zahnmedizinische Fachangestellte
13. Orthoptistinnen und Orthoptisten
14. Pharmazeutisch-kaufmännische Angestellte
15. Pharmazeutisch-technische Assistentinnen und Assistenten
16. Physiotherapeutinnen und Physiotherapeuten
17. Präparationstechnische Assistentinnen und Assistenten
18. Psychologische Psychotherapeutinnen und -therapeuten sowie Kinder- und Jugendlichenpsychotherapeutinnen und -therapeuten
19. Zahntechnikerinnen und Zahntechniker
20. Leitende Beschäftigte
21. Lehrkräfte an staatlich anerkannten Lehranstalten für medizinische Berufe (Schulen)

XII. Beschäftigte in Häfen und Fährbetrieben

XIII. Beschäftigte im Kassen- und Rechnungswesen

XIV. Beschäftigte im kommunalen feuerwehrtechnischen Dienst

1. Beschäftigte im kommunalen feuerwehrtechnischen Dienst
2. Feuerwehrgerätewartinnen und Feuerwehrgerätewarte
3. Beschäftigte in Feuerwehrtechnischen Zentralen (Feuerwehrtechnischen Zentren)

XV. Beschäftigte in der Konservierung, Restaurierung, Präparierung und Grabungstechnik

XVI. Laborantinnen und Laboranten

XVII. Leiterinnen und Leiter von Registraturen

XVIII. Beschäftigte in Leitstellen

XIX. Beschäftigte in Magazinen und Lagern

XX. Musikschullehrerinnen und -lehrer

XXI. Reproduktionstechnische Beschäftigte

XXII. Beschäftigte im Rettungsdienst

1. Beschäftigte im Rettungsdienst
2. Beschäftigte an Rettungsdienstschulen

XXIII. Schulhausmeisterinnen und Schulhausmeister

XXIV. Beschäftigte im Sozial- und Erziehungsdienst

XXV. Beschäftigte in Sparkassen

IV

XXVI.	**Technische Assistentinnen und Assistenten sowie Chemotechnikerinnen und -techniker**
XXVII.	**Beschäftigte an Theatern und Bühnen**
XXVIII.	**Tierärztinnen und Tierärzte**
XXIX.	**Vermessungsingenieurinnen und Vermessungsingenieure**
XXX.	**Vermessungstechnikerinnen und -techniker sowie Geomatikerinnen und Geomatiker**
XXXI.	**Vorsteherinnen und Vorsteher von Kanzleien**
XXXII.	**Zeichnerinnen und Zeichner**
Anhang	**Regelungskompetenzen**

Bei der Struktur der Tätigkeitsmerkmale („Allgemeine Tätigkeitsmerkmale" und „Spezielle Tätigkeitsmerkmale" im „Allgemeinen Teil" sowie der „Besondere Teil") drängt sich die Frage auf, ob und inwieweit Tätigkeitsmerkmale des Allgemeinen Teils der Entgeltordnung eine Auffangfunktion darstellen, was u. U. auch dazu führen könnte, dass eine höhere Eingruppierung als nach den besonderen Merkmalen der übrigen Teile möglich wäre.

Die Tarifpartner haben es (wie auch im Fall von Bund und Ländern) weitgehend bei dem bewährten Abgrenzungssystem und dem Grundsatz „Spezialmerkmal geht vor Allgemeinem Merkmal" belassen. Die speziellen Tätigkeitsmerkmale im Abschnitt II des Teil A (Allgemeiner Teil) und im Teil B (Besonderer Teil) haben somit Vorrang vor den allgemeinen Tätigkeitsmerkmalen im Abschnitt I des Teil A (Allgemeiner Teil). Die Auffangfunktion des Allgemeinen Teils beschränkt sich daher allein auf Tätigkeiten, für die die übrigen Teile keine Tätigkeitsmerkmale bereithalten; in den Entgeltgruppen 2 bis 12 (Büro-, Buchhalterei-, sonstiger Innendienst und Außendienst) wird außerdem noch ein Verwaltungsbezug gefordert, um die Merkmale des Allgemeinen Teils I anwenden zu können. Das „Rangverhältnis" der Tätigkeitsmerkmale haben die Tarifpartner umfassend in Vorbemerkung Nr. 1 geregelt. Entsprechend der Unterteilung der gesamten auszuübenden Tätigkeit nach § 12 Abs. 2 (VKA) TVöD in einzelne Arbeitsvorgänge kommt es auch für den Vorrang des speziellen Tätigkeitsmerkmals jeweils auf den zu bewertenden Arbeitsvorgang an. Zu der Eingruppierung bei sog. Mischtätigkeiten siehe die Ausführungen unter II.3.9.

V. Struktur der Tätigkeitsmerkmale

Nachstehend wird zunächst unter 1. beispielhaft auf die Allgemeinen Tätigkeitsmerkmale im Allgemeinen Teil eingegangen. Diese bieten aufgrund von in der Entgeltordnung wiederkehrenden Tätigkeitsmerkmalen auch für die Speziellen Tätigkeitsmerkmale eine Orientierung. Unter 2. und 3. finden Sie Ausführungen zu den Eingruppierungsgrundsätzen „Minus-Eins-Regelung" und „Sonstigen Beschäftigten".

1. Allgemeiner Teil; Allgemeine Tätigkeitsmerkmale

1.1 Entgeltgruppe 1

§ **Entgeltgruppe 1**

Beschäftigte mit einfachsten Tätigkeiten.

IV

Das Tätigkeitsmerkmal galt auch schon vor Inkrafttreten der neuen Entgeltordnung für alle Beschäftigten im Geltungsbereich des TVöD (sowohl für handwerkliche Tätigkeiten als auch für Tätigkeiten im Büro-, Buchhalterei-, sonstigen Innendienst und im Außendienst). Einfachste Tätigkeiten i. S. der Entgeltgruppe 1 sind Tätigkeiten, die regelmäßig keine Vor- oder Ausbildung bzw. in Abgrenzung zu den einfachen Tätigkeiten (Entgeltgruppe 2) keine fachliche Einarbeitung erfordern. Der in der Entgeltordnung aufgeführte Beispielskatalog mit einfachsten Tätigkeiten ist nicht abschließend.

1.2 Beschäftigte mit körperlich/handwerklich geprägten Tätigkeiten (früher: „Arbeiter")

Die früheren Regelungen zu der dort „Einreihung" genannten Eingruppierung der damaligen Arbeiter (zur Abgrenzung der ehemaligen Arbeiter von den ehemaligen Angestellten siehe § 38 Abs. 5 TVöD) war besonders im Bereich der Kommunen wegen der starken Regionalisierung in bezirklichen Tarifverträgen nicht sehr übersichtlich. Die bezirklichen Tarifparteien waren in ihrer Vereinbarung zwar nicht völlig frei; denn der Rahmentarifvertrag zu § 20 Abs. 1 BMT-G (Lohngruppen, Oberbegriffe der Lohngruppen) enthielt Rahmenvorgaben, die auf bezirklicher Ebene zu beachten waren. Gleichwohl gab es Spielräume, die auch in landesbezirklichen Lohngruppenverzeichnissen genutzt wurden. Nach den im Rahmen der Tarifeinigung vom 29. April 2016 vereinbarten „Regelungskompetenzen" ist davon auszugehen, dass die im Allgemeinen Teil der Entgeltordnung vereinbarten Tätigkeitsmerkmale für handwerkliche Tätigkeiten (also für Arbeiter im alten Rechtssinn) auch künftig durch landesbezirkliche Regelungen ergänzt werden können (siehe hierzu Abs. 3 des Anhangs zur Entgeltordnung „Regelungskompetenzen"). Es ist daher damit zu rechnen, dass die nachstehend dargestellten Regelungen der allgemeinen Tätigkeitsmerkmale für ehemalige Arbeiter letztlich nicht abschließend sind, sondern noch um landesbezirkliche Regelungen ergänzt werden. Bei den Entgeltgruppen 8 und 9a wurde auf eine Rahmenvereinbarung verzichtet und ausdrücklich auf die Ergänzungsmöglichkeit der landesbezirklichen Tarifverträge verwiesen (siehe unten).

Dies vorangestellt ist zur Struktur der neuen Tätigkeitsmerkmale der nach altem Recht als Arbeiter einzustufenden Beschäftigten Folgendes anzumerken:

(Entgeltgruppe 1 – siehe unter 1.1)

Entgeltgruppe 2

Beschäftigte mit einfachen Tätigkeiten.

Einfache Tätigkeiten sind nach näherer Maßgabe des Klammerzusatzes zu diesem Tätigkeitsmerkmal Tätigkeiten, die weder eine Vor- noch eine Ausbildung, aber eine fachliche Einarbeitung erfordern. Im Regelfall dauert die Einarbeitung mehrere Tage oder wenige Wochen (BAG vom 20. Mai 2009 – 4 AZR 315/08). In Abgrenzung zur Entgeltgruppe 3 darf keine eingehende Einarbeitung erforderlich sein.

Entgeltgruppe 3

Beschäftigte, deren Tätigkeit sich dadurch aus der Entgeltgruppe 2 heraushebt, dass sie eine eingehende fachliche Einarbeitung erfordert.

Der Entgeltgruppe 3 werden nur die Tätigkeiten zugeordnet, die über die Entgeltgruppe 2 hinausgehen, aber noch nicht als „schwierig" im Sinne der Entgeltgruppe 4 angesehen werden können. Eine „eingehende fachliche Einarbeitung" i. S. d. Entgeltgruppe 3 ist erforderlich, wenn zur Ausübung der Tätigkeit fachbezogene Kenntnisse und Fertigkeiten benötigt werden, die – ohne eine Vor- oder Ausbildung vorauszusetzen – vom Arbeitgeber in der Regel binnen eines Zeitraums von sechs Wochen vermittelt werden können (siehe BAG-Urteil vom 13. Dezember 2023 – 4 AZR 317/22).

Entgeltgruppe 4

1. Beschäftigte mit erfolgreich abgeschlossener Ausbildung in einem anerkannten Ausbildungsberuf mit einer Ausbildungsdauer von weniger als drei Jahren, die in ihrem oder einem diesem verwandten Beruf beschäftigt werden.
2. Beschäftigte mit schwierigen Tätigkeiten.

Anmerkung zur Fallgruppe 1:

Ein anerkannter Ausbildungsberuf ist nach der Definition im BBiG ein Beruf, der als Grundlage für eine geordnete und einheitliche Berufsausbildung sowie zu ihrer Anpassung an die technischen, wirtschaftlichen und gesellschaftlichen Erfordernisse durch das Bundesministerium für Wirtschaft und Energie im Einvernehmen mit dem Bundesministerium für Bildung und Forschung (BMBF) staatlich anerkannt ist (§ 4 BBiG; § 25 HwO). Die auszuübende Tätigkeit und die Inhalte des erlernten Berufes müssen sich im Wesentlichen decken. Was die Tarifvertragsparteien unter „Anerkannte Ausbildungsberufe" verstehen, haben sie in Nr. 5 der Vorbemerkungen zur Entgeltordnung näher definiert. Maßgeblich bei der Zuordnung zu den Entgeltgruppen ist die Ausbildungsdauer. Beträgt die Ausbildungsdauer bei Vorliegen der übrigen Tätigkeitsmerkmale drei Jahre oder länger, erfolgt keine Eingruppierung in Entgeltgruppe 4, sondern in Entgeltgruppe 5.

Anmerkung zur Fallgruppe 2:

Schwierige Tätigkeiten nach der Fallgruppe 2 sind nach näherer Maßgabe der in Klammern zum Tätigkeitsmerkmal vereinbarten Erläuterungen Tätigkeiten, die mehr als eine eingehende fachliche Einarbeitung im Sinne der Entgeltgruppe 3 erfordern. Danach müssen Tätigkeiten anfallen, die an das Überlegungsvermögen oder das fachliche Geschick Anforderungen stellen, die über das Maß dessen hinausgehen, was üblicherweise von Beschäftigten der Entgeltgruppe 3 verlangt werden kann.

§ **Entgeltgruppe 5**

Beschäftigte mit erfolgreich abgeschlossener Ausbildung in einem anerkannten Ausbildungsberuf mit einer Ausbildungsdauer von mindestens drei Jahren, die in ihrem oder einem diesem verwandten Beruf beschäftigt werden.

Es gelten dieselben Tatbestandsmerkmale wie für eine Eingruppierung in die Entgeltgruppe 4 Fallgruppe 1 mit Ausnahme der Ausbildungsdauer. Beträgt die Ausbildungsdauer drei Jahre oder mehr, erfolgt die Eingruppierung bei Vorliegen der übrigen Tatbestandsvoraussetzungen in Entgeltgruppe 5. Die Eingruppierung in Entgeltgruppe 5 ist die Basiseingruppierung für etwaige Heraushebungsmerkmale in die höheren Entgeltgruppen 6 bis 9a.

§ **Entgeltgruppe 6**

Beschäftigte der Entgeltgruppe 5, die hochwertige Arbeiten verrichten.

Es handelt sich um eine Heraushebung aus der Entgeltgruppe 5 (mindestens dreijährige Ausbildungsdauer). Hochwertige Arbeiten sind nach näherer Maßgabe der in Klammern zum Tätigkeitsmerkmal vereinbarten Erläuterungen Arbeiten, die an das Überlegungsvermögen und das fachliche Geschick der/des Beschäftigten Anforderungen stellen, die über das Maß dessen hinausgehen, was üblicherweise von Beschäftigten der Entgeltgruppe 5 (= Basiseingruppierung) verlangt werden kann.

§ **Entgeltgruppe 7**

Beschäftigte der Entgeltgruppe 5, die besonders hochwertige Arbeiten verrichten.

Es handelt sich ebenfalls um eine Heraushebung aus Entgeltgruppe 5 (mindestens dreijährige Ausbildung), deren Anforderungen jedoch noch etwas strenger sind als in Entgeltgruppe 6. Besonders hochwertige Arbeiten sind nach näherer Maßgabe der in Klammern zum Tätigkeitsmerkmal vereinbarten Erläuterungen Arbeiten, die neben vielseitigem hochwertigen fachlichen Können besondere Umsicht und Zuverlässigkeit erfordern.

§ **Entgeltgruppe 8**

Beschäftigte der Entgeltgruppe 5, deren Tätigkeiten in landesbezirklichen Tarifverträgen abschließend aufgeführt sind.

Die Entgeltgruppe 8 ist damit als Heraushebungsmerkmal aus der Entgeltgruppe 5 ausschließlich den Tätigkeiten eröffnet, für die landesbezirkliche Tarifverträge nach Absatz 3 des Anhangs zur Entgeltordnung diese Eingruppierung vorsehen. Nach Kenntnis des Verfassers bestehen u. a. in den Bundesländern Baden-Württemberg, Bayern, Hessen, Nordrhein-Westfalen und Schleswig-Holstein landesbezirkliche Tarifverträge mit speziellen Tätigkeitsmerkmalen.

§ **Entgeltgruppe 9a**

Beschäftigte der Entgeltgruppe 5, deren Tätigkeiten in landesbezirklichen Tarifverträgen abschließend aufgeführt sind.

Siehe Ausführungen zu Entgeltgruppe 8.

1.3 Beschäftigte im Büro-, Buchhalterei-, sonstiger Innendienst und Außendienst (früher „Angestellte")

Die Tätigkeitsmerkmale des Allgemeinen Teils der Entgeltordnung sind aus Tätigkeitsmerkmalen des Allgemeinen Teils der Vergütungsordnung zum BAT abgeleitet worden. Während die Entgeltgruppen 2 bis 4 ohne Ausbildungsbezug unter Heranziehung unbestimmter Rechtsbegriffe festgelegt sind, haben die Tarifpartner für die darüber liegenden Entgeltgruppen 5 bis 15 ein Ausbildungserfordernis vereinbart. In den Entgeltgruppen 5 bis 9a wird eine abgeschlossene (mindestens) dreijährige Berufsausbildung vorausgesetzt, wobei die Merkmale der Entgeltgruppe 5 und die darauf aufbauenden Entgeltgruppen 6 bis 9a aber auch für Beschäftigte ohne diese Ausbildung (aber mit gründlichen Fachkenntnissen) geöffnet sind. Die Eingruppierung in die Entgeltgruppen 9b bis 12 erfordert eine abgeschlossene Bachelor- bzw. Fachhochschulausbildung, kann aber auch von Beschäftigten, deren Tätigkeit gründliche, umfassende Fachkenntnisse und selbstständige Leistungen erfordert, erreicht werden. Die Tätigkeitsmerkmale der Entgeltgruppen 13 bis 15 setzen eine abgeschlossene Hochschulausbildung voraus. Sie können aber auch von Beschäftigten in kommunalen Einrichtungen und Betrieben ohne entsprechenden Abschluss erreicht werden, wenn ihre Tätigkeiten gleich zu bewerten sind. Zum Sonderfall des sog. „sonstigen Beschäftigten" siehe weiter unten in diesem Abschnitt.

Dies vorangestellt ergibt sich folgende Struktur (da die Tätigkeitsmerkmale bzw. deren Anforderungen aufeinander aufbauen, von unten nach oben):

(Entgeltgruppe 1 – siehe unter 1.1)

Entgeltgruppe 2

Beschäftigte mit einfachen Tätigkeiten.

Einfache Tätigkeiten sind nach näherer Maßgabe des Klammerzusatzes zu diesem Tätigkeitsmerkmal Tätigkeiten, die weder eine Vornoch eine Ausbildung, aber eine fachliche Einarbeitung erfordern. Im Regelfall dauert die Einarbeitung mehrere Tage oder wenige Wochen (BAG-Urteil vom 20. Mai 2009 – 4 AZR 315/08). In Abgrenzung zur Entgeltgruppe 3 darf keine eingehende Einarbeitung erforderlich sein.

Entgeltgruppe 3

Beschäftigte, deren Tätigkeit sich dadurch aus der Entgeltgruppe 2 (einfache Tätigkeiten) heraushebt, dass sie eine eingehende fachliche Einarbeitung erfordert.

Der Entgeltgruppe 3 werden nur die Tätigkeiten zugeordnet, die über die Entgeltgruppe 2 hinausgehen, aber noch nicht als „schwierig" im Sinne der Entgeltgruppe 4 angesehen werden können. Eine „eingehende fachliche Einarbeitung" i. S. d. Entgeltgruppe 3 ist erforderlich, wenn zur Ausübung der Tätigkeit fachbezogene Kenntnisse und Fertigkeiten benötigt werden, die – ohne eine Vor- oder Ausbildung vorauszusetzen – vom Arbeitgeber in der Regel binnen eines Zeitraums von sechs Wochen vermittelt werden können (siehe BAG-Urteil vom 13. Dezember 2023 – 4 AZR 317/22).

Entgeltgruppe 4

1. Beschäftigte, deren Tätigkeit sich dadurch aus der Entgeltgruppe 3 heraushebt, dass sie mindestens zu einem Viertel gründliche Fachkenntnisse erfordert.
2. Beschäftigte mit schwierigen Tätigkeiten.

Anmerkung zur Fallgruppe 1:

Das Tätigkeitsmerkmal der Fallgruppe 1 stellt eine Heraushebung aus der Entgeltgruppe 3 dar. Erforderlich sind neben einfachen Tätigkeiten mit einer eingehenden fachlichen Einarbeitung (Entgeltgruppe 3) zu einem Viertel gründliche Fachkenntnisse. Gründliche Fachkenntnisse erfordern nach näherer Maßgabe des Klammerzusatzes zu diesem Tätigkeitsmerkmal nähere Kenntnisse von Rechtsvorschriften oder näheres kaufmännisches oder technisches Fachwissen usw. des Aufgabenkreises.

Anmerkung zur Fallgruppe 2:

Schwierige Tätigkeiten der Fallgruppe 2 sind nach näherer Maßgabe des Klammerzusatzes zu diesem Tätigkeitsmerkmal solche, die mehr als eine eingehende fachliche Einarbeitung im Sinne der Entgeltgruppe 3 erfordern. Danach müssen Tätigkeiten anfallen, die an das Überlegungsvermögen oder das fachliche Geschick Anforderungen stellen, die über das Maß dessen hinausgehen, was üblicherweise von Beschäftigten der Entgeltgruppe 3 verlangt werden kann.

Entgeltgruppe 5

1. Beschäftigte mit erfolgreich abgeschlossener Ausbildung in einem anerkannten Ausbildungsberuf mit einer Ausbildungsdauer von mindestens drei Jahren und entsprechender Tätigkeit.
2. Beschäftigte, deren Tätigkeit gründliche Fachkenntnisse erfordert.

Anmerkung zur Fallgruppe 1:

Das Tätigkeitsmerkmal der Fallgruppe 1 ist gegenüber dem früheren Eingruppierungsrecht neu; es berücksichtigt erstmalig einen Ausbildungsbezug. Ein anerkannter Ausbildungsberuf ist nach der Definition im BBiG ein Beruf, der als Grundlage für eine geordnete und einheitliche Berufsausbildung sowie zu ihrer Anpassung an die technischen, wirtschaftlichen und gesellschaftlichen Erfordernisse durch das Bundesministerium für Wirtschaft und Energie im Einvernehmen mit dem Bundesministerium für Bildung und Forschung (BMBF) staatlich anerkannt ist (§ 4 BBiG; § 25 HwO). Die auszuübende Tätigkeit und die Inhalte des erlernten Berufes müssen sich im Wesentlichen decken. Was die Tarifvertragsparteien unter „anerkannte Ausbildungsberufe" verstehen, haben sie in Nr. 5 der Vorbemerkungen zur Entgeltordnung näher definiert. Maßgeblich für eine Eingruppierung in Entgeltgruppe 5 ist die Ausbildungsdauer von mindestens drei Jahren.

Anmerkung zur Fallgruppe 2:

Gründliche Fachkenntnisse nach der Fallgruppe 2 erfordern nach näherer Maßgabe des Klammerzusatzes zu diesem Tätigkeitsmerkmal nähere Kenntnisse von Rechtsvorschriften oder näheres kaufmännisches oder technisches Fachwissen usw. des Aufgabenkreises.

Im Gegensatz zur Fallgruppe 1 muss keine abgeschlossene mindestens dreijährige Berufsausbildung vorliegen.

Entgeltgruppe 6

Beschäftigte der Entgeltgruppe 5 Fallgruppe 1, deren Tätigkeit gründliche und vielseitige Fachkenntnisse erfordert, sowie

Beschäftigte der Entgeltgruppe 5 Fallgruppe 2, deren Tätigkeit vielseitige Fachkenntnisse erfordert.

Das Tätigkeitsmerkmal ist ein Heraushebungsmerkmal aus der Entgeltgruppe 5 Fallgruppe 1 bzw. 2 und fordert neben einer abgeschlossenen mindestens dreijährigen Berufsausbildung (Fallgruppe 1) bzw. gründlichen Fachkenntnissen (Fallgruppe 2) „vielseitige Fachkenntnisse“. Nach näherer Maßgabe im Klammerzusatz müssen sich die gründlichen und vielseitigen Kenntnisse zwar nicht auf das gesamte Gebiet der Verwaltung erstrecken, allerdings muss der Aufgabenkreis des Beschäftigten schon darauf zugeschnitten sein, dass der Beschäftigte ihn nur mit gründlichen und vielseitigen Fachkenntnissen bearbeiten kann.

Entgeltgruppe 7

Beschäftigte der Entgeltgruppe 6, deren Tätigkeit mindestens zu einem Fünftel selbstständige Leistungen erfordert.

Das Tätigkeitsmerkmal ist ein Heraushebungsmerkmal aus der Entgeltgruppe 6. Zusätzlich zu den Voraussetzungen der Entgeltgruppe 6 (siehe oben) erfordert es zu mindestens einem Fünftel selbstständige Leistungen. Selbstständige Leistungen erfordern nach näherer Maßgabe des Klammerzusatzes zu diesem Tätigkeitsmerkmal ein den vorausgesetzten Fachkenntnissen entsprechendes selbstständiges Erarbeiten eines Ergebnisses unter Entwicklung einer eigenen geistigen Initiative; eine leichte geistige Arbeit kann diese Anforderung nicht erfüllen.

Entgeltgruppe 8

Beschäftigte der Entgeltgruppe 6, deren Tätigkeit mindestens zu einem Drittel selbstständige Leistungen erfordert.

Das Tätigkeitsmerkmal unterscheidet sich von dem Merkmal der Entgeltgruppe 7 lediglich durch das Maß der selbstständigen Leistungen (ein Drittel statt einem Fünftel).

Entgeltgruppe 9a

Beschäftigte der Entgeltgruppe 6, deren Tätigkeit selbstständige Leistungen erfordert.

Das Tätigkeitsmerkmal unterscheidet sich von den Merkmalen der Entgeltgruppen 7 und 8 lediglich durch das Maß der selbstständigen

Leistungen. Es greift der allgemeine Eingruppierungsgrundsatz – es müssen mindestens zur Hälfte selbstständige Leistungen vorliegen statt zu einem Drittel bzw. einem Fünftel.

§ **Entgeltgruppe 9b**

1. Beschäftigte mit abgeschlossener Hochschulbildung und entsprechender Tätigkeit sowie sonstige Beschäftigte, die aufgrund gleichwertiger Fähigkeiten und ihrer Erfahrungen entsprechende Tätigkeiten ausüben.
2. Beschäftigte, deren Tätigkeit gründliche, umfassende Fachkenntnisse und selbstständige Leistungen erfordert.

Anmerkung zur Fallgruppe 1:

Das Tätigkeitsmerkmal der Fallgruppe 1 ist gegenüber dem früheren Eingruppierungsrecht neu; es berücksichtigt erstmalig einen Ausbildungsbezug. Was die Tarifvertragsparteien unter einer „abgeschlossenen Hochschulbildung" verstehen, haben sie in Nr. 4 der Vorbemerkungen zur Entgeltordnung näher definiert. Die Vorschrift hat folgenden Wortlaut:

§ **4. Hochschulbildung**

[1]Eine abgeschlossene Hochschulbildung liegt vor, wenn von einer staatlichen Hochschule im Sinne des § 1 HRG oder einer nach § 70 HRG staatlich anerkannten Hochschule ein Diplomgrad mit dem Zusatz „Fachhochschule" („FH"), ein anderer nach § 18 HRG gleichwertiger Abschlussgrad oder ein Bachelorgrad verliehen wurde. [2]Die Abschlussprüfung muss in einem Studiengang abgelegt worden sein, der seinerseits mindestens das Zeugnis der Hochschulreife (allgemeine Hochschulreife oder einschlägige fachgebundene Hochschulreife) oder eine andere landesrechtliche Hochschulzugangsberechtigung als Zugangsvoraussetzung erfordert, und für den Abschluss eine Regelstudienzeit von mindestens sechs Semestern – ohne etwaige Praxissemester, Prüfungssemester o. Ä. – vorschreibt. [3]Der Bachelorstudiengang muss nach den Regelungen des Akkreditierungsrats akkreditiert sein. [4]Dem gleichgestellt sind Abschlüsse in akkreditierten Bachelorausbildungsgängen an Berufsakademien. [5]Nr. 3 Satz 6 gilt entsprechend.

Protokollerklärung zu Satz 3 und 4:

Das Akkreditierungserfordernis ist bis zum 31. Dezember 2024 ausgesetzt.

Das Tätigkeitsmerkmal ist darüber hinaus auch für die sogenannten „sonstigen Beschäftigten" geöffnet (siehe dazu weiter unten).

Anmerkung zur Fallgruppe 2:

Gründliche, umfassende Fachkenntnisse bedeuten nach näherer Maßgabe des Klammerzusatzes zu diesem Tätigkeitsmerkmal gegenüber den in den Entgeltgruppen 6 bis 9a geforderten gründlichen und viel-

IV

seitigen Fachkenntnissen eine Steigerung der Tiefe und Breite nach. Hinsichtlich der selbstständigen Leistungen siehe die Ausführungen zu Entgeltgruppe 7. Für alle Tatbestandsvoraussetzungen gilt der allgemeine Eingruppierungsgrundsatz von mindestens 50 v. H. Das Tätigkeitsmerkmal enthält im Gegensatz zur Fallgruppe 1 keinen Ausbildungsbezug.

§ **Entgeltgruppe 9c**

Beschäftigte, deren Tätigkeit sich dadurch aus der Entgeltgruppe 9b heraushebt, dass sie besonders verantwortungsvoll ist.

Das Merkmal „besonders verantwortungsvolle Tätigkeit" verlangt eine Heraushebung bezüglich der Verantwortung aus einer Tätigkeit, die zeitlich mindestens zur Hälfte Arbeitsvorgänge enthält, die entweder eine abgeschlossene Hochschulbildung (Entgeltgruppe 9b Fallgruppe 1) oder gründliche, umfassende Fachkenntnisse und selbstständige Leistungen (Entgeltgruppe 9b Fallgruppe 2) erfordern. Die Entgeltgruppe 9c ist die Basis für die Heraushebungen in die Entgeltgruppen 10 bis 12.

IV

§ **Entgeltgruppe 10**

Beschäftigte im Büro-, Buchhalterei-, sonstigen Innendienst und im Außendienst, deren Tätigkeit sich mindestens zu einem Drittel durch besondere Schwierigkeit und Bedeutung aus der Entgeltgruppe 9c heraushebt.

Das Tätigkeitsmerkmal ist ein Heraushebungsmerkmal aus der Entgeltgruppe 9c (besonders verantwortungsvolle Tätigkeit) und verlangt, dass sich die Tätigkeit im Vergleich dazu zu einem Drittel durch besondere Schwierigkeit und Bedeutung heraushebt. Damit enthält das Heraushebungsmerkmal zwei selbstständig nebeneinanderstehende Tätigkeitsmerkmale, die beide erfüllt sein müssen. Die besondere Schwierigkeit bezieht sich in erster Linie auf die fachliche Qualifikation. Sie erfordert ein ungewöhnlich hohes Maß an Fachwissen. Die Bedeutung hingegen knüpft an die Auswirkungen der Tätigkeit an.

§ **Entgeltgruppe 11**

Beschäftigte, deren Tätigkeit sich durch besondere Schwierigkeit und Bedeutung aus der Entgeltgruppe 9c heraushebt.

Das Tätigkeitsmerkmal unterscheidet sich von dem Merkmal der Entgeltgruppe 10 lediglich durch das Maß der besonderen Schwierigkeit und Bedeutung. Es greift der allgemeine Eingruppierungsgrundsatz – es müssen mindestens zur Hälfte die Heraushebungsmerkmale vorliegen statt zu einem Drittel.

§ **Entgeltgruppe 12**

Beschäftigte, deren Tätigkeit sich durch das Maß der damit verbundenen Verantwortung erheblich aus der Entgeltgruppe 11 heraushebt.

Das Tätigkeitsmerkmal ist ein Heraushebungsmerkmal aus der Entgeltgruppe 11, die selbst eine Heraushebung aus der Entgeltgruppe 9c darstellt, bei der es sich wiederum um eine Heraushebung aus den Fallgruppen 1 oder 2 der Entgeltgruppe 9b handelt. Die Tätigkeit muss somit zunächst die Voraussetzungen der Fallgruppen 1 (abgeschlossene Hochschulausbildung) bzw. 2 (gründliche, umfassende Fachkenntnisse und selbstständige Leistungen) der Entgeltgruppe 9b erfüllen, darüber hinaus besonders verantwortungsvoll sein (Entgeltgruppe 9c) und sich zudem durch besondere Schwierigkeit und Bedeutung (Entgeltgruppe 11) sowie das Maß der damit verbundenen Verantwortung (Entgeltgruppe 12) hervorheben.

Zu beachten ist, dass es sich bei dem „herausgehobenen Maß der Verantwortung" nochmal um eine Steigerung der „besonderen Verantwortung" im Sinne der Entgeltgruppe 9c handelt. Das BAG hat mit Urteil vom 16. April 1986 – 4 AZR 595/84 – zur Vorgängerregelung ausgeführt, dass es sich um eine „Spitzengruppe mit herausgehobenem Charakter" handeln müsse.

Entgeltgruppe 13

1. Beschäftigte mit abgeschlossener wissenschaftlicher Hochschulbildung und entsprechender Tätigkeit sowie sonstige Beschäftigte, die aufgrund gleichwertiger Fähigkeiten und ihrer Erfahrungen entsprechende Tätigkeiten ausüben.
2. Beschäftigte in kommunalen Einrichtungen und Betrieben, deren Tätigkeit wegen der Schwierigkeit der Aufgaben und der Größe ihrer Verantwortung ebenso zu bewerten ist wie Tätigkeiten nach Fallgruppe 1.

Anmerkung zur Fallgruppe 1:

Eine abgeschlossene wissenschaftliche Hochschulbildung haben die Tarifpartner in Anlehnung an das frühere Recht in der Vorbemerkung Nr. 3 zur Entgeltordnung wie folgt definiert:

3. Wissenschaftliche Hochschulbildung

[1]Eine abgeschlossene wissenschaftliche Hochschulbildung liegt vor, wenn das Studium an einer staatlichen Hochschule im Sinne des § 1 Hochschulrahmengesetz (HRG) oder einer nach § 70 HRG staatlich anerkannten Hochschule

a) mit einer nicht an einer Fachhochschule abgelegten ersten Staatsprüfung, Magisterprüfung oder Diplomprüfung oder

b) mit einer Masterprüfung

beendet worden ist.

[2]Diesen Prüfungen steht eine Promotion oder die Akademische Abschlussprüfung (Magisterprüfung) einer Philosophischen Fakultät nur in den Fällen gleich, in denen die Ablegung einer ersten Staats-

prüfung, einer Masterprüfung oder einer Diplomprüfung nach den einschlägigen Ausbildungsvorschriften nicht vorgesehen ist. [3]Eine abgeschlossene wissenschaftliche Hochschulbildung im Sinne des Satzes 1 Buchst. a setzt voraus, dass die Abschlussprüfung in einem Studiengang abgelegt wurde, der seinerseits mindestens das Zeugnis der Hochschulreife (allgemeine Hochschulreife oder einschlägige fachgebundene Hochschulreife) oder eine andere landesrechtliche Hochschulzugangsberechtigung als Zugangsvoraussetzung erfordert, und für den Abschluss eine Regelstudienzeit von mindestens acht Semestern – ohne etwaige Praxissemester, Prüfungssemester o. Ä. – vorschreibt. [4]Ein Bachelorstudiengang erfüllt diese Voraussetzung auch dann nicht, wenn mehr als sechs Semester für den Abschluss vorgeschrieben sind. [5]Der Masterstudiengang muss nach den Regelungen des Akkreditierungsrats akkreditiert sein. [6]Ein Abschluss an einer ausländischen Hochschule gilt als abgeschlossene wissenschaftliche Hochschulbildung, wenn er von der zuständigen staatlichen Stelle als dem deutschen Hochschulabschluss vergleichbar bewertet wurde.

IV

Protokollerklärung zu Satz 5:

Das Akkreditierungserfordernis ist bis zum 31. Dezember 2024 ausgesetzt.

Zum Sonderfall des sog. „sonstigen Beschäftigten" siehe weiter unten in diesem Abschnitt.

Anmerkung zur Fallgruppe 2:

Das Tätigkeitsmerkmal der Fallgruppe 2 erfordert keine abgeschlossene wissenschaftliche Hochschulbildung, sondern stellt allein auf die Schwierigkeit und Verantwortung der auszuübenden Tätigkeit ab.

§

Entgeltgruppe 14

1. Beschäftigte der Entgeltgruppe 13 Fallgruppe 1, deren Tätigkeit sich
   - mindestens zu einem Drittel durch besondere Schwierigkeit und Bedeutung oder
   - mindestens zu einem Drittel durch das Erfordernis hochwertiger Leistungen bei besonders schwierigen Aufgaben

   aus der Entgeltgruppe 13 Fallgruppe 1 heraushebt.
2. Beschäftigte in kommunalen Einrichtungen und Betrieben, deren Tätigkeit wegen der Schwierigkeit der Aufgaben und der Größe ihrer Verantwortung ebenso zu bewerten ist wie Tätigkeiten nach Fallgruppe 1.
3. Beschäftigte der Entgeltgruppe 13 Fallgruppe 1, denen mindestens drei Beschäftigte mindestens der Entgeltgruppe 13 durch ausdrückliche Anordnung unterstellt sind.

Anmerkung zur Fallgruppe 1:

Das Tätigkeitsmerkmal der Fallgruppe 1 ist ein Heraushebungsmerkmal aus der Entgeltgruppe 13 Fallgruppe 1. Es gilt damit für Beschäftigte mit abgeschlossener wissenschaftlicher Hochschulbildung und entsprechender Tätigkeit sowie sonstige Beschäftigte, die aufgrund gleichwertiger Fähigkeiten und ihrer Erfahrungen entsprechende Tätigkeiten ausüben (Entgeltgruppe 13) und deren Tätigkeit sich zudem (im Umfang von einem Drittel) entweder durch besondere Schwierigkeit und Bedeutung oder durch (ebenfalls mindestens zu einem Drittel) das Erfordernis hochwertiger Leistungen bei besonders schwierigen Aufgaben aus der Entgeltgruppe 13 heraushebt.

Anmerkung zur Fallgruppe 2:

Mit dem Tätigkeitsmerkmal der Fallgruppe 2 werden bestimmte weitere Beschäftigte den Beschäftigten der Fallgruppe 1 gleichgestellt. Hier wird allein auf die Tätigkeit, nicht auf die Vorbildung abgestellt.

Anmerkung zur Fallgruppe 3:

Das Tätigkeitsmerkmal der Fallgruppe 3 ist ein Heraushebungsmerkmal aus der Entgeltgruppe 13 Fallgruppe 1. Es gilt damit für Beschäftigte mit abgeschlossener wissenschaftlicher Hochschulbildung und entsprechender Tätigkeit sowie sonstige Beschäftigte, die aufgrund gleichwertiger Fähigkeiten und ihrer Erfahrungen entsprechende Tätigkeiten ausüben (Entgeltgruppe 13), denen mindestens drei Beschäftigte der Entgeltgruppe 13 durch ausdrückliche Anordnung ständig unterstellt sind. Zu dem Begriff der Unterstellungsverhältnisse siehe Vorbemerkung Nr. 9 der Entgeltordnung sowie die Protokollerklärung zu Abschnitt I Teil I der Entgeltordnung.

§ **Entgeltgruppe 15**

1. Beschäftigte der Entgeltgruppe 13 Fallgruppe 1, deren Tätigkeit sich
   - durch besondere Schwierigkeit und Bedeutung sowie
   - erheblich durch das Maß der damit verbundenen Verantwortung

   aus der Entgeltgruppe 13 Fallgruppe 1 heraushebt.
2. Beschäftigte in kommunalen Einrichtungen und Betrieben, deren Tätigkeit wegen der Schwierigkeit der Aufgaben und der Größe ihrer Verantwortung ebenso zu bewerten ist wie Tätigkeiten nach Fallgruppe 1.
3. Beschäftigte der Entgeltgruppe 13 Fallgruppe 1, denen mindestens fünf Beschäftigte mindestens der Entgeltgruppe 13 durch ausdrückliche Anordnung unterstellt sind.

Anmerkung zur Fallgruppe 1:

Das Tätigkeitsmerkmal der Fallgruppe 1 ist ein Heraushebungsmerkmal aus der Entgeltgruppe 13 Fallgruppe 1. Es gilt damit für Beschäftigte mit abgeschlossener wissenschaftlicher Hochschulbildung und entsprechender Tätigkeit sowie sonstige Beschäftigte, die aufgrund gleichwertiger Fähigkeiten und ihrer Erfahrungen entsprechende Tätigkeiten ausüben (Entgeltgruppe 13), deren Tätigkeit sich zudem durch besondere Schwierigkeit und Bedeutung und zusätzlich erheblich durch das Maß der damit verbundenen Verantwortung aus der Entgeltgruppe 13 Fallgruppe 1 heraushebt.

Mit der „besonderen Schwierigkeit", der „Bedeutung" sowie „das Maß der damit verbundenen Verantwortung" enthält das Heraushebungsmerkmal gleich drei selbstständig nebeneinanderstehende Tätigkeitsmerkmale, die zugleich erfüllt sein müssen. Die besondere Schwierigkeit bezieht sich in erster Linie auf die fachliche Qualifikation. Sie erfordert ein ungewöhnlich hohes Maß an Fachwissen. Die Bedeutung hingegen knüpft an die Auswirkungen der Tätigkeit an. Beides muss sich durch das Maß der damit verbundenen Verantwortung aus der Entgeltgruppe 13 herausheben.

Anmerkung zur Fallgruppe 2:

Mit dem Tätigkeitsmerkmal der Fallgruppe 2 werden bestimmte weitere Beschäftigte den Beschäftigten der Fallgruppe 1 gleichgestellt. Hier wird allein auf die Tätigkeit, nicht auf die Vorbildung abgestellt.

Anmerkung zur Fallgruppe 3:

Das Tätigkeitsmerkmal der Fallgruppe 3 ist ein Heraushebungsmerkmal aus der Entgeltgruppe 13 Fallgruppe 1. Es gilt damit für Beschäftigte mit abgeschlossener wissenschaftlicher Hochschulbildung und entsprechender Tätigkeit sowie sonstige Beschäftigte, die aufgrund gleichwertiger Fähigkeiten und ihrer Erfahrungen entsprechende Tätigkeiten ausüben (Entgeltgruppe 13), denen mindestens fünf Beschäftigte mindestens der Entgeltgruppe 13 durch ausdrückliche Anordnung ständig unterstellt sind. Zu dem Begriff der Unterstellungsverhältnisse siehe Vorbemerkung Nr. 9 zu allen Teilen der Entgeltordnung sowie die Protokollerklärung zu Abschnitt I Teil I der Entgeltordnung.

2. Grundsatz „eine Entgeltgruppe niedriger, wenn die ausbildungsmäßigen Voraussetzungen nicht erfüllt sind"

Nach der Vorbemerkung Nr. 2 der Entgeltordnung sind Beschäftigte, die nicht über die im Tätigkeitsmerkmal geforderte Vorbildung oder Ausbildung verfügen, die aber die sonstigen Anforderungen dieses Tätigkeitsmerkmals erfüllen, eine Entgeltgruppe niedriger eingruppiert (auch als sog. „Minus-Eins-Regelung" bekannt). Ausdrücklich klargestellt wird in der Vorschrift, dass dieser Grundsatz auch in Merkmalen mit „sonstigen Beschäftigten" zur Anwendung kommt, wenn die entsprechenden Beschäftigten auch die Voraussetzungen für die Eingruppierung als „sonstiger Beschäftigter" nicht erfüllen. Der Grundsatz greift hingegen nicht, wenn in dem jeweiligen Abschnitt Tätigkeitsmerkmale für „Beschäftigte in der Tätigkeit von ..." vereinbart worden sind, da mit dem Tätigkeitsmerkmal „Beschäftigte in der Tätigkeit von ..." bereits eine konkrete Eingruppierung für die jeweilige Tätigkeit ohne Ausbildungsbezug vorgegeben ist.

3. „Sonstige Beschäftigte"

Viele Tätigkeitsmerkmale sind auch für „sonstige Beschäftigte, die aufgrund gleichwertiger Fähigkeiten und ihrer Erfahrungen entsprechende Tätigkeiten ausüben", geöffnet. Die Rechtsfigur des „sonstigen Beschäftigten" ist Gegenstand langjähriger, gefestigter Rechtsprechung. Bei der Prüfung der Frage, ob ein Beschäftigter die Anforderungen erfüllt, um als „sonstiger Beschäftigter" eingruppiert zu werden, sind die folgenden Grundsätze zu beachten:

3.1 Definition

Sonstige Beschäftigte sind Beschäftigte, die nicht über die jeweils geforderte Vorbildung oder Ausbildung verfügen. Sie müssen aber alle übrigen in den Tätigkeitsmerkmalen genannten Anforderungen erfüllen, d. h. sie müssen **kumulativ** über die **„Fähigkeiten und Erfahrungen"** verfügen, die denen der in den Tätigkeitsmerkmalen genannten ausgebildeten Beschäftigten entsprechen; außerdem muss die auszuübende „entsprechende Tätigkeit" derartige Fähigkeiten und Erfahrungen erfordern und damit den Zuschnitt der Tätigkeit der in den Tätigkeitsmerkmalen genannten ausgebildeten Beschäftigten haben.

a) Die **subjektive** Anforderung der „gleichwertigen Fähigkeiten" setzt voraus, dass der sonstige Beschäftigte über Fähigkeiten verfügt, die denen, die in der jeweiligen Ausbildung vermittelt werden, gleichwertig sind (vgl. BAG, Urteil vom 26. Juli 1967 – 4 AZR 433/66). Dabei wird nicht das gleiche Wissen und Können, aber eine ähnlich gründliche Beherrschung eines entsprechend umfangreichen Wissensgebietes vorausgesetzt (vgl. BAG, Urteil vom 31. Juli 1963 – 4 AZR 425/62), wobei die Begrenzung auf ein engbegrenztes Teilgebiet nicht ausreicht (vgl. BAG, Urteile vom 10. Oktober 1979 – 4 AZR 1029/77, vom 26. November 1980 – 4 AZR 809/78, vom 29. Oktober 1980 – 4 AZR 750/78, vom 29. September 1982 – 4 AZR 1161/79 und vom 24. Oktober 1984 – 4 AZR 386/82).

   Die weiter geforderte „Erfahrung" muss ebenfalls in der Person des sonstigen Beschäftigten vorliegen. Die Erfahrung kann zwangsläufig nur nach einer längeren Zeit der Ausübung einer einschlägigen Tätigkeit – ggf. auch außerhalb des öffentlichen Dienstes – erworben werden. So ist z. B. ausgeschlossen, dass ein Berufsanfänger als sonstiger Beschäftigter eingruppiert ist.

b) Aufgrund gleichwertiger Fähigkeiten und ihrer Erfahrungen müssen die sonstigen Beschäftigten „entsprechende Tätigkeiten" ausüben. Dies bedeutet, dass sich die auszuübende Tätigkeit auf die konkrete Fachrichtung der jeweiligen Ausbildung beziehen muss und dass sie gerade die durch die Ausbildung erworbenen Fähigkeiten erfordert (vgl. BAG, Urteile vom 23. Mai 1979 – 4 AZR 576/77 und vom 23. Februar 1994 – 4 AZR 217/93).

Eine entsprechende Tätigkeit ist demnach nur dann gegeben, wenn sie objektiv ein Wissen und Können erfordert, das sich im Vergleich zu der in den Tätigkeitsmerkmalen geforderten Ausbildung als ähnlich gründliche Beherrschung eines Wissensgebietes darstellt (vgl. BAG, Urteil vom 25. Oktober 1972 – 4 AZR 511/71), d. h. insbesondere die Befähigung wie ein einschlägig ausgebildeter Mitarbeiter Zusammenhänge zu überschauen und Ergebnisse zu entwickeln (vgl. BAG, Urteile vom 2. April 1980 – 4 AZR 306/78, vom 29. Januar 1986 – 4 AZR 465/84 und vom 28. September 1994 – 4 AZR 830/93).

3.2 Tarifrechtliche Prüfung

Bei der tarifrechtlichen Prüfung ist wie folgt zu verfahren:

- Grundlage der zu treffenden Feststellungen ist in jedem Fall eine – ggf. zu aktualisierende – Arbeitsplatzbeschreibung und -bewertung.
- Alle tariflichen Voraussetzungen für die Eingruppierung als sonstiger Beschäftigter müssen kumulativ vorliegen (vgl. Nr. 3.1). Der Beschäftigte muss über gleichwertige **Fähigkeiten und Erfahrungen** verfügen wie ein Beschäftigter mit der geforderten Vorbildung oder Ausbildung **und** er muss eine **entsprechende Tätigkeit** ausüben.
- Ein tariflicher Eingruppierungsanspruch als sonstiger Beschäftigter besteht z. B. dann nicht, wenn der Beschäftigte zwar möglicherweise über Fähigkeiten und Erfahrungen wie ein Akademiker oder Diplom-Ingenieur (FH) verfügt, der auszuübenden Tätigkeit als solcher aber ein **akademischer** bzw. **ingenieurmäßiger** Zuschnitt fehlt (vgl. BAG, Urteile vom 17. Mai 1972 – 4 AZR 280/71, vom 18. Mai 1977 – 4 AZR 18/76 – und vom 10. Februar 1982 – 4 AZR 393/79).

- Beansprucht der Beschäftigte für sich die Eigenschaft eines sonstigen Beschäftigten, trifft ihn hinsichtlich aller Tatsachen die Darlegungs- und Beweispflicht.
- Es ist rechtlich möglich, aus der auszuübenden entsprechenden Tätigkeit Rückschlüsse auf die Fähigkeiten und Erfahrungen eines sonstigen Beschäftigten zu ziehen; ist ein solcher Beschäftigter z. B. wie ein ausgebildeter Diplom-Ingenieur (FH) vielfältig einsetzbar, so kann das dafür sprechen, dass er über entsprechende Fähigkeiten und Erfahrungen verfügt; fehlt es an einer derartigen breiten Verwendungsfähigkeit, so kann das gegen gleichwertige Fähigkeiten und Erfahrungen sprechen (vgl. BAG, Urteil vom 13. Dezember 1978 – 4 AZR 322/77).
- Daraus kann aber weder der Rechtssatz noch der allgemeine Erfahrungssatz hergeleitet werden, dass immer dann, wenn ein Beschäftigter eine solche entsprechende Tätigkeit ausübt, dieser auch notwendigerweise über gleichwertige Fähigkeiten und Erfahrungen verfügen müsse. Viele Beschäftigte mit solchen entsprechenden Tätigkeiten sind gleichwohl – anders als z. B. ein ausgebildeter Diplom-Ingenieur (FH) – an anderen Stellen deshalb nicht einsetzbar, weil ihnen dafür notwendige Kenntnisse und Erfahrungen fehlen (vgl. BAG, Urteil vom 26. November 1980 – 4 AZR 809/78).

IV

3.3 Vergütungsanspruch

Werden **alle** Voraussetzungen als sonstiger Beschäftigter erfüllt, führt dies tarifrechtlich zu einem entsprechenden Vergütungsanspruch. Der Arbeitgeber, der das Vorliegen dieser Voraussetzungen bestätigt, sollte alle dafür ausschlaggebenden Gründe – auch und gerade hinsichtlich der personenbezogenen Anforderungen – vollständig und nachvollziehbar festhalten und zu den Akten nehmen.

3.4 „eine Entgeltgruppe niedriger, wenn die ausbildungsmäßigen Voraussetzungen nicht erfüllt sind"

Der Grundsatz „eine Entgeltgruppe niedriger, wenn die ausbildungsmäßigen Voraussetzungen nicht erfüllt sind" (siehe unter 2.), gilt nach der Vorbemerkung Nr. 2 zur Entgeltordnung auch für Merkmale, die einen „sonstigen Beschäftigten" beinhalten, allerdings nur dann, wenn der entsprechende Beschäftigte weder die eigentlich geforderten Vor- bzw. Ausbildungsvoraussetzungen erfüllt noch die für „sonstige Beschäftigte" geforderten Voraussetzungen erfüllt.

VI. Überleitung vorhandener Beschäftigter in die neue Entgeltordnung (Historie)

Die Tarifpartner haben im Tarifabschluss vom 29. April 2016 bereits Vereinbarungen zur Überleitung vorhandener Beschäftigter in die neue Entgeltordnung getroffen und sich dabei weitgehend an den bereits bewährten Überleitungsregelungen im Zusammenhang mit der Einführung der jeweiligen Entgeltordnung im Bereich der Länder und des Bundes orientiert. Redaktionell umgesetzt wurden die Absprachen mit dem 11. Änderungstarifvertrag zum TVÜ-VKA.

Folgende Punkte sind im Zusammenhang mit dem Inkrafttreten der Entgeltordnung und der Überleitung vorhandener Beschäftigter besonders zu erwähnen:

1. Zeitpunkt

Die neue Entgeltordnung trat zum 1. Januar 2017 in Kraft.

2. Überleitungstechnik

2.1 Grundsatz

Beschäftigte sollten für die Dauer der unverändert auszuübenden Tätigkeit in der bisherigen Entgeltgruppe eingruppiert bleiben. Die Überleitung erfolgte deshalb unter Beibehaltung der bisherigen Entgeltgruppe für die Dauer der unverändert auszuübenden Tätigkeit (siehe § 29a Abs. 1 TVÜ-VKA). Die Tarifautomatik des § 12 (VKA) TVöD griff insoweit nicht. Soweit an die weiterhin auszuübende Tätigkeit Entgeltbestandteile geknüpft waren, wurden diese unter den bisherigen Voraussetzungen weiter geleistet (§ 29a Abs. 4 TVÜ-VKA). Dies galt auch für die Techniker-, Meister- und Programmiererzulagen (siehe § 29a Abs. 3 TVÜ-VKA). Die vorläufige Zuordnung der bisherigen Vergütungs-/Lohngruppen nach der Anlage 1 bzw. 3 TVÜ-VKA blieb bestehen; eine Komplettprüfung aller beim Start der neuen Entgeltordnung vorgefundenen Eingruppierungen auf ihre sachliche Richtigkeit war nicht vorgesehen (siehe Protokollerklärung zu § 29a Abs. 1 TVÜ-VKA).

Für die Praxis bedeutete dieser Grundsatz, dass keine „flächendeckende Eingruppierungswelle" erfolgte. Alle am 31. Dezember 2016 vorgefundenen Eingruppierungen galten als richtig und blieben erhalten. In den Fällen, in denen die Beschäftigten von der neuen Entgeltordnung profitierten, eröffneten sich für sie die nachstehend unter 2.2 dargestellte Antragsmöglichkeit.

2.2 Antragsmöglichkeit

Ergab sich nach der neuen Entgeltordnung für die Dauer der unverändert auszuübenden Tätigkeit eine höhere Entgeltgruppe als nach der früheren Eingruppierung, wurden die Beschäftigten auf Antrag in die Entgeltgruppe höhergruppiert, die sich nach § 12 (VKA) TVöD ergab (siehe § 29b Abs. 1 Satz 1 TVÜ-VKA). Für die „Antragshöhergruppierung" galten mit Ausnahme der Höhergruppierungen aus der Stufe 1, die unter Anrechnung der früheren Stufenlaufzeit nur in die Stufe 1 führten, noch die Regelungen des § 17 Abs. 4 TVöD a. F. (betragsmäßige Höhergruppierung). Es erfolgte keine stufengleiche Höhergruppierung; diese griff erst bei Höhergruppierungen ab dem 1. März 2017 (siehe § 29b Abs. 2 TVÜ-VKA).

2.3 Antragstellung

Der Antrag war innerhalb eines Jahres ab Inkrafttreten der Entgeltordnung zu stellen – also innerhalb des Jahres 2017 (siehe § 29b Abs. 1 Satz 2 TVÜ-VKA). Es handelte sich um eine Ausschlussfrist, die nicht verlängerbar war; Ausnahme: Ruhte das Arbeitsverhältnis beim Inkrafttreten der Entgeltordnung, begann die Frist mit der Wiederaufnahme der Tätigkeit (siehe § 29b Abs. 1 Satz 3 TVÜ-VKA). Der Antrag – egal wann er gestellt wurde – bezog sich auf den Zeitpunkt des Inkrafttretens der Entgeltordnung, also den 1. Januar 2017 (siehe § 29b Abs. 1 Satz 2 TVÜ-VKA). Nach Inkrafttreten der Entgeltordnung eingetretene Veränderungen, z. B. der Stufenzuordnung in der bisherigen Entgeltgruppe, blieben somit unberücksichtigt – u. U. mit entsprechenden Folgen bei der Berechnung des Höhergruppierungsgewinns. Die Entscheidung darüber, ob er einen entsprechenden Antrag stellt, oblag dem Beschäftigten. Er musste insbesondere unter Berücksichtigung seiner individuellen Situation abwägen, ob der zu erwartende Höhergruppierungsgewinn absehbar höher war als eventuelle Verluste beim Strukturausgleich (siehe unter Ziffer 3.3) sowie bei einer Höhergruppierung von der Entgeltgruppe 8 in die Entgeltgruppe 9 die Einbußen bei der Jahressonderzahlung (80 % statt 90 %). Im Wege der Fürsorgepflicht wurde die jeweilige Dienststelle gehalten, ihm Daten (insbesondere in Bezug auf die konkrete Eingruppierung) bereitzustellen.

2.4 Folgen einer „Antragshöhergruppierung"

Der aus Anlass der Überleitung auf Antrag erfolgte Wechsel der Entgeltgruppe richtete sich noch nach den allgemeinen Regelungen für Höhergruppierungen gemäß § 17 Abs. 4 TVöD a. F. Maßgebend waren die Verhältnisse zum Zeitpunkt des Inkrafttretens der neuen Entgeltordnung (siehe oben unter 2.3). Die betroffenen Beschäftigten konnten also nicht noch im Laufe des Jahres 2017 eintretende Stufensteigerungen abwarten, um dadurch u. U. einen größeren Höhergruppierungsgewinn zu realisieren. Bei einer Überleitung aus Stufe 1 der bisherigen Entgeltgruppe erfolgte die Zuordnung in Stufe 1 der höheren Entgeltgruppe; die bisher in Stufe 1 verbrachte Zeit wurde angerechnet (siehe § 29b Abs. 2 Satz 2 TVÜ-VKA). Beschäftigte der Entgeltgruppe 13 + Zulage wurden stufengleich unter Beibehaltung ihrer bisherigen Stufenlaufzeit in die Entgeltgruppe 14 höhergruppiert (siehe § 29c Abs. 1 TVÜ-VKA). Beschäftigte der Entgeltgruppe 9 ohne besondere Stufenregelungen wurden ohne besonderen Antrag stufengleich unter Beibehaltung ihrer bisherigen Stufenlaufzeit in die Entgeltgruppe 9b übergeleitet (siehe § 29c Abs. 2 TVÜ-VKA). Die Beschäftigten der damaligen „kleinen" Entgeltgruppe 9 mit fehlender Stufe 6 wurden weitgehend in die Stufe der Entgeltgruppe 9a übergeleitet, deren Betrag ihrer bisherigen Stufe entsprach; für bestimmte Konstellationen wurden Besonderheiten bei der Stufenzuordnung/-laufzeit vereinbart (siehe § 29c Abs. 3 TVÜ-VKA). Die Beschäftigten der „kleinen" Entgeltgruppe 9 mit fehlenden Stufen 5 und 6 wurden stufengleich unter Mitnahme ihrer Stufenlaufzeit in die Entgeltgruppe 9a übergeleitet (siehe § 29c Abs. 4 TVÜ-VKA). Die uneingeschränkte Entgeltgruppe 9 wurde ohne betragsmäßige Veränderungen in Entgeltgruppe 9b umbenannt. Die neue Entgeltgruppe 9c ist eine Heraushebung aus der Entgeltgruppe 9b und wurde betragsmäßig zwischen die bisherigen Entgeltgruppen 9 und 10 geschoben. Für die Eingruppierung in die neue Entgeltgruppe 9c bedurfte es eines Antrags; es erfolgte keine automatische Überleitung.

Wurden Beschäftigte, denen bestimmte Besitzstandszulagen (z. B. Vergütungsgruppenzulagen, Techniker-, Meister- oder Programmiererzulagen) zustanden, auf ihren Antrag höhergruppiert, entfielen diese Zulagen zwar. Sie wurden aber bei der Berechnung des Höhergruppierungsgewinns berücksichtigt bzw. hatten Einfluss auf die Stufenzuordnung in der höheren Entgeltgruppe und die dort anzurechnenden Stufenlaufzeiten (siehe § 29b Abs. 3 bis 5 TVÜ-VKA).

3. Weitere Änderungen im Zusammenhang mit der Einführung der neuen Entgeltordnung

3.1 Vergütungsgruppenzulagen/Entgeltgruppenzulagen

Vergütungsgruppenzulagen (heute: Entgeltgruppenzulagen) wurden weitgehend gestrichen. Bereits in der Vergangenheit erworbene Ansprüche auf eine Besitzstandszulage blieben nach Maßgabe des § 9 Abs. 4 TVÜ-VKA erhalten; Besitzstände wurden somit gewahrt. Im Fall der Höhergruppierung aus einer Entgeltgruppe mit Vergütungsgruppenzulage siehe § 29b Abs. 3 bis 5 TVÜ-VKA.

Höhergruppierungen aus Entgeltgruppen mit Vergütungs-/Entgeltgruppenzulagen konnten dazu führen, dass die Beschäftigten „unterm Strich" Einbußen erlitten, weil der tarifvertraglich vorgesehene Höhergruppierungsgewinn nicht den Verlust durch den Fortfall der Zulage ausglich. Bei Höhergruppierungen war für die Stufenzuordnung nämlich nach dem Wortlaut des § 17 Abs. 4 TVöD a. F. allein das Tabellenentgelt maßgebend. Die Tarifpartner hatten diesen Effekt für Antrags-Höhergruppierungen aus Anlass der Einführung der neuen Entgeltordnung teilweise ausgeglichen (siehe § 29b Abs. 3 TVÜ-VKA). Eine dauerhafte Absicherung – wie im Länderbereich in § 17 Abs. 4 Satz 2 Satz 2 zweiter Halbsatz TV-L vereinbart – wurde nicht vereinbart.

3.2 Meister – Techniker – Programmiererzulagen

Die Techniker-, Meister- und Programmiererzulagen wurden in bisheriger Höhe auch nach Inkrafttreten der Entgeltordnung als Besitzstandszulagen weitergezahlt, solange die anspruchsbegründende Tätigkeit weiterhin unverändert ausgeübt wird (siehe § 29a Abs. 3 TVÜ-VKA). Mit der neuen Entgeltordnung entfielen diese Zulagen und wurden durch höhere Eingruppierungen kompensiert.

3.3 Strukturausgleich

Die Regelungen über Strukturausgleiche (§ 12 TVÜ-VKA i. V. m. Anlage 2 zum TVÜ-VKA) blieben unberührt. Höhergruppierungen aufgrund der neuen Entgeltordnung galten als „normale" Höhergruppierung und lösten die üblichen Folgen auf den Strukturausgleich aus (siehe § 12 Abs. 4 TVÜ-VKA i. V. m. § 29d Abs. 6 Satz 1 TVÜ-VKA). Da somit Höhergruppierungsgewinne auf den Strukturausgleich angerechnet wurden, bedurfte die Entscheidung, ob sich ein Höhergruppierungsantrag (siehe oben Ziffer 2.3) ggf. auch nach Gegenrechnung eines (Teil-)Verlustes des Strukturausgleichs rechnet, einer gründlichen Abwägung. Nach der Tarifeinigung vom 29. April 2016 galt jedoch eine Überleitung in die Entgeltgruppen 9a, 9b oder 14 (statt 13 + Z) nicht als Höhergruppierung und wirkte sich daher nicht auf den Strukturausgleich aus (siehe § 29c Abs. 6 Satz 3 TVÜ-VKA).

Entgeltordnung (VKA)[1]

Vom 29. April 2016

Zuletzt geändert durch
Änderungstarifvertrag Nr. 21 zum TVöD vom 22. April 2023 und
Tarifeinigung vom 6. April 2025[2]

Inhaltsübersicht

Grundsätzliche Eingruppierungsregelungen (Vorbemerkungen)

1. Vorrang spezieller Tätigkeitsmerkmale
2. Tätigkeitsmerkmale mit Anforderungen in der Person
3. Wissenschaftliche Hochschulbildung
4. Hochschulbildung
5. Anerkannte Ausbildungsberufe
6. Übergangsregelungen zu in der DDR erworbenen Abschlüssen
7. Ausbildungs- und Prüfungspflicht
8. Geltungsausschluss für Lehrkräfte
9. Unterstellungsverhältnisse
10. Ständige Vertreterinnen und Vertreter

Teil A
Allgemeiner Teil

I. Allgemeine Tätigkeitsmerkmale

1. Entgeltgruppe 1 (einfachste Tätigkeiten)
2. Entgeltgruppen 2 bis 9a (handwerkliche Tätigkeiten)
3. Entgeltgruppen 2 bis 12 (Büro-, Buchhalterei-, sonstiger Innendienst und Außendienst)
4. Entgeltgruppen 13 bis 15

II. Spezielle Tätigkeitsmerkmale

1. Bezügerechnerinnen und Bezügerechner
2. Beschäftigte in der Informations- und Kommunikationstechnik
3. Ingenieurinnen und Ingenieure

---

[1] Die Entgeltordnung (VKA) wurde durch den Änderungstarifvertrag Nr. 12 vom 29. April 2016 als Anlage 1 in den TVöD eingefügt.

[2] Wegen der im Zuge der Tarifrunde 2025 vereinbarten Änderungen siehe die unter **150** abgedruckte Tarifeinigung.

4. Meisterinnen und Meister
5. Technikerinnen und Techniker
6. Vorlesekräfte für Blinde

Teil B
Besonderer Teil

I. Apothekerinnen und Apotheker
II. Ärztinnen und Ärzte sowie Zahnärztinnen und Zahnärzte
   1. Ärztinnen und Ärzte sowie Zahnärztinnen und Zahnärzte
   2. Ärztinnen und Ärzte sowie Zahnärztinnen und Zahnärzte im Geltungsbereich des Besonderen Teils Krankenhäuser (BT-K)
III. Beschäftigte in Bäderbetrieben
IV. Baustellenaufseherinnen und Baustellenaufseher
V. Beschäftigte in Bibliotheken, Büchereien, Archiven, Museen und anderen wissenschaftlichen Anstalten
VI. Beschäftigte im Fernmeldebetriebsdienst
VII. Beschäftigte in der Fleischuntersuchung
VIII. Fotografinnen und Fotografen
IX. Beschäftigte im Fremdsprachendienst
X. Gartenbau-, landwirtschafts- und weinbautechnische Beschäftigte
XI. Beschäftigte in Gesundheitsberufen
   1. Beschäftigte in der Pflege
   2. Leitende Beschäftigte in der Pflege
   3. Lehrkräfte in der Pflege
   4. Kardiotechnikerinnen und Kardiotechniker
   4a. Alltagsbegleiterinnen und -begleiter, Betreuungskräfte sowie Präsenzkräfte
   5. Diätassistentinnen und Diätassistenten
   6. Ergotherapeutinnen und Ergotherapeuten
   7. HNO-Audiologie-Assistentinnen und -Assistenten
   8. Logopädinnen und Logopäden
   9. Masseurinnen und medizinische Bademeisterinnen sowie Masseure und medizinische Bademeister
   10. Medizinisch-technische Assistentinnen und Assistenten
   11. Medizinische Dokumentarinnen und Dokumentare
   12. Medizinische und Zahnmedizinische Fachangestellte

IV

13. Orthoptistinnen und Orthoptisten
14. Pharmazeutisch-kaufmännische Angestellte
15. Pharmazeutisch-technische Assistentinnen und Assistenten
16. Physiotherapeutinnen und Physiotherapeuten
17. Präparationstechnische Assistentinnen und Assistenten
18. Psychologische Psychotherapeutinnen und -therapeuten sowie Kinder- und Jugendlichenpsychotherapeutinnen und -therapeuten
19. Zahntechnikerinnen und Zahntechniker
20. Leitende Beschäftigte
21. Lehrkräfte an staatlich anerkannten Lehranstalten für medizinische Berufe (Schulen)

IV

XII. Beschäftigte in Häfen und Fährbetrieben
XIII. Beschäftigte im Kassen- und Rechnungswesen
XIV. Beschäftigte im kommunalen feuerwehrtechnischen Dienst
1. Beschäftigte im kommunalen feuerwehrtechnischen Dienst
2. Feuerwehrgerätewartinnen und -warte
3. Beschäftigte in Feuerwehrtechnischen Zentralen (Feuerwehrtechnischen Zentren)
XV. Beschäftigte in der Konservierung, Restaurierung, Präparierung und Grabungstechnik
XVI. Laborantinnen und Laboranten
XVII. Leiterinnen und Leiter von Registraturen
XVIII. Beschäftigte in Leitstellen
XIX. Beschäftigte in Magazinen und Lagern
XX. Musikschullehrerinnen und Musikschullehrer
XXI. Reproduktionstechnische Beschäftigte
XXII. Beschäftigte im Rettungsdienst
1. Beschäftigte im Rettungsdienst
2. Beschäftigte an Rettungsdienstschulen
XXIII. Schulhausmeisterinnen und Schulhausmeister
XXIV. Beschäftigte im Sozial- und Erziehungsdienst
XXV. Beschäftigte in Sparkassen
XXVI. Technische Assistentinnen und Assistenten sowie Chemotechnikerinnen und -techniker
XXVII. Beschäftigte an Theatern und Bühnen
XXVIII. Tierärztinnen und Tierärzte

XXIX. Vermessungsingenieurinnen und Vermessungsingenieure
XXX. Vermessungstechnikerinnen und -techniker sowie Geomatikerinnen und Geomatiker
XXXI. Vorsteherinnen und Vorsteher von Kanzleien
XXXII. Zeichnerinnen und Zeichner
Anhang
Regelungskompetenzen

IV

Grundsätzliche Eingruppierungsregelungen (Vorbemerkungen)

1. Vorrang spezieller Tätigkeitsmerkmale

[1]Für Beschäftigte, deren Tätigkeit in einem speziellen Tätigkeitsmerkmal aufgeführt ist, gelten die allgemeinen Tätigkeitsmerkmale (Teil A Abschnitt I) weder in der Entgeltgruppe, in der sie aufgeführt sind, noch in einer höheren Entgeltgruppe.

[2]Die Allgemeinen Tätigkeitsmerkmale der Entgeltgruppen 2 bis 12 für Beschäftigte im Büro-, Buchhalterei-, sonstigen Innendienst und Außendienst (Teil A Abschnitt I Ziffer 3) gelten, sofern die auszuübende Tätigkeit einen unmittelbaren Bezug zu den eigentlichen Aufgaben der betreffenden Verwaltungsdienststellen, -behörden oder -institutionen hat.

IV

[3]Für Beschäftigte mit handwerklichen Tätigkeiten, deren Tätigkeit nicht in einem speziellen Tätigkeitsmerkmal aufgeführt ist, gelten die allgemeinen Tätigkeitsmerkmale für Beschäftigte mit handwerklichen Tätigkeiten (Teil A Abschnitt I Ziffer 2); die allgemeinen Tätigkeitsmerkmale für Beschäftigte im Büro-, Buchhalterei-, sonstigen Innendienst und Außendienst (Teil A Abschnitt I Ziffer 3) gelten nicht.

[4]Für Beschäftigte mit abgeschlossener wissenschaftlicher Hochschulbildung und entsprechender Tätigkeit sowie für sonstige Beschäftigte, die aufgrund gleichwertiger Fähigkeiten und ihrer Erfahrungen entsprechende Tätigkeiten ausüben, gelten die allgemeinen Tätigkeitsmerkmale der Entgeltgruppen 13 bis 15 (Teil A Abschnitt I Ziffer 4), es sei denn, dass ihre Tätigkeit in einem speziellen Tätigkeitsmerkmal aufgeführt ist.

[5]Wird ein Arbeitsvorgang von einem speziellen Tätigkeitsmerkmal erfasst, findet dieses auch dann Anwendung, wenn die/der Beschäftigte außerhalb des Geltungsbereichs des Besonderen Teils bzw. der Besonderen Teile des TVöD beschäftigt ist, zu dem bzw. denen dieses Tätigkeitsmerkmal vereinbart ist.

Protokollerklärung zu Nr. 1 Satz 2:

Die allgemeinen Tätigkeitsmerkmale für Beschäftigte im Büro-, Buchhalterei-, sonstigen Innendienst und im Außendienst (Teil A Abschnitt I Ziffer 3) besitzen eine Auffangfunktion in dem gleichen Umfang wie – bestätigt durch die bisherige ständige Rechtsprechung des BAG – die bisherigen ersten Fallgruppen des Allgemeinen Teils der Anlage 1a zum BAT.

Protokollerklärung zu Nr. 1 Satz 3:

Spezielle Tätigkeitsmerkmale im Sinne des Satzes 3 sind auch die als Beispiele bezeichneten Tätigkeitsmerkmale in den mit einem Mitgliedverband der VKA abgeschlossenen Tarifverträgen.

2. Tätigkeitsmerkmale mit Anforderungen in der Person

[1]Ist in einem Tätigkeitsmerkmal eine Vorbildung oder Ausbildung als Anforderung bestimmt, sind Beschäftigte, die die geforderte Vorbildung oder Ausbildung nicht besitzen,

- wenn nicht auch „sonstige Beschäftigte" von diesem Tätigkeitsmerkmal erfasst werden oder
- wenn auch „sonstige Beschäftigte" von diesem Tätigkeitsmerkmal erfasst werden, diese Beschäftigten jedoch nicht die Voraussetzungen des „sonstigen Beschäftigten" erfüllen,

bei Erfüllung der sonstigen Anforderungen dieses Tätigkeitsmerkmals in der nächst niedrigeren Entgeltgruppe eingruppiert. [2]Satz 1 gilt entsprechend für Tätigkeitsmerkmale, die bei Erfüllung qualifizierter Anforderungen eine höhere Eingruppierung vorsehen. [3]Satz 1 gilt nicht, wenn die Entgeltordnung für diesen Fall ein Tätigkeitsmerkmal (z. B. „in der Tätigkeit von ...") enthält.

IV

3. Wissenschaftliche Hochschulbildung

[1]Eine abgeschlossene wissenschaftliche Hochschulbildung liegt vor, wenn das Studium an einer staatlichen Hochschule im Sinne des § 1 Hochschulrahmengesetz (HRG) oder einer nach § 70 HRG staatlich anerkannten Hochschule

a) mit einer nicht an einer Fachhochschule abgelegten ersten Staatsprüfung, Magisterprüfung oder Diplomprüfung oder

b) mit einer Masterprüfung

beendet worden ist.

[2]Diesen Prüfungen steht eine Promotion oder die Akademische Abschlussprüfung (Magisterprüfung) einer Philosophischen Fakultät nur in den Fällen gleich, in denen die Ablegung einer ersten Staatsprüfung, einer Masterprüfung oder einer Diplomprüfung nach den einschlägigen Ausbildungsvorschriften nicht vorgesehen ist. [3]Eine abgeschlossene wissenschaftliche Hochschulbildung im Sinne des Satzes 1 Buchst. a setzt voraus, dass die Abschlussprüfung in einem Studiengang abgelegt wurde, der seinerseits mindestens das Zeugnis der Hochschulreife (allgemeine Hochschulreife oder einschlägige fachgebundene Hochschulreife) oder eine andere landesrechtliche Hochschulzugangsberechtigung als Zugangsvoraussetzung erfordert, und für den Abschluss eine Regelstudienzeit von mindestens acht Semestern – ohne etwaige Praxissemester, Prüfungssemester o. Ä. – vorschreibt. [4]Ein Bachelorstudiengang erfüllt diese Voraussetzung auch dann nicht, wenn mehr als sechs Semester für den Abschluss vor-

geschrieben sind. [5]Der Masterstudiengang muss nach den Regelungen des Akkreditierungsrats akkreditiert sein. [6]Ein Abschluss an einer ausländischen Hochschule gilt als abgeschlossene wissenschaftliche Hochschulbildung, wenn er von der zuständigen staatlichen Stelle als dem deutschen Hochschulabschluss vergleichbar bewertet wurde.

Protokollerklärung zu Satz 5:

Das Akkreditierungserfordernis ist bis zum 31. Dezember 2024 ausgesetzt.[1)]

4. Hochschulbildung

IV

[1]Eine abgeschlossene Hochschulbildung liegt vor, wenn von einer staatlichen Hochschule im Sinne des § 1 HRG oder einer nach § 70 HRG staatlich anerkannten Hochschule ein Diplomgrad mit dem Zusatz „Fachhochschule" („FH"), ein anderer nach § 18 HRG gleichwertiger Abschlussgrad oder ein Bachelorgrad verliehen wurde. [2]Die Abschlussprüfung muss in einem Studiengang abgelegt worden sein, der seinerseits mindestens das Zeugnis der Hochschulreife (allgemeine Hochschulreife oder einschlägige fachgebundene Hochschulreife) oder eine andere landesrechtliche Hochschulzugangsberechtigung als Zugangsvoraussetzung erfordert, und für den Abschluss eine Regelstudienzeit von mindestens sechs Semestern – ohne etwaige Praxissemester, Prüfungssemester o. Ä. – vorschreibt. [3]Der Bachelorstudiengang muss nach den Regelungen des Akkreditierungsrats akkreditiert sein. [4]Dem gleichgestellt sind Abschlüsse in akkreditierten Bachelorausbildungsgängen an Berufsakademien. [5]Nr. 3 Satz 6 gilt entsprechend.

Protokollerklärung zu Satz 3 und 4:

Das Akkreditierungserfordernis ist bis zum 31. Dezember 2024 ausgesetzt.

5. Anerkannte Ausbildungsberufe

[1]Anerkannte Ausbildungsberufe sind nur solche, die auf der Grundlage des Berufsbildungsgesetzes bzw. der Handwerksordnung geregelt sind.

[2]Soweit in Tarifverträgen auf Landesebene bzw. im Tarifvertrag zu § 20 Abs. 1 BMT-G-O (Lohngruppenverzeichnis) Beschäftigte mit handwerklichen Tätigkeiten und verwaltungs- oder betriebseigener Prüfung Beschäftigten mit erfolgreich abgeschlossener Ausbildung gleichgestellt sind, bleiben diese Regelungen unberührt. [3]Die im Bereich der jeweiligen kommunalen Arbeitgeberverbände bestehenden Richtlinien finden weiterhin Anwendung.

[4]In Tätigkeitsmerkmalen genannte Ausbildungsberufe umfassen auch die entsprechenden früheren Ausbildungsberufe vor Inkrafttreten der Anlage 1 – Entgeltordnung (VKA).

---

1) Das Akkreditierungserfordernis ist bis zum 31. März 2029 ausgesetzt, siehe Teil C Nr. 9 Buchst. b) der unter **150** abgedruckten Tarifeinigung.

6. Übergangsregelungen zu in der DDR erworbenen Abschlüssen

(1) [1]Aufgrund des Artikels 37 des Einigungsvertrages und der Vorschriften hierzu als gleichwertig festgestellte Abschlüsse, Prüfungen und Befähigungsnachweise stehen ab dem Zeitpunkt ihres Erwerbs den in den Tätigkeitsmerkmalen geforderten entsprechenden Anforderungen gleich. [2]Ist die Gleichwertigkeit erst nach Erfüllung zusätzlicher Erfordernisse festgestellt worden, gilt die Gleichstellung ab der Feststellung.

(2) Facharbeiterinnen und Facharbeiter mit einem im Beitrittsgebiet erworbenen Facharbeiterzeugnis, das nach Artikel 37 des Einigungsvertrages und der Vorschriften hierzu dem Prüfungszeugnis in einem anerkannten Ausbildungsberuf mit einer Ausbildungsdauer von mindestens drei Jahren bzw. mit einer kürzeren Ausbildungsdauer gleichgestellt ist, werden bei entsprechender Tätigkeit wie Beschäftigte mit erfolgreich abgeschlossener Ausbildung in einem solchen Ausbildungsberuf eingruppiert.

IV

7. Ausbildungs- und Prüfungspflicht

(1) Im Bereich der kommunalen Arbeitgeberverbände Baden-Württemberg, Bayern, Berlin, Niedersachsen, Nordrhein-Westfalen, Rheinland-Pfalz, Saar und Schleswig-Holstein sind Beschäftigte im Büro-, Buchhalterei-, sonstigen Innendienst und im Außendienst (Teil A Abschnitt I Ziffer 3) sowie im Kassen- und Rechnungswesen (Teil B Abschnitt XIII), die nicht die Anforderungen der Entgeltgruppe 5 Fallgruppe 1 bzw. der Entgeltgruppe 9b Fallgruppe 1 erfüllen, nur dann in den in Absatz 2 genannten Entgeltgruppen eingruppiert, wenn sie die der jeweiligen Entgeltgruppe entsprechende Tätigkeit auszuüben haben und nach Maßgabe des Absatzes 2 mit Erfolg an einem Lehrgang mit abschließender Prüfung teilgenommen haben.

Protokollerklärung zu Absatz 1:

Die Tarifverträge auf der Landesebene im Bereich des Kommunalen Arbeitgeberverbands Nordrhein-Westfalen und des Kommunalen Arbeitgeberverbands Rheinland-Pfalz bleiben bestehen.

(2) [1]Für die Eingruppierung in eine der Entgeltgruppen 5 bis 9a ist eine Erste Prüfung abzulegen. [2]Für die Eingruppierung in eine der Entgeltgruppen 9b bis 12 ist eine Zweite Prüfung abzulegen. [3]Satz 1 und 2 gelten nur für auf der Fallgruppe 2 der Entgeltgruppen 5 bzw. 9b aufbauende Eingruppierungen.

Protokollerklärung zu den Absätzen 1 und 2:

[1]Die Lehrgänge und Prüfungen werden bei den durch die Länder oder durch die kommunalen Spitzenverbände anerkannten Verwaltungsschulen oder Studieninstitute durchgeführt. [2]Hierzu rechnen auch solche Lehrgänge und Prüfungen, die nicht

für Beamtinnen/Beamte (Beamtenanwärter/-innen) und Beschäftigte gemeinsam, sondern als Sonderlehrgänge für Beschäftigte durchgeführt werden.

(3) [1]Hat eine Beschäftigte/ein Beschäftigter die für ihre/seine Eingruppierung nach den Absätzen 1 und 2 vorgeschriebene Prüfung nicht abgelegt, ist ihr/ihm alsbald die Möglichkeit zu geben, Ausbildung und Prüfung nachzuholen. [2]Besteht hierzu aus Gründen, die die/der Beschäftigte nicht zu vertreten hat, keine Möglichkeit oder befindet sich die/der Beschäftigte in der Ausbildung, erhält sie/er mit Beginn der maßgebenden Beschäftigung eine persönliche Zulage. [3]Die Zulage wird in Höhe des Unterschiedes zwischen dem Entgelt, das sie/er jeweils erhalten würde, wenn sie/er zu diesem Zeitpunkt in der ihrer/seiner Tätigkeit entsprechenden Entgeltgruppe eingruppiert wäre, und dem jeweiligen Entgelt ihrer/seiner bisherigen Entgeltgruppe gewährt. [4]Sonstige Ansprüche aus dem Arbeitsverhältnis, die von der Entgeltgruppe abhängen, richten sich während der Zeit, für die die Zulage zu zahlen ist, nach der der Tätigkeit der/des Beschäftigten entsprechenden Entgeltgruppe.

IV

Protokollerklärung zu Absatz 3:

[1]Der Arbeitgeber darf die Entsendung der/des Beschäftigten zu einem Lehrgang nicht von Vorbildungsvoraussetzungen abhängig machen.

[2]Macht die Schule oder das Institut die Zulassung zum Lehrgang von solchen Voraussetzungen abhängig, hat die/der Beschäftigte dies nicht zu vertreten.

(4) [1]Die Zulage entfällt vom Ersten des folgenden Monats an, wenn die/der Beschäftigte entweder

a) die Prüfung auch im Wiederholungsfalle nicht bestanden hat oder

b) nicht an der ihrer/seiner Tätigkeit entsprechenden Ausbildung und Prüfung teilnimmt, nachdem ihr/ihm die Möglichkeit hierzu geboten worden ist.

[2]Sie entfällt ferner, wenn die/der Beschäftigte nach bestandener Prüfung in der ihrer/seiner Tätigkeit entsprechenden Entgeltgruppe eingruppiert ist. [3]In diesem Falle erhält die/der Beschäftigte das Entgelt, das sie/er erhalten hätte, wenn sie/er in dem in Absatz 3 Satz 2 genannten Zeitpunkt in der höheren Entgeltgruppe eingruppiert wäre.

(5) Von der Ausbildungs- und Prüfungspflicht sind Beschäftigte befreit

a) mit einer mindestens zwanzigjährigen Berufserfahrung bei einem Arbeitgeber, der vom Geltungsbereich des TVöD oder eines vergleichbaren Tarifvertrags erfasst wird, oder bei einem anderen öffentlich-rechtlichen Arbeitgeber,

b) deren Arbeitsvertrag befristet oder mit einer auflösenden Bedingung versehen ist,

c) die in einem Spezialgebiet besonders herausragende Fachkenntnisse aufweisen und in diesem Spezialgebiet beschäftigt werden,

d) die in Krankenhäusern, Pflege- und Betreuungseinrichtungen, Versorgungs-, Nahverkehrs- oder Hafenbetrieben tätig sind.

Protokollerklärung zu Absatz 5 Buchst. b:

Wird der Arbeitsvertrag in ein Beschäftigungsverhältnis auf unbestimmte Zeit umgewandelt, gelten die Bestimmungen dieser Vorbemerkung.

(6) Von der Verpflichtung zur Ausbildung und Prüfung kann insoweit abgesehen werden, als die/der Beschäftigte außerhalb des kommunalen Bereiches eine oder mehrere Prüfungen abgelegt hat, die den Prüfungen nach Absatz 2 gleichwertig sind.

(7) Die Absätze 1 bis 6 gelten im Bereich der Sparkassen mit folgenden Maßgaben entsprechend:

a) Absatz 2 Satz 3 gilt in folgender Fassung:

„[3]Satz 1 und 2 gelten nur für nicht auf der Fallgruppe 1 der Entgeltgruppen 5 bzw. 9b aufbauende Eingruppierungen."

b) Die Abschlussprüfung für den Beruf der Bankkauffrau/des Bankkaufmanns oder eine entsprechende Prüfung an einer Sparkassenschule, die als Zulassungsvoraussetzung für den Besuch des Sparkassenfachlehrgangs anerkannt ist, gelten als Erste Prüfung.

8. Geltungsausschluss für Lehrkräfte

Die Entgeltordnung gilt nicht für Beschäftigte, die als Lehrkräfte – auch wenn sie nicht unter Abschnitt VIII Sonderregelungen (VKA) § 51 BT-V fallen – beschäftigt sind, soweit nicht ein besonderes Tätigkeitsmerkmal vereinbart ist.

9. Unterstellungsverhältnisse

[1]Soweit die Eingruppierung von der Zahl der unterstellten oder in der Regel unterstellten Beschäftigten abhängig ist, rechnen hierzu auch Beamtinnen und Beamte der vergleichbaren Besoldungsgruppen. [2]Für diesen Zweck ist vergleichbar:

der Entgeltgruppe	die Besoldungsgruppe
2	A 2
3	A 3
4	A 4
5	A 5
6	A 6
7	A 7
8	A 8

der Entgeltgruppe	die Besoldungsgruppe
9a, 9b, 9c	A 9
10	A 10
11	A 11
12	A 12
13	A 13
14	A 14
15	A 15

[3]Bei der Zahl der unterstellten oder in der Regel unterstellten bzw. beaufsichtigten oder der in dem betreffenden Bereich beschäftigten Personen zählen Teilzeitbeschäftigte entsprechend dem Verhältnis der mit ihnen im Arbeitsvertrag vereinbarten Arbeitszeit zur regelmäßigen Arbeitszeit einer/eines Vollzeitbeschäftigten. [4]Für die Eingruppierung ist es unschädlich, wenn im Organisations- und Stellenplan zur Besetzung ausgewiesene Stellen nicht besetzt sind.

10. Ständige Vertreterinnen und Vertreter

Ständige Vertreterinnen und Vertreter sind nicht die Vertreterinnen und Vertreter in Urlaubs- und sonstigen Abwesenheitsfällen.

Teil A
Allgemeiner Teil

I. Allgemeine Tätigkeitsmerkmale

1. Entgeltgruppe 1 (einfachste Tätigkeiten)

Entgeltgruppe 1

Beschäftigte mit einfachsten Tätigkeiten, zum Beispiel
- Essens- und Getränkeausgeber/innen,
- Garderobenpersonal,
- Spülen und Gemüseputzen und sonstige Tätigkeiten im Haus- und Küchenbereich,
- Reiniger/innen in Außenbereichen wie Höfe, Wege, Grünanlagen, Parks,
- Wärter/innen von Bedürfnisanstalten,
- Servierer/innen,
- Hausarbeiter/innen,
- Hausgehilfe/Hausgehilfin,
- Bote/Botin (ohne Aufsichtsfunktion).

Ergänzungen können durch landesbezirklichen Tarifvertrag geregelt werden.

IV

2. Entgeltgruppen 2 bis 9a (handwerkliche Tätigkeiten)

Entgeltgruppe 2

Beschäftigte mit einfachen Tätigkeiten.

([1]Einfache Tätigkeiten sind Tätigkeiten, die keine Vor- oder Ausbildung, aber eine fachliche Einarbeitung erfordern, die über eine sehr kurze Einweisung oder Anlernphase hinausgeht. [2]Einarbeitung dient dem Erwerb derjenigen Kenntnisse und Fertigkeiten, die für die Beherrschung der Arbeitsabläufe als solche erforderlich sind.)

Entgeltgruppe 3

Beschäftigte, deren Tätigkeit sich dadurch aus der Entgeltgruppe 2 heraushebt, dass sie eine eingehende fachliche Einarbeitung erfordert.

Entgeltgruppe 4

1. Beschäftigte mit erfolgreich abgeschlossener Ausbildung in einem anerkannten Ausbildungsberuf mit einer Ausbildungsdauer von weniger als drei Jahren, die in ihrem oder einem diesem verwandten Beruf beschäftigt werden.

2. Beschäftigte mit schwierigen Tätigkeiten.

   ([1]Schwierige Tätigkeiten sind Tätigkeiten, die mehr als eine eingehende fachliche Einarbeitung im Sinne der Entgeltgruppe 3 erfordern. [2]Danach müssen Tätigkeiten anfallen, die an das Überlegungsvermögen oder das fachliche Geschick Anforderungen stellen, die über das Maß dessen hinausgehen, was üblicherweise von Beschäftigten der Entgeltgruppe 3 verlangt werden kann.)

Entgeltgruppe 5

Beschäftigte mit erfolgreich abgeschlossener Ausbildung in einem anerkannten Ausbildungsberuf mit einer Ausbildungsdauer von mindestens drei Jahren, die in ihrem oder einem diesem verwandten Beruf beschäftigt werden.

Entgeltgruppe 6

Beschäftigte der Entgeltgruppe 5, die hochwertige Arbeiten verrichten. (Hochwertige Arbeiten sind Arbeiten, die an das Überlegungsvermögen und das fachliche Geschick der/des Beschäftigten Anforderungen stellen, die über das Maß dessen hinausgehen, was üblicherweise von Beschäftigten der Entgeltgruppe 5 verlangt werden kann.)

Entgeltgruppe 7

Beschäftigte der Entgeltgruppe 5, die besonders hochwertige Arbeiten verrichten.

(Besonders hochwertige Arbeiten sind Arbeiten, die neben vielseitigem, hochwertigem fachlichen Können besondere Umsicht und Zuverlässigkeit erfordern.)

Entgeltgruppe 8

Beschäftigte der Entgeltgruppe 5, deren Tätigkeiten in einem landesbezirklichen Tarifvertrag abschließend aufgeführt sind.

Entgeltgruppe 9a

Beschäftigte der Entgeltgruppe 5, deren Tätigkeiten in einem landesbezirklichen Tarifvertrag abschließend aufgeführt sind.

3. Entgeltgruppen 2 bis 12 (Büro-, Buchhalterei-, sonstiger Innendienst und Außendienst)

Vorbemerkung

Buchhaltereidienst bezieht sich nur auf Tätigkeiten von Beschäftigten, die mit kaufmännischer Buchführung beschäftigt sind.

Entgeltgruppe 2

Beschäftigte mit einfachen Tätigkeiten.

([1]Einfache Tätigkeiten sind Tätigkeiten, die keine Vor- oder Ausbildung, aber eine fachliche Einarbeitung erfordern, die über eine sehr kurze Einweisung oder Anlernphase hinausgeht. [2]Einarbeitung dient dem Erwerb derjenigen Kenntnisse und Fertigkeiten, die für die Beherrschung der Arbeitsabläufe als solche erforderlich sind.)

Entgeltgruppe 3

Beschäftigte, deren Tätigkeit sich dadurch aus der Entgeltgruppe 2 heraushebt, dass sie eine eingehende fachliche Einarbeitung erfordert.

Entgeltgruppe 4

1. Beschäftigte, deren Tätigkeit sich dadurch aus der Entgeltgruppe 3 heraushebt, dass sie mindestens zu einem Viertel gründliche Fachkenntnisse erfordert.

   (Gründliche Fachkenntnisse erfordern nähere Kenntnisse von Rechtsvorschriften oder näheres kaufmännisches oder technisches Fachwissen usw. des Aufgabenkreises.)

2. Beschäftigte mit schwierigen Tätigkeiten.

   ([1]Schwierige Tätigkeiten sind Tätigkeiten, die mehr als eine eingehende fachliche Einarbeitung im Sinne der Entgeltgruppe 3 erfordern. [2]Danach müssen Tätigkeiten anfallen, die an das Überlegungsvermögen oder das fachliche Geschick Anforderungen stellen, die über das Maß dessen hinausgehen, was üblicherweise von Beschäftigten der Entgeltgruppe 3 verlangt werden kann.)

Entgeltgruppe 5

1. Beschäftigte mit erfolgreich abgeschlossener Ausbildung in einem anerkannten Ausbildungsberuf mit einer Ausbildungsdauer von mindestens drei Jahren und entsprechender Tätigkeit.
2. Beschäftigte, deren Tätigkeit gründliche Fachkenntnisse erfordert.
   (Gründliche Fachkenntnisse erfordern nähere Kenntnisse von Rechtsvorschriften oder näheres kaufmännisches oder technisches Fachwissen usw. des Aufgabenkreises.)

Entgeltgruppe 6

Beschäftigte der Entgeltgruppe 5 Fallgruppe 1, deren Tätigkeit gründliche und vielseitige Fachkenntnisse erfordert, sowie

Beschäftigte der Entgeltgruppe 5 Fallgruppe 2, deren Tätigkeit vielseitige Fachkenntnisse erfordert.

([1]Die gründlichen und vielseitigen Fachkenntnisse brauchen sich nicht auf das gesamte Gebiet der Verwaltung (des Betriebes), bei der die/der Beschäftigte tätig ist, zu beziehen. [2]Der Aufgabenkreis der/des Beschäftigten muss aber so gestaltet sein, dass er nur beim Vorhandensein gründlicher und vielseitiger Fachkenntnisse ordnungsgemäß bearbeitet werden kann.)

Entgeltgruppe 7

Beschäftigte der Entgeltgruppe 6, deren Tätigkeit mindestens zu einem Fünftel selbstständige Leistungen erfordert.

(Selbstständige Leistungen erfordern ein den vorausgesetzten Fachkenntnissen entsprechendes selbstständiges Erarbeiten eines Ergebnisses unter Entwicklung einer eigenen geistigen Initiative; eine leichte geistige Arbeit kann diese Anforderung nicht erfüllen.)

Entgeltgruppe 8

Beschäftigte der Entgeltgruppe 6, deren Tätigkeit mindestens zu einem Drittel selbstständige Leistungen erfordert.

(Selbstständige Leistungen erfordern ein den vorausgesetzten Fachkenntnissen entsprechendes selbstständiges Erarbeiten eines Ergebnisses unter Entwicklung einer eigenen geistigen Initiative; eine leichte geistige Arbeit kann diese Anforderung nicht erfüllen.)

Entgeltgruppe 9a

Beschäftigte der Entgeltgruppe 6, deren Tätigkeit selbstständige Leistungen erfordert.

(Selbstständige Leistungen erfordern ein den vorausgesetzten Fachkenntnissen entsprechendes selbstständiges Erarbeiten eines Ergebnisses unter Entwicklung einer eigenen geistigen Initiative; eine leichte geistige Arbeit kann diese Anforderung nicht erfüllen.)

Entgeltgruppe 9b

1. Beschäftigte mit abgeschlossener Hochschulbildung und entsprechender Tätigkeit sowie sonstige Beschäftigte, die aufgrund gleichwertiger Fähigkeiten und ihrer Erfahrungen entsprechende Tätigkeiten ausüben.
2. Beschäftigte, deren Tätigkeit gründliche, umfassende Fachkenntnisse und selbstständige Leistungen erfordert.

   (Gründliche, umfassende Fachkenntnisse bedeuten gegenüber den in den Entgeltgruppen 6 bis 9a geforderten gründlichen und vielseitigen Fachkenntnissen eine Steigerung der Tiefe und der Breite nach.)

Entgeltgruppe 9c

Beschäftigte, deren Tätigkeit sich dadurch aus der Entgeltgruppe 9b heraushebt, dass sie besonders verantwortungsvoll ist.

Entgeltgruppe 10

Beschäftigte, deren Tätigkeit sich mindestens zu einem Drittel durch besondere Schwierigkeit und Bedeutung aus der Entgeltgruppe 9c heraushebt.

Entgeltgruppe 11

Beschäftigte, deren Tätigkeit sich durch besondere Schwierigkeit und Bedeutung aus der Entgeltgruppe 9c heraushebt.

Entgeltgruppe 12

Beschäftigte, deren Tätigkeit sich durch das Maß der damit verbundenen Verantwortung erheblich aus der Entgeltgruppe 11 heraushebt.

4. Entgeltgruppen 13 bis 15

Entgeltgruppe 13

1. Beschäftigte mit abgeschlossener wissenschaftlicher Hochschulbildung und entsprechender Tätigkeit sowie sonstige Beschäftigte, die aufgrund gleichwertiger Fähigkeiten und ihrer Erfahrungen entsprechende Tätigkeiten ausüben.
2. Beschäftigte in kommunalen Einrichtungen und Betrieben, deren Tätigkeit wegen der Schwierigkeit der Aufgaben und der Größe ihrer Verantwortung ebenso zu bewerten ist wie Tätigkeiten nach Fallgruppe 1.

Entgeltgruppe 14

1. Beschäftigte der Entgeltgruppe 13 Fallgruppe 1, deren Tätigkeit sich mindestens zu einem Drittel
   - durch besondere Schwierigkeit und Bedeutung oder
   - durch das Erfordernis hochwertiger Leistungen bei besonders schwierigen Aufgaben

   aus der Entgeltgruppe 13 Fallgruppe 1 heraushebt.
2. Beschäftigte in kommunalen Einrichtungen und Betrieben, deren Tätigkeit wegen der Schwierigkeit der Aufgaben und der Größe ihrer Verantwortung ebenso zu bewerten ist wie Tätigkeiten nach Fallgruppe 1.

3. Beschäftigte der Entgeltgruppe 13 Fallgruppe 1, denen mindestens drei Beschäftigte mindestens der Entgeltgruppe 13 durch ausdrückliche Anordnung ständig unterstellt sind.
   (Hierzu Protokollerklärung)

Entgeltgruppe 15

1. Beschäftigte der Entgeltgruppe 13 Fallgruppe 1, deren Tätigkeit sich
   - durch besondere Schwierigkeit und Bedeutung sowie
   - erheblich durch das Maß der damit verbundenen Verantwortung

   aus der Entgeltgruppe 13 Fallgruppe 1 heraushebt.
2. Beschäftigte in kommunalen Einrichtungen und Betrieben, deren Tätigkeit wegen der Schwierigkeit der Aufgaben und der Größe ihrer Verantwortung ebenso zu bewerten ist wie Tätigkeiten nach Fallgruppe 1.
3. Beschäftigte mit der Entgeltgruppe 13 Fallgruppe 1, denen mindestens fünf Beschäftigte mindestens der Entgeltgruppe 13 durch ausdrückliche Anordnung ständig unterstellt sind.
   (Hierzu Protokollerklärung)

Protokollerklärung:
Bei der Zahl der Unterstellten zählen nicht mit:
a) Beschäftigte der Entgeltgruppe 13 nach Abschnitt II Ziffern 2 und 3,
b) Beamte des gehobenen Dienstes der Besoldungsgruppe A 13.

II. Spezielle Tätigkeitsmerkmale

1. Bezügerechnerinnen und Bezügerechner

Entgeltgruppe 5

Berechnerinnen und Berechner von Dienst- oder Versorgungsbezügen, von Entgelten, einschließlich der Krankenbezüge oder Urlaubsentgelte deren Tätigkeit gründliche Fachkenntnisse erfordert.

(Gründliche Fachkenntnisse erfordern nähere Kenntnisse von Rechtsvorschriften oder näheres kaufmännisches oder technisches Fachwissen usw. des Aufgabenkreises.)

(Hierzu Protokollerklärung)

IV

Entgeltgruppe 6

1. Beschäftigte, deren Tätigkeit sich dadurch aus der Entgeltgruppe 5 heraushebt, dass aufgrund der angegebenen Merkmale Dienst- oder Versorgungsbezüge, Entgelte einschließlich der Krankenbezüge und Urlaubsentgelte selbstständig zu errechnen sind.
   (Hierzu Protokollerklärung)
2. Beschäftigte, die aufgrund der angegebenen Merkmale die für die Errechnung und Zahlbarmachung der Dienst- oder Versorgungsbezüge, Entgelte einschließlich der Krankenbezüge und Urlaubsentgelte im DV-Verfahren erforderlichen Arbeiten und Kontrollen zur maschinellen Berechnung verantwortlich vornehmen.
   (Hierzu Protokollerklärung)

Entgeltgruppe 7

1. Beschäftigte, deren Tätigkeit sich dadurch aus der Entgeltgruppe 5 heraushebt, dass aufgrund der angegebenen Merkmale Entgelte einschließlich der Krankenbezüge und Urlaubsentgelte selbstständig zu errechnen sind und der damit zusammenhängende Schriftwechsel selbstständig zu führen ist.
   (Hierzu Protokollerklärung)
2. Beschäftigte, die aufgrund der angegebenen Merkmale die für die Errechnung und Zahlbarmachung der Dienst- oder Versorgungsbezüge, Entgelte einschließlich der Krankenbezüge und Urlaubsentgelte im DV-Verfahren erforderlichen Arbeiten und Kontrollen zur maschinellen Berechnung verantwortlich vornehmen und den damit zusammenhängenden Schriftwechsel selbstständig führen.
   (Hierzu Protokollerklärung)

Entgeltgruppe 9a

1. Beschäftigte, deren Tätigkeit sich dadurch aus der Entgeltgruppe 6 Fallgruppe 1 heraushebt, dass aufgrund der angegebenen tatsächlichen Verhältnisse Entgelte einschließlich der Krankenbezüge und Urlaubsentgelte selbständig zu errechnen und die damit zusammenhängenden Arbeiten (z. B. Feststellen der Versicherungspflicht in der Sozialversicherung und der Zusatzversicherung, Bearbeiten von Abtretungen und Pfändungen) selbstständig auszuführen sind sowie der damit zusammenhängende Schriftwechsel selbstständig zu führen ist.

   (Das Tätigkeitsmerkmal ist auch erfüllt, wenn die/der Beschäftigte die Beschäftigungszeit sowie das Tabellenentgelt nach §§ 15 und 16 TVöD bei der Einstellung nicht festzusetzen und Abtretungen und Pfändungen nicht zu bearbeiten hat.)

   (Hierzu Protokollerklärung)

2. Beschäftigte, deren Tätigkeit sich dadurch aus der Entgeltgruppe 6 Fallgruppe 2 heraushebt, dass aufgrund der angegebenen tatsächlichen Verhältnisse die für die Errechnung und Zahlbarmachung der Dienst- oder Versorgungsbezüge, Entgelte, einschließlich der Krankenbezüge und Urlaubsentgelte im DV-Verfahren notwendigen Merkmale und die sonstigen Anspruchsvoraussetzungen festzustellen, die erforderlichen Arbeiten (z. B. Feststellen der Versicherungspflicht in der Sozialversicherung und der Zusatzversicherung, Bearbeiten von Abtretungen und Pfändungen) und Kontrollen zur maschinellen Berechnung verantwortlich vorzunehmen sind sowie der damit zusammenhängende Schriftwechsel selbstständig zu führen ist.

   (Das Tätigkeitsmerkmal ist auch erfüllt, wenn die/der Beschäftigte das Besoldungsdienstalter nicht erstmals, die ruhegehaltfähigen Dienstbezüge nicht erstmals, die ruhegehaltfähige Dienstzeit, die Beschäftigungszeit sowie das Tabellenentgelt nach §§ 15 und 16 TVöD bei der Einstellung nicht festzusetzen, keine Widerspruchsbescheide zu erteilen und Abtretungen und Pfändungen nicht zu bearbeiten hat.)

   (Hierzu Protokollerklärung)

3. Beschäftigte, denen mindestens drei Beschäftigte mit Tätigkeiten mindestens der Entgeltgruppe 6 Fallgruppen 1 oder 2 durch ausdrückliche Anordnung ständig unterstellt sind.

Entgeltgruppe 9b

Beschäftigte, denen mindestens vier Beschäftigte mit Tätigkeiten mindestens der Entgeltgruppe 9a Fallgruppen 1 oder 2 durch ausdrückliche Anordnung ständig unterstellt sind.

Protokollerklärung:

Zu den Dienst- oder Versorgungsbezügen, Entgelten im Sinne dieses Tätigkeitsmerkmals gehören gegebenenfalls auch sonstige Leistungen, z. B. Kindergeld, Beitragszuschuss nach § 257 SGB V, vermögenswirksame Leistungen.

2. Beschäftigte in der Informations- und Kommunikationstechnik

Vorbemerkung

[1]Nach dem Abschnitt II Ziffer 2 sind Beschäftigte eingruppiert, die sich mit Systemen der Informations- und Kommunikationstechnik befassen ohne Rücksicht auf ihre organisatorische Eingliederung. [2]Zu diesen Systemen zählen insbesondere informationstechnische Hard- und Softwaresysteme, Anwendungsprogramme, Datenbanken, Komponenten der Kommunikationstechnik in lokalen IKT-Netzen und IKT-Weitverkehrsnetzen sowie Produkte und Services, die mit diesen Systemen erstellt werden. [3]Dabei werden Tätigkeiten im gesamten Lebenszyklus eines solchen IKT-Systems erfasst, also dessen Planung, Spezifikation, Entwurf, Design, Erstellung, Implementierung, Test, Integration in die operative Umgebung, Produktion, Optimierung und Tuning, Pflege, Fehlerbeseitigung und Qualitätssicherung. [4]Auch Tätigkeiten zur Sicherstellung der Informationssicherheit fallen unter die nachfolgenden Merkmale. [5]Da mit den informationstechnischen Systemen in der Regel Produkte oder Services erstellt werden, gelten die nachfolgenden Tätigkeitsmerkmale auch für die Beschäftigten in der Produktionssteuerung und im IKT-Servicemanagement.

[6]Nicht unter den Abschnitt II Ziffer 2 fallen Beschäftigte, die lediglich IKTSysteme anwenden oder Beschäftigte, die lediglich die Rahmenbedingungen für die Informations- und Kommunikationstechnik schaffen und sich die informations-technischen Spezifikationen von den IKT-Fachleuten zuarbeiten lassen.

Entgeltgruppe 6

1. Beschäftigte mit einschlägiger abgeschlossener Berufsausbildung (z. B. Fachinformatikerinnen und -informatiker der Fachrichtungen Anwendungsentwicklung oder Systemintegration, Technische Systeminformatikerinnen und -informatiker, IT-System-Kaufleute oder IT-Systemelektronikerinnen und -elektroniker) und entsprechender Tätigkeit sowie sonstige Beschäftigte, die aufgrund gleichwertiger

Fähigkeiten und ihrer Erfahrungen entsprechende Tätigkeiten ausüben.

2. Beschäftigte, deren Tätigkeit gründliche und vielseitige Fachkenntnisse erfordert.

   ([1]Gründliche Fachkenntnisse erfordern nähere Kenntnisse von Rechtsvorschriften oder näheres kaufmännisches oder technisches Fachwissen usw. des Aufgabenkreises. [2]Die gründlichen und vielseitigen Fachkenntnisse brauchen sich nicht auf das gesamte Gebiet der Verwaltung [des Betriebes], bei der die/der Beschäftigte tätig ist, zu beziehen. [3]Der Aufgabenkreis der/des Beschäftigten muss aber so gestaltet sein, dass er nur beim Vorhandensein gründlicher und vielseitiger Fachkenntnisse ordnungsgemäß bearbeitet werden kann.)

Entgeltgruppe 7

Beschäftigte der Entgeltgruppe 6, die ohne Anleitung tätig sind.

Entgeltgruppe 8

Beschäftigte der Entgeltgruppe 7, deren Tätigkeit über die Standardfälle hinaus Gestaltungsspielraum erfordert.

Entgeltgruppe 9a

Beschäftigte der Entgeltgruppe 8, deren Tätigkeit zusätzliche Fachkenntnisse erfordert.

Entgeltgruppe 9b

Beschäftigte der Entgeltgruppe 9a, deren Tätigkeit umfassende Fachkenntnisse erfordert.

(Umfassende Fachkenntnisse bedeuten gegenüber den in der Entgeltgruppe 9a geforderten Fachkenntnissen eine Steigerung der Tiefe und der Breite nach.)

Entgeltgruppe 10

1. Beschäftigte mit einschlägiger abgeschlossener Hochschulbildung (z. B. in der Fachrichtung Informatik) und entsprechender Tätigkeit sowie sonstige Beschäftigte, die aufgrund gleichwertiger Fähigkeiten und ihrer Erfahrungen entsprechende Tätigkeiten ausüben.
2. Beschäftigte der Entgeltgruppe 9b, deren Tätigkeit einen Gestaltungsspielraum erfordert, der über den Gestaltungsspielraum in Entgeltgruppe 8 hinausgeht.

Entgeltgruppe 11

1. Beschäftigte der Entgeltgruppe 10, deren Tätigkeit sich mindestens zu einem Drittel durch besondere Leistungen aus der Entgeltgruppe 10 heraushebt.

   (Besondere Leistungen sind Tätigkeiten, deren Bearbeitung besondere Fachkenntnisse und besondere praktische Erfahrung voraussetzt oder die eine fachliche Weisungsbefugnis beinhalten.)

2. Beschäftigte der Entgeltgruppe 10, deren Tätigkeit sich durch besondere Leistungen aus der Entgeltgruppe 10 heraushebt.

   (Besondere Leistungen sind Tätigkeiten, deren Bearbeitung besondere Fachkenntnisse und besondere praktische Erfahrung voraussetzt oder die eine fachliche Weisungsbefugnis beinhalten.)

IV

Entgeltgruppe 12

1. Beschäftigte der Entgeltgruppe 11 Fallgruppe 2 mit mindestens dreijähriger praktischer Erfahrung, deren Tätigkeit sich mindestens zu einem Drittel durch besondere Schwierigkeit und Bedeutung oder durch Spezialaufgaben aus der Entgeltgruppe 11 Fallgruppe 2 heraushebt.
2. Beschäftigte der Entgeltgruppe 11 Fallgruppe 2 mit mindestens dreijähriger praktischer Erfahrung, deren Tätigkeit sich durch besondere Schwierigkeit und Bedeutung oder durch Spezialaufgaben aus der Entgeltgruppe 11 Fallgruppe 2 heraushebt.
3. Beschäftigte der Entgeltgruppe 10 mit mindestens dreijähriger praktischer Erfahrung, die durch ausdrückliche Anordnung als Leiterin oder Leiter einer IT-Gruppe bestellt sind und denen mindestens
   a) zwei Beschäftigte dieses Abschnitts mindestens der Entgeltgruppe 11 oder
   b) drei Beschäftigte dieses Abschnitts mindestens der Entgeltgruppe 10

   durch ausdrückliche Anordnung ständig unterstellt sind.

Entgeltgruppe 13

1. Beschäftigte der Entgeltgruppe 12 Fallgruppe 2, deren Tätigkeit sich mindestens zu einem Drittel durch das Maß der Verantwortung erheblich aus der Entgeltgruppe 12 Fallgruppe 2 heraushebt.
2. Beschäftigte der Entgeltgruppe 10 mit mindestens dreijähriger praktischer Erfahrung, die durch ausdrückliche Anordnung als Leiterin oder Leiter einer IT-Gruppe bestellt sind und denen mindestens

a) zwei Beschäftigte dieses Abschnitts mindestens der Entgeltgruppe 12 oder

b) drei Beschäftigte dieses Abschnitts mindestens der Entgeltgruppe 11

durch ausdrückliche Anordnung ständig unterstellt sind.

3. Ingenieurinnen und Ingenieure

Vorbemerkungen

1. Ingenieurinnen und Ingenieure sind Beschäftigte, die einen erfolgreichen Abschluss eines technisch-ingenieurwissenschaftlichen Studiengangs im Sinne der Nr. 4 der grundsätzlichen Eingruppierungsregelungen (Vorbemerkungen) einschließlich der Fachrichtungen Gartenbau, Landschaftsplanung/-architektur oder Landschaftsgestaltung oder der Fachrichtung Forstwirtschaft nachweisen.
2. Die Tätigkeitsmerkmale der Fallgruppen 2 des Abschnitts I Ziffer 4 finden auch auf Ingenieurinnen und Ingenieure im Sinne der Nr. 1 Anwendung; Nr. 1 Satz 4 der grundsätzlichen Eingruppierungsregelungen (Vorbemerkungen) bleibt unberührt.

IV

Entgeltgruppe 10

Ingenieurinnen und Ingenieure mit entsprechender Tätigkeit sowie sonstige Beschäftigte, die aufgrund gleichwertiger Fähigkeiten und ihrer Erfahrungen entsprechende Tätigkeiten ausüben.

(Hierzu Protokollerklärung Nr. 1)

Entgeltgruppe 11

1. Beschäftigte der Entgeltgruppe 10, deren Tätigkeit sich mindestens zu einem Drittel durch besondere Leistungen aus der Entgeltgruppe 10 heraushebt.

   (Hierzu Protokollerklärung Nr. 2)
2. Beschäftigte der Entgeltgruppe 10, deren Tätigkeit sich durch besondere Leistungen aus der Entgeltgruppe 10 heraushebt.

   (Hierzu Protokollerklärung Nr. 2)

Entgeltgruppe 12

1. Beschäftigte der Entgeltgruppe 11 Fallgruppe 2 mit langjähriger praktischer Erfahrung, deren Tätigkeit sich mindestens zu einem Drittel durch besondere Schwierigkeit und Bedeutung oder durch

künstlerische oder Spezialaufgaben aus der Entgeltgruppe 11 Fallgruppe 2 heraushebt.

2. Beschäftigte der Entgeltgruppe 11 Fallgruppe 2 mit langjähriger praktischer Erfahrung, deren Tätigkeit sich durch besondere Schwierigkeit und Bedeutung oder durch künstlerische oder Spezialaufgaben aus der Entgeltgruppe 11 Fallgruppe 2 heraushebt.

Entgeltgruppe 13

Beschäftigte der Entgeltgruppe 12 Fallgruppe 2, deren Tätigkeit sich mindestens zu einem Drittel durch das Maß der Verantwortung erheblich aus der Entgeltgruppe 12 Fallgruppe 2 heraushebt.

Protokollerklärungen:

1. Entsprechende Tätigkeiten sind z. B.:
   a) Aufstellung oder Prüfung von Entwürfen nicht nur einfacher Art einschließlich Massen-, Kosten- und statischen Berechnungen und Verdingungsunterlagen, Bearbeitung der damit zusammenhängenden laufenden technischen Angelegenheiten – auch im technischen Rechnungswesen, örtliche Leitung oder Mitwirkung bei der Leitung von Bauten und Bauabschnitten sowie deren Abrechnung.
   b) Im Bereich Garten- und Landschaftsbau: Aufstellung und Prüfung von Entwürfen nicht nur einfacher Art einschließlich Massen- und Kostenberechnung oder von Verdingungsunterlagen, Bearbeiten der damit zusammenhängenden technischen Angelegenheiten – auch im technischen Rechnungswesen; örtliche Leitung oder Mitwirkung bei der Leitung von nicht nur einfachen Gartenbau-, Landschaftsbau-, Obstbau-, Pflanzenbau-, Pflanzenschutz- oder Weinbaumaßnahmen und deren Abrechnung.
2. Besondere Leistungen sind z. B.:
   a) Aufstellung oder Prüfung von Entwürfen, deren Bearbeitung besondere Fachkenntnisse und besondere praktische Erfahrung oder künstlerische Begabung voraussetzt, sowie örtliche Leitung bzw. Mitwirkung bei der Leitung von schwierigen Bauten und Bauabschnitten und deren Abrechnung.
   b) Im Bereich Garten- und Landschaftsbau: Aufstellung oder Prüfung von Entwürfen einschließlich Massen- und Kostenberechnungen oder Verdingungsunterlagen, deren Bearbeitung besondere Fachkenntnisse und besondere praktische Erfahrungen oder künstlerische Begabung voraussetzt, örtliche Leitung schwieriger Baumaßnahmen und deren Abrechnung sowie selbstständige Planung und Organisation von Pflanzenschutz- oder Schädlingsbekämpfungsmaßnahmen, die sich auf das Gebiet einer oder mehrerer Gemeinden erstrecken, und das Überwachen ihrer Auswirkungen.

4. Meisterinnen und Meister

Vorbemerkung

[1]Meisterinnen und Meister sind Beschäftigte, die eine Meisterprüfung auf Grundlage der Handwerksordnung oder des Berufsbildungsgesetzes aufbauend auf einer einschlägigen mindestens dreijährigen Ausbildung bestanden haben.

[2]Die Voraussetzung der Meisterprüfung ist auch erfüllt, wenn diese auf einer früheren Ausbildung mit einer kürzeren Ausbildungsdauer aufbaut.

Entgeltgruppe 8

Meisterinnen und Meister mit entsprechender Tätigkeit.

Entgeltgruppe 9a

1. Beschäftigte der Entgeltgruppe 8,

   die große Arbeitsstätten (Bereiche, Werkstätten, Abteilungen oder Betriebe) zu beaufsichtigen haben, in denen Handwerkerinnen oder Handwerker oder Facharbeiterinnen oder Facharbeiter beschäftigt sind, oder

   die an einer besonders wichtigen Arbeitsstätte mit einem höheren Maß von Verantwortlichkeit beschäftigt sind.

2. Gärtnermeisterinnen und Gärtnermeister der Entgeltgruppe 8,

   die besonders schwierige Arbeitsbereiche zu beaufsichtigen haben, in denen Gärtnerinnen oder Gärtner mit abgeschlossener Berufsausbildung beschäftigt werden, oder

   deren Tätigkeit sich dadurch aus der Entgeltgruppe 8 heraushebt, dass sie in einem besonders bedeutenden Arbeitsbereich mit einem höheren Maß von Verantwortlichkeit auszuüben ist.

   (Hierzu Protokollerklärungen Nrn. 1 und 2)

Entgeltgruppe 9b

1. Beschäftigte der Entgeltgruppe 9a Fallgruppe 1, deren Tätigkeit sich durch den Umfang und die Bedeutung des Aufgabengebietes sowie durch große Selbstständigkeit wesentlich aus der Entgeltgruppe 9a Fallgruppe 1 heraushebt.
2. Beschäftigte der Entgeltgruppe 9a Fallgruppe 2, deren Tätigkeit sich durch den Umfang und die Bedeutung ihres Aufgabengebietes sowie durch große Selbstständigkeit wesentlich aus der Entgeltgruppe 9a Fallgruppe 2 heraushebt.

Entgeltgruppe 9c

Meisterinnen und Meister mit besonders verantwortungsvoller Tätigkeit als Leiterinnen oder Leiter von großen und vielschichtig strukturierten Instandsetzungsbereichen oder mit vergleichbarer Tätigkeit, die wegen der Schwierigkeit der Aufgaben und der Größe der Verantwortung ebenso zu bewerten ist.

(Hierzu Protokollerklärung Nr. 3)

Protokollerklärungen:

1. Arbeitsbereiche im Sinne dieses Tätigkeitsmerkmals sind z. B. Reviere (Bezirke), Betriebsstätten, Friedhöfe.
2. Besonders schwierige Arbeitsbereiche im Sinne dieses Tätigkeitsmerkmals sind solche, die erheblich über den normalen Schwierigkeitsgrad hinausgehen.
3. [1]Ein vielschichtig strukturierter Bereich liegt vor, wenn in diesem Bereich die Arbeit von mindestens drei Gewerken zu koordinieren ist und mindestens drei Gewerken jeweils Meisterinnen oder Meister vorstehen. [2]Gewerke sind Fachrichtungen im Sinne anerkannter Ausbildungsberufe, in denen die Meisterprüfung abgelegt werden kann. [3]Im Mehrschichtbetrieb ist es unschädlich, wenn in den mindestens drei Gewerken nicht in allen Schichten jeweils Meisterinnen oder Meister eingesetzt sind.

IV

5. Technikerinnen und Techniker

Vorbemerkung

Staatlich geprüfte Technikerinnen und Techniker sind Beschäftigte, die nach dem Berufsordnungsrecht diese Berufsbezeichnung führen.

Entgeltgruppe 8

Staatlich geprüfte Technikerinnen und Techniker mit entsprechender Tätigkeit sowie sonstige Beschäftigte, die aufgrund gleichwertiger Fähigkeiten und ihrer Erfahrungen entsprechende Tätigkeiten ausüben.

Entgeltgruppe 9a

Beschäftigte der Entgeltgruppe 8, die selbstständig tätig sind.

(Hierzu Protokollerklärung Nr. 1)

Entgeltgruppe 9b

Beschäftigte der Entgeltgruppe 9a, die schwierige Aufgaben erfüllen.

(Hierzu Protokollerklärung Nr. 2)

Protokollerklärungen:

1. [1]Technikerinnen und Techniker sind selbstständig tätig, wenn sie bei technischen Arbeitsabläufen in Ausführung technischer, mehr routinemäßiger Entwurfs-, Leitungs- und Planungsarbeiten eigene technische Entscheidungen zu treffen haben. [2]Dass das Arbeitsergebnis einer Kontrolle, einer fachlichen Anleitung und Überwachung durch Vorgesetzte unterworfen wird, berührt die Selbstständig-

keit der Tätigkeit nicht. [3]Anhand der nach der Ausbildung vorauszusetzenden Kenntnisse sind der zur Erfüllung der Aufgabe einzuschlagende Weg und die anzuwendende Methode zu finden.

2. Schwierige Aufgaben sind Aufgaben, die in dem betreffenden Fachgebiet im oberen Bereich der Schwierigkeitsskala liegen oder die in konkreten Einzelfällen wegen der Besonderheiten Leistungen erfordern, die über das im Regelfall erforderliche Maß an Kenntnissen und Fähigkeiten wesentlich hinausgehen, z. B. durch die Breite des geforderten fachlichen Wissens und Könnens, die geforderten Spezialkenntnisse, außergewöhnliche Erfahrungen oder sonstige Qualifizierungen vergleichbarer Wertigkeit.

6. Vorlesekräfte für Blinde

Entgeltgruppe 5

Vorlesekräfte für Blinde.

Entgeltgruppe 6

Vorlesekräfte für Blinde mit schwierigerer Tätigkeit.

Teil B
Besonderer Teil

I. Apothekerinnen und Apotheker

Entgeltgruppe 14

Apothekerinnen und Apotheker mit entsprechender Tätigkeit.

Entgeltgruppe 15

Apothekerinnen und Apotheker als Leiterinnen oder Leiter von Apotheken, denen mindestens vier Apothekerinnen oder Apotheker durch ausdrückliche Anordnung ständig unterstellt sind.

IV

II. Ärztinnen und Ärzte sowie Zahnärztinnen und Zahnärzte

1. Ärztinnen und Ärzte sowie Zahnärztinnen und Zahnärzte

Entgeltgruppe 14

Ärztinnen und Ärzte sowie Zahnärztinnen und Zahnärzte mit entsprechender Tätigkeit.

Entgeltgruppe 15[1])

1. Fachärztinnen und Fachärzte sowie Fachzahnärztinnen und Fachzahnärzte mit entsprechender Tätigkeit.
2. Ärztinnen und Ärzte, denen mindestens fünf Ärztinnen oder Ärzte oder Zahnärztinnen oder Zahnärzte durch ausdrückliche Anordnung ständig unterstellt sind.
3. Zahnärztinnen und Zahnärzte, denen mindestens fünf Zahnärztinnen oder Zahnärzte durch ausdrückliche Anordnung ständig unterstellt sind.

2. Ärztinnen und Ärzte sowie Zahnärztinnen und Zahnärzte im Geltungsbereich des Besonderen Teils Krankenhäuser (BT-K)

Entgeltgruppe I

Ärztinnen und Ärzte sowie Zahnärztinnen und Zahnärzte mit entsprechender Tätigkeit.

Entgeltgruppe II

Fachärztinnen und Fachärzte sowie Fachzahnärztinnen und Fachzahnärzte mit entsprechender Tätigkeit.

---

[1]) Zur Stärkung des öffentlichen Gesundheitsdienstes wurde im Rahmen der Tarifrunde 2020 vereinbart, dass die der Entgeltgruppe 15 zugeordneten Ärzte bzw. Zahnärzte des Teils B Abschnitt II Ziffer 1 ab dem 1. März 2021 eine monatliche Zulage i. H. v. 300 Euro erhalten – siehe § 57 (VKA) Nr. 3 TVöD BT-V (abgedruckt unter **215**).

III. Beschäftigte in Bäderbetrieben

Entgeltgruppe 3

Beschäftigte in der Wasseraufsicht.

Entgeltgruppe 4

Beschäftigte in der Tätigkeit von Fachangestellten für Bäderbetriebe mit Abschlussprüfung.

Entgeltgruppe 5

Fachangestellte für Bäderbetriebe mit Abschlussprüfung und entsprechender Tätigkeit.

Entgeltgruppe 6

Fachangestellte für Bäderbetriebe mit Abschlussprüfung, denen als Schichtführerin oder Schichtführer die Aufsicht über mindestens vier Beschäftigte oder über mindestens zwei Fachangestellte für Bäderbetriebe mit Abschlussprüfung bzw. Beschäftigte in der Tätigkeit von Fachangestellten für Bäderbetriebe durch ausdrückliche Anordnung ständig übertragen ist.

(Hierzu Protokollerklärung Nr. 1)

Entgeltgruppe 7

Fachangestellte für Bäderbetriebe mit Abschlussprüfung als stellvertretende Badbetriebsleiterinnen oder -leiter.

Entgeltgruppe 8

1. Geprüfte Meisterinnen und Meister für Bäderbetriebe mit entsprechender Tätigkeit.
2. Fachangestellte für Bäderbetriebe mit Abschlussprüfung als Badbetriebsleiterinnen oder -leiter.

Entgeltgruppe 9a

Beschäftigte der Entgeltgruppe 8 Fallgruppe 1, die besonders schwierige Arbeitsbereiche zu beaufsichtigen haben, in denen Fachangestellte für Bäderbetriebe beschäftigt werden.

(Hierzu Protokollerklärung Nr. 2)

Entgeltgruppe 9b

Beschäftigte der Entgeltgruppe 8 Fallgruppe 1, die in einem besonders bedeutenden Arbeitsbereich mit einem höheren Maß von Verantwortlichkeit beschäftigt sind und deren Aufgabengebiet sich durch den Umfang und die Bedeutung sowie durch große Selbstständigkeit wesentlich aus der Entgeltgruppe 9a heraushebt.

Protokollerklärungen:

1. Anstelle einer oder eines Beschäftigten in der Tätigkeit von Fachangestellten für Bäderbetriebe kann auch eine Aufsichtskraft mit Rettungsschwimmernachweis treten.
2. Besonders schwierige Arbeitsbereiche sind solche, die erheblich über den normalen Schwierigkeitsgrad hinausgehen.

IV. Baustellenaufseherinnen und Baustellenaufseher

Entgeltgruppe 5

Beschäftigte, die die vorgeschriebene Ausführung von Bauarbeiten und das Baumaterial nach Menge und Güte kontrollieren (Baustellenaufseherinnen und Baustellenaufseher, Bauaufseherinnen und Bauaufseher).

Entgeltgruppe 6

Baustellenaufseherinnen und Baustellenaufseher (Bauaufseherinnen und Bauaufseher), deren Tätigkeit sich dadurch aus der Entgeltgruppe 5 heraushebt, dass schwierigere Kontrollarbeiten zu verrichten sind.

(Hierzu Protokollerklärung)

Protokollerklärung:

Schwierigere Kontrollarbeiten sind z. B.:

- Festhalten von Zwischenaufnahmen, die während der Bauausführung erforderlich werden;
- Fertigen von einfacheren Aufmaßskizzen sowie einfacheren Flächen- und Massenberechnungen;
- Überwachen von Erdarbeiten in schwierigem Gelände;
- Kontrolle des Gefälles bei Gräben und Rohrleitungen;
- Kontrolle der Materialeinbringung für Stahlbetonarbeiten;
- Überwachen der Arbeiten zahlreicher Bauwerke auf größeren Baustellen.

V. Beschäftigte in Bibliotheken, Büchereien, Archiven, Museen und anderen wissenschaftlichen Anstalten

Es finden die Allgemeinen Tätigkeitsmerkmale des Teils A Abschnitt I Ziffer 3 Anwendung.

VI. Beschäftigte im Fernmeldebetriebsdienst

Entgeltgruppe 4

Fernsprecherinnen und Fernsprecher, soweit nicht anderweitig eingruppiert.

(Hierzu Protokollerklärung Nr. 1)

Entgeltgruppe 5

1. Fernsprecherinnen und Fernsprecher an Auskunftsplätzen.

   (Auskunftsplätze sind Arbeitsplätze, die von der Verwaltung durch ausdrückliche Anordnung eingerichtet worden sind

   a) zur Vermittlung von Gesprächen, die von der annehmenden Vermittlungskraft nicht routinemäßig vermittelt werden können oder

   b) zur Erteilung von Auskünften).

   (Hierzu Protokollerklärung Nr. 2)
2. Fernsprecherinnen und Fernsprecher, die mindestens zu einem Viertel fremdsprachlichen Fernsprechverkehr abwickeln.

   (Hierzu Protokollerklärung Nr. 2)
3. Beschäftigte in Fernmeldebetriebsstellen, die die Aufsicht über fünf weitere Beschäftigte im Fernmeldebetriebsdienst führen.

   (Hierzu Protokollerklärung Nr. 2)

Entgeltgruppe 6

1. Beschäftigte in Fernmeldebetriebsstellen, die die Aufsicht über neun weitere Beschäftigte im Fernmeldebetriebsdienst führen.
2. Fernsprecherinnen und Fernsprecher, die fremdsprachlichen Fernsprechverkehr abwickeln.

Entgeltgruppe 8

Beschäftigte in Fernmeldebetriebsstellen, die die Aufsicht über mindestens 18 weitere Beschäftigte im Fernmeldebetriebsdienst führen.

Protokollerklärungen:

1. [1]Beschäftigte, die durch ausdrückliche Anordnung zur Schichtführerin oder zum Schichtführer bestellt sind, erhalten für die Dauer dieser Tätigkeit eine monatliche Funktionszulage in Höhe von 4,5 v.H. der Stufe 1 der Entgeltgruppe 4. [2]Die Bestellung zur Schichtführerin oder zum Schichtführer setzt voraus, dass neben der oder dem Beschäftigten mindestens eine weitere Beschäftigte oder ein weiterer Beschäftigter im Fernmeldebetriebsdienst in dieser Schicht tätig ist und die Schichtführerin oder der Schichtführer für den ordnungsgemäßen Ablauf ihrer/seiner Schicht verantwortlich ist. [3]Die Funktionszulage gilt bei der Berechnung des Sterbegelds als Bestandteil des Tabellenentgelts.
2. [1]Beschäftigte, die durch ausdrückliche Anordnung zur Schichtführerin oder zum Schichtführer bestellt sind, erhalten für die Dauer dieser Tätigkeit eine monat-

IV

liche Funktionszulage in Höhe von 5,0 v.H. der Stufe 1 der Entgeltgruppe 5. [2]Die Bestellung zur Schichtführerin oder zum Schichtführer setzt voraus, dass neben der oder dem Beschäftigten mindestens eine weitere Beschäftigte oder ein weiterer Beschäftigter im Fernmeldebetriebsdienst in dieser Schicht tätig ist und die Schichtführerin oder der Schichtführer für den ordnungsgemäßen Ablauf ihrer/seiner Schicht verantwortlich ist. [3]Die Funktionszulage gilt bei der Berechnung des Sterbegelds als Bestandteil des Tabellenentgelts.

VII. Beschäftigte in der Fleischuntersuchung

Entgeltgruppe 2

Beschäftigte als Hilfskraft im Sinne des bis zum 31. Dezember 1992 geltenden § 2 Nr. 1 Buchst. b der Hilfskräfteverordnung – Frisches Fleisch – (HKrFrFlV).

Entgeltgruppe 4

Amtliche Fachassistentinnen und -assistenten mit entsprechender Tätigkeit.

Entgeltgruppe 5

Beschäftigte der Entgeltgruppe 4, die Informationen über die gute Hygienepraxis und die HACCP-gestützten Verfahren im Sinne der Verordnung (EG) 854/2004 erfassen.

VIII. Fotografinnen und Fotografen

Entgeltgruppe 5

Fotografinnen und Fotografen mit Abschlussprüfung und entsprechender Tätigkeit sowie sonstige Beschäftigte, die aufgrund gleichwertiger Fähigkeiten und ihrer Erfahrungen entsprechende Tätigkeiten ausüben.

Entgeltgruppe 6

Beschäftigte der Entgeltgruppe 5 mit schwierigen Tätigkeiten.

(Hierzu Protokollerklärung Nr. 1)

Entgeltgruppe 8

1. Beschäftigte der Entgeltgruppe 5 mit besonders schwierigen Tätigkeiten.

   (Hierzu Protokollerklärung Nr. 2)
2. Beschäftigte der Entgeltgruppe 5, denen mindestens vier Beschäftigte in der Tätigkeit von Fotografinnen und Fotografen durch ausdrückliche Anordnung ständig unterstellt sind.

Entgeltgruppe 9a

1. Beschäftigte der Entgeltgruppe 5, denen mindestens acht Beschäftigte in der Tätigkeit von Fotografinnen und Fotografen durch ausdrückliche Anordnung ständig unterstellt sind.
2. Beschäftigte der Entgeltgruppe 5, denen mindestens vier Beschäftigte in der Tätigkeit von Fotografinnen und Fotografen der Entgeltgruppe 8 durch ausdrückliche Anordnung ständig unterstellt sind.

Protokollerklärungen:

1. Schwierige Tätigkeiten sind
   - das selbstständige Herstellen objektgerechter fotografischer Aufnahmen unter Berücksichtigung der jeweiligen fachlichen Anforderungen, z. B. Aufnahmen zur Beweissicherung an Tat- und Unfallorten im Polizeidienst;
   - Operationsaufnahmen im medizinischen Bereich;
   - Aufnahmen bei der Durchführung von Forschungsaufgaben, für Lehrzwecke oder bei Versuchen zur Materialprüfung in den Bereichen der Forschung, der wissenschaftlichen Lehre und der Materialprüfung.
2. Besonders schwierige Tätigkeiten sind
   - das selbstständige Herstellen objektgerechter fotografischer Aufnahmen unter Berücksichtigung der jeweiligen fachlichen Anforderungen bei besonders erschwerten fototechnischen Aufnahmebedingungen, z. B. Aufnahmen von schlecht sichtbaren Spuren im Polizeidienst;
   - Intraoralaufnahmen, Aufnahmen eines Lehrfilmes bei einer Shuntoperation im medizinischen Bereich;

– Aufnahmen, die die besondere Herausarbeitung bestimmter, für die wissenschaftliche Bearbeitung notwendiger Merkmale erfordern, in der Forschung und in der Materialprüfung.

IX. Beschäftigte im Fremdsprachendienst

Es finden die Allgemeinen Tätigkeitsmerkmale des Teils A Abschnitt I Ziffer 3 Anwendung.

X. Gartenbau-, landwirtschafts- und weinbautechnische Beschäftigte

Entgeltgruppe 5

Gartenbau-, landwirtschafts- und weinbautechnische Beschäftigte aller Fachrichtungen mit einschlägiger abgeschlossener Berufsausbildung und entsprechender Tätigkeit sowie sonstige Beschäftigte, die aufgrund gleichwertiger Fähigkeiten und ihrer Erfahrungen entsprechende Tätigkeiten ausüben.

Entgeltgruppe 6

1. Gartenbau-, landwirtschafts- und weinbautechnische Beschäftigte (staatlich geprüfte Landwirte und staatlich geprüfte Weinbauer sowie Beschäftigte mit abgeschlossener gleichwertiger Ausbildung) mit entsprechender Tätigkeit nach Abschluss der Ausbildung sowie sonstige Beschäftigte, die aufgrund gleichwertiger Fähigkeiten und ihrer Erfahrungen entsprechende Tätigkeiten ausüben.
2. Beschäftigte der Entgeltgruppe 5, deren Tätigkeit sich dadurch aus der Entgeltgruppe 5 heraushebt, dass auf dem jeweiligen Fachgebiet technische Beratungen einfacherer Art oder Versuche und sonstige Arbeiten mit entsprechendem Schwierigkeitsgrad durchzuführen sind.

Entgeltgruppe 8

Beschäftigte der Entgeltgruppe 6 Fallgruppe 1 in Tätigkeiten, die vielseitige Fachkenntnisse und zu mindestens einem Viertel selbstständige Leistungen erfordern.

Entgeltgruppe 9a

1. Beschäftigte der Entgeltgruppe 6 Fallgruppe 1, deren Tätigkeit sich durch den Umfang und die Bedeutung ihres Aufgabengebietes und große Selbstständigkeit wesentlich aus der Entgeltgruppe 8 heraushebt.
2. Beschäftigte der Entgeltgruppe 5, deren Tätigkeit sich durch den Umfang und die Bedeutung ihres Aufgabengebietes und große Selbstständigkeit wesentlich aus der Entgeltgruppe 6 Fallgruppe 2 heraushebt.

XI. Beschäftigte in Gesundheitsberufen

1. Beschäftigte in der Pflege[1])

Vorbemerkungen

1. [1]Die Bezeichnung „Pflegehelferinnen und Pflegehelfer" umfasst auch Gesundheits- und Krankenpflegehelferinnen und Gesundheits- und Krankenpflegehelfer sowie Altenpflegehelferinnen und Altenpflegehelfer. [2]Die Bezeichnung „Pflegerinnen und Pfleger" umfasst Gesundheits- und Krankenpflegerinnen und Gesundheits- und Krankenpfleger, Gesundheits- und Kinderkrankenpflegerinnen und Gesundheits- und Kinderkrankenpfleger sowie Altenpflegerinnen und Altenpfleger in allen Fachrichtungen bzw. Spezialisierungen.

IV

2. Gesundheits- und Krankenpflegerinnen und Gesundheits- und Krankenpfleger, die die Tätigkeiten von Gesundheits- und Kinderkrankenpflegerinnen und Gesundheits- und Kinderkrankenpflegern oder von Altenpflegerinnen und Altenpflegern ausüben, sind als Gesundheits- und Kinderkrankenpflegerinnen und Gesundheits- und Kinderkrankenpfleger bzw. als Altenpflegerinnen und Altenpfleger eingruppiert.
3. Gesundheits- und Kinderkrankenpflegerinnen und Gesundheits- und Kinderkrankenpfleger, die die Tätigkeiten von Gesundheits- und Krankenpflegerinnen und Gesundheits- und Krankenpflegern oder von Altenpflegerinnen und Altenpflegern ausüben, sind als Gesundheits- und Krankenpflegerinnen und Gesundheits- und Krankenpfleger bzw. als Altenpflegerinnen und Altenpfleger eingruppiert.
4. Altenpflegerinnen und Altenpfleger, die die Tätigkeiten von Gesundheits- und Krankenpflegerinnen und Gesundheits- und Krankenpflegern ausüben, sind als Gesundheits- und Krankenpflegerinnen und Gesundheits- und Krankenpfleger eingruppiert.
5. Nach den Tätigkeitsmerkmalen für Pflegerinnen und Pfleger sind auch Hebammen und Entbindungspfleger sowie Operationstechnische Assistentinnen und Assistenten und Anästhesietechnische Assistentinnen und Assistenten mit abgeschlossener Ausbildung nach der DKG-Empfehlung vom 17. September 2013 in der jeweiligen Fassung oder nach gleichwertiger landesrechtlicher Regelung, die die Tätigkeit von Gesundheits- und Krankenpflegerinnen und Gesundheits- und Krankenpflegern oder von Gesundheits- und Kinderkrankenpflegerinnen und Gesundheits- und Kinderkrankenpflegern auszuüben haben, eingruppiert.

---

[1]) Im Zuge der Tarifeinigung 2023 haben sich die Tarifpartner darauf verständigt, nach Abschluss der Tarifrunde 2023 Tarifverhandlungen zur Regelung der Praxisanleitung aufzunehmen.

6. Zu der entsprechenden Tätigkeit von Pflegehelferinnen und Pflegehelfern bzw. von Pflegerinnen und Pflegern gehört auch die Tätigkeit in Ambulanzen, Blutzentralen und Dialyseeinheiten, soweit es sich nicht überwiegend um eine Verwaltungs- oder Empfangstätigkeit handelt.
7. Die Bezeichnungen umfassen auch

Gesundheits- und Krankenpflegehelferinnen und Gesundheits- und Krankenpflegehelfer	Krankenpflegehelferinnen und Krankenpflegehelfer
Gesundheits- und Krankenpflegerinnen und Gesundheits- und Krankenpfleger	Krankenschwestern und Krankenpfleger
Gesundheits- und Kinderkrankenpflegerinnen und Gesundheits- und Kinderkrankenpfleger	Kinderkrankenschwestern und Kinderkrankenpfleger

IV

Entgeltgruppe P 5

Pflegehelferinnen und Pflegehelfer mit entsprechender Tätigkeit.

(Hierzu Protokollerklärungen Nrn. 1 bis 3)

Entgeltgruppe P 6

Pflegehelferinnen und Pflegehelfer mit mindestens einjähriger Ausbildung und entsprechender Tätigkeit.

(Hierzu Protokollerklärungen Nrn. 1 bis 3)

Entgeltgruppe P 7

1. Pflegerinnen und Pfleger mit mindestens dreijähriger Ausbildung und entsprechender Tätigkeit.

   (Hierzu Protokollerklärungen Nrn. 1 bis 3 und 7)
2. Operationstechnische Assistentinnen und Assistenten sowie Anästhesietechnische Assistentinnen und Assistenten mit abgeschlossener Ausbildung nach der DKG-Empfehlung vom 17. September 2013 in der jeweiligen Fassung oder nach gleichwertiger landesrechtlicher Regelung und jeweils entsprechender Tätigkeit.

   (Hierzu Protokollerklärungen Nrn. 1 bis 3)

Entgeltgruppe P 8

1. Beschäftigte der Entgeltgruppe P 7 Fallgruppe 1, deren Tätigkeit sich aufgrund besonderer Schwierigkeit erheblich aus der Entgeltgruppe P 7 Fallgruppe 1 heraushebt.

   (Hierzu Protokollerklärungen Nrn. 1 bis 6)

2. Praxisanleiterinnen und Praxisanleiter in der Pflege mit berufspädagogischer Zusatzqualifikation nach bundesrechtlicher Regelung und entsprechender Tätigkeit.

   (Hierzu Protokollerklärungen Nrn. 1 bis 3)

3. Hebammen und Entbindungspfleger mit mindestens dreijähriger Ausbildung und entsprechender Tätigkeit.[1])

4. Beschäftigte der Entgeltgruppe P 7 Fallgruppe 2, deren Tätigkeit sich aufgrund besonderer Schwierigkeit erheblich aus der Entgeltgruppe P 7 Fallgruppe 2 heraushebt.

   (Hierzu Protokollerklärungen Nrn. 1 bis 6)

Entgeltgruppe P 9

1. Beschäftigte der Entgeltgruppe P 7 Fallgruppe 1 mit abgeschlossener Fachweiterbildung und entsprechender Tätigkeit.

   (Hierzu Protokollerklärungen Nrn. 1 bis 3 und 6)

2. Beschäftigte der Entgeltgruppe P 7 Fallgruppe 1 mit erfolgreich abgeschlossener Fachweiterbildung zur Hygienefachkraft und entsprechender Tätigkeit.

Entgeltgruppe 9b (Anlage A zum TVöD)

Beschäftigte mit abgeschlossener Hochschulbildung und den Anforderungen der Protokollerklärung Nr. 7 entsprechender Tätigkeit sowie sonstige Beschäftigte, die aufgrund gleichwertiger Fähigkeiten und ihrer Erfahrungen entsprechende Tätigkeiten ausüben.

(Hierzu Protokollerklärung Nr. 7)

Entgeltgruppe 9c (Anlage A zum TVöD)

Beschäftigte, deren Tätigkeit sich dadurch aus der Entgeltgruppe 9b heraushebt, dass sie besonders verantwortungsvoll ist.

Entgeltgruppe 10 (Anlage A zum TVöD)

Beschäftigte, deren Tätigkeit sich mindestens zu einem Drittel durch besondere Schwierigkeit und Bedeutung aus der Entgeltgruppe 9c heraushebt.

Entgeltgruppe 11 (Anlage A zum TVöD)

Beschäftigte, deren Tätigkeit sich durch besondere Schwierigkeit und Bedeutung aus der Entgeltgruppe 9c heraushebt.

---

[1]) Hebammen und Entbindungspfleger mit abgeschlossener Hochschulbildung werden in eine neue Entgeltgruppe P 11 eingruppiert. Ausgebildete Hebammen und Entbindungspfleger können ebenfalls, wenn sie aufgrund gleichwertiger Fähigkeiten und ihrer Erfahrungen entsprechende Tätigkeiten ausüben, in die Entgeltgruppe P 11 eingruppiert werden, siehe Teil C Nr. 5 der unter **150** abgedruckten Tarifeinigung.

Entgeltgruppe 12 (Anlage A zum TVöD)

Beschäftigte, deren Tätigkeit sich durch das Maß der damit verbundenen Verantwortung erheblich aus der Entgeltgruppe 11 heraushebt.

Protokollerklärungen:

1. Beschäftigte der Entgeltgruppen P 5 bis P 9, die die Grund- und Behandlungspflege zeitlich überwiegend bei
   a) an schweren Infektionskrankheiten erkrankten Patientinnen oder Patienten (z. B. Tuberkulose-Patientinnen oder -Patienten), die wegen der Ansteckungsgefahr in besonderen Infektionsabteilungen oder Infektionsstationen untergebracht sind,
   b) Kranken in geschlossenen oder halbgeschlossenen (Open-door-system) psychiatrischen Abteilungen oder Stationen,
   c) Kranken in geriatrischen Abteilungen und Stationen,
   d) Gelähmten oder an multipler Sklerose erkrankten Patientinnen und Patienten,
   e) Patientinnen oder Patienten nach Transplantationen innerer Organe oder von Knochenmark,
   f) an AIDS (Vollbild) erkrankten Patientinnen oder Patienten,
   g) Patientinnen oder Patienten, bei denen Chemotherapien durchgeführt oder die mit Strahlen oder mit inkorporierten radioaktiven Stoffen behandelt werden,

   ausüben, erhalten für die Dauer dieser Tätigkeit eine monatliche Zulage in Höhe von 46,02 Euro.
2. Beschäftigte der Entgeltgruppen P 5 bis P 9, die zeitlich überwiegend in Einheiten für Intensivmedizin (Stationen für Intensivbehandlungen und Intensivüberwachung sowie Wachstationen, die für Intensivüberwachung eingerichtet sind) Patientinnen oder Patienten pflegen, erhalten für die Dauer dieser Tätigkeit eine monatliche Zulage von 100,00 Euro.
3. [1]Beschäftigte der Entgeltgruppen P 5 bis P 9, die die Grund- und Behandlungspflege bei schwerbrandverletzten Patientinnen oder Patienten in Einheiten für Schwerbrandverletzte, denen durch die Einsatzzentrale/Rettungsleitstelle der Feuerwehr Hamburg Schwerbrandverletzte vermittelt werden, ausüben, erhalten eine Zulage in Höhe von 1,80 Euro für jede volle Arbeitsstunde dieser Pflegetätigkeit. [2]Eine nach den Protokollerklärungen Nrn. 1 und 2 zustehende Zulage vermindert sich um den Betrag, der in demselben Kalendermonat nach Satz 1 zusteht.
4. Tätigkeiten, die sich aufgrund besonderer Schwierigkeit erheblich aus der Entgeltgruppe P 7 herausheben, sind
   a) Tätigkeiten in Spezialbereichen, in denen eine Fachweiterbildung nach den DKG-Empfehlungen zur Weiterbildung von Gesundheits- und (Kinder-)Krankenpflegekräften (siehe Protokollerklärung Nr. 6) vorgesehen ist, oder
   b) die Wahrnehmung einer der folgenden besonderen pflegerischen Aufgaben außerhalb von Spezialbereichen nach Buchstabe a:
      - Wundmanagerin oder Wundmanager,
      - Gefäßassistentin oder Gefäßassistent,
      - Breast Nurse/Lactation,
      - Painnurse,
      - auf einer Stroke-Unit-Station,
      - auf einer Intermediate-Care-Station,
      - bei den Begleitenden Psychiatrischen Diensten (BPD) oder
   c) die Tätigkeit im Case- oder Caremanagement.
5. Auf Pflegerinnen und Pfleger in Psychiatrien und psychiatrischen Krankenhäusern oder Einrichtungen, die aufgrund Erfüllung der Anforderungen der Buchstaben a oder b, letzter Spiegelstrich, der Protokollerklärung Nr. 4 in Entgeltgruppe P 8 eingruppiert sind, finden
   a) Buchstabe b der Protokollerklärung Nr. 1 und
   b) § 1 Abs. 1 Ziffer 5 Unterabs. 1 des Tarifvertrages über die Gewährung von Zulagen gemäß § 33 Abs. 1 Buchst. c BAT bzw. § 2 Abs. 1 Ziffer 5 Unterabs. 1 des

Tarifvertrages über die Gewährung von Zulagen gemäß § 33 Abs. 1 Buchst. c BAT-O

keine Anwendung.

6. Bei den Fachweiterbildungen muss es sich entweder um eine Fachweiterbildung nach § 1 der DKG-Empfehlung zur pflegerischen Weiterbildung vom 29. September 2015 in der jeweiligen Fassung oder um eine Fachweiterbildung nach § 1 der DKG-Empfehlung für die Weiterbildung Notfallpflege vom 29. November 2016 bzw. um eine gleichwertige Weiterbildung jeweils nach § 21 dieser DKG-Empfehlungen handeln.
7. Die hochschulische Ausbildung befähigt darüber hinaus insbesondere
   a) zur Steuerung und Gestaltung hochkomplexer Pflegeprozesse auf der Grundlage wissenschaftsbasierter oder wissenschaftsorientierter Entscheidungen,
   b) vertieftes Wissen über Grundlagen der Pflegewissenschaft, des gesellschaftlich institutionellen Rahmens des pflegerischen Handelns sowie des normativ-institutionellen Systems der Versorgung anzuwenden und die Weiterentwicklung der gesundheitlichen und pflegerischen Versorgung dadurch maßgeblich mitzugestalten,
   c) sich Forschungsgebiete der professionellen Pflege auf dem neuesten Stand der gesicherten Erkenntnisse erschließen und forschungsgestützte Problemlösungen wie auch neue Technologien in das berufliche Handeln übertragen zu können sowie berufsbezogene Fort- und Weiterbildungsbedarfe zu erkennen,
   d) sich kritisch reflexiv und analytisch sowohl mit theoretischem als auch praktischem Wissen auseinandersetzen und wissenschaftsbasiert innovative Lösungsansätze zur Verbesserung im eigenen beruflichen Handlungsfeld entwickeln und implementieren zu können und
   e) an der Entwicklung von Qualitätsmanagementkonzepten, Leitlinien und Expertenstandards mitzuwirken.

IV

2. Leitende Beschäftigte in der Pflege

Vorbemerkungen

1. [1]Die Tarifvertragsparteien legen dem Aufbau der Tätigkeitsmerkmale für Leitungskräfte in der Pflege folgende regelmäßige Organisationsstruktur zu Grunde:
   a) [1]Die Gruppen- bzw. Teamleitung stellt die unterste Leitungsebene dar. [2]Einer Gruppen- bzw. einer Teamleitung sind in der Regel nicht mehr als neun Beschäftigte unterstellt.
   b) [1]Die Station ist die kleinste organisatorische Einheit. [2]Einer Stationsleitung sind in der Regel nicht mehr als zwölf Beschäftigte unterstellt.
   c) [1]Ein Bereich bzw. eine Abteilung umfasst in der Regel mehrere Stationen. [2]Einer Bereichs- bzw. Abteilungsleitung sind in der Regel nicht mehr als 48 Beschäftigte unterstellt.

   [2]Die Beschäftigten müssen fachlich unterstellt sein.
2. Soweit für vergleichbare organisatorische Einheiten von den vorstehenden Bezeichnungen abweichende Bezeichnungen verwandt werden, ist dies unbeachtlich.
3. Diese Regelungen gelten auch für Leitungskräfte in der Entbindungspflege.

Entgeltgruppe P 9

Beschäftigte als ständige Vertreterinnen oder Vertreter von Gruppenleiterinnen oder Gruppenleitern bzw. von Teamleiterinnen oder Teamleitern.

(Hierzu Protokollerklärung)

Entgeltgruppe P 10

1. Beschäftigte als Gruppenleiterinnen oder Gruppenleiter oder als Teamleiterinnen oder Teamleiter.
2. Beschäftigte als ständige Vertreterinnen oder Vertreter von Gruppenleiterinnen oder Gruppenleitern bzw. von Teamleiterinnen oder Teamleitern der Entgeltgruppe P 11 Fallgruppe 1.

Entgeltgruppe P 11

1. Beschäftigte als Gruppenleiterinnen oder Gruppenleiter oder als Teamleiterinnen oder Teamleiter mit einem höheren Maß von Verantwortlichkeit oder von großen Gruppen oder Teams.
2. Beschäftigte als ständige Vertreterinnen oder Vertreter von Stationsleiterinnen oder Stationsleitern.

Entgeltgruppe P 12

1. Beschäftigte als Stationsleiterinnen oder Stationsleiter.
2. Beschäftigte als ständige Vertreterinnen oder Vertreter von Stationsleiterinnen oder Stationsleitern der Entgeltgruppe P 13 oder von Bereichsleiterinnen oder Bereichsleitern oder Abteilungsleiterinnen oder Abteilungsleitern.

Entgeltgruppe P 13

Beschäftigte als Stationsleiterinnen oder Stationsleiter mit einem höheren Maß von Verantwortlichkeit oder von großen Stationen.

Entgeltgruppe P 14

1. Beschäftigte als Bereichsleiterinnen oder Bereichsleiter oder als Abteilungsleiterinnen oder Abteilungsleiter.
2. Beschäftigte als ständige Vertreterinnen oder Vertreter von Bereichsleiterinnen oder Bereichsleitern der Entgeltgruppe P 15.

Entgeltgruppe P 15

Beschäftigte als Bereichsleiterinnen oder Bereichsleiter oder als Abteilungsleiterinnen oder Abteilungsleiter, deren Tätigkeit sich durch den Umfang und die Bedeutung ihres Aufgabengebietes sowie durch große Selbständigkeit erheblich aus der Entgeltgruppe P 14 heraushebt oder von großen Bereichen bzw. Abteilungen.

Entgeltgruppe P 16

Beschäftigte der Entgeltgruppe P 15, deren Tätigkeit sich durch das Maß der damit verbundenen Verantwortung erheblich aus der Entgeltgruppe P 15 heraushebt.

Entgeltgruppe 13 (Anlage A zum TVöD)

1. Beschäftigte mit abgeschlossener wissenschaftlicher Hochschulbildung und entsprechender Tätigkeit sowie sonstige Beschäftigte, die aufgrund gleichwertiger Fähigkeiten und ihrer Erfahrungen entsprechende Tätigkeiten ausüben.
2. Beschäftigte in Krankenhäusern und Pflegeeinrichtungen, deren Tätigkeit wegen der Schwierigkeit der Aufgaben und der Größe ihrer Verantwortung ebenso zu bewerten ist wie Tätigkeiten nach Fallgruppe 1.

IV

Entgeltgruppe 14 (Anlage A zum TVöD)

1. Beschäftigte der Entgeltgruppe 13 Fallgruppe 1, deren Tätigkeit sich mindestens zu einem Drittel
   - durch besondere Schwierigkeit und Bedeutung oder
   - durch das Erfordernis hochwertiger Leistungen bei besonders schwierigen Aufgaben

   aus der Entgeltgruppe 13 Fallgruppe 1 heraushebt.
2. Beschäftigte in Krankenhäusern und Pflegeeinrichtungen, deren Tätigkeit wegen der Schwierigkeit der Aufgaben und der Größe ihrer Verantwortung ebenso zu bewerten ist wie Tätigkeiten nach Fallgruppe 1.

Entgeltgruppe 15 (Anlage A zum TVöD)

1. Beschäftigte der Entgeltgruppe 13 Fallgruppe 1, deren Tätigkeit sich
   - durch besondere Schwierigkeit und Bedeutung sowie
   - erheblich durch das Maß der damit verbundenen Verantwortung

   aus der Entgeltgruppe 13 Fallgruppe 1 heraushebt.
2. Beschäftigte in Krankenhäusern und Pflegeeinrichtungen, deren Tätigkeit wegen der Schwierigkeit der Aufgaben und der Größe ihrer Verantwortung ebenso zu bewerten ist wie Tätigkeiten nach Fallgruppe 1.

Protokollerklärung:

Diese Beschäftigten erhalten die Zulage nach den Protokollerklärungen Nrn. 1 und 2 zu Ziffer 1 ebenfalls, wenn alle der Gruppenleiterin oder dem Gruppenleiter bzw. der Teamleiterin oder dem Teamleiter durch ausdrückliche Anordnung ständig unterstellten Pflegekräfte Anspruch auf die jeweilige Zulage haben.

3. Lehrkräfte in der Pflege

Entgeltgruppe 10

Lehrkräfte mit entsprechender Zusatzqualifikation.

Entgeltgruppe 11

1. Lehrkräfte an Pflegeschulen mit abgeschlossener Hochschulbildung und entsprechender Tätigkeit sowie sonstige Beschäftigte, die aufgrund gleichwertiger Fähigkeiten und ihrer Erfahrungen entsprechende Tätigkeiten ausüben.
2. Beschäftigte der Entgeltgruppe 10 als stellvertretende Leiterinnen oder Leiter oder als Fachbereichsleiterinnen oder Fachbereichsleiter einer Hebammenschule.

Entgeltgruppe 12

1. Beschäftigte der Entgeltgruppe 10 als Leiterinnen oder Leiter einer Hebammenschule.
2. Beschäftigte der Entgeltgruppe 11 Fallgruppe 1 als stellvertretende Leiterinnen oder Leiter oder als Fachbereichsleiterinnen oder Fachbereichsleiter einer Hebammenschule.

Entgeltgruppe 13

1. Lehrkräfte mit abgeschlossener wissenschaftlicher Hochschulbildung und – soweit nach dem jeweiligen Landesrecht vorgesehen – mit erfolgreich absolviertem Vorbereitungsdienst (Referendariat) mit entsprechender Tätigkeit sowie sonstige Beschäftigte, die aufgrund gleichwertiger Fähigkeiten und ihrer Erfahrungen entsprechende Tätigkeiten ausüben.
2. Beschäftigte der Entgeltgruppe 11 Fallgruppe 1 als Leiterinnen oder Leiter einer Hebammenschule.

Entgeltgruppe 14

1. Stellvertretende Leiterinnen und Leiter einer Pflegeschule.
2. Fachbereichsleiterinnen und Fachbereichsleiter einer Pflegeschule.

Entgeltgruppe 15

Leiterinnen und Leiter einer Pflegeschule.

4. Kardiotechnikerinnen und Kardiotechniker

Es finden die Tätigkeitsmerkmale des Teils A Abschnitt II Ziffer 5 entsprechende Anwendung.

4a. Alltagsbegleiterinnen und -begleiter, Betreuungskräfte sowie Präsenzkräfte

Es finden die allgemeinen Tätigkeitsmerkmale des Teils A Abschnitt I Ziffer 3 Anwendung.

5. Diätassistentinnen und Diätassistenten

Entgeltgruppe 5

Beschäftigte in der Tätigkeit von Diätassistentinnen und Diätassistenten.

Entgeltgruppe 7

Staatlich anerkannte Diätassistentinnen und Diätassistenten mit entsprechender Tätigkeit.

Entgeltgruppe 8

Beschäftigte der Entgeltgruppe 7, die mindestens zu einem Viertel schwierige Aufgaben erfüllen.

(Hierzu Protokollerklärung)

Entgeltgruppe 9a

Beschäftigte der Entgeltgruppe 7, die schwierige Aufgaben erfüllen.

(Hierzu Protokollerklärung)

Entgeltgruppe 9b

Beschäftigte der Entgeltgruppe 7 mit Fortbildung zur Ernährungsberaterin oder zum Ernährungsberater oder mit vergleichbarer Fortbildung (z. B. Diabetesberaterin oder Diabetesberater) und entsprechender Tätigkeit.

Protokollerklärung:

Schwierige Aufgaben sind z. B. Diätberatung von einzelnen Patientinnen oder Patienten, selbstständige Durchführung von Ernährungserhebungen, Mitarbeit bei Grundlagenforschung im Fachbereich klinische Ernährungslehre, Herstellung und Berechnung spezifischer Diätformen bei dekompensierten Leberzirrhosen, Niereninsuffizienz, Hyperlipidämien, Stoffwechsel-Bilanz-Studien, Maldigestion und Malabsorption, nach Shuntoperationen, Kalzium-Test-Diäten, spezielle Anfertigung von Sonderernährung für Patienten auf Intensiv- und Wachstationen.

6. Ergotherapeutinnen und Ergotherapeuten

Entgeltgruppe 5

Beschäftigte in der Tätigkeit von Ergotherapeutinnen und Ergotherapeuten.

Entgeltgruppe 7

Ergotherapeutinnen und Ergotherapeuten mit staatlicher Anerkennung und entsprechender Tätigkeit.

Entgeltgruppe 8

Beschäftigte der Entgeltgruppe 7, die mindestens zu einem Viertel schwierige Aufgaben erfüllen.

(Hierzu Protokollerklärung)

Entgeltgruppe 9a

Beschäftigte der Entgeltgruppe 7, die schwierige Aufgaben erfüllen.

(Hierzu Protokollerklärung)

Entgeltgruppe 9b

Beschäftigte der Entgeltgruppe 7, die mindestens zur Hälfte folgende Aufgabe erfüllen:

Ergotherapie bei Patientinnen oder Patienten mit Demenz.

Protokollerklärung:

Schwierige Aufgaben sind z. B. Ergotherapie bei Querschnittslähmungen, in Kinderlähmungsfällen, bei Schlaganfällen, mit spastisch Gelähmten, in Fällen von Dysmelien, in der Psychiatrie oder Geriatrie oder bei Kleinkindern bis sechs Jahren.

7. HNO-Audiologie-Assistentinnen und -Assistenten

Entgeltgruppe 5

Beschäftigte in der Tätigkeit von HNO-Audiologie-Assistentinnen und Assistenten.

Entgeltgruppe 7

HNO-Audiologie-Assistentinnen und -Assistenten mit staatlicher Anerkennung und entsprechender Tätigkeit.

Entgeltgruppe 8

Beschäftigte der Entgeltgruppe 7, die mindestens zu einem Viertel schwierige Aufgaben erfüllen.

(Hierzu Protokollerklärung Nr. 1)

Entgeltgruppe 9a

Beschäftigte der Entgeltgruppe 7, die schwierige Aufgaben erfüllen.

(Hierzu Protokollerklärung Nr. 1)

Entgeltgruppe 9b

1. Beschäftigte der Entgeltgruppe 7, die als Hilfskräfte bei wissenschaftlichen Forschungsaufgaben mit einem besonders hohen Maß von Verantwortlichkeit tätig sind.
   (Hierzu Protokollerklärung Nr. 2)
2. Beschäftigte der Entgeltgruppe 7, die mindestens zur Hälfte eine oder mehrere der folgenden Aufgaben erfüllen:
   - Gehörprüfungen bei Säuglingen oder schwersterkrankten Patientinnen und Patienten,
   - Durchführung des Hörtrainings nach Cochlea-Implantationen,
   - Mitwirkung bei der BAHA- oder Soundbridge-Versorgung, Hörtraining nach der Versorgung mit BAHA- oder Soundbridge-Implantaten,
   - spezifische Diagnostik (z. B. BERA-Untersuchung) während Operationen.

Protokollerklärungen:

1. Schwierige Aufgaben sind z. B.
   - Fertigung von Sprach-, Spiel- und Reflexaudiogrammen,
   - Gehörprüfung oder Gehörtraining bei Kleinkindern und Menschen mit Einschränkungen oder
   - Gehörgeräteanpassung und Gehörerziehung.
2. Beschäftigte, die im Rahmen ihrer Tätigkeit als Hilfskräfte bei wissenschaftlichen Forschungsaufgaben mit einem besonders hohen Maß von Verantwortlichkeit tätig sind, sind auch dann als solche eingruppiert, wenn sie im Rahmen dieser Tätigkeit Aufgaben erfüllen, die in der Protokollerklärung Nr. 1 genannt sind.

8. Logopädinnen und Logopäden

Entgeltgruppe 5

Beschäftigte in der Tätigkeit von Logopädinnen und Logopäden mit staatlicher Anerkennung.

Entgeltgruppe 7

Logopädinnen und Logopäden mit staatlicher Anerkennung und entsprechender Tätigkeit.

Entgeltgruppe 8

Beschäftigte der Entgeltgruppe 7, die mindestens zu einem Viertel schwierige Aufgaben erfüllen.

(Hierzu Protokollerklärung Nr. 1)

Entgeltgruppe 9a

Beschäftigte der Entgeltgruppe 7, die schwierige Aufgaben erfüllen.

(Hierzu Protokollerklärung Nr. 1)

Entgeltgruppe 9b

1. Beschäftigte der Entgeltgruppe 7, die als Hilfskräfte bei wissenschaftlichen Forschungsaufgaben mit einem besonders hohen Maß von Verantwortlichkeit tätig sind.

   (Hierzu Protokollerklärung Nr. 2)

2. Beschäftigte der Entgeltgruppe 7, die mindestens zur Hälfte eine oder mehrere der folgenden Aufgaben erfüllen:
   - Behandlung von Dysphagien (Schluckstörungen) oder Sprach- und Sprechstörungen im Zusammenhang mit neurologischen Erkrankungen oder Demenzen oder im geriatrischen Bereich,
   - Behandlung von Dysphagien und Fütterstörungen von Säuglingen,
   - Durchführung des Trachealkanülenmanagements.

Protokollerklärungen:

1. Schwierige Aufgaben sind z. B. die Erhebung der logopädisch relevanten Anamnese sowie die Auswahl und Durchführung geeigneter Untersuchungsverfahren bei Kindern, die Erstellung patientenbezogener therapeutischer Konzepte unter Berücksichtigung der jeweiligen individuellen Störungsbilder bei Demenzen oder nach Hirnverletzungen, die Behandlung von Kehlkopflosen, von Patientinnen und Patienten nach Schlaganfällen oder anderen Hirnverletzungen, die Behandlung von schwer intelligenzgeminderten Patientinnen und Patienten oder von Patientinnen und Patienten mit frühkindlichen Hirnschäden oder anderen schweren Erkrankungen mit lang anhaltenden und schweren Auswirkungen auf die Sprachentwicklung sowie Durchführung von Therapien bei Kindern mit Sprachentwicklungsstörungen.
2. Beschäftigte, die im Rahmen ihrer Tätigkeit als Hilfskräfte bei wissenschaftlichen Forschungsaufgaben mit einem besonders hohen Maß von Verantwortlichkeit tätig sind, sind auch dann als solche eingruppiert, wenn sie im Rahmen dieser Tätigkeit Aufgaben erfüllen, die in der Protokollerklärung Nr. 1 genannt sind.

9. Masseurinnen und medizinische Bademeisterinnen sowie Masseure und medizinische Bademeister

Entgeltgruppe 3

Beschäftigte in der Tätigkeit von Masseurinnen und medizinischen Bademeisterinnen sowie Masseuren und medizinischen Bademeistern.

Entgeltgruppe 5

Masseurinnen und medizinische Bademeisterinnen sowie Masseure und medizinische Bademeister mit entsprechender Tätigkeit.

Entgeltgruppe 6

Beschäftigte der Entgeltgruppe 5, die mindestens zu einem Viertel schwierige Aufgaben erfüllen.

(Schwierige Aufgaben sind z. B. Verabreichung von Kohlensäure- und Sauerstoffbädern bei Herz- und Kreislaufbeschwerden, Massage- oder Bäderbehandlung nach Schlaganfällen oder bei Kinderlähmung, Massagebehandlung von Frischoperierten).

10. Medizinisch-technische Assistentinnen und Assistenten

Vorbemerkung

Medizinisch-technische Assistentinnen und Assistenten im Sinne dieses Abschnitts sind Medizinisch-technische Assistentinnen und Assistenten für Funktionsdiagnostik, Medizinisch-technische Laboratoriumsassistentinnen und -assistenten, Medizinisch-technische Radiologieassistentinnen und -assistenten und Veterinärmedizinisch-technische Assistentinnen und Assistenten.

Entgeltgruppe 7

Staatlich geprüfte Medizinisch-technische Assistentinnen und Assistenten sowie Zytologisch-technische Assistentinnen und Assistenten mit jeweils entsprechender Tätigkeit.

Entgeltgruppe 8

Beschäftigte der Entgeltgruppe 7, die mindestens zu einem Viertel schwierige Aufgaben erfüllen.

(Hierzu Protokollerklärung Nr. 1)

Entgeltgruppe 9a

Beschäftigte der Entgeltgruppe 7, die schwierige Aufgaben erfüllen.

(Hierzu Protokollerklärung Nr. 1)

Entgeltgruppe 9b

1. Beschäftigte der Entgeltgruppe 7, die als Hilfskräfte bei wissenschaftlichen Forschungsaufgaben mit einem besonders hohen Maß von Verantwortlichkeit tätig sind.

   (Hierzu Protokollerklärung Nr. 2)
2. Beschäftigte der Entgeltgruppe 7, die mindestens zur Hälfte eine oder mehrere der folgenden Aufgaben erfüllen:
   - Wartung und Kalibrierung von hochwertigen und schwierig zu bedienenden Messgeräten (z. B. Autoanalyzern),
   - Virusisolierungen oder ähnlich schwierige mikrobiologische Verfahren, Gewebezüchtungen, schwierige Antikörperbestimmungen (z. B. Coombs-Test),
   - schwierige intraoperative Röntgenaufnahmen,

- interoperatives Monitoring, Mitwirkung bei der prächirurgischen Epilepsiediagnostik und -OP, Mitwirkung bei der Implantation von Hirnelektroden, Mitwirkung bei der Komadiagnostik,
- Vorbereitung und Mitwirkung bei der Protonentherapie.

Protokollerklärungen:

1. Schwierige Aufgaben sind z. B.
   - der Diagnostik vorausgehende technische Arbeiten bei selbstständiger Verfahrenswahl auf histologischem, mikrobiologischem, hämatologischem, serologischem, molekularbiologischem oder quantitativ klinisch-chemischem Gebiet;
   - die Durchführung von Untersuchungsverfahren zur röntgenologischen Funktionsdiagnostik;
   - messtechnische Aufgaben und Hilfeleistung bei der Verwendung von radioaktiven Stoffen;
   - schwierige medizinisch radiologische Verfahren;
   - Tätigkeiten in der radiologischen Untersuchung von Kindern bis zum sechsten Lebensjahr;
   - Bedienung eines Elektronenmikroskops sowie Vorbereitung der Präparate für Elektronenmikroskopie;
   - Durchführung schwieriger molekularbiologischer Untersuchungsverfahren (z. B. Hybridisierung oder Blot), schwierige Hormonbestimmungen, schwierige Fermentaktivitätsbestimmungen, schwierige gerinnungsphysiologische Untersuchungen);
   - Vorbereitung und Durchführung von röntgenologischen Gefäßuntersuchungen in der Schädel-, Brust- und Bauchhöhle, Mitwirkung bei Herzkatheterisierungen, Schichtaufnahmen in den drei Dimensionen mit Spezialgeräten (CT, MRT, SPECT, etc.), Arbeiten an Linearbeschleunigern, Durchführung von Szintigraphien unter Belastung (z. B. Myokardszintigraphie), szintigraphische Spezialuntersuchungen (z. B. Sentinelszintigraphie);
   - Durchführung von Untersuchungsverfahren, bei denen mehrere Untersuchungsmethoden kombiniert werden, z. B. SPECT-CT;
   - Vorbereitung und Mitwirkung von röntgenologisch gestützten Gewebeentnahmen;
   - Tätigkeiten in der Telemedizin oder Teleradiologie;
   - Mitwirkung bei der Hirntodbestimmung oder
   - invasive Eingriffe mit z. B. kryostatischen Maßnahmen im EPU-Labor.
2. Beschäftigte, die im Rahmen ihrer Tätigkeit als Hilfskräfte bei wissenschaftlichen Forschungsaufgaben mit einem besonders hohen Maß von Verantwortlichkeit tätig sind, sind auch dann als solche eingruppiert, wenn sie im Rahmen dieser Tätigkeit Aufgaben erfüllen, die in der Protokollerklärung Nr. 1 genannt sind.

11. Medizinische Dokumentarinnen und Dokumentare

Es finden die allgemeinen Tätigkeitsmerkmale des Teils A Abschnitt I Ziffer 3 Anwendung.

12. Medizinische und Zahnmedizinische Fachangestellte

Es finden die allgemeinen Tätigkeitsmerkmale des Teils A Abschnitt I Ziffer 3 Anwendung.

IV

13. Orthoptistinnen und Orthoptisten

Entgeltgruppe 5

Beschäftigte in der Tätigkeit von Orthoptistinnen und Orthoptisten.

Entgeltgruppe 7

Orthoptistinnen und Orthoptisten mit abgeschlossener Ausbildung und entsprechender Tätigkeit.

Entgeltgruppe 8

Beschäftigte der Entgeltgruppe 7, die mindestens zu einem Viertel schwierige Aufgaben erfüllen.

(Hierzu Protokollerklärung Nr. 1)

Entgeltgruppe 9a

Beschäftigte der Entgeltgruppe 7, die schwierige Aufgaben erfüllen.

(Hierzu Protokollerklärung Nr. 1)

Entgeltgruppe 9b

1. Beschäftigte der Entgeltgruppe 7, die als Hilfskräfte bei wissenschaftlichen Forschungsaufgaben mit einem besonders hohen Maß von Verantwortlichkeit tätig sind.
   (Hierzu Protokollerklärung Nr. 2)
2. Beschäftigte der Entgeltgruppe 7, die mindestens zur Hälfte eine oder mehrere der folgenden Aufgaben erfüllen:
   - orthoptische Untersuchungen bei Säuglingen, Kleinkindern oder geistig behinderten Patienten mit Schielerkrankungen oder Nystagmus,
   - diagnostische Untersuchungen zur Vorbereitung auf Schieloperationen und Mitwirken bei der Dosierung der Operationsstrecken,
   - Durchführung und Auswertung von VEP-Messungen,
   - Untersuchung von komplizierten infra- und supranukleären Mobilitätsstörungen sowie nystagmusbedingten Kopfzwangshaltungen an z. B. Tangentenskalen oder Synoptometern,
   - neuroophthalmologische Untersuchungen bei Orbitaerkrankungen (z. B. Tumorerkrankungen).

Protokollerklärungen:

1. Schwierige Aufgaben sind z. B.
   - Behandlung eingefahrener beidäugiger Anomalien, exzentrischer Fixationen oder Kleinstanomalien,
   - Messungen bei Doppelbildern,

- Anpassung von Prismenbrillen,
- Kontaktlinsenanpassung bei komplizierten Hornhautsituationen (z. B. Ausdünnung der Hornhaut, Hornhautnarben, Zustand nach der operativen Entfernung der Hornhaut),
- Durchführung orthoptistischer oder plebtischer Schulungen.

2. Beschäftigte, die im Rahmen ihrer Tätigkeit als Hilfskräfte bei wissenschaftlichen Forschungsaufgaben mit einem besonders hohen Maß von Verantwortlichkeit tätig sind, sind auch dann als solche eingruppiert, wenn sie im Rahmen dieser Tätigkeit Aufgaben erfüllen, die in der Protokollerklärung Nr. 1 genannt sind.

14. Pharmazeutisch-kaufmännische Angestellte

Es finden die allgemeinen Tätigkeitsmerkmale des Teils A Abschnitt I Ziffer 3 Anwendung.

15. Pharmazeutisch-technische Assistentinnen und Assistenten

Entgeltgruppe 7

Pharmazeutisch-technische Assistentinnen und Assistenten mit staatlicher Erlaubnis und entsprechender Tätigkeit.

Entgeltgruppe 8

Beschäftigte der Entgeltgruppe 7, die mindestens zu einem Viertel schwierige Aufgaben erfüllen.
(Hierzu Protokollerklärung Nr. 1)

Entgeltgruppe 9a

Beschäftigte der Entgeltgruppe 7, die schwierige Aufgaben erfüllen.
(Hierzu Protokollerklärung Nr. 1)

Entgeltgruppe 9b

1. Beschäftigte der Entgeltgruppe 7, die als Hilfskräfte bei wissenschaftlichen Forschungsaufgaben mit einem besonders hohen Maß von Verantwortlichkeit tätig sind.
(Hierzu Protokollerklärung Nr. 2)
2. Beschäftigte der Entgeltgruppe 7 mit Fortbildung als Spezialistin oder Spezialist für Krankenhaus- und krankenhausversorgende Apotheken und entsprechender Tätigkeit.

Protokollerklärungen:

1. Schwierige Aufgaben sind z. B. Tätigkeiten unter Reinraumluftbedingungen wie die sterile Herstellung von Zytostatikazubereitungen, Mischbeuteln zur parenteralen Anwendung und applikationsfertigen Spritzen, Infusionen und Injektionen oder Augensalben und -tropfen; schwierige Identitäts- und Reinheitsprüfungen nach Deutschem Arzneibuch, gravimetrische, titrimetrische oder fotometrische Bestimmungen, Komplexometrie, Leitfähigkeitsmessungen oder chromatografische Analysen.

2. Beschäftigte, die im Rahmen ihrer Tätigkeit als Hilfskräfte bei wissenschaftlichen Forschungsaufgaben mit einem besonders hohen Maß von Verantwortlichkeit tätig sind, sind auch dann als solche eingruppiert, wenn sie im Rahmen dieser Tätigkeit Aufgaben erfüllen, die in der Protokollerklärung Nr. 1 genannt sind.

16. Physiotherapeutinnen und Physiotherapeuten

Entgeltgruppe 5

Beschäftigte in der Tätigkeit von Physiotherapeutinnen und Physiotherapeuten.

Entgeltgruppe 7

Physiotherapeutinnen und Physiotherapeuten mit staatlicher Anerkennung und entsprechender Tätigkeit.

Entgeltgruppe 8

Beschäftigte der Entgeltgruppe 7, die mindestens zu einem Viertel schwierige Aufgaben erfüllen.

(Hierzu Protokollerklärung)

Entgeltgruppe 9a

Beschäftigte der Entgeltgruppe 7, die schwierige Aufgaben erfüllen.

(Hierzu Protokollerklärung)

Entgeltgruppe 9b

Beschäftigte der Entgeltgruppe 7, die mindestens zur Hälfte eine oder mehrere der folgenden Aufgaben erfüllen:

– Physiotherapie bei Patientinnen oder Patienten mit Demenz oder auf einer Intensivstation nach einem Polytrauma.

Protokollerklärung:

Schwierige Aufgaben sind z. B. Physiotherapie nach Lungen- oder Herzoperationen, nach Herzinfarkten, bei Querschnittslähmungen, in Kinderlähmungsfällen, mit spastisch Gelähmten, in Fällen von Dysmelien, in der Psychiatrie oder Geriatrie, nach Einsatz von Endoprothesen, nach Verbrennungen zweiten oder dritten Grades oder bei Kleinkindern bis sechs Jahren.

17. Präparationstechnische Assistentinnen und Assistenten

Auf Beschäftigte als Biologiemodellmacherinnen oder Biologiemodellmacher oder Präparationstechnische Assistentinnen und Assistenten finden die Tätigkeitsmerkmale für Beschäftigte in der Konservierung, Restaurierung, Präparierung und Grabungstechnik (Teil B Abschnitt XV) Anwendung.

18. Psychologische Psychotherapeutinnen und -therapeuten sowie Kinder- und Jugendlichenpsychotherapeutinnen und -therapeuten

Entgeltgruppe 14

Psychologische Psychotherapeutinnen und -therapeuten sowie Kinder- und Jugendlichenpsychotherapeutinnen und -therapeuten jeweils mit Approbation und entsprechender Tätigkeit.

19. Zahntechnikerinnen und Zahntechniker

Entgeltgruppe 6

Zahntechnikerinnen und Zahntechniker mit entsprechender Tätigkeit.

Entgeltgruppe 7

Beschäftigte der Entgeltgruppe 6, die schwierige Aufgaben erfüllen.

(Hierzu Protokollerklärung Nr. 1)

Entgeltgruppe 8

1. Beschäftigte der Entgeltgruppe 6, deren Tätigkeiten Kenntnisse in der kieferchirurgischen Prothetik erfordern, oder die Epithesen herstellen.
2. Zahntechnikermeisterinnen und Zahntechnikermeister mit entsprechender Tätigkeit.

Entgeltgruppe 9a

Beschäftigte der Entgeltgruppe 8 Fallgruppe 2, deren Tätigkeiten Kenntnisse in der kieferchirurgischen Prothetik erfordern, oder die Epithesen herstellen.

Entgeltgruppe 9b

Beschäftigte der Entgeltgruppe 6 oder der Entgeltgruppe 8 Fallgruppe 2, die als Hilfskräfte bei wissenschaftlichen Forschungsaufgaben mit einem besonders hohen Maß von Verantwortlichkeit tätig sind.

(Hierzu Protokollerklärung Nr. 2)

Protokollerklärungen:

1. Schwierige Aufgaben sind z. B. Tätigkeiten in der zahnärztlichen Keramik, in der Kiefer-Orthopädie, in der Parallelometertechnik, in der Vermessungstechnik für Einstückgussprothesen oder in der Geschiebetechnik.
2. Beschäftigte, die im Rahmen ihrer Tätigkeit als Hilfskräfte bei wissenschaftlichen Forschungsaufgaben mit einem besonders hohen Maß von Verantwortlichkeit tätig sind, sind auch dann als solche eingruppiert, wenn sie im Rahmen dieser

Tätigkeit Aufgaben erfüllen, die in der Entgeltgruppe 7 oder in der Entgeltgruppe 8 Fallgruppe 1 und in der Entgeltgruppe 9a genannt sind.

20. Leitende Beschäftigte

Vorbemerkungen

1. Diese Tätigkeitsmerkmale finden in den Bereichen der vorstehenden Ziffern 4 bis 10, 13, 15, 16 und 19 Anwendung.
2. [1]Die Tarifvertragsparteien legen dem Aufbau der Tätigkeitsmerkmale für Abteilungs-, Gruppen- bzw. Teamleitung (organisatorische Einheiten) folgende regelmäßige Organisationsstruktur zu Grunde:
   a) Der Leitung einer kleineren organisatorischen Einheit sind in der Regel nicht mehr als neun Beschäftigte unterstellt.
   b) Der Leitung einer größeren organisatorischen Einheit sind in der Regel nicht mehr als 16 Beschäftigte unterstellt.
   c) Der Leitung einer besonders großen organisatorischen Einheit sind in der Regel mehr als 24 Beschäftigte unterstellt.
3. Soweit für vergleichbare organisatorische Einheiten von den vorstehenden Bezeichnungen abweichende Bezeichnungen verwandt werden, ist dies unbeachtlich.

Entgeltgruppe 9b

Leiterinnen und Leiter einer kleineren organisatorischen Einheit.

Entgeltgruppe 9c

Ständige Vertreterinnen und Vertreter von Leiterinnen oder Leitern der Entgeltgruppe 10 Fallgruppe 1.

Entgeltgruppe 10

1. Leiterinnen und Leiter einer größeren organisatorischen Einheit.
2. Ständige Vertreterinnen und Vertreter von Leiterinnen oder Leitern der Entgeltgruppe 11.

Entgeltgruppe 11

Leiterinnen und Leiter einer besonders großen organisatorischen Einheit.

Entgeltgruppe 12

Beschäftigte, deren Tätigkeit sich durch das Maß der damit verbundenen Verantwortung erheblich aus der Entgeltgruppe 11 heraushebt.

21. Lehrkräfte an staatlich anerkannten Lehranstalten für medizinische Berufe (Schulen)

Entgeltgruppe 9c

Lehrkräfte.

Entgeltgruppe 10

Lehrkräfte mit entsprechender Zusatzqualifikation.

Entgeltgruppe 11

1. Lehrkräfte mit abgeschlossener Hochschulbildung und entsprechender Tätigkeit sowie sonstige Beschäftigte, die aufgrund gleichwertiger Fähigkeiten und ihrer Erfahrungen entsprechende Tätigkeiten ausüben.
2. Beschäftigte der Entgeltgruppe 10 als stellvertretende Leiterinnen oder Leiter oder als Fachbereichsleiterinnen oder Fachbereichsleiter einer Schule.

Entgeltgruppe 12

1. Beschäftigte der Entgeltgruppe 10 als Leiterinnen oder Leiter einer Schule.
2. Beschäftigte der Entgeltgruppe 11 Fallgruppe 1 als stellvertretende Leiterinnen oder Leiter oder als Fachbereichsleiterinnen oder Fachbereichsleiter einer Schule.

Entgeltgruppe 13

1. Lehrkräfte mit abgeschlossener wissenschaftlicher Hochschulbildung und – soweit nach dem jeweiligen Landesrecht vorgesehen – erfolgreich absolviertem Vorbereitungsdienst (Referendariat) mit entsprechender Tätigkeit sowie sonstige Beschäftigte, die aufgrund gleichwertiger Fähigkeiten und ihrer Erfahrungen entsprechende Tätigkeiten ausüben.
2. Beschäftigte der Entgeltgruppe 11 Fallgruppe 1 als Leiterinnen oder Leiter einer Schule.

Entgeltgruppe 14

Beschäftigte der Entgeltgruppe 13 Fallgruppe 1 als stellvertretende Leiterinnen oder Leiter oder als Fachbereichsleiterinnen oder Fachbereichsleiter einer Schule.

Entgeltgruppe 15

Beschäftigte der Entgeltgruppe 13 Fallgruppe 1 als Leiterinnen oder Leiter einer Schule.

XII. Beschäftigte in Häfen und Fährbetrieben

Entgeltgruppe 7

1. Schiffsführerinnen und Schiffsführer mit Befähigungszeugnis als Nautischer Wachoffizier oder Kapitän nach § 29 Abs. 2 Seeleute-Befähigungsverordnung und entsprechender Tätigkeit.
2. Schiffsmaschinistinnen und Schiffsmaschinisten mit Befähigungszeugnis nach § 38 Abs. 2 Seeleute-Befähigungsverordnung und entsprechender Tätigkeit.

Entgeltgruppe 8

Schiffsführerinnen und Schiffsführer mit Befähigungszeugnissen nach § 29 Abs. 2 und § 38 Abs. 2 Seeleute-Befähigungsverordnung und entsprechender Tätigkeit.

Entgeltgruppe 9a

1. Beschäftigte der Entgeltgruppe 7 Fallgruppe 1 auf Schiffen mit einer Tragfähigkeit von mindestens 50,00 Tonnen oder einer Bruttoraumzahl von mindestens 250.
2. Beschäftigte der Entgeltgruppe 7 Fallgruppe 2 auf Schiffen mit einer Tragfähigkeit von mindestens 50,00 Tonnen oder einer Bruttoraumzahl von mindestens 250.

Entgeltgruppe 9b

Beschäftigte der Entgeltgruppe 8 auf Schiffen mit einer Tragfähigkeit von mindestens 50,00 Tonnen oder einer Bruttoraumzahl von mindestens 250.

XIII. Beschäftigte im Kassen- und Rechnungswesen

Vorbemerkung

Kassen und Zahlstellen im Sinne dieses Abschnitts sind nur die in der Verordnung über das Kassen- und Rechnungswesen der Gemeinden (KuRVO) als solche bestimmten.

Entgeltgruppe 5

1. Beschäftigte in Kassen, die verantwortlich Personen- oder Sachkonten führen oder verwalten.
   (Hierzu Protokollerklärungen Nrn. 1 und 3)
2. Kassiererinnen und Kassierer in kleineren Kassen.
   (Hierzu Protokollerklärung Nr. 2)
3. Zahlstellenverwalterinnen und -verwalter größerer Zahlstellen.
4. Verwalterinnen und Verwalter von Einmannkassen.

Entgeltgruppe 6

1. Beschäftigte in Kassen, die verantwortlich Personen- oder Sachkonten führen oder verwalten, wenn ihnen mindestens zu einem Viertel schwierige buchhalterische Tätigkeiten übertragen sind.
   (Hierzu Protokollerklärungen Nrn. 1, 3 und 4)
2. Kassiererinnen und Kassierer in Kassen, soweit nicht anderweitig eingruppiert.
   (Hierzu Protokollerklärung Nr. 2)
3. Verwalterinnen und Verwalter von Zahlstellen, in denen ständig nach Art und Umfang besonders schwierige Zahlungsgeschäfte anfallen.
4. Leiterinnen und Leiter von Kassen mit mindestens einer oder einem Kassenbeschäftigten.

Entgeltgruppe 8

1. Beschäftigte in Kassen, die verantwortlich Personen- oder Sachkonten führen oder verwalten, wenn ihnen schwierige buchhalterische Tätigkeiten übertragen sind.
   (Hierzu Protokollerklärungen Nrn. 1, 3 und 4)
2. Beschäftigte in Kassen, denen mindestens drei Beschäftigte mit buchhalterischen Tätigkeiten ständig unterstellt sind.
   (Hierzu Protokollerklärung Nr. 3)
3. Kassiererinnen und Kassierer in Kassen an Arbeitsplätzen mit ständig überdurchschnittlich hohen Postenzahlen.
   (Hierzu Protokollerklärung Nr. 2)

4. Verwalterinnen und Verwalter von Zahlstellen, in denen ständig nach Art und Umfang besonders schwierige Zahlungsgeschäfte anfallen, wenn ihnen mindestens drei Beschäftigte ständig unterstellt sind.
5. Leiterinnen und Leiter von Kassen mit mindestens drei Kassenbeschäftigten.

Entgeltgruppe 9a

1. Beschäftigte in gemeindlichen Kassen, die verantwortlich Personen- oder Sachkonten führen oder verwalten und für mindestens fünf Sachbuchhaltereien die Kassenrechnung erstellen und die Haushaltsrechnung vorbereiten.

   (Hierzu Protokollerklärung Nr. 1)
2. Beschäftigte in gemeindlichen Buchhaltereien, denen mindestens drei Beschäftigte mit buchhalterischen Tätigkeiten mindestens der Entgeltgruppe 6 ständig unterstellt sind.
3. Kassiererinnen und Kassierer in Kassen, die das Ergebnis mehrerer Kassiererinnen oder Kassierer zusammenfassen.
4. Kassiererinnen und Kassierer in Kassen mit schwierigem Zahlungsverkehr und ständig außergewöhnlich hohen Barumsätzen.
5. Leiterinnen und Leiter von Kassen mit mindestens fünf Kassenbeschäftigten.
6. Leiterinnen und Leiter von Kassen, die zugleich Leiterinnen oder Leiter der Vollstreckungsstelle sind, soweit nicht in Entgeltgruppe 9b oder 10 eingruppiert.
7. Ständige Vertreterinnen und Vertreter von Leiterinnen oder Leitern von Kassen mit mindestens zwölf Kassenbeschäftigten.

Entgeltgruppe 9b

1. Leiterinnen und Leiter von Kassen mit mindestens zwölf Kassenbeschäftigten.
2. Leiterinnen und Leiter von Kassen mit mindestens sechs Kassenbeschäftigten, wenn sie zugleich Leiterinnen oder Leiter der Vollstreckungsstelle sind.
3. Ständige Vertreterinnen und Vertreter von Leiterinnen oder Leitern von Kassen mit mindestens 30 Kassenbeschäftigten.

Entgeltgruppe 10

1. Leiterinnen und Leiter von Kassen mit mindestens 30 Kassenbeschäftigten.

2. Leiterinnen und Leiter von Kassen mit mindestens 15 Kassenbeschäftigten, wenn sie zugleich Leiterinnen oder Leiter der Vollstreckungsstelle sind.

Protokollerklärungen:

1. Die/Der Beschäftigte führt oder verwaltet verantwortlich Personen- oder Sachkonten, wenn sie/er die Belege vor der Buchung auf ihre Ordnungsmäßigkeit nach den Kassenvorschriften zu prüfen und für die Richtigkeit der Buchungen die Verantwortung zu tragen hat.
2. Unter dieses Tätigkeitsmerkmal fallen auch Kassiererinnen und Kassierer für unbaren Zahlungsverkehr.
3. Dieses Tätigkeitsmerkmal gilt auch für Beschäftigte, die in Zahlstellen oder Buchungsstellen verantwortlich Personen- oder Sachkonten führen oder verwalten.
4. Schwierige buchhalterische Tätigkeiten sind z. B.:
   a) selbstständiger Verkehr mit den bewirtschafteten Stellen;
   b) das Führen oder Verwalten von Darlehens- oder Schuldendienstkonten, wenn die Zins- und Tilgungsleistungen selbstständig errechnet werden müssen;
   c) selbstständiges Bearbeiten von Vollstreckungsangelegenheiten (mit Ausnahme des Ausstellens von Pfändungsaufträgen und von Amtshilfeersuchen);
   d) das Bearbeiten schwierig aufzuklärender Verwahrposten;
   e) selbstständiges Bearbeiten von Werthinterlegungen einschließlich der Kontenführung;
   f) das Führen oder Verwalten von Sachkonten für Haushaltsausgaben, wenn damit das Überwachen zahlreicher Abschlagszahlungen verbunden ist;
   g) das Führen oder Verwalten von Sachkonten, bei denen Deckungsvorschriften nicht nur einfacher Art zu beachten sind (Deckungsvorschriften nur einfacher Art sind z. B.: In Sammelnachweisen zusammengefasste Ausgaben; gegenseitige oder einseitige Deckungsfähigkeit bei den Personalausgaben oder Deckungsvermerke, die sich auf der Ausgabenseite auf nur zwei Haushaltsstellen beschränken);
   h) das Führen oder Verwalten von Konten für den Abrechnungsverkehr mit Kassen oder Zahlstellen;
   i) das Führen oder Verwalten schwieriger Konten der Vermögensrechnung bei gleichzeitigem selbstständigen Berechnen von Abschreibungen aufgrund allgemeiner – betraglich nicht festgelegter – Kassen- oder Buchungsanweisungen.

IV

XIV. Beschäftigte im kommunalen feuerwehrtechnischen Dienst

1. Beschäftigte im kommunalen feuerwehrtechnischen Dienst

Vorbemerkungen

1. Die Eingruppierung gemäß den nachfolgenden Merkmalen setzt jeweils mindestens die Erfüllung der Voraussetzungen für die zweite Ebene der Laufbahngruppe 1 oder eine nach Landesrecht – soweit vorhanden – gleichgestellte Ausbildung (z. B. Werkfeuerwehrfrau oder -mann) voraus.
2. Auf Beschäftigte von Flughafenfeuerwehren und Werksfeuerwehren finden die nachfolgenden Tätigkeitsmerkmale keine Anwendung.

Entgeltgruppe 7

Beschäftigte in der Tätigkeit einer Truppfrau oder eines Truppmanns oder in einer Tätigkeit, die derjenigen von beamteten Brandmeisterinnen und Brandmeistern entspricht.

Entgeltgruppe 8

Beschäftigte, denen durch ausdrückliche Anordnung die Führung einer taktischen Einheit bis Truppstärke übertragen ist, oder in einer Tätigkeit, die derjenigen von beamteten Oberbrandmeisterinnen und Oberbrandmeistern entspricht.

Entgeltgruppe 9a

Beschäftigte, denen durch ausdrückliche Anordnung die Führung der taktischen Einheit ab Staffelstärke übertragen ist oder in einer gleich zu bewertenden Tätigkeit von beamteten Hauptbrandmeisterinnen und Hauptbrandmeistern.

(Hierzu Protokollerklärung)

Entgeltgruppe 9b

Beschäftigte, denen durch ausdrückliche Anordnung die Führung der taktischen Einheit ab Gruppenstärke übertragen ist oder in einer gleich zu bewertenden Tätigkeit von beamteten Hauptbrandmeisterinnen und Hauptbrandmeistern.

Entgeltgruppe 9c

1. Beschäftigte, denen durch ausdrückliche Anordnung die Führung der taktischen Einheit ab Gruppenstärke übertragen ist mit besonders verantwortungsvollen Tätigkeiten oder in einer gleich zu bewertenden Tätigkeit von beamteten Hauptbrandmeisterin-

nen und Hauptbrandmeistern oder von Brandinspektorinnen und Brandinspektoren.

2. Schicht- bzw. Wachabteilungsleiterinnen und -leiter.

Entgeltgruppe 10

1. Beschäftigte, denen durch ausdrückliche Anordnung die Führung der taktischen Einheit ab Zugstärke übertragen ist oder in einer Tätigkeit, die derjenigen von beamteten Brandoberinspektorinnen und Brandoberinspektoren entspricht.
2. Schicht- bzw. Wachabteilungsleiterinnen und -leiter, deren Tätigkeit sich mindestens zu einem Drittel durch besondere Schwierigkeit und Bedeutung erheblich aus der Entgeltgruppe 9c Fallgruppe 2 heraushebt.

Entgeltgruppe 11

1. Beschäftigte, denen durch ausdrückliche Anordnung die Führung der taktischen Einheit ab Verbandsstärke übertragen ist oder in einer Tätigkeit, die derjenigen von beamteten Brandamtfrauen und Brandamtmännern entspricht.
2. Schicht- bzw. Wachabteilungsleiterinnen und -leiter, deren Tätigkeit sich durch besondere Schwierigkeit und Bedeutung erheblich aus der Entgeltgruppe 9c Fallgruppe 2 heraushebt.
3. Ständige Vertreterinnen und Vertreter von Wachleiterinnen oder -leitern.

Entgeltgruppe 12

1. Schicht- bzw. Wachabteilungsleiterinnen und -leiter, deren Tätigkeit sich durch das Maß der damit verbundenen Verantwortung erheblich aus der Entgeltgruppe 11 Fallgruppe 2 heraushebt.
2. Wachleiterinnen und -leiter.

Protokollerklärung:

Nach diesem Merkmal sind auch Beschäftigte eingruppiert, die den Lehrgang zur Gruppenführung erfolgreich abgeschlossen haben und denen durch ausdrückliche Anordnung die Führung von Einsätzen ab Truppstärke übertragen ist.

2. Feuerwehrgerätewartinnen und -warte

Es finden die Allgemeinen Tätigkeitsmerkmale des Teils A Abschnitt I Ziffer 2 Anwendung.

3. Beschäftigte in Feuerwehrtechnischen Zentralen (Feuerwehrtechnischen Zentren)

Es finden die Allgemeinen Tätigkeitsmerkmale des Teils A Abschnitt I Ziffer 3 Anwendung.

XV. Beschäftigte in der Konservierung, Restaurierung, Präparierung und Grabungstechnik

Vorbemerkungen

1. Dieser Abschnitt gilt für Beschäftigte im Bereich der Konservierung, Restaurierung, Präparation und Grabungstechnik an kunstgeschichtlichen, kulturgeschichtlichen und naturkundlichen Museen und Sammlungen und Forschungseinrichtungen, an Archiven, Bibliotheken und in der Denkmalpflege.

2. (1) [1]Konservierungs-, Restaurierungs- und Präparationstätigkeiten im Sinne dieses Abschnitts sind sämtliche Tätigkeiten, die zum Ziel haben, Objekte bzw. audiovisuelle Aufzeichnungen von künstlerischer, kulturhistorischer, wissenschaftlicher oder dokumentarischer Bedeutung oder von didaktischem Wert ohne Rücksicht auf ihren materiellen oder kommerziellen Wert zu bergen, langfristig zu erhalten sowie wiederherzustellen, und sie damit u. a. für die wissenschaftliche als auch allgemeine Nutzung sowie die Forschung und Wissensvermittlung aufzubereiten, zu sichern und/oder dauerhaft zu bewahren. [2]Dazu gehören auch die technologischen und naturwissenschaftlichen Untersuchungen der Objekte und deren Dokumentation.

   (2) [1]Eine Restaurierung kann auch die Nachbildung bzw. Rekonstruktion als Ergänzung fehlender Teile des Originals einschließen. [2]Fallweise ist es auch notwendig, die im Rahmen der restauratorischen Untersuchung am Objekt festgestellten Materialzusammensetzungen oder auch Schadensbilder an Modellen künstlich zu erzeugen, um z. B. neue, adäquate Restaurierungsmethoden zu entwickeln bzw. kunsttechnologische Befunde anhand von Rekonstruktionen zu überprüfen.

   (3) Präparationstätigkeiten sind auch die Nachbildung vom Original, die freie Nachbildung, die Rekonstruktion und der Modellbau, die zum Ziel haben, einen erhaltenswerten Befund der Wissenschaft und der Lehre nutzbar zu machen sowie die Beschaffung, Sammlung und Erfassung von naturwissenschaftlichem Sammlungsgut.

   (4) [1]Bei den Tätigkeiten der Grabungstechnik spielt die Verbindung einer wissenschaftlich-fundierten Arbeitsweise mit ingenieurtechnischen bzw. methodischen Arbeitsansätzen eine zentrale Rolle.

   [2]Je nach Einsatzaufgaben sind unterschiedliche Kenntnisse bzw. Berufsabschlüsse denkbar.

   [3]Zu den Aufgaben in der Grabungstechnik gehört die technische Leitung archäologischer Ausgrabungen oder Kontrolle der Arbeit von Grabungsfirmen. [4]Die Beschäftigten entscheiden vor Ort selbst-

ständig über Grabungs-, Bergungs- und Dokumentationsmethoden, leiten die Mitarbeiter an und treffen Absprachen mit Investoren, Bauherren und Baubetrieben und vertreten damit öffentliche Institutionen vor Ort. [5]Zu den Tätigkeiten von Grabungstechnikerinnen und Grabungstechnikern zählen weiterhin die Vermittlung von Grabungsergebnissen durch Öffentlichkeitsarbeit und Publikationen.

(5) Zur Konservierung, Restaurierung und Präparation gehören auch Tätigkeiten wie z. B.:

a) Sammlungsbetreuung und Schadensprävention etwa durch konservatorisch richtige Lagerung der Sammlungsobjekte, Erstellen von Vorgaben zur Klimatisierung und Ausstattung der Ausstellungs- und Depoträume, Beratung zu Ausstellungs- und Depotflächen bei Neu- und Umbau;

b) technologisch-materielle Untersuchung und Erforschung der Objekte;

c) Tätigkeiten im Zusammenhang mit Leihverkehr und Ausstellung, z. B. Beurteilung der Leihfähigkeit aus restauratorischer bzw. präparatorischer Sicht, Definieren der Transport- und Ausstellungsbedingungen, Erstellen von Zustandsprotokollen, Überwachen sowohl des Ein- und Auspackens sowie des Transports und der Montierung der Sammlungsobjekte vor Ort;

d) beratende oder gutachterliche Tätigkeiten.

Entgeltgruppe 4

Beschäftigte mit einfachen Tätigkeiten bei assistierenden Tätigkeiten im Bereich der Konservierung oder Restaurierung, der Präparation oder der Grabungstechnik oder in der konservatorischen Pflege und Wartung.

(Hierzu Protokollerklärung Nr. 1)

Entgeltgruppe 5

Beschäftigte mit nicht mehr einfachen Tätigkeiten bei assistierenden Tätigkeiten im Bereich der Konservierung oder Restaurierung, der Präparation oder der Grabungstechnik oder in der konservatorischen Pflege und Wartung.

(Hierzu Protokollerklärung Nr. 2)

Entgeltgruppe 6

1. Beschäftigte mit schwierigen Tätigkeiten bei assistierenden Tätigkeiten im Bereich der Konservierung oder Restaurierung, der Prä-

paration oder der Grabungstechnik oder in der konservatorischen Pflege und Wartung.

(Hierzu Protokollerklärung Nr. 3)

2. Beschäftigte mit assistierenden Tätigkeiten im Bereich der Konservierung oder Restaurierung, der Präparation oder der Grabungstechnik oder mit Tätigkeiten in der konservatorischen Pflege und Wartung, denen mindestens zwei Beschäftigte mindestens der Entgeltgruppe 4 durch ausdrückliche Anordnung ständig unterstellt sind.

Entgeltgruppe 7

Beschäftigte mit assistierenden Tätigkeiten im Bereich der Konservierung oder Restaurierung, der Präparation oder der Grabungstechnik oder in der konservatorischen Pflege und Wartung, die mindestens zu einem Fünftel besonders schwierige Tätigkeiten ausüben.

(Hierzu Protokollerklärung Nr. 4)

Entgeltgruppe 8

1. Beschäftigte mit assistierenden Tätigkeiten im Bereich der Konservierung oder Restaurierung, der Präparation oder der Grabungstechnik oder in der konservatorischen Pflege und Wartung, die mindestens zu einem Drittel besonders schwierige Tätigkeiten ausüben.
   (Hierzu Protokollerklärung Nr. 4)
2. Beschäftigte mit assistierenden Tätigkeiten im Bereich der Konservierung oder Restaurierung, der Präparation oder der Grabungstechnik oder in der konservatorischen Pflege und Wartung, denen mindestens zwei Beschäftigte, davon mindestens eine Beschäftigte oder ein Beschäftigter mindestens der Entgeltgruppe 6 Fallgruppe 1, durch ausdrückliche Anordnung ständig unterstellt sind.

Entgeltgruppe 9a

Beschäftigte mit assistierenden Tätigkeiten im Bereich der Konservierung oder Restaurierung, der Präparation oder der Grabungstechnik oder in der konservatorischen Pflege und Wartung, die besonders schwierige Tätigkeiten ausüben.

(Hierzu Protokollerklärung Nr. 4)

Entgeltgruppe 9b

1. Beschäftigte mit abgeschlossener einschlägiger Hochschulbildung und entsprechender Tätigkeit sowie sonstige Beschäftigte, die auf-

grund gleichwertiger Fähigkeiten und ihrer Erfahrungen entsprechende Tätigkeiten ausüben.

(Hierzu Protokollerklärung Nr. 5)

2. Beschäftigte mit assistierenden Tätigkeiten im Bereich der Konservierung oder Restaurierung, der Präparation oder der Grabungstechnik oder in der konservatorischen Pflege und Wartung, denen fünf Beschäftigte, davon mindestens eine Beschäftigte oder ein Beschäftigter mindestens der Entgeltgruppe 6 Fallgruppe 1, durch ausdrückliche Anordnung ständig unterstellt sind.
3. Beschäftigte mit Präparationstätigkeiten oder mit Tätigkeiten der Grabungstechnik, deren Tätigkeit sich dadurch aus der Entgeltgruppe 9a heraushebt, dass sie mindestens zu einem Fünftel besondere Fachkenntnisse erfordert.

   (Hierzu Protokollerklärung Nr. 6)

Entgeltgruppe 10

1. Beschäftigte der Entgeltgruppe 9b Fallgruppe 1, deren Tätigkeit sich dadurch aus der Entgeltgruppe 9b Fallgruppe 1 heraushebt, dass sie besondere Fachkenntnisse erfordert.

   (Hierzu Protokollerklärung Nr. 6)
2. Beschäftigte der Entgeltgruppe 9b Fallgruppe 1, denen mindestens drei Beschäftigte durch ausdrückliche Anordnung ständig unterstellt sind, davon mindestens eine Beschäftigte oder ein Beschäftigter mindestens der Entgeltgruppe 9a.
3. Beschäftigte mit Präparationstätigkeiten oder mit Tätigkeiten der Grabungstechnik, deren Tätigkeit sich dadurch aus der Entgeltgruppe 9a heraushebt, dass sie besondere Fachkenntnisse erfordert.

   (Hierzu Protokollerklärung Nr. 6)

Entgeltgruppe 11

1. Beschäftigte der Entgeltgruppe 9b Fallgruppe 1, deren Tätigkeit sich dadurch aus der Entgeltgruppe 10 Fallgruppe 1 heraushebt, dass sie besondere Leistungen erfordert.

   (Hierzu Protokollerklärung Nr. 7)
2. Beschäftigte mit Präparationstätigkeiten oder mit Tätigkeiten der Grabungstechnik, deren Tätigkeit sich dadurch aus der Entgeltgruppe 10 Fallgruppe 3 heraushebt, dass sie besondere Leistungen erfordert.

   (Hierzu Protokollerklärung Nr. 7)

Entgeltgruppe 12

1. Beschäftigte der Entgeltgruppe 9b Fallgruppe 1, deren Tätigkeit sich durch das Maß der damit verbundenen Verantwortung erheblich aus der Entgeltgruppe 11 Fallgruppe 1 heraushebt.

   (Hierzu Protokollerklärung Nr. 8)

2. Beschäftigte mit Präparationstätigkeiten oder mit Tätigkeiten der Grabungstechnik, deren Tätigkeit sich durch das Maß der damit verbundenen Verantwortung erheblich aus der Entgeltgruppe 11 Fallgruppe 2 heraushebt.

   (Hierzu Protokollerklärung Nr. 8)

Entgeltgruppe 13

Beschäftige mit abgeschlossener einschlägiger wissenschaftlicher Hochschulbildung und entsprechender Tätigkeit sowie sonstige Beschäftigte, die aufgrund gleichwertiger Fähigkeiten und ihrer Erfahrungen entsprechende Tätigkeiten ausüben.

(Hierzu Protokollerklärung Nr. 9)

Entgeltgruppe 14

1. Beschäftigte der Entgeltgruppe 13, deren Tätigkeit sich mindestens zu einem Drittel
   - durch besondere Schwierigkeit und Bedeutung oder
   - durch das Erfordernis hochwertiger Leistungen bei besonders schwierigen Aufgaben

   aus der Entgeltgruppe 13 heraushebt.

2. Beschäftigte der Entgeltgruppe 13, denen mindestens drei Beschäftigte mindestens der Entgeltgruppe 13 durch ausdrückliche Anordnung ständig unterstellt sind.

   (Hierzu Protokollerklärung Nr. 10)

Entgeltgruppe 15

1. Beschäftigte der Entgeltgruppe 13, deren Tätigkeit sich
   - durch besondere Schwierigkeit und Bedeutung sowie
   - erheblich durch das Maß der damit verbundenen Verantwortung

   aus der Entgeltgruppe 13 heraushebt.

2. Beschäftigte der Entgeltgruppe 13, denen mindestens fünf Beschäftigte mindestens der Entgeltgruppe 13 durch ausdrückliche Anordnung ständig unterstellt sind.

   (Hierzu Protokollerklärung Nr. 10)

Protokollerklärungen:

1. Einfache Tätigkeiten bei assistierenden Tätigkeiten im Bereich der Konservierung oder Restaurierung, der Präparation oder der Grabungstechnik oder in der konservatorischen Pflege und Wartung liegen z. B. vor bei:
   a) Tätigkeiten im Bereich der Konservierung oder Restaurierung:
   (1) Umverpacken von stabilen, unempfindlichen und gut handhabbaren Objekten nach Vorgabe, z. B. Umschläge nach Bedarf zuschneiden und falzen sowie Einlegen von unempfindlichen Büchern und Archivalien,
   (2) Unterstützung bei der Betreuung oder Mithilfe bei der Montage von Sammlungs- und Ausstellungsgegenständen, z. B.:
   a. Bedienen von technischen Geräten, die zum Kunstwerk gehören und eine besonders sorgfältige Handhabung erfordern,
   b. Handhabung von geschütztem Filmmaterial oder unempfindlichen Datenträgern;

IV

   b) Präparationstätigkeiten:
   (1) im Bereich „Rekonstruktionen, Abformungen, Modellbau"
   Fach-(arbeits-)gebiet „Abgüsse, Nachbildungen etc.":
   Herstellen von Negativformen von wenig empfindlichen Originalen einfacher Form und Herstellen der Abgüsse,
   (2) im Bereich „naturkundliche Objekte"
   a. Fach-(arbeits-)gebiet „Zoologie – allgemeine und Nasspräparation":
      – einfaches methodisches Sammeln für zoologische Zwecke,
      – mechanisches Reinigen von Häuten und Präparaten (z. B. Dermoplastiken, Stopfpräparate, Molluskenschalen und sonstige einfache Hartteile von Wirbeltieren und Wirbellosen),
      – Überprüfen und Nachfüllen der Konservierungsflüssigkeiten in Nasssammlungen;
      – Herstellen einfacher Nasspräparate von Tieren,
   b. Fach-(arbeits-)gebiet „Zoologie – Balgpräparation":
      – einfache Konservierungstätigkeiten (Abbalgen, Reinigen der Gefieder und Felle, Vergiften der Haut gegen Schädlingsbefall),
   c. Fach-(arbeits-)gebiet „Zoologie – Skelette":
      – Präparieren einfach zu bearbeitender Rohskelette von Wirbeltieren (Entfleischen, Wässern, Trocknen und Vorkonservieren der Knochen),
      – einfache Trockenpräparation von Wirbellosen,
   d. Fach-(arbeits-)gebiet „Botanik":
      – einfaches methodisches Sammeln für botanische Zwecke,
      – Herbarpräparation;
   c) Tätigkeiten der Grabungstechnik
   (1) Fach-(arbeits-)gebiet „Ausgrabungen":
   a. Freilegen wenig empfindlicher Bodenfunde oder -befunde, sowie Anlegen von Erdprofilen und Grabungsflächen,
   b. Fundregistrierung bei Grabungen,
   c. Magazinierung von Kulturgütern in ein Depot als Archiv der sächlichen Kulturgüter unter Anleitung einschließlich vorbereitender Tätigkeiten,
   d. Tätigkeiten unter Anleitung zur Vorbereitung der Werkprüfung,
   (2) Fach-(arbeits-)gebiet „Geologie und Paläontologie":
   a. einfaches methodisches Sammeln für geologische und paläontologische Zwecke, Auspacken und Ordnen von Geländeaufsammlungen (Fossil-Material und Gesteinsproben), Waschen und mechanisches Reinigen von Fos-

sil-Material und Gesteinsproben, Zusammensetzen und -kleben unempfindlicher Fossilien bei einfachen Brüchen,

b. Auspacken und Ordnen von Geländeaufsammlungen (Mineralien und Gesteine), Waschen und mechanisches Reinigen unempfindlicher Mineralstufen, Vorrichten mineralogischer oder petrographischer Proben für Dünnschliffe, Anschliffe oder für die Mineraltrennung, Formatisieren mineralogischer oder petrographischer Handstücke.

2. Nicht mehr einfache Tätigkeiten bei assistierenden Tätigkeiten im Bereich der Konservierung oder Restaurierung, der Präparation oder der Grabungstechnik oder in der konservatorischen Pflege und Wartung liegen z. B. vor bei:

a) Tätigkeiten im Bereich der Konservierung oder Restaurierung:

(1) Ausführen von sich wiederholenden Tätigkeiten unter Anleitung, z. B.:

a. Trockenreinigung mittels Saugen und Pinsel an
- weniger empfindlichen Bucheinbänden,
- inhomogenen Buchbeständen nach Vorgabe durch eine Restauratorin oder einen Restaurator,
- ungefassten und weniger empfindlichen veredelten Holzoberflächen,
- empfindlicherem, aber nicht vorgeschädigtem gebranntem Ton, Keramik, Porzellan oder Glas,
- Steinobjekten aus empfindlicherem, aber nicht vorgeschädigtem Gestein,
- weniger empfindlicher Mosaiken,
- Teilen und Mechaniken von Musikinstrumenten,

b. Nachleimen von Papieren in Massenverfahren im Bereich der Archivalienrestaurierung,

(2) Sortieren, Verpacken und Verlagern von empfindlichen und gut handhabbaren Sammlungsgegenständen,

(3) Anfertigen von individuell am jeweiligen Objekt anzupassenden Spezialverpackungen,

(4) Beschaffung von Materialien, Ansetzen von Arbeitsmitteln,

(5) Ausführen von Tätigkeiten, die gute manuelle Fertigkeiten erfordern, z. B.:

a. einfache zeichnerische Rekonstruktion von Sammlungsgegenständen und sonstigen Objekten von wissenschaftlichem Interesse,

b. Herstellen schwieriger Modelle von Sammlungsgegenständen und sonstigen Objekten von wissenschaftlichem Interesse nach Vorlagen,

c. Herstellen von Negativformen von unempfindlichen und ungefassten Objekten komplizierter Form und Herstellen der Abgüsse unter Vorgabe;

b) Präparationstätigkeiten, die handwerkliche Fertigkeiten und die Beherrschung besonderer Arbeitstechniken voraussetzen, wie z. B.:

(1) im Bereich „Abformungen, Modellbau":

a. Fach-(arbeits-)gebiet „Abgüsse, Nachbildungen etc.":
- Herstellen von Negativformen von wenig empfindlichen Originalen komplizierter Form und Herstellen der Abgüsse,
- Herstellen von nicht sehr schwierigen Modellen und technischen Zeichnungen von Sammlungsgegenständen und sonstigen Objekten von wissenschaftlichem und/oder didaktischem Interesse,

(2) im Bereich „naturkundliche Objekte":

a. Fach-(arbeits-)gebiet „Zoologie – allgemeine und Nasspräparation":
- methodisches Sammeln von Tieren einschließlich Etikettieren, Messen, Führen des Feldtagebuches und Feldpräparation,

IV

- Reinigen und Konservieren von Häuten mit Chemikalien,
- Schädlingsbekämpfung an Sammlungsobjekten,
- Herstellen schwieriger Nasspräparate von Tieren einschließlich Vorkonservieren (z. B. Injizieren von Konservierungsflüssigkeiten, Überführen, Konzentrationswechsel),
- Herstellen einfacher anatomischer Präparate (z. B. Übersichtspräparate von Muskeln oder Organen),

b. Fach-(arbeits-)gebiet „Zoologie – allgemeine und Nasspräparation“:
- Herstellen von Bälgen von Vögeln und Säugetieren,
- Herstellen einfacher Kleindermoplastiken (unter Verwendung künstlicher konfektionierter Tierkörper),

c. Fach-(arbeits-)gebiet „Zoologie – Skelette“:
- Präparieren von Zerfallskeletten (Mazeration und Entfetten),

d. Fach-(arbeits-)gebiet „Botanik“:
- methodisches Sammeln von Pflanzen einschließlich Etikettieren; Führen des Feldtagebuches und Feldpräparation,
- schwierige Arbeiten für Herbarien (z. B. Trocknen von dickfleischigen Pflanzen, von Flechten, Orchideen und Pflanzen mit ähnlicher Struktur unter Benutzung komplizierter Apparate oder mit chemischen Methoden),
- Herstellen einfacher Präparate von Blüten,
- Herstellen einfacher pflanzenanatomischer Präparate,
- Herstellen schwieriger Nasspräparate von Pflanzen (ggf. einschließlich Vorkonservieren, z. B. zur Erhaltung des Chlorophylls),

e. Fach-(arbeits-)gebiet „Geologie und Paläontologie“:
- Zusammensetzen und Kleben stark zerbrochener Fossilien,
- Reinigen und Festigen von brüchigem Fossil-Material,
- Grobpräparieren von in Gestein eingeschlossenen Fossilien,
- Feinpräparieren von harten Fossilien in weichem Gestein,
- Konservieren präparierter Fossilien,
- Herstellen von Lackfilmen und Folienabzügen bei Anschliffen von Gesteinen und einfach gebauten Fossilien,
- Aufbereiten von Gesteinsproben durch Schlämmen oder Auffrieren,
- Herstellen von Anschliffen von Gesteinen und Fossilien,
- Auslesen von leicht erkennbaren Mikrofossilien,

f. Fach-(arbeits-)gebiet „Mineralogie“:
- chemisches Reinigen von Mineralstufen,
- Herstellen von Anschliffen und polierten Anschliffen von Mineralien, Gesteinen und Erzen,
- Herstellen von Mineral- und Gesteinsdünnschliffen in normalem Format (2 x 3 cm),
- Herstellen von Körnerstreupräparaten für mineralogische oder petrographische Untersuchungen,

g. Fach-(arbeits-)gebiet „Nachbildungen und Modelle von Tieren, Pflanzen und Fossilien“:
- Herstellen originalgetreuer Nachbildungen (einschließlich Negativform und Abguss) einfach gestalteter Tiere, Pflanzen und Fossilien,

h. Oberflächenreinigung an nicht unempfindlichen Präparaten
- z. B. Häute, Bälge, empfindliche Steine, Fossilien oder Chitinpanzer,

(3) Sortieren, Verpacken und Verlagern von empfindlichen Sammlungsgegenständen,

(4) Anfertigen von individuell am jeweiligen Objekt anzupassenden Spezialverpackungen;

c) Tätigkeiten der Grabungstechnik

(1) Fach-(arbeits-)gebiet „Ausgrabungen nach erfolgreicher Werkprüfung“:

a. Erkennen, Freilegen und Bergen von Bodenfunden oder -befunden;
b. Einweisen von Großgeräten zur Freilegung von Befunden,
c. Herrichten von Erdprofilen und Grabungsflächen zum Zeichnen und Messen,
d. Anfertigen von Grabungsskizzen oder einfachen maßstäblichen Grabungszeichnungen und einfachen Grabungs- oder Fundberichten,
e. materialgerechtes Sortieren von Funden nach Lage und Fundart,
f. Magazinierung von Kulturgütern in ein Depot als Archiv der sächlichen Kulturgüter,
g. Begehen von Gebieten (meist als „Feldbegehung“ bezeichnet) nach archäologischem Fundmaterial unter wissenschaftlicher oder technischer Anleitung,

IV

(2) Fach-(arbeits-)gebiet „Geologie und Paläontologie“:

a. methodisches Sammeln von Fossilien bei einfachen geologischen Verhältnissen einschließlich Etikettieren, Anfertigen geologischer Fundpunktskizzen und Vorkonservieren an der Fundstätte,
b. Sortieren von Geländeaufsammlungen nach Fundorten, Fundschichten und Fossilgruppen.

3. Schwierige Tätigkeiten bei assistierenden Tätigkeiten im Bereich der Konservierung oder Restaurierung, der Präparation oder der Grabungstechnik oder in der konservatorischen Pflege und Wartung liegen z. B. vor bei:

a) Tätigkeiten im Bereich der Konservierung oder Restaurierung:

(1) Ausführen systematisierter Arbeitsvorgänge an unempfindlichen Objekten nach Vorgabe durch eine Restauratorin oder einen Restaurator, z. B.:

a. Lösen zusammengeklebter unempfindlicher Archivalien und Buchblätter von nachgeordneter Bedeutung in weniger schwierigen Fällen, z. B. bei starker Verschimmelung,
b. Schließen von Rissen an weniger empfindlichen Archivalien mittels Japanpapier,
c. Absaugen oder Entstauben von empfindlichen Bucheinbänden inhomogener Buchbestände oder ungefassten und empfindlichen, veredelten Holzoberflächen (z. B. Trockenreinigung mittels Saugen und Pinsel),

(2) Mitarbeit bei umfangreichen Restaurierungsmaßnahmen, z. B.:

a. Auflegen unempfindlicher Textilien auf stützende Unterlagen sowie Unterlegen von Fehlstellen,
b. Montage von Wandmalereifragmenten und Vorsortieren für die Montage von Mosaiken,

(3) Unterstützung bei der Betreuung zeitgenössischer Kunstobjekte (Medienkunstwerke und Installationen), z. B.:

a. Bedienen von komplizierten technischen Geräten, die zum Kunstwerk gehören und eine sensible Handhabung erfordern, z. B. Einlegen von ungeschütztem Filmmaterial,
b. Austausch von Ersatzteilen an kinetischen, elektrischen oder elektronischen Kunstwerken einschließlich des Auswechselns von zum Kunstobjekt gehörenden Leuchtmitteln,

(4) Ausführen von Tätigkeiten, die sehr gute manuelle Fertigkeiten und Kenntnisse erfordern, z. B.:

a. originalgetreues Nachformen von Originalen komplizierter Form nach Vorgabe,
b. originalgetreues Kolorieren von Nachbildungen,
c. Herstellen schwieriger Modelle und technischer Zeichnungen von Sammlungsgegenständen und sonstigen Objekten von wissenschaftlichem oder didaktischem Interesse,
d. Anfertigen von individuell am jeweiligen Objekt anzupassenden Aufbewahrungs- oder Transportbehältnissen nach Vorgabe, die eine schwierige Handhabung des Objekts erfordern,
e. Mitarbeit beim Aufbau von Ausstellungen: Anfertigen von Präsentationshilfen, z. B. komplizierten Buchstützen oder Figurinen nach Vorgabe;

b) Präparationstätigkeiten im Bereich „Rekonstruktionen, Abformungen, Modellbau“:

(1) Ausführen systematisierter Arbeitsvorgänge an unempfindlichen Objekten nach Vorgabe durch die Präparatorin oder den Präparator, z. B.:

a. Fach-(arbeits-)gebiet „Abgüsse, Nachbildungen etc.“:
   - Herstellen von Negativformen von empfindlichen Originalen und Herstellen der Abgüsse,
   - originalgetreues Nachformen von Originalen komplizierter Form,
   - originalgetreues Kolorieren von Nachbildungen,
b. Fach-(arbeits-)gebiet „zeichnerische Rekonstruktion und Modellbau“:
   - Herstellen schwieriger Modelle von Sammlungsgegenständen und sonstigen Objekten von wissenschaftlichem Interesse nach skizzenhaften Angaben,
   - schwierige zeichnerische Rekonstruktion von Sammlungsgegenständen und sonstigen Objekten von wissenschaftlichem Interesse,
c. Fach-(arbeits-)gebiet „Zoologie – Dermoplastik und Dioramen“:
   - Herstellen schwieriger Dermoplastiken, z. B. Herstellung kleiner Dermoplastiken mit selbstgefertigten Körpern und Großdermoplastiken mit überarbeiteten konfektionierten Körpern,
   - Herstellen von montierten Habituspräparaten von Wirbeltieren,
d. Fach-(arbeits-)gebiet „organische Materialien (Leder, Federn etc.)“:
   - Reinigen, Konservieren und Restaurieren schlecht erhaltener Präparate mit Leder-, Fell- und Federoberfläche,
e. Fach-(arbeits-)gebiet „Zoologie – Skelette“:
   - Präparieren schwierig zu bearbeitender Wirbeltierskelette,
   - Herrichten und Aufstellen von Wirbeltierskeletten für Schauzwecke (Bleichen der präparierten Skelette, Aufstellen und Montieren der Stützgerüste und Montieren der Skelette),
   - Präparieren von Bänderskeletten (Abfleischen und Mazerieren der Knochen unter Erhaltung der Sehnenbänder zwischen den Gelenken; Bleichen, Stützen und Montieren der Skelette),
f. Fach-(arbeits-)gebiet „Botanik“:
   - Herstellen schwieriger Präparate von Blüten (z. B. sehr kleine oder stark umgebildete Blüten wie die der Gräser und Sauergräser),
   - Herstellen schwieriger pflanzenanatomischer Präparate (z. B. embryologische Schnitte oder Chromosomenpräparate),

g. Fach-(arbeits-)gebiet „Geologie und Paläontologie":
   - Konservieren von sehr brüchigen Fossilien und von Fossilien aus sich veränderndem Material (z. B. Markasit),
   - Beseitigen alter Konservierungsmittel aus präparierten Fossilien und erneutes Konservieren,
   - Feinpräparieren von weichen Fossilien in weichem Gestein und von harten Fossilien in hartem Gestein, auch mit einfachen Geräten,
   - Herstellen von orientierten Anschliffen, von geätzten Dünnschliffen einschließlich Lackfilmabzügen, selektives Anfärben auf bestimmte Mineralien bei Fossilien und fossilhaltigem Gestein,
   - Herstellen von Dünn- oder Serienschliffen von Fossilien,
   - Herstellen von Lackfilmen und Folienabzügen großer geologischer Objekte (z. B. Bodenprofile) und gut erhaltener großer Fossilien,
   - Herausätzen von Fossilien aus Gestein,
   - Auslesen von Mikrofossilien und Vorsortieren nach Familien,
   - Ergänzen und Aufstellen einfacher Skelette fossiler Tiere für Schauzwecke,
   - Sicherung des Fossil-Materials einschließlich topographischer und zeichnerischer Fundaufnahme bei kleinen paläontologischen Fundkomplexen,

h. Fach-(arbeits-)gebiet „Mineralogie":
   - Herstellen von Großdünnschliffen von Mineralien und Gesteinen,
   - Herstellen von Körnerdünnschliffen, von Dünnschliffen von Salzgestein und von polierten Anschliffen kohliger Gesteine;
   - Ätzen von Erzanschliffen und selektives Anfärben auf bestimmte Mineralien bei mineralogischen oder petrographischen Dünnschliffen,
   - Aufbereiten und Trennen der Mineralien aus Gesteinen anhand vorgegebener Trennungsstammbäume (z. B. mit Schwerelösungen, Zentrifuge, Magnetscheider, Stoßherd),

i. Fach-(arbeits-)gebiet „Nachbildungen und Modelle von Tieren, Pflanzen und Fossilien":
   - Herstellen originalgetreuer Nachbildungen (einschließlich Negativform und Abguss) kompliziert gestalteter Tiere, Pflanzen oder Fossilien,
   - Herstellen von Rekonstruktionen und Modellen von Tieren und Pflanzen,

j. schwieriges Verpacken und Verlagern von besonders schwer handhabbaren oder sehr empfindlichen Objekten, z. B.:
   - Großfossilplatten und monumentale Präparate mit hohen Eigengewichten und komplizierten Formen, bei denen geeignete Transportmittel zu bedienen und statische Erfordernisse selbstständig zu bewerten sind,

k. schwierige Unterstützungsleistungen beim Aufbau von Ausstellungen, z. B.:
   - Aufbau von Großobjekten unter Bedienung von Geräten wie z. B. Kran oder Steiger,
   - Hängung oder Montage von mehrteiligen, komplizierten und empfindlichen Sammlungsgegenständen;

c) Tätigkeiten der Grabungstechnik:

(1) Durchführen von Teilgrabungen („Schnittleitung") unter technischer Anleitung (dazu gehören z. B. Vermessungsarbeiten nach einfachen Methoden, fotografische Dokumentation, Anfertigen einfacher maßstäblicher Grabungszeichnungen und einfacher Grabungs- oder Fundberichte),

(2) Anfertigen schwieriger Grabungszeichnungen und unterstützende Tätigkeiten bei der Grabungsvermessung,
(3) Beaufsichtigung der Grabungsmitarbeiter,
(4) Herstellung von Lackfilmen und Folienabzügen archäologischer Befunde,
(5) Anleitung und Überwachung von einfachen Tätigkeiten in der Fundregistrierung und Fundbearbeitung,
(6) Erstmaßnahmen zur Fundkonservierung von empfindlichen Objekten.

4. Besonders schwierige Tätigkeiten bei assistierenden Tätigkeiten im Bereich der Konservierung oder Restaurierung, der Präparation oder der Grabungstechnik sowie in der konservatorischen Pflege und Wartung liegen z. B. vor bei:
   a) Tätigkeiten im Bereich der Konservierung oder Restaurierung:
   (1) Ausführen systematisierter Arbeitsvorgänge an sehr empfindlichen Objekten nach Vorgabe durch eine Restauratorin oder einen Restaurator, z. B.:
   a. Lösen zusammengeklebter empfindlicher Archivalien und Buchblätter von nachgeordneter Bedeutung in schwierigen Fällen, z. B. bei starker Verschimmelung,
   b. Schließen von Rissen an empfindlichen Archivalien mittels Japanpapier,
   c. Absaugen oder Entstauben von sehr empfindlichen Bucheinbänden inhomogener Buchbestände oder ungefassten und sehr empfindlichen, veredelten Holzoberflächen (z. B. Trockenreinigung mittels Saugen und Pinsel),

   (2) Unterstützung bei der Betreuung zeitgenössischer Kunstobjekte (Medienkunstwerke und Installationen), z. B.:
   a. Bedienen von sehr komplizierten technischen Geräten, die zum Kunstwerk gehören und eine sehr sensible Handhabung erfordern, z. B. Einlegen von ungeschütztem Filmmaterial;
   b. Beschaffung und Austausch von speziellen Ersatzteilen an kinetischen, elektrischen oder elektronischen Kunstwerken einschließlich des Auswechselns von zum Kunstobjekt gehörenden Leuchtmitteln,

   (3) Ausführen von Tätigkeiten, die sehr gute manuelle Fertigkeiten und besondere Kenntnisse erfordern, z. B.:
   a. originalgetreues Nachformen von Originalen sehr komplizierter Form nach Vorgabe,
   b. originalgetreues Kolorieren von Nachbildungen mit komplizierter Farbgebung,
   c. Herstellen sehr schwieriger Modelle und technischer Zeichnungen von Sammlungsgegenständen und sonstigen Objekten von wissenschaftlichem oder didaktischem Interesse,
   d. assistierende Tätigkeiten bei der technischen Untersuchung nach Vorgabe, z. B. Einbetten und Anfertigen von Präparaten;

   b) Präparationstätigkeiten
   (1) im Bereich „Abformungen, Rekonstruktionen, Modellbau und Nachbildungen von Tieren, Pflanzen und Fossilien":
   a. Fach-(arbeits-)gebiet „Abgüsse, Nachbildungen etc.":
      – Herstellen von Negativformen von sehr empfindlichen Originalen sehr komplizierter Form und Herstellen der Abgüsse,
      – originalgetreues Kolorieren von Abformungen und Nachbildungen mit sehr komplizierter Farbgebung,
      – Herstellen originalgetreuer Nachbildungen (einschließlich Negativform und Abguss) sehr kompliziert gestalteter Tiere, Pflanzen und Fossilien,
      – Herstellen von Rekonstruktionen und Modellen kompliziert gestalteter Tiere oder Pflanzen,

b. Fach-(arbeits-)gebiet „zeichnerische Rekonstruktion und Modellbau“:
- Herstellen schwieriger Modelle von Sammlungsgegenständen und sonstigen Objekten von wissenschaftlichem Interesse nach eigenen Entwürfen aufgrund wissenschaftlicher Unterlagen,

(2) im Bereich „naturkundliche Objekte“:

a. Fach-(arbeits-)gebiet „Zoologie – allgemeine Präparation“:
- Erproben neuartiger, schwieriger Präparierungsverfahren,
- Präparieren von Tieren nach schwierigen Verfahren bei selbstständiger Wahl des Verfahrens,
- Präparieren kleinster zoologischer Objekte (z. B. Genitalien kleiner Insekten) unter dem Mikroskop,
- Herstellen schwieriger anatomischer Präparate (z. B. Nerven- oder Gefäßpräparate),

b. Fach-(arbeits-)gebiet „organische Materialien (Leder, Federn etc.)“:
- Reinigen, Konservieren und Restaurieren stark beschädigter oder empfindlicher Präparate mit Leder-, Fell- oder Federoberfläche,

c. Fach-(arbeits-)gebiet „Zoologie – Dermoplastik und Dioramen“:
- Herstellen schwieriger Dermoplastiken (Großdermoplastiken mit selbst modellierten komplizierten Körpern),
- Herstellung von Ausstellungspräparaten unter Anwendung verschiedener Technologien (z. B. Habitusmontagepräparation mit Imprägnierungs- und Gefriertrocknungstechnik),
- Herstellen zoologischer, botanischer, paläontologischer Dioramen – ohne graphische und Kunstmalerarbeiten – nach skizzenhaften Angaben,

d. Fach-(arbeits-)gebiet „Zoologie – Skelette“:
- Präparieren und Aufstellen komplizierter Skelette seltener Tiere unter Verwendung selbst zusammengestellter Fachliteratur,

e. Fach-(arbeits-)gebiet „Botanik“:
- Erproben neuartiger schwieriger Präparierungsverfahren,
- Präparieren kleinster Pflanzen und Pflanzenteile unter dem Mikroskop,
- Präparieren von Pflanzen nach schwierigen Verfahren bei selbstständiger Wahl des Verfahrens,

f. Fach-(arbeits-)gebiet „Geologie und Paläontologie“:
- Erproben neuartiger schwieriger Präparierungsverfahren,
- Feinpräparieren sehr schlecht erhaltener oder schlecht präparierbarer Fossilien (z. B. weicher oder spröder Fossilien in hartem Gestein), auch mit komplizierten Geräten,
- Herstellen sehr schwieriger paläobotanischer Präparate (z. B. Kutikula-Präparate, Präparate für Pollenanalysen),
- Herstellen schwieriger Serienschliffe und schwieriger orientierter Dünnschliffe von Fossilien,
- Übertragen schlecht erhaltener großer Fossilien auf Lackfilme,
- sehr schwieriges Herausätzen von empfindlichen Fossilien oder Fossilienteilen,
- Präparieren von Mikrofossilien unter dem Mikroskop,
- Ergänzen und Aufstellen komplizierter Skelette fossiler Tiere für Schauzwecke,
- Sicherung des Fossil-Materials einschließlich topographischer und zeichnerischer Fundaufnahme bei großen paläontologischen Fundkomplexen,

g. Fach-(arbeits-)gebiet Mineralogie:
- Herstellen von Mineralschnitten und von orientierten Gesteinsdünnschliffen,
- Herstellen zweiseitig polierter Mineral- und Gesteinsdünnschliffe,
- Herstellen von Mineral- und Gesteinspräparaten für Untersuchungen mit der Mikrosonde,
- Handauslesen extrem reiner Mineralfraktionen für die Spektralanalyse,
- Herauslösen bestimmter Mineralkörner aus Gesteinsdünnschliffen (Mikropräparation),

(3) weitere besonders schwierige Präparationstätigkeiten liegen z. B. vor bei:

a. komplexen Maßnahmen zur Schadensprophylaxe, wie der Erfassung schädlicher Umgebungseinflüsse (z. B. Klima, Licht oder Schadinsektenbefall) auf das wissenschaftliche Sammlungsgut oder das Kulturgut und umfassende Kontrolle des Zustands der wissenschaftlichen Sammlungsgegenstände bzw. des Kulturguts,

b. der Erstellung von detaillierten Zustandsprotokollen für den Leihverkehr und Kurierbegleitung bei empfindlichen Objekten mit komplexen Schadensbildern einschließlich deren Installierung vor Ort,

c. umfassender schriftlicher und fotografischer Dokumentation und Kartierung von Befunden und Maßnahmen sowie der Erfassung und Kartierung komplexer Schadensbilder;

c) Tätigkeiten der Grabungstechnik:

(1) Durchführen schwierigerer Grabungen unter technischer Leitung (dazu gehören z. B. Planen und Vermessen von Probeschnitten, Anfertigen schwieriger Grabungszeichnungen und schwieriger Grabungs- oder Fundberichte, Photographische Dokumentation),

(2) Fundfreilegung von empfindlichen Objekten auf dem Grabungsgelände sowie Durchführung von Blockbergungen unter technischer Anleitung,

(3) Schwierige zeichnerische Rekonstruktion von Sammlungsgegenständen und sonstigen wissenschaftlichen Artefakten,

(4) Umzeichnung und Zusammenfassung von Grabungszeichnungen,

(5) Vorlagenerstellung für Veröffentlichungen von Ausgrabungsergebnissen.

5. Eine entsprechende Tätigkeit liegt z. B. vor bei:

a) Tätigkeiten im Bereich der Konservierung oder Restaurierung:

(1) Maßnahmen zur Schadensprophylaxe, wie der Erfassung möglicher Umgebungseinflüsse (z. B. Klima oder Licht) auf das Kulturgut sowie Kontrolle und Umsetzung von Verbesserungsmaßnahmen,

(2) Erstellung von detaillierten Zustandsprotokollen für den Leihverkehr und Kurierbegleitung bei weniger empfindlichen Objekten einschließlich deren Installierung vor Ort,

(3) schriftlicher und fotografischer Dokumentation und Kartierung von Befunden und Maßnahmen,

(4) Erfassung und Kartierung einfacherer Schadensbilder,

(5) Durchführung einfacher materialtechnischer Untersuchungen,

(6) Endprüfung neu hergestellter audiovisueller Archivalien auf Erreichung des Ziels der konservatorischen oder restauratorischen Maßnahmen und Fehlerfreiheit; gegebenenfalls Formulierung von Reklamationsansprüchen;

b) Präparationstätigkeiten:

(1) Maßnahmen zur Schadensprophylaxe, wie der Erfassung möglicher Umgebungseinflüsse (z. B. Klima oder Licht) auf das Kulturgut sowie Kontrolle und Umsetzung von Verbesserungsmaßnahmen,

(2) Erstellung von detaillierten Zustandsprotokollen für den Leihverkehr und Kurierbegleitung bei weniger empfindlichen Objekten einschließlich deren Installierung vor Ort,

(3) schriftlicher und fotografischer Dokumentation und Kartierung von Befunden und Maßnahmen,

(4) Erfassung und Kartierung einfacherer Schadensbilder,

(5) Durchführung einfacher materialtechnischer Untersuchungen;

c) Tätigkeiten der Grabungstechnik:

(1) Durchführen schwieriger Grabungen unter wissenschaftlicher Anleitung; dazu gehören z. B. Planen und Vermessen von Probeschnitten, Anfertigen schwieriger Grabungszeichnungen und Grabungs- oder Fundberichte sowie fotografische Dokumentation,

(2) Erkennung und Bewertung archäologischer Bodendenkmäler (Feldbegehung) sowie deren Lagebestimmung,

(3) Erstellung eines Layouts für Publikationen bis zur Druckvorstufe.

6. Tätigkeiten, die besondere Fachkenntnisse erfordern, sind z. B.:

a) Tätigkeiten im Bereich der Konservierung oder Restaurierung:

(1) Durchführung von konservatorischen oder restauratorischen Maßnahmen an Objekten, die sich dadurch aus der Entgeltgruppe 9b herausheben, dass sie aufgrund ihrer Empfindlichkeit und ihres Schadensbildes fortgeschrittene Fähigkeiten und Fertigkeiten sowie besondere Umsicht und Sorgfalt erfordern,

(2) Durchführung schwieriger materialtechnologischer Untersuchungen,

(3) Erfassung und Kartierung schwieriger Schadensbilder;

b) Tätigkeiten im Bereich der der Präparierung:

(1) Bereich „Rekonstruktionen, Abformungen, Modellbau":

a. Fach-(arbeits-)gebiet „Abgüsse, Nachbildungen etc.":

- Entwickeln und Erproben neuartiger Nachbildungsverfahren bei vorgegebener Aufgabenstellung,
- Abformung empfindlicher organischer Objekte mit komplizierter Form,

b. Fach-(arbeits-)gebiet „Nachbildungen und Modelle von Tieren, Pflanzen und Fossilien":

- selbstständige Erarbeitung dreidimensionaler Rekonstruktion ausgestorbener Tiere auf Grundlage von Fossilfunden ohne Vorlagen,
- Erarbeitung komplizierter naturwissenschaftlicher Modelle nach Vorlage eines Originals, z. B. maßstäblich vergrößerter Insektenmodelle,

(2) Bereich „naturkundliche Objekte":

a. Fach-(arbeits-)gebiet „organische Materialien (Leder, Federn etc.)":

- Restaurierung oder Rekonstruktion schlecht und nur fragmentarisch erhaltender Leder- oder Fellpräparate,
- Reinigen, Konservieren, Restaurieren und Ergänzen stark zerstörter Standpräparate und Dermoplastiken aus Federn, Fell oder Lederhäuten,
- Entwickeln und Erproben neuartiger Präparations- und Konservierungsverfahren bei vorgegebener Aufgabenstellung,

b. Fach-(arbeits-)gebiet „Zoologie – allgemeine und Nasspräparation":

- Entwickeln und Erproben neuartiger Präparations-, Konservierungs- und Nachbildungsverfahren bei vorgegebener Aufgabenstellung,

c. Fach-(arbeits-)gebiet „Zoologie – Balgpräparation, Dermoplastik und Dioramen“:
   - Entwerfen und Herstellen besonders schwieriger zoologischer, botanischer oder paläontologischer Dioramen ohne grafische und Kunstmalereien (Die besondere Schwierigkeit muss sich sowohl auf den Lebensraum als auch auf die Ausstellungsobjekte beziehen.),
   - Herstellen besonders schwieriger Dermoplastiken, z. B. Großdermoplastiken mit selbst modellierten komplizierten Körperplastiken in Kombination mit anderen Techniken (z. B. Imprägnierung),
d. Fach-(arbeits-)gebiet „Zoologie – Skelette“:
   - Präparieren und Aufstellen komplizierter Skelette seltener Tiere, für die unmittelbares Vergleichsmaterial nicht und Fachliteratur nur in unzureichendem Maße herangezogen werden können,
e. Fach-(arbeits-)gebiet „Botanik“:
   - Entwickeln und Erproben neuartiger Präparations-, Konservierungs- und Nachbildungsverfahren bei vorgegebener Aufgabenstellung,
f. Fach-(arbeits-)gebiet „Geologie und Paläontologie“:
   - Entwickeln und Erproben neuartiger Präparations-, Konservierungs- und Nachbildungsverfahren bei vorgegebener Aufgabenstellung,
   - Ergänzen und Aufstellen komplizierter Skelette fossiler Tiere, für die unmittelbares Vergleichsmaterial nicht und Fachliteratur nur in unzureichendem Maße herangezogen werden können,
g. Fach-(arbeits-)gebiet „Mineralogie“:
   - Entwicklung und Erprobung neuartiger Präparations-, Konservierungstechniken;

c) Tätigkeiten der Grabungstechnik:

(1) schwierige topographische Vermessungen von komplizierten Burgwällen, Grabhügeln und anderen komplizierten Geländedenkmälern einschließlich Anfertigen von Höhenschichtplänen,

(2) sehr schwierige bautechnische Aufmessungen,

(3) technische Leitung einer Grabung oder einer Prospektion inklusive der Erstellung eines Grabungsberichts,

(4) Erstellung von Grabungsrichtlinien, Archivierungskonzepten, Leistungsverzeichnissen und Standards für Ausgrabungen in der Bodendenkmalpflege,

(5) denkmalfachliche Beratung sowie Betreuung von Maßnahmepartnern externer archäologischer Ausgrabungen,

(6) Darstellung und öffentliche Präsentation von Grabungen und ihren Ergebnissen.

7. Eine Heraushebung durch besondere Leistungen liegt z. B. vor bei:

a) Tätigkeiten im Bereich der Konservierung oder Restaurierung:

(1) Konzepterstellung für konservatorische oder restauratorische Maßnahmen für empfindliche Objekte mit komplexem Schadensbild,

(2) Durchführung von konservatorischen oder restauratorischen Maßnahmen an empfindlichen Objekten mit komplexem Schadensbild, das besondere Spezialkenntnisse oder vertiefte Fachkenntnisse sowie spezielle Erfahrungen erfordert,

(3) Erfassung und Kartierung komplexer Schadensbilder,

(4) Durchführung sehr schwieriger materialtechnologischer Untersuchungen;

b) Tätigkeiten der Präparierung:

(1) Konzepterstellung für konservatorische oder restauratorische Maßnahmen für empfindliche naturkundliche Objekte mit komplexem Schadensbild,

(2) Durchführung von konservatorischen oder restauratorischen Maßnahmen an empfindlichen naturkundlichen Objekten mit komplexem Schadensbild, das besondere Spezialkenntnisse oder vertiefte Fachkenntnisse sowie spezielle Erfahrungen erfordert,

(3) Erfassung und Kartierung komplexer Schadensbilder,

(4) Durchführung sehr schwieriger materialtechnologischer Untersuchungen,

(5) Konzepterstellung für präparatorische Maßnahmen an besonders wertvollem, unersetzlichem und schwierig zu präparierendem Frischmaterial,

(6) Präparation von besonders wertvollem, unersetzlichem und empfindlichem Frischmaterial, das besondere Spezialkenntnisse oder vertiefte Fachkenntnisse sowie spezielle Erfahrungen erfordert;

c) Tätigkeiten der Grabungstechnik:

(1) sehr schwierigen Vermessungen (z. B. bei Grabungen in noch stehenden Gebäuden oder Gebäudeteilen, in Tunneln, Höhlengrabungen, Geoprofilen oder in vermessungstechnisch noch nicht erfassten Gebieten) inklusive der Aufbereitung der entstandenen Daten;
vermessungstechnisch noch nicht erfasste Gebiete sind Gebiete, für die kein für die Ausgrabung verwendungsfähiges Lagebezugssystem vorhanden ist, sodass dieses von der oder dem Beschäftigten erst geplant, erstellt und in ein übliches Landes- bzw. Weltbezugssystem überführt werden muss,

(2) selbstständige Umsetzung und Anpassung geeigneter Schutzmaßnahmen für gefährdete Denkmale,

(3) Vorbereitung und technische Leitung einer komplexen Grabung oder Prospektion

(Eine komplexe Grabung oder Prospektion liegt vor, wenn bei der Tätigkeit naturwissenschaftliche Methoden [z. B. C-14-Datierung, Dendrochronologie, Phosphatanalysen, Thermoluminiszens, Geomagnetik, Geoelektrik, Bodenradar, etc.] zur Anwendung kommen, die eine wichtige Rolle zur Klärung der zentralen wissenschaftlichen Fragestellung spielen. Aufgaben bei der Vorbereitung und technischen Leitung einer komplexen Grabung oder Prospektion sind z. B. die Koordination des Einsatzes der verschiedenen Methoden, die Vorbereitung der Bodeneingriffe für eine naturwissenschaftliche Bestimmung oder die korrekte Entnahme von Probenmaterial oder die Durchführung der Methode).

8. Eine Heraushebung durch das Maß der Verantwortung liegt z. B. vor bei:

a) Tätigkeiten im Bereich der Konservierung oder Restaurierung:

(1) Konzepterstellung für konservatorische oder restauratorische Maßnahmen für Sammlungskonvolute mit heterogenem Zustand und Schadensbild,

(2) Durchführung von konservatorischen oder restauratorischen Maßnahmen an sehr empfindlichen Objekten mit einem komplexen Schadensbild,

(3) Konzepterstellung im Bereich der präventiven Konservierung für ganze Sammlungen unter Berücksichtigung sammlungs- oder materialspezifischer Gesichtspunkte;

b) Tätigkeiten der Präparierung:

(1) Präparieren und Restaurieren von zoologischen, botanischen und paläontologischen Unika oder von Typus-Material (d. h. von Einzelobjekten, die Richtmaß für die systematischen Einheiten in Zoologie, Botanik und Paläontologie sind) einschließlich solcher Sammlungsgegenstände, die eine besondere Bedeutung für die Kultur- und Wissenschaftsgeschichte haben,

(2) Präparieren von paläontologischen Einzelstücken, die besondere Bedeutung für die Beurteilung der Entwicklungsgeschichte der Tiere und Pflanzen haben (z. B. Archaeopteryx),

(3) letztverantwortliche Erstellung von Vorgaben zu klimatischen Bedingungen und zum Sammlungsschutz bei Sammlungen aus heterogenen Objekten sowie deren Überwachung;

c) Tätigkeiten der Grabungstechnik:
technische Leitung großer und schwieriger Grabungen (wie z. B. komplizierte Kirchen-, Burgen- oder Stadtkerngrabungen) und Ausarbeiten der publikationsreifen Grabungsberichte.

9. Eine entsprechende Tätigkeit liegt z. B. vor bei:

a) Tätigkeiten im Bereich der Konservierung oder Restaurierung:
(1) Durchführung von konservatorischen oder restauratorischen Maßnahmen bedeutender oder sehr empfindlicher Objekte mit einem sehr komplexen Schadensbild, insbesondere Durchführung besonders schwieriger, z. B. sensibler und risikoreicher Maßnahmen,
(2) Durchführung kunst- und materialtechnologischer Untersuchungen, die ein abgeschlossenes wissenschaftliches Hochschulstudium erfordern,
(3) wissenschaftliche Auswertung von Ergebnissen naturwissenschaftlicher Analysen oder bildgebender Untersuchungsverfahren, auch zur Echtheitsbestimmung,
(4) Erkennen von Degradationsprozessen auf Grundlage naturwissenschaftlicher Kenntnisse, Abschätzen des damit verbundenen Schadenspotenzials und Konzeptionierung des weiteren Vorgehens,
(5) Konzepterstellung für konservatorische oder restauratorische Maßnahmen für aufgrund ihrer sehr komplexen Beschaffenheit und Herstellungstechnik oder ihres Schadensbildes sehr empfindliche oder besonders bedeutende Objekte,
(6) Konzepterstellung im Bereich der präventiven Konservierung, wenn neben sammlungs- oder materialspezifischen auch übergreifende Gesichtspunkte zu berücksichtigen sind,
(7) Betreuung und Koordinierung von externen Vergabeverfahren einschließlich der Erstellung des Restaurierungskonzepts, der Kostenkalkulation und der Kontrolle sowie der Endabnahme,
(8) Beurteilung der Leihfähigkeit von empfindlichen oder bedeutenden Objekten,
(9) Entwicklung oder Leitung eines wissenschaftlichen Forschungsvorhabens einschließlich der Entwicklung neuartiger Restaurierungsverfahren,
(10) Erstellung von Gutachten oder Beratung zu umfassenden restauratorischen, konservatorischen oder kunsttechnologischen Fragestellungen, z. B. bei Echtheitsprüfungen, Neuerwerbungen oder Bauvorhaben;

b) Tätigkeiten der Präparierung:
Entwicklung und Modifizierung neuartiger Technologien und Methoden für die Präparation, Konservierung oder Restaurierung von naturwissenschaftlichen Sammlungsgegenständen auf wissenschaftlicher Grundlage;

c) Tätigkeiten der Grabungstechnik:
(1) technische Leitung von herausragend schwierigen Grabungen, z. B. Grabungen im Bereich von Stadtkernen, der Landschaftsarchäologie, der Unterwasser- oder Feuchtbodenarchäologie oder der Höhlen- oder Montanarchäologie, einschließlich des Ausarbeitens der publikationsreifen Grabungsberichte,
(2) wissenschaftliche Weiterentwicklung und Erprobung von Methoden zur Bearbeitung und Erhebung von Daten in der Bodendenkmalpflege.

10. Bei der Zahl der Unterstellten zählen nicht mit:

a) Beschäftigte der Entgeltgruppe 13 nach dem Teil A Abschnitt II Ziffern 2 und 3,

b) Beamte des gehobenen Dienstes der Besoldungsgruppe A 13.

XVI. Laborantinnen und Laboranten

Vorbemerkung

Den Laborantinnen und Laboranten mit Abschlussprüfung werden milchwirtschaftliche Laborantinnen und Laboranten mit verwaltungseigener Abschlussprüfung gleichgestellt, wenn die nach der Ausbildungs- und Prüfungsordnung vorgesehene Ausbildungszeit mindestens drei Jahre beträgt.

Entgeltgruppe 3

Beschäftigte ohne Abschlussprüfung in der Tätigkeit von Laborantinnen und Laboranten.

Entgeltgruppe 5

1. Laborantinnen und Laboranten mit Abschlussprüfung und entsprechender Tätigkeit.
2. Beschäftigte der Entgeltgruppe 3, die sich durch schwierigere Tätigkeiten aus der Entgeltgruppe 3 herausheben.

Entgeltgruppe 6

Beschäftigte der Entgeltgruppe 5 Fallgruppe 1, deren Tätigkeit sich dadurch aus der Entgeltgruppe 5 heraushebt, dass sie besondere Leistungen erfordert.

Entgeltgruppe 8

Beschäftigte der Entgeltgruppe 5 Fallgruppe 1, deren Tätigkeit sich dadurch aus der Entgeltgruppe 6 heraushebt, dass sie selbstständige Leistungen erfordert.

XVII. Leiterinnen und Leiter von Registraturen

Entgeltgruppe 5

Leiterinnen und Leiter von Registraturen.

Entgeltgruppe 6

Beschäftigte der Entgeltgruppe 5, denen mindestens zwei Beschäftigte, davon mindestens eine oder einer mindestens der Entgeltgruppe 5, ständig unterstellt sind.

(Hierzu Protokollerklärung Nr. 1)

Entgeltgruppe 7

Beschäftigte der Entgeltgruppe 5, denen mindestens fünf Beschäftigte ständig unterstellt sind.

Entgeltgruppe 8

1. Leiterinnen und Leiter einer nach Sachgesichtspunkten vielfach gegliederten Registratur, denen mindestens drei Beschäftigte, davon mindestens eine oder einer mindestens der Entgeltgruppe 6, ständig unterstellt sind.

   (Hierzu Protokollerklärung Nr. 2)
2. Beschäftigte der Entgeltgruppe 5, denen mindestens vier Beschäftigte, davon mindestens drei mindestens der Entgeltgruppe 5, ständig unterstellt sind.
3. Beschäftigte der Entgeltgruppe 5, denen mindestens acht Beschäftigte ständig unterstellt sind.

Entgeltgruppe 9a

1. Leiterinnen und Leiter einer nach Sachgesichtspunkten vielfach gegliederten Registratur, denen mindestens fünf Beschäftigte, davon mindestens zwei mindestens der Entgeltgruppe 6, ständig unterstellt sind.

   (Hierzu Protokollerklärung Nr. 2)
2. Beschäftigte der Entgeltgruppe 8 Fallgruppe 1, deren Tätigkeit sich durch die besondere Bedeutung der Registratur aus der Entgeltgruppe 8 Fallgruppe 1 heraushebt.

   (Hierzu Protokollerklärung Nr. 2)

Protokollerklärungen:

1. Leiterinnen und Leiter von Registraturen, denen weniger Beschäftigte als im Tätigkeitsmerkmal gefordert ständig unterstellt sind, sind nach dem Tätigkeitsmerkmal der Entgeltgruppe 6 des Teils A Abschnitt I Ziffer 3 eingruppiert, wenn dies für sie günstiger ist.

2. Eine nach Sachgesichtspunkten vielfach gegliederte Registratur liegt vor, wenn das Schriftgut auf der Grundlage eines eingehenden, systematisch nach Sachgebieten, Oberbegriffen, Untergruppen und Stichworten weit gefächerten Aktenplans unterzubringen ist; nur in alphabetischer oder numerischer Reihenfolge geordnetes Schriftgut erfüllt diese Voraussetzungen nicht.

XVIII. Beschäftigte in Leitstellen

Vorbemerkungen

1. Schichtführerinnen und Schichtführer sind Beschäftigte, denen die Verantwortung in der jeweiligen Schicht einer Leitstelle übertragen ist.
2. Lagedienstleiterinnen und Lagedienstleiter sowie Schichtleiterinnen und Schichtleiter sind Beschäftigte, denen die Steuerung der Betriebsabläufe in dem gesamten Schichtbetrieb einer Leitstelle übertragen ist.

Entgeltgruppe 9a

Disponentinnen und Disponenten in Leitstellen mit der nach Landesrecht jeweils geforderten Qualifikation mit entsprechender Tätigkeit.

Entgeltgruppe 9b

1. Schichtführerinnen und Schichtführer.
2. Ständige Vertreterinnen und Vertreter von Leiterinnen oder Leitern von Leitstellen.
3. Ständige Vertreterinnen und Vertreter von Lagedienstleiterinnen oder Lagedienstleitern oder Schichtleiterinnen oder Schichtleitern.

Entgeltgruppe 9c

1. Leiterinnen und Leiter von Leitstellen.
2. Ständige Vertreterinnen und Vertreter von Leiterinnen oder Leitern von Leitstellen, denen mindestens zwölf Beschäftigte durch ausdrückliche Anordnung ständig unterstellt sind.
3. Lagedienstleiterinnen und Lagedienstleiter sowie Schichtleiterinnen und Schichtleiter.
4. Ständige Vertreterinnen und Vertreter von Lagedienstleiterinnen oder Lagedienstleitern oder Schichtleiterinnen oder Schichtleitern, denen mindestens zwölf Beschäftigte durch ausdrückliche Anordnung ständig unterstellt sind.

Entgeltgruppe 10

1. Leiterinnen und Leiter von Leitstellen, denen mindestens zwölf Beschäftigte durch ausdrückliche Anordnung ständig unterstellt sind.
2. Ständige Vertreterinnen und Vertreter von Leiterinnen oder Leitern von Leitstellen, denen mindestens 20 Beschäftigte durch ausdrückliche Anordnung ständig unterstellt sind.

3. Lagedienstleiterinnen und Lagedienstleiter sowie Schichtleiterinnen und Schichtleiter, denen mindestens zwölf Beschäftigte durch ausdrückliche Anordnung ständig unterstellt sind.
4. Ständige Vertreterinnen und Vertreter von Lagedienstleiterinnen oder Lagedienstleitern oder Schichtleiterinnen oder Schichtleitern, denen mindestens 20 Beschäftigte durch ausdrückliche Anordnung ständig unterstellt sind.

Entgeltgruppe 11

1. Leiterinnen und Leiter von Leitstellen, denen mindestens 20 Beschäftigte durch ausdrückliche Anordnung ständig unterstellt sind.
2. Ständige Vertreterinnen und Vertreter von Leiterinnen oder Leitern von Leitstellen, denen mindestens 25 Beschäftigte durch ausdrückliche Anordnung ständig unterstellt sind.
3. Lagedienstleiterinnen und Lagedienstleiter sowie Schichtleiterinnen und Schichtleiter, denen mindestens 20 Beschäftigte durch ausdrückliche Anordnung ständig unterstellt sind.
4. Ständige Vertreterinnen und Vertreter von Lagedienstleiterinnen oder Lagedienstleitern oder Schichtleiterinnen oder Schichtleitern, denen mindestens 25 Beschäftigte durch ausdrückliche Anordnung ständig unterstellt sind.

Entgeltgruppe 12

1. Leiterinnen und Leiter von Leitstellen, denen mindestens 25 Beschäftigte durch ausdrückliche Anordnung ständig unterstellt sind.
2. Ständige Vertreterinnen und Vertreter von Leiterinnen oder Leitern von Leitstellen, denen mindestens 35 Beschäftigte durch ausdrückliche Anordnung ständig unterstellt sind.
3. Lagedienstleiterinnen und Lagedienstleiter sowie Schichtleiterinnen und Schichtleiter, denen mindestens 25 Beschäftigte durch ausdrückliche Anordnung ständig unterstellt sind.

Entgeltgruppe 13

Leiterinnen und Leiter von Leitstellen, denen mindestens 35 Beschäftigte durch ausdrückliche Anordnung ständig unterstellt sind.

XIX. Beschäftigte in Magazinen und Lagern

Entgeltgruppe 3

Magazin-, Lager- und Lagerhofvorsteherinnen und -vorsteher.

Entgeltgruppe 5

1. Beschäftigte der Entgeltgruppe 3 mit einschlägiger mindestens dreijähriger Ausbildung.
2. Beschäftigte der Entgeltgruppe 3 mit besonderer Verantwortung in besonders wertvollen Lagern.

Entgeltgruppe 6

IV

Beschäftigte der Entgeltgruppe 5 Fallgruppe 1 mit besonderer Verantwortung in besonders wertvollen Lagern.

XX. Musikschullehrerinnen und Musikschullehrer

Entgeltgruppe 9a

Beschäftigte in der Tätigkeit von Musikschullehrerinnen und Musikschullehrern.

Entgeltgruppe 9b

Musikschullehrerinnen und Musikschullehrer mit entsprechender Tätigkeit.
(Hierzu Protokollerklärungen Nrn. 1 und 2)

Entgeltgruppe 9c

Musikschullehrerinnen und Musikschullehrer als Leiterinnen oder Leiter von Musikschulen, soweit nicht anderweitig eingruppiert.
(Hierzu Protokollerklärungen Nrn. 1, 2, 3 und 5)

Entgeltgruppe 10

1. Musikschullehrerinnen und Musikschullehrer, die an Musikschulen einen Fachbereich zu betreuen haben, in dem mindestens 330 Jahreswochenstunden Unterricht erteilt werden.
   (Hierzu Protokollerklärungen Nrn. 1, 3, 4 und 5)
2. Musikschullehrerinnen und Musikschullehrer im Sinne der Protokollerklärung Nr. 1 Satz 1 Buchst. a bis d, deren Tätigkeit sich dadurch aus der Entgeltgruppe 9b heraushebt, dass durchschnittlich wöchentlich mindestens acht Unterrichtsstunden zu je 45 Minuten
   a) in der studienvorbereitenden Ausbildung oder
   b) als Leiterin oder Leiter von Ensembles (z. B. Chöre, Orchester), wenn diese Tätigkeit wegen ihrer künstlerischen und pädagogischen Qualität ebenso zu bewerten ist wie die in Buchstabe a genannte Tätigkeit,

   zu erteilen sind.
   (Hierzu Protokollerklärungen Nrn. 3 und 6)
3. Musikschullehrerinnen und Musikschullehrer als Leiterinnen oder Leiter einer Zweigstelle von Musikschulen, an der mindestens 290 Jahreswochenstunden Unterricht erteilt werden.
   (Hierzu Protokollerklärungen Nrn. 1, 3, 4, 5 und 7)
4. Musikschullehrerinnen und Musikschullehrer als Leiterinnen oder Leiter von Musikschulen, an denen mindestens 190 Jahreswochenstunden Unterricht erteilt werden.
   (Hierzu Protokollerklärungen Nrn. 1, 3, 4, 5 und 8)

5. Musikschullehrerinnen und Musikschullehrer als ständige Vertreterinnen oder Vertreter von Leiterinnen oder Leitern von Musikschulen, an denen mindestens 490 Jahreswochenstunden Unterricht erteilt werden.

   (Hierzu Protokollerklärungen Nrn. 1, 3, 4 und 5)

Entgeltgruppe 11

1. Musikschullehrerinnen und Musikschullehrer als Leiterinnen oder Leiter von Musikschulen, an denen mindestens 490 Jahreswochenstunden Unterricht erteilt werden.

   (Hierzu Protokollerklärungen Nrn. 1, 3, 4, 5 und 8)

IV

2. Musikschullehrerinnen und Musikschullehrer als ständige Vertreterinnen und Vertreter der Leiterin/des Leiters von Musikschulen, an denen mindestens 850 Jahreswochenstunden Unterricht erteilt werden.

   (Hierzu Protokollerklärungen Nrn. 1, 3, 4 und 5)

Entgeltgruppe 13

1. Musikschullehrerinnen und Musikschullehrer als Leiterinnen oder Leiter von Musikschulen, an denen mindestens 850 Jahreswochenstunden Unterricht erteilt werden.

   (Hierzu Protokollerklärungen Nrn. 1, 3, 4, 5 und 8)
2. Musikschullehrerinnen und Musikschullehrer als ständige Vertreterinnen oder Vertreter von Leiterinnen oder Leitern von Musikschulen, an denen mindestens 1470 Jahreswochenstunden Unterricht erteilt werden.

   (Hierzu Protokollerklärungen Nrn. 1, 3, 4 und 5)

Entgeltgruppe 14

1. Musikschullehrerinnen und Musikschullehrer als Leiterinnen oder Leiter von Musikschulen, an denen mindestens 1470 Jahreswochenstunden Unterricht erteilt werden.

   (Hierzu Protokollerklärungen Nrn. 1, 3, 4, 5 und 8)
2. Musikschullehrerinnen und Musikschullehrer als ständige Vertreterinnen oder Vertreter von Beschäftigten der Entgeltgruppe 15.

   (Hierzu Protokollerklärungen Nrn. 1, 3 und 5)

Entgeltgruppe 15

Musikschullehrerinnen und Musikschullehrer als Leiterinnen oder Leiter von Musikschulen, deren Tätigkeit sich aufgrund der Größe und Bedeutung der Schule wesentlich aus der Entgeltgruppe 14 Fallgruppe 1 heraushebt.

(Hierzu Protokollerklärungen Nrn. 1, 3 und 5)

Protokollerklärungen:

1. [1]Musikschullehrerinnen und -lehrer sind an Musikschulen im Sinne der Protokollerklärung Nr. 5 tätige Beschäftigte, die
   a) nach einem achtsemestrigen Studium an einer Musikhochschule oder einer Musikakademie die künstlerische Reifeprüfung bzw. die künstlerische Abschlussprüfung bzw. die A-Prüfung für Kirchenmusik,
   b) nach einem mindestens sechssemestrigen Studium an einer Musikhochschule oder einer Musikakademie den künstlerischen Teil der künstlerischen Prüfung für das Lehramt am Gymnasium bzw. die Teilprüfung Musik in der Ersten Staatsprüfung für das Lehramt am Gymnasium,
   c) an einer staatlichen Hochschule für Musik die Prüfung für Diplom-Musiklehrer,
   d) eine staatliche Musiklehrerprüfung im Sinne der Rahmenprüfungsordnung für die staatlichen Privatmusiklehrer (Beschluss der Kultusministerkonferenz vom 7. Oktober 1958) oder eine Prüfung im Sinne der Empfehlung der Kultusministerkonferenz über Rahmenbestimmungen für die Ausbildung und Prüfung von Lehrern an Musikschulen und selbstständigen Musiklehrern (Beschluss der Kultusministerkonferenz vom 9. November 1984),
   e) eine einer Prüfung im Sinne des Buchstaben d gleichwertige Prüfung (z. B. Erste Staatsprüfung für das Lehramt an Grund- und Hauptschulen mit dem Wahlfach Musik oder die B-Prüfung als Kirchenmusiker)

   mit Erfolg abgelegt haben.

   [2]Den Musikschullehrerinnen und -lehrern im Sinne des Buchstaben e stehen gleich Beschäftigte,
   a) denen nach Landesrecht die Bezeichnung „staatlich anerkannte Musikschullehrerin" oder „staatlich anerkannter Musiklehrer" verliehen worden ist,
   b) die keine Prüfung abgelegt haben, jedoch eine entsprechende Ausbildung nachweisen und die aufgrund gleichwertiger Fähigkeiten und ihrer Erfahrungen die Tätigkeit von Musikschullehrerinnen und -lehrern ausüben.
2. Die Beschäftigten erhalten, solange sie aufgrund ausdrücklicher Anordnung einen Fachbereich, in dem mindestens 150 Jahreswochenstunden Unterricht erteilt werden, zu betreuen haben, eine monatliche Funktionszulage in Höhe von 76,69 Euro.
3. Die Eingruppierung nach dem jeweiligen Tätigkeitsmerkmal setzt voraus, dass die Beschäftigten durch ausdrückliche schriftliche Anordnung zur Betreuerin oder zum Betreuer des Fachbereichs, für den Unterricht in der studienvorbereitenden Ausbildung, zur Leiterin oder zum Leiter des Ensembles, zur Leiterin oder zum Leiter, zur ständigen Vertreterin oder zum ständigen Vertreter der Leiterin oder des Leiters bzw. zur Leiterin oder zum Leiter der Zweigstelle der Musikschule bestellt worden sind.
4. Die Jahreswochenstunden sind dadurch zu ermitteln, dass die Unterrichtsstunden, die die Lehrkräfte der Musikschule (Leiterin oder Leiter, ständige Vertreterin oder ständiger Vertreter der Leiterin oder des Leiters, Musikschullehrerinnen und Musikschullehrer sowie Beschäftigte in der Tätigkeit von Musikschullehrerinnen und Musikschullehrern, ohne Rücksicht darauf, ob sie unter den TVöD fallen) im Schuljahr zu erteilen haben, in Unterrichtsminuten umgerechnet werden und die sich ergebende Summe durch 45 und das Ergebnis durch die Zahl der Wochen geteilt wird, in denen während des Schuljahres Unterricht zu erteilen ist.

IV

5. Musikschulen sind Bildungseinrichtungen, die die Aufgabe haben, ihre Schülerinnen und Schüler an die Musik heranzuführen, ihre Begabungen frühzeitig zu erkennen, sie individuell zu fördern und bei entsprechender Begabung ihnen gegebenenfalls eine studienvorbereitende Ausbildung zu erteilen.
6. Die studienvorbereitende Ausbildung setzt voraus, dass die Schülerin oder der Schüler in mindestens einem Hauptfach und in mindestens einem Nebenfach bzw. einem Ergänzungsfach zur Vorbereitung auf die Aufnahmeprüfung einer Musikhochschule unterrichtet wird.
7. Zweigstellen im Sinne dieses Tätigkeitsmerkmals sind auch Einrichtungen mit einer anderen Bezeichnung (z. B. Bezirksstellen, Außenstellen).
8. Dieses Tätigkeitsmerkmal gilt auch für Leiterinnen und Leiter von neu gegründeten Musikschulen, wenn damit zu rechnen ist, dass innerhalb von vier Jahren die geforderte Jahreswochenstundenzahl erreicht wird.

XXI. Reproduktionstechnische Beschäftigte

Entgeltgruppe 5

Beschäftigte im Vermessungs- und Kartenwesen mit einschlägiger Abschlussprüfung in einem reproduktionstechnischen Beruf und entsprechender Tätigkeit sowie sonstige Beschäftigte, die aufgrund gleichwertiger Fähigkeiten und ihrer Erfahrungen entsprechende Tätigkeiten ausüben.

Entgeltgruppe 6

Beschäftigte der Entgeltgruppe 5, deren Tätigkeit besondere Leistungen erfordert.

Entgeltgruppe 7

Beschäftigte der Entgeltgruppe 6, die zu mindestens einem Viertel schwierige Aufgaben zu erfüllen haben.

(Hierzu Protokollerklärung Nr. 1)

Entgeltgruppe 8

Beschäftigte der Entgeltgruppe 6, die schwierige Aufgaben zu erfüllen haben.

(Hierzu Protokollerklärung Nr. 1)

Entgeltgruppe 9a

Beschäftigte der Entgeltgruppe 5, die schwierige Aufgaben besonderer Art erfüllen.

(Hierzu Protokollerklärung Nr. 2)

Protokollerklärungen:

1. Schwierige Aufgaben sind z. B.:
   - Strichaufnahmen oder Halbtonaufnahmen nach Sollmaß und jeden Formats;
   - Maßausgleich auf gegebenes Sollmaß;
   - Herstellen von Rasterfilmen ein- und mehrfarbig, von Schummerungsvorlagen über Halbtonaufnahmen;
   - selbstständige Versuchs- und Entwicklungsarbeiten bei der Einführung neuer technischer Verfahren;
   - Zusammenkopie von einzelnen Kartenteilen mit Kartenrahmen bei der Neuherstellung sowie Einkopierung von Fortführungen in vorhandene Originale auf Folie und Glas mit kartographischer Passgenauigkeit.
2. Schwierige Aufgaben besonderer Art sind z. B.:
   - Schwieriges Einpassen von Kartenteilen; besonders schwierige Montagen bei inhaltsreichen Karten im Maßstab 1:25000 und kleiner.

IV

XXII. Beschäftigte im Rettungsdienst

1. Beschäftigte im Rettungsdienst

Entgeltgruppe 4

Rettungssanitäterinnen und -sanitäter mit entsprechenden Tätigkeiten.

(Hierzu Protokollerklärung)

Entgeltgruppe 6

Rettungsassistentinnen und -assistenten mit entsprechenden Tätigkeiten.

Entgeltgruppe N

Notfallsanitäterinnen und -sanitäter mit entsprechenden Tätigkeiten.

Entgeltgruppe 9a

Ständige Vertreterinnen und Vertreter von Leiterinnen oder Leitern von Rettungswachen.

Entgeltgruppe 9b

1. Leiterinnen und Leiter von Rettungswachen.
2. Ständige Vertreterinnen und Vertreter von Leiterinnen oder Leitern von Rettungswachen, denen mindestens 20 Beschäftigte durch ausdrückliche Anordnung ständig unterstellt sind.

Entgeltgruppe 9c

1. Leiterinnen und Leiter von Rettungswachen, denen mindestens 20 Beschäftigte durch ausdrückliche Anordnung ständig unterstellt sind.
2. Ständige Vertreterinnen und Vertreter von Leiterinnen oder Leitern von Rettungswachen, denen mindestens 40 Beschäftigte durch ausdrückliche Anordnung ständig unterstellt sind.

Entgeltgruppe 10

Leiterinnen und Leiter von Rettungswachen, denen mindestens 40 Beschäftigte durch ausdrückliche Anordnung ständig unterstellt sind.

Protokollerklärung:

Diese Beschäftigten erhalten eine Entgeltgruppenzulage in Höhe von 2,3 Prozent ihres jeweiligen Tabellenentgelts.

2. Beschäftigte an Rettungsdienstschulen

Entgeltgruppe 10

Lehrkräfte mit entsprechender Zusatzqualifikation.

Entgeltgruppe 11

1. Lehrkräfte mit abgeschlossener Hochschulbildung und entsprechender Tätigkeit sowie sonstige Beschäftigte, die aufgrund gleichwertiger Fähigkeiten und ihrer Erfahrungen entsprechende Tätigkeiten ausüben.
2. Beschäftigte der Entgeltgruppe 10 als stellvertretende Leiterinnen oder Leiter oder als Fachbereichsleiterinnen oder Fachbereichsleiter einer Rettungsdienstschule.

Entgeltgruppe 12

1. Beschäftigte der Entgeltgruppe 10 als Leiterinnen oder Leiter einer Rettungsdienstschule.
2. Beschäftigte der Entgeltgruppe 11 Fallgruppe 1 als stellvertretende Leiterinnen oder Leiter oder als Fachbereichsleiterinnen oder Fachbereichsleiter einer Rettungsdienstschule.

Entgeltgruppe 13

Beschäftigte der Entgeltgruppe 11 Fallgruppe 1 als Leiterinnen oder Leiter einer Rettungsdienstschule.

XXIII. Schulhausmeisterinnen und Schulhausmeister

Vorbemerkungen

1. Schulhausmeisterinnen und Schulhausmeister sind Hausmeisterinnen oder Hausmeister in Schulen außer Akademien, Kunsthochschulen, Musikhochschulen, Musikschulen und verwaltungseigenen Schulen.

2. [1]Eine einschlägige Berufsausbildung liegt dann vor, wenn die in der Berufsausbildung vermittelten Kenntnisse und Fertigkeiten einen unmittelbaren sachlichen Zusammenhang mit den wesentlichen Tätigkeitsschwerpunkten von Schulhausmeisterinnen und Schulhausmeistern aufweisen. [2]Dies ist insbesondere bei Berufsausbildungen in den Berufsfeldern Metallbau, Anlagenbau, Installation, Montiererinnen und Montierer, Elektroberufe, Bauberufe und Holzverarbeitung der Fall.

IV

Entgeltgruppe 5

Schulhausmeisterinnen und Schulhausmeister, die eine einschlägige mindestens dreijährige Berufsausbildung abgeschlossen haben.

Entgeltgruppe 6

1. Beschäftigte der Entgeltgruppe 5 in Tagesschulen für gehörgeschädigte, sprachgeschädigte, sehbehinderte oder anderweitig körperbehinderte oder für entwicklungsgestörte oder geistig behinderte Schülerinnen und Schüler.

2. Beschäftigte der Entgeltgruppe 5, denen mindestens eine Schulhausmeisterin oder ein Schulhausmeister durch ausdrückliche Anordnung ständig unterstellt ist.

Entgeltgruppe 7

Beschäftigte der Entgeltgruppe 5, deren Tätigkeit sich aufgrund erhöhter technischer Anforderungen erheblich aus der Entgeltgruppe 5 heraushebt.

(Eine erhebliche Heraushebung aufgrund erhöhter technischer Anforderungen liegt vor, wenn die Schulhausmeisterin oder der Schulhausmeister elektronische Schließ-, Alarm-, Brandmeldeanlagen oder Anlagen der Gebäudeleittechnik mit erheblich erweiterten Möglichkeiten zur Steuerung eigenverantwortlich zu bedienen, zu überwachen und zu konfigurieren hat.)

Entgeltgruppe 8

Beschäftigte der Entgeltgruppe 7, deren Tätigkeit sich dadurch erheblich aus der Entgeltgruppe 7 heraushebt, dass ihnen die eigenverantwortliche Entscheidung über die Verwendung der Mittel eines Bau- und Bewirtschaftungsbudgets in einer Größenordnung von mindestens 30.000 Euro je Kalenderjahr übertragen ist.

XXIV. Beschäftigte im Sozial- und Erziehungsdienst

Entgeltgruppe S 2

Beschäftigte in der Tätigkeit von Kinderpflegerinnen/Kinderpflegern, Sozialassistentinnen/Sozialassistenten und Heilerziehungspflegehelferinnen/Heilerziehungspflegehelfern mit staatlicher Anerkennung oder mit staatlicher Prüfung.

(Hierzu Protokollerklärungen Nrn. 1 und 3)

Entgeltgruppe S 3

Kinderpflegerinnen/Kinderpfleger, Sozialassistentinnen/Sozialassistenten und Heilerziehungspflegehelferinnen/Heilerziehungspflegehelfer mit staatlicher Anerkennung oder mit staatlicher Prüfung und entsprechender Tätigkeit sowie sonstige Beschäftigte, die aufgrund gleichwertiger Fähigkeiten und ihrer Erfahrungen entsprechende Tätigkeiten ausüben.

(Hierzu Protokollerklärungen Nrn. 1 und 3)

Entgeltgruppe S 4

1. Kinderpflegerinnen/Kinderpfleger, Sozialassistentinnen/Sozialassistenten und Heilerziehungspflegehelferinnen/Heilerziehungspflegehelfer mit staatlicher Anerkennung oder mit staatlicher Prüfung und entsprechender Tätigkeit sowie sonstige Beschäftigte, die aufgrund gleichwertiger Fähigkeiten und ihrer Erfahrungen entsprechende Tätigkeiten ausüben, mit schwierigen fachlichen Tätigkeiten.

   (Hierzu Protokollerklärungen Nrn. 1, 2 und 3)
2. Beschäftigte im handwerklichen Erziehungsdienst mit abgeschlossener Berufsausbildung.

   (Hierzu Protokollerklärung Nr. 1)
3. Beschäftigte in der Tätigkeit von Erzieherinnen/Erziehern, Heilerziehungspflegerinnen/Heilerziehungspfleger oder Heilerzieherinnen/Heilerzieher mit staatlicher Anerkennung.

   (Hierzu Protokollerklärungen Nrn. 1 und 3)

Entgeltgruppe S 5

[nicht besetzt]

Entgeltgruppe S 6

[nicht besetzt]

Entgeltgruppe S 7

Beschäftigte mit abgeschlossener Berufsausbildung als Gruppenleiterin/Gruppenleiter in Ausbildungs- oder Berufsförderungswerkstätten oder Werkstätten für behinderte Menschen.

(Hierzu Protokollerklärungen Nrn. 1, 1a und 17)

Entgeltgruppe S 8a

1. Erzieherinnen/Erzieher, Heilerziehungspflegerinnen/Heilerziehungspfleger und Heilerzieherinnen/Heilerzieher mit staatlicher Anerkennung und jeweils entsprechender Tätigkeit sowie sonstige Beschäftigte, die aufgrund gleichwertiger Fähigkeiten und ihrer Erfahrungen entsprechende Tätigkeiten ausüben.
   (Hierzu Protokollerklärungen Nrn. 1, 1a, 3 und 5)
2. Beschäftigte mit abgeschlossener Berufsausbildung und einer abgeschlossenen Weiterbildung als geprüfte Fachkraft für Arbeits- und Berufsförderung als Gruppenleiterin/Gruppenleiter in Ausbildungs- oder Berufsförderungswerkstätten oder in Werkstätten für behinderte Menschen.
   (Hierzu Protokollerklärungen Nrn. 1 und 1a)

Entgeltgruppe S 8b

1. Erzieherinnen/Erzieher, Heilerziehungspflegerinnen/Heilerziehungspfleger und Heilerzieherinnen/Heilerzieher mit staatlicher Anerkennung und jeweils entsprechender Tätigkeit sowie sonstige Beschäftigte, die aufgrund gleichwertiger Fähigkeiten und ihrer Erfahrungen entsprechende Tätigkeiten ausüben, mit besonders schwierigen fachlichen Tätigkeiten.
   (Hierzu Protokollerklärungen Nrn. 1, 1a, 3, 5 und 6)
2. Handwerksmeisterinnen/Handwerksmeister, Industriemeisterinnen/Industriemeister oder Gärtnermeisterinnen/Gärtnermeister als Gruppenleiterin/Gruppenleiter in Ausbildungs- oder Berufsförderungswerkstätten oder Werkstätten für behinderte Menschen.
   (Hierzu Protokollerklärungen Nrn. 1 und 1a)
3. Beschäftigte in der Tätigkeit von Sozialarbeiterinnen/Sozialarbeitern bzw. Sozialpädagoginnen/Sozialpädagogen mit staatlicher Anerkennung.
   (Hierzu Protokollerklärungen Nrn. 1 und 1a)

Entgeltgruppe S 9

1. Erzieherinnen/Erzieher, Heilerziehungspflegerinnen/Heilerziehungspfleger und Heilerzieherinnen/Heilerzieher mit staatlicher Anerkennung und jeweils entsprechender Tätigkeit sowie sonstige

Beschäftigte, die aufgrund gleichwertiger Fähigkeiten und ihrer Erfahrungen entsprechende Tätigkeiten ausüben, mit fachlich koordinierenden Aufgaben für mindestens drei Beschäftigte mindestens der Entgeltgruppe S 8b Fallgruppe 1.

(Hierzu Protokollerklärungen Nrn. 1, 1a, 3 und 5)

2. Heilpädagoginnen/Heilpädagogen mit staatlicher Anerkennung und entsprechender Tätigkeit.

   (Hierzu Protokollerklärungen Nrn. 1, 1a und 7)
3. Beschäftigte in der Tätigkeit von Heilpädagoginnen/Heilpädagogen mit abgeschlossener Hochschulbildung und – soweit nach dem jeweiligen Landesrecht vorgesehen – mit staatlicher Anerkennung.

   (Hierzu Protokollerklärungen Nrn. 1, 1a und 15)
4. Beschäftigte als Leiterinnen/Leiter von Kindertagesstätten.

   (Hierzu Protokollerklärungen Nrn. 1a und 8)
5. Beschäftigte, die durch ausdrückliche Anordnung als ständige Vertreterinnen/Vertreter von Leiterinnen/Leitern von Kindertagesstätten mit einer Durchschnittsbelegung von mindestens 40 Plätzen bestellt sind.

   (Hierzu Protokollerklärungen Nrn. 1a, 4, 8 und 9)

IV

Entgeltgruppe S 10

[nicht besetzt]

Entgeltgruppe S 11a

Beschäftigte, die durch ausdrückliche Anordnung als ständige Vertreterinnen/Vertreter von Leiterinnen/Leitern von Kindertagesstätten für Menschen mit Behinderung im Sinne von § 2 SGB IX oder für Kinder und Jugendliche mit wesentlichen Erziehungsschwierigkeiten oder von Tagesstätten für erwachsene Menschen mit Behinderung im Sinne des § 2 SGB IX bestellt sind.

(Hierzu Protokollerklärungen Nrn. 1a, 4 und 8)

Entgeltgruppe S 11b

Sozialarbeiterinnen/Sozialarbeiter und Sozialpädagoginnen/Sozialpädagogen mit staatlicher Anerkennung sowie Heilpädagoginnen/Heilpädagogen mit abgeschlossener Hochschulbildung und – soweit nach dem jeweiligen Landesrecht vorgesehen – mit staatlicher Anerkennung mit jeweils entsprechender Tätigkeit sowie sonstige Beschäftigte, die aufgrund gleichwertiger Fähigkeiten und ihrer Erfahrungen entsprechende Tätigkeiten ausüben.

(Hierzu Protokollerklärungen Nrn. 1 und 15)

Entgeltgruppe S 12

Sozialarbeiterinnen/Sozialarbeiter und Sozialpädagoginnen/Sozialpädagogen mit staatlicher Anerkennung sowie Heilpädagoginnen/Heilpädagogen mit abgeschlossener Hochschulbildung und – soweit nach dem jeweiligen Landesrecht vorgesehen – mit staatlicher Anerkennung mit jeweils entsprechender Tätigkeit sowie sonstige Beschäftigte, die aufgrund gleichwertiger Fähigkeiten und ihrer Erfahrungen entsprechende Tätigkeiten ausüben, mit schwierigen Tätigkeiten.

(Hierzu Protokollerklärungen Nrn. 1, 12 und 15)

Entgeltgruppe S 13

1. Beschäftigte als Leiterinnen/Leiter von Kindertagesstätten mit einer Durchschnittsbelegung von mindestens 40 Plätzen.

   (Hierzu Protokollerklärungen Nrn. 1a, 8 und 9)
2. Beschäftigte, die durch ausdrückliche Anordnung als ständige Vertreterinnen/Vertreter von Leiterinnen/Leitern von Kindertagesstätten mit einer Durchschnittsbelegung von mindestens 70 Plätzen bestellt sind.

   (Hierzu Protokollerklärungen Nrn. 1a, 4, 8 und 9)

Entgeltgruppe S 14

Sozialarbeiterinnen/Sozialarbeiter und Sozialpädagoginnen/Sozialpädagogen mit staatlicher Anerkennung sowie Heilpädagoginnen/Heilpädagogen mit abgeschlossener Hochschulbildung und – soweit nach dem jeweiligen Landesrecht vorgesehen – mit staatlicher Anerkennung mit jeweils entsprechender Tätigkeit sowie sonstige Beschäftigte, die aufgrund gleichwertiger Fähigkeiten und ihrer Erfahrungen entsprechende Tätigkeiten ausüben, die Entscheidungen zur Vermeidung der Gefährdung des Kindeswohls treffen und in Zusammenarbeit mit dem Familiengericht bzw. Betreuungsgericht Maßnahmen einleiten, welche zur Gefahrenabwehr erforderlich sind, oder mit gleichwertigen Tätigkeiten, die für die Entscheidung zur zwangsweisen Unterbringung von Menschen mit psychischen Krankheiten erforderlich sind (z. B. Sozialpsychiatrischer Dienst der örtlichen Stellen der Städte, Gemeinden und Landkreise).

(Hierzu Protokollerklärungen Nrn. 13, 14 und 15)

Entgeltgruppe S 15

1. Beschäftigte als Leiterinnen/Leiter von Kindertagesstätten mit einer Durchschnittsbelegung von mindestens 70 Plätzen.

   (Hierzu Protokollerklärungen Nrn. 1a, 8 und 9)

2. Beschäftigte, die durch ausdrückliche Anordnung als ständige Vertreterinnen/Vertreter von Leiterinnen/Leitern von Kindertagesstätten mit einer Durchschnittsbelegung von mindestens 100 Plätzen bestellt sind.
   (Hierzu Protokollerklärungen Nrn. 1a, 4, 8 und 9)
3. Beschäftigte als Leiterinnen/Leiter von Kindertagesstätten für Menschen mit Behinderung im Sinne von § 2 SGB IX oder für Kinder und Jugendliche mit wesentlichen Erziehungsschwierigkeiten oder von Tagesstätten für erwachsene Menschen mit Behinderung im Sinne des § 2 SGB IX.
   (Hierzu Protokollerklärungen Nrn. 1a und 8)
4. Beschäftigte, die durch ausdrückliche Anordnung als ständige Vertreterinnen/Vertreter von Leiterinnen/Leitern von Kindertagesstätten für Menschen mit Behinderung im Sinne von § 2 SGB IX oder für Kinder und Jugendliche mit wesentlichen Erziehungsschwierigkeiten oder von Tagesstätten für erwachsene Menschen mit Behinderung im Sinne des § 2 SGB IX mit einer Durchschnittsbelegung von mindestens 40 Plätzen bestellt sind.
   (Hierzu Protokollerklärungen Nrn. 1a, 4, 8 und 9)
5. Beschäftigte, die durch ausdrückliche Anordnung als ständige Vertreterinnen/Vertreter von Leiterinnen/Leitern von Erziehungsheimen oder von Wohnheimen für erwachsene Menschen mit Behinderung im Sinne des § 2 SGB IX bestellt sind.
   (Hierzu Protokollerklärungen Nrn. 1, 1a, 4, 10 und 11)
6. Sozialarbeiterinnen/Sozialarbeiter und Sozialpädagoginnen/Sozialpädagogen mit staatlicher Anerkennung sowie Heilpädagoginnen/Heilpädagogen mit abgeschlossener Hochschulbildung und – soweit nach dem jeweiligen Landesrecht vorgesehen – mit staatlicher Anerkennung mit jeweils entsprechender Tätigkeit sowie sonstige Beschäftigte, die aufgrund gleichwertiger Fähigkeiten und ihrer Erfahrungen entsprechende Tätigkeiten ausüben, deren Tätigkeit sich mindestens zu einem Drittel durch besondere Schwierigkeit und Bedeutung aus der Entgeltgruppe S 12 heraushebt.
   (Hierzu Protokollerklärungen Nrn. 1 und 15)

Entgeltgruppe S 16

1. Beschäftigte als Leiterinnen/Leiter von Kindertagesstätten mit einer Durchschnittsbelegung von mindestens 100 Plätzen.
   (Hierzu Protokollerklärungen Nrn. 1a, 8 und 9)
2. Beschäftigte, die durch ausdrückliche Anordnung als ständige Vertreterinnen/Vertreter von Leiterinnen/Leitern von Kindertagesstät-

ten mit einer Durchschnittsbelegung von mindestens 130 Plätzen bestellt sind.
(Hierzu Protokollerklärungen Nrn. 1a, 4, 8 und 9)

3. Beschäftigte als Leiterinnen/Leiter von Kindertagesstätten für Menschen mit Behinderung im Sinne von § 2 SGB IX oder für Kinder und Jugendliche mit wesentlichen Erziehungsschwierigkeiten oder von Tagesstätten für erwachsene Menschen mit Behinderung im Sinne des § 2 SGB IX mit einer Durchschnittsbelegung von mindestens 40 Plätzen.
(Hierzu Protokollerklärungen Nrn. 1a, 8 und 9)
4. Beschäftigte, die durch ausdrückliche Anordnung als ständige Vertreterinnen/Vertreter von Leiterinnen/Leitern von Kindertagesstätten für Menschen mit Behinderung im Sinne von § 2 SGB IX oder für Kinder und Jugendliche mit wesentlichen Erziehungsschwierigkeiten oder von Tagesstätten für erwachsene Menschen mit Behinderung im Sinne des § 2 SGB IX mit einer Durchschnittsbelegung von mindestens 70 Plätzen bestellt sind.
(Hierzu Protokollerklärungen Nrn. 1a, 4, 8 und 9)
5. Beschäftigte als Leiterinnen/Leiter von Erziehungsheimen oder von Wohnheimen für erwachsene Menschen mit Behinderung im Sinne des § 2 SGB IX.
(Hierzu Protokollerklärungen Nrn. 1, 1a, 10 und 11)
6. Beschäftigte, die durch ausdrückliche Anordnung als ständige Vertreterinnen/Vertreter von Leiterinnen/Leitern von Erziehungsheimen oder von Wohnheimen für erwachsene Menschen mit Behinderung im Sinne des § 2 SGB IX mit einer Durchschnittsbelegung von mindestens 50 Plätzen bestellt sind.
(Hierzu Protokollerklärungen Nrn. 1, 1a, 4, 9, 10 und 11)

Entgeltgruppe S 17

1. Beschäftigte als Leiterinnen/Leiter von Kindertagesstätten mit einer Durchschnittsbelegung von mindestens 130 Plätzen.
(Hierzu Protokollerklärungen Nrn. 1a, 8 und 9)
2. Beschäftigte, die durch ausdrückliche Anordnung als ständige Vertreterinnen/Vertreter von Leiterinnen/Leitern von Kindertagesstätten mit einer Durchschnittsbelegung von mindestens 180 Plätzen bestellt sind.
(Hierzu Protokollerklärungen Nrn. 1a, 4, 8 und 9)
3. Beschäftigte als Leiterinnen/Leiter von Kindertagesstätten für Menschen mit Behinderung im Sinne von § 2 SGB IX oder für Kinder und Jugendliche mit wesentlichen Erziehungsschwierigkeiten oder von Tagesstätten für erwachsene Menschen mit Behinderung im Sinne

des § 2 SGB IX mit einer Durchschnittsbelegung von mindestens 70 Plätzen.

(Hierzu Protokollerklärungen Nrn. 1a, 8 und 9)

4. Beschäftigte, die durch ausdrückliche Anordnung als ständige Vertreterinnen/Vertreter von Leiterinnen/Leitern von Kindertagesstätten für Menschen mit Behinderung im Sinne von § 2 SGB IX oder für Kinder und Jugendliche mit wesentlichen Erziehungsschwierigkeiten oder von Tagesstätten für erwachsene Menschen mit Behinderung im Sinne des § 2 SGB IX mit einer Durchschnittsbelegung von mindestens 90 Plätzen bestellt sind.

   (Hierzu Protokollerklärungen Nrn. 1a, 4, 8 und 9)

5. Beschäftigte, die durch ausdrückliche Anordnung als ständige Vertreterinnen/Vertreter von Leiterinnen/Leitern von Erziehungsheimen oder von Wohnheimen für erwachsene Menschen mit Behinderung im Sinne des § 2 SGB IX mit einer Durchschnittsbelegung von mindestens 90 Plätzen bestellt sind.

   (Hierzu Protokollerklärungen Nrn. 1, 1a, 4, 9, 10 und 11)

6. Sozialarbeiterinnen/Sozialarbeiter und Sozialpädagoginnen/Sozialpädagogen mit staatlicher Anerkennung sowie Heilpädagoginnen/Heilpädagogen mit abgeschlossener Hochschulbildung und – soweit nach dem jeweiligen Landesrecht vorgesehen – mit staatlicher Anerkennung mit jeweils entsprechender Tätigkeit sowie sonstige Beschäftigte, die aufgrund gleichwertiger Fähigkeiten und ihrer Erfahrungen entsprechende Tätigkeiten ausüben, deren Tätigkeit sich durch besondere Schwierigkeit und Bedeutung aus der Entgeltgruppe S 12 heraushebt.

   (Hierzu Protokollerklärungen Nrn. 1 und 15)

7. Psychagoginnen/Psychagogen mit staatlicher Anerkennung oder staatlich anerkannter Prüfung und entsprechender Tätigkeit.

   (Hierzu Protokollerklärung Nr. 16)

Entgeltgruppe S 18

1. Beschäftigte als Leiterinnen/Leiter von Kindertagesstätten mit einer Durchschnittsbelegung von mindestens 180 Plätzen.

   (Hierzu Protokollerklärungen Nrn. 1a, 8 und 9)

2. Beschäftigte als Leiterinnen/Leiter von Kindertagesstätten für Menschen mit Behinderung im Sinne von § 2 SGB IX oder für Kinder und Jugendliche mit wesentlichen Erziehungsschwierigkeiten oder von Tagesstätten für erwachsene Menschen mit Behinderung im Sinne des § 2 SGB IX mit einer Durchschnittsbelegung von mindestens 90 Plätzen.

   (Hierzu Protokollerklärungen Nrn. 1a, 8 und 9)

3. Beschäftigte als Leiterinnen/Leiter von Erziehungsheimen oder von Wohnheimen für erwachsene Menschen mit Behinderung im Sinne des § 2 SGB IX mit einer Durchschnittsbelegung von mindestens 50 Plätzen.

   (Hierzu Protokollerklärungen Nrn. 1, 1a, 9, 10 und 11)

4. Sozialarbeiterinnen/Sozialarbeiter und Sozialpädagoginnen/Sozialpädagogen mit staatlicher Anerkennung sowie Heilpädagoginnen/Heilpädagogen mit abgeschlossener Hochschulbildung und – soweit nach dem jeweiligen Landesrecht vorgesehen – mit staatlicher Anerkennung mit jeweils entsprechender Tätigkeit sowie sonstige Beschäftigte, die aufgrund gleichwertiger Fähigkeiten und ihrer Erfahrungen entsprechende Tätigkeiten ausüben, deren Tätigkeit sich durch das Maß der damit verbundenen Verantwortung erheblich aus der Entgeltgruppe S 17 Fallgruppe 6 heraushebt.

   (Hierzu Protokollerklärungen Nrn. 1 und 15)

Protokollerklärungen:

1. [1]Die Beschäftigten – ausgenommen die in Entgeltgruppe S 4 bei Tätigkeiten der Fallgruppe 2, Entgeltgruppe S 7, Entgeltgruppe S 8a bei Tätigkeiten der Fallgruppe 2 und Entgeltgruppe S 8b bei Tätigkeiten der Fallgruppe 2 eingruppierten Beschäftigten – erhalten für die Dauer der Tätigkeit in einer besonderen Wohnform (insbesondere stationäre Einrichtungen, Wohngruppen für Menschen mit Behinderung im Sinne von SGB IX, Kinder- und Jugendwohnheimen oder vergleichbaren Einrichtungen [Heim]) oder in der ambulant unterstützten Einzel- oder Gruppenbetreuung, wenn diese als Präsenzleistung durchgängig für 24 Stunden täglich erfolgt, oder in der Heimerziehung nach § 34 SGB VIII eine Zulage in Höhe von 100,00 Euro monatlich, wenn dort ein überwiegender Teil der Menschen mit durchgängigem Unterstützungs- oder Betreuungsbedarf untergebracht ist bzw. betreut wird; überwiegt der Teil der Menschen mit durchgängigem Unterstützungs- oder Betreuungsbedarf nicht, beträgt die Zulage 50,00 Euro monatlich. [2]Für die in Entgeltgruppe S 15 bei Tätigkeiten der Fallgruppe 5, S 16 bei Tätigkeiten der Fallgruppen 5 und 6, S 17 bei Tätigkeiten der Fallgruppe 5 und S 18 bei Tätigkeiten der Fallgruppe 3 eingruppierten Beschäftigten gilt Satz 1 für die Dauer der Tätigkeit in einem Wohnheim für erwachsene Menschen mit Behinderung entsprechend. [3]Für die in Entgeltgruppe S 4 bei Tätigkeiten der Fallgruppe 2, Entgeltgruppe S 7, Entgeltgruppe S 8a bei Tätigkeiten der Fallgruppe 2 und Entgeltgruppe S 8b bei Tätigkeiten der Fallgruppe 2 eingruppierten Beschäftigten in einem Heim im Sinne des Satzes 1 erster Halbsatz beträgt die Zulage 65,00 Euro monatlich. [4]Die Zulage wird nur für Zeiträume gezahlt, in denen Beschäftigte einen Anspruch auf Entgelt oder Fortzahlung des Entgelts nach § 21 haben. [5]Sie ist bei der Bemessung des Sterbegeldes (§ 23 Abs. 3) zu berücksichtigen.

1a. [1]Beschäftigte, denen entsprechende Tätigkeiten als Praxisanleiterin/Praxisanleiter in der Ausbildung von Erzieherinnen/Erziehern, von Kinderpflegerinnen/Kinderpflegern, von Sozialassistentinnen/Sozialassistenten oder von Heilerziehungspflegerinnen/Heilerziehungspflegern übertragen sind und die die übertragene Tätigkeit mit einem zeitlichen Anteil von mindestens 15 Prozent an ihrer Gesamttätigkeit ausüben, erhalten für die Dauer dieser Tätigkeit eine Zulage in Höhe von 70,00 Euro monatlich. [2]Die Zulage wird nur für Zeiträume gezahlt, in

IV

denen Beschäftigte einen Anspruch auf Entgelt oder Fortzahlung des Entgelts nach § 21 haben.

2. Schwierige fachliche Tätigkeiten sind z. B.
   a) Tätigkeiten in Einrichtungen für behinderte Menschen im Sinne des § 2 SGB IX und in psychiatrischen Kliniken,
   b) alleinverantwortliche Betreuung von Gruppen z. B. in Randzeiten,
   c) Tätigkeiten in Integrationsgruppen (Erziehungsgruppen, denen besondere Aufgaben in der gemeinsamen Förderung behinderter und nicht behinderter Kinder zugewiesen sind) mit einem Anteil von mindestens einem Drittel von behinderten Menschen im Sinne des § 2 SGB IX in Einrichtungen der Kindertagesbetreuung,
   d) Tätigkeiten in Gruppen von behinderten Menschen im Sinne des § 2 SGB IX oder in Gruppen von Kindern und Jugendlichen mit wesentlichen Erziehungsschwierigkeiten,
   e) Tätigkeiten in geschlossenen (gesicherten) Gruppen.

3. Als entsprechende Tätigkeit von Erzieherinnen/Erziehern oder Kinderpflegerinnen/Kinderpflegern gilt auch die Tätigkeit in Schulkindergärten, Ganztagsangeboten für Schulkinder, Vorklassen oder Vermittlungsgruppen für nicht schulpflichtige Kinder und die Betreuung von über 18-jährigen Personen (z. B. in Einrichtungen für behinderte Menschen im Sinne des § 2 SGB IX oder für Obdachlose).
4. [1]Ständige Vertreterinnen/Vertreter sind nicht Vertreterinnen/Vertreter in Urlaubs- und sonstigen Abwesenheitsfällen. [2]Je Kindertagesstätte soll eine ständige Vertreterin oder ein ständiger Vertreter der Leiterin oder des Leiters bestellt werden.
5. Nach diesem Tätigkeitsmerkmal sind auch
   a) Kindergärtnerinnen/Kindergärtner und Hortnerinnen/Hortner mit staatlicher Anerkennung oder staatlicher Prüfung,
   b) Kinderkrankenschwestern/Kinderkrankenpfleger, die in Kinderkrippen tätig sind,

   eingruppiert.
6. Besonders schwierige fachliche Tätigkeiten sind z. B. die
   a) Tätigkeiten in Integrationsgruppen (Erziehungsgruppen, denen besondere Aufgaben in der gemeinsamen Förderung behinderter und nicht behinderter Kinder zugewiesen sind) mit einem Anteil von mindestens einem Drittel von behinderten Menschen im Sinne des § 2 SGB IX in Einrichtungen der Kindertagesbetreuung,
   b) Tätigkeiten in Gruppen von behinderten Menschen im Sinne des § 2 SGB IX oder von Kindern und Jugendlichen mit wesentlichen Erziehungsschwierigkeiten,
   c) Tätigkeiten in Jugendzentren/Häusern der offenen Tür,
   d) Tätigkeiten in geschlossenen (gesicherten) Gruppen,
   e) fachlichen Koordinierungstätigkeiten für mindestens vier Beschäftigte mindestens der Entgeltgruppe S 8a,
   f) Tätigkeiten einer Facherzieherin/eines Facherziehers mit entsprechender abgeschlossener Fort- bzw. Weiterbildung im Umfang von mindestens 160 Stunden,
   g) Tätigkeiten in Gruppen mit einem Anteil von mindestens 15 Prozent von Kindern und Jugendlichen mit einem erhöhten Förderbedarf,
   h) Tätigkeiten von Beschäftigten, die vom Arbeitgeber zur insoweit erfahrenen Fachkraft nach § 8a SGB VIII (Kinderschutzfachkraft) bestellt worden sind.

7. Unter Heilpädagoginnen/Heilpädagogen mit staatlicher Anerkennung sind Beschäftigte zu verstehen, die einen nach Maßgabe der Rahmenvereinbarung über die Ausbildung und Prüfung an Fachschulen (Beschluss der Kultusministerkonferenz vom 7. November 2002) gestalteten Ausbildungsgang für Heilpädagoginnen/Heilpädagogen mit der vorgeschriebenen Prüfung erfolgreich abgeschlossen und die Berechtigung zur Führung der Berufsbezeichnung „staatlich anerkannte Heilpädagogin/staatlich anerkannter Heilpädagoge" erworben haben.
8. Kindertagesstätten im Sinne dieses Tarifmerkmals sind Krippen, Kindergärten, Horte, Kinderbetreuungsstuben, Kinderhäuser und Kindertageseinrichtungen der örtlichen Kindererholungsfürsorge.
9. [1]Der Ermittlung der Durchschnittsbelegung ist für das jeweilige Kalenderjahr grundsätzlich die Zahl der vom 1. Januar bis 31. Dezember des vorangegangenen Kalenderjahres vergebenen, je Tag gleichzeitig belegbaren Plätze zugrunde zu legen. [2]Eine Unterschreitung der maßgeblichen je Tag gleichzeitig belegbaren Plätze von nicht mehr als 7,5 v. H. führt nicht zur Herabgruppierung. [3]Eine Unterschreitung um mehr als 7,5 v. H. führt erst dann zur Herabgruppierung, wenn die maßgebliche Platzzahl drei Jahre hintereinander unterschritten wird. [4]Die Unterschreitung der maßgeblich je Tag gleichzeitig belegbaren Plätze führt auch dann nicht zu einer Herabgruppierung, wenn aufgrund von zu betreuenden Kindern mit erhöhtem oder wesentlich erhöhtem Förderungsbedarf entsprechende Betreuungsanforderungen festgestellt werden. [5]Eine Unterschreitung auf Grund vom Arbeitgeber verantworteter Maßnahmen (z. B. Qualitätsverbesserungen) führt ebenfalls nicht zur Herabgruppierung. [6]Hiervon bleiben organisatorische Maßnahmen infolge demografischer Handlungsnotwendigkeiten unberührt.
10. Erziehungsheime sind Heime, in denen überwiegend behinderte Kinder oder Jugendliche im Sinne des § 2 SGB IX oder Kinder oder Jugendliche mit wesentlichen Erziehungsschwierigkeiten ständig untergebracht sind.
11. Dieses Tätigkeitsmerkmal gilt nicht für Leiterinnen/Leiter bzw. ständige Vertreterinnen/Vertreter von Leiterinnen/Leitern von Wohngruppen.
12. [1]Schwierige Tätigkeiten sind z. B. die
    a) Beratung von Suchtmittel-Abhängigen,
    b) begleitende Fürsorge für Heimbewohnerinnen/Heimbewohner und nachgehende Fürsorge für ehemalige Heimbewohnerinnen/Heimbewohner,
    c) begleitende Fürsorge für Strafgefangene und nachgehende Fürsorge für ehemalige Strafgefangene,
    d) Koordinierung der Arbeiten mehrerer Beschäftigter mindestens der Entgeltgruppe S 9,
    e) Tätigkeiten in der Unterstützung/Assistenz von behinderten Menschen im Sinne des § 2 SGB IX, bei denen in mindestens vier der neun Lebensbereiche im Sinne von § 118 SGB IX nicht nur vorübergehende Beeinträchtigungen der Aktivität und Teilhabe vorliegen,
    f) Tätigkeiten in der Schulsozialarbeit,
    g) Tätigkeiten in der Unterstützung/Assistenz von Menschen mit multiplen psychosozialen Beeinträchtigungen.
13. Unter die Entgeltgruppe S 14 fallen auch Beschäftigte mit dem Abschluss Diplompädagogin/Diplompädagoge, Erziehungswissenschaftlerin/Erziehungswissenschaftler (Bachelor/Master) oder Kindheitspädagogin/Kindheitspädagoge (Bachelor/Master), die aufgrund gleichwertiger Fähigkeiten und ihrer Erfahrungen entsprechende Tätigkeiten von Sozialarbeiterinnen/Sozialarbeitern bzw. Sozialpädagoginnen/Sozialpädagogen mit staatlicher Anerkennung ausüben, denen Tätigkeiten der Entgeltgruppe S 14 übertragen sind.

14. [1]Das „Treffen von Entscheidungen zur Vermeidung der Gefährdung des Kindeswohls und die Einleitung von Maßnahmen in Zusammenarbeit mit dem Familiengericht bzw. Vormundschaftsgericht, welche zur Gefahrenabwehr erforderlich sind", sind im Allgemeinen Sozialen Dienst bei Tätigkeiten im Rahmen der Fallverantwortung bei
    - Hilfen zur Erziehung nach § 27 SGB VIII,
    - der Hilfeplanung nach § 36 SGB VIII,
    - der Inobhutnahme von Kindern und Jugendlichen (§ 42 SGB VIII),
    - der Mitwirkung in Verfahren vor den Familiengerichten (§ 50 SGB VIII)

    einschließlich der damit in Zusammenhang stehenden Tätigkeiten erfüllt.

    [2]Die Durchführung der Hilfen nach den getroffenen Entscheidungen (z. B. Erziehung in einer Tagesgruppe, Vollzeitpflege oder Heimerziehung) fällt nicht unter die Entgeltgruppe S 14. [3]Die in Aufgabengebieten außerhalb des Allgemeinen Sozialen Dienstes wie z. B. Erziehungsbeistandschaft, Pflegekinderdienst, Adoptionsvermittlung, Jugendgerichtshilfe, Vormundschaft, Pflegschaft auszuübenden Tätigkeiten fallen nicht unter die Entgeltgruppe S 14, es sei denn, dass durch Organisationsentscheidung des Arbeitgebers im Rahmen dieser Aufgabengebiete ebenfalls Tätigkeiten auszuüben sind, die die Voraussetzungen von Satz 1 erfüllen.

    Niederschriftserklärung zu der Protokollerklärung Nr. 14:

    [1]Allgemeiner Sozialer Dienst (ASD) ist eine Organisationsbezeichnung, die auch durch andere Begriffe wie z. B. Kommunaler Sozialer Dienst (KSD) ersetzt sein kann. [2]Der Begriff bezeichnet hier die Aufgabenstellung des Allgemeinen Sozialen Dienstes und muss nicht mit der Benennung der Organisationsform bei dem einzelnen Arbeitgeber übereinstimmen.

15. [1]Eine abgeschlossene Hochschulbildung liegt vor, wenn von einer Hochschule im Sinne des § 1 HRG ein Diplomgrad mit dem Zusatz „Fachhochschule" („FH"), ein anderer nach § 18 HRG gleichwertiger Abschlussgrad oder ein Bachelorgrad verliehen wurde. [2]Die Abschlussprüfung muss in einem Studiengang abgelegt worden sein, der seinerseits mindestens das Zeugnis der Hochschulreife (allgemeine Hochschulreife oder einschlägige fachgebundene Hochschulreife) oder eine andere landesrechtliche Hochschulzugangsberechtigung als Zugangsvoraussetzung erfordert, und für den Abschluss eine Regelstudienzeit von mindestens sechs Semestern – ohne etwaige Praxissemester, Prüfungssemester o. Ä. – vorschreibt. [3]Der Bachelorstudiengang muss nach den Regelungen des Akkreditierungsrats akkreditiert sein. [4]Dem gleichgestellt sind Abschlüsse in akkreditierten Bachelorausbildungsgängen an Berufsakademien. [5]Ein Abschluss an einer ausländischen Hochschule gilt als abgeschlossene Hochschulbildung, wenn er von der zuständigen staatlichen Anerkennungsstelle als dem deutschen Hochschulabschluss gleichwertig anerkannt wurde.
16. Psychagoginnen/Psychagogen mit abgeschlossener wissenschaftlicher Hochschulbildung und entsprechender Tätigkeit werden von diesem Tätigkeitsmerkmal nicht erfasst.
17. [1]Voraussetzung für die Eingruppierung ist, dass der/die Beschäftigte über eine sonderpädagogische Zusatzqualifikation im Sinne der Werkstättenverordnung nach dem Neunten Buch des Sozialgesetzbuches oder über eine der sonderpädagogischen Zusatzqualifikation gleichgestellte Qualifikation verfügt. [2]Eine Qualifikation im Sinne von Satz 1 kann bis zum 31. Dezember 2029 durch Teilnahme an geeigneten Fortbildungsmaßnahmen nachgeholt werden. [3]Vom Erfordernis einer Qualifikation im Sinne des Satzes 1 sind Beschäftigte befreit, denen seit mindestens 15 Jahren eine Tätigkeit entsprechend der Tätigkeitsmerkmale der Entgeltgruppe S 7 übertragen ist.

XXV. Beschäftigte in Sparkassen

Vorbemerkung

1. [1]Für Beschäftigte, deren Tätigkeit in einem speziellen Tätigkeitsmerkmal für Beschäftigte in der Kundenberatung aufgeführt ist, gelten die Tätigkeitsmerkmale anderer Fallgruppen weder in der Entgeltgruppe, in der sie aufgeführt sind, noch in einer höheren Entgeltgruppe. [2]Dies gilt nicht, soweit Fallgruppen in höheren Entgeltgruppen ausdrücklich eine Heraushebung aus speziellen Tätigkeitsmerkmalen für Beschäftigte in der Kundenberatung vorsehen. [3]Eine ausdrückliche Heraushebung im Sinne des Satzes 2 enthalten auch die Entgeltgruppe 10 Fallgruppe 1, die Entgeltgruppe 11 und die Entgeltgruppe 12. [4]Die Entgeltgruppen 13 bis 15 finden bei Erfüllung der jeweiligen Anforderungen auch für Beschäftigte in der Kundenberatung Anwendung.
2. Die Tätigkeitsmerkmale des Teils A Abschnitt I Ziffer 3 sowie des Teils B Abschnitt XIII finden keine Anwendung.

IV

Entgeltgruppe 2

Beschäftigte mit einfachen Tätigkeiten.

([1]Einfache Tätigkeiten sind Tätigkeiten, die keine Vor- oder Ausbildung, aber eine fachliche Einarbeitung erfordern, die über eine sehr kurze Einweisung oder Anlernphase hinausgeht. [2]Einarbeitung dient dem Erwerb derjenigen Kenntnisse und Fertigkeiten, die für die Beherrschung der Arbeitsabläufe als solche erforderlich sind.)

Entgeltgruppe 3

Beschäftigte, deren Tätigkeit sich dadurch aus der Entgeltgruppe 2 heraushebt, dass sie eine eingehende fachliche Einarbeitung erfordert.

Entgeltgruppe 4

1. Beschäftigte, deren Tätigkeit sich dadurch aus der Entgeltgruppe 3 heraushebt, dass sie mindestens zu einem Viertel gründliche Fachkenntnisse erfordert.

   (Gründliche Fachkenntnisse erfordern nähere Kenntnisse von Rechtsvorschriften oder näheres kaufmännisches oder technisches Fachwissen usw. des Aufgabenkreises.)
2. Beschäftigte mit schwierigen Tätigkeiten.

   ([1]Schwierige Tätigkeiten sind Tätigkeiten, die mehr als eine eingehende fachliche Einarbeitung im Sinne der Entgeltgruppe 3 erfordern. [2]Danach müssen Tätigkeiten anfallen, die an das Überlegungsvermögen oder das fachliche Geschick Anforderungen stellen, die über das Maß dessen hinausgehen, was üblicherweise von Beschäftigten der Entgeltgruppe 3 verlangt werden kann.)

Entgeltgruppe 5

1. Beschäftigte mit erfolgreich abgeschlossener Ausbildung in einem anerkannten Ausbildungsberuf mit einer Ausbildungsdauer von mindestens drei Jahren und entsprechender Tätigkeit.
2. Beschäftigte, deren Tätigkeit gründliche Fachkenntnisse erfordert.

   (Gründliche Fachkenntnisse erfordern nähere Kenntnisse von Rechtsvorschriften oder näheres kaufmännisches oder technisches Fachwissen usw. des Aufgabenkreises.)

3. Beschäftigte in der Kundenberatung, deren Tätigkeit gründliche Fachkenntnisse erfordert.

   (Gründliche Fachkenntnisse erfordern nähere Kenntnisse von Rechtsvorschriften oder näheres kaufmännisches oder technisches Fachwissen usw. des Aufgabenkreises.)

Entgeltgruppe 6

1. Beschäftigte der Entgeltgruppe 5 Fallgruppe 1, deren Tätigkeit gründliche und vielseitige Fachkenntnisse erfordert, sowie Beschäftigte der Entgeltgruppe 5 Fallgruppe 2, deren Tätigkeit vielseitige Fachkenntnisse erfordert.

   ([1]Die gründlichen und vielseitigen Fachkenntnisse brauchen sich nicht auf das gesamte Gebiet der Sparkasse oder des Betriebes, bei der bzw. dem die oder der Beschäftigte tätig ist, zu beziehen. [2]Der Aufgabenkreis der oder des Beschäftigten muss aber so gestaltet sein, dass er nur beim Vorhandensein gründlicher und vielseitiger Fachkenntnisse ordnungsgemäß bearbeitet werden kann.)
2. Beschäftigte in der Kundenberatung, deren Tätigkeit gründliche und vielseitige Fachkenntnisse erfordert.

   ([1]Die gründlichen und vielseitigen Fachkenntnisse brauchen sich nicht auf das gesamte Gebiet der Sparkasse oder des Betriebes, bei der bzw. dem die oder der Beschäftigte tätig ist, zu beziehen. [2]Der Aufgabenkreis der oder des Beschäftigten muss aber so gestaltet sein, dass er nur beim Vorhandensein gründlicher und vielseitiger Fachkenntnisse ordnungsgemäß bearbeitet werden kann.)

Entgeltgruppe 7

1. Beschäftigte der Entgeltgruppe 6 Fallgruppe 1, deren Tätigkeit mindestens zu einem Fünftel selbstständige Leistungen erfordert.

(Selbstständige Leistungen erfordern ein den vorausgesetzten Fachkenntnissen entsprechendes selbstständiges Erarbeiten eines Ergebnisses unter Entwicklung einer eigenen geistigen Initiative; eine leichte geistige Arbeit kann diese Anforderung nicht erfüllen.)

2. Beschäftigte in der Kundenberatung, deren Tätigkeit gründliche und vielseitige Fachkenntnisse und mindestens zu einem Fünftel selbstständige Leistungen erfordert.

   (Selbstständige Leistungen erfordern ein den vorausgesetzten Fachkenntnissen entsprechendes selbstständiges Erarbeiten eines Ergebnisses unter Entwicklung einer eigenen geistigen Initiative; eine leichte geistige Arbeit kann diese Anforderung nicht erfüllen.)

Entgeltgruppe 8

1. Beschäftigte der Entgeltgruppe 6 Fallgruppe 1, deren Tätigkeit mindestens zu einem Drittel selbstständige Leistungen erfordert.

   (Selbstständige Leistungen erfordern ein den vorausgesetzten Fachkenntnissen entsprechendes selbstständiges Erarbeiten eines Ergebnisses unter Entwicklung einer eigenen geistigen Initiative; eine leichte geistige Arbeit kann diese Anforderung nicht erfüllen.)

2. Beschäftigte in der Kundenberatung, deren Tätigkeit gründliche und vielseitige Fachkenntnisse und mindestens zu einem Drittel selbstständige Leistungen erfordert.

   (Selbstständige Leistungen erfordern ein den vorausgesetzten Fachkenntnissen entsprechendes selbstständiges Erarbeiten eines Ergebnisses unter Entwicklung einer eigenen geistigen Initiative; eine leichte geistige Arbeit kann diese Anforderung nicht erfüllen.)

3. Beschäftigte, denen durch ausdrückliche Anordnung die Leitung von Gruppen übertragen ist.

Entgeltgruppe 9a

1. Beschäftigte der Entgeltgruppe 6 Fallgruppe 1, deren Tätigkeit selbstständige Leistungen erfordert.

   (Selbstständige Leistungen erfordern ein den vorausgesetzten Fachkenntnissen entsprechendes selbstständiges Erarbeiten eines Ergebnisses unter Entwicklung einer eigenen geistigen Initiative; eine leichte geistige Arbeit kann diese Anforderung nicht erfüllen.)

2. Beschäftigte in der Kundenberatung, deren Tätigkeit gründliche und vielseitige Fachkenntnisse und selbstständige Leistungen erfordert.

   ([1]Die gründlichen und vielseitigen Fachkenntnisse brauchen sich nicht auf das gesamte Gebiet der Sparkasse oder des Betriebes, bei der bzw. dem die oder der Beschäftigte tätig ist, zu beziehen. [2]Der Aufgabenkreis der oder des Beschäftigten muss aber so gestaltet sein, dass er nur beim Vorhandensein gründlicher und vielseitiger Fachkenntnisse ordnungsgemäß bearbeitet werden kann. [3]Selbstständige Leistungen erfordern ein den vorausgesetzten Fachkenntnissen entsprechendes selbstständiges Erarbeiten eines Ergebnisses unter Entwicklung einer eigenen geistigen Initiative; eine leichte geistige Arbeit kann diese Anforderung nicht erfüllen.)

3. Beschäftigte der Entgeltgruppe 8 Fallgruppe 3, denen mindestens zwei Beschäftigte mindestens der Entgeltgruppe 6 oder mindestens eine Beschäftigte oder ein Beschäftigter mindestens der Entgeltgruppe 6 und mindestens zwei Beschäftigte mindestens der Entgeltgruppe 3 durch ausdrückliche Anordnung ständig unterstellt sind.

   (Hierzu Protokollerklärung Nr. 1)

4. Beschäftigte der Entgeltgruppe 8 Fallgruppe 3, deren Tätigkeit sich durch höhere Verantwortlichkeit wesentlich aus der Entgeltgruppe 8 Fallgruppe 3 heraushebt.

IV

Entgeltgruppe 9b

1. Beschäftigte mit abgeschlossener Hochschulbildung und entsprechender Tätigkeit sowie sonstige Beschäftigte, die aufgrund gleichwertiger Fähigkeiten und ihrer Erfahrungen entsprechende Tätigkeiten ausüben.

2. Beschäftigte, deren Tätigkeit gründliche, umfassende Fachkenntnisse und selbstständige Leistungen erfordert.

   (Gründliche, umfassende Fachkenntnisse bedeuten gegenüber den in den Entgeltgruppen 6 bis 9a geforderten gründlichen und vielseitigen Fachkenntnissen eine Steigerung der Tiefe und der Breite nach.)

3. Beschäftigte in der Kundenberatung, deren Tätigkeit sich dadurch aus der Entgeltgruppe 9a Fallgruppe 2 heraushebt, dass sie höhere Anforderungen als im standardisierten Mengengeschäft stellt und damit gegenüber den in der Entgeltgruppe 9a Fallgruppe 2 geforderten gründlichen und vielseitigen Fachkenntnissen gründliche, umfassende Fachkenntnisse erfordert und mindestens zu einem Drittel besonders verantwortungsvoll ist.

4. Leiterinnen und Leiter von Geschäftsstellen, denen mindestens drei Beschäftigte durch ausdrückliche Anordnung ständig unterstellt sind.

   (Hierzu Protokollerklärung Nr. 1)

5. Beschäftigte der Entgeltgruppe 9a Fallgruppe 4, deren Tätigkeit sich durch die Schwierigkeit des Aufgabengebietes sowie durch große Selbstständigkeit wesentlich aus der Entgeltgruppe 9a Fallgruppe 4 heraushebt.
6. Beschäftigte der Entgeltgruppe 8 Fallgruppe 3, denen mindestens zwei Beschäftigte mindestens der Entgeltgruppe 8 oder mindestens eine Beschäftigte oder ein Beschäftigter mindestens der Entgeltgruppe 8 und mindestens zwei Beschäftigte mindestens der Entgeltgruppe 3 durch ausdrückliche Anordnung ständig unterstellt sind.
   (Hierzu Protokollerklärung Nr. 1)

Entgeltgruppe 9c

1. Beschäftigte der Entgeltgruppe 9b Fallgruppen 1 oder 2, deren Tätigkeit sich dadurch aus der Entgeltgruppe 9b Fallgruppe 1 oder 2 heraushebt, dass sie besonders verantwortungsvoll ist.
2. Beschäftigte in der Kundenberatung, deren Tätigkeit sich dadurch aus der Entgeltgruppe 9a Fallgruppe 2 heraushebt, dass sie höhere Anforderungen als im standardisierten Mengengeschäft stellt und damit gegenüber den in der Entgeltgruppe 9a Fallgruppe 2 geforderten gründlichen und vielseitigen Fachkenntnissen gründliche, umfassende Fachkenntnisse erfordert und besonders verantwortungsvoll ist.
3. Beschäftigte der Entgeltgruppe 9b Fallgruppen 4 und 5 mit einem besonders umfangreichen oder besonders wichtigen Aufgabengebiet.
4. Beschäftigte, denen durch ausdrückliche Anordnung die Leitung einer Abteilung, eines Bereichs oder einer vergleichbaren strukturellen Einheit übertragen ist.
5. Beschäftigte der Entgeltgruppe 8 Fallgruppe 3, denen mindestens eine Beschäftigte oder ein Beschäftigter mindestens der Entgeltgruppe 9a und mindestens eine Beschäftigte oder ein Beschäftigter mindestens der Entgeltgruppe 6 oder mindestens eine Beschäftigte oder ein Beschäftigter mindestens der Entgeltgruppe 9a und mindestens zwei Beschäftigte mindestens der Entgeltgruppe 3 durch ausdrückliche Anordnung ständig unterstellt sind.
   (Hierzu Protokollerklärung Nr. 1)

Entgeltgruppe 10

1. Beschäftigte der Entgeltgruppe 9c, deren Tätigkeit sich mindestens zu einem Drittel durch besondere Schwierigkeit und Bedeutung aus der Entgeltgruppe 9c heraushebt.

2. Beschäftigte der Entgeltgruppe 8 Fallgruppe 3 oder der Entgeltgruppe 9c Fallgruppe 4, denen mindestens eine Beschäftigte oder ein Beschäftigter mindestens der Entgeltgruppe 9c und mindestens eine Beschäftigte oder ein Beschäftigter mindestens der Entgeltgruppe 6 oder mindestens eine Beschäftigte oder ein Beschäftigter mindestens der Entgeltgruppe 9c und mindestens zwei Beschäftigte mindestens der Entgeltgruppe 3 durch ausdrückliche Anordnung ständig unterstellt sind.

   (Hierzu Protokollerklärung Nr. 1)
3. Beschäftigte der Entgeltgruppe 9b Fallgruppe 4, denen mindestens zwei Beschäftigte mindestens der Entgeltgruppe 9a und mindestens zwei Beschäftigte mindestens der Entgeltgruppe 3 durch ausdrückliche Anordnung ständig unterstellt sind.

   (Hierzu Protokollerklärung Nr. 1)

Entgeltgruppe 11

Beschäftigte der Entgeltgruppe 9c, deren Tätigkeit sich durch besondere Schwierigkeit und Bedeutung aus der Entgeltgruppe 9c heraushebt.

Entgeltgruppe 12

Beschäftigte der Entgeltgruppe 11, deren Tätigkeit sich durch das Maß der damit verbundenen Verantwortung erheblich aus der Entgeltgruppe 11 heraushebt.

Entgeltgruppe 13

1. Beschäftigte mit abgeschlossener wissenschaftlicher Hochschulbildung und entsprechender Tätigkeit sowie sonstige Beschäftigte, die aufgrund gleichwertiger Fähigkeiten und ihrer Erfahrungen entsprechende Tätigkeiten ausüben.
2. Beschäftigte in Sparkassen und Betrieben, deren Tätigkeit wegen der Schwierigkeit der Aufgaben und der Größe ihrer Verantwortung ebenso zu bewerten ist wie Tätigkeiten nach Fallgruppe 1.

Entgeltgruppe 14

1. Beschäftigte der Entgeltgruppe 13 Fallgruppe 1, deren Tätigkeit sich mindestens zu einem Drittel
   - durch besondere Schwierigkeit und Bedeutung oder
   - durch das Erfordernis hochwertiger Leistungen bei besonders schwierigen Aufgaben

   aus der Entgeltgruppe 13 Fallgruppe 1 heraushebt.

2. Beschäftigte in Sparkassen und Betrieben, deren Tätigkeit wegen der Schwierigkeit der Aufgaben und der Größe ihrer Verantwortung ebenso zu bewerten ist wie Tätigkeiten nach Fallgruppe 1.
3. Beschäftigte der Entgeltgruppe 13 Fallgruppe 1, denen mindestens drei Beschäftigte mindestens der Entgeltgruppe 13 durch ausdrückliche Anordnung ständig unterstellt sind.
(Hierzu Protokollerklärungen Nrn. 1 und 2)

Entgeltgruppe 15

1. Beschäftigte der Entgeltgruppe 13 Fallgruppe 1, deren Tätigkeit sich
   - durch besondere Schwierigkeit und Bedeutung sowie
   - erheblich durch das Maß der damit verbundenen Verantwortung

   aus der Entgeltgruppe 13 Fallgruppe 1 heraushebt.
2. Beschäftigte in Sparkassen und Betrieben, deren Tätigkeit wegen der Schwierigkeit der Aufgaben und der Größe ihrer Verantwortung ebenso zu bewerten ist wie Tätigkeiten nach Fallgruppe 1.
3. Beschäftigte mit der Entgeltgruppe 13 Fallgruppe 1, denen mindestens fünf Beschäftigte mindestens der Entgeltgruppe 13 durch ausdrückliche Anordnung ständig unterstellt sind.
(Hierzu Protokollerklärungen Nrn. 1 und 2)

Protokollerklärungen:

1. Soweit die Eingruppierung von der Zahl und der Eingruppierung der unterstellten Beschäftigten abhängt,
   a) ist es für die Eingruppierung unschädlich, wenn im Organisations- und Stellenplan zur Besetzung ausgewiesene Stellen nicht besetzt sind,
   b) zählen Teilbeschäftigte entsprechend dem Verhältnis der mit ihnen im Arbeitsvertrag vereinbarten Arbeitszeit zur regelmäßigen Arbeitszeit eines Vollbeschäftigten,
   c) sind Beschäftigte für Aufgaben von begrenzter Dauer, Aushilfsbeschäftigte sowie Beschäftigte, deren arbeitsvertraglich vereinbarte durchschnittliche regelmäßige Arbeitszeit weniger als die Hälfte der regelmäßigen Arbeitszeit eines Vollbeschäftigten beträgt, nicht zu berücksichtigen.
2. Bei der Zahl der Unterstellten zählen nicht mit:
   - Beschäftigte der Entgeltgruppe 13 nach dem Teil A Abschnitt II Ziffern 2 und 3,
   - Beamte des gehobenen Dienstes der Besoldungsgruppe A 13.

XXVI. Technische Assistentinnen und Assistenten sowie Chemotechnikerinnen und -techniker

Niederschriftserklärung zu Teil B Abschnitt XXVI:

[1]Die Tarifvertragsparteien halten eine Neuvereinbarung der Bemerkung Nr. 7 zu allen Vergütungsgruppen der Anlage 1a zum BAT für entbehrlich. [2]Es besteht Einvernehmen, dass – wie bisher – unter „technischen Assistentinnen und technischen Assistenten mit staatlicher Anerkennung" diejenigen Personen zu verstehen sind, die nach dem Berufsordnungsrecht berechtigt sind, diese Berufsbezeichnung zu führen.

Entgeltgruppe 6

Technische Assistentinnen und Assistenten mit staatlicher Anerkennung (z. B. chemisch-technische Assistentinnen und Assistenten, physikalisch-technische Assistentinnen und Assistenten, landwirtschaftlich-technische Assistentinnen und Assistenten, lebensmitteltechnische Assistentinnen und Assistenten) und staatlich geprüfte Chemotechnikerinnen und -techniker mit entsprechender Tätigkeit sowie sonstige Beschäftigte, die aufgrund gleichwertiger Fähigkeiten und ihrer Erfahrungen entsprechende Tätigkeiten ausüben.

Entgeltgruppe 8

Beschäftigte der Entgeltgruppe 6, die schwierige Aufgaben erfüllen.

Entgeltgruppe 9a

Beschäftigte der Entgeltgruppe 8, die zu mindestens einem Viertel verantwortlichere Tätigkeiten verrichten.

Entgeltgruppe 9b

1. Beschäftigte der Entgeltgruppe 6, die als Lehrkräfte an staatlich anerkannten Lehranstalten für technische Assistentinnen und Assistenten eingesetzt sind.
2. Beschäftigte der Entgeltgruppe 6, die schwierige Aufgaben erfüllen, die ein besonders hohes Maß an Verantwortlichkeit erfordern.

Entgeltgruppe 10

Beschäftigte der Entgeltgruppe 9b Fallgruppe 1, deren Tätigkeit besondere Kenntnisse und Erfahrungen erfordert.

XXVII. Beschäftigte an Theatern und Bühnen

Entgeltgruppe 4

1. Magazinmeisterinnen und Magazinmeister (Dekorationsmeisterinnen und Dekorationsmeister).
   (Hierzu Protokollerklärung Nr. 1)
2. Orchesterwartinnen und Orchesterwarte.
   (Hierzu Protokollerklärung Nr. 2)
3. Verwalterinnen und Verwalter von Rollen- und Stimmenmaterial.

Entgeltgruppe 5

1. Bearbeiterinnen und Bearbeiter der Stammmieten.
   (Hierzu Protokollerklärung Nr. 3)
2. Eintrittskartenkassiererinnen und -kassierer sowie Stammkartenkassiererinnen und -kassierer.
3. Hausinspektorinnen und Hausinspektoren.
   (Hierzu Protokollerklärung Nr. 4)
4. Hausmeisterinnen und Hausmeister mit erfolgreich abgeschlossener Ausbildung in einem einschlägigen anerkannten Ausbildungsberuf mit einer Ausbildungsdauer von mindestens drei Jahren.
   (Hierzu Protokollerklärung Nr. 5)
5. Theaterplastikerinnen und -plastiker.
   (Hierzu Protokollerklärung Nr. 6)
6. Maskenbildnerinnen und Maskenbildner.
   (Hierzu Protokollerklärung Nr. 7)
7. Magazinmeisterinnen und Magazinmeister (Dekorationsmeisterinnen und Dekorationsmeister), die mindestens sechs Beschäftigte beaufsichtigen.
   (Hierzu Protokollerklärung Nr. 1)
8. Modellbauerinnen und Modellbauer.
   (Hierzu Protokollerklärung Nr. 8)
9. Orchesterwartinnen und Orchesterwarte, die zugleich den gesamten Notenfundus verwalten oder in nicht unerheblichem Umfang Orchesterstimmen ausschreiben oder Notenmaterial ergänzen.
   (Hierzu Protokollerklärung Nr. 2)
10. Requisiteuerinnen und Requisiteure.
11. Theatertapeziermeisterinnen und -meister.
    (Hierzu Protokollerklärung Nr. 9)
12. Theatertontechnikerinnen und -techniker (Fachkräfte für Veranstaltungstechnik – Fachrichtung Ton).
    (Hierzu Protokollerklärung Nr. 10)

13. Theater- und Kostümmalerinnen und -maler.
    (Hierzu Protokollerklärung Nr. 11)
14. Verwalterinnen und Verwalter von Rollen- und Stimmenmaterial (im Theatersprachgebrauch „Beschäftigte in Theaterbibliotheken" genannt), die dieses Material auch für den Bühnengebrauch einrichten.

Entgeltgruppe 6

1. Beschäftigte, die durch ausdrückliche Anordnung zu Leiterinnen oder Leitern der Musik- oder Schauspielbibliotheken bestellt sind.
2. Eintrittskartenkassiererinnen und -kassierer sowie Stammkartenkassiererinnen und -kassierer, deren Tätigkeit sich durch den Umfang des Zahlungsverkehrs und die Schwierigkeit des Abrechnungsverfahrens aus der Entgeltgruppe 5 heraushebt.
3. Hausinspektorinnen und Hausinspektoren, denen mehr als 50 Beschäftigte ständig unterstellt sind.
   (Hierzu Protokollerklärung Nr. 4)
4. Leiterinnen und Leiter der Stammkartenbüros.
   (Hierzu Protokollerklärung Nr. 12)
5. Maskenbildnerinnen und Maskenbildner, die durch ausdrückliche Anordnung als ständige Vertreterinnen oder Vertreter der Chefmaskenbilderin oder des Chefmaskenbildners bestellt sind.
   (Hierzu Protokollerklärung Nr. 7)
6. Modellbauerinnen und Modellbauer, deren Tätigkeit sich dadurch aus der Entgeltgruppe 5 heraushebt, dass sie besondere Leistungen erfordert.
   (Hierzu Protokollerklärung Nr. 8)
7. Requisiteurinnen und Requisiteure mit Ausbildung.
8. Theater- und Kostümmalerinnen und -maler mit abgeschlossener Ausbildung an einer Kunstfachschule sowie Beschäftigte, die aufgrund gleichwertiger Fähigkeiten und ihrer Erfahrungen entsprechende Tätigkeiten ausüben.
   (Hierzu Protokollerklärung Nr. 11)

Entgeltgruppe 7

1. Requisitenmeisterinnen und -meister, die mit einem besonderen Maß von Selbstständigkeit neben Handrequisiten (Kleinrequisiten) auch andere Requisiten herstellen.
   (Hierzu Protokollerklärung Nr. 13)
2. Requisitenmeisterinnen und -meister, denen mindestens zwei Beschäftigte ständig unterstellt sind.
   (Hierzu Protokollerklärung Nr. 13)

3. Rüstmeisterinnen und -meister.
   (Hierzu Protokollerklärung Nr. 14)
4. Theatertapeziermeisterinnen und -meister, denen mindestens zwei Theatertapeziererinnen oder -tapezierer ständig unterstellt sind.
   (Hierzu Protokollerklärung Nr. 9)

Entgeltgruppe 8

1. Beleuchtungsmeisterinnen und -meister.
   (Hierzu Protokollerklärung Nr. 15)
2. Gewandmeisterinnen und -meister.
   (Hierzu Protokollerklärung Nr. 16)
3. Hausinspektorinnen und Hausinspektoren, denen mehr als 75 Beschäftigte ständig unterstellt sind.
   (Hierzu Protokollerklärung Nr. 4)
4. Theatermalerinnen und -maler, die für die Einteilung und den Ablauf der Arbeit von mindestens zehn Theater- und Kostümmalerinnen oder -malern oder Kascheurinnen oder Kascheuren verantwortlich sind.
   (Hierzu Protokollerklärung Nr. 11)
5. Theatermeisterinnen und -meister (Bühnenmeisterinnen und -meister)
   (Hierzu Protokollerklärung Nr. 17)
6. Theaterschuhmachermeisterinnen und -meister.
7. Theatertontechnikerinnen und -techniker (Fachkräfte für Veranstaltungstechnik – Fachrichtung Ton) mit Meisterprüfung mit erfolgreich abgeschlossener Ausbildung in einem einschlägigen anerkannten Ausbildungsberuf mit einer Ausbildungsdauer von mindestens drei Jahren sowie sonstige Beschäftigte, die aufgrund gleichwertiger Fähigkeiten und ihrer Erfahrungen entsprechende Tätigkeiten ausüben.
   (Hierzu Protokollerklärung Nr. 10)

Entgeltgruppe 9a

1. Beleuchtungsmeisterinnen und -meister an Bühnen mit technisch schwieriger Bühnenanlage oder an Bühnen mit technisch einfacherer Bühnenanlage, an denen ständig mindestens 30 Beschäftigte mit der Bedienung der technischen Anlage (insbesondere der Bühnenaufbauten, Dekorationszüge und Versenkungen) sowie der Beleuchtungsanlage und mit der Bereitstellung von Requisiten und von Dekorations-, Polster- und Tapezierwerkstücken zu den Proben und Aufführungen beschäftigt sind.
   (Hierzu Protokollerklärung Nr. 15)

IV

2. Beleuchtungsobermeisterinnen und -obermeister.

   (Hierzu Protokollerklärung Nr. 18)

3. Gewandmeisterinnen und -meister mit abgeschlossener Gewandmeister- oder gleichwertiger Fachausbildung, denen auch die Aufstellung von Kostenvoranschlägen und die Führung von Fundusbüchern obliegt.

   (Hierzu Protokollerklärung Nr. 16)

4. Requisitenmeisterinnen und -meister mit einem besonderen Maß von Selbstständigkeit bei der Herstellung von Requisiten, denen eine Gruppe von mindestens drei Beschäftigten ständig unterstellt ist, wenn diese neben Handrequisiten (Kleinrequisiten) in erheblichem Umfang auch andere Requisiten herstellt.

   (Hierzu Protokollerklärung Nr. 13)

5. Rüstmeisterinnen und -meister mit einem besonderen Maß von Selbstständigkeit bei der Herstellung von Rüstungen und Waffen, denen mindestens eine Facharbeiterin oder ein Facharbeiter ständig unterstellt ist.

   (Hierzu Protokollerklärung Nr. 11)

6. Theatermeisterinnen und -meister (Bühnenmeisterinnen und -meister) an Bühnen mit technisch schwieriger Bühnenanlage oder an Bühnen mit technisch einfacherer Bühnenanlage, an denen ständig mindestens 30 Beschäftigte mit der Bedienung der technischen Anlage (insbesondere der Bühnenaufbauten, Dekorationszüge und Versenkungen) sowie der Beleuchtungsanlage und mit der Bereitstellung von Requisiten und von Dekorations-, Polster- und Tapezierwerkstücken zu den Proben und Aufführungen beschäftigt sind.

   (Hierzu Protokollerklärung Nr. 17)

7. Theaterobermeisterinnen und -obermeister (Bühnenobermeisterinnen und -obermeister).

   (Hierzu Protokollerklärung Nr. 19)

8. Theaterschuhmachermeisterinnen und -meister mit einem besonderen Maß von Selbstständigkeit bei der Herstellung von Theaterschuhwerk, wenn ihnen mindestens zwei Beschäftigte, darunter mindestens eine Facharbeiterin oder ein Facharbeiter, ständig unterstellt sind.

9. Theatertapeziermeisterinnen und -meister mit einem besonderen Maß von Selbstständigkeit bei der Herstellung von Dekorations-, Polster- und Tapezierwerkstücken, denen eine Gruppe von mindestens drei Theatertapeziererinnen oder -tapezierern ständig

unterstellt ist, wenn diese in erheblichem Umfang Dekorations-, Polster- und Tapezierwerkstücke herstellt.
(Hierzu Protokollerklärung Nr. 9)

10. Theatertontechnikerinnen und -techniker (Fachkräfte für Veranstaltungstechnik – Fachrichtung Ton) mit Meisterprüfung mit erfolgreich abgeschlossener Ausbildung in einem einschlägigen anerkannten Ausbildungsberuf mit einer Ausbildungsdauer von mindestens drei Jahren und mit langjährigen Erfahrungen in dieser Tätigkeit mit einem höheren Maß von Verantwortlichkeit sowie sonstige Beschäftigte, die aufgrund gleichwertiger Fähigkeiten und ihrer Erfahrungen entsprechende Tätigkeiten ausüben.
(Hierzu Protokollerklärung Nr. 10)

IV

Entgeltgruppe 9b

1. Beleuchtungsobermeisterinnen und -obermeister, denen mindestens zwei Beleuchtungsmeisterinnen oder -meister an einer Bühne im technischen Sinne ständig unterstellt sind.
(Hierzu Protokollerklärung Nr. 18)
2. Gewandmeisterinnen und -meister mit abgeschlossener Gewandmeister- oder gleichwertiger Fachausbildung mit größerem Aufgabenbereich.
(Hierzu Protokollerklärung Nr. 16)
3. Leiterinnen und Leiter der Stammkartenbüros, die zugleich in nicht unerheblichem Umfang selbstständig Werbeaufgaben erfüllen.
(Hierzu Protokollerklärung Nr. 12)
4. Theaterobermeisterinnen und -obermeister (Bühnenobermeisterinnen und -obermeister), denen mindestens zwei Theatermeisterinnen oder -meister an einer Bühne im technischen Sinne ständig unterstellt sind.
(Hierzu Protokollerklärung Nr. 19)
5. Technische Inspektorinnen und Inspektoren.
(Hierzu Protokollerklärung Nr. 20)

Entgeltgruppe 9c

Technische Oberinspektorinnen und Oberinspektoren.
(Hierzu Protokollerklärung Nr. 21)

Protokollerklärungen:

1. [1]Magazinmeisterinnen und -meister (Dekorationsmeisterinnen und -meister) sind Beschäftigte, die das Dekorationslager verwalten. [2]Vielfach ist ihnen auch die Leitung der Transportkolonne (Fahrmeisterinnen und -meister) übertragen. [3]Für die Eingruppierung der Magazinmeisterinnen und -meister (Dekorationsmeisterinnen und -meister) in der Entgeltgruppe 5 ist es nicht erforderlich, dass

die zu beaufsichtigenden Beschäftigten der Magazinmeisterin oder dem Magazinmeister (Dekorationsmeisterin oder Dekorationsmeister) ständig unterstellt sind. [4]Es zählen auch Beschäftigte mit, die ihr/ihm aus anderen Abteilungen zugeteilt werden.

2. [1]Orchesterwartinnen und Orchesterwarte sind Beschäftigte, denen die Bereitstellung und das Einsammeln der Noten und Pulte sowie der größeren Instrumente bei Proben und Aufführungen verantwortlich übertragen sind. [2]Vielfach sind ihnen auch die Verwaltung und die Pflege der Materialien, an einigen kleineren Bühnen auch die Verwaltung des gesamten Notenfundus, übertragen.
3. Bearbeiterinnen und Bearbeiter der Stammmieten sind Beschäftigte, die mit Interessentinnen und Interessenten über Stammmieten verhandeln.
4. [1]Hausinspektorinnen und Hausinspektoren sind Hausmeisterinnen oder Hausmeister, denen auch die Kontrolle der ordnungsgemäßen Abwicklung des Publikumsdienstes, die Durchführung der Hausordnung und die Abrechnung von Garderobengebühren, Programmheften usw. obliegen. [2]Soweit die Eingruppierung der Hausinspektorinnen und Hausinspektoren von der Zahl der ständig unterstellten Beschäftigten abhängig ist, werden nur die Beschäftigten gerechnet, die in einem unmittelbaren Arbeitsverhältnis zu dem Arbeitgeber stehen.
5. Hausmeisterinnen und Hausmeister sind Beschäftigte, die die Reinigung des Hauses und des Hausgrundstückes überwachen, kleine Reparaturen selbst durchführen und größere Reparaturen veranlassen, die allgemeine Hauseinrichtung und das Hausinventar betreuen, das Haus öffnen und schließen und die Aufsicht über das Hauspersonal (Garderoben- und Reinigungspersonal, Pförtnerinnen und Pförtner, Schließerinnen und Schließer usw.) führen.
6. Theaterplastikerinnen und -plastiker (Kascheurinnen und Kascheure) sind Beschäftigte, die nach Anweisung der Bühnenbildnerin oder des Bühnenbildners oder eines anderen Künstlerischen Vorstandes in eigener Verantwortung Plastiken herstellen.
7. Maskenbildnerinnen und Maskenbildner sind Beschäftigte, die nach Anweisung der Bühnenbildnerin oder des Bühnenbildners, eines anderen Künstlerischen Vorstandes oder der Chefmaskenbildnerin oder des Chefmaskenbildners Masken schminken sowie Bärte, Frisuren, Perücken usw. herstellen.
8. Modellbauerinnen und Modellbauer sind Beschäftigte, die nach Bühnenbildentwürfen Modelle anfertigen.
9. Theatertapeziermeisterinnen und -meister sind Beschäftigte, die mit ihnen unterstellten Theatertapeziererinnen und -tapezierern Dekorations-, Polster- und Tapezierarbeiten durchführen und die hergestellten Werkstücke verwalten, warten und zu den Proben und Aufführungen bereithalten. Soweit die Eingruppierung der Theatertapeziermeisterinnen und -meister von der Zahl der ständig unterstellten Theatertapeziererinnen oder Theatertapezierer abhängt, werden die ihnen etwa unterstellten Näherinnen und Näher nicht mitgezählt.
10. Theatertontechnikerinnen und -techniker (Fachkräfte für Veranstaltungstechnik – Fachrichtung Ton) sind Beschäftigte, die unter der künstlerischen Verantwortung der Theatertonmeisterin oder des Theatertonmeisters oder eines Künstlerischen Vorstandes die elektroakustischen Anlagen bedienen und warten.
11. Theater- und Kostümmalerinnen und -maler sind Beschäftigte, die nach Entwürfen der Bühnen- oder Kostümbildnerin oder des Bühnen- oder Kostümbildners in eigener Verantwortung bildliche Darstellungen zum Bühnengebrauch anfertigen.
12. Leiterinnen und Leiter der Stammkartenbüros sind Beschäftigte, die mit mindestens einer oder einem ihnen unterstellten Beschäftigten (einschließlich der Stammkartenkassiererinnen und -kassierer) die Abonnementsangelegenheiten des Theaters erledigen.

13. Requisitenmeisterinnen und -meister sind Beschäftigte, die gegebenenfalls mit ihnen unterstellten Requisiteurinnen oder Requisiteuren nach näherer Anordnung der Künstlerischen oder Technischen Vorstände Requisiten beschaffen oder herstellen, die Requisiten verwalten und warten und die Requisiten für die Proben und Aufführungen bereithalten.
14. Rüstmeisterinnen und -meister sind Beschäftigte, die nach näherer Anordnung der Künstlerischen oder Technischen Vorstände Rüstungen, Waffen und andere metallene Gegenstände sowie Feuerwerkskörper, Schmuck usw. beschaffen oder herstellen und für die Proben und Aufführungen bereithalten und gegebenenfalls verwalten und warten.
15. Beleuchtungsmeisterinnen und -meister sind Beschäftigte, die während der Proben und Aufführungen, zu denen sie eingeteilt sind, nach den ihnen gegebenen Anweisungen (der Regisseurin oder des Regisseurs, der Bühnenbildnerin oder des Bühnenbildners, der Leiterin oder des Leiters des Beleuchtungswesens usw.) die Beleuchtung verantwortlich leiten und durchführen und denen auch die Einrichtung der szenischen Beleuchtung nach den Vorstellungen der Regisseurin oder des Regisseurs usw. obliegt.
16. Gewandmeisterinnen und -meister sind Beschäftigte, die nach den Entwürfen der Bühnen- oder Kostümbildnerin oder des Bühnen- oder Kostümbildners die Kostüme beschaffen oder zuschneiden oder deren Anfertigung leiten und überwachen.
17. Theatermeisterinnen und -meister (Bühnenmeisterinnen und -meister) sind Beschäftigte, die während der Proben und Aufführungen, zu denen sie eingeteilt sind, für die technische Einrichtung (insbesondere Bühnenaufbauten, Dekorationszüge und Versenkungen) mit Ausnahme der Beleuchtungstechnik verantwortlich sind.
18. Beleuchtungsobermeisterinnen und -obermeister sind Beleuchtungsmeisterinnen und -meister, denen gegenüber mindestens zwei Beleuchtungsmeisterinnen oder Beleuchtungsmeistern an einer Bühne im technischen Sinne die Diensteinteilung obliegt.
19. Theaterobermeisterinnen und -obermeister (Bühnenobermeisterinnen und -obermeister) sind Theatermeisterinnen und -meister (Bühnenmeisterinnen und -meister), denen gegenüber mindestens zwei Theatermeisterinnen oder Theatermeistern an einer Bühne im technischen Sinne die Diensteinteilung obliegt.
20. Technische Inspektorinnen und Inspektoren sind Beschäftigte, die unter der Leitung der Technischen Direktorin oder des Technischen Direktors bzw. der Technischen Leiterin oder des Technischen Leiters an Theatern und Bühnen für den gesamten technischen Betrieb, gegebenenfalls einschließlich der Werkstätten, verantwortlich sind.
21. Technische Oberinspektorinnen und Oberinspektoren sind Technische Inspektorinnen und Inspektoren als ständige Vertreterinnen oder Vertreter der Technischen Direktorin oder des Technischen Direktors bzw. der Technischen Leiterin oder des Technischen Leiters an Theatern und Bühnen mit mindestens einer weiteren Technischen Inspektorin oder einem weiteren Technischen Inspektor.

XXVIII. Tierärztinnen und Tierärzte

Entgeltgruppe 14

Tierärztinnen und Tierärzte.

Entgeltgruppe 15

1. Fachtierärztinnen und Fachtierärzte mit entsprechender Tätigkeit.
2. Tierärztinnen und Tierärzte, denen mindestens fünf Tierärztinnen oder Tierärzte durch ausdrückliche Anordnung ständig unterstellt sind.

   (Hierzu Protokollerklärung)

Protokollerklärung:

IV

Bei der Zahl der unterstellten Tierärztinnen oder Tierärzte zählen gegen Stundenvergütung tätige Tierärztinnen und Tierärzte, die im Jahresdurchschnitt nicht mehr als 18 Stunden wöchentlich zur Arbeitsleistung herangezogen werden, und gegen Stückvergütung tätige Tierärztinnen und Tierärzte nicht mit.

XXIX. Vermessungsingenieurinnen und Vermessungsingenieure

Vorbemerkung

Vermessungsingenieurinnen und Vermessungsingenieure sind Beschäftigte, die

a) einen erfolgreichen Abschluss eines Studiengangs im Sinne der Nr. 4 der Grundsätzlichen Eingruppierungsregelungen (Vorbemerkungen) im Bereich der Vermessungstechnik, Geomatik und Kartografie nachweisen und

b) die Berufsbezeichnung „Ingenieurin" oder „Ingenieur" führen.

Entgeltgruppe 10

Vermessungsingenieurinnen und Vermessungsingenieure mit entsprechender Tätigkeit sowie sonstige Beschäftigte, die aufgrund gleichwertiger Fähigkeiten und ihrer Erfahrungen entsprechende Tätigkeiten ausüben.

(Hierzu Protokollerklärung Nr. 1)

Entgeltgruppe 11

1. Beschäftigte der Entgeltgruppe 10, deren Tätigkeit sich mindestens zu einem Drittel durch besondere Leistungen aus der Entgeltgruppe 10 heraushebt.
2. Beschäftigte der Entgeltgruppe 10, deren Tätigkeit sich durch besondere Leistungen aus der Entgeltgruppe 10 heraushebt.

Entgeltgruppe 12

1. Beschäftigte der Entgeltgruppe 11 Fallgruppe 2 mit langjähriger praktischer Erfahrung, deren Tätigkeit sich mindestens zu einem Drittel durch besondere Schwierigkeit und Bedeutung oder durch schöpferische oder Spezialaufgaben aus der Entgeltgruppe 11 Fallgruppe 2 heraushebt.

   (Hierzu Protokollerklärung Nr. 2)
2. Beschäftigte der Entgeltgruppe 11 Fallgruppe 2 mit langjähriger praktischer Erfahrung, deren Tätigkeit sich durch besondere Schwierigkeit und Bedeutung oder durch schöpferische oder Spezialaufgaben aus der Entgeltgruppe 11 Fallgruppe 2 heraushebt.

   (Hierzu Protokollerklärung Nr. 2)

Entgeltgruppe 13

Beschäftigte der Entgeltgruppe 12 Fallgruppe 2, deren Tätigkeit sich mindestens zu einem Drittel durch das Maß der Verantwortung erheblich aus der Entgeltgruppe 12 Fallgruppe 2 heraushebt.

Protokollerklärungen:

1. Entsprechende Tätigkeiten sind z. B.:
   Ausführung oder Auswertung von trigonometrischen oder topografischen Messungen nach Lage und Höhe nicht nur einfacher Art, von Katastermessungen oder von bautechnischen Messungen nicht nur einfacher Art; fotogrammetrische Auswertungen und Entzerrungen; kartografische Entwurfs- und Fortführungsarbeiten.
2. Besonders schwierige und bedeutende Tätigkeiten sind z. B.:
   a) Ausführung von umfangreichen Vermessungen zur Fortführung oder Neueinrichtung des Liegenschaftskatasters (Katastervermessung) mit widersprüchlichen Unterlagen oder von umfangreichen Katastervermessungen mit gleichem Schwierigkeitsgrad (z. B. in Grubensenkungsgebieten);
   b) Absteckungen für umfangreiche Ingenieurbauten, z. B. Brücken-, Hochstraßen-, Tunnelabsteckungen oder Absteckungen anderer vergleichbarer Verkehrsbauten, ggf. einschließlich der Vor- und Folgearbeiten;
   c) Lagefestpunktvermessung (Erkundung bzw. Erkundung und Messung) in engbebauten Gebieten oder unter gleich schwierigen Verhältnissen (Lagefestpunkte sind trigonometrische Polygon- und gleichwertige Punkte);
   d) Ausführung oder Auswertung von Präzisionsvermessungen in übergeordneten Netzen des Lage- und Höhenfestpunktfeldes;
   e) Aufsichts- und Prüftätigkeit bei der Auswertung von Katastervermessungen mit widersprüchlichen Unterlagen oder bei kartographischen, nivellitischen, photogrammetrischen, topographischen oder trigonometrischen Arbeiten oder bei Bodenordnungsverfahren mit gleichem Schwierigkeitsgrad. Das Fehlen der Aufsichtstätigkeit ist unerheblich, wenn der oder dem Beschäftigten besonders schwierige Prüfungen übertragen sind, z. B. Prüftätigkeit zur Übernahme von Messungsschriften bei umfangreichen Fortführungs- oder Neuvermessungen aufgrund neuer Aufnahmenetze;
   f) Aufsichts- und Prüftätigkeit bei der Prüfung fertiger Arbeitsergebnisse der Flurbereinigung, ggf. einschließlich der Herstellung der Unterlagen für die Berichtigung des Grundbuches und der vermessungstechnischen Unterlagen für die Berichtigung des Liegenschaftskatasters, oder beim Ausbau der gemeinschaftlichen Anlagen in allen Verfahren eines Flurbereinigungsamtes (bei größeren Flurbereinigungsämtern kann dieses Merkmal auch von mehreren Beschäftigten erfüllt sein);
   g) verantwortliche Ausführung der vermessungstechnischen Ingenieurarbeiten eines Flurbereinigungsverfahrens (ausführende vermessungstechnische Sachbearbeiterin oder ausführender vermessungstechnischer Sachbearbeiter oder erste technische Sachbearbeiterin oder erster technischer Sachbearbeiter);
   h) vermessungstechnische Auswertung von Bauleitplänen unter besonderen technischen Schwierigkeiten.

XXX. Vermessungstechnikerinnen und -techniker sowie Geomatikerinnen und Geomatiker

Vorbemerkung

Den Vermessungstechnikerinnen und -technikern mit abgeschlossener Berufsausbildung sind die nach der hessischen Ausbildungs- und Prüfungsordnung für kulturbautechnische Angestellte der Wasserwirtschaftsverwaltung vom 21. Januar 1958 (Staats-Anzeiger für das Land Hessen S. 134) ausgebildeten Kulturbautechnikerinnen und -techniker mit verwaltungseigener Lehrabschlussprüfung gleichgestellt.

Entgeltgruppe 5

Vermessungstechnikerinnen und -techniker sowie Geomatikerinnen und Geomatiker mit abgeschlossener Berufsausbildung und entsprechender Tätigkeit sowie sonstige Beschäftigte, die aufgrund gleichwertiger Fähigkeiten und ihrer Erfahrungen entsprechende Tätigkeiten ausüben.

IV

Entgeltgruppe 6

Beschäftigte der Entgeltgruppe 5, deren Tätigkeit sich durch besondere Leistungen aus der Entgeltgruppe 5 heraushebt.

Entgeltgruppe 7

Beschäftigte der Entgeltgruppe 6, deren Tätigkeit sich dadurch aus der Entgeltgruppe 6 heraushebt, dass zu mindestens einem Viertel schwierige Aufgaben zu erfüllen sind.

(Hierzu Protokollerklärung)

Entgeltgruppe 8

Beschäftigte der Entgeltgruppe 6, deren Tätigkeit sich dadurch aus der Entgeltgruppe 6 heraushebt, dass mindestens zu einem Drittel schwierige Aufgaben zu erfüllen sind.

(Hierzu Protokollerklärung)

Entgeltgruppe 9a

Beschäftigte der Entgeltgruppe 6, deren Tätigkeit sich dadurch aus der Entgeltgruppe 6 heraushebt, dass schwierige Aufgaben zu erfüllen sind.

(Hierzu Protokollerklärung)

Protokollerklärung:

Schwierige Aufgaben sind z. B.:

a) schwierige Einmessungen der Grenzen von Nutzungsarten oder Bodenklassen;
b) Führung von Schätzungsrissen in Flurbereinigungsverfahren;

c) Anpassen der Schätzungsgrenzen an die neuen Grenzen der Flurbereinigung sowie schwieriges Ausarbeiten der Schätzungsunterlagen (z. B. Rahmenkarten);
d) Herstellen der Betriebskarte der Bewertungsstützpunkte bei schwierigen Verhältnissen (z. B. Teilzupachtungen);
e) Gebäudeeinmessungen oder Lageplanvermessungen in bebauten Ortslagen, wenn die Messung behindert ist, oder bei gleich schwierigen Verhältnissen;
f) einfachere Lagepasspunktbestimmungen;
g) Nivellements zur Bestimmung von Höhenpasspunkten;
h) Bearbeiten von schwierigeren Vermessungssachen im Innendienst (wie Bearbeiten von Fortführungsvermessungen bei einer größeren Zahl von Nachweisen);
i) in der Luftbildvermessung:
Vorbereiten der Kartenunterlagen für den Bildflug; Passpunktbestimmung; schwierige Einpassungen von Luftbildern in Kartengrundrisse unter gleichzeitiger topographischer Auswertung; selbstständige photogrammetrische Auswertungen an Geräten niederer Ordnung (z. B. Stereotop, Luftbildumzeichner); Radialschlitztriangulationen; Entzerrungen einfacherer Art;
j) schwierige Kartierungen zur Kartenneuherstellung und Kartenfortführung (wie Kartierung von Altstadtgebieten, von schwierigen Straßen- und Wasserlaufvermessungen);
k) schwieriges Einpassen von Kartenteilen;
l) Generalisierung von Situation (ohne Ortsteile) und Gelände (Höhenlinien);
m) besonders schwierige Herstellung und Fortführung von Kartenoriginalen nach Entwurfsvorlagen – einschließlich Randbearbeitung und Ausführung von Korrekturen – in der Kartographie oder für das Liegenschaftskataster;
n) besonders schwierige Montagen bei inhaltsreichen Karten im Maßstab 1:25000 und kleiner;
o) schwierige Übertragung und Generalisierung von Fachplanungen für das Raumordnungskataster (z. B. Neueintragung von Fachplanungen mit Maßstabsumstellung und Neudarstellung);
p) Ausarbeitung von Raumordnungsskizzen im Maßstab 1:25000 für landesplanerische Rahmenprogramme;
q) besonders schwierige Fortführung der Kartenoriginale des Raumordnungskatasters.

XXXI. Vorsteherinnen und Vorsteher von Kanzleien

Entgeltgruppe 5

Vorsteherinnen und Vorsteher von Kanzleien.

(Als solche gelten nur Beschäftigte, die einer Kanzlei mit mindestens fünf Kanzleikräften vorstehen.)

Entgeltgruppe 6

Vorsteherinnen und Vorsteher von Kanzleien mit mindestens 15 Kanzleikräften.

Entgeltgruppe 8

1. Vorsteherinnen und Vorsteher von Kanzleien mit mindestens 25 Kanzleikräften.
2. Ständige Vertreterinnen und Vertreter von Vorsteherinnen oder Vorstehern von Kanzleien mit mindestens 60 Kanzleikräften.

Entgeltgruppe 9a

Vorsteherinnen und Vorsteher von Kanzleien mit mindestens 40 Kanzleikräften.

XXXII. Zeichnerinnen und Zeichner

Entgeltgruppe 5

Zeichnerinnen und Zeichner mit Abschlussprüfung z. B. als Bauzeichnerin oder Bauzeichner und entsprechender Tätigkeit sowie sonstige Beschäftigte, die aufgrund gleichwertiger Fähigkeiten und ihrer Erfahrungen entsprechende Tätigkeiten ausüben.

Entgeltgruppe 6

Beschäftigte der Entgeltgruppe 5, deren Tätigkeit besondere Leistungen erfordert.

IV

(Besondere Leistungen sind z. B.:
- Anfertigung schwieriger Zeichnungen und Pläne nach nur groben Angaben oder nach Unterlagen ohne Anleitung sowie Erstellung der sich daraus ergebenden Detailzeichnungen,
- Ausführung der hiermit zusammenhängenden technischen Berechnungen wie Massenermittlungen bzw. Aufstellung von Stücklisten,
- selbstständige Ermittlung technischer Daten und Werte und ihre Auswertung bei der Anfertigung von Plänen.)

Anhang

Regelungskompetenzen

(1) Die Eingruppierung der Beschäftigten wird durch die Tarifvertragsparteien auf der Bundesebene geregelt.

(2) Im Bereich der Besonderen Teile Krankenhäuser (BT-K), Pflege- und Betreuungseinrichtungen (BT-B) sowie Sparkassen (BT-S) liegt die Regelungskompetenz ausschließlich bei der Bundesebene.

(3) [1]Die Tarifvertragsparteien auf der Landesebene können im Bereich des Besonderen Teils Verwaltung (BT-V) in den Entgeltgruppen 2 bis 9a unter Beachtung der allgemeinen Voraussetzungen, der Eingruppierungsgrundsätze, der Struktur der Entgeltordnung und des Eingruppierungsniveaus spezielle Tätigkeitsmerkmale, die der Wertigkeit der allgemeinen Merkmale entsprechen, sowie Ferner-Merkmale vereinbaren, soweit die Beschäftigten im Bereich von Theatern, Bühnen, Konzerthäusern, Bäderbetrieben, der Grünflächenunterhaltung (einschließlich Friedhöfe, Kurparks und Parks), der Straßenreinigung (einschließlich Wege und Plätze), der Straßenunterhaltung, von Bauhöfen, Druckereien, Werkstätten (ausgenommen Werkstätten für Behinderte), des Unterhalts und Betriebs von Abwassereinrichtungen, der Gebäudereinigung, von Toilettenanlagen, Schulen, Wäschereien, Küchenbetrieben und Betriebsgaststätten, der Sitzungs-, Boten- und Fahrdienste, von Veranstaltungsräumen, Museen, Lagern und Magazinen, archäologischen Ausgrabungen, Hafenbetrieben, der Ausflugsschifffahrt und Fähren, der Hausmeister (nur in Nordrhein-Westfalen auch der Schulhausmeister), von Tierparks und Zoos, Botanischen Gärten, der Forstwirtschaft oder im Wach- und Sicherheitsdienst tätig sind. [2]Satz 1 gilt nicht für die Eingruppierung von Beschäftigten mit Tätigkeiten im Büro-, Buchhalterei-, sonstigen Innendienst und Außendienst und für Beschäftigte, für die bis zum 31. Dezember 2016 in den Anlagen 1a und 1b zum BAT besondere Eingruppierungsmerkmale vereinbart waren. [3]Bei bisher nicht durch spezielle Merkmale geregelten Tätigkeiten oder bei nach Inkrafttreten der Entgeltordnung sich neu entwickelnden Berufen oder Tätigkeiten bestimmen die Tarifvertragsparteien auf Bundesebene, wer für die Regelung der Eingruppierung zuständig ist (Bundes- oder Landesebene).

Protokollerklärung zu Absatz 3 Satz 2:

Satz 2 2. Halbsatz findet auf Beschäftigte im Botendienst keine Anwendung.

(4) [1]Für die Bereiche der Besonderen Teile Flughäfen (BT-F) und Entsorgung (BT-E) gilt Absatz 3 mit der Maßgabe, dass ergänzend zu Satz 1 zusätzliche Tätigkeitsmerkmale für die nachfolgenden Aufgabenbe-

reiche von Flughäfen und Entsorgungsbetrieben vereinbart werden können. [2]Aufgabenbereiche von Flughäfen im Sinne des Satzes 1 sind:

- Betriebssicherheitsdienste (insb. Vorfelddienste, Follow-Me-Services, Marshalling),
- Wach- und Sicherheitsdienste,
- Ordnungsdienste (Hallenaufsicht, Aufsicht sky-trains, „Kofferkulis"),
- Bodenverkehrsdienste (inkl. Bedienung der entsprechenden Geräte):
  - Personen-, Gepäck-, Fracht-Transport,
  - Gepäck-, Fracht-Abfertigung (z. B. Be- und Entladen Aircraft),
  - Gesamtkoordination am Luftfahrzeug (Turnaround Coordinator/ Ramp Agent),
  - Flugzeugbetankung,
  - Ver-/Entsorgung Aircraft (Wasser, Fäkalien, Catering, Strom, Frischluft, Reinigung),
  - Flugzeugenteisung,
  - Bedienung von Sonder-Technik (z. B. Flugzeugschlepper, Passagierbrücken),
- Infrastruktur–Instandhaltung (für flughafenspezifische Anlagen),
- Sondertransporte (z. B. Hol-/Bringservice Terminal, Personaltransport),
- Flughafen-Brandschutz,
- Parkeinrichtungen,
- Gepäckaufbewahrung, lost and found.

IV

[3]Aufgabenbereiche von Entsorgungsbetrieben im Sinne des Satzes 1 sind

- Abfallentsorgung,
- Schmutzwasser- und Kläranlagen,
- Straßenreinigung/Sinkkastenreinigung,
- Kanalanlagen und Kanalnetze,
- Abfallbeseitigungsanlagen,
- Abwässerreinigungsdienst,
- Führen von Fahrzeugen und Arbeitsgeräten (einschl. der Spezialfahrzeuge für den Großraumbehältertransport), Kranschlammwagen, Schlammsaug- und Abwässerwagen, Selbstaufnehmende Kehrmaschinen, Fäkalienwagen, Kanalhochdruck-, -spül- und -saugwagen, schweren Arbeitswagen oder -geräten (z. B. Großladegeräte, selbstaufnehmende Großkehrmaschinen),

– Sammeln, Sortieren und Verwerten von Abfällen und Wertstoffen (Wertstoffentsorgung).

(5) Für den Bereich des Kommunalen Arbeitgeberverbandes Nordrhein-Westfalen gelten ergänzend für die Entgeltgruppen 2 bis 9a die nachfolgenden besonderen Regelungen unter Beachtung der Maßgaben der §§ 12 (VKA) und 13 (VKA) und der Grundsätzlichen Eingruppierungsregelungen (Vorbemerkungen) zu allen Teilen der Entgeltordnung:

Für Beschäftigte im Sinne des § 38 Abs. 5 Satz 2 TVöD gelten für die Besonderen Teile Verwaltung, Entsorgung und Flughäfen nachstehende Entgeltgruppen 2 bis 9a und Oberbegriffe sowie dazugehörige Regelungen nach dem TVöD-NRW:

Entgeltgruppe 2

Ungelernte Beschäftigte, die durch landesbezirkliche Vereinbarung im Einzelnen festgelegt sind (Ausschließlichkeitskatalog).

Entgeltgruppe 3

1. Anzulernende Beschäftigte.
2. Ungelernte Beschäftigte.

Entgeltgruppe 4

1. Angelernte Beschäftigte.
2. Angelernte und anzulernende Beschäftigte mit erschwerter Tätigkeit.
3. Ungelernte Beschäftigte mit erschwerter Tätigkeit.

Entgeltgruppe 5

1. Beschäftigte mit erfolgreich abgeschlossener Ausbildung in einem anerkannten Ausbildungsberuf mit einer Ausbildungsdauer von weniger als drei Jahren, die in ihrem oder einem diesem verwandten Beruf beschäftigt werden.
2. Beschäftigte mit einer bezirklich festzulegenden Werkprüfung und Beschäftigte mit einer der Tätigkeit eines solchen Beschäftigten gleichwertigen Tätigkeit.

Entgeltgruppe 6

Beschäftigte mit erfolgreich abgeschlossener Ausbildung in einem anerkannten Ausbildungsberuf mit einer Ausbildungsdauer von mindestens drei Jahren, die in ihrem oder einem diesem verwandten Beruf beschäftigt werden (gelernte Beschäftigte), sowie Beschäftigte mit einer der Tätigkeit eines solchen Beschäftigten gleichwertigen Tätigkeit.

Entgeltgruppe 7

Beschäftigte der Entgeltgruppe 6 mit besonders qualifizierter oder besonders vielseitiger Tätigkeit.

Entgeltgruppe 8

Beschäftigte der Entgeltgruppe 6 mit Tätigkeiten, die durch bezirkliche Vereinbarung im Einzelnen festzulegen sind (Ausschließlichkeitskatalog).

Entgeltgruppe 9a

Beschäftigte der Entgeltgruppe 6 mit Tätigkeiten, die durch bezirkliche Vereinbarung im Einzelnen festzulegen sind (Ausschließlichkeitskatalog) und die hinsichtlich der Verantwortung erheblich über das Maß hinausgehen, das von den Beschäftigten der Entgeltgruppe 8 üblicherweise verlangt werden kann.

Abschnitt V
Tarifrecht VKA – Marburger Bund

505 Eckpunkte der Tarifeinigung für die Ärztinnen und Ärzte an kommunalen Krankenhäusern im Rahmen der Tarifrunde 2024/2025 zum TV-Ärzte/VKA vom 13. Januar 2025 ... 1209

510 Tarifvertrag für Ärztinnen und Ärzte an kommunalen Krankenhäusern im Bereich der Vereinigung der kommunalen Arbeitgeberverbände (TV-Ärzte/VKA) 1214

520 Tarifvertrag zur Überleitung der Ärztinnen und Ärzte an kommunalen Krankenhäusern in den TV-Ärzte/VKA und zur Regelung des Übergangsrechts (TVÜ-Ärzte/VKA) ... 1324

Eckpunkte der Tarifeinigung für die Ärztinnen und Ärzte an kommunalen Krankenhäusern im Rahmen der Tarifrunde 2024/2025 zum TV-Ärzte/VKA[1])[2])

Vom 13. Januar 2025

Die Vertreter des Marburger Bundes und der Vereinigung der kommunalen Arbeitgeberverbände (VKA) halten im Rahmen der Tarifrunde 2024 zum TV-Ärzte/VKA für die Ärztinnen und Ärzte an kommunalen Krankenhäusern folgenden Stand der Sondierungsgespräche vom 13. Januar 2025 fest:

I Wiederinkraftsetzen zum 1. Juli 2024

Die folgenden Regelungen werden wieder in Kraft gesetzt:

- § 7 Absatz 2 Satz 2 sowie Absätze 5 und 6 TV-Ärzte/VKA,
- § 9 Absatz 1, 2 und 6 Buchstabe c TV-Ärzte/VKA,
- § 10 Absatz 8 Sätze 1 bis 3 TV-Ärzte/VKA,
- § 11 Absatz 1, Absatz 3 Sätze 1 bis 9 sowie Absätze 5 und 6 TV-Ärzte/VKA,
- § 12 Absatz 2 TV-Ärzte/VKA,
- § 28 Absatz 1 und 2 TV-Ärzte/VKA und die
- Anlage zu § 18 TV-Ärzte/VKA (Entgelttabelle).

V

---

[1]) Anders als in vorherigen Tarifrunden wurde am 13. Januar 2025 zunächst ein „Sondierungsstand" festgehalten und kein „Eckpunktepapier zur Tarifeinigung" verfasst, da die Große Tarifkommission des Marburger Bundes entschied, den betroffenen Mitgliedern in den kommunalen Kliniken das vorläufige Tarifergebnis zunächst zur Abstimmung vorzulegen. Die Große Tarifkommission des Marburger Bundes hat infolge der Beteiligung der betroffenen Kliniken dem Sondierungsergebnis am 11. Februar 2025 förmlich zugestimmt. Ein neues „Eckpunktepapier" wurde nicht vereinbart, sodass das Sondierungspapier gleichzeitig auch die Tarifeinigung darstellt.

[2]) Im Nachgang zu den Sondierungsgesprächen vom 13. Januar 2025 haben sich die Tarifvertragsparteien noch auf eine Niederschrift zum Wegfall der Unterscheidung zwischen ständiger und nicht ständiger Schicht- und Wechselschichtarbeit zum 1. Juli 2025 verständigt. Die Niederschrift hat folgenden Wortlaut:
„Die Tarifvertragsparteien stimmen darin überein, dass durch den Wegfall der Unterscheidung zwischen ständiger und nicht ständiger Schicht- und Wechselschichtarbeit, die Schicht- und Wechselschichtzulage in der jeweiligen Höhe (210 Euro beziehungsweise 315 Euro) auch an Ärztinnen und Ärzte zu zahlen ist, die nicht ständig Wechselschicht- oder Schichtarbeit im Sinne von § 11 Abs. 5 und 6 in der bis zum 30. Juni 2025 geltenden Fassung leisten. Der Wegfall der Unterscheidung führt bei Wechselschicht- und Schichtarbeit, die im Sinne der bis zum 30. Juni 2025 geltenden Fassung von § 11 Abs. 5 und 6 als nicht ständige Wechselschicht- oder Schichtarbeit gegolten hätte, zu keiner Kürzung oder anteiligen Zahlung nach § 25 Abs. 3 und/oder Abs. 5 der ab 1. Juli 2025 geltenden Schicht-/Wechselschichtzulage."

II Entgelt

1. Die Tabellenentgelte gemäß der Anlage zu § 18 Absatz 1 Satz 1 TV-Ärzte/VKA (einschließlich der Beträge aus einer individuellen Endstufe gemäß § 6 Absatz 4 TVÜ-Ärzte/VKA) werden wie folgt erhöht:
   - ab dem 1. Juli 2024 um 4,0 Prozent,
   - ab dem 1. August 2025 um weitere 2,0 Prozent und
   - ab dem 1. Juni 2026 um weitere 2,0 Prozent.
2. Die Bereitschaftsdienstentgelte (§ 12 Absatz 2 Satz 1 TV-Ärzte/VKA) erhöhen sich entsprechend der Ziffer 1.
   In § 12 Absatz 2 Satz 3 TV-Ärzte/VKA wird das Datum 30. Juni 2024 durch das Datum 31. Dezember 2026 ersetzt.
3. Der Einsatzzuschlag im Rettungsdienst gemäß § 4 Absatz 2 Satz 2 TV-Ärzte/VKA erhöht sich entsprechend der Ziffer 1.
4. Die kinderbezogenen Entgeltbestandteile gemäß § 9 TVÜ-Ärzte/VKA erhöhen sich entsprechend Ziffer 1.

III Weitere Regelungen

1. Zum 1. Juli 2025 treten folgende Änderungen in Kraft:
   a) Nachtarbeit ist die Arbeit zwischen 20 Uhr und 6 Uhr.
   b) Der Zusatzurlaub für die Zeit der Bereitschaftsdienste in den Nachtstunden gemäß § 28 Abs. 4 richtet sich nach der Zeit zwischen 20 Uhr bis 6 Uhr.
   c) Der Zeitzuschlag für Nachtarbeit gemäß § 11 Abs. 1 Satz 2 Buchst. b wird von 15 v. H. auf 20 v. H. erhöht.
   d) Der Zeitzuschlag für Arbeit an Samstagen von 13 bis 20 Uhr, soweit diese nicht im Rahmen von Wechselschicht- oder Schichtarbeit anfällt, beträgt 20 v. H. des auf eine Stunde entfallenden Anteils des Tabellenentgelts der Stufe 3 der jeweiligen Entgeltgruppe, bei Ärztinnen und Ärzten gemäß § 16 Buchst. c und d der höchsten tariflichen Stufe.
   e) Die Zulage für Ärztinnen und Ärzte, die Wechselschichtarbeit leisten, beträgt 315 Euro monatlich.
   f) Die Zulage für Ärztinnen und Ärzte, die Schichtarbeit leisten, beträgt 210 Euro monatlich.
   g) Bezüglich der Zulagenregelungen nach den Buchstaben e und f entfällt die Unterscheidung zwischen nicht ständiger und ständiger Schichtarbeit/Wechselschichtarbeit.
   h) Die Regelungen zur Lage der Dienste der Ärztinnen und Ärzte gemäß § 10 Abs. 11 werden auf Vollarbeit, Schichtarbeit und

Wechselschichtarbeit erweitert. Wird die Monatsfrist zur Aufstellung des Dienstplans nicht eingehalten, erhöht sich das Entgelt der Vollarbeit, Schichtarbeit und Wechselschichtarbeit für jeden Dienst des zu planenden Folgemonats um 10 v. H. Liegen bei einer notwendigen Dienstplanänderung zwischen der Dienstplanänderung und dem Antritt des Dienstes weniger als drei Tage, erhöht sich das Entgelt der Vollarbeit, Schichtarbeit und Wechselschichtarbeit für jeden von der Änderung betroffenen Dienst um 10 v. H.

2. Zum 1. Januar 2026 treten folgende Änderungen in Kraft:
   a) Die Zulage für Ärztinnen und Ärzte, die Schichtarbeit leisten, beträgt 315 Euro monatlich.
   b) Bezüglich der Zusatzurlaubsregelungen gemäß § 28 Abs. 1 entfallen das Zusammenhangserfordernis und die Notwendigkeit, ständig Schichtarbeit oder Wechselschichtarbeit leisten zu müssen; § 28 Abs. 2 wird aufgehoben.

IV Laufzeit

Die Laufzeit der Tarifeinigung beträgt 30 Monate (Mindestlaufzeit bis zum 31. Dezember 2026).

V

Anlage

Tabelle TV-Ärzte/VKA[1])

gültig vom 1. Juli 2024 bis 31. Juli 2025
(monatlich in Euro)

Entgelt-gruppe	Grund-entgelt	Entwicklungsstufen				
	Stufe 1	Stufe 2	Stufe 3	Stufe 4	Stufe 5	Stufe 6
IV	10 695,40	11 459,97				
III	9 092,24	9 626,62	10 391,15			
II	7 258,93	7 867,55	8 401,96	8 713,71	9 018,00	9 322,29
I	5 499,85	5 811,63	6 034,28	6 420,21	6 880,40	7 069,68

gültig vom 1. August 2025 bis 31. Mai 2026
(monatlich in Euro)

Entgelt-gruppe	Grund-entgelt	Entwicklungsstufen				
	Stufe 1	Stufe 2	Stufe 3	Stufe 4	Stufe 5	Stufe 6
IV	10 909,31	11 689,17				
III	9 274,08	9 819,15	10 598,97			
II	7 404,11	8 024,90	8 570,00	8 887,98	9 198,36	9 508,74
I	5 609,85	5 927,86	6 154,97	6 548,61	7 018,01	7 211,07

gültig ab 1. Juni 2026
(monatlich in Euro)

Entgelt-gruppe	Grund-entgelt	Entwicklungsstufen				
	Stufe 1	Stufe 2	Stufe 3	Stufe 4	Stufe 5	Stufe 6
IV	11 127,50	11 922,95				
III	9 459,56	10 015,53	10 810,95			
II	7 552,19	8 185,40	8 741,40	9 065,74	9 382,33	9 698,91
I	5 722,05	6 046,42	6 278,07	6 679,58	7 158,37	7 355,29

1) Die hier angezeigten Entgeltwerte beruhen auf dem Tarifergebnis vom 13. Januar 2025 und stehen noch unter dem Vorbehalt der endgültigen Tarifierung nach Abschluss der Redaktionsverhandlungen.

Bereitschaftsdienstentgelte[1)]

gültig vom 1. Juli 2024 bis 31. Juli 2025

EG	Stufe 1	Stufe 2	Stufe 3	Stufe 4	Stufe 5	Stufe 6
IV	49,50	49,50				
III	45,49	45,49	46,82			
II	42,13	42,13	43,47	43,47	44,83	44,83
I	35,43	35,43	36,77	36,77	38,12	38,12

gültig vom 1. August 2025 bis 31. Mai 2026

EG	Stufe 1	Stufe 2	Stufe 3	Stufe 4	Stufe 5	Stufe 6
IV	50,49	50,49				
III	46,40	46,40	47,76			
II	42,97	42,97	44,34	44,34	45,73	45,73
I	36,14	36,14	37,51	37,51	38,88	38,88

V

gültig ab 1. Juni 2026

EG	Stufe 1	Stufe 2	Stufe 3	Stufe 4	Stufe 5	Stufe 6
IV	51,50	51,50				
III	47,33	47,33	48,72			
II	43,83	43,83	45,23	45,23	46,64	46,64
I	36,86	36,86	38,26	38,26	39,66	39,66

1) Die hier angezeigten Entgeltwerte beruhen auf dem Tarifergebnis vom 13. Januar 2025 und stehen noch unter dem Vorbehalt der endgültigen Tarifierung nach Abschluss der Redaktionsverhandlungen.

Tarifvertrag für Ärztinnen und Ärzte an kommunalen Krankenhäusern im Bereich der Vereinigung der kommunalen Arbeitgeberverbände (TV-Ärzte/VKA)

Vom 17. August 2006

Zuletzt geändert durch
Änderungstarifvertrag Nr. 9 vom 23. Mai 2023 und
Tarifeinigung vom 13. Januar 2025[1])

Inhaltsübersicht

Abschnitt I
Allgemeine Vorschriften

V

§ 1 Geltungsbereich
§ 2 Arbeitsvertrag, Nebenabreden, Probezeit
§ 3 Allgemeine Arbeitsbedingungen
§ 4 Allgemeine Pflichten
§ 5 Versetzung, Abordnung, Zuweisung, Personalgestellung
§ 6 Qualifizierung

Abschnitt II
Arbeitszeit

§ 7 Regelmäßige Arbeitszeit
§ 8 Arbeit an Sonn- und Feiertagen sowie an Wochenenden
§ 9 Sonderformen der Arbeit
§ 10 Bereitschaftsdienst und Rufbereitschaft
§ 11 Ausgleich für Sonderformen der Arbeit
§ 12 Bereitschaftsdienstentgelt
§ 13 Teilzeitbeschäftigung
§ 14 Arbeitszeitdokumentation

Abschnitt III
Eingruppierung und Entgelt

§ 15 Allgemeine Eingruppierungsregelungen
§ 16 Eingruppierung

---

1) Wegen der im Zuge der Tarifrunde 2024/2025 vereinbarten Änderungen siehe die unter **505** abgedruckte Tarifeinigung.

§ 17 Vorübergehende Übertragung einer höherwertigen Tätigkeit
§ 18 Tabellenentgelt
§ 19 Stufen der Entgelttabelle
§ 20 Allgemeine Regelungen zu den Stufen
§ 21 Leistungs- und erfolgsorientierte Entgelte bei Ärztinnen und Ärzten (Vario-Ä)
§ 22 Bemessungsgrundlage für die Entgeltfortzahlung
§ 23 Entgelt im Krankheitsfall
§ 24 Besondere Zahlungen
§ 25 Berechnung und Auszahlung des Entgelts
§ 26 Betriebliche Altersversorgung

Abschnitt IV
Urlaub und Arbeitsbefreiung

§ 27 Erholungsurlaub
§ 28 Zusatzurlaub
§ 29 Sonderurlaub
§ 30 Arbeitsbefreiung

Abschnitt V
Befristung und Beendigung des Arbeitsverhältnisses

§ 31 Befristete Arbeitsverträge
§ 32 Führung auf Probe
§ 33 (weggefallen)
§ 34 Beendigung des Arbeitsverhältnisses ohne Kündigung
§ 35 Kündigung des Arbeitsverhältnisses
§ 36 Zeugnis

Abschnitt VI
Übergangs- und Schlussvorschriften

§ 37 Ausschlussfrist
§ 38 Begriffsbestimmungen, Übergangsregelungen
§ 39 Existenz- und Beschäftigungssicherung
§ 40 In-Kraft-Treten

Anlage
zu § 18 TV-Ärzte/VKA

V

Abschnitt I
Allgemeine Vorschriften

§ 1 Geltungsbereich

(1) Dieser Tarifvertrag gilt für Ärztinnen und Ärzte sowie Zahnärztinnen und Zahnärzte, die in einem Arbeitsverhältnis zu einem Arbeitgeber stehen, der Mitglied eines Mitgliedverbandes der VKA ist, wenn sie in

a) Krankenhäusern einschließlich psychiatrischer Kliniken und psychiatrischer Krankenhäuser,

b) medizinischen Instituten von Krankenhäusern/Kliniken (z. B. pathologischen Instituten, Röntgeninstituten oder Institutsambulanzen) oder in

c) sonstigen Einrichtungen und Heimen (z. B. Reha-Einrichtungen), in denen die betreuten Personen in teilstationärer oder stationärer ärztlicher Behandlung stehen, wenn die ärztliche Behandlung in den Einrichtungen selbst stattfindet,

beschäftigt sind.

V

(2) Dieser Tarifvertrag gilt nicht für Chefärztinnen und Chefärzte, wenn deren Arbeitsbedingungen einzelvertraglich vereinbart worden sind oder werden.

Protokollerklärung zu Absatz 2:

[1]Dieser Tarifvertrag gilt ferner nicht für Ärztinnen und Ärzte, die sich am 1. August 2006 in der Arbeits- bzw. Freistellungsphase eines Altersteilzeitarbeitsverhältnisses befunden haben. [2]Mit Ärztinnen und Ärzten, die Altersteilzeit vor dem 1. August 2006 vereinbart, diese aber am 1. August 2006 noch nicht begonnen haben, ist auf Verlangen die Aufhebung der Altersteilzeitvereinbarung zu prüfen. [3]Satz 2 gilt entsprechend in den Fällen des Satzes 1,

a) bei Altersteilzeit im Blockmodell, wenn am 1. August 2006 ein Zeitraum von nicht mehr als einem Drittel der Arbeitsphase

b) bei Altersteilzeit im Teilzeitmodell, wenn am 1. August 2006 ein Zeitraum von nicht mehr als einem Drittel der Altersteilzeit

zurückgelegt ist.

Erläuterungen

Der Tarifvertrag für Ärztinnen und Ärzte an kommunalen Krankenhäusern im Bereich der Vereinigung der kommunalen Arbeitgeberverbände (TV-Ärzte/VKA) ist erst nach der großen Tarifreform des Jahres 2005 (Wechsel von BAT/BMT-G II in den TVöD) im Jahre 2006 entstanden. Die Verhandlungsgemeinschaft zwischen der Gewerkschaft ver. di und dem Marburger Bund war zuvor aufgelöst worden. Während verdi und die in der dbb tarifunion zusammengeschlossenen Gewerkschaften mit der Vereinigung der kommunalen Arbeitgeberverbände (VKA) den TVöD und seine besonderen Teile (einschließlich des für Ärzte einschlägigen Besonderen Teils Krankenhäuser/BT-K vereinbart haben, hat der Marburger Bund mit dem TV-Ärzte/VKA einen eigenständigen Tarifvertrag für Ärzte an kommunalen Krankenhäusern und vergleichbaren Einrichtungen abgeschlossen. Dieser Tarifvertrag gilt formal nur für Ärzte, die dem Marburger angehören. Für die Ärzte, die Mitglied bei verdi oder einer zur dbb tarifunion gehörenden Gewerkschaften sind, gilt der TVöD und der Besondere Teil Krankenhäuser/ BT-K, der mit dem TV-Ärzte/VKA vergleichbare, aber nicht identische Regelung enthält. Ob eine gewisse Parallelität zukünftig beibehalten wird, bleibt abzuwarten.

In der Praxis wird die Frage auftreten, welcher Tarifvertrag arbeitsvertraglich vereinbart werden soll. Da weder ein Fragerecht des Arbeitgebers nach der Gewerkschaftszugehörigkeit besteht, noch im öffentlichen Dienst bei Vertragsschluss zwischen Gewerkschaftsmitgliedern und nicht organisierten Arbeitnehmern unterschieden wird, lässt sich diese Frage für den Arbeitgeber im Einzelfall kaum beantworten. Mit Blick auf den Organisationsgrad (es ist davon auszugehen, dass erheblich mehr Ärzte dem Marburger Bund als den übrigen Gewerkschaften angehören), empfiehlt es sich, grundsätzlich den TV-Ärzte/VKA vertraglich zu vereinbaren und den TVöD/BT-K nur dann zur Vertragsgrundlage zu machen, wenn die Beschäftigten geltend machen, verdi oder einer Mitgliedsgemeinschaft der dbb tarifunion anzugehören und sie die Vereinbarung des TVöD/BT-K einfordern.

Zu Absatz 1 – Geltungsbereich

Der TV-Ärzte/VKA gilt nach Maßgabe des Absatzes 1 nur für Ärzte und Zahnärzte, die in einer in den Buchstaben a bis c näher genannten Einrichtungen beschäftigt sind. Die jeweilige Einrichtung oder ihr Träger muss Mitglied eines Mitgliedsverbands der VKA sein. Mitgliedsverbände der VKA sind die jeweiligen kommunalen Arbeitgeberverbände auf Landesebene. Von dieser unmittelbaren Tarifbindung unberührt bleibt die Möglichkeit der nichttarifgebundenen Arbeitgeber und Ärzte, die Geltung des Tarifvertrages bzw. seiner Regeln arbeitsvertraglich zu vereinbaren.

Was unter „Arzt“, „Zahnarzt“ zu verstehen ist, haben die Tarifpartner nicht definiert. Insoweit ist das Approbationsrecht heranzuziehen.

Zu Absatz 2 – Ausnahmen vom Geltungsbereich

Nach dieser Vorschrift ist die Personengruppe der Chefärzte vom TV-Ärzte/VKA ausgenommen, wenn deren Arbeitsbedingungen einzelvertraglich vereinbart werden. Dies gilt unabhängig vom Einkommen des Chefarztes. Auch wenn das Tabellenentgelt der Entgeltgruppe IV nicht überschritten wird, gilt der TV-Ärzte/VKA nicht. Die Tarifpartner tragen damit dem Umstand Rechnung, dass die Arbeitsbedingungen mit Chefärzten i. d. R. „frei“ vereinbart werden und dass auch andere Faktoren (wie z. B. Liquidationsrechte) in die Bemessung des Entgelts einfließen.

Zur Protokollerklärung zu Absatz 2

Mit der Protokollerklärung zu Absatz 2 tragen die Tarifpartner den besonderen Schwierigkeiten Rechnung, die der Wechsel in den TV-Ärzte/VKA für diejenigen Beschäftigten mit sich gebracht hätte, die sich entweder bereits in Altersteilzeit befanden oder schon eine entsprechende Vereinbarung für die Zukunft geschlossen hatten. Besonders im Blockmodell wäre es schwierig gewesen, die in einem Tarifsystem angesparten Ansprüche in einem anderen Tarifsystem „abzufeiern".

Entweder verbleiben diese Ärzte in dem alten Tarifsystem (Satz 1), oder sie können unter den Voraussetzungen des Satzes 2 der Protokollerklärung die Altersteilzeitvereinbarung aufheben. In den Fällen, in denen die Altersteilzeitarbeit bereits begonnen hatte, würde die Aufhebung eine Rückabwicklung und die nachträgliche Auszahlung von ggfs. bereits überproportional erbrachter Arbeitsleistung zur Folge haben.

§ 2 Arbeitsvertrag, Nebenabreden, Probezeit

(1) Der Arbeitsvertrag wird schriftlich abgeschlossen.

(2) [1]Mehrere Arbeitsverhältnisse zu demselben Arbeitgeber dürfen nur begründet werden, wenn die jeweils übertragenen Tätigkeiten nicht in einem unmittelbaren Sachzusammenhang stehen. [2]Andernfalls gelten sie als ein Arbeitsverhältnis.

(3) [1]Nebenabreden sind nur wirksam, wenn sie schriftlich vereinbart werden. [2]Sie können gesondert gekündigt werden, soweit dies einzelvertraglich vereinbart ist.

(4) Die ersten sechs Monate der Beschäftigung gelten als Probezeit, soweit nicht eine kürzere Zeit vereinbart ist.

Erläuterungen

Die Regelungen zu Arbeitsvertrag, Nebenabreden und Probezeit im TV-Ärzte/VKA sind weitgehend wortgleich aus der Vorschrift des § 2 TVöD übernommen worden. Auf die dortigen Erläuterungen wird Bezug genommen. Die nachstehenden Hinweise beschränken sich auf Besonderheiten, die zu § 2 TV-Ärzte/VKA erwähnenswert sind.

V

Zu Absatz 1 – Arbeitsvertrag

Die Vorschrift entspricht § 2 Abs. 1 TVöD; auf die dortigen Erläuterungen wird Bezug genommen.

Zu Absatz 2 – Einheitlicher Arbeitsvertrag

Die Vorschrift des Absatzes 2 entspricht zwar der des § 2 Absatz 2 TVöD, so dass die dortigen Erläuterungen sinngemäß gelten. Im Bereich des TV-Ärzte/VKA fällt die Annahme von zwei sachlich trennbaren Arbeitsverhältnissen zum selben Arbeitgeber aber (noch) schwerer als bereits im TVöD. Es ist kaum vorstellbar, dass ein Arzt zwei unter den TV-Ärzte/VKA fallende ärztliche Arbeitsverhältnisse zum selben Arbeitgeber ausüben kann.

Zu Absatz 4 – Probezeit

Satz 1 der Vorschrift entspricht § 2 Absatz 4 TVöD Satz 1; auf die dortigen Erläuterungen wird Bezug genommen. Eine § 2 Absatz 4 Satz 2 TVöD entsprechende Regelung (keine Probezeit bei Übernahme im unmittelbaren Anschluss an ein Ausbildungsverhältnis) fehlt im TV-Ärzte/VKA. Dies ist mit Blick auf den von üblichen Ausbildungsverhältnissen völlig abweichenden „Ausbildungs"-Weg des Ärzteberufs konsequent.

§ 3 Allgemeine Arbeitsbedingungen

(1) Ärztinnen und Ärzte haben über Angelegenheiten, deren Geheimhaltung durch gesetzliche Vorschriften vorgesehen oder vom Arbeitgeber angeordnet ist, Verschwiegenheit zu wahren; dies gilt auch über die Beendigung des Arbeitsverhältnisses hinaus.

(2) [1]Ärztinnen und Ärzte dürfen von Dritten Belohnungen, Geschenke, Provisionen oder sonstige Vergünstigungen in Bezug auf ihre Tätigkeit nicht annehmen. [2]Ausnahmen sind nur mit Zustimmung des Arbeitgebers möglich. [3]Werden Ärztinnen und Ärzten derartige Vergünstigungen angeboten, haben sie dies dem Arbeitgeber unverzüglich anzuzeigen.

(3) [1]Nebentätigkeiten gegen Entgelt haben Ärztinnen und Ärzte ihrem Arbeitgeber rechtzeitig vorher schriftlich anzuzeigen. [2]Der Arbeitgeber kann die Nebentätigkeit untersagen oder mit Auflagen versehen, wenn diese geeignet ist, die Erfüllung der arbeitsvertraglichen Pflichten von Ärztinnen und Ärzten oder berechtigte Interessen des Arbeitgebers zu beeinträchtigen.

V

(4) [1]Der Arbeitgeber hat Ärztinnen und Ärzte von etwaigen im Zusammenhang mit dem Arbeitsverhältnis entstandenen Schadensersatzansprüchen Dritter freizustellen, sofern der Eintritt des Schadens nicht durch die Ärztin/den Arzt vorsätzlich oder grob fahrlässig herbeigeführt worden ist. [2]Im Übrigen bleiben die allgemeinen Grundsätze zur Arbeitnehmerhaftung unberührt.

(5) [1]Der Arbeitgeber ist bei begründeter Veranlassung berechtigt, Ärztinnen und Ärzte zu verpflichten, durch ärztliche Bescheinigung nachzuweisen, dass sie/er zur Leistung der arbeitsvertraglich geschuldeten Tätigkeit in der Lage ist. [2]Bei der beauftragten Ärztin/dem beauftragten Arzt kann es sich um eine Betriebsärztin/einen Betriebsarzt handeln, soweit sich die Betriebsparteien nicht auf eine andere Ärztin/einen anderen Arzt geeinigt haben. [3]Die Kosten dieser Untersuchung trägt der Arbeitgeber.

(6) [1]Ärztinnen und Ärzte haben ein Recht auf Einsicht in ihre vollständigen Personalakten. [2]Sie können das Recht auf Einsicht auch durch eine/n hierzu schriftlich Bevollmächtigte/n ausüben lassen. [3]Sie können Auszüge oder Kopien aus ihren Personalakten erhalten.

Erläuterungen

Die Vereinbarungen zu den Allgemeinen Arbeitsbedingungen im TV-Ärzte/VKA sind in weiten Teilen aus der Vorschrift des § 3 TVöD übernommen worden. Die nachstehenden Hinweise beschränken sich – soweit Parallelen bestehen – auf Querverweise zu den Erläuterungen zu § 3 TVöD und darüber hinaus auf Hinweise zu den Besonderheiten, die zu § 3 TV-Ärzte/VKA erwähnenswert sind.

Zu Absatz 1 – Schweigepflicht

Die Vorschrift entspricht im Kern der Regelung in § 3 Abs. 1 TVöD; auf die dortigen Erläuterungen wird Bezug genommen. Dass Ärzte der ärztlichen Schweigepflicht unterliegen, brauchten die Tarifpartner nicht ausdrücklich zu regeln; dies ergibt sich schon aus § 203 Abs. 1 Strafgesetzbuch.

Zu Absatz 2 – Belohnungen/Geschenke

Die Vorschrift entspricht der Regelung in § 3 Abs. 2 TVöD; auf die dortigen Erläuterungen wird Bezug genommen. Bei Ärzten dürfte insbesondere ein sensibler Umgang mit Angeboten jeder Art von Seiten der Pharma-Industrie angebracht sein.

Zu Absatz 3 – Nebentätigkeiten

Die Vorschrift entspricht im Kern der Regelung in § 3 Abs. 3 TVöD; auf die dortigen Erläuterungen wird Bezug genommen. Die in § 3 Abs. 3 Satz 2 TVöD geregelte Besonderheit, dass für Nebentätigkeiten beim selben Arbeitgeber oder im öffentlichen Dienst eine Abführungspflicht zur Auflage gemacht werden kann, haben die Tarifpartner im TV-Ärzte/VKA nicht vereinbart.

Zu Absatz 4 – Haftungsbegrenzung

Die Wirkung dieser Vorschrift ist nicht zu unterschätzen. Sie begrenzt die Haftung des Arztes auf Fälle des Vorsatzes und der groben Fahrlässigkeit. Somit haftet der Arzt im Falle normaler Fahrlässigkeit, für den nach der Rechtsprechung des Großen Senats des Bundesarbeitsgerichts – Beschluss vom 27. September 1994 – GS 1/89 (A) – eine Aufteilung des Schadens zwischen Arbeitgeber und Arbeitnehmer vorzunehmen wäre, nicht. Fälle leichter Fahrlässigkeit würden nach dieser BAG-Rechtsprechung ohnehin zu Lasten des Arbeitgebers gehen.

Zu Absatz 5 – ärztliche Untersuchungen und Absatz 6 – Personalakten

Die Vorschriften entsprechen den Regelungen § 3 Abs. 4 und 5 TVöD; auf die dortigen Erläuterungen wird Bezug genommen.

§ 4 Allgemeine Pflichten

(1) [1]Zu den den Ärztinnen und Ärzten obliegenden ärztlichen Pflichten gehört es auch, ärztliche Bescheinigungen auszustellen. [2]Die Ärztinnen und Ärzte können vom Arbeitgeber auch verpflichtet werden, im Rahmen einer zugelassenen Nebentätigkeit von leitenden Ärztinnen und Ärzten oder für Belegärztinnen und Belegärzte innerhalb der Einrichtung ärztlich tätig zu werden.

(2)[1)] [1]Zu den aus der Haupttätigkeit obliegenden Pflichten der Ärztinnen und Ärzte gehört es ferner, am Rettungsdienst in Notarztwagen und Hubschraubern teilzunehmen. [2]Für jeden Einsatz in diesem Rettungsdienst erhalten Ärztinnen und Ärzte einen nicht zusatzversorgungspflichtigen Einsatzzuschlag ab 1. Juli 2023 in Höhe von 30,17 Euro, ab 1. April 2024 in Höhe von 31,38 Euro. [3]Dieser Betrag verändert sich zu demselben Zeitpunkt und in dem gleichen Ausmaß wie das Tabellenentgelt der Entgeltgruppe II Stufe 1.

Protokollerklärungen zu Absatz 2:

1. Eine Ärztin/Ein Arzt, die/der nach der Approbation noch nicht mindestens ein Jahr klinisch tätig war, ist grundsätzlich nicht zum Einsatz im Rettungsdienst heranzuziehen.
2. Eine Ärztin/Ein Arzt, der/dem aus persönlichen oder fachlichen Gründen (z. B. Vorliegen einer anerkannten Minderung der Erwerbsfähigkeit, die dem Einsatz im Rettungsdienst entgegensteht, Flugunverträglichkeit, langjährige Tätigkeit als Bakteriologin/Bakteriologe) die Teilnahme am Rettungsdienst nicht zumutbar ist, darf grundsätzlich nicht zum Einsatz im Rettungsdienst herangezogen werden.

V

(3) [1]Die Erstellung von Gutachten, gutachtlichen Äußerungen und wissenschaftlichen Ausarbeitungen, die nicht von einem Dritten angefordert und vergütet werden, gehört zu den den Ärztinnen und Ärzten obliegenden Pflichten aus der Haupttätigkeit.

(4) [1]Die Ärztin/Der Arzt kann vom Arbeitgeber verpflichtet werden, als Nebentätigkeit Unterricht zu erteilen sowie Gutachten, gutachtliche Äußerungen und wissenschaftliche Ausarbeitungen, die von einem Dritten angefordert und vergütet werden, zu erstellen, und zwar auch im Rahmen einer zugelassenen Nebentätigkeit der leitenden Ärztin/des leitenden Arztes. [2]Steht die Vergütung für das Gutachten, die gutachtliche Äußerung oder wissenschaftliche Ausarbeitung ausschließlich dem Arbeitgeber zu, hat die Ärztin/der Arzt nach Maßgabe ihrer/seiner Beteiligung einen Anspruch auf einen Teil dieser Vergütung. [3]In allen anderen Fällen ist die Ärztin/der Arzt berechtigt, für die Nebentätigkeit einen Anteil der von dem Dritten zu zahlenden Vergütung anzunehmen. [4]Die Ärztin/Der Arzt kann die Übernahme der Nebentätigkeit verweigern, wenn die angebotene Vergütung offenbar nicht dem Maß ihrer/seiner Beteiligung entspricht. [5]Im Übrigen kann die Übernahme der Nebentätigkeit nur in besonders begründeten Ausnahmefällen verweigert werden.

Erläuterungen

Die Vereinbarungen zu den Allgemeinen Pflichten im TV-Ärzte/VKA treffen arztspezifische Regelungen; vergleichbare Regelungen sind im Allgemeinen Teil des TVöD nicht zu finden.

---

1) Entsprechend der Tarifeinigung vom 13. Januar 2025 ist bei den Einsatzzuschlägen zum 1. Juli 2024 mit einer Erhöhung um 4,0 Prozent auf 32,64 Euro, zum 1. August 2025 mit einer Erhöhung um 2,0 Prozent auf 33,29 Euro sowie zum 1. Juni 2026 mit einer Erhöhung um weitere 2,0 Prozent auf 33,96 Euro zu rechnen (siehe Teil II Ziffer 3 der unter **505** abgedruckten Tarifeinigung).

Zu Absatz 1 – Erweiterte ärztliche Pflichten

Die Vorschrift geht zurück auf entsprechende Regelungen in Nr. 3 Abs. 1 der SR 2c zum BAT. Mit der Bestimmung des Absatzes 1 haben die Tarifpartner vereinbart, dass zu den Pflichten von unter den TV-Ärzte/VKA fallenden Ärzten auch die Ausstellung von ärztlichen Bescheinigungen (Abs. 1 Satz 1) sowie die ärztliche Tätigkeit im Rahmen der zugelassenen Nebentätigkeit von leitenden Ärzten oder für Belegärzte gehört (Abs. 1 Satz 2).

Was sie unter „Bescheinigung" i. S. d. Satzes 1 verstehen, haben die Tarifpartner nicht definiert. Nach der Begriffswahl wird man nach Auffassung des Verfassers davon ausgehen können, dass kürzere, u. U. eine ärztliche Diagnose wiedergebende Schriftstücke (Attest, Arbeitsunfähigkeitsbescheinigung, Bescheinigung über den Klinikaufenthalt, Bericht z. B. für den Hausarzt) davon erfasst werden, ausführliche Gutachten jedoch nicht (siehe dazu aber Absatz 3). Diese Auffassung wird bestätigt durch höchstrichterliche Rechtsprechung; z. B. des BAG vom 10. Oktober 1984 – 5 AZR 302/82 zu AU-Bescheinigungen, Aufenthaltsbescheinigungen, vom 14. Mai 1987 – 6 AZR 555/85 zu Berichten betreffend polizeilich angeordnete Blutalkoholuntersuchungen und vom 10. August 1989 – 6 AZR 784/87 zu Berichten auf Anforderung der LVA für beantragte Reha-Maßnahmen.

Die Vorschrift des Satzes 2 der Tarifvorschrift verpflichtet Ärzte, innerhalb des jeweiligen Krankenhauses zur Unterstützung von leitenden Ärzten bei deren Nebentätigkeit oder für Belegärzte ärztlich tätig zu werden. Hintergrund dafür ist, dass Kliniken mit ihren Chefärzten und mit Belegärzten häufig vertraglich vereinbaren, dass diese für ihre (Neben-)Tätigkeiten auf Einrichtungen und auf Personal der Klinik zurückgreifen können. Die Regelung des Satzes 2 unterstützt die Einrichtungen bei der Erfüllung dieser vertraglichen Pflichten gegenüber Chef- bzw. Belegärzten. Die Übernahme der unterstützenden Tätigkeit durch die unter den TV-Ärzte/VKA fallenden Ärzte wird in der Regel durch Nebenabrede zum Arbeitsvertrag erfolgen.

Zu Absatz 2 – Einsatz im Rettungsdienst

Die Vereinbarungen im TV-Ärzte/VKA zum Einsatz im Rettungsdienst sind aus der Nr. 3 Abs. 2 der SR 2c zum BAT entwickelt worden, so dass die dazu ergangene Rechtsprechung als Auslegungshilfe weiterhin herangezogen werden kann.

Satz 1 – Verpflichtung zur Teilnahme am Rettungsdienst

In Satz 1 der Vorschrift stellen die Tarifpartner klar, dass die Teilnahme am Rettungsdienst im Notarztwagen bzw. im Hubschraubern zu den vertraglichen Hauptpflichten eines Arztes gehört. Die Teilnahme daran ist für Ärzte somit (abgesehen von den weiter unten dargestellten Ausnahmegründen) verbindlich. Eine Weigerung ohne anerkannten Grund ist eine schwere Vertragsverletzung, die arbeitsrechtliche

V

Konsequenzen bis hin zur Kündigung des Arbeitsverhältnisses nach sich ziehen kann.

Was sie unter „Rettungsdienst in Notarztwagen und Hubschraubern" verstehen, haben die Tarifpartner nicht näher bestimmt. Nach der dem allgemeinen Sprachgebrauch folgenden, gefestigten Rechtsprechung des BAG zur insoweit wortgleichen Vorschrift der Nr. 3 Abs. 2 SR 2c zum BAT kann aber als gesichert angesehen werden, dass nur die Notfallrettung (also die Erstversorgung, Herstellung und Aufrechterhaltung der Transportfähigkeit sowie der daran anschließende, ärztlich begleitete Transport per Notarztwagen bzw. Hubschrauber) von der Vorschrift des § 19 TV-Ärzte erfasst wird. Der bloße Krankentransport – insbesondere der sogenannte Verlegungstransport – gehören nicht dazu. Siehe dazu BAG vom 25. Juni 1986 – 4 AZR 235/85.

Zur Protokollerklärung zu Absatz 2 – Ausnahmen von der Verpflichtung zur Teilnahme am Rettungsdienst

Die Verpflichtung zur Teilnahme am Rettungsdienst entfällt bei Ärzten, die nach der Approbation noch nicht mindestens 1 Jahr klinisch tätig waren (Protokollerklärung Nr. 1). Ferner entfällt die Verpflichtung bei den in Protokollerklärung Nr. 2 beispielhaft aufgeführten persönlichen oder fachlichen Hinderungsgründen. Dazu zählen z. B. die anerkannte Minderung der Erwerbsfähigkeit, die den Einsatzmöglichkeiten entgegensteht (z. B. starke Einschränkung der körperlichen Beweglichkeit und Standsicherheit, die einen Einsatz im beengten und schwankenden Notarztwagen unmöglich machte), sowie Flugunverträglichkeit, die dann zumindest den Einsatz im Hubschrauber verhindert. Der Ausschluss vom Rettungsdienst bleibt in diesen Fällen für die Beschäftigten – abgesehen natürlich vom entfallenden Anspruch auf die Einsatzzuschläge – folgenlos.

Sätze 2 und 3 – Einsatzzuschlag

Für jeden der Einsätze im Sinne des Satzes 1 steht den Beschäftigten ein Einsatzzuschlag zu. Der Einsatzzuschlag ist dynamisch; die Entwicklung ist gekoppelt an das Tabellenentgelt der Entgeltgruppe II Stufe 1.

Der Einsatzzuschlag hat sich wie folgt entwickelt:[1])

Zeitraum	Tarifgebiet West/Euro	Tarifgebiet Ost/Euro
ab 1. 8. 2006	20,00	19,10
ab 1. 7. 2007	20,00	19,40

[1]) Entsprechend der Tarifeinigung vom 13. Januar 2025 ist bei den Einsatzzuschlägen zum 1. Juli 2024 mit einer Erhöhung um 4,0 Prozent auf 32,64 Euro, zum 1. August 2025 mit einer Erhöhung um 2,0 Prozent auf 33,29 Euro sowie zum 1. Juni 2026 mit einer Erhöhung um weitere 2,0 Prozent auf 33,96 Euro zu rechnen (siehe Teil II Ziffer 3 der unter **505** abgedruckten Tarifeinigung).

Zeitraum	Tarifgebiet West/Euro	Tarifgebiet Ost/Euro
ab 1. 4. 2008	20,94	ab 1. 4. 2008 wie Tarifgebiet West
ab 1. 1. 2009	21,74	
ab 1. 5. 2010	22,17	
ab 1. 1. 2012	22,81	
ab 1. 1. 2013	23,40	
ab 1. 1. 2014	23,87	
ab 1. 12. 2014	24,40	
ab 1. 12. 2015	24,86	
ab 1. 9. 2016	25,43	
ab 1. 9. 2017	25,94	
ab 1. 5. 2018	26,12	
ab 1. 1. 2019	26,77	
ab 1. 1. 2020	27,31	
ab 1. 1. 2021	27,86	
ab 1. 10. 2021	28,79	
ab 1. 7. 2023	30,17	
ab 1. 4. 2024	31,18	

Der Einsatzzuschlag ist steuer- und sozialversicherungspflichtiger Arbeitslohn. Aufgrund der ausdrücklichen Regelung in § 4 Absatz 2 Satz 2 i. V. m. Anlage 3 Satz 1 Nr. 1 ATV/Anlage 3 Satz 1 Buchst. a ATV-K (ATV/ATV-K gelten kraft ATV-Ärzte/VKA sowie des ATV-K-Ärzte/VKA) ist er nicht zusatzversorgungspflichtig.

Im Falle der Entgeltfortzahlung fällt er unter § 22 Satz 2 TV-Ärzte/VKA und wird neben den übrigen von § 22 Satz 2 TV-Ärzte/VKA erfassten unständigen Bezügebestandteilen nach dem sogenannten Referenzprinzip (mittelbar) fortgezahlt.

Keine Ausnahmen von der Zahlung des Einsatzzuschlages

Im Gegensatz zur Vorgängerregelung des Nr. 3 Abs. 2 der SR 2c zum BAT entfällt der Anspruch auf Zahlung des Einsatzzuschlages nicht, wenn die Ärzte für die Tätigkeit im Rettungsdienst sonstige Leistungen ihres Arbeitgebers oder von dritter Seite (insbesondere dem Rettungsdienstträger) erhalten.

Zu Absatz 3 – Erstellung von Gutachten

Auch die Vorschrift des Absatzes 3 findet kein Vorbild im allgemeinen Teil des TVöD. Sie erweitert den Rahmen des Absatzes 1 Satz 1, nach der bereits das Ausstellen ärztlicher Bescheinigungen zu den Hauptpflichten des Arbeitnehmers gehört, um das Erstellen von Gutachten, gutachtlichen Äußerungen und wissenschaftlichen Ausarbeitungen.

V

Was sie darunter verstehen, haben die Tarifpartner nicht definiert. In Abgrenzung zu Absatz 1 Satz 1 ist aber festzuhalten, dass dies deutlich mehr ist als das Ausstellen von Bescheinigungen. Dies gilt insbesondere mit Blick auf die Tiefe des Inhalts, die sich durch eine Bewertung und ärztliche Würdigung auszeichnet, während eine Bescheinigung nur eine Diagnose beinhaltet. So auch BAG im Urteil vom 10. August 1989 – 6 AZR 784/87.

Die Verpflichtung besteht nur, soweit die Gutachten etc. nicht für einen Dritten gegen Entgelt erbracht werden sollen. Zur Erstellung entsprechender Gutachten etc. für Dritte gegen Entgelt siehe Absatz 4. Auch der Begriff des „Dritten" ist nicht näher definiert – nach dem Verständnis des Verfassers ist er so zu verstehen, dass der Dritte nicht der eigene Arbeitgeber, sondern ein anderer ist.

Zu Absatz 4 – Verpflichtung zu bestimmten (Neben-)Tätigkeiten

Die Regelungen des Absatzes 4 haben ihren Ursprung in der Nr. 5 der SR 2c zum BAT und finden kein Abbild im allgemeinen Teil des TVöD. § 4 Absatz 4 ergänzt die Vorschrift des Absatzes 3. Bereits daraus ergibt sich die Verpflichtung des Arztes, Gutachten zu erstellen, die nicht von Dritten angefordert und vergütet werden. § 4 Abs. 4 Satz 1 weitet diese Pflicht nun auf die Erstellung von Gutachten aus, die von Dritten angefordert und vergütet werden und daher nicht bereits zur Hauptaufgabe gehören. Daneben werden die Ärzte zur Erteilung von Unterricht sowie zur Erstellung wissenschaftlicher Ausarbeitungen verpflichtet. Die Annahme dieser (Neben-)Tätigkeit darf nach Satz 5 der Vorschrift nur in begründeten Ausnahmefällen verweigert werden. Dies müssen nach Meinung des Verfassers schwerwiegende Gründe sein. Gründe, die dem Arbeitgeber die Untersagung der Nebentätigkeit nach den allgemeinen Grundsätzen des Nebentätigkeitsrechts erlaubten, werden dazu zu zählen sein. Zu nennen sind hier die Überlastung, insbesondere der befürchtete Verstoß gegen Vorschriften des Arbeitszeitgesetzes (s. o.). In Satz 4 wird daneben als Weigerungsgrund die im Vergleich zum Arbeitsanteil am Gesamtergebnis offenbar unangemessene Vergütung der Tätigkeit genannt.

Die Sätze 2 und 3 treffen Aussagen zur Vergütung der Nebentätigkeit und stellen klar, dass die Ärzte entweder gegenüber ihrem Arbeitgeber (Satz 2) einen Anspruch auf einen Anteil an der Vergütung des erstellten Gutachtens etc. haben, oder von einem Dritten (z. B. leitender Arzt im Rahmen von dessen Nebentätigkeit) Vergütung verlangen können (Satz 3). Die Tätigkeit für den leitenden Arzt ist nach Satz 1 zweiter Halbsatz ausdrücklich gestattet. Konkrete Aussagen zur

Bemessung des Anteils haben die Tarifpartner nicht gemacht, sodass hier nur empfohlen werden kann, im Einzelfall vor Aufnahme der Tätigkeit mit dem nötigen Augenmaß eindeutige Vereinbarungen zu treffen.

V

§ 5 Versetzung, Abordnung, Zuweisung, Personalgestellung

(1) [1]Ärztinnen und Ärzte können aus dienstlichen oder betrieblichen Gründen versetzt oder abgeordnet werden. [2]Sollen Ärztinnen und Ärzte an eine Dienststelle oder einen Betrieb außerhalb des bisherigen Arbeitsortes versetzt oder voraussichtlich länger als drei Monate abgeordnet werden, so sind sie vorher zu hören.

Protokollerklärungen zu Absatz 1:

1. Abordnung ist die Zuweisung einer vorübergehenden Beschäftigung bei einer anderen Dienststelle oder einem anderen Betrieb desselben oder eines anderen Arbeitgebers unter Fortsetzung des bestehenden Arbeitsverhältnisses.
2. Versetzung ist die Zuweisung einer auf Dauer bestimmten Beschäftigung bei einer anderen Dienststelle oder einem anderen Betrieb desselben Arbeitgebers unter Fortsetzung des bestehenden Arbeitsverhältnisses.

Niederschriftserklärung zu § 5 Abs. 1:

Der Begriff „Arbeitsort" ist ein generalisierter Oberbegriff; die Bedeutung unterscheidet sich nicht von dem bisherigen Begriff „Dienstort".

V

(2) [1]Ärztinnen und Ärzten kann im dienstlichen/betrieblichen oder öffentlichen Interesse mit ihrer Zustimmung vorübergehend eine mindestens gleich vergütete Tätigkeit bei einem Dritten zugewiesen werden. [2]Die Zustimmung kann nur aus wichtigem Grund verweigert werden. [3]Die Rechtsstellung der Ärztinnen und Ärzte bleibt unberührt. [4]Bezüge aus der Verwendung nach Satz 1 werden auf das Entgelt angerechnet.

Protokollerklärung zu Absatz 2:

Zuweisung ist – unter Fortsetzung des bestehenden Arbeitsverhältnisses – die vorübergehende Beschäftigung bei einem Dritten im In- und Ausland, bei dem dieser Tarifvertrag nicht zur Anwendung kommt.

(3) [1]Werden Aufgaben der Ärztinnen und Ärzte zu einem Dritten verlagert, ist auf Verlangen des Arbeitgebers bei weiter bestehendem Arbeitsverhältnis die arbeitsvertraglich geschuldete Arbeitsleistung bei dem Dritten zu erbringen (Personalgestellung). [2]§ 613a BGB sowie gesetzliche Kündigungsrechte bleiben unberührt.

Protokollerklärung zu Absatz 3:

[1]Personalgestellung ist – unter Fortsetzung des bestehenden Arbeitsverhältnisses – die auf Dauer angelegte Beschäftigung bei einem Dritten. [2]Die Modalitäten der Personalgestellung werden zwischen dem Arbeitgeber und dem Dritten vertraglich geregelt.

(4) Durch Tarifvertrag auf Landesebene kann eine über § 1 Abs. 1b AÜG hinausgehende Überlassungshöchstdauer vereinbart werden.

Erläuterungen

Die Regelungen zu Versetzung, Abordnung, Personalgestellung im TV-Ärzte/VKA sind aus der Vorschrift des § 4 TVöD übernommen worden. Auf die dortigen Erläuterungen wird Bezug genommen.

Die mit Wirkung vom 1. Juli 2019 angefügte Regelung des Absatzes 4 eröffnet es den Tarifpartnern auf Landesebene, die Öffnungsklausel des § 1 Abs. 1b Arbeitnehmerüberlassungsgesetzes (AÜG) zu nutzen und eine vom Gesetz abweichende Überlassungshöchstdauer zu vereinbaren.

§ 1 Abs. 1b AÜG hat folgenden Wortlaut:

§ 1 Arbeitnehmerüberlassung, Erlaubnispflicht

...

(1b) [1]Der Verleiher darf denselben Leiharbeitnehmer nicht länger als 18 aufeinander folgende Monate demselben Entleiher überlassen; der Entleiher darf denselben Leiharbeitnehmer nicht länger als 18 aufeinander folgende Monate tätig werden lassen. [2]Der Zeitraum vorheriger Überlassungen durch denselben oder einen anderen Verleiher an denselben Entleiher ist vollständig anzurechnen, wenn zwischen den Einsätzen jeweils nicht mehr als drei Monate liegen. [3]In einem Tarifvertrag von Tarifvertragsparteien der Einsatzbranche kann eine von Satz 1 abweichende Überlassungshöchstdauer festgelegt werden. [4]Im Geltungsbereich eines Tarifvertrages nach Satz 3 können abweichende tarifvertragliche Regelungen im Betrieb eines nicht tarifgebundenen Entleihers durch Betriebs- oder Dienstvereinbarung übernommen werden. [5]In einer auf Grund eines Tarifvertrages von Tarifvertragsparteien der Einsatzbranche getroffenen Betriebs- oder Dienstvereinbarung kann eine von Satz 1 abweichende Überlassungshöchstdauer festgelegt werden. [6]Können auf Grund eines Tarifvertrages nach Satz 5 abweichende Regelungen in einer Betriebs- oder Dienstvereinbarung getroffen werden, kann auch in Betrieben eines nicht tarifgebundenen Entleihers bis zu einer Überlassungshöchstdauer von 24 Monaten davon Gebrauch gemacht werden, soweit nicht durch diesen Tarifvertrag eine von Satz 1 abweichende Überlassungshöchstdauer für Betriebs- oder Dienstvereinbarungen festgelegt ist. [7]Unterfällt der Betrieb des nicht tarifgebundenen Entleihers bei Abschluss einer Betriebs- oder Dienstvereinbarung nach Satz 4 oder Satz 6 den Geltungsbereichen mehrerer Tarifverträge, ist auf den für die Branche des Entleihers repräsentativen Tarifvertrag abzustellen. [8]Die Kirchen und die öffentlich-rechtlichen Religionsgesellschaften können von Satz 1 abweichende Überlassungshöchstdauern in ihren Regelungen vorsehen.

V

§ 6 Qualifizierung

(1) [1]Ein hohes Qualifikationsniveau und lebenslanges Lernen liegen im gemeinsamen Interesse von Arbeitnehmern und Arbeitgebern. [2]Qualifizierung dient der Steigerung von Effektivität und Effizienz des öffentlichen Dienstes, der Nachwuchsförderung und der Steigerung von beschäftigungsbezogenen Kompetenzen. [3]Die Tarifvertragsparteien verstehen Qualifizierung auch als Teil der Personalentwicklung.

(2) [1]Vor diesem Hintergrund stellt Qualifizierung nach diesem Tarifvertrag ein Angebot dar, aus dem für die Ärztinnen und Ärzte kein individueller Anspruch außer nach Absatz 4 und Absatz 9 abgeleitet, aber das durch freiwillige Betriebsvereinbarung wahrgenommen und näher ausgestaltet werden kann. [2]Entsprechendes gilt für Dienstvereinbarungen im Rahmen der personalvertretungsrechtlichen Möglichkeiten. [3]Weitergehende Mitbestimmungsrechte werden dadurch nicht berührt.

(3) [1]Qualifizierungsmaßnahmen sind

V

a) die Fortentwicklung der fachlichen, methodischen und sozialen Kompetenzen für die übertragenen Tätigkeiten (Erhaltungsqualifizierung),
b) der Erwerb zusätzlicher Qualifikationen (Fort- und Weiterbildung),
c) die Qualifizierung zur Arbeitsplatzsicherung (Qualifizierung für eine andere Tätigkeit; Umschulung) und
d) die Einarbeitung bei oder nach längerer Abwesenheit (Wiedereinstiegsqualifizierung).

[2]Die Teilnahme an einer Qualifizierungsmaßnahme wird dokumentiert und den Ärztinnen und Ärzten schriftlich bestätigt.

(4) [1]Ärztinnen und Ärzte haben – auch in den Fällen des Absatzes 3 Satz 1 Buchst. d – Anspruch auf ein regelmäßiges Gespräch mit der jeweiligen Führungskraft, in dem festgestellt wird, ob und welcher Qualifizierungsbedarf besteht. [2]Dieses Gespräch kann auch als Gruppengespräch geführt werden. [3]Wird nichts anderes geregelt, ist das Gespräch jährlich zu führen.

(5) [1]Die Kosten einer vom Arbeitgeber veranlassten Qualifizierungsmaßnahme – einschließlich Reisekosten – werden, soweit sie nicht von Dritten übernommen werden, grundsätzlich vom Arbeitgeber getragen. [2]Ein möglicher Eigenbeitrag wird durch eine Qualifizierungsvereinbarung geregelt. [3]Die Betriebsparteien sind gehalten, die Grundsätze einer fairen Kostenverteilung unter Berücksichtigung des betrieblichen und individuellen Nutzens zu regeln. [4]Ein Eigenbeitrag der Ärztinnen und Ärzte kann in Geld und/oder Zeit erfolgen.

(6) Zeiten von vereinbarten Qualifizierungsmaßnahmen gelten als Arbeitszeit.

(7) Gesetzliche Förderungsmöglichkeiten können in die Qualifizierungsplanung einbezogen werden.

(8) Für Ärztinnen und Ärzte mit individuellen Arbeitszeiten sollen Qualifizierungsmaßnahmen so angeboten werden, dass ihnen eine gleichberechtigte Teilnahme ermöglicht wird.

(9) [1]Zur Teilnahme an medizinisch wissenschaftlichen Kongressen, ärztlichen Fortbildungsveranstaltungen und ähnlichen Veranstaltungen ist der Ärztin/dem Arzt Arbeitsbefreiung bis zu drei Arbeitstagen im Kalenderjahr unter Fortzahlung des Entgelts zu gewähren. [2]Die Arbeitsbefreiung wird auf einen Anspruch nach den Weiterbildungsgesetzen der Länder angerechnet. [3]Bei Kostenerstattung durch Dritte kann eine Freistellung für bis zu fünf Arbeitstage erfolgen.

Erläuterungen

Die Regelungen zur Qualifizierung im TV-Ärzte/VKA sind weitgehend wortgleich aus der Vorschrift des § 5 TVöD übernommen und dann um einen weiteren Absatz (Befreiung zur Teilnahme an medizinisch wissenschaftlichen Kongressen, Fortbildungsveranstaltungen o. Ä.; Absatz 9) ergänzt worden.

Zu den Absätzen 1 bis 8

Die Vorschriften entsprechen § 5 Abs. 1 bis 8 TVöD; auf die dortigen Erläuterungen wird Bezug genommen.

Zu Absatz 9 – Teilnahme an Kongressen o. Ä.

Die Vorschrift, zu der es im allgemeinen Teil des TVöD keine unmittelbare Parallele gibt, räumt Ärzten für die Teilnahme an medizinisch wissenschaftlichen Kongressen, ärztlichen Fortbildungsveranstaltungen und ähnlichen Veranstaltungen einen jahresbezogenen, bezahlten Freistellungsanspruch von bis zu drei Arbeitstagen ein (Satz 1). Der Anspruch erhöht sich bei der Erstattung der Kosten (gemeint sind nach Auffassung des Verfassers auch bzw. gerade die Personalkosten) durch Dritte auf fünf Tage und ist dann aus Sicht des Arbeitgebers faktisch ein Anspruch auf unbezahlte, zumindest aber nicht zu seinen Lasten gehende Freistellung (Satz 3).

In Satz 2 der Vorschrift ist vereinbart, dass die Arbeitsbefreiung auf einen (u. U. weiterreichenden) Freistellungsanspruch nach den Weiterbildungsgesetzen der Länder angerechnet wird. Der Begriff der Weiterbildungsgesetze ist nach Meinung des Verfassers nicht wörtlich, sondern sinngemäß zu verstehen und umfasst auch Bildungsurlaubs-, Bildungsfreistellung- sowie Qualifizierungsgesetze. Eine Auflistung der entsprechenden Gesetze ist bei den Erläuterungen zu § 29 TVöD abgedruckt.

V

Abschnitt II
Arbeitszeit

§ 7 Regelmäßige Arbeitszeit

(1) [1]Die regelmäßige Arbeitszeit beträgt ausschließlich der Pausen durchschnittlich 40 Stunden wöchentlich. [2]Die regelmäßige Arbeitszeit kann auf fünf Tage, aus notwendigen betrieblichen/dienstlichen Gründen auch auf sechs Tage verteilt werden.

(2) [1]Für die Berechnung des Durchschnitts der regelmäßigen wöchentlichen Arbeitszeit ist ein Zeitraum von einem Jahr zugrunde zu legen. [2]Abweichend von Satz 1 kann bei Ärztinnen und Ärzten, die ständig Wechselschicht- oder Schichtarbeit zu leisten haben, ein längerer Zeitraum zugrunde gelegt werden.

(3) [1]Soweit es die betrieblichen/dienstlichen Verhältnisse zulassen, wird die Ärztin/der Arzt am 24. Dezember und am 31. Dezember unter Fortzahlung des Entgelts nach § 22 von der Arbeit freigestellt. [2]Kann die Freistellung nach Satz 1 aus betrieblichen/dienstlichen Gründen nicht erfolgen, ist entsprechender Freizeitausgleich innerhalb von drei Monaten zu gewähren. [3]Die regelmäßige Arbeitszeit vermindert sich für den 24. Dezember und 31. Dezember, sofern sie auf einen Werktag fallen, um die dienstplanmäßig ausgefallenen Stunden.

V

Protokollerklärung zu Absatz 3 Satz 3:
Die Verminderung der regelmäßigen Arbeitszeit betrifft die Ärztinnen und Ärzte, die wegen des Dienstplans frei haben und deshalb ohne diese Regelung nacharbeiten müssten.

(4) Aus dringenden betrieblichen/dienstlichen Gründen kann auf der Grundlage einer Betriebs-/Dienstvereinbarung im Rahmen des § 7 Abs. 1, 2 und des § 12 ArbZG von den Vorschriften des Arbeitszeitgesetzes abgewichen werden.

(5) [1]Die tägliche Arbeitszeit kann im Schichtdienst auf bis zu zwölf Stunden ausschließlich der Pausen ausgedehnt werden. [2]In unmittelbarer Folge dürfen nicht mehr als vier über zehn Stunden dauernde Schichten und in einem Zeitraum von zwei Kalenderwochen nicht mehr als insgesamt acht über zehn Stunden dauernde Schichten geleistet werden. [3]Zwischen der Ableistung von Bereitschaftsdienst und einer Schicht i.S.d. Satz 1 muss jeweils ein Zeitraum von 72 Stunden liegen.

(6) Ärztinnen und Ärzte sind im Rahmen begründeter betrieblicher/dienstlicher Notwendigkeiten zur Leistung von Sonntags-, Feiertags-, Nacht-, Wechselschicht-, Schichtarbeit sowie – bei Teilzeitbeschäftigung aufgrund arbeitsvertraglicher Regelung oder mit ihrer Zustimmung – zu Bereitschaftsdienst, Rufbereitschaft, Überstunden und Mehrarbeit verpflichtet.

(7) [1]Durch Betriebs-/Dienstvereinbarung kann ein wöchentlicher Arbeitszeitkorridor von bis zu 45 Stunden eingerichtet werden. [2]Die innerhalb eines Arbeitszeitkorridors geleisteten zusätzlichen Arbeitsstunden werden im Rahmen des nach Absatz 2 Satz 1 festgelegten Zeitraums ausgeglichen.

(8) [1]Durch Betriebs-/Dienstvereinbarung kann in der Zeit von 6 bis 20 Uhr eine tägliche Rahmenzeit von bis zu zwölf Stunden eingeführt werden. [2]Die innerhalb der täglichen Rahmenzeit geleisteten zusätzlichen Arbeitsstunden werden im Rahmen des nach Absatz 2 Satz 1 festgelegten Zeitraums ausgeglichen.

(9) [1]Über den Abschluss einer Dienst- bzw. Betriebsvereinbarung nach den Absätzen 4, 7 und 8 sind der jeweilige kommunale Arbeitgeberverband und der entsprechende Landesverband des Marburger Bundes unverzüglich zu informieren. [2]Sie haben im Einzelfall innerhalb von vier Wochen die Möglichkeit, dem In-Kraft-Treten der Dienst- bzw. Betriebsvereinbarung im Hinblick auf die Ärztinnen und Ärzte im Geltungsbereich dieses Tarifvertrages zu widersprechen. [3]In diesem Fall wird für Ärztinnen und Ärzte nach Satz 2 die Wirksamkeit der Dienst- bzw. Betriebsvereinbarung ausgesetzt und es sind innerhalb von vier Wochen Tarifverhandlungen zwischen dem jeweiligen kommunalen Arbeitgeberverband und dem Landesverband des Marburger Bundes über diesen Einzelfall aufzunehmen. [4]Satz 3 gilt entsprechend, wenn eine Dienst- bzw. Betriebsvereinbarung im Hinblick auf die vom Geltungsbereich dieses Tarifvertrages erfassten Ärztinnen und Ärzte nicht zustande kommt und der jeweilige kommunale Arbeitgeberverband oder der jeweilige Landesverband des Marburger Bundes die Aufnahme von Tarifverhandlungen verlangt.

Protokollerklärung zu § 7:

Gleitzeitregelungen sind unter Wahrung der jeweils geltenden Mitbestimmungsrechte unabhängig von den Vorgaben zu Arbeitszeitkorridor und Rahmenzeit (Absätze 7 und 8) möglich.

V

Erläuterungen

Die Vorschrift des § 7 TV-Ärzte/VKA trifft Regelungen zur regelmäßigen Arbeitszeit. Der Regelungsinhalt gehört zu den Kernbereichen des TV-Ärzte/VKA. Sie ist aus der Vorschrift des § 6 TVöD entwickelt worden.

Für übergeleitete Beschäftigte ist ggfs. das Wahlrecht des § 7 TVÜ-Ärzte/VKA (Anspruch auf Arbeitszeitreduzierung der Ärzte des Tarifgebietes West auf 38,5 Stunden bei entsprechender Entgeltminderung) zu beachten.

Zu Absatz 1 – Regelmäßige wöchentliche Arbeitszeit

Die durchschnittliche regelmäßige wöchentliche Arbeitszeit beträgt im Geltungsbereich des TV-Ärzte/VKA einheitlich für das Tarifgebiet West und das Tarifgebiet Ost 40 Stunden (Absatz 1 Satz 1). Pausen zählen nach Absatz 1 Satz 1 nicht zur regelmäßigen Arbeitszeit, und zwar im Gegensatz zur Vereinbarung in § 6 Abs. 1 Satz 2 TVöD auch bei Wechselschichtarbeit nicht. Pausen sind gleichwohl natürlich auf der Grundlage des Arbeitszeitgesetzes (siehe Anhang zu § 6 TVöD) zu gewähren. Die Arbeit muss gemäß § 4 des Arbeitszeitgesetzes durch im Voraus festgelegte Ruhepausen von mindestens 30 (bei einer täglichen Arbeitszeit von mehr als sechs Stunden) bzw. 45 Minuten (bei einer Arbeitszeit von mehr als neuen Stunden) unterbrochen werden. Die Ruhepausen dürfen in mehrere Zeitabschnitte von jeweils mindestens 15 Minuten aufgeteilt werden. Auch weitere gesetzliche Vorschriften (z. B. für stillende Mütter) sind zu beachten.

Die regelmäßige Arbeitszeit ist grundsätzlich auf fünf, sie kann aus notwendigen betrieblichen/dienstlichen Gründen auch auf sechs Tage verteilt werden (Absatz 1 Satz 2).

Zu Absatz 2 – Durchschnitt der regelmäßigen wöchentlichen Arbeitszeit

Die Vorschrift entspricht der Regelung in § 6 Abs. 2 TVöD; auf die dortigen Erläuterungen wird Bezug genommen.

Zu Absatz 3 Sätze 1 bis 3 – Heiligabend und Silvester

Nach Satz 1 der Vorschrift werden die Ärzte am Heiligabend und an Silvester unter Fortzahlung des Entgelts (Tabellenentgelt, sonstige in Monatsbeträgen festgelegten Entgeltbestandteile sowie Durchschnitt der unständigen Bezügebestandteile auf der Grundlage des § 22 TV-Ärzte/VKA) von der Arbeit freigestellt, wenn die betrieblichen/dienstlichen Verhältnisse dies zulassen. Wenn die Freistellung aus betrieblichen/dienstlichen Gründen nicht erfolgen kann, ist innerhalb von drei Monaten ein Freizeitausgleich zu gewähren (Satz 2). Auch nach Ablauf der Dreimonatsfrist wandelt sich der Freizeitanspruch nicht in einen Bezahlungsanspruch um, sondern bleibt weiter als Freizeitanspruch bestehen. Nach Satz 3 der Vorschrift vermindert sich die regelmäßige Arbeitszeit für den 24. und 31. 12., sofern diese Tage auf einen Werktag fallen, um die dienstplanmäßig ausgefallenen Stunden. Dies gilt nach der Protokollerklärung zu Absatz 3 Satz 3 aber nur für die Ärzte, die wegen des Dienstplanes an Heiligabend oder Silvester ohnehin frei haben und deshalb ohne die Regelung des Satzes 3 die ausgefallene Zeit nacharbeiten müssten. Auch diese Beschäftigten sollen somit in den Genuss der Freistellung gelangen. Ärzte, die Heiligabend oder Silvester arbeiten, erhalten neben ihrem Entgelt für die Zeit ab 6 Uhr einen Zuschlag in Höhe von 35 % (§ 11 Absatz 1 Satz 2 Buchstabe e).

Die Vorschrift des § 8 erhält zur Feiertagsarbeit ergänzende Regelungen.

Zu Absatz 4 – Arbeitszeitgesetz – abweichende Regelungen

Das Arbeitszeitgesetz (siehe Anhang zu § 6 TVöD) enthält in seinen §§ 7 und 12 verschiedene Öffnungsklauseln für von den gesetzlichen Vorschriften (hinsichtlich der Höchstarbeitszeit und Sonn- und Feiertagsarbeit) abweichende tarifvertragliche Regelungen oder aufgrund eines Tarifvertrages geschlossener Betriebs-/Dienstvereinbarungen. Die Vorschrift des Absatzes 4 knüpft daran an und überträgt die Regelungskompetenz den Betriebsparteien „vor Ort". Das Verfahren dazu im Einzelnen ist in Absatz 9 geregelt.

Zu Absatz 5 – Verlängerung der täglichen Arbeitszeit im Schichtdienst

Auf der Grundlage von Absatz 5 Satz 1 sind im Schichtdienst Schichtlängen von bis zu 12 Stunden ausschließlich der Pausen möglich. § 7 Abs. 2 Nr. 3 ArbZG ermöglicht es den Tarifpartnern, entsprechende, von den Grundsätzen des § 3 ArbZG abweichende Regelungen für Beschäftigte in Krankenhäusern zu treffen. Dadurch lassen sich im Schichtbetrieb längere Freizeitintervalle schaffen oder Wochenenddienste vermindern. Satz 2 der Vorschrift schränkt die Möglichkeiten insoweit ein, als die Zahl der zehn Stunden überschreitenden Schichten i. S. d. Satzes 1 auf maximal vier in Folge bzw. acht innerhalb von zwei Wochen begrenzt wird. Nach Satz 3 dürfen Zwölfstundenschichten nicht mit Bereitschaftsdienst verbunden werden; es muss ein zeitlicher Mindestabstand von 72 Stunden gewahrt sein.

Zu Absatz 6 – Verpflichtung zu Sonderformen der Arbeit

Mit dieser Vorschrift werden die sich aus dem allgemeinen Direktionsrecht des Arbeitgebers ergebenden Rechte bzw. Pflichten konkretisiert. Die Vorschrift entspricht der Regelung in § 6 Abs. 5 TVöD; auf die dortigen Erläuterungen wird Bezug genommen. Die Vorschrift des § 8 erhält dazu ergänzende Regelungen.

Zu Absatz 7 – Arbeitszeitkorridor

Die Vorschrift ermöglicht die Einrichtung eines Arbeitszeitkorridors und verhindert dadurch im Rahmen des Zeitkorridors das Entstehen von Überstunden(-zuschlägen). Die Vorschrift entspricht der Regelung in § 6 Abs. 6 TVöD; auf die dortigen Erläuterungen wird Bezug genommen. Die Regelungskompetenz obliegt den Betriebsparteien „vor Ort". Das Verfahren dazu im Einzelnen ist in Absatz 9 geregelt.

Zu Absatz 8 – Rahmenzeit

Die Vorschrift ermöglicht die Einrichtung einer Rahmen(-arbeits)zeit und verhindert dadurch im Rahmen des Zeitrahmens das Entstehen von Überstunden(-zuschlägen). Die Vorschrift entspricht der Regelung in § 6 Abs. 7 TVöD; auf die dortigen Erläuterungen wird Bezug genommen. Die Regelungskompetenz obliegt den Betriebsparteien „vor Ort". Das Verfahren dazu im Einzelnen ist in Absatz 9 geregelt.

Zu Absatz 9 – Betriebs-/Dienstvereinbarungen

In Absatz 9 haben die Tarifpartner das Verfahren bei Betriebs-/Dienstvereinbarungen geregelt, die zur Umsetzung der Möglichkeiten der Absätze 4 (Abweichungen vom Arbeitszeitgesetz), 7 (Arbeitszeitkorridor) und 8 (Rahmenzeit) an sich obligatorisch sind. Da der Marburger Bund befürchtete, nicht ärztlich geprägte, von Mehrheiten anderer Gewerkschaften beherrschte Betriebs-/Personalräte würden die Interessen der Ärzte nicht hinrechend berücksichtigen, wurde den Tarifpartnern auf Landesebene ein Informations- und Widerspruchsrecht zu den „vor Ort" getroffenen Betriebs-/Dienstvereinbarungen eingeräumt. Im Falle des Widerspruchs und im Fall des Nichtzustandekommens einer Betriebs-/Dienstvereinbarung sollen dann tarifvertragliche Regelungen auf Landesebene an die Stelle der Betriebs-/Dienstvereinbarung treten.

Zur Protokollerklärung zu § 7

Nach der Protokollerklärung zu § 7 bleiben Gleitzeitregelungen auch nach In-Kraft-Treten des TV-Ärzte/VKA zulässig.

§ 8 Arbeit an Sonn- und Feiertagen sowie an Wochenenden

In Ergänzung zu § 7 Abs. 3 Satz 3 und Abs. 6 gilt für Sonn- und Feiertage Folgendes:

(1) [1]Die Arbeitszeit an einem gesetzlichen Feiertag, der auf einen Werktag fällt, wird durch eine entsprechende Freistellung an einem anderen Werktag bis zum Ende des dritten Kalendermonats – möglichst aber schon bis zum Ende des nächsten Kalendermonats – ausgeglichen, wenn es die betrieblichen Verhältnisse zulassen. [2]Kann ein Freizeitausgleich nicht gewährt werden, erhält die Ärztin/der Arzt je Stunde 100 v. H. des auf eine Stunde entfallenden Anteils des monatlichen Entgelts der jeweiligen Entgeltgruppe und Stufe nach Maßgabe der Entgelttabelle. [3]§ 11 Abs. 1 Satz 2 Buchst. d bleibt unberührt.

(2) [1]Für Ärztinnen und Ärzte, die regelmäßig nach einem Dienstplan eingesetzt werden, der Wechselschicht- oder Schichtdienst an sieben Tagen in der Woche vorsieht, vermindert sich die regelmäßige Wochenarbeitszeit um ein Fünftel der arbeitsvertraglich vereinbarten durchschnittlichen Wochenarbeitszeit, wenn sie an einem gesetzlichen Feiertag, der auf einen Werktag fällt,

a) Arbeitsleistung zu erbringen haben oder
b) nicht wegen des Feiertags, sondern dienstplanmäßig nicht zur Arbeit eingeteilt sind und deswegen an anderen Tagen der Woche ihre regelmäßige Arbeitszeit erbringen müssen.

[2]Absatz 1 gilt in diesen Fällen nicht. [3]§ 11 Abs. 1 Satz 2 Buchst. d bleibt unberührt.

(3) [1]Ärztinnen und Ärzte, die regelmäßig an Sonn- und Feiertagen arbeiten müssen, erhalten innerhalb von zwei Wochen zwei arbeitsfreie Tage. [2]Hiervon soll ein freier Tag auf einen Sonntag fallen.

(4) [1]Arbeitsleistungen (regelmäßige Arbeit, Bereitschaftsdienst, Rufbereitschaft) am Wochenende (Freitag ab 21 Uhr bis Montag 5 Uhr) dürfen an höchstens zwei Wochenenden im Kalendermonat angeordnet werden. [2]Abweichend davon darf je Kalendervierteljahr für ein weiteres Wochenende Arbeitsleistung angeordnet werden. [3]Die Arbeitsleistung an einem Wochenende wird jeweils dem Kalendermonat zugeordnet, in dem sie begonnen hat. [4]Darüber hinaus dürfen weitere Arbeitsleistungen (regelmäßige Arbeit, Bereitschaftsdienst, Rufbereitschaft) nur angeordnet werden, wenn andernfalls eine Gefährdung der Patientensicherheit droht. [5]Wochenenden, an denen gemäß Satz 4 weitere Arbeitsleistung angeordnet wurde, sind innerhalb der nächsten drei Kalendermonate als zusätzliche Wochenenden ohne Arbeitsleistung zu gewähren. [6]Dies gilt nicht für Arbeitsleistungen, die an dem ersten weiteren Wochenende im Kalendervierteljahr (Satz 2) erbracht worden sind. [7]Sind nach Satz 5 zu gewährende freie Wochenenden nicht innerhalb der Frist nach Satz 5 gewährt worden, erhöht sich für die in dieser Zeit erbrachte Arbeitsleistung bei Vollarbeit das Entgelt je Stunde um 10 Prozent, bei Bereitschaftsdienst die Bewertung des Bereitschaftsdienstes gemäß § 12 Abs. 1 Satz 1 um 10 Prozentpunkte bzw. wird zusätzlich zum Rufbereitschaftsentgelt ein Zuschlag von 10 Prozent des Entgelts gemäß § 11 Abs. 3 gezahlt. [8]Jedenfalls ein freies Wochenende pro Kalendermonat ist zu gewährleisten.

V

Erläuterungen

Die Regelungen des § 8 TV-Ärzte/VKA zur Arbeit an Sonn- und Feiertagen bzw. zum angemessenen Ausgleich für diese Sonderdienste ergänzen die Vorschriften des § 7 Absatz 3 Satz 3 sowie Absatz 6 TV-Ärzte/VKA.

Zu Absatz 1 – Ausgleich für Feiertagsarbeit

In Absatz 1 haben die Tarifpartner den Ausgleich für Arbeit an Feiertagen für Ärzte außerhalb des Wechselschicht-/Schichtdienstes geregelt. Für Ärzte im Schichtdienst gilt gemäß Absatz 2 Satz 2 das abweichende Verfahren des Absatzes 2. Was unter „Feiertag" im Sinne dieser Vorschrift zu verstehen ist, haben sie nicht näher definiert, so dass die gesetzlichen Vorschriften heranzuziehen sind. Dies sind insbesondere die Feiertagsgesetze der Länder (abgedruckt bei der Erläuterung zu § 6 Abs. 3 TVöD).

V

Nach Satz 1 soll die Arbeit an einem gesetzlichen Feiertag, der auf einen Werktag fällt, bis zum Ende des dritten, möglichst aber bereits bis zum Ende des nächsten Kalendermonats durch Freistellung an einem Werktag ausgeglichen werden. Im Falle des Ausgleichs erhalten die betroffenen Ärzte nach dem Wortlaut des Satzes 3 einen Zeitzuschlag gemäß § 11 Absatz 1 Satz 2 Buchstabe d (das ist der Feiertagszuschlag i. H. v. 35 %). Sollte ein Ausgleich nicht möglich sein, erhält der Arzt für jede Stunde das Stundenentgelt (Satz 2). Stundenentgelt ist das auf eine Stunde heruntergerechnete Tabellenentgelt unter Berücksichtigung der individuellen Entgeltgruppe und -stufe. Das Monatstabellenentgelt ist dazu durch 4,348 (Umrechnungsfaktor des § 25 Absatz 3 Satz 3 zur Umrechnung des Monats- auf einen Wochenbetrag) und dann durch die Anzahl der Wochenstunden (40) zu teilen. Daneben erhalten die Betroffenen einen Zeitzuschlag gemäß § 11 Absatz 1 Satz 2 Buchstabe d i. H. v. 35 % (Achtung: Bemessungsgrundlage ist dort nicht das individuelle, sondern ein pauschaliertes Stundenentgelt!).

Zu Absatz 2 – Ausgleich für Feiertagsarbeit bei Wechselschicht/ Schichtdienst

In Absatz 2 haben die Tarifpartner den Ausgleich für Arbeit an Feiertagen für Ärzte im Wechselschicht-/Schichtdienst geregelt. Nach Satz 1 mindert sich die regelmäßige Wochenarbeitszeit für Ärzte, die nach einem sieben Tage der Woche umfassenden Dienstplan im Wechselschicht-/Schichtbetrieb tätig sind, um ein Fünftel der vertraglich vereinbarten durchschnittlichen Wochenarbeitszeit. Dies gilt aber nur in den Fällen, in denen sie entweder arbeiten müssen, oder sie nicht wegen des Feiertages frei haben (das würde einen Fortzahlungsanspruch nach dem Entgeltfortzahlungsgesetz auslösen), sondern dienstplanmäßig frei haben und die Arbeitszeit daher an anderen Tagen erbringen müssen. Im Ergebnis führt diese Regelung dazu, dass auch die in Wechselschicht/-Schichtdienst tätigen Beschäftigten von den Effekten der Feiertage profitieren und dass der Arbeitgeber die Dienstpläne nicht „um die Feiertage herumlegen" kann.

Zu Absatz 3 – Freie Tage bei Sonn- und Feiertagsarbeit

Die Vorschrift ist aus der Regelung der Nr. 7 SR 2c BAT übernommen worden und räumt den regelmäßig an Sonn- und Feiertagen arbeitenden Ärzten einen Anspruch auf zwei arbeitsfreie Tage innerhalb von zwei Wochen ein. Ein arbeitsfreier Tag soll dabei auf einen Sonntag fallen.

Zu Absatz 4 – Begrenzung der Wochenenddienste

Absatz 4 wurde durch den 8. Änderungstarifvertrag vom 4. Mai 2022 mit Wirkung zum 1. Januar 2023 angefügt. Der Sachverhalt war bis dahin in § 10 Abs. 12 geregelt.

Die Regelungen begrenzen die möglichen Wochenenddienste. Wochenende ist dabei der Zeitraum von Freitag ab 21 Uhr bis Montag 5 Uhr (Satz 1). Nach Maßgabe des Satzes 1 dürfen Dienste grundsätzlich an höchstens zwei Wochenenden angeordnet werden, und zwar unabhängig davon, ob es sich um (volle) Arbeitsleistung oder um Bereitschaftsdienst bzw. Rufbereitschaft handelt. Satz 2 ermöglicht, dass einmal im Kalendervierteljahr eine weitere Arbeitsleistung an einem beliebigen Wochenende angeordnet werden kann. Bei monatsübergreifenden Diensten wird die Arbeitsleistung dem Monat zugeordnet, in dem sie begonnen hat (Satz 3). Neben der Möglichkeit nach Satz 1 und 2 können darüber hinaus nach Satz 4 weitere Wochenenddienste nur angeordnet werden, wenn eine Gefährdung der Patientensicherheit droht. Den Begriff „Gefährdung der Patientensicherheit" haben die Tarifpartner nicht näher definiert. Nach Auffassung des Verfassers wird aber eine abstrakte Gefährdungslage ausreichen; die konkrete Bedrohung von Leib oder Leben einzelner Patienten muss nicht vorliegen. Mindestens ein freies Wochenende pro Kalendermonat ist auf jeden Fall zu gewährleisten (Satz 8).

Ist der Arzt gemäß Satz 4 an Wochenenden zusätzlich zur Arbeitsleistung herangezogen worden und konnten somit nicht alle freien Wochenenden in einem Kalendermonat gewährt werden, so sind diese Wochenenden nach dem in dem Satz 5 vereinbarten Verfahren auf Antrag des Arztes innerhalb der nächsten drei Kalendermonate zusätzlich zu gewähren. Dies gilt gem. Satz 6 nicht für die nach Satz 2 zu erbringenden Dienste an einem Wochenende im Kalendervierteljahr. Nicht ausgeglichene Zusatzwochenenden führen nach näherer Maßgabe des Satzes 7 zu zusätzlichen Zahlungsansprüchen, und zwar für Vollarbeit i. H. v. 10 Prozent des Stundenentgelts, bei Bereitschaftsdiensten in Form einer um 10 Prozentpunkte erhöhten Bewertung als Arbeitszeit und bei Rufbereitschaft durch einen Zuschlag von 10 Prozent des für Rufbereitschaft vorgesehenen Entgelts.

Zur Protokollerklärung zu Abschnitt II – Gleitzeitregelungen

Nach § 14, am Ende des Abschnitts II (Arbeitszeit), haben die Tarifpartner bestimmt, dass bei In-Kraft-Treten des TV-Ärzte/VKA bestehende Gleitzeitregelungen unberührt bleiben und daher nicht angepasst zu werden brauchen. Diese Protokollerklärung kann auch bei § 8 Bedeutung erlangen.

§ 9 Sonderformen der Arbeit

(1) [1]Wechselschichtarbeit ist die Arbeit nach einem Schichtplan/Dienstplan, der einen regelmäßigen Wechsel der täglichen Arbeitszeit in Wechselschichten vorsieht, bei denen die Ärztin/der Arzt längstens nach Ablauf eines Monats erneut zu mindestens zwei Nachtschichten herangezogen wird. [2]Wechselschichten sind wechselnde Arbeitsschichten, in denen ununterbrochen bei Tag und Nacht, werktags, sonntags und feiertags gearbeitet wird. [3]Nachtschichten sind Arbeitsschichten, die mindestens zwei Stunden Nachtarbeit umfassen.

(2) Schichtarbeit ist die Arbeit nach einem Schichtplan, der einen regelmäßigen Wechsel des Beginns der täglichen Arbeitszeit um mindestens zwei Stunden in Zeitabschnitten von längstens einem Monat vorsieht, und die innerhalb einer Zeitspanne von mindestens 13 Stunden geleistet wird.

(3) Nachtarbeit ist die Arbeit zwischen 21 Uhr und 6 Uhr.[1])

(4) Mehrarbeit sind die Arbeitsstunden, die teilzeitbeschäftigte Ärztinnen und Ärzte über die vereinbarte regelmäßige Arbeitszeit hinaus bis zur regelmäßigen wöchentlichen Arbeitszeit von vollbeschäftigten Ärztinnen und Ärzten (§ 7 Abs. 1 Satz 1) leisten.

(5) Überstunden sind die auf Anordnung des Arbeitgebers geleisteten Arbeitsstunden, die über die im Rahmen der regelmäßigen Arbeitszeit von vollbeschäftigten Ärztinnen und Ärzten (§ 7 Abs. 1 Satz 1) für die Woche dienstplanmäßig bzw. betriebsüblich festgesetzten Arbeitsstunden hinausgehen und nicht bis zum Ende der folgenden Kalenderwoche ausgeglichen werden.

(6) Abweichend von Absatz 5 sind nur die Arbeitsstunden Überstunden, die

a) im Falle der Festlegung eines Arbeitszeitkorridors nach § 7 Abs. 7 über 45 Stunden oder über die vereinbarte Obergrenze hinaus,

b) im Falle der Einführung einer täglichen Rahmenzeit nach § 7 Abs. 8 außerhalb der Rahmenzeit,

c) im Falle von Wechselschicht- oder Schichtarbeit über die im Schichtplan festgelegten täglichen Arbeitsstunden einschließlich der im Schichtplan vorgesehenen Arbeitsstunden, die bezogen auf die regelmäßige wöchentliche Arbeitszeit im Schichtplanturnus nicht ausgeglichen werden,

angeordnet worden sind.

Erläuterungen

In § 9 TV-Ärzte/VKA definieren die Tarifpartner die Begriffe für Sonderformen der Arbeit in enger Anlehnung an die Regelungen des § 7 TVöD. Die Vorschrift korrespondiert mit den Regelungen des § 11 TV-Ärzte/VKA, in denen der (finanzielle) Ausgleich für diese besonderen Formen der Arbeit bestimmt ist und hinsichtlich des Zusatzurlaubs für (Wechsel-)Schichtarbeit sowie Nachtarbeit mit § 28 TV-Ärzte/VKA.

---

[1]) Entsprechend Teil III Ziffer 1 Buchst. a) der unter **505** abgedruckten Tarifeinigung gilt ab 1. Juli 2025 die Arbeit zwischen 20 Uhr und 6 Uhr als Nachtarbeit.

V

Zu Absatz 1 – Wechselschicht/Nachtschicht

Die in Satz 1 und Satz 2 der Vorschrift getroffene Definition der Begriffe Wechselschichtarbeit und Wechselschicht entspricht der Definition in § 7 Absatz 1 TVöD; auf die dortigen Erläuterungen wird Bezug genommen. Abweichend davon reicht aber die erneute Ableistung einer Nachtschicht nach Ablauf eines Monats nicht aus; gefordert sind mindestens zwei Nachtschichten.

Satz 3 bestimmt, dass Nachtschicht (im Sinne des Satzes 1) die Arbeitsschichten sind, die mindestens zwei Stunden Nachtarbeit umfassen. Der Begriff der Nachtarbeit ist in Absatz 3 der Vorschrift definiert; darunter ist die Arbeit zwischen 21 Uhr und 6 Uhr zu verstehen.

Zu Absatz 2 – Schichtarbeit

V

Die Definition der Schichtarbeit entspricht der in § 7 Absatz 2 TVöD; auf die dortigen Erläuterungen wird Bezug genommen.

Zu Absatz 3 – Nachtarbeit[1])

Nachtarbeit ist nach dieser Definition die Zeit zwischen 21 Uhr und 6 Uhr. Die Festlegung der Tarifpartner weicht damit von der früheren Regelung in § 15 Abs. 8 BAT (20 Uhr bis 6 Uhr) und der Definition des § 2 Abs. 3 des Arbeitszeitgesetzes (23 Uhr bis 6 Uhr) ab. Die Regelung entspricht derjenigen in § 7 Abs. 5 TVöD.

Zu Absatz 4 – Mehrarbeit

Die Definition der Mehrarbeit entspricht der in § 7 Absatz 6 TVöD; auf die dortigen Erläuterungen wird Bezug genommen.

Zu Absatz 5 – Überstunden

Die Definition der Überstunden entspricht der in § 7 Absatz 7 TVöD; auf die dortigen Erläuterungen wird Bezug genommen.

Zu Absatz 6 – Überstunden in besonderen Fällen

Die Definition der Überstunden im Besonderen entspricht der in § 7 Absatz 8 TVöD; auf die dortigen Erläuterungen wird Bezug genommen.

---

1) Entsprechend Teil III Ziffer 1 Buchst. a) der unter **505** abgedruckten Tarifeinigung gilt ab 1. Juli 2025 die Arbeit zwischen 20 Uhr und 6 Uhr als Nachtarbeit.

Zur Protokollerklärung zu Abschnitt II – Gleitzeitregelungen

Nach § 14, am Ende des Abschnitts II (Arbeitszeit), haben die Tarifpartner bestimmt, dass bei In-Kraft-Treten des TV-Ärzte/VKA bestehende Gleitzeitregelungen unberührt bleiben und daher nicht angepasst zu werden brauchen. Diese Protokollerklärung kann auch bei § 9 Bedeutung erlangen.

V

§ 10 Bereitschaftsdienst und Rufbereitschaft

(1) [1]Die Ärztin/Der Arzt ist verpflichtet, sich auf Anordnung des Arbeitgebers außerhalb der regelmäßigen Arbeitszeit an einer vom Arbeitgeber bestimmten Stelle aufzuhalten, um im Bedarfsfall die Arbeit aufzunehmen (Bereitschaftsdienst). [2]Der Arbeitgeber darf Bereitschaftsdienst nur anordnen, wenn zu erwarten ist, dass zwar Arbeit anfällt, erfahrungsgemäß aber die Zeit ohne Arbeitsleistung überwiegt.

(2) Wenn in die Arbeitszeit regelmäßig und in erheblichem Umfang Bereitschaftsdienst fällt, kann unter den Voraussetzungen einer

- Prüfung alternativer Arbeitszeitmodelle unter Einbeziehung des Betriebsarztes und
- ggf. daraus resultierender Maßnahmen zur Gewährleistung des Gesundheitsschutzes

im Rahmen des § 7 Abs. 1 Nr. 1 und 4, Abs. 2 Nr. 3 ArbZG die tägliche Arbeitszeit im Sinne des Arbeitszeitgesetzes abweichend von den §§ 3, 5 Abs. 1 und 2 und 6 Abs. 2 ArbZG über acht Stunden hinaus auf bis zu 24 Stunden verlängert werden, wenn mindestens die acht Stunden überschreitende Zeit als Bereitschaftsdienst abgeleistet wird.

V

(3) [1]Die Verlängerung der werktäglichen Arbeitszeit im Sinne von Absatz 2 ist auf Fälle beschränkt, in denen sich die Leistung von Bereitschaftsdienst an einen maximal acht Stunden dauernden Arbeitsabschnitt im Rahmen der regelmäßigen Arbeitszeit anschließt. [2]Ein sich unmittelbar an den Bereitschaftsdienst anschließender Arbeitsabschnitt im Rahmen der regelmäßigen Arbeitszeit ist beispielsweise zum Zwecke der Übergabe zulässig, sofern dieser nicht länger als 60 Minuten dauert und sich der dem Bereitschaftsdienst vorangegangene Arbeitsabschnitt entsprechend verkürzt.

(4) Die tägliche Arbeitszeit darf bei Ableistung ausschließlich von Bereitschaftsdienst an Samstagen, Sonn- und Feiertagen max. 24 Stunden betragen, wenn dadurch für die einzelne Ärztin/den einzelnen Arzt mehr Wochenenden und Feiertage frei sind.

(5) [1]Wenn in die Arbeitszeit regelmäßig und in erheblichem Umfang Bereitschaftsdienst fällt, kann im Rahmen des § 7 Abs. 2a ArbZG und innerhalb der Grenzwerte nach Absatz 2 eine Verlängerung der täglichen Arbeitszeit über acht Stunden hinaus auch ohne Ausgleich erfolgen. [2]Die wöchentliche Arbeitszeit darf dabei durchschnittlich bis zu 56 Stunden betragen. [3]Durch Tarifvertrag auf Landesebene kann in begründeten Einzelfällen eine durchschnittliche wöchentliche Höchstarbeitszeit von bis zu 66 Stunden vereinbart werden.

Protokollerklärung zu § 10 Abs. 1 bis 5:

Übergaben können auch im Bereitschaftsdienst erfolgen.

(6) Für die Berechnung des Durchschnitts der wöchentlichen Arbeitszeit nach den Absätzen 2 bis 5 ist ein Zeitraum von sechs Monaten zugrunde zu legen.

(7) [1]Soweit Ärztinnen und Ärzte Teilzeitarbeit gemäß § 13 vereinbart haben, verringern sich die Höchstgrenzen der wöchentlichen Arbeitszeit nach den Absätzen 2 bis 5 in demselben Verhältnis, wie die Arbeitszeit dieser Ärztinnen

und Ärzte zu der regelmäßigen Arbeitszeit vollbeschäftigter Ärztinnen und Ärzte. [2]Mit Zustimmung der Ärztin/des Arztes oder aufgrund von dringenden dienstlichen oder betrieblichen Belangen kann hiervon abgewichen werden.

(8) [1]Die Ärztin/der Arzt hat sich auf Anordnung des Arbeitgebers außerhalb der regelmäßigen Arbeitszeit an einer dem Arbeitgeber anzuzeigenden Stelle aufzuhalten, um auf Abruf die Arbeit aufzunehmen (Rufbereitschaft). [2]Rufbereitschaft wird nicht dadurch ausgeschlossen, dass die Ärztin/der Arzt vom Arbeitgeber mit einem Mobiltelefon oder einem vergleichbaren technischen Hilfsmittel zur Gewährleistung der Erreichbarkeit ausgestattet wird. [3]Der Arbeitgeber darf Rufbereitschaft nur anordnen, wenn erfahrungsgemäß lediglich in Ausnahmefällen Arbeit anfällt. [4]Im Kalendermonat sind nicht mehr als 13 Rufbereitschaften zu leisten. [5]Darüber hinausgehende Rufbereitschaften sind nur zu leisten, wenn andernfalls eine Gefährdung der Patientensicherheit droht. [6]Bei teilzeitbeschäftigten Ärztinnen und Ärzten ist die Höchstgrenze nach Satz 4 entsprechend dem Verhältnis ihrer individuell vereinbarten durchschnittlichen regelmäßigen Arbeitszeit zur regelmäßigen Arbeitszeit vergleichbarer vollzeitbeschäftigter Ärztinnen und Ärzte zu kürzen. [7]Verbleibt bei der Berechnung nach Satz 6 ein Bruchteil, der mindestens einen halben Dienst ergibt, wird er auf einen vollen Dienst aufgerundet; Bruchteile von weniger als einem halben Dienst bleiben unberücksichtigt. [8]Durch tatsächliche Arbeitsleistung innerhalb der Rufbereitschaft kann die tägliche Höchstarbeitszeit von zehn Stunden (§ 3 ArbZG) überschritten werden (§ 7 ArbZG).

V

Protokollerklärung zu § 10 Abs. 8 Satz 4 TV-Ärzte/VKA:

Eine Rufbereitschaft umfasst maximal die Zeitspanne von 24 Stunden.

(9) § 7 Abs. 4 bleibt im Übrigen unberührt.

(10) [1]Bei der Anordnung von Bereitschaftsdiensten gemäß der Absätze 2 bis 5 hat die Ärztin/der Arzt grundsätzlich innerhalb eines Kalendermonats nur bis zu vier Bereitschaftsdienste zu leisten. [2]Abweichend davon dürfen in einem Kalendermonat pro Kalendervierteljahr fünf Bereitschaftsdienste angeordnet werden, die von der Ärztin/dem Arzt zu leisten sind. [3]Darüber hinausgehende Bereitschaftsdienste sind nur zu leisten, wenn andernfalls eine Gefährdung der Patientensicherheit droht. [4]Bei teilzeitbeschäftigten Ärztinnen und Ärzten ist die Höchstgrenze nach Satz 1 entsprechend dem Verhältnis ihrer individuell vereinbarten durchschnittlichen regelmäßigen Arbeitszeit zur regelmäßigen Arbeitszeit vergleichbarer vollzeitbeschäftigter Ärztinnen und Ärzten zu kürzen. [5]Verbleibt bei der Berechnung nach Satz 4 ein Bruchteil, der mindestens einen halben Dienst ergibt, wird er auf einen vollen Dienst aufgerundet; Bruchteile von weniger als einem halben Dienst bleiben unberücksichtigt.

Protokollerklärung zu Absatz 10:

[1]Bereitschaftsdienste bis zu vier Stunden von Montag 5 Uhr bis Freitag 21 Uhr werden mit 0,5 eines Dienstes gewertet. [2]Bei der Teilung von Wochenenddiensten werden Bereitschaftsdienste bis zu maximal zwölf Stunden mit 0,5 eines Dienstes gewertet.

(11)[1] [1]Die Lage der Dienste der Ärztinnen und Ärzte wird in einem Dienstplan geregelt, der spätestens einen Monat vor Beginn des jeweiligen Planungszeitraumes aufgestellt wird. [2]Wird die vorstehende Frist nicht eingehalten, so erhöht sich die Bewertung des Bereitschaftsdienstes gemäß § 12 Abs. 1 Satz 1 für jeden Dienst des zu planenden Folgemonats um 17,5 Prozentpunkte bzw. wird zusätzlich zum Rufbereitschaftsentgelt ein Zuschlag von 17,5 Prozent des Entgelts gemäß § 11 Abs. 3 auf jeden Dienst des zu planenden Folgemonats gezahlt. [3]Ergeben sich nach der Aufstellung des Dienstplanes Gründe für eine Änderung des Dienstplanes, die in der Person einer Ärztin / eines Arztes begründet sind oder die auf nicht vorhersehbaren Umständen beruhen, kann der Dienstplan nach Aufstellung geändert werden. [4]Die Mitbestimmung nach der Aufstellung des Dienstplanes bleibt unberührt. [5]Liegen bei einer notwendigen Dienstplanänderung nach Satz 3 zwischen der Dienstplanänderung und dem Antritt des Dienstes weniger als drei Tage, erhöht sich die Bewertung des Bereitschaftsdienstes gemäß § 12 Abs. 1 Satz 1 um 17,5 Prozentpunkte bzw. wird zusätzlich zum Rufbereitschaftsentgelt ein Zuschlag von 17,5 Prozent des Entgelts gemäß § 11 Abs. 3 gezahlt.

V

Verhandlungsniederschrift

[1]Die Vertragsparteien stimmen überein, dass mit der Einführung des Zuschlages nach § 10 Abs. 11 Satz 5 TV-Ärzte/VKA der Einhaltung der Obliegenheiten der Ärztinnen und Ärzte hinsichtlich der Anzeige von Dienstverhinderungen im Sinne des § 5 Abs. 1 Satz 1 EntgFG insofern Bedeutung zukommt, als deren schuldhafte Nichtbeachtung Schadensersatzansprüche zur Folge hat, wenn dadurch die Zahlung des Arbeitgebers nach § 10 Abs. 11 Satz 5 TV-Ärzte/VKA erfolgt. [2]Diese Regelung ist Bestandteil der Tarifeinigung.

(12) [1]Bei vollzeitbeschäftigten Ärztinnen und Ärzten, die sowohl Bereitschaftsdienst als auch Rufbereitschaft leisten, gilt, dass diese im Kalendermonat

bei einem Bereitschaftsdienst höchstens noch zu zehn Rufbereitschaften,

bei zwei Bereitschaftsdiensten höchstens noch zu sieben Rufbereitschaften,

bei drei Bereitschaftsdiensten höchstens noch zu vier Rufbereitschaften und

bei vier Bereitschaftsdiensten zu keiner Rufbereitschaft

sowie

bei bis zu vier Rufbereitschaften höchstens noch zu drei Bereitschaftsdiensten,

bei mehr als vier bis zu sieben Rufbereitschaften höchstens noch zu zwei Bereitschaftsdiensten,

---

[1]) Die Tarifpartner haben sich in Teil III Ziffer 1 Buchst. h) der unter **505** abgedruckten Tarifeinigung auf folgende Vereinbarung ab dem 1. Juli 2025 verständigt:
„Die Regelungen zur Lage der Dienste der Ärztinnen und Ärzte gemäß § 10 Abs. 11 werden auf Vollarbeit, Schichtarbeit und Wechselschichtarbeit erweitert. Wird die Monatsfrist zur Aufstellung des Dienstplans nicht eingehalten, erhöht sich das Entgelt der Vollarbeit, Schichtarbeit und Wechselschichtarbeit für jeden Dienst des zu planenden Folgemonats um 10 v H. Liegen bei einer notwendigen Dienstplanänderung zwischen der Dienstplanänderung und dem Antritt des Dienstes weniger als drei Tage, erhöht sich das Entgelt der Vollarbeit, Schichtarbeit und Wechselschichtarbeit für jeden von der Änderung betroffenen Dienst um 10 v H."

bei mehr als sieben bis zu zehn Rufbereitschaften höchstens noch zu einem Bereitschaftsdienst und

bei mehr als zehn Rufbereitschaften zu keinem Bereitschaftsdienst

herangezogen werden dürfen. [2]Bei teilzeitbeschäftigten Ärztinnen und Ärzten ist das Verhältnis ihrer individuell vereinbarten durchschnittlichen regelmäßigen Arbeitszeit zur regelmäßigen Arbeitszeit vergleichbarer vollzeitbeschäftigter Ärztinnen und Ärzten zu berücksichtigen. [3]Absatz 10 Sätze 2 und 3 sowie Absatz 8 Satz 5 gelten entsprechend. [4]Für über die Anzahl nach den Sätzen 1 oder 2 hinaus angeordnete Bereitschaftsdienste oder Rufbereitschaften gelten die jeweils einschlägige Bewertungsregelung (§ 12 Abs. 3 Sätze 4 bis 6) oder Zuschlagsregelung (§ 11 Abs. 3 Sätze 10 bis 12).

Protokollerklärung zu § 10 Abs. 12 Satz 2:[1])

1. Bei teilzeitbeschäftigten Ärztinnen und Ärzten, die sowohl Bereitschaftsdienst als auch Rufbereitschaft leisten, wird ein Bereitschaftsdienst mit 13 Punkten und eine Rufbereitschaft mit 4 Punkten gewertet.
2. [1]Die zulässige Anzahl gemäß Absatz 8 Satz 4 und Absatz 10 Satz 1 gilt dann als erreicht, sofern die gegenseitige Anrechnung der Dienste einen Punktwert entsprechend dem Verhältnis ihrer individuell vereinbarten durchschnittlichen regelmäßigen Arbeitszeit zur regelmäßigen Arbeitszeit vergleichbarer vollzeitbeschäftigter Ärztinnen und Ärzten (52 Punkte) erreicht. [2]Ergibt sich bei Berechnungen nach Satz 1 ein Bruchteil von mindestens 0,5, ist er aufzurunden; Bruchteile von weniger als 0,5 werden abgerundet.
3. Ein Rest von bis zu 3 Punkten bleibt hierbei unberücksichtigt.

V

Erläuterungen

In § 10 TV-Ärzte/VKA definieren die Tarifpartner die Begriffe Bereitschaftsdienst und Rufbereitschaft und legen die bei Ableistung dieser Sonderformen der Arbeit möglichen Höchstgrenzen zeitlicher Inanspruchnahme unter Nutzung der Öffnungsklauseln des Arbeitszeitgesetzes fest.

---

[1]) **Zur Protokollerklärung zu § 10 Abs. 12 Satz 2 wurde folgende ergänzende Niederschrift vereinbart:**
Zur Erläuterung der Protokollerklärung zu § 10 Abs. 12 Satz 2 TV-Ärzte/VKA verständigen sich die Tarifvertragsparteien auf folgende Beispiele:
- *„Ein Arzt arbeitet in Teilzeit i. H. v. 40 Prozent der Vollarbeitszeit. Nach Anwendung von Nr. 2 der Protokollerklärung zu § 10 Abs. 12 Satz 2 ergibt sich aufgrund der Teilzeitquote ein Punktwert i. H. v. 20,8 Punkten (52 × 0,4), welcher gemäß Satz 2 der Protokollerklärung Nr. 2 auf 21 aufgerundet wird. Nach Anordnung eines Bereitschaftsdienstes (13 Punkte) können im selben Kalendermonat noch zwei weitere Rufbereitschaften (8 Punkte) angeordnet werden.*
- *Ein Arzt arbeitet in Teilzeit i. H. v. 75 Prozent der Vollarbeitszeit. Nach Anwendung von Nr. 2 der Protokollerklärung zu § 10 Abs. 12 Satz 2 ergibt sich aufgrund der Teilzeitquote ein Punktwert von 39 (52 × 0,75). Nach Anordnung von zwei Bereitschaftsdiensten (26 Punkten) können im selben Kalendermonat weitere 3 Rufbereitschaften (12 Punkte) angeordnet werden. Der Rest von einem Punkt bleibt nach Nr. 3 der Protokollerklärung unberücksichtigt. Eine Anordnung von vier weiteren Rufbereitschaften ist für diesen Monat ausgeschlossen, da ansonsten die Grenze überschritten wird. Alternativ könnte ein dritter Bereitschaftsdienst angeordnet werden (insgesamt 39 Punkte)."*

Zu Absatz 1 – Bereitschaftsdienst

Die Vorschrift enthält in Satz 1 die Verpflichtung der Ärzte zu Bereitschaftsdienst. Dies führt dazu, dass sich der Arzt auf Weisung des Arbeitgebers außerhalb der regelmäßigen Arbeitszeit an einer vom Arbeitgeber bestimmten Stelle (in der Regel dürfte dies die Arbeitsstelle sein) aufhält, um im Bedarfsfall die Arbeit aufzunehmen. Die Verpflichtung trifft nach dem Urteil des BAG vom 16. Oktober 2013 – 10 AZR 9/13 – auch leitende Oberärzte. Dies gilt selbst dann, wenn sie im Bereitschaftsdienst assistenzärztliche bzw. fachärztliche Aufgaben zu erledigen hätten und insoweit unterwertig beschäftigt sind. Satz 2 enthält die Einschränkung, dass der Arbeitgeber Bereitschaftsdienst nur anordnen darf, wenn zwar zu erwarten ist, dass Arbeit anfällt, die Zeit ohne Arbeit aber erfahrungsgemäß überwiegt. Die maximale voraussichtliche durchschnittliche Inanspruchnahme liegt somit bei 49 % der Bereitschaftszeit; ein höherer Arbeitszeitanteil führt zur Annahme von Voll-Arbeit. Dementsprechend reicht auch die höchste Bereitschaftsdienststufe III nur bis zu einer Arbeitsleistung innerhalb des Bereitschaftsdienstes von 49 % (siehe § 12 Abs. 1).

V

Zu Absatz 2 und 3 – Verlängerung der täglichen Arbeitszeit bei Bereitschaftsdienst

Mit den Regelungen der Absätze 2 und 3 ermöglichen die Tarifpartner die Verlängerung der täglichen Arbeitszeit im Zusammenhang mit Bereitschaftsdiensten und nutzen insoweit die Tariföffnungsklauseln des Arbeitszeitgesetzes (ArbZG)[1]). Es handelt sich um Verlängerungsmöglichkeiten „mit Ausgleich“. Das bedeutet, dass die durchschnittliche wöchentliche Höchstarbeitszeit des Arbeitszeitgesetzes von 48 Stunden innerhalb des einjährigen Referenzzeitraumes des § 7 Abs. 2 Satz 1 TV-Ärzte/VKA wieder erreicht werden muss.

Gemäß Absatz 2 kann die Arbeitszeit bei Bereitschaftsdiensten grundsätzlich auf bis zu 24 Stunden täglich verlängert werden, wobei eine Aufteilung von höchstens 8 Stunden Volldienst und der restlichen Zeit als Bereitschaftsdienst vorgegeben wird. Diese Erweiterung der täglichen Höchstarbeitszeit weicht von § 3, § 5 Abs. 1 und 2 sowie § 6 Abs. 2 ArbZG ab und ist nach näherer Maßgabe des § 7 Abs. 1 Nr. 1 und Nr. 4 ArbZG rechtlich zulässig.

Als Ergebnis der Tarifrunde haben die Tarifpartner im Zuge des Änderungstarifvertrages Nr. 7 vom 22. Mai 2019 mit Wirkung vom 1. Januar 2020 in Absatz 3 vereinbart, dass ein Bereitschaftsdienst sich an einen

---

1) abgedruckt als Anhang 1 unter **210** § 6 TVöD.

maximal acht Stunden dauernden Arbeitsabschnitt anschließen darf. Der andere Fall (also Arbeitsabschnitt nach Bereitschaftsdienst) ist nur zum Zwecke der Übergabe und nur dann gestattet, wenn der Arbeitsabschnitt maximal 60 Minuten dauert.

Zu Absatz 4 – Weitere Verlängerungsmöglichkeit der täglichen Höchstarbeitszeit

Absatz 4 ermöglicht an Samstagen, Sonn- und Feiertagen 24-stündige Bereitschaftsdienste, die jedoch nicht mit Volldiensten kombiniert werden dürfen. Die Bedingung, dass dadurch mehr Wochenenden und Feiertage für den einzelnen Arzt frei bleiben, dürfte ohne weiteres erfüllt werden; denn schließlich sinkt die Zahl der zu Wochenend- und Feiertagsbereitschaften heranzuziehenden Ärzte dadurch deutlich.

Zu Absatz 5 – Verlängerung der täglichen Arbeitszeit ohne Ausgleich

Absatz 5 enthält eine weitere Verlängerungsmöglichkeit der Arbeitszeit. Die Tarifpartner haben die Vorschrift des § 7 Abs. 2a ArbZG genutzt, die – wenn Bereitschaftsdienst in erheblichem Umfang vorliegt – abweichend von § 3 und § 6 Abs. 2 ArbZG die Verlängerung der täglichen Arbeitszeit über acht Stunden auch ohne Zeitausgleich zulässt. Die Tarifpartner lassen dies im Rahmen der Absätze 2 und 3 (max. 24 bzw. 18 Stunden tägliche Arbeitszeit unter Einbeziehung des Bereitschaftsdienstes) zu, wenn dadurch die durchschnittliche regelmäßige wöchentliche Arbeitszeit von 60 Stunden (ab 1. April 2013 58 und ab 1. Juli 2019 56 Stunden) nicht überschritten wird.

Satz 3 enthält eine Verlängerungsmöglichkeit des wöchentlichen Zeitrahmens von 60 Stunden auf bis zu 66 Stunden. Dazu bedarf es eines Tarifvertrages auf Landesebene; eine Betriebs-/Dienstvereinbarung reicht nicht aus. Wegen der abweichenden Höchstgrenzen bei Teilzeitbeschäftigten siehe Absatz 7. Nach § 7 Absatz 7 ArbZG muss der Arzt schriftlich seine Einwilligung zur Verlängerung der täglichen Arbeitszeit ohne Zeitausgleich erteilen. Tut er dies nicht, läuft die Tarifregelung ins Leere. Ärzte, die diese Zustimmung nicht erteilen oder eine erteilte Genehmigung widerrufen, dürfen nicht benachteiligt werden.

Zu Absatz 6 – Ausgleichszeitraum

Für die Berechnung der Ausgleichszeiträume nach Absätzen 2 bis 5 war gemäß Absatz 6 der Tarifvorschrift in der bis zum 31. März 2013 geltenden Fassung ein Zeitraum von einem Jahr vorgesehen. Dies ergab sich durch den Verweis auf § 7 Abs. 2 Satz 1 TV-Ärzte/VKA. Ab

V

dem 1. April 2013 gilt ein Ausgleichszeitraum von sechs Monaten. Die Verkürzung des Ausgleichszeitraums auf sechs Monate betrifft ausschließlich diejenigen Fälle, in denen die tägliche Arbeitszeit gemäß § 10 Abs. 2 bis 5 TV-Ärzte/VKA im Zusammenhang mit Bereitschaftsdienst verlängert wird. Hinsichtlich der regelmäßigen durchschnittlichen Arbeitszeit von 40 Wochenstunden (§ 7 Abs. 1 Satz 1 TV-Ärzte/VKA) verbleibt es gemäß § 7 Abs. 2 Satz 1 TV-Ärzte/VKA bei dem Ausgleichszeitraum von einem Jahr.

Zu Absatz 7 – Höchstgrenzen der wöchentlichen Arbeitszeit bei Teilzeitbeschäftigung

Diese Vorschrift ergänzt die Regelungen der Absätze 2 bis 5 und stellt klar, dass die dortigen Zeitgrenzen grundsätzlich auf das Maß der individuellen Teilzeit reduziert werden. Abweichungen sind mit Zustimmung des Arztes möglich (Satz 2).

Zu Absatz 8 – Rufbereitschaft

Die Tarifpartner definieren in der Vorschrift Rufbereitschaft als die Zeit, in der sich der Arzt auf Anordnung des Arbeitgebers außerhalb der regelmäßigen Arbeitszeit an einer dem Arbeitgeber anzuzeigenden (nicht vom Arbeitgeber bestimmten; in der Regel dürfte dies die Wohnung sein) Stelle aufhält, um auf Abruf die Arbeit aufzunehmen (Satz 1). In Satz 2 der Vorschrift ist ausdrücklich bestimmt, dass die Ausstattung des Arbeitnehmers mit einem Mobiltelefon oder einem vergleichbaren technischen Hilfsmittel Rufbereitschaft nicht ausschließt. Satz 3 enthält eine Einschränkung des Grundsatzes, dass der Arbeitgeber Rufbereitschaft anordnen kann und besagt, dass der Arbeitgeber Rufbereitschaft nur anordnen darf, wenn erfahrungsgemäß nur in Ausnahmefällen Arbeit anfällt.

Die Sätze 4 bis 7 sind durch den 8. Änderungstarifvertrag vom 4. Mai 2022 mit Wirkung vom 1. Juli 2022 eingefügt worden. Durch Satz 4 wird die Anzahl der Rufbereitschaften auf 13 im Kalendermonat begrenzt, wobei nach der damit im Zusammenhang stehenden Protokollerklärung eine Rufbereitschaft maximal eine Zeitspanne von 24 Stunden umfassen darf. Ausnahmen sind nach Satz 5 nur möglich, wenn andernfalls (also bei Nichtleistung der Dienste) eine Gefährdung der Patientensicherheit droht. In Satz 6 haben die Tarifpartner klargestellt, dass die maximale Anzahl von 13 Bereitschaftsdiensten bei Teilzeitbeschäftigten entsprechend dem Verhältnis ihrer regelmäßigen Arbeitszeit zur regelmäßigen Arbeitszeit von Vollbeschäftigten zu mindern ist. In Verbindung mit der Rundungsvorschrift des Satzes 7 bedeutet dies, dass mit der Hälfte der Regelarbeitszeit beschäftigte Ärzte maximal 7 Rufbereitschaften im Monat leisten dürfen (13 × 50 % = 6,5; gerundet 7 Rufbereitschaften). Die ab dem 1. Januar 2023 geltende Fassung des § 10 Abs. 12 beinhaltet weitere Einschränkungen der maximal möglichen Dienste für Ärzte, die sowohl Bereitschaftsdienst als auch Rufbereitschaft leisten. Sollten im Kalendermonat mehr als 13 Rufbereitschaften anfallen, erhöhen sich nach näherer Maßgabe des § 11 Abs. 3 Sätze 10–12 die für diese Rufbereitschaften zustehenden Zuschläge.

Zeiten der Rufbereitschaft sind auch unter Zugrundelegung der EUGH-Rechtsprechung keine Arbeitszeit; lediglich die Zeiten der tatsächlichen Inanspruchnahme während der Rufbereitschaft stellen Arbeitszeit im arbeitszeitrechtlichen Sinne dar. In Satz 8 ist von der Öffnungsmöglichkeit des § 7 Abs. 1 Nr. 1 und Nr. 4 des Arbeitszeitgesetzes Gebrauch gemacht und bestimmt worden, dass die tägliche Höchstarbeitszeit von zehn Stunden durch Inanspruchnahme während der Rufbereitschaft überschritten werden darf.

Zu Absatz 9 – Klarstellung zu § 7 Abs. 4

In Absatz 9 stellen die Tarifpartner klar, dass neben den von ihnen in § 10 abweichend vom ArbZG vereinbarten Arbeitszeitregelungen die Möglichkeiten des § 7 Abs. 4 TV-Ärzte/VKA für weitere vom ArbZG abweichende Betriebs-/Dienstvereinbarungen bestehen bleiben.

Zu den Absätzen 10 bis 12 – Begrenzungen der Bereitschaftsdienste; Vorlauf bei den Planungen

Die Absätze 10, 11 und 12 wurden durch den 7. Änderungstarifvertrag vom 22. Mai 2019 mit Wirkung vom 1. Januar 2020 angefügt und durch den 8. Änderungstarifvertrag vom 4. Mai 2022 mit Wirkung vom 1. Januar 2023 geändert bzw. erweitert.

Die Regelungen der Absätze 10 und 12 bewirken eine zusätzliche Einschränkung der möglichen Bereitschaftsdienste.

So war in Absatz 10 zunächst festgelegt, dass innerhalb eines Kalenderhalbjahres im Monatsschnitt nur vier Bereitschaftsdienste zu leisten sind. Ab dem 1. Januar 2023 ist die Regelung in diesem Punkt modifiziert worden. Die Höchstzahl von vier monatlichen Bereitschaftsdiensten bezieht sich nun auf den Kalendermonat. Außerdem darf in einem Kalendermonat des Kalendervierteljahres ein fünfter Bereitschaftsdienst angeordnet werden. Diese Zahl darf nur überschritten werden, wenn andernfalls (also bei Nichtleistung der Dienste) eine Gefährdung der Patientensicherheit droht. In Satz 4 in der ab dem

1. Januar 2023 geltenden Fassung haben die Tarifpartner klargestellt, dass die maximale Anzahl von vier bzw. fünf Bereitschaftsdiensten bei Teilzeitbeschäftigten entsprechend dem Verhältnis ihrer regelmäßigen Arbeitszeit zur regelmäßigen Arbeitszeit von Vollbeschäftigten zu mindern ist. In Verbindung mit der Rundungsvorschrift des Satzes 5 bedeutet dies, dass mit zwei Dritteln der Regelarbeitszeit beschäftigte Ärzte maximal 3 Bereitschaftsdienste im Monat leisten dürfen (4 × 66,6 % = 2,66; gerundet 3 Bereitschaftsdienste); auch bei ausnahmsweise möglichen 5 Bereitschaftsdiensten ändert sich das Ergebnis nicht (5 × 66,6 % = 3,33; gerundet 3 Bereitschaftsdienste).

Die Regelung des Absatzes 11 schreibt bei der Aufstellung der Dienstpläne eine Vorlaufzeit von einem Monat vor. Wird die Zeit unterschritten, fallen zusätzliche Zuschläge für die Sonderdienste an. Entsprechendes gilt bei Dienstplanänderungen, die unter bestimmten Voraussetzungen (siehe Satz 3 und 5) möglich sind. Zum 1. Januar 2023 sind die vereinbarten „Straf-Zuschläge" von 10 auf 17,5 % bzw. Prozentpunkte angehoben worden. Ein Dienstplan ist nach Auffassung des BAG bereits dann „aufgestellt", wenn der Arbeitgeber in Ausübung seines Direktionsrechts die anfallenden Dienste geplant und den Dienstplan bekannt gemacht hat. Nicht erforderlich ist, dass der Betriebs- bzw. Personalrat dem Dienstplan zustimmt oder die Einigung durch die Einigungsstelle ersetzt wird (BAG-Urteil vom 16. 3. 2023 – 6 AZR 130/22).

In Absatz 12 sind bis zum 31. Dezember 2022 die Wochenenddienste limitiert. Das Minimum (siehe Satz 6) ist ein freies Wochenende pro Monat. Angestrebt werden aber (siehe Satz 1 ff.) zwei freie Wochenenden pro Monat. Die Zahl darf durch Zusatzdienste nur unterschritten werden, wenn andernfalls eine Gefährdung der Patientensicherheit droht. Ab dem 1. Januar 2023 findet sich die Begrenzung der Wochenenddienste in § 8 Abs. 4. § 10 Abs. 12 enthält ab diesem Zeitpunkt eine Begrenzung der maximal möglichen Sonderdienste für Ärzte, die sowohl Bereitschaftsdienst als auch Rufbereitschaft leisten. Die entsprechende Staffelung findet sich in Satz 1 der Vorschrift. Satz 2 sowie die dazu vereinbarte Protokollerklärung regeln das Verfahren bei teilzeitbeschäftigten Ärzten. Darüber hinausgehende Dienste sind nur bei einer Gefährdung der Patientensicherheit möglich (siehe Satz 3, der auf die entsprechenden Vorschriften an anderen Stellen des Tarifvertrages verweist). Satz 4 verweist für den Fall der Überschreitung der Höchstgrenzen auf die an anderer Stelle des Tarifvertrages vereinbarten „Sanktionsregelungen" in Form höherer Bewertungen der jeweiligen Bereitschaftsdienste bzw. höherer Zuschläge bei Rufbereitschaft.

Zur Protokollerklärung zu Abschnitt II – Gleitzeitregelungen

Nach § 14, am Ende des Abschnitts II (Arbeitszeit), haben die Tarifpartner bestimmt, dass bei In-Kraft-Treten des TV-Ärzte/VKA bestehende Gleitzeitregelungen unberührt bleiben und daher nicht angepasst zu werden brauchen. Diese Protokollerklärung kann auch bei § 10 Bedeutung erlangen.

V

§ 11 Ausgleich für Sonderformen der Arbeit

(1) [1]Die Ärztin/Der Arzt erhält neben dem Entgelt für die tatsächliche Arbeitsleistung Zeitzuschläge. [2]Die Zeitzuschläge betragen – auch bei teilzeitbeschäftigten Ärztinnen und Ärzten – je Stunde

a) für Überstunden	**15 v. H.,**
b) für Nachtarbeit[1])	**15 v. H.,**
c) für Sonntagsarbeit	**25 v. H.,**
d) bei Feiertagsarbeit	
– ohne Freizeitausgleich	**135 v. H.,**
– mit Freizeitausgleich	**35 v. H.,**
e) für Arbeit am 24. Dezember und am 31. Dezember jeweils ab 6 Uhr	**35 v. H.,**

des auf eine Stunde entfallenden Anteils des Tabellenentgelts der Stufe 3 der jeweiligen Entgeltgruppe, bei Ärztinnen und Ärzten gemäß § 16 Buchst. c und d der höchsten tariflichen Stufe. [3]Für Arbeit an Samstagen von 13 bis 21 Uhr, soweit diese nicht im Rahmen von Wechselschicht- oder Schichtarbeit anfällt, beträgt der Zeitzuschlag 0,64 Euro je Stunde.[2]) [4]Beim Zusammentreffen von Zeitzuschlägen nach Satz 2 Buchst. c bis e sowie Satz 3 wird nur der höchste Zeitzuschlag gezahlt.

V

Protokollerklärung zu Absatz 1 Satz 1:

Bei Überstunden richtet sich das Entgelt für die tatsächliche Arbeitsleistung nach der individuellen Stufe der jeweiligen Entgeltgruppe, höchstens jedoch nach der Stufe 4.

Protokollerklärung zu Absatz 1 Satz 2 Buchst. d:

[1]Der Freizeitausgleich muss im Dienstplan besonders ausgewiesen und bezeichnet werden. [2]Falls kein Freizeitausgleich gewährt wird, werden als Entgelt einschließlich des Zeitzuschlags und des auf den Feiertag entfallenden Tabellenentgelts höchstens 235 v. H. gezahlt.

(2) Für Arbeitsstunden, die keine Überstunden sind und die aus betrieblichen/dienstlichen Gründen nicht innerhalb des nach § 7 Abs. 2 Satz 1 oder 2 festgelegten Zeitraums mit Freizeit ausgeglichen werden, erhält die Ärztin/der Arzt je Stunde 100 v. H. des auf eine Stunde entfallenden Anteils des Tabellenentgelts der jeweiligen Entgeltgruppe und Stufe.

Protokollerklärung zu Absatz 2 Satz 1:

Mit dem Begriff „Arbeitsstunden" sind nicht die Stunden gemeint, die im Rahmen von Gleitzeitregelungen im Sinne der Protokollerklärung zu § 7 anfallen, es sei denn, sie sind angeordnet worden.

---

[1]) Entsprechend Teil III Ziffer 1 Buchst. c) der unter **505** abgedruckten Tarifeinigung wird der Zeitzuschlag für Nachtarbeit ab 1. Juli 2025 von 15 v. H. auf 20 v. H. erhöht.

[2]) Entsprechend Teil III Ziffer 1 Buchst. d) der unter **505** abgedruckten Tarifeinigung beträgt der Zeitzuschlag für Arbeit an Samstagen von 13 bis 20 Uhr, soweit diese nicht im Rahmen von Wechselschicht- oder Schichtarbeit anfällt, ab 1. Juli 2025 20 v. H. des auf eine Stunde entfallenden Anteils des Tabellenentgelts der Stufe 3 der jeweiligen Entgeltgruppe, bei Ärztinnen und Ärzten gemäß § 16 Buchst. c und d der höchsten tariflichen Stufe.

(3) [1]Für die Rufbereitschaft wird eine tägliche Pauschale je Entgeltgruppe bezahlt. [2]Sie beträgt für die Tage Montag bis Freitag das Zweifache, für Samstag, Sonntag sowie für Feiertage das Vierfache des auf eine Stunde entfallenden Anteils des Tabellenentgelts der jeweiligen Entgeltgruppe und Stufe. [3]Maßgebend für die Bemessung der Pauschale nach Satz 2 ist der Tag, an dem die Rufbereitschaft beginnt. [4]Hinsichtlich der Arbeitsleistung wird jede einzelne Inanspruchnahme innerhalb der Rufbereitschaft mit einem Einsatz im Krankenhaus einschließlich der hierfür erforderlichen Wegezeiten auf eine volle Stunde gerundet. [5]Für die Inanspruchnahme wird das Entgelt für Überstunden sowie etwaige Zeitzuschläge nach Absatz 1 gezahlt. [6]Wird die Arbeitsleistung innerhalb der Rufbereitschaft am Aufenthaltsort im Sinne des § 10 Abs. 8 telefonisch (z. B. in Form einer Auskunft) oder mittels technischer Einrichtungen erbracht, wird abweichend von Satz 4 die Summe dieser Arbeitsleistungen auf die nächste volle Stunde gerundet und mit dem Entgelt für Überstunden sowie mit etwaigen Zeitzuschlägen nach Absatz 1 bezahlt. [7]Satz 1 gilt nicht im Falle einer stundenweisen Rufbereitschaft. [8]Eine Rufbereitschaft im Sinne von Satz 7 liegt bei einer ununterbrochenen Rufbereitschaft von weniger als zwölf Stunden vor. [9]In diesem Fall wird abweichend von den Sätzen 2 und 3 für jede angefangene Stunde der Rufbereitschaft 12,5 v. H. des auf eine Stunde entfallenden Anteils des Tabellenentgelts der jeweiligen Entgeltgruppe und Stufe gezahlt. [10]Ab der vierzehnten Rufbereitschaft im Kalendermonat erhält die Ärztin/der Arzt zusätzlich zum Rufbereitschaftsentgelt einen Zuschlag von 10 Prozent des Entgelts gemäß § 11 Abs. 3. [11]Der Zuschlag nach Satz 10 erhöht sich nach jeder weiteren dritten Rufbereitschaft um jeweils weitere 10 Prozentpunkte. [12]Teilzeitbeschäftigte Ärztinnen und Ärzte erhalten den Zuschlag nach Satz 10 ab Überschreitung der sich aus § 10 Abs. 8 Sätze 6 und 7 ergebenden Anzahl an Rufbereitschaften.

Protokollerklärung zu Absatz 3:

Zur Ermittlung der Tage einer Rufbereitschaft, für die eine Pauschale gezahlt wird, ist auf den Tag des Beginns der Rufbereitschaft abzustellen.

Niederschriftserklärung zu § 11 Abs. 3:

a) Zur Erläuterung von § 11 Abs. 3 und der dazugehörigen Protokollerklärung sind sich die Tarifvertragsparteien über folgendes Beispiel einig: „Beginnt eine Wochenendrufbereitschaft am Freitag um 15 Uhr und endet am Montag um 7 Uhr, so erhalten Ärztinnen und Ärzte folgende Pauschalen: Zwei Stunden für Freitag, je vier Stunden für Samstag und Sonntag, keine Pauschale für Montag. Sie erhalten somit zehn Stundenentgelte.

b) Die Regelung in Satz 11 führt dazu, dass der Zuschlag für die vierzehnte bis sechzehnte Rufbereitschaft in einem Kalendermonat 10 Prozent, für die siebzehnte bis neunzehnte Rufbereitschaft 20 Prozent usw. beträgt.

(4) [1]Für Inanspruchnahmen innerhalb der Rufbereitschaft in der Zeit zwischen 0 Uhr und 6 Uhr erhält die Ärztin/der Arzt zusätzlich zu dem Entgelt für Überstunden sowie etwaigen Zeitzuschlägen (Absatz 1 in Verbindung mit Absatz 3 Sätze 4 bis 6) einen gesonderten Zuschlag. [2]Dieser beträgt 50 Prozent des Rufbereitschaftsentgelts nach Absatz 3 Satz 5. [3]Zur Berechnung des Zuschlags nach Satz 1 sind Inanspruchnahmezeiten in der Zeit zwischen 0 Uhr und 6 Uhr von unter einer Stunde auf eine Stunde zu runden; überschreitet die Addition

der Inanspruchnahmezeiten in der Zeit zwischen 0 Uhr und 6 Uhr die Zeitspanne von einer Stunde, findet keine Rundung statt. [4]Der Zuschlag nach Satz 1 ist auf die im Folgemonat geäußerte Erklärung der Ärztin/des Arztes hin im Verhältnis 1:1 bis zum Ende des dritten Kalendermonats, der auf seine Entstehung folgt, in Freizeit auszugleichen; Satz 1 der Protokollerklärung zu Absatz 1 Satz 2 Buchst. d findet entsprechend Anwendung.

(5)[1]) [1]Beschäftigte, die ständig Wechselschichtarbeit leisten, erhalten eine Wechselschichtzulage von 105 Euro monatlich. [2]Beschäftigte, die nicht ständig Wechselschichtarbeit leisten, erhalten eine Wechselschichtzulage von 0,63 Euro pro Stunde.

(6)[2]) [1]Beschäftigte, die ständig Schichtarbeit leisten, erhalten eine Schichtzulage von 40 Euro monatlich. [2]Beschäftigte, die nicht ständig Schichtarbeit leisten, erhalten eine Schichtzulage von 0,24 Euro pro Stunde.

Erläuterungen

V

In § 11 TV-Ärzte/VKA regeln die Tarifpartner den finanziellen Ausgleich für Sonderformen der Arbeit in enger Anlehnung an die Regelungen des § 8 TVöD.

Zu Absatz 1 – Zeitzuschläge

In dieser Vorschrift sind die Zeitzuschläge festgelegt, die neben dem Entgelt für die Arbeitsleistung zu zahlen sind.

Die Zuschläge betragen nach Satz 2

a) für Überstunden (siehe § 9 Abs. 5 und 6) 15 v. H.,

b) für Nachtarbeit (siehe § 7 Abs. 3) 15 v. H.,

c) für Sonntagsarbeit 25 v. H.; Sonntagsarbeit ist die Zeit an einem Sonntag in der Zeit zwischen 0 Uhr und 24 Uhr,

d) für Feiertagsarbeit ohne Freizeitausgleich 135 v. H., mit Freizeitausgleich 35 v. H. Nach Maßgabe der Protokollerklärung hierzu muss der Freizeitausgleich im Dienstplan besonders ausgewiesen und bezeichnet werden. Falls kein Freizeitausgleich gewährt wird, werden als Ausgleich für Feiertagsentgelt und Zeitzuschlag höchstens 235 v. H. gezahlt. Feiertage im Sinne dieser Vorschrift sind die

---

[1]) Entsprechend Teil III Ziffer 1 Buchst. e) und g) der unter **505** abgedruckten Tarifeinigung beträgt die Zulage für Ärztinnen und Ärzte, die Wechselschicht leisten, ab 1. Juli 2025 315 Euro monatlich. Es entfällt die Unterscheidung zwischen nicht ständiger und ständiger Wechselschichtarbeit. Zur Anwendung wird auf Fußnote [2]) unter **505** Tarifeinigung 2025 TV-Ärzte/VKA hingewiesen.

[2]) Entsprechend Teil III Ziffer 1 Buchst. f) und g) sowie Teil III Ziffer 2 Buchst. a) der unter **505** abgedruckten Tarifeinigung beträgt die Zulage für Ärztinnen und Ärzte, die Schichtarbeit leisten, ab 1. Juli 2025 210 Euro monatlich. Es entfällt die Unterscheidung zwischen nicht ständiger und ständiger Schichtarbeit. Ab 1. Januar 2026 erfolgt eine weitere Erhöhung auf 315 Euro monatlich. Zur Anwendung wird auf Fußnote [2]) unter **505** Tarifeinigung 2025 TV-Ärzte/VKA hingewiesen.

gesetzlichen Feiertage (s. dazu Erl. zu § 6 Abs. 3 TVöD). Der Oster- und Pfingstsonntag sind keine gesetzlichen, sondern kirchliche Feiertage. Für diese Tage ist somit abweichend vom alten Recht des BAT nur der Sonntagszuschlag des § 11 Absatz 1 Satz 2 Buchstabe c TV-Ärzte/VKA und nicht der höhere Feiertagszuschlag nach Buchstabe d der Vorschrift zu zahlen. Dies hat das Bundesarbeitsgericht mit Urteil vom 17. März 2010 – 5 AZR 317/09 – für den Ostersonntag inzwischen ausdrücklich bestätigt. Diese Tage werden im neuen Tarifrecht im Ergebnis wie alle anderen Sonntage behandelt. In gleicher Weise ist auch die frühere Sonderstellung für Ostersamstag und Pfingstsamstag entfallen,

e) für Arbeit am Heiligabend und an Silvester jeweils ab 6 Uhr 35 v. H. Besondere Zuschläge für an diesen Tagen in der Zeit vor 6 Uhr anfallende Arbeit sind nicht vorgesehen,

für Arbeit an Samstagen in der Zeit von 13 Uhr bis 21 Uhr 0,64 Euro je Stunde. Außerhalb dieses Zeitrahmens liegende Arbeitszeiten bleiben zuschlagsfrei (Satz 3).

Bemessungsgrundlage ist gemäß Satz 2 der Vorschrift in den Fällen der Buchstaben a bis e das aus dem Tabellenentgelt der Stufe 3 errechnete Stundenentgelt; bei außertariflich bezahlten Chefärzten ist das Entgelt der höchsten tariflichen Stufe (als der Entgeltgruppe IV) zugrunde zu legen. Dies gilt auch dann, wenn der Arzt tatsächlich nach einer anderen Stufe vergütet wird. Die tatsächliche Arbeitsleistung wird bei Überstunden nach der individuellen Stufe der jeweiligen Entgeltgruppe, höchstens aber nach Stufe 4, vergütet (Protokollerklärung zu Absatz 1 Satz 1). Die Tarifpartner haben keine ausdrückliche Regelung dazu getroffen, ob Zeitzuschläge auch für Stundenbruchteile zu zahlen sind. Der Wortlaut der Tarifvorschrift, wonach die Zeitzuschläge „je Stunde" (siehe § 11 Abs. 1 Satz 2) gezahlt werden, ist nicht eindeutig. Er lässt sowohl die Auslegung zu, dass Zeitzuschläge auch für Bruchteile von Stunden abzugelten sind, als auch die Auffassung, dass Zeitzuschläge nur für volle Stunden zustehen. Bei der vergleichbaren Vorschrift des § 35 Abs. 1 BAT hat sich zwar in der Literatur und in der Praxis die Meinung durchgesetzt, Zuschläge seien auch zeitanteilig für Stundenbruchteile zu gewähren. Zur Regelung des § 10 des Tarifvertrages Versorgungsbetriebe, die unmittelbares Vorbild für die Vorschrift des TVöD und mittelbar auch des TV-Ärzte/VKA war, finden sich aber auch Meinungsäußerungen, nach denen die Zeitzuschläge nur für volle Stunden zu zahlen sind. Der Bund hat sich in ersten Hinweisen zur Anwendung der in diesem Punkt wortgleichen Vorschrift des TVöD für eine zeitanteilige Gewährung der Zuschläge entschlossen.

Beim Zusammentreffen der Zeitzuschläge nach den Buchstaben c bis e sowie nach Satz 3 (also für Sonntags-, Feiertagsarbeit sowie für Arbeit an Samstagen bzw. Heiligabend und Silvester) wird gemäß Satz 4 jeweils nur der höchste Zeitzuschlag gezahlt. Folglich wird für Arbeit an auf einen Sonntag fallenden Feiertag der höhere Feiertagszuschlag gezahlt, der geringere Sonntagszuschlag geht unter. Zuschläge für Überstunden (Buchst. a) und Nachtarbeit (Buchst. b) hingegen können nebeneinander und auch neben den Zuschlägen nach den Buchstaben c bis e gezahlt werden.

Zu Absatz 2 – Bezahlung der Mehrarbeit

Die Regelung entspricht derjenigen in § 8 Absatz 2 TVöD; auf die dortigen Erläuterungen wird Bezug genommen.

Zu Absatz 3 – Entgelt für Rufbereitschaft

Die Regelung entspricht weitgehend derjenigen in § 8 Absatz 3 TVöD; lediglich die Umrechnung in Zeitguthaben ist nicht vorgesehen. Auf die dortigen Erläuterungen wird Bezug genommen. Die Sätze 10 bis 12 sind durch den 8. Änderungstarifvertrag vom 4. Mai 2022 mit Wirkung vom 1. Juli 2022 eingefügt worden. Sie sind im Zusammenhang zu § 10 Abs. 8 Sätze 4 bis 7 zu sehen, wonach von Vollzeitbeschäftigten grundsätzlich maximal 13 Rufbereitschaften im Kalendermonat und nur in engen Ausnahmefällen mehr Rufbereitschaften geleistet werden dürfen. Bei Teilzeitbeschäftigten mindert sich die Anzahl entsprechend. Wenn ausnahmsweise mehr als 13 (bzw. bei Teilzeitbeschäftigten der entsprechende Anteil) Rufbereitschaften im Kalendermonat vorliegen, fällt nach Maßgabe des § 11 Abs. 3 Sätze 10 bis 12 für diese Rufbereitschaften ein weiterer Zuschlag an. Der Zuschlag beträgt von der 14. bis zur 16. Rufbereitschaft 10 Prozent des Entgelts, für die 17. bis zur 19. Rufbereitschaft 20 Prozent; er erhöht sich nach jeder weiteren dritten Rufbereitschaft um jeweils weitere 10 Prozent (siehe Abs. 3 Sätze 10 und 11 sowie die Niederschriftserklärung Buchst. b) zu dieser Vorschrift).

Zu Absatz 4 – Zuschlag für nächtliche Inanspruchnahme aus der Rufbereitschaft

Absatz 4 ist durch den 8. Änderungstarifvertrag vom 4. Mai 2022 mit Wirkung vom 1. Juli 2022 eingefügt worden. Durch diese Vorschrift wird ein gesonderter, zusätzlicher Zuschlag für die nächtliche (zwischen 0 Uhr und 6 Uhr erfolgte) Inanspruchnahme aus der Rufbereitschaft eingeführt, der neben dem ohnehin zustehenden Entgelt für die

Inanspruchnahme zusteht (Satz 1). Die Zeiten der Inanspruchnahme sind, wenn diese insgesamt weniger als eine Stunde betragen, auf eine Stunde zu runden; betragen sie insgesamt mehr als eine Stunde, findet keine Rundung statt (Satz 2). Der zusätzliche Zuschlag beträgt 50 Prozent des nach Abs. 3 Satz 5 ohnehin zustehenden Entgelts; er kann gem. Satz 4 auch durch gesonderte, im Folgemonat abzugebende Erklärung des Arztes bis zum dritten auf die Entstehung folgenden Kalendermonat durch Freizeit ausgeglichen werden.

Zu Absatz 5 – Wechselschichtzulage

Die Regelung entspricht derjenigen in § 8 Absatz 5 TVöD; auf die dortigen Erläuterungen wird Bezug genommen.

Zu Absatz 6 – Schichtzulage

Die Regelung entspricht derjenigen in § 8 Absatz 6 TVöD; auf die dortigen Erläuterungen wird Bezug genommen.

V

Zur Protokollerklärung zu Abschnitt II – Gleitzeitregelungen

Nach § 14, am Ende des Abschnitts II (Arbeitszeit), haben die Tarifpartner bestimmt, dass bei In-Kraft-Treten des TV-Ärzte/VKA bestehende Gleitzeitregelungen unberührt bleiben und daher nicht angepasst zu werden brauchen. Diese Protokollerklärung kann mittelbar auch bei § 11 Bedeutung erlangen.

§ 12 Bereitschaftsdienstentgelt

(1) [1]Zum Zwecke der Entgeltberechnung wird die Zeit des Bereitschaftsdienstes einschließlich der geleisteten Arbeit nach dem Maß der während des Bereitschaftsdienstes erfahrungsgemäß durchschnittlich anfallenden Arbeitsleistungen wie folgt als Arbeitszeit gewertet:

Stufe	Arbeitsleistung innerhalb des Bereitschaftsdienstes	Bewertung als Arbeitszeit
I	bis zu 25 Prozent	70 Prozent
II	mehr als 25 bis 40 Prozent	85 Prozent
III	mehr als 40 bis 49 Prozent	100 Prozent.

[2]Die Zuweisung zu den einzelnen Stufen des Bereitschaftsdienstes erfolgt als Nebenabrede (§ 2 Abs. 3) zum Arbeitsvertrag. [3]Die Nebenabrede ist abweichend von § 2 Abs. 3 Satz 2 mit einer Frist von drei Monaten jeweils zum Ende eines Kalenderhalbjahres kündbar.

V

(2)[1]) [1]Für die als Arbeitszeit gewertete Zeit des Bereitschaftsdienstes wird ab dem 1. Juli 2023 das nachstehende Entgelt (in Euro) je Stunde gezahlt:

EG	Stufe 1	Stufe 2	Stufe 3	Stufe 4	Stufe 5	Stufe 6
IV	45,77	45,77				
III	42,06	42,06	43,29			
II	38,95	38,95	40,19	40,19	41,45	41,45
I	32,76	32,76	34,00	34,00	35,24	35,24;

ab dem 1. April 2024 wird hierfür das nachstehende Entgelt (in Euro) je Stunde gezahlt:

EG	Stufe 1	Stufe 2	Stufe 3	Stufe 4	Stufe 5	Stufe 6
IV	47,60	47,60				
III	43,74	43,74	45,02			
II	40,51	40,51	41,80	41,80	43,11	43,11
I	34,07	34,07	35,36	35,36	36,65	36,65.

[2]§ 19 Abs. 1 gilt entsprechend. [3]Die Bereitschaftsdienstentgelte nach Satz 1 verändern sich bei nach dem 30. Juni 2024 wirksam werdenden allgemeinen Entgeltanpassungen um den für die jeweilige Entgeltgruppe vereinbarten Vomhundertsatz.

(3) [1]Die Ärztin/Der Arzt erhält zusätzlich zu dem Stundenentgelt gemäß § 12 Abs. 2 Satz 1 für die Zeit des Bereitschaftsdienstes je Stunde einen Zuschlag in

---

[1]) Wegen der im Zuge der Tarifrunde 2024/2025 vereinbarten Änderungen siehe Teil II Ziffer 2 und die Anlage der unter **505** abgedruckten Tarifeinigung. Danach erhöhen sich die Bereitschaftsdienstentgelte
- ab dem 1. Juli 2024 um 4,0 Prozent,
- ab dem 1. August 2025 um weitere 2,0 Prozent und
- ab dem 1. Juni 2026 um weitere 2,0 Prozent.

Höhe von 15 Prozent des Stundenentgelts gemäß § 12 Abs. 2 Satz 1. [2]Dieser Zuschlag kann nicht in Freizeit abgegolten werden. [3]Ab mehr als monatlich vier Diensten im Sinne von § 10 Abs. 10 Satz 1 erhöht sich die Bewertung des Bereitschaftsdienstes gemäß § 12 Abs. 1 um 10 Prozentpunkte; dieser Zuschlag erhöht sich bei jedem weiteren Bereitschaftsdienst um weitere 10 Prozentpunkte. [4]Ist erstmals in einem Kalendervierteljahr in einem Kalendermonat ein fünfter Bereitschaftsdienst (§ 10 Abs. 10 Satz 2) angeordnet worden, erhöht sich die Bewertung für diesen Bereitschaftsdienst gemäß Absatz 1 Satz 1 um 10 Prozentpunkte; für weitere Bereitschaftsdienste in diesem Kalendermonat gilt Satz 3, 2. Halbsatz entsprechend mit der Maßgabe, dass sich die Bewertung gemäß Absatz 1 Satz 1 ab dem sechsten Bereitschaftsdienst um 10 Prozentpunkte erhöht; dieser Zuschlag erhöht sich bei jedem weiteren Bereitschaftsdienst um weitere 10 Prozentpunkte. [5]Bei teilzeitbeschäftigten Ärztinnen und Ärzten verringert sich die Zahl der Bereitschaftsdienste nach den Sätzen 3 und 4 entsprechend dem Verhältnis ihrer individuell vereinbarten durchschnittlichen regelmäßigen Arbeitszeit zur regelmäßigen Arbeitszeit vergleichbarer vollzeitbeschäftigter Ärztinnen und Ärzte. [6]Verbleibt bei der Berechnung nach Satz 5 ein Bruchteil, der mindestens einen halben Dienst ergibt, wird er auf einen vollen Dienst aufgerundet; Bruchteile von weniger als einem halben Dienst bleiben unberücksichtigt.

(4) [1]Die Ärztin/Der Arzt erhält zusätzlich zu dem Entgelt nach den Absätzen 1 und 2 für jede nach Absatz 1 als Arbeitszeit gewertete Stunde, die an einem Feiertag geleistet worden ist, einen Zeitzuschlag in Höhe von 25 v. H. des Stundenentgelts nach Absatz 2 Satz 1. [2]Weitergehende Ansprüche auf Zeitzuschläge bestehen nicht.

(5) [1]Die Ärztin/Der Arzt erhält zusätzlich zu dem Stundenentgelt gemäß der Tabelle in § 12 Abs. 2 Satz 1 für die Zeit des Bereitschaftsdienstes in den Nachtstunden (§ 9 Abs. 3 Satz 2) je Stunde einen Zeitzuschlag in Höhe von 15 v. H. des Stundenentgelts gemäß der Tabelle in § 12 Abs. 2 Satz 1. [2]Dieser Zeitzuschlag kann nicht in Freizeit abgegolten werden. [3]Absatz 4 Satz 2 gilt entsprechend.

(6) [1]Für die nach Absatz 1 für einen Dienst errechnete Arbeitszeit kann bei Ärztinnen und Ärzten zum Zweck der Einhaltung des Arbeitszeitgesetzes anstelle der Auszahlung der sich nach den Absätzen 1 und 2 ergebenden Vergütung dieses Dienstes zum Zwecke der Gewährung der gesetzlichen Ruhezeit für diesen Dienst in dem erforderlichen Umfang Freizeit (Freizeitausgleich) gewährt werden. [2]Im Einvernehmen mit der Ärztin/dem Arzt kann weitergehender Freizeitausgleich für Bereitschaftsdienste gewährt werden, soweit dies nicht aufgrund anderer Bestimmungen dieses Tarifvertrages ausgeschlossen ist. [3]Für die Zeit des Freizeitausgleichs werden das Entgelt (§ 18) und die in Monatsbeträgen festgelegten Zulagen fortgezahlt.

Erläuterungen

§ 12 TV-Ärzte/VKA regelt den finanziellen Ausgleich für Bereitschaftsdienst und ergänzt insoweit die in § 10 Abs. 1 TV-Ärzte/VKA enthaltene Verpflichtung zu dieser besonderen Arbeitsform. Der TV-Ärzte/VKA weicht in diesem Punkt von der Systematik des TVöD ab. Im TVöD

V

sind die Regelungen zur Bezahlung des Bereitschaftsdienstes in die allgemeine Vorschrift über den Ausgleich für Sonderformen der Arbeit (§ 8 TVöD) integriert.

Zu Absatz 1 – Bewertung des Bereitschaftsdienstes

Der TV-Ärzte/VKA unterscheidet sich mit seiner eigenständigen Regelung des Bereitschaftsdienstentgelts in § 12 TV-Ärzte/VKA maßgebend vom TVöD. Der TVöD verweist nämlich in seinem § 8 Abs. 4 hinsichtlich des Bereitschaftsdienstentgelts bis zu einer neuen landesbezirklichen Regelung auf die bis zum 30. September 2005 jeweils geltenden alten Regelungen (z. B. des BAT).

V

Ähnlich wie in der Regelung der Nr. 8 SR 2c zum BAT werden die Bereitschaftsdienste im TV-Ärzte/VKA nach einer pauschalierenden Betrachtungsweise abgegolten. Dazu werden die Bereitschaftsdienste – abhängig vom Grad der Inanspruchnahme während des Dienstes – in drei Stufen aufgeteilt (Satz 1). Stufe I umfasst den Bereitschaftsdienst mit einer erfahrungsgemäß durchschnittlich tatsächlich anfallenden Inanspruchnahme von 0 bis 25 %; Stufe II gilt für Bereitschaftsdienste mit einer erfahrungsgemäß durchschnittlich tatsächlich anfallenden Inanspruchnahme von mehr als 25 bis zu 40 % und Stufe III diejenigen Dienste mit einer erfahrungsgemäß durchschnittlich tatsächlich anfallenden Inanspruchnahme von über 40 bis 49 %. Eine noch höhere Inanspruchnahme würde der Anordnung von Bereitschaftsdienst entgegenstehen und zu Vollarbeit führen (siehe § 10 Abs. 1 Satz 2 TV-Ärzte/VKA). Die Bereitschaftsdienste der Stufe I werden dann zu 60 %, die der Stufe II zu 75 % und die der Stufe III zu 90 % (ab 1. Januar 2021: 70 % / 85 % / 100 %) als Arbeitszeit gewertet. Satz 2 legt fest, dass die Zuweisung der jeweiligen Bereitschaftsdienste zu den Stufen des Bereitschaftsdienstes per Nebenabrede zum Arbeitsvertrag erfolgt. Die Nebenabrede ist abweichend von der Vorschrift des § 2 Abs. 3 mit einer Frist von drei Monaten zum Ende des Kalenderhalbjahres kündbar. Ein schnelles Reagieren auf Schwankungen der Bereitschaftsdienste oder bei zu erwartenden Änderungen in Folge von Umstrukturierungen ist nicht möglich. Wenn solche Änderungen in Sicht sind, könnten sich vorsorgliche Kündigungen der Nebenabreden anbieten.

Zu Absatz 2 – Bezahlung des Bereitschaftsdienstes

bis 28. Februar 2015

Die nach den Grundsätzen des Absatzes 1 ermittelte Arbeitszeit wird gemäß Absatz 2 mit einem nach Bereitschaftsdienststufen gestaffelten Stundenentgelt vergütet. Die Entgeltgruppe und -stufe des Arztes haben keinen Einfluss auf die Höhe des Stundenentgelts. Nach Satz 2 i. d. F. d. Änderungstarifvertrages Nr. 4 sind die Beträge dynamisch und erhöhen sich bei Erhöhungen nach dem 1. Dezember 2014 um den gleichen Prozentsatz wie die jeweilige Entgeltgruppe.

ab 1. März 2015

Ab dem 1. März 2015 abgeleistete Bereitschaftsdienste werden nach näherer Maßgabe der in § 12 Abs. 2 Satz 1 Buchst. a und b vereinbarten Tabellen „spitz" unter Berücksichtigung der individuellen Entgeltgruppe und -stufe vergütet.

Die Bereitschaftsdienstentgelte sind gem. Satz 3 weiterhin dynamisch.

Nach dem BAG-Urteil vom 16. Oktober 2013 – 10 AZR 9/13 – ist die Zeit des Bereitschaftsdienstes vergütungsrechtlich selbst dann nicht wie Vollarbeit zu behandeln, wenn Arbeitgeber bei Anordnung des Bereitschaftsdienstes gegen Bestimmungen des Arbeitszeitgesetzes verstoßen haben sollten.

Zu Absatz 3 – Zuschlag

Absatz 3 wurde mit Wirkung vom 1. Januar 2012 eingefügt und hat seine heutige Fassung mit Wirkung vom 1. Januar 2020 erhalten. Die Regelung bewirkt, dass zusätzlich zu den in Absatz 2 vereinbarten Stundensätzen ein Zuschlag i. H. v. 15 % des jeweiligen Stundensatzes gezahlt wird. Dieser Zuschlag kann – abweichend vom Stundensatz des Absatzes 2 Satz 1 – nicht in Freizeit ausgeglichen werden. Wegen weiterer Zuschläge wegen des Überschreitens der Höchstzahl möglicher Dienste s. Sätze 3 und 4 sowie § 10 Abs. 11. Parallel zu der zum 1. Januar 2023 in § 10 Abs. 10 neu geregelten Höchstgrenze der monatlichen Bereitschaftsdienste wurde die Regelung der Sätze 4 bis 6 angepasst. Sie trifft Aussagen zu den Zuschlägen für den ausnahmsweise zulässigen fünften Bereitschaftsdienst.

Zu Absatz 4 – Feiertagszuschlag

Für Bereitschaftsdienste an Feiertagen wird neben dem Stundenentgelt ein Zeitzuschlag von 25 % des Stundenentgelts des Absatzes 2 Satz 1 gezahlt. Basis ist die in Arbeitszeit umgerechnete Bereitschaftszeit. Weitere Zeitzuschläge (z. B. für Sonntagsarbeit) stehen nicht zu. Die Tarifpartner haben den Begriff des Feiertags nicht definiert, so dass unter Feiertag im Sinne dieser Vorschrift die gesetzlichen Feiertage zu verstehen sind; siehe dazu die Erläuterungen zu § 6 Abs. 3 TVöD.

Zu Absatz 5 – Zuschlag für Nachtbereitschaft

Lange umstritten war die Frage, ob die im Bereitschaftsdienst anfallenden Nachtstunden einen Anspruch auf Zuschläge nach sich ziehen können. Dies hat das BAG mit Urteil vom 15. Juli 2009 – 5 AZR 867/08 – im Kern bejaht. Auch Nachtbereitschaften seien besonders auszugleichen – und zwar entweder durch Zusatzfreizeit oder durch Zusatzentgelt. Den Anspruch hat das BAG in dieser stark von den Besonderheiten des kirchlichen Bezahlungsrechts beeinflussten Entscheidung im Wesentlichen aus der Vorschrift des § 6 Absatz 5 des Arbeitszeitgesetzes (siehe bei § 6 TVöD) abgeleitet, nach der – wenn keine tarifvertraglichen Ausgleichsregelungen bestehen – für die nächtlichen Arbeitsstunden eine angemessene Zahl bezahlter freier Tage oder ein angemessener Zuschlag zu gewähren ist. In einem späteren Urteil (vom 23. Februar 2011 – 10 AZR 579/09) hat das BAG eine entsprechende Entscheidung zur Vorschrift des § 28 Abs. 3 TV-Ärzte/VKA getroffen. Streitjahr in diesem Verfahren war das Jahr 2007.

Die Tarifpartner haben aus der absehbaren Entwicklung der BAG-Rechtsprechung recht früh Konsequenzen gezogen und mit Wirkung vom 1. Mai 2010 im Zuge des Änderungs-Tarifvertrages Nr. 2 zum TV-Ärzte/VKA vom 9. Juni 2010 die neue Vorschrift des Absatzes 4 eingefügt. Demnach erhalten Ärzte für Bereitschaftsdienste in der Nacht (das ist die Zeit zwischen 21 und 6 Uhr – siehe § 9 Abs. 3 TV-Ärzte) neben dem Stundenentgelt einen Zeitzuschlag von 15 % des Stundenentgelts des Absatzes 2. Basis ist die tatsächliche Zeit der Nachtbereitschaft; eine Umrechnung in Arbeitszeit findet nicht statt. Weitere Zeitzuschläge (z. B. für Sonntagsarbeit) stehen nicht zu. Die Umrechnung und Abgeltung dieses Zuschlags in Freizeit ist abweichend von den Grundsätzen des Absatzes 6 ausdrücklich ausgeschlossen (Satz 2).

Zu Absatz 6 – Freizeitausgleich statt Bezahlung

Absatz 6 hat seine jetzige Fassung im Zuge des 7. Änderungstarifvertrages vom 22. Mai 2019 mit Wirkung vom 1. Juli 2019 erhalten. Die Vorschrift ermöglicht anstelle der Auszahlung des Bereitschaftsdienstentgelts weiterhin einen Ausgleich durch Freizeit. Primär (Satz 1) gilt dies für die gesetzlich (in § 5 ArbZG) vorgeschriebene Ruhezeit im Anschluss an einen Bereitschaftsdienst. Nach Satz 2 ist aber im Einvernehmen mit dem Arzt auch darüber hinaus ein Freizeitausgleich für geleistete Bereitschaftsdienste möglich.

Zur Protokollerklärung zu Abschnitt II – Gleitzeitregelungen

Nach § 14, am Ende des Abschnitts II (Arbeitszeit), haben die Tarifpartner bestimmt, dass bei In-Kraft-Treten des TV-Ärzte/VKA bestehende Gleitzeitregelungen unberührt bleiben und daher nicht angepasst zu werden brauchen. Diese Protokollerklärung kann auch bei § 12 Bedeutung erlangen.

V

§ 13 Teilzeitbeschäftigung

(1) [1]Mit Ärztinnen und Ärzten soll auf Antrag eine geringere als die vertraglich festgelegte Arbeitszeit vereinbart werden, wenn sie

a) mindestens ein Kind unter 18 Jahren oder

b) einen nach ärztlichem Gutachten pflegebedürftigen sonstigen Angehörigen

tatsächlich betreuen oder pflegen und dringende dienstliche bzw. betriebliche Belange nicht entgegenstehen. [2]Die Teilzeitbeschäftigung nach Satz 1 ist auf Antrag auf bis zu fünf Jahre zu befristen. [3]Sie kann verlängert werden; der Antrag ist spätestens sechs Monate vor Ablauf der vereinbarten Teilzeitbeschäftigung zu stellen. [4]Bei der Gestaltung der Arbeitszeit hat der Arbeitgeber im Rahmen der dienstlichen bzw. betrieblichen Möglichkeiten der besonderen persönlichen Situation der Ärztin/des Arztes nach Satz 1 Rechnung zu tragen.

(2) Ärztinnen und Ärzte, die in anderen als den in Absatz 1 genannten Fällen eine Teilzeitbeschäftigung vereinbaren wollen, können von ihrem Arbeitgeber verlangen, dass er mit ihnen die Möglichkeit einer Teilzeitbeschäftigung mit dem Ziel erörtert, zu einer entsprechenden Vereinbarung zu gelangen.

(3) Ist mit früher vollbeschäftigten Ärztinnen und Ärzten auf ihren Wunsch eine nicht befristete Teilzeitbeschäftigung vereinbart worden, sollen sie bei späterer Besetzung eines Vollzeitarbeitsplatzes bei gleicher Eignung im Rahmen der dienstlichen bzw. betrieblichen Möglichkeiten bevorzugt berücksichtigt werden.

Erläuterungen

Die Vereinbarungen im TV-Ärzte/VKA zur Teilzeitbeschäftigung entsprechen der Regelung in § 11 TVöD. Auf die dortigen Erläuterungen wird Bezug genommen.

§ 14 Arbeitszeitdokumentation

[1]Die Arbeitszeiten der Ärztinnen und Ärzte sind durch elektronische Verfahren oder auf andere Art mit gleicher Genauigkeit so zu erfassen, dass die gesamte Anwesenheit am Arbeitsplatz dokumentiert ist. [2]Dabei gilt die gesamte Anwesenheit der Ärztinnen und Ärzte abzüglich der tatsächlich gewährten Pausen als Arbeitszeit. [3]Eine abweichende Bewertung ist nur bei Nebentätigkeiten zulässig, die keine Dienstaufgaben sind, und bei privaten Tätigkeiten des Arztes / der Ärztin. [4]Die Ärztin / Der Arzt hat insbesondere zur Überprüfung der dokumentierten Anwesenheitszeiten nach Satz 1 ein persönliches Einsichtsrecht in die Arbeitszeitdokumentation. [5]Die Einsicht ist unverzüglich zu gewähren.

Protokollerklärungen:

1. Bei einer außerplanmäßigen Überschreitung der täglichen Höchstarbeitszeit von zehn Stunden haben die Ärztinnen und Ärzte dem Arbeitgeber auf dessen Verlangen den Grund der Überschreitung mitzuteilen.
2. Für die private Veranlassung gemäß Satz 3 trägt der Arbeitgeber nach den allgemeinen Regeln des Arbeitsrechts die Darlegungs- und Beweislast.

Protokollerklärung zu Abschnitt II:

Bei In-Kraft-Treten dieses Tarifvertrages bestehende Gleitzeitregelungen bleiben unberührt.

Erläuterungen

Die Vorschrift des § 14 TV-Ärzte/VKA zur Dokumentationspflicht der Arbeitszeiten hat keine Parallele im allgemeinen Teil des TVöD. Ihre jetzige Fassung hat die Vorschrift im Zuge des 7. Änderungstarifvertrages vom 22. Mai 2019 mit Wirkung vom 1. Juli 2019 erhalten.

Die tariflich vereinbarte Dokumentationspflicht ist vor dem Hintergrund des von Gewerkschaftsseite erhobenen Vorwurfs, die Arbeitgeber würden insbesondere Ärzte häufig erheblich über das Maß der tarifvertraglich vereinbarten Regelarbeitszeit einsetzen und Überstunden und Sonderdienste nicht oder nicht vollständig entlohnen, konsequent. Das erklärt das Interesse an einer objektiven und verbindlichen Dokumentation der Arbeitszeiten der Ärzte, die über die entsprechenden Pflichten des Arbeitszeitgesetzes (siehe § 16 Abs. 2 Arbeitszeitgesetz – abgedruckt als Anhang zu § 6 TVöD) hinausgeht. Nach der Protokollerklärung Nr. 1 haben Ärzte bei Überschreiten der täglichen Höchstarbeitszeit von 10 Stunden auf Verlangen die Gründe dafür mitzuteilen. Aufzuzeichnen sind nur die Arbeitszeiten im Rahmen des Arbeitsverhältnisses, nicht die eventueller Nebentätigkeiten. Die vorgeschriebene Dokumentation ist somit – gerade wenn Ärzte in der Klinik Nebentätigkeiten ausüben, Privatpatienten auf eigene Rechnung behandeln dürfen, ... – nicht so einfach möglich, wie beispielsweise im Bereich der klassischen Verwaltung. Eine elektronische Zeiterfassung im Eingangsbereich der Klinik würde der besonderen

Arbeitssituation der Klinikärzte allein sicher nicht ohne weiteres gerecht werden können; zumindest muss die Korrektur um die Zeiten der Nebentätigkeiten etc. sichergestellt werden. Dabei trägt nach der Protokollerklärung Nr. 2 der Arbeitgeber die Beweislast für eine private Veranlassung der Tätigkeit.

Die Tarifpartner sehen die praktischen Schwierigkeiten augenscheinlich auch; denn sie nennen zwar in erster Linie elektronische Verfahren zur Zeiterfassung, lassen die Zeiterfassung jedoch auch auf „anderer geeigneter Weise" zu. Denkbar wäre somit, dass der Arzt ergänzend zur elektronischen Zeiterfassung noch Aufzeichnungen über die für Nebentätigkeiten etc. eingesetzte Zeit führt, die dann in der Klinikverwaltung noch von der elektronisch erfassten Zeit in Abzug zu bringen wären.

Eine rein „per Hand" erfolgende Zeitdokumentation wäre zwar wenig zeitgemäß, aber durchaus tarifgerecht.

Abschnitt III
Eingruppierung und Entgelt

§ 15 Allgemeine Eingruppierungsregelungen

(1) [1]Die Eingruppierung der Ärztinnen und Ärzte richtet sich nach den Tätigkeitsmerkmalen des § 16. [2]Die Ärztin/Der Arzt erhält Entgelt nach der Entgeltgruppe, in der sie/er eingruppiert ist.

(2) [1]Die Ärztin/Der Arzt ist in der Entgeltgruppe eingruppiert, deren Tätigkeitsmerkmalen die gesamte von ihr/ihm nicht nur vorübergehend auszuübende Tätigkeit entspricht. [2]Die gesamte auszuübende Tätigkeit entspricht den Tätigkeitsmerkmalen einer Entgeltgruppe, wenn zeitlich mindestens zur Hälfte Arbeitsvorgänge anfallen, die für sich genommen die Anforderungen eines Tätigkeitsmerkmals oder mehrerer Tätigkeitsmerkmale dieser Entgeltgruppe erfüllen. [3]Kann die Erfüllung einer Anforderung in der Regel erst bei der Betrachtung mehrerer Arbeitsvorgänge festgestellt werden, sind diese Arbeitsvorgänge für die Feststellung, ob diese Anforderung erfüllt ist, insoweit zusammen zu beurteilen. [4]Ist in einem Tätigkeitsmerkmal als Anforderung eine Voraussetzung in der Person des Angestellten bestimmt, muss auch diese Anforderung erfüllt sein.

Protokollerklärungen zu § 15 Abs. 2:

1. Arbeitsvorgänge sind Arbeitsleistungen (einschließlich Zusammenhangsarbeiten), die, bezogen auf den Aufgabenkreis der Ärztin/des Arztes, zu einem bei natürlicher Betrachtung abgrenzbaren Arbeitsergebnis führen (z. B. Erstellung eines EKG). Jeder einzelne Arbeitsvorgang ist als solcher zu bewerten und darf dabei hinsichtlich der Anforderungen zeitlich nicht aufgespalten werden.
2. Eine Anforderung im Sinne des Unterabsatzes 2 ist auch das in einem Tätigkeitsmerkmal geforderte Herausheben der Tätigkeit aus einer niedrigeren Vergütungsgruppe.

(3) Die Entgeltgruppe der Ärztin/des Arztes ist im Arbeitsvertrag anzugeben.

V

Erläuterungen

Die Regelungen über die Eingruppierung gehören naturgemäß zu den wichtigsten und auch folgenreichsten Vereinbarungen eines Tarifvertrages. Im Bundes-Angestelltentarifvertrag (BAT) bestanden sie aus zentralen Eingruppierungsvorschriften (§§ 22 bis 25 BAT), die durch die Vergütungsordnung zum BAT konkretisiert wurden. Dieser Systematik einer zentralen Eingruppierungsvorschrift, die durch tarifliche Bestimmungen der Tätigkeitsmerkmale ergänzt wird, folgt der TV-Ärzte/VKA mit seinen §§ 15 und 16.

Zu Absätzen 1 und 2 – Grundsätze der Eingruppierung

Die Grundsätze der Eingruppierung der Ärzte ergeben sich aus den Absätzen 1 und 2, die aus der zentralen Eingruppierungsvorschrift des § 22 BAT übernommen worden ist. Demnach (sind) Ärzte entsprechend ihrer nicht nur vorübergehend und zeitlich mindestens zur Hälfte auszuübenden Tätigkeit ... eingruppiert. Diese eher knappe Vorschrift hat eine beeindruckende Regelungstiefe, so dass es sich lohnt, die Kernaussagen quasi Wort für Wort zu beleuchten.

- „Ärzte": Die Tarifpartner machen noch einmal deutlich, dass nur Ärzte unter die Eingruppierungsvorschrift fallen können. Dies korrespondiert mit den Regelungen des allgemeinen Geltungsbereichs des TV-Ärzte/VKA in § 1. Zahnärzte werden von dem Begriff des Arztes i. S. d. § 15 TV-Ärzte/VKA mit erfasst.
- Der Arzt „ist eingruppiert": Mit dieser Formulierung übertragen die Tarifpartner das aus dem BAT/TVöD und aus anderen Tarifverträgen bekannte System der Tarifautomatik in den TV-Ärzte/VKA. Sobald ein Arzt die Voraussetzungen eines der vier Tätigkeitsmerkmale der Tabelle des § 16 TV-Ärzte/VKA erfüllt, ist er entsprechend eingruppiert – auch ohne eine förmliche Vertragsänderung, „Ernennung" o. Ä. Insoweit weicht das Tarifrecht erheblich vom Beamtenrecht, das zur Zuordnung zu den Besoldungsgruppen eine Urkunde, eine förmliche Ernennung etc. kennt, deutlich ab. Nicht die Eingruppierung, sondern lediglich das daraus resultierende Entgelt unterliegt der Verfallsfrist des § 37 TV-Ärzte/VKA. Diese Unterscheidung ist wichtig für die Stufenbestimmung. *Beispiel: Aufgrund eines Fehlers in der Klinik wird die zuständige Zahlstelle des Arbeitgebers nicht darüber informiert, dass ein Arzt Facharzt ist und auch als solcher eingesetzt wird. Der Arzt merkt dies erst nach 3½ Jahren. Zahlungsansprüche können dann nur sechs Monate rückwirkend erfüllt werden (§ 37 TV-Ärzte/VKA). Der Arzt hat aber nach Ablauf von drei Jahren gleichwohl die Stufe 2 der Entgeltgruppe II erreicht und ist für die Zukunft und unter Beachtung des § 37 TV-Ärzte/VKA auch rückwirkend entsprechend zu vergüten.*
- „nicht nur vorübergehend": Mit dieser Formulierung setzen die Tarifpartner die aus dem BAT bekannte Rechtslage fort, dass nur dauerhafte Tätigkeiten zu einer Eingruppierung führen können. Dauerhaft bezieht sich weniger auf den Zeitfaktor, sondern eher auf die Stabilität der Tätigkeitsübertragung. Ein für drei Monate befristet als Facharzt eingestellter Beschäftigter ist – bezogen auf seinen Arbeitsvertrag – nicht nur vorübergehend, sondern dauerhaft Facharzt im Sinne der Entgeltgruppe II (das Vorliegen der persönlichen und fachlichen Voraussetzungen unterstellt). Ein vertraglich als Arzt der Entgeltgruppe 1 beschäftigter Arzt, der vorübergehend für ein Jahr einen für Auslandstätigkeiten beurlaubten Facharzt vertritt, ist auch bei Vorliegen der persönlichen und fachlichen Voraussetzungen nicht in Entgeltgruppe II eingruppiert. Er hat aber unter

den Voraussetzungen des § 17 TV-Ärzte/VKA einen Anspruch auf eine Zulage. Während eine stabile Eingruppierung nur durch einvernehmliche Vertragsänderung oder durch Änderungskündigung rückgängig gemacht werden könnte, entfällt der Zulagenanspruch mit Beendigung der höherwertigen Tätigkeit.

- „zeitlich mindestens zur Hälfte": Auch in diesem Punkt folgen die Tarifpartner weitgehend dem Vorbild des BAT und sehen eine Eingruppierung nur bei einem eingruppierungsrelevanten Umfang vor. Dabei genügt es, dass die Tätigkeit mindestens zur Hälfte (50 %) auszuüben ist – eine überwiegende Tätigkeit (mehr als 50 %) wird nicht gefordert. Wenn zwei unterschiedliche Tätigkeiten zu jeweils exakt 50 % ausgeübt werden, würden die Voraussetzungen von zwei Tätigkeitsmerkmalen erfüllt; nach dem allgemeinen Rechtsgrundsatz des Günstigkeitsprinzips kommt dann die aus Sicht des Beschäftigten bessere (höhere) Eingruppierung zum Zuge.

- „auszuübende" Tätigkeit: Maßgebend ist die auszuübende, nicht die ausgeübte Tätigkeit. Damit wird deutlich, dass die Tätigkeit durch den Arbeitgeber übertragen worden sein muss. Es reicht also zur Eingruppierung in die Entgeltgruppe II nicht aus, dass ein Arzt sich zum Facharzt fortbildet und in seiner Klinik auch auf seine eigene Initiative entsprechende Tätigkeiten ausübt. Nur wenn der Arbeitgeber ihm die Funktion des Facharztes übertragen und die entsprechenden Tätigkeiten im Rahmen seines Direktionsrechts angeordnet hat, zieht dies die Eingruppierung nach sich. Es wird in der Praxis zur Vermeidung von Streitigkeiten angebracht sein, denjenigen eindeutig zu bestimmen, der entsprechende Weisungen rechtsverbindlich erteilen darf.

- Die Bedeutung der in Absatz 2 und den Protokollerklärungen dazu geregelten und definierten „Arbeitsvorgänge" ist im Vergleich zum BAT, dem TVöD und anderen Flächentarifverträgen eher gering, weil selten Tätigkeiten unterschiedlicher Wertigkeit zu einem eingruppierungsrelevanten Gesamtbild zusammengefügt werden müssen. Dies liegt in erster Linie daran, dass die Tätigkeitsmerkmale des TV-Ärzte/VKA auf den Ärzteberuf beschränkt sind, während von der (auch im TVöD noch zu beachtenden) Vergütungsordnung zum BAT ein viel breiteres Spektrum abzudecken ist.

Zu Absatz 3 – Aufnahme der Entgeltgruppe in den Arbeitsvertrag

Die Dokumentation der Entgeltgruppe im Arbeitsvertrag dient der Rechtsklarheit und ist eigentlich eine Selbstverständlichkeit.

§ 16 Eingruppierung

Ärztinnen und Ärzte sind wie folgt eingruppiert:

a) Entgeltgruppe I:
Ärztin/Arzt mit entsprechender Tätigkeit.

b) Entgeltgruppe II:
Fachärztin/Facharzt mit entsprechender Tätigkeit

Protokollerklärung zu Buchst. b:
Fachärztin/Facharzt ist diejenige Ärztin/derjenige Arzt, die/der aufgrund abgeschlossener Facharztweiterbildung in ihrem/seinem Fachgebiet tätig ist.

c) Entgeltgruppe III:
Oberärztin/Oberarzt

Protokollerklärung zu Buchst. c:
Oberärztin/Oberarzt ist diejenige Ärztin/derjenige Arzt, der/dem die medizinische Verantwortung für selbstständige Teil- oder Funktionsbereiche der Klinik bzw. Abteilung vom Arbeitgeber ausdrücklich übertragen worden ist.

V

d) Entgeltgruppe IV:
Leitende Oberärztin/Leitender Oberarzt, ist diejenige Ärztin/derjenige Arzt, der/dem die ständige Vertretung der leitenden Ärztin/des leitenden Arztes (Chefärztin/Chefarzt) vom Arbeitgeber ausdrücklich übertragen worden ist.

Protokollerklärung zu Buchst. d:
Leitende Oberärztin/Leitender Oberarzt ist nur diejenige Ärztin/derjenige Arzt, die/der die leitende Ärztin/den leitenden Arzt in der Gesamtheit ihrer/seiner Dienstaufgaben vertritt. Das Tätigkeitsmerkmal kann daher innerhalb einer Klinik in der Regel nur von einer Ärztin/einem Arzt erfüllt werden.

Erläuterungen

Die Vereinbarung der Tätigkeitsmerkmale in § 16 gehört zu den wichtigsten Vorschriften des TV-Ärzte/VKA; denn aus ihr ergibt sich letztlich die Höhe des Entgelts, die sich durch die Anwendung der Entgelttabelle und die Ermittlung der maßgebenden Stufe lediglich noch konkretisiert.

Der doch eher überschaubaren Regelungsbreite und der Schaffung einer eigenständigen Entgelttabelle für Ärzte ist es zu verdanken, dass die Eingruppierung der Ärzte bereits zum Inkrafttreten des TV-Ärzte/VKA endgültig geregelt werden konnte und nicht – wie beim TVöD – übergangsweise auf das alte Eingruppierungsrecht des BAT zurückgegriffen werden musste.

Die Tätigkeitsmerkmale des TV-Ärzte

- **Entgeltgruppe I – Ärzte**

  In Ä 1 sind Ärzte (und Zahnärzte) mit entsprechender Tätigkeit eingruppiert. Die Tarifpartner verzichten – wie zuvor schon im BAT –

auf eine eigene Definition des Begriffs des Arztes. Insoweit ist also weiterhin auf das Medizinalrecht der Bundesrepublik zurückzugreifen. Zu beachten sind insbesondere die Bundesärzteordnung in der Fassung der Bekanntmachung vom 16. April 1987 (BGBl. I S. 1218) sowie die Approbationsordnung für Ärzte vom 27. Juni 2002 (BGBl. I S. 2405). Nur wer Arzt im Sinne des Medizinalrechts ist, kann (wenn darüber hinaus die übrigen Voraussetzungen des TV-Ärzte erfüllt sind) Arzt im Sinne der Entgeltgruppe I sein.

– **Entgeltgruppe II – Fachärzte**

  In Ä II sind Fachärzte (und Fachzahnärzte) mit ihrem Fachgebiet entsprechender, zeitlich mindestens die Hälfte der Gesamttätigkeit ausmachenden Tätigkeit eingruppiert. Daneben müssen die Voraussetzungen des § 1 TV-Ärzte erfüllt sein. Nach der Definition der Tarifpartner ist Facharzt im Sinne dieses Tätigkeitsmerkmales derjenige Arzt, der eine Facharztweiterbildung abgeschlossen hat und in seinem Fachgebiet tätig ist. Die Anerkennung zum Facharzt wird auf Landesebene von der jeweiligen Landesärztekammer ausgesprochen.

– **Entgeltgruppe III – Oberärzte**

  Welche Ärzte Oberärzte im Sinne der Entgeltgruppe III sind, haben die Tarifpartner in einer Protokollerklärung festgelegt. Demnach handelt es sich bei Oberärzten um Ärzte, denen die medizinische Verantwortung für selbstständige Teil- oder Funktionsbereiche der Klinik beziehungsweise Abteilung vom Arbeitgeber übertragen worden ist.

  Bei der Vereinbarung von Tätigkeitsmerkmalen für Oberärzte im TV-Ärzte/VKA waren Schwierigkeiten vorprogrammiert, weil damit erstens Neuland betreten wurde (es gab bislang den Begriff des Oberarztes im Eingruppierungsrecht nicht) und weil zweitens die Definition des Oberarztes nichts mit der in den Kliniken bis dahin (ohne eingruppierungsmäßige Folgen) recht großzügig verwendeten Bezeichnung des Oberarztes zu tun hat. Es stand bei Einführung des TV-Ärzte/VKA zu befürchten, dass eine große Anzahl von „Titularoberärzten" der Kliniken allein aufgrund ihrer Bezeichnung die Eingruppierung nach III geltend machen würden, obwohl sie die dortigen Voraussetzungen nicht erfüllen. Die Tarifpartner waren bemüht, durch eine Niederschriftserklärung zu § 6 Abs. 2 TVÜ-Ärzte/VKA eine gewisse Rechtssicherheit herbeizuführen. In dieser Niederschriftserklärung haben sie klargestellt, dass zwar die bei Inkrafttreten des TV-Ärzte/VKA als Oberärzte bezeichneten Ärzte diesen „Titel" behalten dürfen, dass damit aber keine Konsequenzen bei der Eingruppierung verbunden sind und insbesondere die

V

Entgeltgruppe III nicht erreicht wird. Trotz dieser Niederschriftserklärung sind die Kliniken mit einer Vielzahl von Gerichtsverfahren zur Frage, was unter Oberarzt im tarifvertraglichen Sinn zu verstehen ist, überzogen worden. Am 9. Dezember 2009 hat das BAG dann in insgesamt sieben Entscheidungen zum TV-Ärzte/VKA bzw. zum in diesem Punkt vergleichbaren TV-Ärzte/TdL für relative Klarheit gesorgt. Die Urteile haben die Aktenzeichen 4 AZR 495/08, 4 AZR 568/08, 4 AZR 630/08, 4 AZR 687/08, 4 AZR 827/08, 4 AZR 836/08 und 4 AZR 841/08. Die wichtigsten Gesichtspunkte sind nachstehend jeweils im fachlichen Zusammenhang kurz dargestellt. Mit Blick auf das denkbare Sachverhaltsspektrum dürfte ein intensiveres Studium der Urteile im Bedarfsfall hilfreich sein.

- *Teil- und Funktionsbereiche:* Das BAG hat zu diesem Erfordernis des Tätigkeitsmerkmals in den Entscheidungen vom 9. Dezember 2009 – 4 AZR 495/08 und 4 AZR 568/08 – festgestellt, dass der Begriff des Funktionsbereichs in Anlehnung an das frühere Eingruppierungsrecht des BAT weiterhin als wissenschaftlich anerkanntes Spezialgebiet innerhalb eines ärztlichen Fachgebietes anzusehen ist. Dazu gehören dann beispielsweise im Bereich der Chirurgie die Kinder-, Unfall-, Gefäß-, Hand-, und Herzchirurgie und plastische Chirurgie, im Bereich der Inneren Medizin die Gastroenterologie, die Kardiologie, Nephrologie, im Bereich der Psychiatrie die Psychotherapie, die Suchtkranken-Psychiatrie und die Geronto-Psychiatrie. Teilbereiche hingegen sind nach Auffassung des BAG keine eher fachlichen, sondern in erster Linie räumlichen oder sonst organisatorisch abgegrenzten Einheiten innerhalb einer Klinik oder Abteilung. Indizien, die für eine solche Abgrenzung sprechen können, sind insbesondere eine eigene, dauerhafte Personalausstattung, eigene Räume, eigene Sachmittel und eine eigene Verantwortlichkeit.
- *Medizinische Verantwortung:* Mit diesem Begriff hat sich das BAG insbesondere in den Entscheidungen vom 9. Dezember 2009 – 4 AZR 495/08, 4 AZR 568/08, 4 AZR 630/08, 4 AZR 827/08 und 4 AZR 841/08 befasst. Voraussetzung ist demnach eine medizinische Verantwortung für einen bestimmten Teil-/Funktionsbereich; die organisatorische oder verwaltungstechnische Verantwortung reicht nicht aus. Ungeachtet der Gesamtverantwortung des in der Hierarchie darüberstehenden Chefarztes muss es sich um eine alleinige Gesamtverantwortung handeln; das Nebeneinander von zwei Chefärzten im gleichen Funktionsbereich ist somit nicht denkbar. Die medizinische Verantwortung setzt das Vorhandensein untergebener Ärzte voraus, wobei dem Oberarzt mindestens auch ein Facharzt unterstellt sein muss.

- *Übertragung durch den Arbeitgeber:* Die erste Alternative des Merkmals kann nur erfüllt sein, wenn die Aufgabenübertragung durch den Arbeitgeber erfolgt. Wer innerhalb der Klinik berechtigt ist, (Vorstand, ärztlicher Direktor, Chefarzt, ...) sollte zur Vermeidung von Missverständnissen eindeutig festgelegt werden. Bei den sogenannten Titularoberärzten (s. o.) scheitert die Anwendung des Tätigkeitsmerkmals häufig schon daran, dass dieser ungeschützte Titel nicht von richtiger Stelle des Arbeitgebers übertragen wurde.

- **Entgeltgruppe IV – Leitende Oberärzte als ständige Vertreter des leitenden Arztes (Chefarzt)**
  Dieses Tätigkeitsmerkmal gilt für die ständigen Vertreter der Chefärzte. In Frage dafür kommen nur leitende Oberärzte, denen diese Funktion vom Arbeitgeber ausdrücklich übertragen worden ist. Es muss sich um eine umfassende Vertretungsbefugnis handeln; eine reine Abwesenheitsvertretung bei Urlaub oder Krankheit reicht folglich nicht aus (BAG vom 23. Februar 2011 – 4 AZR 336/09). In der Protokollerklärung zu diesem Merkmal haben die Tarifpartner klargestellt, dass je Klinik nur ein Arzt die Voraussetzungen dieses Merkmals erfüllen kann.

§ 17 Vorübergehende Übertragung einer höherwertigen Tätigkeit

(1) Wird der Ärztin/dem Arzt vorübergehend eine andere Tätigkeit übertragen, die den Tätigkeitsmerkmalen einer höheren als ihrer/seiner Eingruppierung entspricht, und hat sie/er diese mindestens einen Monat ausgeübt, erhält sie/er für die Dauer der Ausübung eine persönliche Zulage rückwirkend ab dem ersten Tag der Übertragung der Tätigkeit.

Niederschriftserklärung zu § 17 Abs. 1:
Die Tarifvertragsparteien stellen klar, dass die vertretungsweise Übertragung einer höherwertigen Tätigkeit ein Unterfall der vorübergehenden Übertragung einer höherwertigen Tätigkeit ist.

(2) Die persönliche Zulage bemisst sich für Ärztinnen und Ärzte, die in eine der Entgeltgruppen I bis IV eingruppiert sind, aus dem Unterschiedsbetrag zu dem Tabellenentgelt, das sich für die Ärztin/den Arzt bei dauerhafter Übertragung nach § 20 Abs. 4 ergeben hätte.

V

Erläuterungen

Die Vereinbarungen im TV-Ärzte/VKA zur vorübergehenden Übertragung einer höherwertigen Tätigkeit entsprechen hinsichtlich der Anspruchsvoraussetzungen für eine Zulage der Regelung in § 14 Abs. 1 TVöD und hinsichtlich der Berechnung Zulagenhöhe systematisch der Vorschrift des § 14 Absatz 3 Satz 1 TVöD. Auf die dortigen Erläuterungen wird Bezug genommen.

§ 18 Tabellenentgelt

(1) [1]Die Ärztin/Der Arzt erhält monatlich ein Tabellenentgelt nach der Anlage. [2]Die Höhe bestimmt sich nach der Entgeltgruppe, in die sie/er eingruppiert ist, und nach der für sie/ihn geltenden Stufe.

(2) Für Ärztinnen und Ärzte gemäß § 16 Buchst. c und d ist die Vereinbarung eines außertariflichen Entgelts jeweils nach Ablauf einer angemessenen, in der letzten tariflich ausgewiesenen Stufe verbrachten Zeit zulässig.

Erläuterungen

§ 18 TV-Ärzte/VKA bestimmt das sogenannte Tabellenentgelt als Grundlage der Leistungen an die Ärzte. Die Entgelttabellen waren zunächst getrennt nach den Tarifgebieten West und Ost; seit dem 1. April 2008 gilt eine einheitliche Tabelle für beide Tarifgebiete. Die Entgelttabelle ist gesondert kündbar (siehe § 40 Abs. 4 Buchst. g).

V

Zu Absatz 1 – Begriffsbestimmung

Die Höhe des Tabellenentgelts bestimmt sich nach der für den Arzt maßgebenden Entgeltgruppe und seiner individuellen Entgeltstufe und kann dann aus der jeweils gültigen Entgelttabelle abgelesen werden.

Zu Absatz 2 – Außertarifliches Entgelt für Oberärzte

Nach Absatz 2 ist es zulässig, Oberärzten und leitenden Oberärzten nach einer angemessenen Verweildauer in der Endstufe ihrer Entgeltgruppe (II bzw. IV) ein außertarifliches Entgelt zu zahlen. Die Formulierung ist etwas unglücklich; denn die Entgeltgruppe IV hat nur eine Stufe, die dann als die letzte tariflich ausgewiesene Stufe anzusehen ist. Was eine „angemessene" Dauer ist, haben die Tarifpartner nicht definiert. Wie bei allen tarifvertraglichen „Kann-Regelungen" ist der Arbeitgeber gut beraten, bei der Vergabe außertariflicher Entgelte einen einheitlichen Maßstab anzuwenden, um dem sonst drohenden Vorwurf der Willkür zu begegnen.

Da es im TV-Ärzte/VKA keine mit § 1 Abs. 2 Buchstabe b TVöD (danach gilt der TVöD nicht bei Entgelten oberhalb Entgeltgruppe 15) gibt, unterliegen auch Oberärzte/leitende Oberärzte mit außertariflichem Entgelt dem Geltungsbereich des TV-Ärzte/VKA.

V

§ 19 Stufen der Entgelttabelle

(1) Ärztinnen und Ärzte erreichen die jeweils nächste Stufe – in Abhängigkeit von ihrer Leistung gemäß § 20 Abs. 2 – nach den Zeiten einer Tätigkeit innerhalb derselben Entgeltgruppe bei ihrem Arbeitgeber (Stufenlaufzeit) und zwar in

a) Entgeltgruppe I

Stufe 2:	**nach einjähriger ärztlicher Tätigkeit**
Stufe 3:	**nach zweijähriger ärztlicher Tätigkeit**
Stufe 4:	**nach dreijähriger ärztlicher Tätigkeit**
Stufe 5:	**nach vierjähriger ärztlicher Tätigkeit**
Stufe 6:	**nach fünfjähriger ärztlicher Tätigkeit,**

b) Entgeltgruppe II

Stufe 2:	**nach dreijähriger fachärztlicher Tätigkeit**
Stufe 3:	**nach sechsjähriger fachärztlicher Tätigkeit**
Stufe 4:	**nach achtjähriger fachärztlicher Tätigkeit**
Stufe 5:	**nach zehnjähriger fachärztlicher Tätigkeit**
Stufe 6:	**nach zwölfjähriger fachärztlicher Tätigkeit,**

c) Entgeltgruppe III

Stufe 2:	**nach dreijähriger oberärztlicher Tätigkeit**
Stufe 3:	**nach sechsjähriger oberärztlicher Tätigkeit,**

d) Entgeltgruppe IV

Stufe 2:	**nach dreijähriger Tätigkeit als leitende Oberärztin/leitender Oberarzt.**

(2) [1]Bei der Anrechnung von Vorbeschäftigungen werden in der Entgeltgruppe I Zeiten ärztlicher Tätigkeit angerechnet. [2]Eine Tätigkeit als Ärztin/Arzt im Praktikum gilt als ärztliche Tätigkeit. [3]In der Entgeltgruppe II werden Zeiten fachärztlicher Tätigkeit in der Regel angerechnet. [4]Zeiten einer vorhergehenden beruflichen Tätigkeit können angerechnet werden, wenn sie für die vorgesehene Tätigkeit förderlich sind.

Protokollerklärung zu Absatz 2:

Zeiten ärztlicher Tätigkeit im Sinne der Sätze 1 bis 3, die im Ausland abgeleistet worden sind, sind nur solche, die von einer Ärztekammer im Gebiet der Bundesrepublik Deutschland als der inländischen ärztlichen Tätigkeit gleichwertig anerkannt werden.

Erläuterungen

Die Vorschrift des § 19 TV-Ärzte/VKA regelt die Grundsätze der Zuweisung zu den Entgeltstufen bei Einstellung und den späteren Aufstieg in den Stufen. Da das Tabellenentgelt sich als Ergebnis aus Entgeltgruppe und Entgeltstufe darstellt, gehört diese Vorschrift zu den (zumindest in finanzieller Sicht für die Beschäftigten) wichtigsten Vorschriften des TV-Ärzte/VKA. Die Regelungen sind angelehnt an die Vorschrift des § 16 TVöD, stimmen aber im Detail nicht damit überein.

Hinweis auf Übergangsregelungen

Bei den Beschäftigten, die in den TV-Ärzte übergeleitet worden sind, sind bei der Stufenzuweisung die besonderen Vorschriften des § 6 TVÜ-Ärzte/VKA zu beachten.

Das dort geregelte Verfahren verhinderte, dass die betroffenen Ärzte bei der Überleitung in den TV-Ärzte/VKA finanzielle Einbußen erlitten.

Zu Absatz 1 – Stufen der Entgeltgruppen

Nach Absatz 1 der Vorschrift umfasst die Entgeltgruppe I fünf Stufen, die Entgeltgruppe II sechs Stufen (seit 1. Januar 2012; zuvor waren es fünf Stufen) und die Entgeltgruppe III (seit 1. Januar 2012; zuvor waren es zwei Stufen) drei Stufen. Die Entgeltgruppe IV hatte zunächst nur eine Stufe, ab dem 1. Januar 2012 sind zwei Stufen vereinbart. Die Zeitdauer für den Stufenaufstieg ergibt sich – getrennt für die jeweilige Entgeltgruppe – aus der tabellarischen Darstellung der Buchstaben a, b und c der Vorschrift.

V

Während Absatz 2 für Vorzeiten der Entgeltgruppen I und II eine besondere Regelung enthält, die auch die Anrechnung von vor In-Kraft-Treten des TV-Ärzte absolvierten Zeiten vorsieht, fehlt eine solche Ausweitung bei Oberärzten (Entgeltgruppe III). Das Bundesarbeitsgericht hat dazu mit Urteil vom 15. Dezember 2010 – 4 AZR 170/09 – entschieden, dass die in § 19 Absatz 1 Buchst. c vorgesehene Höherstufung der Oberärzte nach dreijähriger oberärztlicher Tätigkeit die Geltung des TV-Ärzte/VKA während der „oberärztlichen Tätigkeit" voraussetzt. Die Höherstufung kann somit i. d. R. frühestens zum 1. August 2009 erfolgen. Dies hat das BAG bezogen auf die sechsjährige Frist der Stufe 3 mit Urteil vom 12. März 2015 – 6 AZR 879/13 – ausdrücklich bestätigt.

Zu Absatz 2 – Anrechnung von Vorzeiten

Die Stufenzuordnung bei der Einstellung ist abhängig davon, ob bzw. in welchem Umfang Vorzeiten vorliegen. Die Tarifpartner unterscheiden dabei Vorzeiten unterschiedlicher Qualität. In Satz 1 bis 3 sind die Vorzeiten ärztlicher oder ausdrücklich gleichgestellter Tätigkeit genannt. Zeiten ärztlicher Tätigkeit sind (zwingend), Zeiten fachärztlicher Tätigkeit sind „in der Regel" anzurechnen. Nichtärztliche Zeiten einer förderlichen beruflichen Vortätigkeit können nach Satz 4 berücksichtigt werden. In einer Protokollerklärung haben die Tarifpartner klargestellt, dass im Ausland absolvierte Zeiten den inländischen Zeiten gleichgestellt werden, wenn sie von einer deutschen Ärztekammer als gleichwertig anerkannt worden sind.

Zu Satz 1: Die Anrechnung von Vorzeiten der Entgeltgruppe 1 nach Satz 1 hat zur Voraussetzung, dass es sich um Zeiten ärztlicher Tätigkeit handeln muss. Dabei ist es unerheblich, in welchem Rechtsverhältnis (angestellt, selbstständig) oder für welchen Arbeitgeber die Zeiten zurückgelegt worden sind. Die höherwertige Tätigkeit eines Facharztes beinhaltet dabei sicher auch die des Arztes. Es ist nicht gefordert, dass die Vorzeiten ununterbrochen zurückgelegt worden sind.

Zu Satz 2: Satz 2 stellt die Zeiten als Arzt im Praktikum (AiP; bis zum 30. September 2004 war eine 18-monatige Zeit als Arzt im Praktikum Voraussetzung zur Approbation) mit den ärztlichen Zeiten des Satzes 1 ausdrücklich gleich. Ohne die ausdrückliche Gleichstellung wäre die Anrechnung nicht möglich, weil die AiP-Zeit Ausbildungscharakter hat, vor der Approbation abgeleistet wurde und daher noch keine ärztliche Tätigkeit ist.

V

Zu Satz 3: Bei der hier geregelten Anrechnung von Vorzeiten als Facharzt bei der Stufenlaufzeit der Entgeltgruppe II haben die Tarifpartner dem jeweiligen Arbeitgeber einen gewissen Spielraum eingeräumt und die Anrechnung nicht zwingend, sondern nur „in der Regel" vorgesehen. Der Arbeitgeber wird die Ausnahmen von der Regel darlegen müssen und darf – wie bei allen Ermessensentscheidungen – nicht willkürlich handeln, sondern muss vergleichbare Sachverhalte gleich behandeln. Denkbar wäre es beispielsweise, die Anrechnung von sehr lange zurückliegenden Facharztzeiten (gerade in Spezialbereichen, die einem besonderen Wandel, einem großen Forschungsschub o. Ä. unterlagen) oder von Zeiten vor einem Fachbereichswechsel abzulehnen.

Zu Satz 4: Nach Satz 4 können auch andere (nichtärztliche) Berufszeiten angerechnet werden, wenn sie förderlich sind. Welche Zeiten sie darunter verstehen, haben die Tarifpartner nicht näher konkretisiert. Praktische Fälle sind kaum denkbar. Die Anrechnung steht im Ermessen des Arbeitgebers.

§ 20 Allgemeine Regelungen zu den Stufen

(1) Ärztinnen und Ärzte erhalten vom Beginn des Monats an, in dem die nächste Stufe erreicht wird, das Tabellenentgelt nach der neuen Stufe.

(2) [1]Bei Leistungen der Ärztin/des Arztes, die erheblich über dem Durchschnitt liegen, kann die erforderliche Zeit für das Erreichen der Stufen 2 bis 5 jeweils verkürzt werden. [2]Bei Leistungen, die erheblich unter dem Durchschnitt liegen, kann die erforderliche Zeit für das Erreichen der Stufen 2 bis 5 jeweils verlängert werden. [3]Bei einer Verlängerung der Stufenlaufzeit hat der Arbeitgeber jährlich zu prüfen, ob die Voraussetzungen für die Verlängerung noch vorliegen. [4]Für die Beratung von schriftlich begründeten Beschwerden von Ärztinnen und Ärzten gegen eine Verlängerung nach Satz 2 bzw. 3 ist eine betriebliche Kommission zuständig. [5]Die Mitglieder der betrieblichen Kommission werden je zur Hälfte vom Arbeitgeber und vom Betriebs-/Personalrat benannt; sie müssen dem Betrieb/der Dienststelle angehören und, soweit sie vom Betriebs-/Personalrat benannt werden, unter diesen Tarifvertrag fallen. [6]Der Arbeitgeber entscheidet auf Vorschlag der Kommission darüber, ob und in welchem Umfang der Beschwerde abgeholfen werden soll.

Protokollerklärung zu Absatz 2:

Leistungsbezogene Stufenaufstiege unterstützen insbesondere die Anliegen der Personalentwicklung.

Protokollerklärung zu Absatz 2 Satz 2:

Bei Leistungsminderungen, die auf einem anerkannten Arbeitsunfall oder einer Berufskrankheit gemäß §§ 8 und 9 SGB VII beruhen, ist diese Ursache in geeigneter Weise zu berücksichtigen.

Protokollerklärung zu Absatz 2 Satz 6:

Die Mitwirkung der Kommission erfasst nicht die Entscheidung über die leistungsbezogene Stufenzuordnung.

(3) [1]Den Zeiten einer ärztlichen Tätigkeit im Sinne des § 19 Abs. 1 stehen gleich:

a) Schutzfristen nach dem Mutterschutzgesetz,

b) Zeiten einer Arbeitsunfähigkeit nach § 23 bis zu 39 Wochen,

c) Zeiten eines bezahlten Urlaubs,

d) Zeiten eines Sonderurlaubs, bei denen der Arbeitgeber vor dem Antritt schriftlich ein dienstliches bzw. betriebliches Interesse anerkannt hat,

e) Zeiten der vorübergehenden Übertragung einer höherwertigen Tätigkeit.

[2]Zeiten, in denen Ärztinnen und Ärzte mit einer kürzeren als der regelmäßigen wöchentlichen Arbeitszeit eines entsprechenden Vollbeschäftigten beschäftigt waren, werden voll angerechnet.

(4) [1]Bei einer Eingruppierung in eine höhere oder niedrigere Entgeltgruppe erhält die Ärztin/der Arzt vom Beginn des Monats an, in dem die Veränderung wirksam wird, das Tabellenentgelt der sich aus § 19 Abs. 1 ergebenden Stufe. [2]Ist eine Ärztin/ein Arzt, die/der in der Entgeltgruppe II eingruppiert und der Stufe 6 zugeordnet ist (§ 19 Abs. 1 Buchst. b), in die Entgeltgruppe III höhergruppiert und dort der Stufe 1 zugeordnet (§§ 16 Buchst. c, 19 Abs. 1) worden, erhält die Ärztin/der Arzt so lange das Tabellenentgelt der Entgeltgruppe II Stufe 6, bis sie/er Anspruch auf ein Entgelt hat, das das Tabellenentgelt der Entgeltgruppe II Stufe 6 übersteigt.

(5) [1]Soweit es zur regionalen Differenzierung, zur Deckung des Personalbedarfs oder zur Bindung von qualifizierten Fachkräften erforderlich ist, kann Ärztinnen und Ärzten im Einzelfall, abweichend von dem sich aus der nach § 19 und § 20 Abs. 4 ergebenden Stufe ihrer/seiner jeweiligen Entgeltgruppe zustehendem Entgelt, ein um bis zu zwei Stufen höheres Entgelt ganz oder teilweise vorweggewährt werden. [2]Haben Ärztinnen und Ärzte bereits die Endstufe ihrer jeweiligen Entgeltgruppe erreicht, kann ihnen unter den Voraussetzungen des Satzes 1 ein bis zu 20 v. H. der Stufe 2 ihrer jeweiligen Entgeltgruppe höheres Entgelt gezahlt werden.

Erläuterungen

Die Vereinbarungen im TV-Ärzte/VKA zu den allgemeinen Regelungen zu den Stufen der Entgelttabelle sind aus der Regelung des § 17 TVöD abgeleitet worden. Soweit Gleichheiten bestehen, wird an dieser Stelle nachstehend auf die Erläuterungen zu § 17 TVöD verwiesen.

V

Zu Absatz 1 – Stufenveränderungen zum Monatsbeginn

Die Vorschrift entspricht § 17 Abs. 1 TVöD und bestimmt, dass alle Stufenänderungen bereits zum Monatsbeginn Auswirkungen auf die Bezahlung haben.

Zu Absatz 2 – Leistungsabhängiger Stufenaufstieg

Die Regelung entspricht in ihrem Kern der Vorschrift des § 17 Abs. 2 TVöD, auf die insoweit Bezug genommen wird. Bei den ggfs. zu gründenden betrieblichen Kommissionen ist zu beachten, dass die Vertreter der Arbeitnehmerseite unter den TV-Ärzte/VKA fallen müssen. Der Marburger Bund wollte mit dieser Bestimmung augenscheinlich die Dominierung der betrieblichen Kommissionen durch Mitglieder anderer, nicht zu den Tarifpartnern des TV-Ärzte/VKA gehörenden Gewerkschaften (und eine befürchtete Benachteiligung „seiner" Ärzte) verhindern.

Zu Absatz 3 – Anrechenbare Zeiten und Unterbrechungszeiten

Die Vorschrift entspricht weitestgehend § 17 Abs. 3 TVöD; auf die dortigen Erläuterungen wird Bezug genommen.

Insbesondere die Grundsystematik des § 17 Abs. 3 TVöD wurde unverändert in § 17 Abs. 3 TV-Ärzte/VKA übertragen. Satz 1 zählt abschließend die Tätigkeiten auf, die einer beruflichen Tätigkeit gleichgestellt sind und voll auf die Stufenlaufzeit angerechnet werden; die Vorschrift ist weitgehend identisch mit § 17 Abs. 3 Satz 1 TVöD. Satz 2 entspricht der Vorschrift des § 17 Abs. 3 Satz 4 TVöD und stellt klar, dass auch Zeiten der Teilzeitbeschäftigung bei der Stufenlaufzeit voll angerechnet werden.

Da bei der Berechnung der Stufenlaufzeit nach § 19 TV-Ärzte/VKA Unterbrechungen unschädlich sind, verzichten die Tarifpartner in § 17 Abs. 3 TV-Ärzte/VKA konsequenterweise auf Aussagen zu schädlichen/unschädlichen Unterbrechungen und zu den Konsequenzen bei schädlichen Unterbrechungen (im TVöD § 17 Abs. 3 Satz 1 Buchst. e, Abs. 3 Satz 2 und 3).

Zu Absatz 4 – Verfahren bei Höher-/Herabgruppierungen

Die Vorschrift des Absatzes 4 konnte mit Blick auf die vom TVöD deutlich abweichende Tabellenstruktur des TV-Ärzte/VKA deutlich knapper ausfallen als die Regelung in § 17 Abs. 4 TVöD.

Im Fall einer Höhergruppierung wird der Arzt regelmäßig der Stufe 1 der höheren Entgeltgruppe zugeordnet. Die Tabellenstruktur des TV-Ärzte/VKA ist so, dass das Entgelt der Stufe 1 der höheren Entgeltgruppe in der Regel höher ist, als das der Endstufe der darunter liegenden Entgeltgruppe. Eine Ausnahme liegt nur bei der Höhergruppierung von Entgeltstufe II (Facharzt) Stufe 6 nach Entgeltgruppe III (Oberarzt) Stufe 1 vor. In diesem Fall wäre die Höhergruppierung mit einem Verlust verbunden. Die Tarifpartner sichern durch Absatz 4 Satz 2 das bisherige Tabellenentgelt, bis (durch den Aufstieg in Stufe 2) in der Entgeltgruppe III ein echter Höhergruppierungsgewinn eintritt.

Bei Herabgruppierung gilt: Die Tätigkeiten der Ärzte umfassen auch die der darunter liegenden Entgeltgruppe (ein Oberarzt ist auch Facharzt, ein Facharzt wiederum auch Arzt), sodass die passende Entgeltstufe der niedrigeren Entgeltgruppe unter Berücksichtigung der Berufszeiten in der höheren Entgeltgruppe ermittelt werden kann.

V

§ 21 Leistungs- und erfolgsorientierte Entgelte bei Ärztinnen und Ärzten (Vario-Ä)

(1) [1]Ärztinnen und Ärzte können auf der Grundlage einer Zielvereinbarung eine Leistungsprämie erhalten. [2]Zielvereinbarungen können auch mit Gruppen von Ärztinnen und Ärzten abgeschlossen werden. [3]Eine Zielvereinbarung in diesem Sinne ist eine freiwillig eingegangene verbindliche Abrede zwischen dem Arbeitgeber bzw. in seinem Auftrag dem Vorgesetzten einerseits und der Ärztin/dem Arzt bzw. allen Mitgliedern einer Gruppe von Ärztinnen und/oder Ärzten andererseits; sie bedarf der Schriftform.

Protokollerklärungen zu Absatz 1:

1. [1]Zielvereinbarungen können insbesondere in Bezug auf abteilungs- oder klinikspezifische Fort- oder Weiterbildungen abgeschlossen werden. [2]Soweit eine Zielvereinbarung in Bezug auf Fort- und Weiterbildung abgeschlossen wird, ist die Kostenübernahme durch den Arbeitgeber oder einen Dritten sowie die zusätzliche Freistellung unter Fortzahlung der Bezüge zu regeln.
2. Wird vom Arbeitgeber bzw. der Ärztin/dem Arzt der Wunsch nach Abschluss einer Zielvereinbarung geäußert, ist ein Gespräch zu führen, um die Möglichkeit des Abschlusses einer Zielvereinbarung zu prüfen; ein Anspruch auf Abschluss einer Zielvereinbarung besteht nicht.

V

(2) [1]An Ärztinnen und Ärzte können am Unternehmenserfolg orientierte Erfolgsprämien gezahlt werden. [2]Die für die Erfolgsprämie relevanten wirtschaftlichen Unternehmensziele legt die Unternehmensführung zu Beginn des Wirtschaftsjahres fest.

(3) Zur Umsetzung der Absätze 1 und 2 kann der Arbeitgeber ein klinik- oder abteilungsbezogenes Budget zur Verfügung stellen.

(4) Die nach den Absätzen 1 und 2 gewährten Leistungs- und Erfolgsprämien sind nicht zusatzversorgungspflichtig.

Erläuterungen

Die Vorschrift des § 21 ist im Zuge der Tarifrunde 2010 durch den Änderungstarifvertrag Nr. 2 vom 9. Juni 2010 mit Wirkung vom 1. Januar 2010 in den TV-Ärzte/VKA eingefügt worden. Bis dahin enthielt der TV-Ärzte/VKA keine Regelung zur Leistungsbezahlung.

Die Leistungsbezahlung des § 21 TV-Ärzte/VKA unterscheidet sich bereits im Grundansatz von der des § 18 TVöD. Das Konzept des § 18 TVöD sieht vor, dass ein „Topf" vom Arbeitgeber nach festen Regeln gespeist und dann nach betrieblichen (kollektivrechtlichen) Vereinbarungen an die Beschäftigten ausgeschüttet wird. § 21 TV-Ärzte/VKA zeichnet sich hingegen aus Arbeitgebersicht durch ein höheres Maß der Freiwilligkeit aus; denn der Arbeitgeber entscheidet ohne Zwang, ob er ein entsprechendes Ausschüttungsbudget überhaupt zur Verfügung stellt.

Zu Absatz 1 – Leistungsprämie

Nach dieser Regelung können Leistungsprämien vergeben werden. Grundvoraussetzung dafür ist, dass der Arbeitgeber zunächst ein Budget bereitstellt. Die Vergabe der Leistungsprämie erfolgt dann auf der Grundlage von Zielvereinbarungen, die entweder mit dem einzelnen Arzt, oder mit Gruppen von Ärzten abgeschlossen werden können. Die Zielvereinbarungen sind freiwillig; sie bedürfen der Schriftform. Ob ein Arzt bei diesem Verfahren mitmacht, obliegt seiner Entscheidung; er kann nicht dazu gezwungen werden. Es dürfte sich von selbst verstehen, dass derjenige Arzt, der sich an diesem Verfahren nicht beteiligt, auch keinen Anspruch auf eine Leistungsprämie hat. Als Beispiel für Zielvereinbarungen zur Leistungsprämie sind in der Protokollerklärung Nr. 1 zu Absatz 1 Fort- oder Weiterbildungen genannt. In diesem Zusammenhang sind dann auch Einzelheiten hinsichtlich der Kostentragung und eventuellen Freistellung zu treffen.

Die Prämie steht zu, wenn das vereinbarte Ziel erreicht wird.

V

Zu Absatz 2 – Erfolgsprämie

Abweichend von den an individuelle Leistungen des Arztes anknüpfenden Leistungsprämien knüpft die Möglichkeit einer Erfolgsprämie an den Unternehmenserfolg an. Wenn die zuvor definierten Unternehmensziele erreicht werden, entsteht ein entsprechender Anspruch. Vorausgesetzt natürlich, der Arbeitgeber führt dieses Verfahren ein und stellt auch Mittel dafür zur Verfügung.

Zu Absatz 3 – Budget

Die Bereitstellung eines Budgets für Leistungs- oder Erfolgsprämien obliegt der alleinigen Entscheidung des Arbeitgebers (s. o.).

Zu Absatz 4 – Zusatzversorgung

Die gezahlten Prämien sind steuer- und sozialversicherungspflichtiger Arbeitslohn. Aufgrund der ausdrücklichen Regelung in § 21 Absatz 4 i. V. m. Anlage 3 Satz 1 Nr. 1 ATV/Anlage 3 Satz 1 Buchst. a ATV-K (ATV/ATV-K gelten Kraft ATV-Ärzte/VKA sowie des ATV-K-Ärzte/VKA) sind sie nicht zusatzversorgungspflichtig.

Im Falle der Entgeltfortzahlung fallen sie unter § 22 Satz 2 TV-Ärzte/VKA und werden als nicht in Monatsbeträgen festgelegte Entgeltbestandteile neben den übrigen von § 22 Satz 2 TV-Ärzte/VKA erfassten unständigen Bezügebestandteilen nach dem so genannten Referenzprinzip (mittelbar) fortgezahlt.

§ 22 Bemessungsgrundlage für die Entgeltfortzahlung

[1]In den Fällen der Entgeltfortzahlung nach § 7 Abs. 3 Satz 1, § 23 Abs. 1, § 27, § 28 und § 30 werden das Tabellenentgelt sowie die sonstigen in Monatsbeträgen festgelegten Entgeltbestandteile weitergezahlt. [2]Die nicht in Monatsbeträgen festgelegten Entgeltbestandteile werden als Durchschnitt auf Basis der dem maßgebenden Ereignis für die Entgeltfortzahlung vorhergehenden letzten drei vollen Kalendermonate (Berechnungszeitraum) gezahlt. [3]Ausgenommen hiervon sind das zusätzlich für Überstunden gezahlte Entgelt (mit Ausnahme der im Dienstplan vorgesehenen Überstunden) sowie besondere Zahlungen nach § 24.

Protokollerklärungen zu den Sätzen 2 und 3:

1. [1]Volle Kalendermonate im Sinne der Durchschnittsberechnung nach Satz 2 sind Kalendermonate, in denen an allen Kalendertagen das Arbeitsverhältnis bestanden hat. [2]Hat das Arbeitsverhältnis weniger als drei Kalendermonate bestanden, sind die vollen Kalendermonate, in denen das Arbeitsverhältnis bestanden hat, zugrunde zu legen. [3]Bei Änderungen der individuellen Arbeitszeit werden die nach der Arbeitszeitänderung liegenden vollen Kalendermonate zugrunde gelegt.
2. [1]Der Tagesdurchschnitt nach Satz 2 beträgt bei einer durchschnittlichen Verteilung der regelmäßigen wöchentlichen Arbeitszeit auf fünf Tage 1/65 aus der Summe der zu berücksichtigenden Entgeltbestandteile, die für den Berechnungszeitraum zugestanden haben. [2]Maßgebend ist die Verteilung der Arbeitszeit zu Beginn des Berechnungszeitraums. [3]Bei einer abweichenden Verteilung der Arbeitszeit ist der Tagesdurchschnitt entsprechend Satz 1 und 2 zu ermitteln. [4]Sofern während des Berechnungszeitraums bereits Fortzahlungstatbestände vorlagen, bleiben die in diesem Zusammenhang auf Basis der Tagesdurchschnitte zustehenden Beträge bei der Ermittlung des Durchschnitts nach Satz 2 unberücksichtigt.
3. Tritt die Fortzahlung des Entgelts nach einer allgemeinen Entgeltanpassung ein, ist die Ärztin/der Arzt so zu stellen, als sei die Entgeltanpassung bereits mit Beginn des Berechnungszeitraums eingetreten.
4. Bei der Bemessungsgrundlage nach Satz 2 ist der Zuschlag gemäß § 12 Abs. 3 Sätze 3 und 4 in jedem Monat des Berechnungszeitraumes mit einem Sechstel zu berücksichtigen.

Niederschriftserklärung zu § 22:

[1]Bereitschaftsdienst- und Rufbereitschaftsentgelte, einschließlich der Entgelte für Arbeit in der Rufbereitschaft, fallen unter die Regelung des § 22 Satz 2. [2]Arbeitsvertraglich hierfür vereinbarte Pauschalen werden von Satz 1 erfasst.

V

Erläuterungen

Die Vereinbarungen im TV-Ärzte/VKA zur Bemessungsgrundlage für die Entgeltfortzahlung entsprechen der Regelung in § 21 TVöD. Auf die dortigen Erläuterungen wird Bezug genommen. In einer (klarstellenden) Niederschriftserklärung zu § 22 haben die Tarifpartner festgehalten, dass Bereitschaftsdienstentgelte und Rufbereitschaftsentgelte (einschließlich des Entgelts für die tatsächliche Inanspruchnahme) unter Satz 2 der Vorschrift fallen und daher mit dem Durchschnitt der drei letzten vollen Kalendermonate in die Bemessungsgrundlage einfließen (so genanntes Referenzprinzip). Ggfs. dafür arbeitsvertraglich vereinbarte Pauschalen fallen nach Satz 2 der Niederschriftserklärung unter § 22 Satz 1 – werden also nach dem Ausfallprinzip fortgezahlt.

Nach der zum 1. Januar 2020 neu vereinbarten Protokollerklärung Nr. 4 ist der Zuschlag nach § 12 Abs. 3 Satz 3 TV-Ärzte/VKA für den 5. Bereitschaftsdienst sowie weitere Bereitschaftsdienste (§ 10 Abs. 10 TV-Ärzte/VKA in der ab dem 1. Januar 2020 geltenden Fassung), der sich aus einer Erhöhung der Bewertung der Bereitschaftsdienstzeit als Arbeitszeit gemäß § 12 Abs. 1 TV-Ärzte/VKA ergibt, in jedem Monat des Berechnungszeitraumes mit einem Sechstel zu berücksichtigen.

V

§ 23 Entgelt im Krankheitsfall

(1) [1]Werden Ärztinnen und Ärzte durch Arbeitsunfähigkeit infolge Krankheit an der Arbeitsleistung verhindert, ohne dass sie ein Verschulden trifft, erhalten sie bis zur Dauer von sechs Wochen das Entgelt nach § 22. [2]Bei erneuter Arbeitsunfähigkeit infolge derselben Krankheit sowie bei Beendigung des Arbeitsverhältnisses gelten die gesetzlichen Bestimmungen. [3]Als unverschuldete Arbeitsunfähigkeit im Sinne der Sätze 1 und 2 gilt auch die Arbeitsverhinderung in Folge einer Maßnahme der medizinischen Vorsorge und Rehabilitation im Sinne von § 9 EFZG.

Protokollerklärung zu Absatz 1 Satz 1:
Ein Verschulden liegt nur dann vor, wenn die Arbeitsunfähigkeit vorsätzlich oder grob fahrlässig herbeigeführt wurde.

(2) [1]Nach Ablauf des Zeitraums gemäß Absatz 1 erhalten die Ärztinnen und Ärzte für die Zeit, für die ihnen Krankengeld oder entsprechende gesetzliche Leistungen gezahlt werden, einen Krankengeldzuschuss in Höhe des Unterschiedsbetrags zwischen den tatsächlichen Barleistungen des Sozialleistungsträgers und dem Nettoentgelt. [2]Nettoentgelt ist das um die gesetzlichen Abzüge verminderte Entgelt im Sinne des § 22; bei freiwillig Krankenversicherten ist dabei deren Gesamtkranken- und Pflegeversicherungsbeitrag abzüglich Arbeitgeberzuschuss zu berücksichtigen. [3]Für Ärztinnen und Ärzte, die wegen Übersteigens der Jahresarbeitsentgeltgrenze nicht der Versicherungspflicht in der gesetzlichen Krankenversicherung unterliegen, ist bei der Berechnung des Krankengeldzuschusses der Krankengeldhöchstsatz, der bei Pflichtversicherung in der gesetzlichen Krankenversicherung zustünde, zugrunde zu legen.

(3) [1]Der Krankengeldzuschuss wird bei einer Beschäftigungszeit (§ 35 Abs. 3)

von mehr als einem Jahr längstens bis zum Ende der 13. Woche und

von mehr als drei Jahren längstens bis zum Ende der 39. Woche

seit dem Beginn der Arbeitsunfähigkeit infolge derselben Krankheit gezahlt. [2]Maßgeblich für die Berechnung der Fristen nach Satz 1 ist die Beschäftigungszeit, die im Laufe der krankheitsbedingten Arbeitsunfähigkeit vollendet wird.

(4) [1]Entgelt im Krankheitsfall wird nicht über das Ende des Arbeitsverhältnisses hinaus gezahlt; § 8 EFZG bleibt unberührt. [2]Krankengeldzuschuss wird zudem nicht über den Zeitpunkt hinaus gezahlt, von dem an Ärztinnen und Ärzte eine Rente oder eine vergleichbare Leistung auf Grund eigener Versicherung aus der gesetzlichen Rentenversicherung, einem berufsständischen Versorgungswerk der Ärzte/Zahnärzte, aus einer zusätzlichen Alters- und Hinterbliebenenversorgung oder aus einer sonstigen Versorgungseinrichtung erhalten, die nicht allein aus Mitteln der Ärztinnen und Ärzte finanziert ist. [3]Überzahlter Krankengeldzuschuss und sonstige Überzahlungen gelten als Vorschuss auf die in demselben Zeitraum zustehenden Leistungen nach Satz 2; die Ansprüche der Ärztinnen und Ärzte gehen insoweit auf den Arbeitgeber über. [4]Der Arbeitgeber kann von der Rückforderung des Teils des überzahlten Betrags, der nicht durch die für den Zeitraum der Überzahlung zustehenden Bezüge im Sinne des Satzes 2 ausgeglichen worden ist, absehen, es sei denn, die Ärztin/der Arzt hat dem Arbeitgeber die Zustellung des Rentenbescheids schuldhaft verspätet mitgeteilt.

Erläuterungen

Die Vereinbarungen im TV-Ärzte/VKA zum Entgelt im Krankheitsfall entsprechen der Regelung in § 22 TVöD. Auf die dortigen Erläuterungen wird Bezug genommen.

V

V

§ 24 Besondere Zahlungen

(1) [1]Nach Maßgabe des Vermögensbildungsgesetzes in seiner jeweiligen Fassung haben Ärztinnen und Ärzte, deren Arbeitsverhältnis voraussichtlich mindestens sechs Monate dauert, einen Anspruch auf vermögenswirksame Leistungen. [2]Für vollbeschäftigte Ärztinnen und Ärzte beträgt die vermögenswirksame Leistung für jeden vollen Kalendermonat 6,65 Euro. [3]Der Anspruch entsteht frühestens für den Kalendermonat, in dem die Ärztin/der Arzt dem Arbeitgeber die erforderlichen Angaben schriftlich mitteilt, und für die beiden vorangegangenen Monate desselben Kalenderjahres; die Fälligkeit tritt nicht vor acht Wochen nach Zugang der Mitteilung beim Arbeitgeber ein. [4]Die vermögenswirksame Leistung wird nur für Kalendermonate gewährt, für die den Ärztinnen und Ärzten Tabellenentgelt, Entgeltfortzahlung oder Krankengeldzuschuss zusteht. [5]Für Zeiten, für die Krankengeldzuschuss zusteht, ist die vermögenswirksame Leistung Teil des Krankengeldzuschusses. [6]Die vermögenswirksame Leistung ist kein zusatzversorgungspflichtiges Entgelt.

(2) [1]Ärztinnen und Ärzte erhalten ein Jubiläumsgeld bei Vollendung einer Beschäftigungszeit (§ 35 Abs. 3)

a) von 25 Jahren in Höhe von 350 Euro,

b) von 40 Jahren in Höhe von 500 Euro.

[2]Teilzeitbeschäftigte Ärztinnen und Ärzte erhalten das Jubiläumsgeld in voller Höhe. [3]Durch Betriebs-/Dienstvereinbarung können günstigere Regelungen getroffen werden.

(3) [1]Beim Tod von Ärztinnen und Ärzten, deren Arbeitsverhältnis nicht geruht hat, wird der Ehegattin/dem Ehegatten oder der Lebenspartnerin/dem Lebenspartner im Sinne des Lebenspartnerschaftsgesetzes oder den Kindern ein Sterbegeld gewährt. [2]Als Sterbegeld wird für die restlichen Tage des Sterbemonats und – in einer Summe – für zwei weitere Monate das Tabellenentgelt der/des Verstorbenen gezahlt. [3]Die Zahlung des Sterbegeldes an einen der Berechtigten bringt den Anspruch der Übrigen gegenüber dem Arbeitgeber zum Erlöschen; die Zahlung auf das Gehaltskonto hat befreiende Wirkung. [4]Betrieblich können eigene Regelungen getroffen werden.

(4) [1]Die Erstattung von Reise- und ggf. Umzugskosten richtet sich nach den beim Arbeitgeber geltenden Grundsätzen. [2]Für Arbeitgeber, die öffentlichem Haushaltsrecht unterliegen, finden, wenn diese nicht nach eigenen Grundsätzen verfahren, die für Beamtinnen und Beamte geltenden Bestimmungen Anwendung.

(5) Der Arbeitgeber übernimmt für die Dauer des Arbeitsverhältnisses die Kosten für den elektronischen Heilberufsausweis (eHBA) für Ärztinnen und Ärzte.

Erläuterungen

Die Vereinbarungen im TV-Ärzte/VKA zu den „Besonderen Zahlungen" (vermögenswirksame Leistungen, Jubiläums- und Sterbegeld) entsprechen der Regelung in § 23 TV-L. Auf die dortigen Erläuterungen wird Bezug genommen.

Absatz 4 der Vorschrift trifft eine Aussage zu Reise- und Umzugskosten. Demnach sind in erster Linie die bei dem jeweiligen Arbeitgeber geltenden Grundsätze anzuwenden (Satz 1). Sollte beim Arbeitgeber öffentliches Haushaltsrecht gelten und dieser Arbeitgeber nicht nach eigenen Grundsätzen in Bezug auf Reise- und Umzugskosten verfahren, dann sind die für Beamte geltenden Bestimmungen anzuwenden (Satz 2). Eine Aufstellung der Landesreisekosten- und Umzugskostengesetze ist bei den Erläuterungen zu § 44 TVöD abgedruckt.

Absatz 5 wurde durch den 8. Änderungstarifvertrag vom 4. Mai 2022 mit Wirkung vom 1. Januar 2022 angefügt. Die Regelung entlastet die Ärztinnen und Ärzte von den Kosten für den elektronischen Heilberufeausweis und schafft auch für die Arbeitgeber Rechtssicherheit hinsichtlich der Kostenübernahme, die ohne diese neue Tarifvorschrift als übertarifliche Zahlung anzusehen wäre.

V

§ 25 Berechnung und Auszahlung des Entgelts

(1) [1]Bemessungszeitraum für das Tabellenentgelt und die sonstigen Entgeltbestandteile ist der Kalendermonat, soweit tarifvertraglich nicht ausdrücklich etwas Abweichendes geregelt ist. [2]Die Zahlung erfolgt am letzten Tag des Monats (Zahltag) für den laufenden Kalendermonat auf ein von der Ärztin/dem Arzt benanntes Konto innerhalb eines Mitgliedstaats der Europäischen Union. [3]Entgeltbestandteile, die nicht in Monatsbeträgen festgelegt sind, sowie der Tagesdurchschnitt nach § 22, sind am Zahltag des zweiten Kalendermonats, der auf ihre Entstehung folgt, fällig.

Protokollerklärungen zu Absatz 1:

1. Teilen Ärztinnen und Ärzte ihrem Arbeitgeber die für eine kostenfreie bzw. kostengünstigere Überweisung in einen anderen Mitgliedstaat der Europäischen Union erforderlichen Angaben nicht rechtzeitig mit, so tragen sie die dadurch entstehenden zusätzlichen Überweisungskosten.
2. Soweit Arbeitgeber die Bezüge am 15. eines jeden Monats für den laufenden Monat zahlen, können sie jeweils im Dezember eines Kalenderjahres den Zahltag vom 15. auf den letzten Tag des Monats gemäß Absatz 1 Satz 1 verschieben.

V

(2) Soweit tarifvertraglich nicht ausdrücklich etwas anderes geregelt ist, erhalten teilzeitbeschäftigte Ärztinnen und Ärzte das Tabellenentgelt (§ 18) und alle sonstigen Entgeltbestandteile in dem Umfang, der dem Anteil ihrer individuell vereinbarten durchschnittlichen Arbeitszeit an der regelmäßigen Arbeitszeit vergleichbarer vollzeitbeschäftigter Ärztinnen und Ärzte entspricht.

(3) [1]Besteht der Anspruch auf das Tabellenentgelt oder die sonstigen Entgeltbestandteile nicht für alle Tage eines Kalendermonats, wird nur der Teil gezahlt, der auf den Anspruchszeitraum entfällt. [2]Besteht nur für einen Teil eines Kalendertags Anspruch auf Entgelt, wird für jede geleistete dienstplanmäßige oder betriebsübliche Arbeitsstunde der auf eine Stunde entfallende Anteil des Tabellenentgelts sowie der sonstigen in Monatsbeträgen festgelegten Entgeltbestandteile gezahlt. [3]Zur Ermittlung des auf eine Stunde entfallenden Anteils sind die in Monatsbeträgen festgelegten Entgeltbestandteile durch das 4,348-fache der regelmäßigen wöchentlichen Arbeitszeit (§ 7 Abs. 1 und entsprechende Sonderregelungen) zu teilen.

(4) [1]Ergibt sich bei der Berechnung von Beträgen ein Bruchteil eines Cents von mindestens 0,5, ist er aufzurunden; ein Bruchteil von weniger als 0,5 ist abzurunden. [2]Zwischenrechnungen werden jeweils auf zwei Dezimalstellen durchgeführt. [3]Jeder Entgeltbestandteil ist einzeln zu runden.

(5) Entfallen die Voraussetzungen für eine Zulage im Laufe eines Kalendermonats, gilt Absatz 3 entsprechend.

(6) Einzelvertraglich können neben dem Tabellenentgelt zustehende Entgeltbestandteile (z. B. Zeitzuschläge, Erschwerniszuschläge) pauschaliert werden.

(7) Durch Tarifvertrag auf Landesebene kann geregelt werden, dass Bestandteile des Entgelts zur Nutzung steuerlicher Vorteile für die Ärzte einzelvertraglich auch zu anderen Zwecken als zur betrieblichen Altersvorsorge umgewandelt werden.

Erläuterungen

Die Vereinbarungen im TV-Ärzte/VKA zur Berechnung und Auszahlung des Entgelts entsprechen der Regelung in § 2 TVöD. Auf die dortigen Erläuterungen wird Bezug genommen.

Die mit Wirkung vom 1. Juli 2019 angefügte Regelung des Absatzes 7 eröffnet es den Tarifpartnern auf Landesebene, die Entgeltumwandlung auch für andere Zwecke als die betriebliche Altersversorgung (z. B. für E-Bike-Leasing o. Ä.) zu vereinbaren.

V

§ 26 Betriebliche Altersversorgung

Die Ärztinnen und Ärzte haben Anspruch auf Versicherung unter eigener Beteiligung zum Zwecke einer zusätzlichen Alters- und Hinterbliebenenversorgung nach Maßgabe des Tarifvertrages über die betriebliche Altersversorgung der Ärztinnen und Ärzte (Tarifvertrag Altersversorgung Ärzte – ATV-Ärzte/VKA) bzw. des Tarifvertrages über die zusätzliche Altersvorsorge der Ärztinnen und Ärzte (Altersvorsorge-TV-Kommunal Ärzte – ATV-K-Ärzte/VKA) in ihrer jeweils geltenden Fassung.

Erläuterungen

Die Vereinbarungen im TV-Ärzte/VKA zur betrieblichen Altersversorgung entsprechen der Regelung in § 25 TVöD. Auf die dortigen Erläuterungen wird Bezug genommen.

V

Der ATV sowie der ATV-K galten nicht „aus sich heraus" für unter den TV-Ärzte/VKA fallende Beschäftigte. Dies geht auch gar nicht; denn der Marburger Bund ist nicht Vertragspartner des ATV/ATV-K, so dass der TV-Ärzte auch nicht in der jeweiligen Anlage 1 des ATV/ATV-K Erwähnung finden kann. Das von allen Beteiligten angestrebte Ziel der Einbeziehung der unter den TV-Ärzte/VKA fallenden Beschäftigten in die Zusatzversorgung des öffentlichen Dienstes wurde letztlich durch die Vereinbarung des ATV-Ärzte/VKA sowie des ATV-K-Ärzte/VKA und deren Inbezugnahme in § 26 TV-Ärzte/VKA erreicht. Der Regelungsinhalt dieser beiden Tarifverträge entspricht dem des ATV/ATV-K.

Abschnitt IV
Urlaub und Arbeitsbefreiung

§ 27 Erholungsurlaub

(1) [1]Ärztinnen und Ärzte haben in jedem Kalenderjahr Anspruch auf Erholungsurlaub unter Fortzahlung des Entgelts (§ 22). [2]Bei Verteilung der wöchentlichen Arbeitszeit auf fünf Tage in der Kalenderwoche beträgt der Urlaubsanspruch in jedem Kalenderjahr 31 Arbeitstage. [3]Bei einer anderen Verteilung der wöchentlichen Arbeitszeit als auf fünf Tage in der Woche erhöht oder vermindert sich der Urlaubsanspruch entsprechend. [4]Verbleibt bei der Berechnung des Urlaubs ein Bruchteil, der mindestens einen halben Urlaubstag ergibt, wird er auf einen vollen Urlaubstag aufgerundet; Bruchteile von weniger als einem halben Urlaubstag bleiben unberücksichtigt. [5]Der Erholungsurlaub muss im laufenden Kalenderjahr gewährt und kann auch in Teilen genommen werden.

Protokollerklärung zu Absatz 1 Satz 5:

Der Urlaub soll grundsätzlich zusammenhängend gewährt werden; dabei soll ein Urlaubsteil von zwei Wochen Dauer angestrebt werden.

V

(2) Im Übrigen gilt das Bundesurlaubsgesetz mit folgenden Maßgaben:

a) Im Falle der Übertragung muss der Erholungsurlaub in den ersten drei Monaten des folgenden Kalenderjahres angetreten werden. Kann der Erholungsurlaub wegen Arbeitsunfähigkeit oder aus betrieblichen/dienstlichen Gründen nicht bis zum 31. März angetreten werden, ist er bis zum 31. Mai anzutreten.

b) Beginnt oder endet das Arbeitsverhältnis im Laufe eines Jahres, erhält die Ärztin/der Arzt als Erholungsurlaub für jeden vollen Monat des Arbeitsverhältnisses ein Zwölftel des Urlaubsanspruchs nach Absatz 1; § 5 BUrlG bleibt unberührt.

c) Ruht das Arbeitsverhältnis, so vermindert sich die Dauer des Erholungsurlaubs einschließlich eines etwaigen Zusatzurlaubs für jeden vollen Kalendermonat um ein Zwölftel.

d) Das nach Absatz 1 Satz 1 fortzuzahlende Entgelt wird zu dem in § 25 genannten Zeitpunkt gezahlt.

Erläuterungen

Die Vereinbarungen im TV-Ärzte/VKA zum Erholungsurlaub entsprechen weitestgehend der Regelung in § 26 TVöD. Auf die dortigen Erläuterungen wird Bezug genommen.

Nachdem das BAG mit Urteil vom 20. März 2012 – 9 AZR 529/10 – die ursprüngliche Urlaubsstaffel (26 Urlaubstage bis zum vollendeten 30. Lebensjahr, 29 Tage bis zum vollendeten 40. Lebensjahr und 30 Urlaubstage ab dem vollendeten 40. Lebensjahr) wegen des Verstoßes gegen das Allgemeine Gleichbehandlungsgesetz (AGG) als unzulässig angesehen hatte, bestand auch für die Tarifpartner des

TV-Ärzte/VKA Handlungsbedarf. Sie hatten ab dem Kalenderjahr 2013 zunächst in Abhängigkeit von der Zeit der ärztlichen Tätigkeit 29 Urlaubstage bzw. ab dem 7. Jahr ärztlicher Tätigkeit 30 Urlaubstage vereinbart. In einer Niederschriftserklärung zu § 27 Abs. 1 hatten sie dokumentiert, dass sie ab dem 7. Jahr ärztlicher Tätigkeit einen erhöhten Erholungsbedarf annehmen, weil ab diesem Zeitpunkt ein höheres Maß an Verantwortung und Selbstständigkeit vorliege. Ab dem Jahr 2015 haben die Tarifpartner einen einheitlichen Urlaubsanspruch von 30 Tagen vereinbart.

Im Zuge des 8. Änderungstarifvertrages vom 4. Mai 2022 wurde der Urlaubsanspruch dann ab dem Kalenderjahr 2022 auf 31 Tage erhöht.

§ 28 Zusatzurlaub

(1) Ärztinnen und Ärzte, die ständig Wechselschichtarbeit nach § 9 Abs. 1 oder ständig Schichtarbeit nach § 9 Abs. 2 leisten und denen die Zulage nach § 11 Abs. 4 Satz 1 oder Abs. 5 Satz 1 zusteht, erhalten

a) bei Wechselschichtarbeit für je zwei zusammenhängende Monate und

b) bei Schichtarbeit für je vier zusammenhängende Monate

einen Arbeitstag Zusatzurlaub.

(2)[1]) Im Falle nicht ständiger Wechselschichtarbeit und nicht ständiger Schichtarbeit soll bei annähernd gleicher Belastung die Gewährung zusätzlicher Urlaubstage durch Betriebs-/Dienstvereinbarung geregelt werden.

(3) [1]Ärztinnen und Ärzte erhalten bei einer Leistung im Kalenderjahr von mindestens

150 Nachtarbeitsstunden	**1 Arbeitstag**
300 Nachtarbeitsstunden	**2 Arbeitstage**
450 Nachtarbeitsstunden	**3 Arbeitstage**
600 Nachtarbeitsstunden	**4 Arbeitstage**

Zusatzurlaub im Kalenderjahr. [2]Nachtarbeitsstunden, die in Zeiträumen geleistet werden, für die Zusatzurlaub für Wechselschicht- oder Schichtarbeit zusteht, bleiben unberücksichtigt.

(4)[2]) [1]Die Ärztin/Der Arzt erhält für die Zeit der Bereitschaftsdienste in den Nachtstunden (§ 9 Abs. 3) einen Zusatzurlaub in Höhe von einem Arbeitstag pro Kalenderjahr, sofern mindestens 144 Stunden der Bereitschaftsdienste kalenderjährlich in die Zeit zwischen 21 Uhr bis 6 Uhr fallen, sowie von zwei Arbeitstagen pro Kalenderjahr, sofern mindestens 288 Stunden der Bereitschaftsdienste kalenderjährlich in die Zeit zwischen 21 Uhr bis 6 Uhr fallen. [2]Absatz 3 Satz 2 gilt entsprechend. [3]Bei Teilzeitkräften ist die Zahl der nach Satz 1 geforderten Bereitschaftsdienststunden entsprechend dem Verhältnis ihrer individuell vereinbarten durchschnittlichen regelmäßigen Arbeitszeit zur regelmäßigen Arbeitszeit vergleichbarer vollzeitbeschäftigter Ärztinnen und Ärzte zu kürzen. [4]Ist die vereinbarte Arbeitszeit im Durchschnitt des Urlaubsjahres auf weniger als fünf Arbeitstage in der Kalenderwoche verteilt, ist der Zusatzurlaub in entsprechender Anwendung des § 27 Abs. 1 Sätze 3 und 4 zu ermitteln.

(5) [1]Vollzeitbeschäftigte Ärztinnen und Ärzte, die mehr als 29 Bereitschaftsdienste im Kalenderhalbjahr geleistet haben, erhalten einen Arbeitstag Zusatzurlaub. [2]Absatz 4 Sätze 3 und 4 gelten entsprechend.

(6) [1]Zusatzurlaub nach diesem Tarifvertrag und sonstigen Bestimmungen mit Ausnahme von § 125 SGB IX wird nur bis zu insgesamt acht Arbeitstagen im

---

1) § 28 Abs. 2 wird zum 1. Januar 2026 aufgehoben – siehe hierzu Teil III Ziffer 2 Buchst. b) der unter **505** abgedruckten Tarifeinigung.

2) Entsprechend Teil III Ziffer 1 Buchst. b) der unter **505** abgedruckten Tarifeinigung richtet sich der Zusatzurlaub für die Zeit der Bereitschaftsdienste in den Nachtstunden ab dem 1. Juli 2025 nach der Zeit zwischen 20 Uhr bis 6 Uhr.

V

Kalenderjahr gewährt. [2]Erholungsurlaub und Zusatzurlaub (Gesamturlaub) dürfen im Kalenderjahr zusammen 38 Arbeitstage, bei Zusatzurlaub wegen Wechselschichtarbeit 39 Tage, nicht überschreiten. [3]Bei Ärztinnen und Ärzten, die das 50. Lebensjahr vollendet haben, gilt abweichend von Satz 2 eine Höchstgrenze von 39 Arbeitstagen; maßgeblich für die höhere Urlaubsdauer ist das Kalenderjahr, in dem das 50. Lebensjahr vollendet wird.

(7) Im Übrigen gilt § 27 mit Ausnahme von Absatz 2 Buchst. b entsprechend.

Protokollerklärung zu den Absätzen 1 und 2:

[1]Der Anspruch auf Zusatzurlaub bemisst sich nach der abgeleisteten Schicht- oder Wechselschichtarbeit und entsteht im laufenden Jahr, sobald die Voraussetzungen nach Absatz 1 erfüllt sind. [2]Für die Feststellung, ob ständige Wechselschichtarbeit oder ständige Schichtarbeit vorliegt, ist eine Unterbrechung durch Arbeitsbefreiung, Freizeitausgleich, bezahlten Urlaub oder Arbeitsunfähigkeit in den Grenzen des § 23 unschädlich.

Erläuterungen

V

Die Regelungen über Zusatzurlaub im TV-Ärzte/VKA sind weitgehend wortgleich aus der Vorschrift des § 27 TVöD übernommen und dann um zwei weitere Absätze, in denen der Zusatzurlaub für Nachtarbeit geregelt ist, ergänzt worden.

Zu Absatz 1 – Zusatzurlaub für ständige (Wechsel-)Schichtarbeit

Die Vorschrift entspricht § 27 Abs. 1 TVöD; auf die dortigen Erläuterungen wird Bezug genommen.

Zu Absatz 2 – Zusatzurlaub für nicht ständige (Wechsel-)Schichtarbeit

Die Vorschrift entspricht § 27 Abs. 3 TVöD; auf die dortigen Erläuterungen wird Bezug genommen.

Zu Absatz 3 – Zusatzurlaub für Nachtarbeit

Die Vorschrift räumt Ärzten einen Anspruch auf Zusatzurlaub von bis zu vier Arbeitstagen ein und knüpft (mit inhaltlichen Abweichungen) an die Regelung in § 48a Abs. 4 BAT an.

In Satz 1 ist festgelegt, für welche Mindestzahl von Nachtarbeitsstunden es einen, zwei, drei oder vier zusätzliche freie Arbeitstage gibt. Eine mit der Protokollerklärung zu den Absätzen 1 und 2 vergleichbare Aussage zum Entstehen des Zusatzurlaubs enthält die Vorschrift des Absatzes 3 nicht. Nach Meinung des Verfassers wird man schon auf der Grundlage des Tarifwortlauts gleichwohl davon ausgehen können, dass der Urlaub entsteht, sobald im laufenden Kalenderjahr die entsprechende Stundenzahl erreicht ist. Die Vorschrift enthält auch keine, in Absatz 4 und in vergleichbaren Tarifverträgen (z. B. in § 55 Abs. 3 TVöD BT-K bzw. in § 27 Abs. 5 TV-Ärzte/TdL) zu findende Aussage, dass bei Teilzeitbeschäftigten die erforderliche Zahl der Nachtarbeitsstunden entsprechend dem Verhältnis der tatsächlichen Arbeitszeit zur Arbeitszeit eines Vollbeschäftigten zu reduzieren ist. Nach Kenntnis des Verfassers wird dies aber von der VKA empfohlen. In Satz 2 ist bestimmt, dass diejenigen Nachtarbeitszeitstunden nicht mitgezählt werden, die auf Zeiträume entfallen, für die (nach den Absätzen 1 oder 2) bereits Zusatzurlaub für Wechselschicht- oder Schichtarbeit zusteht.

Zu Absatz 4 – Zusatzurlaub für Nachtbereitschaft

Lange umstritten war die Frage, ob die im Bereitschaftsdienst anfallenden Nachtstunden ebenfalls als Nachtarbeitsstunden zu berücksichtigen sind und einen Anspruch auf Zusatzurlaub nach sich ziehen können. Dies hat das BAG mit Urteil vom 15. Juli 2009 – 5 AZR 867/08 – bejaht. Den Anspruch hat das BAG in dieser stark von den Besonderheiten des kirchlichen Bezahlungsrechts beeinflussten Entscheidung im Wesentlichen aus der Vorschrift des § 6 Absatz 5 des Arbeitszeitgesetzes (siehe bei § 6 TVöD) abgeleitet, nach der – wenn keine tarifvertraglichen Ausgleichsregelungen bestehen – für die nächtlichen Arbeitsstunden eine angemessene Zahl bezahlter freier Tage oder ein angemessener Zuschlag zu gewähren ist. In einem späteren Urteil (vom 23. Februar 2011 – 10 AZR 579/09) hat das BAG eine entsprechende Entscheidung zur Vorschrift des § 28 Abs. 3 TV-Ärzte/VKA getroffen. Streitjahr in diesem Verfahren war das Jahr 2007.

Die Tarifpartner haben aus der absehbaren Entwicklung der BAG-Rechtsprechung recht früh Konsequenzen gezogen und mit Wirkung vom 1. Januar 2010 im Zuge des Änderungs-Tarifvertrages Nr. 2 zum TV-Ärzte/VKA vom 9. Juni 2010 die neue Vorschrift des Absatzes 4 eingefügt. Demnach erhalten Ärzte, die mindestens 288 Stunden nächtlichen Bereitschaftsdienst erreichen, zwei zusätzliche Urlaubstage pro Kalenderjahr. Im Zuge des 8. Änderungstarifvertrages vom 4. Mai 2022 wurde mit Wirkung vom 1. Januar 2022 vereinbart, dass bereits bei mindestens 144 Stunden nächtlicher Bereitschaftsdienste ein Tag Zusatzurlaub zusteht.

Nachtzeit ist die Zeit von 21 bis 6 Uhr (siehe § 9 Abs. 3). Zur Berechnung der Stundenzahl sind alle Stunden des nächtlichen Bereitschaftsdienstes heranzuziehen. Eine Umrechnung in reine Arbeitszeit (siehe § 12 Abs. 1) findet nicht statt. Der Querverweis in Satz 2 auf die Vorschrift des Absatzes 3 Satz 2 führt jedoch dazu, dass diejenigen Nachtarbeits-

V

zeitstunden nicht mitgezählt werden, die auf Zeiträume entfallen, für die (nach den Absätzen 1 oder 2) bereits Zusatzurlaub für Wechselschicht- oder Schichtarbeit zusteht. Satz 3 enthält die an die Grundsätze des § 25 Abs. 2 TV-Ärzte/VKA angelehnte Regelung, dass bei Teilzeitbeschäftigten die erforderliche Zahl der Nachtarbeitsstunden entsprechend dem Verhältnis der tatsächlichen Arbeitszeit zur Arbeitszeit eines Vollbeschäftigten zu reduzieren ist. Durch die Regelung des Satzes 4 ist die allgemein übliche Umrechnung des auf Basis der Fünf-Tage-Woche bemessenen Zusatzurlaubs bei einer anderen Anzahl der Arbeitstage pro Woche sichergestellt.

Zu Absatz 5 – Begrenzung des Zusatzurlaubs

Die Vorschrift entspricht weitgehend § 27 Abs. 4 TVöD; auf die dortigen Erläuterungen wird Bezug genommen. Abweichend davon wird der Zusatzurlaub für ständige (Wechsel-)Schichtarbeit im Geltungsbereich des § 28 TV-Ärzte/VKA nicht von der Begrenzung der maximal freien Arbeitstage ausgenommen.

Zu Absatz 6 – übrige Bestimmungen

Der Regelungsinhalt der Vorschrift entspricht § 27 Abs. 5 TVöD; auf die dortigen Erläuterungen wird Bezug genommen.

§ 29 Sonderurlaub

Ärztinnen und Ärzte können bei Vorliegen eines wichtigen Grundes unter Verzicht auf die Fortzahlung des Entgelts Sonderurlaub erhalten.

Erläuterungen

Die Vereinbarungen im TV-Ärzte/VKA zum Sonderurlaub entsprechen der Regelung in § 28 TVöD. Auf die dortigen Erläuterungen wird Bezug genommen.

§ 30 Arbeitsbefreiung

(1) [1]Als Fälle nach § 616 BGB, in denen Ärztinnen und Ärzte unter Fortzahlung des Entgelts nach § 22 im nachstehend genannten Ausmaß von der Arbeit freigestellt werden, gelten nur die folgenden Anlässe:

a) Niederkunft der Ehefrau/der Lebenspartnerin im Sinne des Lebenspartnerschaftsgesetzes	**ein Arbeitstag,**
b) Tod der Ehegattin/des Ehegatten, der Lebenspartnerin/des Lebenspartners im Sinne des Lebenspartnerschaftsgesetzes, eines Kindes oder Elternteils	**zwei Arbeitstage,**
c) Umzug aus dienstlichem oder betrieblichem Grund an einen anderen Ort	**ein Arbeitstag,**
d) 25- und 40-jähriges Arbeitsjubiläum	**ein Arbeitstag,**
e) schwere Erkrankung	
aa) einer/eines Angehörigen, soweit sie/er in demselben Haushalt lebt,	**ein Arbeitstag im Kalenderjahr,**
bb) eines Kindes, das das 12. Lebensjahr noch nicht vollendet hat, wenn im laufenden Kalenderjahr kein Anspruch nach § 45 SGB V besteht oder bestanden hat,	**bis zu vier Arbeitstage im Kalenderjahr,**
cc) einer Betreuungsperson, wenn Ärztinnen und Ärzte deshalb die Betreuung ihres Kindes, das das 8. Lebensjahr noch nicht vollendet hat oder wegen körperlicher, geistiger oder seelischer Behinderung dauernd pflegebedürftig ist, übernehmen muss,	**bis zu vier Arbeitstage im Kalenderjahr.**
[2]Eine Freistellung erfolgt nur, soweit eine andere Person zur Pflege oder Betreuung nicht sofort zur Verfügung steht und die Ärztin/der Arzt in den Fällen der Doppelbuchstaben aa und bb die Notwendigkeit der Anwesenheit der/des Beschäftigten zur vorläufigen Pflege bescheinigt. [3]Die Freistellung darf insgesamt fünf Arbeitstage im Kalenderjahr nicht überschreiten.	
f) Ärztliche Behandlung von Ärztinnen und Ärzten, wenn diese während der Arbeitszeit erfolgen muss,	**erforderliche nachgewiesene Abwesenheitszeit einschließlich erforderlicher Wegezeiten.**

Niederschriftserklärung zu § 30 Abs. 1 Buchst. f:

Die ärztliche Behandlung erfasst auch die ärztliche Untersuchung und die ärztlich verordnete Behandlung.

(2) [1]Bei Erfüllung allgemeiner staatsbürgerlicher Pflichten nach deutschem Recht, soweit die Arbeitsbefreiung gesetzlich vorgeschrieben ist und soweit die Pflichten nicht außerhalb der Arbeitszeit, gegebenenfalls nach ihrer Verlegung, wahrgenommen werden können, besteht der Anspruch auf Fortzahlung des Entgelts nach § 22 nur insoweit, als Ärztinnen und Ärzte nicht Ansprüche auf Ersatz des Entgelts geltend machen können. [2]Das fortgezahlte Entgelt gilt in Höhe des Ersatzanspruchs als Vorschuss auf die Leistungen der Kostenträger. [3]Die Ärztinnen und Ärzte haben den Ersatzanspruch geltend zu machen und die erhaltenen Beträge an den Arbeitgeber abzuführen.

(3) [1]Der Arbeitgeber kann in sonstigen dringenden Fällen Arbeitsbefreiung unter Fortzahlung des Entgelts nach § 22 bis zu drei Arbeitstagen gewähren. [2]In begründeten Fällen kann bei Verzicht auf das Entgelt kurzfristige Arbeitsbefreiung gewährt werden, wenn die dienstlichen oder betrieblichen Verhältnisse es gestatten.

Protokollerklärung zu Absatz 3 Satz 2:

Zu den „begründeten Fällen" können auch solche Anlässe gehören, für die nach Absatz 1 kein Anspruch auf Arbeitsbefreiung besteht (z. B. Umzug aus persönlichen Gründen).

V

(4) [1]Zur Teilnahme an Tagungen kann den gewählten Vertreterinnen/Vertretern der Bezirksvorstände, der Landesvorstände, des Bundesvorstandes sowie der Hauptversammlung auf Anfordern des Marburger Bundes Arbeitsbefreiung bis zu acht Werktagen im Jahr unter Fortzahlung des Entgelts nach § 23 erteilt werden, sofern nicht dringende dienstliche oder betriebliche Interessen entgegenstehen. [2]Zur Teilnahme an Tarifverhandlungen mit der VKA oder ihrer Mitgliedverbände kann auf Anfordern des Marburger Bundes Arbeitsbefreiung unter Fortzahlung des Entgelts nach § 22 ohne zeitliche Begrenzung erteilt werden.

(5) Zur Teilnahme an Sitzungen von Prüfungs- und von Berufsbildungsausschüssen nach dem Berufsbildungsgesetz, für eine Tätigkeit in Organen von Sozialversicherungsträgern sowie berufsständischer Versorgungswerke für Ärzte/Zahnärzte kann den Mitgliedern Arbeitsbefreiung unter Fortzahlung des Entgelts nach § 22 gewährt werden, sofern nicht dringende dienstliche oder betriebliche Interessen entgegenstehen.

Erläuterungen

Die Regelungen zur Arbeitsbefreiung im TV-Ärzte sind weitgehend wortgleich aus der Vorschrift des § 29 TVöD übernommen worden. Der dortige Absatz 4 (Freistellung für gewerkschaftliche Zwecke) ist in § 30 Abs. 4 TV-Ärzte/VKA lediglich an die Organisationsstruktur des Marburger Bundes angepasst worden. § 29 Absatz 5 TVöD (Freistellung für Tätigkeiten in Ausschüssen und Organen) wurde in der Fassung des § 30 Abs. 5 TV-Ärzte/VKA um die Freistellung für Tätigkeiten in den Organen berufsständischer Versorgungswerke für Ärzte/Zahnärzte erweitert.

Sonstige Grundlagen für Arbeitsbefreiung

Auf die Darstellung in den Erläuterungen zu § 29 TVöD wird Bezug genommen.

Wegen der Möglichkeit der Freistellung für Ärztekongresse o. Ä. siehe bei § 6 Abs. 9 TV-Ärzte/VKA.

Abschnitt V
Befristung und Beendigung des Arbeitsverhältnisses

§ 31 Befristete Arbeitsverträge

(1) [1]Befristete Arbeitsverträge sind nach Maßgabe des Teilzeit- und Befristungsgesetzes sowie anderer gesetzlicher Vorschriften über die Befristung von Arbeitsverträgen zulässig. [2]Für Ärztinnen und Ärzte, auf die die Regelungen des Tarifgebiets West Anwendung finden, gelten die in den Absätzen 2 bis 5 geregelten Besonderheiten.

(2) [1]Kalendermäßig befristete Arbeitsverträge mit sachlichem Grund sind nur zulässig, wenn die Dauer des einzelnen Vertrages fünf Jahre nicht übersteigt; weitergehende Regelungen im Sinne von § 23 TzBfG bleiben unberührt. [2]Ärztinnen und Ärzte mit einem Arbeitsvertrag nach Satz 1 sind bei der Besetzung von Dauerarbeitsplätzen bevorzugt zu berücksichtigen, wenn die sachlichen und persönlichen Voraussetzungen erfüllt sind.

V

(3) [1]Ein befristeter Arbeitsvertrag ohne sachlichen Grund soll in der Regel zwölf Monate nicht unterschreiten; die Vertragsdauer muss mindestens sechs Monate betragen. [2]Vor Ablauf des Arbeitsvertrages hat der Arbeitgeber zu prüfen, ob eine unbefristete oder befristete Weiterbeschäftigung möglich ist.

(4) [1]Bei befristeten Arbeitsverträgen ohne sachlichen Grund gelten die ersten sechs Wochen und bei befristeten Arbeitsverträgen mit sachlichem Grund die ersten sechs Monate als Probezeit. [2]Innerhalb der Probezeit kann der Arbeitsvertrag mit einer Frist von zwei Wochen zum Monatsschluss gekündigt werden.

(5) [1]Eine ordentliche Kündigung nach Ablauf der Probezeit ist nur zulässig, wenn die Vertragsdauer mindestens zwölf Monate beträgt. [2]Nach Ablauf der Probezeit beträgt die Kündigungsfrist in einem oder mehreren aneinandergereihten Arbeitsverhältnissen bei demselben Arbeitgeber

von insgesamt mehr als sechs Monaten	**vier Wochen,**
von insgesamt mehr als einem Jahr	**sechs Wochen**
zum Schluss eines Kalendermonats,	
von insgesamt mehr als zwei Jahren	**drei Monate,**
von insgesamt mehr als drei Jahren	**vier Monate**
zum Schluss eines Kalendervierteljahres.	

[3]Eine Unterbrechung bis zu drei Monaten ist unschädlich, es sei denn, dass das Ausscheiden von der Ärztin/dem Arzt verschuldet oder veranlasst war. [4]Die Unterbrechungszeit bleibt unberücksichtigt.

Protokollerklärung zu Absatz 5:

Bei mehreren aneinandergereihten Arbeitsverhältnissen führen weitere vereinbarte Probezeiten nicht zu einer Verkürzung der Kündigungsfrist.

(6) Die §§ 32, 33 bleiben von den Regelungen der Absätze 3 bis 5 unberührt.

Erläuterungen

Die Vereinbarungen im TV-Ärzte/VKA über befristete Arbeitsverträge entsprechen weitgehend der Regelung in § 30 TVöD. Auf die dortigen Erläuterungen wird Bezug genommen.

Eine mit § 30 Abs. 1 Satz 2 zweiter Halbsatz TVöD vergleichbare Regelung wurde nicht vereinbart. Darin ist bestimmt, dass die Besonderheiten der Absätze 2 bis 5 nicht für diejenigen Beschäftigten gelten, die von den besonderen gesetzlichen Befristungsmöglichkeiten für Beschäftigte im Wissenschaftsbereich nicht gelten. Die Bedeutung dieser Regelung dürfte im kommunalen Bereich ohnehin gering sein. Die dort genannten Gesetze richten sich in erster Linie an das Hochschulpersonal der Länder.

§ 32 Führung auf Probe

(1) [1]Führungspositionen können als befristetes Arbeitsverhältnis bis zur Gesamtdauer von zwei Jahren vereinbart werden. [2]Innerhalb dieser Gesamtdauer ist eine höchstens zweimalige Verlängerung des Arbeitsvertrages zulässig. [3]Die beiderseitigen Kündigungsrechte bleiben unberührt.

(2) Führungspositionen sind die zugewiesenen Tätigkeiten mit Weisungsbefugnis.

(3) [1]Besteht bereits ein Arbeitsverhältnis mit demselben Arbeitgeber, kann der Ärztin/dem Arzt vorübergehend eine Führungsposition bis zu der in Absatz 1 genannten Gesamtdauer übertragen werden. [2]Der Ärztin/Dem Arzt wird für die Dauer der Übertragung eine Zulage in Höhe des Unterschiedsbetrags zwischen den Tabellenentgelten nach der bisherigen Entgeltgruppe und dem sich bei Höhergruppierung nach § 20 Abs. 4 Satz 1 und 2 ergebenden Tabellenentgelt gewährt. [3]Nach Fristablauf endet die Erprobung. [4]Bei Bewährung wird die Führungsfunktion auf Dauer übertragen; ansonsten erhält die Ärztin/der Arzt eine der bisherigen Eingruppierung entsprechende Tätigkeit.

V

Erläuterungen

Die Vereinbarungen im TV-Ärzte/VKA über befristete Arbeitsverhältnisse zur Erprobung von Führungskräften entsprechen weitgehend der Regelung in § 31 TVöD. Auf die dortigen Erläuterungen wird Bezug genommen.

Abweichend von § 31 Abs. 2 TVöD sind „Führungspositionen" nicht mit bestimmten Entgeltgruppen verknüpft, sondern setzen eine Weisungsbefugnis voraus. Zumindest theoretisch ist somit denkbar, dass auch Ärzte (Entgeltgruppe I) oder Fachärzte (Entgeltgruppe II) Führungspositionen ausüben und dann zunächst in einem befristeten Arbeitsverhältnis auf Probe beschäftigt werden.

§ 33 (weggefallen)

§ 34 Beendigung des Arbeitsverhältnisses ohne Kündigung

(1) Das Arbeitsverhältnis endet, ohne dass es einer Kündigung bedarf,

a) mit Ablauf des Monats, in dem die Ärztin/der Arzt das gesetzlich festgelegte Alter zum Erreichen einer abschlagsfreien Regelaltersrente vollendet hat; bei Ärztinnen und Ärzten, die Pflichtmitglieder einer auf landesrechtlicher Grundlage errichteten Versorgungseinrichtung für Ärztinnen und Ärzte bzw. Zahnärztinnen und Zahnärzte (ärztliche Versorgungswerke) sind, endet das Arbeitsverhältnis abweichend davon mit Erreichen der für das jeweilige ärztliche Versorgungswerk geltenden Altersgrenze für eine abschlagsfreie Altersrente, sofern dies zu einem späteren Zeitpunkt als dem gesetzlich festgelegten Alter zum Erreichen einer abschlagsfreien Regelaltersgrenze erfolgt,

b) jederzeit im gegenseitigen Einvernehmen (Auflösungsvertrag).

(2) [1]Das Arbeitsverhältnis endet ferner mit Ablauf des Monats, in dem der Bescheid eines Rentenversicherungsträgers (Rentenbescheid) oder eines berufsständischen Versorgungswerks für Ärzte/Zahnärzte zugestellt wird, wonach die Ärztin/ der Arzt voll oder teilweise erwerbsgemindert ist. [2]Die Ärztin/Der Arzt hat den Arbeitgeber von der Zustellung des Rentenbescheids unverzüglich zu unterrichten. [3]Beginnt die Rente erst nach der Zustellung des Rentenbescheids, endet das Arbeitsverhältnis mit Ablauf des dem Rentenbeginn vorangehenden Tages. [4]Liegt im Zeitpunkt der Beendigung des Arbeitsverhältnisses eine nach § 92 SGB IX erforderliche Zustimmung des Integrationsamtes noch nicht vor, endet das Arbeitsverhältnis mit Ablauf des Tages der Zustellung des Zustimmungsbescheids des Integrationsamtes. [5]Das Arbeitsverhältnis endet nicht, wenn nach dem Bescheid des Rentenversicherungsträgers oder eines berufsständischen Versorgungswerks für Ärzte/ Zahnärzte eine Rente auf Zeit gewährt wird. [6]In diesem Fall ruht das Arbeitsverhältnis für den Zeitraum, für den eine Rente auf Zeit gewährt wird.

(3) Im Falle teilweiser Erwerbsminderung endet bzw. ruht das Arbeitsverhältnis nicht, wenn die Ärztin/der Arzt nach seinem vom Rentenversicherungsträger bzw. in einem berufsständischen Versorgungswerk für Ärzte/Zahnärzte festgestellten Leistungsvermögen auf seinem bisherigen oder einem anderen geeigneten und freien Arbeitsplatz weiterbeschäftigt werden könnte, soweit dringende dienstliche bzw. betriebliche Gründe nicht entgegenstehen, und die Ärztin/der Arzt innerhalb von zwei Wochen nach Zugang des Rentenbescheids ihre/seine Weiterbeschäftigung schriftlich beantragt.

(4) [1]Verzögert die Ärztin/der Arzt schuldhaft den Rentenantrag oder bezieht sie/er Altersrente nach § 236 oder § 236a SGB VI oder ist sie/er nicht in der gesetzlichen Rentenversicherung versichert, so tritt an die Stelle des Rentenbescheids das Gutachten einer Amtsärztin/eines Amtsarztes oder einer/eines nach § 3 Abs. 5 Satz 2 bestimmten Ärztin/Arztes. [2]Das Arbeitsverhältnis endet in diesem Fall mit Ablauf des Monats, in dem der Ärztin/dem Arzt das Gutachten bekannt gegeben worden ist.

(5) [1]Soll die Ärztin/der Arzt, deren/dessen Arbeitsverhältnis nach Absatz 1 Buchst. a geendet hat, weiterbeschäftigt werden, ist ein neuer schriftlicher

V

Arbeitsvertrag abzuschließen. [2]Das Arbeitsverhältnis kann jederzeit mit einer Frist von vier Wochen zum Monatsende gekündigt werden, wenn im Arbeitsvertrag nichts anderes vereinbart ist.

Erläuterungen

Die Vereinbarungen im TV-Ärzte/VKA zur Beendigung des Arbeitsverhältnisses ohne Kündigung entsprechen der Regelung in § 33 TVöD. Auf die dortigen Erläuterungen wird Bezug genommen.

Der letzte Halbsatz in § 34 Abs. 1 Buchst. a) ist durch den 8. Änderungstarifvertrag vom 4. Mai 2022 mit Wirkung vom 1. Juli 2022 eingefügt worden. Die Vorschrift bewirkt, dass das Arbeitsverhältnis bei Ärzten, die bei bestimmten Versorgungswerken pflichtversichert sind, nicht bereits bei der gesetzlichen Grenze zum Erreichen einer abschlagsfreien Regelaltersrente, sondern ggf. erst zum nach den Satzungen dieser Versorgungswerke späteren Termin für das Erreichen einer abschlagsfreien Rente endet. Damit wird erreicht, dass die betroffenen Ärzte nicht – bezogen auf die Satzung des jeweiligen Versorgungswerks – vorzeitig und unter Hinnahme von Abschlägen aus dem Arbeitsverhältnis ausscheiden müssen.

Wegen der bereits zum 1. Januar 2013 vereinbarten besonderen Altersgrenze für bestimmte Versorgungswerke siehe § 38 Abs. 5.

In Abs. 2 und 3 stellen die Tarifpartner klar, dass berufsständische Versorgungswerke als Rentenversicherungsträger im Sinne dieser Vorschriften gelten sollen. Sie tragen damit der besonderen Rolle der Versorgungswerke für Ärzte Rechnung.

§ 35 Kündigung des Arbeitsverhältnisses

(1) [1]Bis zum Ende des sechsten Monats seit Beginn des Arbeitsverhältnisses beträgt die Kündigungsfrist zwei Wochen zum Monatsschluss. [2]Im Übrigen beträgt die Kündigungsfrist bei einer Beschäftigungszeit (Absatz 3 Satz 1 und 2)

bis zu einem Jahr	**ein Monat zum Monatsschluss,**
von mehr als einem Jahr	**6 Wochen,**
von mindestens 5 Jahren	**3 Monate,**
von mindestens 8 Jahren	**4 Monate,**
von mindestens 10 Jahren	**5 Monate,**
von mindestens 12 Jahren	**6 Monate**

zum Schluss eines Kalendervierteljahres.

(2) [1]Arbeitsverhältnisse von Ärztinnen und Ärzten, die das 40. Lebensjahr vollendet haben und für die die Regelungen des Tarifgebiets West Anwendung finden, können nach einer Beschäftigungszeit (Absatz 3 Satz 1 und 2) von mehr als 15 Jahren durch den Arbeitgeber nur aus einem wichtigen Grund gekündigt werden. [2]Soweit Ärztinnen und Ärzte nach den bis zum 30. September 2005 geltenden Tarifregelungen unkündbar waren, verbleibt es dabei.

V

(3) [1]Beschäftigungszeit ist die bei demselben Arbeitgeber im Arbeitsverhältnis zurückgelegte Zeit, auch wenn sie unterbrochen ist. [2]Unberücksichtigt bleibt die Zeit eines Sonderurlaubs gemäß § 29, es sei denn, der Arbeitgeber hat vor Antritt des Sonderurlaubs schriftlich ein dienstliches oder betriebliches Interesse anerkannt. [3]Wechseln Ärztinnen und Ärzte zwischen Arbeitgebern, die vom Geltungsbereich dieses Tarifvertrages erfasst werden, werden die Zeiten bei dem anderen Arbeitgeber als Beschäftigungszeit anerkannt. [4]Satz 3 gilt entsprechend bei einem Wechsel von einem anderen öffentlich-rechtlichen Arbeitgeber.

Erläuterungen

Die Vereinbarungen im TV-Ärzte/VKA zur Kündigung des Arbeitsverhältnisses entsprechen der Regelung in § 34 TVöD. Auf die dortigen Erläuterungen wird Bezug genommen.

§ 36 Zeugnis

(1) Bei Beendigung des Arbeitsverhältnisses haben die Ärztinnen und Ärzte Anspruch auf ein schriftliches Zeugnis über Art und Dauer ihrer Tätigkeit, das sich auch auf Führung und Leistung erstrecken muss (Endzeugnis).

(2) Aus triftigen Gründen können Ärztinnen und Ärzte auch während des Arbeitsverhältnisses ein Zeugnis verlangen (Zwischenzeugnis).

(3) Bei bevorstehender Beendigung des Arbeitsverhältnisses können die Ärztinnen und Ärzte ein Zeugnis über Art und Dauer ihrer Tätigkeit verlangen (vorläufiges Zeugnis).

(4) [1]Die Zeugnisse gemäß den Absätzen 1 bis 3 sind unverzüglich auszustellen. [2]Das Endzeugnis und Zwischenzeugnis sind von der leitenden Ärztin/dem leitenden Arzt und einer vertretungsberechtigten Person des Arbeitgebers zu unterzeichnen.

V

Erläuterungen

Die Vereinbarungen im TV-Ärzte/VKA zum Zeugnis entsprechen der Regelung in § 35 TVöD. Auf die dortigen Erläuterungen wird Bezug genommen.

Eine mit Absatz 4 Satz 2 vergleichbare Regelung (Unterzeichnung des End- und des Zwischenzeugnisses durch den Arbeitgeber und vom leitenden Arzt) findet sich im allgemeinen Teil des TVöD naturgemäß nicht. Mit dieser aus der Nr. 12 der SR 2c BAT übernommenen Regelung soll sichergestellt werden, dass die Würdigung der ärztlichen Fähigkeiten durch kompetente Hand erfolgt.

Abschnitt VI
Übergangs- und Schlussvorschriften

§ 37 Ausschlussfrist

(1) [1]Ansprüche aus dem Arbeitsverhältnis verfallen, wenn sie nicht innerhalb einer Ausschlussfrist von sechs Monaten nach Fälligkeit von der Ärztin/dem Arzt oder vom Arbeitgeber schriftlich geltend gemacht werden. [2]Für denselben Sachverhalt reicht die einmalige Geltendmachung des Anspruchs auch für später fällige Leistungen aus.

(2) Absatz 1 gilt nicht für Ansprüche aus einem Sozialplan.

Erläuterungen

Die Vereinbarungen im TV-Ärzte/VKA zur Ausschlussfrist entsprechen der Regelung in § 37 TVöD. Auf die dortigen Erläuterungen wird Bezug genommen.

V

V

§ 38 Begriffsbestimmungen, Übergangsregelungen

(1) Sofern auf die Tarifgebiete Ost und West Bezug genommen wird, gilt Folgendes:

a) Die Regelungen für das Tarifgebiet Ost gelten für die Ärztinnen und Ärzte, deren Arbeitsverhältnis in dem in Art. 3 des Einigungsvertrages genannten Gebiet begründet worden ist und bei denen der Bezug des Arbeitsverhältnisses zu diesem Gebiet fortbesteht.

b) Für die übrigen Ärztinnen und Ärzte gelten die Regelungen für das Tarifgebiet West.

(2) Sofern auf die Begriffe „Betrieb", „betrieblich" oder „Betriebspartei" Bezug genommen wird, gilt die Regelung für Verwaltungen sowie für Parteien nach dem Personalvertretungsrecht entsprechend, es sei denn, es ist etwas anderes bestimmt.

(3) Eine einvernehmliche Dienstvereinbarung liegt nur ohne Entscheidung der Einigungsstelle vor.

(4) Leistungsgeminderte Ärztinnen und Ärzte sind Beschäftigte, die ausweislich einer Bescheinigung des beauftragten Arztes (§ 3 Abs. 5 Satz 2) nicht mehr in der Lage sind, auf Dauer die vertraglich geschuldete Arbeitsleistung in vollem Umfang zu erbringen, ohne deswegen zugleich teilweise oder in vollem Umfang erwerbsgemindert im Sinne des SGB VI zu sein.

(5) [1]Bei Ärztinnen und Ärzten, die Pflichtmitglieder der Baden-Württembergischen Versorgungsanstalt für Ärzte, Zahnärzte und Tierärzte, der Sächsischen Ärzteversorgung, der Versorgungseinrichtung der Bezirksärztekammer Trier oder der Ärzteversorgung Westfalen-Lippe sind, endet das Arbeitsverhältnis abweichend von § 34 Absatz 1 Buchst. a mit Erreichen der für das jeweilige ärztliche Versorgungswerk nach dem Stand vom 1. März 2013 geltenden Altersgrenze für eine abschlagsfreie Altersrente, sofern dies zu einem späteren Zeitpunkt als nach § 34 Absatz 1 Buchst. a erfolgt. [2]Nach dem 1. März 2013 wirksam werdende Änderungen der satzungsmäßigen Bestimmungen der in Satz 1 genannten Versorgungswerke im Hinblick auf das Erreichen der Altersgrenze für eine abschlagsfreie Altersrente sind nur dann maßgeblich, wenn die sich daraus ergebende Altersgrenze mit der gesetzlich festgelegten Altersgrenze zum Erreichen einer abschlagsfreien Regelaltersrente übereinstimmt.

Erläuterungen

Die Vereinbarung der Begriffsbestimmungen in § 38 Abs. 1–4 TV-Ärzte/VKA entspricht der Regelung in § 38 TVöD. Auf die dortigen Erläuterungen wird Bezug genommen.

Auf eine mit § 38 Abs. 5 TVöD vergleichbare Regelung (Abgrenzung ehemalige Angestellte/ehemalige Arbeiter) haben die Tarifpartner verzichten können, weil alle Ärzte Angestellte im ehemaligen Rechtssinn sind.

Absatz 5 wurde durch den Änderungstarifvertrag Nr. 4 mit Wirkung vom 1. Januar 2013 angefügt. Die Vorschrift korrespondiert mit der Regelung in § 34 Abs. 1 TV-Ärzte/VKA i. d. F. d. Änderungstarifvertrages Nr. 4. Abweichend von der dortigen Festlegung endet das Arbeitsverhältnis von Ärzten, die bei bestimmten Versorgungswerken pflichtversichert sind, nicht bereits bei der gesetzlichen Grenze zum Erreichen einer abschlagsfreien Regelaltersrente, sondern ggfs. erst zum nach den Satzungen dieser Versorgungswerke späteren Termin für das Erreichen einer abschlagsfreien Rente. Damit wird erreicht, dass die betroffenen Ärzte nicht – bezogen auf die Satzung des jeweiligen Versorgungswerks – vorzeitig und unter Hinnahme von Abschlägen aus dem Arbeitsverhältnis ausscheiden müssen. Für die Bestimmung des Zeitpunkts der abschlagsfreien Altersrente sind die zum 1. März 2013 geltenden satzungsrechtlichen Bestimmungen der vorgenannten Versorgungswerke maßgeblich. Danach wirksam werdende Satzungsänderungen sind gemäß § 38 Abs. 5 Satz 2 TV-Ärzte/VKA nur dann zu berücksichtigen, wenn diese zu einer Übereinstimmung mit der gesetzlich festgelegten Altersgrenze zum Erreichen einer abschlagsfreien Regelaltersrente führen.

V

§ 39 Existenz- und Beschäftigungssicherung

[1]Zur Vermeidung bzw. Beseitigung wirtschaftlicher Probleme eines Krankenhauses, zu dessen Existenzsicherung oder zur Vermeidung eines Personalabbaus können für Ärztinnen und Ärzte an einzelnen Krankenhäusern durch einen Tarifvertrag zwischen dem jeweiligen kommunalen Arbeitgeberverband und dem Marburger Bund auf Landesebene befristet Abweichungen von den Regelungen dieses Tarifvertrages vereinbart werden.

Erläuterungen

Die Regelung beinhaltet eine Öffnungsklausel für Tarifverhandlungen auf Landesebene. Der Marburger Bund (Landesebene) und der jeweilige kommunale Arbeitgeberverband können Vereinbarungen treffen, die eine befristete Abkehr von den Regelungen des TV-Ärzte/VKA beinhalten. Dies aber nur mit dem Ziel der Vermeidung bzw. Beseitigung wirtschaftlicher Probleme eines Krankenhauses, zu dessen Existenzsicherung oder zur Vermeidung des Personalabbaus. Eine drohende Insolvenz des Krankenhauses ist für den Abschluss eines entsprechenden Tarifvertrages nicht erforderlich. Da es sich von der Grundintention um einen Beitrag der Ärzte an der wirtschaftlichen Sanierung des jeweiligen Krankenhauses handelt, für den im Gegenzug die Beschäftigungssicherung im Raum steht, wird es zwangsläufig um den vorübergehenden Verzicht auf tarifvertragliche Leistungen gehen. Der Verzicht auf tarifliche Leistungen wäre ohne ausdrückliche Regelung nicht möglich (§ 4 Abs. 4 des Tarifvertragsgesetzes).

V

Im Gegensatz zu den Vorschriften des für Ärzte an Universitätskliniken der Länder vereinbarten TV-Ärzte beinhaltet die Vorschrift im kommunalen TV-Ärzte/VKA keine Verfahrenshinweise oder Aussagen zur Bandbreite eines Verzichts (im TV-Ärzte gem. § 36 max. 10 v. H. des Jahresbruttoeinkommens; max. 6 v. H. in Form der Reduzierung bestehender Ansprüche).

Zieht man den TV-Ärzte/Länder gleichwohl als „Ideengeber" heran und berücksichtigt auch die in anderen Bereichen und Branchen bestehenden Zukunftssicherungskonzepte, so liegen zwei (ggfs. zu kombinierende) Varianten nahe, wie Ärzte sich durch einen befristeten Gehaltsverzicht an der wirtschaftlichen Genesung ihres Krankenhauses beteiligen können: Sie können auf künftige tarifliche Ansprüche (z. B. allgemeine Tariferhöhungen), oder auf laufende tarifliche Ansprüche (denkbar wären z. B. Zahlungen für Sonderdienste, Zeitzuschläge, Überstundenentgelte o. Ä.) verzichten. Letztlich ist hier aber der Ideenreichtum der Tarifpartner auf Landesebene gefragt, die eine auf den individuellen Krankenhausfall zugeschnittene Lösung suchen können. Grundvoraussetzung für das Zustandekommen einer vernünftigen, den Interessen aller Beteiligten gerecht werdenden Vereinbarung dürfte dabei die Offenlegung der wirtschaftlichen Situation des Krankenhauses sein.

V

§ 40 In-Kraft-Treten

(1) [1]Dieser Tarifvertrag tritt am 1. August 2006 in Kraft.

(2) [1]Abweichend von Absatz 1 tritt dieser Tarifvertrag bei vom Marburger Bund oder mit Vollmacht für ihn mit den Mitgliedverbänden der VKA auf Landesebene oder mit der VKA anstelle landesbezirklicher Regelungen abgeschlossenen Sanierungs- bzw. Notlagentarifverträgen, Tarifverträgen zur Zukunftssicherung und anderweitigen Tarifverträgen zur Beschäftigungssicherung erst mit Ablauf der zum Zeitpunkt des Abschlusses des jeweiligen Tarifvertrages geltenden Laufzeit in Kraft. [2]Im Falle der Kündigung eines der unter Satz 1 fallenden Tarifverträge findet Satz 1 mit der Maßgabe Anwendung, dass anstelle des Ablaufs der zum Zeitpunkt des Abschlusses des jeweiligen Tarifvertrages geltenden Laufzeit der Ablauf der Kündigungsfrist tritt. [3]In denjenigen Fällen, in denen Tarifverträge nach Satz 1 ausschließlich mit anderen Gewerkschaften abgeschlossen worden sind, ist durch die Tarifvertragsparteien auf Landesebene bis zum 31. Januar 2007 über die vollständige oder teilweise Anwendung dieses Tarifvertrages zu verhandeln. [4]Für Tarifverträge nach Satz 1, deren Laufzeit über den 31. Dezember 2007 hinausgeht, ist ab dem 1. Januar 2008 über die vollständige oder teilweise Anwendung dieses Tarifvertrages bis zum 1. Juli 2008 zu verhandeln.

V

(3) Dieser Tarifvertrag kann von jeder Tarifvertragspartei mit einer Frist von drei Monaten zum Schluss eines Kalenderhalbjahres schriftlich gekündigt werden, frühestens jedoch zum 31. Dezember 2009.

(4) Abweichend von Absatz 3 können schriftlich gekündigt werden[1])

a) § 10 Abs. 1 bis 4 mit einer Frist von drei Monaten zum Schluss eines Kalendermonats, frühestens jedoch zum 30. Juni 2024;

b) § 10 Abs. 5 mit einer Frist von drei Monaten zum Schluss eines Kalendermonats, frühestens jedoch zum 30. Juni 2024;

c) § 10 Abs. 8 Sätze 1 bis 3 und § 11 Abs. 3 Sätze 1 bis 9 mit einer Frist von drei Monaten zum Schluss eines Kalendermonats, frühestens jedoch zum 30. Juni 2024; § 8 Abs. 4, § 10 Abs. 8 Sätze 4 bis 8, Abs. 10 bis 12 und § 11 Abs. 3 Sätze 10 und 11 sowie Abs. 4 mit einer Frist von drei Monaten zum Schluss eines Kalendermonats, frühestens jedoch zum 30. Juni 2024;

d) §§ 10, 11 Abs. 3 und 12 mit einer Frist von drei Monaten, wenn infolge einer Änderung des Arbeitszeitgesetzes sich materiellrechtliche Auswirkungen ergeben oder weitere Regelungsmöglichkeiten für die Tarifvertragsparteien eröffnet werden; rein formelle Änderungen berechtigen nicht zu einer Ausübung des Kündigungsrechts;

e) § 12 Abs. 2 ohne Einhaltung einer Frist, frühestens jedoch zum 30. Juni 2024;

f) § 12 Abs. 3 ohne Einhaltung einer Frist, frühestens jedoch zum 30. Juni 2024;

---

[1]) Im Zuge der unter **505** abgedruckten Tarifeinigung 2025 wurde eine Mindestlaufzeit bis zum 31. Dezember 2026 vereinbart.

g) **§ 19 Abs. 1 Buchst. a mit einer Frist von drei Monaten zum Schluss eines Kalendermonats, frühestens jedoch zum 30. Juni 2024;**

h) **die Anlage zu § 18 ohne Einhaltung einer Frist, frühestens jedoch zum 30. Juni 2024;**

i) **§ 7 Abs. 2 Satz 2, Abs. 5 und 6 (soweit er Schicht und Wechselschicht betrifft), § 9 Abs. 1, 2 und 6 Buchstabe c, § 11 Abs. 1 (soweit er Schicht und Wechselschicht betrifft), Abs. 5 und 6, § 28 Abs. 1 und 2 mit einer Frist von drei Monaten zum Schluss eines Kalendermonats, frühestens jedoch zum 30. Juni 2024.**

Erläuterungen

In § 40 TV-Ärzte/VKA haben die Tarifpartner Regelungen zum In-Kraft-Treten und zu den differenzierten Kündigungsmöglichkeiten des TV-Ärzte/VKA vereinbart.

Zu Absatz 1 – Inkrafttreten

Der TV-Ärzte/VKA ist nicht parallel zum TVöD am 1. Oktober 2005, sondern erst zum 1. August 2006 in Kraft getreten. Für Betriebe mit Sanierungs- oder Notlagentarifverträgen gelten für den Inkrafttretenszeitpunkt Sonderregelungen (siehe § 40 Abs. 2).

Vor der Anwendung der Tarifvorschriften ist ein Blick in den Überleitungs-Tarifvertrag (TVÜ-Ärzte/VKA) zu empfehlen, weil häufig für die übergeleiteten Beschäftigten Besonderheiten (z. B. bei der Entgeltfortzahlung im Krankheitsfall, Beschäftigungszeit) zu beachten sind.

V

Zu Absatz 3 – Kündigungsfrist (Grundsatz)

Der Tarifvertrag kann grundsätzlich mit einer Frist von drei Monaten zum Halbjahresende – frühestens zum 31. Dezember 2009 – gekündigt werden. Die Kündigung bedarf der Schriftform.

Zu Absatz 4 – Kündigungsfrist (Ausnahmen)[1])

Absatz 4 enthält eine abschließende Aufzählung von abweichenden Kündigungsmöglichkeiten. Auch diese Kündigungen bedürfen der Schriftform. Hierbei handelt es sich im Einzelnen um die folgenden Vereinbarungen:

– Buchst. a): Hiernach können die Vorschriften des § 10 Absatz 1 bis 4 (Pflicht zur Ableistung von Bereitschaftsdienst bzw. Verlängerung der täglichen Arbeitszeit bei Bereitschaftsdienst auf bis zu 24 Stun-

---

1) Im Zuge der unter **505** abgedruckten Tarifeinigung 2025 wurde eine Mindestlaufzeit bis zum 31. Dezember 2026 vereinbart.

den) mit einer Frist von drei Monaten zum Ende eines Kalendermonats, frühestens aber zum 30. Juni 2024, gekündigt werden.

- Buchst. b): Diese Vorschrift beinhaltet ein Sonderkündigungsrecht für § 10 Abs. 5 (weitere Verlängerungsmöglichkeit der Arbeitszeit bei Bereitschaftsdienst). Die Kündigungsfrist beträgt drei Monate zum Ende des Kalendermonats, frühester Zeitpunkt ist der 30. Juni 2024.

- Buchst. c): Nach dieser Vorschrift können die Regelungen des § 10 Abs. 8 Sätze 1 bis 3 (Verpflichtung zur und Grundsätze der Rufbereitschaft) und des § 11 Abs. 3 Sätze 1 bis 9 (Vergütung der Rufbereitschaft) mit einer Frist von drei Monaten zum Schluss eines Kalendermonats, frühestens jedoch zum 30. Juni 2024 gekündigt werden. Die Regelungen des § 8 Abs. 4, § 10 Abs. 8 Sätze 4 bis 8, Abs. 10 bis 12 (Höchstzahl der Wochenenddienste, Anordnung von Bereitschaftsdiensten, Höchstzahl von Bereitschafts- und Rufbereitschaftsdiensten), des § 11 Abs. 3 Sätze 10 und 11 sowie des § 11 Abs. 4 (besondere Zuschläge bei Rufbereitschaft) können ebenfalls mit einer Frist von drei Monaten zum Schluss eines Kalendermonats, frühestens jedoch zum 30. Juni 2024 gekündigt werden.

- Buchst. d): Nach dieser Vorschrift können die Regelungen der §§ 10, 11 Abs. 3 und § 12 (Regelungen zu Bereitschaftsdienst und Rufbereitschaft) mit einer Frist von drei Monaten gekündigt werden. Voraussetzung ist jedoch, dass Änderungen im Arbeitszeitgesetz mit materiellen Auswirkungen oder erweiterten Gestaltungsmöglichkeiten für die Tarifpartner eintreten.

- Buchst. e): Diese Vorschrift ermöglicht es, die Stundensätze für die als Arbeitszeit zu wertende Zeit des Bereitschaftsdienstes (§ 12 Abs. 2) ohne Einhaltung einer Frist, frühestens jedoch zum 30. Juni 2024, zu kündigen.

- Buchst. f): Nach dieser mit dem Änderungstarifvertrag Nr. 4 eingefügten Vorschrift kann der Erhöhungsprozentsatz für außergewöhnlich viele Bereitschaftsdienste (§ 12 Abs. 3) ohne Einhaltung einer Frist, frühestens jedoch zum 30. Juni 2024, gekündigt werden.

- Buchst. g): Nach dieser Vorschrift kann die Regelung des § 19 Abs. 1 Buchst. a (Stufenzuweisung und Laufzeit in Entgeltgruppe I) mit einer Frist von drei Monaten zum Schluss eines Kalendermonats, jedoch frühestens zum 30. Juni 2024, gekündigt werden.

- Buchst. h): Nach dieser Vorschrift kann die Entgelttabelle ohne Einhaltung einer Frist, frühestens jedoch zum 30. Juni 2024, gekündigt werden.

– Buchst. i): Nach dieser Vorschrift können § 7 Abs. 2 Satz 2, Abs. 5 und 6 (Berechnung des Durchschnitts der regelmäßigen wöchentlichen Arbeitszeit, Verlängerung der täglichen Arbeitszeit, Verpflichtung zu Sonderdiensten, aber jeweils nur, soweit die Regelungen Schicht und Wechselschicht betreffen), § 9 Abs. 1, 2 und 6 Buchstabe c (Definition der Wechselschicht- und Schichtarbeit und Überstunden bei Wechselschicht- und Schichtarbeit), § 11 Abs. 1 (Ausgleich für Sonderformen der Arbeit, aber nur, soweit er Schicht und Wechselschicht betrifft), Abs. 5 und 6 (Höhe der Wechselschicht-/Schichtzulage), § 28 Abs. 1 und 2 (Zusatzurlaub bei Wechselschicht- und Schichtarbeit) mit einer Frist von drei Monaten zum Schluss eines Kalendermonats, frühestens jedoch zum 30. Juni 2024 gekündigt werden.

V

Anlage

Tabelle TV-Ärzte/VKA
gültig vom 1. April 2024 bis 30. Juni 2024[1])
(monatlich in Euro)

Entgeltgruppe	Grund-entgelt	Entwicklungsstufen				
	Stufe 1	Stufe 2	Stufe 3	Stufe 4	Stufe 5	Stufe 6
IV	10 284,04	11 019,20				
III	8 742,54	9 256,37	9 991,49			
II	6 979,74	7 564,95	8 078,81	8 378,57	8 671,15	8 963,74
I	5 288,32	5 588,11	5 802,19	6 173,28	6 615,77	6 797,77

Tabelle TV-Ärzte/VKA[2])
gültig vom 1. Juli 2024 bis 31. Juli 2025
(monatlich in Euro)

Entgeltgruppe	Grund-entgelt	Entwicklungsstufen				
	Stufe 1	Stufe 2	Stufe 3	Stufe 4	Stufe 5	Stufe 6
IV	10 695,40	11 459,97				
III	9 092,24	9 626,62	10 391,15			
II	7 258,93	7 867,55	8 401,96	8 713,71	9 018,00	9 322,29
I	5 499,85	5 811,63	6 034,28	6 420,21	6 880,40	7 069,68

1) Enddatum entsprechend der unter **505** abgedruckten Tarifeinigung vom 13. Januar 2025.

2) Abgedruckt sind die auf der Tarifeinigung vom 13. Januar 2025 (siehe **505**) ermittelten Tabellenwerte, die noch unter dem Vorbehalt der endgültigen Tarifierung nach Abschluss der Redaktionsverhandlungen stehen.

Tabelle TV-Ärzte/VKA[1])
gültig vom 1. August 2025 bis 31. Mai 2026
(monatlich in Euro)

Entgeltgruppe	Grund-entgelt	Entwicklungsstufen				
	Stufe 1	Stufe 2	Stufe 3	Stufe 4	Stufe 5	Stufe 6
IV	10 909,31	11 689,17				
III	9 274,08	9 819,15	10 598,97			
II	7 404,11	8 024,90	8 570,00	8 887,98	9 198,36	9 508,74
I	5 609,85	5 927,86	6 154,97	6 548,61	7 018,01	7 211,07

Tabelle TV-Ärzte/VKA[1])
gültig ab 1. Juni 2026
(monatlich in Euro)

Entgeltgruppe	Grund-entgelt	Entwicklungsstufen				
	Stufe 1	Stufe 2	Stufe 3	Stufe 4	Stufe 5	Stufe 6
IV	11 127,50	11 922,95				
III	9 459,56	10 015,53	10 810,95			
II	7 552,19	8 185,40	8 741,40	9 065,74	9 382,33	9 698,91
I	5 722,05	6 046,42	6 278,07	6 679,58	7 158,37	7 355,29

V

[1]) Abgedruckt sind die auf der Tarifeinigung vom 13. Janaur 2025 (siehe **505**) ermittelten Tabellenwerte, die noch unter dem Vorbehalt der endgültigen Tarifierung nach Abschluss der Redaktionsverhandlungen stehen.

Tarifvertrag zur Überleitung der Ärztinnen und Ärzte an kommunalen Krankenhäusern in den TV-Ärzte/VKA und zur Regelung des Übergangsrechts (TVÜ-Ärzte/VKA)

Vom 17. August 2006

Zuletzt geändert durch
Änderungstarifvertrag Nr. 10 vom 23. Mai 2023 und
Tarifeinigung vom 13. Januar 2025[1])

Inhaltsübersicht

Abschnitt I
Allgemeine Vorschriften

V

§ 1 Geltungsbereich
§ 2 Ablösung bisheriger Tarifverträge durch den TV-Ärzte/VKA

Abschnitt II
Überleitungsregelungen

§ 3 Überleitung in den TV-Ärzte/VKA
§ 4 Zuordnung zu den Entgeltgruppen
§ 5 Vergleichsentgelt
§ 6 Stufenzuordnung der Angestellten

Abschnitt III
Besitzstandsregelungen

§ 7 Arbeitszeit
§ 8 Fortführung vorübergehend übertragener höherwertiger Tätigkeit
§ 9 Kinderbezogene Entgeltbestandteile
§ 10 Strukturausgleich, Einmalzahlung
§ 11 Entgeltfortzahlung im Krankheitsfall
§ 12 Beschäftigungszeit
§ 13 Urlaub
§ 14 Abgeltung

---

1) Wegen der im Zuge der Tarifrunde 2024/2025 vereinbarten Änderungen siehe die unter **505** abgedruckte Tarifeinigung.

Abschnitt IV
Sonstige vom TV-Ärzte/VKA abweichende oder ihn ergänzende Bestimmungen

§ 15 Anteilige Zuwendung für das Jahr 2006
§ 16 Einmalbetrag
§ 16a AV Hamburg

Abschnitt V
Übergangs- und Schlussvorschriften

§ 17 In-Kraft-Treten, Laufzeit

V

Abschnitt I
Allgemeine Vorschriften

§ 1 Geltungsbereich

(1) Dieser Tarifvertrag gilt für Ärztinnen und Ärzte sowie Zahnärztinnen und Zahnärzte, deren Arbeitsverhältnis zu einem tarifgebundenen Arbeitgeber, der Mitglied eines Mitgliedverbandes der Vereinigung der kommunalen Arbeitgeberverbände (VKA) ist, über den 31. Juli 2006 hinaus fortbesteht, und die am 1. August 2006 unter den Geltungsbereich des Tarifvertrages für Ärztinnen und Ärzte an kommunalen Krankenhäusern (TV-Ärzte/VKA) fallen, für die Dauer des ununterbrochen fortbestehenden Arbeitsverhältnisses.

Protokollerklärung zu Absatz 1 Satz 1:
Unterbrechungen von bis zu einem Monat sind unschädlich.

(2) Die Bestimmungen des TV-Ärzte/VKA gelten, soweit dieser Tarifvertrag keine abweichenden Regelungen trifft.

V

Erläuterungen

Zu Abs. 1

Nach Maßgabe des Absatzes 1 Satz 1 der Vorschrift gilt der TVÜ-Ärzte/VKA nur für Ärzte, die am 1. August 2006 unter den TV-Ärzte/VKA fallen und bereits vor dem 1. August 2006 zu dem gleichen Arbeitgeber in einem (bis dahin unter den TVöD fallendem) Arbeitsverhältnis standen. Außerdem muss der Arbeitgeber Mitglied eines Mitgliedverbandes der Vereinigung der kommunalen Arbeitgeberverbände (VKA) sein. Die genannten Grundvoraussetzungen für die Geltung des TVÜ-Ärzte/VKA entsprechen weitgehend denen des § 1 TV-Ärzte/VKA – auf die dortigen Erläuterungen wird Bezug genommen.

Unberührt von der in Absatz 1 Satz 1 festgelegten unmittelbaren Geltung des TVÜ-Ärzte/VKA bleibt die Möglichkeit, die Geltung des TVÜ-Ärzte/VKA arbeitsvertraglich zu vereinbaren.

Der Schutz durch den TV-Ärzte/VKA ist grundsätzlich auf die Dauer des nach dem 1. August 2006 ununterbrochen fortbestehenden Arbeitsverhältnisses begrenzt. Nach der Protokollerklärung zu Absatz 1 Satz 1 sind Unterbrechungen von bis zu einem Monat aber unschädlich.

Zu Abs. 2

In Absatz 2 haben die Tarifpartner klargestellt, dass die Bestimmungen des TV-Ärzte/VKA gelten, soweit der TVÜ-Ärzte/VKA keine abweichenden Regelungen trifft.

Beispiel: Die Regelungen des § 23 TV-Ärzte/VKA über Entgelt im Krankheitsfall gelten nur, soweit § 11 TVÜ-Ärzte/VKA keine Sonderregelung trifft.

§ 2 Ablösung bisheriger Tarifverträge durch den TV-Ärzte/VKA

(1) Der TV-Ärzte/VKA ersetzt in Verbindung mit diesem Tarifvertrag bei tarifgebundenen Arbeitgebern, die Mitglied eines Mitgliedverbandes der VKA sind, den

- **Tarifvertrag für den öffentlichen Dienst (TVöD) und den Besonderen Teil Krankenhäuser, Pflege- und Betreuungseinrichtungen (BT-K) jeweils vom 13. September 2005,**
- **Bundes-Angestelltentarifvertrag (BAT) vom 23. Februar 1961,**
- **Tarifvertrag zur Anpassung des Tarifrechts – Manteltarifliche Vorschriften – (BAT-O) vom 10. Dezember 1990,**

sowie die diese Tarifverträge ergänzenden Tarifverträge der VKA, soweit in diesem Tarifvertrag oder im TV-Ärzte/VKA nicht ausdrücklich etwas anderes bestimmt ist. [2]Die Ersetzung erfolgt mit Wirkung vom 1. August 2006, soweit kein abweichender Termin bestimmt ist.

(2) [1]Die von den Marburger Bund Landesverbänden oder mit Vollmacht für diese mit den Mitgliedverbänden der VKA abgeschlossenen Tarifverträge sind durch diese Tarifvertragsparteien hinsichtlich ihrer Weitergeltung zu prüfen und bei Bedarf bis zum 31. Dezember 2007 an den TV-Ärzte/VKA anzupassen. [2]Die Tarifvertragsparteien nach Satz 1 können diese Frist verlängern. [3]Das Recht zur Kündigung der in Satz 1 genannten Tarifverträge bleibt unberührt.

V

Erläuterungen

§ 2 bestimmt, welche Tarifverträge zum 1. August 2006 durch den TV-Ärzte/VKA ersetzt werden.

Zu Abs. 1

Nach Absatz 1 werden der TVöD und der besondere Teil Krankenhäuser, Pflege- und Betreuungseinrichtungen (BT-K alte Fassung), der BAT und der BAT-O sowie die diese Tarifverträge ergänzenden Tarifverträge der VKA durch den TV-Ärzte/VKA ersetzt. Der Regelfall für kommunale Krankenhäuser dürfte die Überleitung aus dem TVöD/BT-K in den TV-Ärzte/VKA sein. Die Erwähnung des BAT/BAT-O hatte nur für die Krankenhäuser Bedeutung, die ihr Personal bei Inkrafttreten des TV-Ärzte/VKA noch nicht in den TVöD übergeleitet hatten.

Zu Abs. 2

Absatz 2 enthält hinsichtlich der landesbezirklichen Tarifverträge den Auftrag an die abschließenden Tarifpartner (der jeweilige kommunale Arbeitgeberverband und der entsprechende Landesverband des Marburger Bundes), die Regelungen zu prüfen und ggf. anzupassen. Die Möglichkeit, die Regelungen zu kündigen, bleibt nach Satz 3 der Vorschrift unberührt.

Zwar enthält Satz 1 eine (nach Satz 2 verlängerbare) Frist für die Anpassung an den TV-Ärzte/VKA. Das Verstreichen der Frist (31. Dezember 2007) ist für den rechtlichen Bestand der Alt-Regelungen aber ohne Folgen.

V

Abschnitt II
Überleitungsregelungen

§ 3 Überleitung in den TV-Ärzte/VKA

Die von § 1 Abs. 1 erfassten Ärztinnen und Ärzte werden am 1. August 2006 gemäß den nachfolgenden Regelungen aus dem TVöD und den BT-K bzw. BAT/BAT-O in den TV-Ärzte/VKA übergeleitet.

Protokollerklärung zu § 3:

Änderungen des TVöD und des BT-K (TVöD-K) nach dem 31. Juli 2006 bleiben bei der Überleitung unberücksichtigt.

Erläuterungen

§ 3 bestimmt, dass die Ärzte zum 1. August 2006 unter Beachtung der Regelungen des TVÜ-Ärzte/VKA in den TV-Ärzte/VKA übergeleitet werden. Das weitere Verfahren dazu ist in den §§ 4 bis 6 TVÜ-Ärzte/VKA geregelt.

In einer Protokollerklärung zu § 3 TVÜ-Ärzte/VKA haben die Tarifpartner festgelegt, dass nach dem 31. Juli 2006 eingetretene Änderungen des TVöD und des BT-K bei der Überleitung unberücksichtigt bleiben. Diese Protokollerklärung wurde insbesondere mit Blick auf die mit den Gewerkschaften ver.di und dbb tarifunion abgeschlossenen Änderungstarifverträge vom 1. August 2006 (Neuordnung von TVöD, BT-K und Einführung des BT-B) vereinbart und sollte jegliche „Rosinenpickerei" verhindern.

V

§ 4 Zuordnung zu den Entgeltgruppen

(1) [1]Für die Überleitung werden Ärztinnen und Ärzte, die sich am 31. Juli 2006 nicht in einer individuellen Zwischenstufe oder individuellen Endstufe befunden und Entgelt

- **der Entgeltgruppe 14 Stufen 1 und 2 gem. § 51 BT-K erhalten haben, der Entgeltgruppe I,**
- **der Entgeltgruppe 14 Stufen 3 und 4 gem. § 51 BT-K sowie Entgeltgruppe 15 Stufen 5 und 6 gem. § 51 BT-K erhalten haben, der Entgeltgruppe II**

zugeordnet. [2]Ärztinnen und Ärzte ohne Facharztanerkennung, die am 31. Juli 2006 einer individuellen Zwischenstufe oder individuellen Endstufe zugeordnet waren, werden der Entgeltgruppe I, Fachärztinnen und Fachärzte, die am 31. Juli 2006 einer individuellen Zwischenstufe oder individuellen Endstufe zugeordnet waren, werden der Entgeltgruppe II zugeordnet.

(2) Ärztinnen und Ärzte ohne Facharztanerkennung, die am 31. Juli 2006 Vergütung nach einer Vergütungsgruppe des BAT/BAT-O erhalten haben, werden der Entgeltgruppe I, Fachärztinnen und Fachärzte, die am 31. Juli 2006 Vergütung nach einer Vergütungsgruppe des BAT/BAT-O erhalten haben, werden der Entgeltgruppe II zugeordnet.

V

Erläuterungen

In § 4 TVÜ-Ärzte/VKA ist die Zuordnung zu den Entgeltgruppen zum Zeitpunkt der Überleitung (1. August 2006) festgelegt. Die Zuweisung der „Überleitungsentgeltgruppe" richtet sich in erster Linie nach der bis zum 31. Juli 2006 maßgebenden Vergütungs-/Entgeltgruppe. Die Überleitung führt nur in die Entgeltgruppe I und II TV-Ärzte/VKA. Sollten die Ärzte nach dem Recht des § 16 TV-Ärzte/VKA die Voraussetzungen einer höheren Entgeltgruppe erfüllen, erfolgt zunächst die Überleitung in die Entgeltgruppe I oder II und danach (nach einer „juristischen Sekunde") eine Höhergruppierung in die Entgeltgruppe III oder IV. Das Verfahren dazu ergibt sich aus der Vorschrift des § 6 Abs. 2 TVÜ-Ärzte/VKA.

Zu Abs. 1

Absatz 1 regelt die Überleitung aus dem TVöD bzw. BT-K in den TV-Ärzte/VKA und unterscheidet dabei zwischen den Ärzten, die sich am 31. Juli 2006 in einer regulären Stufe ihrer Entgeltgruppe befanden (Satz 1), und denen, die am 31. Juli 2006 einer individuellen Zwischen- oder Endstufe zugeordnet waren (Satz 2).

Ärzte, die sich am 31. Juli 2006 in einer regulären Stufe befanden, werden gem. Satz 1 im Rahmen der Überleitung wie folgt zugeordnet:

§ 51 BT-K	§ 16 TV-Ärzte/VKA
EG 14 Stufen 1 und 2	EG I
EG 14 Stufen 3 und 4	EG II
EG 15 Stufen 5 und 6	EG II

Ärzte, die sich in am 31. Juli 2006 einer individuellen Zwischen- oder Endstufe befanden, werden gem. Satz 2 im Rahmen der Überleitung wie folgt zugeordnet:

Qualifikation	Zuordnung
Arzt ohne Facharztanerkennung	EG I
Facharzt	EG II

Zu Abs. 2

Absatz 2 regelt die Überleitung aus dem BAT/BAT-O in den TV-Ärzte/VKA und unterscheidet dabei zwischen den Ärzten und Fachärzten. Sie werden im Rahmen der Überleitung wie folgt zugeordnet:

Qualifikation	Zuordnung
Arzt ohne Facharztanerkennung	EG I
Facharzt	EG II

V

§ 5 Vergleichsentgelt

(1) [1]Bei der Überleitung aus dem TVöD und dem BT-K wird in den Fällen des § 4 Abs. 1 Satz 2 ein dem Betrag der individuellen Zwischen- bzw Endstufe entsprechendes Vergleichsentgelt gebildet. [2]In den Fällen des § 4 Abs. 1 Satz 1 wird ein Vergleichsentgelt nicht gebildet.

(2) [1]Bei Ärztinnen und Ärzten nach § 4 Abs. 2 wird für die Zuordnung zu den Stufen der Entgelttabelle des TV-Ärzte/VKA ein Vergleichsentgelt auf der Grundlage der im Juli 2006 erhaltenen Bezüge gebildet. [2]Das Vergleichsentgelt nach Satz 1 setzt sich aus der Grundvergütung, der allgemeinen Zulage und – nach den Verhältnissen am 31. Juli 2006 – dem Ortszuschlag der Stufe 1 oder 2 zusammen. [3]Ist auch eine andere Person im Sinne von § 29 Abschn. B Abs. 5 BAT/BAT-O ortszuschlagsberechtigt oder nach beamtenrechtlichen Grundsätzen familienzuschlagsberechtigt, wird nur die Stufe 1 zugrunde gelegt; findet der TV-Ärzte/VKA am 1. August 2006 auch auf die andere Person Anwendung, geht der jeweils individuell zustehende Teil des Unterschiedsbetrages zwischen den Stufen 1 und 2 des Ortszuschlages in das Vergleichsentgelt ein.

V

(3) [1]Bei teilzeitbeschäftigten Ärztinnen und Ärzten wird das Vergleichsentgelt auf der Grundlage einer/s vergleichbaren vollzeitbeschäftigten Ärztin/Arztes bestimmt. [2]Satz 1 gilt für Ärztinnen und Ärzte, deren Arbeitszeit nach § 3 des Tarifvertrages zur sozialen Absicherung vom 6. Juli 1992 herabgesetzt ist, entsprechend.

Protokollerklärung zu Absatz 3:

[1]Lediglich das Vergleichsentgelt wird auf der Grundlage einer/s entsprechenden vollzeitbeschäftigten Ärztin/Arztes ermittelt; sodann wird nach der Stufenzuordnung das zustehende Entgelt zeitratierlich berechnet. [2]Bei Ärztinnen und Ärzten, die am 31. Juli 2006 Vergütung nach einer Vergütungsgruppe des BAT/BAT-O erhalten haben, unterbleibt diese zeitratierliche Kürzung beim auf den Ehegattenanteil im Ortszuschlag entfallenden Betrag nach Maßgabe des § 29 Abschn. B Abs. 5 Satz 2 BAT/BAT-O. [3]Neue Ansprüche entstehen hierdurch nicht.

(4) [1]Für Ärztinnen und Ärzte, die nicht für alle Tage im Juli 2006 oder für keinen Tag dieses Monats Bezüge erhalten haben, wird das Vergleichsentgelt so bestimmt, als hätten sie für alle Tage dieses Monats Bezüge erhalten. [2]Ärztinnen und Ärzte, die am 31. Juli 2006 Vergütung nach einer Vergütungsgruppe des BAT/BAT-O erhalten haben, werden in den Fällen des § 27 Abschn. A Abs. 3 Unterabs. 6 und Abschn. B Abs. 3 Unterabs. 4 BAT/BAT-O für das Vergleichsentgelt so gestellt, als hätten sie am 1. Juli 2006 die Arbeit wieder aufgenommen.

(5) [1]Das Vergleichsentgelt wird in den Fällen des § 4 Abs. 1 Satz 2 um den Höhergruppierungsgewinn erhöht, der sich bei Weiteranwendung des BAT/BAT-O durch einen bis zum 31. Juli 2006 eingetretenen Fallgruppenaufstieg (Tätigkeits- oder Zeitaufstieg) ergeben hätte. [2]Voraussetzung dafür ist, dass

- zum individuellen Aufstiegszeitpunkt keine Anhaltspunkte vorliegen, die bei Weiteranwendung des BAT/BAT-O einer Höhergruppierung entgegengestanden hätten, und
- bis zum individuellen Aufstiegszeitpunkt nach Satz 1 weiterhin eine Tätigkeit auszuüben gewesen wäre bzw. ist, die diesen Aufstieg ermöglicht hätte.

[3]Satz 1 findet auf Stufensteigerungen, die bei Weiteranwendung des BAT/BAT-O bis zum 31. Juli 2006 erfolgt wären, entsprechende Anwendung.

(6) Für die Stufenzuordnung wird das Vergleichsentgelt im Tarifgebiet West um den Faktor 0,05 bzw. im Tarifgebiet Ost den Faktor 0,0375 erhöht.

Erläuterungen

In § 5 TVÜ-Ärzte/VKA ist für bestimmte Fallgruppen übergeleiteter Ärzte die Ermittlung eines Vergleichsentgelts geregelt, das dann bei der Stufenzuordnung nach näherer Maßgabe des § 6 TVÜ-Ärzte/VKA zu berücksichtigen ist oder im Wege der Besitzstandswahrung fortgezahlt wird.

Bei der Anwendung des § 5 wird zwischen folgenden Fallgruppen unterschieden:

1. Überleitung aus TVöD bzw. BT-K aus regulärer Stufe (§ 4 Abs. 1 Satz 1 TVÜ-Ärzte/VKA)
2. Überleitung aus TVöD bzw. BT-K aus individueller Zwischen- oder Endstufe (§ 4 Abs. 1 Satz 2 TVÜ-Ärzte/VKA)
3. Überleitung aus BAT/BAT-O (§ 4 Abs. 2 TVÜ-Ärzte/VKA).

V

Zur Fallgruppe 1:

Für die aus einer regulären Stufe des TVöD bzw. BT-K übergeleiteten Ärzte wird kein Vergleichsentgelt gebildet (§ 5 Abs. 1 Satz 2 TVÜ-Ärzte/VKA). Die Betroffenen werden direkt nach den Regeln des TV-Ärzte/VKA der maßgebenden Stufe zugeordnet (siehe § 6 Abs. 1 Satz 1).

Zur Fallgruppe 2:

Für die aus einer individuellen Zwischen- oder Endstufe des TVöD bzw. BT-K übergeleiteten Ärzte wird ein Vergleichsentgelt gebildet (§ 5 Abs. 1 Satz 1 TVÜ-Ärzte/VKA). Es entspricht zunächst dem Betrag des individuellen Entgelts im Juli 2006. Das Entgelt vom Juli 2006 ist aber noch um in der Zeit vom 1. Oktober 2005 (Überleitung in den TVöD bzw. BT-K) bis zum 31. Juli 2006 (Tag vor der Überleitung in den TV-Ärzte/VKA) bei fiktiver Weitergeltung des BAT/BAT-O eingetretene Höhergruppierungen sowie Stufensteigerungen zu erhöhen (§ 5 Abs. 5 TVÜ-Ärzte/VKA). Faktisch werden die betroffenen Ärzte dadurch zumindest in Bezug auf Vergütungsgruppe und -stufe so gestellt, als seien sie zum 1. August 2006 ohne vorherigen „Umweg" über den TVöD/BT-K direkt vom BAT/BAT-O in den TV-Ärzte/VKA übergeleitet worden. Die Erhöhung der Arbeitszeit aus Anlass des Wechsels vom TVöD/BT-K in den TV-Ärzte/VKA findet im Vergleichsentgelt keinen Niederschlag.

Zur Fallgruppe 3:

Für die aus dem BAT/BAT-O in den TV-Ärzte/VKA übergeleiteten Ärzte wird ein Vergleichsentgelt gebildet (§ 5 Abs. 2 TVÜ-Ärzte/VKA). Die Vorschrift des § 5 Abs. 2 TVÜ-Ärzte/VKA entspricht weitestgehend der des § 5 Abs. 2 TVÜ-VKA. Auf die dortigen Erläuterungen wird Bezug genommen. Entgegen der Regelung des § 5 Abs. 2 Satz 3 TVÜ-VKA werden aber Funktionszulagen nicht gesichert.

Die Erhöhung der Arbeitszeit aus Anlass des Wechsels vom BAT/BAT-O in den TV-Ärzte/VKA findet im Vergleichsentgelt keinen Niederschlag.

Zu Abs. 3

Die Vorschrift des Absatzes 3 zur Berechnung des Vergleichsentgelts bei Teilzeitbeschäftigung gilt sowohl für die Fallgruppe 2 als auch die Fallgruppe 3 der obigen Darstellung. Die Regelung entspricht der des § 5 Abs. 5 TVÜ-VKA. Auf die dortigen Erläuterungen wird Bezug genommen.

Zu Abs. 4

Die Vorschrift des Absatzes 4 zur Berechnung des Vergleichsentgelts in den Fällen, in denen im Juli 2006 kein oder nur ein anteiliges Entgelt für Teile des Monats gezahlt wird, gilt sowohl für die Fallgruppe 2 als auch die Fallgruppe 3 der obigen Darstellung. Die Regelung entspricht im Kern der des § 5 Abs. 6 TVÜ-VKA. Auf die dortigen Erläuterungen wird Bezug genommen.

Zu Abs. 6

Die Vorschrift des Absatzes 6 zur Erhöhung des Vergleichsentgelts um die dort näher genannten Faktoren gilt sowohl für die Fallgruppe 2 als auch die Fallgruppe 3 der obigen Darstellung. Der Erhöhungsfaktor kompensiert die im TV-Ärzte/VKA nicht mehr zustehende Jahressonderzahlung.

§ 6 Stufenzuordnung der Angestellten

(1) [1]Ärztinnen und Ärzte werden nach den Regeln des TV-Ärzte/VKA der zutreffenden Stufe der gemäß § 4 bestimmten Entgeltgruppe zugeordnet. [2]Übersteigt das Vergleichsentgelt das Entgelt der sich nach Satz 1 ergebenden Stufe, werden sie einer diesem Vergleichsentgelt entsprechenden individuellen Zwischenstufe zugeordnet. [3]Der weitere Stufenaufstieg richtet sich nach den Regelungen des TVÄrzte/VKA. [4]Liegt das Vergleichsentgelt über der höchsten Stufe ihrer/seiner jeweiligen Entgeltgruppe, wird die Ärztin/der Arzt einer diesem Vergleichsentgelt entsprechenden individuellen Endstufe zugeordnet. [5]Das Entgelt der individuellen Zwischenstufe bzw. individuellen Endstufe nach den Sätzen 2 und 4 wird für Ärztinnen und Ärzte, auf die die Regelungen des Tarifgebiets Ost Anwendung finden, am 1. Juli 2007 um den Faktor 0,01571 erhöht.

(2) [1]Soweit die Ärztin/der Arzt die Voraussetzungen der Entgeltgruppe III oder IV erfüllt, erfolgt zunächst die Zuordnung in die Entgeltgruppe II nach den Regeln der §§ 4 bis 6 und anschließend die Höhergruppierung nach den Regeln des TVÄrzte/VKA. [2]Befindet sich die Ärztin/der Arzt in einer individuellen Zwischen- oder Endstufe, so erhält sie/er in der höheren Entgeltgruppe Entgelt nach der regulären Stufe, deren Betrag mindestens der individuellen Zwischen- bzw. Endstufe entspricht. [3]Der weitere Stufenaufstieg richtet sich nach den Regelungen des TV-Ärzte/VKA.

Niederschriftserklärung zu § 6 Absatz 2:

[1]Die Tarifvertragsparteien gehen davon aus, dass Ärzte, die am 31. Juli 2006 die Bezeichnung „Oberärztin/Oberarzt" führen, ohne die Voraussetzungen für eine Eingruppierung als Oberärztin/Oberarzt nach § 16 TV-Ärzte/VKA zu erfüllen, die Berechtigung zur Führung ihrer bisherigen Bezeichnung nicht verlieren. [2]Eine Eingruppierung in die Entgeltgruppe III ist hiermit nicht verbunden.

(3) [1]Werden Ärztinnen und Ärzte, die sich nach dem 1. August 2006 in einer individuellen Zwischen- oder Endstufe befinden, höhergruppiert, so erhält sie/er in der höheren Entgeltgruppe Entgelt nach der regulären Stufe, deren Betrag mindestens der individuellen Zwischen- bzw. Endstufe entspricht. [2]Werden Ärztinnen und Ärzte, die sich nach dem 1. August 2006 in einer individuellen Zwischen- oder Endstufe befinden, herabgruppiert, werden sie in der niedrigeren Entgeltgruppe derjenigen individuellen Zwischenstufe zugeordnet, die sich bei Herabgruppierung im Juli 2006 ergeben hätte. [3]Der weitere Stufenaufstieg richtet sich nach Regelungen des TV-Ärzte/VKA.

(4) Die individuelle Zwischen- bzw. Endstufe verändert sich um denselben Vomhundertsatz bzw. in demselben Umfang wie die nächst höhere bzw. die höchste Stufe der jeweiligen Entgeltgruppe.

Protokollerklärung zu Abschnitt II:

Die bis zum 31. Juli 2006 erbrachten Arbeitsleistungen sind nach den bis zu diesem Zeitpunkt geltenden Regelungen abzurechnen.

Erläuterungen

Die Vorschrift des § 6 TVÜ-Ärzte/VKA legt ein mehrstufiges Verfahren zur Stufenzuordnung im Zusammenhang mit der Überleitung in den TV-Ärzte/VKA fest.

1. Stufe:

Die erste Stufe ist in Absatz 1 Satz 1 der Vorschrift festgelegt. Demnach werden die Ärzte der Stufe der zuvor nach § 4 TVÜ-Ärzte/VKA bestimmten Entgeltgruppe zugeordnet, die sich nach den Regeln des TV-Ärzte/VKA ergeben.

Die Stufenfindung aus Anlass der Überleitung richtet sich damit nach denselben Grundsätzen wie bei einer Neueinstellung ab 1. August 2006.

Das Verfahren dazu ist in den Erläuterungen zu § 19 TV-Ärzte/VKA beschrieben. Auf die dortige Darstellung wird Bezug genommen.

2. Stufe:

V

Die zweite Stufe kommt nur für diejenigen Ärzte zur Anwendung, für die ein Vergleichsentgelt ermittelt wurde. Das sind nach näherer Maßgabe des § 5 TVÜ-Ärzte/VKA diejenigen Ärzte, die aus einer individuellen Zwischen- oder Endstufe des TVöD/BT-K in den TV-Ärzte/VKA übergeleitet wurden und die Ärzte, die aus dem BAT/BAT-O in den TV-Ärzte/VKA übergeleitet worden sind.

Bei diesen Ärzten wird das Entgelt der nach § 6 Abs. 1 Satz 1 („1. Stufe" – s. o.) ermittelten Stufe dem individuellen Vergleichsentgelt gegenübergestellt. Sollte das individuelle Vergleichsentgelt höher sein, wird es – wiederum als individuelle Zwischen- oder Endstufe – fortgezahlt (§ 6 Abs. 1 Satz 2 und 4 TVÜ-Ärzte/VKA). Der weitere Stufenaufstieg entspricht dann den Regeln des TV-Ärzte/VKA (Satz 3 a. a. O.). In Satz 5 a. a. O ist die Anpassung des Vergleichsentgelts an die zum 1. Juli 2007 stattgefundene Anpassung des Bemessungssatzes Ost vereinbart worden. Die individuelle Zwischen- bzw. Endstufe ist dynamisch ausgestaltet und nimmt an allgemeinen Entgelterhöhungen Teil (§ 6 Abs. 4 TVÜ-Ärzte/VKA).

3. Stufe:

Die dritte Stufe ist in Absatz 2 der Vorschrift geregelt und betrifft nur die Fälle, in denen Ärzte die Voraussetzungen einer höheren Entgeltgruppe (III oder IV) erfüllen. Wegen der Zuordnung zu den Entgeltgruppen siehe § 16 TV-Ärzte/VKA und die dortigen Erläuterungen. Sofern Ärzte die Voraussetzungen der Entgeltgruppen III oder IV erfüllen, werden sie zunächst der für sie maßgebenden Überleitungs-Entgeltgruppe (siehe § 4 TVÜ-Ärzte/VKA) und Entgeltstufe (siehe § 6 Abs. 1 TVÜ-Ärzte/VKA) zugeordnet. Danach erfolgt die Höhergruppierung in die Entgeltgruppe III oder IV nach den Regeln des TV-Ärzte/VKA (§ 6 Abs. 2 Satz 1 TVÜ-Ärzte/VKA). Das allgemeine Verfahren bei

Höhergruppierungen ist in § 20 Abs. 4 TV-Ärzte/VKA geregelt; auf die dortigen Erläuterungen wird Bezug genommen. Die Vorschrift des § 6 Abs. 2 Satz 2 TVÜ-Ärzte/VKA stellt sicher, dass der Arzt in der höheren Entgeltgruppe der regulären Stufe zugeordnet wird, die betragsmäßig mindestens seinem bisherigen Entgelt entspricht.

Zu Abs. 3

Die Vorschrift des Absatzes 3 kann nur in den Fällen Bedeutung erlangen, in denen Ärzte mit einem Entgelt einer individuellen Zwischen- oder Endstufe nach dem 1. August 2006 (also nachdem das Verfahren der Überleitung abgeschlossen wurde, höher- oder herabgruppiert werden. Die Höhergruppierung in Entgeltgruppe III oder IV aus Anlass der Überleitung („Stufe 3" – s. o.) fällt nicht unter Absatz 3; dafür gilt die spezielle Regelung des Absatzes 2. Wird ein Arzt aus einer individuellen Zwischen- oder Endstufe höhergruppiert, so wird er in der höheren Entgeltgruppe der regulären Stufe zugeordnet, die betragsmäßig mindestens seinem bisherigen Entgelt entspricht (Satz 1 aaO). Bei Herabgruppierung findet nach näherer Maßgabe des Satzes 2 a. a. O. eine fiktive Berechnung statt. In diesem Fall ist der Arzt derjenigen individuellen Stufe zugeordnet, die sich bei fiktiver Herabgruppierung im Juli 2006 ergeben hätte. In beiden Fällen – also sowohl im Falle der Höhergruppierung nach Satz 1 als auch der Herabgruppierung nach Satz 2 – richtet sich der spätere Stufenaufstieg nach den Regeln des TV-Ärzte/VKA. Das sind die §§ 19 und 20 TV-Ärzte/VKA; auf die dortigen Erläuterungen wird Bezug genommen.

Zur Protokollerklärung zu Abschnitt II TVÜ-Ärzte/VKA

Mit dieser Vorschrift haben die Tarifpartner bestimmt, dass die bis zum 31. Juli 2006 erbrachten Arbeitsleistungen (dazu zählen auch die bis dahin „verdienten" unständigen Bezügebestandteile) nach dem bis zu diesem Zeitpunkt geltendem alten Recht abgerechnet werden.

V

Abschnitt III
Besitzstandsregelungen

§ 7 Arbeitszeit

(1) Ärztinnen und Ärzte im Tarifgebiet West, die bis zum 31. Juli 2006 vollbeschäftigt waren, haben bis zum 15. Januar 2007 die Möglichkeit eine Teilzeitbeschäftigung im Umfang ihrer bisherigen Vollbeschäftigung zu vereinbaren.

(2) [1]Teilzeitbeschäftigte Ärztinnen und Ärzte, deren Arbeitsvertrag die Vereinbarung einer festen Wochenstundenzahl enthält, können mit dem Arbeitgeber individuell vereinbaren, die Wochenstundenzahl so zu erhöhen, dass das Verhältnis der neu vereinbarten Wochenstundenzahl zur regelmäßigen Wochenarbeitszeit dem Verhältnis zwischen ihrer bisherigen Wochenstundenzahl und ihrer früher geltenden Wochenarbeitszeit entspricht. [2]Die sich daraus rechnerisch ergebende Wochenarbeitszeit kann im Wege der Anwendung der kaufmännischen Rundungsregelungen auf- oder abgerundet werden.

(3) Zur Erleichterung der Nachholung der auf 40 Stunden erhöhten Arbeitszeit im Tarifgebiet West kann abweichend von § 7 Abs. 2 Satz 1 TV-Ärzte/VKA ein längerer Zeitraum zugrunde gelegt werden.

V

(4) Bestehende Regelungen zur Anrechnung von Wege- und Umkleidezeiten auf die Arbeitszeit bleiben durch das In-Kraft-Treten des TV-Ärzte/VKA unberührt.

Erläuterungen

Die Vereinbarungen des § 7 TVÜ-Ärzte/VKA stehen im Zusammenhang mit der Erhöhung der regelmäßigen wöchentlichen Arbeitszeit bei Einführung des TV-Ärzte/VKA.

Zu Abs. 1

Diese Vorschrift räumte den in den TV-Ärzte/VKA übergeleiteten vollbeschäftigten Ärzten die Möglichkeit ein, es bei ihrer bisherigen regelmäßigen wöchentlichen Arbeitszeit von 38,5 Stunden zu belassen. Ihr Arbeitsverhältnis wurde dann als Teilzeitarbeitsverhältnis (38,5 von 40 Stunden) fortgesetzt. Das Wahlrecht musste bis zum 15. Januar 2007 ausgeübt werden.

Zu Abs. 2

Die Regelung des Absatzes 2 gilt für zum Zeitpunkt der Überleitung in den TV-Ärzte/VKA teilzeitbeschäftigte Ärzte, deren Teilzeitumfang sich nicht nach einem Bruchteil der Vollarbeitszeit, sondern nach einer festen Stundenzahl bemisst. Die Erhöhung der Arbeitszeit ließ sich nur bei Vollbeschäftigten und bei Teilzeitbeschäftigten, in deren Arbeitsvertrag ein Bruchteil der Regelarbeitszeit (z. B. „die Hälfte" oder 75 %, …) vereinbart ist, relativ unproblematisch umsetzen – die Arbeitszeit der Betroffenen erhöhte sich.

Bei denjenigen Teilzeitbeschäftigten, in deren Arbeitsvertrag anstelle eines Bruchteils der Regelarbeitszeit eine feste Stundenzahl vereinbart worden war, galt diese vertragliche Vereinbarung aber auch nach der Erhöhung der Arbeitszeit im Zuge des Wechsels in den TV-Ärzte weiter. Dies hätte eine Kürzung der Vergütung zur Folge gehabt. Um die Kürzung zu vermeiden, konnte der Betroffene seine Arbeitszeit auf der Grundlage des § 7 Abs. 2 TVÜ-Ärzte/VKA entsprechend erhöhen.

Beispiel:
Bei einer angenommenen fiktiven Monatsvergütung von 3000 € erhielte ein mit 20 Stunden Beschäftigter bis zum 31. Juli 2006 20/38,5 also ca. 1558 €. Bei einer unterstellten Arbeitszeiterhöhung auf 40 Stunden verminderte sich die Vergütung auf 20/40 von 3000 €, also 1500 €. Die Regelung des § 7 Abs. 2 TVÜ-Ärzte/VKA bewirkt, dass der Beschäftigte seine Arbeitszeit auf 20,77 Stunden erhöhen darf, sodass er die gleiche Vergütung wie bisher erhält (20,77/40 von 3000 € sind ca. 1558 €).

V

Zu Abs. 3

Der TV-Ärzte/VKA ist rückwirkend in Kraft getreten, sodass die darunter fallenden Ärzte im Ergebnis die Stundendifferenz zwischen BAT/TVöD/BT-K einerseits und TV-Ärzte/VKA anderseits nacharbeiten mussten. Die Regelung des Absatzes 3 ließ dazu einen längeren Ausgleichszeitraum zu, als er an sich in § 7 Abs. 2 Satz 1 TV-Ärzte/VKA (bis zu einem Jahr) vorgesehen ist.

Zu Abs. 4

Die Regelung des Absatzes 4 entspricht § 22 Abs. 4 TVÜ-VKA und sichert den Bestand bisheriger Regelungen zur Anrechnung von Wege- und Umkleidezeiten.

§ 8 Fortführung vorübergehend übertragener höherwertiger Tätigkeit

[1]Auf Ärztinnen und Ärzte, denen am 31. Juli 2006 bei Weitergeltung des BAT eine Zulage nach § 24 BAT/BAT-O zugestanden hätte bzw. hat, finden mit Wirkung ab dem 1. August 2006 die Regelungen des TV-Ärzte/VKA über die vorübergehende Übertragung einer höherwertigen Tätigkeit Anwendung. [2]Für eine vor dem 1. August 2006 vorübergehend übertragene höherwertige Tätigkeit, für die am 31. Juli 2006 wegen der zeitlichen Voraussetzungen des § 24 Abs. 1 bzw. 2 BAT/BAT-O noch keine Zulage gezahlt worden wäre bzw. wird, ist die Zulage ab dem Zeitpunkt zu zahlen, zu dem nach bisherigem Recht die Zulage zu zahlen gewesen wäre.

Erläuterungen

Die Vorschrift des § 8 TVÜ-Ärzte/VKA gilt für den Fall, dass Ärzte am 31. Juli 2006 bei unterstellter Fortgeltung des BAT/BAT-O Anspruch auf eine Zulage nach § 24 BAT/BAT-O für vorübergehend (auch vertretungsweise) ausgeübte höherwertige Tätigkeiten gehabt hätten.

V

§ 8 TVÜ-Ärzte/VKA bestimmt, dass in diesem Fall ab dem 1. August 2006 die Regelungen des TV-Ärzte/VKA zur Anwendung kommen. Maßgebende Vorschrift ist § 17 TV-Ärzte/VKA; auf die dortigen Ausführungen wird Bezug genommen. Sofern die nach § 24 BAT/BAT-O notwendigen Fristen zur Zahlung einer Zulage am 31. Juli 2006 noch nicht erfüllt waren, kann der Arzt auch bei grundsätzlicher Anwendung des TV-Ärzte noch in die Zulage „hineinwachsen" (siehe § 8 Satz 2 TVÜ-Ärzte/VKA).

§ 9 Kinderbezogene Entgeltbestandteile[1])

(1) [1]Für im September 2005 zu berücksichtigende Kinder werden die kinderbezogenen Entgeltbestandteile des BAT/BAT-O in der für September 2005 zustehenden Höhe als Besitzstandszulage fortgezahlt, solange für diese Kinder Kindergeld nach dem Einkommensteuergesetz (EStG) oder nach dem Bundeskindergeldgesetz (BKGG) ununterbrochen gezahlt wird oder ohne Berücksichtigung des § 64 oder § 65 EStG oder des § 3 oder § 4 BKGG gezahlt würde. [2]Die Besitzstandszulage entfällt ab dem Zeitpunkt, zu dem einer anderen Person, die im öffentlichen Dienst steht oder auf Grund einer Tätigkeit im öffentlichen Dienst nach beamtenrechtlichen Grundsätzen oder nach einer Ruhelohnordnung versorgungsberechtigt ist, für ein Kind, für welches die Besitzstandszulage gewährt wird, das Kindergeld gezahlt wird; die Änderung der Kindergeldberechtigung hat die Ärztin/der Arzt dem Arbeitgeber unverzüglich schriftlich anzuzeigen. [3]Unterbrechungen wegen der Ableistung von Grundwehrdienst, Zivildienst oder Wehrübungen sowie die Ableistung eines freiwilligen sozialen oder ökologischen Jahres sind unschädlich; soweit die unschädliche Unterbrechung bereits im Monat September 2005 vorliegt, wird die Besitzstandszulage ab dem Zeitpunkt des Wiederauflebens der Kindergeldzahlung gewährt.

V

Protokollerklärungen zu Absatz 1:

1. [1]Die Unterbrechung der Entgeltzahlung im September 2005 wegen Elternzeit, Wehr- oder Zivildienstes, Sonderurlaubs, bei dem der Arbeitgeber vor Antritt ein dienstliches oder betriebliches Interesse an der Beurlaubung anerkannt hat, Bezuges einer Rente auf Zeit wegen verminderter Erwerbsfähigkeit oder wegen des Ablaufs der Krankenbezugsfristen ist für das Entstehen des Anspruchs auf die Besitzstandszulage unschädlich. [2]Für die Höhe der Besitzstandszulage nach Satz 1 gilt § 5 Abs. 4 entsprechend.
2. Ist die andere Person im September 2005 aus dem öffentlichen Dienst ausgeschieden und entfiel aus diesem Grund der kinderbezogene Entgeltbestandteil, entsteht der Anspruch auf die Besitzstandszulage bei der/dem in den TV-Ärzte/VKA übergeleiteten Ärztin/Arzt.
3. [1]Ärztinnen und Ärzte mit mehr als zwei Kindern, die im September 2005 für das dritte und jedes weitere Kind keinen kinderbezogenen Entgeltanteil erhalten haben, weil sie nicht zum Kindergeldberechtigten bestimmt waren, haben Anspruch auf die Besitzstandszulage für das dritte und jedes weitere Kind, sofern und solange sie für diese Kinder Kindergeld erhalten, wenn sie bis zum 31. Dezember 2008 einen Berechtigtenwechsel beim Kindergeld zu ihren Gunsten vornehmen und der Beschäftigungsumfang der kindergeldberechtigten anderen Person am 30. September 2005 30 Wochenstunden nicht überstieg. [3]Die Höhe der Besitzstandszulage ist so zu bemessen, als hätte die Ärztin/der Arzt bereits im September 2005 Anspruch auf Kindergeld gehabt.
4. [1]Bei Tod der/des Kindergeldberechtigten wird ein Anspruch nach Absatz 1 für die/den anderen in den TV-Ärzte/VKA übergeleitete/n Ärztin/Arzt auch nach dem

---

[1]) Wegen der im Zuge der Tarifrunde 2024 vereinbarten Änderungen siehe Teil II Ziffer 4 der unter **505** abgedruckten Tarifeinigung. Danach erhöhen sich die kinderbezogenen Entgeltbestandteile
- ab dem 1. Juli 2024 um 4,0 Prozent,
- ab dem 1. August 2025 um weitere 2,0 Prozent und
- ab dem 1. Juni 2026 um weitere 2,0 Prozent.

1. Oktober 2005 begründet. [2]Die Höhe der Besitzstandszulage ist so zu bemessen, als hätte sie/er bereits im September 2005 Anspruch auf Kindergeld gehabt.

5. [1]Endet eine Unterbrechung aus den in Nr. 1 Satz 1 genannten Gründen vor dem 1. Juli 2008, wird die Besitzstandszulage vom 1. Juli 2008 an gezahlt, wenn bis zum 31. Dezember 2008 ein entsprechender schriftlicher Antrag (Ausschlussfrist) gestellt worden ist. [2]Wird die Arbeit nach dem 30. Juni 2008 wieder aufgenommen oder erfolgt die Unterbrechung aus den in Nr. 1 Satz 1 genannten Gründen nach dem 30. Juni 2008, wird die Besitzstandszulage nach Wiederaufnahme der Arbeit auf schriftlichen Antrag gezahlt. [3]In den Fällen der Nrn. 2 und 3 wird die Besitzstandszulage auf einen bis zum 31. Dezember 2008 zu stellenden schriftlichen Antrag (Ausschlussfrist) vom 1. Juli 2008 an gezahlt. [4]Ist eine den Nrn. 1 bis 3 entsprechende Leistung bis zum 31. März 2008 schriftlich geltend gemacht worden, erfolgt die Zahlung vom 1. Juni 2008 an. [5]In den Fällen der Nr. 4 wird die Besitzstandszulage auf schriftlichen Antrag ab dem ersten Tag des Monats, der dem Sterbemonat folgt, frühestens jedoch ab dem 1. Juli 2008, gezahlt. [6]Die Ärztin/Der Arzt hat das Vorliegen der Voraussetzungen der Nrn. 1 bis 4 nachzuweisen und Änderungen anzuzeigen.

(2) [1]§ 25 Abs. 2 TV-Ärzte/VKA ist anzuwenden. [2]Die Besitzstandszulage nach Absatz 1 Satz 1 verändert sich bei allgemeinen Entgeltanpassungen um den von den Tarifvertragsparteien für die jeweilige Entgeltgruppe festgelegten Vomhundertsatz. [3]Ansprüche nach Absatz 1 können für Kinder ab dem vollendeten 16. Lebensjahr durch Vereinbarung mit der Ärztin/dem Arzt abgefunden werden. [4]§ 6 Abs. 1 Satz 4 findet entsprechende Anwendung.

Protokollerklärung zu Absatz 2 Satz 2:

Die Besitzstandszulage beträgt ab 1. Juli 2023 in Höhe von 134,58 Euro, ab dem 1. April 2024 in Höhe von 139,96 Euro monatlich je Kind.

(3) Die Absätze 1 und 2 gelten entsprechend für zwischen dem 1. Oktober 2005 und dem 31. Dezember 2005 geborene Kinder der übergeleiteten Ärztinnen und Ärzte.

Erläuterungen

Die Vereinbarungen des § 9 TVÜ-Ärzte/VKA zur Sicherung der kinderbezogenen Bestandteile des Ortszuschlages sind inhaltsgleich aus § 11 TVÜ-VKA übernommen worden. Auf die dortigen Erläuterungen wird Bezug genommen.

§ 10 Strukturausgleich, Einmalzahlung

(1) Ein Strukturausgleich ist nicht vereinbart.

(2) [1]Eine Einmalzahlung wird nicht gewährt. [2]§ 16 bleibt unberührt.

Erläuterungen

In der sehr kurzen Vorschrift des § 10 TVÜ-Ärzte/VKA stellen die Tarifpartner klar, dass es im Geltungsbereich des TV-Ärzte/VKA bzw. TVÜ-Ärzte/VKA weder einen Strukturausgleich noch – von § 16 TVÜ-Ärzte/VKA abgesehen – Einmalzahlungen gibt.

V

§ 11 Entgeltfortzahlung im Krankheitsfall

[1]Bei Ärztinnen und Ärzten, für die bis zum 31. Juli 2006 § 71 BAT bei Weitergeltung des BAT Anwendung gefunden hat, wird abweichend von § 23 Abs. 2 TV-Ärzte/VKA für die Dauer des über den 31. Juli 2006 hinaus ununterbrochen fortbestehenden Arbeitsverhältnisses der Krankengeldzuschuss in Höhe des Unterschiedsbetrages zwischen dem festgesetzten Nettokrankengeld oder der entsprechenden gesetzlichen Nettoleistung und dem Nettoentgelt (§ 23 Abs. 2 Satz 2 und 3 TV-Ärzte/VKA) gezahlt. [2]Nettokrankengeld ist das um die Arbeitnehmeranteile zur Sozialversicherung reduzierte Krankengeld. [3]Für Ärztinnen und Ärzte, die nicht der Versicherungspflicht in der gesetzlichen Krankenversicherung unterliegen, ist bei der Berechnung des Krankengeldzuschusses der Höchstsatz des Nettokrankengeldes, der bei Pflichtversicherung in der gesetzlichen Krankenversicherung zustünde, zugrunde zu legen.

Protokollerklärung zu § 11:

[1]Ansprüche aufgrund von beim Arbeitgeber am 31. Juli 2006 geltenden Regelungen für die Gewährung von Beihilfen an Arbeitnehmerinnen und Arbeitnehmer im Krankheitsfall bleiben für die von § 1 Abs. 1 erfassten Ärztinnen und Ärzten unberührt. [2]Änderungen von Beihilfevorschriften für Beamte kommen zur Anwendung, soweit auf Landes- bzw. Bundesvorschriften Bezug genommen wird.

V

Erläuterungen

Die Vereinbarungen des § 11 TVÜ-Ärzte/VKA enthalten von § 23 TV-Ärzte/VKA abweichende Sonderregelungen für die Entgeltfortzahlung im Krankheitsfall.

Die Vorschrift entspricht im Kern § 13 Abs. 1 TVÜ-VKA und der Protokollerklärung zu § 13 TVÜ-VKA; auf die dortigen Ausführungen wird Bezug genommen.

§ 12 Beschäftigungszeit

(1) Für die Dauer des über den 31. Juli 2006 hinaus fortbestehenden Arbeitsverhältnisses werden die vor dem 1. August 2006 nach Maßgabe der jeweiligen tarifrechtlichen Vorschriften anerkannten Beschäftigungszeiten als Beschäftigungszeit im Sinne des § 35 Abs. 3 TV-Ärzte/VKA berücksichtigt.

(2) Für die Anwendung des § 24 Abs. 2 TV-Ärzte/VKA werden die bis zum 31. Juli 2006 zurückgelegten Zeiten, die nach Maßgabe

- **des BAT anerkannte Dienstzeit,**
- **des BAT-O anerkannte Beschäftigungszeit**

sind, als Beschäftigungszeit im Sinne des § 35 Abs. 3 TV-Ärzte/VKA berücksichtigt.

Erläuterungen

Die Vereinbarungen des § 12 TVÜ-Ärzte/VKA enthalten Sonderregelungen zu § 24 Abs. 2 sowie § 35 Abs. 3 TV-Ärzte/VKA und bewirken die Fortführung der anerkannten Beschäftigungs- und Jubiläumsdienstzeiten.

Die Vorschrift entspricht im Kern § 14 Abs. 1 und 2 TVÜ-VKA; auf die dortigen Ausführungen wird Bezug genommen.

§ 13 Urlaub

[1]Für die Dauer und die Bewilligung des Erholungsurlaubs für das Urlaubsjahr 2006 gelten die im Juli 2006 jeweils maßgebenden Vorschriften bis zum 31. Dezember 2006 fort. [2]Die Regelungen des TV-Ärzte/VKA gelten für die Bemessung des Urlaubsentgelts sowie für eine Übertragung von Urlaub auf das Kalenderjahr 2007.

Erläuterungen

Die Vereinbarungen des § 13 TVÜ-Ärzte/VKA enthielten für das Jahr 2006 Sonderregelungen zu § 27 TV-Ärzte/VKA (Erholungsurlaub).

Die Vorschrift hat keine praktische Bedeutung mehr.

§ 14 Abgeltung

[1]Durch Vereinbarungen mit der Ärztin/dem Arzt können Entgeltbestandteile aus Besitzständen pauschaliert bzw. abgefunden werden. [2]§ 9 Abs. 2 Satz 3 bleibt unberührt.

Erläuterungen

Die Vereinbarungen des § 14 TVÜ-Ärzte/VKA schaffen die Möglichkeit, Besitzstände zu pauschalieren oder abzugelten.

Die Vorschrift entspricht im Kern § 16 TVÜ-VKA; auf die dortigen Ausführungen wird Bezug genommen.

V

Abschnitt IV
Sonstige vom TV-Ärzte/VKA abweichende oder ihn ergänzende Bestimmung

§ 15 Anteilige Zuwendung für das Jahr 2006

[1]Ärztinnen und Ärzte erhalten mit dem Entgelt für den Monat Dezember 2006 eine anteilige Zuwendung nach den Zuwendungstarifverträgen für Angestellte. [2]Die Zuwendung ist mit folgenden Maßgaben so zu ermitteln, als wenn sie bereits am 31. Juli 2006 zugestanden hätte:

1. Der Bemessungssatz der Zuwendung beträgt in allen Entgeltgruppen
   a) bei Ärztinnen und Ärzten, für die die Regelungen des Tarifgebiets West Anwendung finden, 82,14 v. H.
   b) bei Ärztinnen und Ärzten, für die die Regelungen des Tarifgebiets Ost Anwendung finden, 61,60 v. H.

2. [1]§ 2 Abs. 1 der Zuwendungstarifverträge findet mit der Maßgabe Anwendung, dass Bemessungszeitraum anstelle des Monats September der Monat Juli ist. [2]Etwaig gezahltes Urlaubsgeld und die Einmalzahlung nach § 21 TVÜ-VKA bleiben bei der Berechnung der Zuwendung unberücksichtigt.

V

3. [1]Von der hiernach ermittelten Zuwendung erhält die Ärztin/der Arzt für jeden der Monate Januar bis Juli 2006 ein Zwölftel für jeden Kalendermonat, in dem die Ärztin/der Arzt Anspruch auf Entgelt/Vergütung oder Fortzahlung des Entgelts/der Vergütung hatte. [2]Eine anteilige Zuwendung steht auch für die Kalendermonate Januar bis Juli 2006 zu, in denen
   a) Ärztinnen und Ärzte kein Tabellenentgelt/keine Vergütung erhalten haben wegen
      (1) Ableistung von Grundwehrdienst oder Zivildienst, wenn sie diesen vor dem 1. Dezember beendet und die Beschäftigung unverzüglich wieder aufgenommen haben,
      (2) Beschäftigungsverboten nach § 3 Abs. 2 und § 6 Abs. 1 MuSchG,
      (3) Inanspruchnahme der Elternzeit nach dem Bundeserziehungsgeldgesetz bis zum Ende des Kalenderjahres, in dem das Kind geboren ist, wenn am Tag vor Antritt der Elternzeit Entgeltanspruch bestanden hat;
   b) Ärztinnen und Ärzte nur wegen der Höhe des zustehenden Krankengelds ein Krankengeldzuschuss nicht gezahlt worden ist.

Protokollerklärung zu § 15:

Soweit für das Kalenderjahr 2005 eine Berechnung des Aufschlags nach § 47 Abs. 2 BAT/BAT-O nicht erfolgt ist oder hierauf nicht mehr zurückgegriffen werden kann, gilt für die Herleitung der Urlaubsvergütung im Sinne der Zuwendungstarifverträge § 22 Satz 2 TV-Ärzte/VKA (Bemessungsgrundlage) entsprechend.

Erläuterungen

Der TV-Ärzte sieht keine Jahressonderzahlung („Weihnachtsgeld") vor. Mit Blick auf das Inkrafttreten im Laufe (zum 1. August) des Jahres 2006 haben die Tarifpartner in § 15 TVÜ-Ärzte/VKA die Zahlung eines

Teilbetrages für die Monate Januar bis Juli 2006 vereinbart. Anspruch und Höhe richteten sich nach den näheren Maßgaben der Tarifvorschrift, die an das alte Recht der Zuwendungstarifverträge zum BAT/BAT-O angelehnt worden ist.

Die Vorschrift hat mittlerweile keine praktische Bedeutung mehr.

§ 16 Einmalbetrag

(1) Ärztinnen und Ärzte gemäß § 16 TV-Ärzte/VKA Buchst. a und b im Tarifgebiet West, deren Vergleichsentgelt oberhalb der höchsten Stufe ihrer Entgeltgruppe liegt, erhalten mit den Bezügen für den Monat Dezember 2006 einen Einmalbetrag in Höhe von 300,00 Euro und mit den Bezügen für den Monat Oktober 2007 einen Einmalbetrag in Höhe von 600,00 Euro.

(2) [1]Der Anspruch auf die Einmalbeträge nach Absatz 1 besteht, wenn die Ärztin/der Arzt an mindestens einem Tag des jeweiligen Fälligkeitsmonats Anspruch auf Bezüge (Entgelt, Urlaubsentgelt oder Entgelt im Krankheitsfall) gegen einen Arbeitgeber im Sinne des § 1 Abs. 1 hat; dies gilt auch für Kalendermonate, in denen nur wegen der Höhe der Barleistungen des Sozialversicherungsträgers Krankengeldzuschuss nicht gezahlt wird. [2]Die jeweiligen Einmalbeträge werden auch gezahlt, wenn eine Ärztin wegen der Beschäftigungsverbote nach § 3 Abs. 2 und § 6 Abs. 1 des Mutterschutzgesetzes in dem jeweiligen Fälligkeitsmonat keine Bezüge erhalten hat.

V

(3) [1]Teilzeitbeschäftigte Ärztinnen und Ärzte erhalten den jeweiligen Einmalbetrag, der dem Verhältnis der mit ihnen vereinbarten durchschnittlichen Arbeitszeit zu der regelmäßigen wöchentlichen Arbeitszeit einer/s entsprechenden vollbeschäftigten Ärztin/Arztes entspricht. [2]Maßgebend sind die jeweiligen Verhältnisse am 1. Dezember 2006 bzw. 1. Oktober 2007.

(4) [1]Die Einmalbeträge sind bei der Bemessung sonstiger Leistungen nicht zu berücksichtigen. [2]Sie sind kein zusatzversorgungspflichtiges Entgelt.

Erläuterungen

Mit der Vorschrift des § 16 TVÜ-Ärzte/VKA haben die Tarifpartner für diejenigen Ärzte des Tarifgebietes West, die in die Entgeltgruppen I und II übergeleitet worden sind und deren Vergleichsentgelt oberhalb der höchsten Stufe ihrer Entgeltgruppe liegt (individuelle Endstufe) die Zahlung einer Einmalzahlung von insgesamt 900 Euro vereinbart. Die Einmalzahlung war in zwei Stufen im Dezember 2006 (300 Euro) und im Oktober 2007 (600 Euro) auszuzahlen; sie stand teilzeitbeschäftigten Ärzten anteilig zu.

Die Vorschrift hat mittlerweile keine praktische Bedeutung mehr.

§ 16a AV Hamburg

Auf die Ärztinnen und Ärzte der Asklepios Kliniken Hamburg GmbH, der Universitätsklinikum Hamburg-Eppendorf KöR, der Universitäres Herzzentrum Hamburg GmbH und der Asklepios Westklinikum Hamburg GmbH als Mitglieder der Arbeitsrechtlichen Vereinigung Hamburg e.V. findet das Tarifrecht der VKA ab dem 1. August 2018 mit den Maßgaben des landesverbandlichen Tarifvertrages zur Überleitung der Ärztinnen und Ärzte der Hamburger Krankenhäuser in das Tarifrecht der VKA vom 1. August 2018 Anwendung.

Erläuterungen

§ 16a ist ausschließlich im Bereich der Arbeitsrechtlichen Vereinigung Hamburg e. V. (AV Hamburg) von Bedeutung.

Abschnitt V
Übergangs- und Schlussvorschriften

§ 17 In-Kraft-Treten, Laufzeit

(1) Dieser Tarifvertrag tritt am 1. November 2006 in Kraft. [2]Die TdL wird die neuen Entgelttabellen des TV-Ärzte, Anlagen A 1 und B 1, ab 1. Juli 2006 anwenden, entsprechend dem Beschluss der Mitgliederversammlung der TdL vom 8. Juni 2006 (Anlage 2).

(2) [1]Dieser Tarifvertrag kann ohne Einhaltung einer Frist jederzeit schriftlich gekündigt werden, frühestens zum 31. Dezember 2009.

Erläuterungen

§ 17 TVÜ-Ärzte regelt in Absatz 1 das In-Kraft-Treten des Tarifvertrages zum 1. November 2006 und die vorgriffsweise Zahlung der im Vergleich zum BAT in der Regel höheren Entgelte des TV-Ärzte bereits ab dem 1. Juli 2006.

V

Eine Kündigung des TVÜ-Ärzte war gemäß Absatz 2 frühestens zum 31. Dezember 2009 möglich. Der TVÜ-Ärzte kann nur komplett gekündigt werden; Teilkündigungen einzelner Vorschriften (wie z. B. im TVÜ-Länder) wurden nicht vereinbart.

Abschnitt VI
Zulagen

610	Tarifvertrag zur Anhebung des Bemessungssatzes für den Bereich der Vereinigung der kommunalen Arbeitgeberverbände (VKA) – Tarifbereich Ost –	1355
620	Tarifvertrag über die Gewährung von Zulagen gem. § 33 Abs. 1 Buchst. c BAT	1357
630	Tarifvertrag über Zulagen an Angestellte (VKA)	1361

VI

VI

Tarifvertrag zur Anhebung des Bemessungssatzes für den Bereich der Vereinigung der kommunalen Arbeitgeberverbände (VKA) – Tarifbereich Ost –

Vom 13. November 2009

§ 1 Geltungsbereich

Dieser Tarifvertrag gilt für Beschäftigte,

a) die in einem Arbeitsverhältnis zu einem Arbeitgeber stehen, der Mitglied eines Mitgliedverbandes der Vereinigung der kommunalen Arbeitgeberverbände (VKA) ist,

b) die unter den Geltungsbereich des Tarifvertrages für den öffentlichen Dienst (TVöD) fallen und

c) auf die die Regelungen des Tarifgebiets Ost Anwendung finden.

§ 2 Entgelte

[1]Für alle Beschäftigten sind vom 1. Januar 2010 an folgende Beträge maßgebend:

1. TV Schichtzulagen Ang-O

Vorschrift			Betrag (in Euro)
§ 3 Abs. 2	Buchst. a		142,34
	Buchst. b	Doppelb. aa	124,55
		Doppelb. bb	105,87
		Doppelb. cc	74,73

2. Die in Vergütungsordnung zumBAT in festen Beträgen ausgebrachten Zulagen werden in Höhe von 100 v. H. gezahlt.
3. TV Schichtlohnzuschlag Arb-O

Vorschrift			Betrag (in Euro)
§ 2 Abs. 2	Buchst. a		142,34
	Buchst. b	Doppelb. aa	124,55
		Doppelb. bb	105,87
		Doppelb. cc	74,73

4. Bemessungsgrundlage für die Lohnzulagen nach Anlage 3 Abschnitt I Nr. 1 (Vorarbeiterzulage), Nr. 2 (Fachvorarbeiterzulage), Nr. 3 (Aufsichtszulage), Nr. 4 (Zulage für vorübergehend übertragene Tätigkeiten), Nr. 5 (Zulage bei Vertretung eines Angestellten/ Beamten) und für den Lohnzuschlag nach Anlage 3 Abschnitt II Nr. 7

VI

(Bootsführerzuschlag) des Tarifvertrages zu § 20 Abs. 1 BMT-G-O ist der Monatstabellenlohn der Anlage 3 des Montslohntarifvertrages Nr. 28 zum BMT-G vom 31. Januar 2003.

[2]Soweit der Tarifvertrag über die Gewährung von Zulagen gemäß § 33 Abs. 1 Buchst. c BAT-O vom 8. Mai 1991 nach § 23 Abs. 1 vierter Spiegelstrich TVÜ-VKA Anwendung findet, sind für alle Beschäftigten folgende Beträge maßgebend:

Vorschrift		**(Betrag) (in Euro)**
§ 2 Abs. 1	Nr. 1	7,67
	Nrn. 2, 6 und 12	10,23
	Nrn. 3, 4, 8, 9, 11 und 13	12,78
	Nrn. 5, 7 und 10	15,34
§ 3 Abs. 1	Nrn. 1, 3 und 4	1,02

§ 3 Techniker-, Programmierer- und Meisterzulage

Für alle Beschäftigten sind folgende Beträge maßgebend:

1. Technikerzulage gemäß § 3 des Tarifvertrages über Zulagen an Angestellte (TV Zulagen Ang-O) und gemäß § 3 des Tarifvertrages über Zulagen an Angestellte (TV Zulagen Ang-Ostdeutsche Sparkassen) 22,00 Euro,
2. Programmiererzulage gemäß § 4 TV Zulagen Ang-O 22,00 Euro,
3. Meisterzulage gemäß § 4a TV Zulagen Ang-O und gemäß § 4 TV Zulagen Ang-Ostdeutsche Sparkassen 36,50 Euro.

§ 4 Inkrafttreten, Außerkrafttreten

(1) Dieser Tarifvertrag tritt am 1. Januar 2010 in Kraft.

(2) Der Tarifvertrag zur Umsetzung der Anhebung des Bemessungssatzes für den Bereich der Vereinigung der kommunalen Arbeitgeberverbände (VKA) – Tarifbereich Ost – vom 31. März 2008 tritt mit Ablauf des 31. Dezember 2009 außer Kraft.

Tarifvertrag über die Gewährung von Zulagen gem. § 33 Abs. 1 Buchst. c BAT[1])

Vom 11. Januar 1962

... wird gemäß § 33 Abs. 1 Buchst. c und Abs. 6 BAT folgender Tarifvertrag geschlossen:

§ 1 Zulagen in Monatsbeträgen

(1) Zulagen in Monatsbeträgen erhalten:

		Monatsbetrag Euro
1.	Angestellte, die in unterirdischen Anlagen – mit Ausnahme von Kelleranlagen – mit unzureichender Entlüftung oder in fensterlosen überirdischen Betonbunkern mit unzureichender Entlüftung arbeiten	7,67
2.	Angestellte, die Desinfektionsarbeiten – mit Ausnahme der Schädlingsbekämpfung – ausüben	10,23
3.	Angestellte, die bei Arbeiten mit gesundheitsschädigenden, ätzenden oder giftigen Stoffen der Einwirkung dieser Stoffe ausgesetzt sind, wenn sie im Kalendermonat durchschnittlich mindestens 1/4 der regelmäßigen Arbeitszeit in Räumen oder mindestens 1/3 der regelmäßigen Arbeitszeit im Freien dieser Einwirkung ausgesetzt sind	12,78
4.	Angestellte, die Versuchstiere in wissenschaftlichen Anstalten, Lehr-, Versuchs- oder Untersuchungsanstalten pflegen, wenn sie bei der Pflege der Tiere mit diesen in unmittelbare Berührung kommen	12,78
5.	Pflegepersonen in psychiatrischen Krankenhäusern (Heil- und Pflegeanstalten) oder psychiatrischen Kliniken, Abteilungen oder Stationen, Pflegepersonen in neurologischen Kliniken, Abteilungen oder Stationen, die ständig geisteskranke Patienten pflegen, Angestellte in psychiatrischen oder neurologischen Krankenhäusern, Kliniken oder Abteilungen, die im EEG-Dienst oder in der Röntgendiagnostik ständig mit geisteskranken Patienten Umgang haben,	15,34

[1]) Zur vorläufigen Weitergeltung dieses Tarifvertrages siehe § 23 Abs. 1 TVÜ-VKA

		Monatsbetrag Euro
	Angestellte der Krankengymnastik, die überwiegend mit geisteskranken Patienten Umgang haben, sonstige Angestellte, die ständig mit geisteskranken Patienten zu arbeitstherapeutischen Zwecken zusammenarbeiten oder sie hierbei beaufsichtigen	
6.	Angestellte, die in großen Behandlungsbecken (nicht in Badewannen) Unterwassermassagen ausführen, wenn sie im Kalendermonat durchschnittlich mindestens ¼ der regelmäßigen Arbeitszeit mit diesen Arbeiten beschäftigt sind	10,23
7.	Angestellte als Sektionsgehilfen in der Human- oder Tiermedizin	15,34
8.	Angestellte, die in Leichenschauhäusern oder in Einrichtungen, die die Aufgaben von Leichenschauhäusern zu erfüllen haben, Leichen versorgen und herrichten	12,78
9.	Angestellte, die in Kühlhäusern, Kühlräumen oder Kühlwagen im Kalendermonat durchschnittlich arbeitstäglich mindestens zwei Stunden arbeiten sind den Angestellten Arbeiter unterstellt, so richten sich die Voraussetzungen für die Gewährung der Zulage nach den jeweils für die Arbeiter geltenden Vorschriften	12,78
10.	Angestellte, die in Tropenkammern mit einer Temperatur von über 40° C im Kalendermonat durchschnittlich arbeitstäglich mindestens zwei Stunden arbeiten sind den Angestellten Arbeiter unterstellt, so richten sich die Voraussetzungen für die Gewährung der Zulage nach den jeweils für die Arbeiter geltenden Vorschriften	15,34
11.	Tierpfleger in zoologischen Gärten, die gefährliche Tiere pflegen	12,78
12.	Angestellte, die in unterirdischen Abwässerkanälen im Kalendermonat durchschnittlich mindestens ¼ der regelmäßigen Arbeitszeit arbeiten	10,23
13.	Angestellte im kommunalen Dienst, die ständig Blitzschutzanlagen zu überprüfen haben	12,78
14.	Angestellte mit Arbeiten in Prüfständen von Motoren für Kettenfahrzeuge oder Schiffe sowie bei Belastungsproben für Panzermotoren	12,78
15.	Angestellte mit Prüfungs- oder Kontrollarbeiten an Propellerflugzeugen oder auf Flugzeugmotorenprüfständen bei laufendem Motor	17,90
16.	Angestellte mit Prüfungs- oder Kontrollarbeiten an Flugzeugen oder in Prüfständen bei laufendem Düsentriebwerk	25,56

VI

(2) Voraussetzung für die Gewährung der Zulagen nach den Nrn. 1, 2, 4, 8, 11, 14, 15 und 16 ist, daß die zulageberechtigende Tätigkeit regelmäßig und nicht nur in unerheblichem Umfange ausgeführt wird.

(3) Beginnt die zulageberechtigende Tätigkeit nicht am Ersten, sondern im Laufe eines Kalendermonats, so ist in diesem Monat für jeden Kalendertag ab Beginn dieser Tätigkeit 1/30 des Monatsbetrages zu zahlen.

(4) Die Zulage entfällt mit Ablauf des Kalendermonats, in dem die Voraussetzungen für die Gewährung der Zulage weggefallen sind (§ 33 Abs. 3 BAT).

§ 2 Zulagen in Tagesbeträgen

(1) Zulagen in Tagesbeträgen erhalten:

		Tagesbetrag Euro
1.	Angestellte, zu deren regelmäßigen Aufgaben das Besteigen von Masten in Höhe von mindestens 10 m über Dach bzw. mindestens 20 m über dem Erdboden gehört	1,02
2.	Angestellte des Eichdienstes, die Hochtanks in einer Höhe von mindestens 20 m über dem Erdboden ohne feste Einrüstung vermessen	1,02
3.	Angestellte in der Brückenunterhaltung, die Brückenkonstruktionen in einer Höhe von mindestens 20 m über dem Erdboden oder der Wasserfläche ohne feste Einrüstung überwachen	1,02
4.	Angestellte, die Schleusentore von mindestens 15 m Höhe ohne ausreichende Sicherungsvorrichtung durch Einsteigen in die Tore überprüfen oder unter Einsteigen den Ein- und Ausbau solcher Tore überwachen	1,02

(2) Die Zulage wird für jeden Tag gewährt, an dem der Angestellte die Tätigkeit ausübt.

§ 3 Sonstige Zulagen

(1) Für Arbeiten am Stromnetz unter Spannung, die nach den einschlägigen Vorschriften zulässig sind, erhalten die Angestellten Zulagen unter den gleichen Voraussetzungen und in der gleichen Höhe, wie sie jeweils die Arbeiter ihres Arbeitgebers erhalten. Soweit ein Arbeitgeber im Zeitpunkt des Inkrafttretens des Tarifvertrages für diese Arbeiten an Angestellte höhere Zulagen zahlt, bleiben diese unberührt.

(2) Die Angestellten im Baggereibetrieb der Bundeswasser- und Schifffahrtsverwaltung erhalten bei Munitionsfunden Zulagen unter den

VI

gleichen Voraussetzungen und in der gleichen Höhe, wie sie die Arbeiter der Bundeswasser- und Schiffahrtsverwaltung jeweils erhalten.

(3) Sind in den Fällen der Absätze 1 und 2 die Zulagen für die Arbeiter in Vom-Hundert-Sätzen des Lohnes bemessen, so richten sich die Zulagen der Angestellten nach der bei dem Arbeitgeber jeweils geltenden höchsten Lohngruppe und Dienstzeitzulage.

§ 4 Zusammentreffen von Ansprüchen

(1) Liegen die Voraussetzungen für mehrere Zulagen nach diesem Tarifvertrag vor, so wird jeweils nur die höchste Zulage gezahlt.

(2) Wird für eine Tätigkeit, für die eine Zulage nach diesem Tarifvertrag zusteht, eine Zulage nach § 33 Abs. 1 Buchst. a BAT gezahlt, so wird die Zulage nach diesem Tarifvertrag nur insoweit gewährt, als sie die Zulage nach § 33 Abs. 1 Buchst. a BAT übersteigt.

(3) Neben den Zulagen nach diesem Tarifvertrag werden bei gegebenen Voraussetzungen

a) die Zusatzverpflegung nach § 33 Abs. 4 BAT
b) die Zulagen der Protokollnotizen Nr. 1 zu den Vergütungsgruppen Kr. I bis Kr. VI der Anlage 1b zum BAT

gewährt.

§ 5 Zahlung der Zulagen

Die Zulagen nach diesem Tarifvertrag sind spätestens mit der Vergütung für den übernächsten Monat (§ 36 Abs. 1 BAT) zu zahlen.

§ 6 Besitzstandswahrung

Erhalten Angestellte im Zeitpunkt des Inkrafttretens dieses Tarifvertrages für eine Tätigkeit, für die in den §§ 1 und 2 eine Zulage vereinbart ist, eine höhere Zulage als die nach §§ 1 und 2, so erhalten sie während des zu diesem Zeitpunkt bestehenden Arbeitsverhältnisses die höhere Zulage für die Dauer der Ausübung der Tätigkeit weiter.

§ 7 Inkrafttreten und Laufzeit

(betrifft Inkrafttreten und Kündigungsvorschrift des Tarifvertrages vom 11. Januar 1962)

Tarifvertrag über Zulagen an Angestellte (VKA)[1])

Vom 17. Mai 1982

§ 1 Geltungsbereich

(1) Dieser Tarifvertrag gilt für die unter die Anlagen 1a und 1b zum Bundes-Angestelltentarifvertrag (BAT) fallenden Angestellten der Mitglieder der Arbeitgeberverbände, die der Vereinigung der kommunalen Arbeitgeberverbände angehören.

Für die Lehrkräfte, die nach Nr. 5 der Bemerkung zu allen Vergütungsgruppen nicht unter die Anlage 1a zum BAT fallen, gelten § 2 Abs. 3 und 4 sowie § 5.

(2) Dieser Tarifvertrag gilt nicht für den Bereich der Arbeitsrechtlichen Vereinigung Hamburg e. V.

§ 2 Allgemeine Zulage[2])

(1) Die Angestellten erhalten eine allgemeine Zulage.

(2) Die allgemeine Zulage beträgt monatlich für die unter Anlagen 1a und 1b zum BAT fallenden Angestellten in den Vergütungsgruppen

a) X bis IXa sowie VIII (soweit in der Protokollerklärung Nr. 1 aufgeführt), Kr. I und Kr. II	90,97 Euro,
b) VIII (soweit nicht in der Protokollerklärung Nr. 1 aufgeführt) bis Vc sowie Vb (soweit in der Protokollerklärung Nr. 2 aufgeführt), Kr. III bis Kr. VI	107,44 Euro,
c) Vb (soweit nicht in der Protokollerklärung Nr. 2 aufgeführt) bis II, Kr. VII bis Kr. XIII	114,60 Euro,
d) Ib bis I	42,98 Euro.

(3) Für die Lehrkräfte, die nach Nr. 5 der Bemerkung zu allen Vergütungsgruppen nicht unter die Anlage 1a zum BAT fallen, beträgt die allgemeine Zulage monatlich 42,98 Euro.

(4) Bei allgemeinen Vergütungs- und Lohnerhöhungen erhöht sich die allgemeine Zulage um den von den Tarifvertragsparteien festgelegten durchschnittlichen Vomhundertsatz der allgemeinen Vergütungs- und Lohnerhöhung.

---

1) Zur teilweisen Weitergeltung siehe § 29a Abs. 3 TVÜ-VKA

2) Beträge in der ab dem 1. 5. 2004 geltenden Fassung

Protokollerklärungen:

1. Angestellte, die nach einem der folgenden Tätigkeitsmerkmale der Vergütungsgruppe VIII der Anlage 1a zum BAT eingruppiert sind, erhalten die allgemeine Zulage nach Absatz 2 Buchst. a:
   a) VIII Fallgruppen 10, 12, 15, 16 und 18 des § 2 des Tarifvertrages zur Änderung und Ergänzung der Anlage 1a zum BAT (Angestellte in technischen Berufen) vom 15. Juni 1972,
   b) VIII Fallgruppen 7 und 9 des § 1 des Tarifvertrages zur Änderung der Anlage 1a zum BAT (Angestellte in Versorgungsbetrieben) vom 25. April 1991,
   c) VIII Fallgruppe 2 des § 1 des Tarifvertrages zur Änderung der Anlage 1a zum BAT (Schulhausmeister) vom 31. Oktober 1991.
2. Angestellte, die nach einem der folgenden Tätigkeitsmerkmale der Vergütungsgruppe Vb der Anlage 1a zum BAT eingruppiert sind, erhalten die allgemeine Zulage nach Absatz 2 Buchst. b.
   a) Vb Fallgruppe 2 des Tarifvertrages zur Änderung und Ergänzung der Anlage 1a zum BAT (vermessungs- und landkartentechnische Angestellte sowie Angestellte im Gartenbau, in der Landwirtschaft und im Weinbau) vom 23. September 1969,
   b) Vb Fallgruppen 6 bis 10, 13, 15, 16, 16a, 17, 18 und 21 des § 2 des Tarifvertrages zur Änderung und Ergänzung der Anlage 1a zum BAT (Angestellte in technischen Berufen) vom 15. Juni 1972,
   c) Vb Fallgruppen 1c und 2 des § 2 des Tarifvertrages zur Änderung und Ergänzung der Anlage 1a zum BAT (Neufassung der Fallgruppen 1) vom 24. Juni 1975,
   d) Vb Fallgruppen 3 und 4 des § 2 des Tarifvertrages zur Änderung und Ergänzung der Anlage 1a zum BAT (Bezügerechner) vom 28. April 1978,
   e) Vb Fallgruppe 3 des § 1 des Tarifvertrages zur Änderung und Ergänzung der Anlage 1a zum BAT (Angestellte im Sparkassendienst) vom 26. Oktober 1979,
   f) Vb Fallgruppen 1 bis 15 des § 2 des Tarifvertrages zur Änderung und Ergänzung der Anlage 1a zum BAT (Meister, technische Angestellte mit besonderen Aufgaben) vom 18. April 1980,
   g) Vb Fallgruppen 1 bis 3 des § 2 des Tarifvertrages zur Änderung und Ergänzung der Anlage 1a zum BAT (Schwimmmeister und Schwimmmeistergehilfen) vom 18. Februar 1981,
   h) Vb Fallgruppen 1, 2 und 6 bis 8 des § 2 des Tarifvertrages zur Änderung und Ergänzung der Anlage 1a zum BAT (Angestellte in Nahverkehrsbetrieben) vom 11. Juni 1981,
   i) Vb Fallgruppen 1 bis 5, 7 bis 13 und 15 des § 2 des Tarifvertrages zur Änderung der Anlage 1a zum BAT (Angestellte an Theatern und Bühnen) vom 17. Mai 1982,
   k) Vb Fallgruppe 2 des Abschnitts III, Vb Fallgruppen 2, 3, 5 bis 7 des Abschnitts VI und Vb Fallgruppen 2 bis 4 des Abschnitts VII des § 2 des Tarifvertrages zur Änderung der Anlage 1a zum BAT (Angestellte in der Datenverarbeitung) vom 4. November 1983,
   l) Vb Fallgruppe 2 des Tarifvertrages zur Änderung der Anlage 1a zum BAT (Musikschullehrer) vom 20. Februar 1987,
   m) Vb Fallgruppen 2, 3, 5 und 6 des § 2 Abschn. B des Tarifvertrages zur Änderung der Anlage 1a zum BAT vom 24. April 1991,
   n) Vb Fallgruppen 1. c), 4 bis 16 des Tarifvertrages zur Änderung der Anlage 1a zum BAT (Angestellte in Versorgungsbetrieben) vom 25. April 1991,
   o) Vb Fallgruppe 2 des § 2 des Tarifvertrages zur Änderung der Anlage 1a zum BAT (Rettungssanitäter, Rettungsassistenten) vom 30. September 1992,
   p) Vb einzige Fallgruppe des § 2 des Tarifvertrages zur Änderung der Anlage 1a zum BAT (Angestellte im kommunalen feuerwehrtechnischen Dienst) vom 21. Dezember 1994.

§ 3 Technikerzulage[1])

(1) Angestellte der Vergütungsgruppen Vb bis II mit technischer Ausbildung nach Nr. 2 der Bemerkung zu allen Vergütungsgruppen und entsprechender Tätigkeit sowie sonstige Angestellte, die aufgrund gleichwertiger Fähigkeiten und ihrer Erfahrungen entsprechende Tätigkeiten ausüben, erhalten eine Technikerzulage von monatlich 23,01 Euro.

(2) Absatz 1 gilt entsprechend für

a) gartenbau-, landwirtschafts- und weinbautechnische Angestellte aller Fachrichtungen mit abgeschlossener einschlägiger Fachhochschulausbildung mit entsprechender Tätigkeit sowie sonstige Angestellte, die aufgrund gleichwertiger Fähigkeiten und ihrer Erfahrungen entsprechende Tätigkeiten ausüben,

b) in der Protokollerklärung Nr. 5a des § 2 des Tarifvertrages zur Änderung und Ergänzung der Anlage 1a zum BAT (Angestellte in technischen Berufen) vom 15. Juni 1972 genannte Angestellte,

c) in der Protokollerklärung Nr. 1 des § 2 des Tarifvertrages zur Änderung und Ergänzung der Anlage 1a zum BAT (Angestellte in technischen Berufen) vom 15. Juni 1972 genannte Angestellte.

§ 4 Programmiererzulage

(1) Angestellte der Vergütungsgruppen Vb (soweit nicht in der Protokollerklärung Nr. 2 zu § 2 aufgeführt) bis III sowie II (mit Ausnahme der in der Protokollerklärung genannten Angestellten) erhalten für die Zeit ihrer überwiegenden Beschäftigung im Bereich der Ablaufplanung und Programmierung von Arbeitsverfahren unter Einsatz von elektronischen Datenverarbeitungsanlagen und Systemprogrammen eine Programmiererzulage von monatlich 23,01 Euro.

(2) Die Programmiererzulage ist nicht zusatzversorgungspflichtig.

(3) Die Angestellten der Sparkassen erhalten die Programmiererzulage nicht.

Protokollerklärung:

Angestellte der Vergütungsgruppe II mit abgeschlossener wissenschaftlicher Hochschulbildung und entsprechender Tätigkeit sowie sonstige Angestellte, die aufgrund gleichwertiger Fähigkeiten und ihrer Erfahrungen entsprechende Tätigkeiten ausüben, erhalten die Programmiererzulage nicht.

---

[1]) Gemäß dem in Ziffer II Nr. 3 Satz 1 der Niederschrift über die Tarifverhandlungen am 29./30. April 1971 festgehaltenen Einvernehmen erhalten technische Inspektoren und technische Oberinspektoren, die nach dem Tarifvertrag zur Änderung der Anlage 1a zum BAT (Angestellte an Theatern und Bühnen) vom 17. Mai 1982 in der Vergütungsgruppe Vb bzw. IVb eingruppiert sind, weiterhin die Technikerzulage.

§ 4a Zulagen für Meister

Angestellte, die nach den Tätigkeitsmerkmalen

a) des § 2 des Tarifvertrages zur Änderung der Anlage 1a zum BAT (Meister, technische Angestellte mit besonderen Aufgaben) vom 18. April 1980,

b) der Vergütungsgruppe VIb Fallgruppe 1, Vc Fallgruppen 1 bis 3 und Vb Fallgruppen 1 bis 3 des Tarifvertrages zur Änderung und Ergänzung der Anlage 1a zum BAT (Schwimmmeister und Schwimmmeistergehilfen) vom 18. Februar 1981,

c) der Vergütungsgruppe VIb Fallgruppen 1 und 2, Vc Fallgruppen 1 bis 3 und Vb Fallgruppen 1 und 2 des Tarifvertrages zur Änderung und Ergänzung der Anlage 1a zum BAT (Angestellte in Nahverkehrsbetrieben) vom 11. Juni 1981,

d) der Vergütungsgruppe VII Fallgruppen 9 und 13, VIb Fallgruppen 2, 4, 9 bis 12, 15, 16 und 18 bis 20, Vc Fallgruppen 1 bis 5, 7 bis 11 und 13 bis 21 und Vb Fallgruppen 1 bis 5 und 7 bis 13 und 15 des Tarifvertrages zur Änderung der Anlage 1a zum BAT (Angestellte an Theatern und Bühnen) vom 17. Mai 1982,

VI

e) der Vergütungsgruppen Vc Fallgruppen 1 und 2, Vb Fallgruppen 1 bis 3 und IVb Fallgruppen 1 und 2 des § 2 Abschn. B des Tarifvertrages zur Änderung der Anlage 1a zum BAT vom 24. April 1991,

f) der Vergütungsgruppen VII Fallgruppen 10 und 11, VIb Fallgruppen 11 bis 15, Vc Fallgruppen 10 bis 16, Vb Fallgruppen 8 bis 16 und IVb Fallgruppen 5 und 6 des Tarifvertrages zur Änderung der Anlage 1a zum BAT (Angestellte in Versorgungsbetrieben) vom 25. April 1991

eingruppiert sind, erhalten eine Meisterzulage von monatlich 38,35 Euro.

§ 5 Gemeinsame Vorschriften

(1) Die Zulagen werden nur für Zeiträume gezahlt, für die Bezüge (Vergütung, Urlaubsvergütung, Krankenbezüge) zustehen.

(2) In den Fällen des § 30 BAT stehen die Zulagen in Höhe des nach dieser Vorschrift für den Angestellten maßgebenden Vomhundertsatzes zu.

(3) Die allgemeine Zulage ist bei der Bemessung des Sterbegeldes (§ 41 BAT), des Übergangsgeldes (§ 63 BAT) und der Überstundenpauschvergütung nach Nr. 5 SR 2s BAT zu berücksichtigen.

(4) Die Programmiererzulage ist auch im Rahmen der Zuwendung nach dem Tarifvertrag über eine Zuwendung für Angestellte nicht zusatzversorgungspflichtig.

§ 6 Anrechnungsvorschriften[1])

Auf die allgemeine Zulage werden die für denselben Zeitraum zustehenden Zulagen nach Nr. 5a und Nr. 6 Abs. 3 SR 2o BAT in den Fällen des

a) § 2 Abs. 2 Buchst. a und b bis zu einem Betrag von 48,00 Euro,

b) § 2 Abs. 2 Buchst. c bis zu einem Betrag von 71,63 Euro

angerechnet; § 2 Abs. 4 gilt für die genannten Beträge entsprechend. Satz 1 gilt nicht, wenn dem Angestellten auch die Technikerzulage oder die Programmiererzulage zusteht.

§ 7 Konkurrenzvorschriften

Neben der Technikerzulage steht die Programmiererzulage nicht zu.

§ 8 (weggefallen)

§ 9 Übergangsregelungen für den Bereich des KAV Bayern

VI

(1) Angestellte in geschlossenen Abteilungen oder Stationen bei psychiatrischen Krankenanstalten, die ausschließlich dem Vollzug von Maßregeln der Sicherung und Besserung dienen, erhalten für die Zeit ihrer überwiegenden Beschäftigung in einer solchen Abteilung oder Station eine Vollzugszulage von monatlich 95,53 Euro.

Die Vollzugszulage ist nicht zusatzversorgungspflichtig. Abweichend von Satz 1 dieses Unterabsatzes ist die Vollzugszulage bei Angestellten, die diese Zulage bereits vor dem 1. Januar 1999 erhalten haben, zusatzversorgungspflichtig nach Ablauf des Kalendermonats, in dem sie sieben Jahre lang bezogen worden ist, längstens jedoch bei Angestellten der Vergütungsgruppen IVb bis I und Kr. IX bis Kr. XIII bis zum 31. Dezember 2004 und bei Angestellten der Vergütungsgruppen X bis Vb und Kr. I bis Kr. VIII bis zum 31. Dezember 2007. Auf die Mindestzeit werden auch solche Zeiträume angerechnet, während derer die Vollzugszulage nur aufgrund von Konkurrenzvorschriften oder nur wegen Ablaufs der Krankenbezugsfristen nicht zugestanden hat.

Steht neben der Vollzugszulage für denselben Zeitraum eine Zulage nach § 1 Abs. 1 Nr. 5 des Tarifvertrages über die Gewährung von Zulagen an Angestellte gemäß § 33 Abs. 1 Buchst. c BAT oder nach der

---

1) Beträge in der ab dem 1. 5. 2004 geltenden Fassung

jeweiligen Protokollerklärung Nr. 1 zu den Abschnitten A und B der Anlage 1b zum BAT zu, vermindert sich die Vollzugszulage um die Beträge dieser Zulagen, höchstens jedoch um insgesamt 46,02 Euro. Die Vollzugszulage vermindert sich ferner, wenn daneben für denselben Zeitraum dem Angestellten, der

a) unter die Anlage 1a zum BAT fällt, eine Wechselschicht- oder Schichtzulage nach § 33a Abs. 1 oder 2 BAT zusteht, um die Hälfte dieser Zulage,

b) unter die Anlage 1b zum BAT fällt, eine Wechselschichtzulage nach § 33a Abs. 1 BAT zusteht, um 25,56 Euro.

(2) Angestellte, die bis einschließlich 30. April 1982 aufgrund des Tarifvertrages über Zulagen an Angestellte nach besoldungsrechtlichen Vorschriften vom 28. September 1970 in Verbindung mit Nr. 23 Abs. 1 der Vorbemerkungen zu den Bundesbesoldungsordnungen A und B des Bundesbesoldungsgesetzes eine Zulage erhalten haben, erhalten für die Dauer des fortbestehenden Arbeitsverhältnisses eine Besitzstandszulage von 10,23 Euro.

Für die Besitzstandszulage gilt § 5 Abs. 1 und 2 entsprechend.

Die Besitzstandszulage entfällt, wenn bei Fortgeltung des bisherigen Rechts die Zulage weggefallen wäre.

(3) Auf die allgemeine Zulage der Angestellten, die im Schreibdienst bayerischer Landkreise tätig sind, werden die für denselben Zeitraum nach den Protokollerklärungen Nrn. 4 und 7 zu § 3 Nr. 1 des Tarifvertrages vom 19. Februar 1973 betreffend die Überleitung der Angestellten der bayerischen Landkreise (einschließlich der Kreissparkassen) und der Sparkassenzweckverbände in das Tarifrecht der VKA zustehenden Leistungszulagen bis zu einem Betrag von 67,- DM angerechnet; § 2 Abs. 4 gilt für den genannten Betrag entsprechend.

§ 10 (gestrichen)

§ 11 Inkrafttreten, Laufzeit

§ 10 tritt mit Wirkung vom 1. Januar 1982, die übrigen Vorschriften treten mit Wirkung vom 1. Mai 1982 in Kraft. Dieser Tarifvertrag kann mit einer Frist von einem Monat zum Schluss eines Kalendermonats schriftlich gekündigt werden.

Abschnitt VII
Weiteres Tarifrecht der Kommunen

730 Tarifvertrag über die Bewertung der Personalunterkünfte für Angestellte (TdL/VKA) 1369

740 Tarifvertrag zur Entgeltumwandlung für Arbeitnehmer im kommunalen öffentlichen Dienst (TV-EUmw/VKA) 1373

748 Tarifvertrag zur Entgeltumwandlung zum Zwecke des Leasings von Fahrrädern im kommunalen öffentlichen Dienst (TV-Fahrradleasing) 1376

Tarifvertrag über die Bewertung der Personalunterkünfte für Angestellte (TdL/VKA)[1]

in der Fassung der Bekanntmachung vom 16. März 1974

§ 1 Geltungsbereich

Dieser Tarifvertrag gilt für die unter den Bundes-Angestelltentarifvertrag (BAT) fallenden Angestellten

a) der Länder und der Stadtgemeinde Bremen,

b) der Mitglieder der Arbeiterverbände, die der Vereinigung der kommunalen Arbeitgeberverbände angehören.

§ 2 Personalunterkünfte

(1) Der Wert einer dem Angestellten auf arbeitsvertraglicher Grundlage gewährten Personalunterkunft ist unter Berücksichtigung ihrer Nutzfläche und ihrer Ausstattung auf die Vergütung anzurechnen. Für Zeiten, für die kein Vergütungsanspruch besteht, hat der Angestellte dem Arbeitgeber den Wert zu vergüten.

(2) Personalunterkünfte im Sinne dieses Tarifvertrages sind möblierte Wohnungen, möblierte Wohnräume und möblierte Schlafräume, die im Eigentum, in der Verwaltung oder in der Nutzung des Arbeitgebers stehen und die dem Angestellten zur alleinigen Benutzung – bei Mehrbettzimmern zur gemeinsamen Benutzung durch die festgelegte Personenzahl – überlassen werden.

§ 3 Bewertung der Personalunterkünfte

(1) Der Wert der Personalunterkünfte wird wie folgt festgelegt:[2]

Wertklasse	Personalunterkünfte	Euro je qm Nutzfläche monatlich
1	ohne ausreichende Gemeinschaftseinrichtungen	9,47
2	mit ausreichenden Gemeinschaftseinrichtungen	10,49
3	mit eigenem Bad oder Dusche	12,00

---

[1] Nur für die Bereiche der Tarifgemeinschaft deutscher Länder und der Vereinigung kommunaler Arbeitgeberverbände; Zur Weitergeltung des Tarifvertrages siehe § 36 Abs. 1 Buchst. a) TVöD

[2] Beträge in der ab 1. Januar 2025 geltenden Fassung.

Wertklasse	Personalunterkünfte	Euro je qm Nutzfläche monatlich
4	mit eigener Toilette und Bad oder Dusche	13,35
5	mit eigener Kochnische, Toilette und Bad oder Dusche	14,22

Bei einer Nutzfläche von mehr als 25 qm erhöhen sich für die über 25 qm hinausgehende Nutzfläche die Quadratmetersätze um 10 v. H. Bei Personalunterkünften mit einer Nutzfläche von weniger als 12 qm ermäßigen sich die Quadratmetersätze um 10 v. H.

Wird die Nutzung der Personalunterkunft durch besondere Umstände erheblich beeinträchtigt (z. B. Ofenheizung, kein fließendes Wasser, Unterbringung in einem Patientenzimmer, das vorübergehend als Personalunterkunft verwendet wird und in dem die Bewohner erheblichen Störungen durch den Krankenhausbetrieb ausgesetzt sind), sollen die Quadratmetersätze um bis zu 10 v. H., beim Zusammentreffen mehrerer solcher Umstände um bis zu 25 v. H. ermäßigt werden, beim Zusammentreffen zahlreicher außergewöhnlicher Beeinträchtigungen kann die Ermäßigung bis zu 33 1/3 v. H. betragen.

(2) Bei der Ermittlung der Nutzfläche ist von den Fertigmaßen auszugehen. Balkonflächen sind mit 25 v. H. und Flächen unter Dachschrägen mit 50 v. H. anzurechnen. Die Nutzfläche von Bädern oder Duschen in Nasszellen, die zwei Personalunterkünften zugeordnet sind, ist den beiden Personalunterkünften je zur Hälfte zuzurechnen.

VII

(3) Ausreichende Gemeinschaftseinrichtungen im Sinne des Absatzes 1 haben Personalunterkünfte, wenn

a) in Wohnheimen eine ausreichende Zahl von Bädern oder Duschen, von Toiletten und von Kochgelegenheiten für die Bewohner des Wohnheimes,

b) in anderen Gebäuden als Wohnheimen eine ausreichende Zahl von Bädern oder Duschen, von Toiletten und von Kochgelegenheiten zur Benutzung nur durch das Personal des Arbeitgebers

vorhanden ist.

Die Gemeinschaftseinrichtungen sind nicht ausreichend, wenn

a) für mehr als sechs Wohnplätze nur eine Toilette und ein Bad oder eine Dusche oder

b) für mehr als zehn Wohnplätze nur eine Kochgelegenheit vorhanden ist.

Bäder oder Duschen in Nasszellen, die zwei Personalunterkünften zugeordnet sind (Zugang von beiden Unterkünften bzw. über einen gemeinsamen Vorraum), gelten als eigenes Bad oder Dusche im Sinne des Absatzes 1.

(4) Mit dem sich aus Absatz 1 ergebenden Wert sind die üblichen Nebenkosten abgegolten. Zu diesen gehören die Kosten für Heizung, Strom, Wasser (einschließlich Warmwasser), die Gestellung sowie die Reinigung der Bettwäsche und der Handtücher. Werden diese Nebenleistungen teilweise nicht erbracht oder wird die Personalunterkunft auf eigenen Wunsch von dem Angestellten ganz oder teilweise möbliert, ist eine Herabsetzung des Wertes ausgeschlossen.

Wird die Personalunterkunft auf Kosten des Arbeitgebers gereinigt oder werden vom Arbeitgeber andere als allgemein übliche Nebenleistungen erbracht (z. B. besondere Ausstattung mit erheblich höherwertigen Möbeln, Reinigung der Körperwäsche), ist ein Zuschlag in Höhe der Selbstkosten zu erheben.

Steht eine gemeinschaftliche Waschmaschine zur Reinigung der Körperwäsche zur Verfügung, ist dafür ein monatlicher Pauschbetrag von 5,67 Euro[1]) zu erheben, sofern die Waschmaschine nicht mit einem Münzautomaten ausgestattet ist.

(5) Wird eine Personalunterkunft von mehreren Personen benutzt, werden dem einzelnen Angestellten bei Einrichtung der Personalunterkunft

a) für zwei Personen 66 $^{2}/_{3}$ v. H.,

b) für drei Personen 40 v. H.

des vollen Wertes angerechnet.

VII

§ 4 Anpassung des Wertes der Personalunterkünfte

Die in § 3 Abs. 1 und Abs. 4 Unterabs. 3 genannten Beträge sind jeweils zu demselben Zeitpunkt und demselben Vomhundertsatz zu erhöhen oder zu vermindern, um den der aufgrund § 17 Satz 1 Nr. 3 SGB IV in der Sachbezugsverordnung allgemein festgesetzte Wert für Wohnungen mit Heizung und Beleuchtung erhöht oder vermindert wird.

§ 5 Übergangsregelung

(Durch Zeitablauf überholt)

§ 6 Außerkrafttreten von Tarifverträgen

(Durch Zeitablauf überholt)

---

1) Betrag in der ab 1. Januar 2025 geltenden Fassung.

§ 7 Inkrafttreten, Laufzeit

Dieser Tarifvertrag tritt mit Wirkung vom 1. Januar 1974 in Kraft. Er kann mit einer Frist von einem Monat zum Schluss eines Kalendervierteljahres, frühestens zum 31. Dezember 1978, schriftlich gekündigt werden.

VII

Tarifvertrag zur Entgeltumwandlung für Arbeitnehmer im kommunalen öffentlichen Dienst (TV-EUmw/VKA)

Vom 18. Februar 2003

§ 1 Geltungsbereich

Dieser Tarifvertrag gilt für die bei einem Mitglied eines Arbeitgeberverbandes, der der Vereinigung der kommunalen Arbeitgeberverbände angehört, beschäftigten Angestellten, Arbeiter, Arbeiterinnen und Auszubildenden (Arbeitnehmer/-innen), die unter den Geltungsbereich des

a) Bundes-Angestelltentarifvertrages (BAT),
b) Tarifvertrages zur Anpassung des Tarifrechts – Manteltarifliche Vorschriften – (BAT-O),
c) Tarifvertrages zur Anpassung des Tarifrechts – Manteltarifliche Vorschriften – (BAT-Ostdeutsche Sparkassen),
d) Bundesmanteltarifvertrages für Arbeiter gemeindlicher Verwaltungen und Betriebe – BMT-G II –,
e) Tarifvertrages zur Anpassung des Tarifrechts – Manteltarifliche Vorschriften für Arbeiter gemeindlicher Verwaltungen und Betriebe – (BMT-G-O),
f) Tarifvertrages über die Anwendung von Tarifverträgen für Arbeiter (TV Arbeiter-Ostdeutsche Sparkassen),
g) Tarifvertrages Versorgungsbetriebe (TV-V),
h) Spartentarifvertrages Nahverkehrsbetriebe eines Arbeitgeberverbandes, der der Vereinigung der kommunalen Arbeitgeberverbände angehört,
i) Tarifvertrages für die Arbeitnehmer/-innen der Wasserwirtschaft in Nordrhein-Westfalen (TV-WW/NW),
j) Manteltarifvertrages für Auszubildende,
k) Manteltarifvertrages für Auszubildende (Mantel-TV Azubi-O),
l) Manteltarifvertrages für Auszubildende (Mantel-TV Azubi-Ostdeutsche Sparkassen),
m) Tarifvertrages zur Regelung der Rechtsverhältnisse der Schülerinnen/Schüler, die nach Maßgabe des Krankenpflegegesetzes oder des Hebammengesetzes ausgebildet werden,
n) Tarifvertrages zur Regelung der Rechtsverhältnisse der Schülerinnen/Schüler, die nach Maßgabe des Krankenpflegegesetzes oder des Hebammengesetzes ausgebildet werden (Mantel-TV Schü-O),

o) Tarifvertrages zur Regelung der Rechtsverhältnisse der Ärzte/Ärztinnen im Praktikum,
p) Tarifvertrages zur Regelung der Rechtsverhältnisse der Ärzte/Ärztinnen im Praktikum (Mantel-TV AiP-O),

fallen.

§ 2 Grundsatz der Entgeltumwandlung

Durch diesen Tarifvertrag werden zusätzlich zu den tarifvertraglichen Regelungen zur betrieblichen Altersvorsorge (ATV/ATV-K) die Grundsätze zur Umwandlung tarifvertraglicher Entgeltbestandteile zum Zwecke der betrieblichen Altersversorgu ng geregelt.

§ 3 Anspruchsvoraussetzungen

(1) Der Arbeitnehmer/die Arbeitnehmerin hat Anspruch darauf, dass von seinen/ihren künftigen Entgeltansprüchen bis zu 4 v. H. der jeweiligen Beitragsbemessungsgrenze in der Rentenversicherung der Arbeiter und Angestellten (West) durch Entgeltumwandlung für seine/ihre betriebliche Altersversorgung verwendet werden.

(2) Im beiderseitigen Einvernehmen können der Arbeitnehmer/die Arbeitnehmerin und der Arbeitgeber vereinbaren, dass der Arbeitnehmer/die Arbeitnehmerin einen über den Höchstbetrag nach Absatz 1 hinausgehenden Betrag seines/ihres Entgelts umwandelt.

VII

(3) Der für ein Kalenderjahr umzuwandelnde Entgeltbetrag muss mindestens 1/160 der Bezugsgröße nach § 18 Abs. 1 SGB IV erreichen.

§ 4 Umwandelbare Entgeltbestandteile

Der Arbeitnehmer/die Arbeitnehmerin kann nur künftige Entgeltansprüche umwandeln. Umgewandelt werden können auf sein/ihr Verlangen künftige Ansprüche auf

a) Zuwendungen nach den Zuwendungstarifverträgen,
b) Urlaubsgeld nach den Urlaubsgeldtarifverträgen,
c) vermögenswirksame Leistungen,
d) monatliche Entgeltbestandteile,
e) sonstige Entgeltbestandteile.

§ 5 Geltendmachung des Entgeltumwandlungsanspruchs

(1) Der Arbeitnehmer/die Arbeitnehmerin muss seinen/ihren Anspruch auf Entgeltumwandlung rechtzeitig gegenüber dem Arbeitgeber schriftlich geltend machen. Der Arbeitnehmer/die Arbeitnehmerin ist an die Vereinbarung mit dem Arbeitgeber über die Entgeltumwandlung mindestens für den Zeitraum eines Jahres gebunden.

(2) Beantragt der Arbeitnehmer/die Arbeitnehmerin, Teile seines/ihres Entgelts nach § 4 Abs. 1 Buchst. d oder e umzuwandeln, kann der Arbeitgeber verlangen, dass für den Zeitraum eines Jahres für die Entgeltumwandlung gleich bleibende monatliche Beträge verwendet werden.

(3) Von den Regelungen in Absatz 1 Satz 2 und Absatz 2 kann ausnahmsweise in begründeten Einzelfällen abgewichen werden.

§ 6 Durchführungsweg

Die Entgeltumwandlung im Rahmen der durch das Gesetz zur Verbesserung der betrieblichen Altersversorgung vorgesehenen Durchführungswege ist vorbehaltlich der Sätze 2 und 3 bei öffentlichen Zusatzversorgungseinrichtungen durchzuführen. Der Arbeitgeber kann im Rahmen der betrieblichen Altersversorgung nach Satz 1 auch von der Sparkassen-Finanzgruppe oder den Kommunalversicherern angebotene Durchführungswege bestimmen. Durch landesbezirklichen Tarifvertrag können bei Bedarf abweichende Regelungen zu den Sätzen 1 und 2 getroffen werden.

§ 7 In-Kraft-Treten

(1) Dieser Tarifvertrag tritt mit Wirkung vom 1. Januar 2003 in Kraft.

(2) Der Tarifvertrag kann mit einer Frist von drei Monaten zum Ende eines Kalenderjahres, frühestens zum 31. Dezember 2008, schriftlich gekündigt werden.

(3) Mit Wirkung vom 1. Januar 2003 werden in § 39 Abs. 4 ATV-K die Worte „(einschließlich des Ausschlusses der Entgeltumwandlung und der Verhandlungszusage nach 1.3)“ durch die Worte „(mit Ausnahme des Ausschlusses der Entgeltumwandlung nach 1.3)“ ersetzt.

Tarifvertrag zur Entgeltumwandlung zum Zwecke des Leasings von Fahrrädern im kommunalen öffentlichen Dienst (TV-Fahrradleasing)

Vom 25. Oktober 2020

§ 1 Geltungsbereich

(1) Dieser Tarifvertrag gilt für Beschäftigte, die in einem ungekündigten Arbeitsverhältnis zu einem Arbeitgeber stehen, der Mitglied eines Mitgliedverbandes der Vereinigung der kommunalen Arbeitgeberverbände (VKA) ist, und unter den Geltungsbereich des Tarifvertrages für den öffentlichen Dienst (TVöD) oder des Tarifvertrages Versorgungsbetriebe (TV-V) fallen.

(2) Dieser Tarifvertrag gilt nicht für

- Auszubildende, Schülerinnen und Schüler, Dual Studierende sowie Praktikantinnen und Praktikanten,
- Geringfügig Beschäftigte,
- Beschäftigte in der Freistellungsphase des Altersteilzeitblockmodells.

VII

§ 2 Grundsätze der Entgeltumwandlung zum Zwecke des Fahrradleasings

(1) [1]Beschäftigte und Arbeitgeber können einzelvertraglich vereinbaren, künftige monatliche Entgeltbestandteile der Beschäftigten zum Zwecke des Leasings von Fahrrädern gemäß § 63a Straßenverkehrs-Zulassungs-Ordnung sowie leasingfähigen Zubehörs umzuwandeln. [2]Bietet der Arbeitgeber die Möglichkeit zum Abschluss einer Vereinbarung gemäß Satz 1 an, so hat er dieses Angebot zur Entgeltumwandlung allen Beschäftigen zu unterbreiten, die unter den Geltungsbereich dieses Tarifvertrags fallen. [3]Werden Entgeltansprüche der/des Beschäftigten auf Basis einer Vereinbarung gemäß Satz 1 umgewandelt, müssen für die Dauer des Leasingvertrages des Arbeitgebers Entgeltbestandteile in Höhe der jeweiligen Leasingrate verwendet werden.

(2) [1]Für die Zeit der Entgeltumwandlung gemäß Absatz 1 überlässt der Arbeitgeber als Leasingnehmer der/dem Beschäftigten das Fahrrad zur dienstlichen und privaten Nutzung. [2]Aus der Überlassungsvereinbarung müssen sich die Regelungen zum Überlassungsgegenstand und dessen Nutzung, sowie die Rechte und Pflichten der/des Beschäftigten ergeben.

§ 3 Nutzungsdauer

Die Beschäftigten sind an die Vereinbarungen gemäß § 2 mindestens für die Laufzeit des Leasingvertrages, längstens jedoch für die Dauer von 36 Monaten (Überlassungszeitraum) gebunden, sofern kein wichtiger Grund für die vorzeitige Kündigung besteht.

§ 4 Ausgestaltung

(1) Zusammen mit dem Fahrrad können etwaige Zusatzleistungen (z. B. Versicherungen) des Leasinggebers und fest mit dem Fahrrad verbundenes Zubehör geleast und überlassen werden.

(2) [1]Aus dem Angebot des Leasinggebers kann die/der Beschäftigte ein Fahrrad auswählen, das einschließlich des leasingfähigen Zubehörs den Wert in Höhe von 7000,00 Euro nicht überschreitet. [2]Maßgeblich für den Preis des Fahrrads ist die unverbindliche Preisempfehlung des Herstellers, Importeurs oder Großhändlers einschließlich der Umsatzsteuer.

(3) [1]Die Umwandlungsraten umfassen die Raten für die Leistungen nach Absatz 1. [2]Die Entgeltumwandlung beginnt mit der Entgeltzahlung im Monat der Übernahme und endet mit dem Ablauf des auf den letzten Monat der vereinbarten Laufzeit folgenden Monats.

(4) Jeder/Jedem Beschäftigten kann jeweils nur ein Fahrrad überlassen werden.

(5) Die gesetzlichen Mitbestimmungs- und Beteiligungsrechte der Betriebs- oder Personalräte bleiben unberührt.

§ 5 Inkrafttreten

[1]Dieser Tarifvertrag tritt am 1. März 2021 in Kraft. [2]Er kann mit einer Frist von drei Monaten zum Ende eines Kalenderjahres, frühestens zum 31. Dezember 2022, schriftlich gekündigt werden.

Niederschriftserklärung:

Die Tarifvertragsparteien verpflichten sich, bis zum 31. Oktober 2022 die praktische Umsetzung dieses Tarifvertrages zu bewerten und ggf. Gespräche zur Neubewertung der Regelungen zu führen.

VII

Abschnitt VIII
Altersversorgung und Altersteilzeit

810 Tarifvertrag über die zusätzliche Altersvorsorge der Beschäftigten des öffentlichen Dienstes (Altersvorsorge-TV-Kommunal – ATV-K) 1381

820 Tarifvertrag zu flexiblen Arbeitszeitregelungen für ältere Beschäftigte (TV FlexAZ) 1431

Tarifvertrag über die zusätzliche Altersvorsorge der Beschäftigten des öffentlichen Dienstes (Altersvorsorge-TV-Kommunal – ATV-K)

Vom 1. März 2002

Zuletzt geändert durch
Änderungstarifvertrag Nr. 8 vom 10. November 2021

Inhaltsübersicht

Erster Teil
Punktemodell

Abschnitt I
Geltungsbereich

§ 1 Geltungsbereich

Abschnitt II
Versicherung bei der Zusatzversorgungseinrichtung

§ 2 Pflichtversicherung

§ 3 Beitragsfreie Versicherung

§ 4 Überleitung der Versicherung

Abschnitt III
Betriebsrente

§ 5 Versicherungsfall und Rentenbeginn

§ 6 Wartezeit

§ 7 Höhe der Betriebsrente

§ 8 Versorgungspunkte

§ 9 Soziale Komponenten

§ 10 Betriebsrente für Hinterbliebene

§ 11 Anpassung und Neuberechnung

§ 12 Nichtzahlung und Ruhen

§ 13 Erlöschen

VIII

Abschnitt IV
Beschäftigte, die in der gesetzlichen Rentenversicherung nicht versichert sind

§ 14 Sonderregelungen für Beschäftigte, die in der gesetzlichen Rentenversicherung nicht versichert sind

Abschnitt V
Finanzierung

§ 15 Finanzierungsgrundsätze und zusatzversorgungspflichtiges Entgelt

§ 15a Zusätzlicher Arbeitnehmer- und Arbeitgeberbeitrag

§ 16 Umlagen

§ 17 Sanierungsgelder

§ 18 Beiträge im Kapitaldeckungsverfahren

§ 19 Bonuspunkte

Abschnitt VI
Verfahren

§ 20 Pflichten der Versicherten und der Betriebsrentenberechtigten

§ 21 Versicherungsnachweise

§ 22 Zahlung und Abfindung

§ 23 Ausschlussfristen

§ 24 Beitragserstattung

Abschnitt VII
Zuschüsse des Arbeitgebers zu anderen Zukunftssicherungssystemen

§ 25 Zuschüsse des Arbeitgebers zu anderen Zukunftssicherungssystemen

Zweiter Teil
Freiwillige Versicherung

§ 26 Freiwillige Versicherung

§ 27 Verfahren

Dritter Teil
Übergangs- und Schlussvorschriften

Abschnitt I
Übergangsregelungen zur Versicherungspflicht

§ 28 Höherversicherte

§ 29 Von der Pflichtversicherung Befreite

Abschnitt II
Übergangsregelungen für die Rentenberechtigten

§ 30 Am 31. Dezember 2001 Versorgungsrentenberechtigte

§ 31 Am 31. Dezember 2001 Versicherungsrentenberechtigte

Abschnitt III
Übergangsregelungen für Anwartschaften der Versicherten

§ 32 Grundsätze

§ 33 Höhe der Anwartschaften für am 31. Dezember 2001 schon und am 1. Januar 2002 noch Pflichtversicherte

§ 34 Höhe der Anwartschaften für am 1. Januar 2002 beitragsfrei Versicherte

Abschnitt IV
Schlussvorschriften

§ 35 Sterbegeld

§ 36 Sonderregelungen für die Jahre 2001/2002

§ 36a Übergangsregelungen

§ 37 Sonderregelung für lebensversicherte Beschäftigte eines Arbeitgebers, der erstmalig nach dem 31. Dezember 2000 einem Mitgliedverband der VKA beitritt

§ 37a Sonderregelungen für das Tarifgebiet Ost

§ 38 Sonderregelung zu § 26 Abs. 5

§ 39 In-Kraft-Treten

Anlage 1
Geltungsbereich

Anlage 2
Ausnahmen von der Versicherungspflicht

Anlage 3
Ausnahmen vom und Sonderregelungen zum zusatzversorgungspflichtigen Entgelt

Anlage 4
Versicherungsmathematische Grundsätze für die Bewertung der Verpflichtungen im Rahmen der versicherungstechnischen Bilanz

Anlage 5
Altersvorsorgeplan 2001

Anlage 1 zum Altersvorsorgeplan 2001
Juristische Zulässigkeit des rückwirkenden Systemwechsels zum 31. 12. 2000 (Arbeitskreis 2)

Anlage 2 zum Altersvorsorgeplan 2001
Rentenformel im Punktemodell ohne Zwischenschaltung eines Regelbeitrages und bei Überschussanteilen in Form von beitragslosen Versorgungspunkten

Präambel

[1]Die Tarifvertragsparteien haben sich – auch in Ausfüllung des Beschlusses des Bundesverfassungsgerichts vom 22. März 2000 (1 BvR 1136/96) – am 13. November 2001 auf eine grundlegende Reform der Zusatzversorgung des öffentlichen Dienstes geeinigt, um deren Zukunftsfähigkeit zu sichern; der Altersvorsorgeplan 2001 vom 13. November 2001 ist zugleich Geschäftsgrundlage dieses Tarifvertrages.

[2]Das bisherige Gesamtversorgungssystem wird mit Ablauf des 31. Dezember 2000 geschlossen und durch ein Punktemodell ersetzt, in dem entsprechend den nachfolgenden Regelungen diejenigen Leistungen zugesagt werden, die sich ergeben würden, wenn eine Gesamt-Beitragsleistung von vier v. H. des zusatzversorgungspflichtigen Entgelts vollständig in ein kapitalgedecktes System eingezahlt würde. [3]Das Jahr 2001 wird im Rahmen des Übergangsrechts berücksichtigt.

[4]Bei den Zusatzversorgungseinrichtungen kann als Leistung der betrieblichen Altersversorgung auch eine zusätzliche kapitalgedeckte Altersvorsorge durch eigene Beiträge unter Inanspruchnahme der steuerlichen Förderung durchgeführt werden.

Erster Teil
Punktemodell

Abschnitt I
Geltungsbereich

§ 1 Geltungsbereich

Dieser Tarifvertrag gilt für Arbeitnehmerinnen/Arbeitnehmer und Auszubildende (Beschäftigte), die unter den Geltungsbereich der in der Anlage 1 aufgeführten Tarifverträge des öffentlichen Dienstes fallen, soweit sie nicht bei den an der Versorgungsanstalt des Bundes und der Länder (VBL) beteiligten Mitgliedern der übrigen der Vereinigung der kommunalen Arbeitgeberverbände (VKA) angehörenden Arbeitgeberverbände beschäftigt sind.

Abschnitt II
Versicherung bei der Zusatzversorgungseinrichtung

§ 2 Pflichtversicherung

(1) [1]Die Beschäftigten sind vorbehaltlich der Absätze 2 und 3 zu versichern, wenn sie

a) das 17. Lebensjahr vollendet haben und

b) die Wartezeit (§ 6) erfüllen können.

[2]Die Wartezeit muss bis zum Ablauf des Monats, in dem die/der Beschäftigte das gesetzlich festgelegte Alter zum Erreichen einer abschlagsfreien Regelaltersrente vollendet, erfüllt werden können; frühere Versicherungszeiten, die auf die Wartezeit angerechnet werden, sind zu berücksichtigen.

[3]Die Pflicht zur Versicherung setzt mit dem Beginn des Beschäftigungsverhältnisses bei der öffentlichen Zusatzversorgungseinrichtung, bei der der Arbeitgeber Mitglied/Beteiligter ist, ein.

[4]Die Pflicht zur Versicherung endet mit der Beendigung des Beschäftigungsverhältnisses.

(2) [1]Beschäftigte mit einer wissenschaftlichen Tätigkeit an Hochschulen oder Forschungseinrichtungen, die für ein befristetes Arbeitsverhältnis eingestellt werden, in dem sie wegen der Dauer der Befristung die Wartezeit nach § 6 Abs. 1 nicht erfüllen können, und die bisher keine Pflichtversicherungszeiten in der Zusatzversorgung haben, sind auf ihren schriftlichen Antrag vom Arbeitgeber von der Pflicht zur Versicherung zu befreien. [2]Der Antrag ist innerhalb von zwei Monaten nach Beginn des Arbeitsverhältnisses zu stellen. [3]Zugunsten der nach Satz 1 von der Pflichtversicherung befreiten Beschäftigten werden Versorgungsanwartschaften auf eine freiwillige Versicherung (entsprechend § 26 Abs. 3 Satz 1) mit Beiträgen in Höhe der auf den Arbeitgeber entfallenden Aufwendungen für die Pflichtversicherung, einschließlich eines eventuellen Arbeitnehmerbeitrags nach § 37a Abs. 2, höchstens jedoch mit vier v. H. des zusatzversorgungspflichtigen Entgelts begründet. [4]Wird das Arbeitsverhältnis im Sinne des Satzes 1 verlängert oder fortgesetzt, beginnt die Pflichtversicherung anstelle der freiwilligen Versicherung mit dem Ersten des Monats, in dem die Verlängerung oder Fortsetzung des Arbeitsverhältnisses über fünf Jahre hinaus vereinbart wurde. [5]Eine rückwirkende Pflichtversicherung von Beginn des Arbeitsverhältnisses an ist ausgeschlossen.

(3) Von der Pflicht zur Versicherung ausgenommen sind die von der Anlage 2 erfassten Beschäftigten.

(4) Der Anspruch der/des Beschäftigten nach § 1 Abs. 2 Nr. 4 2. HS in Verbindung mit § 1a Abs. 4 BetrAVG auf Fortführung der Versicherung mit eigenen Beiträgen in entgeltlosen Zeiten während eines bestehenden Beschäftigungsverhältnisses ist für die Pflichtversicherung ausgeschlossen.

§ 3 Beitragsfreie Versicherung

(1) Die Versicherung bleibt als beitragsfreie Versicherung bestehen, wenn das Beschäftigungsverhältnis endet.

(2) Die beitragsfreie Versicherung endet bei Eintritt des Versicherungsfalles, Überleitung der Versicherung auf eine andere Zusatzversorgungseinrichtung, Tod, Erlöschen der Anwartschaft oder bei Beginn einer erneuten Pflichtversicherung.

§ 4 Überleitung der Versicherung

[1]Die Beschäftigten, die bei einer anderen Zusatzversorgungseinrichtung versichert sind, von der die Versicherung übergeleitet wird, sind verpflichtet, die Überleitung der Versicherung auf die für ihren Arbeitgeber zuständige Zusatzversorgungseinrichtung zu beantragen, es sei denn, dass bei der anderen Zusatzversorgungseinrichtung Pflicht zur Versicherung besteht oder auch bei Überleitung der Versicherung keine Pflicht zur Versicherung bei der für ihren Arbeitgeber zuständigen Zusatzversorgungseinrichtung entstünde. [2]Das Gleiche gilt für die Beschäftigten, die gegen eine in Satz 1 genannte Zusatzversorgungseinrichtung Anspruch auf Rente haben, und zwar auch dann, wenn diese Zusatzversorgungseinrichtung die Rente weiter gewährt.

Abschnitt III
Betriebsrente

§ 5 Versicherungsfall und Rentenbeginn

[1]Der Versicherungsfall tritt am Ersten des Monats ein, von dem an der Anspruch auf gesetzliche Rente wegen Alters als Vollrente bzw. wegen teilweiser oder voller Erwerbsminderung besteht. [2]Der Anspruch ist durch Bescheid des Trägers der gesetzlichen Rentenversicherung nachzuweisen.

[3]Den in der gesetzlichen Rentenversicherung Pflichtversicherten, bei denen der Versicherungsfall nach Satz 1 eingetreten ist und die die Wartezeit nach § 6 erfüllt haben, wird auf ihren schriftlichen Antrag von der Zusatzversorgungseinrichtung eine Betriebsrente gezahlt. [4]Die Betriebsrente beginnt – vorbehaltlich des § 12 – mit dem Beginn der Rente aus der gesetzlichen Rentenversicherung.

§ 6 Wartezeit

(1) [1]Betriebsrenten werden erst nach Erfüllung der Wartezeit von 60 Kalendermonaten gewährt. [2]Dabei wird jeder Kalendermonat berücksichtigt, für den mindestens für einen Tag Aufwendungen für die Pflichtversicherung nach §§ 16, 18 erbracht wurden. [3]Bis zum 31. Dezember 2000 nach dem bisherigen Recht der Zusatzversorgung als Umlagemonate zu berücksichtigende Zeiten zählen für die Erfüllung der Wartezeit. [4]Für die Erfüllung der Wartezeit werden Versiche-

rungsverhältnisse bei Zusatzversorgungseinrichtungen nach § 2 Abs. 1 zusammengerechnet.

(2) [1]Die Wartezeit gilt als erfüllt, wenn der Versicherungsfall durch einen Arbeitsunfall eingetreten ist, der im Zusammenhang mit dem die Pflicht zur Versicherung begründenden Arbeitsverhältnis steht oder wenn die/der Versicherte infolge eines solchen Arbeitsunfalls gestorben ist. [2]Ob ein Arbeitsunfall vorgelegen hat, ist durch Bescheid des Trägers der gesetzlichen Unfallversicherung nachzuweisen.

(3) In den Fällen des § 7 Abs. 5 des Gesetzes über die Rechtsverhältnisse der Mitglieder des Deutschen Bundestages und entsprechender gesetzlicher Vorschriften werden Zeiten einer nach dem Beginn der Pflichtversicherung liegenden Mitgliedschaft im Deutschen Bundestag, im Europäischen Parlament oder in dem Parlament eines Landes auf die Wartezeit angerechnet.

§ 7 Höhe der Betriebsrente

(1) Die monatliche Betriebsrente errechnet sich aus der Summe der bis zum Beginn der Betriebsrente (§ 5 Satz 4) erworbenen Versorgungspunkte (§ 8), multipliziert mit dem Messbetrag von vier Euro.

(2) Die Betriebsrente wegen teilweiser Erwerbsminderung beträgt die Hälfte der Betriebsrente, die sich nach Absatz 1 bei voller Erwerbsminderung ergeben würde.

(3) Die Betriebsrente mindert sich für jeden Monat, für den der Zugangsfaktor nach § 77 SGB VI herabgesetzt ist, um 0,3 v. H., höchstens jedoch um insgesamt 10,8 v. H.

§ 8 Versorgungspunkte

(1) [1]Versorgungspunkte ergeben sich

a) für das zusatzversorgungspflichtige Entgelt (§ 15),

b) für soziale Komponenten (§ 9) und

c) als Bonuspunkte (§ 19).

[2]Die Versorgungspunkte nach Satz 1 Buchst. a und b werden jeweils zum Ende des Kalenderjahres bzw. zum Zeitpunkt der Beendigung des Arbeitsverhältnisses festgestellt und dem Versorgungskonto gutgeschrieben; die Feststellung und Gutschrift der Bonuspunkte erfolgt zum Ende des folgenden Kalenderjahres. [3]Versorgungspunkte werden jeweils auf zwei Nachkommastellen unter gemeinüblicher Rundung berechnet.

(2) [1]Die Anzahl der Versorgungspunkte für ein Kalenderjahr nach Absatz 1 Satz 1 Buchst. a ergibt sich aus dem Verhältnis eines Zwölftels

des zusatzversorgungspflichtigen Jahresentgelts zum Referenzentgelt von 1000 Euro, multipliziert mit dem Altersfaktor (Absatz 3); dies entspricht einer Beitragsleistung von vier v. H. des zusatzversorgungspflichtigen Entgelts. [2]Bei einer vor dem 1. Januar 2003 vereinbarten Altersteilzeit auf der Grundlage des Altersteilzeitgesetzes werden die Versorgungspunkte nach Satz 1 mit dem 1,8-fachen berücksichtigt, soweit sie nicht auf Entgelten beruhen, die in voller Höhe zustehen.

(3) Der Altersfaktor beinhaltet eine jährliche Verzinsung von 3,25 v. H. während der Anwartschaftsphase und von 5,25 v. H. während des Rentenbezuges und richtet sich nach der folgenden Tabelle; dabei gilt als Alter die Differenz zwischen dem jeweiligen Kalenderjahr und dem Geburtsjahr:

Alter	Altersfaktor	Alter	Altersfaktor	Alter	Altersfaktor	Alter	Altersfaktor
17	3,1	29	2,1	41	1,5	53	1,0
18	3,0	30	2,0	42	1,4	54	1,0
19	2,9	31	2,0	43	1,4	55	1,0
20	2,8	32	1,9	44	1,3	56	1,0
21	2,7	33	1,9	45	1,3	57	0,9
22	2,6	34	1,8	46	1,3	58	0,9
23	2,5	35	1,7	47	1,2	59	0,9
24	2,4	36	1,7	48	1,2	60	0,9
25	2,4	37	1,6	49	1,2	61	0,9
26	2,3	38	1,6	50	1,1	62	0,8
27	2,2	39	1,6	51	1,1	63	0,8
28	2,2	40	1,5	52	1,1	64 und älter	0,8

Protokollerklärung zu Absatz 2 Satz 2:

Wird aufgrund einer Einzelregelung ein Beitrag an die gesetzliche Rentenversicherung gezahlt, der den Mindestbeitrag nach § 3 Abs. 1 Nr. 1 Buchst. b des Altersteilzeitgesetzes übersteigt, ist das zusatzversorgungspflichtige Entgelt so zu erhöhen, dass sich nach Anwendung von Absatz 2 Satz 2 so viele Versorgungspunkte ergeben, wie dies dem über den gesetzlichen Mindestbeitrag erhöhten Beitrag zur gesetzlichen Rentenversicherung entspricht.

§ 9 Soziale Komponenten

(1) [1]Für jeden vollen Kalendermonat, in dem das Arbeitsverhältnis wegen einer Elternzeit nach § 15 des Bundeserziehungsgeldgesetzes ruht, werden für jedes Kind, für das ein Anspruch auf Elternzeit besteht, die Versorgungspunkte berücksichtigt, die sich bei einem zusatzversorgungspflichtigen Entgelt von 500 Euro in diesem Monat ergeben würden. [2]Es werden je Kind höchstens 36 Kalendermonate

VIII

berücksichtigt. [3]Bestehen mehrere zusatzversorgungspflichtige Arbeitsverhältnisse im Sinne des Satzes 1, bestimmt die/der Pflichtversicherte, für welches Arbeitsverhältnis die Versorgungspunkte nach Satz 1 berücksichtigt werden.

[4]Für die Zeit, in der das Arbeitsverhältnis wegen der Schutzfristen nach § 3 Abs. 2 und § 6 Abs. 1 MuSchG ruht, werden die Versorgungspunkte berücksichtigt, die sich ergeben würden, wenn in dieser Zeit das fiktive Entgelt nach § 21 TVöD bzw. entsprechenden tarifvertraglichen Regelungen gezahlt worden wäre. [5]Diese Zeiten werden als Umlage-/Beitragsmonate für die Erfüllung der Wartezeiten berücksichtigt.

(2) [1]Bei Eintritt des Versicherungsfalles wegen teilweiser oder voller Erwerbsminderung vor Vollendung des 60. Lebensjahres werden Pflichtversicherten für jeweils zwölf volle, bis zur Vollendung des 60. Lebensjahres fehlende Kalendermonate so viele Versorgungspunkte hinzugerechnet, wie dies dem Verhältnis von durchschnittlichem monatlichem zusatzversorgungspflichtigem Entgelt der letzten drei Kalenderjahre vor Eintritt des Versicherungsfalles zum Referenzentgelt entspricht; bei Berechnung des durchschnittlichen Entgelts werden Monate ohne zusatzversorgungspflichtiges Entgelt nicht berücksichtigt. [2]Ist in diesem Zeitraum kein zusatzversorgungspflichtiges Entgelt angefallen, ist für die Berechnung nach Satz 1 das Entgelt zugrunde zu legen, das sich als durchschnittliches monatliches zusatzversorgungspflichtiges Entgelt im Kalenderjahr vor dem Rentenbeginn ergeben hätte.

VIII

(3) [1]Bei Beschäftigten, die am 1. Januar 2002 bereits 20 Jahre pflichtversichert sind, werden für jedes volle Kalenderjahr der Pflichtversicherung bis zum 31. Dezember 2001 mindestens 1,84 Versorgungspunkte berücksichtigt. [2]Bei Beschäftigten, deren Gesamtbeschäftigungsquotient am 31. Dezember 2001 kleiner als 1,0 ist, gilt Satz 1 entsprechend mit der Maßgabe, dass der Faktor 1,84 mit dem am 31. Dezember 2001 maßgebenden Gesamtbeschäftigungsquotienten multipliziert wird.

§ 10 Betriebsrente für Hinterbliebene

(1) [1]Stirbt eine Versicherte/ein Versicherter, die/der die Wartezeit (§ 6) erfüllt hat, oder eine Betriebsrentenberechtigte/ein Betriebsrentenberechtigter, hat die hinterbliebene Ehegattin/der hinterbliebene Ehegatte Anspruch auf eine kleine oder große Betriebsrente für Witwen/Witwer, wenn und solange ein Anspruch auf Witwen-/Witwerrente aus der gesetzlichen Rentenversicherung besteht oder bestehen würde, sofern kein Rentensplitting unter Ehegatten durchgeführt worden wäre. [2]Art (kleine/große Betriebsrenten für Witwen/Witwer), Höhe (der nach Ablauf des Sterbevierteljahres maßgebende Rentenartfaktor nach § 67 Nrn. 5 und 6 und § 255 Abs. 1 SGB VI) und Dauer

des Anspruchs richten sich – soweit keine abweichenden Regelungen getroffen sind – nach den entsprechenden Bestimmungen der gesetzlichen Rentenversicherung. [3]Bemessungsgrundlage der Betriebsrenten für Hinterbliebene ist jeweils die Betriebsrente, die die Verstorbene/der Verstorbene bezogen hat oder hätte beanspruchen können, wenn sie/er im Zeitpunkt ihres/seines Todes wegen voller Erwerbsminderung ausgeschieden wäre. [4]Die Kinder der/des Verstorbenen haben entsprechend den Sätzen 1 bis 3 Anspruch auf Betriebsrente für Voll- oder Halbwaisen.

[5]Als Kinder im Sinne des Satzes 4 gelten nur die Kinder, die nach § 32 Abs. 3 und 4 Satz 1 Nr. 1 bis 3 EStG berücksichtigungsfähig sind. [6]Der Anspruch ist durch Bescheid des Trägers der gesetzlichen Rentenversicherung nachzuweisen.

(2) Anspruch auf Betriebsrente für Witwen/Witwer besteht nicht, wenn die Ehe mit der/dem Verstorbenen weniger als zwölf Monate gedauert hat, es sei denn, dass nach den besonderen Umständen des Falles die Annahme nicht gerechtfertigt ist, dass es der alleinige oder überwiegende Zweck der Heirat war, der Witwe/dem Witwer eine Betriebsrente zu verschaffen.

(3) [1]Betriebsrenten für Witwen/Witwer und Waisen dürfen zusammen den Betrag der ihrer Berechnung zugrunde liegenden Betriebsrente nicht übersteigen. [2]Ergeben die Hinterbliebenenrenten in der Summe einen höheren Betrag, werden sie anteilig gekürzt. [3]Erlischt eine der anteilig gekürzten Hinterbliebenenrenten, erhöhen sich die verbleibenden Hinterbliebenenrenten vom Beginn des folgenden Monats entsprechend, jedoch höchstens bis zum vollen Betrag der Betriebsrente der/des Verstorbenen.

(4) Für einen Anspruch auf Betriebsrente für Witwen/Witwer gelten als Heirat auch die Begründung einer Lebenspartnerschaft, als Ehe auch eine Lebenspartnerschaft, als Witwe und Witwer auch ein/e überlebende/r Lebenspartner/in und als Ehegatte auch ein/e Lebenspartner/in jeweils im Sinne des Lebenspartnerschaftsgesetzes.

§ 11 Anpassung und Neuberechnung

(1) Die Betriebsrenten werden, beginnend ab dem Jahr 2002, zum 1. Juli eines jeden Jahres um 1,0 v. H. dynamisiert.

(2) [1]Die Betriebsrente ist neu zu berechnen, wenn bei einer/einem Betriebsrentenberechtigten ein neuer Versicherungsfall eintritt und seit der Festsetzung der Betriebsrente aufgrund des früheren Versicherungsfalles zusätzliche Versorgungspunkte zu berücksichtigen sind.

[2]Durch die Neuberechnung wird die bisherige Betriebsrente um den Betrag erhöht, der sich als Betriebsrente aufgrund der neu zu berück-

VIII

sichtigenden Versorgungspunkte ergibt; für diese zusätzlichen Versorgungspunkte wird der Abschlagsfaktor nach § 7 Abs. 3 gesondert festgestellt.

[3]Wird aus einer Betriebsrente wegen teilweiser Erwerbsminderung eine Betriebsrente wegen voller Erwerbsminderung oder wegen Alters, wird die bisher nach § 7 Abs. 2 zur Hälfte gezahlte Betriebsrente voll gezahlt. [4]Wird aus einer Betriebsrente wegen voller Erwerbsminderung eine Betriebsrente wegen teilweiser Erwerbsminderung, wird die bisher gezahlte Betriebsrente entsprechend § 7 Abs. 2 zur Hälfte gezahlt. [5]Die Sätze 1 und 2 sind entsprechend anzuwenden, wenn zusätzliche Versorgungspunkte zu berücksichtigen sind.

[6]Bei Neuberechnung der Betriebsrente sind Versorgungspunkte nach § 9 Abs. 2, die aufgrund des früheren Versicherungsfalls berücksichtigt wurden, nur noch insoweit anzurechnen, als sie die zusätzlichen Versorgungspunkte – ohne Bonuspunkte nach § 19 – aus einer Pflichtversicherung übersteigen oder soweit in dem nach § 9 Abs. 2 maßgebenden Zeitraum keine Pflichtversicherung mehr bestanden hat.

[7]Für Hinterbliebene gelten die Sätze 3 und 4 entsprechend.

§ 12 Nichtzahlung und Ruhen

(1) [1]Die Betriebsrente wird von dem Zeitpunkt an nicht gezahlt, von dem an die Rente wegen Alters aus der gesetzlichen Rentenversicherung nach § 100 Abs. 3 Satz 1 in Verbindung mit § 34 Abs. 2 SGB VI endet. [2]Die Betriebsrente ist auf Antrag vom Ersten des Monats an wieder zu zahlen, für den der/dem Rentenberechtigten die Rente wegen Alters aus der gesetzlichen Rentenversicherung wieder geleistet wird.

VIII

[3]Wird die Altersrente der gesetzlichen Rentenversicherung nach Eintritt des Versicherungsfalls (§ 5) als Teilrente gezahlt, wird die Betriebsrente nur in Höhe eines entsprechenden Anteils gezahlt.

(2) Ist der Versicherungsfall wegen voller oder teilweiser Erwerbsminderung eingetreten und wird die Rente aus der gesetzlichen Rentenversicherung wegen Hinzuverdienstes nicht oder nur zu einem Anteil gezahlt, wird auch die Betriebsrente nicht oder nur in Höhe eines entsprechenden Anteils gezahlt.

(3) Die Betriebsrente ruht, solange die Rente aus der gesetzlichen Rentenversicherung ganz oder teilweise versagt wird.

(4) Die Betriebsrente ruht ferner, solange die/der Berechtigte ihren/seinen Wohnsitz oder dauernden Aufenthalt außerhalb eines Mitgliedstaates der Europäischen Union hat und trotz Aufforderung der Zusatzversorgungseinrichtung keine Empfangsbevollmächtigte/keinen Empfangsbevollmächtigten im Inland bestellt.

(5) Die Betriebsrente ruht ferner in Höhe des Betrages des für die Zeit nach dem Beginn der Betriebsrente gezahlten Krankengeldes aus der gesetzlichen Krankenversicherung, soweit dieses nicht nach § 96a Abs. 3 SGB VI auf eine Rente wegen teilweiser Erwerbsminderung anzurechnen oder bei einer Rente wegen voller Erwerbsminderung bzw. wegen Alters als Vollrente dem Träger der Krankenversicherung zu erstatten ist.

(6) Für Hinterbliebene gelten die Vorschriften der gesetzlichen Rentenversicherung über das Zusammentreffen von Rente und Einkommen entsprechend mit folgenden Maßgaben:

a) Eventuelle Freibeträge sowie das Einkommen, das auf die Rente aus der gesetzlichen Rentenversicherung angerechnet wird, bleiben unberücksichtigt.
b) Der/Dem Hinterbliebenen werden mindestens 35 v. H. der ihr/ihm nach § 10 zustehenden Betriebsrente gezahlt.

§ 13 Erlöschen

(1) Der Anspruch auf Betriebsrente erlischt mit dem Ablauf des Monats,

a) in dem die/der Betriebsrentenberechtigte gestorben ist oder
b) für den Rente nach § 43 bzw. § 240 SGB VI letztmals gezahlt worden ist oder
c) der dem Monat vorangeht, von dessen Beginn an die Zusatzversorgungseinrichtung, zu der die Versicherung übergeleitet worden ist, zur Zahlung der Betriebsrente verpflichtet ist.

(2) [1]Der Anspruch auf Betriebsrente für Witwen/Witwer sowie Lebenspartner/Lebenspartnerinnen im Sinne des Lebenspartnerschaftsgesetzes erlischt im Übrigen mit dem Ablauf des Monats, in dem die Witwe/der Witwer oder der/die hinterbliebene eingetragene Lebenspartner/in geheiratet oder eine Lebenspartnerschaft begründet hat. [2]Für das Wiederaufleben der Betriebsrenten für Witwen/Witwer sowie Lebenspartner/Lebenspartnerinnen im Sinne des Lebenspartnerschaftsgesetzes gilt § 46 Abs. 3 SGB VI entsprechend.

Abschnitt IV
Beschäftigte, die in der gesetzlichen Rentenversicherung nicht versichert sind

§ 14 Sonderregelungen für Beschäftigte, die in der gesetzlichen Rentenversicherung nicht versichert sind

[1]Für Beschäftigte, die in der gesetzlichen Rentenversicherung nicht versichert sind, gelten die §§ 2 bis 13 entsprechend. [2]Soweit auf Rege-

VIII

lungen des Rechts der gesetzlichen Rentenversicherung Bezug genommen wird, ist die jeweilige Regelung so entsprechend anzuwenden, wie dies bei unterstellter Versicherung in der gesetzlichen Rentenversicherung der Fall wäre. [3]Bei Anwendung des § 5 sind dabei anstelle der Versicherungszeiten in der gesetzlichen Rentenversicherung die Pflichtversicherungszeiten in der Zusatzversorgung zu berücksichtigen.

[4]Die teilweise oder volle Erwerbsminderung ist durch einen von der Zusatzversorgungseinrichtung zu bestimmenden Facharzt nachzuweisen. [5]Die Betriebsrente ruht, solange sich die Betriebsrentenberechtigten trotz Verlangens der Zusatzversorgungseinrichtung innerhalb einer von dieser zu setzenden Frist nicht fachärztlich untersuchen lassen oder das Ergebnis der Untersuchung der Zusatzversorgungseinrichtung nicht vorlegen. [6]Der Anspruch auf Betriebsrente erlischt mit Ablauf des Monats, der auf den Monat folgt, in dem der/dem Berechtigten die Entscheidung der Zusatzversorgungseinrichtung über das Erlöschen des Anspruchs wegen Wegfalls der Erwerbsminderung zugegangen ist.

Abschnitt V
Finanzierung

§ 15 Finanzierungsgrundsätze und zusatzversorgungspflichtiges Entgelt

VIII

(1) [1]Die Finanzierung der Pflichtversicherung wird von den Zusatzversorgungseinrichtungen eigenständig geregelt. [2]Nach den Möglichkeiten der einzelnen Zusatzversorgungseinrichtungen kann die Umlagefinanzierung schrittweise durch eine kapitalgedeckte Finanzierung abgelöst werden (Kombinationsmodell).

(2) [1]Zusatzversorgungspflichtiges Entgelt ist, soweit sich aus Anlage 3 nichts anderes ergibt, der steuerpflichtige Arbeitslohn. [2]Wird Altersteilzeit nach dem 31. Dezember 2002 vereinbart, ist – unter Berücksichtigung des Satzes 1 – zusatzversorgungspflichtiges Entgelt während des Altersteilzeitarbeitsverhältnisses das 1,8-fache der zur Hälfte zustehenden Bezüge nach § 4 TV ATZ zuzüglich derjenigen Bezüge, die in voller Höhe zustehen.

(3) [1]Durch landesbezirklichen Tarifvertrag kann für Mitglieder/Beteiligte einer Zusatzversorgungseinrichtung, die sich in einer wirtschaftlichen Notlage befinden, für die Pflichtversicherung geregelt werden, dass für die Zusage von Leistungen für die Dauer von bis zu drei Jahren bis zu einer Mindesthöhe von zwei v. H. von der nach § 8 Abs. 2 zugesagten Leistung abgewichen werden kann. [2]Entsprechend der

Verminderung der Leistungszusage für die bei dem Mitglied/Beteiligten beschäftigten Pflichtversicherten reduziert sich für die Mitglieder/Beteiligten insoweit die zu tragende Umlagebelastung bzw. der zu zahlende Beitrag an die Zusatzversorgungseinrichtung. [3]Die Feststellung der wirtschaftlichen Notlage wird durch eine paritätisch besetzte Kommission der betroffenen Tarifvertragsparteien getroffen. [4]Die Regelung kann durch landesbezirklichen Tarifvertrag über die in Satz 1 genannte Dauer verlängert werden.

Protokollerklärung zu Absatz 2 Satz 2:

Wird aufgrund einer Einzelregelung ein Beitrag an die gesetzliche Rentenversicherung gezahlt, der den Mindestbeitrag nach § 3 Abs. 1 Nr. 1 Buchst. b des Altersteilzeitgesetzes übersteigt, ist das zusatzversorgungspflichtige Entgelt nach Absatz 2 Satz 2 entsprechend zu erhöhen.

§ 15a Zusätzlicher Arbeitnehmer- und Arbeitgeberbeitrag

(1) [1]Für Pflichtversicherte bei

a) der Zusatzversorgungskasse des Kommunalen Versorgungsverbandes Baden-Württemberg,

b) der Zusatzversorgungskasse beim Kommunalen Versorgungsverband Brandenburg,

c) der Kommunalen Zusatzversorgungskasse beim kommunalen Versorgungsverband Mecklenburg-Vorpommern,

d) der Zusatzversorgungskasse beim Kommunalen Versorgungsverband Sachsen-Anhalt,

e) der Zusatzversorgungskasse für die Gemeinden und Gemeindeverbände in Wiesbaden

wird ein zusätzlicher Arbeitnehmerbeitrag neben dem Umlage-Beitrag gemäß § 16 Abs. 1, dem Beitrag im Kapitaldeckungsverfahren gemäß § 18 Abs. 1 oder dem Arbeitnehmerbeitrag gemäß § 37a erhoben.

[2]Der zusätzliche Arbeitnehmerbeitrag beträgt

a) 0,20 v. H. des zusatzversorgungspflichtigen Entgelts ab 1. Juli 2016,

b) 0,30 v. H. des zusatzversorgungspflichtigen Entgelts ab 1. Juli 2017 und

c) 0,40 v. H. des zusatzversorgungspflichtigen Entgelts ab 1. Juli 2018.

[3]Die Arbeitgeber haben eine Leistung in gleicher Höhe zu erbringen. [4]Die Arbeitgeberleistung nach Satz 3 für den Zeitraum vom 1. Juli 2016 bis zum 30. Juni 2026 ist spätestens bis zum 30. Juni 2026 zu erbringen; sie kann in Teilen oder als Gesamtbetrag erbracht werden.

[5]Wird nach dem 1. Juli 2016 die Umlage/der Beitrag gesenkt, reduziert sich der Arbeitnehmerbeitrag um die Hälfte des Vomhundertsatzes,

VIII

um den sich die Umlage/der Beitrag reduziert, höchstens in Höhe des zusätzlichen Arbeitnehmerbeitrags gemäß Satz 2.

[6]Einzelheiten regelt die Kassensatzung.

(2) Wird bei einer anderen öffentlichen Zusatzversorgungseinrichtung die Umlage oder der Beitrag im Kapitaldeckungsverfahren nach dem 29. Februar 2016 erhöht, gilt Absatz 1 mit folgenden Maßgaben entsprechend:

a) Die Staffelung des zusätzlichen Arbeitnehmerbeitrags nach Satz 2 beginnt mit dem Zeitpunkt der Erhöhung.

b) In Satz 4 verbleibt es bei dem Enddatum 30. Juni 2026.

Protokollerklärung zu Absatz 2:

Absatz 2 gilt auch für die Abrechnungsverbände II von in Absatz 1 genannten Zusatzversorgungskassen.

Protokollerklärung:

Über die Frage der Finanzierung der durch die neuen Startgutschriften entstehenden Mehrkosten werden die Tarifvertragsparteien entscheiden, wenn das derzeitige von den Arbeitgebern zu tragende Finanzierungsvolumen (Umlage/Beitrags-/Sanierungsgeldsätze) nicht ausreichen sollte.

§ 16 Umlagen

(1) [1]Von der Zusatzversorgungseinrichtung festgesetzte monatliche Umlagen in Höhe eines bestimmten Vomhundertsatzes des zusatzversorgungspflichtigen Entgelts der Beschäftigten (Umlagesatz) führt der Arbeitgeber – ggf. einschließlich des von der/dem Beschäftigten zu tragenden Umlage-Beitrags – an die Zusatzversorgungseinrichtung ab. [2]Entsprechendes gilt für einen zusätzlichen Arbeitnehmer- und Arbeitgeberbeitrag nach § 15a. [3]Die Umlage-Beiträge und einen zusätzlichen Arbeitnehmerbeitrag der Beschäftigten behält der Arbeitgeber von deren Arbeitsentgelt ein. [4]Bei Pflichtversicherten bleiben die am 1. November 2001 geltenden Vomhundertsätze für die Erhebung der Umlage-Beiträge bei der jeweiligen Zusatzversorgungseinrichtung maßgebend, soweit sich aus § 37a nichts anderes ergibt. [5]§ 15a bleibt unberührt.

VIII

(2) Der Arbeitgeber hat die auf ihn entfallende Umlage bis zu einem Betrag von monatlich 89,48 Euro pauschal zu versteuern, solange die Pauschalversteuerung rechtlich möglich ist.

(3) [1]Die auf die Umlage entfallenden Pflichtversicherungszeiten und die daraus erworbenen Versorgungspunkte sind von der Zusatzversorgungseinrichtung auf einem personenbezogenen Versorgungskonto zu führen (Versorgungskonto I); umfasst sind auch Aufwendungen und Auszahlungen. [2]Das Weitere regelt die Satzung der Zusatzversorgungseinrichtung.

Protokollerklärung:

Für den Fall, dass die pauschal versteuerte Umlage über den am 1. Januar 2001 geltenden Umfang hinaus in der Sozialversicherung beitragspflichtig werden sollte, werden die Tarifvertragsparteien unverzüglich Verhandlungen aufnehmen mit dem Ziel, ein dem Zweck der Pauschalversteuerung entsprechendes Ergebnis zu erreichen.

§ 17 Sanierungsgelder

(1) [1]Zur Deckung des infolge der Schließung des Gesamtversorgungssystems und des Wechsels vom Gesamtversorgungssystem zum Punktemodell zusätzlichen Finanzbedarfs, der über die am 1. November 2001 jeweils geltende Umlage hinausgeht, erhebt die Zusatzversorgungseinrichtung vom Arbeitgeber Sanierungsgelder. [2]Diese Sanierungsgelder sind kein steuerpflichtiger Arbeitslohn.

(2) Sanierungsgelder kommen nicht in Betracht, wenn der am 1. November 2001 jeweils gültige Umlagesatz weniger als vier v. H. des zusatzversorgungspflichtigen Entgelts betragen hat.

§ 18 Beiträge im Kapitaldeckungsverfahren

(1) [1]Soweit die Zusatzversorgungseinrichtung für die Pflichtversicherung Beiträge im Kapitaldeckungsverfahren von höchstens vier v. H. des zusatzversorgungspflichtigen Entgelts erhebt, trägt diese der Arbeitgeber, soweit sich aus § 37a nichts anderes ergibt. [2]Der zusätzliche Arbeitnehmer- und Arbeitgeberbeitrag nach § 15a kann auch als Beitrag im Kapitaldeckungsverfahren erhoben werden.

(2) Die Beiträge im Sinne des Absatzes 1 einschließlich der darauf entfallenden Erträge sind von der Zusatzversorgungseinrichtung auf einem gesonderten personenbezogenen Versorgungskonto getrennt von den sonstigen Einnahmen zu führen (Versorgungskonto II).

VIII

(3) Die Einnahmen und Ausgaben einschließlich der Kapitalanlagen sind gesondert zu führen und zu verwalten.

§ 19 Bonuspunkte

(1) [1]Die Zusatzversorgungseinrichtung stellt jährlich bis zum Jahresende für das vorangegangene Geschäftsjahr fest, in welchem Umfang aus verbleibenden Überschüssen (Absatz 2) Bonuspunkte (§ 8 Abs. 1 Satz 1 Buchst. c) vergeben werden können. [2]Bonuspunkte nach Satz 1 kommen in Betracht für die am Ende des laufenden Geschäftsjahres Pflichtversicherten sowie für die zum gleichen Zeitpunkt beitragsfrei Versicherten, die eine Wartezeit von 120 Umlage-/Beitragsmonaten erfüllt haben. [3]Über die Vergabe von Bonuspunkten entscheidet das zuständige Gremium der Zusatzversorgungseinrichtung auf Vorschlag des Verantwortlichen Aktuars der Zusatzversorgungseinrich-

tung. [4]Grundlage für die Feststellung und Entscheidung ist eine auf anerkannten versicherungsmathematischen Grundsätzen (Anlage 4) beruhende und durch den Verantwortlichen Aktuar erstellte fiktive versicherungstechnische Bilanz für die Verpflichtungen gegenüber den Pflichtversicherten und den beitragsfrei Versicherten mit erfüllter Wartezeit von 120 Umlage-/Beitragsmonaten. [5]Soweit eine Kapitaldeckung vorhanden ist, werden dabei die tatsächlich erzielten Kapitalerträge veranschlagt. [6]Soweit keine Kapitaldeckung vorhanden ist, wird die durchschnittliche laufende Verzinsung der zehn nach der Bilanzsumme größten Pensionskassen gemäß dem zum Zeitpunkt der Fertigstellung der Bilanz nach Satz 4 jeweils aktuellen Geschäftsbericht des Bundesaufsichtsamtes für das Versicherungswesen bzw. der Nachfolgebehörde zugrunde gelegt. [7]Beschäftigte, deren Arbeitsverhältnis in Folge von Witterungseinflüssen oder wegen anderer Naturereignisse nach besonderen tarifvertraglichen Vorschriften geendet hat und die bei Wiederaufnahme der Arbeit Anspruch auf Wiedereinstellung haben, sowie Saisonbeschäftigte, die bei Beginn der nächsten Saison voraussichtlich wieder eingestellt werden, gelten als Pflichtversicherte im Sinne des Satzes 2.

(2) [1]Ergibt die fiktive versicherungstechnische Bilanz einen Überschuss, wird dieser Überschuss um den Aufwand für soziale Komponenten nach § 9 und um die Verwaltungskosten der Zusatzversorgungseinrichtung vermindert und nach Maßgabe des Absatzes 1 verwendet; soweit keine Kapitaldeckung vorhanden ist, werden für die fiktive Verzinsung nach Absatz 1 Satz 6 als Verwaltungskosten zwei v. H. dieser fiktiven Zinserträge berücksichtigt. [2]Ein zusätzlicher Arbeitnehmer- und Arbeitgeberbeitrag nach § 15a bleiben bei der fiktiven versicherungstechnischen Bilanz unberücksichtigt. [3]Ergibt die versicherungstechnische Bilanz eine Unterdeckung, wird diese vorgetragen. [4]Einzelheiten werden in den Ausführungsbestimmungen zur Satzung der Zusatzversorgungseinrichtung geregelt.

Abschnitt VI
Verfahren

§ 20 Pflichten der Versicherten und der Betriebsrentenberechtigten

(1) [1]Der Zusatzversorgungseinrichtung sind alle für die Prüfung des Anspruchs auf Betriebsrente notwendigen Angaben zu machen und die erforderlichen Nachweise beizubringen. [2]Die Zusatzversorgungseinrichtung fordert die für die Feststellung des Eintritts des Versicherungsfalls und die Berechnung der Betriebsrente erforderlichen Daten elektronisch durch gesicherte und verschlüsselte Datenübertragung

von den Trägern der gesetzlichen Rentenversicherung an. [3]Dies gilt nach Rentenbeginn auch für die Prüfung des Anspruchs auf Betriebsrente dem Grunde und der Höhe nach. [4]Soweit eine elektronische Datenübertragung der erforderlichen Daten nicht möglich ist, besteht die Verpflichtung nach Satz 1 insoweit fort. [5]Die Zusatzversorgungseinrichtung informiert die Betriebsrentenberechtigten über die elektronische Datenübertragung. [6]Die Satzung der Zusatzversorgungseinrichtung regelt den Zeitpunkt, von dem an die Daten erstmals elektronisch bei den Trägern der gesetzlichen Rentenversicherung angefordert werden.

(2) Kommen Betriebsrentenberechtigte der Verpflichtung nach Absatz 1 nicht nach, kann die Betriebsrente zurückbehalten werden.

(3) Vereinbarungen mit Dritten über die Abtretung, Verpfändung oder Beleihung eines Anspruchs auf Betriebsrente sind vorbehaltlich zwingender gesetzlicher Vorschriften gegenüber dem Arbeitgeber und der Zusatzversorgungseinrichtung unwirksam.

(4) Ist der Versicherungsfall durch ein Verhalten Dritter verursacht worden, sind Schadensersatzansprüche, soweit rechtlich zulässig, bis zur Höhe des Brutto-Betrages der Betriebsrente an die Zusatzversorgungseinrichtung abzutreten; soweit die Abtretung nicht erfolgt oder die zur Durchsetzung des Anspruchs erforderlichen Nachweise nicht vorgelegt werden, kann die Betriebsrente zurückbehalten werden.

(5) [1]Ohne Rechtsgrund gezahlte Betriebsrenten sind in Höhe ihrer Brutto-Beträge zurückzuzahlen. [2]Haben Versicherte oder Betriebsrentenberechtigte ihre Pflichten nach Absatz 1 verletzt, können sie sich nicht auf den Wegfall der Bereicherung berufen.

§ 21 Versicherungsnachweise

(1) [1]Pflichtversicherte erhalten jeweils nach Ablauf des Kalenderjahres bzw. bei Beendigung der Pflichtversicherung einen Nachweis über ihre bisher insgesamt erworbene Anwartschaft auf Betriebsrente wegen Alters nach § 7. [2]Dabei ist neben der Anwartschaft auch die Zahl der Versorgungspunkte und der Messbetrag anzugeben. [3]Im Falle der Kapitaldeckung sind zusätzlich die steuerrechtlich vorgeschriebenen Angaben zu beachten. [4]Der Nachweis ist mit einem Hinweis auf die Ausschlussfrist nach Absatz 2 zu versehen. [5]Wird der Nachweis im Zusammenhang mit der Beendigung der Pflichtversicherung erbracht, ist er um den Hinweis zu ergänzen, dass die aufgrund der Pflichtversicherung erworbene Anwartschaft bis zum erneuten Beginn der Pflichtversicherung bzw. bis zum Eintritt des Versicherungsfalles nicht dynamisiert wird, wenn die Wartezeit von 120 Umlage-/Beitrags-

monaten nicht erfüllt ist. [6]Das Weitere regelt die Satzung der Zusatzversorgungseinrichtung.

(2) [1]Die Beschäftigten können nur innerhalb einer Ausschlussfrist von sechs Monaten nach Zugang des Nachweises nach Absatz 1 gegenüber ihrem Arbeitgeber schriftlich beanstanden, dass die vom Arbeitgeber zu entrichtenden Beiträge oder die zu meldenden Entgelte nicht oder nicht vollständig an die Zusatzversorgungseinrichtung abgeführt oder gemeldet wurden. [2]Beanstandungen in Bezug auf die ausgewiesenen Bonuspunkte sind innerhalb der Ausschlussfrist des Satzes 1 schriftlich unmittelbar gegenüber der Zusatzversorgungseinrichtung zu erheben.

§ 22 Zahlung und Abfindung

(1) [1]Die Betriebsrenten werden monatlich im Voraus auf ein Girokonto der Betriebsrentenberechtigten innerhalb eines Mitgliedstaates der Europäischen Union überwiesen. [2]Die Kosten der Überweisung auf ein Konto im Inland, mit Ausnahme der Kosten für die Gutschrift, trägt die Zusatzversorgungseinrichtung.

[3]Besteht der Betriebsrentenanspruch nicht für einen vollen Kalendermonat, wird der Teil gezahlt, der auf den Anspruchszeitraum entfällt.

(2) [1]Die Satzung der Zusatzversorgungseinrichtung kann vorsehen, dass Betriebsrenten, die einen Monatsbetrag von bis zu 30 Euro nicht überschreiten, abgefunden werden. [2]Darüber hinaus kann die Abfindung der Betriebsrente ermöglicht werden, wenn die Kosten der Übermittlung der Betriebsrenten unverhältnismäßig hoch sind.

§ 23 Ausschlussfristen

[1]Der Anspruch auf Betriebsrente für einen Zeitraum, der mehr als zwei Jahre vor dem Ersten des Monats liegt, in dem der Antrag bei der Zusatzversorgungseinrichtung eingegangen ist, kann nicht mehr geltend gemacht werden (Ausschlussfrist). [2]Dem Antrag steht eine Mitteilung der/des Berechtigten gleich, die zu einem höheren Anspruch führt. [3]Die Beanstandung, die mitgeteilte laufende monatliche Betriebsrente, eine Rentennachzahlung, eine Abfindung, eine Beitragserstattung oder eine Rückzahlung sei nicht oder nicht in der mitgeteilten Höhe ausgezahlt worden, ist nur schriftlich und innerhalb einer Ausschlussfrist von einem Jahr zulässig; die Frist beginnt bei laufenden Betriebsrenten mit dem Ersten des Monats, für den die Betriebsrente zu zahlen ist, im Übrigen mit dem Zugang der Mitteilung über die entsprechende Leistung.

[4]Auf die Ausschlussfrist ist in der Mitteilung über die Leistung hinzuweisen.

§ 24 Beitragserstattung

(1) [1]Die beitragsfrei Versicherten, die die Wartezeit (§ 6) nicht erfüllt haben, können bis zur Vollendung ihres 69. Lebensjahres die Erstattung der von ihnen getragenen Beiträge beantragen. [2]Der Antrag auf Beitragserstattung gilt für alle von den Versicherten selbst getragenen Beiträge und kann nicht widerrufen werden. [3]Rechte aus der Versicherung für Zeiten, für die Beiträge erstattet werden, erlöschen mit der Antragstellung. [4]Die Beiträge werden ohne Zinsen erstattet.

(2) [1]Sterben Versicherte nach Antragstellung, aber vor Beitragserstattung, gehen die Ansprüche auf die Hinterbliebenen über, die betriebsrentenberechtigt sind. [2]Mit der Zahlung an einen der Hinterbliebenen erlischt der Anspruch der übrigen Berechtigten gegen die Zusatzversorgungseinrichtung.

(3) Beiträge im Sinne dieser Vorschrift sind

a) die für die Zeit vor dem 1. Januar 1978 entrichteten Pflichtbeiträge einschließlich der Beschäftigtenanteile an den Erhöhungsbeträgen,
b) die für die Zeit nach dem 31. Dezember 1977 entrichteten Beschäftigtenanteile an den Erhöhungsbeträgen,
c) die für die Zeit nach dem 31. Dezember 1998 entrichteten Umlage-Beiträge der Beschäftigten.

Abschnitt VII
Zuschüsse des Arbeitgebers zu anderen Zukunftssicherungssystemen

§ 25 Zuschüsse des Arbeitgebers zu anderen Zukunftssicherungssystemen

(1) [1]Für Beschäftigte, die als Mitglieder einer berufsständischen Versicherung von der Versicherung in der gesetzlichen Rentenversicherung befreit sind, richtet sich die Beteiligung des Arbeitgebers am Beitrag zur berufsständischen Versorgungseinrichtung nach § 172 Abs. 2 SGB VI.

[2]Pflichtversicherte, die nach § 231 Abs. 1 oder § 231a SGB VI von der Versicherungspflicht in der gesetzlichen Rentenversicherung befreit und freiwillig in der gesetzlichen Rentenversicherung versichert sind oder die für sich und ihre Hinterbliebenen eine (befreiende) Lebensversicherung abgeschlossen haben oder die freiwillig im Versorgungswerk der Presse versichert sind, erhalten von ihrem Arbeitgeber auf

schriftlichen Antrag für jeden Kalendermonat, für den ihnen Entgelt, Urlaubsentgelt oder Entgelt im Krankheitsfall zustehen, einen Zuschuss in Höhe der Hälfte des Betrages, der zu zahlen wäre, wenn sie in der gesetzlichen Rentenversicherung versichert wären, höchstens jedoch die Hälfte des Beitrages.

[3]Beschäftigte, die freiwilliges Mitglied des Versorgungswerkes der Presse sind und die antragsgemäß (Anlage 2 Satz 2) von der Pflicht zur Versicherung in einer Zusatzversorgungseinrichtung befreit wurden, erhalten auf ihren Antrag für die Zeit, für die ohne die Befreiung die Pflicht zur Versicherung bestünde und für die ihnen Entgelt, Urlaubsentgelt oder Entgelt im Krankheitsfall zustehen, einen zweckgebundenen Zuschuss zu ihren Beiträgen zur Versicherung im Versorgungswerk der Presse. [4]Der Zuschuss beträgt die Hälfte des Beitrages, höchstens jedoch vier v. H. des zusatzversorgungspflichtigen Entgelts.

[5]Die Zuschüsse nach den Sätzen 1 und 2 dürfen insgesamt den Betrag nicht übersteigen, den der Arbeitgeber zu zahlen hätte, wenn die Beschäftigten in der gesetzlichen Rentenversicherung pflichtversichert wären.

(2) Im Falle der freiwilligen Versicherung in der gesetzlichen Rentenversicherung behält der Arbeitgeber den von den Beschäftigten zu tragenden Teil des Beitrages von deren Bezügen ein und führt den Beitrag nach der Verordnung über die Zahlung von Beiträgen zur gesetzlichen Rentenversicherung ab.

VIII

(3) [1]Verfügen die Beschäftigten ohne vorherige Zustimmung des Arbeitgebers durch Abtretung und Verpfändung über ihre Lebensversicherung oder über die sich aus dem Zuschuss nach Absatz 1 Satz 3 ergebende Anwartschaft, wird der Zuschuss nach Absatz 1 Satz 2 bzw. Satz 3 nicht gewährt. [2]Der Zuschuss wird bis zu der in Absatz 1 bestimmten Höhe auch gewährt, wenn im Beitrag Mehrbeträge für Versicherungsleistungen bei Eintritt der vollen oder teilweisen Erwerbsminderung enthalten sind.

Zweiter Teil
Freiwillige Versicherung

§ 26 Freiwillige Versicherung

(1) [1]Den Pflichtversicherten wird die Möglichkeit eröffnet, durch Entrichtung eigener Beiträge unter Inanspruchnahme der steuerlichen Förderung bei der Zusatzversorgungseinrichtung nach deren Satzungsvorschriften eine zusätzliche kapitalgedeckte Altersvorsorge im Rahmen der betrieblichen Altersversorgung aufzubauen. [2]Nach Beendigung der Pflichtversicherung kann die freiwillige Versicherung –

unabhängig davon, ob eine steuerliche Förderung möglich ist – längstens bis zum Eintritt des Versicherungsfalles (§ 5) fortgesetzt werden. [3]Die Fortsetzung ist innerhalb einer Ausschlussfrist von drei Monaten nach Beendigung der Pflichtversicherung zu beantragen.

(2) [1]Die eigenen Beiträge der Pflichtversicherten zur freiwilligen Versicherung werden entsprechend deren schriftlicher Ermächtigung vom Arbeitgeber aus dem Arbeitsentgelt an die Zusatzversorgungseinrichtung abgeführt. [2]Der Arbeitgeber schuldet auch in Anbetracht von Absatz 5 keine eigenen Beiträge.

(3) [1]Die freiwillige Versicherung kann in Anlehnung an das Punktemodell erfolgen. [2]Wahlweise kann sie auch durch fondsgebundene Rentenversicherung erfolgen, sofern die Zusatzversorgungseinrichtung Entsprechendes anbietet. [3]Unbeschadet etwaiger von der Zusatzversorgungseinrichtung übernommener Zinsgarantien haftet der Arbeitgeber nach § 1 Abs. 2 Nr. 2 BetrAVG nur für den Erhalt der eingezahlten Beiträge, soweit sie nicht rechnungsmäßig für einen biometrischen Risikoausgleich verbraucht wurden. [4]Das Nähere regelt die Satzung der Zusatzversorgungseinrichtung.

(4) [1]Die Beschäftigten behalten ihre Anwartschaft, wenn ihr Arbeitsverhältnis vor Eintritt des Versicherungsfalles (§ 5) endet. [2]Eine Abfindung von Anwartschaften ist nur dann möglich, wenn der Beschäftigte die freiwillige Versicherung kündigt. [3]Im Rahmen dieser Abfindung erhält der Beschäftigte seine eingezahlten Beiträge abzüglich der durch die Satzung und die Allgemeinen Versicherungsbedingungen der freiwilligen Versicherung der Zusatzversorgungseinrichtung näher beschriebenen Abschläge zurück. [4]Die Beschäftigten können jedoch verlangen, dass der Barwert ihrer Anwartschaft auf eine andere Zusatzversorgungseinrichtung, auf die die bisherige Pflichtversicherung nach § 4 übergeleitet wird, oder auf ein Versorgungssystem einer überstaatlichen Einrichtung, mit der ein entsprechendes Abkommen besteht, zu übertragen ist, wenn die Versorgungszusage des neuen Arbeitgebers eine dem übertragenen Barwert wertmäßig entsprechende Zusage auf lebenslange Altersvorsorge umfasst. [5]Besteht bei einem Arbeitgeberwechsel die Pflichtversicherung bei der Zusatzversorgungseinrichtung fort, kann verlangt werden, dass die Versorgungszusage des neuen Arbeitgebers eine dem Barwert der bisherigen Anwartschaften wertmäßig entsprechende Zusage auf lebenslange Altersvorsorge umfasst. [6]Das Verlangen ist nur innerhalb einer Ausschlussfrist von sechs Monaten nach Beendigung des Arbeitsverhältnisses möglich. [7]Mit der Versorgungszusage durch den neuen Arbeitgeber erlischt die Verpflichtung des früheren Arbeitgebers.

(5) Der Arbeitgeber kann zu einer freiwilligen Versicherung der Beschäftigten eigene Beiträge außerhalb einer Entgeltumwandlung leisten; Absätze 2 bis 4 gelten entsprechend.

§ 27 Verfahren

(1) Die Zusatzversorgungseinrichtung hat die Beiträge, die im Rahmen der freiwilligen Versicherung entrichtet werden, einschließlich der Erträge auf einem gesonderten personenbezogenen Versicherungskonto getrennt von den sonstigen Einnahmen zu führen; umfasst sind auch Aufwendungen und Auszahlungen.

(2) [1]Die freiwillige Versicherung wird in einem eigenen Abrechnungsverband geführt. [2]Die Einnahmen und Ausgaben einschließlich der Kapitalanlagen sind gesondert zu führen und zu verwalten.

(3) [1]Die freiwillig Versicherten erhalten jeweils nach Ablauf des Kalenderjahres sowie bei Beendigung der freiwilligen Versicherung einen Nachweis mit den steuerlich vorgeschriebenen Angaben bzw. soweit keine steuerliche Förderung möglich ist, über die Höhe der geleisteten Beiträge sowie über Art und Umfang der bisher erworbenen Anwartschaften. [2]Eine unterbliebene oder nicht vollständige Abführung der Beiträge an die Zusatzversorgungseinrichtung kann nur innerhalb einer Ausschlussfrist von sechs Monaten nach Zugang des Nachweises beanstandet werden. [3]Im Übrigen gelten die §§ 20, 21 und 22 Abs. 1 entsprechend.

Dritter Teil
Übergangs- und Schlussvorschriften

Abschnitt I
Übergangsregelungen zur Versicherungspflicht

§ 28 Höherversicherte

[1]Die Beschäftigten, deren zusätzliche Alters- und Hinterbliebenenversorgung im Wege der Höherversicherung bis 31. Dezember 1997 durchgeführt wurde, sind weiterhin nicht zu versichern. [2]Der Arbeitgeber zahlt einen Zuschuss zur Verwendung für eine zusätzliche Alters- und Hinterbliebenenversorgung von 66,47 Euro monatlich.

§ 29 Von der Pflichtversicherung Befreite

(1) Beschäftigte, die am 31. Dezember 1966 im Arbeitsverhältnis gestanden haben, nach der zwischen ihrem Arbeitgeber und der Zusatzversorgungseinrichtung bestehenden Mitgliedschafts-/Beteiligungsvereinbarung nicht zu versichern waren und die keinen Antrag

auf Versicherung bei dem Arbeitgeber gestellt haben, bleiben weiterhin von der Pflicht zur Versicherung befreit.

(2) Beschäftigte, deren zusätzliche Alters- und Hinterbliebenenversorgung im Wege der Versicherung bei einem Lebensversicherungsunternehmen durchgeführt worden ist und die keinen Antrag auf Versicherung nach dem in § 39 Abs. 3 aufgeführten Tarifvertrag gestellt haben, sind – entsprechend den bis zum In-Kraft-Treten dieses Tarifvertrages geltenden Regelungen – weiterhin nicht bei der Zusatzversorgungseinrichtung zu versichern.

Abschnitt II
Übergangsregelungen für die Rentenberechtigten

§ 30 Am 31. Dezember 2001 Versorgungsrentenberechtigte

(1) Die Versorgungsrenten, die sich ohne Berücksichtigung von Nichtzahlungs- und Ruhensregelungen ergeben, und die Ausgleichsbeträge nach dem bis zum 31. Dezember 2000 geltenden Zusatzversorgungsrecht werden für die am 31. Dezember 2001 Versorgungsrentenberechtigten und versorgungsrentenberechtigten Hinterbliebenen zum 31. Dezember 2001 festgestellt.

(2) [1]Die nach Absatz 1 festgestellten Versorgungsrenten werden vorbehaltlich des Satzes 3 als Besitzstandsrenten weitergezahlt und entsprechend § 11 Abs. 1 dynamisiert. [2]Die abbaubaren Ausgleichsbeträge werden jeweils in Höhe des Dynamisierungsgewinns abgebaut; die nicht abbaubaren Ausgleichsbeträge werden nicht dynamisiert. [3]Die am Tag vor In-Kraft-Treten dieses Tarifvertrages geltenden Regelungen über die Nichtzahlung und das Ruhen sind entsprechend anzuwenden.

VIII

(3) Es gelten folgende Maßgaben:

a) [1]Neuberechnungen werden nur unter den Voraussetzungen des § 11 Abs. 2 durchgeführt; zusätzliche Versorgungspunkte nach Satz 2 sind dabei zu berücksichtigen. [2]Soweit noch Zeiten vor dem 1. Januar 2002 zu berücksichtigen sind, wird eine Startgutschrift entsprechend den §§ 32 bis 34 berechnet; übersteigt der hiernach festgestellte Betrag den Betrag, der sich als Versorgungsrente am 31. Dezember 2001 ergeben hat bzw. ohne Nichtzahlungs- und Ruhensregelungen ergeben hätte, wird die Differenz durch den Messbetrag geteilt und dem Versorgungskonto (§ 8 Abs. 1) als Startgutschrift gutgeschrieben.

b) § 10 Abs. 3 und die §§ 12 bis 14 sowie 20 bis 23 gelten entsprechend.

c) [1]Hat die Versorgungsrente vor dem 1. Januar 2002 geendet und besteht die Möglichkeit einer erneuten Rentengewährung, ist die Versorgungsrente, die sich unter Außerachtlassung von Nichtzahlungs- und Ruhensregelungen und ohne Berücksichtigung eines Ausgleichsbetrages (Absatz 1) am 31. Dezember 2001 ergeben hätte, durch den Messbetrag zu teilen und als Startgutschrift auf dem Versorgungskonto (§ 8 Abs. 1) gutzuschreiben; im Übrigen gelten in diesen Fällen die Vorschriften des Punktemodells. [2]Satz 1 gilt entsprechend, wenn der Versicherungsfall vor dem 1. Januar 2002 eingetreten ist, die Versorgungsrente jedoch erst nach dem 1. Januar 2002 beginnen würde.

(4) Stirbt eine unter Absatz 1 fallende Versorgungsrentenberechtigte/ein unter Absatz 1 fallender Versorgungsrentenberechtigter, gelten die Vorschriften des Punktemodells für Hinterbliebene entsprechend.

(5) Die Absätze 1 bis 4 gelten für Rentenberechtigte entsprechend, deren Rente aus der Zusatzversorgung am 1. Januar 2002 beginnt.

§ 31 Am 31. Dezember 2001 Versicherungsrentenberechtigte

(1) Für Versicherungsrentenberechtigte und versicherungsrentenberechtigte Hinterbliebene, deren Versicherungsrente spätestens am 31. Dezember 2001 begonnen hat, wird die am 31. Dezember 2001 maßgebende Versicherungsrente festgestellt.

(2) Die nach Absatz 1 festgestellten Versicherungsrenten werden als Besitzstandsrenten weitergezahlt und entsprechend § 11 Abs. 1 dynamisiert.

VIII

(3) § 30 Abs. 3 bis 5 gilt entsprechend.

(4) Die Absätze 1 bis 3 gelten für Leistungen nach der am Tag vor In-Kraft-Treten dieses Tarifvertrages geltenden Sonderregelung für Arbeitnehmer im Beitrittsgebiet (§ 66a VersTV-G) und für Betriebsrenten nach § 18 BetrAVG, die spätestens am 31. Dezember 2001 begonnen haben, entsprechend.

Abschnitt III
Übergangsregelungen für Anwartschaften der Versicherten

§ 32 Grundsätze

(1) [1]Für die Versicherten werden die Anwartschaften (Startgutschriften) nach dem am 31. Dezember 2000 geltenden Recht der Zusatzversorgung entsprechend den §§ 33 und 34 ermittelt. [2]Die Anwartschaften nach Satz 1 werden ohne Berücksichtigung der Altersfaktoren in Versorgungspunkte umgerechnet, indem der Anwartschaftsbetrag

durch den Messbetrag von vier Euro geteilt wird; sie werden dem Versorgungskonto (§ 8 Abs. 1) ebenfalls gutgeschrieben. [3]Eine Verzinsung findet vorbehaltlich des § 19 Abs. 1 nicht statt.

(2) [1]Das Jahr 2001 wird entsprechend dem Altersvorsorgeplan 2001 berücksichtigt; dies gilt auch für im Jahr 2001 eingetretene Rentenfälle. [2]Ist der Versicherungsfall der teilweisen oder vollen Erwerbsminderung im Jahr 2001 eingetreten, gilt Satz 1 mit der Maßgabe, dass die zusatzversorgungsrechtliche Umsetzung der Neuregelungen im gesetzlichen Erwerbsminderungsrecht aus dem 38. Änderungs-TV zum VersTV-G vom 31. Oktober 2001 zu berücksichtigen ist.

(3) Soweit in den §§ 33, 34 und 38 auf Vorschriften des bis zum 31. Dezember 2000 geltenden Zusatzversorgungsrechts verwiesen wird, erfolgt dies durch Benennung der bisherigen entsprechenden Vorschriften des VersTV-G.

(4) [1]Für die Berechnung der Anwartschaften sind, soweit jeweils erforderlich, die Rechengrößen (Entgelt, Gesamtbeschäftigungsquotient, Steuertabelle, Sozialversicherungsbeiträge, Familienstand u. a.) vom 31. Dezember 2001 maßgebend; soweit gesamtversorgungsfähiges Entgelt zu berücksichtigen ist, ergibt sich dieses aus den entsprechenden Kalenderjahren vor dem 1. Januar 2002; dabei bleibt die Dynamisierung zum 1. Januar 2002 unberücksichtigt. [2]Für die Rentenberechnung nach § 18 Abs. 2 BetrAVG ist das am 31. Dezember 2001 geltende Rentenrecht maßgebend (Anlage 4 Nr. 5 Satz 2).

(5) [1]Beanstandungen gegen die mitgeteilte Startgutschrift sind innerhalb einer Ausschlussfrist von sechs Monaten nach Zugang des Nachweises der Zusatzversorgungseinrichtung schriftlich unmittelbar gegenüber der Zusatzversorgungseinrichtung zu erheben. [2]Auf die Ausschlussfrist ist in dem Nachweis hinzuweisen.

(6) [1]Soweit die Summe aus der Startgutschrift ohne Berücksichtigung des § 33 Abs. 1 Satz 3, dem Zuschlag zur Startgutschrift nach § 33 Abs. 1a sowie dem Betrag, der nach § 33 Abs. 3a als zusätzliche Startgutschrift ermittelt wurde, die Höhe der Anwartschaft nach § 33 Abs. 1 erreicht oder übersteigt, verbleibt es bei der bereits mitgeteilten Startgutschrift. [2]Einer gesonderten Mitteilung durch die Zusatzversorgungseinrichtung bedarf es in diesen Fällen nicht, es sei denn es liegt eine Beanstandung nach Absatz 5 vor oder die Zusatzversorgungseinrichtung hat auf die Beanstandung der Startgutschriften verzichtet. [3]Die Zusatzversorgungskassen unterrichten die Versicherten über das Ergebnis der Neuberechnungen nach Maßgabe ihrer Satzungen.

VIII

§ 33 Höhe der Anwartschaften für am 31. Dezember 2001 schon und am 1. Januar 2002 noch Pflichtversicherte

(1) [1]Die Anwartschaften der am 31. Dezember 2001 schon und am 1. Januar 2002 noch Pflichtversicherten berechnen sich nach § 18 Abs. 2 BetrAVG, soweit sich aus Absatz 2 nichts anderes ergibt. [2]Satz 1 gilt entsprechend für Beschäftigte, die nach den am 31. Dezember 2000 geltenden Vorschriften der Zusatzversorgungseinrichtung als pflichtversichert gelten. [3]Bei Anwendung von Satz 1 ist an Stelle des Faktors von 2,25 v.H. nach § 18 Abs. 2 Nr. 1 Satz 1 BetrAVG der Faktor zu berücksichtigen, der sich ergibt, indem man 100 v.H. durch die Zeit in Jahren vom erstmaligen Beginn der Pflichtversicherung bis zum Ende des Monats, in dem das 65. Lebensjahr vollendet wird, teilt; der Faktor beträgt jedoch mindestens 2,25 v.H. und höchstens 2,5 v.H.

Protokollerklärung zu Absatz 1 Satz 3:

[1]Bei Anwendung von Absatz 1 Satz 3 werden Teilmonate ermittelt, indem die Pflichtversicherungszeit unabhängig von der tatsächlichen Anzahl der Tage des betreffenden Monats durch 30 dividiert wird. [2]Aus der Summe der (Teil-)Monate werden die Jahre der Pflichtversicherung berechnet. [3]Die sich nach Satz 1 und 2 ergebenden Werte werden jeweils auf zwei Nachkommastellen gemeinüblich gerundet. [4]Der sich durch die Division mit der Zeit in Jahren ergebende Faktor wird auf vier Nachkommastellen gemein üblich gerundet.

(1a) [1]Bei Beschäftigten, deren Anwartschaft nach Absatz 1 (rentenferne Jahrgänge) berechnet wurde, wird auch ermittelt, welche Anwartschaft sich bei einer Berechnung nach § 18 Abs. 2 BetrAVG unter Berücksichtigung folgender Maßgaben ergeben würde:

VIII

1. [1]Anstelle des Vomhundertsatzes nach § 18 Abs. 2 Nr. 1 Satz 1 BetrAVG wird ein Unverfallbarkeitsfaktor entsprechend § 2 Abs. 1 Satz 1 BetrAVG errechnet. [2]Dieser wird ermittelt aus dem Verhältnis der Pflichtversicherungszeit vom Beginn der Pflichtversicherung bis zum 31. Dezember 2001 zu der Zeit vom Beginn der Pflichtversicherung bis zum Ablauf des Monats, in dem das 65. Lebensjahr vollendet wird. [3]Der sich danach ergebende Vomhundertsatz wird auf zwei Stellen nach dem Komma gemeinüblich gerundet und um 7,5 Prozentpunkte vermindert.
2. [1]Ist der nach Nr. 1 Satz 3 ermittelte Vomhundertsatz höher als der bisherige Vomhundertsatz nach § 18 Abs. 2 Nr. 1 Satz 1 BetrAVG, wird für die Voll-Leistung nach § 18 Abs. 2 BetrAVG ein individueller Brutto- und Nettoversorgungssatz nach § 23 Abs. 2 und 2b VersTV-G ermittelt. [2]Als gesamtversorgungsfähige Zeit werden dabei berücksichtigt
   a) die bis zum 31. Dezember 2001 erreichten Pflichtversicherungsmonate zuzüglich der Monate vom 1. Januar 2002 bis zum Ablauf des Monats, in dem das 65. Lebensjahr vollendet wird, und

b) die Monate ab Vollendung des 17. Lebensjahres bis zum 31. Dezember 2001 abzüglich der Pflichtversicherungsmonate bis zum 31. Dezember 2001 zur Hälfte.

³Für Beschäftigte, die in einer Zusatzversorgungseinrichtung im Tarifgebiet Ost pflichtversichert waren und die nur Pflichtversicherungszeiten in der Zusatzversorgung nach dem 31. Dezember 1996 haben, gilt Satz 2 Buchst. b mit der Maßgabe, dass für die Zeit vor dem 1. Januar 1997 höchstens 75 Monate zur Hälfte berücksichtigt werden.

⁴Bei Anwendung des § 23 Abs. 2 Satz 5 VersTV-G gilt als Eintritt des Versicherungsfalls der Erste des Kalendermonats nach Vollendung des 65. Lebensjahres; als gesamtversorgungsfähige Zeit im Sinne des § 24 Abs. 1 VersTV-G sind die Zeiten nach Satz 2 Buchst. a zu berücksichtigen.

Protokollerklärung zu den Absätzen 1 und 1a:

Zur Ermittlung der Anwartschaften nach den Absätzen 1 und 1a wird bei Berechnung der Voll-Leistung nach § 18 Abs. 2 Nr. 1 BetrAVG ausschließlich das sogenannte Näherungsverfahren entsprechend § 18 Abs. 2 Nr. 1 Satz 2 Buchst. f BetrAVG berücksichtigt.

Protokollerklärung zu Absatz 1a Satz 1 Nr. 2

Der „bisherige Vomhundertsatz nach § 18 Abs. 2 Nr. 1 Satz 1 BetrAVG" wird für jedes Jahr der Pflichtversicherung mit dem Faktor 2,25 v.H. berechnet, Absatz 1 Satz 3 findet keine Anwendung.

²Ist die unter Berücksichtigung der Maßgaben nach den Nummern 1 und 2 berechnete Anwartschaft höher als die Anwartschaft nach Absatz 1, wird der Unterschiedsbetrag zwischen diesen beiden Anwartschaften ermittelt und als Zuschlag zur Anwartschaft nach Absatz 1 berücksichtigt. ³Der Zuschlag vermindert sich um den Betrag, der bereits nach Absatz 3a als zusätzliche Startgutschrift ermittelt wurde.

(2) ¹Für Beschäftigte im Tarifgebiet West, die am 1. Januar 2002 das 55. Lebensjahr vollendet haben (rentennahe Jahrgänge), ist Ausgangswert für die bis zum 31. Dezember 2001 in der Zusatzversorgung (Gesamtversorgung) erworbene Anwartschaft die Versorgungsrente, die sich unter Beachtung der Maßgaben des § 32, insbesondere unter Berücksichtigung der Mindestgesamtversorgung (§ 23 Abs. 4 VersTV-G) und des § 47 Abs. 4 Satz 2 VersTV-G, für die Berechtigte/den Berechtigten bei Eintritt des Versicherungsfalls am 31. Dezember 2001, frühestens jedoch zum Zeitpunkt der Vollendung des 63. Lebensjahres ergeben würde. ²Von diesem Ausgangswert ist der Betrag abzuziehen, den die Versicherten aus dem Punktemodell bis zur Vollendung des 63. Lebensjahres vor Berücksichtigung des Abschlags noch erwerben könnten, wenn für sie zusatzversorgungspflichtige Entgelte in Höhe des gesamtversorgungsfähigen Entgelts gezahlt würden. ³Sind am

VIII

31. Dezember 2001 die Voraussetzungen für die Berücksichtigung des § 65g Abs. 3 VersTV-G erfüllt, berechnet sich der Versorgungsvomhundertsatz nach dieser Vorschrift mit der Maßgabe, dass nach § 65g Abs. 3 Buchst. a VersTV-G abzuziehende Monate die Monate sind, die zwischen dem 31. Dezember 1991 und dem Ersten des Monats liegen, der auf die Vollendung des 63. Lebensjahres folgt. [4]Die Sätze 1 bis 3 gelten für Beschäftigte, die am 31. Dezember 2001 das 52. Lebensjahr vollendet haben und eine Rente für schwerbehinderte Menschen beanspruchen könnten, wenn sie zu diesem Zeitpunkt bereits das 60. Lebensjahr vollendet hätten, entsprechend mit der Maßgabe, dass an die Stelle des 63. Lebensjahres das entsprechende, für sie individuell frühestmögliche Eintrittsalter in die abschlagsfreie Rente für schwerbehinderte Menschen maßgeblich ist. [5]Werden in den Fällen des Satzes 4 die Voraussetzungen für die Mindestgesamtversorgung zwischen dem Zeitpunkt der Hochrechnung nach Satz 4 und der Vollendung des 63. Lebensjahres erfüllt, erfolgt die Berechnung der Anwartschaft abweichend von Satz 4 bezogen auf den Zeitpunkt, zu dem die Voraussetzungen der Mindestgesamtversorgung erfüllt wären.

(3) Für Beschäftigte im Tarifgebiet West, die vor dem 14. November 2001 Altersteilzeit oder einen Vorruhestand vereinbart haben, gilt Absatz 2 mit folgenden Maßgaben:

a) An die Stelle des 63. Lebensjahres tritt das vereinbarte Ende des Altersteilzeitarbeitsverhältnisses bzw. in den Fällen des Vorruhestandes das Alter, zu dem nach der Vorruhestandsvereinbarung die Rente beginnen würde.

VIII

b) [1]Der anzurechnende Bezug nach Absatz 4 wird in den Fällen, in denen die Mindestgesamtversorgung nach dem bis zum 31. Dezember 2000 geltenden Zusatzversorgungsrecht maßgeblich gewesen wäre, um die Abschläge vermindert, die sich zu dem Zeitpunkt, auf den die Startgutschrift hochgerechnet wird, voraussichtlich ergeben werden; diese Abschläge sind der Zusatzversorgungseinrichtung vom Beschäftigten in geeigneter Weise nachzuweisen. [2]Die Startgutschrift ist in den Fällen des Satzes 1 um den Betrag der sich im Zeitpunkt der Hochrechnung nach Satz 1 voraussichtlich ergebenden Abschläge gemäß § 7 Abs. 3 zu erhöhen.

(3a) [1]Pflichtversicherte, bei denen der Versicherungsfall der vollen Erwerbsminderung vor dem 1. Januar 2007 eingetreten ist, deren Startgutschrift nach Absatz 1 berechnet wurde und die am 31. Dezember 2001

a) das 47. Lebensjahr vollendet sowie

b) mindestens 120 Umlagemonate zurückgelegt hatten,

erhalten in Abweichung von dem üblichen Verfahren eine zusätzliche Startgutschrift in Höhe des Betrages, um den die Startgutschrift nach Absatz 2 die Startgutschrift nach Absatz 1 übersteigt; bei der Berechnung der Startgutschrift nach Absatz 2 sind die Maßgaben der Sätze 2 und 3 zu beachten. [2]Die Berechnung erfolgt bezogen auf die Vollendung des 63. Lebensjahres. [3]Als anzurechnender Bezug wird die tatsächliche, entsprechend Absatz 5 auf das vollendete 63. Lebensjahr hochgerechnete gesetzliche Rente zugrunde gelegt. [4]Die sich nach den Sätzen 1 bis 3 ergebende zusätzliche Startgutschrift gilt bei Anwendung des § 19 als soziale Komponente im Sinne des § 9.

(4) [1]Für die Berechnung der Startgutschrift nach Absatz 2 ist die Rentenauskunft des gesetzlichen Rentenversicherungsträgers zum Stichtag 31. Dezember 2001 nach Durchführung einer Kontenklärung maßgebend. [2]Die Pflichtversicherten haben, sofern sie nicht bereits über eine Rentenauskunft aus dem Jahr 2001 verfügen, bis zum 30. September 2002 eine Rentenauskunft zu beantragen und diese unverzüglich der zuständigen Zusatzversorgungseinrichtung zu übersenden. [3]Sofern die Rentenauskunft aus von den Pflichtversicherten zu vertretenden Gründen bis zum 31. Dezember 2003 nicht beigebracht wird, wird die Startgutschrift nach Absatz 1 berechnet. [4]Bei Vorliegen besonderer Gründe kann die Zusatzversorgungseinrichtung eine angemessene Fristverlängerung gewähren. [5]Soweit bis zum 31. Dezember 2002 bereits ein bestands- oder rechtskräftiger Rentenbescheid der gesetzlichen Rentenversicherung vorliegt, ist – abweichend von Satz 1 – dieser Grundlage für die Berechnung nach Absatz 2.

(5) [1]Für die Zeit bis zur Vollendung des 63. Lebensjahres werden Entgeltpunkte in Höhe des jährlichen Durchschnitts der in dem Zeitraum vom 1. Januar 1999 bis 31. Dezember 2001 tatsächlich aus Beitragszeiten erworbenen Entgeltpunkte in Ansatz gebracht. [2]Bei Pflichtversicherten, die nicht in der gesetzlichen Rentenversicherung versichert sind, wird der anzurechende Bezug nach der bisher geltenden Regelung berücksichtigt; Zuschüsse werden in Höhe des jährlichen Durchschnitts der in der Zeit vom 1. Januar 1999 bis 31. Dezember 2001 tatsächlich gemeldeten Zuschüsse in Ansatz gebracht. [3]Ist in den Jahren 1999 bis 2001 kein zusatzversorgungspflichtiges Entgelt bezogen worden, ist gesamtversorgungsfähiges Entgelt das zusatzversorgungspflichtige Entgelt, das sich ergeben hätte, wenn für den gesamten Monat Dezember 2001 eine Beschäftigung vorgelegen hätte. [4]Sind in den Jahren 1999 bis 2001 keine Entgeltpunkte erworben worden, ist für die Ermittlung der Entgeltpunkte das rentenversicherungspflichtige Entgelt maßgebend, das im Monat Dezember 2001 bezogen worden wäre, wenn während des gesamten Monats eine Beschäftigung

VIII

vorgelegen hätte; für die Ermittlung der Zuschüsse gilt dies entsprechend.

(6) [1]Für die Berechnung der Startgutschrift nach Absatz 1 und 2 haben die Pflichtversicherten bis zum 31. Dezember 2002 ihrem Arbeitgeber den Familienstand am 31. Dezember 2001 (§ 23 Abs. 2c Satz 1 Buchst. a und b VersTV-G) mitzuteilen. [2]Der Arbeitgeber hat die Daten an die Zusatzversorgungseinrichtung zu melden.

(7) [1]Für die Dynamisierung der Anwartschaften gilt § 19. [2]Auf den Zuschlag zur Anwartschaft nach Absatz 1a werden für die Jahre 2001 bis 2010 keine Bonuspunkte (§ 19) gewährt.[3]Die Vergabe von Bonuspunkten für die Zeit bis zum 31. Dezember 2016 wird durch die Neuberechnung der Startgutschriften aufgrund der Änderungen durch § 1 des Änderungstarifvertrages Nr. 7 zum ATV-K *(Nr. 7 zum ATV-K)* vom 8. Juni 2017 nicht berührt.

§ 34 Höhe der Anwartschaften für am 1. Januar 2002 beitragsfrei Versicherte

(1) [1]Die Startgutschriften der am 1. Januar 2002 beitragfrei Versicherten werden nach der am 31. Dezember 2001 geltenden Versicherungsrentenberechnung ermittelt. [2]Auf einen gesetzlichen Anspruch nach § 18 Abs. 2 BetrAVG sind § 33 Abs. 1 Satz 3 und Abs. 1a entsprechend anzuwenden. [3]Für die Dynamisierung der Anwartschaften gilt § 33 Abs. 7 entsprechend.

(2) [1]Für Beschäftigte, für die § 66a VersTV-G gilt, findet Absatz 1 mit der Maßgabe Anwendung, dass die Startgutschriften nur nach § 47 Abs. 4 VersTV-G berechnet werden und dass der Berechnung das Entgelt zugrunde zu legen ist, das bei Pflichtversicherung in den letzten fünf Jahren vor Beendigung des Arbeitsverhältnisses zusatzversorgungspflichtig gewesen wäre. [2]Für Beschäftigte nach Satz 1 gilt die Wartezeit als erfüllt.

(3) Für die freiwillig Weiterversicherten gilt Absatz 1 entsprechend.

Abschnitt IV
Schlussvorschriften

§ 35 Sterbegeld

[1]Sterbegeld wird bei Fortgeltung des bisherigen Rechts Anspruchsberechtigten unter Berücksichtigung des am 31. Dezember 2001 maßgebenden Gesamtbeschäftigungsquotienten in folgender Höhe gezahlt für Sterbefälle

im Jahr 2002	1535 Euro,
im Jahr 2003	1500 Euro,
im Jahr 2004	1200 Euro,
im Jahr 2005	900 Euro,
im Jahr 2006	600 Euro,
im Jahr 2007	300 Euro.

[2]Ab dem Jahr 2008 entfällt das Sterbegeld.

§ 36 Sonderregelungen für die Jahre 2001/2002

(1) Anstelle von § 2 Abs. 2 und des Satzes 1 der Anlage 2 finden bis zum 31. Dezember 2002 der § 4 Abs. 3 und § 5 Abs. 1 bis 3 VersTV-G weiterhin Anwendung.

(2) Soweit bis zum 31. Dezember 2002 zusatzversorgungspflichtiges Entgelt entsprechend § 7 VersTV-G gemeldet wurde, hat es dabei sein Bewenden.

(3) Soweit bis zum 31. Dezember 2002 Beiträge im Sinne des § 25 entsprechend den Vorschriften des VersTV-G gezahlt wurden, hat es dabei sein Bewenden.

§ 36a Übergangsregelungen

(1) Ist die/der Versicherte oder die/der Betriebsrentenberechtigte vor dem 1. Juli 2007 verstorben, findet § 10 Abs. 1 Satz 5 keine Anwendung; dies gilt nicht für Neuzusagen, die nach dem 31. Dezember 2006 erteilt wurden.

(2) [1]Für Mutterschutzzeiten nach § 3 Abs. 2 und § 6 Abs. 1 MuSchG, die in der Zeit vom 1. Januar 2002 bis zum 31. Dezember 2011 liegen, gilt § 9 Abs. 1 Satz 4 und 5 mit folgenden Maßgaben:

a) Die Mutterschutzzeiten werden auf schriftlichen Antrag der Beschäftigten berücksichtigt. Geeignete Nachweise zum Beginn und Ende der Mutterschutzfristen sind vorzulegen. Der Antrag und die Nachweise sind bei der Zusatzversorgungseinrichtung einzureichen, bei der die Pflichtversicherung während der Mutterschutzzeit bestanden hat.

b) Das für die Mutterschutzzeit anzusetzende zusatzversorgungspflichtige Entgelt wird errechnet aus dem durchschnittlichen kalendertäglichen zusatzversorgungspflichtigen Entgelt des Kalenderjahres, das dem Jahr vorangeht, in dem die Mutterschutzfrist begonnen hat. Bei der Berechnung des durchschnittlichen Entgelts werden Kalendermonate ohne zusatzversorgungspflichtiges Entgelt nicht berücksichtigt. Ist in diesem Zeitraum kein zusatzver-

VIII

sorgungspflichtiges Entgelt angefallen, ist für die Berechnung das Entgelt zugrunde zu legen, das sich als durchschnittliches zusatzversorgungspflichtiges Entgelt im Kalenderjahr vor Beginn der Mutterschutzzeit ergeben hätte.

c) Das zusatzversorgungspflichtige Entgelt nach Buchst. b vermindert sich um das zusatzversorgungspflichtige Entgelt, das nach § 9 Abs. 1 in der Fassung des Änderungstarifvertrages Nr. 2 vom 12. März 2003 für Kalendermonate berücksichtigt worden ist, in denen das Arbeitsverhältnis ganz oder teilweise nach § 6 Abs. 1 MuSchG geruht hat.

[2]Für Mutterschutzzeiten vor dem 1. Januar 2002 gilt Satz 1 bei etntsprechendem Antrag der Versicherten bzw. der Rentenberechtigten sinngemäß für die Berechnung ihrer Startgutschriften. [3]Am 31. Dezember 2001 Rentenberechtigte mit Mutterschutzzeiten vor dem 1. Januar 2002 erhalten auf Antrag einen Zuschlag zu ihrer Besitzstandsrente, der sich ergibt, wenn auf der Grundlage der Entgelte gemäß Satz 1 Buchst. b entsprechend § 8 Versorgungspunkte gutgeschrieben würden.

§ 37 Sonderregelung für lebensversicherte Beschäftigte eines Arbeitgebers, der erstmalig nach dem 31. Dezember 2000 einem Mitgliedverband der VKA beitritt

[1]Beschäftigte, deren zusätzliche Altersvorsorge bei einem Lebensversicherungsunternehmen durchgeführt worden ist, sind auf ihren schriftlichen Antrag beim Vorliegen der sonstigen Voraussetzungen bei der Zusatzversorgungseinrichtung zu versichern. [2]Der Antrag kann nur bis zum Ablauf von sechs Monaten nach dem Beginn der Mitgliedschaft des Arbeitgebers bei einem Mitgliedverband der Vereinigung der kommunalen Arbeitgeberverbände gestellt werden. [3]Beschäftigte, die den Antrag nach Satz 1 nicht stellen, haben die Lebensversicherung mindestens zu den bisherigen Bedingungen fortzuführen. [4]Der Arbeitgeber hat sich nach den am Tage vor dem Beitritt des Arbeitgebers zu einem Mitgliedverband der Vereinigung der kommunalen Arbeitgeberverbände bestehenden Vereinbarungen an den Beiträgen zur Lebensversicherung zu beteiligen. [5]Daneben hat der Arbeitgeber für die Zeit, für die die Beschäftigten Arbeitsentgelt erhalten, einen zusätzlichen Beitragsanteil in Höhe von 1,5 v. H. des der Beitragsberechnung in der gesetzlichen Rentenversicherung zugrunde liegenden Arbeitsentgelts zu entrichten; dabei bleibt die Beitragsbemessungsgrenze unberücksichtigt. [6]Die Beitragsanteile des Arbeitgebers dürfen den insgesamt zu zahlenden Beitrag nicht übersteigen.

§ 37a Sonderregelungen für das Tarifgebiet Ost

(1) [1]Bei Pflichtversicherten beträgt der Arbeitnehmerbeitrag zur Pflichtversicherung 2,0 v. H. des zusatzversorgungspflichtigen Entgelts. [2]§ 15a bleibt unberührt.

(2) In den Fällen der freiwilligen Versicherung aufgrund von § 2 Abs. 2 wird ein entsprechender Arbeitnehmerbeitrag zur freiwilligen Versicherung erhoben; § 16 Abs. 1 Satz 3 gilt entsprechend.

(3) Der Zuschuss nach § 25 Abs. 1 Satz 4 wird für Beschäftigte im Tarifgebiet Ost um den Betrag gemindert, der sich ohne die Befreiung von der Pflichtversicherung als Arbeitnehmerbeitrag nach Absatz 1 ergeben würde.

Protokollerklärung zu den Absätzen 2 und 3:

in den Fällen der Absätze 2 und 3 wird als Arbeitnehmerbeitrag ein Beitrag von 2,0 v. H. des zusatzversorgungspflichtigen Entgelts zugrunde gelegt.

§ 38 Sonderregelung zu § 26 Abs. 5

[1]Abweichend von § 26 Abs. 5 gilt für Beschäftigte, für die für Dezember 2001 schon und für Januar 2002 noch eine zusätzliche Umlage nach § 7 Abs. 4 VersTV-G gezahlt wurde, Folgendes: Soweit das monatliche zusatzversorgungspflichtige Entgelt den Grenzbetrag nach Satz 3 übersteigt, ist in diesem Arbeitsverhältnis zusätzlich eine Umlage von neun v. H. des übersteigenden Beitrages zu zahlen. [2]Die sich daraus ergebenden Versorgungspunkte sind zu verdreifachen. [3]Grenzbetrag ist das 1,133-fache des Betrages der Entgeltgruppe 15 Stufe 6 TVöD/VKA Tarifgebiet West bzw. Tarifgebiet Ost – jährlich einmal einschließlich der Jahressonderzahlung, wenn die/der Beschäftigte eine zusatzversorgungspflichtige Jahressonderzahlung erhält.

§ 39 In-Kraft-Treten

(1) [1]Dieser Tarifvertrag tritt mit Wirkung vom 1. Januar 2001 in Kraft. [2]Abweichend von Satz 1 tritt § 2 Abs. 2 am 1. Januar 2003 mit der Maßgabe in Kraft, dass er nur für nach dem 31. Dezember 2002 begründete Arbeitsverhältnisse Anwendung findet.

(2) [1]Dieser Tarifvertrag kann jederzeit schriftlich gekündigt werden. [2]Unhabhängig von Satz 1 kann § 11 Abs. 1 gesondert ohne Einhaltung einer Frist jederzeit schriftlich gekündigt werden. [3]Die Kündigung nach Satz 1 oder 2 kann jedoch frühestens zum 30. Juni 2016 erfolgen.

(3) Mit dem In-Kraft-Treten dieses Tarifvertrages tritt – unbeschadet des § 36 – der Tarifvertrag über die Versorgung der Arbeitnehmer kommunaler Verwaltungen und Betriebe (VersTV-G) vom 6. März 1967 außer Kraft.

(4) Soweit vorstehend keine Regelung getroffen ist, findet der als Anlage 5 beigefügte Altersvorsorgeplan 2001 vom 13. November 2001 mit seinen Anlagen Anwendung (einschließlich des Ausschlusses der Entgeltumwandlung und der Verhandlungszusage nach 1.3).

VIII

Anlage 1

Geltungsbereich

[1]Tarifverträge im Sinne des § 1 sind der

a) Tarifvertrag für den öffentlichen Dienst (TVöD),

b) Tarifvertrag für die Auszubildenden des öffentlichen Dienstes (TVAöD),

c) Tarifvertrag über die Regelung der Rechtsverhältnisse der nicht vollbeschäftigten amtlichen Tierärzte und Fleischkontrolleure in öffentlichen Schlachthöfen und in Einfuhruntersuchungsstellen (TV Ang iöS),

d) Tarifvertrag über die Regelung der Rechtsverhältnisse der nicht vollbeschäftigten amtlichen Tierärzte und Fleischkontrolleure in öffentlichen Schlachthöfen und in Einfuhruntersuchungsstellen (TV Ang-O iöS),

e) Tarifvertrag Versorgungsbetriebe (TV-V),

f) Spartentarifvertrag Nahverkehrsbetriebe eines Arbeitgeberverbandes, der der Vereinigung der kommunalen Arbeitgeberverbände angehört, soweit die Anwendung des öffentlichen Zusatzversorgungsrechts dort geregelt ist,

g) Tarifvertrag für die Arbeitnehmer/Innen der Wasserwirtschaft in Nordrhein-Westfalen (TV-WW/NW).

[2]Dieser Tarifvertrag gilt nicht für die Beschäftigten

a) der Mitglieder der Arbeitsrechtlichen Vereinigung Hamburg e. V.,

b) der Mitglieder des Kommunalen Arbeitgeberverbandes Saar e. V.,

c) der Mitglieder des kommunalen Arbeitgeberverbandes Bremen e. V., die unter den Geltungsbereich des Bremischen Ruhelohngesetzes vom 22. Dezember 1998 (BremGBl. S. 371) fallen.

VIII

Protokollerklärung zu Satz 1:

Soweit in Satz 1 der Anlage 1 in der Fassung des 3. Änderungstarifvertrags aufgeführte Tarifverträge noch nicht durch einen der in Satz 1 der Anlage 1 aufgefühten Tarifverträge abgelöst sind, verbleibt es bis zur Ablösung beim bisherigen Geltungsbereich.

Anlage 2

Ausnahmen von der Versicherungspflicht

[1]Von der Pflicht zur Versicherung sind Beschäftigte ausgenommen, die

a) bis zum Beginn der Mitgliedschaft ihres Arbeitgebers bei einer Zusatzversorgungseinrichtung nach einem Tarifvertrag, einer Ruhelohnordnung oder einer entsprechenden Bestimmung für den Fall der Dienstunfähigkeit oder des Erreichens einer Altersgrenze eine Anwartschaft oder einen Anspruch auf eine vom Arbeitgeber zu gewährende lebenslängliche Versorgung und Hinterbliebenenversorgung auf der Grundlage des nach der Regelung ruhegeldfähigen Arbeitsentgelts und der Dauer der Dienstjahre, Betriebszugehörigkeit oder dgl. haben, oder

b) eine Anwartschaft oder einen Anspruch auf lebenslängliche Versorgung nach beamten- oder soldatenrechtlichen Vorschriften oder Grundsätzen oder entsprechenden kirchenrechtlichen Regelungen mindestens in Höhe der beamtenrechtlichen Mindestversorgungsbezüge haben und denen Hinterbliebenenversorgung gewährleistet ist, oder

c) für das von diesem Tarifvertrag erfasste Arbeitsverhältnis aufgrund gesetzlicher, tariflicher oder vertraglicher Vorschrift einer anderen Zusatzversorgungseinrichtung (Versorgungsanstalt der deutschen Bühnen, Versorgungsanstalt der deutschen Kulturorchester, Bahnversicherungsanstalt Abteilung B oder einer gleichartigen Versorgungseinrichtung) angehören müssen, oder

VIII

d) aufgrund Tarifvertrages, Arbeitsvertrages, der Satzung der Zusatzversorgungskasse oder der Satzung einer anderen Zusatzversorgungseinrichtung, von der Versicherungen übergeleitet werden, von der Pflicht zur Versicherung befreit worden sind, oder

e) bei der Versorgungsanstalt der deutschen Bühnen oder der Versorgungsanstalt der deutschen Kulturorchester freiwillig weiterversichert sind, und zwar auch dann, wenn diese freiwillige Weiterversicherung später als drei Monate nach Beginn des Arbeitsverhältnisses endet, oder

f) Rente wegen Alters nach §§ 35 bis 40 bzw. §§ 235 bis 238 SGB VI als Vollrente erhalten oder erhalten haben oder bei denen der Versicherungsfall der Betriebsrente wegen Alters (§ 5) bei einer Zusatzversorgungseinrichtung, von der Überleitungen (§ 4) erfolgen, eingetreten ist, oder

g) eine Übergangszahlung nach § 46 Nr. 4 TVöD BT-V (VKA) beziehungsweise eine Übergangsversorgung nach den tariflichen Vorgängerregelungen erhalten oder

h) mit Rücksicht auf ihre Zugehörigkeit zu einem ausländischen System der sozialen Sicherung nicht der Pflichtversicherung in der gesetzlichen Rentenversicherung unterliegen und sich dort auch nicht freiwillig versichert haben, oder

i) ihre Rentenanwartschaften aus der gesetzlichen Rentenversicherung oder einem sonstigen Alterssicherungssystem auf ein Versorgungssystem der europäischen Gemeinschaften oder ein Versorgungssystem einer europäischen Einrichtung (z. B. Europäisches Patentamt, Europäisches Hochschulinstitut, Eurocontrol) übertragen haben oder

j) im Sinne des § 8 Abs. 1 Nr. 2 SGB IV geringfügig beschäftigt sind.

[2]Auf ihren beim Arbeitgeber schriftlich zu stellenden Antrag sind Beschäftige, solange sie freiwilliges Mitglied des Versorgungswerks der Presse sind, nicht zu versichern; wird der Antrag spätestens zwölf Monate nach Beginn der Pflicht zur Versicherung gestellt, gilt die Pflichtversicherung als nicht entstanden.

Protokollerklärung zu Satz 1 Buchst. a:

Eine Anwartschaft im Sinne des Satzes 1 Buchst. a besteht auch dann, wenn nach dem Tarifvertrag, der Ruhelohnordnung oder der entsprechenden Bestimmung ein Anspruch erst nach Ablauf einer Wartezeit entstehen kann und die Arbeitnehmer bei normalem Verlauf des Arbeitslebens die Wartezeit noch erfüllen können.

Anlage 3

Ausnahmen vom und Sonderregelungen zum zusatzversorgungspflichtigen Entgelt

[1]Kein zusatzversorgungspflichtiges Entgelt sind

a) Bestandteile des Arbeitsentgelts, die auf einer Verweisung auf beamtenrechtliche Vorschriften beruhen, soweit die beamtenrechtlichen Bezüge nicht ruhegehaltfähig sind, sowie Bestandteile des Arbeitsentgelts, die durch Tarifvertrag auf Bundes-, Landes- oder landesbezirklicher Ebene ausdrücklich als nicht zusatzversorgungspflichtig bezeichnet sind sowie über- und außertarifliche Bestandteile des Arbeitsentgelts, soweit sie durch Betriebsvereinbarung, Dienstvereinbarung oder Arbeitsvertrag ausdrücklich als nicht zusatzversorgungspflichtig bezeichnet sind,

Protokollerklärung zu Buchstabe a:

Für die am 30. Juni 2007 bestehende Vereinbarung in Tarifverträgen, Betriebsvereinbarungen oder Arbeitsverträgen über die Ausnahme von Bestandteilen des Arbeitsentgelts aus der Zusatzversorgung gilt Anlage 3 Satz 1 Buchst. a in der bis zum 1. Januar 2007 geltenden Fassung.

b) Aufwendungen des Arbeitgebers für eine Zukunftssicherung des Beschäftigten,

c) Krankengeldzuschüsse,

d) einmalige Zahlungen (z. B. Zuwendungen, Urlaubsabgeltungen), die aus Anlass der Beendigung, des Eintritts des Ruhens oder nach der Beendigung des Arbeitsverhältnisses gezahlt werden,

Protokollerklärung zu Buchst. d:

Die Teilzuwendung, die dem Arbeitnehmer, der mit Billigung seines bisherigen Arbeitgebers zu einem anderen Arbeitgeber des öffentlichen Dienstes übertritt, der seine Arbeitnehmer bei derselben kommunalen Zusatzversorgungseinrichtung oder bei einer anderen Zusatzversorgungseinrichtung, zu der die Versicherungen übergeleitet werden, versichert, gezahlt wird, ist zusatzversorgungspflichtiges Entgelt.

e) einmalige Zahlungen (z. B. Zuwendungen) insoweit, als bei ihrer Berechnung Zeiten berücksichtigt sind, für die keine Umlagen/Beiträge für laufendes zusatzversorgungspflichtiges Entgelt zu entrichten sind,

f) vermögenswirksame Leistungen, Jubiläumsgelder,

g) Sachbezüge, die während eines Zeitraumes gewährt werden, für den kein laufendes zusatzversorgungspflichtiges Entgelt zusteht,

h) geldwerte Vorteile, die steuerlich als Arbeitslohn gelten,

i) geldliche Nebenleistungen wie Ersatz von Werbungskosten (z. B. Aufwendungen für Werkzeuge, Berufskleidung, Fortbildung) sowie Zuschüsse z. B. zu Fahr-, Heizungs-, Wohnungs-, Essens-, Kontoführungskosten,

k) Mietbeiträge an Beschäftigte mit Anspruch auf Trennungsgeld (Trennungsentschädigung),

l) Schulbeihilfen,

m) einmalige Zuwendungen anlässlich des Erwerbs eines Diploms einer Verwaltungs- oder Wirtschaftsakademie,

n) Prämien im Rahmen des behördlichen oder betrieblichen Vorschlagswesens,

o) Erfindervergütungen,

p) Kassenverlustentschädigungen (Mankogelder, Fehlgeldentschädigungen),

q) Einkünfte, die aus ärztlichen Liquidationserlösen zufließen,

r) einmalige Unfallentschädigungen,

s) Aufwandsentschädigungen; reisekostenähnliche Entschädigungen; Entgelte aus Nebentätigkeiten; Tantiemen, Provisionen, Abschlussprämien und entsprechende Leistungen; einmalige und sonstige nicht laufend monatlich gezahlte über- oder außertarifliche Leistungen,

t) Zuschläge für Sonntags-, Feiertags- und Nachtarbeit.

[2]Kein zusatzversorgungspflichtiges Entgelt ist ferner der Teil des steuerpflichtigen Arbeitsentgelts, der nach Anwendung des Satzes 1 den 2,5fachen Wert der monatlichen Beitragsbemessungsgrenze in der gesetzlichen Rentenversicherung (West bzw. Ost) übersteigt; wenn eine zusatzversorgungspflichtige Jahressonderzahlung gezahlt wird, ist der vorgenannte Wert jährlich einmal im Monat der Zahlung der Jahressonderzahlung zu verdoppeln.

[3]Als zusatzversorgungspflichtiges Entgelt gilt für Kalendermonate, in denen Beschäftigte für mindestens einen Tag Anspruch auf Krankengeldzuschuss haben – auch wenn dieser wegen der Höhe der Barleistungen des Sozialversicherungsträgers nicht gezahlt wird –, das fiktive Entgelt nach § 21 TVöD bzw. entsprechenden tarifvertraglichen Regelungen, das für die Tage, für die tatsächlich Anspruch auf Entgelt, Entgeltfortzahlung oder Krankengeldzuschuss bestand, im Falle eines entsprechenden Entgeltfortzahlungsanspruchs gezahlt worden wäre. [4]In diesen Kalendermonaten geleistete einmalige Zahlungen sind neben dem fiktiven Entgelt nach § 21 TVöD bzw. entsprechenden tarifvertraglichen Regelungen nach Maßgabe der Sätze 1 und 2 zusatzversorgungspflichtiges Entgelt.

[5]Für Beschäftigte, die zur Übernahme von Aufgaben der Entwicklungshilfe im Sinne des § 1 Entwicklungshelfergesetz vom 18. Juni 1969 in der jeweils geltenden Fassung ohne Arbeitsentgelt beurlaubt

sind, hat der Arbeitgeber für die Zeit der Beurlaubung Umlagen an die Zusatzversorgungseinrichtung abzuführen, wenn der Träger der Entwicklungshilfe die Umlagen erstattet. [6]Für die Bemessung der Umlagen gilt als zusatzversorgungspflichtiges Entgelt das Entgelt, von dem nach § 166 Abs. 1 Nr. 4 SGB VI die Beiträge für die gesetzliche Rentenversicherung zu berechnen sind.

Anlage 4

Versicherungsmathematische Grundsätze für die Bewertung der Verpflichtungen im Rahmen der versicherungstechnischen Bilanz

1. Bewertungsgegenstand

Bewertet werden die Verpflichtungen nach dem Stande vom Bilanzstichtag (= Inventurstichtag). Bereits feststehende allgemeine Leistungsveränderungen, die erst nach dem Stichtag wirksam werden, bleiben unberücksichtigt.

2. Bewertungsmethode

Es wird der versicherungsmathematische Barwert der Verpflichtungen nach dem Grundsatz der Einzelbewertung ermittelt.

3. Rechnungsgrundlagen

Als biometrische Rechnungsgrundlagen dienen die Richttafeln 1998 von Klaus Heubeck. Als Altersgrenze ist die Vollendung des 65. Lebensjahres in Ansatz zu bringen.

Der Rechnungszins beträgt 3,25 % in der Zeit bis zum Eintritt eines Versorgungsfalles und 5,25 % nach Eintritt eines Versorgungsfalles.

4. Verwaltungskostenrückstellung

Eine Verwaltungskostenrückstellung wird nicht gebildet.

5. Sonstiges

Solange die den Besitzstand abbildenden Versorgungspunkte noch nicht ermittelt sind, werden die anzurechnenden Sozialversicherungsrenten nach dem steuerlichen Näherungsverfahren in Ansatz gebracht. Der in diesem Verfahren anzusetzende Korrekturfaktor wird einheitlich für alle Berechtigten auf 0,9086 festgesetzt, Entgelt und Beitragsbemessungsgrenze sind nach dem Stande vom 31. 12. 2001 zu berücksichtigen.

Ein nach Feststellung der den Besitzstand abbildenden Versorgungspunkte ermittelter Unterschiedsbetrag gegenüber dem vorläufigen Bewertungsansatz bleibt bei der Ermittlung des Überschusses unberücksichtigt.

Anlage 5

Altersvorsorgeplan 2001

Dieser Tarifvertrag gilt einheitlich für die Tarifgebiete Ost und West

1. Ablösung des Gesamtversorgungssystems

1.1 Das bisherige Gesamtversorgungssystem wird mit Ablauf des 31. 12. 2000 geschlossen und durch das Punktemodell ersetzt. Zur juristischen Bewertung vgl. Anlage 1.

1.2 Auf ein Zurückfallen der Renten und Anwartschaften auf den Stand des Jahres 2000 wird verzichtet.

1.3 Durch den Systemwechsel erhalten die Arbeitnehmer die Möglichkeit, eine zusätzliche kapitalgedeckte Altersversorgung durch eigene Beiträge unter Inanspruchnahme der steuerlichen Förderung aufzubauen (Riester-Rente). Diese Möglichkeit soll auch bei den Zusatzversorgungskassen eröffnet werden.

Die Möglichkeit der Entgeltumwandlung besteht derzeit – einheitlich für alle Arbeitnehmer – nicht; die Tarifvertragsparteien geben sich eine Verhandlungszusage für eine tarifvertragliche Regelung zur Entgeltumwandlung.

1.4 Die Umlagefinanzierung wird auch nach Systemwechsel beibehalten. Sie kann schrittweise nach den Möglichkeiten der einzelnen Zusatzversorgungskassen durch Kapitaldeckung abgelöst werden (Kombinationsmodell).

2. Punktemodell

2.1 Die Leistungsbemessung erfolgt nach dem Punktemodell. Es werden diejenigen Leistungen zugesagt, die sich ergeben würden, wenn eine Gesamt-Beitragsleistung von 4 v. H. vollständig in ein kapitalgedecktes System eingezahlt würde.

2.2 Soweit eine Kapitaldeckung vorhanden ist, werden die tatsächlich erzielten Kapitalerträge veranschlagt.

Soweit keine Kapitaldeckung vorhanden ist, wird jährlich die laufende Verzinsung der zehn größten Pensionskassen gemäß jeweils aktuellem Geschäftsbericht des Bundesaufsichtsamtes für das Versicherungswesen (bzw. Nachfolgeeinrichtung) zugrunde gelegt.

Überschüsse werden wie bei einer Pensionskasse festgestellt. Von diesen Überschüssen werden nach Abzug der Verwaltungskosten (soweit fiktiv: 2 v. H.) vorrangig die sozialen Komponenten und dann Bonuspunkte finanziert.

Soziale Komponenten sind:

a) Zurechnungszeiten bei Erwerbsminderungs- und Hinterbliebenenrenten (vgl. Textziffer 2.5)

b) Kindererziehungszeiten
Berücksichtigung eines Beitrages von 20 Euro pro Monat pro Kind für die Dauer der gesetzlichen Erziehungszeit (ohne Beschäftigung).

c) Übergangsregelung für alle Versicherten mit einer Mindestpflichtversicherungszeit von 20 Jahren die monatlich weniger als 3600 DM brutto verdienen. Ihre erworbenen Anwartschaften werden festgestellt und ggf. auf mindestens 0,8 Versorgungspunkte für jedes volle Kalenderjahr der Pflichtversicherung angehoben (Einbeziehung des Beschäftigungsquotienten).

2.3 Die als Anlage beigefügte Tabelle kommt zur Anwendung. Diese Tabelle basiert auf folgenden Parametern:

Ein Zinssatz entsprechend § 2 der Deckungsrückstellungsverordnung von derzeit 3,25 v. H. vor Eintritt des Versorgungsfalls wird zugrunde gelegt. Nach Eintritt des Versorgungsfalls gilt ein Zinssatz von 5,25 v. H. Bei Änderungen des Verordnungs-Zinssatzes gilt dieser bis zum Wirksamwerden einer entsprechenden tarifvertraglichen Anpassung fort. Die versicherungsmathematischen Berechnungen basieren auf den Richttafeln 1998 von Klaus Heubeck.

2.4 Die Versicherungsfälle entsprechen denen in der gesetzlichen Rentenversicherung (Altersrenten, Erwerbsminderungsrenten, Hinterbliebenenrenten). Bei teilweiser Erwerbsminderung wird die Hälfte des Betrages gezahlt, der bei voller Erwerbsminderung zustünde.

Abschläge werden für jeden Monat der vorzeitigen Inanspruchnahme der Rente (wie gesetzliche Rentenversicherung) in Höhe von 0,3 v. H. erhoben; höchstens jedoch insgesamt 10,8 v. H.

2.5 Bei Erwerbsminderungs- und Hinterbliebenenrenten vor Vollendung des 60. Lebensjahres werden Versorgungspunkte hinzugerechnet. Für ein Referenzentgelt wird für jedes Kalenderjahr vor Vollendung des 60. Lebensjahres je ein Versorgungspunkt hinzugerechnet.

2.6 Von den Verpflichtungen zur Beitragszahlung in der Textziffer 2.1 dieses Tarifvertrages kann bis zu einer Mindesthöhe von zwei v. H. für die Dauer von bis zu drei Jahren im Rahmen eines landesbezirklichen Tarifvertrages abgewichen werden, wenn sich der Betrieb in einer wirtschaftlichen Notlage befindet. Die Feststellung der wirtschaftlichen Notlage wird durch eine paritätisch besetzte Kommission der Tarifvertragsparteien getroffen.

Die Regelung kann verlängert werden.

2.7 Entgelte aus Altersteilzeit werden in Höhe des vereinbarten Entgelts mindestens jedoch mit 90 v. H. des vor Beginn der Altersteilzeit maßgebenden Wertes berücksichtigt (wie nach bisherigem Recht). Fälle des Vorruhestandes werden wie nach altem Recht behandelt.

3. Übergangsrecht

3.1 Die Höhe der laufenden Renten und der Ausgleichsbeträge wird zum 31. 12. 2001 festgestellt.

3.2 Die laufenden Renten werden als Besitzstandsrenten weitergezahlt. Die abbaubaren Ausgleichsbeträge werden in Höhe des Dynamisierungsgewinns abgebaut.

3.3 Die Besitzstandsrenten und die Neurenten werden beginnend mit dem Jahr 2002 jeweils zum 1. 7. eines Jahres bis 2007 mit 1 v. H. jährlich dynamisiert.

3.4 Die Anwartschaften der am 31. 12. 2001 schon und am 1. 1. 2002 noch pflichtversicherten Arbeitnehmer werden wie folgt berechnet:

3.4.1 Es gelten die Berechnungsvorgaben des § 18 Abs. 2 BetrAVG. Der danach festgestellte Betrag wird in Versorgungspunkte unter Berücksichtigung eines Zinssatzes von 3,25 umgerechnet und in das Punktemodell transferiert. Die transferierten Versorgungspunkte nehmen an der Dynamisierung nach Ziffer 2.2 teil.

3.4.2 Für Arbeitnehmer im Tarifgebiet West, die am 1. 1. 2002 das 55. Lebensjahr vollendet haben (rentennahe Jahrgänge), gilt folgende Besitzstandsregelung: Auf der Grundlage des am 31. 12. 2000 geltenden Rechts der Zusatzversorgung ist Ausgangswert für die Bemessung des in das Punktemodell zu transferierenden Betrages die individuell bestimmte Versorgungsrente im Alter von 63 (bei Behinderten Alter entsprechend gesetzlicher Rentenversicherung) unter Berücksichtigung der Mindestgesamtversorgung und des § 44a VBL-Satzung bzw. entsprechende Versorgungsregelung; die gesetzliche Rente ist nach persönlichen Daten anzurechnen; von diesem nach den Bemessungsgrößen per 31. 12. 2001 einmalig ermittelten Ausgangswert ist die aus dem Punktemodell noch zu erwerbende

VIII

Betriebsrente abzuziehen; die Differenz ist die Besitzstandsrente; sie wird in Versorgungspunkte umgerechnet und in das Punktemodell transferiert.

3.4.3 Textziffer 3.4.2 gilt entsprechend für solche Arbeitnehmer, die im Jahre 2001 das 55. Lebensjahr vollendet und vor Inkrafttreten des Tarifvertrages Altersteilzeit bzw. Vorruhestand vereinbart haben.

3.5 Die im bisherigen Versorgungssystem erworbenen Anwartschaften von Arbeitnehmern, die am 1. 1. 2002 nicht mehr pflichtversichert sind und die eine unverfallbare Anwartschaft haben, werden entsprechend der bisherigen Versicherungsrentenberechnung festgestellt, transferiert und nicht dynamisiert.

4. Finanzierung

4.1 Jede Kasse regelt ihre Finanzierung selbst.

Zusätzlicher Finanzbedarf über die tatsächliche Umlage des Jahres 2001 hinaus (Stichtag 1. 11. 2001) – mindestens jedoch ab Umlagesatz von 4 v. H. – wird durch steuerfreie, pauschale Sanierungsgelder gedeckt.

Im Tarifgebiet West verbleibt es bei den von den Arbeitnehmern bei Zusatzversorgungskassen geleisteten Beiträgen.

4.2 Für die VBL-West gilt:

Ab 2002 betragen die Belastungen der Arbeitgeber 8,45 v. H. Dies teilt sich auf in eine steuerpflichtige, mit 180 DM/Monat pauschal versteuerte Umlage von 6,45 v. H. und steuerfreie pauschale Sanierungsgelder von 2,0 v. H., die zur Deckung eines Fehlbetrages im Zeitpunkt der Schließung dienen sollen.

Ab 2002 beträgt der aus versteuertem Einkommen zu entrichtende Umlagebeitrag der Arbeitnehmer 1,41 v. H.

4.3 Die Verteilung der Sanierungsgelder auf Arbeitgeberseite bestimmt sich nach dem Verhältnis der Entgeltsumme aller Pflichtversicherten zuzüglich der neunfachen Rentensumme aller Renten zu den entsprechenden Werten, die einem Arbeitgeberverband bzw. bei Verbandsfreien, dem einzelnen Arbeitgeber zuzurechnen sind; ist ein verbandsfreier Arbeitgeber einer Gebietskörperschaft mittelbar oder haushaltsmäßig im Wesentlichen zuzuordnen, wird dieser bei der Gebietskörperschaft einbezogen.

Arbeitgebern, die seit dem 1. November 2001 durch Ausgliederung entstanden sind, sind zur Feststellung der Verteilung der Sanierungszuschüsse Renten in dem Verhältnis zuzurechnen, das dem Verhältnis der Zahl der Pflichtversicherten des Ausgegliederten zu der Zahl der Pflichtversicherten des Ausgliedernden zum 01. 11. 2001 entspricht.

4.4 Bei abnehmendem Finanzierungsbedarf für die laufenden Ausgaben werden die übersteigenden Einnahmen – getrennt und individualisierbar – zum Aufbau einer Kapitaldeckung eingesetzt.

5. Die Tarifvertragsparteien gehen davon aus, dass mit diesem Tarifvertrag das Abwandern von Betrieben oder Betriebsteilen aus den Zusatzversorgungseinrichtungen des öffentlichen Dienstes verhindert wird.

Während der Laufzeit des Tarifvertrages überprüfen die Tarifvertragsparteien, ob es zu signifikanten Abwanderungen aus einzelnen Zusatzversorgungseinrichtungen gekommen ist. Sie beauftragen einen Gutachter, die Gründe für eventuelle Abwanderungen darzustellen. Dies gilt auch für den Tarifvertrag über sozialverträgliche Begleitmaßnahmen im Zusammenhang mit der Umgestaltung der Bundeswehr.

6. Laufzeit des Tarifvertrages bis zum 31. 12. 2007.

Anlage 1 zum Altersvorsorgeplan 2001

Juristische Zulässigkeit des rückwirkenden Systemwechsels zum 31. 12. 2000 (Arbeitskreis 2)

Die Tarifvertragsparteien gehen davon aus, dass der rückwirkende Wechsel vom Gesamtversorgungssystem in ein Punktemodell zum 1. 1. 2001 verfassungsrechtlich zulässig ist. Dies gilt auch für den Transfer der am 31. 12. 2000 bestehenden Anwartschaften.

Für das Jahr 2001 ist aus verwaltungstechnischen Gründen eine Einführungsphase für das neue System vorgesehen, in der sich Anwartschaften technisch weiterhin nach den Berechnungsmethoden des alten Systems fortentwickeln. Diese für die Betroffenen günstige Übergangsregelung liegt in der Normsetzungsbefugnis der Tarifvertragsparteien.

Seit dem Ergebnis der Tarifrunde 2000 konnte niemand auf den Fortbestand des bisherigen Versorgungssystems vertrauen und deshalb davon ausgehen, dass dieses unverändert bestehen bleiben würde.

Sollte ein Bundesgericht abschließend feststellen, dass Arbeitnehmern oder Versorgungsempfängern mit Vordienstzeiten (Beschäftigungen außerhalb des öffentlichen Dienstes) im neuen System im Hinblick auf den Beschluss des Bundesverfassungsgerichts vom 22. 03. 2000 (1 BvR 1136/96) höhere als die überführten Ansprüche zustehen, werden den Berechtigten diese Ansprüche auch dann rückwirkend erfüllt, wenn sie sie nicht vor der neuen Entscheidung geltend gemacht haben.

VIII

Anlage 2 zum Altersvorsorgeplan 2001

Rentenformel im Punktemodell ohne Zwischenschaltung eines Regelbeitrages und bei Überschussanteilen in Form von beitragslosen Versorgungspunkten

Die Rentenhöhe ist abhängig von der gesamten Erwerbsbiografie im öffentlichen Dienst. In jedem Beschäftigungsjahr t werden Versorgungspunkte VP_t erworben. Die Höhe der Versorgungspunkte ergibt sich aus der Formel:

$$VP_t = E_t / RE \times Tab_x$$

Ggf. wird VP_t aus Überschüssen erhöht.

Darin bedeuten

VP_t Versorgungspunkt für das Jahr t

E_t Entgelt des Versicherten im Jahr t

RE Referenzentgelt

Tab_x Tabellenwert für das Alter x des Versicherten im Jahr t

Im Versorgungsfall ergibt sich die Rente nach der Formel

$$\text{Rente} = [\text{Summe aller } VP_t] \times \text{Messbetrag}$$

Der Messbetrag beträgt 0,4 % des Referenzentgeltes.

x	Tabx	x	Tabx	x	Tabx	x	Tabx
17	3,1	29	2,1	41	1,5	53	1,0
18	3,0	30	2,0	42	1,4	54	1,0
19	2,9	31	2,0	43	1,4	55	1,0
20	2,8	32	1,9	44	1,3	56	1,0
21	2,7	33	1,9	45	1,3	57	0,9
22	2,6	34	1,8	46	1,3	58	0,9
23	2,5	35	1,7	47	1,2	59	0,9
24	2,4	36	1,7	48	1,2	60	0,9
25	2,4	37	1,6	49	1,2	61	0,9
26	2,3	38	1,6	50	1,1	62	0,8
27	2,2	39	1,6	51	1,1	63	0,8
28	2,2	40	1,5	52	1,1	64 und älter	0,8

VIII

Tarifvertrag zu flexiblen Arbeitszeitregelungen für ältere Beschäftigte (TV FlexAZ)

Vom 27. Februar 2010

Zuletzt geändert durch
Änderungstarifvertrag Nr. 8 vom 22. April 2023 und
Tarifeinigung vom 6. April 2025[1])

Inhaltsübersicht

I. Geltungsbereich
§ 1 Geltungsbereich
II. Altersteilzeit (ATZ)
§ 2 Inanspruchnahme von Altersteilzeit
§ 3 Altersteilzeit in Restrukturierungs- und Stellenabbaubereichen
§ 4 Altersteilzeit im Übrigen
§ 5 Persönliche Voraussetzungen für Altersteilzeit
§ 6 Vereinbarung eines Altersteilzeitarbeitsverhältnisses
§ 7 Entgelt und Aufstockungsleistungen
§ 8 Verteilung des Urlaubs im Blockmodell
§ 9 Nebentätigkeit
§ 10 Verlängerung der Arbeitsphase im Blockmodell bei Krankheit
§ 11 Ende des Arbeitsverhältnisses
§ 12 Dienst-/Betriebsvereinbarungen
III. Flexible Altersarbeitszeit (FALTER)
§ 13 Flexible Altersarbeitszeit
IV. Übergangs- und Schlussvorschriften
§ 14 Übergangsvorschriften
§ 15 Inkrafttreten, Geltungsdauer

VIII

1) Wegen der im Zuge der Tarifrunde 2025 vereinbarten Änderungen siehe die unter **150** abgedruckte Tarifeinigung.

I. Geltungsbereich

§ 1 Geltungsbereich

[1]Dieser Tarifvertrag gilt für Beschäftigte, die unter den Geltungsbereich des Tarifvertrages für den öffentlichen Dienst (TVöD) oder des Tarifvertrages Versorgungsbetriebe (TV-V) fallen. [2]Er gilt unter Berücksichtigung gegebenenfalls abweichender Regelungen in einzelnen TV-N in Nahverkehrsunternehmen.

II. Altersteilzeit (ATZ)

§ 2 Inanspruchnahme von Altersteilzeit

Auf der Grundlage des Altersteilzeitgesetzes (AltTZG) vom 23. Juli 1996 in der jeweils geltenden Fassung ist die Änderung des Arbeitsverhältnisses in ein Altersteilzeitarbeitsverhältnis

a) in Restrukturierungs- und Stellenabbaubereichen (§ 3) und

b) im Übrigen im Rahmen einer Quote (§ 4)

möglich.

§ 3 Altersteilzeit in Restrukturierungs- und Stellenabbaubereichen

[1]Altersteilzeit im Sinne des Altersteilzeitgesetzes kann, ohne dass darauf ein Rechtsanspruch besteht, in Restrukturierungs- und Stellenabbaubereichen bei dienstlichem oder betrieblichem Bedarf vereinbart werden, wenn die persönlichen Voraussetzungen nach § 5 vorliegen. [2]Die Festlegung der in Satz 1 genannten Bereiche und die Entscheidung, ob, in welchem Umfang und für welchen Personenkreis dort Altersteilzeitarbeit zugelassen wird, erfolgt durch den Arbeitgeber.

§ 4 Altersteilzeit im Übrigen

(1) Den Beschäftigten wird im Rahmen der Quote nach Absatz 2 die Möglichkeit eröffnet, Altersteilzeit im Sinne des Altersteilzeitgesetzes in Anspruch zu nehmen, wenn die persönlichen Voraussetzungen nach § 5 vorliegen.

(2) [1]Der Anspruch auf Vereinbarung eines Altersteilzeitarbeitsverhältnisses nach Absatz 1 ist ausgeschlossen, wenn und solange 2,5 v. H. der Beschäftigten (§ 1) der Verwaltung/des Betriebes von einer Altersteilzeitregelung im Sinne des Altersteilzeitgesetzes Gebrauch machen. [2]Maßgeblich für die Berechnung der Quote ist die Anzahl der Beschäftigten zum Stichtag 31. Mai des Vorjahres.

Protokollerklärungen zu § 4 Absatz 2:

1. Betriebe im Sinne dieser Vorschrift sind auch rechtlich unselbstständige Regie- und Eigenbetriebe.

2. [1]In die Quote werden alle zum jeweiligen Stichtag bestehenden Altersteilzeitarbeitsverhältnisse einschließlich solcher nach § 3 dieses Tarifvertrages einbezogen. [2]Die so errechnete Quote gilt für das gesamte Kalenderjahr; unterjährige Veränderungen bleiben unberücksichtigt. [3]Die Quote wird jährlich überprüft.

Niederschriftserklärung zu § 4 Abs. 2:

Die Tarifvertragsparteien sind sich darüber einig, dass in Verwaltungen/Betrieben mit weniger als 40 Beschäftigten kein Anspruch auf Vereinbarung eines Altersteilzeitarbeitsverhältnisses besteht.

(3) Der Arbeitgeber kann ausnahmsweise die Vereinbarung eines Altersteilzeitarbeitsverhältnisses ablehnen, wenn dienstliche oder betriebliche Gründe entgegenstehen.

§ 5 Persönliche Voraussetzungen für Altersteilzeit

(1) Altersteilzeit nach diesem Tarifvertrag setzt voraus, dass die Beschäftigten

a) das 60. Lebensjahr vollendet haben und

b) innerhalb der letzten fünf Jahre vor Beginn der Altersteilzeitarbeit mindestens 1080 Kalendertage in einer versicherungspflichtigen Beschäftigung nach dem Dritten Buch Sozialgesetzbuch gestanden haben.

(2) Das Altersteilzeitarbeitsverhältnis muss sich zumindest bis zu dem Zeitpunkt erstrecken, ab dem eine Rente wegen Alters beansprucht werden kann.

(3) [1]Die Vereinbarung von Altersteilzeit ist spätestens drei Monate vor dem geplanten Beginn des Altersteilzeitarbeitsverhältnisses schriftlich zu beantragen. [2]Der Antrag kann frühestens ein Jahr vor Erfüllung der Voraussetzungen nach Absatz 1 gestellt werden. [3]Von den Fristen nach Satz 1 oder 2 kann einvernehmlich abgewichen werden.

VIII

§ 6 Vereinbarung eines Altersteilzeitarbeitsverhältnisses

(1) Das Altersteilzeitarbeitsverhältnis muss ein versicherungspflichtiges Beschäftigungsverhältnis im Sinne des Dritten Buches Sozialgesetzbuch sein und darf die Dauer von fünf Jahren nicht überschreiten.

(2) [1]Die durchschnittliche wöchentliche Arbeitszeit während des Altersteilzeitarbeitsverhältnisses beträgt die Hälfte der bisherigen wöchentlichen Arbeitszeit. [2]Für die Berechnung der bisherigen wöchentlichen Arbeitszeit gilt § 6 Abs. 2 AltTZG; dabei bleiben Arbeitszeiten außer Betracht, die die tarifliche regelmäßige wöchentliche Arbeitszeit überschritten haben.

(3) [1]Die während der Dauer des Altersteilzeitarbeitsverhältnisses zu leistende Arbeit kann so verteilt werden, dass sie

a) durchgehend erbracht wird (Teilzeitmodell) oder
b) in der ersten Hälfte des Altersteilzeitarbeitsverhältnisses geleistet und die Beschäftigten anschließend von der Arbeit unter Fortzahlung der Leistungen nach Maßgabe des § 7 freigestellt werden (Blockmodell).

[2]Die Beschäftigten können vom Arbeitgeber verlangen, dass ihr Wunsch nach einer bestimmten Verteilung der Arbeitszeit mit dem Ziel einer einvernehmlichen Regelung erörtert wird.

§ 7 Entgelt und Aufstockungsleistungen

(1) [1]Beschäftigte erhalten während der Gesamtdauer des Altersteilzeitarbeitsverhältnisses im Teilzeitmodell (§ 6 Abs. 3 Satz 1 Buchst. a) das Tabellenentgelt und alle sonstigen Entgeltbestandteile in Höhe der sich für entsprechende Teilzeitbeschäftigte nach § 24 Abs. 2 TVöD bzw. § 7 Abs. 3 TV-V ergebenden Beträge. [2]Maßgebend ist die durchschnittliche wöchentliche Arbeitszeit nach § 6 Abs. 2.

(2) [1]Beschäftigte erhalten während der Arbeitsphase des Altersteilzeitarbeitsverhältnisses im Blockmodell (§ 6 Abs. 3 Satz 1 Buchst. b) das Tabellenentgelt und alle sonstigen Entgeltbestandteile in Höhe der Hälfte des Entgelts, das sie jeweils erhalten würden, wenn sie mit der bisherigen wöchentlichen Arbeitszeit (§ 6 Abs. 2 Satz 2) weitergearbeitet hätten; die andere Hälfte des Entgelts fließt in das Wertguthaben (§ 7b SGB IV) und wird in der Freistellungsphase ratierlich ausgezahlt. [2]Das Wertguthaben erhöht sich bei allgemeinen Tariferhöhungen in der von den Tarifvertragsparteien jeweils festzulegenden Höhe.

Protokollerklärung zu § 7 Abs. 2 Satz 2:
Das Wertguthaben erhöht sich am 1. März 2024 um 11,5 Prozent.[1])

Niederschriftserklärung zu § 7 Abs. 1 und 2:
Die Tarifvertragsparteien wirken darauf hin, den ATV/ATV-K dahingehend anzupassen, dass als zusatzversorgungspflichtiges Entgelt im Sinne des § 15 Abs. 2 ATV/ATV-K das 1,6fache des Entgelts nach § 7 Abs. 1 und 2 gilt.

(3) [1]Das den Beschäftigten nach Absatz 1 oder 2 zustehende Entgelt wird nach Maßgabe der Sätze 2 und 3 um 20 v. H. aufgestockt. [2]Bemessungsgrundlage für die Aufstockung ist das Regelarbeitsentgelt für die Teilzeitarbeit (§ 6 Abs. 1 AltTZG). [3]Steuerfreie Entgeltbestandteile und Entgelte, die einmalig (z. B. Jahressonderzahlung) oder die nicht

---

[1]) Aufgrund der Tarifeinigung 2025 (abgedruckt unter **150**) ist mit einer Erhöhung zum 1. April 2025 sowie zum 1. Mai 2026 zu rechnen. Bei Redaktionsschluss war nicht eindeutig erkennbar, ob zum 1. April 2025 der lineare Erhöhungssatz von 3,0 Prozent greift oder der modifizierte Erhöhungssatz für dynamische Zulagen von 3,11 Prozent. Zum 1. Mai 2026 wird der Erhöhungssatz voraussichtlich 2,8 Prozent betragen.

für die vereinbarte Arbeitszeit (z. B. Überstunden- oder Mehrarbeitsentgelt) gezahlt werden, sowie Sachbezüge, die während der Gesamtdauer des Altersteilzeitarbeitsverhältnisses unvermindert zustehen, gehören nicht zum Regelarbeitsentgelt und bleiben bei der Aufstockung unberücksichtigt. [4]Sätze 1 bis 3 gelten für das bei Altersteilzeit im Blockmodell in der Freistellungsphase auszukehrende Wertguthaben entsprechend.

(4) [1]Neben den vom Arbeitgeber zu tragenden Sozialversicherungsbeiträgen für das nach Absatz 1 oder 2 zustehende Entgelt entrichtet der Arbeitgeber zusätzliche Beiträge zur gesetzlichen Rentenversicherung (Rentenaufstockung) nach § 3 Abs. 1 Nr. 1 Buchst. b i. V. m. § 6 Abs. 1 AltTZG. [2]Für von der Versicherungspflicht befreite Beschäftigte im Sinne von § 4 Abs. 2 AltTZG gilt Satz 1 entsprechend.

(5) [1]In Fällen krankheitsbedingter Arbeitsunfähigkeit besteht ein Anspruch auf Leistungen nach Absätzen 1 bis 4 längstens für die Dauer der Entgeltfortzahlung nach § 22 Abs. 1 Satz 1 TVöD bzw. § 13 Abs. 1 Satz 1 TV-V. [2]Für die Zeit der Zahlung des Krankengeldzuschusses (§ 22 Abs. 2 bis 4 TVöD bzw. § 13 Abs. 1 Satz 2 und Abs. 2 bis 4 TV-V), längstens bis zum Ende der 26. Krankheitswoche, wird der Aufstockungsbetrag gemäß Absatz 3 in Höhe des kalendertäglichen Durchschnitts des in den letzten drei abgerechneten Kalendermonaten maßgebenden Aufstockungsbetrages gezahlt.

§ 8 Verteilung des Urlaubs im Blockmodell

[1]Für Beschäftigte, die Altersteilzeit im Blockmodell (§ 6 Abs. 3 Satz 1 Buchst. b) leisten, besteht kein Urlaubsanspruch für die Zeit der Freistellung von der Arbeit. [2]Im Kalenderjahr des Übergangs von der Beschäftigung zur Freistellung haben die Beschäftigten für jeden vollen Beschäftigungsmonat Anspruch auf ein Zwölftel des Jahresurlaubs.

§ 9 Nebentätigkeit

(1) [1]Beschäftigte dürfen während des Altersteilzeitarbeitsverhältnisses keine Beschäftigungen oder selbständigen Tätigkeiten ausüben, die die Geringfügigkeitsgrenze des § 8 SGB IV überschreiten, es sei denn, diese Beschäftigungen oder selbständigen Tätigkeiten sind bereits innerhalb der letzten fünf Jahre vor Beginn des Altersteilzeitarbeitsverhältnisses ständig ausgeübt worden. [2]Bestehende tarifliche Regelungen über Nebentätigkeiten bleiben unberührt.

(2) [1]Der Anspruch auf die Aufstockungsleistungen ruht während der Zeit, in der Beschäftigte eine unzulässige Beschäftigung oder selbstständige Tätigkeit im Sinne des Absatzes 1 ausüben oder über die Altersteilzeitarbeit hinaus Mehrarbeit oder Überstunden leisten, die

den Umfang der Geringfügigkeitsgrenze des § 8 des Vierten Buches Sozialgesetzbuch übersteigen. [2]Hat der Anspruch auf die Aufstockungsleistungen mindestens 150 Tage geruht, erlischt er; mehrere Ruhenszeiträume werden zusammengerechnet.

§ 10 Verlängerung der Arbeitsphase im Blockmodell bei Krankheit

Ist die/der Beschäftigte bei Altersteilzeitarbeit im Blockmodell während der Arbeitsphase über den Zeitraum der Entgeltfortzahlung (§ 22 Abs. 1 Satz 1 TVöD; § 13 Abs. 1 Satz 1 TV-V) hinaus arbeitsunfähig erkrankt, verlängert sich die Arbeitsphase um die Hälfte des den Entgeltfortzahlungszeitraum übersteigenden Zeitraums der Arbeitsunfähigkeit; in dem gleichen Umfang verkürzt sich die Freistellungsphase.

§ 11 Ende des Arbeitsverhältnisses

(1) Das Arbeitsverhältnis endet zu dem in der Altersteilzeitvereinbarung festgelegten Zeitpunkt.

(2) Das Arbeitsverhältnis endet unbeschadet der sonstigen tariflichen Beendigungstatbestände

a) mit Ablauf des Kalendermonats vor dem Kalendermonat, von dem an die/der Beschäftigte eine abschlagsfreie Rente wegen Alters beanspruchen kann oder

b) mit Beginn des Kalendermonats, für den die/der Beschäftigte eine Rente wegen Alters tatsächlich bezieht.

(3) [1]Endet bei einer/einem Beschäftigten, die/der im Rahmen der Altersteilzeit nach dem Blockmodell beschäftigt wird, das Arbeitsverhältnis vorzeitig, hat sie/er Anspruch auf eine etwaige Differenz zwischen den erhaltenen Entgelten und dem Entgelt für den Zeitraum ihrer/seiner tatsächlichen Beschäftigung, die sie/er ohne Eintritt in die Altersteilzeit erzielt hätte, vermindert um die vom Arbeitgeber gezahlten Aufstockungsleistungen. [2]Bei Tod der/des Beschäftigten steht dieser Anspruch den Erben zu.

§ 12 Dienst-/Betriebsvereinbarungen

[1]In einer einvernehmlichen Dienstvereinbarung bzw. in einer freiwilligen Betriebsvereinbarung können von den §§ 2 bis 11 abweichende Regelungen vereinbart werden. [2]Abweichende Regelungen sind nur zulässig, soweit die gesetzlichen Mindestvoraussetzungen für Altersteilzeit nach dem AltTZG nicht unterschritten werden.

Protokollerklärung:

Eine einvernehmliche Dienstvereinbarung liegt nur ohne Entscheidung der Einigungsstelle vor.

III. Flexible Altersarbeitszeit (FALTER)

§ 13 Flexible Altersarbeitszeit

[1]Älteren Beschäftigten wird in einem Modell der flexiblen Altersarbeitszeit (FALTER) ein gleitender Übergang in den Ruhestand bei gleichzeitig längerer Teilhabe am Berufsleben ermöglicht. [2]Das Modell sieht vor, dass die Beschäftigten über einen Zeitraum von vier Jahren ihre Arbeitszeit auf die Hälfte der bisherigen Arbeitszeit reduzieren und gleichzeitig eine Teilrente in Höhe von höchstens 50 v. H. der jeweiligen Altersrente beziehen. [3]Die reduzierte Arbeitsphase beginnt zwei Jahre vor Erreichen des Kalendermonats, für den die/der Beschäftigte eine abschlagsfreie Altersrente in Anspruch nehmen kann, und geht zwei Jahre über diese Altersgrenze hinaus. [4]Die Beschäftigten erhalten nach Erreichen der Altersgrenze für eine abschlagsfreie Altersrente einen Anschlussarbeitsvertrag für zwei Jahre unter der Bedingung, dass das Arbeitsverhältnis bei Inanspruchnahme einer mehr als hälftigen Teilrente oder einer Vollrente endet. [5]Die übrigen tariflichen Beendigungstatbestände bleiben unberührt. [6]Auf die Vereinbarung von flexibler Altersarbeitszeit besteht kein Rechtsanspruch.

IV. Übergangs- und Schlussvorschriften

§ 14 Übergangsvorschriften

Auf Altersteilzeitarbeitsverhältnisse, die vor dem 1. Januar 2010 begonnen haben, findet dieser Tarifvertrag keine Anwendung.

§ 15 Inkrafttreten, Geltungsdauer

(1) [1]Dieser Tarifvertrag tritt mit Wirkung vom 1. Januar 2010 in Kraft. [2]Bei Inkrafttreten bereits bestehende Dienst- oder Betriebsvereinbarungen bleiben unberührt.

(2)[1]) Dieser Tarifvertrag gilt für Beschäftigte, die bis zum 31. Dezember 2022 die jeweiligen tariflichen Voraussetzungen erfüllen und deren Altersteilzeitarbeitsverhältnis oder deren flexible Altersarbeitszeit vor dem 1. Januar 2023 begonnen hat.

Niederschriftserklärung:

Die Tarifvertragsparteien wirken darauf hin, den ATV/ATV-K dahingehend anzupassen, dass als zusatzversorgungspflichtiges Entgelt im Sinne des § 15 Abs. 2 ATV/ATV-K das 1,6fache des Entgelts nach § 7 Abs. 1 und 2 gilt.

---

1) Die Möglichkeit der Inanspruchnahme wurde im Rahmen der Tarifeinigung 2023 erstmals nicht mehr verlängert.

VIII

[illegible]

[illegible] Flexible Altersteilzeit [illegible]

[illegible]

[illegible] Übergangs- und Schlussvorschriften

[illegible]

[illegible]

Stichwortverzeichnis

Die fett gedruckten Zahlen verweisen auf die entsprechenden Leitziffern.

A

Abgeltung, Besitzstände	**280** § 16 TVÜ-VKA, **520** § 14 TVÜ-Ärzte/VKA
Abordnung	**210** § 4 TVöD, **510** § 5 TV-Ärzte/VKA
Abschlussprämie	**305** § 17 TVAöD
Altersgrenze, Erreichen	**210** § 33 TVöD
Altersteilzeit	**820** TV FlexAZ (VKA)
Altersversorgung	**210** § 25 TVöD, **305** § 15 TVAöD, **324** § 15 TVSöD, **327** § 20 TVHöD, **810** ATV-K
Anwendung weiterer Tarifverträge	**210** § 36 TVöD
Arbeitnehmerpflichten	**215** § 41 TVöD BT-V
Arbeitsbedingungen	**210** § 3 TVöD, **510** § 3 TV-Ärzte/VKA
Arbeitsbefreiung	**210** § 29 TVöD, **510** § 30 TV-Ärzte/VKA
Arbeitspapiere	**210** § 35 TVöD
Arbeitsstättenverordnung	**210** § 3 TVöD Anhang 1
Arbeitsunfähigkeits-Richtlinien	**210** § 22 TVöD Anhang 2
Arbeitsverhältnis, Ausschlussfrist	**210** § 37 TVöD, **510** § 37 TV-Ärzte/VKA
Arbeitsvertrag	**210** § 2 TVöD, **510** § 2 TV-Ärzte/VKA
Arbeitszeit	**210** § 6 TVöD, **215** § 42 TVöD BT-V, **335** § 5 TVPöD, **510** §§ 7 f. TV-Ärzte/VKA, **520** § 7 TVÜ-Ärzte/VKA
Arbeitszeitdokumentation	**510** § 14 TV-Ärzte/VKA
Arbeitszeitgesetz	**210** § 6 TVöD Anhang 1
Arbeitszeitkonto	**210** § 10 TVöD

Findex

Arbeitszeitkorridor **210** § 6 TVöD, **510** § 7 TV-Ärzte/VKA

Ärzte (nach TVöD) **215** § 57 (VKA) TVöD BT-V, **230** §§ 42 ff. TVöD BT-K, **235** §§ 42 ff. TVöD BT-B, **460** Teil B Abschn. II EntgO (VKA)

Ärzte (Marburger Bund) **510** TV-Ärzte/VKA, **520** TVÜ-Ärzte/VKA

Ärztliche Untersuchungen **210** § 3 TVöD, **305** § 4 TVAöD, **324** § 4 TVSöD, **327** § 5 TVHöD, **335** § 4 TVPöD, **510** § 3 TV-Ärzte/VKA

Auflösungsvertrag **210** § 33 TVöD

Ausbildungsentgelt **312** § 8 TVAöD – BBiG, **318** § 8 TVAöD – Pflege

Ausbildungs-/Studienverhältnis
– Begründung **305** § 2 TVAöD, **324** § 2 TVSöD, **327** § 3 TVHöD
– Beendigung **305** § 16 TVAöD, **324** § 16 TVSöD, **327** § 21 TVHöD

Ausbildungs-/Studienzeit **312** § 7 TVAöD – BBiG, **318** § 7 TVAöD – Pflege, **324** § 7 TVSöD, **327** § 8 TVHöD

Ausschlussfrist **210** § 37 TVöD, **305** § 19 TVAöD, **324** § 20 TVSöD, **327** § 23 TVHöD, **335** § 17 TVPöD

Auszubildende **305** TVAöD, **312** TVAöD – BBiG, **315** TVAöD – Pflege

AV Hamburg **280** § 32 TVÜ-VKA, **520** § 16a TVÜ-Ärzte/VKA

B

BEEG (Auszug) **210** § 30 TVöD Anhang 3

Beendigung d. Arbeitsverhältnisses
– mit Kündigung **210** § 34 TVöD, **510** § 35 TV-Ärzte/VKA

Findex

– ohne Kündigung	**210** § 33 TVöD, **510** § 34 TV-Ärzte/VKA
– während Arbeitsunfähigkeit	**210** § 22 TVöD
Befristung v. Arbeitsverträgen	**210** § 30 TVöD, **510** § 31 TV-Ärzte/VKA
Belohnungen	**210** § 3 TVöD, **510** § 3 TV-Ärzte/VKA
Bemessungssatz	**610** TV Anhebung Bemessungssatz (Ost)
Bereitschaftsdienst	**210** § 7 TVöD, **510** § 10 TV-Ärzte/VKA, **510** § 12 TV-Ärzte/VKA
Bereitschaftszeiten	**210** § 8 TVöD, **280** § 22 TVÜ-VKA
Beschäftigungszeit	**280** § 14 TVÜ-VKA, **520** § 12 TVÜ-Ärzte/VKA
Besitzstandsregelungen	**280** § 29a TVÜ-VKA
Betriebliche Altersversorgung	**210** § 25 TVöD, **510** § 26 TV-Ärzte/VKA
Bewährungsaufstieg	**280** § 8 TVÜ-VKA
Bibliotheksdienst	**280** § 27 TVÜ-VKA
Bundesurlaubsgesetz	**210** § 26 TVöD Anhang 1
E	
Eingruppierung	**210** § 12 (VKA) TVöD, **210** § 13 (VKA) TVöD, **280** § 17 TVÜ-VKA, **460** Entgeltordnung (VKA), **510** § 15 TV-Ärzte/VKA
Einmalzahlung	**520** § 10 TVÜ-Ärzte/VKA
Eisenbahnen	**215** § 45 (VKA) TVöD BT-V
Entgeltanreizsystem	**210** § 18a (VKA) TVöD
Entgeltfortzahlung	**210** §§ 21 f. TVöD, **280** § 13 TVÜ-VKA, **510** §§ 22 f. TV-Ärzte/VKA, **305** §§ 12 f. TVAöD, **324** § 12 TVSöD, **327** §§ 16 f. TVHöD, **335** §§ 11 f. TVPöD

Findex

Entgeltfortzahlungsgesetz	**210** § 22 TVöD Anhang 1
Entgeltgruppe 2 Ü, 15 Ü	**280** § 19 TVÜ-VKA
Entgeltgruppen, Zuordnung	**520** § 4 TVÜ-Ärzte/VKA
Entgeltordnung	**280** § 29 TVÜ-VKA, **450** Einführung EntgO (VKA), **460** EntgO (VKA)
Entgelttabellen	
– Ärzte (Marburger Bund)	**510** Anlage TV-Ärzte/VKA
– Ärzte (nach TVöD)	**230** Anlage C TVöD BT-K
– Grundentgelt	**210** Anlage A TVöD
– Pflegedienst	**230** Anlage E TVöD BT-K, **235** Anlage E TVöD BT-B
– Sozial- und Erziehungsdienst	**215** Anlage C (VKA) TVöD BT-V, **235** Anlage C (VKA) TVöD BT-V
Entgeltumwandlung	**740** TV-EUmw/VKA, **748** TV-Fahrradleasing
Entsorgungsbetriebe	**225** TVöD BT-E
Erfolgsprämie	**510** § 21 TV-Ärzte/VKA
Erholungsurlaub	**210** § 26 TVöD, **280** § 15 TVÜ-VKA, **312** § 9 TVAöD – BBiG, **318** § 9 TVAöD – Pflege, **324** § 9 TVSöD, **327** § 12 TVHöD, **510** § 27 TV-Ärzte/VKA
Erschwerniszuschläge	**210** § 19 TVöD, **280** § 23 TVÜ-VKA
Existenz- und Beschäftigungssicherung	**510** § 39 TV-Ärzte/VKA

F

Fahrradleasing	**748** TV-Fahrradleasing
Fallgruppenaufstieg	**280** § 8 TVÜ-VKA
Familienheimfahrten	**312** § 10a TVAöD – BBiG, **318** § 10a TVAöD – Pflege, **324** § 9 TVSöD, **327** § 14 TVHöD
Familienpflegezeitgesetz	**210** § 11 TVöD Anhang 1

Findex

Feuerwehr **215** § 46 (VKA) TVöD BT-V, **280** § 25 TVÜ-VKA, **460** Teil II Abschn. XIV EntgO (VKA)
Flughafen **240** TVöD BT-F
Forschungseinrichtungen **215** § 47 (VKA) TVöD BT-V
Forstbeschäftigte **215** § 48 (VKA) TVöD BT-V
Freistellungsanspruch **510** § 3 TV-Ärzte/VKA
Freizeitausgleich **215** § 43 TVöD BT-V, **510** § 12 TV-Ärzte/VKA
Führung auf Probe **210** § 31 TVöD, **510** § 32 TV-Ärzte/VKA
Führung auf Zeit **210** § 32 TVöD

G
Geschenkannahme **210** § 3 TVöD, **510** § 3 TV-Ärzte/VKA
Gesundheitsberufe **460** Teil II Abschn. XI EntgO (VKA)
Gleitzeitregelungen **210** § 10 TVöD
Gutachten, ärztliche **510** § 4 TV-Ärzte/VKA

H
Hebammenstudium **327** TVHöD
Herabgruppierung **210** § 17 TVöD, **510** § 20 TV-Ärzte/VKA
Höhergruppierung **210** § 17 TVöD, **280** §§ 29c f. TVÜ-VKA, **510** § 20 TV-Ärzte/VKA
Höherwertige Tätigkeit **210** § 14 TVöD, **280** §§ 10, 18 TVÜ-VKA, **510** § 17 TV-Ärzte/VKA, **520** § 8 TVÜ-Ärzte/VKA

J
Jahressonderzahlung **210** § 20 (VKA) TVöD, **312** § 14 TVAöD – BBiG, **318** § 14 TVAöD – Pflege, **324** § 14 TVSöD,

	327 § 19 TVHöD, **335** § 14 TVPöD
Jubiläumsentgelt	**210** § 23 TVöD, **510** § 24 TV-Ärzte/VKA

K

KAV Berlin	**280** § 30 TVÜ-VKA
KAV Bremen	**280** § 31 TVÜ-VKA
Kinderbezogene Entgeltbestandteile	**280** § 11 TVÜ-VKA, **520** § 9 TVÜ-Ärzte/VKA
Krankengeld	**210** § 22 TVöD, **510** § 23 TV-Ärzte/VKA
Krankenhäuser	**230** TVöD BT-K
Krankheitsfall, Entgeltfortzahlung	**280** § 13 TVÜ-VKA
Kündigung, d. Arbeitsverhältnisses	**210** § 34 TVöD
Kündigungsschutzgesetz	**210** § 34 TVöD Anhang 1

L

Laufzeit (Tarifvertrag)	**210** § 39 TVöD, **215** § 59 (VKA) TVöD BT-V, **220** § 51 TVöD BT-S, **225** § 47 TVöD BT-E, **230** § 58 TVöD BT-K, **235** § 57 TVöD BT-B, **240** § 45 TVöD BT-F, **270** § 24 TVÜ-Bund, **305** § 20 TVAöD, **312** § 20a TVAöD – BBiG, **318** § 20a TVAöD – Pflege, **324** § 21 TVSöD, **327** § 27 TVHöD, **335** § 18 TVPöD, **510** § 40 TV-Ärzte/VKA, **520** § 17 TVÜ-Ärzte/VKA
Landwirtschaftliche Verwaltungen	**215** § 50 (VKA) TVöD BT-V
Lehrkräfte	**215** §§ 51 (VKA) TVöD BT-V, **460** Vorbem. EntgO (VKA), **460** Teil B Abschn. 11 EntgO (VKA)
Leistungsentgelt	**210** § 18 (VKA) TVöD
Leistungsgeminderte Beschäftigte	**210** § 38 TVöD, **280** § 16a TVÜ-VKA

Findex

Leistungsprämie **510** § 21 TV-Ärzte/VKA

M

Mehrarbeit **210** § 7 TVöD, **510** § 9 TV-Ärzte/VKA

Musikschullehrkräfte **215** § 52 (VKA) TVöD BT-V, **460** Teil B Abschn. 20 EntgO (VKA)

Musterverträge **255** Musterverträge (VKA)

N

Nachtarbeit/-schicht **210** § 7 TVöD, **510** § 9 TV-Ärzte/VKA

Nachweisgesetz **210** § 2 TVöD Anhang 1

Nebenabreden **210** § 2 TVöD, **305** § 5 TVAöD, **324** § 2 TVSöD, **327** § 3 TVHöD, **335** § 2 TVPöD, **510** § 2 TV-Ärzte/VKA

Nebentätigkeit **210** § 3 TVöD, **305** § 5 TVAöD, **324** § 5 TVSöD, **327** § 6 TVHöD, **335** § 5 TVPöD, **510** §§ 3 f. TV-Ärzte/VKA

Notfallsanitäter **215** § 58 (VKA) TVöD BT-V

P

Personalakten **210** § 3 TVöD, **305** § 6 TVAöD, **324** § 6 TVSöD, **327** § 7 TVHöD

Personalunterkünfte **730** TV Bewertung Personalunterkünfte

Pflegedienst **230** § 52 ff. TVöD BT-K, **235** § 51a TVöD BT-B

– Eingruppierung **460** Teil B Abschn. XI EntgO (VKA)

– Entgelttabellen **230** Anlage E TVöD BT-K, **235** Anlage E TVöD BT-K

– Überleitung **280** § 29d TVÜ-VKA

Praktikanten/-innen **335** TVPöD, **375** VKA-Praktikums-Richtlinie

Findex

Praktikantenentgelt **335** § 8 TVPöD
Praktikantenverhältnis
– Begründung **335** § 2 TVPöD
– Beendigung **335** § 15 TVPöD
Probezeit **210** § 2 TVöD, **210** § 30 TVöD, **312** § 3 TVAöD – BBiG, **318** § 3 TVAöD – Pflege, **324** § 3 TVSöD, **327** § 4 TVHöD, **510** § 2 TV-Ärzte/VKA

Q
Qualifizierungsmaßnahmen **210** § 5 TVöD, **510** § 6 TV-Ärzte/VKA

R
Rahmenarbeitszeit **210** § 6 TVöD, **510** § 7 TV-Ärzte/VKA
Reisekosten **230** § 44 TVöD BT-V
Rettungsdienst, Teilnahmepflicht **510** § 4 TV-Ärzte/VKA
Rufbereitschaft **210** § 7 TVöD, **510** §§ 9 f. TV-Ärzte/VKA

S
Schadenshaftung **210** § 3 TVöD, **305** § 5 TVAöD, **324** § 5 TVSöD, **327** § 6 TVHöD, **335** § 5 TVPöD
Schichtarbeit/-zulage **210** § 7 TVöD, **510** § 9 TV-Ärzte/VKA
Schulhausmeister **215** § 53 (VKA) TVöD BT-V
Schweigepflicht **210** § 3 TVöD, **305** § 5 TVAöD, **324** § 5 TVSöD, **335** § 5 TVPöD, **510** § 3 TV-Ärzte/VKA
Sonderurlaub **210** § 28 TVöD, **510** § 29 TV-Ärzte/VKA
Sozial- und Erziehungsdienst
– Eingruppierung **460** Teil B Abschn. XIV EntgO (VKA)

– Entgelttabelle **215** Anlage C (VKA) TVöD BT-V, **235** Anlage C TVöD BT-B
– Sonderregelungen **215** § 56 (VKA) TVöD BT-V, **215** Anlage zu § 56 (VKA) TVöD BT-V, **235** § 52 ff. TVöD BT-B
– Überleitungsregelungen **280** §§ 28a ff. TVÜ-VKA
Sparkassen **225** TVöD BT-S, **460** Teil B Abschn. XXV EntgO (VKA)
Sterbegeld **210** § 23 TVöD, **510** § 24 TV-Ärzte/VKA
Straßenbau **215** § 54 (VKA) TVöD BT-V
Strukturausgleich **280** § 12 TVÜ-VKA, **520** § 10 TVÜ-Ärzte/VKA
Studierende **324** TVSöD, **327** TVHöD
Studienentgelt **324** § 8 TVSöD, **327** § 9 TVHöD
Stufenaufstieg **210** § 16 (VKA) TVöD
Stufenregelungen, allgemeine **510** § 20 TV-Ärzte/VKA
Stufenzuordnung **210** § 16 (VKA) TVöD, **210** § 17 TVöD, **510** § 19 TV-Ärzte/VKA
Stufenzuordnung, Angestellte **280** § 6 TVÜ-VKA, **520** § 6 TVÜ-Ärzte/VKA
Stufenzuordnung, Arbeiter **280** § 7 TVÜ-VKA

T

Tabellenentgelt **210** § 15 TVöD, **510** § 18 TV-Ärzte/VKA
– Auszahlung/Berechnung **210** § 24 TVöD, **510** § 25 TV-Ärzte/VKA
Tarifeinigung **150** TVöD, **505** TV-Ärzte/VKA
Tarifgebiete **210** § 38 TVöD
Tarifvertrag
– Ersetzung bisheriger **280** § 2 TVÜ-VKA, **520** § 2 TVÜ-Ärzte/VKA
– Kündigungsfrist **210** § 39 TVöD, **280** § 34 TVÜ-VKA, **312** § 20 TVAöD – BBiG,

Findex

	318 TVAöD – Pflege, **324** § 21 TVSöD, **327** § 24 TVHöD, **335** § 18 TVPöD, **510** § 40 TV-Ärzte/VKA, **520** § 17 TVÜ-Ärzte/VKA
Tätigkeitsmerkmale	**460** Entgeltordnung (VKA), **510** § 16 TV-Ärzte/VKA
Teilzeit- und Befristungsgesetz	**210** § 30 TVöD Anhang 1
Teilzeitbeschäftigung	**210** § 11 TVöD, **510** § 13 TV-Ärzte/VKA
Theater-/Bühnenbeschäftigte	**215** § 55 (VKA) TVöD BT-V, **460** Teil B Abschn. XXVII EntgO (VKA)
Trennungsgeld	**215** § 44 TVöD BT-V
Treuepflicht, politische	**215** § 41 TVöD BT-V

U

Übergangsvorschriften	**210** § 38a (VKA) TVöD
Überleitung, in TV-Ärzte	**520** § 3 TVÜ-Ärzte/VKA
Überleitung, in TVöD	**280** § 3 TVÜ-VKA
Überstunden	**210** § 7 TVöD, **215** § 43 TVöD BT-V, **510** § 9 TV-Ärzte/VKA
Umzugskosten	**215** § 44 TVöD BT-V
Urlaub(-sabgeltung)	**210** § 26 TVöD, **312** § 9 TVAöD – BBiG, **318** § 9 TVAöD – Pflege, **324** § 9 TVSöD, **510** § 27 TV-Ärzte/VKA

V

Vergleichsentgelt	**280** § 5 TVÜ-VKA, **520** § 5 TVÜ-Ärzte/VKA
Vergütungs- u. Lohngruppen	**280** § 4 TVÜ-VKA
Vergütungsgruppenzulagen	**280** § 9 TVÜ-VKA
Vermögenswirksame Leistungen	**210** § 23 TVöD, **305** § 13 TVAöD, **324** § 13 TVSöD, **327** § 18 TVHöD, **335** § 13 TVPöD, **510** § 24 TV-Ärzte/VKA

Versetzung	**210** § 4 TVöD, **510** § 5 TV-Ärzte/VKA
Verwaltungsbeschäftigte	**215** TVöD BT-V

W

Wechselschicht(-zulage)	**210** § 7 TVöD
Weiterbeschäftigung	**210** § 33 TVöD
Wissenschaftszeitvertragsgesetz	**210** § 30 TVöD Anhang 2

Z

Zeitzuschlag	**210** § 7 TVöD, **510** § 11 TV-Ärzte/VKA
Zeugnis	**210** § 35 TVöD, **312** § 18 TVöD – BBiG, **318** § 18 TVAöD – Pflege, **324** § 19 TVSöD, **335** § 16 TVPöD, **510** § 36 TV-Ärzte/VKA
Zulagen	**620** TV gem. § 33 Abs. 1 c) BAT, **630** TV Zulagen an Angestellte
Zusatzurlaub	**210** § 27 TVöD, **510** § 28 TV-Ärzte/VKA
Zuweisung	**210** § 4 TVöD, **510** § 5 TV-Ärzte/VKA